제4판

저작권법

이 해 완

Copyright Law

박영사

제 4 판(전면개정판) 서문

2015년 봄에 제 3 판을 낸 지 4년여 만에 다시 개정판을 내게 되었다. 개인적 사정으로 예정보다 늦어지긴 했지만, 너무 늦지는 않은 시점에, 그 사이의 입법, 판례, 학설 등을 반영한 새로운 개정판을 낼 수 있게 되어 다행스럽게 생각한다. 부족한 내용에도 불구하고 변함없는 사랑과 격려를 보내 주신 독자들께 깊은 감사를 드린다.

그 사이에 '상업용 음반'의 개념을 새로 도입하는 것 등을 골자로 한 2016. 9. 23.자 개정과 그 이후 미세한 내용의 두 차례 개정이 있었던 것 외에 저작권법의 대폭적인 변화는 없었다. 그러나 학계와 실무계의 관심을 끌 만한 수많은 저작권법 판례들이 나왔고, 학문적인 면에서도 눈부신 발전이 있었다. 이러한 변화와 발전을 잘 소화하면서 필요한 부분들에서 저자의 입장을 타당성 있게 정립하고, 이를 알기 쉽고 명료하게 정리하여 소개하는 것이 저자의 기본적인 목표로 설정되었음은 당연한 일이다. 그러나 그 목표를 향해 나아가는 길이 마치, 목적지는 눈에 보이지 않고 수평선만 보이는 망망대해를 오래도록 항해하는 것과 같은 느낌을 갖게 하였다. 저작권법의 모든 이슈를 세밀하게 다루고 의미 있는 모든 판례들을 최대한 분석하여 소개한다는 것이 과거 어느 때보다도 방대하고 벅차게 느껴진 것이다. 그것은 무엇보다 우리의 저작권법학과 저작권실무가 그만큼 풍성하게 발전하고 있기 때문일 것이다. 거기에 미력이나마 기여해 온 것에 대하여 큰 보람과 깊은 감사를 느끼면서, 갈수록 어려워지는 일이 안겨주는 거센 도전에 열정을 다해 응전하고자 노력하였다. 그 과정에 언제나처럼 함께 한 것은 '몰입의 즐거움'이다.

많은 시간이 흘러 결국 멀리 등대의 불빛이 보이더니 배는 서서히 항구로 들어서고 있다. 도착지에서 세어 보니, 그 사이에 200자 원고지 기준으로 약 2,100매를 넘어서는 분량을 새로 작성, 추가하게 되었다. 분량이 너무 늘어나는 것이 염려되어 책의 말미에 인용하였던 저작권법 조문내용을 삭제하고 기존의 판례 소개 부분 등도 줄이는 노력을 기울여 보았지만, 분량의 증가를 상쇄하기에는 역부족이었다. 아무쪼록 이 책의 늘어난 분량이 두께와 무게의 부담으로만이 아니라 저작권법의 깊이 있는 이해와 학문적 발전, 그리고 실무상의 문제 해결에 도움이 될 수 있는 유익한 내용으로 많은 독자들에게 다가갈 수 있기를 기대하고 소망한다.

이전 판에 있었던 오타들을 잘 수정할 수 있도록 자발적으로 귀한 도움의 손길을 건네주신 이정국 변호사님의 후의에 깊은 감사를 드린다. 또한 제 4 판의 집필을 독려하시면서 많은 격려와 도움을 주신 박영사 조성호 이사님과 편집 및 교정업무를 맡아 수고해 주신 배근하 과장님을 비롯한 편집부 여러분께도 큰 감사를 드린다.

2019년 8월 15일, 광복절에

이 해 완

제 3 판(전면개정판) 서문

2012년 봄에 제 2 판(전면개정판)을 낸 후 만 3년 여 만에 다시 전면개정판을 내게 되었다. 지난해의 중판 인쇄에 이어, 너무 늦지 않게 제 3 판을 낼 수 있게 된 것은 독자들의 과분한 사랑과 관심 덕분이다. 부족한 내용에도 불구하고 많은 격려와 응원을 보내 주신 독자들께 깊은 감사를 드린다.

본래 2014년 초에 제 3 판을 내기로 하는 계획을 세웠으나, 국회에 계류 중인 중요한 법안들의 통과 여부를 기다리느라 개정판의 발간을 미루었었다. 그러나 아직도 그 법안들은 국회에 그대로 계류 중이고 언제 통과될지 알 수 없는 상황이다. 이런 상황에서 더 이상 기다릴 수만은 없어 지난 해 말부터 제 3 판의 집필에 본격 착수하게 되었다.

그 사이에 저작권법은 2013년에 두 차례 소폭의 개정이 있었을 뿐이지만, 여러 중요한 쟁점들에 대한 판례와 학설의 축적으로 제 3 판에서 새롭게 다루어야 할 내용이 생각보다 많았다. 까다롭고 난해한 새로운 쟁점들을 명쾌하게 정리하여 나름대로 타당한 결론을 도출하고자 애쓰는 과정은 여전히 저자에게 신선한 열정과 깊은 몰입의 즐거움을 안겨주는 일이었다. 그러나 본서가 여러 학교에서 교재로 사용되는 외에도 법관이나 변호사들, 행정가들이나 연구자들, 여러 분야의 실무가들에게 중요한 참고서적 중 하나의 역할을 하고 있음을 알게 되어 한 줄 한 줄 써 내려 가는 내용에 더욱 큰 책임감의 무게가 실리게 되었고, 그것이 때로 무척 힘겹고 벅찬 느낌을 안겨 준 시간들도 있었다. 그렇게 시간이 흘러 원래 목표로 정했던 시한을 훌쩍 넘기고도 한참을 더 지낸 후 수개월간의 고투 끝에 아쉬운 대로 탈고를 하고나니, 긴 겨울은 책 더미와 원고에 묻혀 지나가 버리고 어느새 꽃망울을 터뜨리는 집 앞의 목련과 함께 새 봄이 성큼 다가와 있었다.

결과적으로 꽤 방대한 분량의 책이 되었다. 제 2 판에서는 주로 책의 후반부를 많이 손질하였다면, 이번에는 전반부(저작물, 저작자, 저작인격권, 저작재산권 등)를 보완하는 데 더욱 많은 시간과 노력을 기울였다. 두 차례의 전면개정을 통해 저작권법의 주요한 쟁점들은 거의 빠짐없이 소상하게 다루게 되었고, 내용적인 충실성에 있어서 이제야말로 저자가 목표로 한 수준에 어느 정도 도달한 것으로 생각되어 다행스럽고 감사한 마음이다. 그렇지만 본서의 이번 판에도 저자 자신이 잘 모르고 범한 여러 가지 오류나 부족한 부분이 있을 수 있을 수 있으니, 그 점에 대한 독자 제현의 아낌없는 질정을 부탁드린다. 그리고 시간상의 한계 등으로 인해 아직 충분히 잘 다루지 못한 부분들은 이후 더욱 진지하고 성실하게 연구하여 지속적으로 보완해 나갈 것을 약속드린다.

끝으로, 저자의 학문적 여정에 많은 격려를 아끼지 않으신 성균관대학교의 정규상 총장님, 최봉철 원장님, 손경한, 정차호 교수님을 비롯한 여러 훌륭하신 선후배, 동료 교수님들과 귀중한 자료의 제공 등으로 많은 도움을 베풀어 주신 한국저작권위원회 관계자 여러분, 특히 신예경, 권현진 연구원님께 깊은 감사를 드린다. 제 3 판의 집필을 독려해 주시고 좋은 책이 될 수 있도록 많은 배려를 해 주신 박영사의 조성호 이사님과 편집업무를 맡아 정성을 쏟아 주신 한현민 님께도 큰 감사의 마음을 전한다.

2015년 4월 5일

이 해 완

copyright law

제 2 판(전면개정판) 서문

본서의 초판에 대한 독자들의 호응에 깊은 감사를 드린다. 조금 늦은 감이 있지만 이제라도 초판을 전면적으로 쇄신한 개정판을 낼 수 있게 된 것은 전적으로 독자 여러분의 격려와 관심 덕분이다. 2009년에 저작권법이 대폭 개정된 이후부터 "개정판은 언제쯤 나오죠?"라는 질문을 여러 차례 받으면서 과분한 관심에 대한 부끄러움과 강한 부채의식을 동시에 느끼곤 하였다. 그러나 대폭적인 개정 내용을 담은 중요한 법안이 여전히 국회에 계류 중인 상황에서 얼마 지나지 않으면 구법이 될 법을 중심으로 개정판을 내놓는 것이 못내 마음에 걸려 기다리다보니 너무 많은 시간이 흘러버렸다. 그러한 문제로 인해 본서 초판을 강의교재로 삼아 오신 교수님들을 비롯한 여러분들께 누를 끼치게 된 점을 무척 송구스럽게 생각한다.

그 사이에 저작권법은 모두 네 차례의 개정을 통해 매우 큰 폭의 변화를 겪었다. 2009년 3월 25일에 공포된 개정법은 실연자와 음반제작자에게 판매용 음반의 공연에 대한 보상청구권을 인정하는 등의 소폭개정이었지만, 같은 해 4월 22일에 공포된 개정법은 기존의 컴퓨터프로그램보호법을 저작권법에 통합함에 따라 체계적인 면에서 큰 변화를 가져왔다. 2011년 6월 30일에 공포된 개정법(한·EU FTA 이행을 위한 것)은 ① 저작재산권 보호기간 연장, ② 저작인접권자의 권리 추정, ③ 방송사업자에 대한 제한적인 공연권 부여, ④ 온라인서비스제공자 책임제한의 유형별 구체화, ⑤ 기술적 보호조치에 대한 보호 강화 및 예외 구체화 등의 중요한 내용을 담고 있고, 같은 해 12월 2일에 공포된 개정법(한·미 FTA 이행을 위한 것)은 ① '복제'의 범위에 '일시적 저장' 포함, ② 공정이용에 관한 일반조항 도입, ③ 모든 저작물에 대한 배타적발행권제도의 도입, ④ 저작인접권 보호기간의 연장, ⑤ 온라인서비스제공자의 책임제한 요건 수정, ⑥ 복제·전송자에 관한 정보제공 청구제도 도입, ⑦ 저작권자의 권리 보호를 위한 금지규정(암호화된 방송 신호의 무력화, 위조 라벨의 배포 등, 영화상영관에서의 도촬행위 등의 금지)의 추가, ⑧ 법정손해배상제도의 도입, ⑨ 정보제공 명령제도의 도입, ⑩ 비밀유지명령제도 도입, ⑪ 저작인접권 보호기간의 특례 등의 많은 새로운 규정을 담고 있다.

　개정판을 준비하면서 저자가 들인 노력은 위와 같은 개정 내용을 최대한 정확하게 빠짐없이 반영하고 자세하게 해설하는 데 그 일차적인 초점이 두어졌다. 그 외에도 초판에서 자세히 다루지 못한 문제(예컨대 '간접침해' 등)나 미흡했던 부분을 대폭 수정, 보완하고 그 사이에 나온 판례들은 하급심판례까지 세밀하게 반영하기 위해 노력하였다. 이로 인해 거의 새로운 저서 집필에 버금갈 정도로 방대한 분량을 새로 작성하여야 하였다.

　다행스러운 것은, 지금은 저자가 초판을 작성할 때와 달리 학자로서 연구에 전념할 수 있는 여건이 되어, 한결 평온한 마음으로 오롯이 집필에 몰두할 수 있는 시간이 많다는 점이다. 로앤비의 창립 CEO로서 인터넷 법률문화의 발전에 뜨거운 열정을 쏟았던 시기를 뒤로 하고 저자는 2008년 가을부터 성균관대학교 법대로 자리를 옮겨 법관에서 벤처기업가에 이은 로스쿨 교수로서의 제3의 인생을 살게 되었다. 그것은 로앤비가 성공적인 발전의 궤도 위에 안착하였다는 믿음에 기한 것으로서, 벤처기업보다 더욱 무궁무진한 가치창조의 가능성이 학문과 교육의 영역 속에 있다고 믿어 온 저자에게는 분에 넘치는 행운이었다. 학교로 온 지 얼마 지나지 않아 저작권 관련 정책 및 입법 관련 자문, 권리자와 이용자 사이의 상생협력 지원, 공유저작물 창조자원화 사업 등 많은 뜻 있는 일에 참여하여, 그 과정에서 저자가 법률가로서 기여한 것 이상으로 일선의 정책 및 실무 담당자들로부터 많은 귀중한 정보와 살아 있는 경험지식을 제공받을 수 있었다. 학교 일에 더하여, 그러한 일들로 인해 무척 바빴다는 것도 개정작업이 늦어진 이유 중의 하나이지만, 그 과정에서 저작권법의 이면을 보다 넓고 깊게 관찰함으로써 얻은 새로운 시각이 이 책의 곳곳에 반영되어 독자들에게도 전달될 수 있다면, 개정판 출간이 늦어짐에 따른 공백기의 아쉬움을 상쇄할 수도 있지 않을까 기대해 본다.

　저작권법의 다양한 현장을 직접 체험하게 되면서 저자는 무엇보다 저작권 등 권리의 보호와 저작물의 공정하고 효율적인 이용 및 유통 활성화 사이의 바람직한 균형지점을 탐색하는 일에 깊은 관심을 가지게 되었다. 디지털혁명으로 인해 그 두 가지 가치 사이의 균형이 양방향으로 크게 무너진 상태에서 한편으로는 불법복제가 만연한 현실을 바로잡고 권리보호를 강화하고자 하는 방향과 다른 한편으로는 디지털매체를 이용한 정보유통의 폭발적 수요에 '병목'으로 작용하고 있는 저작권의 경직성을 완화하고 이용의 활성화를 도모하고자 하는 방향이 서로 충돌, 갈등하고 있는 국면이 도처에서 발견된다. 저자는 이 두 가지 방향의 갈등과 모순을 어느 한 방향의 단순한 선택으로 매듭지으려 하기보다 양자를 긴장감 있게 함께 추구하여 그 갈등을 넘어선 새로운 선순환의 상황을 만들어 내고자 하는 진지한 노력을 기울여 나가는 것이 바람직하다고 믿는다. 이 개정판의 내용에도 그러한 관점이 밑바탕에 깔려 있을 것이라는 점을 밝혀 둔다.

개정작업의 막바지에 저자가 가장 큰 정성을 쏟았던 일은 책의 본문 옆에 '옆번호'를 달고 관련된 내용에 일일이 그것을 인용하여 표시하는 일이었다. 많은 시간을 들여 그러한 작업을 한 것은 독자들이 책의 내용을 보다 쉽게 이해하고 전후의 관련내용을 신속하게 참조하는 데 도움이 될 수 있을 것으로 기대하였기 때문이다. 그러한 여러 가지 노력이 독자들에게 기쁨으로 다가갈 수 있기를 소망한다.

끝으로, 오랜 세월 끝에 먼 길을 돌아 학교로 온 저자를 따뜻하게 환대하고 많은 격려와 도움을 베풀어 주신 손경한, 정차호 교수님을 비롯한 성균관대학교 법대의 여러 교수님들과 자료제공 등의 많은 도움을 주신 문화체육관광부와 한국저작권위원회의 관계자 여러분께 깊은 감사를 드리며, 개정판의 집필을 독려해 주신 박영사의 조성호 부장님과 편집을 맡아 수고해 주신 정순정 씨에게도 큰 감사의 마음을 전한다.

2012년 2월 5일
이 해 완

초판 서문

저자가 저작권법에 처음으로 깊은 관심을 가진 것은 법관 재직 중이던 1991년 '지적소유권에 관한 제문제'라는 주제로 중견법관 세미나가 열린다는 소식을 접했을 때이다. 법관으로서 재판업무를 훌륭하게 수행하면서도 전문분야 하나를 정하여 꾸준히 연찬함으로써 학문적으로도 큰 성과를 내신 선배법관들이 드물지 않은 것을 알게 되면서 "나도 하나의 전문분야를 정하여 꾸준히 공부하고 싶다"는 생각을 굳히고 있던 중이었기에 법관세미나 참가신청 여부를 회람하는 공문을 그냥 지나칠 수 없었다. 평소 저자가 자주 접할 수 없었던 지적소유권의 여러 주제들이 매우 흥미롭게 느껴졌고, 특히 세부 주제 중 '저작권의 침해와 그 구제'라는 주제에 강한 애착이 느껴졌다. 평소 깊이 공부한 바는 없지만 이 기회에 저작권법을 전문분야로 정하여 공부해 보고 싶은 마음이 들어 경력이 일천한 법관으로서는 다소 과감하게 주제발표를 신청하였고 다행히 발표자로 선정될 수 있었다. 그 후 세미나에서 많은 선배법관들 앞에서 주제발표를 하기까지의 수 개월 동안 저자는 무척 행복한 열중과 몰입의 시간을 가졌다. 심지어는 아내와 함께 한 결혼기념 여행 중에도 콘도의 식탁을 책상으로 삼아 저작권법 논문들을 늘어놓고 읽을 정도였으며, 자료를 구하기 위해 이곳저곳 많이 뛰어다니기도 하였다. 그 시기의 젊은 열정이 있었기에 오늘의 이 책도 존재하게 된 것임을 생각하면, 무척 감사한 마음이 든다.

1996년에 중국 사회과학원 법학연구소에 장기연수를 갔을 때에도 저자의 연구주제가 저작권법을 중심으로 한 지적재산권 분야였음은 물론이다. 사회과학원의 지재권 전문가인 리슌더(李順德) 교수와 1 대 1로 토론식 수업을 하면서 중국과 한국의 법제 비교 및 TRIPs 등 국제협정을 바라보는 시각 등에 있어서 깊이 있는 정보 교환과 학문적 교류를 할 수 있어서 매우 큰 도움을 받았다.

　중국에서 돌아온 후 얼마 지나지 않은 1998년에 저자는 사법연수원 교수로 발령받아 저작권법을 강의할 수 있게 되었는데, 그것은 저작권법 공부를 더욱 체계화하고 심화시킬 수 있는 둘도 없는 기회가 되었다. 이를 토대로 1999년에 당시 사법연수원에서 저자와 저작권법 강의를 나누어 맡고 있었던 오승종 교수님과 2인 공저로 저작권법 교과서를 내게 되었다.

　그 무렵 인터넷의 보급이 폭발적으로 증대하면서 사회 각 분야에 커다란 변화의 물결을 일으키는 힘이 되고 있었고, 1995년 무렵에 법조인으로서는 처음으로 '법률정보 솔'이라는 인터넷 법률사이트를 개설한 바 있는 저자는 자연스럽게 '인터넷법' 분야에 깊은 관심을 가지게 되었다. 저작권법은 인터넷 시대의 영향을 가장 많이 받은 법 중의 하나이므로 저자의 인터넷법에 대한 관심은 저작권법의 발전을 좇아가는 데 큰 도움이 되었다. 그 후 지금까지 저자의 삶은 학문에만 충실한 삶은 못되었지만, 저작권법과 인터넷법 또는 IT법의 눈부신 변화와 발전이 안겨다 준 흥미진진하고 도전적인 이슈들에 쌓여 연구자로서의 관심과 열정을 끊이지 않고 유지해 올 수 있었다.

　마침 지난 해 말에 저작권법의 대대적인 전면개정이 이루어진 후 그간 독자들의 과분한 사랑을 받으면서 판을 거듭해 오던 저작권법 기본서의 공저자이신 오승종 교수님이 단독저서를 계획하심에 따라 저자도 단독저서로 본서를 집필하게 되었다. 어렵고 도전적인 일이었지만, 16년 전에 인연을 맺은 때부터 지금까지 눈부신 변화와 발전을 거듭해 온 저작권법에 대한 학문적 애착이 벅찬 도전을 기꺼이 받아들이게 하였다. 집중적으로 집필에 매달린 탈고 전의 약 반년 동안 저자는 과거 저작권법을 처음 공부하던 시절의 젊은 열정을 되살려 낼 수 있었다. 주로 야간과 주말시간을 이용하여 밤잠을 줄이면서 준비하느라 고통이 따랐지만, 창조적 몰입의 시간들이 안겨 준 즐거움과 기쁨이 고통보다 컸다고 고백하고 싶다.

　이제 짧지 않은 그 시간들이 만들어 낸 결과물을 독자들에게 내 놓으려 하니 새삼 두려움과 부끄러움이 밀려든다. 그러나 저자가 생애의 일부분을 할애하여 이 책에 쏟은 정성과 노력이 다음과 같은 점에서 의미를 가질 수 있기를 기대한다.

　첫째, 저작권법 분야의 기본 교과서로 사용될 수 있도록 저작권법의 모든 이슈들을 빠짐없이 다루고 각 주제에 대한 국내외의 학설과 판례의 입장을 가능한 한 자세히 소개하고자 하였다. 거의 모든 주요 이슈에 대하여 저자 자신의 의견과 관점을 적극적으로 밝혔으나, 전체적으로 다수설 및 판례의 흐름과 동떨어진 주관적 의견에 치우치지는 않았다고 자평한다. 저자의 독자적인 견해를 제시한 경우에도 학설 및 판례의 흐름에 대한 객관적인 이해가 가능할 수 있도록 배려하고자 하였다.

둘째, 2007년 상반기까지 나온 주요 판례들을 최대한 빠짐없이 소개하면서 판례의 이해 또는 비판적 분석에 도움이 되는 코멘트(NOTE)를 꽤 풍부하게 달아 두었다. 적어도 본서를 통해 판례의 흐름에 대한 깊이 있는 실무적 이해와 적용을 하는 데는 아무런 부족함이 없도록 최대한 배려하였다.

셋째, 2007년 6월 29일부터 시행되는 개정 저작권법의 취지와 해석상의 문제들을 자세히 다루어 개정법의 정확한 이해에 소홀함이 없도록 노력하였다. 본서의 간행이 조금 늦어지게 됨에 따라 최근에 확정된 개정 저작권법 시행령의 내용도 자세히 소개할 수 있어 다행스럽게 생각한다. 그리고 얼마 전에 발표된 한미 FTA협정 내용도 각 해당 부분에 소개하여 참고할 수 있게 하였다.

넷째, 정보저작권과 국제저작권 부분은 이전의 저서에서 저자가 담당했던 파트 중의 일부로서, 이전 저서와 마찬가지로 상당한 비중을 두고 상세하게 다루고 있다.

다섯째, 저작권법상의 논의 중 우리의 법제 및 실무와는 거리가 있는 외국법상의 논의나 고답적이고 순이론적인 논의는 최대한 지양하고, 우리 법의 해석과 적용에 초점을 맞추어 실무상 문제가 되는 이슈에 대하여 비교적 명확한 해답을 제공함으로써 실무자들이 참고하기에 좋은 책이 되도록 노력하였다. 외국의 법제 및 판례를 상세하게 소개한 부분들도 있지만, 그것은 우리 법의 해석 및 적용과 관련한 실제적인 난제를 해결하는 데 도움이 되는 범위 내라고 여겨졌기 때문이다.

이러한 저자의 노력이 의미 있게 전달되어 학계에 계신 분들 외에도 판사, 검사, 변호사, 변리사 및 지재권 분야의 실무자, 수험생, 일반 학생 등에게 이 분야의 대표적 기본서의 하나로 활용될 수 있기를 기대하며, 부족한 부분에 대하여 독자 제현의 관심어린 질책과 충고를 부탁드린다.

이 책이 나오기까지 도움을 주신 분들에게 감사의 마음을 표시할 차례가 되었다.

먼저 법관 시절 저자가 '스승'으로 생각하며 가까이 모실 수 있었음을 큰 행운으로 여기는, 조무제 전 대법관님, 가재환, 권광중 전 사법연수원장님, 송기홍 전 가정법원장님, 고현철, 이홍훈, 김능환 대법관님, 강문종 전 부산지방법원장님, 김정남, 양태종, 심명수, 이영복, 최동렬 변호사님 등의 은혜를 잊을 수 없다. 그 분들의 훌륭한 가르치심은 법원 안에서나 밖에서나 늘 가치와 이상을 추구하는 진지한 삶으로 저자를 인도하였다.

저자는 새로운 밀레니엄을 맞이한 2000년 여름에, 새로운 시대적 흐름 속에서 보다 창조적이고 진취적이며 개척적인 일을 하고자 하는 소망을 품고 법원을 나와 법무법인 태평양의 도움으로 로앤비(www.lawnb.com)라는 새로운 법률기업을 설립하여 운영해 오고 있다. 로앤비는 현재 민간분야에서 가장 탁월한 법률정보 사이트로 인정받고 있고 법 관련 교육사업 및 시스템 구축 사업, 연구용역 사업 등에도 진출하여 활발하게 성장하고 있다. 이러한 로앤비를 통한 기업가로서의 활동은 저자의 학문적 지식이 '현장'과 유리되지 않도록 하는 데 큰 도움이 되었다. 동시에 저자가 서울중앙지방법원 및 전자거래분쟁조정위원회의 조정위원, 한일법률전문가 라운드테이블의 한국측 의장, 캄보디아의 전자거래법 및 베트남의 IT법 제정을 돕는 국제컨설턴트, 국내 각종 IT 입법의 제정추진위원 또는 자문위원 등으로서 쌓은 다양한 경험이 본서의 밑바탕에 깔려 있다.

특히 로앤비가 창업 초기의 어려움을 딛고 일어나 사회를 위해 유익한 기업으로 잘 성장하고 있으며 상당한 안정성을 확보하고 있다는 점이야말로 본서의 집필을 가능하게 한 근본적인 토대가 되었다. 그런 점에서 저자를 도와 로앤비를 잘 이끌어가고 있는 안기순 부사장(변호사)과 강민, 양정모, 장대현, 정경률, 서인교, 나종환 팀장을 비롯한 사랑하는 모든 직원들에게 특별한 감사의 마음을 전하고 싶다. 또한 로앤비라는 회사를 통해 독특한 가치와 보람을 일굴 수 있는 기회를 부여하고 많은 지원을 아끼지 않으신 법무법인 태평양의 김인섭 창업대표변호사님, 이정훈, 이종욱, 오용석, 강용현, 이재식 대표변호사님, 황의인, 곽태철, 나천수, 이근병, 오양호, 표인수, 김인만, 김종길, 김갑유, 이후동, 유욱, 전병하, 정의종, 정상철, 정규상, 황보영, 류광현, 이준기, 조우성, 이상직, 유철형, 조원회, 전은진 변호사님, 송진훈, 강봉수, 김영섭, 김수동, 이명재, 김영철, 추준석, 이건춘, 이석채, 황두연, 서승일 고문님, 이건호 회계사님 등께도 깊은 감사의 마음을 전하고 싶다.

전자거래진흥원, 컴퓨터프로그램보호위원회, 저작권위원회 등 기관들과도 크고 많은 프로젝트를 함께 하면서 좋은 정보와 의견을 나눌 수 있어서 학문적으로 큰 도움을 받았다. 각 기관의 관계자 여러분께 감사드린다. 특히 한일전자상거래 법률전문가 라운드테이블과 공인전자문서보관소 제도화 과정 등에서 고락을 같이한 전자거래진흥원의 강현구 본부장과 이중구 팀장, 이원재 과장 및 본서를 위한 자료 수집에 큰 도움을 제공해 주신 저작권위원회의 오기석 연구원께 깊은 감사의 마음을 전한다.

그리고 저자가 참고하고 인용한 모든 문헌들의 저자 및 필자들께 깊은 감사를 드린다. 특히 제4판까지 간행된 이전 저서의 공저자이신 오승종 교수님께 감사드리며, 앞으로도 학문적으로 빛나는 성취를 이루어 가시기를 진심으로 기원한다. 또한 송상현 교수님, 김문환 총장님, 양병회, 이기수, 박영길, 정완용, 이상정, 정상조, 윤선희, 정진섭, 안효질, 이대희, 김병일, 박성호, 오병철 교수님, 손경한 변호사님, 황찬현, 최성준, 강민구 부장판사님, 장인숙, 허희성, 임원선, 최경수, 서달주 선생님 등에게도 평소 큰 학은을 입어 왔으므로 이 지면을 빌어 감사의 마음을 표하고 싶다.

저자가 처음 공부를 시작할 때 많은 도서와 자료를 빌려 주며 격려해 주셨던 박원순 변호사님, 그 무렵 저자의 제안으로 만들어진 저작권법연구회에 참여하여 학문적 교류와 함께 깊은 우의를 나누었던 이종걸 의원님과 황정근, 윤병철, 임성우 변호사님께도 감사드린다.

저작권법과는 다른 영역에 계시지만, 학문과 신앙에 있어서 저자에게 커다란 귀감이 되어 주시는 한반도평화연구원의 윤영관 원장님, 이장로, 전우택 부원장님을 비롯한 연구위원님들께도 감사의 마음을 전하고 싶다.

로앤비 재직 중 종전 저서의 교정작업 등에 큰 도움이 되어 주신 박소희 씨와 본서의 발간 및 편집에 도움을 주신 박영사의 조성호, 홍석태 차장님께도 감사드린다.

늘 그러하듯이 이 책의 집필도 고도의 집중력을 발휘할 시간을 따로 떼어 낼 것을 요구하였다. 그 시간이 주로 깊은 밤 아니면 주말이나 휴일이다 보니, 집필이 아니라면 가족들에게 돌아갔어야 할 관심과 배려, 함께 하는 시간들이 희생될 수밖에 없었다. 저자의 참 좋은 벗이자 반려인 사랑하는 아내와 사랑스러운 두 딸(형민이, 정원이)의 이해와 응원이 없었다면 이 책이 세상에 나오는 것은 불가능하였을 것이다. 이 지면을 빌어 고마운 마음을 전하고 싶다. 저자의 삶에 무언가 선한 결실이 있기를 저자 자신보다도 더 간절히 소망하며 한결같은 사랑의 기도로 저자를 돌보아 오신 사랑하는 어머님과 역시 깊은 사랑과 기대로 저자를 지켜봐 주시는 장모님께도 깊은 감사의 마음을 전해 드린다.

끝으로, 창조의 즐거움, 도전과 모험의 매력, 사랑의 기쁨과 경이로움이 가득한 인생길을 허락하시고 학문적으로도 변화와 역동성이 풍부한 분야를 찾아 공헌할 수 있도록 사랑으로 인도하여 주신 하나님의 은혜에 감사드리며, 이 책이 하나님이 기뻐하실, 작지만 헛되지 않은 결실이 될 수 있기를 바란다.

2007년 7월 대모산 기슭의 寓居에서

李 海 完 씀

차 례

제1장 총 설

제 2 장 저 작 물

제 3 장   저 작 자

제4장　저작자의 권리

제 5 장   기타의 권리 및 특례

제 7 장 저작권에 관한 분쟁의 조정 및 심의

제 8 장 저작권의 침해와 구제

제 9 장   국제저작권

제1장

총 설

copyright law

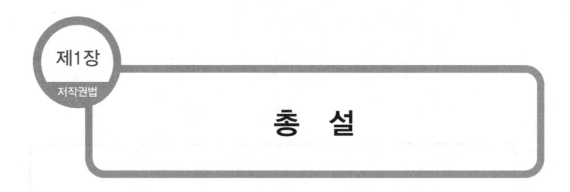

제1장
저작권법

총 설

제1절 저작권법의 의의와 목적

I. 저작권법의 의의

§1-1   우리가 '저작권법'이라고 할 때 그것은 좁은 의미의 저작권법을 지칭하는 경우도 있고, 넓은 의미의 저작권법을 지칭하는 경우도 있을 수 있다. 좁은 의미의 저작권법은 '저작권법'이라는 이름으로 국회를 통과하여 공포된 법률로서 현재 시행중인 법률을 의미한다.

이에 반하여, 넓은 의미의 저작권법은 좁은 의미의 저작권법 외에 소위 강학상의 저작권법의 개념에 포함되는 것으로서 저작권법의 실질적 내용을 이루고 있는 모든 법령을 포함하는 개념이다. 저작권법 시행령, 시행규칙 외에 민법, 형법 등의 관련 규정들이 여기에 포함되고, 동시에 저작권 및 저작인접권과 관련하여 우리나라가 가입한 국제조약인 세계저작권협약(UCC), 음반협약, 베른협약, 로마협약, WTO/TRIPs 협정, WIPO 저작권조약(WCT), WIPO 실연·음반조약(WPPT) 등도 포함된다. 본서의 제목으로서의 저작권법은 좁은 의미가 아니라 넓은 의미의 저작권법을 뜻하므로 본서에서는 좁은 의미의 저작권법 외에 실질적으로 저작권법의 내용을 이루는 모든 법령의 내용을 두루 살펴보게 될 것이다.

이러한 저작권법은 지식재산권법[1]의 일종이다. 지식재산권법은 인간의 지적 창조활동의 성

---

1 종래 지적재산권법이라는 용어를 사용해 왔으나, 2011. 5. 19. '지식재산' 및 '지식재산권'이라는 용어를 공식적으로 채

과를 보호하기 위한 법으로서 저작권법 외에 특허법, 상표법, 실용신안법, 디자인보호법, 부정경쟁방지 및 영업비밀보호에 관한 법률, 반도체집적회로의 배치설계에 관한 법률 등이 여기에 포함된다. 그 중 저작권법은 산업의 보호가 아니라 문화의 발전을 위한 법이라는 특성을 가지고 있어 '산업재산권법'이라고 불리는 다른 지식재산권법과 구별되는 문화기본법으로 불려 왔으나, 오늘날은 디지털 기술의 혁명적 발전으로 인하여 그러한 경계가 다소 상대화됨으로써 저작권법도 소프트웨어와 데이터베이스를 비롯한 산업적인 영역에 그 보호의 범위를 뻗쳐가고 있다.

Ⅱ. 저작권법의 목적

저작권법 제 1 조는 '목적'이라는 제목하에 "이 법은 저작자의 권리와 이에 인접하는 권리를 보호하고 저작물의 공정한 이용을 도모함으로써 문화 및 관련 산업의 향상발전에 이바지함을 목적으로 한다"고 규정하고 있다. 저작권법은 이 조항을 통하여 저작권법이 지향하는 목적을 분명히 함으로써 그 해석의 기본적인 방향성을 제시하고 있다. 전체적으로 볼 때, '문화 및 관련 산업의 향상발전에 이바지'한다는 것을 궁극적인 목적으로 하면서 그것을 이루기 위한 두 가지의 수단으로서 첫째 저작자의 권리와 이에 인접하는 권리의 보호, 둘째 저작물의 공정한 이용의 도모라고 하는 것을 들고 있음을 알 수 있다. 이하에서 각각의 의미를 나누어서 살펴보기로 한다. §1-2

1. 저작권 및 저작인접권의 보호

저작권법의 일차적인 목적이 저작권('저작자의 권리') 및 저작인접권('이에 인접하는 권리')의 보호에 있다는 것은 제 1 조에서도 분명하게 밝히고 있다. §1-3

저작권이라고 하는 것은 인류의 오랜 역사에 비추어 보면 근세 이후의 비교적 짧은 역사를 가지고 있고, 배타적 권리로서의 저작권을 강력하게 보호하는 것만큼 이용자들의 자유로운 이용은 저해되는 면이 있으므로 그 제도적 필연성에 대하여 아직도 의문을 제기하는 견해가 없지 않다. 그러나 현재 세계 대부분의 문명국에서 저작권을 보호하는 제도를 수립하고 있고, 그 보호의 내용도 국제적으로 보편화되고 있는 추세에 있다. 그러면 저작권을 배타적 권리로 인정하고 보호하는 것을 정당화하는 근거는 어디에서 찾을 수 있을까?

이에 대하여는 크게 두 갈래의 접근 방식이 있다. 하나는 저작물은 저작자의 정신적 노력의 산물이고 동시에 저작자의 인격이 투영된 것이라는 점에서 '자연적 정의'의 관점에 기한 저작자 §1-4

택한 지식재산기본법이 제정되어 2011. 7. 20.부터 시행되고 있으므로, 이제부터는 이 분야의 법에 대하여 지식재산권법이라는 용어를 사용하기로 한다.

의 '자연권'으로서 저작권을 보호하여야 한다고 하는 발상이다. 다른 하나는 창작자들에게 저작권이라고 하는 배타적·독점적 권리를 부여함으로써 그들에게 정당한 이익을 분배할 수 있어 창작활동에의 인센티브를 줄 수 있고, 그것은 궁극적으로 문화·예술 및 학문의 발전이라고 하는 공공선을 이끌어 낸다고 하는 공리주의적인 견해이다. '자연권론'은 프랑스를 비롯한 대륙법계 국가들에서 나타나는 사고방식이다. 반면, 영미법계 국가들에서는 저작자에게 특별한 자연발생적인 권리가 있다고 하는 생각은 강하지 않았으므로 주로 공리주의적인 정당화가 이루어졌다.

§1-5 그런데 이 두 가지 사고방식이 서로 양자택일적인 대립관계에 있는 것으로만 볼 것은 아니다. 실제로 이 두 가지의 사고방식이 서로 영향을 미쳐 왔고, 두 가지 '모델' 중에서 하나만을 전적으로 취하기보다 양쪽의 사고방식을 모두 고려하여 조화점을 찾고자 하는 노력이 이루어져 왔다. 역사적으로 두 가지 입장의 차이가 가장 크게 드러났던 것은 저작인격권의 인정 여부와 무방식주의의 채택 여부에 있었다. 즉 대륙법계 국가들은 저작인격권을 인정하고, 저작권의 성립에 등록 기타 어떠한 형식적 조치도 요구하지 않는 '무방식주의'를 취하여 왔으나 영미법계 국가들은 그러하지 않았다.[1] 다만, 지금은 이 부분도 국제적 보편화의 흐름 속에서 '수렴'의 경향을 보이고 있다.

§1-6 우리나라 저작권법은 저작인격권의 인정, 무방식주의의 채택 등의 점에서 처음부터 기본적으로 대륙법계의 '자연권론'에 근접한 접근방식을 취하였다고 할 수 있다. 그러나 '자연권론'의 입장을 절대화하기보다는 실제적인 면에서 '문화 및 관련 산업의 발전에 무엇이 유익한가' 하는 것을 궁극적인 기준으로 삼아 저작권의 보호와 이용자들의 '공정한 이용'의 보장이라고 하는 서로 상충하는 이익 내지 가치를 조화시키기 위한 다양한 규정들을 두고 있다. 제1조에서 저작권 등의 보호는 궁극적인 목적이 아니라 '문화 및 관련 산업의 향상발전'이라는 목적을 위한 수단으로서의 의미를 가지는 것으로 표현되고 있음은 바로 그러한 입장을 반영한 것으로서 이 점에서는 영미법적인 '인센티브(誘引)' 이론의 측면도 배제되지 않았음을 느끼게 하는 것이다. 따라서 저작권법을 해석함에 있어서 지나치게 권리자의 보호에만 치중한 해석을 하는 것은 경계하여야 할 일이다. 저작물의 보호범위, 침해 여부의 판단 기타 저작권법 해석상의 난제가 등장할 때마다, 또한 입법상의 이슈가 제기될 때마다 저작권자의 권익 보호와 이용자들의 공정한 이용 보장의 조화를 통해 인류 문화의 향상 발전에 이바지하는 길이 무엇인지를 진지하게 탐색하여야 한다.

그러나 그럼에도 불구하고 저작권의 보호라고 하는 것이 저작권법의 1차적인 중요 목적이 되며, 그것이 재산권 보장을 규정한 헌법상의 요구이기도 하고, 문화의 창달을 위해서도 꼭 필요

---

1 이상 金井重彦·小倉秀夫 編著, 著作權法 コンメンタール 上卷(1條~74條), 東京布井出版, 2000[中山代志子 집필부분], 3~4면 참조.

한 일임을 간과하여서는 아니 된다. 다른 한편으로는, 저작물의 해석과 전달을 통해 저작자의 창작적 활동의 성과물들이 실제로 대중이 향유할 수 있는 상태가 되도록 매개하는 역할을 수행하는 실연자, 음반제작자, 방송사업자 등 저작인접권자의 권익을 보호하는 것도 저작권법의 중요한 목적이다. 저작권법은 제 3 장에서 저작인접권의 보호에 관한 자세한 규정을 두고 있다.

2. 저작물의 공정한 이용 도모

위에서 본 바와 같이 저작권법의 첫째 목적은 저작자 등의 권리 보호에 있다. 그러나 다른 측면에서 저작물이라는 것은 크든 작든 늘 인류 공동의 자산인 선인의 문화유산을 바탕으로 한 것으로서 그러한 인류공동의 자산을 떠난 완전독립의 창작이라는 것을 생각하기는 어렵고, 그 저작물의 가치는 널리 많은 사람들의 이용에 제공될 때 더욱 빛나는 것이라는 점을 간과해서는 안 된다. 개인의 사권으로서의 저작권의 보호만을 지나치게 강조한 나머지 이용자들의 정당한 권익이나 공공의 이익을 전혀 배려하지 않는 것은 올바른 태도라고 볼 수 없다. 따라서 저작권법은 저작물의 '공정한 이용'을 도모하는 것을 또 하나의 주요한 목적으로 삼고 있고, 저작재산권의 제한, 법정허락, 보호기간에 관한 규정 등에 그러한 취지를 반영하고 있다. 위에서도 언급한 바와 같이 저작권법의 해석에 임하는 학자, 실무가는 저작자 등 권리자의 보호와 이용자의 공정한 이용 도모라고 하는 서로 상반되는 두 가지 이상과 목적을 조화시키기 위한 진지한 모색을 게을리하지 않아야 한다.

§1-7

특히 르네상스 시대의 활판인쇄 기술의 발명보다도 더욱 '혁명적'이라고 할 수 있는 정보화 및 멀티미디어 시대의 도래에 따라 오늘날 저작권자 등의 정당한 권익 보호와 이용자들의 공정한 저작물 이용 보장의 조화점이 어디인지는 끊임없이 되묻지 않으면 안 되는 매우 유동적인 상황에 있음을 유의하여야 한다.[1]

3. 문화 및 관련 산업의 향상발전에 이바지

저작권법은 위의 첫째 및 둘째 목적을 통하여 궁극적으로 문화 및 관련 산업의 향상발전에 이바지하고자 하는 목적을 가짐을 표명하고 있다. 저작자의 권리를 보호하는 이유도 개인의 재산권 및 인격권의 보호라고 하는 측면 외에 문화의 향상 발전을 이끌어 내기 위한 측면이 있음은 위에서도 지적한 바와 같고, 저작물의 공정한 이용을 도모하는 것도 당연히 문화의 향상발전에 기여하는 것과 직결된 것이라 할 수 있다.

§1-8

---

1 金井重彦·小倉秀夫 編著, 전게서, 7면; 이성호, "저작권법 개론," 저작권심의조정위원회 제 2 기 저작권아카데미 제 11차 변호사과정 자료집, 2006, 3~4면 참조.

다만, 최근의 디지털 기술 발전, 인터넷 등 새로운 미디어의 급속한 발달과 아울러 컴퓨터프 $§1-9$
로그램 및 데이터베이스라고 하는, 과거의 전통적인 저작권법 보호대상과는 다소 이질적인 위치
에 있는 보호대상이 넓은 의미의 저작권법 영역에 포함되게 되면서 이제는 저작권법이 문화보호
만이 아니라 기술 내지 산업 보호와도 전례 없이 깊은 관련성을 가지게 된 면이 있다. 이로 인해
저작권법은 문화보호법만이 아니라 일면에서는 기술보호법 또는 산업진흥법의 성격을 가지게 되
었다. 이에 따라 구 컴퓨터프로그램보호법과의 통합 등을 위한 2009. 4. 24.자 개정법에서부터는
원래 "문화의 향상발전에 이바지함을 목적으로 한다"고만 규정하고 있던 것을 "문화 및 관련 산
업의 향상발전에 이바지함을 목적으로 한다"라는 문언으로 수정하여 '관련 산업'의 향상발전을 저
작권법의 목적에 포함시키게 되었다. 그러므로 지금은 저작권법을 반드시 '문화'적인 측면만으로
접근하여 해석할 것이 아니라 기술과 산업에 미치는 영향까지 고려하지 않으면 안 되게 되었다.
그리고 이러한 상황은 산업재산권법과의 관계에도 큰 영향을 미치고 있다. 즉, 과거에는 문화기
본법으로서의 저작권법과 산업재산권법은 서로 큰 관계없이 독자적으로 해석, 운용할 수 있었으
나, 지금은 상호간에 큰 영향을 미치고 있으므로 저작권법을 해석할 때에도 특허, 상표, 디자인권
기타의 산업재산권을 포함한 지식재산권법 전체의 조화 속에서 무엇을 어느 정도 보호해야 하는
가 하는 문제를 끊임없이 새롭게 재확인해 가면서 신중하게 해석론을 전개할 필요가 있다. 예를
들어 응용미술이나 사실적·기능적 저작물로 분류할 수 있는 저작물을 '저작물의 요건 및 보호범
위'와 관련하여 어떻게 취급할 것인가 하는 문제 등의 해석에 있어서는 늘 그러한 점을 염두에
두어야 할 것이다.[1]

한편, 구 저작권법(1957년법)에서는 "본법은 학문적 또는 예술적 저작물의 저작자를 보호하여
민족문화의 향상발전을 도모함을 목적으로 한다"(제1조)고 규정하여 '민족문화'라는 한정적인 용
어를 사용하였는데, 저작권의 보편적, 국제적 성격에 비추어 적당하지 않은 용어사용이라는 비
판을 받아 1986년의 개정저작권법부터 현행법(개정법)과 같은 목적 규정을 두게 되었다. 따라
서 현행법에서 '문화'라고 하는 것은 민족문화를 넘어선 인류문화를 의미하는 것으로 보아야 할
것이다.

---

1 金井重彦·小倉秀夫 編著, 전게서, 7면 참조.

제2절	저작권법의 연혁

Ⅰ. 서구에서의 근대 저작권법 성립과 발전

1. 비보호 시대

§2-1   고대에는 저작물의 복제방법이 필사에 의존하였으므로 무형적 저작물에 대한 저작권 보호의 필요성 자체가 대두되지 않았다. 고대 로마에도 표절은 비난받아야 할 것이라는 의식은 있었던 것으로 보이지만, 이에 대하여는 단순히 도덕적 비난이 따름에 그치고 법적 제재를 가하기까지는 이르지 않았고 따라서 저작자는 원고(原稿)에 대한 소유권 외에 무형적인 저작물에 대하여 배타적 지배권을 가진다고 하는 법사상의 형성과는 거리가 멀었다.

중세 시대에도 저작권에 대한 의식은 일어나지 않았다. 저작물의 복제는 수세기에 걸쳐 주로 수도사에 의하여 행해져 왔으며, 중세 후기에 이르러 비로소 사본의 작성과 원고(原稿)의 거래를 업으로 하는 직업이 생기고 특히 대학의 소재지에서 융성을 보이게 되었지만 저작권에 대한 의식은 여전히 생기지 않고 있었다.

2. 특허시대

근대에 이르러 저작권제도의 효시인 '출판특허'제도가 등장하기 시작하였는데, 그 계기가 된   §2-2
것은 활판인쇄술의 발명이다.[1] 활판 인쇄술은 원작과 동일한 내용의 복제물을 한꺼번에 많이 제작하는 것을 가능하게 할 뿐만 아니라 그 가격도 필사본과 비교할 때 저렴하며 필사본의 경우에 사본마다 있을 수 있는 오기를 일률적인 교정으로 방지할 수 있다는 장점을 지니고 있었기 때문에 급속히 보급되어 1470년대에는 유럽 각지에서 활판인쇄가 행해지게 되었다. 그런데 이와 같은 인쇄기술의 보급은 필연적으로 무단복제본의 증가를 가져오기에 이른다.

당시의 유럽은 르네상스기에 해당하여 사람들의 관심이 고대로 향하여져 있었으므로 출판에

---

1 활판인쇄술을 세계 최초로 발명한 것은 13세기경에 이미 금속활자를 발명한 우리 선조들이라는 것이 세계적으로 인정되고 있지만(구텐베르크에 의하여 활판인쇄로 제작된 성경보다 약 100년 전에 고려시대의 우리 선조들에 의하여 제작된 직지심체요절이 세계 최초의 금속활자 인쇄본으로 알려져 있다), 서양에서 최초로 발명한 사람은 독일인인 구텐베르크(J. Gutenberg)라는 것이 일반적인 견해이다. 우리나라를 비롯한 동양에서 금속활자를 먼저 발명하였음에도 불구하고 서양의 활자 인쇄술 발명이 저작권제도의 태동에 더 큰 영향을 미친 것은 종이와 잉크 등의 부대적인 도구의 질적 차이도 있지만 무엇보다 서양의 경우 동양의 국왕 독점적 체제와는 달리 민간자본에 의하여 인쇄업이 발흥한 데다 13세기부터 대학이 설립되고 르네상스 시대의 학문과 문화 진흥으로 책에 대한 수요가 폭증한 것 등 다른 배경적·환경적인 요소가 결합되었기 때문이다.

있어서도 고전(古典) 간행에 중점이 두어지고 있었다. 고전의 간행에 있어서 출판자는 그 원본의 정리, 정정에 다대한 노력을 기울여야 하고 간행 후의 매출에 따른 위험도 전면적으로 부담하여야 하였다. 그러나 그 출판물을 이용하여 무단 복제물을 인쇄, 배포하는 자는 원본 정리 등의 노력을 일체 기울일 필요가 없을 뿐만 아니라 매출에 따른 위험을 전적으로 부담할 필요가 없어 말하자면 단물만 섭취하는 것이 가능하였다. 자연히 이러한 복제출판에 의하여 최초 출판자의 매출이 저해되고 출판에 소요된 비용의 회수조차도 곤란하게 되는 사태가 왕왕 발생하기에 이르렀다. 그래서 출판자들은 무단 복제본의 제작으로부터 자신의 이익을 지키고 경제적인 독점을 꾀하기 위한 법적 보호의 필요를 느끼고 권력자들에게 청원을 하게 되었는데, 그러한 출판자들의 수요에 응하기 위하여 등장한 것이 출판특허제도이다.

출판특허제도의 남상(濫觴)이라고 할 수 있는 것은 1469년 베네치아시가 인쇄술을 그 시에 도입한 독일 스파이어 출신의 요한(Johann von Speyer)에게 인쇄술 사용에 대한 5년간의 배타적 권리를 준 것이다. 그러나 이 특허는 산업의 발전에 종사하는 자라는 이유로 주어진 것으로서 오늘날의 특허의 선구라고 하는 의미가 더욱 크고 저작권제도의 기초로서의 역할을 수행한 출판특허제도와는 엄밀하게는 부합하지 않는 것이다.

출판특허는 개별 저작물마다 부여되는 것이어야 저작권제도의 기초가 될 만한 의미를 갖는 것인데 그러한 의미의 출판특허제도는 15세기에 먼저 이탈리아에 등장하고, 16세기 이래 독일, 프랑스, 영국에서도 잇달아 출현하였다. 출판특허제도가 급속히 유럽 전역으로 보급된 배경에는 국가 내에서 영리적 독점을 바란 출판자의 요구에 응한 것이라는 측면 외에 특허를 주는 측에 있어서도 사전검열이라고 하는 행정단속상의 목적을 달성할 수 있는 데다 특허료를 징수함으로써 국고를 채울 수 있다고 하는 재정상의 고려도 깔려 있었던 것을 간과하여서는 아니 된다.1 이와 같이 이 제도는 저작자의 권리를 직접적으로 보호하는 것이 아니라 출판업자의 독점적·특권적 권리를 통해 간접적으로 저작자의 이익도 도모될 수 있다는 점에서 제한적인 의미를 갖는 것이었다.

3. 입법시대

§2-3   활판 인쇄술의 발명 후 약 200년간 저작권은 특허제도 속에 봉해져 있다가 17세기에 이르러 드디어 그로부터 탈피하기 시작한다. 문예부흥으로 촉발된 인간성의 자각이 개인주의와 권리사상을 크게 발전시켰고, 그로 인해 인간의 지적, 정신적 활동의 성과물(brain child)로서의 저작물에 대하여도 저작자가 당연히 권리를 가진다고 하는 이른바 '저작권 사상'이 세력을 넓혀가기 시작하

---

1 半田正夫, 著作權法槪說(第9版), 一粒社, 1999, 12~15면 참조.

였다. 이 세력이 출판산업의 성장과 함께 강한 압력으로 작용하게 되자 국가로서도 저작자의 권리를 인정하고 이를 법제화하는 움직임을 보이지 않을 수 없었다.

그래서 드디어 1709년에 영국에서 세계 최초의 근대적 저작권법으로 불리는 이른바 '앤 여왕법(Statute of Anne)'이 제정되었다. 이 법률은 저작자 및 그 권리승계인에 대하여, 이미 인쇄된 저작물에 대하여는 1710. 4. 1.부터 21년간, 또 새로이 인쇄되는 저작물에 대하여는 출판 후 14년간에 걸쳐 출판에 대한 권리를 보장하고 그 권리를 침해한 자에 대하여는 침해물의 몰수와 침해물 면수에 비례한 벌금을 물리고 그 벌금 등을 국가와 피해자가 절반씩 나누어 갖는 것으로 규정함과 동시에 권리자라는 것의 증명을 위해 저작자에 대하여 서적출판업조합(Stationer's company)에의 등록과 일정한 도서관에의 납본을 의무화한 것이다. 이 법률의 의의는 출판자의 권리로부터 저작자의 권리로 보호의 중점을 이동한 최초의 법률이라는 것에 있으나, 그 보호대상을 책으로만 한정하여 조각이나 기타 예술작품 등에 대하여는 전혀 다루지 않은 한계를 가지고 있었다. 이러한 문제점을 보완하기 위해 영국에서는 18세기와 19세기에 걸쳐 법적 보호를 받는 저작자의 권리의 대상·내용을 확대하는 의미에서 1734년에는 판화에 관한 '판화 저작권법(Engraving Copyright Acts)'을, 1798년에는 조각에 관한 '조각 저작권법(Sculpture Copyright Act)'을, 1833년에는 연극적 어문저작물의 공연권에 관하여 '연극적 어문저작물법(Dramatic Literary Property Act)'을 각각 제정하였으며, 1842년의 '문예 저작권법(The Literary Copyright Act)'에서는 앤 여왕법을 폐지하고 저작권의 존속기간을 저작자의 생존 중 및 그 사후 7년 또는 처음부터 42년의 기간 중 더 장기인 기간 동안 존속하는 것으로 하였고, 등록제도도 존속하였지만 제소요건으로만 규정하였다.

한편, 프랑스에서는 프랑스 혁명으로 국왕의 특권이 폐지되고 인간과 시민의 권리가 선언됨에 따라 1791년에 국왕의 특권에 의해 독점되고 있던 극장 상연을 해방하는 의미의 '상연에 관한 법률'이 제정되고, 1793년에는 저작물의 작가 및 작곡가, 화가, 판화가 등의 저작자는 그 작품의 판매, 배포에 대하여 배타적 권리를 가지는 것으로 규정한 '복제에 관한 법률'이 제정되었다. 또한 독립 후의 미국은 연방헌법에서부터 저작자의 권리보호를 선언한 후 1790년에 최초로 저작권법을 제정하였다. 그리고 독일에서는 18세기부터 19세기에 걸쳐서 인쇄 출판에 관한 법률들을 잇달아 제정하였는데 1837년 프로이센에서 제정한 '학술적, 미술적 저작물 소유에 관한 법률'은 그러한 여러 법률들을 종합하여 정비하는 취지를 가지고 있었다. 이 법률에서는 어문저작물의 저작자 또는 그 허락을 얻은 자는 저작물을 출판할 배타적 권리를 가지는 것으로 하였다. 그 외에도 미술저작물, 지도, 도형, 설계도, 악보 등에 대하여도 보호가 주어졌고, 출판에 관한 권리는 그 전부 또는 일부를 양도할 수 있는 것으로 규정하였다. 그 후 이러한 프로이센법의 영향을 받아 독일제국에서 1870. 6. 11. '문예, 음악, 연극에 관한 법률'이 제정되고 또한 1876년에는 '미술 및 사진 저작물의 보호에 관한 법률'이 제정되었다.1

이러한 과정을 거쳐 서구에서는 19세기 중반 무렵에 독립적인 권리로서의 저작권의 개념이 확립된 가운데 저작권제도의 입법시대를 맞이하게 되고, 나아가 저작권이 인정되는 대상의 종류, 범위가 점차 넓혀져 19세기 말에 와서는 현대 저작권제도의 기본적 완성을 보기에 이른다.2

그 후 저작권의 일국 내 보호만으로는 한계를 느끼고 국제적 보호를 도모하기 위한 노력을 기울인 결과 1886년에 베른협약(§33-1 이하 참조)이 체결된 이후 오늘날에 이르기까지 여러 가지 다자간 조약을 통한 저작권의 국제적 보호가 가속화되어 왔다. 그러한 의미에서 그 이후의 시대를 '국제법 시대'라고 부르기도 한다. 그러한 국제협약 등의 자세한 내용은 본서의 '국제저작권법'에 관한 장(§32-1 이하)에서 다루어지므로 해당 부분을 참고하기 바란다.

II. 우리나라 저작권법의 연혁

1. 저작권법 제정 이전

§2-4   서구에서 활판 인쇄술의 발명이 저작권제도의 태동배경이 되었다는 것은 위에서 본 바와 같으나, 우리나라에서는 서구에 비하여 약 200년이나 앞서 금속활자를 발명하였음에도 불구하고 인쇄시설의 국가독점 등으로 인하여 저작권제도의 필요성으로 연결되지 못하였다. 조선시대에도 유교사상의 영향으로 저술활동에 대한 경제적 이익을 내세우는 것을 꺼리고, 미술, 음악 등의 예술분야도 잡기라는 이유로 천시한 탓에 문화, 예술적 창작에 대한 권리 부여 및 법적 보호에 대한 개념이 발달하지 못했다. 이러한 이유로 결국 실정법 제도로서의 저작권제도는 우리의 자생적인 필요에 의한 것이 아니라 일본의 침략에 의한 강제적 성격의 서구제도 수용의 일환으로 도입되게 되었다.3

---

1 作花文雄, 詳解 著作權法, ぎょうせい, 2000, 28~31면 참조.
2 장인숙, 著作權法原論, 寶晋齋出版社, 1989, 18면 참조.
3 그러나 실정법 제도로서의 저작권제도가 아니라 사회적 관습으로서의 저작권제도와 문화는 우리 역사 속에서도 이미 오래 전부터 존재해 왔다는 견해가 있다. 민경재, "韓·中·日에서 근대 저작권법 입법 이전의 저작권법 및 저작권문화의 존재여부에 관한 연구", 계간 저작권 2012년 가을호, 한국저작권위원회, 35~36면 참조.
위 글은 고려 및 조선 시대에 '표절'이 문제가 된 사례들이 많고, 나아가 조선 후기 역관 이상적(1803-1865)의 문집인 은송당속집(恩誦堂續集)에 기록된 출판 일정을 분석해 보면, "일단 저자가 창작자로서의 지위를 가지면서 출판에 대한 모든 권한을 가지고, 판각 역시도 인쇄가 마무리됨과 동시에 저자에게 보냄으로써 출판업자가 임의로 인쇄를 할 수도 없게 하였다"는 것을 알 수 있으므로, "당시에 저자가 원고 교정(동일성유지권) 및 성명표시권 그리고 공표권이라는 현재의 저작인격권의 형식 모두를 온전히 가지고 있음을 유추할 수 있다"고 하며, 동시에 "저자와 다른 출판인과의 권리관계가 명확하게 구분되어 있음을 추론할 수 있다"고 한다. 위 글은 근대 계몽기의 저작물에서 판권 표기가 나타나고 있기도 한 점을 또 하나의 논거로 제시하면서, "우리나라에는 국가의 실정법 체계인 법률로서의 저작권법은 정확히 말하면, 한국에서 시행된 최초의 저작권법령은 1908. 8. 12. 체결된 '한국에서의 발명, 의장, 상표 및 저작권의 보호에 관한 일미조약'에서 비롯된다. 이 조약 제 1 조는 "일본국 정부는 발명, 의장, 상표 및 저작권에 관하여 현재 일본국에서 행하는 것과 동양의 법령이 본 조약의 실시와 동시에 한국에서 시행되는 것으로 하였다. 위 법령은 한국에서의 미국인민에 대하여도 일본국 신민 및 한국 신민에 대함과 같이 적용되는 것으로 함(이하 생략)"으로 규정하고 있었다. 이 조약에 따라 한국 저작권령(칙령 제200호)이 1908년 8월 12일 공포되었고 같은 달 13일 한국 정부가 내각고시 제 4 호로 이를 반포함으로써 같은 달 16일부터 시행되었는데, 본문(제 1 조, 제 2 조)과 부칙(제 3 조 내지 제 7 조)으로 구성된 전문 7개조에 불과한 것이었다. 이 칙령에서 한국의 저작권에 관하여는 1899년 에 제정된 일본 저작권법에 의하여 적용한다고 규정하고(제 1 조), 이는 1908년 8월 16일부터 시행 한다고 규정(제 3 조)함으로써 당시의 일본 저작권법이 우리나라에 이른바 '의용'되게 되었다.[1]

그 후 일본은 '한일합방조약'의 공포일인 1910. 8. 29. 칙령 제335호와 제338호에 의하여 같은 날부터 일본 저작권법을 한국에 바로 시행하는 것으로 규정하였다. 또한 1945년 해방 후에는 미군정법령(제21호)에 의하여, 1948년 대한민국 정부수립 후에는 헌법의 경과규정에 의하여 일본 저작권법이 여전히 시행되어 왔다.[2]

2. 1957년 저작권법

1957년에 이르러 드디어 최초의 우리나라 저작권법이 제정, 공포되게 되었다.   §2-5

5개장, 75개조 및 부칙으로 구성된 이 법률은 1989년에 제정된 일본 저작권법의 체제를 본 뜬 것으로서 당시로서는 비교적 진보적인 내용을 담고 있었으나 30년 보호원칙을 취한 점, 음반·실연 등 저작인접물을 저작물로 규정한 점, 음반·녹음필름 등을 공연 또는 방송에 사용하는 행위를 포함하여 상당히 넓은 범위의 행위들을 비침해행위로 규정한 점 등에 있어서 국제적인 입법추세에 부합하지 않는 면을 가지고 있었다.[3] 일반적으로 이 법을 강학상 '구 저작권법'이라고 부른다.

3. 1986년 개정법

1980년대에 이르러 우리나라의 국력신장과 저작권산업의 발전 및 외국과의 문화 교류 확대   §2-6
등에 따라 저작권법을 국제적 보호수준에 맞추어 개정할 것을 바라는 국내적인 여망과 함께 국외

존재하지 않았음이 타당하다고 보이지만, 저작권 문화 또는 제도적 측면에서 '저작자의 권리'에 대한 인식이 존재하였 다고 볼 수 있을 것"이라고 피력하고 있다. 충분히 경청할 만한 견해라고 생각된다.

1 박성호, 저작권법의 이론과 현실, 현암사, 2006, 51~52면.
2 장인숙, 전게서, 21~22면; 자세한 것은 박성호, 전게서, 54~58면 참조.
3 장인숙, 전게서, 22면 참조.

로부터의 압력이 거세어지자 결국 1986. 12. 31. 저작권법의 전면개정이 이루어지게 되었다. 이 법이 1987. 7. 1.부터 시행되게 된 데 이어 같은 해 10. 1.에 우리나라가 세계저작권협약(UCC)(§34-1 이하 참조)에 가입함으로써 그 협약에 가입한 80개 외국의 저작물에 대하여도 내국민대우의 원칙에 따라 보호를 하게 되었다. 이러한 UCC에의 가입은 법 개정의 전제가 되었던 것이다.

구 저작권법에 비하여 체제와 내용을 전면적으로 일신하여 거의 새로운 제정이라고 할 만한 정도의 전면적 개정을 한 이 법률의 주요 내용은 다음과 같다.

1) 저작권에 관련되는 용어의 정의 및 저작물의 예시를 현실에 맞도록 구체적으로 세분화하여 규정하였다.

2) 외국인 저작물의 보호규정을 보완하여 외국인 저작물은 우리나라가 가입 또는 체결한 조약에 따라 보호하되, 상호주의원칙에 입각하여 우리나라 저작물을 보호하지 아니하는 국가의 저작물에 대하여는 그에 상응하게 제한할 수 있도록 하는 한편 이 법 시행 전에 종전의 규정에 의하여 보호를 받지 못한 외국저작물에 대하여는 이 법을 적용하지 아니하도록 함으로써 소급효를 인정하지 아니하였다.

3) 법인·단체 그밖의 사용자의 기획하에 그 업무에 종사하는 자가 업무상 작성하는 저작물로서 법인·단체등의 명의로 공표된 저작물의 저작자는 계약 또는 근무규칙 등에 다른 정함이 없을 때에는 그 법인·단체등이 되도록 하였다.

4) 저작재산권을 복제권·공연권·방송권·전시권·배포권·2차적저작물작성권등으로 세분하여 규정하고 보호기간은 외국의 입법례에 맞추어 사망 후 50년까지로 하였다.

5) 저작재산권을 제한할 수 있는 경우를 저작재산권자의 보호와 그의 공공적인 이용측면을 고려하여 구체적으로 정하였다.

6) 공표된 저작물의 이용이 불가피하나 저작재산권자와 협의가 성립되지 아니하는 경우에는 문화공보부장관의 승인을 얻어 상당한 보상금을 공탁하거나 지급한 후 저작물을 이용할 수 있는 경우를 정하였다(법정허락제도).

7) 저작인접권을 신설하여 실연자에게는 녹음·녹화 및 방송권을, 음반제작자에게는 복제·배포권을, 방송사업자에게는 복제권·동시중계방송권을 20년간 인정하였다.

8) 영상저작물에 대하여는 종합예술로서의 특성을 살리고 그 이용의 원활을 기하기 위하여 저작재산권자가 영상화를 허락한 경우에는 영상저작물의 복제·배포·공개상영권 등까지 포함하여 허락한 것으로 보며, 영상저작물제작에 참여한 자의 저작물 이용권리가 영상제작자에게 양도된 것으로 보도록 하였다.

9) 이 법에 의하여 보호되는 권리를 그 권리자를 위하여 대리·중개 또는 신탁관리하는 것을 업으로 하는 저작권위탁관리업제도를 신설하되, 당해 업을 하고자 하는 자는 문화공보부장관의 허가를 받도록 하였다.

10) 저작권심의회를 저작권심의조정위원회로 확대·개편하여 저작권에 관한 분쟁의 조정기능과 각종 보상금의 기준에 관한 심의등을 담당하도록 하였다.

11) 저작권자 그 밖의 권리자는 그의 권리를 침해하거나 침해할 우려가 있는 자에 대하여 침해의

정지 또는 예방과 손해배상의 담보를 청구할 수 있도록 하였다.

　12) 저작재산권자의 허락 없이 저작물을 복제한 경우 그 부정복제물의 부수 산정이 어려운 때에
는 출판물은 5천부, 음반은 1만매로 추정하도록 하였다.

4. 1994년 개정법

그 후 UR 협상의 진전 등 국제적 상황 변화에 능동적으로 대응하기 위하여 다시 1994. 1. 7.　§2-7
법률 제4717호로 저작권법의 일부 개정이 이루어졌다. 그 주요 내용은 다음과 같다.

　1) 편집저작물에 해당하는 데이터베이스는 저작물로 보호하였다.

　2) 교육부장관이 저작권을 가지거나 교육부장관의 검·인정을 받은 교과용 도서에 저작물을 게재
할 경우에도 저작재산권자에게 보상을 하도록 하되, 경과조치로 5년간 유예기간을 두도록 하였다.

　3) 음반의 배포권자, 실연자 및 음반제작자에게도 판매용음반을 영리목적으로 대여하는 것을 허락
할 권리를 가지도록 하였다.

　4) 저작인접권의 보호기간을 20년에서 50년으로 연장하였다.

　5) 저작권위탁관리업중 대리·중개만을 하는 저작권위탁관리업의 경우를 허가제에서 신고제로 변
경하였다.

　6) 저작권 및 이 법에 의하여 보호되는 권리를 침해한 물건을 그 정을 알면서 배포할 목적으로 소
지하는 행위도 당해 권리의 침해행위로 보도록 하였다.

　7) 벌칙중 벌금액을 현실에 맞게 상향조정하였다.

5. 1995년 개정법

1995. 1. 1. WTO체제가 출범함에 따라 회원국으로서의 의무이행을 위하여 WTO/TRIPs 협　§2-8
정의 내용을 반영하고, 저작권분야의 국제규범인 베른협약가입에 대비하기 위하여 저작권 등의
보호를 국제적 수준으로 하는 등 급변하는 국내·외의 저작권 환경에 효율적으로 대처하기 위해
1995. 12. 6. 법률 제5015호로 다시 저작권법 일부 개정이 이루어졌다. 우리나라는 1996. 7. 1. 이
법률이 시행되게 된 이후 1996. 8. 21. 베른협약에 가입하였다.

WTO/TRIPs 협정 및 베른협약의 요구를 따르는 것에 초점을 맞춘 이 법의 주요 내용은 다
음과 같다.

　1) 종전에는 외국인의 저작물 등에 대하여 대한민국이 가입한 조약에 따라 보호하되 당해 조약발
효일 이전에 발행된 것을 보호하지 아니하도록 하였으나 앞으로는 조약발효일 이전에 공표된 것에 대
하여서도 보호하도록 하였다.

　2) 단체명의저작권 및 영상저작권의 저작재산권은 공표후 50년간 존속하되 창작 후 10년 이내에
공표되지 아니한 경우에는 창작한 때부터 50년간 존속하도록 하였으나, 앞으로는 창작 후 공표유예기

간을 10년에서 50년으로 연장하여 국제적인 보호수준으로 조정하였다.

    3) 베른협약 가입에 대비하여 저작물을 번역함에 있어 저작권자와의 합의가 안 될 경우, 문화체육부장관의 승인을 얻어 번역할 수 있도록 하던 번역권에 대한 강제허락제도를 폐지하였다.

    4) 종전에는 실연자에게 자신의 실연을 녹음·녹화, 촬영할 권리만을 인정하던 것을 앞으로는 이에 추가하여 녹음·녹화, 촬영된 자신의 실연을 복제할 권리를 인정하였다.

    5) 외국인의 저작물 등의 소급보호에 따른 파급효과를 완화하고 내국인 저작물 등의 보호와 균형을 유지하기 위하여 소급하여 보호되는 외국인의 저작물 등의 보호기간을 조정하였다.

    6) 외국인의 저작권 보호의 확대에 따라 이제까지 외국인의 저작물 등을 적법하게 이용하여 온 자의 신뢰를 보호하기 위하여 법 시행 전의 적법한 이용행위에 대하여는 면책하는 등의 경과조치를 두었다.

6. 2000년 개정법

멀티미디어 디지털기술의 발달과 새로운 복사기기의 보급 확대로 인하여 저작자의 권리침해가 날로 증가함에 따라 저작자의 권리보호를 강화하고 저작물의 이용관계를 개선하는 한편, 저작권의 불법침해로부터 저작자를 보호하기 위하여 저작권침해에 대한 벌칙을 강화하여 저작권 보호의 실효성을 높임으로써 급변하는 국내외의 저작권 환경변화에 효율적으로 대처하기 위하여 2000. 1. 12. 법률 제6134호로 다시 저작권법 개정이 이루어졌다. 이 개정법은 2000. 7. 1.부터 시행되었다. §2-9

이 법률의 주요 내용은 다음과 같다.

    1) 컴퓨터통신 등이 급속히 발전함에 따라 컴퓨터통신 등에 의하여 저작물을 전송하는 경우에도 저작자의 이용허락을 받도록 하기 위하여 저작자의 저작재산권에 전송권을 추가함으로써 컴퓨터통신 등에 의한 전송으로부터 저작자의 권리를 보호하도록 하였다(법 제 2 조 제 9 호의2 및 제18조의2 신설).

    2) 공중용 복사기에 의한 저작물의 복제가 빈번하게 대량으로 이루어짐에 따라 공중용 복사기에 의한 복제로부터 저작자를 보호하기 위하여 앞으로는 공중용 복사기에 의한 복제에 대하여는 저작자의 이용허락을 받은 후 복제할 수 있도록 하였다(법 제27조 제 1 항 단서 신설).

    3) 전자도서관 구축사업을 지원하기 위하여 도서관이 도서 등의 저작물을 컴퓨터 등으로 복제하여 당해 도서관 및 다른 도서관의 이용자가 열람할 수 있도록 전송하는 경우에는 저작자의 이용허락을 받지 아니할 수 있도록 하였다(법 제28조 제 2 항 신설).

    4) 저작물에 대한 권리관계를 명확히 하기 위하여 저작자 등이 등록할 수 있는 사항을 확대하고, 등록된 저작권 등을 고의 없이 침해한 자에 대한 손해배상청구에 있어서는 그 침해행위에 과실이 있는 것으로 추정하도록 하였다(법 제51조 제 1 항 및 제93조 제 4 항).

    5) 저작재산권침해에 대한 벌칙을 현행 3년 이하의 징역 또는 3천만원이하의 벌금에서 5년 이하의 징역 또는 5천만원이하의 벌금으로 상향조정하였다(법 제97조의5).

7. 2003년 개정법

2000년의 저작권법 개정으로 디지털상황과 관련된 일정한 이슈가 법에 반영되었으나, 그 이 §2-10
후에 계속 지식정보사회의 진전이 가속화되면서 데이터베이스 보호, 온라인 서비스 제공자의 책
임제한, 기술적 보호조치에 대한 보호 등 새로운 이슈들이 대두되어 2003년에 다시 한 차례 디지
털 이슈를 중심으로 한 법 개정이 이루어지게 되었다. 2003. 5. 27. 법률 제6881호로 통과되어
2003. 7. 1.부터 시행된 이 개정법의 주요 내용은 다음과 같다.

1) 종전에는 창작성 있는 데이터베이스에 한하여 권리로서 보호를 하였으나, 앞으로는 창작성의
유무를 구분하지 아니하고 데이터베이스를 제작하거나 그 갱신·검증 또는 보충을 위하여 상당한 투자
를 한 자에 대하여는 일정기간 당해 데이터베이스의 복제·배포·방송 및 전송권을 부여하도록 하였다.

2) 도서관 등이 도서 등을 도서관간에 열람목적으로 전송하거나 디지털 도서 등을 복제하는 경우
에 문화체육관광부장관이 정하여 고시하는 보상금을 지급하거나 이를 공탁하도록 하고, 당해 도서관
관내에서의 열람을 위한 복제·전송의 경우에는 보관하고 있는 도서 등의 부수 범위 내에서 저작권자
등의 허락을 받지 아니하여도 가능하도록 하였다.

3) 시각장애인 등의 복리증진을 목적으로 하는 시설 중 대통령령이 정하는 시설(당해 시설의 장을
포함한다)은 영리를 목적으로 하지 아니하고 시각장애인 등의 이용에 제공하기 위하여 공표된 어문저
작물을 시각장애인 등 전용 기록방식으로 복제·배포 또는 전송할 수 있도록 하였다.

4) 데이터베이스제작자의 권리보호기간은 데이터베이스를 제작하거나 갱신 등을 한 때부터 5년으
로 하였다.

5) 온라인서비스제공자가 저작물이나 실연·음반·방송 또는 데이터베이스의 복제·전송과 관련된
서비스를 제공하는 것과 관련하여 다른 사람에 의한 이들 권리의 침해사실을 알고서 당해 복제·전송
을 중단시킨 경우에는 그 다른 사람에 의한 권리침해행위와 관련되는 책임을 감경 또는 면제하도록 하
는 등 온라인서비스제공자의 면책요건 등을 정하였다.

6) 저작권 등의 침해를 방지하기 위한 기술적 보호조치의 무력화를 주된 목적으로 하는 기술·서
비스·장치 등이나 그 주요부품을 제공·제조·수입·양도·대여·전송하는 행위는 이를 저작권 그 밖에
이 법에 의하여 보호되는 권리의 침해행위로 보고, 동 위반행위자에 대하여는 3년 이하의 징역 또는
3천만원 이하의 벌금에 처하도록 하였다.

7) 저작권 등 권리의 침해를 유발 또는 은닉한다는 사실을 알거나 과실로 알지 못하면서 전자적
형태의 권리관리정보를 제거·변경하는 행위 등은 이를 저작권 등의 권리침해행위로 보고, 동 위반행위
자에 대하여는 3년 이하의 징역 또는 3천만원 이하의 벌금에 처하도록 하였다.

8) 종전에는 손해액에 관하여 부정복제물의 부수 등을 산정하기 어려운 경우에 이를 출판물의 경
우 5천부, 음반의 경우 1만매로 추징하도록 되어 있었으나, 앞으로는 변론의 취지 및 증거조사의 결과
를 참작하여 상당한 손해액을 인정할 수 있도록 하였다.

8. 2004년 개정법

§2-11   문화체육관광부 등에서 저작권법 전문개정안 초안을 준비 중인 상황에서 2004년에 의원입법으로 한 가지 중요한 사항이 우선적으로 개정되게 되었다. 즉, 2004. 10. 16. 법률 제7233호로 실연자 및 음반제작자에게 그의 실연 및 음반에 대한 전송권을 부여함으로써 인터넷 등을 활용한 실연 및 음반의 이용에 대한 권리를 명확히 하는 법 개정이 이루어졌고, 이 개정법은 2005. 1. 16. 부터 시행되었다.

9. 2006년 개정법

§2-12   2006. 12. 28. 법률 제8101호로 다시 한번 저작권법에 대한 대폭적인 전면개정이 이루어졌다. 이 개정법에서는 그간 제기되어 온 저작권법 개정에 관한 여러 이슈들을 종합하여 규정한 결과 저작권자의 보호를 강화하는 내용과 저작물의 공정이용을 보장하기 위한 내용이 함께 포함되어 있고, 저작권법 조문 체계 등을 정돈하였으며, WIPO 실연·음반 조약(WPPT)에의 가입에 대비하여 실연자와 음반제작자의 권리를 강화하는 규정도 두었다.

2007. 6. 29.부터 시행된 이 개정법의 주요 내용은 다음과 같다.

1) 저작권 인증제도의 도입(법 제 2 조 제33호 및 제56조)

저작물 등의 안전한 유통을 보장하여 건전한 저작권 질서를 유지하기 위하여 저작권 인증제도를 도입하였다.

2) 정치적 연설 등의 이용(법 제24조)

공개적으로 행한 정치적 연설 등은 자유롭게 이용할 수 있되, 동일한 저작자의 연설 등을 편집하여 이용하는 것은 금지하였다.

3) 학교수업을 위한 저작물의 전송(법 제25조 제 4 항 및 제10항)

고등학교 이하의 학교 수업을 위하여 저작물의 전송이 이루어지는 경우에는 보상금을 지급하지 않도록 하되, 복제방지장치 등의 조치를 하도록 하였다.

4) 시사적인 기사 및 논설의 복제 등(법 제27조)

신문, 인터넷 신문 및 뉴스통신에 게재된 시사적인 기사나 논설을 해당기사 등에 이용 금지 표시가 있는 경우를 제외하고는 다른 언론기관이 자유롭게 복제·배포 또는 방송할 수 있도록 하였다.

5) 체약국 국민이 제작한 음반에 대한 보호(법 제64조)

대한민국이 가입 또는 체결한 조약에 따라 보호되는 음반으로서 음반제작자가 체약국의 국민인 음반을 이 법의 보호대상에 포함하도록 하였다.

6) 실연자의 성명표시권 등(법 제66조 내지 제68조, 제70조 내지 제72조, 제76조, 제80조 및 제83조)

① 실연자에게 인격권인 성명표시권 및 동일성유지권을 새로 부여하여 일신에 전속시키고, 그 밖

에 실연 복제물의 배포권, 배타적 대여권, 고정되지 않은 실연을 공연할 권리, 디지털음성송신보상청구권을 실연자의 저작인접권으로 정하였다.

② 음반제작자에게 배타적 대여권, 디지털음성송신보상청구권을 새로 부여하였다.

7) 저작인접권의 보호기간(법 제86조)

저작인접권의 발생시점과 보호기간 기산시점을 분리하고, 음반의 보호기간 기산점을 "음반에 음을 맨 처음 고정한 때"에서 "음반을 발행한 때"로 변경하였다.

8) 특수한 유형의 온라인 서비스제공자의 의무(법 제104조 제 1 항)

다른 사람들 상호 간에 컴퓨터 등을 이용하여 저작물 등을 전송하도록 하는 것을 주된 목적으로 하는 온라인서비스제공자는 권리자의 요청이 있는 경우 당해 저작물 등의 불법적인 전송을 차단하는 기술적인 조치 등 대통령령이 정하는 필요한 조치를 취하도록 하였다.

9) 저작권위탁관리업의 수수료 등(법 제105조 제 6 항 및 제 8 항)

문화체육관광부장관은 저작권위탁관리업자가 저작재산권자 등으로부터 받는 수수료와 이용자로부터 받는 사용료의 요율 또는 금액을 승인할 때 저작권위원회의 심의를 거치도록 하고, 필요한 경우 기간을 정하거나 신청내용을 변경하여 승인할 수 있도록 하며, 저작재산권자의 권익보호나 저작물 등의 이용편의를 위하여 승인 내용을 변경할 수 있도록 하였다.

10) 서류열람의 청구(법 제107조)

저작권신탁관리업자는 신탁관리하는 저작물 등을 영리목적으로 이용하는 자를 상대로 당해 저작물 등의 사용료를 산정하기 위하여 필요한 서류의 열람을 청구할 수 있도록 하였다.

11) 저작권위원회(법 제112조 및 제113조)

저작권심의조정위원회의 명칭을 저작권위원회로 개칭하고, 저작권위원회의 업무에 저작물의 공정이용 업무, 저작권 연구·교육 및 홍보, 저작권 정책수립 지원 기능, 기술적 보호 조치 및 권리관리정보에 관한 정책수립 지원, 저작권 정보제공을 위한 정보관리시스템 구축 및 운영 등을 추가하였다.

12) 저작권위원회의 조정부(법 제114조)

저작권 분쟁을 효율적으로 조정하기 위하여 저작권위원회에 1인 또는 3인 이상의 위원으로 구성된 조정부를 두도록 하였다.

13) 불법 복제물의 수거·폐기 및 삭제 등(법 제133조 및 제142조)

문화체육관광부장관, 시·도지사 또는 시장·군수·구청장은 불법 복제물 등을 수거·폐기할 수 있고, 온라인상 불법 복제물의 삭제를 명령할 수 있으며, 동 삭제명령을 이행하지 않는 자에 대해서는 1천만원 이하의 과태료를 부과할 수 있도록 하였다.

14) 건전한 저작물 이용환경 조성(법 제134조)

문화체육관광부장관은 저작물 등의 권리관리정보 및 기술적 보호조치에 관한 정책을 수립·시행할 수 있도록 하였다.

15) 친고죄의 예외(법 제140조)

영리를 위하여 상습적으로 저작재산권 등을 침해한 행위등을 친고죄에서 제외하여 권리자의 고소가 없어도 형사처벌이 가능하도록 하였다.

10. 2009. 3. 25.자 개정법

§2-13   정부가 마련한 저작권법 개정안을 토대로 한 2009. 4. 29.자 개정이 이루어지기 직전에 의원입법에 의하여 2009. 3. 25. 법률 제9529호로 ① 도서관법 제20조의2에 따라 국립중앙도서관이 온라인 자료를 보존을 위해 수집할 경우 해당 자료를 복제할 수 있다는 것을 저작재산권 제한사유의 하나로 규정하고(제31조 제8항), ② 실연자와 음반제작자에게 판매용 음반의 공연에 대한 보상청구권을 부여하는 것을 주된 내용으로 하는 일부 개정이 이루어졌다. 이 개정법은 2009. 9. 26.부터 시행되었다.

11. 2009. 4. 22.자 개정법

§2-14   2009. 4. 22. 법률 제9625호로 이루어진 저작권법 개정(2009. 7. 23. 시행)은 저작권 보호정책의 일관성 유지와 효율적인 집행을 도모하기 위하여 기존의 컴퓨터프로그램보호법을 저작권법에 통합하는 것과 온라인상의 불법복제를 효과적으로 근절하기 위하여 온라인서비스제공자 및 불법복제·전송자에 대한 규제를 강화하는 것을 주된 목적으로 한 것으로서, 구체적으로는 다음과 같은 내용을 포함하고 있다.

1) 저작권법과 컴퓨터프로그램보호법의 통합

기존에는 저작물의 하나인 컴퓨터프로그램저작물에 대한 보호를 저작권법이 아니라 컴퓨터프로그램보호법으로 규정하고 있어서 일반 저작물에 대한 저작권법과 이원화된 상태로 있었는데, 그로 인해 정책 수립과 집행에 효율성이 떨어지고 혼란이 초래되는 면이 있다는 지적에 따라 이 2개의 법이 저작권법 하나로 통합되게 되었다. 그에 따라 1986. 12. 31. 법률 제3920호로 제정되어 여러 차례 개정을 거쳐 왔던 컴퓨터프로그램보호법은 폐지되게 되었다.

2) 컴퓨터프로그램저작물에 대한 특례(제101조의2 내지 제101조의7 등)

위와 같이 컴퓨터프로그램보호법이 폐지되면서 컴퓨터프로그램저작물의 특성을 반영한 규정들, 즉 프로그램저작권의 제한, 프로그램코드역분석, 프로그램배타적발행권 설정, 프로그램의 임치 규정 등이 일반적 저작물에 대한 특례로 저작권법 속에 규정되게 되었다.

3) 한국저작권위원회의 설립(제112조 및 제112조의2)

저작권 관련법의 통합에 맞추어 기존의 컴퓨터프로그램보호법에 의한 컴퓨터프로그램보호위원회와 저작권법에 의한 저작권위원회를 통합하여 보다 확대된 업무를 수행하는 통합조직으로서 한국저작권위원회가 설립되게 하였다.

4) 온라인상의 불법복제 방지대책 강화(제133조의2 및 제133조의3)

온라인상 불법복제를 효과적으로 근절하기 위한 목적하에 온라인상에서 불법복제물을 반복적으로 전송하는 자의 개인 계정의 정지를 명하고, 전송된 불법복제물을 게시하는 게시판의 서비스 정지를 명할 수 있는 근거를 마련하는 등 규제를 강화하였다.

12. 2011. 6. 30.자 개정법

먼저 체결되었던 한미 FTA가 재협상의 진통을 겪고 그 비준이 지체되고 있는 사이에 나중에 §2-15
체결된 한·EU FTA[1]의 비준이 이루어짐으로써 그 이행을 위한 저작권법 개정법이 2011. 6. 30.
법률 제10807호로 공포되어 FTA 발효일인 2011. 7. 1.부터 시행되게 되었다. 그 내용에는 한·미
FTA와 한·EU FTA의 공통사항도 포함되어 있어[2] 정부가 이전에 마련하여 국회에 제출한 한·
미 FTA 이행을 위한 개정법안의 일부 내용을 제외한 나머지 사항들이 반영되게 되었다. 이 개정
법의 주요 내용은 다음과 같다.

---

1 정식 명칭은 '대한민국과 유럽연합 및 그 회원국 간의 자유무역협정'이다.
2 참고로 한·미 FTA와 한·EU FTA의 저작권 관련 규정을 비교하면, 다음과 같다. 국회 문화체육관광방송통신위원회
(수석전문위원 류환민), 저작권법 일부 개정법률안(정부 제출) 검토보고서(2011. 3. 7.) 7면 참조.

	한·미 FTA	한·EU FTA

보호기간	• 저작권 : 70년
	• 저작인접권
	  − 실연 및 음반 : 70년
	  − 방송 : 미규정
	※ 협정발효 2년 내 적용
		• 저작권 : 70년
		• 저작인접권
		  − 실연 및 음반 : 미규정
		  − 방송 : 첫 방영 후 50년
		※ 협정발효 2년 내 적용

방송사업자의
권리보호
	• 방송사업자를 저작인접권자 범위에 불포함,
	보호대상에서 제외
		• 방송사업자를 저작인접권자에 포함
		  − TV방송 상영대가로 입장료를 받는 영업장
		  에 대한 방송사업자의 방송허가 또는 금지
		  권리(공연권) 부여

기술보호조치	• 접근통제 직접·간접 우회 및 이용통제 간접 우회행위 금지 • 예외 및 제한사유 8가지 한정	• 접근통제 직접·간접 우회 및 이용통제 간접 우회행위 금지 • 예외 및 제한사유 국내법 및 국제협약으로 규정
민사구제	• 실연자, 음반제작자의 권리추정규정 • 침해관련자에 대한 정보제출명령(의무)	• 저작인접권자(실연자, 음반제작자, 방송사업자) 의 권리추정규정 • 침해관련자에 대한 정보제출명령(임의)
형사집행	• 형사집행의 범위에 저작인접권 침해를 명시 적으로 포함 • 위조라벨 유통금지 • 도촬금지	• 형사집행의 범위에 저작인접권 침해를 명시 적으로 포함
온라인 서비스 제공자의 책임	• 온라인 서비스 제공자를 네 가지 유형(단순도 관, 캐싱, 호스팅, 웹사이트 링크)으로 구분, 유형별 면책요건 및 책임을 규정	• 온라인 서비스 제공자를 세 가지 유형(단순도 관, 캐싱, 호스팅)으로 구분, 유형별 면책요건 및 책임 규정
법정손해배상 제도	• 법정손해배상제도 도입 의무화	• 도입 여부 자율사항으로 규정

1) 저작재산권 보호기간의 연장(제39조)

저작재산권 보호기간이 저작자 사후 50년에서 70년으로 연장되었다(다만 이 부분은 부칙 제1조에서 그 시행을 2년간 유예함으로써 2013. 7. 1.부터 시행된다).

2) 방송사업자의 공연권의 제한적 인정(제85조의2)

공중의 접근이 가능한 장소에서 방송의 시청과 관련하여 입장료를 받는 경우에 한하여 방송사업자의 공연권이 인정되게 되었다.

3) 온라인 서비스 제공자의 책임에 관한 개정(제102조 제1항)

온라인서비스제공자를 단순도관, 캐싱, 호스팅, 정보검색의 네 가지 유형으로 나누고, 각 유형별 면책요건을 명확히 하였다.

4) 기술적 보호조치에 대한 보호의 강화(제104조의2)

접근통제적인 기술적 보호조치도 보호대상에 포함됨을 분명히 하고, 기술적 보호조치의 무력화 행위 자체도 금지하되, 금지에 대한 예외규정을 설정하였다.

13. 2011. 12. 2.자 개정법

§2-16   한·미 FTA가 2011. 11. 12. 논란 속에 국회를 통과하면서 그 이행법률의 하나인 저작권법 개정법도 국회를 통과하여 2011. 12. 2. 공포되기에 이르렀다. 이 개정법 중 제64조 제2항 및 제86조는 2013. 8. 1.부터 시행되고, 그것을 제외한 나머지 조항들은 한·미 FTA 발효일인 2012. 3. 15.부터 시행되게 되었다.

이 개정법은 한·미 FTA의 합의사항에 따라 일시적 저장의 복제 인정, 저작물의 공정한 이용 제도 도입, 위조라벨 배포행위 등 저작권자 권리침해행위 금지 및 법정손해배상제도의 도입 등 협정의 이행에 필요한 관련 규정을 개정함으로써 저작권자의 권리 보호와 저작물의 공정한 이용을 도모하는 한편, 그 밖에 기존 제도의 운영상 나타난 일부 미비점을 개선·보완하는 것을 목적으로 한 것으로서 그 주요 내용은 다음과 같다.

1) 복제의 범위에 일시적 저장 추가(법 제2조 제22호, 제35조의2 및 제101조의3 제2항)

일시적 저장을 복제의 범위에 명시하되, 원활하고 효율적인 정보처리를 위하여 필요하다고 인정되는 범위에서 일시적으로 복제하는 경우 등은 허용하는 예외규정을 두었다.

2) 공정이용에 관한 일반조항 도입(법 제35조의3)

한·미 FTA의 이행을 위한 개정을 통해 권리보호가 크게 강화됨에 따라 권리보호와 공정이용 보장 사이의 이익균형이 무너질 수 있다는 우려를 의식하여, 공정이용에 관한 일반조항으로 법 제35조의3을 신설하였다. 저작물의 통상적인 이용방법과 충돌하지 아니하고 저작자의 정당한 이익을 부당하게 해치지 아니하는 경우에는 저작재산권자의 허락을 받지 아니하고 저작물을 이용할 수 있도록 하고, 공정한 이용에 해당하는지를 판단하는 기준으로 이용 목적 및 성격 등을 규정한 것이 그 내용이다.

3) 일반 저작물에 대한 배타적발행권제도의 도입(법 제7절, 제7절의2)

출판권과 프로그램배타적발행권의 경우에만 인정되고 있는 배타적 권리를 모든 저작물의 발행 및 복제·전송에 설정할 수 있도록 하고, 배타적발행권에서 출판권을 제외하여 배타적발행권과 출판권의 관계를 명확히 하였다.

4) 저작인접권 보호기간의 연장(법 제86조 제2항)

방송을 제외한 저작인접권의 보호기간을 2013년 8월 1일부터 50년에서 70년으로 연장하였다.

5) 온라인서비스제공자의 책임제한 요건 수정(법 제102조 제1항)

온라인서비스제공자가 저작권 등의 침해에 대한 책임을 지지 아니하는 요건으로 저작권 등을 침해하는 자의 계정을 해지하는 방침을 채택하고 합리적으로 이행한 경우 등을 추가하였다.

6) 복제·전송자에 관한 정보제공청구제도 도입(법 제103조의3)

권리주장자가 소 제기 등을 위하여 온라인서비스제공자에게 복제·전송자에 관한 정보를 요청하였으나 거절당한 경우에는 문화체육관광부장관에게 해당 온라인서비스제공자에 대하여 그 정보의 제공을 명령해 줄 것을 청구할 수 있도록 하였다.

7) 저작권자의 권리 보호를 위한 금지규정의 추가(법 제104조의4~제104조의7)

저작권자의 권리침해를 방지하기 위하여 암호화된 방송 신호를 무력화하는 행위, 위조라벨을 배포하는 행위, 영화상영관 등에서 저작재산권자의 허락 없이 영상저작물을 녹화·공중송신하는 행위 및 방송 전 신호를 제3자에게 송신하는 행위 등을 금지하는 규정을 두었다.

8) 법정손해배상제도 도입(법 제125조의2)

신속한 손해배상을 위하여 기존의 손해배상법리에 따른 실손해배상과 법정손해배상 중 선택적으로 청구할 수 있도록 하고, 법정손해배상액은 실제 손해액 등을 갈음하여 침해된 각 저작물 등마다 1천만원 이하의 범위에서 상당한 금액으로 하도록 규정하였다.

9) 정보제공명령제도 도입(법 제129조의2)

법원은 당사자의 신청에 따라 증거를 수집하기 위하여 필요한 경우에는 다른 당사자에게 그가 보유하고 있는 불법복제물의 생산 및 유통 경로에 관한 정보 등을 제공하도록 명할 수 있고, 다른 당사자는 영업비밀 보호를 위한 경우 등에는 정보제공을 거부할 수 있도록 하였다.

10) 비밀유지명령제도 도입(법 제129조의3~제129조의5)

법원은 제출된 준비서면 등에 포함되어 있는 영업비밀이 공개되면 당사자의 영업에 지장을 줄 우려가 있는 경우 등에는 당사자의 신청에 따라 결정으로 해당 영업비밀을 알게 된 자에게 소송 수행 외의 목적으로 영업비밀을 사용하는 행위 등을 하지 아니할 것을 명할 수 있으며, 이러한 비밀유지명령 신청 및 취소와 관련된 절차 등을 규정하였다.

11) 저작인접권 보호기간의 특례(법 부칙 제4조)

저작인접권 보호의 공평성을 회복하고, 관련 국제조약 규정을 충실하게 이행하기 위하여 1987년 7월 1일부터 1994년 6월 30일 사이에 발생한 저작인접권의 보호기간을 발생한 때의 다음 해부터 기산하여 50년간 존속하도록 규정하였다.

14. 2013. 7. 16.자 개정법

§2-17　　2013. 7. 16 법률 제11903호로 이루어진 저작권법 개정(2013. 10. 17. 시행)은 기존의 저작권법에서 공표된 저작물에 대한 시각장애인의 정보접근권만 명시되어 있고 청각장애인에 관한 규정은 없었던 문제를 시정하기 위한 것이었다.

　　개정법에서는 청각장애인도 일반인과 동등하게 공표된 저작물을 적극적으로 향유할 수 있도록 하기 위하여 공표된 저작물 등을 수화 또는 자막으로 변환하는 등의 행위를 저작재산권 제한사유로 규정하고 있다(제33조의2).

15. 2013. 12. 30.자 개정법

§2-18　　2013. 12. 30 법률 제12137호로 이루어진 저작권법 개정(2014. 7. 1. 시행)은 공공저작물의 자유로운 이용을 보장 내지 활성화하고, 학교교육 목적의 저작물 이용에 대한 저작재산권 제한 규정을 일부 보완하기 위한 것이었다. 그 구체적인 내용은 다음과 같다.

　　　　1) 공공저작물 중 국가 또는 지방자치단체가 저작재산권을 전부 보유한 저작물은 법에서 규정하고 있는 네 가지의 예외사유에 해당하지 않는 한 누구든지 자유롭게 이용할 수 있도록 하고(제24조의2 제 1 항), 기타의 공공저작물에 대하여도 정부가 그 이용을 활성화하기 위한 시책을 수립, 시행할 수 있도록 근거를 마련하였다(같은 조 제 2 항).
　　　　2) 기존 규정상으로도 학교 등에서의 수업목적이나 수업지원 목적으로 저작물의 일부분을 "복제·배포·공연·방송 또는 전송"할 수 있도록 하고 있었으나, 최근 교육현장의 수업방식이 다양화되고 있는 현실을 고려하여, 저작권자의 이용허락 없이 저작물을 이용할 수 있는 학교교육 목적의 저작물 이용형태에 '전시'를 추가하고 '방송 또는 전송'을 그 상위개념인 '공중송신'으로 변경하였다(제25조 제 2 항).

16. 2016. 3. 22.자 개정법

§2-19　　2016. 3. 22 법률 제14083호로 이루어진 저작권법 개정(2016. 9. 23. 시행)은 기존 저작권법상의 '음반'이나 '판매용 음반' 등의 개념과 관련하여 야기된 여러 가지 혼란을 해소하고 그 개념을 명확히 함과 동시에, 공정이용 조항의 활용범위를 넓히며, 나아가 저작권보호센터와 한국저작권위원회로 이원화되어 있던 저작권 보호업무를 통합하여 '한국저작권보호원'을 설립함으로써 저작권 보호 체계를 갖추기 위한 것이었다. 그 구체적인 내용은 다음과 같다.

　　　　1) '음반'의 정의에 음을 디지털화한 것을 포함하고, '판매용 음반'을 '상업용 음반'으로 하였다(제

2조, 제21조 등).

2) '보도·비평·교육·연구 등' 공정이용의 목적을 삭제하고, 공정이용 판단 시 고려사항 중 '영리 또는 비영리성'을 삭제하였다(제35조의3).

3) 문화체육관광부장관은 저작권신탁관리업자가 사용료 및 보상금을 징수할 경우 대통령령으로 정하는 방법에 따라 통합징수하도록 요구할 수 있으며, 이에 정당한 사유 없이 따르지 않을 경우 직전년도 사용료 및 보상금 징수액의 100분의1 이하의 과징금을 부과하도록 하였다(제106조 및 제109조).

4) 한국저작권보호원의 설립 근거 및 업무 관련 규정 등을 마련하였다(제122조의2부터 제122조의5까지).

5) 저작권보호심의위원회의 구성에 대하여 규정하였다(제122조의6).

6) 불법복제물 등의 삭제명령 등을 위한 심의 및 시정권고의 주체를 한국저작권보호원으로 변경하였다(제133조의2 및 제133조의3).

17. 그 이후 두 차례의 미세한 개정

이후에도 저작권법 개정에 관한 많은 논의가 있었으나, (본서 제4판의 집필시점까지) 큰 폭의 개정이 이루어지지는 않았고, 다음과 같은 두 차례의 미세한 개정이 이루어졌다.   §2-20

1) 2016. 12. 20 법률 제14432호로 이루어진 개정을 통해, 저작권보호심의위원회의 구성 시 권리자와 이용자의 이해를 반영하는 위원의 수가 균형을 이루도록 명시하였다(제122조의6 제 2 항). 위 위원회가 국민의 권리·의무를 제한하는 처분을 행할 때 어느 한편에 치우치지 않고 공정한 심의가 가능하도록 하려는 것이 그 취지이다.

2) 2018. 10. 16 법률 제15823호로 이루어진 개정을 통해, 학교교육 목적 등에의 이용에 따른 보상금 분배단체의 미분배 보상금의 사용 가능 시기를 보상금 분배 공고 후 3년에서 5년으로 변경하고, 일정 비율의 미분배 보상금을 적립하여 추후 보상권리자에 대한 정보가 확인되는 경우 보상금을 지급할 수 있도록 개정하는(제25조 제 8 항) 한편, 한국저작권위원회의 알선과 관련하여, 알선서 작성에 있어 기명날인뿐만 아니라 서명을 허용하였다(제113조의2 제 5 항).

저 작 물

copyright law

제 2 장

저 작 물

제1절 저작물의 성립요건과 보호범위

Ⅰ. 서 설

§3-1 저작권법 제 2 조 제 1 호에서는 " '저작물'은 인간의 사상 또는 감정을 표현한 창작물을 말한다"고 규정하고 있다.

2006년 개정법 이전의 저작권법 제 2 조 제 1 호에서는 저작물을 "문학·학술 또는 예술의 범위에 속하는 창작물을 말한다"고 규정하고 있었는데, 개정법은 그 중에서 '문학·학술 또는 예술의 범위에 속하는'이라는 부분을 삭제하고, '인간의 사상 또는 감정을 표현한'이라는 부분을 추가한 것이다. 그런데 이와 같이 추가된 부분은 종전의 다수 학설에 의하여 저작물의 요건에 포함되는 것으로 인정되어 온 것을 확인하는 의미에서 반영한 것이므로 결국 '문학·학술 또는 예술의 범위에 속한다'고 하는 요건을 삭제한 것에 입법자의 결단이 있다고 할 수 있다.

이에 따라 저작물의 요건은 종래의 학설에 의하면, ① 문학·학술 또는 예술의 범위에 속할 것, ② 창작성이 있을 것, ③ 인간의 사상이나 감정을 표현한 것일 것 등의 세 가지로 나뉘어 설명되었으나, 이제는 그 중 ①의 요건이 삭제되어 위 ②와 ③의 두 요건만이 남게 되었다.

그러면, 위 ①의 요건이 삭제된 이유는 무엇일까? 그것은 그 요건이 아주 엄격한 의미로 해석되지 않고 이른바 '지적·문화적 포괄개념'으로 해석되어 왔다는 것[1]과 자칫 이 요건에 적극적인 의미를 부여할 경우 컴퓨터프로그램과 같은 기능적 저작물을 보호하는 취지와 모순될 수 있다고 하는 것을 고려한 것으로 보인다.[2] 그러나 이 요건이 '순수한 실용물'과 '지적·문화적인 소산으로서의 저작물'을 구별해 주는 기준으로서 일정한 의미를 가지고 있었고, 실무상으로 응용미술저작물의 범위를 판단하는 기준을 세우는 등의 면에서 참작되어 온 점도 있다는 것을 고려할 때 굳이 삭제할 필요는 없지 않았을까 하는 아쉬운 생각이 든다.[3]

개정법에서 이 요건이 없어졌으므로 저작물의 포괄 영역의 확장이 있을 것이라고 생각될 수도 있으나, 실제로는 해석상의 차이를 둘 필요는 없다고 생각된다. 저작물이 순수한 기계제품 기타 실용품과는 구별되는 지적·문화적 산물이라는 점은 현행법에서도 마찬가지이고 지금은 그 근거를 '인간의 사상과 감정의 표현'이라고 하는 요건(§3-23 참조)과 제 4 조의 저작물 예시규정 등에서 찾을 수 있을 것으로 생각되기 때문이다.[4]

Ⅱ. 창 작 성

저작물이기 위하여는 표현에 창작성이 있을 것이 요구된다. 법문에서 '창작물'이라고 표현한 것은 이를 분명히 한 것이다. '창작성'이 무엇을 의미하는 것인지에 대하여는 두 가지의 관점이   §3-2

---

1 판례도 그러한 입장을 취하고 있었다. 예컨대 대법원 1991. 9. 10. 선고 91도1597 판결은 "저작권법 제 2 조 제 1 호에 저작물이란 문학, 학술, 또는 예술의 범위에 속하는 창작물을 말한다고 규정되어 있음은 소론과 같으나, 사단법인 소비자보호단체협의회장 박○○이 제작 발간한 책자가 소론의 '소비자권리를 아십니까'라는 홍보용 팸플릿이라고 하여도 거기에 지적·문화적인 창작이 들어 있는 것이라면 저작권법 소정의 저작물에 해당하지 아니한다고 할 수 없고, 피고인이 그 중 일부를 도용하여 피고인이 경영하는 한국소비자보호연구회에서 제작한 양 선전물을 인쇄하여 소비자들에게 배포하였다면 위 박○○의 저작물에 관한권리를 침해한 경우에 해당한다고 보아야 할 것이다"라고 판시한 바 있다.

2 저작권심의조정위원회, 저작권법 전면 개정을 위한 조사연구 보고서(1), 2002, 35면은 " '문학,학술 또는 예술의 범위에 속하는'이라는 요건은 저작물의 포괄범주만을 나타내고 있다. 더욱이 현행 저작물 정의 규정의 포괄범주인 '문학·학술 또는 예술의 범위'는 제 4 조 제 1 항의 저작물의 예시와도 관련될 수 있다고 보여지는데, 저작물의 포괄범주가 확대되고 있는 현행의 상황을 본다면 이러한 포괄범주의 한정은 제 4 조 제 1 항과 충돌할 우려도 있다고 생각된다. 예를 들면 컴퓨터프로그램이나 데이터베이스 등도 저작물로 인정되고 있는 경우도 있는데 이러한 저작물이 과연 문학, 학술 또는 예술의 범위에 속한다고 볼 것인가의 문제도 있을 수 있다"고 설명하고 있다. 또한 소수설이지만, 개정 전 법에 대하여도 이 요건이 실질적 의미를 갖는다기보다 선언적 의의를 지닌다고 하여야 하면서 이 요건은 결국 사상 또는 감정을 표현하여야 한다는 요건과 구별할 필요가 없다는 견해가 있었다. 황적인·정순희·최현호, 著作權法, 法文社, 1990, 215면 참조.

3 서달주, 한국저작권법, 박문각, 2007, 94면도 이 요건이 저작물의 범위에 대한 윤곽을 잡아주는 개략적인 지표로서 중요한 역할을 해 왔다고 주장하고 있다.

4 컴퓨터프로그램의 경우 지적·문화적 포괄개념에 포함되지 않는 것이 아닌가 하는 의문이 있으나, 컴퓨터프로그램의 소스 코드가 대부분 영어 단어 등으로 구성되어 어문저작물과 유사한 면이 있고, 학술의 의미를 넓게 해석할 때 학술적인 저작물로서의 성격도 가지고 있으므로 그러한 지적·문화적 포괄개념으로서의 '문학·학술 또는 예술의 범위'에 포함된다고 보는 데 결정적인 문제가 있다고 생각되지는 않는다.

있다.

§3-3   첫째 관점은, 창작성은 '남의 것을 베끼지 아니하고 자신이 독자적으로 작성한 것'이라는 정도의 의미를 갖는 것이라고 하여 '창작성=독자적 작성'이라고 생각하는 관점이다.[1]

대법원 1995. 11. 14. 선고 94도2238 판결('세탁학기술개론' 사건)에서 "창작성이란 완전한 의미의 독창성을 말하는 것은 아니며, 단지 어떠한 작품이 남의 것을 단순히 모방한 것이 아니고 작자 자신의 독자적인 사상 또는 감정의 표현을 담고 있음을 의미할 뿐이어서 이러한 요건을 충족하기 위하여는 단지 저작물에 그 저작자 나름대로의 정신적 노력의 소산으로서의 특성이 부여되어 있고, 다른 저작자의 기존의 작품과 구별할 수 있을 정도이면 충분하다고 할 것"이라고 하고 있는 것은 기본적으로 이러한 관점에 기한 것이다.[2]

§3-4   둘째의 관점은 창작성이라는 것은 단순히 저작자가 독자적으로 만들었다는 것만으로는 부족하고, 최소한의 창조적 개성(creativity)이 반영되어 있을 것을 요한다고 하는 관점이다. 대법원 2005. 1. 27. 선고 2002도965 판결('설비제안서 도면' 사건, §3-15)에서 "창작성이란 완전한 의미의 독창성을 말하는 것은 아니며 단지 어떠한 작품이 남의 것을 단순히 모방한 것이 아니고 작자 자신의 독자적인 사상 또는 감정의 표현을 담고 있음을 의미하므로(여기까지는 위 판결과 같음─ 저자 注) 누가 하더라도 같거나 비슷할 수밖에 없는 표현, 즉 저작물 작성자의 <u>창조적 개성</u>이 드러나지 않는 표현을 담고 있는 것은 창작성이 있는 저작물이라고 할 수 없다"고 판시하고 있는 것은 바로

---

1 창작성과 관련하여 종래 일본 판례들이나 우리나라 일부 학설에서 "어떤 형태로든 집필자(표현자)의 (나름대로의) 개성이 표출되어 있으면 족하다"고 하는 취지의 설명을 하는 경우가 많았는데('개성표출설'; 東京地裁 1995년 12월 18일 선고 판결등 참조), 이러한 개성표출설도 창작성=독자적 작성의 관점과 별차이가 없는 것으로 볼 수 있다. 후술하는 바와 같이 '기능적 저작물'에 대한 문제가 대두되기 전에는 어떤 사람이 자신의 사상 또는 감정을 독자적으로 표현하기만 하면, 그의 개성이 표출된 것으로 볼 수 있을 것으로 생각되었고, 거기에 특별히 까다롭게 따져봐야 할 다른 요건이 있다고는 생각되지 않았기 때문이다. 후술하는 '설비제안서 도면' 사건에 대한 대법원 판결(§3-4, §3-15 참조)은 이러한 개성표출설을 의식하면서, 동시에 미국 판례상 창작성이 인정되기 위해 최소한도로 요구되는 'creativity'(창조성)의 요소를 의식하여 '창조적 개성'이라는 새로운 조어를 사용한 것이 아닐까 생각된다.

2 이 판례가 기본적으로 '독자적 작성'의 관점에서 창작성을 이해하고 있다는 것이 본서의 입장이지만, 이 판례의 설시에는 창작성을 '독자적 작성'의 관점에서만 파악한 것으로 보기 어려운 부분도 일부 포함되어 있는 것이 사실이다. "단지 어떠한 작품이 남의 것을 단순히 모방한 것이 아니고 작자 자신의 독자적인 사상 또는 감정의 표현을 담고 있음을 의미할 뿐이어서"라고 한 부분은 기본적으로 '독자적 작성'의 요소를 강조한 것이라고 할 수 있으나, 그 중 "독자적인 사상 또는 감정의 표현"이라고 한 부분은 약간의 오해의 소지가 있다. 저작권법은 사상 또는 감정의 독자성을 보호대상으로 삼는 것이 아니라 그 표현을 보호대상으로 삼고 있으므로, 이것은 "독자적인 사상 또는 감정의"와 "표현"을 떼어서 읽기보다는 "독자적인"과 "사상 또는 감정의 표현"을 떼어서 읽는 것이 타당할 것으로 생각된다. 그렇다면 "사상 또는 감정의 독자적인 표현"이라고 하는 것이 보다 좋았을 것으로 생각된다. 또한 "다른 저작자의 기존의 작품과 구별할 수 있을 정도이면 충분하다고 할 것"이라고 한 부분도 오해의 소지가 있다. 뒤에서 보는 바와 같이, 창작성은 특허법상의 신규성과는 다른 개념으로서 자신의 독자적 노력에 의한 정신적 산물로서의 표현이라면, 그것이 우연히 기존의 저작물과 동일하거나 극히 유사한 경우에도 그것만으로는 창작성을 부정할 수 없는 것으로 보는 것이 확립된 법리인데(§3-14), 대법원 판결의 이 부분 표현은 마치 저작물로서의 창작성이 인정되기 위하여는 기존의 저작물과 구별되는 새로운 것일 것, 즉 '신규성'을 요구하는 것으로 오해될 가능성이 없지 않아, 적절한 표현이라고 보기 어렵다. 유사한 취지에서 오승종, 저작권법(제 3 판), 박영사, 44면도 이를 '사족'이라 칭하고 있다. 후술하는 '설비제안서 도면' 사건에 대한 대법원 판결은 이 부분을 창작성에 대한 판시에서 제외하고 있다.

이러한 관점을 반영한 것으로 생각된다. 즉, 이 대법원 판결은 종전의 대법원 판결과 모순된 것이 아니라 같은 전제를 가진 것처럼 설시하면서 실제로는 종전과는 다른 새로운 표현으로 저작자의 '창조적 개성'을 창작성의 추가적 요건으로 할 것임을 명백히 하고 있는 것이다. 이 관점에 의하면, '창작성＝독자적 작성＋창조적 개성'이라고 보게 된다.1

창작성이 있다고 하기 위한 최저한도의 요건은 저작자가 '독자적으로 작성하고 남의 것을 모 §3-5 방하지 않았을 것'이다. 문제는 저작권법이 요구하는 창작성이 그러한 '독자적 작성'의 요소만 있으면 족한 것인가(첫째 관점), 아니면 거기에 더하여 저작자의 창조적 개성을 요하는 것으로 볼 것인가(둘째 관점) 하는 데 있다.

종래부터 있어 온 문학이나 회화와 같은 저작물에 대하여는 '독자적 작성'이라고 하는 요소 §3-6 와 창조적 개성의 구별은 그다지 명료하게 의식되지 않았다. 실제로 문예저작물 등의 전통적인 저작물에 대하여는 창조적 개성의 유무를 특별히 의식하여 판단하지 않고 '독자적 작성'의 요소만 있으면 창조적 개성도 있다고 판단될 수 있는 면이 있다. 또한 그렇게 판단한다고 하여 특별한 문제점이 발생하지도 않는 것으로 보인다. 예를 들어 조잡한 수준의 소설이나 회화 등에 저작물성을 인정한다고 하여 산업상의 경쟁을 제한한다거나 하는 등의 특별한 문제가 발생할 가능성이 없는 것이다. 한편으로는, 문예적 저작물 등에 대하여 '독자적 작성'이라고 하는 요소를 넘어서 객관적으로 '창조적 개성'의 유무를 판단하는 것은 지극히 어려운 일일 뿐만 아니라 그러한 판단을 법원에 맡긴다고 하는 것도 바람직하지 않은 측면이 있다.

그러나 기능적, 실용적 측면이 강한 이른바 '기능적 저작물'의 경우에는 사정이 다르다. 즉, §3-7 도형저작물(§4-100)이나 컴퓨터프로그램(§4-114)과 같은 기능적 저작물에 대하여는 그것이 단지 '독자적으로 작성'되었다고 하는 것만을 이유로 아무리 범용한 것이라 하더라도 모두 저작물로 인정하여 배타적 권리를 부여한다고 하면, 많은 문제를 야기할 수 있다. 그것은 산업상의 실용적 고안에 대하여 저작권법에 의하여 오랜 기간 독점적·배타적 권리를 부여함으로써 산업상의 경쟁을

---

1 同旨 오승종, 저작권법(제 3 판), 45면.
　한편, 창작성과 관련한 판단에 있어서는 저작자에게 저작권을 부여하는 근본적인 이유에 대한 사상이 중대한 영향을 미친다. 이와 관련하여 저작권을 노동 내지 노력에 대한 대가로 보는 견해['노동이론(勞動理論)', '이마의 땀(sweat of the brow theory) 이론'이라고도 한다]와 문화발전을 촉진하기 위한 유인수단(incentive)으로 보는 견해('유인이론' 또는 '인센티브 이론')의 대립이 있다[자세한 것은 오승종·이해완, 저작권법(제 4 판), 박영사, 2005, 25면 참조]. 유인이론의 입장에서는 저작물의 성립요건인 창작성을 인정하기 위해서는 단순한 노동력의 투입이 아니라 적어도 최소한의 창조적 개성(creativity)을 반드시 요하는 것으로 보게 되는 것이 논리적 귀결이다. 미국에서는 Feist 사건 판결(§3-11 각주 참조)이 노동이론에서 탈피하여 유인이론의 입장에서 최소한의 creativity가 저작물 보호의 필수요건임을 분명히 한 선례로 인식되고 있다.
　'설비제안서 도면' 사건에 대한 위 판결은 우리나라의 대법원 판례도 미국의 Feist 사건 이후의 판례와 같이 유인이론(인센티브 이론)의 입장을 확실하게 취하고 있음을 보여주는 것이라 할 수 있다(同旨 오승종, 저작권법(제 3 판), 45면).

부당하게 제한하고 그 발전을 가로막는 커다란 폐해를 낳을 수 있는 것이다. 그러한 폐해는 신규성과 진보성 등의 엄격한 요건하에 등록을 요건으로 보다 제한된 기간 동안 독점적 권리를 부여하는 산업재산권제도와 비교할 때 더욱 두드러지게 나타나는 것이다.

한편, 법문상 '창작물'이라고 하는 것의 일반적 어의(語義)를 따져보더라도 단순히 남의 것을 모방하지 않았다는 의미만이 아니라 '창조적 개성'을 요구하는 것으로 보는 것이 타당하다.1

§3-8 이러한 여러 가지 측면을 종합할 때 저작권법에서 저작물의 요건으로 규정한 '창작성'은 단순히 남의 것을 모방하지 아니하였다는 '독자적 작성'의 요소만으로는 부족하고, 거기에 더하여 최소한의 창조적 개성의 반영을 필요로 하는 것으로 보는 위의 둘째 관점이 타당하다고 할 수 있고, 최근의 대법원 판례(위 대법원 2005. 1. 27. 선고 2002도965 판결 등)는 그러한 입장을 보다 분명히 밝히고 있는 셈이다. 다만, 위 대법원 판례 등이 종전 판례를 부정하지 않고 스스로 종전 판례의 입장을 따른 것으로 자리매김을 하고 있는 것은 종전 판례가 창조적 개성의 필요성을 분명하게 밝히지 않았지만 그렇다고 그 필요성을 부정하는 취지를 명시한 것도 아니고, 또한 기능적 저작물의 경우가 아닌 한 창조적 개성의 유무를 적극적으로 심사할 필요는 없다는 점 등을 감안한 것이라 생각된다.

§3-9 그러면 저작물 중에서 기능적 저작물 등 일정한 유형에 대하여만 창조적 개성을 특별히 추가적 요건으로 하는 것으로 볼 것인가? 그렇게 바라보는 견해도 있을 수 있고, 위 대법원 판례의 입장을 그렇게 오해할 가능성도 있다고 생각된다. 그러나 저작물의 종류에 따라서 창작성의 개념이 달라진다는 것은 논리적인 측면에서 수용하기 어려운 생각이다. 어떤 종류의 저작물이든 저작물로 성립하기 위한 요건으로서의 창작성의 개념에는 독자적 작성의 요소 외에 창조적 개성도 포함되는 것으로 보아 창작성의 개념은 통일적으로 파악하는 것이 바람직하다. 다만 창조적 개성의 유무에 대한 엄격한 심사의 필요성에 있어서 기능적 저작물 등의 경우와 일반 저작물의 경우에 따른 차이가 있을 뿐이다(§3-13-1 참조).

§3-10 그리고 우리나라와 일본의 창작성과 관련한 판례들을 살펴보면, '창조적 개성'이라는 말을 사용하지 않은 경우에도 창작성의 요건을 엄격히 따지는 경우와 그렇지 않은 경우가 있는 것을 볼 수 있다. 기능적 저작물 외에도, 편집저작물(§4-34) 등의 경우에 창작성의 요건을 비교적 엄격히 따지고 있는데, 이 경우에도 판결문에서 표현은 하고 있지 않았어도 해당 저작물성의 특성에 비추어 일정한 정도의 '창조적 개성'을 요구하고 그것을 엄격히 심사한 데 따른 결과라고 할 수 있다.

§3-11 '독자적 작성'의 여부와는 달리, '창조적 개성'은 정도의 문제를 포함하는 개념이다. 판례에서는 위와 같은 종류의 저작물 등에 대하여는 기능적, 실용적 성격을 가지고 있거나 대상이 된 소

---

1 이상 金井重彦·小倉秀夫 編著, 著作權法 コンメンタール 上卷(1條~74條), 東京布井出版, 2000[金井重彦 집필부분], 17~18면 참조.

재 또는 사실이나 원저작물과의 관계에서 표현의 자유도가 낮은 등의 특성 때문에 다른 저작물에 비하여는 상대적으로 높은 정도(또는 수준)의 '창조적 개성'(다만 판례에서는 "창작성"이라고만 표시한 예가 대부분임[1])을 최소한의 것으로 요구하는 것으로 보고 그러한 기준을 충족하지 못했을 때 '창작성이 없다'고 하는 결론을 내리고 있는 것이다.[2][3]

그렇다면 '창조적 개성'이란 구체적으로 무엇을 뜻하는 것인가. 대법원 2005. 1. 27. 선고 §3-12 2002도965 판결(§3-15)은 이 질문에 관하여도 중요한 단서를 제공하고 있는데 바로 "누가 하더라도 같거나 비슷할 수밖에 없는 표현, 즉 저작물 작성자의 창조적 개성이 드러나지 않는 표현"이라고 한 부분이다.[4] 즉, 이 판결에 의하면, "누가 하더라도 같거나 비슷할 수밖에 없는 표현"은 창조적 개성이 없는 것이고 따라서 창조적 개성이란 "누가 하더라도 같거나 비슷할 수밖에 없는 제약이 없는 가운데 표현되는 개성"을 뜻하는 것으로 볼 수 있다. 이것은 뒤에서 설명하는 아이디어와 표현의 이분법(§3-29 이하 참조)의 보충원리인 '합체의 원칙(어떤 아이디어를 표현하는 방법이 하나이거나 극도로 제약되어 있어 아이디어와 표현이 하나로 합체되어 있다고 볼 경우 그 표현을 저작물로 보호하지 않는 원칙, 자세한 것은 §3-35 참조)이 창작성의 측면에서 반영된 것이라 할 수 있다. 또한 이것을 다른 표현으로 하여 '표현의 선택의 폭'이 어느 정도 있는 경우의 표현은 창조적 개성이 있고, '표현의 선택의 폭'이 매우 좁을 경우의 표현은 창조적 개성이 없다고 말하여도 거의 같은 말이 되는 것이다.[5]

---

1 대법원 판례 중에 같은 의미로 '창조성'이라는 용어를 사용한 경우도 있다. 대법원 2001. 5. 8. 선고 98다43366 판결 참조.
2 金井重彦·小倉秀夫 編著, 전게서 [金井重彦 집필부분], 19면 참조.
3 이와 관련하여 미국 판례상으로도 이른바 Feist 사건 이전의 판례는 예술품 원작의 재현작품이나 묘사적인 사진에 있어서만 creativity를 요구하다가 Feist 판결(Feist Publications, Inc. v. Rural Telephone Service Co., 499 U.S. 340, 18 U.S.P.Q. 2d 1275(1991))에서 전화번호부의 인명편도 역시 사실을 재현하는 것에 해당한다고 하면서, 과학적·역사적·전기적 사실이나 그날 그날의 뉴스를 비롯한 사실을 단순히 재현하는 경우에는 최소한의 creativity 요건을 충족하여야 창작성을 인정할 수 있는 것이라고 하는 입장을 취하였다. 오승종·이해완, 저작권법(제 4 판), 박영사, 2005, 31면 참조. 이 판결에서 말하는 creativity는 우리 판례상의 '창조적 개성'에 해당하는 말이다. 이처럼 창조적 개성의 필요성에 대하여는 미국 판례상으로도 인정되고 있으며, 저작물의 종류 내지 특성에 따라 그 심사 여부에 차이가 주어지는 점도 마찬가지이다. 위와 같은 미국의 판례 입장이 우리나라 판례에도 다소 영향을 준 측면이 있었으리라 생각된다.
4 다만 대법원 판례 중에 이 판결이 창작성과 관련하여 이와 유사한 판시를 처음으로 한 것은 아니다. 대법원 1993. 1. 21.자 92마1081 결정에서도 미술사연표의 창작성이 문제된 사안에 관하여 "그 연표 속의 개개의 항목은 단순한 사실을 소재로 삼아 이를 객관적으로 압축하여 표현하는 것이므로, 이는 누가 작성하더라도 동일 또는 유사하게 표현될 수밖에 없어, 위 개개의 항목에 관하여는 저작물이 갖추어야 할 창작성이 있다고 할 수 없겠으나, 그 내용인 소재의 선택이나 배열에 있어서 창작성이 있는 경우에는 이른바 편집저작물로서 독자적인 저작물로 보호를 받을 수 있는 것인바…"라고 한 바 있다. 그 외에도 대법원 1997. 11. 25. 선고 97도2227 판결, 대법원 2003. 11. 28. 선고 2001다9359 판결 등이 비슷한 취지를 표명하였다.
  그렇지만, "누가 하더라도 같거나 비슷할 수 밖에 없는" 경우가 아닐 것을 '창조적 개성'으로 연결시키고, '창조적 개성'을 '창작성'의 동의어가 아니라 '창작성'을 구성하는 하나의 하위 개념요소로 보는 논리구성을 한 것은 위 대법원 2002도965 판결이 최초라고 할 수 있다.
5 일본의 中山信弘 교수도 일본의 판례 입장을 총괄하여 '표현의 선택의 폭'이 곧 창작성이라고 하는 이론을 제창한 바

§3-13 　　우리나라 하급심 판결에서도 위와 같은 맥락에서 '선택의 폭'이라는 표현을 창작성 판단의 기준으로 사용한 바 있다. 예를 들어, 서울고등법원 2008. 6. 10. 선고 2007나58805 판결(§4-155)은 "원고 서비스와 '피고 서비스는 모두 PDA를 통하여 증권정보를 실시간으로 제공하는 서비스인바, 서비스의 성격상 필수적으로 요구되는 개별 기능들의 화면배치에 있어서 선택의 폭이 매우 좁을 수밖에 없어 원고 서비스 화면구성에는 창작성이 없"다고 판시한 바 있다. 합체의 원칙에 기하여, 어떤 아이디어를 표현하는 방법에 실질적인 제약이 있어 "누가 하더라도 같거나 비슷할 수밖에 없는 경우"에 해당하는 경우 또는 "표현의 선택의 폭이 매우 좁은 경우"에 창작성의 개념 요소인 '창조적 개성'을 부정하고 그렇지 않은 경우에는 그것이 독자적으로 작성된 것인 한 창조적 개성을 인정하는 위와 같은 법리는 한편으로 창작성의 판단에 있어 자의적 요소의 개입을 방지하고, 다른 한편으로, 창작성이 너무 넓게 인정됨으로써 자유로운 표현이나 산업상의 경쟁을 가로막는 부작용이 생기지 않도록 적절한 한계를 설정한 것이라는 점에서 타당한 이론이라 생각된다. 이 기준에 따라 창작성이 부정되는 예는 기능적 저작물(도형저작물(§4-100)이나 컴퓨터프로그램저작물(§4-114))의 경우에 특히 많겠지만, 반드시 거기에 한하지 않고 다른 모든 종류의 저작물에 있어서 문제가 될 수 있다. 예컨대 어문저작물(§4-2) 중에는 짧은 단문이나 단구로 된 것[1] 또는 사실을 알기 쉽게 전달하기 위한 비교적 짧은 보도기사 등의 경우에 표현의 선택의 폭이 좁다는

§3-13-1 이유로 창작성이 부정되는 경우들이 있을 수 있다. 그러나 그렇다고 하여 기능적 저작물이 아닌 일반저작물의 경우에 위와 같은 짧은 단문 등의 경우나 사실보도 등의 경우와 같은 특별한 상황에 해당하지 않는 경우에도, "누가 하더라도 같거나 비슷할 수 밖에 없다"거나 '선택의 폭'이 좁다는 이유로 창작성을 너무 쉽게 부정하는 결론을 내리는 것은 곤란하다. 예컨대 사진저작물의 경우에 동일한 피사체(예를 들어, 백두산 천지)를 촬영하면 적어도 "누가 하더라도 비슷할 수밖에 없다"고 할 수도 있겠지만 그러한 저작물에 있어서 다른 측면에서의 미묘한 표현상의 차이와 개성의 표출 가능성을 무시하고 창작성을 쉽게 부정하는 근거로 '선택의 폭' 이론이나 합체의 원칙을 가져다 사용하는 것은 결코 바람직하지 않고 타당하지도 않다. 기본적으로 작성자의 개성 표출 가능성이 낮은 기능적 저작물 등에서는 창조적 개성에 대한 엄격한 심사가 요구되고 따라서 '선택의 폭' 이론 내지 '합체의 원칙'의 적용 가능성도 보다 적극적으로 검토되어야 하지만, 일반 저작물의 경우에는 대부분의 경우에 그러한 개성표출의 가능성이 인정될 수 있어 그에 대한 엄격한

　　있다. 中山信弘, 著作權法, 有斐閣, 2007, 52~55면 참조. 다만, 中山교수는 "선택의 폭이 곧 창작성"이라고 주장하고 있으나, '선택의 폭'을 창작성과 동의어로 보는 것은 부당하며, 본서의 입장과 같이, 창작성은 '독자적 작성'의 요소와 최소한의 '창조적 개성'의 요소가 결합된 것인데, 그 중 '창조적 개성'은 '선택의 폭이 어느 정도 있을 경우에 표현되는 저작자의 개성'이라고 보는 것이 타당하다고 생각한다.

　1 아래에서 소개하는 서울고등법원 2006. 11. 14.자 2006라503 결정(§3-16) 및 '어문저작물'에 관한 설명에서 소개할 서울중앙지방법원 2008. 10. 9. 선고 2006가합83852 판결(§4-5) 참조.

심사는 적절치 않은 경우가 많다는 점을 감안하여야 한다. 따라서 저작물의 유형별 차이에 따른 구별취급의 필요성은 여전히 강조될 필요가 있다.1

그 점에서 위 대법원 2002도965 판결이 "기능적 저작물은 그 표현하고자 하는 기능 또는 실용적인 사상이 속하는 분야에서의 일반적인 표현방법, 규격 또는 그 용도나 기능 자체, 저작물 이용자의 이해의 편의성 등에 의하여 그 표현이 제한되는 경우가 많으므로 작성자의 창조적 개성이 드러나지 않을 가능성이 크며, 동일한 기능을 하는 기계장치나 시스템의 연결관계를 표현하는 기능적 저작물에 있어서 그 장치 등을 구성하는 장비 등이 달라지는 경우 그 표현이 달라지는 것은 당연한 것이고, 저작권법은 기능적 저작물이 담고 있는 사상을 보호하는 것이 아니라, 그 저작물의 창작성 있는 표현을 보호하는 것이므로, 기술 구성의 차이에 따라 달라진 표현에 대하여 동일한 기능을 달리 표현하였다는 사정만으로 그 창작성을 인정할 수는 없고 창조적 개성이 드러나 있는지 여부를 별도로 판단하여야 한다"고 하여 '기능적 저작물의 창조적 개성 심사 엄격화의 원칙'을 천명한 부분에 보다 큰 관심을 가질 필요가 있다.2 대법원의 입장은 창작성의 개념 자체를

---

1 기능적 저작물 등에 해당하지 않는 경우에 합체의 원칙과 관련된 법리를 넓게 적용함으로써 창작성 개념을 지나치게 엄격한 개념으로 잘못 파악한 것으로 보이는 판결의 한 예로, '송해 캐리커처' 사건에 대한 서울중앙지방법원 2014. 7. 24. 선고 2013고정2795 판결(한국저작권위원회, 한국저작권판례집[14], 313면 이하 참조)을 들 수 있다. 이 판결은 1) "누가 하더라도 같거나 비슷할 수밖에 없는 표현, 즉 저작물 작성자의 창조적 개성이 드러나지 않는 표현을 담고 있는 것은 창작성이 있는 저작물이라고 할 수 없고(대법원 2005. 1. 27. 선고 2002도965 판결 참조)", 2) "상업적인 대량생산에 이용되거나 실용적인 기능을 주된 목적으로 하여 창작된 경우 그 모두가 저작권법상의 저작물로 보호될 수는 없고, 그 중에서도 그 자체가 하나의 독립적인 예술적 특성이나 가치를 가지고 있어 예술의 범위에 속하는 창작물에 해당하는 것만이 저작물로서 보호된다(대법원 2000. 3. 28. 선고 2000도79 판결 참조)"는 것을 근거로 하여, 행사 홍보를 목적으로 연예인 송해씨를 캐리커처한 포스터 그림에 대하여 저작물성을 부정하는 취지의 판결을 선고하였다. 구체적으로는, 1-1) 실존 인물의 캐리커처는 그 인물의 외관상 특징에 구속되는 경향이 강하기 때문에 누가 그리더라도 같거나 비슷할 수밖에 없는 표현이 두드러지고, 그 표현에 있어서 작성자만의 창조적 개성을 찾기 어렵고, 2-1) 이 사건 캐리커처는 송해빅쇼의 홍보와 이를 위한 포스터 제작이라는 상업적 목적에 부응하기 위한 것이므로, 여기에 작성자만의 독자적 표현방식이나 예술성, 창조성을 인정하기 곤란하다고 판단하였다.
위 판결의 내용 중 위 2)에 제시된 법리는 2000. 1. 12. 법률 제6134호로 저작권법 개정이 이루어지기 전의 판례 입장으로서 개정법 시행일(2000. 7. 1.) 후에는 더 이상 유지될 수 없는 법리임이 대법원 2004. 7. 22. 선고 2003도7572 판결('히딩크 넥타이 사건', §4-56)에 의하여 명백해졌음에도 그것을 간과한 오류를 범한 부분이다. 그런데 저자의 입장에서 이미 폐기된 위 2)의 법리를 잘못 적용한 것보다 더 큰 우려를 위 판결에 대하여 가지는 것은, 위 1)의 법리(현재의 대법원 판례의 입장)를 기능적 저작물등이 아닌 영역에서 최소한의 창작성이 충분히 인정될 수 있는 사안에 적용함으로써 위 1-1)과 같이, "누가 그리더라도 같거나 비슷할 수밖에 없다"는 등의 이유로 창작성을 부정하는 결론을 쉽게 내릴 수 있는 가능성이 현실화되고 있다는 점이다. 이것은 기능적 저작물에 대하여 창작성을 너무 쉽게 인정함으로써 산업상의 경쟁을 부당하게 제한하는 문제에 적절히 대응하는 것을 주된 목적으로 하여 개발된 이론으로서의 합체의 원칙과 그것을 창작성의 관점에서 수용한 대법원 판결의 취지가 잘못 해석되어 오남용되는 사례의 하나가 아닌가 생각된다. 이렇게 될 경우 저작물로서의 보호범위가 지나치게 좁아지는 부작용이 있을 것이라는 점에서 큰 우려를 갖게 되는 것이다.

2 이러한 대법원 판결이 선고된 후에 '기능적 저작물의 창조적 개성 심사 엄격화' 법리를 적용하여 기능적 저작물에 해당하는 도형저작물 등의 경우에 신중히 창작성 유무를 판단한 끝에 창작성을 부정하는 결론을 내린 판결들이 선고되고 있다. "종이접기 도형놀이"의 창작성을 부정한 대법원 2011. 5. 13. 선고 2009도6073 판결(§4-112)과 '체험형 착시 미술품'의 창작성을 부정한 서울서부지방법원 2013. 8. 16. 선고 2012가합5803 판결, 감정평가서의 창작성을 부정한 서울중앙지방법원 2012. 3. 12.자 2011카합1962 결정, 주름개선 시술방법에 대한 시연강의의 창작성을 부정한 서울고

기능적 저작물과 기타 저작물을 구분하여 다르게 본 것은 아니지만, 기능적 저작물의 경우에 창작성의 개념요소로서의 창조적 개성의 유무를 보다 신중하고 엄격하게 심사하여야 한다는 법리를 명확히 천명한 것으로 이해할 수 있다. 그것은 그 반면에 있는 법리, 즉 기능적 저작물이 아닌 일반 저작물의 경우에는 특별한 사정이 없는 한, 기존의 판례입장과 동일하게, 독자적 작성의 요소만을 가지고 창작성을 인정하여도 무방할 것이라는 것을 암묵적 전제로 하고 있는 것으로 볼 수 있으리라 생각된다. 한편 창작성에 대한 주장·입증책임과 관련하여서도 판례 및 실무의 경향을 주의 깊게 살펴보면, 기능적 저작물(건축저작물, 도형저작물, 컴퓨터프로그램저작물 등)이나 사실적 저작물(§3-24 각주 참조)의 경우에는 그 창작성을 주장하는 측에서 보다 강한 정도의 주장·입증책임을 지는 것으로 보고, 그렇지 않은 일반 저작물의 경우에는 원고 측의 주장·입증책임이 실질적인 면에서 크게 작용하지 않는 것으로 보고, 대신 피고 측에서 반대의 주장 및 입증을 할 필요성이 큰 것으로 취급하는 것이 법원의 실무관행으로 정립해 가고 있는 것이 아닐까 생각된다.[1]

§3-14   위와 같이 창작성의 요소에는 '독자적 작성'의 요소 외에 최소한의 '창조적 개성'이 요구되지만, 그것이 창작성 인정에 있어서 하나의 문턱으로 크게 작용하는 것은 기능적 저작물과 기타 일부 제한적인 경우이고, 일반적으로는 '독자적 작성'의 요소만으로 창작성의 요건이 충족되는 것으

등법원 2012. 1. 12. 선고 2011나47635 판결 등이 명시적으로 위와 같은 법리를 적용한 사례들이다. 다만 이 원리도 지나치게 남용되는 것은 바람직하지 않다. 기능적 저작물에 대하여 창조적 개성의 유무를 엄격하게 심사한다는 것은 그러한 사건에서 선택의 폭이 어느 정도 있는지를 엄격하게 따져서 신중하게 판단하여야 한다는 것을 의미하는 것이지, 기능적 저작물이라는 이유만으로 그 선택의 폭 등에 대한 신중한 검토와 심사 없이 쉽게 창작성을 부정하는 판단을 내려서는 안 될 것이다. 한 예로서, 광화문 등 역사적 건축물을 모델로 하여 그것을 축소한 모형을 입체 퍼즐 형태로 제작한 것의 저작물성이 문제된 사안에 대하여, 서울고등법원 결정에서는 기능적 저작물에 대한 창조적 개성 심사 엄격화의 원칙을 이유로 창작성을 간단히 부정한 바 있었으나(서울고등법원 2014. 3. 31. 자 2013라293 결정), 이후 그 본안 사건의 2심판결에서는 그것이 단순한 축소가 아니라 상당한 변형을 가한 것임을 이유로 위 결정의 결론을 사실상 뒤집고 입체 퍼즐의 창작성을 긍정하였으며(서울고등법원 2016. 5. 12. 선고 2015나2015274판결), 그 판단이 상고심인 대법원의 판결(대법원 2018. 5. 15. 선고 2016다227625판결)에서도 승인을 받은 바 있다. 위 서울고등법원 2013라293결정은 "이 사건에서 채권자와 채무자의 입체 퍼즐은 모형 그 밖의 도형저작물로서 예술성보다는 특별한 기능을 주된 목적으로 하는 기능적 저작물에 해당한다. 그런데 채권자와 채무자의 숭례문, 광화문, 첨성대 모형의 유사한 부분은 동일하거나 같은 시대의 유사한 건축양식이 반영된 역사적 건조물을 우드락 퍼즐의 조립이라는 방식적 한계 속에서 최대한 실제와 유사하도록 구현하기 위한 것으로 누가 하더라도 같거나 비슷할 수밖에 없어 저작물 작성자의 창조적 개성이 드러나지 않는 표현을 담고 있어 창작물이라고 할 수 없(다)"고 설시한 반면에, 위 대법원 2016다227625판결은 "실제 존재하는 건축물을 축소한 모형도 실제의 건축물을 축소하여 모형의 형태로 구현하는 과정에서 건축물의 형상, 모양, 비율, 색채 등에 관한 변형이 가능하고, 그 변형의 정도에 따라 실제의 건축물과 구별되는 특징이나 개성이 나타날 수 있다. 따라서 실제 존재하는 건축물을 축소한 모형이 실제의 건축물을 충실히 모방하면서 이를 단순히 축소한 것에 불과하거나 사소한 변형만을 가한 경우에는 창작성을 인정하기 어렵지만, 그러한 정도를 넘어서는 변형을 가하여 실제의 건축물과 구별되는 특징이나 개성이 나타난 경우라면, 창작성을 인정할 수 있어 저작물로서 보호를 받을 수 있다."라고 판시하였다.

1 다만 그것은 창작성과 관련된 주장 및 입증책임 자체는 저작권침해소송에 있어서 자신의 저작물에 대한 저작권침해를 주장하는 원고에게 귀속됨을 전제로 하면서, 실질적인 입증의 필요성에 있어서의 차이를 언급한 것일 뿐이다. 창작성과 관련한 입증책임이 저작권침해소송의 원고에게 있다는 점과 관련하여, 같은 입장을 취한 견해로는, 권영준, 저작권침해 판단론-실질적 유사성을 중심으로, 박영사, 2007, 16~17면 및 김동규, "국가고시나 전문자격시험의 수험서와 같은 실용적 어문저작물의 창작성 및 복제권 침해 판단 기준", 대법원판례해설 제94호, 308~309면 등 참조.

로 볼 수 있다. 그리고 '창조적 개성'의 유무에 대한 문제는 예술성 또는 학술성에 대한 평가의 문제와 구별되어야 한다. 즉, 저작물의 예술적, 학술적 가치가 있거나 높아야만 창작성이 인정되는 것은 결코 아님을 유의하여야 한다. 또한 창작성은 특허법 등에서 요구하는 신규성과는 명백히 구별되는 개념이다. 신규성이 인정되기 위해서는 기왕의 기술적 지식에는 알려지지 않은 새로운 것을 발견 또는 만들어 내야 하는 것이며 기왕에 그와 같은 것이 존재하는 경우에는 신규성이 인정되지 않고 따라서 특허법에 의한 보호를 주장할 수 없다. 그러나 저작자가 남의 것을 모방하지 아니하고 독자적으로 작성한 것으로서 나름대로의 창조적 개성이 반영된 것이기만 하면 우연히 자신이 몰랐던 다른 사람의 저작물과 결과적으로 똑같은 것이라고 하더라도 창작성을 긍정할 수 있는 것이다.[1]

 **판 례**

❖대법원 2005. 1. 27. 선고 2002도965 판결 ― "설비제안서 도면" 사건   §3-15

저작권법 제 2 조 제 1 호는 저작물을 "문학·학술 또는 예술의 범위에 속하는 창작물"로 규정하고 있는바, 위 법조항에 따른 저작물로서 보호를 받기 위해서 필요한 <u>창작성이란 완전한 의미의 독창성을 말하는 것은 아니며 단지 어떠한 작품이 남의 것을 단순히 모방한 것이 아니고 작자 자신의 독자적인 사상 또는 감정의 표현을 담고 있음을 의미하므로, 누가 하더라도 같거나 비슷할 수밖에 없는 표현, 즉 저작물 작성자의 창조적 개성이 드러나지 않는 표현을 담고 있는 것은 창작성이 있는 저작물이라고 할 수 없고,</u> 한편 저작권법은 제 4 조 제 1 항 제 8 호에서 "지도·도표·설계도·약도·모형 그 밖의 도형저작물"을 저작물로 예시하고 있는데, 이와 같은 도형저작물은 예술성의 표현보다는 기능이나 실용적인 사상의 표현을 주된 목적으로 하는 이른바 기능적 저작물로서, <u>기능적 저작물은 그 표현하고자 하는 기능 또는 실용적인 사상이 속하는 분야에서의 일반적인 표현방법, 규격 또는 그 용도나 기능 자체, 저작물 이용자의 이해의 편의성 등에 의하여 그 표현이 제한되는 경우가 많으므로 작성자의 창조적 개성이 드러나지 않을 가능성이 크며,</u> 동일한 기능을 하는 기계장치나 시스템의 연결관계를 표현하는 기능적 저작물에 있어서 그 장치 등을 구성하는 장비 등이 달라지는 경우 그 표현이 달라지는 것은 당연한 것이고, 저작권법은 기능적 저작물이 담고 있는 사상을 보호하는 것이 아니라, 그 저작물의 창작성 있

---

1 同旨 박성호, 저작권법, 2014, 42면. 미국의 판례도 "만약 어떤 마법에 의해 키츠(Keats)의 '그리스 항아리에 부치는 노래(Ode on a Grecian Urn)'를 전혀 모르고 있던 어떤 사람이 새로 그것과 똑같은 시를 창작하였다면, 그는 그 저작자로 인정되어 보호를 받을 수 있고, 다른 사람들은 (이미 공중의 영역에 들어간) 키츠의 시는 자유롭게 이용할 수 있을지라도, 새로 창작된 시를 복제할 수는 없을 것이다"라고 판시한 바 있다.(Sheldon v. Metro-Goldwyn Pictures Corp., 81 F.2d 49, 54, 2d Cir. 1936 참조) 그러나 실제로 이러한 사건이 일어나기는 어렵다. 왜냐하면, 위와 같은 경우에는 선행저작물인 키츠의 시와 동일한 내용의 후행저작물이 독립적으로 작성되었음을 인정할 만한 특별한 사정이 없는 한, 선행저작물을 보거나 듣고 그에 '의거'하여 작성된 것으로 추정될 것이기 때문이다(선행 저작물과의 현저한 유사성이 있을 때 선행 저작물에 대한 의거관계가 추정된다는 것에 대하여는 §27-41 참조). 이와 같이 구체적인 '입증'의 면에서 현실적으로 선행저작물과 동일한 저작물이 새로운 저작물로 인정되는 경우가 드물긴 하지만, 이론적으로는 위 판례에서 밝힌 법리의 타당성이 부정되지 않는다.

는 표현을 보호하는 것이므로, 기술 구성의 차이에 따라 달라진 표현에 대하여 동일한 기능을 달리 표현하였다는 사정만으로 그 창작성을 인정할 수는 없고 창조적 개성이 드러나 있는지 여부를 별도로 판단하여야 한다(지하철 통신설비 중 화상전송설비에 대한 제안서도면에 관하여 기능적 저작물로서의 창작성을 인정하기 어렵다는 이유로 그 저작물성을 부인한 사례임).

▷NOTE : 위에서 밝힌 바와 같이 위 판결은 창작성의 요소로서 '창조적 개성(creativity)'이 요구된다는 것을 명확한 표현으로 밝히고 나아가 특히 기능적 저작물에 있어서 그 특성상 '창조적 개성'에 대한 별도의 심사를 요한다는 것을 분명히 함으로써 창작성에 관한 대법원의 판단기준을 명료화한 점에서 중요한 의의를 가진 판결이라 할 수 있다(§3-4, 8, 12 이하 참조).

§3-16

❖서울고등법원 2006. 11. 14.자 2006라503 결정 — "왕의 남자" 사건

〈사실관계〉

원고가 창작한 희곡에서 '소통의 부재'라고 하는 주제를 효과적으로 드러내기 위해 "나 여기 있고 너 거기 있어"라는 대사와 그것이 변주된 대사를 치밀하게 반복 사용하고 있는데, 영화 '왕의 남자'에서 조선시대의 광대인 두 주인공 장생과 공길의 장님놀이 장면에서 원고의 허락 없이 위 대사를 사용한 것을 이유로 영화상영금지가처분신청을 한 사건이다.

〈법원의 판단〉

이 사건 대사는 일상생활에서 흔히 쓰이는 표현으로서 저작권법에 의하여 보호받을 수 있는 창작성 있는 표현이라고 볼 수 없고, 또한 ○○○의 각 기재에 의하면, 시(詩) 등 다른 작품에서도 이 사건 대사와 유사한 표현들이 자주 사용되고 있음을 알 수 있다. (가처분신청 기각)

▷NOTE : 어문저작물의 경우에는 창조적 개성에 대한 심사가 특별히 문제되지 아니하는 경우가 많으나 특별히 短文의 표현의 경우에는 너무 관대하게 창작성을 인정할 경우 일상적인 표현에까지 독점적, 배타적인 권리를 부여함으로써 큰 불편을 초래할 수 있다는 점에서 '창조적 개성'에 대한 신중한 심사가 요구된다(§3-13, §4-4 참조). 본 판결은 그러한 취지를 반영한 것으로서 타당한 입장이라 생각된다. 바로 아래에 소개하는 97도2227 판결에서도 "단편적인 어구나 계약서의 양식 등과 같이 누가 하더라도 같거나 비슷할 수밖에 없는 성질의 것은 최소한도의 창작성을 인정받기가 쉽지 않다"고 판시하여 '단편적 어구'에 대한 '최소한의 창작성' 심사를 엄격히 하여야 함을 밝히고 있다. 참고로, 일본 판례 중에 "나 안심 엄마의 무릎보다 유아용 시트"라고 하는 교통표어의 저작물로서의 창작성을 제한적으로 인정한 예가 있다. 즉, "엄마의 무릎보다 유아용 시트"라고 하는 표현만으로는 창작성을 인정할 수 없고 단지 '나 안심'이라는 말까지 결합한 형태에 한하여 최소한의 창작성이 인정되는데, 피고가 사용한 "엄마의 가슴보다 유아용 시트"라고 하는 표어는 창작성 있는 부분의 이용이 아니므로 결과적으로 침해가 성립하지 않는다고 보았다.(東京高裁 平成 13. 10. 30. 선고 平13(ネ)3427号 사건 판결)

§3-17

❖대법원 1997. 11. 25. 선고 97도2227 판결 — "대학입학 본고사 입시문제" 사건

저작권법에 의하여 보호되는 저작물은 문학·학술 또는 예술의 범위에 속하는 창작물이어야 하는

바(저작권법 제 2 조 제 1 호), 여기에서 창작물이라 함은 저자 자신의 작품으로서 남의 것을 베낀 것이 아니라는 것과 최소한도의 창작성이 있다는 것을 의미한다.

따라서 작품의 수준이 높아야 할 필요는 없지만 저작권법에 의한 보호를 받을 가치가 있는 정도의 최소한의 창작성은 요구되므로, 단편적인 어구나 계약서의 양식 등과 같이 누가 하더라도 같거나 비슷할 수밖에 없는 성질의 것은 최소한도의 창작성을 인정받기가 쉽지 않다 할 것이다.

또한 작품 안에 들어 있는 추상적인 아이디어의 내용이나 과학적인 원리, 역사적인 사실들은 이를 저자가 창작한 것이라 할 수 없으므로, 저작권은 추상적인 아이디어의 내용 그 자체에는 미치지 아니하고 그 내용을 나타내는 상세하고 구체적인 표현에만 미친다고 할 것이다(당원 1993. 6. 8. 선고 93다 3073, 3080 판결 등 참조). 이러한 관점에서 1993년 말 시행된 연세대, 고려대, 서강대, 성균관대 ○○ 대학입학 본고사의 입시문제에 관하여 보건대, 위 입시문제가 역사적인 사실이나 자연과학적인 원리에 대한 인식의 정도나 외국어의 해독능력 등을 묻는 것이고, 또 교과서, 참고서 기타 교재의 일정한 부분을 발췌하거나 변형하여 구성된 측면이 있다고 하더라도, 출제위원들이 우수한 인재를 선발하기 위하여 정신적인 노력과 고심 끝에 남의 것을 베끼지 아니하고 문제를 출제하였고 그 출제한 문제의 질문의 표현이나 제시된 여러 개의 답안의 표현에 최소한도의 창작성이 인정된다면, 이를 저작권법에 의하여 보호되는 저작물로 보는 데 아무런 지장이 없다고 할 것이다.

▷NOTE : 이 판결에서 '창조적 개성'이라는 표현을 쓰고 있지는 않으나 최소한의 창작성이라는 표현을 쓰고 있는데, 이것은 최소한의 창조적 개성(minimal creativity)이라는 의미를 띠고 있는 것이라 할 수 있다. 한편, 이 판결에서 "누가 하더라도 같거나 비슷할 수밖에 없는 성질의 것은 최소한도의 창작성을 인정받기가 쉽지 않다"고 한 것은 역시 '설비제안서 도면' 사건에 대한 대법원 판결(§3-15)과 같은 취지로서, 실질적인 면에서 합체의 원칙에 기한 것으로 볼 수 있다(§3-37 각주 참조).

❖대법원 1995. 11. 14. 선고 94도2238 판결 ― "세탁학기술개론" 사건   §3-18

저작권법에 의하여 보호되는 저작물이기 위하여는 문학·학술 또는 예술의 범위에 속하는 창작물이어야 하므로(저작권법 제 2 조 제 1 호) 그 요건으로서 창작성이 요구되나 여기서 말하는 창작성이란 완전한 의미의 독창성을 말하는 것은 아니며 단지 어떠한 작품이 남의 것을 단순히 모방한 것이 아니고 작자 자신의 독자적인 사상 또는 감정의 표현을 담고 있음을 의미할 뿐이어서 이러한 요건을 충족하기 위하여는 단지 저작물에 그 저작자 나름대로의 정신적 노력의 소산으로서의 특성이 부여되어 있고 다른 저작자의 기존의 작품과 구별할 수 있을 정도이면 충분하다고 할 것이다.

기록에 의하여 피해자 ○○○가 저술한 "세탁학기술개론"을 기존의 한국세탁업협회에서 발행한 교재들 및 서울대 ○○○, ○○○ 교수의 공동저작인 "피복관리학" 등과 비교하여 보면, 부분적으로는 동일, 유사한 표현이 존재하는 것은 사실이나 전체적인 구성이나 표현형식에 있어서는 위에 나온 기존의 다른 책자들과 뚜렷이 구별할 수 있다 할 것이어서 그 창작성을 인정할 수 있으므로 위 "세탁학기술개론"이 저작권법 소정의 저작물에 해당하지 아니한다고 할 수 없다(가사 ○○○의 저작이 원저작물과의 관계에서 이것을 토대로 하였다는 의미에서의 종속성을 인정할 수 있어 소위 2차적저작물에 해당한다 할지라도 원저작자에 대한 관계에서 저작권 침해로 되는 것은 별문제로 하고 저작권법상 2차적저작물로서 보호되는 것이라 할 것이다).

▷NOTE : 위에서 언급한 바와 같이 창작성을 주로 '독자적 작성'의 요소를 중심으로 파악하고 있
는 예라고 할 수 있다. 이 사건 저작물인 "세탁학기술개론"과 같은 어문저작물의 경우 '창조적 개성'에
대한 별도의 엄격한 심사를 필요로 하지는 않으므로 이 판례의 입장에 문제가 있다고 할 것은 아니다.

§3-19　　　　❖서울지방법원 2002. 3. 27. 선고 2001가합3917 판결 ─ "119소아과" 사건
유아의 질병에 관한 서적인 "119소아과"의 각 해당 부분의 구체적인 내용이 그 자체로 독창적인
정도는 아니고 기존의 의학서적과 공통되거나 공지의 사실을 기초로 하고 있다고 할지라도, 저자가 수
년간 PC통신 등을 통하여 아기엄마들과 상담한 결과를 정리하여 나름대로의 표현방식에 따라 저술한
이상, 이는 저자의 정신적 노력에 의하여 만들어진 작품으로서의 성격을 가지고 있다 할 것이고, 거기
에 일부 기존의 이론 등이 포함되었다 하여 이를 달리 볼 것이 아니므로, "119소아과"는 저작권법에
의하여 보호되는 저작물로서의 창작성을 가지고 있어 이를 아이디어에 불과하다고는 볼 수 없다.

▷NOTE : 위 "세탁학기술개론" 사건과 유사하게 파악할 수 있다.

§3-20　　　　❖大阪高裁 昭和 38. 3. 29. 선고 昭35(ネ)451号・昭37(ネ)1213号 ─ "부기분개반" 사건
부기분개반(簿記分介盤)에 대하여 "분개반의 방사형 구분 안에 인쇄되어 있는 문장도 일상 자주
접하는 거래례를 열거한 것이고 또 원반을 회전시킴에 의해 차변과 대변의 각 과목란에 표시된 계정과
목의 명칭, 배열, 구성, 분개방법도 가장 초보적이고 전형적인 것이므로 학술적인 독창성을 갖는 것이
아니'라는 이유로 그 저작물성을 부정하였다.

▷NOTE : 그 취지를 명확히 표현한 것은 아니지만 '기능적 저작물'에 대하여 창조적 개성의 정도
에 대하여 엄격한 심사를 한 결과라고 볼 수 있다. 일본 판례 중에 유사한 예로 편물단수 조견표에 대
하여 '2가지 수의 함수관계를 그래프로 나타내는 것은 현 사회에서 하나의 상식일 뿐 원고의 독창적 사
고의 소산이라 할 수 없고 그 함수관계를 편물에 이용했다는 것만으로 창작성을 인정하기는 어렵다'고
판시한 사례(東京地裁 昭和33. 8. 16. 선고 판결)가 있다.

Ⅲ. 인간의 사상 또는 감정의 표현

§3-21　　　　저작권법상 저작물로 인정될 수 있기 위해서는 그것이 '인간의 사상 또는 감정의 표현'일 것
을 요한다. 이 요건은 원래는 명문으로 요구된 것은 아니었으나 다수 학설에 의하여 당연한 요건
의 하나로 인정되어 왔던 것을 2006년 개정법에서 명문화한 것이다.

1. 인간의 사상 또는 감정

저작물이기 위해서는 '인간의 사상 또는 감정'의 표현일 것이 요구된다. 침팬지가 그린 그림   §3-22
이나 원숭이가 찍은 '셀카'1 등은 '인간'의 사상 또는 감정의 표현이 아니므로 저작물이 될 수 없
다. 마찬가지로, 소프트웨어에 의하여 자동적으로 작성되는 기상도나 자동적으로 출력되는 악보
등은 인간의 사상과 감정의 표현이 아니므로 저작물로서 보호되지 않는다고 보아야 할 것이다.2
오늘날 '인공지능'(또는 로봇)이 작성한 그림, 소설, 악곡 등에 대한 저작권적 보호에 관한 논의가
많이 일어나고 있지만, 인공지능이 작성한 작품은 '인간의 사상 또는 감정을 표현한 창작물'이라
고 할 수 없으므로, 적어도 현행 저작권법상 저작물로 보호될 수 없다는 것에 대하여 큰 이론이
있을 수 없다. 물론 인간이 자신의 구체적인 사상 또는 감정을 컴퓨터를 이용하여 표현하였다고
볼 수 있는 경우에는 그 저작물성이 인정될 수 있지만, 현재 주된 논의의 대상이 되고 있는 인공
지능 작성 작품들의 경우에는 그러한 정도를 넘어서, 사람은 창작행위를 개시할지, 어떠한 예술
장르와 포맷에 해당하는 창작 활동을 할지에 관한 대략적인 방향만을 인공지능에게 정해주고 나
머지의 구체적 창작 과정은 인공지능에게 맡기는 형태의 것(이른바 '컴퓨터 주도형'의 경우)인바, 그러
한 경우에는 저작권법상 저작물의 개념에 해당하지 않는 것으로 보는 것이 타당하다.3 저작권법
제 9 조에 의한 업무상저작물(§10-1 이하)도 인간의 사상 또는 감정의 표현으로서의 저작물 개념을
전제로 하는 것이므로, 이 규정에 의한 보호도 부정되어야 한다.4 인공지능이 창작한 작품에 대

---

1 2011년경 인도네시아 국립공원의 짧은 꼬리 원숭이(이후 '나루토'라고 명명됨)가 야생사진 전문작
  가인 데이비드 슬래터의 카메라를 뺏은 후 찍은 셀카'그림 1'(출처: https://en.wikipedia.org/wiki/
  Monkey_selfie_copyright_dispute) 참조]의 저작물성과 그 저작권의 귀속이 문제가 된 사건(이
  른바 '나루토 사건')에서, 미국 법원도 저작권법은 인간에 의한 창작물만 보호한다는 전제 하에서,
  그 사진의 저작권이 그것을 찍은 나루토에게 귀속되어야 한다고 주장하는 원고(나루토, 동물의 권
  리를 위한 단체인 '동물의 윤리적 대우를 위한 사람들(People for the Ethical Treatment of
  Animals: PETA)'에서 나루토를 대신하여 소를 제기함) 측의 주장을 배척하였다. Naruto v.
  Slater, No. 15-CV-04324-WHO, 2016 WL 362231, at *3-4 (N.D. Cal. Jan. 28, 2016), aff'd, 888
  F.3d 418 (9th Cir. 2018).

[그림 1]

2 오승종·이해완, 전게서, 43면 참조.

3 同旨, 신창환, "인공지능 결과물과 저작권", LAW & TECHNOLOGY 제12권 제 6 호, 11면. 다만, 위 글은 "만약 인간
  과 인공지능 각자의 기여분이 가분적(可分的)이지 않다면 공동저작물의 성격에 준하는 단일 저작물로서의 성립을 인
  정하여야 할 것이다"라는 입장을 밝히고 있다. 그러나 '공동저작물의 성격에 준하는'이라는 말은 해석상의 불필요한
  혼란을 초래할 가능성이 없지 않다. 그러한 경우에도 인공지능 작성 부분은 비저작물에 해당하고, 인간 저작자의 창
  작성 있는 표현에 해당하는 부분에 한하여 그의 '단독저작물'로 보호된다고 간명하게 이해하는 것이 타당하다. 그 보
  호범위를 따질 때에는 그의 창작성 있는 표현이 어디까지인지를 엄밀하게 분석하여 판단하면 되고, 누군가 그 저작물
  의 어느 부분을 이용하였는데 그 부분이 인공지능과 인간저작자의 기여 부분이 불가분적으로 결합된 부분이라면, 인
  간저작자의 단독저작권 침해가 성립하는 것으로 판단하면 될 것이다.

4 김윤명, "인공지능(로봇)의 법적 쟁점에 대한 시론적 고찰", 정보법학 제20권 제 1 호, 2016, 161~162면도 결론에 있
  어서 일치한다. 다만, 위 글은 저작물의 개념 자체에서 그 근거를 찾는 것이 아니라, 저작권법 제 9 조의 규정에서 "업
  무에 종사하는 자"라는 표현을 사용함으로써 인간 창작자를 전제로 하고 있다는 데서 그 근거를 찾고 있다. 그러나

하여 그 보호기간을 5년으로 제한하고 별도의 등록요건을 부과하며, 침해의 요건을 엄격하게 하고 형사처벌 대상에서 제외하며 배타성도 제한하여 보상청구권의 대상으로 할 것을 고려하는 등의 조건 하에 저작권적 보호를 제한적으로 인정할 것을 검토하여야 한다는 입법론[1]이 제시된 바 있으나, 어떤 식으로든 인공지능 저작물을 인정하고 이를 법으로 보호할 경우 인공지능 저작물의 무한대의 양산으로 인하여 인간의 창작 및 표현의 자유에 중대한 제약이 초래될 수 있음을 감안하여 신중하게 접근할 필요가 있다. 한편으로 예컨대 선하증권의 용지는 어떤 인간의 '사상 또는 감정'의 표현이라고 볼 수 없으므로 저작물이 아니라고 하게 된다.[2] 그 외에 식당의 메뉴판이나 역 구내에 게시되어 있는 열차시각표, 요금표와 같은 것은 특별한 다른 내용을 포함하고 있지 않은 한 저작물이라고 할 수 없다. 다만 사상이나 감정이라고 하여 반드시 철학적이거나 심리학적 개념으로 좁게 해석할 것이 아니라 단순한 '생각이나 기분' 정도의 넓은 의미로 파악해야 할 것이다.[3]

§3-23   앞서 언급한 바와 같이(§3-1), 2006년 개정법에서 '문학·학술 또는 예술의 범위에 속할 것'이라고 하는 요건을 삭제한 이상 순수한 실용품과의 구별을 위한 기준도 '인간의 사상 또는 감정'의 표현일 것을 요구하는 이 요건에서 찾아야 할 것이다. 예컨대, 서울지방법원 1980. 3. 26. 선고 79

저작자에 대한 제9조의 규정보다 저작물의 개념에의 해당 여부를 먼저 판단하는 것이 논리적으로 타당할 것으로 생각된다.

1 손승우, "인공지능 창작물의 저작권 보호", 정보법학 제20권 제3호, 107면.

2 東京地裁 昭和 40. 8. 31. 선고 昭39(ヮ)2686호 판결 : "원고는 본건 선하증권(B/L)에 관하여 저작권을 갖는다고 주장하나, 저작물이란 정신적 노작의 소산인 사상 또는 감정의 창작적 표현으로서 객관적 존재를 가지고 나아가 문예, 학술, 미술의 범위에 속하는 것으로 해석되는바, 위 인정과 같이, 본건 B/L은 피고가 그 해상물건운송 거래에 사용할 목적으로 그 작성을 원고에게 의뢰한 선하증권의 용지이다. 그것은 피고가 후일 의뢰자와의 사이에 해상물건운송 거래계약을 체결함에 있어서 거기에 기재된 조항 중 공백 부분을 메우고, 약당사자 쌍방이 서명 또는 서명날인함으로써 계약체결의 징표로 하는 계약서의 초안에 지나지 않는 것이다. 본건 B/L에 표시되고 있는 것은 피고 내지 그 거래상대방의 장래에 할 계약의 의사표시에 지나지 않는 것이고, <u>원고의 사상은 하등 표현되고 있지 않다.</u> 따라서 거기에 원고의 저작권이 생길 여지는 없는 것이라 할 것이고, 원고가 본건 B/L의 계약 조항의 취사선택에 어떻게 연구 노력을 하였든 그 고심과 노력은 저작권 보호의 대상은 될 수 없는 것이다."

유사한 사안으로, 계약교섭의 과정에서 일방의 당사자가 상대방에게 송부한 계약서 초안에 대하여 "본건 문서의 기재내용은 '사상 또는 감정을 창작적으로 표현한 것'이라고 할 수 없으므로 저작물이라고 할 수 없다"고 하는 판단을 내린 사례(東京地裁 昭和 62. 5. 14. 선고 판결 判例時報 1273호 76면)가 있다. 이러한 판례들을 일반화하여 계약서 기타 서식은 저작물이 될 수 없다고 하는 견해도 있다(半田正夫, 전게서, 80면 등 참조). 그러나 서식이나 계약서라고 하여도 다양한 형태와 내용이 있으므로 무조건 서식 및 계약서는 저작물이 될 수 없다고 일반화하여 파악하는 것은 동의하기 어렵다. 계약서도 그 달성하고자 하는 계약목적을 이루기 위해 법률적으로 주의할 사항이 무엇이며 그것을 어떻게 계약조항으로 구성하여 장래의 분쟁발생 가능성에 대처할 수 있을지를 검토하여 그 내용을 적절한 문장 표현과 조문배열로 표현하는 과정에는 저작자의 사상(특히 법적 사고)이 표현될 수 있는 여지가 많이 있다. 따라서 단순한 blank form의 양식이나 서식, 기재내용이 법으로 정해져 있는 증권의 양식, 극히 진부한 정형적인 내용의 계약서 등을 제외하고는 저작물에 해당할 가능성이 있을 수 있다고 해석해야 할 것이다(극히 단순하거나 진부한 내용의 계약서에 대하여는 후술하는 '아이디어와 표현의 합체'에 해당한다고 하거나 저작물로서의 창작성이 없다고 할 수도 있을 것이다). 金井重彦・小倉秀夫 編著, 전게서 [金井重彦 집필부분], 11면 참조.

3 半田正夫, 著作權法槪說(第9版), 一粒社, 1999, 80면 참조.

노8119 판결은 특별하게 제작된 주판에 관하여 "본건 의구식 주판의 제작 고안의 의도 및 그 사용방법이 다만 운산(運算)의 자리점 식별에 있다면 이것이 비록 위 피해자가 주판을 통한 수학연구의 과정에서 고안해낸 것이라 하더라도 이를 산업적 기술적 고안의 하나로 볼 수는 있어도 이를 들어 위에서 말하는 저작물이라고 단정하기에는 부족하다"고 판시하였는데 이를 저작물의 요건과 관련하여서는 '인간의 사상 또는 감정'의 표현이 아니라는 데서 그 근거를 찾을 수 있을 것이다. 즉, 인간의 사상 또는 감정의 표현이라고 하는 것은 저작물이 정신적·문화적·지적인 노력의 산물일 것을 요구하며 순수한 기술적 고안 자체는 보호의 대상이 될 수 없다. 그러나 인간의 사상 또는 감정이라고 하는 것의 내용에 기술적인 것은 전혀 포함되지 않는 것은 아니다. '기술적 사상'의 표현도 사상 또는 감정의 표현에 포함될 수는 있다. 다만 '기술적 사상'이라는 것이 순수한 기술 자체와는 구별되는 의미를 가지고 있을 뿐만 아니라[1] '기술적 사상의 표현'으로 인정되어 저작물로 볼 경우에도 뒤에서 보는 바와 같이, 기술적 사상 자체를 보호하는 것이 아니라 그 표현만을 보호하게 된다는 것에 주의하여야 한다.

또한 '사실(fact)' 자체는 저작물이라 할 수 없는데, 일본의 하급심 판례 가운데, '사실'은 '사상 또는 감정'의 표현이라고 볼 수 없다는 것을 그 이유로 제시한 사례가 있다(§3-25 참조). 어떤 이유로든 사실 자체가 저작물이 아님은 명백하다. 어떤 사람이 상당한 노력으로 발견하거나 취재한 사실은 사회경제적으로 의미 있는 성과일 수 있으나, 저작권법상 저작물이라고 할 수는 없다. 그 사실을 언어적인 방법 또는 기타의 방법으로 표현한 부분에 창작성이 있을 경우 그것이 저작물[2]로 보호될 수는 있다.[3] 일조권(日照權)에 대하여 쓴 책의 저작물성이 문제된 사건에서 일본 동경

§3-24

---

1 기계설계도의 경우에도 거기에 설계자의 '기술적 사상'이 인정되면 저작물성을 긍정할 수 있다고 한 일본 판례(大阪地裁 平成 4. 4. 30. 선고 판결)가 있는데, 저작권은 '기술'을 보호하는 것은 아니므로(보호된다면 특허로 보호되어야 한다), 여기서 말하는 '기술적 사상'이란 '단순한 기술'을 넘어선, 설계자의 대상물을 근거로 하지 않은 '기술적 사상'을 의미하는 것으로 보아야 한다. 따라서 그 범위는 극히 좁다. 金井重彦·小倉秀夫 編著, 전게서 [金井重彦 집필부분], 15면 참조.

2 사실을 기초로 한 저작물이라는 점에서 '사실적 저작물(factual works)'이라고 할 수 있다. 이러한 사실적 저작물도 저작물로 보호되지만, 그 중 '사실' 자체는 보호의 범위에서 제외되며, 그 이용의 면에서는 다른 유형의 저작물에 비하여 상대적으로 보다 용이하게 공정이용이 인정될 가능성이 있다. §14-251 참조.

3 이처럼 '사실'은 저작물로 보호되지 않고, 그 표현만이 저작물로 보호될 수 있다고 하는 법리를 뒤에서 보는 '아이디어와 표현의 이분법(idea-expression dichotomy)'(§3-29)에 상응하는 말로서 '사실과 표현의 이분법(fact-expression dichotomy)'이라고 부른다. '사실과 표현의 이분법'을 '아이디어와 표현의 이분법'의 한 내용이라고 보는 견해도 없지 않으나, 엄밀하게 따지면 두 가지 개념은 서로 구분되는 것으로 보아야 할 것이다. 아이디어와 표현의 이분법을 명시적으로 규정한 미국 저작권법 102조 (b)에 '발견(discovery)'이 아이디어와 함께 나란히 나열되어 있지만, 미국의 Nimmer 교수도 사실의 발견을 아이디어와 동일시하기는 어렵다고 보는 입장을 밝힌 바 있다. 즉 그는 "미국 저작권법 102조(b)에 나열되어 있는 것 중 발견은 그것이 보호할 수 없는 아이디어이기 때문이 아니라 그와 관련된, 그러나 구별가능한 이유에 의하여 보호가 부정된다. 발견은 단순히 아이디어인 것은 아니지만, 그것이 창작성 있는 저작물이 아니라는 이유로 보호가 부정된다. 물질적 세계의 성질에 대한 과학적 사실, 역사적 사실, 현재의 시사적 사건 또는 어떤 다른 '사실'의 발견자는 그 사실의 저작자라고 주장할 수 없다. 발견자는 단순히 발견하고 기록한다. 그는 사실이 자신에게 기원한다고 주장할 수 없다. 기록, 즉 사실의 표현 방법에 있어서 창작성, 따라서 저작물성이 있을 수는

지방재판소가 "저작물성을 긍정하기 위한 요건인 창작성은 표현의 내용인 사상에 대하여 요구되는 것이 아니라 표현의 구체적 형식에 대하여 요구되는 것으로서, 공지의 사실 또는 일반상식에 속하는 사항이더라도 이것을 어떻게 감득하고 어떠한 언어를 사용하여 표현하는가는 각자의 개성에 따라 다르므로 그 구체적 표현에 창작성이 인정되는 한 저작물성을 긍정해야 하는 것으로 해석함이 상당하다"고 판시1한 것은 그러한 취지에 기한 것이라 할 수 있다.

한편, 실무에서는, 실제 역사적 사실인지 여부를 명확히 알 수 없는 경우에도 당사자가 그것을 사실이라고 주장한 경우에는 그것을 '사실'로 보아 저작물성을 부정하는 결론을 내리곤 하는데,2 그것은 이른바 금반언(禁反言)의 원칙(principle of estoppel)과 관련된 것이라 할 수 있다.

§3-25

❖ 名古屋地裁 平成 12. 10. 18. 선고 平11(ワ)5181호 판결

저작권법의 보호를 받는 저작물이라 함은 사상 또는 감정을 창작적으로 표현한 것으로서 문예, 학술, 미술 또는 음악의 범위에 속하는 것을 말한다. 따라서 어떤 저작물이 저작권법의 보호를 받기 위해서는 그 저작물이 '사상 또는 감정'이 표현된 것이어야 한다.

그러나 본건 데이터는 자동차 부품 제조회사 및 카 일렉트로닉스 부품 제조회사 등의 회사명, 납입처의 자동차 제조회사별 자동차 부품의 조달량 및 납입량, 셰어 비율 등의 조달 상황이나 상호관계의 데이터를 정리한 것이고, 거기에 기재된 각 데이터는 객관적인 사실 내지 사상(事象) 그 자체이고, 사상(思想) 또는 감정(感情)이 표현된 것이 아닌 것은 분명하다.

원고는 본건 데이터는 원고가 독자적으로 취재, 조사하고, 그것을 종합적으로 판단하여 연구한 결과이며 거기에는 원고의 사상이 창작적으로 표현되어 있다고 주장한다. 그러나 원고가 주장하고 있는 것은 원고의 일정한 이념 또는 사상하에 본건 데이터의 집적 행위가 행해졌다고 하는 것에 지나지 않는 것이고, 집적된 객관적 데이터 자체가 사상성(思想性)을 띠는 것은 아니다. 원고의 위 주장은 부당하다고 할 것이다. 따라서 본건 데이터는 저작물성을 갖지 않는다.

▷NOTE : 단순한 사실적 데이터의 나열은 인간의 '사상 또는 감정'의 표현이 아니므로 저작물로 볼 수 없다고 하는 논리를 명확하게 밝힌 판례로서 우리나라에서도 마찬가지의 결론이 나올 것으로 생

있지만, 저작권은 단지 저작자에게 부여되므로, 아이디어로서의 지위와는 별개로 사실로서의 발견은 그 자체로 저작권의 대상이 아니라는 결론을 내리게 된다"고 주장하였다. Melvile B. Nimmer, David Nimmer, Nimmer on Copyright Vol. I, §2.03[E].

1 東京地裁 昭和 53. 6. 21. 선고 昭52(ワ)598호, 昭52(ワ)7893호 판결.
2 예를 들어, '태왕사신기' 사건에 대한 서울고등법원 2007라398 결정 : "이 사건 시나리오는 역사학자인 신청인이 기존의 한국사 학계가 비류백제의 위상을 낮게 평가하는 풍토를 비판하면서 자신이 역사적 사실이라고 주장하는 고구려 광개토대왕과 비류백제 응신천황 사이의 동아시아 패권을 놓고 벌이는 전쟁사를 주된 테마로 하여 저술한 저작물로서, 비록 위와 같은 전쟁사가 현재 역사학계의 정설로 받아들여진 상태는 아니지만 신청인의 주장대로 위와 같은 내용이 역사적 사실이라고 한다면 이는 일반 공중이 자유롭게 이용할 수 있는 이야기의 소재가 되어 저작권의 보호대상이 될 수 없고 …"

각된다.

❖東京地裁 平成 15. 10. 22. 선고 平15(ワ)3188号 판결 — "웹사이트 轉職情報" 사건　　　§3-26
〈사실관계〉

원고와 피고는 모두 인터넷상에 개설한 웹사이트 등을 이용하여 회사의 전직 정보를 제공하는 것을 업으로 하는 회사인데, 원고가 소외 ○○○ 회사로부터 전직 정보에 관한 광고 및 전송을 의뢰받고 전직 정보를 작성하여 자신의 웹사이트에 올려 서비스를 하고 있던 중 피고도 소외 ○○○ 회사로부터 전직 정보 등재에 관한 동일한 의뢰를 받아 유사한 전직 정보를 자신의 웹사이트에 올렸다. 이에 원고는 피고가 자신이 작성한 전직 정보를 베껴서 올린 것이라고 하는 이유로 침해금지 및 손해배상 등을 구하는 소송을 제기하였다. 이 사건에서 우선 원고가 작성한 전직 정보 내용이 저작물에 해당하는지가 문제로 되었다.

〈법원의 판단〉

원고가 게재한 전직 정보는 소외 ○○○ 회사의 전직 정보 광고를 작성함에 있어서 같은 회사의 특징으로서 수주 업무의 내용, 엔지니어가 설립했다고 하는 유래 등을 모집요항으로 하여 직종, 업무 내용, 일하는 방법, 일의 어려움, 필요한 자격, 고용 형태 등을 적시하고, 또 구체적인 예를 들거나 문체를 바꾸거나 "어디까지나 엔지니어 제일주의", "입사 2년째의 엔지니어부터" 등의 특징적인 표제를 나타내거나 하여 독자의 흥미를 끌고자 하는 표현상의 궁리가 응축되어 있는 것이 인정된다.

확실히 …(원고 전직 정보 중 일부는) 단지 사실을 설명, 소개한 것일 뿐이고, 문장도 비교적 짧으며, 다른 표현상의 선택의 폭은 비교적 적다고 할 수 있다. 그러나 위에서 본 바와 같이 …(다른 부분들에 있어서) 원고 전직 정보의 각 부분은 모두 독자의 흥미를 끌기 위한 의문문을 이용하거나 문장 말미에 여운을 남기고 문장을 종료하는 등 표현방법에도 창의적 궁리가 응축되어 있다고 할 수 있기 때문에 저작자의 개성이 발휘된 것으로서 그 저작물성을 긍정해야 한다.

▷NOTE : 이 판결은 단순한 사실적 정보의 나열에 불과한 것은 저작물이 아니라는 전제하에 특히 고객의 주의를 끌기 위한 의문문, 강조문 등의 사용, 기타 어휘 선택 등의 부분에서 '사상 또는 감정의 표현'이 깃든 것을 인정하여 저작물성을 긍정한 것으로 판단된다.

❖서울중앙지방법원 2013. 5. 10. 선고 2012가합80045 판결 — "석굴암 그 이념과 미학" 사건　　　§3-26-1
〈사실관계〉

원고는 1999.경 '석굴암 그 이념과 미학'(이하 '이 사건 서적'이라 한다)이라는 제목의 서적을 출간하였고, 피고는 '재상의 꿈 — 석굴암 창건의 비밀'이라는 제목의 소설(이하 '이 사건 소설'이라 한다)을 집필하였다. 이 사건 서적은 석굴암과 관련한 문헌을 근거로 삼아 석굴암 창건의 동기 및 그 주체, 역사적인 배경, 돔형 지붕의 기원 등을 서술하고, 석굴암의 이념과 석굴암 조각 들의 모습을 유기적으로 연결하여 서술하고 있다. 원고는 피고의 이 사건 소설이 이 사건 서적의 내용과 유사하여 자신의 저작재산권 및 저작인격권을 침해하였다고 주장하면서 손해배상청구를 하였다. 법원은 이 사건 서적과 이 사건 소설 사이에 유사성이 있는 부분은 '역사적 사실'에 해당하거나 그렇지 않더라도 이 사건 서적의 창작성이 인정되지 않는 부분이라고 보아 결국 원고의 청구를 기각하는 판결을 선고하였다. 다음은 판결문의 일부분만 인용한 것이다.

〈법원의 판단〉

이 사건 서적 중, "완벽한 힘의 균형상태가 발생한다", "면석들이 아래로 쏠리거나 서로 어긋나서 기우는 일이 일어나지 않게 된 셈이다", "면석들을 다섯층으로 쌓아 올라가다가", "세번째 층부터 마지막 층까지 각 층당 10개의 면석들 사이에 갈고리 모양의 부재 10개를 돌아가면서 끼워 넣었다", "앞으로 쏠리지 않도록", "면석들을 꽉 움켜잡도록 한 것이다"(155쪽) 등의 표현은 동틀돌의 모습을 통해 추론되는 설계 및 기능을 설명한 것으로, 객관적인 사실이나 정보를 별다른 특색 없이 그대로 기술한 것에 불과하므로 창작성을 인정할 수가 없다. 다만 "저 심원한 우주 공간을 유영하는 별들의 행진을 감상할 수 있게 되었다"(155쪽)의 표현은 창작성이 인정되나, 이와 대비되는 이 사건 소설은 "밤하늘의 별처럼 천장에 박혀 있다"라고 하여 다르게 표현하고 있으므로 실질적 유사성이 인정된다고 할 수 없다.

▷NOTE : 위 판결은 사실을 기초로 한 저작물의 사실 부분은 보호되지 않지만, 그것을 기초로 창작성 있는 어문적 표현을 한 것은 저작물로 보호된다는 것, 나아가 그 보호범위는 창작성이 인정되는 부분에 한정되므로 그 부분을 이용하지 않는 한 저작권 침해로 보기 어렵다는 것을 보여주는 사례라 할 수 있다.

한편, 위 사건의 항소심 판결인 서울고등법원 2014. 1. 13 선고 2013나33609 판결은 위 판결에 대한 항소를 기각하면서 위 판결의 상당 부분을 그대로 인용하고 일부 내용을 추가하는 방식으로 판결문을 작성하였는데, 그 추가된 부분 가운데는 "원고의 서적 중 토함산 근처에 축성공사에 동원된 백제유민의 거류지가 있었을지 모른다는 부분, 퇴임한 ○○○이 왕실 및 조정과 일정한 거리를 두고 토함산에 은둔하다시피 사찰 건립에만 매진하였다는 서술 부분은 역사적인 사실에 대한 새로운 학술적 해석으로서 아이디어 영역에 속하고 …"라고 하여, '역사적 사실에 대한 학술적 해석'이 아이디어의 영역에 속하여 보호되지 않음을 명시한 부분이 있다.

2. 표   현

§3-27   저작물은 인간의 사상 또는 감정을 '표현'한 것이어야 한다. 여기서 우리는 두 가지 사항을 확인할 수 있다. 첫째는 인간의 사상과 감정이 외부적·객관적으로 표현되어야 저작물로 보호될 수 있다는 것이고, 둘째는 인간의 사상 또는 감정이 보호대상이 아니라 그 표현이 보호의 대상이므로 '표현'에 해당하는 것과 그렇지 않고 단순히 '아이디어'의 영역에 있는 것을 엄격히 구분하여야 한다는 것이다. '인간의 사상 또는 감정'을 표현할 것이 저작물의 요건 중의 하나이지만, '인간의 사상 또는 감정'이 보호대상이 아니라 그 '표현'만이 저작물로서 저작권법의 보호대상이 됨을 유의하여야 한다. 아울러 표현의 고정을 요하는지 여부가 문제 되므로 그에 대하여도 살펴보기로 한다.

(1) 객관적 표현

저작물이 저작물로서 보호되기 위하여는 일정한 형식으로 객관화되어 외부에 표현되어야 한 §3-28
다. 그 표현수단에는 제한이 없으며 또한 표현의 완성도 요하지 않는다.[1] 또한 외부에 표현되어
야 한다는 것의 의미를 저작물의 공표와 혼동해서도 안 된다. 남몰래 적어둔 일기나 감상록은 비
록 공표되지는 않았어도 이미 그 개인의 마음에 머물러 있는 것이 아니라 외부적으로 표현된 것
으로 보아야 한다.[2]

(2) 아이디어와 표현의 이분법

위에서 언급한 바와 같이, 인간의 사상 또는 감정 자체가 저작물이 아니라 그것의 '표현'이 §3-29
저작물이다. 여기에서 '아이디어와 표현의 이분법' 원칙이 나온다.

(가) 의   의

'아이디어와 표현의 이분법(idea-expression dichotomy)'이란 요컨대 아이디어(idea)는 저작물로 §3-30
보호되지 아니하고 표현(expression)만이 저작물로 보호된다고 하여 저작권의 보호대상을 개념적
으로 한정하는 원리이다. 이는 미국의 판례상 오래 전부터 인정되어 오다가[3] 1976년에 개정된
미국 저작권법 제102조 (b)에 "어떠한 경우에 있어서도, 저작자의 원저작물에 대한 저작권 보호
는 그 형태 여하를 불문하고 당해 저작물에 기술, 설명, 예시 또는 수록된 관념, 절차, 체제, 조작
방법, 개념, 원칙 또는 발명에 대하여는 적용하지 아니한다"고 하는 형태로 명문화되었다.[4] 일본
의 학설, 판례[5]에 의하여도 유사한 형태로 수용되어 있고 우리나라에서도 과거 저작물의 정의규
정에 '표현'이라는 단어가 없을 때부터 다수학설의 지지를 받고 있었으며, 판례도 이를 전적으로

---

1 대법원 1990. 2. 27. 선고 89다카4342 판결의 제 1 심 판결인 서울민사지방법원 1984. 7. 24. 선고 83가합6051 판결은
  원고의 번역원고에 대하여 '그에 대해 아직 원·피고 간의 교열과 정정의 절차를 거치지 아니한 이상 원고의 위 번역
  들이 완성되었다고 할 수 없고, 따라서 원고의 번역저작권이 발생하였다고 인정하기는 어렵다'고 하여 저작물의 성립
  에 '표현의 완성'을 요구하는 것으로 보였으나, 항소심과 대법원에서는 이 부분 견해를 달리하여 '교열, 정정 등 절차
  를 거치지 않았다 하더라도 원고의 이 사건 번역저작권에는 아무런 영향이 없다고 판시하였다. 위 1, 2, 3심의 각 판
  결은 저작권심의조정위원회, 저작권관계자료집(7) 한국저작권판례집, 65~83면 참조.
2 장인숙, 전게서, 32면 참조.
3 1879년 미연방대법원 판결인 Baker v. Seldon 사건의 판결이 유명하다. 이 사건 쟁점은 Seldon의 책에 설명된 부기
  방식을 이용하여 부기장부를 제작, 판매한 것이 저작권의 침해로 되는가, 즉 Seldon의 책에 기술된 부기방식 자체가
  어떠한 배타적인 권리를 갖게 되는가의 문제였는데, 이에 관해 대법원은 '저작권이 보호되는 책에서의 표현(이 사건
  의 경우 부기방식의 설명 자체)과 책이 설명하고 있는 기술 자체는 명백히 구분되어야 한다. 부기방식과 같은 아이디
  어는 저작권의 보호영역이 아니라 특허권의 보호영역으로 본다'고 하는 이유로 저작권 침해를 인정하지 않았다. 저작
  권심의조정위원회, 저작권에 관한 외국판례선 (1), 302면 이하 참조.
4 이처럼 아이디어/표현 이분법의 이론을 입법화한 예로는 미국법 외에 콜롬비아법의 경우(1982. 1. 28. 법 제 6 조)가
  있으나 그 밖의 대부분의 나라는 저작권법에 이에 관한 명시적 규정을 두고 있지 않다. 그렇지만 명문의 규정이 없는
  나라에서도 해석론상은 당연한 것으로 받아들여지는 경우가 대부분이다. 저작권심의조정위원회, 세계의 저작권 및 인
  접권의 주요원리 - 비교법적 접근 -, 9~10면 참조.
5 大阪地裁 昭和 54. 9. 25. 선고 판결 등.

수용하였다.12 이 원리는 다시 말해 어떤 작품이 저작물에 해당하는 경우라 하더라도 그 구성부분이 모두 저작권법에 의해 보호되는 것이 아니라 그 구성부분 중 단순한 사상, 관념, 발명, 과학법칙 등 광의의 아이디어(idea)에 해당될 수 있는 부분은 보호되지 아니하고 그러한 아이디어의 표현(expression)에 해당하는 부분만 보호된다는 것이다. 이는 사상, 관념 등을 표현한 저작물에 있어서 그 저작물상의 표현뿐만 아니라 그 속에 표현된 사상, 관념 자체에 대해서까지 저작자의 배타적 권리를 인정할 경우에는 저작자에 의해 표현된 사상, 관념 등이 여러 가지 표현형태로 자유롭게 순환하는 것을 가로막음으로써 학문, 문학, 예술 등의 발전을 저해하여 저작권법의 본래 취지에 오히려 역행하는 결과를 가져올 수 있으므로 그러한 사상, 관념 등에 대하여는 비록 그것이 당해 저작자의 독창성에 기한 것이라 하더라도 저작권법에 의한 보호가 미치지 않는 것으로 봄이 마땅하다는 취지에 기한 것이다. 결과적으로는 아이디어는 저작권법의 보호를 받지 못한다는 데 중점이 있으므로 '아이디어 불보호의 원칙'이라고도 하고, 그 결과 이용자의 입장에서는 아이디어는 적어도 저작권법상의 제약은 없이 자유롭게 이용할 수 있다는 측면에서 '아이디어 자유의 원칙'이라고 불리기도 한다.3 이 이론에 의하면 예컨대 어떤 자연과학법칙을 설명한 저작물의

---

1 서울민사지방법원 1990. 4. 19. 선고 89가합39285 판결. 이 판결은 아이디어와 표현은 구별되어야 하고 저작권법의 보호대상은 아이디어가 아닌 표현이라는 것을 근본이유로 하여 피고가 개발한 새로운 디자인기법은 저작권 보호대상이 될 수 없고 단지 그 기법을 이용하여 구체적으로 제작한 한복치마만이 저작권 보호의 대상이 될 수 있다는 취지로 판시하였다(하급심 판결집 1990. 제 1 권 250면 이하 참조, 다만 여기서 한복치마에 표현된 구체적 디자인표현이 아닌 한복치마 자체가 저작권 보호의 대상이라고 한 것에는 표현상의 문제가 있었다). 그러나, 같은 사건의 상고심인 대법원은 피고에 의한 저작권침해를 인정하지 아니한 위 판결의 결론은 그대로 유지하고 있으나 설시이유는 달리하여 아이디어와 표현의 구별이론을 원용하지 아니하고 원고가 이용한 디자인 기법 자체가 삼국시대 이래 전래되어 오던 것이지 원고에 의해 창작된 것이 아니라는 사실인정의 전제 위에 "저작권에 의해 보호되는 것은 저작자의 독창성이 나타난 개인적인 부분만에 한한다"는 법리를 내세워 원고의 상고를 기각하고 있다(대법원 1991. 8. 13. 선고 91다1461 판결). 대법원이 이와 같이 판시한 것은 우리 저작권법상 아이디어, 표현 구별 이론의 적용가능성을 배제하기 위한 취지는 아니며 항소심에서 새로이 인정한 사실관계에 터잡아 보다 명확한 요건을 중심으로 결론을 내림에 따라 자연히 아이디어와 표현의 구별이론에 대한 판단은 생략된 것으로 보인다.

2 아이디어/표현 이분법 외에, 독일에서는 저작물의 내용과 형식을 구분하는 내용/형식 이분법에 관한 이론이 있다. 독일의 종래의 학설에 의하면, 저작물은 그 형식만 보호대상이고 그 내용은 보호대상이 될 수 없다고 하였다. 종래의 독일 판례도 처음에는 저작물의 내용에 대한 비보호원칙을 따랐지만 1920년대에 그 입장을 버리고 작품의 내용을 이용한 경우에도 저작권 침해를 구성한다고 판시하였다. 내용이 보호받는 예로 주로 들어지는 것이 소설 등의 줄거리이며, 또한 2차적저작물 작성에 있어서 원작의 '내용'을 이용하는 것이 저작권침해가 된다는 점도 내용의 보호와 관련하여 설명되고 있다. 이처럼 내용/형식 이분법은 비보호/보호로 일관되지 않고 내용도 보호의 대상이 되는 것으로 귀결되고 있으므로 이분법의 원래 의미는 유지하지 못하고 있다고 할 수도 있을 것이다. 소설의 스토리 등은 아이디어/표현 이분법에 있어서는 '비문언적 표현'으로서 표현의 영역에 해당하는 것으로 봄으로써 그것이 보호된다는 것이 아이디어/표현의 이분법과는 저촉되지 않는 것으로 해석되고 있음은 본문에서 밝힌 바와 같다. 이상 내용/형식 이분법에 대한 설명은 서달주, "독일 저작권법상의 작품성론(2)", 계간 저작권 2002년 여름호(제58호), 7∼12면 참조.

3 다만, '아이디어 불보호'의 원칙은 저작권법상으로는 일관되게 관철되지만, 일정한 요건을 갖춘 경우에 다른 법률에 의하여 예외가 인정되는 부분이 있다. 부정경쟁방지 및 영업비밀 보호에 관한 법률에서 2018. 7. 18.자 개정으로 새로 규정한 제 2 조 제 1 호 차목 규정이 그것이다. 이 규정은 "사업제안, 입찰, 공모 등 거래교섭 또는 거래과정에서 경제적 가치를 가지는 타인의 기술적 또는 영업상의 아이디어가 포함된 정보를 그 제공목적에 위반하여 자신 또는 제 3 자의 영업상 이익을 위하여 부정하게 사용하거나 타인에게 제공하여 사용하게 하는 행위"를 부정경쟁행위의 하나로 규정하고, 그 단서에서 "다만, 아이디어를 제공받은 자가 제공받을 당시 이미 그 아이디어를 알고 있었거나 그 아이디

경우 거기에 기술된 자연과학법칙 자체는 그것이 그 저작자가 최초로 발견한 것이라 하더라도 저
작권법의 보호대상이 되지 아니하는 것이고 그 자연과학법칙에 대한 저작자 나름대로의 독자적
인 설명 및 표현방식만이 저작권의 보호대상이 되는 것이다.[1] 우리나라 판례를 보면, 이러한 이
분법을 적용하여, 일정한 가격변동폭이 발생하면 이동통신 단말기를 통해 투자자에게 통보하여
주는 서비스 방식(§3-31), 추상적인 게임의 장르, 기본적인 게임의 배경, 전개방식 등(§3-32), 어린
이등을 대상으로 한 피아노 교습에 관한 교육이론과 이에 기한 교습방식 또는 순서(§3-33), 수지
침이론에서 손에 존재하는 14 기맥과 345개 혈점을 정의하면서 일반인들도 이해하기 쉽도록 영
문 알파벳과 아라비아 숫자를 결합하는 방식을 사용하는 것(§3-33-1), 기존의 한자 부수 214자 대
신에 한자의 기본이 되는 80종 149개의 구성요소를 선별하여 이를 자원부호라고 명명하고 이를
바탕으로 기존의 한자 체계와 구별되는 새로운 한자 체계를 만들어 한자학습에 활용하도록 한 이
론체계(§3-33-2), 선을 상하 및 좌우로 교차시켜 삼베의 질감을 묘사하는 기법(§4-22-8) 등은 표현
의 영역이 아니라 아이디어의 영역에 해당한다는 이유로 보호를 부정하였다. 다만 원고의 저작물
전체가 아이디어의 영역에 해당한다는 이유로 그 보호를 전면적으로 부정하는 경우보다는 그 중
어떤 부분이 아이디어의 영역인지 표현의 영역인지에 따라 피고의 작품이 원고의 저작물의 저작
재산권을 침해하였는지 여부를 결정하게 되는 경우가 더욱 많다. 즉, 아이디어와 표현의 이분법
은 저작권침해 여부의 판단에 있어서 중요한 판단기준의 하나로 작용하고 있다고 할 수 있다. 특
히 소설 등의 스토리가 있는 저작물의 경우에는 구체적이고 특색 있는 사건 전개과정, 등장인물
의 교차 등은 비록 문언적 표현(literal expression)은 아니더라도 이른바 '비문언적 표현(non-literal
expression)'으로서 아이디어가 아닌 표현의 영역에 속한다고 하게 되는데, 이러한 결론을 뒷받침
하는 '유형이론' 등의 이론과 상세한 판례 소개 등은 '저작권의 침해'에 관한 장의 관련 내용(§27-
14 이하)을 참고하기 바란다. 한편, 이 원리에 의하면 저작물로 인정받기 위해 창작성을 요하는
것도 그 구성부분 중 표현이지 아이디어가 아니라고 하게 된다.[2]

아이디어와 표현의 이분법과 관련된 문제로 최근 가장 많은 주목을 받고 있는 문제 중의 하   §3-30-1

어가 동종 업계에서 널리 알려진 경우에는 그러하지 아니하다"고 규정하고 있다. 이것은 중소·벤처기업 또는 개발자
등의 경제적 가치를 가지는 아이디어를 거래상담, 입찰, 공모전 등을 통하여 취득하고 이를 아무런 보상 없이 사업화
하여 막대한 경제적 이익을 얻으면서도 개발자는 오히려 폐업에 이르게 하는 등 기업의 영업활동에 심각한 폐해를
야기하고 있음에도 불구하고, 아이디어 사용에 대한 명시적 계약을 체결하지 않았거나 특허 등 등록에 의한 보호를
위한 구체적 요건을 구비하지 못한 경우 상당한 피해를 입더라도 구제해 줄 명확한 규정이 없어 손해배상은 물론 사
용금지를 요청하기도 어려운 실정이라는 점을 감안하여, 위 신설규정을 통해 중소·벤처기업 및 개발자의 참신한 아
이디어를 적극 보호하고자 하는 취지에 기한 것이다.

1 위 大阪地裁 昭和 54. 9. 25. 선고 판결 참조.
2 앞서 '인간의 사상 또는 감정'에 대한 부분에서 살펴본 '일조권' 사건에서 일본 동경지재가 "저작물임을 긍정하기 위한
  요건으로서의 창작성은 표현의 내용인 사상에 대해 요구되는 것이 아니라 표현의 구체적 형식에 대해 요구되는 것"이
  라고 한 것이 바로 그러한 취지이다.

나가 바로 방송 포맷[1]의 저작물성 유무이다. 드라마나 영화와 같은 극적인 저작물(그 스토리가 비
문언적 표현으로 보호될 수 있음은 위에서 본 바와 같다)이 아닌 리얼리티 프로그램 등의 방송포맷은 아
이디어로서의 측면이 강하여 그에 대한 법적 보호에 불확실한 점이 없지 않지만 국제적으로 이미
거대한 거래시장[2]이 형성되어 있고 그 시장이 계속 커지고 있어 큰 관심의 대상이 되고 있다. 방
송포맷의 저작물성에 대하여 살펴보면, 프로그램의 편성 및 진행방식에 대한 기본적인 구상(방송
포맷의 일반적 개념보다 추상적인 것)은 아이디어의 영역에 해당할 가능성이 많아 일반불법행위의 법
리 또는 부정경쟁방지법에 의한 보호(§3-44-1 참조) 등의 다른 법리에 의한 보호는 별론으로 하고,
저작물로서의 보호는 어려울 것으로 생각된다. 그리고 방송포맷이 여러 가지의 개별적 구성요소
들의 결합으로 구성되어 있다고 할 때, 개개의 구성요소는 특별한 경우가 아닌 한 일반적으로 '아
이디어'의 영역에 해당하는 것으로 보게 될 가능성이 많을 것이다. 그러나 개별적 구성요소들을
구체적으로 결합하여 만들어진 방송포맷 자체는 그 구성요소들의 선택과 배열, 구성 등에 창작성
이 인정될 수 있는 한, 편집저작물(§5-34)로 보호될 수 있을 것으로 생각된다.[3] 편집저작물의 소
재 자체는 저작물일 것을 요하지 않으므로 아이디어에 해당하는 것이어도 무방하기 때문이다. 또
한 아이디어가 결합되더라도 그것은 결국 아이디어일 뿐이지 않은가 하는 의문이 있을 수 있으
나, 위에서 본 바와 같이 소설 등의 스토리를 '비문언적 표현'으로 인정할 수 있는 법리가 방송포
맷에 대하여도 그것이 충분한 구체성을 갖춘 경우인 한 적용될 수 있다고 생각한다. 특히 광의의

---

1 주로 TV방송에 대하여 문제가 되고 있는 방송포맷이 구체적으로 무엇을 말하는지에 대하여는 의견이 분분하다. 법적
  정의에서 출발한 개념이 아니라 사회경제적 거래관행에서 비롯된 개념이기 때문에 엄격하게 정의하기는 쉽지 않다.
  거래대상으로서의 방송포맷은 1) 프로그램의 주요 구성성분들과 그들의 결합방식을 요약해 놓은 문서인 서면 포맷,
  2) 작게는 제작 노트에서부터 몇 백 페이지에 달하는 문서에 이르기까지 프로그램의 전체 세부사항과 가이드 내용을
  서류형식으로 정리한 것을 가리키는 프로그램 포맷 또는 포맷 바이블(bible), 3) 포맷 구입자가 제작을 원활하게 할
  수 있도록 하기 위해 포맷 바이블뿐만 아니라 현지화하는 과정에서 필요한 편성 스케줄이나 제작 시 주의사항 및 다
  른 나라 방영시 도달한 시청률과 타깃 시청자 분석 등의 컨설팅 영역까지 포함하는 프로그램 포맷 패키지의 세 가지
  형태로 구분된다.[김명중, "TV 포맷의 시장 분석과 법적 권리보호에 관한 연구", 정치·정보연구 제16권 1호(2013. 6.
  30.), 198-199면] 다만 이러한 모든 형태를 방송포맷의 개념에 포함할 경우 지나치게 그 포괄범위가 넓어지는 문제
  가 있으므로 법적 보호의 면에서 논의의 대상으로 하는 방송포맷의 개념은 보다 명확하게 좁히는 것이 바람직할 것이
  다. 그런 점에서 "협의의 의미에서 포맷은 프로그램에 대한 일종의 약식기획으로 프로그램의 표현 방식 및 특정 유형
  이 매회 반복되면서 일관되게 나타나는 요소로 볼 수 있으며, 광의의 포맷은 최근 프로그램을 거래하면서 사용되는
  포맷 바이블을 포함하는 개념으로 볼 수 있다"고 하는 견해[채정화·이영주, "방송 프로그램의 포맷에 대한 저작권 보
  호 및 실질적 유사성의 판단 기준에 관한 연구 - 리얼리티 프로그램을 중심으로", 언론과학연구 제10권 1호(2010.
  3), 293면]에 찬동한다.
2 TV 포맷의 세계 시장 규모는 5조원 이상이 될 것으로 추산되고 있다고 한다. 김명중, 전게 논문, 209면.
3 리얼리티쇼 프로그램인 'Survivor'의 포맷이 저작물에 해당하는지 여부에 관하여 네덜란드 법원은 서면으로 된 프로
  그램 제안서 내용의 저작물성을 긍정하면서 "창작자의 연혁이 포함된 포맷 아웃라인, 게임의 규칙, 제작 전략을 포함
  하여 'Survivor'의 12가지 요소들이 혼합되어 있는 독창적인 저작물"이라고 판시한 바 있다. Castaway Television
  Productions Ltd v. Endemol Entertainment International, 27 June 2002(unpublished in English). 채정화·이영
  주, 전게 논문, 304~305면. 이러한 법원의 판단은 방송포맷이 가지는 편집저작물로서의 특성에 주목한 것으로 이해
  할 수 있다.

방송포맷에 포함되는 포맷바이블의 경우는 그 구체성의 정도가 높으므로 보호가능성이 더욱 높아지는 것으로 보아야 할 것이다.[1] 다만 그 창작성의 유무는 구체적인 사안마다 개별적으로 신중하게 판단하여야 할 것인바, 그 판단에 있어서 관건이 되는 것은 여러 가지 아이디어 등의 선택, 배합 또는 구성이 얼마만큼 구조적 복잡성이나 구체성 또는 유사한 다른 프로그램들과 구별되는 특징을 가지고 있는지 여하에 있다고 할 수 있다.[2] 이른바 '짝' 사건에 대한 대법원 판결(§3-33-5)은 우리나라에서 최초로 리얼리티 프로그램의 방송포맷의 보호와 관련된 판시를 하였는데, 이 판결에서 밝힌 기본적인 법리는, 특히 그 판결문에서 "원고 측의 축적된 방송 제작 경험과 지식을 바탕으로 위와 같은 프로그램의 성격에 비추어 필요하다고 판단된 요소들만을 선택하여 나름대로의 편집 방침에 따라 배열한 원고 영상물은 이를 이루는 개별요소들의 창작성 인정 여부와는 별개로 구성요소의 선택이나 배열이 충분히 구체적으로 어우러져 위에서 본 기존의 방송 프로그램과는 구별되는 창작적 개성을 가지고 있다고 할 수 있다"고 판시한 부분에 비추어 볼 때, 본서의 입장과 동일한 '편집저작물 기준설'에 해당하는 것이라 할 수 있다.

한편, 바둑 대국의 저작물성도 문제된다. 기사들의 바둑 대국은 바둑판에 흑백으로 나누어진 바둑돌을 놓는 것에 의하여 바둑판에 도형저작물과 유사한 형태의 대국결과(그 최종적인 결과만이 아니라 그 전 과정)를 표현해 내게 된다. 이러한 대국결과가 저작물성을 가지는지 여부를 판단하기 위해 먼저 아이디어와 표현의 이분법을 적용해 보면, 위와 같은 대국결과는 단순한 아이디어가 아니라 그것이 바둑판 위에 도형의 형태로 구체적으로 표현된 것으로서 '표현'의 영역에 해당하는 것으로 보아야 할 것이다. §3-30-2

다음으로 창작성의 유무에 대하여 검토해 보면, 본래 창작성의 유무는 모든 저작물에 있어서 구체적·개별적으로 따져야 할 성질의 것이고 특정 저작물의 유형만 가지고 일률적으로 단정하기는 어렵다. 그 점에서는 바둑 대국이라고 하여 예외는 아니라고 생각된다. 즉, 바둑 대국의 결과

---

1 <Big Brother>라는 프로그램의 포맷바이블의 저작물성이 문제된 사건에 관하여, 브라질 법원은 <Big Brother>의 포맷 바이블에는 일정 시간 동안 한 집에 감금된 사람들을 염탐하는 것으로 그치지 않고, 프로그램의 시작부터 끝까지 모든 과정과 세부사항들이 기록되어 있어 충분히 독창적인 저작물로 인정될 수 있다고 보았다. 이 사건에서는 피고의 포맷 이용행위가 포맷에 대한 저작권침해가 성립된다는 것도 인정되었다. TV Globo Ltda. & Endemol Entertainment International B. V. v TV SBT PROC. N. 2315/01 AND 2543/01 (unpublished in English). 채정화·이영주, 전게 논문, 307면, 310면.

2 이와 같이 방송프로그램포맷에 대하여 편집저작물로서의 창작성의 관점에서 그 저작물성 유무를 판단하는 것을 '편집저작물 기준설'이라 할 수 있을 것이다. 방송프로그램 포맷의 보호와 관련하여 크게 보아 이러한 편집저작물 기준설을 취한 것으로 보이는 판결로는, 위에서 언급한 네덜란드의 Castaway Television Productions Ltd & Planet 24 Productions Ltd v Endemol Entertainment International(2002) 사건 외에도, 1) 미국의 Barris/Fraser Enterprises v. Goodson-Todman Enterprises, Ltd. 1988 WL 3013, 5 (S.D.N.Y.) 및 Sheehan v. MTV Networks, 1992 Copr. L. Dec. P 26, 886, 22 U.S. P.Q. 2d 1394, 2) 스페인의 Maradentro Producciones S.L. v Sogecable, S.A.(2009), Atomis Media, S. A & Outright Distribción Ltd v Televisión De Galicia, S.A. & CTV, S.A.(2010), 3) 영국의 Banner Universal Motion Pictures Ltd v Endemol Shine Group Ltd & Anor(2017) 등이 있다.

는 어떠한 경우에도 창작성을 인정할 수 없다고 단정할 근거는 없다고 생각된다. 앞서 본 바와 같이, 오늘날 우리나라 대법원 판례는 창작성의 개념을 독자적 작성의 요소만이 아니라 최소한의 창조적 개성을 요구하고 있고, 그 의미와 관련하여 '합체의 원칙'에 기하여 "누가 하더라도 같거나 비슷할 수밖에 없는 표현", 즉 선택의 폭이 매우 좁은 경우를 창조적 개성이 없다는 이유로 창작성을 부정하는 결론을 내리고 있으며, 나아가 그러한 기준을 엄격하게 적용하여 심사하여야 할 영역으로 기능적 저작물을 들고 있다. 그러한 판례 입장에 비추어 판단하면 바둑 대국은 기능적 저작물이 아니므로 그 창조적 개성 유무에 대하여 지나치게 엄격한 기준을 적용할 것은 아니라고 할 수 있고, 나아가 적어도 바둑 초반의 포석 등 단계에서는 상당한 선택의 폭이 있는 상태에서 자신의 기풍(棋風)[1] 등에 기하여 착점을 하게 되는 경우가 많을 것이므로, 바둑 대국이라는 이유로 창조적 개성을 전적으로 부정하는 것은 타당하지 않은 것으로 생각된다.

따라서 바둑의 초보자가 단순히 정석대로 따라 두는 정도의 것이 아니라 일정한 실력을 갖춘 대국자가 자신의 생각에 따라 독자적으로 대국을 해 나간 경우에는 인간의 사상 또는 감정의 창작성 있는 표현으로서 저작물에 해당할 가능성을 배제할 수 없다고 보는 것이 타당할 것으로 생각된다. 아마도, 학계 일각에서 바둑 대국의 결과에 대하여 저작물성을 인정하는 데 있어서 거리낌을 가지는 가장 큰 이유는 그것이 어떠한 작품을 만들기 위한 것이 아니라 대국에서 '승리하기 위한' 노력의 결과물일 뿐이지 않은가 하는 관점이 있을 수 있기 때문일 것이라 생각된다. 그러나 승부를 위한 노력이 개재되어 있다거나 작품을 만들고자 하는 주관적 의사가 없다는 것만으로 저작물성을 부인할 수 있는 근거는 없다. 예컨대 토론대회를 할 경우에 토론대회에서 승리하고자 하는 의욕을 참가자 전원이 가진다고 하여 그 토론결과를 어문저작물로 인정하지 않을 것은 아니지 않은가? 승부를 위해서는 반드시 이 시점에서 이 수를 둘 수밖에 없다고 하면 다르겠지만, 만약 그렇다면 바둑이라는 게임의 세계가 유지될 수 없을 것이다. 바둑저작물의 보호를 부정하는 '부정설'의 입장에서는 "한 판의 바둑은 대국자인 기사가 흑돌과 백돌을 번갈아 놓아감으로써 이루어지는데, 바둑돌 각각의 착점과 그에 따른 배치 및 운용은 그 각각의 착점 단계에서 가장 유리한 위치를 찾아가는 일종의 '해답'(또는 해법) 풀이라고 볼 수 있다. 이때 어느 곳에 착점할 것인가는 바둑을 두는 기사의 수준, 즉 기력(棋力)에 따라 달라질 수 있겠지만, 자신의 사상을 어떻게 창작적으로 표현하느냐에 따라 달라지는 것은 아니다. 게임이 진행되는 과정에서 기사가 각각의 착점의 단계마다 그 단계에서 가장 유리한 착점이 어느 곳이라고 판단이 되면, 즉 해답이 발견되

---

1 여기서 바둑 기사가 자신의 '기풍'에 기하여 착점하는 경우를 언급한 것은 특정한 '기풍' 자체가 저작권법의 보호를 받는다고 보는 취지는 결코 아니고, 그에 기한 구체적인 착점에 의하여 구성되는 도형적 표현이 저작물로 인정될 수 있을 뿐이라고 보지만, 그것이 넓은 의미의 '인간의 사상 또는 감정'을 표현한 것이라고 볼 수 있음을 뒷받침하고자 하는 취지이다.

면 그에 따라 돌의 위치는 자동적으로 결정되는 것이지, 그 판단(사상)을 창작적으로 표현할 다양한 방법이 존재하는 것은 아니다. 해답(solution)은 사상, 즉 아이디어에 해당하지 창작적 표현이라고 볼 수 없다"고 주장하지만,[1] 승부와 관련하여 비슷한 정도로 유리한 해법이 꽤 있을 경우에 대국자의 기호에 따라 그 중에서 하나를 선택하는 부분이 있을 수 있고, 그러한 경우에는 "해답이 발견되면 그에 따라 돌의 위치는 자동적으로 결정되는" 것으로 보기 어려울 것이므로, 그러한 선택에 의한 표현을 일률적으로 '해법' 내지 '아이디어' 자체라거나 아이디어와 표현이 합체된 경우라고 보는 관점에 찬동하기 어렵다.

이상의 이유에서 본서는 바둑 대국의 결과로 만들어지는 표현에 대하여 저작물성을 긍정하는 입장을 지지한다.[2] 그 경우 이를 '바둑저작물'이라 명명할 수 있을 터인바, 현행 저작권법의 예시규정(제4조)에 의하면 제8호의 '도형저작물'(§4-100 이하)의 일종으로 볼 수 있을 것이다. 일각에서는 바둑의 '기보(棋譜)'가 저작물이라고 하는 입장을 취하기도 하지만, 음악저작물에 있어서 악보가 그러한 것처럼 기보는 바둑저작물의 표현형태에 불과한 것으로 보아야 할 것이다.[3]

 판 례

❖서울지방법원 2001. 3. 16. 선고 99가합93776 판결   §3-31

저작권법에 의하여 보호되는 저작물은 학문과 예술에 관하여 사람의 정신적 노력에 의하여 얻어진 사상 또는 감정의 창작적 표현물이어야 하는 것이고, 저작권법이 보호하고 있는 것은 사상, 감정을 말, 문자, 음, 색 등에 의하여 구체적으로 외부에 표현한 창작적인 표현형식이며, 그 표현되어 있는 내용 즉 아이디어나 이론 등의 사상 및 감정 그 자체는 설사 그것이 독창성, 신규성이 있다 하더라도 원칙적으로 저작물이 될 수 없어 저작권법의 보호 대상이 되지 아니한다고 할 것이다.

위 인정사실에 의하면, 원고와 ○○○이 작성한 이 사건 제안서의 주요내용인, 가격변동폭을 미리 설정하여 두면 설정된 변동폭만큼의 등락 발생시 이를 즉시 이동통신 단말기를 통하여 투자자에게 통보해 주는 서비스 방식이라는 것은 아이디어에 불과하여 저작권법이 보호하는 저작물이라고 할 수 없

---

1 오승종, 저작권법(제4판), 박영사, 2016, 72~73면. 서달주, 저작권법(제2판), 박문각, 2009, 114면도 "바둑의 기보는 사람의 정신적 활동이 개입한 것은 사실이지만 주제(사상, 감정)가 없으며 또한 바둑을 두는 행위는 창작적 활동이라 기보다는 '지적 경기'로 보는 것이 타당하다"고 주장하여 부정설의 입장을 표명하고 있다.

2 同旨, 이상정, "바둑문화의 발전을 위한 법적 과제; 기보와 저작권법." 스포츠엔터테인먼트와 법(JSEL) 제10권 제3호, 2007, 51~54면; 박성호, 저작권법(제2판), 박영사, 2017, 39면; 加戶守行, 著作權法逐条講義(六訂新版), 著作權情報センター, 2013, 120면.

3 同旨, 박성호, 위의 책, 39면. 한편, 위와 같은 바둑저작물은 반드시 복수의 대국자의 공동의 노력으로 작성되고 그것을 분리하여 개별적으로 이용할 수는 없다는 점에서 필연적으로 공동저작물성을 가진다. 즉, 우리 저작권법상 2인 이상이 공동으로 창작한 저작물로서 각자의 이바지한 부분을 분리하여 이용할 수 없는 것을 공동저작물(§9-1 이하)이라 하는데(저작권법 제2조 제21호), 바둑저작물이 바로 그러한 경우에 해당하기 때문이다. 따라서 바둑저작물에 대한 저작권은 대국자들에게 공동으로 귀속되는 것으로 보며, 이에 따라 그 저작인격권 및 저작재산권은 원칙적으로 공동저작자들 간의 전원합의에 의하여 행사하는 것이 원칙이다. 이상, 이해완, "디지털환경에서의 저작권법의 새로운 과제." 제1회 저작권포럼(2009. 11. 25.), 44~48면 참조.

다. 따라서 위 서비스 방식이 저작물임을 전제로 하는 원고의 위 주장은 더 나아가 살펴볼 필요 없이 이유 없다.

▷NOTE : 통신을 이용한 구체적 서비스 방식은 신규성, 진보성 등의 요건을 갖출 경우 이른바 BM 특허의 대상이 될 수 있는 가능성은 있을 것이다. 그러나 그러한 서비스 방식 자체는 당연히 표현이 아닌 아이디어의 영역에 속하는 것이므로 저작권법의 보호대상(저작물)이 될 수는 없는 것이고, 이 판결은 그 점을 아이디어/표현 이분법의 전형적 논리에 따라 잘 설시하고 있다.

§3-32　　　❖서울중앙지방법원 2007. 1. 17. 선고 2005가합65093 판결 — "봄버맨" 사건

〈사실관계〉

[1] 피고는 1985년경부터 가정용 또는 오락실용 오프라인 아케이드 게임인 "봄버맨" 게임을 시리즈로 개발하여 서비스해 왔고, 원고는 온라인 아케이드 게임인 "비엔비" 게임을 개발하여 2001. 10.경부터 서비스해 왔다.

[2] 봄버맨 게임과 비엔비 게임은 게임의 전개방식, 규칙, 각종 설정, 아이템의 기능 등에서 유사점이 있는데, 구체적으로 '1매스 길이 단위로 격자화된 바둑판 모양의 플레이필드에 폭탄 또는 물풍선으로 파괴할 수 있는 1매스 길이의 소프트블록과, 폭탄 또는 물풍선으로 파괴할 수 없는 하드블록이 존재하고(하드블록은 매스 여러 개를 이용하여 하나의 하드블록이 존재할 수도 있음), 1매스 길이의 크기이고 2등신으로 표현되는 캐릭터가 역시 1매스 크기인 통로를 상하좌우 방향으로 움직이며 폭탄 또는 물풍선을 캐릭터의 발밑에 투여하는데, 투여된 폭탄 또는 물풍선이 3차례 수축, 팽창을 되풀이하다가 일정 시간의 경과 후 터지면서 십자 모양으로 퍼지는 화염 또는 물줄기를 일으키고, 여러 개의 폭탄 또는 물풍선이 있는 경우 한 폭탄 또는 물풍선이 터지면서 생긴 화염 또는 물줄기가 다른 폭탄 또는 물풍선에 닿으면 그 폭탄 또는 물풍선은 터질 만큼의 시간이 경과되지 않았음에도 불구하고 위 화염 또는 물줄기의 영향으로 연쇄적으로 터지면서 다시 십자 모양의 화염 또는 물줄기를 일으키며, 화염 또는 물줄기에 소프트블록이 맞으면 빛깔과 형상이 변하면서 파괴되고 캐릭터가 취할 수 있는 아이템이 일정한 비율로 생성되며, 생성된 아이템은, 색깔이 다른 형태의 폭탄 또는 물풍선 모양으로 되어 있어 설치할 수 있는 폭탄 또는 물풍선의 수를 증가시키거나, 롤러스케이트 형태로 되어 있어 캐릭터의 이동 스피드를 증가시키거나, 화염 또는 물줄기를 맞아도 동물은 소멸하지만 캐릭터에게는 화염 또는 물줄기의 영향이 미치지 않는 효과가 있는 동물을 탈 수 있거나, 장갑의 형태로 되어 있어 폭탄 또는 물풍선을 던질 수 있거나(던진 폭탄 또는 물풍선이 화면 끝에 도달하면 반대편 화면 끝으로부터 날아들어 몇 차례 바운드된 후 정지함), 신발의 형태로 되어 있어 폭탄 또는 물풍선을 찰 수 있거나, 우주선의 형태로 되어 있어 캐릭터가 아이템을 타고 소프트블록 위를 넘어갈 수 있는 기능의 아이템이 있고, 아이템 또한 화염 또는 물줄기에 맞으면 소멸하며, 이 화염 또는 물줄기는 격자화된 플레이필드의 매스 길이 단위로 미쳐 화염 또는 물줄기의 끝이 항상 매스의 가장자리까지 미치고 거기에서 더 넘어가지 않아 어디까지 미칠지 정확히 예측되고 캐릭터는 이 화염 또는 물줄기에 맞지 않기 위하여 화염 또는 물줄기가 미치지 않는 곳으로 도망하거나, 하드블록이나 소프트블록 뒤로 숨을 수 있는데, 이 화염 또는 물줄기가 미치는 범위는 폭탄 또는 물풍선이 놓여 있던 매스를 포함하여 처음에는 소프트블록 하

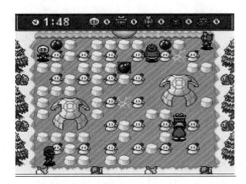

[그림 2] 봄버맨 게임의 한 장면   [그림 3] 비엔비 게임의 한 장면

나를 소멸시킬 수 있는 2매스 길이이고, 캐릭터가 특정한 아이템을 취득함에 따라 3매스, 4매스 길이
로 연장되며, 캐릭터는 하드블록과 폭탄 또는 물풍선을 통과하지 못하고, 위와 같은 화염 또는 물줄기
에 상대방 캐릭터가 맞든가 게임 이용자가 조종하는 캐릭터가 맞으면 맞은 캐릭터는 죽는 방식으로 승
부를 겨루는 게임'이라는 공통점이 있다.

　　[3] 원고는 B 게임이 A 게임의 저작권을 침해하지 않는다고 주장하면서 위 침해를 원인으로 한 침
해금지 및 손해배상청구권의 부존재 확인을 구하였다.

〈법원의 판단〉
[1] 아이디어와 창작성 있는 표현의 구별
　　저작권법 제2조 제1호는 저작물은 문학·학술 또는 예술의 범위에 속하는 창작물을 말한다고
규정하고 있는바, 저작권법에 의해 보호받기 위하여 요구되는 창작성은 저작자 자신의 작품으로서 남
의 것을 베낀 것이 아니라는 것과 수준이 높아야 할 필요는 없지만 저작권법에 의한 보호를 받을 가치
가 있는 정도로 최소한도의 창작성이 있다는 것을 의미하므로 완전한 의미의 독창성을 말하는 것은 아
니라고 할 것이나, 누가 하더라도 같거나 비슷할 수밖에 없는 것, 즉 저작물 작성자의 창조적 개성이
드러나지 않는 경우에는 창작성이 있다고 할 수 없고, 한편 저작권법은 문학, 학술 또는 예술에 관하여
사람의 정신적 노력으로 얻어진 사상 또는 감정을 말, 문자, 음, 색 등에 의하여 구체적으로 표현한 창
작적인 표현형식을 보호하는 것이고, 표현되어 있는 내용, 즉 아이디어나 사상, 기능 및 감정 자체는
그것이 독창적이라고 하더라도 원칙적으로 저작권의 보호대상이 되지 않는 것이므로, B 게임과 A 게
임 사이에 실질적인 유사성이 있는지 여부를 판단함에 있어서도 창작적인 표현형식에 해당하는 것만을
가지고 대비하여야 할 것인바, 추상적인 게임의 장르, 기본적인 게임의 배경, 게임의 전개방식, 규칙,
게임의 단계변화 등은 게임의 개념·방식·해법·창작도구로서 아이디어에 불과하므로 그러한 아이디어
자체는 저작권법에 의한 보호를 받을 수 없고, 나아가 어떠한 아이디어를 표현하는 데 실질적으로 한
가지 방법만 있거나, 하나 이상의 방법이 가능하다고 하더라도 기술적인 또는 개념적인 제약 때문에
표현 방법에 한계가 있는 경우에는 그러한 표현은 저작권법의 보호대상이 되지 아니하거나 그 제한된
표현을 그대로 모방한 경우에만 실질적으로 유사하다고 할 것이어서 위와 같은 아이디어를 게임화하는

데 있어 필수불가결하거나 공통적 또는 전형적으로 수반되는 표현 등은 저작권법에 의한 보호대상이 될 수 없다.

[2] 게임의 내재적 표현 판단 기준

실질적 유사성이 인정될 수 있는 경우로서 ① 저작물의 특정한 구체적 표현이나 세부적인 부분을 따라함으로써 두 저작물 사이에 유사성이 인정되는 경우는 물론, ② 소설의 구체적인 줄거리와 같이 저작물의 근본적인 본질 또는 구조를 복제함으로써 전체로서 포괄적인 유사성이 인정되는 경우도 이에 해당된다고 할 것이지만, 한편 소설의 구체적인 줄거리, 인물들이 만들어 내는 구체적인 사건들의 연속으로 이루어지는 사건의 전개과정 등이 아이디어의 차원을 넘어서는 내재적 표현으로 인정되어 이를 따라할 경우 위 ②와 같이 전체로써 포괄적인 유사성이 인정되는 것은, 소설의 줄거리는 인물, 배경, 사건전개 등에 따라 무한히 많은 표현이 가능하여 구체적인 줄거리는 그 자체로 저작자의 개성이 나타나 있는 표현으로 볼 수 있기 때문인 것이므로, 게임의 전개방식, 규칙 등이 게임 저작물의 내재적 표현으로 인정되어 저작권의 보호대상이 되기 위하여는 그러한 게임의 전개방식, 규칙 그 자체 또는 그러한 것들의 선택과 배열 그 자체가 무한히 많은 표현형태 중에서 저작자의 개성을 드러내는 것이어서 표현으로 볼 수 있는 경우여야 할 것이고, 컴퓨터를 통해 조작하고 컴퓨터 모니터에 표현되어야 하는 한계, 승패를 가려야 하고 사용자의 흥미와 몰입도, 게임용량, 호환성 등을 고려하여야 한다는 점과 같이 컴퓨터 게임이 갖는 제약에 의해 표현이 제한되는 경우에는 특정한 게임방식이나 규칙이 게임에 내재되어 있다고 하여 아이디어의 차원을 넘어 작성자의 개성 있는 표현에 이르렀다고 볼 수 없고, 오히려 그러한 게임방식이나 규칙은 특정인에게 독점권이 있는 것이 아니라 누구나 자유롭게 사용하여 다양한 표현으로 다양한 게임을 만들 수 있도록 하여야 할 것이다.

[3] A 게임의 내재적 표현 인정 여부

(1) A 게임은 직사각형의 플레이필드 안에서 폭탄을 이용하여 상대방 캐릭터를 죽이는 것을 기본 원리로 하는 게임인바, 이러한 기본 설정하에서 게임의 전개방식과 규칙을 매우 다양하게 표현할 수 있다고 보기 어렵다. 즉, 캐릭터가 게임진행과정에서 소설과 유사하게 어떠한 에피소드나 스토리를 형성해 나가는 것도 아니고, 배경의 변화에 따라 배경과 캐릭터가 상호 영향을 받는 것도 아니며, 폭탄으로 상대방을 제압하는 방식이나 규칙에 다양한 표현가능성이 있는 것도 아니므로, 직사각형 플레이필드 안에서 캐릭터를 조종하고, 폭탄을 설치하여 상대방 캐릭터를 죽이는 전개과정과 규칙설정에 다양한 개성이 반영되는 데는 한계가 있다고 보여진다.

(2) 구체적으로, 캐릭터가 상하좌우로 움직이도록 하는 것, 화면의 전체적인 모양이나 장애물의 배치가 바둑판 모양의 플레이필드를 기본으로 하는 것, 캐릭터, 블록, 통로의 크기를 1매스 크기로 통일하는 것, 화염은 폭탄이 놓인 매스를 중심으로 십자형태로 미치는 것, 화염이 1매스의 길이를 그 폭으로 하며 1매스의 길이를 단위로 하여 미치는 것, 캐릭터가 화염에 맞지 않기 위하여 도망하거나 블록 뒤로 숨는다는 것, 폭탄을 설치할 때 캐릭터 밑에 놓이는 것, 폭탄설치로부터 폭발까지 폭탄이 리듬에 따라 수축팽창하는 것, 폭탄이 여러 개 설치된 경우 먼저 터진 폭탄의 폭발로 인한 화염이 다른 폭탄에 미칠 경우 그 폭탄 역시 폭발하는 것, 블록이 폭탄 등에 의하여 파괴되는 소프트블록과 파괴되지 않는 하드블록으로 나뉘어 구성되는 것, 소프트블록이 파괴되면 일정한 확률로 아이템이 생성되는 것,

캐릭터 이동을 빠르게 하거나, 설치할 수 있는 폭탄 개수를 증가시키거나, 폭탄의 화염이 미치는 범위를 증가시키거나, 폭탄을 손으로 밀거나 발로 차는 기능을 갖는 아이템이 등장하는 것, 해골 모양 아이템을 먹으면 캐릭터 조작에 장애가 생겨 게임의 재미가 커지도록 하는 것, 폭탄과 장애물 역할을 하는 블록을 캐릭터가 통과하지 못하여 캐릭터가 이들에 의해 갇힐 수 있다는 설정, 화염이 소프트블록을 파괴하면 더 이상 나아가지 못한다는 설정, 아이템도 화염을 맞으면 소멸한다는 설정, 폭탄을 아이템을 이용해 던질 경우 폭탄이 화면의 끝에 도달하면 반대쪽 화면에서 나오면서 몇 차례 바운드 된 후 정지하는 것, 소프트블록이 빛깔과 형상이 변하면서 소멸하는 것 등을 검토하여도 표준적이고 필수적인 선택이거나 다양한 표현의 여지가 없는 것 등이어서 위와 같은 게임전개방식 및 규칙, 아이템의 기능 등에 작성자의 개성이 드러나 있다고 보기 어려우므로 저작권법이 보호하는 표현이라고 볼 수 없다.

(3) 오히려 위와 같은 것들은 저작권법이 보호하여 피고가 독점할 수 있도록 한다면 직사각형의 플레이필드 내에서 폭탄을 터뜨려 상대방 캐릭터를 제압하는 것을 기본원리로 하는 게임은 모두 A 게임의 저작권을 침해하게 될 우려가 있다. 결국 위와 같은 게임방식이나 규칙 등은 이를 표현하는 구체적인 플레이필드, 맵, 캐릭터, 아이템, 폭탄 등의 디자인, 색채, 음향 등과 결합하여 표현된 경우에 그러한 구체적인 표현만이 저작권법에 의하여 보호받을 수 있으므로 두 게임의 유사성을 판단함에 있어서도 이러한 보호받는 표현만을 대비하여야 한다.

[4] 보호받는 표현을 비교할 경우 원고와 피고 게임의 유사 여부

위와 같이 보호되지 못하는 부분을 제외하고 저작권법이 보호하는 구체적인 표현인 플레이필드 및 맵과 블록의 구체적인 구성과 형태, 캐릭터의 형태, 폭탄 및 화염의 형태, 아이템의 형태 등을 대비할 경우 A 게임과 B 게임은 구체적인 표현과 전체적인 미감 등에서 구별되어 그 보호받는 표현이 실질적으로 유사하지 아니하므로, B 게임은 A 게임의 저작권을 침해하지 않는다(원고는 B 게임 출시 이후인 2003. 4. 1. 피고와 소프트웨어 서브라이센스계약을 체결하였고, 위 계약은 원고는 B 게임이 A 게임의 2차적저작물임을 확인한다고 규정하고 있으나, 2차적저작물 해당 여부 또는 저작권 침해 여부는 법률적 평가의 문제로서 당사자의 의사가 그 판단에 영향을 미칠 수 없는 것이므로 위와 같은 판단이 달라지지 않는다).

▷NOTE : 추상적인 게임의 장르, 기본적인 게임의 배경, 게임의 전개방식, 규칙, 게임의 단계변화 등은 게임의 개념·방식·해법·창작도구로서 아이디어에 불과하므로 저작물로서의 보호범위에 포함되지 않는다고 판시한 것은 아이디어/표현 이분법을 아케이드 게임이라는 특수한 저작물의 영역에 적용한 사례이다. 그 외에 이 판결은 '합체의 원칙'(§3-35)("어떠한 아이디어를 표현하는 데 실질적으로 한 가지 방법만 있거나, 하나 이상의 방법이 가능하다고 하더라도 기술적인 또는 개념적인 제약 때문에 표현 방법에 한계가 있는 경우에는 그러한 표현은 저작권법의 보호대상이 되지 아니하거나 그 제한된 표현을 그대로 모방한 경우에만 실질적으로 유사하다고 할 것"이라고 한 부분), '필수장면의 원칙'(§3-38)("위와 같은 아이디어를 게임화하는 데 있어 필수불가결하거나 공통적 또는 전형적으로 수반되는 표현"이라고 한 부분) 등도 이론적으로 원용하고 있고, 그러한 원칙을 전제로 침해 여부의 판단을 구체적으로 행하는 등의 여러 부분에서 많은 참고가치를 가진 판례라 생각된다. '내재적 표현'이라는 말은 본서에서 말하는 '비문언적 표현'에 해당하는 말로 사용된 것인데, 소설이나 연극 등의 스토리가 있는

저작물에 대하여 등장인물의 교차, 사건의 전개과정 등의 일정한 영역에 대하여 문언적 표현은 아니지만 '비문언적 표현'으로 인정할 영역이 있다고 하는 것에 대하여는 본서 뒷부분의 '저작권의 침해'에 관한 장(특히 §27-16 참조)에서 자세히 다루게 된다. 이 판결의 사안과 같은 아케이드 게임의 진행규칙 등은 소설이나 연극과는 성격이 다르다고 본 것으로 이해되나 그 진행규칙도 여러 가지가 결합한 정도에 따라 선택의 폭이 확대될 수 있으므로 이 사건과 같은 경우에 쉽게 창작성이 부정될 수 있을지에 대하여는 '선택의 폭' 이론 등과 관련하여 보다 진지하게 검토될 필요가 있으리라 생각된다.

§3-33   ❖대법원 1999. 10. 22. 선고 98도112 판결 — "알프레드 피아노 교본" 사건

고소인 측의 '알프레드(Alfred) 피아노 교본'에서 택하고 있는 어린이를 대상으로 한 피아노 교습에 관한 교육이론과 이에 기한 교습방법 또는 순서 자체는 이를 저작권의 보호대상이 되는 표현형식에 해당한다고 할 수 없으므로 피고인이 인쇄·판매한 '엘리트 피아노 교본'이 설사 고소인 측 교본과 같은 교육이론에 따른 것이라고 하더라도 이를 가리켜 저작권 침해가 되는 무단 복제에 해당한다고 할 수 없다.

§3-33-1   ❖서울중앙지방법원 2008. 10. 9. 선고 2006가합83852 판결 — "고려수지침요법" 사건

원고가 손에 존재하는 14 기맥과 345개 혈점을 정의하면서 일반인들도 이해하기 쉽도록 영문 알파벳과 아라비아 숫자를 결합하는 방식을 사용하는 것은 수지침이론을 전개하기 위한 전제로서 14 기맥과 345개 혈점의 명명방법에 불과하여 아이디어 또는 이론적 체계에 불과하고, 어떠한 구체적인 사상이나 감정 등이 구체적으로 표현된 것이라고 보기 어렵다.

▷NOTE : 특정한 치료방법 등을 체계적으로 정리하여 이론화할 경우 그 이론적 체계 자체는 '아이디어'의 영역에 편입된 것으로 평가되어 저작권법에 의한 보호를 받을 수 없게 됨을 보여주는 판례이다.

§3-33-2   ❖서울고등법원 2008. 6. 10. 선고 2007나87117(본소), 2007나87124(반소) 판결 — "자원부호(字源符號)" 사건
        〈인정된 사실〉

피고는 1980년대 말경 일반인들이 한자를 쉽게 배울 수 있는 학습방법에 관하여 연구하던 중, 개별 한자에 대하여 공통적인 뜻으로 사용될 수 있는 구성 요소들을 발굴하고, 그 각 구성요소에 대하여 해당 뜻(訓)에 부합하는 명칭을 부여하며, 그 각 구성요소의 뜻을 조합하는 것만으로 해당 한자의 뜻을 연상하여 암기할 수 있도록 하는 학습방법을 착상(이하 '이 사건 착상'이라 한다)하였고, 이를 기초로 하여 개별적인 한자 및 구성요소들에 대한 연구를 거듭한 끝에, 기존의 한자 부수 214자 대신에 한자의 기본이 되는 80종 149개의 구성요소(이하 '이 사건 자원부호'라 한다)를 선별하여, 이를 가리켜 "자원부호(字源符號)" 또는 "뿌리 부호"라고 명명한 뒤, ① 그 중 기존의 한자 부수와 동일한 모양의 자원부호에 대하여는, 부수의 원래 명칭에서 음(音)을 제외한 뜻(訓)만으로 해당 자원 부호에 대한 명칭을 부여하거나, 기존의 부수에 없는 새로운 뜻을 만들어 명칭을 부여하고, ② 나머지 기존의 한자 부수와 상이한 모양의 자원부호에 대하여는, 피고가 독자적으로 뜻을 만들어 해당 자원 부호에 대한 명칭을

부여하는 등의 방식으로, 기존의 한자 체계와 대비되는 새로운 한자 체계(이하 '이 사건 자원부호 체계'라 한다)를 고안하였다.

〈법원의 판단〉

피고의 주장은… 이 사건 착상만이 아이디어에 해당하고, 이와 같은 착상을 토대로 하여 피고가 고안한 이 사건 자원부호 체계는 아이디어가 아닌 표현형식에 해당한다는 취지로 이해되나, 이 사건 자원부호 체계는 기존의 한자 부수 214자 대신에 한자의 기본이 되는 80종 149개의 자원부호를 선별하여 개별한자에 위 각 자원부호를 적용하는 경우 모든 한자의 뜻을 연상, 암기할 수 있도록 하는 학술적인 이론 체계로서, 위와 같은 자원부호 중 일부가 변경, 삭제되는 경우에는 단순히 다양한 선택가능성 중의 하나인 표현형식이 변경되는 것이 아니라, 전체적인 이론 체계의 동일성 내지 완성도에 변화를 가져 오게 되므로, 이 사건 자원부호 체계는 학술적인 이론으로서의 아이디어에 속한다고 봄이 상당하다. 따라서 피고의 위 주장은 이유 없다.

▷NOTE : 위 '고려수지침요법' 사건 판결과 일맥상통하는 취지의 판결이다. 한자 공부를 위한 특정한 부호 체계를 고안하여 만든 경우 그 기초가 된 착상만이 아니라 부호 체계 전체가 하나의 이론체계로서 아이디어의 영역에 해당한다고 본 것이다. 이와 같이 독자적으로 자세하게 체계화된 이론체계의 경우에도 그 이론체계 자체는 표현이 아니라 아이디어의 영역에 해당하므로 그것을 어문적 또는 도형적으로 표현함에 있어서 선택의 폭이 있는 부분이 아닌 한 저작물로서의 보호가 부정되는 것으로 보는 것은 타당한 입장이라 생각된다.

❖서울중앙지방법원 2013. 9. 17. 선고 2011가합89861 판결 — "특허출원서" 사건 §3-33-4

특허출원서에 담긴 기술적 사상에 대하여 발명으로서의 신규성, 진보성이 인정되지 아니하는 경우라도 출원서를 구성하는 어문 또는 도형이 인간의 사상 또는 감정을 표현한 것으로서 창작성이 있다면 저작물로서 보호받을 수 있다고 볼 것이지만, 그와 같은 경우라도 저작권법이 보호하는 것은 인간의 사상 또는 감정을 말·문자·음·색 등에 의하여 구체적으로 외부에 표현하는 창작적인 표현형식이고, 그 표현되어 있는 내용 즉 아이디어나 이론 등의 사상 및 감정 그 자체는 설사 그것이 창작성이 있다 하더라도 원칙적으로는 저작권법에서 정하는 저작권의 보호대상이 되지 아니한다.

살피건대, 이 사건 특허출원서 중 원고가 창작성이 있는 핵심적 구성요소라고 주장하는 부분(위 제2.의 가.항 기재 부분)은 컴퓨터를 이용한 시험에 있어 종이시험조건을 재현할 수 있는 시험형식에 관한 아이디어를 도면 또는 글을 통해 일반적인 방식으로 표현하고 배열한 것일 뿐이어서 그 표현형식에 있어서나 소재의 선택·배열 또는 구성에 있어 창작성을 인정하기 어렵고, 원고가 피고들에 의해 도용되었다고 주장하는 대상 또한 위 특허출원서에 기재된 구체적인 표현형식 등이 아닌 시험형식에 관한 아이디어 자체인바, 원고가 고안하였다는 시험형식에 관한 아이디어에 창작성이 있는지 여부 등은 별론으로 하고, 피고들이 원고의 저작권을 침해하였다고 보기는 어렵고, 달리 이를 인정할 만한 증거도 없다.

§3-33-5

❖대법원 2017. 11. 9. 선고 2014다49180 판결 — "TV 프로그램 짝" 사건

〈인정된 사실〉[1]

(1) 당 사 자

(가) 원고는 지상파방송사업을 목적으로 하는 회사로서 2011. 3. 23.부터 '짝'이라는 제목의 영상물을 제작한 다음, 매주 수요일 저녁 11시 15분부터 60분 동안 방송하였다.

(나) 피고는 방송, 영화, 음악, 공연, 게임 등의 사업을 목적으로 하는 회사로서 방송채널 'tvN'을 통하여 'SNL 코리아'라는 제목의 예능방송에서 2012. 6. 16. '짝 재소자특집 1부', 2012. 6. 23. '짝 재소자특집 2부', 2012. 7. 14. '짝 재소자 리턴즈', 2012. 10. 6. '짝 메디컬 특집'(이하, 이들을 '피고 영상물 1'이라 한다)이라는 제목의 영상물을 6분 정도씩 4차례에 걸쳐 방송하였고, 특정 게임의 국내 진출을 위해 제작된 웹사이트에서 '짝꿍 게이머 특집'(이하 '피고 영상물2'라 한다)이라는 제목으로 예고편 (1분), 2012. 2. 17.부터 1부 만남편(20분), 2부 느낌편(15분)을, 2012. 2. 24.부터 3부 최종선택편(10분)을 전송하였다.

(2) 원고와 피고가 제작하여 방송한 영상물

(가) 원고 영상물

원고가 제작하여 방송한 영상물은 결혼 적령기에 도달한 일반 남녀가 애정촌이라는 공간에 모여 짝을 찾는 과정을 그린 리얼리티방송을 녹화한 것으로 전문배우가 아닌 일반 남녀로 이루어진 출연자가 짝을 찾는 행위만 하는 애정촌에서 생활비의 집행, 의상의 착용, 식사의 방식, 개인정보 제공의 제한, 퇴소 등을 정한 '12강령'을 준수하면서 일주일 동안 자신의 짝을 찾는 일에 몰두하는 내용으로 시청자는 이러한 출연자의 생활을 관찰자의 시점에서 바라보게 된다.

(나) 피고 영상물 1

'SNL 코리아'는 'tvN'의 시즌제 코미디방송으로 매주 유명한 연예인이 출현하여 생방송으로 진행되고, '우리 재혼했어요.' 등과 같이 출연 연예인의 특징에 맞춘 콩트와 '위클리 업데이트 뉴스', '여의도 텔레토비' 등의 고정코너로 되어 있으며, 주로 정치나 인물 풍자, 배우의 행동을 과장하여 표현하는 슬랩스틱 코미디(Slapstick comedy)와 패러디 등으로 구성되어 있다.

피고 영상물 1은 SNL 코리아의 콩트 중 하나로서 일반 남녀가 아닌 전문 연기자가 재소자나 환자의 역할을 연기하면서 애정촌에 모여 짝을 찾는 상황에서 발생하는 여러 가지 사건을 보여주는 내용으로 거기에는 별지 2와 같은 장면들이 포함되어 있다.

(다) 피고 영상물 2

피고 영상물 2는 피고가 운영하는 온라인 게임의 웹사이트인 넷마블 사이트를 통하여 전송되고 있는 이벤트성 영상물로서 새롭게 국내에 출시되는 온라인 게임의 홍보를 위해 제작되었다. 이는 게임을 즐기는 사람이 함께 '애정촌 던전(Dungeon)'에 모여 함께 게임을 할 상대방인 짝을 찾는 과정에서 온라인 게임 속의 퀘스트(게임에서 이용자들이 해결할 과제) 시스템을 도입하여 출연자에게 과제를 던져주고 그에 따라 행동하도록 지시하여 짝을 찾으려는 출연자의 순수한 마음에 따른 선택이 아닌 과제 수행에 따른 선택을 하도록 함으로써 출연자의 진심을 상대방이 알 수 없게 만들고, 마지막에 이르러 과제에 따른 선택이었음을 밝히는 내용으로 되어 있다.

---

1 이 사건 제 2 심 판결인 서울고등법원 2014. 7. 3. 선고 2013나54972 판결의 인정사실에서 발췌, 인용하였다.

〈대법원의 판단〉

가. (1) 저작권법 제 2 조 제 1 호는 저작물을 '인간의 사상 또는 감정을 표현한 창작물'로 규정하여 창작성을 요구하고 있다. 여기서 창작성은 완전한 의미의 독창성을 요구하는 것은 아니라고 하더라도 창작성이 인정되려면 적어도 어떠한 작품이 단순히 남의 것을 모방한 것이어서는 아니 되고 사상이나 감정에 대한 작자 자신의 독자적인 표현을 담고 있어야 한다. 그리하여 누가 하더라도 같거나 비슷할 수밖에 없는 표현, 즉 저작물 작성자의 창조적 개성이 드러나지 아니하는 표현을 담고 있는 것은 창작성이 있다고 할 수 없다(대법원 2011. 2. 10. 선고 2009도291 판결 등 참조).

구체적인 대본이 없이 대략적인 구성안만을 기초로 출연자 등에 의하여 표출되는 상황을 담아 제작되는 이른바 리얼리티 방송 프로그램도 이러한 창작성이 있다면 저작물로서 보호받을 수 있다. 리얼리티 방송 프로그램은 무대, 배경, 소품, 음악, 진행방법, 게임규칙 등 다양한 요소들로 구성되고, 이러한 요소들이 일정한 제작 의도나 방침에 따라 선택되고 배열됨으로써 다른 프로그램과 확연히 구별되는 특징이나 개성이 나타날 수 있다. 따라서 리얼리티 방송 프로그램의 창작성 여부를 판단할 때에는 그 프로그램을 구성하는 개별 요소들 각각의 창작성 외에도, 이러한 개별 요소들이 일정한 제작 의도나 방침에 따라 선택되고 배열됨에 따라 구체적으로 어우러져 그 프로그램 자체가 다른 프로그램과 구별되는 창작적 개성을 가지고 있어 저작물로서 보호를 받을 정도에 이르렀는지도 고려함이 타당하다.

(2) 저작권의 침해 여부를 가리기 위하여 두 저작물 사이에 실질적인 유사성이 있는지 여부를 판단할 때에는, 창작적인 표현형식에 해당하는 것만을 가지고 대비해 보아야 하고, 표현형식이 아닌 사상 또는 감정 그 자체에 독창성·신규성이 있는지를 고려하여서는 아니 된다. 저작권의 보호 대상은 인간의 사상 또는 감정을 말, 문자, 음, 색 등에 의하여 구체적으로 외부에 표현한 창작적인 표현형식이고, 거기에 표현되어 있는 내용 즉 아이디어나 이론 등의 사상 또는 감정 그 자체는 원칙적으로 저작권의 보호 대상이 아니기 때문이다(대법원 2013. 8. 22. 선고 2011도3599 판결 등 참조).

나. 이러한 법리와 아울러 적법하게 채택된 증거들에 비추어 알 수 있는 아래와 같은 사정들을 종합하여 보면, 원심 판시 원고 영상물은 리얼리티 방송 프로그램으로서 아래에서 보는 기존의 방송 프로그램과 구별되는 창작적 특성을 갖추고 있어 특별한 사정이 없는 한 저작물로서 보호 대상이 될 수 있다.

(1) 원고 영상물은 결혼적령기에 있는 일반인 남녀가 '애정촌'이라는 공간에 모여 일정 기간 함께 생활하면서 자기소개, 게임, 데이트 등을 통해 자신의 짝을 찾아가는 과정을 녹화한 리얼리티 방송 프로그램이다. 기존에도 결혼적령기에 있는 남녀들이 출연하여 게임, 대화 등을 통해 최종적으로 자신의 마음에 드는 상대방을 선택하여 짝을 이루는 형식의 방송 프로그램은 존재하였다. 하지만 원고 영상물은 프로그램을 진행하는 사회자가 없이 출연한 남녀들이 한 장소에 모여 합숙 생활을 하면서 제작진이 정한 규칙에 따라 행동하도록 하고 그 과정에서 일어나는 상호작용을 대상으로 삼아 객관적으로 관찰할 수 있도록 한다는 점에서 기존에 존재하던 프로그램과는 구별되는 특징이 있다.

(2) 원고 영상물은 출연한 남녀들이 짝을 찾아가는 모습을 최대한 꾸밈없이 드러나도록 하고 시청자들이 이를 객관적으로 관찰하는 느낌을 갖도록 여러 가지 요소들을 선택하여 결합하고 있다. 즉, 프로그램에 출연하는 남녀들이 상당 기간 동안 사회로부터 격리되어 합숙하면서 짝을 찾는 일에만 몰두

하게 할 뿐만 아니라, 출연자의 나이와 직업을 제외하고는 나머지 신상정보가 드러나지 아니하도록 하고, 남녀별로 각각 통일된 유니폼을 입도록 하며, 출연자들을 좀 더 객관화된 대상으로 표현하기 위하여 남자 1호, 여자 1호 등과 같이 사회에서 일반적으로 사용하지 아니하는 호칭을 사용한다. 그리고 자기소개 시간을 통해 출연자가 자신의 매력을 드러내도록 하고, 같이 도시락을 먹을 이성 상대방을 선택하도록 하며, 원하는 이성 상대방과 데이트할 권리를 획득하기 위하여 동성 간에 경쟁을 하도록 하는 등의 장치를 통해 일반 사회에서 짝을 찾기 위한 경쟁의 모습을 좀 더 축소하여 상징적으로 보여주고 있다. 여기에 제작진과의 속마음 인터뷰나 가족과의 전화 통화 등의 요소를 프로그램 중간중간에 배치하여 출연자의 솔직한 모습과 속마음을 드러내어 시청자들에게 전달하도록 하고 있다. 나아가 이러한 전체적인 사건의 진행이나 출연자의 심리 등을 다큐멘터리 프로그램과 같이 평어체와 문어체를 사용하는 성우의 내레이션을 통해 시청자들에게 전달함으로써 짝을 찾아가는 남녀의 모습을 객관적으로 관찰하는 느낌을 극대화하고 있다.

(3) 원심이 들고 있는 원고 영상물을 이루는 개별적인 요소들은 아이디어의 영역에 속하거나 다른 프로그램에서도 이미 사용되는 등의 사정으로 인해 그 자체로만 보면 창작성을 인정하기에 부족한 점이 있다. 그러나 원고 측의 축적된 방송 제작 경험과 지식을 바탕으로 위와 같은 프로그램의 성격에 비추어 필요하다고 판단된 요소들만을 선택하여 나름대로의 편집 방침에 따라 배열한 원고 영상물은 이를 이루는 개별요소들의 창작성 인정 여부와는 별개로 구성요소의 선택이나 배열이 충분히 구체적으로 어우러져 위에서 본 기존의 방송 프로그램과는 구별되는 창작적 개성을 가지고 있다고 할 수 있다.

다. 위와 같은 원고 영상물의 창작적 특성에 비추어, 원고 영상물과 원심 판시 피고 영상물 1의 실질적 유사성에 관하여 본다.

(1) 피고 영상물 1은 애정촌에 모인 남녀가 자기소개나 게임 등을 통해 짝을 찾는다는 원고 영상물의 기본적인 모티브나 일부 구성을 차용하여 제작된 것이기는 하다.

그러나 원고 영상물과 같이 일반인 남녀가 출연하여 구체적인 대본 없이 출연자 사이의 상호작용에 따라 사건이 진행되는 리얼리티 방송 프로그램이 아니라, 전문 연기자가 출연하여 구체적인 대본에 따라 재소자나 환자 등을 연기하는 성인 대상 코미디물이라는 점에서 프로그램의 성격이 원고 영상물과는 다르다. 또한, 원고 영상물은 진지하게 짝을 찾아가는 남녀와 그들의 상호작용을 대상으로 삼아 객관적으로 보여주는 프로그램의 성격에 맞추어 이를 표현하는 데 주안점을 두고 전체적으로 심각하고 긴장감 있는 느낌을 주도록 이루어진 개별 요소들의 선택 및 배열이 영상물의 특징을 이룬다. 반면, 피고 영상물 1은 성인 대상 코미디물이라는 프로그램의 성격에 따라 현실에서 좀처럼 발생하기 어려운 과장된 상황과 사건들이 극 전개의 중심을 이루어 구성됨으로써 전체적으로 가볍고 유머러스한 분위기가 느껴지도록 표현된 것을 특징으로 하고 있다. 이와 같이 원고 영상물과 피고 영상물 1 사이에는 프로그램의 성격, 등장인물, 구체적인 사건의 진행과 내용 및 그 구성 등에서 표현상의 상당한 차이가 있으므로, 이들 사이에 실질적 유사성이 인정된다고 보기 어렵다.

(2) 원심은 판시와 같은 이유를 들어 원고 영상물과 피고 영상물 1이 실질적으로 유사하다고 볼 수 없다고 인정하여, 이에 관한 원고의 저작권 침해 주장을 받아들이지 아니하였다.

(3) 그렇다면 앞에서 살펴본 것과 달리 원고 영상물의 저작물성을 부정한 원심의 판단 부분은 잘 못이지만, 원고 영상물과 피고 영상물 1 사이의 실질적 유사성을 부정한 원심의 결론은 수긍할 수 있고, 거기에 상고이유 주장과 같이 영상물의 창작성과 실질적 유사성에 관한 법리를 오해하는 등의 사유로 판결에 영향을 미친 위법이 없다.

라. 위와 같은 원고 영상물의 창작적 특성에 비추어, 원고 영상물과 원심 판시 피고 영상물 2의 실질적 유사성에 관하여 본다.

(1) 피고 영상물 2는 게임을 즐기는 남녀가 '애정촌 던전(Dungeon)'이라는 장소에 모여 함께 게임을 할 이성의 짝을 찾는다는 내용으로서, 남녀 출연자들이 애정촌에 입소하여 원하는 이성을 찾아가는 원고 영상물의 기본적인 구조를 그대로 차용하고, 애정촌 던전의 입소 과정부터 남녀 출연자들의 복장과 호칭, 자기소개, 같이 도시락을 먹을 이성 상대방 선택, 제작진과의 속마음 인터뷰 및 내레이션을 통한 프로그램 전개 등 원고 영상물을 구성하는 핵심 요소들을 그대로 사용하고 있다. 그뿐 아니라 원고 영상물과 마찬가지로 이러한 요소들이 구체적으로 어우러져 피고 영상물 2의 시청자들로 하여금 출연한 남녀들을 객관적으로 관찰하는 것을 특징으로 하는 리얼리티 방송 프로그램을 보는 느낌을 갖도록 표현되어 있다.

비록 피고 영상물 2는 피고가 게임물을 홍보할 목적으로 제작한 것으로서 실제로는 진지하게 짝을 찾는 일반인 남녀들 간의 상호작용을 보여주기 위한 프로그램은 아니라고 하더라도, 시청자들의 입장에서는 피고 영상물 2 자체로부터 이와 같은 원고 영상물과 피고 영상물 2 사이의 차이점에 따른 표현상의 차이를 느끼기는 어려워 보인다. 또한 피고 영상물 2에는 온라인 게임 속의 퀘스트(Quest) 시스템을 도입하여 출연자가 자신의 속마음과는 달리 주어진 임무에 따라 행동하도록 하는 등 원고 영상물에 나타나 있지 아니한 요소가 일부 추가되어 있기는 하나, 피고 영상물 2 내에서 이러한 요소가 차지하는 질적 또는 양적 비중이 미미하다. 위와 같은 사정들을 종합하여 보면, 원고 영상물과 피고 영상물 2 사이에는 구성요소의 선택과 배열에 관한 원고 영상물의 창작적 특성이 피고 영상물 2에 담겨 있어서 실질적 유사성이 인정된다고 볼 여지가 있다.

(2) 그런데 이와 달리 원심은 원고 영상물에 관하여 구성요소의 선택과 배열에 따른 창작성에 대하여 제대로 심리하지 아니한 채 그 저작물성을 부정하고, 그 잘못된 전제에서 위에 어긋나는 판시 이유만을 들어 원고 영상물과 피고 영상물 2 사이에 실질적 유사성도 인정되지 아니한다고 단정하여, 이에 관한 원고의 저작권 침해 주장을 받아들이지 아니하였다.

(3) 그렇다면 이 부분 원심의 판단에는 영상물의 창작성과 실질적 유사성에 관한 법리를 오해하고 필요한 심리를 다하지 아니하여 판결에 영향을 미친 위법이 있다. 이를 지적하는 취지의 상고이유 주장은 이유 있다.

▷NOTE : 위 판결은 리얼리티 프로그램 방송포맷의 저작물성이 문제된 최초의 사건에서 대법원이 앞에서 설명한 '편집저작물 기준설'(§3-30-1)에 따라, "그 프로그램을 구성하는 개별 요소들 각각의 창작성 외에도, 이러한 개별 요소들이 일정한 제작 의도나 방침에 따라 선택되고 배열됨에 따라 구체적으로 어우러져 그 프로그램 자체가 다른 프로그램과 구별되는 창작적 개성을 가지고 있어 저작물로서 보호를 받을 정도에 이르렀는지도 고려"함으로써 그러한 편집적 요소에 창작성이 있을 경우 저작물

로 보호될 수 있다고 선언하고 있다. 제 3 판에서부터 편집저작물 기준설을 취해 온 본서의 입장에서 볼 때 대법원의 이러한 판단은 타당하고 적절한 것으로 생각되며, 방송포맷 관련 산업의 발전이라는 면에서도 긍정적 기여를 할 것으로 기대된다. 위 판결은 그러한 법리를 전제로 원고 영상물("짝" 프로 그램의 구체적인 방송포맷)의 창작성을 인정하고, 나아가 피고 영상물 1은 그것과 실질적 유사성이 없 지만, 피고 영상물 2는 원고 영상물의 핵심요소들을 그대로 사용하고 있다는 이유로 실질적 유사성이 인정될 여지가 있다고 보아, 그 침해 가능성을 인정하고 있다. 원심인 서울고등법원 2014. 7. 3. 선고 2013나54972 판결에서는 원고 영상물의 개별 요소들 하나하나의 창작성을 따졌을 뿐, 그것이 일정한 제작의도나 방침에 따라 선택되고 배열된 부분에 창작성이 있는지 여부를 판단하지 않았는데, 대법원 은 그것이 법리적으로 잘못된 것임을 분명하게 지적하고 있는 것이다. 특히, 원심판결은 "리얼리티 짝 짓기방송이라는 원고 영상물의 특성에 비추어 원고 영상물의 창작성은 위와 같이 출연자 사이에 일어 나는 구체적 사건 진행에 있다고 보는 것이 타당하고, 코미디물로서 실제 발생하기 어려운 상황을 주 로 표현하고 있는 피고 영상물 1과 출연자인 게이머들이 마치 게임처럼 수행할 과제를 부여 받고 이를 완수하는 과정에서 일어나는 사건을 주로 표현하고 있는 피고 영상물 2는 <u>구체적인 사건의 진행에 있 어서 원고 영상물과 상당한 차이가 있다</u>"는 이유로 원고 영상물과 피고 영상물 2 사이의 실질적 유사 성을 부정하였는데, 그것은 허구적 스토리가 있는 극적 저작물 사이의 실질적 유사성 판단에 주로 적 용되는 유형이론(§27-16)을 리얼리티 프로그램의 방송포맷에 대하여 잘못 적용한 오류를 내포한 것이 라 할 수 있다. 리얼리티 프로그램 방송의 매회의 구체적 사건 전개과정은 출연자들의 상호관계에 의 하여 결정되는 것으로서 저작자에 의하여 창작된 것이라 하기 어려운 것인 한편, 그것만 보호대상이라 고 보고 소재의 선택 및 배열의 창작성을 간과할 경우, 그 보호범위가 너무 협소해지는 문제가 있으므 로 어느 면으로 보나 적절하지 않은 것이다. 대법원이 원심판결의 그러한 오류를 시정하고 있는 것은 매우 다행스러운 것으로 여겨진다.

§3-34   ❖大阪高裁 平成 6. 2. 25. 선고 平2(ネ)2615号 — "수학 방정식" 사건

수학에 관한 저작물의 저작권자는 거기서 제시한 명제의 해명 과정 및 이것을 설명하기 위해 사용 한 방정식에 관해서는 저작권법상의 보호를 받을 수 없는 것으로 해석함이 상당하다. 일반적으로 과학 에 관한 출판의 목적은 거기에 포함된 실용적 식견을 일반에 전달하고 다른 학자등으로 하여금 이것을 더 전개해 나갈 기회를 주는 것에 있는데 그 전개가 저작권 침해가 된다고 하면, 위의 목적은 달성되지 않는 것이 되고, 과학에 속한 학문 분야인 수학에 관해서도 그 저작물에 표현된, 방정식의 전개를 포함 한 명제의 해명 과정 등을 전제로 하여 더욱 이를 발전시키는 것이 불가능하게 된다. 이와 같은 해명 과정은 그 저작물의 사상(아이디어) 그 자체라고 생각되며, 명제의 해명 과정의 표현 형식에 창작성이 인정될 경우에 거기에 저작권법상의 권리를 주장하는 것은 별론으로 하고, 해명 과정 그 자체는 저작 권법상의 저작물에 해당하지 않는 것으로 해석된다.

▷NOTE : 수학 방정식 같은 것도 표현이 아닌 아이디어의 전형적인 예에 해당한다. 다만, 그것을 수학 책 등에서 구체적으로 설명을 덧붙여 표현한 것은 아이디어가 아니라 '표현'이 될 수 있다. 이 판 례에서 '방정식을 포함한 명제의 해명 과정'이라고 하였는데, 엄격한 수학적 표현방식으로 된 것을 의

미하는 것으로 이해되고, 언어적으로 설명하고, 해명하는 부분에 창작성이 있을 경우에는 창작성있는
표현에 해당하여 저작물로 인정될 수 있을 것이다.

(나) 합체의 원칙(merger doctrine)

어떤 아이디어를 표현하고자 할 때 단 한 가지의 표현방법 밖에 없는 경우를 가정해 보자. §3-35
그러한 경우에 그것 역시 '표현'이라고 하여 저작물로 인정하고 배타적인 권리로서의 저작권을 부
여한다면, 결국 그 아이디어는 자유롭게 사용할 수 없는 영역에 들어가게 된다. 이러한 경우에는
그 표현을 저작물로 인정하지 않음으로써 아이디어의 자유로운 유통을 보장해야 한다고 하는 원
칙이 바로 합체의 원칙(merger doctrine)이다. 즉, 합체의 원칙은 아이디어를 표현하는 방법이 하나
여서 결국 아이디어와 표현이 합체(merger)된 것으로 보일 경우에 저작물로서의 보호를 부정하는
이론이라고 할 수 있다. 그런데 합체의 원칙이 적용되는 경우로는 위와 같이 아이디어를 표현하
는 방법이 하나밖에 없는 경우만이 아니라 여러 개가 있더라도 효율성의 고려 등 여러 가지 제약
요소로 인하여 표현 방법의 폭이 극히 제한되는 경우도 포함될 수 있다. 이러한 경우에 표현방법
이 하나밖에 없는 경우가 아니라는 이유로 저작물로서의 보호를 인정한다면, 역시 기능적인 저작
물 등의 경우에 사실상 특정한 기능의 시장 독점을 초래할 수 있고, 기능적 저작물이 아니더라도
궁극적으로 후행 저작자의 선택의 폭을 지나치게 제한하게 되는 등의 문제가 발생할 수 있다.

이러한 합체의 원칙에 대하여는 저작권법상 아무런 명문의 규정이 없는데 무슨 근거로 인정 §3-36
할 것인지가 문제이다. 먼저, 저작권법이 사상 또는 감정이 표현된 창작물을 저작물로 보호하는
취지에는 사상 또는 감정 그 자체를 보호의 범위에서 제외하고자 하는 입법자의 의사가 반영되어
있으므로 이러한 저작권법의 취지에 따라 '아이디어 불보호' 내지 '아이디어 자유의 원칙'이 인정
되고, 그에 따른 논리필연적 귀결로서 합체의 원칙이 우리 저작권법상 인정될 수 있다고 생각할
수도 있을 것이다. 그러나 다른 관점에서 보면, 창작성의 관점에서 근거를 찾을 수도 있다. 즉,
인간의 사상 또는 감정의 '표현'에 창작성이 있다고 인정될 때에만 저작권법상의 보호를 긍정할
수 있는 것인데, 특정한 사상 내지 아이디어를 전제로 할 때 그것을 표현하는 방법 자체가 하나
밖에 없거나 효율성 등의 측면에서 극히 제한되어 있다면 그러한 표현에는 저작자 나름대로의
'창조적 개성'이 발휘된 것으로 볼 수가 없을 것이라는 점에서 창작성 자체가 부정될 수 있는 것
이다.[1] 이렇게 보는 것이 더 간명한 논리가 아닌가 생각된다. 그리고 창조적 개성에 대한 엄격한
심사를 요하는 것이 주로 기능적 저작물인 것과 마찬가지로, 합체의 원칙도 주로 기능적 저작물
에 대하여 적용가능성이 높다.

---

[1] 同旨 金井重彦・小倉秀夫 編著, 전게서 [金井重彦 집필부분], 22면.

§3-37   위에서 본 '봄버맨' 사건에 대한 서울중앙지방법원 2007. 1. 17. 선고 2005가합65093 판결(§3-32)은 '합체의 원칙'이라는 말을 쓴 것은 아니지만, "어떠한 아이디어를 표현하는 데 실질적으로 한 가지 방법만 있거나 하나 이상의 방법이 가능하다고 하더라도 기술적인 또는 개념적인 제약 때문에 표현 방법에 한계가 있는 경우에는 그러한 표현은 저작권법의 보호대상이 되지 아니하거나 그 제한된 표현을 그대로 모방한 경우에만 실질적으로 유사하다고 할 것"이라고 판시한 점에서 합체의 원칙을 분명하게 의식하고 적용한 사례라 할 수 있다. 즉, 우리 판례 속에서도 이미 이 이론은 수용되어 있음을 알 수 있다.

나아가 앞서 살펴본 대법원 2005. 1. 27. 선고 2002도965 판결(§3-15)이 "누가 하더라도 같거나 비슷할 수밖에 없는 표현, 즉 저작물 작성자의 창조적 개성이 드러나지 않는 표현을 담고 있는 것은 창작성이 있는 저작물이라고 할 수 없"다고 판시한 것도 합체의 원칙과 무관하지 않다. 이 판결은 결국 표현방법에 있어서 "누가 하더라도 같거나 비슷할 수밖에 없는" 제약이 있을 경우 그 창작성을 부정할 수 있다고 선언한 셈이며, 이는 창작성의 관점에서 합체의 원칙을 수용한 것으로 볼 수 있다.[1] 나아가 위 대법원 판결 이전에 "누가 하더라도 같거나 비슷할 수 밖에 없는" 성격의 표현물에 대하여 창작성을 부정하는 결론을 내린 대법원 1993. 1. 21.자 92마1081 결정, 대법원 1997. 11. 25. 선고 97도2227 판결, 대법원 2003. 11. 28. 선고 2001다9359 판결 등(§3-12 각주 참조)에 대하여도 실질적으로 합체의 원칙에 기한 것으로 볼 수 있을 것이라 생각된다.[2]

---

1 위 대법원 판결에서는 합체의 원칙에 대하여 명시적으로 언급하지 않았으나, 그 원심판결(2심판결, 서울지법 2002. 1. 30. 선고2001노1890 판결)과 1심판결(서울지방법원 2001. 2. 8. 선고 2000고단299, 2080 판결)에서는 합체의 원칙 또는 그것의 다른 이름인 '융합' 이론을 명시적으로 언급하고 있다. 1심판결은 "이 사건 도면은 조달청의 입찰시방서 및 시방서도면이 요구하는 시스템구축방식, 제품수량 및 사양 등 제시된 조건에 맞는 효율적 화상전송시스템 구축의 해법(solution)으로 작성된 것이므로 동일한 기술사상을 채용하는 한 유사한 도면이 될 수밖에 없고, 장비 배치순서를 바꾸거나 선, 장비모양, 박스 등의 형태를 미묘하게 바꾸는 등의 표현방법상 다른 선택가능성은 그것이 그 설계도에 표현된 설계자의 기술적 사상체계까지도 변경된 것으로 볼 수 없어 무의미한 궤변에 지나지 않으므로 사상과 표현이 융합되어 있다고 보아 저작권의 보호를 받을 수 없다"고 판시하여 '합체의 원칙'의 적용을 긍정하였다. 그에 반하여, 대법원이 파기한 원심판결에서는 합체의 원칙의 적용에 대하여 부정적으로 판시하였다. 즉 원심 판결에서는 "사상과 융합된 표현에 대하여 저작권의 보호가 주어져서는 아니된다는 이른바 '합체의 원칙(Merger Doctrine)'은 게임규칙이나 컴퓨터프로그램 등에 있어서 어떤 사상이 그 표현방법 외에는 달리 효과적으로 표현할 방법이 없는 경우에 적용되는 것이고, 사상을 표현하는 방법이 한 가지 이상 있을 경우에는 비록 그 사상의 성질상 표현하는 방법이 상당히 제한되어 있다고 하더라도 위 원칙을 적용할 수 없다"고 하여 합체의 원칙이 적용되는 범위를 어떤 사상의 효과적 표현방법이 오직 하나뿐인 경우로 제한하는 입장을 취하였다. 이러한 원심판결의 지나치게 제한적인 입장은 타당하지 않은 것으로 생각된다. 이것은 합체의 원칙에 관한 미국의 초기이론에 가까운 것으로서 미국의 판례법리는 '아이디어'를 표현하는 방법이 한 가지뿐인 경우만이 아니라 그 표현방법이 극히 제한된 경우에도 합체의 원칙이 적용될 수 있는 것으로 발전시켜 왔다. 대법원판결은 합체의 원칙의 적용 폭을 극도로 제한한 2심판결보다는 1심판결의 입장을 실질적으로 지지하면서 다만 그것을 기존의 대법원 판례에서 명시적으로 수용한 바 없는 '합체의 원칙'을 판단근거로 표명하기보다 창작성에 대한 기존의 판례를 보충하여 그 안에 실질적으로 '합체의 원칙'을 수용하는 방향을 취한 것으로 볼 수 있다. (대법원 판결의 이러한 취지는 당시에 위 사건에 대하여 검토하였던 대법원 재판연구관의 글에서도 어느 정도 확인할 수 있다. 강기중, "기능적 저작물의 창작성 유무의 판단 방법", 대법원판례해설 제51권, 법원도서관, 118면 이하 참조.)

2 同旨 손홍수, "설계도의 저작물성", 저스티스 통권 제84호, 257면.

앞에서 본 '선택의 폭' 기준(§3-12, 13)도 합체의 원칙과 본질적으로 동일한 원리라 할 수 있다. 요
컨대 합체의 원칙은 아이디어와 표현의 이분법에 대한 보충원리임과 동시에 창작성 유무를 판단
하는 핵심적 기준으로서의 역할을 수행하고 있다고 할 수 있다.

(다) 필수장면(Scènes a faire)의 원칙

Scènes a faire란 프랑스어로 "반드시 삽입하여야 할 필수장면"이라는 뜻으로 저작물에서 어 §3-38
떤 아이디어를 구현하려고 할 때 필연적으로 따르는 표현 부분을 말한다. 이러한 부분을 저작권
보호에서 제외하는 원칙이 필수장면의 원칙이며, 표준적 삽화의 원칙이라고도 불린다. 즉, 이 원
칙은 소설, 희곡 등과 같은 가공적 저작물에 주로 적용되는 것으로서, 기본적인 플롯 또는 등장인
물의 타입 등과 같이 저작물의 보호를 받지 못하는 아이디어가 전형적으로 예정하고 있는 사건이
라든가 등장인물의 성격타입 등과 같은 요소들에 대하여는 저작권으로 보호해서는 안 된다는 원
칙이다.[1] 이 원칙은 합체의 원칙과 매우 유사한 위치에 있고 다만 주로 적용되는 저작물의 종류
에 차이가 있음에 그치는 것이므로 그 이론적인 근거도 비슷하게 생각할 수 있다. 즉, 이러한 '필
수장면'의 경우는 최소한의 창작성이 없는 것으로 보아 그 보호를 부정할 수 있다고 생각된다.

'붐버맨' 사건에 대한 서울중앙지방법원 2007. 1. 17. 선고 2005가합65093 판결(§3-32)에서
"위와 같은 아이디어를 게임화하는 데 있어 필수불가결하거나 공통적 또는 전형적으로 수반되는
표현"이라는 이유로 보호를 부정하는 취지의 판시를 한 것은 바로 이 원칙을 적용한 것이라고 할
수 있다. 게임의 경우는 기능적인 측면도 있고, 가공적인 저작물의 성격도 가지고 있으므로 '합체
의 원칙'과 '필수장면의 원칙'이 함께 적용될 수도 있을 것으로 생각된다.

판례

❖ 대법원 2000. 10. 24. 선고 99다10813 판결 — "까레이스키" 사건 §3-39

소설 등에 있어서 추상적인 인물의 유형 혹은 어떤 주제를 다루는 데 있어 전형적으로 수반되는
사건이나 배경 등은 아이디어의 영역에 속하는 것들로서 저작권법에 의한 보호를 받을 수 없다.

▷NOTE : 위 판결 중 "어떤 주제를 다루는 데 있어 전형적으로 수반되는 사건이나 배경 등"은 저
작권법에 의한 보호를 받을 수 없다고 한 것은 대법원에서 필수장면의 원칙을 수용한 것으로 보아도
좋을 것이다. 다만 이 판결에서 '필수장면'이라는 용어를 사용하지는 않고 있고, 필수장면에 해당하는
것을 구체적으로 지적하고 있지도 않다.

---

1 박영길, "저작권에 있어서의 아이디어 보호 — 미국 판례를 중심으로 —," 계간 저작권 2003년 봄호(제61호), 2003, 20면.

§3-40 ❖서울남부지방법원 2010. 5. 7. 선고 2008가단90655 판결 — 드라마 "밤이면 밤마다" 사건

양 저작물 사이에서 남자주인공의 직업, 성격이나 문화재 회수동기 등에 상당한 차이가 있어 유사한 설정이라고 보기 어렵고, 여주인공 또한 직업이 경찰과 문화재단속반원으로 차이가 있고 그 성격 역시 서로 다르며, 잠복근무의 에피소드는 경찰이나 문화재단속반원이라는 직업을 다루는 데 있어 전형적인 설정이라 할 것이고, 드라마의 시작부분에서 주인공의 하는 일을 교차편집하여 보여주는 장면이나 비밀업무 수행중 위기를 맞는다는 설정은 통상 주제 등을 다루는 데 있어 전형적으로 수반되는 사건이나 배경(필수 장면)에 해당하는 것이라고 할 수 있고, 이와 같은 설정 등은 원칙적으로 아이디어에 해당하여 저작권의 보호대상이라고도 보기 어렵다.

▷NOTE : 위 판결에서는 명시적으로 필수장면의 원칙을 채택하고 있으며, "비밀업무 수행중 위기를 맞는다는 설정"이 그에 해당하는 것으로 보고 있다.

§3-40-1 ❖서울중앙지방법원 2012. 7. 20.자 2012카합1315 결정 — "사랑비" 사건

희곡이나 대본, 시나리오 등과 같이 배우의 실연을 전제로 하는 극저작물의 경우 그 작품에 내재되어 있는 주제나 플롯이 전형적으로 예정하고 있는 사건들이나 등장인물의 성격 등과 같은 요소는 설령 그것이 표현에 해당하는 것이라고 하더라도 저작권의 보호가 주어질 수 없고(이른바 표준적 삽화의 원칙), 구체적이고 개별적인 사건과 그러한 사건들의 연속과정, 극적인 전개, 등장인물의 구체적인 성격, 그들의 구체적 행위 등의 극적인 요소만이 극저작물에 있어 보호받는 표현이 존재하는 부분이라 할 것이다.

이러한 법리는, 창작행위를 함에 있어서 소재로 되는 아이디어 또는 전형적인 사건·표현이나 장면묘사에까지 저작권의 보호를 부여하여 특정인에게 독점권을 부여하면 장래에 다른 창작자가 창작을 할 기회를 박탈하게 되므로, 이러한 소재 등은 만인의 공유(public domain)에 두어 문화의 창달이라는 저작권법의 목적 달성에 지장이 없도록 하는 것이 바람직하고, 통상 그 침해를 주장하는 자가 그와 같은 소재나 사건·장면들을 최초로 창작하여 사용하였다고도 볼 수 없는 사정 등에 논거를 두고 있다.

… 나아가, 신청인이 양 작품에서의 '유사 상황'이라고 적시한 별지 2 목록 기재 … 등은, 각 남녀 주인공이 등장하여 사랑 또는 삼각관계를 이루는 것을 주제로 하는 극저작물에서 흔히 사용되는 일반적이고 전형적인 인물표현이거나, 1960년대 또는 1970년대 한국의 시대상을 담아내면서 그 속의 고등학생 또는 대학생들의 사랑을 그리기 위하여 수반되는 전형적이고 필수적인 표현 또는 표준적인 삽화들로서, 모두 저작권법에 의하여 보호되지 않는 추상적인 아이디어의 영역에 해당한다고 할 것이다.

▷NOTE : 필수장면의 원칙(표준적 삽화의 원칙)의 적용사례의 하나로서 이러한 원칙을 인정하는 근거를 자세히 서술하고 있다.

§3-40-2 ❖서울고등법원 2018. 4. 26. 선고 2017나2064157 판결 — "보드게임" 사건

2) 보드 게임 'B'의 구성요소 중 원고가 저작권 침해를 주장하는 부분의 저작물성에 관한 판단
가) 기본적인 규칙과 진행방식

(1) 보드 게임 'B'는 땅을 사고 건물을 지어 그곳을 지나가는 사람으로부터 통행료를 받는 방식으로 진행하여 게임을 마칠 때 더 많은 재산을 보유한 사람이 승리하는 게임이다. 이러한 기본 규칙에 따

른 진행방식을 표현하는 형식으로 ① 네모난 게임 판의 네 변을 따라 땅을 상징하는 11개의 칸이 일렬로 배치되는 구성, ② 게임판에 배치한 말이 주사위 두 개를 던져 나온 숫자 합만큼의 칸 수를 이동하는 구성, ③ 땅에 해당하는 게임판의 각 칸은 그 지명과 그곳을 살 수 있는 금액이 적혀있는 구성, ④ 땅을 사거나 통행료를 내기 위해 게임을 시작할 때 은행이 발행한 일정 액수의 돈을 나누어 가지는 구성, ⑤ 땅을 사고파는 것이 증서를 통해 이루어지는 구성을 채택하였다.

(2) 한편 을 제 2, 3, 6 내지 9호중의 각 기재 또는 영상에 변론 전체의 취지를 종합하면, 앞서 본 1 내지 5의 구성은 미국의 I가 1902년에 개발·출시한 부동산 거래 보드 게임인 'J'에 처음 채택된 이래로 미국의 보드 게임 회사 K가 1935년에 개발·출시한 보드 게임 'L', 미국의 M이 1973년에 개발·출시한 보드 게임 'N'에 채택·사용되어 온 사실(아래 표 참조), 특히 'L' 게임은 큰 상업적 성공을 거두어 1935년에 출시된 이래 약 80년 동안 2,500종이 넘는 다양한 형태로 제작되었고, 43개 언어로 번역되어 111개국에 판매된 사실을 각 인정할 수 있다.

(표 생략)

위 인정사실에 비추어 보면, 보드 게임 'B'의 기본적인 규칙에 따른 진행방식을 표현하기 위한 앞서 본 1 내지 5의 구성은 1902년 'J' 이후로 유사한 구성을 가진 게임이 계속 등장해 왔기 때문에 부동산 거래 보드 게임에 공통적 또는 전형적으로 수반되는 표현 형식에 해당하여 보드 게임 'B'만의 창작 결과라고 볼 수 없어 저작권의 보호대상이 된다고 보기 어렵다.

나) 게임판 칸의 종류와 위치에 따른 특성

(1) 보드 게임 'B'의 게임판 칸은 일반지, 관광지 및 특수지의 세 종류로 나뉜다. 일반지는 구매하여 그 위에 건물을 지을 수 있는 땅이고, 관광지는 구매할 수 있으나 그 위에 건물을 지을 수는 없는 땅이며, 특수지는 구매할 수 없이 그 칸에 정해진 규칙대로 진행해야 하는 곳이다. 그리고 통행료를 받을 수 있는 땅인 일반지와 관광지는 출발지에서 멀수록 땅값, 건축비 및 통행료가 비싸진다.

(2) 위와 같이 게임판 칸을 세 종류로 나누고 출발지에서 먼 땅일수록 비싸지게 하는 구성 자체는 사상의 영역에 해당할 뿐, 특정한 표현에 해당한다고 할 수 없다. 더구나 앞서 든 증거와 을 제15호중의 기재에 변론 전체의 취지를 종합하면, 보드 게임 'B'가 개발·출시되기 훨씬 이전인 1935년에 출시되어 세계적으로 큰 상업적 성공을 거둔 'L'에도 게임판 칸의 종류를 구매하고 건물을 지어 통행료를 받는 칸, 구매만 가능하고 통행료를 받는 칸, 구매할 수 없이 그 칸에 정해진 규칙대로 진행해야 하는 칸의 세 종류로 나누는 구성과 출발지에서 먼 칸일수록 통행료가 비싸지는 구성이 적용된 사실을 인정할 수 있는바, 앞서 본 보드 게임 'B'에 적용된 게임판 칸의 종류와 위치에 따른 특성에 창작성이 있다고 보기도 어렵다.

(3) 따라서 보드 게임 'B'의 게임판 칸의 종류와 위치에 따른 특성은 사상의 영역에 해당할 뿐만 아니라 창작성을 인정하기도 어려워 저작권의 보호대상으로 볼 수 없다.

다) 일반지와 관광지의 지명 선택과 배열

(1) 보드 게임 'B'의 게임판 칸 중 일반지와 관광지 칸의 지명은 아래와 같은 순서로 배열되어 있다.

타이페이 → 홍콩 → 마닐라 → 제주도 → 싱가포르 → 카이로 → 이스탄불 → 아테네 → 코펜하겐 → 스톡홀름 → 취리히 → 베를린 → 몬트리올 → 부에노스아이레스 → 상파울루 → 시드니 →

부산 → 하와이 → 리스본 → 마드리드 → 도쿄 → 파리 → 로마 → 런던 → 뉴욕 → 서울

(2) 세계 각국의 도시 이름 자체는 그 사용을 특정인에게 독점시킬 수 없어 저작권의 보호대상이 될 수 없다.

(3) 반면, 보드 게임 'B'의 지명 선택과 배열은 대륙별 안배, 소득 수준, 인지도 등과 같은 선택 및 배열 기준에 따라 전 세계의 수많은 도시 중에서 적당한 도시를 선택하고 적절한 순서로 배열한 결과 여서, 작성자의 창조적 개성이 드러나 창작성을 인정할 수 있으므로 저작권의 보호대상이 된다.

라) 일반지 칸의 모양

(1) 보드 게임 'B'의 게임판에서 일반지 칸의 모양은 세로가 긴 직사각형으로 그 상단에 건물 모형 을 놓는 색깔 띠가 있고, 그 색깔은 출발지를 기준으로 게임판의 네 변 중 첫째 변의 칸은 분홍색, 둘 째 변의 칸은 주황색, 셋째 변의 칸은 녹색, 넷째 변의 칸은 파란색이다.

(2) 네모난 게임판에 여러 개의 칸을 배열하고 그 위에 건물 모형을 놓는 자리를 확보하기 위해서 칸 모양을 세로가 긴 직사각형으로 하고 그 상단에 띠를 두는 것은 누가 하더라도 같거나 비슷할 수밖 에 없는 표현으로 보여 작성자의 창조적 개성이 드러나는 표현으로 보기 어렵다. 더구나 앞서 든 증거 에 의하면, 앞서 본 'L'의 게임판에도 일반지 칸은 세로가 긴 직사각형 모양으로 상단에 건물 모형을 놓는 띠가 표시되어 있고, 인접한 칸끼리는 상단 띠의 무늬나 색깔이 같게 표시된 사실을 인정할 수 있다.

(3) 따라서 보드 게임 'B'의 게임판 칸에서 일반지 칸의 모양은 창작성을 인정하기 어려워 저작권 의 보호대상으로 볼 수 없다.

마) 게임판 칸의 조합

(1) 보드 게임 'B'의 게임판 칸은 아래와 같은 조합으로 구성되어 있다.

(2) 앞서 본 바와 같이, 보드 게임 'B'의 게임판을 사각형으로 하고 그 네 변을 따라 11개의 칸을 일렬로 배치하는 구성, 게임판 칸을 일반지, 관광지 및 특수지의 세 종류로 나누는 구성은 사상의 영역 에 해당하거나 창작성을 인정하기 어려워 저작권의 보호대상으로 삼을 수 없다.

(3) 반면 세 종류의 칸으로 40개의 칸을 구성할 수 있는 많은 조합 중에서 보드 게임 'B' 게임판 이 앞서 본 그림과 같은 조합으로 구성된 것은 게임의 흥미와 몰입도를 높일 수 있도록 소재의 선택과 배열을 한 창작의 결과여서, 작성자의 창조적 개성이 드러나 창작성을 인정할 수 있으므로 저작권의 보호대상이 된다.

바) 특수지의 종류, 기능, 위치 및 모양 보드 게임 'B'의 게임판 중 특수지 칸은 '무인도', '우주여 행', '황금열쇠' 및 '사회복지기금'의 4종류가 있다. 그중 원고가 저작권 침해를 주장하는 부분은 '무인 도', '우주여행' 및 '황금열쇠' 부분이다.

(1) 무인도 칸에 대한 판단

(가) '무인도' 칸은 그곳에 말이 도착하면 주사위를 3차례 던질 동안 갇혀 있어야 되고, 다만 주사 위 두 개를 던져서 나온 눈이 같은 수일 경우(이른바 '더블') 탈출할 수 있는 칸이다. 무인도 칸의 위치 는 출발지를 기준으로 게임판의 첫째 모서리 칸이고, 그 칸의 모양은 ' '과 같다.

(나) 주사위를 3차례 던질 동안 갇혀 있어야 된다는 '무인도' 칸의 규칙은 구체적인 표현이라고 볼

수 없고, 게임 진행을 위한 추상적인 규칙이어서 사상의 영역에 해당한다. 더구나 앞서 든 증거 및 을 제12호증의 기재에 변론 전체의 취지를 종합하면, 종전 보드 게임 'L'의 게임판에도 출발지를 기준으로 게임판의 첫째 모서리 칸이 3차례 던질 동안 '더블'이 나오지 않으면 탈출할 수 없는 '감옥(JAIL)' 칸이 존재했던 사실을 인정할 수 있다 .

따라서 보드 게임 'B'의 게임판 중 '무인도' 칸의 기능과 위치는 사상의 영역에 해당할 뿐만 아니라 기존에 존재하던 규칙의 미세한 변형에 불과하여 창작성을 인정하기 어려워 저작권의 보호대상으로 볼 수 없다.

(다) 반면, 보드 게임 'B'에서 '무인도' 칸의 이름을 '무인도'로 짓고 그 모양을 ''과 같이 표시한 부분은 표현의 영역으로서 저작권의 보호대상에 해당한다.

(2) '우주여행' 칸에 대한 판단

(가) '우주여행' 칸은 그곳에 말이 도착하면 다음 주사위를 던질 기회에 주사위를 던지지 않고 원하는 곳으로 말을 이동시킬 수 있는 칸이다. '우주여행' 칸의 위치는 출발지를 기준으로 게임판의 셋째 모서리 칸이고, 그 칸의 모양은 ''과 같다.

(나) 주사위를 던지지 않고 원하는 곳으로 말을 이동시킬 수 있는 '우주여행' 칸의 규칙은 구체적인 표현이라고 볼 수 없고, 게임 진행을 위한 추상적인 규칙이어서 사상의 영역에 해당한다. 더구나 을 제72호증의 기재에 변론 전체의 취지를 종합하면, 미국에서 1924. 9. 23. 특허등록된 '0'의 게임판에도 세 군데 모서리 칸이 주사위를 던지지 않고 원하는 곳으로 말을 이동시킬 수 있는 '철도(Rail Road)' 칸이 존재했던 사실을 인정할 수 있다.

따라서 보드 게임 'B'의 게임판 중 '우주여행' 칸의 기능과 위치는 사상의 영역에 해당할 뿐만 아니라 기존에 존재하던 규칙의 미세한 변형에 불과하여 창작성을 인정하기 어려워 저작권의 보호대상으로 볼 수 없다.

(다) 반면 보드 게임 'B'에서 '우주여행' 칸의 이름을 '우주여행'으로 짓고 그 모양을 ''과 같이 표시한 부분은 표현의 영역으로서 저작권의 보호대상에 해당한다.

(3) 황금열쇠 칸에 대한 판단

(가) '황금열쇠' 칸은 그곳에 말이 도착하면 황금열쇠 카드 더미의 맨 위에 놓인 카드를 뒤집어 그 카드에 적힌 지시 사항대로 이행해야 하는 칸이다. '황금열쇠' 칸의 위치는 출발지를 기준으로 2, 7, 12, 17, 22, 35번째 칸의 여섯 군데에 있고, 그 칸의 모양은 ''과 같다.

(나) 카드를 뒤집어 지시사항을 이행해야 하는 '황금열쇠' 칸의 규칙은 구체적인 표현이라고 볼 수 없고, 게임 진행을 위한 추상적인 규칙이어서 사상의 영역에 해당한다. 더구나 앞서 든 증거 및 을 제14호증의 기재에 변론 전체의 취지를 종합하면, 종전 보드 게임 'L'의 게임판에도 카드를 뒤집어 그 카드에 적힌 지시사항을 이행해야 하는 '찬스(CHANCE)' 칸이 곳곳에 배치되어 있는 사실을 인정할 수 있다.

따라서 보드 게임 'B'의 게임판 중 '황금열쇠' 칸의 기능은 사상의 영역에 해당할 뿐만 아니라 창작성을 인정하기 어려워 저작권의 보호대상으로 볼 수 없다.

(다) 반면 보드 게임 'B'의 '황금열쇠' 칸의 이름을 '황금열쇠'로 짓고 그 칸을 출발지를 기준으로 2, 7, 12, 17, 22, 35번째 칸의 여섯 군데에 배치하며 그 칸의 모양을 '▮'과 같이 표시한 부분은 표현의 영역으로서 저작권의 보호대상에 해당한다.

사) 건물 건설

(1) 보드 게임 'B'의 게임판 중 일반지 칸에 지을 수 있는 건물로는 '별장', '빌딩', '호텔'의 세 종류가 있는데, 그 건설 비용과 통행료는 별장, 빌딩, 호텔 순으로 비싸진다.

(2) 구매한 칸에 건물을 지어 그곳을 지나가는 사람으로부터 통행료를 받되, 건설비용이 비싼 건물일수록 통행료도 비싸지는 구성 자체는 구체적인 표현이라기보다 사상의 영역에 해당한다. 더구나 앞서 든 증거에 의하면, 종전 보드 게임 'L'에도 게임 판 중 일반지 칸에 주택(HOUSE)을 1개부터 4개까지 지을 수 있고 주택 4개를 지은 후에는 호텔을 지을 수 있는 구성, 주택 1개, 주택 2개, 주택 3개, 주택 4개, 호텔 순으로 건설비용과 통행료가 비싸지는 구성을 가진 사실을 인정할 수 있다. 그리고 한정된 건물 종류 중에서 비싼 건물 순으로 호텔, 빌딩, 별장을 선택하는 것은 누가 하더라도 같거나 비슷할 수밖에 없는 선택으로, 그 선택에 창작성이 있다고 보기 어렵다.

(3) 따라서 보드 게임 'B'의 구성요소 중 건물 건설에 관한 부분은 사상의 영역에 해당할 뿐만 아니라 창작성을 인정할 수 없어 저작권의 보호대상으로 볼 수 없다.

아) 주사위와 재산 매각

(1) 보드 게임 'B'는 게임판에서 말을 이동시키는 수단으로 주사위 두 개를 사용한다. 말은 게임판에서 주사위 두 개를 던져서 나온 숫자의 합만큼의 칸을 이동하고, 주사위 두 개를 던져서 나온 눈이 같은 수일 경우('더블') 주사위를 한 번 더 던질 기회가 주어진다. 그리고 통행료를 지급할 돈이 모자랄 경우 자기가 소유한 땅이나 건물을 은행에 팔아 돈을 마련할 수 있고, 통행료를 받을 상대방에게 땅과 건물을 인계할 수도 있다.

(2) 위와 같은 주사위와 재산 매각에 관한 규칙 자체는 구체적인 표현이라고 볼 수 없고, 게임 진행을 위한 추상적인 규칙이어서 사상의 영역에 해당한다. 더구나 앞서 든 증거에 변론 전체의 취지를 종합하면, 종전 보드 게임 'L'에도 보드 게임 'B'의 주사위와 재산 매각에 관한 규칙과 같거나 유사한 내용의 규칙이 존재하는 사실을 인정할 수 있다.

(3) 따라서 보드 게임 'B'의 구성요소 중 주사위와 재산 매각에 관한 부분은 사상의 영역에 해당할 뿐만 아니라 창작성을 인정할 수 없어 저작권의 보호대상으로 볼 수 없다.

자) 규칙이나 표현의 선택, 배열 및 조합의 구성

(1) 원고는 보드 게임 'B' 중 ① 일반지 게임판 칸의 지명 및 위치의 선택, 배열 및 조합, ② 특수지 중 무인도 칸의 명칭, 위치 및 관련 규칙의 선택, 배열 및 조합, ③ 특수지 중 우주여행 칸의 명칭, 위치 및 관련 규칙의 선택, 배열 및 조합, ④ 황금열쇠 카드 관련 규칙의 선택, 배열 및 조합, ⑤ 일반지 게임판 칸에 건설 가능한 건물의 종류 및 가격체계의 선택, 배열 및 조합, ⑥ 자산 부족시 구입한 게임판 칸 매각 규칙의 선택, 배열 및 조합 등과 같은 규칙이나 표현의 선택, 배열 및 조합은 그 자체를 편집저작물로서 저작물로 보아야 한다고 주장한다.

(2) 게임은 게임규칙, 게임에 등장하는 캐릭터, 게임 맵의 디자인 등 다양한 소재 내지 소재저작물

로 이루어진 결합저작물 내지 편집저작물이고, 그 중 게임규칙은 추상적인 게임의 개념이나 장르, 게임의 전개방식 등을 결정하는 도구로서 게임을 구성하는 하나의 소재일 뿐 저작권법상 독립적인 보호객체인 저작물에는 해당하지 않는 일종의 아이디어 영역에 해당한다고 할 것이므로, 게임의 경우 게임을 하는 방법이나 게임규칙, 진행방식 등 게임에 관한 기본 원리나 아이디어까지 저작권법으로 보호되지는 않는다. 그리고 아이디어의 경우는 비록 그 아이디어가 독창적인 것이라고 하더라도 저작권법으로 보호되지 않고 원칙적으로 누구나 이용 가능한 공공의 영역에 해당하므로, 게임이 출시되면 특별한 사정이 없는 한 타인이 유사한 게임규칙을 근거로 다른 게임을 개발하는 것을 금지할 수도 없다.

다만 게임은 게임규칙, 게임에 등장하는 캐릭터, 게임 맵의 디자인 등 다양한 요소들로 구성되고, 이러한 요소들이 일정한 의도나 방침에 따라 선택되고 배열됨으로써 다른 게임과 확연히 구별되는 특징이나 개성이 나타나 창작적 개성을 가지고 있는 경우에는 저작물로서 보호받을 수 있다.

(3) 살피건대, 원고가 주장하는 위 1 내지 6과 같은 규칙이나 표현의 선택, 배열 및 조합 역시, 대부분 앞서 본 바와 같이 저작권의 보호대상이 될 수 없는 사상의 영역에 해당하거나, 이미 L을 비롯한 기존 부동산 거래 보드 게임에 도입되어 있던 것과 동일 또는 유사한 변형에 불과한 것의 선택, 배열 및 조합에 불과하여 같은 장르의 다른 게임들과 확연히 구별되는 특징이나 개성이 나타나 있다고 보기는 어렵다. 따라서 작성자의 창작적 개성이 드러나 있다고 볼 수 없어 저작권의 보호대상으로 볼 수 없다.

▷ NOTE : 위 판결은 보드 게임의 여러 가지 요소들 중 어떤 부분이 창작성 있는 표현에 해당하고 어떤 부분이 사상(아이디어)의 영역에 해당하거나 필수장면의 원칙 등에 의하여 창작성이 부정되는지를 세밀하게 판단한 사례로서 참고가치를 가진다. 피고 게임이 원고의 보드 게임('B')과 일부 유사한 부분이 있지만, 창작성 있는 표현을 실질적인 정도로 이용한 것으로 판단되지는 않아 실질적 유사성은 부정되었다. 위 판결은 보드 게임 'B'를 이루는 구성요소 중에서 ① 게임판의 칸 중 일반지와 관광지의 지명을 선택한 부분, ② 선택된 지명을 게임판의 칸에 배열한 부분, ③ 게임판의 40개 칸을 일반지, 관광지 및 특수지의 세 종류의 칸으로 조합, 배열한 부분, ④ 게임판의 '무인도' 칸의 이름을 '무인도'로 짓고 그 모양을 그림 등으로 표시한 부분, ⑤ 게임판의 '우주여행' 칸의 이름을 '우주여행'으로 짓고 그 모양을 그림 등으로 표시한 부분, ⑥ 게임판의 '황금열쇠' 칸의 이름을 '황금열쇠'로 짓고 그 모양을 그림 등으로 표시하여 여섯 군데에 배치한 부분 등은 저작권의 보호대상에 해당하는 것으로 보았으나, 그 나머지 요소들 중 예를 들어, ① 게임의 기본적인 규칙과 진행방식은 기존의 게임들과 유사하여 부동산 거래 보드 게임에 공통적 또는 전형적으로 수반되는 표현 형식에 해당한다고 보았고(필수장면의 원칙 적용), ② 게임판 칸을 세 종류로 나누고 출발지에서 먼 땅일수록 비싸지게 하는 구성 자체는 사상의 영역에 해당할 뿐, 특정한 표현에 해당한다고 할 수 없다는 이유로 보호대상에서 제외하였으며, ③ 일반지 칸의 모양은 누가 하더라도 같거나 비슷할 수밖에 없는 표현이라는 이유로 저작권 보호대상이 아니라고 보았고(합체의 원칙에 기한 창조적 개성의 부정), ④ 그 게임판 중 '우주여행' 칸의 기능과 위치 등은 사상의 영역에 해당할 뿐만 아니라 기존에 존재하던 규칙의 미세한 변형에 불과하여 창작성을 인정하기 어렵다는 이유로 역시 저작권의 보호대상에서 제외하는 판단을 하였다.

§3-40-3 ❖서울고등법원 2018. 6. 21. 선고 2017나2050905 판결 — 영화 "대호" 사건

양 저작물은 모두 포수대를 지원하는 일본인이 그 지휘를 따르는 조선인에게 호랑이 사냥의 실패에 관하여 질책하며 다시 실패할 경우 벌을 줄 것이라는 내용인 점에서 유사하다. 하지만 이러한 설정은 일제 강점기를 시대적 배경으로 하는 '호랑이 사냥'에 관한 작품이라면 전형적으로 수반되는 사건이나 배경으로서 누구나 쉽게 설정할 수 있는 장면이고 그 표현 방법도 제한되어 있고 효과적인 표현을 위해서는 사실상 그 표현 방법을 사용할 가능성이 높으므로, 원고만의 창작성 있는 표현으로 보기 어렵다.

▷ NOTE : 원고 저작물(극장용 장편 애니메이션의 제작을 진행할 목적으로 작성한 시놉시스, 스토리보드, 시나리오 등)의 내용으로 등장하는 사건이 일제 강점기를 시대적 배경으로 하는 '호랑이 사냥'에 관한 작품이라면 전형적으로 수반되는 사건 등이라는 이유로 창작성을 부정한 것으로서, 필수장면의 원칙이 적용된 사례의 하나로서 참고가치가 있다.

§3-40-4 ❖서울고등법원 2018. 12. 6. 선고 2018나2040806 판결 — "엄마를 부탁해" 사건

이 사건 수필과 이 사건 소설에서 (ㄱ) 아버지가 인파가 많은 장소에서 어머니('엄마')를 잃어버린다는 부분, (ㄴ) 딸('큰딸')이 직업적 상황으로 어머니('엄마')의 실종에 바로 대처하지 못하는 부분은 서로 유사하다고 하더라도, 이는 '어머니의 실종'을 소재로 한 문학작품 등에서 전형적으로 수반될 수 있는 사건, 배경, 장면으로서 아이디어의 영역에 속하는 것이라고 할 것이므로 저작권의 보호대상으로 보기 어렵다. (중략) 이 사건 수필의 딸과 이 사건 소설의 '큰딸'은 양 저작물의 전체 또는 일부분에서 화자의 역할을 하고 있는 점, 직업(이 사건 수필에서는 교사, 이 사건 소설에서는 작가)이 있으며 직업과 관련된 일(이 사건 수필에서는 교생 실습, 이 사건 소설에서는 중국 북페어 참가)로 인해 어머니의 실종에 곧바로 대처하지 못한 점, 일 등으로 바빠 어머니에게 소홀했던 것을 반성하고 있는 점, 실종된 어머니를 찾기 위해 열심히 노력한 점에 있어 공통된다. 그러나 이러한 설정들은 '어머니의 실종'과 같은 소재가 전형적으로 예정하고 있는 설정으로서 창작성을 인정하기 어렵다.

▷ NOTE : 원고 수필의 배경 등이 '어머니의 실종'이라는 소재에서 전형적으로 수반되거나 전형적으로 예정되어 있는 사건, 배경, 장면, 설정 등이라는 이유로 이를 아이디어의 영역에 속한다고 보거나 창작성을 부정하는 결론을 내리고 있는바, 이 역시 필수장면의 원칙을 적용한 사례로서 참고가치가 있다.

§3-41 ❖Hoehling v. Universal City Studios, Inc.[1]

원고 Hoehling이 주장하는 나머지 유사성은 몇몇 어구들과 사건 전개에 대한 임의의 복제에 대한 것이다. 예를 들어 세 작품 모두 비행선의 선원들이 출항에 앞서 독일 맥주집에서 떠들썩하게 술을 마시는 장면을 포함하고 있다. 유사성이 있다고 하는 다른 부분들은 "Heil Hitler"와 같은 그 시기의 공통된 독일식 인사 또는 독일 국가와 같은 노래들에 관한 것이다. 그러나 이러한 요소들은 단지 주어진 주제를 취급하는 데 있어서 실제로 필수불가결하거나 적어도 표준적인 사건, 인물 또는 배경을 뜻하는

---

1 618 F. 2d 972.

필수장면(scènes a faire)에 불과하다. 그런 재료 또는 표준적인 문학적 장치들을 쓰지 않고 특정한 역사적 시기 또는 가공의 주제에 관하여 쓰는 것은 불가능하기 때문에 당연히 그러한 필수장면은 저작권 보호대상이 아닌 것으로 여겨져 왔다.

▷NOTE : 이 사건은 Hindenburg의 참상과 관련한 저작물에 대하여 저작권 침해 여부가 문제된 사건이었다. 소설등의 가공적 어문저작물에 있어서 필수장면의 원칙이 어떻게 적용되는지를 보여주는 좋은 예라고 할 수 있다.

❖Zambito v. Paramount Pictures Corp.[1]   §3-42

자세히 검토해보면, 원고가 주장하는 유사성에 관한 나머지 주장들은 보호되지 않는 필수장면 (scènes a faire)의 영역에 속한 것들이다. 뱀이 우글거리는 동굴 속에 보물이 숨겨져 있고 뱀을 쫓기 위해 횃불을 사용하는 것, 정글을 뚫고 지나가는 사람들에게 새들이 갑자기 나타나 깜짝 놀라게 하는 것, 지친 여행자가 선술집에서 위안을 찾는 것 등, 이 모든 것은 '레이더스'라는 영화의 주제를 다루는 데 있어서 필수불가결한 요소로서 너무 일반적이어서 법률상 보호할 수 없는 것들이다.

▷NOTE : 모험영화 "레이더스 — 잃어버린 성궤(Raiders of the Lost Arc)" 사건에 대한 판결이다. 모험영화에 자주 등장하는 전형적인 장면에 대하여 필수장면의 원칙이 적용된 사례이다.

---

(3) 표현의 고정 요부

미국을 비롯한 영미법계의 저작권법에서는 저작물의 성립요소로서 유형물에의 고정(fixation in a tangible medium of expression)을 요건으로 하지만 독일·프랑스 등을 중심으로 한 대륙법계국가들에서는 유형물에의 고정을 요건으로 하지 않는다. 우리나라는 후자에 속한다. 따라서 즉흥적인 연설, 강연 또는 자작곡노래나 자작시낭송 등도 저작물로 성립할 수 있다. 다만, 영상저작물 (§4-94)은 그 개념상 "연속적인 영상이 수록된 창작물"이라는 것이므로 유형물에의 고정을 필요로 하는 것으로 해석될 수 있고, 사진저작물(§4-77)의 경우도 이에 준한 해석이 가능하나, 이는 저작물 일반에 대한 요건론과는 무관한 문제이다.   §3-43

Ⅳ. 저작물의 보호범위

위와 같이 저작물로 인정되기 위한 요건은 ① 창작성이 있을 것(§3-2 이하), ② 인간의 사상 또는 감정의 표현(§3-21 이하)에 해당할 것의 두 가지라고 할 수 있다. 그런데 이것은 하나의 작품이 저작물에 해당하는지 여부를 결정하는 기준이 될 뿐만 아니라 하나의 작품 중에서 실제로 보   §3-44

---

1 613 F. Supp. 1107.

호되는 범위가 어디까지인지를 결정짓는 기준이 되기도 한다. 즉, 어느 작품에 위 두 요건을 충족하는 부분이 부분적으로 있을 경우도 많이 있을 것인데, 그 경우에 그 작품 중에서 저작권법에 의하여 저작물로서 보호되는 것은 두 요건을 모두 충족하는 '교집합'의 영역에 한한다. 즉, 어느 작품을 그러한 관점에서 나누어 볼 때 ① 창작성 있는 표현의 부분, ② 창작성 없는 표현의 부분, ③ 창작성 있는 아이디어의 부분, ④ 창작성 없는 아이디어의 부분이 있다고 할 때 그 중 보호되는 범위에 포함되는 것은 ①의 부분뿐이다.

Ⅴ. 비저작물의 이용과 일반 불법행위 법리등의 적용

§3-44-1   위 Ⅲ에서 살펴본 저작물의 성립요건을 갖추지 못한 것, 예컨대 아이디어의 영역에 해당하거나 창작성이 결여된 작품 등은 저작권법상 저작물로 보호되지 아니하고, 따라서 누구나 자유롭게 이용할 수 있는 것이 원칙이다.

그런데 최근 저작물로서의 요건을 갖추지 못한 비저작물의 이용행위에 대하여 민법상의 일반 불법행위의 법리를 적용하여 원고의 손해배상청구권 행사를 받아들이는 예가 드물지 않은 것으로 보인다. 저작권법이 아닌 상표법, 부정경쟁방지법 등의 다른 지식재산법에 의한 구제가 인정될 경우에는 그러한 법이 적용될 수 있으나 그러한 타법률에 의한 구제도 인정되지 않을 경우에 민법상의 일반 불법행위의 법리가 최후의 구제수단으로 사용되는 것인데, 그것이 최근 들어 상당히 빈번해지고 있는 느낌을 주고 있는 것이다.

이러한 상황에 대하여 어떻게 판단할지는 깊이 생각해 보아야 할 문제이다. 저작권법의 보호법익과 민법 등의 보호법익은 다르므로, 저작권법 위반이 아닌 행위도 민법상의 불법행위는 얼마든지 성립할 수 있다고 하는 생각도 있을 수 있다. 그러나 그렇게 간단하게 생각할 문제는 아니다. 앞서 살펴본 아이디어와 표현의 이분법(§3-29), 기능적 저작물의 창조적 개성 심사 엄격화의 원칙(§3-13-1) 등은 저작권보호의 영역을 적절하게 제한함으로써 표현의 자유를 보장하거나 산업상의 경쟁에 부당한 제한을 가하지 않도록 하는 등의 공익적 목적에 기한 것으로서 그러한 법리에 내포된 균형의식을 통해 저작권법이 궁극적으로 문화 및 산업의 발전에 기여할 수 있도록 하는 것이라는 점에서 저작물의 보호만이 아니라 '비저작물의 비보호'도 저작권법의 목적 달성과 상당한 관련성을 가지고 있다고 할 수 있다. 그러므로 민법의 일반조항을 근거로 비저작물에 대한 비보호의 원칙을 깨트리는 것에 대하여는 저작권법의 관점에서 정당한 문제제기를 할 수 있다.

하지만, 비저작물의 이용행위에 대하여는 그 구체적인 상황 여하를 떠나서 어떤 경우에도 민법 등 다른 법률에 기하여 문제 삼을 수 없다고 말할 수는 없다. 저작권법에서 그러한 취지의 강행규정을 두지도 않았거니와 모든 상황에서 그러한 이용행위의 위법성을 부정할 근거는 없기 때문이다. 민법상 불법행위는 고의 또는 과실로 위법하게 타인에게 손해를 가하는 행위를 뜻하고, 불법행위가 성립하면 민법규정에 따라 가해자는 피해자에게 손해배상을 할 의무가 있다(민법 제750조). 민법상 불법행위가 성립하기 위하여는 '위법성'의 요건을 갖추어야 하는데, 위법성은 반드시 실정법상의 권리를 침해한 경우에만 인정되는 것은 아니므로, 저작권침해가 아니라고 하여 위법성이 전적으로 부정되는 것은 아니다.

다만, 민법상의 위법성 판단이 저작권법의 원리와 완전히 절연되어 민법의 원리에 따라 판단하면 족하다고 할 것은 아니다. 한편으로는 위에서 언급한 바와 같이 표현의 자유 등과의 관계에서 비저작물에 대한 자유이용을 보장하고자 하는 저작권법의 근본정신을 존중하는 것이 전제가 되어야 할 것이고, 다른 한편으로는 저작권법의 취지와 맞닿아 있는 경쟁법적 측면을 충분히 의식하여야 할 것이다. 법원에서는 이러한 점들을 의식하여, 단순한 법감정이나 정의관념을 이유로 일반 불법행위 법리를 쉽게 원용하여서는 안 될 것이다. 기본적으로는 법감정에 다소 반하더라도 그 자유이용을 보장하는 것을 원칙으로 삼고, 극히 예외적인 경우에 필요최소한의 범위에 한하여 불법행위의 성립을 인정하는 방향을 취하는 것이 바람직하다. 나아가 불법행위 인정의 영역을 최대한 명료하게 획정함으로써 자유이용의 영역이 모두 법적 회색지대(legal gray zone)가 되지는 않도록 노력할 필요가 있다. 지금까지 법원에서 불법행위의 성립을 인정한 사안들은 대개 공정한 경쟁질서의 보호를 염두에 둔 경우가 많았다는 점에 비추어보면, 특별한 상황 하에 공정한 경쟁질서에 현저히 반하는 행위를 불법행위로 보는 것은 필요할 수 있으나, 그보다 넓은 영역으로 이 법리의 적용을 확대해 나가는 것은 득보다 실이 더 많을 것으로 생각된다.

저작권 침해 등에 해당하지 아니하는 이용행위(비침해행위)에 대하여 어떠한 요건 하에 민법상 §3-44-2
의 일반 불법행위를 인정할 것인지에 대한 대법원의 입장은 이른바 '인터넷 포털사이트 광고 방해 사건'에 관한 결정(대법원 2010. 8. 25.자 2008마1541 결정)에서 비교적 잘 정리된 형태로 제시된 바 있다. 이 결정에서 대법원은 "경쟁자가 상당한 노력과 투자에 의하여 구축한 성과물을 상도덕이나 공정한 경쟁질서에 반하여 자신의 영업을 위하여 무단으로 이용함으로써 경쟁자의 노력과 투자에 편승하여 부당하게 이익을 얻고 경쟁자의 법률상 보호할 가치가 있는 이익을 침해하는 행위는 부정한 경쟁행위로서 민법상 불법행위에 해당"한다고 보았다. 이를 통해 대법원은 1) 경쟁자가 상당한 노력과 투자에 의하여 구축한 성과물을 상도덕이나 공정한 경쟁질서에 반하여 자신의 영업을 위하여 무단으로 이용할 것, 2) 경쟁자의 노력과 투자에 편승하여 부당하게 이익을 얻을 것, 3) 경쟁자의 법률상 보호할 가치가 있는 이익을 침해할 것이라고 하는 세 가지의 요건을 제시하고 있는 것이다.

대법원이 이러한 요건들을 제시한 것은, 비침해행위의 불법행위에 의한 구제를 지나치게 넓게 인정할 경우의 문제점을 의식하여 그 인정범위를 경쟁질서를 중심으로 적절하게 제한하고자 하는 입장에 기한 것으로 생각되며, 기본적으로 그 타당성을 인정할 수 있을 것으로 생각된다. 그러나 위 요건들의 구체적 해석과 적용에 있어서는 그 속에 내포된 다수의 불확정개념으로 인하여 여전히 지나치게 넓게 해석, 적용될 우려가 있는 것으로 생각되므로, 그러한 우려를 불식시킬 수 있는 실무관행의 정착이 요망된다.

그런 관점에서 대법원 결정의 취지를 조금 더 자세히 살펴보기로 한다. 이 결정의 사안은 채무자(피신청인)가 광고 프로그램을 개발하여 무료로 배포하고 그것을 이용하여 채권자(신청인)가 운영하는 인터넷 포털 사이트인 네이버의 광고를 자신의 광고로 대체하여 네이버의 광고영업을 방해하면서 이득을 취한 것에 대하여 채권자가 그 금지를 구하는 가처분신청을 한 것이었다. 대법원은 먼저 위 3)의 요건과 관련하여, "채권자는 장기간 동안 상당한 노력과 투자에 의하여 정보검색, 커뮤니티, 오락 등의 다양한 서비스를 제공하는 국내 최대의 인터넷 포털사이트인 '네이버'를 구축하여 인터넷 사용자들로 하여금 위 서비스 이용 등을 위하여 네이버를 방문하도록 하고, 이와 같이 확보한 방문객에게 배너광고를 노출시키거나 우선순위 검색결과 도출서비스를 제공하는 방법 등으로 광고영업을 해 오고 있음을 알 수 있는바, 채권자의 네이버를 통한 이러한 광고영업의 이익은 법률상 보호할 가치가 있는 이익이라 할 것"이라고 판단하였다. 다음으로 위 1), 2)의 요건과 관련하여서는 "원심이 적법하게 인정한 사실들에 의하면, 채무자가 제공한 원심 판시 이 사건 프로그램을 설치한 인터넷 사용자들이 네이버를 방문하면 그 화면에 채권자의 광고 대신 같은 크기의 채무자의 배너광고가 나타나거나(이른바 '대체광고 방식'), 화면의 여백에 채무자의 배너광고가 나타나거나(이른바 '여백광고 방식'), 검색창에 키워드를 입력하면 검색결과 화면의 최상단에 위치한 검색창과 채권자의 키워드광고 사이에 채무자의 키워드광고가 나타나는(이른바 '키워드삽입광고 방식') 등으로, 채무자의 광고가 대체 혹은 삽입된 형태로 나타남을 알 수 있다. 그런데 채무자의 이러한 광고는 위와 같이 인터넷 사용자들이 네이버에서 제공하는 서비스 등을 이용하기 위하여 네이버를 방문할 때 나타나는 것이므로, 이는 결국 네이버가 가지는 신용과 고객흡인력을 무단으로 이용하는 셈이 된다. 뿐만 아니라 그 광고방식도 채권자가 제공하는 광고를 모두 사라지게 하거나(대체광고 방식) 채권자가 제공하는 검색결과의 순위를 뒤로 밀리게 하는(키워드삽입광고 방식) 등의 방법을 사용함으로써 채권자의 영업을 방해하면서 채권자가 얻어야 할 광고영업의 이익을 무단으로 가로채는 것이다. 채무자의 위와 같은 광고행위는 인터넷을 이용한 광고영업 분야에서 서로 경쟁자의 관계에 있는 채권자가 상당한 노력과 투자에 의하여 구축한 네이버를 상도덕이나 공정한 경쟁질서에 반하여 자신의 영업을 위하여 무단으로 이용함으로써, 채권자의 노력과 투자에 편승하여 부당하게 이익을 얻는 한편, 앞서 본 바와 같이 법률상 보호할 가치가 있는 이익인 네이버를 통한 채권자의 광고영업 이익을 침해하는 부정한 경쟁행위로서 민법상 불법행위에 해당한다고 할 것이다."라고 판시하였다. 이러한 대법원의 판단은 타당한 것으로 생각된다.[1]

나아가 위 대법원 결정은 위와 같은 불법행위의 경우에 금지청구권을 구제수단으로 사용할 수 있을지에 대하여도 적극적으로 판단하였다. 즉 위 결정은 "위와 같은 무단이용 상태가 계속되어 금전배상을 명하는 것만으로는 피해자 구제의 실효성을 기대하기 어렵고 무단이용의 금지로 인하여 보호되는 피해자의 이익과 그로 인한 가해자의 불이익을 비교·교량할 때 피해자의 이익이 더 큰 경우에는 그 행위의 금지 또는 예방을 청구할 수 있다"고 판시함으로써, 불법행위로 인한 재산적 손해의 방지를 위해서도 금지청구권이 인정될 수 있음을 최초로 명확히 하였다. 다만, 모든 경우에 일률적으로 인정되는 것이 아니라 금전배상을 명하는 것만으로 피해자 구제의 실효성을 기대하기 어려울 것과 무단이용의 금지로 인한 피해자의 이익과 가해자의 불이익을 비교·교량할 때 피해자의 이익이 더 클 것이라고 하는 요건을 충족한 경우에 한하여 인정되는 것으로 보아, 그 부분에 있어서도 대립하는 이해관계를 조화시키고자 노력한 것으로 생각된다.

---

1 이 대법원 결정의 사안은 지식재산권 비침해행위가 어떠한 경우에 불법행위가 될 수 있는지에 대하여 잘 정리된 법리를 제시하였다는 점에서 의의가 큰 판례이지만, 기술적 방법에 의한 인터넷 광고 가로채기라고 하는 특별한 행위 유형이 문제가 된 경우에 대한 판단이라는 점에서, 비저작물의 이용이 불법행위로 인정된 전형적인 사건이라고 보기는 어렵다. 그런 점에서는 저작물로 보호되지 않는 방송 드라마 속의 캐릭터를 무단으로 '캐릭터 사업'에 이용한 경우에 대하여 불법행위를 인정한 서울고등법원2010. 1. 14. 선고 2009나4116 판결(§6-30 참조)을 보다 전형적인 사안으로 참고할 수 있을 것으로 생각된다. 그 외에도 원고(성형외과 의사)의 홈페이지에 실린 모발이식 수술 치료 전후의 사진을 다른 성형외과 의사(피고)가 자신이 치료한 임상사례인 것처럼 방송에서 제시하고 원고의 온라인을 통한 환자에 대한 상담내용을 피고가 자신의 홈페이지 온라인 상담코너에 그대로 옮겨 싣는 방법으로 이용한 것에 대하여 사진이나 상담내용의 저작물성을 부정하여 저작권침해는 인정하지 않았으나, 일반 불법행위 책임은 인정한 판결인 서울중앙지방법원 2007. 6. 21. 선고 2007가합16095 판결(확정)이 있다. 그런데 이 판결에 대하여는 사진의 저작물성에 대한 기준은 너무 높게 잡고, 일반 불법행위는 너무 쉽게 인정한 것이라는 비판이 강력하게 제기된 바 있다. 이상정, "사진의 저작물성에 관한 일고", 계간 저작권 2014년 봄호, 한국저작권위원회, 92~97면 참조. 이상정교수는 비저작물의 이용을 불법행위로 인정한 일본의 사례들을 분석해 보면, "원고가 제작한 비저작물을 원고와 동일한 시장에서 바로 그 (비)저작물을 가지고 경쟁함으로써 상거래질서나 공정한 경쟁질서에 비추어 허용될 수 없고, 또 그 행위로 인하여 원고의 손해가 발생함으로써 인과관계를 인정할 수 있으므로 불법행위의 성립을 인정한 것"이라는 점을 전제로, 경쟁적인 영업의 목적물 자체가 아닌 사진 정보를 이용한 것을 불법행위로 본 것은 잘못이라고 비판하고 있는데, 타당한 견해라 생각된다. 그런 관점에서 보면, 위 서울고등법원 2010. 1. 14. 선고 2009나4116 판결(§6-30)의 경우는 피고 측에서 이용한 캐릭터가 경쟁적 영업의 목적물 자체라는 점에서 위 모발이식 사진 사건과는 다르다고 할 수 있겠다. 한편 '선덕여왕' 사건의 2심판결(서울고법 2012. 12. 20. 선고 2012나17150 판결)은 피고가 원고의 저작물에 '의거'하여 그 창작성 있는 부분을 이용하였다고 하여 저작권 침해를 인정하면서 저작권침해가 인정되지 않을 경우에 대한 가정적인 판단으로 일반불법행위의 성립을 인정하는 결론을 내린바 있는데, 상고심인 대법원에서는 '의거관계' 자체를 인정하기 어렵다는 이유로 파기환송 판결(대법원 2014. 7. 24. 선고 2013다8984 판결; §27-44-1)을 선고하였다. 저작권침해의 주관적 요건인 '의거관계'가 인정되지 않는다면, 일반 불법행위의 성립 여부는 아예 문제가 될 수 없을 것이라는 점에서 비저작물의 이용이 불법행위가 되기 위한 최소한의 요건으로서도 '의거관계'가 필요하다고 할 수 있다.

§3-44-3   위와 같은 대법원의 결정은 그 후에 이루어진 부정경쟁방지 및 영업비밀 보호에 관한 법률 (이하 부정경쟁방지법이라 한다) 개정의 기초가 되어, 그 개정법에서 제 2 조 제 1 호 차목(현행법상은 카목) 규정을 신설함으로써[1] 위 대법원 결정에서 말하는 불법행위의 요건을 모두 갖춘 경우를 부정경쟁행위의 하나(본서에서는 이를 '성과부정사용행위'라고 부르기로 한다)로 규정하였다. 즉, 법률 제 11963호로 이루어진 2013. 7. 30.자 부정경쟁방지법 개정법(2014. 1. 31. 시행)은 제 2 조 제 1 호 차목(현행법상은 카목)에서 "그 밖에 타인의 상당한 투자나 노력으로 만들어진 성과 등을 공정한 상거래 관행이나 경쟁질서에 반하는 방법으로 자신의 영업을 위하여 무단으로 사용함으로써 타인의 경제적 이익을 침해하는 행위"(성과부정사용행위)를 부정경쟁행위의 하나로 규정하여 그 피해자에게 손해배상청구는 물론 부정경쟁방지법 제 4 조에 의한 금지청구 등의 구제수단을 취할 수 있도록 하였고, 위 차목 규정이 동일한 내용으로 2018. 4. 17.자 개정에 의하여 카목 규정으로 변경되었다.[2] 대법원 결정의 세 가지 요건과 약간 다르게 표현된 부분이 있으나 근본적으로 동일한 법리의 다른 표현으로 보아, 기존의 대법원 결정의 법리를 위 신설규정의 해석론으로 원용하여도 무방하지 않을까 생각된다. 따라서 위 신설규정의 해석과 적용에 있어서도 그것이 지나치게 확대 적용되어 저작권법의 근본정신에 반하는 일이 없도록 유의하여야 할 것이다. 그런 관점에서 '솔섬 사진' 사건에 대한 항소심 판결(서울고등법원 2014. 12. 4. 선고 2014나211480 판결)이 주목된다. 이 사건에서 원고는 저작권침해를 주장하면서 항소심에서 부정경쟁방지법의 신설규정에 기한 부정경쟁행위를 원인으로 하는 손해배상청구를 선택적으로 추가하였는데, 서울고등법원은 저작권침해를 부정함과 동시에 추가된 선택적 청구에 대하여 다음과 같이 판시하였다.

"앞서 판단한 바와 같이 피고가 광고에 사용한 이 사건 공모전 사진은 이 사건 사진저작물과 실질적 유사성이 인정되지 아니하므로 원칙적으로 이를 자유롭게 사용할 수 있는 것이다. 원고는 이 사건 공모전 사진이 이 사건 사진저작물을 '모방'하였음을 전제로 부정경쟁방지법 제 2 조 제 1 호 (차)목의 적용을 구하나, 실질적 유사성이 인정되지 아니하는 형태의 '모방' 행위는 저작권법에 의해 허용되는 것이고, 위 (차)목은 한정적으로 열거된 부정경쟁 방지법 제 2 조 제 1 호 (가)~(자)목 소정의 부정경쟁행위에 대한 보충적 규정일 뿐 저작권법에 의해 원칙적으로 허용되는 행위까지도 규율하기 위한 규정은 아니라고 보아야 한다. 나아가 피고의 이 사건 공모전 사진의 사용행위가 마이클 케나 또는 원고에 대한 관계에서 공정한 상거래 관행이나 경쟁질서에 반한

---

1 2013. 7. 30. 법률 제11963호 개정이유에 의하면, 이 규정은 기술의 변화 등으로 나타나는 새롭고 다양한 유형의 부정경쟁행위에 적절하게 대응하기 위하여 신설된 것이라고 한다.

2 다만 부정경쟁방지법 제18조 제 3 항 제 1 호에서 카목 규정은 아목, 차목과 함께 형사처벌대상에서 제외하고 있다. 이처럼 카목 규정의 부정경쟁행위를 형사처벌대상에서 제외한 것은 카목 규정에 다수의 불확정개념이 포함되어 있어 그것을 처벌대상으로 할 경우 죄형법정주의의 원리에 기한 형벌법규 명확성의 원칙에 반할 것이라는 점에 비추어, 타당한 입법이라 생각된다.

다고 볼 만한 사정도 찾아 볼 수 없다. … 그 광고가 이 사건 사진저작물에서 표현하고 있는 솔 섬에 관한 예술적 가치나 의미, 그에 관한 마이클 케나의 명성 등에 편승하여 이를 상업적으로 이용한 것이라고 인정하기에 충분한 증거는 없다고 할 것이다. 결국, 원고의 부정경쟁행위에 관 한 주장 역시 이유 없다."

서울고등법원의 위와 같은 판단은 저작권법상 자유이용이 허용되는 것은 그것을 허용하는 저작권법의 취지와 정신을 존중하여, 그 이용행위를 부정경쟁방지법상의 신설규정(제 2 조 제 1 호 카목)에 의한 부정경쟁행위로 보는 것에는 신중을 기하여야 한다는 뜻을 강하게 드러내고 있는데, 이러한 법원의 태도는 긍정적인 것으로 평가되어야 할 것이다.

이러한 부정경쟁방지법의 개정과 그 시행으로, 비저작물의 무단 이용행위 중 위 대법원 결정 에 의하여 불법행위로 인정되는 사안은 거의 대부분 개정 부정경쟁방지법상의 성과부정사용행위 로 인정되어 부정경쟁방지법에 의한 구제수단을 사용할 수 있게 된 것으로 생각된다. 따라서 개 정법 시행 후에는 비저작물의 이용행위에 대하여 부정경쟁방지법의 규정이 우선적용되고, 민법상 의 일반 불법행위에 관한 법리가 동원될 일은 거의 없을 것으로 생각된다. 논리적으로는 여전히 민법상의 불법행위가 보충적으로 적용될 여지를 전적으로 부정하기 어려운 것이 사실이나,[1] 위 에서 본 바와 같이 비저작물의 비보호가 저작권법의 궁극적 목적을 달성하는 데 필요한 것이라는 측면을 충분히 고려할 때, 대법원 결정에서 정리된 법리를 거의 그대로 반영한 위와 같은 부정경 쟁방지법의 신설규정에 의하여 보호되지 못하는 영역을 추가로 일반 불법행위로 인정하는 것에 대하여는, 현재로서는 미처 예상할 수 없는 극히 예외적인 특별한 경우가 아닌 한, 그 타당성을 인정하기 어려울 것으로 생각된다.

제2절 **저작물의 분류**

I. 서 설

제 1 절에서 저작물의 의의와 성립요건, 보호범위 등에 대하여 살펴보았다. 본절에서는 저작 물의 종류 내지 분류에 대하여 살펴보기로 한다. 이와 관련하여 저작권법 제 4 조 제 1 항은 '저작 물의 예시 등'이라고 하는 제목하에 저작권법의 보호를 받는 저작물의 종류를 나열하고 있다. 그

§4-1

---

1 김원오, "부정경쟁방지법상 신설된 일반조항의 법적 성격과 그 적용의 한계", 산업재산권 제45호(2014. 12.), 한국지 식재산학회, 292~293면 참조.

내용은 다음과 같다.

저작권법 제 4 조 (저작물의 예시 등) ① 이 법에서 말하는 저작물을 예시하면 다음과 같다.
1. 소설·시·논문·강연·연설·각본 그 밖의 어문저작물
2. 음악저작물
3. 연극 및 무용·무언극 그 밖의 연극저작물
4. 회화·서예·조각·판화·공예·응용미술저작물 그 밖의 미술저작물
5. 건축물·건축을 위한 모형 및 설계도서 그 밖의 건축저작물
6. 사진저작물(이와 유사한 방법으로 제작된 것을 포함한다)
7. 영상저작물
8. 지도·도표·설계도·약도·모형 그 밖의 도형저작물
9. 컴퓨터프로그램저작물

위 규정은 저작물을 그 표현방식에 따라 9가지 유형으로 나누어 거시하고 있다. 이러한 저작
권법의 규정은 저작물의 종류를 한정적으로 열거한 것이 아니고 저작물이 어떤 것인가를 개괄적
으로 예시한 것으로 본다. 따라서 여기에 분류된 것의 어느 하나에 해당하지 않더라도 '인간의 사
상 또는 감정을 표현한 창작물'로서의 기본 요건을 갖추고 있기만 하면 저작물로 인정될 수 있는
것이다.1 그러나 실제적으로, 우리가 알고 있는 저작물 중에 여기서 나열한 저작물의 어느 하나
에 해당하지 않는 것은 찾기 어려울 것이다.

이 규정은 저작물의 표현형식에 따른 분류를 보여 주는 것인바, 그 외에도 저작물을 분류하
는 기준은 여러 가지가 있을 수 있다. 본서에서는 먼저 저작권법 제 4 조 제 1 항에 따라 표현형식
에 따른 저작물의 분류를 설명한 다음, 기타의 분류기준에 대하여 살펴보기로 한다.

Ⅱ. 표현형식에 따른 분류

1. 어문저작물

(1) 의   의

§4-2   소설, 시, 논문, 강연, 연설, 각본 등 언어나 문자에 의해 표현된 저작물을 말한다. 어문저작
물은 이를 다시 문서에 의한 저작물과 무형의 구술에 의한 저작물로 나누어 볼 수 있다. 문서에
의한 저작물은 문자 또는 문자에 갈음하는 기호(예컨대 점자, 속기기호 등)를 사용하여 문서화한 저
작물로서 구술에 의하지 아니한 소설, 시, 논문 등이 여기에 포함되고 구술에 의한 저작물은 자작
에 의한 강연, 강의, 설교 등을 말한다. 어문저작물이라고 하여 문학적인 가치를 가져야 하는 것

---

1 장인숙, 著作權法原論, 寶晋齋出版社, 1989, 33면 참조.

은 아니므로 예를 들어, 상품카탈로그나 광고용 팜플렛, 각종 설명서 등도 저작물로서의 성립요
건을 갖추면 어문저작물로 보호될 수 있다.

(2) 어문저작물의 저작물성이 문제되는 경우

(가) 일   반

어문저작물로 인정되기 위해서는 다른 저작물과 마찬가지로 인간의 사상 또는 감정을 표현   §4-3
한 것으로서 그 표현에 창작성이 있어야 한다. '인간의 사상 또는 감정'의 표현일 것을 요구하는
것과 관련하여 공지의 사실 등을 소재로 한 것의 저작물성이 문제될 수 있으나 비록 사실을 소재
로 한 것이라 하더라도 책을 쓰는 경우와 같이 그 언어적 표현의 과정에서 어휘 선택 등에 '사상
또는 감정의 표현'이라고 할 만한 것이 내포되어 있을 경우에는 당연히 저작물성을 가지는 것이
다. 물론 사실적 정보 자체를 도표 등으로 나열해 놓은 것만으로는 '사상 또는 감정'의 표현이 아
니므로 저작물이 될 수 없음은 앞서 창작성에 관한 장에서 살펴본 바와 같다. 또한 표현의 내용
이 되는 학문적 이론 등 아이디어의 영역에 속한 것이 아무리 높은 창작성을 갖는다 하더라도 그
'표현'에 창작성이 없으면 저작물로서 보호될 수 없음에 유의하여야 한다. 한편, 우리 저작권법은
미국법과 달리, 저작물이 외부에서 객관적으로 인식할 수 있는 상태로 표현되기만 하면 족하고
고정을 요건으로 하고 있지 않으므로 어문저작물이 반드시 원고지나 인쇄물 또는 녹음테이프 등
에 고정되어 있을 필요는 없다.

(나) 단문, 표어, 슬로건 등의 저작물성

창작성 유무의 판단에 있어서 대개의 어문저작물은 그다지 엄격한 심사를 요하지 아니한다.   §4-4
소설 등의 경우에 그것이 남의 것을 베끼지 않고 독자적으로 작성한 것이기만 하면 '창조적 개성'
이 있는지 여부를 엄격히 따지지 않아도 좋다. 즉 '창조적 개성'에 대한 심사를 요하는 것은 기능
적 저작물 등에 있어서 표현의 방법이 제한되어 있는 경우에 한하고 표현의 방법이 무한하게 존
재할 경우에는 독자적인 작성의 요소만으로도 창작성을 인정하기가 쉬운 것이다. 그런데 어문저
작물 중에서도 아주 적은 수의 단어 조합으로 이루어진 표어, 슬로건 등은 '표현의 방법이 제한되
어 있는' 경우에 해당하므로 '창조적 개성'에 대한 심사를 엄격하게 하지 않으면 안 된다. 표현 방
법이 제한되어 있음에도 불구하고 저작물로 인정하여 그 저작자에게 배타적인 권리를 부여하게
되면 문화의 향상 발전은 물론이고 사람들의 일상적인 언어생활에까지 지나친 제약을 가하여 불
편을 초래하게 될 것이기 때문이다. 앞서 '창작성'에 관한 장에서 소개한 "왕의 남자" 사건에서
서울고등법원 2006. 11. 14.자 2006라503 결정(§3-16)이 "나 여기 있고 너 거기 있어"라는 희곡
대사의 저작물성을 부정한 이유는 그러한 취지에 기한 것이다. 마찬가지로 교통표어에 관한 일본

東京高裁 平成 13. 10. 30. 선고 판례에서 "나 안심 엄마의 무릎보다 유아용 시트"라고 하는 표어
의 저작물성을 판단할 때 '나 안심'이라는 부분이 결합된 점에서 저작물성을 긍정하면서도 그 가
운데 '엄마의 무릎보다 유아용 시트'라는 부분만으로는 저작물성을 인정할 수 없다고 본 것도 같
은 취지이다. 따라서 모든 표어, 슬로건이 일률적으로 저작물성을 인정받을 수 없는 것은 아니지
만 그 저작물성을 인정함에 있어서는 특히 '창조적 개성'을 인정할 만한 '선택의 폭'이 있는 것인
지(§3-12 참조)를 신중하게 심사하지 않으면 안 될 것이다.[1]

🔖 판 례

§4-5   ❖ 서울중앙지방법원 2008. 10. 9. 선고 2006가합83852 판결

글이나 문장 등이 어문저작물에 해당하는지 여부와 관련하여 문장이 비교적 짧고 표현방식에 창
작·궁리를 할 여지가 없거나, 단순히 사실을 소개한 것으로서 다른 표현을 상정할 수 없는 것 또는 구
체적인 표현이 매우 흔한 것 등은 저작자의 개성이 반영되어 있다고 보기 어려우므로 저작권법에 정해
진 저작물에 해당하지 않는다.

앞서 본 전제사실에 따르면, 원고의 서적표현은 별지 2에서 보는 바와 같이[2] 그 표현이 짧은 단
문이고, 그 내용도 수지침이론의 기본원리인 상응요법, 오지진단법에 따라 손이나 손의 혈점을 인체의
머리와 사지나 오장 또는 기타 신체의 부위에 대응시키거나 14기맥의 기능과 흐름을 짧은 단문으로 정
리하여 설명한 것이어서 그 표현을 선택하는 폭이 좁다.

§4-5-1   ❖ 서울고등법원 1998. 4. 28. 선고 97나15229 판결 — "하이트 맥주 광고문구" 사건
〈사실관계〉

원고는 1994. 5. 2.경 피고인 조선맥주(주)에게 온도측정용 용기를 보여주면서 '잘 익었을 때 드십
시오. 최상의 맛을 유지하는 온도 눈으로 확인하십시오. 영상 7~9도 사이가 아닌 맥주는 깊은 맛을 느
낄 수 없습니다. 8도에 가장 깊은 맛이 숨어 있었다. 이제 가장 깊은 맛일 때 즐기십시오.'라는 문안으
로 광고하는 맥주판매전략을 제안하였다.

피고는 그로부터 1년이 경과한 1995. 7. 21.부터 하이트 맥주의 용기 표현에 온도감응잉크로 암반

---

1 참고로, 미국 저작권청의 규정[37C.F.R. §202. 1(a)](1909년법 하의 규정이나 현재까지 준수되고 있는 것)은 "단어들
   과 단문들, 명칭, 제호 및 슬로건 같은 것, 익숙한 상징 또는 디자인들, 서체 장식의 단순한 변형, 레터링 또는 컬러
   링, 성분이나 내용물의 단순한 리스팅 등"은 저작권보호의 대상이 아니라고 규정하고 있다. 미국의 판례는 "짧은 구절
   에 대하여 등록을 거부해 온 저작권청의 오랜 관행은 존중되어야 한다"고 판시하면서 특히 하나 또는 두 개의 단어에
   대하여는 보호를 부정하는 원칙을 강하게 정립해 왔다. 다만 그보다 긴 구절에 대하여는 '단문'이라는 이유로 무조건
   창작성을 부정하지 않고, 구체적인 내용에 따라서는 창작성이 인정될 수 있는 것으로 판단해 온 것으로 보인다.
   Hutchins v. Zoll Med. Corp., 492F. 3d1377, 1384-1385(Fed. Cir. 2007)에서 "맥박이 없으면 CPR(심폐소생술)이
   시작된다" 등의 문구에 대하여 저작물성을 부정한 것은 기능적인 문구로서 창작성을 인정하기 어렵다는 것을 근거로
   한 것이었다.
2 몇 가지만 예로 들어보면, "손은 인체의 축소반응구역으로", "손이 인체의 상응부인 축소판", "손에는 내장의 기능을
   조절하는 14개의 기맥과 345개의 자극점이 있는데" 등이다.

천연수 마크를 인쇄하여, 맥주의 온도가 7~8도가 되면 위 암반천연수 마크가 선명하게 드러나는 하이트 맥주를 생산, 판매하여 오고 있고, 위 하이트 맥주를 광고하면서 '가장 맛있는 온도에서 암반천연수 마크가 나타난다. 가장 맛있는 온도가 되면 맥주병에 암반천연수 마크가 나타나는 하이트, 가장 신선한 하이트의 맛, 눈으로 확인하세요! 온도계가 달린 맥주. 하이트의 맛 이젠 눈으로 확인하세요'라는 문구를 사용하였다.

피고가 원고의 아이디어 등을 무단 이용하였다는 이유로 손해배상청구고송을 제기한 소송에서 피고가 원고가 제안한 광고문구를 이용한 것이 저작권침해가 되는지 여부도 하나의 쟁점이 되었다.

〈법원의 판단〉

"원고가 제안한 예시 문구는 짧고, 의미도 단순하여 그 표현형식에 위 내용 외에 어떤 보호할 만한 독창적인 표현형식이 포함되어 있다고 볼 여지도 없어 위 광고문구에 저작권을 인정할 수 있는 전제로서의 창작성을 인정할 수 없다"고 판시하였다.

▷NOTE : 제품의 어떤 특성을 홍보의 대상으로 삼을지는 아이디어의 영역에 해당하므로 저작권 보호를 받을 수 없다. 위 사건과 같이, 이러이러한 특성을 가지고 홍보한다고 하는 아이디어를 짧은 광고문구로 표현하고자 할 경우에는 그것을 표현하는 방법이 극히 제한될 수밖에 없어 특별한 경우가 아닌 한 창조적 개성을 인정하기 어려울 것이다. 판지에 찬동한다.

❖서울남부지방법원 2013. 5. 9. 선고 2012고정4449 판결 — "이외수 트윗글" 사건　　　§4-5-2
〈사실관계〉

작가 이외수씨가 자신의 트위터에 게시한 "변명을 많이 할수록 발전은 느려지고 반성을 많이 할수록 발전은 빨라진다."라는 글을 비롯하여 총 56개의 트위터 글을 무단 복제하여 "이외수 어록 24억짜리 언어의 연금술"이라는 제목의 전자책 파일을 만들어 자신이 운영하는 어플리케이션 콘텐츠 서비스에 수록하여 일반 이용자들에게 전송한 출판업자가 저작권침해로 기소된 사안이다. 이에 대하여 피고인의 변호인은 1) 이 사건에서 문제되는 트윗들 중에는 단순한 일상의 표현으로서 사실의 보고에 불과한 경우도 있는데 이러한 글들은 창작성이 없어 보호대상인 저작물에 해당하지 아니하며, 2) 소셜 네트워크인 트위터의 약관 규정과 그 이용 관행에 따르면, 누구나 트위터에 올려진 글을 열람하고 저장할 수 있으며 리트윗의 형태로 자유롭게 재전송할 수 있는 바, 피고인들이 역시 같은 속성을 지니고 있는 이외수의 트윗글들 중에서 56개를 선별하여 소개한 것을 가지고 저작권 침해라 할 수 없다는 등의 주장을 하였다.

〈법원의 판단〉

가. 위에서 든 증거들에 의하면, 일반적으로 트윗글은 140자 이내라는 제한이 있고 신변잡기적인 일상적 표현도 많으며, 문제된 이 사건 트윗글 중에도 문구가 짧고 의미가 단순한 것이 있기는 하다. 그러나, 이외수의 그러한 트윗글 조차도 짧은 글귀 속에서 삶의 본질을 꿰뚫는 촌철살인의 표현이나 시대와 현실을 풍자하고 약자들의 아픔을 해학으로 풀어내는 독창적인 표현형식이 포함되어 있는 것이 대부분이고, 각 글귀마다 이외수 특유의 함축적이면서도 역설적인 문체가 사용되어 그의 개성을 드러

내기에 충분한 사실을 인정할 수 있다. 따라서, 이 사건 이외수의 트윗글은 전체적으로 이외수의 사상 또는 감정이 표현된 글로서 저작물이라 보는 것이 옳으므로 변호인의 이 부분 주장은 받아들이지 아니한다.

　　나. 위에서 든 증거들에 의하면, 소셜 네트워크인 트위터의 약관 규정과 이용관행에 따라 누구나 트위터에 올려진 글을 열람, 저장, 재전송할 수 있다는 것은 분명하다.

　　그러나, 이러한 트윗글의 자유로운 이용은 트위터라는 소셜 네트워크의 공간 안에서, 트위터의 약관에 의한 이용방법의 한도 내에서만 허용된 것으로 보아야 하며, 이 사건과 같이 트위터상에서 열람할 수 있는 각종 저작물을 트위터라는 공간 밖에서 전자책 형태의 독자적인 파일로 복제, 전송하는 것까지 허용하는 것은 아니라 할 것이므로, 변호인의 이 부분 주장도 받아들이지 아니한다.

　　▷NOTE : 짧은 트윗글도 창작성 있는 저작물로 볼 수 있는 경우가 많을 것이고, 작가 이외수씨의 함축적이고 역설적인 문체로 표현된 트윗글의 경우 창작성이 인정될 가능성이 상대적으로 더욱 높을 것이다. 그러나 위 판결에서 "이 사건 트윗글 중에도 문구가 짧고 의미가 단순한 것이 있기는 하다"고 하면서도 "전체적으로 이외수의 사상 또는 감정이 표현된 글로서 저작물이라 보는 것이 옳다"고 판단한 것은 논리적으로 올바른 설시라 보기 어렵다. 트윗글의 단순한 집합물이 전체적으로 저작물이 되는 것이 아니라 개개의 트윗글이 하나의 저작물로 평가될 수 있을 뿐이므로, 형사사건의 담당법관으로서는 설사 공소사실의 별지목록에 기재된 트윗글의 대부분에 대하여 창작성이 인정된다 하더라도 개개의 트윗글 별로 창작성의 유무를 신중하게 판단하여 저작물성이 없는 것에 대하여는 일부 무죄의 판결을 선고하여야 할 것이다(피고인이 이용한 뉴스기사들 중 일부가 저작물이 아닌 경우 그 부분에 대하여는 무죄판결을 하였어야 한다는 이유로 원심판결을 파기환송한 대법원 2006. 9. 14. 선고 2004도5350 판결(§7-10) 참조).

　　위 판결의 '나.' 부분 판단은 타당한 것으로 생각된다(저작물의 이용허락에 대하여는 §13-75 이하 참조).

_____

(다) 개인의 편지, 일기의 저작물성

§4-6　　개인이 쓴 편지의 경우 단순히 용건만 전달한 것은 창작성이 없어 저작물이 될 수 없는 경우가 많겠지만 그렇지 않고 작성자의 사상이나 감정을 표현한 부분에 창작성이 있는 경우도 많을 것이고 그러한 경우에는 개인의 편지라는 이유로 저작물성을 부정할 아무런 이유가 없다.[1] 이른바 '이휘소 사건'에 대한 법원의 아래 판결도 그러한 취지를 분명히 하고 있다. 마찬가지로 일기도 사상 또는 감정의 창작적 표현으로 보이는 범위 내에서는 당연히 저작물로 보호될 수 있다.[2]

_____

1 金井重彦·小倉秀夫 編著, 전게서 [小倉秀夫 집필부분], 190~191면 참조.
2 内田晋, 問答式 入門 著作權法, 新日本法規出版株式會社, 1979, 50면 참조.

 **판 례**

❖ 서울지방법원 1995. 6. 23. 선고 94카합9230 판결 — "이휘소" 사건   §4-7

　저작권법에 의하여 보호를 받는 저작물이라 함은 문학, 학술 또는 예술의 범위에 속하는 창작물을 말하는바(저작권법 제 2 조 제 1 호), <u>단순한 문안 인사나 사실의 통지에 불과한 편지는 저작권의 보호 대상이 아니지만, 학자·예술가가 학문상의 의견이나 예술적 견해를 쓴 편지뿐만 아니라 자신의 생활을 서술하면서 자신의 사상이나 감정을 표현한 편지도 저작권의 보호대상이 된다고 할 것이며, 편지 자체의 소유권은 수신인에게 있지만 편지의 저작권은 통상 편지를 쓴 발신인에게 남아 있게 된다고 할 것이다.</u>

　(… 증거를 종합하면,) 위 소설에는 위 이휘소의 행적을 묘사하면서 중간 중간에 위 이휘소가 미국 유학을 떠난 후인 1955. 2. 5.부터 1972. 8. 30.까지 사이에 어머니인 신청외 ○○○에게 보낸 40여 통의 편지를 게재하고 있는데, 그 편지의 내용은 위 이휘소가 미국에서의 유학 및 가정생활과 연구활동 등에 관한 것으로, 위 편지에는 위 이휘소가 생활 속에서 느끼는 감정, 어머니와 형제 등에 대한 그리움, 물리학에 관한 평소의 생각 등이 나타나 있는 사실이 인정되므로, 위 편지는 위 이휘소의 감정과 사상이 표출되어 있는 것으로 저작물에 해당된다고 할 것이다.

(라) 실용적 어문저작물   §4-7-1

　예를 들어, 공인회계사 시험 준비 학원에서 시험과목인 재무관리에 대한 수험용 강의를 하는 강사가 재무회계 강의교재를 수험서로 집필할 경우 그 교재에는 학생들이 시험에 대비하여 알아야 할 사항이 일목요연하게 정리되어 수록될 필요가 있고, 저자의 학문적 관점 등이 반영될 여지는 별로 없을 것이다. 이러한 수험서 등의 '실용적 어문저작물'의 경우에는 누가 하더라도 같거나 비슷할 수 밖에 없는 제약이 있어 창조적 개성이 인정될 수 없고 따라서 창작성이 부정되는 것이 아닐까 하는 의문이 있을 수 있다. 그러나 비교적 분량이 있는 수험서의 경우에 저자가 달라도 내용에 유사한 점이 있는 것은 사실이지만, 책에 포함할 항목(소재)의 선택, 배열, 구성 또는 구체적으로 정리하고 설명하는 방식 등의 여러 가지 측면에서 상당한 정도의 선택의 폭(§3-12, 13 참조)이 있다고 할 수 있으므로, 그 창작성이 전적으로 부정되는 것으로 보는 것은 타당하지 않다. 그러나 전체로서의 어문저작물 자체에 창작성이 인정된다고 하여 그 구성부분 하나하나가 모두 창작성이 인정되는 것은 아니므로, 그 일부분만 이용하였을 경우에는 그 이용된 부분만으로는 선택의 폭이 아주 좁아 창작성이 없다고 볼 수 있고 따라서 그 일부 이용이 저작권침해가 아니라고 보게 되는 경우가 있을 수 있다. 아래에서 소개하는 대법원 2012. 8. 30. 선고 2010다70520, 70537 판결(§4-7-2)이 바로 그러한 사안에 대하여 위와 같은 법리를 전제로 하여 수험서의 전체적인 창작성은 긍정하면서 그 일부분을 이용한 행위에 대하여 저작권침해의 성립은 부정하는 취지의 결론을 내린 사례라 할 수 있다.

$§4-7-2$

> 📚 **판 례**

> ✤ 대법원 2012. 8. 30. 선고 2010다70520, 70537 판결 ― "재무관리" 사건

>   국가고시나 전문자격시험의 수험서와 같은 실용적 저작물의 경우, 그 내용 자체는 기존의 서적, 논문 등과 공통되거나 공지의 사실을 기초로 한 것이어서 독창적이지는 않더라도, 저작자가 이용자들이 쉽게 이해할 수 있도록 해당 분야 학계에서 논의되는 이론, 학설과 그와 관련된 문제들을 잘 정리하여 저작자 나름대로의 표현방법에 따라 이론, 학설, 관련 용어, 문제에 대한 접근방법 및 풀이방법 등을 설명하는 방식으로 서적을 저술하였다면, 이는 저작자의 창조적 개성이 발현되어 있는 것이므로 저작권법에 의해 보호되는 창작물에 해당한다 할 것이다.

>   다만 복제 여부가 다투어지는 부분이 기존의 다른 저작물의 표현과 동일·유사한 경우는 물론 기존 이론이나 개념을 그 분야에서 일반적으로 사용하는 용어에 의하여 설명하거나 정리한 경우 또는 논리구성상 달리 표현하기 어렵거나 다르게 표현하는 것이 적합하지 아니한 경우 등 누가 하더라도 같거나 비슷할 수밖에 없는 표현, 즉 저작물 작성자의 창조적 개성이 발현될 여지가 없는 경우에는 저작물의 창작성이 인정되기 어렵다 할 것이므로 복제권 등의 침해도 인정될 수 없다.

>   한편 원저작물이 전체적으로 볼 때는 저작권법 소정의 창작물에 해당한다 하더라도 그 내용 중 창작성이 없는 표현 부분에 대해서는 원저작물에 관한 복제권 등의 효력이 미치지 않는다. 따라서 어문저작물에 관한 저작권침해소송에서 원저작물 전체가 아니라 그 중 일부가 상대방 저작물에 복제되었다고 다투어지는 경우에는, 먼저 원저작물 중 복제 여부가 다투어지는 부분이 창작성 있는 표현에 해당하는지 여부, 상대방 저작물의 해당 부분이 원저작물의 해당 부분에 의거하여 작성된 것인지 여부 및 그와 실질적으로 유사한지 여부를 개별적으로 살펴야 하고, 나아가 복제된 창작성 있는 표현 부분이 원저작물 전체에서 차지하는 양적·질적 비중 등도 고려하여 복제권 등의 침해 여부를 판단하여야 한다.

>   ▷NOTE : 위 판결은 실용적 어문저작물의 경우에 전체적으로 창작성이 인정되는 경우에도 피고가 그 일부분을 이용한 것이 복제권 침해라고 주장되는 경우 그 일부분의 창작성 유무에 대하여는 실용적 어문저작물의 특성으로 인해 '누가 하더라도 같거나 비슷할 수밖에 없는' 제약 하에서 작성된 것으로서 창조적 개성이 결여된 것으로 보게 될 가능성이 많다는 것을 유의하여 신중하게 판단하여야 한다는 취지로 판시하였는데, 이러한 판결의 취지는 타당한 것으로 생각된다. 이 사건에서 만약 피고가 원고 서적의 전체나 그 상당 부분을 그대로 이용하였다면, 복제권 침해가 인정되었을 것이다. 위 판결에서 수험서 등 실용적 어문저작물의 창작성을 긍정한 부분은 이후 선고된 서울고등법원 2013. 8. 22. 선고 2013나1398 판결에서 인용하여 "원고가 출판한 펀드투자상담사 교재는 그 소재를 표현할 수 있는 다양한 방법 중에서 작성자가 독자의 이해를 돕기 위하여 구성 및 배열 방식, 어휘, 도표 등의 시각적 자료 등을 선택, 사용하여 서술되어 있고, 그 표현에는 작성자의 이해나 평가 등이 반영됨으로써 작성자의 개성이 표현으로 드러나 있으므로 저작권의 보호대상이 되는 저작물에 해당한다"고 판시한 바 있다.

(마) 시험문제의 저작물성

판례는 시험문제의 저작물성에 대하여 일관되게 긍정적 입장을 보여 왔다. 문제된 시험문제 §4-7-3
에 대하여 개별적으로 그 창작성 유무를 따져 보아야 할 것이지만, 창작성이 인정되는 경우가 많
을 것으로 생각된다. 이 문제에 대하여 자세히 판단한 하급심 판결 하나를 아래에 소개한다.

판 례

❖ 서울고법 2007. 12. 12. 선고 2006나110270 판결 ― "족보닷컴" 사건 §4-7-4

경기고, 숭문고, 경화여고 교사인 원고들이 이 사건 전체 시험문제를 단독 혹은 공동으로 출제한
사실은 앞서 본 바와 같고, (증거에 의하면) 이 사건 시험문제가 고등학교 교육과정에서 요구되는 역사
적인 사실이나 문학작품 등의 인문·사회학적 지식과 이해의 정도, 자연과학적인 원리나 컴퓨터 등에
대한 지식과 이해의 정도, 외국어의 해독능력 등을 묻는 것인 사실, 교사인 원고들이 남의 것을 그대로
베끼지 아니하고 이 사건 시험문제를 출제한 사실을 인정할 수 있는바, 비록 이 사건 시험문제의 일부
는 교과서, 참고서, 타 학교 기출시험문제 등의 일정한 부분을 발췌하거나 변형하여 구성된 점이 인정
되고, 이 사건 시험문제가 현행 교과 과정에 따른 교육내용을 전달하기 위하여 그 교육과정에서 요구
되는 정형화된 내용들과 불가분의 관계에 있다 하더라도, 교사인 원고들이 자신들의 교육이념에 따라
서 소속 학교 학생들의 학업수행 정도의 측정 및 내신성적을 산출하기 위하여 정신적인 노력을 기울여
남의 것을 그대로 베끼지 아니하고 이 사건 시험문제를 출제하였고, 그 출제한 문제에 있어서 질문의
표현이나 제시된 답안의 표현에 최소한도의 창작성이 있음이 인정되므로, 이 사건 시험문제는 저작권
법에 의하여 보호되는 저작물에 해당한다고 봄이 상당하다.

---

2. 음악저작물

(1) 의   의

음악저작물은 음에 의해 인간의 사상, 감정을 표현한 창작물을 말하며, 교향곡, 현악곡, 오페 §4-8
라, 재즈, 샹송, 대중가요, 동요 등등 표현방법 등을 묻지 아니하고 모두 이에 포함된다. 또한 우
리 저작권법상 유형물에의 고정은 저작물성의 요건이 아니므로 악보에 고정되지 아니한 즉흥연
주, 즉흥가창 등의 경우도 그에 의해 표현된 악곡 및 가사 등이 음악저작물로 인정될 수 있다.

(2) 가사의 법적 성격

오페라, 대중가요, 가곡 등의 경우와 같이 음뿐만 아니라 가사가 결합되어 있을 경우에 그 가 §4-9
사도 악곡과 함께 음악저작물의 일부가 되는 것으로 보고 있다.[1] 그러나 원래 시로 작성되었던

---

1 同旨 오승종, 저작권법(제 3 판), 박영사, 2013, 96면. 박성호, 저작권법, 박영사, 2014, 71면은 이러한 입장에 반대하
면서, 가사는 원칙적으로 어문저작물에 해당하는 것으로 보아야 하고, 다만 가사가 가창되는 경우 그 이용형태에 해

것이 가사로 사용되는 경우가 있는가 하면, 악곡을 위한 가사로 작성되었던 것이 마치 시처럼 악곡과 분리되어 복제·배포되는 경우도 있다. 그렇게 분리하여 이용할 수 있다는 점에서 가사와 악곡의 관계는 후술하는 바(§9-2)와 같이 '공동저작물'(§9-1)에 해당하는 것이 아니라 '결합저작물'에 해당하는 것으로 보게 된다. 한편, 그와 같이 분리하여 이용될 경우의 가사의 성격을 보면, 음악저작물이라고는 할 수 없고, 어문저작물로서의 성격만 나타내고 있는 것으로 생각된다. 그런 점에서 악곡과 결합하여 사용된 가사는 그것이 원래 다른 용도로 작성되었던 것인지를 불문하고 그와 같이 악곡과 결합되어 사용되는 범위 내에서는 음악저작물로서의 성질을 가지지만 어문저작물로서의 성격도 함께 가지는 것으로 보아야 할 것이다.1

(3) 악보의 법적 성격

§4-10   악보가 음악저작물의 하나일 수 있는지에 대하여 약간의 논의가 있다. 책이 저작물이 아니라 그 책 속에 고정되어 있는 무형물로서의 어문저작물이 보호대상이 되는 것처럼 음악저작물의 경우에도 악보가 저작물인 것이 아니라 악보라는 유체물에 고정되어 있는 무형물로서의 악곡 또는 가사가 음악저작물로서 보호대상이 되는 것이다. 따라서 악보는 그 자체가 음악저작물이 될 수 있는 것이 아니고 단지 음악저작물의 고정매체에 불과한 것이라고 보아야 할 것이다.2

(4) 음악의 요소와 침해의 판단

§4-11   음악은 일정한 질서 아래 악음(樂音, musical tone)이 조화·결합되어 성립되며, 음악이 지닌 기본적인 속성은 길이와 높낮이이고 이 밖에 음색과 세기도 포함된다. 계기(繼起)하는 소리의 길이에 일정한 시간적 질서를 부여하면 리듬이 생기고, 높이가 다른 둘 이상의 소리를 수평적·계기적(繼起的)으로 결합하면 가락(멜로디, 선율)이, 수직적·동시적으로 결합하면 넓은 뜻에서의 화성(chord)이 생긴다. 이들 리듬, 가락, 화성의 세 요소들은 음악작품의 불가결한 구성 요소로서, 이를 음악의 3요소라고 한다. 위와 같은 3요소 외에도 음색과 형식의 두 요소를 더해 5요소로 이루어진다고 하는 견해도 있다. 그러나 음악은 그 외에도 템포(tempo, 빠르기), 박자, 악센트, 다이나믹(dynamic, 셈여림), 뉘앙스(nuance), 비트(beat) 등 여러 부수적인 요소를 포함하여 구성된다.

§4-12   이러한 여러 가지 요소들 중에서 '표현의 자유도'가 가장 높고 악곡을 가장 잘 특징짓는 것이

당하는 한도 내에서만 음악저작물로서의 성격도 가지게 되는 것으로 볼 수 있을 것이라는 취지의 견해를 밝히고 있다. 한편, 하급심판결 중에 가사를 음악저작물의 일부로 본 사례(§4-14-2)가 있다.

1 金井重彦·小倉秀夫 編著, 전게서 [山口三惠子 집필부분], 195면 참조.

2 오승종·이해완, 전게서, 65~66면 참조. 온라인 악보서비스의 경우에는 악보가 무형적으로 전달되나, 이때에도 악보가 새로운 저작물이 되는 것은 아니며 음악저작물(악곡 또는 가사)의 표현형태의 하나로 보아야 할 것이다. 악보로 표시된 것도 유형물에 고정된 것이면 음악저작물의 복제물로 보아야 할 것이고, 따라서 그것을 무단으로 복제, 배포(또는 전송)하면 음악저작물에 대한 복제권 및 배포권(또는 공중송신권) 침해가 성립할 수 있다.

바로 가락(멜로디)이라고 할 수 있다. 그에 비하여 리듬이나 화성은 표현의 자유도가 현저히 떨어져서 그것만 따로 떼어서는 창작성을 인정하기가 쉽지 않은 면이 있다.1 따라서 음악저작물의 창작성 및 침해 여부를 판단할 때에도 우선적으로 가락에 창작성이 있는지, 또는 그 가락의 창작적 표현이 침해된 것인지를 따지게 된다. 그러나 가락 외에 리듬이나 화성도 가락과 결합됨으로써 악곡의 특징적인 면을 구성하게 되고 3요소나 5요소 외의 템포, 박자, 악센트, 다이나믹 등의 부수적 요소들도 때에 따라서는 악곡의 창작적인 특징에 중요한 영향을 미치게 된다. 그러므로 침해 여부를 판단함에 있어서 가락의 비교를 우선하되, 이러한 여러 요소들을 아울러 고려하여야 할 것이다. 대법원도 2015. 8. 13. 선고 2013다14828 판결에서 "음악저작물은 일반적으로 가락(melody), 리듬(rhythm), 화성(harmony)의 3가지 요소로 구성되고, 이 3가지 요소들이 일정한 질서에 따라 선택·배열됨으로써 음악적 구조를 이루게 된다. 따라서 음악저작물의 창작성 여부를 판단함에 있어서는 음악저작물의 표현에 있어서 가장 구체적이고 독창적인 형태로 표현되는 가락을 중심으로 하여 리듬, 화성 등의 요소를 종합적으로 고려하여 판단하여야 한다"고 판시하였다 (§4-14-3). 그리고 아래에서 소개하는 하급심 판결(§4-13)에서는 "음악저작물이 인간의 감정에 호소할 수 있도록 하기 위해서는 사람들이 선호하는 감정과 느낌을 불러일으킬 수 있는 음의 배합을 이루어야 하는데, 음의 배열 가능성은 이론 상으로 무한대이나 그 중 듣기 좋은 느낌을 주는 경우는 한정되고 나아가 대중의 취향에 부합하는 경우는 더욱 한정되며, 사람의 목소리가 포함되는 가창곡의 경우 더욱 제한된다"는 것을 음악저작물의 침해 여부의 판단에서 감안하여야 할 것이라고 하고 있는데, 타당한 입장이라 생각된다. 그것을 침해 판단의 면에서만이 아니라 음악저작물의 창작성 인정의 면에서도 감안하여야 할 것이다. 이것은 달리 말해, 음악저작물의 창작에 있어서 선택의 폭이 실제로는 그리 넓지 않다는 것을 말하는 것인데, 선택의 폭이 넓지 않은 부분의 표현에 대하여 창조적 개성을 엄격하게 심사할 필요성이 큰 '기능적 저작물'('기능적 저작물의 창조적 개성 심사 엄격화의 원칙'에 대하여는 §3-13-1 참조)의 경우와 달리, 음악저작물의 경우에는 '독자적 작성'의 요소가 인정되는 한, 선택의 폭이 넓지 않은 가운데서의 미묘한 부분의 개성표출에 대하여

---

1 이에 대한 미국 판례의 경향을 보면, 리듬에 창작성을 인정하는 것이 불가능하지는 않아도 매우 드물다고 판시한 예들이 많다. 그러나 특색 있는 리듬에 의한 '어-오'음의 반복에 대하여 저작권 보호를 인정한 사례[Santrayll v. Burrell, 329 U.S.P.Q. 2d 1052, 1054(S.D.N.Y. 1996)]도 있다. 또한 미국 법원은 화성에 대하여는 창작성을 인정하는 데 소극적인 입장을 보여 왔지만, 화성이 특징적일 경우에는 그 자체만으로 창작성을 인정할 수 있다고 본 사례[Wihtol v. Wells, 231 F. 2d 550(7th Cir. 1956)]도 있다. 듀크 엘링턴의 'Satin Doll' 사건에 대한 Tempo Music, Inc. v. Famous Music Corp., 838 F. Supp. 162(S.D.N.Y. 1993) 판결은 화성에는 저작물성이 없다는 것을 법률문제로 판단하는 것을 거절하고 배심의 판단을 받도록 하였는데, 이 판결에서 법원은 화성이 대개는 단순히 멜로디에 의하여 결정되고 따라서 보호될 수 없다고 인정하였으나, 그럼에도 불구하고 특별히 재즈의 경우에는 음악가들이 불협화음적이고 혁신적인 사운드를 만들기 위해 전통적인 룰을 넘어서는 경우가 빈번하다고 하였다. Melvile B. Nimmer, David Nimmer, Nimmer on Copyright Vol. I, §2.05[D]

도 상대적으로 관대하게 창작성을 인정하고, 다만 그 침해 판단의 면에서는 침해 인정을 위해 필요로 하는 유사성의 정도가 상대적으로 높을 것을 요구하는 방향을 취하는 것이 타당할 것이다. 다만, 그것은 '독자적 작성'이 인정되는 경우를 전제로 한 것이고, 원고 측에서 침해를 주장하는 악곡 부분이 제3의 다른 악곡에 '의거'(§27-8)하여 작성된 것으로 추정되고 그 악곡의 비교대상 부분과 '실질적 유사성'(§27-9 이하)이 인정될 경우에는 2차적저작물에 요구되는 새로운 창작성의 존재에 대한 상대적으로 엄격한 심사(§5-9 이하)가 이루어지게 된다(대법원 2015. 8. 13 선고 2013다14828 판결, §4-14-3).

판 례

§4-13

❖수원지방법원 2006. 10. 20. 선고 2006가합8583 판결 ― "너에게 쓰는 편지" 사건

〈사실관계〉

그룹 '더더'가 가창한 'It's you'를 작사·작곡한 원고가 가수 'MC몽'과 '린'이 가창한 '너에게 쓰는 편지'를 작곡한 피고에게 피고의 곡이 원고의 곡 중 후렴구 8소절을 표절하고, 일부 변형하여 사용한 것이어서 저작권을 침해하고 있음을 이유로 위자료 5,000만원의 지급을 구한 사건이다.

〈피고의 주장〉

피고는, ① '원고 대비 부분'은 미국의 전래민요인 '할아버지의 시계(Grandfather's clock)'나 스탠다드 팝(Standard Pop) 음악에서 1960년대 이후 비틀즈(Beatles) 등 여러 가수들의 곡에서 널리 사용되어 온 관용구(Cliche)로서 창작성이 없으므로, 위 부분에 관하여 저작권을 주장할 수 없고, ② 가사 '원고 대비 부분'에 창작성이 인정된다고 하더라도, '피고 대비 부분'은 그와 서로 전혀 다른 구조의 가락(melody)과 화성(chord)진행구조를 가지고 있어 상호 유사하지 아니하며, 또한 각 대비 부분의 가락이 유사하다 할지라도 이는 화성의 진행에 따라 도입부에 사용될 수 있는 음정이 제한되어서 생긴 것일 뿐이라고 주장하였다.

〈법원의 판단〉

음악저작물에 대한 저작권의 침해가 되기 위해서는 ① 피고가 원고의 저작물을 이용하였을 것, 즉 창작적 표현을 복제하였을 것, ② 피고가 원고의 저작물에 '의거'하여 이를 이용하였을 것, ③ 원고의 저작물과 피고의 저작물 사이에 실질적 유사성이 있을 것 등의 세 가지 요건이 충족되어야 한다.

가. 이 사건에서 먼저, 원고의 곡 중 '원고 대비 부분'이 저작권법상 보호받을 만한 창작성이 있는지(창작성이 없는 단순한 관용구에 불과한 것인지) 여부에 관하여 보건대, 위 거시 증거 및 이 법원의 CD 검증 결과, 이 법원의 ○○학교 ○○대학장에 대한 감정촉탁결과에 변론 전체의 취지를 종합하면 아래 사실이 인정되는바, 그렇다면 원고 대비 부분이 이미 이전부터 널리 사용되어 오던 관용구(Cliche)로서 창작성이 없는 부분에 해당하여 대비의 대상으로 삼을 수 없다는 피고의 주장은 채용하기 어렵고, 아래 인정에 배치되는 이 법원의 C에 대한 사실조회결과는 믿지 아니한다.

(1) 피고가 제시한 'If you go'(대비 부분의 곡의 진행은 별지 목록 4 기재와 같다)의 전반부 3소절 정도의 가락이 '솔-도-도/솔-레-레/솔-미-미-파-미-레-도'로 구성되어, '솔-도-도/솔-레-레/도-레-미-파-미-레-도'로 구성된 원고의 곡과 유사한 듯 보이나, 위 대비 곡은 첫 번째와 두 번째 소절의 마지막 '도'음의 길이가 '8분음 표 + 2분음표'로서 '8분음표 + 8분음표'로 된 원고의 곡의 동일 부분과 다르고, 첫 소절만 8분 쉼표가 있는 원고의 곡과 달리 각 소절이 모두 8분 쉼표로 시작하며, 나아가 앞 2소절을 제외하고는 화성의 진행과 박자의 분할이 전혀 달라 전체적인 유사성을 인정하기 어렵다.

(2) 또한 피고 주장의 'Grandfather's clock'(대비 부분의 곡의 진행은 별지 목록 3 기재와 같다)의 해당 부분 가락이 '솔-도/시-도-레/도-레-미-파-미-레-도'로 구성되어, 원고 대비 부분과 일부 유사한 가락의 진행 흐름(세 번째, 네 번째 소절 부분)이 발견되기는 하나, 위 부분에 있어서도 가락 진행의 흐름을 제외한 나머지 요소들, 즉 구성음 박자의 장단, 박자의 분할, 코드의 진행 등이 전체적으로 상이하다.

나. 다음으로 피고가 원고의 저작물에 '의거'하여 이를 이용하였는가 하는 점에 관하여 보건대, 앞서 본 바와 같이 원고의 곡이 1998년에 공표되었고 피고의 곡은 그로부터 약 6년이 경과한 2004년에 공표된 점, 원고의 곡을 타이틀곡으로 하여 제작된 앨범이 10만장 이상 판매되었고, TV, 라디오 등을 통하여 널리 방송되었으며 상업 광고의 배경음악으로도 사용되었던 사정 등을 종합하여 보면, 피고의 원고 저작물에 대한 '접근'가능성이 인정되므로 피고의 곡은 원고의 저작물에 의거한 것이라 추정된다.

다. 다음으로, 원·피고의 곡의 실질적 유사성 여부에 관하여 살펴본다.

음악저작물은 일반적으로 가락(melody), 리듬(rhythm), 화성(chord)의 3가지 요소로 구성되고, 이 세 가지 요소들이 일정한 질서에 따라 선택·배열됨으로써 음악적 구조를 이루게 되는데, 음악저작물의 경우 인간의 청각을 통하여 감정에 직접 호소하는 표현물로 논리적인 인식작용이 개입될 여지가 적다는 점에서 기능적 저작물과 구분되고, 시각작용과 함께 별도의 지각(知覺)작용을 요구하는 어문저작물과도 차이가 있으며, 또한 음악저작물이 인간의 감정에 호소할 수 있도록 하기 위해서는 사람들이 선호하는 감정과 느낌을 불러일으킬 수 있는 음의 배합을 이루어야 하는데, 음의 배열 가능성은 이론상으로 무한대이나 그 중 듣기 좋은 느낌을 주는 경우는 한정되고 나아가 대중의 취향에 부합하는 경우는 더욱 한정되며, 사람의 목소리가 포함되는 가창곡의 경우 더욱 제한된다.

한편 각 곡을 대비하여 유사성 여부를 판단함에 있어서는, 해당 음악저작물을 향유하는 수요자를 판단의 기준으로 삼아 음악저작물의 표현에 있어서 가장 구체적이고 독창적인 형태로 표현되는 가락을 중심으로 하여 대비 부분의 리듬, 화성, 박자, 템포 등의 요소도 함께 종합적으로 고려하여야 하고, 각 대비 부분이 해당 음악저작물에서 차지하는 질적·양적 정도를 감안하여 실질적 유사성 여부를 판단하여야 한다.

이 사건에서 위 거시증거에 의하면 아래와 같은 점을 인정할 수 있다.

(1) 먼저, 원고의 곡은 4/4박자의 곡으로, 1절 전반부 16소절, 후렴구 8소절, 간주 및 코러스 4소절, 2절 전반부 16소절, 후렴구 8소절, 간주 11소절, 후반부 8소절, 후렴구 8소절의 형태로 구성되어 있고(중복되는 소절과 전주·간주부를 제외하면 총 32소절 정도이다) 총 연주시간은 3분 45초 가량 소요되며, 그 중 후렴구(이 사건 '원고 대비 부분'으로 '못갖춘 마디'로 시작된다)는 1절에 1회, 2절에 1회, 종결부에 2회 등 총 4회 진행된다.

피고의 곡도 역시 4/4박자의 곡으로, 1절 전반부 19소절, 후렴구 8소절, 2절 전반부 19소절, 후렴구 8소절, 추가 후렴구 7소절, 후반부 8소절, 후렴구 8소절, 종결부 4소절 3절이고, 총 연주시간은 3분 24초 가량 소요되며, 그 중 후렴구(이 사건 '피고 대비 부분'으로 역시 '못갖춘 마디'로 시작된다)는 1절에 1회, 2절에 1회, 종결부에 1회 총 3회 진행된다.

(2) 원·피고의 각 곡 중 후렴구(각 대비 부분)만을 살펴보면(원고의 곡은 C장조이고, 피고의 곡은 Ab장조이나 가락이 기반하는 각 조(調)는 음악저작물상 보호받는 표현의 범위에 포함되지 아니한다 할 것이므로 이를 동일하게 C장조로 변경하여 대비한 각 대비부분의 코드 진행은 아래 표 기재와 같고, 각 가락의 구성은 별지 목록 1, 2 기재와 각 같다), ① 1, 2소절은 각 음의 구성이 완전히 동일하고, 3, 4, 5, 6, 7소절은 서로 유사한 음의 구성으로 되어 있으며, 그 장단(長短)도 유사하여 전체적인 가락의 유사성이 인정되고, ② 각 대비부분 8마디의 화성 진행을 대비하면 1소절, 2소절 앞부분, 3소절 뒷부분, 4소절 뒷부분, 5소절 뒷부분, 6소절 앞부분은 동일한 화성으로 구성되어 있고, 2소절 뒷부분, 5소절 앞부분, 6소절 뒷부분, 7소절 전체, 8소절 앞부분은 유사한 화성으로 구성되어 있으며, ③ 나아가 실제 가창되는 각 곡의 대비 부분의 박자, 템포, 분위기도 유사한 점 등을 종합하여 보면 위 각 대비 부분은 서로 유사하다.

(3) 나아가 위 각 대비부분은 총 8소절로 각 곡 중 일부분에 불과하지만, 각 곡의 후렴구로서 여러 차례 반복되고 있어 각 곡의 전체 연주시간에서 상당한 비율을 차지하고 있고, 각 대비 부분이 각 곡의 다른 부분들에 비하여 핵심적인 부분에 해당할 뿐만 아니라, 또한 여러 차례 반복됨으로써 각 곡의 수요자들이 전체 곡을 감상할 때 그 곡으로부터 받는 전체적인 느낌에서도 중요한 역할을 담당하는 것으로 보인다.

(4) 따라서 피고의 '너에게 쓰는 편지'는 원고의 곡 'It's you'와 실질적으로 유사하다.

라. 그렇다면, 피고는 원고의 저작물을 임의로 사용함으로써 원고의 저작인격권, 즉 성명표시권과 동일성 유지권을 침해하였다 할 것이므로, 그로 인하여 원고가 입은 손해를 배상할 책임이 있다.

마. 나아가 손해배상의 수액에 관하여 살피건대, 원고의 곡 중 피고가 무단 이용한 범위와 정도, 침해행위의 태양, 침해 정도, 원고의 작곡자로서의 경력, 원·피고의 각곡이 수록된 앨범판매고 등 이 사건 변론에 나타난 제반 사정을 고려하면, 피고가 원고에게 배상하여야 할 위자료 액수는 10,000,000 원으로 정함이 상당하다.

▷NOTE : 위 판결은 침해 판단과 관련하여 "해당 음악저작물을 향유하는 수요자를 판단의 기준으로" 삼을 것을 표명하고 있고, 실제 가락의 유사성을 판단하는 과정에서 "여러 차례 반복됨으로써 각 곡의 수요자들이 전체 곡을 감상할 때 그 곡으로부터 받는 전체적인 느낌에서도 중요한 역할을 담당하는 것으로 보인다"고 한 점에서 침해판단의 기준과 관련한 이론 중 외관이론 및 청중테스트(§27-28)를 의식적으로 적용한 것으로 생각된다. 음악저작물이나 미술저작물 등에 대한 침해 판단에 있어서는 이와 같이 외관이론 및 청중테스트를 보충적으로 적용할 수 있을 것이라는 것이 본서의 입장이다. 위 사건은 8소절의 유사성으로 실질적 유사성이 인정된 사례이나, 8소절보다 짧은 분량의 유사성이면 실질적 유사성을 인정할 수 없다고 단정할 수는 없다. 아래의 '사랑해요 LG송' 사건에 대한 서울고등법원 판결(§4-14-1)은 비록 실질적 유사성을 인정한 사건은 아니지만, 노래의 주요부분인 4마디 부분의 창

작성을 인정하여 그 부분을 그대로 이용하였을 경우 침해가 될 수 있음을 전제로 하고 있다. 결국 해당 악곡부분의 질적·양적 중요성을 사건마다 구체적·개별적으로 신중하게 판단할 수밖에 없는 문제이다. 참고로 대법원은 '사랑은 아무나 하나' 사건에 대한 판결(2004. 7. 8. 선고 2004다18736 판결; §5-14)에서 간주 부분 5마디의 유사성만으로는 실질적 유사성이 있는 것으로 볼 수 없다고 판단하였는데, 그 것은 그 부분의 양적인 측면만이 아니라 질적인 측면 및 비중도 고려한 것이라 할 수 있다.

❖ 東京地裁 平成 12. 2. 18. 선고 平10(ワ)17119, 平10(ワ)21184, 平10(ワ)21285号 — "기념수 악곡" §4-14
　사건

甲곡은 이른바 CM송이고, 乙곡은 유행가이며, 양곡 모두 비교적 짧고 알기 쉬운 멜로디(선율)에 의해 구성되어 있는 것으로 인정되므로 양곡의 대비에 있어서 첫째로 고려해야 할 것은 멜로디라고 인정된다.

그러나 (증거를 종합하면,) 음악은 멜로디만으로 구성되어 있는 것이 아니고 화성, 박자, 리듬, 템포라고 하는 다른 요소에 의해서도 구성되어 있는 것으로 인정되고 (증거를 종합하면) 양곡 모두 이러한 다른 요소를 구비하고 있는 것으로 인정된다.

그렇다면 양곡의 동일성(실질적 유사성)을 판단함에 있어서는 멜로디의 동일성을 첫째로 고려해야 하지만 다른 요소에 대하여도 필요에 따라 고려해야 한다고 할 수 있다.

❖ 서울고등법원 2012. 10. 18. 선고 2011나103375 판결 — "사랑해요 LG송" 사건 §4-14-1
〈사실관계〉

가수 최진희씨가 1987년에 불러 큰 인기를 끈 가요 '가버린 당신'(이하 '이 사건 음악저작물'이라 한다)의 작곡자인 원고가 소외 A가 작곡한 방송광고용 노래 '사랑해요 LG송'을 여러 가지 버전으로 제작하여 광고방송에 사용해 온 회사를 상대로 '사랑해요 LG송'이 이 사건 음악저작물의 모티브 및 앞 4마디('솔미미미-라파파파-솔솔라솔레파-미' 부분으로 이하 '이 사건 노래 부분'이라 한다)를 표절한 것이라고 주장하면서 저작재산권 등 침해를 원인으로 한 손해배상청구를 한 사안이다.

〈피고의 주장〉

피고는, 1) 이 사건 노래 부분은 6도 음정으로 도약하는 음악기법으로서, 바흐(Bach)의 '무반주 첼로 조곡 1번'과 같이 18~19세기에 많이 사용되었을 뿐만 아니라, 오늘날에서도 'My Way', '월남에서 돌아온 김상사', 론 밀러(Ron Miller)의 'J.C. On The Land', 칼 시그먼(Carl Sigman)의 'Love Story', 랄프 허드슨(Ralph Hudson)의 '날 대속하신 예수께', △△△ 작곡의 '향수' 및 돈 모엔(Don Moen) 작곡의 'I offer my life'(위 곡들을 통칭하여 '이 사건 대비곡들'이라 한다) 등에서 볼 수 있는 바와 같이 음악 저작물에 흔히 사용되는 관용구이거나 아이디어에 해당하고, 화성의 구성음만으로 작성된 것이어서 창작성이 없으며, 2) '사랑해요 LG송'은 이 사건 음악저작물과는 가락, 리듬 및 화성의 면에서 전혀 다른 별개의 저작물이므로 원고의 저작권을 침해하지 아니한다고 주장하였다.

〈법원의 판단〉

먼저, 이 사건 노래 부분이 저작권법상 보호받을 만한 창작성이 있는지 여부에 관하여 보건대, 갑 제15~17호증의 각 기재, 당심 증인 OOO의 증언에 변론 전체의 취지를 종합하여 알 수 있는 다음과 같은 사정들 즉, △△△ 작곡의 '향수'와 돈 모엔(Don Moen) 작곡의 'I offer my life'는 이 사건 음악저작물이 발표된 이후에 발표된 곡인 점, 화성의 구성음만으로도 선율의 변화와 리듬의 배치에 따라 매우 다른 감정의 표현이 가능하므로, 화성의 구성음만으로 작성된 음악저작물이라는 사정만으로 보편적, 관용적 표현으로서 독창성을 부여할 수 없다고 단정하기도 어려운 점, '사랑해요 LG송'과 이 사건 대비곡들은 별지 3 대비표 기재와 같이 선율의 흐름, 구성음 박자의 장단, 박자의 분할, 코드의 진행 등이 전체적으로 다른 점, 이 사건 대비곡들만으로는 이 사건 노래 부분이 오랫동안 수많은 음악저작물에 사용되고 일반 대중들에게 노출되어 공유의 영역이 되었다고 인정하기 부족한 점 등의 제반 사정을 종합하여 보면, 이 사건 노래 부분은 비록 그 중 일부가 그 이전에 창작된 음악저작물의 일부와 일치한다 하더라도(별지 3 대비표 제3항 기재 이 사건 노래 부분의 제3, 4마디와 '월남에서 돌아온 김상사'의 제3, 4마디는 첫 두 음이 한 옥타브 차이가 있는 외에는 일치한다), 남의 것을 모방하지 않고 원고 자신의 독자적인 감정의 표현을 담고 있다는 의미에서의 저작권법상 창작성은 인정된다고 보아야 한다.

음악저작물은 일반적으로 가락(melody, 선율), 리듬(rhythm), 화성(chord)의 3가지 요소로 구성되고, 이 세 가지 요소들이 일정한 질서에 따라 선택·배열됨으로써 음악적 구조를 이루게 되는데, 음악저작물의 경우 인간의 청각을 통하여 감정에 직접 호소하는 표현물로서, 12개의 음을 이용하여 이론적으로는 무수히 많은 배합을 구성할 수 있으나 사람의 가청범위나 가성범위 내에서 사람들이 선호하는 감정과 느낌을 불러일으킬 수 있는 음의 배합에는 일정한 한계를 가질 수밖에 없다는 점도 음악저작물의 실질적 유사성을 판단함에 있어 참작하여야 한다.

위와 같은 기준에 따라 이 사건 음악저작물과 '사랑해요 LG송'의 실질적 유사 여부를 판단함에 있어, 원고는 '사랑해요 LG송'의 여러 버전 중 가야금 버전이 가장 유사하다고 주장하므로, 이를 기준으로 하여 판단하되, 음악저작물에 있어서 저작권법에 의해 보호받은 표현에 해당하지 않는 조(調), 기교적으로 가미될 수 있는 리듬(예를 들어, 8분음표 '♪' 두 개의 음을 점8분음표 '♪.'와 16분음표 '♪'로 변경한 리듬) 및 강약을 제거하고 C장조로 변경한 별지 2 기재 악보를 기준으로 대비한다.

2) 가락과 리듬

원고가 이 사건 음악저작물 '가버린 당신' 중 도입부인 제1~4마디 '솔미미미-라파 파파-솔솔라솔레파-미' 부분(이 사건 노래 부분)을 침해했다고 주장하는 '사랑해요 LG송' 부분은, 제1~4마디 '솔미레미-라파미파-솔솔파솔레파-미', 제5마디부터 제8마디 앞 부분까지 '솔미레미-라파미파-솔솔파솔레미-도', 제13마디부터 제16마디의 앞 부분까지 '솔도시도-라파미파-솔솔파솔레미-도' 등인데, 그 중 제일 유사한 제1~4마디(이하 '이 사건 대비부분'이라 한다)와 이 사건 노래 부분을 서로 비교한다(이 사건 노래 부분과 이 사건 대비 부분은 비록 이 사건 음악저작물과 '사랑해요 LG송' 중 일부분에 불과하나, 음악저작물 중 일부분이라 할지라도 그 부분만으로도 사람의 감정을 표현한 것으로서 다른 부분과 독립하여 보호받을 가치가 있고 전체 음악저작물 중 중요한 부분에 해당할 경우에는 침해의 대상이 된다고 보아야 한다. 그런데 이 사건 노래 부분은 이 사건 음악저작물 전체 32마디 중 12마디에 해당하고, 이 사건 대비 부분은 '사랑해요 LG송' 전체 16마디 중 12마디에 해당하는바, 이와 같이 전체 음악저작물에서 차지하는 양이 적지 아니할 뿐만 아니라 각 음악저작물의 도입부 네 마디에 해당하고 특히 첫

두 마디는 곡 전체의 모티브를 형성하고 있다는 점에서 충분히 보호받을 부분으로 볼 수 있다).

앞서 살펴본 법리에 따라 살펴보면, 이 사건 노래 부분과 이 사건 대비 부분은 아래 대비표와 같이 모두 코드톤으로 이루어진 선율로서 6도의 음정으로 도약하는 선율구조를 가지며 리듬의 분할 형태도 동일하다.

<대비표>

특히, 이 사건 대비 부분은 이 사건 노래 부분에 비하여 제 1 마디의 세 번째 음을 '미'에서 '레'로, 제 2 마디의 세 번째 음을 '파'에서 '미'로 각 바꾸고 제 3 마디의 두번째 음 '솔'을 한 옥타브 높였으며, 세번째 음을 '라'에서 '파'로 바꾼 외에는 이 사건 노래 부분과 모두 동일하여, 위 두 음악저작물의 4마디 15개의 음 중 4개만 변경한 것이므로, 이와 같은 양적 차이만 놓고 보면 이 사건 대비 부분은 이 사건 노래 부분과 유사한 것으로 볼 여지도 없지 않다.

그러나 음악저작물의 일부 음만을 변경한 경우에도 변경된 음의 양적 범위뿐만 아니라 어느 음을 어떻게 변경하였는지, 그러한 음의 변경으로 선율의 흐름이 어떻게 바뀌었는지, 이에 따라 다음에 전개될 악곡 부분에는 어떠한 영향을 미쳤는지, 위와 같은 변경으로 곡을 듣는 사람의 감정은 어떻게 달라졌는지도 함께 살펴보아야 한다.

(중략)

이처럼 이 사건 대비 부분은 이 사건 노래 부분의 제 4 마디 15개의 음 중 4개만 변경하였지만, 첫 음부터 마지막 음까지 상승과 하강을 반복하는 선율의 흐름으로 바뀌어 이 사건 노래 부분과는 다른 감정을 가지게 되었다. 즉, 이 사건 노래 부분의 제 1 마디와 제 2 마디에서는, 1/2박자로부터 6도 상승하여 3박자를 지속하는 선율 때문에 상승한 음에서 우러나는 감정의 여운을 충분히 느낄 수 있지만, 이 사건 대비 부분의 제1, 2마디에서는 지속적인 상승과 하강의 반복으로 이러한 여운이 사라져 버렸고, 차분한 감정 대신 역동적이면서 밝고 흥겨운 감정을 느낄 수 있게 되었다. 이렇게 이 사건 대비 부분은 위와 같은 변경으로, 이 사건 노래 부분에서 볼 수 있는 두 음 이상이 지속되는 여운이나 세 음 이상이 하강하는 국면을 가지지 않게 됨으로써, 선율의 흐름이라는 면에서 볼 때 이 사건 노래 부분과는 전혀 다른 전개 형식을 가지게 된 것이다. 나아가 위와 같은 이 사건 노래 부분과 이 사건 대비 부분의 가락의 차이는 그 다음에 전개되는 악곡의 가락에도 영향을 주어, 이 사건 노래 부분은 제10마디 후반부터 제18마디까지 애절한 가락으로 이어지지만, 이 사건 대비 부분은 제 8 마디 후반부터 제12마디까지 밝고 경쾌하며 흥겨운 가락으로 이어지게 된다.

따라서 이 사건 대비 부분은 이 사건 노래 부분과 리듬은 동일하지만, 가락은 실질적으로 동일하다고 볼 수 없다.

3) 화성

이 사건 노래 부분과 이 사건 대비 부분은 모두 화성의 진행이 I도-IV도-V도-I도의 화성으로 진행된다는 점에서 동일하다.

바. 정리

결국, 이 사건 대비 부분은 이 사건 노래 부분과, 리듬과 화성은 동일하나, 가락의 차이 때문에 이 사건 노래 부분의 일부분을 이용하였다 하더라도 실질적 유사성이 없는 전혀 별개의 독립적인 저작물이라 할 것이므로, 피고의 2차적저작물 작성권 및 이용권, 저작인격권의 침해는 인정되지 않는다.

▷NOTE : 위 판례는 음악저작물과 관련하여 표절이 주장되었지만 받아들여지지 않은 사례의 하나로서, 여러 가지 점에서 참고할 만한 판례라 생각된다. 선율의 흐름에 따라 듣는 사람의 감정에 차이가 있는 부분을 중시한 점은 침해 여부의 판단에 있어서 역시 '청중테스트'(§27-28)를 감안한 것으로 보인다. 그리고 위 판결에서 침해를 인정하지는 않았지만, 기존의 악곡과 일부 유사성이 있는 네 마디의 악곡(이 사건 노래 부분)에 대하여 곡 전체의 모티브를 형성하고 있다는 점 등 그 중요성을 감안하여 그 부분만으로도 창작성을 인정하는 입장을 표명하였다는 점도 주목할 부분이다. 음악저작물의 창작에 있어서 선택의 폭이 실제로는 그리 넓지 않지만 기능적 저작물은 아니어서 창조적 개성을 엄격하게 심사할 필요성은 약하므로, 미묘한 부분에서의 개성표출에 대하여도 다소간 관대하게 창작성을 인정할 필요가 있고, 그것은 역으로, 침해의 인정을 까다롭게 하여야 할 이유가 될 수 있다는 것이 본서의 입장이다. 이 판결이 그 두 측면을 동시에 보여주는 사례라 할 수 있다.

§4-14-2

❖서울중앙지방법원 2013. 8. 14. 선고 2012가합48232 판결 — "샤방샤방" 사건

이 사건과 같은 음악저작물의 경우 실질적 유사성 여부 판단을 위해서는 음악저작물의 구성 요소인 가락의 동일·유사성을 가장 우선적으로 고려하여야 하고, 나아가 화음, 리듬, 박자, 템포 등의 요소에 대하여도 종합적으로 고려하여야 한다. 한편 악곡에 가사가 수반되는 경우에는 그 가사도 음악저작물 일부가 될 수 있어 가사의 동일·유사성도 음악저작물의 실질적 유사성을 판단함에 있어 고려요소가 될 수는 있으나, 위 비교 대상이 되는 가사 또한 창작적인 표현형식에 해당하여야 함은 물론이다.

한편 위와 같은 기준에 따라 이 사건 음악저작물과 피고 노래 사이의 실질적 유사 여부를 판단함에 있어, 원고는 원고 대비 부분과 피고 대비 부분 사이의 동일·유사성을 들어 실질적 유사성의 존재를 주장하고 있으므로, 위 각 부분의 대비를 통하여 실질적 유사성 유무를 판단하기로 하되, 대비의 편의를 위해 이 사건 음악저작물 및 피고 노래를 가단조로 통일시킨 별지2, 3 기재 각 악보를 기준으로 한다.

다. 실질적 유사성 유무에 관한 판단

1) 가락과 리듬

먼저 가락과 리듬의 측면에서 원고 대비 부분과 피고 대비 부분을 대비하여 보건대, 다음 비교표 기재와 같이 원고 대비 부분 중 제10마디의 뒷부분 3개의 음(화음 중 아래 음)과 그와 대비되는 피고

대비 부분 중 제34마디의 뒷부분 3개의 음이 모두 그 가락이 '미레미'로 동일하고, 위 '미레미' 부분은 피고 대비 부분의 제36, 42, 40, 44, 48마디에서도 반복된다.

그러나 위 '미레미' 부분을 제외하고서는 피고 대비 부분의 가락은 원고 대비 부분의 가락과 전혀 유사하지 아니한데, 위 '미레미' 부분이 원고의 창작적인 표현형식에 해당한다고 보기 어려울 뿐만 아니라, 위 부분의 양적·질적 비중을 고려할 때 위 부분을 원고 대비 부분 또는 이 사건 음악저작물 전체의 모티브를 형성하는 핵심적인 부분이라고 보기도 어려운바, 위와 같은 가락의 일부 동일성만으로 피고 대비 부분의 가락과 원고 대비 부분의 가락이 동일·유사하다고 보기는 어렵다.

아울러 다음 비교표 기재에서 알 수 있는 바와 같이 원고 대비 부분과 피고 대비 부분은 그 리듬 분할 형태에 있어서도 전혀 다르다.

(대비표 생략)

2) 가사

다음으로 가사의 측면에서 원고 대비 부분과 피고 대비 부분을 대비해 보건대, 위 비교표 기재에 의해 알 수 있는 바와 같이, 원고 대비 부분과 피고 대비 부분의 가사에는 모두 '여성의 아름다운 모습과 그 모습에 반한 남성이 그 여성에게서 느끼는 감정이 표현되어 있고, 한편 원고 대비 부분의 가사에는 '샤바샤바'라는 코러스 부분이 4회 반복되는데, 위 '샤바샤바'의 두 번째, 네 번째 음절에 'ㅇ' 받침이 추가된 '샤방샤방'이라는 부분이 피고 대비 부분의 가사에 7회 반복(코러스 부분 포함)된다.

그러나 '여성의 아름다운 모습과 그 모습에 반한 남성이 그 여성에게서 느끼는 감정'을 노래 가사에 표현하는 것 자체는 저작권법에 의해 보호될 수 없는 아이디어에 불과할 뿐이고, '샤방샤방'은 일반 수요자들 사이에서 '눈부심', '매우 예쁘거나 아름답다'는 등의 의미로 널리 통용되고 있는데, 원고 대비 부분의 가사에 사용된 '샤바샤바'가 이와 동일·유사한 의미로 통용되고 있다고 볼 근거가 없으며, 위 '샤바샤바' 부분이 원고의 창작적인 표현형식에 해당한다고 보기도 어려운바, 원고 대비 부분의 가사와 피고 대비 부분의 가사가 동일·유사하다고 보기는 어렵다.

3) 소결론

위와 같은 대비결과를 모두 종합해 보면, 원고 대비 부분과 피고 대비 부분은 가락, 리듬, 가사의 측면에서 실질적 유사성을 인정하기 어려워 결국 피고 노래는 이 사건 저작물과는 전혀 별개의 독립적인 저작물이라고 할 것이므로, 피고들의 저작권 침해를 전제로 한 원고의 주장은 이유 없다.

▷NOTE : 위 판결에서 가사를 음악저작물의 일부로 봄으로써 침해 판단에 있어서 가사 부분을 가락, 리듬의 다른 요소들과 함께 나열하여 살펴보고 있는 점이 눈길을 끈다. 가사에 음악저작물의 성격이 있다 하더라도 어문저작물의 성격도 겸유하고 있고, 악곡과 가사의 저작자가 서로 다른 경우도 많으며, 우리 법상 악곡과 가사의 저작자가 다를 경우 공동저작물이 아니라 결합저작물의 관계에 있는 것으로 보는 점 등을 감안할 때, 가사에 대한 저작권침해의 문제와 악곡에 대한 저작권침해의 문제는 구별하여 판단하는 것이 타당하지 않을까 생각된다.

§4-14-3   ✤대법원 2015. 8. 13 선고 2013다14828 판결 — "내 남자에게" 사건
            〈사실관계〉

1. 원고는 1997년경 미국에서 음악대학을 수료한 후 현재까지 약 250곡의 음악저작물을 작곡하고 약 40장의 음반 제작에 작곡 및 제작자 등으로 참여해 왔고, 피고는 1994. 9.경 가수로 데뷔한 후 현재까지 작사, 작곡, 음반 제작 등의 분야에서 활발한 활동을 하여 왔다.

2. 원고는 2011. 2. 11. 피고에게 원고 음악저작물과 동일·유사한 피고 음악저작물의 유통을 중단하고, 원고에게 공개 사과할 것을 요청하는 내용의 통지를 하였다. 이에 피고는 원고 음악저작물이 독창성이 인정될 수 없다는 등의 이유로 원고의 요청을 거절하는 내용의 답변을 하였고, 2011. 7. 11. 원고는 피고 음악저작물이 원고 음악저작물의 후렴구 4마디와 그 가락, 화성 및 리듬이 매우 유사함을 이유로 피고에 대하여 2차적저작물작성권 및 성명표시권 침해를 이유로 원고에게 손해배상을 청구하는 소송을 제기하였다.

3. 이에 1심 판결(서울중앙지방법원 2012. 2. 10. 선고 2011가합70768 판결)은 원고의 주장을 기본적으로 받아들여 "피고가 원고의 승낙을 얻지 않은 채 원고 음악저작물의 2차적저작물이라고 인정되는 피고 음악저작물을 작성하고, 이를 공표하면서 원저작권자가 원고라는 점을 표시하지 않은 것은 원고의 원고 음악저작물에 관한 2차적저작물작성권 및 성명표시권을 각 침해하는 행위에 해당한다"고 판단하여 원고 일부 승소 판결을 내렸다. 2심판결도 침해의 인정에 있어서 1심판결과 동일한 결론을 내리고 단지 손해배상액 부분만 변경한 판결을 선고하였다. 이에 피고가 상고하여 상고심인 대법원에서 다음과 같은 이유로 원심판결을 파기하고 사건을 원심법원으로 환송하는 판결을 선고하였다.

            〈대법원의 판단〉

1. 원심은 제 1 심판결 이유를 인용하여, (1) 그 판시 원고 대비 부분을 포함한 원고 음악저작물은 저작권법에 의해 보호를 받는다고 판단하고, (2) 그 판시 피고 대비 부분이 원고 대비 부분과 유사하다는 등의 이유로, 피고에게 저작권 침해를 원인으로 한 손해배상책임을 인정하였다.

2. 그러나 원심의 이러한 판단은 다음과 같은 이유에서 수긍하기 어렵다.

가. 원저작물이 전체적으로 볼 때에는 저작권법이 정한 창작물에 해당한다 하더라도 그 내용 중 창작성이 없는 표현 부분에 대해서는 원저작물에 관한 복제권 등의 효력이 미치지 않는다. 따라서 음악저작물에 관한 저작권침해소송에서 원저작물 전체가 아니라 그 중 일부가 상대방 저작물에 복제되었다고 다투어지는 경우에는 먼저 원저작물 중 침해 여부가 다투어지는 부분이 창작성 있는 표현에 해당하는지 여부를 살펴보아야 한다(대법원 2012. 8. 30. 선고 2010다70520,70537판결 참조).

한편 음악저작물은 일반적으로 가락(melody), 리듬(rhythm), 화성(harmony)의 3가지 요소로 구성되고, 이 3가지 요소들이 일정한 질서에 따라 선택·배열됨으로써 음악적 구조를 이루게 된다. 따라서 음악저작물의 창작성 여부를 판단함에 있어서는 음악저작물의 표현에 있어서 가장 구체적이고 독창적인 형태로 표현되는 가락을 중심으로 하여 리듬, 화성 등의 요소를 종합적으로 고려하여 판단하여야 한다.

나. 위 법리와 기록에 비추어 살펴본다.

(1) 원심판결 이유와 기록에 의하면 다음과 같은 사정들을 알 수 있다.

① 원심이 인용한 제 1 심 판시 비교대상1저작물은 원고 음악저작물보다 앞서 2002년 미국에서 공표되었는데, 이를 부른 가수인 소외인은 그래미상을 수상하는 등 가스펠(gospel) 음악사상 영향력 있는 가수로 손꼽힐 정도로 널리 알려졌고, 한편 원고는 미국에서 ○○대학을 수료한 이후 계속하여 음악활동을 해 오고 있는 작곡가이다.

② 그런데 원고 대비 부분을 원심이 인용한 제 1 심 판시 비교대상1부분과 대비해 보면, 원고 대비 부분의 시작음이 '솔'인 데 비해 비교대상1부분의 시작음이 '도'인 정도의 차이가 있을 뿐이어서 두 부분의 가락은 현저히 유사하고, 리듬도 유사하다.

③ 또한 원고 대비 부분의 화성은 원고 음악저작물보다 앞서 공표된 다수의 선행 음악저작물들의 화성과 유사한 것으로서 음악저작물에서 일반적으로 사용되는 정도의 것이다.

(2) 위와 같은 비교대상1저작물에 대한 원고의 접근가능성과 원고 대비 부분 및 비교대상1부분 사이의 유사성을 종합하면 원고 대비 부분은 비교대상1부분에 의거하여 작곡된 것으로 추정되고, 또한 원고 대비 부분과 비교대상1부분은 가락을 중심으로 하여 리듬과 화성을 종합적으로 고려할 때 실질적으로 유사하다고 할 것이며, 원고 대비 부분에 가해진 수정·증감이나 변경은 새로운 창작성을 더한 정도에는 이르지 아니한 것으로 보인다. 그렇다면 원고 대비 부분은 창작성이 있는 표현에 해당한다고 볼 수 없어, 이 부분에 대해서까지 원고의 복제권 등의 효력이 미치는 것은 아니라고 할 것이다.

(3) 그런데도 원심은 원고 대비 부분의 창작성에 관하여 제대로 심리·판단하지 아니한 채 피고에게 저작권 침해를 원인으로 한 손해배상책임을 인정하고 말았으니, 이러한 원심판결에는 음악저작물의 창작성에 관한 법리를 오해하여 필요한 심리를 다하지 아니함으로써 판결에 영향을 미친 위법이 있다. 이 점을 지적하는 상고이유 주장은 이유 있다.

▷ NOTE : 음악저작물에 대한 저작권 침해소송에서 피고는 원고가 피고 음악저작물과 유사하다고 주장하는 원고 음악저작물 부분이 기존의 다른 제 3 의 음악과 유사한 것이어서 창작성이 없는 부분이므로 설사 피고 음악저작물이 그 부분과 유사한 부분을 가지고 있더라도 그것은 원고의 저작권을 침해한 것이 아니라고 주장하는 경우가 많은데, 이 사건도 그런 경우에 해당한다. 이에 대하여, 1심 및 2심 판결에서는 원고 음악저작물('내 남자에게')의 침해 주장 부분('원고 대비 부분')이 피고에 의하여 비교대상으로 제시된 제 3 의 저작물인 비교대상1 저작물(커크 플랭클린의 '호산나')의 특정부분('비교대상1부분') 등과 유사한 부분이 있어도 창작성을 부정할 정도는 아니라고 본 반면, 대법원 판결은 원고 대비 부분이 비교대상1부분과의 관계에서 '접근가능성'과 '현저한 유사성'이 인정되어 '의거관계'(§27-8)가 추정되고, 실질적 유사성(§27-9 이하)이 있으며, 원고 대비 부분에 미세한 수정·증감이나 변경이 있긴 하지만 새로운 창작성을 더한 정도에는 이르지 아니한 것으로 보인다는 이유로 그 부분의 창작성을 부정하는 결론을 내렸다. 대법원은 그러한 결론을 내리기 위한 전 단계의 논리로서 먼저, "원저작물이 전체적으로 볼 때에는 저작권법이 정한 창작물에 해당한다 하더라도 그 내용 중 창작성이 없는 표현 부분에 대해서는 원저작물에 관한 복제권 등의 효력이 미치지 않는다. 따라서 음악저작물에 관한 저작권침해소송에서 원저작물 전체가 아니라 그중 일부가 상대방 저작물에 복제되었다고 다투어지는 경우

에는 먼저 원저작물 중 침해 여부가 다투어지는 부분이 창작성 있는 표현에 해당하는지 여부를 살펴보아야 한다"고 전제하였는데, 이 부분 법리의 타당성에 대하여는 이론의 여지가 없을 것으로 생각된다. 대법원은 그것을 전제로 하여 이 사건 '원고 대비 부분'이 창작성이 있는지 여부와 관련하여, 비교대상1 부분과 비교하여 유사한 점이 있다는 정도만 판단한 후 그에 구애받지 않고 막연하게 그 부분의 창작성을 긍정한 1심판결과는 달리, 비교대상1 부분에 대한 의거관계 및 실질적 유사성 유무를 구체적으로 따져, 이를 모두 인정하는 판시를 하였는데, 이것은 결과적으로 해당 사안에서 창작성 인정에 보다 엄격한 기준이 적용되도록 하는 의미를 가진다. 그렇게 인정할 경우, 원고 대비 부분은 비교대상1부분에 대한 관계에서 2차적저작물에 해당하지 않는 한 그 복제물에 불과하여 창작성이 부정되게 되는바, "2차적저작물로 보호를 받기 위하여는 원저작물을 기초로 하되 원저작물과 실질적 유사성을 유지하고, 이것에 사회통념상 새로운 저작물이 될 수 있을 정도의 수정·증감을 가하여 새로운 창작성이 부가되어야 하는 것이며, 원저작물에 다소의 수정·증감을 가한 데 불과하여 독창적인 저작물이라고 볼 수 없는 경우에는 저작권법에 의한 보호를 받을 수 없다"는 것이 대법원 판례의 입장(대법원 2002. 1. 25. 선고 99도863 판결 등, §5-10)이기 때문이다. 결국 이 사건 '원고 대비 부분'에 그러한 기준을 적용하여 판단한 결과 비교대상1부분에 비하여 미세한 수정·증감이나 변경이 있긴 하지만 2차적저작물로 인정될 정도의 새로운 창작성이 인정되지는 않는다는 결론을 내리고 있다. 그렇다면 설사 피고 대비 부분이 원고 대비 부분과 아무리 유사하다고 하더라도 원고 대비 부분 자체의 창작성이 인정되지 않는 이상 피고가 원고 음악저작물에 대한 저작권을 침해했다고 볼 수 없다는 결론에 이르게 된다. 본서는 원고 대비 부분이 비교대상1 부분과의 관계에서 유사성이 있다는 것을 단지 하나의 정황사실로만 인정함으로써 그 사실과 원고 대비 부분의 창작성 판단의 법리적 관계를 애매하게 처리한 1심판결과 그것을 그대로 수용한 원심판결의 태도보다는, 비교대상1 부분과의 관계를 엄밀하게 규명함으로써 정확한 법리적 근거와 기준에 따라 창작성 유무의 판단을 수행하여야 한다고 본 대법원 판결의 입장이 보다 타당하다고 생각한다. 만약 원고 대비 부분과 대비대상 음악 사이에 유사한 점이 일부 있더라도 의거관계를 추정할 수 있는 정도에 이르지 않는 사안의 경우라면, 원고 대비 부분의 창작성을 보다 용이하게 인정할 수 있을 것이나, 의거관계 및 실질적 유사성까지 인정될 경우에는 위와 같이 2차적저작물의 창작성에 대한 보다 엄격한 심사기준을 적용하는 것이 법리적인 면에서 타당하다고 보아야 할 것이다. 한편, 위 판결은 "음악저작물은 일반적으로 가락(melody), 리듬(rhythm), 화성(harmony)의 3가지 요소로 구성되고, 이 3가지 요소들이 일정한 질서에 따라 선택·배열됨으로써 음악적 구조를 이루게 된다. 따라서 음악저작물의 창작성 여부를 판단함에 있어서는 음악저작물의 표현에 있어서 가장 구체적이고 독창적인 형태로 표현되는 가락을 중심으로 하여 리듬, 화성 등의 요소를 종합적으로 고려하여 판단하여야 한다"고 판시하고 있는데, 이러한 판시 부분은 학설 및 하급심 판결에 의하여 어느 정도 정립되어 온 법리이나, 대법원 판결로서는 처음으로 명시한 것이라는 점에서 의의를 가진다.

3. 연극저작물

(1) 의   의

연극저작물은 몸짓이나 동작에 의하여 사상이나 감정을 전달하는 저작물이다. 이런 연극저작   §4-15
물에는 연극 및 무용·무언극 등이 포함된다(법 제4조 제1항 제3호).

(2) 연   극

연극은 배우가 각본을 토대로 극장에서 관객에게 청각과 시각을 통해 전달하는 예술이다. 그   §4-16
런데 연극의 경우 그 극본(각본) 등은 어문저작물에, 무대장치 중 미술적 측면을 가진 것은 미술
저작물에,[1] 배경음악은 음악저작물에 각 해당할 것이며 또한 연출자의 연출, 배우의 연기 등은
저작인접물인 '실연'(§19-8)에 해당하는 것이므로 결국 이러한 여러 가지 저작물과 연출자와 배우
의 실연으로 연극의 모든 것이 구성되어 있어 그와 별도로 연극저작물이라고 할 만한 것이 있는
지 의문이 생기는 것이 사실이다. 영화의 경우에는 필름에 담아 고정을 하는 것을 전제로 하는
것이므로 전체적인 기획과 지휘, 편집 등을 통해 영상저작물의 창작적 표현에 기여하는 영화감독
등을 이른바 '근대적 저작자'라고 하여 저작자로 인정하는 것이 가능하지만(§23-6 참조), 연극의 경
우에는 그와 같은 별도 매체에의 고정이라는 것이 전제되지 않고 그때그때 실연되는 것으로 그치
는 것이기 때문에 별도의 저작물의 존재가 명료하지 않다. 우리 법 제4조 제1항 제3호에 대
응하는 일본 저작권법 제10조 제1항 제3호에서 '무용 또는 무언극의 저작물'만을 포함하고 연
극을 포함하지 않은 것은 바로 그러한 점을 고려한 것으로 생각된다. 즉, 무용 등의 경우에는 '무
보' 등의 형태로 고정되거나 혹은 미리 고정되지 않더라도 안무가에 의하여 창작적으로 만들어진
'동작의 형(型)'을 저작물로 보는 것에 문제가 없으나, 연극의 경우에는 극본(각본)이라는 어문저작
물이 그 내용을 규정하고 있는 마당에 극본에 따른 연출자와 배우의 '실연' 행위로부터 '동작의
형'을 별도로 파악해 내어 그것을 연극저작물로 보호한다고 하기에 무언가 논리적으로 자연스럽
지 못한 부분이 있는 것이다. 그러나 저작권법이 연극도 어문저작물인 극본과 별도로 연극저작물
이 될 수 있도록 규정한 이상 연극의 경우도 무용 등의 경우와 마찬가지로 무대에서 행해지는 배
우의 연기의 형(型)이 연극저작물로 인정되는 경우가 있을 수 있다고 해석할 수밖에 없을 것이다.
다만, 모든 연극이 항상 연극저작물이 될 수 있는 것이 아니라 오히려 연출자와 배우 등이 어문
저작물인 극본을 해석하여 관객에게 전달하는 '실연'만이 있고[2] 별도의 연극저작물이 만들어지지

---

1 황적인·정순희·최현호, 전게서, 194면 참조. 동서에서는 "이 경우 보호의 대상이 되는 것은 대도구나 배경 등으로
  무대 위에 조립된 무대장치뿐이며, 의상·조명 등을 포함하는 무대효과 전체를 의미하는 것은 아니다"라고 한다.
2 저작권법 제2조 제4호는 실연자란 "실연을 하는 자를 말하며, 실연을 지휘, 연출 또는 감독하는 자를 포함한다"라
  고 규정하고 있다(실연자의 개념에 대하여 자세한 것은 §19-12 이하 참조).

는 않은 것으로 볼 경우도 많다고 해야 할 것이다. 이것은 해당 연극의 연출자가 저작권법상 '실
연자'의 역할을 한 것으로 인정될 뿐, 어문저작물인 각본(희곡)에 대한 2차적저작물로서의 연극저
작물을 창작한 저작자로 인정되지는 않는 경우가 상당 정도 있을 수 있다는 것을 뜻한다.[1] 그러
한 경우에는 '몸짓이나 동작에 의하여 사상이나 감정을 표현하는 저작물'로서의 연극저작물은 존
재하지 않고 각본에 기하여 몸짓이나 동작으로 연기하고 그것을 연출하는 '실연'(§19-8)만 존재하
는 것으로 보는 것이다. '뮤지컬 사랑은 비를 타고' 사건에서 대법원 2005. 10. 4.자 2004마639결
정(§4-17)이 연출자에 의하여 작성된 연극저작물의 존재를 부정하고 해당 뮤지컬이 "각본, 악곡,
가사, 안무, 무대미술 등이 결합된 종합예술의 분야에 속하고 복수의 저작자에 의하여 외관상 하
나의 저작물이 작성된 경우이기는 하나, 그 창작에 관여한 복수의 저작자들 각자의 이바지한 부
분이 분리되어 이용될 수도 있다는 점에서, 공동저작물이 아닌 단독 저작물의 결합에 불과한 이
른바 '결합저작물'이라고" 보아야 한다고 하면서,[2] "뮤지컬 제작자는 뮤지컬의 완성에 창작적으
로 기여한 바가 없는 이상 독자적인 저작권자라고 할 수 없으며, 뮤지컬의 연기자, 연출자 등은
실연 자체에 대한 저작인접권을 가질 뿐"이라고 설시한 것은 위와 같은 법리를 전제로 한 것이라
할 수 있다. 그러나 연출자가 항상 실연자의 지위만 가지는 것으로 보아야 할 것은 아니다. 연출
자가 각본의 단순한 재현을 넘어서는 새로운 블로킹[3]을 창출하여 동작(연기)의 형을 구성하는 면
에서 새로운 창작성을 부가함으로써 사회통념상 새로운 저작물을 작성한 것으로 인정될 만한 사
안이라면, 연출자를 어문저작물인 각본과의 관계에서 2차적저작물의 성격을 가지는 '연극저작물'

---

1 각본을 어문저작물로 보아 연극저작물과 구별하는 본서의 입장과 달리 각본이 어문저작물과 연극저작물의 성격을 겸
  유하는 것으로 보는 견해가 있다(최경수, 저작권법개론, 한울, 2010, 123면). 저자의 견해와 위 견해 모두 각본을 저
  작물로 보호하여야 한다는 점에서는 차이가 없으므로 양설의 실질적 차이는 저작권법 제33조 제 2 항에 의하여 특정
  한 시설에서 시각장애인 등을 위해 '어문저작물'을 복제·배포 또는 전송할 수 있는 것으로 규정하고 있는 것과 관련
  하여 발생한다. 즉, 저자의 견해에 의하면, 각본도 당연히 어문저작물에 해당하므로 제33조 제 2 항에 의한 자유이용
  의 대상이 될 수 있는 것으로 보게 되나, 위 반대견해에 의하면, 각본은 연극저작물이기도 하므로 위 규정에 의한 자
  유이용의 대상에 포함되지 않는 것으로 보게 된다[최경수, 위의 책, 123면; 오승종, 저작권법(제 3 판), 박영사, 2013,
  104면]. 시각장애인 등의 정보 접근권을 보장하는 차원에서 생각할 때 각본도 하나의 문학장르로서 소설 등과 같이
  접근 가능한 대상에 포함하는 것이 바람직하고, 그것을 포함한다고 하여 무대에 올려지는 연극 실연의 무단복제가 허
  용되게 되는 것은 아니므로, 각본을 제32조 제 2 항의 적용대상에서 제외할 이유가 없다. 이 점에서, 저자의 입장이
  반대견해에 비하여 현실적으로도 보다 바람직한 결론을 도출하는 것으로 생각된다.
2 공동저작물과 결합저작물의 의미와 그 구별기준에 대하여는 §9-2 참조.
3 블로킹이란 "구역(block) 정하기"를 뜻하는 말로서, 무대 위에서 배우(들간)의 정적인 자세(position)와 구성
  (composition), 그리고 연기 구역 간의 동선(movement)을 통칭하는 연출 용어이다. 이문원, "무대 블록킹 연출 : 통
  합적 교육 모델 개발의 필요성-알렉산더 딘(Alexander Dean)과 앤 보거트(Anne Bogart)의 상호 보완성을 중심으
  로." 한국연극학 제31호, 2007, 178면 참조. 이러한 블로킹은 "연출의 작품에 대한 해석과 비평, 캐릭터에 대한 이해,
  무대 공간의 응용력, 연기에 대한 경험과 감수성, 정화(停畵)의 구성과 동화(動畵)의 흐름에 대한 미학, 스토리텔링의
  능력이 무대화를 통해 총 집결되는" 것으로서 "사실상 공연 텍스트의 골격인 동시에 스타일과 다양성을 불문하고 모
  든 연출가들이 가장 중요시하는 무대연출 기술이자 리허설 과정이라 할 수 있다"고 한다. 이문원, 위의 논문, 170면.
  정영미, "공연예술에서 연출자의 저작권 보호와 그 구체적 범위에 관한 연구", 계간 저작권 제21권 겨울호(통권 112
  호), 112면.

의 저작자로 인정할 수 있을 것으로 생각된다.1 블로킹 등에서의 연출자의 역할을 중시하여 특별한 사정이 없는 한 연출자에게 2차적저작물 저작자의 지위를 넓게 인정하여야 한다는 취지의 견해2도 있으나, 2차적 저작물이 되기 위한 창작성의 정도를 비교적 높게 보아 '실질적 개변'을 필요로 한다고 하는 법리(§5-10)에 의하면 연출자가 구성한 동작의 형(블로킹)에 부가된 창작성의 정도가 '실질적 개변'의 수준에 이른다는 것이 입증된 경우에 한하여 2차적저작물로서의 연극저작물의 성립과 그 저작자로서의 연출자의 지위를 긍정할 수 있고, 그에 미치지 못하여 연출자가 실연자의 지위만 가지는 것으로 보는 것이 타당한 경우도 적잖이 있을 수 있다고 보는 것이 타당하지 않을까 생각한다.

판 례

❖대법원 2005. 10. 4.자 2004마639 결정 — "뮤지컬 '사랑은 비를 타고'" 가처분 사건   §4-17

원심은, 신청인들이 뮤지컬 '사랑은 비를 타고'(이하 신청인들이 기획·제작한 뮤지컬을 '초연 뮤지컬'이라 하고, 피신청인들이 기획·제작한 뮤지컬을 '이 사건 뮤지컬'이라 한다)의 저작권자이거나 공동저작권자라는 신청인들의 주장에 대하여 판단하기 위한 전제로서, 뮤지컬은 음악과 춤이 극의 구성·전개에 긴밀하게 짜 맞추어진 연극으로서, 각본, 악곡, 가사, 안무, 무대미술 등이 결합된 종합예술의 분야에 속하고 복수의 저작자에 의하여 외관상 하나의 저작물이 작성된 경우이기는 하나, 그 창작에 관

---

1 이와 비슷한 취지에서, 서달주 박사는 "연출양식에는 재생적 연출양식과 상상적(창작적) 연출양식이 있다. 원작 등을 그대로 재생한 것을 재생적 양식의 연출이라고 한다. 상상적 연출은 원작 등을 소재로 연출자가 자기의 상상을 가미하여 재구성한 것을 말한다. 상상적 연출양식으로 연출한 대본은 2차적 저작물로 봐야 할 때가 있다"고 한다(서달주, 저작권법(제2판), 박문각, 2009, 164면). 여기에서 말하는 '대본'은 연출대본으로서, 각본(희곡)이 아닌 실제 공연대본을 말한다. 다만 서달주 박사는 상상적 연출의 대본에 대하여 이를 연극저작물로 인정하는 취지를 명시하지 않고 이를 어문저작물에 대한 부분에서 다루고 있다. 정영미, 앞의 논문, 121면도 연출자에게 연극저작물에 대한 저작권을 인정하자는 취지의 주장과 함께, 이러한 연출대본을 어문저작물로 보호하여 연출자의 저작권을 보호하는 방안도 있을 수 있다는 취지로 주장한다. 그러나 연출대본이 그 내용에 따라 2차적저작물로서의 창작성이 인정되는 경우 중에서 적어도 그 창작성이 동작의 형을 구성하는 블로킹과 관련된 부분에 있다면 그것은 어문저작물이 아니라 연극저작물이라고 보아야 할 것이고, 그 부분을 대본에 표시한 것은 연극저작물의 표현방식의 하나에 불과한 것으로 보아야 할 것이다. 그것은 음악저작물에 대하여 '악보'가 가지는 법적 성격(§4-10)과 유사한 것이다. 한편, 뮤지컬 '사랑은 비를 타고' 가처분 사건의 본안사건에 대한 항소심 판결인 서울고등법원 2007. 5. 22. 선고 2006나47785 판결은 "원고들은, 원고 ○○○이 초연 뮤지컬의 연출자로서 각 장면마다 무대화면의 배치, 조명의 배치, 배우들의 율동 등을 전체적으로 조율하여 완성하였으므로, 그 연출 및 안무에 관하여 저작권을 가진다고 주장한다. 그러나 갑 제12호증의 기재만으로는 원고 ○○○이 초연 뮤지컬의 연출 및 안무에 있어 창작적 표현을 하였다고 인정하기 부족하고, 달리 이를 인정할 증거가 없다. 따라서 원고 ○○○이 초연 뮤지컬의 연출 및 안무의 저작자로서 그 저작권을 가진다는 원고들의 주장은 받아들일 수 없다"고 판시하였다. 이 판결은 연출자가 연출에 있어 창작적 표현을 하였음이 증거에 의하여 입증되면 연출자를 단지 실연자가 아니라 저작자로 인정할 수 있음을 전제로 하고 있다고 볼 수 있을 것이다. 위 판결에 의하면 원고 측에서 배우들의 율동에 관한 안무 외에, 연기 내지 동작의 형을 구성하는 블로킹에 있어서의 창작성을 주장한 것으로 보이지는 않는다. 이후 다른 사안에서 그러한 부분에 대한 창작성의 정도가 2차적저작물에 요구되는 '실질적 개변'의 정도에 이른다는 것이 주장되고 입증될 경우에는 연출자의 저작자 지위가 판례에 의하여 인정될 가능성이 있을 수 있다고 생각한다.

2 정영미, 앞의 논문, 111~115면.

여한 복수의 저작자들 각자의 이바지한 부분이 분리되어 이용될 수도 있다는 점에서, 공동저작물이 아닌 단독 저작물의 결합에 불과한 이른바 '결합저작물'이라고 봄이 상당하고, 한편 뮤지컬 자체는 연극저작물의 일종으로서 영상저작물과는 그 성격을 근본적으로 달리하기 때문에 영상물제작자에 관한 저작권법상의 특례규정이 뮤지컬 제작자에게 적용될 여지가 없으므로 뮤지컬의 제작 전체를 기획하고 책임지는 뮤지컬 제작자라도 그가 뮤지컬의 완성에 창작적으로 기여한 바가 없는 이상 독자적인 저작권자라고 볼 수 없으며, 뮤지컬의 연기자, 연출자 등은 해당 뮤지컬에 관여한 실연자로서 그의 실연 자체에 대한 복제권 및 방송권 등 저작인접권을 가질 뿐이라고 판단하였는바, 기록과 앞서 본 법리에 비추어 보면, 원심의 위와 같은 판단은 정당하여 수긍되고 거기에 재항고이유의 주장과 같은, 공동저작물에 관한 법리오해, 영상저작물에 관한 특례의 적용범위에 관한 법리오해 등의 위법이 없다.

▷NOTE : 위 사건에서 대법원이 유지한 원심 결정이 뮤지컬을 각본, 악곡, 가사, 안무, 무대미술 등이 결합한 결합저작물로 본 것은 본서 본문에서 밝힌 바와 같은 이유로 이해할 수 있는 면이 있으나, 그와 동시에 뮤지컬 자체는 '연극저작물'의 일종이라고 하여 독자적인 연극저작물의 성립을 인정하면서 그것이 누가 저작한 어떠한 창작물인지 본질을 밝히는 내용은 전혀 없어 의아한 느낌을 갖게 한다. 아마도 연극저작물을 언급한 부분은 착오로 잘못 언급한 것이 아닐까 생각된다. 위 결정에서 연출자를 단순한 실연자로 본 터이고(뮤지컬의 연출자가 항상 실연자의 지위만 갖는 것은 아니고 예외적으로 무대블로킹 등에 새로운 창작성을 상당 정도 부가한 경우에 어문저작물인 각본의 2차적 저작물인 연극저작물의 저작자가 될 수 있다는 것이 본서의 입장이나, 대법원은 그 부분에 대하여 특별한 언급 없이 실연자로만 인정한 원심을 유지하였다. 그 부분에 대한 판단이 결여된 점은 아쉬운 부분이다), 위 사안의 '뮤지컬'을 단독저작물의 단순한 결합이라는 의미에서의 결합저작물로 보고 있으면서 다시 '뮤지컬 자체'를 하나의 연극저작물이라고 한 것은 논리적으로 모순되기 때문이다. 뮤지컬의 경우 영상저작물은 아니므로 영상저작물에 관한 특례규정의 적용이 없다고만 간단히 밝혔다면 논리적인 모순을 피할 수 있었을 것이다.

§4-17-1

❖서울지방법원 2004. 1. 25.자 2003카합 3931 결정 — "정약용 프로젝트" 사건

〈사실관계〉[1]

1. A는 극단B의 대표로서 연극 <정약용 프로젝트>의 초기 대본을 작성하였고, C는 위 연극의 연출을 맡아 자신이 고안한 연희양식 또는 연기술인 토리극이나 가무설작법에 따라 위 대본을 각색하였다.

2. A와 C가 작성한 공연계약서에는 '본 공연에 사용된 연출, 가무설작법, 각색, 작곡의 사용에 대한 부분은 이 사건 연극에 한해 사용할 수 있다(단, 가무설작법에 관한 변질 또는 도용을 하지 않는 것으로 한다)'라는 규정이 있다.

3. C는 연극의 각색대본이 본인이 창안하여 저작권을 갖고 있는 가무설작법과 토리극에 의하여 작성된 것인데, A가 C와의 협의 없이 임의로 가무설작법과 토리극을 수정, 변질하여 이 사건 연극에 도용함으로써 C의 위 저작물에 대한 동일성유지권을 침해하고 있다고 공연금지가처분 신청을 한 것이다.

---

1 사실관계의 정리는 한국저작권위원회, 문화예술과 저작권 판례집(저작권관계자료 2013-07), 12면 참조.

〈법원의 판단〉

가무설작법은 연극의 연기술, 토리극은 극형식을 의미하는 것으로 이해되는 바, 이는 연극이나 연기술에 관한 기본원리나 아이디어에 불과하여 저작물에 나타난 구체적인 표현을 보호하려는 저작권의 보호대상이 되기 어렵다(신청 기각).

▷NOTE : 위 사안은 연출자가 초기 대본을 토대로 작성한 각색 연출대본에 대한 저작권 보호가 문제된 사안에 대한 것이라는 점에서 주목된다. 연출대본에 대하여는 어문저작물로서의 보호가 인정될 수 있다고 보는 견해가 있으나, 적어도 동작의 형을 창작적으로 구성한 부분이 대본에 표시된 것에 관한 한, 연극저작물로 보아야 한다는 것이 본서의 입장임은 앞서 살펴본 바와 같다(§4-16). 이 사안에서 연출자인 C가 초기대본에 비하여 동작의 형을 구성하는 면에서 '실질적 개변'(§5-10)이 인정될 정도의 새로운 창작성을 각색대본에 부가한 것으로 인정된다면, 2차적저작물로서의 연극저작물을 창작한 것으로 인정될 수 있고, 그 경우 A가 그 창작성 있는 표현을 이용하여 수정하였는지 여부에 따라 저작권 침해 여부의 판단이 이루어져야 할 것이다. 만약 동작의 형의 새로운 구성이라는 면에서는 새로운 창작성이 없더라도, 대본의 어문적인 부분에 새로운 창작성이 인정된다면 2차적저작물로서의 어문저작물을 창작한 것으로 인정될 여지도 있다. 그런데 위 결정은 그러한 부분에 대하여는 언급하지 않고 단지 가무설작법은 연기술, 토리극은 극형식으로서 모두 아이디어에 해당한다는 이유만으로 저작권 보호를 부정하는 결론을 내렸다는 점에서 비판의 소지가 있다. 위 사안에서는 아이디어가 구체적으로 표현된 각색대본을 수정하여 이용하였다는 것이 쟁점이 된 것이므로, 단순히 아이디어와 표현의 이분법(§3-29)만 적용하여 결론을 내리는 것은 적절하지 않은 것으로 생각된다. 가무설작법이나 토리극의 기본 아이디어는 아이디어의 영역에 해당한다고 보는 것이 타당하지만 그것이 구체적으로 표현된 대본 내용을 아이디어 자체라고 할 수는 없고, 단지 그 표현이 구체적 사안에서 '합체의 원칙'이 적용될 만한 사안일 경우(또는 그 창작성이 '실질적 개변'의 정도에 미치지 못하는 경우)에 그 창작성을 부정하는 결론을 내릴 수 있을 뿐이라고 보아야 할 것이다.

(3) 무용, 무언극

무용은 위에서도 언급한 바와 같이 별도의 연극저작물로 인정하기에 보다 적합한데, 그것은   §4-18 언어라는 수단이 아니라 몸짓이라는 수단으로 표현되기 때문이다.[1] 무용저작물의 경우 무보 등의 방법으로 고정되어 있어야만 실연과 구별되는 의미의 무용저작물의 존재를 인정할 수 있는 것이 아닌가 하는 문제가 오래 전부터 논의되어 왔고, 실제로 베른협약에서도 스톡홀름 개정 이전에는 무보 등의 방법으로 안무가 고정되어 있어야만 하는 것으로 규정한 바 있었다. 그러나 스톡홀름 개정협약에 의하여 이 문제는 가맹국의 국내법 규정에 일임하도록 되었고, 우리나라는 일본과 마찬가지로 무용을 비롯한 연극저작물에 있어서도 별도로 고정을 요건으로 하지 않고 있다.[2]

---

1 저작권심의조정위원회, 연극·영화관련 저작권 문답식 해설, 1991, 63면 참조.
2 內田晋, 전게서, 59~60면 참조.

무용의 경우 안무가에 의하여 만들어지는 '동작의 형'이 창작성 등 요건을 갖출 경우 연극저작물로 인정될 수 있다. 무용수는 일반적으로 실연자이지 저작자가 아니다. 또한 동작의 형을 표현한 '무보(舞譜)'가 작성되어 있을 경우 그 동작의 형을 개발하여 무보를 작성한 사람이 저작자가 되는 것이라고 볼 것이고,[1] 그 무보에 따라 다른 안무가가 실연의 지휘만을 하였을 경우에는 그 안무가도 실연자로 볼 것이며, 저작자로 볼 것은 아니다. 무용저작물의 경우 저작자의 결정은 누가 동작의 형을 창작성 있게 구성하였는지에 달려 있다. 서울고등법원 2016. 12. 1. 선고 2016나2020914 판결은 공연기획사의 운영자가 안무에 관한 아이디어와 의견을 제시한 것만으로는 무용저작물의 저작자 또는 공동저작자가 될 수 없고 실제로 그 동작의 형을 구성한 안무가를 그 단독저작자로 보아야 한다고 판시하였다(§8-4 참조). 같은 법원은 '샤이보이 안무' 사건에서도 전문 안무가(해당 사건 원고)를 저작자로 인정하였다(§4-18-4).

무용저작물과 관련하여 몇 가지 논의되는 문제에 대하여 정리해 보면 다음과 같다.

§4-18-1

먼저, 사교댄스의 안무가 무용저작물에 해당할 수 있는지 여부의 문제가 있다. 학설 중에 "사교댄스나 민요의 춤추는 방법 등은 진부한 표현에 해당하여 그 창작성이 인정되지 않으므로 저작권 보호를 받을 수 없다"고 하는 견해가 있으나,[2] 사교댄스의 안무라고 하여 모두 진부한 것이라고 단정하기는 어려울 것이다. 일본의 하급심 판결 중에 이 문제를 다룬 것이 있는데, 그 판시 내용을 인용해 보면 다음과 같다.

"사교댄스의 안무라고 하는 것은 기본 스텝과 PV(Popular Variation)스텝 등을 조합하여, 이것에 적절한 어레인지를 더하는 등으로 하나의 흐름이 있는 댄스를 만드는 것이다. 이와 같은 기존 스텝의 조합을 기본으로 하는 사교댄스의 안무가 저작물에 해당한다고 하기 위해서는 그것이 단순히 기존 스텝의 조합에 그치지 않고, 현저한 특징을 가진 독창성을 구비할 필요가 있다고 해석하여야 할 것이다. 왜냐하면 사교댄스는 원래 기존의 스텝을 적절하게 자유로이 조합시켜 춤추는 것을 전제로 하는 것이고, 경기자뿐만 아니라 일반 애호가들도 광범위하게 춤추고 있다는 것을 감안할 때, 안무에 관한 독창성을 완화하여 그 조합에 몇 가지의 특징이 있어도 저작물성을 인정한다고 한다면 근소한 차이를 가지는 것에 지나지 않는 수많은 안무에 관하여 저작권이 성립하고, 특정인에게 독점을 허락하는 것이 되는 결과, 안무의 자유가 과도하게 제약된다고 하지 않을 수 없기 때문이다. 이러한 것은 기존 스텝의 조합에 어레인지를 더한 스텝 등, 기존의 스텝에는 없는

---

1 이것은 동작의 형을 개발한 사람과 무보(舞譜)를 작성한 사람이 동일인인 것을 전제로 하는 설명으로 이해되어야 한다. 만약 동일인이 아니라면, 동작의 형을 창작성 있게 개발한 사람이 무용저작물의 저작자이고, 그것을 무보 형태로 표현한 사람이 저작자가 되는 것은 아니다. 그 경우 무용저작물과 무보의 관계는 음악저작물과 악보의 관계(§4-10)와 동일하다. 무보로 표시된 것도 유형물에 고정된 것이면 무용저작물의 복제물로 보아야 할 것이고, 따라서 그것을 무단으로 복제, 배포(또는 전송)하면 무용저작물에 대한 복제권 및 배포권(또는 공중송신권) 침해가 성립할 수 있다.

2 박성호, 저작권법, 박영사, 2014, 76면.

새로운 스텝 등과 같은 신체의 움직임을 조합시킨 경우라고 하더라도 동일하다고 할 수 있다."[1]

위 판결이 사교댄스의 창작성 인정기준을 까다롭게 잡은 것은 타당한 것으로 생각된다.[2] 따라서 사교댄스에 대하여는 단순히 기존 스텝의 조합을 넘어선 정도의 특별한 창조적 개성이 인정되는 경우에 한하여 그 창작성을 인정하는 것이 타당할 것이다.[3]

다음으로, 피겨스케이팅 등의 안무도 무용저작물에 해당하는지 여부가 논의되고 있다. 피겨스케이팅이나 아이스댄싱, 리듬체조 등의 안무는 무용저작물로서의 창작성을 인정할 수 있는 경우가 있을 수 있고, 그러한 경우에 단순히 스포츠에 사용되었거나 사용될 예정이라는 이유만으로 저작물성을 부정하는 것은 타당하다고 하기 어렵다.[4]

§4-18-2

끝으로, 대중음악용 안무의 저작물성을 어떻게 볼 것인가 하는 점이다. 대중음악용 안무는 각각의 노래 가사 등에 맞추어 일정 시간 연속적인 동작이 이루어진다는 점에서 선택의 폭이 상당히 넓어 창조적 개성을 인정하는 데 문제가 없고, 그러한 안무를 전체적으로 하나의 저작물로 보호한다고 하여 다른 창작자의 표현의 자유를 지나치게 제한하는 문제가 발생하지 않을 것이라는 점에서 그 창작성의 인정에 인색할 필요가 없으리라 생각된다. 특히 '걸그룹' 등이 실연하는 안무의 경우에는 여러 명의 동작의 연결, 조합 등의 요소가 추가적인 창작성 요소가 되어 창작성이 인정될 가능성이 더욱 높아질 것이라 생각된다. 아래에서 소개하는 판결이 바로 그러한 안무에 대하여 창작성을 긍정한 사례이다. 대중음악용 안무에 위와 같은 이유로 창작성이 인정되는 경우라 하더라도 그 개개의 구성요소를 떼어서 보면 창작성을 인정하기 어려운 경우가 많을 것이므로, 개별적 구성요소에 대하여 저작권 보호를 하는 문제는 보다 신중하게 판단되어야 할 것이다.

§4-18-3

 **판례**

❖ 서울고등법원 2012. 10. 24. 선고 2011나104668 판결 ― "샤이보이 안무" 사건

§4-18-4

위 인정 사실에 의하면, 이 사건 안무에 사용된 각종 동작 요소를 개별적으로 분석하면 피고들이 2012. 8. 6.자 검증설명서에서 지적하고 있는 바와 같이 각종 댄스 장르의 전형적인 춤 동작 그리고 아마 공개된 여러 춤에서 발전되는 특징들과 유사한 측면이 있지만, 이 사건 안무는 '샤이보이'라는 노래의 전체적인 흐름, 분위기, 가사 진행에 맞게 종합적으로 재구성된 것이고, 4인조 여성 그룹 '시크릿'

---

1 계승균, "판례평석-사교댄스의 저작물성", 대한변협신문 463호 참조.
2 계승균, 위의 글도 같은 취지이다.
3 同旨 임원선, 실무가를 위한 저작권법(제4판), 한국저작권위원회, 2014, 69면.
4 同旨 오승종, 저작권법(제3판), 박영사, 2013, 105~106면. 이 경우 스포츠 경기에서 그 안무에 따라 피겨스케이팅을 하는 것을 실연자의 권리의 보호대상으로서의 '실연'에 해당하는지도 문제가 되나, 그에 대하여는 '예능적 방법'에 의한 표현일 것을 요하는 실연의 정의에 부합하지 않는 것으로 보는 것이 저자의 입장이다.(반대견해; 박성호, 전게서, 77면 및 370면)

구성원의 각자 역할(랩, 노래, 춤 등)에 맞게 춤의 방식과 동선을 유기적으로 구성하였으며, 기존에 알려진 다양한 춤 동작도 소녀들로 구성된 '시크릿'과 '샤이보이'라는 악곡의 느낌에 맞게 상당한 창조적 변형이 이루어졌고, 각 춤 동작들이 곡의 흐름에 맞게 완결되어 이 사건 안무 역시 전체적으로 하나의 작품으로 인식되는 점 등을 종합하면, 이 사건 안무는 전문 안무가인 원고가 '샤이보이' 노래에 맞게 소녀들에게 적합한 일련의 신체적 동작과 몸짓을 창조적으로 조합·배열한 것으로서 원고의 사상 또는 감정을 표현한 창작물에 해당한다.

§4-18-5   무언극의 경우도 무용과 유사하게 파악하면 될 것으로 생각된다. 즉, 통상 무언극을 만들 때에도 극의 줄거리나 기본적 동작은 기록해 둔다고 하는데 이와 같은 기록물로 '고정'될 것이 저작물 보호의 요건은 아니고 즉흥적 무언극도 창작성이 있으면 연극저작물로 보호되나[1] 그러한 고정을 할 경우에 그 내용을 창작적으로 구성한 사람 또는 고정을 하지 않더라도 연기 내용을 지휘하면서 일정한 동작의 형(型)을 창작하는 데 관여한 사람이 저작자가 된다.

(4) 그 밖의 연극저작물

§4-18-6   저작권법 제 4 조 제 1 항 제 3 호의 저작물 예시규정에서 연극저작물을 "연극 및 무용·무언극 그 밖의 연극저작물"이라고 하여, '그 밖의' 연극저작물도 있을 수 있음을 예정하고 있다. 따라서 연극, 무용, 무언극에 해당하지 않는 것이라도 동작의 형을 구성하는 면에 있어서 창작성이 있다면 모두 연극저작물로 보호될 수 있다. 음악공연 등의 경우에도 무대 위의 출연자들의 동작을 구성하는 면에서 창작성이 있는 연출을 하였다면 그 연출은 단순한 실연이 아니라 연극저작물의 저작으로 인정될 가능성이 있다. 아래에서 소개하는 '난타' 사건 및 '얌모얌모 공연' 사건에 대한 판례가 그러한 법리를 전제로 한 것이라 할 수 있다.

 판 례

§4-18-7   ❖서울고등법원 2012. 11. 21. 선고 2011나104699 판결(확정) — "난타" 사건
〈사실관계〉
원고는 '난타'의 초연에 관한 시나리오(이하 "이 사건 시나리오"라고 한다)를 작성하였고 난타 초연의 연출을 해 오다가 중단한 후 난타 공연 제작자의 권리를 승계한 피고를 상대로 공연 금지 청구를 한 사건이다.

〈법원의 판단〉
창작 대상의 측면에서, 앞서 본 바와 같이 난타는 소리, 리듬, 동작이 공연의 구성·전개에 긴밀하

---

1 저작권심의조정위원회, 전게서, 1991, 71면 참조.

게 짜맞추어진 공연예술로서 다양한 예술적 표현양식, 즉 배경음악, 무대미술, 연기·안무·동작 등이 결합된 종합공연예술의 한 분야에 속한다. 그런데 앞서 본 바와 같이 난타의 제작·공연에 참여한 복수의 저작자들 각자가 이바지한 부분이 분리되어 이용될 수 있다는 점에서 난타를 결합저작물로 관념한다 하더라도, 이는 음악과 미술 및 안무 등과 같이 독립성을 갖는 예술적 표현양식들 사이에서 그렇다는 것이지 난타를 구성하는 개별 저작물이 공동저작물로 성립할 수 없다는 것은 아니라고 할 것인바, 초연 준비 과정에서의 참여자들의 난타 창작에 대한 기여방식 및 형태는 각자 맡은 고유의 역할은 물론이고 표현양식의 경계까지 넘나드는 전반적인 것이었다는 점을 고려할 때, 난타는 다수의 공동저작물이 결합한 결합저작물로서의 성격을 갖는다고 볼 수 있다. 특히 앞서 본 초연 당시의 팸플릿에 기재된 난타의 창작 과정에 대한 원고의 설명내용을 고려할 때, <u>음악, 동작·안무, 미술 등 난타를 구성하는 다른 표현양식들과 이를 매개로 한 참여자들 사이에서, 그리고 각각의 표현양식들과 참여자들이 서로 영향을 주고받고 중첩적으로 얽히는 과정에서, 초연 준비와 연습 과정을 통하여 난타의 구체적인 줄거리와 사건의 구성 및 전개과정, 그리고 등장인물 사이의 관계·교차 등이 구체적이고 독자적이며 창작적으로 표현됨으로써 연극저작물로서의 난타가 성립, 창작되었다고 봄이 상당하다</u>[한편 그 과정에서 동시에 연출자인 원고에 의하여 글(언어)이라는 표현방식에 의하여 난타의 초연 연출대본인 이 사건 시나리오가 작성되었다는 것은 앞서 보았는데, 난타가 이 사건 시나리오에 대한 저작권을 침해한 것으로 볼 수 없다는 점에 대하여는 아래에서 본다].

▷NOTE : 위 판결은 뒷부분에서, 연극저작물로서의 난타가 시나리오에 대한 저작권을 침해한 것인지 여부와 관련하여 연극저작물로서의 난타보다 시나리오가 먼저 작성된 사실(선재성)을 인정할 수 없고, 따라서 연극저작물서의 난타의 시나리오에 대한 '의거관계'가 인정되지 않는다는 이유로 침해를 부정하는 결론을 내렸다. 이 사건은 일반적인 연극의 경우와 같이 각본이나 시나리오(어문저작물)가 먼저 있고 그에 기하여 연출이 이루어진 것이 아니라 동작의 형으로 구성된 연극저작물로서의 난타가 먼저 창작된 것으로 보았다. 이와 같이 구체적인 줄거리와 사건의 구성 및 전개과정 등이 어문저작물로 먼저 작성된 것을 토대로 한 연출이 아니라 그것이 먼저 '동작의 형'으로서 구성된 경우는 창작성 있는 연극저작물의 성립을 인정하는 데 별다른 문제가 없는 경우라고 할 수 있고, 따라서 사실관계 인정의 문제는 별도로 하고 그러한 사실관계가 맞다면 법원이 법리적으로 타당한 결론을 내린 것이라 할 수 있다. 이 사건에서도 전체로서의 난타공연에 대하여는 서로 다른 표현형식을 가진 저작물들이 결합한 '결합저작물'로 인정하였는데(이것은 '사랑은 비를 타고' 사건에 대한 대법원 2005. 10. 4.자 2004마 639결정의 법리를 수용한 부분이라 할 수 있다), 결합의 대상인 저작물 유형 가운데 하나가 '동작의 형'을 창작성 있게 구성한 연극저작물로 인정됨을 전제로 한 것으로서, 그 부분 판시내용도 법리적으로 문제가 없는 것으로 생각된다.

❖대전지방법원 2015. 1. 15. 선고 2014노1511 판결 — "얌모얌모 공연" 사건   §4-18-8
〈사실관계〉
피해자 A 오페라단은 A 오페라단이 기획하고 개그맨 C가 연출하여 '얌모얌모' 공연을 창작하고 공연하고 있었다. 피고인은 A 오페라단의 단원으로 활동하다가 퇴사한 후 B 중창단의 단장으로 일하면서 얌모얌모 공연 중 일부를 모방하여 '뻔뻔한 클래식'이라는 명칭의 공연을 한 것이 문제 되어 저작재산권침해죄로 기소되었다.

〈법원의 판단〉

저작권법이 보호하는 저작물이란 '인간의 사상 또는 감정을 표현한 창작물'이고, 저작권법이 보호하는 대상은 사상 또는 감정의 창작적인 표현이고 사상, 감정, 아이디어나 사실 그 자체가 아닌 점, 공연내용을 이루는 표현 중 누가 하더라도 같거나 비슷할 수밖에 없는 경우나, 표현이 평범하고 흔한 경우에는 저작권자의 개성이 표현되었다고 할 수 없으므로 창작적인 표현이라고 할 수 없다는 점 등의 법리에 기초하여 살펴보면, <u>'얌모얌모 공연' 중 일부분은 특정 성악악곡에 기초하여 관객의 웃음을 유도하기 위해 의도적으로 만들어진 것으로 일부 퍼포먼스에서는 음악적 요소와 결합하여 웃음을 일으키는 동작들이 일련의 스토리를 전개하고 있어 작가의 의도된 감정과 사상을 개성적으로 표현하고 있는 것이며, 이는 피해자의 공연 자체에 내재된 특징적인 요소이므로 같은 유형의 다른 저작물들과는 다른 차별성과 독자성을 가지고 있는 저작물에 해당한다고 할 것이다.</u>

특히 뒤에서 살펴보는 바와 같이 피해자의 '얌모얌모 공연' 중 산타루치아, 오 해피 데이, 드링크송, 일바치오, 라르고 등을 바탕으로 한 퍼포먼스는 특정 음악을 매개로 하여 의도적으로 결합된 몸동작들과 활용되는 소품들이 계획된 스토리를 형성하여 개성적 표현의 형태를 띠고 있으며, 뒤에 구멍이 뚫린 와이셔츠나 안경알이 없는 선글라스, 생수통 등의 소품 활용은 피해자 공연의 해당 부분이 독창적으로 가지는 창작적 표현 부분에 해당하고, 가사나 악곡의 특성에 비추어 일반적인 사람들도 누구나 어렵지 않게 그러한 퍼포먼스를 생각하여 동일한 몸동작이나 소품을 필연적으로 결부시키리라고 기대하기는 어려우므로 피해자의 고유한 창작물로 볼 수 있고, 따라서 저작권법의 보호대상에 해당한다고 할 것이다.

▷NOTE : 위 판결은 클래식 음악 공연에 코믹한 요소를 도입하기 위하여 일련의 동작이나 소품 등을 활용한 것과 관련하여 "음악적 요소와 결합하여 웃음을 일으키는 동작들이 일련의 스토리를 전개하고 있어 작가의 의도된 감정과 사상을 개성적으로 표현하고 있는 것"에 해당한다고 보고 특히 "특정 음악을 매개로 하여 의도적으로 결합된 몸동작들과 활용되는 소품들이 계획된 스토리를 형성하여 개성적 표현의 형태를 띠고" 있다는 등의 이유로 그 공연 중 일부에 대하여 창작성을 인정하고 그에 대한 피고인의 저작재산권 침해를 인정하는 결론을 내리고 있다. 위 사건의 공소사실이나 판결문(1심 판결인 대전지방법원 2014. 5. 21. 선고 2013고정996 판결 포함)에는 '연극저작물'이라는 표현을 사용하고 있지 않으나, 공연의 그러한 요소가 몸짓이나 동작에 의하여 인간의 사상 또는 감정을 표현한 창작물로서 연극저작물에 해당함은 명백하고, 따라서 위 판결은 음악공연 출연자들에 의한 일련의 동작의 구성이 어떤 경우에 창작성 있는 '연극저작물'로서 보호될 수 있는지를 보여주는 판례로서 큰 참고가치를 가진다고 할 수 있다.

4. 미술저작물

(1) 의   의

미술저작물이란 형상 또는 색채에 의해 미적으로 표현된 저작물을 말하며, 현행 저작권법은 $\S 4\text{-}19$
그 예로서 회화, 서예, 조각, 판화, 공예, 응용미술저작물 등을 나열하고 있다. 포스터의 그림, 회
화의 밑그림이나 데생 또는 미완성 작품도 화가의 사상 또는 감정이 창작적으로 표현된 것이면
미술저작물이 될 수 있다.[1] 다만 넓은 의미에서 미술 분야에 속한다고 볼 수도 있는 건축저작물
($\S 4\text{-}65$)과 사진저작물($\S 4\text{-}77$)은 제 5 호와 제 6 호에서 따로 규정하고 있다. 미술저작물과 관련하여
글자체의 보호 여부도 문제가 되나, 그것은 '저작물성이 문제되는 경우'를 다루는 장에서 따로
설명하기로 한다(§6-54 이하 참조).

미술저작물도 '인간의 사상 또는 감정의 표현'으로서 '창작성'을 가지고 있어야 한다는 요건 $\S 4\text{-}20$
을 갖추어야 하는 점에서 다른 저작물과 마찬가지이다. 미술저작물이라고 하여 반드시 일정 수준
이상의 '예술성'을 필요로 하는 것은 아니다. 즉, 남의 것을 모방하지 아니하고 독자적으로 작성
한 것으로서 저작자 나름의 창조적 개성이 표현되어 있으면 예술성에 대한 평가와는 무관하게 창
작성 및 저작물성을 인정받을 수 있다.[2]

이와 관련하여 조직의 표장이나 여러 가지 대회의 상징으로 사용되는 '심볼마크'가 표장이나 $\S 4\text{-}21$
상표등으로 등록됨으로써 보호될 수 있는 것과는 별도로 저작권법상 미술저작물로 보호될 수 있
는가 하는 문제가 있다. 아래에서 소개하는 일본 판례에서 일본의 동경지방재판소는 올림픽 오륜
마크에 대하여 '간단한 도안 모양'에 불과하다는 등의 이유로 결론적으로 소극적인 입장을 취하였
으나 그와 같은 경우에 대한 저작권 보호의 가능성을 완전히 배제하지는 않는 다소 애매한 입장
을 보이고 있다. 오륜마크와 같이 간단한 도형의 결합이어서 그것이 상징하는 바의 구현을 위한
표현방법이 극히 제한되어 있는 것으로 보여져 '아이디어와 표현의 합체의 원칙'이 적용될 수 있
을 것으로 보이는 경우가 아닌 한, 단지 심볼마크로 사용되는 것이라는 것만을 이유로 저작물로
서의 보호를 부정할 것은 아니라고 생각되며, 창작성 등 저작물로서의 성립요건을 개별적으로 판
단하여 보호 여부를 결정하여야 할 것이다.[3] 결국 문제는 심볼도안인지 여부가 아니라 '간단한

---

1 황적인·정순희·최현호, 전게서, 194면.

2 서울중앙지방법원 2012. 9. 25. 선고 2012가합503548 판결은 액정 또는 평판 타블렛에 타블렛 펜 등을 이용하여 그
   린 구름이미지에 대하여 미술저작물로서의 창작성을 인정하면서 "자연에 이미 존재하는 형상의 하나인 구름 모양이
   라 하더라도 그 구체적인 윤곽선, 꼬리 형태, 굴곡, 색채, 명암 및 그 조합 형태에 따라 얼마든지 상이한 모습으로 창
   작될 수 있는바, 원고 각 구름 이미지의 구체적 윤곽선, 꼬리 형태, 굴곡, 색채, 명암 등을 고려할 때 원고 각 구름
   이미지가 누가 하더라도 같거나 비슷하게 표현 할 수밖에 없는 형상의 구름 모양이라고는 볼 수 없고, 원고 나름의
   정신적 노력의 소산으로서의 특성이 부여되어 있는 저작권법 보호대상인 미술저작물에 해당한다고 봄이 상당하다"고
   판시하였다.

3 同旨 作花文雄, 詳解 著作權法, ぎょうせい, 2000, 88면.

도안'인지 여부에 있다고 할 수 있다. 아주 간단한 도안에 대하여 저작물성을 쉽게 인정하여 독점
적·배타적 권리로서의 저작권을 부여하게 되면 창작의 자유를 지나치게 제한하는 문제가 있을
것이므로, 짧은 문구에 대하여 창작성을 인정하는 데 신중하여야 하는 것과 마찬가지의 이유에서
그 창작성 인정에 신중을 기하여야 할 것이다.[1]

　　한편 이러한 간단한 도안은 상표에 사용되는 경우가 많고 상표와 관련된 분쟁에서 상표에 대
한 저작권을 주장하는 경우가 빈번하여, 그러한 사안에서 간단한 상표 도안의 창작성[2]이 문제되
는 경우가 많다(§4-22-1 참조). 그 창작성의 판단에 있어서는 기본적으로 상표가 아닌 '간단한 도안'
의 경우와 동일하게 취급하면 될 것이다. 간단하다는 것도 정도의 문제로서 어느 정도를 간단한
도안으로 볼 것인지는 애매한 면이 없지 않은데, 아주 간단한 것이면 창작성을 인정하기 쉽지 않
겠지만, 비교적 간단한 도형이라 하더라도 창조적 개성이 표출된 것으로 인정할 만한 경우도
충분히 있을 수 있으므로(§4-22-2 참조), 사안마다 구체적·개별적으로 신중하게 판단하여야 할 것
이다.

　　한편으로, 미술저작물은 시각에 의하여 감지될 수 있는 미적 표현물을 뜻하는 것으로 보아야
할 것이므로, 전자카드의 자기테이프에 기록된 자성체의 배치와 같은 것은 미술저작물로 인정할
수 없다.[3]

---

1 이와 관련한 사례를 미국 판례에서 찾아보면 다음과 같은 예들이 있다. 먼저 가운데 원(사진을 넣는 공간)을 가진 별
　모양의 마분지에 양 날개를 뒤로 접으면 세울 수 있게 되어 있는 사진첩도안에 대하여 최소한의 창작성을 결여한 것
　으로 본 판례[Bailie v. Fisher 258 F. 2d 425, 103 U.S.App.D.C. 331 (C.A.D.C. 1958)]가 있다. 또한 4개의 각진
　선으로 화살 모양을 만든 도안(미국 실내 축구팀 뉴욕 애로우즈의 로고 — 아래 그림 참조)에 대하여 창작성을 부정하
　고 등록을 거부한 것을 긍정한 판례[John Muller & Co., Inc. v. New York Arrows Soccer Team, Inc. 802 F.
　2d 989(C.A. 8 (Mo.), 1986)]도 있다.

2 상표 도안에 대하여도 응용미술저작물의 요건인 독자성을 인정할 수 있다는 것에 대하여는 §4-53-1 참조. 응용미술저
　작물로서의 독자성이 인정되더라도 특히 간단한 도형으로 구성된 상표에 '창작성'을 인정할 것인지는 별개의 문제로
　따져 보아야 한다.
3 東京地裁 2000. 3. 31. 선고 平11(ヮ)13048号 판결.

판　례

❖東京地裁 1964. 9. 25. 선고 昭39(ㅋ)5594号 — "올림픽 오륜마크" 사건　§4-22

　　이른바 오륜마크가 저작권법 제 1 조에 규정한 미술저작물에 해당하는지 여부는 매우 어려운 문제
이지만, 그것이 비교적 간단한 도안 모양에 불과한 것으로 인정되므로 이를 긍정하기에 주저하지 않을
수 없고 당 재판소는 소극적으로 해석한다. 이른바 오륜마크가 올림픽의 표지로서 일반적으로 폭넓게
인식되고 국제적으로 존중되고 있는 것은 주지의 사실이지만 그것은 올림픽 행사가 의의 있는 국제적
행사로서 폭넓게 알려지게 됨에 따라 그 상징으로 인식되기에 이른 것으로 생각되고, 오륜마크 모양
그 자체의 미술성에 의한 것이라고는 생각되지 않기 때문에 위 사실만으로 저작물성을 긍정하기 어려
운 것이다. … 그러나, 1) 저작권법에서 말하는 저작물을 어떻게 이해할 것인지에 대하여는 논의가 나
누어지는 바, 저작물의 범위가 점점 폭넓게 해석되는 경향에 있는 점, 2) 오륜마크가 세계 오대주와 각
국의 국기, 즉 세계의 나라들을 표현하고 올림픽을 상징하는 독자의 모양으로서 일반적으로 인식되기
에 이르고 있는 점 등을 고려한다면 (당 재판소는 위에서 말한 바와 같이 소극적으로 해석하지만) 저작
권에 관한 주장은 상응하는 근거를 갖는 것이라고 생각된다.

❖서울고등법원 2010. 8. 26. 선고 2009나122304 판결　§4-22-1

　　(2) "⌣"은 하나의 선으로 이루어진 도형으로서, 선의 왼쪽과 오른쪽에 각각 돌출부(산봉우리
처럼 볼록하게 튀어나온 부분)가 형성되어 있고 왼쪽 돌출부가 오른쪽 돌출부보다 위로 더 볼록하게
솟아 있어 도형의 왼쪽과 오른쪽이 비대칭을 이루고 있다. 그러나 위 도형은 왼쪽 돌출부와 오른쪽 돌출
부의 높이 차이나 선의 양끝이 구부러진 정도 등에 따라 다양한 형태로 변형될 수 있는바, <중략> 돌
출부 간의 높이 차이에 정형화된 비율이 있지 않은 것으로 보이고, 위 도형 자체만으로는 의미하는 바
가 분명하지 아니하여 굴곡부를 가진 하나의 선으로 이루어진 다른 도형들과 구별되는 고유한 의미가
담겨져 있는 것으로 보기도 어려우므로 창작성이 인정된다고 볼 수 없다.

　　"😈"는 일본의 전통신인 에비수의 형상 밑에 에비수의 영어철자인 'EVIS'를 결합한 것인데,
<중략> 에비수 신의 형상 부분은 원고가 창작하기 이전부터 일본 오사카에 위치한 이마미야 에비수 신
사의 축제나 그 홍보물 등에서 널리 사용되는 에비수 신의 형상과 실질적으로 동일한 사실을 인정할
수 있고, "EVIS"는 에비수 신의 영어철자에 불과하므로, 위 에비수 신의 형상과 "EVIS"를 결합한 [도안]
은 저작권법에 의한 보호를 받을 가치가 있는 정도의 창작성이 있는 저작물이라고 할 수는 없다.

　　△△는 청바지 뒷면 모양에 엉덩이 부분에서 무릎 부분까지 "M"과 유사한 형태의 도형을 삽입한
형태로서 응용미술작품의 일종이라고 할 수 있는데, <중략> "M"과 유사한 형태를 제외한 나머지 부분
은 청바지 자체로서 [도안]은 그 이용된 물품인 청바지와 구분되어 독자성을 인정할 수 없고, [도안]에
서 물품인 청바지와 구분되어 독자성을 인정할 수 있는 "M"과 유사한 형태 부분은 저작권법에 의한 보
호를 받을 가치가 있는 정도의 창작성을 인정할 수 없으므로, [도안]은 어느모로 보나 그 창작성이 인
정되기 어렵다.

▷NOTE : 위 판결은 상표로 이용된 간단한 도형 등에 대하여 창작성을 부정한 사례의 하나이다. 청바지의 모양에 대하여는 응용미술저작물의 독자성을 부정하는 입장을 취하고 있는데, 그것은 독자성에 대한 본서의 입장(§4-50)과 일치하는 것이다.

§4-22-2   ❖대법원 2014. 12. 11. 선고 2012다76829 판결 ― "여우머리 형상 상표" 사건

원고는 1976년경 [이미지], [이미지], 'F-X' 도안을, 1990. 6.경 [이미지], [이미지], [이미지], [이미지], [이미지] 도안을 각 작성하여 미국에서 그 명의로 공표하였다. 이 가운데 먼저 [이미지], [이미지] 도안은 '전체적으로 갸름하지만 양 볼이 볼록하게 튀어나온 역삼각형의 두상을 기본으로 하면서 하단의 역삼각형 모양의 주둥이가 얼굴의 하단으로 갈수록 날카롭게 좁아지고, 양 볼의 아래쪽에는 털 갈퀴가 불규칙한 톱니 모양으로 표현되며, 눈과 코는 각각의 눈에서 콧날로 이어지는 격자형 선분으로 간략하게 표시되어 여우 특유의 매섭고 날카로운 인상을 더해주는 여우의 머리 형상'으로 이루어져 있다. 또한 '[이미지], [이미지], [이미지] 도안은 위와 같은 특징에 더하여 이를 비스듬한 형태로 변형함으로써 더욱 입체감이 있고 날렵한 특징이 강조되어 있다. 나아가 '[이미지], [이미지], [이미지]' 도안은 영문 'FOX'의 형상 중 알파벳 문자 'O'에 해당하는 부분을 위와 같은 여우 머리 형상으로 대체하여 간략하면서도 강렬한 여우의 머리 형상의 이미지를 부가하고 있다.

원고는 위 각 도안(이하 이를 '이 사건 원고 도안'이라 한다) 자체를 작성한 이래로, 이를 원고가 제조·판매하는 모토크로스(moto-cross)·산악자전거(mountain bike)·일반 자전거용 의류, 스포츠 장비, 신발, 잡화 등 물품에 표시해온 것 외에도, 다른 곳에 부착할 수 있는 전사지나 스티커 형태로 제작하여 잠재적 수요자에게 배포해오는 한편, 원고가 발행한 카탈로그 등 홍보물과 인터넷 홈페이지 등에서 물품에 부착되지 않은 이 사건 원고 도안 자체만의 형태를 게재해왔다.

따라서 이 사건 원고 도안이 저작권법에 의하여 보호되는 저작물의 요건으로서 창작성을 구비하였는지 여부는 도안 그 자체로 일반적인 미술저작물로서 창작성을 구비하였는지 여부에 따라 판단하면 충분하다고 할 것이다. 그런데 이 사건 원고 도안은 모두 자연계에 존재하는 일반적인 여우의 머리와는 구별되는 독특한 여우 머리로 도안화되었거나 이와 같이 도안화된 여우 머리 형상을 포함하고 있어, 여기에는 창작자 나름의 정신적 노력의 소산으로서의 특성이 부여되어 있고 이는 다른 저작자의 기존 작품과 구별될 수 있는 정도라고 보인다. 그러므로 이 사건 원고 도안은 저작권법에 의하여 보호되는 저작물의 요건으로서 창작성을 구비하였다고 할 것이다. 그리고 이 사건원고 도안이 상품의 출처표시를 위하여 사용되고 있다는 사정은, 이를 저작권법에 의하여 보호하는 데 장애가 되는 사유가 아니다.

▷NOTE : 먼저, 위 판결에서 위 상표도안이 인터넷 홈페이지에 게재되는 등 '물품에 복제'되지 않은 형태로도 사용되어 왔음을 들어 일반 미술저작물로서의 창작성 유무만 따지면 된다는 취지로 판단한 부분에 주목할 필요가 있다. 이것은 대법원이 이와 같은 경우에는 응용미술저작물의 개념요소인 '대량생산성'(§4-44) 자체를 인정할 수 없으므로 '독자성' 요건에 대하여는 따져볼 필요가 없고 일반 미술저작물이나 공예품 등과 마찬가지로 '창작성'만 판단하면 되는 것으로 보는 입장을 밝힌 것으로서, 상

표의 저작권보호에 대한 판례로서의 의의가 클 뿐 아니라(상표의 저작물성에 대하여 자세한 것은 §4-53-1 참조), '대량생산성'("물품에 동일한 형상으로 복제할 수 있는 것일 것")의 의미에 대하여도 중요한 시사점을 주고 있는 것으로 생각된다. 한편, 여우머리 형상으로 되어 있거나 그것을 포함하고 있는 위 도안들은 비교적 간단한 도안이라고 할 수 있으나, 자연계에 존재하는 사물과는 다른 특징을 부여한 면에서 창조적 개성을 충분히 인정할 수 있는 도안이라는 점에서 대법원의 위와 같은 판단의 타당성을 긍정할 수 있다. 이처럼 동물 모양 등을 간단하게 표현하면서 개성적인 특징을 부여한 것은 오늘날 다수의 캐릭터에서 사용되는 것인바, 그러한 캐릭터들이 대부분 미술저작물로서의 창작성을 인정받을 수 있을 것이라는 것을 위 판례를 통해서 확인할 수 있다(비교적 간단한 고양이 모양의 오리지널 캐릭터인 '헬로우 키티'에 대하여 저작물성을 인정한 사례로는 §6-24, 간단한 토끼 모양의 캐릭터인 '미피' 등의 창작성을 인정한 사례로는 §6-40-1 참조).

❖대구지방법원 2014. 4. 30. 선고 2014카합125 결정 — "고무줄 이용 설치미술" 사건   §4-22-2-1
〈사실관계〉

1. 신청인은 2003년경부터 전시장의 공간 속에 수백 개의 고무줄의 각 양 끝을 다양한 모양으로 규칙으로 연결하는 작업을 통해 벽체와 천장, 기둥을 고무줄로 메워 한 면을 만들거나 고무줄의 벌려진 틈을 이용하여 빛과 그림자의 물리적인 착시효과를 나타내는 작품들을 선보이는 설치작가이다.

2. 피신청인은 E미술관이 역량 있는 젊은 작가를 발굴하고 양성하기 위하여 추진하고 있는 'G'에서 2012년도에 선정된 5명의 작가 가운데 한 명으로, 2014. 2. 11.부터 2014. 6. 1.까지 E미술관 4, 5 전시실에서 개인전을 개최하였다. 그 중 5전시실에 설치된 작품(이하 '이 사건 작품'이라 한다)은 수백 개의 고무줄로 만들어진 선들이 벽과 벽 혹은 바닥을 연결하고 점차적으로 전시장을 메우고 있는 작품이다.

3. 신청인은 피신청인의 이 사건 작품은 신청인의 작품과 동일하게 고무를 소재로 한 것일 뿐만 아니라 고무줄로 메워진 기울어진 벽, 고무줄로 된 스케치 벽, 전시장 벽과 벽을 연결하거나 한쪽 벽만을 고무줄로 메워가는 형태, 뒷공간이 보이는 공간 분할, 조명과 그림자를 이용하여 고무줄의 강렬함을 표현하고 있는 점 등에 비추어 보면 실질적인 유사성이 인정된다고 주장하면서, 피신청인에 대하여 이 사건 작품 전시의 금지와 철거를 구하는 가처분신청을 하였다.

〈법원의 판단〉

저작권법에 의하여 보호되는 저작물의 요건으로서의 창작성이란 완전한 의미의 독창성을 말하는 것은 아니며 단지 어떠한 작품이 남의 것을 단순히 모방한 것이 아니고 작자 자신의 독자적인 사상 또는 감정의 표현을 담고 있음을 의미할 뿐이어서 이러한 요건을 충족하기 위하여는 단지 저작물에 그 저작자 나름대로 정신적 노력의 소산으로서의 특성이 부여되어 있고 다른 저작자의 기존의 작품과 구별할 수 있을 정도이면 충분하다(대법원 2003. 10. 23. 선고 2002도446 판결 참조). 다만 누가 하더라도 같거나 비슷할 수밖에 없는 표현, 즉 저작물 작성자의 창조적 개성이 드러나지 않는 표현을 담고 있는 것은 창작성이 있는 저작물이라고 할 수 없다(대법원 2005. 1. 27. 선고 2002도965 판결 참조).

위와 같은 법리에 비추어 이 사건에 관하여 보건대, <u>신청인이 2003년경부터 만들어 온 작품은 모</u>

두 고무줄을 소재로 한 것인데, 공간의 특징에 따라 고무줄의 폭이 넓은 것부터 폭이 좁은 것까지 다양한 크기의 고무줄을 사용하였고, 색상 또는 공간의 특징에 어울릴 수 있도록 검은색, 붉은색, 파란색, 흰색, 회색 등을 사용하여 왔으며, 고무줄의 배열과 관련하여서도 공간이나 작업의 특징에 따라 공간과 공간을 구획하여 고무줄로 연결하거나 직각으로 맞닿는 면과 면 사이를 고무줄로 연결하며, 한 벽면을 고무줄로 연결 설치하기도 하는 사실이 소명되고, 위와 같은 작업형태나 내용에는 신청인들이 들인 정신적 노력의 소산으로서 창조적 개성이 부여되어 있다고 보이므로, 신청인의 작품들은 저작권법의 보호대상이 되는 저작물에 해당한다고 볼 수 있다.

(중략)

기록에 의하면, 이 사건 작품은 고무줄을 사용하여 고무줄의 양 끝을 마주 보거나 맞닿은 벽, 또는 하나의 벽면에 고정하여 연결하는 작업을 계속적으로 반복하는 방법으로 수많은 고무줄을 일정한 간격을 두고 양 끝을 고정시키거나 고무줄 사이의 간격을 같은 규격으로 확장 내지 축소시키는 등 어떤 규칙에 따라 공간 속에 고무줄을 배열하여 전시장을 메우는 상태로 이루어져 있는데, 이러한 작업 형태나 내용에 의한 구성 및 고무줄의 배치 방식은 앞에서 살펴 본 신청인의 작품과 거의 동일하게 나타내고 있다.

다음으로 신청인의 작품들과 이 사건 작품의 창작적인 표현형식을 비교하여 보면, 아래에서 보는 바와 같은 방법으로 관람객의 접근과 이동을 방해하며 불편함을 주고자 하는 고무줄의 배치 및 그에 따른 공간 창출, 조명 이용에 따른 그림자 효과 등이 비슷하여 전체적으로 볼 때 실질적으로 유사하다고 보이고, 신청인의 작품들과 이 사건 작품에서 일부 차이가 확인되더라도 새로운 창작적 요소가 가미된 것으로 보기 어려운 정도의 미미한 수정, 증감 또는 변형에 불과한 것으로 판단된다.

① 신청인과 피신청인 모두 고무줄의 양 끝을 고정하여 기울어지고 뒤틀리거나 높이가 어색한 벽이나 천장을 만들며, 기존의 벽과 고무줄로 만들어진 새로운 벽이 만나서 새로운 공간을 창출하는 등 전시장 전체가 하나의 작품이 되도록 연출하고 있다. 이로써 관람객들이 천장에 설치된 고무줄 밑으로 작품을 감상하거나 그 속을 불편하게 오고 가게 함으로써 일상에서 벗어나 특이한 경험을 하게 된다.

② 팽팽하게 잡아당긴 고무줄은 매우 직선적이지만 부분마다 이를 꺾어주어 삼각형 같은 문양을 유도하거나, 서로 다른 면을 향하고 있는 고무줄이 서로 엉키지 않고 각자의 방향을 향하고 있지만 여러 고무줄이 엉켜있는 듯한 모양으로 보이도록 연출함으로써 직선으로 이루어진 공간에 입체감 내지 다양성을 부여하고 있다.

③ 이 사건 작품은 고무줄 사이에 조명을 비춰 빈 벽과 바닥에 그림자를 연출시켜 실제 만들었던 수보다 훨씬 많은 양의 선이 형성되면서 공간을 메워주거나 대각선을 기준으로 고무줄을 연결하고 그 고무줄을 연결한 공간 사이로 그림자가 표출되는 형태도 취하고 있는데, 피신청인이 이 사건 작품에 사용한 고무줄이 색상이 파란색인 것을 제외하고는 신청인이 기존에 전시한 작품과 같은 형태이다.

④ 신청인과 피신청인 모두 배열한 고무줄 틈 사이로 고무줄 반대편의 물체가 보이도록 하거나 고무줄의 빈 공간 사이에 반대편 사람들의 형상이 드러나도록 하는 부분도 유사하다.

▷NOTE : 위 사안은 현대미술의 한 장르인 설치미술[1]에 대한 것으로서, 설치미술의 어떤 부분에 창작성이 인정될 수 있는지 등의 면에서 참고가치가 있다고 생각된다. 이러한 설치미술의 경우 아이디어와 표현의 이분법(§3-29)이 문제될 수 있을 것인바, '특수한 고무줄을 이용한 설치미술'이라는 기본 컨셉은 당연히 아이디어의 영역에 해당하고, 그것이 구체적으로 표현된 부분에서 창작성이 있는 부분만 미술저작물로서 보호대상이 되는 것으로 보아야 할 것이다. 위 결정도 그러한 법리를 전제로 한 것으로 생각되나, 구체적 사안에 대한 판단에 있어서 신청인의 작품과 피신청인의 이 사건 작품 사이의 실질적 유사성을 인정한 부분의 타당성에 대하여는 의문을 표명하는 견해[2]도 존재한다.

미술저작물성의 유무와 관련하여 문제가 되고 있는 사례나 논점들을 추가로 살펴보면, 다음과 같다.

1) 꽃꽂이가 미술저작물이 될 수 있을지가 문제되나, 비저작물인 소재의 선택, 배열 및 구성에 창작성이 있을 경우 편집저작물로 보호될 수 있도록 규정한 저작권법의 취지에 비추어 보면, 꽃꽂이도 비록 자연적인 소재를 이용하였다 하더라도 그것을 선택, 배열, 구성하는 면에서의 정신적 노력을 통해 나름대로의 심미적인 결과를 만들어 낸다는 점에서 편집저작물인 동시에 미술저작물로서의 창작성을 인정할 수 있는 경우가 많을 것이라 생각된다.[3]

§4-22-3

---

1 설치미술이란 "특정한 장소나 전시 공간을 고려하여 제작된 작품과 공간이 총체적인 하나의 환경을 이룸으로써 그 자체가 작품이 되는 미술"을 뜻한다. 양소영 외 8인, 음악미술 개념사전(네이버 지식백과)(https://terms.naver.com/entry.nhn?docId=960363&cid=47310&categoryId=47310).
2 오은실, "현대미술의 표절 논쟁에 관한 연구 : 손뭉주와 박정현의 사례를 중심으로", 미술이론과 현장 제23호, 2017, 152~186면.
3 꽃꽂이가 원칙적으로 미술저작물로 보호될 수 있다는 것이 일본에서의 통설이다(中山信弘, 著作權法(第 2 版), 有斐閣, 2014, 90면; 小倉秀夫・金井重彦 編著, 著作權法 コンメンタール, LexisNexis, 2013, 297면; 三山裕三, 著作權法詳說(第10版), 勁草書房, 2016, 162면; 島並良・上野達弘・横山久芳, 著作權法入門(第2版), 有斐閣, 2016, 39; 澁谷達紀, 知的財産法講義(第2版) – 著作權法・意匠法-, 有斐閣, 2007, 30면 등 참조). 물론 꽃꽂이 중에서 자연에 의존하는 바가 크고 거의 손을 대지 않은 것에 대하여는 저작물성이 부정되는 경우가 있을 수 있다(半田正夫, 著作權法槪說(第14版), 法学書院 2009, 86면 참조). 허희성, 2011 신저작권법 축조개설(상), 명문프리컴, 2011, 111면은 "생화의 꽃꽂이나 모래사장의 그림, 또는 연회장 등에 장식된 얼음 조각 등은 보호를 받을 것인지 의문이다. 이들도 미적인 창작성이 있는 것이면 미술저작물로서 보호되는 것이다. 그러나 이들은 원작품을 장기간 보존할 수가 없으므로 사실상 보호를 받지 못하는 것으로 본다. 왜냐하면 이들을 보존하기 위하여 모사(模寫)를 한다면 복제물로서 보호대상이 아니며, 사진을 촬영하는 것도 원칙적으로 창작성을 인정할 수 없으나, 위 사진저작물에서 언급한 바와 같이 사진의 경제적 평가에 의하여 저작물성 여부가 인정될 수 있으므로 그 사진의 사회적 효용에 의하여 경제적 가치가 있다면 사진저작물로서 보호될 수 있으나, 생화의 꽃꽂이나 모래사장의 그림이 보호되는 것은 아니다"라고 주장하나, 이러한 견해의 타당성에는 의문이 있다. 꽃꽂이 등의 사진이나 모사화 등은 미술저작물의 복제물로서 그것을 함부로 복제, 배포하면 미술저작물인 꽃꽂이에 대한 저작재산권을 침해하는 것으로 평가될 수 있으므로, 그와 같이 별도의 매체에 복제할 경우 지속적인 보호를 받을 수 있다고 보는 것이 타당할 것이기 때문이다. 모래사장의 그림이나 얼음 조각 등의 경우도 마찬가지이다. 위 견해는 꽃꽂이를 사진으로 촬영한 경우에는 사진저작물로만 보호를 받을 수도 있다고 주장하나, 미술저작물인 꽃꽂이를 촬영한 사진은 일반적으로 사회통념상 새로운 저작물로 인정할 만한 정도의 창작성이 부가된 것으로 보기 어려워 2차적저작물로서의 사진저작물의 성립을 인정할 수 있는 사례는 많지 않을 것인바(§4-81 참조), 가사 2차적저작물로서의 사진저작물이 성립한다고 하더라도, 2차적저작물의 보호는 그 원저작물의 저작자의 권리에 영향을 미치지 않으므로(저작권법 제 5 조 제 2 항), 해당 사진의 복제, 배포 등에는 꽃꽂이 저작자의 허락을 받아야 하는 등의 보호가 계속 미치게 된다(§5-28 이하 참조).

§4-22-4   2) 연극이나 뮤지컬 공연 등에 사용되는 무대장치에 대하여는 개개의 무대장치에 대하여 개별적으로 판단하여 창작성이 있으면 미술저작물로 인정하여야 할 것이다. 의상, 조명 등을 포함한 '무대효과' 전체를 하나의 저작물로 보는 것은 그렇게 볼 합리적 근거도 없고, 권리귀속관계를 복잡하게 하는 문제가 있으므로 찬성할 수 없다.[1]

§4-22-5   3) 기존의 회화를 그대로 모사한 '모사화(模寫畵)'에 대하여 저작물성을 인정할 수 있을지가 문제된다. 이에 대하여 원작을 그대로 모사한 경우는 복사기를 사용하여 복제한 것과 같아 저작물성을 인정하기 어렵지만, 모사가 불완전하게 되어 결과적으로 모사자의 사상 또는 감정의 표현이 있다고 인정되는 경우에는 그 범위 안에서 저작물성이 인정될 것이라는 취지의 견해가 있다.[2] 그러나 이러한 경우에는 원저작물과의 관계에서 2차적 저작물로서의 요건을 갖추어야만 새로운 미술저작물로 인정될 수 있는데, 2차적 저작물이 되기 위한 창작성의 정도를 비교적 높게 보아 '실질적 개변'을 필요로 하는 것으로 보는 본서의 입장(§5-10 참조, 대법원 판례도 유사한 입장이다)에서는 불완전한 모사화를 포함하여 모사화에 대하여 저작물성을 인정하기는 어려운 것으로 보게 된다.[3]

§4-22-6   4) 만화의 경우에는 어문저작물(말풍선 부분과 스토리)과 미술저작물(그림 부분)이 결합된 것으로 볼 수 있다.[4]

§4-22-7   5) 한편, 미술저작물에 있어서도 아이디어와 표현의 이분법(§3-29)은 적용될 수 있다. 하급심 판결 중에 다음과 같이(§4-22-8) 삼베의 질감을 표현한다고 하는 아이디어 자체는 보호의 대상이 될 수 없다고 하여 삼베질감 디자인의 저작물성을 부정한 사례가 있다.

📖 판 례

§4-22-8   ❖ 서울고등법원 2011. 4. 13. 판결 2009나111823 — "색동벽화" 사건
선을 상하 및 좌우로 교차시켜 삼베의 질감을 묘사하는 기법은, 1 자연계에 이미 존재하는 삼베의 질감을 사실적으로 묘사하는 것인 점, 2 삼베의 질감을 묘사하기 위해서는 선을 상하 및 좌우로 교차시키는 것이 필수적인 점 등에 비추어 보면, 이른바 아이디어의 영역에 해당하는 것이지 표현에 해당하는 것은 아니어서 저작권의 보호대상이 아니라고 봄이 타당하다.
따라서 원고의 주장과 같이 이 사건 문양이 이 사건 삼베 바탕을 모방하여 자유롭고 끊어진 선을

---

1 同旨 內田晋, 問答式 入門 著作權法, 新日本法規出版株式會社, 1979, 53~54면; 오승종, 전게서, 107면; 박성호, 전게서, 94~95면.

2 임원선, 실무가를 위한 저작권법(제4판), 한국저작권위원회, 2014, 54면. 일본의 하급심판결 중에는 모사화의 저작물성을 긍정한 사례(東京地裁 1999. 9. 28.자 판결)도 있고 부정한 사례(知的財産高裁 2006. 11. 29.자 판결)도 있다. 다른 사람의 조각작품을 그대로 재현하여 만드는 것 등도 모사화와 마찬가지로 볼 수 있는데, 이러한 경우에 엄청난 노력을 통해 재현해 냈다는 것을 중시하여 창작성을 인정한다면 그것은 노동이론에 기한 것이라 할 수 있다. 우리 대법원이 창작성과 관련하여 노동이론이 아니라 유인이론의 입장을 명확히 한 것으로 보아야 할 것이라는 점은 §3-4 각주 참조.

3 역시 2차적 저작물의 요건으로서 '실질적 개변'을 요구하는 미국에서도 같은 취지의 견해가 주장되고 있다. Melvile B. Nimmer, David Nimmer, Nimmer on Copyright Vol. I, §2.01[A].

4 同旨 박성호, 전게서, 83면. 복수의 사람들 사이에 역할을 분담하여 만화를 작성하여, 만화의 스토리를 작성한 사람과 나머지 다른 역할을 맡은 사람이 구분될 수 있을 경우에 그들 사이의 관계는 공동저작자의 관계에 있는 것으로 본 판례(§9-11)가 있다.

상하 및 좌우로 교차시켜 삼베 질감을 나타낸 것이라 하더라도, 이는 저작권의 보호대상이 아닌 아이디어를 차용한 것에 불과하므로, 이를 두고 이 사건 작품에 대한 저작권을 침해한 것이라고 할 수는 없다.

▷NOTE : 위에서 언급한 바와 같이 위 판결은 미술저작물에 대하여 아이디어와 표현의 이분법을 적용한 사례이다. 미술저작물에도 그러한 원칙이 적용될 수 있음은 말할 나위도 없다. 그런데 위 사안과 같이 그 아이디어의 표현이 문제가 될 경우에는 (위 판결에서도 그러한 아이디어를 구현하기 위해서는 그러한 표현이 필수적이라는 취지를 표명하고 있으므로) 결국 아이디어의 영역에 해당한다고만 하기보다 아이디어와 표현이 합체되었다고 하는 '합체의 원칙'(§3-35)을 적용하여 그것을 근거로 하는 것이 보다 타당할 것이다. 나아가 우리 대법원의 입장이 '합체의 원칙'을 창작성의 측면에서 받아들이고 있다는 것(§3-37)을 감안할 때에는 '합체의 원칙'에서 한 걸음 더 나아가 창작성(그 요소로서의 창조적 개성)의 결여를 이유로 삼는 것이 바람직하였을 것으로 생각된다.

(2) 응용미술

(가) 서   설

일반적으로 응용미술이란 순수미술에 대응하는 말로서 산업상의 이용 기타 실용적 목적을 가진 미술작품을 뜻한다. 이러한 의미의 응용미술작품에는 ① 미술공예품, 장신구 등 실용품 자체인 것, ② 가구에 응용된 조각 등과 같이 실용품과 결합된 것, ③ 문진(文鎭)의 모델형 등과 같이 양산되는 실용품의 모델형으로 이용될 것을 목적으로 하는 것, ④ 의류디자인 등 실용품의 모양으로 이용될 것을 목적으로 하는 것 등이 모두 포함된다.[1] §4-23

그런데, 위와 같은 응용미술작품 중 '공업상 이용할 수 있는 디자인'에 해당하는 것은 신규성, 진보성 등의 요건을 갖춘 경우에는 디자인보호법에 의한 등록을 거쳐 동법에 의한 '디자인권'이 부여될 수 있어 이러한 디자인보호법에 의한 보호와 저작권법에 의한 보호의 관계를 어떻게 볼 것인지가 문제된다. 이에 대한 입장으로는 일차적으로 1) 디자인보호법의 경우는 신규성 등의 엄격한 요건을 갖추고 등록절차를 거칠 것을 요하면서 그 존속기간은 설정등록일부터 디자인등록출원일 후 20년이 되는 날까지[2]에 불과하여 저작권법에 의한 저작물로서의 보호기간에 비하여 현저히 짧은 점 등을 고려할 때, 디자인보호법의 적용대상이 되는 '공업상 이용할 수 있는 디자 §4-24

---

1 內田晋, 전게서, 35~45면 참조. 다만, 이것은 응용미술의 일반적인 개념을 뜻하는 것일 뿐이고 그 개념범위에 있어서 우리 저작권법상 '응용미술저작물'의 정의와 부합되는 것은 아니다. 뒤에서 보듯이 우리 저작권법상의 '응용미술저작물'은 일품제작의 공예품 등과 그 물품과의 관계에서 '독자성'이 인정되지 않는 것은 포함하지 않는 제한적인 개념이다.

2 원래 설정등록일부터 15년까지로 규정되어 있었는데, 산업디자인의 국제등록에 관한 헤이그협정과의 조화를 도모하는 뜻에서 2013. 5. 28. 법률 제11848호로 이루어진 디자인보호법의 전면개정(2014. 7. 1 시행)으로 그 존속기간이 위와 같이 연장되게 되었다.

인'의 경우에는 저작권법에 의한 보호를 받을 수 없다고 하여 중첩 적용을 부정하는 입장, 2) 그와는 정반대로, 디자인보호법과 저작권법은 각각 별도의 입법목적을 가지고 있는 것이고, 응용미술저작물에 대한 디자인보호법의 보호는 매우 불충분하므로 저작권법에 의한 중첩적 보호도 무제한적으로 인정하여야 한다고 보는 입장, 3) 저작권법에 의한 중첩보호를 인정하되, 위 첫째 입장의 논거 등을 현실적으로 감안하여 디자인보호법에 의한 보호 취지와 충돌하지 아니하는 범위 내에서 일정한 경우에 한하여 제한적으로만 저작권 보호를 인정하여야 할 것이라고 하는 입장 등으로 나누어 생각해 볼 수 있다. 결론적으로 우리나라 현행 저작권법은 위의 세 갈래 입장 중 3)의 입장을 취한 것으로 볼 수 있는데, 그 구체적인 내용을 살펴보기 전에 먼저 이 문제에 관한 저작권법의 규정 연혁을 살펴보기로 한다.

§4-25   1957년에 제정된 구 저작권법에서는 응용미술작품에 대하여 아무런 언급을 하지 않고 제 2 조에서 "본법에서 저작물이라 함은 표현의 방법 또는 형식의 여하를 막론하고 문서, 연술, 회화, 조각, 공예, 건축, 지도, 도형, 모형, 사진, 악곡, 악보, 연주, 가창, 무보, 각본, 연출, 음반, 녹음필름, 영화와 기타 학문 또는 예술의 범위에 속하는 일체의 물건을 말한다"고만 규정하여 통상 미술저작물에 포함되는 것들 중 회화, 조각, 공예 등만 저작물로 예시하고 있었다. 즉, 구 저작권법은 일반적으로 응용미술작품의 개념에 해당하는 것 중에서 '공예'를 미술저작물에 포함하여 일품제작의 공예품이 포함됨은 명백히 하였으나 나머지 응용미술작품의 보호에 대하여는 명백한 입장을 드러내지 않은 것으로 볼 수 있다. 그 후 1986년에 개정된 저작권법은 그 제 4 조 제 1 항 제 4 호에서 "회화·서예·도안·조각·공예·응용미술작품 그 밖의 미술저작물"을 저작물의 하나로 예시하고 응용미술작품에 대한 별도의 정의규정을 두지는 않았다. 규정 내용만으로 보면, 응용미술작품도 미술저작물의 하나에 포함하여 전면적으로 보호하는 것으로 볼 수 있는 규정이었다. 즉, 위 2)의 입장을 입법적으로 채택한 듯 보이는 면이 없지 않았다. 그러나 당시의 의장법의 여러 가지 제한규정을 감안할 때 그와 같이 해석하는 것은 의장법의 규정 취지를 몰각하고 산업계에도 혼란을 야기할 수 있다는 주장이 많이 제기되어 대법원 판례(대법원 1996. 2. 23. 선고 94도3266 판결; §4-54)도 '대한방직' 사건에서 "응용미술작품에 대하여는 원칙적으로 의장법에 의한 보호로써 충분하고 예외적으로 저작권법에 의한 보호가 중첩적으로 주어진다고 보는 것이 의장법 및 저작권법의 입법취지라 할 것이므로 산업상의 대량생산에의 이용을 목적으로 하여 창작되는 모든 응용미술작품이 곧바로 저작권법상의 저작물로 보호된다고는 할 수 없고, 그 중에서도 그 자체가 하나의 독립적인 예술적 특성이나 가치를 가지고 있어 위에서 말하는 예술의 범위에 속하는 창작물에 해당하여야만 저작물로서 보호된다고 할 것이다"고 하여 그 보호범위를 매우 제한적으로만 인정한 바 있다. 즉, 당시 시행중인 저작권법을 그 규정 형식에 불구하고 기본적으로 위 3)의 입

장을 취한 것으로 해석하면서 다만 중첩적용의 '예외성'을 강조함과 동시에 일반적인 '창작성' 요건의 의미를 넘어선 "독립적인 예술적 특성이나 가치"를 요구하는 취지를 표명하였을 뿐만 아니라 결과적으로 평면적인 직물 디자인에 대하여 보호를 부정하는 결론을 내려 전체적으로 저작권적 보호의 범위를 지나칠 정도로 제한적으로 보는 입장을 보인 것이다. 그러자 이러한 판례입장을 입법적으로 개선할 필요성에 대한 논의가 제기됨으로써 결국 2000년 저작권법 개정시 이 부분에 대한 개정이 이루어지게 된다. 즉, 2000년 개정법은 그 제 4 조 제 1 항 제 4 호에서 "회화·서예·조각·공예·응용미술저작물 그 밖의 미술저작물"을 저작물의 하나로 예시하여 종전의 '응용미술작품'을 '응용미술저작물'이라는 용어로 고치고, 제 2 조 제11의3호에서 응용미술저작물에 대하여 "물품에 동일한 형상으로 복제될 수 있는 미술저작물로서 그 이용된 물품과 구분되어 독자성을 인정할 수 있는 것을 말하며, 디자인등을 포함한다"고 하는 정의규정을 신설하였다. 이 규정은 '응용미술저작물'이라는 개념을 일반적인 의미의 응용미술작품보다 제한적인 개념으로서, 1) 물품에 동일한 형상으로 복제될 수 있을 것(대량생산 가능성), 2) 그 이용된 물품과 구분되어 독자성을 인정할 수 있을 것(독자성) 등의 제한요건을 붙인 것이므로 규정내용만 비교한다면 개정 전 법에 비하여 응용미술의 보호범위를 제한하기 위한 것에 입법취지가 있는 것처럼 오해될 여지가 있다. 그러나 실제로는 위와 같이 대법원 판례의 지나치게 제한적인 보호범위를 개선하기 위한 데에 목적이 두어진 개정임이 분명하고,[1] 뒤에서 자세히 살펴보는 바와 같이, 이 개정법 규정을 적용한 사례인 '히딩크 넥타이' 사건에 대한 대법원 2004. 7. 22. 선고 2003도7572 판결(§4-56)도 그러한 관점을 전제로 하고 있는 것으로 보인다.

　　2006년 개정법에서는 응용미술저작물에 대한 정의규정이 제 2 조 제15호로 고쳐진 것 외에는, 응용미술의 보호에 관한 2000년 개정법의 규정내용을 그대로 이어받고 있다.

---

[1] 당시 개정 입법 과정에 깊이 관여하였을 문화체육관광부의 김태훈 서기관은 계간 저작권 2000년 봄호(통권 제49호)에 게재한 "개정 저작권법 해설"이라는 제하의 글에서 2000년 저작권법에서 응용미술저작물에 대한 정의규정을 신설한 이유에 관하여 다음과 같이 설명하고 있다. "현행법 제 1 항 제 4 호에서는 응용미술작품을 보호되는 저작물로 예시하고 있어서 직물디자인 등 산업디자인은 저작권법과 의장법 양자에 의해 보호받을 수 있도록 되어 있으나, 양 법 모두 실질적인 보호에는 미흡한 실정이다. 특히 의장법은 보호에 필요한 등록을 할 때 상당한 시간과 비용이 소요되고 있어 동 법에 의해 보호받는 수는 제한되어 있다. 저작권법은 무방식주의를 택하여 응용미술작품의 저작권등록 여부와 관계없이 보호를 하고 있으나, 대법원 판례는 직물디자인 등 산업디자인을 저작권법으로 보호하게 되면 산업계에 혼란이 우려된다는 등의 이유로 저작권법상의 보호에 소극적 입장이었다. 최근 의장법은 등록을 위한 일부 심사절차를 거쳐 무심사방식을 도입하였지만 여전히 등록을 하기 위하여는 시간과 비용이 많이 소요되고 있어 라이프 사이클이 짧은 디자인 등 응용미술저작물의 적시성 있는 보호에는 미흡한 수준이라는 것이 지적되고 있다. 저작권법의 기본원리에 따라 해당 응용미술작품이 창작성 등 요건을 갖추고 있다면 저작물로 보호되어야 하며, 순수디자인과 산업디자인의 한계가 불분명함에도 산업상 이용가능성 또는 대량생산 등을 이유로 직물디자인 등의 저작물성을 배척할 수 있는 이론적 근거는 미약하다 할 것이다. 이에 따라 개정 저작권법에서는 응용미술저작물의 정의규정을 신설하여 대량 생산되는 실용품에 복제되어 이용되는 디자인의 경우에도 저작물성을 갖춘 경우 보호받도록 그 보호범위를 확장하였다." 위 논문, 7~8면 참조.

§4-26   결국 우리 법의 응용미술저작물의 개념 정의의 취지를 정확히 이해하고 그 보호범위를 확정하기 위해서는 무엇보다 저작권법 제 2 조 제15호의 정의규정에서 말하는 '독자성'의 요건이 실제로 무엇을 의미하는 것인지를 해명하는 것이 무엇보다 중요하다(§4-44~46 참조). 그런데 이 규정은 미국 저작권법의 이른바 '분리가능성' 이론을 도입한 것이라는 의견이 유력하므로 먼저 미국 저작권법의 규정과 그 해석 및 적용 사례를 살펴볼 필요가 있고, 또한 일본의 경우에는 규정 내용이 우리법이나 미국법과 상이하지만 결론적으로 그 판례 입장은 우리 법의 해석에 참고가치가 크다고 생각되므로, 먼저 미국과 일본의 관련 규정 및 판례 입장을 살펴본 다음 우리 법의 해석에 들어가기로 한다.

(나) 미국의 관련 입법과 판례

1) 응용미술에 대한 초기의 저작권 보호[1]

§4-27   최초로 제정된 1790년의 미국 저작권법은 단지 지도, 도표와 책만을 보호대상으로 규정하고 있었다. 조각, 모형 등을 포함한 입체적 저작물에까지 저작권 보호가 확장된 것은 1870년 저작권법이 처음이었다. 그런데 이 법의 규정에는 '순수미술작품(works of fine arts)'만을 보호대상으로 규정하여 응용미술작품은 저작권 보호의 영역에서 배제되어 있었다. 그러다가 1909년 저작권법에서 저작권 보호의 범위를 순수미술작품에서 일반적인 '미술작품(works of art)'으로 확장함으로써 응용미술작품의 보호가능성을 위한 문을 처음으로 열기 시작하였다. 그러나 그 문은 이듬해에 저작권청이 미술작품에 대하여 순수미술작품에 속한 모든 작품을 뜻하는 것으로 정의하고 산업적 이용 목적을 가진 제품은 저작권등록을 할 수 없다고 하는 규정을 발표함으로써 신속히 닫히게 되었다.

그럼에도 불구하고 그러한 응용미술작품의 저작자들이 계속 저작권 보호를 요구함으로써 실제로 그로부터 약 40년간에 걸쳐 저작권청은 시계, 램프, 촛대, 샹들리에, 돼지 저금통, 재떨이 등의 다양한 응용미술작품의 저작물 등록을 받아 주었다. 그리고 1949년에 저작권청은 다시 그 정의규정을 고쳐 '순수미술' 요건을 버리고 예술적 보석가공, 법랑제품, 유리 가공제품, 태피스트리 등과 같은 공예품도 그 실용적인 면에 관한 것이 아니라 그 형태에 관한 한 '미술작품'에 포함된다고 하는 새로운 규정을 마련하였다.

2) Mazer v. Stein 사건[2]

§4-28   이 사건은 미국 연방 대법원이 최초로 응용미술 작품에 대한 저작권 문제에 대하여 견해를

---

1 이하 주로, Eric Setliff, "Copyright and Industrial Design : An "Alternative Design" Alternative", *The Columbia Journal of Law & the Arts Fall*, 2006, The Trustees of Columbia University in the City of New York 참조.

2 347 U.S. 201; 74 S. Ct. 460; 98 L. Ed. 630; 1954 U.S. LEXIS 2679; 100 U.S.P.Q. (BNA) 325.

밝힌 사건으로서 큰 주목을 받았다. 이 사건 원고는 테이블 램프의 받침대로 대량생산할 목적으로 도자기로 된 무희(舞姬)의 조각('그림 1' 참조)을 디자인한 후 전선, 소켓 등을 빼고 저작권청에 '미술작품'으로 등록하였다. 그 후 피고들이 경쟁제품에 이 조각을 복제하여 판매하자 피고들을 상대로 저작권침해소송을 제기하였다. 대법원의 다수견해는 "저작권 신청자가 처음부터 대량생산할 램프의 받침대로 사용할 의도로 제작한 후 실제 그 의도대로 사용하였을 때에도 그 조각이 저작물로 보호될 수 있는가" 하는 것을 이 사건 쟁점으로 추출한 후 그러한 의도를 가지고 있었고 또 그것을 실현하였다는 것만으로는 저작권등록을 방해하지 않는 것이라는 결론을 내렸다. 법원은 공예품에 대하여 저작권 보호를 부여한 저작권청의 규정을 긍정한 후 예술적 표현은 넓은 보호를 받아야 한다고 하면서 아름다움에 대한 개인적 지각은 너무나 다양하므로 예술에 대한 좁고 엄격한 개념을 유지하여서는 아니 된다고 덧붙였다. 이 판례는 미술작품의 범주와 대량생산되는 실용품은 양립 불가능한 것이 아님을 분명히 하였으나 구체적으로 어떤 유형의 응용미술작품이 저작권 보호를 받을 자격이 있는지 그 범위를 획정하는 것은 저작권청과 하급심 판례에 맡겨둔 셈이었다.

그 후 저작권청은 위 판례의 입장에 대하여 지지를 표명한 후 1959년에 '분리가능성' 이론을 §4-29 도입한 새로운 규정을 발표하였다. 이 규정은, 만약 어떤 작품의 유일한 본래의 기능이 실용성에 있다면, 그것이 독창적이고 미적으로 훌륭하다고 하는 것만으로는 저작물로서 보호받을 자격이

[그림 1]

없으나 어떤 실용적 제품의 모양이 조각이나 도면과 같이 미술작품으로서 분리하여 인식할 수 있고 독립하여 존재할 수 있다면 그 모양에 대하여는 저작권등록을 할 수 있다고 규정하였다.

3) 1976년의 저작권법

§4-30   1976년에 개정된 미국 저작권법(현행법)은 제102조의 (a)(5)에서 " '회화, 도면 및 조각저작물'이란, 평면적 및 입체적 저작물에 해당하는 미술, 시각예술, 응용미술, 사진, 인쇄 및 미술복제물, 지도, 지구의, 도면, 도표, 모형 및 설계도를 수반하는 제도를 포함한다. 그러한 저작물은, 기계적 또는 실용적인 면이 관련되지 않는 형태인 한 공예저작물을 포함한다. 본조에서 정의된 바대로 실용품의 디자인은 회화, 도면 및 조각의 특성을 가지고 그 물품의 실용적인 면과 분리하여 인식할 수 있고 그와 독립하여 존재할 수 있는 범위에 한해서만 회화, 도면 및 조각저작물로 간주한다"고 규정하였다. 응용미술저작물의 보호에 관하여는 1959년의 저작권청 규정을 답습한 셈이다.

그런데 개정법과 관련한 하원의 보고서에서 위 규정의 취지를 설명하면서 응용미술작품에 대하여 요구되는 분리가능성(separability)은 물리적 또는 관념적으로(physically or conceptually) 있으면 족하다고 하였는데, 물리적 분리가능성은 의미가 비교적 명료하나 관념적 분리가능성이 실제적으로 무엇을 말하는 것인지는 판단하기가 너무나 어렵고 애매하다는 점에서 많은 논란을 야기하게 되었다.

4) 분리가능성 테스트의 형성과 판례 흐름

§4-31   응용미술작품과 관련하여 1976년 개정법을 적용한 최초의 사례로 주목을 받은 것은 추상적인 형태를 가진 옥외용 가로등('그림 2' 참조)의 저작물성이 문제된 Esquire, Inc. v. Ringer[1] 사건이다. 이 사건에서 법원은 물리적인 분리가능성의 기준을 적용하여 그 저작물성을 부정하는 결론을 내렸다. 그런데 이 판결은 실제로 1976년 법을 고려하긴 하였지만 공식적으로는 1909년 법을 적용하였다.

§4-32   이후 이어진 판례들에서 법원은 관념적 분리가능성으로도 충분하다고 판시해 왔는데 그 와중에 줄곧 쟁점이 된 것은 관념적 분리가능성의 본질이 무엇인가 하는 것이었다. 연방 제2 항소법원은 Kieselstein-Cord v. Accessories by Pearl, Inc.[2] 사건에서 '관념적 분리가능성'의 의미에 관한 초기의 적용사례를 보여 주었다. 추상적인 형태의 혁대 버클('그림 3' 참조)의 저작물성을 긍정하면서 버클의 미적 형상이 주된 것이고, 실용적 측면은 부수적이라고 하는 것을 이유로 삼았다. 그러면서 소비자들이 순수하게 장식적인 이유로 버클을 구매한 증거가 있다고 부연하였다. 이 판례에 대하여 비판적 논자들은 이 판결이 내세우는 논거가 결코 명료하지 않으며, 주된 것과 부수적인 것을 판별하는 기준에 대하여 아무런 의미 있는 지침을 제공하지 않았다고 비판

---

1 591 F. 2d 796; 1978 U.S. App. LEXIS 9569; 199 U.S.P.Q. (BNA) 1.
2 632 F. 2d 989; 1980 U.S. App. LEXIS 13920; 208 U.S.P.Q. (BNA) 1.

[그림 2]

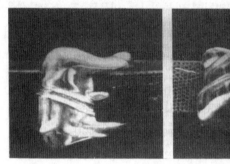

[그림 3]

하였다.

위 판례가 선고된 지 몇 년이 지난 후 로버트 데니콜라(Robert Denicola)에 의하여 제안된 테 §4-33
스트가 많은 주목을 받았다. 그는 단지 그 외관을 보고 판단하여서는 순수한 산업디자인과 응용
미술작품을 구별할 객관적 기준을 찾아내기 어렵다는 전제하에 작가의 창작과정에 초점을 맞춤
으로써 양자를 구별할 수 있다고 주장하였다. 즉, 현대 산업디자인의 속성을 나름대로 분석한 후
"산업디자인의 두드러진 특징은 비심미적, 실용적 관점의 영향력에 있는 반면, 저작권은 오로지
예술가의 제약되지 않은 시각이나 관점을 반영한 형태 또는 외관의 요소를 가진 작품만을 보호하
는 것이고, 따라서 창작이 실용적 측면의 고려에 의하여 제약을 받았는지 여부가 양자를 구별해
주는 기준이 될 수 있다"고 주장하였다.

연방 제 2 항소법원은 Brandir International, Inc. v. Cascade Pacific Lumber Co. 사건에 §4-34
서 데니콜라 테스트를 채택하여 파상(波狀)의 관형 자전거 거치대('그림 4' 참조)에 대하여 그 디자

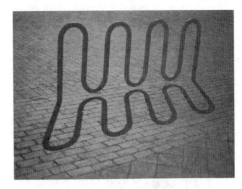

[그림 4]

이너가 처음에 비슷한 것을 조각으로 만든 후에 자전거 거치대용으로 변형하면서 좌우의 대칭 등 실용적인 측면에 있어서의 제약을 고려하여 만들었다는 이유로 그 저작물성을 부정하는 결론을 내렸다. 이 판례의 다수의견은 만약 원고가 원래 만든 조각을 변형 없이 자전거 거치대용의 디자인으로 채택하였다면 저작권 보호를 받을 수 있었을 것이라는 것을 인정하였다. 결국 심미적인 고려와 실용적인 고려가 결합되어 있을 경우에는 어느 고려가 더 중요한 것인지를 따지지 않고 보호를 부정하는 점에서 관념적 분리가능성의 인정범위는 비교적 좁은 편이나 그런 만큼 기준의 명료성이 상대적으로 높은 장점을 가지고 있다.

§4-35   위 판례가 채택한 데니콜라 테스트에 대하여도 "사실상 관념적 분리가능성을 거의 인정하지 않은 것과 마찬가지"[1]라는 등의 여러 가지 비판이 제기되고 있고 다른 기준 내지 테스트[2]도 제시되어 왔지만 현재까지도 위 테스트가 가장 영향력이 크고, 따라서 위 판례가 응용미술 보호의 기준에 관한 미국의 판례 입장을 상당 부분 대변해 왔다고 말할 수 있다.[3]

---

1 그러나 데니콜라 테스트가 관념적 분리가능성을 거의 인정하지 않은 것이라고 한다면 다소 지나친 말이라고 생각된다. 이 테스트가 관념적 분리가능성을 상당히 제한적으로 인정하는 면이 있긴 하지만, 이 테스트에 의하더라도 '물리적 분리가능성은 없지만 관념적 분리가능성이 있다'고 인정되어 미술작품으로 보호될 수 있는 경우는 직물디자인 등을 비롯하여 적잖이 있을 수 있다. 예컨대 앞에서 본 Mazer 사건(§4-28 참조)의 경우도 램프 받침대로 사용되는 조각이 분리되어서는 받침대로서의 실용적 기능 자체가 존재할 수 없다는 점에서 물리적 분리가능성은 없지만, 그 조각작품의 창작에 실용적 고려로 인한 제약은 없거나 거의 미미했던 것으로 보이는 점에서 데니콜라 테스트에 의하더라도 미술작품으로서 저작권 보호를 받을 수 있는 것이다.

2 비교적 관심을 모은 기준 중의 하나가 뒤에 소개하는 Carol Barnhart Inc. v. Economy Cover Corp. 판결에서 소수의견을 밝힌 Newman 판사가 제시한 기준이다. Newman 판사는 "디자인의 심미적 형태가 실용적 기능과 관념적으로 분리될 수 있으려면 당해 물품의 관찰자의 마음 속에 그 물품의 실용적 기능에 의하여 불러일으키는 관념과 분리된 별개의 관념을 불러일으켜야 한다"고 주장하였다. 여기서 관찰자란 통상의 합리적인 관찰자를 말하며, 당해 물품이 그러한 관찰자로 하여금 실용적인 기능을 동시에 생각함이 없이 비실용적 관념을 즐길 수 있도록 하는 경우에 한하여 분리가능성을 인정할 수 있다고 보았다. 그러나 이 기준도 실제적으로 적용하기에는 대단히 애매한 기준이라고 하지 않을 수 없다.

3 이성호, "저작권법 개론", 저작권심의조정위원회 제2기 저작권아카데미 제11차 변호사과정 자료집, 2006, 9면 주2) 참조. 데니콜라 테스트는 미국의 제2 항소법원에서 최종적으로 채택한 판단기준인데, 제7 항소법원에서도 기존의 판

[그림 5]

[그림 6]¹

　　그 외에 채택된 이론적 기준의 여하를 떠나 미국 판례에서 다루어져 온 사례들을 살펴보면,　§4-36
실물크기의 해부학적으로 정확한 사람 몸통 형태의 마네킹('그림 5' 참조),² 자동차의 철선 바퀴 덮
개('그림 6' 참조)³ 등에 대하여는 분리가능성이 부정되고, 곰발모양의 슬리퍼,⁴ 조각적 요소를 띤

례와 학설을 총정리하여 검토한 후 제 2 항소법원의 판례에 따라 데니콜라 테스트를 채택하는 것으로 결론을 내린 다음, 미용연습용 마네킹의 저작권 보호가 문제된 사안에 대하여 미용연습이라고 하는 실용적인 고려에 의한 제약을 받지 않고 만들어졌음을 근거로 관념적 분리가능성을 인정하는 결론을 내린 바 있다. [Pivot Point Intern., Inc. v. Charlene Products, Inc. 372 F. 3d 913, 920~934(C.A. 7 (Ill.), 2004)]

1 이상의 사진들 : J. Ginsberg & R. Gorman, Copyright for the Nineties, Michie, p. 185, 203~207. 오승종·이해완, 저작권법(제 4 판), 박영사, 2005, 187~189면에서 재인용.

2 Carol Barnhart Inc. v. Economy Cover Corp. 773 F. 2d 411; 1985 U.S. App. LEXIS 23198; 228 U.S.P.Q. (BNA) 385.

3 Norris Indus., Inc v. International Tel & ITT Corp. F. 2d 918; 1983 U.S. App. LEXIS 31164; 217 U.S.P.Q. (BNA) 226.

4 Animal Fair, Inc. v. AMFESCO Industries, Inc. 620 F. Supp. 175; 1985 U.S. Dist. LEXIS 17300; 227 U.S.P.Q.

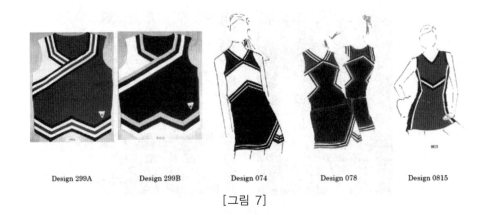

Design 299A　　　Design 299B　　　Design 074　　　Design 078　　　Design 0815

[그림 7]

안경진열대,1 장난감 비행기2 등이 대하여는 분리가능성이 긍정되었다.

§4-36-1　　　그 후 2017년 3월 미국 연방 대법원이 Star Athletica, LLC v. Varsity Brands, Inc. 판결3에서 분리가능성에 대한 판단기준을 처음으로 자세히 제시하여 큰 주목을 받았다. 사안은, 운동선수와 치어리더를 위한 유니폼을 제작하여 판매하는 회사인 원고(Varsity Brands)가 치어리더 유니폼 표면에 포함하기 위해 평면적 디자인들[이하 '이 사건 디자인'이라 함. '그림 7'(출처: https://www.bg.law/u-s-supreme-court-issues-decision-in-star-athletica-l-l-c-v-varsity-brands-inc-et-al) 참조]을 개발, 창작하여 이용하고 있던 중에, 역시 치어리더 유니폼 제조업체인 피고(Star Athletica)가 이 사건 디자인에 있는 줄무늬, 갈매기형 무늬, 색체 블록과 지그재그 무늬 디자인과 유사한 디자인을 포함한 치어리더 유니폼을 광고하고 있는 것을 발견하고 저작권침해 소송을 제기한 것으로서,4 원고가 개발한 디자인이 치어리더 유니폼의 실용적 기능과 분리가능성이 있는지가 쟁점이 되었다. 이에 관하여 대법원(다수의견)은 미국 저작권법의 법문에 기초하여 "① 실용품의 디자인에 통합된 특징은 그 특징이 실용품과 별개로 2차원 또는 3차원의 예술작품으로 인식될 수 있고, ② 그것이 그 실용품과 별도로 상상할 경우, 그 자체 또는 다른 유형의 매체에서 고정되었을 때에 보호 가능한 회화·그래픽 및 조각저작물로서의 자격을 갖출 경우에 한하여 저작권 보호를 받을 자격이 있다"고 판시함으로써, 위 ①, ② 두 가지의 요건을 분리가능성 판단기준으로 제시하고, 이 기준을 적용하여 이 사건 디자인이 치어리더 유니폼의 기능과 분리가능성이 있으므로 회화·그래픽

(BNA) 817.
1 Trans-World Mfg. Corp. v. Al Nyman & Sons, Inc. 95 F.R.D. 95; 1982 U.S. Dist. LEXIS 15279; 218 U.S.P.Q. (BNA) 208.
2 Gay Toys, Inc. v. Buddy L Corp. 703 F. 2d 970; 1983 U.S. App. LEXIS 29209; 218 U.S.P.Q. (BNA) 13.
3 137 S.Ct. 1002 (2017).
4 판결내용의 자세한 소개는 박경신, "미국 저작권법상 실용품의 디자인의 분리가능성에 관한 소고 ― 미국 대법원의 Star Athletica v. Varsity Brands 판결을 중심으로", 계간 저작권 제30권 여름호, 2017, 87~95면 참조.

및 조각저작물로 보호받을 수 있다고 판시하였다. 위 판결은 "우리의 심리(審理)는 물품과 그 특징이 '어떻게' 또는 '왜' 디자인되었는지가 아니라 그것이 어떻게 인식되는지에 한정된다"고 하여 구체적인 창작과정에 있어서 실용적 기능에 의한 제약이 실제로 어느 정도 있었는지를 관념적 분리가능성 판단의 기준으로 삼는 데니콜라 테스트를 수용하지는 않는 취지를 표명하였다. 위에서 소개한 Brandir International, Inc. v. Cascade Pacific Lumber Co.사건 판결(§4-34)에서 데니콜라 테스트를 취한 다수의견에 대하여 윈터(Winter) 판사는 "구체적인 창작과정이나 의도라고 하는 '우연한 요소'에 의하여 보호 여부가 좌우되어서는 안 된다"고 하면서 "진정한 초점은 제품 이면에 있는 개발과정이 아니라 해당 작품이 예술적인 것으로 인식되는가 아니면 단지 기능적인 것으로 인식되는가에 두어져야 한다"는 취지의 반대의견을 제시한 바 있는데,[1] 대법원 판결은 위 사건에서 윈터 판사가 밝힌 반대의견을 인용하면서 이를 수용하는 취지를 분명히 하였다.[2] 그러나 다른 한편으로, 위 판결이 원고가 유니폼 표면의 평면적 디자인의 복제에 대하여만 금지를 구할 수 있을 뿐, 원고의 치어리더 유니폼과 동일한 모양, 절개선과 면적의 유니폼 제작을 금지할 권리는 없다고 판시함으로써,[3] 기존 판례의 기준을 크게 초과하여 응용미술 내지 산업디자인 전반에 널리 분리가능성을 인정하고자 하는 취지는 아님을 보여주었다.

사견(私見)으로는 미국 연방 대법원 판결(다수의견)의 위와 같은 판시내용에는 문제가 없지 않은 것으로 생각된다.

첫째, 위 판결은 심미적 표현이 기능적인 것과 결합되었다는 이유로 그 보호를 제한하지 않는다는 취지를 표명함으로써 기존의 항소법원 판결에서 가장 주류적 판례흐름을 형성해 온 데니콜라 테스트에 의한 저작권 보호 범위를 넘어 그 보호 범위를 실용적 기능이 결부된 영역으로 확대하는 결과를 초래하게 될 것인바, 이것은 기능적 영역에서의 자유로운 제품개발을 통한 경쟁을 크게 제한하고 관련 산업계에 상당한 혼란을 야기할 가능성이 있다.[4]

둘째, 위 판결은 물리적 분리가능성과 관념적 분리가능성의 구별은 무의미하다고 밝히고 있으나, 실질적으로 물리적 분리가능성이 없더라도 관념적 분리가능성이 인정될 경우 분리가능성을

---

1 Brandir Int'l, Inc. v. Cascade Pac. Lumber Co., 834 F.2d 1142, 1150-52 (2d Cir. 1987).
2 Star Athletica, L.L.C. v. Varsity Brands, Inc., 137 S. Ct. 1002, 1015, 197 L. Ed. 2d 354.
3 Id. at 1013.
4 박경신, 앞의 논문, 100면은 전체적으로 위 판결의 의의를 긍정적으로 평가하면서도 "대상 판결이 패션 디자인의 저작물성의 범위를 확대한 것으로 해석할 수 있는 반면, 패션업계에서의 모방은 도리어 혁신과 변화를 지속적으로 유도하여 새로운 소재의 개발을 촉진함으로써 패션 산업 전체에 긍정적인 효과를 불러온다는 점을 간과하였다고 할 수 있다. 이번 판결이 성공적으로 저작권 등록을 하여 제3자에게 라이선스를 부여할 수 있고 의류에 포함된 광범위한 디자인 요소들의 저작권이 침해된 경우 소송을 제기할 여력이 있는 패션 디자이너들을 위한 승리로 평가될 수 있는 반면, 소수 의견이 밝힌 바와 같이 원고에 의한 이 사건 치어리더 유니폼 디자인의 독점은 소비자가를 상승시키고 시장에서의 선택권을 감소시키는 결과를 야기할 수도 있다"는 우려점에 대하여 언급하고 있다.

인정하는 결론을 취하고 있다고 할 수 있다. 이러한 관념적 분리가능성은 언뜻 생각하면 쉬운 개념이지만 막상 적용하려고 하면 대단히 애매한 개념이라는 것에 대하여는 앞서 자세히 언급한 바와 같다. 위 판결에서 제시한 두 가지 기준도 미국 저작권법상의 분리가능성 기준 관련 법문을 크게 벗어나지 않은 것으로서, 적용과 판단의 애매성을 벗어난 것으로 보기 어렵다.[1] 특히 실용성이 결부된 것이라도 '상상'에 의하여 실용품 자체와 분리할 수 있을 때 보호가능하다고 한다면, 도대체 어떤 부분이 어떤 근거에서 그에 해당하지 않아 보호범위에서 제외되어야 할 것인지를 판단하기는 극히 어려울 것으로 생각된다.

위와 같은 이유로, 미국 연방 대법원 판결이 새로 제시한 기준은 기존의 데니콜라 테스트보다 진일보한 것이라기보다는 경쟁정책적인 면에서의 합리적 고려나 기준 적용에 있어서의 명확성의 면에서 오히려 퇴보한 측면이 크지 않나 생각된다. 따라서 이 기준을 우리나라에서도 참고는 해야 하겠지만, 무비판적으로 수용할 것은 아니라 생각된다.

(다) 일본 저작권법의 관련 규정과 판례

1) 일본 저작권법의 규정과 그 취지

§4-37   일본 저작권법은 제 2 조 제 1 항 제 1 호에서 "저작물이란 사상 또는 감정을 창작적으로 표현한 것으로 문예, 학술, 미술 또는 음악의 범위에 속하는 것을 말한다"고 규정한 후 제 2 조 제 2 항에서 "이 법률에서 말하는 '미술저작물'에는 미술 공예품을 포함하는 것으로 한다"고 규정하고 있다. 이러한 규정의 취지에 대하여는 도자기 등과 같이 일품제작의 수공적인 공예품만을 저작권법상의 미술저작물에 포함시키고 산업용으로 대량생산되는 공예품이나 그 밖의 응용미술작품은 미술저작물의 개념에 포함되지 않으므로 보호의 대상이 아니라고 하는 견해(부정설)[2]도 있으나, 일품제작의 공예품만이 아니라 대량생산되는 실용품에 응용된 미술작품이라 하더라도 '순수미술

---

1 박경신, 앞의 논문, 97면도 "대상 판결이 패션 디자인을 비롯한 다양한 디자인의 보호 범위에 변화를 야기할 것으로 예상되지만 관념적 분리가능성과 물리적 분리가능성의 구분만을 폐기하였을 뿐 분리가능성이 '관념적 작업 (Conceptual Undertaking)'임을 시사한 바에서 알 수 있듯이 논란의 여지는 여전하기 때문에 하급심 법원들이 대상 판결에서 마련한 새로운 분리가능성 기준을 일관되게 적용하여 유사한 사건에서 예측 가능한 결론을 도출할 때까지는 상당한 시간이 소요될 것으로 보인다"고 밝히고 있다. 또한 위 사건에서 반대의견을 밝힌 브레이어(Breyer) 대법관과 케네디(Kennedy) 대법관은 "우리는 다수의견의 견해에 상당 부분 동의한다. 그러나 저작권사무소에 제출한 Varsity Brands의 디자인이 저작권보호의 대상이 된다는 결론에는 동의하지 않는다. 다수의견의 기준을 적용하더라도 위 디자인은 '실용품으로부터 분리된 2차원 또는 3차원의 미술작품으로 인식'될 수 없다. Varsity가 저작권사무소에 제출한 디자인(다수 의견 부록에 있는 것, '그림 6'과 같음)을 보라. 치어리더 유니폼 사진만 표시되어 있다. 치어리더 유니폼은 실용품이다. 해당 디자인 특징의 사진은 그것이 종이 위에서 혹은 상상 속에서 별개로 인식되는지와 관계없이 그것이 그 한 부분을 이루는 실용품의 사진이고 따라서 그 모조품이다. 그러므로 Varsity가 보호를 받고자 하는 이 사건 디자인은 "물품의 실용적 측면으로부터 독립하여 존재할 수 없는 것이다"라고 주장하였다(Id. at 1030-31). 이러한 반대의견의 주장은 다수의견의 기준이 명확하지 않고 판사에 따라 서로 다르게 해석, 적용될 수 있는 애매한 기준이라는 것을 그 판결 자체에서 극명하게 보여주는 것이라 할 수 있을 것이다.

2 加戶守行, 著作權法逐條講義(五訂新版), 著作權情報センター, 2006, 39면; 内田晋, 전게서, 67면 등.

작품'과 동일시할 수 있는 경우에는 보호의 대상이 될 수 있다고 하는 견해(긍정설)[1]가 보다 유력하다고 할 수 있다.

긍정설의 단서 내지 근거가 된 것 중의 하나가 위 법의 제정과정에 주도적으로 참여한 저작권제도심의회의 답신 설명서(1966년 7월 문부성 발행)의 내용이다. 이 설명서는 응용미술의 보호에 관하여 다음과 같은 제안을 하였다.

제1. 응용 미술에 관하여 저작권법에 의한 보호를 도모함과 동시에 현행의 의장법 등 공업소유권제도와의 조정 조치를 적극적으로 강구하는 방법으로서는 다음과 같이 조치하는 것이 적당하다고 생각된다.

(1) 보호의 대상

1) 실용품 자체인 작품에 관해서는 미술공예품으로 한정한다.

2) 도안 그 밖에 양산품(量産品)의 모형 또는 실용품의 모양으로서 사용될 것을 목적으로 하는 것에 관하여는 그 자체가 미술저작물일 수 있는 것을 대상으로 한다.

(2) 의장법, 상표법과 사이의 조정 조치

도안 등의 산업상의 이용을 목적으로 하여 창작된 미술의 저작물은 일단 그것이 권리자에 의하여 또는 권리자의 승락을 얻어 산업상 이용된 때에는 그 이후의 산업상 이용관계는 오로지 의장법등에 의하여 규제되는 것으로 한다.

제2. 상기의 조정 조치를 원활히 강구하는 것이 곤란한 경우에는 이번의 저작권제도의 개정에 있어서는 이하에 의하는 것으로 하고, 저작권제도 및 공업소유권제도를 통한 도안등의 보다 효과적인 보호의 조치를 장래의 과제로 고찰해야 할 것이라고 생각한다.

(1) 미술공예품을 보호한다는 것을 명확하게 한다.

(2) 도안 그 밖에 양산품의 모형 또는 실용품의 모양으로서 사용되는 것을 목적으로 한 것에 관해서는 저작권법에 있어서는 특별한 조치를 강구하지 않고 원칙적으로 의장법등 공업소유권제도에 의한 보호에 맡기는 것으로 한다. 다만 그것이 순수미술로서의 성질도 가지는 것일 때는 미술저작물로서 취급되는 것으로 한다.

(3) 포스터 등으로서 작성되거나 또는 포스터 등에 이용된 회화, 사진 등에 관해서는, 저작물 또는 저작물의 복제로서 취급하는 것으로 한다.

나아가 위 제 2 의 입장과 관련하여 "이번의 저작권제도의 개정에 있어서는 미술공예품의 보호를 명확하게 한 외에는 대체로 현재의 상태를 유지하는 것으로 하여 …… 도안 등에 관하여는 원칙적으로 의장법 등에 의한 보호에 맡기고, 저작권법에 있어서는 특별한 조치를 강구하지 않는 것으로 하되, 양산품의 모형 또는 실용품의 모양으로 사용되는 것을 목적으로 하여 제작된 것이라도 그것이 동시에 순수 미술로서의 회화, 조각등에 해당하는 것이면 미술 저작물로서의 보호를

---

1 田村善之, 著作權法槪說(第 2 版), 有斐閣, 2001, 32~33면; 金井重彦・小倉秀夫 編著, 전게서 [金井重彦 집필부분], 26면, 같은 책 [北岡弘章 집필부분], 106~107면; 作花文雄, 전게서, 87면 등 참조.

받을 수 있는 것으로 한다"는 취지의 설명이 붙어 있었다.[1]

2) 판례의 입장

§4-38 일본 판례의 흐름은 대체로 긍정설의 입장에 서 있는 것으로 볼 수 있다. 즉, 일본 판례에서 미술저작물로서의 보호를 결과적으로 부정한 것도 있고 긍정한 것도 있으나 부정한 사례도 포함하여 대체적으로는 긍정설의 입장을 전제로 한 것으로 볼 수 있다. 일본 판례 중에서 가장 대표적으로 긍정설의 입장을 논리정연하게 표명하고 동시에 그 적용기준을 비교적 명료하게 밝힌 판결이 이른바 '티셔츠 사건'에 대한 東京地裁 1981. 4. 20. 선고 昭51(ワ)10039호 판결이다. 이 판결 중 주요 부분을 인용해 보면, 다음과 같다.

"(위에서 본 저작권제도심의회의 답신 설명서에 대하여 자세히 살펴본 다음 …) 현행 저작권법에서 결과적으로 위 답신의 제 1 의 입장은 채용되지 않은 것으로 해석되고, 그러한 현행 저작권법 제정의 경위에 비추어 보면 현행 저작권법의 해석으로서는 응용미술을 폭넓게 미술저작물로서 보호하고자 하는 입장은 취할 수 없지만, 실용 목적의 도안이나 모형이 객관적·외형적으로 보아 순수미술로서의 회화, 조각 등과 전혀 질적으로 차이가 없는 미적 창작물인 경우에 그것이 실용에 제공하거나 또는 산업상 이용할 것을 목적으로 하여 제작됐다고 하는 이유만으로 저작권법상의 보호를 일체 부정하는 것은 타당하지 않고, 응용미술에 관하여는 위 답신의 제 2 의 입장을 참고로 하여 미술공예품 외에 실용 목적의 도안·모형으로서 객관적·외형적으로 회화, 조각 등의 순수미술과 동일시할 수 있는 미적 창작물은 미술저작물로서 보호되는 것이라고 해석해야 한다(저작권법 제 2 조 제 2 항은, 답신의 제 2 의 입장의 위 설명에 비추어 보면, 적어도 미술공예품은 미술저작물로서 보호된다는 것을 명기한 데 그치는 것으로서 미술공예품 이외의 응용미술은 일체 보호의 대상 외로 한 취지라고는 해석되지 않는다. 또한 가구, 식기 등과 관련된 이른바 제품 디자인 등은 현 단계에 있어서는 저작권법에 의한 보호의 대상이 된다고 해석할 수 없다).

그러나 순수미술이라고 하는 개념 자체가 여러 가지의 것을 함축하는 개념이고(예를 들면, 극단적으로 추상적인 전위화, 조각 등도 있다), 또한 이른바 응용미술도 사상 또는 감정을 창작적으로 표현한 미적 창작물인 점에서는 차이가 없으므로(위와 같은 의미에서의 미적 창작물이라고 할 수 없는 도안·모형이라면 처음부터 응용미술이라고 할 수 없다), 위 '실용 목적의 도안·모형으로서 객관적·외형적으로 회화, 조각 등의 순수미술과 동일시할 수 있는 미적 창작물'의 의미에 관하여 다시 생각하건대, 순수미술, 감상미술이라고 하는 것은 전기와 같이 '오로지 아름다움의 표현만을 목적으로 한 것', 즉 '오로지 아름다움의 표현을 추구한 것'일 것을 그 본질적 특징으로 하는 것이지만, 이에 대하여 실용 목적의 도안·모형 중에는 객관적·외형적으로 실용에 제공하거나 또는 산업상 이용할 목적을 위해 아름다움의 표현에 있어 실질적 제약을 받아 제작됐다고 보이는 것이 있다(예를 들면, 상품명, 상표, 회사명 등을 그 구성에 불가결의 요소로 하는 포장지, 상품의 라벨의 도안 등). 이것들은 가사 전체로서 사상 또는 감정을 창작적으로 표현한 미적 창작물이라고 할 수 있는 것이라 하더라도 객관적·외형적으

---

1 이상 뒤에 소개하는 '티셔츠 사건'에 관한 東京地裁 1981. 4. 20. 선고 昭51(ワ)10039호 사건 판결문 참조.

로 보아 '오로지 아름다움의 표현을 추구한 것'이라고 하는 순수미술의 본질적 특징을 갖는 것이라고는 할 수 없고, 회화, 조각 등의 순수미술과 동일시할 수 없다. 따라서 <u>객관적·외형적으로 회화, 조각 등의 순수미술과 동일시할 수 있는 것이라 할 수 있기 위해서는 주관적인 제작 목적을 제외하고, 객관적·외형적으로 보았을 때에 오로지 아름다움의 표현을 추구하여 제작된 것으로 보이는 미적 창작물일 것을 필요로 하고, 그러한 요건을 충족한 실용 목적의 도안·모형은 저작권법상 미술저작물로서 보호받지만, 역으로, 실용에 제공하거나 또는 산업상 이용할 목적을 위해 아름다움의 표현에 있어 실질적 제약을 받고 제작된 것이 객관적·외형적으로 간취될 수 있는 것은 오로지 아름다움의 표현을 추구한 것, 즉 회화, 조각 등의 순수 미술과 동일시할 수 있는 것이라고 말할 수 없고 이것들은 현행 저작권법상 저작물로서 보호받지 못하며 오로지 의장법이나 상표법에 의한 보호에 맡겨지는 것이 당연한 것이다</u> (한편, 실용 목적의 도안·모형으로서 회화, 조각 등의 순수 미술과 동일시할 수 있는 것에 관해서는, 저작권법에 의한 보호와 의장법, 상표법에 의한 보호의 중복적 보호가 가능해지지만, 이와 같은 중복적 보호는 순수미술로서 창작된 것이 나중에 등록의장, 등록상표로서 보호받는 경우에도 일어날 수 있는 것이고 전혀 부당하지 않다).

이상과 같이 응용미술에 관하여 현행 저작권법은 미술공예품을 보호할 것을 명문화하고, 실용 목적의 도안·모형은 원칙적으로 의장법 등의 보호에 맡기고 단지 그 중 주관적인 제작 목적을 제외하고 객관적·외형적으로 보아 실용 목적을 위해 아름다움의 표현에 있어 실질적 제약을 받는 일 없이 오로지 아름다움의 표현을 추구하여 제작된 것이라고 인정되어 회화, 조각 등의 순수미술과 동일시할 수 있는 것은 미술저작물로서 보호되는 것이라고 해석함이 상당하다."

위 판례는 다른 대부분의 일본 판례들과 같이 대량생산용 제품에 사용된 응용미술이라 하더 §4-39 라도 순수미술과 동일시할 수 있는 것은 미술저작물로서 보호된다고 하는 입장을 취하면서 동시에 어떠한 경우에 그와 같이 '순수미술과 동일시할 수 있다'고 볼 것인지 판단할 수 있는 기준을 제시하고 있다. 그런데 그 기준을 자세히 들여다보면, "미적 표현이 실용적 목적으로 인하여 실질적 제약을 받아 제작되었는지" 여부를 보호 여부를 판단하는 중심에 두고 있다는 점에서 미국에서 판례상으로 발전되어 온 분리가능성 판단기준 중 '데니콜라 테스트'와 유사한 면이 있다는 것을 알 수 있다. 다만, 데니콜라 테스트(§4-33)와 그것을 수용한 Brandir International, Inc. v. Cascade Pacific Lumber Co. 사건 판결(§4-34) 등의 법리에서는 주관적으로 해당 사건의 창작과정이나 창작의도 등을 중시하는 면이 컸던 것[앞서 본 바와 같이, 그 후에 나온 미국 대법원의 Star Athletica, L.L.C. v. Varsity Brands, Inc. 판결(§4-36-1)에서는 이러한 요소를 기준에 반영하는 데 부정적인 입장을 드러내었다]에 반하여 일본의 위 판결은 "객관적·외형적으로 보아서 실용적 고려에 의한 제약이 있었다고 볼 수 있는지 여부"를 기준으로 하였다는 점에서 데니콜라 테스트가 내포하고 있는 주관적 요소를 버리고 객관적·외형적 판단을 중시하였다는 점에서는 뚜렷이 다른 점이 있음을 알 수 있다. 이 판례에서 제시하는 기준은 응용미술에 대한 보호를 전혀 언급

[그림 8]

하지 않은 일본 저작권법에 대한 해석론으로서 '순수미술과 동일시할 수 있는 것'이어야 한다는
전제에서 출발한 것이므로, 이 판례의 판단구조를 우리가 그대로 참고할 수는 없지만, 이 판례가
기본적으로 분리가능성 이론을 취하면서 그 판단기준으로 제시한 것은, 후술하는 바와 같이(§4-
48), 우리 저작권법상의 독자성 개념에 대한 해석에서도 크게 참고할 만한 부분이라 생각된다.

　　그리고 위 판례에서 미술저작물로 인정할 수 있을지 여부가 문제된 것은 대량생산되는 실용
품인 티셔츠에 도안으로 인쇄된 그림('그림 8' 참조)으로서 우리나라의 '대한방직' 사건이나 '히딩크
넥타이' 사건과 사안에 있어서 유사성이 있다. 이러한 2차원적 작품의 경우에는 미국에서도 분리
가능성이 일반적으로 인정되고 있는바, 위 판결도 문제의 도안이 "객관적·외형적으로 보아 티셔
츠에 모양으로 인쇄한다고 하는 실용적 목적을 위해 아름다움의 표현에 있어 실질적 제약을 받음
이 없이 오로지 아름다움의 표현을 추구하여 제작된 것으로 인정된다"고 하여 긍정적 결론을 내
리고 있다.

§4-40　　　　이와 같이 미국의 분리가능성 이론은 일본의 판례에도 큰 영향을 미치고 있음을 알 수 있다.
문제된 작품의 미술저작물성을 부정한 판례 중에도 그러한 예를 어렵지 않게 찾아볼 수 있다. 예
컨대 '좌하금대대(左賀錦袋帶)' 사건에 관한 京都地裁 1989. 6. 15. 선고 판결[1]은 "현행 저작권법은
그 제정의 경위에 비추어 보면 띠의 도안과 같은 실용품의 모양으로서 이용되는 것을 목적으로
하는 미적 창작물에 대하여는 원칙적으로 그 보호를 의장법 등 공업소유권제도에 맡기고 다만 그
것이 동시에 순수미술로서의 성질도 가지는 것일 때에 한하여 미술저작물로서 저작권법에 의해
보호할 수 있도록 한 것으로 해석되는데, 여기에서 말하는 순수미술로서의 성질을 가지는지 여부
의 판정에 있어서는 주관적으로 제작자의 의도로서 오로지 미의 표현만을 목적으로 하여 제작된
것인지 여부의 관점에서가 아니라 대상물을 객관적으로 보아 그것이 실용성의 면을 떠나 하나의
완결된 미술작품으로서 미적 감상의 대상이 될 수 있는 것인지 여부의 관점에서 판정해야 하는

---

1 判例時報 1327호, 123면.

[그림 9]

것이라고 생각된다"고 전제한 후 "본건에서 원고의 대대(袋帶)의 도안은 '띠의 도안으로서의 실용성의 면을 떠나 하나의 완결된 미술작품으로서 미적 감상의 대상이 될 수 있는 정도의 것이라고 인정하기 어렵다"고 판시하였다.

그러나 분리가능성 이론과는 사뭇 다른 근거를 가지고 판단한 예도 있다. '나뭇결 화장지' 사 §4-41
건('그림 9' 참조)에 대한 東京高裁 1991. 12. 17. 선고 平2(ネ)2733号 판결이 그러한 예인데, 이 판결은 "실용품의 모양 등으로 사용될 것을 목적으로 하여 제작된 것이라도 <u>예를 들어, 저명한 화가에 의하여 제작된 것과 같이 고도의 예술성(즉, 사상 또는 감정의 고도로 창작적인 표현)을 가져 순수 미술로서의 성질도 긍정하는 것이 사회통념에 부합되는 것일 때는</u> 이를 저작권법상의 '미술저작물'에 해당한다고 해석할 수도 있는 것"이라고 판시하였다. 이 판결은 독일의 과거 판례상의 기준이었던 소위 '단계이론(Stufentheorie)'[1]을 참고함으로써 응용미술작품에 대하여 특별히 '고도의 창작성' 또는 '높은 예술성'을 요하는 입장을 취한 것이라 할 수 있고 분리가능성 이론과는 다른 관점에 선 것이라고 보아야 할 것이다. 이러한 입장은 대량생산 목적의 응용미술작품에 대한 저작권 보호의 선도적 케이스라고 알려져 있는 '불단조각' 사건('그림 10' 참조)에 대한 神戸地裁 姫路支部 1979. 7. 9. 선고 昭49(ワ)291号 판결에서도 엿보인다. 즉, 이 사건 판결은 "도안·디자인 등은 원칙적으로 의장법 등의 보호의 대상이 되는 것은 물론이며 공업상 획일적으로 생산된 양산품의 모형 또는 실용품의 모양으로 이용될 것을 의도하고 제작된 응용미술작품도 원칙적으로 오로지

---

1 단계이론이란 독일에서 1967년의 저작권전문 잡지인 UFITA 지상에 실린 노르데만(Wilhelm Nordemann) 교수의 논문에서 유래한 호칭으로서 객체가 가지는 창작성의 정도의 고저(高低)에 따라 저작권보호대상인 응용미술과 디자인권의 보호대상인 응용미술의 영역을 구분하는 이론이다. 이 단계이론이 오랫동안 독일 판례이론으로 정립되어 왔으나, 2013. 11. 13. 선고된 독일 연방대법원의 '생일열차' 사건 판결(BGH GRUR 2014, 175-Geburtstagszug)에 의하여 폐기, 변경되었다[本山雅弘, "ドイツにおける段階理論の放棄と日本法解釈論への示唆(シンポジウム 応用美術と著作権: 保護と限界)", 著作権研究(43), 2016, 9면]. 따라서 지금은 독일에서도 '고도의 창작성'이 있는 것만 응용미술저작물로 보는 기준은 존재하지 않으며, 창작성에 관한 한 일반 저작물과 동일한 기준이 적용되게 되었다.

[그림 10]

의장법 등의 보호의 대상이 되는 것이지만, 위 작품이 동시에 형상·내용 및 구성 등에 비추어 순수미술에 해당한다고 인정할 수 있는 고도의 미적 표현을 갖추고 있을 때는 미술저작물로서 저작권법의 보호의 대상이 될 수 있는 것이다. 본건에 관하여 보면, 본건 조각은 불단(佛壇)의 장식에 관한 것이지만, 표현된 무늬·형상은 불교 미술상의 조각의 일단을 엿보게 하고 단순한 불단의 부가물 내지는 관행적인 첨부물이라고 할 것이 아니며, 그 자체 미적 감상의 대상이 되기에 족할 뿐만 아니라, 위 판시와 같이 조각에 입체감, 사실감을 갖게 하기 위해 독자적인 기법을 안출, 구사하여 정교하면서도 단정하게 작품을 완성함으로써 누가 보아도 불교 미술적 색채를 배경으로 한, 그 자체로 미적 감상의 대상이 될 수 있는 조각이라고 관찰할 수 있는 것이고, 그 대상·구성·착상 등에서 오로지 미적 표현을 목적으로 한 순수미술과 같은 고도의 미적 표상이라고 평가할 수 있으므로, 본건 조각은 저작권법의 보호대상인 미술저작물이라고 하지 않을 수 없다"고 판시하여 미적 표현의 고도성(高度性)을 요건으로 예외적인 보호를 부여한다는 입장을 취한 것을 알 수 있다.

§4-42   위와 같이 두 가지의 서로 다른 흐름이 대립되어 왔으나 큰 흐름으로 보면 분리가능성 기준을 채택한 것이 판례 및 학설의 다수설이라고 할 수 있었던 상황1에서, 비교적 최근인 2015년에

---

1 金子敏哉, "日本著作権法における応用美術：区別説(類型的除外説)の立場から(シンポジウム 応用美術と著作権：保護

[그림 11]

이르러 이들과 다른 새로운 이론이 판례에 의해 대두되게 되었다. 즉, 유아용 의자 'TRIPP TRAPP'('그림 11' 참조)의 디자인에 대한 저작권 보호 여부가 문제 된 사건에서 일본의 지적재산고등재판소는 2015. 4. 14. 선고한 판결1은 한편으로 "응용미술에 일률적으로 적용해야 하는 것으로서 높은 창작성의 유무의 판단기준을 설정하는 것은 타당하다고 할 수 없고 개별적, 구체적으로 작성자의 개성이 발휘되고 있는지 여부를 검토해야 한다"고 하여 단계이론적 접근을 배척하고, 다른 한편으로 분리가능성 기준에 대하여도 실용적인 면과의 분리가 불가능한 경우에 "실용품 자체가 응용미술인 것의 대부분에 대하여 저작물성을 부정하는 것으로 이어질 가능성이 있어 타당하다고 할 수 없다"고 판시하였다. 이 판결은 응용미술과 일반 미술작품을 구별하여 취급할 필요가 없다고 하는 이른바 '비구별설'의 입장을 취한 것으로서, 그 보호범위를 크게 확대하는 방향을 취한 것이다. 위 판결 이후의 일본 하급심 판결의 상황을 보면, 여전히 분리가능성 등 종래의 기준에 따라 판결한 사례들도 있고, 위와 같은 비구별설의 입장을 취한 사례들도 있다.2

위와 같은 판례들과 기타 일본 판례들을 검토해 볼 때, 대량생산 제품에 이용되는 응용미술작품이라 하더라도 그것이 순수미술작품과 동일시할 수 있는 경우에는 미술저작물로 인정할 수 있다는 것을 인정한다는 점에서는 일치된 입장을 보이고 있으나 더 나아가 '순수미술과 동일시할 수 있는 경우'가 어떤 경우를 의미하는 것인지에 대하여는 견해가 다소 엇갈리고 있음을 알 수

───────────

と限界)", 著作権研究(43), 2016, 80면 참조. 이러한 사안의 경우, 본서에서 취하는 분리가능성 판단기준인 '객관적 제약요소 기준'(후술하는 §4-48, 50 참조)에 의하면, 객관적·외형적으로 판단할 때 유아용 의자라고 하는 물품의 실용적·기능적 측면이 그 미적 표현에 있어서 실질적인 제약요소로 작용하였을 것으로 보이므로, 분리가능성(독자성)을 부정하여야 하고, 따라서 저작권보호의 대상이 아닌 것으로 보게 된다.

1 平成 26年(ネ) 第10063号. 판결내용의 소개는 金子敏哉, 앞의 논문, 85면 참조.

2 관련 판례들의 자세한 소개는 金子敏哉, 위 논문, 86~88면 참조.

[그림 12]

있다. 위와 같이 미국의 분리가능성 이론과 유사한 입장을 취하는 경우와 '고도의' 예술성 또는 창작성을 요하는 입장을 취하는 경우 및 일반 저작물과 구별할 필요 없이 창작성 유무만 따지면 된다고 하는 '비구별설'의 입장을 취하는 경우 등으로 나누어지고 있어 아직 충분한 이론적 정리가 되었다고 하기 어렵다.

§4-43 　　그 외에 주목할 만한 판례로는 공예품적인 성격이 강한 '하쿠타인형'('그림 12' 참조)에 대하여 비록 대량생산을 목적으로 한 것이라 하더라도 미술저작물로 보호될 수 있다고 한 판결,1 여러 가지 전자적 부품을 이용하여 '말하는' 기능을 갖춘 육성형의 전자완구 '파비'에 대하여 기능적인 면의 제약에 따라 외관의 심미적인 면이 크지 않다는 이유로 미술저작물성을 부정한 판결,2 의자의 모양에 대하여 역시 저작물성을 부정한 판결3 등이 있다.

(라) 우리 저작권법상의 보호 기준 — '독자성'의 의의와 적용

1) 응용미술저작물의 요건

§4-44 　　현행 저작권법상 응용미술저작물로 인정되기 위해서는 두 가지의 요건을 갖추어야 한다. 첫째는, 물품에 동일한 형상으로 복제될 수 있는 것이어야 한다. 이것은 이른바 '일품제작성(一品製作性)'을 가진 공예품 등은 이 개념에 해당하지 않고 대량생산되는 물품에 동일한 형상으로 복제될 수 있는 것만 포함된다는 취지이다. 따라서 이를 '대량생산성'의 요건이라고 한다. 원래 일반적인 개념으로서의 응용미술작품에는 일품제작의 공예품도 포함되는 것이나, 저작권법은 다음에서 보는 독자성 요건을 요하는 것을 산업적으로 대량생산되는 물품 등에 복제되는 것에 한정하여 그 개념을 좁히고 있는 것이다. 이것은 그 보호의 범위를 좁히고자 하는 취지가 아니라 일품제작

1 長崎地裁佐世保支部 1973. 2. 7. 선고 昭47(ヨ)53号 판결.
2 仙台高裁 2002. 7. 9. 선고 平13(ネ)177号 판결.
3 最高裁 1991. 3. 28. 선고 판결.

의 공예품 등의 경우에는 별도로 '독자성' 요건을 필요로 하지 않고 일반적인 순수미술작품과 마찬가지로 그 미적 표현에 창작성이 있는지 등의 일반요건만 판단하여 보호하면 된다고 하는 생각에 기한 것이다. 앞서 살펴본 '여우머리 형상 상표' 사건에 대한 대법원 2014. 12. 11. 선고 2012다76829 판결(§4-22-2)은 상표도안을 "카탈로그 등 홍보물과 인터넷 홈페이지 등에서 물품에 부착되지 않은 도안 자체만의 형태를 게재해 온" 것이 인정되는 사안에 대하여 '대량생산성'의 요소가 부정됨을 전제로 하여1 독자성에 대한 판단을 할 필요 없이 미술저작물로서의 창작성만 따지면 되는 것으로 판단한 바 있다. 이를 이어받아 대법원 2015. 12. 10 선고 2015도11550 판결(§4-64-2)도 유사한 사안에서 해당 도안(캐릭터)이 물품에 표시되는 이외에도 동화책들에서 물품에 부착되지 않은 형태로 게재되는 등 도안 자체만의 형태로도 사용되어 왔음을 이유로 역시 일반적인 미술저작물로서 창작성을 구비하였는지 여부에 따라 판단하면 족하다고 판시하였다. 이러한 판례 입장에 의하면, 온라인 상에서 사용되는 배너 이미지 등이나 캐릭터 등은 대량생산성의 요소를 갖추지 않아 응용미술저작물로서의 독자성 요건을 따질 필요가 없는 것으로 보게 된다. 판지가 명백하다고는 할 수 없지만, 위 판결은 저작권법 제 2 조 제11호에서 말하는 '물품'을 유체물로 한정하는 취지도 내포하고 있는 것으로 생각된다. 법문은 '물품에 동일한 형상으로 복제될 수 있는 미술저작물'이라고 하여 '가능성'의 의미를 내포하는 것처럼 보이지만, 산업적인 목적에 기하여 '물품에 동일한 형상으로 복제되는' 형태로만 사용되는 것을 대량생산성의 요소로 보고 있는 것으로 보인다. 이러한 판례의 입장은 입법취지에 맞게 법문의 애매모호함을 합리적으로 시정하여 미술저작물의 보호범위를 보다 명료하게 하는 이점이 있는 것으로 생각되어 본서에서는 위와 같은 판례의 해석에 찬성하는 입장을 표명하고자 한다. 이 첫째 요건은 응용미술저작물이 보호를 받을 수 있는 관문으로서의 제한적 의미는 없다고 생각해도 좋다.

둘째, 미술저작물로서 그 이용된 물품과 구분되어 독자성을 인정할 수 있는 것이어야 한다. §4-45 본서에서는 이를 법문에 따라 '독자성' 요건이라고 부르기로 한다. 이 요건에 대하여는 미국법상의 분리가능성 이론을 입법적으로 도입한 것이라는 관점에서 '분리가능성' 요건이라고 부르는 견

---

1 대법원 2014. 12. 11. 선고 2012다76829 판결 및 해당 쟁점에 관하여 그 취지를 그대로 따른 대법원 2015. 12. 10 선고 2015도11550 판결(§4-64-2)은 해당 사건에서 보호대상으로 주장된 도안(캐릭터)이 물품에 부착되지 않고 도안 자체만의 형태로 인터넷 홈페이지나 동화책 등에 게재된 바 있다는 것을 언급한 후 바로 "해당 도안이 저작권법에 의하여 보호되는 저작물의 요건으로서 창작성을 구비하였는지 여부는 도안 그 자체로 일반적인 미술저작물로서 창작성을 구비하였는지 여부에 따라 판단하면 충분하다"고 판시하고 있을 뿐, '대량생산성'의 요건과의 관계를 언급하지는 않고 있다. 그러나 상표로서 물품에 부착되어 사용되기도 하는 도안 등에 대하여 '응용미술저작물'의 요건인 독자성에 대하여 따질 필요 없이 '일반적인 미술저작물'로서 창작성 구비 여부만을 따져도 좋다고 하는 것은 대량생산성 요건을 결한 것으로 보는 것이 아니라면 논리적으로 설명되지 않는다는 점에서, 본서는 위 판례들이 그러한 경우 대량생산성을 결한 것으로 보는 입장을 취한 것으로 파악한다.

해가 있고,[1] 본서에서도 결론적으로 이 요건이 분리가능성 이론을 채택, 반영한 것으로 보아야 할 것이라는 입장에 서 있기는 하나, 유사한 개념이라면 굳이 법문에서 사용한 용어 대신 외국법 용어의 번역어를 사용할 필요가 없다는 생각에서 그렇게 하는 것이다. 법 제2조 제15호에서는 말미에 '디자인 등을 포함한다'라는 문구를 덧붙이고 있는데, 이것은 위 첫째, 둘째 요건을 충족 하는 한 이른바 '산업디자인'의 영역이 폭넓게 보호대상으로 들어올 수 있다는 것을 주의적으로 규정한 것이다.

결국 현행법상 응용미술저작물의 보호 여부를 둘러싼 문제는 대개 위 둘째의 요건, 즉 '독자 성'의 요건을 갖추고 있는 것으로 볼 것인지 여부에 따라 판가름이 날 것이므로 그 '독자성' 요건 이 무엇을 의미하는지에 대하여 아래에서 보다 세밀하게 살펴보기로 한다.

2) '독자성'의 의의

§4-46   독자성이 무엇을 의미하는지를 보기 위해서는 먼저 무엇이 무엇과의 관계에서 가지는 독자 성을 말하는 것인지를 따져 볼 필요가 있다. 법 제2조 제15호에서 규정하고 있는 바에 따르면 (대량생산품에 복제되는) 미술저작물이 그 이용된 물품과의 관계에서 가지는 독자성을 의미하는 것 으로 규정되어 있다. 이 규정의 의미는 다소 애매한 점이 없지 않으나, 그 문리적(文理的)인 의미 와 함께 앞에서 살펴본 바와 같은 입법례 및 위와 같은 정의규정을 신설한 2000년 개정법의 입 법경위 등 제반사정을 종합하여 합목적적으로 해석하여야 할 것이다. 결론적으로 그 응용미술작 품의 미적 표현이 그것이 복제된 물품의 실용적 기능으로부터 분리하여 인식될 수 있다고 하는 의미에서의 분리가능성(separability)을 의미하는 것으로 보아야 할 것으로 생각된다. 즉, 미국 저작 권법의 '분리가능성' 이론을 우리 법에 도입한 취지로 보아야 할 것이라 생각된다.[2]

§4-47   2000년 개정 이전의 저작권법에서는 응용미술저작물에 대한 제한적 정의규정이 없는 채로 응용미술작품을 미술저작물의 하나로 나열하고 있었으므로 개정법보다 응용미술작품의 보호범위 가 훨씬 넓은 것처럼 보였지만, 실제로는 대법원 판례가 극히 제한적으로 응용미술을 보호하는 입장을 보이는 터여서 그러한 판례 입장의 변경을 이끌어내어 응용미술에 대한 보호를 합리적인 범위 내에서 조금이라도 확장하고자 한 것이 개정입법의 취지였음은 앞에서 설명한 바와 같다 (§4-25 참조). 분리가능성 이론 자체가 응용미술에 대한 보호를 제한적으로만 인정하는 입장이긴 하지만, 그것을 명확히 입법적으로 채택하지 않은 상태에서 선고된 대법원 판례의 입장과 비교할 때는 그것을 명료하게 채택할 경우의 보호범위가 오히려 넓어질 가능성이 있겠다는 생각이 반영

---

1 조원희, "응용미술저작물의 보호기준에 대한 소고," 계간 저작권 2005년 여름호(제70호), 저작권심의조정위원회, 27 면. 최근에는 대법원판결에서도 '분리가능성'이라는 용어를 사용한 바 있다(대법원 2013. 4. 25. 선고 2012다41410 판 결; §4-64-1).

2 同旨 조원희, 상게논문, 27면.

된 것이라고 할 수 있다. 이와 같은 법 개정의 취지와 의도는 그 후 '히딩크 넥타이' 사건에 대한 대법원 판례에서 긍정적인 호응을 얻은 것으로 보인다. 즉, '대한방직' 사건에 대한 대법원 1996. 2. 23. 선고 94도3266 판결(§4-54)에서는 "산업상의 대량생산에의 이용을 목적으로 하여 창작되는 모든 응용미술작품이 곧바로 저작권법상의 저작물로 보호된다고는 할 수 없고, 그 중에서도 그 자체가 하나의 독립적인 예술적 특성이나 가치를 가지고 있어 위에서 말하는 예술의 범위에 속하는 창작물에 해당하여야만 저작물로서 보호된다고 할 것이다"고 하였는데, 개정법 시행 후의 '히딩크 넥타이' 사건에 대한 대법원 2004. 7. 22 선고 2003도7572 판결(§4-56)에서는, 위 대한방직 사건 판례와 똑같은 이유를 내세워 '히딩크 넥타이' 도안에 대하여 저작권 보호를 부정하는 결론을 내린 원심 판결을 파기하고 종전 판례와는 다른 관점에서 개정법에 따라 독자성의 유무를 다시 심리할 것을 명하는 환송판결을 내린 것이다. 이 판례는 종전 판례의 기준이 2000년 개정법 이후에는 더 이상 적용될 수 없고, 종전의 판례에서 말하는 '독립적인 예술적 특성이나 가치'의 요건보다는 독자성의 요건이 충족되기가 보다 쉬울 것이라는 전제하에 그러한 결론을 내리고 있는 것이라 할 수 있다.

위 대법원 판결은 '도안이 그 이용된 물품과 구분되어 독자성을 인정할 수 있을 것인지 여부' **§§4-48** 만 따지면 된다고 하여 법문을 그대로 인용할 뿐, 그 구체적 의미를 풀이한 바는 없다(§4-57 참조). 그러나 그 이후의 대법원판례(대법원 2013. 4. 25. 선고 2012다41410 판결)에서는 당해 물품의 실용적·기능적 요소로부터의 '분리가능성'을 뜻하는 것으로 볼 것임을 분명하게 밝히고 있다(§4-64-1). 이것은 결국 대법원이 우리 저작권법상의 독자성 요건에 대하여 미국법상의 '분리가능성' 이론을 도입한 것으로 보는 통설의 입장을 수용한 것으로 볼 수 있다. 본서에서도 미국법의 분리가능성 이론을 도입한 것으로 보는 입장을 취할 것임은 위에서 밝힌 바와 같지만, 그 구체적 판단기준에 대하여는 여러 가지 견해가 나뉠 수 있다. 미국법 해석과 마찬가지로 '물리적 또는 관념적' 분리가능성을 모두 인정하여야 할 것인데, 그 가운데 물리적 분리가능성은 미술작품에 해당하는 부분을 물리적으로 제거한다고 하더라도 실용적 기능에 문제가 없는 것을 뜻하는 것으로 보면 비교적 그 의미가 명료하다고 할 수 있으나 관념적 분리가능성은 그야말로 해석하기 나름이라고 할 정도로 애매한 개념이어서 이 개념을 명확하게 정의하지 않으면 실무상의 적용이 매우 다기하게 나타나 법적 안정성을 결여하게 될 가능성이 많다(§4-32 참조). 그리고 기준의 적정한 도출을 위해 무엇보다 염두에 두어야 할 것은, 보호의 문턱을 너무 높이지도 않고 너무 낮추지도 않음으로써 창작유인의 제공이나 산업상의 경쟁 활성화의 어느 면에서도 큰 문제가 없도록 조화를 기할 필요가 있다는 점이다. 이런 관점에서 본서에서는 앞서 본 일본의 티셔츠 사건 판례(§4-38 참조) 등에서 취한 기준을 참고하여 "객관적·외형적으로 판단할 때 실용품에 포함된 디자인 등의 미적 표현에 있어 그 이용된 물품의 실용적·기능적 측면이 실질적인 제약요소로 작용한 것으로 볼 수 있는지 여부"를 기준으로 하는 것이 적용에 있어서의 명확성 및 보호범위의 적정성의 양면에서 가장 바람직하다고 생각한다. 이 기준은 앞서 살펴본 데니콜라 테스트와 유사한 면이 있지만, 해당 디자인의 창작과정이나 창작의도 등의 주관적인 면에 초점을 두는 대신, 객관적·외형적인 판단을 위주로 하여 기준의 객관성을 확보할 수 있다는 점에서 보다 바람직한 기준이 될 수 있을 것으로 생각된다(본서 제4판부터는 이를 데니콜라 테스트와 구별하는 뜻에서 '객관적 제약요소 기준'이라 칭하기로 한다). 분리가능성이란 해당 디자인의 심미적 표현이 제품의 실용적·기능적 측면과 '결합'되어 있지 않고 '분리'될 수 있다는 것이라 할 것인데, 실용적·기능적 측면과의 '결합'은 미적 표현에 있어 실용적·기능적 측면이 실질적인 제약요소로 작용한 경우에 인정되고, '분리가능성'은 그렇지 않은 경우에 인정된다고 보는 것이 타당하다. 다만 그것은 반드시 구체적인 사안에서 실제의 창작과정을 조사해 보아야만 알 수 있는 것은 아니며, 해당 물품의 기능 및 외관 등에 의하여 통상의 일반인에 의한 객관적 관찰에 의하여도 충분히 파악할 수 있을 것으로 생각된다. 사안에 따라 실제의 창작과정에 대하여 조사하여 알아보는 것이 참고가 될 수 있는 면은 있겠지만, 기본적으로 객관적인 판단을 중심으로 하는 것이 법적 판단의 명확성, 일관성 등의 면에서 바람직하다. 제품의 실용적·기능적 측면에 의하여 실질적 제약을 받는 부분의 디자인은 합체의 원칙(§3-35) 등에 의하여도 보호가 제한될 여지가 있지만, 그것을 합체의 원칙에 따른 창작성 유무의 개별적 심사에 맡겨 둘 경우에 모든 산업디자인이 그 형태 여하를 불문하고 저작권분쟁에 휘말릴 가능성이 있어 산업적 영역에서의 자유로운 경쟁이 크게 저해될 수 있을 것이라는 점을 감안할 때, 그보다 적절히 제한적이면서 객관적인 판단기준이 필요하다. 이는 앞서 본 미국 연방대법원의 Star Athletica, LLC v. Varsity Brands, Inc. 판결(§4-36-1)이 창작과정이나 동기 등의 주관적 사정을 고려하는 것에 반대하고 있는 점에 부합하는 것이기도 하다. 본서의 이전판에서도 '객관적·외형적 판단기준'을 언급하지 않은 것은 아니지만, 제4판에서 그 점을 더욱 강조하게 된 것은 위 Star Athletica 판례의 취지를 감안한 것이라 할 수 있다. 본서에서 제시하는 '객관적 제약요소 기준'이 Star Athletica 판례의 기준과 그대로 일치하는 것은 아니지만, 그 기준의 틀 안에서 보다 명확하게 기준을 구체화한 것으로 볼 여지는 있을 수 있다고 생각한다. 우리 저작권법이 미국법상의 분리가능성 이론을 수용한 것이고 미국 연방 대법원 판결에서 새로운 기준을 제시한 터이니, 그 기준을 그대로 수용하는 것이 바람직할 것으로 보는 견해가 있을 수 있으나, 앞서 본 바와 같이(§4-36-1), 그 판례에서 제시한 기준은 자칫 저작권 보호의 범위를 지나치게 넓힘으로써 산업상의 경쟁을 활성화하는 데 문제를 야기할 우려가 있고, 기준으로서의 명확성을 결여하고 있다는 점에서 이를 아무런 수정이나 보완 없이 수용하는 것은 적절치 않은 것으로 생각된다. 특히, 그

기준이 미국 저작권법 제101조에서 '회화, 그래픽 및 조각저작물'에 대하여 정의하면서 실용품의
디자인을 저작물로 보호하기 위한 두 가지 요건을 규정한 것[1]을 법문상의 근거로 하여 '문리해
석'을 위주로 한 것이라는 점에서, 법문이 다른 우리 법의 해석론으로 가져다 쓰기에는 적절치 않
다는 점도 유의하여야 할 것이다.

　위 기준에 의할 때 응용미술의 보호범위가 꽤 제한된다고 하는 점에서 비판적인 견해도 있을   §4-49
수 있을 것이다. 그러나 위 ㈎ '서설'에서 살펴본 바와 같이(§4-24 참조) 디자인보호법에 의한 보호
와 무제한적인 중첩보호를 인정할 경우에는 디자인보호법상의 여러 가지 제한규정의 취지를 몰
각하게 된다는 점, 근본적으로 실용물의 형태 등에 지나치게 넓은 보호를 허용할 경우 먼저 출시
된 제품에 대하여 그 형태에 대한 독점을 극도로 강화하여 공정경쟁을 저해하고 결과적으로 소비
자의 이익을 저해할 수도 있다는 점 등을 감안할 때 저작권에 의한 중첩보호의 영역을 합리적인
범위 내로 제한하는 것이 바람직하며, 위 기준이 그러한 보호범위의 획정에 있어서 비교적 합리
적이고도 명확한 기준으로 사용될 수 있다고 생각된다. 실용적인 고려에 의하여 제약을 받은 상
품의 '형태'에 대하여 우리나라에서는 디자인보호법에 의한 보호만이 아니라 2004. 1. 24.자로 개
정된 부정경쟁방지 및 영업비밀보호에 관한 법률 제 2 조 제 1 호 ㈜목 규정[2]에 의하여도 부당한
모방행위로부터 보호될 수 있어 보호의 공백이 크진 않다는 점도 감안하여야 할 것이다. 물론 저
작권에 의한 전면적 보호에 비하여는 보호의 범위나 정도에 있어서 미흡하다고 느껴지겠지만, 산
업상의 실용적 고려가 미치는 부분에 대하여 등록 여부와 관계없이 배타적·독점적 권리를 부여
할 경우에 있을 수 있는 부정적 영향에 대한 고려와의 사이에 조화와 균형을 이루기 위한 부득이
한 한계로 인정되어야 할 것이다.

　다시 정리해 보면, 우리 저작권법상 독자성 요건이 뜻하는 바는, 미술저작물에 해당할 만한   §4-50
미적 표현이 대량생산되는 실용품에 사용된 경우에 그 실용품의 기능적 측면과 물리적 또는 개념

---

1 '회화, 그래픽 및 조각저작물'은, 평면적 및 입체적 저작물에 해당하는 순수미술, 그래픽미술 그리고 응용미술과 사진,
　판화 및 미술 복제물, 지도, 지구의, 도면, 도표, 모형 및 설계도를 포함한 제도를 포함한다. 이 저작물들은 그들의 기
　계적이거나 실용적 측면에서가 아니라 적어도 그들의 형태에 있어서 예술적 솜씨를 가지고 있어야 한다. 이 조에서
　정의된 바대로 실용품의 디자인은, 회화, 그래픽 및 조각의 특성을 가지고 그 물품의 실용적인 면과 별도로 구별될
　수 있고, 그와 독립하여 존재할 수 있는 범위에 한해서만 회화, 그래픽 및 조각저작물로 본다.
2 그 규정 내용은 다음과 같다.
　"타인이 제작한 상품의 형태(형상·모양·색채·광택 또는 이들을 결합한 것을 말하며, 시제품 또는 상품소개서상의
　형태를 포함한다. 이하 같다)를 모방한 상품을 양도·대여 또는 이를 위한 전시를 하거나 수입·수출하는 행위. 다만,
　다음 어느 하나에 해당하는 행위를 제외한다.
　(1) 상품의 시제품 제작 등 상품의 형태가 갖추어진 날부터 3년이 경과된 상품의 형태를 모방한 상품을 양도·대여
　또는 이를 위한 전시를 하거나 수입·수출하는 행위
　(2) 타인이 제작한 상품과 동종의 상품(동종의 상품이 없는 경우에는 그 상품과 기능 및 효용이 동일 또는 유사한
　상품을 말한다)이 통상적으로 갖는 형태를 모방한 상품을 양도·대여 또는 이를 위한 전시를 하거나 수입·수출하는
　행위"

적으로 분리하여 인식될 수 있을 것, 즉 분리가능성을 갖출 것을 의미하며, 그 분리가능성 유무를 판별하는 구체적 기준은 "객관적·외형적으로 판단할 때 실용품에 포함된 디자인 등의 미적 표현에 있어 그 이용된 물품의 실용적·기능적 측면(인형과 같이 단순히 외관을 표현하거나 상표의 출처표시기능 등과 같이 정보를 전달하는 기능은 여기서 제외되는 것으로 보아야 할 것이라는 점에 대하여는 §4-53, §4-53-1 참조)이 실질적인 제약요소로 작용한 것으로 볼 수 있는지 여부"에 있다고 생각한다(‘객관적 제약요소 기준’). 여기서 ‘실질적인 제약요소’라고 하여 ‘실질적인’이라는 제한적 수식어를 붙인 것은 미적 표현에 있어서 기능적 측면의 고려에 의한 약간의 제약이 있다 하더라도 그것이 미미하고 사소한 것에 그칠 경우에는 저작권 보호의 대상에 포함될 수 있다고 보는 것이 타당할 것이라는 생각에 기한 것이다. 위 기준에 따라, 어떤 응용미술작품이 객관적·외형적으로 판단할 때 그 기능적 측면이 미적 표현에 있어 실질적 제약요소로 작용한 것으로 인정될 때에는 신규성 등 요건을 갖춘 경우 디자인보호법에 따라 디자인등록을 하여 동법의 보호를 받거나 아니면 부정경쟁방지 및 영업비밀보호에 관한 법률 제 2 조 제 1 호 ㈜목 규정에 의한 보호를 받을 수는 있어도 저작권법상 미술저작물로서 보호되지는 않는 것으로 본다. 따라서 자동차나 비행기의 전체적인 외관, 의류나 핸드백 등의 전체적인 디자인(이른바 패션디자인이라 불리는 것의 상당부분)은 실용성에 의한 제약이 있을 수밖에 없을 것이므로, 그 창작성을 따지기 전에 응용미술저작물로서의 ‘독자성’ 요건을 갖추지 못한 것으로 보게 될 것이다.[1] 반면에 원래 실용성에 대한 고려 없이 미술작품으로서 작성된 것이 나중에 산업상 대량생산되는 실용품의 디자인에 사용되는 경우는 물론이고 그렇지 않은 경우에도 의류 등 제품에 염직된 그림이나 도안의 경우 등과 같이 객관적·외형적으로 보아 실용성의 고려에 의한 실질적 제약 없이 창작된 디자인 등의 경우에는 디자인보호법에 의한 보호와 중첩되는지 여부와 관계없이 ‘응용미술저작물’로서 저작권 보호를 받을 수 있는 것으로 보는 것이다. 이 점에 관한 판례의 입장을 보면, 대법원은 2000년의 저작권법 개정 후에 개정법상의 응용미술저작물의 보호범위가 문제가 된 최초의 사건인 2004년의 ‘히딩크 넥타이’ 사건(§4-56)에서 법문을 그대로 적용하여 판단하였을 뿐 그 구체적인 해석 및 적용기준을 제시하지는 않아, 우리 저작권법이 미국법상의 ‘분리가능성’ 이론을 도입한 것으로 볼 것인지 여부조차 애매한 상태로 남겨두었으나, 이후 2013년의 ‘서적표지 디자인’ 사건(§4-64-1)에서 "응용미술저작물로서 저작권법의 보호를 받기 위해서는, 산업적 목적으로의 이용을 위한 ‘복제가능성’과 당해 물품의 실용적·기능적 요소로부터의 ‘분리가능성’이라는 요건이 충족되어야 한다"고 판시하여 처음으로 ‘분리가능성’

---

1 여기서 저자가 의도적으로 ‘전체적인 디자인’이라고 하는 제한적인 표현을 사용한 것은 패션디자인에 염직된 그림 등이나 자동차의 본넷에 달려 있는 엠블럼 등은 그 창작성은 별론으로 하고, ‘독자성’은 인정될 수 있을 것이라는 것을 감안한 것이다. 그렇다고 하여 ‘전체적인 디자인’만 독자성이 부정되는 것은 아니며, 실용성의 고려에 의한 실질적 제약을 받은 의류의 모양 등은 그 일부분이라도 독자성이 부정될 것이다.

이론을 언급하였다. 그러나 '분리가능성'의 구체적 의미와 관련하여 명확한 판단기준을 제시하지는 않고 있는 상황이다. 하급심판결 중에는 본서와 같은 '객관적 제약요소 기준'을 취한 것으로 보이는 사례(§4-63, 64)도 있으나, 아직 구체적 판단기준의 면에서 통일성이나 일관성이 결여되어 다소간 혼란스러운 상황에 있다고 할 수 있다.

'독자성'의 개념과 관련하여 한 가지 유의하여야 할 것은, 이 개념이 '창작성'의 개념을 그 자체 안에 내포하는 것은 아니고, 따라서 응용미술저작물이 성립하기 위해서는 위와 같은 의미의 '독자성'과 별도로 '창작성'을 갖추어야 한다는 점이다. '히딩크 넥타이' 사건에 대한 대법원 판결(§4-56)에서 "'히딩크 넥타이' 도안이 그 이용된 물품과 구분되어 독자성을 인정할 수 있는 것이라면 저작권법상의 보호대상인 저작물에 해당하고 ⋯ "라고 판시하여 마치 독자성만 인정되면 창작성에 대한 심사의 필요 없이 저작물성을 인정할 수 있는 것으로 오해할 수 있게 설시한 측면이 있지만, 그것이 판례의 본래 취지는 아니라고 보아야 할 것이다. 창작성은 모든 저작물에 있어서 예외 없이 요구되는 기본적인 요건이고, 독자성의 개념에는 창작성이 포함되어 있지 않음이 명백하기 때문이다. 이후의 다수 하급심 판례1에서는 독자성과 별도로 창작성에 대한 심사가 필요함을 전제로 판시하고 있다. 창작성의 심사에 있어서 독일의 과거 단계이론(§4-41 참조)과 같이 '고도의 창작성'을 요하는 것으로 보는 것은 타당하지 않고, 기본적으로 일반 미술저작물과 동일한 기준이 적용되는 것으로 보아야 한다.

§4-51

한편, 2000년 개정 저작권법이 실용품 여부를 고려하지 않고 분리가능성을 응용미술저작물의 보호기준으로 일률적으로 규정함으로써 실용품이 아닌 응용미술저작물이 결과적으로 보호를 받을 수 없게 되는 경우가 발생할 수 있게 되었다고 지적하는 견해가 있다. 이 견해에 따르면, 미국법상으로는 실용품이 아닌 응용미술작품, 예컨대, 인형, 장난감, 캐릭터, 웹상의 이미지 파일 등은 분리가능성에 대한 테스트 없이 저작권에 의한 보호를 받게 되나, 우리 법에서는 일률적으로 분리가능성 요건, 즉 독자성 요건을 요구함으로써 그 요건을 충족하지 못하여 보호를 받을 수 없는 경우가 발생할 수 있다고 한다.2

§4-52

그러나 위에서 이미 밝힌 바와 같이 법문의 표현은 미국 저작권법과 약간 다르지만, 그 취지가 미국의 분리가능성 이론과 동일한 기준을 도입하여 응용미술저작물의 보호를 명확히 하고 종전 판례에 비하여는 다소 그 보호범위를 확장하고자 한 데 있는 것이고, 미국 저작권법과 달리

§4-53

---

1 서울중앙지방법원 2006. 2. 9. 선고 2005노3421 판결('목주반지' 사건, §4-58); 서울중앙지방법원 2007. 4. 11. 선고 2005가합102770 판결('팻독' 사건, §4-60); 서울중앙지방법원 2013. 9. 27. 선고 2013가합27850 판결('자전거보관대' 사건, §4-64-2); 서울중앙지방법원 2018. 8. 31. 선고 2018가합512971 판결('버버리 체크무늬' 사건) 등을 그 예로 들수 있다.

2 조원희, 전게논문, 27면 참조.

인형 등의 비실용품에 대하여도 '물품과의 사이에' 분리가능성을 엄격하게 요구하여 보호범위를
좁히고자 하는 데 있었던 것은 아니라는 점을 감안할 때, 우리 법상으로도 미국법의 결론과 마찬
가지로 판단하여도 무방할 것으로 생각된다. 즉, 우리 법상은 물품의 실용적인 면에 대한 관계가
아니라 물품 자체에 대한 관계에서의 독자성을 요건으로 규정하였으니 실용적인 기능이 없는 물
품이라고 하더라도 그에 대한 관계에서의 독자성을 따져야 한다고 보기보다는, 우리 법상으로도
법문상의 표현에 불구하고 물품이 가지는 실용적 기능으로부터의 분리가능성을 의미하는 것으로
해석하여 실용성과 거리가 먼 인형 등의 경우에는 독자성을 폭넓게 인정할 수 있는 것으로 생각
하여야 할 것이다.1 이와 관련하여서는, 미국 판례뿐만 아니라 일본의 판례도 앞서 소개한 '하쿠
타 인형'에 대한 판결(§4-43 참조) 등에서 보듯이 실용성이 없는 물품의 경우에는 비록 대량생산이
이루어지더라도 그 심미적 측면에 대한 미술저작물로서의 보호를 폭넓게 인정하고 있는 것을 참
고할 수 있다. 그러나 인형이나 완구라 하더라도 말하거나 걷는 등의 기능적 측면이 강조되어 그
로 인한 표현상의 실질적 제약이 있을 경우에는 앞서 소개한 일본의 전자완구 '파비'에 대한 판례
(§4-43 참조)와 같이 응용미술저작물로서의 보호를 부정하여야 할 것이다.

§4-53-1   상표로 등록되어 사용되는 도안의 경우 물품에 부착된 형태로만 사용되지 않고 그 자체의 형
태만으로 인터넷 홈페이지에 게재되는 등 사용된 경우에 대하여 대법원이 '대량생산성'(§4-44)의
요소를 갖추지 않은 것으로 보아 독자성을 따질 필요 없이 일반 미술저작물로서의 창작성만 판단
하면 되는 것으로 판단한 것(대법원 2014. 12. 11. 선고 2012다76829 판결; §4-22-2)은 앞서 살펴본 바와
같다. 그런데 만약 상표가 독자적으로는 사용되지 않고 물품에 부착된 형태로만 사용되는 경우라
면 어떻게 보아야 할까? 그런 경우라면 앞서 본 '대량생산성' 요건(§4-44)을 갖춘 것으로 보아야
할 것이고, 따라서 '독자성' 요건을 충족하여야 응용미술저작물로 보호될 수 있다고 할 것이다.
그 독자성의 해석 및 적용에 있어서 만약 상표로서의 기능과의 관계에서 분리가능성을 요하는 의
미로 본다면, 상표로서의 기능과 불가분의 관계에 있는 상표도안은 결국 독자성이 없는 것으로
되어 응용미술저작물로서의 보호를 부정하게 될 것이다. 그러나 그러한 결론은 타당한 것으로 생
각되지 않는다. 미국 저작권법은 위에서 본 바와 같이 단순히 정보를 전달함에 그치는 것은 처음
부터 실용품(useful article)의 개념에서 제외되는 것으로 보아 분리가능성에 대한 심사를 거칠 필

---

1 미국 저작권법은 '실용품(useful article)'의 디자인이 저작권 보호를 받기 위한 요건으로 분리가능성을 요구하면서 '실
  용품'을 "단순히 그 물품의 외관을 나타내거나 정보를 전달함에 그치지 아니하고 본질적으로 실용적인 기능을 가지는
  물품을 말한다. 통상적으로 실용품의 부품인 물품은 '실용품'으로 본다"고 정의하고 있다(제101조). 이러한 규정에 따
  라 인형 등의 경우는 '단순히 그 물품의 외관을 나타내는' 것에 해당하고, 상표로 사용되는 로고 등의 경우에는 '정보
  를 전달함에 그치는' 것에 해당하여 '실용품'의 개념에 해당하지 않으므로, 분리가능성을 따질 필요가 없이 저작물로
  보호될 수 있게 된다. 이러한 규정이 없는 우리나라 저작권법하에서도 해석상 동일한 결론을 도출할 수 있을 것으로
  생각된다.

요 없이 미술저작물로서 보호될 수 있는 것으로 취급하고 있다. 상표의 기능이라는 것도 결국 자타상품식별, 출처표시, 광고선전 등의 기능으로서 모두 정보의 전달과 관련된 것에 해당하므로 상표가 일정한 실용적 의미를 지닌다 하더라도 미국법상의 실용품은 아닌 것이다. 이것은 우리의 입법이 미국법상의 분리가능성 이론을 입법적으로 도입하면서 그와 연관된 실용품의 정의에 관한 미국법 규정은 함께 도입하지 않음으로써 해석상의 어려움이 초래되는 부분이라는 점에서 위에서 본 인형이나 완구 등의 경우와 동일한 문제라 할 수 있다. 따라서 해석상 상표도안은 처음부터 분리가능성에서 말하는 실용적인 기능과는 무관한 것으로 보고,1 그 상표가 부착되는 '물품'(예를 들어, 의류, 신발, 핸드백 등)의 기능과의 관계에서 분리가능성이 있는 한 널리 독자성이 인정될 수 있는 것으로 보아야 할 것이다. 그렇다면, 물품에 부착되거나 표시되는 상표의 경우 대개는 독자성이 인정되어 창작성이 있는 한 응용미술저작물로 보호될 수 있을 것이다. 입체상표(코카콜라의 병모양 등)의 경우에는 물품의 기능과의 관계에서 분리가능성이 인정되지 않는 경우가 있을 수 있지만, 그것은 예외적인 경우라 할 것이다. 하급심판결 중에 상표에 대하여 응용미술저작물로서의 독자성을 긍정한 사례(서울중앙지방법원 2007. 4. 11. 선고 2005가합102770 판결)가 있으나, 그 근거에 대한 이론적 규명은 미흡한 것으로 생각된다(§4-60).

 판 례

❖대법원 1996. 2. 23. 선고 94도3266 판결 ― '대한방직' 사건   §4-54

저작권법 제 4 조 제 1 항 제 4 호에 의하면, 저작물의 예시로서 '응용미술작품'을 들고 있으나 저작권법에 의하여 보호되는 저작물이기 위하여는 어디까지나 문학, 학술 또는 예술의 범위에 속하는 창작물이어야 하고(같은 법 제 2 조 제 1 호), 본래 산업상의 대량생산에의 이용을 목적으로 하여 창작되는 응용미술품 등에 대하여 의장법 외에 저작권법에 의한 중첩적 보호가 일반적으로 인정되게 되면 신규성 요건이나 등록 요건, 단기의 존속기간 등 의장법의 여러 가지 제한 규정의 취지가 몰각되고 기본적으로 의장법에 의한 보호에 익숙한 산업계에 많은 혼란이 우려되는 점 등을 고려하면, <u>이러한 응용미술작품에 대하여는 원칙적으로 의장법에 의한 보호로써 충분하고 예외적으로 저작권법에 의한 보호가 중첩적으로 주어진다고 보는 것이 의장법 및 저작권법의 입법취지라 할 것이므로 산업상의 대량생산에의 이용을 목적으로 하여 창작되는 모든 응용미술작품이 곧바로 저작권법상의 저작물로 보호된다고 할 수는 없고, 그 중에서도 그 자체가 하나의 독립적인 예술적 특성이나 가치를 가지고 있어 위에서 말하는 예술의 범위에 속하는 창작물에 해당하여야만 저작물로서 보호된다고 할 것이다.</u>

───────────────

1 위 대법원 2014. 12. 11. 선고 2012다76829 판결(§4-22-2)은 대량생산성의 요소를 부정하는 취지의 판시 외에, 상표의 기능과 관련하여 "이 사건 원고 도안이 상품의 출처표시를 위하여 사용되고 있다는 사정은, 이를 저작권법에 의하여 보호하는 데 장애가 되는 사유가 아니다"라고 판시하였는데, 이것은 대법원이 '상표의 기능'을 응용미술저작물의 보호요건과 결부시키지는 않겠다는 취지를 표명한 것으로 볼 수 있어, 그 점에서 본서의 입장과 상통하는 것으로 볼 수 있다.

원심 판결 이유에 의하면, 원심은 피해자 코빙톤 파브릭스 코포레이션(COVINGTON FABRICS CORPORATION)이 미국에서 저작권등록을 마친 염직도안인 "르데지레(LE DESIRE)"([그림 13] 참조)와 "르바스켓(LE BASKET)"은 직물의 염직에 사용하기 위한 것으로서 응용미술품의 일종이긴 하나 저작권법의 보호 대상이 되는 저작물에는 해당하지 않는다는 이유로 피고인에 대하여 무죄를 선고하였는바, 기록 및 관계 법령에 비추어 살펴보면 원심의 판단은 옳고 거기에 소론과 같은 저작물의 개념에 관한 법리오해의 위법 등이 있다고 할 수 없다.

[그림 13]

§4-55 ▷NOTE : 위 판결에 대하여는 본문에서 이미 수차례 언급을 하였지만(§4-25, 39, 47), 2000년 개정법 이전에 응용미술작품의 보호에 관한 대법원의 입장을 보여준 최초의 판례로서, 개정법 시행 전까지 이 판례의 논지와 결론을 답습한 많은 판결이 잇따랐다. 이 사건과 마찬가지로 직물디자인의 저작권 보호에 대하여 부정적인 결론을 내린 서울고등법원 1996. 5. 16. 선고 95나10473 판결[1] 및 서울지방법원 1997. 8. 22. 선고 97가합26666 판결 외에 플라스틱쟁반의 과일 그림(서울고등법원 1999. 7. 21. 자 99라74 결정), 보온밥통의 외부측면에 그려진 꽃무늬 문양(수원지방법원 2000. 5. 4. 선고 99노4546 판결) 등에 대하여도 마찬가지 이유로 저작물로서의 보호를 부정하는 판결들이 이어졌다. 한편, 위 '대

---

1 그러나 이 사건의 원심(제 1 심) 판결인 서울민사지방법원 1995. 1. 27. 선고 93가합48477 판결은 "의장법과의 관계에서 우려되는 산업계의 혼란 및 원래 산업상의 지적재산을 보호하는 의장권과 인간의 문화적 창작을 보호하는 저작권의 보호 목적을 고려하면, 응용미술작품은 그 미적인 요소가 그 실용적인 기능성과 물리적 또는 개념적으로 분리가능한 경우에 한하여 저작물로서 보호될 수 있다고 할 것인바, 꽃무늬 등을 여러 가지 색채로 표현하고 이를 적당하게 배열하여 만든 2차원적인 직물디자인은, 그 미적인 요소가 그 실용적 기능과 분리되어 인식되고, 지적·문화적 창작으로서 예술의 범위에 속하며 저작자의 스스로의 노력에 의하여 만들어져 창작성도 인정되므로 저작물성이 인정된다"고 판시하였다.

한방직' 사건의 원심 판결인 서울지방법원 1994. 11. 10. 선고 94노2571 판결은 "이와 같은 양자(저작권과 의장권을 뜻함 — 저자)간의 제도상의 취지나 오늘날 산업의 발달에 따라 응용미술이 산업분야에 광범위하게 진출하고 있는 현실에서 의장권에 의한 보호로도 충분한 경우까지 무분별하게 저작권법에 의하여 중첩적으로 보호하는 경우에 발생할 수 있는 산업계의 혼란 등을 고려하여 본다면, 응용미술작품 중 염직도안이나 실용품의 모델 등과 같이 본래 산업상의 이용을 목적으로 하여 창작되는 경우에는 원칙적으로 저작물성을 인정할 수 없다고 할 것이고, 다만 이러한 경우에도 위 도안이나 모델 자체가 <u>그 실용품의 기능과 물리적으로 혹은 개념적으로 분리되어 식별될 수 있는 독립적인 예술적 특성이나 가치</u>를 가지고 있는 경우에는 예외적으로 저작물로서 보호될 수 있다고 보아야 할 것이다"라고 하여 미국법상의 분리가능성 이론을 해석론으로 원용하였음을 분명히 드러내 주고 있다. 따라서 이러한 원심 판결에 대한 상고를 기각한 대법원의 논지도 분리가능성 이론의 도입을 전제로 한 것이 아닐까 추측되는 면이 있다. 그러나 미국에서는 그 저작권법상의 분리가능성 이론의 적용에 있어서 일반적으로 2차원적인 염직디자인에 대하여 분리가능성을 부정하지 않고 있는데(염직디자인에 대한 서울고등법원 1996. 5. 16. 선고 95나10473 판결의 원심 판결이 위에서 본 바와 같이 분리가능성을 인정하는 결론을 내린 것은 그 점을 의식한 것으로 보인다), 이 사건 대법원 판결과 그 원심 판결은 반대의 결론을 취하고 있다는 점과 그 설시에 있어서도 '예술적 특성 또는 가치'라는 표현을 사용함으로써 특별한 예술적 특성이나 가치를 요하는 것으로 오해할 만한 소지를 가진 점, 나아가 대법원에서는 원심 판결과 달리 '실용품의 기능과 물리적으로 혹은 개념적으로 분리되어 식별될 수 있는'이라는 표현을 사용하고 있지도 않은 점 등을 감안할 때 이 사건 판결이 분리가능성 이론을 있는 그대로 도입한 것으로 보기 어려운 면도 많다. 실질적인 결론을 중심으로 파악할 때에는 '분리가능성 이론과 유사하지만 그보다 응용미술 보호범위를 더욱 제한한 특수한 입장'을 취한 것으로 보는 것이 합당하다고 생각된다. 그 후 이러한 판례입장을 변화시키기 위한 노력의 일환으로 2000년의 개정입법이 이루어진 것으로서 그 후에는 아래에서 소개하는 '히딩크 넥타이' 사건에 대한 대법원 판례를 통해 '독자성'의 요건을 중심으로 한 새로운 기준으로 판단하여야 하고, 위 판례는 개정법 시행 이후에는 더 이상 적용될 여지가 없음을 분명히 하고 있다는 것은 앞에서도 설명한 바와 같다(§4-47 참조). 따라서 위 판례뿐만 아니라 그 판지를 답습한 위의 99라74 결정, 99노4546 판결 등의 판례들도 개정법 시행 이후의 시점에 있어서는 그 결론의 타당성을 재검토하여야 할 것인바, 적어도 이들 판례의 사안에 관한 한 창작성 등에 대한 문제는 별론으로 하고, '독자성' 자체를 부정할 것은 아니지 않을까 생각된다.[1]

❖대법원 2004. 7. 22. 선고 2003도7572 판결 — "히딩크 넥타이" 사건   §4-56

1. 원심 판결의 이유에 의하면 원심은, 응용미술작품이 상업적인 대량생산에의 이용 또는 실용적인 기능을 주된 목적으로 하여 창작된 경우 그 모두가 바로 저작권법상의 저작물로 보호될 수는 없고, 그 중에서도 그 자체가 하나의 독립적인 예술적 특성이나 가치를 가지고 있어 예술의 범위에 속하는

---

1 다만, '생활한복' 디자인의 저작물성이 문제된 대법원 2000. 3. 28. 선고 2000도79 판결의 경우는 다르게 볼 수 있을 것이다. 이 판결도 '대한방직' 사건과 동일한 이론적 근거를 내세운 점은 유지되기 어렵겠지만 저작물성을 부정한 결론이 현행법하에서라고 하여 달라질 것으로 보이지는 않는다. 생활한복의 경우 그 실용적 기능이 디자인의 중요한 제약요소로 작용하였을 것이므로 그 형태적 디자인에 관한 한 현행법하에서도 '독자성'을 인정하기가 어려울 것으로 생각되기 때문이다.

창작물에 해당하는 것만이 저작물로서 보호된다는 전제에 서서(대법원 1996. 2. 23. 선고 94도3266 판결, 1996. 8. 23. 선고 94누5632 판결, 2000. 3. 28. 선고 2000도79 판결 등 참조), 판시 '히딩크 넥타이' 도안은 우리 민족 전래의 태극 문양 및 팔괘 문양을 상하 좌우 연속 반복한 넥타이 도안으로서 응용미술작품의 일종에 해당된다고 할 것이나, 그 제작 경위와 목적, 색채, 문양, 표현기법 등에 비추어 볼 때 저작권법의 보호대상이 되는 저작물에 해당하지 않는다고 판단하였다.

2. 그러나 원심의 판단은 수긍하기 어렵다.

구 저작권법(2000. 1. 12. 법률 제6134호로 개정되기 전의 것, 이하 같다)은 제 4 조 제 1 항 제 4 호에서 '회화·서예·도안·조각·공예·응용미술작품 그 밖의 미술저작물' 등을 저작물로 예시하고 있었으나, 저작권법(2000. 7. 1.부터 시행되었다)은 제 2 조 제11의2호에서 '응용미술저작물'을 '물품에 동일한 형상으로 복제될 수 있는 미술저작물로서 그 이용된 물품과 구분되어 독자성을 인정할 수 있는 것을 말하며, 디자인 등을 포함한다'고 규정하고, 제 4 조 제 1 항 제 4 호에서 응용미술저작물 등을 저작물로 예시함으로써 응용미술저작물의 정의를 규정하고 응용미술저작물이 저작권의 보호대상임을 명백히 하고 있다.

기록에 의하면 판시 '히딩크 넥타이' 도안은 고소인이 저작권법이 시행된 2000. 7. 1. 이후에 2002 월드컵 축구대회의 승리를 기원하는 의미에서 창작한 것인 사실, 고소인은 위 도안을 직물에다가 선염 또는 나염의 방법으로 복제한 넥타이를 제작하여 판매하였고, 피고인 1 역시 같은 방법으로 복제한 넥타이를 제작하여 판매한 사실을 각 인정할 수 있고, <u>원심의 인정과 같이 위 도안이 우리 민족 전래의 태극 문양 및 팔괘 문양을 상하 좌우 연속 반복한 넥타이 도안으로서 응용미술작품의 일종이라면 위 도안은 '물품에 동일한 형상으로 복제될 수 있는 미술저작물'에 해당한다고 할 것이며, 또한 그 이용된 물품(이 사건의 경우에는 넥타이)과 구분되어 독자성을 인정할 수 있는 것이라면 저작권법 제 2 조 제 11의2호에서 정하는 응용미술저작물에 해당한다고 할 것이다.</u>

그렇다면 판시 '히딩크 넥타이' 도안이 그 이용된 물품과 구분되어 독자성을 인정할 수 있는 것이라면 저작권법의 보호대상인 저작물에 해당하고, 그렇지 아니하다면 저작물에 해당하지 아니한다고 할 것인데도, 원심은 위 도안이 그 이용된 물품과 구분되어 독자성을 인정할 수 있는 것인지에 관하여 심리를 하여 보지 아니한 채 위에서 본 이유만으로 위 도안이 저작권법의 보호대상인 저작물에 해당하지 아니한다고 판단하고 말았으니, 원심 판결에는 응용미술저작물에 관한 법리를 오해하였거나 필요한 심리를 다하지 아니하여 판결에 영향을 미친 위법이 있다고 할 것이다.

3. 그러므로 원심 판결을 파기하고, 사건을 다시 심리·판단하게 하기 위하여 원심 법원으로 환송하기로 하여 관여 법관의 일치된 의견으로 주문과 같이 판결한다.

§4-57   ▷NOTE : 이 사건의 의미에 대하여는 본문에서 수차 언급한 바 있지만(§4-25, 39, 47, 50, 55), 역시 가장 중요한 초점은 저작권법이 응용미술저작물의 정의규정을 신설하여 개정되었다는 이유로 종전의 판례가 개정법에서는 더 이상 유지되지 않을 것임을 명백히 하고, 종전 판례에 따라 '히딩크 넥타이' 도안의 저작물성을 간단히 부정한 원심 판결을 파기함으로써 2차원적 염직디자인의 보호가능성을 넓게 열었다는 데 있다.[1] 그러한 점에서는 상당히 중요한 긍정적 의의를 가지고 있다고 생각된다. 그

---

1 이성호, 전게논문, 7면에서도 이 판례의 취지에 대해 "향후 미국 판례처럼 2차원적인 염직도안의 저작물성을 좀 더

러나 이 판결은 몇 가지 부분에서 아쉬운 대목을 남기고 있다. 첫째는 개정법상의 '독자성' 요건이 실제적으로 무엇을 말하는 것인지에 대한 구체적 기준을 전혀 제시하지 않고 있어 개정법이 분리가능성 이론을 반영한 것으로 볼 것인지 여부조차 명확히 하지 않았다는 점이다. 이후의 대법원판례(대법원 2013. 4. 25. 선고 2012다41410 판결)에서는 당해 물품의 실용적·기능적 요소로부터의 '분리가능성'을 뜻하는 것으로 볼 것임을 밝히고 있으나(§4-64-1), 아직 그 의미가 애매모호한 상태로 남겨져 있는 부분이 있다. 둘째, 이 판결이 '대량생산품에의 복제가능성 + 독자성'에 대한 심사만으로 응용미술저작물로서의 보호 여부를 확정할 수 있는 것처럼 설시한 부분에도 문제가 있다. 즉, 독자성 요건은 미술저작물로서의 일반적인 성립요건인 '인간의 사상 또는 감정의 표현으로서 창작성이 있을 것'이라고 하는 요건까지 대체하는 요건은 아니며, 이러한 '창작성' 등의 요건은 별도로 따져 보아야 할 문제이다. '아이디어/표현 이분법'의 적용도 함께 고려되어야 한다. 특히 이 판결의 사안은 판결문에 나타나 있는 것처럼 "우리 민족 전래의 태극 문양 및 팔괘 문양을 상하 좌우 연속 반복한 넥타이 도안"이라는 것이므로 우리 민족 전래의 태극 문양 및 팔괘 문양이 창작물이 아님은 분명하고 그것을 '상하 좌우 연속 반복'한다고 하는 것만으로는 아이디어와 표현의 합체 이론(§3-35 참조) 등에 비추어 볼 때 '창조적 개성'(§3-12 참조)의 유무에 대한 판단이 간단치는 않아 보이는데, 대법원은 이 점을 간과한 것이 아닌가 생각된다.

❖서울중앙지방법원 2006. 2. 9. 선고 2005노3421 판결 ─ "묵주반지" 사건　　　　§4-58

〈사실관계〉

피고인들은 A가 창작한 미술저작물인 묵주반지를 복제하거나 복제물을 판매함으로써 A의 저작권을 침해하였다는 이유로 공소제기된 사건에서 묵주반지 디자인은 저작물이 아니라는 등의 이유로 무죄 주장을 하였다.

〈법원의 판단〉

이 사건 각 묵주반지 자체가 일품제작의 미술공예품이 아님은 기록상 명백하므로, 이 사건 공소사실을 모두 유죄로 인정하기 위해서는 A가 저작권등록한 위 각 묵주반지 디자인이 A의 창작물로서 그 이용된 물품인 반지와 구분되어 독자성을 인정할 수 있는 것, 즉 저작권법의 보호대상인 응용미술저작물에 해당하여야 할 것이다. (중략)

우선, 저작권등록부에 기재된 저작물의 내용을 살펴보면, 이 사건 십자무늬묵주반지의 경우에는 "반지꼭지는 음각으로 조각된 라틴십자가 문양에 성혈(예수님이 흘린 거룩한 피)을 의미하는 붉은 색이 채색되어 있고, 반지에 둘레는 아무런 무늬가 없는 민자입니다"라고 되어 있고, 이 사건 장미계단묵주반지에 대해서는 "반지꼭지는 음각으로 조각된 십자모양에 성혈(예수님이 흘린 거룩한 피)을 의미하는 붉은 색이 채색되어 있고, 반지둘레는 장미꽃 문양이 일정한 간격으로 반입체적으로 조각되어 있으며, 장미꽃 문양의 사이사이가 계단식으로 홈이 파여 있습니다. 또한 본 반지는 2겹으로 이루어져 있어서 반지의 전체 틀은 고정되어 있으면서, 안은 장미꽃 문양들을 묵주의 작은 구슬처럼 돌릴 수 있는 돌림반지입니다"라고 되어 있다.

───────────

넓게 인정하려는 취지가 아닌지 주목된다"고 밝히고 있다.

그러나, … 증거자료들을 종합하면,

① 묵주반지는 통상적으로 둥근 반지의 형태에 1개의 십자가와 10개의 묵주알이 돌출되어 있는데, 돌출된 묵주알에는 일정한 문양이 새겨져 있거나 보석이 박혀 있는 점,

② 묵주반지는 하나의 몸체로 구성되어 있는 일체형인 '일단 묵주반지'와 두 겹으로 이루어져 있어서 반지의 전체 틀은 고정되어 있으면서 십자가와 10개의 묵주알이 돌출되어 있는 가운데 부분을 돌릴 수 있는 분리형인 '돌림 묵주반지'로 분류할 수 있는 점,

③ 십자가는 가장 대표적인 그리스도교의 상징들 가운데 하나인데, 그 문양이 전통적인 것이나 근대적인 것을 막론하고 모두 교회 내에서 보편적으로 사용되고 있으며, 묵주반지에 돌출되어 있는 십자가 문양은 대개 성혈을 의미하는 붉은 색으로 채색되어 있는 점,

④ 우리나라에서는 묵주알을 세면서 바치는 기도라는 뜻에서 '묵주기도'라 부르지만, 서양에서는 '장미꽃다발 또는 장미꽃밭(라틴어 Rosarium, 이탈리아어 Rosario, 영어 Rosary) 기도'라고 부르므로, 묵주알 하나는 장미 한 송이를 의미하기 때문에, 묵주반지에는 장미꽃 문양이 보편적으로 사용되고 있는 점,

⑤ 이 사건 장미계단묵주반지의 묵주알에 새겨진 장미꽃 문양은 국내외에서 널리 판매되고 있는 묵주반지에 새겨진 통상적인 장미꽃 문양과 별다른 차이가 없는 것으로 보이는 점 등을 알 수 있다.

그렇다면, 저작권등록부에 기재된 저작물의 내용을 통해 추려낼 수 있는 이 사건 각 묵주반지 디자인, 즉

① 위 각 묵주반지의 기본적인 형상이나 모양 및 그 구성요소와 배치(일단 묵주반지인지 돌림 묵주반지인지와 반지 가운데에 일정한 간격으로 1개의 십자가와 10개의 묵주알이 돌출되어 있는 것),

② 위 각 묵주반지에 돌출되어 있는 십자가의 문양 및 색채,

③ 위 각 묵주반지에 돌출되어 있는 10개의 묵주알의 형태 및 문양 그 어느 것 하나 A의 '창작물'로서 위 각 묵주반지와 구분되어 '독자성'을 인정할 수 있는 것이라고 보기는 어렵다고 할 것이다.

§4-59 ▷NOTE : 위 사건 판결은 결론적으로는 위와 같은 판지 외에 이 사건은 구 저작권법(1957년법)이 적용되어야 할 사안이라는 전제하에 구 저작권법상으로는 일품제작의 공예품이 아닌 한 응용미술저작물로서 보호받을 수 없다고 하는 이유를 함께 들어 피고인들에 대하여 무죄의 결론을 내리고 있다. 구 저작권법의 해석상 일품제작의 공예품 외에는 응용미술의 보호를 일체 부정한 것인지에 대하여는 의문이 있고, 공예품 이외의 응용미술작품의 보호에 대하여는 규정하지 않고 해석에 맡겨 둔 것일 뿐이라는 것이 본서의 입장임은 ㈎ 서설 부분에서 살펴본 바(§4-25)와 같으나, 여기에서는 개정법의 응용미술저작물 개념에 따라 판단한 위 인용부분의 적절성에 대하여 간단히 검토해 보기로 한다. 위 판결에서 독자성 요건만 따지지 않고 '창작물'로서의 인정 여부, 즉 미술저작물로서의 '창작성' 인정 여부의 문제를 깊이 다루고 있는 것은 위 '히딩크 넥타이' 사건 판결에 대하여 비판적으로 언급한 바(§4-57 참조)와 동일한 이유에서 긍정적으로 평가할 수 있다고 생각된다. 그러나 독자성 요건에 대한 판단 기준 등을 자세히 밝히지 않은 위 사건 대법원 판례의 태도를 본받은 나머지, 독자성에 대하여는 어떠한 이유로 위와 같은 결론을 내렸는지 파악하기가 매우 애매한 설시를 하고 있음은 아쉽게 여겨진다.

❖서울중앙지방법원 2007. 4. 11. 선고 2005가합102770 판결 — "팻독" 사건   §4-60

〈사실관계〉

원고는 2002년 경 아래 그림 17과 같은 그림(이하 '이 사건 저작물'이라 한다)의 저작자로서 저작권 등록과 이를 표장으로 한 상표 등록을 마친 바 있다. 소외 A는 "별지 1 표시 그림"과 같은 표장을 상표 등록하였고(나중에 원고의 청구에 의하여 상표등록무효심결이 확정됨), 피고는 소외 A로부터 그 전용실시권을 설정받아 등록한 후 그 표장이 부착된 신발을 대형마트 등에 공급하고 있었다. 이에 원고가 피고를 상대로 저작권침해금지 등 청구를 하였다. 아래 판시내용은 그 중 이 사건 저작물의 저작물성에 대한 법원의 판시이다.

〈법원의 판단〉

위 인정사실에 의하면 이 사건 저작물은 강아지의 형상을 개성 있게 표현한 것으로서, 물품에 동일한 형상으로 복제될 수 있는 미술저작물이면서 그 이용된 물품과 구분되어 독자성을 인정할 수 있는 것이므로 저작권법 제 2 조 제11호의2, 제 4 조 제 1 항 제 4 호가 정한 응용미술저작물이라 할 것이고 (따라서 이 사건 저작물이 상표의 구성부분으로서의 도형으로 만들어진 것에 불과하여 독립적인 예술적 특성이나 가치를 결여하고 있어 저작권법이 보호하는 저작물이 아니라는 취지의 피고 주장은 받아들이지 아니한다), 저작권법 제51조 제 4 항에 의하여 그 등록된 창작연월일인 2002. 3. 4.에 창작된 것으로 추정된다.

이에 대해 피고는 이 사건 저작물은 그 창작일 이전인 1998. 5. 공표된 아래 그림 14(이하 '비교대상저작물 1'이라 한다), 1999. 7. 공표된 아래 그림 15(이하 '비교대상저작물 2'라 한다), 2001. 12. 11. 공표된 아래 그림 16(이하 '비교대상저작물 3'이라 한다)과 비교할 때, 통상적인 강아지 그림과 달리 수직으로 평행한 한 쌍의 눈을 표현한 점, 위쪽으로 솟은 날카로운 모양의 귀를 표현한 점, 얼굴 부분을 사람처럼 수직 형태로 표현한 점, 주둥이 부분이 길게 돌출되도록 표현한 점에서 비교대상저작물 1, 2와 동일하고, 수직으로 평행한 한 쌍의 눈을 표현한 점, 강아지 목 부분의 칼라를 우측 하단부에 여러 개의 삼각형 형태로 표현한 점에서 비교대상저작물 3과 동일·유사하므로, 창작성이 인정되지 아니하여 저작물로서 보호될 수 없다고 주장하므로 살피건대, 저작권법에 의하여 보호되기 위해 요구되는 창작물은 완전한 의미의 독창성을 말하는 것이 아니라 단지 어떠한 작품이 남의 것을 단순히 모방한 것이 아니고 작가 자신의 독자적인 사상 또는 감정의 표현을 담고 있음을 의미할 뿐이어서 이러한 요건을 충족하기 위하여는 단지 저작물에 그 저작자 나름대로의 정신적 노력의 소산으로서의 특성이 부여되어 있고, 다른 저작자의 기존의 작품과 구별할 수 있을 정도이면 충분하다고 할 것인바, 아래 그림 14 내

[그림 14]   [그림 15]   [그림 16]   [그림 17]

지 17에서 보는 바와 같이 이 사건 저작물은 비교대상저작물들과 비교하여 볼 때 그 얼굴형, 눈, 코, 입, 귀 등의 구체적인 형태 및 배치가 확연히 구별되고, 전체적인 미감이나 형상화된 강아지의 이미지, 색감도 크게 구별되어 저작자 나름대로의 정신적 노력의 소산으로서의 특성이 나타나 있고, 비교대상저작물들과 쉽게 구별할 수 있어 <u>저작권법이 요구하는 창작성을 갖추고 있다고 할 것이므로</u> 피고의 위 주장은 이유 없다.

▷NOTE : 위 판결에 대하여는 앞에서 상표(도안)에 대하여 응용미술저작물성을 인정한 사례로 언급한 바 있다(§4-53-1). 위 판결이 그 근거의 면에서 히딩크 넥타이 사건에 대한 대법원 판결(§4-56)에서 독자성의 의미에 대한 규명 없이 단순히 저작권법의 법문에 따라 '물품으로부터의 독자성'을 뜻하는 것으로 본 것을 답습하여 원용하고 있는 것은 비판의 소지가 있다(§4-57 참조). '상표로서의 기능'을 중시하지 않을 경우 상표가 부착되는 '물품'(위 사안의 경우, 신발)의 '기능'과의 관계에서 분리가능성이 인정될 수 있는 사안이라 생각되는데, 그러한 취지를 보다 명확히 하는 것이 바람직하였을 것으로 생각된다. 만약 위 사안에서도 물품에 부착되지 않은 그 도안의 형태 자체로 인터넷 홈페이지에 게재되는 등의 이용형태가 인정될 경우라면 대량생산성의 요소가 없으므로 독자성 유무에 대한 판단을 할 필요 없이 일반 미술저작물로서의 창작성만 따지면 되는 것으로 보아야 할 것이라는 것이 이후에 선고된 대법원 2014. 12. 11. 선고 2012다76829 판결(§4-22-2)에 따른 결론이다. 아마 위 사안도 그러한 경우에 해당할 가능성이 많지 않을까 생각된다.

§4-61

❖서울중앙지방법원 2010. 2. 12. 선고 2009가합33025 판결 ─ "아트월" 사건

〈사실관계〉

원고가 설계하여 만든 [그림 18]과 같은 안내데스크 및 아트월이 응용저작물성을 가지는지가 쟁점이 된 사안이다.

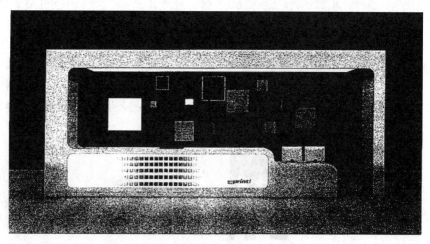

[그림 18] 안내데스크 및 아트월

〈법원의 판단〉

먼저 아트월에 관하여 살펴보면, 구 저작권법은 제 2 조 제15호에서 "응용미술저작물"에 관하여 물품에 동일한 형상으로 복제될 수 있는 미술저작물로서 그 이용된 물품과 구분되어 독자성을 인정할 수 있는 것을 말하며, 디자인 등을 포함한다고 정의하고 있는데, 갑 5 호증의 기재 및 영상과 이 법원의 현장검증결과에 의하면 이 사건 아트월은 붉은 색 바탕벽에 인쇄용지를 형상화한 사각형 내지 사각틀의 형상을 불규칙하게 배치하되, 그 중 일부 사각형은 반투명한 소재로 만들고 뒤에 등을 설치하였고, 나머지 사각형 내지 사각틀은 바탕벽보다는 조금 밝은 색깔의 붉은 색으로 배치하였던바, <u>위 각 디자인은 아트월의 바탕벽과 구분되고, 동일한 형상으로 반복 설치가 가능하므로 응용미술저작물에 해당한다 할 것이다.</u>

다음으로 안내데스크 부분에 관하여 살펴보면, 갑 5 호증의 기재 및 영상과 이 법원의 현장검증결과에 의하면 피고 타라의 기존 매장에 설치되었던 안내데스크와 비교하여 보았을 때 위 안내데스크는 천장 및 양 벽과 일체감을 주도록 같은 재질로 마감하고, 모서리부분이 둥글게 처리되며, 안내데스크의 한 쪽 끝 부분은 통행이 가능하도록 통로를 마련하되, 통로 쪽의 안내데스크의 높이를 상대적으로 낮게 설치하여 그 곳에는 컴퓨터 등을 설치하여 작업할 수 있도록 하였고, 안내데스크의 정면에는 흰 바탕에 가로 21개, 세로 5줄의 총 105개의 붉은 색 사각형을 가운데에서 좌우로 갈수록 연한 색으로 배치하여 안내데스크의 뒤로 보이는 아트월의 붉은 색 바탕 및 사각형 디자인과 통일감을 준 사실(별지4 참조)은 인정되나, <u>안내데스크의 형상 및 그에 관한 도면 부분은</u> 위 안내데스크가 사무실의 구성요소 중 하나인 건축 부속 공작물에 불과하여 공간 및 각종 구성부분의 배치와 조합을 포함한 전체적인 디자인으로서의 건축저작물 내지 그에 대한 설계도면으로는 보기 어렵고, <u>안내데스크 자체와 분리가 가능하지 않아 응용미술저작물로 보기도 어려우나, 다만 안내데스크 정면의 흰색 바탕에 사각형 무늬(이하 '안내데스크 무늬'라고 한다)의 경우 안내데스크와 분리하여 복제 가능하므로 응용미술저작물로 인정될 수 있을 것이다.</u>

NOTE : 이 사건 판결은 아트월, 안내데스크, 안내데스크 무늬의 각 독자성 여부에 대하여는 결론적으로 각 타당한 결론을 내린 것으로 생각되나, 창작성에 대하여 별도로 판단하지 않고 독자성 요건만으로 응용미술저작물성을 인정한 것에는 문제가 있다고 생각된다(§43-57, 59 참조). 독자성과 관련하여, 위 판결은 "분리하여 복제 가능한지" 여부를 기준으로 판단하고 있는데, 그 판단기준은 명료하지 않다. 실용품으로서의 벽, 데스크 등과의 물리적 분리가능성은 없다는 전제하에서 관념적 분리가능성에 관한 구체적 판단기준을 밝히려는 노력을 기울였어야 할 것이다. 본서에서 취하는 '객관적 제약요소 기준'(§4-48, 50)을 적용할 경우, 안내데스크는 그 디자인이 안내데스크로서의 실용적 기능에 의하여 실질적인 제약을 받았을 것이라는 점에서 독자성이 부정되고, 아트월과 안내데스크 무늬의 경우에는 그렇지 않다는 점에서 독자성이 긍정되어, 독자성에 관한 한 같은 결론에 도달할 것으로 생각된다.

§4-62

♣ 서울중앙지방법원 2009. 1. 22.자 2008카합4462 결정

§4-63

채무자는, 이 사건 디자인은 그 이용되는 물품과 구분되는 독자성 내지 분리가능성을 인정할 수 없어 저작권법 제 2 조 제15호에 규정된 응용미술저작물(물품에 동일한 형상으로 복제될 수 있는 미술

저작물로서 그 이용된 물품과 구분되어 독자성을 인정할 수 있는 것을 말하며, 디자인 등을 포함한다) 로서의 저작물성이 부인된다고 주장하나, 기록에 의하면 이 사건 디자인은 이용자의 시선을 유도하고 심미감을 불러일으킬 수 있도록 식물의 줄기, 잎, 꽃, 용이나 학 등의 동물, 그 밖의 문자 내지 기하학적 문양을 반복·대비함으로써 패턴화한 것으로, 상품권, 품질보증서, 할인권, 쿠폰, 주권, 영수증, 교환권 등 증서제품의 바탕장식으로 사용되고 있음을 알 수 있는바, 그 제작기법·고유의 심미감·활용방식 등에 비추어 볼 때 <u>이 사건 디자인의 활용대상이 상품권 등의 증서제품에 국한된다거나 상품권 등의 증서제품이 가지는 기능적 측면이 이 사건 디자인의 창작적 표현에 실질적인 제약 요소로 작용하였다고 판단되지는 아니하는 이상, 이 사건 디자인은 그 이용된 물품과 구분되어 독자성을 인정할 수 있다고 할 것이니,</u> 위 주장은 받아들이지 아니한다.

§4-64 ▷NOTE : 위 판결은 "상품권 등의 증서제품이 가지는 기능적 측면이 이 사건 디자인의 창작적 표현에 실질적인 제약 요소로 작용하였"는지 여부를 독자성의 판단기준으로 하고 있으며, 그 판단에 있어서 객관적·외형적 판단을 수행하고 있으므로, 이 판결은 본서가 취하는 '객관적 제약요소 기준'(§4-48, 50)을 채택한 것으로 볼 수 있다.

§4-64-1 ✿대법원 2013. 4. 25. 선고 2012다41410 판결 — "서적표지 디자인" 사건

가. 저작권법 제 4 조 제 1 항 제 4 호는 저작물의 일종으로 응용미술저작물을 규정하고 있고, 같은 법 제 2 조 제15호에서는 응용미술저작물에 관하여 "디자인을 포함하여 물품에 동일한 형상으로 복제될 수 있는 미술저작물로서 그 이용된 물품과 구분되어 독자성을 인정할 수 있는 것"으로 정의하고 있는바, 응용미술저작물로서 저작권법의 보호를 받기 위해서는, 산업적 목적으로의 이용을 위한 '복제가능성'과 당해 물품의 실용적·기능적 요소로부터의 '분리가능성'이라는 요건이 충족되어야 한다(대법원 2004. 7. 22. 선고 2003도7572 판결 참조).

나. 원심은, 원고들의 다음과 같은 주장, 즉 이 사건 초판 4종 서적의 표지·제호 디자인은 저작권법 제 4 조 제 1 항 제 4 호에서 정한 '응용미술저작물'에 해당하는데 피고들이 이와 유사한 디자인을 이 사건 개정판 4종 서적의 표지와 내지에 사용하여 출판, 판매하는 방법으로 원고들의 위 표지·제호 디자인에 관한 저작권을 침해하고 있다는 주장에 대하여, 위 표지·제호 디자인은 모두 이 사건 초판 4종 서적의 내용이 존재함을 전제로 하여 이를 효과적으로 전달하기 위한 수단에 불과하고, 서적 표지라는 실용적인 기능과 분리 인식되어 독립적으로 존재할 수 없으며, 그 문자, 그림의 형태나 배열 등의 형식적 요소 자체만으로는 하나의 미술저작물이라고 할 수 있을 정도의 독자적인 실체가 인정되지 않으므로, 위 표지·제호 디자인이 저작권법의 보호 대상이 되는 응용미술저작물이 아니라고 판단하였는바, 위 법리에 비추어 보면 원심의 위와 같은 판단은 정당하고, 거기에 응용미술저작물에 관한 법리를 오해한 잘못이 없다.

▷NOTE : 위 대법원 판결은 히딩크 넥타이 사건 판례(§4-56)에서의 모호한 입장에서 벗어나 우리 저작권법상의 '독자성'이 당해 물품 자체와의 관계에서의 독자성이 아니라 당해 물품의 실용적·기능적 요소로부터의 '분리가능성'을 뜻하는 개념임을 분명히 하였다는 점에서 의의가 있다고 생각된다.

그러나 앞서 본 바와 같이 분리가능성이라는 말 자체가 이른바 '관념적 분리가능성'(§4-30)의 영역으로
가면 판단하기에 무척 애매모호하여 법적 안정성을 결하게 되기 쉬우므로 대법원에서 보다 명확한 기
준을 제시할 필요가 있는데, 위 판결도 거기까지는 미치지 못하고 있다. 사안에 대하여 보면, 구체적으
로 서적의 표지 및 제호 디자인이 서적 표지라는 실용적인 기능과의 관계에서 분리가능성이 없다고 판
단하고 있는데, 책 표지의 기본적인 디자인에 대하여는 이러한 판단을 수긍할 수 있으리라 생각된다.
그러나 책 표지에 그림이나 일러스트 등을 사용한 경우에 그 그림 등은 본서에서 취하는 '객관적 제약
요소 기준'(§4-48)에 의할 때, 그 독자성 내지 분리가능성이 인정되어야 할 것이다.

♣서울중앙지방법원 2013. 9. 27. 선고 2013가합27850 판결 ─ "자전거보관대" 사건   §4-64-2
    저작권법 제 2 조 제15호 소정의 응용미술저작물에 해당하기 위해서는 저작물이 되기 위한 일반적
요건, 즉 '창작성'의 요건을 갖추는 이외에 '물품에 동일한 형상으로 복제될 수 있는 미술저작물일 것'
과 '그 이용된 물품과 구분되어 독자성을 인정할 수 있는 것'이라는 두 가지 요건을 갖추어야 한다(대
법원 2004. 7. 22. 선고 2003 도7572 판결 참조).
    2) 원고 디자인 1, 2, 3이 저작권법의 보호대상인 저작물인지 여부
    가) 원고 디자인 1('그림 19' 참조)에 관하여
    (1) 먼저 원고 디자인 1 전체에 관하여 보건대, 원고 디자인 1 중 자전거를 세워두기 위한 거치대
부분, 지붕을 떠받치기 위하여 좌우에 위치한 넓은 판형태의 기둥, 눈, 비 등을 막기 위한 완만한 호
형태의 지붕은 자전거 보관대를 구성하기 위한 필수적 요소로서, 그 자체로 그 이용된 물품인 자전거
보관대와 구분되어 독자성을 인정할 수 있는 것이라 보기 어렵다. 따라서 원고의 주장과 같이 원고 디
자인 1 전체가 저작권법에 의하여 보호되는 응용미술저작물에 해당한다고 할 수 없다.
    그러나 원고 디자인 1 중 기둥에 존재하는 흰색 모양(이하 '원고 디자인 1 모양'이라 한다)에 관
하여 보건대, 갑 제19, 20호증(각 가지번호 포함)의 각 기재 및 변론 전체의 취지를 종합하면 원고는
현대건설 주식회사가 2006. 9.경 아파트 브랜드를 'C'로 변경하는 과정에서 현대건설 주식회사에게 'C'
브랜드 이미지와 맞는 통일감 있는 조경시설물의 표준화를 제안한 사실, 그 과정에서 원고는 '고귀한
단순함과 고요한 위대함'이라는 신고전주의 건축 스타일의 조경시설물을 디자인하게 되었고, 신고전주

[그림 19]

의의 단순함과 고요함에 자연을 모티프로 한 곡선으로 포인트를 주어 숭고한 아름다움과 자연을 조화
시킨다는 개념 아래 위 모양을 디자인한 사실, 특히 원고 디자인 1의 경우 '신고전주의와 아루느보',
'전통과 현대'를 디자인의 제목으로 사용한 사실을 각 인정할 수 있는바, 이에 비추어 보면 원고 디자인
1 모양은 흰색 곡선의 배열을 통해서 원고가 자신의 독자적인 사상을 원고 나름의 방법으로 표현한 것
임이 인정되고, 나아가 원고의 정신적 노력의 소산으로서의 특성이 부여되어 있다고 보이므로 저작물
로서의 창작성이 인정되며, 또한 그 이용된 물품인 자전거 보관대는 원고 디자인 1 모양을 기둥에 그
대로 인쇄 및 복제하는 방법으로 제작된 것으로서 원고 디자인 1 모양은 얼마든지 다른 실용품의 디자
인으로도 이용될 수 있어 그 이용된 물품과 구분되어 독자성을 인정할 수 있으며 다른 물품에 동일한
형상으로 복제될 수 있다고 할 것이므로, 저작권법의 보호대상인 응용미술저작물에 해당한다.

　나) 원고 디자인 2('그림 20' 참조)에 관하여

[그림 20]

　(중략)

　(2) 한편 원고 디자인 2가 저작권법이 보호하는 응용미술저작물에 해당하는지 여부에 관하여 보
건대, 원고 디자인 2는 좌우의 기둥 및 지붕으로만 구성되어 있어 그 자체로 그 이용된 물품인 장미아
치와 구분되어 독자성을 인정할 수 있다고 보기 어렵고, 다른 실용품에 복제될 수도 없으므로 저작권
법의 보호대상인 응용미술저작물이라 할 수 없다.

　(중략)

　다) 원고 디자인 3('그림 21' 참조)에 관하여

　원고 디자인 3이 저작권법이 보호하는 응용미술저작물에 해당하는지 여부에 관하여 보건대, 원고
디자인 3은 좌우의 원형의 기둥 및 이에 연결된 지붕, 자전거를 세워두기 위한 거치대로만 구성되어
있어 그 자체로 그 이용된 물품인 자전거보관대와 구분되어 독자성을 인정할 수 있다고 보기 어렵고,
다른 실용품에 복제될 수도 없으므로 저작권법의 보호대상인 응용미술저작물이라 할 수 없다.

　▷NOTE : 위 사건의 판결문만으로 명료하게 알 수는 없지만, 위 디자인은 모두 토지에 고정적으
로 설치하는 공작물에 대한 것이 아닐까 생각되는데, 그렇다면, '사람의 통상적인 출입이 예정되어 있
는' 것이 아니더라도 건축저작물에 포함될 수 있는 것으로 보는 다수 학설의 입장에 의하면 건축저작물

[그림 21]

에 해당할 가능성이 많아 이를 모두 건축저작물에는 해당하지 않는 것으로 보고(원고는 디자인 2가 건축저작물에 해당한다고 주장하였으나, 위 판결이 '사람의 통상적인 출입이 예정되어 있는' 것이 아니라는 이유로 건축저작물 해당성을 부정함), 응용미술저작물 해당 여부를 따진 것에 법리적 의문이 있다(§4-65의 각주에서 이 판결을 언급한 부분 참조). 여기서는 토지에 고정되는 정도가 약하여 건축저작물이 아니라고 보는 전제 하에서, 그러면 응용미술저작물에는 해당하는가 하는 관점에서 위 판결의 타당성을 검토해 보기로 한다. 위 사안에서 법원은 자전거 보관대의 전체적인 디자인 및 다른 구성부분에 대하여는 3가지 디자인 모두 응용미술저작물의 요건인 독자성을 인정할 수 없다고 보고, 디자인 1 기둥에 있는 곡선 무늬에 대하여만 독자성을 인정하는 결론을 내리고 있다. 위 판결에서 분리가능성 판단의 구체적 기준을 명확하게 제시하고 있지는 않지만, 그것이 내린 결론은 본서가 취하는 '객관적 제약요소 기준'에 의하더라도 모두 타당하다. 즉, 디자인 1, 2, 3은 모두 그 미적 표현에 있어서 자전거보관대의 실용적·기능적 측면이 실질적 제약요소로 작용하였음이 객관적·외형적 판단에 의하여도 명백하므로 독자성을 부정하는 것이 타당하고, 디자인 1의 기둥에 있는 곡선 무늬는 그 미적 표현에 있어서 실용적·기능적 측면이 실질적 제약요소로 작용하지 않았을 것임이 객관적·외형적 판단에 의하여도 명백하므로 독자성을 인정하는 것이 타당하다. 다만 그 경우 그 창작성은 별도로 심사하여야 하는데, 위 판결도 독자성과 창작성이 모두 요구됨을 전제로 하여 그 창작성 인정의 근거도 별도로 밝히고 있다.

❧서울중앙지방법원 2013. 11. 25.자 2012카합2882 결정 — "애완동물용 개집" 사건   §4-64-3

이 사건 저작물('그림 22' 참조)은 미키마우스 캐릭터의 얼굴 형상을 띠고 있는 '애완동물용 개집'으로서, 전체적으로 구(球) 모양을 하고 있는데, 그 바닥면은 원 모양으로 평평하고, 그 일측면에는 원모양의 입구가 비스듬하게 뚫려 있으며, 그 윗부분에는 귀를 형상화한 둥근 부분이 양쪽에 장식품으로 달려 있다. 이 사건 저작물의 위와 같은 기본적인 형상이나 모양, 구성요소 및 그 배치 등을 종합하여 보건대, 이 사건 저작물에 다소간의 심미적인 요소가 부가되어 있다고는 볼 수 있으나, 이 사건 저작물이 '애완동물용 개집'이라는 실용품에서 물리적으로 벗어나 다른 실용품에 그대로 적용될 수 있을 정도라고 보기는 어렵다. 나아가, 이 사건 저작물에서 '애완동물용 개집'이라는 실용품의 기능 또는 효용에서 관념적으로 구분될 수 있다고 보이는 미적 요소만으로는 이 사건 저작물의 전체적인 심미감을 그대로 나타낼 수 있다고 보기도 어렵다.

따라서 이 사건 저작물은 '애완동물용 개집'이라는 실용품의 실용적·기능적 요소로부터 물리적 혹

[그림 22]

은 관념적으로 구분될 수 있을 정도라고 보기는 어려우므로, 저작권법의 보호대상이 되는 응용미술저작물에 해당하지 않는다고 봄이 상당하다(한편, 이 사건 저작물은 한국저작권위원회에 저작물로 등록되어 있기는 하나, 한국저작권위원회는 저작물에 해당하지 아니함이 명백하다고 인정되는 경우에 한하여 등록을 거부하는 형식적 심사권한만을 행사하는 것이고(대법원 1996. 8. 23. 선고 94누5632 판결 참조), 저작권 등록 여부가 저작권의 발생과 직접적인 관계가 있는 것은 아니므로, 위와 같은 사정은 이 사건 저작물이 저작권법의 보호대상이 아니라고 보는 데 지장이 없다].

▷NOTE : 위 사건의 사안에 대하여 본서가 취하는 '객관적 제약요소 기준'을 적용해 보면, 장식품으로 달려 있는 귀 모양의 부분을 제외하고는 그 미적 표현에 있어서 애완동물용 개집의 실용적·기능적 측면이 실질적 제약요소로 작용하였음이 객관적·외형적인 판단으로도 명백하다고 할 수 있을 것이므로 분리가능성 또는 독자성을 부정하는 것이 타당할 것이다. 그러나 귀 모양 부분은 그렇지 않아 독자성이 있다고 할 수 있으므로, 그 부분은 창작성의 면에서 저작물성이 있는지(만약 창작성이 인정된다면, 나아가 피신청인 측 제품의 해당 부분과의 실질적 유사성 유무)를 별도로 따져볼 필요가 있지 않았을까 생각된다. 위 판결은 그 부분을 의식하여, "실용품의 기능 또는 효용에서 관념적으로 구분될 수 있다고 보이는 미적 요소만으로는 이 사건 저작물의 전체적인 심미감을 그대로 나타낼 수 있다고 보기도 어렵다"고 판시하고 결론적으로는 그 전체에 대하여 독자성을 부정하는 결론을 내리고 있다. 그러나 실용품의 심미적 표현의 한 부분을 떼어서 볼 경우 독자성이 인정되면, 그 부분은 창작성이 있는 한 응용미술저작물로 보호하는 것이 타당하고, 해당 저작물의 전체적인 심미감을 그대로 나타낼 수 있어야만 독자성이 인정될 수 있다는 법리는 존재하지 않으므로(물론 그 부분의 창작성 유무를 따질 때, 다른 부분과 결합된 전체적인 미적 표현을 가지고 판단하는 것은 타당하지 않고, 해당 부분만 가지고 별도로 창작성 유무를 판단하여야 할 것이다. 그 경우 형태가 비교적 단순하여 창작성이 인정되지 않을 가능성도 있을 수는 있으리라 생각된다.), 그 부분에 관한 한 위 판결의 판시내용은 타당하지 않은 것으로 생각된다.

§4-64-4   ✤서울중앙지방법원 2014. 11. 21 선고 2014가합7136 판결 — "자동차 외부 디자인" 사건

살펴건대, 응용미술저작물로서 저작권법의 보호를 받기 위하여는 산업적 목적으로의 이용을 위한 복제가능성과, 당해 물품의 실용적·기능적 요소로부터의 분리가능성이라는 요건이 충족되어야 한다(대법원 2013. 4. 25. 선고 2012다41410 판결 등 참조). 그런데 이 사건 ○○자동차의 외부 디자인에 일부 특징적인 면이 없는 것은 아니나, 그 외양은 스포츠 자동차 내지 일반 자동차로서 통상 갖추어야 할

기능, 즉 공기의 저항을 줄이기 위한 유선형의 옆선, 비교적 낮은 차체, 뒤를 보기 위한 사이드 미러 등 그 실용적인 기능과 분리 인식되어 독립적으로 존재한다고 보이지 않고, 기타 문, 창문이나 전조등, 후미등의 모습 자체만으로는 하나의 미술저작물이라고 할 수 있을 정도의 독자적인 실체가 인정되지 않으므로, 이 사건 ○○자동차의 외부 디자인이 저작권법의 보호 대상이 되는 응용미술저작물에 해당한다고 볼 수 없다.

▷NOTE : 위 판결은 대법원 2013. 4. 25. 선고 2012다41410 판결(§4-64-1)에 따라 분리가능성 이론을 적용하여 결론적으로도 타당한 결론을 도출하고 있는 것으로 여겨진다. 위 판결에서 분리가능성 이론을 적용하기 위한 보다 구체적 기준을 제시하지는 않고 있으나, 본서가 취하는 '객관적 제약요소 기준'에 의하더라도 자동차의 외부 디자인은(§4-50 각주에서 언급한 바와 같이, 본넷에 달려 있는 엠블럼과 같은 특별히 돌출된 장식적인 부분을 제외하고는) 그 미적 표현에 있어서 자동차의 실용적·기능적 측면이 실질적 제약요소로 작용하였음이 객관적·외형적인 판단으로도 명백하다고 할 수 있을 것이므로 독자성을 부정하는 것이 타당하다.

❖대법원 2015. 12. 10 선고 2015도11550 판결 ─ "토끼 캐릭터" 사건   §4-64-5

이 사건 캐릭터('그림 23' 참조)는 2004년경 일본에서 만화, 영화 등 대중매체에 표현되기 전에 상품에 사용되면서 공표되는 이른바 오리지널 캐릭터의 일종으로 개발된 도안으로서 물품에 표시되는 이외에도 2008년경 일본에서 공표된 동화책들에서 물품에 부착되지 않은 형태로 게재되는 등 이 사건 캐릭터 자체만의 형태로도 사용되어 왔음을 알 수 있으므로, 이 사건 캐릭터가 저작권법에 의하여 보호되는 저작물의 요건으로서 창작성을 구비하였는지 여부는 도안 그 자체로 일반적인 미술저작물로서 창작성을 구비하였는지 여부에 따라 판단하면 충분하다고 할 것이다(대법원 2014. 12. 11.선고 2012다76829판결 참조).

▷NOTE : 위 판례는 대법원 2014. 12. 11. 선고 2012다76829 판결(§4-22-2)의 취지를 이어받아, 캐릭터가 물품에 표시되는 이외에도 동화책들에 게재되는 등 캐릭터 자체만의 형태로도 사용되어 왔음을 이유로, 응용미술저작물의 요건으로서의 독자성 유무에 대하여 판단할 필요 없이 일반적인 미술저작물로서 창작성을 구비하였는지 여부에 따라 판단하면 충분하다고 판시하고 있다. 2012다76829 판결과 마찬가지로 대량생산성의 요건과 관련한 언급을 하지는 않았으나, 위와 같이 캐릭터가 물품에 표시

[그림 23]

되는 이외에 캐릭터 자체의 형태로도 사용되어 왔을 경우 대량생산성의 요건에 부합하지 않음을 전제로 한 것으로 보아야 할 것이라는 것은 전술한 바(§4-44)와 같다.

§4-64-5   ❖ 서울중앙지방법원 2018. 8. 31. 선고 2018가합512971 판결 — "버버리 체크무늬" 사건

이 사건 원고 디자인은 엷은 황갈색(베이지, beige) 바탕 상단에 붉은색의 굵은 가로줄, 하단에 검은색과 하얀색의 굵은 가로줄이 각 있고, 그 가로선들 중앙으로 엷은 붉은색의 얇은 세로줄이 있는 체크 디자인으로 이는 세로줄과 가로줄이 여러 차례 겹치게 구성되는 일반적인 체크 디자인들(예 : ▦)과 구별되는 창작자 나름대로의 정신적 노력 소산으로서 특성이 부여되어 있고, 그 특성이 다른 기존 작품과 구별될 수 있는 정도이다.

그리고 이 사건 원고 디자인을 원고 제품('그림 24' 참조)에서 분리하여 이를 의류, 지갑, 벨트 등 물품에 동일한 형상으로 복제할 수 있으므로, 가방제품 이외의 다른 물품의 디자인으로도 얼마든지 이용될 수 있고, 원고가 생산·판매하는 가방제품이 가지는 실용적 기능과 이 사건 원고 디자인은 관찰자로서 물리적으로나 관념적으로나 모두 분리하여 인식될 수 있다. 따라서 이 사건 원고 디자인은 저작권법 제 2 조 제15호에서 정한 응용미술저작물에 해당한다고 보는 것이 타당하다.

▷NOTE : 위 판결이 가방제품의 무늬에 대하여 분리가능성 이론을 적용하여 독자성을 인정한 것은 결론적으로 타당하다. 그러나 위 판결에서 "물품에 동일한 형상으로 복제할 수 있을 것"이라는 요건을 대량생산성의 의미로 파악하지 않고 분리가능성을 보완하는 의미로 파악한 것으로 보이는 부분은 개념적 혼동을 내포한 것이 아닌가 생각된다(§4-44 참조).

[그림 24]

5. 건축저작물

(1) 의   의

§4-65   건축저작물은 사상 또는 감정이 토지상의 공작물에 표현되어 있는 저작물을 말한다. 저작권

법은 제 4 조 제 1 항 제 5 호에서 건축물, 건축을 위한 모형 및 설계도 등을 저작물의 유형으로 예시하고 있다. 건축을 미술저작물의 하나로 보는 입법례가 많으나, 우리 저작권법은 일본저작권법과 마찬가지로 건축이 다른 미술저작물과 달리 취급될 만한 특이성이 있다는 점에서 별개의 저작물 유형으로 거시하고 있다. 여기서 건축물이라 함은 실내건축도 포함하며,[1] 반드시 주거 목적의 건축물에 한하지 않으므로 예컨대 교회나 정자, 전시장, 가설건축물 등을 포함하는 것으로 해석되고,[2] 나아가 협의의 건축물 외에 토목공작물인 교량, 고속도로, 도시설계 및 정원, 공원 등도 포함하는 의미로 이해되고 있다.[3] 정원이나 탑과 같은 축조물은 그것이 전체 건축저작물의 일부를 구성하는 경우도 있지만, 독립하여 그 자체가 창작성을 가지고 있다면 독립한 건축저작물로 평가될 수도 있다.[4]

---

1 같은 취지, 오승종, 저작권법(제 3 판), 박영사, 2013, 109~110면; 박성호, 저작권법, 박영사, 2014, 101면 등. 그러나, 하급심판결 가운데 실내건축 디자인의 건축저작물성을 부정하고 응용미술저작물로 보는 입장을 취한 사례(서울중앙지방법원 2006. 7. 12. 선고 2006가합14405 판결)가 있다(판결의 내용 및 그에 대한 자세한 비판에 대하여는 §4-74-2 참조).

2 오승종·이해완, 전게서, 72면.

3 박성호, 전게서, 100면; 최경수, 저작권법개론, 한울, 2010, 142면 등 다수설의 입장이다. 미국 저작권법 상으로는 건축저작물을 건물(building)과 이를 위한 디자인, 설계도, 도면에 한정하고 있으며, '건물이라는 개념의 해석에 있어서는 사람이 거주할 수 있는 공간과 사람이 이용하는 교회, 서양식 누각이나 정자를 포함하는 정도로 보고 있고, 다리나 입체교차로, 댐 등은 제외되는 것으로 보고 있다(최경수, 전게서, 142면 각주 146 참조). 따라서 위와 같은 다수설의 입장에 의하면, 우리 저작권법상의 건축저작물 보호범위가 미국에 비하여 넓은 것으로 보게 된다. 그런데 이와 관련하여 약간 다른 견해로, "주거를 목적으로 하지 않는다고 하더라도 어느 정도 사람의 통상적인 출입이 예정되어 있어야 건축저작물이라고 할 수 있을 것이지, 그렇지 않다면 조형미술저작물 등으로 볼 수는 있을지언정 건축저작물이라고 보기는 어려울 것"이라는 견해(오승종, 전게서, 109면)가 있다. 그리고 하급심판결 중에 이 견해와 유사한 취지를 일부 포함하여 다음과 같이 판시한 사례가 있다.

"저작권법은 건축저작물의 대상으로 건축물, 건축을 위한 모형 및 설계도서 등을 예로 들고 있을 뿐 그 대상이 되는 건축물에 관하여는 아무런 정의 규정을 두고 있지 않으나, 건축물이란 땅 위에 지은 구조물 중에서 지붕, 기둥, 벽이 있는 건물을 통틀어 이르는 말(국립국어원 표준국어대사전 참조)이고, 건물이란 '사람이 들어 살거나, 일을 하거나, 물건을 넣어 두기 위하여 지은 집을 통틀어 이르는 말로서, 저작권법의 보호대상인 건축저작물에 해당하기 위해서 반드시 주거를 목적으로 할 필요는 없지만 어느 정도 사람의 통상적인 출입이 예정되어 있고, 건축물의 지붕, 기둥, 벽을 통해서 실내외를 구분할 수 있을 정도에는 이르러야 한다 할 것인바, 원고 디자인 2는 실외의 사람이 통행하는 길에 설치되어 장미 등의 식물이 옆 기둥 및 천정 부분을 타고 올라가는 용도로 사용되는 것으로서 사람이 그 내부에서 일정한 활동을 하기 위한 건축물에 해당한다고 할 수 없고, 결국 원고 디자인 2는 저작권법의 보호대상인 건축저작물이라 할 수 없다."(서울중앙지방법원 2013. 9. 27. 선고 2013가합27850 판결, 자전거보관대 사건에 대한 판결로서, 그 중 응용미술저작물에 관한 판시내용은 §4-64-2 참조).

그러나 위와 같은 하급심판결의 입장을 취할 경우에는 건축저작물의 개념을 너무 좁게 한정함으로써 토목공작물에 대하여는 그 미적인 표현에 창작성이 있더라도 보호의 대상에서 아예 제외하는 결과를 야기한다는 점에서 바람직하지 않고, 입법취지에도 반하는 것으로 보인다. 위 판결에서 "건축물의 지붕, 기둥, 벽을 통해서 실내외를 구분할 수 있을 정도에는 이르러야 한다"고 한 것은 건축법(제 2 조 제 2 항 제 2 호) 상의 건축물 개념을 차용한 것으로 보이는데, 건축에 대한 행정적 규제를 위한 법의 정의규정을 창작물 보호를 위한 저작권법의 해석에 원용하는 것은 타당하지 않다.(같은 취지, 권영준, 저작권침해판단론 — 실질적 유사성을 중심으로 —, 박영사, 2007, 224면) 오승종 교수의 견해는 위 판례의 입장과는 다른 것으로서, 미술저작물과의 구별을 주로 의식한 것으로 생각된다. 이와 관련하여서는, 토지상에 세워져 있긴 하지만 사회통념상 조각(조소) 작품 등으로 볼 수 있는 것만 구분하여 미술저작물로 보고(§4-65-3 참조), 그 외에는 종래의 다수설과 같이 사람의 통상적인 출입이 예정되어 있는지 여부와 관계없이 모두 건축저작물의 개념에 포함되는 것으로 보는 것이 바람직할 것으로 생각된다.

건축저작물의 개념과 관련하여 논의되는 몇 가지 사항을 추가적으로 살펴보면 다음과 같다.

§4-65-1   1) 위에서 건축저작물을 "사상 또는 감정이 토지상의 공작물에 표현되어 있는 저작물"을 말한다고 설명한 것과 관련하여, '토지상'이라는 부분을 얼마나 엄격하게 볼 것인지가 문제이다. '토지상'이라는 것은 저작권법의 규정에 포함된 것이 아니라 종래의 학설이 설명해 온 문구에 들어가 있을 뿐이다. 오늘날 기술의 발전으로 바다 위에도 도시(해상도시)가 건설될 수 있게 되었고 우리나라에서도 한강 위에 세빛섬이 건설되어 있는 상황인데, 이와 같은 바다 또는 강위에 부상해 있는 건축물들이라 하여 건축저작물에서 제외할 이유는 없을 것이라 생각된다.[1]

§4-65-2   2) 우리나라의 학설 가운데 '개개의 표준적인 구성요소'를 건축저작물의 개념에서 명시적으로 제외하고 있는 미국 저작권법의 규정을 참고하여, "건축저작물의 개별적 구성요소" 또는 "건축물에 있어서 표준적인 개개의 구성요소들"은 건축저작물로서 보호를 받을 수 없다고 하는 견해가 유력하게 제시되고 있다.[2] 그러나 "건축물의 개별적 구성요소" 또는 "표준적인 구성요소"라는 표현은 상당히 애매모호한 면이 있다. 우리 저작권법상 건축저작물을 일종의 편집저작물로 보아 그 구성요소들의 선택, 배열, 구성 등에 있어서의 창작성만 보호의 대상으로 삼는 것으로 보아야 할 특별한 법적 근거나 합리적

---

4 加戶守行, 전게서, 93면; 오승종, 전게서, 109면; 장인숙, 著作權法原論, 寶晋齋出版社, 1989, 40면. 정원을 건축저작물로 보는 것에 대하여는 건축물의 일반적인 의미에서 벗어나는 것이 아닌가 하는 면에서 의문을 제기하는 견해들이 있다(최경수, 전게서, 143면; 小倉秀夫·金井重彦 編著, 著作權法 コンメンタール, LexisNexis, 2013, 301면 등). 정원 자체를 독립된 저작물로 인정하여야 한다고 하면서도 이를 건축저작물이 아니라 저작물의 유형에 대한 예시규정 외의 저작물로 보는 것이 타당하다는 견해(澁谷達紀, 知的財産法講義(第2版)−著作權法·意匠法−, 有斐閣, 2007, 24면)도 있다. 그러나 건축저작물로 보아야 건축저작물과 관련된 동일성유지권 제한 규정(법 제13조 제 2 호), 저작재산권 제한 규정(제35조 제 2 항)의 적용을 받을 수 있다는 점 등을 감안할 때 이를 건축저작물로 보는 것이 보다 타당할 것으로 생각된다. 뒤에 소개하는 '골프존' 사건에서 서울고등법원이 건축물과 독립되게 조성된 '정원'과 상당한 유사점이 있는 '골프코스'의 건축저작물성을 인정하는 판시를 한 것(§4-76-4 참조)도, 골프코스의 조성이 건축이라는 말의 일반적 의미와 다소 차이가 있더라도 법리적으로는 이를 건축저작물과 같이 취급하는 것이 타당할 것으로 본 취지일 것이다. 지금까지 우리 법상의 건축저작물에서 말하는 건축의 개념이 '토목공작물'을 포함하는 것으로 다소 넓게 해석되어 온 터이므로, 정원이나 골프코스나 모두 해석상 '건축저작물'의 일종으로 보아도 무방할 것이다. 한편, 임원선, 실무가를 위한 저작권법(제 5 판), 한국저작권위원회, 2017, 57면은 "갖가지 살아 있는 화초로 조성한 화단도 저작권으로 보호할 수 있는가?"라는 질문을 제기하면서, "정원사는 일정한 의도를 가지고 화단을 디자인하고 씨를 뿌리고 식물을 심지만 구체적인 결과는 식물의 생장에 따라 결정되고 그것도 시시각각으로 바뀐다. 따라서 그 보호의 대상을 정하는 것이 쉽지 않다. 이 점에서는 좀 더 넓은 의미의 정원도 크게 다르지 않다고 할 수 있다. 미국에서는 이와 관련하여 씨나 모종이 표현의 수단일 수는 있지만 이들의 형태나 성장 그리고 모습을 결정하는 것은 정원사의 지적인 활동이 아니라 자연이고, 정원은 창작이나 저작권 침해의 문제를 결정하기 위한 기준을 제시하기에는 너무나 가변적이라는 이유로 저작권으로 보호되지 않는다는 판결이 있다"고 하면서 Kelley v. Chicago Park District, 635 F.3d 290(7th Cir. Feb., 2011) 판례를 참고하도록 소개하고 있다. 위 판결은 정원의 미적 형상이 자연에 의하여 결정되는 측면과 함께 미국 저작권법상의 '고정(fixation)'의 요건을 충족하지 못한다고 본 판단을 하나의 전제로 한다. 그러나 우리 저작권법상은 고정의 요건을 요구하지 않으므로, 그 점은 고려할 필요가 없다. 또한 자연에 의하여 전적으로 결정되는 것이 아니라 정원이나 화단의 전체적인 미적 형상이 어떻게 펼쳐질 것인지를 감안한 정원사의 화종이나 수목의 선별, 배치 등의 면에서 창조적 개성이 발휘될 여지가 많으므로, 그 중 일정한 부분이 자연에 의하여 결정되는 부분이 있다 하더라도 창작성을 부정할 수 없는 것으로 보는 것이 타당할 것이다.

1 同旨 오승종, 전게서, 109면, 中山信弘, 著作權法, 有斐閣, 2007, 76, 77면.

2 오승종, 전게서, 109~110면; 최경수, 전게서, 143면, 권영준, 전게서, 232면. 하급심 판결 중에도 이 견해를 따른 예가 있다(§4-74-1 및 §4-76-2 참조).

이유는 없는 것으로 보이므로, 구성요소의 배치, 조화 등에서의 창작성만이 아니라 중요한 구성요소 자체를 특색 있게 만든 것 등에서의 창작성도 보호의 대상으로 보는 것이 타당할 것이다.[1] '표준적인 구성요소'라고 한정할 경우에는 그 해석과 적용에 달려 있는 것이지만, 특별한 문제가 없을 수도 있으리라 생각된다. 그러나 '표준적'인 것에 어떤 것이 해당할지에 대하여 해석상의 혼란이 있을 수 있다. 위 견해에서는 주로 건물의 창문이나 문을 그 예로 들면서 "이러한 부분들은 일종의 '창작의 도구'(building blocks)로서 표현이 아니라 아이디어의 영역에 속하는 것으로 볼 수 있을 것이다"라고 설명하고 있는데,[2] 창문이나 문도 건축물의 '표현'의 일부분에 해당할 수 있고, 미국법과 같은 제외규정이 없는 상황에서 그러한 것들을 '범주적'으로 제외하는 것은 반드시 타당하다고 보기 어려운 것으로 여겨진다. 보통의 창문이나 문은 그 자체만으로 당연히 창작성이 없을 것이지만, 대문 등에 상당히 공을 들여 창조적 개성을 표출한 경우가 없으리라는 보장은 없다. 결국 위와 같은 법리를 선언적으로 도입하기보다, 구체적 사안에서 개별적으로 신중하게 판단하여 '합체의 원칙'의 적용가능성이나 창조적 개성의 유무를 신중하게 판단하도록 하는 것이 보다 나은 방향이 아닐까 생각된다.

3) 건축물에 부속된 조각의 경우 그것을 건축저작물의 한 구성요소로 볼 것인지 아니면 독립된 미술저작물(그 중 조각저작물)로 볼 것인지의 문제가 있다. 건축저작물인지 미술저작물인지를 구별할 실익은 ① 동일성유지권 제한사유에 대한 저작권법 제13조 제 2 항 제 2 호의 적용 및 ② 제35조 제 2 항 각호의 적용에 있어서의 차이에 있다. 즉, ① 조각이 건축저작물의 일부라고 보면 '건축물의 증축·개축 그 밖의 변형'에 동일성유지권을 제한하는 제13조 제 2 항 제 2 호가 적용될 수 있지만 그렇지 않고 미술저작물에 해당할 경우에는 위 규정의 적용은 받을 수 없고 보충적 제한사유인 같은 항 제 5 호의 적용 여부의 문제만 남게 될 것이라는 차이가 있다. 다른 한편으로 ② 제35조 제 2 항에서 "제 1 항 단서의 규정에 따른 개방된 장소에 항시 전시되어 있는 미술저작물등은 어떠한 방법으로든지 이를 복제하여 이용할 수 있다"고 하면서 그 예외사유로서 제 1 호에서 "건축물을 건축물로 복제하는 경우", 제 2 호에서 "조각 또는 회화를 조각 또는 회화로 복제하는 경우"를 들고 있으므로, 조각이 건축저작물의 일부일 뿐이면, 그것을 조각으로 복제하여도 예외사유에 해당하지 않게 되지만 그것을 독립된 조각작품으로 볼 때에는 그 경우 예외사유에 해당하게 된다는 차이가 있다.[3] 생각건대, 위 ①과 ②의 두 가지 문제는 관련규정의 입법취지 등을 감안하여 각각 서로 다른 관점에서 판단하는 것이 타당할 것으로 생각된다. 먼저 ①의 문제와 관련하여서는, 해당 조각이 건축물의 외벽에 새겨져 있는 것과 같이 물리적으로 강하게 결합되어 있는 경우만이 아니라 건축물이 해당 조각의 위치, 형상 등을 고려하여 설계된 경우와 같이 사회통념상 해당 조각이 건축물의 한 구성요소로 볼 수 있는 경우[4]에도 이를 건축저작물

---

1 오승종, 전게서, 110면도 그런 측면을 감안하여, '표준적인' 구성요소만 제외됨을 강조하면서 "건축물을 이루는 개개의 표준적인 구성요소들이 건축저작물로 보호를 받지 못한다는 것이지, 건축저작물의 전체가 아닌 일부분은 전혀 건축저작물로 성립할 수 없다는 의미는 아니다. 건축저작물의 한 부분에 건축가의 창작성과 창조적 개성이 나타나 있다면 그 부분만으로도 얼마든지 건축저작물이 성립할 수 있다. 건물들 중에는 다른 부분은 별다른 특징이 없으나 특별히 지붕 부분만을 예술적으로 표현함으로써 그 부분에 두드러지는 창조적 개성이 나타나 있는 건물들이 다수 있다. 이러한 건물의 경우에는 지붕 부분만으로도 건축저작물이 성립한다고 볼 것이며, 그 지붕 부분을 동일한 모습으로 모방하여 건축을 한다면 저작권침해의 책임을 물을 수 있다고 보아야 할 것이다."라고 설명하고 있다.

2 오승종, 전게서, 109면.

3 권영준, 전게서, 224면.

4 노구치룸 이축공사 금지가처분 사건에 대한 동경지방재판소 결정(東京地裁 決定 平成 15. 6. 11 判夕 1160号 238면)

의 구성요소로 보아 제13조 제 2 항 제 2 호의 적용대상에는 해당하는 것으로 보는 것이 타당할 것이다. 그러나 그 경우에도 그것을 따로 떼어서 볼 경우에 미술저작물의 한 유형인 조각작품의 성격도 가지고 있는 것으로 볼 수 있으므로, 위 ②의 문제와 관련하여서는 해당 조각을 조각으로 복제하는 것은 제35조 제 2 항의 "조각 또는 회화를 조각 또는 회화로 복제하는 경우"에 해당하는 것으로 보는 것이 보다 타당할 것으로 생각된다.[1]

위와 같이 법 제 4 조 제 1 항 제 5 호에서 '건축을 위한 모형 및 설계도'를 건축저작물로 포함하고 있어 지도·도표·설계도·약도·모형 그 밖의 도형저작물을 저작물의 하나로 예시하고 있는 같은 조 제 8 호 규정과의 관계가 문제된다. 건축을 위한 모형 및 설계도는 제 5 호에서 건축저작물의 하나로 규정하고 있는 이상 제 8 호의 도형저작물에는 포함되지 않는 것이라고 보는 견해[2]도 있으나, 제 5 호의 건축저작물로서의 성격과 제 8 호의 도형저작물(§4-100 이하 참조)로서의 성격을 겸유하는 '양면성'을 가지고 있는 것으로 보는 견해가 많다.[3]

이 점에서는 미국 저작권법의 경우도 유사한 규정체제로 되어 있는데,[4] 미국 저작권법상으로는 '건축저작물'에 대하여만 창작성에 대한 보다 엄격한 심사기준인 '2단계 테스트(two-step analysis)'[5]를 적용하고 있어 위와 같은 양면성으로 인한 해석상의 혼란이 야기되는 면이 있는 것

은 정원에 설치된 조각에 대하여 정원과 일체가 된 건물 자체가 "정원에 설치되는 조각의 위치, 형상을 고려하여 설계되어 있는" 경우에는 원래 설치된 위치에 있는 한, 정원의 구성요소의 일부로서 하나의 건축저작물을 구성하는 것이라고 판시하였다. 小倉秀夫·金井重彦, 전게서, 303면(각주 6) 참조.

1 권영준, 전게서, 224면 및 오승종, 전게서, 110면은 이와 관련하여 미국의 연방 제 9 항소법원이 Leicester v. Warner Bros. 판결[232F. 3d1212(9th Cir. 2000)]에서 건축물 중 예술적으로 표현된 건물벽과 탑 부분이 건축물의 일부인지 아니면 별도의 조각저작물인지가 문제된 사안에 관하여 이러한 부분은 건축물의 표현양식 중 필수적인 요소라고 하면서 이 부분에 대한 사진 기타 회화적인 복제물을 만드는 것이 허용된다고 판시한 것에 대하여 소개하고 있다(다만 이 문제에 대한 구체적인 판단기준이나 결론을 제시하지는 않고 있다). 그런데 미국의 위 판결은 미술저작물, 사진저작물 및 건축저작물에 대하여 모두 제35조 제 2 항의 적용대상으로 규정하고 있는 우리 저작권법의 태도와 달리 미국 저작권법이 건축저작물에 대하여만 유사한 저작재산권 제한사유(제120조 (a))를 규정하고 있는 것을 전제로 하여, 건축물의 일부인 조각작품 등을 그것이 건축물의 표현양식 중 필수적인 요소에 해당하는 한에서 건축저작물로 볼 수 있다고 판단한 것임을 유의하여야 한다. 따라서 건축물 중 조각에 해당하는 부분을 조각으로 복제하는 경우에 그러한 제한사유의 예외로 볼 것인지 여부가 문제되는 우리 저작권법 제35조에서의 문제상황과는 전혀 다르므로, 미국의 위 판례를 우리 저작권법 제35조에 대한 해석에 직접 참고하기는 어려울 것으로 생각된다.

2 황적인·정순희·최현호, 전게서, 195면 등.

3 허희성, 新著作權法逐條槪說, 범우사, 1988, 48면; 오승종·이해완, 전게서, 73면 참조.

4 미국 저작권법 제101조의 규정내용 참조.

5 테스트의 내용은 1단계로 건축저작물은 건축물의 개개의 구성요소가 아니라 그 전체적인 외관(디자인 내의 공간과 요소의 배열 및 구성 포함)에 있어서 창작적 디자인요소를 갖추고 있어야 하며, 2단계로 그와 같은 디자인요소가 건축물의 기능상 요구되는 것이 아니어야 한다는 것이다. 이러한 2단계 테스트는 건축물뿐만 아니라 건축을 위한 설계도면에 대하여도 적용되어야 한다는 것이 미국에서의 주류적 견해이다. 오승종·이해완, 전게서, 75면 참조.
　그런데 위 테스트의 내용 중 '건축물의 개개의 구성요소'를 제외하는 것은 미국 저작권법 제101조가 " '건축저작물'이란, 건물, 건축도면, 또는 제도(製圖) 등 유형적 표현매체에 구현된 건물의 디자인을 말한다. 건축저작물은 종합적인 형태뿐만 아니라 디자인 내의 공간과 요소의 배열 및 구성을 포함하지만, 개개의 표준적인 속성은 포함하지 아니한다"고 규정하고 있는 것과 관련이 있다. 그러한 규정이 없는 우리 법의 해석으로는 일본법의 경우와 같이 어떤 건축물의 일정한 구성부분에만 창작성이 있을 경우에도 그에 대하여 건축저작물로서의 보호를 긍정할 수 있을 것으로 생각된다. 金井重彦·小倉秀夫 編著, 전게서 [牧野二郎 집필부분], 217면 참조.

같다.1 그러나 우리 저작권법상으로는 제 4 조 제 1 항 각호 중 어느 호에 해당하느냐에 따라 창작성 심사기준에 있어서의 차이가 난다고 할 것은 아니고, 후술하는 바와 같이 건축을 위한 설계도 또는 모형이라고 하는 것 자체의 성질에 따라 창작성에 대한 판단기준을 합리적으로 도출하면 될 것이므로 위와 같은 양면성을 인정한다고 하더라도 별다른 문제는 없다고 생각된다. 본서에서도 그 양면성을 긍정하는 입장을 취하고자 한다.

뒤의 '(3) 건축물의 복제'에서 소개하는 서울중앙지방법원 2007. 11. 29. 선고 2007가합77724 판결('등대도안' 사건)(§4-75)도 이러한 양면성을 긍정하고 있다.

(2) 건축물의 저작물성

건축물은 주택 기타 건물이나 교량, 도로 등의 경우와 같이 대체로 실용적, 기능적인 측면이 많아서 모든 종류의 건축물에 대하여 '인간의 사상 또는 감정의 창작적 표현'이라고 하는 저작물로서의 요건을 갖춘 것으로 보기는 어려운 면이 있다. 예컨대 일반주택에 대하여 쉽게 저작물성을 인정할 수 있다고 하면, 저작권의 배타성에 따라 다른 사람이 비슷한 주택을 짓는 것이 어려워지게 되어 전체적으로 주거문화를 대단히 경직되고 불편한 방향으로 이끌어가게 될 것이다. 저작물의 성립요건으로서의 '창작성'에 대하여 설명하는 부분에서 자세히 살펴본 바와 같이 실용적, 기능적 저작물의 경우에는 기능적인 측면의 고려로 인하여 표현의 자유도가 낮아지게 됨에 따라 상대적으로 창조적 개성(creativity)의 유무에 대한 심사는 까다로워질 수밖에 없는 것인데(§3-7, 12 참조) 그 점은 건축저작물의 경우에도 마찬가지이다. 대법원도 2009. 1. 30. 선고 2008도29 판결(§4-76-1)에서 설계도면 등의 건축저작물을 도형저작물 등과 함께 '기능적 저작물'에 해당하는 것으로 보고 '기능적 저작물의 창조적 개성 심사 엄격화의 원칙'(§3-13-1)을 적용하고 있다. 또한 건축물에 있어서 저작자(건축가)의 사상 또는 감정이 개성적으로 표현된 부분이라고 하면, 그것은 건축물의 기능적 측면을 사상(捨象)한 외형적 부분의 미적 표현(美的 表現)에 있다고 할 수밖에 없을 것이다. 결국 건축물이 저작물로 인정되기 위해서는 건축을 통한 미적 형상의 표현에 있어서 '인간의 사상 또는 감정의 창작적 표현'이라고 인정할 수 있는 요소가 있어야 하고 '창작성'을 인정하기 위해서는 '창조적 개성'의 유무 및 정도에 대하여 비교적 엄격한 심사를 받아야 한다고 볼 수 있다.

§4-67

그런 점에서 건축물의 저작물성에 대한 문제는 응용미술의 저작물성에 대한 문제 상황과 매우 유사한 측면이 있다. 다만, 우리 저작권법이 건축저작물을 제외한 응용미술저작물에 대하여만 '독자성' 요건을 규정하고 있는 이상, 건축저작물에 대하여 응용미술저작물의 경우와 똑같은 '독

§4-68

---

1 오승종·이해완, 전게서, 73면 참조.

자성' 요건의 심사를 요구할 수는 없다. 위와 같이 미적 표현의 창작성에 대하여 심사함에 있어서 기능적 요소를 사상(捨象)하고 미적 표현에 대한 창작성에 대한 비교적 까다로운 심사를 거치도록 하는 것으로 족하다고 보아야 할 것이다.

§4-69   이와 관련하여 우리나라의 학설을 보면, ① 건축물이라고 하여 모든 건축물이 건축저작물로 되는 것은 아니고, 궁전이나 개선문 등 역사적 건축물로서 대표되는 바와 같이 지적 활동에 의해서 창작된 건축예술이라고 평가되는 건축물에 한하고, 일반건축물은 건축저작물에 포함되지 않는다고 하는 견해,[1] ② 보호되는 건축물은 예술성이 높은 사원이나 궁전, 박물관, 올림픽기념관 등에 한정된다고 볼 것은 아니며, 빌딩이나 일반주택 등에 있어서도 아주 흔한 것은 그만 두고라도 그것이 사회통념상 미술의 범위에 속한다고 인정되는 경우라면 건축저작물에 해당한다고 하는 견해,[2] ③ 모든 건축물 등이 저작물로 인정되는 것은 아니고, 건축물이 美를 창작적으로 표현한 것인 경우에 한하여 그 건축물의 사용용도를 불문하고 저작물이 된다고 하는 견해[3] 등이 있다. 이상의 견해들은 각기 강조하는 중점이 조금씩 다르다고 볼 수도 있지만, 크게 볼 때 본서의 입장과 배치되는 것은 아니라고 생각된다. 적어도 일반 건축물이 쉽게 건축저작물로 인정될 수는 없고, 미적(美的) 또는 예술적(藝術的) 표현에 있어서의 창작성을 매우 까다롭게 따져 보아야 한다고 하는 점에서는 대체로 일치하고 있는 것이다. 다만, ①의 견해와 ②의 견해는 약간 대립하는 면도 있다고 볼 수 있는데, 그 점에 있어서는 본서에서도 위 ②의 견해와 같이, 빌딩이나 주택[4]과 같은 경우에도 일반적으로 흔한 것이 아니라 그 심미적 표현에 있어서 저작자의 창조적 개성이 표현되었다고 인정될 경우에는 건축저작물로서의 창작성을 인정할 수 있는 경우가 있을 수 있다고 생각한다. 즉 창작성은 구체적 사건에서 앞서 본 '선택의 폭' 기준(§3-12, 13)이나 '합체의 원칙(merger doctrine)'(§3-35 이하) 등을 감안하여 개별적으로 판단하여야 할 것으로서 건축물의 종류에 따라 획일적으로 결정할 문제는 아니라고 보아야 한다. 앞서 본 바와 같이 대법원은 기능적 저작물에 대한 창조적 개성 심사 엄격화의 원칙을 표명하고 있는데(§3-13-1 참조), 그것은 기능적 저작물인 건축저작물에 대하여도 적용된다(§4-76-1 참조).

§4-70   한편, 건축설계도면 등의 경우에는 창작성을 판단하는 기준이 건축물의 경우와 다른 측면이 있다고 생각된다. 즉, 건축설계도면은 위에서 본 바와 같이 건축저작물로서의 성격과 도형저작물(§4-100)로서의 성격을 겸유하는 양면성을 가지고 있다고 볼 것이므로, 그 가운데 건축저작물로서

---

1 허희성, 전게서, 49면.
2 송영식·이상정·황종환, 지적소유권법(하)(제 9 판), 육법사, 2005, 538면.
3 황적인·정순희·최현호, 전게서, 195면.
4 위 ②의 견해가 '일반주택'이라는 표현을 쓴 부분은 일반적인 주택도 포함될 수 있는 것 같은 오해를 야기하는 것으로 느껴져 본서의 견해를 정리함에 있어서는 '일반주택'에서 '일반'이라는 용어는 빼는 것으로 하였다.

의 성격과 관련하여서는 위에서 본 바와 같은 기준을 적용할 수 있지만, 도형저작물의 성격과 관련하여서는 제도(製圖) 작업과 관련한 정신적 노력에 대하여 제한적이나마 별도의 창작성을 인정할 수 있다고 생각된다. 다만, 건축설계도면을 작성하는 데 사용되는 방법 등은 아이디어의 영역에 속하는 것이고 그 아이디어의 구체적 표현에 있어서 선택의 여지가 있는 부분이 있다고 하여도 대개 그 선택의 폭은 매우 좁고 앞에서 본 합체의 원칙(merger doctrine)이 적용될 수 있는 여지도 많으므로 결국 도형저작물로서의 창작성은 실제의 사안에서 인정받기 쉽지 않은 것으로 보이나, 사안마다 구체적으로 따져볼 필요는 있다.[1]

지금까지의 판례를 보면, 일반주택이 아닌 특수한 디자인의 주택,[2] 삼각형 또는 삼각텐트를 기본으로 개성적인 외관 표현을 한 펜션(§4-76-2), 개성적인 디자인의 고층아파트 주동의 형태 및 입면도(§4-76-3), 아파트 단지 내에 "아파트, 근린생활시설, 주민공동시설, 보육시설 등 건물과 도로, 조경, 운동시설, 놀이터 등의 시설물을 조화롭게 배치하여 각 건물 및 시설물의 구조와 형태를 표현한" 단지 배치도(§4-74-1), 특이한 디자인의 등대건축(§4-75), 골프코스(§4-76-4) 등에 대하여는 건축저작물로서의 창작성을 인정한 사례가 있고, 아파트의 세대별 평면도(§4-74-1), 기존의 설계도면에 기하여 작성한 아파트 배치도(§4-76-1) 등의 경우는 창작성을 부정한 사례가 있다.

(3) 건축물의 복제 — 저작권법 제 2 조 22호의 관련 규정

저작권법 제 2 조 22호에서는 복제의 개념(§13-3 참조)에 대해 정의하면서 "건축물의 경우에는 그 건축을 위한 모형 또는 설계도서에 따라 이를 시공하는 것을 포함한다"고 규정하고 있다. 건축 설계도나 모형을 동일 또는 유사한 도면이나 모형으로 복제하는 것, 저작물인 건축물을 모방하여 건축하는 것 등은 건축저작물의 복제라는 것에 대하여는 특별히 따로 규정할 필요 없이 명백하지만, 2차원적 도면을 이용하여 3차원적 건축물로 만드는 것이나 모형을 이용하여 실제의 건축물을 만드는 것 등이 복제에 해당하는지 여부에 대하여는 위와 같은 특칙 규정이 없다면 상당한 의문과 논란이 야기될 수 있다. 건축저작물의 본질이 미적 표현에 있다고 보고 그러한 본질이 설계 도면이나 모형에도 구현되어 있다고 보면, 그에 따라 축조된 건축물 등에도 건축저작물로서

§4-71

---

1 대법원 2009. 1. 30. 선고 2008도29 판결(§4-76-1)이 실제 건축을 위해 작성된 설계도면이 아니라 출판을 위해 별도로 작성된 아파트 평면도 및 배치도의 저작물성 유무를 판단한 것이므로, 건축저작물로서의 창작성이 아니라 도형저작물로서의 창작성에 대하여 판단한 사례라 할 수 있는데, 결론적으로는, 기능적 저작물에 대한 창조적 개성 심사 엄격화의 원칙(§3-13-1)을 이유로 모두 창작성을 부정하였다. 다만 그 판결에서 "발코니 바닥무늬, 식탁과 주방가구 및 숫자 등 일부 표현방식이 독특하게 되어 있긴 하지만 이는 이미 존재하는 아파트 평면도 및 배치도 형식을 다소 변용한 것에 불과한 것으로 보이는 점"을 언급한 부분이 있는데, 그것은 사안에 따라서는 그러한 부분의 표현에 창작성이 인정될 수도 있는 가능성을 시사한 것으로 볼 수 있다.
2 이른바 'UV하우스'에 대한 서울중앙지방법원 2007. 9. 12. 선고 2006가단208142 판결. 이 판결은 제35조 제 2 항의 적용과 관련된 쟁점도 내포하고 있는데, 그에 대하여는 §14-187 참조.

의 설계도면이나 모형이 매체만 달리하여 복제되어 있는 것으로 볼 수 있을 것으로 생각되나,[1] 표현매체의 차이를 중시한 이견(異見)도 있을 수 있음을 감안하여 의문이나 논란의 여지를 없애기 위해 위와 같이 규정한 것이다. 즉, 위 규정은 원래 건축저작물의 복제가 아닌 것을 복제로 보는 창설적 성격의 간주규정이 아니라 원래 건축저작물의 복제로 보아야 할 것을 확인하는 '확인규정'의 성격을 지니는 것으로 보아야 할 것이다.[2] 그런데, 설계도 등의 경우에는 도형저작물의 성격을 겸유하고 있는 관계로 건축저작물로서의 미적 표현에 창작성이 없는 경우에도 도형저작물로서의 제도(製圖)상의 정신적 노력에 제한적이나마 창작성이 인정될 수 있다는 것은 위에서 살펴본 바와 같은바(§4-66), 그와 같이 건축저작물로서의 미적 표현에 창작성이 없고 단지 도형저작물로서의 창작성만 인정될 경우에는 복제의 정의에 관한 위 특칙 규정이 적용될 수 없는 것으로 보는 것이 타당할 것으로 생각된다.[3] 왜냐하면, 그러한 경우에는 실질적인 면에서 설계도에 내포된 창작성 있는 미적 표현이 복제된 것이라고 볼 수 없어 위와 같은 입법의도에 부합하지 않기 때문이다. 그런 관점에서 법문에서 '건축물의 경우'라고 한 것은 '건축저작물의 경우'를 뜻하는 것으로 보아야 할 것이다.

§4-72   한편, 이 규정은 건축을 위한 모형 또는 설계도서의 경우에만 적용되고 다른 도형저작물, 예컨대 기계의 설계도와 같은 경우에는 적용되지 아니한다. 즉, 기계의 설계도를 그대로 따라서 기계를 제작하여도 설계도 자체를 복제하지 아니하는 한 도형저작물로서의 기계 설계도를 복제한 것으로 보지 아니한다.[4]

---

1 同旨 서달주, 전게서, 174면.

2 최경수, 전게서, 145면; 오승종, 전게서, 117면 등. 우리나라와 같이 설계도면이나 모형을 명시적으로 건축저작물로 규정해 두지 않은 일본에서도 다수설은 확인규정으로 보고 있다. 中山信弘, 著作權法, 有斐閣, 2007, 78면; 島並良・上野達弘・横山久芳, 著作權法入門, 有斐閣, 2009, 46면; 半田正夫・松田政行編, 著作權法 コンメンタール, 1卷, 勁草書房, 2009, 253면 등. 이에 반하여, 加戸守行, 著作權法逐條講義(五訂新版), 著作權情報センター, 2006, 53면; 澁谷達紀, 知的財産法講義(第 2 版) — 著作權法・意匠法 —, 有斐閣, 2007, 38면 등은 간주규정으로 보고 있는데, 그 취지는 설계도만 있는 상태에서는 건축저작물이 관념적으로만 존재하므로 그대로 시공한 것을 복제로 보는 것은 일반 저작물과 달리 취급하는 특칙규정이라는 것이다. 그러나 우리 저작권법상으로는 이미 설계도서 등을 건축저작물의 일종으로 규정하고 있는 터이므로 건축물 완성 전이라고 하여 건축저작물이 '관념적으로만' 존재한다고 볼 근거가 없고, 설계도 속에 객관적으로 표현되어 있어 건축저작물로 성립되어 있는 것을 복제하는 것으로 보아야 할 것이다.

3 같은 취지로 판시한 일본의 하급심 판결이 있어 소개한다. 同旨 福島地裁 1991. 4. 9.자 平2(ㅋ)105호 결정 : "설계도에 따라 건물을 건축하는 것이 '복제'가 되는 것은 '건축저작물'에 관하여서이다. '건축저작물'이란 (실제로 존재하는 건축물 또는) 설계도에 표현되고 있는 관념적인 건물 자체를 말하는 것이고, 그것은 단지 건축물일 뿐만 아니라, 이른바 '건축예술'로 볼 수 있는 것이 아니면 안 된다. 채권자는 본건 설계도가 도형저작물에 해당하므로 바로 본건 건물의 건축 행위가 '복제'권의 침해가 된다고 주장하지만, 위에서 설시한 바와 같이 본건 설계도에 표현되어 있는 관념적인 건물이 '건축저작물'에 해당하지 않는 한 본건 건물의 건축 행위는 '복제'권의 침해로는 되지 않는다."

4 內田晉, 전게서, 94면 참조.

❖ 대법원 2000. 6. 13. 선고 99마7466 판결   §4-73

〈사실관계〉

신청인은 1997. 10. 24. 피신청인과 사이에 피신청인이 ○○시 ○○동산247의 1 외 10필지 지상에 건축하는 연면적 약 25,815평의 속초 교동 ○○아파트 신축공사에 관하여 용역범위는 인허가 설계도서 및 준공도서, 시공도면 및 설계변경도서의 작성, 사업승인, 건축허가 및 공사 준공 완료시까지의 대(對)관청 대리업무 이행 등으로 하고, 용역 기간은 계약체결일로부터 공사 준공시까지로, 보수는 평당 금 19,000원으로 하되 신청인이 작성한 모든 설계도와 참고서류에 대한 소유권 및 모든 권리는 피신청인에게 귀속시키기로 하는 건축설계계약을 체결하고, 보수의 지급방법에 관하여 피신청인이 신청인에게 계약금 5,000만원은 사전결정심의결과 통보서 도착시에, 1차 중도금 2억 5,000만원은 이를 2분하여 사업계획승인 완료시와 공사착공신고서 접수시에, 전체 잔금에서 최종 잔금을 공제한 2차 중도금은 3층 골조공사 완료시에 각 지급하고, 최종 잔금 1억 5,000만원은 준공검사 완료 후에 ○○아파트로 대물변제하기로 약정하였다가 그 후 신축계획의 변경으로 인하여 연면적이 23,926평으로 줄어들자 설계용역비를 금 454,594,000원으로, 1차 중도금을 금 2억 5,000만원에서 금 2억 원으로 감액하고, 2차 중도금은 금 54,594,000원으로 하기로 당초의 계약내용을 일부 변경하였다.

이에 따라 신청인은 1997. 12. 1.까지 위 아파트의 신축공사에 필요한 설계도서를 작성하여 피신청인에게 교부하였고, 피신청인은 신청인이 작성한 설계도서에 따라서 현재 지하층의 공사를 마치고, 골조공사를 진행하고 있으며, 피신청인은 신청인에게 1998. 6. 3.까지 설계용역에 대한 보수로 금 258,350,000원을 지급하였는데, 신청인과 피신청인 사이에 신청인이 설계한 도면에 하자가 있는지 여부와 설계용역의 보수지급을 둘러싸고 분쟁이 발생하여 피신청인은 1999. 1. 28.자 신청인의 채무불이행을 이유로 계약을 해제할 수밖에 없다는 의사표시를 하고, 그 다음날 그 의사표시가 신청인에게 도달되었으며, 이에 대하여 신청인은 1999. 2. 10.경 피신청인과의 건축설계계약을 더 이상 지속할 수 없다고 주장하면서 설계용역에 관한 보수의 정산을 요구하였다.

피신청인이 이에 응하지 않자 신청인은 계약 해제에 의하여 신청인에게 건축설계도에 대한 저작재산권이 회복되었으므로 피신청인이 공사를 계속하는 것은 저작재산권 침해가 된다는 전제하에 저작권침해금지가처분신청을 하였다.

〈법원의 판단〉

이 사건과 같이 가분적인 내용들로 이루어진 건축설계계약에 있어서, 설계도서 등이 완성되어 건축주에게 교부되고 그에 따라 설계비 중 상당 부분이 지급되었으며 그 설계도서 등에 따른 건축공사가 상당한 정도로 진척되어 이를 중단할 경우 중대한 사회적·경제적 손실을 초래하게 되고 완성된 부분이 건축주에게 이익이 되는 경우에는 건축사와 건축주와의 사이에 건축설계관계가 해소되더라도 일단 건축주에게 허여된 설계도서 등에 관한 이용권은 의연 건축주에게 유보된다고 할 것이다.

위와 같은 취지에서 이 사건 건축설계계약이 피신청인의 귀책사유로 해제되었다 하더라도 신청인이 위 설계도서에 관한 저작재산권(복제권)자로서의 지위를 회복하는 것은 아니라고 판단하여 원결정을 유지한 원심의 조치는 정당하고 거기에 재항고이유로 지적하는 바와 같은 건축설계계약 해석에 관한 법리오해의 위법이 있다고 할 수 없다.

§4-74   ▷NOTE : 건축설계사가 건축주와 사이에 위 사안과 같은 설계계약을 체결하고 설계도를 작성할 경우에 그 설계도의 저작자로서 저작권을 원시적으로 취득하는 것은 건축주가 아닌 설계사이고, 다만, 위와 같은 설계계약에 따라 그에 대한 저작재산권이 건축주에게 양도되게 된 것으로 보아야 할 것이다. 그리고 건축설계도에 따라 건축물을 시공하는 것이 저작물의 '복제'에 해당한다는 것은 위 판결이 당연한 전제로 삼고 있다. 그렇다면, 위 사안과 같이 설계계약이 건축주 측의 귀책사유로 해제되게 되면, 해제의 소급효에 따라 설계계약은 원래 없었던 것으로 간주되게 되고 따라서 설계도에 대한 저작재산권도 설계사에게 복귀되게 되므로 결국 건축주의 시공행위는 소급하여 저작자의 허락 없는 '복제' 행위로서 그의 저작재산권 중 복제권을 침해한 것으로 보는 것이 논리적인 귀결이라고 할 수 있다. 위 사안의 경우 법원이 아파트 공사의 중단과 원상회복을 명할 경우 워낙 중대한 사회·경제적 손실이 발생하게 될 것이라는 점을 감안하여 위와 같은 '이용권 유보'의 이론을 구성하고 있으나 논리적인 면에서는 수긍하기 쉽지 않은 면이 있다.

§4-74-1   ✤ 서울중앙지방법원 2005. 11. 30. 선고 2005가합3613 판결 — "아파트단지 배치도" 사건
저작권법 제 2 조 제 1 호는 저작물을 "문학·학술 또는 예술의 범위에 속하는 창작물"로 규정하고 있는바, 위 법조항에 따른 저작물로서 보호를 받기 위해서 필요한 창작성이란 완전한 의미의 독창성을 말하는 것은 아니며 단지 어떠한 작품이 남의 것을 단순히 모방한 것이 아니고 작자 자신의 독자적인 사상 또는 감정의 표현을 담고 있음을 의미하므로, 누가 하더라도 같거나 비슷할 수밖에 없는 표현, 즉 저작물 작성자의 창조적 개성이 드러나지 않는 표현을 담고 있는 것은 창작성이 있는 저작물이라고 할 수 없고, 한편 저작권법 제 4 조 제 1 항 제 5 호는 '건축물, 건축을 위한 모형 및 설계도서를 포함하는 건축저작물'을 저작물의 하나로 예시하고 있어 위 단지배치도 및 정면도 또한 저작권인정의 요건인 창작성을 갖출 경우에는 저작권법에 의한 보호를 받을 수 있으나, <u>건축저작물은 기능적 저작물에 해당하여 건축물 사용에 있어 편의성, 실용성 등을 높이기 위한 기능적 요소에 대하여는 설사 그 요소에 창작성이 있다고 하더라도 저작권에 의하여 보호될 수 없고, 기능적 요소 이외의 요소를 갖춤으로써 건축물을 이루는 개개의 구성요소가 아닌 전체적인 외관에 창작성이 있는 경우, 즉 건축물에 의하여 표현된 미적 형상으로서의 전체적인 디자인에 창작성이 인정될 경우에만 저작권의 보호를 받는 저작물에 해당한다고 할 것이다.</u>
위와 같은 전제에서 먼저 위 단지배치도가 저작권법에 의하여 보호받을 수 있는 저작물인지에 관하여 살피건대, 갑 제16호증의 2의 각 기재에 변론 전체의 취지를 종합하면, 위 단지배치도는 쾌적한 주거환경 확보와 도시 경관을 조성하기 위하여 이 사건 조합아파트의 사업부지 내에 건설될 아파트, 근린생활시설, 주민공동시설, 보육시설 등 건물과 도로, 조경, 운동시설, 놀이터 등의 시설물을 조화롭게 배치하여 각 건물 및 시설물의 구조와 형태를 표현한 것으로 전체적인 외관에 있어서 창작성이 있으므로 위 단지배치도는 저작권법이 보호하는 저작물에 해당한다고 할 것이다.
다음으로 위 정면도에 관하여 살피건대, 갑 제16호증의 10의 기재에 변론 전체의 취지를 종합하

면, 위 정면도에 있어서 옥탑부분을 제외한 나머지 부분은 24층의 직사각형 건물로 각 층별로 4세대로 구성되고, 2개의 엘리베이터를 기준으로 각 2세대가 좌우 대칭으로 배열되는 아파트의 정면을 묘사한 것이고, 옥탑부분은 위쪽이 뾰족하게 모이는 모임지붕형태로 옥탑지붕의 끝에 피뢰침이 설치되는 옥탑부분의 정면을 묘사한 것이나, 한편 을 제18호증의 1 내지 13, 을 제19호증의 1 내지 7의 각 기재에 변론 전체의 취지를 종합하면 일반적으로 아파트의 옥탑부분을 제외한 정면은 직사각형 형태로서 각 층별로 4세대 또는 2세대로 구성되고, 엘리베이터를 중심으로 각 2세대가 좌우 대칭으로 배열되는 사실, 위 정면도 작성 이전부터 위 정면도의 옥탑부분과 그 모양, 크기, 위치가 조금씩 다른 모임지붕형태의 옥탑을 가진 다수의 아파트가 설계·건축되었던 사실을 인정할 수 있는바, 위 정면도 중 옥탑부분을 제외한 나머지 부분은 이 사건 조합아파트 사업부지의 규모, 관계법령 등에 따라 산출된 세대수에 따라 그 층수를 달리하였을 뿐 이미 공개되어 사용되는 아파트 설계도의 표현형식을 그대로 사용한 것이라고 할 것이고, <u>위 정면도 중 옥탑부분 또한 기존에 존재하는 옥탑의 표현 형식을 일부 수정한 것에 불과하여 … 전체적인 외관에 있어서 창작성이 있다고 할 수 없으므로 위 정면도는 저작권법의 보호를 받는 저작물에 해당한다고 할 수 없다</u>(원고는 위 정면도 중 옥탑부분은 근대 건축물을 많이 간직하고 있는 인천의 이미지를 강조하여 표현한 것이라고 주장하나, 원고의 표현의도가 원고의 주장과 같다고 하더라도 그 표현에 있어 원고의 창작성이 드러나 있지 않은 이상 위와 같은 표현 의도만으로는 위 옥탑부분이 저작권의 보호를 받는 저작물이라고 할 수 없고, 위 정면도와 같은 설계도에 있어 건축물을 이루는 개개의 구성요소가 아닌 전체적인 외관에 창작성이 있는 경우에만 저작권의 보호를 받을 수 있음은 앞서 본 바와 같으므로 원고의 위 주장은 이유 없다).

▷NOTE : 위 판결의 판시내용 중 "건축물에 의하여 표현된 미적 형상으로서의 전체적인 디자인에 창작성이 인정될 경우에만 저작권의 보호를 받는 저작물에 해당한다고 할 것"이라고 밝힌 부분은 우리 저작권법상 그렇게 볼 근거가 없으므로 타당하지 않다고 생각한다(§4-65-2 참조). 위 판결은 옥탑부분의 구체적인 형상 등에 창작성이 있는지 여부를 자세히 검토하지 않고 "옥탑부분 또한 기존에 존재하는 표현형식을 일부 수정한 것에 불과하다"고 하면서 "전체적인 외관에 창작성이 없다"는 결론을 바로 도출하고 있는데, 결론적으로 옥탑부분에 창작성을 인정하지 않는 것이 타당할 수는 있으나, 그러한 결론을 도출하게 된 법리적 전제에는 문제가 있다. 그러나 그 부분을 제외하면, 전체적으로 위 판결은 타당성 있게 판단하고 있는 것으로 생각된다. 즉, 위 판결에서 여러 가지 요소를 조화롭게 배치한 것에 주목하여 '단지배치도'의 창작성을 긍정하고, 그 판시와 같은 이유로 (옥탑부분을 제외한) 정면도의 창작성을 부정한 것은 수긍할 수 있는 부분이라 생각된다.

❖서울중앙지방법원 2006. 7. 12. 선고 2006가합14405 판결 — "점포 인테리어" 사건   §4-74-2

갑 제 1 호증의 1 내지 3, 갑 제 8 호증의 1 내지 3, 갑 제12호증의 1 내지 5의 각 기재 및 이 법원의 검증결과에 변론 전체의 취지를 종합하면, 이 사건 각 설계도는 점포의 실내외 장식을 위해 필요한 형상·치수 등의 사항을 일정한 규약에 따라 도면에 표시한 것이고, 원고 점포의 실내외 디자인은 점포의 실내외 장식에 관한 것으로서 상호의 홍보를 극대화하기 위한 간판의 구성, 회전초밥식당으로서의 이미지 부각 및 고급스러운 분위기를 구현하기 위하여, 간판, 창외 장식, 내벽 부분의 벽지, 창내 부분의 블라인드 부분 등의 형태, 색채, 문양 등을 취사선택하고, 취사선택된 각 부분을 적절히 조합, 배열하여 만들어진 디자인을 건축물인 원고 점포의 실내외에 시공한 것으로서 건축물에 동일한 형상으로 복제될 수 있고, 그 디자인이 이용된 건축물인 원고 점포와 구분되어 독자성이 있다고 인정할 수 있으므로, 이 사건 각 설계도는 도형저작물에 해당하고, 원고 점포의 실내외 디자인은 응용미술저작물에 해당한다고 인정할 수 있는바, 이 사건 설계도와 원고 점포의 실내외 디자인은 예술성의 표현보다는 기능이나 실용적인 사상의 표현을 주된 목적으로 하는 기능적 저작물이라고 할 것이므로, 기능적 요소 이외의 요소를 갖추고 전체적인 외관에 창작성이 인정되는 경우에 저작권의 보호를 받는 저작물에 해당한다(원고는 이 사건 각 설계도 및 원고 점포의 실내외 디자인은 실내건축에 관한 것으로서 건축저작물에 해당한다고 주장하므로 살피건대, 앞에서 살핀 바와 같이 이 사건 각 설계도와 원고 점포의 실내외 디자인은 건축물의 실내외 장식에 관한 것으로서 그 디자인이 이용된 건축물인 원고 점포와 구분되어 인식되는 것으로서, 건축물 내지 건축을 위한 설계도서가 아니라고 할 것인바, 이 사건 각 설계도와 원고 점포의 디자인은 저작권법 제 4 조 제 1 항 제 5 호에서 규정한 건축저작물에 해당한다고 할 수 없으므로, 원고의 위 주장은 이유 없다).

　　▷NOTE : 위 판결은 점포의 인테리어 디자인에 대하여 건축저작물성을 부정하고 이를 (창작성이 인정될 것을 전제로) 응용미술저작물에 해당하는 것으로 보았다. 다만, 위에서 그 부분 판단을 인용하지 않았지만 위 판결은 결과적으로 응용미술저작물이나 도형저작물로서의 창작성을 인정하지 않아 실제로는 '저작물'이 아닌 것으로 보았다. 위 판결에서 인테리어(실내건축) 부분이 건축저작물이 아닌 이유는 응용미술저작물로서의 독자성이 있다는 데서 찾고 있는 것으로 보인다. 그러나 위와 같이 특정한 건축물에 시공하는 것은 건축저작물의 한 부분으로 보는 것이 자연스러울 뿐만 아니라, 응용미술저작물에 해당하기 위한 또 하나의 요건인 '대량생산성'을 결한 것으로 보아야 할 것이므로 이를 응용미술저작물이라고 본 것은 법리적으로 타당하지 않다. "건축물에 동일한 형상으로 복제할 수 있고"라고 하여 저작권법의 법문에 따라 해당 요건을 충족한 것으로 보았으나, 실제 이 부분 법문의 의미는 문자 그대로 해석하기보다, 입법취지에 비추어 산업적으로 대량생산되는 물품 등에 복제되는 것임('대량생산성')을 뜻하는 것으로 보는 것이 타당하다(이상 §4-44 참조). 그렇게 해석하지 않으면 물품에 동일한 형상으로 복제가 불가능한 경우란 있을 수 없으므로 무의미한 규정이 되어 버린다. 응용미술저작물이 아니라 일반적인 미술저작물인지 아니면 건축저작물인지 여부가 문제될 수는 있을 것이나, 적어도 위와 같이 건물에 "시공"되어 건축물의 내부 형태를 이루는 것은 일반 미술저작물이 아니라 건축저작물로 보는 것이 타당하다(§4-65 참조).

§4-75　　❖서울중앙지방법원 2007. 11. 29. 선고 2007가합77724 판결 ― "등대도안" 사건
　　〈사실관계〉
　　이 사건은 원고가 만든 등대도안이 건축설계도서에 해당하므로 건축저작물의 저작자임을 전제로 하여 피고가 원고의 허락을 받지 않고 등대도안을 기초로 부산 해운대 해수욕장 앞바다에 등대를 건축한 행위는 원고의 건축저작물에 대한 원고의 저작재산권(복제권, 2차적저작물작성권)과 저작인격권(성명표시권, 동일성유지권)을 침해한다고 주장하면서 피고를 상대로 손해배상을 구한 사안이다. 아래에

인용한 판결 내용은 원고가 만든 등대도안에 따라 피고가 등대를 건축한 행위가 건축저작물의 복제에 해당하는지 여부에 대하여 판단한 부분이다.

〈법원의 판단〉

[증거에 의하면] 원고의 등대도안은 건축구상을 위한 일종의 스케치로서 건축구상을 표현하고 있지만, 그 구상의 밀도에 있어서 대략적인 구상단계에 불과하고, 그 표현에 있어도 건축설계도면이 가지는 기술성, 기능성보다는 형상, 색채, 구도 등의 미적 표현에 중점을 두고 있고, 원고의 등대도안만으로는 실제로 등대를 건축할 수 없는 사실을 인정할 수 있다.

그런데 건축저작물이라고 함은 건축물에 의해 사상이나 감정을 표현한 것으로서 창작성 있는 표현이라고 하는 저작물성의 요건을 갖춘 것만을 말하고, 모든 건축물이 건축저작물에 해당하는 것은 아니다. 건축저작물은 관념적인 존재로서의 건축저작물을 매체에 구현하고 있는 현실로 존재하는 건축물 자체와 건축을 위한 모형 또는 설계도면 중에 내재하고 이미지로서 존재하는 건축저작물이 있다(저작권법 제 4 조 제 5 호). 따라서 건축을 위한 모형과 설계도서의 경우에는 저작권법 제 4 조 제 8 호의 도형저작물인 동시에 건축저작물에 해당하고, 그 건축을 위한 모형 또는 설계도서에 따라 건축물을 시공하는 것은 건축저작물의 복제에 해당한다(저작권법 제 2 조 제22호). 다만 건축을 위한 도면에 저작물성이 인정된다고 하더라도 곧바로 그 도면에 따라 시공한 건축물의 저작물성과 직결되지 않으므로 저작권법 제 4 조 제 5 호에 정해진 건축을 위한 모형 또는 설계도서에 해당하기 위해서는 거기에 표현되어 있는 건축물의 저작물성이 인정되는 경우에 한정되고, 그렇지 않은 경우에는 건축저작물이 아니라 도형저작물이나 미술저작물에 해당하는 데 불과하다고 보아야 한다. 이와 같이 해석하지 않으면, 창작성 있는 표현이라고 하는 저작물성의 요건을 갖춘 건축물만이 건축저작물에 해당하는 반면에 건축을 위한 모형과 설계도서의 경우에는 그에 따라 시공한 건축물이 저작물성이 없는 때에도 건축저작물로 인정되는 결과가 되어 부당하다. 한편 건축법은 설계도서는 건축물의 건축 등에 관한 공사용의 도면과 구조계산서 및 시방서, 건축설비계산 관계서류, 토질 및 지질 관계서류, 기타 공사에 필요한 서류라고 규정하여(건축법 제 2 조 제 1 항 제14호, 건축법 시행규칙 제 1 조의2) 설계도서를 공사에 직접적으로 필요한 도면이나 서류로 정하고 있다.

위 인정사실과 건축법의 규정내용에 비추어 보면, 원고의 등대도안은 저작권법 제 4 조 제 5 호에 정해진 설계도서에 해당한다고 보기는 어렵고, 도형저작물이나 미술저작물에 해당한다고 봄이 상당하다. (중략) 원고는, 원고가 피고에게 제공한 등대도안이 건축저작물인 설계도서에 해당함을 전제로 피고가 등대도안 또는 건축모형에 기초해서 등대를 건축함으로써 복제권을 침해하였다고 주장한다.

(중략) 그러나 앞서 본 바와 같이 원고의 등대도안이 건축저작물인 설계도서에 해당하지 않으므로 등대도안이 건축저작물인 설계도서에 해당함을 전제로 하는 원고의 주장은 이유 없다.

▷NOTE : 위 판결은 그 논리적 흐름에 비추어 볼 때, "① 저작권법 제 4 조 제 5 호에 정해진 건축을 위한 모형 또는 설계도서에 해당하기 위해서는 거기에 표현되어 있는 건축물의 저작물성이 인정되어야 한다. ② 저작권법 제 2 조 제22호에서 복제에 관하여 정의하면서 "건축물의 경우에는 그 건축을 위한 모형 또는 설계도서에 따라 이를 시공하는 것을 포함한다"고 규정하고 있는데, 그 규정에서 말   §4-76

하는 "그 건축을 위한 모형 또는 설계도서"는 건축저작물성을 가져 저작권법 제 4 조 제 5 호에 해당하는 것을 뜻하고 단지 도형저작물 또는 미술저작물에 해당하는 것은 포함되지 않는다. ③ 이 사건 등대도안은 건축저작물(특히, '건축을 위한 설계도서')에 해당하지 않는다. ④ 그러므로 이 사건 등대도안에 따라 등대를 건축한 것은 건축저작물의 복제에 해당하지 아니한다"라는 논리적 순서에 따라 판단하고 있는 것으로 보인다. 그 중 ② 부분이 명료하게 표명되어 있지는 않으나, 그것을 숨은 전제로 하고 있음이 분명하여 결론적으로 본서의 입장과 일치하는 판시를 한 것으로 생각된다. 위 판결과 달리 설계도서의 개념을 넓게 파악하여 건축물에 관한 초기 디자인이 나타난 스케치도 저작권법에서 말하는 설계도서의 개념에는 포함할 수 있다고 보는 견해1도 있으나, 그 경우에는 설계도서에 따른 시공을 '복제'로 보도록 하는 현행법 규정과의 관계에서 문제가 있을 수 있다. 그 경우 건축물의 시공과정에서 새로운 창작성이 추가되어 2차적 저작물 작성행위로 볼 수 있을 것이므로 복제에 대한 정의규정과 충돌하게 되는 것이다. 따라서 여기서 말하는 설계도서의 개념은 위 판결과 같이 좁게 한정적으로 해석하는 것이 타당한 것으로 생각된다. 위 판결도 결과적으로 위 등대도안에 따라 시공된 등대를 도안에 대한 관계에서 2차적 저작물에 해당하는 것으로 보았다. 한편, 위 판결은 건축을 위한 모형 및 설계도가 건축저작물과 도형저작물의 양면성(§4-66)을 가지고 있음을 인정한 선례로서의 의미도 가지고 있다.

§4-76-1   ❖대법원 2009. 1. 30. 선고 2008도29 판결 — "아파트 평면도" 사건

설계도서와 같은 건축저작물이나 도형저작물은 예술성의 표현보다는 기능이나 실용적인 사상의 표현을 주된 목적으로 하는 이른바 기능적 저작물로서, 기능적 저작물은 그 표현하고자 하는 기능 또는 실용적인 사상이 속하는 분야에서의 일반적인 표현방법, 규격 또는 그 용도나 기능 자체, 저작물 이용자의 이해의 편의성 등에 의하여 그 표현이 제한되는 경우가 많으므로 작성자의 창조적 개성이 드러나지 않을 가능성이 크다(대법원 2005. 1. 27. 선고 2002도965 판결 참조). 그리고 어떤 아파트의 평면도나 아파트 단지의 배치도와 같은 기능적 저작물에 있어서 구 저작권법은 그 기능적 저작물이 담고 있는 기술사상을 보호하는 것이 아니라, 그 기능적 저작물의 창작성 있는 표현을 보호하는 것이므로, 설령 동일한 아파트나 아파트 단지의 평면도나 배치도가 작성자에 따라 정확하게 동일하지 아니하고 다소간의 차이가 있을 수 있다고 하더라도, 그러한 사정만으로 그러한 기능적 저작물의 창작성을 인정할 수는 없고 작성자의 창조적 개성이 드러나 있는지 여부를 별도로 판단하여야 할 것이다(대법원 2007. 8. 24. 선고 2007도4848 판결 참조).

원심은, 피고인은 서울 강남구 삼성동 (이하 생략) 소재 피고인 회사 대표이사인바, 2006년 7월경 위 회사 사무실에서 저작권자인 ○○기획 대표 공소외인의 허락을 받지 아니하고 ○○기획에서 제작한 아파트백과 책자 내용을 불법으로 복사한 아파트 평면도 및 배치도에 피고인 회사명을 기재하여 피고인 회사 인터넷 홈페이지에 게재함으로써 공소외인의 저작권을 침해하고, 피고인 회사는 피고인의 대표이사인 피고인이 피고인 회사의 업무에 관하여 위와 같이 위반행위를 한 것이라는 이 사건 공소사실에 대해서, 아파트의 경우 해당 건축관계 법령에 따라 건축조건이 이미 결정되어 있는 부분이 많고 각 세대전용면적은 법령상 인정되는 세제상 혜택이나 그 당시 유행하는 선호 평형이 있어 건축이 가능

---

1 권영준, 전게서, 223면. 같은 취지의 일본 하급심판결로 東京地裁 2000. 8. 30. 선고 平11(ワ)29127호 판결이 있다. (권영준, 위 책에서 재인용)

한 각 세대별 전용면적의 선택에서는 제약이 따를 수밖에 없고, 그 결과 아파트의 경우 공간적 제약, 필요한 방 숫자의 제약, 건축관계 법령의 제약 등으로 평면도, 배치도 등의 작성에 있어서 서로 유사점이 많은 점, 이 사건 평면도 및 배치도는 기본적으로 건설회사에서 작성한 설계도면을 단순화하여 일반인들이 보기 쉽게 만든 것으로서, 발코니 바닥무늬, 식탁과 주방가구 및 숫자 등 일부 표현방식이 독특하게 되어 있기는 하지만 이는 이미 존재하는 아파트 평면도 및 배치도 형식을 다소 변용한 것에 불과한 것으로 보이는 점 등에 비추어 보면, 이 사건 각 평면도 및 배치도에 저작물로서의 창작성이 있다고 보기 어렵다는 이유로 피고인들에 대하여 무죄를 선고하였는바, 위 법리에 비추어 보면 원심의 그와 같은 조치는 정당하고 거기에 저작물에 관한 법리오해 등의 위법이 없다.

▷NOTE : 위 사건은 아파트 평면도 및 배치도 등에 기능적 저작물에 대한 창조적 개성 심사 엄격화의 원칙(§3-13-1)을 적용하여 그 창작성을 부정하는 취지를 표명하고 있다. 다만, 위 사건은 아파트 평면도 및 배치도 등을 처음 작성한 저작자가 피해자로서 고소한 사건이 아니라 '아파트백과'라는 책자에 게재하기 위하여 "건설회사에서 작성한 설계도면을 단순화하여 일반인들이 보기 쉽게 만든" 사람이 피해자로서 고소하였던 사안임을 유의할 필요가 있다. 창작성을 부정한 근거 중에 "이미 존재하는 아파트 평면도 및 배치도 형식을 다소 변용한 것에 불과한 것으로 보이는 점"을 든 것은 그 점과 관련된 것이다(이것은 설사 원래의 설계도면이 건축저작물로서의 창작성을 가지고 있다 하더라도 피해자가 작성한 도면이 사회통념상 새로운 저작물이라고 인정할 만한 새로운 창작성을 부가한 것으로 보기 어렵다는 판단을 내포한 것이다). 그러나 다른 한편으로 위 판결에서 "아파트의 경우 해당 건축관계 법령에 따라 건축조건이 이미 결정되어 있는 부분이 많고 각 세대전용면적은 법령상 인정되는 세제상 혜택이나 그 당시 유행하는 선호평형이 있어 건축이 가능한 각 세대별 전용면적의 선택에서는 제약이 따를 수밖에 없고, 그 결과 아파트의 경우 공간적 제약, 필요한 방 숫자의 제약, 건축관계 법령의 제약 등으로 평면도, 배치도 등의 작성에 있어서 서로 유사점이 많은 점"을 창작성 부정의 근거로 든 것은 그것이 독자적으로 작성된 경우를 가정하고, 그러한 경우에도 표현상의 제약이 크다는 것을 이유로 창작성을 인정하기 어렵다는 것을 시사한 것이다. 그러나 건축저작물로서의 최초 설계도면에 관한 한, 대개의 경우 창작성이 부정될 가능성이 높은 세대별 평면도의 경우와 달리, 배치도의 경우는 단지가 넓지 않고 조경 등의 요소가 미미한 등의 사유로 선택의 폭이 좁다고 인정될 경우에는 창작성이 부정될 수 있는 반면, 그렇지 않고 넓은 단지에 조경 등 다양한 요소가 어우러져 있을 경우에는 선택의 폭이 좁지 않은 것으로 보아 그 창작성을 인정받을 가능성도 많을 것이라 생각되는데, 위 판결은 건축을 위해 작성된 설계도에 대한 사건이 아니다 보니, 그 부분의 판단을 다소 거칠게 한 면이 있다. 뒤에서 보는 바와 같이 비록 하급심 판결이지만 아파트 정면도에 대하여는 창작성을 부정하면서 단지 배치도에 대하여는 창작성을 인정한 사례(§4-74-1)가 있다는 것을 참고할 필요가 있다.

❖ 서울중앙지방법원 2013. 9. 6. 선고 2013가합23179 판결 ― "강화도 펜션" 사건   §4-76-2
가. 법리
저작권법에 의하여 보호되는 저작물이기 위하여는 창작성이 요구되나, 여기서 말하는 창작성이란 완전한 의미의 독창성을 요구하는 것은 아니고, 어떠한 작품이 남의 것을 단순히 모방한 것이 아니라 작가의 사상이나 감정 등을 자신의 독자적인 표현방법에 따라 나타낸 것이라면 창작성이 인정될 수 있다(대법원 2012. 8. 30. 선고 2010다70520, 70537 판결, 대법원 2011. 7. 14. 선고 2011다32747 판결 등 참조). 다만 건축저작물은 기능적 저작물이므로, 주거성, 실용성 등을 높이기 위한 기능적 요소에 대하여는 설사 그 요소에 창작성이 있다고 하더라도 저작권의 보호를 제한하고, 기능적 요소 이외의 요소를 갖춤으로써 건축물을 이루는 개개의 요소가 아닌 전체적인 외관에 창작성이 있는 경우에만 저작물로서 인정할 수 있다.

[그림 25]

나. 판단

갑 제 1 호증의 1 내지 5의 각 기재와 영상 및 변론 전체의 취지를 종합하면, 이 사건 원고 건축물은 삼각텐트를 모티브로 하여 삼각형의 상단 일부를 절단한 후, 정면 중앙에 출입문을 두고 그 좌측에는 삼각뿔 형태의 통유리 구조물이, 그 우측에는 사각뿔 형태의 통유리 구조물이 위치하고 있고, 건축물의 양 측면에는 창문이 설치되어 있는 사실을 인정할 수 있다. 이에 의하면 이 사건 원고 건축물([그림] 참조)은 삼각형 또는 삼각텐트를 기본으로 창작자인 원고 고유의 개성적인 표현이 나타나 있고, 피고가 유사한 건축물이라고 주장하는 한옥, 사원, 궁궐 등의 전통건축물이나 야외용 텐트, '드'자형식의 건축물 등(을 제 3 호증의 1, 2, 을 제 4 호증의 1, 2)과는 그 외형이 확연히 다르므로, 창작성이 있는 건축저작물이라고 봄이 상당하다.

한편 이 사건 원고 건축물은 건축저작물로 기능적 저작물이기는 하나, 앞서 본 이 사건 원고 건축물의 특징적 모습들은 주거성, 실용성 등을 높이기 위한 기능적요소와는 오히려 배치되는 것이고, 일반적으로 펜션은 단순히 주거성, 실용성 등에 초점을 둔 건축물이 아니라 고객들의 관심을 끌 수 있는 미적인 외형을 갖추는 데 더 초점을 둔 건축물이라는 점을 고려하면, 기능적 저작물이라는 이유만으로 이 사건 원고건축물의 창작성이 부정된다고 보기는 어렵다.

나아가, 건축물이 저작물로 보호받기 위해서는 적어도 건축예술 또는 미술로 평가될 수 있을 정도의 예술성을 가져야 한다는 피고의 주장은 저작물을 '문학·학술 또는 예술의 범위에 속하는 창작물'로 정의하고 있던 구 저작권법(2006. 12. 28. 법률 제8101호로 개정되기 전의 것) 아래에서는 타당한 주장일지 모르나, 저작물을 '인간의 사상 또는 감정을 표현한 창작물'로 정의(저작권법 제 2 조 제 1 호)하고 있는 현 저작권법 아래에서는 받아들이기 어렵다.

▷NOTE : 위 판결은 건축저작물이 기능적 저작물에 해당하므로 기능적인 부분을 보호대상에서 제외하여야 하지만, 펜션과 같이 외관이 중시되는 건축물의 경우에는 기능적인 것 외에 창작성의 여지가 많다고 보아 위 사안의 펜션 건축물에 대하여 건축저작물로서의 창작성을 긍정하는 결론을 내리고 있다. 그러한 논리 전개에는 기본적으로 타당성이 있다고 생각된다. 그러나 위 판결에서 "주거성, 실용성 등을 높이기 위한 기능적 요소에 대하여는 설사 그 요소에 창작성이 있다고 하더라도 저작권의 보호를 제한하고"라고 하는 표현은 적절치 않다. 기능적 성격으로 인하여 누가 하더라도 같거나 비슷할 수밖에 없는 표현이라면 창작성 자체가 부정되어야 할 것이기 때문이다. 그리고 위 판결에서 "건축물을 이루는 개개의 요소가 아닌 전체적인 외관에 창작성이 있는 경우에만 저작물로서 인정할 수 있다"고 한 부분도 찬동하기 어렵다(§4-65-2 참조). 나아가, "건축물이 저작물로 보호받기 위해서는 적어도 건축예술 또는 미술로 평가될 수 있을 정도의 예술성을 가져야 한다는 피고의 주장은 저작물을 '문학·학술 또는 예술의 범위에 속하는 창작물'로 정의하고 있던 구 저작권법(2006. 12. 28. 법률 제8101호로 개정되기 전의 것) 아래에서는 타당한 주장일지 모르나, 저작물을 '인간의 사상 또는 감정을 표현한 창작물'로 정의(저작권법 제 2 조 제 1 호)하고 있는 현 저작권법 아래에서는 받아들이기 어렵다."고 한 부분도 마치 구 저작권법 하에서는 모든 저작물에 대하여 예술성이나 학술성을 요하는 것으로 해석되었던 것처럼 오해하게 할 소지가 있어 적절치 않다. 구 저작권법상의 그 부분 문언은 엄격하게 해석되지 않고 '지적 문화적 포괄개념'으로 넓게 해석되고 있었으므로 법개정으로 인하여 큰 차이가 발생한 것은

아니다(§3-1 참조). 다만 건축저작물로서의 창작성을 인정하기 위해 '예술성'을 요하는 것은 아니라는 판단 자체는 타당하다.

§4-76-3   ❖ 서울중앙지방법원 2018. 8. 20. 선고 2016가합508640 판결

앞서 든 증거에 … 종합하여 인정할 수 있는 다음과 같은 사실 및 사정들을 두루 종합하면, 원고 설계도면('그림 26' 참조) 중 주동의 형태 및 입면디자인을 나타낸 설계도면(101동 내지 104동의 정면도, 우측면도, 배면도, 좌측면도)은 원고 자신의 독자적인 사상 또는 감정의 표현을 담고 있어 원고의 창조적 개성이 드러나는 저작물로 보는 것이 타당하고, 을 제23 내지 26, 37, 38호증의 각 기재 및 영상만으로는 이를 뒤집기에 부족하다.

[그림 26]   원고 설계도면의 투시도

…

나아가 단위세대별 평면도나 주차장 평면도와 같은 설계도면에 적용되는 공동주택의 기본적인 설계원칙, 보편화된 규격, 실용적인 용도, 추상적인 건축적 개념은 일반적으로 공유되는 아이디어로서 누가 설계하더라도 유사할 수밖에 없는 것으로 저작권법에 의해 보호될 수 없고 이를 도면화하는 데 있어 필수불가결하거나 공통적 또는 전형적으로 수반되는 표현 역시 저작권법에 의한 보호대상이 될 수 없다. 따라서 이러한 보편적인 평면도 형태에 주동의 형태 등에 맞춰 변형을 가하였다고(원고가 주장하는 단위세대별 평면도의 외곽 형태나 지하 옹벽각도의 수치 등) 하더라도 이 부분에 원고의 창조적 개성을 인정할 수 없다.

▷NOTE : 위 판결은 일반 아파트의 외관과 차별화된 디자인의 고층 아파트 주동의 형태 및 입면 디자인에 창작성을 인정한 사례이다. 위 판결에서도 단위세대별 평면도와 주차장 평면도에 대하여는 창작성을 부정하였다.

§4-76-4   ❖ 서울고등법원 2016. 12. 1 선고 2015나2016239 판결 ― "골프존" 사건

이 사건 각 골프장의 골프코스와 같은 골프코스는 예술성의 표현보다는 기능이나 실용적인 사상

의 표현을 주된 목적으로 하는 이른바 기능적 저작물에 해당한다고 할 것이나, 기능적 요소 이외의 요소로서 골프코스를 이루는 개개의 구성요소가 아니라 골프코스가 차지하는 공간 내에서 개개의 구성요소의 배치와 조합을 포함한 미적 형상으로서의 전체적인 디자인에 다른 골프코스와 구분될 정도로 설계자의 창조적 개성이 드러나 있을 경우 그 한도 내에서 그 저작물로서의 창작성이 인정될 수 있다고 보아야 한다.

▷NOTE : 위 판결의 사안은 골프시뮬레이터 판매 등을 목적으로 설립된 회사인 피고가 골프장을 운영하는 회사들인 원고들의 각 골프장을 항공촬영한 다음 그 사진 등을 토대로 3D 컴퓨터 그래픽 등을 이용하여 위 각 골프장의 골프코스를 거의 그대로 재현한 입체적 이미지의 골프코스 영상을 제작하여 스크린골프장 운영 업체에 제공하였고, 이에 대하여 원고가 골프코스에 대한 저작권의 침해를 주장하면서 손해배상을 청구한 것이다. 위 사건의 첫 번째 쟁점으로 대두된 것이 위 각 골프코스가 저작물성을 가지는지 여부인데, 이에 대하여 서울고등법원은 위와 같은 근거로 저작물로서의 창작성이 인정될 수 있다고 판시한 것이다. 위 판시 부분에서는 그것이 건축저작물에 해당하는지 여부에 대하여 명시하지 않았으나 판결문의 다른 부분에서 "이 사건 각 골프장의 골프코스는 일응 저작권법 제 4 조 제 1 항 제 5 호에 규정된 '건축저작물'에 해당한다고 봄이 타당하다."고 판시하였다. 골프코스의 조성은 '정원'의 조성과 유사한 면이 있으므로 '정원'에 대하여 건축저작물성을 인정하는 본서의 입장에서는 골프코스에 대하여도 건축저작물성을 인정할 수 있다고 본다. 따라서 위 판결의 위와 같은 판시는 결론적으로 타당하다. 한편, 이 사건 이전에도 법원은 '골프장 설계도'에 대하여 위 판결과 유사한 취지에서 그 저작물성을 인정한 바 있다(서울고등법원 2007. 5. 1. 선고 2006나43295판결 및 서울중앙지방법원 2016. 1. 29 선고 2015가합543301 판결).

6. 사진저작물

(1) 의   의

사진저작물은 사진 및 이와 유사한 제작방법으로 인간의 사상 또는 감정을 일정한 영상의 형태로 표현한 저작물을 말하며(저작권법 제 4 조 제 1 항 제 6 호), 사진기 등의 기계를 이용한다는 점에서 미술저작물과 구별되며, '일정한' 영상의 형태로 표현한다는 점에서는 '연속적인' 영상의 형태로 표현하는 영상저작물(§4-94)과 구별된다. §4-77

'사진'이란 광선의 물리적, 화학적 작용을 이용하여 피사체를 필름 등에 재현함으로써 제작하는 것을 말하며, '이와 유사한 방법'이라고 하는 것에는 그라비아인쇄(photogravure), 사진염색 등이 포함된다.[1]

여기서 '디지털 카메라'로 촬영한 데이터도 '사진저작물'에 해당하는지가 문제 된다. 종래의 §4-78

---

1 半田正夫, 전게서, 102면; 加戸守行, 전게서, 49면; 金井重彦·小倉秀夫 編著, 전게서 [北岡弘章 집필부분], 123면.

사진과 달리 디지털 카메라의 경우에는 필름의 빛에 의한 감광이라고 하는 화학적인 작용을 이용하는 것이 아니라 빛에 반응하는 반도체 소재에 의하여 디지털 데이터로 변환한다고 하는 전자적 작용을 이용하고 있다는 점에서 사진과 제작방법에 있어서 유사하지 않은 것으로 보아 사진저작물에 해당하지 않는다고 생각할 여지도 없지는 않다. 그러나 기계에 의존하여 작성되는 사진에 저작물성이 인정되는 것은, 뒤에서 보는 바와 같이, 피사체의 선택, 구도의 결정, 광량의 조절, 앵글의 조정, 단추를 누르는 순간적 기회의 포착 혹은 원판의 수정, 색채의 배합 등에 창조적 개성이 인정되기 때문인데, 그러한 부분을 중심으로 비교할 경우에는 프린트에 있어서 화학적인 프로세스를 취하지 않는다는 점에서 약간의 차이가 있는 것을 제외하고는 대체로 동일하거나 적어도 유사하다고는 할 수 있으므로, '디지털 카메라'로 촬영한 데이터도 사진저작물에 해당하는 것으로 볼 수 있다.[1]

(2) 사진의 저작물성

§4-79 사진은 사진기라고 하는 기계를 이용하여 이미 존재하는 사물을 일정한 영상으로 '재현'하는 성격을 가진다는 점에서 인간의 사상 또는 감정의 창작적 표현에 해당하는지 여부에 의문을 제기할 만한 측면이 없지 않다.[2] 그러나 지금은 피사체의 선택, 구도의 결정, 광량의 조절, 앵글의 조정, 단추를 누르는 순간적 기회(셔터 찬스)의 포착(이상 촬영과정) 혹은 원판의 수정, 색채의 배합(이상 현상 및 인화 과정) 등에 촬영자의 사상과 감정이 창작적으로 표현될 수 있는 가능성이 있다는 점을 대체로 인정하고 있다. 그런 점에서 사진의 저작물성을 전적으로 부정하는 의견은 없으며 우리 저작권법이 사진저작물을 저작물의 하나로 나열한 것도 그러한 인식을 기초로 한 것이다.

§4-80 다만 사진이 이미 존재하는 사물의 재현(再現)으로서 그 제작방법도 주로는 기계의 의존하는 것이라고 하는 위와 같은 성격은 그 창작성의 인정을 다소 신중하게 하는 이유가 되는 것임을 부정할 수 없다. 그러나 사진저작물에 대하여는 그 특성상 기능적 저작물과 같은 정도의 엄격한 심사를 요구할 필요는 없다고 생각된다. 기능적 저작물의 경우에 저작물성을 넓게 인정할 경우에는

---

1 金井重彦·小倉秀夫 編著, 전게서 [北岡弘章 집필부분], 123~124면 참조. 디지털 사진의 경우 과거와 달리 '현상(現像)'에 있어서의 창작성 요소가 줄어든 대신, 사진을 가공하고 편집하는 프로그램이 많이 나와 그것을 활용한 가공·편집의 과정에 새로운 창작성 요소가 추가될 수 있게 되었다. 따라서 그 창작성이 과거에는 "피사체의 선택에서 현상까지"에 있었다면, 디지털 사진의 시대에는 "피사체의 선택에서 가공·편집까지"에 있게 되었다고 할 수 있다. 梅津薫, "写真の著作物の創作性に関する一考察", 年次学術大会講演要旨集, 25, 2010, 942면 참조. 우리나라 하급심 판결 중에 그러한 가공·편집의 일종이라고 할 수 있는 인물사진의 '디지털 보정'을 창작성의 한 요소로 인정한 사례(서울북부지방법원 2016. 4. 14. 선고 2015가단118639 판결)가 있다.

2 그런 점 때문에 역사적으로도 사진저작물의 보호에 관해서는 일반저작물과는 다른 차별적 취급이 당연시되어 왔었다. 예를 들어, 베른협약도 사진저작물에 대하여는 다른 저작물과 달리 10년의 보호기간만을 인정하였다. 그러나 1996년에 체결된 WIPO 저작권조약(WCT)은 이러한 차별적 취급을 적용하지 않도록 규정하고 있다. 임원선(책임집필), 실무자를 위한 저작권법, 저작권심의조정위원회, 2006, 57면 참조.

산업상의 경쟁제한과 독점으로 인한 폐해가 있을 수 있으나, 사진저작물의 경우에는 성격상 그런 폐해와는 무관하기 때문이다. 다만, 그 보호범위를 지나치게 넓게 인정하여 예를 들어 동일한 대상을 촬영함으로써 유사할 수밖에 없는 것을 사진저작물에 대한 복제로 인정한다면, 그 폐해도 만만치 않을 것이다. 따라서 사진저작물에 대하여는 그 창작성의 인정은 관대하게 하고, 그 보호범위에 대하여는 엄격하게 제한하는 것이 기본적으로 올바른 방향이라 생각된다. 일반인이 디지털 카메라나 스마트폰을 가지고 간단하게 찍은 풍경사진, 음식사진 등도 피사체의 선택, 구도의 결정, 앵글의 조정, 셔터찬스의 포착 등에 창작성이 전혀 없다고 단정할 수 없으므로 사진저작물로서의 최소한의 창작성이 있는 것으로 인정하되, 그 창작성의 정도가 낮다는 점은 보호범위의 면에서 반영함으로써 유사한 사진을 다른 사람이 찍어도 대개의 경우는 저작권침해가 성립하지 않는 것으로 보아야 할 것이다. 그러한 경우에도 해당 사진 자체를 복제하여 이용하는 이른바 데드카피(dead copy)의 경우에는 저작권침해를 주장할 수 있는 것으로 보아야 할 것이고, 그런 점에서 저작물성이 전적으로 부정되는 것과는 상당한 차이가 있다고 할 수 있다. 이렇게 보는 것이, 기능적 저작물 등이 아닌 경우에는 창조적 개성에 대한 심사를 엄격하게 할 필요 없이 독자적 작성의 요소를 중심으로 나름대로의 개성의 표출만 있으면 널리 창작성을 인정하여야 하며 창작성 인정을 위해 예술성 내지 예술적 가치를 필요로 하지는 않는다고 하는 기본 법리에 부합된다. 그렇게 보지 않고 창작성의 정도를 따져 창작성의 정도가 높은 것만 사진저작물로서의 창작성을 인정하고, 그렇지 않은 것은 부정한다고 하면, 그 경계를 어디서 찾을지를 알 수 없어 사진저작물로서의 보호여부의 판단에 큰 어려움과 혼란이 초래될 것이라는 점도 감안되어야 할 것이다. 이와 같은 입장을 기초로 하여 아래에서는 그동안 국내외 판례나 실무에서 문제가 된 쟁점들에 대하여 살펴보기로 한다.

1) 먼저 실용적인 필요를 충족하기 위해 피사체의 충실한 사실적 재현만을 목적으로 하여 촬영한 사진에 대하여 저작물성을 인정할 것인지가 문제된다. 그러한 경우라면 촬영한 사람의 창조적 개성이 표출될 여지가 별로 없어 사진저작물로서의 창작성을 부정할 수 있으리라 생각될 수 있다. 이러한 경우에 해당하는 대표적인 예로는 병원에서 치료목적으로 수술부위를 촬영한 사진을 들 수 있다. 뒤에 소개하는 대법원 2010. 12. 23. 선고 2008다44542 판결(§4-89)이 바로 그러한 사례에 해당한다. §4-80-1

2) 위 1)과 관련하여, 광고용으로 촬영하는 제품사진 등은 어떻게 볼 것인지가 문제된다. 햄제품 사진의 저작물성이 문제된 사안에서 대법원 2001. 5. 8. 선고 98다43366 판결(§4-84)은 다른 장식물이나 과일, 술병 등과 조화롭게 배치하여 촬영한 '제품 이미지 사진'에 대하여는 창작성을 인정하였으나, 햄제품 자체만 촬영한 제품사진에 대하여는 "위 제품사진은 비록 광고사진작가인 §4-80-2

원고의 기술에 의하여 촬영되었다고 하더라도, 그 목적은 그 피사체인 햄제품 자체만을 충실하게 표현하여 광고라는 실용적인 목적을 달성하기 위한 것이고, 다만 이때 그와 같은 목적에 부응하기 위하여 그 분야의 고도의 기술을 가지고 있는 원고의 사진기술을 이용한 것에 불과하다"는 이유로 그 창작성을 부정하는 결론을 내린 바 있다. 그러나 대법원의 이러한 판단에는 찬동하기 어렵다. 우선, 위 판결에서 광고 목적이 있다는 것을 '실용적'이라고 하여 창작성 인정에 불리한 사유로 삼은 것은 적절하지 않다. 광고의 경우 표현에 있어서의 선택의 폭이 넓은 경우가 많아 특별히 창작성에 부정적인 영향을 미친다고 볼 이유가 없다. 아래에서 보는 바와 같이 대법원도 이 사건 이외의 대부분의 사건에서 광고 목적이 있다는 것만으로는 창작성에 부정적인 영향을 미치지 않음을 전제로 판결하고 있다. 미국에서도 광고 목적 유무는 창작성 판단에 영향을 미치지 않는다는 것이 연방대법원의 Bleistein v. Donaldson 사건 판결[1] 이래 확립된 판례이다.[2] 위 대법원 판결은 광고목적 중에서도 제품의 식별을 위한 목적인 경우에는 사실재현적인 성격이 강할 것으로 보는 취지를 내포하고 있는 것으로 보이나, 광고용 제품사진의 경우 반드시 제품식별만을 목적으로 한다고 보기도 어렵고 따라서 사실재현적인 측면만 있다고 단정할 수 없다. 비록 미묘하여 눈에 크게 띄지는 않는다 하더라도 광고에 사용하기에 적합한 심미적 기준을 충족하기 위해 촬영각도의 선택, 광선의 상태나 조명의 조정 등 여러 가지 측면을 신중하게 고려하여 촬영하게 될 것이므로 거기에 나름대로의 창조적 개성이 인정될 가능성이 충분히 존재하기 때문이다. 따라서 사실재현적인 목적을 너무 쉽게 인정하여서는 안 될 것이다.

그 후에 선고된 '찜질방 사진' 사건에 대한 대법원 2006. 12. 8. 선고 2005도3130 판결(§4-92-1)의 경우는 역시 광고 목적으로 촬영한 사진 중에서 음식점 내부를 촬영한 사진에 대하여는 창작성을 부정하고, 찜질방을 촬영한 사진에 대하여는 구체적인 사안을 살펴 창작성을 긍정한 면에서 위 햄제품 사진 사건의 판례와 유사한 면이 있다. 그러나 자세히 살펴보면, 광고라는 실용적인 목적으로 피사체의 충실한 재현을 목적으로 한 것으로서 누가 하더라도 같거나 비슷할 수 밖에 없는 것이라는 이유로 두 가지 사진 모두에 대하여 창작성을 부정하는 결론을 내린 원심판결을 파기환송하면서 광고의 목적을 달성하기 위한 촬영자의 고려에 창작성의 근거를 부여하고 있음을 엿볼 수 있다. 즉, 이 판결은 "'○○텔' 내부 전경 사진은 목욕을 즐기면서 해운대의 바깥 풍경을 바라볼 수 있다는 '○○텔' 업소만의 장점을 부각하기 위하여 피해자 소속 촬영담당자가 유리창을 통하여 저녁 해와 바다가 동시에 보이는 시간대와 각도를 선택하여 촬영하고 그 옆에 편한 자세로 찜질방에 눕거나 앉아 있는 손님의 모습을 촬영한 사진을 배치함으로써 해운대 바닷가를

---

1 Bleistein v. Donaldson Lithographing Co., 188 U.S. 239, 251-52 (1903).
2 Leaffer, M. A., Understanding copyright law(Sixth Edition), LexisNexis, 2014, p. 64.

조망하면서 휴식을 취할 수 있는 최상의 공간이라는 이미지를 창출시키기 위한 촬영자의 창작적인 고려가 나타나 있다고 볼 수" 있음을 강조하여 그 창작성을 긍정하고 있는 것이다. 이를 종합하여 현재의 대법원 판례 입장을 정리해 보면, 광고 목적의 사진이라고 하여 그 창작성을 인정하는 데 아주 엄격한 입장을 보이고 있다고 할 수는 없으며, 제품사진과 같이 특별히 사실재현적인 성격이 강한 경우나 구도의 선택 등에서 특별한 고려요소가 있었다는 입증이 없는 등의 경우에만 예외적으로 창작성을 부정하는 입장을 보이고 있다고 할 수 있다.

하급심 판결 가운데, 성형외과에서 광고 목적으로 성형모델의 수술 전후 모습을 촬영한 사진에 대하여 창작성을 인정하지 않은 사례가 있는데(서울고등법원 2013. 7. 31.자 2013라346 결정; §4-92-2), 이러한 경우라면, 단순한 사실재현만을 목적으로 한 것으로 보기 어렵고, 광고의 목적을 달성하기 위해 심미적 차원에서의 고려를 많이 하였을 것으로 예상되므로 쉽게 그 저작물성을 부정하여서는 안 될 것이라 생각된다. 위 판결은 위의 '찜질방 사진' 사건에 대한 대법원 판례의 입장에도 반하는 면이 있지 않나 생각된다. 광고의 영역은 실용적인 면이 없지 않지만, 표현의 자유도 내지 선택의 폭의 면에서는 일반 문화예술의 영역과 별다른 차이가 없으므로 광고의 목적에 기한 것이라는 이유로 창작성의 인정 폭을 제한하는 것은 타당하지 않다. 오히려 순수한 사실재현적 목적과는 다른 목적과 고려가 있다는 것을 창작성 인정에 긍정적으로 감안하여야 할 것이다.

3) 다음으로 풍경사진의 저작물성 및 그 보호범위에 대하여 살펴보자. 뒤에 소개하는 서울중앙지방법원 2005. 7. 22. 선고 2005나3518 판결(§4-88)은 프리랜서 사진작가의 풍경사진에 대하여 별다른 의문 없이 저작물성을 인정한 사례이다. 풍경사진은 사진작가가 아니라 일반인이 별다른 전문성 없이 촬영한 경우에도 피사체의 선택, 촬영의 구도, 셔터찬스의 포착 등 여러 가지 요소에 최소한의 창작성이 인정되는 것으로 볼 것임은 위에서 언급한 바와 같다. 문제는 풍경사진의 보호범위에 있다. 이것은 특히 전문적인 사진작가가 특정한 촬영지점을 발굴하여 특정한 구도로 자연 속에 존재하는 풍경을 촬영한 경우에 문제가 된다. 만약 그것이 이전에 잘 알려지지 않은 지점이라면 그 사진작가는 자신이 찍은 그 지점과 그 구도에 대하여 자신의 권리를 보호받기를 바라는 마음이 있을 것이다. 즉 다른 사람이 자신의 사진을 데드카피 하여 이용하는 것만이 아니라 촬영지점과 촬영각도를 흡사하게 하여 촬영하는 것으로부터 자신의 저작권을 보호받을 수 있기를 바랄 수 있다. 반면에 아마추어 사진작가들의 입장에서는 같은 지점에서 유사한 각도로 촬영하는 자유를 누리기를 원할 것이다. 이런 상황에서 그 보호범위를 결정하는 데에는 고도의 균형감각이 필요한 것으로 생각된다. 즉 특정 사진작가의 풍경사진에 대한 저작권 보호범위를 너무 넓게 인정하면 다른 사진작가들의 자유를 지나치게 뺏는 결과가 될 것이고, 그렇다고 그 보호범

§4-80-3

위를 너무 협소하게 잡으면 유명 사진작가의 작품을 쉽게 모방할 수 있도록 허용하는 셈이 되어 사진작가들의 작품활동을 통한 경제적 보상의 기회를 부당하게 침해하는 결과가 될 수 있기 때문이다. 일단 여기서 한 가지 분명하게 짚을 수 있는 것은, 아무리 각고의 노력 끝에 발견한 촬영지점이라 하더라도 그 촬영지점 자체나 피사체 자체는 저작물로서의 보호와 무관하다는 것이다. 따라서 그 지점에서 그 피사체를 촬영하는 것 자체에 대하여 저작권 보호를 주장할 수는 없다고 보아야 한다. 나아가 자신이 촬영한 것과 유사한 구도로 다른 사람이 사진을 촬영하는 것을 금지할 수 있는 권리를 인정하는 것도 타당하지 않은 것으로 생각된다. 여기서부터는 저작물성의 긍정이라는 차원과 그 저작물에 대한 보호범위의 결정이라는 차원이 구별되기 시작한다. 즉, 피사체의 선택과 구도의 결정만으로도 최소한의 창작성(사진저작물성)을 인정할 수는 있으나, 다른 사람이 데드카피를 하는 것을 넘어서서, 유사한 구도로 촬영하는 것까지 금지할 수 있을 만큼의 '보호범위'를 인정하기는 어려울 것으로 생각된다. 만약 구도의 결정, 촬영시점(계절, 날씨, 시각 등)의 선택, 조명의 조정, 하늘을 나는 새들의 상황 등과 관련한 셔터찬스의 포착, 특수효과 등의 여러 가지 면이 구체적으로 조합되어서 상당한 선택의 폭이 있는 것으로 보이는 부분을 그대로 모방하였다면, 그것은 데드카피가 아니더라도 복제권 등의 침해가 성립하는 것으로 보아야 할 것이다.[1] 결국 모방금지의 효력을 가지는 정도의 보호범위를 인정하기 위해서는 여러 가지 요소들의 결합으로 충분한 선택의 폭이 있는 부분이 모방의 대상이 되는 경우여야 할 것으로 생각되는데, 그 결합의 정도가 어느 정도여야 그러한 경우에 해당할지에 대하여는 결국 위와 같은 양 측면을 균형 있게 고려하여, 구체적 사안마다 개별적으로 신중하게 판단하여야 할 문제인 것으로 생각된다.

'솔섬사진' 사건에 대한 서울중앙지방법원 2014. 3. 27. 선고 2013가합527718 판결(§4-92-3)및 그 항소심 판결은 위와 같은 양측면 사이에서 법원이 고뇌하고 있는 모습을 보여준다.[2]

§4-80-4   4) 다음으로 '보도용 사진'의 저작물성에 대하여 살펴본다. 신문사 등의 사진기자가 취재 현장에서 촬영하는 사진의 경우 피사체의 선택, 구도의 결정, 앵글의 조정, 셔터찬스의 포착 등의 면에서 최소한의 창작성은 인정되는 것으로 보아야 할 것이다(물론 그 창작성의 정도가 높지는 않으므로 대개 데드카피로부터 보호를 받는 정도에 그칠 것이다). 저작권법 제7조 제5호에서 '사실의 전달에 불과한 시사보도'를 저작권 보호의 대상에서 제외하고 있지만, 이는 창작성이 없는 경우에 대한

---

1 일본 판례 중에 일본 축제의 일종인 기온제(祇園祭)가 열려 많은 인파가 몰려 있던 야사카 신사의 모습을 찍은 사진을 이용하여 유사하게 수채화로 그린 후 신문 등에 실은 것에 대하여 사진저작물에 대한 저작재산권 침해라고 인정한 사례('기온제 사진 사건', 東京地裁 平成 20年 3月 13日 判決 判例時報 2033号 102면, 判例タイムズ 1283号 262면)가 있다. 우리나라 하급심 판례 중에도 사람과 코끼리가 마주하고 있는 모습을 찍은 사진을 모방한 삽화를 출판물에 이용한 것에 대하여 '2차적저작물작성권 침해'를 인정한 사례가 있다('인생수업' 사건에 대한 1심 판결인 서울중앙지방법원 2007. 5. 3. 선고 2006고단7143판결 및 그 2심 판결인 같은 법원 2007. 8. 16. 선고 2007노1383 판결).

2 임원선, 실무가를 위한 저작권법(제4판), 한국저작권위원회, 2014, 74~75면 참조.

확인적 의미의 규정으로 해석될 뿐이므로(§7-9), 그것을 이유로 창작성이 인정되는 사진저작물을
비보호대상으로 보아서는 안 된다.[1] '연합뉴스' 사건에 대한 대법원 2006. 9. 14. 선고 2004도
5350 판결(§7-10)이 연합뉴스사의 기사만이 아니라 사진에 대하여도 '단순한 사실의 전달에 불과
한 것으로 볼 수 있음을 시사하는 판시[2]를 한 바 있으나, 대법원의 위 판결은 연합뉴스 기사가
정형적이고 간결한 문체와 표현 형식을 통해 사실을 있는 그대로 전달하는 것에 그치는 부분에
대하여만 구체적으로 언급하고, 사진저작물의 창작성 요소인 구도의 결정, 셔터찬스의 포착 등
요소에 대한 판단을 보여주지는 않고 있다. 따라서 위 판례를 보도사진의 상당수가 저작권보호의
대상에서 제외되는 것으로 보는 입장을 분명히 하였다고 보기는 어렵다. 대법원에서 만약 보도사
진 중에 일부는 창작성이 없는 것으로 판단한 취지라고 하더라도 같은 보도사진에 대하여 어떤
것은 창작성이 있고, 어떤 것은 없는지를 판단하는 것이 과연 가능할지는 의문이고, 대법원도 그
기준을 제시하지 못하고 있는 셈이다.[3] 최근의 하급심판결 가운데 보도 목적으로 연예인을 촬영
한 사진에 대하여 창작성을 부정하고 '사실의 전달에 불과한 시사보도'라고 인정한 사례(서울중앙
지방법원 2013. 12. 6. 선고 2013나36605 판결)가 있는데, 사진저작물의 창작성 기준을 지나치게 높게
잡은 것으로서 그 타당성에 대하여는 큰 의문이 제기된다.[4]

---

[1] 미국에서도 초기에는 보도사진의 저작물성을 부정하는 취지의 판결이 나온 바 있으나(Int'l News Serv. v. Associated
Press, 248 U.S. 215, 254 (1918)), "개별적 사건의 단순한 기록은 그것이 언어에 의한 것이든 예술적 표현이 개재되
지 않은 사진에 의한 것이든 그 보호가 부정된다"고 판시함), 그 이후에는 사안에 따라 공정이용의 항변 단계에서 문
제가 될 수는 있어도 보도의 목적만으로 사진이나 영상물의 저작물성을 부정하지는 않는 것이 판례 흐름(LA폭동 장
면을 촬영한 영상의 저작물성을 당연한 전제로 하여 그 이용의 '공정이용' 해당성에만 초점을 맞추어 판시한 L.A.
News Serv. v. KCAL-TV Channel 9, 108 F.3d 1119, 1121-22 (9th Cir. 1997) 판결 등)으로 굳어져 왔다.
Subotnik, E. E., "Originality Proxies : Toward a Theory of Copyright and Creativity", Brook. L. Rev. 76,
2010, p. 1508 참조.

[2] 판결문 중 "공소사실 기재 각 연합뉴스사의 기사 및 사진 중에는 단순한 사실의 전달에 불과한 시사보도의 수준을
넘어선 것도 일부 포함되어 있기는 하나, 상당수의 기사 및 사진은 정치계나 경제계의 동향, 연예·스포츠 소식을 비
롯하여 각종 사건이나 사고, 수사나 재판 상황, 판결 내용, 기상 정보 등 여러 가지 사실이나 정보들을 언론매체의
정형적이고 간결한 문체와 표현 형식을 통하여 있는 그대로 전달하는 정도에 그치는 것임을 알 수 있어, 설사 피고인
이 이러한 기사 및 사진을 그대로 복제하여 B 신문에 게재하였다고 하더라도 이를 저작재산권자의 복제권을 침해하
는 행위로서 저작권법 위반죄를 구성한다고 볼 수는 없다"고 한 부분 참조.

[3] 우리나라 판례 중에도 신문사 소속의 사진기자가 재직기간 중에 촬영한 사진들(만원버스에 올라타는 승객과 안내양의
모습, 경찰관이 통행규칙 위반자들을 단속하는 모습 등, 신문에 게재되지는 않음)을 창작성 있는 사진저작물로 인정한
사례가 있다. 서울중앙지방법원 2007. 5. 3. 선고 2005가합64823판결 참조.

[4] 연예인에 대한 사진촬영에 보도의 목적이 있더라도 그 창작성의 유무나 정도에 큰 영향이 없을 터이므로, 보도의 목
적이 없는 인물사진의 경우와 다르게 취급할 이유가 없다는 것이 본서의 입장이다. 그러한 관점에서 인물사진의 저작
물성에 대한 판례를 보면, 우리나라 판례 중에도 사진작가가 시인이자 수필가인 피천득의 모습을 촬영한 사진의 저작
물성을 인정한 사례(의정부지방법원 고양지원 2010. 7. 23. 선고 2009가합11723 판결, "이 사건 사진은, 피사체의 선
정, 구도의 설정, 빛의 방향과 양의 조절, 카메라 각도의 설정, 셔터의 속도, 셔터찬스의 포착 등과 같은 촬영방법과
현상 및 인화 등의 과정에서 촬영자인 원고의 개성과 창조성이 뚜렷이 반영되어 있다"고 판시함), 결혼식 촬영을 업
으로 하는 사람이 신랑, 신부의 행복한 모습 등을 촬영한 사진에 대하여 저작물성을 인정한 사례(서울북부지방법원
2016. 4. 14. 선고 2015가단118639 판결, "이 사건 사진은 그 영상에 비추어 단순히 피사체를 기계적인 방법에 의해
촬영한 것에 그치는 것이 아니라, 신부의 아름다움, 신랑과 신부의 행복한 모습, 가족들의 따뜻한 분위기를 표현하고

§4-80-5   5) 다음으로 사진을 촬영함에 있어 피사체의 배치나 조합 등의 조형을 인위적으로 한 부분이 있을 경우 그 부분에 사진저작물로서의 창작성이 인정될 수 있을지에 대하여 살펴본다. 위에서 본 풍경사진의 경우에는 만인이 공유하여야 할 자연 경관 자체가 피사체로 선택된 것에 불과하므로 피사체 자체의 조형에 대한 창작성 여하는 문제되지 않는다. 그러나 미국에서 사진의 저작물성이 긍정된 최초의 사례로 널리 알려진 오스카 와일드 사진의 경우만 하더라도 "오스카 와일드를 카메라 앞에 앉아 포즈를 취하게 하고 의상, 드레이퍼리 기타 여러 가지 장식물 등을 선택하여 걸치거나 착용하게" 한 부분에도 창작성이 있는 것으로 인정된 바 있다(§4-83 참조). 햄제품 사진 사건에 대한 대법원 2001. 5. 8. 선고 98다43366 판결(§4-84)도 자세히 보면, 제품사진에 대하여는 저작물성을 부정하면서 '제품 이미지 사진'에 대하여 저작물성을 인정한 이유가 주로 "다른 장식물이나 과일, 술병 등과 조화롭게 배치하여 촬영한" 것에 있다는 것을 알 수 있다. 이러한 피사체의 배치, 조합 등을 통한 인위적인 조형을 사진저작물의 창작성 요소로 인정할지 여부에 대하여 특히 일본에서 학자들 사이에 많은 논의가 이루어지고 있고 찬반이 엇갈리고 있는 상황인 것으로 보인다.[1] 그러나 위와 같은 대법원 판례의 입장 등에 비추어 볼 때, 피사체의 인위적 조형이 사진 촬영자에 의한 것으로서 사진에 반영되어 있는 이상, 적어도 창작성의 한 요소가 될

자 하는 촬영자의 의도 하에 피사체의 선택, 구도의 설정, 빛의 방향과 양의 조절, 카메라의 앵글, 셔터찬스의 포착, 디지털 보정 등에 촬영자의 개성과 창조성이 반영된 것으로서, 독창성 있는 사진저작물에 해당한다고 봄이 상당하다"고 판시함) 등이 있다. 일본에서는 연예인 브로마이드 사진 등의 경우는 물론이고(東京地裁 昭和 62. 7. 10. 判決, 判時1248호 120면), 일반인이 디지털 사진기로 가족의 모습을 스냅사진으로 찍은 것에 대하여도 사진저작물로서의 창작성을 긍정한 사례('도쿄 아웃사이더즈' 사건에 대한 東京地裁 平成 18. 12. 21. 判決, 判時 1977호 153면)가 있다.

1 加戸守行, 著作權法逐條講義(五訂新版), 著作權情報センター, 2006, 123면; 作花文雄, 詳解 著作權法(第 4 版), ぎょうせい, 2010, 101, 102면은 긍정설, 中山信弘, 著作權法(第 2 版), 有斐閣, 2014, 94~95면은 부정설을 취하고 있다. 中山信弘의 부정설의 내용을 보면, 피사체의 조형에 저작물성이 있더라도 그것은 사진저작물과는 구별되는 별도의 저작물로 인정되어야 할 것이라는 취지이다. 그러나 적어도 피사체의 조형을 한 사람과 그것을 사진으로 촬영한 사람이 동일인인 경우에는 피사체의 조형 부분이 사진저작물의 창작성에 흡수된다고 보아도 무방할 것으로 생각된다. 만약 피사체의 조형을 한 사람(甲)과 그것을 촬영한 사람(乙)이 동일인이 아닌 경우라면 어떨까? 甲이 乙의 지시 등에 따라 조형한 것이 아닌 경우로서, 피사체의 조형만으로는 창작성 있는 미술저작물 등이라고 볼 수 없을 경우에는 피사체의 조형 부분은 별도로 보호되지 않고 그것이 사진저작물의 창작성의 요소가 되는 것으로 보기도 어려울 것이며, 사진저작물은 乙의 단독저작물이 될 것이다. 그와 달리 甲이 피사체의 조형을 한 부분만으로 창작성이 있는 것으로 인정되는 경우를 가정해 보면, 먼저, 甲이 그것만으로 하나의 완결된 저작물이 될 것을 의식한 것으로 볼 수 있는 경우에는 乙이 그것을 찍은 사진에 새로운 창작성이 인정될 경우에도 甲이 조형한 피사체 부분은 원저작물이 되고 乙의 사진저작물은 그 2차적저작물이 되는 것으로 보아야 할 것이다. 그렇지 않고, 특히 피사체의 조형이 일시적인 성격을 가지고 있고 甲도 자신이 만드는 피사체 부분이 하나의 완결성 있는 작품이 아니고 사진저작물의 요소로 반영될 것이라는 생각과 의도만을 가지고 조형한 경우라면, 그 경우에는 그 사진이 그것을 촬영한 乙과 피사체 조형을 담당한 甲의 공동저작물(사진저작물)이 되는 것(그 경우에는 甲과 乙이 동일인인 경우와 마찬가지로 '피사체의 조형'이 사진저작물의 창작성의 요소 중 하나가 되는 것)으로 볼 수 있을 것이다(이것은 2차적저작물과 공동저작물의 구별기준으로서 완결성의식 기준(§9-10-1)을 취하는 본서의 입장을 전제로 한 것이다). 참고로, '가죽인형 사진' 사건에 관한 일본 요코하마지방재판소 판결(橫浜地裁 平成 19. 1. 31 判決, 判時 1988호 95면) 및 그 2심판결인 지적재산고등재판소 판결(知財高裁 平成 19. 7. 25 判決, 判時 1988호 95면)은 "피사체가 되는 인형을 만들고 사진 촬영 시에 한 번 입회한 것만으로 당해 사진저작물의 저작자가 되지 않는다"고 판시하였는데, 그 인형을 만든 사람이 하나의 완결된 저작물로서 인형을 만들었다고 전제한다면, 본서의 위와 같은 결론에 부합하는 것이다.

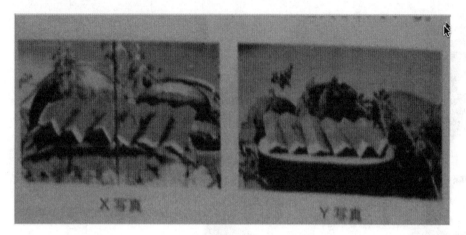

[그림 27]

수는 있는 것으로 보아야 할 것이다. 문제는 그 보호범위와 관련하여, 이러한 피사체의 조형을 다른 사람이 비슷하게 모방하는 것으로부터도 보호받을 수 있을지 여부에 있다.

이와 관련하여 일본에서는 '싱싱한 수박 사진' 사건에 대한 동경고재 2001. 6. 21. 선고 판결[1]이 그 문제를 다룬 사례로 많은 주목을 받았다. 구체적으로 사안을 보면, 원고와 피고의 사진([그림 27] 참조)이 모두 큰 원구형의 수박 1개, 작은 원구형의 수박 2개, 타원구형의 수박 또는 동과(冬瓜) 1개, 절반으로 잘린 큰 타원구형의 수박 또는 동과 1개, 삼각형 모양으로 얇게 자른 수박 6조각, 잎이나 꽃이 있는 수박줄기 하나, 푸른 그라데이션 용지 하나 등이 소재로 선택되어 유사하게 배치되어 있는 점에서 상당한 유사성이 있는 것으로 인정되었다.

§4-80-6

법원은 사진저작물의 창작성과 관련하여 "사진저작물에 있어서는 피사체의 결정 자체에 대하여, 즉 촬영 대상물의 선택, 조합, 배치 등에 있어서 창작적인 표현이 이루어져, 거기에 저작권법상의 보호를 받을 만한 독자성이 부여되는 경우는 충분히 있을 수 있고, 그 경우에는 피사체의 결정 자체에 있어서 창작적인 표현부분에 공통점이 있는지 여부도 고려하여야 함은 당연한 것이다"라고 전제한 후 원고 사진과 피고 사진의 위와 같은 유사성에 대하여 언급한 다음, "원고 사진의 소재 자체는 … 일상생활 속에서 흔히 볼 수 있는 것들임이 명백하다. 그러나 그 구도, 즉 소재의 선택, 조합, 배치는 전체적으로 관찰하면 수박을 주제로 하여 인위적으로 여름의 푸른 하늘 아래 있는 싱싱한 수박을 연출하고자 하는 작가의 사상 또는 감정이 표현되어 있고, 그러한 사상 또는 감정 하에 위와 같은 다수의 일상적인 소재를 원고 사진에 있는 대로 조합, 배치하여 일체성을 가지도록 하고 있음이 인정된다"고 하면서 피고에 의한 저작권침해를 인정하는 결론을 내렸

---

1 判例時報 1765호, 96면.

[그림 28] [그림 29]

다. 이처럼, 피사체의 조합·배치 등에 편집저작물과 유사한 특별한 창작성이 인정될 경우에는 그 창작성 있는 부분을 모방하는 것을 저작권침해로 인정할 수 있는 가능성이 있다고 생각된다.

§4-80-7 미국 판례 중에도 흑인 농구 선수 케빈 가넷(Kevin Garnett)을 푸른 하늘이 조금 엿보이고 구름이 많은 하늘을 배경으로 하여 구름 위로 높게 우뚝 서게 하고, 흰색 유니폼 티셔츠 및 바지에 손과 목에 다수의 보석 반지들과 로렉스 시계, 화려한 목걸이 등을 걸친 상태에서 고개를 뒤로 약간 기울여 위를 향하고 눈은 감은 채로 굵은 정맥이 드러난 두 손을 배 앞에 모은 자세를 취하도록 하여 촬영한 사진(원고 사진, [그림 28] 참조)과 거의 유사한 모습으로(다만 원고 사진 중 목 위 부분은 보이지 않도록 함) 다른 흑인이 비슷한 배경하에 거의 비슷한 복장과 장식을 하고 거의 비슷한 포즈를 취하도록 하여 촬영한 사진(피고 사진, [그림 29] 참조)에 대하여 원고 사진의 저작권을 침해한 것으로 인정한 사례가 있다.[1]

반면에, 아주 높은 빌딩의 난간 위에서 앞의 도로를 향하여 구두를 신은 두 발을 내밀고 있

---

1 Mannion v. Coors Brewing Co., 377 F. Supp. 2d 444, 453(S.D. N.Y. 2005).

[그림 30]

[그림 31]

는 아찔한 장면을 두 구두를 클로즈업하고 아래의 도로상황까지 나오도록 하여 촬영한 점에 유사
성이 있는 두 사진([그림 30]과 [그림 31] 참조)에 대하여는 그러한 정도의 유사성으로는 아이디어의 유
사성에 그치고 구체적인 표현의 면에서 상이한 점이 많다는 이유로 침해를 부정한 사례1도 있다.

　　이러한 사례를 통해 알 수 있는 것은 피사체의 배치 등의 조형과 촬영의 구도 설정 등에 있 　§4-80-8
어서 여러 가지 요소들이 결합되어 구체화되어 있을 경우 그 결합되고 구체화된 정도가 높을수록
보호가능성이 높아지고, 그 결합의 정도가 단순하여 거기에 독점적 권리를 부여하기에는 선택의
폭이 너무 좁은 것으로 생각되면, 결국 창작성이 없거나 '아이디어'의 영역에 해당하는 것으로 보

---

1 Kaplan v. Stock Market Photo Agency, Inc. 133 F.Supp. 2d 317(S.D.N.Y.,2001.).

아야 할 것이라는 점이다. 반면에 여러 가지의 특색 있는 요소가 결합되어 있어 선택의 폭이 넓은 가운데 구체적인 개성의 표출이 있는 것으로 여겨질 경우에는 그 부분에 대하여 단순히 아이디어의 영역에 해당하는 것으로 볼 것이 아니라 '표현'의 영역으로서 비교적 높은 정도의 창작성을 가진 것으로 보아 데드카피의 경우만이 아니라 그러한 부분의 전부 또는 상당부분을 거의 그대로 모방하여 이용하였을 경우에도 저작권 침해를 인정할 수 있을 것으로 생각된다. 다만 어디까지가 아이디어의 영역이고 어디부터가 표현의 영역인지를 획정하는 것은 쉬운 일이 아니므로 구체적 사안마다 고도의 균형감각을 가지고 신중하게 판단하여야 할 것이다. 뒤에 소개하는 서울고등법원 2010. 3. 18. 선고 2009나74658 판결(§4-90)은 우리나라에서 동일한 문제가 제기된 드문 사례의 하나로서 결국 저작권침해가 인정되지는 않았는데, 이는 법원이 그 사안에서 원고가 한 촬영 대상의 배치, 조합 등의 요소 중 피고가 이용한 부분이 충분한 구체성을 갖추지 못하여 아이디어의 영역에 해당하거나 창작성이 없는 것으로 보았기 때문이다.

§4-81   6) 끝으로 회화의 복제사진이 사진저작물인지에 관하여 살펴본다. 이에 대하여 일본의 학설이 나뉘고 있으나 특별한 경우가 아닌 한 피사체의 충실한 기계적 재제에 불과하므로 단순한 회화의 복제물일 뿐 사진저작물이 아니라고 할 것이다.[1] 조각품이나 건축물 등 입체적 미술저작물을 촬영한 사진의 경우에는 사진저작물이 될 가능성을 전적으로 부정할 수는 없으나, 그 경우에 사진저작물로 인정한다는 것은 미술저작물을 원저작물로 한 2차적저작물이 되는 것을 인정하는 셈이므로, 2차적저작물에 대하여 요구되는 '실질적 개변'에 해당하는 창작성을 갖추어야 한다. 즉, 그 사진에 사회통념상 새로운 저작물이라고 볼 수 있을 정도의 새로운 창작성이 부가된 것으로 인정되어야 사진저작물로 여겨질 수 있을 것이다(§5-10 참조). 우리나라 판례 중에 뮤지컬을 녹화한 영상물에 대하여 '실질적 개변'을 인정하기 어렵다는 이유로 영상저작물성을 부정한 서울고등법원 2002. 10. 15. 선고 2002나986 판결(§5-19)이 그러한 창작성의 인정이 쉽지 않을 수 있음을 말해 준다. 미국의 판례 중에도 보드카병 사진('그림 32' 참조)의 저작물성을 인정하면서 보드카병이나 거기에 붙어 있는 라벨의 저작물성이 없음을 전제로 함으로써, 저작물을 촬영한 사진의 저작물성 판단을 2차적저작물의 창작성 요건이라는 관점에서 다소간 엄격하게 할 것을 시사한 판례[2]가 있다. 그러나 다른 한편으로, 묘지 앞 '새 소녀(bird girl)' 조각을 예술성 있게 촬영한 사

---

[1] 三山裕三, 著作權法詳說(全訂新版), 東京布井出版, 2000, 50면 등 참조. 이와 관련하여 東京地裁 1998. 11. 30. 선고 昭63(ワ)1372号 판결은 "원작품이 어떠한 것인지를 소개하기 위한 사진에 있어서 촬영대상이 평면적인 작품인 경우에는 정면에서 촬영하는 이외에 촬영위치를 선택할 여지가 없으며, 위 인정과 같은 기술적 배려(판결내용을 보면, 광선의 照査방향의 선택과 조절, 필름이나 카메라의 선택, 노출의 결정 등을 말함 - 저자 注)도 原畵를 가능한 한 충실하게 재현하기 위해 하는 것으로서 독자적으로 무언가를 부가할 수 있다고 할 것은 아니므로 그러한 사진은 '사상 또는 감정을 창작적으로 표현한 것'이라고 할 수 없다"고 판시하였다.

[2] Ets-Hokin v. Skyy Spirits, Inc., 225 F.3d 1068 (9th Cir 2000). 이 판결은 미국의 판례가 우리 대법원 2001. 5. 8. 선고 98다43366판결과 달리 제품사진에 대하여도 저작물성을 인정하고 있음을 보여주는 사례이기도 하다.

[그림 32]

[그림 33]

[그림 34]

진('그림 33' 참조)의 저작물성을 긍정한 사례1가 있고, 캐릭터 장난감들을 적절히 배치하여 촬영한 사진('그림 34'의 실선으로 둘러싼 부분 참조)의 저작물성을 긍정한 사례2도 있다. 이러한 판례들을 참

---

1 Leigh v. Warner Bros, 212 F.3d 1210 (11th Cir 2000).
2 Schrock v. Learning Curve Intern., Inc., 586 F.3d 513 (7th Cir 2009). 이 판례는 2차적저작물의 창작성 요건을 특히 높게 볼 이유는 없고 기존의 저작물과 구별할 수 있게 하는 사소하지 않은 표현적 개변만으로 충분하다고 보는 입장에 기초하고 있는데, 그 부분과 관련한 미국 판례의 서로 다른 두 가지 흐름(§5-10 참조) 중 그 창작성 기준을 다소간 완화한 흐름에 속한다고 할 수 있다.

고해 볼 때, 우리나라에서도 기존 저작물을 촬영한 사진에 2차적저작물로서의 새로운 창작성을 인정함에 있어서 지나치게 엄격한 기준을 적용할 것은 아니고 적절한 조화점을 찾기 위해 노력할 필요가 있을 것이라 생각된다.

 **판 례**

§4-83

❖BURROW — GILES LITHOGRAPHIC COMPANY v. SARONY[1]

〈사실관계〉

이 사건은 원래 원고가 Sarony인 저작권침해소송 사건에서 시작되었다. Sarony는 작가 오스카 와일드를 촬영한 사진(그림 35 참조)의 저작자로서 피고가 이를 무단 복제하여 판매하였다는 이유로 저작권침해소송을 제기하였다. 이에 대해 피고인 Burrow-Giles사는 원고가 촬영한 사진은 기계를 이용한 사실의 재현에 불과하므로 저작물로 보호될 수 없다고 주장하였다.

〈법원의 판단〉

사진사로서 오스카 와일드를 카메라 앞에 앉아 포즈를 취하게 하고 의상, 드레이퍼리(drapery), 기타 여러 가지 장식물 등을 선택하여 걸치거나 착용하게 하며, 전체적인 구도를 잡고 조명의 세기를 결정하고 바람직한 표정을 제안하거나 환기하는 등의 과정에서 저작자의 고유한 정신적 노력이 인정된다는 이유로 사진저작물로 보호할 수 있는 창작성이 있다고 인정하였다.

[그림 35][2]

---

1 111 U.S. 53; 4 S. Ct. 279; 28 L. Ed. 349; 1884 U.S. LEXIS 1757.
2 J. Ginsberg & R. Gorman. *op. cit.*, p. 32. 오승종·이해완 전게서, 29면에서 재인용.

❖대법원 2001. 5. 8. 선고 98다43366 판결 — "햄제품 사진" 사건 §4-84

저작권법에 의하여 보호되는 저작물이기 위하여는 문학·학술 또는 예술의 범위에 속하는 창작물이어야 하므로 그 요건으로서 창작성이 요구되는바, 사진저작물은 피사체의 선정, 구도의 설정, 빛의 방향과 양의 조절, 카메라 각도의 설정, 셔터의 속도, 셔터찬스의 포착, 기타 촬영방법, 현상 및 인화 등의 과정에서 촬영자의 개성과 창조성이 인정되어야 저작권법에 의하여 보호되는 저작물에 해당된다고 볼 것이다.

원심 판결 이유에 의하면 원심은, 그 내세운 증거들에 의하여 피고보조참가인이 피고 회사로부터 피고 회사가 제조, 판매하는 햄(ham)제품에 대한 광고용 카탈로그의 제작을 의뢰받고, 1992. 11. 25.경 원고와 사이에, 카탈로그의 제작을 위한 햄제품 등의 사진촬영을 의뢰하여 그로부터 촬영된 사진원판 (네가티브필름)을 제작, 공급받기로 하는 내용의 계약을 체결한 사실, 이때 촬영하기로 한 사진은 피고 회사가 제작, 판매하는 햄제품 자체를 촬영하는 사진(이하 '제품사진'이라 한다)과, 이러한 햄제품을 다른 장식물이나 과일, 술병 등과 조화롭게 배치하여 촬영함으로써 제품의 이미지를 부각시켜 광고의 효과를 극대화하기 위한 사진(이하 '이미지사진'이라 한다)으로 대별되는 사실, 그 중 제품사진은 피고 회사의 햄제품만을 종류별로 피고보조참가인이 미리 준비한, 쵸핑이라는 햄제품과 대비될 물질이 깔려있는 우드락이라는 흰 상자 속에 넣고 촬영하는 것으로서, 처음에는 14종류의 제품사진을 촬영하였으나, 그 중 일부 제품사진이 햄제품과 흰 상자 사이의 공간 등이 너무 넓어 제품이 부각되지 않는 등의 문제가 있어 그 후 다시 10종류의 제품사진을 더 촬영하였으며, 이때 원고는 피고보조참가인으로 하여금 촬영이 잘 된 사진을 이용할 수 있도록 하기 위하여 제품종류별로 3 내지 4컷을 촬영하여 그 원판 모두를 피고보조참가인에게 공급한 사실 등을 인정한 다음, <u>위 제품사진은 비록 광고사진작가인 원고의 기술에 의하여 촬영되었다고 하더라도, 그 목적은 그 피사체인 햄제품 자체만을 충실하게 표현하여 광고라는 실용적인 목적을 달성하기 위한 것이고</u>, 다만 이때 그와 같은 목적에 부응하기 위하여 그 분야의 고도의 기술을 가지고 있는 원고의 사진기술을 이용한 것에 불과하며(바로 그와 같은 광고사진의 기술을 이용하기 위하여 광고대행업을 하는 피고보조참가인이 촬영료를 지급하고 광고사진작가인 원고를 이용하여 그와 같은 촬영을 한 것으로 보아야 할 것이다), 거기에 저작권법에 의하여 보호할 만한 원고의 어떤 창작적 노력 내지 개성을 인정하기 어렵다 할 것이고, 나아가 원고는 피고보조참가인으로 하여금 촬영이 잘 된 사진을 이용할 수 있도록 제품종류별로 3 내지 4컷을 촬영하였다는 것인데, 이 점은 바로 위와 같은 제품사진에 있어 중요한 것은 얼마나 그 피사체를 충실하게 표현하였나 하는 사진 기술적인 문제이고, 그 표현하는 방법이나 표현에 있어서의 창작성이 아니라는 것을 말해 주고 있다고 할 것이니, 비록 거기에 원고의 창작이 전혀 개재되어 있지 않다고는 할 수 없을지는 몰라도 그와 같은 창작의 정도가 저작권법에 의하여 보호할 만한 것으로는 보기 어렵다고 하여, 위 제품사진이 저작권법에 의한 사진저작물임을 전제로 하는 원고의 이 부분에 대한 청구는 더 나아가 다른 점에 대하여 살펴볼 필요 없이 이유 없다고 판단하였다.

기록과 앞서 본 법리에 비추어 보면, 원심의 판단은 정당하고, 거기에 상고이유에서 주장하는 바와 같은 위법이 있다고 할 수 없다.

▷NOTE : 위 사건의 경우 대법원이 앞부분에 내세운 법리 자체에는 아무런 문제가 없다. 그러나 §4-85

대법원이 유지한 원심 판결의 구체적 저작물성 판단에는 상당한 의문이 제기된다. 거기서 광고사진작가가 전문적 지식경험을 가지고 상당한 노력을 기울여 제작한 사진임에도 불구하고 그 저작물성을 부인한 이유는 사진 제작의 목적이 그 피사체인 햄제품 자체만을 충실하게 표현하여 광고라는 실용적인 목적을 달성하기 위한 것이라는 데 있다. 그러나 광고는 실용적인 영역이라고 말할 수는 있어도 그 표현의 자유도가 상당히 높은 영역이어서 광고의 영역이라는 이유만으로 저작물 보호를 제한해야 할 필요가 크게 느껴지지 아니하고, 구체적으로 광고용의 사진이라고 하더라도 그것의 데드카피로부터 저작권 보호를 부여하기 위한 저작물성의 인정은 필요하면 필요하였지 문제를 야기하는 면은 없다고 생각된다. 그런 점에서 이 사건과 같은 광고용 제품사진이라고 하더라도 저작물성의 판단에 있어서 너무 엄격한 잣대를 적용할 일은 아니라고 본다. 나아가 위에서 본 회화 등의 2차원적인 작품을 촬영하여 2차원적인 사진으로 재현하는 경우와 달리 3차원적인 제품을 2차원적인 사진으로 표현하는 데 따르는 여러 가지 고려요소들을 감안하고 그 제품과 대비되는 물품과 기타 배경의 배치 등을 신경 써서 사진을 촬영하는 경우의 지적·정신적 노력이 무시할 수 없을 것으로 생각되는 사안에 있어서 단지 그 사진 제작의 목적이 '제품을 충실하게 표현'하기 위한 것에 있다고 하는 이유를 내세워 저작물성을 부정하는 결론을 내릴 것도 아니라고 생각된다. 광고용인 이상 단지 제품의 사실적 재현 이상으로 잠재고객들의 안목에 더 호소력을 갖게 하기 위한 궁리와 노력도 결부될 수 있다는 점도 함께 고려되어야 할 것이다. 더군다나 위 판결에서도 "비록 거기에 원고의 창작이 전혀 개재되어 있지 않다고는 할 수 없을지는 몰라도"라고 하여 원고의 창작적 노력이 제한적으로나마 개재되어 있음을 부정하지 않고 있는데, 그렇다면 사진저작물의 특성에 비추어 최소한의 창작성과 그에 따른 저작물성을 긍정하는 것이 타당하다고 생각된다. 즉, 기능적 저작물 등의 경우에 '창조적 개성(본 판결의 용어로는 '창조성')'의 정도(程度) 내지 양적인 측면을 비교적 엄격하게 따져서 보호 여부를 결정해야 하는 경우가 있을 수 있으나, 사진저작물의 경우에는 앞서 본문에서 언급한 바와 같이 산업상의 경쟁제한으로 인한 폐해가 크지 않은 점을 감안하여 창작성 내지 창조성의 정도가 낮은 경우에도 그 낮은 정도만큼만 보호할 요량으로 최소한의 저작물성은 인정하는 것이 바람직하다고 생각된다. 이 판결에서 제품사진의 저작물성을 인정하더라도 그 보호의 정도는 통째로 복제하는 데드카피로부터만 보호하는 정도에 그칠 것이고, 그렇다면 누구나 햄제품을 자신이 촬영하여 유사한 사진을 제작하는 것은 얼마든지 가능한 것이므로 별다른 문제를 야기하는 것은 아니며, 단지 타인의 노력에 부당 편승(free ride)하는 것만 방지될 뿐인 것이다. 그런 점에서 본 판결의 구체적 결론에는 선뜻 수긍하기 어려운 면이 있다고 생각된다.[1]

---

1 박익환, 전게논문, 73면 참조. 한편, 앞에서(§4-81) 언급한 바와 같이 Ets-Hokin v. Skyy Spirits, Inc. 사건에 대한 미국 제9항소법원 판결은 제품사진의 일종인 보드카 병 사진의 저작물성을 인정한 바 있고, 일본 판례 중에도 위 대법원 판례와 대단히 유사한 사안에서 제품사진('그림 36' 참조)의 저작물성을 인정한 사례(知財高裁 平成 18. 3. 29. 判決, 判夕 1234호 295면)가 있다. 또한, 위 판례의 제1심 판결(서울지방법원 남부지원 1996. 8.

[그림 36]

23. 선고 96가합2171 판결)은 제품 사진의 저작물성에 대하여 제2심 및 제3심과는 다른 판시를 하였다. 즉 "무릇 저작물이라 함은 사상 또는 감정을 창작적으로 표현하는 것으로서 문학, 학술 또는 예술의 범위에 속하는 것이어야 하나 그 창작의 수준이 고도의 것이기를 요하지는 아니하는바, 광고물 사진 원판이 제품의 광고 효과를 높이기 위하여 제품과 배경 장식물 등을 독창적으로 조화롭게 배치하여 놓고 사진촬영을 한 것이라면, 그 창작성이 있다고 볼 것이어서 그 사진 원판도 예술의 범위에 속하는 창작물인 사진저작물에 해당

✤서울중앙지방법원 2005. 7. 22. 선고 2005나3518 판결   §4-88

〈사실관계〉

원고는 프리랜서 사진작가로 국내의 아름다운 자연풍경을 촬영한 후 이를 자신의 사진집으로 출간하는 한편, 홍보목적으로 인터넷 사이트상에 게시하였다. 피고가 원고의 사진이 게재된 인터넷 사이트에서 게재된 풍경사진 중 13장을 복제하여 이용하자 원고는 저작권법위반으로 피고를 고소하는 한편, 손해배상을 구하는 이 사건 소송을 제기하였다. 법원은 피고의 손해배상책임을 인정하면서 원고 사진의 저작물성에 대하여 다음과 같이 판시하였다.

〈법원의 판단〉

원고가 인터넷 사이트상에 게시해 놓은 사진들은, 피사체의 선정, 구도의 설정, 빛의 방향과 양의 조절, 카메라 각도의 설정, 셔터의 속도, 셔터찬스의 포착 등과 같은 촬영방법과 현상 및 인화 등의 과정에서 촬영자인 원고의 개성과 창조성이 뚜렷이 반영되어 있다.

(따라서) 이 사건 사진들은 예술적 창작성이 인정되어 저작권법에 의하여 보호되는 저작물에 해당된다고 할 것이다.

♣대법원 2010. 12. 23. 선고 2008다44542 판결   §4-89

[1] 구 저작권법(2006. 12. 28.법률 제8101호로 전부 개정되기 전의 것)에 의하여 보호되는 저작물에 해당하기 위해서는 문학·학술 또는 예술의 범위에 속하는 창작물이어야 하고 그 요건으로서 창작성이 요구되므로, 사진저작물의 경우 피사체의 선정, 구도의 설정, 빛의 방향과 양의 조절, 카메라 각도의 설정, 셔터의 속도, 셔터찬스의 포착, 기타 촬영방법, 현상 및 인화 등의 과정에서 촬영자의 개성과 창조성이 인정되어야 그러한 저작물에 해당한다고 볼 수가 있다.

[2] 고주파 수술기를 이용한 수술 장면 및 환자의 환부 모습과 치료 경과 등을 충실하게 표현하여 정확하고 명확한 정보를 전달한다는 실용적 목적을 위하여 촬영된 사진들은 구 저작권법(2006. 12. 28. 법률 제8101호로 전부 개정되기 전의 것)상의 사진저작물로서 보호될 정도로 촬영자의 개성과 창조성이 인정되는 '저작물'에 해당한다고 보기는 어렵다고 한 사례.

▷NOTE : 위 판례는 2006년 개정 이전의 구 저작권법에 대한 것이지만, 현행 저작권법에 대하여도 그대로 적용될 수 있는 내용이다. 광고용 제품사진에 대한 대법원 2001. 5. 8. 선고 98다43366 판결과 유사한 취지의 판결인데, 이 사건의 경우는 광고 목적이 아니라 보다 실용적·기능적인 의료 관련 목적에 기한 것이므로 창작성("촬영자의 개성과 창조성")을 인정할 여지는 더욱 줄어든다고 할 수 있다. 판지에 찬성한다.

♣서울고등법원 2010. 3. 18. 선고 2009나74658 판결 — "곰인형을 좌우에 배치한 유아사진" 사건   §§4-90

〈사실관계〉

원고는 유아사진촬영과 앨범제작 등을 영업으로 하는 법인이고, 피고는 사진 스튜디오를 개설하여 유아사진촬영과 앨범제작업을 하는 개인이다. 원고의 직원인 A는 당시 4개월 된 남자 아기를 모델로

───────────────

한다"고 판시하였다.

사진을 촬영하여, 원고의 홈페이지에 게시하였고, 그 후 피고도 당시 4개월 된 다른 남자 아기를 모델로 한 사진을 제작하여 자신의 인터넷 사이트에 게시하였다.

원고는 피고가 원고의 사진을 모방하여 그와 실질적으로 유사한 피고의 사진을 제작하여 영업에 사용함으로써 저작권법에 의하여 보호되는 원고의 저작재산권(복제권, 2차적저작물작성권, 공중송신권 등)을 침해하였다고 주장하면서 피고를 상대로 손해배상청구를 하였다. 다음은 그에 대한 법원의 판결 중 원고의 사진과 피고의 사진 사이에 실질적 유사성이 있는지 여부에 관한 판단 부분이다.

〈법원의 판단〉

설령 피고의 사진이 원고의 사진에 의거하여 제작되었다 하더라도, 피고가 원고의 저작권을 침해하였다고 인정하기 위해서는 피고의 사진이 원고의 사진과 실질적으로 유사하다는 점이 인정되어야 하는데 아래에서 보는 바와 같이 두 사진 사이에는 실질적 유사성도 인정되지도 않는다.

(1) 판단기준

저작권의 보호대상은 아이디어가 아닌 표현에 해당하고 저작자의 독창성이 나타난 개인적인 부분에 한하므로 저작권의 침해 여부를 가리기 위하여 두 저작물 사이에 실질적인 유사성이 있는가의 여부를 판단함에 있어서도 표현에 해당하고 독창적인 부분만을 가지고 대비하여야 하고(대법원 1993. 6. 8. 선고 93다3073, 93다3080 판결 참조), 표현 형식이 다른 저작물과 구분될 정도로 저작자의 개성이 나타나 있지 아니하여 창작성이 인정되지 않는 경우에는 이 역시 저작권의 보호대상이 될 수가 없다(대법원 1999. 10. 22. 선고 98도112 판결 참조).

(2) 판   단

원고는, 원고의 사진과 피고의 사진은 ① 벽을 배경으로 모자를 쓴 아기를 가운데 앉힌 후 아기의 좌우로 아기보다 약간 작은 곰인형들을 나란히 배열한 점, ② 카메라와 아기 사이의 거리가 유사하고, 카메라의 앵글이 아기의 정면 눈높이에 맞추어져 있으며, 사진에 음영이 거의 나타나 있지 않은 점 등에 있어서 동일하거나 유사하므로 두 사진은 실질적으로 유사하다고 주장한다.

그러나, 위 ①과 같은 표현은 아이디어의 영역에 포함될 여지가 있고, 가사 표현 형식에 해당한다 하더라도, 원고의 사진에 앞서 '모자를 쓴 아기' 또는 '아동을 한개 또는 다수의 곰인형과 함께 배치한 사진', '다양한 곰인형들이 아기 또는 아동을 촬영하는 데 소품으로 사용된 사진', '가로 방향으로 나란히 나열된 다수의 곰인형 사이에 한명의 앉아 있는 남자 아동을 배치한 사진' 등이 인터넷에 게시되어 있었던 사실은 위에서 본 바와 같으므로 위 ①의 표현은 저작권자의 창작 이전에 알려져 있는 것이거나 기존에 알려진 표현을 쉽게 변경하여 적용할 수 있는 표현에 불과한 것으로 보이고, 위 ②와 같은 표현은 스튜디오 내에서 아기의 기념촬영을 하는 경우 흔히 적용되는 기술 내용으로서 그 표현에 별다른 창작성을 인정하기 어렵다 할 것이므로 위 ①, ②의 표현은 저작권으로 보호받지 못하거나 독창성이 인정되지 않는 것으로서 실질적 유사성을 판단함에 있어 대비할 요소라 할 수 없다.

오히려, 원고의 사진은, 옅은 노란색 바탕에 갈색톤과 파란색톤의 나뭇잎 무늬가 들어가 있는 벽지를 배경으로, 아무 장식이 없는 옅은 노란색의 곰들을 좌우로 나열하고, 그 가운데 곰인형과 같은 옅은 노란색 옷과 곰인형의 머리형태와 유사하게 보이도록 한 동그란 형태의 같은 색깔의 모자를 씌운 아기를 앉힌 후, 아기의 몸이 오른쪽으로 약간 기울어지면서 입이 약간 벌어진 모습으로 시선이 왼쪽

허공으로 향하는 순간을 포착하여 촬영함으로써, 아기를 곰인형들 중 하나로 보이게 하면서 정적인 곰인형들 사이에서 동적인 아기의 귀여운 모습을 생동감있게 표현하였는바, 이런 부분에서 원고 사진의 독창성이 인정된다 할 것이다.

반면, 피고의 사진은 노란색 바탕에 둥근 모양의 꽃 무늬가 있는 벽지를 배경으로, 목에 갈색톤의 체크무늬 리본을 맨 노란색 곰인형을 좌우로 나열하고, 그 가운데 푸른색톤의 옷과 위에 방울이 달린 모자를 씌운 아기를 앉힌 후, 아기가 비교적 반듯한 자세로 별다른 표정변화나 동작 없이 정면을 응시하고 있는 순간을 촬영함으로써, 곰인형처럼 보이게 한 아기의 동적인 모습을 촬영한 원고의 사진과는 달리, 별다른 표정변화나 동작이 없는 정적인 아기의 모습이 배경 및 곰인형들과 대비, 강조되도록 표현하고 있다.

그렇다면 피고의 사진은 원고의 사진에서 인정되는 독창적인 표현 형식과 대비하여 실질적으로 유사하다고 인정할 수 없고 달리 이를 인정할 증거가 없다.

▷NOTE : 위 판결은 사진저작물과 관련하여 아이디어와 표현의 이분법이 적용된 최초의 사례라는 점에서 매우 의미 있는 사례라 생각된다. '벽을 배경으로 모자를 쓴 아기를 가운데 앉힌 후 아기의 좌우로 아기보다 약간 작은 곰 인형들을 나란히 배열'하는 방식이 그것만으로 사진가의 예술적 사상의 '표현'에 해당하는 것인지 아니면 아이디어의 영역에 속하는 것인지에 대하여 이 판결에서도 단정적인 결론을 내린 것은 아니지만, 일단 아이디어의 영역에 해당할 가능성이 크고, 그렇지 않더라도 유사한 사진들이 이미 많이 존재하고 있다는 점 등을 이유로 창작성이 없다고 보았다. 그렇게 볼 경우에는 위 판결과 같이 그것을 보다 구체적으로 표현한 부분(배경의 색상, 무늬, 포착된 아기의 표정 등) 가운데 창작성이 있는 것을 피고가 이용(모방)한 것인지 여부에 따라 침해 여부를 판단하는 것이 타당할 것이다. 이 사건 판결이 아이디어·표현 이분법을 적용하면서도 단정적인 결론을 피한 것은 그 판단이 쉽지 않음을 반영한 면이 있다. 실제로 사진저작물의 경우에도 아이디어의 영역과 표현의 영역 사이의 경계를 긋는 작업은 결코 용이한 것이 아니고 사안에 따라 구체적·개별적으로 그 추상성/구체성의 정도를 살펴서 이 정도면 당해 저작자의 배타적 권리 영역으로 인정하여도 예술적 표현의 자유를 보장하는 데 문제가 없을 만한 영역이라고 생각될 때에만 '표현'의 영역으로 인정하는 것이 바람직할 것이다. 그리고 그 판단은 창작성에 대한 판단과 전혀 무관한 것은 아니므로, 창작성에 대한 판단을 곁들이는 것도 바람직하다. 위 판결은 그런 점에서 타당하고도 훌륭한 논리전개를 하고 있다고 생각된다.

§4-91

✤ 東京地裁 1999. 3. 26. 선고 平8(ワ)8477号 판결

§4-92

이 사건 사진은 원고가 자연 속에 서식하고 있는 야생 돌고래를 피사체로 하여 촬영한 사진인 사실, 원고는 이 사건 사진을 촬영함에 있어서 스스로의 촬영 의도에 따라 구도를 정하고, 셔터 찬스를 잡아 촬영을 행한 사실 등이 인정되고, 이러한 사실과 증거에 의하여 인정되는 이 사건 사진의 영상을 종합하여 생각하면, 이 사건 사진은 원고의 사상 또는 감정을 창작적으로 표현한 것으로서 저작물성을 갖는 것이라고 인정된다.

✤ 대법원 2006. 12. 8. 선고 2005도3130 판결 — "찜질방 사진" 사건

§4-92-1

저작권법에 의하여 보호되는 저작물에 해당하기 위해서는 문학·학술 또는 예술의 범위에 속하는

창작물이어야 할 것인바, 사진의 경우 피사체의 선정, 구도의 설정, 빛의 방향과 양의 조절, 카메라 각
도의 설정, 셔터의 속도, 셔터찬스의 포착, 기타 촬영방법, 현상 및 인화 등의 과정에서 촬영자의 개성
과 창조성이 있으면 저작권법에 의하여 보호되는 저작물에 해당한다(대법원 2001. 5. 8. 선고 98다
43366 판결 참조).

기록에 비추어 살펴보면, 피해자의 광고사진 중 일식 음식점의 내부 공간을 촬영한 '○○텔' 사진
은 단순히 깨끗하게 정리된 음식점의 내부만을 충실히 촬영한 것으로서 누가 찍어도 비슷한 결과가 나
올 수밖에 없는 사진으로 봄이 상당하므로 그 사진에는 촬영자의 개성과 창조성이 있는 사진저작물에
해당한다고 보기 어렵다. 이와 같은 취지의 원심의 판단은 정당하고, 거기에 상고이유에서 주장하는 바
와 같은 위법이 없다.

하지만 피해자의 광고사진 중 '○○텔' 내부 전경 사진에 관하여 원심이 적법하게 채택한 증거에
비추어 살펴보건대, '○○텔' 내부 전경 사진은 목욕을 즐기면서 해운대의 바깥 풍경을 바라볼 수 있다
는 '○○텔' 업소만의 장점을 부각하기 위하여 피해자 소속 촬영담당자가 유리창을 통하여 저녁 해와
바다가 동시에 보이는 시간대와 각도를 선택하여 촬영하고 그 옆에 편한 자세로 찜질방에 눕거나 앉아
있는 손님의 모습을 촬영한 사진을 배치함으로써 해운대 바닷가를 조망하면서 휴식을 취할 수 있는 최
상의 공간이라는 이미지를 창출시키기 위한 촬영자의 창작적인 고려가 나타나 있다고 볼 수 있고, 또
한 '○○텔'의 내부공간은 어떤 부분을 어떤 각도에서 촬영하는가에 따라 전혀 다른 느낌의 분위기를
나타낼 수 있으므로 누가 촬영하여도 같거나 비슷한 결과가 나올 수밖에 없는 경우에 해당한다고도 보
기 어렵다. 그렇다면 '○○텔' 사진은 그 촬영의 목적 자체가 피사체의 충실한 재현에 있다거나 촬영자
의 고려 역시 피사체의 충실한 재현을 위한 기술적인 측면에서만 행하여졌다고 할 수 없고, 광고대상
의 이미지를 부각시켜 광고의 효과를 극대화하고자 하는 촬영자의 개성과 창조성이 있다고 볼 수 있다.
그럼에도 불구하고, 원심은 위 사진에 나타나 있는 촬영자의 개성과 창조성을 상세히 심리해 보지도
아니한 채, 단순히 찜질방 내부에서 손님들이 시설을 이용하고 있는 장면 그 자체를 충실하게 촬영한
것일 뿐이라는 이유를 들어, 위 사진은 촬영자의 개성과 창조성을 인정할 수 있는 저작물이 아니라고
판단하고 말았으니, 원심판결에는 사진저작물의 창작성에 관한 법리를 오해하고 필요한 심리를 다하지
아니함으로써 판결에 영향을 미친 위법이 있고, 이를 지적하는 검사의 상고이유의 주장은 이유 있다.

▷NOTE : 위 판례를 어떻게 볼 것인지에 대하여는 §4-80-2 참조.

§4-92-2   ❖서울고등법원 2013. 7. 31.자 2013라346 결정 — "성형외과 광고용 사진" 사건

저작권법에 의해 보호되는 사진저작물에 해당하기 위해서는 촬영방법, 현상 및 인화 등의 과정에
서 촬영자의 개성과 창조성이 인정되어야 한다. 특히 성형수술 전과 후의 비교 사진은 상반되는 효과
를 강조함으로써 성형수술의 광고효과를 극대화하려는 실용적 목적이 강하고, 그러한 목적에 따라 선
택하는 촬영 방법, 현상 및 인화의 방법은 제한적일 수밖에 없어 촬영자의 창작성이 발휘되는 부분이
크지 않다는 점을 고려하여야 한다.

이 사건에 있어서 이 사건 1, 2 사진 등은 모두 성형모델들이 성형 수술의 전후 모습을 대비함으
로써 성형수술의 효과를 나타내고자 하는 실용적 목적에서 앞서 본 바와 같이 수술 전·후의 수술부위

를 각 촬영한 사진을 대비하고 시간순으로 변화하는 모습을 촬영한 것으로, 성형수술의 장면, 성형모델의 변화 등을 충실하게 표현하여 정확하고 명확한 정보를 전달하기 위한 전형적인 촬영 방법, 현상 및 인화의 방법을 선택하여 사용한 것으로 보이는 점, 특히 촬영후 이미지 조작이나 기술적 뒤처리에 의하여 완성된 부분이, 촬영자의 창작성이라는 관점에서 볼 때, 특별히 차별성이 있다고 보기 어려운 점 등 기록에 나타난 여러 사정에 비추어 보면, 설령 신청인의 주장과 같이 성형모델들이 3개월이 넘는 기간을 설정하여 의상, 머리, 화장 각 분야 전문가들의 협조를 받아 전문 스튜디오에 의뢰하여 촬영하였다고 하더라도, 이 사건 1, 2 사진 등에 촬영자의 개성이나 창조성이 있다고는 보기 어렵고, 달리 이를 소명할 뚜렷한 자료가 없다.

▷NOTE : 위 결정에 대한 비판은 §4-80-2 참조.

❖서울중앙지방법원 2014. 3. 27. 선고 2013가합527718 ― "솔섬 사진" 사건　　　　§4-92-3

〈사실관계〉

영국 출신 사진작가 마이클 케나(Michael Kenna)는 갤러리아를 운영하는 개인사업자인 원고에게 '솔섬' 사진 작품('이 사건 사진저작물')에 관한 국내 저작재산권 등을 양도하였는데, 피고인 주식회사 대한항공이 공모전을 통해 당선된 '솔섬'을 배경으로 한 사진('이 사건 공모전 사진')을 광고에 사용하자 원고가 피고 회사를 상대로 '솔섬' 사진의 저작권 침해를 이유로 손해배상을 청구하였다.[1]

〈법원의 판단〉

원고는 '물에 비친 솔섬을 통하여 물과 하늘과 나무가 조화를 이루고 있는 앵글'이 이 사건 사진저작물([그림 37] 참조)의 핵심이고, 이 사건 공모전 사진은 사진저작물의 모든 구성요소 즉 피사체의 선정, 구도의 설정, 빛의 방향과 양의 조절, 카메라 각도의 설정, 셔터의 속도, 셔터찬스의 포착, 기타 촬영 방법, 현상 및 인화 등의 과정에서 이 사건 사진저작물과 유사하다고 주장하는바, 이 사건 공모전 사진이 이 사건 사진저작물의 표현 중 아이디어의 영역을 넘어서 저작권으로 보호가 되는 구체적으로 표현된 창작적인 표현형식 등을 복제하거나 이용하여 실질적인 유사성이 있는 저작물에 해당하는가에 대하여 살펴본다.

앞서든 증거들에 갑 제35호증, 을 제8호증의 각 기재 및 변론 전체의 취지를 보태어 인정할 수 있는 다음과 같은 사정들, 즉 ① 동일한 피사체를 촬영하는 경우 이미 존재하고 있는 자연물이나 풍경을 어느 계절의 어느 시간에 어느 장소에서 어떠한 앵글로 촬영하느냐의 선택은 일종의 아이디어로서 저작권의 보호대상이 될 수 없는 점, ② 비록 이 사건 사진저작물과 이 사건 공모전 사진이 모두 같은 촬영지점에서 '물에 비친 솔섬을 통하여 물과 하늘과 나무가 조화를 이루고 있는 모습'을 표현하고 있어 전체적인 콘셉트(Concept)나 느낌이 유사하다 하더라도 그 자체만으로는 저작권의 보호대상이 된다고 보기 어려운 점(자연 경관은 만인에게 공유되는 창작의 소재로서 촬영자가 피사체에 어떠한 변경을 가하는 것이 사실상 불가능하다는 점을 고려할 때 다양한 표현 가능성이 있다고 보기 어려우므로, 전체적인 콘셉트나 느낌에 의하여 저작물로서의 창작성을 인정하는 것은 다른 저작자나 예술가의 창작

---

1 한국저작권위원회, 한국저작권판례집 [14], 2014, 163면.

[그림 37]   이 사건 사진저작물(상)과 이 사건 공모전 사진(하)

의 기회 및 자유를 심하게 박탈하는 결과를 초래할 것이다), ③ 이 사건 사진저작물은 솔섬을 사진의 중앙 부분보다 다소 좌측으로 치우친 지점에 위치시킨 정방형의 사진인 데 반하여, 이 사건 공모전 사진은 솔섬을 사진의 중앙 부분보다 다수 우측으로 치우친 지점에 위치시킨 장방형의 사진으로, 두 사진의 구도 설정이 동일하다고 보기도 어려운 점, ④ 빛의 방향은 자연물인 솔섬을 찍은 계절과 시각에 따라 달라지는데 이는 선택의 문제로서 역시 그 자체만으로는 저작권의 보호대상이 되기 어려울 뿐만 아니라, 이 사건 사진저작물과 이 사건 공모전 사진은 각기 다른 계절과 시각에 촬영된 것으로 보이는 점(이 사건 사진저작물은 늦겨울 저녁 무렵에, 이 사건 공모전 사진은 한여름 새벽에 촬영된 것으로 보인다), ⑤ 나아가 이 사건 사진저작물의 경우 솔섬의 좌측 수평선 부근이 가장 밝은 데 반하여, 이 사건 공모전 사진은 솔섬의 우측 수평선 부근에 밝은 빛이 비치고 있어 빛의 방향이 다르고, 달리 두 저작물에 있어 빛의 방향이나 양의 조절이 유사하다고 볼 만한 자료가 없는 점, ⑥ 비록 두 사진 모두 장노출 기법을 사용하기는 하였으나, 이 사건 사진저작물의 경우 솔섬의 정적인 모습을 마치 수묵화와 같이 담담하게 표현한 데 반하여, 이 사건 공모전 사진의 경우 새벽녘 일출 직전의 다양한 빛과 구름의 모습, 그리고 이와 조화를 이루는 솔섬의 모습을 역동적으로 표현하고 있어 위와 같은 촬영방법을 통해 표현하고자 하는 바가 상이한 점, ⑦ 그 밖에 카메라 셔터의 속도, 기타 촬영 방법, 현상 및 인화 등의 과정에 유사점을 인정할 만한 자료가 없는 점 등에 비추어 보면, 원고가 들고 있는 증거만으로는 이 사건 사진저작물과 이 사건 공모전 사진이 실질적으로 유사하다고 보기 어렵고, 달리 이를 인정할 만한 증거가 없다.

▷NOTE : 원고는 1심에서는 저작권 침해를 원인으로 한 손해배상청구만 하였다가 위 판결이 선고된 후 항소심에서 부정경쟁방지법의 신설조항(제2조 제1호 차목 –현행법상 '카목'–)에 기한 손해배상청구를 선택적으로 추가하였다. 이에 대하여 항소심판결(서울고등법원 2014. 12. 4. 선고 2014나211480 판결)은 원고의 항소와 추가된 선택적 청구를 모두 기각하는 판결을 내렸다(추가된 선택적 청구의 기각 이유에 대하여는 §3-44-3 참조). 저작권침해 여부에 대하여 항소심도 전체적으로 1심법원의 위와 같은 판단과 유사한 취지로 판단하고 동일한 결론을 내렸으나 항소심 판결이 두 작품 사이의 실질적 유사성 유무와 관련하여 표현요소별 분석적 대비와 전체적 대비의 양 측면에서 대단히 상세한 내용의 판시를 하고 있어 지면관계상 여기에 인용하지 못하였다. 위 1심 판결에 대하여 몇 가지 코멘트를 하면, 첫째, 위 1의 판단에서 "동일한 피사체를 촬영하는 경우 이미 존재하고 있는 자연물이나 풍경을 어느 계절의 어느 시간에 어느 장소에서 어떠한 앵글로 촬영하느냐의 선택은 일종의 아이디어로서 저작권의 보호대상이 될 수 없는 점"이라고 한 것은 적절치 않은 표현이다. 피사체의 선정, 촬영시점 및 구도의 결정 등은 모두 창작성의 요소가 될 수 있으나, 그 창작성의 정도가 높지 않아 보호범위가 상당히 제약되고, 따라서 데드카피가 아닌 모방으로부터 보호를 받기는 어려운 성격의 것이라는 취지의 논리를 전개하는 것이 보다 바람직할 것으로 생각된다.(항소심 법원은 분석적 대비의 부분에서 이 사건 사진저작물의 표현요소를 1) 피사체의 선정, 2) 구도의 설정, 3) 빛의 방향과 양의 조절 및 셔터 찬스의 포착, 4) 카메라 각도의 설정, 5) 셔터의 속도, 기타 촬영방법, 6) 현상 및 인화 등 과정 등의 6가지 요소로 구분한 후 그 중 1)은 창작성이 없고, 2), 4)는 창작성이 없거나 미약하며, 나머지 세 요소만 창작성이 있는데, 창작성이 있는 부분에는 차이가 많고, 창작성이 없거나 미약한 부분에만 일부 유사성이 있는 것으로 파악하였다. 이처럼 위 1), 2), 4) 등의 창작성을 거의 부정하는 취지로 판단한 부분에 대하여는 마찬가지로 의문이 있다.) 둘째, "전체적인 콘셉트(Concept)나 느낌이 유사하다 하더라도 그 자체만으로는 저작권의 보호대상이 된다고 보기 어려운 점"이라고 한 부분은 원고 측에서 외관이론(§27-28)을 주장한 것에 대한 판단으로 생각된다. 저작권보호의 대상이 될 수 없는 자연경관으로서의 피사체 자체의 비중이 높은 경우이므로 그것을 감안하지 않은 상태에서 외관이론을 적용할 경우에는 피고에게 부당하게 불리한 면이 있을 수 있으므로, 외관이론을 적용하더라도 그러한 점을 충분히 감안하여야 할 것이다(이 부분과 관련하여, 항소심 판결은 이 사건 사진저작물 중 보호요소와 비보호요소를 가려내어 이사건 공모전 사진과 하나하나 대비해 보는 분석적 대비방법을 우선적으로 사용한 후 외관이론과 관련성이 있는 전체적 대비방법을 보완적으로 사용하여 여러 측면을 자세한 분석한 후에 원심과 동일한 결론을 도출하였다).

미국의 Sahuc v. Tucker 사건 판결[1]의 사안이 이 사건과 유사한 점이 많은데, 위 판결에서도 원고 사진('그림 38', 흑백)과 피고 사진('그림 39', 컬러) 간의 실질적 유사성이 부정되었다.[2]

[그림 38]   [그림 39]

(3) 위탁에 의한 초상화, 사진

§4-93   법 제35조 제 4 항에서는 "위탁에 의한 초상화 또는 이와 유사한 사진저작물의 경우에는 위탁자의 동의가 없는 때에는 이를 이용할 수 없다"고 규정하고 있다. 사진저작물에 관한 부분만 본다면, 사진 촬영을 위탁한 사람이 갖는 초상권 등 인격적 권리를 보호하기 위하여 저작권자의 저작재산권을 제한하는 취지의 규정이다(자세한 것은 §14-191 참조).

7. 영상저작물

(1) 의   의

§4-94   저작권법 제 2 조 제13호는 영상저작물이란 "연속적인 영상(음의 수반 여부는 묻지 아니한다)이 수록된 창작물로서 그 영상을 기계 또는 전자장치에 의하여 재생하여 볼 수 있거나 보고 들을 수 있는 것을 말한다"고 규정하고 있다. 즉, 저작권법상 영상저작물에 해당하기 위해서는 ① 연속적인 영상으로 구성되어야 하고, ② 그것이 녹화테이프 등 일정한 매체에 수록되어 있어야 하며, ③ 기계 또는 전자장치에 의하여 재생할 수 있어야 한다. 그 중 ②의 요건은 '고정'의 요건으로

---

1 300 F.Supp.2d 461 (E.D.La 2004).
2 이 판결에 대한 자세한 소개와 '솔섬 사진' 사건과의 비교에 대하여는 박준우, "모방풍경사진의 저작권 침해에 관한 연구 - '솔섬 사진 사건'을 중심으로", 계간 저작권 2014 여름호, 37~50면 참조.

볼 수 있다. 즉, 다른 저작물에 대하여는 우리 법상 미국법 등에서 요구하는 바와 같은 '고정'을 저작물의 성립요건으로 규정하지 않고 있지만(§3-43 참조) 영상저작물의 개념에 해당하려면 '고정'이 요건인 것으로 볼 것이다.[1] 극장에서 상영되는 극영화뿐만 아니라 뉴스영화, 문화영화, 기록영화, TV방송용 영상물 등이 모두 포함되며, 광학필름이 아닌 자기(磁氣)테이프를 사용하여 연속상영물을 수록한 비디오테이프, 온라인상의 동영상 파일 등에 수록된 것이라도 창작성 등의 요건만 갖추고 있으면 이에 포함된다. 뮤직비디오도 당연히 영상저작물에 해당할 수 있다. 주로 음악을 표현하기 위한 것이지만, 음과 함께 영상이 고정되어 있는 이상 그 자체를 '음반'으로 볼 수는 없다(저작권법 제 2 조 제 5 호).[2] TV생방송도 대개는 영상이 나감과 동시에 기계장치에 수록되는 것이므로 영상저작물에 해당한다고 봄에 별다른 어려움이 없을 것으로 생각한다.[3] 게임은 대개의 경우 영상저작물과 컴퓨터프로그램저작물이 결합된 것으로 볼 수 있다(§4-125 참조). 연재만화와 같이 기계 또는 전자장치에 의하여 재생될 수 없는 것 또는 사진과 같이 연속적인 영상으로 구성되지

---

1 영상저작물에 대하여는 일반 저작물과 달리 저작물의 성립요건으로 고정을 요한다는 것이 다수설의 입장이라 할 수 있다(오승종, 전게서, 133~135면; 박성호, 전게서, 115면 등). 그런데, 최경수, 전게서, 156면은 이러한 다수설의 입장에 반대하면서, 그 근거에 관하여 "첫째, 정의규정에서는 고정(fixation)이라는 표현 대신에 굳이 '수록'이라는 표현을 사용하고 있고, 수록(incorporation)과 고정은 엄연히 다른 말이다. 둘째, 영상물이란 재생을 목적으로 한 것이므로 그 재생을 위해서는 당연히 매체에 기록되어야 한다. 그 기록성은 곧 영상물의 속성에 지나지 않는다. 영상저작물의 성립요건이라기보다는 영상물의 성립요건이라 할 수 있다"고 하면서, "미국 저작권법에서는 고정이 저작물의 성립요건이고(제102조(a)), 그 연장선상에서 영상저작물의 성립요건을 다룰 때 고정 요건을 다루는 것은 당연한 귀결이지만 이를 우리 저작권법에 무리하게 연결하는 것은 곤란하다"고 덧붙이고 있다. 이러한 소수설의 입장은 우리 저작권법상의 영상저작물의 정의규정에 '수록'이라는 표현을 쓴 것은, 영상저작물이 되려면 영상물이어야 하고 영상물은 당연히 매체에 기록되는 것임을 전제로 한 표현일 뿐이고, 영상저작물에 한하여 특별히 '고정'을 저작물의 성립요건으로 보도록 하는 취지의 규정은 아니라고 보는 것으로 이해된다. 그런데 본서에서 이전판부터 "영상저작물의 개념에 대하여는 '고정'을 요건으로 한 것으로 볼 것"이라고 언급하고, 다수설(예컨대, 오승종, 전게서, 133면)과 같이, "영상저작물의 경우에는 그것이 저작물로 성립하기 위하여는 '고정'을 요건으로 한다"는 식의 표현을 사용하지 않았는데, 그것은 소수설의 취지와 유사한 인식을 바탕으로 한 것이다. 즉 영상저작물의 개념이 어떤 매체에 고정된 것을 전제로 하는 것임은 해석상 분명하지만(이 점에서는 '수록'이라는 용어를 사용하든 '고정'이라는 용어를 사용하든 차이가 없다), 위와 같은 정의규정을 통해 영상저작물의 경우에는 특별히 '고정'을 저작물의 성립요건으로 보고자 하는 입법적 결단이 있었던 것으로는 보이지 않으므로(그 점과 관련하여서는 법문에서 '고정'이라는 용어 대신 '수록'이라는 용어를 사용한 것의 차이에 소수설과 같이 의미부여를 할 수 있다), 매체에의 고정은 저작물의 성립요건이 아니라 단지 영상저작물의 개념요소에 불과한 것으로 보아야 할 것으로 생각된다. 그렇게 본다면, 생방송의 경우에 설사 그것을 아직 매체에 고정하기 전에 누군가가 무단 복제하였을 경우라 하더라도 저작권법의 예시규정에 있는 영상저작물은 아니지만 '기타의 저작물'이라고 보는 데는 문제가 없으므로, 저작권침해가 성립하는 것으로 볼 수 있을 것이다. 이 문제에 대한 다수설의 입장이 분명하게 표명된 바는 없지만, "저작물로서의 성립요건"이라는 등의 표현을 사용한 것에 비추어 보면, 그와 같은 경우에는 저작권보호가 어려운 것으로 보고 다만 생방송이라 하더라도 대개 고정의 요건을 갖추므로 별 문제는 없는 것으로 이해하고 있는 것이 아닐까 생각된다(오승종, 전게서, 135면 : "생방송 프로그램이라 하더라도 고정이 되지 않는 경우는 거의 없을 것이다. 그렇다면 다수설의 입장에 서더라도 방송프로그램의 보호에 특별히 부족함은 없을 것으로 생각된다"). 만약 그렇다면, 그 부분의 결론 차이가 다수설과 소수설의 중요한 차이라고 할 수 있을 것이고, 그 경우 본서의 입장은 다수설보다는 소수설의 입장에 보다 가까운 것으로 여겨질 수 있을 것이다.

2 임원선, 실무가를 위한 저작권법(제 4 판), 한국저작권위원회, 2014, 75면. 다만 영상 제작시에 가창과 연주를 한 것이 아니라 기존의 음반(음원)을 이용하여 영상물을 만든 경우에는 영상저작물인 뮤직비디오 안에 '음반'이 복제되어 있는 것으로 볼 수 있어, 음반제작자의 권리가 미칠 수 있다.

3 황적인·정순희·최현호, 전게서, 197면.

않은 것 등은 위 정의규정에서 말하는 영상저작물에서 제외된다. 저작권법 제99조 내지 제101조는 영상저작물에 관한 몇 가지 특례규정(§23-11 이하 참조)을 두고 있다.

(2) 영상저작물의 창작성

§4-95   영상저작물로서 저작권법의 보호를 받기 위해서는 저작자에 의한 창작성이 인정되어야 한다. 영상물을 위한 장면 자체를 연출해 내는 영화의 경우에는 일반적으로 창작성에 의문이 없을 것이지만, 그렇지 않고 이미 존재하는 동적인 상황을 단지 녹화하기만 하는 경우에도 영상저작물로서의 창작성이 인정될 수 있을지 문제 된다. 예를 들어 CCTV를 설치해 놓고 지나가는 행인 등을 기계적으로 촬영함으로써 만들어지는 영상물의 경우 아무런 창작성이 없어 영상저작물이 될 수 없다는 것은 의문의 여지가 없다. 그러나 연극이나 스포츠경기 등을 녹화하는 것과 같은 경우에 창작성이 인정될 수 있을지는 약간의 검토를 요한다.

§4-96   먼저 연극을 녹화하는 경우를 보면, 연극을 녹화하는 경우에도 특별한 경우가 아닌 한 그것은 단순히 연극저작물 또는 극본과 그에 따른 실연행위 등[1]을 복제하는 것에 불과한 것으로 보아야 할 것이고 영상저작물의 요건으로서의 창작성은 인정되기 어려울 것이다.[2] 다만 전문적인 영상기법으로 특별한 창작성을 부가하여 영상화하였을 경우에는 연극저작물 또는 각본의 2차적저작물로서의 성격을 가진 영상저작물로서 보호될 수 있을 것이다.[3]

§4-97   다음으로 스포츠경기의 녹화에 대하여 보자. 만약 스포츠경기를 일정한 위치에 설치된 카메라를 이용하여 기계적으로 촬영하여 방송하는 데 그친다면, 그 녹화된 영상물에 아무런 창작성을 인정할 수 없을 것이나, 일반적인 TV 방송의 경우 하이라이트가 될 만한 중요한 순간의 슬로우 모션에 의한 반복과 동일한 장면을 다양한 앵글로 촬영한 것을 보여주거나 슛을 하는 장면 등을 아주 가깝게 볼 수 있도록 줌업(zoom up)을 하는 등의 노력에 의하여 경기장에서 보는 것과는 다른 효과를 낳는다는 점에서 촬영 및 편집에 있어서의 창작성이 인정된다고 할 것이므로 영상저작물로서의 요건을 갖춘 것으로 보는 것이 타당할 것이다.[4]

영상저작물과 관련하여 최근 큰 관심을 끄는 문제인 방송포맷의 보호에 대하여는 앞에서 살펴보았다(§3-30-1). 한편, 게임을 영상저작물로 인정한다고 할 때 그 보호범위가 문제되는데, 게임의 캐릭터 및 스토리, 영상 및 배경음의 구성 등에 창작성이 있는 부분은 보호대상에 포함될 수 있다.[5] 특히 스토리의 경우는 구체적이고 세밀하게 구성된 것에 한하여 비문언적 표현(§27-10)으

---

1 '연극저작물'에 관한 부분에서 살펴본 바와 같이(§4-16 참조), 극본과 그 실연행위 외에 별도의 창작성 있는 연극저작물이 존재하지 않는 경우도 있을 수 있다는 것을 감안하여 이와 같이 서술하는 것이라는 점에 유의할 필요가 있다.
2 '뮤지컬 녹화' 사건에 대한 서울고등법원 2002. 10. 15. 선고 2002나986 판결(§5-19) 참조.
3 저작권심의조정위원회, 연극·영화관련 저작권 문답식 해설, 1991, 104면 참조.
4 저작권심의조정위원회, 상게서, 104면 참조.

로 인정되어 보호의 대상이 될 수 있을 것이고, 추상적이거나 간단한 것은 아이디어의 영역에 해당하는 것으로 보게 될 것이다. 영상저작물의 저작자를 누구로 볼 것인지에 대하여는 영상저작물의 특례 규정에 대한 장에서 살펴보기로 한다(§23-2 이하 참조).

판 례

❖ 서울중앙지방법원 2009. 12. 31. 선고 2009카합3358 판결 ― "씨제이헬로우비전" 사건   §4-98

이 사건 방송 프로그램은 다양한 영상저작물로 구성되어 있고 그 중에는 앞에서 본 바와 같이 신청인들이 저작권을 보유하고 있는 저작물도 있을 것이다. 그러나 신청인들이 저작권 자체를 양수하지 못한 채 단순히 그 이용권만을 취득하여 방송하는 외주제작 프로그램, 광고주 또는 광고제작업체가 저작권을 보유하고 있는 방송광고 등 일정한 저작물에 대하여는 신청인들이 저작권자가 될 수 없으므로 동시중계방송권 등의 저작인접권을 행사할 수 있을 뿐 직접 저작권인 공중송신권을 행사할 수는 없다. 또한 각종 뉴스 프로그램도 저작권법 제7조 제5호의 '사실의 전달에 불과한 시사보도'에 해당하여 저작권법의 보호를 받을 수 없는 등 이 사건 방송 프로그램 중 일부는 처음부터 공중송신권의 대상이 되지 못한다.

▷NOTE : 위 판결은 KBS, MBC, SBS 등 방송 3사의 모든 방송프로그램에 대하여 각 방송사가   §4-99
방송사업자의 권리(저작인접권의 일종; §19-62 이하 참조) 외에 저작재산권(공중송신권; §13-33 이하 참조)을 행사할 수 있는지 여부와 관련하여 위와 같이 판단하고 있다. 이 문제는 ① 방송프로그램이 모두 영상저작물로서 보호되는지의 문제와 ⑥ 그 저작재산권을 방송사가 가지고 있는지 여부의 문제로 나누어서 살펴볼 수 있는데, 그 중 ①과 관련하여 "각종 뉴스 프로그램도 저작권법 제7조 제5호의 '사실의 전달에 불과한 시사보도'에 해당하여 저작권법의 보호를 받을 수 없는 등 이 사건 방송 프로그램 중 일부는 처음부터 공중송신권의 대상이 되지 못한다"고 판시하고 있다. 그러나 뉴스 프로그램도 대체로 영상의 촬영과 편집 등의 여러 가지 면에서 창작성이 인정되어 저작물성을 가지는 것으로 보는 것이 기본적으로 타당할 것이므로(저작권법 제7조 제5호는 창작성 있는 표현의 요소를 결여하여 원래 저작물성이 없는 것에 대하여 확인적으로 규정한 것이지, 창작성이 있어 저작물로 보아야 할 것을 사실의 전달을 위한 것이라는 이유로 저작물성을 배제하기 위한 규정은 아니라는 것이 판례의 입장이다)(§7-9, 10 참조), 그 점에 관한 한 위 판시는 수긍하기 어렵다. 이 판결과는 달리 이어서 소개하는 서울고등법원 판결(§4-99-1)은 TV 뉴스보도가 영상저작물로서의 창작성을 갖춘 것으로 보았다. 그렇다면 어떤 것이 영상저작물성을 갖지 못하는 것일까. 앞서 본문에서 살펴본 바와 같은 이유로 뮤지컬이나 연극을 녹화한 것을 방영하는 경우가 거기에 해당할 것이다(§4-96 참조). 그것은 2차적저작물의 창작성 요건이 다소 엄격한 것과 관련된 것인데, 그 이외의 경우에는 거의 대부분 영상저작물성이 인정

---

5 Melvile B. Nimmer, David Nimmer, Nimmer on Copyright Vol. I, §2. 18[H][3][b]. 게임의 전개방식, 규칙 등을 일부 유사하게 모방한 것이 문제가 된 사안에서 '합체의 원칙' 등을 근거로 침해를 인정하지 않은 하급심판결 사례가 있음은 앞서 소개한 바와 같고(§3-32 참조; 그 구체적 판시내용의 타당성에 대하여는 판단을 보류함), 게임 캐릭터 등의 보호가 문제 된 사례에 대하여는 뒤에서 소개한다(§6-38 참조).

되는 것으로 보아야 할 것이다. 물론 그 저작권 귀속의 문제를 별도로 따져 보아야 할 부분이 있는 것은 맞다.

§4-99-1   ❖ 서울고등법원 2012. 6. 13. 선고 2011나52200 판결 — "모기와의 전쟁 뉴스보도" 사건[1]
    저작권법의 보호대상이 되는 것은 외부로 표현된 창작적인 표현 형식일 뿐 그 표현의 내용이 된 사상이나 사실 자체가 아니므로 단순히 '사실의 전달에 불과한 시사보도'의 정도에 그친 것은 저작권법 제 7 조 제 5 호에 따라 그 보호대상에서 제외된다. 그러나 보도 표현에 있어 독창적이고 개성 있는 표현 수준에 이른 것이면 제외되지 아니한다.
    한편 영상저작물은 그 보도된 표현과 별도로 소재의 선택과 배열, 카메라 구도의 선택, 필름 편집, 그 밖의 제작기술로 표현되는 창작성이 존재하면 저작물로 인정된다.
    이 사건 뉴스 보도문에서 '모기와의 전쟁', '첨단기술', '기발한 아이디어' 등 모기 관련 각종 언론의 기사들에서 통상적으로 사용되는 표현들이 사용되었으나, 여러 개의 맨홀 구멍을 통하여 소독약을 동시에 뿌릴 수 있는 문어발 방역기가 사용되고, 모기가 좋아하는 색깔과 냄새로 모기를 유인하여 죽이는 장치가 사용되며, IT 기술을 접목하여 모기 개체 수를 자동으로 집계하여 방역반에 전송해 주는 장치 사용을 부각하는 등 다른 보도 기사들과 구별되는 표현들이 사용되었고, 해마다 심해지는 고온 현상으로 모기의 수가 증가하여 친환경 방법으로는 감당할 수 없어 최첨단 기술과 아이디어들이 동원되고 있다는 전체적인 평가가 실렸으며, 위 보도문이 담긴 이 사건 뉴스에서 해당 장치들이 사용되는 다양한 장면을 여러 각도에서 촬영함과 동시에 아파트 주민, 구로보건소장의 인터뷰를 함께 전달하고, 위와 같이 촬영된 영상이 'MBC 뉴스데스크'에서 방송될 분량과 형식에 맞게 편집되고, 원고 문화방송의 기획으로 원고 이○○ 및 양○○ 기자 등 그 사원들이 업무로 제작하여 MBC 텔레비전 방송국을 통하여 방송되어 이 사건 뉴스와 같은 동영상으로 공표된 사실을 알 수 있다.
    따라서 이 사건 뉴스는 단순한 사실의 전달에 불과한 시사보도가 아니라 고유한 표현으로 재구성된 사실과 기자의 평가가 담긴 보도문을 효과적으로 전달하기 위하여 전문적인 기술로써 연속적인 영상으로 촬영하고 재구성하여 편집한 영상저작물이다. 또한, 원고 문화방송과 사원들 사이의 계약 또는 근무규칙 등에 다른 정함이 있다는 사정도 보이지 않으므로 이 사건 뉴스는 원고 문화 방송의 저작물에 해당한다.

    ▷NOTE : 위 판결은 방송사의 뉴스방송이 단순한 사실의 전달에 불과한 시사보도에 해당하지 않고 저작권법상 보호되는 영상저작물에 해당한다는 것을 적절하고 타당하게 잘 판시하고 있다. 이 판결 이전에, 서울행정법원 2006. 2. 16. 선고 2002구합29395 판결도 "원고가 송출 받은 해외방송사의 뉴스 화면은 취재대상 기사의 선별, 화면의 촬영 및 편집, 인터뷰의 대상과 내용의 선정, 뉴스의 편집에 이르기까지 방송관계자의 사상과 감정이 표현된 창작물로서 통신사들의 단순한 사실의 전달과는 그 성격을 달리 한다고 할 것"이라고 판시하여 뉴스방송의 저작물성을 긍정한 바 있다.

---

1 당사자들이 상고하지 않아 2012. 7. 5. 확정되었다고 한다. 이정환, "뉴스 영상저작물의 무단이용", Law & technology 제 8 권 제 5 호(2012. 9), 서울대학교 기술과법센터, 139면 이하 참조.

8. 도형저작물

(1) 의   의

도형저작물은 지도·도표·설계도·약도·모형 그 밖의 도형으로 인간의 사상 또는 감정을 창   §4-100
작적으로 표현한 것을 의미한다(법 제 4 조 제 1 항 제 8 호). 2차원의 그래픽으로 표현된 것과 3차원
의 입체 모형으로 표현된 것 등이 모두 포함된다. 건축을 위한 설계도면 또는 모형의 경우에는
건축저작물로서의 성격과 도형저작물로서의 성격을 겸유할 수 있지만, 그 미적 표현에 있어서의
창작성이 인정되지 않고 제도(製圖)상의 정신적 노력에만 창작성이 인정될 경우에는 도형저작물로
만 볼 것이고 그 경우에는 "건축을 위한 모형 또는 설계도서에 따라 이를 시공하는 것"을 복제의
개념에 포함시킨 제 2 조 제22호의 규정이 적용될 수 없을 것이라는 것 등은 건축저작물에 관한
설명 부분에서 이미 살펴본 바와 같다.

(2) 지도의 저작물성

위와 같이 저작권법은 지도를 도형저작물의 하나로 예시하고 있다. 지도는 지구 표면의 일부   §4-101
나 전부의 상태를 기호나 문자를 사용하여 실제보다 축소해서 평면상에 나타낸 것으로서, 크게
일반도(一般圖)와 주제도(主題圖)로 나누어지며, 일반도에는 국토지리정보원에서 만들어내는 2만
5000분의 1 지형도, 5만분의 1 지형도, 50만분의 1 지세도, 100만분의 1 전도(全圖) 등이 있다.
지도는 지구상의 자연적 또는 인문적인 현상의 전부 또는 일부를 일정한 축척으로 미리 약속한
특정의 기호를 사용하여 객관적으로 표현하는 것이므로, 지도상에 나타난 현상은 사실 그 자체에
지나지 아니하여 저작권의 보호대상이 되지 아니함은 물론이고, 그 표현방식도 미리 약속된 특정
의 기호를 사용하여야 하는 등 상당히 제한되어 있기 때문에 그러한 부분에 창작성을 인정하기도
쉽지 않고 인정하더라도 매우 제한적인 범위 내에서 인정될 것이다. 그러나 한편 한정된 지면에
지구상의 현상을 세밀하고 빠짐없이 나타내는 것은 불가능하기 때문에 지도의 용도에 따라 표현
하여야 할 항목을 취사선택하지 않으면 안 되는데, 이 점에서 지도 작성자의 개성, 학식, 경험 등
이 결정적인 역할을 하게 되고 동일한 지방의 지도라 하더라도 그 표현된 내용이 모두 동일하지
는 않게 되는 것이다. 따라서 지도의 경우에는 각종 소재의 취사선택, 배열 및 그 표시방법에 대
하여 지도 작성자의 개성, 학식, 경험 등이 중요한 역할을 할 것이므로 창작성이 있다면 주로 그
부분에 있다고 할 것이어서 결국 지도의 저작물성은 소재의 선택, 배열 및 표현방법을 종합하여
이를 판단하여야 할 것이다.[1] 다만, 지도의 작성은 위에서 본 바와 같이 국토지리정보원에 의한

---

[1] 富山地裁 1978. 9. 22. 선고 昭46(ワ)33号, 昭46(ワ)71号 판결, 또한 편집저작물로서의 성격이 특히 강한 '地球儀用
세계지도'의 저작물성을 긍정한 東京地裁 1969. 5. 31. 선고 昭41(特わ)142号 판결 참조.

공공측량 결과를 포함해 기존의 소재를 이용하는 경우가 많고, 이렇게 기존의 소재를 이용한 지도가 새로운 저작물로 인정받을 수 있는가의 여부는 결국 소재의 취사선택 등에 있어서 새로운 저작물로 인정할 만한 정도의 창작성이 인정되어야 하고, 기존의 지도를 주로 이용하면서 다소의 수정·증감을 가한 것만으로는 독립한 저작물로 인정하기 어렵다고 하겠다.[1]

따라서 지도가 저작물로서 보호된다고 하여도 그 보호의 범위는 그리 넓지 않은 경우가 많다. 해안선, 등고선, 하천, 도로, 건조물의 윤곽 등, 그것을 표기하려고 하면 그러한 표현이 되지 않을 수 없는 부분은 창작적인 표현이라고 할 수 없으므로 그러한 부분이 공통된 면이 있다고 하더라도 저작권침해의 문제는 발생하지 않는다. 예를 들면 주택지도에 대하여, 건물의 테두리에 관한 선긋기의 위치 또는 그어진 선의 접합부분에 동일한 부분이 존재한다고 하더라도 그것만을 이유로 저작권침해를 인정할 수는 없다.[2] 한편, 그림지도와 같이 회화적인 요소가 강한 저작물에 있어서는 창작적인 표현을 인정할 수 있는 여지가 많아진다. 즉 이 경우는 미술저작물로서의 성격을 겸유한다고 볼 수 있고, 그러한 경우에 건물의 위치관계 등 도형저작물로서의 요소에는 무시하기 어려운 정도의 개변이 가해졌다고 하더라도 회화로서 평가될 만한 부분이 추출, 사용되고 있다면 저작권침해를 인정할 수 있다.[3]

 판 례

§4-102   ❖대법원 2003. 10. 9. 선고 2001다50586 판결 — "전국도로관광지도" 사건

저작권법에 의하여 보호되는 저작물이기 위하여는 문학·학술 또는 예술의 범위에 속하는 창작물이어야 하므로 그 요건으로서 창작성이 요구되는바, <u>일반적으로 지도는 지표상의 산맥·하천 등의 자연적 현상과 도로·도시·건물 등의 인문적 현상을 일정한 축적으로 미리 약속한 특정한 기호를 사용하여 객관적으로 표현한 것으로서 지도상에 표현되는 자연적 현상과 인문적 현상은 사실 그 자체로서 저작권의 보호대상이 아니라고 할 것이어서 지도의 창작성 유무의 판단에 있어서는 지도의 내용이 되는 자연적 현상과 인문적 현상을 종래와 다른 새로운 방식으로 표현하였는지 여부와 그 표현된 내용의 취사선택에 창작성이 있는지 여부가 기준이 된다고 할 것이고, 한편 지도의 표현방식에 있어서도 미리 약속된 특정의 기호를 사용하여야 하는 등 상당한 제한이 있어 동일한 지역을 대상으로 하는 것인 한 그 내용 자체는 어느 정도 유사성을 가질 수밖에 없는 것이라 할 것이다.</u>

원심 판결 이유에 의하면, 원심은 그 채용 증거를 종합하여 원고가 자신이 발행한 지도책들의 창작성에 대한 근거사실로 내세우는 사실 중 ① 전국을 권역으로 나누어 각 권역마다 다른 색상을 부여하고 위 권역을 다시 구획으로 나누어 각 구획마다 다른 번호를 부여한 후 구획번호 순으로 각 구획에

1 아래에서 소개하는 대법원 2003. 10. 9. 선고 2001다50586 판결(§4-102) 및 그 평석인 박정화, "지도가 저작권법상 보호되는 저작물로서 창작성이 있는지 여부의 판단 기준", 대법원판례해설 통권 제47호, 법원도서관, 2004, 357면 참조.
2 전게 富山地裁 1978. 9. 22. 선고 판결 및 田村善之, 著作權法槪說(第２版), 有斐閣, 2001, 92면 참조.
3 大阪地裁 1976. 4. 27. 선고 판결("파리시조감도" 사건) 참조.

대한 세부지도를 편제하고, 속표지 상반부에 천연색 고속도로 사진을 배경으로 제호와 출판사를 표시하고, 하반부에 지도에 사용된 기호를 설명하는 범례를 표시한 점, 권말에 찾아보기 면을 만들어 지명·관공서·대학·언론기관·금융기관·종합병원 등 주요 기관의 지도상의 위치와 전화번호를 수록하면서 찾아보기 다음에 전국의 호텔 목록과 전국 유명 음식점 안내를 수록한 점, ② 각 구획면의 좌우 상단 모서리에는 그 구획이 속하는 권역의 색상을 바탕색으로 사각형을 만들어 사각형 안에 구획번호를 역상으로 표시하고, 그 옆에 지명을 흑색으로 표시하면서, 각 구획면의 상하좌우 여백 중앙에 굵은 화살표를 하고 화살표의 중앙에 연속되는 지역의 구획번호를 표시하고, 하단 여백 우측 끝 부분에 그 구획의 위치를 도해식으로 표시한 점, 각 구획면의 가로·세로를 각각 나누어 좌표로 설정한 다음 구획면 가장자리에 테두리를 둘러 그 위에 각 좌표를 표시한 점, 도로의 구간거리를 표시한 점, ③ 지표상의 자연적·인문적 현상을 표시하는 기호에 있어, 도로의 경우 도로 종류에 따라 각각 다른 색상을 사용하고, 주유소·국보·보물·사적·절·계곡 등 주요장소 및 관광지 등은 색상이 있는 약기호로 표현한 점, ④ 서울에서 각 시·군까지의 거리를 시군거리표로 표현한 점, ⑤ 건물의 표시를 실형으로 표시하고, 건물의 용도별로 색상을 구분한 점, ⑥ 아파트의 동별로 ○○아파트 평수를 표기한 점 등의 <u>표현방식과 그 표현된 내용의 취사선택은 원고들 주장의 지도책들 발행 이전에 국내 및 일본에서 발행되었던 지도책들이 채택하였던 표현방식과 그 표현된 내용의 취사선택에 있어 동일·유사하고, 이를 제외한 원고 주장의 나머지 표현방식 및 그 표현내용의 취사선택도 국내외에서 보편적으로 통용되는 기호의 형태를 약간 변형시킨 것에 불과하므로 원고 발행의 지도책들의 창작성을 인정할 수 없고, 나아가 원고 발행의 지도책들에서 잘못 표기한 지명이나 건물명 상당수가 피고 발행의 지도책에서도 잘못 표기된 사실은 인정되나, 달리 피고가 원고 발행의 지도책들에 있는 특유한 창작적 표현을 모방하지 않은 한 그와 같은 사정만으로는 피고가 원고의 저작권을 침해하였다고 인정하기에 부족하고 달리 이를 인정할</u> 만한 증거가 없으므로, 피고가 원고 발행의 지도책들에 관한 저작권을 침해하였음을 전제로 한 원고의 청구는 더 나아가 살펴볼 필요 없이 이유 없다는 취지로 판단하였다.

위에서 본 법리와 기록에 비추어 살펴보면, 원심의 판단은 정당하고, 거기에 상고이유에서 주장하는 바와 같은 지도의 저작물성에 대한 법리오해나 심리미진 등의 위법이 있다고 할 수 없다.

▷NOTE : 위 판례는 대법원이 지도의 저작물성을 인정함에 있어서 위에서 본 바와 같은 그 특성에 비추어 비교적 까다로운 '창작성' 심사를 요구하고 있음을 보여주는 사례라 할 수 있다. 이 사건은 원고와 피고의 작품 사이에 '공통의 오류'가 인정되어 저작권침해의 주관적 요건인 의거(依據)의 점이 추정될 수 있을 것으로 보이는 사안이나, 근본적으로 원고의 지도가 창작성의 요건을 결하여 저작권법상 보호대상인 저작물로 인정되지 아니하는 것으로 보는 터이므로, 그러한 주관적 요건만으로 저작권 침해를 인정할 수 없음은 당연한 것이다(§27-45 참조).

❖대법원 2011. 2. 10. 선고 2009도291 판결 — "여행천하유럽" 사건   §4-103

[1] 일반적으로 지도는 지표상의 산맥·하천 등의 자연적 현상과 도로·도시·건물 등의 인문적 현상을 일정한 축척으로 약속된 특정한 기호를 사용하여 객관적으로 표현한 것으로서, 지도상에 표현되는 자연적 현상과 인문적 현상은 사실 그 자체일 뿐 저작권의 보호대상은 아니라고 할 것이므로, <u>지도</u>

의 창작성 유무를 판단할 때에는 지도의 내용이 되는 자연적 현상과 인문적 현상을 종래와 다른 새로운 방식으로 표현하였는지, 그 표현된 내용의 취사선택에 창작성이 있는지 등이 판단의 기준이 되고, 편집물의 경우에는 일정한 방침 혹은 목적을 가지고 소재를 수집·분류·선택하고 배열하는 등의 작성행위에 편집저작물로서 보호를 받을 가치가 있을 정도의 창작성이 인정되어야 한다.

[2] 피고인이 갑(甲)에게 저작권이 있는 여행책자의 내용을 배열이나 단어 일부를 바꾸는 방법으로 다른 여행책자를 발간·배포함으로써 저작권을 침해하였다는 공소사실에 대하여, 갑(甲)의 여행책자 중 여행지의 역사, 관련 교통 및 위치 정보, 운영시간, 전화번호 및 주소, 입장료, 쇼핑, 식당 및 숙박 정보 등에 관한 부분은 객관적 사실이나 정보를 별다른 특색 없이 일반적인 표현형식에 따라 있는 그대로 기술한 것에 지나지 않아 창작성을 인정할 수 없고, 지도 부분도 자연적 현상과 인문적 현상이 종래의 통상적인 방식과 특별히 다를 것이 없어 창작성을 인정할 수가 없으며, 관광지, 볼거리, 음식 등을 주관적으로 묘사하거나 설명하고 있는 부분의 경우, 유사해 보이는 어휘나 구문이 피고인의 책자에서 일부 발견되기는 하지만, 전체 책자에서 차지하는 질적·양적 비중이 미미하여 그 창작적 특성이 피고인의 책자에서 감지된다고 보기는 어렵고, 또한 편집구성 부분의 경우, 갑(甲)의 책자는 소재의 수집·분류·선택 및 배열에 편집저작물로서의 독자적인 창작성을 인정할 수 있으나, 피고인의 책자와는 구체적으로 선택된 정보, 정보의 분류 및 배열 방식 등에서 큰 차이를 보이고 있다는 이유로, 이들 여행책자 사이에 실질적 유사성이 없다고 보아 무죄를 선고한 원심 판단을 수긍한 사례.

▷NOTE : 피해자(甲)가 작성한 여행정보책자(A)와 관련하여 그 속에 포함된 지도 부분에 대하여는 창작성을 인정하지 않고(지도의 창작성 유무 판단에 있어서 기존 판례의 입장(§4-102)을 재확인하고 있다), 관광지, 볼거리, 음식 등에 대하여 설명한 부분은 어문저작물로서, 관련 정보를 취사선택하여 배열, 구성하고 있는 부분은 편집저작물로서 각 창작성을 가지는 것으로 인정하는 전제(원심 판결 참조) 위에, 그 책자(A)와 피고인 작성의 동종 책자(B)의 내용을 비교하여 양자 사이에 실질적 유사성이 있는지 여부를 판단함에 있어서 위와 같이 창작성이 있는 부분만을 가지고 판단한 결과 실질적 유사성이 없다고 판단한 사례이다. 만약 B가 A의 내용 속에 있는 관광지, 볼거리, 음식 등에 대한 설명의 창작성 있는 부분을 이용하였거나, 여행정보의 구체적인 배열, 구성 등을 그대로 이용하였다면, 어문저작물 또는 편집저작물의 저작권을 침해한 것으로 인정되었을 것이다. 판시 취지에 찬동한다.

§4-104

❖서울중앙지방법원 2005. 8. 11. 선고 2005가단12610 판결 — "춘천시 관광지도" 사건

〈사실관계〉

원고는 지도 제작업 등을 주된 목적으로 하는 법인으로서, 2000. 9. 1.경 춘천시의 전경을 입체적으로 표현하는 관광지도를 제작하였는데, 위 지도는 의도적인 왜곡표현으로 다운타운 지역을 크게 나타내고, 다운타운 지역으로부터 원거리에 산재되어 있는 남이섬과 같은 관광명소들을 실제보다 가까운 거리에 배치함으로써 관광객으로 하여금 한눈에 관광명소를 볼 수 있도록 하는 데 그 특징이 있다. 그런데 피고 A회사가 제작하여 피고 B공사에게 납품한 춘천관광지도 역시 원고 제작의 관광지도와 마찬가지로 의도적인 왜곡표현으로 다운타운 지역을 크게 나타내고 다운타운 지역으로부터 원거리에 산재되어 있는 남이섬과 같은 관광명소들을 실제보다 가까운 거리에 배치한 특징을 갖고 있다.

〈법원의 판단〉

원고는 이 사건 관광지도의 제작에 의하여 기존의 관광지도와 구별되는 저작권을 취득하였다고 할 것인데, 피고 주식회사 강원매거진은 피고 강원도개발공사에게 춘천관광지도를 납품하면서 먼저 제작되어 있는 원고의 이 사건 관광지도를 보고 이와 실질적으로 동일한 지도를 제작하였다고 할 것이므로, 피고 주식회사 강원매거진은 원고의 이 사건 관광지도에 대한 복제권을 침해하였다고 할 것이다.

▷NOTE : 지도의 저작물성이 부정되는 경우의 그 주된 이유는 '사실의 재현'으로서의 성격이 강하다는 것에 있는데 위와 같이 이용자를 위한 '의도적인 왜곡표현'이 있을 경우 그 부분에 대하여는 창작성의 인정이 비교적 용이하다고 할 수 있다. 피고가 작성한 관광지도는 원고의 위와 같은 창작성 있는 '의도적 왜곡표현'부분을 베꼈으므로 복제권(§13-2 이하 참조)의 침해가 인정된 것이다.

§4-105

❖大阪地裁 1951. 10. 18. 선고 昭24(ワ)909号 판결

§4-106

원고의 지도가 다원추도법으로 만들어졌는데 피고의 지도는 본느도법을 사용하여 축척을 달리한 것이라 하더라도 지명의 채록 등에 있어서 약간의 상이점은 있지만 실질적으로 유사한 경우 저작권침해의 책임을 면할 수 없다는 취지로 판결하였다.

❖대법원 2010. 4. 15. 선고 2009도14298 판결 — "오니온맵" 사건

저작권법에 의하여 보호되는 저작물이기 위하여는 문학·학술 또는 예술의 범위에 속하는 창작물이어야 하므로 그 요건으로서 창작성이 요구되는바, 일반적으로 지도는 지표상의 산맥·하천 등의 자연적 현상과 도로·도시·건물등의 인문적 현상을 일정한 축척으로 미리 약속한 특정한 기호를 사용하여 객관적으로 표현한 것으로서 지도상에 표현되는 자연적 현상과 인문적 현상은 사실 그 자체로서 저작권의 보호대상이 아니라고 할 것이어서 지도의 창작성 유무의 판단에 있어서는 지도의 내용이 되는 자연적 현상과 인문적 현상을 종래와 다른 새로운 방식으로 표현하였는지 여부와 그 표현된 내용의 취사선택에 창작성이 있는지 여부가 기준이 된다고 할 것이고, 한편 지도의 표현방식에 있어서도 미리 약속된 특정의 기호를 사용하여야 하는 등 상당한 제한이 있어 동일한 지역을 대상으로 하는 것인 한 그 내용 자체는 어느 정도 유사성을 가질 수밖에 없는 것이다(대법원 2003. 10. 9. 선고 2001다50586 판결 참조). 원심은, 그 판시와 같이 도시의 여러 구조물 중 주요 관광지나 구조물만을 선택하여 지도에 표시하거나, 전체 도시 중 주요 관광구역 내지 상업구역을 선택·구획하여 지도에 표시하는 방법 및 구조물 등을 실사에 이를 정도로 세밀하게 묘사하는 등의 방식은 이 사건 오니온맵 서비스([그림 40] 참조)가 제공되기 이전에 미국내외 디지털지도에서 널리 사용되고 있던 것인 점, 어떤 지역의 지도가 일반적인 평면적 지리지도의 기반을 크게 벗어나지 않는 범위에서 그 중 특정구역이나 주요 구조물을 취사선택하여 지도에 표시하는 것은 해당 지도의 용도와 목적에 따라 정하여지는 것일 뿐 이를 들어 아이디어의 표현이라고 할 수 없고, 그와 같은 특정 구역이나 주요구조물을 지도상에서 입체적인 형태로 표시하는 방법 자체도 아이디어에 불과한 점, 지도상에서 특정 구역이나 주요 구조물을 부각하여 표시하는 방법이나 주요 구조물을 입체적으로 표현하는 방법은 경우에 따라 창작성 있는 표현방법이 될 수도 있으나, 이 사건에서 오니온맵이 주요 구조물을 표현하는 방법은 구조물의 본래의 형상에 가깝게

입체적인 형태로 표시하되 지도의 목적에 맞도록 단순화한 것일 뿐이어서 그와 같은 표현에 어떤 창작성이 있다고 하기 어렵고, 그 외에 특정구역을 바라보는 시각이나 특정 구역을 부각시키는 방법에서 어떠한 창작성을 찾기 어려운 점 등을 종합하면, 검사가 제출한 증거들만으로 이 사건 오니오맵의 창작성을 인정하기 부족하고 달리 이를 인정할 증거가 없다는 이유로 이사건 공소사실을 무죄라고 판단한 제 1 심판결을 그대로 유지하였다. 앞서 본 법리와 기록에 비추어 원심 판결이유를 살펴보면, 원심의 위와 같은 판단은 정당한 것으로 수긍이 되고, 거기에 상고 이유에서 주장하는 바와 같은 지도의 저작물성에 관한 법리를 오해하는 등으로 판결에 영향을 미친 위법이 있다고 할 수 없다.

▷NOTE : 위 판결이 "특정 구역이나 주요구조물을 지도상에서 입체적인 형태로 표시하는 방법" 등을 아이디어에 불과한 것으로 본 것은 수긍할 수 있다. 그러나 그것을 구체적으로 표현한 것에 대하여도 아예 '표현'으로 인정하지 않는 듯한 판시를 한 것은 납득하기 어렵다. "어떤 지역의 지도가 일반적인 평면적 지리지도의 기반을 크게 벗어나지 않는 범위에서 그 중 특정구역이나 주요 구조물을 취사선택하여 지도에 표시하는 것은 해당 지도의 용도와 목적에 따라 정하여지는 것일 뿐 이를 들어 아이디어의 표현이라고 할 수 없고"라고 한 부분이 그러한 예에 해당한다. 작성자의 특정구역 등에 대한 '취사선택'이 개재되어 지도에 표시한 것을 두고 아예 '표현'이 아니라고 할 수는 없다. 그 창작성은 별론으로 하고 일단은 아이디어 자체가 아니라 아이디어의 '표현'에 해당하는 것으로 본 다음 '합체의 원칙' 등에 견주어 그것이 창조적 개성을 가지는지 유무를 따지는 것이 타당하다.

"이 사건에서 오니온맵이 주요 구조물을 표현하는 방법은 구조물의 본래의 형상에 가깝게 입체적인 형태로 표시하되 지도의 목적에 맞도록 단순화한 것일 뿐이어서 그와 같은 표현에 어떤 창작성이 있다고 하기 어렵고, 그 외에 특정구역을 바라보는 시각이나 특정 구역을 부각시키는 방법에서 어떠한

[그림 40]

창작성을 찾기 어려운" 것으로 본 부분도 설득력이 부족하다. 그러한 방법 자체가 창작성 있는 표현이 아니라는 것과 그러한 방법에 따라 구체적으로 표현한 것에 대한 창작성 유무의 평가를 혼동한 듯한 느낌을 준다. 주요 건물 등에 대하여 그 본래의 형상에 가깝게 입체적인 형태로 표시하되 지도의 목적에 맞도록 단순화한다는 방침 자체는 아이디어에 불과한 것이지만 그러한 방침에 따라 건물의 모습을 입체적으로 단순화하여 표현하는 그림을 그려 넣은 것은 지도의 목적을 감안하더라도 단순한 도형저작물이 아니라 미술저작물적인 성격이 결합된 것으로서 충분히 그 창작성이 인정될 수 있는 부분이라 생각된다. 따라서 '오니온맵'이 저작물로서 최소한의 창작성은 가질 수 있음을 긍정한 다음 그 보호범위가 거기에서 사용된 아이디어로서의 '방법'들에는 미치지 않으므로 유사한 형태의 맵을 만든 것에 대하여 쉽게 저작권침해를 인정하지는 않는 것으로 보는 것이 타당하였을 것으로 생각된다. 그렇게 할 경우 공정한 경쟁도 충분히 보장하면서 데드카피 등으로부터 저작권보호를 받을 수 있도록 보장할 수 있어 산업발전에 도움이 될 것이다. 이 사건 원심 및 대법원의 위와 같은 판결은 창작성의 문턱을 지나치게 높임으로써 저작권법의 목적을 효과적으로 달성하는 데 부정적인 영향을 미치지 않을까 우려된다.

---

(3) 설계도의 저작물성

설계도 저작권법상 도형저작물의 한 형태로 예시되어 있다. 따라서 기계 등의 설계도도 저 §4-107 작권법상 도형저작물로 보호될 수 있는 가능성이 있다. 그러나 기계 제작 등에 관한 기술적 사상 자체는 특허 등 산업재산권의 보호대상이 될 수는 있어도 저작권법상 저작물로 보호될 수는 없는 것이다. 따라서 기계의 설계도가 저작물로 보호될 수 있는 가능성은 그 속에 내포된 기술적 사상 자체의 창작성이 아니라 그 기술적 사상을 도면 등으로 표현하는 데 있어서의 '제도(製圖)'상의 궁리 등 정신적 노력에 창작성이 인정될 수 있다는 데 기한 것이다. 그런데 설계도를 작성함에 있어서의 제도상의 표현기법도 '룰'로 정립된 부분이 많고 선택의 자유도는 극히 낮을 것이므로 실제로 그 창작성이 인정될 가능성은 극히 낮다고 할 수 있다. 기계 기타 비저작물인 상품의 디자인을 일반적인 제도방법으로 작성한 설계도라면 도형저작물이라고 인정할 수 없다.[1] 앞서 '창작성'에 관한 부분에서 살펴본 바와 같이, 대법원 2005. 1. 27. 선고 2002도965 판결(§3-15)은 지하철 통신설비 중 화상전송설비에 대한 제안서도면에 관하여 기능적 저작물로서의 특성을 감안하여 '창조적 개성'에 대한 비교적 엄격한 심사를 통해 그 창작성을 부정하는 결론을 내린 바 있다.

설령 설계도의 저작물성이 인정되는 경우라 하더라도 저작권 침해 여부를 판단함에 있어서는 어디까지나 창작적 표현이라고 평가할 수 있는 제도상의 표기방식이 실질적으로 유사한지 여부를 기준으로 하여야 하며, 설계도에 구현된 기계 등의 제작에 관한 기술적 사상의 공통성을 가지고 저작권 침해를 인정하는 것은 허용되지 않는 것이다(§27-35 참조). 나아가 설계도의 제도적

---

1 뒤에 소개하는 '홉연스탠드 설계도' 사건에 관한 東京地裁 1997. 4. 25. 선고 平5(ワ)22205号 판결 및 田村善之, 전게서, 93면 참조.

표현방식이라고 하더라도 기계를 도면으로 표기하려고 하면 그러한 표현방식을 채택하지 않을 수 없는 부분이라면 창작성이 있는 부분이 아니므로 그 표현방식이 동일하다고 하더라도 저작권 침해를 인정할 수 없다.

한편, 건축저작물로서의 성격을 겸유하는 건축 설계도 등의 경우가 아닌 기계 등 설계도의 경우에는 그에 따라 기계 등을 제작하였다 하더라도 저작물의 '복제'에 해당하지 아니함은 앞에서도 밝힌 바(§4-72)와 같다.

판 례

§4-109
❖서울지방법원 2000. 6. 2. 선고 99가합12579 판결

피고들은, 원고의 수색지구 주거지역의 설계도면은 서울시가 현상공모한 '수색지구 기본계획 기술 공모'에 응모하여 작성, 제출된 것으로 이는 위 현상공모 과정에서 서울시가 사전에 제시한 수색지구 개발의 기본적인 개발 관념을 보다 상세하게 표현한 것에 불과하며 원고의 독자적인 아이디어의 표현 이라고는 보기 어렵다는 취지로 주장한다.

그러나 앞서 인정한 바와 같은 중앙의 수평과 수직의 +자의 교차로, 수평축 하부쪽의 반원형 굴 곡 도로, +자 중앙으로부터 방사상으로 뻗어 나간 도로와 건물의 배치 등을 종합하여 볼 때 원고의 이 사건 설계도는 원고의 경험, 사상을 표현함에 있어 그 전체적인 표현이 창작성을 가지는 저작물이 라 할 것이고 따라서 저작권법상 보호의 대상이 된다 할 것이다.

▷NOTE : 현상공모에 응하여 작성한 택지개발 설계도의 저작물성을 인정한 사례이다. 도형저작 물과 건축저작물의 양면성을 가지는 설계도로 보이는 사안에서 도형저작물적인 성격보다는 건축저작물 적인 요소를 중심으로 저작물성을 긍정한 것으로 생각된다.

§4-110
❖東京地裁 1997. 4. 25. 선고 平5(ワ)22205号 판결 ― "흡연스탠드 설계도" 사건

공업 제품의 설계도는 그 작성을 위한 기본적 훈련을 받은 자라면 누구나 이해할 수 있는 공통의 룰에 따라 표현되는 것이 통상이고, 그 표현방법 자체에 독창성을 인정할 여지는 없으며, 본건 설계도 도 그러한 통상의 설계도로서 그 표현방법에 독창성, 창작성이 인정되지 않는다. 본건 설계도로부터 읽 어낼 수 있는 집기의 구체적 디자인은 본건 설계도와의 관계에서 말하면 표현의 대상인 사상 또는 아 이디어이고, 그 구체적 디자인을 설계도로서 통상의 방법으로 나타내려고 하면 본건 설계도상에 실제 로 표현되고 있는 직선, 곡선 등으로 된 도형, 보조 선, 치수, 수치, 재질 등의 기입과 대동소이의 것이 되지 않을 수 없는 것이며, 본건 설계도상에 실제로 표현되어 있는 직선, 곡선 등으로 된 도형, 보조 선, 치수, 수치, 재질 등의 기입 등은 표현의 대상의 사상인 집기의 구체적 디자인과 불가분의 것이다. 본건 설계도의 위와 같은 성질과, 본건 설계도에 표현된 집기의 실물 그 자체는 디자인 사상을 표현한 것이라고 말할 수는 있어도 대량 생산된 실용품으로서 저작물이라고 할 수는 없다는 것을 생각해 보면, 본건 설계도를 저작물로 인정할 수는 없다.

§4

(4) 기타 도형의 저작물성

위에서 본 설계도 이외의 도형저작물도 기능적 저작물로서의 성격을 갖는 경우가 대부분이 §4-111
므로 역시 그 창작성에 대한 심사는 까다롭게 이루어진다. 종이접기 도형에 대하여 저작물성을
부정한 아래의 대법원 판례가 그러한 입장을 뚜렷이 드러내고 있다.

 **판 례**

❖대법원 2011. 5. 13. 선고 2009도6073 판결 ─ "종이접기 도형놀이" 사건 §4-112
〈사실관계〉

피고인 A가 대표이사로 있는 피고인 B회사가 종이접기 방법 등에 관한 서적인 "수학능력을 키워
주는 종이접기 도형놀이"의 저자인 피해자 C, D와 사이에 위 회사가 초판 발행일로부터 5년간 위 서적
을 출판할 권리를 갖는 출판권 설정계약을 체결하였는데 위 출판권 존속기간이 경과한 후에 피고인 A
가 이 위 "수학능력을 키워주는 종이접기 도형놀이"의 내용 중 일부분을 피해자들의 승낙 없이, 피고인
이 출판한 "합격 종이접기마스터"라는 제목의 종이접기 지도사 자격시험대비 학습서에 설명 부분 등만
조금 바꾸어 그대로 옮겨 실은 후 판매하여 피해자들의 저작재산권을 침해하였다는 이유로 기소된 사
건이다. [그림 41], [그림 42]가 그 옮겨 싫은 부분의 예이다. 이에 대하여 1심 판결은 전부 유죄를, 2심
판결은 일부([그림 41] 부분 포함, 아래 판시 중 '이 사건 쟁점 종이접기 부분'에 해당함)에 대하여는 해
당 도형저작물의 창작성이 인정된다는 전제하에 유죄를, 일부([그림 42] 부분 포함)에 대하여는 그 창
작성이 인정되지 않는다는 이유로 무죄를 선고하였다. 상고심인 대법원은 아래와 같은 이유로 제 2 심
에서 일부 유죄로 인정한 부분을 파기하는 취지의 판결을 내렸다.

〈법원의 판단〉

구 저작권법(2006. 12. 28. 법률 제8101호로 전문 개정되기 전의 것, 이하 같다) 제 4 조 제 1 항
제 8 호는 "지도, 도표, 설계도, 약도, 모형 그 밖의 도형저작물"을 저작물의 하나로 예시하고 있는데,
이와 같은 도형저작물은 예술성의 표현보다는 기능이나 실용적인 사상의 표현을 주된 목적으로 하는
이른바 기능적 저작물로서, 기능적 저작물은 그 표현하고자 하는 기능 또는 실용적인 사상이 속하는
분야에서의 일반적인 표현방법, 규격 또는 그 용도나 기능 자체, 저작물 이용자의 이해의 편의성 등에
의하여 그 표현이 제한되는 경우가 많으므로 작성자의 창조적 개성이 드러나지 않을 가능성이 크지만,
기능적 저작물도 구 저작권법의 보호대상이 되기 위해서는 작성자의 창조적 개성이 나타나 있어야 할
것임은 물론이다(대법원 2005. 1. 27. 선고 2002도965 판결 등 참조). 그리고 기능적 저작물에 있어서
구 저작권법은 그 기능적 저작물이 담고 있는 기술사상을 보호하는 것이 아니라 그 기능적 저작물의
창작성 있는 표현을 보호하는 것이므로, 설령 종전의 저작물 등과 다소간의 차이가 있다고 하더라도
그러한 사정만으로 그러한 기능적 저작물의 창작성을 인정할 수는 없고 작성자의 창조적 개성이 드러
나 있는지 여부를 별도로 판단하여야 할 것이다(대법원 2007. 8. 24. 선고 2007도4848 판결 참조).

위 법리와 기록에 비추어 살펴본다. 원심 판시 별지 일람표 제 1, 3, 4, 5, 6, 7의 4, 9, 10 부분(이

종이접기도형놀이	종이접기마스터
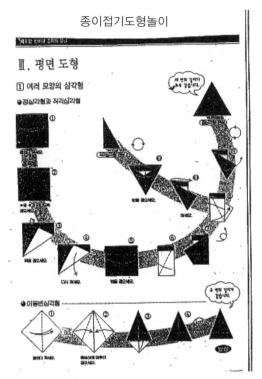	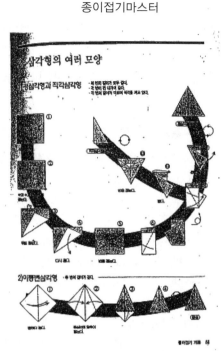

[그림 41]

하 '이 사건 쟁점 종이접기 부분'이라고 한다)은 정사각형의 종이를 이용하여 정삼각형, 정오각형, 정육각형 등의 도형을 만드는 방법, 변을 2, 3, 4, 5, 6등분 등으로 분할하는 방법 및 정십이면체를 만드는 방법 등의 과정을 순서도에 따라 그에 관한 도면과 일정한 규약에 의한 점, 선이나 화살표의 기호 등으로 표현하고 일부 과정에 수학적인 설명 등이 부가되어 있다. 그런데 이 사건 쟁점 종이접기 부분의 순서도에서 앞, 뒷면을 나타내는 방식이나 접은 선, 각종 화살표 기호 등은 국내 및 일본의 종이접기 분야에서 표준화된 기호 또는 도식이고, 위 순서도에 부가된 수학적인 설명 등은 수학 분야 등에서 널리 알려져 있는 기본적인 원리를 표현한 것에 불과한 점, 한편 이 사건 쟁점 종이접기 부분은 국내 및 일본에서의 관련 종이접기 순서도에 비하여 그 배치나 순서 등에서 일부 차이가 있기는 하지만, 그 종이접기 방법이 새로운 것도 아니고 새로운 표현형식으로 도면을 그리거나 설명한 것도 아니며 누가 작성하더라도 달리 표현될 여지가 거의 없을 뿐 아니라, 설령 작성자에 따라서 다소 다르게 표현될 수 있는 여지가 있다고 하더라도 이 사건 쟁점 종이접기 부분에 작성자의 창조적 개성이 드러나 있다고 할 수 없는 점 등에 비추어 볼 때, 이 사건 쟁점 종이접기 부분은 구 저작권법상의 저작물로서의 창작성이 있다고 보기 어렵다고 할 것이다.

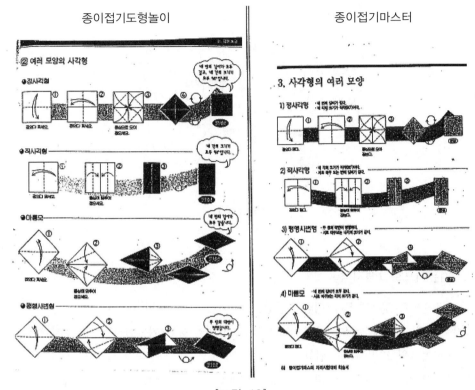

종이접기도형놀이　　　종이접기마스터

[그림 42]

❖ 서울중앙지방법원 2008. 10. 9. 선고 2006가합83852 판결 — "고려수지요법 강좌" 사건　　§4-113
〈사실관계〉

수지침과 관련한 책자에 설명을 위해 제시된 손모양의 도형([그림 42] 참조)이 도형저작물성을 갖
는지 문제된 사안이다.

〈법원의 판단〉

별지 1 순번 13번의 도형은 손바닥과 손등에 무지(제 1 지), 차지(제 2 지), 중지(제 3 지), 약지(제
4 지), 소지(제 5 지)를 표시하고, 각 손가락의 사이가 1내간 내지 4내간(손바닥 쪽) 또는 1외간 내지
4외간(손등 쪽)이며, 중지(제 3 지)를 기준으로 무지와 소지 쪽이 외측, 중지 쪽이 내측이고, 손가락 끝
이 위쪽, 손목 쪽이 아래쪽이며, 손가락 마디로 나누어진 손가락의 각 부분을 제 1 절, 제 2 절, 제 3 절
로 표시한 그림이다. <u>이는 사람의 손의 각 부분을 손바닥과 손등의 그림을 놓고 표시한 것으로 누구나
그 그림과 같거나 유사하게 손의 각 부분을 표시할 수밖에 없으므로 그 표현에 있어 창작성이 결여되
어 도형저작물에 해당하지 않는다.</u>

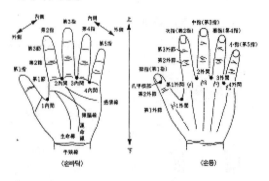

1) 수지부의 명칭

[그림 43]

9. 컴퓨터프로그램저작물

(1) 저작권법과 컴퓨터프로그램법의 통합

§4-114 　　2009년 4월 1일 저작권법과 컴퓨터프로그램보호법을 통합하는 취지의 저작권법 개정안이 국회를 통과하여 4월 22일에 공포되었다. 이 법이 2009. 7. 23. 시행되기 시작하면서 1987. 7. 1. 처음 시행되었던 컴퓨터프로그램보호법은 22년여 만에 폐지되고(개정 저작권법 부칙 제 2 조), 컴퓨터프로그램저작물도 다른 저작물과 함께 저작권법에 의한 통일적인 보호를 받게 되었다.

　　그 이전까지 두 법이 나뉘어 있었던 것은, 1986년 말에 우리나라가 컴퓨터프로그램에 대한 보호 입법을 처음으로 시도할 때에 그것을 개정 저작권법에 통합할지, 아니면 독자적인 특별법을 만들지의 두 갈래 길 중에서 후자를 선택한 데 기인하는 것이다. 당시에 우리나라가 그러한 선택을 한 이유는 "컴퓨터프로그램이 저작권법상의 정신문화재와 같은 문화창달적 측면보다는 첨단기술과 관련되는 산업경제재로서 정보산업의 측면에서 보호, 개발, 육성되어야 할 특수성을 보유하고 있으며, 프로그램의 특수성과 우리나라의 여건에 맞추어 적절한 예외조항과 산업육성에 대한 장치를 마련함으로써 프로그램의 급속한 기술발전에 대처하고 보호와 육성을 연계하여 산업발전을 도모할 수 있다"는 점에 있다고 설명되었다.[1]

　　그러나 오늘날의 현실은 과거와는 크게 달라졌다. 저작권법의 보호대상인 일반 저작물들도 단순히 전통적인 의미의 문화적 영역에만 머물지 않고 기술적으로 디지털 정보기술과 결합되어 산업적으로 첨단 '콘텐츠산업'의 영역으로 나아가고 있으며, 이러한 콘텐츠산업은 소프트웨어산업과 불가분의 관계를 맺고 있어, 양자의 경계가 과거와 같은 의미를 갖지 못하고 있다.

---

1 국회 경제과학위원회, 컴퓨터프로그램보호법안 심사보고서, 1986. 12., 6면 참조.

그 사이에 체결된 TRIPs, WCT 등의 다자간 국제협약을 통해 컴퓨터프로그램을 베른협약상 '어문저작물'의 하나로 보아 저작권적 보호를 한다는 것이 국제적 기준으로 확고히 자리 잡게 되어, 컴퓨터프로그램에 대한 '특수한' 취급의 여지가 근본적으로 축소되기도 하였다. 이러한 사정으로 인해, 저작권법 외의 특별법으로 컴퓨터프로그램을 보호하는 입법선택이 가지는 장점은 점차 희석되고, 그것이 법률소비자들에게 안겨주는 혼란이나 비체계성 등의 단점이 부각되어 오던 차에, 때마침 2008. 8. 29. 정부조직법 개정으로 컴퓨터프로그램보호법의 주무부처가 구(舊) 정보통신부에서 문화체육관광부로 이관됨으로써 양 법의 통합이 강한 추진력을 받게 됨으로써 결국 위와 같은 개정법의 공포에 이르게 된 것이다. 이러한 개정입법으로 인해 지금은 컴퓨터프로그램저작물에 대하여도 저작권법에 특별한 제외규정이나 예외규정(제37조의2 등)에 의한 경우가 아닌 한 저작권법의 모든 규정이 적용된다. 컴퓨터프로그램저작물이 가지는 고유한 특성은 저작권법상의 특례규정 등으로 반영되어 있다.

(2) 컴퓨터프로그램저작물의 의의

"컴퓨터프로그램저작물"(이하 '프로그램'이라 한다)이라 함은 특정한 결과를 얻기 위하여 컴퓨터 등 정보처리능력을 가진 장치(이하 "컴퓨터"라 한다) 내에서 직접 또는 간접으로 사용되는 일련의 지시·명령으로 표현된 창작물을 말한다(법 제2조 제16호). 이것을 좀 더 자세히 분석해 보자.   §4-115

(가) 컴퓨터 등 정보처리능력을 가진 장치 내에서 사용되는 것일 것

통상 컴퓨터가 가지고 있는 연산, 제어(통제), 기억, 입력, 출력의 5종류의 기능 중 입력, 출력의 기능이 없더라도 연산, 제어, 기억의 기능만 가지고 있으면 여기서 말하는 정보처리능력을 가진 장치라고 할 수 있다(예컨대, 전화교환기, 마이크로프로세서 등). 그러한 장치 내에서 사용된다는 것은 그러한 장치의 통상적인 용법에 따라 사용될 수 있는 것을 의미한다. 그러나 실제로 컴퓨터에서 사용할 수 있는 상태가 되어야만 프로그램으로 인정될 수 있는 것은 아니며, 컴퓨터 내에서 사용되도록 하기 위한 것이라면 설사 아직 작동이 되지 않는 것이라 하더라도 프로그램에 해당할 수 있다.   §4-116

(나) 특정한 결과를 얻을 수 있을 것

특정한 결과를 얻을 수 있다는 것은 어떠한 의미를 갖는 하나의 일을 할 수 있다는 의미이다. 그 일의 대소나 가치의 고저는 전혀 문제되지 않는다.   §4-117

(다) 컴퓨터 내에서 직접·간접으로 사용되는 일련의 지시, 명령일 것

프로그램은 일련의 지시·명령이다. 그러므로 단 한 스텝의 지시만으로는 프로그램이라고 인   §4-118

정될 수 없을 것이다. 몇 스텝의 지시, 명령이 결합되어야 프로그램으로 인정할 수 있을 지는 구체적, 개별적으로 판단하여 결정하여야 할 것이다. 다만 스텝수가 적고 분량이 적은 프로그램의 경우에는 기능적 저작물인 프로그램에 '창조적 개성'을 인정하기 쉽지 않을 것임을 유의할 필요가 있다.[1]

또한, 프로그램이란 컴퓨터 내에서 직접·간접으로 사용되는 것이다. 이것은 프로그램이라고 할 수 있기 위해서는 당해 지시나 명령이 컴퓨터에 대한 것이 아니면 안 된다는 의미이다. 따라서 흐름도(flow chart)나 사용자 매뉴얼 등은 사람(개발자 또는 사용자)에 대한 지시 또는 설명일 뿐, 컴퓨터에 대한 지시, 명령이 아니므로 프로그램이 아니고, 도형저작물이나 어문저작물로 인정될 수 있을 뿐이다.

그리고, "직접 또는 간접으로 사용되는 일련의 지시·명령으로"에서 직접으로 사용된다는 것은 프로그램이 기계어로 되어 있어서 컴퓨터에 직접 지시, 명령을 하는 경우, 즉 목적코드(object code)의 경우를 말하고, 간접으로 사용된다는 것은 컴파일러 등에 의하여 기계어로 변환하는 과정을 거쳐 컴퓨터에 지시, 명령을 하게 되는 경우, 즉 원시코드(source code)의 경우를 말한다. 따라서 원시코드와 목적코드가 모두 프로그램에 포함됨을 알 수 있다.

§4-118-1 　 컴퓨터에 대한 일련의 지시, 명령으로서의 성격을 가지는지 여부는 프로그램성의 유무를 결정짓는 중요한 잣대가 된다. 전자파일로서 기록매체에 전자적으로 기록되어 컴퓨터가 그것을 읽을 수 있는 것이라 하더라도 컴퓨터를 작동시키는 일정한 처리를 지시하는 것이 없으면 프로그램에 해당하지 않는 것으로 보아야 한다.[2] 공중전화카드의 '워터마크'가 프로그램저작물에 해당하는지가 문제된 사건에서 서울지방법원 2000. 7. 21. 선고 99가합8750 판결은 위 워터마크 부분이 카드의 진정성을 확인할 수 있는 정보로 구성되어 있는데, 그것이 공중전화기에 삽입되었을 때 카드판독기에 대하여 어떠한 지시·명령을 하는 것은 없고, 카드판독기는 당연히 워터마크 테이프의 처음부터 끝까지 읽도록 되어 있을 뿐이라는 이유로 위 부분은 "일련의 지시·명령"에 해당하지 않아 프로그램저작물이라고 볼 수 없다는 취지로 판시한 바 있다.[3] 사실관계가 그렇다면, 프로그램이라고 할 수 없을 것이다. 'ECO_RFID.INI 파일' 사건에 대한 대법원 2014. 10. 27 선고 2013다74998 판결(§4-121-1)도 프로그램의 초기환경설정 값으로 사용될 데이터들이 기록된 파일

1　같은 취지, 金井重彦·小倉秀夫編著, 著作權法 コンメンタール, LexisNexis, 2013, 41면. 뒤에서 보는 서울고등법원 2013. 8. 29. 선고 2012나95785(본소), 2012나95792(반소) 판결(§4-121-1)이 비교적 짧은 분량의 파일에 대하여 설사 프로그램으로 인정되더라도 창작성을 인정하기는 어렵다고 본 사례이다.

2　그런 취지로 판시한 일본의 하급심판결로, 동경고재 1992. 3. 31. 선고 판결(IBF뱃지 파일 사건)이 있다. 中山信弘, 著作權法(第 2 版), 有斐閣, 2014, 118면. 뒤에 소개하는 서울고등법원 2013. 8. 29. 선고 2012나95785(본소), 2012나95792(반소) 판결(§4-121-1)도 같은 취지로 판시하였다.

3　오승종, 저작권법(제 3 판), 박영사, 2013, 1008면.

에 대하여 같은 이유로 프로그램저작물이라고 볼 수 없다고 판시하였다.

다만 프로그램으로서의 독립성이 없어도 그 데이터 부분을 읽어들이는 다른 모듈(module)과 연동되어 전체적으로 컴퓨터에 대한 지시·명령의 일부분을 이루는 것으로 볼 수 있다면(하나의 프로그램 패키지 안에 들어가 있고 그 데이터 부분이 없으면 프로그램의 작동이 원활하게 되지 않는 경우가 그러한 예가 될 수 있을 것이다), 그것은 프로그램에 해당하는 것으로 보아야 할 것이다.[1] 결국 프로그램의 일부라고 볼 수 있는지 여부에 따라 판단이 미묘하게 달라지는 부분이 있게 된다는 것에 유의할 필요가 있다.

누군가가 어떤 응용프로그램을 이용하여 새로운 파일을 만든 경우에 그 파일의 작성이 컴퓨터에 대한 지시·명령에 해당하는지 여부를 판단하기가 실제로는 그리 쉬운 일이 아니다. 그 판단에 있어서 코딩 또는 코딩에 준하는 작업을 통해 만들어지는 '소스코드'가 있는지 여부는 매우 중요한 판단의 잣대가 될 수 있다(§4-121-2 참조).

(라) 외부에 '표현'된 것일 것

이것은 일반 저작물의 성립요건을 재확인한 것으로서, 아이디어는 보호되지 않고, 아이디어의 '표현'이 보호대상이라는 의미를 내포한다(§3-30 참조). 외부에 '표현'될 것을 요구할 뿐이므로 이른바 '유형적 표현매체에의 고정'을 요하지 않음은 다른 저작물의 경우와 마찬가지이다(§3-43 참조). §4-119

(마) 창작성을 가질 것

프로그램도 저작물인 이상 창작성을 요건으로 함은 당연하며, 정의규정의 '창작물'이라는 단어에도 그러한 취지가 내포되어 있다. 프로그램의 '표현'에 창작성이 있을 것을 요하고, 아이디어에 창작성이 있는 것만으로는 저작권 보호를 받을 수 없는 것도 일반 저작물과 같다. §4-120

프로그램은 그 특성상 '기능적 저작물'에 해당하고, 우리나라 대법원 판례는 앞서 살펴본 바와 같이 기능적 저작물의 경우에 창작성의 한 요소인 '창조적 개성'에 대하여 비교적 신중하게 심사하는 태도를 보이고 있으므로(§3-7, 15 참조), 결국 프로그램도 창조적 개성이 있는지 여부를 비교적 엄격하게 심사하여야 할 것이라고 할 수 있다. 프로그램의 길이가 짧을 경우에는 기능적 저작물의 특성에 비추어 창조적 개성을 인정하기 어려운 경우가 많을 것이라는 점은 위에서 언급한 바(§4-118)와 같다. 어떠한 경우에 프로그램저작권의 침해가 인정될 수 있을지에 대하여는 이후 '저작권침해'에 대한 부분에서 자세히 살펴본다(§27-32 참조).

---

1 그러한 취지의 일본 하급심 판결로, 東京地裁 2003. 1. 31. 선고 판결(判例時報 1826호 127면; 전차설계용 프로그램 사건)이 있다. 다만 프로그램으로서의 창작성은 인정되지 않는다고 보았다. 中山信弘, 著作權法(第 2 版), 有斐閣, 2014, 118면.

🔲 판 례

§4-121

❖서울중앙지방법원 2009. 4. 3. 선고 2006가합92887 판결

프로그램저작물은 예술성의 표현보다는 기능이나 실용적인 사상의 표현을 주된 목적으로 하는 이른바 기능적 저작물로서, 기능적 저작물은 그 표현하고자 하는 기능 또는 실용적인 사상이 속하는 분야에서의 일반적인 표현방법, 규격 또는 그 용도나 기능 자체, 저작물 이용자의 이해의 편의성 등에 의하여 그 표현이 제한되는 경우가 많으므로 작성자의 창조적 개성이 드러나지 않을 가능성이 크고, 동일한 기능을 하는 기계장치나 시스템의 연결관계를 표현하는 기능적 저작물에 있어서 그 장치 등을 구성하는 장비 등이 달라지는 경우 그 표현이 달라지는 것은 당연한 것이며, 저작권법은 기능적 저작물이 담고 있는 사상을 보호하는 것이 아니라, 그 저작물의 창작성 있는 표현을 보호하는 것이므로, 기술 구성의 차이에 따라 달라진 표현에 대하여 동일한 기능을 달리 표현하였다는 사정만으로 그 창작성을 인정할 수는 없고, 창조적 개성이 드러나 있는지 여부를 별도로 판단하여야 [한다].

§4-121-1

❖대법원 2014. 10. 27. 선고 2013다74998 판결 — "ECO_RFID.INI 파일" 사건

저작권법에 의하여 보호되는 컴퓨터프로그램저작물은 특정한 결과를 얻기 위하여 컴퓨터 등 정보처리능력을 가진 장치 내에서 직접 또는 간접으로 사용되는 일련의 지시·명령으로 표현된 창작물을 말한다.

기록에 비추어 살펴보면, 원심 판시 ECO_RFID.INI 파일(이하 '이 사건 파일'이라고 한다)은 원심 판시 RFID(Radio Frequency Identification) 단말기 구동 프로그램(이하 '이 사건 프로그램'이라 한다) 중 동적 연결 프로그램들이 초기 환경 설정을 위하여 받아서 처리하는 데이터들, 즉 시리얼 통신에 사용될 연결 포트를 설정하는 데이터와 프로그램에 연결된 리더기의 종류를 설정하는 데이터를 비롯하여 프로그램과 리더기 간의 통신 속도, 통신 해지 조건, 수신 반복 횟수, 통신 간격 및 재호출 횟수 등을 설정하는 데이터들이 기록된 것에 불과하고, 위와 같은 데이터들을 받아 처리하는 과정이 이 사건 파일의 어떠한 지시·명령에 따라 이루어진다고 보기 어려우므로, 이 사건 파일이 저작권법에 의하여 보호되는 컴퓨터프로그램저작물에 해당한다고 볼 수 없다.

▷NOTE : 대법원의 위 판결은 어떤 파일이 단순한 데이터 파일(§4-137)인지 아니면 프로그램에 해당하는지 여부를 구별하는 기준을 정립하는 데 큰 참고가 되는 판례이다. 이 사건 파일은 단말기 구동 프로그램 중 동적 연결 프로그램들이 "초기 환경 설정을 위하여 받아서 처리하는 데이터들"이 기록된 것에 불과하고 "위와 같은 데이터들을 받아 처리하는 과정이 이 사건 파일의 어떠한 지시·명령에 따라 이루어진다고 보기 어렵다"는 이유로 이 사건 파일은 프로그램에 해당하지 않는다고 판시하였다. 만약 어떤 데이터들이 그 데이터 부분을 읽어들이는 다른 모듈과 연동되어 전체적으로 컴퓨터에 대한 지시·명령에 해당하는 것으로 평가될 수 있다면 프로그램에 해당할 수 있는 것으로 보게 되는 경우가 있을 수 있다는 것이 본서의 입장(§4-118-1 참조)인데, 위 대법원 판례는 적어도 프로그램의 '초기 환경설정 값'을 이루는 데이터들로만 구성된 경우에는 단순한 '데이터 파일'에 해당할 뿐 프로그램은 아닌 것으로 보겠다는 것을 분명하게 선언한 것이라 할 수 있다. 한편, 위 판결의 원심판결인 서울고등법

원 2013. 8. 29. 선고 2012나95785(본소), 2012나95792(반소) 판결은 가정적 판단으로 "가사 프로그램으로 인정할 수 있다 하더라도 창작성을 인정하기 어렵다"고 판시하였다. 만약 위 파일이 프로그램에 해당한다고 하더라도 비교적 간단하고 짧은 분량의 정보를 나열해놓은 것만으로는 '기능적 저작물의 창조적 개성 심사 엄격화의 원칙'(§3-13-1)에 비추어 창작성을 인정하기 어려울 것이다.

❖수원지방법원 2005. 5. 10. 선고 2003노3579 판결 — "엑셀 파일" 사건   §4-121-2

컴퓨터프로그램의 요건 중 '직접 또는 간접으로 사용되는 컴퓨터에 대한 일련의 지시·명령'이라는 것은 일반적으로 목적코드(object code)와 원시코드(source code)를 의미한다고 해석되므로, 컴퓨터프로그램으로 인정되기 위해서는 프로그래머가 직접 코드(code)를 작성하거나 이를 대신하는 프로그램을 활용하여 간접적으로 코드를 작성하는 등의 직·간접적인 코딩 작업 또는 이에 준하는 프로그래밍 작업이 전제되어야 하고, 이러한 작업을 통해 생성된 소스코드(source code)는 컴퓨터프로그램의 요체라고까지 할 수 있다(대법원 2001. 6. 26. 선고 99다50552 판결 등 참조). 이에 비추어 볼 때 단순히 EXCEL 프로그램의 셀에 함수식을 입력하는 방식으로만 제작된 파일에는 위와 같은 프로그램 제작 과정이 존재하지 않아 '컴퓨터에 대한 일련의 지시·명령의 조합'이라는 요건을 충족한다고 볼 수 없다.

그런데 위 감정서의 기재를 비롯하여 기록에 의하면, 이△△가 이 사건 EXCEL 파일을 제작하면서 사칙연산과 함수 등 응용프로그램인 EXCEL의 기본적인 연산기능과 참조(Reference) 기능을 사용하기는 하였으나, 소스코드(source code)를 직접 작성하는 코딩(coding) 작업은 물론 EXCEL 프로그램의 VBA(Visual Basic for Application), VBE(Visual Basic for Editor), OOP(Object Oriented Programming) 등을 활용한 매크로(Macro) 작업과 같은 간접적인 코딩 작업 또는 이에 준하는 작업을 거치지 않은 사실, 결과적으로 이 사건 EXCEL 파일에는 이△△가 작성한 소스코드가 존재하지 않는 사실을 인정할 수 있다. 그렇다면 이△△는 EXCEL 프로그램의 연산기능을 활용하였을 뿐 프로그래밍이라고 볼 수 있는 작업을 수행하지는 않은 것이므로 이 사건 EXCEL 파일을 컴퓨터프로그램보호법이 보호하는 프로그램이라고 평가할 수는 없다.

검사는 대법원 판례(대법원 2001. 5. 15. 선고 98도732 판결)를 근거로 소스코드(source code)와 코딩(coding) 작업이 없어도 컴퓨터프로그램으로 볼 수 있다고 주장하나, 위 판결에서 대법원은 '피해자들의 이 사건 서체파일 프로그램은 인간에 의하여 읽혀지는 문자, 숫자, 기호 등을 사용한 컴퓨터 프로그램 언어로 키보드(keyboard) 등의 입력기를 통하여 직접 소스코드(source code)가 작성되는 것은 아니지만, 폰토그라퍼와 같은 서체파일 프로그램 제작용 프로그램을 프로그램 제작의 도구로 사용하여 컴퓨터 모니터상에서 마우스로 서체도안을 완성한 후 서체파일을 바로 생성시키는 것으로서 그 제작과정을 전체적으로 평가하면 일반적인 프로그램의 제작과정과 다를 바 없으므로, 서체파일의 제작자가 직접 코딩(coding) 하지 않았다고 하여 이 사건 서체파일이 데이터의 집합에 불과하다고 할 수 없다'는 항소심의 판단이 정당하다고 판시하였는데, 이는 프로그램 제작에 있어 코딩 작업 자체가 불필요하다는 것이 아니라 프로그램 제작 과정이 직접적인 코딩 작업일 필요는 없다는 취지이고, 오히려 대법원은 "전체적으로 평가하면 일반적인 프로그램의 제작과정과 다를 바 없다"고 하여 간접적인 코딩 작업이 있음을 근거로 컴퓨터프로그램보호법상의 컴퓨터프로그램에 해당한다고 판단하였으므로, 대법원은 코딩 작업의 유무를 컴퓨터프로그램에 해당하는지 여부를 판단할 때 중요한 요소로 보고 있음을 알 수 있다(이는 "서체파일의 구조에 해당하는 내용이 프로그램의 요체인 소스코드에 해당하며", "통상적인 프로그램과는 달리 파일의 구성요소를 제작자가 직접 코딩(coding)하지는 않지만", "종합적으로 관찰하면 일반 프로그램 코딩과정과 다를 바 없다"는 항소심 판결이 정당하다고 판결한 대법원 2001. 6. 26. 선고 99다50552 판결에서도 확인할 수 있다). 따라서 검사의 이 부분 주장은 이유 없다.

▷NOTE : 위 판결은 해당 사건의 감정서에서 제시된 의견을 토대로, 컴퓨터프로그램에 해당하기 위하여는 작성자가 직접 코딩하거나 '간접적인 코딩작업'을 통해 작성한 소스코드가 있어야 하고 '프로그래밍'이라고 볼 수 있는 작업이 수행된 바 없으면 컴퓨터프로그램이라고 할 수 없다는 취지를 표명하고 있다. 프로그램에 해당하기 위해서는 프로그래밍이 있어야 한다는 말만으로는 순환논법의 오류를 내포한 것으로 보이는 면이 있지만, '컴퓨터 내에서 직접·간접으로 사용되는 일련의 지시, 명령'이어야 한다는 요건에 해당하는지 여부를 판단하기 위해 구체적인 사안에서 '코딩작업이나 이에 준하는 작업의 유무, 소스코드의 유무' 등을 참고하고 그것을 하나의 판단기준으로 삼은 것은 구체적인 판시내용과 함께 검토해 볼 때 적절하고 타당한 것으로 생각된다. 위 판결에서 서체파일에 대한 대법원 판결(§6-67, 69 참조)이 '간접적인 코딩작업'이 있음을 근거로 프로그램으로서의 성격을 긍정하였다고 본 것도 기본적으로 타당하다. 결론적으로 위 사건에서 이△△이 작성한 엑셀파일이 단지 EXCEL 프로그램의 연산기능을 활용하였을 뿐 그의 프로그래밍에 의한 프로그램이 아니라고 본 것은 타당한 것으로 생각된다.

(3) 프로그램에의 해당 여부가 문제되는 것

(가) 운영체제 프로그램(operating system)

§4-122　　일찍이 하드웨어와 응용프로그램 사이에서 컴퓨터시스템의 작동을 조정하고 제어하기 위한 프로그램인 운영체제 프로그램이 저작물에 해당하는지 여부가 문제된 바 있다.

미국의 Apple Computer, Inc. v. Franklin Computer Corp. 사건에서 피고 회사는 운영체제 프로그램은 인간에게 감지되기 위한 것이 아니라 오로지 컴퓨터의 작동을 통제하기 위한 것이므로, '표현'이 아니라, 아이디어나 프로세스에 해당하며, 그렇지 않더라도 기계의 일부분에 불과하다고 주장하였다. 이에 대하여 연방 제3 항소법원은 운영체제 프로그램도 컴퓨터에 대한 구체적인 지시, 명령을 내포하고 있는 이상 저작권적 보호에 있어서 응용프로그램에 비하여 차별할 이유가 없고 비록 롬에 고정되어 있다 하더라도 기계의 일부분이 아니라 프로그램으로서의 성격을 가짐을 부정할 수 없다는 취지로 판시하였다.[1] 이 판시내용은 지극히 타당하며, 지금은 운영체제 프로그램의 저작물성을 부정하는 견해는 잘 발견되지 않는다.

---

1 Apple Computer, Inc. v. Franklin Computer Corp. 714 F. 2d 1240, 1251 (C.A.Pa.,1983).

(나) ROM에 저장된 프로그램

프로그램이 ROM에 저장되어 있는 경우에는 하드웨어와 일체화되어 작동하게 되므로 단순   §4-123
한 소프트웨어의 성격을 넘어 하드웨어화되었다고 볼 수 있는 여지가 있어 그 저작물성이 문제
된다.

미국에서 개정 전의 저작권법하에서는 사람들에 의해 보여지고 읽혀질 수 있는 것만이 저작
물이라고 하면서 전자체스게임인 CompuChess의 ROM과 같이 firmware로 된 것은 기계의 일
부가 되었으므로 저작권법에 의한 보호가 부적합하다고 하는 것이 법원의 태도였는데,[1] 1976,
1980년 저작권법하에서는 ROM의 실리콘칩은 미국 저작권법이 규정하고 있는 '유형적 표현매체'
에 해당하므로 실리콘칩에 고정되어 있는 프로그램은 저작권법에 의한 보호대상이 된다는 것이
판례의 태도이다.[2]

그 밖에 ROM에 저장된 프로그램의 저작물성을 긍정하는 논거로는 ① ROM 자체는 기계의
일부라 하더라도 ROM에 저장된 프로그램은 기계의 도움으로 지각, 재생, 전달될 수 있다는 점,
② 자기디스크(하드디스크)나 자기테이프에 저장되더라도 그 저작물성을 잃는 것이 아닌 것처럼
ROM에 저장되더라도 그 저작물성을 잃는 것은 아니라는 점 등이 들어진다.[3]

저작물 그 자체의 특성이 아니라, 그것이 저장되는 매체에 따라 저작물성이 달라진다고 보는
것은 불합리하므로, ROM에 저장되었다는 것만으로 그 프로그램의 저작물성을 부정하는 것은 타
당하지 않은 것으로 생각된다. 위와 같은 통설의 입장을 지지한다.[4]

(다) RAM상의 프로그램

RAM 상에 있는 프로그램도 저작물로서 보호될 수 있는가 하는 문제에 관하여는, "저작물로   §4-124
보호되기 위하여는 유형의 표현매체에 RAM 상태보다 더 영구적으로 기록되어야 하므로 RAM
상태의 프로그램을 하드디스크에 저장하거나 프린터로 출력한 경우에는 저작물로서 보호될 수
있지만, RAM 상태로 있는 프로그램은 저작물로 보호받지 못한다"고 하는 견해[5]가 있다.

그러나 위 견해는 우리 법상에도 저작물에 관하여 미국법과 같은 "유형적 표현매체에의 고
정"이라는 요건을 충족하여야 한다는 전제에 선 것이나, 우리 법제는 일반적으로 저작물에 대하

---

1 Data Cash System, Inc. v. JS & A Group, Inc. 203 U.S.P.Q. 735(N.D.Ⅲ, 1979), 항소심에서는 다른 근거로 인용
됨. 이철, 컴퓨터범죄와 소프트웨어보호, 박영사, 1995, 300면 참조.
2 Tandy Corp. v. Personal Micro Computers, Inc. 524 F. Supp. 171, 214 U.S.P.Q. 178(N.D.Cal. 1981). 위
Apple Computer, Inc. v. Franklin Computer Corp.도 같은 입장이다.
3 임준호, "컴퓨터프로그램의 법적 보호," 지적소유권에 관한 제문제(하), 법원행정처, 1992, 479면.
4 판례도 통설의 입장과 같은 것으로 보인다. 한 예로, 서울중앙지방법원 2017. 6. 28 선고 2013가합534051 판결은 '펌
웨어' 프로그램이 컴퓨터프로그램저작물에 해당함을 당연한 전제로 하여 판시하고 있다.
5 이철, 전게서, 301면.

여 '고정'의 요건을 요하지 않는 것으로 보는 통설의 입장(§3-43, §4-119 참조)에서는, 결론이 달라지게 된다.

즉, 우리 법상으로는 RAM 상에 일시 저장된 프로그램도 그것이 창작성이 있는 프로그램으로서 외부에 표현된 이상 보호된다고 보아야 할 것이다.

(라) 게   임

§4-125   게임은 일반적으로 프로그램과 영상저작물의 성격을 겸유하는 경우가 대부분이라 할 수 있다. 그것은 온라인 게임이나 패키지 게임이나 마찬가지이다. 전자오락실 등에 설치된 이른바 '아케이드 게임'의 경우 프로그램이 게임기의 ROM칩 속에 내장되어, 이용자가 동전을 투입한 후 버튼을 조작함에 따라 화면의 영상이 변화되면서 게임을 수행할 수 있도록 하는 경우가 많은데, 이 경우에도 그것이 프로그램으로서의 저작물성을 가진다는 것에 대하여는 별다른 이론이 없다. 오히려 문제가 되는 것은 그 프로그램과 결합된 영상물이 '영상저작물성'을 가지는가 하는 점이다.

미국의 Stern Electronics v. Kaufman 사건[1]에서 원고는 자신이 라이센스를 가진 비디오게임인 Scramble의 'attract mode'(게임을 시작하기 전에 게임내용을 설명하는 화면)와 'play mode'(동전을 집어넣어 게임이 시작된 후의 화면) 양자의 시청각적 표현은 저작물로서 보호되어야 한다고 주장하였다. 이에 대하여 피고는 게임을 하는 사람이 어떻게 게임을 조작하는가에 따라 화면의 진행이 조금씩은 모두 다르기 때문에 게임의 영상과 소리는 어떤 표현매체에 고정된 것도 아니고 창작적인 것도 아니며, 따라서 저작물에 해당하지 않는다고 항변하였다. 이 사건에서 법원은 게임의 구체적인 영상과 소리가 어떻게 진행되어 나오더라도 그 전체적인 이미지는 게임이 반복될 때마다 동일한 것이므로 '고정되어' 있는 것에 해당하고 그 전체적인 이미지가 다른 게임의 그것과는 구별될 수 있다는 점에서 창작성도 인정된다고 판단하고, 따라서 Scramble의 시청각적 표현은 저작물로서 보호되어야 한다고 판시하였다.[2]

---

1 213 USPQ 75. 사안은 다음과 같다. 즉, 원고인 Syern Electronics는 일본의 고나미사가 개발한 SCRAMBLE이란 이름의 비디오게임을 고나미사로부터 북남미에 독점적으로 판매하는 재(再) 라이센스를 얻어서 1981년 봄부터 미국에서 팔기 시작하였다. SCRAMBLE 게임은 우주선이 지상의 미사일이나 비행기 등으로부터 공격을 피하여 목적지에 도달하도록 된 내용으로 한 벌이 2,000달러인데도 판매 개시 두 달만에 10,000벌이나 팔리는 대성공을 거두었다. 피고인 Omni Video사는 1981년 말부터 SCRAMBLE이란 이름을 머리판에 붙인 Space Guerilla 등의 비디오게임을 팔기 시작하였으며 이는 Stern사의 Scramble과 시청각적 표현이 거의 같았다. 그래서 Stern사는 자기의 저작권을 침해당하였다고 하면서 그 침해행위의 금지명령을 구한 것이다.

2 같은 취지의 판례로, Midway Mfg. Co. v Artic International, Inc., 211 USPQ1152, 1982-1 CCH Trade Cases 64534(1981, ND Ill)과 Williams Electronics, Inc. v Artic International, Inc. F.Supp(1981, DC NJ) 등이 있다. 이와 같이 게임프로그램에 포함된 시청각저작물의 보호를 기본적으로 인정하는 전제하에, 원, 피고의 게임프로그램에 포함된 시청각적 표현이 유사하지만, 그것이 보호되지 않는 아이디어와 불가분적 관계에 있는 표현이라는 이유로(이른바 merge doctrine 적용), 원고의 청구를 기각한 사례로는 Atari, Inc. v Amusement World, Inc., 547 F Supp 222, 215 USPQ929(1981, DC Md)가 있다.

이 판례를 이해함에 있어서는 다음과 같은 점들을 유의하여야 할 것이다.

첫째, 미국에서도 비디오 게임기에 내장된 프로그램에 의하여 화면에 현출되는 시청각적 표현은 프로그램 자체가 아니라 그와 별개의 '시청각 저작물'로 보호된다는 점이다. 이를 우리 법에 대응시켜 보면, 위와 같은 시청각적 요소는 '저작권법'상의 '영상저작물'에 해당하는 것이라 할 수 있다.

둘째, 영상저작물에 관하여는 우리 저작권법상으로도 "연속적인 영상(음의 수반 여부는 가리지 아니한다)이 수록된 창작물로서 그 영상을 기계 또는 전자장치에 의하여 재생하여 볼 수 있거나 보고 들을 수 있는 것을 말한다"라고 정의하고 있으므로, 고정의 요건을 요하는 것으로 볼 수 있다(§4-94 참조). 따라서 미국의 판례가 위와 같이 고정의 요건에 관하여 판단한 것은 우리 법의 해석상으로도 실제적인 의미를 가진다.

일본의 동경지방법원도 1984. 9. 28. 선고한 판결에서 원고 Namco㈜의 PACMAN이라는 비디오게임은 '영화촬영방법에 유사한 시청각효과 또는 시각효과를 낳는 방법으로 표현된 작품'이므로 영화저작물에 해당한다고 판시하였으며, 이는 비디오게임이 일본 저작권법상의 '영화저작물'에 해당되는 것을 인정한 첫 판결이었다.[1] 이후 게임소프트웨어 씨디롬의 중고판매와 관련하여 게임에 대하여도 일본 저작권법상 영상저작물에 해당하는 것을 전제로 배포권에 대한 권리소진 여부를 따져야 하는 것인지가 문제된 사건이 있었고 이 사건은 일본 최고재의 판단을 받게 되었다. 이에 대하여 일본 최고재는 게임소프트웨어가 일본 저작권법 제 2 조 제 3 항에서 규정하는 '영화의 효과와 유사한 시각적 또는 시청각적 효과를 발생시키는 방법으로 표현되고 유형물에 고정된 저작물'이라 할 수 있으므로 영상저작물에 해당한다고 판시하여 게임의 영상저작물성에 대한 논란을 일단락지었다.[2]

한편, 온라인 게임의 아바타(avatar)나 그 아바타가 소지하는 게임 아이템(game item)이 프로그램저작물에 해당하는지가 문제된 적이 있는데, "아이템은 … 컴퓨터 내에서 선택된 아이템이 아바타에 적용되어 아바타와 일체로 구현된다는 특정한 결과를 얻기 위한 일련의 지시, 명령으로 이루어진 컴퓨터프로그램"에 해당한다고 하면서 가처분 결정을 한 하급심결정례가 있다.[3] 그러나 게임의 아바타나 아이템은 프로그램저작물과 영상저작물이 결합된 게임의 요소들 중에 영상적 요소에 해당하고 프로그램과 연동되어 있기는 하지만 프로그램의 구성부분이라고 하기는 어

---

1 이철, 전게서, 301~302면 참조.

2 最高裁 2002. 4. 25. 선고 판결 ― "중고게임소프트" 사건.

3 서울지방법원 2003. 11. 14.자 2003카합2639 결정. 다만 이후 가처분이의 사건에서 가처분이 유지되긴 하였지만, 판결이유에서 게임아이템이 컴퓨터프로그램에 해당하는지 여부의 판단은 생략되어 있고 구 온라인디지털콘텐츠산업발전법(현 콘텐츠산업진흥법)의 적용만 검토하여 판결하였다고 한다. 박성호, 저작권법, 박영사, 2014, 123면 참조.

려울 것이므로 프로그램저작물로서의 성격을 인정하기는 어려울 것으로 생각된다.

(마) 마이크로코드

§4-126   마이크로프로세서(CPU칩)를 작동시키기 위해 ROM에 하드웨어적으로 저장된 프로그램인 마이크로코드(microcode)도 저작물로서 보호된다는 것이 미국의 판례이다.[1]

(바) 하위 프로그램(컴포넌트)

§4-127   전체 프로그램의 일부로서 독립하여 기능할 수 있는 하위 프로그램도 저작권법상의 프로그램에 해당한다(아래에서 소개하는 하급심 판결 참조). 따라서 이른바 '컴포넌트 소프트웨어(Component Software)'[2]도 저작물로 보호될 수 있다.

판 례

§4-128   ❖ 서울중앙지방법원 2006. 4. 21. 선고 2003가합95465 판결
피고 1, 2는 2001. 1.경 'A'는 그 개발이 중단될 당시 완성되지 아니한 상태로 캐릭터가 화면에서 이동하는 정도로만 개발되어 있었고, 'B' 또한 시험용 서비스만 제공되고 완성되기 이전에 개발이 포기되어, 양 프로그램 모두 미완성의 것이므로 프로그램 저작권 침해가 문제되지 않는다는 취지의 주장을 하나, <u>전체 프로그램의 일부로서 독립하여 기능할 수 있는 하위 프로그램도 컴퓨터프로그램보호법에 의해 보호되는 컴퓨터프로그램저작물에 해당하는데</u>, 위 피고들 주장 자체에 의하더라도 개발 중단 당시 'A'의 하위 프로그램들 중 일부는 독립하여 기능할 수 있는 상태였고, 이러한 하위 프로그램을 개작하여 창작된 'B' 또한 시험용 서비스를 제공할 수 있을 정도로 하위 프로그램들이 완성된 상태였다고 할 것이어서, 'A'와 'B'가 전체로서 완성되지 아니한 상태였다는 사정은 '이계'의 하위 프로그램에 대한 원고의 프로그램 저작권 침해 여부에 영향을 미치지 못한다고 할 것이므로, 피고 1, 2의 위 주장은 받아들이지 아니한다.

(사) 컴퓨터 글자체

§4-129   뒤에서 보는 바와 같이 글자체 자체에 대하여는 원칙적으로 저작물성이 부정되나 컴퓨터 글자체의 경우 프로그램에 해당하는 것으로 보아 그 한도에서 제한적인 저작권 보호가 주어질 수 있다. 이에 대하여는 제 4 절 Ⅲ(§6-54 이하)에서 자세히 다루기로 한다.

---

1 NEC Corp. v. Intel Corp., 645 F. Supp. 590(N.D. Cal. 1986), 송상현·김문환·양창수 공저, 컴퓨터프로그램보호법 축조연구, 서울대학교 출판부, 1989, 86면 참조.
2 '컴포넌트'란 하드웨어 부품과 같이 소프트웨어도 하나의 부품으로 제작되어 이를 조립함으로써 별개의 완성된 소프트웨어를 만들 수 있을 것이라는 개념에 기초한 것으로 보통은 객체지향 기술의 원리를 이용해 제작한, 소프트웨어 모듈을 의미한다. 오승종·김형렬·김윤명, 컴포넌트 보호를 위한 제도적 기반 구축에 관한 연구, 프로그램심의조정위원회, 2002, 20면 참조.

(아) 시험용 프로그램(beta version)

흔히 베타 버전 또는 트라이얼(trial) 버전이라고 하는 시험용 프로그램도 저작권법상의 프로 　§4-130
그램으로서 보호대상이 된다. 즉, 배포시에 명시적으로 허락한 범위 내에서 이를 시험용으로 사
용하는 것은 허용되지만, 이를 무단으로 복제하여 허락 범위 외에 배포 또는 전송하거나 허용된
기간 이후의 사용을 위한 개변을 하는 행위는 복제권, 배포권, 공중송신권, 동일성유지권 등을 침
해하는 것이 된다.[1]

(자) 셰어웨어(shareware)와 프리웨어(freeware)

소위 셰어웨어와 프리웨어라고 하는 프로그램은 저작권자가 자발적으로 저작재산권의 일부 　§4-131
의 행사를 유보한 프로그램이다. 일반적으로 이들은 권리의 행사를 유보한 것에 불과하고 권리를
완전히 포기한 것은 아니다. 따라서 이들은 저작권자가 아예 모든 권리를 포기하거나 기타의 사
유로 저작권을 완전히 상실하여 공중의 영역(public domain)에 들어간 이른바 PDS(Public Domain
Software)와는 구별되며 저작권법에 의해 일정한 보호가 주어지게 된다. 일반적으로 무명저작자의
경우, 초기의 프로그램은 프리웨어로 시작하여 점차 지명도를 얻어 가면서 셰어웨어로 전환하여
유료 사용자와 무료 사용자로 구분하는 일종의 가격차별정책을 견지하다가 완전한 정식 프로그
램으로 바꾸는 과정을 거치는 경우가 많다.

이러한 경우, 프리웨어라고 하더라도 저작재산권 중 2차적저작물작성권 등은 유보된 것으로
보아야 할 경우가 많을 것이고, 저작인격권도 저작자에게 계속 남아 있는 것으로 보아야 할 것
이다.

셰어웨어의 경우에 제기되는 한 가지 특수한 문제는, 셰어웨어의 정식 등록시에 주어지는 고
유번호(serial number)를 도용하여 정식 프로그램처럼 사용할 경우를 어떻게 규율할 것인가 하는
점이다. 셰어웨어를 정식 프로그램의 기능을 가진 프로그램으로 변환하는 행위는 '복제'에 해당하
는 것으로 볼 수 있으므로, 다른 저작재산권 제한사유에 해당하지 않는 한 저작재산권(복제권)의
침해가 성립하는 것으로 볼 수 있지 않을까 생각된다. 그러나 단순히 시리얼번호를 배포한 것만
으로는 그 자체가 저작권침해행위라고 보기 어렵고(아래에서 소개하는 판례 참조), 그것을 이용하여
저작권침해행위를 한 사람이 밝혀졌을 경우 그에 대한 방조범으로 처벌될 수 있고 민사상으로는
방조에 의한 공동불법행위가 성립할 수 있다.

---

1 윤선희, 지적재산권법(전정판), 세창출판사, 413면 참조.

§4-132

> ◆ 판 례

❖대법원 2002. 6. 28. 선고 2001도2900 판결

구 컴퓨터프로그램보호법(2000. 1. 28. 법률 제6233호로 전문 개정되기 전의 것)의 보호대상인 프로그램은 특정한 결과를 얻기 위하여 컴퓨터 등 정보처리능력을 가진 장치 내에서 직접 또는 간접으로 사용되는 일련의 지시, 명령으로 표현된 것을 말하는데(동법 제 2 조 제 1 호), 컴퓨터프로그램 시리얼번호는 컴퓨터프로그램을 설치 또는 사용할 권한이 있는가를 확인하는 수단인 기술적 보호조치로서, 컴퓨터프로그램에 특정한 포맷으로 된 시리얼번호가 입력되면 인스톨을 진행하도록 하는 등의 지시, 명령이 표현된 프로그램에서 받아 처리하는 데이터에 불과하여 시리얼번호의 복제 또는 배포행위 자체는 컴퓨터프로그램의 공표·복제·개작·번역·배포·발행 또는 전송에 해당하지 아니할 뿐 아니라 위와 같은 행위만으로는 컴퓨터프로그램저작권이 침해되었다고 단정할 수 없다.

(차) 공개소프트웨어

§4-133

'공개소프트웨어'는 정의하는 사람에 따라 다르지만, 대체로 프로그램의 공유(公有)정신을 기반으로 하여 그 원시코드(source code)의 공개를 의무화하며, 사용자의 자유로운 사용, 수정, 재배포 등 사용권을 보장하고자 하는 취지를 담은 소프트웨어를 뜻하는 것으로 이해되고 있다. 원시코드(source code)의 공개(open)에 주안점이 있다는 의미에서 오픈소스 소프트웨어(Open Source Software; OSS)라고 불리기도 한다. 그런 점에서 위에서 본 프리웨어, 셰어웨어 등은 이러한 의미의 공개소프트웨어에는 해당하지 않는 것으로 본다. 세계적으로 가장 널리 알려진 공개소프트웨어는 리눅스이다.

이러한 공개소프트웨어는 공유(公有)의 정신을 관철하기 위해 표준적인 '라이선스'를 활용하고 있다. 현재 약 83.2% 가량의 공개소프트웨어가 GNU GPL이라고 하는 라이선스 약관을 채택하고 있다. 이러한 '라이선스'는 우리나라 법률상 '컴퓨터프로그램저작물의 사용허락'에 해당하는 것으로서 그 허락의 조건에 위와 같은 계속적 원시코드 공개 등이 포함되어 있는 것이다. 그리고 이러한 허락의 조건이나 범위를 벗어난 사용은 컴퓨터프로그램저작물에 대한 저작권침해가 됨을 전제로 GPL 등의 강제성이 확보되고 있다.

이와 같이 공개소프트웨어는 프로그램저작물로서의 보호를 포기한 것이 아니라 공유(公有)의 철학과 정신이 지켜지도록 하기 위하여 저작권법적인 보호를 활용하고 있다고 볼 수 있다. 따라서 라이선스 약관의 해석에 대한 문제는 별도로 하고, 프로그램저작물로서의 보호는 100% 공개소프트웨어에 대하여도 주어지는 것으로 보면 된다.

(카) 반도체 집적회로의 배치설계

반도체 집적회로는 트랜지스터, 다이오드, 저항, 콘덴서와 같은 회로소자들을 작은 실리콘 반 §4-134
도체 결정인 칩 속에 서로 결합하여 집적시킨 전자회로를 말한다. 반도체 집적회로의 배치설계는
일반 저작물 및 프로그램과는 성질이 다르므로, 저작권법에 의하여 보호하지 않고 별도의 법률인
반도체 집적회로의 배치설계에 관한 법률로 보호하고 있다. 따라서 이러한 반도체 집적회로의 배
치설계는 프로그램에 해당하지 아니한다.

(타) HTML 문서

웹에 올려진 홈페이지는 일반적으로 HTML(HyperText Markup Language)이라고 하는 언어로 §4-135
기술되어 있다.

HTML 문서는 예를 들어 줄을 바꾸려면
라는 문자를, 이탤릭체로 표시하려면 '<I> …
</I>라고 하는 것과 같이 태그(tag)를 넣는 등의 일정의 문법에 따라서 기술되게 되고 컴퓨터상
의 웹브라우저에 의하여 해석, 실행되는 것이라는 점에서, 저작권법 제 2 조 제16호의 정의규정
중 '특정한 결과를 얻기 위하여 컴퓨터 등 정보처리능력을 가진 장치(이하 "컴퓨터"라 한다) 내에서
직접 또는 간접으로 사용되는 일련의 지시·명령으로 표현된' 것에 해당하는 것은 사실이다.

그러나, HTML문서의 경우 위와 같이 문서정리용의 태그를 붙인 데 불과한 것이고 대개의
경우 그 태그의 이용 자체는 이미 주어져 있는 아이디어를 평범하게 이용한 데 불과하여 아이디
어와 표현이 합체되어 있거나 아이디어를 구현하는 데 있어서의 창작성 있는 표현이 내포되어 있
지 않으므로 원칙적으로 위 법에 의한 프로그램으로서의 보호를 받을 수는 없는 것으로 판단된
다.[1] 물론 여기서 보호되지 아니하는 것은 HTML 태그의 사용에 한하는 것이고 HTML 태그를
붙이기 전의 그 내용이 되는 어문저작물 등이 저작권법에 의한 보호를 받는 것은 별개의 문제
이다.

HTML 태그에 의한 표현에 그치지 아니하고 ASP, JSP, PHP 등의 언어로 프로그래밍을 한
경우에는 프로그램으로서의 창작성이 인정되는 경우가 대부분일 것이다.

판 례

❖ 서울중앙지방법원 2009. 7. 22. 선고 2008가합110895 판결 §4-136
사용자가 원고 인터넷 사이트의 검색창에 키워드를 입력하여 검색을 하면 원고의 인터넷 서버에
서는 검색결과인 HTML 파일을 사용자의 컴퓨터로 전송하고, 사용자 컴퓨터의 웹브라우저는 임시 폴
더로 위 HTML 파일을 내려받은 다음 검색결과를 표시하기 위하여 위 HTML 파일의 사본을 메모리로

---

1 岡村久道·近藤剛史 編著, インターネットの法律實務, 新日本法規, 1997, 86면 참조.

로딩(Loading)하게 되는 사실은 당사자 사이에 다툼이 없는바, 이때 이 사건 프로그램이 사용자가 입력한 검색키워드에 해당하는 피고의 광고용 HTML 코드를 메모리에 로딩되어 있는 원고의 위 HTML 코드에 삽입하여 이를 변경함으로써 결국 웹브라우저는 피고의 키워드 광고가 삽입된 화면을 표시하게 되는 사실을 인정할 수 있다.

그러나 HTML 파일은 컴퓨터프로그램보호법 제 2 조 제 1 항에서 말하는 '특정한 결과를 얻기 위하여 컴퓨터 등 정보처리능력을 가진 장치 안에서 직접 또는 간접으로 사용되는 일련의 지시·명령으로 표현된 것'에 해당되기는 하나, JSP(웹 페이지의 내용과 모양을 제어하기 위해 별도의 자바(Java) 언어로 구축된 프로그램을 호출하는 기술) 등과 같은 별도의 웹 프로그래밍 요소가 포함되지 아니한 일반적인 HTML 문서 자체는 웹 문서를 정리하여 나타내기 위한 문법을 기술한 태그(Tag)에 불과하여 창작성 있는 표현이라고 볼 수 없으므로 그 문서가 표시하는 내용과 별도의 창작물이라고 인정하기는 곤란하다 할 것인바, 원고가 그의 프로그램저작물로서 동일성유지권을 침해당하였다고 주장하는 검색결과를 나타내는 HTML 파일에 검색결과를 표시한 텍스트 부분과 이를 화면에 표시하기 위한 일반적인 HTML 코드 외에 저작권으로 보호할 만한 창작적인 표현이 포함되어 있다는 점을 입증할 자료가 제출되지 아니한 점, 이 사건 프로그램은 원고가 사용자의 컴퓨터로 보낸 HTML 파일 원본을 변경하는 것이 아니라 이를 화면에 나타내기 위하여 일시적으로 메모리(RAM, Random Access Memory)상으로 복제한 사본 파일에만 피고의 HTML 코드가 삽입되는 점, 위 (1)항에서 살펴본 바와 같이 원고의 위 HTML 파일에 따라 사용자 컴퓨터의 화면에 표시된 원고 홈페이지 내용의 일부를 이 사건 프로그램이 변경한다 하더라도 이를 위 화면 내용에 관한 원고의 저작인격권으로서의 동일성유지권을 침해한다고 까지는 보기 어려운 점 등을 종합하여 보면, 이 사건 프로그램이 원고 인터넷 사이트에서 사용자의 컴퓨터로 보낸 HTML 파일의 사본을 메모리상에서 일시적으로 변경하는 것만으로는 원고의 프로그램저작물에 대한 동일성유지권이 침해되었다고 단정할 수 없다 할 것이므로, 원고의 이 부분 주장 역시 이유 없다.

▷NOTE : 위 판결은 구 컴퓨터프로그램보호법과 관련하여 판시한 것이긴 하지만, HTML이 현행 저작권법상의 프로그램에 해당하는지 여부에 대하여도 그대로 적용될 수 있을 것이다. 해당 쟁점에 관하여 본서의 입장과 일치하는 판시를 하고 있다. 위 판결과 동일한 사안에 대한 가처분사건의 상고심에서 대법원도 동일한 판단을 하였다. 즉 대법원 2010. 8. 25.자 2008마1541 결정(인터넷 포털 사이트 광고 방해 사건에 대한 결정으로서 지식재산권 비침해행위에 대하여 일반불법행위를 인정한 중요한 선례가 된 결정이다. §3-44-2 참조)도 "채권자가 그의 컴퓨터프로그램저작물로서 동일성유지권을 침해당하였다고 주장하는 HTML(Hypertext Markup Language, 인터넷 홈페이지의 하이퍼텍스트 문서를 만들기 위해 사용 되는 기본 언어)코드에는, 검색결과를 표시한 텍스트 부분과 이를 화면에 표시하기 위한 일반적인 HTML 태그 정도가 포함되어 있을 뿐 저작권으로 보호할 만한 창작적인 표현까지 포함되어 있다는 점을 소명할 자료가 없다"고 판시하였다.

(파) 데이터 파일

컴퓨터에서 사용되는 워드파일(doc, hwp 등), 그림파일(jpg, gif 등), 소리파일(mp3, wav 등), 동영상파일(avi, mov, dvd, mpeg, wmv 등) 등의 데이터파일은 컴퓨터에 대한 지시, 명령으로 표현된 창작물이라 할 수 없으므로 프로그램에 해당하지 않는다. 앞서 소개한 'ECO_RFID.INI 파일' 사건에 대한 대법원 2014. 10. 27 선고 2013다74998 판결(§4-121-1)은 프로그램의 '초기 환경 설정 값'을 이루는 데이터들로만 구성된 파일에 대하여, 단순한 '데이터 파일'에 해당할 뿐 프로그램은 아닌 것으로 보는 취지를 밝힌 바 있다. 다만, 정보데이터로만 구성되어 있는 것 같아도 지시·명령으로 구성된 다른 프로그램과 연동되어 전체적으로 프로그램의 성격을 가지는 것의 한 부분으로 볼 수 있는 경우에는 프로그램의 성격을 가질 수 있는 경우가 있을 수 있다는 점은 앞에서 언급한 바와 같다(§4-118-1). 그리고 글자체(폰트) 파일은 컴퓨터에 대한 지시, 명령으로서의 성격을 가지고 있고 최소한의 창작성을 인정할 수 있어 단순한 데이터 파일이 아니라 프로그램저작물로 보아야 한다는 것이 판례입장이라는 것은 후술하는 바(§6-54 이하 참조)와 같다.

§4-137

 판 례

❖ 東京高裁 1992. 3. 31. 선고 平3(ラ)142号 판결

§4-138

시판 중인 응용 프로그램 등의 파일을 컴퓨터의 하드디스크에 자동적으로 저장하고, 저장한 파일을 메뉴 형식으로 호출하거나 관리할 수 있도록 구성한 "IBF 파일"(Install Batch File)이라고 불리는 파일에 관하여, 해당 파일은 환경 설정이나 전송 조작을 위하여 본체 프로그램에서 읽혀지는 편성 정보를 기재한 단순한 데이터 파일에 불과하고, 컴퓨터에 대한 지령을 조합시킨 것이 아니므로 일본 저작권법 제 2 조 제 1 항 10호의2에서 말하는 '프로그램'에 해당하지 않는다고 한 사례이다.

(4) 보호범위의 제한

저작권법 제101조의2는 프로그램을 작성하기 위하여 사용하는 프로그램 언어, 규약 및 해법에는 저작권법을 적용하지 아니하는 것으로 규정하고 있다. 이 규정의 취지는 저작권법상의 대원칙인 '아이디어·표현 이분법(idea-expression dichotomy)'(§3-30)에 기한 것으로서 그 해석 및 적용에 있어서 프로그램이 가지는 기능적 저작물로서의 특성이 반영되게 되지만 일반 저작물과 근본적으로 다른 원리의 적용을 받는 것은 아니라고 할 수 있다.

§4-139

(가) 프로그램 언어(program language)

'프로그램언어'란 프로그램을 표현하는 수단으로서의 문자·기호 및 그 체계를 말한다(법 제

§4-140

101조의2 제 1 호). 체계란 주로 문법을 말하는 것이다.

구체적으로는 C, BASIC, FORTRAN, COBOL 등이 여기에 해당한다. ASSEMBLY 언어는 기계어를 읽기 쉬운 모습으로 기호화한 것에 불과하다고 하여 프로그램언어라고 부르지 않는 경우도 있으나, 저작권법의 위 규정에서 굳이 ASSEMBLY 언어를 제외할 이유는 없다.[1]

한 가지 주의할 것은 예를 들어 MS사에서 개발한 Visual C나 Borland사에서 개발한 Borland C 등은 프로그램언어 자체가 아니라 프로그램언어인 C언어를 사용하여 프로그램을 제작하는 도구이므로, 프로그램보호법에 의하여 보호되는 '프로그램'에 해당한다는 것이다. Visual BASIC 등 다른 언어를 위한 도구도 마찬가지이다. 다만, 이들 프로그램을 보호한다고 할 때, 그 보호범위에서, 사용되는 프로그램 언어 자체는 배제되어야 함을 유의하여야 한다.

(나) 프로그램 규약(program rule)

§4-141   프로그램 '규약'이라 함은 특정의 프로그램에 있어서 프로그램 언어의 용법에 관한 특별한 약속을 말한다(법 제101조의2 제 2 호). 즉, 프로그램 언어는 언어라고 하는 일반적인 체계의 것임에 대하여, 규약은 어떤 '특정의' 프로그램을 위한 특별한 약속을 말하는 것이다.

§4-142   규약은 구체적으로는 인터페이스(interface)와 프로토콜(protocol)로 나타난다. '인터페이스'는 본래 둘 이상의 기계장치를 연결시켜 작동하게 하는 경우에 상호간에 정확히 정보가 전달될 필요가 있으므로 이를 위해 정보의 신호, 배열, 타이밍(timing) 등을 정확히 연계시켜 주는 것이다. 구체적으로 컴퓨터에 있어서는 하드웨어와 하드웨어, 하드웨어와 소프트웨어, 소프트웨어와 소프트웨어, 그리고 사람도 컴퓨터시스템의 일부로 포함시켜 보면 사람과 이들 사이를 연결시켜 주는 것이다. 다만, 인터페이스는 '특정한 프로그램에 있어서' 프로그램의 용법에 관한 특별한 약속이므로, 어떤 특정한 프로그램의 다른 프로그램이나 하드웨어 또는 사람(이용자)과의 인터페이스를 의미한다. 이러한 인터페이스 부분은 프로그램의 본질적인 부분에 해당하지는 않는 것이 보통이다.

§4-143   한편 프로토콜(protocol)은 통신규약이라고도 하며, 원격지의 서로 다른 컴퓨터, 기타 기기 사이에 정보를 교환할 수 있도록 하기 위하여 정한 일정한 규칙 또는 약속을 의미한다. 즉, 인터넷과 같은 네트워크에서 서로 다른 컴퓨터 사이에 정보의 교환이 이루어지는 것은, 보내는 쪽에서 자료를 패킷으로 분리하여 전송하고 받는 쪽에서는 이를 다시 재조립하여 원래의 정보로 환원하는 과정이 정확히 이루어지도록 하는 일정한 규칙이 있기 때문인데, 이 규칙을 프로토콜이라 하며, 이는 광의의 인터페이스에 포함된다. 인터넷의 TCP/IP 등이 이러한 프로토콜에 해당한다.

§4-144   인터페이스나 프로토콜이 표현되는 형태는 사용설명서(manual) 등에 글로 설명되어 있는 경우와 구체적인 프로그램으로 기술되어 있는 경우로 나누어 볼 수 있다.

---

1 송상현 외 2인, 전게서, 114면.

먼저 사용설명서의 경우에는 그 자체가 저작권법에 의한 보호대상으로서의 '어문저작물'이 될 수 있으나, 그 보호범위는 거기에서 설명하고 있는 아이디어에는 미치지 아니하므로 그 아이디어(즉, 규칙)를 이용하여 프로그램을 작성하는 것이 저작권 침해가 되지 않음은 명백하다.

문제가 되는 것은 후자, 즉 프로그램으로 기술되어 있는 경우에 이것을 프로그램으로 보호할 것인지 여부이다. 이에 대하여는, 인터페이스를 보호대상에서 제외한 것은 아이디어로서의 인터페이스를 배제하는 취지이고, 그것이 구체적인 프로그램으로 '표현'되어 있다면, 보호대상에 포함되는 것으로 보아야 한다는 견해1(제 1 설)와 그렇게 볼 경우 형식적으로는 표현을 보호하는 것이라고 하면서도 실질적으로는 아이디어를 보호하는 것이 될 우려가 있으므로 프로그램의 규약에 대하여는 그것이 어떠한 형태로 되어 있더라도 보호하지 않는다는 뜻으로 규정된 것으로 보는 것이 옳다는 견해2(제 2 설)가 대립하고 있다. §4-145

후자의 견해는 합체의 원칙(merger doctrine)(§3-35)을 논리적 근거로 하고 있는 셈이나, 사실은 그 외에도 컴퓨터의 호환성을 촉진하고자 하는 의도가 깔려 있다고 할 수 있다. 특히 네트워크 관련 프로그램의 경우에는 특정한 회사가 자기의 프로그램을 위한 특별한 약속에 대한 권리주장을 할 수 있도록 인정한다면 현재 눈부신 발전을 보이고 있는 시스템 네트워크의 구축에 지장을 초래할 수 있다.3

그러나, 인터페이스나 프로토콜이 프로그램의 형태로 표현되어 있는 경우에도 일률적·전면적으로 보호대상에서 제외하는 것은 바람직하지 않다. 프로그램으로 만들어지는 과정에서 창작적인 표현의 부분이 들어가 있다면, 그것은 원칙적으로 보호되어야 한다. 다만, 인터페이스 프로그램은 어떤 규칙을 전제로 하고 있기 때문에 다른 프로그램에 비하여 그 표현의 선택의 폭이 더욱 제한된다고 할 수 있고, 여기에 위와 같은 호환성을 위한 고려도 참작되어야 하므로 그 저작물성의 정도는 극히 낮은 것으로 보아야 할 것이다. 즉 아이디어와 합체되지 않은 창작성 있는 표현으로서의 인터페이스가 존재할 수 있음을 긍정하되, 그 범위를 비교적 좁게 보는 것이 타당한 방향이라 생각된다. 그러면, 구체적으로 인터페이스가 표현으로서 보호되는 범위는 어디까지인가. 이 점과 관련하여서도 미국의 판례 동향을 살펴보는 것이 유익하다고 생각된다. §4-146

미국의 판례는 주로 사용자 인터페이스(user interface)에 대한 것이다.4 컴퓨터의 사용자 인 §4-147

---

1 윤선희, 전게서, 416면.

2 송상현 외 2인, 전게서, 117면.

3 이철, 전게서, 314면 참조.

4 소프트웨어와 소프트웨어 사이의(software to software) 인터페이스에 관한 판례로는 거의 유일하게 Secure Services Rechnology, Inc. v. Time & Space Processing, Inc., F.Supp.1354(E.D.Va 1989)가 있다. 이 사건에서 법원은 저작권적 보호를 부정했는데, 그 이유는 (그 사건의 구체적 사안에서) 창작성의 정도가 부족하다는 것이었다. Dennis S. Karjala(민병일 역), "미국 및 일본에서의 컴퓨터 소프트웨어 저작권 보호(하)," 계간 저작권 1992년 여름호, 1992, 68면 참조.

터페이스란 하드웨어 또는 소프트웨어와 사람 사이의 인터페이스를 말한다. 일반적으로 컴퓨터프로그램이 그 기능을 다하기 위해서는 사용자와의 상호작용이 필요한데, 사용자 인터페이스는 그 상호작용에 해당하는 부분이다. 사용자 인터페이스의 경우에는 일반적인 인터페이스와 다른 몇 가지 특성이 있다.

첫째, 사용자 인터페이스는 사람과의 상호작용을 목적으로 하므로 당연히 사람이 이해하도록 하기 위한 어문적 또는 심미적 표현이 수반될 수 있다. 이것은 기계가 인식할 것을 목적으로 하는 일반적인 프로그램과는 다른 특성으로서 일반적인 어문저작물 또는 미술저작물에 보다 접근하고 있는 측면이라고 할 수 있다. 이 점은 사용자 인터페이스가 다른 인터페이스에 비하여 보다 높은 저작물성을 가지게 되는 측면이다.

둘째, 사용자 인터페이스의 경우에는 일정한 종류의 프로그램을 작동하기 위한 방법의 표준화에 관한 문제에 있어서 특징이 있다. 즉 인터페이스 설계자들은 가능한 한 이용자가 이용하기에 효율적이고 편리한 인터페이스를 개발하기 위해 노력해 왔지만, 어떤 사용자 인터페이스가 효율성과 관계없이 임의로 채택된 경우에도 프로그램의 보급에 따라 그 인터페이스가 광범위하게 채택되게 되면 그 인터페이스의 특징이 '기능적'인 것으로 변화되게 된다. 다시 말하여, 새로 개발된 인터페이스가 효율성에 있어서 큰 차이가 없으면서 종전에 널리 사용되던 것과 다른 것이면, 사람들은 새로운 인터페이스에 따른 사용방법을 배우기 위하여 상당한 노력과 시간을 요하게 되므로, 같은 값이면 종전의 인터페이스를 유지하는 것을 선호하게 된다. 이러한 현상을 아이디어/표현 이분법에 대응시켜 사실상의 표준(De Facto Standards)에 의한 아이디어와 표현의 합체(merger)라고 칭하기도 한다. 이 경우 후발 인터페이스 설계자에게 단순히 상이할 것을 위해 상이점을 삽입하도록 강요하는 것은 아무런 유용한 결과를 이끌어내지 않는 것이다. 이 점은 사용자 인터페이스의 저작물성을 보다 제한적으로 보아야 하는 이유이다.

§4-148   그러므로, 프로그램의 사용자 인터페이스의 보호정도는 그 어문적 또는 심미적 표현의 창작성 정도에 비례하며, 사실상의 표준화 정도에는 반비례한다고 할 수 있다. 미국의 판례는 사용자 인터페이스의 보호에 관하여 반드시 일관된 입장을 견지해 온 것은 아니지만, 사실상의 표준화 이론 등을 수용하여 전체적으로 그 저작물성을 상당히 제한적으로 인정하는 입장에 서 있다고 할 수 있다. 아래에서 시간적 순서에 따라 미국 판례의 흐름을 살펴본다.

초기의 판례로는, 메인프레임 컴퓨터의 응용프로그램에 사용된 입력 양식(input formats)은 저작권으로 보호될 수 없다고 본 사례가 있다.[1]

§4-149   그 뒤 1990년에 들어와 사용자 인터페이스의 저작권 침해를 인정하는 중요한 판결이 선고되

---

1 Synercom Technology, Inc. v. University Computing Co., 462 F. Supp. 1003(N.D. Tex. 1978).

었는데, 그것이 바로 Lotus Development Corporation v. Paperback Software International[1] 사건 판결이다. 이 사건의 원고인 Lotus사가 개발한 'Lotus 1-2-3'라고 하는 스프레드시트 프로그램은 '2줄의 명령메뉴'(two-line menu command), '사용자 정의 기능키'(user-defined function keys), '매크로명령기능'(macro instruction feature) 등 종래의 스프레드시트인 VisiCalc보다 강력한 사용자 인터페이스를 갖고 있었다. 이에 대하여 피고는 VisiCalc를 개량하여 Lotus 1-2-3과 호환성을 갖는 'VP-Planner'라는 스프레드시트 프로그램을 개발하면서 호환성을 위하여 원고의 사용자 인터페이스와 동일한 명령어(command language)를 사용하였다.

이 사건에서 매사추세츠 지방법원은 사용자인터페이스 중 커서가 두 줄로 이동하도록 한 메뉴(two line moving cursor menu)는 저작권으로 보호되므로 피고의 저작권 침해가 인정된다고 하면서 이러한 메뉴방식의 인터페이스는 유일한 것이 아니고 three-line menu 또는 pull down menu 등의 다른 선택 가능성도 많이 있다는 것을 아이디어와 표현의 합체를 부정하는 이유로 들고 있다.

Lotus 1-2-3의 사용자 인터페이스는 그 뒤에도 다시 문제가 되어 1996년에 미국 연방대법원까지 올라간 유명한 사건이 나오게 되었다. 이 사건의 원고는 역시 Lotus사이고 피고는 Lotus 1-2-3과 유사한 스프레드시트 프로그램인 Quattro Pro의 제작사인 Borland사이다. 문제가 된 Quattro Pro 프로그램은 종래 대표적 스프레드시트 프로그램으로 자리 잡아 온 Lotus 1-2-3 프로그램과는 독립하여 개발된 별개의 프로그램이지만, Borland사는 그 동안 Lotus 1-2-3의 사용에 익숙하여진 사용자들이 Quattro Pro의 사용법을 쉽게 익힐 수 있도록 하기 위한 목적으로 그 메뉴 구조를 Lotus 1-2-3과 거의 동일하게 구성하였다. 즉, Copy, Print 등의 명령어의 선택 및 배열 구조가 그대로 차용된 것이다.[2] 물론 그 프로그램의 기초가 되는 코드 자체는 독립하여 작성된 것임이 인정되었다. Borland사는 Lotus 1-2-3의 메뉴구조는 저작권법의 보호대상이 아닌 조작 방법(method of operation)이라고 주장하였는데, 1심에서는 그 주장이 받아들여지지 않았으나, 2심 법원인 연방 제 1 항소법원에 의하여 받아들여졌다.[3]

§4-150

즉, 연방 제 1 항소법원은 Lotus 1-2-3의 사용자 인터페이스 중 하나인 메뉴 구조에 대하여 저작권 보호를 부정하는 결론을 내린 것이다. 이 사건은 연방 대법원에서 상고가 허가되어 1996. 6. 16. 판결이 선고되었는데, 9명의 대법관 중 8명이 심리에 참여한 결과 4 대 4로 의견이 엇갈림으로써 결국 원고 Lotus사의 청구를 기각한 원심이 유지되게 되었다.

---

1 740F. Supp. 37(ma. D.C. 1990).
2 예컨대 File 메뉴의 부메뉴를 New, Open, Retrieve, Save, save As, saVe all, Close, cLose all로 정하는 것 등이 그대로 차용되었다(위 영문 메뉴 중 대문자로 표시된 알파벳은 단축키로 지정된 것이다).
3 Lotus Dev. Corp. v. Borland Int'l, Inc. 49F. 3d807(1st Cir.1995).

위 판결에는 다음과 같은 주목할 점이 있다.

첫째, 위 항소심 판결은 아이디어와 표현의 합체의 원칙을 약간 수정, 보완하였다고 할 수 있다. 즉, 법원은 Lotus 개발자들이 Lotus 프로그램의 명령어를 선택하고 배열하는 데 있어서 창조적인 '표현'이 있었다는 것을 인정하였다. 즉, 그 선택 및 배열은 아이디어의 유일한 표현방법은 아니었던 것이다. 그럼에도 불구하고 항소심 법원은 그 '표현'이 Lotus 1-2-3의 조작방법의 일부분이기 때문에 저작권의 보호대상이 될 수 없다고 판단하였다.[1] 로터스 프로그램의 메뉴 명령어들은 "프로그램의 조작에 꼭 필요한 것이므로" 비유하자면 VCR의 버튼에 붙은 라벨이 아니라, 그 버튼 자체에 해당하는 것이라고 판시하였다.[2]

둘째, 항소심 판결은 사실상의 표준화에 의한 호환성의 요구를 적극적으로 참작하여 결론을 내리고 있다. 즉 판결은 "Lotus 메뉴가 조작방법에 해당한다는 것은 프로그램의 호환성을 고려할 때 더욱 명백하다. Lotus 측의 주장에 따르면, 사용자는 여러 가지 프로그램을 사용할 때 각 프로그램마다 동일한 기능에 대하여 다르게 정하여진 사용방법을 배워 익혀야 한다. … 이것은 매우 불합리하다"라고 판시하고 있다.

셋째, 항소심 판결은 Lotus의 메뉴 구조는 스크린 디스플레이의 요소가 없다는 점을 강조하고 있어, 스크린 디스플레이의 영상적 요소가 있을 경우에는 저작권 보호의 여지가 있음을 암시하고 있다.[3]

§4-151   위 사건에서는 위에서 본 바와 같이 명령어의 선택과 배열에 의한 메뉴방식의 사용자 인터페이스의 보호가 문제되었으나, 오늘날은 그래픽 사용자 인터페이스(graphical user interface; GUI)가 점점 그 비중을 높여 가고 있다. 최근의 Windows 등 프로그램은 그래픽 사용자 인터페이스를 사용하여 외관상 미려할 뿐 아니라 사용자의 편의에도 큰 도움을 주고 있다. 그런데, 바로 그 Windows 프로그램의 초기 버전이 Apple사의 GUI에 대한 저작권을 침해하였는지 여부가 문제 된 사건이 있는데, 그것이 바로 Apple Computer, Inc. v. Microsoft Corp. and Hewlett-Packard Co.[4]이다. 사

---

1 다음과 같이 설시하고 있다[Accepting the district court's finding that the Lotus developers made some expressive choices in choosing and arranging the Lotus command terms, we nonetheless hold that that expression is not copyrightable because it is part of Lotus 1-2-3's "method of operation."].

2 다만 이러한 판지는 논리적으로 선뜻 납득하기가 쉽지 않다. 우리 저작권법상의 논리라면 설사 그 표현의 방법에 여러 가지가 있다 하더라도 기능적 저작물로서 표현의 선택의 폭이 크게 제약되는 것이라는 점을 감안하는 정도가 무난할 것으로 생각된다. 따라서 이 판결에서 보다 중요한 것은 '사실상의 표준화'를 중요하게 고려한 부분이다.

3 스크린 디스플레이(영상표현)의 저작물성이 인정된 최초의 판례는 Broderbund Software, Inc. v. Unison World, 648F. Supp. 1127(N.D.Cal.1986)이며, 이어서 Digital Communication v. Softklone Distributing, 659F. Supp. 449(N.D. Ga. 1987), Manufacturers Technologies, Inc. v. CAMS, Inc., 706 F. Supp. 984(D. Conn. 1989) 등 판결에서 제한적으로 인정해 왔다. 이 경우 스크린 디스플레이(영상표현)는 역시 프로그램 자체와는 다른 별개의 저작물로서 보호를 받는다고 한다.

4 35F. 3d1435(9th Cir. 1994).

건의 내용은 다음과 같다.

1988년 3월 Apple사는 캘리포니아 북부 연방지방법원에 MS사의 Windows 2.03과 HP사의 New Wave 프로그램이 원고의 Macintosh 프로그램의 GUI(다중 윈도우, 아이콘의 모양과 조작방법 등 포함)에 대한 저작권을 침해하였다고 제소하였다. 원래 피고 MS사 및 HP사는 1985년 11월 원고 회사와 사이에 역시 윈도우 환경인 Windows 1.0 및 Multiplan 등 프로그램에 사용된 스크린 디스플레이에 대하여 라이선스를 받는 내용의 협의를 하였다. 그런데, 그 후 원고는 피고들의 위 Windows 2.03 등 프로그램에서 사용된 인터페이스는 1985년의 협의에서 정한 범위를 초월한 것으로서 원고의 매킨토시 프로그램과 실질적으로 유사하고, 따라서 피고들은 원고의 프로그램에 포함된 스크린 디스플레이(GUI)에 대한 저작권을 침해하였다고 주장하였다.

이 사건은 원고가 청구한 배상금액이 50여 억 달러에 이르는 큰 사건인데다가 여러 가지 어려운 쟁점이 포함된 관계로 소 제기 시점으로부터 많은 세월이 흐른 후인 1995년에야 항소심 판결이 선고되었다. 이 판결에서는 피고들의 각 프로그램에 사용된 GUI는 1985년의 협의에서 사용허락(licence)을 받은 부분이 90% 이상에 이르고 있다는 전제하에서 피고들의 위 각 프로그램에 사용된 GUI가 원고의 그것과 실질적으로 동일(virtually identical)하지 않은 이상 피고들에 의한 저작권 침해를 인정할 수 없다는 결론을 내리고 원고의 청구를 기각하였다.

이 사건은 이처럼 이용허락 협의가 선행되어 있다는 점에서 GUI의 저작권 문제에 관한 보편적 선례가 되기에 미흡하다는 지적도 있으나,[1] 그 판시 취지를 자세히 살펴보면, GUI에 대한 보호기준을 파악하는 데 큰 도움을 주는 선례임을 알 수 있다. 이 판결은 기본적으로 GUI의 저작권 자체를 전면적으로 부인하는 것은 아니고, 그 보호범위를 상당히 제한적으로 보아야 한다는 입장에 서 있다. 그 저작물성이 제한되어야 하는 이유에 관하여는 다음과 같이 판시한다. §4-152

"GUI는 한편으로는 예술적이지만, 다른 한편으로는 기능적이다. 그것은 사용자와 컴퓨터 사이의 커뮤니케이션이 원활하게 이루어지도록 하기 위한 도구이다. … 하드웨어적인 제약은 화면에서의 윈도우의 움직임을 시각적으로 나타내는 방법의 가짓수를 제한하고 있다. … 대체할 수 있는 디자인의 범위는 사용자와 컴퓨터 사이에 보다 사용자에게 친절한 방법으로 상호작용이 이루어지도록 하려는 목적에 의해 더욱 제한된다. GUI에 있어서의 가능한 표현의 범위를 제한하는 이러한, 그리고 그와 유사한 환경적, 인간공학적 요소들은 저작권 보호의 반경을 제한하고 있다."

그런데 사용자 인터페이스는 프로그램으로서의 성격만 가지는 것이 아니라 편집저작물이나 응용미술저작물로서의 성격을 동시에 가지고 있고, 어떤 면에서는 프로그램으로서의 측면에 대한 §4-153

---

1 丁國威, 李維宜, 趙鈺梅 編著, 計算機軟件的版權與保護, 復旦大學出版社, 1996, 121면.

보호가능성보다는 편집저작물 등으로서의 보호가능성에 더 큰 초점이 맞추어질 수도 있음에 유
의할 필요가 있다. 우선, 사용자 인터페이스 중에 사용자에게 필요한 여러 가지 기능들을 메뉴나
아이콘 등으로 화면에 구성, 배열하고 있는 것은 뒤에서 설명할 '편집저작물'[1]에 해당할 가능성
이 있다. 그와 같은 편집저작물성을 인정할지 여부를 판단함에 있어서도 위에서 본 사실상의 표
준화 등의 여러 가지 고려요소들을 감안하여야 할 것이다(아래에서 소개하는 서울고등법원 2008. 6. 10.
선고 2007나58805 판결(§4-155) 참조).

§4-154   결론적으로 사용자 인터페이스도 창작성 있는 표현으로 구체화된 것으로 판단될 경우에는
예외적으로 저작권 보호의 대상이 될 수 있지만, 그에 대한 판단에 있어서는 그것이 가지는 기능
적 측면에 대한 고려, 합체의 원칙, 사실상의 표준화 등의 여러 요소를 고려하여야 한다.

 판 례

§4-155   ❖ 서울고등법원 2008. 6. 10. 선고 2007나58805 판결 — "PDA용 화면구성" 사건
〈사실관계〉
        원고회사가 무선통신망을 통하여 일반 이용자들의 PDA 등 개인 단말기에 실시간으로 증권 정보
를 제공하는 "MP 트래블러(Traveler)" 서비스를 제공하고 있는 중에 피고회사도 PDA 등 개인휴대 단
말기로 이용자가 원하는 소정의 증권정보를 실시간으로 전달하고, 증권회사의 주문 시스템과 사이에
주문 정보를 송수신할 수 있는 실시간 증권정보 제공 서비스를 "모바일로 프로(MOBILO PRO)"라는
명칭으로 제공하기 시작하였다.
        원고 서비스와 피고 서비스는 모두 PDA 등 개인 단말기를 통하여 증권정보 조회 및 주문 서비스
를 제공하기 위하여 필요한 여러 가지 기능을 일정한 화면구성 아래 제공하고 있다. 아래 그림은 하나
의 예로서, 원, 피고 서비스 내용 중 주식매도주문화면을 비교한 것이다.
        원고는 (특허권 침해 등의 주장 외에) 피고 서비스가 원고 서비스의 화면구성은 저작권법상 보호
되는 편집저작물인데, 피고는 원고의 허락 없이 원고 서비스의 화면구성을 피고 서비스에 그대로 복제
하여 사용함으로써 원고의 저작권을 침해하였다고 주장하였고, 이에 대하여 피고는 "원고 서비스와 피
고 서비스는 모두 PDA를 통하여 증권정보를 실시간으로 제공하는 서비스인바, 서비스의 성격상 필수
적으로 요구되는 개별 기능들의 화면배치에 있어서 선택의 폭이 매우 좁을 수밖에 없어 원고 서비스
화면구성에는 창작성이 없고, 피고 서비스의 화면구성은 그 세부적인 면에서 원고 서비스 화면구성과
상당한 차이가 있다"고 주장하였다.

        〈법원의 판단〉
        (1) 원고 서비스의 화면구성(이하 '이 사건 화면구성'이라 한다)과 피고 서비스의 화면구성은 PDA
상에서 구동되는 프로그램의 사용자 인터페이스로서, 증권거래에 필요한 기능을 메뉴로 배치하고 거래

---

1 저작권법 제 2 조 제18호 : 18. "편집저작물"은 편집물로서 그 소재의 선택·배열 또는 구성에 창작성이 있는 것을 말
한다.

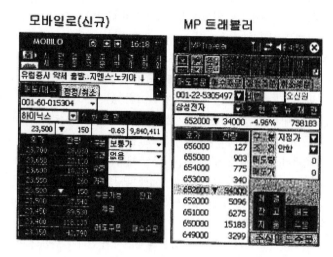

[그림 44]

정보를 숫자, 문자, 그래프 등으로 나타낸 것으로서 그 배치와 색상, 표현방식 등에 시각적 디자인으로서의 성격과 편집물로서의 성격을 겸비하고 있으므로, 이와 같은 사용자 인터페이스가 저작권법이 보호하는 응용미술저작물 또는 편집저작물에 해당하는지에 관하여 살펴 본다.

(2) 먼저 이 사건 화면구성이 응용미술저작물에 해당하는지에 관하여 살피건대(원고는 사용자 인터페이스 화면의 시각적 디자인이 저작권의 보호대상이라고 주장하고 있는바, 이는 위 화면구성이 응용미술저작물이라고 주장하는 취지로 보인다), 저작권법 제 2 조 제11의2호에서 정한 응용미술저작물이란 그 자체가 창작성을 지녀야 할 뿐만 아니라, 더 나아가 '물품에 동일한 형상으로 복제'될 수 있고, 또한 그 이용된 물품과 구분되어 '독자성'을 인정할 수 있어야 할 것이다(대법원 2004. 7. 22. 선고 2003도7572 판결 참조).

그러므로, 이 사건 화면구성의 창작성을 판단하기에 앞서 '독자성'이 있는지 살펴 보면, 원고 서비스의 화면 구성은 그 이용된 물품인 PDA의 화면을 위하여 디자인된 것으로서 이와 구분되어 독자성을 가진다고는 보기 어려우므로, 원고 서비스의 화면 구성이 응용미술저작물임을 전제로 한 원고의 위 주장은 다른 부분에 대하여 판단할 필요 없이 이유 없다.

(3) 나아가, 위 화면구성이 편집저작물에 해당하는지에 관하여 보건대, 위 화면구성이 자료 또는 소재의 집합임은 앞서 본 바와 같으나, 이는 증권거래에 있어서 필요한 여러 가지 기능을 PDA 화면상에 배치한 것으로서 예술성의 표현보다는 기능이나 실용적인 사상의 표현을 주된 목적으로 하는 기능적 저작물의 일종이라 할 것이어서, 그 표현하고자 하는 기능 또는 실용적인 사상이 속하는 분야에서의 일반적인 표현방법, 규격 또는 그 용도나 기능 자체, 저작물 이용자의 이해의 편의성 등에 의하여 그 표현이 제한되는 경우가 많으므로, 창작성을 인정하는 데에는 이와 같은 점을 고려하여야 할 것이다.

살피건대, 위 1.항에서 인정한 사실 및 변론 전체의 취지를 종합하면, 원고 서비스 중 주식매도주문화면에서 '현', '호', '관', '?'로 표시한 현가, 호가, 관심종목, 도움말 등 단축키 버튼의 표현방식과 종목검색화면 중 교차분석, 이동평균의 '검색조건'을 축약하여 나타낸 문구는, 위 단축키 버튼이나 검색조건에 약자나 축약 표현을 사용하지 않고 있는 다른 증권사(피고 제외)가 제공하는 PDA 화면구성과는 차이가 있는 사실을 인정할 수 있으며, 여기에는 원고 나름 대로의 개성이 드러나 있다고 할 것이다.

그러나, ① 다른 증권사의 PDA 화면구성에서도 다른 기능키의 버튼에는 약어를 사용하는 예가 있고(선물/옵션을 표현하기 위한 '선/옵' 등), 현재가, 호가, 관심종목 등은 그 기능이 병렬적이거나 밀접하게 관련되어 있어 해당 기능키 버튼 중 2개를 좌우 또는 상하로 나란히 배열하는 경우가 적지 아니하며, '?'표의 버튼은 이미 엑셀 등 상용화된 프로그램에서 '도움말'의 바로가기 버튼으로 사용되어 왔던 점, ② 검색조건의 표현방식은 증권사들이 통상 채택하고 있는 검색조건을 약어와 숫자, 영문으로 축약한 것으로서 이는 표현이라기보다는 아이디어에 해당한다고 보이는 점, ③ 기능 버튼을 클릭하면 우측에 상하로 스크롤이 가능한 상세화면창이 뜨는 기능은 이 사건 화면구성이 도입되기 전에 상용화된 컴퓨터 프로그램의 사용자 인터페이스에서 널리 사용되고 있었던 것인 점, ④ 일반 컴퓨터 모니터와 같은 넓은 화면이 아니라 PDA 단말기의 좁은 화면에서 구현하기 위한 것이므로 이러한 기능들의 배치, 폰트의 크기나 기능버튼의 활용 등에 있어서 제약이 따를 수밖에 없는 점, ⑤ 원고 서비스는 증권 서비스 고객들의 이용 편의를 위해 개발된 것이므로 기존 홈트레이딩 시스템의 메뉴구조 및 기능 배치를 상당부분 따를 수밖에 없는 점, ⑥ 원고 서비스의 화면구성에 저작권을 인정하여 독점적인 보호를 할 경우 후발 사업자에게는 화면 구성에 있어 제한적인 선택의 가능성만 남게 될 것으로 보이는 점, ⑦ 특히, 선발업체가 채택한 사용자 인터페이스가 광범위하게 전파될 경우 그 인터페이스의 특징이 기능적인 것으로 변화되고 사실상의 표준으로 작용할 수 밖에 없는데, 이를 저작권법에 의하여 장기간 독점적으로 보호할 경우 사용자는 직접 또는 간접적으로 저작권이용료를 부담하여야 하고 이를 피해가기 위하여는 다른 인터페이스를 선택하여 새로운 사용방법을 익혀야 하는 점 등에 비추어 보면, 이 사건 화면구성을 저작권법이 보호하는 편집저작물로 인정하기는 어렵다고 할 것이다.

▷NOTE : 위 판결은 사용자 인터페이스의 보호와 관련하여 응용미술저작물성과 편집저작물성을 자세히 검토한 국내 최초의 선례로서 중요한 의의를 가지고 있다. 결론적으로 응용미술저작물로서의 독자성을 부정하고, 편집저작물로서의 창작성을 부정하는 결론을 내렸는데, 구체적 사안에 대한 결론의 타당성 여하를 떠나서 논리적인 전개의 측면만 볼 경우에, 독자성 판단기준이 조금 불명료한 것 외에는 별다른 문제가 발견되지 아니한다. 특히 위 (③) ⑦의 판단기준은 앞서 살펴본 바와 같은 '사실상의 표준화' 이론을 수용하여 사용자 인터페이스의 보호를 매우 제한적으로 인정하는 입장을 드러낸 점에서 크게 주목된다.

(다) 프로그램 해법(algorithm)

§4-158 해법이란 '프로그램에 있어서의 지시·명령의 조합방법'을 말한다(법 제101조의2 제 3 호). 환언하면, 해법은 컴퓨터가 작동하는 순서 또는 일정한 결과를 얻기 위한 문제 처리의 논리적 수순을 말한다. 보통은 알고리즘이라 불리는 것이다. 알고리즘은 '어떤 문제를 유한개의 절차로 풀기 위해 주어진 입력으로부터 원하는 출력을 유도해 내는 정해진 일련의 과정이나 규칙들의 집합'이라

고 할 수 있다.

프로그램은 이 알고리즘을 컴퓨터 언어(computer language)로 표현한 것이라고 할 수 있다. 프로그램을 작성하기 전에 반드시 문제에 대한 특정한 해법인 알고리즘이 찾아져야 하고, 알고리즘이 명확히 정립되기만 하면, 프로그램 작성(coding) 자체는 그다지 어렵지 않게 수행될 수 있다. 따라서 프로그램을 보호하는 법에서 알고리즘을 보호하지 않는다고 선언한 것은 모순적인 면이 있다고도 볼 수 있다. 그러나 법이 알고리즘을 보호대상에서 제외한 것은 '아이디어'로서의 알고리즘이 보호에서 배제되는 것을 주의적으로 규정한 것이고, 따라서 알고리즘의 '표현'은 보호되는 것이라고 이해한다면,[1] 위 법규정은 저작권법의 일반원칙을 규정한 것일 뿐, 다른 특별한 의미는 없는 것으로 볼 수 있다.

결국 문제는 컴퓨터프로그램의 내용 중에서 어떤 것이 아이디어로서의 '알고리즘'이고, 어떤 것이 그 알고리즘의 '표현'인가 하는 것을 정확히 가려내는 것에 있다.

§4-159

이에 관하여는 크게 보아 두 가지의 견해로 나누어질 수 있다.

첫째, "알고리즘의 표현은 문언적 표현(literal expression)에 한하여 보호되고, 비문언적 표현(non-literal expression)의 보호는 인정될 수 없다. 왜냐하면, 컴퓨터프로그램은 소설 등 어문저작물과 달리 기능적인 저작물이므로 그 알고리즘의 비문언적 표현을 보호한다고 하면 결국 실질적으로는 프로그램의 아이디어에 해당하는 부분을 보호하게 되어 저작권적 보호의 한계를 넘어서게 된다."는 견해와, 둘째, "알고리즘에 대하여도 저작권법상의 일반적인 원칙에 따라 그 내재적 표현, 곧 비문언적 표현을 일정한 한도 내에서 보호하여야 한다. 비문언적 요소를 보호범위에서 완전히 제외하게 되면, 사실상 원작을 그대로 모방한 dead copy만 저작권침해로 보게 될 것인데, 그것은 보호의 정도가 지나치게 낮은 것이라고 하지 않을 수 없다"는 견해가 그것이다.

본서에서는 기본적으로 두 번째의 입장이 타당하다고 본다. 첫 번째의 입장을 취하여 알고리즘의 문언적 표현만을 보호하게 되면, 보호의 정도가 지나치게 낮을 뿐만 아니라, 우리 법에서 프로그램 저작권자에게도 2차적저작물작성권을 인정하는 취지와도 조화되기 어렵다고 생각한다.[2] 다만, 실질적으로 기능적 저작물에 해당하는 컴퓨터 프로그램의 특성에 비추어 그 보호 범위를 소설 등 어문 저작물의 비문언적 표현을 파악할 때처럼 확대하는 것은 부당하며, 매우 제한적으로만 이를 인정하여야 할 것이다. 즉, 작가의 개성이 중시되고 다양한 문학적 표현이 가능한 소설

---

1 이기수 외 6인, 지적재산권법, 한빛지적소유권센터, 1996, 1129면도 (프로그램보호법의) "적용제외에 관한 법규정은 소위 '저작권법상 아이디어와 표현의 이분법(idea/expression dichotomy)'을 성문화한 것으로 볼 수 있다. 즉 컴퓨터 프로그램의 기초가 되는 아이디어나 기본원리들은 저작권 보호의 대상에서 제외된다는 것이 구체적으로 표현된 것이다"라고 하여 본서와 같은 입장을 보이고 있다.

2 송영식·이상정·황정환, 전게서, 567면 참조.

등 어문저작물과 실용적 기능이 중시되고 효율성이나 외부적 조건에 의하여 표현방법이 극도로 제한되는 컴퓨터프로그램 사이에는 비문언적 표현의 보호에 있어서, 동일한 평면에서 다룰 수 없는 본질적인 차이가 있음을 시인하지 않으면 안 된다.

비문언적 표현의 구체적 범위의 획정과 관련하여 미국에서 벌어진 자세한 논의 등은 저작권 침해의 객관적 요건인 '실질적 유사성'의 판단과 깊은 관련을 맺고 있어 그에 관하여 설명하는 부분(§27-32 이하 참조)에서 소개하기로 한다.

Ⅲ. 기타 방식에 의한 분류

1. 저작명의에 따른 분류

§4-160   저작물은 저작명의에 따라 저작자의 실명이 표시된 저작물인 실명저작물과 저작자의 이름이 표시되지 않은 저작물인 무명저작물, 이름이 표시되었지만 실명이 아닌 이명이 표시된 저작물인 이명저작물로 분류된다. 이명저작물은 다시 ① 널리 알려진 이명이 표시된 것과 ② 널리 알려지지 아니한 이명이 표시된 것의 두 가지로 분류되는데 법의 적용에 있어서 ①은 실명저작물과, ②는 무명저작물과 동등하게 대우된다.[1]

2. 성립순서에 따른 분류

§4-161   저작물은 그 성립순서에 따라 원저작물과 2차적저작물로 분류된다. 이에 대한 자세한 것은 '2차적저작물'에 관한 절에서 설명하기로 한다.

3. 공표의 유무에 따른 분류

§4-162   저작물은 공표의 유무에 따라 공표저작물과 미공표저작물로 분류되기도 한다. 우리 저작권법 상 공표저작물과 미공표저작물은 저작권의 존속기간 및 저작재산권의 제한에 관한 일부 규정의 적용 여부와 관련하여 중대한 차이가 있다.

4. 저작자의 수와 저작물의 결합방법에 따른 분류

§4-163   저작물은 저작자의 수에 따라 단독저작물과 공동저작물로 나누어진다. 뒤에 '공동저작자'에 관한 절(§9-1 이하)에서 설명하는 바와 같이, 여러 사람이 외관상 하나의 저작물로 보이는 것을 작성한 경우에도 각자 기여한 부분을 개별적으로 이용할 수 있는 경우는 '결합저작물'이라고 하는데

---

1 장인숙, 전게서, 34면.

('개별적 이용가능성설'), 이것은 성질상 단독저작물의 단순한 결합에 지나지 않는 것이다.

5. 계속성의 유무에 따른 분류

저작물은 계속성의 유무에 따라 일회적 저작물과 계속적 저작물로 분류된다. 일회적 저작물 §4-164
은 1회의 발행이나 공표로 종료되는 저작물을 말하며 계속적 저작물은 신문 연재소설 등의 경우
와 같이 계속적으로 발행 또는 공표되는 저작물을 말한다. 계속적 저작물은 보호기간의 산정에
있어서 공표시기산주의(公表時起算主義)를 취하는 몇 가지 예외규정과의 관계에서 공표시점을 결정
하는 면에서 고려할 사항이 있으므로 저작권법 제43조에 특칙규정을 두고 있다(§16-19 이하 참조).

제3절 2차적저작물과 편집저작물

Ⅰ. 2차적저작물

1. 의 의

저작권법 제 5 조 제 1 항은 "원저작물을 번역·편곡·변형·각색·영상제작 그 밖의 방법으로 §5-1
작성한 창작물(이하 "2차적저작물"이라 한다)은 독자적인 저작물로서 보호된다"고 규정하고 있다. 이
조항에 의하면, 2차적저작물이란 원저작물을 번역·편곡·변형·각색·영상제작 그 밖의 방법으로
작성한 창작물을 뜻한다. 즉, 원저작물을 기초로 하여 이를 번역·편곡·변형·각색·영상제작 등
의 방법으로 변형함으로써 새로운 창작성이 있는 저작물이 된 것을 원저작물과의 관계에서 2차
적저작물이라고 하는 것이다.

여기서 '번역'이란 어문저작물을 체계가 다른 언어로 재표현하는 것을 말한다. 복수의 언어를 §5-2
국어로 삼고 있는 나라도 있는데, 이 경우에는 국어 상호간에도 번역이 이루어질 수 있고, 한문의
국역도 번역의 일종이다. 그러나 언어의 체계가 동일한 한 사용한 문자나 부호가 달라졌다 해도
번역이라고 할 수 없다. 따라서 속기문자, 점자, 암호문 등을 보통의 문자로 고쳐 쓰는 경우 또는
그 역의 경우 등은 번역이라 할 수 없다.[1]

---

1 장인숙, 전게서, 55면. 그런데 속기문자, 점자, 암호문자 등의 해독과 같은 경우가 번역이 아닌 이유를 언어 체계의
　동일성 문제가 아니라 창작성 문제에서 찾는 견해도 있다. 즉, 金井重彦·小倉秀夫 編著, 전게서[牧野二郎 집필부분]
　69면은 그와 같은 경우 기계적으로 정확하게 행해져야 하는 성격의 것이어서 그 과정에 창작성이 부가될 가능성이
　없으므로 2차적저작행위로서의 번역에 해당하지 않는다는 취지로 주장한다.

§5-3　　　또한 '편곡'은 기존의 악곡에 창작적인 변화를 가하는 것을 말하는데, 예를 들면, 어떤 악기를 위한 독주곡을 합주곡이나 교향곡으로 바꾸는 경우, 고전음악을 경음악화하는 경우, 국악(國樂)을 양악화(洋樂化)하는 경우 등이 이에 해당한다.[1] 그러나 창작적 변화라 하기 어려운 단순한 변조 등은 편곡이라고 할 수 없다. 예컨대 피아노용으로 작곡된 것을 바이올린용으로 단순히 고치는 것은 창작성이 결여되어 저작권법상의 편곡에는 해당하지 않는다.[2]

§5-4　　　'변형'은 미술, 건축, 사진, 도형 등 공간적 형태로 표현되는 저작물의 형태를 창작적으로 변화시키는 것을 말한다. 회화를 조각으로 만들거나 그 역의 경우, 사진을 회화로 그리는 경우, 설계도를 모형화하거나 그 역의 경우 등이 이에 해당한다.[3]

§5-5　　　'각색'은 소설 등 비연극적 저작물을 연극 또는 영화에 적합하도록 각본화하는 것을 말하며, '영상제작'은 소설, 만화, 각본 등의 저작물을 영화 등의 영상저작물로 제작하는 것을 말한다.[4]

　　　그리고 이상의 여러 가지 방법 등은 단지 예시에 불과한 것이므로 그 외에도 다음의 성립요건을 충족하는 모든 경우가 2차적저작물에 해당할 수 있다.

2. 성립요건

(1) 원저작물을 기초로 하여 작성된 것으로서 원저작물과 실질적 유사성이 있을 것

§5-6　　　2차적저작물이 되기 위하여는 원저작물과 관계에서 원저작물을 기초로 하였다고 하는 의미의 '종속성'이 요구된다. 따라서 단지 기존의 어떤 저작물에서 창작상의 힌트나 착상을 부여받은 경우라 하더라도 작성된 저작물이 기존의 저작물을 기초로 한 것이라고 인정할 수 있을 정도의 종속성이 인정되지 않으면 완전별개의 저작물일 뿐 2차적저작물은 아니다. 기존의 저작물이 새로 작성된 저작물에 완전히 소화되어 버려 그 동일성을 전혀 인식할 수 없게 된 경우도 마찬가지이다. 여기서 2차적저작물의 경우 원저작물을 기초로 한다는 것을 '종속성'이라는 용어로 표현하였으나, 이것은 복제물(複製物)과 대상 저작물 사이에 요구되는 '동일성'과 비교할 때 2차적저작물의 경우 뒤에서 보는 두 번째 요건, 즉 '새로운 창작성이 부가될 것'을 요한다는 것을 별도로 하면 실질적으로 다를 것이 없다. 즉, 복제물의 경우와 2차적저작물의 경우를 구분할 필요 없이 저작권자의 허락이 없을 경우 크게 보아 저작권침해를 구성하게 되는바, 새로 작성된 작품이 기존의 저작물과의 관계에서 완전 별개의 저작물이 아니라 이러한 복제물 또는 2차적저작물에 해당하는 것으로 보기 위해서는 저작권 침해의 주관적 요건인 '의거'(§27-8)와 객관적 요건인 '실질적 유사

---

1 장인숙, 전게서, 55면.
2 허희성, 전게서, 57면 참조.
3 장인숙, 전게서, 55~56면; 허희성, 전게서, 57면.
4 장인숙, 전게서, 56면.

성'(§27-9 이하)을 갖추어야 한다는 점에서 마찬가지이다.[1]

여기서 "원저작물을 이용한다"고 할 때 그것은 직접적인 이용만을 뜻하는 것은 아니고 간접 §5-6-1
적인 이용의 경우도 포함한다.[2] 즉, 직접 A를 이용하여 2차적저작물을 작성한 경우만이 아니라
A를 이용하여 작성한 2차적저작물인 B를 이용하여 다시 2차적저작물(말하자면, '3차적저작물')[3]을
작성한 경우에도 그 2차적저작물 안에 원저작물의 창작적 표현이 감지될 수 있다면 원저작물에
대한 관계에서 2차적저작물작성을 한 것으로 볼 수 있다(그러한 입장을 전제로 판시한 대법원 판례가 있
다. §5-17-1 참조). 이것은 "4차적저작물", "5차적저작물"의 경우라고 하여 달라지지 않는다. 그런데
순차적인 간접이용의 과정에서 본래의 원저작물("1차적저작물")의 창작적 표현이 더이상 이용되지
않는 경우가 있을 수 있다. 예를 들어, "5차적저작물" 속에 "1차적저작물"(본래의 원저작물)과 "2차
적저작물"의 창작성 있는 표현은 남아 있지 않고, "3차적 저작물"과 "4차적저작물"에서 각각 새
로 추가한 창작적 표현만 감지되는 경우가 있을 수 있는 것이다. 그러한 경우 법적으로 "5차적저
작물"은 "3차적저작물"과 "4차적저작물"을 원저작물로 한 2차적저작물에 해당하는 것으로 보아야
하지만, "1차적저작물" 및 "2차적저작물"과의 관계에서는 법적으로 2차적저작물로서의 성격을 가
지지 않는, 별개의 독립적인 저작물로 보게 된다.

어느 작품이 기존의 어느 저작물과 유사한 정도를 순서대로 보면, ① 완전히 똑같거나 다소 §5-7
의 수정, 증감이 있더라도 동일성(실질적 유사성)이 인정되는 범위 내인 경우, ② 새로운 저작물로
인정할 만한 정도의 창작성이 부가되고 실질적인 개변이 있었지만 원저작물과 사이에 '실질적 유
사성'이 있는 경우, ③ 단순한 창작성의 힌트만 얻었거나 기존 저작물을 완전히 소화하여 새로운
별개독립의 작품을 만듦으로써 두 작품 사이에 '실질적 유사성'을 인정할 수 없는 경우 등으로 나
누어 볼 수 있다. 이 가운데 ①의 경우는 복제물, ②의 경우는 2차적저작물, ③의 경우는 완전 별
개의 저작물이 되는바, 여기서 ① 또는 ②의 경우와 ③의 경우를 구분하는 객관적인 기준이 바로
'실질적 유사성'의 유무인 것이다. '실질적 유사성'에 대하여는 저작권 침해에 관한 장에서 보다
자세히 다루게 되겠지만, 근본적으로 실질적 유사성의 유무는 원저작물 중 '인간의 사상 또는 감
정의 창작적 표현'에 해당하는 부분이 새로 작성된 작품 속에 직접적으로 감지될 수 있는 형태로
포함되어 있는지 여부에 달려 있다고 할 수 있다.[4]

---

1 '의거' 및 '실질적 유사성'이 무엇을 말하는 것인지에 대하여는 '저작권의 침해'에 대하여 설명하는 장에서 자세히 다
룬다.
2 이것은 침해의 주관적 요건인 '의거'에 직접적인 '의거'만이 아니라 간접적인 '의거'가 포함될 수 있는 것(§27-8 참조)
과 같은 이치이다.
3 이것은 법률적인 용어는 아니나, 강학상의 편의를 위해 이러한 용어를 사용하는 경우가 있다. 中山信弘, 著作權法(第
2 版), 有斐閣, 2014, 150면 참조.
4 본서에서는 어떤 저작물(원저작물)을 이용하여 새로운 창작성을 추가한 저작물이 2차적저작물인지 아니면 완전 별개
의 저작물인지 여부의 기준을 기본적으로 '실질적 유사성(substantial similarity)'의 유무에서 찾는 입장을 취하고 있

다. 이것이 현재 우리나라의 통설 및 판례(§5-11, 12, 14, 15, 17-1, 20, 22 등)의 입장이라 할 수 있는데, 기본적으로 미국법의 영향을 많이 받은 것이라 할 수 있다. 일본에서는 학설, 판례가 '동일성' 또는 '실질적 동일성'이라는 말을 사용하는 경우는 있어도 '실질적 유사성'이라는 용어를 사용하는 경우는 드물다. 일본에서는 원저작물과의 관계에서 2차적저작물인지, 완전 별개의 저작물인지 여부의 기준을 '표현상의 본질적 특징의 직접감득성'에 두는 입장이 판례에 의하여 확립되어 있다. 즉 A라는 저작물을 이용하여 B라는 저작물이 만들어졌다고 할 때 B에서 A의 표현상의 본질적 특징을 직접적으로 감득할 수 있으면 B는 설사 A에는 없었던 새로운 창작성을 부가하여 하나의 새로운 저작물이 된다 하더라도 A와의 관계에서 2차적저작물의 성격을 가지는 것으로 판단하고, 그러한 본질적 특징을 감득할 수 없을 정도의 상태로 이용된 경우에는 완전 별개의 저작물로 인정될 수 있는 것으로 보는 것이다. 이것은 '江差追分' 사건에 대한 일본 최고재 2001. 6. 28. 선고 판결에서 어문저작물에 대한 번안(飜案)의 의미에 관하여 "기존의 저작물에 의거하여, 원저작물의 표현상의 본질적인 특징의 동일성을 유지하면서 구체적 표현에 수정·변경·증감을 가하여 새로이 사상 또는 감정을 창작적으로 표현함으로써, 그에 접하는 사람이 기존 저작물의 표현상의 본질적 특징을 직접 감득할 수 있는 다른 저작물을 창작하는 행위를 말한다"고 정의함으로써 제시한 기준으로서, 이후의 판례 및 학설에 의하여 어문저작물의 번안만이 아니라 2차적저작물 작성행위 전반에 대하여 적용될 수 있는 기준으로 받아들여졌다. 문제는 위 판례에서 말하는 '본질적 특징'이 무엇인가 하는 점에 있다. 이에 대하여 여러 가지 다양한 관점이 있지만, 최근에는 결국 일본 저작권법의 보호범위도 '창작성 있는 표현'에 한정되는 것이므로, 본질적 특징이라는 것도 결국 '창작적 표현'으로 보아야 한다는 견해가 유력하게 제시되고 있다(島並良·上野達弘·橫山久芳, 著作權法入門, 有斐閣, 2009, 54면 등). 위 '江差追分' 사건에 대한 최고재 판례도 보충적으로 "저작권법은 사상 또는 감정의 창작적인 표현을 보호하는 것이므로(제 2 조 제 1 항 제 1 호), 기존의 저작물에 의거하여 창작된 저작물이 사상, 감정 또는 아이디어, 사실, 사건 등 표현 자체가 아닌 부분 또는 표현상의 창작성이 없는 부분에 있어서 기존의 저작물과 동일성을 가지는 데 불과한 경우에는 번안에 해당하지 않는다"고 밝혀, 위와 같은 견해(창작적표현설)를 뒷받침하고 있다. 그렇다면, 결국 일본의 위와 같은 판단기준은 "원저작물의 창작성 있는 표현을 이용함으로써 그것이 새로운 작품을 통해 직접적으로 감득될 수 있는지 여부"라는 말로 바꿀 수 있는 것으로 생각되고, 그렇게 할 경우에는 "직접적 감득" 부분만을 빼면, 우리의 통설·판례가 취하고 있는 '실질적 유사성' 개념과 다르지 않은 것으로 볼 수 있다. 본서에서는 이전관부터 '감득(感得)'이라는 단어를 우리말에서 보다 흔하게 사용되는 '감지(感知)'라는 단어로 바꾸어(후술하는 바와 같이 우리나라 판례에서도 이 용어를 사용하고 있다), 일본에서의 위와 같은 논의를 일부 수용하는 입장을 취하였다. 실질적 유사성이 인정되는 경우를 '창작적 표현'의 '직접적 감지가능성'이 있는 경우로 제한할 경우 원저작물의 창작적 표현을 이용한 것임이 객관적으로 알 수 있게 드러나 있는 경우로 한정하는 의미가 있어, 일반인이 감지할 수 없는 '숨은 이용'까지 파고 들어가 침해의 인정범위를 너무 확대할 수 있는 가능성을 예방할 수 있는 장점이 있다고 생각되기 때문이다. 이렇게 제한할 경우 '스토리의 유사성' 등 포괄적·비문언적 유사성(§27-10 참조)을 실질적 유사성에서 제외하는 문제가 있지 않을까 하는 우려가 있을 수 있으나, 그러한 유사성도 일반 독자나 시청자 등이 충분히 감지할 수 있는 부분이므로 당연히 포함되는 것으로 볼 수 있어 별다른 문제가 없다. 이렇게 보면, 위 기준은 실질적 유사성에 대한 판단기준 중의 하나인 청중테스트(§27-28)와 상통하는 면이 적지 않다.(이와 관련하여, 본서에서는 저작물의 유형을 나누어, 컴퓨터프로그램 등 기능적 저작물의 경우에는 전문가의 관점에서 분석하는 것이 중요하지만, 소설, 만화, 영화, 시, 음악, 미술 등과 같이 일반인이 충분히 이해 하고 감상할 수 있는 저작물의 경우에는 전문가의 관점보다는 일반 관찰자(청중)의 관점에서 유사성을 판단하는 것이 바람직하다고 보아 일반적인 경우에 대하여 청중테스트의 적용을 긍정하는 입장을 취한다. §27-37 참조) 한편, '江差追分' 사건에 대한 최고재 판례가 보충적으로 설시한 부분(후단 부분)은 우리나라에서 실질적 유사성과 관련하여 가장 중시되고 있는 기준인 추상화·여과·비교 테스트(§27-32)와 상통하는 것으로 볼 수 있다.

따라서 2차적저작물작성과 관련하여 우리나라에서 이미 자세하게 발전해 오고 있는 실질적 유사성을 기본적인 판단기준으로 삼되, 그것을 보충하는 의미에서 이러한 "창작적 표현(특성) 직접 감지"의 기준을 감안하는 것은 나쁘지 않은 것으로 생각되고, 실질적 유사성 법리와의 사이에 어떤 모순이나 불일치가 있다고 생각되지는 않는다.

우리나라 판례를 자세히 분석해 보면, 대법원 판례 중에 "창작적 특성이 감지되기 어렵고" 등의 표현을 사용한 경우들(대법원 2011. 2. 10. 선고 2009도291 판결, 대법원 2009. 5. 28. 선고 2007다354 판결, 대법원 2007. 3. 29. 선고 2005다44138 판결 등, 하급심 판결 중에도 서울고등법원 2015. 4. 30 선고 2014나2018733 판결이 그러한 표현을 사용한 바 있음)이 있고, 일부 하급심 판결의 경우에는 일본 판례상의 '본질적 특징 감득' 기준을 그대로 채택한 사례도 있다('애마부인' 사건에 대한 서울고법 1991. 9. 5.자 91라79 결정, '실황야구' 사건에 대한 서울고법 2007. 8. 22. 선고 2006다72392 판결, '선덕여왕' 사건에 대한 2심 판결인 서울고등법원 2012. 12. 20 선고 2012나17150 판결 등). 그런가 하면, "표현상의 창작성을 감득 … "이라는 표현을 사용한 경우도 있고(서울중앙지방법원 2015. 2. 12. 선고 2012가합541175 판결), "창작적 표현형식이 그대로 느껴진다"는 표현을 사용한 사례('비더레즈' 사건에 대한 대법원 2014.

한편, 이때 2차적저작물의 작성을 위한 기초로 이용되는 원저작물은 반드시 저작권의 존속기   §5-8
간이 경과되지 않은 것임을 요하지 아니한다. 즉, 그 보호기간이 이미 경과한 저작물이라 하더라
도 이를 기초로 하여 2차적저작물을 작성하는 것은 가능하다.

(2) 새로운 창작성의 부가

2차적저작물은 단지 어떤 저작물의 복제물이 아니라 하나의 새로운 저작물로 인정된다. 따라   §5-9
서 2차적저작물로 인정되기 위해서는 새로운 저작물로 인정할 만한 '창작성'이 부가되어야 한다.
원저작물을 기초로 하여 이를 이용하되 원저작물에 포함되지 아니한 새로운 창작성이 부가되어
야만 새로운 저작물로서의 2차적저작물이 성립하는 것이고 그렇지 않으면 단순한 복제물에 불과
하게 되는 것이다.

그런데 여기서 창작성이라고 할 때 그것은 일반 저작물의 성립요건으로서의 창작성과 본질   §5-10
적으로 다른 개념이라고 볼 것은 아니나, 그 '정도'의 면에서는 보다 높은 기준이 적용되고 있음
을 유의할 필요가 있다. 즉, 2차적저작물이 되기 위하여는 보통의 저작물에서 요구되는 창작성보
다 '더 실질적이고 높은 정도의 창작성'이 요구되며, 원저작물에 대하여 사회통념상 별개의 저작
물이라고 할 정도의 '실질적인 개변'이 있어야 한다고 하는 견해가 유력하며,1 하급심 판례 가운
데 동일한 법리를 그대로 설시한 예도 보인다.2 대법원도 동일한 표현을 쓰지는 않아도 유사한
입장을 밝히고 있다. 즉, 대법원 2002. 1. 25. 선고 99도863 판결(§5-15)은 "2차적저작물로 보호를
받기 위하여는 원저작물을 기초로 하되 원저작물과 실질적 유사성을 유지하고, 이것에 사회통념
상 새로운 저작물이 될 수 있을 정도의 수정·증감을 가하여 새로운 창작성이 부가되어야 하는
것이며, 원저작물에 다소의 수정·증감을 가한 데 불과하여 독창적인 저작물이라고 볼 수 없는 경
우에는 저작권법에 의한 보호를 받을 수 없다"고 판시하였으며, 대법원 2004. 7. 8. 선고 2004다
18736 판결 등도 동일한 취지를 표명하고 있다. 이러한 판례의 입장은 원저작물을 기초로 하면
서 이를 변형하여 작성한 작품을 새로운 저작물로 인정하려면 그 작품이 사회통념상 '새로운 저
작물'이라고 할 수 있을 정도의 새로운 창작성이 부가되어야 할 것이라는 인식에 기한 것이다. 이
와 같이 2차적저작물의 경우에 요구되는 창작성의 정도를 다소나마 높게 설정하는 것은 어떻게

---

8. 26. 선고 2012도10786 판결)도 있다. 그 의미가 애매하여 일본에서도 갑론을박이 있는 '본질적 특징'이라는 단어
의 수용은 피하고, "창작적 표현형식을 그대로(직접) 느낄(감지할) 수 있는지" 등의 표현을 사용하는 것이 바람직할
것으로 생각된다.
1 오승종·이해완, 전게서, 101면; 이춘수, "2차적 저작물의 법리," 저작권법, 누구를 위한 법인가?(서울대 기술과 법 센
터 창립 3주년 기념 워크숍 자료집), 서울대학교 기술과 법센터, 2006, 8면 등 참조.
2 서울고등법원 2002. 10. 15. 선고 2002나986 판결 : "2차적 저작물이 되기 위하여는 보통의 저작물에서 요구되는 창
작성보다 '더 실질적이고 높은 정도의 창작성'이 요구되며, 원저작물에 대하여 사회통념상 별개의 저작물이라고 할 정
도의 '실질적인 개변'이 있어야 할 것인데…"

정당화될 수 있을까? 그러한 입장을 지지하는 미국의 판례 및 학설이 제시하는 하나의 이유는, 원저작물을 사소하게 변형한 것만으로 2차적저작물의 성립을 인정할 경우, 이미 공중의 영역(public domain)에 들어간 저작물(A)에 사소한 수정·증감을 하여 그와 유사한 작품(B)을 만든 사람이 자신이 B에 대하여 보유하는 저작권을 가지고 다른 사람들이 A를 자유롭게 이용하지 못하도록 제소 등으로 위협함으로써(만약 다른 사람이 역시 A에 사소한 정도의 수정·증감을 하여 C를 만들었다고 가정할 경우, A, B, C의 세 작품은 모두 극히 유사하여, B와 C 사이의 유사성을 내세운 저작권침해소송에서 실질적 유사성의 유무를 가려내기가 상당히 어려울 수 있다) 사실상 자신이 A를 독점적으로 이용하는 수단으로 악용할 수 있다는 것이다.[1] 본서도 그러한 이유 제시에 대해 실제적인 면에서 합리성이 있는 것으로 수긍하는 입장이다. 그러나 그러한 실제적인 이유만으로 창작성의 개념을 다소간 높게 설정하는 이유가 충분히 설명될 수 있다고 생각하지는 않는다. 사견(私見)으로는 창작성의 개념과 2차적저작물의 특성 자체에서도 그 이유를 찾을 수 있다고 생각한다. 창작성의 가장 기본적인 요소는 어떤 작품이 남의 것을 단순히 모방한 것이 아니고 자신이 독자적으로 작성하였다는 것, 즉 '독자적 작성'의 요소인바(§3-14), 2차적저작물은 그 개념 자체가 순수하게 독자적인 작성의 결과물이 아니고 원저작물에 기초하여 작성된 것이므로 그럼에도 불구하고 '독자적 작성'을 인정할 수 있으려면, 그 창작성이 원저작물과 뚜렷이 구별하여 새로운 저작물로 인식될 수 있을 정도에 이르러야 한다고 할 수 있다. 그래야만 그와 같이 구별되는 새로운 창작 부분을 독자적으로 작성했다고 할 수 있을 것이기 때문이다. 위 대법원 판례가 "사회통념상 새로운 저작물이 될 수 있을 정도의 수정·증감을 가하여 새로운 창작성이 부가되어야 한다"고 밝힌 것은 그러한 맥락을 내포하고 있는 것으로 보인다. 결국 2차적저작물의 창작성 개념을 일반저작물의 창작성에 비하여 상대적으로 엄격하게 보는 것은 위와 같은 실제적인 이유와 개념적인 이유로 정당화된다고 할 수 있다. 미국 판례에서는 2차적저작물에 요구되는 창작성 요건과 관련하여 "실질적 개변(substantial variation)"이라는 용어를 쓴 경우[2]와 "사소하지 않은, 구별가능한 개변(nontrivial distinguishable variation)"이라는 용어만 사용한 경우[3]로 나뉘며, 후자가 전자보다 그 판단의 엄격성을 완화한 흐름을 보이고 있는 것으로 생각된다. 그러나 어느 경우이든지 원저작물과 구별되기 어려운 정도의

---

1 LaFrance, M, Copyright law in a Nutshell(2nd Ed.), West, 2011, §2.9; Gracen v. Bradford Exchange, 698 F.2d 300 (7th Cir. 1983).

2 예컨대, L. Batlin & Son, Inc. v. Snyder, 536 F.2d 486, 490(2d Cir. 1976). 이 판결은 공중의 영역(public domain)에 들어간 금속제 '엉클 샘' 저금통을 플라스틱 제품으로 변형하여 만든 제품에 대하여 2차적저작물로서의 창작성을 부정하면서, "다른 매체로의 전환에 수반될 수 있는 사소한 변형만이 아니라 최소한 일정 정도의 '실질적 개변'이 있어야 한다(there must be at least some substantial variation, not merely a trivial variation such as might occur in the translation to a different medium)"고 판시해 온 해당 법원(제 2 항소법원) 기존 판례의 입장을 따를 것이라고 하였다.

3 예컨대, Schrock v. Learning Curve Int'l, Inc., 586 F.3d 513 (7th Cir. 2009).

사소한 수정·증감만으로는 그 요건을 충족하지 못한다고 보는 점에서는 동일하다. 따라서 우리 저작권법의 해석론상 '실질적 개변'이라는 용어를 사용하더라도 '사소한 정도가 아닌 개변'이라는 의미로 사용한다면, 미국 판례의 서로 다른 두 가지 흐름 중 어느 한 쪽을 선택하는 것이 아니라 그 두 흐름을 모두 포괄하는 의미에서 수용하는 것으로 볼 수 있을 것으로 생각된다.[1] 위에서 본 바와 같이 원저작물에 대한 사소한 변경만으로 쉽게 2차적저작물의 성립을 인정해도 곤란하지만, 실질적 개변을 지나치게 엄격한 기준으로 요구하는 것도 2차적 창작의 영역에 대한 보호를 크게 제한할 수 있다는 점에서 바람직하지 않다. 이 문제에 접근함에 있어서도 늘 '조화와 균형'을 의식할 필요가 있다고 생각한다.

판례를 보면, 아래에서 소개하는 바와 같이, 번역(§5-17-2)이나 편곡(§5-15, 15) 외에, 가사의 대폭적 수정(§5-11), 만화 줄거리의 요약(§5-12)이나 서적내용의 요약(§5-17-1), 두 구전가요를 자연스럽게 연결하고 간주와 전주를 추가하여 새로운 가요의 악곡을 만든 것(§5-14), 외국 영화에 우리말로 번역한 자막을 삽입한 것(§5-17-3), 교과서를 이용하여 동영상 강의를 하는 것(§5-17-4), 교과서를 이용한 문제집 집필(§5-17-5), 전통 민요의 화성을 변경하여 브라질 재즈풍으로 편곡한 것(§5-17-7) 등에 대하여 위의 창작성 요건을 충족하는 것으로 보았다. 공중의 영역(public domain)에 있는 예술품 등을 다른 매체로 재현한 이른바 '재현작품'의 경우에도 그 재현과정이 기계적인 것이 아니고 사소한 변형을 넘어선 정도의 개변이 있다고 인정된 경우에는 2차적저작물로서의 창작성이 긍정되었다. 실제의 건축물인 광화문을 축소하여 입체모형의 형태로 구현하는 과정에서 실제의 건축물과 구별되는 특징이나 개성을 부가한 것으로 인정된 '광화문 모형' 사건에 대한 대법원 판결(§5-17-8)과 유명 미술가의 작품인 벽화의 기본적인 형상을 재현하면서 일정한 변형을 가하여 목판액자로 제작한 것을 2차적저작물로 인정한 서울중앙지방법원 판결(§5-17-6)이 그러한 예에 해당한다. 반면에, 뮤지컬을 녹화하여 영상물로 만든 것(§5-19), 디지털 샘플링, CD 마스터링, 강의내용을 수록한 전자파일 제작, 기존 화보집을 모바일용으로 만드는 것 등의 기술적 처리를 한 것(§5-18, 21, 22, 23), 포토샵 등의 프로그램을 이용하여 기존의 그림을 실루엣 처리한 것(§5-23-1), 골프코스의 전체적인 배치 등에 별다른 변경 없이 각 홀의 벙커와 워터해저드의 위치 및 크기 등만 일부 변경한 것(§5-23-3) 등에 대하여는 '실질적 개변'을 부정하는 입장을 보이고 있다. 이를 통해 판례가 원저작물에 대하여 기술적 처리를 한 것만으로는 실질적 개변을 인정할 수 없다고 하는 입장을 대단히 일관되게 취하고 있다는 것을 알 수 있으나, 전체적으로 볼 때 '실질적 개변'을 지나치게 엄격한 잣대로 적용하지는 않고 있는 것으로 보인다.

§5-10-1

---

1 미국에서는 특히 저작물을 촬영한 사진작품에 대하여 2차적저작물로서의 창작성을 인정할 수 있을 것인지에 대하여 논의가 분분하고 판례도 일치된 입장을 보이지 않고 있다(자세한 것은 §4-81 참조).

§5-11

> **판 례** 2차적저작물의 성립을 긍정한 판례 ——————————

❖ 서울서부지방법원 2006. 3. 17. 선고 2004가합4676 판결 — "돌아와요 부산항에" 사건

〈사실관계〉

가수 조용필이 부른 "돌아와요 부산항에"의 가사가 김○○이 작사한 "돌아와요 충무항에" 가사의 2차적저작물에 해당하는지가 주요 쟁점의 하나가 된 사건이다. "돌아와요 부산항에"의 한 차례 개사를 거친 가사는 "(1) 꽃피는 동백섬에 봄이 왔건만 / 형제 떠난 부산항에 갈매기만 슬피우네 / 오륙도 돌아가는 연락선마다 / 목메어 불러봐도 대답없는 내 형제여 / 돌아와요 부산항에 그리운 내 형제여 (2) 가고파 목이 메어 부르던 이 거리는 / 그리워서 헤매이던 긴긴 날의 꿈이었지 / 언제나 말이 없는 저 물결들도 / 부딪쳐 슬퍼하며 가는 길을 막았었지 / 돌아와요 부산항에 그리운 내 형제여"이고 그 이전에 작사된 "돌아와요 충무항에"의 가사는 "(1) 꽃피는 미륵산에 봄이 왔건만 / 님 떠난 충무항에 갈매기만 슬피우네 / 세병관 둥근 기둥 기대어 서서 / 목메어 불러 봐도 소식 없는 그 사람 / 돌아와요 충무항에 야속한 내 님아 (2) 무학새 슬피 우는 한산도 달밤에 / 통통배 줄을 지어 웃음꽃에 잘도 가네 / 무정한 부산배는 님 실어가고 / 소리쳐 불러봐도 간 곳 없는 그 사람 / 돌아와요 충무항에 야속한 내 님아"이다.

〈법원의 판단〉

우선 어떤 저작물이 원저작물에 대한 2차적저작물이 되기 위하여는 단순히 사상, 주제 또는 소재가 같거나 비슷한 것만으로는 부족하고 원저작물을 토대로 새로운 창작성을 가하여 사회통념상 새로운 저작물이 될 수 있을 정도로 만들어지고 두 저작물 사이에 실질적 유사성이 유지되어야 한다. 따라서 이 사건 '돌아와요 부산항에' 가사가 '돌아와요 충무항에' 가사의 2차적저작물에 해당한다고 하기 위해서는 이 사건 '돌아와요 부산항에' 가사가 '돌아와요 충무항에' 가사에 의거하여 만들어졌고, 양자 사이에 실질적 유사성이 있어야 할 것이다.

(개) 의거관계의 유무

앞에서 살펴본 바와 같이 피고는 김○○이 이 사건 음반을 발표하기 이전에 김○○이 작사한 '돌아와요 충무항에' 가사에 대해 작곡을 해주어 '돌아와요 충무항에' 가사를 알고 있었고, 1972. 2. 25. 「여학생을 위한 조○○ 스테레오 힛트앨범」라는 음반을 통하여 '돌아와요 부산항에'를 발표할 때 자신이 작곡한 '돌아와요 충무항에'의 곡을 그대로 이용하였으며, 위 '돌아와요 충무항에'를 개사하여 이 사건 '돌아와요 부산항에'를 작사한 사실이 인정되고, 그 가사의 뉘앙스, 음절, 길이, 소재, 표현방식 등으로 미루어보면, 이 사건 '돌아와요 부산항에' 가사는 '돌아와요 충무항에' 가사에 의거하여 만들어졌다고 봄이 상당하다.

(내) 실질적 유사성 유무

살피건대, '돌아와요 충무항에' 가사와 1972년 발표된 '돌아와요 부산항에' 가사는 항구와 떠나는 배를 배경으로 사랑하는 사람과의 이별과 그에 대한 그리움을 그 내용으로 하고 있어 가사의 상황설정 및 소재가 유사하고 그 전체적인 형식이 동일한 점, '돌아와요 충무항에'와 1972년 발표된 '돌아와요 부산항에' 1절 앞 8소절의 가사는 '충무항'을 '부산항'으로, '미륵산'을 부산에 있는 '동백섬'으로 바꾼 것 이외에는 똑같고, 1, 2절의 후렴구 또한 '충무항'을 '부산항'으로, '소식 없는'을 '말 없는'으로, '야속한'

을 '그리운'이나 '보고픈'으로 변경한 것 외에는 대부분 동일한 점, 이 사건 '돌아와요 부산항에'는 재일 동포 고향방문단의 모국방문의 취지에 맞춰 1972년에 발표된 '돌아와요 부산항에' 가사를 '님'을 '형제' 로 바꾸는 등 부분적으로 바꾸어 다시 발표한 것에 불과한 점 등에 비추어 '돌아와요 충무항에' 가사와 이 사건 '돌아와요 부산항에' 가사 사이에는 실질적 유사성이 인정된다고 할 것이다. 또한, 이 사건 '돌 아와요 부산항에'는 단순히 '돌아와요 충무항에' 가사를 '충무항'에서 '부산항'으로 바꾸는데 그치지 아 니하고, 이별한 연인을 그리워하는 내용 대신 떠나간 형제를 그리워하는 내용으로 바뀌었고, 곡의 리듬 과 화성에 더 자연스럽게 어울리도록 일부 표현이 수정되었으며, 특히 2절 가사는 항구의 풍경을 표현 하는 것에서 재일동포의 귀환과 관련된 내용으로 대부분 바뀌는 등 새로운 창작성이 더해졌다. 따라서 이 사건 '돌아와요 부산항에' 가사는 '돌아와요 충무항에' 가사를 토대로 창작된 2차적저작물이라고 할 것이다.

▷NOTE : 앞서 본문에서 밝힌 바와 같은 논리에 따라 2차적저작물의 성립 여부와 관련하여 '의 거', '실질적 유사성', '창작성' 등의 요건을 판단한 것으로서 매우 타당한 판시라고 생각된다.

❖ 서울중앙지방법원 2004. 12. 3. 선고 2004노555 판결 — "만화 줄거리" 사건   §5-12

2차적저작물로 보호를 받기 위하여는 원저작물을 기초로 하되 원저작물과 실질적 유사성을 유지 하고, 이것에 사회통념상 새로운 저작물이 될 수 있을 정도의 수정·증감을 가하여 새로운 창작성이 부 가되어야 하는 것이며, 원저작물에 다소의 수정·증감을 가한 데 불과하여 독창적인 저작물이라고 볼 수 없는 경우에는 저작권법에 의한 보호를 받을 수 없다 할 것인바(대법원 2002. 1. 25. 선고 99도863 판결 참조), 원심 및 당심이 적법하게 채택하여 조사한 증거들에 의하면, 피해자 주식회사 ○○○이 만 든 '괴물같은 놈', '강타자'의 '줄거리'는 위 만화내용을 그대로 옮긴 것이 아니라 만화편집에 전문적인 노하우를 가진 6명 정도의 위 피해자 회사 직원들이 위 만화내용을 압축적으로 표현하여 이를 작성하 였고, 위 피해자 회사 명의로 위 '줄거리'가 공표된 사실, 피고인은 위 '줄거리'의 일부를 그대로 베껴서 복제한 사실을 인정할 수 있고, 기록에 나타난 위 '줄거리'의 내용에 비추어 볼 때 이를 만들기 위해서 는 만화에 대한 높은 수준의 이해가 필요할 뿐만 아니라 만화내용과 어긋나지 아니하는 범위 내에서 인터넷 이용자들로 하여금 흥미를 느껴 그 만화를 선택하여 볼 수 있도록 압축적으로 재미있게 만화내 용을 새로이 표현한 것이어서 위 '줄거리'에 원래의 만화내용과의 차별성 및 독창성이 인정되므로, 위 피해자 회사가 그 직원들로 하여금 만들게 한 위 '줄거리'는 고도의 창작적 노력이 개입되어 작성된 것 으로 저작권법에 의하여 보호될 가치가 있는 2차적저작물에 해당한다 할 것이고, 위 '줄거리'가 2차적 저작물에 해당하는 이상 피고인이 그 일부만을 복제하였다 하더라도 이는 위 '줄거리'에 관한 위 피해 자의 저작권을 침해한 행위에 해당한다 할 것이다.

▷NOTE : 일반적으로 저작물의 '요약'은 그 압축적 표현에 있어서의 창작성이 인정되어 2차적저   §5-13 작물로 인정될 가능성이 높다(§5-17-1 참조). 위 판결은 만화의 내용을 인터넷 이용자들이 쉽게 이해할 수 있도록 압축적으로 표현한 '줄거리'에 대하여 만화와의 관계에서 2차적저작물성을 인정한 사례로서 타당한 판결이라 생각된다.

❖대법원 2004. 7. 8. 선고 2004다18736 판결 — "사랑은 아무나 하나" 사건

§5-14   저작권법 제 5 조 제 1 항 소정의 2차적저작물로 보호받기 위하여는 원저작물을 기초로 하되 원저작물과 실질적 유사성을 유지하고 이것에 사회통념상 새로운 저작물이 될 수 있을 정도의 수정·증감을 가하여 새로운 창작성을 부가하여야 하는 것이며(대법원 2002. 1. 25. 선고 99도863 판결 참조), 저작권법이 보호하는 것은 문학·학술 또는 예술에 관한 사상·감정을 말·문자·음·색 등에 의하여 구체적으로 외부에 표현하는 창작적인 표현형식이므로, 2차적저작권의 침해 여부를 가리기 위하여 두 저작물 사이에 실질적 유사성이 있는가의 여부를 판단함에 있어서는 원저작물에 새롭게 부가한 창작적인 표현형식에 해당하는 것만을 가지고 대비하여야 한다(대법원 1999. 11. 26. 선고 98다46259 판결 참조). 원심은 그의 채용 증거들을 종합하여, 원심 판시 이유 기재와 같은 사실관계를 인정한 다음, 원고들이 속칭 "영자송"이라는 구전가요와 그의 아류로 여겨지는 다른 구전가요(아래에서는 편의상 "구전여자야"라고 한다)를 기초로 작성한 가요 "여자야"(아래에서는 '이 사건 가요'라고 한다)는 두 구전가요의 리듬, 가락, 화성에 사소한 변형을 가하는 데 그치지 않고 두 구전가요를 자연스럽게 연결될 수 있도록 적절히 배치하고 여기에 디스코 풍의 경쾌한 템포(♪=130)를 적용함과 아울러 전주 및 간주 부분을 새로 추가함으로써 사회통념상 그 기초로 한 구전가요들과는 구분되는 새로운 저작물로서 저작권법 제 5 조 제 1 항 소정의 2차적저작물에 해당하기는 하지만, 피고 조○○이 피고 박○○(그 음반의 표지에는 "박△○"이라고 인쇄되어 있다)의 편곡을 거쳐 작성한 가요 "사랑은 아무나 하나"(아래에서는 '대상 가요'라고 한다)는 구전가요에서 따온 부분을 제외하면 그 전주 부분 5마디가 이 사건 가요의 전주 및 간주 부분과 유사하기는 하나 그것만으로는 이 사건 가요와 실질적 유사성이 있다고 볼 수 없다고 판단하였다.

기록 중의 증거들과 대조하여 살펴보니, 원심의 위와 같은 사실인정은 정당하여 거기에 필요한 심리를 다하지 아니하였다거나 증거법칙에 위배하여 사실을 잘못 인정하였다는 등의 위법사유가 없다.

▷NOTE : 법원은 원고들이 작성한 "여자야"라는 가요가 구전 가요 등과의 관계에서 2차적저작저작물이 된다고 인정하면서 다만 그 보호범위는 새로이 부가한 창작성에 한정된다(§5-25 참조)는 전제하에 피고의 가요가 그러한 창작성 있는 부분을 이용하지 않아 '실질적 유사성'이 없다는 이유로 침해를 부정하는 결론을 내리고 있다.

§5-15   ❖대법원 2002. 1. 25. 선고 99도863 판결 — "컴퓨터용 음악 편곡" 사건

1. 저작권법 제 5 조 제 1 항은 원저작물을 번역·편곡·변형·각색·영상제작 그 밖의 방법으로 작성한 창작물(이하 '2차적저작물'이라 한다)은 독자적인 저작물로서 보호된다고 규정하고 있는바, 2차적저작물로 보호를 받기 위하여는 원저작물을 기초로 하되 원저작물과 실질적 유사성을 유지하고, 이것에 사회통념상 새로운 저작물이 될 수 있을 정도의 수정·증감을 가하여 새로운 창작성이 부가되어야 하는 것이며, 원저작물에 다소의 수정·증감을 가한 데 불과하여 독창적인 저작물이라고 볼 수 없는 경우에는 저작권법에 의한 보호를 받을 수 없다 할 것이다.

2. 원심 판결 이유에 의하면, 원심은, 피해자가 1995년 11월 이전에 이 사건 공소사실 별지목록 기재의 대중가요 184곡을 컴퓨터를 이용하여 연주할 수 있도록 컴퓨터용 음악으로 편곡(여기서 편곡이

라 함은 컴퓨터를 이용하여 음악을 연주할 수 있도록 해 주는 컴퓨터 프로그램이 작동될 때 그 프로그램에 입력 인자로 사용될 자료(data)를 미리 약속된 규칙 내에서 작성자의 취향에 따라 다양하게 배열하여 만드는 일련의 과정을 말하는 의미로 사용하였다)하였는데, 그러한 편곡을 위하여는 컴퓨터 음악과 관련 컴퓨터 프로그램에 대한 높은 수준의 이해는 물론 시간적으로도 상당한 노력이 요구되고, 편곡자의 독특한 방법과 취향이 그 편곡된 컴퓨터 음악에 반영되어 편곡의 차별성과 독창성이 인정되므로 피해자가 편곡한 위 184곡은 원곡을 단순히 컴퓨터 음악용 곡으로 기술적으로 변환한 정도를 넘어 고도의 창작적 노력이 개입되어 작성된 것으로 저작권법에 의하여 보호될 가치가 있는 2차적저작물에 해당한다고 판단한 후, 피고인은 피해자가 편곡한 위 184곡을 임의로 복제하여 그 중 일부 곡들의 경우에는 곡의 완성도나 창작성에 별 영향이 없는 기초적인 부분들만 몇 군데 수정하고 나머지 곡들은 복제한 그대로인 채로 다른 사람들에게 판매한 사실이 인정되므로 피고인에 대하여 저작권법위반의 유죄를 선고한 1심 판결을 정당하다고 판단하였다.

위에서 살펴본 법리와 기록에 비추어 살펴보면, 원심의 위와 같은 사실인정과 판단은 정당하고, 거기에 상고이유에서 주장하는 바와 같은 2차적저작물에 관한 법리오해 및 채증법칙 위반 등의 위법이 있다고 할 수 없다. 상고이유의 주장은 모두 받아들일 수 없다.

▷NOTE : 위 판례는 앞서 본문에서도 소개한 바와 같이, 2차적저작물의 성립요건으로서의 새로운 창작성이 사회통념상 새로운 저작물이라고 인정하기에 족한 정도의 것이어야 한다는 취지로 판시하여 일반적인 저작물에 비하여 높은 정도의 창작성을 요하는 것으로 볼 것임을 보여준 대표적인 판례이다. 구체적으로는, 컴퓨터 음악용 편곡에 있어서 그것이 단순한 기술적, 기계적 변환에 그친 것이 아니라 편곡자의 독특한 방법과 취향 등이 반영되어 편곡의 차별성과 독창성이 인정된다는 것을 인정한 후 2차적저작물의 성립을 긍정하는 결론을 내리고 있다. 판지에 찬동한다.

❖서울민사지방법원 1995. 1. 18.자 94카합9052 결정 ― "칵테일 사랑" 사건   §5-16

저작권법상 2차적저작물로 보호를 받기 위하여는 원래의 저작물을 기초로 하되, 사회통념상 새로운 저작물이 될 수 있을 정도로 창작성이 있어야 하는 것이고, 원래의 저작물에 다소의 수정·증감을 가한 데 불과하여 독창적인 저작물이라고 볼 수 없는 경우에는 저작권법에 의한 보호를 받을 수 없는 바, 가요 "칵테일 사랑"은 주멜로디를 그대로 둔 채 코러스를 부가한 이른바 "코러스 편곡"으로 코러스가 상당한 비중을 차지하고 있고, 코러스 부분이 단순히 주멜로디를 토대로 단순히 화음을 넣은 수준을 뛰어넘어 편곡자의 노력과 음악적 재능을 투입하여 만들어져 독창성이 있으므로, 저작권법상 2차적저작권으로서 보호받을 만한 창작성이 있다.

❖대법원 1994. 8. 12. 선고 93다9460 판결 ― "성경전서 개역한글판" 사건   §5-17

대한성서공회가 1952년경 "성경전서 개역한글판"을 발행한 후 31곳의 오역을 바로 잡고 200여 곳의 번역을 달리하며 370곳의 문장과 문체를 바꾸고 37곳의 음역을 달리하며 100여 곳을 국어문법과 한글식 표현에 맞게 달리 번역하여 1961년경 개정판을 발행하였다면, 1961년판 성경은 1952년판 성경의 오역을 원문에 맞도록 수정하여 그 의미내용을 바꾸고 표현을 변경한 것으로서 그 범위 내에서 이

차적 저작물의 창작성을 논함에 있어 저작자의 정신적 노작의 소산인 사상이나 생각의 독창성이 표현되어 있다고 볼 것이므로, 1961년판 성경은 1952년판 성경과 동일한 것이라고 보기 어렵고 별개로 저작권 보호대상이 된다.

§5-17-1　　　❖대법원 2013. 8. 22. 선고 2011도3599 판결 ― "영문요약물 번역" 사건

1. 저작권법 제 5 조 제 1 항은 '원저작물을 번역·편곡·변형·각색·영상제작 그 밖의 방법으로 작성한 창작물'을 '2차적저작물'이라고 규정하고 있는바, 2차적저작물이 되기 위해서는 원저작물을 기초로 수정·증감이 가해지되 원저작물과 실질적 유사성을 유지하여야 한다. 따라서 어문저작물인 원저작물을 기초로 하여 이를 요약한 요약물이 원저작물과 실질적인 유사성이 없는 별개의 독립적인 새로운 저작물이 된 경우에는 원저작물 저작권자의 2차적저작물작성권을 침해한 것으로 되지는 아니하는데(대법원 2010. 2. 11. 선고 2007다63409 판결 등 참조), 여기서 요약물이 그 원저작물과 사이에 실질적인 유사성이 있는지 여부는, 요약물이 원저작물의 기본으로 되는 개요, 구조, 주된 구성 등을 그대로 유지하고 있는지 여부, 요약물이 원저작물을 이루는 문장들 중 일부만을 선택하여 발췌한 것이거나 발췌한 문장들의 표현을 단순히 단축한 정도에 불과한지 여부, 원저작물과 비교한 요약물의 상대적인 분량, 요약물의 원저작물에 대한 대체가능성 여부 등을 종합적으로 고려하여 판단해야 한다. 한편 저작권의 보호 대상은 인간의 사상 또는 감정을 말, 문자, 음, 색 등에 의하여 구체적으로 외부에 표현한 창작적인 표현형식이고, 거기에 표현되어 있는 내용 즉 아이디어나 이론 등의 사상 또는 감정 그 자체는 원칙적으로 저작권의 보호 대상이 아니므로, 저작권의 침해 여부를 가리기 위하여 두 저작물 사이에 실질적인 유사성이 있는지 여부를 판단함에 있어서도 창작적인 표현형식에 해당하는 것만을 가지고 대비해 보아야 하고, 표현형식이 아닌 사상 또는 감정 그 자체에 독창성·신규성이 있는지를 고려하여서는 안 된다(대법원 2011. 2. 10. 선고 2009도291 판결 등 참조).

위 법리에 따라 원심이 적법하게 채택하여 조사한 증거를 종합하여 보면, 원심이 그 판시 범죄일람표 각 순번에 대하여 피고인 1이 작성한 번역요약물이 그 원저작물과 실질적으로 유사하여 2차적저작물에 해당한다는 취지로 판단한 것은 정당한 것으로 수긍할 수 있고, 거기에 상고이유 주장과 같은 2차적저작물작성권 침해 판단에 관한 법리오해 및 채증법칙 위반 등의 위법이 없다.

2. 한편 피고인들의 주장과 같이 피고인들이 2008. 4.경 영문 저작물인 이 사건 원저작물의 내용을 영문으로 요약한 이 사건 외국회사에 문의하여 이 사건 영문요약물이 그 원저작물의 저작권과는 무관한 별개의 독립된 저작물이라는 취지의 의견을 받았고, 2009. 2.경 법무법인에 저작권 침해 관련 질의를 하여 번역요약물이 원저작물의 저작권을 침해하지 아니하는 것으로 사료된다는 취지의 의견을 받은 바 있다는 사유만으로는 피고인들에게 저작권 침해에 대한 고의가 없었다거나 이 사건 공소사실 기재 행위가 저작권 침해가 되지 아니한다고 믿은 데에 정당한 이유가 있다고 볼 수 없다.

▷NOTE : 위 판결은 원저작물을 기초로 하여 그 내용을 요약한 '요약물'이 어떤 경우에 2차적저작물이 되고 어떤 경우에 별개의 독립적인 새로운 저작물이 되는지에 대한 판단기준을 제시한 점에 의의가 있다. 만화줄거리를 요약한 것에 대하여 2차적저작물성을 인정한 사례(§5-12)와 같이 기존에도 요약물에 대하여 2차적저작물성을 인정한 사례는 더러 있다. 일본 판례 중에도, ① 일본경제신문의 기

사를 요약하여 온라인 서비스를 행한 것이 신문기사에 대한 2차적저작물작성권 침해라고 판단한 사례1와 ② 인터넷상에 웹사이트를 개설한 후 타인이 저작한 서적의 요약문을 작성하여 메일 서비스에 의하여 회원 등에게 송신한 행위가 저작자의 2차적 저작물작성권 등을 침해한 것이라고 한 사례2 등이 있는데, 위 판결의 사안은 위 ②와 거의 유사하다고 할 수 있다. 흥미로운 것은 위 판결의 사안은 직접 원저작물을 가져다가 요약을 한 것이 아니라 이미 작성되어 있는 영문요약물을 번역한 것이 문제가 된 사안이라는 점이다. 앞에서 언급한 바와 같이, 직접 A를 이용하여 2차적저작물을 작성한 경우만이 아니라 A를 이용하여 작성한 2차적저작물인 B를 이용하여 다시 2차적저작물을 작성한 경우에도 그 2차적저작물 속에 원저작물의 창작적 표현이 이용되고 있다면 원저작물에 대한 관계에서 2차적저작물 작성을 한 것으로 보아야 한다는 것(§5-6-1)을 위 판례가 보여주고 있는 것이다. 2차적저작물에 대한 사안은 아니지만, '요약'에 창작성을 인정한 사례로, 해당 분야의 중요 대법원판례를 선별하여 요약 기술한 등의 판례해설집 내용에 대하여 창작성을 인정한 사례(창원지방법원 2006. 8. 17. 선고 2005노1762 판결)도 있다.

❖서울동부지방법원 2013. 8. 28. 선고 2013가합4997,5006 판결 ─ "건축제도 관련 번역서" 사건   §5-17-2
　이 사건 번역서에는 번역투 표현이 아닌 국어문법에 맞는 표현, 외래어(한문)가 아닌 우리말식 표현, 구어체 표현, 직역하지 아니하고 의역한 부분 등이 포함되어 있는 사실이 인정되는바, 이러한 어휘와 구문의 선택 및 배열, 원저작물에 대한 충실도, 문체, 어조 등에 있어 원고의 창조적 개성이 나타나 있다고 한 것이므로, 이 사건 번역저작물(이 사건 원저작물과는 별도로, 이 사건 번역서의 집필과정에서 원고에 의해 부가된 창작성 있는 표현부분, 이하 같다)은 2차적 저작물로서 저작권법의 보호대상이 된다.
　이에 대하여 피고 B는, 이 사건 원저작물이 건축 제도(製圖) 방법에 관하여 대부분 단문으로 설명하는 기능적 저작물이므로, 이를 번역한 이 사건 번역서에 창작성이 인정될 수 없다고 다투므로 살피건대, 갑 제 3 호증의 기재에 변론 전체의 취지를 종합하면, 이 사건 원저작물이 위 주장과 같이 각종 건축 도면 내지 그 제도 과정을 나타내는 도면 등을 수록하면서 각 도면에 덧붙여 비교적 짧은 문장으로 그 제도 방법을 해설하는 내용을 서술하고 있는 사실이 인정되나, 그 각종 도면이 기능적 저작물에 해당한다 하더라도 문장으로 그 제도 방법의 해설을 서술한 부분까지 기능적 저작물이라고 할 수는 없으며 이는 그 문장의 장단에 불구하고 어문저작물에 해당한다 할 것이고, 이 사건 번역서는 이 사건 원저작물의 내용 중 어문저작물에 해당하는 '제도 방법의 해설 부분'을 창작적인 표현을 사용하여 번역 집필하여 각종 도면과 함께 실은 것이므로, 피고 B의 위 주장은 받아들이지 아니한다.

　▷NOTE : 번역은 대표적인 2차적저작물 작성행위의 하나로 법문에도 나열되어 있으나, '번역'이라고 하여 모두가 2차적저작물 작성행위로 인정되는 것은 아니다. 실용적인 간단한 짧은 문장을 번역한 경우와 같이, 누가 하더라도 같거나 비슷하게 할 수밖에 없는 것으로 인정될 경우에는 번역에 창작성이 부정되어 2차적저작물로 보지 않을 수 있다. 위 사건은 문학작품 등의 경우가 아니라 건축 제도

---

1 東京地裁 1994. 2. 18. 선고 판결, 判例時報 1486호 110면 ─ 日經新聞事件.
2 東京地裁 2001. 12. 3. 선고 平13 (ワ)22110호 판결.

방법을 도면과 함께 해설하고 있는 내용을 번역한 사안에 대하여 창작성 유무의 문제가 제기된 것에 대하여 우리말 표현으로 바꾸는 데 있어서의 창조적 개성이 인정되는 것으로 판단한 것으로서, 창작성 인정 여부의 경계선에 가까운 사안으로 생각된다. 구체적 사안에 따라 개별적으로 신중하게 판단하여야 할 문제로서 위 판결문의 내용만으로 그 당부를 판단하기는 쉽지 않을 것이다. 다만, "그 문장의 장단에 불구하고 어문저작물에 해당한다"고 설시한 부분은 창작성 유무의 판단에 문장의 장단은 관계없는 것처럼 읽힐 가능성이 있는데, 그렇게 읽히는 것을 전제로 한다면, 그 부분 판시에 찬성하기 어렵다. 어문저작물 중에서도 단문(短文)의 경우는 합체의 원칙과의 관계에서 창조적 개성이 인정되지 않는 경우가 많다는 것은 앞서 살펴본 바(§4-4)와 같은바, 그것은 번역의 경우에도 창작성 판단 시에 어느 정도 고려할 필요는 있는 문제라 생각된다.

§5-17-3   ❖대법원 2011. 4. 28. 선고 2010도9498 판결 — "영화 자막" 사건

원심판결 이유에 의하면 원심은, 공소외 1 주식회사가 공소외 2 주식회사에 의뢰하여 원저작물인 "라파에트" 영화의 대사를 한글로 번역하고 그 내용을 한글 자막으로 삽입하여 "라파에트" dvd(이하 '이 사건 dvd'라고 한다)를 제작하였는데, 위와 같이 한글로 번역한 자막을 원저작물인 영화에 삽입하는 것은 새로운 창작성을 부가하는 것이므로 이 사건 dvd는 공소외 2 주식회사로부터 이 사건 dvd에 관한 저작권을 양수한 공소외 1 주식회사의 2차적저작물에 해당하고 공소외 1 주식회사로부터 이 사건 dvd에 대한 공연권을 위탁받은 사단법인 한국영상산업협회는 그에 관한 적법한 고소권자라고 하면서, 피고인이 운영하는 dvd 방에서 사단법인 한국영상산업협회로부터 허락을 받지 않고 이 사건 dvd를 찾아오는 손님들에게 공연하여 저작권을 침해하였다는 범죄사실을 유죄로 판단하였다. 원심이 적법하게 채택한 증거들을 앞서 본 법리와 기록에 비추어 살펴보면, 원심의 위와 같은 사실인정과 판단은 정당하고, 거기에 상고이유에서 주장하는 바와 같은 2차적저작물 및 공연권에 관한 법리오해나 심리미진 등의 위법이 없다.

▷NOTE : 외국에서 제작된 영화의 대사를 한글로 번역한 자막을 삽입하는 것만으로도 해당 DVD(영상저작물)의 2차적저작물을 작성한 것에 해당하여, 그 자막이 삽입된 DVD를 허락 없이 공연하는 행위에 대하여 적법하게 고소권을 행사할 수 있다고 판시한 것으로서, 타당한 판시라 생각한다.

§5-17-4   ❖서울중앙지방법원 2011. 9. 14.자 2011카합683 결정 — "교과서 이용 동영상 강의" 사건

이 사건 각 동영상에 녹화된 별지 1 목록 기재 각 강의에서 각 강사들은 위에서 본 바와 같이 이 사건 각 교과서 및 문제집의 내용(다만 이 사건 각 교과서 및 문제집 중 타인의 저작물을 인용한 부분은 제외한다)을 그대로 판서, 영사하거나 낭독하면서 그 내용을 나름의 요령과 방식으로 설명하고 있고, 피신청인은 위 각 강의를 녹화하여 영상물인 이 사건 각 동영상으로 제작함으로써 추가적인 변형을 가하였다. 그러나 이러한 부가, 변형 부분을 모두 감안하더라도, 국어 교과의 목적과 교육 대상 학생의 연령 등을 고려할 때 이 사건 각 교과서 및 문제집의 기본 틀과 지문이 위 각 강의에서 그대로 사용될 것인 점 등을 고려하면, 이는 이 사건 각 교과서 및 문제집의 본질적인 특성을 해하지 않는 범위 내에서의 수정·증감·변경에 지나지 않는 것으로 보이므로, 이 사건 각 동영상은 피신청인의 주장

과 같이 별개의 저작물에 이르기보다는 이 사건 각 교과서 및 문제집과의 실질적 유사성이 인정되는 2차적저작물에 해당할 여지가 많다.

그러므로 피신청인이 신청인들의 허락 없이 이 사건 각 동영상을 제작하는 행위는 특별한 사정이 없는 한 신청인 ○○교육을 제외한 나머지 신청인들의 이 사건 각 교과서에 대한 2차적저작물작성권 및 신청인 ○○교육의 이 사건 각 문제집에 대한 2차적저작물작성권의 침해행위에 해당한다.

▷NOTE : 교과서 및 문제집 내용을 토대로 동영상 강의를 하는 경우에 한편으로는 교과서등의 창작성 있는 표현을 이용하게 되고 한편으로는 강의에서 효과적으로 전달하는 노력의 과정에서 새로운 창작성이 부가되는 경우가 많을 것이므로 교과서등(원저작물)에 대한 관계에서 2차적저작물이 되는 경우가 많을 것으로 생각된다. 위 판결도 같은 취지에서 2차적저작물의 성립을 인정하였다. 서울중앙지방법원 2015. 2. 12. 선고 2012가합541175 판결도 교재를 이용하여 동영상 강의를 한 사안에 대하여 위 판결과 같은 이유로 2차적저작물작성권 침해를 인정하였다. 그러나 사안에 따라서는 교과서 등의 추상적인 개념 등 아이디어에 해당하는 부분만 이용하거나 창작성 있는 표현을 저작권법 제28조에서 허용하는 범위 내에서만 인용한 것으로 인정되어 2차적저작물이 아니라 완전 별개의 독립된 저작물로 인정되는 사례도 있을 수는 있는데, 뒤에 소개하는 서울고등법원 2013. 8. 22. 선고 2013나1398 판결(§5-23-2)이 바로 그에 해당하는 것으로 판단된 사례이다.

❖서울남부지방법원 2014. 6. 12. 선고 2013가합5771 판결 — "교과서 이용 문제집 출판" 사건   §5-17-5
이 사건 각 문제집은 이 사건 각 교과서의 목차와 개별 단원의 제목 및 배열 순서, 수록된 핵심 지문 등을 인용하되 여기에 관련된 기출 문제나 예상 문제를 부가함으로써 이 사건 각 교과서와 실질적 유사성을 유지한 상태에서 수정·증감을 하여 새로운 창작성을 가미하였다고 봄이 타당하므로, 이 사건 각 문제집은 저작권법에서 정한 2차적저작물에 해당한다.

❖서울중앙지방법원 2015. 9. 4. 선고 2014가합528947 판결 — '생명의 나무 목판액자' 사건   §5-17-6
앞서 본 증거들에 의하여 인정할 수 있는 다음과 같은 사정들에 비추어 보면, 이 사건 저작 1('그림 46' 참조)은 원저작물('그림 45' 참조)을 기초로 하되 원저작물과 실질적 유사성을 유지하고 이것에 사회통념상 새로운 저작물이 될 수 있을 정도의 수정·증감을 가하여 새로운 창작성을 부가한 것이어서, 이 사건 저작물 1은 법에 의하여 보호되는 2차적저작물의 요건으로서 최소한의 창작성을 구비하였다고 봄이 상당하다.

① 원저작물은 보호기간의 경과로 저작재산권이 소멸하여 공중의 영역(public domain)에 있는 작품이고, 이 사건 저작물 1은 이를 재현한 종류의 것이나, 재현 작품이라도 저작자 자신의 것이라고 볼 만한 무엇인가가 존재하고 있으면 창작성을 인정할 수 있다.

② 이 사건 저작물 1은 원저작물의 좌·우측면에 배치된 사람 이미지를 삭제하고 나무 이미지 부분만을 남겼다. 원저작물은 노란색 내지 황금색 바탕에 나무와 땅을 갈색을 주된 색으로 하면서 유리, 산호, 보석 등으로 장식된 벽화이지만, 이 사건 저작물 1은 목판에 조각을 하고 나무 부분에 석고를 발라 입체감을 주었고, 그 위에 금박을 코팅하고 도색하였으며 바탕화면을 검은색으로 처리하였다. 그 결

[그림 45]

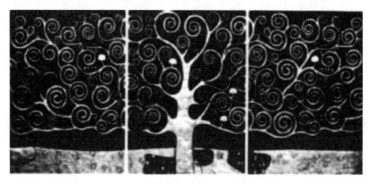

[그림 46]

과 이 사건 저작물 1은 원저작물과 구별될 수 있는 정도의 차별적 인상과 미감을 준다(이러한 차별적 인상과 미감으로 인하여 이 사건 저작물 1은 출시 이래로 지금까지 수백 개가 판매되었고, 드라마나 영화의 배경을 장식하는 소품으로 사용된 것으로 보인다).

③ 이 사건 저작물 1의 나무 부분은 원저작물의 나무 부분을 거의 그대로 모방한 것이고, 목판을 조각하고 석고를 발라 입체감을 주고 그 위에 금박 코팅을 하는 표현방식은 오래 전부터 흔히 행해지던 기법이다. 따라서 원저작물에서 사람 부분을 제거하고 나무 이미지만 남긴 것이나, 입체감을 위한 위 표현방식 등 원고가 창조성이 있다고 주장하는 개개의 부분은 창조성을 인정하기 어려워 개별적으로는 법에 의하여 보호를 받을 수 없는 부분이다. 그러나 이 사건 저작물 1은 개별적으로는 보호를 받지 못하는 부분들이 창작적이고 독특한 형태로 조합을 이룬 결과 작품 전체로는 원저작물과 구별되는 차별적 인상이나 미감을 준다.

▷NOTE : 위 판결은 구스타프 클림트의 벽화인 '생명의 나무'('그림 45', 원저작물)의 기본적인 형상을 재현하면서 일정한 변형을 가하여 목판액자로 제작한 원고의 제품('그림 46')이 원저작물과 구별

될 수 있는 정도의 차별적 인상과 미감을 준다는 이유로 2차적저작물로서의 최소한의 창작성을 구비하였다고 판시하였다. 공중의 영역에 있는 예술품의 재현작품도 새로운 미적 특성을 가질 때 2차적저작물로 보호될 수 있음을 보여주는 사례이다.

❖ 서울중앙지방법원 2016. 11. 25. 선고 2013가합559814 판결 — "아리랑 편곡" 사건   §5-17-7

앞서 본 바와 같이 통상의 음악저작물의 경우에는 가락을 중심으로 창작성 여부를 판단함이 원칙이지만, 기존의 곡을 편곡하는 경우에 편곡된 곡은 기존 곡의 가락을 대부분 이용하게 되므로 이러한 경우에는 가락보다는 리듬, 화성의 요소를 더욱 중요한 요소로 봄이 옳다. 이 사건에서 원고 아리랑의 가락이 경기아리랑의 가락과 동일함은 당사자 사이에 다툼이 없으므로, 원고 아리랑의 창작성을 판단함에 있어서는 결국 나머지 리듬, 화성 등의 요소를 종합적으로 고려하여 판단할 수밖에 없다.

(1) 곡 전반부의 전개방식의 독창성에 관하여 살피건대, 갑 4호증의 1, 2, 갑 13호증의 1의 각 기재 또는 재생결과에 의하면 원고 아리랑은 경기아리랑의 '아리랑 아리랑 아라리요 아리랑 고개로 넘어간다'에 해당하는 부분을 2번 반복하고 있는 사실이 인정되나, 악곡을 편곡함에 있어 같은 소절을 반복하는 방식의 구성은 단순한 아이디어에 가깝고 이를 새로운 창작성을 더한 것이라고 보기는 어려우므로, 원고의 이 부분 주장은 받아들일 수 없다.

(2) 박자의 독창성에 관하여 살피건대, 갑 4 호증의 1, 2의 각 기재에 의하면 경기아리랑이 3/4 박자이어서 3박자 계열인 데 비하여 원고 아리랑은 6/8 박자 이어서 2박자 계열이라는 차이가 있기는 하나, 위와 같은 차이가 원고 자신의 독자적인 사상이나 표현을 담고 있다고 할 정도로 독창적인 요소라고 보이지 않는다. 또한 리듬의 독창성에 관하여 보건대, 감정인 ○의 일부 감정결과만으로는 원고 아리랑이 폴리리듬을 사용하였다고 인정하기에 부족하고 달리 이를 인정할 증거가 없으며, 그밖에 갑 15호증의 2, 갑 16, 17, 18호증의 각 기재, 감정인 ○의 일부 감정결과만으로는 원고 아리랑의 리듬의 독창성을 인정하기에 부족하고 달리 이를 인정할 증거가 없다. 따라서 원고의 이 부분 주장도 받아들일 수 없다.

(3) 화성의 독창성에 관하여 살피건대, 갑 4호증의 1, 2, 갑 13호증의 1의 각 기재 또는 재생결과, 갑 15호증의 2, 갑 16, 17, 18호증의 각 일부 기재 및 변론 전체의 취지에 의하면, 원고 아리랑은 베이스 페달음(bass pedal tone), b7도-근음 진행의 마침꼴(a flat VII-I cadence), 3도-6도-4도-5도 진행(III-VI-IV-V sequence), m7b5 화음(minor 7th flat 5 chords), dimMajor7 화음 (diminished major 7th chords), 하강 베이스 라인(descending bass line) 등을 사용하여 경기아리랑을 재즈 풍으로 새로이 편곡한 기타 듀엣 연주곡(다만 원고 아리랑에는 가사를 가창하지 않은 채 가락을 따라 부르는 목소리가 들어가 있다)인 사실을 인정할 수 있는바, 원고 아리랑은 그 화성의 요소를 복합적으로 고려해 보았을 때 듣는 사람으로 하여금 민요로서 연주 또는 가창되는 경기아리랑과는 전체적인 분위기나 느낌을 달리하고 있다고 판단된다.

이에 대하여 피고들은, 원고 아리랑은 전통민요로서 대중의 공유(public domain)에 속하는 경기아리랑을 브라질 식의 재즈 풍으로 편곡한 것일 뿐 그 화음의 구성, 화성의 진행 등도 브라질 음악 내지 재즈 장르에서 정형적인 것이고, 원고의 화성 진행과 같은 방식을 채용한 다수의 아리랑 편곡들이 있으므로 그 화성이 독창적이라고 할 수 없다고 주장하나, 을 4 내지 9호증, 을 12, 13호증, 을

17호증의 1, 2, 을 18호증의 1, 2의 각 기재만으로는 원고 아리랑의 화음 구성, 화성 진행이 브라질 음악 내지 재즈 장르에서 유래된 정형적인 것이라고 인정하기에 부족하고 달리 이를 인정할 증거가 없으며, 을 19, 20, 21호증의 각 재생결과만으로는 원고 아리랑이 다른 아리랑 편곡들의 화성 진행을 차용·변개하였다고 단정하기에 부족하고 달리 그렇게 볼만한 자료가 없으므로(뿐만 아니라 을 19, 21호증의 아리랑은 원고 아리랑이 공표된 이후인 2010년, 2011년 각 발표된 곡인 사실은 피고들이 자인하고 있다), 피고들의 이 부분 주장은 받아들일 수 없다.

나) 따라서 <u>원고 아리랑은 경기아리랑과 대비하여 화성과 관련하여서는 원고 자신의 독자적인 감정의 표현을 담고 있다는 의미에서 저작권법상의 창작성이 인정되고, 나아가 곡을 전체적으로 살펴보더라도 원저작물인 경기아리랑을 기초로 하되 그것과 실질적 유사성을 유지하고 이것에 사회통념상 새로운 저작물이 될 수 있을 정도의 수정·증감을 가하여 새로운 창작성을 부가한 저작물에 해당되므로, 원고 아리랑은 저작권법 제 5 조 제 1 항의 원저작물을 편곡의 방법으로 작성한 2차적 저작물에 속하는 편곡저작물로 인정된다.</u>

▷NOTE : 위 판결은 전통민요인 경기아리랑을 브라질 식의 재즈 풍으로 편곡함에 있어서 경기아리랑의 가락을 그대로 이용한 것으로서 리듬 부분에도 새로운 창작성을 인정할 수 없으나, 화성의 면에서 새로운 창작성을 부가한 것으로 인정하여 2차적저작물로서의 보호를 긍정하였다. 음악저작물의 편곡에 있어서 화성의 창작성 있는 개변만으로 2차적저작물의 성립을 인정한 점이 주목할 대목이다.

§5-17-8   ❖대법원 2018. 5. 15. 선고 2016다227625 판결 ― "광화문 모형" 사건
〈사실관계〉
1. 원고는 숭례문, 광화문등의 건축물에 대한 평면설계도를 우드락에 구현하여 칼이나 풀을 사용하지 않고 뜯어 접거나 꽂는 등의 방법으로 입체로 조립할 수 있는 3차원 입체퍼즐을 제조, 판매하고 있다.

2. 피고A와 피고B는 원고의 회사에서 근무하다가 2011. 12. 25. 퇴직한 후, 2012. 1. 20. 회사(이하 '피고 회사'라고 한다)를 설립하여 공동대표이사로 취임하였다.

3. 피고 회사는 숭례문등의 건축물에 대한 평면설계도를 우드락에 구현하여 칼이나 풀을 사용하지 않고 뜯어 접거나 꽂는 등 간단한 방법으로 입체 조립할 수 있는 3차원 입체 퍼즐을 제조, 판매하였다.

4. 원고가 피고의 제품이 원고의 제품을 모방한 것으로 원고의 저작재산권을 침해하였다고 주장하면서 손해배상청구를 하였다.

다음은 위 사건에 있는 여러 가지 쟁점 중 첫 번째 쟁점으로서 원고의 제품이 저작물로 보호를 받을 수 있는지 여부에 대한 대법원의 판단이다.

〈대법원의 판단〉
실제 존재하는 건축물을 축소한 모형도 실제의 건축물을 축소하여 모형의 형태로 구현하는 과정에서 건축물의 형상, 모양, 비율, 색채 등에 관한 변형이 가능하고, 그 변형의 정도에 따라 실제의 건축물과 구별되는 특징이나 개성이 나타날 수 있다. 따라서 <u>실제 존재하는 건축물을 축소한 모형이 실제의 건축물을 충실히 모방하면서 이를 단순히 축소한 것에 불과하거나 사소한 변형만을 가한 경우에는</u>

창작성을 인정하기 어렵지만, 그러한 정도를 넘어서는 변형을 가하여 실제의 건축물과 구별되는 특징이나 개성이 나타난 경우라면, 창작성을 인정할 수 있어 저작물로서 보호를 받을 수 있다.

원심은, 원심 판시 원고의 광화문(2면 및 4면) 모형은 실제의 광화문을 축소하여 모형의 형태로 구현하는 과정에서 실제의 광화문을 그대로 축소한 것이 아니라, 지붕의 성벽에 대한 비율, 높이에 대한 강조, 지붕의 이단 구조, 처마의 경사도, 지붕의 색깔, 2층 누각 창문 및 처마 밑의 구조물의 단순화, 문지기의 크기, 중문의 모양 등 여러 부분에 걸쳐 사소한 정도를 넘어서는 수준의 변형을 가한 것이라고 판단하였다. 이어 이것은 저작자의 정신적 노력의 소산으로서의 특징이나 개성이 드러나는 표현을 사용한 것으로 볼 수 있으므로, 창작성을 인정할 수 있다는 취지로 판단하였다.

앞서 본 법리와 원심이 적법하게 채택한 증거들에 비추어 살펴보면, 원심의 위와 같은 판단은 정당하고, 거기에 상고이유 주장과 같이 창작성에 관한 법리를 오해하는 등의 위법이 없다.

▷NOTE : 위 사건도 공중의 영역에 있는 건축저작물을 입체퍼즐로 사용될 수 있는 축소된 모형으로 재현하는 과정에서 일정한 변형이 있었던 것에 대하여 '사소한 정도'를 넘어선 수준의 변형, 즉 실질적 개변이 있다고 인정하여 2차적저작물로서의 보호를 긍정한 사례이다. 이 판결도 대법원이 2차적저작물의 성립 요건으로서의 실질적 개변, 혹은 사소한 변형을 넘어선 개변의 인정을 너무 까다롭게 하지는 않을 것이라는 점을 보여주는 사례라 할 수 있을 것이다.

판 례 **2차적저작물의 성립을 부정한 판례** ————————————

❖ 대법원 2006. 2. 10. 선고 2003다41555 판결 — "디지털 샘플링" 사건 §5-18

1995. 12. 6. 법률 제5105호로 개정된 저작권법의 부칙 제 4 조 제 3 항에서 정한 외국인의 저작물을 원저작물로 하는 2차적저작물로 인정되기 위해서는 원저작물을 기초로 하되 이것에 사회통념상 새로운 저작물이 될 수 있을 정도의 수정·증감을 가하여 새로운 창작성이 부가되어야 한다. 한편, 1986. 12. 31. 법률 제3916호로 전문 개정되기 전의 저작권법 제 2 조는 음반을 저작물의 하나로 규정하고 있었으므로 위 법의 적용을 받는 내외국인의 음반을 기초로 한 2차적저작물이 작성될 수 있다고 할 것이지만, 아날로그 방식으로 녹음된 음반을 디지털 샘플링의 기법을 이용하여 디지털화한 것이 2차적저작물로 인정되기 위해서는 단지 아날로그 방식의 음반을 부호화하면서 잡음을 제거하는 등으로 실제 연주에 가깝게 하였다는 정도로는 부족하고 이를 재구성하거나 새로운 내용을 첨삭하는 등의 방법으로 독자적인 표현을 부가하여야만 한다.

위 법리와 기록에 비추어 살펴보면, 원고가 복제하여 거래처들을 통하여 판매한 음악 CD 세트 중 저작재산권의 침해가 문제된 2장(이하 '이 사건 CD들'이라고 한다)은 도이취 그라모폰 게엠베하(Deutsche Grammophon GmbH, 이하 '그라모폰사'라고 한다)가 외국에서 녹음한 아날로그 음원을 가지고 디지털 샘플링 작업을 하면서 실제 연주에 근사한 음질을 재현하기 위하여 여러 가지 기술을 이용하여 기존의 잡음을 제거하고 나아가 일부 손상된 부분을 회복시키되 연주의 속도, 리듬, 가락 등에는 아무런 변화를 주지 않은 것으로서, 그와 같은 작업을 가리켜 사회통념상 새로운 저작물을 생성할 수 있는 정도의 수정·증감이라고 볼 수 없을 것이며, 설령 원고의 주장과 같이 위 작업의 결과로 음악의 재생시간이 다소 변화하였다고 하여도 이를 달리 볼 것이 아니어서, 결국 이 사건 CD들은 위 부칙에서 말하는 계속 이용이 가능한 2차적저작물에 해당한다고 할 수 없으므로 이와 결론을 같이 한 원심 판결에 2차적저작물에 관한 법리오해 등의 위법이 있다고 할 수 없다.

▷NOTE : 1957년에 제정된 구 저작권법상은 음반이 저작물의 하나로 규정되어 있었고, 이 사건 음반이 제작된 시점이 구 저작권법 시행시기인 관계로, 현행법상은 '저작인접물'에 불과한 '음반'에 대한 2차적저작물의 문제가 제기된 것이다. 현행 저작권법이 적용되는 경우라고 가정하면, 음반에 대하여는 당연히 2차적저작물이 있을 수 없고, 새로운 음반으로 보호되는지 여부만 문제될 것이다. 음을 최초로 고정한 것만 음반으로 보아야 하고 그것을 복제하면서 위와 같은 정도의 변형을 한 것만으로는 새로운 음반을 제작한 것으로 볼 수는 없으므로(§19-48), 음반제작자로서의 보호를 받을 수 없다.

§5-19

❖서울고등법원 2002. 10. 15. 선고 2002나986 판결 — "뮤지컬 녹화" 사건

<u>2차적저작물이 되기 위하여는 보통의 저작물에서 요구되는 창작성보다 '더 실질적이고 높은 정도의 창작성'</u>이 요구되며, 원저작물에 대하여 사회통념상 별개의 저작물이라고 할 정도의 '실질적인 개변'이 있어야 할 것인데, 앞에서 살핀 바와 같이 피고가 이 사건 뮤지컬을 녹화한 후, 이를 14개의 부분으로 나누어 피고의 인터넷 홈페이지에 올려놓는 행위만으로는 거기에 별다른 창작성이나 실질적 개변이 있다고 인정할 수 없으므로, 피고의 위 주장 역시 이유 없다.

▷NOTE : 위 판결은 하급심이지만, 대법원보다 더 명료하게 2차적저작물의 성립요건으로서의 창작성이 보통의 저작물에서 요구되는 것보다 '더 실질적이고 높은 정도의 창작성'을 의미하는 것임을 밝힌 사례이다. 연극 등을 단순히 녹화한 것만으로는 새로운 창작성이 없어 2차적저작물로서의 '영상저작물'에 해당한다고 보기 어렵다는 것은 '영상저작물'에 대한 설명 부분(§4-96)에서 살펴본 바와 같다. 그 점은 뮤지컬도 마찬가지이다. 판지에 찬동한다.

§5-20

❖서울민사지방법원 1990. 9. 20. 선고 89가합62247 판결 — "행복은 성적순이 아니잖아요" 사건

어떤 저작물이 원저작물에 대한 2차적저작물이 되기 위하여는 단순이 사상(idea), 주제(theme) 또는 소재가 동일하거나 비슷한 것만으로는 부족하고 두 저작물 사이에 실질적 유사성(substantial similarity), 즉 사건의 구성(plot) 및 전개과정과 등장인물의 교차 등에 있어 공통점이 있어야 할 것인바, "행복은 성적순이 아니잖아요"라는 동일한 제명의 이 사건 무용극과 영화가 우리나라 청소년교육의 문제점과 경쟁위주의 사회현실을 고발하고 그 해결책을 모색한다는 내용의 주제에 있어 공통점이 있고 소재에 있어서도 유사한 점이 있으나 위 무용극은 3장에 걸쳐 각 장별로 공부하다 벌서고 시험치기를 되풀이 하는 학생들의 일상생활과 경쟁사회 속에서 시험공부에 시달려 온 한 여학생이 "난 1등 같은 거 싫은데 … 난 남을 사랑하며 친구와 살고 싶은데 … 행복은 성적순이 아니잖아"라는 독백 끝에 쓰러지는 모습 및 기진맥진하여 쓰러졌던 청소년들이 고향의 봄을 부르며 소생하듯 일어나 우리나라 어린이들이 즐기던 놀이를 벌이는 모습 등을 무용과 배경음악, 효과 등을 통하여 상징적으로 표현하고 있

는 반면 위 영화는 특정된 고교 2년생들의 삶이 구체적인 스토리별로 전개되어 가면서 그들의 욕구, 갈등, 희열, 좌절 등이 학교성적과 맞물리며 투영되는 등 그 등장인물과 사건전개 등 실질적 구성면에서 현저한 차이가 있어 무용극과 영화 사이에 내재하는 예술의 존재양식 및 표현기법의 차이를 감안한다 하더라도 양자 사이에 원저작물과 2차적저작물의 관계를 인정할 만한 실질적 유사성이 있다고 볼 수 없다.

▷NOTE : 위 판결은 저작권의 침해 요건으로서의 '실질적 유사성' 판단과 관련하여 이른바 유형 (패턴) 이론(§27-16)을 수용한 사례라고 생각된다. 그 점에 대하여 자세한 것은 저작권의 침해에 대한 장을 참고하기 바란다.

❖서울중앙지방법원 2008. 3. 21. 선고 2007가합20803 판결 — "오리지날 히트 팝스" 사건   §5-21

하나의 음반에 수록될 여러 곡의 음량, 음색 등을 균일하게 맞추는 등의 작업을 하여 이를 CD 등에 녹음시키는 정도의 작업을 거친 것만으로는 원곡에 다소의 수정·증감을 가한 데에 불과하여 새로운 창작성이 부가되었다고 보기 어렵고, 또한 원고가 원곡 중 일부를 편곡하였다는 점에 관하여도 이를 인정할 만한 아무런 증거가 없으므로(원고는 일부 곡을 편곡하였다고 주장하면서도 편곡한 곡을 지정하지도 않고 있다), 이 사건 CD가 원음에 대한 2차적저작물에 해당한다고 볼 수 없다.

❖서울중앙지방법원 2008. 7. 25. 선고 2007나17801 판결 — "강의 전자파일 제작" 사건   §5-22

원고는 위 저작권자들의 강의를 전자파일 형태로 제작하는 과정에서 농담 등 강의내용과 무관한 부분은 삭제하고, 음질이 고르지 못하거나 잘 들리지 않는 부분을 이퀄라이저 등을 통하여 편집하는 등으로 원저작물을 실질적으로 개변하였으므로 2차적저작권자로서의 지위를 가진다고 주장하므로 살펴건대, 저작권법 제 5 조 제 1 항은 원저작물을 번역·편곡·변형·각색·영상제작 그 밖의 방법으로 작성한 창작물(이하 '2차적저작물'이라고 한다)은 독자적인 저작물로서 보호된다고 규정하고 있고, 2차적저작물로 보호를 받기 위하여는 원저작물을 기초로 하되 원저작물과 실질적 유사성을 유지하고, 이것에 사회통념상 새로운 저작물이 될 수 있을 정도의 수정·증감을 가하여 새로운 창작성이 부가되어야 하는 것이며, 원저작물에 다소의 수정·증감을 가한 데 불과하여 독창적인 저작물이라고 볼 수 없는 경우에는 저작권법에 의한 보호를 받을 수 없는바(대법원 2002. 1. 25. 선고 99도863 판결 참조), 원고가 위 저작권자들의 강의내용 중 농담 등을 삭제하고 음을 고르게 하였다는 것 등만으로는 원저작물을 기초로 하여 사회통념상 새로운 저작물이 될 수 있을 정도의 수정·증감을 가하여 새로운 창작성이 부가되었다고 보기 어렵고, 달리 이를 인정할 증거가 없으므로, 원고의 이 부분 주장도 이유 없다.

❖서울중앙지방법원 2008. 8. 28. 선고 2007가합113644 판결 — "모바일 화보집" 사건   §5-23

원고의 일본연예인 모바일 화보집은 A회사 등의 일본 연예인 화보집과 비교하여 그 저장매체 내지 저작물이 고정된 유형물이 필름과 전자기록매체로서 서로 차이가 있고, 그 크기에 다소의 수정, 변경이 있을 뿐이며, A회사 등의 일본 연예인 화보집에 더하여 새롭게 사상 또는 감정이 창작적으로 표현되었다고 보기 어렵다. 따라서 원고의 일본 연예인 모바일 화보집은 A회사 등의 일본 연예인 화보집과 실질적으로 동일하여 그 복제물에 불과하고, 2차적저작물에 해당하지는 않는다.

§5-23-1 ❖서울중앙지방법원 2013. 4. 18. 선고 2012가합521324 판결 — "REDEYE" 사건

제2 이미지([그림 48])가 제1 이미지([그림 47])와는 별개의 저작물이거나 제1 이미지에 대한 2차적저작물인지에 관하여 보건대, 제2 이미지는 검은색 단색으로만 이루어져 제1 이미지와 그 색채나 명암의 면에서는 차이가 있으나, 앞서 인정한 바와 같이 원고는 포토샵이나 어도비 일러스트레이터 등의 컴퓨터 프로그램을 이용하여 제1 이미지로부터 그 외형을 추출하고 색채를 무채색으로 보정하는 실루엣 처리작업을 통하여 제2 이미지를 제작하였는바, 위 인정사실에 의하면 제2 이미지는 제1 이미지의 실루엣 처리작업만으로 손쉽게 제작될 수 있는 것으로서 누가 실루엣 처리작업을 하더라도 비슷하게 제작될 수밖에 없다고 할 것이므로, 결국 제2 이미지는 제1 이미지와는 별개의 창조적 개성이 드러나는 별개의 저작물이거나 제1 이미지에 대한 실질적인 개변이 있는 2차적 저작물에 해당한다고 볼 수

[그림 47]

[그림 48]

없다.

▷NOTE : 위 판결은 2차적저작물의 성립요건에 대하여 '실질적 개변' 이론을 명시적으로 취한 사례의 하나라 할 수 있는데, 포토샵 등에 의한 간단한 기술적 처리로 실루엣 이미지로 만드는 등의 변형에 대하여는 '실질적 개변'을 인정하지 않는 입장을 보여, 오늘날의 디지털 기술환경에서의 2차적저작물 인정과 관련된 의미 있는 기준을 제시하고 있다. 판지에 찬동한다.

❖서울고등법원 2013. 8. 22. 선고 2013나1398 판결 — "동영상 강의" 사건   §5-23-2

피고 D, E가 표준교재에 기술되어 있는 표현을 그대로 낭독하거나 칠판에 판서하는 부분은 피고들이 만든 동영상 강의내용 중에서 극히 일부분에 해당하고, 일반적으로 수험생들이 교재를 사서 스스로 공부하는 이외에 동영상 강의를 듣는 이유는 교재에 기술되어 있는 추상적인 개념들을 강사의 다양한 설명을 통하여 쉽게 이해하고, 강사가 보유하고 있는 시험에 대한 정보나 독특한 전달기법 등으로 수험 공부의 효율성을 증대시키고자 하는 것이라는 학습 강의의 특성을 고려하면, 피고들이 만든 동영상 강의는 그 주된 내용이 피고 D, E가 상당한 노력을 기울여 만든 독창적인 설명 방법으로 구성된 것으로 표준교재와 실질적 유사성이 없는 새로운 저작물로 보이고, 이를 표준교재에 기술된 내용을 변형·각색하여 영상으로 제작한 2차적 저작물에 해당한다고 단정하기 어렵다. 그러므로 피고등은 금융투자협회의 2차적 저작물 작성권을 침해하였다고 볼 수 없다.

▷NOTE : 동영상강의가 교재와의 관계에서 2차적저작물에 해당하는지 여부가 문제 된 사안에서 2차적저작물이 아니라 '교재와 실질적 유사성이 없는 새로운 저작물'로 판단한 사례이다. 교재에 대한 동영상 강의가 2차적저작물에 해당하는지 여부는 개별적 사안마다 구체적, 개별적으로 판단하여야 할 문제이다. 앞에서 동영상강의를 원저작물인 교과서 등과의 관계에서 2차적저작물로 보아야 한다고 판시한 사례들을 소개하였으니(§5-17-4), 비교하여 참고할 필요가 있다. 본 사안에서 원저작물을 이용한 정도를 명료하게 알기는 어려우나, 교재에 기술되어 있는 추상적 개념 등만을 이용하였다면(교재의 창작성 있는 표현을 이용하였더라도 모두 저작권법 제28조 등에 의하여 허용되는 범위 내에서만 이용하였다면), 별개의 독립된 저작물이 될 수 있다고 보아야 할 것이다. 이와 사실관계가 달라 교재에 대한 관계에서 '실질적 유사성'이 있는 2차적저작물이라고 보아야 할 경우들이 있을 수 있는데, 중고 교과서를 이용한 동영상강의가 2차적저작물에 해당한다고 하여 교과서에 대한 저작권을 부당하게 행사할 경우에는 '저작권 남용(§27-45-2)'의 문제가 제기될 수 있다.

❖서울고등법원 2016. 12. 1. 선고 2015나2016239 판결 — "골프존" 사건   §5-23-3

… 이 사건 각 골프장의 골프코스가 최초 설계자가 작성한 설계도를 단순히 복제한 것인지 아니면 설계도를 변형하여 창작된 2차적저작물에 해당하는지 여부에 관하여 살피건대, 갑 제5, 16, 17호증, 을 제22호증의 각 기재에 변론 전체의 취지를 종합하면, 제 1 골프장의 아웃코스는 기본도면(갑 제16호증)과, 제3골프장의 골프코스는 시설배치계획도와 각 비교하였을 때 각 홀의 벙커와 워터해저드의 위치 및 크기 등에 일부 차이가 있기는 하나 <u>전체적인 골프코스의 배치나 각 홀의 구성요소의 전체적인</u>

모습과 배치는 별다른 차이가 없는 사실을 인정할 수 있고, 위와 같은 차이는 최초 설계도에 다소의 수정·증감을 가한 것에 불과하고 이러한 수정·증감으로 인하여 새로운 저작물이 될 수 있을 정도의 창작성이 부가되었다고 보기도 어렵다. 따라서 제 1 골프장의 아웃코스 및 제 3 골프장의 골프코스는 최초 설계도를 단순히 복제한 것일 뿐 2차적저작물에 해당한다고 할 수 없고, 제 2 골프장의 경우에도 제2골프장의 골프코스가 최초 설계도와 다르게 조성되었다거나 리모델링으로 그 모습이 달라졌음을 인정할 만한 아무런 증거도 없다. 그렇다면 제1골프장의 아웃코스, 제 2, 3 골프코스의 골프코스는 설계도를 단순히 복제한 것으로 위 골프코스에 관한 저작권은 골프코스의 설계자 또는 그로부터 저작권을 양수한 자가 보유한다고 봄이 타당하다.

　　다만 갑 제5, 16, 17호증의 각 기재에 의하면, 제1골프장의 인코스의 경우, 골프코스의 전체적인 골프코스의 배치나 각 홀의 구성요소의 전체적인 모습과 배치가 기본도면과는 전혀 다른 사실을 인정할 수 있고, 이에 의하면, 위 골프코스는 기본도면을 복제한 것이 아님은 물론 기본도면과 사이에 실질적 유사성도 없어, 그 조성공사 등 과정에서 기본도면과 다르게 별도로 설계가 이루어진 것으로 봄이 타당하다. 따라서 제 1 골프장 인코스의 경우 위와 같이 새로 골프코스를 설계한 설계자가 그 저작자라고 할 것이다.

　　▷NOTE : 위 판결은 골프코스의 각 홀의 벙커와 워터해저드의 위치 및 크기 등에 일부 차이가 있더라도 "전체적인 골프코스의 배치나 각 홀의 구성요소의 전체적인 모습과 배치는 별다른 차이가 없는" 부분에 대하여는, 2차적저작물로 인정할 정도의 새로운 창작성이 없다고 보아 단순한 복제물로 인정하고, 그와는 정반대로, "전체적인 골프코스의 배치나 각 홀의 구성요소의 전체적인 모습과 배치가 기본도면과는 전혀 다른" 부분(제 1 골프장의 인코스)에 대하여는 별개의 독립된 저작물이라고 인정하여, 어느 부분도 2차적저작물에 해당하지는 않는 것으로 보았다. 골프코스의 창작성이 전체적인 배치 등에서 주로 인정되므로, 그 부분에 대한 '실질적 개변'이 없으면 2차적저작물로 인정하기 어려울 것이고, 변경의 정도가 실질적 유사성이 인정되는 범위를 넘어섰다면 별개의 독립된 저작물이라 보는 것이 타당할 것이다. 판결의 취지에 찬동한다(위 판결 중 골프코스가 건축저작물로 인정될 수 있는지 여부에 대한 판시내용은 §4-76-4 참조).

3. 효　　과

(1) 독자적 저작물로서의 보호

§5-24　　저작권법 제 5 조 제 1 항은 "원저작물을 번역·편곡·변형·각색·영상제작 그 밖의 방법으로 작성한 창작물(이하 "2차적저작물"이라 한다)은 독자적인 저작물로서 보호된다"고 규정하여 2차적저작물이 독자적 저작물로서 보호됨을 분명히 하고 있다. 기존의 저작물에 수정·증감을 가하더라도 그 '복제물'의 범위를 벗어나지 못하면, 독자적인 저작물로 보호될 수 없으므로 그 수정·증감을 행한 자에게 아무런 권리가 발생하지 아니하지만, 2차적저작물의 경우에는 복제물의 범위를

벗어나 새로운 창작성이 부가된 것이므로 독자적 저작물로서 보호되고, 따라서 2차적저작물의 저 §5-24-1
작자에게도 그에 대한 저작재산권과 저작인격권이 부여되는 것이다. 2차적저작물로서 앞서 본 바
와 같은 요건만 갖추면 이와 같은 보호를 받을 수 있는 것이고, 원저작자의 허락이나 동의가 보
호의 요건이 되는 것은 아니다.[1] 따라서 원저작자의 허락을 받지 않고 2차적저작물을 작성하는
것이 원저작자의 저작재산권 침해행위라는 점에서 그에 따른 민·형사상의 책임이 따르는 것(§5-
29 참조)은 별문제로 하고 원저작자의 허락 없이 작성된 2차적저작물도 하나의 저작물로 성립하며
그것을 무단이용하는 행위에 대하여는 민·형사상 구제를 받을 수 있다. 구제수단 중에 '손해배상
청구'와 관련하여서는 그 작성자 본인이 원저작권자의 허락을 받지 못해 2차적저작물을 이용할
수 없는 상황에서 '손해'를 인정하기 어렵지 않겠는가 하는 생각이 있을 수 있으나, 현재 원저
작자의 동의를 받지 못한 상황에 있다고 해서 자신이 새로이 창작성을 부가한 부분을 영원히
이용할 수 없는 것으로 확정된 것은 아니고 따라서 다른 사람이 그것을 이용하는 것으로 인해 아
무런 손해가 없다고 할 수는 없을 것이므로 손해배상청구도 인정될 수 있는 것으로 보아야 할 것
이다.[2]

다만, 2차적저작물의 보호범위는 새로이 창작성이 부가된 부분에 한함을 주의하여야 한다. §5-25
즉 원저작물에 포함된 창작성 있는 부분이 A라고 하고, 2차적저작물에 새로이 부가된 창작성
있는 부분이 B라고 하면, 2차적저작물의 저작자는 B에 대하여만 저작권을 주장할 수 있고, A
에 대하여는 아무런 권리를 주장할 수 없다. 즉, 누군가 A를 무단 이용하여 원저작자의 저작권
을 침해하였다 하더라도 B 부분을 무단 이용하지 않은 한, 그 부분 창작성을 부가한 2차적저작
물 저작자는 자신의 저작권이 침해되었다고 주장할 수 없는 것이다. 그리고 위와 같은 경우 2
차적저작물의 저작자가 원고가 되어 상대방에 의한 저작재산권침해를 주장하여 소를 제기한
경우에 법원은 피고의 작품이 원고의 창작적 기여 부분인 B와 사이에 실질적 유사성이 있는지
만 가려야 하고, A와 B를 포함한 전체를 가지고 비교하여 실질적 유사성 유무를 판단하여서는
아니 된다.[3]

이 점은 원저작물의 보호기간이 만료한 경우에도 마찬가지이다. 예를 들어, 어떤 외국 소설 §5-26

---

1 우리나라의 통설이고, 일본에서도 압도적 다수설이다. 전세계적으로 미국을 제외한 주요국가들은 대부분 이러한 입장
  을 취하고 있는데, 그것은 "문학적 혹은 미술적 저작물의 번역, 개작, 음악적 편곡 기타 변형물은 원저작물의 저작권
  을 해함이 없이 독창적인 저작물로서 보호된다"고 규정하여 원저작자의 허락이나 동의를 보호요건으로 삼지 않은 베
  른협약 규정(제 2 조 제 3 항)과의 정합성을 의식한 면이 크다. 우리 저작권법도 1957년 제정의 구 저작권법에서 원저
  작자(창작자)의 동의를 2차적저작물 보호의 요건으로 규정(제 5 조 제 1 항)하였다가 1986년 개정법에서 '동의' 요건을
  삭제한 바 있다.
2 同旨 오승종, 전게서, 164면; 中山信弘, 著作權法(第 2 版), 有斐閣, 2014, 151면.
3 대법원도 앞서 소개한 2004. 7. 8. 선고 2004다18736 판결(§5-14)과 아래에서 소개하는 2007. 3. 29. 선고 2005다
  44138 판결(§5-27-1)에서 본서의 이러한 입장과 동일한 취지를 분명하게 밝히고 있다.

을 국어로 번역하여 2차적저작물의 저작자가 된 경우를 가정해 보자. 이 때 2차적저작물로서의 보호범위에는 원작 소설의 줄거리나 기타 표현 등(A 부분)은 포함되지 않고 국어로 번역함에 있어서의 용어 선택 등의 창작성이 있는 부분(B 부분)만 포함될 것이다. 그런데 원저작물인 외국 소설에 대한 저작권 보호기간이 만료하여 공중의 영역(public domain)에 속하게 된다면, 이를 번역하고자 하는 자는 누구의 허락을 받을 필요도 없이 위 A 부분을 이용하여 번역을 할 수 있다. 그러나 그 경우에도 2차적저작물에 대한 보호기간이 만료하지 않은 한 위 B 부분을 그 번역자의 허락 없이 이용할 경우에는 저작권 침해가 성립하게 되는 것이다.

§5-27   한편으로 2차적저작물을 이용하고자 하는 이용자로서는 위 A와 B를 모두 포함하여 이용할 경우(예를 들어 번역서를 그대로 복제하는 것과 같은 경우)에는 원저작자와 2차적저작물 저작자의 허락을 모두 받아야 하고, 그렇지 않고 A부분만을 이용하고자 할 경우에는 B의 허락은 필요 없고 A의 허락만 받으면 된다.

 판 례

§5-27-1   ❖ 대법원 2007. 3. 29. 선고 2005다44138 판결 — "프랑스어 소설 번역저작물" 사건
번역저작물의 창작성은 원저작물을 언어체계가 다른 나라의 언어로 표현하기 위한 적절한 어휘와 구문의 선택 및 배열, 문장의 장단 및 서술의 순서, 원저작물에 대한 충실도, 문체, 어조 및 어감의 조절 등 번역자의 창의와 정신적 노력이 깃들은 부분에 있는 것이고, 그 번역저작물에 나타난 사건의 전개, 구체적인 줄거리, 등장인물의 성격과 상호관계, 배경설정 등은 경우에 따라 원저작물의 창작적 표현에 해당할 수 있음은 별론으로 하고 번역저작물의 창작적 표현이라 할 수 없으므로, 번역저작권의 침해 여부를 가리기 위하여 번역저작물과 대상 저작물 사이에 실질적 유사성이 있는가의 여부를 판단함에 있어서는 위와 같은 번역저작물의 창작적인 표현에 해당하는 것만을 가지고 대비하여야 한다.
… 이 사건 소설은 '당나귀 귀'라는 제호의 프랑스어 원작소설을 우리말로 번역한 저작물로서, 이 사건 소설과 대상 동화는 주요 인물들의 설정과 상호관계, 상황 설정, 구체적인 줄거리 및 사건의 전개 과정, 구체적인 일화 등에 있어서 유사성이 있으나, 위와 같은 부분들은 위 프랑스어 원작소설의 창작적 표현이지 번역자에 의하여 이 사건 소설에 새롭게 부가된 창작적인 표현이 아니므로 위와 같은 부분들의 유사성을 이유로 양 저작물 사이에 실질적 유사성이 있다고 할 수 없다.
… 다음, 이 사건 소설의 개개 번역 표현들을 구성하고 있는 어휘나 구문과 부분적으로 유사해 보이는 어휘나 구문이 대상 동화에서 드문드문 발견되기는 하나, 그러한 사정만으로 바로 이 사건 소설과 대상 동화 사이에 실질적 유사성이 있다거나 이 사건 소설에 대한 번역저작권이 침해되었다고 단정할 수는 없고, 그 실질적 유사성을 인정하기 위해서는 대상 동화에서 유사 어휘나 구문이 사용된 결과 이 사건 소설이 번역저작물로서 갖는 창작적 특성이 대상 동화에서 감지될 정도에 이르렀다는 점이 인정되어야 한다. 그런데 총 문장 2,000여 개의 이 사건 소설과 총 문장 1,000여 개의 대상 동화에서 원

심판결의 별지 제4 목록 기재 총 53항 중 일부 유사 어휘나 구문이 차지하는 질적 혹은 양적 비중은 미미하고, 이 사건 소설은 사회비판 소설로서 청소년 등을 독자층으로 하여 아이의 시각에서 위선적인 세상을 풍자하는 것을 주제로 설정하고 있는 반면, 대상 동화는 유아동화로서 아동 등을 독자층으로 삼아 학교에서 집단따돌림을 당하는 학생에게 희망과 꿈을 심어주는 것을 주제로 설정하여 교육성과 단순성 등이 이 사건 소설보다 훨씬 강한 관계로, 전체적으로 쉬운 어휘와 구문, 밝은 어조를 사용하여 독자에게 친근감과 안정감을 느끼도록 문장과 문단이 전개되고 있고, 그 결과 위와 같은 유사 어휘나 구문 등이 배열된 순서나 위치, 그 유사 어휘나 구문이 삽입된 전체 문장이나 문단의 구성, 문체, 어조 및 어감 등에서 이 사건 소설과 대상 동화는 상당한 차이를 보이고 있으므로, 위와 같은 정도의 일부 어휘나 구문의 유사성은 이 사건 소설과 대상 동화의 전체적인 구성이나 표현의 차이에 흡수되어 이 사건 소설이 번역저작물로서 갖는 창작적 특성이 대상 동화에서 감지된다고 보기는 어렵다. 따라서 이 사건 소설과 대상 동화 사이에 실질적 유사성이 있다고 할 수 없다.

▷NOTE : 위 판결에서 프랑스어 소설에 대한 번역작품을 2차적저작물로서의 '번역저작물'에 해당 하는 것으로 본 것은 당연한 것이다. 문제는 그 번역저작물에 대한 '번역저작권'의 보호범위이다. 위 판 결은 앞서 본 바와 같이 2차적저작물의 보호범위는 새로이 창작성이 부가된 부분에 한한다고 하는 법 리(§5-25)를 당연한 전제로 수용하고 있다. 원작소설에 있는 창작적 표현을 A(등장인물의 설정과 상호 관계, 구체적인 줄거리 및 사건의 전개과정 등은 여기에 포함된다)로, 번역저작물에 새로 부가된 창작 적 표현을 B(원저작물을 언어체계가 다른 나라의 언어로 표현하기 위한 적절한 어휘와 구문의 선택 및 배열, 문장의 장단 및 서술의 순서, 원저작물에 대한 충실도, 문체, 어조 및 어감의 조절 등이 그 내용 이다)로 표시한다면, 번역저작권이 미치는 범위는 B에 한하므로 설사 다른 사람의 작품이 A와 유사한 점이 있다 하더라도 그것만으로는 번역저작물과 그 작품 사이에 번역저작권 침해의 요건으로서의 '실 질적 유사성'이 있다고 인정할 수는 없다고 보았는데, 타당한 판시라고 생각된다. 위 판결은 대법원 판 결이 실질적 유사성의 판단과 관련하여, 일본의 '본질적 특징 직접감득설'과 유사한 면이 있는 '창작적 특성 감지'의 기준을 채택한 사례의 하나라는 점도 주의해서 볼 필요가 있을 것이다(§5-7 각주 참조).

(2) 원저작물 저작자와의 관계

저작권법 제5 조 제2 항은 "2차적저작물의 보호는 그 원저작물의 저작자의 권리에 영향을   §5-28 미치지 아니한다"고 규정하고 있다. 앞에서 살펴본 바와 같이 2차적저작물은 원저작물을 기초로 하여 그와 실질적 유사성을 유지하면서 동시에 사회통념상 새로운 저작물로 볼 수 있을 만한 정 도의 새로운 창작성을 부가함으로써 성립하는 것이고, 앞서 본 바와 같이 원저작자의 허락은 성 립요건이 아니다(§5-24-1 참조). 그렇지만 2차적저작물이 작성되었다는 것만으로 원저작자의 권리 가 제약을 받는 일이 있다면 그것은 매우 부당한 일이 될 것이므로 위와 같은 규정을 두어 그러 한 일이 있을 수 없음을 명백히 한 것이다.

§5-29 　원저작물의 저작자가 가지는 저작재산권에는 '그의 저작물을 원저작물로 하는 2차적저작물을 작성하여 이용할 권리', 즉 2차적저작물작성권(§13-64 이하 참조)이 포함된다(법 제22조). 그러므로 원저작자의 허락 없이 2차적저작물을 작성하는 행위는 그 자체가 원저작자의 저작재산권 중 2차적저작물작성권을 침해하는 위법한 행위가 되는 것이고, 원저작자로서는 이에 대하여 침해금지 및 손해배상의 청구, 형사 고소 등의 민·형사적 구제수단을 강구할 수 있는 것이다. 즉, 이 경우 원저작자의 허락은 2차적저작물의 성립요건은 아니지만 원저작자와의 관계에서의 적법요건이라고 할 수 있다. 원저작자의 허락 없는 2차적저작물도 독자적 저작물로서 보호되고 다른 제3의 침해자에 대하여 자신의 권리를 주장할 수도 있으나, 원저작자에 대한 관계에서 '독자적 저작물로서의 보호'를 이유로 침해책임을 면할 수는 없다.

§5-30 　위 조항은 원저작자의 허락을 받아 2차적저작물이 작성된 경우에도 당연히 적용된다. 즉 단지 2차적저작물 작성을 허락하였을 뿐 다른 특별한 약정을 하지 않은 경우에 원저작자는 그 2차적저작물 작성을 저작권침해행위라고 주장할 수 없다는 것 외에는 다른 모든 권리를 그대로 행사할 수 있는 것이다. 예를 들어 그 2차적저작물을 복제함으로써 자신이 저작한 부분(위 A부분)을 이용하고자 하는 자에 대하여 이를 허락하거나 금지할 권리를 행사할 수 있고, 자신이 저작한 부분만을 다른 사람에게 이용허락할 수도 있다.

　경우에 따라서는 원저작물보다 2차적저작물의 보호기간이 먼저 만료되는 경우가 있는데, 그 경우에도 원저작물의 저작재산권은 소멸하지 않고 남아 있으므로, 원저작물이 내포되어 있는 2차적저작물을 원저작물 저작재산권자의 허락 없이 이용할 경우 그 저작재산권의 침해가 성립할 수 있다.[1] 또한, 2차적저작물은 원저작물과는 별개의 저작물이므로, 어떤 저작물을 원저작물로 하는 2차적저작물의 저작재산권이 양도되는 경우, 원저작물의 저작재산권에 관한 별도의 양도 의사표시가 없다면 원저작물이 2차적저작물에 포함되어 있다는 이유만으로 원저작물의 저작재산권이 2차적저작물의 저작재산권 양도에 수반하여 당연히 함께 양도되는 것은 아니다(대법원 2016. 8. 17. 선고 2014다5333 판결, §5-33-2).

§5-30-1 　2차적저작물의 작성을 허락하면서 2차적저작물 작성자의 이용행위에 대하여도 일부 허락을 한 것으로 볼 수 있는 경우가 많을 것이고 그러한 경우에 그 허락을 받은 범위 내에서는 2차적저작물 작성자가 채권적 이용권을 가지는 것으로 보아야 하겠지만[2] 허락 받은 이용행위의 범위가

---

[1] 뒤에 소개하는 '황금광 시대' 사건에 대한 서울동부지방법원 2005. 6. 16. 선고 2004노1100 판결(§5-33-1) 참조. 같은 취지의 미국 판례로는, 번역작품이 공중의 영역(public domain)에 들어갔더라도 원저작물과 불가분적으로 결합되어 있으므로 그것을 이용하면, 그 저작물의 저작권도 침해하게 된다고 판시한 판결(Grove Press, Inc. v. Greenleaf Pub. Co., 247 F. Supp. 518, 524~25 (E.D.N.Y. 1965))이 있다.

[2] 저작권법은 2011. 12. 2.자 개정을 통하여 '배타적발행권'(§18-3)에 관한 규정을 신설하였지만, 2차적저작물 작성 및 이용행위는 처음부터 배타적발행권을 설정할 수 있는 이용행위의 범위에 포함되지 않으므로 그러한 준물권적 권리를

어디까지인 것으로 볼 것인지에 대하여 법에서 규정하고 있지 않고 따라서 이는 모두 당사자간 계약에 맡겨진 문제일 뿐이다. 2차적저작물 작성자가 자신이 허락받은 범위를 넘어서 2차적저작물을 이용할 경우에는 원저작자가 언제든지 저작권침해를 주장할 수 있다는 점을 감안하여, 예상되는 이용행위에 대하여는 계약시에 미리 원저작자의 허락을 받아두는 노력이 필요할 것이다.

위와 같은 원저작자와 2차적저작물 저작자와의 관계는 공동저작물(§9-1 이하)에 대한 공동저작자 상호간의 관계와는 다르다. 저작권법은 공동저작자 상호간의 인적결합관계를 중시하여 저작재산권 및 저작인격권을 원칙적으로 전원합의에 의하여 행사하도록 규정하고 있다. 저작재산권의 행사와 관련하여, 저작권법 제48조 제 1 항은 "공동저작물의 저작재산권은 그 저작재산권자 전원의 합의에 의하지 아니하고는 이를 행사할 수 없으며, 다른 저작재산권자의 동의가 없으면 그 지분을 양도하거나 질권의 목적으로 할 수 없다. 이 경우 각 저작재산권자는 신의에 반하여 합의의 성립을 방해하거나 동의를 거부할 수 없다"고 규정하고 있다(§9-18). 원저작자와 2차적저작물 저작자 사이의 관계는 공동저작자의 관계에 있지 않으므로 위와 같은 규정의 적용을 받지 않는다. 일본의 일부 학설은 2차적저작물의 활용 가능성을 높이고자 하는 뜻에서, 원저작자와 2차적저작물 저작자 사이의 관계에 대하여도 공동저작자 사이의 관계에 대한 일본 저작권법 제65조 제 3 항[1]의 유추적용을 긍정하여야 한다는 견해(유추적용 긍정설)를 제시하고 있지만,[2] 위 규정의 유추적용은 원저작자의 자유로운 권리행사를 근거 없이 부당하게 저해할 수 있다는 이유로 반대하는 견해(유추적용 부정설)가 보다 유력한 것으로 보인다.[3] 우리 저작권법 제48조 제 1 항 제 2 문을 원저작자와 2차적저작물 저작자 사이의 관계에 유추적용하는 문제가 우리나라에서 크게 제기되고 있지는 않지만, 만약 제기된다면, 유추적용 부정설의 입장을 취하는 것이 타당하다. 그 경우에도

§5-30-2

설정할 수는 없고 채권적 이용권을 부여하는 의미의 이용허락(§13-75 참조)을 할 수 있을 뿐이다.

1 정당한 이유가 없는 한 공유저작권의 행사에 대한 동의를 거부하거나 합의의 성립을 방해할 수 없도록 한 규정이다. 우리 저작권법 제48조 제 1 항 제 2 문의 "이 경우 각 저작재산권자는 신의에 반하여 합의의 성립을 방해하거나 동의를 거부할 수 없다"는 규정과 유사한 규정이라 할 수 있다.

일본 저작권법 제65조(공유저작권의 행사) ① 공동저작물의 저작권 기타 공유와 관련된 저작권(이하 이 조에서 「공유저작권」이라 한다)에 대하여는, 각 공유자는 다른 공유자의 동의를 얻지 않으면 그 지분을 양도 또는 질권의 목적으로 할 수 없다.

② 공유저작권은 그 공유자 전원의 합의에 의하지 않으면 행사할 수 없다.

③ 전 2항의 경우에 있어서 각 공유자는 정당한 이유가 없는 한, 제 1 항의 동의를 거부하거나 또는 전항의 합의의 성립을 방해할 수 없다.

④ 전조 제 3 항 및 제 4 항의 규정은 공유저작권의 행사에 대하여 준용한다.

2 齊藤博, 著作權法(제 3 판), 有斐閣, 2007, 187, 188면. 원저작자의 허락을 얻지 못했다는 것만으로 2차적저작물의 이용을 단념해야 한다고 하는 것은 타당하지 않다는 것을 이유로 하는 견해이다.

3 中山信弘, 著作權法(第 2 版), 有斐閣, 2014, 155면 : "이러한 유추적용을 인정하면 원저작자는 정당한 이유가 없는 한, 2차적저작물의 저작권자의 이용을 거부할 수 없게 되는데, 그렇게 될 경우 원저작물 저작권자의 입장에서 불이익이 너무나 크다. 공유관계는 공유로 할 만한 일정한 사유가 있는 경우에 생기고 그로 인해 (일본 저작권법) 65조의 제한을 받는 것이지만 그러한 사유가 없을 때에 65조의 제한을 받도록 할 이유는 없다."

원저작자와 2차적저작물 저작자 사이에 특수한 관계 등이 있을 경우 원저작자의 허락거절이 신의성실의 원칙에 반하는 것으로 볼 수 있는 가능성은 있으나, 법적 근거 없이 공동저작자에 대한 규정을 유추적용할 것은 아니라고 보아야 한다. 그것이 "2차적저작물의 보호는 그 원저작물의 저작자의 권리에 영향을 미치지 아니한다"고 규정한 저작권법 제 5 조 제 2 항의 취지에도 부합하는 것이다.

결국 원저작자는 공동저작자의 경우와 달리, 2차적저작물이 작성된 이후에도 2차적저작물 저작자에게 자신이 이용허락을 한 범위에 한하여 원저작물의 창작적 표현이 포함된 2차적저작물의 이용행위를 침해라고 주장할 수 없을 뿐, 그 외에는 자유롭게 자신의 저작물에 대한 권리행사를 할 수 있는 것으로 보아야 한다.

§5-30-3   그런데 여기서 한 가지 문제가 되는 것은, 원저작자가 자신의 원저작물만이 아니라 2차적저작물 작성자가 새로이 창작성을 추가한 부분에 대하여도 권리행사를 할 수 있는가 하는 점이다. 예를 들어 2차적저작물이 번역저작물인 경우에는 2차적저작물의 이용은 항상 원저작물의 이용을 수반하는 것으로 볼 수 있지만 그렇지 않은 경우도 있을 수 있다. 예컨대, 만화의 스토리가 원저작물이고, 그것에 기초하여 만들어진 만화가 2차적저작물이라고 할 때,[1] 만화의 스토리가 포함된 부분을 복제하여 이용하면 원저작물의 이용도 당연히 수반되는 것으로 볼 수 있지만, 등장인물(주인공 등)을 그린 그림(원화)만을 따로 이용하는 경우에는 원저작물의 창작성 있는 표현은 이용되지 않는 것으로 볼 수 있다. 이 경우에 그 그림(원화)의 이용도 2차적저작물의 이용이라고 하여 원저작권자의 권리가 미치는 것으로 볼 것인지가 문제 될 수 있는 것이다. 바로 그러한 문제가 다루어진 것이 이른바 '캔디 캔디 원화' 사건인데, 이에 대하여 일본 최고재 판결은 "2차적저작물인 본건 연재만화의 이용에 관하여, 원저작물의 저작자인 X는 본건 연재만화의 저작자인 Y가 가지는 것과 동일한 종류의 권리를 전유하고, Y의 권리와 X의 권리가 병존하게 되므로 Y의 권리는 Y와 X의 합의에 의하지 않으면 행사할 수 없는 것으로 해석된다"고 판시하여 긍정적인 입장을 밝힌 바 있다.[2] 그러나 자신이 창작하지 않은 부분에 대하여까지 원저작자의 권리가 미치도록

---

1 우리나라 하급심판결 중에는 만화 스토리 작가와 스토리를 넘겨받아 만화를 작성한 사람 사이의 관계를 공동저작자의 관계로 본 사례(§9-11)가 있는데, 아래에서 인용하는 일본 最高裁 판결은 양자 사이의 관계를 공동저작자가 아니라 원저작자와 2차적저작물 저작자의 관계에 있는 것으로 보았다. 어떤 경우에 공동저작자로 인정하고, 어떤 경우에 원저작자와 2차적저작물 저작자의 관계로 인정할 것인지는 '공동의사'의 유무를 기준으로 판단하여야 할 것인바(§5-30-2), 그것은 구체적인 사안에 따라 개별적으로 판단하여야 할 문제이므로 유사한 사안이라도 사건에 따라 다른 결론이 날 수는 있다.

2 最高裁 2001. 10. 25. 선고 판결(判例時報1767호 115면). 이 판결에서 "동일한 종류의 권리를 전유"한다고 표현한 것은 일본 저작권법이 우리 법상의 2차적저작물작성권에 해당하는 번역권 및 번안권에 대하여는 제27조에 규정해 두고, 제28조에서 "2차적저작물의 이용에 관한 원저작자의 권리'라는 제목 하에 "2차적저작물의 원저작물의 저작자는 당해 2차적저작물의 이용에 관하여, 이 관에 규정하는 권리로서 당해 2차적저작물의 저작자가 가지는 것과 동일한 종류의 권리를 전유한다"고 규정한 것과 관련된 것이다. 우리 저작권법의 규정형식 및 내용은 조금 다르지만, 2차적저

하는 것은 원저작자에게 필요하고 합당한 범위를 넘어서 지나치게 많은 권리를 인정하는 것이 되고, 그것은 특히 순차적으로 여러 차례 간접적 이용에 의한 2차적 저작물들이 계속 만들어지는 경우에 권리관계를 복잡하게 하며, 권리처리를 어렵게 만드는 요인으로 작용할 수 있다는 점에서 일본 최고재 판결의 위와 같은 입장에는 찬성하기 어렵다.1 다만 2차적저작물 중에서 2차적저작자의 기여부분만을 따로 분리하여 이용하는 것이 불가능할 경우에는 2차적저작물의 이용시에 항상 원저작자의 권리가 미치는 것과 같은 결과가 될 수 있고, 그러한 경우에 원저작자는 2차적저작자가 새로 창작성을 추가한 부분을 포함한 2차적저작물 전체의 이용에 대하여 정지청구권을 행사할 수 있다는 것은 인정하여야 할 것이다. 그것은 그러한 분리불가능성으로 인하여, 원저작자를 정당하게 보호하기 위해서는 그 전체의 이용에 대한 정지청구를 받아들일 수밖에 없기 때문이고, 원저작자가 자신이 기여한 부분을 넘어서도 권리를 가지기 때문인 것은 아니라 할 것이다.

　　그리고 위와 같이 볼 경우, 그 자연적인 귀결로서, 2차적저작물의 저작권자도 그 저작자가 새로 창작성을 부가한 부분만큼은 그것을 분리하여 이용할 수 있는 한도 내에서 원저작자의 동의나 허락 없이도 자유롭게 이용할 수 있는 것으로 보게 될 것이다.

판 례

❧ 대법원 1995. 11. 14. 선고 94도2238 판결 ― "세탁학기술개론" 사건　　　　§5-31

　　피해자의 저작이 원저작물과의 관계에서 이것을 토대로 하였다는 의미에서의 종속성을 인정할 수 있어 소위 2차적저작물에 해당한다 할지라도 원저작자에 대한 관계에서 저작권 침해로 되는 것은 별문제로 하고 저작권법상 2차적저작물로서 보호된다.

　　▷NOTE : 원저작자의 허락이 2차적저작물의 적법요건일 뿐 성립요건은 아니고, 2차적저작물로 성립만 되면 '독자적 저작물로서의 보호'가 주어진다는 것을 분명히 한 대법원 판례이다.

❧ 서울고등법원 1984. 11. 28. 선고 83나4449 판결 ― "KBS 드라마" 사건　　　　§5-32

〈사실관계〉

　　원고들은 모두 방송극작가로서 방송사업자인 피고 한국방송공사(이하 피고공사라 줄여쓴다)로부터 K.B.S TV에 방영하기 위한 텔레비전 드라마의 극본을 써 달라는 의뢰를 받고 각자 극본을 집필하여 피고공사에게 제공하였다. 피고공사는 그 극본을 토대로 텔레비전 드라마 녹화작품을 제작하여 방영을 하는 한편 그 산하단체인 피고 주식회사 한국방송사업단에 복사하여 각 판매하게 하였는데, 피고

　　작물작성권에 관한 규정인 우리 저작권법 제21조도 2차적저작물의 작성에 대하여만 규정하지 않고 "저작자는 그의 저작물을 원저작물로 하는 2차적저작물을 작성하여 이용할 권리를 가진다"고 하여 2차적저작물의 이용에 대하여 원저작물 저작자의 권리가 미치도록 규정하고 있으므로, '2차적저작물을 이용'하는 행위에 원저작물의 창작적 표현이 내포되지 않은 것의 이용도 포함되는 것인지가 동일하게 문제될 수 있다.

1 同旨 中山信弘, 著作權法(第 2 版), 有斐閣, 2014, 157,158면; 오승종, 전게서, 195면.

들은 그러한 복사 및 판매 전에 그 극본의 저작자인 원고들로부터 동의를 받거나 그 극본저작권의 사용료를 별도로 지급하지 아니하였다.

〈법원의 판단〉

피고공사가 원저작물인 극본을 토대로 녹화작품을 제작한 경우에 그 녹화작품을 복사, 판매하는 것이 원저작물인 극본저작권을 침해한 것으로 되는가에 관하여 살펴건대, 우선 피고공사가 원고들이 저작한 극본을 토대로 녹화작품을 제작하였다면 동 녹화작품 자체는 연출자, 연기자, 촬영기사, 녹화담당자, 음악담당자, 장치담당자, 의상담당자 및 제작자등의 창작적 기여에 의하여 이루어지는 이른바 종합저작물로서 그 제작자인 피고공사가 이에 관하여 저작권을 갖게 된다 할지라도 이는 원저작물인 극본을 변형, 복제하는 방법으로 개작한 것으로서 원저작물인 극본에 대한 관계에 있어서는 이른바 제 2 차적 저작물에 다름 아니라 할 것이고, 이와 같은 제 2 차적 저작물의 저작권자는 위 저작권법 제 5 조 규정에 비추어 그 개작에 관하여 원저작자의 동의를 받아야 함은 물론이고 제 2 차적 저작물의 저작권 행사에 있어서도 원저작자의 원저작물 사용승락의 범위를 넘을 수 없고, 그 승낙범위를 넘는 제 2 차적 저작물의 저작권 행사는 원저작자에 대한 관계에 있어서는 그 저작권을 침해한 것이 된다.

§5-33 　　　▷NOTE : 위 판례는 구 저작권법하의 사례이긴 하지만, 현행법에 대입해 보면, "2차적저작물의 보호는 그 원저작물의 저작자의 권리에 영향을 미치지 아니한다"고 규정한 저작권법 제 5 조 제 2 항의 적용사례 중의 하나라고 할 수 있다. 극본을 원저작물로 하여 2차적저작물인 방송용 드라마를 만든 경우에 그 드라마 속에는 원저작물인 극본의 창작성 있는 표현이 재현된 부분이 있으므로 그것을 포함한 2차적저작물 전체를 복제, 판매하고자 할 경우에는 당연히 원저작자의 허락을 받아야 한다는 것을 분명히 하고 있다. 그리고 위 사안은 현행법상 영상저작물의 특례규정 제99조(§23-13 이하 참조)와 관련성이 있다. 즉, 제99조 제 1 항 제 3 호는 저작재산권자가 저작물의 영상화를 다른 사람에게 허락한 경우에 특약이 없는 때에는 '방송을 목적으로 한 영상저작물을 방송하는' 권리를 포함하여 허락한 것으로 추정하고 있다. 위 사안은 방송을 목적으로 한 영상저작물을 단지 방송한 데 그친 것이 아니라 비디오테이프로 복제하여 배포하는 행위를 한 것이니 위 특례규정에 의하더라도 원고들이 그것을 허락한 것으로 추정되는 경우는 아니라고 하겠다.

§5-33-1 　　　❖서울동부지방법원 2005. 6. 16. 선고 2004노1100 판결 — "황금광 시대" 사건

영화 '황금광 시대' 및 '라임라이트'는 각본 '황금광 시대' 및 '라임라이트'를 원저작물로 하여 만들어진 2차적저작물이다. 2차적저작물의 보호는 그 원저작물의 저작자의 권리에 영향을 미치지 않는다(저작권법 제 5 조 제 2 항). 비록 2차적저작물의 보호기간이 만료되어 저작권이 소멸되었더라도 원저작물 자체가 저작권법에 의하여 보호받는 이상, 2차적 저작물에 내포되어 있는 원저작물을 허가 없이 복제하거나 기타 위법하게 사용하는 것은 금지된다.

각본 '황금광 시대' 및 '라임라이트'는 저작자가 채플린 개인으로 되어 있는 어문저작물로서 1957년 저작권법보다 보호기간이 더 긴 1987년 저작권법에 따라 저작자인 채플린이 사망한 다음해인 1978년부터 50년 동안 보호되므로(1987년 저작권 법 부칙 제 3 조), 아직 그 보호기간이 만료되지 아

니하였다.

▷NOTE : 위 판결은 2차적저작물(영화)의 보호기간이 먼저 만료되어 그 저작재산권이 소멸한 경우에도 원저작물(각본)의 보호기간이 남아 있다면, 2차적저작물을 그 속에 내포되어 있는 원저작물 저작재산권자의 허락 없이 이용할 수 없다는 것을 밝힌 것으로서 타당한 판시이다.

✿대법원 2016. 8. 17. 선고 2014다5333 판결 — "로지큐브" 사건 §5-33-2

2차적저작물은 원저작물과는 별개의 저작물이므로, 어떤 저작물을 원저작물로 하는 2차적저작물의 저작재산권이 양도되는 경우, 원저작물의 저작재산권에 관한 별도의 양도 의사표시가 없다면 원저작물이 2차적저작물에 포함되어 있다는 이유만으로 원저작물의 저작재산권이 2차적저작물의 저작재산권 양도에 수반하여 당연히 함께 양도되는 것은 아니다. 그리고 양수인이 취득한 2차적저작물의 저작재산권에 2차적저작물에 관한 2차적저작물작성권이 포함되어 있는 경우, 2차적저작물작성권의 행사가 원저작물의 이용을 수반한다면 양수인은 원저작물의 저작권자로부터 원저작물에 관한 저작재산권을 함께 양수하거나 원저작물 이용에 관한 허락을 받아야 한다. 한편 원저작물과 2차적저작물에 관한 저작재산권을 모두 보유한 자가 그 중 2차적저작물의 저작재산권을 양도하는 경우, 양도의 의사표시에 원저작물 이용에 관한 허락도 포함되어 있는지는 양도계약에 관한 의사표시 해석의 문제로서 계약의 내용, 계약이 이루어진 동기와 경위, 당사자가 계약에 의하여 달성하려고 하는 목적, 거래의 관행 등을 종합적으로 고찰하여 논리와 경험의 법칙에 따라 합리적으로 해석하여야 한다.

▷NOTE : 2차적저작물은 원저작물과는 별개의 저작물이므로, 어떠한 저작물을 원저작물로 하는 2차적저작물의 저작재산권이 양도되는 경우, 원저작물의 저작재산권에 관한 별도의 양도 의사표시가 없다면, 원저작물의 저작재산권이 2차적저작물의 저작재산권 양도에 수반하여 당연히 함께 양도되는 것은 아니라고 보아야 한다는 법리를 명시한 판례이다. 그 경우 2차적저작물에 내포된 원저작물에 대하여는 원저작물 저작재산권자의 권리가 그대로 미치므로, 2차적저작물에 대한 2차적저작물작성권을 양수하여 그 권리를 행사하고자 할 경우에도 그 행사가 원저작물의 이용을 수반한다면, 원저작물 저작자의 허락을 받을 필요가 있다. 위 판결은 그러한 법리에 대하여도 타당한 판시를 하고 있다(위 판결 중 저작권계약의 해석과 관련하여 판시한 부분과 관련하여서는 §5-30-1 및 §13-84 이하 참조).

Ⅱ. 편집저작물

1. 의   의

편집저작물이란 '편집물로서 그 소재의 선택·배열 또는 구성에 창작성이 있는 것'을 말한다 §5-34
(법 제 2 조 제18호). 편집물이란 저작물이나 부호·문자·음·영상 그 밖의 형태의 자료(이하 "소재"라 한다)의 집합물을 말하며, 데이터베이스를 포함한다(법 제 2 조 제17호).

1957년에 제정된 구 저작권법에서는 "타인의 저작물을 그 창작자의 동의를 얻어 번역, 개작 또는 편집한 자는 원저작자의 권리를 해하지 않는 범위 내에 있어서 이를 본법에 의한 저작자로 본다"고 규정하여(제5조 제1항) 2차적저작물과 편집저작물을 구별하지 않고 같이 규율하는 입장을 취하였으나 1986년 개정법에서부터 2차적저작물과는 법적 성격이 다른 면이 있다는 것을 감안하여 별도로 규정하게 되었다.

2. 요   건

(1) 편집물일 것

§5-35   편집저작물이기 위하여는 먼저 편집물이어야 한다. 편집물은 저작권법에서 규정한 바와 같이 저작물 또는 기타 자료(통칭하여 '소재'라고 한다)의 집합물을 의미한다. 복수의 소재를 모아 놓은 집합물이어야 하지만, 그 소재가 반드시 저작물일 필요는 없고 저작물이 아닌 소재의 집합물도 포함된다. 편집물에는 법문에서 명시한 바와 같이 데이터베이스도 포함되므로, 데이터베이스도 아래 (2)의 요건을 갖춘 경우, 즉 소재의 선택·배열 또는 구성에 창작성이 있는 경우에는 '편집저작물'로 보호될 수 있다. 그 경우 데이터베이스제작자의 보호에 관한 요건을 동시에 갖춘 경우라면 편집저작물의 저작자로서의 보호와 데이터베이스제작자로서의 보호(§20-1 이하 참조)가 경합하게 된다.

미국 저작권법상으로는 Collective works(소재가 저작물인 경우)와 Other compilations(소재가 비저작물인 경우)를 개념적으로 구분하고 있으나 우리 저작권법상으로는 그러한 개념 구분은 없다. 다만, 소재가 저작물인 경우에는 그 저작권자와의 관계가 문제될 수 있다는 점에서 법적인 취급 내지 고려요소에 있어서의 차이는 우리 법상으로도 있다. 그런 관점에서 구분해 보면, 신문, 잡지, 백과사전, 시집, 논문집 등의 경우는 전자에, 영어단어집, 문헌목록, 직업별전화번호부 등의 경우는 후자에 해당한다.

(2) 소재의 선택·배열 또는 구성에 창작성이 있을 것

위와 같이 편집저작물이기 위하여는 먼저 편집물에 해당하여야 하지만 모든 편집물이 편집저작물로 보호되는 것은 아니고 그 가운데 '소재의 선택·배열 또는 구성에 창작성이 있는 것'만 편집저작물로서 보호받을 수 있다. 모든 저작물은 저작물로서 성립하기 위하여 창작성을 필수요건으로 하는바, 편집저작물의 경우에는 그 저작활동의 본질이 '편집' 행위에 있으므로 편집행위에 해당하는 '소재의 선택·배열 또는 구성'에 창작성이 있을 것을 요건으로 규정하고 있는 것이다.

편집저작물의 창작성과 관련하여 대법원은 "편집물이 저작물로서 보호를 받으려면 일정한 방침 혹은 목적을 가지고 소재를 수집·분류·선택하고 배열하여 편집물을 작성하는 행위에 창작성이 있어야 하는바, 그 창작성은 작품이 저자 자신의 작품으로서 남의 것을 복제한 것이 아니라는 것과 최소한도의 창작성이 있는 것을 의미하므로 반드시 작품의 수준이 높아야 하는 것은 아니지만 저작권법에 의한 보호를 받을 가치가 있는 정도의 최소한의 창작성은 있어야 하고, 누가 하더라도 같거나 비슷할 수밖에 없는 성질의 것이라면 거기에 창작성이 있다고 할 수 없다"라고 판시한 바 있다.[1] 편집저작물의 경우 소재의 선택, 배열 및 구성에 있어서의 창작성을 보호하고자 하는 것인데, 소재의 선택, 배열 방침 등은 아이디어에 해당하는 경우가 많고 따라서 합체의 원칙이 적용될 수 있는 가능성이 높으므로, 창조적 개성의 유무에 대하여 비교적 엄격한 심사가 이루어질 필요가 있다. 판례도 기본적으로 그러한 입장을 취하고 있는 것으로 생각된다.

　　그렇지만 어떠한 편집물이 '소재의 선택·배열 또는 구성'에 위와 같은 뜻의 창작성이 인정되어 편집저작물로 보호될 수 있을 것인지의 판단은 사안에 따라 꽤 어려운 경우가 많다. 결국 구체적, 개별적으로 판단할 수밖에 없지만, 몇 가지 도움이 될 만한 판단기준을 제시한다면 다음과 같다.

　　우선, 소재 자체의 생성과 관련된 노력은 위 창작성의 내용에 포함되어 있지 않음을 유의하여야 한다. 만약 소재 자체의 작성에 창작성이 있고 그것이 저작물로 보호될 수 있는 경우라면 그것은 소재 자체에 대한 저작물로서의 보호가 주어지는 것일 뿐이고 편집저작물로서의 보호요건과는 무관하다. 그리고 대법원 판례에서도 창작성의 대상에 '수집'을 분류, 선택, 배열 등과 함께 나열하고 있으나, 여기서 말하는 '수집'이란 예를 들어 수석(壽石)을 수집할 때 자연스럽게 그 모양이나 크기 등을 보고 판단하여 수집하는 것과 같이 수집과정에 선택이 개재되는 경우를 뜻하는 것으로 보아야 할 것이다. 따라서 수집에 창작성이 있다고 하는 것은 수집과정에서의 '선택'에 창작성이 있음을 의미하는 것으로 보아야 할 것이다. 그러한 선택행위가 개재되지 않은 수집의 경우에는 거기에 아무리 많은 노력이 기울여졌다 하더라도 거기에 편집저작물로서의 창작성을 인정할 수는 없다.[2]

§5-37

　　또한 디지털 환경 하에서의 정보 구축의 망라적 충실성도 편집저작물의 요건으로서의 창작성과는 무관한 것으로 보아야 한다. 오늘날의 디지털환경에서는 데이터베이스 구축에 있어서 정보의 선별은 검색기능에 맡기면 된다는 전제 하에 최대한 망라적으로 정보를 구축하는 것이 바람직할 경우가 많고, 또한 그렇게 하기 위해 많은 투자와 노력이 기울여지고 있다. 그런 점을 감안하여, 일본의 학설 중에는 컴퓨터를 사용하여 검색하는 데이터베이스의 경우에는 정보의 선택이

---

1 대법원 2003. 11. 28. 선고 2001다9359 판결(§5-47) 등 참조.
2 그런 점에서 대법원 판례가 수집을 선택과 함께 나열한 것은 적절하지 않은 것이다.

아니라 '망라적 충실성'에 창작성을 인정하여야 할 것이라고 주장하는 견해가 있다.[1] 그러나 그러한 사정은 창작성이 없는 데이터베이스를 법적으로 보호할 필요성으로 이어질 수 있을 뿐이고,[2] '선택에 있어서의 창작성'을 '망라적 충실성'이 갈음할 수 있는 것으로 볼 근거가 될 수는 없으며, 달리 그렇게 볼 근거가 없다. 따라서 망라적으로 충실하게 구축된 데이터베이스라고 하더라도 소재의 선택, 배열, 구성 등에 창작성이 없는 한 데이터베이스로서의 보호는 별론으로 하고, 편집저작물로서의 보호를 부여할 수는 없는 것으로 보아야 할 것이다. 이러한 망라적 충실성은 소재의 선택에 있어서 비교적 단순한 하나의 객관적 기준(어떤 범주에 해당하기만 하면 무조건 포함한다는 것)을 취한 것이라고 할 수 있다. 망라적이지 않더라도 누구라도 정확하게 적용할 수 있는 객관적 기준에 따른 선택에는 창작성을 인정하기 어렵다. 미국의 판례를 보면 약 18,000개의 야구카드 중에서 어느 것을 프리미엄 카드로 할 지 결정하여 그 중 5,000개를 선택한 경우[3]와 같이 소재의 선택만으로도 창작성을 인정받은 경우가 있으나, 창작성이 인정되는 '선택'은 객관적인 기준이나 원칙에 의해 결정되는 것이 아니라 주관적 평가의 요소를 내포할 것을 요한다.[4]

§5-38   소재의 배열이나 구성이 널리 사용되고 있는 관행적인 방법이나 기계적인 방법에 의한 것일 경우에 그 부분에 대하여 창작성이 인정될 수 없다는 것도 분명하다. 예를 들어 전화번호부 인명편을 가나다순으로 정렬한 것을 두고 그 배열 또는 구성에 창작성이 있다고 할 수 없음은 당연한 것이다.[5] 반면에 직업별 전화번호부의 경우 어떤 직업을 어떻게 분류하고 그렇게 분류된 직업들을 어떤 순서로 배열할 것인가 하는 부분에 있어서 기존의 관행에 따르지 않고 편집자 나름의 창조적 개성을 반영한 것으로 인정할 수 있을 때에는 편집저작물로 보호될 수 있을 것이다. 편집저작물 중에서도 기능적인 성격이 약한 것, 예컨대 신문이나 잡지와 같은 경우에는 배열에 있어서 다양한 선택가능성이 있을 수 있으므로 창작성을 인정하기 쉬운 데 반하여, 설계도의 표와 같이 기능적 저작물의 성격을 강하게 띠는 것인 경우에는 누가 하더라도 같거나 비슷할 수밖에 없는 제약이 클 것이므로 창작성을 인정하기 어려운 경우가 많을 것이다(§3-13-1 참조).[6]

§5-38-1   그런데 그 경우 세밀한 분류기준 자체를 창작성 있는 표현으로 보아 편집저작물로 보호할 수 있을 것인지, 그렇지 않고, 분류기준 등은 아무리 세밀하여도 언제나 아이디어의 영역에 해당하는 것으로 보고, 그 기준을 적용하여 실제의 소재들을 분류하여 정리한 구체적 표현만을 창작성

---

1 澁谷達紀, 知的財産法講義(第 2 版) ─ 著作權法·意匠法 ─, 有斐閣, 2007, 64면 참조.
2 우리 저작권법은 일본법과 달리 이미 그러한 데이터베이스 보호제도를 도입하였다. §20-1 이하 참조.
3 Eckes v. Card Prices Update, 736 F.2d 859, 862-63 (2d Cir. 1984).
4 CCC Information Services, Inc. v. Maclean Hunter Market Reports, Inc., 44 F.3d 61 (2d Cir. 1994).
5 그러한 관점에서 전화번호부 인명편의 창작성을 부정한 사례가 미국의 유명한 Feist 사건 판결이다. Feist Publications, Inc. v. Rural Telephone Service 499 U. S. 340, 348(1991)(§3-11 각주) 참조.
6 平澤卓人, "分割してインターネット配信する著作物に対する法的保護 : 日めくりカレンダー事件", 知的財産法政策学研究 24, 265면 참조.

있는 표현으로 보아 편집저작물로서의 보호를 부여할 수 있는 것인지가 문제 된다. 이것을 구체적인 사례를 가지고 말하면, A가 세밀한 분류기준을 만들어 어떤 지역의 상가정보를 구축하였는데, B가 A의 허락을 받지 않고 그 분류기준을 그대로 사용하여 다른 지역의 상가정보를 구축하였다면, B가 A의 편집저작권을 침해한 것으로 볼 것인지 여부의 문제라 할 수 있다. 일본의 학설은 이 문제에 대하여 긍정설과 부정설로 나뉘어 있다.[1] 뒤에 소개하는 타운페이지 데이터베이스 사건에 대한 동경지재 판결(§5-43)은 상세한 직업분류 등 자체를 보호의 대상으로 삼아 그러한 직업분류 등을 이용하여 별도의 DB를 구축한 것에 대하여 저작권 침해를 인정한 사례이다. 생각건대, 이 문제에 대하여는 일률적으로 말하기는 어렵고, 분류기준이나 편집방침 등이 기능적·실용적인 필요와 직접적 관련성이 없는 영역에서 세밀하고 특색 있게 작성된 것인지 여하에 따라 창조적 개성의 유무에 대한 판단이 달라질 수 있는 것으로 보아야 할 것이라 생각된다. 기능적·실용적 필요와 직접적 관련성이 없는 영역에서 세밀하고 특색 있게 작성된 것이라면, 거기에 편집저작권이라는 독점적 권리를 부여하여도 산업상의 경쟁을 부당하게 제한하지 않는 것으로 볼 수 있을 것이다. 그러한 경우에는 그것 자체를 편집저작물로서의 창작성 있는 표현에 해당하는 것으로 보아 보호하여도 좋으리라 생각되므로 위에서 제시한 문제에 대하여는 기본적으로 긍정설의 입장이 타당한 것으로 생각된다. 다만, 분류기준이나 세밀한 편집방침 등이 그 자체로 보호의 대상이 되는 경우라고 인정하기 위하여는 창조적 개성의 유무에 대한 매우 까다로운 심사를 거쳐야 할 것인바, 분류기준이나 편집방침 등은 아이디어의 영역에 그치거나 창작성이 인정되지 않고 그 것을 구체적 소재에 적용한 구체적인 표현에 대하여만 편집저작물로서의 창작성을 인정할 수 있는 경우도 많을 것이고, 그 구체적 표현에 창작성이 인정되지 않는 경우도 적지 않을 것이다. 이 것을 구분하여 유형화해 본다면, ① 분류기준이나 편집방침 등이 충분히 세밀화되고 구체화되어 있어 그 분류기준 등 자체를 창작성 있는 표현으로 인정할 수 있는 경우,[2] ② 분류기준 등 자체로는 충분히 세밀하고 특색 있는 경우에 해당하지 않아 아이디어의 영역에 그치거나 창작성이 인

---

1 加戸守行, 著作權法逐條講義(五訂新版), 著作權情報センター, 2006, 131면이 부정설의 입장을 보이는 반면, 中山信弘, 著作權法(第 2 版), 有斐閣, 2014, 135면; 澁谷達紀, 知的財産法講義(第 2 版) – 著作權法·意匠法 –, 有斐閣, 2007, 154면; 島竝良·上野達弘·橫山久芳, 著作權法入門, 有斐閣, 2009, 60면 등이 긍정설의 입장을 보여, 긍정설이 다수설로 보인다.

2 오승종, 저작권법(제 4 판), 박영사, 2016, 207면은 본서와 같은 유형화는 상당한 의미가 있기는 하지만 ①의 경우와 관련하여서는 실제 판단에 있어서 깊은 주의가 필요한 것으로 생각된다고 밝히면서, "편집방법에 있어서 '방법'(method)이라는 것은 '해법'(solution)과 마찬가지로 아이디어의 영역에 속하는 것이며 편집방법에 따라 소재의 선택과 배열 방법이 실질적으로 결정될 정도라면 오히려 아이디어와 표현이 합체되는 경우로 보아야 할 것은 아닌지 의문이다"라는 견해를 제시하고 있다. 그러나 분류기준이나 편집방침이 대개의 경우 아이디어에 불과한 것일 수 있지만, 본서에서는 예외적으로 "분류기준이나 편집방침 등이 기능적·실용적인 필요와 직접적 관련성이 없는 영역에서 세밀하고 특색 있게 작성된 것"인 경우에 한하여 그것 자체가 창작성 있는 표현에 해당할 가능성이 있다고 보는 것인바, 그러한 경우에 해당한다는 것은 상당한 선택의 폭을 전제로 하는 것이므로 아이디어와 표현의 합체의 원칙이 적용되는 영역은 아니라고 본다.

정되지 않고, 구체적 소재를 가지고 그것을 구현함에 있어서의 구체적인 선택, 배열 등에 창조적 개성이 표출된 것으로 보아 그것만을 보호대상으로 인정하여야 할 경우, ③ 분류기준 등이 아이디어의 영역에 해당할 뿐만 아니라 그 아이디어의 구체적 표현도 누가 하더라도 같거나 비슷할 수 밖에 없는 표현으로 인정되어 창작성을 인정받을 수 없는 경우의 세 가지 경우로 구분될 수 있을 것이다. 위에 언급한 타운페이지 데이터페이스의 분류기준은 위 ①에 해당하는 것으로 인정된 경우라고 할 수 있고, 신문의 지면구성(레이아웃)을 편집저작물로 인정한 동경고재 판결(§5-42)은 신문의 "편집방침"은 아이디어의 영역임을 전제로 하여 그 구체적인 표현이 위 ②의 경우에 해당하는 것으로 본 취지인 것으로 여겨진다.1 '여행천하 유럽'이라는 여행책자에 대하여 편집저작물성을 긍정한 대법원 판결(§5-45-1)도 역시 그 분류기준인 도시 정보, 교통, 여행코스, 볼거리, 음식, 쇼핑 및 숙박 정보, 지도 등의 구분은 창작성 있는 표현이 아니라는 전제 하에, 정보의 구체적인 선택과 배열을 통해 구체적으로 구현한 부분이 위 ②의 경우에 해당하는 것으로 본 사례이다. 반면에, '작업가이드' 사건에 대한 서울고등법원 판결(§5-54-2)은 그 분류기준 및 그에 따른 소재의 선택, 배열 등이 모두 창작성을 인정받지 못하여 위 ③의 경우에 해당하는 사례라 할 수 있다. 편집저작물성이 문제되는 사건마다 위 세 가지 중 어느 경우에 해당하는지 신중하게 판단하여야 할 것이다. 위 ①과 ②는 모두 편집저작물성이 인정되는 경우이지만, 그 중 어느 경우에 해당하는 것으로 볼 것인지에 따라 보호범위에는 큰 차이가 생기기 때문이다. 하급심 결정 중에 소재의 "추상적인" 배열방법만을 이용한 것은 편집저작권의 침해가 아닌 것으로 본 사례2가 있는데, 그것은 법원이 해당 사안의 소재의 배열방법 등이 충분히 구체적이지 않아 위 ①에는 해당하지 않고, 위 ②의 경우에 해당할 가능성이 있는 것으로 본 취지라고 생각된다.

　　그리고 만약 특정한 저작물에 대한 편집원칙이 법령에 규정되어 그것을 준수할 법적 의무가 발생하였다면, 그 편집원칙이 아무리 세밀하게 규정되어 있다 하더라도 그것은 편집저작물로서의

1　신문의 레이아웃에 대한 것은 아니지만, 웹사이트의 레이아웃과 관련하여 서울중앙지방법원 2006. 12. 14. 선고 2005가합101661 판결(§5-46)이 "레이아웃이나 메뉴구성, 콘텐츠 구성 등은 아이디어에 불과하거나 동종 업종의 다른 업체의 웹사이트에서도 유사한 형태로 구성되어 있는 것이고 … "라고 하여 레이아웃 자체는 아이디어에 불과하다는 취지의 판시를 한 바 있다. 결국 창작성을 부정하는 결론을 내렸으니, 위 ③에 해당하는 사례인 셈이다. 그러나 웹사이트의 레이아웃이나 구성에 대하여도 일률적으로 창작성을 부정할 수 없고 그 구체적인 표현에 특색이 있을 경우 위 ①은 아니지만 ②에 해당하는 것으로 보게 될 경우는 많이 있을 것으로 생각된다. 서울지방법원 2003. 8. 19. 선고 2003카합1713 판결(§5-39) 등이 위 판결과 반대로 웹사이트 레이아웃 등의 구체적 표현의 창작성을 인정한 사례이다.

2　서울고등법원 1999. 4. 7.자 98라247 결정 : "신청인이 발행한 경마지에 들어있는 도표는 그 배열이나 구성방식에 있어서 저작물로 보호받아야 할 정도의 창작성이 있다고 보기 어렵다. 가사 편집저작물로서 보호되어야 할 정도의 창작성이 있다고 할지라도 추상적인 선택방법이나 배열방법 그 자체는 저작권으로 보호되지 않으므로, 피신청인들이 신청인의 편집저작물 중 소재의 선택이나 배열에 관하여 창작성이 있는 부분을 소재가 배열되어 있는 그 자체로서 모방한 것이 아니고, 다만 추상적인 소재의 배열방법 그 자체만을 이용하여 한국마사회에서 제공하는 소재를 가지고 신청인과 마찬가지로 배열하더라도 이를 저작권의 침해로 볼 수는 없다."

창작성과는 무관한 것으로 보아야 할 것이다.1 따라서 그에 따라 편집을 함에 있어 법령에 규정된 것보다 세밀하고 구체적인 부분의 편집에 창조적 개성을 표출한 경우가 아니라면 이를 편집저작물로 보호할 수 없는 것으로 보아야 할 것이다.

한편, 위에서 본 대법원 판례의 내용을 주의깊게 살펴보면, "편집물이 저작물로서 보호를 받 §5-38-2
으려면 일정한 방침 혹은 목적을 가지고 소재를 수집·분류·선택하고…"라고 하여 "일정한 방침 혹은 목적"에 기한 편집활동일 것을 요구하는 것으로 설시하고 있음을 알 수 있다. 이것은 일정한 방침 혹은 목적에 따른 주관적 가치평가 또는 판단 등이 개재되지 않고 아무렇게나 이루어지는 선택, 배열 등에 대하여는 창작성을 인정할 수 없음을 시사하는 것이라 할 수 있다. 뒤에 소개하는 'CD 트랙 구분 효과음' 사건의 판례(§5-54-1)가 바로 그러한 경우에 대하여 창작성을 인정하지 않은 사례라 할 수 있다.

그 밖에 구체적으로 어느 정도의 창조적 개성을 요하는지에 대하여는 아래에 소개하는 판례들을 참고하기 바란다.

 판 례 편집저작물의 성립을 긍정한 판례 ────────────

❖ 서울지방법원 2003. 8. 19. 선고 2003카합1713 판결 ─ "구매대행 웹사이트" 사건 §5-39
〈사실관계〉

신청인은 인터넷사이트 'http : //www.wizwid.com'(이하 '피침해사이트'라고 한다)을 개설하고, 회원이 피침해사이트를 경유하여 직접 해외온라인쇼핑몰에서 상품을 주문하면 그 상품을 미국에 소재하는 신청인의 창고에 도착하도록 한 후 고객이 지정한 국내의 수령장소까지 배송하여 전달하는 해외상품 물류대행서비스와 신청인이 회원의 주문에 따라 구매를 대행하고 물품을 회원에게 직접 배송하는 해외상품 구매대행서비스를 제공하여 왔다. 그런데 피신청인은 그 후 다른 인터넷사이트(이하 '침해사이트'라고 한다)를 개설한 후 피침해사이트상의 제품설명 등 상품정보, 광고문구, 서비스안내 등의 콘텐츠(이하 '콘텐츠'라고만 한다)를 그대로 복제하거나 극히 일부분을 변형한 콘텐츠를 침해사이트에 게시하거나 이를 이용한 서비스를 제공함으로써 신청인과 동일한 해외상품 물류대행서비스, 구매대행서비스업을 영위하였다. 뿐만 아니라 피신청인은 피침해사이트 및 신청인이 회원들에게 발송하는 메일상의 콘텐츠를 복제하여 피신청인의 회원에게 발송하는 전자메일에 사용하기도 하였다. 신청인은 피침해사이트가 편집저작물에 해당하거나 아니면 온라인디지털콘텐츠산업발전법의 보호대상이라는 이유로 피신청인을 상대로 침해금지가처분을 신청하였다. 다음은 그에 대한 법원의 판단 중 피침해사이트가 편집저작물에 해당할 수 있는지에 대한 판단 부분이다.

〈법원의 판단〉

인터넷홈페이지도 그 구성형식, 소재의 선택이나 배열에 있어 창작성이 있는 경우에는 이른바 편

─────────────
1 Melvile B. Nimmer, David Nimmer, Nimmer on Copyright Vol. I, §2.01[B].

집저작물에 해당하여 독자적인 저작물로 보호받을 수 있다고 할 것인바, 위 인정 사실에 의하면 그 상품정보 등의 구성형식이나 배열, 서비스 메뉴의 구성 등은 편집저작물로 볼 수 있다.

▷NOTE : 위 판결은 다른 논점과 함께 위 논점을 다룬 관계로 비교적 소략한 설시를 하고 있으나, 인터넷 홈페이지 또는 웹사이트가 그 구성형식, 소재의 선택이나 배열에 있어 창작성이 인정될 경우에 편집저작물로서의 성격을 가질 수 있다고 하는 것은 기본적으로 타당한 입장이라고 생각된다. 서울남부지방법원 2012. 2. 17. 선고 2011노1456 판결도 위 판결을 인용하여 "인터넷홈페이지도 그 구성형식, 소재의 선택이나 배열에 있어 창작성이 있는 경우에는 이른바 편집저작물에 해당하여 독자적인 저작물로 보호받을 수 있다(저작권법 제 6조, 서울지방법원 2003. 8. 19.자 2003카합1713 결정 참조). 나아가 이 사건에서 문제 된 피해자의 인터넷홈페이지상 각 화면은, 효율적인 고객관리를 위해 다양한 기준에 따라 각 상황에 맞는 문자메시지나 이메일을 보내주는 내용을 담고 있는바, 그 구성형식, 소재의 선택이나 배열에 있어 창작성이 인정된다고 판단된다"고 판시하였다. 이와 달리 홈페이지의 창작성을 부정한 사례로는 뒤에 소개하는 서울중앙지방법원 2006. 12. 14. 선고 2005가합101661 판결(§5-46) 등이 있다(레이아웃 등의 보호에 대한 법리적 설명은 §5-38-1 참조).

§5-40

❖대법원 1996. 12. 6. 선고 96도2440 판결 — "입찰경매정보지" 사건

원심 판결 이유와 기록에 의하면 피고인들이 무단복제하였다는 피해자 발행의 '한국입찰경매정보'지는 법원게시판에 공고되거나 일간신문에 게재된 내용을 토대로 경매사건번호, 소재지, 종별, 면적, 최저경매가로 구분하여 수록하고 이에 덧붙여 피해자 직원들이 직접 열람한 경매기록이나 등기부등본을 통하여 알게 된 목적물의 주요현황, 준공일자, 입주자, 임차금, 입주일 등의 임대차관계, 감정평가액 및 경매결과, 등기부상의 권리관계 등을 구독자가 알아보기 쉽게 필요한 부분만을 발췌·요약하여 수록한 것인 사실을 알아 볼 수 있으므로, <u>위 한국입찰경매정보지는 그 소재의 선택이나 배열에 창작성이 있는 것이어서 독자적인 저작물로서 보호되는 편집저작물에 해당한다 할 것이고</u>, 위 한국입찰경매정보지가 이와 같이 편집저작물로서 독자적으로 보호되는 것인 이상, 이를 가리켜 저작권법 제7조 소정의 보호받지 못하는 저작물이라고 할 수 없다.

§5-41

❖대법원 1993. 1. 21.자 92마1081 결정 — "미술사연표" 사건

〈사실관계〉

신청인이 복제권 및 배포권을 취득한 후 출판한 '20세기 미술의 모험'이라는 제목의 책 1, 2권에는 1900년부터 1989년까지의 미술분야에서의 중요사건 및 사실을 연대순으로 선택 배열하여 10년 단위로 위 책에 각 분산하여 수록하면서 미술분야가 아닌 문학·음악 및 공연예술·영화·과학 기술·기술 및 기타의 항목도 함께 대비하여 각 분야의 중요한 역사적 사실을 간략하게 수록한 연표가 들어 있다. 그런데 피신청인이 출판한 '20세기 미술의 시각'이라는 책에도 12쪽부터 29쪽에 걸쳐 미술분야에서의 역사적인 중요사건 및 사실을 인접분야의 역사적 사건 및 사실과 함께 수록한 연표가 들어 있다. 이에 신청인은 피신청인이 신청인의 위 연표에 대한 편집저작권(복제권 및 배포권)을 침해하였다고 주장하면서 침해금지가처분신청을 하였다.

〈법원의 판단〉

신청인이 제출한 소명자료를 기록과 대조하여 살펴보면, <u>신청인이 번역 출판한 '20세기 미술의 모</u>
<u>험' 1, 2권에 실려 있는 연표는 그 원저작물의 저작자가 자신의 축적된 학식과 경험을 바탕으로 하여</u>
<u>그 목적에 적합하도록 자신의 판단에 따라 취사선택한 사항을 수록한 것으로서 그 소재의 선택이나 배</u>
<u>열이 독자적인 창작성이 있는 것이라고 볼 여지가 있고,</u> 또 편집저작물을 전체로 이용(예를 들면 복제)
하여야만 저작자의 권리를 침해하는 것은 아니므로 그 편집저작물 중 소재의 선택이나 배열에 관하여
창작성이 있는 부분을 이용하면 반드시 전부를 이용하지 아니하더라도 저작권을 침해한 것으로 인정될
수 있는 것임은, 소론이 지적하는 바와 같다.

그러나 관계소명자료와 기록에 의하면, 피신청인이 출판한 '20세기 미술의 시각'에 실려 있는 연표
는 신청인이 출판한 위 책에 실려 있는 연표의 항목의 선택과 배열을 참고하면서도 소재를 추가하고
배열을 달리하여 전체적으로 볼 때 자신의 창작성을 가미한 것으로서, 신청인이 출판한 위 책에 실려
있는 부분을 그대로 모방한 것이라고 보기는 어렵다고 본 원심의 부가적 가정적인 판단은 정당한 것으
로 수긍이 되므로, 원심이 피신청인이 신청인의 편집저작권을 침해하였다고 볼 수 없다고 판단한 결론
은 결국 정당한 것이라고 볼 수밖에 없고, 따라서 원심결정에 저작권법상의 저작물과 그 창작성 및 저
작권침해에 관한 법리를 오해한 위법이 있다는 논지는 받아들일 수 없다.

▷NOTE : 위 판례의 원심 결정은 편집저작물의 창작성을 지나치게 엄격하게 판단하여 위 미술사
연표의 편집저작물성을 부정하는 결론을 내리고 가정적으로 침해여부에 대한 판단을 하면서 편집저작
물의 경우 그 전부를 이용하여야 침해가 성립한다는 취지의 잘못된 설시를 한 바 있는데, 대법원은 그
러한 두 가지의 점에서 원심 결정의 오류를 바로잡으면서 다만 결론에 있어서 피신청인이 연표의 편집
에 있어서의 창작성 있는 부분을 무단 복제한 것으로 보기 어려운 사안이라는 이유로 저작권침해를 부
정한 원심을 유지하고 있다. 대법원의 판시 취지에 찬동한다.

❖東京高裁 1994. 10. 27. 선고 平5(ネ)3528号 판결 — "월스트리트 저널" 사건   §5-42

미국 신문사가 발행한 영자 일간신문 'THE WALLSTREET JOURNAL'의 지면에 관하여, 그 신문
의 편집 담당자는 기자 등이 작성한 원고에 기한 보도 기사, 사설 및 논평 등 다수의 소재를 일정한
편집 방침에 따라 뉴스가치를 고려하여 취사선택하고, 분석, 분류하여 지면에 배열하고 있고, 이와 같
은 지면 구성은 위 편집 담당자의 정신적 활동의 소산으로서 그 신문의 개성을 형성하는 것이므로 특
정일자의 지면 전체는 소재의 선택 및 배열에 창작성이 있는 편집저작물로 인정되며, 그 편집저작권은
그 신문사에 귀속한다고 판시하였다.

▷NOTE : 위 판결이 신문의 편집방침이나 레이아웃의 기본적인 틀을 편집저작물로 보호한 취지
가 아니라 그에 따라 구체적인 기사 하나하나의 경중을 감안하여 선별하고 편집한 구체적인 표현으로
서의 편집에 창작성을 인정한 사례에 해당함을 유의할 필요가 있다(§5-38-1 참조).

§5-43

❖東京地裁 2000. 3. 17. 선고 平8(ワ)9325号 판결 ─ "타운페이지 데이터베이스" 사건

〈사실관계〉

원고 NTT사는 '타운 페이지 데이터베이스' 및 직업별 전화번호부 '타운 페이지'의 저작권자인데, 피고는 그것과 직업분류체계 등이 같은 '업종별 데이터'를 작성하여 배포하였다. 이에 원고는 피고가 자신의 편집저작권을 침해하였다는 이유로 침해금지 및 폐기와 함께 손해배상을 청구하였다.

〈법원의 판단〉

[1] 타운페이지 데이터베이스의 저작물성에 대한 판단

1) 타운페이지 데이터베이스의 직업 분류 체계는 검색의 편리성의 관점에서 개별적인 직업을 분류하고 이것을 계층적으로 쌓아올림으로써 전 직업을 망라하도록 구성된 것으로서 원고의 독자적인 궁리가 행해진 것이고, 이와 유사한 것이 존재한다고는 인정되지 않으므로, 그러한 직업 분류 체계에 의하여 전화번호 정보를 직업별로 분류한 타운 페이지 데이터베이스는 전체로서 체계적인 구성에 의하여 창작성을 가지는 데이터베이스 저작물이라고 할 수 있다.

2) 원고의 담당자는 타운페이지 데이터베이스의 직업 분류에 개별적인 전화번호 정보를 적용시키기 위해 게재자로부터 취급 상품이나 사업 내용에 관한 정보를 청취하고 있는 것이 인정되고, 그 청취에는 일정한 기술이나 경험이 필요하다고 인정되지만, 그 적용 과정은 게재 여부를 선택하는 것은 아니며, 또한 타운페이지 데이터베이스의 직업 분류는 1800항목에 걸쳐 세밀하게 나뉘어져 있기 때문에 어느 직업 분류에 넣을지의 선택의 폭은 작은 것으로 생각되고 위 기술이나 경험도 주로 개별적인 게재자의 사업의 내용을 어떻게 정확히 파악할 것인가의 사실인정에 관한 것이라고 생각되는 점에 비추어 보면, 위 적용과정에 정보의 선택 또는 체계적인 구성에 관하여 창작성이 존재한다고는 인정되지 않는다.

3) 또한 원고는 타운페이지 데이터베이스에 관하여 수시로 재평가를 행하고 있는 것 및 키워드의 설정이나 데이터의 표기에 관한 궁리를 데이터베이스의 저작물로서의 창작성의 근거로 주장하지만 수시로 재평가를 행하고 있는 것은 구체적인 내용에 관계없이 그것만으로 타운페이지 데이터베이스가 정보의 선택 또는 체계적인 구성에 의하여 창작성을 갖는다고 할 수 없음은 분명하고 또한 키워드의 설정이나 데이터의 표기에 관한 궁리에 관해서는 이것을 구체적으로 입증할 증거는 존재하지 않기 때문에 이와 같은 궁리에 의하여 타운페이지 데이터베이스가 정보의 선택 또는 체계적인 구성에 의하여 창작성을 갖는다고 인정되지 않는다.

4) 이상과 같이, 타운페이지 데이터베이스는 직업분류체계에 의하여 전화번호 정보를 직업별로 분류한 점에서 데이터베이스의 저작물로 인정된다고 할 것이다.

[2] 피고의 저작권 침해 여부에 대한 판단

1) 피고가 작성한 업종별 데이터는 타운페이지 데이터베이스로부터 직업 분류 및 전화번호 정보를 읽어 들여 작성된 것으로서 그 직업 분류는 타운페이지 데이터베이스의 직업 분류 및 거기에 게재되고 있는 전화번호 정보를 직업 분류명도 포함하여 그대로 직업 분류 및 전화번호 정보로 한 것, 타운페이지 데이터베이스의 직업 분류 및 거기에 게재되어 있는 전화번호 정보는 그대로이지만 직업 분류명의 표현만 바꾼 것, 타운페이지 데이터베이스의 여러 직업 분류를 정리하여 하나의 직업 분류로 하

여 위 여러 직업 분류에 게재되어 있는 전화번호 정보를 게재하고 여러 직업 분류를 포섭한 직업 분류명을 붙인 것 등의 세 종류이고 그 외에 독자적인 직업 분류가 사용되고 있는 것은 없다.

2) 업종별 데이터 중 타운페이지 데이터베이스의 직업 분류 및 거기에 게재되어 있는 전화번호정보를, 직업 분류명도 포함하여 그대로 직업 분류 및 전화번호 정보로 한 부분 및 타운페이지 데이터베이스의 직업 분류 및 거기에 게재되어 있는 전화번호 정보는 그대로이지만 직업 분류명의 표현만을 바꾼 부분은 모두 타운페이지 데이터베이스의 창작성을 갖는 체계적인 구성이 그대로 재현되어 있다고 할 수 있다. 타운페이지 데이터베이스의 여러 직업 분류를 정리하여 하나의 직업분류로 하여 그 여러 직업 분류에 게재되어 있는 전화번호 정보를 게재하고, 여러 직업 분류를 포섭한 직업 분류명을 붙인 부분은 타운페이지 데이터베이스의 창작성을 갖는 체계적인 구성을 기초로 하고 있고, 여러 직업 분류를 정리한 점을 제외하고는 독자적으로 분류했다고 말할 수는 없으므로 이 부분에 대해서도 타운페이지 데이터베이스의 창작성을 갖는 체계적인 구성이 재현되어 있다고 할 수 있다.

3) 또한 업종별 데이터는 타운페이지 데이터베이스에 의거하여 작성된 것으로 인정된다.

4) 따라서 업종별 데이터는 타운페이지 데이터베이스에 의거하여 작성된 것으로서 그 창작성이 있는 체계적인 구성이 재현되어 있다고 할 수 있다.

5) 따라서 피고의 위와 같은 업종별 데이터의 작성 및 배포는 타운페이지 데이터베이스의 저작권을 침해한 것이라고 할 수 있다.

▷NOTE : 일본의 현행 저작권법은 아직 우리 법과 같이 창작성 없는 데이터베이스의 제작자를 §5-44 보호하는 규정을 두지는 않고 있고 단지 법 제12조의2에서 "데이터베이스로서 그 정보의 선택 또는 체계적인 구성에 의하여 창작성을 갖는 것은 저작물로서 보호한다"고 하여 편집저작물과 별도의 '데이터베이스 저작물'이라는 이름으로 보호하고 있는데, 우리 법상 데이터베이스가 편집저작물로 인정될 수 있을 경우(§5-35 참조)의 보호와 실질에 있어서는 동일하다. 위 판례는 NTT의 타운페이지 데이터베이스를 '데이터베이스 저작물'로 인정하고, 위에 인용하지는 않았지만 동일한 내용의 '타운페이지' 전화번호부 자체[1]는 '편집저작물'로 인정하였다. 위 판례에서는 타운페이지 데이터베이스의 '직업 분류'라는 부분에 대하여만 창작성을 인정하고 원고가 주장한 나머지 몇 가지 부분은 창작성을 부정하였는데, 이 판례가 보여주는 바와 같은 세밀한 판단은 우리 법상 데이터베이스적 성격의 편집저작물의 창작성을 인정할지 여부에 관한 기준을 세우는 데 많은 참고가 될 것으로 생각된다(이 판결이 세밀한 분류기준 자체의 창작성을 인정한 사례로서의 의미를 가진다는 것에 대하여는 §5-38-1 참조). 다만, 창작성을 부정한 설시 부분에 포함된 '키워드의 추출'의 경우, 성질상 창작성을 인정할 수 없다는 것이 아니라 입증상의 문제로 인정되지 않은 것임을 유의하여야 할 것이다. 또한 이와 같이 창작성이 있다고 주장된 부분들을 하나하나 검토하여 그 중 일부에 대하여 긍정적인 결론을 내린 것은 피고의 저작권침해 여부를 가리는 판단의 기초로 이어지는 것이다. 즉, 이 사건 판결은 창작성이 인정되는 부분이 무엇인지를 엄

---

1 일본 저작권법은 데이터베이스의 개념을 "논문, 수치, 도형 그 밖의 정보의 집합물로서 그러한 정보를 컴퓨터를 이용하여 검색할 수 있도록 체계적으로 구성한 것을 말한다"고 정의하고 있으므로(법 제 2 조 제10의3호), 타운페이지 자체는 일본법상 데이터베이스의 개념에 포함되지 않으나, 우리 법상의 '데이터베이스' 개념은 반드시 컴퓨터로 검색할 수 있는 것에 한하지 않는 것이므로 위 타운페이지 자체도 데이터베이스의 개념에 포함된다. 이에 관하여 자세한 것은 본서의 데이터베이스제작자 보호에 관한 장을 참고하기 바란다.

밀하게 가려놓은 다음에 데이터베이스의 저작권 침해 여부를 판단함에 있어서 바로 그와 같이 창작성이 있다고 인정한 부분이 재현되었는지 여부를 분명하게 따져서 결론을 내리고 있는데, 이러한 판시태도는 매우 바람직한 것이라 생각된다.

한편, 전화번호부 상호편의 '업종분류'만으로는 창작성을 인정하기 어렵다고 한 미국 판례[1]가 있는가 하면, 일본전신전화공사의 전화번호부와는 달리 스폰서의 광고를 특색 있게 배열한 광고전화번호부에 대하여 편집저작물성을 긍정한 일본 판례[2]가 있다는 것을 이 사건과 함께 기억해 두면 좋을 것이다.

§5-45   ❖東京高裁 1985. 11. 14. 선고 昭59(ネ)1446号 판결 — "아메리카語 要語集" 사건

약 3,000개 정도의 영어단어, 숙어, 관용구 등을 사용빈도에 따라 골라 알파벳순으로 배열하고 타임지 등에서 인용한 적절한 문례를 첨가한 영어단어집의 편집저작물성을 긍정한 사례인데, 항소심인 東京高裁는 언어사전의 특성과 관련하여 다음과 같이 판시하였다.

"언어사전과 같은 편집물의 편집 활동은 주로 그 자체로 특정인의 저작권의 객체가 될 수 없는, 사회의 문화 자산으로서의 언어, 발음, 어의, 문례, 어법 등의 언어적 소재를 해당 사전의 이용 목적에 입각하여 수집, 선택하고, 이것을 일정한 형태로 배열하며 필요한 설명을 부가한 것 등으로 구성되는 것인바, 예컨대 표제 단어에 대한 문례가 다수 있을 수 있어 선택의 폭이 넓은 경우와 같이 해당 소재의 성질상 편집자의 편집 기준에 근거한 독자의 선택을 할 수 있는 여지가 많아 그 선택에 의한 편집물에 창작성을 인정할 수 있는 경우와 예컨대 표제 단어에 대한 문례 선택의 폭이 좁고 해당 편집자와 동일한 입장에 있는 다른 편집자로 대체하여도 거의 동일한 선택에 도달할 것이라고 생각되고 따라서 그 선택에 의한 편집물에 창작성을 인정할 수 없는 경우가 있다. 그리고 후자의 경우 선행한 사전의 선택을 참조하여 후행의 사전을 편집하여도 그것은 공통의 소재를 관용적 방법에 의해 다룬 것에 불과하므로 특히 문제라고 할 것까지 없지만, 전자의 경우에는 후행의 사전이 선행한 사전이 선택한 소재를 그대로 또는 일부 수정하여 채택하고, 그 수량, 범위 내지 빈도가 사회 통념상 허용할 수 없는 정도에 이를 때에는 그 소재의 선택에 기울여진 선행 사전 저작자의 창조적인 정신 활동을 단순히 모방함으로써 그 편집저작권을 침해한 것으로 봄이 상당하다."

§5-45-1   ❖대법원 2011. 2. 10. 선고 2009도291 판결 — "여행천하 유럽" 사건

공소사실이 특정하고 있는 것들 중 편집구성 부분을 보건대, <u>여행천하는 여행에 유용한 정보를 일목요연하고 편리하게 제공한다는 여행책자로서의 일정한 편집 목적을 가지고 수많은 여행지 및 그 여행지에서의 교통, 볼거리, 식당, 숙박시설 등의 여러 가지 정보들 중에서 피해자 등의 축적된 여행경험</u>

---

1 BellSouth Advertising & Publishing Corp. v. Donnelley Information Publishing, 999 F. 2d 1436. 그런데 타운페이지 데이터베이스의 직업분류는 창작성이 있는 것으로 인정되고, 이 사건의 업종분류는 창작성이 없는 것으로 판단된 것은 '직업분류'와 '업종분류'의 차이 혹은 일본법과 미국법의 차이에 기한 것이 아니라 구체적인 사안에서 그 분류가 원고에 의하여 남의 것을 모방하지 아니하고 독자적으로 분류된 것으로서 그 나름의 창조적 개성에 의한 것인지에 대한 사실인정상의 차이에 기한 것이다.

2 大阪地裁 1982. 3. 30. 선고 판결(池原季雄·齊藤博·半田正夫 編, 著作權判例百選, 有斐閣, 1987, 74면).

과 지식을 바탕으로 위 편집목적에 비추어 필요하다고 판단된 정보들만을 취사선택하여 나름대로의 편집방식으로 기술한 것이라는 점에서 소재의 수집·분류·선택 및 배열에 편집저작물로서의 독자적인 창작성을 인정할 수 있다. 그런데 트래블△△의 편집구성을 위와 같이 창작성이 인정되는 여행천하의 편집구성과 대비해 보면, 구체적으로 선택된 정보, 정보의 분류 및 배열 방식 등에서 큰 차이를 보이고 있어 이들 사이에 실질적 유사성이 있다고 할 수 없고, 비록 이들 책자가 전체적으로 도시 정보, 교통, 여행코스, 볼거리, 음식, 쇼핑 및 숙박 정보, 지도 등으로 구성되어 있다는 점에서 공통점이 있기는 하나 이는 다수의 여행책자가 취하고 있는 일반적인 구성형태일 뿐이어서 그에 대한 창작성을 인정할 수도 없으므로, 이러한 구성상의 공통점이 있다는 것만으로 달리 볼 수 있는 것도 아니다.

▷NOTE : 위 판결은 여행책자('여행천하 유럽')에서 다루는 기본적인 분류기준인 도시 정보, 교통, 여행코스, 볼거리, 음식, 쇼핑 및 숙박 정보, 지도 등의 분류는 창작성을 인정할 수 없다고 보고, 편집목적에 따라 필요하다고 판단된 정보들만을 취사선택하여 구체적으로 배열한 부분 등에만 편집저작물로서의 창작성을 인정하였다. 앞에서 본서가 분류기준과 관련하여 3가지로 나눈 유형 중 ② 분류기준 등은 아이디어에 해당하거나 창작성이 없지만 구체적인 선택, 배열 등에 창조적 개성이 표출된 것으로 볼 수 있는 경우(§5-38-1 참조)에 해당하는 것으로 볼 수 있다. 그러한 전제 하에, 위 판결은 그 중 창작성 있는 표현에 해당하지 않는 분류기준 등에 있어서 유사하지만 구체적 선택 및 배열에 있어서 큰 차이를 보이는 다른 여행책자(트래블△△)와의 사이에 '실질적 유사성'을 인정하지 않는 결론을 내렸다.

 **판 례** **편집저작물의 성립을 부정한 판례**

❖서울중앙지방법원 2006. 12. 14. 선고 2005가합101661 판결　　　　　　　　　　　§5-46
(1) 당사자들의 주장
　원고는, 피고들이 ○○○를 통해 원고 웹사이트의 내용 및 구성 가운데 ① 메인페이지 3단 구조 레이아웃, 주소창에 회사 이름만 치라는 내용, 하단부 레이아웃 및 내용, ② 인재채용 온라인 지원부분의 기본사항, 학력사항, 경력사항, 병역자격 및 면허시험, 보유기술 및 성공이력부분, 홈페이지에 대한 견해부분, ③ 제휴사 소개부분, ④ 공인중개사 출제경향, 합격자 현황, 수험준비 전 유의사항, 일반적인 학습순서, 객관식 문제풀이 요령, ⑤ 회사소개 페이지 메뉴구성 및 명칭, 상단 메뉴 구조와 배너 메뉴 구조 및 디자인, 콘텐츠 구조 및 메뉴 명칭, ⑥ 인재채용 페이지 메뉴구성 및 명칭, 배너의 메뉴 구조 및 디자인, 콘텐츠 구조 및 메뉴 명칭, 콘텐츠 내용, ⑦ 각계 인사 축하메시지 콘텐츠, ⑧ 법률자문 콘텐츠, ⑨ 공인중개사 과목별 출제경향 분석 콘텐츠, ⑩ 검정고시 기간별, 과목별 합격전략 콘텐츠, ⑪ 시험 직전 체크항목을 모방하여 원고의 웹사이트와 유사한 피고 회사의 웹사이트를 제작함으로써 원고의 웹사이트에 대한 저작권을 침해하였다는 이유로, 피고들에 대하여 청구취지 1.의 가.항과 같은 저작권침해금지 및 같은 2.항과 같은 매출감소분 상당의 손해배상을 구하고, 이에 대하여 피고들은, 원고의 웹사이트의 내용 및 편집 상태는 관련 기관에서 공개된 자료를 사용한 것이거나 동종 업체들의 웹사이트에서 보편적으로 사용된 것으로서 그 창작성을 인정할 수 없으므로 저작권의 보호대상에 해당하지 않는다고 다툰다.

(2) 판   단

저작권은 아이디어 등을 말·문자·음·색 등에 의하여 구체적으로 외부에 표현한 창작적인 표현형식만을 보호대상으로 할 뿐, 표현의 내용이 된 아이디어나 그 기초 이론 등은 그것이 아무리 독창적이라 하더라도 보호대상으로 하지 않고, 나아가 표현형식에 해당하는 부분이라도 창작성이 인정되지 않는 경우에는 이 역시 저작권의 보호대상이 될 수 없다 할 것인바, 다만 여기에서 말하는 창작성이란 완전한 의미의 독창성을 말하는 것이 아니라, 남의 것을 단순히 모방한 것이 아니고 그 저작자 나름대로 정신적 노력의 소산으로서의 특성이 부여되어 있으며 다른 저작자의 기존의 작품과 구별할 수 있을 정도를 의미한다 할 것이다. 따라서 저작물의 무단 복제에 의한 저작권 침해를 인정할 수 있으려면, 침해저작물 및 피침해저작물 사이에 창작적 표현형식에 있어서 실질적인 유사성이 있어야 하고, 침해자가 저작권 있는 저작물에 의거하여 그것을 이용하였을 것 즉, 침해자에게 피침해저작물에 대한 접근가능성이 있었음이 인정되어야 한다.

그런데 ○○○의 각 기재에 변론 전체의 취지를 종합하여 보면, 원고가 저작권 침해 대상으로 주장하는 원고 웹사이트의 위 각 부분 중 제휴사 소개부분을 제외한 나머지 부분 가운데 레이아웃이나 메뉴구성, 콘텐츠 구성 등은 아이디어에 불과하거나 동종 업종의 다른 업체의 웹사이트에서도 유사한 형태로 구성되어 있는 것이고, 공인중개사 시험출제경향 분석, 합격자 현황, 수험준비 전 유의사항, 일반적 학습순서, 객관식 문제풀이 요령, 검정고시 기간별, 과목별 합격전략, 시험직전 체크항목 기재내용은 관련 기관에서 공개한 정보를 게재한 것이거나 동종 업종의 다른 업체의 웹사이트에 있는 내용과 유사한 사실을 인정할 수 있는바, 위 인정사실에 의하면, 위 각 부분은 창작성을 인정할 수 없어 저작권의 보호대상이라 할 수 없다 할 것이므로, 위 각 부분에 대한 저작권을 전제로 한 원고의 주장은 더 나아가 살필 필요 없이 이유 없다.

▷NOTE : 위에서 소개한 구매대행 웹사이트 사건에 대한 서울지방법원 2003. 8. 19. 선고 2003카합1713 판결(§5-39)은 웹사이트가 편집저작물로 인정될 수 있다고 긍정하였음에 반하여 이 사건 판례는 웹사이트의 레이아웃, 메뉴구성, 콘텐츠 구성 등이 창작성이 있는 표현이 아니라는 이유로 편집저작물로서의 보호를 부정한 사례이다(레이아웃 등의 보호에 대한 법리적 설명은 §5-38-1 참조). 서울중앙지방법원 2013. 6. 7. 선고 2012가합80595 판결도 구체적·개별적 판단을 자세히 한 다음 그 사안에서 문제가 된 홈페이지 구성 등의 창작성을 부정한 사례의 하나로서 "원고 홈페이지는 원고 학원을 대중에 알리고 학원수강을 원하는 사람 등에게 미국 학교 입학을 위한 시험 및 그를 위한 학원강좌에 관한 정보를 제공하기 위해 만들어진 것으로서, 원고가 편집저작물에 해당한다고 주장하는 별지3 목록 기재 각 원고 홈페이지 구성 또는 내용은 다음 '판단내역표 2' 기재와 같이 아이디어 자체에 불과하거나 다른 업체의 홈페이지에서도 일반적으로 사용되는 구성 및 내용으로 그 소재의 선택 및 배열방법에 있어 제작자의 개성을 인정하기 어려우므로, 위 홈페이지의 구성 및 내용을 저작권법에 의해 보호되는 편집저작물로 보기는 어렵다"고 판시하였다. 서울중앙지방법원 2018. 10. 17. 선고 2018가합519088 판결도 인터넷 쇼핑몰의 편집저작물성이 문제된 사건에서 "게시물의 배열 방식, 링크 방법이나 사진 편집방법

등은 다른 인터넷 쇼핑몰 사이트에서 흔히 사용되는 방식과 큰 차이가 없는 것으로 보이고, 원고가 제출한 자료들만으로는 △△ 인터넷 쇼핑몰의 배열이나 구성방식 등에 독자적인 편집저작물로 보호할 만한 창작성이 있다고 보기 어렵다"는 이유로 부정적 결론을 내렸다. 이와 같이, 웹사이트의 편집저작물로서의 창작성 유무는 구체적인 사안에 따라 개별적으로 판단하여야 할 문제라고 할 수 있다.

♣ 대법원 2003. 11. 28. 선고 2001다9359 판결 — "법조수첩" 사건　　　　　　　　　§5-47

〈원심의 사실인정 및 판단〉

　원심은, 원고가 1999년초에 발행한 1999년용 수첩(이하 '원고의 수첩'이라 한다)은 ① 권두(卷頭)에 법관, 법제처, 헌법재판소, 검사, 법원 및 검찰 5급 이상 공무원, 교도소, 소년원, 보호관찰소의 기구 및 구성원 배치표를 수록하고, ② 책자 2면 내지 204면에서, 전국법원 및 관내 등기소, 법무부·검찰청의 부서별 전화번호, 대한변호사협회 및 지방변호사회, 지방법원·지원별 관내 변호사 명단 및 주소와 전화번호(법무법인, 공증인가합동법률사무소, 공동법률사무소의 주소·전화번호·구성원이 따로 정리되어 있다), 법무사·변리사의 명단 및 전화번호를 수록하였으며, ③ 책자 205면 내지 236면에서, 각급 법원 및 등기소 관할구역, 법원사건부호표, 민사소송등 인지액, 소가산정기준, 민사접수서류에 첨부할 인지액 일람표, 송달료납부기준, 법원별 수납은행, 등기신청 및 등초본발급수수료, 호프만식 및 라이프니쯔식 계수표 등을 수록하였고, ④ 그 뒤에는 통상의 일지에 해당하는 부분이 수록되어 이용자가 1년간 날짜별로 메모 등의 기재를 할 수 있게 되어 있으며, ⑤ 책자 말미에는 우편번호, 주요 전화번호, 장거리자동전화번호, 교통수단별 시간표, 지도 등이 수록되어 있는 사실을 인정한 다음, 원고의 수첩에 수록된 기관별 명단 및 전화번호, 관련기관 배치표 등은 그 대부분이 각 해당 기관 및 단체에서 배포하였거나 일반에 공개된 자료를 특별한 수정작업 없이 전재한 것이고, 법원관할구역 등 소송관련 정보를 수록한 부분도 시중에 판매되는 법전이나 그 부록, 또는 변호사단체에서 발간한 책자에 수록되어 있는 것과 거의 동일한 내용임을 알 수 있으므로, 원고의 수첩을 구성하는 각 소재의 내용은 저작권의 보호대상이 될 수 없으나, 원고의 수첩 중 ①, ② 부분은 법조 유관기관 및 단체의 조직표나 명단, 전화번호 등을 계통별·직역별로 체계적인 순서를 정하여 수록함으로써 이용자로 하여금 각 기관·단체의 전체적 구조와 구성원 등에 관한 정보를 용이하게 얻을 수 있도록 한 것이고, ③ 부분은 각종 법령 등에 산재하여 있는 소송절차에 필요한 다양한 자료를 발췌하여 일목요연하게 정리해 놓음으로써 소송관계인이 소송이나 법률문제를 처리함에 있어서 손쉽게 이용할 수 있도록 한 것이며, 이러한 부분들이 통상적으로 일지형식의 책자를 구성하는 ④, ⑤ 부분과 결합하여 이용자에게 편의를 제공하고 있으므로, 원고의 수첩은 소재 또는 자료의 선택 및 배열에 있어서 창작성을 인정할 수 있는 편집저작물로서 저작권법상의 보호대상에 해당한다 할 것이고, 저작권법 제 9 조에 의하여 그 저작권은 그 발행명의인인 원고에게 귀속된다는 이유로 피고가 원고의 수첩과 소재의 선택 및 배열이 거의 동일한 법률일지를 제작·배포하는 것은 원고의 편집저작권을 침해하는 행위에 해당한다는 취지로 판단하였다.

〈대법원의 판단〉

　편집물이 저작물로서 보호를 받으려면 일정한 방침 혹은 목적을 가지고 소재를 수집·분류·선택하고 배열하여 편집물을 작성하는 행위에 창작성이 있어야 하는바(대법원 1996. 6. 14. 선고 96다6264

판결), 그 창작성은 작품이 저자 자신의 작품으로서 남의 것을 복제한 것이 아니라는 것과 최소한도의 창작성이 있는 것을 의미하므로 반드시 작품의 수준이 높아야 하는 것은 아니지만 저작권법에 의한 보호를 받을 가치가 있는 정도의 최소한의 창작성은 있어야 하고, 누가 하더라도 같거나 비슷할 수밖에 없는 성질의 것이라면 거기에 창작성이 있다고 할 수 없다(대법원 1997. 11. 25. 선고 97도2227 판결).

위 법리와 기록에 의하면, 원고의 수첩을 이용하는 자가 법조 유관기관 및 단체에 관한 사항과 소송 등 업무처리에 필요한 사항 등을 손쉽게 찾아볼 수 있다고 보이기는 하지만, 유용한 기능 그 자체는 창작적인 표현형식이 아니므로, 원고의 수첩에 이러한 기능이 있다고 하여 곧바로 편집저작물에 요구되는 최소한의 창작성이 있다고 할 수는 없는 것이고, 원고의 수첩에 수록된 자료들은 법조 유관기관이나 단체가 배포하는 자료 또는 종래 법전 등이나 일지 형식의 수첩형 책자에 수록되어 있는 것이어서 누구나 손쉽게 그 자료를 구할 수 있을 뿐 아니라, 법률사무에 종사하는 자를 대상으로 한 일지 형태의 수첩을 제작하는 자라면 누구나 원고의 수첩에 실린 자료와 동일 또는 유사한 자료를 선택하여 수첩을 편집할 것으로 보이고, 원고의 수첩에 나타난 조직과 기능별 자료배치 및 법률사무에 필요한 참고자료의 나열 정도는 그와 같은 종류의 자료의 편집에서 통상적으로 행하여지는 편집방법이며, 그러한 자료의 배열에 원고의 개성이 나타나 있지도 아니하므로 원고의 수첩은 그 소재의 선택 또는 배열에 창작성이 있는 편집물이라고 할 수 없다.

그럼에도 불구하고 원심이 이와 달리 원고의 수첩에 편집저작물로서의 창작성이 있다고 판단한 것에는 편집저작물의 창작성에 관한 법리를 오해하여 판결 결과에 영향을 미친 위법이 있다.

▷NOTE : 아래 "경마예상지" 사건 판례와 마찬가지로, 창작성에는 '독자적 작성'의 요소와 '창조적 개성'의 요소가 함께 포함되며, 편집저작물의 경우 그 성질상 '창조적 개성(creativity)'에 대한 심사를 다소 엄격하게 할 것이라고 보는 본서의 입장과 궤를 같이 하는 판례이다. 다만 이들 판례에서는 '창조적 개성'이라는 용어를 사용하지 아니하고 '최소한의 창작성'이라는 말을 사용하고 있는데, 의미하는 바는 마찬가지라 할 수 있다(§3-10 참조). 대법원의 판시와 같이 "누가 하더라도 같거나 유사할 수밖에 없는" 것이라면 최소한의 창조적 개성이 있다고 하기가 어려울 것이다. 위 수첩의 ③ 부분은 그 자체만 보면 편집행위에 창작성이 있다고 볼 여지가 있으나 대법원은 그것이 원고의 창조적 개성에 기한 것이라기보다는 법전이나 일지 등의 출판물에서 이미 많이 정리되어 온 것이라는 점을 감안한 것으로 생각된다. 기존에 정리된 자료가 없는 상태에서 원고가 최초로 위와 같은 자료 정리를 하였다면 창작성이 인정될 여지도 있었을 것으로 생각된다. 일본에서 오래 전에 이와 유사한 변호사 휴대용 수첩인 이른바 '訟廷日誌'의 편집저작물성이 문제된 사건이 있었는데, 그 사건에서는 편집저작물성이 긍정된 바 있다.[1]

§5-48 ❖대법원 1999. 11. 23. 선고 99다51371 판결 — "경마예상지" 사건

편집물이 저작물로서 보호를 받으려면 일정한 방침 혹은 목적을 가지고 소재를 수집·분류·선택하고 배열하여 편집물을 작성하는 행위에 창작성이 있어야 하는바(대법원 1996. 6. 14. 선고 96다6264 판결 참조), 그 창작성은 작품이 저자 자신의 작품으로서 남의 것을 복제한 것이 아니라는 것과 최소한

---

1 大審院 1937. 11. 20. 선고 판결(池原季雄·齊藤博·半田正夫 編, 전게 著作權判例百選, 46면 참조).

도의 창작성이 있다는 것을 의미하므로 반드시 작품의 수준이 높아야 하는 것은 아니지만 저작권법에 의한 보호를 받을 가치가 있는 정도의 최소한의 창작성은 있어야 하고, 누가 하더라도 같거나 비슷할 수밖에 없는 성질의 것이라면 거기에 창작성이 있다고 할 수 없다(대법원 1997. 11. 25. 선고 97도2227 판결 참조).

원심이 같은 취지에서, 원고가 발행하는 이 사건 경마예상지의 내용 중 피고들에 의하여 저작권이 침해되었다고 주장하는 부분은 모두 한국마사회 등으로부터 제공받은 자료를 과거부터 누구나 사용해 오던 도표 등 일반적인 표현방식으로 편집한 것에 불과하므로 그 표현형식에 창작성이 있다고 할 수 없다고 판단한 것은 옳고, 거기에 상고이유의 주장과 같은 채증법칙 위배나 심리미진, 법리오해, 판례 위반 등의 위법이 없다.

▷NOTE : 법리와 그 적용사례의 성격 등의 면에서 위 '법조수첩' 사건 판례와 유사한 사례이다. 그 부분 NOTE를 참조하기 바란다.

❖서울고등법원 1999. 6. 30.자 98라240 결정 — "우표앨범" 사건   §5-49

신청인은 신청원인으로, 신청인의 우표앨범은 그간 발행된 모든 한국우표를 망라한 것이 아니라 신청인이 수집하였던 과거의 우표와 한국우표도감에 나오는 우표를 기초로 이를 각권의 분량에 맞게 적절히 조정하여 발행순과 주제순으로 9권의 책으로 나누어 분류 수록하였고, 각 권마다 편철의 편의 를 위하여 바인더식 방식을 최초 도입하였으며, 알기 쉽고 찾기 쉽게 각 우표마다 제목과 함께 고유의 일련번호를 붙이는 등 소재의 선택과 배열에 나름대로의 독창성을 가미한 편집저작물이라 할 것인데, 피신청인의 우표앨범도 신청인과 같은 한국우표들을 신청인과 똑같이 발행순과 주제순으로 9권으로 나 누어 분류 수록하고, 고유번호도 신청인의 것과 동일하게 붙이고 있는데다가 편철방식도 바인더식으로 되어 있는 등 소재의 선택과 배열방식이 신청인의 저작권을 침해하고 있으므로, 신청취지 기재의 가처 분결정을 구한다고 주장한다.

어떤 저작물이 편집저작물로서 보호를 받기 위해서는 일정한 방침 혹은 목적을 가지고 소재를 수 집, 분류, 선택하고 배열하여 편집물을 작성하는 행위에 창작성이 있어야 할 것인바, 이 사건에 있어서 보면, 우선 신청인이 수집하여 수록하였다는 한국우표들이 1884년경부터 발행된 모든 우표들을 망라한 것은 아닐지라도 어떠한 주제와 의도를 가지고 수집하고 분류하였는지가 신청인의 주장 자체로도 불분 명할 뿐만 아니라 내용상으로도 기존에 발행된 모든 한국우표들과 거의 차이가 없는데다가 이를 배열 한 방식도 특정한 목적을 두고 이루어진 것이 아니라 종래부터 있어왔던 발행순과 시리즈물이 나온 주 제에 따라 우표들을 한데 모아 놓은 데에 불과하여 그다지 독창성이 있는 것으로는 보이지 않고, 전 9 권으로 나누어 분류 수록하였다는 점도 어떤 주제와 의도를 가지고 작위적으로 한 것이 아니라 발행순 과 주제순에 따라 우표를 나열해 가면서 분량을 조정하기 위하여 임의적으로 나눈 데 불과하여 역시 편집저작물로서의 독창성이 있다 할 수는 없으며, 신청인이 보기 쉽고 알기 쉽게 붙였다는 고유번호도 이 사건 기록에 의하면 1973년경부터 대한우표회에서 간행된 표준한국우표목록의 우표분류방식과 크 게 다르지 아니하여 원고가 독창적으로 고안해낸 우표분류번호라 할 수도 없고, 마지막으로 바인더식 편철방법을 채택하였다는 점도 이미 다른 저작물에서는 통상적으로 이용되고 있는 편철방식일 뿐만 아니라 그 자체로는 편집저작물로서의 저작권을 인정할 것인가 아니할 것인가를 정함에 있어 아무런 관련도 없다 할 것이어서, 결국 신청인의 우표앨범은 편집저작물로서의 창작성을 인정하기 어렵고 달리 이를 인정할만한 소명자료가 없으므로, 신청인의 위 주장은 이유 없다.

▷NOTE : 2003. 5. 27. 법률 제6881호로 개정되기 전에는 편집저작물의 정의에 있어 현행법과 같이 '소재의 선택, 배열, 구성에 창작성이 있는 것'을 뜻한다고 규정하지 않고 '소재의 선택 또는 배열이 창작성이 있는 것'을 뜻한다고 규정하고 있었다. 그런데 위 판례에서는 소재의 수집, 분류도 편집행위의 일종으로 하여 거기에 창작성이 있으면 편집저작물로 인정될 수 있다는 취지로 판시하고 있고, 아래의 "국세청 기준시가 자료집" 사건 등의 경우도 마찬가지이다. 분류의 경우는 구 법상의 '배열'의 개념과도 통하고, 현행법상의 '구성'의 일종이라고 볼 수도 있으므로 별 문제가 없으나 '수집'의 경우는 문제가 있다. 법에서 수집 행위를 창작성이 있을 수 있는 편집행위로 나열하고 있지 않은 이상 본문에서 밝힌 바와 같이, 소재의 단순한 수집행위를 편집행위로 볼 것은 아니고, '선별적 수집'으로서 소재의 '선택'으로서의 의미를 동시에 가지는 경우만 편집행위에 포함되는 것으로 보아야 할 것이다. 위 판례에서 '일정한 방침 또는 목적을 가지고 소재를 수집 … '이라고 표현한 것은 선별적 수집이라는 취지를 내포한 듯이 보이기도 하나, 그 취지가 명료하지 않다는 점에서 문제가 있다고 보는 것이다. 구체적인 적용사례 자체는 대법원의 판시대로라면 현행법의 해석상으로도 편집저작물로 보기가 어려운 경우로 생각되어 결론에 있어서는 타당하다고 생각된다.

§5-50

❖서울지방법원 1998. 7. 10. 선고 97가합75507 판결 ― "국세청 기준시가 자료집" 사건

〈사실관계〉

가. 국세청에서는 매년 ○○아파트, 연립주택 등 부동산과 골프회원권의 기준시가를 고시하고 있는데, 1996년까지는 기준시가를 부동산 등의 소재지별로 정리한 책자를 발간하여 고시하는 방식을 취하였다가, 1997. 5. 1.에 고시하기로 한 기준시가의 경우는 이를 전산 입력, 조판하여 CD-ROM 및 컴퓨터 디스켓 형태로 배포하기로 하고, 이를 위하여 그 제작을 원고에게 의뢰하였다.

나. 이에 원고는 국세청으로부터 위 기준시가 자료를 공급받아 이를 전산 입력하고 조판한 자료를 CD-ROM 및 컴퓨터디스켓에 담아 국세청에 납품하였고, 그 후 이를 다시 편집하여 1997. 5. 1. 고시 국세청 기준시가 6 ○○아파트편과 1997. 5. 1. 고시 국세청 기준시가 지방편이라는 제목의 책자 2권(이하 통틀어 이 사건 책자라고만 함)을 제작하여 1997. 5. 6.경부터 판매하였다.

다. 위 1997. 5. 1.자 기준시가 자료를 포함하여 국세청에서 종전부터 배포하여 온 기준시가 자료(이하 통틀어 국세청 고시자료라고 한다)는, 아파트 기준시가의 경우 ○○아파트들을 그 소재지, 명칭(각 가나다순), 평형, 층수, 해당동의 순서로 배열한 다음, 각 동마다 고시금액을 층별 및 고시일자별로 구별하여 최고층부터 1층까지의 순서로 배열하는 방식으로, 골프회원권의 기준시가의 경우 골프장 명칭을 가나다순으로 배열한 다음, 각 골프장마다 소재지를 표시한 후 회원권의 고시금액을 각 고시일자별로 구별하여 종렬 또는 횡렬로 나열하는 방식으로 작성되어 있다.

라. 한편 도서출판업에 종사하는 피고 A도 국세청에서 고시한 위 1997. 5. 1.자 기준시가 자료를 다시 편집하여 1997. 6. 3.경 이를 별도의 책자로 발간하여, 피고 B에게 납품하고 일반서점에 위탁판매

하였다.

  마. 원고는, 이 사건 책자는 저작권법 제 6 조 제 1 항에서 정하고 있는 편집저작물에 해당하는 것
인데, 저작권자인 원고의 허락 없이 피고 A는 이 사건 책자를 불법 복제하여 위와 같은 책자를 별도로
제조 및 판매, 배포하고, 피고 B는 이를 판매, 배포함으로써 원고의 위 저작권을 침해하였다고 주장하
면서 그 침해행위의 중지와 위 침해행위로 인한 손해배상금의 지급을 청구하였다.

  〈법원의 판단〉

  우선 원고가 제작한 이 사건 책자가 저작권법상 보호의 대상이 되는 편집저작물에 해당되는지 여
부에 관하여 살피건대, 저작권법 제 6 조 제 1 항은 편집저작물에 관하여 편집물(논문·수치·도형 기타
자료의 집합물로서 이를 정보처리장치를 이용하여 검색할 수 있도록 체계적으로 구성한 것을 포함한
다)로서 그 소재의 선택 또는 배열이 창작성이 있는 것은 독자적 저작물로서 보호된다고 규정하고 있
고, 그 소재의 선택 또는 배열의 창작성 이란 소재를 일정한 방침 혹은 목적을 가지고 수집, 선택 배열
또는 분류하는 데 창의성을 발휘한 것을 말하고, 단지 소재를 잡다하게 끌어모은 것이거나 기계적으로
배열한 데 그친 것은 그 작업을 위하여 노력과 자본이 어느 정도 투입되었는지 여부와는 무관하게 편
집저작물로서 보호될 수 없다고 할 것인바, (증거를 종합하면) 원고가 제작한 이 사건 책자는 위 국세
청 고시자료의 내용 중 1996년 이전의 고시금액을 모두 삭제하고 대신 참조할 국세청 고시자료(책자)
의 해당 쪽수를 표기한 점, 아파트 등의 소재지 표기에 있어 시, 군, 구 를—로 대체하거나, 금액, 층
수 등의 용어를 고시금액, 해당층 등으로 변경한 점 등의 차이점이 있는 사실이 인정되나, 이 사건 책
자와 국세청 고시자료의 각 내용 및 배열방식 등을 전체적으로 대비하여 보면 이 사건 책자는 국세청
고시자료를 그대로 옮겨놓는 단순한 기계적 작업의 범주를 벗어나지 않는 것이어서, 위와 같은 차이점
이 있다는 사정만으로 이 사건 책자가 독자적인 저작물로 보호될 정도로 그 소재의 선택 또는 배열에
있어서 창작성이 있다고 인정되지는 않는다.

  따라서 이 사건 책자는 저작권법의 보호대상이 되는 편집저작물에는 해당되지 아니한다고 할 것
이니, 이 사건 책자가 편집저작물로서 원고가 그에 대한 저작권을 취득하였음을 전제로 한 원고의 위
주장은 나머지 점에 대하여 나아가 살필 필요 없이 이유 없다.

  ▷NOTE : 소재의 '수집'을 편집행위에 해당하는 것으로 본 부분의 오해가능성, 구체적인 적용사
례의 결론적인 타당성 및 참고가능성 등의 면에서 위 '우표앨범' 사건과 비슷하므로, 그 사건의 NOTE
를 참고하기 바란다.

  ❖ 서울고등법원 1997. 12. 9. 선고 96나52092 판결 — "북역 고려사" 사건   §5-51
  편집물이 그 소재인 저작물과 독립하는 별개의 저작물인 편집저작물로서 보호받으려면, 편집자가
가지는 지적인 독창성 즉, 일정한 방침 또는 목적을 가지고 소재를 수집, 분류, 선택하고 배열하여 편
집물을 작성하는 행위에 창작성이 있어야 한다.
  '북역 고려사'는 독자들의 입장에서 한문 실력의 배양, 고서에 대한 거부감 불식, 독서 시간의 절
약 등 편의성이 있는 것이기는 하나, 그 편집자의 편집행위의 내용이 북한 사회과학원 고전연구소 발
간의 고려사 역본을 그대로 축소 복제하여 배치한 다음 동일한 면의 좌우 여백에 해당하는 부분에 고

려사 역본의 내용에 대응하는 고려사 한문 원본을 대비시킨 것으로서 한글로 옮겨진 역본에 이미 널리 알려진 한문 원본을 단순히 기계적으로 결합, 배치한 것에 불과하여, 그 소재의 선택 또는 배열에 창작성이 있다고 할 수 없어 이를 편집저작물로 볼 수 없다(저작권은 노력이 아닌 창작에 대한 보상의 성격을 띠고 있으므로 상당한 노력을 기울여 위와 같이 편집행위를 하였다는 이유만으로 당연히 저작물이 되는 것은 아니다).

▷NOTE : 위 판결은 편집행위가 비교적 간단한 아이디어를 구현한 것으로서 아이디어만 확정되면 나머지 작업은 기계적으로 이루어지는 것인 점을 감안하여 편집저작물로서의 창작성을 인정하지 않은 사례이다. 그런 기계적인 작업의 경우에도 상당한 노력은 소요된다는 점과 관련하여서는, 저작권이 그러한 노력에 대한 보상이 아니라 창작에 대한 보상이라는 점을 지적하고 있는데, 저작권을 노력에 대한 보상으로 보는 노동이론과 창작의 유인으로 보는 유인이론의 대립을 의식한 설시라고 할 수 있다(창작성에 대한 대법원 판례의 입장이 노동이론이 아니라 유인이론의 입장을 취한 것이라는 점에 대하여는 §3-4 각주 참조).

§5-52   ❖서울고등법원 1996. 8. 21.자 96라95 결정 — "파트너 성경" 사건
〈사실관계〉
　　신청인은, 성경책을 12권의 휴대용 소책자로 분책한 후 그 본문은 대한성서공회가 발행한 한글판 개역 관주 성경전서의 본문을 12부분으로 나누어 각 권별로 그대로 전재하고, 12권의 책표지는 3권씩 나누어 4개의 다른 색상으로 한 '파트너 성경'이라는 책자를 출판하였는데, 그 후 피신청인이 그와 유사한 형태의 성경책을 제작, 배포하자 피신청인을 상대로 침해금지가처분을 신청하였다. 피신청인의 침해 여부의 판단에 앞서 위 '파트너 성경'이 편집저작물로 인정될 수 있는지가 쟁점이 되었다.

〈법원의 판단〉
　　그러므로 우선 이 사건 성경책이 저작권법상의 보호대상인 편집저작물인가에 관하여 보건대, 저작권법상의 보호대상으로서의 편집저작물이라 함은 편집물로서 그 소재의 선택 또는 배열이 창작성이 있는 것을 말하는 바, 기록에 의하면 신구약성경의 내용을 12권으로 분책한 것은 이 사건 성경책이 출판되기 이전부터 흔히 실시되어 온 분책방식임을 알 수 있고, 가사 이 사건 성경책과 같은 분류로 12권으로 분책한 것이 이 사건 성경책에서 처음으로 시도된 것이라 하더라도 이는 신구약성경의 차례나 기존의 분책방식으로부터 용이하게 착안될 수 있는 것임에 비추어, 신청인이 성경전서의 내용을 이 사건 성경책과 같이 12부분으로 분류한 다음 그 분류에 따라 12권으로 분책한 이 사건 성경책을 제작하였다 하여 소재의 선택이나 배열에 창작성이 있다고 할 수 없으며, 이 사건 성경책을 휴대하기 용이한 크기로 12권으로 분책한 것은 기술적 사상의 표현에 해당할 여지는 있다 할 것이나 그것이 곧바로 소재의 선택이나 배열의 문제라고 단정할 수는 없고, 이 사건 성경책 12권의 표지가 3권씩 색상을 달리하고 있는 것도 미술저작물로서의 보호는 별론으로 하고 그것 역시 소재의 선택이나 배열에 관한 창작이라고는 단정할 수 없으므로, 결국 이 사건 성경책은 저작권법상의 보호대상인 편집저작물이라고 할 수 없다.

❖대법원 1993. 6. 8. 선고 92도2963 판결 — "성서주해보감" 사건   §5-53

기록 및 원심이 적법하게 확정한 사실에 의하면, 피고인이 무단이용하였다는 성서주해보감은 원서인 "the treasury of scripture knowledge"를 토대로 한 것인데, 위 원서(이하 성서지식의 보고라고 한다)는 성경의 각 문구를 해석함에 있어서 관련된 다른 성구를 정리하여 놓는 소위 관주방법에 의하여 작성된 책으로서, 먼저 주제가 된 성경구절의 핵심적인 단어를 주제성구로 표시한 다음 그 구절과 관련된 다른 구절이 속하는 성경책명, 장, 절을 알파벳 약자와 숫자를 이용하여 표시하여 놓은 것인데 비하여 위 성서주해보감은 보는 사람들이 이해하기 쉽도록 주제성구를 우리나라에 널리 사용되는 대한성서공회의 한글개역성경에서 찾아서 그 구절 전부 또는 일부를 인용하였고, 알파벳 약자와 숫자로만 표시되어 있는 관련성경구절도 위 한글개역성경에 있는 해당구절에서 찾아서 전부 인용하여 놓은 책임을 인정할 수 있다.

그런데 위 성서주해보감과 같은 편집저작물에 있어서도 그 소재의 선택 또는 배열이 창작성이 있는 것이어야 독자적인 저작물로 보호된다 할 것인 바(저작권법 제6조), 위 인정사실에 의하면 위 성서지식의 보고에는 주제성구를 성구 중의 핵심적인 단어로 간단하게 표시하였는데 비하여 위 성서주해보감은 보는 사람들이 이해하기 쉽도록 성경구절의 일부 또는 전부를 위 한글개역성경에서 찾아서 인용하고 있는 차이점이 있음은 소론이 주장하는 바와 같으나, 위와 같이 성서주해보감의 편집을 함에 있어서 인용된 자료는 누구나 찾아볼 수 있는 위 한글개역성경에 이미 수록된 것이었고, 그 인용작업 또한 위 한글개역성경에 있는 주제성구 중의 일부를 옮겨 놓는 단순한 기계적 작업의 범주를 그다지 벗어난다고 보이지 아니할 뿐 아니라 주제성구 부분이 위 성서주해보감에서 차지하는 비중이 극히 적다는 점 등을 참작하여 보면 위와 같은 차이점이 있다는 사실 만으로 위 성서주해보감의 소재의 선택 또는 배열이 독자적인 저작물로 보호될 정도로 창작성이 있다고 인정되지는 아니한다.

❖대법원 2007. 8. 23. 선고 2007다22880 판결   §5-54

원고가 편집저작물이라는 취지로 주장하는 카탈로그나 기술설명서는 일반적으로 제품의 선전이나 기능 설명을 위하여 제품 사진과 설명 등을 일정한 형태로 선택, 배열하여 편집하는 것이어서, 누가 하더라도 같거나 비슷할 수밖에 없는 성질의 것일 뿐만 아니라, 기존의 카탈로그 등에 나타나 있는 사진의 배열이나 설명 등과 비교하여 보았을 때, 원고의 카탈로그나 기술설명서에 편집자의 개성이 나타나 있는 것도 아니어서, 위 카탈로그 등을 그 소재의 선택 또는 배열에 창작성이 있는 편집물이라고 할 수 없으므로, 위 카탈로그 등이 편집저작물임을 전제로 하는 원고의 편집저작물 침해에 대한 주장은 더 나아가 살펴볼 필요 없이 받아들일 수 없다.

▷NOTE : 위 판결은 제품 카탈로그나 기술설명서 전부에 대하여 편집저작물성을 부인한 것이 아니라 해당 사안에서의 구체적·개별적 판단에 의하여 편집저작물로서의 창작성이 인정되지 않는다고 본 것임에 주의할 필요가 있다.

❖대전지방법원 2012. 9. 20. 선고 2011가합14194 판결 — "CD 트랙 구분 효과음" 사건   §5-54-1

(증거에 의하면) 원고가 제작한 2010년 '알파 월드' 교재의 청취용 시디(CD, 이하 '이 사건 시디'

라고 한다)는 '알파 월드' 교재의 내용을 원어민의 음성으로 들려주는 것을 주된 내용으로 하고 있는 사실, 이 사건 시디는 '알파 월드' 교재의 순서에 따라 각 트랙이 배열되어 있고, 각 트랙은 원어민의 음성만으로 이루어진 것과 영어 대본에 곡을 붙인 노래로 이루어진 것이 있는데, 위와 같이 구성된 각 트랙을 구분 짓기 위하여 각 트랙의 첫 부분에 '딩동댕'과 같은 정도의 짧은 효과음이 녹음되어 있는 사실, 원고가 이 사건 시디를 제작함에 있어서 기존의 효과음으로 판매되는 것들 중에서 적당한 것을 선택하여 구입한 후 각 트랙의 첫 부분, 끝 부분에 배치, 녹음한 사실이 인정된다.

위 인정사실에 의하면 이 사건 시디에 사용된 효과음은 각 트랙을 구분 짓기 위한 용도의 짧은 음향에 불과하여 소재의 수집·분류·선택에 있어서 일정한 방침·목적에 따른 행위자의 창작성이 개입될 여지가 거의 없고, 설령 시디를 제작하는 사람에 따라서 구체적으로 선택된 음향이 달라질 수 있다고 하더라도 특별한 사정이 없는 한 거기에 창작성이 있다고 할 수 없으며, 이 사건 시디에 사용된 효과음의 선택에 있어서 원고의 개성이 나타나 있다고 볼 수도 없다. 또한 선택된 효과음이 대부분 각 트랙의 첫 부분에 일률적으로 배치되어 있으므로 누가 하더라도 비슷할 수밖에 없는 성질의 것이라서 소재의 배열에 있어서도 편집저작물로서 저작권법에 의한 보호를 받을 가치가 있는 정도의 최소한의 창작성이 있다고 할 수 없다.

▷NOTE : 일정한 방침이나 목적에 따른 것이 아닌, '임의적'으로 이루어지는 선택, 배열 등에 대하여 편집저작물로서의 창작성을 인정하지 않은 사례의 하나이다(§5-38-2 참조).

§5-54-2   ❖서울고등법원 2015. 6. 25. 선고 2014나2032883 판결 ― "작업 가이드" 사건
편집물이 저작물로서 보호를 받으려면 일정한 방침 혹은 목적을 가지고 소재를 수집·분류·선택하고 배열하여 편집물을 작성하는 행위에 창작성이 있어야 하는바, 그 창작성은 작품이 저자 자신의 작품으로서 남의 것을 복제한 것이 아니라는 것과 최소한도의 창작성이 있는 것을 의미하므로 반드시 작품의 수준이 높아야 하는 것은 아니지만 저작권법에 의한 보호를 받을 가치가 있는 정도의 최소한의 창작성은 있어야 하고, 누가 하더라도 같거나 비슷할 수밖에 없는 성질의 것이라면 거기에 창작성이 있다고 할 수 없다(대법원 2003. 11. 28. 선고 2001다9359판결 참조).

위 법리에 비추어 보건대, … 인정되는 <u>아래와 같은 사정들에 의하면, 이 사건 작업가이드는 그 소재의 선택·배열 또는 구성에서 창작성이 있다고 보기 어려우므로, 이 사건 작업가이드가 저작권법에 의해 보호되는 편집저작물에 해당한다고 할 수는 없다.</u>

<u>1) 원고 작업가이드는 인쇄 관련 프로그램에 따라 그 내용이 구분되어 있으나, 그 프로그램 자체는 다른 인쇄업체들도 사용하는 것으로서 이러한 프로그램을 기준으로 작업가이드를 작성·사용해 온 이상 프로그램별로 내용을 구분한 것에 창작성이 있다고 보기 어렵다.</u>

2) 원고 작업가이드는 인쇄 관련 프로그램별로 각 프로그램에 대한 문서 설정, 패키지, 서체의 선택 및 설정 등 인쇄 작업과 관련한 안내 및 준수사항 등을 소재로 삼고 있으나, 각 프로그램별로 발생할 수 있는 인쇄사고의 유형은 이미 관련 프로그램 매뉴얼 등에서 알려져 있는 내용 등에 불과하고 다른 인쇄업체들도 각 프로그램별로 위와 같은 사항들을 작성·사용해 온 이상 각 프로그램별로 소재를 선택, 구분한 것에 창작성이 있다고 보기 어렵다.

3) 원고 작업가이드는 인쇄 작업에 대한 문자로 설명된 부분이 그 작업을 하는 과정에 대한 사진과 상하 또는 좌우로 배치되어 있으나, 이와 같은 배치나 구성 등은 이미 기존에 널리 사용되어 온 방법이므로 창작성이 있다고 보기 어렵다.

▷NOTE : 위 판결은 위와 같은 이유로 원고 작업가이드가 편집저작물로서의 창작성을 갖추지 않은 것으로 보았으나, 그 설명 내용은 어문저작물로서의 창작성이 있는 것으로 보았다. 편집저작물로서의 창작성을 부정한 것은, 본서에서 '분류기준'과 관련하여 3가지 유형으로 나눈 것 중, ③ 분류기준이 아이디어에 해당할 뿐만 아니라 그 아이디어의 표현도 누가 하더라도 같거나 비슷할 수밖에 없는 표현으로 인정되어 창작성이 부정된 경우에 해당한다고 할 수 있다(§5-38-1 참조).

3. 효   과

(1) 독자적 저작물로서의 보호

저작권법 제 6 조 제 1 항은 "편집저작물은 독자적인 저작물로서 보호된다"고 규정하여 편집저작물이 독자적 저작물로서 보호됨을 분명히 하고 있다. 비저작물인 소재를 이용한 경우라고 하여 이 규정의 적용대상이 아니라고 할 것은 아니지만, '독자적인'이라고 하는 표현은 주로 저작물인 소재를 이용한 편집저작물의 경우를 상정한 것으로 생각된다. 즉, 소재로 이용된 것이 저작물인 경우에도 편집행위에 창작성이 있으면 소재에 대한 저작권과는 별도로 그 편집행위의 창작성을 본질적 내용으로 하는 편집저작물이 성립하여 그에 대한 저작권 보호가 주어지는 것이다. §5-55

다만, 편집저작물의 보호범위는 그 개별 소재에는 미치지 아니하고, 그 소재들의 편집행위에 창작성이 있는 부분에 한한다는 점을 유의하여야 한다. 즉 소재 저작물로서 창작성 있는 부분에 A, B, C가 있고, 편집행위에 창작성이 있는 부분이 D라고 가정하면, 편집저작물의 저작자로서 저작권을 주장할 수 있는 것은 D 부분에 한하므로, A, B, C에 대하여는 그것이 자신의 저작물이 아닌 한 아무런 권리 주장을 할 수 없는 것이다. 누군가 전체로서의 편집저작물 중 어느 한 부분을 복제하였다고 하더라도 그 복제한 부분이 D가 아니라 A, B, C 중 한 부분이라면 편집저작권의 침해는 성립하지 아니한다. 따라서 위 경우 편집저작권자가 자신의 편집저작권을 침해당하였다고 주장하면서 소를 제기할 경우 법원은 A, B, C가 아니라 D부분을 가지고 피고가 D 부분, 즉 소재의 선택, 배열 또는 구성 등 편집행위에 창작성이 있는 부분을 무단 이용하였는지를 따져서 판단하게 된다. §5-56

결국 편집저작권 침해 여부를 결정하는 관건적인 요소는 편집저작물 중에서 D(소재의 선택, 배열 또는 구성에 있어서 창작성이 있는 표현)에 해당하는 부분의 구체적 내용이 무엇인가 하는 점에 있다. 사안에 따라서 ① 구체적인 분류기준 등 자체가 D에 해당하는 경우도 있고, ② 그 기준 등을 적용하여 구체적으로 소재를 선택, 배열함에 있어서 창작성이 있는 부분이 D에 해당하는 경우도 있다(§5-38-1 참조). 따라서 그러한 창작성 인정의 범위에 따라, 위 ①의 경우에는 다른 소재를 가지고 동일한 분류기준을 적용한 편집물을 작성하는 행위 또는 그 분류기준 자체를 복제하는 행위도 편집저작권 침해행위가 될 수 있고('타운페이지 데이터베이스' 사건 §5-43 참조), 위 ②의 경우에는 분류기준 자체를 이용하거나 복제한 것만으로는 침해가 성립하지 않고, 그것이 소재와 함께 구체적으로 표현되어 있는 부분 중에서 창작성 있는 부분을 복제하는 등으로 이용한 경우에만 편집저작권 침해가 성립할 수 있다('미술사연표' 사건 §5-41 참조).

'미술사 연표' 사건의 원심결정은 편집저작물의 경우에는 반드시 그 전부를 이용하여야 침해가 성립한다는 취지의 설시를 한 바 있지만,[1] 그 상고심 결정인 대법원 1993. 1. 21.자 92마1081 결정은 "편집저작물 중 소재의 선택이나 배열에 관하여 창작성이 있는 부분을 이용하면 반드시 전부를 이용하지 아니하더라도 저작권을 침해한 것으로 인정될 수" 있음을 분명히 하였다. 소재를 포함한 편집물 전부를 이용하여야만 침해가 성립할 수 있는 경우도 있을 수는 있는데, 그것은 분류기준 자체는 창작성 있는 표현으로 볼 수 없고, 그 소재등에 구체적으로 표현된 것에만 창작성이 인정되는 경우 중에서도 그 선택, 배열 등에 창작성의 정도가 크지 않는 관계로 일부분만 떼어서 볼 경우에는 창작성을 인정하기 어렵고, 그 편집행위 전체에 대하여만 창작성을 인정할 수 있는 경우이다.

§5-57   한편으로 편집저작물을 이용하고자 하는 이용자로서는 위 A, B, C, D 등이 모두 포함된 편집저작물 전체를 복제 등 방법으로 이용하고자 할 경우에는 A, B, C 등 개별 소재의 각 저작권자와 D 부분에 대한 편집저작권자의 허락을 모두 받아야 하고, 그렇지 않고 그 중 일부 소재, 예를 들어 A 부분만 이용하고자 할 경우에는 D 부분에 대한 편집저작권자의 허락을 받을 필요는 없이 A 부분 저작권자의 허락만 받으면 된다.

(2) 소재 저작물 저작자와의 관계

§5-58   저작권법 제 6 조 제 2 항은 "편집저작물의 보호는 그 편집저작물의 구성부분이 되는 소재의 저작권 그 밖에 이 법에 따라 보호되는 권리에 영향을 미치지 아니한다"고 규정하고 있다. 앞에서 살펴본 바와 같이 편집저작물은 편집물로서 그 소재의 선택, 배열, 구성 등 편집행위에 창작성

---

1 일본 구 저작권법(1970년 전면개정되기 전의 것) 제14조는 "편집저작자는 그 편집물의 전부에 관하여만 저작권을 가진다"고 규정하고 있었기 때문에 그 대부분을 복제하여도 전부를 복제하지 않는 한 편집저작권의 침해로 되지 않는 것이 아닐까 하는 의문이 있었으나, 일본 개정저작권법 제12조(우리 저작권법 제 6 조와 같은 내용임)에서는 위와 같은 규정이 삭제되었다. 미술사연표 사건의 원심결정에서 위와 같이 판단한 것은 일본 구법의 해석상 문제되었던 설을 따른 것으로 보인다. 김경종, "편집저작권의 침해", 대법원판례해설 통권 19-2호(1993), 법원행정처, 407, 408면 참조.

이 있으면 성립하는 것이고, 소재 저작물 저작자의 허락은 성립요건이 아니다. 그럼에도 불구하고 자신의 저작물을 소재로 한 편집저작물이 작성되었다는 것만으로 소재 저작물 저작자의 권리가 제약을 받는 일이 있다면 그것은 매우 부당한 일이 될 것이므로 위와 같은 규정을 두어 그러한 일이 있을 수 없음을 명백히 한 것이다.

그런데 소재 저작물 저작권자의 허락 없이 편집저작물을 작성할 경우에는 소재 저작권자의 복제권(§13-2 이하 참조)을 침해한 것으로서[1] 위법한 행위가 되므로 소재 저작권자는 편집저작물의 저작자에 대하여 침해금지 및 손해배상의 청구, 형사 고소 등의 민·형사적 구제수단을 강구할 수 있다. 즉, 이 경우 소재 저작권자의 허락은 편집저작물의 성립요건은 아니지만 적법요건이라고 할 수 있다. 소재 저작권자의 허락 없는 편집저작물도 독자적 저작물로서 보호되고 다른 제 3 의 침해자에 대하여 자신의 권리를 주장할 수도 있으나, 소재 저작권자에 대한 관계에서 '독자적 저작물로서의 보호'를 주장하여 침해책임을 면할 수는 없다. §5-59

위 조항은 소재 저작권자의 허락을 받아 편집저작물이 작성된 경우에도 당연히 적용된다. 즉 단지 편집저작물 작성을 허락하였을 뿐 다른 특별한 약정을 하지 않은 경우에 소재 저작권자는 그 편집저작물 작성을 저작권침해행위라고 주장할 수 없다는 것 외에는 다른 모든 권리를 그대로 행사할 수 있는 것이다. 예를 들어 그 편집저작물을 통째로 복제함으로써 자신이 저작권을 가지는 소재를 이용하고자 하는 자에 대하여 이를 허락하거나 금지할 권리를 행사할 수 있고, 자신이 저작한 소재 부분만을 다른 사람에게 이용허락할 수도 있다. §5-60

판 례

❖ 서울중앙지방법원 2014. 2. 12. 선고2012가단5043334 판결 — "활동보조인 양성교육 표준교재" 사건[2] §5-61

〈사실관계〉

원고는 장애인 활동보조인 교육교재(1차 교육교재)를 작성하면서 이에 필요한 삽화제작계약을 삽화가와 체결하고 삽화에 대한 저작재산권을 양도 받았다. 그 후 원고는 보건복지부와 용역계약을 통해 1차 교육교재를 바탕으로 2차 교육교재를 작성하였고 2차 교육교재에 대한 소유와 판권은 보건복지부에 양도하였다. 보건복지부는 해당 2차 교육교재의 PDF 파일 자체를 홈페이지에 업로드 하였고 사용 시 이용허락을 받고 사용하도록 공지하였다.

피고는 출판업자로서 보건복지부의 허락없이 2차 교육교재 PDF 파일을 내려 받아 책자로 만들어 주거나 본인이 직접 제작·판매하였다. 이러한 피고의 행위에 대해서 원고는 자신들의 삽화에 대한 저

---

1 2006년 법개정 이전에는 '편집저작물 작성권'이라는 지분권이 규정되어 있었으나 복제권 등으로 해결될 수 있다는 이유로 개정법에서는 삭제되었다.
2 한국저작권위원회, 한국저작권판례집 제14권, 103면 이하.

작권 침해를 주장하였다.

〈법원의 판단〉

이 사건 2차 교육교재는 원고와 소외 협회가 이 사건 1차 교육교재 글의 구성, 내용을 수정, 편집하여 다시 창작한 글 내용과 원고에게 저작재산권이 있는 이 사건 삽화 일부로 구성된 편집저작물로서 저작권법 제 6 조에 따라 독자적인 저작물로 보호되나 그 구성 부분이 되는 소재의 저작권에 영향을 미치지 아니하므로, 보건복지부는 이 사건 용역도급계약의 학술용역계약 특수조건에 따라 원고와 소외 협회가 창작한 용역결과물인 이 사건 2차 교육 교재에 관하여 편집저작물로서의 저작권을 가지고, 원고도 여전히 이 사건 2차 교육교재를 구성하는 소재에 해당되는 이 사건 삽화 일부에 관한 저작재산권을 가진다(피고는 원고가 이 사건 용역도급계약에 따라 보건복지부에게 이 사건 삽화에 관한 저작재산권을 양도하였다고 주장하나, 을 1호증 내지 3호증의 기재, 이 법원의 보건복지부에 대한 사실조회결과만으로 위 주장사실을 인정하기에 부족하고 달리 이를 인정할 증거가 없고, 오히려 을 1호증, 2호증의 각 기재에 따르면, 보건복지부가 작성한 연구용역계획서 및 원고와 소외 협회가 이 사건 용역도급계약에 따라 보건복지부에 제공한 이 사건 2차 교육교재 책자 뒷면에 위 교육교재의 저작권이 보건복지부에 있다고 기재되어 있으나, 이렇게 기재된 저작권은 앞서 판단한 바와 같이 편집저작물로서의 저작권을 의미할 뿐 교재내용을 구성하고 있는 이 사건 삽화 일부의 저작권이 포함된다고 볼 수 없다).

한편 보건복지부가 자체 홈페이지를 통해 활동보조인 교육기관으로 하여금 보건복지부의 허락을 얻어 이 사건 2차 교육교재 PDF파일을 사용하게 한 목적, 경위, 구체적인 방법 등에 비추어 볼 때, 원고 역시 묵시적으로 보건복지부와 동일하게 활동보조인 교육기관에 한하여 교육을 위해 책자로 인쇄하는 방법으로 원고의 저작재산권 대상으로서 이 사건 제 2 차 교육교재에 포함된 이 사건 삽화 일부를 사용하는 것을 허락하였다고 봄이 상당하다. 그런데 피고는 활동보조인의 교육기관이 아닌 출판업자로서 보건복지부, 원고의 동의 없이 보건복지부 홈페이지에서 내려받은 이 사건 2차 교육교재 PDF파일을 이용하여 책자로 만들면서 이 사건 삽화 일부를 복제하는 방법으로 원고의 저작재산권을 침해하였으므로, 원고에게 그로 말미암은 재산상 손해를 배상할 의무가 있다.

▷NOTE : 위 판결은 편집저작물에 대한 보호가 그 소재로 사용된 저작물에 대한 저작권에 영향을 미치지 않는다는 법리를 적용한 구체적 사례의 하나로 참고할 가치가 있다.

제4절 저작물성이 문제로 되는 것

I. 캐 릭 터

1. 의   의

캐릭터란 "만화, TV, 영화, 신문, 잡지, 소설, 연극 등 대중이 접하는 매체를 통하여 등장하는   §6-1
인물, 동물, 물건의 특징, 성격, 생김새, 명칭, 도안, 특이한 동작 그리고 더 나아가서 작가나 배우
가 특수한 성격을 부여하여 묘사한 인물을 포함하는 것"을 일컫는 개념으로 쓰이며, 실재캐릭터
(real character)와 창작캐릭터(invented character) 또는 시각적(visual or graphic) 캐릭터와 어문적
(literary or word portraits) 캐릭터 등으로 분류되고 있다.[1] 이러한 캐릭터가 저작물성을 가지는지
가 본서에서 다루고자 하는 가장 주요한 쟁점이다.

2. 캐릭터의 상품화와 상품화권

캐릭터를 의류, 가방, 신발, 장난감, 문구, 과자, 식품 등에 모양이나 도안으로 사용하는 것을   §6-2
캐릭터의 상품화(character merchandising)라 하고, 상품의 판매나 서비스의 제공 등에 이용되는 캐
릭터를 소유하는 권리 또는 그 캐릭터를 상품이나 서비스에 이용하려는 자에게 이용을 허락할 수
있는 권리를 상품화권(merchandising right)이라고 한다.[2]

상품화권은 상표권, 저작권 등과 같이 독자적인 권리는 아니며 고객흡인력을 갖는 캐릭터가   §6-3
영업적으로 이용되는 경우 당해 캐릭터에 대하여 권리를 가진 자를 보호하기 위하여 안출된 개념
으로서 현행법상은 각 캐릭터 등이 갖는 특성에 따라 저작권법, 상표법, 디자인보호법 등 각종 법
률에 의하여 보호될 수 있다.[3]

창작캐릭터(invented character)에 대한 상품화는 예컨대 어린이용 가방에 부착된 아기공룡 둘   §6-4

---

1 최연희, "캐릭터 보호에 관한 연구"(1990 이화여대 대학원 석사학위논문) 4면 참조. 그 논문에서 필자는 캐릭터의 의
  미에 덧붙여 " … 로서 그것이 상품이나 서비스, 영업에 수반하여 고객흡인력(good will) 또는 광고효과라는 경제적
  가치를 가지고 있어 이른바 상품화권의 대상이 되는 것"을 의미한다고 하고 있으나, 이 부분은 일반적으로 그러하다
  는 것이지 필수적인 개념요소는 아니므로 제외하였다. 뒤에서 보는 바와 같이 캐릭터 중에서 저작권법상 표현에 해당
  하는 것만 저작권 보호의 대상이 되는 것임에도 불구하고 캐릭터의 의미에 포함되면 그것이 캐릭터의 법적 보호 요건
  또는 보호의 내용에 포함되는 것처럼 오해하는 경향이 있을 수 있어 최대한 그와 같은 오해를 피하고자 한 것이다.
  뒤에 소개하는 대법원 2005. 4. 29. 선고 2005도70 판결에서도 "저작물인 만화영화의 캐릭터가 특정분야 또는 일반대
  중에게 널리 알려진 것이라거나 고객흡인력을 가졌는지 여부는 저작물의 저작권법에 의한 보호 여부를 판단함에 있
  어서 고려할 사항이 아니라고" 판시하였다.
2 최연희, 상게논문, 4면.
3 오세빈, "캐릭터의 부정사용과 부정경쟁방지법위반죄의 성부," 형사재판의 제문제 제 1 권, 박영사, 1997, 246면.

리의 경우와 같이 상품이나 서비스를 위해 캐릭터의 이름 및 형상을 이용하거나 평면적 또는 입체적 변형을 이용하는 방법으로 이루어진다. 이 때 그 캐릭터의 상품화권을 가진 자는 일정한 로열티를 받고, 상품의 제조자에게 상품화의 라이선스를 부여하고, 만약 누군가가 그러한 라이선스 없이 사용하게 되면, 사용금지청구권이나 손해배상청구권을 행사하여 구제 받게 된다.[1] 그러나 이 때 제 3 자에 대한 사용금지청구 등에 대한 법원의 판단근거는 '상품화권'이 아니라 '저작권', '상표권', '디자인권' 등의 지적재산권이 되는 것이다. 그러한 지적재산권적 보호의 구체적 요건은 뒤에서 살펴본다.

3. 캐릭터의 저작물성 ― '독자적 보호'의 문제

§6-5   캐릭터의 독자적 저작물성을 인정할 것인지에 대하여 국내 학설이 엇갈리는 모습을 보이고 있다. 원래 캐릭터의 저작권 보호에 대하여 긍정설[2]의 입장이 주류를 이루고 있었던 것으로 생각되는데, 언제부터인가 독자적 보호 부정설[3]의 영향력이 높아져 하급심 판결에도 영향을 미친 바 있다.[4]

§6-6   그런데 본서에서는 캐릭터의 독자적 보호를 인정할 것인가 말 것인가의 문제에 들어가기에 앞서 '캐릭터의 독자적 보호'란 도대체 무엇을 말하는 것인지에 관하여 명백히 하고 싶다. 본서의 관점에서는, 지금까지 서로 다른 입장을 취해 온 학설과 판례의 분기(分岐)는 문제의 해결에 대한 관점의 차이보다는 문제의 정의에 관한 명료성의 부족에서 비롯된 면이 크다고 보기 때문이다. 즉, '캐릭터의 독자적 보호'가 무엇을 의미하는 것인지에 대하여 서로 일치되지 않는 관점을 암묵적으로 전제하고 그 긍정 여부를 논하다보니, 서로의 입장이 어디에서 다르고 그 입장을 적용하였을 때의 결과가 어떻게 다른지 등이 모두 불투명하거나 불명료하게 되는 면이 있다고 보는 것

---

1 추신영, "캐릭터의 법적 성질 ― 저작권성을 중심으로 ―," 법학연구 제12집, 국립 경상대학교 법학연구소, 2004, 149~150면 참조.

2 최연희, "캐릭터 보호에 관한 연구," 계간 저작권 1991년 봄호, 저작권심의조정위원회, 58면; 김기섭, "외국 만화캐릭터의 국내법적 보호에 관한 소고," 한국저작권논문선집(1), 저작권심의조정위원회, 1992, 109면 등.

3 오승종, "캐릭터의 보호에 관한 고찰," 법조 1999년 4월호(통권 511호), 법조협회, 112면; 박성호, 캐릭터 상품화의 법적 보호, 현암사, 2006, 143~159면.

4 예컨대, 부산지방법원 2005. 4. 12. 선고 2005카합77 판결은 "저작권의 보호대상이 되는 저작물이란 문학·학술 또는 예술의 범위에 속하는 창작물을 말하고(저작권법 제 2 조 제 1 호), 이 창작물이란 표현(expression) 자체를 지칭하는 것이므로, 소설이나 연극, 영화, 만화 등에 등장하는 인물(실존 인물이나 의인화된 동물을 포함)의 특징, 성격, 역할을 뜻하는 이른바 캐릭터는 일정한 이름, 용모, 역할 등에서 특징을 가진 위 인물이 반복하여 묘사됨으로써 각각의 표현을 떠나 독자의 머리 속에 형성된 일종의 이미지에 해당하여 그 자체가 사상 또는 감정을 창작적으로 표현한 것이라고 할 수는 없다. 그러므로 캐릭터 그 자체가 저작권의 보호대상이 되는 저작물에 해당된다고 할 수는 없고, 그 캐릭터가 표현된 구체적인 작품이 저작물(원저작물)이 된다고 보아야 할 것이다"라고 판시한 바 있다. 그러나 이 판례는 뒤에 소개하는 대법원 판례가 캐릭터라는 말을 이해하는 것과는 다르며, 따라서 주류적 판례와는 배치되는 흐름에 있다고 할 수 있다.

이다.

그러한 관점에서 본서에서는 캐릭터의 저작물성에 대하여 부정설의 입장을 취한 것으로 알   §6-7
려져 국내의 학설에도 큰 영향을 미친 일본의 最高裁 1997. 7. 17. 선고 平4(オ)1443号 판결(§6-
20)에 먼저 주목하고자 한다. 이 판결이 문제를 어떻게 정의하고 있는지를 살펴보면서 그와는 다
른 관점으로 새롭게 문제를 정의하는 것이 가능한지를 탐색하고자 하는 것이다.

먼저 '캐릭터'가 무엇을 말하는지에 관하여 최고재 판례가 어떤 입장을 취하는지에 대하여
살펴 보면 다음과 같다.

"저작권법상의 저작물은 '사상 또는 감정을 창작적으로 표현한 것'을 말하므로, 일정한 명칭,
용모, 역할 등의 특징을 갖는 등장인물이 반복하여 그려져 있는 일화 완결 형식의 연재만화에 있
어서는 해당 등장인물이 그려진 각 회의 만화 각각이 저작물로서, 구체적인 만화를 떠나 위 등장
인물의 이른바 캐릭터를 가지고 저작물이라고 할 수는 없다. 일반적으로 캐릭터라고 하는 것은
만화의 구체적 표현으로부터 승화한 등장인물의 인격이라고 할 수 있는 추상적 개념이고, 구체적
표현 그 자체가 아니므로 그 자체가 사상 또는 감정을 창작적으로 표현한 것이라고 할 수 없기
때문이다. 따라서 일화 완결 형식의 연재만화에 있어서는 저작권의 침해는 각 완결된 만화 각각
에 관하여 성립할 수 있는 것이고 저작권의 침해가 있다고 하기 위해서는 연재만화 중의 어느 회
의 만화에 관하여 인정되는 것인지를 검토하여야 한다."

위 판례에 의하면, '캐릭터'의 의미는 등장인물의 용모를 포함한 '표현'이 아니라 그 '인격'이   §6-8
라고 할 수 있는 추상적 개념이라는 것이다. 캐릭터를 이러한 의미로 파악하는 한 아이디어/표현
이분법을 취하고 있는 미국, 일본, 우리나라 등을 포함한 모든 나라에서 캐릭터는 저작권법의 보
호대상인 표현이 아니라 비보호영역에 속하는 아이디어에 불과하다고 하지 않을 수 없다. 그러나
일반적인 용어로서의 캐릭터의 의미 내지 개념을 이러한 추상적 개념으로만 보아야 하는 것은 아
니라고 생각된다.[1] 본서에서는 국내의 일반적인 학설을 본받아 캐릭터의 의미를 위에서 본 바와
같이 "만화, TV, 영화, 신문, 잡지, 소설, 연극 등 대중이 접하는 매체를 통하여 등장하는 인물,
동물, 물건의 특징, 성격, 생김새, 명칭, 도안, 특이한 동작 그리고 더 나아가서 작가나 배우가 특
수한 성격을 부여하여 묘사한 인물을 포함하는 것"으로 설명하였다(§6-1). 여기에는 '성격' 등의
아이디어적인 요소도 있지만 '생김새'와 같은 여러 표현적 요소들이 개념적으로 포함되어 있다.

---

1 본서는 초판(2007)에서부터 일관되게 캐릭터의 정의에 관한 일본 최고재의 위와 같은 판시에 대하여 비판적인 의견
을 밝혀 왔다. 최근에 일본에서도 캐릭터를 위와 같이 정의한 것은 최고재의 독단이라고 비판하는 의견이 제시된 것
을 발견하였다. 즉, 中村稔, "キャラクターの保護について", 著作權研究, 39권, 2012, 164면은 "이 판시는 왜 '캐릭터
라고 하는 것은 만화의 구체적인 표현에서 승화한 등장인물의 인격이라고 할 수 있는 추상적 개념이고 구체적 표현
자체가' 아니라는 판단이 이루어졌는지 그 이유를 전혀 언급하지 않고 있다. 그런 의미에서 이러한 캐릭터의 정의는
최고재의 독단이라고 보아야 한다"고 밝히고 있다.

그 중에서도 캐릭터의 법적 보호에 있어서 주로 문제되는 창작 캐릭터의 경우는 주로 가상의 인물이나 동물의 생김새 등의 미술적 표현의 요소가 매우 큰 비중을 차지하는 것이다. 그리고 캐릭터를 이러한 표현적 요소를 초월한 인격, 아이덴티티 등의 추상적 개념으로만 파악할 이유는 어디에도 없다.

따라서 캐릭터를 표현과 아이디어의 요소를 함께 가지고 있는 개념으로 보는 것이 타당하다고 생각된다.

§6-9　그러한 이해를 전제로 한다면, 이제 그것이 과연 독자적인 저작물성을 갖는지 여부를 살펴보는 단계로 넘어갈 수 있다. 이 때 '독자적'이라는 말을 어떻게 생각할지에 대하여도 의견이 나뉠 수 있다. 위 판례는 '만화를 떠나' 보호될 수 있는지 여부를 쟁점으로 삼음으로써 만화의 등장인물의 경우 만화저작물과의 관계에서 독자적으로 보호되는지 여부를 문제 삼는 관점에 선 것으로 볼 수 있다. 이러한 관점을 조금 확장해 보면, 캐릭터가 등장하는 만화, 영화, 소설 등과의 관계에서의 '독자성'이라고 할 수 있을 것이다. 그런데 만화 등과의 관계에서의 독자성이라고 하더라도 그것이 무엇을 말하는 것인지는 여전히 명료하지 않다. 본서에서는 만화 등으로부터 등장인물 하나하나에 해당하는 캐릭터만을 따로 떼서 보더라도 그것을 저작권법상 보호할 수 있는 저작물로 볼 수 있는지 여부를 기준으로 하여 그것을 긍정한다면 독자적 보호를 긍정하는 입장이라고 보는 관점에 서고자 한다.

§6-10　이러한 관점을 전제로 하면서 동시에 위에서 본 바와 같이 캐릭터가 단지 아이디어만이 아니라 표현의 요소가 있다고 본다면, 특히 시각적 캐릭터의 경우에 그 독자적 보호 가능성을 긍정하기는 그리 어렵지 않다고 생각된다. 위 최고재의 사안은 뽀빠이 만화에 관한 것인데 뽀빠이 만화의 경우 뽀빠이라는 등장인물이 한번 시각적으로 표현되어 공표된 때에 뽀빠이라고 하는 등장인물만 따로 떼어서도 보호의 대상이 될 정도의 저작물성을 갖춘 것으로 볼 수 있을 것이다. 즉 뽀빠이라는 등장인물의 그림만 따로 떼어서 파악할 경우에 그것만으로도 충분히 '미술저작물'로서 보호대상이 될 수 있는 것이고, 누군가 그와 흡사한 그림을 그려 사용한다면, 구체적인 만화저작물과 관계없이 미술저작물로서의 뽀빠이 그림을 복제한 것으로서 저작권침해가 성립할 수 있는 것이다. 위 최고재 판결은 각 회의 만화저작물을 떠나서 보호될 수 없다고 하지만, 그 실질적인 의미는 본서의 입장과 다르지 않다. 만화저작물이라고 하는 것이 미술저작물과 어문저작물의 성격을 겸유하는 것인데, 등장인물의 시각적 표현은 그 중 미술저작물적인 성격과 관련된 것이므로 그러한 면에서는 만화저작물과 본질적으로 분리할 수 있는 것은 아니라고 할 수도 있다. 만약 독자성을 그러한 본질적인 면에서의 독자성으로 파악하는 입장(본질설)을 취한다면, 독자성을 인정하기가 어렵다고 생각된다.

그러나 일반적으로 관심의 초점이 되는 것은 그러한 의미의 본질적 독자성이 아니라 위에서 §6-11
본 바와 같이 '캐릭터(등장인물)만 따로 떼어서 볼 경우에도 저작물성을 인정할 수 있을 것인가' 하
는 것이다.[1]

그러한 관점(분리관찰설)에서 '캐릭터의 독자적 보호'라는 말을 이해한다면, 시각적 캐릭터의
독자적 보호에 대하여 사실 별다른 이론이 있을 여지가 거의 없다고 생각된다.

만약 시각적 캐릭터의 표현 중에서 구체적인 만화나 영화에 표현된 자세나 동작만이 보호대
상이 되고 제 3 자가 그것을 이용하더라도 그와 조금이라도 다른 자세나 동작을 취하는 것으로
묘사할 경우에는 캐릭터에 대한 저작권 침해가 아니라고 한다면 캐릭터의 독자적 보호가 실제 상
품화의 대상이 되는 것에 비하여 매우 미흡하다고 할 수 있을 것이다. 그러나 캐릭터 표현의 창
작적 특성이 이용되고 있는 한 자세나 동작의 변형만으로는 실질적 유사성이 인정되는 범위 밖이
라고 할 수 없어 캐릭터에 대한 저작재산권(복제권 및 2차적저작물작성권)이 미치게 된다. 그 점에서
적어도 시각적 캐릭터의 경우 상품화 거래를 뒷받침함에 있어서 부족함이 없는 독자적 저작권 보
호가 주어질 수 있다고 볼 수 있는 것이다.[2]

이러한 의미에서의 독자적 보호 긍정설이 뒤에 소개하는 바와 같이 현재의 우리나라 대법원
판례를 비롯한 판례의 기본적 입장이기도 하다.[3]

그런데 위의 설명은 '시각적 캐릭터'를 중심으로 한 것인데 '어문적 캐릭터'의 경우는 구체적 §6-12
인 사건에서 그 저작물성을 인정하기가 그다지 용이하지는 않다. 다만 어문저작물의 경우에 '표
현'의 영역에 포함되는 것은 단지 구체적인 자구 표현('문언적 표현')만은 아니고 등장인물의 교차,
사건의 전개과정 등의 이른바 '비문언적 표현'(또는 '내재적 표현')도 포함되므로(§27-16 참조) 소설의
등장인물과 같은 어문적 캐릭터의 경우에도 매우 독창적인 캐릭터가 묘사되어 있는 경우에는 그
캐릭터만 따로 떼어 보더라도 보호의 대상이 될 수 있는 경우가 전혀 없다고 할 수는 없을 것이
다. 예를 들어 사실주의 문학작품에서 세상에 있을 수 있는 어떤 유형의 사람을 묘사한 경우에는

---

1 이 말은 '캐릭터의 표현상의 창작적 특성만 이용한 경우에도 캐릭터에 대한 저작권자의 복제권이나 2차적저작물작성
  권을 침해한 것으로 볼 수 있는가' 하는 질문으로 치환할 수도 있는데, 뒤에서 보는 바와 같이 이 질문에 대한 답은
  '그렇다'이다.
2 캐릭터가 상품에 부착되어 사용될 경우 응용미술저작물로서의 요건을 갖추어야 하는 것이 아닌지에 대한 의문이 있을
  수 있다. 이 점에 대하여, 최근의 대법원 판례는 캐릭터가 실용품에 부착되어 사용되기만 하는 것이 아니라 실용품과
  별도로 인터넷 홈페이지나 동화책 등에서 그 자체만의 형태로도 사용될 경우에는 응용미술저작물로서의 독자성 요건
  에 대하여 검토할 필요 없이 일반적인 순수미술작품과 마찬가지로 그 미적 표현에 창작성이 있는지 여부만 판단하면
  되는 것으로 보고 있다(§4-44 참조).
3 대법원은 이전부터 달마시안 사건(§6-35-1), 탑 블레이드 사건(§6-22) 등에서 시각적 캐릭터의 보호를 인정해 오다가
  '실황야구' 사건(§6-38)에서 캐릭터가 "원저작물과 별개로 저작권법의 보호대상이 될 수 있다"고 판시함으로써 그 '독
  자적 보호'를 명확하게 긍정하는 입장을 밝혔고, 그것은 '알라딘' 사건(§6-35-2)에서도 동일한 입장을 취하는 것으로
  이어지고 있다.

아무리 세밀하게 잘 묘사했다 하더라도 캐릭터 자체를 떼어서 보호의 대상으로 보기가 쉽지 않을 것으로 생각되지만, '해리 포터'와 같은 이른바 판타지 소설의 경우와 같이 세상에 존재하지 않고 다른 작가의 작품 속에도 존재하지 않는 특성을 갖춘 가상의 인물이 묘사된 경우에는 그 가상의 인물이 가지는 여러 가지 속성이나 특징의 표현이 캐릭터에 포함된 '비문언적 표현'으로서 보호의 대상이 될 수 있는 가능성을 배제할 수 없으리라 생각된다. 미국 법원은 어문적 캐릭터의 보호기준으로서 '개발의 정도가 높고 그 개성화·특성화의 정도가 크면 클수록 보호의 가능성이 커진다'고 하는 기준(Nichols 사건[1]에서 Learned Hand 판사가 제시한 기준으로서 "specificity test(특이성 기준)", "the character delineation test(캐릭터 묘사 기준)" 또는 "the character development test(캐릭터 개발 기준)" 등으로 불린다. 본서에서는 '특이성 기준'이라 칭하기로 한다)과 '캐릭터가 이야기의 중핵을 이루어 그러한 캐릭터가 없으면 이야기의 전개가 불가능한 정도에 이를 경우에 한하여 보호된다'고 하는 기준(이른바 '말태의 매' 사건[2]에서 미국 연방 제 9 항소법원이 제시한 "story being told test('이야기 그 자체' 기준)") 등이 제시되었는데, 그 가운데 후자의 기준은 매우 엄격하여 이를 충족하는 캐릭터는 거의 존재하기 어려운 것으로 얘기되고 있다.[3]

§6-12-1   미국의 판례경향을 보면, 위 '특이성 기준'이 판례의 주류적 흐름을 형성하고 있는 것으로 보인다.[4] 본서의 입장에서도 이 기준이 이미 본서뿐만 아니라 우리나라 학설, 판례에 의하여 수용, 채택되고 있는 '비문언적 표현'의 보호와 관련한 추상화이론(§27-15; 역시 러니드 핸드 판사가 니콜스 사건에서 제시한 이론이다) 및 유형이론(§27-16), 나아가 실질적 유사성에 관한 추상화·여과·비교 테스트(§27-35) 등과 기본적인 맥락을 같이 하는 기준이라는 점에서 이 기준을 어문적 캐릭터의 보호 기준으로 채택하는 것이 이론적 일관성을 기할 수 있어 바람직하다고 생각한다. 위에서 본 '이야기 그 자체' 기준은 지나치게 엄격하게 해석될 수 있는 기준일 뿐만 아니라, 논리적인 근거 제시가 부족한 것으로 보인다[5]는 점에서 어문적 캐릭터의 보호 여부에 관한 기준으로 채택하지 않는 것이 타당한 것으로 생각된다. 우리나라에서도 대법원 판례가 뒤에서 보는 '까레이스키' 사건(§6-31, 32 참조)에서 "소설 등에 있어서 추상적인 인물의 유형"은 "아이디어의 영역에 속하는 것들로서 저작권법에 의한 보호를 받을 수 없다"고 판시함으로써 개략적이나마 '특이성 기준'에 부합

---

1 Nichols v. Universal Pictures Corporation, 45 F. 2d 119 (2nd Cir. 1930), cert. denied, 282 U.S. 902 (1931).
2 Waner Bors. Pictures, Inc. v. Columbia Broadcasting System, 216 F. 2d 945 (9th Cir. 1954), cert. denied, 348 U.S. 971 (1955).
3 이에 관하여 자세한 것은 오승종·이해완, 전게서, 142~145면 참조.
4 예컨대, '타잔' 캐릭터의 독자적 저작물성을 인정한 판례도 '특이성' 기준에 따라 판단한 것으로 보인다. Burroughs v. Metro-Goldwyn-Mayer, Inc. 519 F.Supp. 388, 391 (D.C.N.Y., 1981).
5 Melvile B. Nimmer, David Nimmer, Nimmer on Copyright Vol. I, §2. 12도 '이야기 그 자체 기준'은 거의 모든 캐릭터를 보호대상에서 제외하게 되어 러니드 핸드(Learned Hand) 판사가 제시한 원칙('특이성 기준')에 반하게 될 것이라고 비판하고 있다.

되는 판시를 한 바 있고,1 하급심 판결 중에는 "소설 등 작품에 등장하는 캐릭터는 … 구체적 독
창성, 복잡성을 가진 등장인물이거나, 다른 등장인물과의 상호과정을 통해 사건의 전개과정과 밀
접한 관련을 가지면 보호되는 표현에 해당할 수" 있다고 판시함으로써 보다 분명하게 '특이성 기
준'을 채택한 사례[워더글덕더글 사건 판결(§6-34)]가 그 후에 나온 서울중앙지방법원 2014. 7. 17.
선고 2012가합86524 판결도 동일한 내용의 판시를 포함하고 있다. 따라서 우리나라의 판례도
'특이성 기준'을 수용하는 흐름을 뚜렷이 보이고 있는 것으로 여겨진다.

위 '특이성 기준'을 채택한다고 할 때, 실제 사건에서 어문적 캐릭터에 대한 판단을 어떻게   §6-12-2
할 것인지에 대하여 정리해 보면, 다음과 같다.

첫째, 소설 등의 어문적 캐릭터로서의 등장인물이 매우 세밀하고 복잡하게 묘사됨으로써 창
작적 특성이 충분히 부여된 것으로 보여지는 예외적인 경우(등장인물의 그러한 특성에 대하여 독점적,
배타적 권리로서의 저작권을 부여하여도 다른 작가들의 창작의 자유를 지나치게 제한하는 것으로 보이지 않을 만
큼 선택의 폭이 클 경우)에는 어문적 캐릭터로서의 독자적 보호를 인정할 수 있는 것으로 본다. 반면
에, 그러한 정도의 창작적 특성이 개발되지 않은 많은 경우에는 '추상적 아이디어'의 영역에 해당
하는 것으로 보아 독자적 보호를 부정한다.

둘째, 이러한 어문적 캐릭터는 소설 등의 비문언적 표현(§3-31 및 §27-10 참조)의 보호와 불가
분의 관계를 맺고 있다. 아이디어가 아니라 '비문언적 표현'으로 인정되는 주된 부분이 "등장인물
의 교차와 사건의 구체적 전개과정"임은 위에서도 언급한 바와 같다. 한 명의 등장인물이 아니라
여러 명의 등장인물에 대한 각각의 특성부여 및 그 상호관계의 구성은 원래 비문언적 표현의 내
용으로 인정되어 온 부분의 하나라고 할 수 있다. 한 명의 등장인물만으로는 창작적 특성이 충분
하게 구현되어 있다고 보기 어려운 경우에도 복수의 등장인물이 결합된 부분을 모두 모아 보면
넓은 선택의 폭 안에서 창작적 특성이 구현된 것으로 볼 수 있는 경우가 많을 것이다. 실무상 이
러한 집합적 캐릭터의 보호가 문제되는 사안의 유형은 ① 소설의 등장인물 및 스토리 등에 대한
전체적 표절이 문제되는 경우, ② 영화의 속편 등을 원저작자의 동의 없이 만드는 것이 원저작자
의 저작권을 침해하는 것인지 등이 문제되는 경우 등으로 구분해 볼 수 있다.

위 ①의 경우에는 어문적 저작물의 포괄적·비문언적 유사성을 판단함에 있어서 사건의 구체
적 전개과정과 함께 등장인물들의 상호작용 등(집합적 캐릭터 부분)을 함께 고려하는 방식으로 판단
이 이루어지게 된다.2 반면에, 위 ②의 경우에는 대개 속편이 원작의 주요 등장인물에 대한 설정

---

1 그 외에도 서울중앙지방법원 2016. 4. 14. 선고 2015가합550569 판결 및 서울중앙지방법원 2017. 8. 23. 선고 2016가
  합504921 판결 등이 아이디어의 영역에 속하는 "추상적 인물유형"의 유사성만으로는 실질적 유사성을 인정할 수 없
  다고 판시하였다.
2 '여우와 솜사탕' 사건에 대한 서울남부지방법원 2004. 3. 18. 선고 2002가합4017 판결(§27-13) 등 참조.

만 그대로 이용하고 사건의 전개과정은 달라지는 경우가 많으므로, 주요 등장인물 캐릭터(집합적 캐릭터)의 보호 문제가 보다 전면으로 부각되게 된다. 실베스터 스탤론이 주연한 영화 록키의 속편과 관련하여 바로 그러한 문제가 다루어진 사건에서, 미국 법원은 그 등장인물들을 저작권법상 보호되는 '캐릭터들'로 보았는데, 그 주된 이유의 하나는 그것이 일종의 '집합적 캐릭터'라는 점에 있었다.[1]

구체적 사안마다 그 창작성 유무를 신중하게 판단하여야 하겠지만, 그러한 집합적 캐릭터만으로도 창작성 있는 '비문언적 표현'으로 보호될 수 있는 경우가 드물지 않으리라 생각된다.[2]

§6-13　　위와 같이 캐릭터의 저작물성을 긍정한다고 하더라도 그 성격은 시각적 캐릭터인 경우에는 미술저작물 또는 영상저작물로, 어문적 캐릭터의 경우에는 어문저작물로 보아야 할 것으로 생각된다. 즉 캐릭터 저작물이라는 것이 미술저작물, 영상저작물[3] 또는 어문저작물과 별개의 '성격'으로 존재하는 것은 아니라고 보는 것이다. 이러한 본서의 입장을 보기에 따라서는(즉, '본질설'의 관점에서는) 독자적 보호 부정설이라고 부를 수도 있겠지만 중요한 것은 캐릭터 저작물이라는 것이 미술저작물 등과 다른 성질의 것으로 존재하는지가 아니라 상품화권의 대상이 되는 캐릭터를 그 자체만 떼어 보더라도 저작권법상의 독자적 보호대상으로 인정할 수 있는가 하는 점에 있다고 보는 입장(즉, 분리관찰설의 관점)에서는 독자적 보호 긍정설의 입장이라고 할 수 있을 것이다. 대법원 판례는 본래 이러한 본서의 주장과 배치되지 않는 입장을 보여 왔지만 2010년 이후 보다 분명하게 본서의 입장과 합치되는 입장을 보이고 있다. 즉 대법원 2010. 2. 11. 선고 2007다63409 판결('실황야구' 사건; §6-38)이 "기본적으로 만화, 텔레비전, 영화, 신문, 잡지 등 대중이 접하는 매체를 통하여 등장하는 인물, 동물 등의 형상과 명칭을 뜻하는 캐릭터의 경우 그 인물, 동물 등의 생김

---

1 ANDERSON v. SYLVESTER STALLONE, 1989 U.S. Dist. LEXIS 11109, 11 U.S.P.Q. 2D (BNA) 1161.

2 우리나라의 하급심 판결 중 '두사부일체' 사건에 대한 서울고등법원 2008. 7. 22. 선고 2007나67809 판결(§9-16)에서 '두사부일체'의 속편인 '투사부일체'가 '두사부일체'의 주요 등장인물 묘사(집합적 캐릭터)를 이용한 2차적저작물인지 여부가 쟁점이 될 수 있었으나, 원고가 (공동)저작재산권자임을 인정할 수 없다는 이유로 위 쟁점에 대한 판단은 생략된 채 원고의 청구가 기각된 바 있다. 속편의 문제는 아니지만, 만화의 등장인물 설정과 일부 유사한 점이 있는 무언무술극 공연에 대하여 저작권침해가 주장된 사안('웍더글덕더글 사건')에서 서울중앙지방법원은 등장인물의 구체적 성격부여의 면에서 두 작품 간 차이가 적지 않다는 것을 이유로 침해를 부정하는 결론을 내린 바 있는데(§6-34), 만약 주요 등장인물들(집합적 캐릭터)의 구체적 특징 부여 등이 보다 흡사하게 모방된 사안이었다면 침해가 인정되었을 가능성이 있었으리라 생각된다.

3 어떠한 캐릭터가 영상저작물인가 미술저작물인가 하는 것은 판단하기가 쉽지 않은 경우가 있을 수 있다. 뒤에 소개하는 '라이더 맨' 사건(§6-18)의 경우 법원은 영상저작물이라고 보았지만, '미술저작물'로 보았어야 할 것으로 생각되고, '캔디 캔디' 사건(§6-16)의 경우 법원은 원작만화가 애니화에 의하여 영상저작물이 됨으로써 등장인물 캐릭터도 영상저작물로서의 성격을 겸유하게 된 것으로 보고 있지만, 실제로는 피고가 이용한 캐릭터의 정지한 모습의 그림에 관한한 그 캐릭터가 2차적저작물로서 영상저작물의 성격을 가지는 것으로 볼 것은 아니라고 생각된다(이상 뒤에 소개하는 각 판결의 NOTE 참조). 그러나 그렇다고 하여 캐릭터가 오로지 미술저작물로서의 성격만 가지는 것으로 볼 것은 아니다. 애니메이션 영화의 등장인물 캐릭터의 경우 일반적으로는 등장인물의 동작이나 말투 등에 대한 표현까지 캐릭터로서의 보호 범위에 포함된다는 점에서 영상저작물의 성격을 가지는 것으로 볼 수 있을 것이다.

새, 동작 등의 시각적 표현에 작성자의 창조적 개성이 드러나 있으면 원저작물과 별개로 저작권법에 의하여 보호되는 저작물이 될 수 있다"고 한 것은 바로 시각적 캐릭터의 경우 캐릭터의 성격 등의 본질적 측면 등을 따질 필요 없이, 그 시각적 표현에 창작성이 있는지 여부를 따져 거기에(미술저작물이나 영상저작물로서의) 창작성이 있으면 저작물로서의 독자적 보호를 인정할 수 있다는 취지를 분명히 한 것으로서, 본서에서 초판부터 제시해 온 입장(분리관찰설에 입각한 독자적 보호 긍정설)을 수용한 것으로 보인다. 위 판례가 '시각적 표현'만 언급하고 있지만, 어문적 캐릭터의 독자적 보호 가능성을 배제하는 취지라고 볼 것은 아니고, 단지 어문적 캐릭터에 해당하는 소설의 등장인물 하나를 따로 떼어서 독자적 보호를 인정할 것인지의 문제는 개별 사건마다 시각적 표현의 경우에 비하여 훨씬 더 엄격하고 신중하게 판단되어야 할 문제라는 점에서 그 부분에 대한 판단을 일단 유보해 둔 것이라고 보는 것이 타당할 것이다.

 **판 례**

❖ 東京地裁 1976. 5. 26. 선고 昭46(ワ)151号 판결 ─ "사자에씨" 사건 §6-14

〈사실관계〉

만화 '사자에씨'는 만화가인 원고의 대표작으로서 신문의 연재만화로 오랫동안 연재되어 왔다. 그런데 피고는 '사자에씨 관광'이라는 이름으로 관광버스 영업을 하면서 원고의 허락 없이 관광버스의 차체 양측에 만화 '사자에씨'의 등장인물 중 사자에씨를 중앙 위쪽에 가츠오를 그 우측 아래쪽에 와카메를 그 좌측에 배치한 형태로 얼굴그림을 그려 넣어 버스를 운행하였다.([그림 49] 참조) 이에 원고가 피고를 상대로 저작권침해를 이유로 한 손해배상청구 소송을 제기하였다.

〈법원의 판단〉

만화 '사자에씨'에는, 그 주인공인 사자에씨, 그 남동생인 가츠오, 여동생인 와카메, 남편인 마스오, 아버지인 나미히라, 어머니인 오후네 등이 등장하고, 사자에씨는 평범한 샐러리맨의 처로서 가사, 육아 또는 이웃 교제 등에 있어 밝은 성격을 전개한 것으로 그려지고 있고, 또 그 밖의 등장인물도 그 역할, 용모, 자태 등으로 보아 각 등장인물 자체의 성격이 일관된 항구적인 것으로 표현되고 있고, 나아가 특정일의 신문에 게재된 특정한 네 컷의 만화 '사자에씨'는 그 자체로서 저작권이 발생하는 하나의 저작물로 볼 수 있다.

그리고 위 특정한 네 컷의 만화에는, 특정한 화제 내지 줄거리라고 할 만한 것이 당연히 존재하지만, 예를 들어 원고 자신이 작성한 만화로서 그 화제 내지 줄거리가 특정한 네 컷의 만화 '사자에씨'의 화제 내지 줄거리와 동일해도 거기에 등장한 인물의 용모, 자태 등으로 보아 그 인물이 사자에, 가츠오, 와카메 등이라고 인정되지 않는다면, 그 만화는 만화 '사자에씨'라고는 할 수 없고, 역으로 화제 내지 줄거리가 어떤 것이든지 거기에 등장한 인물의 용모, 자태 등으로 보아 그 인물이 사자에, 가츠오, 와카메 등이라고 인정되면, 그 만화는 원고 자신이 작성한 것이면 물론 만화 '사자에씨'이고, 또 타인이 작성한 만화여도 거기에 등장하는 인물들의 용모, 자태 등으로 보아 그 사람들이 원고가 작성한 만화 '사자에씨'에 등장한 사자에, 가츠오, 와카메 등과 동일 또는 유사한 인물로 그려져 있으면, 그 만화는 만화 '사자에씨'라고 오인되는 경우가 있을 것으로 해석된다. 나아가 위와 같이 장기간에 걸쳐 연재된 만화의 등장인물은 화제 내지 줄거리의 단순한 설명자라기보다 오히려 화제 내지 줄거리가 등장인물에게 적합한 방향으로 선택되고 표현된 쪽이 많은 것으로 해석된다. 환언하면, 만화의 등장인물 자체의 역할, 용모, 자태 등 항구적인 것으로서 주어진 표현은, 말로 표현된 화제 내지는 줄거리나 특정한 한 화면에 있어서 특정한 등장인물의 표정, 두부의 방향, 몸의 움직임 등을 초월한 것이라고 해석된다. 그런데 캐릭터라고 하는 말은, 위에서 말하는 것과 같은 연재만화를 예로 들 경우에는, 거기에 등장한 인물의 용모, 자태, 성격 등을 표현한 것으로서 파악할 수 있을 것이다.

피고는, 위에서 인정한 대로, 관광버스의 차체의 양측에 본건 얼굴그림을 그려 넣은 것인 바(본건 행위), 피고의 본건 행위는 화제 내지는 줄거리라고 할 만한 것을 표현한 것이 아니고, 또 본건 행위의 주된 목적도 '사자에씨 관광'이라고 칭하는 관광버스의 영업에 제공된 버스인 것을 표시하는 것, 즉 피고의 영업의 시설 내지는 활동을 표시하는 것에 있는 것으로 해석된다. 그러나 본건 얼굴그림은 누가 이것을 보더라도 거기에 연재만화 '사자에씨'의 등장인물인 사자에씨, 가츠오, 와카메가 표현되어 있다고 파악될 수 있다. 즉, 거기에는 연재만화 '사자에씨'의 등장인물 캐릭터가 표현되고 있는 것이라고 할 수 있다. 본건 두부화와 동일 또는 유사한 것을 만화 '사자에씨'의 특정한 한 화면 중에서 찾을 수 있을지도 모른다. 그러나 그러한 대비를 할 것까지도 없이, 피고의 본건 행위는, 원고가 저작권을 갖는 만화 '사자에씨'가 오랜 세월에 걸쳐 신문지상에 게재됨으로써 구성된 만화 사자에씨의 위에 설명한 캐릭터를 이용한 것이고, 결국 원고의 저작권을 침해한 것이라고 해야 할 것이다.

§6-15 ▷NOTE : 위 판례는 캐릭터에 대한 일본의 초기 판례로서 캐릭터의 독자적 보호에 관하여 긍정설의 입장을 취한 것으로 이해되고 있다. 실제로 위 판례는 본서가 취하는 독자적 보호 긍정설의 입장을 뛰어 넘어 한 단계 더 높은 독자성을 인정한 것으로 볼 수 있고 그 점에서 문제점을 내포하고 있다고 생각된다. 즉 위 판례는 피고의 본건행위가 저작권침해에 해당하는지 여부를 판단함에 있어 각 등장인물의 캐릭터가 가지는 미술적 표현의 창작성을 피고가 버스에 그려 넣은 얼굴그림에서 어느 정도 이용하고 있는지, 그러한 관점에서 양자를 비교할 때 실질적 유사성이 있다고 볼 것인지 하는 것을 기

[그림 49]

준으로 삼기보다 위 밑줄 그은 부분에서 보듯이, 오랜 세월에 걸쳐 연재만화에 게재되어 옴으로써 형성된 그 용모, 자태, 성격 등의 모든 요소들을 포함한 '캐릭터'를 피고가 이용하였는지 여부를 따지는 방법으로 그 침해 여부의 판단을 수행하였음을 보여 주고 있다. 위 판례의 이러한 판시태도는 바람직하지 않다고 생각된다. 만화의 등장인물의 경우 처음 그려졌을 때 이미 그 미술적 표현은 완성된 것이고 그 이후 당해 캐릭터가 오랜 세월에 걸쳐 더 많은 내용요소들을 갖추게 되었다 하더라도 그 미술적 표현에 새로운 창작성이 부가되어 2차적저작물로서의 새로운 캐릭터 저작물이 작성된 것으로 볼 수 있는 경우가 아닌 한 저작권법적 맥락에서 별다른 의미를 갖는 것은 아니므로 '오랜 세월에 걸쳐 구성된 캐릭터'의 이용 여부를 따진다는 것 자체가 적합지 않은 것이다. 위에서 밝힌 본서의 입장과 같이 미술저작물로서의 캐릭터를 저작권법상 창작성 있는 '표현'으로 인정되는 범위 내에서 그 자체로서 보호할 수 있다는 것으로만 이해하고 적용할 경우에도 본 판례의 사안이 캐릭터의 저작권을 침해한 것으로 보는 결론은 마찬가지였을 것이다. 왜냐하면 앞에서 살펴본 바와 같이 캐릭터의 본질적 표현이 동일하면 그 구체적인 자세, 동작 등이 다르더라도 크게 보아 복제 또는 2차적저작물 작성행위로 인정할 만한 '실질적 유사성'이 있다고 볼 것이기 때문이다. 그런 점에서 이 판례의 결론은 타당하지만 그 논거를 복제 등의 개념을 협애하게 보지 않을 수 있다는 점에서 찾지 아니하고 캐릭터의 개념을 장기적으로 형성되는 포괄적인 것으로 보는 데서 찾아 위와 같이 다소 불명료하고 막연한 설시를 한 것에는 찬동할 수 없다.

❖大阪地裁 1979. 8. 14. 선고 昭53(ゎ)4299号 판결 ― "캔디 캔디" 사건　　　　　　§6-16

〈사실관계〉

　　의료품판매업을 운영하는 피고인이 A회사가 저작권을 가지는 만화 영화 '캔디 캔디'의 주인공인 '캔디 캔디'의 모습을 아동용 셔츠 23만 여 장에 날염하여 복제한 후 다른 업체 등에 판매하였다. 이에 A 회사가 저작권 침해로 고소하여 결국 기소되기에 이른 것이다.

〈법원의 판단〉

　　변호인은 ① 본건 만화 영화 '캔디 캔디'는 월간잡지 '나카요시'에 연재된 소외 B, C 저작의 만화 '캔디 캔디'를 단지 텔레비전 방영용으로 애니화한, 말하자면 원작 만화의 복제물에 지나지 않고, 2차적저작물로서의 독자적인 창작성을 결여하고 있으므로 A회사는 위 영화에 관하여 저작권을 갖고 있지 않으며, ② 가사 위 영화가 전체로서 어떠한 독창성을 가지고 있어 2차적저작물로서 저작권의 대상이 된다고 하더라도 위 애니메이션의 1컷 1컷 자체는 위 원작 만화의 단순한 복제물에 지나지 않으므로 그 1컷 속에 그려진 주인공이 정지해 있는 모습을 복제·배포하는 행위는 원저작물인 원작 만화의 저작권을 침해하는 것일 뿐 2차적저작물인 본건 영화의 저작권을 침해하는 것은 아니라는 취지로 주장한다.

　　전게의 각 증거에 의하면, 본건 영화는 원작자가 창작한 만화 및 스토리를 기초로 하되, 독자적인 각본을 만들고 등장인물마다 성우에 의한 음성을 배치하며 나아가서는 장면마다 적절한 음악을 부가하고 독자적인 사진촬영 기술이나 녹음 기술을 구사하여 애니화한 것인 것으로 인정되고, 따라서 원작 만화의 단순한 복제물이 아니라 위와 같은 점에 있어 2차적저작물로서의 창작성을 갖는 것임이 분명하므로 A회사는 본건 영화에 관하여 저작권을 갖는다.

또한 본건 영화에 등장한 주인공 '캔디 캔디'라는 여자아이에 부여되어 있는 그 인물의 성격, 역할, 동작, 용모 그 밖의 특징(이른바 캐릭터)의 원형은 원래 원작 만화에서 창출된 것이지만, 상기와 같이 여러 가지의 독창성을 부가하여 창작된 본건 영화에 의하여 특정한 육성을 발하고 연속적으로 동작하는 등 그 캐릭터는 원작 만화에 의하여 만들어진 것보다 생생하게 실재성을 띠고 선명, 활발하며 친근한 것으로 변화, 성장하고 있다. 말하자면, '캔디 캔디'라는 여자아이 캐릭터의 '친부모'가 원작 만화라고 하면, 본건 영화는 그 '양부모'라고도 할 만한 것이고, 그 캐릭터에 관해서는 그 친부모인 원작자와 그 양부모인 본건 영화제작자의 쌍방에 각각 독자적인 창작성을 인정함이 마땅하다. 피고인의 본건 행위는 본건 영화를 영화 그 자체로서 복제 이용한 것이 아니고, 그 1컷에 포함된 '캔디 캔디'가 정지한 모습, 즉 원작 만화의 한 장면에 포함된 것과 동일한 모습을 복제, 배포한 것에 지나지 않는 것이지만, 그 실질은 위 모습에 의하여 표상된 '캔디 캔디'의 캐릭터를 이용한 것임에 틀림없다고 할 것인바, 그 모습에 의하여 표상된 캐릭터의 작성에 관해서는 본건 영화의 제작자에게도 앞서 본 바와 같이 독자적인 창작성이 있고, 그 창작성이 본건 영화의 창작성의 한 내용을 이루고 있는 것이기 때문에 피고인의 판시 행위는 원저작물인 원작 만화의 저작권을 침해한 것은 물론 2차적저작물인 본건 영화의 저작권도 침해한 것이다.

§6-17 ▷NOTE : 위 판시에는 판결문임에도 불구하고 법적인 용어가 아니라 '친부모'와 '양부모'라고 하는 은유적인 표현이 사용되어 흥미를 자아낸다. 그러나 그 때문에 법적으로 어떤 논리에 기한 것인지는 꽤 불투명한 상태이다. 법적으로 보면, 원작만화를 애니화한 영화의 주인공인 '캔디 캔디'의 정지해 있는 모습이 단지 원작만화의 등장인물인 캐릭터의 복제물로 볼 것인가 아니면 2차적저작물로 볼 것인지를 쟁점으로 하여 판단한 다음 그에 따라 결론을 내리는 것이 타당하고도 명쾌하였을 것이다. 즉 영화의 주인공인 '캔디 캔디'가 만화의 주인공인 '캔디 캔디'와 비교할 때 미술적 표현에 있어서 새로운 창작성이 부가된 바 없어 2차적저작물이 아니라 복제물에 불과한 것으로 보게 되면, 영화의 저작자에게는 그 주인공 캐릭터(의 정지해 있는 모습)에 대한 아무런 저작권이 없는 것으로 보는 것이 올바른 결론이라고 할 것이다. 위 판결은 "본건 행위는 본건 영화를 영화 그 자체로서 복제 이용한 것이 아니고, 그 1컷에 포함된 '캔디 캔디'가 정지한 모습, 즉 원작 만화의 한 장면에 포함된 것과 동일한 모습을 복제, 배포한 것에 지나지 않는 것이지만"이라고 판시함으로써 그것이 원작만화의 창작적 표현의 복제에 불과한 것임을 시인하고 있다. 그럼에도 불구하고 위 판결이 영화가 캐릭터의 '양부모'라고 하면서 위와 같은 결론을 내리게 된 것은 역시 캐릭터가 미술적 표현으로서 완성된 이후에도 애니화에 의하여 '생생하게 실재성을 띠고 선명, 활발하며 친근한 것으로 변화, 성장하고 있다'는 등 캐릭터의 추가적 개발 내지 성장에 주목하여 그 추가적인 개발 주체에 대하여 일정한 보상을 하고자 하는 취지에 기한 것으로 보이는바, 이것은 2차적저작물의 성립요건에 관한 저작권법의 원칙에 부합하지 아니하는 것이다. 즉, 2차적저작물은 반드시 새로운 창작성이 부가되어야만 인정될 수 있는 것인데(§5-9 이하 참조), 그 표현에 있어서의 새로운 창작성의 부가가 인정되지 아니하는 경우에도 '캐릭터'로서의 발전과 성장이 인정된다는 이유로 2차적저작물로서의 보호를 인정하는 것은 부당한 것이다. 위 사안에서 애니화에 의하여 만들어진 영화가 '영상저작물'로서 원작만화와의 관계에서 2차적저작물로 볼 수 있음은 물론이다. 그러나 그렇다고 하여 그 주인공의 정지한 모습의 1컷의 그림만 복제한 경우에도 2차적저작물인 영화

의 저작권을 침해하였다고 볼 수는 없다. 왜냐하면 2차적저작물의 보호범위는 원저작물의 창작적 표현을 포함한 전체에 미치는 것이 아니라 새로이 부가된 창작적 표현에 대하여만 미치기 때문이다(§5-25 참조). 이상의 이유로 위 판례는 논리적으로 수긍할 수 없는 판례라 할 것인데, 이것도 어떤 의미에서는 캐릭터를 구성하는 추상적 개념요소까지 보호의 대상으로 고려한 데서 빚어진 오류라고 할 것이고, 그런 점에서는 위 '사자에씨' 사건 판례와 일맥상통하는 것이라 하겠다. 다만, '사자에씨' 사건 판결은 결론에 있어서는 타당하나, 이 사건 판결은 결론에 있어서도 타당하지 않은 판결을 내렸다고 생각된다.[1]

❖東京地裁 1977. 11. 14. 선고 昭49(ワ)5415号 판결 — "라이더 맨" 사건 §6-18
〈사실관계〉

완구의 제조, 판매업자인 원고가 영화 제작자인 피고를 상대로 저작권부존재확인청구소송을 제기한 사건이다. 피고가 제작한 '가면 라이더 V3'라는 제목의 영화에는 개조 인간인 '라이더 맨'이 등장하는데, '라이더 맨'은 평소에는 통상의 인간의 모습을 하고 있지만(즉 그 역할을 맡은 배우가 특별한 가면을 쓰지 않고 맨 얼굴로 화면에 나타난다), 필요에 따라 곤충에게서 힌트를 얻어 창작된 특이한 마스크를 붙임으로써 변신하여 오른팔의 의수로 로프, 투망, 쇠톱 등을 자유자재로 조종하면서 종횡무진 활약하는 인물이다. ([그림 50] 참조) 배우의 입 및 그 주변부는 마스크로 덮이지 않고 노출되기 때문에 장면이나 상황에 따라 그 부분의 표정에 다소의 변화는 보이지만, 그 나머지 대부분은 전 등장시간에 걸쳐 일정한 구성을 갖는 마스크에 덮여 있기 때문에 기본적으로는 시종 바뀌지 않는 특징을 구비하고 있다. 한편, 원고는 위 '라이더 맨'의 가면 마스크와 거의 유사한 모양의 가면 마스크를 일종의 완구로

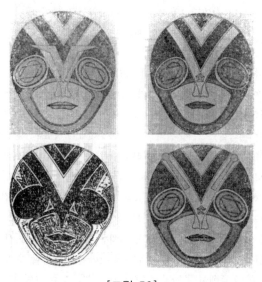

[그림 50]

---

1 作花文雄, 전게서, 112면도 자세하지는 않지만, 본서와 유사한 취지에서 판결의 논리에 대해 의문을 표시하고 있다.

서 제조, 판매하였다.

〈법원의 판단〉

원고가 본건 각 물건을 제조한 행위는 본건 영화에 등장한 '라이더 맨'의 위 인정과 같은 특징 즉 캐릭터를 이용한 것이고, 이는 곧 피고가 가지는 본건 영상저작물에 대한 저작권을 침해한 것이다.

§6-19
▷NOTE : 이 사건에서도 엄밀히 따지면 라이더 맨 마스크가 제작되는 순간 그것이 영화에 사용되기 전에 이미 미술저작물로서 성립한 것이고[1] 그것이 영화에 사용되었다고 하여 영상저작물로 변한다고 볼 것은 아니므로, 위 판결에서 '영상저작물'에 대한 저작권 침해라고 한 것은 타당한 결론이라고 보기 어렵다. 위 판결도 영화에서의 사용에 의하여 캐릭터로서의 여러 가지 측면이 개발되었다는 점에 주목한 것으로 보이는데, 그러한 판단이 캐릭터의 추상적 개념요소들을 가지고 저작권법상의 명료한 판단을 저해한다는 점에서는 앞에서 본 '캔디 캔디' 사건 판례와 유사한 문제점을 안고 있다고 생각된다.

§6-20
❖最高裁 1997. 7. 17. 선고 平4(オ)1443号 판결 — "뽀빠이 넥타이" 사건
〈사실관계〉

원고회사는 업무상 저작물로서 뽀빠이 등의 등장인물을 가진 일화 완결 형식의 만화인 '골무극장(Thimble Theater)'의 저작권자인데, 이 만화는 1929. 1. 17. 처음으로 '뉴욕 이브닝 저널'이라는 신문에 게재된 후 여러 신문 또는 단행본에 연재 또는 게재되었다. 뽀빠이는 골무극장의 주인공으로서 수병모를 쓰고 세일러복을 입고 있으며, 입에 파이프를 물고 팔에는 닻을 그려 넣은 모습으로서 시금치를 먹기만 하면 초인적인 힘을 발휘하는 뱃사람으로 그려져 있다.

원고회사는 1944년부터 적어도 1989년까지 그 사원으로 하여금 위 일련의 만화의 '속편'으로 역시 뽀빠이 등의 등장인물을 가지는 만화를 업무상 창작하게 하고 1956년경에 그에 대한 저작권 갱신등록을 하였다.

한편, 피고는 뽀빠이 도안(도안 1)을 붙인 넥타이를 판매하고 있었다. 이에 원고는 피고가 넥타이에 붙인 도안(도안 1)이 원고가 저작권을 가지는 뽀빠이 캐릭터를 복제한 것이므로 원고의 저작권을 침해한 것이라고 주장하면서 침해금지청구소송을 제기하였다. 그러자 피고는 이 사건에서 ① 본건 만화는 '법인저작'(업무상 저작물)으로서 위와 같이 1929. 1. 17. 공표된 제 1 회 작품의 저작권 보호기간은 1990. 5. 21.의 경과로 만료하였고, ② 캐릭터가 독립의 저작물이라고 하면 본건에 있어서 뽀빠이의 캐릭터도 법인저작이고 그 저작권의 보호기간은 본건 만화에 처음에 뽀빠이가 등장한 제 1 회 작품의 공표시부터 기산해야 하므로 위와 같은 날의 경과로 만료하였으며, ③ 본건 만화에 관하여, 연재된 각 회의 만화마다 저작권이 성립하고 그 보호기간도 개별적으로 각 공표시부터 기산한다고 하여도 제 1 회 작품이 나온 후에 신문이나 단행본에 연재 내지 게재된 만화(이하 '후속 작품'이라고 한다)의 저작권은 후속 작품에서 새롭게 부여된 창작성이 있는 부분에 관하여만 주장할 수 있는 것이라고 해야 하고, ④ 본건에서는 이미 제 1 회 작품에서 주인공 뽀빠이의 특징을 갖춘 그림이 표현되어 있고, 후속 작품에

---

1 同旨 作花文雄, 전게서, 112면.

표현되어 있는 뽀빠이의 그림은 그 복제에 불과하며, 따라서 후속 작품의 저작권에 근거하여 도안 사용 금지를 청구하는 것은 부당하다고 주장하였다.

이에 대하여 원심은 다음과 같이 판단하여 원고의 금지청구를 인용하였다. ① 뽀빠이의 캐릭터가 본건 만화를 떠나서 별개의 저작물이라고 할 수는 없지만, ② 본건 도안은 본건 만화의 주인공 뽀빠이의 그림의 복제에 해당하는 것이고, ③ 본건 만화에 관하여는 연재된 각 회의 만화마다 저작권이 성립하고 그 보호기간도 개별적으로 각 공표시부터 기산해야 할 것이므로 제 1 회 작품의 저작권 보호기간이 1990. 5. 21.의 경과로 만료하여도 후속작품에는 저작권의 보호기간이 만료하지 않은 것이 있으며, ④ 제 1 회 작품에서 주인공 뽀빠이의 특징을 구비한 그림이 표현되어 있어도 후속 작품 중에 아직도 저작권의 보호기간이 만료하지 않은 만화의 저작권에 기하여 피고에게 본건 도안의 사용 금지를 청구하는 것은 허용된다.

〈最高裁의 판단〉

일본 최고재는 다음과 같은 이유로 원심 판결을 파기하였다.

1) 저작권법상의 저작물은 '사상 또는 감정을 창작적으로 표현한 것'을 말하므로, <u>일정한 명칭, 용모, 역할 등의 특징을 갖는 등장인물이 반복하여 그려져 있는 一話完結 형식의 연재만화에 있어서는 해당 등장인물이 그려진 각 회의 만화 각각이 저작물로서, 구체적인 만화를 떠나 위 등장인물의 이른바 캐릭터를 가지고 저작물이라고 할 수는 없다. 일반적으로 캐릭터라고 하는 것은 만화의 구체적 표현으로부터 승화한 등장인물의 인격이라고 할 수 있는 추상적 개념이고, 구체적 표현 그 자체가 아니므로 그 자체가 사상 또는 감정을 창작적으로 표현한 것이라고 할 수 없기 때문이다.</u> 따라서 일화완결 형식의 연재만화에 있어서는 저작권의 침해는 각 완결된 만화 각각에 관하여 성립할 수 있는 것이고 저작권의 침해가 있다고 하기 위해서는 연재만화 중의 어느 회의 만화에 관하여 인정되는 것인지를 검토하여야 한다.

2) 이와 같은 연재만화에 있어서는, 후속의 만화는 선행한 만화와 기본적인 발상, 설정 외에 주인공을 비롯한 주요 등장인물의 용모, 성격 등의 특징을 같이 하고, 이것에 새로운 줄거리를 붙임과 동시에 새로운 등장인물을 추가하는 등으로 작성되는 것이 통상이고, 이와 같은 경우에는 후속의 만화는 선행한 만화를 번안한 것이라고 할 수 있으므로, 선행한 만화를 원저작물로 한 2차적저작물로 해석된다. 그리고 2차적저작물의 저작권은 2차적저작물에서 새롭게 부여된 창작적인 부분에 한하여 생기고 원저작물과 실질적으로 공통된 부분에는 생기지 않는다고 해석함이 상당하다. 일반적으로 2차적저작물이 원저작물로부터 독립한 별개의 저작물로서 저작권법상의 보호를 받는 것은 원저작물에 새로운 창작적 요소가 부여되고 있기 때문이고, 2차적저작물 중 원저작물과 공통된 부분은 전혀 새로운 창작적 요소를 포함한 것이 아니어서 별개의 저작물로서 보호해야 할 이유가 없기 때문이다.

3) 그렇다면, 저작권의 보호기간은 각 저작물마다 각각 독립하여 진행하는 것이지만, 후속의 만화에 등장한 인물이 선행한 만화에 등장한 인물과 동일하다고 인정되는 한, 해당 등장인물에 관해서는 처음에 게재된 만화의 저작권의 보호기간에 의하는 것이 당연한 것이고, 그 보호기간이 만료하고 저작권이 소멸한 경우에는 후속 만화의 저작권의 보호기간이 아직도 만료하지 않았다고 하더라도 이미 저작권을 주장할 수 없는 것이라고 하지 않을 수 없다.

4) 그런데 저작물의 복제란 기존의 저작물에 의거하여 그 내용 및 형식을 각지시키기에 충분한 것을 재가공하는 것을 말하는 바, 복제라고 하기 위해서는 제삼자의 작품이 만화의 특정한 화면에 그려진 등장인물의 그림과 세부까지 일치할 것을 필요로 하는 것이 아니고 그 특징으로부터 해당 등장인물을 그린 것이라는 것을 알 수 있는 것이면 족하다고 해야 한다.

5) 이것을 본건에 관하여 보면, 원심의 상기 인정사실에 의하면, 제 1 회 작품에서는 그 세 번째 컷에서 다섯 번째 컷까지 주인공 뽀빠이가 수병모를 쓰고, 세일러복을 입고, 입에 파이프를 물고, 팔에 닻 모양을 그린 모습의 뱃사람으로 그려져 있는 점, 피고가 사용한 본건 도안 1은 수병모를 쓰고 세일러복을 입고 입에 파이프를 문 뱃사람이 오른팔에 알통을 만들고 있는 서 있는 모습을 그린 그림의 상하에 「POPEYE」 「뽀빠이」의 단어를 붙인 도안이다. 위 사실에 의하면, 본건 도안 1에 그려져 있는 그림은 제 1 회 작품의 주인공 뽀빠이를 그린 것임을 알 수 있는 것이므로 위 뽀빠이 그림의 복제에 있어 제 1 회 작품의 저작권을 침해한 것이라고 하는 것이 당연하다.

그런데 미국 국민의 저작물에 관해서는 1989. 3. 1.이후부터는 베른협약에 의하여, 그 이전에는 세계저작권조약(UCC)에 의하여 우리나라가 이를 보호할 의무를 지는 것으로서 일본 국민의 저작물과 동일한 보호를 받는 점, 본건 만화는 법인저작으로서 그 저작권의 보호기간은 공표 후 50년이고, 1929. 1. 17. 공표된 제 1 회 작품의 저작권의보호기간은, 위 공표일의 이듬해인 1930. 1. 1.을 기산일로 하여 연합국 및 연합국민의 저작권의 특례에 관한 법률 제 4 조 제 1 항에 의한 미국 국민의 저작권에 관한 3794일의 보호기간 가산을 하여도 1990. 5. 21.의 경과로 만료했기 때문에 이에 따라 제 1 회 작품의 저작권은 소멸한 것으로 인정된다.

상기의 원심 인정사실에 의하면 본건 도안 1은 제 1 회 작품에서 표현되어 있는 뽀빠이의 그림의 특징을 전부 구비한다고 말할 수 있고, 그 밖의 창작적 표현을 전혀 가지지 않는 것이며, 가사 후속 작품 중 아직도 저작권의 보호기간이 만료하지 않은 것이 있다 하여도 후속 작품의 저작권을 침해한 것이라고는 할 수 없기 때문에, 원고가 피고를 상대로 본건 도안 1의 사용을 금지하는 것은 허용되지 않는 것으로 보아야 한다.

§6-21   ▷NOTE : 이 판례는 캐릭터의 독자적 보호를 부정한 판례로 알려져 있고, 그 점에서 우리나라의 학설에도 상당한 영향을 끼친 판례라는 것은 위에서 살펴본 바와 같다(§6-7, 8 참조). 그런데 이 판례는 캐릭터의 의미를 추상적인 개념으로 봄에 따라 그 자연스러운 귀결로서 그 자체의 독자적 보호를 부정하는 취지를 나타낸 것 외에는 실제의 사안 해결에 관한 모든 판단이 본서의 입장과 일치하는 것이라고 할 수 있다. 즉, 시각적 캐릭터를 추상적인 개념만이 아닌 그 미술적 표현의 요소를 포함하는 개념이라고만 보면, 그 독자적 보호를 긍정하는 본서의 입장과 완전히 일치한다. ① 만화 골무극장의 등장인물(캐릭터)인 뽀빠이의 미술적 표현만을 따로 떼어서 보더라도 그러한 부분을 복제, 이용하는 행위로부터 저작권 보호가 이루어질 수 있음을 당연한 전제로 하고 있고, ② 특히 캐릭터의 저작권침해 여부의 기준과 관련하여 "복제라고 하기 위해서는 제 3 자의 작품이 만화의 특정한 화면에 그려진 등장인물의 그림과 세부까지 일치할 것을 필요로 하는 것이 아니고 그 특징으로부터 해당 등장인물을 그린 것이라는 것을 알 수 있는 것이면 족하다고 해야 한다"는 법리를 확인해 주고 있어 실제로 캐릭터가 그 표현의 본질적 특징만을 이용하는 것으로부터 보호받을 수 있음을 인정하고 있다는 점에서 그러하

다(§6-11 참조). 그 외에 캐릭터의 보호기간 기산일, 후속 작품과의 관계 등에 대한 몇 가지 중요한 판시를 담고 있는데(그에 대하여 자세한 것은 해당 항목에서 다시 언급하기로 한다), 시각적 캐릭터의 미술적 표현이 처음 완성되어 공표된 이후의 캐릭터 개발 및 성장이라고 하는 것이 그 미술적 표현에 있어서 2차적저작물의 성립요건으로서의 새로운 창작성(§5-9 이하 참조)이 부가된 것으로 인정되지 않는 한 저작권법적 맥락에서 큰 의미를 가지지는 않는다고 보는 본서의 입장과 일치하는 것이다. 그것은 뒤에서 보는 우리 대법원 판례('톰앤제리' 사건에 관한 96도1727 판결)의 입장과도 일치하는 것이다.

위 판례에서 캐릭터라는 용어를 구체적 표현으로부터 승화된 추상적인 개념을 뜻하는 것으로만 보고 그 속에 내포된 표현의 요소들을 개념적으로 제외해 버린 것은 공연한 혼란을 초래한 일이라 생각되어 아쉽게 느껴지지만, 실질적인 사건 해결에 있어서는 어떤 부분에서도 특별한 오류를 보이고 있지 않다고 생각된다. 즉, 이 판례는 종전의 '사자에씨' 사건, '캔디 캔디' 사건, '라이더 맨' 사건 등에서 법원이 캐릭터의 추상적 개념요소를 중시하여 그러한 추상적 개념요소가 캐릭터 보호에 영향을 끼치는 것으로 판시함으로써 법리적인 명확성을 저해하였던 부분을 극복하고자 하였고 그로 인해 결과적으로 타당한 결론에 이르렀다고 생각되나, 종전 판례가 중시한 캐릭터의 추상적 개념요소에 주목한 나머지 실질적으로는 캐릭터 표현의 독자적 보호를 인정하는 전제에 서면서도 그 독자적 보호를 부정하는 취지의 선언을 하는 '언어적 오류'를 범하고 있는 것으로 생각된다.

본서의 명명법에 따라 정리해 보면, 일본 최고재의 위 판례는 본질설(§6-10 참조)에 입각한 독자적 보호 부정설을 취한 것으로서, 분리관찰설(§6-11 참조)에 입각한 독자적 보호 긍정설을 취하는 우리 대법원 판례의 입장(§6-22, 23 참조)과 실질적으로는 동일한 입장이라 할 수 있다.

❖대법원 2005. 4. 29. 선고 2005도70 판결 — "탑 블레이드" 사건 §6-22

저작권법에 의하여 보호되는 저작물이기 위하여는 문학·학술 또는 예술의 범위에 속하는 창작물이어야 하므로 그 요건으로서 창작성이 요구되나, 여기서 말하는 창작성이란 완전한 의미의 독창성을 말하는 것은 아니며 단지 어떠한 작품이 남의 것을 단순히 모방한 것이 아니고 작자 자신의 독자적인 사상 또는 감정의 표현을 담고 있음을 의미할 뿐이어서 이러한 요건을 충족하기 위하여는 단지 저작물에 그 저작자 나름대로의 정신적 노력의 소산으로서의 특성이 부여되어 있고 다른 저작자의 기존의 작품과 구별할 수 있을 정도이면 충분하다.

원심은, 이 사건 공소사실 중 "피고인이 2002. 12. 30.경 주식회사 손오공이 저작권을 갖고 있는 저작물인 '탑 블레이드(Top Blade)' 만화영화에 등장하는 캐릭터가 부착된 팽이를 국내에 배포할 목적으로 중국으로부터 수입함으로써 위 회사의 저작권을 침해하였다"는 부분에 대하여, 이를 유죄로 인정한 제1심 판결의 결론을 그대로 유지하였는바, 원심의 채용증거들을 위 법리 및 기록에 비추어 살펴보면, 원심의 위와 같은 판단은 정당한 것으로 수긍이 가고, 거기에 채증법칙 위반으로 인한 사실오인 또는 저작권법에 관한 법리오해 등의 위법이 있다고 할 수 없다.

주식회사 손오공이 저작권을 갖고 있는 위 만화영화의 캐릭터 중 피고인이 수입한 팽이에 부착된 캐릭터가 위 만화영화의 주인공으로 특정분야 또는 일반대중에게 널리 알려진 것이라거나 고객흡인력을 가졌는지 여부는 저작권법에 의한 보호 여부를 판단함에 있어서 고려할 사항이 아니므로 이와 배치되는 상고이유의 주장은 받아들일 수 없다.

§6-23

▷NOTE : 위 대법원 판례는 자세한 법리를 전개하고 있지는 않지만, 만화영화에 등장하는 캐릭터가 그 자체로서 저작권 보호를 받을 수 있다는 것을 당연한 것으로 판시하고 있다는 점에서 본서에서 밝힌 바와 같은 의미에서(즉, 분리관찰설의 입장에서) '독자적 보호' 긍정설을 취한 것으로 볼 수 있다. 학설이 캐릭터의 의미를 설명할 때 '상품이나 서비스, 영업에 수반하여 고객흡인력(good will) 또는 광고효과라는 경제적 가치를 가지고 있어 이른바 상품화권의 대상이 되는 것'이라고 부연하는 경우가 많아 마치 '고객흡인력' 등이 캐릭터의 법적 보호요건인 것처럼 오해하는 일이 있을 수 있는데, 대법원은 뒤에 소개하는 '리틀밥독' 사건에 대한 대법원 판례에 따라 그것이 보호요건과는 무관한 것임을 분명히 하고 있다. 앞에서 살펴본 바와 같이 그러한 고객흡인력과 같은 요소들뿐만 아니라 아이디어/표현 이분법에 따라 아이디어의 영역에 속하는 모든 요소들은 저작권법상의 보호요건과는 무관하며, 보호의 범위 또는 대상에서도 제외된다.

§6-24

❖서울고등법원 1999. 8. 25. 선고 99나23514 판결 — "헬로우 키티" 사건

〈사실관계〉

일본회사인 원고가 1974년 9월 경 소속 디자이너에게 지시하여 업무상 저작물로서 창작하게 한 후 헬로우 키티(HELLO KITTY)라고 이름을 붙인 이 사건 캐릭터는 고양이 얼굴을 어린이들에게 친근감이 느껴지도록 귀여운 모양으로 형태를 단순화시킨 것으로, 삼각형의 조그만 귀가 위쪽에 두 개 표시되어 있고, 한쪽 귀에는 여자아이인 것을 표현하기 위하여 리본을 착용하고 있으며, 두 눈과 코가 모두 타원형의 작은 점으로 그려져 있고, 입은 생략되어 있으며, 얼굴 양쪽으로 세 가닥의 수염이 삐쳐진 모양이다. 원고는 1975년 2월경 처음으로 이 사건 캐릭터를 공표한 후 세계 여러 나라에 이를 가지고 상표 등록을 하는 한편 1975년에 손지갑에 처음 부착하여 사용한 것을 시작으로 하여 광범위한 '상품화' 사업을 영위해 왔으며, 우리나라에서도 '라이센시(licensee)'들을 통하거나 직접 현지법인을 설립하여 다양한 상품화사업을 전개해 왔다.

한편, 소외 A는 1982. 4. 3. 이 사건 캐릭터와 유사한 고양이 모양과 키티 및 Kitty라는 문자가 병기된 상표를 출원하여 1983. 3. 22. 그 등록을 마친 후 사망하였는데, 피고는 1998. 6. 24. A의 상속인인 B로부터 그 상표에 관하여 지정상품을 가방, 메달, 단추, 넥타이핀, 목걸이, 모자로 하는 전용사용권을 설정받은 후 이 사건 캐릭터와 얼굴의 형태 및 인상, 리본의 착용 등 전체적 모습이 매우 유사한 그림이 표시된 헤어밴드, 머리끈, 목걸이, 머리핀 등 액세서리와 포장지를 제작·판매하고 있었다.

〈법원의 판단〉

캐릭터란 만화, TV·신문·잡지 등 대중매체를 통하여 등장하는 인물이나 동물, 물건 등의 특징·명칭·성격·도안·동작 등을 포함하며, 상품이나 서비스, 영업에 수반하여 고객흡인력 또는 광고효과라는 경제적 가치를 지니는 것을 의미하는바, 캐릭터가 그 자체로서의 생명력을 갖는 독립된 저작물로 인정될 경우 그 내용에 따라 어문저작물 또는 미술저작물에 해당하여 저작권법의 보호대상이 된다(학설에 따라서는 캐릭터의 독자적 저작물성을 부인하는 견해도 있다).

앞서 본 사실관계에 의하면, 이 사건 캐릭터는 원고가 창작할 당시 이른바 오리지널 캐릭터(만화,

영화 등 대중매체에 표현되기 전에 상품에 사용되면서 공표되는 캐릭터)의 일종으로 개발된 것으로서, 고양이의 얼굴부위를 단순화·의인화한 도안의 구성과 다양한 사용형태에 비추어 볼 때 그 자체가 상품과 물리적·개념적으로 분리되는 독립한 예술적 특성을 지니고 있으므로, 저작권법상 미술저작물에 해당하고, 원고는 이를 창작한 저작자로 인정된다.

나아가, 외국회사인 원고의 저작권은 개정 저작권법(법률 제5015호)이 시행된 1996. 7. 1.부터 국내법하에서 보호대상에 포함되었으므로, 원고는 자신의 저작권을 침해한 행위에 대하여 저작권법에 따른 권리를 주장할 수 있다.

이에 대하여, 피고는 별지 제3도면 기재 상표의 상표권자인 소외 B로부터 전용사용권을 설정받아 그 동일한 범주 내에서 별지 제1도면과 같은 도안을 사용하고 있으므로 원고의 저작권을 침해하는 것이 아니라고 주장한다.

그러므로 살피건대, 베른협약의 규정에 따라 개정된 현행 저작권법 제3조 제1항 및 부칙 제3조는 외국인의 저작권에 대하여 소급적 보호를 인정하고 있는바, 여기서 소급보호란 과거 국내에서 보호되지 않던 1996. 7. 1. 이전에 창작된 외국인의 저작물에 대하여 새롭게 보호를 부여한다는 의미이고, 저작물의 공표시점으로 소급하여 국내법에 의한 보호를 인정하려는 취지는 아니라고 할 것이다(부칙 제4조 제1항에서 이 법 시행 전에 회복저작물을 이용한 행위는 이 법에서 정한 권리의 침해행위로 보지 아니한다고 규정한 것도 이러한 법리를 재확인하고 있는 것으로 보여진다).

문제는 개정 저작권법 시행 이후에 회복저작물을 이용하는 행위의 효력인바, 상표법 제53조는 상표권자 등이 상표를 사용할 경우에 그 사용상태에 따라 상표등록출원일 전에 발생한 타인의 저작권과 저촉되는 경우에는 저작권자의 동의를 얻지 않고서는 그 등록상표를 사용할 수 없다고 규정하고 있으며, 이 사건에서 피고가 상표사용의 근거로 삼고 있는 상표등록출원 당시 원고의 저작권은 국내법적으로 아직 효력을 발생하지 않았으므로 위 조항에서 말하는 상표등록출원일 전에 발생한 저작권에 해당한다고 볼 수 없다. 나아가 개정 저작권법의 규정은 외국인의 저작물을 사실상 이용하여 오던 자가 과거 외국인의 저작권이 보호되지 않음으로써 향유하였던 반사적 이익을 1996. 7. 1. 이후부터는 포기하여야 한다는 의미로 해석함이 타당하고, 이 사건과 같이 상표권이라는 유효한 독립의 권리를 취득함으로써 얻은 법률상의 지위는 개정법 시행일 이후에도 그대로 보호함이 마땅하다(이렇게 해석하는 것이 2차적저작자에게 이 법 시행일 이후 저작물을 계속 이용할 권리를 보장한 부칙 제4조 제3항의 규정과 균형이 맞는다).

그렇다면, 원고는 이 사건 캐릭터에 관한 저작권이 국내법적 보호를 받기 이전에 상표등록출원을 마친 정금순으로부터 전용사용권을 설정받은 피고에 대하여 저작권 침해를 주장할 수 없고, 원고의 이 부분 주장은 결국 이유 없음에 귀착된다.

▷NOTE : 이 판례는 괄호 속에서 "학설에 따라서는 캐릭터의 독자적 저작물성을 부인하는 견해도 있다"고 언급하면서도[1] 기본적으로는 캐릭터의 독자적 저작물성을 긍정하는 입장을 취하고 있다.   §6-25

---

1 이 사건 판결이 이와 같이, 그 판시한 법리와 모순관계에 있는 학설을 언급한 것은 이례적인 일이나, 결론적으로 외국 법인의 저작물에 대한 소급보호의 예외규정을 적용하여 그 저작권 보호를 부정하는 결론을 내리는 사건이므로 독자적 보호 부정설의 입장을 취하여도 결론이 같다는 점을 감안한 것이다.

다만, "캐릭터가 그 자체로서의 생명력을 갖는 독립된 저작물로 인정될 경우"라고 하는 표현을 사용함으로써 캐릭터를 그 미술적 표현 등의 관점에서 파악하기보다 아이디어와 표현의 복합적 요소를 가진 캐릭터 자체의 고유한 특성을 법적 보호와 연관시키는 표현을 하는 점에서 일본의 초기 판례들이 안고 있는 문제점을 공유하고 있는 것이 아닌가 하는 혐의를 갖게 한다. 그러나 "그 내용에 따라 어문저작물 또는 미술저작물에 해당"한다고 함으로써 그러한 우려를 어느 정도 불식하고 있는 면도 있다. 특히 본 사안의 경우는 영화, 만화 등의 저작물로부터 파생된 캐릭터가 아니라 처음부터 상품화에 이용할 목적으로 작성한 이른바 '오리지널 캐릭터'에 대한 사건인바, 이와 같은 오리지널 캐릭터의 경우에는 미술 저작물로서의 도안(디자인)의 일종임이 더욱 명백하다.[1] 그리고 이 사건에서 오리지널 캐릭터를 상품화에의 이용을 목적으로 한 것이라는 점에서 '응용미술작품'으로 보아 그 보호요건에 관한 종전의 판례 이론을 적용하고 있는데(다만 그 이론에 따르더라도 응용미술저작물로 보호될 수 있는 것으로 보고 있다), 앞서 응용미술저작물에 대한 장에서 살펴본 바와 같이 2000년 개정법에서 그 정의규정을 신설한 이후 응용미술의 보호요건에 관한 종전의 판례이론을 버리고 개정법에 따른 '독자성' 요건을 새롭게 심사하도록 하는 취지의 대법원판례가 나와 있음을 유의하여야 할 것이다(§4-47, 56 참조). 외국법인의 저작물에 대한 소급보호와 그 예외에 관한 이슈에 대하여는 그러한 문제를 다루는 본서의 해당부분(§16-29 이하)을 참고하기 바란다.

§6-26

❖대법원 1999. 5. 14. 선고 99도115 판결 ─ "리틀밥독" 사건

원심 판결 이유를 기록에 비추어 검토하여 보면, 원심이 개를 소재로 한 만화 저작물인 피해자의 리틀밥독 캐릭터는 창작성이 있는 저작물로서 저작권법의 보호대상이고, 피고인들이 사용한 캐릭터는 그 얼굴 부분의 특징이 피해자의 캐릭터와 거의 동일할 정도로 유사한 것으로서, 그것이 피해자의 캐릭터와 별도의 보호가치가 있는 저작물이라고 할 수 없다고 판단한 조치는 옳다고 여겨지고, 거기에 상고이유로 주장하는 위법이 있다고 할 수 없다. 그리고 피해자의 만화 캐릭터가 특정분야 또는 일반 대중에게 널리 알려진 것이라거나 고객유인력을 가졌는지 여부는 저작권법에 의한 보호여부를 판단함에 있어 고려할 사항이 아니라고 할 것이므로 이와 배치되는 상고이유의 주장은 받아들일 수 없다.

▷NOTE : 만화 캐릭터인 리틀밥독의 저작물성을 인정한 판례이다. 캐릭터를 "만화저작물"이라고 하였는데, 미술저작물이라고 표현하는 것이 더 바람직하지 않았을까 생각된다. 만화저작물은 미술저작물과 어문저작물의 성격이 결합된 것으로 볼 수 있는데, 등장인물 캐릭터는 그 보호되는 창작성 있는 표현만 가지고 판단할 경우 그 중 미술저작물로서의 성격만 가지고 있기 때문이다. 위 판례의 뒷부분 설시의 의의에 대하여는 위에 소개한 "탑 블레이드" 사건에 대한 대법원 판결의 NOTE(§6-23) 참조.

§6-27

❖대법원 1997. 4. 22. 선고 96도1727 판결 ─ "톰앤제리" 사건

원심은 제 1 심이 증거에 의하여 미국 조지아주 애틀랜타시 소재 주식회사 터너 홈 엔터테인먼트 사가 고양이와 쥐를 의인화한 톰과 제리를 주인공으로 삼아 "TOM & JERRY"라는 제목으로 각 회마다

---

1 이러한 오리지널 캐릭터의 경우에는 만화, 영화 등의 등장인물이 아니므로 독자적 보호의 여부를 논의할 실익이 없다는 것이 하나의 특징이다. 박성호, 전게서, 143면 참조.

독립적인 줄거리를 이루면서 횟수가 연속되는 만화영화를 계속적으로 창작하여 왔는데, 피고인이 위 미국회사의 허락도 없이 위 만화영화의 주인공들인 톰과 제리(이하 톰앤제리라고 한다)를 복사하여 이를 부착한 티셔츠를 제조·판매한 사실을 인정하고, 만화영화의 독특하고 특징적인 등장인물인 이른바 캐릭터를 복제하여 상표로 사용하는 것도 저작권의 침해가 된다고 판시하면서 다만 위 톰앤제리 캐릭터는 세계저작권협약(U.C.C.)의 대한민국 내 발효일인 1987. 10. 1. 이전에 창작된 저작물로서 구 저작권법(1995. 12. 6. 법률 제5015호로 개정되기 전의 것) 제 3 조 제 1 항 단서에 의하여 저작물로서의 보호대상이 되지 아니할 뿐만 아니라, 위 톰앤제리의 연속저작물 중 위 협약의 발효일 이후에 새로 창작된 부분이 있다고 하더라도 이는 이미 공표된 종전의 저작물을 바탕으로 하여 창작되어 사용된 것이므로, 피고인이 이를 사용하였다고 하더라도 위 협약의 발효일 이후에 새로이 창작된 톰앤제리의 저작권을 침해한 것이라고 볼 수 없다는 이유로 이 사건 공소사실에 대하여 무죄를 선고한 제 1 심 판결을 유지하였다.

기록과 관계 증거에 비추어 살펴보면 위와 같은 원심의 인정 판단은 정당하고, 거기에 채증법칙을 위배하여 사실을 오인하거나 저작권법의 법리를 오해한 위법이 있다고 할 수 없다.

또한 일련의 연속된 특정 만화영상저작물의 캐릭터가 어느 시점을 기준으로 하여 새로운 저작물로서 인정되기 위하여서는 종전의 캐릭터와는 동일성이 인정되지 아니할 정도의 전혀 새로운 창작물이어야 할 것인데, 기록에 의하면 피고인이 사용한 톰앤제리 캐릭터가 1987. 10. 1. 이전의 캐릭터와 동일성이 유지되지 아니할 정도의 새로운 창작물이라는 점을 인정할 아무런 증거가 없으므로, 이 사건 톰앤제리 캐릭터가 1987. 10. 1. 이후에 창작된 새로운 저작물임을 전제로 하는 논지도 이유 없다.

▷NOTE : 이 사건도 만화영상(애니메이션)저작물의 캐릭터가 저작물성을 가짐을 기본적인 전제로 하고 있다. 이 사건은 외국법인의 저작물에 대한 소급보호(§16-29 이하 참조)가 인정되기 전의 사안에 대한 것으로서 세계저작권협약 발효일인 1987. 10. 1. 이후 줄거리 등에 있어서 새로운 저작물로 볼 수 있는 만화영화 톰앤제리의 연속저작물이 공표된 것을 들어 피고인의 캐릭터 사용이 그 이후에 공표된 만화영화 저작물의 저작권을 침해한 것으로 볼 것인지가 주된 쟁점이 되었다. 비록 만화영화가 이른바 축차저작물(§16-20)로서 새로운 줄거리로 창작되어 새로운 2차적저작물로 볼 수 있는 것이 공표되었다고 하더라도 그것만으로 캐릭터도 당연히 2차적저작물로 창작된 것으로 볼 수는 없다. 즉 캐릭터의 미술적 표현만을 가지고 비교하였을 때 종전의 캐릭터에 비하여 새로운 창작성이 부가된 것으로 인정되어야 2차적저작물이라고 볼 수 있고(§5-9), 그러한 경우에 한하여 그 공표시에 새로운 저작물이 공표된 것으로 보아 보호기간 등을 새롭게 따지는 것이 가능하다고 하겠다. 위 판례는 그러한 관점에 입각한 것으로서 타당한 입장이라 생각된다. 그리고 그러한 법리의 면에서는 '뽀빠이 넥타이' 사건에 관한 일본 최고재 판결의 입장과도 일치하는 것이다.

§6-28

❖서울고등법원 2010. 1. 14. 선고 2009나4116 판결 — "겨울연가 등 캐릭터" 사건

§6-29

〈사실관계〉

피고 1은 일본국 법인의 국내 법인으로 한국에서 '헬로 키티' 캐릭터에 관한 상품화권을 제 3 자에게 허여할 수 있는 권한을 가지고 있고, 피고 2는 2006년경부터 피고 1로부터 한국에서 '헬로 키티' 캐

릭터를 상품화할 수 있는 독점권을 부여받았다.

피고 2는 2005년경부터 헬로 키티 캐릭터에 다양한 의상을 입히거나 소품을 이용하여 변형을 가하여 인형, 손수건, 열쇠고리, 볼펜 등(이하 '피고 제품'이라 한다)을 제조·판매하였다. 또한 피고 2는 그 홈페이지에서 피고 제품에 관하여 "한류 열풍의 주역인 겨울연가, 대장금, 주몽 등 특별한 캐릭터들을 상품화시켜 이미지 변신을 꾀하고 있는데, 이런 멋진 상품들을 파는 매장들은 면세점이나 관광특구 지역에서 판매가 되고 있"다고 취지로 설명하면서 핸드폰줄, 볼펜, 노트 등 상품명칭에 '겨울연가', '황진이', '장금', '주몽', '소서노'를 붙여 온라인 판매를 하였다([그림 51] 참조).

이에, 드라마 겨울연가와 황진이를 제작, 방영한 방송사인 원고 1과 드라마 대장금, 주몽을 제작한 방송사인 원고 2 등은 피고들을 상대로 소송을 제기하면서 여러 가지 청구원인 가운데 하나로 "원고 방송사들은 이 사건 각 드라마의 각 저작권자인바, 피고 데카리오가 위 각 저작물 중 일부인 주인공 캐릭터, 명장면, 주요배경, 의상 등을 위 피고가 제조하는 제품에 임의로 사용하고, 피고 산리오 코리아가 피고 데카리오의 위와 같은 침해행위에 가담 내지 방조함으로써 위 원고들의 위 각 캐릭터 혹은 영상저작물, 사진저작물, 응용미술저작물에 대한 복제권 및 2차적저작물작성권을 침해하였다"고 주장하였다. 다음은 그 중 "캐릭터에 관한 복제권 또는 2차적저작물작성권 침해 여부"의 쟁점에 대한 판단 부분이다.

〈법원의 판단〉

피고 제품이 위 각 드라마 속의 캐릭터를 그대로 복제하거나 이에 의거하여 2차적저작물을 작성함으로써 원고 1, 2의 위 각 캐릭터에 대한 복제권 및 2차적저작물작성권을 침해하였는지에 관하여 본다.

영화나 드라마의 캐릭터는 자신만의 독특한 외양을 가진 배우의 실연에 의하여 표현되며, 등장인

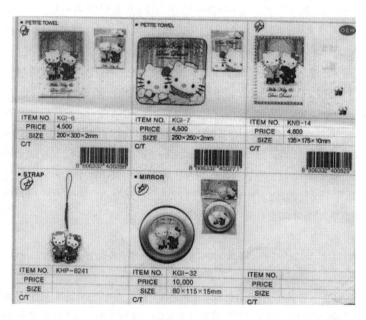

[그림 51]

물의 용모, 행동거지, 명칭, 성격, 목소리, 말투, 상황이나 대사 등을 모두 합한 총체적인 아이덴티티 (identity)를 말하는 것이어서, 시각적 요소가 모두 창작에 의하여 만들어지는 만화나 만화영화의 캐릭터보다는 소설, 희곡 등 어문저작물의 캐릭터에 가깝다고 할 것이다.

따라서, 드라마의 등장인물로부터 위와 같은 속성을 배제한 채 그 명칭이나 복장, 사용하는 소품만을 따로 떼어 낸 캐릭터가 원래의 저작물로부터 독립하여 별도로 저작권에 의하여 보호된다고는 보기 어렵다(이 점에서 시각적 요소가 모두 창작에 의하여 만들어진 만화 캐릭터에 관한 대법원 1999. 5. 14. 선고 99도115 판결, 2005. 4. 29. 선고 2005도70 판결은 이 사안에는 부합하지 아니한다).

이 사건에서, ① 드라마 '겨울연가'의 경우, 남녀 주인공이 위 저작물에서 비로소 창작된 캐릭터이긴 하나, 남녀주인공의 성격 및 주요 줄거리 등과 무관하게, 또한 실제 주연 배우를 배제한 채, 남녀주인공이 극중에서 자주 입었던 의상(긴 코트와 목도리)이나 눈이 오는 풍경 등만으로는 일반적인 연인의 모습과 구별되는 위 각 주인공 캐릭터만의 고유한 특징을 찾아볼 수 없어 이를 독자적인 저작물이라 할 수 없고, ② 드라마 '대장금'의 경우 주인공인 '장금'이라는 인물이 조선시대의 실존 인물이나 의녀[1]라는 것 이외에 전혀 알려진 바가 없어, 성격, 주변 인물, 성공 과정, 수랏간[2] 궁녀로서의 생활 등 주인공에 관한 대부분의 내용이 위 저작물에서 비로소 창작되었으나, 극중 인물의 성격, 주변 인물과의 관계, 에피소드나 줄거리 등과 무관하게, 또한 실제 주연 배우를 배제한 채, 주인공이 입었던 의상, 드라마에 등장한 궁중음식인 '신선로' 등만으로는 위 드라마 이전에 등장하였던 의녀와 구별되는 위 주인공 캐릭터 등만의 고유한 특징을 찾아볼 수 없어 이를 독자적인 저작물이라 할 수 없으며, ③ 드라마 '주몽'의 경우 고구려를 건국한 역사적 인물인 '고주몽'의 일대기를 그린 영상저작물로서, '고주몽'과 그의 부인인 '소서노' 등이 역사적 실존 인물이긴 하지만 구체적인 행적에 관하여 거의 알려진 바가 없어, 주몽의 왕으로서 성장과정, 고구려 건국 과정, 주변 인물과의 관계 등 주인공 캐릭터에 관한 대부분의 내용이 위 저작물에서 창작된 것이나, 이러한 특징들 및 실제 주연 배우들을 배제한 채, 주몽이 입었던 것과 유사한 갑옷, 소서노가 극 중에서 입었던 것과 유사한 의상 등만으로는 타 저작물에서의 장군 등의 모습 등과 구별되는 위 각 캐릭터만의 고유한 특징을 찾아볼 수 없어 이를 독자적인 저작물이라 할 수 없고, ④ 드라마 '황진이'의 경우 조선시대 기녀인 '황진이'가 기녀로 되는 과정, 주변 인물들과의 관계, 황진이의 춤과 거문고 연주 실력, 황진이의 외모와 화려한 복장 및 장신구 등 구체적인 내용들은 모두 위 저작물에서 창작된 것이나, 이러한 특징들 및 실제 주연배우 등을 배제한 채, 극중에서 황진이가 입었던 것과 유사한 한복, 거문고, 큰머리 또는 어여머리[3]를 올린 헤어스타일 등만으로는 조선시대 기녀의 모습을 묘사한 타 저작물과 구별되는 위 캐릭터만의 고유한 특징을 찾아볼 수 없어 이를 독자적인 저작물이라 할 수 없다.

▷NOTE : 드라마 속 등장인물 등의 캐릭터는 시청자들에게 시각적으로 다가오지만 실제 그 등장인물의 시각적인 부분은 저작물이 아니라 실존인물인 연기자(그 연기자의 시각적 부분은 별도로 퍼블   §6-30

---

1 조선시대에 궁중의 내의원에 소속되어 부인들의 질병을 구호 진료하기 위하여 두었던 여자 의원.

2 왕의 수라상(밥상)을 담당하던 곳.

3 조선시대에 부인이 예장(禮裝)할 때 머리에 얹은 다리(月子, 예전에 여자들의 머리숱이 많아 보이라고 덧넣었던 딴 머리)로 된 커다란 머리.

리시티권의 보호대상이 될 수 있다)이고 드라마에 사용되는 소품 등도 반드시 저작물이라고 보기 어려운 것들이 대부분이다. 따라서 애니메이션이 아니고 탤런트, 배우 등이 출연하는 드라마, 영화 등의 경우에는 그 속의 등장인물 등 캐릭터 중 저작권법에 의하여 보호 여부가 문제되는 것은 시각적 캐릭터가 아니라 각본 등에 의하여 부여된 특별한 개성 등을 비롯한 어문적 캐릭터의 성격을 가지는 것이라 할 수 있다(시각적 캐릭터와 어문적 캐릭터의 보호에 있어서의 차이점에 대하여는 §6-11, 12 참조). 이 사건 판결은 그 점을 정확히 지적하면서 등장인물 등 캐릭터의 저작권 보호 가능성을 제한적으로 보고 있는데, 기본적으로 타당한 판시라 생각된다. 참고로 위 판결은 최종적으로 위 사안에 대하여 "부정하게 스스로의 이익을 꾀할 목적으로 타인이 시간과 노력 및 자본을 투입하여 이룩한 성과물을 그로부터 아무런 동의 없이 이용하거나 그 명성에 부당하게 편승하는 행위가 법적으로 보호할 가치가 있는 상대방의 이익을 침해하는 위법한 행위에 해당하여 불법행위가 성립할 수 있다"는 이유로 원고 1, 2(방송사들)의 청구를 일부 받아들이는 결론을 내렸다. 그런 점에서 위 판결은 부정경쟁방지 및 영업비밀 보호에 관한 법률 제 2 조 제 1 호 카목 규정(성과부정사용 금지규정)이 신설, 시행되기 전에, 저작권 침해 등이 성립하지 않는 경우에 어떤 요건하에 민법상의 일반 불법행위가 될 수 있는지에 관한 기준을 제시한 점에서도 의의가 있다(자세한 것은 §3-44-1 참조).[1]

§6-31 　　❖대법원 2000. 10. 24. 선고 99다10813 판결 ― "까레이스키" 사건

　　소설 등에 있어서 추상적인 인물의 유형 혹은 어떤 주제를 다루는 데 있어 전형적으로 수반되는 사건이나 배경 등은 아이디어의 영역에 속하는 것들로서 저작권법에 의한 보호를 받을 수 없다.

§6-32 　　▷NOTE : 위 판결 중 "소설 등에 있어서 추상적인 인물의 유형"이 아이디어의 영역에 속하는 것으로서 저작권법에 의한 보호를 받을 수 없다고 한 것은 어문적 캐릭터의 경우 그것이 구체적이지 않고 추상적일 경우에는 저작권법의 보호대상에서 제외된다는 것을 선언하고 있는 것으로 볼 수 있다. 즉 간단하게나마 앞서 본 미국판례상의 'specificity test'와 유사한 기준을 제시하고 있는 것으로 이해할 수 있다(위 판결의 보다 자세한 내용은 §27-23 참조).

§6-34 　　❖서울중앙지방법원 2008. 6. 11. 선고 2007가합62777 판결 ― "윅더글 덕더글" 사건
　　〈사실관계〉
　　원고는 1980년부터 만화가로 활동하며 '윅더글 덕더글'이라는 만화(이하 '이 사건 만화'라 한다)를 창작한 자이고, 피고는 2003년부터 '점프'라는 무언무술행위극(한다)을 제작하여 상영하고 있는 자이다.
　　원고는 '이 사건 공연' 원고 만화의 주요 캐릭터를 이용한 2차적저작물이라고 주장하면서 저작권 침해를 이유로 한 손해배상청구소송을 제기하였다.

　　〈법원의 판단〉
　　살피건대, 소설 등 작품에 등장하는 캐릭터는 그 자체로는 저작권에 의하여 보호되는 표현에 해당한다고 볼 수 없으나 구체적, 독창성, 복잡성을 가진 등장인물이거나, 다른 등장인물과의 상호과정을

---

1 그 점을 중심으로 한 평석으로, 이숙연, "지적재산권법 체계하에서의 불법행위법의 역할," Law & Technology 제 6 권 제 2 호(통권 제28호), 129면 이하 참조.

통해 사건의 전개과정과 밀접한 관련을 가지면 보호되는 표현에 해당할 수 있고, 그 등장인물이 작품에서 차지하는 비중이 클수록 이를 차용하는 경우 실질적 유사성이 인정될 가능성이 높아진다 할 것이다.

이 사건에서 보건대, 원고가 주장하는 이 사건 만화의 캐릭터 중 가부장적인 아버지의 경우 이 사건 공연에서의 가부장적인 할아버지와 유사하다고 볼 수도 있으나 가부장적인 가장으로서 가족을 통솔하는 성인 남자라는 설정은 유교문화를 바탕으로 하고 있는 국내 다른 창작작품에서도 너무나 흔하게 등장하는 캐릭터라 할 것이어서 저작권법에 의하여 보호될 수 있는 표현이라고 볼 수 없고, 이 사건 만화의 캐릭터 중 여성스럽게 행동하고 싶으나 사실은 말괄량이인 딸들의 경우 이 사건 공연의 캐릭터 중 약혼자 앞에서 여성스럽게 행동하려고 노력하나 무의식적으로 무술실력이 나오는 딸과 유사하다고 보이나 이러한 딸의 특징들은 무술가족을 소재로 한 코미디 장르에서 딸을 등장시킬 경우 딸의 캐릭터로 선택할 수 있는 몇 안 되는 선택가능성 중 하나라는 점을 고려해 볼 때 보호받을 수 있는 표현으로 볼 수 없으며, 이 사건 만화의 캐릭터 중 늘 술을 먹고 무술훈련에도 지각하는 둘째아들의 캐릭터의 경우 위 만화의 둘째아들이 술을 먹는 것과 이 사건 만화의 전개과정이 밀접한 관련이 없는 반면 이 사건 공연의 캐릭터 중 늘 술을 마시고 술에 취해있는 삼촌의 특징은 삼촌이 구사하는 취권과 밀접한 관련이 있다 할 것인데 이 사건 공연이 무술을 이용한 다양한 볼거리를 제공한다는 점에 중점을 두고 있는 이상 필수불가결한 설정이라는 점을 고려해 볼 때 이 사건 만화와는 단지 술을 마시고 늘 술에 취해있다는 점 외에는 유사하다고 볼 수 없다.

▷NOTE : 이 사건은 유명 만화가(원고)의 만화작품 속의 등장인물이 문제가 되었다는 점에서 언뜻 생각하면 시각적 캐릭터에 대한 사건으로 생각된다. 그러나 피고가 무언무술행위극을 제작하여 상영하고 있는 회사로서 원고 만화 속의 시각적 캐릭터를 복제하는 등으로 이용한 바는 없고 등장인물의 성격 등 어문적인 요소를 이용한 것이 문제 된 경우이므로, 결과적으로 소설 등의 어문저작물의 등장인물과 마찬가지로 어문적 캐릭터의 보호 여부에 대한 문제로 다루어지게 된 것이다. 이 판결에서 보호 여부의 판단기준으로 제시한 부분은 미국 판례 상의 specificity test(특이성 기준) 및 story being told test('이야기 그 자체' 기준) 등(§6-12 참조)과 약간의 유사성을 가지고 있는 것으로 보인다. 다만 그 가운데 "다른 등장인물과의 상호작용을 통해 사건의 전개과정과 밀접한 관련을 가지면 보호되는 표현에 해당할 수 있다"고 한 것은 소설 등에 있어서 비문언적 표현의 보호범위에 "사건의 전개과정과 등장인물들 간의 상호작용의 발전 등 요소"가 포함될 수 있다고 보는 입장(우리나라의 판례에서도 널리 수용된 '유형이론'[1])이 더욱 중요하게 고려된 것으로 생각된다. 이러한 입장은 하나의 등장인물만으로 저작권법의 보호를 받는 창작성 있는 표현에 해당한다고 보기가 쉽지 않다는 것을 전제로 하는 면이 있다. 이 사건의 경우에는 실제로 일종의 '집합적 캐릭터'(§6-12-2 참조)가 문제된 면이 있어 위 판결에서 인정한 바와 달리, 원고 만화의 모든 주요 등장인물들과 피고 연극의 그것의 여러 가지 설정이 특별한 상이점 없이 일치하는 경우라면, 저작권침해가 인정될 수도 있었을 것으로 생각된다.

§6-35

---

1 본서 제8장 제1절 II. 1. (3) (대 2)(§27-16) 참조.

§3-31

❖대법원 2003. 10. 23. 선고 2002도446 판결 ― "달마시안" 사건

　　원심은, 이 사건 공소사실 중, 피고인들이 미국 디즈니 엔터프라이즈 인크(Disney Enterprises Inc.)가 창작한 저작물인 "101마리 달마시안(Dalmatian)"에 등장하는 달마시안과 동일 내지 극히 유사한 개 모양을 부착한 원단을 저작권자인 위 회사로부터 저작물의 복제에 관한 허락을 받음이 없이 생산, 판매하거나 소지하는 등으로 위 회사의 위 저작물에 대한 저작재산권을 침해하였다는 요지의 공소사실에 대하여, 달마시안 종의 개 101마리라는 설정과 이에 따른 101이라는 숫자 및 달마시안 무늬로 만든 디자인으로 표현된 위 회사의 저작물은 자연계에 존재하는 달마시안 종 일반을 연상시키는 것이 아니라 오로지 위 회사가 창작한 만화영화 속 주인공인 101마리의 달마시안 종의 개만을 연상하게 하며, 달마시안 종의 개가 원래 자연계에 존재한다고는 하지만 위 회사는 달마시안 종의 개에게 만화주인공으로서만이 가질 수 있는 독특한 사랑스러움과 친숙함 등을 느낄 수 있도록 도안함으로써 저작권법에서 요구하는 창작성의 요건을 갖추었으므로, 이는 창작성이 있는 저작물로서 저작권법의 보호대상이 되고, 제 1 심이 채용한 증거들에 의하면 피고인들이 만화영화 속의 달마시안과 실질적으로 유사한 개의 모양을 각 섬유직물의 원단 등에 복제하여 판매 등을 한 사실을 인정할 수 있으므로, 피고인들의 이러한 행위는 저작재산권 침해행위에 해당된다 하여, 피고인들에 대한 위 공소사실 부분에 대하여 유죄를 선고하였는바, 위 법리와 기록에 의하여 살펴보면, 원심의 위와 같은 판단은 수긍이 가고, 거기에 상고이유의 주장과 같은 채증법칙 위배로 인한 사실오인, 저작권법의 보호대상인 저작물에 관한 법리오해의 위법이 없다.

　　▷NOTE : 위 판결은 대법원이 탑 브레이드 사건(§6-22)보다 앞서 처음으로 캐릭터의 법적 보호를 긍정한 사례이다. 위 판결에서 원심 판결을 인용한 부분 가운데 "만화주인공으로서만이 가질 수 있는 독특한 사랑스러움과 친숙함 등을 느낄 수 있도록"이라고 표현한 부분이 캐릭터에 대한 본질설(§6-10)의 영향을 받은 듯한 느낌을 갖게 하는 면이 없지 않으나, 그것이 분명하다고는 할 수 없고, 이후의 대법원 판례에서는 본질설의 영향을 찾아볼 수 없다.

§3-16

❖서울중앙지방법원 2012. 9. 10.자 2012카합534 결정 ― "알라딘" 사건

〈사실관계〉

　　A(신청인)는 2003년 경 'X'라는 아케이드 게임을 개발하고 그 게임을 위한 게임기를 제작하여 판매하였다. 그 게임에는 (1) 말, (2) 양탄자와 마법램프, (3) 불꽃, (4) 보물동굴 등의 캐릭터가 포함되어 있었는데, 그것은 모두 신청인이 창작하였다. 그런데 그 후 B(피신청인)가 'Y' 및 'Z'라는 아케이드 게임물과 그 게임기를 제작, 판매하기 시작하였는데, 이 게임물 속에 A가 창작한 게임의 캐릭터들과 유사한 말, 양탄자와 마법램프, 불꽃, 보물동굴 등의 캐릭터가 삽입되어 있었다. 이에 A는 B가 자신이 창작한 캐릭터에 대한 저작권을 침해하였다고 하면서 B의 게임물 및 게임기 제작, 판매 등의 중지를 구하는 가처분신청을 제기하였다.

〈법원의 판단〉

　　저작권법에 의하여 보호되는 저작물이기 위하여는 인간의 사상 또는 감정을 표현한 창작물이어야

할 것인바, 만화, 텔레비전, 영화, 신문, 잡지 등 대중이 접하는 매체를 통하여 등장하는 인물, 동물 등의 형상과 명칭을 뜻하는 캐릭터의 경우 그 인물, 동물 등의 생김새, 동작 등의 시각적 표현에 작성자의 창조적 개성이 드러나 있으면 원저작물과 별개로 저작권법에 의하여 보호되는 저작물이 될 수 있다(대법원 2003. 10. 23. 선고 2002도446 판결 등 참조).

신청인(A)의 X 등 아케이드 게임물에 사용되고 있는 캐릭터 중 (1) '말' 캐릭터([그림 52] 참조)는 앞발을 들고 일어서 있는 말의 역동적인 모습을 형상화한 것이고, (2) '양탄자와 마법램프' 캐릭터는 '알라딘과 요술램프' 이야기에 등장하는 하늘을 나는 붉은 양탄자 위에 황금색의 마법램프가 올려져 있는 장면을 형상화했으며, (3) '불꽃' 캐릭터는 불꽃을 내부부터 파란색, 연두색, 노란색, 붉은 색의 순으로 묘사하고 불꽃 주위를 뾰죽뾰죽하게 처리하면서 윗 부분에 몇 점의 불티가 날아오르는 모습을 그려 넣음으로써 불꽃이 활활 타오르는 듯한 모습을 형상화했고, (4) '보물동굴' 캐릭터는 쌓여있는 보물을 배경으로 배의 머리 부분에 용 형상이 조각된 황금색의 배를 형상화한 것으로서, 각 '알라딘과 요술램프' 또는 기타 고전들을 연상시키는 소재들을 개성적으로 도안함으로써 작성자의 창조적 개성이 드러나 있으므로, 원저작물인 게임물과 별개로 저작권법의 보호대상이 되는 저작물에 해당한다고 할 것이다.

[그림 52]

▷NOTE : 위 결정은 게임 캐릭터의 독자적 보호를 긍정한 대법원 판례('실황야구' 사건, §6-38)의 입장을 수용하여 신청인의 게임 속 캐릭터들이 저작물로서 원저작물인 게임물과 별도로 보호될 수 있음을 긍정하였다. 나아가 법원은 B(피신청인)가 A(신청인)로부터 그 캐릭터들에 대한 이용허락을 받지 않고, 그 저작재산권자가 아닌 제3자(C)로부터 이용허락을 받은 후 색상 등에 미세한 변경만 가하여 사용한 것이 A의 캐릭터들에 대한 저작재산권(복제권 및 배포권)을 침해한 것에 해당한다고 보아 신청인의 가처분신청을 받아들였다. 이것은 법원이 게임 속의 캐릭터가 원저작물인 게임물(X)과는 별도로 저작권보호의 대상이 된다고 전제한 다음, 두 캐릭터 사이의 실질적 유사성 등도 인정함으로써 그 저작재산권 침해를 인정한 첫 사례라는 점에서 주목할 만한 사례이다.

4. 보호의 범위

§6-36   캐릭터가 독자적인 저작물로 보호된다고 할 때 그 보호의 범위를 어떻게 파악할 것인지가 문제이다. 위에서 이미 살펴본 바와 같이 캐릭터라는 말에는 만화, 영화, 소설 등에 등장하는 인물, 동물, 물건 등의 특징, 성격, 생김새, 명칭, 도안, 특이한 동작 그리고 더 나아가서 작가나 배우가 특수한 성격을 부여하여 묘사한 인물 등의 요소가 포함되는 것으로서 그 중에서는 아이디어/표현 이분법에 비추어 볼 때 아이디어의 영역에 속하는 것도 있고 표현의 영역에 속하는 것도 있을 것이나 그 중에서 저작권법의 보호는 표현의 영역에 한하여 주어지는 것이므로 아이디어의 영역에 속하는 것은 보호범위에서 제외되어야 한다.[1]

나아가 아이디어의 구체적 표현에 창작성이 인정되지 않는 것도 당연히 보호범위에서 제외되어야 한다. 시각적 캐릭터의 경우에 최소한의 창작성은 인정되는 경우가 대부분이어서 그것을 그대로 가져다 복제하여 이용하는 것에 대하여 저작권침해를 인정하는 데는 별 문제가 없으나, 그것과 유사한 점이 있는 별도의 캐릭터를 다른 회사에서 만든 경우에는 침해 여부를 개별적으로 신중하게 판단할 필요가 있다. 그 때, 예를 들어 '귀여운 야구선수'나 '작고 귀여운 이미지의 흰색 토끼'라고 하는 아이디어가 보호되지 않음은 물론이고, 그것의 표현에 있어서도 캐릭터 등의 표현에서 관용적으로 행해지는 것이라고 생각되는 것(예를 들어 신체부위를 2등신 정도의 비율로 나누어 머리의 크기를 과장하고 얼굴의 모습을 부각시킨 것 등, §6-38 및 §6-40-1 참조)은 창작성을 인정받기 어려워 보호대상에서 제외될 것이다. 특히 동물 캐릭터의 경우 실제 동물의 형상과 유사하게 묘사된 부분은 창작성을 인정받기 쉽지 않을 것이다.[2] '시각적 캐릭터'라고 하지만 그 가운데는 전적으로 시각적인 표현만으로 구성된 만화의 등장인물 캐릭터와 같은, 미술저작물로서의 캐릭터가 있는가 하면, 영화와 같이 동영상으로 표현되어 동작이나 말투, 음성 등이 결합되어 있는 영상저작물로서의 캐릭터(이 경우는 '시청각적 캐릭터'라는 표현이 보다 적합할 수 있다)도 있는데, 후자의 경우에

---

1 그런 점에서 007 영화의 주인공인 '제임스 본드' 캐릭터의 보호와 관련하여, 제임스 본드와 본드걸의 느낌을 풍기는 남녀 배우를 자동차 광고의 모델로 하여 선루프를 제거하는 기능을 활용함으로써 악당을 물리치는 모습을 담은 광고를 제작하여 사용한 Honda 자동차회사의 행위를 제임스 본드 캐릭터에 대한 저작권 침해로 인정한 미국 판례[Metro-Goldwyn-Mayer, Inc. v. American Honda Motor Co., Inc. 900 F. Supp. 1287 (C.D. Cal. 1995).]는 그 보호범위를 아이디어의 영역에까지 확장한 부당한 판결이라 생각된다. 반면에 '슈퍼맨' 캐릭터에 대하여 '특이성 기준'으로 판단하여 보호대상이 될 만큼 충분히 구체적으로 개발된 것으로 인정하였지만, 피고의 작품은 원고의 '슈퍼맨' 캐릭터의 창작적 표현이 아니라 그 아이디어를 이용한 데 불과한 것으로 보아 침해를 인정하지 않은 사례가 있어 위 사건과 대조를 보인다. Warner Bros., Inc. v. American Broadcasting Companies. Inc. 530 F.Supp. 1187, 1193-1195(D.C.N.Y., 1982)]

2 한 예로, '미피와 부토' 사건에 대한 서울중앙지방법원 2012. 8. 28.자 2012카합330 결정(§6-40-1)은 "귀가 위쪽으로 쫑긋하게 세워져 있는 것은 토끼라는 동물의 특성상 필연적으로 유사하게 표현될 수밖에 없는 것"이라는 이유로 그 점이 유사하다는 것만으로 실질적 유사성을 인정할 수 없다고 보았다.

는 시각적 표현의 창작성 외에 말투 등의 청각적 표현에 있어서의 창작성도 보호범위에 포함될
수 있음을 유의하여야 한다.

소설 주인공 등 어문적 캐릭터의 독자적 보호가능성은 집합적 캐릭터(§6-12-1)의 경우를 제외
하면 극히 제한적이지만 그 보호가 인정된다고 하더라도 그 캐릭터에 저작자의 창조적 개성이 반
영된 매우 특징적인 부분을 이용한 경우가 아닌 한 캐릭터 저작권의 침해로 인정하여서는 아니
될 것이다. 질투심이 많은 남편, 권모술수에 능한 냉혹한 정치가, 가난하지만 의협심 많은 청년,
지혜로운 미모의 여왕 등의 경우는 물론이고, 여성스럽게 행동하고 싶지만 말괄량이이고 무술고
수여서 자기도 모르게 무술실력이 발휘되는 소녀나 늘 술에 취해 있지만 무술실력이 좋아 '취권'
을 구사하는 남자 등(§6-35 참조)도 각각 아이디어의 영역에 해당하므로 집합적 캐릭터의 보호 문
제는 별론으로 하고, 개별적 캐릭터의 그러한 성격들은 보호대상에 포함되지 않는 것으로 보아야
할 것이다.

캐릭터 상품화 사업을 하는 입장에서는 저작권법에서 보호의 대상으로 인정하는 것 외에도
그 캐릭터를 연상시키는 모든 것이 보호의 대상이 되기를 바랄 것이나 저작권법은 그 자체의 법
리에 따라 창작성 있는 표현만을 보호하는 원칙을 캐릭터의 경우에도 관철할 수밖에 없다.

그 외에 실제적으로 보호 여부가 문제되는 것은 캐릭터의 명칭에 대한 것이다. 캐릭터의 명 §6-37
칭을 함부로 다른 상품 등에 이용하는 것은 캐릭터 상품화 사업을 수행하는 권리자의 입장에서는
그 이익을 크게 침해받는 것으로 생각될 수 있다. 그러나 뒤에서 보는 바와 같이 저작물의 제호
는 저작물로서의 보호대상이 아닌 것으로 보므로 캐릭터의 명칭이라고 하여 보호대상으로 인정
할 수는 없을 것이다. 대법원도 만화의 등장인물(캐릭터)의 이름이기도 한 만화제명인 '또복이'에
대하여 사상 또는 감정의 창작적 표현이라고 볼 수 없다는 이유로 그 저작물성을 부정하는 결론
을 내린 바 있다.[1]

판 례

❖대법원 2010. 2. 11. 선고 2007다63409 판결 — "실황야구" 사건 §6-38
저작권법에 의하여 보호되는 저작물이기 위하여는 인간의 사상 또는 감정을 표현한 창작물이어야
할 것인바, 만화, 텔레비전, 영화, 신문, 잡지 등 대중이 접하는 매체를 통하여 등장하는 인물, 동물 등
의 형상과 명칭을 뜻하는 캐릭터의 경우 그 인물, 동물 등의 생김새, 동작 등의 시각적 표현에 작성자
의 창조적 개성이 드러나 있으면 원저작물과 별개로 저작권법에 의하여 보호되는 저작물이 될 수 있다
(대법원 2003. 10. 23. 선고 2002도446 판결, 대법원 2005. 4. 29. 선고 2005도70 판결 등 참조).

1 대법원 1977. 7. 12. 선고 77다90 판결.

위 법리와 기록에 비추어 살펴보면, 야구를 소재로 한 게임물인 판시 '실황야구'에 등장하는 '실황 야구' 캐릭터는 야구선수 또는 심판에게 만화 속 등장인물과 같은 귀여운 이미지를 느낄 수 있도록 인물 의 모습을 개성적으로 도안함으로써 저작권법이 요구하는 창작성의 요건을 갖추었으므로, 이는 창작성 이 있는 저작물로서 원저작물인 게임물과 별개로 저작권법의 보호대상이 될 수 있고, 한편 위 '실황야구' 상품화가 이루어졌는지 여부는 저작권법에 의한 보호 여부를 판단함에 있어서 고려할 사항이 아니다.

그럼에도 불구하고 원심이 캐릭터라 함은 일정한 이름, 용모, 역할 등의 특징을 가진 등장인물이 반복하여 묘사됨으로써, 각각의 표현을 떠나 일반인의 머릿 속에 형성된 일종의 이미지로서 표현과는 대비된다는 전제에서, 위 '실황야구' 캐릭터가 상품화 과정을 거쳐 독자적인 저작물성을 인정할 정도에 이르지 않았다는 이유로 독립된 저작권법의 보호대상으로 보기에는 부족하다고 판단한 것은 잘못이라 할 것이다. (중략)

피고 주식회사 ○○○이 제작한 야구를 소재로 한 게임물인 원심 판시 '신야구'에 등장하는 '신야 구' 캐릭터는 '실황야구' 캐릭터와, 귀여운 이미지의 야구선수 캐릭터라는 아이디어에 기초하여 각 신체 부위를 2등신 정도의 비율로 나누어 머리의 크기를 과장하고 얼굴의 모습을 부각시키되 다른 신체 부 위의 모습은 과감하게 생략하거나 단순하게 표현하는 한편, 역동성을 표현하기 위해 다리를 생략하되 발을 실제 비율보다 크게 표현한 점 및 각 캐릭터의 야구게임 중 역할에 필요한 장비의 모양, 타격과 투구 등 정지 동작의 표현 등에 있어 유사한 면이 있다. 그러나 이와 같은 표현은 '실황야구' 캐릭터가 출시되기 이전에 이미 만화, 게임, 인형 등에서 귀여운 이미지의 어린아이 같은 캐릭터들을 표현하는 데에 흔히 사용되었던 것이거나 야구를 소재로 한 게임물의 특성상 필연적으로 유사하게 표현될 수밖 에 없는 것이라 할 것이므로, 위와 같은 유사점들만으로는 양 캐릭터의 창작적 표현형식이 실질적으로 유사하다고 할 수 없는 반면, '실황야구' 캐릭터 저작자의 창조적 개성이 가장 잘 드러난 부분인 얼굴 내 이목구비의 생김새와 표정 및 신발의 구체적인 디자인 등에서 원심 판시와 같은 상당한 차이가 있 어, 양 캐릭터 사이에 실질적 유사성이 인정되지 아니하므로, '신야구' 캐릭터가 '실황야구' 캐릭터를 복

원고의 실황야구 캐릭터   피고의 신야구 캐릭터

[그림 53]

제한 것이라고 볼 수 없음은 물론 '실황야구' 캐릭터의 2차적저작물에 해당한다고도 볼 수 없다.

▷NOTE : 이 판결은 먼저 시각적 캐릭터의 경우 그 시각적 표현에 창작성이 있으면 원저작물과 §6-39
별개로 저작권법에 의하여 보호되는 저작물이 될 수 있다고 한 점에서 대법원이 처음으로 분명하게 캐
릭터의 독자적 보호를 긍정하는 입장을 표명한 것이라고 할 수 있다. 그러나 캐릭터의 시각적 표현에
있어서의 창작성에만 초점을 맞추고 있고 원심 판결에서 캐릭터의 의미와 관련하여 본질설과 유사한
입장을 취한 것을 배척하고 있는 점에 비추어볼 때, 본서에서 제시한 입장(§6-10, 11 참조)과 같이, 소
위 '본질설'에 기한 것이 아니라 '분리관찰설'에 기한 독자적 보호 긍정설의 입장이라 생각된다. 나아가
그 보호범위에 있어서도 다른 저작물과 같이, 아이디어에 해당하거나 창작성이 없는 부분은 제외하고
창작성이 있는 표현에 해당하는 부분만 보호됨을 분명하게 밝히고 있다.

❖대구지방법원 2008. 7. 31.자 2008카합286 결정 — "무대리" 사건 §6-40
〈사실관계〉
피고가 요리주점 체인 사업의 영업에 광고 목적 등으로 사용한 '무대리'([그림 55])가 원고의 만화
속에 나오는 무대리 캐릭터([그림 54])의 저작재산권을 침해한 것인지가 문제된 사안이다.

〈법원의 판단〉
(4) 양 캐릭터 사이에 실질적 유사성이 있는지에 대하여
㈎ 판단의 기준과 대상
저작권의 보호대상은 학문과 예술에 관하여 사람의 정신적 노력에 의하여 얻어진 사상 또는 감정
을 말, 문자, 음, 색 등에 의하여 구체적으로 외부에 표현한 창작적인 표현형식이고, 표현되어 있는 내
용 즉 아이디어나 이론 등의 사상 및 감정 그 자체는 설사 그것이 독창성, 신규성이 있다 하더라도 원
칙적으로 저작권 보호대상이 되지 않는 것이므로, 저작권의 침해 여부를 가리기 위하여 두 저작물 사
이에 실질적인 유사성이 있는가의 여부를 판단함에 있어서도 창작적인 표현형식에 해당하는 것만을 가
지고 대비하여야 할 것이다(대법원 1993. 6. 8. 선고 93다3073, 93다3080 판결 참조).
또한 채무자가 사용하는 이 사건 각 도안 중에는 대상 캐릭터만을 표시한 것과 대상 캐릭터와 '무
대리' 명칭을 함께 표시한 것이 있는데, 후자의 경우 '무대리' 명칭을 함께 표시함으로써 대상 캐릭터에
대하여 무대리 캐릭터와 동일하거나 유사하다는 인상을 주는 효과가 있고, 이로 인하여 채무자의 '무대
리' 요리주점 체인사업의 고객 흡입력이 향상될 것이라고 예상되나, 만화의 제호나 그 만화에 등장하는

[그림 54]

[그림 55]

주인공의 명칭에 불과한 '무대리' 명칭 자체는 사상 또는 감정의 표현이라고 보기 어려워 저작물로서 보호받을 수 없으므로, 대리 캐릭터의 실질적 유사성을 대비함에 있어서는 '무대리' 명칭을 표시하는 부분을 제외한 시각적 표현물인 대상 캐릭터만을 비교의 대상으로 한다.

(나) 양 캐릭터의 대비

먼저 무대리 캐릭터와 대상 캐릭터는 자연 상태의 인간의 신체를 사실적으로 묘사한 것이 아니라 머리가 몸통에 비해서 상대적으로 크고 3등신에 가까우며, 둥글 넙적한 얼굴에서 눈과 입이 가장 부각되어 과장된 표정을 짓고, 덥수룩한 머리에 팔과 다리가 짧고 통통하며, 서류철을 들고 있다는 유사점이 있다.

그러나 이러한 유사점은 화이트칼라에 속하는 직장인이라는 아이디어에 기초하여 만화 지면 혹은 도안의 크기를 고려하여 캐릭터를 최대한 단순하게 만들고, 이를 적절히 표현하기 위하여 머리의 크기를 과장하고, 눈과 입을 크게 하며, 다른 신체부위인 손과 발을 단순하고 짧게 표현한 데서 기인한 것으로 보이고, 서류철을 들고 있는 캐릭터 역시 회사원임을 나타내는 전형적인 형태라고 보아야 할 것이므로, 위와 같이 아이디어를 표현하는 방법에 있어 기술적인 또는 개념적인 제약 때문에 표현방법에 한계가 있는 경우나 시각적 캐릭터의 설정에 있어 전형적으로 수반되는 표현 등은 저작권법에 의한 보호대상이 될 수 없다.

또한, 무대리 캐릭터와 대상 캐릭터는 머리카락의 모양(무대리 캐릭터의 경우 복슬복슬한 더벅머리에 정수리 부분만 뒤쪽 혹은 옆으로 뾰족하게 세워져 있고, 머리카락 중 빛에 반사된 모양이 하얀색으로 선명하게 대비되어 표현된 데 비해, 대상 캐릭터의 경우 더벅머리이긴 하나 전체적으로 날카롭게 표현되어 앞쪽으로 뻗어 있고, 머리카락 중 빛에 반사된 모양이 선명하지 않고 회색으로 표현되어 있다), 복장(무대리 캐릭터가 주로 양복을 입고 있는 단정한 모습을 표현한 데 비해, 대상 캐릭터는 거의 옷을 벗은 상태에서 하트무늬가 들어간 팬티를 입고 넥타이만을 걸친 상태여서 무대리 캐릭터와 같은 깔끔한 인상을 주지 못한다), 표정(무대리 캐릭터의 경우 둥글 넙적한 얼굴에 익살스럽고 귀여운 표정을 하여 전체적으로 어리숙하지만 친근감이 느껴지고, 대상 캐릭터의 경우 머리카락의 모양이나 눈의 모양 등이 전체적으로 날카롭게 처리되어 무대리 캐릭터와 같은 귀엽고 친숙한 느낌을 주지 못한다) 등 구체적인 캐릭터의 묘사에서도 차이가 있으므로, 앞서 본 바와 같은 유사점만으로는 각 캐릭터의 창작적 표현이 실질적으로 유사하다고 보기 어렵다.

(다) 소 결 론

따라서 무대리 캐릭터와 대상 캐릭터는 그 보호받는 표현이 실질적으로 유사하지 아니하므로, 채무자의 대상 캐릭터가 채권자의 무대리 캐릭터에 대한 저작권을 침해하지 않는다.

▷NOTE : 이 판결은 캐릭터가 보호된다 하더라도 그 보호범위에 캐릭터의 명칭은 포함되지 않는 것이 원칙임을 분명하게 선언하고 있다. 나아가 그 캐릭터의 창작성 있는 표현만이 보호범위가 된다는 원칙(그와 관련하여 합체의 원칙 — §3-35 — 및 필수장면의 원칙 — §3-38 — 도 원용되고 있다)을 구체적으로 적용한 사례의 하나라는 점에서 참고가치가 있다.

❖서울중앙지방법원 2012. 8. 28.자 2012카합330 결정 — "미피와 부토" 사건 §6-40

가. '미피' 캐릭터의 저작물성 인정 여부

저작권법에 의하여 보호되는 저작물이기 위하여는 인간의 사상 또는 감정을 표현한 창작물이어야할 것인바, 만화, 텔레비전, 영화, 신문, 잡지 등 대중이 접하는 매체를 통하여 등장하는 인물, 동물 등의 형상과 명칭을 뜻하는 캐릭터의 경우 그 인물, 동물 등의 생김새, 동작 등의 시각적 표현에 작성자의 창조적 개성이 드러나 있으면 원저작물과 별개로 저작권법에 의하여 보호되는 저작물이 될 수 있다(대법원 2010. 2. 11. 선고 2007다63409 판결 참조).

이 사건에 관하여 보건대, '미피' 캐릭터는 별지1 목록 표시([그림 56])와 같이 외형적으로 모나지않은 둥근 모양의 얼굴 및 귀, 반짝이는 작고 까만 점으로 표시된 눈, 위쪽으로 쫑긋한 귀, X자 모양의입, 짧고 간결하게 표현된 팔다리, 얼굴 부분이 전체 크기의 1/2 정도를 차지하여 몸과 팔다리에 비하여 얼굴이 강조된 모습으로 표현되어 있는바, 이는 단순한 선과 색을 사용하여 흰색의 작고 귀여운 토끼 이미지를 느낄 수 있도록 하는 특징적인 표현으로서 작성자의 창조적 개성이 드러나 있으므로, '미피' 캐릭터는 저작권법에 의하여 보호되는 저작물에 해당한다(피신청인도 이 점에 대해서는 명시적으로 다투지 않고 있다).

나. '미피' 캐릭터와 '부토' 캐릭터([그림 57]) 사이의 실질적 유사 여부

다른 사람의 저작물을 무단히 복제하게 되면 복제권의 침해가 되고 이 경우 저작물을 원형 그대로복제하지 아니하고 다소의 수정·증감이나 변경이 가하여진 것이라고 하더라도 새로운 창작성을 더하지 아니한 정도이면 복제로 보아야 한다. 한편, 저작권법 소정의 2차적 저작물로 보호받기 위하여는 원저작물을 기초로 하되 원저작물과 실질적 유사성을 유지하고 이것에 사회통념상 새로운 저작물이 될수 있을 정도의 수정·증감을 가하여 새로운 창작성을 부가하여야 하는 것이므로, 어떤 저작물이 기존의 저작물을 다소 이용하였더라도 기존의 저작물과 실질적인 유사성이 없는 별개의 독립적인 신 저작물이 되었다면, 이는 창작으로서 기존의 저작물의 저작권을 침해한 것이 되지 아니한다. 그리고 저작권법이 보호하는 것은 인간의 사상 또는 감정을 말·문자·음·색 등에 의하여 구체적으로 외부에 표현하는 창작적인 표현형식이므로, 복제권 또는 2차적 저작물 작성권의 침해 여부를 가리기 위하여 두 저작

[그림 56]

[그림 57]

물 사이에 실질적 유사성이 있는가의 여부를 판단함에 있어서는 창작적인 표현형식에 해당하는 것만을 가지고 대비하여야 한다(대법원 2010. 2. 11. 선고 2007다63409 판결 참조).

위 법리에 따라 '미피' 캐릭터와 '부토' 캐릭터의 각 모습을 비교하여 보건대, 양자는 모두 '작고 귀여운 이미지의 흰색 토끼'라는 아이디어에 기초하여 각 신체 부위를 2 등신 정도의 비율로 나누어 머리의 크기를 과장하고 얼굴의 모습을 부각시키되 팔다리 등 다른 신체 부위의 모습은 과감하게 생략하거나 단순하게 표현한 점, 얼굴 및 귀가 둥근 모양을 하고 있고 귀가 위쪽으로 쫑긋하게 세워져 있는 점, 두 눈이 작고 까만 점으로 표시되어 있는 점 등에 있어서 유사한 면이 있다.

그러나 이와 같은 표현은 '미피' 캐릭터가 별록1 목록 표시와 같은 모습을 갖추게 된 1990년경 이전에 이미 만화, 게임, 인형 등에서 귀여운 이미지의 동물 캐릭터들을 표현하는 데에 흔히 사용되었던 것들이고 특히 귀가 위쪽으로 쫑긋하게 세워져 있는 것은 토끼라는 동물의 특성상 필연적으로 유사하게 표현될 수밖에 없는 것이어서 위와 같은 유사점들만으로는 양 캐릭터의 창작적 표현형식이 실질적으로 유사하다고 단정하기 어렵고, '미피' 캐릭터나 '부토' 캐릭터와 같이 단순화의 정도가 큰 캐릭터는 다양하게 표현할 수 있는 방법이 상대적으로 제한되어 있어 일정한 표현상의 차이점만으로 실질적 유사성을 부인할 수 있게 될 여지가 크므로, 이러한 점을 고려하여 '부토' 캐릭터가 창작적 미감의 표현에 있어 '미피' 캐릭터와 실질적으로 유사한지 여부를 신체 부위별로 살펴보기로 한다.

1) 먼저 '미피' 캐릭터 저작자의 창조적 개성이 가장 잘 드러난 부분인 얼굴 내 이 목구비의 생김새에 관하여 보건대, '미피' 캐릭터는 코가 생략되어 있는 대신에 입이 X 자 모양으로 표현되어 있고 두 개의 귀가 미세한 간격을 둔 채로 위쪽으로 길게 솟아 있는 반면에, '부토' 캐릭터는 코가 Y자 모양으로 표현되어 있는 대신에 입이 목도리에 가려져 보이지 않는 것으로 표현되어 있고 두 개의 귀는 아랫부분이 서로 맞닿아 있으며 마치 두 귀가 합쳐져 하트(♡) 모양을 이루는 것과 같은 모습을 띠고 있다('미피' 캐릭터를 상품화한 봉제인형 중에는 두 귀 사이에 간격이 없는 것도 있으나, 그 경우에도 두 귀가 '부토' 캐릭터처럼 하트 모양을 이루지는 않는다).

2) 다음으로 몸체 부위의 생김새에 관하여 보건대, '미피' 캐릭터는 몸체 및 팔다리가 목 부분을 중심으로 사방으로 뻗어있는 듯한 모습을 띠고 있는 반면에, '부토' 캐릭터는 머리와 몸체가 위아래 방향으로 거의 일직선을 이루고 있다. 또한, '미피' 캐릭터는 거의 대부분 의상을 착용하여 동물의 의인화가 두드러질 뿐 아니라 목도리를 두르고 있는 경우에도 목도리가 입을 가리지 않는 반면에, '부토' 캐릭터는 다른 의상을 착용하지 않은 채 비교적 굵고 색상이 있는 목도리만을 두르고 있고 위 목도리가 얼굴 부분과 몸체 부분을 가르는 기준 역할을 할 뿐 아니라 입을 가리는 것으로 표현되어 있다.

이상에서 살펴본 '미피' 캐릭터와 '부토' 캐릭터의 신체 부위별 표현형식에 있어서의 차이점을 종합적으로 고려해 보면, 위와 같은 구체적 차이는 각 개별적으로는 미세한 차이에 불과할지라도 그 미세한 차이들의 조합이 캐릭터의 전체적인 미감에 상당한 차이를 가져온다고 볼 수 있으므로, 결국 양 캐릭터는 실질적으로 유사하다고 보기 어렵고, '부토' 캐릭터는 '미피' 캐릭터와는 별개의 창작성 있는 저작물에 해당한다고 봄이 상당하다.

▷NOTE : 위 판결의 사안 및 판결이유는 앞서 본 '실황야구' 사건 대법원 판결(§6-38)과 유사한 점이 많다. "단순화의 정도가 큰 캐릭터는 다양하게 표현할 수 있는 방법이 상대적으로 제한되어 있어

일정한 표현상의 차이점만으로 실질적 유사성을 부인할 수 있게 될 여지가 크다"고 판시한 부분은 '합체의 원칙'(§3-35)과 관련성이 있으나, 캐릭터가 기능적 저작물은 아니라는 점을 감안하여, 합체의 원칙에 따라 그 저작물성을 부정하기보다, 저작물성을 인정하되, 그 보호범위를 제한하는 방향을 취한 것으로 볼 수 있다. 한편, 위 판결에서 '전체적인 미감'이라는 용어를 사용한 것은 외관이론 및 청중테스트(§27-28)와 관련된 것으로 볼 수 있다.

5. 캐릭터의 보호기간

저작물의 보호기간에 대하여는 저작권법 제39조 내지 제44조에서 자세히 규정하고 있으므로 (§16-1 이하 참조) 그에 따라 정하면 될 것이다. 다만, 여러 가지 서로 다른 규정을 적용하게 되는 몇 가지 변수가 있는데, 그것은 업무상 저작물, 영상저작물, 계속적 간행물 등에의 해당 여부 등이다. 캐릭터가 업무상 저작물이거나 영상저작물에 해당할 경우에는 공표시로부터 50년(2013. 7. 1. 부터는 70년)의 보호기간이 적용되고(§16-16, 17 참조) 업무상 저작물도 아니고 영상저작물도 아닐 경우에는 저작자 사망 후 50년(2013. 7. 1. 부터는 70년)의 보호기간이 적용된다(법 제39조, 제41조, 제42조). 예컨대 만화를 원작으로 하는 애니메이션 영화가 만들어져 캐릭터가 미술저작물서의 성격과 함께 2차적저작물로서의 영상저작물로서의 성격도 가지게 된 경우에는 그 가운데 미술저작물로서의 성격을 가진 부분은 그 저작자 사망 후 50년(2013. 7. 1. 부터는 70년)간 보호되고, 영상저작물에 새로이 부가된 창작적 표현의 부분은 그 공표시로부터 50년(2013. 7. 1. 부터는 70년)간만 보호되게 된다.

§6-41

한편, 계속적 간행물과 관련하여 저작권법은 이 때 그 "공표시기는 책·호 또는 회 등으로 공표하는 저작물의 경우에는 매책·매호 또는 매회 등의 공표 시로 하고, 일부분씩 순차적으로 공표하여 완성하는 저작물의 경우에는 최종부분의 공표 시로 한다"고 규정하고 있는바(법 제43조 제1항; §16-19 이하 참조), 만화 캐릭터의 경우에 이 규정이 어떻게 적용될 것인지가 문제이다. 그 중 일부분씩 순차적으로 공표하여 마지막에 최종 완성하는 이른바 '순차저작물'(§16-21)의 경우가 아닌 매회 완결적으로 구성되는 '축차저작물'(§16-20)의 경우에는 최초로 그 등장인물의 그림이 게재된 회의 만화 등이 공표된 시점이 그 공표시점이라고 보아야 한다고 하는 설명[1]이 있으나 그 점은 순차저작물의 경우도 마찬가지인 것으로 보아야 할 것이다. 즉, 순차저작물의 경우라 하더라도 최초로 해당 등장인물이 게재된 회의 만화 등이 공표된 시점에서 '미술저작물'로서의 캐릭터는 공표된 것으로 볼 수 있고, 최종적으로 완결되는 시점이라고 하는 것은 어문저작물로서의 성격을 가지는 '줄거리' 등의 부분에 대한 것이므로 그러한 어문저작물의 이야기 줄거리가 완결되기를 기다려 미술저작물인 캐릭터의 공표시점을 그 때로 인정할 필요는 없을 것이기 때문이다.

§6-42

---

1 오승종·이해완, 전게서, 158면.

캐릭터의 발전에 따른 보호기간의 연장 문제에 대하여는 위에서 이미 살펴본 바와 같이(§6-28) 특히 시각적 캐릭터의 경우 그 미술적 표현 등에 있어서 2차적저작물로 인정할 만한 정도의 '새로운 창작성'이 부가된 것으로 인정할 수 있는 경우에 그 2차적저작물로서 부가된 창작성의 부분에 한하여 새로이 보호기간이 진행될 수 있는 것으로 보아야 할 것이고, 막연히 아이디어의 영역에 속하는 개념적인 요소까지 포함하여 캐릭터가 발전, 성장하였다는 등의 이유로 보호기간의 연장을 인정하여서는 아니 된다.

6. 다른 지적재산권법에 의한 캐릭터 보호

§6-44 위에서 본 바와 같이 시각적 캐릭터는 창작성이 부정되지 않는 한 저작물로 인정되어 비교적 강력한 보호를 받을 수 있음을 알 수 있다. 그러나 저작권법의 목적은 상품이나 영업주체의 표지를 보호하는 데 있는 것은 아니고 캐릭터의 명칭 등은 저작물로 인정되지 않으므로 캐릭터의 명칭을 함부로 사용하는 경우에도 이를 저작권법에 의하여 문제 삼을 수 없다는 것(§6-37 참조)은 중대한 한계이다. 그러한 상품이나 영업주체의 표지에 대한 보호는 결국 상표법이나 부정경쟁방지 및 영업비밀 보호에 관한 법률(이하 '부정경쟁방지법'이라고 약칭함)의 몫이다.

캐릭터의 형상 또는 명칭은 당연히 상표법상 등록을 받음으로써 상표법에 의한 보호를 받을 수 있고, '주지성' 등의 일정한 요건을 갖춘 경우에 부정경쟁방지법에 의하여도 보호될 수 있다. 다만, 부정경쟁방지법의 적용에 있어서는 다음의 판례에서 보는 바와 같이 그 요건 해석에 있어서 유의할 점이 있다.

 판 례

§6-45 ❖대법원 1996. 9. 6. 선고 96도139 판결

만화, 텔레비전, 영화, 신문, 잡지 등 대중이 접하는 매체를 통하여 등장하는 가공적인 또는 실재하는 인물, 동물 등의 형상과 명칭을 뜻하는 이른바 캐릭터(character)는 그것이 가지고 있는 고객흡인력 때문에 이를 상품에 이용하는 상품화(이른바 캐릭터 머천다이징, character merchandising)가 이루어지게 되는 것이고, 상표처럼 상품의 출처를 표시하는 것을 그 본질적인 기능으로 하는 것은 아니어서, 캐릭터 자체가 널리 알려져 있다고 하더라도 그것이 상품화된 경우에 곧바로 타인의 상품임을 표시한 표지로 되거나 그러한 표지로서도 널리 알려진 상태에 이르게 되는 것은 아니라고 할 것이므로, 캐릭터가 상품화되어 부정경쟁방지법 제 2 조 제 1 호 가목에 규정된 국내에 널리 인식된 타인의 상품임을 표시한 표지가 되기 위하여는 <u>캐릭터 자체가 국내에 널리 알려져 있는</u> 것만으로는 부족하고, 그 캐릭터에 대한 상품화 사업이 이루어지고 이에 대한 지속적인 선전, 광고 및 품질관리 등으로 그 캐릭터가 이를 상품화할 수 있는 권리를 가진 자의 상품표지이거나 위 상품화권자와 그로부터 상품화 계약에 따라 캐

릭터사용허락을 받은 사용권자 및 재사용권자 등 그 캐릭터에 관한 상품화 사업을 영위하는 집단
(group)의 상품표지로서 수요자들에게 널리 인식되어 있을 것을 요한다.

한편, 캐릭터에 대하여는 디자인보호법에 의한 보호도 주어질 수 있다. 디자인이라 함은 물품 §6-46
의 형상, 모양, 색채 또는 이들을 결합한 것으로서 시각을 통하여 미감을 일으키는 것을 말한다(디
자인보호법 제 2 조). 캐릭터도 디자인등록의 요건을 갖추고 디자인등록을 하면 디자인보호법을 통하
여 보호를 받을 수 있다. 그러나 디자인권을 취득하기 위해서는 공업상 이용가능성, 신규성, 진보
성의 요건을 갖추어야 하고, 상표와 마찬가지로 등록을 해야 권리가 발생한다. 보호기간은 20년으
로서 저작권이 저작자 생존중과 사후 50년(2013. 7. 1. 부터는 70년)까지 보호되는 데 비해 극히 짧다.

Ⅱ. 저작물의 제호

책, 노래, 영화 등 저작물의 제호는 그 자체로서 저작권법상의 저작물로 보호되는 것인가? 프 §6-47
랑스 저작권법 제112조의4는 저작물의 제호를 저작권법의 보호대상으로 명시하는 규정을 두고
있고 다른 몇몇 입법례도 이를 따르고 있으나, 우리나라의 판례,[1] 학설[2]은 일반적으로 미국이나
일본[3]의 경우와 마찬가지로 저작물의 제호에 대하여는 그것이 저작물의 표지에 불과하고 사상
또는 감정의 창작적인 표현이라고 보기 어렵다는 등의 이유로 그 저작물성을 부정하고 있다.

다만 그 논거에 있어서는 그것이 저작물의 표지로서 사상 또는 감정의 표현이라고 보기는 어 §6-48
렵다는 것에 중점을 두는 입장과 일반적으로 창작성이 없다고 보는 입장 사이에 미묘한 차이가
있다. 후자의 입장을 취할 경우에는 제호의 보호가 절대적으로 부정되는 것이 아니라 그 길이나

---

1 대법원 1996. 8. 23. 선고 96다273 판결('크라운출판사' 사건) : "저작권법에 의하여 보호되는 저작물이라 함은 문학·
학술 또는 예술에 속하는 것으로서 사상 또는 감정을 창작적으로 표현한 것을 말하므로, 어문 저작물인 서적 중 저작
자의 사상 또는 감정을 창작적으로 표현한 부분이라고 볼 수 없는 단순한 서적의 제호나 저작자 또는 출판사의 상호
등은 저작물로서 보호받을 수 없다."
　서울지방법원 1998. 5. 22. 선고 97가합71789 판결('무역노트' 사건) : 이 사건에서 무역노트라는 제호는 사상이나
감정을 창작적으로 표현한 것으로 볼 수 없어 저작물로서 보호받을 수 없다고 할 것이어서(초보자와 함께 하는 무역
노트를 전체적으로 놓고 보더라도 그 저작물성을 인정할 수 없음은 마찬가지이다), 위 제호가 저작물에 해당함을 전
제로 한 원고의 위 주장은 더 나아가 살펴 볼 필요 없이 이유 없다.
　서울고등법원 1991. 9. 5. 선고 91라79 결정('애마부인' 사건) : "일반적으로 저작물의 제호 자체는 저작물의 표지에
불과하고 독립된 사상, 감정의 창작적 표현이라고 보기 어려워 저작물로서의 조건을 구비하지 못하고 있으므로 소설
의 제호는 저작물로서 보호받을 수 없다."
　서울민사지방법원 1990. 9. 20. 선고 89가합62247 판결('행복은 성적순이 아니잖아요' 사건) : 사상이나 감정의 표현
이라고 볼 수 없어서 저작권의 보호대상이 될 수 없는 이건 무용극의 "행복은 성적순이 아니잖아요"라는 제명이 이건
영화 및 소설의 제명과 동일하다 해서 막바로 저작권침해가 될 수는 없다.
2 예컨대 황적인·정순희·최현호, 전게서, 143면.
3 金井重彦·小倉秀夫 編著, 전게서 [小倉秀夫 집필부분], 191~192면 참조.

창작성의 정도 등에 따라 예외적으로 보호를 인정할 수도 있게 된다. 생각건대 어문저작물 중 소설이나 시 등의 경우에는 저작자가 제호를 단순히 자신의 저작물에 대한 기술(記述)적 표시가 아니라 은유적인 표현기법을 동원하여 그 자체가 문학적 표현의 중요한 구성부분이 될 수 있도록 제호를 작성하는 경우도 있을 수 있음을 감안하여야 할 것이라고 생각된다. 그러한 경우에 단지 제호라는 이유만으로 창작성 여부를 따지지 않고 그 복제 등으로부터 일체 보호하지 않는다는 것이 과연 타당한 것인지는 의문이다.1 예를 들어 어떤 시인이 짧은 시를 쓰면서 제목은 이례적으로 길고 독창적인 제목을 붙여 놓은 경우에, 다른 시인이 역시 아주 짧은 시를 쓰면서 그 제목 부분을 그대로 표절하여 마치 자신의 시적 표현의 일부인 것처럼 사용하였을 경우를 가정해 보면, 제호의 보호를 그 창작성의 유무를 따지지 않고 절대적으로 부정할 경우 초래되는 문제점도 있을 수 있음을 이해할 수 있을 것이다.

그러한 관점에서 제호의 저작물성을 절대적으로 부정하는 입장에서 제시하는 근거들을 비판적으로 검토해 보기로 한다. 먼저, 일부 판례가 "제호는 사상 또는 감정의 표현이라고 볼 수 없다"고 판시한 것에 대하여 살펴보면, 대법원 판결에서 하나의 고유명사로 지어진 '또복이'를 그렇게 본 것은 이해할 수 있지만, 하나의 문장으로 구성된 "행복은 성적순이 아니잖아요"를 그렇게 본 하급심판결의 입장은 수긍하기 어렵다. 비록 창작성은 인정되지 않더라도 사상 또는 감정2의 표현인 것은 명백하다고 보아야 할 것이다. 따라서 제호에 사용되었다는 이유로 언제나 사상 또는 감정의 표현이 아니라고 보는 것은 수긍하기 어렵다.3

다음으로 제호에 대하여 "일반적으로 사상 또는 감정의 창작적 표현이라고 볼 수 없다"고 한 판례의 입장에 대하여 살펴보면, 그러한 명제 자체는 타당하지만(위에서 예로 든 "행복은 성적순이 아니잖아요"라는 제호도 그렇고, 지금까지의 판례에서 문제된 제호들에 대한 구체적 판단의 면에서 그 창작성을 부정하는 것이 타당하지 않았던 것으로 보이는 사안은 아직 없었던 것으로 보인다), 그것을 제호에 대한 저작권 보호를 예외 없이 절대적으로 부정하여야 하는 이유나 근거로 삼을 수는 없다. 즉 제호의 경우는 대개 짧은 몇 개의 단어 등으로 구성되어 있는 경우가 많아 그 창작성을 인정받을 수 없는 경우가 거의 대부분일 것으로 생각되지만, 제호가 충분히 길고 독특하여 창작성을 인정받을 수 있는 가능성을 전적으로 배제할 수는 없다. 일본의 학자들 가운데, 일본에서 발달해 온 단시 장르로서 세상에서 가장 짧은 시라고 불리는 '하이쿠(俳句)'4와 유사한 것이 제호에 들어가 있는 경우를 가

---

1 同旨 서달주, 전게서, 118~121면.
2 사상이나 감정이라고 하여 반드시 철학적이거나 심리학적 개념으로 좁게 해석할 것이 아니라 단순한 '생각이나 기분' 정도의 넓은 의미로 파악해야 할 것이라는 점은 앞에서 본 바와 같다(§3-22).
3 同旨 정상조·박준석, 지적재산권법(제 2 판), 홍문사, 2011, 272면.
4 마쓰오 바쇼의 하이쿠인 "오래된 연못, 개구리 뛰어드는 물소리", "두 사람의 삶, 그 가운데 활짝 핀 벚꽃이여" 등과 료칸의 하이쿠인 "도둑이 남겨두고 갔구나. 창에 걸린 달", 마쓰에 시게요시의 "처음부터 벌어져 피는구나 눈꽃은" 등

정한 다음, 그러한 경우에는 제호에도 창작성을 인정할 수 있을 것으로 보는 견해를 표명하는 경우들이 있다.[1]

나아가 위와 같은 하이쿠보다 더 긴 제목을 짓는 것도 작가의 자유로운 선택에 맡겨져 있는 문제일 뿐이다. 따라서 일부 판례가 제호의 저작물성 부정의 이유로 제시한 위와 같은 근거는 그 보호 부정의 절대적 근거가 될 수 없고, 오히려, 제호의 보호에 대한 '원칙적 부정＋예외적 긍정'의 입장을 정당화하는 근거를 제공한 것으로 보아야 할 것이다.

끝으로 저작물성의 요건과는 다른 차원의 정책적 이유를 제시하는 견해도 있다. 표지로서의 성격을 가지는 제호 자체에 대하여 저작권 보호를 인정할 경우에는 그 저작물을 지칭하기 위해 제호를 말이나 글로 표시하는 경우에도 복제권 침해 등의 문제가 있게 되어 부당하다는 취지의 주장[2]이 그것이다. 그러나 그러한 경우에는 앞에서 예를 든 표절의 경우와 달리, 대개 공표된 저작물의 정당한 인용 등 저작재산권 제한사유에 해당하는 것으로 볼 수 있을 것이므로, 별다른 문제가 없을 뿐만 아니라,[3] 그러한 고려가 입법화되어 있지 않은 상황에서 창작성 있는 제호의 보호를 부정하는 것은 해석론의 한계를 넘는 것이기도 하다.

이상의 논의를 통해, 제호를 저작물로서 보호할지 여부는 사안마다 구체적·개별적으로 그 창작성의 유무를 심사한 결과에 따라 판단할 문제로 보아야 하고, 일률적으로 그 저작물성을 부정하는 것은 타당하지 않음을 알 수 있다.[4] 그리고 그 창작성 유무의 판단에 있어서 다른 특별한 법리가 도입되어야 할 이유는 없으므로, 앞서 어문저작물에 대한 부분에서 언급한 단문(短文)에 대한 창작성 인정 여부의 판단기준(§4-4 참조)과 동일하게 판단하면 되는 것으로 보아야 할 것이다. 그렇게 할 경우에도 통상 제호의 길이가 아주 짧거나 저작물의 내용을 설명하는 문구로 구성된 경우가 많다는 점에서, 일반적으로는 제호만으로 저작물로서의 보호를 인정하기 어렵다고 할 수 있을 것이고, 그 길이가 충분히 길고 표현적인 특색이 강하여 창조적 개성을 인정할 수 있는 예외적인 경우에 한하여 제호만으로도 저작물로서의 보호를 받을 수 있는 것으로 보게 되므로, 제호에 대한 보호를 너무 느슨하게 인정하는 것이라 할 수는 없을 것이다.[5]

을 생각해 볼 수 있다.

1 中山信弘, 著作權法, 有斐閣, 2007, 71면; 加戶守行, 著作權法逐條講義(五訂新版), 著作權情報センター, 2006, 21면 등. 우리나라 하급심 판결 중에 작가 이외수의 짧은 트윗글에 대하여 창작성을 인정한 사례(§4-5-2 참조)가 있는데, 이외수씨가 그런 트윗글 중 하나를 제호로 사용하여 책을 내었다고 가정해 볼 수도 있다. 미국에서도 한 문장으로 된 "지옥에 방이 없다면 … 사자(死者)는 이 세상을 걸어 다닐 것이다"라는 영화광고속 문구의 복제를 복제권 침해로 인정한 사례가 있는데(§27-11 각주 참조), 광고문구로 사용되기 이전에 어떤 작가가 그 문구를 처음 작성하여 책 제목으로 사용하였다고 가정하면, 그 작가가 광고문구로 사용한 회사에 대하여 복제권침해를 주장할 수 있다고 보아야 하지 않을까.

2 金井重彦·小倉秀夫編著, 전게서(2000), [小倉秀夫 집필부분], 192면.

3 同旨 中山信弘, 전게서, 71~72면.

4 同旨 정상조·박준석, 전게서, 272면.

5 박성호, 전게서, 148면도 본서의 입장과 유사하다. 그러나 제호의 보호를 인정하는 규정을 둔 나라(프랑스 등)에서도

여기서 제호의 보호에 대한 대법원 판례의 입장을 정확하게 짚어볼 필요가 있다. 대법원은 1977년에 '또복이' 사건에서 등장인물의 이름이기도 한 만화의 제호 '또복이'가 "사상 또는 감정의 창작적 표현이라고 볼 수 없다"는 이유로 그 저작물성을 부정하는 결론을 내린 바 있으나(대법원 1977. 7. 12. 선고 77다90 판결; §6-37 참조), 1996년에 '크라운출판사' 사건에서는 "저작권법에 의하여 보호되는 저작물이라 함은 문학·학술 또는 예술에 속하는 것으로서 사상 또는 감정을 창작적으로 표현한 것을 말하므로, 어문저작물인 서적 중 저작자의 사상 또는 감정을 창작적으로 표현한 부분이라고 볼 수 없는 단순한 서적의 제호나 저작자 또는 출판사의 상호 등은 저작물로서 보호받을 수 없다"고 판시한 바 있다(대법원 1996. 8. 23. 선고 96다273 판결; §6-47 각주 참조). '또복이'라는 한 단어의 조어만으로는 사상 또는 감정의 표현이라고 보기 어려울 수 있어 대법원 판결이 위와 같이 판시한 것을 수긍할 수 있다는 것은 위에서 언급한 바와 같다. '크라운출판사' 사건도 사안은 유사하지만, 이때는 대법원이 그것이 '사상 또는 감정의 표현'이 아니라고 하여 간단히 결론을 내리지 않고 제호 등의 보호 여부에 대한 일반적인 법리를 선언하는 방향을 선택하였다. 즉 이 사건에서 대법원은 '창작성'을 포함한 저작물성의 요건을 전체적으로 언급한 다음, '단순한 서적의 제호' 등에 대하여는 그러한 저작물성의 요건을 갖춘 것으로 볼 수 없다는 이유로 그 보호를 부정하는 결론을 내림으로써, 제호의 보호 여부에 대하여는 다른 특별한 법리를 생각하거나 따질 필요 없이, 저작물성의 요건을 가지고 판단하면 될 것이라는 취지를 표명하고 있는 셈이다. 나아가 "서적의 제호는 창작성이 없다"고 판시한 것이 아니라 "창작성이 없는, 서적의 제호"는 저작물로 보호를 받을 수 없다는 문장 구조를 취하고 있고, '서적의 제호' 앞에 '단순한'이라는 제한적 문구를 붙임으로써, '단순한 제호'는 저작물성을 인정하기 어렵지만, 예외적으로 단순하지 않고 특별하여 창작성이 인정될 수 있는 제호에 대하여는 보호의 가능성이 있음을 암시하고 있다고 할 수 있다. 따라서 대법원 판례의 입장은 제호의 보호에 대한 절대적 부정설의 입장이라기보다는 원칙적 부정(및 예외적 긍정)의 입장에 가까운 것으로 보는 것이 타당하지 않을까 생각된다.

그 보호는 예외적으로 이루어지고 있음을 감안할 때, 그러한 규정조차 없는 우리나라에서 너무 느슨하게 보호를 인정하여서는 안 될 것이라는 점을 강조하면서, "저작물의 제호가 이례적으로 길거나 매우 특별한 독창적인 노력의 성과물이라고 인정되는 경우에 한하여 예외적으로 그 저작물성을 인정받을 수 있을 뿐이라고 해석하는 것이 타당할 것"이라는 견해를 밝히고 있다. 만약 제호라는 이유로 창작성 인정의 문턱을 특별히 더 높여야 한다는 취지를 내포하고 있다면(그 점은 분명하지 않은 것으로 보이지만), 그렇게 할 필요는 없고 제호에 대하여도 단문(短文)에 대하여 창작성 심사를 신중하고 까다롭게 하여야 한다는 원칙을 그대로 적용하면 된다고 보는 본서의 입장(3판에서 처음으로 이 점을 명확히 하는 서술을 하였다)과 약간의 차이가 있다고 할 수 있다.

📖 **판 례**

❖ 서울남부지방법원 2005. 3. 18. 선고 2004 가단 31955 판결 — "불타는 빙벽" 사건[1]   §6-49

어문저작물인 서적 중 제호 자체는 저작물의 표지에 불과하고 독립된 사상, 감정의 창작적 표현이라고 보기 어려워 저작물로서 보호받을 수 없으므로(대법원 1996. 8. 23. 선고 96다273 판결, 대법원 1977. 7. 12. 선고 77다90 판결, 서울고등법원 1991. 9. 5. 선고 91라79 판결 참조), 이 사건 제호 역시 저작물로 보호받을 수 없다 할 것이다. 또한 설사 현대 사회에서 제호가 갖는 사회적·경제적 중요성 등을 고려하여 제호의 저작물성을 일률적으로 부인하지 않고 제호 중 창작적 사상 또는 감정을 충분히 표현한 것을 선별하여 독립된 저작물로 보호하는 입장에 선다고 하더라도, 완성된 문장의 형태가 아닌 불과 두 개의 단어로만 구성되어 있는 이 사건 제호가 독자적으로 특정의 사상이나 감정 혹은 기타의 정보를 충분히 표현한 것으로 보기 어려우므로, 이 사건 제호가 저작물임을 전제로 하는 원고의 주위적 청구는 더 나아가 살펴 볼 필요 없이 이유 없다.

▷NOTE : 위 판결은 비록 1심 판결이지만, 그 가정적 판단에서 본서와 같은 입장을 전제로 판단하여 저작물의 제호도 경우에 따라서는 그 자체가 저작물로 인정될 수 있는 여지를 열어놓은 최초의 판결이라는 점에서 주목된다.[2]

한편, '내가 제일 잘 나가'라는 제호("이 사건 제호")의 대중가요("이 사건 가요")를 작사, 작곡한 신청인이 "내가 제일 잘 나가사끼 짬뽕"이라는 문구를 사용하여 인터넷 포털사이트 등에서 라면 광고를 한 피신청인을 상대로 위 제호 자체가 자신의 저작물인데 피신청인이 그에 대한 복제권 등을 침해하였다고 주장하면서 위 문구에 대한 사용금지 등 가처분을 신청한 사건에서, 서울중앙지방법원 2012. 7. 23.자 2012카합996 결정도 '불타는 빙벽' 사건 판결의 위와 같은 순차적 판단구조를 그대로 차용함으로써 가정적 판단(방론)으로나마 제호의 예외적 보호가능성을 전제로 하여 그 창작성 유무에 대한 쟁점으로 들어가 "이 사건 제호는 '내가 인기를 많이 얻거나 사회적으로 성공하였다'는 단순한 내용을 표현한 것으로서 그 문구가 짧고 의미도 단순하여 어떤 보호할 만한 독창적인 표현형식이 포함되어 있다고 보기 어려우므로, 비록 이 사건 가요에 이 사건 제호와 동일한 가사가 반복되어 나온다 하더라도 그것만으로 이 사건 제호가 저작물로 보호되는 것은 아니다"라고 설시한 바 있다.

❖ 서울서부지방법원 2012. 7. 13.자 2012카합710 결정 — "바보처럼 공부하고 천재처럼 꿈꿔라" 사건   §6-49-1

〈사건의 개요〉

반기문 UN사무총장에 대한 책인 '바보처럼 공부하고 천재처럼 꿈꿔라"라는 제호의 책(신청인 서적)과 유사한 부분이 많은 책을 '바보처럼 공부하고 천재처럼 꿈꿔라 시즌2'라는 제호로 펴낸 것(피신청인 서적)이 신청인 서적에 대한 저작권의 침해인지가 문제된 사건이다.

〈법원의 판단〉

이 사건 제호는 이 사건 저작물을 나타내는 상징적인 표현으로 이 사건 저작물의 주요 부분이라

---

1 한국저작권판례집 10권, 222면 이하 참조.
2 최성준, "서적류의 제호와 저작권 및 상표권," TECHNOLOGY 제 2 권 제 5 호(2006. 9), 서울대학교 기술과 법센터, 2006년, 196면.

할 것인데, 피신청인 서적은 이 사건 제호를 그대로 사용하고 있는 점, 별지 2목록 비교표와 같이 피신청인 서적에는 신청인이 창작하여 이 사건 저작물에 포함된 다양한 에피소드에 관한 표현 및 기술방식 등이 매우 유사하게 기재되어 있는 점, 위 유사 부분의 분량이 전체 서적에서 상당한 부분을 차지하고 있는 점 등을 고려하면, 피고 서적은 이 사건 저작물과 실질적으로 유사한 것으로 보인다.

▷NOTE : 위 판결은 제호만을 따로 떼어서 그 보호 여부를 판단한 것은 아니지만, 제호를 "저작물의 주요 부분"이라고 인정한 것에 비추어보면, 위 제호 자체의 보호를 긍정하는 취지를 내포하고 있는 것이 아닐까 생각된다.

§6-50   그런데 제호는 위와 같은 이유로 저작권법상 제호 자체를 다른 사람이 함부로 복제 기타의 방법으로 이용하지 못하도록 하는 뜻에서의 '외적 보호'를 받기는 쉽지 않지만, 다른 한편에서 저작물의 내용을 함축하는 적절한 제호를 선정하기 위한 저작자의 의식적 선택이 반영되어 있고 그에 따라 저작물의 내용과 밀접한 관련을 맺는다는 점을 감안하면 제 3 자의 저작물 이용시 그 제호를 함부로 변경할 수 없도록 하는 의미에서의 '내적 보호'는 주어져야 마땅한 것이라 할 수 있다. 저작권법상 그러한 '내적 보호'를 위한 규정이 바로 저작인격권의 일종으로 동일성유지권을 인정한 제13조의 규정이다. 이 규정은 "저작자는 그의 저작물의 내용·형식 및 제호의 동일성을 유지할 권리를 가진다"고 하여 저작물의 내용, 형식 외에 저작물의 제호도 동일성유지권의 객체에 포함하여 보호할 것임을 분명히 하고 있다(자세한 것은 §12-74 이하 참조).

§6-51   한편, 제호는 표지보호법의 성격을 가지는 상표법이나 부정경쟁방지법에 의한 보호를 받을 수 있는 가능성이 있다. 그러나 그러한 법률들에 의하여 잡지 등 정기간행물의 제호를 상품주체 또는 영업주체의 표지로서 비교적 강하게 보호함에는 큰 문제가 없으나, 단행본 등의 경우에 지나치게 강한 표지 보호를 인정할 경우에는 문제의 소지도 없지 않다. 특히 상표법의 경우 계속적인 등록 갱신으로 저작권 보호기간이 만료한 이후에도 계속 상표권이 주어질 수 있어서 저작물은 공중의 영역(public domain)에 들어갔음에도 그 제호에 대하여는 배타적 권리 영역으로 남아 있는 모순이 생길 수 있다. 또한 어떤 책의 출판권을 가진 자가 그 책의 제호에 대한 상표권자가 별도로 존재함으로 인해 책을 출판하는 데 장애를 만나는 경우가 있을 수도 있다. 이러한 점에서 제호의 상표 등록을 인정하더라도 그 효력이 미치는 범위를 제한적으로 해석할 필요성이 있다 할 것인데, "녹정기" 사건에 관한 아래의 대법원 판례는 바로 그러한 점을 감안하여 상표법 제51조의 규정을 원용함으로써 그 효력 범위를 제한하고자 한 판례이다.[1] 다만 대법원은 "영어공부 절대로 하지 마라" 사건에 대한 판결(§6-53)에서 보듯이 정기간행물이나 시리즈물의 제호로 사용하

---

1 오승종·이해완, 전게서, 167면 참조.

는 경우를 예외로 취급하고 있다.

 **판 례**

❖대법원 1995. 9. 26. 선고 95다3381 판결 — "녹정기" 사건　　　　　　　　§6-52

〈사실관계〉

신청외 A가 중국작가인 김용이 저작한 "녹정기(鹿鼎記)"의 번역을 완성함으로써 2차적저작물인 이 사건 녹정기에 대한 저작권을 취득한 후 그 저작재산권을 1987. 3. 31.자 계약에 의하여 신청인에게 양도하였으나 신청인이 이에 대한 등록을 하지 아니한 사이에 위 저작재산권 양도사실을 모르는 피신청인이 1992. 7. 30.경 위 A와 위 녹정기를 일부 수정, 가필하여 다시 출판하기로 하는 출판권설정계약을 체결하고 그 등록까지 마친 후 똑같은 '녹정기(鹿鼎記)'라는 제호로 출판을 하였다. 한편, 신청인은 그 전에 위 서적의 제호인 '녹정기(鹿鼎記)'를 상품구분 052류 서적 외 1건으로 하여 특허청에 상표등록을 해 둔 바 있다. 이에 신청인은 피신청인을 상대로 저작재산권 침해와 상표권 침해를 주장하면서 침해금지 가처분신청을 하였다. 이에 대하여 법원은 먼저 저작재산권에 기한 청구에 대하여는 그 양도등록을 하지 않아 제 3 자인 피신청인에 대하여 이를 주장할 수 없다는 이유로 배척하고, 상표권 침해 주장에 대하여는 다음과 같은 이유로 역시 그 주장을 배척하였다.

〈법원의 판단〉

서적의 제호는 그것이 보통 일반적으로 사용되는 것이 아니고 그 저작물의 내용을 직접 표시하는 것이 아닌 한은 서적이나 필름 등의 상표로서 사용되는 경우에는 다른 상품과 식별하는 능력이 있고 출처 표시로서의 기능도 있으나, 이들 문자도 서적류의 제호로서 사용되는 경우에는 그것은 당연히 <u>해당 저작물의 창작물로서의 명칭 내지 그 내용을 나타내는 것이며,</u> 그러한 창작물을 출판하고 제조 판매하고자 하는 자는 저작권법에 저촉되지 않는 한은 누구든지 사용할 수 있는 것으로서 품질을 나타내는 보통명칭 또는 관용상표와 같은 성격을 가지는 것이므로, 제호로서의 사용에 대하여는 상표법 제51조의 규정에 의하여 상표권의 효력이 미치지 않는다.

❖대법원 2005. 8. 25. 선고 2005다22770 판결 — "영어공부 절대로 하지 마라" 사건　　§6-53

서적류의 제호는 특별한 사정이 없는 한 해당 저작물의 창작물로서의 명칭 내지는 그 내용을 함축적으로 나타내는 것이며 그러한 창작물을 출판하고 제조, 판매하고자 하는 자는 저작권법에 저촉되지 않는 한은 누구든지 사용할 수 있는 것으로서 품질을 나타내는 보통명칭 또는 관용상표와 같은 성격을 가지는 것이므로 제호로서의 사용에 대하여는 상표법 제51조의 규정에 의하여 상표권의 효력이 미치지 않는 것이 원칙이기는 하나(대법원 1995. 9. 26. 선고 95다3381 판결 참조), 타인의 등록상표를 정기간행물이나 시리즈 물의 제호로 사용하는 등 특별한 경우에는 사용 태양, 사용자의 의도, 사용경위 등 구체적 사정에 따라 실제 거래계에서 제호의 사용이 서적의 출처를 표시하는 식별표지로서 인식될 수도 있으므로, 그러한 경우까지 상표권의 효력이 미치지 않는 것으로 볼 수는 없다.

Ⅲ. 글자체의 보호

1. 서 설

(1) 글자체의 개념

§6-54 글자체는 영어로는 타이프페이스(typeface : typographical design)라 하며, 일반적으로 '한 벌의 문자·서체 등에 대하여 독특한 형태의 디자인을 한 것'을 말하고, 용어상으로는 '디자인 서체', '활자용 서체', '인쇄용 서체', '자형', '글자꼴' 또는 단순히 '서체' 등으로도 부르기도 하는데, 디자 인보호법에서 '글자체'라는 단어를 법률상의 용어로 채택하였으므로 본서에서도 이를 따른다. 글자체는 글자 하나하나를 가리키는 것이 아니라, 글자들간에 조화를 이루도록 만들어진 한 벌의 글자들(a set of letters, numbers or symbolic characters)을 의미한다.[1]

글자체를 협의로 파악할 때는 '인쇄기술적 방법(any graphic technique)에 의한 것'만 그 개념 에 포함되는 것으로 보는 예도 있으나,[2] 이것은 이미 오늘날의 출판현실에 비추어 볼 때 적절한 개념규정이라고 할 수 없으므로, 이 글에서는 그 개념을 광의로 파악하여 인쇄기술적 방법 이외 의 방법인 컴퓨터 등에 의하여 구현된 것도 위 개념 범위에 포함되는 것으로 본다. 그 제작과정 에서 서예가 활용된 것도 글자체의 개념에 포함될 수 있으나, 순수한 서예작품 자체는 글자체의 개념에 포함되지 않는 것으로 본다.[3]

---

1 한승헌, 정보화시대의 저작권(3訂版), 나남출판, 1996, 271면.

2 이 경우는 인쇄기술적 방법 이외의 방법인 서예 또는 컴퓨터 등에 의한 것을 제외하게 된다. '타이프페이스의 보호 및 그 국제기탁에 관한 빈협정' 및 서독 활자체보호법, 영국 저작권법은 이러한 협의의 글자체를 보호대상으로 규정 하고 있다. 박문석, 멀티미디어와 현대 저작권법, 지식산업사, 208면 참조.

3 이와 관련하여 판례가 서예작품으로 보아 글자체의 경우와 달리 취급한 사례들을 살펴보면 다음과 같다. 먼저, 대학에 서 서예과 교수로 재직중인 원고가 서예가로서 궁체에 대비되는 일반 백성들의 글씨체에 바탕을 두고 글씨체가 독특 하며 개성이 있는 민체를 연구하고 체계화하여 이를 작품화하여 오던 중 1994년 5월경 서울 예술의 전당에서 열린 제7회 한국서예청년작가전에 민체로 작품화한 '춘향가'를 출품하였는데, 피고들이 그 '춘향가' 중 '축제'라는 글자를 영 화와 소설의 홍보물 등에 이용하면서 원고들로부터 허락을 받지 않은 것이 문제가 된 이른바 '축제' 사건에 대한 서울 고등법원 1997. 9. 24. 선고 97나15236 판결(대법원 1998. 1. 26. 선고 97다49565 판결(심리불속행 상고기각)에 의하 여 확정됨)은 "원고가 쓴 위 '춘향가'의 서체는 원고의 사상 또는 감정 등을 창작적으로 표현한 지적·문화적 정신활동 의 소산(所産)으로서 하나의 독립적인 예술적 특성과 가치를 가지는 창작물이라 할 것이므로, 원고는 이 사건 글자를 포함한 위 '춘향가'의 서체에 대하여 저작재산권과 저작인격권을 취득하였다 할 것"이라고 판시하였다. 위 판결은 위 와 같이 독특하게 개발한 글씨체에 의한 작품도 인쇄용 글자체로 개발된 것이 아니라 서예전에 출품된 작품으로 작성 된 것임을 감안하여 순수예술의 일종인 서예 작품에 해당하는 것으로 보아 그 자체로 저작권보호가 주어질 수 있다고 본 것이라 할 수 있다. 또한 최근의 서울중앙지방법원 2018. 4. 13. 선고 2017가단5055851 판결은 "이 사건 캘리그라 피는 미술저작물 중 서예(저작권법 제4조 제1항 제4호)로서의 법적 성격을 가짐과 동시에 응용미술저작물(저작권 법 제2조 제15호)의 성격도 아울러 가진다고 할 것이다. 응용미술저작물로 볼 경우 이 사건 캘리그라피는 그 사용 실 태 및 현황 등에 비추어 그것이 이용된 물품과 구분되어 독자성을 인정할 수 있다고 할 것이다(물론 이 사건 캘리그 라피를 미술저작물 중 서예로 파악할 경우 물품과의 분리가능성은 따로 문제가 되지 아니한다)"고 판시하였다. 위 판 결 중 응용미술저작물에도 해당한다고 한 것은 적절치 않지만, 미술저작물 중 서예에 해당하므로 분리가능성은 따로 문제가 되지 않는다고 판시한 부분은 타당하다(위 판결에서 말하는 '캘리그라피'란 손으로 그린 그림 문자라는 뜻으로

위와 같은 서체도안의 특성으로는, ① 문자와의 불가분성(글자체는 글자의 꼴, 즉 문자의 형상이므로 문자와 일체불가분의 관계에 있다), ② 의사·정보와 미감의 동시전달성(문자로서 기능함과 동시에 미감을 전달하는 존재이기도 하다), ③ 실용성(實用性)(인쇄기기나 컴퓨터 등을 통하여 인쇄물이나 컴퓨터 화면상으로 실제생활에 이용되고 있다), ④ 한 벌성 및 불가분성(개개의 자모꼴이 모여서 이루어지는 전체로서의 조합이어야 하고, 자모꼴 하나하나가 분리되어 서체도안을 구성하는 것이 아니다), ⑤ 동일성(한 벌을 이루는 개개의 자모꼴이 같은 경향, 같은 스타일로 전체로서의 동일성을 가지고 있어야 한다) 등을 들고 있다.[1]

(2) 한글 글자체의 발전과정

정보 전달 도구로서의 글자체의 역사는 크게 네 과정으로 나누어진다.[2]　§6-55

첫 번째 시대는 목판 활자 시대이며, 두 번째 시대는 금속 활자 시대이고, 세 번째 시대는 사진식자 시대이며, 네 번째는 디지털 방식의 컴퓨터 활자 시대이다.

글자체 디자인이 본격적으로 발전하기 시작한 것은 1960년대에 사진식자가 출현하면서부터였다. 사진식자기에 의한 글자체 제작은 경제적이고, 제작이 편리하며, 디자인의 아름다움이 뛰어나고 글자의 재현력이 우수하다는 등의 장점을 가지고 있어 출판사 등의 편집 디자인에 널리 사용되게 되었다. 그러다가 1980년대 초반부터 전자사식기라는, 컴퓨터를 이용한 글자체가 등장하게 된다. 이 글자체의 기본원리는 글자체 원도(原圖)를 디지털 신호로 컴퓨터에 저장한 후 필요시 필요한 명령에 의해 출력해 내는 것이다. 이것은 입력 속도가 빠르다는 장점 때문에 급속도로 사진 식자를 대체해 가기 시작하였고, 디지털 기술의 발전에 따라 엄청난 위력으로 90년대의 인쇄, 출판, 편집업계를 강타하였다.

2. 글자체 보호의 국제적 동향

베른협약이나 세계저작권협약상으로는 글자체의 보호에 관하여 아무런 규정을 두고 있지 않으며, 프랑스의 주도로 1973. 6. 12.에 체결된 '글자체의 보호와 국제기탁 및 협정의 시행에 관한 빈협정'[3]에는 현재까지 프랑스(1976년)와 독일(1981년)만이 비준, 기탁하여 5개국 이상의 비준, 기　§6-56

글씨를 아름답게 쓰는 기술을 뜻한다. 위키백과 참조).

1 박문석, 전게서, 211~214면 참조.

2 이하 김영민, "한글 글자체의 발전과 디지털 폰트," 디지털미디어, 1996년 10월호, 64면 이하 참조.

3 이 조약의 주요내용을 보면 다음과 같다.

　먼저, 글자체(타이프페이스)의 정의규정인 제 2 조에서 "타이프페이스란 악센트 부호·구두점과 같은 부속물을 수반한 문자들 및 알파벳들, 숫자들과 부호·과학기호 같은 도형적 기호들, 또는 테두리·꽃무늬·당초문양 같은 장식들에 나타나는 일련의 디자인(sets of designs)을 의미한다. 이 경우에 이들 문자, 숫자, 기호, 장식들은 인쇄기술을 통해 문장을 구성하는 역할을 한다. 다만 순전히 기술적 필요에 의해 나타나는 형태의 디자인은 여기에서 말하는 타이프페이스라는 용어에 포함되지 아니한다"라고 규정하고 있다.

　글자체 보호의 조건에 있어서 체약 당사국은 글자체의 독창성이나 신규성 혹은 양자 모두를 보호조건으로 정할 수 있다. 보호기간은 15년 이상이어야 하며, 각 기간은 연장될 수 있다. 그 외에 내국민대우의 원칙과 글자체의 국제기탁탁이라는 발효요건을 아직 갖추지 못함으로써 현재로서는 서체도안을 보호대상으로 규정한 유효한 국제협약이 없다고 할 수 있다. 각국의 입법례는 통일되어 있지 않지만, 현재 소수의 국가에서 예외적으로 특별법을 제정하거나 저작권법에 명시적인 규정을 둠으로써 보호하고 있는 외에는, 그러한 명시적인 규정도 없이 단지 저작권법에 관한 해석론을 통하여 글자체를 일반 저작물로서 보호하는 나라는 발견되지 않는다.[1]

가. 독   일

§6-57
독일 저작권법 제 2 조 제 1 항 제 4 호는 응용미술저작물(Werke der angewandten Kunst)도 미술저작물의 일종으로 예시하고 있으나, '글자체의 보호와 그 국제기탁에 관한 빈협정'에 가입하고 그 이행을 위하여 특별법으로서 활자체보호법을 연방법으로 제정하여 1981. 7.부터 시행해 오고 있다. 위 법률은 신규성 및 독창성이 있는 글자체를 보호대상으로 하며, 그 보호기간은 등록시로부터 10년간을 원칙으로 하되, 5년 혹은 그 배수년(倍數年), 최고 25년까지 연장을 청구할 수 있도록 규정하고 있다.

나. 프 랑 스

§6-58
프랑스 저작권법도 응용미술작품을 저작물로 예시하고 있는데, 1985년도에 저작권법을 개정하여 타이프페이스를 저작물의 하나로 명시하는 규정을 두었고, 의장법에 의하여도 보호하고 있다. 의장법에 의한 보호를 받기 위해서는 '신규성'이 요구되고, 저작권법에 의한 보호를 받기 위해서는 '창작성'이 있어야 하는데, 특히 그 '창작성' 요건의 심사는 다른 저작물에 비하여 엄격하게 이루어지고 있는 것으로 보인다.[2]

다. 영   국

§6-59
1946년의 등록디자인법과 1956년의 저작권법에서 제한적으로 보호하다가 '1988년의 저작권, 의장 및 특허법'(CDPA; Copyright Design and Patents Act of 1988)에 의하여 글자체를 미술저작물로 명시하여 보호하고 있다. 다만, 보호범위에 대한 제한 규정으로서 통상의 타이핑이나 프린팅 과정에서 글자체를 사용하는 것은 저작권 침해에 해당하지 아니한다는 규정을 두고 있고, 보호기간도 유통시로부터 25년간으로 제한하고 있다.

라. 일   본

§6-60
일본 저작권법은 보호되는 저작물로 미술저작물을 규정하고 있다. 우리와 달리 응용미술이 보호된다는 명시적 규정을 두지 않고 대신 제 2 조 제 2 항에서 "미술품의 저작물은 미술공예품을 포함한다"라고만 규정하고 있으나 일품제작의 공예품 외에도 실질적으로 '순수미술'과 동일시할 수 있을 만한 경우에는 대량생산되는 상품에 이용되는 응용미술도 저작물로 인정하는 것이 판례경향임은 앞에서 본 바와 같다. 다만 글자체 도안의 저작물성에 대하여는 부정설이 다수설이다. 판례도 이른바 야기볼드(Yagi

---

제도 등을 규정하고 있다.

1 이성호, "서체도안의 저작물성과 등록관청의 저작물 등록심사권의 범위," 대법원판례해설 27호(96년 하반기 97.09), 법원행정처, 594면.

2 한지영, Typeface의 법적 보호에 관한 연구(서울대학교 대학원 1997년 석사학위 논문), 80면 참조.

Bold) 사건,[1] 인쇄용 사진식자기 문자서체 사건[2] 등에서 글자체의 보호를 부정하는 입장을 취하고 있다. 그 중 후자의 판례는 "문자서체로서 저작권법의 보호대상이 되는 것이 있다면 그것은 당해 문자가 가지고 있는 본래의 정보전달 기능을 발휘할 만한 형태로 사용된 때의 보기 쉬움, 아름다움만이 아니고, 그것과는 별도로 당해 서체 자체가 평균적 일반인의 미적 감흥을 불러일으키고 그 심미감을 만족시키는 정도의 미적 창작성을 가진 것이어야 한다고 해석하는 것이 타당하다"고 하여 분리가능성 이론과 유사한 판단을 하고 있다.

한편, 동서(動書)서체 사건에서는 '동서(動書)'라는 이름으로 154자의 글자를 써서 출판물로 발행하고 있던 서예가인 원고가 그 중 일부를 2종의 출판물에 복제하여 이용한 피고에 대하여 저작권 침해를 원인으로 한 손해배상청구를 한 데 대하여 "본건 동서는 사상 또는 감정을 창작적으로 표현한 것으로서 지적·문화적·정신적 활동의 소산이라 할 수 있다. 지적·문화적·정신적 활동의 소산으로 볼 수 있을지 여부의 판단은 그 창작된 것이 사회적으로 어떻게 이용되는가 하는 문제와 필연적 관계가 있는 것이 아니라 할 것이므로 창작된 것이 실용적 목적으로 인정된다 하더라도 그 사실이 저작물성에 영향을 미치는 것은 아니다"라고 하여 그 저작물성을 긍정하였다.[3] 일본 저작권법상으로도 인쇄용 서체와 달리 서예(書藝)나 이른바 화문자(花文字)는 미술저작물로 인정된다고 하므로, 이 판결이 앞의 판례와 어긋나는 것은 아니다.[4]

'인쇄용서체'의 저작물성을 원칙적으로 부정해 온 하급심 판결의 입장은 2000년에 이르러 최고재 판결을 통해 승인받게 되었다. 즉, '고나 서체'([그림 58] 참조)의 저작물성이 문제 된 사건에서 일본 최고재 2000. 9. 7, 선고 판결은 "인쇄용 서체가 여기서 말하는 저작물에 해당하기 위해서는 그것이 종래의 인쇄용서체에 비하여 현저한 특징을 가진다고 하는 독창성을 갖추는 것이 필요하고, 나아가 그 자체가 미적 감성의 대상이 될 수 있는 미적 특성을 갖추고 있지 않으면 안 된다고 해석하는 것이 상당하다"고 판시하면서 고나 서체에 대하여는 위와 같은 요건을 갖춘 것으로 볼 수 없다고 보아 그 저작물성을 부정하는 결론을 내렸다. 위 판결은 원칙적으로 인쇄용 서체의 저작물성을 부정하는 입장을 취하면서도 위와 같은 두 가지의 조건을 동시에 갖춘 예외적인 경우에는 저작물로서의 보호가능성을 인정하는 입장을 취하고 있어 주목된다. 그 중 두 번째 요건은 역시 미국법상의 '분리가능성'이론과 일맥상통하는 면이 있는 것으로 생각된다.

---

[1] 東京高裁 1983. 4. 26. 선고 판결.

[2] 大阪地裁 1989. 3. 8. 선고 판결.

[3] 東京地裁 1989. 11. 10. 선고 판결. 이 판결에서 저작물로 인정된 동서(動書)는 순수서예와는 다른 점이 있지만, 인쇄용으로 개발된 것이 아니므로 인쇄용 서체라고 볼 수는 없다. '장식문자 趣' 사건도 동서 사건과 유사한데 마찬가지로 저작물성은 인정되었다. 다만 이러한 문자들에 대하여는 저작물성이 인정되더라도 이미 존재하는 문자를 토대로 하여 만들어진 것이라는 점 때문에 그 보호범위는 넓지 않아, 데드카피의 경우가 아닌 한 유사한 서체를 만들어 사용하였다고 하여 쉽게 침해로 인정할 수는 없는 것으로 보고 있다. 中山信弘, 著作權法(第 2 版), 有斐閣, 2014, 181면 참조.

[4] 이성호, 전게논문, 595면.

[그림 58]

마. 미 국

§6-61 　미국에서 글자체 다자인은 저작권법상의 저작물로 보호 받지 못하고 있다. 현재 미국 저작권청은 글자체 디자인의 등록을 받지 않고 있으며, 판례[1]도 분리가능성 이론을 적용하여 글자체 디자인에 대한 저작권적 보호를 원칙적으로 부정하고 있다.

3. 글자체 자체에 대한 저작권법상의 보호

(1) 학　설

§6-62 　글자체가 창작성 있는 저작물로서 저작권법의 보호대상이 될 수 있는지 여부에 관하여 국내 학자들의 의견은 긍정설과 부정설로 나누어진다.

(가) 긍 정 설[2]

§6-63 　긍정설의 논거는 다음과 같다.

　첫째, 우리 저작권법상 응용미술도 일정한 요건하에 저작물로 보호하고 있으므로 응용미술에 포함되는 글자체도 저작권법에 의하여 보호하는 것이 마땅하다는 것이다.[3]

　둘째, 글자체의 실용성은 순수미술이 아닌 응용미술로 분류되는 근거가 되나, 실용성이 있다고 하여 응용미술로서의 저작물성을 부정할 사유는 되지 못한다.[4]

　셋째, 글자체는 문자를 소재로 하되 문자 자체가 아닌 문자의 서체이며 미적인 사상·감정을 창작적으로 표현한 것이라고 볼 수 있다. 그러므로 글자체의 보호가 문자에 대한 독점권을 부여하는 결과를 가져올 수 있다고 주장하는 것은 글자체를 문자 자체와 혼동한 것으로서 부당하다.[5]

　넷째, 글자체는 장시간에 걸친 연구가 요구되며, 창작자의 창의성과 노력에 의해 개발된다. 이러한 점은 저작물의 창작과 다를 바가 전혀 없으므로, 이에 대한 보상이나 대가가 고려되지 않

1　Eltra Corp. v. Ringer, 579 F.2d294(4th Cir. 1978) 참조.
2　이상정, "응용미술의 보호," 계간 저작권 1995년 봄호, 9면; 장인숙, "타이프페이스의 보호," 저작권학회보 30호 (1990. 5.) 1면 이하; 한승헌, 전게서, 273면 이하; 김성종, "타이프페이스의 法的 保護論," 계간 저작권 1995년 가을호, 12면 이하.
3　이상정, 전게논문, 9면; 김성종, 전게논문, 19~20면.
4　한승헌, 전게서, 282면.
5　김성종, 전게논문, 19면 참조.

는다면 이는 자연적 정의의 원칙에도 어긋난다.1

(나) 부 정 설2

부정설 또는 회의론의 근거는 다음과 같다.3   §6-64

첫째, 글자체는 기본적으로 문자로서의 기본 형태를 유지하면서 그 위에 약간의 미적 변형을
가한 형상 내지 디자인이어서 글자체에 권리를 인정해 주면 만인공유로 자유이용을 할 수 있는
문자에 배타적 독점권을 설정해 주는 결과가 된다.

둘째, 글자체는 실용성에 본래의 기능이 있을 뿐만 아니라 예술성보다는 기술성에 주안점을
두고 있어 기술적 사상의 창작을 보호대상으로 인정하지 않는 저작권법으로는 보호하기가 적당
하지 않다.

셋째, 글자체는 응용미술작품으로서 그 실용적 기능으로부터 분리·독립될 수 있는 독자적인
미적 요소를 갖추고 있다고 볼 수 있는 경우는 흔하지 않으므로 저작권법에 의한 보호에 신중을
기하여야 한다. 이 주장은 응용미술의 보호에 관하여 분리가능성 이론을 취하는 것을 전제로 하
는 것이다.

넷째, 글자체 보호에 관한 국제협약이나 외국의 특별법 등에서는 독창성과 아울러 신규성을
보호요건으로 규정하고 있는 것에 비추어 볼 때 신규성을 요구하지 않는 저작권법에 의한 보호는
그 보호범위가 너무 넓어지는 문제가 있다.

다섯째, 저작권법의 규정 내용을 살펴보면 실제로 서체도안에 대하여 적용하기 곤란하거나
그대로 적용할 경우 부당한 결과를 가져올 것이 예상되는 규정이 다수 있는 것으로 보여진다(예컨
대, 저작인격권 중 성명표시권이나 동일성유지권을 서체도안에 대하여 엄격하게 적용하기는 어려울 것이며 저작재
산권 중 공연권, 전시권 및 저작재산권의 제한에 관한 규정들은 그 각 규정내용에 비추어 볼 때 서체도안의 경우
를 상정하지 아니하고 제정된 것으로 봄이 상당하고 특히 미술저작물의 전시 또는 복제에 대하여 저작재산권을 제
한하는 규정인 제32조는 서체도안의 경우 적용될 여지가 없는 것으로 보인다).4

(2) 판례의 입장

대법원 1996. 8. 23. 선고 94누5632 판결은 인쇄용 서체도안의 저작권등록을 거부한 처분의   §6-65
당부가 문제된 사건에서 다음과 같이 판시하였다.

---

1 김성종, 전게논문, 19면.
2 박문석, "저작권과 글자꼴의 법적 보호(3)," 인쇄신문 1991. 11. 22일자, 4면; 이호흥, "타이프페이스의 법적 보호에
   관한 연구보고서," 저작권심의조정위원회, 1991.
3 이하 박문석, 전게논문, 223면; 이호흥, 전게서, 45~46면 참조.
4 아래 대법원 1996. 8. 23. 선고 94누5632 판결의 원심 판결인 서울고등법원 1994. 4. 6. 선고 93구25075 판결 참조.

원고들이 등록관청인 피고에게 저작물 등록신청을 하면서 제출한 등록신청서 및 '산돌체모음', '안상수체모음', '윤체B', '공한체 및 한체모음' 등 이 사건 서체도안들을 기록에 의하여 살펴보면, 원고들이 우리 저작권법상의 응용미술 작품으로서의 미술 저작물에 해당한다고 주장하면서 저작물 등록을 신청한 이 사건 서체도안들은 우리 민족의 문화유산으로서 누구나 자유롭게 사용하여야 할 문자인 한글 자모의 모양을 기본으로 삼아 인쇄기술에 의해 사상이나 정보 등을 전달한다는 실용적인 기능을 주된 목적으로 하여 만들어진 것임이 분명한바, 위와 같은 인쇄용 서체도안에 대하여는 일부 외국의 입법례에서 특별입법을 통하거나 저작권법에 명문의 규정을 둠으로써 법률상의 보호 대상임을 명시하는 한편 보호의 내용에 관하여도 일반 저작물보다는 제한된 권리를 부여하고 있는 경우가 있기는 하나, 우리 저작권법은 서체도안의 저작물성이나 보호의 내용에 관하여 명시적인 규정을 두고 있지 아니하며, 이 사건 서체도안과 같이 실용적인 기능을 주된 목적으로 하여 창작된 응용미술 작품은 거기에 미적인 요소가 가미되어 있다고 하더라도 그 자체가 실용적인 기능과 별도로 하나의 독립적인 예술적 특성이나 가치를 가지고 있어서 예술의 범위에 속하는 창작물에 해당하는 경우에만 저작물로서 보호된다고 해석되는 점(당원 1996. 2. 23. 선고 94도3266 판결 참조) 등에 비추어 볼 때, 우리 저작권법의 해석상으로는 이 사건 서체도안은 신청서 및 제출된 물품 자체에 의한 심사만으로도 저작권법에 의한 보호대상인 저작물에는 해당하지 아니함이 명백하다.

(3) 결 론

§6-66

(가) 먼저 글자체가 응용미술에 해당하는가를 살펴보자. 앞서 '미술저작물'에 관한 장에서 살펴본 바와 같이 응용미술(applied arts)이란 순수미술에 대립되는 개념으로서 현재는 널리 실용품에 응용된 미술을 가리키는 말로 사용되고 있다. 글자체도 정보의 전달이라는 실용적인 기능을 그 본질적 속성으로 하면서 미적인 요소도 일부 포함되어 있다는 점에서 위와 같은 응용미술에 해당하는 것으로 보는 것이 타당하다. 이에 대하여 특별한 이론은 없는 것으로 보인다.

(나) 글자체가 응용미술에 해당한다면, 현행 저작권법상 '응용미술저작물'로서의 보호요건을 갖춘 것으로 볼 수 있을 것인지 여부에 따라 그 보호 여부가 결정되는 것으로 보아야 할 것이다. 즉 글자체의 보호도 저작권법 제2조 제15호 소정의 '독자성'(분리가능성)(§4-46 이하 참조)을 요건으로 하는 것으로 보아야 할 것이다.[1]

(다) 위 대법원 1996. 8. 23. 선고 94누5632 판결은 '산돌체모음', '안상수체모음', '윤체B', '공한체 및 한체모음' 등의 인쇄용 서체에 대하여 저작권법에 의한 보호를 부정하는 결론을 내리면

---

[1] 이 점에 대하여 미국에서는 이론이 있는데, 그것은 미국 저작권법상 '정보의 전달'을 실용적 기능에서 제외하는 '실용품'의 정의규정을 두고 있는 것과 관련된 것이다. 이영록, "글자꼴 디자인의 법적 보호 — 저작권법상 보호가능성 및 입법론적 고찰," 저작권심의조정위원회, 1998, 55면 참조. 본서에서는 우리 법상으로도 미국법상의 실용품의 정의규정을 해석론상으로 참고하여 동일하게 해석하는 것이 상표, 인형 등의 응용미술저작물로서의 보호와 관련하여 바람직하지 않을까 생각하는 입장을 취하고 있는데(§4-53 각주 참조), 그러한 본서의 입장에서 글자체의 정보전달적 기능을 실용적 기능으로 보는 것에 대하여는 논리적 모순이 지적될 수 있다. 그 점과 관련하여 저자는 응용미술저작물성의 판단과 관련하여 일반적으로 정보전달의 기능은 실용적 기능에서 제외되는 것으로 보되, 문자로서의 기능만큼은 일반적인 정보전달의 기능과는 다른 특수한 성격을 가지고 있다는 점에서 예외로 보아야 한다는 입장을 취하고자 한다.

서 "이러한 인쇄용 서체들에 미적인 요소가 가미되어 있지만 그 자체가 실용적인 기능과 별도로 하나의 독립적인 예술적 특성이나 가치를 가지고 있어서 예술의 범위에 속하는 창작물에 해당하는 경우로 보이지는 않는다는 것"을 전제로 하고 있다.[1] 이 판례는 2000년 개정법에 의하여 응용미술저작물에 대한 정의규정이 신설되기 전의 응용미술 보호에 관한 대법원 판례(§4-54)를 적용한 것으로서 그 판례이론이 개정법 시행 이후에는 그대로 적용할 수 없는 것으로 보게 되었음은 앞서 살펴본 바(§4-55)와 같으나 기본적으로 응용미술에 관한 분리가능성 기준을 글자체 보호에 대하여도 적용할 수 있음을 시사한 것으로 볼 수는 있다. 현행법상의 '독자성' 요건을 실용적 기능으로부터의 '분리가능성'을 의미하는 것으로 보고 특히 "그 미적 표현의 과정에 있어서 실용적 기능으로 인한 실질적 제약이 있었는지 여부"를 기준으로 판단하는 것이 타당할 것이라고 하는 본서의 입장(§4-48)을 적용해 보면, 역시 글자체의 경우 원칙적으로 문자로서의 실용적 기능으로부터의 분리가능성, 곧 '독자성'을 인정하기는 어려운 것으로 생각된다. 다만 한 벌의 서체가 아니라(따라서 앞서 본 서체도안의 특성 —§6-54 — 중 '한 벌성'을 결여한 경우임) 개별 글자나 글자의 일정한 조합을 특수하게 디자인함으로써 그것이 가지는 심미적 측면이 정보 전달적인 기능을 압도하는 수준에 이르러, 글자는 심미적 표현의 하나의 모티브가 된 것에 불과한 것으로 보이는 경우에는 그 심미적 표현에 있어서 문자로서의 실용적 기능에 따른 '실질적인 제약이 있었다고 할 수 없을 것이므로, 그러한 예외적인 경우에는 응용미술저작물로서 보호되는 것으로 봄이 타당할 것이다.[2]

　　(라) 결론적으로 글자체 자체의 저작권법에 의한 보호가능성은 위와 같은 예외적인 경우를 제외하고 원칙적, 일반적으로는 주어지지 않는다 할 것이고, 대부분의 글자체에 대하여 그 제작과정에 투입된 창의적인 노력을 보호하기 위하여는 별도의 법적 보호방안이 필요하다고 할 것인데, 현재 우리나라에서는 그 보호를 기본적으로 디자인보호법에 맡긴 것(§6-70 참조)으로 볼 수 있다.

1　이성호는 위 판례에 대한 평석 논문에서 "미국법상의 분리가능성이론에 관한 어떠한 견해에 의하더라도, 이 사건에서와 같은 인쇄용 서체도안은 이를 통상적인 관찰자의 눈으로 살펴 볼 때 언제나 관찰자의 마음 속에 그것이 사상과 정보를 전달하기 위한 인쇄용 활자라는 실용적 기능에 관한 관념을 불러일으킨다고 보여지고 그러한 실용적 기능에 관한 관념을 불러일으킴이 없이 그와 분리된 별개의 비실용적인 미술작품이라는 관념을 불러일으킨다고 보여지지는 않으며, 그 제작과정을 살펴보아도 그와 같은 실용적 기능에 대한 고려가 미학적 기능과 당연히 합병되어 있고 제작자의 예술적 판단이 기능적인 영향으로부터 독립하여 행사되었다고 인정할 수 없는 점"을 저작권적 보호를 부정하는 논거로 들고 있다. 이성호, 전게논문, 602면 참조.

2　결혼식 청첩장에 사용된 🖋 디자인에 대하여 서울고등법원 2011. 1. 10. 선고 2010나54063 판결은 "그 형태에 비추어 서체로서 실용적 기능이 있다고 보기 어렵고 오히려 영문 "W"자를 모티브로 한 도안으로서 하나의 독립적인 예술적 특성이나 가치를 가지고 있어서 예술의 범위에 속하는 창작물에 해당한다고 봄이 타당"하다고 판시하였다. 이 판결은 2000년 개정법에 의하여 응용미술저작물에 대한 정의규정이 신설되기 전의 응용미술 보호에 관한 대법원 판례를 적용한 위 대법원 1996. 8. 23. 선고 94누5632 판결의 논리를 그대로 따른 점에서 논리적으로는 비판의 소지가 있으나, 본서의 위와 같은 입장을 적용할 때에도 역시 응용미술저작물로서 보호된다는 결론은 동일한 것으로 생각된다.

§6-66-1

❖ 서울서부지법 2012. 8. 23. 선고 2012노260 판결 — "Be The Reds" 사건

이 사건 도안()은 일응 그 분류상 형상 또는 색채에 의하여 미적으로 표현된 미술저작물로서(저작권법 제 4 조 제 1 항 제 4 호), 문자를 표현의 소재 내지 도구로 사용했으나 언어적 사상이나 의사의 전달이라는 본래의 기능보다는 시각적형상적 사상의 표현에 주안점을 둔 것이다. 이 사건 도안의 창작 경위와 이용실태 등을 고려할 때 그 목적기능에 있어서 회화나 문자를 소재로 하여 서예가의 사상 또는 감정을 창작적으로 표현한 순수 서예작품과 달리 그 자체로 독립하여 감상의 대상으로 삼기 위해서 창작된 것이라기보다, 주로 티셔츠, 두건 등의 상품에 동일한 형상으로 복제인쇄되어 상품의 가치를 높이거나 고객흡인력을 발휘하도록 하거나 광고에 이용하는 것과 같은 실용적인 목적에 주안점을 두었고, 이용되는 상품 내지 표현 소재인 문자 자체와 구분되어 어느 정도의 독자성이 인정된다는 점에서 응용미술저작물(저작권법 제 2 조 제15호)로 볼 수 있다.

▷NOTE : 위 판결은 한일 월드컵 당시에 티셔츠나 두건 등에 사용된 'Be The Reds' 도안에 대하여, 그것이 문자를 표현의 소재 내지 도구로 사용하였고, 순수한 서예작품도 아니지만, 문자로서의 본래의 기능보다는 시각적·형상적 사상의 표현에 주안점을 둔 것이라는 것을 주된 이유로 하여 응용미술저작물로서의 독자성 요건을 갖춘 것으로 인정하였다. 위 판결은 결론적으로는 위 도안을 포함한 티셔츠 등을 촬영한 사진을 홈페이지에 게시한 피고인의 행위에 의하여 위 도안에 대한 저작권이 침해되었다고 보기 어렵다는 이유로 무죄를 선고하였다가 유죄 취지의 상고심 판결(대법원 2014. 8. 26. 선고 2012도10786 판결)에 의하여 파기되었지만, 위 도안을 응용미술저작물로 인정한 부분은 대법원에서도 당연한 전제로 삼았던 부분이다. 위 사안은 문자를 기초로 한 디자인의 경우에도 그 '심미적 측면이 정보 전달적인 기능을 압도하는 수준에 이르는' 예외적인 경우에는 문자로서의 기능과의 관계에서 독자성이 인정되어 응용미술저작물로 보호될 수 있음을 보여주는 사례의 하나라 할 수 있다.

4. 컴퓨터 글자체의 프로그램으로서의 보호

§6-67 위에서 본 바와 같이 글자체 도안 자체의 저작물성은 원칙적으로 인정되지 않으나, 컴퓨터에서 사용되도록 개발된 '컴퓨터 글자체'는 글자꼴을 화면에 출력하거나 인쇄 출력하기 위한 프로그램의 일종으로 볼 수 있으므로, 글자체 도안 자체의 저작물성과 관계 없이 프로그램으로서의 보호가 인정되어야 할 것이다. 뒤에 소개하는 대법원 판례(§6-69)에서도 이러한 법리를 긍정하고 있다. 이것이 프로그램으로서 보호되어야 하는 근거에 관하여 대법원 판례 및 그 원심 판결(그 중 대법원 판결이 긍정적으로 인용한 부분)이 제시한 이유를 현행법에 맞추어 정리해 보면 다음과 같다.

① 프로그램은 "특정한 결과를 얻기 위하여 컴퓨터 등 정보처리능력을 가진 장치 내에서 직접 또는 간접으로 사용되는 일련의 지시·명령으로 표현된 창작물"인데(§4-115 이하 참조) 컴퓨터 글자체파일

은 그림을 그리는 논리·연산작용에 해당하는 '지시·명령'이 포함되어 있고, 서체 1벌을 컴퓨터 등의 장치 내에서 편리하고 반복적으로 구현할 수 있기 때문에 그 실행으로 인하여 '특정한 결과'를 가져오며, 단독으로 실행이 가능한 것은 아니지만 컴퓨터 내의 다른 응용프로그램이나 장치의 도움을 받아 서체를 출력시킬 수 있어 '컴퓨터 등의 장치 내에서 직접 또는 간접으로' 사용될 수 있으며, 단순한 데이터의 집합은 아니다.

② 글자체파일 프로그램은 인간에 의하여 읽혀지는 문자, 숫자, 기호 등을 사용한 컴퓨터 프로그램 언어로 키보드(keyboard) 등의 입력기를 통하여 직접 소스코드(source code)가 작성되는 것은 아니지만, 폰토그라퍼와 같은 글자체파일 프로그램 제작용 프로그램을 프로그램 제작의 도구로 사용하여 컴퓨터 모니터상에서 마우스로 글자체도안을 완성한 후 글자체파일을 바로 생성시키는 것으로서 그 제작과정을 전체적으로 평가하면 일반적인 프로그램의 제작과정과 다를 바 없으므로, 글자체파일의 제작자가 직접 코딩(coding)하지 않았다고 하여 이 사건 글자체파일이 데이터의 집합에 불과하다고 할 수 없다.

③ 글자체파일을 제작하는 과정에 있어서 글자의 윤곽선을 수정하거나 제작하기 위한 제어점들의 좌표 값과 그 지시·명령어를 선택하는 것에 글자체파일 제작자의 정신적 노력의 산물인 창의적 개성이 표현되어 있다고 볼 수 있다(폰토그라퍼와 같은 글자체파일 제작용 프로그램에서 하나의 글자를 제작하기 위한 글자체 제작용 창의 좌표는 가로축 1,000, 세로축 1,000의 좌표로 세분되어 있어, 동일한 모양의 글자라 하더라도 윤곽선의 각 제어점들의 구체적 좌표 값이 일치할 가능성은 거의 없다).

대법원 판례가 제시하고 있는 위와 같은 이유는 모두 정당한 것으로 수긍할 수 있다. 따라서 글자체파일을 무단 복제하여 사용할 경우에는 복제권(§13-2 이하)의 침해가 되며, 또 저작권자의 허락 없이 글자체(폰트)파일을 변경하여 자신의 프로그램에 이용하였을 경우 2차적저작물작성권(§13-64 이하) 및 동일성유지권(§12-39 이하)의 침해가 성립할 수 있다. 글자체(폰트)파일의 헤더 부분에 저작자의 성명 등이 표시되었을 경우 제 3 자가 개작 중 그 명칭을 삭제하였을 경우 성명표시권(§12-18 이하)의 침해가 성립한다.[1]

결국 현재의 판례 하에서 글자체 디자인 자체는 저작권법상 응용미술저작물 등으로 보호되지 않고(§6-66) 글자체파일이 프로그램으로서 창작성을 가지는 범위 내에서 컴퓨터프로그램저작물로 보호될 수 있을 뿐인바,[2] 그 보호범위가 어디까지 미치는지에 대하여는 특별히 주의를 기울

§6-68

---

1 윤선희, 전게서, 414면.
2 따라서 서체작가 甲이 폰트개발업체 乙에 의뢰하여 乙이 甲이 디자인한 서체를 폰트파일(디지털 서체)로 만드는 작업을 한 경우 컴퓨터프로그램저작물로서의 폰트파일에 대한 저작자는 甲이 아니라 乙이라고 보아야 한다. 광주고등법원 2015. 6. 25. 선고 2014나3561 판결은 "일반적으로 독립한 컴퓨터 프로그램 개발업자에게 컴퓨터 프로그램을 주문하여 그 개발업자가 컴퓨터프로그램을 개발한 다음 주문자에게 납품하는 내용의 계약을 체결함에 있어서 당사자 사이에 컴퓨터프로그램 저작권을 주문자가 원시 취득하는 것을 약정하였다고 하더라도, 특별한 사정이 없는 한 그 컴퓨터 프로그램은 주문자의 업무에 종사하는 자가 업무상 창작한 것이라고 볼 수 없으므로, 그 개발업자를 컴퓨터프로그램의 저작자로 보아야 할 것이어서, 위와 같은 약정은 개발업자가 원시 취득한 컴퓨터프로그램 저작권을 주문자에게 양도하는 내용의 약정이라고 보아야 할 것"이라는 전제 하에, 폰트개발업체가 폰트파일의 저작자로서 그 저작권을 원시취득한 후 위탁계약에 따라 그 저작재산권을 개발의뢰인인 서체작가에게 양도한 것으로 인정하였다. 한국저작권위원회,

여 살펴볼 필요가 있다.

글자체파일과 관련한 이용상황을 크게 나눈다면, 글자체(폰트)파일 자체를 복제 등으로 직접 이용하는 경우와 글자체 파일을 직접 이용하지는 않고 그 출력물 등을 이용하는 경우의 두 가지 경우로 나누어 볼 수 있다.

첫째, 글자체(폰트) 파일을 직접 복제 등으로 이용할 경우에는 그 파일에 구현된 해당 컴퓨터 프로그램저작물을 복제 등으로 이용하는 것이 되므로, 저작권법상 복제권 등 침해가 성립할 수 있다. 이 경우 침해 책임을 면할 수 있으려면, ① 그 이용이 해당 프로그램(글자체파일)의 정당한 권리자로부터 이용허락을 받은 범위 내에 있거나, ② 저작재산권 제한사유에 해당하는 경우여야 할 것이다.

1) 먼저 이용허락에는 '묵시적 이용허락'도 포함되는바, 글자체 파일의 이용과 관련하여 묵시적 이용허락이 인정된 사례로, '아래 한글' 또는 'MS 워드' 프로그램에 번들로 포함되어 제공되는 서체 파일을 설치할 때 그 이용자가 사용하는 문자 발생기에 그 서체 파일들이 자동으로 저장되고, 저장된 서체 파일들은 위 프로그램들 이외에 다른 프로그램을 사용할 때에도 해당 프로그램을 자동으로 인식하여 사용이 가능하게 된 것이라면 "이러한 과정은 서체 파일에 관한 라이선스를 부여한 저작권자들이 위 프로그램 개발자에게 적어도 이를 묵시적으로 허락하였다고 할 것이므로, 원고가 위와 같은 방식으로 원고의 문자 발생기에 저장된 서체들을 사용하였다고 하더라도, 그러한 사정만으로 원고가 해당 서체들을 무단으로 복제·사용하여 피고의 저작권을 침해하였다고 보기는 어렵다"고 한 서울중앙지방법원 2014. 5. 1. 선고 2012가합535149 판결을 들 수 있다.

2) 다음으로, 글자체 파일의 이용이 저작재산권 제한사유에 해당하는 경우가 있을 수 있다. 예컨대 폰트내장형 PDF 문서의 경우 이미지로 변환된 이미지형이나 폰트파일에 대한 링크정보만 담고 있는 폰트링크형 문서와 달리 그 파일 안에 폰트파일이 포함되어 있기 때문에 예를 들어, A가 자료집을 특정한 폰트가 내장된 PDF 문서로 저장한 후 인터넷 게시판에 올려 두는 등의 행위를 해당 폰트에 대한 저작권자의 허락 없이 할 경우 글자체 프로그램저작권에 대한 침해의 문제가 제기될 수 있지만, 그러한 경우에는 디자인보호법에서도 인쇄 등의 통상적인 과정에서의 글자체 사용 및 그 사용으로 생산된 결과물에 대해서는 디자인권의 효력이 미치지 아니하도록 규정하고 있는 점 등에 비추어 저작권법 제35조의 3의 규정에 따른 공정이용(§14-217 이하)에 해당할 가능성이 많다는 견해가 제시되고 있다.[1] 문화체육관광부와 한국저작권위원회가 공동으로 발

저작권동향 2016년 제 2 호, 50~51면 참조.
1 김현숙, "PDF 문서에 사용된 폰트의 저작권에 대한 고찰," 법학연구 19(1), 2016, 284~285면 참조.

간한 관련 안내책자에서도 이러한 경우 ① PDF 문서에 포함된 글꼴 파일은 PDF 문서를 이용하는 과정에서 부수적으로 이용되었을 뿐 독립적으로 이용되었다고 보기 어렵다는 점, ② 전체가 아닌 일부 글꼴 파일만이 PDF 문서에 포함되므로 이용된 부분이 저작물 전체에서 차지하는 비중이나 중요성이 크지 않은 점, ③ 이러한 글꼴 파일을 추출하더라도 정상적으로 사용하기가 불가능한 경우가 많기 때문에 현재나 잠재적인 글꼴 시장에 미치는 영향이 미미하다고 할 수 있는 점 등을 이유로, A의 위와 같은 행위는 저작권법 제35조의3에 따른 공정이용으로 볼 수 있어 별도의 저작권 침해에 따른 책임이 발생하지 않는다는 취지로 설명하고 있다.[1] 구체적·개별적으로 사안에 따라 신중하게 판단할 필요는 있겠지만, 적법하게 설치된 폰트파일이 PDF 파일에 내장된 것을 하나의 문서 파일로 공유하기 위해 인터넷에 올린 경우 등에는 저작권법 제35조의3에 따라 공정이용에 해당하는 것으로 판단될 수 있는 여지가 클 것이라는 관점에 동의한다.

둘째, 글자체 파일을 직접 이용하지 않고 그 출력물만 이용한 경우에는 특별한 다른 사정이 없는 한 글자체 파일에 대한 프로그램저작권의 침해가 성립하지 않는 것으로 보아야 할 것으로 생각된다. 구체적인 유형별로 살펴보면 다음과 같다.

1) 서체가 인쇄된 자료나 서체가 염직된 물품 등의 사진을 찍어 인터넷 홈페이지에 게시하는 등의 행위는 해당 글자체 디자인에 대한 복제, 전송행위가 될 수는 있어도(글자체 디자인의 경우 저작물로 보호되지 않으므로 복제권 등 침해가 성립하지 않음), 글자체 파일(프로그램) 자체의 복제, 전송에 해당하지 않으므로, 결과적으로 저작권 침해가 성립하지 않는다.[2]

2) 글자체 파일을 직접 사용한 것이 아니고, 글자체 도안의 형상이 이미지 파일에 들어 있는 것을 전달받아 이용하는 것은 역시 위 1)과 유사한 법리에 의하여 저작권침해로 인정되지 않는다.[3]

---

[1] 문화체육관광부·한국저작권위원회, 글꼴 파일 저작권 바로 알기(2019년 수정본), 27~28면 참조. 다만 (참고) 주의사항으로, "위 사례는 아직 법원에서 판단된 바 없는 내용으로, 결론이 법원 판단과 다를 수 있음을 유의하여 참고하시기 바랍니다"라고 명기하고 있다(같은 책, 28면).

[2] 수원지방법원 2017. 1. 26. 선고 2016나62405 판결은 "원고가 개발한 'HU상상' 서체(이하 '이 사건 서체'라 한다)가 사용된 수건의 사진을 인터넷 홈페이지에 게시함으로써 원고의 저작권을 침해하였다"는 것을 이유로 한 원고의 손해배상 등 청구에 대하여 판단함에 있어 "서체 프로그램의 경우 단순한 데이터파일이 아닌 컴퓨터프로그램에 해당하고 서체파일 제작에 제작자의 창의적 개성이 표현되어 있어 그 창작성이 인정되고 저작물로 보호되어 컴퓨터프로그램으로서 서체파일을 복제, 전송, 배포하는 행위는 저작권 침해에 해당하지만, 서체 프로그램을 이용하여 표현된 결과물, 즉 서체 도안을 이용하는 것은 위와 같이 서체 도안 자체가 창작물에 해당하는 경우가 아닌 한 저작권 침해에 해당하지 않는다"고 전제한 다음 "원고가 제출한 증거들만으로는 피고가 이 사건 서체 프로그램 자체에 직접적으로 접근하여 저작권법에서 금지하는 저작물의 복제 내지 배포 등의 행위를 하였다고 인정하기에 부족하고, 달리 이를 인정할 만한 증거가 없다"는 이유로 원고의 청구를 배척하였다.

[3] 서울북부지방법원 2015. 1. 29. 선고 2014가단13294 판결은 피고가 쌀박물관을 개설하는 과정에서 관련기관 사이의 협의를 통하여 농촌정보문화센터가 온라인에서 사용 중인 쌀박물관 이미지를 피고가 운영할 쌀박물관에서도 사용하기로 합의하여 2011. 7.경 농촌정보문화센터로부터 위 서체 도안의 이미지파일을 전달받아 쌀박물관 인테리어 시공업체에게 전달하였고, 위 시공업체는 위 이미지파일을 이용하여 피고가 운영할 쌀박물관의 각종 옥외 광고물, 홍보영상

3) 특정한 글자체를 사용하여 인쇄된 잡지의 본문이나 책의 표지 등을 스캔하여 이미지 파일로 만들어 인터넷 사이트에 올리는 등으로 이용하는 것도 역시 글자체 파일 자체를 이용하는 것은 아니므로, 글자체 프로그램에 대한 저작재산권 등 침해가 성립하지 않는다.[1]

4) 영상물을 납품 받아 그것을 재생하여 공연함으로써 그 영상물에 포함된 자막을 사용하는 행위를 한 경우에도 그 자막에 포함된 글자체 도안을 사용한 것으로 볼 수는 있지만 프로그램으로서의 해당 글자체 파일 자체를 이용한 것은 아니므로 역시 프로그램저작권 침해가 성립하지는 않는 것으로 보아야 한다.[2]

5) 다른 글자체 파일 자체를 이용하지 않고, 해당 글자체 디자인이 출력된 인쇄물을 이용하여 그것을 스캔하여 이미지 파일을 만들고 글자체 제작 프로그램을 활용하여 유사한 글자체 파일을 만든 경우에도, 그것이 해당 글자체가 디자인등록이 되어 있을 경우 그 디자인권의 침해가 될 수는 있어도 해당 글자체에 대한 프로그램저작권 침해가 성립하지는 않는 것으로 본다.[3]

 **판 례**

§6-69

❖대법원 2001. 5. 15. 선고 98도732 판결

2. 원심의 판단

원심은 위와 같은 사실관계에 기초하여, 다음과 같이 판단하였다.

(1) 컴퓨터프로그램보호법상 <u>컴퓨터프로그램은 "특정한 결과를 얻기 위하여 컴퓨터 등 정보처리능력을 가진 장치 내에서 직접 또는 간접으로 사용되는 일련의 지시·명령으로 표현된 것"으로 정의되는 바, 피해자들의 이 사건 서체파일은 그림을 그리는 논리·연산작용에 해당하는 '지시·명령'이 포함되어 있고, 서체 1벌을 컴퓨터 등의 장치 내에서 편리하고 반복적으로 구현할 수 있기 때문에 그 실행으로 인하여 '특정한 결과'를 가져오며, 단독으로 실행이 가능한 것은 아니지만 컴퓨터 내의 다른 응용프로</u>

물, 기타 인쇄물을 제작한 것으로 인정되는 사안에서 피고가 글자체 프로그램에 대한 저작재산권 침해를 한 것으로 인정할 수 없다고 결론을 내리면서 "위와 같은 사실관계에 비추어 보면, 피고는 주식회사 △△이 농촌정보문화센터의 의뢰로 제작한 이 사건 서체 도안의 이미지파일을 농촌정보문화센터로부터 전달받아 사용한 것일 뿐, 원고가 저작권 등록을 한 이 사건 서체 프로그램 자체를 무단사용하여 위 서체 도안을 제작·사용하였다고 보이지 않고, 달리 이를 인정할 증거가 없다"는 이유를 제시하고 있다.

1 같은 취지, 문화체육관광부·한국저작권위원회, 글꼴 파일 저작권 바로 알기(2019년 수정본), 29~30면.

2 서울중앙지방법원 2017. 12. 15. 선고 2017나29582 판결 참조.

3 서울고등법원 1999. 4. 7. 선고 98나23616 판결이 그 점에 관하여 같은 취지로 판시하고 있다. 즉, 이 판결은 "피신청인이 신청인들의 글꼴파일에 의존하여 위 서체프로그램을 제작하였는지에 관하여 보면, 이를 인정할 만한 아무런 증거가 없고, 오히려 위 인정 사실에 의하면 피신청인이 신청인들의 서체도안을 보고 이를 스캐너로 불러와서 공개된 이미지처리 프로그램과 글꼴파일제작프로그램 및 자신이 독자적으로 개발한 프로그램 등을 이용하여 글꼴파일을 제작하였다고 볼 여지가 있을 뿐이고, 다만 위와 같이 만들어진 글꼴파일이 결과적으로 신청인들의 좌표값과 그 좌표값을 연결하는 명령 등에 있어 일치하는 면이 있다 하더라도 이는 공개된 프로그램 등에 의하여 글꼴파일을 만든 데 따른 불가피한 결과라 할 것이므로, 그 자체만으로는 피신청인의 서체프로그램이 신청인들의 글꼴파일에 의존하여 바로 작성된 것이라고 인정하기도 어렵다 할 것이다."라고 판시하고 있다. 서울동부지방법원 2013. 1. 18. 선고 2012고정494, 2012고단1923(병합) 판결도 위 판결의 취지와 거의 같은 판단을 한 바 있다.

그램이나 장치의 도움을 받아 서체를 출력시킬 수 있어 '컴퓨터 등의 장치 내에서 직접 또는 간접으로' 사용될 수 있으므로 컴퓨터프로그램보호법상의 컴퓨터프로그램에 해당되고, 단순한 데이터의 집합은 아니다.

(2) 피해자들의 이 사건 서체파일 프로그램은 인간에 의하여 읽혀지는 문자, 숫자, 기호 등을 사용한 컴퓨터 프로그램 언어로 키보드(keyboard) 등의 입력기를 통하여 직접 소스코드(source code)가 작성되는 것은 아니지만, 폰토그라퍼와 같은 서체파일 프로그램 제작용 프로그램을 프로그램 제작의 도구로 사용하여 컴퓨터 모니터상에서 마우스로 서체도안을 완성한 후 서체파일을 바로 생성시키는 것으로서 그 제작과정을 전체적으로 평가하면 일반적인 프로그램의 제작과정과 다를 바 없으므로, 서체파일의 제작자가 직접 코딩(coding)하지 않았다고 하여 이 사건 서체파일이 데이터의 집합에 불과하다고 할 수 없다.

(3) 피해자들이 제작한 서체는 피해자들의 정신적 노력과 고심의 산물로서 창작성이 인정되고, 따라서 이를 구현하는 피해자들의 이 사건 서체파일 프로그램도 창작성이 인정되며, 서체도안을 저작권법에 의하여 보호대상이 되는 저작물이 아닌 것으로 보는 이유는 서체도안의 창작성 자체를 부인하기 때문이 아니라, 서체도안에 내포되어 있는 창작성을 문자 본래의 실용적인 기능으로부터 분리하여 별도로 감상의 대상으로 하기 어렵다는 점에 근거한 것이므로 서체도안에 저작물성이 인정되지 아니한다고 하여 서체파일 프로그램의 창작성도 부인되어야 하는 것은 아니다.

(4) 컴퓨터프로그램보호법상 보호되는 컴퓨터프로그램의 보호범위는 창작적인 표현 형식이 담긴 컴퓨터프로그램의 문장 그 자체에 한정되는 것이고, 컴퓨터프로그램의 문장을 통하여 표현되는 결과물은 보호될 수 없다 할 것인바, 피고인은 피해자들의 이 사건 서체파일 프로그램들을 몇 가지 전환 프로그램을 이용하여 그 파일의 포맷만을 변경시킨 채 완전히 동일한 프로그램을 다시 제작하거나 피해자들의 서체파일프로그램에 내재된 데이터와 지시·명령의 전부 또는 상당 부분을 그대로 이용하였다고 할 것이므로, 피고인의 위와 같은 행위는 피해자들의 이 사건 서체파일 프로그램의 복제나 개작에 해당하여 컴퓨터프로그램보호법 제34조 제 1 항 제 1 호에 위배되는 행위이다.

3. 당원의 판단

(1) 기록에 비추어 살펴보면, 원심이 위 판시와 같은 이유를 들어 피해자들의 이 사건 서체파일을 단순한 데이터파일이 아닌 구 컴퓨터프로그램보호법(1995. 12. 6. 법률 제4996호로 개정되기 전의 것)상의 컴퓨터프로그램에 해당한다고 판단한 것은 정당하고, 다만 서체파일 프로그램의 창작성이 인정되는 것은 서체파일을 제작하는 과정에 있어서 글자의 윤곽선을 수정하거나 제작하기 위한 제어점들의 좌표 값과 그 지시·명령어를 선택하는 것에 서체파일 제작자의 정신적 노력의 산물인 창의적 개성이 표현되어 있기 때문이라고 보아야 하므로(폰토그라퍼와 같은 서체파일 제작용 프로그램에서 하나의 글자를 제작하기 위한 서체 제작용 창의 좌표는 가로축 1,000, 세로축 1,000의 좌표로 세분되어 있어, 동일한 모양의 글자라 하더라도 윤곽선의 각 제어점들의 구체적 좌표 값이 일치할 가능성은 거의 없다), 원심이 서체도안 자체에 창작성이 있기 때문에 서체파일프로그램에도 창작성이 있다고 판단한 것은 부적절하나 결론에 영향을 미치는 바 없다 할 것이어서, 결국 원심의 위와 같은 사실인정과 판단에 컴퓨터프로그램저작권에 관한 법리오해나 심리미진 등의 위법이 있다고 할 수 없다.

이에 관한 상고이유의 주장은 이유 없다.

(2) 또한 피해자들의 이 사건 서체파일 프로그램에서 보호되는 부분은 창작성이 인정되는 윤곽선의 수정 내지 제작작업을 한 부분에 한정된다 할 것이므로, 피고인이 피해자들의 이 사건 서체파일 프로그램을 복제하거나 개작하였는지 여부를 판단함에 있어서도 위 창작성 있는 부분의 소스코드에 대한 비교가 이루어져야 할 것은 상고이유에서 지적하는 바와 같다 할 것이나, 기록에 의하면 원심도 적법히 인정한 바와 같이 피고인은 피해자들의 이 사건 서체파일 프로그램을 파일의 포맷만을 변환시킨 채 전체로서 이용하고 포맷의 변환과정에서 발생한 지엽적인 오류를 수정한 것에 불과하므로, 원심이 굳이 창작성 있는 소스코드에 대한 비교·판단을 하지 않았다 하더라도 피고인의 행위가 피해자들의 이 사건 서체파일 프로그램의 복제 내지 개작에 해당한다고 보는 데에 지장이 없다 할 것이고, 거기에 상고이유로 지적하는 바와 같은 법리오해나 심리미진 등의 위법이 있다고 할 수 없다.

5. 디자인보호법에 의한 보호

§6-70   원래 글자체를 의장으로 보아 구 의장법에 의한 보호를 인정할 것인지에 대하여는 회의적인 의견이 많았다.[1] 그러나 위에서 본 바와 같이 저작권법에 의한 글자체 보호가 이론적으로 부정되게 됨에 따라 글자체를 의장법에서라도 보호함으로써 글자체 창작자가 개발에 투입한 노력과 자본에 대하여 사회적으로 정당한 보상이 주어지도록 하는 것이 필요하다는 여론에 따라 2004. 12. 31.자 법 개정(이 때의 개정으로 법의 명칭이 의장법에서 디자인보호법으로 바뀌게 됨)에 의하여 글자체에 대한 디자인보호법의 보호가 이루어지게 되었다. 이 법은 글자체를 디자인의 범위에 포함시켜 디자인권으로 설정등록된 글자체를 보호하되, 인쇄 등의 통상적인 과정에서의 글자체의 사용 및 그 사용으로 생산된 결과물에 대해서는 디자인권의 효력이 미치지 아니하도록 하고 있다.

제5절   보호받지 못하는 저작물

Ⅰ. 서   설

§7-1   저작권법 제 7 조는 '보호받지 못하는 저작물'이라는 제목하에 5가지 종류의 저작물을 저작권법에 의하여 보호받지 못하는 것으로 규정하고 있다. 그것은 ① 헌법·법률·조약·명령·조례 및 규칙, ② 국가 또는 지방자치단체의 고시·공고·훈령 그 밖에 이와 유사한 것, ③ 법원의 판결·결정·명령 및 심판이나 행정심판절차 그 밖에 이와 유사한 절차에 의한 의결·결정 등, ④ 국가

---

1 박문석, 전게서, 214면 참조.

또는 지방자치단체가 작성한 것으로서 제 1 호 내지 제 3 호에 규정된 것의 편집물 또는 번역물,
⑤ 사실의 전달에 불과한 시사보도 등이다.

　저작권법의 위와 같은 규정은 국민의 알 권리를 보장하기 위한 것임과 동시에 일반에게 주지 　§7-2
시킬 공익적 목적으로 작성된 것이라고 하는 그 저작물 자체의 특수한 성격을 고려한 것이다.[1]
현행 저작권법은 이와 같이 국가 또는 공공단체의 저작물중 법령, 판결 등 특정한 네 가지 경우
를 비보호저작물로 규정함에 그칠 뿐, 미국법과 같이 정부 또는 공공단체의 저작물[2] 일반에 대
하여 저작권을 인정하지 않는 규정을 두고 있지는 않다. 따라서 우리 저작권법상으로는 위 네 가
지 유형의 저작물이 아닌 한 공무원이 그 직무상 만든 저작물도 저작권 보호의 대상이 되며 그것
이 국가기관의 명의로 발표된 경우는 저작권법 제 9 조에 의하여 저작권이 원시적으로 국가에 귀
속되어 국가가 배타적으로 저작권을 행사할 수 있게 되어 있다. 그러나 국가가 저작권을 가지는
위와 같은 저작물은 다른 저작물들과 달리 권리자의 배타적 권리를 존중하고 보호하는 데 주안점
을 두기보다 그것을 국민들이 널리 잘 활용할 수 있도록 하는 데 주안점을 두고 정책을 펼치는
것이 타당하다. 국가가 저작권을 가지고 있는 저작물들은 공익을 위한 목적으로 국민이 납부하는
세금을 통해 조성되는 예산으로 만들어지는 것이므로 다른 특별한 고려요소로 인한 제약이 있는
경우를 제외하고는 그에 대한 국민들의 자유로운 접근 및 이용을 보장하고 나아가 그 이용을 활
성화하여 문화 및 산업발전에 기여할 수 있도록 할 필요가 있는 것이다. 그 점은 지방자치단체나
공공기관이 저작권을 가지는 저작물도 마찬가지이다. 미국과 달리 국가나 정부에 일단 저작권을
귀속시키는 입법을 한 다른 주요 국가들도 대부분 '공공저작물'[3]의 '이용활성화'를 위한 다양한
노력을 기울이고 있다. 그런 상황을 감안하여 우리나라에서도 공공저작물 이용활성화를 위한 정
책적 노력을 기울여 왔고, 그러한 노력의 일환으로 저작권법 개정이 이루어져 공공저작물의 자유
이용 보장에 새로운 전기를 마련하게 되었다. 즉, 2013. 12. 30 법률 제12137호로 이루어진 저작
권법 개정(2014. 7. 1. 시행)은 공공저작물의 자유로운 이용을 보장 내지 활성화하기 위해 국가 또는
지방자치단체가 저작재산권을 가지고 있는 공공저작물에 대하여는 네 가지의 예외사유에 해당하
지 않는 한 누구든지 자유롭게 이용할 수 있도록 하고(제24조의2 제 1 항), 기타의 공공저작물에 대
하여도 정부가 그 이용을 활성화하기 위한 시책을 수립, 시행할 수 있도록 근거를 마련하였다(같
은 조 제 2 항).[4]

---

　1 황적인·정순희·최현호, 전게서, 207면.
　2 미국법 해석상 정부 또는 공공단체의 공무원이나 기타 피용자가 그 직무상의 의무의 일환으로 만든 것이 이에 해당한
　　다고 한다. William F. Patry, *Latman's The Copyright Law*(sixth edition), p. 52 참조.
　3 국가, 지방자치단체 및 공공기관이 저작재산권 전부를 보유하고 있는 저작물을 지칭하는 용어로 사용되고 있다(§14-
　　23-1 참조).
　4 이에 대하여 자세한 것은 §14-23-1 이하 참조.

위와 같은 법개정으로 현행 저작권법은 공공저작물에 대하여 세 가지의 서로 다른 법적 취급을 하게 되었다. 즉, ① 지금 살펴보는 제7조의 규정을 통해 처음부터 저작권법에 의한 보호에서 배제되는 법령, 판례 등의 경우, ② 저작권보호의 대상에는 포함되지만, 제24조의 제1항에서 그 저작재산권을 제한하여 네 가지 예외사유에 해당하지 않는 한 누구든지 자유롭게 이용할 수 있도록 하고 있는 경우, ③ 저작권보호의 대상으로 인정되고, 자유이용의 대상으로 규정되지도 않았지만, 정부의 공공저작물 이용활성화 시책의 대상이 되는 경우 등으로 구분될 수 있는 것이다. 여기서는 그 중 ①의 경우에 대하여만 살펴본다.

§7-3　　　　2006년 법개정 이전에는 제7조 제6호로서 "공개한 법정·국회 또는 지방의회에서의 연술(演述)"도 비보호저작물로 규정되어 있었다. 그런데 이 규정에 대하여는 "공개한 법정, 국회 또는 지방의회의 연술에 대하여는 저작재산권을 인정하지 않는다 하더라도 저작인격권, 특히 동일성유지권은 인정되어야 한다는 점에서 비보호저작물로 한 것은 문제가 있다고 생각된다"고 하는 비판이 제기된 바가 있었다.[1] 그러한 점 등을 감안하여 현행법은 제24조에 저작권제한사유의 하나로 '정치적 연설 등의 이용'을 규정하면서 "공개적으로 행한 정치적 연설 및 법정·국회 또는 지방의회에서 공개적으로 행한 진술은 어떠한 방법으로도 이용할 수 있다. 다만, 동일한 저작자의 연설이나 진술을 편집하여 이용하는 경우에는 그러하지 아니하다"고 규정함으로써(자세한 내용은 §14-18 이하 참조) 종전의 6호 사유도 저작재산권제한 사유의 하나로 포함시키는 입법태도를 취하였다. 이러한 규정으로 인해 공개한 법정 등에서의 연설이나 진술에 대하여도 저작인격권의 보호를 받게 되었을 뿐만 아니라 위 단서 규정에 의하여 '동일한 저작자의 연설이나 진술을 편집하여 이용하는' 행위에 대하여는 저작재산권을 행사할 수도 있게 되었다.

II. 개별적 검토

1. 제1호

§7-4　　　　제1호는 헌법·법률·조약·명령·조례 및 규칙을 비보호 저작물로 규정하고 있다. 2000년 개정 전에는 '법령'이라고만 규정하고 있었지만 위와 같은 것들을 모두 포함하는 의미라고 해석되고 있었는데, 개정법에서 보다 명확히 규정한 것이다. 국가 또는 지방자치단체에서 제정한 일반적 규범으로서의 '법령'에 해당하는 모든 것이 여기에 포함된다. 따라서 민간에서 자율적으로 제정한 다양한 규칙 등은 여기에 포함되지 않는다.

법령으로 확정되어 공포된 것뿐만 아니라 그 초안이라도 국가기관이 작성한 것이거나 국가

---

1 황적인·정순희·최현호, 전게서, 208면.

기관에 의한 공식적인 심의에 회부된 것이면 포함된다. 국가기관, 즉 담당 공무원 등이 작성한 것이 아니라 민간단체나 개인 학자 등에 의하여 법령의 초안이 작성되었더라도 국가기관에 의한 공식적인 심의에 회부된 후에는 이 규정에서 말하는 법령에 포함되어 자유이용의 대상이 되나, 그러한 공식적 심의에 회부되지 않은 초안의 경우에는 해당 단체 또는 개인의 저작물로 보호될 수 있다. 외국의 법령도 포함되며, 폐지된 구 법령의 경우도 포함되는 것으로 보아야 할 것이다.[1]

2. 제 2 호

제 2 호는 국가 또는 지방자치단체의 고시·공고·훈령 그 밖에 이와 유사한 것을 규정하고   §7-5
있다. 이들은 법령 자체는 아니지만 법규적 성질을 가지거나 법에 대한 해석지침으로서 국민생활에 큰 영향을 끼치는 것이므로 국민의 알 권리의 주요 대상이라는 이유에서 비보호 저작물로 규정한 것이다. 이 규정은 그러한 알 권리의 대상이라면 나열된 것 이외에도 보다 넓게 비보호 저작물에 포함할 수 있도록 하려는 취지에서 '이와 유사한 것'을 포함하는 것으로 규정하고 있다. 이 때 그 판단에 있어서는 '국가 또는 지방자치단체가 그 권한 행사의 방법으로 널리 국민 또는 주민에게 주지시키기 위해 작성, 발표한 공문서'인지 여부를 기준으로 하는 것이 타당할 것이다. 국가기관이 작성한 것이라 할지라도 예를 들어 교육부가 발행한 교육백서 또는 우체국에서 만든 그림엽서 같은 것은 그 권한 행사 방법으로서의 문서라고는 할 수 없으므로 저작물로 보호받을 수 있다고 보아야 할 것이다.[2] 또한 외국의 국가기관 등이 작성한 것도 위와 같은 성격의 것이면 여기에 포함되는 것으로 볼 수 있다.[3]

국가기관이 아닌 단체나 개인이 작성한 표준계약서 등도 국가기관이 법에 따라 표준계약서 등으로 인정하여 고시 또는 공고를 한 경우에는 이 규정에 의하여 자유이용의 대상이 될 수 있다.[4]

3. 제 3 호

제 3 호는 법원의 판결·결정·명령 및 심판이나 행정심판절차 그 밖에 이와 유사한 절차에   §7-6
의한 의결·결정 등을 비보호 저작물로 규정하고 있다.

사법절차 또는 준사법절차에 의하여 나온 판례, 심판례, 심결례 등의 정보는 법령 등의 해석지침으로서 중요한 의미를 가지는 것이므로 법령 등과 마찬가지로 국민의 알 권리의 주요 대상이

---

1 장인숙, 전게서, 44면; 加戶守行, 전게서, 137면 등 참조.
2 장인숙, 전게서, 44면; 加戶守行, 전게서, 137면 등 참조.
3 황적인·정순희·최현호, 전게서, 207면.
4 서달주, 저작권법(제 2 판), 박문각, 2009, 244면.

되는 것이라는 점에서 위와 같이 규정된 것이다. '그 밖에 이와 유사한 절차에 의한 의결·결정 등'이라고 한 것은 특허심판, 해난심판, 행정상의 소청심사 및 재결, 행정조정에 의한 조정결정 등을 뜻하는 것으로 볼 수 있다.[1] 그 내용물을 저작물로 보호하지 않는 것으로 보며, 역시 외국 법원에 의한 판결등도 여기에 포함되는 것으로 볼 수 있다.[2]

4. 제 4 호

§7-7   제 4 호는 국가 또는 지방자치단체가 작성한 것으로서 제 1 호 내지 제 3 호에 규정된 것의 편 집물 또는 번역물을 규정하고 있다.

국가 또는 지방자치단체가 주체가 되어 편찬 발행하는 법령집, 예규집, 규칙집, 자치법규집, 심결례집, 재결례집 등과 마찬가지로 국가기관 등이 주체가 되어 제작한 법령DB, 판례DB 등이 여기서의 '편집물'에 해당하고, 법령, 고시, 공고, 판례 등을 관공서가 외국어로 번역한 것이 여기 서의 '번역물'에 해당한다.[3] 외국의 법령, 판례 등을 국가나 지방자치단체가 번역한 것도 보호받 지 못한다.[4] "이 법에 의한 보호를 받을 수 없다"고 하고 있으므로 저작물로 보호받을 수 없을 뿐만 아니라 데이터베이스제작자로서의 보호(§20-1 이하)도 받을 수 없다. 물론 법령, 판례 등의 경 우에도 민간의 사기업이나 개인이 편집 또는 번역을 한 경우에는 당연히 편집저작물(§5-34 이하) 또는 2차적저작물(§5-1 이하)로 보호될 수 있고 데이터베이스제작자로서의 보호를 받을 수도 있다. 대법원 1996. 12. 6. 선고 96도2440 판결은 경매사건에 관하여 법원게시판에 공고되는 정보(위 제 2 호의 비보호 저작물에 해당하는 것들) 등을 소재로 이용하여 편집한 입찰경매정보지의 저작권보호와 관련하여, "위 한국입찰경매정보지는 그 소재의 선택이나 배열에 창작성이 있는 것이어서 독자적 인 저작물로서 보호되는 편집저작물에 해당한다 할 것이고, 위 한국입찰경매정보지가 이와 같이 편집저작물로서 독자적으로 보호되는 것인 이상, 이를 가리켜 저작권법 제 7 조 소정의 보호받지 못하는 저작물이라고 할 수 없다"고 판시한 바 있다(§5-40 참조). 법원의 공고 등 소재는 비보호 저작물이라 하더라도 국가기관이 아니라 민간기업이 그것을 소재로 이용하여 편집저작물을 작성

---

1 加戶守行, 전게서, 138면 등 참조.

2 황적인·정순희·최현호, 전게서, 207면.

3 국가 또는 지방자치단체가 한자로 된 조선시대 법령이나 공고 등을 번역한 것도 이에 해당할 수 있다. 이와 관련하여 '이조실록' 사건에 대한 서울지방법원 남부지원 1994. 2. 14. 선고 93카합2009 판결은 "이조실록은 조선시대의 역사책 으로서 저작권법 제 7 조 제 2 호 소정의 국가 또는 지방자치단체의 고시, 공고, 훈령 기타 그 밖의 이와 유사한 것에 해당되어 보호받지 못하는 저작물이고 그 번역물은 같은 법 제 7 조 제 4 호 소정의 국가 또는 지방자치단체가 작성한 것으로서 제 1 호 내지 제 3 호에 규정된 것의 편집물 또는 번역물에 해당되어 역시 보호받지 못하는 저작물"이라고 하는 피신청인의 주장을 "이조실록은 국가 등의 고시, 공고, 훈령 그 밖의 이와 유사한 것이라고 볼 수는 없다"는 이 유로 배척하였는데, 이조실록을 고시, 공고, 훈령 등과 유사한 것으로 볼 수는 없으므로, 법원의 이러한 판시는 타당 하다.

4 황적인·정순희·최현호, 전게서, 207면.

한 경우 그 편집저작물은 저작물로 보호될 수 있음을 보여주는 사례라 할 수 있다.1 물론 그 경우에도 보호의 범위는 새로이 창작성이 부가된 '편집' 부분에만 미치는 것이고, 소재 자체에 대하여 저작권이 새로 발생하거나 부여되는 것은 아니다(§5-56 참조).

5. 제 5 호

(1) '사실의 전달에 불과한 시사보도'의 개념

제 5 호로 규정된 것은 '사실의 전달에 불과한 시사보도'이다.　　　　　　　　　　　§7-8

이 규정은 다른 규정과는 성격이 조금 다른 면이 있다. 시사보도 등을 수행하는 주체에는 국가기관이 아닌 민간의 언론사 등이 포함되므로 국가기관의 권리를 제한하는 만큼 일반 국민의 이용권이 넓어지는 관계에 있는 다른 각호 규정과는 다른 이해(利害)의 충돌이 있을 수 있는 것이다. 즉 시사보도에 대하여 저작권 보호를 부정하는 범위를 확대해석하면 국민의 알권리에는 얼핏 도움이 될 것처럼 보이나 시사보도의 주체인 민간 언론기관의 입장에서는 자신의 저작활동에 대한 정당한 보상을 받기가 어려워 결국은 언론사업의 위축을 가져와 국민의 알권리에도 궁극적으로는 부정적 영향을 끼칠 수가 있다. 따라서 이 규정은 확대해석을 하지 않도록 주의할 필요가 있다.

그런 관점에서 보면 이 규정은 원래 저작물이 아닌 것을 주의적으로 규정한 것으로 볼 수 있　§7-9
다. 즉, 저작물은 '인간의 사상 또는 감정의 창작적 표현'을 의미하는 것이므로 시사보도 가운데 단지 '사실의 전달에 불과'한 것은 원래 저작물이라고 볼 수 없는 성질의 것이다. 그런데 이 때 '사실의 전달에 불과한' 것이 어떤 것을 말하는지에 대하여는 견해가 반드시 일치한다고 보기 어렵다. 다만 위 규정을 위와 같이 주의규정으로 보는 입장에서는 논평 기사나 해설 기사가 아니더라도 어떠한 사실을 보도함에 있어서 기자의 어문적 표현에 있어서 사상 또는 감정의 표현이라고 할 만한 정신적 노력이 깃들어 있고 거기에 기자 나름대로의 개성이 부여되어 있으면 보도기사라 하더라도 단순히 '사실의 전달에 불과한' 것이 아니라 인간의 사상 또는 감정을 창작적으로 표현한 저작물로서 보호의 대상이 되는 것으로 보아야 할 것이라고 생각된다. 그런 점에서 마치 해설 기사나 논평 기사 등의 경우만 저작물로 보호되는 것처럼 설명하는 견해2는 찬동하기 어렵다. 따라서 단순한 사망기사(누가 며칠 몇 시에 죽었다는 것만 보도하는 기사), 단순한 인사이동, 단순한 서훈(敍勳)의 사실만을 기재한 기사 등은 분명히 '사실의 전달에 불과한 시사보도'에 해당하는 것으

---

1 창원지방법원 2006. 8. 17. 선고 2005노1762 판결은 일반인이 작성한 판례해설집에 대한 저작권 보호를 인정한 사례이다.

2 예컨대, 장인숙, 전게서, 45면에서는 "그러나 사실의 전달에 곁들여 기자의 견해나 평가가 표현되어 있는 기사(예 : 해설기사) 같은 것은 사실의 전달에 불과한 것이라 할 수 없으므로 여기에 포함되지 않는 것으로 보아야 한다"고 설명하고 있다.

로 보아야 하지만, 그 외의 경우에는 그 기사가 6하원칙에 입각하여 간결하고 정형적으로 작성한 것으로서 사실의 배열 및 문장 표현 등에 있어서 저작자의 개성이 드러날 만한 것이 없는 것인지 그렇지 않으면 사실 등의 배열과 구체적인 문장표현 등에 있어서 저작자의 개성에 의한 창작성이 인정될 만한 것인지를 가려서 보호여부를 판단하여야 할 것이다. '연합뉴스' 사건에 대한 대법원 판례(§7-10)도 기본적으로 이와 같은 입장에 서 있는 것이라 할 수 있다.

이상의 설명은 신문기사와 같은 문자에 의한 보도를 전제로 한 것으로서, 보도사진이나 뉴스 보도 영상물과 같은 경우에는 촬영, 편집 등에 있어서 다양한 창작성의 요소가 있으므로 특별히 그 창작성을 부정할 만한 사안이 아닌 한, 대개의 경우 사진저작물 또는 영상저작물로서의 보호 를 긍정하여야 할 것이라는 것이 본서의 입장이다.[1]

 **판 례**

§7-10
❖대법원 2006. 9. 14. 선고 2004도5350 판결 — "연합뉴스 기사" 사건
저작권법 제 7 조는 "다음 각 호의 1에 해당하는 것은 이 법에 의한 보호를 받지 못한다"고 규정 하여 일정한 창작물을 저작권법에 의한 보호대상에서 제외하면서 제 5 호에 '사실의 전달에 불과한 시 사보도'를 열거하고 있는바, 이는 원래 저작권법의 보호대상이 되는 것은 외부로 표현된 창작적인 표 현 형식일 뿐 그 표현의 내용이 된 사상이나 사실 자체가 아니고, 시사보도는 여러 가지 정보를 정확 하고 신속하게 전달하기 위하여 간결하고 정형적인 표현을 사용하는 것이 보통이어서 창작적인 요소 가 개입될 여지가 적다는 점 등을 고려하여, 독창적이고 개성 있는 표현 수준에 이르지 않고 단순히 '사실의 전달에 불과한 시사보도'의 정도에 그친 것은 저작권법에 의한 보호대상에서 제외한 것이라고 할 것이다.

그런데 기록에 편철된 연합뉴스사의 기사 및 사진 사본에 의하면, 주식회사 A의 편집국장이던 피 고인이 일간신문인 B를 제작하는 과정에서 복제한 공소사실 기재 각 연합뉴스사의 기사 및 사진 중에 는 단순한 사실의 전달에 불과한 시사보도의 수준을 넘어선 것도 일부 포함되어 있기는 하나, 상당수 의 기사 및 사진은 정치계나 경제계의 동향, 연예·스포츠 소식을 비롯하여 각종 사건이나 사고, 수사 나 재판 상황, 판결 내용, 기상 정보 등 여러 가지 사실이나 정보들을 언론매체의 정형적이고 간결한 문체와 표현 형식을 통하여 있는 그대로 전달하는 정도에 그치는 것임을 알 수 있어, 설사 피고인이 이 러한 기사 및 사진을 그대로 복제하여 B 신문에 게재하였다고 하더라도 이를 저작재산권자의 복제권 을 침해하는 행위로서 저작권법 위반죄를 구성한다고 볼 수는 없다 할 것이다.

그렇다면 원심으로서는 공소사실 기재 각 연합뉴스사의 기사 및 사진의 내용을 개별적으로 살펴 서 그 중 단순한 '사실의 전달에 불과한 시사보도'의 정도를 넘어선 것만을 가려내어 그에 대한 복제 행위에 대하여만 복제권 침해행위의 죄책을 인정하였어야 할 것임에도 불구하고, 이러한 조치 없이 공

---

1 보도사진의 사진저작물성에 대해서는 아래 §7-11 및 §4-80-4 참조. 뉴스방송 등의 보도용 영상물의 영상저작물성에 대해서는 §4-99 및 §4-99-1 참조(TV 뉴스방송의 저작물성을 긍정한 판례들이 있음).

소사실 기재 각 연합뉴스사의 기사 및 사진 복제 행위에 대하여 모두 복제권 침해행위의 죄책을 인정한 것은, 저작권법의 보호대상이 되는 저작물의 범위에 대한 법리를 오해하였거나 심리를 다하지 않은 위법을 범한 것이라 할 것이고, 이러한 위법은 판결 결과에 영향을 미쳤음이 분명하다.

▷NOTE : 위 판결이 보도기사 중 사실의 전달에 불과한 것과 그렇지 않은 것을 적절히 구분한 것은 타당하나, 보도사진도 '사실의 전달에 불과한 시사보도'에 해당할 수 있다는 취지의 판시에는 의문이 있다. 보도사진의 경우에는 사진 촬영에 있어서 피사체의 선택, 구도의 결정, 광량의 조절, 앵글의 조정, 단추를 누르는 순간적 기회의 포착 등에 촬영자의 개성이 표출될 여지가 많고 보도 목적으로 촬영한 경우라 하더라도 위와 같은 점에 창작성이 인정될 가능성이 많으므로, 결국 저작권 보호를 받는 사진저작물이 될 가능성이 많고, '사실의 전달에 불과한 시사보도'라고 명확하게 판단할 수 있는 경우는 많지 않을 것이다(§4-80-4 참조).[1] 그리고 그 점은 보도용 동영상(영상저작물)의 경우도 마찬가지일 것이라 생각된다(§4-99 및 §4-99-1 참조). §7-11

❖ 서울고등법원 2006. 11. 29. 선고 2006나2355 판결 §7-12

(나) 구체적 판단

(ㄱ) 별지 1 기사목록 '원고기사저작권인정여부'란에 "○"로 표시된 피고의 기사에 대응하는 원고의 각 기사(이하 '이 사건 저작권인정 기사'라고 한다)는 그 내용에 비추어 보면 단순히 사실을 전달하는 데 그치지 않고, 기사의 내용인 사실을 기초로 한 작성자의 비판, 예상, 전망 등이 표현되어 있고, 그 길이와 내용에 비추어 볼 때 이를 작성한 기자가, 그 수집한 소재를 선택, 배열, 표현할 수 있는 다양한 방법 중 자신의 일정한 관점과 판단기준에 근거하여 소재를 선택하고, 이를 배열한 후 독자의 이해를 돕기 위한 어투, 어휘를 선택하여 표현하였다고 할 것이어서, 이에는 작성자의 창조적 개성이 드러나 있다고 할 것이므로 이는 저작권법의 보호대상이 되는 저작물이라고 할 것이다.

(ㄴ) 나아가 이 사건 원고 기사 중 이 사건 저작권인정 기사를 제외한 나머지 기사들(이 사건 원고 기사 중 별지 1 기사목록 '원고기사저작권인정여부'란에 "×"로 표시된 피고 기사에 대응하는 원고의 기사)에 대하여 보건대, 위 각 기사는 그 내용이 ① 경찰, 검찰 등 수사기관의 수사, 체포, 구속 등에 관련된 기사(1유형), ② 단일한 사항에 관한 객관적인 사실만을 전하는 기사(2유형), ③ 법원의 재판, 판결에 관한 기사(3유형, 위 각 기사의 기사별 유형은 별지1 기사목록 유형란에 기재된 숫자와 같다)로 구별할 수 있는데, ① 1유형의 기사는 사건발생 경위, 사건의 결과, 관계자의 언급 내용, 수사기관의 수사진행 상황 등에 관한 객관적인 사실로 구성되고, 그 배열은 보통 체포구속되었다는 사실, 혐의내용, 체포구속의 과정, 목격자 또는 수사관계자의 언급내용, 향후 수사방향 등의 순서로 이루어지며, 그 표현 또한 "누가 … 체포구속됐다", " … 적발됐다", "목격자는 … 라고 말했다", "경찰은 … 조사 중이다", " … 라고 드러났다", " … 입건했다", " … 기소했다", " … 한 혐의를 받고 있다" 등의 전형적인 표현이 사용되며, ② 2유형의 기사는 단일한 사항에 대하여 과거에 있었거나, 앞으로 예정된 객관적인 사

---

1 참고로, 송영식·이상정, 저작권법개설(제5판), 세창출판사, 2009, 104면은 보도사진은 "사실의 전달에 불과한 시사보도"에서 제외되는 것으로 보고 있다. 일본에서도 보도사진이나 TV에 보도되는 뉴스 영상은 일본 저작권법상의 "사실의 전달에 불과한 잡보 및 시사의 보도"에 해당하지 않는 것으로 보는 견해가 유력하다. 半田正夫·松田政行編, 著作權法 コンメンタール, 1卷, 勁草書房, 2009 [生駒正文 집필부분], 572면.

실만으로 구성되고, 그 배열은 보통 사건의 발생예정, 관계자의 언급, 관련사항(주로 사건, 사고의 경우 경찰의 조사상황)의 순서로 이루어지며, 그 표현 또한 "언제, 어떤 일이 발생했다", "원인은 … 로 밝혀졌다", "관계자(목격자)는 말했다", " … 할 예정이다" 등의 전형적인 표현이 사용되고, ③ 3유형의 기사는 법원의 재판과정에 있었던 사실이나, 법원이 선고한 판결에 관련된 객관적 사실만으로 구성되고, 그 배열은 판결의 선고사실, 선고결과, 재판부의 언급, 판결의 대상이 된 관련사실 등의 순서로 이루어지며, 그 표현 또한 " … 한 판결이 선고되었다", " … 라고 밝혔다", "재판부는 … 라고 강조했다", " … 라고 덧붙였다", " … 소송을 냈다"는 등의 전형적인 표현이 사용되고, 위 각 기사는 비교적 길이가 짧고, 기사의 내용을 구성하는 사실의 선택, 배열 등에 있어 특별한 순서나 의미를 가진다고 보여지지 않으며, 그 표현 자체가 지극히 전형적으로 이루어지고, 깊이 있는 취재에 의한 것이 아니라 단순한 관계기관의 발표, 자료 등에 의존하여 간단하게 구성되어 그 작성자가 다양한 표현방법 중 특별한 방법을 선택하였다고 보여지지 않는 등 위 각 기사는 위와 같은 사항을 취재하여 기사를 작성하는 기자라면 누구나 위 각 기사와 같거나, 유사한 표현을 사용할 것이라고 보여지는 기사로서 그 내용, 길이 등에 비추어 소재의 선택, 배열, 구체적인 용어의 선택, 어투, 그 밖의 문장표현에 창작성이 인정된다거나, 그 기사를 작성한 기자의 평가, 비판 등의 사상이나 감정이 표현되어 있는 기사에 해당한다고 볼 수 없으므로 위 각 기사는 저작권법에 의하여 보호되는 저작물이라고 할 수 없다.

▷NOTE : 위 판결은 위에서 본 대법원 판례의 취지를 기본적으로 따르고 있는바, 구체적으로 저작권 보호가 주어지지 않는 기사의 유형을 제시하고 있다는 점에서 참고가치가 크다고 생각된다.

§7-12-1
❖광주지방법원 2012. 4. 19. 선고 2011나15427 판결
이 사건 저작물은 비록 광고의 목적이 있었다고 하더라도 그 내용에 비추어 보면 단순히 사실을 전달하는 데 그치지 않고, 기사의 내용인 사실을 기초로 한 작성자의 평가, 전망 등이 표현되어 있고, 그 길이와 내용 등에 비추어 볼 때, 이를 작성한 기자가, 그 수집한 소재를 선택, 배열, 표현할 수 있는 다양한 방법 중 자신의 일정한 관점과 판단 기준에 근거하여 소재를 선택하고, 이를 배열한 후 독자의 이해를 돕기 위한 어휘를 선택하여 표현하였다. 따라서 소재의 선택과 배열, 취재내용에 관한 문장표현 등에 있어서 작성자의 창조적 개성이 드러나 있어 창작성이 인정된다고 할 것이므로, 이 사건 저작물은 저작권법의 보호대상이 되는 저작물이라고 할 것이다.

▷NOTE : 보도기사의 저작물성과 관련하여 소재의 선택, 배열 등의 편집적인 면과 어휘의 선택 등과 관련한 어문저작물로서의 표현에 있어서 선택의 폭이 있는 표현으로 보아 창작성을 인정한 사례이다. 특이한 것은 위 기사가 '광고목적'으로 작성된 것이라는 점인데, 그와 관련된 언론윤리상의 문제는 별도로 하고, 그러한 광고목적으로 작성된 것이라는 점이 그 기사의 저작물성에 영향을 미치는 것은 아니라고 보아야 할 것이다(사진저작물과 관련하여, '광고'의 목적이 실용적이라는 이유로 저작물성에 대한 판단에서 부정적으로 고려한 판례에 대한 본서의 비판적 입장은 §4-80-2 참조).

(2) 비저작물인 뉴스보도의 법적 보호

뉴스보도 중에는 위와 같이 간단한 사건, 사고 소식 등을 간결하게 정리하여 내보내는 기사   §7-12-2
들이 많은데, 그러한 기사들은 창작성이 인정되지 않고 '사실의 전달에 불과한 시사보도'로 인정
되어 저작권보호를 받지 못할 가능성이 많다. 특히 통신사에서 제공하는 속보성 기사들 가운데
그러한 기사의 비중이 상대적으로 높은 편인데, 그러한 기사를 작성하기 위하여 많은 인력을 채
용하여 쓰고 큰 투자를 하고 있음에도 불구하고 그 성과물이 저작권법에 의한 보호를 받지 못한
다고 할 때 현실적으로 문제가 발생하는 부분이 있을 수 있다. 즉 일반 신문사에서 통신사의 기
사를 이용하기 위하여 계약을 체결하고 그 대가를 지급한 후 기사를 사용하는 경우가 많은데, 소
규모 신문사나 정보제공업체의 경우 그 대가의 지급을 회피하기 위하여 계약을 체결하지 않고 통
신사의 기사 등을 그대로 가져다 이용하는 경우가 있을 수 있다. 그렇게 이용되는 기사 등이 모
두 '사실의 전달에 불과한 시사보도'에 해당하는 것들만이라면 그것을 저작권침해로 인정하여 저
작권법상의 구제수단을 인정하기는 어렵다. 그렇다면, 결국 통신사의 위와 같은 취재 등을 위한
노력은 정당한 보상을 받지 못하여 그 투자 유인이 소멸되고 결국 아무도 비용을 들여 그러한 뉴
스정보를 생산하지 않는 사태가 발생할 수도 있지 않은가 하는 의문이 드는 것이다.

바로 이러한 문제를 미국의 일부 판례는 부정사용(misappropriation; '부당이용'이라고도 한다) 법
리를 적용하여 해결한 바 있다.1

즉 미국에서도 간단한 속보성 기사에 대하여 저작권 보호를 인정하지는 않지만, 그것을 경쟁
사에서 부정한 경쟁을 위한 목적으로 사용하는 것에 대하여는 부정사용으로 보아 손해배상청구
등의 구제수단을 인정해 온 것이다. 다만 미국 판례도 이러한 법리의 원용이 남용될 경우 정보유
통의 경색을 불러오는 등의 문제가 있음을 감안하여 그 적용요건을 비교적 까다롭게 정리하여 제
시하고 있다. 즉 National Basketball Ass'n v. Motorola, Inc. 사건 판결은 비저작물인 뉴스의
사용을 부정사용행위로 보기 위해서는 ① 원고가 상당한 비용을 들여 정보를 수집하였을 것, ②
해당 정보가 언제 제공되는지가 정보의 가치에 민감하게 영향을 미치는 성격을 가질 것, ③ 피고
의 정보이용이 원고의 노력에 대한 '무상동승(free ride)'의 성격을 가질 것, ④ 피고가 원고에 의하
여 제공되는 상품이나 서비스와 직접적 경쟁관계에 있을 것, ⑤ 다른 당사자들이 원고 및 타인의
노력에 무상동승할 수 있다는 것이 그 서비스의 존속이나 품질을 실질적으로 위협할 만큼 해당
상품이나 서비스를 제공할 유인을 저하시킬 것 등의 다섯 가지 요건을 모두 갖춘 경우여야 한다
고 판시하였다.

---

1 International News Service v. Associated Press248 U.S. 215, 39 S.Ct. 68 U.S. 1918; National Basketball Ass'n
  v. Motorola, Inc.105 F.3d 841.

우리 법상으로는 위와 같은 법리를 민법상의 '일반 불법행위' 법리로 수용할 수 있을 것으로 생각되어 왔으나, 2013년 부정경쟁방지법의 개정을 통해 '성과부정사용' 행위를 부정경쟁행위의 하나로 추가하였으므로, 위와 같은 부정경쟁행위는 그러한 '성과부정사용' 행위(부정경쟁방지법 제 2 조 제 1 호 카목)의 요건을 갖춘 것으로 인정될 경우 부정경쟁방지법상의 보호를 받을 수 있게 되었다(비저작물의 이용과 일반 불법행위 및 부정경쟁방지법상의 신설규정에 대하여는 §3-44-1 이하 참조).

6. 음란물등 불법성이 있는 저작물의 경우

§7-12-3

몇 해 전에 외국 저작권자들이 음란 동영상을 복제, 배포한 국내 네티즌을 고소한 사건을 계기로, 음란물도 저작물로 보호될 수 있는지 여부에 대한 사회적 논의가 있었다. 여러 가지 논란과 혼선 끝에 결국 검찰은 피고소인의 저작권침해죄에 대하여도 공소사실에 포함하여 기소하는 것으로 결론을 내렸고, 법원도 그에 대한 유죄 판결을 선고하여 그 판결이 확정된 바 있다.[1] 이것은 사회적인 통념과 법제도 사이에 일정한 거리가 있을 수 있음을 보여주는 한 예이기도 한데, 불법으로 처벌되는 음란물을 작성한 저작자를 저작권법에서는 보호한다고 하는 역설적인 상황이 법적으로는 정당한 것으로 인정될 수 있다.

먼저 음란물이 저작물성을 가지는지 여부에 대하여 살펴보면, 인간의 사상 또는 감정을 창작성 있게 표현한 것이기만 하면 저작물성을 갖도록 하는 현행법의 규정에 비추어보면, 음란물도 그러한 요건을 갖춘 한 저작물로 보아야 한다는 데 별다른 의문이 있을 수 없다. 다음으로 저작권법에서는 비록 저작물성을 가지는 것이라고 하더라도 다른 이유로 저작권보호를 부여하지 않는 것이 있는데, 그것을 규정한 것이 바로 저작권법 제 7 조이다. 그런데 같은 조는 음란성이나 기타 불법성 또는 사회적 도덕관념과 같은 것을 이유로 하여 저작권 보호에서 배제하는 규정을 두지 않고 있다. 이것은 같은 지식재산권법이라도 특허법이나 상표법 등과는 다른 점이다. 즉 특허법 제32조는 "공공의 질서 또는 선량한 풍속에 어긋나거나 공중의 위생을 해칠 우려가 있는 발명에 대해서는 제29조 제 1 항에도 불구하고 특허를 받을 수 없다"고 규정하고 있고, 상표법 제 7 조 제 1 항 제 4 호는 "상표 그 자체 또는 상표가 상품에 사용되는 경우 수요자에게 주는 의미와 내용 등이 일반인의 통상적인 도덕관념인 선량한 풍속에 어긋나거나 공공의 질서를 해칠 우려가 있는 상표"를 부등록사유로 규정하고 있지만, 저작권법에는 이러한 공공질서를 보호하기 위한 별도의 규정을 두고 있지 않다. 따라서 해석론상, 음란물이라거나 기타 불법성이 있다는 이유로 저작물로서의 보호를 부정할 근거는 없다.[2]

---

1 서울중앙지방법원 2012. 11. 30. 선고 2011노4697 판결(항소되지 않고 확정됨).

2 同旨 남형두, "저작물성, 그 확대와 균형의 역사", 계간 저작권 (2012 겨울호), 한국저작권위원회, 53～54면; 오승종, 전게서, 280면; 박성호, 전게서, 48면; 임원선, 전게서(2014), 63면 등.

그렇다면, 왜 저작권법은 공공질서 보호를 위한 규정을 두지 않은 것일까. 위에서도 언급한 바와 같이 저작권법도 다른 지식재산권법과 같이 공공질서에 반하는 저작물은 보호하지 않는 것으로 규정하고 그렇게 집행하는 것이 통상의 사회적 정의관념에는 더 부합하는 면이 있는 것이 사실이다. 그러나 음란성은 시대의 변화에 따라 그 판단이 유동적인 측면을 가지고 있는데, 저작물로서의 보호가 그러한 유동적 개념에 달려 있도록 하는 것은 바람직하지 않다. 저작권법에서 추구하는 가치 중의 하나가 '표현의 자유'라는 점을 고려할 때는 더욱 그러하다. 따라서 산업적인 측면이 중심인 산업재산권의 영역과 달리 문화, 예술 분야의 창작 및 표현의 자유와 깊게 관련되어 있는 저작권법의 경우에는 저작물의 내용에 대한 법적 평가를 떠나 내용중립적인 보호를 하는 것이 바람직하다고 할 수 있다. 저작권법에서 내용의 불법성과 관계없이 저작물로서 보호를 하더라도, 그 불법성을 규제하는 형법 및 행정법에 의하여 공공질서의 보장이라고 하는 사회적·국가적 법익은 충분히 달성될 수 있다는 것도 이러한 결론을 논리적으로 뒷받침한다고 볼 수 있다.

한편으로 저작권법의 위와 같은 규정은 우리나라가 국제저작권보호체계에 가입되어 있음으로 인한 필연적인 결과이기도 하다. 즉 베른협약 및 TRIPs를 중심으로 우리가 가입한 다자간 국제조약에서 저작물보호에 대한 '최소한의 기준'을 수립하여 가입국들이 지키도록 의무화하고 있는데, 각국이 국내법적으로 처벌법규 등에 저촉되는 저작물들을 저작권보호에서 배제하는 입법을 할 경우에는 그러한 최소보호의 기준을 위배하는 것이 되어 국제조약에 반하는 문제가 발생하는 것이다. 실제로 과거의 중국 저작권법 제4조 제1항은 "법에서 출판, 전파를 금지하는 작품은 이 법의 보호를 받지 아니한다"고 규정하고 있었는데, 이 규정 등과 관련하여 미국이 중국을 상대로 제기한 분쟁사건에 대한 2009. 1. 26.자 WTO 분쟁해결 패널 결정에서 위 규정이 TRIPs의 규정에 합치되지 않는다는 결정을 내린 바 있다.[1]

따라서 '음란성'이나 '이적성' 기타의 불법성은 저작권법상 저작물로서의 보호와는 무관한 것으로 보아야 하고, 그러한 불법성에 대한 규제는 다른 법률에 맡겨 두어야 할 것이다. 다른 법률 규정에 따라 실제적으로 저작권의 행사에 제약이 따르는 것은 있을 수 있다. 예컨대 국내에서 음란 동영상을 만든 사람도 저작자로 저작권법상의 보호를 받을 수 있지만, 그것을 제작, 유통함에 따르는 형사처벌을 면할 수는 없는 것이다.

대법원은 과거에 누드 사진의 저작물성이 문제된 사건에서 "저작권법의 보호대상인 저작물이라 함은 문학, 학술 또는 예술의 범위에 속하는 것이면 되고 윤리성 여하는 문제되지 아니하므로, 설사 그 내용 중에 부도덕하거나 위법한 부분이 포함되어 있더라도 저작권법상 저작물로 보

---

1 중국은 그 결정을 수용하여, 제11기 전국인민대표대회 상무위원회 13차 회의를 통해 2010. 2. 2. 위 규정을 삭제하는 저작권법 개정안을 통과시켰고, 그 개정법이 2010. 4. 1.부터 시행되고 있다.

호된다"고 하여 '위법성'이 저작권 보호의 장애사유가 될 수 없다는 점을 분명히 밝힌 바 있고,[1] 비교적 최근에 선고된 대법원 2015. 6. 11. 선고 2011도10872 판결(§7-12-4)에서는 위와 같은 기존 판례의 입장을 전제로 하여 "원심이 음란한 내용이 담긴 영상저작물도 저작권법상의 저작물로 보호될 수 있음을 전제로 하여 이 사건 공소사실을 모두 유죄로 인정한 제 1 심판결을 유지한 것은 정당"하다고 판시하여 음란물이라 하더라도 창작성이 있는 한 보호될 수 있음을 명백히 하였다.[2]

이와 같이 음란물이라는 이유만으로 저작물성이 근본적으로 부정되지 않을 것이라는 점과 음란물인 저작물을 허락 없이 이용한 것에 대하여 형사처벌을 하는 것이 정당화될 수 있다는 것에 대한 판례의 입장은 상당한 정도로 정립된 셈이나, 아직도 그 구제의 범위에 대하여는 논의의 여지가 있다.

특히 음란물인 저작물에 대한 민사적 구제는 어디까지 가능할 것인지가 문제가 된다. 생각건대, 음란물에 대한 저작권에 기한 침해정지청구권의 행사는 위에서 본 바와 같은 근거로 그에 대한 저작권보호를 긍정하고 침해에 대한 형사적 구제를 인정하는 것의 논리적 연장선에서 이를 원칙적으로 인정하는 것이 타당할 것이나, 손해배상청구권의 행사는 우리 법상 유통이 금지된 음란물에 관한 한, 침해로 인한 손해의 발생을 인정할 수 없다는 이유로 배척하는 것이 타당할 것으로 생각된다.[3]

---

1 대법원 1990. 10. 23. 선고 90다카8845 판결.

2 미국의 판례도 음란성이 저작권 보호의 장애사유가 될 수 없다는 입장을 밝힌 바 있다. Mitchell Bros. Film Grp. v. Cinema Adult Theater, 604 F.2d 852 (5th Cir. 1979).

3 같은 취지, 박준석, "음란물의 저작물성 및 저작권침해금지청구 등의 가능성-대법원 2015. 6. 11. 선고 2011 도 10872 판결", 법조 2016년 12월호(Vol. 720), 764~771면; 박성호, 저작권법(제 2 판), 박영사, 2017, 48~49면. 참고로 최단비, "음란물 저작권자의 손해배상청구권 행사에 대한 제한 가능성", 아주법학 9(3), 2015, 513면은 저작권남용을 이유로 손해배상청구권 행사를 제한하는 것이 타당하다는 의견을 제시한 바 있다. 한편, 음란물인 영상저작물에 대한 저작권에 기한 침해정지청구권 행사를 긍정한 결정들이 서울고등법원에서 나오고 있는데, 서울고등법원 2017. 1. 6.자 2015라1516 결정도 그 가운데 하나이다. 이 결정은 "① 저작권법은 저작자의 권리와 이에 인접하는 권리를 보호하고 저작물의 공정한 이용을 도모함으로써 문화 및 관련 산업의 향상발전에 이바지함을 목적으로 하고(저작권법 제 1 조), 2006. 12. 28. 법률 제8101호로 개정되기 전에는 저작물을 '문학·학술 또는 예술의 범위에 속하는 창작물'(같은 법 제 2 조 제 1 호)로 정의하였다가 이후 '인간의 사상 또는 감정을 표현한 창작물'로 개정한 점, ② 특허법, 상표법1, 디자인보호법에는 선량한 풍속에 반하는 지식재산권은 보호대상이 아님을 명백히 하고 있으나 보호받지 못하는 저작물을 열거하고 있는 저작권법 제 7 조에는 이러한 규정이 없는 점, ③ 음란성에 대한 평가는 사회적·역사적 맥락에 따라 변화하는데 이러한 유동적·상대적 개념을 저작권 보호범위의 기준으로 삼는 것은 적절하지 아니한 점, ④ 저작권법을 통하여 창작물과 이에 대한 권리를 보호하더라도 형법 등을 통하여 음란물의 제작이나 유통을 처벌하여 사회적 해악을 제거하는 것이 가능한 점 등에 비추어 보면, 저작권법의 보호대상이 되는 저작물이라 함은 저작권법 제 7 조에 열거된 보호받지 못하는 저작물에 속하지 아니하면서도 인간의 정신적 노력에 의하여 얻어진 사상 또는 감정을 말, 문자, 음, 색 등에 의하여 구체적으로 외부에 표현한 것으로서 '창작적인 표현 형식'을 담고 있으면 족하고, 그 표현되어 있는 내용, 즉 사상 또는 감정 그 자체의 윤리성 여하는 문제 되지 아니한다고 할 것이므로 설령 그 내용 중에 부도덕하거나 위법한 부분이 포함되어 있다 하더라도 저작권법상 저작물로 보호된다(대법원 1990. 10. 23. 선고 90다카8845 판결, 대법원 2015. 6. 11. 선고 2011도10872 판결 등 참조). 그리고 영상물이 성행위 장면 등을 내용으로 삼고 있다 하더라도 그것이 아무런 창작적인 표현 없이 남녀의 실제 성행위 장면을 단순히 녹화하거나 몰래

 판 례

❖대법원 2015. 6. 11. 선고 2011도10872 판결　　　　　　　　　　　§7-12-4

　… 직권으로 살펴보더라도, 저작권법은 제 2 조 제 1 호에서 저작물을 '인간의 사상 또는 감정을 표현한 창작물'이라고 정의하는 한편, 제 7 조에서 보호받지 못하는 저작물로서 헌법·법률·조약·명령·조례 및 규칙(제 1 호), 국가 또는 지방자치단체의 고시·공고·훈령 그밖에 이와 유사한 것(제 2 호), 법원의 판결·결정·명령 및 심판이나 행정심판절차 그밖에 이와 유사한 절차에 의한 의결·결정 등(제 3 호), 국가 또는 지방자치단체가 작성한 것으로서 제 1 호 내지 제 3 호에 규정된 것의 편집물 또는 번역물(제 4 호), 사실의 전달에 불과한 시사보도(제 5 호)를 열거하고 있을 뿐이다. 따라서 <u>저작권법의 보호대상이 되는 저작물이라 함은 위 열거된 보호받지 못하는 저작물에 속하지 아니하면서도 인간의 정신적 노력에 의하여 얻어진 사상 또는 감정을 말, 문자, 음, 색 등에 의하여 구체적으로 외부에 표현한 것으로서 '창작적인 표현형식'을 담고 있으면 족하고, 그 표현되어 있는 내용, 즉 사상 또는 감정 그 자체의 윤리성 여하는 문제 되지 아니한다고 할 것이므로, 설령 그 내용 중에 부도덕하거나 위법한 부분이 포함되어 있다 하더라도 저작권법상 저작물로 보호된다고 할 것이다</u>(대법원 1990. 10. 23. 선고 90다카8845 판결 참조).

　<u>원심판결 이유를 앞서 본 법리와 원심이 적법하게 채택한 증거들에 비추어 살펴보면, 원심이 음란한 내용이 담긴 영상저작물도 저작권법상의 저작물로 보호될 수 있음을 전제로 하여 이 사건 공소사실을 모두 유죄로 인정한 제1심판결을 유지한 것은 정당하고, 거기에 상고이유 주장과 같은 위법이 없다.</u>

　▷NOTE : 위 판결은 대법원이 누드 사진에 대한 과거 판결(90다카8845판결)을 인용하면서 처음으로 "음란한" 내용이 담긴 영상저작물, 즉 음란물에 대하여 저작권법상의 저작물로서의 보호가 미친다는 것을 밝히고 그에 대한 침해행위에 대하여 형사처벌을 긍정한 사례이다.

촬영한 것이 아니라면 그 창작성을 부인할 수 없고, <u>영상물이 음란물에 해당하는 경우 형법, 정보통신망 이용촉진 및 정보보호 등에 관한 법률 등에 의하여 배포, 판매, 전시 등의 행위가 처벌되는 등으로 해당 영상저작물의 저작권자가 그 배포권, 판매권, 전시권 등 권리행사에 제한을 받을 수 있으나, 저작권자의 의사에 반하여 영상저작물이 유통되는 것을 막아달라는 취지의 저작권 등의 침해정지청구권까지 제한되는 것은 아니라고 보는 것이 타당하다</u>"고 설시하였다. 이 결정은 웹하드 사이트에 대한 침해정지가처분신청의 요건인 '보전의 필요성'도 긍정하면서 여러 가지 근거를 제시하였는데 그 중에는 "채권자와 선정자들은 선정자들의 영상물을 대한민국 법령에 맞게 편집하여 적법하게 대한민국 성인영상물 시장에 진입하려고 하고 있다"는 점과 "이미 대한민국에는 웹하드 사이트, 포털 사이트, 유선방송, IPTV 등에서 다양한 일본 성인영상물이 유통되고 있는데, 콘텐츠 제휴 업체들이 일본의 성인 영상콘텐츠 제작업체와 계약을 체결하고 대한민국 법령에 맞게 원본 영상을 편집한 영상을 합법적으로 판매하고 있다"는 점도 포함되어 있다. 위 결정의 이러한 설시는 그 음란성의 정도나 내용의 반사회성 등이 극심하여 편집작업을 거치더라도 국내에서 합법적으로 유통되기 어려운 경우에는 그 보전의 필요성이 부정될 수 있음을 시사하는 면이 있다고 생각된다. 그리고 위 사건의 경우와 같이 약간의 편집작업을 통해 대한민국에서 합법적으로 판매할 수 있는 콘텐츠에 해당한다면 침해로 인한 손해가 없을 것으로 단정하기 어려울 것이고, 따라서 그 경우에는 손해배상청구도 배척하기 어려울 것으로 생각된다. 아직 음란물에 대한 저작권에 기한 손해배상청구권의 행사에 관한 판례는 나오지 않고 있는 것으로 보인다.

제3장

저 작 자

copyright law

제3장
저작권법

저 작 자

제1절 저작자의 의의

Ⅰ. 창작자 원칙

§8-1 　저작권법 제 2 조 제 2 호는 "'저작자'는 저작물을 창작한 자를 말한다"고 규정하고 있다. 또한 저작권법 제10조 제 1 항은 "저작자는 제11조 내지 제13조의 규정에 따른 권리(이하 '저작인격권'이라 한다)와 제16조 내지 제22조의 규정에 따른 권리(이하 '저작재산권'이라 한다)를 가진다"고 규정하고 있고, 제10조 제 2 항은 "저작권은 저작물을 창작한 때부터 발생하며 어떠한 절차나 형식의 이행을 필요로 하지 아니한다"고 규정하고 있다.

　이 규정들을 종합하면, 저작물을 창작한 자가 '저작자'이고, 그러한 '저작자'가 저작물을 창작한 때부터 어떠한 절차나 형식을 이행할 필요 없이(무방식주의; 이에 대하여 자세한 것은 §11-4 이하 참조) 저작재산권과 저작인격권을 모두 포함한 저작권을 향유하는 주체가 되는 것이다. 이처럼 창작자를 저작자로 인정하고 그에게 모든 권리를 귀속시키는 것을 '창작자 원칙'이라 한다. 다시 말해 우리 저작권법은 창작자 원칙을 규정하고 있다고 할 수 있다. 이러한 창작자 원칙에 대한 유일한 예외가 뒤에서 보는 업무상 저작물의 저작자에 관한 규정(법 제 9 조; 자세한 것은 §10-1 이하 참조)이다. 그 외에 저작권이 창작자인 저작자에게 원시적으로 귀속되는 원칙에 대한 다른 예외는 없다. 저작권 중 저작재산권에 대하여는 양도 또는 상속 등에 의하여 권리주체의 변동이 있을 수 있으

나 저작인격권은 이른바 '일신전속적' 권리이므로(§12-90 참조) 저작자 외의 다른 주체가 향유할 수
없다.

당사자 간 계약 등으로 창작자가 아닌 다른 사람을 저작자로 보거나 저작권을 다른 사람에게
귀속시키기로 하는 약정을 하는 경우가 있으나 그 경우에도 저작권의 원시적 귀속 주체를 변경하
는 효력이 발생하는 것은 아니며, 단지 저작자가 원시적으로 취득한 저작권 중 일신에 전속하는
성질이 아닌 저작재산권을 양도(저작재산권의 양도에 대하여는 §13-67 이하 참조)하는 취지의 약정을 한
것으로 해석될 수 있을 뿐이다.[1]

법리적인 면에서 한 가지 주의할 점은 저작물을 창작한 사람을 창작자라고 할 때 그 창작행   §8-1-1
위는 법적으로 '사실행위'에 해당한다는 점이다. 등록에 의하여 권리가 발생하는 특허권 등의 경
우와 달리 저작권은 창작이라는 사실행위가 있으면 바로 권리가 부여되는 것이므로, 창작시에 저
작자가 권리취득의 의사가 있을 것을 요하지 않고, 의사능력을 요하지도 않는다.[2] 당연히 행위능
력도 요구되지 않으므로 미성년자나 피성년후견인, 피한정후견인 등 제한능력자라도 저작물을 창
작하기만 하면 저작자로 인정되며, 대리에 의한 창작은 인정되지 않는다.[3] 따라서 예컨대 甲이
乙과 집필계약을 체결하고 그에 따라 저작물A의 집필에 참여한 경우에, 어떤 사유로 그 집필계약
이 해제되었다 하더라도, 甲이 A에 대하여 사실행위로서의 창작을 함으로써 얻게 되는 (공동)저작
자의 지위에는 아무런 변화가 없다.[4]

---

1 대법원 1992. 9. 22. 선고 91다39092 판결 : 갑이 계약에 의해 취득한 권리가 원저작물을 번역 해설한 2차적저작물에
관한 복제 반포권이라면, '이 계약에 따라 출판되는 모든 서적의 저작권은 원저작자 을의 이름으로 얻어지고 을에게
귀속된다'는 계약규정 등에 비추어, 갑이 원시적으로 취득한 2차적저작물에 관한 저작권 중 저작재산권은 을에게 양
도된 것으로 볼 수 있다고 판시하였다. 이 판결은 '저작권귀속'의 약정을 '저작재산권 양도'의 약정으로 보아 그 범위
에서 그 효력을 인정한 것이라 할 수 있다. 그러나 저작자와 저작권의 귀속에 관한 저작권법 제 2 조 제 2 호, 제10조
제 2 항 등은 강행규정이므로 당사자 간의 약정에 의하여 저작자 지위 및 그에 따른 저작권의 원시적 귀속 자체를 변
경할 수는 없다(서울고등법원 2007. 5. 22. 선고 2006나47785 판결 참조). 그리고 그것은 상업성이 강한 응용미술저
작물이라고 하여 다르지 않다(아래 판결 참조).
서울중앙지방법원 2018. 8. 17. 선고 2017가합569246 판결 : "저작권법은 저작물을 창작한 자를 저작자로 하고(제 2
조 제 2 호), 저작권은 저작한 때로부터 발생하며 어떠한 절차나 형식의 이행을 필요로 하지 아니하고(제10조 제 2
항), 저작인격권은 이를 양도할 수 없는 일신전속적인 권리로(제14조 제 1 항) 규정하고 있고, 위 규정들은 당사자 사
이의 약정에 의하여 변경할 수 없는 강행규정이라 할 것인바, 상업성이 강하고 주문자의 의도에 따라 상황에 맞도록
변형되어야 할 필요성이 큰 저작물의 경우 재산적 가치가 중요시되는 반면 인격적 가치는 비교적 가볍게 평가될 수
있지만, 이러한 저작물도 제작자의 인격이 표현된 것이고, 제작자가 저작물에 대하여 상당한 애착을 가질 것임은 다
른 순수미술작품의 경우와 다르지 않을 것이며, 위 법규정의 취지 또한 실제로 저작물을 창작한 자에게만 저작인격권
을 인정하자는 것이라고 볼 수 있으므로 <u>상업성이 강한 응용미술작품의 경우에도 당사자 사이의 계약에 의하여 실제
로 제작하지 아니한 자를 저작자로 할 수는 없다.</u>"
2 서달주, 저작권법(제 2 판), 박문각, 2009, 260면.
3 박성호, 저작권법(제 2 판), 박영사, 2017, 199~200면 참조.
4 대법원 2011. 8. 25. 선고 2009다73882 판결 : "이 사건 시나리오 집필계약이 합의해제 되었다고 하더라도, 앞서 본
바와 같이 원고는 피고 시나리오의 공동저작자로서 저작권법에 기한 성명표시권을 가지고 있고 … "

Ⅱ. 저작자의 확정

1. 개   관

§8-2   위에서 본 바와 같이 저작권법상 저작자는 '저작물을 창작한 자'를 말하는 것으로 규정되어 있다. 그런데 실제 소송에서 누구를 저작자로 보아야 하는지가 다투어지는 경우가 많이 있다. 그 러한 다툼은 크게 보아 두 가지의 유형으로 나누어 볼 수 있는데, 첫째는 누가 저작물을 창작하였는지에 대하여 쌍방의 주장이 완전히 엇갈리는 경우이다. 이 경우는 저작물을 창작하지 않았으면서 창작하였다고 주장하는 사람이 당사자 중에 있는 것이므로 결국 사실인정의 문제로서 채증법칙에 따라 정확한 사실인정을 하여야 할 문제일 뿐이다. 둘째는 저작물의 창작과정에서 어떤 형태로든 기여 또는 관여한 복수의 사람이 있는 경우에 그 중에서 누구를 저작자로 인정할 것인가 하는 점에 다툼이 있는 경우이다. 이 경우에는 사실인정의 면도 얽혀 있지만 법리적인 면에서 어느 정도 어떤 부분에 관여하여야 저작자 또는 공동저작자(§9-1 이하)로 인정될 수 있을지에 대한 기준을 세워 나갈 필요가 있다. 이것이 저작자의 확정 문제에 있어서 중요하게 다루어야 할 부분이라고 생각된다.

§8-3   근본적으로 저작자의 확정에 있어서 늘 염두에 두어야 할 것은 저작물의 개념 및 보호범위에 대한 법리이다. 앞서 저작물에 대한 장에서 살펴본 것처럼 저작물은 '인간의 사상 또는 감정의 창작적 표현'으로서 보호의 범위도 창작성이 있는 표현의 부분에 해당하는 부분에만 한정적으로 미치는 것이므로(§3-44), 저작자의 개념도 그것과의 관계에서 파악하여야 한다. 즉, 어느 작품 중에서 인간의 사상 또는 감정의 창작성 있는 표현에 실질적으로 기여한 사람만 '창작자'라고 할 수 있고, 창작성이 없는 부분이나 표현이 아닌 아이디어의 영역에 해당하는 부분에만 기여를 한 경우에는 사실행위로서의 '창작행위'를 하였다고 할 수 없고, 따라서 '저작자'라고 인정할 수도 없다. 대법원도 같은 입장을 취하여, 2009. 12. 10. 선고 2007도7181 판결(§8-7-1)에서 "2인 이상이 저작물의 작성에 관여한 경우 그 중에서 <u>창작적인 표현형식 자체에 기여한 자만이 그 저작물의 저작자가 되는 것이고</u>, 창작적인 표현 형식에 기여하지 아니한 자는 비록 저작물의 작성 과정에서 아이디어나 소재 또는 필요한 자료를 제공하는 등의 관여를 하였다고 하더라도 그 저작물의 저작자가 되는 것은 아니며, 가사 저작자로 인정되는 자와 공동저작자로 표시할 것을 합의하였다고 하더라도 달리 볼 것이 아니다"라고 판시하였다. 구체적으로 문제되는 사례에 대하여는 아래에서 자세히 살펴보기로 한다.

한편, 저작권법은 저작자를 누구로 볼 것인지에 대한 추정 규정을 두고 있는데, 그것도 저작자의 확정과 관련하여 짚어 보아야 할 부분이다.

2. 문제가 되는 경우

다음의 경우들이 실무상 또는 소송상으로 문제가 되는 경우들이다.

(1) 창작의 힌트나 테마 또는 소재를 제공한 자

창작의 힌트나 테마 또는 소재를 제공한 것만으로는 저작물의 창작행위에 실질적으로 관여 §8-4
하지 않은 이상 저작자라고 할 수 없다. 창작의 힌트라고 하는 것은 창작의 내용을 이루는 것은
아니며, 창작의 주제, 테마, 개념 등은 아이디어의 영역에 속하는 것이고 표현의 영역에 속하는
것은 아니므로 그러한 것들을 제공하거나 조언해 준 것에 그친 사람은 창작자가 아니며 따라서
저작자라고 할 수 없다. 위에서도 언급한 대법원 2007도7181판결(§8-7-1)도 같은 취지이다.

이와 관련하여 하급심판결 중에 노래가사가 공동저작물인지 여부가 다투어진 사건에서 "피
고보조참가인은 이 사건 노래 가사의 창작 과정에서 <u>아이디어나 소재 또는 필요한 자료를 제공하
는 등의 관여 이상을 하였다고 보기 어렵고</u>, 달리 피고보조참가인이 이 사건 노래 가사 저작을
원고와 공동으로 하였다고 인정할 증거가 없다"고 판단한 사례가 있다.[1] 또한 '발레 안무' 사건에
대한 서울고등법원 2016. 12. 1. 선고 2016나2020914 판결은 공연기획사를 운영하는 甲이 발레
무용수 겸 안무가인 乙에게 함께 발레 공연 업무를 하자고 제안하고 乙이 그 제안을 받아들여 창
작 발레 작품의 예술감독 겸 안무가로 일을 하였는데 그 후 乙이 발레 작품에 관한 저작권등록을
마치자 甲이 위 발레 작품이 甲과 乙의 공동저작물에 해당한다는 등의 이유로 乙을 상대로 저작
권침해금지 등을 구한 사안에서 甲이 乙에게 안무에 관한 아이디어와 의견 등을 제시한 것만으로
는 甲을 발레 작품들 중 무용 부분의 저작자 또는 공동저작자로 볼 수 없고 그 무용저작물은 乙
의 단독저작물이라고 보아야 한다고 판시하였다(§4-18 참조).[2] 일본의 사례로는 잡지에 실린, 남성
그룹 스맵(SMAP) 멤버들과의 인터뷰기사의 저작자를 누구로 볼 것인지가 문제된 사건에서, 인터
뷰이(interviewee)인 스맵 멤버들에 대하여는 단지 구술을 통해 소재를 제공한 데 불과하다는 이유
로 그 저작자 지위를 부정하고 인터뷰어(interviewer)에 의한 업무상저작물로 보아 잡지 출판사를
저작자로 본 판례가 있다.[3] 그러나 인터뷰 기사의 경우에는 구체적인 사안에 따라 인터뷰어와
인터뷰이의 공동저작물로 볼 수 있거나 아니면 인터뷰이의 원저작물을 인터뷰어가 이용하여 작
성한 2차적저작물로 볼 수 있는 경우도 있을 수 있다.[4] 위 판결의 경우와 같이 단순히 아이디어

---

1 '넘버원' 사건에 대한 서울중앙지방법원 2013. 7. 5. 선고 2012나24964, 2013나21337 판결.
2 위 사건에서 원고(甲)는 위 무용저작물이 업무상저작물에 해당한다는 주장도 하였는데, 그에 대한 법원의 판단에 대
   하여는 §10-17-2 참조.
3 東京地裁 1998. 10. 29. 선고 판결-'SMAP 대연구' 사건-.
4 'SMAP대연구' 사건에 대한 위의 東京地裁 판결도 그러한 가능성을 언급하였다. 인터뷰 기사의 저작자를 누구로 볼

또는 소재 등만 제공했는지 여부는 구체적 사실관계를 신중하게 살펴서 판단하여야 할 것이다. 일본 판례 중에 "추상적인 아이디어의 제공에 그치지 않고, 여러 가지 조사를 거듭하고 자료를 수집하며, 기재항목도 세부에 걸쳐 취사선택한 다음, 그 기재방법에 관하여도 수많은 자료를 제공하고, 지엽말단에 이르기까지 상세하게 구체적으로 지시한" 사람은 (직접 자신이 손으로 작성하지 않은 경우에도) (공동)저작자로 볼 수 있다고 인정한 사례가 있다.[1] 유명작가의 자서전 집필을 전문적인 작가가 도와 주는 경우에 유명인사 본인이 단지 관련된 사실과 생각 정도만을 제공해 주는 정도에 그쳤다면 그 유명인사를 저작자로 볼 수 없지만, 저작권으로 보호되는 정도에 이를 만큼 상세하게 집필의 방향이나 표현을 지시하는 정도까지 개입하였다면 직접적인 집필자와 함께 공동저작자가 될 수 있을 것이라는 견해[2]도 그런 관점에서 수긍할 수 있다.

(2) 조   수

§8-5   창작에 실질적으로 관여하지 않고 단순히 보조적인 역할을 수행한 사람은 저작자가 아니다. 예컨대 법에 관한 서적을 집필하는 사람을 도우면서 판례와 논문을 수집하여 제공해 준 것만으로는 창작에 실질적으로 관여하였다고 보기 어려우므로 저작자가 아니다. 하급심 판결 가운데 사진의 촬영에 있어서 기술적인 조력을 제공하는 등으로 단순히 보조적인 역할만 수행한 경우는 공동저작자로 볼 수 없다고 판시한 사례가 있다.[3] 그러나 예를 들어 대학의 조교가 교수를 도와 원고

것인지에 대하여는 사건마다 구체적·개별적으로, 인터뷰어가 인터뷰이의 구술내용을 토대로 기사를 작성하는 과정에서의 수정·변경의 정도 및 편집적인 면에서의 창작성이 있는지, 있다면 누가 거기에 기여하였는지, 인터뷰어에 의하여 표현 및 편집상의 수정·변경이 대폭 이루어진 경우에 인터뷰이가 그 기사를 확인하고 다시 첨삭 수정을 할 수 있었는지, 인터뷰의 내용이 미리 정해진 취재 방침이나 기획안에 따라 계획대로 진행된 것인지 아니면 인터뷰이가 주도적으로 진행한 것인지, 인터뷰이가 구술한 내용의 길이나 그 자체의 표현상의 창작성의 유무 및 정도 등의 여러 가지 측면을 종합하여 판단하여야 할 것이다. 예외적인 경우이긴 하겠지만, 인터뷰어가 아니라 인터뷰이의 단독저작물로 인정될 수도 있을 것이다. 인터뷰어 쪽에서는 간단한 문항 몇 개만 제시하고 인터뷰이가 자세한 답변을 한 후 스스로 그 내용을 문서로도 작성하여 송부하였으며, 그에 대한 인터뷰어의 수정·변경은 사소한 정도에 그치는 것으로 볼 수 있는 경우가 그 한 예가 될 것이다. 그 경우 문서 작성을 인터뷰이가 하지 않고 인터뷰어가 한 경우에는 대개 문장표현상의 새로운 창작성이 부가되어 있으리라는 면에서 공동저작물로 보아야 할 경우가 많을 것이나(그러한 경우 외에, 인터뷰이의 구술부분은 거의 그대로 실린 경우에도, 인터뷰어 측에서 사전에 정해진 기획안에 따라 화제를 선택, 배열, 구성하는 등의 편집을 한 부분에 창작성이 인정될 경우 또는 인터뷰어가 질문한 내용이 비교적 길고 복잡하여 그 자체에 창작성이 있는 경우 등에도 인터뷰어를 인터뷰이와 함께 공동저작자가 되는 것으로 볼 수 있을 것이다), 문서화를 예정하지 않고(따라서 인터뷰기사의 작성 등에 대한 '공동의사' 없이), 단순히 질문에 답하여 자세히 구술하였던 내용을 나중에 인터뷰어가 인터뷰이의 허락을 받고 문장표현 등에 새로운 창작성을 부가하여 문서로 정리한 경우에는 그 문서화된 내용이 원적작물로서의 구술 인터뷰 내용을 이용하여 작성된 2차적저작물이라고 볼 수 있을 것이다(공동저작물과 2차적저작물의 구별기준이 '공동의사' 유무에 있다는 점에 대하여는 §9-10 참조).

1 東京地裁 1979. 3. 30. 선고 판결('現代世界總圖' 사건). 남헌, "2인 이상이 저작물의 작성에 관여한 경우 저작자의 인정", 대법원판례해설 41호, 832면 참조. 반면, 작품집의 출판을 제안하고, 작품을 게재 및 공표의 순서대로 배열하는 등의 행위를 한 사람에 대하여, 저작물의 소재 일부를 모았다고 하더라도 그것은 편집저작물 작성의 관점에서 보면, 기획안 내지 구상 단계의 도움을 준 것에 그친다는 이유로 (공동) 저작자로서의 지위를 인정하지 않은 일본 最高裁 판결(1993. 3. 30. 선고 '智惠子抄' 사건)이 있다.

2 임원선, 실무자를 위한 저작권법(제 4 판), 한국저작권위원회, 2014, 93면.

3 서울서부지방법원 2016. 1. 14. 선고 2015가합32059 판결 : "원고는 가제본책을 제작하는 단계에서부터 이 사건 사진

의 1차적인 집필을 담당한 부분이 그 저작물의 창작성 있는 표현을 구성하게 된 경우 등은 단순한 조수라고 할 수 없고 적어도 공동저작자(§9-1 이하)로 보아야 할 것이다.1 구술한 내용을 문서로 정리하는 역할을 수행한 경우에도 그 정리하는 과정에서의 배열 및 문장표현 등에 있어서 그 나름대로의 창작성을 발휘하여 결과적으로 그 저작물의 창작성 있는 표현을 이루었다면 공동저작자로 인정하여야 할 것이다. 결국 저작자인지 여부는 그 지위나 역할 명칭에 따라 결정되는 것이 아니라 창작성 있는 표현에 실질적으로 관여하였는지 여부에 따라 결정되는 것이다. 실질적으로 창작에 관여하여 저작권법상 저작자 또는 공동저작자로 볼 수 있는 경우임에도 저작물에 저작자로 표시하지 않기로 하는 암묵적 합의가 있었던 경우에는 뒤에 설명하는 '대작(代作)'의 경우에 해당하므로 그에 대한 설명(§8-12)도 참고하기 바란다.

(3) 창작의 의뢰자·주문자

창작을 의뢰하거나 주문한 것만으로는 저작자로 볼 수 없다. 그런데 자신의 필요에 따라 창 §8-6
작을 의뢰하거나 주문할 경우에 창작에 대한 비교적 자세한 기획이나 구상을 전달하기도 하고 때로는 중간 검토 등의 과정에서 요망사항 등을 자세하게 전달하거나 조언을 하는 경우가 많아 단순한 의뢰자 또는 주문자라고만 보기 어려운 경우도 있을 수 있다. 그러한 경우에는 전달한 기획이나 구상 또는 조언 등의 내용 가운데 실제 창작에 영향을 미쳐 반영된 부분이 단순한 아이디어의 영역인지 아니면 창작성 있는 표현의 영역에 속하는 것인지를 따져보아 만약 후자의 경우에 해당한다고 볼 수 있는 경우라면 공동저작자(§9-1 이하)로 인정해야 할 경우가 있을 수 있다. 물론 그러한 경우는 어디까지나 예외적인 것이고, 일반적인 경우에는 의뢰나 주문을 받아 창작한 사람이 창작자로서 저작자가 된다. 그 경우 주문계약서 등에서 저작권은 주문자에게 귀속하는 것으로

의 구도와 카메라의 각도, 색감의 변화, 빛의 방향을 염두에 두고 스케치를 하고 피사체인 입체물을 제작했으며 이 사건 사진과 거의 동일한 구도와 카메라 각도로 시험촬영을 한 점, 원고는 본 촬영에서도 피고에게 사진촬영을 일임하지 않고 피고와 조명의 사용, 카메라 앵글, 조명의 변화, 초점 등 세부적인 사항을 협의하여 결정하였고, 폴라로이드 사진을 이용하여 최종본이 될 사진의 구성을 확인하였던 점, 피고가 이 사건 사진에 전문적인 조명의 효과를 주고 대형 필름카메라를 이용한 다초점 기능 등을 활용하였다고 하더라도 이는 피고가 창작적인 표현을 한 것이 아니라 단순히 원고가 원하는 효과를 내기 위하여 기술적인 조력을 하였거나 아이디어를 제공한 것으로 평가해야 하는 점 및 원고는 캘리포니아 예술대학 필름/비디오학부 애니메이션 학과에서 공부하여 카메라 각도와 렌즈의 사용, 조명의 활용에 일정 정도의 지식이 있었던 것으로 보이는 점을 고려하면, 피고는 이 사건 저작물의 제작과정 전반에 대한 창작의 자유나 재량권이 없이 단순히 이 사건 사진의 촬영에 보조적인 역할을 하였던 것으로 봄이 상당하므로 이 사건 저작물의 창작적 표현형식에 기여하였다고 할 수 없다."

그런데 이 사건의 사안을 보면, 피고가 실제 촬영에 참여한 면에서 사진저작물에 대한 피고의 창작적 기여가 전혀 없다고 단정하기 어려운 사안으로 보이므로, 그에 대한 '공동저작자'의 지위를 인정하지 않은 위와 같은 결론의 타당성에 대하여는 강한 의문이 든다.

1 千葉地裁 1979. 2. 19. 선고 昭45(ワ)637号 판결 참조. 이 판결은 의학 전문서의 출판에 있어 국립대학 의학부 교수의 의뢰를 받아 자신의 학습 및 연구에 의한 지식에 근거하여 그 담당 부분을 집필한 해당 학부 조수가 그 저작 부분에 대해 저작권을 갖는다고 한 사례이다.

약정하는 경우가 있지만 앞서 살펴본 바와 같이 저작자의 결정과 그에 따른 저작권의 원시적 귀
속은 법적으로 결정되는 것으로서 계약에 의하여 변경할 수 없는 것이고 그러한 계약의 의미는
단지 원시적으로 창작자에게 귀속된 저작권 중 양도 가능한 권리인 저작재산권을 양도하기로 한
약정의 의미로만 파악하여야 할 것이다.

한편, 법인이나 단체 그 밖의 사용자의 기획하에 법인 등의 업무에 종사하는 자가 업무상 작
성한 저작물로서 법인 등의 명의로 공표되는 저작물은 뒤에서 살펴보는 바와 같이 법 제 9 조의
규정에 따라 법인 등을 저작자로 보게 된다(§10-1 이하).

판 례

§8-7

❖東京地裁 1964. 12. 26. 선고 昭39(ワ)1089号 판결 ─ "파노라마 지도" 사건

고속도로의 파노라마식 지도의 작성에 있어서 발주자가 공중사진 및 축소지도를 제공하고 지도에
들어가야 할 주요도로, 건물 등을 지정하며 숲이나 하천을 착색하도록 주문하였다고 하여도 도형, 도안
에 의해 구체적으로 표현한 자가 주문을 받은 화가인 이상 당해지도의 저작자는 화가이지 주문자는
아니다.

▷NOTE : 이 사건에 있어서 동경 주변의 도로를 파노라마식으로 제작하기로 한 원고의 기획이
지도 저작물의 창작에 큰 영향을 미치긴 하였으나 그 기획 및 지시 내용이 '새로운 아이디어'라고 할
수는 있어도 그 자체가 지도 저작물에 '표현'된 창작성의 내용을 형성하고 있는 것으로 볼 수는 없으므
로 발주자를 저작자로 인정하지 않은 판시취지가 타당하다고 할 수 있다. 그러나 예를 들어 소설 등의
경우에는 구체적인 스토리 자체가 창작성 있는 표현의 영역에 속하는데, 소설의 창작을 의뢰하면서 창
작성 있는 스토리를 구성, 제공하여 반영되게 한 경우에는 공동저작자의 지위를 인정받을 수도 있을
것이다.

§8-7-1

❖대법원 2009. 12. 10. 선고 2007도7181 판결 ─ "해양정책론" 사건

구 저작권법(2006. 12. 28. 법률 제8101호로 전부 개정되기 전의 것)은 제 2 조 제 1 호에서 '저작
물'이라 함은 문학·학술 또는 예술의 범위에 속하는 창작물을 말한다고, 그 제 2 호에서 '저작자'라 함
은 저작물을 창작한 자를 말한다고, 그 제13호에서 '공동저작물'이란 2인 이상이 공동으로 창작한 저작
물로서 각자의 이바지한 부분을 분리하여 이용할 수 없는 것을 말한다고 각 규정하고 있다. 위 각 규정
의 내용 및 저작권은 구체적으로 외부에 표현한 창작적인 표현 형식만을 보호대상으로 하는 점(대법원
1999. 10. 22. 선고 98도112 판결 등 참조)에 비추어 보면, <u>2인 이상이 저작물의 작성에 관여한 경우
그 중에서 창작적인 표현 형식 자체에 기여한 자만이 그 저작물의 저작자가 되는 것이고, 창작적인 표
현 형식에 기여하지 아니한 자는 비록 저작물의 작성 과정에서 아이디어나 소재 또는 필요한 자료를
제공하는 등의 관여를 하였다고 하더라도 그 저작물의 저작자가 되는 것은 아니며, 가사 저작자로 인
정되는 자와 공동저작자로 표시할 것을 합의하였다고 하더라도 달리 볼 것이 아니다.</u>

원심판결 이유를 위 법리와 기록에 비추어 살펴보면, 원심이 그 채택 증거들에 의하여 그 판시와 같은 사실을 인정한 다음, 그 인정사실 및 변론에 나타난 사정들을 종합하여 피고인은 원심 판시 '해양 정책론'의 창작적인 표현 형식에 기여한 바가 없어 위 저작물의 공동저작자가 아니라는 취지로 판단한 조치는 정당하고, 거기에 상고이유로 주장하는 바와 같은 법리오해 등의 위법이 없다.

▷NOTE : 위 판결은 대법원이 처음으로 저작자의 개념을 저작물의 개념과 연계하여, "저작물의 창작적인 표현 형식 자체에 기여"한 자만 저작자가 될 수 있다고 선언한 점에서 큰 의의를 가지고 있는 판례이다.

❖서울중앙지방법원 2013. 5. 31. 선고 2011가합103064 판결 — "뽀로로" 사건 §8-7-2

피고가 이 사건 각 캐릭터의 창작적 표현에 기여하였는지에 관하여 살펴본다. 이 사건 각 캐릭터는 이 사건 애니메이션을 통하여 대중들에게 인식된 것이어서 이 사건 각 캐릭터가 가지는 외형적 모습 외에도 말투, 목소리, 동작 등의 요소 역시 이 사건 각 캐릭터를 구성하는 구체적 표현에 해당한다. 따라서 캐릭터의 목소리를 녹음하는 행위, 특정한 캐릭터나 사물에 연속성을 가지는 일정한 동작을 부여하는 행위(3D 작업), 애니메이션에 적절한 편집을 하는 행위 등도 모두 창작적 표현 형식 자체에 기여하는 행위라 할 것이다.

이러한 기준으로 피고의 행위에 대하여 살피건대, 앞서 본 바와 같이 원고와 피고 사이에 2002. 5. 6. 체결된 공동사업 약정에서, 원고가 이 사건 각 캐릭터의 제작에 필요한 대부분의 행위를 하도록 되어 있기는 하지만, 위 약정에서도 '음악, 음향, 더빙' 등에 대하여는 이를 피고가 하도록 되어 있고, 을 제7호증의 기재에 의하면, 원고는 2008. 1. 24. 피고와 사이에 위 날짜 이후로는 저작물의 캐릭터를 활용하는 텔레비전용 애니메이션은 피고가 제작하고, 극장용 애니메이션은 원고가 제작하기로 하는 합의서를 작성하기로 한 사실을 인정할 수 있는바, 이에 따르면 원고뿐 아니라 피고도 어떤 형식으로든 이 사건 '뽀롱뽀롱 뽀로로' 애니메이션 제작에 관여하도록 예정되어 있다고 볼 수 있는 점, 구체적으로 (증거에 의하면) 피고는 이 사건 애니메이션의 시나리오 작업과 대본 작업에 일부 참여하였고(을 제9, 11호증), 각 캐릭터의 시각적 디자인의 작성에 관한 외형, 얼굴, 몸, 소품 등에 대한 가이드라인을 원고에게 제시하거나 원고가 작성한 뽀로로 캐릭터에 대한 눈동자의 위치 및 크기, 고글 안에 있는 흰 부분, 발의 위치, 펭귄 부리의 크기 및 모양 등에 대한 수정의견을 제안하여 원고가 이에 따라 이 사건 각 캐릭터를 계속 수정하여 만들어 왔고(을 제18, 19호증), 등장인물의 이름을 짓는 작업에도 관여를 하였으며(을 제21호증), 한국교육방송공사 내부 스튜디오에서 성우를 섭외하여 녹음, 음악 및 음향효과, 믹싱 작업을 담당한 사실(이 부분은 당사자 사이에 다툼이 없음)을 인정할 수 있는바, 피고의 이러한 행위는 단순히 저작물의 작성 과정에서 아이디어나 소재 또는 필요한 자료를 제공하는 등의 관여 정도를 넘어서 이 사건 각 캐릭터의 디자인, 시나리오나 대본의 반복으로 인하여 만들어지는 캐릭터의 특유한 몸짓이나 말투, 행동양식, 성우의 녹음 등으로 인하여 형성되는 캐릭터의 목소리, 말투 등의 구체적 표현 형식에 기여하는 행위에 해당한다고 볼 수밖에 없고, 이에 의하면 피고 역시 이 사건 각 캐릭터에 관한 저작인격권을 갖고 있다고 봄이 상당하다.

▷NOTE : 위 사건에서 법원은 대법원 판례(§8-7-1)에 따라 피고가 뽀로로 캐릭터의 "창작적 표현에 기여하였는지"를 피고를 저작자(공동저작자 중 1인)로 인정할 수 있을지 판단하는 기준으로 삼아 구체적인 사실인정을 토대로 판단함으로써 피고를 그러한 기준에 부합하는 저작자로 보는 결론을 내리고 있다. 시각적 캐릭터의 성격을 가지지만 동시에 청각적 표현요소도 가지고 있는 애니메이션 캐릭터의 경우는 말투, 음성 등의 청각적 요소에의 기여도 창작적 표현에의 기여로 볼 수 있다고 판단한 점과 뽀로로의 외형에 대한 구체적인 수정의견을 제시하여 반영하게 한 것도 창작적 표현에의 기여로 볼 수 있음을 전제로 한 점 등에 모두 타당성이 인정된다. 다만, 등장인물의 이름은 실제적으로는 중요하지만, 저작권법상 창작성 있는 표현으로 인정되기 어려운 것인데('또복이'를 저작물로 인정하지 않은 대법원 판례-§6-37-참조), 그 이름을 짓는 작업에 관여한 것을 창작적 표현에 기여한 사실관계의 일부로 함께 적시한 것은 약간 부적절한 면이 있는 것으로 생각된다.

(4) 감수·교열자

§8-8   감수자 또는 교열자의 역할은 책의 저술이나 편찬 등을 지도, 감독하고 조언하거나(감수자의 경우), 원고의 어구 또는 글자의 잘못을 살펴서 교정하고 검열하는(교열자의 경우) 것에 있으므로 그 역할을 원래대로 수행한 것만으로는 창작에 실질적으로 관여한 것으로 볼 수 없으므로 저작자에 해당하지는 아니한다.[1] 그러나 감수자 또는 교열자라는 이름으로 실질적으로는 직접 원고를 대폭 수정 보완하는 등의 관여를 하여 창작성 있는 표현으로 반영시켰다면 저작권법의 관점에서는 공동저작자(§9-1 이하)로 보아야 할 경우가 있을 수 있다. 하급심판결 중에 교열자로서 공동저작자로 볼 수 있는 경우인지 여부가 문제 된 사안에 대하여 "A 등이 이 사건 저작물의 교열자로 참여하였다고 하더라도, 단순한 오기를 지적하거나 조언을 하는 정도를 넘어 이 사건 저작물 중 일부를 직접 작성하였다거나 편집을 담당하는 등 창작에 상당하는 행위가 있어야 비로소 교열자도 이 사건 저작물의 공동저작자에 해당할 여지가 있다"고 판시한 사례가 있다.[2]

Ⅲ. 저작자의 추정

1. 의   의

§8-9   창작행위는 공개적으로 이루어지지 않는 경우가 많으므로 실제 누가 저작자인지 다툼이 있

---

1 수원지방법원 안산지원 2005. 7. 21. 선고 2005가합1503 판결 : "'저작자'라 함은 문학, 학술 또는 예술의 범위에 속하는 창작물을 창작한 사람이고(저작권법 제 2 조), '감수자'라 함은 책 등의 저술·편찬을 지도·감독하는 사람인 바, 이 사건 만화 동의보감의 감수자 △△△는 ○○대 한의대 교수로서 원고가 창작한 만화 동의보감의 내용을 한의학의 관점에서 지도·감독하였을 뿐 그 내용을 창작하였다고는 보기 어려우므로 이 사건 만화 동의보감이 원고와 △△△의 공동저작물이라는 주장은 이유 없다."

2 서울중앙지방법원 2013. 7. 9.자 2012카합2507 결정.

을 경우 실제의 저작자라고 하더라도 자신이 저작자임을 입증하기가 쉽지 않은 경우가 많다. 이에 저작권법은 저작물의 이용과 유통을 원활하게 하고 권리침해가 있었을 때의 입증을 용이하게 하기 위하여 저작자에 대한 추정규정을 두고 있다. 즉 법 제 8 조 제 1 항은 ① 저작물의 원본이나 그 복제물에 저작자로서의 실명 또는 이명(異名; 예명·아호·약칭 등을 말한다. 이하 같다)으로서 널리 알려진 것이 일반적인 방법으로 표시된 자와 ② 저작물을 공연 또는 공중송신하는 경우에 저작자로서의 실명 또는 저작자의 널리 알려진 이명으로서 표시된 자를 저작자로서 그 저작물에 대한 권리를 가지는 것으로 추정하고 있다.[1]

간주규정이 아니고 추정규정이므로 반대증거가 있으면 추정이 번복될 수 있다.[2] 이명(異名)의 경우는 실명의 경우와 달리 '널리 알려진 것'일 것을 요한다. "이명으로서 널리 알려진 것"이란, 그것이 저작자의 실명이 아닌 예명, 아호, 약칭 등이지만 실재하는 어느 저작자를 지칭하는 것인지가 사회에 널리 알려져 있는 것을 의미한다. 위 ①의 경우 성명 표시의 방법은 '일반적인 방법'이어야 하므로 저작물의 종류에 따라 각기 행해져 온 일반적 관행이 있을 경우 그에 따라야 하고, 다른 사람이 찾아보기 어려운 특별한 방법으로 표시한 경우에는 추정을 받을 수 없다.

저작자 명이 여러 사람의 공동명의로 표시되어 있을 경우에는 그 명의자들의 공동저작물(§9-1 이하 참조)로 추정된다.[3]

업무상 저작물의 경우에 저작물 등에 법인 기타 단체의 명칭이 표시되어 있는 경우에도 추정 규정의 적용이 있는지에 대하여 과거에 약간의 논의가 있었다. 2006년 법개정 이전에는 제 8 조 제 1 항 제 1 호에서 "저작물의 원작품이나 그 복제물에 저작자로서의 성명(이하 "실명"이라 한다) 또는 그의 예명·아호·약칭 등(이하 "이명"이라 한다)으로서 널리 알려진 것이 일반적인 방법으로 표시된 자"로, 제 2 호에서 "저작물을 공연·방송 또는 전송함에 있어서 저작자로서의 실명 또는 저작자의 널리 알려진 이명으로서 표시된 자"로 각 규정하여 저작자로서의 '성명'이 곧 실명인 것으로 표시하고 있어서 마치 자연인만을 의미하는 것이 아닌가 하는 의문이 없지 않았다. 그러나 2006년 개정법에서는 저작자로서의 '실명'이라는 말만 사용하고 성명이라는 용어를 사용하지 않는 것으로 하였으므로 법인 기타 단체가 포함되는 것으로 보는 데 있어서의 법문상의 의문점은 해소되었다. 그리고 이명의 하나로 나열된 '약칭'도 법인 등을 전제로 한 표현으로 볼 수 있다. 따

§8-10

---

[1] 원래의 저작권법 제 8 조 제 1 항은 저작자로 추정하는 것으로만 규정하고 있었는데, 한·EU FTA 이행을 위한 2011. 6. 30. 개정법에서 이와 같이 "저작자로서 그 저작물에 대한 권리를 가지는 것으로" 추정하여 '권리추정' 규정으로서의 성격을 분명히 하였다.

[2] 위 추정규정에 따른 추정이 법률상의 추정이 아니라 사실상의 추정이라고 하는 견해가 있으나[오승종, 저작권법(제 3 판), 박영사, 2013, 290면.], 법률 규정에 의한 추정이므로 법률상의 사실추정 및 권리추정으로 보는 것이 타당할 것으로 생각된다. 법률상의 추정으로 보더라도 간주규정이 아닌 이상 반대사실의 적극적 입증(본증)에 의하여 추정이 복멸될 수 있다.

[3] 서울지방법원 1997. 10. 24. 선고 96가합59454 판결 참조.

라서 업무상 저작물의 저작자인 법인 기타 단체의 경우도 저작자 추정에 관한 위 규정의 적용을 받을 수 있는 것으로 보아야 할 것이다.

위 ②의 추정이 적용되는 것은 원래 '공연과 방송'의 경우로 규정되어 있었는데 2006년 개정법에서 '공연과 공중송신'으로 규정되어 그 적용범위가 전송, 기타 공중송신 행위로까지 넓혀지게 된 것으로 보이나, 개정 전에도 해석상 공중에게 전달하는 경우에 널리 적용되어야 한다는 견해가 유력하였다.1 이때 저작물 이용태양은 무형적인 것이지만, 표시방법은 유형, 무형을 불문하므로 예컨대 공연 안내 유인물에 성명 등을 기재하거나 방송순서 등에서 아나운서가 말로 저작자를 언급하는 등의 방법이 모두 포함된다.

§8-11   한편, 저작권법 제 8 조 제 2 항은 "제 1 항 각 호의 어느 하나에 해당하는 저작자의 표시가 없는 저작물의 경우에는 발행자·공연자 또는 공표자로 표시된 자가 저작권을 가지는 것으로 추정한다."고 규정하고 있다. 저작자 표시가 없는 무명저작물 또는 널리 알려진 것이 아닌 이명을 표시한 이명저작물에 대해서는 저작자 추정에 관한 같은 조 제 1 항의 규정을 적용할 수 없으나 그 경우 발행자·공연자 또는 공표자를 저작재산권을 승계한 '저작재산권자'로 추정한다는 취지이다. 이런 경우는 대개 저작자가 자기의 성명을 대외적으로 밝히는 것을 싫어하는 경우이므로 본인의 의사를 존중할 뿐만 아니라 발행자나 공연자 또는 공표자에게 자기의 권리를 위탁하거나 양도한 경우가 많다는 것을 감안하여 이들을 저작권자로 추정한 것이다.2 따라서 저작자는 언제든지 자신이 저작자임을 입증하고 저작권을 행사할 수 있다. 다만 이 규정은 저작자에 대한 추정규정이 아니라 저작재산권자에 대한 추정규정일 뿐이다.

추정규정의 적용과 관련하여 추정의 요건사실이 경합된 경우에 어떻게 처리할 것인지의 문제가 논의되고 있다. 어느 책의 어떤 복제물에는 A가 저작자로 표시되어 있고, 다른 어떤 복제물에는 B가 저작자로 표시되어 있다면 누가 저작자인 것으로 추정되는가 하는 문제이다. 이 경우에는 그 표시의 시점을 확인할 수 있다면, 선행표시에 의한 저작명의자가 저작자로 추정되는 효과를 누리는 것으로 봄이 타당할 것이라 생각된다.3 그러나 표시 시점을 확인하기 어려울 경우에는 결국 상호 모순되는 두 가지의 법률상 추정의 경합으로 인해 그 추정은 복멸되고, 본래 '저작권 귀속'에 대한 입증책임을 부담하는 측(저작권침해 소송의 경우라면, 침해를 주장하는 원고 측)에서 누가 저작자인지 입증하여야 하는 것으로 보아야 할 것이다.

또한 위 제 8 조의 규정에 의한 저작자 추정과 제53조 제 3 항에 의한 실명등록자의 저작자 추정이 경합할 경우에 어느 쪽이 우선하는 것으로 볼 것인지도 문제 된다. 예컨대 책의 표지에는

1 허희성, 新著作權法逐條槪說, 범우사, 1988, 66면 참조.
2 허희성, 상게서, 66면 참조.
3 同旨 오승종, 전게서, 290면; 半田正夫·松田政行編, 著作權法 コンメンタール, 1卷, 勁草書房, 2009, 663면 등.

A가 저작자로 표시되어 있는데, 그 책의 저작권 등록원부 상의 저작자 실명은 B로 되어 있는 경우에, 누가 저작자로 추정되는 것으로 볼 것인가 하는 것이다. 이에 대하여 일본에서는 등록원부 상의 실명등록을 체크하거나 확인하는 경우는 드물고, 책 표지 등에 표시되어 있는 것에 대하여 이의 없이 통용되고 있다면, 그 부분에 신뢰성이 인정될 것이라는 이유로 우리 저작권법 제 8 조에 해당하는 일본 저작권법 제14조의 규정이 우선되는 것으로 보아야 할 것이라는 견해(제 1 설)가 우세한 것으로 보인다.1 그러나 사실상의 표시가 공적인 등록보다 우선하는 것에는 저항도 있다고 하면서 결국 그러한 경우에는 두 가지 추정 모두가 복멸된 것과 마찬가지로 되어 본래의 입증책임 분배 원칙에 따라 입증책임이 있는 측에서 입증하여야 할 것이라고 하는 취지의 견해(제 2 설)도 유력하게 주장되고 있다.2 생각건대 그러한 경우에는 법률상의 추정 상호간의 충돌로 인하여 어느 추정도 더 이상 법률상의 추정으로서의 법적 효과를 유지할 수 없게 되는 것으로 봄이 타당하므로 제 2 설이 기본적으로 타당하다. 그러나 실제적인 면에서는 위 제 1 설의 취지에도 일리가 없지 않으므로 비록 우선적 추정효를 인정할 수는 없다 하더라도, 법관의 자유심증에 의한 구체적 사실인정에 있어서는 그러한 점을 감안하여 판단할 필요가 있으리라 생각된다. 우리 법제 하에서도 아직은 등록의 공신력을 보장하는 제도적 장치가 미약함에 반하여, 책 표지 등에 저작자로 표시된 상태로 별 다른 이의를 제기 당하지 않았다면 다른 사정이 없는 한 실제의 저작자로 인정될 가능성이 높을 것으로 여겨지기 때문이다.

2. 대작(代作)

대작이란 넓은 의미로 저작물에 저작자가 아닌 타인의 이름을 표시한 저작물 또는 저작행위 그 자체를 말하나 일반적으로는 소설, 논문 등의 저작물을 본인 대신에 저작하는 것 또는 그 저작물을 말한다.3 스승이 제자가 저작한 저작물을 자기의 이름으로 공표하는 경우, 외국어로 된 저작물을 번역하는 경우에 유명인의 이름을 빌려 역자로 표시하는 경우 등 실제 사회에서도 대작의 사례는 적지 않은 것으로 보인다.

이러한 경우에 저작권법상 저작자는 실제의 창작자인 대작자이고 단지 이름만 빌려 준 사람은 저작자라고 할 수 없다. 저작권법 제 8 조의 저작자 추정규정에 의하면, 저자로 표시된 사람이 저작자로 추정되지만, '대작(代作)'의 사실이 입증되면 그 추정은 번복되게 된다. 당사자 사이에 저

§8-12

---

1 田村善之, 著作權法槪說(第 2 版), 有斐閣, 2001, 402면; 金井重彦·小倉秀夫編著, 著作權法 コンメンタール 上卷(1條~74條), 東京布井出版, 2000, 256면 등

2 中山信弘, 著作權法(第 2 版), 有斐閣, 2014, 201~202면. 우리나라 학설 가운데 오승종, 전게서, 290~291면도 같은 취지이다.

3 황적인·정순희·최현호, 著作權法, 法文社, 1990, 230~231면 참조.

작권 귀속에 관한 합의가 있었던 것으로 인정될 경우라면, 그에 따라 저작자의 지위가 변경되는 것은 아니므로, 저작자는 여전히 대작자이고, 저작재산권이 대작을 의뢰한 자에게 양도된 것으로 볼 수 있을 뿐이다.[1] 그러나 저작인격권은 양도할 수 없는 일신전속적인 권리이므로 대작자의 저작인격권 행사는 구체적인 약정에 반하지 않는 것인 한 인정되어야 할 것이다.

§8-13   한편, 이러한 대작의 경우 저작권법 제137조 제 1 항 제 1 호에서 규정하는 "저작자 아닌 자를 저작자로 하여 실명·이명을 표시하여 저작물을 공표한 자"에 해당하여 형사처벌의 대상이 된다고 볼 것인지도 문제된다. 다른 사람의 명의를 허락 없이 도용한 경우만 여기에 해당하는 것으로 볼 것인지 아니면 저작명의인의 동의를 전제로 한 '대작'의 경우도 이에 해당하는 것으로 볼 것인지가 문제이다. 보호법익을 저작명의인의 명의에 대한 인격적 이익으로만 본다면, 부정설이 타당하지만, 저작명의인의 인격적 이익 외에 사회 일반의 신용도 보호법익이라고 보면 위 규정 위반죄('저작자 명칭 사칭죄'라고 부르기도 한다)의 성립을 인정하여야 할 것이다(긍정설).[2] 본서에서도 긍정설의 입장을 지지한다. 저작권법에서 저작명의인의 동의가 없을 것을 요건으로 규정한 바 없고, 문화계의 잘못된 관행을 바로잡아 사회 일반의 신용을 보호하는 것이 바람직한 방향이라고 생각되기 때문이다. 다만 사회통념에 비추어 사회 일반의 신뢰가 손상되지 않는다고 인정되는 특별한 사정이 있다면 그 위법성이 부정될 여지는 있다.[3] 대법원 판례도 2017. 10. 26. 선고 2016도16031 판결에서 "저작권법 제137조 제 1 항 제 1 호는 저작자 아닌 자를 저작자로 하여 실명·

---

1 그러나 단순히 A가 창작한 저작물의 저작명의를 B로 표시하기로 하는 합의가 있었다고 하는 것만으로 A와 B 사이에 저작재산권을 양도하기로 하는 합의가 있었다고 볼 것은 아니다. 단순히 '명의표시'에 관한 합의의 존재만 인정되는 사안도 있을 수 있고, 거기에 더하여 일정한 범위의 이용을 할 수 있도록 A가 B에게 (저작권법 제46조 상의) '이용허락'을 한 것으로만 보아야 할 사안도 있을 수 있다. 앞서 소개한 대법원 2009. 12. 10. 선고 2007도7181 판결(8-7-1)의 사안은 문제된 저작물이 A의 단독저작물이지만, 저작명의는 A와 B의 공동명의로 표시하기로 하는 합의가 있었던 것으로 인정된 사안이었는데, 그 사건을 기록을 통해 분석해 본 결과 단순히 '명의표시에 관한 합의'가 있었던 것으로 봄이 타당하다고 하는 견해가 있다. 남현, 전게 논문, 836면 참조.

2 황적인·정순희·최현호, 전게서, 231~232면 참조.

3 참고로 오승종, 전게서, 292~293면은 기본적으로 긍정설을 취하면서 "그러나 모든 경우의 대작을 본 규정 위반죄에 해당한다고 해석하는 것은 대작이 상당히 일반화되어 있는 사회적인 실태에 비추어 무리가 아닌가 생각한다. 대작에 있어서 저작명의자가 반드시 일반 수요자나 독자를 기망할 의도로 대작을 의뢰한다기보다는, 오히려 업무상저작물과 유사한 의미에서 대작집필자를 피용자처럼 사용하여 창작행위를 행하게 하는 경우가 많을 것이라고 생각할 수도 있다. 따라서 대작에 대하여 일률적으로 본 규정의 위반죄가 성립한다고 볼 것이 아니라 경우를 나누어 결론을 내리는 것이 타당하다. 즉, 대작명의자와 대작집필자 사이에 대작명의자의 실명 또는 이명으로 표시하여 공표하기로 하는 합의가 있었고, 그러한 합의에 따라 대작명의자의 실명 또는 이명으로 표시하여 공표함으로써 공중에 대한 신용 보호에 위해를 가져온다거나 혼동의 우려가 발생하는 등 부정경쟁의 결과를 초래하지 않는 경우에는, 본 규정의 구성요건을 충족한다고 하더라도 위법성이 없어 범죄가 성립하지 않는다고 볼 것이다. 이에 반하여 대작명의자와 대작집필자 사이에 합의가 있었다고 하더라도 공중에 대한 신용 보호에 위해를 가져온다거나 혼동의 우려가 발생하는 경우 등에는 본 규정의 죄가 성립하는 것으로 본다. 따라서 자기의 저작물에 타인의 성명을 저작자로 표시하는 것이 자신의 저작명의로는 사회적 평판이나 그에 따른 판매를 기대하기 어렵기 때문에 저명 작가나 그 분야의 명성이 높은 대가의 성명을 저작자로 표시하는 경우에는 설사 그 저작 명의자와 실제 집필자 사이에 합의(즉, 저작명의자의 승낙)가 있었다고 하더라도 본 규정 위반죄가 성립한다고 보아야 할 것이다."라는 견해를 밝히고 있다.

이명을 표시하여 저작물을 공표한 자를 형사처벌한다고 규정하고 있다. 위 규정은 자신의 의사에 반하여 타인의 저작물에 저작자로 표시된 저작자 아닌 자와 자신의 의사에 반하여 자신의 저작물에 저작자 아닌 자가 저작자로 표시된 실제 저작자의 인격적 권리뿐만 아니라 저작자 명의에 관한 사회 일반의 신뢰도 보호하려는 데 목적이 있다. 이와 같은 입법 취지 등을 고려하면, 저작자 아닌 자를 저작자로 표시하여 저작물을 공표한 이상 위 규정에 따른 범죄는 성립하고, <u>사회 통념에 비추어 사회 일반의 신뢰가 손상되지 않는다고 인정되는 특별한 사정이 있는 경우가 아닌 한 그러한 공표에 저작자 아닌 자와 실제 저작자의 동의가 있었더라도 달리 볼 것은 아니다</u>"라고 하여 원칙적으로 긍정설의 입장을 취하고 있다.[1]

제2절 공동저작자

I. 의 의

2인 이상이 공동으로 창작한 저작물로서 각자의 이바지한 부분을 분리하여 이용할 수 없는 것을 공동저작물이라 하며(저작권법 제 2 조 제21호), 이때 공동저작물을 창작한 저작자를 공동저작자라 한다.

§9-1

공동저작물과 대비되는 것은 결합저작물로서 아래 '요건'에서 보는 바와 같이, 개별적 이용가능성의 유무에 따라 구별된다. 각자의 이바지한 부분에 대하여 개별적 이용가능성이 없는 공동저작물의 경우에는 그 권리행사도 공동으로 해야 하는 등의 제한이 따르게 되나, 개별적 이용가능성이 있는 결합저작물의 경우에는 단독저작물이 단순히 결합한 것에 불과하므로 자신이 기여(창작)한 부분에 대하여 단독으로 자유롭게 권리 행사를 할 수 있다.

---

1 위 판결은 실제로 저작에 참여하지 않은 교수들을 공저자로 넣고 표지를 변경하는 이른바 "표지갈이"로 책을 출간한 것이 문제가 된 사건에 대하여 저작자 아닌 자와 실제 저작자의 동의가 있었다 하더라도 관여자들의 행위를 저작권법 제137조 제 1 항 제 1 호 위반으로 인정할 수 있다고 본 것이다. 이러한 경우는 당연히, 사회적 상당성이 인정될 여지가 없을 것이다. 한편, 위 판결 이전에도, 논문 저작자가 자신의 논문 1편만을 게재하여 만든 이른바 별쇄본 형식의 논문집 표지에 일부러 다른 기관(○○대학교 부설 국제커뮤니케이션연구소)을 '편집저작물 명의자'로 표시하여 공표한 행위가 현행 저작권법 제137조 제 1 항 제 1 호(구 저작권법 제99조 제 1 호) 소정의 죄에 해당한다고 보아 처벌을 긍정한 대법원 판례(대법원 1992. 9. 25. 선고 92도569 판결)가 있는데, 이 판결도 긍정설을 전제로 한 측면이 있다. 다만 위 판결의 사안은 '편집저작물'이 있는 듯한 외관을 만들어내었을 뿐, '편집저작물'이 존재하는 것이 아닌 경우이므로, 저작물이 존재함을 전제로 그 저작물에 저작자가 아닌 자의 명의를 표시하였을 경우일 것을 요건으로 하는 위 규정에 저촉된다고는 볼 수 없는 사안임에도 대법원이 위 규정을 잘못 적용한 것으로 생각된다.

Ⅱ. 요   건

1. 개별적 이용이 불가능할 것

§9-2   이 요건은 공동저작물과 결합저작물을 구별하는 기준이다. 원래 이 양자를 구별하는 기준에 대한 학설로는 복수의 저작자의 각 기여부분이 물리적으로 분리가능한지 여부를 기준으로 하는 분리가능성설과 그 각 기여부분을 분리하여 개별적으로 이용하는 것이 가능한지 여부를 기준으로 하는 개별적 이용가능성설이 있는데, 우리 저작권법은 위와 같이 "각자의 이바지한 부분을 분리하여 이용할 수 없는 것"을 공동저작물로 규정함으로써 개별적 이용가능성설을 취할 것임을 명백히 하고 있다.

따라서 우리 저작권법상으로는 각 기여부분이 물리적으로 분리할 수 있더라도 분리한 상태로 개별적으로 이용하는 것이 불가능하면 공동저작물이 되고 그 저작자들은 공동저작자가 된다. 예컨대 좌담회에 있어서의 개개의 발언을 물리적으로 분리하는 것은 가능하더라도 분리한 상태로 이용하기는 어렵기 때문에 좌담회의 경우 결합저작물이 아닌 공동저작물로 보게 된다.1 서로 대화를 주고받는 형식의 대담, 좌담회, 토론회 등의 경우는 대개 개별적 이용가능성이 인정되지

---

1 본서의 위와 같은 견해와 달리, 좌담회(혹은 토론회)의 경우 ① 출석자의 발언이 설사 다른 출석자의 영향을 받은 것이라 하더라도 그것은 단순히 추상적인 차원에서의 영향에 불과하고 각 출석자에 의한 발언의 창작적인 표현은 기본적으로 그 발언자에 의하여만 작성된 것이라고 하여야 할 것이라는 점, ② 예를 들어 특정 출석자의 발언 부분만을 가져다가 웹사이트에 게재하는 것도 가능하다는 점을 생각하면 각출석자의 발언이라고 하는 '기여'는 독립하여 저작물로 인정하기에 족한 창작적 표현이라고 할 수 있는 것이므로 그것이 '독자의 가치'를 가지는지 어떤지에 관계없이 분리이용이 가능하다고 하여야 할 것이라는 점 등을 이유로 하여 공동저작물이 아니라 결합저작물에 해당한다는 견해가 있다(島並良·上野達弘·橫山久芳, 著作權法入門, 有斐閣, 2009, 77~78면; 김원오, "공동저작물의 성립요건을 둘러싼 쟁점과 과제", 계간 저작권 제94호(2011. 6), 한국저작권위원회, 34~35면).
    그러나 위 ①과 같이 각 출석자의 발언만을 떼어 내어 보면, 그 발언에 다른 출석자의 영향이 있다 하더라도 그 발언의 창작적 표현에 실질적으로 관여한 것으로 보기 어렵다는 것과 ② 그렇게 떼어낸 발언을 웹사이트에 올려 이용하는 것이 불가능하지 않은 점 등에는 동의할 수 있으나, 그러한 점은 소설이나 논문 등을 여러 명이 공동으로 작성한 경우에 공동저작자 중 1인이 작성한 한 부분을 떼어내어 그 부분만의 창작적 표현에 대한 기여자를 생각해 보거나 그 부분을 분리하여 웹사이트 등에 게시하는 경우도 마찬가지일 것이다. 좌담내용의 결합저작물성을 주장하는 위 견해는 하나하나의 발언을 하나의 저작물인 것처럼 본 면이 있다고 생각되는데, 좌담회는 그 구체적인 진행방식에 따라 다르게 볼 수 있는 면이 없지는 않으나, 일반적인 경우와 같이 참석자들 사이에 활발하게 상호작용하면서 의견을 주고받아 그 내용이 서로 불가분적으로 연결되어 있을 경우, 법적인 관점에서 평가할 때, 참석자들의 발언 하나하나가 별개의 저작물인 것으로 볼 것은 아니고, 그 전체(적어도, 하나의 일관된 주제에 대하여 참석자들 사이에 서로 대화를 주고받은 한 파트의 토론내용)를 하나의 저작물로 보아야 할 것이다. 그 점을 전제하고 볼 때에는, 참석자들 사이에 서로 주고받은 대화 내용 중 한 부분만을 떼어내어 이용하는 것이 물리적으로 불가능한 것은 아니더라도 사회통념상으로는 불가능하거나 부적절한 것으로 평가할 수 있으리라 생각된다. 그렇게 볼 경우, 좌담내용이나 토론내용을 결합저작물이 아니라 공동저작물로 보는 것이 개별적 이용가능성설의 입장에 부합하는 타당한 결론이다. 한 사람의 발언 하나만을 게재하는 것이 정상적인 것처럼 느껴지는 경우는 다른 저작물 속에서의 일부 '인용'일 뿐, 여기에서 말하는 '이용'에는 해당하지 않는 것으로 보아야 할 것인바, 그렇게 보지 않을 경우에는 공동저작의 소설이나 논문 등의 경우도 각자의 집필 분담부분이 있다는 이유만으로 결합저작물로 보아야 하는 문제가 발생할 수 있어, 논리적으로 수긍하기 어렵다(같은 취지, 中山信弘, 著作權法(第 2 版), 有斐閣, 2014, 196면).

않아 공동저작물에 해당한다고 볼 것이고, 심포지엄이나 세미나의 각 발표문은 자료집에 함께 묶여서 간행되더라도 개별적 이용가능성이 있어 결합저작물에 해당하게 된다. 심포지엄 등에서 '토론'이라는 이름으로 진행되는 것이더라도 실제로는 각자 준비한 토론문을 가지고 발표하는 형식이라면 그 토론의 내용은 분리하여 개별적으로 이용하는 것이 가능하다고 할 것이므로 주제발표문 등과 함께 묶여진 경우에도 역시 공동저작물이 아니라 결합저작물이라고 보아야 할 것이다. 뒤에 소개하는 '만화 스토리작가' 사건에 대한 서울북부지방법원 2008. 12. 30. 선고 2007가합5940 판결(§9-11)도 '분리이용 불가능성'의 의미와 관련하여 "각 기여부분을 분리하여 이용할 수 없는 것은 그 분리가 불가능한 경우뿐만 아니라 분리할 수는 있지만 현실적으로 그 분리이용이 불가능한 경우도 포함한다고 할 것"이라고 하여 분리가능성설이 아니라 개별적 이용가능성설을 취할 것임을 명백히 한 후, "이 사건 만화들은 원고 갑, 을과 피고가 하나의 만화를 만들기 위해 공동창작의 의사를 가지고 각각 맡은 부분의 창작을 함으로써 주제, 스토리와 그 연출방법, 그림 등의 유기적인 결합으로 완성되어 각 기여부분을 분리하여 이용할 수 없는 저작물이라 할 것"이라고 판시한 바 있다.[1]

교과서 등의 공저(共著)의 경우에도 각자 담당한 파트가 있을 경우에는 그 파트를 분리하여 개별적으로 이용하는 것이 가능할 것이므로 결합저작물에 해당하고, 함께 공동으로 토의한 후에 거기서 나온 결론을 정리하고 함께 대조 확인하는 등으로 공동의 창작적 노력이 섞여 들어가 있을 경우에는 분리하여 개별적으로 이용하는 것이 불가능하므로 공동저작물에 해당하게 된다.[2]

한편, 음악저작물의 경우 가사와 악곡은 처음부터 하나의 가곡을 위해 작성된 것이라 하더라도 위 기준에 비추어 보면, 각각을 분리하여 개별적으로 이용하는 것이 가능하므로 공동저작물이 아니라 결합저작물로 보아야 한다.[3] 대법원 판례의 입장도 같다.[4] 따라서 예컨대 휴대폰 벨소리

---

1 서울중앙지방법원 2010. 1. 14. 선고 2009가합65060 판결도 동일하게 "각 기여부분을 분리하여 이용할 수 없는 것은 그 분리가 불가능한 경우뿐만 아니라 분리할 수는 있지만 현실적으로 그 분리이용이 불가능한 경우도 포함한다"고 판시하였다.

2 '천재교육' 사건에 대한 서울중앙지방법원 2011. 9. 14.자 2011카합683 결정은 "이 사건 각 교과서는 저자들은 그 내용 및 구성에 관하여 충분한 토의 및 검토를 거쳐 집필한 것으로 보이고, 위 각 교과서는 일정한 교육 목표에 따라 단원별로 유기적으로 결합되어 있는 점 등에 비추어, 전체적으로 공동저작물에 해당한다고 봄이 상당하다"고 판시하였다.

3 이처럼, 한 사람이 가사를 작성하고 한 사람이 악곡을 작성하여 하나의 노래를 만든 경우에 그 노래를 공동저작물이 아니라 결합저작물로 보는 것이 국내의 통설이라고 할 수 있다. 다만, 임원선, 실무가를 위한 저작권법(제 4 판), 한국저작권위원회, 2014, 84~85면은 "비록 가사와 악곡을 분리하여 단순히 시나 악보처럼 이용하는 것이 불가능하지는 않으나 그렇게 하면 일반적으로 음악저작물의 가치가 현저히 저하되는 것을 피하기 어려울 것이다. 따라서 가사와 악곡으로 이루어진 음악저작물은 그것이 공동의 창작에 의한 것이라면 공동저작물로 보는 것이 타당하다고 본다"고 하면서 미국 Goldstein의 저술을 인용하고 있다. 그러나 가사와 악곡의 분리이용은, 특히 악곡의 경우 컬러링, 벨소리 등에 사용되는 등 매우 빈번하게 이루어지고 있는데, 그 때문에 그 가치가 현저히 저하된다고 할 수는 없을 것이므로, 사회통념상으로도 분리이용이 가능한 것으로 보아야 할 것이다. 참고로, 미국 저작권법은 '공동저작물'에 대하여 "2인 이상의 저작자가 자신들의 기여분이 단일한 전체의 분리될 수 없거나 상호 의존적인 부분이 될 것이라는 의사를 가지

서비스를 위해 해당 음악의 악곡을 이용하고자 할 경우에는 그 작사자의 이용허락을 받을 필요 없이 작곡자의 이용허락만 받으면 되는 것이다.

 **판 례** **공동저작물로 인정한 사례**

§9-3

❖대법원 2000. 5. 16. 선고 2000다1402 판결

원심 판결 이유에 의하면, 원심은 그 거시증거에 의하여, 원고와 피고 A 및 제 1 심 공동피고 B는 중학교 1, 2, 3학년 수학교과서 검정도서 출원합의 계약을 체결함에 있어, 저작자는 원고(원고(原稿) 작성 및 편집·진행 업무를 담당)와 피고(원고(原稿) 기획 및 원고(原稿) 작성 업무를 담당)로 하고, 발행·도안자는 C와 D로 하기로 약정한 사실, 그 후에 체결된 저작자 약정에 의하면 피고는 위 검정교과서의 저작을 담당하고 그 저작권을 보유하며(제 2 조), 피고는 공동저작자로부터 본 계약상의 모든 권한을 위임받아 저작자를 대표한다(제 3 조)고 규정되어 있으며, 위 약정서의 말미에 원고를 공동저작자, 피고를 대표저자로 기재한 후 각자 날인한 사실, 완성된 교과서는 <u>피고가 작성한 원고(原稿) 초안을 기초로 하여 원고가 편집책임자로서 초안의 내용을 대폭 수정·가필하여 교과서로 출원하였는데 피고가 작성한 원고(原稿) 초안과 완성·발간된 교과서의 내용과는 현저한 차이가 있고, 위 초안의 일부분이 교과서에 그대로 옮겨져 있을 뿐 수정되거나 가필된 부분이 더 많아 발간된 교과서가 피고가 작성한 원고(原稿) 초안을 기초로 하여 단순히 탈자, 오자 및 정정 등의 편집과정을 거쳐 발간되었다고 보기 어려운 사실,</u> 원고와 피고는 종전에도 '새산수완성'이라는 ○○학교 산수참고서와 '발견학습'이라는 책을 공동저작자로서 발간한 바 있는 사실을 각 인정한 후, 이 사건 교과서를 작성함에 있어서 원고가 단순히 피고 작성의 원고(原稿)를 편집만 하였다고 볼 수는 없고, 원고가 편집단계에서 이를 수정·가필하여 새로운 교과서를 작성하였다고 봄이 상당하므로, 위 교과서의 저작자는 원고와 피고로 보아야 할 것이라고 판단하였다.

기록에 의하여 살펴보면, 위와 같은 원심의 사실인정과 판단은 모두 수긍이 가고, 원심 판결에 상고이유로 주장하는 바와 같이 심리를 다하지 아니하고 채증법칙을 위반하여 사실을 잘못 인정하였거나 법리를 오해한 위법이 있다고 할 수 없다.

___

고 작성한 저작물을 말한다"라고 정의하고 있어(101조), 우리 저작권법상의 요건인 '분리이용불가능성'이 없더라도 각자의 기여분 사이에 '상호의존성'만 있으면 공동저작물이 될 수 있도록 한 점에서 중대한 차이를 보이고 있다. 미국 저작권법의 그러한 규정에 대한 하원보고서에서는 가사와 악곡의 경우를 '상호의존성'이 있는 경우의 예로 들고 있다고 한다(Melvile B. Nimmer, David Nimmer, Nimmer on Copyright Vol. I, §6.04 참조). 이처럼 상호의존성만으로도 공동저작물이 될 수 있게 한 미국법의 규정은 주요국가 중에서 상당히 이례적인 입법례라 할 수 있다. 다만, 위의 설명은 가사는 작사자가, 악곡은 작곡자가 각각 단독으로 작성한 것을 전제로 한 것이고, 가사와 악곡을 각각 여러 명이 함께 공동으로 기여하여 창작한 경우에는 그들이 가사 및 악곡에 대한 공동저작자가 될 수 있음은 물론이다(뒤에 소개하는 '데스페라도' 사건 판결-§9-14 참조-이 원고들을 가사와 악곡에 대한 공동저작자로 인정한 것은 그러한 취지이다).

4 대법원 2015. 6. 24. 선고 2013다58460 판결: "이 사건 노래 중 가사 부분은 원고가, 편곡 부분은 편곡자들이 각자 창작한 것이고, 가사 부분과 편곡 부분을 각각 분리하여 이용할 수 있으므로, 이 사건 노래는 저작권법 제 2 조 제21호에서 규정한 공동저작물이 아니라고 봄이 타당하다."

> 판 례 **결합저작물로 인정한 사례**

❖대법원 2005. 10. 4.자 2004마639 결정   §9-4

뮤지컬은 단독 저작물의 결합에 불과한 결합저작물이고, 뮤지컬 제작자는 뮤지컬의 완성에 창작적
으로 기여한 바가 없는 이상 독자적인 저작권자라고 할 수 없으며, 뮤지컬의 연기자, 연출자 등은 실연
자체에 대한 저작인접권을 가질 뿐이라고 한 원심의 판단을 수긍한 사례이다(자세한 판시내용은 §4-17
참조).

❖서울민사지방법원 1992. 6. 5. 선고 91가합39509 판결 — "표준전과" 사건   §9-5

국민학교 교과서는 그 내용인 글과 삽화를 배열하여 이루어진 저작물로서 삽화가 글과 분리되어
이용될 수 있어 공동저작물이 아니고 편집저작물이므로, 교과서의 저작권은 교육부에 있더라도 이에
수록된 삽화에 대한 저작권은 원저작자에게 있다.

▷NOTE : 위 판례는 교과서가 여러 가지 소재 저작물을 편집하여 작성된 편집저작물(§5-34 이하)
이라는 이유로 위와 같이 표현하였으나, 삽화와 글의 관계만을 가지고 말한다면, "공동저작물이 아니라
결합저작물의 관계"에 있다고 할 수 있고, 위 판례도 그러한 법리를 전제로 한 것이라고 볼 수 있다.
결합저작물의 경우에는 각자 자신의 기여분에 대하여 단독으로 권리 행사를 할 수 있는 점에서 단독저
작물과 마찬가지이고, 그것이 편집저작물의 소재가 된 경우에도 저작자로서의 권리 행사에 아무런 제
한을 받지 않는 것이다. 다만, 위 사건은 학습용 참고서에서 삽화를 포함한 교과서의 내용을 복제하여
이용하는 것에 대하여 침해로 인한 손해배상 등 청구를 한 사안으로서, 그러한 경우에는 공동저작물인
경우에도 단독으로 권리 행사를 할 수 있음이 뒤에서 보는 바와 같으므로, 공동저작물인지 여부가 결
론을 좌우하는 사안이라고 할 수는 없는 경우였다.

---

2. 2인 이상이 공동으로 창작에 관여할 것

이 요건은 다시 다음의 둘로 나누어 볼 수 있다.   §9-6

(1) 2인 이상이 창작에 관여할 것

2인 이상이 창작에 관여하여야만 공동저작물이 될 수 있다. 이 때 창작에 관여한다는 것은   §9-7
단순히 아이디어를 제공하는 것이 아니라 저작물의 요건인 '사상 또는 감정의 창작성 있는 표현'
에 실질적으로 관여하는 것을 의미한다. 어떠한 경우에 이러한 실질적 관여를 인정할 수 있을지
에 대하여는 앞서 '저작자의 확정' 부분에서 살펴본 바(§8-2 이하)와 같다.[1]

---

[1] 이와 같이 공동저작자의 요건으로서의 '창작에의 실질적 관여'에 대하여는 저작자의 인정요건으로서의 그것과 실질적
으로 동일한 것으로 보는 것(동일기준설)이 통설의 입장이나, 일본에서는 공동저작자의 인정기준은 저작자의 인정기
준보다 완화하여 볼 필요가 있다는 소수설(완화기준설)이 주장되고 있다(이러한 학설의 전개에 대하여 자세한 것은
김원오, 전게논문, 14면 이하 참조). 그러나 '공동저작자'도 저작자로서의 지위와 권리를 누리기 위해서는 사실행위로

2인 이상의 자 중에는 법인 기타 단체도 포함될 수 있다. 즉 A회사의 직원과 B회사의 직원이 함께 창작에 관여하여 각 회사가 업무상 저작물의 저작자가 된 경우에는 A회사와 B회사가 공동저작자로 인정될 수 있다. 또한 A회사의 직원과 개인 B가 함께 창작에 관여하여 그 중 A가 업무상 저작물(§10-1 이하)의 저작자가 된 경우 A회사와 개인 B가 공동저작자로 인정될 수 있다.[1]

(2) 창작에 있어서 '공동관계'가 있을 것

§9-8   '공동관계'는 다시 객관적 공동관계와 주관적 공동관계(공동의사)로 나누어 볼 수 있다.

(가) 객관적 공동관계

§9-9   창작에 있어서의 객관적 공동관계라 함은 다수인의 창작행위로 하나의 저작물이 발생하였다는 객관적·외부적 사실만 있으면 충족되는 요건으로서 크게 문제되는 것은 아니다. 공동의 시간적인 범위와 관련하여서는 각자의 기여가 동시에 행해진 경우뿐만 아니라 기여의 시점이 서로 다른 경우도 포함하는 것으로 해석되고 있다.[2]

서의 창작행위에 실질적으로 관여하여야 한다고 보는 것이 저작권보호의 근본취지에 부합하는 것이라 할 수 있고, 공동저작자라고 하여 일반 저작자에 비하여 특별히 완화된 기준을 적용하여야 할 합리적 이유나 근거가 제시된 것으로 보기 어려우며, 기준을 완화한다고 할 때 무엇을 판단기준으로 하여야 할지가 더욱 애매하여지는 문제가 있다는 점에서 완화기준설에는 찬성하기 어렵다(같은 취지, 김원오, 전게 논문, 17~18면).

통설과 같이 '창작적 표현에의 실질적 관여'를 요건으로 한다고 할 때에도 그것이 정확히 의미하는 바가 무엇인지에 대하여는 관점의 차이가 있을 수 있다. 이와 관련하여 미국에서는 Nimmer교수가 제시한 '최소한도 이상의 기여 기준'('니머 테스트'라고 불린다)과 Goldstein교수가 제시한 '독립된 저작물성 기준' ('골드스타인 테스트'라고 불린다)등이 있다. 미국 판례도 엇갈리지만, 골드스타인 테스트를 적용하여 판단하는 것이 보다 주류적인 판례입장으로 보인다. 이는 공동저작자 1인의 기여부분을 따로 떼어서 보더라도 독립된 저작물로 평가할 수 있을 정도로 창작성 있는 표현에 기여한 것으로 인정되어야 공동저작자로 인정될 수 있다고 하여 비교적 엄격하고 분명한 기준을 제시한 입장이라 할 수 있다. 반면에, 니머 테스트는 그보다 완화된 기준으로서, 창작성 있는 표현에 최소한도로만 기여하여도 공동저작자가 될 수 있다고 하는 취지인데, 자칫 아이디어적인 부분에의 기여만으로도 공동저작자가 될 수 있는 길을 터준 것이 아닌가 하는 우려를 갖게 하는 면이 있다. 그 점을 감안하여, 위와 같은 논의에 대하여 언급한 국내의 학자들은 대개 니머 테스트보다는 골드스타인 테스트를 취할 것을 주장하고 있다(박성호, 전게서, 237면; 김원오, 전게 논문, 10면; 임원선, 전게서, 85면 등. 오승종, 전게서, 296면은 입장표명을 자제하고 있으나, 골드스타인 테스트에 해당하는 판단기준을 취하는 것이 국내 다수설이라고 언급하고 있다).

본서의 입장에서도, 니머 테스트를 취할 경우 자칫 위에서 본 '완화기준설'과 같은 문제를 내포할 수 있다는 점에서 지지하기가 쉽지 않은 면이 있는 것으로 느껴지고, 골드스타인 테스트 쪽이 기본적으로 타당한 방향이 아닌가 생각된다. 다만 이 기준에는 한 가지 보완하여야 할 점이 있는 것으로 생각된다. 그것은, 두 사람 이상의 공동기여를 통해 겨우 하나의 저작물로서의 요건을 갖추게 된 경우에 각자의 기여분이 독립한 저작물로 평가될 수 있을 것을 요구하는 골드스타인 테스트를 그대로 적용할 경우에는 결국 저작물은 있는데 저작자는 없게 되는 기이한 결론에 도달하게 된다는 점이다(이 점에 대하여는, 安藤和宏, "アメリカ著作權法における共同著作物に關する一考察", 東洋法学 58(1), 161면도 같은 취지를 표명하고 있다). 따라서 원칙적으로는 골드스타인 테스트를 채택하는 것으로 하여 명확성의 장점을 살리되, 지금 설명한 바와 같은 예외적인 경우에는 공동저작자의 기여분을 합하여서만 하나의 저작물로 평가될 수 있는 경우에도 그것이 전체 기여분에서 차지하는 비중의 면에서 '실질적'이라고 볼 수 있는 한, 공동저작자로 인정될 수 있는 것으로 보는 것이 타당할 것으로 생각된다. 이렇게 할 경우, 본질적으로 동일기준설을 취하면서 극히 예외적인 경우에 약간의 예외를 인정하는 것으로서, 근본적으로 "창작적 표현에 실질적으로 기여"하여야만 저작자가 될 수 있다는 원칙 자체는 일관성 있게 적용하는 것이라 할 수 있을 것이다.

1 加戸守行, 著作權法逐條講義(五訂新版), 著作權情報センター, 2006, 49면 참조.
2 齊藤博, 著作權法, 有斐閣, 2000, 103면 참조.

(나) 주관적 공동관계 — '공동의사'

공동저작물이 되기 위해 창작에 관여한 저작자들 사이에 공동으로 저작물을 작성하고자 하 §9-10
는 공동의사를 요하는지 여부에 대하여는 견해의 대립이 있다. 부정설(객관설)은 공동의사의 외부
적 식별 곤란성과 변경 용이성 등을 이유로 공동의사라고 하는 주관적 요소를 중시할 것은 아니
고 객관적으로 보아 당사자간에 서로 상대방의 의사에 반하지 않는다고 하는 관계가 인정되는 정
도이면 좋다고 한다.1

그러나 공동의사를 요건으로 보지 않으면 2차적저작물은 모두 공동저작물이 되게 된다는 점
에 문제가 있다. 2차적저작물의 저작권 행사 및 처분에 있어서 공동저작물과 동일한 제한을 과할
필요는 없을 것이다. 즉, 공동저작물의 경우에는 저작자 전원의 합의가 없는 이용허락이나 출판
권의 설정 등 저작권의 행사와 저작자의 동의가 없는 지분의 처분은 모두 무효가 되는 것이 원칙
이나 2차적저작물의 저작자가 그러한 행위를 한 경우에는 자신이 부가한 창작성의 범위 내에서
는 일단 유효한 것으로 보는 것이 타당할 것이다. 뿐만 아니라 원저작자의 입장에서도 원저작물
과 2차적저작물의 관계라면 자신이 창작한 부분에 대한 저작권을 자유롭게 행사할 수 있고, 그
처분 등에도 제한을 받지 않지만, 공동저작물로 인정될 경우에는 그러한 자유를 상실하게 되는
데, 그러한 자유의 상실을 정당화하기 위해서는 '공동의사'의 존재가 필요하다. 또한 저작권의 보
호기간의 면에서도 공동저작물에 관한 특칙 규정을 2차적저작물에 대하여 모두 적용하는 것은
타당하지 않다.2 그런가 하면, 저작권법 제15조 제1항 후문과 제48조 제1항 후문에서 공동저
작물의 저작인격권 및 저작재산권 행사에 있어서 전원합의를 요하는 것과 관련하여 "이 경우 각
저작자(제48조의 경우는 저작재산권자)는 신의에 반하여 합의의 성립을 방해할 수 없다"고 규정하고
있는데 이러한 규정도 저작자들 상호간의 '공동의사'를 전제로 하지 않으면 어색하게 느껴지는 규
정으로서, 그 경우 원저작자의 입장에서는 자신에게는 공동의사가 없음에도 불구하고 자신의 저
작물을 변형하여 2차적 저작물("공동저작물")을 만든 사람에게 동의거절의 자유를 부당하게 제한당
하는 문제가 있게 된다.3 내심의 문제인 주관적 공동의사를 요건으로 할 경우에는 외부에서 식
별하기가 어려워, 입증 등에 어려움이 있을 것이라는 점을 부정설에서 우려하고 있으나, 내심의
의사와 관련된 요건이라 하더라도 객관적인 정황증거를 통한 간접적인 입증방법을 사용할 수 있

---

1 半田正夫, 著作權法槪說(第9版), 一粒社, 1999, 62면; 齊藤博, 전게서, 103면; 서달주, 한국저작권법, 박문각, 2007,
  218면 등 참조.
2 보호기간과 관련한 문제점을 생각할 때에는, 공동저작물의 성립에 '공동의사'의 요건이 필요할 뿐만 아니라 공동의사
  의 존재시기도 최초 창작시점 이전일 것이 요구되는 것으로 보아야 할 것이다. 아래에서 소개하는 미국 저작권법의
  규정이 그러한 취지를 담고 있는 것으로 해석되는데, 그것은 기성작가가 자신의 저작물에 대한 보호기간을 연장할 목
  적으로 나중에 젊은 신예작가로 하여금 공동저작물을 만들게 할 수 있다는 우려를 불식시키려는 목적도 가지고 있었
  다고 한다. 임원선(책임집필), 실무자를 위한 저작권법, 저작권심의조정위원회, 2006, 62면 참조.
3 中山信弘, 著作權法(第2版), 有斐閣, 2014, 198~199면 참조.

을 것이라는 점을 고려할 때 특별히 우려할 일은 아니다.[1] 따라서 공동저작물과 2차적저작물은 구별할 필요가 있는데, 그러한 구별을 위해서는 공동저작물의 성립요건으로서 상대방에 대한 창작성 부가의 허락을 넘어서서 서로 상보적(相補的)인 형태로 창작을 한다고 하는 공동의사가 필요하다고 해석하는 것이 타당하다고 생각된다.[2] 그런 점에서 긍정설(주관설)의 입장을 지지한다.[3] 판례의 입장을 살펴보면, 뒤에 소개하는 하급심판결들이 긍정설의 입장을 취해 왔고, 대법원 판례도 '친정엄마' 사건에 대한 2014. 12. 11. 선고 2012도16066 판결(§9-15)에서 "2인 이상이 공동 창작의 의사를 가지고 창작적인 표현형식 자체에 공동의 기여를 함으로써 각자의 이바지한 부분을 분리하여 이용할 수 없는 단일한 저작물을 창작한 경우 이들은 그 저작물의 공동저작자가 된다고 할 것이다"라고 함으로써 긍정설의 입장에 따라 '공동창작의 의사'가 공동저작물의 요건임을 천명하였다.

§9-10-1   공동저작물의 요건으로 '공동의사' 또는 '공동창작의 의사'를 요한다고 할 때, 복수의 창작관여자의 의사가 구체적으로 어떤 것일 때 공동의사를 인정할 수 있을지를 정확하게 규명할 필요가 있다. 앞에서도 언급한 바와 같이, '공동의사의 유무'는 복수의 관여자들의 이시적(異時的)·순차적 기여에 의하여 하나의 새로운 저작물이 만들어질 경우에 그 새로운 저작물이 공동저작물에 해당하는지, 아니면 선행저작자의 원저작물을 이용한 후행저작자의 2차적저작물에 해당하는지를 판가름하는 잣대가 된다. 그런데 2차적저작물의 경우에도 원저작자가 2차적저작물의 작성을 허락하거나 그에 동의한 경우에는 원저작자와 2차적저작물 작성자에게 양자의 기여분이 합쳐진 결과물로서의 새로운 저작물(2차적저작물)을 만드는 것에 대한 의사의 합치가 있는 것으로 볼 수 있다. 따라서 그러한 의사합치와는 구별되는 '공동의사'의 내용이 무엇인지 따져볼 필요가 있는 것이다. 이러한 관점에서 생각해보면, 공동의사라는 것은 결국 공동저작물의 개념과의 관련에서 파악되어

---

1 이미 우리의 사법체계 하에서 '고의(故意)'를 비롯하여 상당수의 중요한 법률요건들이 '내심의 의사'와 관련된 주관적인 것임에도 불구하고 객관적인 정황증거 등을 통한 입증이 이루어져 별 문제 없이 심리되고 있음을 감안할 필요가 있다. 객관설의 견해를 자세히 보면, 내심의 의사를 입증하도록 하는 것은 곤란하므로 "객관적으로 저작자의 의사에 반하지 않는 것으로 보이면" 공동관계를 인정할 수 있도록 하여야 할 것이라는 것이 가장 주된 논거의 하나인데, 그것은 '요건' 자체의 문제와 그 '입증'의 문제를 혼동한 것처럼 보이는 면이 있다.

2 田村善之, 著作權法槪說(第 2 版), 有斐閣, 2001, 372면; 金井重彥·小倉秀夫 編著, 著作權法 コンメンタール 上卷(1 條~74條), 東京布井出版, 2000 [小畑明彦 집필부분], 75~76면; 古城春實, "共同著作," 裁判實務大系—知的財産關係訴訟法, 齊藤博·牧野利秋編, 靑林書院, 1997, 258면 및 大阪地裁 1992. 8. 27. 선고 판결, 判例時報 1444호 134면 참조. 임원선(책임집필), 전게서, 62면도 "(아래에서 보는 미국 저작권법과 달리) 우리 저작권법은 비록 공동창작에 대한 의사의 존재를 그 요건으로 명시적으로 규정하고 있지는 않으나, 저작물을 '공동으로 창작'하는 데에는 그러한 의사의 존재가 당연시될 수 있다"고 하고 있다. 그 외에도 오승종, 전게서, 300~301면; 최경수, 전게서, 176면 등 다수설이 긍정설의 입장을 취하고 있다(반대견해 : 박성호, 전게서, 238~239면; 김원오, 전게 논문, 24면).

3 미국 저작권법 제101조에서는 "'공동저작물'이란, 2인 이상의 저작자가 자신들의 기여분이 단일한 전체와 분리될 수 없거나 상호 의존적인 부분이 될 것이라는 의사를 가지고 작성한 저작물을 말한다"고 규정하여 공동의사를 공동저작물의 요건으로 명백히 규정하고 있다.

야 할 것이고 자신의 저작물이 2차적저작물의 원저작물이 되도록 하려는 의사가 있는 경우는 그 개념에서 제외하여야 할 것이다. 결국 '공동의사' 내지 '공동창작의 의사'란 (특히, 선행저작자의 경우) 자신의 기여부분이 하나의 저작물로 완결되지는 않은 상태로 공동의 창작을 통해 공동관계에 있는 다른 저작자의 기여부분과 합하여 '분리이용이 불가능한 하나의 저작물'을 완성하겠다고 하는 의사를 뜻하는 것으로 보아야 할 것으로 생각된다(2차적저작물의 경우와 구별하는 기준으로서 '완결성'에 대한 의식을 중시한다는 점에서 이러한 기준을 '완결성 의식 기준'이라 칭할 수 있을 것이다). 뒤에 소개하는 "영화 '6년째 연애중' 시나리오" 사건에 대한 서울고등법원 2009. 9. 3. 선고 2009나2950 판결(§9-13)이 "하나의 저작물에 2인 이상이 시기를 달리하여 창작에 관여한 경우 선행 저작자에게는 <u>자신의 저작물이 완결되지 아니한 상태로서</u> 후행 저작자가 이를 수정·보완하여 새로운 창작성을 부가하는 것을 허락 내지 수인하는 의사가 있고 후행 저작자에게는 선행 저작자의 저작물에 터잡아 새로운 창작을 부가하는 의사가 있다면 이들에게는 각 창작부분의 상호보완에 의하여 하나의 저작물을 완성하려는 공동창작의 의사가 있는 것으로 인정할 수 있을 것이다(이 점에서 선행 저작자에게 위와 같은 의사가 없이 후행 저작자에 의하여 새로운 창작성이 부가된 2차적저작물과 구별된다)"라고 판시한 것이 2차적저작물의 경우와 구별되는 공동의사의 내용에 대하여 '완결성 의식 기준'을 제시한 것으로 생각된다. '친정엄마' 사건에 대한 대법원 2014. 12. 11. 선고 2012도16066 판결은 '공동창작의 의사'에 대하여 "공동의 창작행위에 의하여 각자의 이바지한 부분을 분리하여 이용할 수 없는 단일한 저작물을 만들어 내려는 의사를 뜻하는 것이라고 보아야 한다"고 판시하였다. 이 판시내용은 기본적으로 타당한 것으로 생각되지만, 그것만으로는 2차적저작물과의 구별기준을 명확하게 제시한 것으로는 보기 어렵다는 점에서, 위와 같은 '완결성 의식 기준'을 보충할 필요가 있다고 보았는데, 그 후 '사극 김수로' 사건에 대한 대법원 2016. 7. 29. 선고 2014도16517 판결이 위와 같은 '완결성의식 기준설'을 수용함으로써 그 판단기준을 분명하게 정립하였다(§9-14-2 참조).

한편, 미국에서는 '저작자가 되고자 하는 의사'가 있어야 공동의사가 있는 것으로 보는 판례1가 있지만, '친정엄마' 사건에 대한 위 대법원 판결은 "여기서 공동창작의 의사는 법적으로 공동저작자가 되려는 의사를 뜻하는 것이 아니라"고 판시함으로써 그러한 미국 판례의 입장을 수용하지 않을 뜻을 명확히 하였다. 따라서 우리 저작권법 하에서는 분리이용이 불가능한 하나의 저작물의 창작적 표현에 실질적으로 기여하여 다른 저작자와 함께 하나의 저작물을 완성하겠다는 의사만 있으면, 자신이 법적으로 저작자로 인정될 것에 대한 기대 또는 인식이 없더라도 공동저작자가 될 수 있다. 그리고 공동창작의 의사가 요구되는 것은 각 저작자의 창작시이다. 즉, 창작

---

1 뮤지컬 렌트에 관한 사건인 Thomson v. Larson 147 F.3d 195(C.A.2 (N.Y.), 1998).

시에 그러한 의사가 있어야 공동저작자가 될 수 있는 것으로 보아야 할 것이다.[1]

§9-10-2   이와 관련하여 고인의 명저(名著)를 현역 세대의 연구자가 이어받아 개정하는 이른바 '유저보정(遺著補訂)' 형태의 저술이 선행연구자(고인; A라고 표시)와 후행연구자(현역 세대의 새 집필자; B라고 표시)의 공동저작물이 될 수 있는지 여부가 문제된다. 이에 대하여, 공동의사의 필요성을 부정하는 객관설의 입장에서 그것도 이시적(異時的) 공동창작으로서 객관적 공동성이 인정되는 이상 공동저작물로 볼 수 있다고 보는 견해[2]가 있으나, 객관설의 입장에서도 그러한 경우에는 객관적 공동창작성 자체를 인정하기 어렵다고 하여 공동저작물성을 부정하고 원저작물·2차적저작물의 관계로 볼 가능성이 있을 뿐이라고 하는 견해[3]가 있다. 반면에 주관설의 입장에서 법리적으로는 공동저작물이라고 보기 어렵다고 하면서, "현실적인 결과의 타당성을 도출하기 위해 복수의 관여자 사이의 관계로부터 판단하여 공동저작물로 간주한다고 하는 운용을 하는 것이 실제의 조리에 부합하는" 경우가 있을 것이라고 주장하는 견해도 있다.[4]

생각건대, B가 새로운 창작적 기여를 한 경우에, 객관적으로 볼 때, A의 기여부분과 B의 기여부분이 합하여져 하나의 새로운 저작물이 만들어 졌다는 점에서 위에서 본 '객관적 공동관계'는 인정될 것으로 생각된다. 이러한 경우에 일부 견해와 같이 객관적 공동관계를 부정하는 입장을 취하게 되면, 객관적 공동관계 유무를 판단하는 기준이 너무 애매하여지는 면이 있다. 복수의 사람의 기여분이 합하여져 하나의 저작물이 만들어졌으면 객관적 공동성은 인정하는 것으로 명확하게 정리하는 것이 타당한 것으로 생각된다. 위와 같은 경우의 문제는 역시 주관적 공동성에 있다. A가 생전에 B에 의한 유저보정을 승낙한 경우도 있을 수 있는데, 그러한 경우라 하더라도 자신의 저작물이 일단 '완결'된 하나의 저작물이라고 보는 전제 하에서 승낙한 것으로 보아야 할 것이므로 2차적저작물 작성에 대한 사전 허락으로서의 의미를 가질 수 있을 뿐, 위에서 본 바와 같은 의미에서의 '공동의사'가 있다고 하기 어렵다.[5]

이러한 본서의 입장에 의하더라도 B가 새로운 창작성을 부가한 경우에는 2차적저작물로 보아야 할 것인데, 그 경우 그 전체를 이용하거나 부분적인 이용이라도 B의 기여분과 A의 기여분이 불가분적으로 얽혀 있는 부분을 이용할 경우에는 A의 사전 승낙범위 또는 그 재산상속인과 협의된 범위에 한하여 이를 이용할 수 있을 것이고, 그렇지 않고 A의 기여부분과 구분할 수 있는 추가 부분(예컨대 별도의 장으로 새롭게 추가한 부분)은 B가 이를 별도로 자유롭게 이용할 수도 있는

---

1 같은 취지, 安藤和宏, 전게 논문, 100면.

2 김원오, 전게 논문, 24면.

3 박성호, 전게서, 239~240면; 島竝良·上野達弘·横山久芳, 著作權法入門, 有斐閣, 2009, 76면.

4 作花文雄, 詳解 著作權法(第4版), ぎょうせい, 2010, 182면.

5 위에서 설명한 '완결의식 기준'을 적용한 것이다. §9-10-1 참조.

결과가 되어(§5-30-3 참조), 일부 학설의 우려와는 달리, 실제적인 면에서도 불합리한 결과가 초래되지는 않을 것으로 보인다.

상황을 약간 바꾸어서 A가 사망 전에 어떤 저서를 쓰다가 아직 완결되지 않은 상태에서 B에게 그것을 수정·보완하여 완성시켜 달라고 부탁하고, B가 A 사망 후 그 수정·보완 작업을 마쳐 완성시킨 경우를 가정해 보면, 그 경우에는 객관적 공동관계와 주관적 공동관계를 모두 인정할 수 있으므로 공동저작물이 되는 것으로 보아야 할 것이다. 다시 상황을 조금 바꾸어 그 경우에 A가 그 수정, 보완 작업을 다른 사람이 할 것이라는 의식이 전혀 없는 상태에서 사망하였다고 가정하면, '공동의사'가 부정되어, 결국 그 경우에도 원저작물·2차적저작물의 관계가 될 수는 있으나, 공동저작물로 보기는 어려울 것이다.

또 하나의 관련 문제로서, 법인과 자연인 사이에도 위와 같은 공동관계를 인정할 수 있을지 여부의 문제가 있다. 우리 저작권법에서는 업무상저작물에 관한 규정을 두어 일정한 요건을 충족할 경우에 법인 등 사용자를 '저작자'로 보도록 하고 있으므로(§10-1 이하 참조), 법인이나 단체도 공동저작자가 될 수 있는 것으로 보아야 할 것이다. 예를 들어, A법인 소속의 직원인 B와 그 직원이 아닌 자연인 C가 공동창작을 하였다고 가정하고, B의 창작부분에 대하여 업무상저작물로서의 요건이 충족되는 경우라고 하면, B와 C를 공동저작자로 볼 것이 아니라 A와 C를 공동저작자로 보아야 한다. 물론, 이 경우 주관적 공동의사의 유무는 B와 C의 의사를 기준으로 따져야 할 것이다. 이러한 법리에 따라 법인과 법인이 공동저작자가 되는 경우도 있을 수 있다. 위의 가정을 조금 바꾸어 C가 D법인 소속 직원으로서 그의 창작이 D와의 관계에서 업무상저작물의 요건을 충족하는 경우로 가정하면, 그 저작물은 A법인과 D법인의 공동저작물이라고 보아야 한다.[1]

§9-10-3

📖 **판 례**

❖ 서울북부지방법원 2008. 12. 30. 선고 2007가합5940 판결 ─ "만화 스토리작가" 사건

〈사실관계〉

§9-11

원고 1은 1981년경부터, 원고 2, 3은 각 1987년경부터 만화스토리를 창작하여 만화가(만화 그림작가)에게 제공하는 '만화스토리작가'로 활동하여 왔고, 원고 3은 1990년경 다른 만화스토리작가 등과 함께 (명칭 생략)을 설립하여 대표로서 이를 운영하기도 하였으며, 피고는 1976년경부터 만화가로 활동하여 오던 중 1985년경부터 (필명 생략)이라는 필명으로 활동하고 있다.

원고 1은 피고의 의뢰를 받아 만화 '지옥의 세레나데', '스와트', '파운데이션 25시', '동경자이언트', '영', '새는 어디로 갔나', '새벽을 기다리며', '몽중도', '러브', '골드트리플', '동경무숙자', '두형제', '런닝

---

1 島竝良·上野達弘·橫山久芳, 著作權法入門, 有斐閣, 2009, 75면; 加戶守行, 著作權法逐條講義(五訂新版), 著作權情報センター, 2006, 49면 참조.

맨', '성채', '호텔킹', '투맨', '천국동호랑이', '주먹시대', '도시천사', '밤의 도시천사', '화류계 건달', '양아치 도박지존'(이하 '이 사건 제 1 만화'라고 한다)의 스토리를 작성하고, 원고 2는 피고의 의뢰를 받아 만화 '신보디가드', '이탈자'(이하 '이 사건 제 2 만화'라고 한다)의 스토리를 작성하고, 원고 3은 만화 '백색여왕'의 스토리를 작성하여 이를 피고에게 각 제공하였다.

원고 1, 2는 자신들이 2차적저작물인 만화의 원저작물의 저작자들이거나 아니면 위 만화의 공동저작자들이고, 피고가 위와 같이 제공받은 만화스토리를 토대로 만화를 완성하여 출판한 후 원고들의 허락 없이 재출판을 함으로써 원고들의 저작재산권을 침해하였다고 주장하면서 피고를 상대로 손해배상을 청구하였다.

다음은 그 중 공동저작자 여부에 대한 판단 부분이다.

〈법원의 판단〉

'공동저작물'은 '2인 이상이 공동으로 창작한 저작물로서 각자의 이바지한 부분을 분리하여 이용할 수 없는 것'을 의미(저작권법 제 2 조 제21호)하고, 여기에서 '공동의 창작행위'는 주관적으로는 공동창작의 의사를 가지고 객관적으로는 공동저작자 모두 창작에 참여하는 것을 의미하지만, 시간과 장소를 같이 해야만 하는 것은 아니고 상이한 시간과 상이한 장소에서도 공동저작자들이 공동창작의 의사를 가지고 각각 맡은 부분의 창작을 하여 각 기여부분을 분리하여 이용할 수 없는 저작물이 되면 족하며, 각 기여부분을 분리하여 이용할 수 없는 것은 그 분리가 불가능한 경우뿐만 아니라 분리할 수는 있지만 현실적으로 그 분리이용이 불가능한 경우도 포함한다고 할 것이고, 또한 저작물의 원본, 복제물 등에 저작자로서의 실명 또는 이명으로서 널리 알려진 것이 일반적인 방법으로 표시된 자는 그 저작물의 저작자로 추정(저작권법 제 8 조 제 1 항 제 1 호)되지만, 공동으로 저작물의 창작에 기여한 이상 그 저작물에 대하여 공동저작자 중 1인 또는 그 일부만이 저작자라고 표시되는 경우에도 다른 공동저작자들은 저작권법상 공동저작자로서의 권리를 주장할 수 있다고 할 것이다. (중략)

위 인정사실 및 위 각 증거에 의하여 인정되는 다음과 같은 사정들, 위 원고들이 이 사건 만화들을 만들기 위해 표현하고 싶은 이야기의 주제를 정하고, 다양한 시간적·장소적 배경을 설정한 다음 주인공과 다른 등장인물들 사이의 갈등·대결·화해 등의 관계구조를 이용하여 만화스토리를 창작하여 이를 시나리오 또는 콘티 형식으로 피고에게 제공한 점, 피고는 위 제공받은 만화스토리에 기초하여 다양한 모양과 형식으로 장면을 구분하여 배치하고 배경 등 그림을 그리는 역할을 담당한 점, 피고는 만화 완성의 의도로 위 원고들에게 만화스토리의 작성을 의뢰하였고, 위 원고들도 피고의 그림작업 등을 거쳐 만화를 완성하는 것을 전제로 피고에게 만화스토리를 제공하였으며, 그러한 사정은 위 원고들과 피고가 충분히 인식하고 있었다고 할 것인 점, 이 사건 만화들은 위 원고들이 창작하여 제공한 스토리, 구체적으로 묘사한 등장인물의 성격, 배경 설명 등과 이에 기초한 피고 특유한 그림 등이 결합하여 독창적인 만화가 완성되었다고 할 것이고, 피고 이외의 다른 만화작가에게 제공되는 경우에는 그 성격 등의 기본적인 구조가 변형되었을 가능성이 높은 점, 또한 위 원고들은 피고로부터 이 사건 만화들에 관한 스토리의 기획, 구상, 작성 등의 과정에서 구체적인 작업 지시나 감독을 받은 바 없는 점, 피고는 위 원고들로부터 제공받은 만화스토리에 대한 검토, 수정도 하였을 것이나, 모든 만화스토리에 자신의 고유한 아이디어·기획 의도를 표현하기는 물리적으로 어려울 것으로 보이는 점, 그 밖에 위에서 살펴본 바와 같은 이 사건 만화들의 특성 등을 종합하면, 이 사건 만화들은 원고 갑, 을과 피고가 하나의 만화를 만들기 위해 공동창작의 의사를 가지고 각각 맡은 부분의 창작을 함으로써 주제, 스토리와 그 연출방법, 그림 등의 유기적인 결합으로 완성되어 각 기여부분을 분리하여 이용할 수 없는 저작물이라 할 것이고, 원고 1, 2가 피고의 지휘감독하에 단순히 만화스토리 등을 제공한 것에 불과하다거나, 피고가 기획, 구상한 만화를 만드는 작업에 관여한 업무보조자에 불과하다고 할 수 없다.

  따라서, 이 사건 제 1 저작물은 원고 갑과 피고의, 이 사건 제 2 저작물은 원고 을과 피고의 각 공동저작물이라고 할 것이다(원고 갑, 을은 이 사건 만화들이 위 원고들이 작성한 만화스토리의 2차적저작물이라는 취지로도 주장하므로 살피건대, '2차적저작물'이란 원저작물을 번역·편곡·변형·각색·영상제작 그 밖의 방법으로 작성한 창작물(저작권법 제 5 조 제 1 항 참조)로서, 기존 저작물을 기초로 하여 기존 저작물과 실질적 유사성(그 표현상의 본질적 동일성)을 유지하면서 구체적인 표현에 수정, 증감, 변경 등을 가하여 새롭게 사상 또는 감정을 창작적으로 표현함으로 인해 이를 접하는 사람이 기존의 저작물의 표현상의 본질적인 특징을 직접 느껴서 알 수 있는 별개의 저작물을 의미하는바, 여러 사람이 관여하여 하나의 저작물을 작성하는 경우 관여자들이 그 작성에 기여하는 정도, 작성되는 저작물의 성질에 따라 그 저작물이 공동저작물이 될 수도 있고, 2차적저작물이 될 수도 있다고 할 것인데, 만화저작물의 경우 만화스토리 작성자가 만화작가와 사이에 기획 의도·전개방향 등에 대한 구체적인 협의 없이 단순히 만화의 줄거리로 사용하기 위해 독자적인 시나리오 내지 소설 형식으로 만화스토리를 작성하고, 이를 제공받은 만화작가가 만화스토리의 구체적인 표현방식을 글(언어)에서 그림으로 변경하면서 만화적 표현방식에 맞게 수정·보완하고, 그 만화스토리의 기본적인 전개에 근본적인 변경이 없는 경우에는 만화스토리를 원저작물, 만화를 2차적저작물로 볼 여지가 있으나, 위에서 살펴 본 바와 같이 위 원고들과 피고는 최종적으로 만화작품의 완성이라는 공동창작의 의사를 가지고 있었던 점, 위 원고들의 만화스토리는 피고에게만 제공된 점, 이 사건 만화들은 위 원고들의 만화스토리와 피고의 그림, 장면 설정, 배치 등이 결합하여 만들어지는 저작물인 점, 위 원고들과 피고의 작업과정 등에 비추어 보면 이 사건 만화들은 피고가 위 원고들의 스토리를 변형, 각색 등의 방법으로 작성한 창작물이라기보다 위 원고들이 창작하여 제공한 만화스토리와 피고의 독자적인 그림 등이 유기적으로 어우러져 창작된 위 원고들과 피고의 공동저작물이라고 봄이 상당하다).

  ▷NOTE : 위 판결은 비록 하급심 판결이긴 하지만, 다수인들이 상호간 이시적, 순차적 협력관계를 통해 저작물을 작성한 경우에 그것이 원저작물 저작자와 2차적저작물 저작자의 관계에 있는지 아니면 공동저작자의 관계에 있는지를 구별하는 기준을 제시한 첫 사례라는 점에서 큰 의의를 가지고 있다. 위 판결의 사안은 영화의 시나리오 작가와 영상저작물 저작자(감독 등)의 관계와 유사한 면이 없지 않으나, 시나리오 작가의 경우에는 일반적인 통념에 비추어 볼 때 하나의 완결된 저작물로 시나리오를 작성하여 넘긴다고 하는 의사를 가지는 것으로 볼 수 있어 공동창작의 의사가 부정될 것이지만(따라서 그 경우에는 원저작물 저작자/2차적저작물 저작자의 관계로 보게 될 것이다), 만화스토리 작가의 경우에는 그러한 의사라기보다는 최종적으로 하나의 만화저작물을 공동으로 창작한다고 하는 의사를 가지고 있다고 볼 여지가 있을 것이다. 결국 여기서 중요한 판단기준이 되는 것은 '만화 스토리'를 하나의 완결된 저작물로 작성, 제공하여 2차적저작물로서의 만화를 만들도록 하겠다는 의사인지, 아니면 '만화

§9-12

스토리'는 그 제공 형태 등 여러 가지 측면에 비추어 '완결된 저작물'이 아니고 그 자체로는 미완결된 상태에서 만화의 요소로 사용되어 만화라는 하나의 저작물을 공동으로 완성시킨다는 의사인지의 여부에 있다고 할 수 있다('완결성 의식 기준'). 즉, '만화스토리'가 별개의 저작물로서 '완결성'을 가지는지에 대한 의사 여하가 관건이 될 것으로 보인다. 위 판결에서는 그러한 점에 뚜렷한 초점을 맞추지 못한 점에서 약간의 아쉬움을 느끼게 하는 면이 있다. 예컨대 '기획의도나 구체적인 전개방향 등에 대한 협의'의 유무, '스토리의 기본적인 전개에 근본적인 변경이 없는지' 여부 등도 구별기준이 되는 것처럼 설시한 것은 적절하지 않은 면이 있다. 영화 시나리오 작가의 경우에도 영화제작자 측과 기획의도, 구체적인 전개방향 등에 대한 협의를 하는 경우가 많은데, 그것만을 이유로 시나리오 작가를 영상저작물의 공동저작자로 보지는 않는 것이 통설의 입장이며, 스토리의 근본적 변경 여부도 2차적저작물과 공동저작물의 구분과는 무관한 것으로 보이기 때문이다. 다만 "만화의 줄거리로 사용하기 위해 독자적인 시나리오 내지 소설 형식으로 만화스토리를 작성"하였는지 여부와 "위 원고들의 만화스토리는 피고에게만 제공된 점"을 고려요소로 본 부분은 '완결의식' 유무와 관련된 것이라는 점에서 타당한 것으로 생각된다. 만화스토리의 경우도 구체적·개별적으로 사안마다 신중하게 심리하여, 영화 시나리오의 경우와 유사하게, 그 스토리가 하나의 완결된 저작물로 인식되고 활용되는 상황인 것으로 인정될 경우에는 만화라는 2차적 저작물의 원저작물로 보아야 할 것으로 생각된다. 참고로, '캔디 캔디 원화 사건'에 대한 일본 최고재 판결은 만화 스토리를 2차적저작물인 만화의 원저작물로 보는 판시를 한 바 있다(§5-30-3 참조).

§9-13   ❧ 서울고등법원 2009. 9. 3. 선고 2009나2950 판결 — "영화 '6년째 연애 중' 시나리오" 사건

저작자는 저작물을 창작한 자를 말하며(저작권법 제 2 조 제 2 호), 2인 이상이 공동으로 창작한 저작물로서 각자의 이바지한 부분을 분리하여 이용할 수 없는 공동저작물(같은 조 제21호)은 각자의 기여가 동시에 행해진 경우뿐만 아니라 창작적 기여의 시점이 서로 다른 경우도 포함된다고 할 것이다. <u>하나의 저작물에 2인 이상이 시기를 달리하여 창작에 관여한 경우 선행 저작자에게는 자신의 저작물이 완결되지 아니한 상태로서 후행 저작자가 이를 수정·보완하여 새로운 창작성을 부가하는 것을 허락 내지 수인하는 의사가 있고 후행 저작자에게는 선행 저작자의 저작물에 터잡아 새로운 창작을 부가하는 의사가 있다면 이들에게는 각 창작부분의 상호보완에 의하여 하나의 저작물을 완성하려는 공동창작의 의사가 있는 것으로 인정할 수 있을 것이다</u>(이 점에서 선행 저작자에게 위와 같은 의사가 없이 후행 저작자에 의하여 새로운 창작성이 부가된 2차적저작물과 구별된다).

특히 시나리오와 같이 여러 집필 작가의 동시 또는 순차의 수정작업에 의하여 완성되며 최종적으로 완성된 시나리오를 각 작가가 기여한 부분별로 분리하여 이용할 수 없는 저작물이라면 후행 저작자의 수정·보완의 결과 선행 저작자의 창작적 기여부분이 전혀 남아 있지 아니한 경우를 제외하고는 완성된 저작물은 이에 대하여 창작적 기여를 한 작가들의 공동저작물로 봄이 상당하다.

▷NOTE : 위 판결은 선행 저작자와 후행 저작자 사이에 구체적인 의사 연락이 없는 경우에도 일정한 정황하에 선행 저작자의 허락 내지 수인의 의사를 추인함으로써 공동창작의 의사를 인정한 사례이다. 공동저작물과 2차적 저작물의 구별과 관련하여 '완결성 의식 기준(§9-10-1)'을 채택한 점에서 매우 중요한 선례이다.

❖서울중앙지방법원 2007. 11. 15. 선고 2006가합110242 판결 — "데스페라도" 사건 §9-14
〈사실관계〉

원고들은 미국의 록그룹(Rock group) 이글스(Eagles)의 구성원들로서 음악저작물인 "데스페라도 (Desperado)"의 가사와 악곡을 공동으로 만들었다. 원고들은 함께 1973년 무렵 노란색 메모용지에 가 사를 쓰고 수정하면서 데스페라도의 가사를 창작하였고, 원고 돈 헨리가 노래를 부르고, 원고 글렌 프 레이가 돈 헨리의 노래에 맞추어 피아노로 반주를 하면서 함께 여러 가지 악상을 시도하면서 데스페라 도 악곡을 창작하였다.

〈법원의 판단〉

저작물의 창작에 복수의 사람이 관여하였다고 하더라도 각 사람의 창작활동의 성과를 분리하여 이용할 수 있는 경우에는 공동저작물이 아니라 이른바 결합저작물에 불과하지만(대법원 2005. 10. 4.자 2004마639 결정 참조), 2인 이상이 공동으로 창작한 불가분인 저작물로서 각자의 이바지한 부분을 분 리하여 이용할 수 없는 경우에는 공동저작물이 된다(저작권법 제 2 조 제21호).

앞서 본 전제사실에 따르면, 일반적으로 가사와 그에 대응한 악곡은 일체로서 이용되는 것이 많다 고 하더라도 각각 분리해서 이용할 수 있으므로 공동저작물에 해당하지 않지만, 데스페라도는 원고들 이 공동으로 가사와 그에 대응하는 악곡을 만드는 데 창작적으로 기여한 하나의 불가분인 저작물로서 각자의 이바지한 부분을 분리하여 이용할 수 없는 공동저작물에 해당한다고 봄이 상당하다.

▷NOTE : 위 판결은 다수 견해에 따라 일반적으로 가사와 악곡은 결합저작물로 보아야 할 것이 라고 전제한 다음, 위 사안은 실제 작사와 작곡을 구분함이 없이 모두 공동으로 한 특수한 경우여서 공 동저작물에 해당한다고 보았는데, 타당한 논리전개라 생각된다.

❖대법원 2014. 12. 11. 선고 2012도16066 판결 — "친정엄마" 사건 §9-14-1
1. 공동저작자의 성립에 관한 상고이유에 대하여

구 저작권법(2011. 6. 30. 법률 제10807호로 개정되기 이전의 것. 이하 같다) 제 2 조는 그 제 1 호 에서 '저작물'이라고 함은 인간의 사상 또는 감정을 표현한 창작물을, 제 2 호에서 '저작자'라고 함은 저 작물을 창작한 자를, 제21호에서 '공동저작물'이란 2인 이상이 공동으로 창작한 저작물로서 각자의 이 바지한 부분을 분리하여 이용할 수 없는 것을 말한다고 각 규정하고 있다. 위 각 규정의 내용을 종합하 여 보면, 2인 이상이 공동창작의 의사를 가지고 창작적인 표현형식 자체에 공동의 기여를 함으로써 각 자의 이바지한 부분을 분리하여 이용할 수 없는 단일한 저작물을 창작한 경우 이들은 그 저작물의 공 동저작자가 된다고 할 것이다. 여기서 공동창작의 의사는 법적으로 공동저작자가 되려는 의사를 뜻하 는 것이 아니라, 공동의 창작행위에 의하여 각자의 이바지한 부분을 분리하여 이용할 수 없는 단일한 저작물을 만들어 내려는 의사를 뜻하는 것이라고 보아야 한다.

이러한 법리에 비추어 기록에 의하여 알 수 있는 다음과 같은 사정들, 즉 ① 피고인은 자신이 작 성한 연극 '친정엄마'의 초벌대본이 고소인에 의하여 수정·보완되어 새로운 창작성이 부여되는 것을 용인하였고, 고소인도 피고인과 별개의 연극대본을 작성할 의도가 아니라 피고인이 작성한 초벌대본을 기초로 이를 수정·보완하여 보다 완성도 높은 연극대본을 만들기 위하여 최종대본(이하 '이 사건 저작물'이라고 한다)의 작성작업에 참여한 점, ② 피고인은 초벌대본이 고소인에 의하여 수정·보완되어 연극으로 공연되기까지 극작가의 지위를 유지하면서 대본작업에 관여하였고, 고소인도 이 사건 저작물의 작성 과정에서 피고인으로부터 수정·보완작업의 전체적인 방향에 관하여 일정부분 통제를 받기는 하였으나 상당한 창작의 자유 또는 재량권을 가지고 수정·보완작업을 하여 연극의 중요한 특징적 요소가 된 새로운 캐릭터·장면 및 대사 등을 상당부분 창작한 점, ③ 최종대본은 그 창작적인 표현형식에 있어서 피고인과 고소인이 창작한 부분을 분리하여 이용할 수 없는 단일한 저작물이 된 점 등을 살펴보면, 피고인과 고소인은 이 사건 저작물의 공동저작자로 봄이 타당하다.

원심이 위와 같은 취지로 판단한 것은 정당한 것으로 수긍할 수 있다. 거기에 상고이유의 주장과 같이 공동저작자의 성립에 관한 법리를 오해하거나 논리와 경험의 법칙에 반하여 사실을 인정하는 등의 잘못이 없다.

2. 저작재산권침해죄의 성립에 관한 상고이유에 대하여

구 저작권법 제48조 제 1 항 전문은 "공동저작물의 저작재산권은 그 저작재산권자 전원의 합의에 의하지 아니하고는 이를 행사할 수 없다"고 정하고 있는데, 위 규정은 어디까지나 공동저작자들 사이에서 각자의 이바지한 부분을 분리하여 이용할 수 없는 단일한 공동저작물에 관한 저작재산권을 행사하는 방법을 정하고 있는 것일 뿐이므로, 공동저작자가 다른 공동저작자와의 합의 없이 공동저작물을 이용한다고 하더라도 그것은 공동저작자들 사이에서 위 규정이 정하고 있는 공동저작물에 관한 저작재산권의 행사방법을 위반한 행위가 되는 것에 그칠 뿐 다른 공동저작자의 공동저작물에 관한 저작재산권을 침해하는 행위까지 된다고 볼 수는 없다.

원심이 같은 취지에서 이 사건 저작물의 공동저작자인 피고인이 다른 공동저작자인 고소인과의 합의 없이 이 사건 저작물을 이용하였다고 하더라도, 구 저작권법 제136조 제 1 항의 저작재산권 침해행위에는 해당하지 아니한다고 판단한 것은 정당하고, 거기에 상고이유의 주장과 같이 공동저작자 사이의 저작재산권 침해에 관한 법리를 오해하는 등의 잘못이 없다.

▷NOTE : 위 판결은 대법원이 처음으로 '공동창작의 의사'(공동의사)를 공동저작물의 요건으로 천명하고, 그 구체적인 내용도 밝혔다는 점에서 매우 큰 의의를 가지고 있다. 다만 위 2의 판단 부분은 찬동하기 어려운 것으로 생각된다(그 부분에 대하여 자세한 것은 §9-21-1 참조).

§9-14-2　　❖대법원 2016. 7. 29. 선고 2014도16517 판결 ― "사극 김수로" 사건

〈사실관계〉

1) 피고인 1은 ○○○의 직원으로서 ○○○ 사극 "김수로" 드라마(이하 '이 사건 드라마'라고 한다)의 총괄·기획자이고, 피고인 2는 이 사건 드라마의 제작을 위해 설립된 공소외 1 유한회사의 대표자로서, 피고인들은 위 드라마의 제작 및 홍보를 위한 중요사항들을 함께 협의하여 처리하여 왔다.

2) 피고인들은 2009. 7. 30. 작가인 피해자 공소외 2와 32회 분으로 예정된 이 사건 드라마의 극본 집필계약(이하 '이 사건 집필계약'이라고 한다)을 체결하였는데 위 계약은 피해자가 드라마 제작 및 방송 일정을 지키지 못하는 경우와 같은 일부 예외적인 상황이 아닌 이상 피해자가 드라마 극본을 완성하는 것을 전제로 하고 있다. 피고인들은 또한 위 계약에서 드라마 극본을 소설화하여 출판하는 경우

출판에 앞서 사업내용, 수익분배조건에 대해 피해자와 사전 협의하기로 약정하였고, 2010. 3. 9. 위 드라마의 홍보를 위해 공소외 3 주식회사(이하 '공소외 3 회사'라고 한다)와 위 드라마의 극본을 각색한 소설을 출판하기로 하는 계약을 체결하였다. 한편 이 사건 집필계약에는 피해자가 작성한 드라마 극본의 저작재산권을 위 집필계약의 당사자인 이 사건 회사 등에 양도하는 내용은 없다.

3) 피해자가 이 사건 집필계약에서 예정된 32회분의 드라마 극본 중 일부(이하 그중 이 사건 범죄사실에서 2차적저작물작성권 침해의 대상으로 특정된 제 1 회분부터 제 6 회분까지의 드라마 극본을 '이 사건 피해자 극본'이라고 한다)를 작성한 상태에서 피고인들이 이 사건 집필계약의 해지를 통지하자, 피해자는 이에 대응하여 자신의 기존 작업성과를 이용하지 말 것 등을 통보하고 이 사건 회사를 상대로 집필계약의 부당 해지통보에 의한 계약위반에 따른 위약금 청구의 소를 제기하였다. 위 민사사건의 제 1 심과 항소심은 이 사건 회사가 피해자의 별다른 귀책사유나 계약의 해지를 정당화할 만한 다른 사정이 없는데도 이 사건 집필계약을 임의로 해지하여 피해자에게 손해를 가하였음을 인정하여 이 사건 회사에 손해배상을 명하였고, 그 판결은 2012. 10. 11.자 대법원 2012다58913 판결로 확정되었다.

4) 이 사건 드라마의 극본은 피해자가 창작한 부분을 기초로 하여 위 계약 해지 통지 이후 다른 작가들에 의하여 총 32회분으로 완성되었는데(이하 완성된 위 극본을 '이 사건 전체 극본'이라고 한다), 피고인들은 2010. 10. 4.경 공소외 3 회사로부터 이 사건 드라마의 극본을 각색한 소설이 출판될 예정이라는 연락을 받고도 이를 피해자에게 알리거나 출판 중단을 요청하지 않고 위 소설의 원작자를 'ㅇㅇㅇ 주말특별기획 〈김수로〉 원작'으로 표기하여 출판하도록 요구함으로써 2010. 10. 25. 피해자가 집필한 이 사건 피해자 극본을 각색한 부분을 포함하여 작성된 "철의 제왕 김수로"라는 제목의 소설(이하 '이 사건 소설'이라고 한다)이 출판되었다.

5) 피고인들의 위와 같은 행위가 피해자의 이 사건 피해자 극본에 대한 저작재산권(2차적저작물작성권)을 침해하였다는 것이 주된 공소사실로 기소되었다.

〈쟁 점〉
피고인들 측에서 상고이유로 주장한 취지를 종합하면, 공동저작자 사이에 저작권 침해가 성립하지 않는다는 법리('친정엄마' 사건에 대한 대법원 판례의 입장, §9-14-1 참조)에 기초하여, 이 사건 전체극본이 공동저작물이고, 피고인들이 그 창작에 기여한 작가들 중 피해자를 제외한 나머지 작가들로부터 저작권을 양수하였으므로, 피고인들에게 저작권침해죄가 성립하지 않는다는 주장으로 귀착한다. 이 사건 전체 극본이 피해자가 단독 집필한 1회~6회 극본('이 사건 피해자 극본')과 나머지 극본의 결합저작물 혹은 피해자 창작 부분을 원저작물로 하는 2차적저작물인지 아니면 공동저작물인지 여부에 따라 저작권 침해 여부의 결론이 달라질 수 있다. 따라서 우선적으로 이 사건 전체극본의 저작물로서의 성격에 대한 확정이 선행되어야 한다.[1]

〈법원의 판단〉
2인 이상이 공동창작의 의사를 가지고 창작적인 표현형식 자체에 공동의 기여를 함으로써 각자의 이바지한 부분을 분리하여 이용할 수 없는 단일한 저작물을 창작한 경우 이들은 그 저작물의 공동

---

1 김창권, "2차적저작물과 공동저작물의 구별", 대법원 판례해설, 2016-하, 법원도서관, 602면 참조.

저작자가 된다고 할 것이다. 여기서 공동창작의 의사는 법적으로 공동저작자가 되려는 의사를 뜻하는 것이 아니라, 공동의 창작행위에 의하여 각자의 이바지한 부분을 분리하여 이용할 수 없는 단일한 저작물을 만들어 내려는 의사를 뜻하는 것이라고 보아야 한다(대법원 2014. 12. 11. 선고 2012도16066 판결 참조).

그리고 <u>2인 이상이 시기를 달리하여 순차적으로 창작에 기여함으로써 단일한 저작물이 만들어지는 경우에, 선행 저작자에게 자신의 창작 부분이 하나의 저작물로 완성되지는 아니한 상태로서 후행 저작자의 수정·증감 등을 통하여 분리이용이 불가능한 하나의 완결된 저작물을 완성한다는 의사가 있고, 후행 저작자에게도 선행 저작자의 창작 부분을 기초로 하여 이에 대한 수정·증감 등을 통하여 분리이용이 불가능한 하나의 완결된 저작물을 완성한다는 의사가 있다면, 이들에게는 각 창작 부분의 상호 보완에 의하여 단일한 저작물을 완성하려는 공동창작의 의사가 있는 것으로 인정할 수 있다. 반면에 선행 저작자에게 위와 같은 의사가 있는 것이 아니라 자신의 창작으로 하나의 완결된 저작물을 만들려는 의사가 있을 뿐이라면 설령 선행 저작자의 창작 부분이 하나의 저작물로 완성되지 아니한 상태에서 후행 저작자의 수정·증감 등에 의하여 분리이용이 불가능한 하나의 저작물이 완성되었다고 하더라도 선행 저작자와 후행 저작자 사이에 공동창작의 의사가 있다고 인정할 수 없다. 따라서 이때 후행 저작자에 의하여 완성된 저작물은 선행 저작자의 창작 부분을 원저작물로 하는 2차적 저작물로 볼 수 있을지언정 선행 저작자와 후행 저작자의 공동저작물로 볼 수 없다.</u>

(중략)

애초에 이 사건 집필계약에서 특별한 사정이 없는 한 피해자가 이 사건 드라마의 극본을 완성하기로 약정되어 있을 뿐만 아니라 피해자가 별다른 귀책사유 없이 피고인들로부터 이 사건 집필계약의 해지를 통지받은 후 이에 대응하여 피해자가 작성한 드라마 극본의 이용금지 등의 통보까지 하였다. 그렇다면 설령 이 사건 피해자 극본을 포함하여 피해자가 창작한 부분이 이 사건 전체 극본의 일부 구성 부분으로서 피해자가 창작한 부분과 나머지 부분이 분리하여 이용할 수 없는 단일한 저작물이 되었다고 하더라도, 피해자에게는 자신의 창작 부분이 하나의 저작물로 완성되지 아니한 상태로서 후행 저작자의 수정·증감 등을 통하여 분리이용이 불가능한 하나의 완결된 저작물을 완성한다는 의사가 있는 것이 아니라, <u>자신의 창작으로 하나의 완결된 저작물을 만들려는 의사가 있을 뿐이어서 피해자와 이 사건 전체 극본을 최종적으로 완성한 작가들</u> 사이에 공동창작의 의사가 있다고 인정할 수 없다. 따라서 이 사건 전체 극본은 피해자의 창작 부분을 원저작물로 하는 2차적 저작물로 볼 수 있을지언정 피해자와 위 작가들의 공동저작물로 볼 수 없다.

▷NOTE : 앞서 본 '친정엄마' 사건에 대한 대법원 판결(§9-14-1)로 인하여 위와 같은 사건의 경우 피해자 창작 부분이 2차적저작물의 원저작물에 해당하는지 아니면 공동저작물의 일부를 구성하는 것인지의 판단은 형사사건에서 유무죄를 가르는 중요한 쟁점으로 부각되게 되었다. 본서는 공동저작물과 2차적저작물의 구별기준을 가능한 한 명료하게 제시하기 위해 여러 각도에서 고민하고 검토하던 중 "영화 '6년째 연애중' 시나리오" 사건에 대한 서울고등법원 2009. 9. 3. 선고 2009나2950 판결(§9-13)에서 선행저작자에게 자신의 저작물이 완결되지 아니한 상태로서 후행 저작자가 이를 수정·보완하여 새

로운 창작성을 부가하는 것을 허락 내지 수인하는 의사가 있었는지 여부를 기준으로 삼은 것을 발견하고 그것을 하나의 일반화된 구별기준으로 다듬어 정리한 다음 '완결성의식 기준'이라 명명하고 학설로서는 처음으로 본서 3판에서 이를 공동저작물과 2차적저작물의 구별기준으로 할 것을 주장하였다. 위대법원 판결은 본서의 위와 같은 주장이 타당하다고 보고 이를 수용한 것이며,[1] 위 사안의 구체적 내용에 비추어 보아도 타당한 결론을 내린 것으로 생각된다('6년째 연애중 시나리오' 사건의 경우 당사자 간 합의에 의하여, 원고에게 자신의 저작부분이 다른 작가의 후속작업에 의하여 수정, 보완하는 데 대한 '수인'의 의사가 있었다고 인정될 수 있었던 사안임에 반하여, 위 사건의 경우는 피해자에게 그러한 수인의 의사를 인정할 수도 없는 사안이라는 점에서 구별되며, 따라서 전자의 경우에는 공동저작물로, 후자의 경우에는 원저작물과 2차적저작물의 관계로 인정되게 되었다).

Ⅲ. 효   과

1. 저작권의 행사

(1) 서   설

민법에서는 제 2 편 제 3 장 제 3 절에 공유, 합유, 총유 등의 공동소유에 관한 규정들을 두고 제278조에서 그 규정들은 소유권 이외의 재산권에도 준용하되, 다른 법률에 특별한 규정이 있으면 그에 의하는 것으로 규정하고 있다. §9-15

그러나 공동저작자의 관계는 위에서 본 바와 같이 공동창작으로 작성된 공동저작물에 대한 각자의 기여부분을 분리하여 이용할 수 없고 그 안에 저작자의 인격이 투영되어 있는 등의 점에서 특별히 밀접한 인적 결합관계를 가지는 것으로 볼 수 있으므로 단순히 '준공유'라고 보기는 어렵고 오히려 합유에 가까운 특수한 관계에 있다고 할 수 있다.[2] 이러한 점을 고려하여 저작권법

---

1 재판연구관 판례해설인 김창권, 위의 논문, 612~619면 참조. 특히, 같은 글 617면은 "공동저작물의 작성과정에서 선행 저작자는 협업에 의해 저작물을 완성한다는 점을 인식하고 있기 때문에 자신이 창작한 부분만으로 저작물이 완성되지는 않고 후행 저작자의 기여분과 합하여 비로소 하나의 저작물이 완성된다고 생각할 것이라는 점에서 완결된 저작물을 완성하려는 의사가 있는지를 기준으로 하는 완결성의식 기준설이 타당한 견해라고 생각된다. 공동창작의 의사는 선행 저작자와 후행 저작자 모두에게 있어야 할 것이지만 특히 선행 저작자의 의사가 중요한 요소가 될 것으로 보인다. 선행 저작자가 공동창작의 의사가 있는데 후행 저작자는 오로지 2차적저작물 작성의 의사만 있는 경우는 흔하지 않을 것으로 보이고, 설령 후행 저작자가 2차적저작물의 작성을 의도한다고 하더라도 후행 저작자에게 창작에 관여한 사람 각자의 이바지한 부분을 분리하여 이용할 수 없는 단일한 저작물을 창작하려는 의사가 존재하는 이상 이는 공동창작의 의사로 보는 것이 타당하다고 보인다. 만일 선행 저작자에게 공동창작의 의사가 없다면 설령 후행 저작자가 공동창작의 의사로 저작물을 완성하였더라도 공동저작물의 성립에 필요한 공동창작의 의사는 인정되지 아니한다고 보아야 할 것이다"라고 밝히고 있다.

2 하급심 판결 중에도 저작물의 공동보유 관계는 합유에 준하는 성질을 가지는 것으로 본 사례가 있다. 수원지방법원 성남지원 2013. 5. 8. 선고 2012가합5441 판결 : "위와 같이 공동저작물의 저작재산권 행사를 제한하거나 그 공동보유지분의 처분을 제한하는 저작권법 규정의 취지에 비추어 보면, 저작물의 공동보유관계는 합유에 준하는 성질을 가졌다고 할 것이고(특허권의 공유에 관한 대법원 1999. 3. 26. 선고 97다41295 판결, 대법원 1987. 12. 8. 선고 87후

은 아래에서 보는 바와 같이 공동저작자의 저작권 행사에 대하여 민법의 공유에 관한 규정과는 다른 제한을 가하고 있다.

저작권법 제15조와 제48조의 규정이 그것이다. 그런데 특히 그 중 저작재산권의 행사 및 처분 등에 대한 제한규정인 제48조와 관련하여, 이 규정이 '공동저작물' 또는 '공동저작자'에 대하여만 적용되는 규정인지, 아니면 저작재산권의 공동보유관계 일반에 대하여 적용되거나 유추적용될 수 있는 규정인지의 문제가 활발하게 논의되고 있다. 저작인격권은 일신전속적인 권리이므로 원시적 공동보유와 후발적 공동보유의 구분이 있을 수 없지만, 저작재산권의 경우는 상속 및 지분 양도 등이 인정되므로, 공동저작물의 경우에만 인정될 수 있는 원시적 공동보유 외에 공동상속인에 의한 저작재산권 상속이나 저작재산권의 지분 양도 등에 의한 후발적 공동보유가 있을 수 있다. 이러한 후발적 공동보유에 대하여도 저작권법 제48조가 적용 또는 유추적용되는 것으로 보아야 할지에 대하여 학설은 일치하지 않고 있고, 하급심판례의 입장도 나뉘고 있다.[1]

학설의 현황을 살펴보면, ① 제48조의 규정은 공동저작물에 대한 규정임이 명백하므로, 공동저작물의 경우가 아닌 한, 민법상의 준공동소유의 규정(제278조)을 적용하여 그 인적 결합관계에 따라 공유에 관한 민법규정이나 합유에 관한 민법규정이 준용된다고 보아야 한다는 견해(제1설)[2]와 ② 제48조의 규정은 저작재산권의 후발적 공동보유의 경우에도 원칙적으로 유추적용되는 것으로 보아야 한다는 견해(제2설),[3] ③ 공동저작자는 아니지만 공동저작자로부터 지분을 양도받은 자도 공동저작자와 동일한 인적결합관계에 놓이게 되고 따라서 그에 대하여는 저작권법 제48조의 규정이 적용되는 것으로 보아야 한다는 견해(제3설)[4] 등으로 나뉘어 있음을 알 수 있다.

그 가운데 제2설의 논거로는 i) 일본저작권법은 공동저작물에 관한 규정이 다른 사유에 의한 저작재산권 및 저작인접권의 공유에도 일반적으로 적용됨을 명백히 하고 있는 점, ii) 특허법과 상표법에서도 특허권 또는 상표권의 공유관계가 원시적인지 후발적인지 묻지 않고 권리행사 및 지분 양도 제한에 관한 규정을 두고 있는 점, iii) 저작재산권 행사 및 처분제한에 관한 저작권법 제48조에서도 '다른 저작자' 전원의 합의가 아니라 '다른 저작재산권자' 전원의 합의를 얻도록

---

111 판결 참조), 공동저작자를 상대로 공동저작물의 이용권의 확인을 구하는 소송은 공동저작물의 저작재산권의 행사인 이용허락의 효력에 관한 것으로서 공동저작자 전원에 대하여 합일적으로 확정되어야 하는 필수적 공동소송으로 볼 것이다."

1 뒤에서 소개하는 서울고등법원 2008. 7. 22. 선고 2007나67809 판결(§9-16)은 후발적 공동보유 관계에 대한 유추적용 긍정설의 입장을 취하고 있으나, 서울중앙지방법원 2012. 9. 24.자 2012카합40 결정은 시험문제에 대하여 대학교수들 간의 합의에 의한 '공유'관계를 인정한 사안에서, "이 사건 교수출제 문제는 대학교수들이 각자 단독으로 저작한 것들이어서 저작권법 제2조 제21호에 규정된 공동저작물에 해당하지 않으므로, 이 사건 교수출제 문제에 대하여는 저작권법상 공동저작물에 관한 규정이 적용될 여지가 없다"고 판시하여 부정설의 입장을 취하고 있다.

2 박성호, 전게서, 241~242면.

3 오승종, 전게서, 307면.

4 정상조·박준석, 지적재산권법(제2판), 홍문사, 2011, 443~444면.

규정하고 있으므로 규정 자체가 공동저작자가 아닌 다른 자가 공동저작물의 저작재산권을 보유하게 된 경우를 상정하고 있는 것이라고 볼 수도 있는 점, iv) 저작재산권의 후발적 공동보유관계를 원시적 공동보유와 본질적으로 달리 보아 차별할 근거를 발견하기도 어려운 점 등이 제시되고 있다.[1]

그러나 제 2 설의 위와 같은 논거들은 법문의 규정에 반하는 점이 있는 위의 결론을 도출하기에 불충분한 근거라 생각된다. 위 i), ii)의 근거와 관련하여서는 오히려 우리 저작권법이 그와 다르게 규정하고 있는 점에 무언가 이유가 있을 것으로 생각하는 것이 타당할 수도 있으리라 생각되고, 위 iii)의 근거는 제 3 설과 같이 공동저작물에 대한 후발적 공동보유의 경우를 그 적용대상에 포함할 수 있는 근거가 될 수는 있어도 공동상속인에 의한 단독 저작물에 대한 저작재산권 공동보유와 단독저작물에 대한 지분 양도에 의한 공동보유의 경우 등을 적용대상에 포함하는 근거가 되기는 어려운 것으로 생각된다. 그리고 위 iv)의 근거가 가장 중요한데, '공동저작물'이라는 것 자체가 공동저작자 사이에 자신들이 공동으로 창작한 저작물의 행사와 관련한 특별한 인격적 이익을 가지고 있고, 그것은 저작재산권의 행사와도 실질적으로 긴밀한 관련성을 가지고 있는 점 등의 면에서 합수적(合手的) 행사를 정당화할 수 있는 면이 많음에 반하여, 다른 후발적 공동보유의 경우에는 저작물과 관련한 인격적 이익이 없거나 상호간에 인적인 결합관계가 없는 등의 상황도 얼마든지 예상할 수 있으므로, 그러한 후발적 공동보유자 상호간의 관계와 공동저작자 상호간의 관계를 구분하여 다르게 취급하는 것에 합리성이 없다고 단정하기 어려운 것으로 생각된다. 위와 같이 인적인 결합관계가 없는 등의 경우에도 강한 합수성의 원칙을 규정한 제48조의 적용을 받도록 하는 것은 현실적으로도 적절하지 않은 경우가 많을 것이다. 그러한 점을 일부 감안하여 제 2 설에서도 '원칙적' 유추적용이라고 하여, 예외적으로 인적 결합관계가 없을 경우에는 유추적용을 하지 않을 수 있는 여지를 남기고 있으나,[2] 그와 같이 인적인 결합관계의 유무에 따라 법적용(유추적용)이 달라지는 복잡한 규칙을 해석론으로 만들어낼 필요가 있을지에 대하여 강한 의문이 생긴다. 한편으로, 민법의 준공동소유에 관한 규정을 제 1 설과 같이 적용할 경우 인적결합관계에 따라 준공유나 준합유로 볼 수 있고, 그에 따라 개별적 권리행사의 자유도 적절히 조절되는 면이 있고, 그로 인한 적용결과를 생각해 보면 비교적 합리적인 결과가 도출될 수 있을 것으로 보이는 점도 감안되어야 할 것이다.

다만, 제 2 설에서 제시하고 있는 iii)의 근거는 일부 타당한 점이 있으므로, '공동저작물'에 대한 지분을 양도받는 등으로 후발적 공동보유자가 된 사람의 경우는 후발적 공동보유라고 하여 무

---

[1] 오승종, 전게서, 307면. 서울고등법원 2008. 7. 22. 선고 2007나67809 판결도 위 ii), iii), iv)의 근거를 동일하게 제시하면서 같은 결론을 도출하고 있다.

[2] 위 서울고등법원 2008. 7. 22. 선고 2007나67809 판결이 그 점을 명시적으로 표명하고 있다.

조건 제외할 것이 아니라 제48조의 적용대상으로 보는 것이 법문에도 부합되고, 공동저작물에 대한 권리자들 사이의 관계를 일관되게 유지할 수 있다는 점에서 현실적 타당성도 있는 결론이라 생각된다. 특히 그러한 '지분양도'가 유효하기 위하여는 원칙적으로 공동저작자 또는 공동저작재산권자 전원의 합의가 필요하도록 하여 공동저작자 상호간의 강한 인적 결합관계가 그 경우에도 유지되도록 법적으로 보장하고 있다고 할 수 있는 것은 위와 같은 결론의 타당성을 강화하는 면이 있다. 따라서 '공동저작물'에 대한 공동저작자 관계의 연장선상에서 지분 양도 등에 의한 후발적 공동보유관계가 된 경우로서 공동저작재산권자 중에 '공동저작자'가 1인이라도 포함되어 있는 경우[1]에는 공동저작자가 아니더라도 제48조의 적용을 받는 것으로 보고(이 점에서는 제 3 설의 입장과 기본적인 의견을 같이 하면서 단지 그 적용범위를 명확하게 제시하는 의견이라 할 수 있다), 그렇지 않은 후발적 공동보유에 대하여는 민법상의 준공동소유(準共同所有)의 규정(제278조)에 따라 대개는 '준공유(準共有)'로 보아 민법상의 공유에 관한 규정이 준용되고, 예외적으로 그 인적결합관계가 강하여 조합과 같은 합유적 관계로 볼 수 있을 경우에는 '준합유(準合有)'로 보아 민법상의 합유에 관한 규정이 준용되는 것으로 보는 것(이 부분에 대하여는 제 1 설과 같은 의견이다)이 타당할 것으로 생각된다.

 판 례

§9-16

✦ 서울고등법원 2008. 7. 22. 선고 2007나67809 판결 ─ "두사부일체" 사건

구 저작권법은 공동저작물의 저작재산권은 다른 저작재산권자의 동의가 없으면 그 지분을 양도할 수 없다고 규정하고 있으나, 저작재산권을 후발적 사유에 의하여 공동보유하는 경우 공동보유자 중 일인의 지분 양도에 관하여는 아무런 규정이 없는데(이는 현행 저작권법도 마찬가지이다), 이 사건과 같이 저작재산권을 법률의 규정 및 당사자간의 약정에 의하여 공동으로 양도받아 보유하는 경우 그 지분의 양도에 관하여 구 저작권법 제45조의 규정이 적용 또는 유추적용되는지 여부는 저작권의 특성, 공동보유자 상호간의 인적 결합관계, 저작재산권을 공동보유하게 된 경위 등을 종합적으로 고려하여 판단하여야 할 것이다.

먼저 저작권의 특성에 비추어 보건대, ① 저작권을 그 권리의 종류별로 나누어 처분하거나 이용을 허락하는 것은 몰라도, 저작물, 특히 영상저작물을 지분으로 분할하여 양도하거나 이용허락할 것을 상정하기 어려운 점, ② 공동저작에 의하여 저작권을 원시적으로 공동보유하게 된 경우와 저작권 성립 후 이를 수인이 공동으로 양수하거나, 일부 지분의 양도, 상속 등에 의하여 후발적으로 공동보유하게 되는 경우를 차별할 근거를 발견하기 어려운 점, ③ 구 저작권법 제45조는 공동저작물의 저작재산권은

---

1 모든 공동저작자가 다 지분을 양도한 경우와 같이 공동저작자가 1인이라도 포함된 경우가 아니면, 공동저작자의 인격적 이익 등에 대한 특수한 고려의 필요성이 소멸된 상태이므로, 일반적인 후발적 공동보유의 경우와 동일하게 취급하는 것이 합리적이라고 생각하여, 본서에서는 '공동저작물'에 대한 후발적 공동보유의 경우를 전부 저작권법 제48조의 적용대상에 포함하지 않고, 이와 같이 그 적용범위를 한정하는 입장을 제시한다.

그 지분 등의 양도에 '다른 저작자' 전원의 합의가 아니라 '다른 저작재산권자' 전원의 합의를 얻도록 규정하고 있어, 위 규정 자체가 공동저작자가 아닌 다른 자가 저작재산권을 보유하게 될 경우를 상정하고 있는 것으로 보이는 점, ④ 특허권 및 상표권은 공유관계의 발생이 원시적인지 후발적인지를 묻지 아니하고 권리의 행사 및 지분 양도 제한에 관한 규정(특허법 제99조(특허권의 양도 및 공유), 상표법 제54조(상표권등의 이전 및 공유))을 두고 있는 점 등에 비추어 보면, <u>저작재산권을 후발적 사유에 의하여 공동보유하는 경우 특약에 의하여 배제하거나, 공동보유자 상호간에 저작물의 행사 등에 관하여 협의할 만한 인적결합관계가 없는 특별한 경우가 아닌 한 저작재산권의 공동보유자 사이의 저작재산권 행사 등에 관하여는 일반적으로 구 저작권법 제45조[현행 저작권법 제48조 — 저자]를 유추적용함이 상당하다.</u>

특히 이 사건에 있어서 ① A와 B는 '두사부일체'의 제작이라는 공동사업을 위하여 A는 투자금을, B는 영화의 제작이라는 노무를 각 출자하고 '두사부일체'로 인한 수익의 배분을 정하고 있어 이 사건 영화제작계약은 일종의 조합계약의 성격을 갖는 점, ② A와 B는 '두사부일체'의 제작을 위하여 역할을 분담하여 업무를 수행하였고, 위 영화의 완성과 함께 법률의 규정 및 이 사건 영화제작협력계약에 의하여 그 저작재산권을 공동으로 양수한 점 등을 고려하면, A와 B는 공동저작자의 관계에 준할 정도의 긴밀한 인적결합관계에 있다고 할 것이다.

따라서, 구 저작권법 제45조 제1항에 의하여 A는 그가 B와 공동보유하고 있는 '두사부일체'에 관한 저작재산권의 지분 전부 또는 일부를 양도함에 있어 다른 저작재산권자인 B의 동의를 얻어야 하며(지분의 일부를 양도한 경우와 전부를 양도한 경우를 달리 볼 이유가 없다), 그와 같은 동의가 없는 양도는 다른 저작재산권자인 B에게는 물론 그로부터 '두사부일체'에 대한 저작재산권 일체를 승계한 피고에 대하여도 효력이 없다고 할 것이다.

▷NOTE : 위 판결은 기본적으로 위에서 검토한 제2설과 동일한 입장을 취한 것으로 볼 수 있으므로, 제2설에 대하여 비판적으로 검토한 내용이 그대로 적용될 수 있다. 위 판결의 사안은 영상저작물인 영화에 대한 것이므로, 원래 연출감독, 촬영감독, 편집자 등의 공동저작물이라고 할 수 있으나 영상저작물 특례 규정(저작권법 제100조 제1항)에 따라 영상제작자들에게 영상저작물의 이용에 필요한 저작재산권이 양도된 것으로 추정되어(혹은 저작재산권 양도계약에 의하여) 공동영상제작자인 소외 2개 회사가 후발적 공동저작재산권자가 된 경우이다. 따라서 본래의 공동저작자는 공동저작재산권자에 포함되어 있지 않아, 공동저작자 1인이라도 포함된 경우에 한하여 공동저작물에 대한 후발적 지분 보유자에 대하여도 저작권법 제48조의 규정이 적용될 수 있는 것으로 보는 본서의 입장에 의하면, 제48조의 적용 또는 유추적용 대상은 아닌 것으로 보게 된다. 만약 공동영상제작자인 위 2개사의 상호관계가 조합과 유사한 정도의 인적 결합관계에 해당하는 것으로 볼 경우에는 민법상의 합유에 관한 규정이 준용되고(그 경우에는 "합유자는 전원의 동의 없이 합유물에 대한 지분을 처분하지 못한다"는 민법 제273조 제1항의 규정이 적용된다), 그렇지 않으면 공유에 관한 규정이 준용되는 것으로(그 경우에는 공유자는 그 지분을 처분할 수 있다고 하는 민법 제263조의 규정이 준용된다) 보아야 할 것이다. 이러한 적용결과를 통해, 공동저작자가 포함되지 않은 저작재산권의 후발적 공동보유관계에 대하여 민법상의 준공동소유 규정을 적용하는 것이 사안의 합리적 해결에도 배치되지 않는다는 것을 확인할 수 있다.

(2) 저작인격권의 행사

§9-17   저작권법 제15조 제 1 항은 "공동저작물의 저작인격권은 저작자 전원의 합의에 의하지 아니하고는 이를 행사할 수 없다. 이 경우 각 저작자는 신의에 반하여 합의의 성립을 방해할 수 없다"고 규정하고 있다.

위와 같이 저작인격권의 행사에 저작자 전원의 합의를 요하는 것은 공동저작물이 앞에서 본 바와 같이 각자의 기여부분을 분리하여 개별적으로 이용하는 것이 불가능할 정도로 불가분적인 일체를 이루고 있는 관계로 어느 한 저작자의 저작인격권만을 분리하여 행사한다는 것이 불가능하기 때문이다.[1] 위 조항 후문에서 "신의에 반하여"라고 하는 것은 사전에 뚜렷이 합의하지는 않았더라도 공동저작물의 작성 목적, 저작인격권 행사의 구체적 내용이나 방법 등에 비추어 공동저작물에 대한 저작인격권의 행사를 할 수 없도록 하는 것이 신의성실의 원칙 및 금반언의 원칙에 비추어 부당하다고 여길만한 상황을 뜻한다.

한편, 공동저작물의 저작자는 그들 중에서 저작인격권을 대표하여 행사할 수 있는 자를 정할 수 있다(법 제15조 제 2 항). 그 권리를 대표하여 행사하는 자의 대표권에 가하여진 제한이 있을 때에 그 제한은 선의의 제 3 자에게 대항할 수 없다(같은 조 제 3 항).

(3) 저작재산권의 행사 및 처분

§9-18   저작권법 제48조 제 1 항은 "공동저작물의 저작재산권은 그 저작재산권자 전원의 합의에 의하지 아니하고는 이를 행사할 수 없으며, 다른 저작재산권자의 동의가 없으면 그 지분을 양도하거나 질권의 목적으로 할 수 없다. 이 경우 각 저작재산권자는 신의에 반하여 합의의 성립을 방해하거나 동의를 거부할 수 없다"고 규정하고 있다.

저작재산권의 행사에 있어서도 그 권리행사에 전원 합의를 요하는 것으로 규정하고, 동시에 그 지분의 양도나 입질 등 처분행위에 있어서도 다른 저작재산권자들의 동의를 요하도록 규정하고 있는 것이다. 저작재산권의 경우에는 상속이나 양도에 의한 권리주체의 변동이 있을 수 있음을 감안하여 '저작자' 대신 '저작재산권자'의 합의 또는 동의를 요하는 것으로 규정하고 있다. 저작재산권의 행사에 전원합의를 요하도록 규정한 것은 저작인격권의 행사에서 본 것과 마찬가지 이유에 기한 것이며, 그와 같은 전원합의 원칙으로 인해 누가 지분 양수인으로서 저작재산권을 승계할 것인지가 모두의 중대한 관심사가 될 것이라는 점은 지분 처분행위에 다른 저작재산권자의 동의를 요하도록 규정하게 된 이유이다.

---

[1] 공동저작자 전원의 합의 또는 대표자 지정 없이 그 중 1명이 단독으로 공동저서의 저자명에서 다른 한 명의 이름을 삭제해 달라고 요구한 것에 대하여 불응한 것만으로는 성명표시권 침해가 성립하지 않는다고 본 사례(의정부지방법원 고양지원 2016. 10. 14. 선고 2015가합75698 판결)가 있다.

여기서 저작재산권의 행사란 다른 제 3 자에게 저작물의 이용을 허락하거나 출판권을 설정하는 행위 또는 스스로 저작물을 복제하거나 출판하는 행위 등의 적극적인 행위를 말하는 것이다.[1] 저작재산권 침해행위에 대한 정지청구 등은 여기에 포함되지 않으므로 저작재산권자 전원의 합의 없이 행할 수 있음은 뒤에서 보는 바(§9-19 이하)와 같다. 그런데 여기서 말하는 '전원의 합의'에 저작재산권자 중 1인이 소재불명이어서 그에 대한 관계에서 법정허락을 받았고 나아가 다른 공동저작자의 허락을 모두 받은 경우도 포함되는지가 문제된다. 법문만으로 보면, 그러한 경우에 '전원의 합의'가 있었다고 보기는 어려운 면이 있으나, 법정허락절차를 밟은 경우에 법이 이용자가 그 이용허락을 받은 것과 동일한 법적 효과를 부여하는 것이 저작권법 제50조 등의 취지라고 보면 결국 법적으로 이용허락의 의사가 합치함으로써 '전원의 합의'가 있는 것으로 보는 것이 타당하지 않을까 생각된다. 한편, 위 조항에서 "신의에 반하여"라고 규정한 것은 역시 사전에 뚜렷이 합의하지는 않았더라도 공동저작물의 작성 목적, 저작재산권 행사 또는 지분 처분의 구체적 내용이나 방법, 상대방 등에 비추어 합의의 성립을 방해하거나 동의를 거부하여 그러한 행사 또는 처분을 불가능하게 하는 것이 신의성실의 원칙 및 금반언의 원칙에 비추어 부당하다고 여길 만한 상황을 뜻한다.[2]

저작재산권자 전원의 합의 없는 저작재산권 행사 및 지분 양도 등은 무효라고 보는 것이 원칙이다.[3] 그러나 일반적으로는 무효라고 보더라도, 제48조 제 1 항 후문의 규정에 해당하는 경우, 즉 각 저작재산권자가 신의에 반하여 합의의 성립을 방해하거나 동의를 거부할 수 없는 사안인 것으로 인정될 때에는 사전에 합의 또는 동의가 없었더라도 예외적으로 유효한 것으로 보는 것이 타당할 것으로 생각된다.[4]

---

1 이와 같이 제 3 자에 대한 이용허락만이 아니라 공동저작자 스스로 복제하거나 출판하는 등의 자기이용도 저작재산권의 '행사'에 해당하여 저작권법 제48조의 적용대상이 될 수 있는 것으로 보는 것이 통설의 입장이다. 이에 대한 반대견해로서 특허법에서 공유자의 자기실시를 허용하는 취지 등을 감안하여 저작권법의 경우에도 자기이용의 경우는 제48조의 적용범위에서 제외되는 것으로 보아 자기이용의 자유를 인정하는 것이 타당하다고 하는 견해[조영선, "공동저작자(共同著作者)의 저작재산권(著作財産權)—저작권법 제48조의 해석론", 法曹 642권(2010. 3), 132면]가 있으나, 그렇게 볼 경우에는 저작물의 이용에 대한 공동저작자 각자의 통제권을 강하게 보장하고 그로 인해 자유로운 행사가 저해될 수 있는 문제는 제48조 제 1 항 단서의 규정을 통해 해결하고자 하는 입법취지에 반하는 결과가 초래될 것으로 생각된다.

2 이와 관련하여, 정상조·박준석, 지적재산권법(제 2 판), 홍문사, 2011, 443면은 "특별한 사정이 없는 한, 기본적으로 저작물의 효율적인 이용을 통해서 공동저작자들의 이익을 극대화하기 위한 저작권행사라고 인정되는 대부분의 저작권행사에 있어서 합의의 성립을 방해하거나 동의를 거부하는 것은 신의에 반한다고 볼 수 있는 경우가 많을 것이다. 무엇이 저작재산권자의 경제적 이익에 합치되는 것인가의 문제는 저작인격권의 문제보다는 비교적 객관적으로 판단할 수 있는 가능성이 큰 성질의 문제이기 때문에, 저작재산권의 행사나 지분의 양도 등에 있어서 "신의에 반하는 경우"라고 함은 "반대나 동의의 거부에 정당한 사유가 없는 경우"라고 넓게 해석할 수 있을 것이다"라고 주장하고 있다.

3 加戶守行, 전게서, 328면 참조. 같은 취지의 하급심판결로는 '두사부일체' 사건에 대한 서울고등법원 2008. 7. 22. 선고 2007나67809 판결(§9-16)과 서울중앙지방법원 2013. 11. 25.자 2012카합2882 결정("공동저작물의 일방 저작재산권자가 다른 저작재산권자의 동의 없이 공동저작물을 타인에게 양도하는 것은 다른 특별한 사정이 없는 한 무효라고 할 것이다")을 들 수 있다.

4 古城春實, 전게논문, 248면 참조. 오승종, 전게서, 309면도 같은 취지이다.

공동저작물의 이용에 따른 이익이 발생할 경우 그것을 어떻게 분배할 것인지는 공동저작자 사이에 특별한 약정이 있을 경우에는 당연히 그에 따라야 하지만, 그러한 특약이 없을 때에는 그 저작물의 창작에 이바지한 정도에 따라 각자에게 배분되며, 각자의 이바지한 정도가 명확하지 아니한 때에는 균등한 것으로 추정한다(법 제48조 제 2 항).

한편, 공동저작물의 저작재산권자는 그 공동저작물에 대한 자신의 지분을 포기할 수 있으며, 포기하거나 상속인 없이 사망한 경우에 그 지분은 다른 저작재산권자에게 그 지분의 비율에 따라 배분된다(같은 조 제 3 항). 또한 저작인격권 대표행사자의 선정 등에 관한 저작권법 제15조 제 2 항 및 제 3 항의 규정이 준용되므로(법 제48조 제 4 항), 공동저작물의 저작자는 그들 중에서 저작재산 권을 대표하여 행사할 수 있는 자를 정할 수 있으며, 그 권리를 대표하여 행사하는 자의 대표권 에 가하여진 제한이 있을 때에 그 제한은 선의의 제 3 자에게 대항할 수 없다.

(4) 공동저작권 침해의 경우

§9-19 　저작권법 제129조는 "공동저작물의 각 저작자 또는 각 저작재산권자는 다른 저작자 또는 다른 저작재산권자의 동의 없이 제123조의 규정에 따른 청구를 할 수 있으며 그 저작재산권의 침해에 관하여 자신의 지분에 관한 제125조의 규정에 따른 손해배상의 청구를 할 수 있다"고 규정 하고 있다.

§9-20 　이 규정에 따라 공동저작물의 각 저작자 또는 각 저작재산권자는 다른 저작자 또는 다른 저 작재산권자의 동의 없이 제123조의 규정에 따른 침해정지 및 예방청구, 침해물의 폐기청구, 침해 금지가처분 신청 등(§28-1 이하 참조)을 할 수 있고, 저작재산권 침해를 원인으로 한 손해배상청구 소송을 제기할 수도 있다. 다만, 손해배상청구소송(§28-25 이하 참조)의 경우 자신의 지분에 해당하 는 금액만 청구할 수 있다. 이 때 지분 비율은 위에서 살펴본, 저작재산권의 행사에 관한 제48조 제 2 항의 규정에 따라 정해진다.

§9-21 　저작인격권이 침해된 경우의 위자료 청구 및 명예회복 조치의 청구 등도 위 규정에 따라 단 독으로 할 수 있을까? 위 규정의 법문상으로는, 저작재산권 침해의 경우에 한정하여 다른 저작자 등의 동의 없는 손해배상청구를 인정하고 있고 저작인격권 침해로 인한 손해배상 및 명예회복 등 의 청구에 관한 제127조(§28-42 이하)는 위 규정에 포함하지 않고 있는 것으로 보인다.[1] 이에 대 하여, 대법원 판례는 같은 법 제127조에 의한 저작인격권의 침해에 대한 손해배상이나 명예회복 등 조치청구는 저작인격권의 침해가 저작자 전원의 이해관계와 관련이 있는 경우에는 전원이 행

---

[1] 그런 점에서 저작권법 제129조의 규정이 저작인격권과 재산권에 관하여 구분을 두지 않고 있다는 이유로 저작인격권 침해를 이유로 한 위자료 및 명예회복 조치 등 청구도 제129조에 의하여 단독으로 할 수 있다고 하는 서달주, 전게 서, 223면의 견해는 수긍하기 어렵다.

사하여야 하지만,[1] 1인의 인격적 이익이 침해된 경우에는 단독으로 손해배상 및 명예회복조치 등을 청구할 수 있고, 특히 저작인격권 침해를 이유로 한 정신적 손해배상을 구하는 경우에는 공동저작자 각자가 단독으로 자신의 손해배상청구를 할 수 있다고 보고 있다.[2] 이러한 판례의 입장은 위 법 제129조의 규정(§9-19)에 그러한 경우는 포함되어 있지 않지만 일정한 예외조건하에 그와 같이 인정하는 것이 저작인격권 보호에 충실을 기할 수 있다는 관점에 입각한 것으로서 타당한 입장이라 생각된다. 한편, 저작인격권 침해에 기한 침해정지청구도 공동저작자 각자가 단독으로 할 수 있는 것으로 보아야 할 것이다.[3]

(5) 공동저작자의 제48조 위반행위와 저작재산권 침해 여부

공동저작자가 제48조의 저작재산권 행사 방법에 관한 규정을 위반하여, 예컨대 다른 공동저작자와 의논하지 않고 단독으로 제3자에게 공동저작물에 대한 이용허락을 하여 이용하게 하는 등의 행위를 한 경우에, 그것을 단순히 제48조의 저작재산권 행사방법에 관한 규정을 위반한 것으로 그에 따른 민사책임이 수반되는 것에 그치는 것으로 볼 것인지, 아니면 그것을 공동저작자의 저작재산권을 침해한 것으로 보아, 저작재산권 침해에 대한 저작권법상의 민·형사적인 구제수단을 모두 인정할 것인지가 문제된다. §9-21-1

이 문제는 학설에 의하여 다루어지기 전에 '친정엄마' 사건에서 문제가 되어 서로 엇갈리는 하급심판결이 선고된 바 있고, 결국 대법원의 판단까지 받게 되었다. '친정엄마' 사건의 개요를 간단히 살펴보면, 다음과 같다.

자신이 쓴 수필집을 토대로 '친정엄마'라는 제목으로 연극의 초벌대본을 쓴 작가(A)가 자신의 동의하에 그것을 각색하여 최종대본을 완성한 각색작가(B)의 허락 없이 그것을 기초로 뮤지컬을 만들어 공연하기로 제3자와 계약을 체결한 후 위 연극대본을 이용하여 뮤지컬 공연을 위한 대본을 작성, 제공하여 뮤지컬공연을 하게 하였고, 이에 대하여 B가 자신은 2차적저작물인 최종완

---

1 그런 경우에 해당한다고 본 사례로는 다음 판결 참조.

　　서울고등법원 2012. 7. 11. 선고 2011나45370 판결 : 이사건 네 곡의 찬송가가 편곡저작물에 해당한다 하더라도 이는 원고를 포함하여 당시 수정 작업에 참여 했던 위원들의 공동저작물로 인정될 여지가 전혀 없지 않은바, 저작권법 제127조에 의한 저작인격권의 침해에 대한 명예회복 등의 조치청구는 1인의 인격적 이익이 침해된 경우에는 단독으로 손해배상 및 명예회복조치 등을 청구할 수 있으나, 저작인격권의 침해가 저작자 전원의 이해관계와 관련이 있는 경우에는 공동저작자 전원이 행사하여야 하는 것인데(대법원 1999. 5. 25. 선고 98다41216 판결 참조), 이 사건의 경우 '000000 찬송가' 개발 작업에 참여한 다른 위원들은 소외 공회 및 피고에 대하여 별다른 권리주장을 하지 않고 있다는 점을 고려할 때 다른 위원들과의 관계에 있어서 이 사건 네 곡의 찬송가에 대한 편곡자로서 원고의 성명만을 표시하는 것은 다른 위원들의 의사에 반하는 측면이 있다.

　　(▷NOTE : 만약 다른 위원들은 모두 표시되어 있고, 원고만 누락된 경우라면, 명예회복조치로서, 성명표시청구를 할 수 있었을 것이다.)

2 대법원 1999. 5. 25. 선고 98다41216 판결 참조.

3 '사랑비' 사건에 대한 서울중앙지방법원 2012. 7. 20.자 2012카합1315 결정이 그러한 취지를 표명하였다.

성대본의 저작자인데, A가 자신의 허락 없이 그것을 이용하여 뮤지컬 공연대본을 만들어 공연하게 함으로써 자신의 저작재산권을 침해하였다고 하면서 형사고소를 하고 민사소송도 제기한 사안이었다. 그런데 형사1심 판결(서울남부지방법원 2012. 7. 6. 선고 2012고정565 판결)은 A와 B의 관계를 원저작자·2차적저작물 저작자의 관계가 아니라 공동저작자의 관계에 있는 것으로 인정한 다음, A의 위와 같은 행위는 저작권법 제48조에서 규정한 '저작재산권의 행사방법'을 위반한 행위일 뿐 '저작재산권의 침해'에 해당하는 것으로 볼 수는 없다고 하면서 무죄판결을 선고하였다. 항소심에서도 기본적으로 동일한 판단을 하여 항소기각의 판결을 선고하였으며, 상고심인 대법원도 같은 판단을 하여 상고기각의 판결(대법원 2014. 12. 11. 선고 2012도16066 판결; §9-14-1)을 함으로써 결국 위 무죄판결이 확정되었다.

　　그러나 위 대법원 판결이 선고되기 전에 민사사건에서는 피고 A의 소송대리인이 동일한 취지의 주장을 한 것에 대하여, 법원이 "저작재산권은 배타적 지배권으로서, 저작재산권 그 밖에 저작권법에 따라 보호되는 권리를 가진 저작재산권자 등은 그 권리가 침해되는 경우에 손해의 배상을 청구할 수 있는데(저작권법 제125조 제1항), 공동저작물에 관해서는 공동저작자가 저작물의 창작에 이바지한 정도에 따라 공동저작물에 대한 지분이 인정되고(저작권법 제48조 제2항, 제3항), 공동저작물의 저작인격권과 저작재산권은 저작권자 전원의 합의에 의하지 아니하고는 이를 행사할 수 없으며(저작권법 제15조, 제48조 제1항), 공동저작자는 자신의 지분의 범위에 관해 자유롭게 손해배상의 청구를 할 수 있으므로(저작권법 제129조), 이를 종합하면 공동저작자 중 일부가 합의 없이 전체 저작물에 대한 저작재산권을 행사하는 경우는, 다른 공동저작자의 저작재산권 지분 또는 합의하여 공동저작물을 행사할 권리 등 저작권법에 따라 보호되는 권리를 침해하는 경우에 해당한다고 할 것이므로 공동저작자에게 별개의 저작권이 없음을 전제로 공동저작자 사이에서는 저작권 침해행위가 성립할 수 없다는 피고의 위 주장은 받아들일 수 없다."고 판단한 바 있다(서울남부지방법원 2013. 2. 19. 선고 2011가합10007 판결).

　　생각건대, 타인의 저작물을 허락 없이 이용하여 저작재산권이 부여된 복제, 공중송신, 공연, 배포, 2차적저작물 작성 등의 이용행위를 할 경우에는 타인의 저작재산권을 침해한 것으로 볼 것이므로 결국 여기서 판단의 관건이 되는 것은 공동저작자가 공동저작물을 다른 공동저작자의 동의 없이 이용한 것을 '타인의 저작물'을 이용한 것으로 볼 수 있을지 여부에 있다고 할 수 있다. 공동저작자는 공동저작물에 대한 저작재산권을 가지고 있지만 그것은 자신의 지분 범위 내에서만 그런 것일 뿐이고, 자신의 지분을 넘는 범위에서는 타인(다른 공동저작자)의 저작재산권 객체(저작물)로서의 성격을 뚜렷이 가지고 있다. 따라서 저작권법에 다른 규정이 없을 경우에도 공동저작자가 공동저작물을 다른 공동저작자의 허락 없이 단독으로 이용하거나 다른 제3자에게 이용허락을 하여 이용하게 하는 등의 행위를 할 경우에는 다른 공동저작자의 공동저작물에 대한 그 지분에 상응하는 저작재산권을 침해하는 것으로 보는 것이 논리적이라 할 수 있다(위 민사판결이 기본적으로 그러한 논리를 취한 것은 타당한 것으로 여겨진다).[1] 이렇게 볼 경우, 저작권법 제48조는 그러한 법리를 확인하면서 공동저작자 사이의 관계를 합리적으로 조정하기 위한 보충적 규정을 둔 취지라고 보아야 할 것이다. 따라서 다른 공동저작자의 동의 없이 어느 공동저작자가 단독으로 공동저작물을 이용하여도 제48조에서 정하는 권리행사의 방법을 위반한 것일 뿐이고 저작재산권 침해는 아니라고 하는 대법원 판결의 논리는 수긍하기 어렵다. 제48조의 규정이 없더라도 저작재산권 침해가 되는 것을 제48조의 규정이 더욱 분명하게 확인해 주는 것으로 보아야 할 것이기 때문이다. 위 사안에서 B는 자신이 완성한 최종대본이 2차적저작물이라고 주장하였는데, 공동의사와 관련하여 결국 2차적저작물이 아니라 공동저작물이라고 인정되었지만 2차적저작물이나 공동저작물이나 새로운 하나의 저작물에 자신이 저작자로 인정받을 만한 기여를 한 점에서는 마찬가지인데, 2차적저작물 저작자에게는 저작권법상의 모든 구제수단이 인정되고, 공동저작자에게는 다른 공동저작자와의 관계에서 아무런 구제수단을 취할 수도 없다고 하는 것은 형평의 원칙에도 부합하지 않는 것이다.

이렇게 보는 것이 논리적으로 타당할 뿐만 아니라 이렇게 보지 않고 대법원 판결처럼 볼 경우에는 여러 가지 현실적인 문제가 크게 발생할 수 있다. 마침 위 사안이 A가 대본 작성에 있어서 비중이 높은 위치에 있었던 경우여서 위 사안의 경우에는 대법원 판결과 같이 판단하는 것이 구체적 타당성이 있는 것처럼 보이는 면이 있었지만, 만약 그것이 거꾸로 되었다면 어떻게 보아야 할까. 즉, 각색작가가 단독으로 그것을 다시 개작하여 뮤지컬을 만들어 공연하고 있다고 하더라도 각색작가 역시 공동저작자인 만큼 동일한 결론으로, 각색작가의 행위는 형사적으로는 무죄가 되고, 민사적으로도 저작권법상의 침해에 대한 구제수단은 전혀 인정되지 않는다고 하면, 저작권보호에 중대한 공백이 발생한다는 것이 크게 느껴질 수 있을 것이다.

공동저작자로 인정되려면 어떤 저작물의 창작적 표현에 실질적으로 기여하기만 하면 되고, 그것이 어느 정도의 비율 이상일 것을 요구하지는 않는 상태에서, 위와 같은 대법원 판결의 결론을 일관되게 적용하고자 할 때 많은 불합리가 발생하리라는 것은 거의 자명해 보인다. 예를 들어 10명의 공동저작자가 100억원 정도가 투자된 프로젝트를 통해 공동저작물을 만들었는데, 마침 그 10명의 공동저작자 중에 1%의 실질적 기여를 한 사람이 포함되어 있고, 그가 다른 공동저작자의 동의 없이 그 저작물 전체를 단독으로 이용함으로써 그 투자가치가 모두 소진되어 버리게

---

1 同旨 안효질, "저작권침해죄의 고소권자에 관한 소견", 고려법학 제74호(2014. 9), 379면 및 Weber, Der Strafrechtliche Schutz des Urheberrechts, J.C.B. Mohr, 1976. S. 188~189.(안효질, 위 논문에서 재인용)

된 경우에도 그것은 '권리 행사 방법'의 문제일 뿐 저작권침해가 아니라고 하여 저작권법상의 모든 구제수단을 무력화시키는 결론을 내린다면 그것을 타당하다고 할 수 있을까. 물론 역으로 비중이 낮은 공동저작자라고 하여 그 권리를 소홀히 취급하여서도 안 될 것이지만, 결론의 부당성이 보다 선명하게 느껴지도록 하기 위하여 이러한 예를 들어보는 것이다. 그것이 해석론상 부득이한 것이라면 입법조치를 기다려야 할 수 있겠지만, 그 반대의 해석을 하는 것이 오히려 법논리적으로 타당하다는 것이 본서의 입장이다. 대법원의 위와 같은 판시에는 현행 저작권법이 저작재산권의 행사를 지나치게 제한하고 있어 그 활발한 활용을 저해하는 것이 아닌가 하는 문제의식이 깔려 있을 수도 있다고 생각되나, 그것은 입법론적으로 신중하게 검토되어야 할 문제이고, 현행법 하에서 그러한 문제의식은 신의에 반하여 공동저작자의 동의요구를 거절할 수 없도록 제한한 제48조 제1항 단서 규정을 폭넓게 적용함으로써 해결해 나가는 것이 바람직할 것으로 생각된다.

결론적으로 위의 문제에 대한 대법원 판례의 결론은 매우 부당한 것으로 생각되어, 이후 위와 같은 저자의 의견에 대한 검토를 포함하여, 신중한 재검토가 이루어질 수 있기를 기대한다.

2. 저작재산권의 보호기간

§9-22   저작재산권은 저작자의 생존하는 동안과 사망 후 70년간 존속하는 것으로 규정되어 있는바(법 제39조 제1항 본문, 부칙 제1조), 만약 공동저작물의 경우에 대한 특칙규정이 없다면, 공동저작자가 여러 명으로서 사망시기가 서로 다른 경우에 어느 시점을 기준으로 삼아야 할 것인지 판단하기가 쉽지 않을 것이다. 만약 공동저작물이 아닌 결합저작물의 경우라면 단독저작물의 단순한 결합에 불과하므로, 각 사망시를 기준으로 하여 각자 창작한 부분의 보호기간이 별도로 산정될 수 있는 것이지만, 공동저작물의 경우에는 각자의 기여부분이 분리하여 이용할 수 없는 일체성을 가지므로 그렇게 볼 수는 없다. 이에 저작권법은 "공동저작물의 저작재산권은 맨 마지막으로 사망한 저작자의 사망 후 70년간 존속한다"고 하는 특칙규정(제39조 제2항, 부칙 제1조)을 두고 있다(§16-13 참조).

§9-22-1   여기서 한 가지 문제 되는 것은 앞서 본 바와 같이(§9-10-3 참조) 자연인 개인과 법인 간에 공동저작자 관계가 인정되는 경우의 보호기간을 어떻게 볼 것인가 하는 것이다. 자연인이 저작자인 경우 그 저작재산권의 보호기간은 일반 원칙에 따라 저작자가 생존하는 동안과 사망 후 70년간이고(제39조 1항), 법인이 업무상 저작물의 저작자로 인정되는 경우 그 보호기간은 공표 후 70년이다(제41조 본문). 위 두 보호기간 중 어느 쪽을 적용할 것인지에 대해서 우리 저작권법에서 규정하고 있는 바는 없지만, 분리이용이 불가능한 공동저작물에 대한 보호기간 산정에 있어 '맨 마지막으로 사망한 저작자'를 기준으로 산정하도록 함으로써 저작자의 불이익이 없도록 배려하고 있는

제39조 제 2 항의 규정 취지에 비추어볼 때, 위의 경우에도 그 보호기간이 더 긴 쪽을 기준으로 삼아 산정하는 것이 타당할 것이다.[1]

3. 결합저작물과의 비교

이상 저작권의 행사 및 저작재산권의 보호기간 등의 면에서 공동저작물에 대한 특칙 규정들 §9-23 을 살펴보았는데, 이러한 규정들은 모두 결합저작물(§9-1, 2 참조)의 경우에는 적용되지 않는다. 결 합저작물은 여러 사람의 공동창작인 듯이 보이는 외관을 가진 경우에도 실질적으로는 앞서 본 바 와 같이 각 기여 부분을 분리하여 개별적으로 이용할 수 있어 그 본질에 있어서는 단독저작물의 단순한 결합에 불과한 것으로 보므로, 각자가 자신의 기여부분을 자신의 단독저작물이라고 생각 하고 그에 대한 저작권을 자유롭게 행사하고 그 저작재산권을 자유롭게 처분하는 데 아무런 문제 가 없다.[2] 보호기간의 면에서도 위에서 본 바와 같이, 각자의 창작부분을 각 단독저작물로 보아 별도로 보호기간을 산정하면 된다.[3]

제3절 **업무상저작물의 저작자**

I. 서   설

1. 의   의

저작권법은 제 2 조 제31호에서 " '업무상저작물'은 법인·단체 그 밖의 사용자(이하 "법인 등"이 §10-1 라 한다)의 기획하에 법인 등의 업무에 종사하는 자가 업무상 작성하는 저작물을 말한다"고 규정 하고 제 9 조에서 "법인 등의 명의로 공표되는 업무상저작물의 저작자는 계약 또는 근무규칙 등 에 다른 정함이 없는 때에는 그 법인 등이 된다"고 규정하고 있다. 즉, 정의규정인 제 2 조 제31 호에 해당할 경우에 '업무상저작물'이라고 부르고, 그 가운데 다시 제 9 조의 요건을 갖춘 경우에

---

1 박성호, 전게서, 243면 참조.
2 물론 결합저작물의 저작자들 사이에 각자의 창작물을 자유롭게 사용할 수 없도록 하는 계약이 성립한 것으로 볼 수 있는 경우에 그 계약에 따른 계약법적 제한은 있을 수 있다.
3 우리 저작권법은 이와 같이 결합저작물에 대하여 각자의 단독저작물과 완전히 동일한 취급을 할 수 있도록 아무런 제한을 두고 있지 않으나 이 점에서 모든 입법례가 일치하는 것은 아니다. 예컨대 중국 저작권법은 결합저작물의 경 우에 각 저작자는 각자가 창작한 부분에 대하여 단독으로 저작권 행사를 할 수 있으나 그 저작권 행사시 '결합저작물 전체'의 저작권을 침해할 수 없다는 규정을 두고 있다.

그 저작자를 법인 등으로 보는 것으로 하여 저작자에 관하여 전술한 '창작자 원칙'에 대한 예외를 규정하고 있다. 2006년 법 개정 이전에는 '단체명의 저작물'이라는 용어를 사용하였으나 개정법에서는 그러한 용어를 버리고 '업무상저작물'이라는 용어만 사용하고 있다. 개정법상으로는 업무상저작물이라고 하더라도 제9조 소정의 요건을 갖추지 못하면 법인 등이 아니라 실제로 작성한 피용자의 저작물이 된다.

§10-2   입법례로는, 대륙법계의 전통을 가진 나라들은 '창작자 원칙'을 고수하여, 법인 등을 저작자로 보는 예외를 인정하지 않고 업무상저작물의 경우에도 그 창작자인 피용자를 저작자로 보는 입장(업무상저작물에 대한 법인 등의 정당한 이익은 피용자로부터 저작재산권 양도를 받는 등의 방법으로 확보하도록 함)을 취하여 온 반면, 영미법계의 전통을 가진 나라들에서는 실제적인 관점에서 업무상저작물의 경우 법인 등이 저작자가 될 수 있도록 하는 규정을 두어 왔으며, 이는 양 법계가 뚜렷한 대조를 보이는 부분의 하나로 인식되어 왔다. 또한 그러한 관점에서 우리 저작권법이 전체적으로는 대륙법계의 전통을 따르면서 이 점에 있어서만큼은 일본법과 마찬가지로 영미법계의 입법태도를 본받은 것이 특이한 부분으로 여겨지기도 하였다.[1] 그러나 예컨대 대륙법계 전통의 종주국이라고 할 수 있는 프랑스의 저작권법도 업무상저작물과 관련하여 우리 저작권법과 유사한 점이 많은 규정[2]을 두고 있어 양법계의 차이가 그리 선명하지는 않은 면도 있다.

2. 취   지

§10-3   위와 같이 우리 저작권법이 업무상저작물에 관하여 '창작자 원칙'의 예외를 인정하는 규정을 둔 취지는 다음과 같다.

첫째, 오늘날 저작물 창작의 실제에 있어서 법인 등 단체의 내부에서 창작이 이루어지는 경우에 여러 사람의 협동 작업에 의하여 창작되는 사례가 많고 이러한 경우 복수인의 관여의 정도와 태양이 각양각색이어서 구체적으로 창작자를 한두 사람으로 특정하는 것이 실상에 반하는 경우가 많다.[3] 그러한 경우에 다른 특칙 규정 없이 "창작자인 자연인=저작자"라고 하는 원칙만 적용하도록 하면, 권리관계가 복잡하여 법인 등이 그 저작물을 활용하고 또 이를 거래의 대상으로

---

1 자세한 것은 박성호, "업무상 작성한 저작물의 저작권 귀속," 한국저작권논문선집(I), 저작권심의조정위원회, 1992, 121면 참조.

2 프랑스 저작권법 제113조의2 제3항 : '집합저작물'이라 함은 자연인 또는 법인의 발의로 창작되고 그의 지시 및 명의로 편집되고 발행되어 공표된 저작물로서 그것의 작성에 참여한 여러 저작자의 개인적 기여가 전체 저작물에 흡수되고 각 저작권자에게 창작된 저작물상의 여러 권리를 귀속시킬 수 없는 저작물을 말한다.
  제113조의5 제1항 : 반증이 없는 한, 집합저작물은 그것을 공표한 명의의 자연인 또는 법인의 소유로 한다.
  제113조의9 제1항 : 특약이 없는 한, 1인 또는 그 이상의 피고용인이 업무상 창작한 소프트웨어는 저작자에게 부여되는 모든 권리와 함께 사용자에게 귀속된다.

3 半田正夫, 전게서, 1999, 69면; 오승종·이해완, 전게서, 220면; 박성호, 전게논문, 122면 등 참조.

삼음에 있어 많은 불편이 따를 것이다. 따라서 이러한 경우에 법인 등이 이를 업무상 취급함에 있어서 아무런 지장이 없도록 편의를 도모하고 아울러 그 거래의 원활화를 이룰 수 있도록 하기 위해서는 그러한 업무상저작물에 대한 저작재산권 및 저작인격권의 원시적 귀속주체로서의 저작자를 법인 등으로 정하는 것이 가장 단순 명쾌한 방법이다.

둘째, 업무상저작물의 경우 법인 등은 그 창작에 필요한 비용 투자 등 일체의 위험을 부담하고 있어 그에 따른 정당한 이익을 보장받을 필요가 있는 반면, 저작물 작성자인 피용자들로서는 대개 보수(報酬)의 형태로 대가를 수령하고 있고, 특히 법인 등의 명의로 공표되는 저작물에 대하여는 그 피용자 개인이 인격적 이익을 주장할 것을 처음부터 예정하지 않고 있다고 볼 수 있어 일반적인 경우에 그 피용자들에게 저작재산권을 인정하지 않는다고 하더라도 가혹하다고는 할 수 없다.[1] 다만, 입법론적인 차원에서 볼 때, 원창작자의 저작인격권을 필요한 범위 내에서 일부 제한하는 것은 몰라도 아예 저작자의 지위 자체를 법인 등에게 귀속시켜 법인등에게 저작인격권을 전부 귀속시킨 것은 창작자의 저작인격권을 충분히 존중하지 않은 점에서 부당한 면이 큰 것으로 생각되므로, 영국 등의 입법례와 유럽 각국의 소프트웨어와 관련한 유사 규정례들을 참고하여 합리적인 방향의 개정을 도모하는 것이 필요할 것으로 생각된다.[2]

저작권법 제 2 조 제31호 및 제 9 조를 해석함에 있어서는 위와 같은 취지를 염두에 두어야 한다. 대법원 판례는 이 규정이 예외규정인 만큼 그 성립요건에 관한 규정을 해석함에 있어서 제한적으로 해석하여야 하고 확대 내지 유추해석을 할 것은 아니라고 판시하고 있다.[3]   §10-4

3. 법인 등의 저작행위

크게 실익이 있는 논의는 아니지만, 우리 저작권법의 규정이 법인 등 단체가 '저작행위'의 주체가 될 수 있음을 인정한 것으로 볼 것인지의 문제가 있다. 법문상 '본다'라고 하는 의제(擬制)의 표현을 사용하지 않고 '저작자는 … 법인 등이 된다'라고 규정하고 있다는 점에서 법인 등의 저작행위를 인정한 것이라고 하는 견해도 있을 수 있으나, 업무상저작물이라고 하더라도 다시 법인 등의 명의로 공표될 것, 계약 또는 근무규칙 등에 다른 정함이 없을 것 등을 요건으로 하여서만 법인 등을 저작자로 취급하도록 하고 있는 점에 비추어 보면, 원래의 저작자(창작자)는 자연인이고 다만 앞에서 본 바와 같은 취지에 따라 법인 등을 저작자로 보도록 의제한 것이라고 봄이 타   §10-5

---

1 金井重彦·小倉秀夫 編著, 전게서 [小畑明彦 집필부분], 258면 참조.
2 중국 저작권법은 이 부분과 관련하여 조금 특이한 입법례라고 할 수 있는데, 적어도 원저작자의 성명표시권만큼은 최대한 지켜 주려고 한 점 등에서 참고가치가 있다. 이해완, "저작권의 귀속주체에 관한 중국 저작권법의 규정과 그 시사점", 성균관법학 제25권 제 4 호(2013. 12) 547~570면 참조.
3 대법원 1992. 12. 24. 선고 92다31309 판결(§12-49) 등.

당하다.1

II. 요   건

§10-6   2006년 개정법은 위에서 본 바와 같이 제 2 조 제31호에서 '업무상저작물'을 정의하면서 '업무상저작물'이 되기 위한 요건을 규정한 후 제 9 조에서 법인 등을 업무상저작물의 저작자로 보기 위한 추가적인 요건을 규정하고 있다. 아래에서는 그 두 규정의 요건들을 함께 나열하여 살펴보고자 한다.

1. 법인·단체 그 밖의 사용자가 저작물의 작성에 관하여 기획할 것

(1) 법인·단체 그 밖의 사용자

§10-7   법 제 2 조 제31호에서 말하는 "법인·단체 그 밖의 사용자"에는 회사, 비영리법인, 국가, 지방자치단체, 기타 모든 단체가 포함되며, 권리능력 없는 사단이나 재단도 대표자나 관리인이 정해져 있으면 여기에 포함된다. 나아가 사용자의 위치에 있기만 하면 법인이나 단체가 아니라 자연인인 개인도 포함되는 것으로 볼 수 있다(통설).

(2) 저 작 물

§10-8   업무상 '저작물'에는 모든 종류의 저작물이 포함될 수 있다. 다만, 영상저작물은 나중에 자세히 살펴보게 될 '특례규정'과의 관계에서 약간의 의문이 제기되고 있으나 영상저작물도 업무상저작물에 관한 제 2 조 제31호 및 제 9 조의 적용을 받을 수 있는 것으로 봄이 타당하다고 생각된다. 왜냐하면, 영상저작물 특례규정은 영상제작자가 영상저작물 활용을 그 제작목적에 따라 원활하게 할 수 있도록 관련된 권리자들의 권리를 양도받거나 이용허락을 받은 것으로 추정하는 것에 그 취지가 있는 것인데, 업무상저작물에 관한 규정은 그 특례규정의 취지에 배치되지 않고 오히려 부합하는 것인 데다가 단순한 추정규정이 아니라 의제규정으로서 더욱 강력한 효과를 가지고 있으므로 굳이 이 규정의 적용을 영상저작물에 대하여 배제할 아무런 이유나 근거가 없기 때문이다. 따라서 영상저작물에 대하여도 업무상저작물에 관한 제 2 조 제31호 및 제 9 조의 요건을 모두 구비한 경우에는 당연히 제 9 조의 적용을 받는 것이고, 특례규정 중 제100조 제 1 항의 규정은 제 9 조의 적용이 없는 경우에 한하여 의미 있게 적용될 수 있을 것이다(§23-8 참조).2

---

1 半田正夫, 전게서, 69면; 오승종·이해완, 전게서, 222면; 박성호, 전게논문, 122면 등 참조.
2 同旨 장인숙, 著作權法原論, 寶晋齋出版社, 1989, 210면.

(3) 법인 등 사용자의 기획

저작권법 제 2 조 제31호는 업무상저작물의 정의에서 '법인 등 사용자의 기획 하에' 작성된   §10-9
것일 것을 요하는 것으로 규정하고 있다.

이와 관련하여, 저작물의 작성에 대하여 법인 등의 구체적 지시 또는 승낙이 있으면 문제가
없지만 그러한 지시나 승낙이 없는 상태에서 업무종사자가 스스로 판단하여 저작물을 작성한 경
우에도 이 요건을 충족할 수 있는지가 문제로 된다.

이 문제에 대하여는, ① 저작물 작성 전에 법인 등의 구체적인 지시 또는 승낙이 있을 것을
요한다고 하는 견해,[1] ② 저작물 작성 후에 법인 등의 승낙이 있은 경우 또는 법인 등(법인의 경우
그 의사결정기관, 집행기관, 지휘감독 권한을 가지는 상사)의 의도에 반하지 않는 경우를 포함한다고 하는
견해,[2] ③ 법인 등이 업무종사자를 일정한 직무에 배정하여 그 직무상 당연히 당해 업무종사자
에 의한 해당 저작물의 작성이 예기되거나 예정되어 있는 경우에는 법인 등의 기획이 있었다고
할 수 있다고 하는 견해[3] 등이 있다. 여기에 한 가지 견해를 더 추가하면, 아래에서 소개하는 대
법원 2010. 1. 14. 선고 2007다61168 판결(§10-10)에서 취하고 있는 입장으로서 ④ 법인 등의 기
획이란 "법인 등이 일정한 의도에 기초하여 저작물의 작성을 구상하고, 그 구체적인 작성을 업무
에 종사하는 자에게 명하는 것을 말하는 것으로, 명시적은 물론 묵시적으로도 이루어질 수 있는
것이기는 하지만, 묵시적인 기획이 있었다고 하기 위해서는 법인 등의 의사가 명시적으로 현출된
경우와 동일시할 수 있을 정도로 그 의사를 추단할 만한 사정이 있는 경우에 한정된다고 보아야
할 것"이라는 견해이다.

업무상저작물에 관한 저작권법의 입법취지가 법인 등이 이러한 저작물을 업무상 취급함에
있어서의 편의나 그 거래의 원활화를 도모한다고 하는 취지에 있다는 점을 감안하면, 위 ①의 견
해와 같이 '기획'의 의미를 너무 좁게 해석하는 것은 바람직하지 않고, ②의 견해와 같이 저작물
작성 후의 승낙의 유무에 따라 저작자가 달라지는 것으로 해석하는 것도 법률관계의 혼란을 초래
하는 점에서 문제가 있다. 한편, ②의 견해 중에서 법인 등의 의도에 반하지 않는 경우에 대한
부분과 관련하여서는 법인 등의 의도를 어떻게 파악할 것인지가 분명하지 않고, 만약 개별 저작
물마다 일일이 그 의사를 공식적으로 확인해야 한다면 업무에 큰 불편이나 정체를 초래할 것이라

---

1 齊藤博, "職務著作," 裁判實務大系—知的財産關係訴訟法, 齊藤博·牧野利秋編, 靑林書院, 1997, 237면 참조. 일본 저
  작권법은 '企劃' 대신에 '發意'라는 말을 사용하고 있다. '企劃'이라는 말은 원래 '일을 꾀하여 계획한다'고 하는 의미이
  지만, 우리 저작권법 제 2 조 제31호에 사용된 것은 구체적 계획의 의미보다는 일을 하고자 계획한다는 정도의 뜻으
  로 보여 일본 저작권법상의 '發意'(일을 생각하여 낸다는 의미)라는 용어와 별다른 의미상의 차이는 없는 것으로 생각
  되므로 일본 저작권법의 이 부분에 관한 해석론을 우리 법의 해석에 참고한다.
2 半田正夫, 전게서, 70면; 박성호, 전게논문, 125면.
3 田村善之, 전게서, 380면; 金井重彦·小倉秀夫 編著, 전게서 [小畑明彦 집필부분], 259~260면.

는 문제가 지적된다. 위 ③의 견해는 비교적 합리적이라고 평가될 수 있지만, 법인 등의 기획의 의미를 설명하고 있다기보다는 기획이 있다고 인정될 수 있는 하나의 경우를 설명하는 데 그친다고 볼 수도 있을 것이다.[1]

따라서 위 ④의 견해가 가장 타당한 것으로 생각된다. 그것은 위 ①의 견해와 유사한 부분이 있지만, 명시적 지시 또는 승낙에 한하여 기획으로 인정하는 취지로 보이는 ①의 입장과는 달리, 묵시적 기획의 존재 가능성을 인정함으로써 지나치게 엄격한 해석태도와 적절한 거리를 둔 것으로 생각되고, 위 ③의 견해와 달리 '기획'의 의미를 전체적으로 보다 분명하게 정리할 수 있는 입장이기도 하며, 위 ③의 연장선상에서 '기획'이라는 요건을 별도로 두는 의미를 거의 부정하는 입장을 취하는 것과도 거리를 둠으로써 업무상저작물 규정에 대한 제한적 해석의 원칙을 수립한 대법원 판례의 입장에 부합하고, 근로자인 창작자의 권리 보호에 보다 유리한 점 등의 면에서 바람직한 것으로 생각되는 것이다.[2] 그러나 위 ④의 입장을 취한다고 하여 위 ③의 입장에서 제시한 경우가 반드시 '기획'의 요건을 갖추지 못한 경우라고 볼 것은 아니라 생각된다. 즉, 위 ③의 견해는 기획의 전체적인 의미를 설명하는 데 적절치 않은 면이 있고 그 연장선상에서 '기획' 요건의 독자적 의미를 부정하는 데까지 나아가는 것은 바람직하지 않은 점이 있으나 그 견해에서 제시한 상황, 즉 법인 등이 업무종사자를 일정한 직무에 배정하여 그 직무상 당연히 당해 업무종사자에 의한 해당 저작물의 작성이 예기되거나 예정되어 있는 경우라면, 특별한 사정이 없는 한, 묵시적 기획의 존재를 인정하여도 무방한 경우일 것으로 생각된다. 한편, 여기서 법인 등이라고 할 때 구체적으로는 위 ②의 견해에서 제시한 것처럼, 법인의 경우 그 의사결정기관, 집행기관 또는 지휘 감독 권한을 가지는 상사 등을 말하는 것으로 보아야 할 것이다. 동료들 사이의 의견교환의 결과 확정된 기획도 포함하는 것으로 해석된다고 보는 견해도 있으나,[3] '법인 등'에 동료들이 포함되는 것으로 볼 것은 아니라 할 것이고, 그와 같은 경우의 기획은 법인 등의 '묵시적 기획'으로 인정될 가능성이 높은 것으로 보아야 할 것으로 생각된다.

---

1 본서는 이전판에서 이러한 ③의 견해를 지지하고 나아가 그 연장선상에서, 그 견해의 주창자인 田村善之교수의 견해를 인용하면서 "그렇게 볼 경우 결과적으로 '기획'이라는 요건이 특별한 적극적 의미를 가지지 않고 '업무상 작성'이라는 요건에 거의 수렴되는 것으로 볼 수 있을 것"이라는 의견을 표명한 다음 그렇게 되면 '기획'이라는 별도의 요건을 둔 규정취지를 몰각하게 되는 문제가 있다는 위 ①설의 비판에 대하여 기획이라는 요건이 반드시 '업무상 작성'과 별도의 존재의의를 적극적으로 가져야 하는 것으로 보아 거기에 형식적으로 얽매인 해석을 하는 것이 오히려 법의 근본취지에 반하는 것일 수 있다는 취지로 반박하는 의견을 제시한 바 있다. 그러나 제3판부터는 상대적으로 보다 엄격한 요건 하에 묵시적인 지시 및 승낙을 인정하는 대법원 판례의 입장이 보다 바람직한 것으로 생각하여 견해를 약간 변경하였다.

2 전지원, "구 컴퓨터프로그램보호법 제5조의 '법인 등의 기획' 유무의 판단 기준", 대법원판례해설 제45권, 583~586면 참조.

3 오승종, 전게서, 318면.

판 례

❖대법원 2010. 1. 14. 선고 2007다61168 판결 §10-10

구 컴퓨터프로그램보호법(2009. 4. 22.법률 제9625호 저작권법 부칙 제 2 조로 폐지) 제 5 조에서 말하는 '법인 등의 기획'이라 함은 법인 등이 일정한 의도에 기초하여 컴퓨터프로그램저작물의 작성을 구상하고, 그 구체적인 제작을 업무에 종사하는 자에게 명하는 것을 말하는 것으로, 명시적은 물론 묵시적으로도 이루어질 수 있는 것이기는 하지만, 묵시적인 기획이 있었다고 하기 위하여는 위 법규정이 실제로 프로그램을 창작한 자를 프로그램저작자로 하는 같은 법 제 2 조 제 2 호의 예외규정인 만큼 법인 등의 의사가 명시적으로 현출된 경우와 동일시할 수 있을 정도로 그 의사를 추단할 만한 사정이 있는 경우에 한정된다고 봄이 상당하다.

▷NOTE : 대법원의 위 판결은 처음으로 대법원이 업무상 저작물의 성립요건 중 '기획'의 의미를 §10-11 밝힌 판례로서 큰 의의를 가지고 있다. 이 판결 중 " '법인 등의 기획'이라 함은 법인 등이 일정한 의도에 기초하여 컴퓨터프로그램저작물의 작성을 구상하고, 그 구체적인 제작을 업무에 종사하는 자에게 명하는 것을 말하는 것"이라고 한 부분은 앞서 살펴본 ①의 견해와 같은 취지이지만, 더 나아가 그것이 명시적은 물론 묵시적으로도 이루어질 수 있는 것이라고 하면서 "법인 등의 의사가 명시적으로 현출된 경우와 동일시할 수 있을 정도로 그 의사를 추단할 만한 사정이 있는 경우"에 한정하여 지나치게 엄격하지도 지나치게 느슨하지도 않은 균형적 해석을 지향하고 있는 것으로 해석된다. 다만 이 판례의 입장에 의할 경우 위 ③에서 제시하는 상황에 대하여는 법인 등의 기획의 존재를 부정하여야 하는 것으로 볼 것은 아님은 위에서 밝힌 바와 같다. 실제 이 판례의 사안은 피고가 일반적인 근로조건과는 달리 1주일에 한번만 출근하면 다른 날들은 재택근무할 수 있고 출퇴근을 자유롭게 하는 특수한 근무조건하에 근무하면서 회사가 필요로 하는 다른 프로그램에 대하여는 구체적인 지시를 받아온 등의 특별한 정황이 엿보이는 사안이었다(원심 판결 참조). 그렇지 않고 직무상 당연히 어떠한 종류의 저작물을 작성하기로 예정되어 있는 근로자가 바로 그 저작물을 작성하였다면 구체적인 업무지시가 없었더라도 묵시적인 업무지시가 있었던 것으로 인정될 수 있을 것이다. 요컨대 법인등의 기획의 유무를 판단함에 있어서는 고용의 구체적 형태가 대단히 중요한 고려요소로 작용하게 된다. 일반적인 근로형태의 정규직 근로자의 경우에는 '기획' 요건을 엄격하게 해석하지 않고 다소간 완화하여 해석, 적용하는 것이 타당한 반면, 위 사안과 같이 재택근무를 위주로 하는 특수한 근로형태로 계약된 경우 등에는 '기획' 요건을 상대적으로 엄격하게 해석하여야 할 것이다.[1]

❖서울고등법원 2007. 12. 12. 선고 2006나110270 판결 — "족보닷컴" 사건 §10-12

저작권법 제 2 조 제 2 호에 의하면, 원칙적으로 저작물을 창작한 자가 저작자가 된다고 할 것이고, 예외적으로 저작권법 제 9 조에 의하면, 법인 등의 실질적 지휘감독을 받으며 그 업무에 종사하는 자가 법인 등으로부터 직접 명령받은 것뿐만 아니라 고용의 과정에서 통상적인 업무로서 기대되는 범위 내에서 법인 등의 기획하에 저작물을 작성하고, 그 저작물이 법인 등의 명의로 일반공중에게 공개되고,

---

1 中山信弘, 著作權法(第 2 版), 有斐閣, 2014, 208면 참조.

저작자의 기명저작물이 아닌 경우에는 저작자가 아닌 법인 등에게 저작물의 저작권이 귀속되게 되는 바, 여기에서 '일반공중'은 불특정 다수인인 경우뿐만 아니라 특정 다수인인 경우도 의미한다.

▷NOTE : 이 판결은 위 대법원 판결이 나오기 전의 하급법원 판결로서 위 ③의 견해와 일치하는 입장을 보이고 있다. 위 대법원 판례의 입장에 의할 경우에도 이러한 경우에 '묵시적 기획'의 존재가 인정될 수 있을 것으로 생각된다.

2. 법인 등의 업무에 종사하는 자에 의하여 작성될 것 — 사용관계의 존재

§10-13   '사용관계'의 의미에 대하여는 먼저 ① 법인 등과의 고용관계만을 의미하는 것으로 보는 견해가 있다. 이 견해는 업무상 저작물에 관한 저작권법 규정이 '창작자 원칙'에 대한 예외이므로 그 적용범위는 가급적 제한적으로 해석되어야 한다는 점, '사용자'에 대응하는 말은 피용자이고 그것은 원래 고용관계를 전제로 하는 것이라는 점 등을 논거로 하고 있다.[1] 이 견해에 의하면 파견근로자 또는 도급이나 위임에 기하여 일하는 자는 사용사업자 또는 도급인이나 위임인과의 관계에서 '법인 등의 업무에 종사하는 자'에 해당하지 않는 것으로 해석하게 된다.[2]

이에 대해 ② 널리 사용자와의 사이에 실질적인 지휘감독관계가 있는 자를 '법인 등의 업무에 종사하는 자'에 포함시키는 견해가 있다.[3] 이 견해에 의하면 파견근로자의 사용사업자에 대한 관계는 물론이고 도급이나 위임에 의한 자도 도급인이나 위임인의 지휘감독에 복종하는 관계에 있으면 '법인 등의 업무에 종사하는 자'에 포함되는 것으로 해석하게 된다.

그런데, 위 ①과 ②의 중간에 ③ '법인 등의 업무에 종사하는 자'라고 함은 계약의 종류를 불문하고 법인 등의 조직·사업상, 영업상의 일체관계 속에 편입되어 그 지휘명령하에 법인 등과의 관계에서 자신에게 할당된 직무를 수행하는 관계에 있는 자"를 사용관계에 있는 것으로 보는 견해도 있다. 이 견해는, ①의 견해는 업무상 저작물에 대한 법인 등의 업무 처리상의 편의 및 거래의 원활화라고 하는 취지에 비추어볼 때 그 인정범위가 너무 좁아 부당하고, ②의 견해는 법인 등의 외부에까지 널리 적용 가능성을 인정함으로써 그 인정범위가 너무 확대될 여지가 있다는 점에서 부당하다고 판단하여 그 인정범위를 ①의 견해보다는 다소 확장하고, ②의 견해보다는 다소 제한을 가한 입장을 취한 것이라고 할 수 있다.[4] 이 견해에 의하면, 적어도 파견근로자의 경우는 고용관계에 준하는 관계로서 파견처와의 관계에서 '법인 등의 업무에 종사하는 자'에 포함해도 좋

---

1 齊藤博, 전게논문, 237면.
2 齊藤博, 전게논문, 238~239면.
3 半田正夫, 전게서, 69~70면.
4 金井重彦·小倉秀夫 編著, 전게서 [小畑明彦 집필부분], 260~261면 참조.

을 것으로 본다. 또한 도급, 위임, 고용 등의 계약명칭만 가지고 판가름할 것은 아니라고 하는 점에서는 위 ②의 견해와 일치하지만, 지휘감독관계만 있으면 도급, 위임의 경우도 포함된다고 하여 조직 외부에 대한 촉탁관계에까지 확대 적용될 수 있는 여지를 다소라도 가지고 있는 ②의 입장에 비하여 법인 등의 조직 사업상, 영업상의 일체관계 속에 편입되어 그 지휘명령 하에서 직무를 수행하는 관계에 있을 것이라는 제한을 가함으로써 그러한 여지를 최소화하고 있는 점이 다르다고 할 수 있다.

　위와 같이 세 가지 견해로 나누어 살펴보았으나, 이를 크게 두 가지 견해로만 나누어 본다면, 역시 위 ①설(고용관계설)과 ②설(실질적 지휘감독관계설)의 견해가 대립한다고 볼 수 있고, ③의 견해는 위 ②의 견해와 같이 고용관계에 한정하지 않는 기본 입장에 서면서 ②의 견해에서 말하는 '실질적 지휘감독관계'의 의미를 그 확대적용 가능성을 경계하여 엄격하게 제한적으로 풀이하고 있는 것이라고 보아도 좋을 것이다. 본서에서는 그러한 의미에서 ①설과 ②설 가운데서는 ②설의 입장을 기본적으로 지지하고 다소 엄격한 해석으로 그 의미를 보충하고 있는 ③의 입장도 정당하다고 생각한다.[1] 그에 따른 결론을 다시 확인해 보면, 다음과 같다. §10-14

　업무 종사자가 법인 등과의 관계에서 고용관계를 맺고 있지 않더라도 파견근로자의 사용사업자에 대한 관계와 같이 실질적으로 고용관계와 다를 바 없는 지휘감독관계하에 있을 경우는 '사용관계'가 있는 것으로 인정할 수 있다. 그러나 도급이나 위임 등의 경우에는 원칙적으로 '사용관계'를 인정하여서는 아니 되며,[2] 다만 하나의 조직적 통솔체계 속에서 다른 직원들과 함께 일 §10-15

---

1 판례도 대체로 이러한 입장에 서 있는 것으로 생각된다. 앞에서 소개한 '족보닷컴' 사건에 대한 서울고등법원 2007. 12. 12. 선고 2006나110270 판결(§10-12)도 "법인 등의 실질적 지휘감독을 받으며 그 업무에 종사하는 자"라는 표현을 사용하여 '실질적 지휘감독관계설'의 입장을 명백히 드러내고 있다. 그 외에 '뮤지컬 사랑은 비를 타고' 사건에 대한 서울고등법원 2007. 5. 22. 선고 2006나47785 판결, '우리애들 캐릭터' 사건에 대한 서울중앙지방법원 2011. 6. 17. 선고 2010가합92280 판결(§10-17-1), '난타' 사건에 대한 서울고등법원 2012. 11. 21. 선고 2011나104699 판결 등도 '실질적 지휘감독관계설'의 입장을 표명하고 있다. '발레 안무' 사건의 경우 1심 판결인 서울중앙지방법원 2016. 3. 18. 선고 2015가합553551 판결은 '고용관계설'을 취한 것으로 보이는 데 반하여, 2심판결인 서울고등법원 2016. 12. 1. 선고 2016나2020914판결(§10-17-2)은 역시 실질적 지휘감독관계설을 취하고 있다. 그리고 대법원이 도급 등에 대하여 원칙적으로 '실질적 지휘감독관계'를 부정하면서 그것을 매우 엄격하게 해석하고자 한 점에서 위 ③의 입장에 부합하는 기준을 세워가고 있는 것으로 생각된다.

2 도급 등의 경우도 적용되는 것으로 보아서는 아니 된다는 것은 대법원 판례도 분명히 선언하고 있다. 즉, 대법원 1992. 12. 24. 선고 92다31309 판결은 "단체명의저작물의 저작권에 관한 저작권법 제 9 조를 해석함에 있어서도 위 규정이 예외규정인 만큼 이를 제한적으로 해석하여야 하고 확대 내지 유추해석하여 저작물의 제작에 관한 도급계약에까지 적용할 수는 없다"고 판시하였다. 다만 대법원은 컴퓨터프로그램의 외주개발에 대하여는 엄격한 요건 하에 위와 같은 해석상의 원칙에 대한 예외를 인정하는 판결(대법원 2000. 11. 10. 선고 98다60590 판결)을 선고한 바 있다. 이 판결은 "업무상 창작한 프로그램의 저작자에 관한 구 컴퓨터프로그램보호법(1994. 1. 5. 법률 제4712호로 개정되기 전의 것) 제 7 조의 규정은 프로그램 제작에 관한 도급계약에는 적용되지 않는 것이 원칙이나, 주문자가 전적으로 프로그램에 대한 기획을 하고 자금을 투자하면서 개발업자의 인력만을 빌어 그에게 개발을 위탁하고 이를 위탁받은 개발업자는 당해 프로그램을 오로지 주문자만을 위해서 개발납품하여 결국 주문자의 명의로 공표하는 것과 같은 예외적인 경우에는 법인 등의 업무에 종사하는 자가 업무상 창작한 프로그램에 준하는 것으로 보아 같은 법 제 7 조를 준용하여 주문자를 프로그램저작자로 볼 수 있다"고 판시하였다.

하는 등의 면에서 실질적으로 고용관계에 준하는 것으로 볼 만한 특별한 경우(이른바 '노무도급' 등)에 한하여 예외적으로 사용관계를 인정할 수 있다.[1] 이러한 판단기준에 의할 때, 일반 거래관행상 아르바이트로 출·퇴근하면서 상당한 급료를 받고 프로그램 개발이나 기타 저작물 작성에 참여하였을 경우 실질적 지휘감독관계가 인정되므로 명문의 근로계약을 체결하지 않았더라도 '사용관계'를 인정할 수 있을 것이다.[2]

§10-16   임원의 경우도 근로기준법상의 고용관계는 아니지만, 실질적 지휘감독관계에 있어 '법인 등의 업무에 종사하는 자'에 해당한다고 보아야 할 것이다.[3] 한편, 사용관계는 보수 여하에 관계가 없으므로 비록 무상(無償)이라고 하여도 위와 같은 지휘감독관계가 당사자간에 존재하는 경우에는 요건을 충족한 것으로 해석해도 좋을 것이다.[4]

§10-17   이와 관련하여, 인터넷 언론에서 이른바 시민기자가 기사를 작성하여 게시한 경우에 업무상

이 판결은 위와 같은 경우에도 '도급계약'에 의한 것인 이상 업무상저작물에 관한 규정이 '적용'될 수는 없고 '준용'할 수 있다고 본 것인데, 위 원칙에 대한 예외를 인정하기보다는 다른 방법으로 문제를 해결하는 것이 더 바람직하지 않았을까 하는 아쉬움을 느끼게 하는 판결이다. 업무상 저작물에 대한 규정을 일정한 요건 하에 준용하여 적용하는 위 판결의 법리는 구 컴퓨터프로그램보호법만이 아니라 현행 저작권법상의 업무상 저작물에 관한 규정에 대하여도 적용될 수는 있는 것으로 볼 것이나, 그 대상은 프로그램의 경우에 한한 것으로 볼 것이고, 나아가 ① 주문자(도급인)가 전적으로 프로그램에 대한 기획을 하고 자금을 투자하면서 개발업자의 인력만을 빌어 그에게 개발을 위탁한 경우일 것, ② 위탁받은 개발업자는 당해 프로그램을 오로지 주문자만을 위해서 개발납품하였을 것, ③ 주문자(도급인)의 명의로 공표하였을 것 등의 요건을 모두 엄격하게 충족하여야 적용될 수 있는 것으로 보아야 할 것이다. 특히, 컴퓨터프로그램의 경우에 업무상 저작물로서의 일반 요건으로는 공표요건이 면제되어 있지만, 위 준용법리의 적용을 위해서는 위 ③의 공표요건을 충족하여야 하는 것으로 본다. 최근의 대법원 판결들 가운데 위 판례가 제시한 요건들을 엄격하게 적용하여, 위 판례에 따라 업무상 저작물로 보아야 한다는 주장을 배척한 사례들(대법원 2012. 4. 17.자 2010마372 결정 및 대법원 2013. 5. 9. 선고 2011다69725 판결 참조. 모두 도급인이 "전적으로 기획"한 것으로 보기 어렵다는 것을 주된 이유로 삼았다)이 있다.

1 대법원은 "노동조합 및 노동관계조정법 또는 근로기준법상 근로자란 타인과의 사용종속관계하에서 노무에 종사하고 그 대가로 임금 등을 받아 생활하는 자를 말하고, 그 사용종속관계는 당해 노무공급계약의 형태가 고용, 도급, 위임, 무명계약 등 어느 형태이든 상관없이 사용자와 노무제공자 사이에 지휘·감독관계의 여부, 보수의 노무대가성 여부, 노무의 성질과 내용 등 그 노무의 실질관계에 의하여 결정되는 것"이라고 판시하고 있는데(대법원 2006. 10. 13. 선고 2005다64385 판결 등), 이러한 '근로자성'과 관련된 '사용종속관계'의 인정범위는 저작권법상의 사용관계 유무 판단에도 참고할 수 있는 면이 있다(다만, 그럼에도 불구하고 저작권법과 근로기준법 등의 각 규정은 입법취지 등의 상이함으로 인해 각 법에서 강조하거나 중시하는 초점이 다른 점이 있으므로, 근로자성의 인정에 관한 판례를 그대로 저작권법에서 원용하는 것은 적절치 않은 면이 있다고 생각한다). 참고로, 일본의 최고재판소는 'RGB 어드벤처' 사건에 대한 平成 15년(2003년) 4월 11일 판결에서 일본 저작권법상 업무상저작물(직무저작)의 전제가 되는 사용관계의 존부에 대한 판단에 있어서, ① 저작물의 작성자가 법인 등의 지휘감독 하에 노무를 제공하는 상황에 있는지, ② 법인 등이 그 사람에 대해 지급하는 돈이 노무제공의 대가로 평가할 수 있는지 여부를 업무 형태, 지휘·감독의 유무, 대가의 금액·지급 방법 등에 관한 구체적인 사정을 종합적으로 고려하여 판단하여야 한다는 기준을 제시하였는데, 이에 대하여 "개별적 근로관계에 있어서 근로자성의 판단기준과 동일한 것으로 간주된다"고 평가하는 견해가 있다. 村井麻衣子, "職務著作における雇用契約の存否判断 : RGB アドベンチャー事件", 知的財産法政策学研究, Vol. 4, 2004, 197면.

2 문화체육관광부·한국저작권위원회, 개정 저작권법 해설, 2009, 23면 참조.

3 加戶守行, 전게서, 145면 참조. 고용관계를 기준으로 하는 ①설의 입장을 취하는 齊藤博, 전게논문, 239면도 이 점을 긍정하고 있다.

4 半田正夫, 전게서, 70면; 박성호, 전게논문, 126면.

저작물에 관한 규정이 적용될 수 있을지가 문제되나, 시민기자의 경우 인터넷 언론사와의 관계에서 위와 같은 의미에서의 '실질적 지휘감독관계'에 있다고 보기 어려우므로 업무상 저작물에는 해당하지 않는 것으로 보아야 할 것이다.[1] 또한 영화감독의 경우도 대개의 경우 제작사의 실질적 지휘감독 하에 있다고 보기 어렵고 다소간에 독립적인 계약적 지위를 가지는 것으로 생각되어 원칙적으로 업무상 저작물에 관란 규정이 적용되지 않는 것으로 본다(§23-8). 반면에, 방송사 PD 등의 경우에는 방송사의 피용자로서 그 실질적 지휘감독을 받는 지위에 있는 것으로 보게 될 것이다. 또한 사안에 따라 다를 수는 있지만, 판례가 연극저작물('난타공연') 연출자의 극단에 대한 관계(서울고등법원 2012. 11. 21. 선고 2011나104699 판결), 뮤지컬의 악곡 및 각본 작성자와 그 제작자등과의 관계(서울고등법원 2007. 5. 22. 선고 2006나47785 판결), 안무가와 예술총감독과의 관계(서울고등법원 2016. 12. 1. 선고 2016나2020914판결, §10-17-2) 등에서 업무상저작물의 요건인 '사용관계'를 부정한 것은, 일반적으로 해당 업무가 전문성에 기한 독립성을 가진다는 점을 반영한 것으로 볼 수 있다.

판 례

❖ 서울중앙지방법원 2011. 6. 17. 선고 2010가합92280 판결 — "우리애들 캐릭터" 사건   §10-17-1

　　이 사건에 관하여 살피건대, 피고들이 인터넷 구인구직 사이트를 통해 원고를 선발하고 이 사건 캐릭터를 포함한 일련의 피고들의 제품에 관한 포장디자인 작업 등을 의뢰한 사실은 앞서 본 바와 같으나, 위 인정사실만으로는 원고가 피고들에게 고용되어 있었거나 이 사건 캐릭터 및 포장디자인 작업 과정에서 피고들로부터 실질적인 지휘·감독을 받았음을 인정하기에 부족하고 달리 이를 인정할 증거가 없다. 오히려, … 각 기재 및 변론 전체의 취지를 종합하면, 피고들은 프리랜서로 활동하는 원고에게 비정기적으로 'ㅇㅇㅇ', 'ㅇㅇㅇㅇㅇ', 'ㅇㅇㅇㅇㅇ ㅇㅇㅇ' 등 피고들의 제품별로 포장디자인을 의뢰하여 위 각 작업에 대한 대가를 지급해 온 사실, 피고들에게 고용된 웹디자이너 △△△는 원고가 수행한 작업과 유사하게 포장디자인 및 웹디자인 업무를 수행하였으나 원고와 달리 매월 일정한 금액의 급여를 지급받은 사실, 이 사건 캐릭터의 제작과정에서 피고들이 원고가 최초로 납품한 도안의 아이들 얼굴을 좀 더 어리게 바꾸어달라는 요구를 한 사실이 있을 뿐 이를 제외하고는 이 사건 캐릭터는 전적으로 저작자인 원고의 재량과 예술적인 감각 및 기술에 의하여 제작된 사실을 인정할 수 있는바, 위 인정사실에 의하면, 이 사건 캐릭터의 작성에 관하여 원고와 피고들 사이에 고용계약 기타 실질적인 지휘·감독관계가 없이 원고는 독립한 지위에서 자기재량에 따라 이 사건 캐릭터를 제작하였다고 할 것이므로, 이 사건 캐릭터는 업무상저작물이라고 할 수 없고, 결국 원고가 이에 대한 저작권을 원시적으로 취득하였다고 할 것이다.

---

1 이 경우 약관 등에 특별한 규정이 없다면, 저작재산권을 양도한 것으로 단정하기도 어렵고, 관행에 따른 이용을 허락한 것으로 볼 수 있는 데 그칠 것이다. 성선제, "온라인 뉴스와 저작권 — 상생의 길," 계간 저작권 2006년 여름호(제74호), 저작권심의조정위원회, 43면 참조.

▷NOTE : 위 판결은 고용관계만이 아니라 '실질적 지휘감독관계'만으로도 '사용관계' 요건을 충족한다고 본 사례의 하나로서, 매월 일정한 금액을 지급받지 않고 각 작업별로 대가를 지급받은 사실을 의뢰자의 지시를 거의 받지 않고 원고의 재량과 예술적인 감각 및 기술에 의하여 저작물을 작성한 점과 함께 고려한 사실을 참고할 필요가 있다고 생각한다.

§10-17-2   ✤ 서울고등법원 2016. 12. 1. 선고 2016나2020914판결 — "발레 안무" 사건

저작권법 제 9 조는 법인 등의 명의로 공표되는 업무상저작물의 저작자는 계약 또는 근무규칙 등에 다른 정함이 없는 때에는 그 법인 등이 된다고 규정하고 있는바, 저작권법 제 9 조에서 규정한 업무상저작물에 해당하기 위해서는 저작물이 법인 등의 업무에 종사하는 자에 의하여 작성되었을 것, 즉 법인 등과 실제 저작자 사이에 고용관계 내지 적어도 실질적인 지휘·감독관계가 인정되어야 한다.

이 사건에 관하여 보건대, 갑 제 1, 6, 7, 11 호증의 각 기재에 의하면, 원고가 작성한 급여대장에는 2012. 3. 무렵부터 2013. 5. 무렵까지의 피고에 대한 월 급여가 기본급과 식대보조금을 합하여 매월 110만 원으로 기재되어 있는 사실, 원고는 피고에게 2012. 3. 22부터 2013. 5. 16까지 총 35회에 걸쳐 합계 4,430여만 원을 지급하였는데 그 중 110만 원을 지급한 내역이 여러 번 존재하는 사실, 원고가 2012. 6. 무렵부터 2013. 5. 무렵까지 피고의 이른바 4대 보험료를 대신 납부한 사실, 피고가 C 및 H 의 예술감독 겸 안무가 직함이 기재된 명함을 가지고 다닌 적이 있는 사실은 인정된다.

그러나 다른 한편, 갑 제 1, 6 호증, 을 제 5 호증의 각 기재에 변론 전체의 취지를 종합하여 인정할 수 있는 다음과 같은 사실과 사정에 비추어 보면, 위 인정사실과 갑 제 10, 22 내지 28 호증의 각 기재, 증인 I의 증언만으로는 피고가 원고의 피용자로서 또는 원고의 실질적인 지휘감독에 따라 이 사건 발레 작품들에 대한 안무를 담당하였다고 보기 어렵고, 달리 이를 인정할 증거가 없다. 따라서 원고의 의뢰에 따라 피고가 안무를 담당한 이 사건 각 발레 작품들 중 무용 부분이 저작권법 제 9 조에서 규정한 업무상저작물이라고 볼 수 없고, 그 저작권은 창작자인 피고에게 귀속한다고 봄이 타당하다. 이와 다른 전제에 선 원고의 주장은 이유 없다.

① 원고는 제 1 심법원에서는 2012. 3. 22.부터 2013. 5. 16.까지 15회에 걸쳐 피고에게 월 급여로 각 110만 원씩을 지급하였다고 주장하다가(2015. 11. 23.자 준비서면), 이 법원에 이르러서는 2012. 3. 22.부터 2013. 1. 3.까지 11회에 걸쳐 피고에게 월 급여로 각 110만 원씩을 지급하였다고 주장을 변경하였고, 제 1 심법원에서 월 급여 지급 내역이라고 주장하던 2012. 11. 10.자 및 2013. 5. 16.자 지급내역은 피고의 이 사건 발레 작품들에 대한 공연 출연료, 이 사건 발레학원 이외의 장소에서 공연연습이 이루어질 경우에 지출된 연습실 사용료, 이 사건 발레 작품들에 대한 공연 시 피고가 무용수들을 관리·지도한 것에 대한 감독비, 이 사건 발레 작품들에 대한 공연시 피고가 무대의상이나 무대장치를 조달한 경우의 그 조달비용 등 명목으로 지급한 것이라고 주장하는 등 원고가 피고를 고용한 기간이나 피고에게 지급한 금원 지급내역과 관련된 원고의 주장에 일관성이 없어 실제로 원고의 주장과 같이 피고에게 월 급여 명목으로 110만 원씩 지급된 것으로 단정하기 어렵다.

② 더욱이 위와 같이 변경된 원고의 주장에 의하면 원고는 2013. 1. 3.까지만 피고에게 월 급여를 지급하였다는 것인데, 앞서 본 바와 같이 원고가 작성한 급여대장에는 원고가 2012. 3. 무렵부터 2013. 5. 무렵까지 피고에게 월 급여로 110만 원씩을 지급한 것으로 되어 있는바, 원고가 작성한 위 급여대

장은 추후에 이 사건 작품들 공연과 관련한 회계처리·세금신고 등을 위한 목적으로 작성된 것으로 볼 여지도 있다.

③ 원고는 공연기획사인 C를 운영하면서 별도의 직원을 고용하여 일상적인 업무를 수행한 것으로 보이지 않고, 원고가 공연을 섭외하여 그 공연일정이 잡히면 피고가 무용수와 스탭진을 구성하여 공연을 한 후 원·피고 사이에 그 비용과 수익 등에 관한 정산이 이루어지는 식으로 공연 업무를 한 것으로 보이는데(그와 같은 과정에서, 원고가 피고 대신 납부한 이른바 4대 보험료도 원·피고 사이의 정산에 반영되고, 피고가 대외활동을 위하여 앞서 본 것과 같은 명함을 사용하였을 가능성도 배제하기 어렵다), 원고는 이 사건 발레 작품들에 대한 공연을 추진하면서 피고에게 그 안무를 의뢰한 것 일 뿐, 그 외에 피고에게 원고가 공연을 계획하거나 추진 중이던 다른 발레 작품들에 대한 안무 작업이나 공연연습을 할 것을 지시한 적은 없는 것으로 보인다.

④ 원고는 피고에게 이 사건 발레 작품들에 대한 안무를 하고 공연연습을 할 수 있는 장소를 별도로 제공하지 않았고, 이 사건 발레학원 이외의 장소에서 공연연습 등이 이루어질 경우 추후에 피고에게 그 비용을 보전해주었을 뿐이며, 피고는 특별한 사정이 없는 한 피고가 운영하는 이 사건 발레학원에서 이 사건 발레 작품들에 대한 안무를 하고 무용수들을 지도하면서 공연연습을 한 것으로 보인다.

⑤ 피고는 원고가 주장하는 고용기간 중에도 이 사건 발레학원을 계속하여 운영한 것으로 보이고, 더욱이 원고의 부탁으로 원고의 아들에게 발레 레슨을 해주고 원고로부터 그 레슨비를 지급받는 등 이 사건 발레 작품들에 대한 안무 및 공연연습 이외의 업무를 해왔는바(원고 역시 피고가 가용한 시간을 활용하여 피고를 위한 작품 활동이나 대외활동을 할 수 있도록 허락한 사실은 자인하고 있다), 이는 통상적인 고용관계에 비추어 볼 때 매우 이례적이다.

⑥ 원·피고 사이에 고용관계가 존재하였음을 알 수 있는 근로계약서 등이 작성된 바가 없고, 원·피고가 2014년 무렵 더 이상 공연 업무를 같이 하지 않게 되었을 때에도 퇴직금 지급 등 고용관계 종료에 따른 정산을 하였다는 사정도 보이지 않는다.

▷NOTE : 위 판결도 실질적 지휘감독관계설을 취한 사례의 하나로서, 그 구체적인 판단기준을 엿볼 수 있는 좋은 사례의 하나라 생각되어 자세히 인용하였다. 위 판결에서도 매월 정액의 급여가 지급되었는지 여부는 중요한 판단 요소가 되고 있음을 알 수 있고, 그 외에 근무장소의 제공 여부, 업무종료시 퇴직금 지급 여부 등을 구체적인 작업 지시 유무 등과 함께 고려하고 있음을 보여주고 있다.[1]

3. 업무상 작성하는 저작물일 것

'업무상 작성'하는 저작물이어야 업무상 저작물이 될 수 있다. '업무상 작성'이란 법인 등의 §10-18 업무에 종사하는 자가 그 업무 범위 내에서 저작물을 작성하는 것을 의미한다. 저작물의 작성 자체가 업무가 되어야 하므로 단지 업무수행에 있어 파생적으로 또는 그 업무와 관련하여 작성되는 경우에 불과할 때에는 여기에 해당하지 않는다. 예컨대 공무원이 업무상 얻은 지식 경험을 바탕

---

1 위 사건에서 원고가 자신이 공동저작자에 해당한다고 주장한 것에 대한 판단 부분에 대하여는 §8-4 참조.

으로 저서를 내는 것 등은 '업무상 작성'이라 할 수 없다.[1] 업무종사자가 법인 등으로부터 직접 지시 또는 명령을 받은 경우는 물론이고, 직접적인 지시나 명령이 없었더라도 통상적으로 법인 등의 업무에 종사하는 자의 직무상 의무수행으로서 예기되거나 예정되어 있는 저작행위를 포함하는 것으로 해석된다.[2]

여기서 판단의 기준이 되는 것은 근무시간이나 근무장소가 아니다. 비록 근무시간 외에 작성된 것이라 하더라도, 또한 정해진 근무장소 외에서 작성된 것이라 하더라도 작성된 저작물의 성격이나 그 맡은 바 직무의 내용 등에 비추어 '업무상 작성'으로 인정할 수 있는 경우가 있을 수 있다. 그런가 하면, 마찬가지 이치로, 근무시간 내에 정해진 근무장소에서 저작물을 작성하였다고 하더라도 그러한 종류의 저작물 작성 행위가 피용자의 직무에 속하지 않는 것이라면 '업무상 작성'에는 해당하지 않는다.[3]

§10-19   이와 관련하여 문제 되는 것 중의 하나가 대학교수의 강의안이다. 미국에서는 대학교수의 강의안의 저작권은 대학당국이 아니라 교수에게 귀속된다는 판례가 있었다.[4] 대학교수의 강의안은 독자적인 것이고 대학당국이 강의안의 내용에 대하여 지시 내지 규율을 할 수 없다는 것이 근거이다. 대학교수뿐만 아니라 교사의 경우에도 적용된 예가 있어 이를 업무상 저작물에 대한 교사의 예외(teacher exception or academic exception)라고 부르기도 한다.[5] 교수나 교사의 강의안 작성은 위에서 본 바와 같은 기준에 의하면, 그 업무 범위에 포함되는 일로서 '업무상 작성'에 해당하는 것으로 볼 수 있는 여지가 크지만, 헌법상 학문의 자유 등과의 관계에서 그 내용의 자율성이 보장된다는 점, 강의안을 토대로 작성된 저서나 연구논문 등의 경우에는 대개 교수 등 개인의 저작물로 인정하는 데 별다른 이론이 없는 점 등에 비추어 볼 때 우리 저작권법의 해석상으로도 교수 등의 강의안은 특별히 법인 등의 저작물로 보아야 할 다른 사정이 없는 한 업무상 저작물로 취급하지 않는 것이 바람직하다고 할 것이다. 그 근거에 있어서 '업무상 작성'이 아니라고 하기가 어렵다면, 작성 시점에 있어서 '법인 등의 명의로 공표될 것'을 예정하지 않은 것이라는 것 또는 그 강의안을 법인 등의 저작물로 보지 않고 교수 등의 저작물로 인정해 온 오랜 관행에 비추어

---

1 박성호, 전게논문, 127면.
2 金井重彦·小倉秀夫 編著, 전게서 [小畑明彦 집필부분], 261면.
3 齊藤博, 전게논문, 239면; 박성호, 전게논문, 128면.
4 Williams v. Weisser, 273 Cal. App. 2d726, 78Cal. Rptr. 542(1969).
5 임원선(책임집필), 전게서, 75면 참조. 강의안이 아닌 시험문제 등의 경우는 업무상 저작물에 해당한다고 본다. 앞에서 '족보닷컴' 사건에 대한 서울고등법원 2007. 12. 12. 선고 2006나110270 판결(§10-12)이 바로 고등학교 시험문제의 저작자가 누구인지가 문제된 사안을 다룬 것인데, 시험문제지에 출제자 표시 없이 학교 명칭만 기재된 경우에는 뒤에서 보는 '공표' 요건(§10-21)도 충족한 것으로 보아, 업무상저작물로서 해당 학교의 설립·경영 주체인 지방자치단체가 저작자인 것으로 인정하였다. 그러나 출제자인 교사의 이름이 문제지에 기재된 경우는 업무상저작물로서의 다른 요건은 갖추었어도 '공표' 요건을 갖추지 못한 것으로 보아 학교 측이 아닌 교사들을 저작자로 인정하였다.

법인 등과 사이에 그 저작자를 교수나 교사로 보기로 하는 묵시적 계약이 있었다는 것을 근거로 삼을 수도 있을 것이다.

판 례

❖서울고등법원 1999. 3. 12. 선고 98나32122 판결 ─ "몬테소리 교재" 사건 §10-20

〈사실관계〉

채무자는 1992년경부터 미주몬테소리교육연구원이라는 상호로 이탈리아의 마리아 몬테소리(Maria Montessori) 여사에 의하여 시작된 몬테소리 교육방법에 의한 교육자재를 판매하고 유치원교사들을 회원으로 모집하여 그들에게 위 교육방법을 지도, 전파하는 사업을 해오던 중, 1994년 5월경 위와 같은 몬테소리교육을 실시하는 유치원, 학원 등의 연합단체인 한국마리아몬테소리교육연합회(이하 몬테소리연합회라 줄인다)를 소외 A로부터 인수한 후, 그 소속 회원들로부터 회비를 받고 그들을 교육하고 세미나를 개최하며 교재를 출판하는 등의 사업을 운영해 왔다.

채권자는 유아교육을 전공한 후 몬테소리선교원이라는 이름의 유치원 등을 운영해 오다가, 채무자가 위 몬테소리연합회를 인수할 즈음에는 그 연합회의 본부장으로 채용되어 기본급 월 500,000원에 원고가 신규회원을 가입시키는 경우 회원 1인당 100,000원씩의 수당을 받기로 하고 회원들의 관리, 교육 업무에 종사해 왔다.

당초 몬테소리교육연구원이나 몬테소리연합회에서는 프뢰벨사에서 만든 몬테소리 교재를 가지고 회원들을 교육하였고 소속유치원들에서는 기존의 위 몬테소리 교재에 각각의 구체적인 학습안을 만들어 교육을 하고 있었는데, 채무자는 이러한 학습안들을 종합, 편집하여 표준적인 교재를 만들기 위하여 책의 제목을 맥프로그램이라 하고 유아들의 연령별, 단계별로 그림과 교재를 달리하는 학습안을 만들기로 구상해 오다가, 1994. 7.경 몬테소리연합회 내에 팀(team)을 만들고 위 구상에 따른 학습지를 집필하는 작업을 시작하였고, 이 때 채권자는 자신이 교재로 사용하면서 정리하여 놓은 기존의 몬테소리 교재와 각 유아원에서 사용중인 학습안들을 종합 편집하여 이 사건 저작물의 원고(原稿)를 작성하고, 채무자의 직원인 소외 B가 전산편집을, 소외 C가 일러스트 등의 작업을 하고, 기타 아르바이트생들의 작업까지 더하여 1995. 2. 3.경 몬테소리 맥 프로그램이라는 이름의 학습지를 완성하였고, 이후 채권자를 '편저자'로 표시한 상태로 출판되기에 이르렀다.

한편, 채권자는 이 사건 저작물 판매수입의 10%를 채무자로부터 저작권료로 지급받기로 약정하였다.

〈법원의 판단〉

위 인정사실에 의하면, 이 사건 저작물은 채권자가 정리하여 사용하던 기존의 몬테소리 교재와 기존에 회원들에게 제공하기 위하여 집필한 부교재 등을 종합 편집하여 저작한 것으로서 이 사건 저작물의 저작권자는 채권자라고 할 것이다(이에 대하여 채무자는, 이 사건 저작물은 채무자 경영의 몬테소리연합회의 직원이었던 채권자가 채무자의 기획과 지시에 의하여 업무상 작성한 것일 뿐이므로 그 저작권이 단체인 위 연합회에 있다는 취지로 항쟁하나, 채무자가 이 사건 저작물의 저작과 출판에 필요한 기획을 하고 작업팀을 구성하여 저작활동을 지시하였다 하더라도 평소 수령하고 있던 월 500,000원의 급여 이외에 별도의 비용을 수령함이 없이 채권자가 위 저작활동을 수행한 이상 수령한 급여액수에 비추어 볼 때 채권자가 순수한 채무자의 피용자로서 채무자의 비용지출하에 위 학습지를 저작하였다고 인정하기는 어려우므로 채무자의 위 주장은 이유 없다).

▷NOTE : 보수액이 너무 낮고, 채권자가 집필의 창작성 있는 부분을 전적으로 담당하였으며, 10%의 저작권료 지급 약정을 한 점, 출판시 '편저자' 명을 채권자로 한 점 등에 비추어 볼 때 업무상저작물이라고 보기 어려우므로 판지에 찬동한다.

4. 법인 등의 명의로 공표될 것

(1) 일반 저작물의 경우

§10-21   위 1 내지 3의 요건은 '업무상저작물'이 되기 위한 요건이지만, 여기서부터는 업무상저작물의 저작자를 법인 등으로 보기 위한 요건이다. 저작권법 제 9 조는 컴퓨터프로그램저작물이 아닌 일반저작물의 경우 업무상저작물이라 하더라도 법인 등의 명의로 공표되는 것이어야만 법인 등이 저작자가 되는 것으로 규정하고 있다. 이 요건은 법인 등의 명의로 공표되는 것으로 예정되어 있다면 실제의 저작자가 저작인격권을 행사하지 않기로 하는 전제하에 저작이 이루어진 것으로 볼 수 있을 것이라는 점에서 저작인격권을 법인 등에게 귀속시키기 위한 근거로서의 성격을 가지는 측면도 있고,[1] 저작물의 이용질서 유지를 위해 법인 등 사용자가 저작물의 저작자가 될 경우 이를 제 3 자가 쉽게 인식할 수 있도록 하기 위한 공시의 수단으로 규정한 요건이라고 볼 수 있는 측면도 있다.[2]

§10-22   이와 관련하여 2006년 법 개정 전에는 제 9 조 단서에서 "기명저작물의 경우에는 그러하지 아니하다"고 규정하고 있었으나 개정법에서 그 단서 규정을 삭제하였다. 법인 등에서 작성자의 이름을 표시하도록 하는 것은 실질적으로는 작성자의 인격적 이익을 보호하기 위한 배려일 수 있는데, 법의 단서규정이 그러한 배려를 오히려 가로막을 수 있다는 것을 고려한 것이다. 그러나 현행법상으로도 법인 등의 명의로 공표되는 것일 것을 요하고 있으므로 단서가 없어졌다고 하여 해석상의 어려운 문제가 사라진 것은 아니다. 가장 문제 되는 것은 법인 등의 명의와 작성자의 명의가 함께 표시되어 있는 경우인데, 그 작성자의 명의가 저작명의를 기재한 것으로 볼 수 있는 경우에는 '기명저작물'의 경우에 대한 단서조항이 삭제된 현행법상으로도 법인 등의 명의로 공표된 것으로 보기 어려워 결론은 마찬가지가 될 것이다. 다만 그 작성자의 이름 표시가 저작인격권

---

1 田村善之, 전게서, 382면 참조.
2 박성호, 전게논문, 128면 참조.

을 보장하기 위한 저작명의로서의 표시가 아니라 업무분담과 책임소재를 분명히 하기 위한 목적에 기한 것이라고 볼 수 있을 경우에는 그러하지 아니하다.[1] 기자들의 일반 기사에 기자의 이름을 기재한 경우가 그러한 경우에 해당할 가능성이 많다.[2]

또한 2006년의 법 개정 전에는 저작권법 제 9 조가 미공표 저작물에도 적용되는가에 대하여 긍정설과 부정설이 대립하고 있었으나 법 개정으로 '공표된'의 과거형이 아니라 '공표되는'의 현재 및 미래형의 표현이 사용된 이상 부정설은 근거를 잃게 되었다고 생각된다. 즉 아직 공표되지 않은 저작물이라도 법인 등의 명의로 공표될 것으로 예정되어 있다면 제 9 조의 요건을 충족하는 것으로 볼 수 있다. 그것이 법개정의 취지이다.

§10-23

공표가 예정되어 있지는 않지만 '만약 공표한다고 가정하면 법인 등의 명의로 공표될' 저작물인 경우는 어떠한가? 이 경우 공표 요건을 만족할 수 있을지에 대하여는 긍정설과 부정설이 대립한다. 1) 부정설은 '공표하는'이라는 문언을 위와 같은 저작물에까지 확대하여 해석하는 데는 무리가 있고 이를 긍정하면 공표 요건을 두지 않은 프로그램의 경우와 아무런 차이가 없게 되어 요건 자체가 무의미하게 된다는 취지로 주장한다. 이에 반하여 2) 긍정설은, 예를 들어 관청이나 기업에서 내부문서로 작성한 저작물이 작성자 개인의 저작물이 되어 그의 배타적인 권리에 속하게 된다고 보는 것은 법인 등이 이러한 저작물을 업무상 취급함에 있어서의 편의를 도모한다고 하는 저작권법의 규정 취지에 반하는 것이 되어 현실적으로 문제가 있고, 공표 요건을 두지 않은 프로그램의 경우에는 저작물의 창작시에 무명이나 업무종사자 개인의 명의로 공표하는 것이 예정되어 있는 저작물도 법인 등이 저작자가 된다는 점에서 다르므로 긍정설의 입장을 취하더라도 공표 요건이 완전히 무의미하게 되는 것은 아니라고 주장한다.[3] 긍정설의 입장이 현실적인 면에서 타당하다고 생각되는 측면이 있다고 생각된다.[4] 다만 긍정설을 취하더라도 해당 저작물이 실제 업무에 지속적으로 활용되는 등으로 법인 등 사용자에게 권리를 귀속시킬 필요성은 높은 반면, 저작자의 인격적 이익에 대한 배려의 필요성은 극히 낮은 경우에 한하여 그렇게 볼 것이고,

§10-24

---

1 현행법에 대한 해석인 임원선(책임집필), 전게서, 76면 참조.

2 오승종·이해완, 전게서, 228면 및 박성호, 전게서, 227면 참조. 그러나 'ㅇㅇㅇ 칼럼'이나 'ㅇㅇㅇ코너'와 같은 이른바 신문 칼럼의 경우에는 통상의 신문기사와는 달리 필자 개인에 의한 저작물로서의 특성이 부각되어 있다는 점에서 필자의 저작명의로 공표된 것으로서 "법인 등의 명의로 공표될 것"이라는 요건을 갖추지 못한 것으로 보아야 할 것이다(同旨 박성호, 전게서, 227면). 저작권법 제 9 조 해석을 둘러싼 분쟁을 예방하고 저작물에 대한 회사 측과 피용자 측의 서로 다른 이해관계를 적절히 조정하기 위해서는 각 언론사에서 노사협의를 통해 저작권 귀속에 관한 내부규정을 마련해 두는 것이 바람직한 방향인 것으로 생각된다(同旨 박성호, 전게서, 227면).

3 加戶守行, 전게서, 117~118면; 田村善之, 전게서, 384면; 金井重彦·小倉秀夫 編著, 전게서 [小畑明彦 집필부분], 262~263면 참조.

4 이에 대한 반대견해로서, 박성호, 전게서, 224~225면은 공표가 예정된 것까지만 공표요건을 충족한 것으로 보고, 공표가 예정되지 않은 것도 '만약 공표한다고 가정하면 법인 등의 명의로 공표될' 경우에 대하여 공표요건을 충족한 것으로 보지는 않는 입장을 취하고 있다.

그렇지 않은 경우에까지 이러한 가정적 판단을 확대적용하는 것은 타당하지 않을 것이다.1

§10-24-1

판 례

❖ 광주지방법원 2012. 4. 19. 선고 2011나15427 판결

업무상 저작물이란 법인·단체 그 밖의 사용자의 기획 하에 법인 등의 업무에 종사하는 자가 업무상 작성하는 저작물로(저작권법 제 2 조 제31호), 저작권법 제 9 조는 "법인 등의 명의로 공표되는 업무상 저작물의 저작자는 계약 또는 근무규칙 등에 다른 정함이 없는 때에는 그 법인 등이 된다."고 규정하고 있어서 계약 또는 근무규칙에서 다른 사항을 정하지 않은 경우에는 법인 등의 명의로 공표되는 업무상 저작물은 법인 등이 그 저작자로 된다. 2006년 저작권법을 개정하면서 위 조항의 문언 중 '공표된'을 '공표되는'으로 변경하였는데, 이러한 변경의 이유는 종전에는 법인 등의 명의로 공표된 저작물에 한정하여 업무상 저작물로 인정하여 공표되지 않은 저작물에 대해서는 누구의 저작물인지 의견이 분분하였으므로, 비록 공표되지 않은 상태이더라도 공표를 예정하고 있다면 그 저작자를 법인 등으로 보아 법적 안정성을 확보하기 위한 것으로 봄이 타당하다. 따라서 이러한 입법취지를 고려할 때, 법인 등의 명의로 공표할 예정으로 작성한 저작물이라면 비록 공표되지 않았다 하더라도 저작권법 제 9 조에 의하여 법인 등이 저작권자가 된다고 할 것이다.

▷NOTE : 위 판결은 신문사의 기사와 관련하여 법인 등의 명의로 공표되지 않았더라도 공표가 예정된 경우는 공표요건을 충족한 것으로 보는 학설의 입장에 따라 판단한 사례의 하나이다. 구체적으로는 원고 신문사의 기자가 작성한 기사가 원고 발행의 신문에 게재되지 않았고, 그 계열사 발행의 신문에는 원고 명의가 생략된 채로 게재되었지만, 피고에게는 원고 명의를 표시할 것을 전제로 전재를 허락한 사실이 있다는 점에서 원고신문사 명의로 공표가 예정된 경우에는 해당한다고 하여 업무상저작물의 요건을 충족한 것으로 판단함으로써, 원고 신문사가 그 기사의 저작자인 것으로 보았다.

(2) 컴퓨터프로그램저작물의 경우

§10-25

프로그램의 경우에는 법인 등 명의로 공표될 것을 업무상저작물의 요건으로 하지 않으므로, 법인 등 명의로 공표되지 않더라도 다른 요건만 모두 충족하면 업무상저작물이 성립할 수 있다.2 본래 업무상저작물과 관련하여 구 컴퓨터프로그램보호법의 관련 규정이 저작권법의 규정과

---

1 신문사의 사진기자가 과거 재직 중에 당시의 생활상을 현장에서 담아 촬영한 사진들 중에서 해당 신문 등에 공표되지 않았던 것의 저작권 귀속이 문제된 사건에서 법원은 "원고가 △△일보사에 사진기자로 재직할 당시에 이 사건 사진들을 직접 촬영하였지만 △△일보에 게재되거나 △△일보사 명의로 공표된 적이 없으므로 업무상 저작물이 아니므로 그 저작자는 원고로 인정할 수 있다"고 판시한 바 있는데(서울중앙지방법원 2007. 5. 3. 선고 2005가합64823 판결), 이러한 경우, "만약 공표한다고 가정하면 법인 등의 명의로 공표될 저작물"이라고 하여 업무상저작물에 해당하는 것으로 보는 것은 타당하지 않다고 생각한다.

2 피용자에 의하여 작성된 컴퓨터프로그램저작물이 사용자 명의로 공표된 바 없고 사용자와 피용자의 공동명의로 등록이 되어 있는 경우에도 법원은 위와 같은 저작권법 규정을 들어 "그 공표 또는 등록 명의에 관계없이 법인 등의 기획

다른 가장 중요한 차이점은 저작권법의 규정이 법인 등을 저작자로 보기 위한 요건의 하나로 법인 등 명의로 공표될 것을 들고 있음에 반하여 컴퓨터프로그램보호법에서는 그러한 요건을 삭제한 점[1]에 있었는데, 동법과 저작권법을 통합한 2009. 4. 22. 개정 저작권법에서도 동법의 그러한 규정취지를 수용하여 업무상저작물에 관한 제 9 조의 단서에 "프로그램의 경우 공표될 것을 요하지 아니한다"는 것을 명시하고 있기 때문이다.

프로그램의 경우 '공표' 요건을 없앤 제도적 취지로는, ① 프로그램을 개발하는 과정에서 종업원이 소스코드를 빼내어 따로 개발한 후 이를 공표함으로써 오히려 법인 등에 대하여 저작권 침해 주장을 할 수 있으므로 분쟁의 소지가 있다는 것, ② 프로그램은 영업비밀에 해당하여 법인 등에서 전략적으로 공표하지 않는 경우가 많은데, '공표요건'을 그대로 둘 경우 법인 등은 프로그램의 저작권을 취득하기 위하여 개발한 모든 프로그램을 공개하여야 하므로 영업비밀로서 가지는 기회이익을 상실하게 되는 등 문제점이 발생한다는 것 등이 들어진다.[2] §10-26

5. 계약 또는 근무규칙 등에 다른 정함이 없을 것

위에서 본 바와 같은 모든 요건을 갖춘 경우에도 계약이나 근무규칙 등에 다른 특별한 규정이 있으면 그것이 우선한다. 당사자 사이에 창작자 개인의 인격적 이익을 보호할 필요가 있다고 인정될 경우 원칙대로 업무종사자를 저작자로 할 수 있는 가능성을 열어 두기 위한 규정이다.[3] §10-27

그러나 실제로는 위 규정의 취지에 따른 계약이 체결되기보다는 오히려 법상의 요건을 갖추지 못한 경우에까지 확대하여 법인 등의 저작물로 보는 계약이 체결되는 경우가 많은 것으로 보인다. 다만 위에서 나열한 요건의 어느 것 하나라도 충족하지 못한 경우에는 비록 계약 등에 법 §10-28

하에 법인 등의 업무에 종사하는 자가 업무상 창작한 프로그램이라면 업무상 저작물에 해당하고, 앞서 본 바와 같이 이 사건 저작물이 업무상 저작물임이 밝혀진 이상 공동 등록명의인인 원고가 공동 저작권자라는 추정도 이미 깨어졌다 할 것이다"라고 판시한 바 있다(서울고등법원 2007. 2. 6. 선고 2004나89440 판결). 사안에 따라 다를 수는 있지만, 사용자의 의사에 기하여 공동명의로 등록이 되어 있다면, 해당 컴퓨터프로그램저작물 작성 시에 당사자 간에 그 피용자를 공동저작자로 보기로 하는 묵시적 계약이 있었거나 사후에 저작재산권 공유지분의 양도가 있었다고 볼 여지가 있을 것이다(§10-29 참조).

1 컴퓨터프로그램보호법에서도 처음에는 저작권법과 마찬가지로 '법인 등의 명의로 공표될 것'을 요건으로 규정하였는데, 이에 대하여는 제정 당시부터 "프로그램의 업무상 창작은 수시로 일어나고 법인 등이 이를 일일이 파악하여 자기의 저작명의로 공표하는 것도 쉬운 일이 아니므로 법개정을 통하여 이러한 요건을 삭제하여야 한다"는 의견이 있었고, 그 후의 법집행 과정에도 문제점이 드러나 1994. 1. 5. 개정법에 의하여 개정하게 된 것이다.

2 문화체육관광부·한국저작권위원회, 개정 저작권법 해설, 2009, 22면.

3 田村善之, 전게서, 386면; 金井重彦·小倉秀夫 編著, 전게서 [小畑明彦 집필부분], 264면 참조. 다만 이와 같이 계약 등에 의하여 저작자의 지위를 다르게 할 수 있도록 규정한 것에 대하여는 입법론적으로 의문을 제기하는 견해가 있다. 이 견해에 의하면, 저자자의 지위에 따른 법률효과를 사인간의 계약으로 변경할 수 있도록 하는 것은 바람직하지 않으며 강행규정으로 하는 것을 검토해 볼 필요가 있다고 한다. 임원선(책임집필), 전게서, 78~79면 참조. 이러한 견해는 법리적인 면에서 경청할 만한 것이라 할 수 있으나, 강행규정으로 할 경우 당사자간의 계약으로 저작재산권을 창작자에게 양도할 수는 있으나 '저작인격권'을 창작자에게 부여할 수 있는 가능성은 배제된다는 점에서 숙고를 요한다고 하겠다.

인 등을 저작자로 한다고 하는 특약이 있다고 해도 법인 등이 저작자가 될 수는 없다. 법 제 9 조에서 정하고 있는 바와 같은 특칙 규정이 있는 경우를 제외하고는, 일반적으로 저작자의 지위 는 법에 의하여 결정되는 것으로서 당사자 사이의 의사표시에 의해 저작자의 지위를 변경할 수는 없기 때문이다.[1] 다만 그 경우에 그 특약을 저작재산권 양도(§13-67 이하 참조)의 취지로 보아 그 범위 내에서 효력을 인정할 수는 있다. 이 때 일신전속권인 저작인격권은 양도할 수 없는 것이므 로(§12-90 참조) 여전히 창작자가 행사할 수 있는 것으로 보아야 한다.

§10-29 　그리고 위 규정상의 계약이나 근무규칙 등은 저작물의 작성시에 존재하여야 한다. 법인 등이 저작자가 된 후에 계약 등에서 법인 등으로부터 업무종사자로 저작자의 지위가 변동되게 되면 법 적 안정성을 해하여 부당한 결과를 낳을 수 있기 때문이다.[2] 그 경우에도 저작재산권 양도의 효 력은 인정될 수 있다.

§10-30 　한편, '근무규칙 등'이라고 한 것에는 근무규칙 외에 단체협약, 취업규칙 또는 저작물취급규 정 등이 포함될 수 있으며, 근로자에게 유리한 내용이라는 점에서 사용자가 일방적으로 규정한 것도 그 효력을 인정하는 취지라고 볼 수 있다.[3]

Ⅲ. 효　과

1. 법인 등의 저작자 지위 취득

§10-31 　위에서 본 5가지 요건을 모두 충족한 경우에는 법인 등 사용자가 업무상저작물의 저작자가 된다. 따라서 법인 등이 그 저작자로서 저작재산권과 저작인격권을 모두 원시적으로 취득하게 되 며, 실제 창작한 자연인에게는 아무런 저작권이 인정되지 않는다.

　법인 등이 취득하는 저작권에는 저작재산권의 모든 지분권(§13-1 이하 참조)뿐만 아니라 저작 인격권의 모든 지분권(§12-1 이하 참조)도 포함된다. 저작인격권 중 공표권에 대하여는 법 개정 이 전에 미공표 저작물에 대하여 공표 요건을 충족할 수 없는 것으로 본 부정설의 입장에서는 사실 상 행사할 가능성이 없는 것으로 보았으나, 현행법은 긍정설의 입장을 입법적으로 취하였으므로 미공표저작물도 제 9 조의 요건을 충족할 수 있고 그 경우 법인 등이 공표 여부를 결정할 인격적 권리로서의 공표권을 행사할 수 있는 것으로 보아야 할 것이다.

---

1 加戶守行, 전게서, 118면; 金井重彦·小倉秀夫 編著, 전게서 [小畑明彦 집필부분], 264면 참조.
2 田村善之, 전게서, 386면; 金井重彦·小倉秀夫 編著, 전게서 [小畑明彦 집필부분], 264면 참조.
3 田村善之, 전게서, 386면 참조.

2. 보호기간

저작권법 제41조는 '업무상저작물의 보호기간'이라는 제목하에 "업무상저작물의 저작재산권   §10-32
은 공표한 때부터 50년(2013. 7. 1.부터는 70년)간 존속한다. 다만, 창작한 때부터 50년 이내에 공표
되지 아니한 경우에는 창작한 때부터 50년(2013. 7. 1.부터는 70년)간 존속한다"고 규정하고 있다(자
세한 것은 §16-16 이하).

이 규정의 해석과 관련하여 문제가 되는 것은 2006년 개정 저작권법에서 '단체명의 저작물'이
라는 용어를 버리고 '업무상저작물'이라는 용어만 사용하면서 위 규정에서 말하는 '업무상저작물'
이 무엇을 말하는 것인지가 불분명하다는 점이다. 즉 개정법은 제 2 조 제31호에서 위에서 본 요
건 1 내지 3을 포함하여 '업무상저작물'에 대한 정의를 한 후 제 9 조에서 다시 '업무상저작물의 저
작자'라는 제목하에 추가적인 4, 5의 요건을 붙여 법인 등이 저작자가 되는 효과를 부여하고 있는
바, 위 제41조에서 말하는 '업무상저작물'이 제 2 조 제31호에 해당하는 것을 말하는 것인지 아니
면 제 9 조의 요건을 모두 갖춘 것을 의미하는 것인지가 불분명한 것이다. 학설상으로도 견해가 나
뉠 수 있는 문제이다. 법문만 가지고 분석하면 제 2 조 제31호의 정의규정에 해당하는 것은 모두
제41조의 '업무상저작물'에 포함된다고 보는 견해[1]도 일리가 있다. 그러나 제41조의 입법취지는
법인 등이 저작물이 되는 경우에는 사망시점을 기준으로 하는 자연인에 대한 보호기간의 일반원
칙을 적용하기가 곤란하다는 데 있는 것으로 볼 것이고, 제 9 조의 요건을 충족하지 못하여 자연인
인 창작자를 저작자로 보게 되는 경우에 보호기간에 대한 일반원칙을 적용하지 않아야 할 특별한
이유를 찾기가 어려우며, 그 경우 일반원칙과 다른 예외를 인정하는 것은 제 3 자에 대한 관계에서
도 오히려 혼란을 초래할 가능성이 높으므로, 개정법 제41조의 '업무상저작물'은 제 9 조의 요건을
갖춘 업무상저작물을 의미하는 것으로 보는 것이 실질적인 견지에서 타당하다고 생각된다.[2]

결국 업무상저작물의 정의 규정에는 해당하지만 제 9 조의 요건을 갖추지 못한 경우에 대하
여는 그 저작자의 저작재산권이 제39조의 원칙에 따라 저작자 사망 후 50년(2013. 7. 1.부터는 70년)
간 보호되는 것으로 볼 것이고, 제 9 조의 요건을 갖춘 경우에는 법인 등 사용자의 저작재산권이
위 제41조의 규정에 따라 원칙적으로 공표일로부터 50년(2013. 7. 1.부터는 70년)간 보호되며, 창작
한 때로부터 50년 이내에 공표되지 않은 경우에는 예외적으로 창작일로부터 50년(2013. 7. 1.부터는
70년)간 보호된다.

한편 저작인격권은 일신전속적인 권리로서 저작권법은 저작자의 사망이나 소멸 후 그 인격   §10-33

---

1 임원선(책임집필), 전게서, 78면이 그러한 입장을 취하고 있다.
2 일본 저작권법 제53조는 그러한 취지로 규정하고 있다.

적 이익을 보호하는 규정(§12-94 이하 참조)은 마련하고 있지만, 저작인격권의 존속기간을 사망이나 소멸 후에도 존속하도록 규정하고 있는 것은 아니다. 따라서 저작인격권은 법인 기타 조직의 경우 해산이나 소멸시점까지 존속하고, 자연인인 사용자의 경우 그 사망시점까지 존속한다. 저작재산권이 공표일로부터 50년(2013. 7. 1.부터는 70년)이 경과하여 소멸한 경우에도 저작인격권은 위 각 시점까지 존속할 수 있고, 그 역(逆)도 성립한다.

제4장

저작자의 권리

copyright law

저작자의 권리

저작권 일반

Ⅰ. 저작권의 개념과 범위

§11-1   저작권은 저작자가 저작물을 작성함으로써 취득하게 되는 저작권법상의 권리라고 할 수 있다. 저작권법 제10조는 '저작권'이라는 표제하에 "① 저작자는 제11조 내지 제13조의 규정에 따른 권리(이하 "저작인격권"이라 한다)와 제16조 내지 제22조의 규정에 따른 권리(이하 "저작재산권"이라 한다)를 가진다. ② 저작권은 저작물을 창작한 때부터 발생하며 어떠한 절차나 형식의 이행을 필요로 하지 아니한다"고 규정하고 있다. 저작권법에 의하면 저작권은 저작권법의 규정에 의하여 저작자가 가지는 저작인격권과 저작재산권으로 구성되며, 어떠한 절차나 형식의 이행도 요하지 않고 저작물을 창작한 때에 발생하는 것으로 규정되어 있는 것이다. 저작인격권에는 다시 공표권(제11조), 성명표시권(제12조), 동일성유지권(제13조)의 세 가지 권리가 포함되고, 저작재산권에는 복제권(제16조), 공연권(제17조), 공중송신권(제18조), 전시권(제19조), 배포권(제20조), 대여권(제21조), 2차적저작물작성권(제22조) 등의 권리가 포함된다.

§11-2   저작권의 구체적인 내용은 나라마다 차이가 있다. 예컨대 저작인격권으로서 우리나라에서는 인정하지 않는 철회권(right of recall),[1] 접근권(right of access)[2] 등의 권리를 인정하는 나라들이 있

---

1 원작철회권이라고도 한다. 저작자가 출판 등을 통해 자신의 저작물을 이용할 수 있게 한 후에 신념(확신)의 변경 등

는가 하면, 저작재산권의 종류도 나라에 따라 다르게 정하고 있는 부분들이 있다. 그러나 전체적으로는 국제협약 등을 통해 대체로 유사한 권리들을 인정하는 방향으로 나아가는 '보편화' 추세에 있다고 할 수 있다.

강학상으로 저작권의 개념을 말할 때, 협의의 저작권은 저작재산권만을 일컫는 것으로, 광의의 저작권은 저작재산권과 저작인격권이 포함된 개념으로, 최광의의 저작권은 거기서 더 나아가 저작인접권과 출판권 등을 포함하는 개념으로 사용하는 경우가 많다. 그러나, 우리 저작권법은 위와 같이 제10조에서 저작권의 개념을 저작인격권과 저작재산권을 포괄하는 개념으로 사용하고 있음을 분명히 하고 있다. 따라서 우리 저작권법상은 협의, 광의 등으로 나눌 것도 없이 저작권은 저작인격권과 저작재산권의 상위개념으로서 이 두 가지 권리를 포괄하는 개념으로만 파악하여야 할 것이다. 저작인접권과 출판권 등은 저작권법에서 인정하는 권리이긴 하지만 저작물의 창작에서 비롯된 저작자의 권리가 아니므로 저작권이라고 하기에는 적합하지 않고 단지 '저작권법상의 권리'에 해당할 뿐이다. §11-3

Ⅱ. 저작권의 발생 — 무방식주의

위에서 본 바와 같이 저작권법 제10조 제 2 항은 "저작권은 저작물을 창작한 때부터 발생하며 어떠한 절차나 형식의 이행을 필요로 하지 아니한다"고 규정하고 있다. 이것은 기본적으로 베른협약상의 '무방식주의'(§33-13)에 입각하고 있는 것이다. 무방식주의란 저작물의 창작으로 저작권은 자동으로 발생하며 다른 아무런 방식이나 절차를 요하지 않는 것을 의미한다. §11-4

우리나라뿐만 아니라 베른협약 가입국들은 모두 저작권 표시, 등록, 납본 등의 어떠한 방식이나 절차도 저작권 발생의 요건으로 삼지 않는 입장을 채택하고 있다. 우리나라의 저작권법상 저작권등록에 관한 규정이 있으나 그것은 주로 권리변동 등에 있어서의 '대항요건'의 의미를 가지는 것이고 저작권 발생 또는 취득의 요건으로 규정된 것은 아니다.

저작물의 창작시점에 저작권이 발생한다고 할 때의 의문점으로는, 저작물을 완성하기까지 여 §11-5

을 이유로 그 이용권을 철회할 수 있는 권리를 말한다. 대개 출판권자(또는 용익권자) 등에 대한 사전 보상을 전제로 하고 있다. 독일(저작권법 제42조), 프랑스(지적재산권법 제121조의4), 일본(저작권법 제84조 제 3 항-출판권소멸청구권의 한 유형으로 규정되어 있다), 이탈리아 등에서 입법례를 찾을 수 있으나, 계약은 지켜져야 한다는 원칙과 충돌하게 되는 문제점도 있어서 국제적으로 일반화, 보편화된 권리는 아니다. 그러나 저작자의 저작인격권을 두텁게 보호한다는 차원에서 우리 저작권법상으로도 도입을 검토해 볼 필요가 있다고 생각된다. 황적인·정순희·최현호, 著作權法, 法文社, 1990, 252~254면 참조.

2 원작접촉권이라고도 한다. 저작자가 원작품 또는 복제물의 점유자에 대하여 점유자의 정당한 이익에 반하지 않는 한 원저작물 또는 그 복제물에의 접근을 요구할 수 있는 권리를 말한다. 독일 저작권법에서 인정하고 있는 권리로서, 우리 저작권법에서는 인정하지 않고 있다. 자세한 것은 황적인·정순희·최현호, 상게서, 254~256면 참조.

러 가지 과정이나 프로세스가 있을 경우 아직 미완성인 상태에서도 저작물이 '창작'된 것으로 인정할 수 있을까 하는 것이 있을 수 있다. 이 의문은 저작물성의 요건에 대한 판단으로 풀어야 한다. 즉, 저작권법 제2조 제1호에서 " '저작물'은 인간의 사상 또는 감정을 표현한 창작물을 말한다"고 규정하고 있으므로 '완성' 여부를 떠나서 저작자가 작성한 부분이 '인간의 사상 또는 감정'에 대한 '표현'으로서 '창작성'을 가지고 있어 저작물로 볼 수 있는 정도만 되면 그 시점에서 저작물의 창작은 이루어진 것으로 볼 수 있다. 결론적으로 원고나 악보 등을 작성하는 중에 있어 아직 '미완성'의 상태에 있다 하더라도 그 작성된 부분만으로 저작물성을 가진다면 이미 그에 대해 저작권이 발생하는 것으로 볼 것이다.

§11-6　　무방식주의의 대척점에 있는 것이 방식주의이다. 방식주의는 저작권의 발생 또는 취득을 주장할 수 있기 위해서는 일정한 방식 또는 절차를 요하는 입장을 의미한다. 국제적으로는 세계저작권협약(UCC)이 저작권의 보호조건으로 ⓒ 표시를 요구하고 있어(§34-8) 방식주의를 취한 예라고 할 수 있고, 중남미의 여러 나라들이 이와 같은 방식주의를 취하고 있다. 또한 1978. 1. 1.부터 시행된 미국 저작권법에서는 미발행의 저작물도 동법에 의하여 보호함과 동시에, 발행된 저작물에 대하여 그 저작권을 유효하게 주장할 수 있기 위해서는 저작물(음반을 포함한다)의 복제물에 반드시 ⓒ(음반의 경우는 ⓟ) 등의 기호, 최초발행연도 및 저작권자의 성명 또는 명칭 등으로 구성되는 '저작권 표시'를 해 두지 않으면 안 되고, 또한 저작권 보호의 조건은 아니지만, 저작권 침해에 대한 소송은 저작물이 발행되어 있는지 그렇지 않은지를 불문하고 그 저작물의 복제물을 납본(음반의 경우는 납입)하여 저작권등록을 받은 연후에만 제기할 수 있는 것으로 규정하고 있었다. 베른협약 가입 후에 미국은 1988년 10월에 저작권법을 개정하여(시행시점은 1989. 3. 1.) 저작권 보호의 조건으로 되어 있던 '저작권 표시' 의무를 폐지함과 동시에 등록의무에 대한 규정도 개정하여 국제법상 무방식주의에 부합되도록 하였다. 그러나 시각예술저작물에 대한 저작인격권 침해의 경우를 제외하고는 여전히 사전등록을 하였거나 새로 등록을 마치기 전에는 '미국 저작물'에 대한 저작권 침해소송을 제기할 수 없도록 하는 제한규정을 두고 있고(제411조 (a)), 등록을 법정손해배상 및 변호사비용 청구의 선결요건으로도 규정하고 있어(제12조), 국내법적인 차원에서는 방식주의를 완전히 탈피하지 않고 있는 부분이 있다.

　　이상에서 본 바와 같이 아직도 일부 나라들에서 ⓒ 표시를 중심으로 한 방식주의를 취하고 있는 예가 있고, 미국의 경우는 방식주의를 공식적·대외적으로는 버렸지만 소송의 실제에 있어서는 방식주의를 따른 경우가 유리하게 취급되고 있는 점 등을 감안하여, 국제적인 이용상황을 대비할 경우에는 우리나라의 저작물에도 ⓒ 표시 등을 적절히 하는 것이 바람직한 측면이 있다.[1]

---

1 加戶守行, 著作權法逐條講義(五訂新版), 著作權情報センター, 2006, 155면 참조.

한편, 우리나라에서 한·미 FTA의 이행을 위한 2011. 12. 2.자 개정 저작권법에서 법정손해배상제도를 도입하면서 이를 저작권등록제도와 연계시키는 조항을 둠으로써(제125조의2 제 3 항), 개정법상의 법정손해배상을 청구하기 위해서는 침해행위가 일어나기 전에 저작권등록이 이루어져 있어야 하는 제한이 있다(§28-39 참조). 이로 인해 국내적인 면에서도 저작권등록의 중요성이 높아졌다고 할 수 있다.

Ⅲ. 저작권이원론과 저작권일원론

1. 서 언

저작권의 권리구성에 있어서 저작인격권과 저작재산권의 관계를 어떻게 볼 것인지 하는 문제와 관련하여 전통적으로 두 권리의 관계를 이원적(二元的)으로 파악하는 저작권이원론(著作權二元論)과 일원적(一元的)으로 파악하는 저작권일원론(著作權一元論)의 입장이 대립하여 왔다. 뒤에서 보는 바와 같이 우리나라 저작권법은 이 두 가지 학설 중 저작권이원론의 입장을 취하고 있음이 비교적 분명하지만, 각 학설의 내용을 살펴보고 관련 입법례 등을 검토해 보는 것은 저작권의 법리적 이해에 도움이 되는 면이 있으므로 이곳에서 소개하기로 한다.

§11-7

2. 저작권이원론

이 학설은 저작권이 저작인격권과 저작재산권으로 이루어진 것이라 하여 저작권의 내용으로서 저작인격권과 저작재산권을 병행적으로 인정하는 견해이다.[1] 즉 이 학설에 의하면, 저작권은 각각 서로 독립한 권리인 저작인격권과 저작재산권으로 구성되어 있는 권리의 집합체이며, 이 두 가지 권리는 양도, 상속, 소멸 등의 권리변동에 있어서 각각 다른 과정을 거치는 것이라고 한다.

§11-8

첫째, 저작권의 양도에 관하여 보면, 저작인격권은 일신전속적인 권리이므로 양도할 수 없으나 저작재산권은 양도할 수 있다. 저작권일원론에서는 '설정적 양도'만 인정하기도 하나, 저작권이원론에서 인정하는 양도는 '설정적 양도'가 아니라 '승계적 양도'의 의미를 가진다.

둘째, 저작권의 상속에 관하여 보면, 저작재산권은 재산적 권리의 성격을 가지므로 상속법에 따라 재산상속인에게 상속될 수 있으나 저작인격권은 그러한 재산상속의 법리가 적용될 수 없다고 한다.

셋째, 저작권의 소멸에 관하여 보면, 저작재산권은 그 존속기간이 만료할 때에 소멸하지만 저작인격권은 저작자의 사망시에 소멸하거나 아니면 영구히 존속하는 것으로 보게 된다.

---

1 자세한 것은 황적인·정순희·최현호, 전게서, 160면 이하 참조.

3. 저작권일원론

§11-9   이 학설은 저작권은 순수한 재산권도 일신전속적인 인격권도 아니며, 인격권적 요소와 재산권적 요소가 유기적으로 결합한 단일의 권리이고, 저작인격권과 저작재산권 양자의 상위에 있는 특수한 권리로서 이들 두 권리를 발생시키는 근원적 권리라고 함으로써 저작권을 일원적으로 구성하고자 하는 견해이다.[1] 이 학설에 의하면, 저작인격권과 저작재산권의 두 가지 권리는 양도, 상속, 소멸 등의 권리변동에 있어서도 일치된 성격을 가진다고 한다.

첫째, 저작권의 양도에 관하여 보면, 저작인격권이 양도될 수 없다는 것은 저작권이원론의 입장과 다르지 않으나 저작권일원론은 저작재산권의 저작인격권과의 불가분적 견련성에 따른 논리적 귀결로서 저작재산권의 양도성도 부정한다. 다만 그 양도성을 전적으로 부정할 경우에는 저작물의 경제적 이용에 지장을 초래할 수 있으므로 저작재산권의 '설정적 양도'라고 하는 것을 인정하는 견해가 있다. '설정적 양도'는 '승계적 양도'와 달리 모권은 그대로 있고 파생적 권리만이 설정적으로 양도되는 것으로서 우리 저작권법상 배타적발행권 또는 출판권 설정의 예에서 볼 수 있는 것을 말한다. 이 학설에 따르면 저작재산권뿐만 아니라 저작인격권의 일부 권능에 대하여도 '설정적 양도'를 인정할 수 있다고 한다. 설정적 양도로 보기 때문에 나중에 양수인이 사망하고 상속인이 없는 경우에는 원래의 저작자에게 모든 권능이 복원된다고 보는 등의 특이한 해석을 하고 있다.

둘째, 저작권의 상속에 관하여 보면, 저작인격권과 저작재산권은 분리되지 않고 모두 상속인에게 이전한다고 한다.

셋째, 저작권의 소멸에 관하여 보면, 저작권은 그 존속기간의 경과에 의하여 저작재산권뿐만 아니라 저작인격권도 함께 소멸한다고 한다.

4. 입법례 및 우리나라 저작권법의 입장

§11-10   현재 독일을 비롯한 몇몇 나라에서 저작권일원론에 입각한 입법을 하고 있지만 대다수의 국가에서는 저작권이원론에 입각하여 저작인격권과 저작재산권을 서로 독립한 별개의 권리로 취급하고 있다.

우리나라에서는 1957년에 제정된 구 저작권법이 제7조에서 저작권의 개념을 정의하면서 "본법에서 저작권이라 함은 저작자가 그 저작물 위에 가지고 있는 일체의 인격적·재산적 권리를 말한다"고 규정하고 제2장에서는 저작권의 내용으로서 저작인격권에 해당하는 권리들과 저작재

---

1 자세한 것은 황적인·정순희·최현호, 전게서, 165면 이하 참조.

산권에 해당하는 권리들을 별다른 구분 없이 나열하는 방식을 취하였다가 1986년의 저작권법 전문개정시에 현재와 같이 저작권을 저작인격권과 저작재산권으로 구성되는 것으로 정의하고 각각의 권리를 서로 다른 절(節)로 나누어 나열하는 방식으로 변경하였다. 구법에서 '저작권'을 '저작재산권'과 동의어로 사용한 부분도 있었는데 현행법은 그러한 방식을 버리고 저작권은 저작재산권과 저작인격권을 모두 포함하는 개념으로만 사용하고 있기도 하다.

그리고 현행 저작권법은 저작인격권의 일신전속적(一身專屬的) 성격을 분명히 하면서 저작권의 양도, 상속, 소멸 등 모든 면에서 서로 다른 취급을 하고 있다. 이러한 여러 가지 측면에 비추어 볼 때 우리 저작권법은 구법상의 다소 애매한 표현들을 명확하게 정리함으로써 '저작권이원론'의 입장을 확고히 한 것으로 볼 수 있다.[1]

이러한 저작권이원론의 입장은 소송상의 취급에 있어서도 일원론과는 다른 법적 효과를 수반한다. 즉, 저작재산권 침해로 인한 손해배상청구와 저작인격권침해로 인한 위자료청구는 서로 소송물(訴訟物)을 달리하므로 이들 청구를 병합할 경우 소의 객관적 병합으로 보고 결론을 내림에 있어서도 각각의 침해로 인한 손해배상액을 별도로 산정하여야 하며, 형사적으로도 저작재산권침해죄와 저작인격권침해죄가 경합할 경우 수죄로 취급하여야 할 것이다.[2]

또한 저작인격권침해 여부와 저작재산권침해 여부는 각각 그 지분권별로 별개로 따져야 할 것이고, 어느 한 쪽의 침해가 인정된다고 하여 다른 한 쪽의 침해를 추정할 것은 아니다.[3]

IV. 저작권의 일반적 성격

1. 배타적지배권성[4]

저작권은 저작권자가 자신의 저작물을 스스로 이용하거나 타인에게 이용을 허락함으로써 경제적 이익을 얻을 수 있는 물권에 유사한 배타적지배권이다. 따라서 제 3 자가 저작권자의 허락 없이 저작물을 이용하면 저작권의 침해를 구성하여 민·형사상의 책임을 지게 된다. 우리나라 저

§11-11

---

1 1957년의 구 저작권법이 저작권일원론의 입장을 취하였다고 보는 것은 아니다. 구체적인 법률효과를 검토할 때에는 구 저작권법도 저작인격권만 영구존속을 인정하는 등 양 권리에 대해 차별적 법적 효과를 부여하였다는 점에서 저작권이원론의 입장을 취한 것으로 봄이 결론적으로 타당하지만, 1986년의 개정법 이후의 현행법에 비하면 그 표현에 있어서 조금 애매한 점이 있었다는 취지일 뿐이다.

2 김정술, "저작권과 저작인접권의 내용," 지적재산권에 관한 제문제(하) ― 재판자료 제57집, 법원행정처, 279면 참조.

3 과거 판례 중에 서울고등법원 1978. 4. 14. 선고 78나104 판결은 "저작권은 다른 재산권과는 달리 그 자체 인격권적 요소를 내포하고 있다 할 것이니 저작물의 개작과 같은 저작권침해행위가 있는 경우에는 저작자의 재산적 이익에 대한 침해뿐만 아니라 특별한 사정이 없는 한 그의 인격권 내지 명예권에 대한 침해도 있는 것으로 봄이 상당하다"고 판시한 바 있는데, 이것은 구법하에서 다소간 '저작권일원론'적 입장에 치우쳐 나온 판결로서 현행법하에서는 유지될 수 없는 판결이라 생각된다.

4 이하 김정술, 전게논문, 274면 이하 참조.

작권법은 독일, 미국, 프랑스, 일본 등의 저작권법과 달리 배타적인 성격을 명문으로 밝히고 있지는 않지만, 저작권이 배타적지배권의 성격을 가진다고 하는 전제하에 여러 규정을 두고 있다는 것에 관하여 아무런 이론이 없다.

이것은 저작권이 지적재산권의 일종으로서 특허권 등의 산업재산권과 기본적으로 공유하고 있는 특성이기도 하다. 그러나 저작권은 산업재산권과는 다음과 같은 여러 측면에서 구별되는 특징을 가지고 있다.[1]

(1) 권리의 발생

§11-12 　저작권은 저작물을 창작함으로써 그 외 아무런 방식이나 절차를 요하지 않고 발생하는 권리이나(무방식주의; §11-4), 특허권 등 산업재산권은 등록하여야 권리가 발생한다.

(2) 권리의 성격

§11-13 　저작권의 경우는 설사 다른 사람의 저작물과 동일한 저작물이 작성되었더라도 그것이 원저작물에 의거한 것이 아니라 독자적으로 작성한 것이라면 저작권의 침해를 구성하지 않는다는 점에서 상대적·독점적 권리라고 할 수 있으나, 예컨대 특허권의 경우는 다른 발명을 이용하여 모방한 것이 아닌 독자적인 발명이라고 하더라도 기존 발명과 동일한 발명인 한 특허권 침해를 구성할 수 있다는 점에서 절대적·독점적 권리라고 할 수 있다.

(3) 권리의 유지

§11-14 　저작권을 유지하기 위하여 법적으로 특별한 의무를 부담하는 것은 없으나, 산업재산권을 유지하기 위하여는 존속기간 중에 일정한 요금을 납부하여야 하며, 디자인보호법에 의한 '디자인'을 제외하고는 일정한 실시의무, 사용의무 등이 있어 그 의무에 위배되면 강제실시의 대상이 되거나(특허 등의 경우), 불사용으로 인하여 취소될 수 있다(상표의 경우).

(4) 권리의 존속기간

§11-15 　저작재산권은 원칙적으로 저작자의 사망 후 50년(2013. 7. 1.부터는 70년)의 기간까지 존속하나(§16-9 이하), 산업재산권의 경우에는 가장 존속기간이 긴 특허권의 경우도 "특허권의 설정등록이 있는 날부터 특허출원일후 20년이 되는 날까지"만 존속한다.

(5) 권리의 속지성

§11-16 　산업재산권은 각 국가별로 출원하여 등록을 마쳐야만 해당 국가에서 보호를 받을 수 있는 속지적 성격을 강하게 가지고 있으나, 저작권의 경우는 별도의 절차를 취하지 않아도 TRIPs 및 베

---

1 송영식·이상정, 저작권법개설(제 3 판), 세창출판사, 2003, 118~119면 참조.

른협약 가입국 사이에는 우리나라와 유사한 내용의 법적 보호를 받을 수 있다는 점에서 속지적 성격이 실질적인 면에서 현저하게 완화되어 있다.

2. 공 공 성

저작권법 제1조는 "이 법은 저작자의 권리와 이에 인접하는 권리를 보호하고 저작물의 공정한 이용을 도모함으로써 문화 및 관련 산업의 향상발전에 이바지함을 목적으로 한다"고 규정하고 있다. 이 규정은 저작권법의 목적이 저작자의 권리 보호 자체가 아니라 궁극적으로 문화의 향상발전에 이바지하기 위한 것으로서 그 목적이 '문화의 발전'이라고 하는 공공적인 성격을 가지고 있음을 분명히 하고 있는 셈이다. 저작자의 권리 보호는 그것이 저작자의 창작 동기를 유발한다는 점에서 문화의 향상발전에 이바지하는 수단으로서의 성격을 가지고 있다고 할 수 있다. 배타적인 권리로서의 저작권의 행사에 아무런 제한을 가하지 않으면 그러한 공공적 목적에 반하는 결과를 초래할 수 있다. 따라서 저작권법은 제23조 내지 제35조의3에서 저작재산권 제한사유를 자세히 규정하는 등 저작물의 공정한 이용을 보장하기 위한 규정들을 두고 있다.

§11-17

3. 유 한 성

유체물에 대한 소유권은 목적물이 존재하는 한 존속하나, 저작권은 일정한 시적 한계를 가지고 있다. 우리나라 저작권법상 저작재산권은 원칙적으로 저작자 사망 후 50년(2013. 7. 1.부터는 70년)간 존속하다가 그 기간이 만료하면 소멸하여 만인공유의 상태에 놓이게 된다.

§11-18

4. 가 분 성

저작권은 저작인격권과 저작재산권으로 구성되어 있고, 이들 권리는 다시 여러 가지의 지분권으로 구성되어 있어 '권리의 다발'이라고 할 수 있다. 저작인격권과 저작재산권이 권리변동에 있어서 각각 별도로 취급됨은 위에서 본 바와 같은바, 저작재산권의 양도에 있어서도 저작재산권을 이루는 개별 지분권별로 나누어 양도할 수 있을 뿐만 아니라 각 지분권도 다시 지리적 범위 등을 한정하여 '일부 양도'를 할 수 있다. 또한 권리침해의 면에 있어서도 문제된 각 지분권 별로 침해 여부를 명확히 하는 것이 중요하다. 이러한 점에서 저작권은 가분성을 가지고 있다고 할 수 있다.

§11-19

§11-20 **V. 저작권과 다른 권리의 관계**

1. 저작권과 헌법상 기본권의 관계

§11-21　헌법은 제22조 제 2 항에서 "저작자·발명가·과학기술자와 예술가의 권리는 법률로써 보호한다"고 규정하고 있다. 이 규정은 저작권만이 아니라 지식재산권 보호제도를 헌법적으로 뒷받침하는 근거규정이라 할 수 있다. 그리고 이 규정에 의하여 법률로 보호되는 지식재산권도 재산권으로서의 성질을 가지는 이상 헌법 제23조의 재산권 보장규정의 적용을 받게 된다. 따라서 지식재산권의 하나인 저작권은 헌법 제22조 제 2 항과 헌법 제23조에 의하여 중첩적으로 보장받는 위치에 있다고 할 수 있다(중첩적보장설).[1] 그리고 저작인격권은 인격적 권리의 성격을 가지므로 "모든 국민은 사생활의 비밀과 자유를 침해받지 아니한다"고 규정하고 있는 헌법 제17조에 의하여 뒷받침되는 측면이 있다.

그 외 저작권법과 관련하여 중요한 의미를 가지는 기본권은 제21조에 의한 언론·출판의 자유(표현의 자유)와 제22조에 의한 학문과 예술의 자유 등이다. 저작권을 배타적 사권으로서 아무런 제한 없이 절대적으로 보장하게 되면 국민의 기본권인 표현의 자유를 실질적으로 보장하는 데 문제가 있을 수 있다. 따라서 헌법상의 표현의 자유를 비롯한 기본권 관련 규정들은 저작권법의 해석에 있어서 중요하게 고려되어야 한다. 저작권법의 규정 중 저작재산권 제한사유에 대한 규정 등이 표현의 자유와 깊은 관련성을 가지고 있고, 한편으로는 아이디어와 표현의 이분법(§3-29), 침해 요건으로서의 실질적 유사성 개념(§27-9) 등도 표현의 자유 및 학문·예술의 자유와 불가분의 관계를 가지므로, 이러한 규정 및 법리의 해석 또는 적용에 있어서 헌법적 가치로서의 저작권의 보호와 표현의 자유 등의 조화와 균형을 의식할 필요가 있다. 그러나 구체적인 저작재산권 제한사유 등과 관계없이 헌법상의 기본권 규정을 들어 저작권의 침해를 정당화하는 근거로 원용하는 것은 경계해야 할 것이다.

 **판 례**

§11-22　❖서울고등법원 1994. 9. 27. 선고 92나35846 판결

헌법상 방송의 자유란 방송주체의 존립과 활동이 국가권력의 간섭으로부터 벗어나 독립함을 의미할 뿐 아니라 국가권력 이외에 방송의 자유를 침해하는 사회 제 세력에 대하여도 그 효력을 주장할 수 있으나, 그 자유는 자유민주주의 헌법상 국민의사결정의 원리에 따라 다양성원칙과 공정성의무에 의해

---

1 직접적으로 저작권에 대하여 다룬 사건은 아니지만, 헌재 2002. 4. 25. 2001헌마200 결정 등도 이러한 중첩적보장설의 입장을 취하고 있는 것으로 분석되고 있다. 이규홍·정필운, "헌법 제22조 제 2 항 관련 개헌론에 관한 소고─지적재산권조항의 재정립에 관하여─", 法曹 2010.11(Vol.650) 참조.

구속받는 제도적 자유이며, 자유민주주의의 헌법체제 아래서 방송의 자유 내지 편성권의 주체는 전파법상 허가를 받고 방송을 행하는 방송국을 경영하는 방송법인이고, 방송법인이 이러한 방송의 자유를 행사하는 과정에서 특히 프로그램의 편성과 제작을 위요한 제 권한은 법령상 방송법인을 대외적으로 대표하고 대내적으로 업무를 통괄하는 방송법인의 기관이 담당하게 된다.

방송법인이 국가 이외의 제3자에 대해서도 방송의 자유(편성권)를 주장할 수 있다 하더라도 그 편성권을 행사하여 특정 프로그램을 제작하기로 내부적 계획을 세운 후 방송사의 소속원이 아닌 제3자와 출연계약을 맺게 된 경우에는 그 당사자의 일방인 방송법인은 그 사법상의 출연계약에 특별히 약정한 바가 없다면 그 계약의 내용에 따라 제작하고 방송할 의무를 부담할 뿐 그 방송법인이 갖는 편성권이 제3자인 출연자의 저작권을 임의로 침해할 수 있는 근거가 된다고 할 수는 없다.

2. 저작권과 소유권의 관계

소유권의 내용에 대해 규정한 민법 제211조는 "소유자는 법률의 범위 내에서 그 소유물을 사용, 수익, 처분할 권리가 있다"고 규정하고 있다. 이러한 소유권은 그 대상이 되는 물건을 직접 배타적으로 지배할 수 있는 권리로서의 성격을 가지고 있다. 저작권도 배타적 지배권의 성격을 가지고 있는 것은 소유권과 마찬가지이지만, 공공성에 기한 제한과 유한성, 가분성 등의 면에서 소유권과는 다른 특징을 가지고 있음은 위에서 살펴본 바와 같다. 그런데, 가끔 특정한 저작물과 관련하여 민법상의 소유권과 저작권법상의 저작권의 관계가 문제 되는 경우가 있을 수 있다. §11-23

예를 들어 어떤 작가가 원고지를 사용하여 소설의 원고를 썼다고 가정할 때 그 작가는 자신이 작성한 유체물로서의 원고에 대하여는 민법상의 소유권을 가지고 있고, 그 원고에 화체된 무체물로서의 저작물(소설)에 대하여는 저작권법상의 저작권을 취득하게 된다. 이 때 원고에 대한 소유권과 저작물에 대한 저작권은 전혀 별개의 것으로서 각각 따로 따로 이전될 수 있다. 따라서 그 작가가 자신의 원고에 대한 소유권을 타인에게 넘겼더라도 저작재산권을 양도한 바가 없다면 저작권은 여전히 자신에게 남아 있는 것이다.

저작권과 소유권의 관계가 가장 많이 문제 되는 경우는 미술저작물의 경우라고 할 수 있는데, 예를 들어 어느 화가가 캔버스에 그린 회화에 대한 소유권을 타인에게 양도하여 유체물로서의 회화에 대한 소유권을 타인이 가지게 된 경우에도 저작재산권 양도 약정이 없는 한 미술저작물로서의 회화에 대한 저작권은 의연히 저작자인 화가에게 남아 있게 되므로, 회화의 소유자가 자신이 소유하고 있는 회화를 이용하는 행위가 때로는 저작권침해의 문제를 야기할 수도 있다. 예컨대 그 소유자가 저작권자의 허락 없이 회화에 다른 색을 칠하여 개변을 가한 경우에는 동일성유지권의 침해가 되고, 회화 저작자를 다른 화가로 표시하여 전시할 경우에는 성명표시권의 침해가 된다. 또한 그 회화를 컬러인쇄 등의 방법으로 복제하여 배포할 경우에는 원칙적으로 저작권자의 저작재산권 중 복제권 및 배포권의 침해를 구성하게 된다(아래에서 보는 법 제35조 제 3 항의 경우 제외).

그러면, 소유자가 자신이 소유하고 있는 미술작품 등을 전시할 경우에는 어떻게 될까? 그러한 경우에까지 저작권자의 개별적 허락을 받지 않았다는 이유로 저작권 침해라고 한다면 사회통념에 반하는 결과가 될 것이다. 그러한 점을 감안하여 저작권법은 일정한 경우에 소유권자에게 저작권법상의 저작물 이용행위에 관한 일정한 권한을 부여하여 소유권자와 저작권자의 이해관계를 적절히 조정하고자 하는 취지의 규정을 두고 있다.

그것이 바로 미술저작물 등[1]의 전시 또는 복제에 관한 저작권법 제35조의 규정(그 자세한 내용은 §14-176 이하 참조)으로서 이 규정에 따라, 미술저작물 등의 원본의 소유자나 그의 동의를 얻은 자는 그 저작물을 원본에 의하여 전시할 수 있다. 다만, 가로·공원·건축물의 외벽 그 밖에 공중에게 개방된 장소에 항시 전시하는 경우에는 그러하지 아니하다(제 1 항). 그와 같이 개방된 장소에 항시 전시되어 있는 미술저작물 등은 ① 건축물을 건축물로 복제하는 경우, ② 조각 또는 회화를 조각 또는 회화로 복제하는 경우, ③ 개방된 장소 등에 항시 전시하기 위하여 복제하는 경우, ④ 판매의 목적으로 복제하는 경우 등의 경우를 제외하고는 어떠한 방법으로든지 이를 복제하여 이용할 수 있다(제 2 항). 제 1 항의 규정에 따라 전시를 하는 자 또는 미술저작물 등의 원본을 판매하고자 하는 자는 그 저작물의 해설이나 소개를 목적으로 하는 목록 형태의 책자에 이를 복제하여 배포할 수 있다(제 3 항).

그리고 공표권과 관련하여 저작권법 제11조 제 3 항은 "저작자가 공표하지 아니한 미술저작물 등의 원본을 양도한 경우에는 그 상대방에게 저작물의 원본의 전시방식에 의한 공표를 동의한 것으로 추정한다"고 규정하고 있다(§12-15 참조).

한편 미술저작물이 화체된 유체물로서의 회화를 구매한 소유자가 그 회화를 파괴하거나 소훼한 경우에 그것이 무체물로서의 미술저작물에 대한 저작자의 저작인격권 중 동일성유지권을 침해하는 것이 아닌지가 문제되는데, 다른 특별한 규정이 없는 현행법의 해석으로는 그것을 동일성유지권 침해로 보기는 어렵다는 것이 일반적 견해이다(§12-73 참조).

 판 례

§11-24 　　　❖서울지방법원 1995. 6. 23. 선고 94카합9230 판결

저적권법에 의하여 보호를 받는 저작물이라 함은 문학, 학술 또는 예술의 범위에 속하는 창작물을

---

1 미술저작물·건축저작물 또는 사진저작물을 말한다(저작권법 제11조 제 3 항 참조).

말하는바, 단순한 문안 인사나 사실의 통지에 불과한 편지는 저작권의 보호대상이 아니지만, 학자·예술가가 학문상의 의견이나 예술적 견해를 쓴 편지뿐만 아니라 자신의 생활을 서술하면서 자신의 사상이나 감정을 표현한 편지는 저작권의 보호대상이 되고, <u>그 경우 편지 자체의 소유권은 수신인에게 있지만 편지의 저작권은 통상 편지를 쓴 발신인에게 남아 있게 된다.</u>

3. 저작권과 디자인권의 관계

응용미술작품과 관련하여 저작권법과 디자인보호법의 경합이 문제가 되는 것과 관련해서는 저작물 중 응용미술저작물에 관한 설명 부분에서 언급한 바 있다. 그 외에, 디자인보호법 제45조 제3항은 "디자인권자·전용실시권자·통상실시권자는 등록디자인 또는 이와 유사한 디자인이 그 디자인등록출원일 전에 발생한 타인의 저작권을 이용하거나 저촉되는 경우에는 저작권자의 허락을 얻지 아니하고는 자기의 등록디자인 또는 이와 유사한 디자인을 업으로서 실시할 수 없다"고 규정하고 있다. §11-25

4. 저작권과 상표권의 관계

이와 관련하여 상표법 제53조에서는 "상표권자·전용사용권자 또는 통상사용권자는 그 등록상표를 사용할 경우에 그 사용상태에 따라 …… 그 상표등록 출원일전에 발생한 타인의 저작권과 저촉되는 경우에는 지정상품 중 저촉되는 지정상품에 대한 상표의 사용은 특허권자·실용신안권자·디자인권자 또는 저작권자의 동의를 얻지 아니하고는 그 등록상표를 사용할 수 없다"고 규정하고 있다. 미술적 도안의 성격을 가진 도형상표의 경우, 그러한 상표의 도안도 창작성이 있는 한 저작물로 보호될 수 있다는 것은 앞서 살펴본 바와 같다(§4-53-1). 그 외에 다음에서 보는 판례들이 저작권과 상표권의 관계에 대하여 일정한 판단기준을 제공하고 있다. §11-26

판 례

❖대법원 2006. 9. 11. 선고 2006마232 판결

상표법 제53조에서 등록상표가 그 등록출원 전에 발생한 저작권과 저촉되는 경우에 저작권자의 동의 없이 그 등록상표를 사용할 수 없다고 한 것은 저작권자에 대한 관계에서 등록상표의 사용이 제한됨을 의미하는 것이므로, 저작권자와 관계없는 제3자가 등록상표를 무단으로 사용하는 경우에는 상표권자는 그 사용금지를 청구할 수 있다. §11-27

§11-28
❖대법원 1995. 9. 26. 선고 95다3381 판결

서적의 제호는 그것이 보통 일반적으로 사용되는 것이 아니고 그 저작물의 내용을 직접 표시하는 것이 아닌 한은 서적이나 필름 등의 상표로서 사용되는 경우에는 다른 상품과 식별하는 능력이 있고 출처 표시로서의 기능도 있으나, 이들 문자도 서적류의 제호로서 사용되는 경우에는 그것은 당연히 해당 저작물의 창작물로서의 명칭 내지 그 내용을 나타내는 것이며, 그러한 창작물을 출판하고 제조 판매하고자 하는 자는 저작권법에 저촉되지 않는 한은 누구든지 사용할 수 있는 것으로서 품질을 나타내는 보통명칭 또는 관용상표와 같은 성격을 가지는 것이므로, 제호로서의 사용에 대하여는 상표법 제51조의 규정에 의하여 상표권의 효력이 미치지 않는다.

§11-29
❖대법원 2005. 8. 25. 선고 2005다22770 판결

서적류의 제호는 특별한 사정이 없는 한 해당 저작물의 창작물로서의 명칭 내지는 그 내용을 함축적으로 나타내는 것이며 그러한 창작물을 출판하고 제조·판매하고자 하는 자는 저작권법에 저촉되지 않는 한은 누구든지 사용할 수 있는 것으로서 품질을 나타내는 보통명칭 또는 관용상표와 같은 성격을 가지는 것이므로 제호로서의 사용에 대하여는 상표법 제51조의 규정에 의하여 상표권의 효력이 미치지 않는 것이 원칙이기는 하나, 타인의 등록상표를 정기간행물이나 시리즈물의 제호로 사용하는 등 특별한 경우에는 사용 태양, 사용자의 의도, 사용 경위 등 구체적인 사정에 따라 실제 거래계에서 제호의 사용이 서적의 출처를 표시하는 식별표지로서 인식될 수도 있으므로, 그러한 경우에까지 상표권의 효력이 미치지 않는 것으로 볼 수는 없다.

§11-30
❖특허법원 2003. 5. 1. 선고 2002허6671 판결

상표법에는 타인의 저작권의 목적이 되는 도형을 포함하는 표장의 등록을 금지하는 규정이 없고, 저작권은 상표권과 달리 그 발생에 있어 무방식주의(無方式主義)를 채택하고 있어 상표 심사단계에서 그 출원상표가 이미 발생한 저작권과 저촉되는지 여부를 심사하기가 현실적으로 곤란하며, 상표법 제53조가 상표권과 저작권의 저촉관계에 관하여 별도로 규정하고 있는 점 등에 비추어 볼 때, 타인의 저작권의 목적인 도형 등을 상표로서 등록하는 것 자체를 공공의 질서나 선량한 풍속을 문란케 하는 것으로서 곧바로 상표법 제 7 조 제 1 항 제 4 호의 부등록사유에 해당한다고 하기는 어렵다.

| 제2절 | 저작인격권 |

Ⅰ. 개　설

1. 의　　의

저작인격권이라고 함은 저작자가 자신의 저작물에 대하여 가지는 인격적·정신적 이익을 보호하는 권리를 말하며, 경제적 권리인 저작재산권과 함께 저작권의 내용을 이루는 한 축을 형성하고 있다. §12-1

서양에서 처음 저작권에 관한 입법을 할 무렵에는 저작권을 경제적 권리(저작재산권)로만 파악하다가 18, 19세기의 개인존중의 사상에 힘입은 인격권의 법적 승인 추세의 일환으로 먼저 독일과 프랑스를 비롯한 대륙법계 국가에서 저작물에 대한 인격적 권리로서의 저작인격권을 함께 인정하게 되고, 1928년 베른협약 로마규정(제 6 조의2 제 1 항)에서도 이를 명문화함으로써 저작인격권의 인정이 국제적 기준으로 확립되게 되었다. 원래 영미법 국가에서는 저작인격권을 인정하지 않았으나 위와 같은 국제적 추세에 따라 영국은 1988년 11월의 저작권법 개정으로 저작인격권을 정면으로 인정하게 되었다. 미국도 1990년의 개정법을 통해 비록 시각적 예술가(visual artists)에 한정한 것이긴 하지만 저작인격권보호규정을 연방저작권법에 두게 되었다.

위와 같이 대다수의 국가가 저작인격권을 인정하고 있지만, 그 구체적인 권리내용에 있어서 나라마다 약간의 차이가 있음은 앞에서 설명한 바와 같다. 현재 우리나라 저작권법은 저작인격권으로 공표권, 성명표시권, 동일성유지권의 3가지 권리를 인정하고 있다.

1957년에 제정된 구 저작권법은 귀속권(歸屬權 14조), 공표권(公表權 15조), 원상유지권(原狀維持權 16조), 변경권(變更權 17조)의 4가지 권리를 규정하고 있었는데, 원상유지권과 변경권은 사실상 같은 내용의 권리를 하나는 소극적인 측면으로, 다른 하나는 적극적인 측면으로 나누어 2개 조항으로 규정한 것이라는 비판을 받은 바 있고,1 귀속권에 대하여도 "저작자는 저작물에 관한 재산적 권리에 관계없이 또한 권리의 이전 후에 있어서도 그 저작물의 창작자임을 주장할 권리가 있다"라고만 규정하여 구체적으로 저작자의 성명표시와 관련하여 어떤 권리를 가지는지 여부를 알기는 어려운 다소 애매한 규정으로 되어 있었다. 이러한 점을 감안하여 1986년 이후의 개정법은 저작인격권의 내용을 보다 명확하게 정비하는 차원에서 귀속권을 성명표시권으로 고치고, 원상유지권과 변경권은 합쳐서 동일성유지권으로 표시하여 결과적으로 공표권, 성명표시권, 동일성유지

---

1 황적인·정순희·최현호, 전게서, 237면 참조.

권의 3가지 권리를 규정하게 된 것이다.

그 외에도 현행 저작권법은 배타적발행권 자 및 출판권자와의 관계에서 저작자의 수정·증감권(§18-33 및 §18-91)을 인정하고, 저작자의 명예를 훼손하는 방법으로 그 저작물을 이용하는 행위를 저작인격권의 침해로 간주하는 취지의 이른바 '명예권'에 관한 규정(제124조 제 4 항; §12-106 참조)을 두고 있으며, 한편으로 저작자 사후의 인격적 이익을 보호하기 위한 규정(제14조 제 2 항; §12-94 참조)을 두고 있다.

2. 일반적 인격권과의 관계

§12-2   저작인격권은 민법상의 일반적 인격권과 어떤 관계에 있을까? 이에 대하여는 일반적인 인격권의 내용에 저작인격권도 포함된다고 하여 양자의 일체성과 동질성을 강조하는 학설(일체설 또는 동질설)[1]과 저작인격권은 일반적인 인격권의 내용에 포함되지 않고 그와는 구별되는 특성 내지 이질성을 가지고 있다고 주장하는 학설(분리설 또는 이질설)[2]이 대립하고 있다.

분리설에서는 저작인격권이 다음과 같은 점에서 일반적 인격권과는 다른 특수성을 가지고 있다고 한다.

첫째, 일반적 인격권이 무릇 인간인 이상 누구에게나 보장된 권리인 데 반하여, 저작인격권은 저작자에게만 보장된 권리이다(권리주체의 특수성).

둘째, 일반적 인격권의 보호 대상은 인격 자체인데 반하여, 저작인격권의 경우는 저작자의 인격으로부터 독립한 저작물이 보호대상이다(권리객체의 특수성).

셋째, 따라서 일반적 인격권은 권리주체의 인격에 대한 관계가 보호되는 권리임에 반하여, 저작인격권은 저작자의 저작물에 대한 관계가 보호되는 권리이다.

위 논거 중에서 첫째 논거는, 누구나 저작행위를 하게 되면 그에 따라 취득할 수 있는 권리라고 하면 일반적 인격권과 그것만으로 커다란 차별성이 있다고 보기는 어렵다는 점에서 충분한 논거가 된다고 보기 어렵다. 둘째와 셋째의 측면은 확실히 일반적인 인격권과는 다른 특수성이라고 할 수 있다고 생각되지만, 이것도 본질적인 차이라고 하기는 어려울 것으로 생각된다. 근본적인 차원에서는 일체설의 입장이 보다 타당하다고 생각된다.

---

1 황적인·정순희·최현호, 전게서, 240면; 田村善之, 著作權法槪說(第 2 版), 有斐閣, 2001, 404면 등.
2 半田正夫, 著作權法槪說(第 9 版), 一粒社, 1999, 128면.

Ⅱ. 공 표 권

1. 의 의

저작자는 그의 저작물을 공표하거나 공표하지 아니할 것을 결정할 권리를 가진다(법 제11조 제1항). 이것이 저작자의 공표권이다. 여기서 '공표'라고 함은 저작물을 '공연, 공중송신 또는 전시 그 밖의 방법으로 공중에게 공개하는 경우와 저작물을 발행하는 경우'를 말한다(법 제2조 제25호). 여기서 "발행"이란 저작물 또는 음반을 공중의 수요를 충족시키기 위하여 복제·배포하는 것을 말한다(법 제2조 제24호). 저작물을 '복제하여 배포하는 행위'가 있어야 저작물의 발행이라고 볼 수 있고, 저작물을 복제한 것만으로는 저작물의 발행이라고 볼 수 없다. 대법원 판례도 같은 입장이다.[1]

§12-3

결국 공중을 대상으로 공개하거나 복제 및 배포하는 경우에 공표한 것으로 보게 되는데, 저작권법은 " '공중'은 불특정 다수인(특정 다수인을 포함한다)을 말한다"(법 제2조 제32호)고 규정하고 있으므로 공중에는 불특정 다수인 외에 특정 다수인도 포함된다. 몇 명이면 '다수인'에 해당할지에 대하여는 법에서 아무런 규정을 두고 있지 않으므로 명확한 기준선은 제시하기 어렵다. 사안에 따라 ① 해당 저작물의 종류 및 성격, ② 이용행위의 종류 등 다양한 고려요소를 감안하여 조리에 비추어 합리적으로 판단하여야 할 문제이다.[2] 다만 불특정인일 경우에는 2인이라도 다수로 보는 것이 일반적이지만,[3] 특정 다수인으로 인정되기 위해서는 사회통념상 "상당수의 사람들"에

§12-4

---

1 대법원 2018. 1. 24. 선고 2017도18230 판결 : 공표의 한 유형인 저작물의 '발행'에 관하여 저작권법 규정이 다음과 같이 개정되었다. 구 저작권법(1986. 12. 31. 법률 제3916호로 전부 개정되기 전의 것, 이하 '구 저작권법'이라 한다) 제8조 제1항에서 "발행이라 함은 저작물을 복제하여 발매 또는 배포하는 행위를 말한다."라고 정하고 있었다. 그 후 1986. 12. 31. 법률 제3916호로 전부 개정된 저작권법은 "발행 : 저작물을 일반공중의 수요를 위하여 복제·배포하는 것을 말한다."(제2조 제16호)라고 정하였고, 2006. 12. 28. 법률 제8101호로 전부 개정된 저작권법은 "발행은 저작물 또는 음반을 공중의 수요를 충족시키기 위하여 복제·배포하는 것을 말한다."(제2조 제24호)라고 정하였으며, 현행 저작권법도 이와 같다. 여기에서 '복제·배포'의 의미가 '복제하여 배포하는 행위'를 뜻하는지 아니면 '복제하거나 배포하는 행위'를 뜻하는지 문제 된다. '공표'는 사전(辭典)적으로 '여러 사람에게 널리 드러내어 알리는 것'을 의미하고, 저작물의 '발행'은 저작권법상 '공표'의 한 유형에 해당한다. 단순히 저작물을 복제하였다고 해서 공표라고 볼 수 없다. 그리고 가운뎃점(·)은 단어 사이에 사용할 때 일반적으로 '와/과'의 의미를 가지는 문장부호이다. 따라서 위 조항에서 말하는 '복제·배포'는 그 문언상 '복제하여 배포하는 행위'라고 해석할 수 있다. 또한 구 저작권법상 '발행'은 저작물을 복제하여 발매 또는 배포하는 행위라고 정의하고 있었다. 현행 저작권법상 '발행'의 정의규정은 구 저작권법 제8조의 '발행'에 관한 정의규정의 문구나 표현을 간결한 표현으로 정비한 것으로 보일 뿐 이와 다른 의미를 규정하기 위해 개정된 것으로 볼 만한 사정이 없다. 한편 죄형법정주의의 원칙상 형벌법규는 문언에 따라 해석·적용하여야 하고 피고인에게 불리한 방향으로 지나치게 확장해석하거나 유추해석해서는 안 된다. 이러한 견지에서 '복제·배포'의 의미를 엄격하게 해석하여야 한다. 결국 저작물을 '복제하여 배포하는 행위'가 있어야 저작물의 발행이라고 볼 수 있고, 저작물을 복제한 것만으로는 저작물의 발행이라고 볼 수 없다.

2 오승종, 저작권법, 박영사, 2007, 424면 등 참조.

3 예컨대, 대법원 1985. 3. 26. 선고 85도109 판결은 "음반에관한법률 제10조 후단의 규정 중 불특정다수인이라 함은 그 개성 또는 특성이나 상호간의 관계 등을 묻지 않은 2인 이상의 사람들을 말하며 … "라고 판시하고 있다.

해당하여야 하는 것으로 보는 견해가 많다.1 대법원은 4~5명 정도의 사람은 상당수가 아닌 소
규모에 불과하여 다수에 해당하지 않음을 간접적으로 밝힌 바 있다.2

또한 '특정'이란 그 사람들을 묶는 일정한 인적인 결합관계가 있음을 의미하는 것으로서 사
적 이용을 위한 복제에 대하여 규정한 저작권법 제30조에서 말하는 "가정 및 이에 준하는 한정된
범위"3보다는 그 인적인 결합관계가 훨씬 약한 경우도 포함하므로,4 예를 들어 한 고등학교의
학생 전원과 같은 경우5는 물론이고, 우연히 한 아파트에 거주하게 된 경우도 이에 해당할 가능
성이 있지만, 전혀 아무런 인적 결합관계가 없이 우연히 동일한 저작물을 이용하게 된 경우에는
불특정인에 해당하게 된다. 따라서 '인적 결합관계'라고 해도 상호간의 인간적 유대관계를 뜻하는
것은 아니고, 특정한 기준에 의한 인적 범위의 한정성, 폐쇄성을 뜻하는 것6으로 이해하는 것이
타당하다. 특정한 영업주체와의 관계에서 함께 고객의 관계에 있게 된 경우는 상황에 따라 불특
정 다수인이 될 수도 있고, 특정 다수인이 될 수도 있는 것으로 생각된다. 이와 관련하여 대법원
은 '특정 사이트의 음원서비스를 구매한 사람들'을 '불특정다수인'이 아니라 '특정다수인'으로 보
는 판시를 한 바 있는데,7 음원서비스를 구매하기 전에는 '불특정 다수인'에 해당하지만, 일단 음
원서비스를 구매한 사람들에 대한 관계에서 음원을 계속 전송한 것이 문제된 경우에 그 사이트와
의 관계에서 본인들의 서비스 구매행위를 통해 범위가 명확히 특정되었다는 의미에서 '불특정인'
이 아니라 '특정다수인'에 해당하는 것으로 본 것이었음을 유의할 필요가 있다.

그리고 위 대법원 판례를 통해서도 알 수 있는 바와 같이, 특정한 영업주체와의 관계에서 다
수의 고객이 서비스의 대상이 된 경우에 각 고객 한 명 한 명을 떼어서 '특정인'으로 보기보다 그
고객 전체를 집합적으로 보아 아직 범위가 특정되기 전에는 '불특정 다수인'으로, 범위가 특정되
었는데 그 수가 많다면 '특정다수인'으로서 '공중'의 개념에 해당하는 것으로 보는 것이 '저작권의

1 이성호, "저작권법상 공연의 의미와 노래방업주의 책임," 대법원판례해설 제25호(1996. 11), 법원행정처, 599면; 오승
  종, 전게서, 426면; 하동철, "공중에 개방된 장소의 범위와 저작권의 제한 − 호텔 라운지에 전시된 미술저작물," 계간
  저작권(제82호), 2008. 6, 62면.
2 대법원 1996. 3. 22 선고 95도1288 판결; 이성호(1996), 590~591면; 하동철(2008), 62면.
3 이에 관해서는 본서 제 4 장 제 4 절 IX. 2. (3) 참조.
4 半田正夫·松田政行編, 著作權法 コンメンタール 2卷, 勁草書房, 2009[이하 半田·松田(2009)이라고만 표시], 1卷 [伊
  藤眞 집필부분], 361면.
5 하급심판결 중에 "○○고등학교의 해당 학년 학생들"을 '특정다수인'으로 본 사례가 있다. 서울중앙지방법원 2006. 10.
  18. 선고 2005가합73377 판결 참조. 또한 대학교 연극영화학부 재학중인 학생이 창작한 연극대본을 학교 내 연극실
  험실에서 실험적인 연극 공연을 한 것에 대하여 "그 공연에 위와 같이 출연이나 연출 등으로 관여한 사람 이외에 소
  수의 관객이 있었다고 하더라도 위 공연의 성격이나 목적, 그리고 장소적 제한 등에 비추어 이를 불특정 다수를 대상
  으로 한 공연이라고 보기는 어렵"다고 판시하여 이를 '미공표 저작물'로 인정한 사례(서울중앙지방법원 2018. 5. 4. 선
  고 2017나76939 판결)가 있는데, 그것은 위와 같은 경우 공연에 참여하거나 관람하기 위해 모인 소수의 인원은 '특
  정소수'에 해당하여 공중의 개념에 해당하지 않는다고 본 것이라 할 수 있다.
6 作花文雄, 詳解 著作權法(第 4 版), ぎょうせい, 2010, 225면 참조.
7 대법원 2012. 1. 12. 선고 2010다57497 판결.

적정한 보호'의 관점에서 타당한 것으로 생각된다.[1] 예를 들어 노래방을 이용하는 고객이 4,5명씩 무리지어 와서 노래방 시설을 이용하여 노래를 부르는 경우에 함께 오는 고객들 상호간에는 서로를 '특정소수인'에 해당하는 것으로 볼 수 있지만, 노래방 업주와의 관계에서는 '불특정다수인'으로서 공중에 해당하는 것으로 보아야 할 것이다.[2]

§12-5

이러한 '공중'에게 저작물이 공표될 경우 저작자는 자신의 인격이 반영된 저작물에 대한 사회적 평가에 직면하게 될 것이므로 그 공표 여부에 대한 결정권을 가지는 것이 자신의 인격적 이익을 지키는 데 매우 요긴하다고 할 수 있다. 예를 들어 아직 충분히 퇴고되지 않아 세상에 내놓기에 부끄러운 상태의 원고를 저작자의 의사에 반하여 강제로 공표함으로써 실제로 저작자에 대한 사회적 평가가 크게 저하되는 경우를 가정해 보면, 저작자에게 공표권을 부여하는 의의를 충분히 이해할 수 있을 것이다. 이것은 헌법상 개인에게 보장된 '표현의 자유'의 한 측면으로도 볼 수 있다.

2. 구체적 내용

공표권의 구체적 내용을 나누어 보면, 다음과 같다.

§12-6

첫째, 미공표 저작물을 공표할지 말지를 결정할 권리이다.

둘째, 미공표 저작물을 어떠한 형태로 세상에 내놓을지, 즉 서적의 형태로 출판할지, 무대에서 상연할지, 아니면 영화로 제작하여 공개할지 등의 공표의 방법을 선택할 권리이다.

셋째, 공표의 시기를 선택할 권리이다. 즉 어느 달 어느 날에 공표할 것인지, 금년 내에 공표하면 좋을지 등을 결정할 권리이다.

그런데 실제로 이들 권리를 의미 있게 행사하게 되는 것은 적극적인 차원에서 자신이 스스로 공표하는 경우가 아니라 소극적인 차원에서 다른 사람이 저작자의 뜻에 반하여 공표를 하거나 저작자의 뜻에 부합하지 않는 방법이나 시기를 선택하려고 할 때 이를 금지하거나 또는 공표하려고 하는 자에게 허락을 하거나 공표조건을 붙인다거나 하는 경우이다. 이런 뜻에서 공표권은 적극적인 권리가 아니라 적극적 행위를 금지하는 소극적인 권리의 성격을 가진다고 할 수 있다.[3]

§12-7

공표권은 원저작물을 그대로 공표하는 경우에만 미치는 것이 아니라 원저작물을 편곡하거나

§12-8

---

1 위 대법원 2012. 1. 12. 선고 2010다57497 판결의 원심판결은 각 구매자 한 명씩을 따로 따로 파악하여 '특정인'으로서 공중에 해당하지 않는 것으로 보았으나, 대법원은 위와 같이 서비스 구매자 전체를 함께 보아 '특정다수인'으로서 공중의 개념에 해당하는 것으로 보았다. 위에서 본 바와 같은 이유로 대법원의 판단이 타당한 것으로 여겨진다.

2 대법원 1996. 3. 22. 선고 95도1288 판결이 "노래방의 구분된 각 방실이 4~5인 가량의 고객을 수용할 수 있는 소규모에 불과하다고 하더라도, 일반 고객 누구나 요금만 내면 제한 없이 이를 이용할 수 있는 공개된 장소인 노래방에서 고객들로 하여금 노래방 기기에 녹음 또는 녹화된 음악저작물을 재생하는 방식으로 저작물을 이용하게 한 이상, 일반 공중에게 저작물을 공개하여 공연한 행위에 해당된다"고 한 것은 바로 그러한 취지에 기한 것이라 할 수 있다.

3 加戸守行, 전게서, 160면.

번역하는 등으로 2차적저작물(§5-1 이하)을 작성하여 공표하는 경우 또는 원저작물을 구성부분으로 하는 편집저작물(§5-34 이하)을 작성하여 공표하는 경우에도 미치는 것으로 보아야 할 것이다. 일본 저작권법에는 2차적저작물의 경우에 대한 명문의 규정(제18조 제 1 항 후문)이 있지만, 명문의 규정이 없는 우리 저작권법상으로도 그와 같이 보지 않으면 공표권을 규정한 입법취지를 실질적으로 살리기 어려울 것이다.

§12-9   또한 강제집행의 경우에도 미공표의 저작물은 강제집행의 대상으로 할 수 없도록 하는 것이 공표권 보장의 취지에 비추어 타당하다. '공표되지 아니한 저작 또는 발명에 관한 물건'을 압류금지 물건의 하나로 규정한 민사집행법 제195조 제12호의 규정과 역시 '발명 또는 저작에 관한 것으로서 공표되지 아니한 것'을 압류금지재산의 하나로 규정한 국세징수법 제31조 제10호의 규정에 그러한 취지가 반영되어 있다.[1]

§12-10   공표권과 관련하여 한 가지 유의하여야 할 점은, 이 권리는 저작물이 '미공표' 상태에 있을 것을 전제로 하는 것이므로, 어떤 이유에서든 이미 공표가 된 저작물에 대하여는 다시 공표권을 주장할 수 없다는 점이다.[2] 예를 들어 어떤 강의장 내에서 수강생들을 대상으로 강의안을 만들어 배포한 것을 누군가 책자 형태로 출판한 경우를 가정해 보면, 그 수강생들이 사회통념상 '특정다수인'으로서 '공중'에 해당할 경우에 해당 저작물은 그들을 대상으로 한 배포시점에 이미 '공표'된 것으로 보게 될 것이므로, 설사 나중에 이루어진 출판행위가 저작자의 뜻에 반하여 이루어졌다 하더라도 그것은 저작재산권(복제권 및 배포권)의 침해가 됨은 별문제로 하고, 공표권의 침해를 구성하지는 않는다.[3]

---

1 1957년의 구 저작권법 제28조는 "아직 발행 또는 공연하지 않은 저작물의 원본과 그 저작권은 채권자를 위하여 압류되지 아니한다. 단 저작권자의 승낙이 있는 때에는 예외로 한다"고 규정하고 있었는데 어차피 강제집행 관련법에서 미공표의 저작물을 압류금지재산으로 규정하고 있다는 이유에서 1986년 개정법부터는 저작권법에 그러한 규정을 두지는 않고 있다.

2 서울지방법원 2000. 1. 21. 99가합52003 판결, 서울중앙지방법원 2006. 5. 10. 선고 2004가합67627 판결(§12-11), 서울중앙지방법원 2018. 4. 27. 선고 2016 가단 5147890 판결 등에서 공표권은 그 성질상 미공표된 저작물에 대하여만 인정될 수 있다는 취지의 판시를 해 왔다. 다만 이것은 저작권법 제11조의 공표권과 관련한 해석에 있어서 그러한 것일 뿐이고, 저작권법 제137조 제 1 항 제 1 호("저작자 아닌 자를 저작자로 하여 실명·이명을 표시하여 저작물을 공표한 자")에서 규정하고 있는 '공표'의 의미와 관련하여서는 미공표의 저작물을 공표한 경우로만 한정하여 해석할 이유가 전혀 없다. 같은 취지에서 대법원 2017. 10. 26. 선고 2016도16031 판결도 "저작권법상 공표는 저작물을 공연, 공중송신 또는 전시 그 밖의 방법으로 공중에게 공개하는 것과 저작물을 발행하는 것을 뜻한다(저작권법 제 2 조 제25호). 이러한 공표의 문언적 의미와 저작권법 제137조 제 1 항 제 1 호의 입법취지 등에 비추어 보면, 저작자를 허위로 표시하는 대상이 되는 저작물이 이전에 공표된 적이 있더라도 위 규정에 따른 범죄의 성립에는 영향이 없다"고 판시하였다.

3 일본 판례 중에 "지방 철도국의 내부에서 영사하는 것을 허락한 이상 훗날 방송국에서 그 영화를 방영하였더라도 아직 공표되지 않은 저작물을 공표한 경우에 해당한다고 할 수 없으므로 공표권의 침해가 성립하지 않는다"고 한 사례(東京地方裁判所 昭和 52년 3월 30일자 판결)가 있다.

❖서울중앙지방법원 2006. 5. 10. 선고 2004가합67627 판결 — "지하철 벽화" 사건 §12-11

원고는, 피고 A공사, 주식회사 B가 원고의 이 사건 원화에 대한 공표권을 침해하였다고 주장하므로 보건대, 위 피고들이 이 사건 벽화를 지하철역사에 전시하여 일반공중에 공개하고 있음은 앞에서 본 바와 같으나, 공표권은 미공표의 저작물을 공표할 것인지 여부, 공표를 할 경우 언제 어떠한 형태나 방법으로 할 것인지를 결정하는 권리를 의미하는 것으로 <u>그 성질상 미공표된 저작물에 대하여만 인정된다고 할 것인데,</u> 갑 제10호증 내지 갑 제17호증(가지번호 있는 것은 각 가지번호 포함)에 변론 전체의 취지를 종합하면 이 사건 원화는 이미 원고의 풍속화집 등에 공표된 저작물임을 인정할 수 있어 원고의 공표권 침해 주장은 이유 없다.

이 경우 만약 최초의 공표가 저작자의 허락 없이 이루어진 것이라면 어떻게 보아야 할까? 일 §12-12
본 저작권법은 '저작자의 동의를 받지 않고 공표된 저작물'도 미공표 저작물로 간주하는 취지의 규정(제18조 괄호 부분)을 가지고 있지만, 우리 저작권법상에는 그 점에 대한 명시적 규정이 없다. 공표에 대한 동의 여부를 외부에서 객관적으로 인식하기 어려운 상태에서 저작자의 허락 없이 이루어진 공표를 '미공표'와 동일시할 경우 공표 여부의 판단과 관련한 객관성 및 법적 안정성을 결여하여 혼란을 초래할 수 있다는 점을 감안할 때, 일단 한번 공표가 된 이상 그에 대한 저작자의 허락이 없었다는 이유만으로 '미공표 저작물'로 볼 것은 아니라고 생각된다.[1]

아직 공표가 이루어지기 전이라도 저작자가 상대방에게 공표에 대하여 동의를 한 바가 있을 경우 그에 기한 공표가 공표권 침해가 아님은 당연한 것이다. 저작권법은 일정한 경우에 그러한 공표 동의가 있는 것으로 추정하거나 간주하고 있다(아래 §12-13 이하 참조). 대법원은 저작자가 일단 공표에 동의하였거나 저작권법에 의하여 그 상대방에게 저작물의 공표를 동의한 것으로 추정되게 되면 "아직 그 저작물이 완전히 공표되지 않았다 하더라도 그 동의를 철회할 수는 없다"고 판시한 바 있다.[2]

3. 공표 동의의 추정, 간주

공표는 공연, 공중송신, 전시, 배포 등의 저작물 이용행위에 필연적으로 수반되게 되는 것이 §12-13
므로 저작재산권의 양도, 저작물의 이용허락, 미술저작물 등의 원작품 양도, 2차적저작물 이용 등

---

1 오승종·이해완, 저작권법(제 4 판), 박영사, 2005, 251면.
2 대법원 2000. 6. 13.자 99마7466 결정. 건축저작물에 대한 판결로서, 일정한 요건을 갖춘 경우에 건축설계계약 해제 후에도 건축설계사가 작성한 설계도에 대한 이용권이 건축주에게 유보된다고 하는 취지의 판시도 포함하고 있다(그 부분 쟁점에 대하여는 §4-73 참조).

의 경우에 해당 저작물의 공표에 대한 동의를 따로 받지 않으면 전혀 위와 같은 저작물 이용행위를 할 수 없다고 할 때 여러 가지 불편과 혼란이 있을 수 있다. 저작권법은 그러한 점을 감안하여 다음과 같은 추정규정과 간주규정을 두고 있다.

(1) 저작재산권 양도 등의 경우

§12-14   저작자가 공표되지 아니한 저작물의 저작재산권을 양도하거나 저작물의 이용허락을 한 경우 또는 배타적발행권이나 출판권을 설정한 경우에는 그 상대방에게 저작물의 공표를 동의한 것으로 추정한다(법 제11조 제2항). 추정규정이므로 반대사실의 입증으로 추정을 복멸할 수 있다. 예를 들어 자신의 저작물에 대한 저작재산권을 양도하면서 다만 그 공표 여부 및 공표의 시기와 방법은 자신이 결정하는 것으로 명시적인 조건을 붙인 경우가 있을 수도 있는데, 그러한 사실이 입증되면 추정은 깨어진다. 다만 저작재산권 중 일부만 양도한 경우가 있을 수 있는데, 그러한 경우에는 동의를 한 것으로 추정되는 공표의 방법에 한정이 있는 것으로 보아야 할 것이다. 예를 들어 공연권만 양도한 경우에는 공연 이외의 방법으로 공표할 경우 공표권의 침해가 될 수 있다.[1] 한편 저작물의 이용허락을 한 경우에도 법문에는 명시되어 있지 않지만, 허락한 이용의 방법에 공표가 수반되는 경우에 그 방법으로 공표하는 것에 대하여 동의한 것으로 추정될 뿐이라고 해석하는 것이 타당하다. 예를 들어 저작물의 복제만 허락한 경우에는 공표에 대한 동의가 있은 것으로 추정할 수 없고, 저작물의 방송을 허락한 경우에 공연의 방식으로 공표하는 데 대한 동의도 있었다고 추정할 수는 없는 이치이다.[2]

이와 같이 동의가 추정되는 경우에 저작자가 그 동의를 철회할 수는 없다는 취지의 대법원 판례(대법원 2000. 6. 13.자 99마7466 결정)가 있음은 상술한 바와 같다(§12-12).

(2) 미술저작물 등의 원본 양도의 경우

§12-15   저작자가 공표되지 아니한 미술저작물·건축저작물 또는 사진저작물의 원본을 양도한 경우에는 그 상대방에게 저작물의 원본의 전시 방식에 의한 공표를 동의한 것으로 추정한다(법 제11조 제3항). 이것은 앞에서 본 바와 같이(§11-23) 저작물이 화체된 유체물의 소유권자와 해당 저작물의 저작권자의 이해관계를 합리적으로 조정하기 위한 규정의 일환이다. 유체물의 소유권과 그 유체물에 화체된 무체물로서의 저작물에 대한 저작권은 엄격히 구분되는 것이지만, 특히 미술저작물 등의 경우에는 유체물인 원본의 소유권을 양수한 사람이 최소한 그 작품의 전시를 하는 것만큼은 저작권자의 별도 허락 없이도 할 수 있도록 허용하는 것이 바람직하다는 취지에서 저작권법 제

---

1 물론 그 경우에도, 다른 방법으로 공표하기 이전에 이미 공연을 한 바가 있다면, 한번 공표된 저작물에 대하여 공표권 침해가 있을 수 없다는 점에서 공표권의 침해는 성립하지 않고 저작재산권 침해만 문제가 될 것이다.
2 장인숙, 著作權法原論, 寶晋齋出版社, 1989, 63면; 김정술, 전게논문, 284면.

35조에서 일정한 조건하에 원본에 의한 전시를 허용하는 규정(§14-176 이하)을 두고 있는데, 이 규정도 그것과 맥락을 같이 하는 것이다. 이 규정도 간주규정이 아니라 추정규정이므로 미공표의 저작물인 원본을 양도하면서 공개전시를 하지는 않도록 하는 조건을 붙였다는 등의 특별한 사실에 대한 입증이 있으면 추정은 깨어진다. 미술저작물, 건축저작물, 사진저작물의 3가지 종류의 저작물에 대하여만 적용되고, 또한 '전시' 방식으로 공표하는 경우만 적용된다는 것에 주의할 필요가 있다.

(3) 2차적저작물 등의 경우

원저작자의 동의를 얻어 작성된 2차적저작물(§5-1) 또는 편집저작물(§5-34)이 공표된 경우에는 §12-16
그 원저작물도 공표된 것으로 본다(법 제11조 제4항). 이 규정은 간주규정이므로 반대사실의 입증으로 번복할 수 없다. 그런데 사실은 이 규정이 없더라도 원저작물과 실질적 유사성이 인정되는 2차적저작물이나 원저작물을 구성요소로 한 편집저작물이 공표되었다면 법적으로는 원저작물도 함께 공표된 것으로 평가하는 것이 법리적으로 타당하다. 공표권은 2차적저작물이나 편집저작물의 공표에 대하여도 미치는 것으로 보아야 한다고 위 2.에서 언급한 것도 그러한 관점에 기한 것이다. 법문에서 "원저작자의 동의를 얻어"라는 전제조건을 달고 있으나 원저작자의 동의를 얻지 않았다고 하여 공표되지 않은 것으로 볼 것이 아니라 '동의를 받지 않은 공표'가 이루어진 것으로 보는 것이 논리적으로 타당하다.[1] 따라서 위와 같은 법문상의 표현은 오해의 소지가 있어 바람직하지 않다고 생각된다.

(4) 도서관 등에 기증한 경우

공표하지 아니한 저작물을 저작자가 법 제31조의 도서관 등(그 범위에 대하여는 §14-138 참조)에 §12-17
기증한 경우 별도의 의사를 표시하지 않는 한 기증한 때에 공표에 동의한 것으로 추정한다(법 제11조 제5항). 이 조항은 2011. 12. 2.자 개정법에서 신설한 규정이다.

Ⅲ. 성명표시권

1. 의   의

저작자는 저작물의 원본이나 그 복제물에 또는 저작물의 공표 매체에 그의 실명 또는 이명을 §12-18
표시할 권리를 가진다(법 제12조 제1항). 이것을 저작자의 성명표시권이라 한다. 저작물에 저작자

---

1 따라서 그와 같은 2차적저작물 및 편집저작물 공표의 방식으로 원저작물의 공표를 한 사람이 공표권을 침해한 것이 되고 그 뒤에 다시 저작자의 허락 없이 원저작물을 공개한 사람이 공표권을 침해한 것으로 되는 것은 아니다.

명을 표시하는 것은 저작물의 내용에 대한 책임과 평가의 귀속주체를 명확히 한다는 점에서 대단히 중요한 의미를 가지는 것으로서 저작자의 인격적인 이익에 큰 영향을 미치는 것이므로 저작자에게 그에 관한 권리를 부여하고 있는 것이다. 법문에 명시되어 있지는 않지만, 저작물을 '무명'의 저작물로 공표할 권리도 포함되어 있는 것으로 본다.[1] 저작권법 제51조 제 1 항 제 1 호에서 저작자의 성명, 이명(공표 당시에 이명을 사용한 경우에 한함) 등을 등록할 수 있도록 규정하고 있는 것도 성명표시권의 보장과 무관하지 않은 규정이다.

2. 구체적 내용

(1) 성명표시의 방법

§12-19　저작자로서의 성명표시는 자연인의 성명이나 법인의 명칭등을 실명(實名)으로 표시할 수도 있고, 예명(藝名), 아명(雅名), 필명(筆名), 아호(雅號), 약칭(略稱) 등 이명(異名)으로 표시할 수도 있다. 신분이나 직함의 표시 등도 성명표시에 포함된다고 본다. 또한 표시방법은 회화의 낙관(落款)과 같이 원작품에 기재 또는 날인을 하거나 책과 같은 복제물의 표지나 첫장 또는 말미에 인쇄하거나 연주회에서 사회자나 아나운서가 연주자명을 발표하는 등의 다양한 방법이 있을 수 있다. 이러한 성명표시의 방법에 대하여 저작자가 결정할 수 있고, 또한 위에서 설명한 바와 같이 성명을 표시하지 않고 '무기명'으로 공표하기로 결정할 권리도 있다. 따라서 저작물의 공표에 있어서 저작자의 뜻에 반하여 저작자의 실명을 이명으로 고치거나 이명을 다른 이명 또는 실명으로 고치는 행위 또는 그 성명표시를 삭제하는 행위, 나아가 무기명의 저작물에 저작자의 실명을 표시하는 행위는 성명표시권의 침해를 구성하게 된다.

성명표시는 사회통념상 적절하다고 인정될 수 있는 방법으로 하여야 한다. 책의 경우 원칙적으로 저자명 전부를 그 표지에 표시하여야 하고 서문(序文) 등에 표시하는 것만으로는 저작자의 성명표시권을 침해하지 않는 적절한 성명표시로 인정되지 않을 것이다.[2] 또한 어떤 저작물에 기존의 다른 저작물을 복제하여 이용한 부분이 있을 경우, 해당 저작물이 복제, 이용된 사실과 함께 그 저작자의 성명을 적절한 방법으로 표시하여야 하고 그 저작자가 해당 저작물과 관련하여 다른 역할을 한 것으로만 표시하여서는 적절한 성명표시라고 할 수 없다.[3]

---

1 김정술, 전게논문, 285면.
2 책 표지에 저자들의 이름을 표시하지 않고 서문(작가의 말)에 저자 8명의 이름을 표시한 것만으로는 적절한 성명표시가 아닌 것으로 인정한 서울서부지방법원 2018. 11. 15. 선고 2017가합399030 판결(" … 피고는 저작권법상 저작물에 저작자의 성명을 표시하는 방법에는 아무런 제한이 없는바, 이 사건 책의 서문(작가의 말) 등에 원고들을 포함한 8인의 공동집필로 이 사건 책이 완성되었다고 명시적으로 표시되어 있는 이상 원고들의 저작인격권(성명표시권)을 침해한 것이라고 볼 수 없다고 주장한다. 살피건대, 통상 책의 저자 표기는 표지에 함이 일반적이고, 원고들의 성명을 이 사건 책의 표지에 표기하는 것이 이 사건 합의의 내용이므로, 이와 다른 전제에 선 피고의 위 주장은 이유 없다.") 참조.
3 서울지방법원 1999. 11. 5. 선고 99가합42242 판결 : " … 원고의 저작물인 이 사건 단편영화 중의 일부장면들이 이 사

성명표시의 자세한 방법을 저작자가 결정할 권리를 가지고 있다고 할 때 대두될 수 있는 의문점은 저작물의 이용자가 저작물을 공표할 때마다 저작자에게 성명표시의 방법을 다시 확인해야 할 것인가 하는 점이다. 만약 그렇게 본다면 저작물의 원활한 이용에 큰 불편을 초래하게 될 것이다. 그래서 저작권법은 제12조 제2항 본문에서 "저작물을 이용하는 자는 그 저작자의 특별한 의사표시가 없는 때에는 저작자가 그의 실명 또는 이명을 표시한 바에 따라 이를 표시하여야 한다"고 규정하고 있다. 이 규정은 저작자의 성명표시권에 상응하는 이용자의 의무를 확인하는 의미도 있지만, 보다 중요한 의미는 저작자가 자신의 저작물에 대한 저작자명을 일정한 방식으로 표시한 바 있을 경우 이용자는 공표시마다 일일이 확인할 필요 없이 저작자의 표시방식을 따르면 족하다고 하는 데 있다. '특별한 의사표시가 없는 때에는'이라고 규정하여 특별한 의사표시가 있을 경우를 제외하고 있는데, 그것은 예컨대 특정한 이명(異名)을 사용하여 자신의 저작물을 공표한 바 있는 저작자가 "이제부터는 다른 이명을 사용하였으면 한다"거나 "이제부터는 나의 실명을 표시했으면 한다"는 등의 적극적인 의사표시를 하였을 경우에는 당연히 그 의사표시를 따라야 한다는 취지를 나타낸 것이다.

저작자가 표시한 바에 따라 표시하면 된다는 것과 관련하여 다음 몇 가지 사항을 유의할 필요가 있다.

1) 저작자가 저작물에 자신의 이름을 표시하지 않고 공표한 '무기명 저작물'일 경우에는, 그 저작자가 성명을 표시하지 않는 방법으로 해당 권리를 행사한 것으로 생각되므로 그 저작물을 이용함에 있어서는 진정한 저작자를 조사하여 저작자의 의사를 확인할 필요까지는 없고 무기명의 저작물로서 이용하면 족하다.[1] 다만 이것은 공표된 저작물일 것을 전제로 하고, 미공표의 저작물일 경우에는 그 저작자가 공표시 무기명저작물로 할 의사를 표명한 것으로 볼 수 없으므로 실명 또는 이명의 표시 여부에 대하여 저작자의 의사를 확인하여야 할 것이다.

2) 저작자가 저작물에 자신의 이름을 표시하지 않고 자신이 운영하는 업체의 상호를 표시한 경우에는 이용자도 해당 저작물 이용시에 저작자의 상호를 표시하는 방식으로 이용할 수 있다고

건 뮤직비디오의 상당한 분량에 걸쳐 사용되었고 그 전체 구성에서 차지하는 비중 또한 상당하다고 보이는 이상 이를 사용한 피고 △△△로서는 저작자인 원고의 특별한 의사표시가 없는 한 이 사건 뮤직비디오를 공표함에 있어서 그 제작을 위하여 이 사건 단편영화가 사용되었으며 그 저작자는 원고라는 취지를 적당한 방법으로 표시하여야 할 의무가 있다고 할 것이다.

그런데, 앞서 본 바에 의하면 피고 △△△은 이 사건 뮤직비디오의 크레딧에 원고의 성명을 단순히 절지애니메이션 부분의 연출자로 표기하고 있음에 불과하다는 것인바, 이러한 표기만으로는 이로써 사회통념상 이 사건 뮤직비디오에 원고의 저작물인 이 사건 단편영화가 사용되었음을 표시한 적당한 방법이라고 보기 어렵다 할 것이므로 결국 피고 △△△은 원고의 이 사건 단편영화에 관한 성명표시권을 침해하였다고 할 것이다."

[1] 中山信弘, 著作權法(第2版), 有斐閣, 2014, 492면; 오승종, 저작권법(제4판), 박영사, 2016, 433면. 같은 취지의 판결로서 東京高裁 昭和 51년 5월 19일 판결(判例時報 815호 20면, 몽타주 사진 사건 항소심판결)이 있다.

본 사례가 있다.[1]

3) 인터넷 상에 올려진 게시물 등을 인용할 때에는 해당 게시자의 성명이 아니라 ID만 표시하여도 적절한 표시로 인정되는 경우가 있을 수 있다.[2]

(2) 성명표시의 객체

§12-20   저작자가 자신의 실명 또는 이명을 표시할 객체는 저작물의 원본이나 그 복제물 또는 저작물의 공표 매체에 한한다. 따라서 이 3가지 중 하나에 해당하지 아니하는 것, 예를 들어 저작물에 대한 광고내용을 담고 있는 선전광고물에 저작자의 성명표시를 누락하였다든가 하는 것은 성명표시권의 침해로 보지 아니한다.[3]

§12-21   저작물의 '복제물'이라는 부분과 관련하여 저작물의 수정, 변경시에 성명표시권이 어느 범위까지 미치는 것으로 볼 것인지가 문제이다. 우선 '복제'의 개념과 관련하여, 원저작물을 원형 그대로 복제하지 아니하고 다소의 변경을 가한 것이라고 하여도 원저작물의 재제 또는 동일성이 감지되는 정도이면 복제가 되는 것이라는 것이 판례의 입장이므로 그와 같은 의미의 복제물이 타인의 저작물로 공표되게 되면 원저작자의 성명표시권의 침해가 있었다고 보는 것[4]은 당연할 것이다.

§12-22   그런데 거기서 더 나아가 원저작물을 토대로 하여 작성된 2차적저작물(§5-1)을 작성하여 공표하는 경우에도 원저작자의 성명표시권이 미치는 것으로 볼 것인지에 대하여는 견해의 대립이 있을 수 있다. 일본 저작권법은 "그 저작물을 원저작물로 하는 2차적저작물의 공중에의 제공 또는 제시에 있어서의 원저작물의 저작자명 표시에 대하여도 마찬가지이다"라고 규정하여 2차적저작물의 경우 원저작물의 저작자에 대하여도 분명하게 성명표시권을 인정하는 규정을 두고 있지만, 우리나라 저작권법은 그 점을 명시하지 않아 논란의 여지가 있다. '복제물'의 범위를 넘어서서 '2차적저작물'에 해당하게 된 경우에 있어서는 성명표시권을 인정할 근거가 없지 않은가 하는 견해(부정설)가 있을 수 있다. 그러나 그러한 입장은 타당하지 않은 것으로 생각된다. 왜냐하면, 2차적저작물은 [원저작물＋새로운 창작성]의 내용을 가지고 있어 그 안에 원저작물을 직접적으로 감득할 수 있는 내용이 있게 되는데 그러한 저작물에 대하여 원저작자의 표시를 하지 않을 경우에

---

1 서울고등법원 2016. 11. 24. 선고 2016나2003971 판결 참조.

2 서울지방법원 2000. 1. 21. 선고 99가합52003 판결 참조.

3 대법원 1989. 1. 17. 선고 87도2604 판결(§12-23) 및 인터넷 광고에 저작자의 성명표시를 누락하여도 성명표시권 침해가 아니라는 취지로 판시한 서울남부지방법원 2017. 12. 14. 선고 2016가합107968 판결 참조. 광고선전물이라 하더라도 그 안에 저작물이 복제되어 있을 경우에는 역시 성명표시권이 미치고, 따라서 그 광고선전물에 해당 저작자의 성명을 표시하지 않은 것이 성명표시권 침해로 인정될 수 있다. 서울고등법원 2008. 6. 18. 선고 2007나60907 판결(§12-28, 29) 및 저작물(디자인)이 포함된 홍보물에 성명 표시를 하지 않은 것에 대하여 성명표시권 침해를 인정한 서울서부지방법원 2017. 6. 1. 선고 2016나34384 판결 참조.

4 대법원 1989. 10. 24. 선고 89다카12824 판결.

도 아무런 구제를 받을 수 없다면, 실질적으로 원저작자가 자신의 저작물에 대하여 가지는 인격적 이익을 제대로 보호하는 것이라고 말하기 어렵기 때문이다. 법문에서 '복제물'이라는 용어를 사용한 것도, 일반적으로 예상되는 성명표시의 객체를 나열하고자 한 것에 불과한 것으로서 복제물의 범위를 넘어선 2차적저작물의 공표의 경우에는 성명표시권이 미치지 않는 것으로 규정하고자 한 취지라고 보기는 어렵다. 결론적으로 2차적저작물의 공표에 대하여도 원저작자의 성명표시권은 미치는 것으로 해석하여야 할 것이다(긍정설).[1] 구체적인 표시방법의 면에서는, "원작소설 ○○○", "극본 ○○○" 등과 같이 원저작물을 특정할 수 있는 표시와 함께 (원저작자의 특별한 의사표시가 없는 한) 원저작물에 표시된 바에 따라 그 성명 또는 이명을 표시하면 될 것이다. 이 문제에 관한 판례의 동향을 보면, 아직 이 문제를 분명하게 다룬 대법원 판례는 나오지 않고 있고, 하급심 판결의 경우 긍정설을 취한 판례[2]와 부정설을 취한 판례[3]로 나뉘고 있다. 적어도 서울중앙지방법원과 서울고등법원에서는 비교적 일관되게 긍정설의 입장을 취해 온 것으로 보이는바, 이후 대법원 판결에 의하여 보다 분명하게 정리될 수 있기를 기대한다. 물론 2차적저작물이라고 인정할 만한 실질적 유사성도 없어서 완전히 별개의 저작물로 인정될 수 있는 저작물을 만들어 공표하는 경우에 저작자의 성명표시권이 미치지 아니함은 당연한 것이다.

편집저작물의 소재로 이용되는 경우에는 복제가 수반되어 위 규정상의 '복제물'에 해당하므로 당연히 소재 저작물 저작자의 성명표시권이 미치는 것으로 보아야 한다.[4]

위 규정에서 저작물의 '공표매체'라고 한 것은 공연, 공중송신 등의 무형적 이용의 경우를 염 §12-22-1
두에 둔 표현으로서 시각적 또는 시청각적 매체의 경우와 청각적 매체의 경우로 구분될 수 있다. 영화나 TV방송의 화면, 인터넷을 통해 현출되는 컴퓨터 화면 등이 시각적 또는 시청각적 공표매체에 해당하고, 라디오 방송이나 그와 유사한 형태의 웹캐스팅, 백화점 등의 배경음악 방송 등으로 흘러나오는 소리가 청각적 공표매체에 해당한다. 청각적 공표매체의 경우에는 진행자 등의 멘트(음성)로 저작자 성명을 밝히는 방법을 취할 수밖에 없지만(따라서 상황에 따라서는 그러한 방식의 성

---

1 同旨 오승종, 저작권법(제 3 판), 박영사, 2013, 373면; 박성호, 저작권법, 박영사, 2014, 266면. 뒤에 소개하는 서울중앙지방법원 2008. 7. 24. 선고 2007가합114203 판결(§12-26)은 긍정설의 입장을 취하면서, 저작물 이용자의 성명표시의무를 규정하고 있는 저작권법 제12조 제 2 항 본문에서 말하는 저작물의 "이용"에는 2차적저작물 작성도 당연히 포함된다고 보아야 함을 그 근거로 제시하고 있는데, 그것도 하나의 근거가 될 수 있다. 한편, 저작권법 시행령 제24조에서 2차적저작물의 경우 "원저작물의 제호 및 저작자"를 등록하도록 하고 있는 것(같은 조 제 1 호)도 원저작자의 성명표시권을 존중하는 취지를 내포한 것으로 생각된다.

2 서울민사지방법원 1990. 9. 20. 선고 89가합62247 판결, 서울중앙지방법원 2008. 7. 24. 선고 2007가합114203 판결(§12-26), 서울고등법원 2008. 6. 18. 선고 2007나60907 판결(§12-28), 서울중앙지방법원 2008. 1. 10. 선고 2007노3445 판결, 서울고등법원 2007. 2. 7. 선고 2005나20837 판결 등.

3 서울서부지방법원 2006. 3. 17. 선고 2004가합4676 판결, 서울남부지방법원 2014. 11. 14. 선고 2014노378 판결, 부산고등법원 2015. 6. 4. 선고 2014나51886 판결 등.

4 同旨 박성호, 전게서, 266면.

명표시를 생략하는 것이 부득이한 것으로 보여, 제12조 제 2 항 단서의 제한사유에 해당하는 것으로 인정될 수 있
는 경우가 많다. §12-34 참조), 시각적 또는 시청각적 공표매체의 경우에는 화면의 자막이나 인터넷
화면의 팝업창 등에 표시하는 방법을 취할 수 있을 것이다. 특히 영화의 경우에는 '엔딩 크레딧'
에 저작자 성명을 표시하면 충분한 것으로 보는 것이 판례의 입장이다.[1] 인터넷 음원 사이트의
경우 어떤 저작자가 작곡한 음원을 어느 한 부분에서 서비스하고 있다면, 해당 서비스(mp3 파일
다운로드 또는 미리듣기 등 서비스)만이 아니라 다른 서비스 부분(가사보기 서비스)에서 그 음악의 작곡
자를 다른 사람으로 잘못 표시한 것도 성명표시권 침해가 될 수 있다는 취지의 대법원 판결이 있
다.[2] 그것은 판례가 '표시상의 적극적 오류'의 경우에는 단순한 '표시누락'의 경우보다 성명표시
권이 미치는 공표매체의 범위를 넓게 파악하고 있음을 말해주는 것이다.

§12-22-2   저작인격권의 경우가 모두 그러하지만, 성명표시권의 경우에도 배타적 권리로서의 저작재산
권이 부여된 이용행위(복제, 공연, 공중송신, 전시, 배포, 2차적저작물 작성 등)가 있어야만 그 침해 여부
가 문제될 수 있다. 대법원 판례[3]가 "저작권법 제12조 제 2 항 본문에서 규정한 '저작물을 이용'
한다고 함은 저작자의 권리로서 보호하는 복제, 전송, 전시 등과 같은 방식으로 저작물을 이용하
는 것을 의미한다고 봄이 상당하다"고 한 것은 바로 그러한 취지를 명확히 한 것이다. 따라서 온
라인상에서 타인의 저작물을 링크하는 것은 그러한 복제 등의 이용행위가 있다고 할 수 없으므로
타인의 사진저작물을 '인라인 링크' 방식으로 제공하면서 그 저작자의 성명표시를 누락한 경우에
도 성명표시권 침해가 성립하지는 않는 것으로 보게 된다.[4] 같은 이유에서 노래목록 다운로드
서비스를 제공하면서 목록에 포함된 노래의 작곡자 이름을 잘못 표시한 것은 성명표시권 침해에
해당하지 아니한다.[5] 또한 자신이 저작자가 아닌 저작물에 자신을 저작자로 표시한 것은 경우에
따라 명예훼손이 될 수는 있어도 저작권법상의 성명표시권 침해라고 할 수는 없는데, 그 이유도
그것이 자신의 저작물을 '이용'한 경우에 해당하지 않기 때문이다.[6] 이러한 성명표시의무는 각
이용행위마다 인정되는 것이므로, 예컨대, 甲의 저작물(A)과 동일성이 있는 범위에서 일부 변형을

---

1 서울고등법원 2008. 6. 18. 선고 2007나60907 판결(§12-28) 참조.
2 대법원 2012. 1. 12. 선고 2010다57497 판결.
3 대법원 2010. 3. 11. 선고 2009다4343 판결.
4 위 대법원 2010. 3. 11. 선고 2009다4343 판결 참조. 하이퍼링크의 법적 문제에 대하여는 §13-40 이하 참조.
5 대법원 2012. 1. 12. 선고 2010다57497 판결.
6 同旨 서울지방법원 1995. 6. 23. 선고 94카합9230 판결 : 저작권법은 시간, 노력의 투하로 창작된 저작물을 보호함으
   로써 창작활동을 권장하기 위한 것으로, 원래 "만들어 낸" 저작물을 대상으로 하는 것이므로, 저작자 아닌 자를 저작
   자로 하여 저작물을 공표한 경우인 이른바 "부(負)의 저작물"은, 이름을 모용당한 자의 인격권 침해가 되는지 여부는
   별론으로 하고 그의 저작권을 침해하였다고 볼 수는 없다(같은 취지에서, 서울중앙지방법원 2015. 1. 16. 선고 2013
   가합 85566 판결도 "성명표시권은 자신의 저작물에 대하여 성명을 표시할 권리를 말하는 것인바, 피고 D 홈페이지에
   원고의 저작물이 아닌 33회부터의 극본에 대하여 그 저작자가 원고인 것처럼 표시되었다고 하더라도 그로 인하여 원
   고의 명예가 훼손되었음은 별론으로 하고 위 저작물에 대한 원고의 성명표시권이 침해되었다고 볼 수는 없다"고 판시
   하였다).

가한 복제물(A′)을 작성한 乙이 그 복제물(A′)에 甲의 성명을 표시하지 않은 것이 성명표시권 침해로 인정될 수 있을 경우에, 그와 같이 甲의 성명이 표시되지 않은 복제물(A′)을 乙로부터 인도받아 '전시'를 한 丙도 甲에 대한 관계에서 성명표시권 침해의 책임을 지게 된다.[1]

또한 '이용'이라고 하여도 순수한 사적 영역에서의 이용에 대하여는 성명표시권이 미치지 않는 것으로 봄이 타당하다.[2] 저작재산권 제한사유에 대한 규정이지만, 저작권법상 허용되는 사적 이용을 위한 복제(번역, 개작 등도 제36조 제1항에 의하여 포함된다)의 경우에는 제37조 제1항 단서에 의하여 '출처명시의무'를 면제하고 있는 것에 비추어 보면, 적어도 사적이용을 위한 복제의 요건에 해당하는 정도의 사적 영역이라면 성명표시권의 통제범위를 벗어난 것으로 보는 것이 법의 취지임이 분명하다고 할 수 있다. 다만 사적 영역에서 저작자의 성명표시를 누락하거나 잘못 표시한 것이 이후 그 영역을 벗어나 공중을 대상으로 이용되게 될 경우에는 결과적으로 성명표시권 침해가 될 수 있음을 유의하여야 할 것이다.

📖 **판 례**

❖대법원 1989. 1. 17. 선고 87도2604 판결 §12-23

구 저작권법(1986. 12. 31. 법률 제3916호로 개정되기 전의 것) 제14조 및 제69조의 규정의 취지는 저작권의 귀속을 저작물에 표시할 권리가 있다는 것으로서, 저작물이 아닌 선전광고문에 책자의 저자표시를 하지 않았다거나 공동저자 중 다른 저자의 약력만을 소개하는 행위가 저작자가 자기의 창작물임을 주장할 수 있는 권리를 침해하는 동법 제14조에 위반되는 행위라고는 할 수 없다.

❖대법원 1989. 10. 24. 선고 88다카29269 판결 §12-24

구 저작권법 제14조(1986. 12. 31. 법률 제3916호로 개정되기 전의 것)에 의하면 저작자는 저작물에 관한 재산적 권리에 관계없이 또한 그 권리의 이 전후에 있어서도 그 저작물의 창작자임을 주장할 권리가 있고 이는 저작자가 저작자로서의 인격권에 터잡아 저작물의 원작품이나 그 복제물에 또는 저작물의 공표에 있어서 그의 실명 또는 이명을 표시할 권리가 있다는 것이므로 저작자의 동의나 승낙없이 그 성명을 표시하지 않았거나 가공의 이름을 표시하여 그 저작물을 무단복제한 자에 대하여는 특

---

1 따라서 서울중앙지방법원 2011. 1. 12. 선고 2008가단391321, 418018 판결에서 법원이 "원고는, 이 사건 그림은 원작을 복제하는 과정에서 부분적으로 조잡하게 변형을 가함으로써 원고의 이 사건 원화에 대한 동일성유지권을 침해하였고, 원고가 아닌 이△△의 성명을 표시함으로써 성명표시권을 침해한 작품임에도, 피고들은 원고의 경고를 무시하고 계속적으로 영업점포 내에 이 사건 그림을 전시하였고 그로 인하여 원고가 정신적인 고통을 받았을 것임은 경험칙 상 명백하므로 그로 인한 위자료도 지급할 의무가 있다고 주장하나, 이 사건 그림을 모작한 자는 피고들이 아니라 이△△이고 피고들은 화랑을 거쳐 이를 매수하였음은 위에서 본 바와 같으므로, 피고들이 이 사건 원화의 동일성유지권 및 성명표시권을 침해하였음을 전제로 하는 원고의 위 주장은 이유 없다"고 판시한 것은 잘못이다. 저작자인 원고의 저작물의 복제물임에도 원고의 성명이 아니라 이△△의 성명이 표시된 것을 '전시'의 방법으로 이용하는 행위를 하였으니, 그에 대한 고의, 과실의 유무는 별도로 하고, 원고의 성명표시권을 침해한 것으로는 보아야 할 것이다.

2 同旨 오승종, 전게서, 429면.

단의 사정이 없는 한 위 귀속권 침해로 인한 정신적 손해의 배상을 청구할 수 있다.

문교부가 국어교과서에 실은 산문의 지은이를 가공의 이름으로 표시한 이유가 교육정책상의 목적에 있었다 하더라도 이러한 사정만으로는 저작자에게 전속되는 창작자임을 주장할 수 있는 귀속권을 침해하는 정당한 사유가 되지 아니한다.

§12-25   ♣서울중앙지방법원 2006. 5. 10. 선고 2004가합67627 판결

〈사실관계〉

서울특별시로부터 지하철 3개역의 설계를 도급받은 피고 A회사는 그 각 역사(驛舍) 설계를 하면서 지하철역의 단조로움을 피하기 위하여 지하철 역사에 장식벽을 넣기로 하고, 장식벽에 설치될 예술가의 작품으로 원고의 원화(原畵)를 선정한 후 원고의 동의를 받지 않고 설계도면에 베껴 그렸고, 시공회사가 그 설계도에 따라 지하철 각 역사에 벽화(壁畵)를 시공하였다. 그 후 완공된 각 역사를 서울특별시가 피고 B공사에 현물출자 하였는데, 피고 B공사는 원고로부터 저작권침해통지를 받은 이후에도 계속 위 벽화가 각 역사에서 전시되도록 방치하였다. 이에 대하여 원고는 피고등에 대하여 저작재산권 및 저작인격권 침해를 이유로 한 손해배상청구를 하였다. 그 가운데 위 두 피고들의 성명표시권 침해에 대한 판단 부분은 다음과 같다.

〈법원의 판단〉

…… 의 각 기재에 의하면, 이 사건 벽화 중 ○○역과 ○○역에 설치된 각 벽화의 작가란에는 '작가미상'이라고 표시되어 있는 사실, ○○역에 설치된 각 벽화의 경우에는 작가표시란 자체가 존재하지 않은 사실을 인정할 수 있으므로 피고 B공사, 피고 A회사는 원고가 이 사건 원화의 복제물에 자신의 실명 또는 이명을 표시할 수 있는 성명표시권을 침해하였다고 할 것이다.

§12-26   ♣서울중앙지방법원 2008. 7. 24. 선고 2007가합114203 판결 — "의학논문 번역 등" 사건

저작자는 저작물의 원작품이나 그 복제물, 또는 저작물의 공표매체에 그 실명 또는 이명을 표시할 권리인 성명표시권을 가진다(저작권법 제12조 제 1 항). 따라서 저작물을 이용하려는 자는 그 저작자의 특별한 의사표시가 없는 한 저작자가 그의 실명 또는 이명을 표시한 바에 따라 이를 표시하여야 하는데(저작권법 제12조 제 2 항), 여기서의 '저작물 이용'에는 2차적저작물의 작성도 당연히 포함된다. 그러므로 2차적저작물에도 원저작자의 성명표시권이 인정되고, 2차적저작물을 작성하면서 원저작자를 표시하지 않았다면 원저작자의 성명표시권을 침해하는 행위에 해당한다.

§12-27   ▷NOTE : 위 판결은 2차적저작물의 경우에도 원저작물 저작자의 성명표시권이 미친다고 하면서 그 이유를 분명히 제시한 사례라는 점에서 주목된다. 이 사안에서의 '2차적저작물 작성'이란 원고가 국문으로 작성한 의학 논문을 피고 1이 영문으로 번역한 것을 말한다. 따라서 영문으로 번역한 논문에 국문 원저자인 원고의 성명을 표시하지 않은 것이 원고의 성명표시권을 침해한 것으로 인정된 것이다. 동일한 사안의 형사사건 항소심 판결인 서울중앙지방법원 2008. 1. 10. 선고 2007노3445 판결도 동일한 근거하에 동일한 결론을 내리고 있다.

❖서울고등법원 2008. 6. 18. 선고 2007나60907 판결 — "올림포스 가디언" 사건 §12-28

[증거에 의하면 원고가] 이 사건 영화의 끝 부분(엔딩 크레딧)과 광고 포스터에 "원작 (주) 가나출판사 '만화로 보는 그리스 로마신화'(기획, 글 : 이광진, 그림 : 홍은영)"이라고 표시함으로써 원작만화의 저작자인 피고의 성명을 표시한 사실을 인정할 수 있으므로, 원고가 피고의 성명표시권을 침해하였다고 볼 수도 없다.

▷NOTE : 위 판결은 피고의 원작만화(원저작물)를 기초로 하여 원고가 영화(2차적저작물)를 만든 것과 관련하여, 2차적저작물에 대하여도 원저작자의 성명표시권이 미친다는 것을 전제로 하여, 영화 상영시 엔딩 크레딧에 원작만화의 저작자로 피고의 이름을 표시한 이상 성명표시권 침해는 없다고 하고 있다. 모두 본서의 입장과 일치하는 판시라 할 수 있다. 한편, 앞서 소개한 대법원 1989. 1. 17. 선고 87도2604 판결이 저작물이나 그 복제물이 아닌 선전광고문에 저작자 성명표시를 하지 않은 경우에는 성명표시권 침해가 아니라고 판시하고 있으나, 선전광고문에 원저작물이 이용되지 않는 경우에는 그렇게 보아야 할 것이나, 영화의 광고포스터와 같이 원저작물을 기초로 작성된 2차적저작물인 영상저작물의 일부분이 이용되는 경우에는 거기에도 여전히 원저작자의 성명표시권이 미친다고 할 것이므로, 위 판결에서 그것을 전제로 판시하고 있는 것도 타당하다고 할 수 있다. §12-29

❖서울고등법원 2008. 10. 29. 선고 2008나4461 판결 — "해운대 등대도안" 사건 §12-30

원고는, 피고가 원고의 등대도안에서의 창작의도와 전혀 다른 등대를 건축하여 그 등대가 원고의 등대도안을 기초로 건축되었다는 것을 밝히고 싶지 않았음에도 피고가 신문에 원고의 등대도안을 기초로 등대를 건축하였다는 기사를 게재되도록 하여 원고의 등대도안에 관한 성명표시권을 침해하였다고 주장한다.

저작자는 저작물의 원본이나 그 복제물에 또는 저작물의 공표 매체에 그의 실명 또는 이명을 표시할 권리를 가지고(저작권법 제12조 제 1 항), 이러한 저작자의 성명표시권에는 저작자가 저작물에 성명을 적극적으로 표시할 권리뿐 아니라 표시하지 않을 권리도 포함된다.

살피건대, [증거에 의하면] 피고는 2005. 11. 11. 이 사건 등대를 준공하면서 신축된 등대의 토대가 되었던 원래 도안은 원고가 그렸다는 내용의 보도자료를 언론사에 배포하였고, 이에 따라 한겨레신문, 신아매일 등 신문이 피고가 해운대 해수욕장 앞바다에 APEC 기념등대를 신축한 사실을 보도하면서 등대의 사진과 함께 원고가 그 등대의 도안을 그렸다는 내용을 보도한 사실은 인정되나, 이 점만으로 피고가 원고의 저작물인 등대도안의 원본이나 그 복제물에 원고의 성명을 표시하였다거나 등대도안을 공표함에 있어 원고의 성명을 표시하였다고는 보기 어려우므로 원고의 성명표시권 침해 주장 역시 받아들이지 아니한다.

▷NOTE : 앞서 본 바와 같이 성명표시권의 내용에는 성명표시의 방법에 대하여 결정할 권리 등과 함께 성명을 표시하지 않고 '무기명'으로 공표하기로 결정할 권리도 포함되므로, 저작자의 의사에 반하여 그 성명을 표시하여 저작물을 공표한 경우에도 성명표시권 침해가 된다. 위 판결은 그러한 법리를 전제로 하면서 해당 사안의 경우에는 저작물의 원본이나 그 복제물 또는 저작물의 공표 매체가 §12-31

아니라 저작물의 복제물이 게재되지 않은 보도 기사에 그 성명이 표시된 것에 불과하다는 이유로 성명
표시권 침해를 부정하는 결론을 내리고 있다. 그 점에서는 앞서 본 대법원 1989. 1. 17. 선고 87도2604
판결과 같은 취지이다(위 판결 중 '동일성 유지권' 침해 여부에 관한 판시내용 등은 §12-71 참조).

§12-32 ❖서울고등법원 2008. 9. 23. 선고 2007나70720 판결 — "미리듣기" 사건
피고들은, 피고들이 직접 운영하거나 또는 피고들이 음원서비스를 제공함으로써 관여하게 되는 음
악사이트의 웹페이지에 이 사건 음악저작물의 목록을 게시함에 있어서, 그 웹페이지의 화면상에 또는
간단한 클릭과정을 통하여 생성되는 창 등에 적정한 방법으로 작사·작곡가로서 저작자인 원고의 성명
을 표시하지 아니하였고, 또한 피고들이 인터넷 이용자들에게 이 사건 음악저작물을 스트리밍 내지
MP3 파일 다운로드 등의 방식으로 개별적인 서비스를 제공함에 있어서, 그와 같은 서비스를 제공하는
과정에서의 안내 창에, 또는 MP3 플레이어의 화면 내지 그 밖에 음악의 재생과정에서 이용자가 볼 수
있는 각종의 창 내지 화면 등에 적정한 방법으로 저작자인 원고의 성명을 표시하지 아니하였으므로,
특별한 사정이 없는 한 피고들의 위 행위는 원고의 성명표시권 침해에 해당한다.

§12-33 ▷NOTE : 이 사건은 한국음악저작권협회를 탈퇴한 작사·작곡가인 원고가 인터넷 음악사이트 운
영자 등인 피고들을 상대로 저작권 침해로 인한 손해배상청구소송을 제기한 사안이다. 위 판결은 음악
사이트에서 음악저작물 저작자(작사·작곡가)의 성명표시권을 침해하지 않기 위해서는 (저작자로부터
구체적인 허락을 받은 경우를 제외하고) ① 음악저작물의 목록을 제시함에 있어서, 그 웹페이지의 화
면상에 또는 간단한 클릭과정을 통하여 생성되는 창 등에 적정한 방법으로 작사·작곡가의 성명을 표
시하여야 하고, ② 인터넷 이용자들에게 음악저작물을 스트리밍 내지 MP3 파일 다운로드 등의 방식으
로 개별적인 서비스를 제공함에 있어서, 그와 같은 서비스를 제공하는 과정에서의 안내 창에, 또는
MP3 플레이어의 화면 내지 그 밖에 음악의 재생과정에서 이용자가 볼 수 있는 각종의 창 내지 화면
등에 적정한 방법으로 저작자인 원고의 성명을 표시하여야 한다고 판단하여 그러한 조치를 전혀 하지
않은 피고들의 행위가 성명표시권 침해에 해당하는 것으로 보고 있다.

§12-33-1 ❖대법원 2012. 1. 12. 선고 2010다57497 판결
원심은, 피고 A는 그가 운영하는 음악 사이트에서 제공하는 MP3 파일 다운로드, 미리듣기 등의
서비스에서는 '하늘색 꿈'의 작곡자인 원고의 성명을 표시하지 않고, 위 저작물에 관한 가사보기 서비
스에서만 작곡자의 성명을 '소외인'으로 잘못 표시한 사실을 인정한 다음, '0000'과 관련된 MP3 파일
다운로드, 미리듣기 등의 서비스에 관하여는 위 피고가 원고의 성명표시권을 침해하였다고 인정하면서
도 원고가 위 저작물의 작곡자이지 작사자는 아니므로 가사에 대한 저작권자가 아니라는 이유로 위 피
고의 가사보기 서비스에 관하여는 원고의 성명표시권을 침해하지 않는다고 판단하였다.
그러나 원심이 인정한 사실과 기록에 의하여 알 수 있는 다음과 같은 사정, 즉 피고 A는 그가 운
영하는 음악 사이트에서 가사보기 서비스만을 제공하는 것이 아니라 MP3 파일 다운로드, 미리듣기 등
의 서비스를 제공하고 있고, 이용자들은 위 서비스를 통하여 음악을 듣고 작사자, 작곡자 등을 알 수
있는 점, 위 피고는 다른 음원제공 서비스에서는 '0000'의 작곡자인 원고의 성명을 전혀 표시하지 않

고, 위 저작물에 관한 가사보기 서비스에서만 작곡자의 성명을 '소외인'으로 잘못 표시함으로써 이용자들이 위 저작물에 관한 작곡자를 '소외인'으로 오인하도록 하고 있는 점 등에 비추어 보면, 위 피고가 운영하는 음악 사이트에서 MP3 파일 다운로드, 미리듣기 등의 서비스를 제공하면서 위 저작물에 관한 작곡자를 원고로 표시하여 전체적으로 위 저작물의 작곡자가 원고라고 인식되는 등의 특별한 사정이 없는 한, 가사보기 서비스에서 원고의 성명을 잘못 표시한 것이 원고의 성명표시권을 침해한 것이 아니라고 할 수는 없다.

결국 위 피고가 음악 사이트에서 위 저작물에 관한 각종 음원 서비스를 제공하면서 작곡자인 원고의 성명을 잘못 표시한 것은 모두 원고의 성명표시권을 침해한 것으로 보아야 할 것임에도, 원심은 원고가 위 저작물의 가사에 대한 저작권자가 아니라는 이유로 위 피고의 가사보기 서비스는 원고의 성명표시권을 침해하지 않는다고 판단하였으니, 이러한 원심판결에는 성명표시권에 관한 법리를 오해하여 판결에 영향을 미친 위법이 있다.

▷NOTE : 위 판결은 대법원이 저작권법 제12조 제 1 항의 '공표매체'의 해석과 관련하여 인터넷 음원 사이트의 경우 '표시누락'이 아니라 '표시상의 적극적 오류'의 경우에는 성명표시권이 미치는 공표매체의 범위를 넓게 보아 세부적인 해당 서비스만이 아니라 해당 사이트의 서비스를 전체적으로 보고 판단하는 입장을 보여 준 것으로서(§12-22-1 참조) 저작자의 성명표시권을 충실히 보호하고자 하는 면에서 타당성이 인정된다.

3. 성명표시권의 제한

위에서 본 바와 같이 저작물의 이용자는 저작자의 의사를 존중하여 그가 표시한 대로 저작자명을 표시하거나 특별한 의사표시가 있을 경우에는 그 의사표시에 따라서 저작자명 표시를 하여야 할 의무가 있고 이를 이행하지 않을 경우에는 성명표시권 침해를 구성하게 된다. 그러나 이것을 모든 경우에 그대로 관철하기는 어려울 것이다. 예를 들어 백화점의 매장이나 호텔의 로비에서 분위기 조성을 위해 배경음악을 방송으로 내보내는 경우에도 일일이 곡마다 작곡가의 성명을 방송해야 한다면 매우 불편할 뿐만 아니라 분위기를 해치게 되는 면도 있고 또한 일일이 저작자명을 알리지 않는다고 하여 의도적으로 저작자명을 은닉하는 것으로 생각되지도 않을 것이기 때문에, 그와 같은 경우에는 성명표시권을 제한하여 저작자의 성명 표시를 생략할 수 있다고 보는 것이 바람직할 것이다.

2000년의 개정 저작권법에서부터 제12조 제 2 항 단서로 "다만, 저작물의 성질, 그 이용목적 또는 형태 등에 비추어 부득이하다고 인정되는 경우에는 그러하지 아니하다"라고 하는 규정을 추가하기 전부터 위와 같은 경우에는 사회통념상 성명표시권이 제한되는 것으로 해석되어 왔으나 법 개정에 의하여 성명표시권 제한의 법적 근거가 명확하게 마련되었다고 할 수 있다. 다만, "저

§12-34

작자명의 표시는 저작물의 이용의 목적 및 태양에 비추어 저작자가 창작자인 것을 주장할 이익을 해할 우려가 없다고 인정될 때에는 공정한 관행에 반하지 않는 한 생략할 수 있다"고 규정하고 있는 일본 저작권법 제19조 제3항의 규정에 비하여 '부득이'할 것을 요하는 우리 법의 표현이 약간 더 엄격하다고 볼 수 있다.

그러나 그렇다고 하여 지나치게 엄격한 요건으로 해석할 필요는 없다고 생각된다. 저작자명 표시를 일일이 할 경우에 오히려 어색함이나 불편함이 수반되는 반면에 저작자명의 표시를 생략하는 것이 사회통념상 부당한 것으로 느껴지지 않고 오히려 관행화되어 있다면 우리 법의 해석상으로도 '부득이'한 경우에 해당하는 것으로 볼 수 있지 않을까 생각된다.

위에서 예를 든 바와 같은 호텔, 백화점 등의 배경음악 방송의 경우 저작자명의 표시 생략은 그러한 경우에 해당한다고 볼 수 있을 것이다. 그러나 예를 들어 TV에서 음악관련 방송을 할 경우에는 적어도 자막으로라도 작곡자, 작사자 등의 저작자 성명을 표시하는 것이 공정한 관행에 부합되는 것이라 할 것이므로[1] 그 표시의 생략이 '부득이'한 경우라고 인정하기 어렵다. 요컨대 시각적 또는 시청각적 매체의 경우에 비하여 청각적 매체의 경우가 성명표시권 제한사유에 해당하는 것으로 인정받기가 상대적으로 용이하다고 할 수 있다. 어떤 음악을 저작자의 허락을 받지 않고 TV 및 라디오 광고의 배경음악으로 이용한 사건에서 어느 경우에도 저작자의 성명을 표시하지 않았지만, 시청각적 매체인 TV 방송의 경우에는 부득이한 사유를 인정하지 않고 라디오 방송의 경우에만 부득이한 사유가 있다고 인정한 서울고등법원 2008. 9. 23. 선고 2007나127657 판결('데스페라도' 사건; §12-36)이 바로 그러한 차이를 분명하게 보여주는 사례이다.

판례

§12-35

❖ 서울고등법원 2005. 7. 26. 선고 2004나76598 판결 — "썸네일 이미지" 사건

〈사실관계〉

인터넷 포털사이트를 운영하는 피고회사는 '이미지 검색' 프로그램을 활용하여 온라인상의 이미지를 검색한 후 이른바 썸네일(thumbnail) 이미지로 축소 변환시킨 다음 DB를 구축하여 이용자들이 일정한 검색어로 검색할 경우 해당하는 썸네일 이미지를 보여주는 서비스를 제공하였다. 그 DB 가운데는 사진작가인 원고가 자신의 웹사이트에 게시하였던 사진 이미지들도 포함되어 있어서 원고가 저작권 침해 소송을 제기하였다. 다음은 그 중 성명표시권 침해에 대하여 법원이 판단한 부분이다.

〈법원의 판단〉

위 인정 사실에 의하면, 비록 피고가 피고의 웹사이트에서 원고의 이 사건 사진을 썸네일 이미지 형태로 게시하면서 원고의 실명을 표시하지 아니하였으나, 앞서 살펴 본 바와 같이 피고가 검색된 썸

---

1 內田晋, 問答式 入門 著作權法, 新日本法規出版株式會社, 1979, 138면.

네일 이미지와 함께 그 이미지를 수집한 웹사이트 주소를 출처로 명시하고 있는 이상, 이 사건 사진의 썸네일 이미지의 이용목적 및 형태, 인터넷의 개방성 정보 접근의 용이성 등을 고려하여 보면, 이는 저작권법 제12조 제 2 항 단서에 의한 부득이한 사정이 있는 경우로서 피고가 원고의 이 사건 사진에 관한 성명표시권을 침해하였다고 할 수 없다.

❖서울고등법원 2008. 9. 23. 선고 2007나127657 판결 — "데스페라도" 사건　　　　　§12-36

〈사실관계〉

원고들은 미국의 유명한 록그룹인 이글스의 멤버들이다. 피고 1은 '부모의 마음 — 사랑의 손'이란 기업홍보용 광고의 광고주이고, 피고 2는 광고대행 회사이며, 피고 3은 광고의 배경음악에 대한 이용권 취득절차의 중개대리 및 녹음업무 등을 위탁받은 회사이다. 피고들은 원고들이 작사, 작곡한 노래인 데스페라도를 광고에 이용하기 위하여 원고들과 사이에 저작물 이용계약체결절차를 진행하였으나 결과적으로는 원고들의 최종적인 승인을 받지 못한 상태에서 TV광고와 라디오 광고에 데스페라도 음악의 일부분이 이용되게 되었다. 이에 원고들은 피고들을 상대로 저작재산권 및 저작인격권 침해를 이유로 한 손해배상청구소송을 제기하였다. 다음은 그 중 성명표시권 침해와 관련한 피고의 항변에 대하여 판단한 부분이다.

〈법원의 판단〉

피고들은, 방송광고의 배경음악으로서 음악저작물을 이용할 때에는 한정된 광고시간과 화면 등에 의하여 저작자의 성명을 표시하는 것이 현실적으로 어려우므로, 피고들의 위 행위는 구 저작권법 제12조 제 2 항 단서 소정의 저작물의 성질, 이용목적 및 형태 등에 비추어 저작자의 성명을 표시하지 아니할 부득이한 사정이 있는 경우에 해당한다고 주장한다.

살피건대, 피고들이 라디오에 이 사건 광고를 방송함에 있어서는, 배경음악으로 나오는 이 사건 음악저작물의 작사·작곡가의 성명을 적정한 방법으로 표시하기가 곤란하다는 점은 피고들이 지적한 바와 같으나, 한편 피고들이 텔레비전, 케이블 TV 등에 이 사건 광고를 방송함에 있어서는, 배경음악으로 나오는 이 사건 음악저작물의 작사·작곡가의 성명을 화면의 하단 부분에 자막처리로 표시하는 등 적정한 방법으로 이를 표시할 수 있다 할 것이다.

따라서 피고들이 텔레비전, 케이블 TV 등에 이 사건 광고의 배경음악인 이 사건 음악저작물을 방송함에 있어서 작사·작곡가로서 저작자인 원고들의 성명을 적정한 방법으로 표시하지 아니한 행위는, 원고들의 성명표시권 침해에 해당한다.

▷NOTE : 위 판결은 라디오와 TV의 매체 특성에 상응하여 청각적 매체인 라디오의 경우에는 음악저작물을 광고의 배경음악으로 이용할 경우에 그 저작자의 성명을 적정한 방법으로 표시하기가 곤란하다고 하여 저작권법 제12조 제 2 항 단서의 제한사유에 해당한다고 본 반면, 시청각적 매체인 TV의 경우에는 음악저작물을 광고의 배경음악으로 이용할 경우에도 그 저작자의 성명을 "화면의 하단 부분에 자막처리로 표시하는 등 적정한 방법으로" 표시할 수 있다고 보아 위의 제한사유(저작물의 성질, 그 이용목적 또는 형태 등에 비추어 부득이하다고 인정되는 경우)에 해당하지 않는다고 보았다. 타당한 판시라고 생각된다.

§12-37

§12-38　　　　❖서울고등법원 2008. 9. 23. 선고 2007나70720 판결 — "미리듣기" 사건

〈사실관계〉

사실관계는 앞서 '2. (2) 성명표시의 객체' 부분의 관련 판례로서 소개하면서 정리한 바와 같다. 다음은 그 중 성명표시권 제한의 항변에 관한 판단 부분이다.

〈법원의 판단〉

이에 대하여 피고들은, 자신들이 이 사건 음악저작물의 작사·작곡가를 명시적으로 표시하지 않았다고 하더라도, 인터넷 이용자들은 이에 관한 저작자를 원고가 아닌 다른 사람으로 인식할 가능성이 거의 없을 뿐만 아니라, 피고들이 운영하는 음악사이트의 웹페이지는 한정된 공간을 갖고 있을 뿐이어서, 가수나 음반제작자 등을 표시하는 외에 추가로 작사·작곡가에 대하여 별도의 표시를 하는 것은 여의치 아니하므로, 피고들의 위 행위는 구 저작권법 제12조 제 2 항 단서 소정의 저작물의 성질, 이용목적 및 형태 등에 비추어 저작자의 성명을 표시하지 아니할 부득이한 사정이 있는 경우에 해당한다고 주장한다.

그러나 저작자의 성명표시권을 보호하는 취지는 인터넷 이용자들의 인식 여하를 불문하고 적정한 방법으로 저작자의 성명이 표시되도록 하는 것이므로, 인터넷 이용자들이 이 사건 음악저작물에 관한 저작자를 원고가 아닌 다른 사람으로 인식할 가능성이 적은지 여부 등의 사정이 피고들의 성명표시권 침해 여부에 어떠한 영향을 미칠 수는 없다 할 것이고, 또한 피고들이 운영하는 음악사이트의 웹페이지에 이 사건 음악저작물의 가수의 성명, 음반제작자의 명칭 등이 다양한 방식으로 표시되어 있는 점 등에 비추어 보면, 유독 이 사건 음악저작물의 작사·작곡가인 원고의 성명을 표시하는 것만이 웹페이지의 공간상 곤란하다고 볼 수도 없으며, 나아가 인터넷 음악사이트에서 통용되는 가사보기 박스 등을 사이트 운영자인 피고들이 직접 관리하면서 작사·작곡가인 원고의 성명을 표시할 수도 있다 할 것이므로, 피고들의 위 주장은 이유 없다.

§12-38-1　　　　❖서울고등법원 2012. 10. 24. 선고 2011나104668 판결 — "샤이보이 안무" 사건

앞서 인정한 바와 같이 피고들은 댄스 강습을 하거나 홈페이지와 게시판에 이 사건 안무 강습 사진과 동영상을 게시할 당시 이 사건 안무의 저작권자가 원고임을 표시하지 아니하여 원고의 저작자로서의 성명표시권을 침해하였다. 당시 통상적으로 이 사건 안무와 같이 대중가요와 함께 재현되는 무용의 저작권자임을 밝히지 않는 관행이 있었다고 하더라도 앞서 든 각 증거에 의하여 인정되는 다음과 같은 사정, 즉 국내에 잘 알려진 포털 사이트를 통하여 이 사건 안무의 창작자가 원고라는 사실을 쉽게 알 수 있었던 점, 학원에서 댄스 강습을 할 당시나 홈페이지와 게시판에 이 사건 안무가 재현되는 영상을 게시할 당시 적당한 방법으로 저작자를 충분히 표시할 수 있었던 점, 원고가 가수가 소속된 회사와 용역계약을 체결하면서도 이 사건 안무의 저작권자임을 분명히 하여 장래 저작권자로서 권리 행사를 할 것임을 예정한 점 등에 비추어 이 사건 안무와 같이 대중가요의 안무에 있어 저작권자를 표시하지 않는 관행이 공정한 것이라고 볼 수 없다. 따라서 이를 저작물의 성질이나 그 이용의 목적 및 형태 등에 비추어 부득이하게 저작자를 표시하지 못한 경우라고도 볼 수 없다.

▷NOTE : 위 판결은 무용저작물을 이용한 동영상을 인터넷에 게시하면서 그 저작자를 표시하지 않은 것이 '관행'에 의한 것이라는 주장을, 위와 같은 이유를 들어, 설사 관행이라고 해도 공정한 관행은 아니라고 하는 이유로 배척한 점에서 주목된다(위 판결 중 '이 사건 안무'를 창작성 있는 무용저작물로 인정한 근거에 대한 판시부분은 §4-18-4 참조).

❖서울고등법원 2013. 4. 11. 선고 2012나86941 판결 §12-38-2

피고들은, 피고들 각 구름 이미지와 같이 게임이나 홈페이지 상에 이미지가 삽입되는 경우는 그 저작물의 성질이나 이용의 목적 및 형태 등에 비추어 이를 만든 사람이 누구인지를 표시하는 것이 불가능하므로 성명표시권 침해에 따른 위자료를 지급할 의무가 없다는 취지로 주장한다. 그러나 원고 각 구름 이미지와 같은 미술저작물에 저작권자의 성명을 표시하는 방법으로는 미술저작물 자체에 직접 이를 표시하는 방법뿐만 아니라 <u>미술저작물의 인접한 부분에 저작권자가 누구인지를 알 수 있도록 표시하는 방법(피고들 게임물의 경우 게임 시작화면이나 게임프로그램이 담긴 CD 등에 표시할 수 있을 것이다)도 있으므로,</u> 피고들의 위 주장은 이유 없다.

▷NOTE : 미술저작물을 게임에 이용할 경우 그 성명표시를 미술저작물 자체에 직접 하기는 어렵다 하더라도 그와 인접한 부분(게임 시작화면이나 게임프로그램이 담긴 CD 등)에 하면 될 것이라는 이유로 성명표시권 제한 사유 해당성을 부정한 사례이다.

Ⅳ. 동일성유지권

1. 의 의

저작자는 그의 저작물의 내용·형식 및 제호의 동일성을 유지할 권리를 가진다(제13조 제1항). §12-39 이 권리를 동일성유지권이라 한다. 1957년에 제정된 구 저작권법은 '원상유지권(原狀維持權)'(제16조)과 '변경권(變更權)'(제17조)으로 나누어 규정하고 있었는데, 두 규정이 각각 저작자가 자신의 저작물에 대하여 가지는 소극적인 변경금지권과 적극적인 변경권을 규정한 것으로서 서로 표리의 관계에 있다는 것을 감안하여, 1986년에 전문개정을 하면서 일괄하여 '동일성유지권'으로만 규정하게 된 것이다. 이렇게 함으로써 실질적으로 '변경금지권'이라고 하는 소극적인 측면에만 초점을 맞추게 된 셈인데, 그것은 국제적인 추세에 비추어 보더라도 바람직한 방향이라 생각된다. 즉 저작인격권으로서의 동일성유지권의 본질은 저작자가 저작물을 적극적으로 변경할 수 있다는 것에 있는 것이 아니라 다른 사람이 함부로 저작물을 변경하지 못하도록 금지할 수 있다는 점에 있는 것이고, 그런 점에서 성명표시권이나 공표권에 비하여 더욱 소극적인 성격을 갖는 권리라고 할 수 있다.[1]

---

1 허희성, 新著作權法逐條槪說, 범우사, 1988, 79면 참조.

저작물은 저작자의 인격의 표현이라고 할 수 있으므로 저작물에 구체화된 저작자의 사상·감정의 완전성을 보호할 필요가 있다는 것이 기본적인 입법취지이지만, 다른 한편으로는 국민들이 향유할 문화적 자산인 저작물을 누구나 함부로 변경함으로써 혼란과 훼손을 초래하지 않도록 할 공공적인 필요성도 다소 반영된 제도라고 할 수 있다.[1]

'원상유지권'을 규정한 구 저작권법 제16조는 "저작자는 저작물에 관한 재산적 권리에 관계 없이 또한 그 권리의 이전 후에 있어서도 그 저작물의 내용 또는 제호를 개찬, 절제 또는 기타 변경을 가하여 그 명예와 성망을 해한 자에 대하여 이의를 주장할 권리가 있다"고 규정하였는데, 동일성유지권에 관한 현행법 규정은 "그 명예와 성망을 해한 자"라고 하는 부분을 제외하였다. 따라서 현행법상 저작자의 '명예와 성망을 해할 것'은 동일성유지권 침해의 요건이 아니다. 현행법상으로는 가사 저작물을 함부로 변경한 것이 저작물의 객관적 가치를 높이고 그에 따라 저작자의 객관적인 명예를 높이는 경우라 하더라도 동일성유지권의 침해가 성립할 수 있다.

2. 동일성유지권의 내용

(1) 내용 및 형식의 동일성 유지

(가) 의의 및 동일성유지권 침해의 요건

§12-40   저작물의 '내용'이란 '저작물에 표현된 사상 또는 감정'을 말한다는 견해[2]가 있으나, 반드시 그렇게 보기보다 저작물의 표현 중 형식적인 것을 제외한 모든 것을 지칭하는 의미도 내포하는 것으로 보는 것이 보다 자연스러울 것으로 생각된다. 결국 저작물의 형식 및 내용이란 저작물로 표현된 형식적인 요소와 내용적인 요소를 모두 포함하는 것으로 넓게 해석할 수 있고, 어떤 것이 형식이고 어떤 것이 내용인지의 구분을 엄격하게 할 필요는 없다. 다만 여기서 '형식'이라고 한 것은 저작물이 어떤 다른 요소들과 결합된 형태로 표현되어 있을 경우 그 모든 요소들의 형태도 포함하는 개념으로 사용된 것으로 보인다. 저작자는 창작성 있는 표현의 요소와 그렇지 않고 창작성이 없거나 아이디어의 영역에 해당하는 요소들이 혼재되어 있는 일체로서의 자신의 작품의 원형을 유지하는 데 정당한 이익을 가지고 있고, 저작권법 제13조 제 1 항은 그러한 저작자의 정당한 이익을 총체적으로 보호하고자 하는 취지에서 저작물의 '내용·형식 및 제호'라는 포괄적인 용어를 사용한 것으로 보이기 때문이다. 따라서 엄격하게 따지면 비저작물에 해당하는 것도 포함하여 저작물의 표현에 일체적으로 결합된 모든 것은 동일성유지권의 보호대상에 해당하는 것으로 보아야 할 것이다. 물론 저작물성을 가지는 것이 전혀 없다면 동일성유지권에 의하여 보호를

---

1 加戶守行, 전게서, 170; 허희성, 전게서, 79면.
2 김정술, 전게논문, 289면.

받을 수 없는 것이 당연하지만, 일부라도 저작물성이 있는 것이 있다면 그와 일체적으로 결합된 것을 함부로 변경하는 것도 저작물의 '형식'의 변경에 해당하는 것으로 보아야 할 것이다. 제호의 경우 일반적으로는 저작물에 해당하지 않는 것이지만(§6-47 참조), 저작권법 제13조 제 1 항이 제호를 동일성유지권의 보호대상에 포함한 것도 그러한 입법취지의 표명으로 이해할 수 있다.

저작자의 허락 없이 저작물의 내용 또는 형식에 개변이 이루어지고 그로 인해 저작물의 동일 §12-41 성에 손상이 가해졌다고 할 수 있으면 동일성유지권의 침해를 인정할 수 있을 것이다. 먼저 저작자의 '허락'이 없을 것이 동일성유지권의 침해 요건이 된다는 것에 주목할 필요가 있다. 대법원도 "저작자가 명시적 또는 묵시적으로 동의한 범위 내에서 저작물을 변경한 경우에는 저작자의 동일성유지권 침해에 해당하지 아니한다"고 판시하고 있다.[1] 이것은 당연한 것으로 보이지만, 저작자의 묵시적 동의를 인정함에 있어서 규범적 의사해석의 요소가 가미될 경우 실질적으로 동일성유지권의 인정폭을 제한하는 역할을 하는 법리가 될 수 있으므로, '묵시적 동의'의 인정이 남용되어 저작인격권 존중의 입법정신을 훼손하는 일이 없도록 유의할 필요가 있다.[2] 또한, 저작자가 개변에 동의하였다 하더라도 그 동의의 범위에 대한 판단에 있어서는 신중을 기할 필요가 있다. 판례는 동의의 유무 및 범위에 대한 판단과 관련하여 "저작자가 저작물의 변경에 대하여 동의하였는지 여부 및 동의의 범위는 계약의 성질·체결 경위·내용, 계약 당사자들의 지위와 상호관계, 계약의 목적, 저작물의 이용실태, 저작물의 성격 등 제반 사정을 종합적으로 고려하여 구체적·개별적으로 판단하여야 한다"고 밝히고 있다.[3] 따라서 사안에 따라 구체적·개별적으로 판단하여야 하지만, 저작자가 구체적으로 특정하여 동의하지 않은 영역에서 원저작물의 본질을 해하는 정도의 중대한 변경이나 원저작물 저작자의 명예를 훼손하는 것으로 인정될 수 있는 변경이 있다면 그것은 동의의 범위를 벗어난 것으로 보게 될 가능성이 많을 것이다.[4] 다음으로 단순한 '개변'만이 아니라 '동일성'의 손상이 침해의 요건이 된다는 것에 주목할 필요가 있다. 예컨대 오자, 탈자

---

1 '롯티' 사건에 대한 대법원 1992. 12. 24. 선고 92다31309 판결(§12-49) 및 '역사교과서 수정' 사건에 대한 대법원 2013. 4. 26. 선고 2010다79923 판결(§12-52-2) 참조.

2 이러한 '동의'의 효력에 대하여는 동일성유지권 불행사특약의 효력 등과 관련하여서도 짚어볼 부분이 있다. 자세한 것은 §12-93-1 참조.

3 대법원 2013. 4. 26. 선고 2010다79923 판결 등.

4 서울중앙지방법원 2015. 1. 16. 선고 2013가합85566 판결('드라마 더 이상은 못 참아' 사건)은 극본 저작자(A)가 방송 드라마 제작사(B)와 전속작가 집필계약을 체결하면서 B에게 극본에 대한 수정 보완 요구권한을 인정하면서도 'B는 A의 저작인격권을 존중해야 하고, 방송의 표현상 부득이할 경우 극본의 본질을 해하지 않는 범위 내에서 일부 수정, 변경할 수 있다'는 조항을 포함한 사안에서, "위와 같은 계약의 내용이나 그 밖의 제반 사정을 종합적으로 고려하면, 원고(A)는 방송의 표현상 부득이할 경우 극본의 본질을 해하지 않는 범위 내에서만 피고 B가 극본의 내용을 변경하는 것을 동의하였다고 봄이 상당하다"고 전제한 후, "피고 B는 원고의 저작물인 이 사건 드라마의 시놉시스와 32회 극본을 영상화하면서 원고의 동의 없이 원고가 드라마 중간에 사망하도록 한 N을 하관 직전 관 속에서 살아나도록 줄거리를 변경하였는바, 이는 위와 같은 원고의 저작물의 본질을 해하는 정도의 중대한 내용 변경에 해당하는 것으로서 위 저작물에 대한 원고의 동일성유지권을 침해하였다고 봄이 상당하다"고 판시하였다.

를 바로잡는 경우에는 '개변'은 있지만 '동일성'에는 손상이 없어서 저작자의 허락이 없더라도 동일성유지권의 침해를 구성하지 않는 것으로 본다. 그리고 2015년에 대법원은 온라인 음악 사이트에서 '미리듣기' 서비스를 통해 음악저작물의 음원 전부가 아니라 그 중 음원 중 약 30초 내지 1분 정도의 분량만을 스트리밍 방식으로 전송한 것이 해당 음악저작물 저작자의 동일성유지권을 침해한 것이 아닌지 문제된 사안과 관련하여, "어문저작물이나 음악저작물·영상저작물 등의 일부만을 이용하더라도, 그 부분적 이용이 저작물 중 일부를 발췌하여 그대로 이용하는 것이어서 이용되는 부분 자체는 아무런 변경이 없고, 이용방법도 그 저작물의 통상적 이용방법을 따른 것이며, 그 저작물의 이용 관행에 비추어 일반 대중이나 당해 저작물의 수요자가 그 부분적 이용이 전체 저작물의 일부를 이용한 것임을 쉽게 알 수 있어 저작물 중 부분적으로 이용된 부분이 그 저작물의 전부인 것으로 오인되거나, 그 부분적 이용으로 그 저작물에 표현된 저작자의 사상·감정이 왜곡되거나 저작물의 내용이나 형식이 오인될 우려가 없는 경우에는, 그러한 부분적 이용은 그 저작물 전부를 이용하는 것과 이용하는 분량 면에서만 차이가 있을 뿐이어서 저작자의 동일성유지권을 침해한 것으로 볼 수 없다. 이는 그 부분적 이용에 관하여 저작재산권자의 이용허락을 받지 않은 경우에도 마찬가지이다."라고 판시하였다.[1] 이러한 대법원 판례의 입장에 따르면, 통상적 이용방법을 따른 것으로서 저작물에 관한 부당한 오인 또는 왜곡 가능성이 없는 '부분적 이용' 등의 경우도 저작물의 '동일성'에 손상이 없는 경우의 한 예가 된다고 할 수 있다.[2] 다만 여기서 말하는 '동일성'은 일부 변형된 복제물이 원저작물에 대하여 동일성을 가진다고 할 때의 동일성(§5-6 참조) 개념과는 전혀 다른 개념으로서, 저작자가 원래 의도한 대로의 원형이 동일하게(혹은 완전하게) 유지된다고 하는 측면에 초점을 맞춘 개념으로 이해하여야 한다.[3] 따라서 그 의미는

---

1 대법원 2015. 4. 9. 선고 2011다101148 판결(§12-52-3).

2 대법원 2015. 4. 9. 선고 2012다109798 판결(§12-52-4)도 같은 취지에서 '악보 미리보기 서비스'를 동일성유지권을 침해하지 않는 '부분적 이용'으로 인정하고, 나아가 음악저작물을 노래반주기용 반주곡으로 제작하면서 코러스, 랩, 의성어 등을 추가한 것만으로는 "음악저작물을 노래반주기에 이용할 때 일반적으로 통용되는 범위를 초과하여 이 사건 음악저작물을 변경하였다고 보기 어렵다"는 이유로 동일성유지권 침해를 부정하였다. 이러한 대법원 판례들은 '동일성'의 개념을 너무 엄격하게 보지는 않는 입장을 취한 것이긴 하지만, 오인이나 왜곡의 가능성이 없는 '부분적 이용'이나 반주곡 제작에 따른 일반적으로 통용되는 범위 내에서의 다른 요소의 '추가' 등의 경우에 한하여 제한적으로 적용되어야 할 것이고, 이것을 "그 저작물에 표현된 저작자의 사상·감정이 왜곡"되는 일이 없는 변경에 대하여 널리 확대적용하는 것은 옳지 않다. 예컨대, 대구지방법원 2016. 10. 6. 선고 2016나2428 판결은 위 대법원 판결을 선례상의 근거로 하여 "위 출판물의 제3, 4판의 수정작업이 새로운 통계수치를 인용하거나 새로운 신문기사를 소개하는 정도에 불과함은 앞에서 본 바와 같다. 그런데 이러한 정도의 수정으로 인하여 원고의 사상, 감정이 왜곡되거나 내용 또는 형식이 오인될 우려가 있다고 보기 부족하고, 달리 이를 인정할 증거가 없다. 그러므로 피고가 위 출판물과 관련하여 원고가 집필한 내용 중 일부를 수정하였다고 하더라도, 이를 원고의 동일성유지권을 침해한 행위로 단정할 수 없고, 달리 이를 인정할 증거가 없다"고 하면서 동일성유지권 침해를 부정하는 판시를 하였는데, 이것은 위 판례를 부당하게 확대 적용한 것으로 타당하지 않은 것으로 생각된다. 위 사건의 경우 같은 출판물의 형태에서 원고가 작성한 것과 다른 내용이 일부 추가, 수정된 것인바, 원고가 그러한 수정내용까지 작성한 것으로 오인될 수 있는 경우라 할 것이므로 "내용 또는 형식이 오인될 우려가 있다고 보기 어렵다"고 단정할 수는 없는 사안이라고 보아야 할 것이다.

3 하급심 판결 가운데, 甲이 작성한 저작물(A)과 동일하지 않지만 복제물로서의 '동일성'이 인정되는 범위 내의 것(B)을

'완전성'(integrity)에 가까운 것으로서, 위와 같은 일부 예외적인 경우를 제외하면, 원래 저작자가 작성한 것에서 조금이라도 변형하면 동일성유지권 침해가 되는 것으로 보는 것이 원칙이다.

한편으로는, 개변의 정도가 크다고 하여 반드시 동일성유지권의 침해가 되는 것은 아니다. 원래의 저작물의 '창작성 있는 표현'이 잔존하지 않을 정도로까지 개변이 진행된 경우에는 이미 별개 독립의 저작물이 되어 버려 동일성유지권 침해의 범주를 벗어나게 된다. 동일성유지권은 저작자가 자신의 저작물에 대하여 가지는 권리이고, 저작물은 '인간의 사상 또는 감정의 창작성 있는 표현'이라고 할 수 있는데, 창작성 있는 표현이 전혀 남아 있지 않다면 거기에 자신의 저작물이라고 주장할 것이 없고 따라서 자신의 저작물에 대한 동일성 유지를 주장할 근거 자체가 없어져 버리기 때문이다. 개변된 저작물과 개변을 통해 작성된 저작물 쌍방의 공통점 내지 유사성이 개변된 저작물의 창작성 있는 표현에 대한 것이 아니라 창작성이 없거나 표현이 아닌 아이디어의 영역에 해당하는 것에만 있다면 저작물의 동일성 유지 문제는 일어나지 않는다. 따라서 동일성유지권이 미치는 한계선을 긋는 기준은 개변된 저작물의 창작성 있는 표현이 잔존하고 있는지 여부를 기준으로 하여 판단하면 되고, 결과적으로 그 범위는 저작권이 미치는 2차적저작물의 범위를 획정하는 '실질적 유사성'의 범위(§5-6~8, §27-9 이하 참조)와 일치하는 것이다.[1] §12-42

원저작물의 저작자로부터 허락을 받지 않고 2차적저작물을 작성할 경우 저작재산권으로서의 2차적저작물작성권의 침해 외에 동일성유지권의 침해가 성립할 수 있을지에 대하여 학자들의 견해가 긍정설,[2] 부정설,[3] 제한적 긍정설[4] 등으로 나뉘고 있으나, 본서에서는 긍정설의 입장을 취하고자 하는데 그 이유는 다음과 같다. §12-43

1) 원저작물의 개변으로 작성된 저작물이 원저작물과 2차적저작물의 관계에 있다면, 새로 작성된 저작물에 원저작물의 창작성 있는 표현이 남아 있는 경우이므로 원저작물의 저작자는 그 부분이 실질적으로 자신의 저작물이라고 주장할 수 있고, 따라서 그 동일성의 유지 여부를 문제삼을 수 있는 지위에 있다. 원저작자가 그러한 주장을 할 수 없게 되는 것은 위에서 본 바와 같이 원저작물의 창작성 있는 표현이 전혀 잔존하지 않을 정도로 개변이 진행되어 완전히 별개 독립의

작성한 것에 대하여 "피고 번역물(B)이 원고 번역물(A)의 복제물에 해당하여 그 내용에 실질적인 동일성을 해할 정도의 수정, 변경이 있다고 볼 수 없다"는 이유로 동일성유지권 침해를 부정한 사례(서울중앙지방법원 2018. 4. 6. 선고 2017가합530576 판결)가 있는데, 이것은 동일성유지권에서 말하는 '동일성'의 개념과 복제물의 범위와 관련하여 언급되는 '동일성' 또는 '실질적 동일성'의 개념을 서로 같은 것으로 혼동하는 오류를 빚은 전형적 사례이다. 저작자의 허락 없이 내용을 수정, 변경한 부분이 있는 한 '완전성(integrity)'을 뜻하는 '동일성'은 손상된 것을 전제로 하여 동일성유지권 침해를 긍정하여야 할 것이다.

1 田村善之, 전게서, 436면 참조.
2 오승종, 저작권법(제 3 판), 박영사, 2013, 399면; 최경수, 저작권법개론, 한울아카데미, 2010, 222면 등.
3 송영식·이상정, 전게서, 146면.
4 박성호, 전게서, 280면.

저작물이 만들어진 경우일 뿐이다.

　　2) 실질적으로 2차적저작물 작성에 의한 개변에 대하여 원저작자가 허락을 하지 않았는데도 그것이 2차적저작물이라는 이유만으로 원저작자의 동일성유지권 침해를 인정하지 않는다면, 원저작자의 인격적 이익이 충분히 보장된다고 말하기 어렵다. 저작물에 대한 수정·증감이나 변경이 있더라도 "원저작물의 재제 또는 동일성이 인식되거나 감지되는 정도"의 변경이면 '복제물'의 범주에 해당하므로 동일성유지권이 미친다고 하는 것은 대법원 판례상으로도 확립된 입장인데,1 그러한 '복제물'에 해당하는 경우와 '2차적저작물'에 해당하는 경우의 차이점은 복제물의 경우와 달리 2차적저작물의 경우에는 새로운 창작성이 부가되었다고 하는 점뿐이다. 임의적 개변으로부터 보호해야 할 원저작자의 인격적 이익이나 필요의 관점에서는 하등의 차이가 없는 것이다. 예컨대 다른 사람의 미술저작물인 회화작품을 가져다가 새로운 창작성을 부가하여 변경할 경우에 2차적저작물이 될 수 있지만, 그러한 임의의 변경으로 인한 원저작자의 정신적 고통은 새로운 창작성이 부가되지 않은 경우와 별반 차이가 없을 것이다. 저작재산권 중 2차적저작물작성권을 가지고 해결하면 되지 않겠는가 하고 반문하는 의견이 있을 수 있지만, 저작재산권과 저작인격권은 각각 별도의 존재이유와 법률효과를 가지고 있을 뿐만 아니라 저작재산권은 양도 등에 의하여 저작자가 아닌 자에게 이전될 수도 있으므로 저작자의 인격적 이익을 제대로 보호하기 위해서는 저작인격권으로서의 동일성유지권을 행사할 수 있도록 하지 않으면 안 될 것이다.

§12-44　　　이와 관련하여, 우리나라의 학설 가운데, 동일성유지권의 범위 및 그 침해요건을 특히 한정적으로 해석하여야 한다는 견해가 있다.2 이 견해에 의하면, 우리 저작권법상 동일성유지권 침해를 주장할 수 있는 경우는 특정한 유체물에 화체되어 있는 것(예컨대 순수미술저작물)에 변경을 가하거나 또는 침해자가 변경된 침해물을 당해 저작자의 것으로 표시하고 있는 경우, 즉 침해물과 당해 저작자의 연결고리(소위 credit)를 만들어 놓은 경우로 한정하는 것이 좋다고 하면서, 법률상 '그 저작물'3로 표현한 것은 이를 나타내는 것으로 보아야 한다고 주장한다. 이 학설은 저작물의 수정·증감이나 변경이 있더라도 원저작물과의 동일성이 인정되면 그 저작물의 복제물이라고 보아야 하므로 동일성유지권이 미친다고 하는 대법원 판례의 입장이 부당한 것이라고 비판하면서 "저작물 2가 저작물 1을 도용했다고 하더라도 저작물 1에는 아무런 변경이 없으므로 '자신의 저작물의 변경에 대한 이의권'으로서의 성격을 가지는 동일성유지권을 주장할 수 없다고 보는 것이 타당하다"는 취지로 주장하고 있다. 이 견해에 의하면, 자연히, 2차적저작물작성의 경우에는 원칙적으로 동일성유지권이 미치지 않는 것으로 보게 된다. 그러나 이 견해에는 동의하기 어렵다. 다

---

1 뒤에 소개하는 대법원 1989. 10. 24. 선고 89다카12824 판결 참조.
2 송영식·이상정, 전게서, 146면.
3 2006년 개정법에 의하면 '그의 저작물'로 표현이 변경되었다.

른 사람이 작성한 저작물 2에 원저작자가 작성한 저작물 1의 창작성 있는 표현이 포함되어 있으면 그 저작물 2는 저작물 1을 '개변'하여 작성한 것에 해당하는 것으로 보아야 할 것이고, 따라서 그 경우에 저작물 1에는 아무 변화가 없는 것이 아니라 저작물 2를 통해 행해지는 범위 내에서 원저작자의 뜻에 반하는 저작물 1의 개변(변화)이 이루어진 것이라고 보아야 할 것이기 때문이다. '그' 또는 '그의' 저작물이라고 하는 것도 위와 같이 생각할 때는 동일성유지권에 대한 그와 같은 특수한 제한의 법문상의 근거라고 보기 어렵다.

한편, 제한적 긍정설은, 저작자의 동의 없이 '외면적 형식'을 번역, 편곡, 변형, 각색·영상제작·그 밖의 방법으로 개작하는 등 2차적저작물 작성행위를 하더라도 '내면적 형식'[1]이 변경되지 않는 한 저작물의 동일성은 유지되는 것으로 보고, 그러한 내면적 형식의 변경을 초래하는 '왜곡'의 경우에 한하여 2차적저작물 작성행위도 동일성유지권 침해가 될 수 있다고 보는 견해이다.[2] 이 견해의 근거는 동일성유지권에서 말하는 저작물의 동일성이란 그 내면적 형식의 동일성을 뜻하는 것이고 따라서 저작물의 내면적 형식이 유지되는 한 외면적 형식의 변경이 있더라도 그 '동일성'이 유지되는 것으로 보아야 한다는 것에 있다.[3] 그런데 이 견해에서는 동일성의 의미에 대한 이러한 해석을 번역, 번안 등 2차적저작물 작성의 경우에 적용하고 있고, (그 부분에 대한 명시적 언급은 없지만) 일반적인 경우에 적용하지는 않는 취지가 아닐까 생각되는데, 그렇게 구분하는 근거 등에 대하여 분명하게 설명하지는 않고 있다. 만약 동 견해와 같이 동일성의 의미를 제한한다면, 소설의 경우 사건의 전개과정 등을 기본적으로 유지하는 한 문언적 표현을 저작자의 뜻에 반하여 함부로 변경하여도 내면적 형식의 동일성은 유지되므로 동일성유지권 침해가 없는 것으로 보아야 할 것이므로, 그러한 논리를 일관되게 적용할 경우, 동일성유지권 인정범위를 법문에 반하여 부당하게 좁히는 결과가 될 것이고, 그렇지 않고 2차적 저작물의 경우에만 동일성의 의미를 다르게 본다면, '동일성'의 의미를 경우에 따라 다르게 보는 것이 되어 논리적 일관성이 결여된 것이 아닌가 하는 의문이 제기된다.

위와 같은 제한적 긍정설의 입장과 유사한 입장이 하급심 판결을 통해서도 제시된 바 있다. '선덕여왕' 사건에 대한 2심 판결인 서울고등법원 2012. 12. 20. 선고 2012나17150 판결[4]이 그러한 사례라 할 수 있다. 이 판결은 "2차적저작물이란 원저작물에 수정·개변을 가하여 작성된 새로운 저작물을 의미하므로 2차적저작물에는 어느 정도 원저작물의 내용변경은 당연히 수반된다고

§12-44-1

---

1 이 견해에 의하면, 학술저작물에 있어서 계획, 사고의 과정 및 논증, 소설에 있어서 사건의 진행과 경과 및 등장인물의 형태, 회화의 구상과 구성, 음악저작물에 있어서 구성양식, 악장과 박자 등이 '내면적 형식'에 해당한다고 한다. 박성호, 전게서, 279면.
2 박성호, 전게서, 279~280면.
3 박성호, 전게서, 279면.
4 다른 이유로 상고심판결인 대법원 2014. 7. 24. 선고 2013다8984 판결에 의하여 파기되었다.

할 것이다. 따라서 2차적저작물을 작성함에 있어서 원저작물의 내용이나 형식 및 제호를 변경하여 2차적저작물을 통해 감득할 수 있는 원저작물의 본질까지 왜곡·훼손함으로써 원저작권자의 저작물에 대한 존중감(동일성)을 해치는 정도에 이르는 등의 사정이 없는 한, 원저작자의 동의 없이 2차적저작물을 작성한 경우 2차적저작물 작성권의 침해와 별도로 동일성유지권의 침해가 성립하는 것은 아니라고 보아야 한다"고 판시하면서 "마찬가지 이유로 2차적저작물 작성에 관한 원저작자의 동의가 있다 하더라도 위와 같은 원저작물의 왜곡·훼손이 있는 경우에는 동일성유지권의 침해가 성립하는 것으로 보아야 한다"고 덧붙였다. 그리고 2차적저작물에 있어서 동일성유지권 침해의 정도를 달리 보아야 하는 이유로는 "① 복제물의 경우와 달리 2차적저작물에서는 동일성유지권의 대상이 되는 '원저작물의 내용·형식 및 제호의 동일성' 자체가 존재할 수 없고, ② 원저작물의 저작자나 이를 접하는 독자 또는 감상자 역시 2차적저작물에 대하여 위와 같은 의미의 '동일성'을 기대하지 않을 것이며, ③ 동의 없는 2차적저작물의 작성에 있어서 2차적저작물 작성권의 침해 외에 동일성유지권의 침해까지 인정해야 할 실익이 없기 때문"(번호는 저자가 붙임)이라는 세 가지를 제시하고 있다. 그러나 ① 2차적저작물이 만들어졌다고 하여 원저작물의 내용·형식 및 제호의 동일성 자체가 존재할 수 없다는 것은 '동일성'의 개념을 복제물의 경우에 대하여 사용되는 동일성의 개념과 오해한 것으로 생각되는바, 2차적저작물이 작성되었다고 하여 동일성유지권의 보호대상으로서 원저작물의 내용·형식 및 제호의 원형이 그대로 동일하게 유지되어야 한다는 의미의 '동일성'이 아예 존재하지 않는다고 볼 아무런 근거가 없으며, ② '독자 또는 감상자'가 동일성 유지를 기대하지 않을 수도 있으나, 동일성유지권의 주체는 저작자이므로 저작자의 정당한 이익을 기준으로 판단하여야 할 것인바, 원저작물 저작자에게는 자신의 저작물이 함부로 개변되지 않을 것이라는 기대가 있으리라는 것이 동일성유지권 제도의 전제가 되고 있으며, 그것은 2차적저작물성을 가지는 경우라고 하여 달리 볼 근거가 없고, ③ 저작재산권 양도의 경우에는 저작재산권과 저작인격권의 귀속주체가 달라질 수 있을 뿐만 아니라, 동일인의 저작재산권과 저작인격권의 침해가 경합되는 경우라 하더라도 저작인격권 침해에 따른 위자료가 추가적으로 인용될 수 있다는 점에서 저작인격권 인정의 실익을 부정할 수 없으므로, 2차적저작물작성권을 인정하는 것 외에 동일성유지권을 인정할 실익이 없다는 주장도 타당하지 않은 것으로 생각된다. 한편으로 위 판례는 결국 2차적저작물 작성에 대한 원저작자의 허락이 있는 경우와 허락이 없는 경우를 동일하게 보는 결론으로 이어지고 있는데, 그것도 저작자의 허락이 저작인격권 침해 여부에 미치는 영향을 과소평가한 것으로 생각되어 동의하기 어렵다(허락에 기한 2차적저작물 작성에 대하여는 §12-69 참조). 결론적으로 제한적 긍정설의 입장을 지지하기는 어려운 것으로 생각된다.

원저작자의 허락 없이 2차적저작물을 작성하는 경우에 동일성유지권의 침해가 성립하는지 §12-45
여부에 관한 판례의 입장을 좀 더 자세히 살펴보자. 위에서 언급한 바와 같이 대법원 1989. 10.
24. 선고 89다카12824 판결은 저작물에 대한 수정·증감 또는 변경이 있더라도 원저작물의 재제
또는 동일성이 인식되거나 감지되는 정도이면 복제물의 범주에 포함되므로 동일성유지권도 당연
히 미치게 된다고 하는 것을 분명히 하고 있다. 얼핏 보면, 이 판례는 새로 작성된 저작물이 원저
작물의 복제물인 경우까지만 동일성유지권이 미치고 그 범위를 넘어서 2차적저작물에 해당하는
경우에는 동일성유지권이 미치지 않는다는 것을 전제로 한 것으로 해석될 수도 있다. 그러나 그
것은 이 판례에서 표명하고 있는 것이 아닐 뿐만 아니라 실제로도 이 판례가 그러한 취지에 입각
한 것은 아니라고 생각된다. 오히려 이 판례는 새로운 저작물이 "원저작물의 재제 또는 동일성이
인식되거나 감지되는" 경우에는 동일성유지권이 미친다고 하는 것을 논리적 전제로 깔고 있는 것
으로 생각되는데, 그렇다면, 2차적저작물의 경우에도 동일성유지권이 미치는 것으로 보는 것이
자연스러운 귀결이라고 할 수 있을 것이다. '동일성'이 인식되거나 감지된다고 하는 표현이 조금
애매하게 느껴질 수 있지만 원저작물의 '창작성 있는 표현'과 동일하거나 실질적으로 유사한 부분
이 내포되어 있다고 하는 것을 의미하는 것으로 보아야 할 것이고, 위에서 본 바와 같이 그러한
점에서는 2차적저작물의 경우도 하등의 차이가 없기 때문이다.

아래에 소개하는 이른바 '롯티'사건에 대한 대법원 판결(§12-49)도 원래의 도안을 참고하여 만 §12-46
들어진 새로운 도안이 캐릭터 도안 전문가에 의하여 상당한 창의적 노력이 보태져 만들어진 것으
로서 원래의 도안과의 관계에서 2차적저작물에 해당하는 것으로 봄이 타당할 것으로 생각되는
사안에서(다만 판결문에서 2차적저작물인지 여부에 대한 언급을 하지는 않았다), 새로운 도안으로의 변경이
기본적으로 동일성유지권이 미치는 범위 내에 있다는 전제하에서 결론을 내리고 있다. 따라서 우
리 대법원 판례의 입장은 아직 명확하게 정리되지는 않았지만, 개변으로 만들어진 새로운 저작물
이 원저작물의 창작성 있는 표현이 감지될 수 있는 범위(복제물 및 2차적저작물의 범위)를 완전히 벗
어나 별개 독립의 저작물이 만들어진 경우에만 동일성유지권을 주장할 수 있는 범위를 넘어선 것
으로 보는 입장, 즉 허락 없이 작성된 2차적저작물에 대하여도 동일성유지권이 미치는 것으로 보
는 긍정설의 입장에 서 있는 것으로 볼 수 있지 않을까 생각된다.[1]

하급심 판결 중에는 뒤에서 보는 바와 같이 긍정설에 입각한 것으로 보이는 판결들도 일부
있으나, 다른 일부 하급심 판결들[2]은 상반된 입장을 보이고 있어 조속히 이 문제에 대한 올바른

---

1 오승종, 전게서, 399면도 대법원 판례가 긍정설의 입장에 서 있는 것으로 보고 있다.
2 ① 서울서부지방법원 2006. 3. 17. 선고 2004가합4676 판결 : "새로운 독창성을 갖는 2차적저작물로 인정된 이상 원
  저작자에 대한 2차적저작물작성권 침해가 성립되는 외에 저작인격권인 동일성유지권도 덧붙여 침해된다고 할 수는
  없다."

방향의 판례 확립이 이루어지기를 바라는 마음이다.1

　　일본의 경우에는 최고재판소 판례(§12-47)가 긍정설의 입장을 분명히 하고 있다.

§12-46-1　　성명표시권침해가 성립하기 위하여는 타인의 저작물에 대하여 저작재산권이 미치는 이용행위를 한 경우일 것을 요한다는 것에 대하여 앞에서 살펴보았는데(§12-22-2), 그것은 동일성유지권의 경우도 마찬가지인 것으로 보아야 한다. 이것은 오늘날 디지털 환경에서 동일성유지권 침해 여부의 판단에 있어서 중요한 판단기준의 역할을 할 수 있는 것으로 생각된다. 뒤에서 보는 '인터넷 포털 사이트 광고 방해' 사건에 대한 대법원 판결(§12-52-1)에서 동일성유지권 침해를 부정한 것은 비록 사용자의 컴퓨터 화면상으로는 채권자 사이트의 광고가 교체되어 나오는 등의 변화가 있지만, 그 사건의 채무자가 채권자의 HTML 코드에 접근하여 그것을 변경하였다는 입증이 없다는 것을 근거로 한 것이었다. 이러한 법리는 프레임 링크의 경우에도 똑같이 적용될 수 있을 것으로 생각된다. 프레임 링크의 경우에 화면상으로는 링크를 건 사람의 메뉴 프레임 등이 함께 화면에 나와 타깃 사이트의 모습에 변화가 있는 것처럼 보이지만, 실제로는 타깃 사이트의 인터넷 주소를 태그로 표시한 것일 뿐 복제, 전송 등의 행위가 있는 것은 아니므로, 동일성유지권 침해를 인정할 수는 없는 것으로 보아야 할 것이다(§13-42 참조).

　　일본의 경우에는 '도키메키 메모리얼' 사건에 대한 최고재 판결2이 게임에 메모리 카드를 넣어 파라미터를 높은 수치로 변경함으로써 당초 저작자가 예정한 스토리의 범위를 넘어선 다른 스토리가 전개되도록 한 경우에 대하여 동일성유지권 침해를 인정한 바 있는데, '메모리 카드'를 넣어 화면상 작동이 달라졌을 뿐이지, 원고 측의 게임소프트웨어에 접근하여 그것을 변경한 바는 없다는 점에서 우리나라의 판례입장에 의할 경우에는 동일성유지권 침해를 인정하기 어려운 사안이 아닐까 생각된다.

　　한편으로 '도키메키 메모리얼' 사건의 사안은 사용자가 개인적으로 게임을 하면서 파라미터 수치를 변경시키는 등의 행위를 하는 것과 관련된 것이므로, 가사 그것을 저작물의 내용, 형식에 대한 변경으로 본다 하더라도, 최소한, 게임을 하는 사용자의 입장에서 보면, '사적 영역'에서 이루어지는 것이라는 점에서 '사적 영역'에서의 개변이 동일성유지권 침해가 될 수 있는지의 문제와도 관련된다.

§12-46-2　　동일성유지권침해가 사적 영역에서의 행위에 의하여도 성립할 수 있는지에 대하여 살펴보면,

---

　　② 서울지방법원 1998. 5. 29. 선고 96가합48355 판결 : "무단 번역의 경우에는 저작재산권인 2차적저작물작성권을 침해하는 행위에 해당할 뿐 동일성유지권의 침해 여부는 거론될 여지가 없다고 할 것"

　1 다만 최근에는 뒤에서 소개하는 서울중앙지방법원 2008. 7. 24. 선고 2007가합114203 판결(§12-52)에서 보는 바와 같이 2차적저작물의 경우에도 동일성유지권 침해를 긍정하는 경향이 뚜렷한 것으로 생각된다.

　2 最高裁 2001. 2. 13. 선고 판결.

타인의 저작물의 복제물 등을 사적인 영역에서 변형하는 등의 행위는 개인의 자유영역으로 보장하여야 하고 이를 법적으로 문제 삼을 수는 없는 것으로 보는 것이 타당하다.[1] 저작재산권 제한사유에 대한 규정이지만, 사적 이용을 위한 복제에 대한 저작권법 제30조를 복제만이 아니라 번역·편곡 또는 개작하여 이용하는 경우에도 적용될 수 있도록 제36조 제 1 항이 규정하고 있는 것에 비추어보면, 적어도 사적이용을 위한 복제의 요건에 해당하는 정도의 사적 영역이라면 그 안에서의 변경 등은 자유롭게 허용하는 것이 법의 취지임이 분명하다고 할 수 있다. 다만 사적 영역에서 저작물의 내용이나 형식 등을 변경한 것이 이후 그 영역을 벗어나 공중을 대상으로 이용되게 될 경우에는 결과적으로 동일성유지권 침해가 될 수 있음을 유의하여야 할 것이다.

> ### 판 례
>
> ❖日本 最高裁判所 1980. 3. 28. 선고 昭51(才)제923호 判決[2]　　　　　　　　　　§12-47
>
> 〈사실관계〉
>
> X(상고인)는 산악 및 스키에 관한 작품을 주로 촬영하는 사진가로서 오스트리아에서 스키어가 설산의 경사면을 파상(波狀)의 슈푸르를 그리면서 활강하고 있는 정경을 촬영하여 본건 사진(컬러사진)을 창작함으로써 그 저작권을 취득하였다. X는 사진집에 본건 사진을 복제, 게재하였고 또한 광고용 달력에 복제하는 것을 제 3 자에게 허락한 바 있다. Y(피고상고인)는 그래픽 디자이너로서 본건 사진에서 그 좌측 일부를 트리밍하고 흑백사진으로 복제한 다음 그 오른쪽 윗부분에 타이어 회사의 광고사진에서 복제한 자동차 스노타이어의 사진을 배치하여 영상을 합성함으로써 본건 몽타주 사진을 작성하였다. Y는 본건 몽타주 사진을 사진집에 게재하고 또 주간지에 '궤적'이라는 제목으로 게재하였다. X는 Y에 대해 저작인격권에 기한 사죄광고 및 위자료 50만엔의 지급을 청구하였다. 제 1 심은 X의 청구를 인용하였으나 항소심은 원판결을 취소하고 X의 청구를 기각하였다. 이에 대해 X가 상고한 사건이다.
>
> 〈법원의 판단〉
>
> 자기의 저작물을 창작함에 있어서 타인의 저작물을 소재로 하여 이용하는 것은 물론 허용되지 않는 것은 아니지만, 그 타인의 허락 없이 이용하는 것이 허용되는 것은 타인의 저작물에 있어서의 표현형식상의 본질적인 특징이 그 자체로서 직접 감득되지 않는 모습으로 이를 이용하는 경우에 한하는 것이다. 따라서 X의 동의가 없는 한 본건 몽타주 사진의 작성에 있어서 행해진 본건 사진의 위와 같은 개변이용행위를 정당하다고 할 수 없고 또한 예컨대 본건 사진 부분과 스노타이어의 사진을 합성한 기발한 표현형식의 점에 착목할 때 본건 몽타주 사진에 창작성을 긍정하여 본건 몽타주 사진을 1개의 저작물이라고 볼 수 있다고 하더라도 본건 몽타주 사진 가운데 본건 사진의 표현형식에 있어서의 본질적인 특징을 직접 감득할 수 있음이 위에서 본 바와 같은 이상, 본건 몽타주 사진은 본건 사진을 그 표현

---

1 同旨 오승종, 전게서, 429면.
2 이 판례에 대한 비교적 자세한 긍정적 평석을 담고 있는 글로는, 光石俊郎, "二次的著作物の作成とその原著作物の著作者の同一性保持權について," 知的財産權 をめぐる諸問題, 社團法人發明協會, 1996, 455면 이하 참조.

형식에 개변을 가하여 이용하는 것으로서 본건 사진의 동일성을 해하는 것이라고 보는 데 지장이 없다.
(원심 판결 파기환송)

§12-48　　　　❖대법원 1989. 10. 24. 선고 89다카12824 판결

[1] 다른 사람의 저작물을 원저작자의 이름으로 무단히 복제하면 복제권의 침해가 되는 것이고 이 경우 저작물을 원형 그대로 복제하지 아니하고 다소의 수정·증감이나 변경을 가하더라도 원저작물의 재제 또는 동일성이 인식되거나 감지되는 정도이면 복제로 보아야 할 것이며 원저작물의 일부분을 재제하는 경우에도 그것이 원저작물의 본질적인 부분의 재제라면 역시 복제에 해당한다.

[2] 원저작물을 원형 그대로 복제하지 아니하고 다소의 변경을 가한 것이라 하여도 원저작물의 재제 또는 동일성이 감지되는 정도이면 복제가 되는 것이고 이같은 복제물이 타인의 저작물로 공표되게 되면 원저작자의 성명표시권의 침해가 있었다고 보아야 할 것이고, 원저작물을 복제함에 있어 함부로 그 저작물의 내용, 형식, 제호에 변경을 가한 경우에는 원저작자의 동일성유지권을 침해한 경우에 해당한다.

§12-49　　　　❖대법원 1992. 12. 24. 선고 92다31309 판결 — '롯티' 사건

〈사실관계〉

이 사건 피신청인인 '주식회사 호텔 롯데'가 그 계열사인 광고대행사를 통해 마스코트 도안을 모집하자 신청인이 너구리 도안을 출품하여 당선작으로 선정되었다. 그 후 피신청인은 신청인과 출품작을 수정·보완하여 기본도안을 만들고 그것에 기초하여 응용도안을 개발하기로 하는 계약을 체결하면서 그에 따른 작품료를 지급하는 대가로 개발될 응용도안에 대한 저작권 등 모든 권리를 양도받기로 약정하였다. 신청인은 수 차례의 수정을 거쳐 기본도안을 확정하고 이를 바탕으로 한 응용도안을 제출하였으나 피신청인이 불만을 표시, 재차 수정을 요구하자 이를 거부하였다. 이에 피신청인은 만화영화 제작자인 A에게 위 도안을 참고로 한 새로운 캐릭터 도안의 개발을 의뢰하여 납품받아 '롯티'라는 이름으로 이용하였다.

이에 신청인인 비록 자신의 지적재산권은 양도했지만 저작인격권은 그대로 남아 있는데, 피신청인이 자신의 도안을 함부로 수정하여 자신의 저작인격권 중 동일성유지권을 침해하였다는 이유로 피신청인을 상대로 그 사용을 금하는 가처분을 신청하였다.

1심 법원에서는 너구리의 특징이 나타나 있는 중요한 부분에 차이가 있다는 등의 이유로 새로운 도안을 A의 창작이라고 인정하여, 신청인의 신청을 기각하였다. 이에 신청인이 항고를 제기하자 항고심에서는 A가 "신청인의 도안을 보지 아니하고 독자적으로 개발하였다고 보기는 어렵고, 오히려 신청인의 도안을 바탕으로 하여 위에서 본 미세한 차이점이 있는 부분과 같이 임의로 변경·변형한 것으로 봄이 상당하다"고 하여 가처분신청을 받아들였다. 이에 피신청인은 가처분이의신청을 하였고, 이에 대하여 법원은 본건 도안은 피신청인의 발의에 기한 것인 점에 비추어 피신청인이 저작자이므로 저작자인격권 침해 여부는 처음부터 문제될 수 없는 사안이라고 판단하였다. 이에 신청인이 상고하여 대법원의 판단을 받게 되었다.

〈법원의 판단〉

1. 상고이유를 본다.

저작권법은 저작물을 창작한 자를 저작자로 하고(제 2 조 제 2 호), 저작권은 저작한 때로부터 발생하며 어떠한 절차나 형식의 이행을 필요로 하지 아니하고(제10조 제 2 항), 저작인격권은 이를 양도할 수 없는 일신전속적인 권리로(제14조 제 1 항) 규정하고 있고, 위 규정들은 당사자 사이의 약정에 의하여 변경할 수 없는 강행규정이라고 할 것인바, 비록 신청인이 제작한 너구리도안과 같이 상업성이 강하고 주문자의 의도에 따라 상황에 맞도록 변형되어야 할 필요성이 큰 저작물의 경우에는 재산적 가치가 중요시되는 반면, 인격적 가치는 비교적 가볍게 평가될 것임은 원심이 판시한 바와 같지만, 이러한 저작물도 제작자의 인격이 표현된 것이고, 제작자가 저작물에 대하여 상당한 애착을 가질 것임은 다른 순수미술작품의 경우와 다르지 않을 것이다. 위 법규정의 취지 또한 실제로 저작물을 창작한 자에게만 저작인격권을 인정하자는 것이라고 볼 수 있으므로 이 사건에 있어서와 같이 상업성이 강한 응용미술작품의 경우에도 당사자 사이의 계약에 의하여 실제로 제작하지 아니한 자를 저작자로 할 수는 없다고 할 것이다. 단체명의저작물의 저작권에 관한 저작권법 제 9 조를 해석함에 있어서도 위 규정이 예외규정인 만큼 이를 제한적으로 해석하여야 하고 확대 내지 유추해석하여 저작물의 제작에 관한 도급계약에까지 적용할 수는 없다. 원심이 확정한 사실에 의하더라도, 신청인이 제작한 롯데월드의 상징도안(캐릭터)인 너구리도안의 기본도안과 응용도안은 그 소재의 선정뿐 아니라 그 제작에 있어서도 전적으로 제작자인 신청인의 재량과 예술적인 감각 및 기술에 의하였음을 알 수 있으므로 위 너구리도안의 저작자는 제작자인 신청인이라 할 것이다. 따라서 캐릭터의 특수성 및 위 너구리도안의 제작과정에 있어서 주문자인 피신청인 측이 한 역할과 당사자 사이의 계약내용에 비추어 보면 저작인격권까지 포함한 저작권자체를 주문자인 피신청인 측이 원시적으로 취득하였다는 취지의 원심 판결에는 저작권의 귀속에 관한 법리오해의 위법이 있고, 이점에 관한 논지는 이유 있다.

2. 그런데 원심이 확정한 사실 및 일건기록에 의하면 피신청인 측이 A로 하여금 제작하게 하여 현재 사용하고 있는 이 사건 가처분의 대상인기본도안과 응용도안 등은 그 제작과정에 있어서 신청인이 제작한 기본도안과 응용도안을 참작하였을 뿐 아니라 도안에 나타난 아이디어의 기본방향, 전체적인 형태와 모양, 이미지 면에 있어서 매우 유사하므로 신청인이 제작한 기본도안과 응용도안을 일부 수정하여 변경한 것에 지나지 아니한 것임을 인정할 수 있으나, 다른 한편 피신청인으로부터 롯데월드의 상징도안을 제작하도록 의뢰받은 신청외 주식회사 ○○○과 신청인 사이에는 제작자인 신청인이 주문자인 피신청인측에서 요구하는 위 상징도안의 제작목적과 제작의 기본방향, 소재선정의 기준등에 따라 도안을 제작하기로 하고, 피신청인측이 제작된 도안에 대한 소유권과 저작권 등 모든 권리를 가짐은 물론 수정요구까지 할 수 있다는 내용의 캐릭터제작계약을 체결하였으며, 신청인이 제작한 너구리도안이 당선작으로 선정된 후에도 수차에 걸친 수정, 보완 끝에 기본도안이 제작되고, 이에 기하여 35종의 응용도안까지 제작된 사실, 피신청인측으로부터 위 도안이 미국에서 사용중인 펠릭스 고양이와 유사하고 너구리의 특징이 잘 나타나 있지 아니하다는 이유로 수정요구를 받은 신청인은, 자기로서는 수정을 하여도 같은 도안밖에 나오지 아니한다는 이유로 더 이상의 수정을 거절하였고, 이에 피신청인측이 A로 하여금 신청인이 제작한 도안을 참고로 하여 현재 피신청인이 사용하고 있는 이 사건 가처분의 대

상인 기본도안과 응용도안 등을 제작하게 한 사실을 인정할 수 있는바, <u>위 사실에 의하면 신청인이 제작한 위 너구리도안은 순수미술작품과는 달리 그 성질상 주문자인 피신청인의 기업활동을 위하여 필요한 경우 변경되어야 할 필요성이 있었고, 위 캐릭터제작계약에 의하여 피신청인측에서 도안에 관한 소유권이나 저작권 등의 모든 권리는 물론 도안의 변경을 요구할 권리까지 유보하고 있었음을 알 수 있을 뿐 아니라 신청인이 피신청인측의 수정요구에 대하여 몇 차례 수정을 하다가 자기로서는 수정을 하여도 같은 도안 밖에 나오지 않는다면서 더 이상의 수정을 거절한 사실까지 보태어 보면, 신청인은 그의 의무인 위 도안의 수정을 거절함으로써 피신청인측이 위 도안을 변경하더라도 이의하지 아니하겠다는 취지의 묵시적인 동의를 하였다고 인정함이 상당하다 할 것이다. 따라서 피신청인측이 A로 하여금 신청인이 제작한 너구리도안을 일부 변경하게 한 다음 변경된 기본도안과 응용도안을 그 기업목적에 따라 사용하고 있다 하더라도 위 변경은 신청인의 묵시적인 동의에 의한 것이므로 저작권법 제13조 제1항에 규정된 동일성유지권의 침해에는 해당되지 아니한다 할 것이다.</u>

3. 그렇다면 원심 판결에는 저작권의 귀속에 관한 법리오해의 위법이 있기는 하나, 저작권법상의 동일성유지권이 침해되었음을 이유로 한 신청인의 이 사건 신청은 결국 이유 없음에 돌아가므로 판결 결과에는 영향이 없다 할 것이다.

그러므로 상고를 기각하고 상고비용은 패소자인 신청인의 부담으로 하기로 관여법관의 의견이 일치되어 주문과 같이 판결한다.

§12-50   ❖서울민사지방법원 1991. 4. 26. 선고 90카98799 판결 — "가자 장미여관으로" 사건
〈사실관계〉

채무자는 1990. 1. 5. 채권자의 창작시집인 "가자 장미여관으로"를 시나리오로 각색하여 영상화하기로 하는 계약을 채권자와 체결하였다. 그 후 채무자는 채권자에게 약정한 대가를 지급하고 채권자로부터 채권자가 이미 작성하여 가지고 있던 시나리오를 넘겨받아 영화제작에 착수하였는데 영화제작 도중 채권자가 추천한 영화감독과의 사이에 불화가 생겨 영화제작이 더 이상 진척되지 아니하자 채권자와의 사이에 채권자가 직접 위 영화의 감독을 맡아 영화를 제작하는 것으로 합의하여 그에 따른 감독료를 지불하고 채권자에게 감독을 맡김으로써 채권자가 자신이 다시 새로 작성한 시나리오에 의하여 영화촬영을 계속하였다. 그런데 채무자는 채권자가 위 시나리오에 의하여 촬영하는 영상화면이 지나치게 비현실적이고 변태성욕적인 포르노영화에 가까워 도저히 검열을 통과할 수 없을 것임을 염려하여 채권자에게 수차 시정을 요구하였으나 채권자가 이를 거부하자 결국 채권자를 감독직에서 해임하고 새로운 감독을 영입하여 영화제목만을 위와 같은 제목으로 하고 위 두 편의 시나리오와는 전혀 다른 별개의 독창적 내용의 창작물인 시나리오를 작성하여 영화를 제작하기 시작하였다. 채권자는 가처분신청을 하면서 채무자의 행위가 자신이 작성한 시나리오에 대한 동일성유지권을 침해한 것이라고 주장하였다.

〈법원의 판단〉

채권자는 (자신이 작성한) 위 두 편의 시나리오에 대하여 저작인격권의 하나인 동일성유지권을 가지고 있다 할 것이다. 그러나 저작권법상 동일성유지권이란 저작물의 내용, 형식 및 제호의 동일성을

유지할 권리 즉, 무단히 변경, 절제, 기타 개변을 당하지 아니할 저작자의 권리로서 이는 원저작물 자체에 어떤 변경을 가하는 것을 금지하는 내용의 권리라 할 것이므로 <u>원저작물에 변경을 가하는 것이 아니고 원저작물과 동일성의 범위를 벗어나 전혀 별개의 저작물을 창작하는 경우에는 비록 그 제호가 동일하다 하더라도 원저작물에 대한 동일성유지권을 침해하는 것으로 볼 수는 없다</u> 할 것인바, 이 사건에서 채무자가 작성하여 위 영화를 제작하는 데 사용하는 시나리오가 채권자가 저작한 위 두편의 시나리오와 전혀 다른 별개의 독창적 내용의 창작물인 시나리오임은 앞서 인정한 바와 같으므로(이 부분은 채권자 스스로도 자인하고 있다), 채무자가 제작하는 위 영화가 채권자가 저작한 위 두 편의 시나리오에 대한 저작자의 동일성유지권을 침해하였다는 채권자의 주장은 이유 없다 할 것이다.

▷NOTE : 위 판결은 2차적저작물의 범위를 벗어나 완전 별개 독립의 저작물이 된 경우에 동일성유지권의 범위 밖임을 밝힌 것으로서 비록 허락 없는 2차적저작물 작성의 경우에 대한 분명한 언급은 없지만, 그 논지 전개에 있어서 2차적저작물의 범위라면 동일성유지권이 미친다고 하는 긍정설의 입장이 깔려 있는 것이 아닌가 생각된다.

✤ 서울민사지방법원 1990. 9. 20. 선고 89가합62247 판결 — "행복은 성적순이 아니잖아요" 사건　§12-51
〈사실관계〉

무용극의 창작, 안무가이자 무용과 교수인 원고는 우리나라 청소년교육 및 입시제도의 문제점과 그 해결방안을 주제로 한 무용극 "행복은 성적순이 아니잖아요"를 창작하여 전국 20여개 도시를 돌며 80여회 순회공연을 가짐으로써 그 무용극은 교육계와 무용계에 널리 알려지게 되었다. 한편, 영화제작자인 피고는 그 후 위 무용극과 같은 제목의 영화를 제작하여 상영함으로써 수십만 명의 관객을 동원하는 등 흥행에 성공하였고 그 후 다른 사람에게 위 영화 시나리오를 소설화한 같은 제목의 소설을 집필, 출판케 하여 독서계로에서도 좋은 반응을 얻었다.

이에 원고는 피고가 자신의 무용극을 원작으로 한 영화를 상영하면서 자신을 원작자로 표시하지 않아 성명표시권을 침해하였고, 만약 영화의 내용이 무용극의 원작성이 부정될 정도로 바뀌었다면 '동일성유지권'의 침해에 해당한다고 주장하면서 피고에게 손해배상을 청구하였다.

법원은 성명표시권 침해 등에 관한 원고의 주장이 이 사건 영화가 위 무용극과 2차적저작물의 관계에 있음을 전제로 하는데, 양자 사이에는 실질적 유사성이 없다는 이유로 그 주장을 배척한 후 동일성유지권 침해 주장에 관하여는 다음과 같이 판시하였다.

〈법원의 판단〉

원고는 피고의 이건 영화 및 소설의 내용이 원고의 이건 무용극의 원작성을 소멸시킬 정도로 달라져 버렸다면 그것은 원작자인 원고의 이건 무용극에 대한 동일성유지권(저작권법 제13조 제 1 항)을 침해한 것이 되므로 피고는 그로 인한 손해배상을 지급할 의무가 있다고 주장하나, 저작권법상 동일성유지권이란 저작물의 내용, 형식 및 제호의 동일성을 유지할 권리 즉 무단히 이들의 변경, 절제 기타 개변을 당하지 아니할 저작자의 권리로서 이는 원저작물 자체에 어떤 변경을 가하는 것을 금지하는 내용의 권리라 할 것인데, 앞서 판시한 바와 같이 피고의 이건 영화와 소설은 원고의 이건 무용극과는 다른 독창적 내용의 저작물이라 할 것이므로 원고의 이건 무용극에 어떤 변경을 가하였던 것이 아닌 만큼 이를 전제로 한 원고의 위 주장도 이유 없다.

▷NOTE : 이 사건 원고의 주장은 동일성유지권에 대한 전형적인 오해 중의 하나를 보여 준다. 즉 동일성유지권은 동일성을 유지하는 것에 관한 권리이므로 저작물에 대한 개변의 정도가 심하여 원저작물의 복제물이나 2차적저작물의 범위를 넘어서게 되면 동일성을 유지하지 못하게 된 것이니까 동일성유지권 침해가 되는 것이 아닌가 생각하는 경우인데, 그러한 생각은 법의 취지를 오해한 것이다. 원저작물과 동일성이 전혀 인정되지 않는 정도로까지 개변이 진행되면 저작자가 자신의 저작물이라고 주장할 근거 자체가 없어지므로 동일성유지권을 주장할 수 없다고 하는 것은 앞에서 밝힌 바와 같다. 법원의 판단은 그런 점에서 정당하다. 허락 없는 2차적저작물 작성의 경우에 동일성유지권이 미치는지 여부에 대하여는 아마도 긍정설의 입장을 전제로 한 것으로 생각되나('성명표시권'의 경우와 근본적 논리에 있어서 다르지 않을 것이라는 점에서 더욱 그러하다), 그러한 입장을 분명하게 명시하고 있다고 할 수는 없다.

§12-52 ❖서울중앙지방법원 2008. 7. 24. 선고 2007가합114203 판결 — "의학논문 번역 등" 사건

〈법원의 판단〉

피고 1은 원저작자인 원고의 동의를 받지 아니하고 2차적저작물인 원고 논문의 영문 번역본을 작성하였으므로 2차적저작물작성권의 침해와 별도로 원고의 저작인격권 중 동일성유지권도 침해하였다.

▷NOTE : 위 판결은 2차적저작물 작성의 경우에 저작자의 동일성유지권이 미치는지 여부에 관하여 긍정설의 입장을 명확히 하고 있고, 나아가 2차적저작물 작성의 경우에는 필연적으로 저작물의 개변이 수반되므로 저작자의 허락 없이 2차적저작물을 작성한 경우에는 그것만으로도 2차적저작물작성권의 침해와 별도로 저작자의 동일성유지권의 침해가 성립하는 것으로 보고 있다. 이 판결의 이와 같은 판시는 본서의 입장(§12-43)과 일치하는 것이다.

§12-52-1 ❖대법원 2010. 8. 25. 결정 2008마1541 — "인터넷 포털 사이트 광고 방해" 사건

기록에 비추어 살펴보면, 채권자가 그의 컴퓨터프로그램저작물로서 동일성유지권을 침해당하였다고 주장하는 HTML(Hypertext Markup Language, 인터넷 홈페이지의 하이퍼텍스트 문서를 만들기 위해 사용 되는 기본 언어)코드에는, 검색결과를 표시한 텍스트 부분과 이를 화면에 표시하기 위한 일반적인 HTML 태그 정도가 포함되어 있을 뿐 저작권으로 보호할 만한 창작적인 표현까지 포함되어 있다는 점을 소명할 자료가 없고, 나아가 채권자가 사용자의 컴퓨터로 보낸 HTML 파일은 그 내용이 화면에 나타나기 위하여 일시적으로 램(Random Access Memory)상으로 복제되게 되는데, 이때 이 사건 프로그램에 의한 채무자의 HTML 코드 역시 램에 올라오면서 채권자의 HTML 코드 자체에는 영향을 미치지 않은 채 이와 별도로 존재할 여지가 있는 반면, 그것이 채권자의 HTML 코드에 삽입되어 채권자의 HTML 코드 자체를 변경시킨다는 점은 이를 소명할 자료가 부족하므로, 채무자의 이 사건 프로그램에 의한 광고행위로 인해 채권자의 HTML 코드에 대한 동일성유지권이 침해되었다고 할 수 없다.

▷NOTE : 위 결정의 사안은 채무자(피신청인)가 광고 프로그램을 개발하여 무료로 배포하고 그

것을 이용하여 채권자(신청인)가 운영하는 인터넷 포털 사이트인 네이버의 광고를 자신의 광고로 대체하여 네이버의 광고영업을 방해하면서 이득을 취한 것에 대하여 채권자가 그 금지를 구하는 가처분신청을 한 것이었다(§3-44-2 참조). 위 결정은 HTML 파일이 저작물성을 갖지 않는 것으로 보면서도, 그것이 저작물성을 가지는 경우를 가정한 판단으로서 그 경우 동일성유지권 침해가 성립할지 여부에 대한 판단을 덧붙이고 있다. 채무자가 개발한 프로그램에 의하여 그 사용자의 컴퓨터 화면에는 광고 부분이 채무자의 것으로 교체되어 나타나는 '변경'이 있는 것으로 보이지만, 채권자의 HTML 코드 자체를 변경시킨다는 부분의 입증이 없다는 것을 들어 동일성유지권 침해를 부정하는 결론을 내리고 있다. 즉 위 결정에서 사용자가 보는 화면상의 변화보다는 그 이면에서 (사용자의 컴퓨터 램 속에서라도) HTML 코드 자체에 변경이 있는지 여부를 판단의 기준으로 삼고 있다는 것을 눈여겨 볼 필요가 있다.

❖대법원 2013. 4. 26. 선고 2010다79923 판결 — "역사교과서 수정" 사건   §12-52-2

[1] 저작자는 그의 저작물의 내용형식 및 제호의 동일성을 유지할 권리를 가지는데(저작권법 제13조 제 1 항), 저작자가 명시적 또는 묵시적으로 동의한 범위 내에서 저작물을 변경한 경우에는 저작자의 위와 같은 동일성유지권 침해에 해당하지 아니한다. 그리고 저작물에 대한 출판계약을 체결한 저작자가 저작물의 변경에 대하여 동의하였는지 여부 및 동의의 범위는 출판계약의 성질체결 경위내용, 계약 당사자들의 지위와 상호관계, 출판의 목적, 출판물의 이용실태, 저작물의 성격 등 제반 사정을 종합적으로 고려하여 구체적·개별적으로 판단하여야 한다.

[2] 행정처분이 아무리 위법하다고 하여도 그 하자가 중대하고 명백하여 당연 무효라고 보아야 할 사유가 있는 경우를 제외하고는 아무도 그 하자를 이유로 무단히 그 효과를 부정하지 못하는 것이므로, 저작자가 출판계약에서 행정처분을 따르는 범위 내에서의 저작물 변경에 동의한 경우에는, 설사 행정처분이 위법하더라도 당연 무효라고 보아야 할 사유가 있다고 할 수 없는 이상 그 행정처분에 따른 계약 상대방의 저작물 변경은 저작자의 동일성유지권 침해에 해당하지 아니한다.

[3] 갑(甲) 등과 출판계약을 체결하여 그들이 작성한 원고(原稿) 등으로 교과서를 제작한 을(乙) 주식회사가 교육과학기술부장관의 수정지시에 따라 교과서의 일부 내용을 수정하여 발행배포한 사안에서, 출판계약의 성질과 내용, 갑 등 저작자들과 을(乙) 회사가 교과서 검정신청을 하면서 제출한 동의서의 내용과 제출 경위, 갑(甲) 등과 을(乙) 회사의 지위와 상호관계, 출판의 목적, 교과서의 성격 등 여러 사정에 비추어 갑(甲) 등은 출판계약 체결 및 동의서 제출 당시 을(乙) 회사에 교육과학기술부장관의 수정지시를 이행하는 범위 내에서 교과서를 변경하는 데 동의한 것으로 봄이 타당하고, 행정처분에 해당하는 위 수정지시를 당연 무효라고 보아야 할 사유가 없으므로, 이를 이행하기 위하여 을(乙) 회사가 위 교과서를 수정하여 발행배포한 것은 교과서에 대한 갑(甲) 등의 동일성유지권 침해에 해당하지 않는다고 한 사례.

❖대법원 2015. 4. 9. 선고 2011다101148 판결 — "미리듣기" 사건   §12-52-3

어문저작물이나 음악저작물·영상저작물 등의 일부만을 이용하더라도, 그 부분적 이용이 저작물 중 일부를 발췌하여 그대로 이용하는 것이어서 이용되는 부분 자체는 아무런 변경이 없고, 이용방법도 그 저작물의 통상적 이용방법을 따른 것이며, 그 저작물의 이용 관행에 비추어 일반 대중이나 당해 저작물의 수요자가 그 부분적 이용이 전체 저작물의 일부를 이용한 것임을 쉽게 알 수 있어 저작물 중 부분적으로 이용된 부분이 그 저작물의 전부인 것으로 오인되거나, 그 부분적 이용으로 그 저작물에 표현된 저작자의 사상·감정이 왜곡되거나 저작물의 내용이나 형식이 오인될 우려가 없는 경우에는, 그러한 부분적 이용은 그 저작물 전부를 이용하는 것과 이용하는 분량 면에서만 차이가 있을 뿐이어서 저작자의 동일성유지권을 침해한 것으로 볼 수 없다. 이는 그 부분적 이용에 관하여 저작재산권자의 이용허락을 받지 않은 경우에도 마찬가지이다.

원심판결 이유 및 원심이 채택한 증거에 의하면, 음악저작물의 미리듣기 서비스는 음악저작물의 음원 중 약 30초 내지 1분 정도의 분량을 스트리밍 방식으로 전송하여 인터넷 이용자가 이를 들을 수 있도록 하는 일종의 음원 샘플 제공 행위로서 인터넷상 음악저작물 이용거래에서 음악저작물의 홍보나 유료 이용에 도움을 주기 위하여 널리 행해지는 음악저작물의 이용 행태 중 하나이고, 음악저작물의 음원을 그대로 전송·재생하되 한정된 시간 동안 그 일부만 재생하도록 제한하고 있을 뿐이어서 음악저작물 중 미리듣기 서비스에 이용되는 부분 자체는 아무런 변경이 없는 점, 피고 금영이 그의 인터넷 사이트에서 제공한 이 사건 음악저작물의 미리듣기 서비스도 이 사건 음악저작물의 음원 중 약 30초 정도 분량만을 스트리밍 방식으로 무료로 전송·재생하는 것이어서 재생되는 부분 자체는 아무런 변경이 없는 점 등을 알 수 있다.

이러한 사정을 앞서 본 법리에 비추어 보면, 피고 금영이 제공하는 이 사건 음악저작물의 미리듣기 서비스는 통상적인 음악저작물의 미리듣기 서비스와 다를 바가 없어서 일반 대중이나 이 사건 음악저작물의 수요자로서는 이 사건 음악저작물의 미리듣기 서비스가 음악저작물 전부가 아닌 일부만을 제공하는 것임을 쉽게 알 수 있으므로, 이 사건 음악저작물 중 미리듣기 서비스에 이용된 부분이 이 사건 음악저작물의 전부인 것으로 오인되거나, 미리듣기 서비스로 인하여 이 사건 음악저작물에 표현된 원고의 사상·감정이 왜곡되거나 이 사건 음악저작물의 내용 또는 형식이 오인될 우려가 없다고 할 것이다.

따라서 피고 금영이 이용허락을 받지 아니한 채 이 사건 음악저작물의 미리듣기 서비스를 제공하였다고 하더라도 이것이 원고의 동일성유지권을 침해한 것이라고 볼 수는 없다.

▷NOTE : 위 판결은 기존의 서울고등법원 2008. 9. 23. 선고 2007나70720 판결이 위와 같은 경우에도 해당 음악저작물의 표현형식의 변경에 해당한다는 이유로 동일성유지권 침해를 인정한 것을 수용하지 않고, 저작물의 내용이나 형식에 대한 오인가능성이 없는 '부분적 이용'의 경우 동일성에 손상이 없다고 보아 동일성유지권 침해를 부정하는 정반대의 결론을 내린 것이다. 이것은 대법원이 디지털 시대의 다양한 저작물 이용에 대하여 동일성유지권 침해를 지나치게 넓게 인정하지 않는 입장을 취하고자 하는 방향성을 시사하는 면이 있다(그렇지만 이 판례가 '부분적 이용' 등이 아닌 상황에 잘못 확대적용되는 일이 있어서는 안 될 것이라는 점에 대하여는 §12-41 참조).

§12-52-4   ♣대법원 2015. 4. 9. 선고 2012다109798 판결 — '악보 미리보기 서비스' 사건

[1] 원심판결 이유에 의하면 원심은, 피고 △△△가 이 사건 음악저작물을 노래반주기용 반주곡으로 제작하면서 원곡과 다른 코러스, 랩, 의성어 등을 삽입하기는 하였으나, 그러한 변경만으로는 음악저작물을 노래반주기에 이용할 때 일반적으로 통용되는 범위를 초과하여 이 사건 음악저작물을 변경하

였다고 보기 어렵다는 이유로, 위와 같은 변경이 이 사건 음악저작물의 동일성유지권을 침해한 것이라는 원고의 주장을 배척하였다. 관련 법리와 기록에 비추어 살펴보면 원심의 이러한 판단은 정당하고, 거기에 상고이유 주장과 같이 동일성유지권 침해에 관한 법리를 오해하는 등의 위법이 없다.

[2] (1) 어문저작물이나 음악저작물·영상저작물 등의 일부만을 이용하더라도, 그 부분적 이용이 저작물 중 일부를 발췌하여 그대로 이용하는 것이어서 이용되는 부분 자체는 아무런 변경이 없고, 이용방법도 그 저작물의 통상적 이용방법을 따른 것이며, 그 저작물의 이용 관행에 비추어 일반 대중이나 당해 저작물의 수요자가 그 부분적 이용이 전체 저작물의 일부를 이용한 것임을 쉽게 알 수 있어 저작물 중 부분적으로 이용된 부분이 그 저작물의 전부인 것으로 오인되거나, 그 부분적 이용으로 그 저작물에 표현된 저작자의 사상·감정이 왜곡되거나 저작물의 내용이나 형식이 오인될 우려가 없는 경우에는, 그러한 부분적 이용은 그 저작물 전부를 이용하는 것과 이용하는 분량 면에서만 차이가 있을 뿐이어서 저작자의 동일성유지권을 침해한 것으로 볼 수 없다. 이는 그 부분적 이용에 관하여 저작재산권자의 이용허락을 받지 않은 경우에도 마찬가지이다.

(2) 이러한 법리와 기록에 비추어 살펴보면, '악보 미리보기 서비스'는 그 성격상 음악저작물의 전부가 아닌 일부만을 제공하는 것이 분명하여 이용자로서는 미리보기로 제공되는 부분이 이 사건 음악저작물의 전부라고 오인할 염려가 없고 악보 제공서비스의 사전절차에 불과한 것으로 볼 여지도 크다는 이유로, … 사이트에서 각각 제공된 이 사건 음악저작물 악보의 미리보기 서비스가 이 사건 음악저작물에 관한 원고의 동일성유지권을 침해한 것이 아니라고 한 원심의 판단은 정당하고, 거기에 상고이유 주장과 같이 동일성유지권 침해에 관한 법리를 오해하는 등의 위법이 없다.

▷NOTE : 위 판결의 [2] 부분[1]은 위 대법원 2015. 4. 9. 선고 2011다101148 판결과 같은 취지에서 부분적 이용에 해당하는 '악보 미리보기 서비스'에 대하여 동일성유지권 침해를 부정한 것으로서 타당한 입장으로 수긍된다. 그리고 위 판결의 [1] 부분은 '부분적 이용'의 경우와는 다르나 원래의 악곡에 노래반주기용 코러스 등이 '추가'된 것으로서 역시 원래의 악곡이 그렇게 작성된 것으로 오인될 가능성은 없고, 음악저작물을 노래반주기에 이용할 때 "일반적으로 통용되는 범위" 내라는 점을 감안하여 동일성유지권 침해를 부정한 것으로서, 위 [2]의 경우와 유사한 면이 크다고 할 수 있다.

(나) 어문저작물의 경우 §12-53

이하에서는 구체적인 유형별로 동일성유지권 침해가 인정되는 사례를 살펴보기로 한다. 먼저 어문저작물의 경우에 대해 살펴보자.

어문저작물에 있어서 저작자의 동의를 받지 않고도 오탈자 또는 맞춤법에 맞지 않는 부분을 수정할 수 있음은 위에서 본 바와 같지만(§12-41 참조), 비록 사소한 문장표현이라고 하여도 저작자의 허락 없이 함부로 수정할 수 있는 것은 아니다. 접속사 등의 형식적인 부분이라고 하더라도 저작자의 문장표현에 있어서의 취사선택은 존중되어야 하므로 함부로 수정할 경우 동일성유지권

---

1 위 판결 인용 부분 중 [1], [2]의 번호는 본서에서 설명의 편의를 위해 부가한 것이다.

의 침해가 될 수 있다.[1] 신문사나 잡지사에서 기고 받은 원고를 편집방침에 따라 압축하거나 수정하여 게재하는 경우가 많은데, 미리 기고자의 허락을 받지 않고 수정하는 것은 동일성유지권의 침해가 될 수 있음은 당연하다.

책의 머리말 및 후기 부분을 삭제한 것에 대하여는, 전체로서 하나의 저작물이라고 하는 이유로 동일성유지권의 침해를 인정한 사례가 있다.[2] 그러나 창작성 있는 표현 부분에 손대지 않고 책의 말미에 설문조사 회신용 엽서를 붙여 놓는다든가 광고용지를 삽입한다든가 하는 행위를 하는 것은 저작물 내용과는 분리하여 인식되는 것이라는 이유로 저작자의 허락을 받지 않더라도 저작물에 대한 동일성유지권 침해를 성립하지는 않는 것으로 본다.[3]

한편, 출판과정에서 발생하는 오식(誤植)을 동일성유지권 침해로 볼 것인지 여부가 문제 되는데, "오식이라는 것이 명백하고, 당해 표현의 의미내용을 다른 것으로 바꾸지 않는 경우에는 저작물의 동일성을 해하는 것이라고 할 수 없다"고 한 판례가 있다.[4] 의미 자체가 바뀌는 경우에는 과실에 의한 동일성유지권 침해가 성립하는 것으로 보아야 할 것이다.

한편, 다른 어문저작물을 인용하는 경우에 그 인용하는 부분의 전후의 문맥으로 인해 인용하는 부분의 취지에 오해를 가져올 수 있는 면이 있다고 하더라도 저작물의 창작성 있는 표현에 손을 댄 것이 없다면, 동일성유지권 침해가 있다고 보기는 어렵다.[5] 인용을 하면서 비판을 위해 선(線)이나 문자를 첨가하더라도 그 부분이 인용자가 기입한 부분임이 적절히 표시되어 있어 독자가 원저작자의 저작물의 일부라고 오해할 우려가 없다면, 동일성유지권의 침해라고 할 수 없다.[6]

위에서 본 바와 같이 개변의 정도가 심하여 원저작물의 창작성 있는 표현이 잔존하지 않는 경우에는 동일성유지권의 침해가 성립하지 않는바, 그러한 이유에서 38행에 걸친 원저작물의 내용을 단지 3행으로 요약한 경우에는 동일성유지권 침해의 문제가 생기지 않는다고 한 판례가 있다.[7]

---

1 일본에서는 구두점이나 한자에 이은 가나 표시방법 등을 달리한 경우에도 동일성유지권 침해를 인정한 사례가 있었다. 東京高等裁判所 平成 3년 12월 19일 선고 판결, 田村善之, 전게서, 437면 참조.

2 東京地裁 昭和 61년 2월 7일 선고 판결, 伊藤眞, "著作者人格權の侵害行爲," 裁判實務大系－知的財産關係訴訟法, 齊藤博·牧野利秋編, 靑林書院, 1997, 301면 참조.

3 東京地裁 平成 12년 9월 29일 선고 판결, 田村善之, 전게서, 437면 참조.

4 東京地裁 平成 2년 11월 16일 선고 판결, 田村善之, 전게서, 438면 참조.

5 最高裁 平成 10년 7월 17일 선고 판결, 田村善之, 전게서, 437면 참조.

6 東京地裁 平成 11년 8월 31일 선고 판결, 田村善之, 전게서, 438면 참조.

7 전게 最高裁 平成 10년 7월 17일 선고 판결, 田村善之, 전게서, 437면 참조.

 **판 례**

❖서울고등법원 1994. 9. 27. 선고 92나35846 판결 §12-54

〈사실관계〉

피고 한국방송공사는 1989년 가을 텔레비전 프로그램 개편에 즈음하여 제 3 텔레비전의 교양프로그램으로서 우리나라 사회 각 분야의 미래상을 조명하는 'KBS 21세기 강좌'을 신설하여 각 분야의 전문가들을 한 사람씩 출연시켜 그 전공분야의 시각에서 강좌형식으로 진행하도록 하였고, 그 일환으로 서울대학교 사회학과 교수인 원고에게 출연을 의뢰하여 원고로 하여금 위 프로그램에 출연하여 사회학적 측면에서 본 우리나라 미래상에 대한 강연을 60분간 하도록 하였다. 그에 따라 원고가 한 강연내용을 63분에 걸쳐 녹화하였으나 피고 공사는 원고가 강연한 내용 중 23분에 해당하는 내용을 임의로 삭제수정한 후 40분간 방송하였다.

〈법원의 판단〉

제 1 의 나.항에서 인정한 사실에 의하면 원고는 피고 공사와의 방송출연계약에 따라 학술의 범위에 속하는 이 사건 강연물로서 녹화된 위 인정의 내용에 대하여 저작권을 갖게 되었으며 저작권자로서 그 저작물의 내용에 대하여 동일성을 유지할 권리가 있다 할 것이다.

그런데 위 제 1 의 나.항에서 인정한 사실에 의하면 피고는 60분간 방송하기로 한 프로그램을 그 녹화내용대로 방송하지 아니하고 원고가 주장하는 내용 중 중요한 부분을 일관성 없이 23분 분량의 내용을 임의로 삭제수정하여 40분간 방송함으로써 원고와의 위 출연계약을 적극적으로 침해함과 동시에 배타적 지배권으로서 대세적 효력을 갖는 원고는 저작인격권을 침해하였다 할 것이므로 피고는 그 고의에 의한 불완전이행이나 불법행위로 인하여 원고가 입은 손해를 전보할 의무가 있다 할 것이다.

▷NOTE : 위 판례는 방송사가 출연자의 강연 형태의 어문저작물을 부분적으로 삭제하여 편집, 방영할 경우 동일성유지권의 침해가 성립할 수 있음을 보여주고 있다.

❖서울지방법원남부지원 1995. 10. 24.자 95카합3860 결정 — "제4공화국" 사건[1] §12-55

극본집필계약에 있어서 완성된 극본을 변경하거나 이에 절제 기타 개변을 가하여 수정하는 권한은 원칙적으로 그 극본을 집필한 작가에게 있는 것이므로 이를 작가와의 협의 없이 방송사에서 임의로 고치는 것은 특별한 사정이 없는 한 집필계약의 위반이 되어 채무불이행이 됨은 물론 저작인격권의 하나인 동일성유지권의 침해가 된다.

❖서울민사지방법원 1995. 9. 22. 선고 94가합98851 판결 — "소설마당" 사건 §12-56

저작자의 의사에 반하여 그 내용, 형식, 제호 등을 변경, 증감하여 그 저작물의 동일성을 침해한 자는 특별한 사정이 없는 한 저작인격권 중 동일성유지권의 침해로 인한 정신적 손해의 배상을 해야 하는바, 장편 작품들을 축약하여 게재하였다면 동일성유지권 침해로 인하여 그 저작자들이 입은 정신적 손해를 금전으로 위자할 의무가 있다.

---

1 저작권심의조정위원회, 한국 저작권판례집 제 4 집, 11면 이하.

§12-57　　　　　❖ 서울중앙지방법원 2008. 7. 24. 선고 2007가합114203 판결 ─ "의학논문 번역 등" 사건

　　　　　〈원고의 주장〉

　　　　　원고는 대한산부인과학회지에 게재를 의뢰한 원고의 논문에 피고 1이 보건복지부 보건의료기술진흥사업의 지원에 의해 논문이 작성되었다는 취지의 문구를 저작자인 원고의 의사에 반하여 임의로 넣음으로써 원고의 동일성유지권을 침해하였다고 주장한다.

　　　　　〈판단〉

　　　　　그러나 저작권법 제13조에 정해진 동일성유지권은 저작자가 저작물의 내용, 형식 및 제호의 동일성을 유지할 권리로서, 동일성유지권을 침해하는 행위라고 함은 타인의 저작물에서 표현형식상의 본질적 특징을 유지하면서 그 외면적인 표현형식에 변경을 가하는 행위를 말한다.

　　　　　이 사건에서 앞서 본 전제사실에 따르면, 피고 1은 원고가 피고 1로부터 대한산부인과학회에 제출할 논문에 보건복지부 보건의료기술진흥사업의 지원에 의해 논문이 작성되었다는 취지를 기재해 달라는 요청을 받고 이를 거절하였음에도 불구하고 원고가 게재를 의뢰한 논문의 각주에 임의로 보건복지부 보건의료기술진흥사업의 지원에 의하여 연구가 이루어졌다는 취지의 문구를 넣었을 뿐이다. 피고 1이 원고의 논문에 넣은 이와 같은 문구는 원고가 저작한 의학적 연구결과에 대한 구체적인 표현 형식에 관한 것이 아니라 당해 논문의 작성을 위해 지출한 비용의 출처에 관한 내용으로 창작적인 표현과 관련이 없는 부분에 불과하다. 따라서 이러한 문구로 인하여 원고 논문의 내용, 형식, 제호 등 그 외면적인 표현형식에 어떠한 변경이 가해 졌다고 볼 수 없다. 뿐만 아니라 피고 1의 그와 같은 행위로 인하여 원고의 명예나 명성 등 인격적 이익이 침해될 우려도 없으므로 원고의 저작인격권 중 동일성유지권이 침해되었다고 보기 어렵다. 원고의 이 부분 주장은 받아들이지 않는다.

§12-58　　　　　▷NOTE : 위 판결의 사안은 앞서 본문에서 일본의 하급심 판결을 인용하여 예로 든 "창작성 있는 표현 부분에 손대지 않고 책의 말미에 설문조사 회신용 엽서를 붙여 놓는다든가 광고용지를 삽입한다든가 하는 행위를 하는 것"(§12-53 참조)과 마찬가지로 저작물의 내용 자체에 어떤 변경이 가해진 것은 아니라고 할 것이므로 같은 이유로 동일성유지권 침해를 부정한 위 판시는 타당한 것으로 생각된다. 다만 그 마지막 부분에서 "그와 같은 행위로 인하여 원고의 명예나 명성 등 인격적 이익이 침해될 우려도 없으므로 원고의 저작인격권 중 동일성유지권이 침해되었다고 보기 어렵다"고 덧붙인 부분은 우리 저작권법이 저작자의 명예나 명성 등 인격적 이익의 침해 우려를 동일성유지권 침해의 요건으로 규정하지 않은 것과 부합하지 않아 적절한 판시라고 보기 어렵다. 즉, 앞서 살펴본 다른 요건을 모두 충족하는 한 설사 저작자의 명예나 명성 등 인격적 이익이 침해될 우려가 없다고 하더라도 동일성유지권 침해가 성립한다. 그것이 저작자의 사후 인격적 이익의 보호에 관한 저작권법 제14조 제 2 항의 경우(§12-96)와 다른 점이기도 하다.

(다) 미술저작물 및 사진저작물의 경우

§12-59
미술저작물이나 사진저작물에 대하여 그 표현된 내용에 변경을 가하는 행위는 원칙적으로 동일성유지권의 침해가 된다. 예를 들면 트리밍(trimming)하여 작품 일부를 삭제하는 행위나 인쇄상의 제약을 넘어서 색상에 변경을 가는 행위 등은 저작인격권 침해가 된다.[1] 서적이나 포스터 등에 있어서 인쇄하는 공간에 따라 가로세로 비율을 변경하는 변형행위를 하거나 저작물 위에 문자 등을 인쇄하는 것과 같은 행위도 동일성유지권의 침해가 된다.

§12-60
사진저작물과 관련하여, 사실과 다른 설명문을 붙여서 게재한 행위에 대하여 동일성유지권 침해를 인정한 사례가 있으나,[2] 사진과 설명문은 통상 별개의 저작물로 인식될 것이므로 사진저작자가 작성하여 붙여놓은 설명문을 다른 것으로 교체한 것이 아닌 이상 사실과 다른 설명문을 붙였다는 것만으로 사진저작물에 대한 동일성유지권의 침해를 인정하기는 어렵다고 생각된다. 경우에 따라 저작자의 명예권(저작권법 제124조 제4항)의 침해에 해당하는 것으로 볼 수는 있을 것이다.[3]

§12-61
한편 꼴라쥬, 포토 몽타주 등의 기법 사용과 관련하여서도 동일성유지권 침해의 문제가 발생할 수 있다.

꼴라쥬 기법이란 화면에 인쇄물, 천, 쇠붙이, 나뭇조각, 모래, 나뭇잎 등 여러 가지를 붙여서 구성하는 회화기법을 말하는데, 화면에 붙인 것이 타인의 저작물의 일부인 경우도 많이 있다. 그 경우 꼴라쥬의 소재로 이용되는 저작물은 대개 트리밍되어 사용되므로 그것 자체가 동일성유지권을 침해한 것이 된다. 또한 저작물 전부를 사용하는 경우라 하더라도 다른 작품 가운데 끼워 넣는 것에 의해 당해 작품이 원래 표현, 전달하려고 한 것과는 다른 표현물로서 전달되게 되므로 원칙적으로 동일성유지권의 침해를 구성하게 된다. 그렇게 만들어진 꼴라쥬 작품에 새로운 창작성이 인정되어 2차적저작물이 된다고 하더라도 동일성유지권의 침해가 성립한다고 보아야 하는데, 그 이유는 위 (가)에서 설명한 바(§12-43)와 같다. 다만 꼴라쥬의 소재로서의 이용이 예컨대 아주 잘게 잘라서 이용하는 경우와 같이 원저작물의 창작성 있는 표현을 전혀 감득할 수 없는 상태로 이용하는 것과 같은 경우에는 완전 별개의 새로운 저작물이 되는 것이므로 동일성유지권의 침해가 성립하지 않는다.[4]

복수의 사진을 조합하여 1개의 사진으로 합성하는 '포토 몽타주' 기법을 사용한 경우에도 꼴

---

1 사진 외곽의 일부를 삭제한 행위를 동일성유지권 침해로 인정한 판례로는 서울중앙지방법원 2007. 5. 3. 선고 2005가합64823 판결, 의정부지방법원 고양지원 2010. 7. 23. 선고 2009가합11723 판결 등을 들 수 있다.

2 仙台高裁 平成 9년 1월 30일 선고 판결. 사안은 紀伊半島 熊野 지방에 있는 돌담의 사진에다가 津輕中山의 耶馬台 성터의 사진이라고 하는 취지의 설명을 붙였다는 것이다. 伊藤眞, 전게논문, 302면 참조.

3 同旨 田村善之, 전게서, 442면 注 7) 참조.

4 이상, 伊藤眞, 전게논문, 303면 참조.

라쥬의 경우와 같은 문제가 발생한다. 즉, 몽타주에 사용되고 있는 타인의 저작물의 본질적 특징
이 직접 감득될 수 있는 모습으로 합성되어 있는 때에는 그 합성에 있어서의 창작성이 인정되어
2차적저작물이 되는 것으로 본다 하더라도 원저작자의 허락이 없으면 동일성유지권의 침해가 성
립한다.1

 **판 례**

§12-62

❖ 서울중앙지방법원 2006. 5. 10. 선고 2004가합67627 판결2
〈사실관계〉
　　서울특별시로부터 지하철 3개역의 설계를 도급받은 피고 A회사는 그 각 역사(驛舍) 설계를 하면
서 지하철역의 단조로움을 피하기 위하여 지하철 역사에 장식벽을 넣기로 하고, 장식벽에 설치될 예술
가의 작품으로 원고의 원화(原畵)를 선정한 후 원고의 동의를 받지 않고 설계도면에 베껴 그렸고, 시공
회사가 그 설계도에 따라 지하철 각 역사에 벽화(壁畵)를 시공하였다. 그 후 완공된 각 역사를 서울특
별시가 피고 B공사에 현물출자 하였는데, 피고 B공사는 원고로부터 저작권침해통지를 받은 이후에도
계속 위 벽화가 각 역사에서 전시되도록 방치하였다. 이에 대하여 원고는 피고등에 대하여 저작재산권
및 저작인격권 침해를 이유로 한 손해배상청구를 하였다. 그 가운데 위 두 피고들의 동일성유지권 침
해에 대한 판단 부분은 다음과 같다.

　　〈법원의 판단〉
　　…… 의 각 기재에 의하면, 이 사건 벽화는 원고의 연작 작품 중 일부만을 벽화화하였거나 제작방
식이 원고가 의도하지 않은 방식으로 되었으며(테라코타 방식에서 타일방식으로), 작품의 위·아래를
거꾸로 설계·시공함으로써 작가의 작품의도를 훼손하여 설치되거나 전시된 사실을 인정할 수 있으므
로 피고 B공사, 피고 A회사는 원고의 이 사건 원화에 대한 동일성유지권을 침해하였다고 할 것이다.

(라) 음악저작물의 경우

§12-63
　　원저작자의 허락 없이 노래가사를 개사(改詞)할 경우 개사한 가사가 원래의 가사가 가지는 창
작성 있는 표현을 포함하고 있을 때에는 적어도 2차적저작물의 범위에 포함되므로 동일성유지권
의 침해가 인정된다. 그러나 원래의 가사의 창작성 있는 표현이 잔존하고 있지 않고 완전히 새로
운 가사를 만든 경우에는 동일성유지권의 침해가 인정되지 않는다. 음악저작물의 악곡과 가사는
공동저작물이 아니라 결합저작물의 관계에 있으므로 가사를 바꾼 것만으로 악곡의 저작자에 대
한 관계에서 동일성유지권 침해가 성립하지는 아니한다. 다만 새로 바꾼 가사가 외설적인 것이라

---

1 앞에서 소개한 日本 最高裁判所 昭和 55. 3. 28. 선고 昭和51(オ)제923호 判決 참조.
2 성명표시권에 대한 설명 부분에서 소개한 바 있는 것과 동일한 판결이다.

거나 하는 경우에는 나중에 설명할 '명예권'(제124조 제 2 항; §12-106)의 침해가 성립할 수는 있다.[1]

한편 최근의 컴퓨터 기술의 발전에 따라 가창, 연주의 실연을 녹음하여 디지털처리를 한 후 §12-64 그 데이터를 이용하여 새로운 가창이나 연주를 합성하는 것이 가능하게 되었는데, 이를 '디지털 샘플링'이라고 부른다. 이러한 '디지털 샘플링'이 악곡 저작자의 동일성유지권을 침해하는지 여부 의 문제는 미술저작물에 있어서의 '꼴라쥬'의 경우와 마찬가지라고 보면 된다. 즉 원래의 악곡의 창작성 있는 표현을 감득할 수 없을 정도로 세분화하여 처리한 경우에는 2차적저작물의 범위를 벗어나 별개의 저작물이 되므로 동일성유지권 침해의 문제가 발생하지 않지만, 그렇지 않고 원래 의 악곡의 창작성 있는 표현을 감득할 수 있는 정도로 처리가 되었다면 동일성유지권의 침해가 인정될 수 있다. 다만 실연자와의 관계에서는 악곡의 창작성 있는 표현이 잔존하고 있는지 여부 와는 상관없이 2006년 개정법에 의하여 신설된 '실연자의 동일성유지권'(§19-23 이하 참조)을 침해 한 것으로 보게 될 가능성이 높다.[2]

대법원 판례가 온라인 음원 사이트의 '미리듣기' 서비스나 악보제공 사이트의 '미리보기' 서비 스와 같은 음악저작물의 '부분적 이용'이나 노래반주기용 반주음악 제작시의 코러스 등의 추가와 같은 경우에 대하여는 그 이용되는 부분 자체에는 아무런 변경이 없고, 이용방법도 그 저작물의 통 상적 이용방법을 따른 것이며, 저작물의 내용 등에 대한 오인 가능성이 없다는 등의 이유로 동일성 유지권 침해가 아니라고 보고 있다는 것에 대하여는 앞서 살펴본 바와 같다(§12-41, §12-52-3, §12-52-4 참조). 이러한 판례의 연장선상에서, 방송 드라마에 음악을 편집하여 사용하는 것에 대하여도 '편집' 은 이미 완성된 곡을 요구되는 방송 시간에 맞추어 잘라 붙이는 작업을 의미하므로 음원의 부분적 이용에 불과하여 동일성유지권 침해에 해당하지 않을 가능성이 높다고 판시한 하급심 판결[3]이 있다.

(마) 영상저작물의 경우

영상저작물 중 일부분만 잘라서 동영상파일을 만들어 배포한다든가 하는 경우가 실무상 문 §12-66 제되는데, 원칙적으로 전체로서의 영상저작물에 대한 동일성유지권 침해가 성립하는 것으로 보아 야 할 것이다. 영화를 TV에 방영하면서 상영시간의 제한을 이유로 일부 내용을 삭제할 경우에는 저작자의 동의를 받지 않는 한 역시 동일성유지권 침해가 성립하는 것으로 보아야 할 것이다.[4] 영화의 각 편의 모두 부분에 타이틀 필름을 붙임으로써 영화상연 시간을 조금 더 길게 만든 것으 로는 저작자의 동일성유지권의 침해가 성립하지 않는다고 본 사례가 있다.[5] 영화를 TV로 방영하

---

1 伊藤眞, 전게서, 304면 참조.
2 伊藤眞, 전게서, 304~305면 참조.
3 서울중앙지방법원 2017. 12. 13. 선고 2016가합571624 판결.
4 오승종·이해완, 전게서, 265면.
5 東京地裁 昭和 52년 2월 28일 선고 판결, 田村善之, 전게서, 436면 참조.

면서 한꺼번에 모두 방영하지 않고 중간에 광고방송을 내 보내는 경우에는 판단이 쉽지 않으나 사회통념에 비추어 볼 때 동일성유지권의 침해는 아니라고 봄이 타당하지 않을까 생각된다. 영상 저작물에 저작권자 등을 표시하는 자막을 붙이거나[1] 그러한 자막을 삭제하는 것[2]만으로는 동일 성유지권 침해가 아니라고 본 하급심 판결들이 있다. 자막 추가의 경우는 침해를 인정하지 않은 판결이 기본적으로 타당하나, 자막 삭제의 경우는 사안에 따라 보다 신중한 판단이 필요할 수 있 을 것으로 생각된다.

§12-67   저작권법 제100조 제 1 항은 영상저작물에 관하여 "영상제작자와 영상저작물의 제작에 협력 할 것을 약정한 자가 그 영상저작물에 대하여 저작권을 취득한 경우 특약이 없는 한 그 영상저작 물의 이용을 위하여 필요한 권리는 영상제작자가 이를 양도 받은 것으로 추정한다"고 규정하고 있으나(자세한 것은 §23-22 이하 참조) 이 규정에 의하여 영상제작자에게 양도한 것으로 추정되는 것 은 영상저작물 이용을 위해 필요한 범위 내의 저작재산권에 한하는 것으로 보아야 할 것이므로, 저작인격권은 여전히 영상저작물 저작자에게 남아 있는 것으로 본다(§23-23 참조). 따라서 동일성 유지권을 침해하지 않기 위해 동의를 받아야 할 대상은 영상제작자가 아니라 영상저작물 저작자 (영화감독, 연출자 등)라는 것을 유의하여야 할 것이다.

(바) 허락에 기한 2차적저작물 작성의 경우

§12-69   저작자의 허락 없이 원저작물을 수정, 변경하여 2차적저작물을 작성할 경우 동일성유지권의 침해가 될 수 있음은 위 (가)에서 자세하게 살펴본 바(§12-43~46 참조)와 같다. 그렇다면, 저작자 의 허락하에 번역, 편곡, 번안이나 영화화 등의 방법으로 2차적저작물을 작성한 경우에는 어떠할 까? 허락한 방식으로 2차적저작물 작성하는 데 따른 필연적인 변경에 대하여는 당연히 동일성유 지권 침해의 문제가 발생하지 않는 것으로 보아야 하겠지만, 그러한 필연적인 범위에 속하지 않 으면서 원저작자의 의사에 반하는 것일 경우 동일성유지권 침해의 문제가 제기될 가능성이 있다. 예컨대 번역의 경우 번역 언어 자체의 한계로 인한 부득이한 표현상의 한계로 원저작자의 표현이 충분하게 번역되지 못했다 하더라도 그것을 동일성유지권 침해라고 볼 수는 없지만, 예컨대 스토

---

1 서울중앙지방법원 2007. 5. 17. 선고 2006가합104292 판결 : "원고는 또한 피고들이 인터넷 홈페이지에 실은 동영상 광고 아래 부분에 '저작권 : △△건설 (주)'라는 자막이 나오게 함으로써 원고의 동일성유지권도 침해하였다고 주장 한다. 그러나 동일성유지권은 저작권자가 저작물의 내용, 형식 및 제호의 동일성을 유지할 권리를 의미하는 바, 갑 5 호증의 4의 기재에 의하면 인터넷 홈페이지에 올려진 이 사건 광고물 하단에 '저작권 : 벽산건설 (주)'라는 자막이 표 시된 사실을 인정할 수 있으나, 이러한 자막으로 인하여 이 사건 작품의 내용, 형식 및 제호에 어떠한 변경도 가하여 졌다고 볼 수 없다. 원고의 이 부분 주장은 이유 없다."
2 서울고등법원 1999. 10. 12.자 99라130 결정 : "신청인은 나아가, 피신청인이 상영하고자 하는 이 사건 영화의 복제필 름상 원본필름에 있었던 △필름의 로고 등이 표시된 자막 화면이 삭제되었으므로 그 부분도 신청인의 저작인격권을 침해한 것이라 주장하나, 이러한 사정만으로는 저작인격권에 속하는 동일성유지권이 침해되었다 볼 수 없으므로 이 부분 주장은 이유 없다."

리를 비극에서 희극으로 바꾸어 버린다거나 원작에 있는 장면을 삭제하거나 없는 장면을 추가하는 등의 중대한 변경을 함부로 할 경우에는 당연히 동일성유지권 침해가 성립한다. 그러한 본질적이거나 중대한 내용의 변경이 아니라 세부적인 사항의 변경이라 하더라도 번역에 따른 불가피한 것이 아니라 '오역'을 한 것일 경우에는 역시 동일성유지권 침해가 성립할 수 있다. 다만 번역한 나라의 실정에 맞추어 적절히 화폐단위 등을 변경하는 것, 예컨대 프랑스 책자에 나오는 '프랑'이라는 화폐단위를 '원'으로 환산하여 표현을 하는 등의 행위는 동일성유지권 침해가 아니라는 견해가 많다.[1]

　　위와 같은 번역 등의 경우를 제외하고 일반적으로는 계약상 특별한 제한을 가하지 않는 한 2차적저작물 작성을 허락 받은 이용자에게 비교적 폭넓은 재량이 허용되는 것으로 볼 수 있는 경우가 많을 것이다. 그러한 경우라면, 아래에서 소개하는 판례에서 말하는 바와 같이, 개변된 내용이 저작자의 명예나 명성을 해치는 경우 또는 통상적인 변형에서 예정하고 있지 않은 본질적인 변형이 이루어진 경우에 해당하지 않는 한 저작자의 허락을 받고 2차적저작물을 작성하는 행위는 저작자의 동일성유지권을 침해하는 것이 아니라고 볼 수 있을 것이라 생각된다. 결국 정리해 보자면, 저작자의 허락하에 2차적저작물을 작성하는 것이 동일성유지권 침해에 해당하는 것은 ① 개변된 내용이 저작자의 명예나 명성을 해치는 경우, ② 통상적인 변형에서 예정하고 있지 않은 본질적인 변형이 이루어진 경우, ③ 예컨대 번역의 경우와 같이 2차적저작물 작성행위의 성격에 비추어 사회통념상 원저작물의 표현형식 중 세부적인 내용에 대한 변경이 제한되는 것으로 볼 수 있거나[2] 이용허락 계약 등에서 구체적으로 이용자에 의한 일정한 범위의 세부적 변경을 제한하고 있는 경우에 그와 같이 제한되는 범위에 속하는 세부적인 변경을 한 경우 등으로 한정된다고 볼 수 있을 것이다.

§12-70

판 례

❖ 서울고등법원 2008. 10. 29. 선고 2008나4461 판결 ― "해운대 등대도안" 사건

§12-71

　　원고는, 피고가 등대도안에서 제시한 스테인리스강이 아닌 콘크리트로 등대를 제작하였고, 꽃잎의 크기, 폭 등의 전체적인 비례를 임의로 변경하는 등 원고의 창작의도와 전혀 다른 등대를 건축하여 원고의 등대도안에 관한 동일성유지권을 침해하였다고 주장한다.

　　2차적저작물의 작성에는 필연적으로 원저작물에 대한 개변이 동반되므로 형식적으로 동일성유지

---

1 이상 加戸守行, 전게서, 172면 참조.
2 방송극본을 작성한 작가와 그것을 영상저작물로서의 드라마로 만든 방송사와의 관계도 원저작물 저작자와 2차적저작물 저작자의 관계인데, 그러한 관계에서 작가가 작성한 극본을 방송사에서 임의로 고쳐 사용한 것에 대하여 동일성유지권 침해를 인정한 서울지방법원 남부지원 1995. 10. 24.자 95카합3860 결정(§12-55)도 그러한 극본의 경우에는 그 대사 등 세밀한 부분도 함부로 변경하지 않아야 하는 성격인 것을 전제로 한 것이 아닐까 생각된다.

이 사건 등대도안

피고가 건축한 등대1

권을 침해하고 있는 것처럼 보이지만 2차적저작물의 작성에 관해 저작자의 허락을 받은 경우에도 동일성유지권을 침해하는 것으로 보게 되면 개변에 관해 허락을 받은 의미를 무시해 버리는 결과가 된다. 따라서 저작권법에 명문의 근거가 없다고 하더라도 개변된 내용이 저작자의 명예나 명성을 해치는 경우 또는 통상적인 변형에서 예정하고 있지 않은 본질적인 변형이 이루어진 경우에 해당하지 않는 한 저작자의 허락을 받고 2차적저작물을 작성하는 행위는 저작자의 동일성유지권을 침해하는 것이 아니고, 이는 저작권법이 당연히 예정하고 있다고 해석함이 상당하다.

    살피건대, 원고는 자신의 등대도안에 기초해서 피고가 등대를 건축하도록 허락하였고, 피고가 건축한 등대의 모양도 기본적으로 원고의 등대도안의 표현과 같이 총 16장으로 된 등대의 하부기초인 꽃잎, 2단으로 구성된 꽃술의 기둥, 끝에 구를 단 8개의 기둥으로 이루어진 원기둥 형태의 꽃술 윗부분으로 이루어진 형상인바, 원고의 등대도안과 실제로 건축된 등대의 차이는 해상에서 등대로 건축하면서 예상할 수 있는 정도의 변경 범위에 속한다고 보이므로, 원고가 피고에게 등대도안의 이용을 허락한 이상 이러한 정도의 변경에 묵시적 동의가 있었다고 봄이 상당하다.

    따라서 원고의 동일성유지권 침해 주장은 이유 없다(더욱이 피고가 등대의 재질 등을 변경한 것은 등대가 해상에서 파도의 압력을 견디는 구조물로 만들기 위한 것이므로 그 정도의 변경은 저작권법 제 13조 제 2 항 3호에 정해진 저작물의 성질이나 그 이용의 목적 및 형태 등에 비추어 부득이하다고 인정되는 범위 안에서의 변경으로 볼 수도 있다).

§12-72   ▷NOTE : 이 판결은 2차적저작물의 작성에 관해 저작자의 허락을 받은 경우에는 특별한 경우가 아닌 한 동일성유지권 침해가 성립하지 않는다고 하면서 침해가 인정될 수 있는 경우를 ① 개변된 내용이 저작자의 명예나 명성을 해치는 경우 또는 ② 통상적인 변형에서 예정하고 있지 않은 본질적인

---

1 한겨레(http://www.hani.co.kr) 2005. 11. 10. 기사 "아펙 기념등대 '꽃처럼 활짝'.

변형이 이루어진 경우로 한정하는 취지로 정리하여, 2차적저작물 작성에 관해 허락을 받은 이용자의 법적 안정성을 높이는 법리구성을 하고 있다. 이러한 판시 취지는 서울고등법원 2008. 6. 18. 선고 2007나60907 판결에서도 확인되고 있다. 즉, 이 판결에서는 원작만화를 기초로 하여 원저작자의 허락 하에 애니메이션 영화를 제작하면서 애니메이션의 기술적인 특성 등을 반영한 여러 가지 변경을 한 사안에 대하여 "이 사건 영화가 이 사건 원작만화의 저작자인 피고의 명예를 훼손하는 방법으로 실질적으로 변경되었다고 볼 증거가 없는 이상, 원고의 이 사건 영화제작이 피고의 이 사건 원작만화에 관한 동일성유지권을 침해하였다고 보기 어렵다"고 판시하였다.

(사) 원작품을 소훼, 파괴한 경우

예컨대 미술저작물인 명작회화의 원작품을 불에 태워 없애거나 건축저작물에 해당하는 건축물을 전부 파괴해 버리는 행위 등이 동일성유지권 침해에 해당하는지도 논의의 대상이 된다. 특히 2010년 5월경 정부가 도라산역 벽화를 작가와 상의 없이 일방적으로 철거, 소각한 것이 문제된 사건을 계기로 이 문제에 대하여 새롭게 많은 논의가 이루어진 바 있다. '전부 파괴'가 부분적 파괴보다 법적으로 가벼운 취급을 받는 것은 부당하다는 이유로 전부 파괴의 경우도 동일성유지권 침해에 해당하는 것으로 보는 것이 우리 법의 해석상 타당하다는 견해[1]도 있으나, 다수 학설은 동일성유지권 침해로 보기는 어렵다는 입장을 취하고 있다.[2]

§12-73

침해 부정설의 논거로 그러한 경우는 소유권의 행사와 저작권이 서로 경합하는 경우로서, 소유권의 행사가 저작권보다 우선하는 것으로 보아야 한다는 견해가 제시되고 있는 것으로 보인다.[3]

그러나 그러한 논리로는 소유권자에 의한 유체물의 일부 훼손이나 일부 파괴 등의 경우를 동일성유지권 침해로 보는 근거를 설명하기가 곤란할 것이다. 소유권자가 자신이 소유하는 유체물에 화체된 미술작품에 다른 채색을 하거나 부분적으로만 파괴하는 등의 변형을 가하는 것도 어떻게 보면 소유권의 행사라고 할 수 있지만 그 경우에는 동일성유지권 침해에 해당하는 것으로 보

---

1 이상정, "소유자의 작품 파괴와 저작인격권", 계간 저작권 2012 봄호, 62면. 다만 이 견해도 궁극적으로는 저작권자와 유체물 소유자의 이익을 조화시키는 차원의 입법적 해결이 필요하다고 주장한다.

2 장인숙, 전게서, 71면; 최경수, 전게서, 225면; 박성호, 전게서, 294면 등 참조.

3 '도라산역 벽화 철거' 사건에 대한 2심 판결인 서울고등법원 2012. 11. 29. 선고 2012나31842 판결도 "동일성유지권은 저작물 소유권자의 처분행위에 대항할 수 없다고 보아야 한다"는 것을 침해 부정의 결론을 내린 첫번째 근거로 제시하고 있다. 나아가 위 판결은 "피고가 이 사건 벽화를 떼어낸 후 소각하여 폐기한 것은 이 사건 벽화의 소유권자로서의 권능을 행사한 것이라고 보아야 하고, 이에 대하여 원고가 동일성유지권을 주장할 수는 없다고 보아야 한다. 즉 원고가 저작물 원본에 대한 소유권을 피고에 양도하고 이에 대한 대가도 지급 받은 이상, 그 저작물이 화체된 유형물의 소유권자인 피고의 그 유형물 자체에 대한 처분행위를 제한할 법적 근거가 없으며, 특별한 사정이 없는 한 저작권법상 동일성유지권이 보호하는 '저작물의 동일성'은 저작물이 화체된 유형물 자체의 존재나 귀속에 대한 것이 아니라 그 저작물의 내용 등을 대상으로 하는 것이라고 해석할 수밖에 없다. 만일 저작인격권자가 저작물 원본의 소유권 양도 후에도 동일성유지권을 유보하고 소유권의 행사에 대하여 언제라도 이를 추급할 수 있게 한다면, 저작물의 소유권자로 하여금 저작물 보유에 대한 예측할 수 없는 과도한 부담을 갖게 하여 오히려 저작물의 원활한 유통을 저해함으로써 저작권자의 권리를 해할 우려도 있다"고 판시하고 있다.

아야 할 것인데,[1] 그것은 소유권우선론과 배치되는 면이 있다. 따라서 소유권과 저작권이 경합하는 경우에 소유권이 우선한다고 하는 것은 저작권법 해석상 타당한 논리가 아니라고 생각된다. 저작권법에서 저작권자의 권리범위에 포함한 것에 대하여는 저작권자의 권리가 소유권보다 우선하는 것이 오히려 원칙이고, 따라서 유체물 소유권자의 이익을 보호하기 위하여는 저작권에 대한 제한규정[2]을 필요로 하는 것으로 보아야 할 것이다. 저작권보다 소유권이 우선하는 것은 저작권법에서 보호대상으로 삼은 영역을 벗어난 경우일 뿐이고, 이를 저작권과 소유권이 경합하는 경우라 할 수도 없다. 물론 저작물이 화체된 유체물의 소유권자와 그 저작물의 저작권자 사이에 이해관계를 조정할 필요성이 있는 것은 사실이나, 그것은 입법적으로 저작권보호범위와 그 제한사유 등을 규정함에 있어서 고려할 사항일 뿐이고, 저작권법에서 일단 저작권 보호영역에 포함한 부분이라면 소유권이 저작권보다 우선할 수는 없는 것으로 보아야 할 것이다.

따라서 해석론상 저작물이 화체된 유체물의 파괴에는 동일성유지권이 미치지 않는다는 결론을 정당화하는 논리로 소유권 우선의 원칙을 제시하기보다는 동일성유지권에 관한 규정 자체의 취지에서 그 근거를 찾는 것이 타당한 것으로 생각된다. 즉 동일성유지권에 대한 저작권법 규정은 무체물로서의 저작물 자체를 함부로 개변함으로써 그 동일성(완전성)에 왜곡이나 변경이 초래되고 그에 따라 마치 자신이 그렇게 왜곡 또는 변경된 저작물을 작성한 것처럼 인식될 수 있는 상황이 조성되는 것으로부터 저작자의 인격적 이익을 보호하는 데 그 초점이 있는 것이므로 무체물로서의 저작물이 화체된 유체물 자체를 전부 파괴하는 것은 그러한 개변 등과는 성격이나 차원을 달리하는 것으로서, 그로 인해 저작자의 의도와는 다른 형식이나 내용의 저작물(무체물)에 저작자가 연결되는 일은 있을 수 없으므로,[3] 그러한 유체물 파괴의 경우는 별도의 법적 근거가 마련되지 않는 한, 현행 저작권법상의 동일성유지권에 의하여 저작권자의 통제범위에 두고자 하는 저작물에 대한 개변행위의 범위에 들지는 않는 것으로 보는 것이 타당한 것으로 생각된다. 사권으로서의 저작인격권의 하나인 동일성유지권을 제도화한 취지에는 문화유산의 보존이라고 하는 공익적 취지도 일부 포함되어 있다고 할 수는 있으나, 그것은 부수적인 취지이고 주된 취지는 아니라고 보아야 할 것이다. 또한 자신의 저작물이 화체된 유체물이 파괴되는 데 따른 저작자의 정신적 고통에 대하여도 충분히 공감할 수는 있으나, 그것이 현행법상의 동일성유지권 제도가 보호하고자 하는 정신적 이익은 아니라고 생각된다(후술하는 바와 같이 구체적인 사안에서 여러 가지 사정을 고려할 때 그러한 파괴행위에 위법성이 인정될 경우 일반불법행위 법리에 의한 구제는 가능하다).

---

1 그 변형이 사적 영역에서만 이루어진 경우이면 동일성유지권 침해가 성립하지 않는 것으로 보아야 하겠지만(§12-46-2), 그것은 유체물에 대한 소유권자인지 여부와는 무관한 것이다.

2 예컨대, 저작권법 제35조 제 1 항이 그러한 성격의 규정이다.

3 中山信弘, 著作權法(第 2 版), 有斐閣, 2014, 518~519면 참조.

결론적으로 침해부정설을 취하되, 그 근거는 소유권 우선론이 아니라 동일성유지권 제도의 취지에 대한 위와 같은 관점에서 찾는 것이 타당하다. 거기에서 더 나아가, 위와 같이 침해부정설의 입장을 취하지 않으면, 저작물이 화체된 유체물의 고의 또는 과실에 의한 파괴를 모두 동일성유지권 침해에 해당하는 것으로 봄으로써 소유권자에게 지나친 부담을 안기게 되고, 그것은 미술작품 등의 원활한 거래에도 부정적인 영향을 미쳐, 결과적으로 저작권자의 이익에 부합하지 않는 결과가 될 것이라는 점 등을 구체적 타당성 측면의 근거로 덧붙일 수는 있겠지만, 그것을 위 문제에 대한 해석론의 중심에 두는 것은 적절치 않은 것이다.

이와 관련하여 특정한 장소에 설치되는 것 자체를 미술작품 창작의 중요한 구성요소로 삼은 '장소특정적 미술(site-specific art)'에 대하여는 다르게 보아야 하는 것이 아닌지가 문제된다. '도라산역 벽화 철거' 사건에서도 원고 측에서 '장소특정적 미술'의 경우에는 일반적인 경우와 달리 그것을 원래 있던 장소에서 철거하는 것 자체가 동일성유지권 침해가 될 수 있다고 주장한 바 있다. 이에 대하여 법원은 우리 저작권법상 '장소 특정적 미술'이라는 개념을 인정하여 특별한 법적 효과를 부여한 바가 없다는 이유로 원고의 주장을 받아들이지 않았다.[1] 생각건대 위와 같은 의미의 장소특정적 미술의 경우에는 그에 대한 명문의 규정이 없더라도 동일성유지권의 보호와 관련한 법해석 및 적용에 있어서 일정한 고려를 할 수 있으리라 생각된다. 즉 어디에 두든지 상관이 없는 일반 미술작품과 달리, 특정한 공간적 배경을 전제로 하여 조각 작품을 만든 것과 같은 경우에는 그 공간적 배경이 작품의 한 요소가 되고 있는 것이 사실이므로, 그 작품을 저작자의 의사에 반하여 다른 곳으로 옮겨 설치하는 것은 동일성유지권 침해가 될 가능성이 있을 수 있다. 그런 점에서는 장소 특정적 미술이라는 것을 해석론상의 도구개념의 하나로 활용할 수 있으리라 생각된다. 그러나 그것도 그러한 이전 설치 등의 경우에만 문제 삼을 수 있고, 완전히 파괴한 경우에 대하여는 앞서 본 바와 같은 침해부정설의 논리를 그대로 적용하는 것이 일관성 있는 해석이라 생각된다.

한편으로 어느 장소에 설치된 작품을 완전히 파괴하기 위해서는 그 과정에서 기존 장소로부터의 철거과정에서의 일부 훼손 등이 있을 수 있고, 그것만 가지고 따지면 유체물에 화체된 무체물로서의 저작물에도 일부 개변이 있는 것으로 볼 수 있는 측면이 있다. 그 점은 '도라산역 벽화 철거' 사건에서 원고가 동일성유지권 침해의 법리적 근거를 제시한 주장에 포함되어 있기도 하다. 그러나 그러한 일부 훼손은 결국 '전부의 파괴'라고 하는 종국적인 결과의 과정일 뿐이므로 그 과정이 특별히 느리게 진행되면서 공중에게 부분적 파괴의 결과가 노출되었다거나 하는 사정이 없

---

1 위 서울고등법원 2012. 11. 29. 선고 2012나31842 판결 : "원고가 주장하는 장소특정적 미술이란 현행 저작권법에서는 인정하지 아니하는 개념임이 명백하므로 이에 대하여 다른 저작물에 비하여 특별한 보호를 할 근거가 없다. 원고의 이 부분 주장 또한 현행 저작권법 해석의 한계를 넘는 것으로서 더 나아가 살필 필요 없이 받아들일 수 없다."

는 한, 파괴의 과정에 흡수된 것으로 보아야 할 것이고, 그것만을 따로 떼어서 동일성유지권 침해라고 볼 것은 아니라 할 것이다. 이에 대한 서울고등법원의 판단도 유사한 취지였다.[1]

그리고 위와 같이 동일성유지권 침해가 성립하지는 않는 경우라 하더라도, 사안에 따라서 위법성 있는 행위로 저작자의 정신적 고통을 초래하는 것으로서 민법상의 일반 불법행위에 해당하는 것으로 인정되어 저작자의 위자료 청구가 받아들여지는 경우는 있을 수 있고,[2] '도라산역 벽화 철거' 사건에 대한 서울고등법원 판결과 그 상고심 판결인 대법원 2015. 8. 27. 선고 2012다 204587 판결[3]이 그러한 입장을 취한 사례였다.

이상은 현행법에 대한 해석론으로서 이 문제를 논한 것인바, 입법론적으로는 위와 같은 결론을 일률적으로 적용하는 것이 타당하다고 보기 어려운 면이 있다. 특히 공공장소에 설치된 미술 저작물 등이나 이미 확고한 인정을 받고 있는 주요 작가의 저작물 등의 경우[4]에 대하여는 예외

---

1 위 서울고등법원 2012. 11. 29. 선고 2012나31842 판결 : "피고가 이 사건 벽화를 철거하는 과정에서 손상한 행위, 절 단한 행위, 방치하여 추가로 손상한 행위는 개별적으로 나누어 보면 동일성유지권 침해 행위를 구성할 여지도 있으 나, 위에서 살펴본 바와 같이, 그 궁극적인 폐기행위를 저작인격권의 침해로 볼 수 없는 이상, 위 손상, 절단 등의 행 위는 폐기를 위한 전 단계 행위로서 그 폐기행위에 흡수되어 별도의 저작인격권 침해를 구성하지 아니한다고 보아야 할 것이다."

2 同旨 박성호, 전게서, 294면.

3 이 판결의 요지는 다음과 같다.

[1] 저작권법은 공표권(제11조), 성명표시권(제12조), 동일성유지권(제13조) 등의 저작인격권을 특별히 규정하고 있으 나, 작가가 자신의 저작물에 대해서 가지는 인격적 이익에 대한 권리가 위와 같은 저작권법 규정에 해당하는 경우 로만 한정된다고 할 수는 없으므로 저작물의 단순한 변경을 넘어서 폐기 행위로 인하여 저작자의 인격적 법익 침 해가 발생한 경우에는 위와 같은 동일성유지권 침해의 성립 여부와는 별개로 저작자의 일반적 인격권을 침해한 위법한 행위가 될 수 있다.

[2] 공무원의 행위를 원인으로 한 국가배상책임을 인정하기 위하여는 '공무원이 직무를 집행하면서 고의 또는 과실로 법령을 위반하여 타인에게 손해를 입힌 때'라고 하는 국가배상법 제 2 조 제 1 항의 요건이 충족되어야 한다. 여기 서 '법령을 위반하여'라고 함은 엄격하게 형식적 의미의 법령에 명시적으로 공무원의 행위의무가 정하여져 있음에 도 이를 위반하는 경우만을 의미하는 것은 아니고, 인권존중·권력남용금지·신의성실과 같이 공무원으로서 마땅 히 지켜야 할 준칙이나 규범을 지키지 아니하고 위반한 경우를 비롯하여 널리 그 행위가 객관적인 정당성을 결여 하고 있는 경우도 포함한다.
예술작품이 공공장소에 전시되어 일반대중에게 상당한 인지도를 얻는 등 예술작품의 종류와 성격 등에 따라서는 저작자로서도 자신의 예술작품이 공공장소에 전시·보존될 것이라는 점에 대하여 정당한 이익을 가질 수 있으므 로, 저작물의 종류와 성격, 이용의 목적 및 형태, 저작물 설치 장소의 개방성과 공공성의 정도, 국가가 이를 선정 하여 설치하게 된 경위, 폐기의 이유와 폐기 결정에 이른 과정 및 폐기 방법 등을 종합적으로 고려하여 볼 때 국 가 소속 공무원의 해당 저작물의 폐기 행위가 현저하게 합리성을 잃고 저작자로서의 명예감정 및 사회적 신용과 명성 등을 침해하는 방식으로 이루어진 경우에는 객관적 정당성을 결여한 행위로서 위법하다.

[3] 甲이 국가의 의뢰로 도라산역사 내 벽면 및 기둥들에 벽화를 제작·설치하였는데, 국가가 작품 설치일로부터 약 3년 만에 벽화를 철거하여 소각한 사안에서, 甲은 특별한 역사적·시대적 의미를 가지고 있는 도라산역이라는 공 공장소에 국가의 의뢰로 설치된 벽화가 상당 기간 전시되고 보존되리라고 기대하였고, 국가도 단기간에 이를 철거 할 경우 甲이 예술창작자로서 갖는 명예감정 및 사회적 신용이나 명성 등이 침해될 것을 예상할 수 있었음에도, 국가가 벽화 설치 이전에 이미 알고 있었던 사유를 들어 적법한 절차를 거치지 아니한 채 철거를 결정하고 원형을 크게 손상시키는 방법으로 철거 후 소각한 행위는 현저하게 합리성을 잃은 행위로서 객관적 정당성을 결여하여 위법하므로, 국가는 국가배상법 제 2 조 제 1 항에 따라 甲에게 위자료를 지급할 의무가 있다고 한 사례.

4 미국 저작권법은 시각예술저작물의 저작자에게 '인정된 지위의 저작물(a work of recognized stature)'에 대하여는 그 파괴를 금지할 권리를 부여하고, 고의 또는 중대한 과실에 의한 파괴를 침해로 규정하고 있다. 다만 건축저작물에

적인 취급이 필요할 수 있을 것으로 생각된다. 따라서 입법적인 차원에서는, 그와 같은 일정한 예외적인 경우에 한정하여, 저작자의 인격적 이익 및 문화유산의 보존이라고 하는 공공적 이익을 감안하여, 저작자에게 그 파괴에 대하여 이의할 수 있는 권리를 인정하되, 그 저작물이 화체된 유체물의 소유권자의 이익도 적절히 배려하는 특칙규정을 두는 것을 신중하게 검토해 볼 필요가 있을 것으로 생각된다.1

(2) 제호의 동일성 유지

제호에 대한 법적 보호는 외적 보호와 내적 보호로 나누어진다(§6-50 참조). 외적 보호란 제호를 타인의 저작물에서 사용할 수 없도록 하는 보호를 뜻하는데, '저작물'에 대한 장에서 살펴본 바와 같이 우리나라의 통설, 판례는 제호만으로는 인간의 사상, 감정의 창작성 있는 표현이라고 볼 수 없다는 이유로 그 보호를 부정하고 있다(§6-47 이하 참조). 내적 보호는 어떤 저작물에 붙어 있는 제호 자체를 함부로 변경하지 못하도록 보호하는 것을 말하는데, 동일성유지권에 관한 저작권법 제13조는 저작자가 그의 저작물의 내용, 형식뿐만 아니라 '제호'의 동일성을 유지할 권리를 가진다고 규정함으로써 내적 보호를 분명하게 승인하고 있다. 제호에 대하여 이러한 내적 보호를 하는 이유에 대하여는, ① 원래 제호의 변경은 저작물의 변경에는 해당하지 않지만, 저작물의 내용을 집약하여 표현한 것이므로 제호를 무단히 변경하는 것은 저작자의 인격적 이익을 침해할 우려가 있다는 이유로 특별히 보호하는 것이라는 견해2와 ② 제호가 비록 단독으로는 창작성 있는 표현이 아니라고 하여도 본문과 결합하여 저작물의 일부분으로 있는 한에 있어서는 창작성 있는 표현의 부분으로 볼 수 있어서 그것을 함부로 변경하는 것은 저작물 자체의 변경에 해당하므로 동일성유지권에 의한 보호대상으로 규정하는 것이 당연한 것이라고 하는 취지의 견해3도 있다. ②와 같이 볼 수 있는 경우도 있지만 그렇지 않은 경우, 즉 제호가 저작물의 일부라고 보기 어려운 경우도 있을 수 있을 것으로 생각되는데, 그러한 경우에도 보호를 하는 이유는 위 ①의 견해가 잘 설명하고 있다고 생각된다.

아무튼 제호의 내적 보호를 규정한 저작권법 규정에 따라, 저작물의 내용, 형식에는 아무런 변경이 없고 제호만 변경한 경우에도 동일성유지권의 침해가 성립한다. 외국에서 수입한 영화를

§12-74

수록된 저작물에 대해서는 일부 예외를 인정하고 있다. 미국 저작권법 제106A조 (3)(A) 및 제113조(d) 참조. 이 경우 어느 저작물이 '인정된 지위'에 해당하는 것인지를 판단하는 것이 어려운 과제가 될 것이나 미국 판례상 전문가, 예술가, 그리고 사회적인 평가에 기초하여 판단한 사례가 있다. 임원선, 실무가를 위한 저작권법(제 4 판), 한국저작권위원회, 2014, 123면 참조.

1 이와 관련한 다양한 입법론적 고려사항을 잘 정리한 문헌으로는, 김형렬, "미술 작품 등의 파괴와 저작인격권", 계간 저작권 2012 여름호, 180~197면 참조.

2 加戶守行, 전게서, 170면 등 참조.

3 田村善之, 전게서, 437면.

배급하면서 영화제목을 원작과는 다르게 하여 배급하는 경우가 더러 있는데 그것이 영화 저작자의 허락에 기한 것이 아니라면 제호에 대한 동일성유지권 침해를 구성하는 것으로 보게 될 것이다.

다만 여기서 동일성유지권으로 보호받는 제호는 저작자 자신이 붙인 제호만을 의미한다. 따라서 저작자에 의하여 붙여진 것이 아니라 세상 사람들이 붙인 명칭이나 저작자의 사후에 제3자에 의하여 붙여진 호칭이나 별칭 등을 변경하거나 삭제하는 것은 동일성유지권 침해의 문제가 아니다.[1]

📖 **판 례**

§12-75
❖대법원 1990. 10. 23. 선고 90다카8845 판결
일본의 시사주간지에 '한국으로부터의 누드, 비장사진을 일거 대공개'라는 제호로 게재된 저작물인 사진 중 일부를 국내 잡지에 전재하면서 '사진예술작품들 일본으로 건너가 포르노성 기획으로 둔갑'이라는 제호를 붙인 경우 사진저작자의 저작물의 제호를 개변함으로써 제호에 대한 동일성유지권을 침해한 것이라기보다는 위 잡지들에 게재한 인용저작물의 제호라고 보아야 할 것이므로 제호의 변경이나 개변이 있었다고 볼 수 없다. (제호 변경으로 인한 동일성유지권 침해를 인정하지 않는 결론을 내림)

§12-76
❖서울중앙지방법원 2008. 1. 23. 선고 2007가합34628 판결 — "지존토익" 사건
구 저작권법 제13조 제1항은 '저작자는 그의 저작물의 내용·형식 및 제호의 동일성을 유지할 권리를 가진다'고 규정하고 있고, [증거에 의하면] 피고 1, 2는 이 사건 각 서적의 제호를 '지존(Z-ZONE) 토익'에서 '상승토익'으로 임의로 변경한 사실을 인정할 수 있는바, 그렇다면 피고 1, 2는 원고의 제호의 동일성유지권을 침해하였다 할 것이다.

▷NOTE : 피고 1은 출판사이고 피고 2는 그 대표이사이다. 저작자로부터 출판권을 설정 받은 출판권자 등이 저작자의 허락 없이 제호를 함부로 변경할 경우에 제호의 동일성유지권 침해가 성립함을 보여주는 사례이다.

§12-77
❖서울북부지방법원 2008. 12. 30. 선고 2007가합5940 판결 — "만화 스토리작가" 사건
저작자는 그의 저작물의 내용·형식 및 제호의 동일성을 유지할 권리를 가지고(저작권법 제13조 제1항), 공동저작물의 저작인격권은 저작자 전원의 합의에 의하지 아니하고는 이를 행사할 수 없는바(같은 법 제15조 제1항), 위 인정사실에 의하면, 피고가 원고 1의 동의 없이 이 사건 만화들을 재출판하면서 그 중 '스와트'를 '이것이 법이다'로, '파운데이션 25시'를 '어게인'으로, '영'을 '바람이라 불리는

---

1 加戶守行, 전게서, 170면. 이 책에서 저자는 베토벤의 교향곡 제5번이 '운명'으로 불리고 있지만 그것은 베토벤이 붙인 이름이 아니고, 실제상 그 저작물을 그렇게 부르고 있을 뿐이므로 '운명'이라는 호칭을 바꾼다거나 뺀다거나 하는 것에 대하여는 동일성유지권 침해 문제가 발생하지 않는다고 예를 들어 설명하고 있다.

사나이'로, '새벽을 기다리며'를 '모두 꿇어'로 각 제목을 변경하였으므로, 피고는 공동저작물인 위 만화에 관하여 원고 1의 제호의 동일성을 유지할 권리를 침해하였다고 할 것이다.

▷NOTE : 위 판결은 만화 스토리 작가들(원고들)과 그들로부터 스토리를 넘겨받아 만화를 완성한 피고를 공동저작자로 인정한 다음 원고들 중 한 사람인 원고1의 동의 없이 그가 공동저작에 참여한 만화의 제목을 변경한 것을 공동저작자가 가지는 제호의 동일성유지권 침해라고 본 사례이다(위 판결 중 '공동저작물' 관련 부분의 판시 내용은 §9-11 참조).

3. 동일성유지권의 제한

(1) 의   의

§12-78

저작물의 성질이나 그 이용의 목적 및 형태에 따라서는 저작물의 내용, 형식 또는 제호를 변경해야 할 부득이한 사정이 있는 경우가 있을 수 있다. 그러한 점을 감안하여 저작권법 제13조 제2항은 다음과 같이 규정하고 있다.

"저작자는 다음 각 호의 어느 하나에 해당하는 변경에 대하여는 이의(異議)할 수 없다. 다만, 본질적인 내용의 변경은 그러하지 아니하다.

1. 제25조의 규정에 따라 저작물을 이용하는 경우에 학교교육 목적상 부득이하다고 인정되는 범위 안에서의 표현의 변경

2. 건축물의 증축·개축 그 밖의 변형

3. 특정한 컴퓨터 외에는 이용할 수 없는 프로그램을 다른 컴퓨터에 이용할 수 있도록 하기 위하여 필요한 범위에서의 변경

4. 프로그램을 특정한 컴퓨터에 보다 효과적으로 이용할 수 있도록 하기 위하여 필요한 범위에서의 변경

5. 그 밖에 저작물의 성질이나 그 이용의 목적 및 형태 등에 비추어 부득이하다고 인정되는 범위 안에서의 변경"

§12-79

이 규정은 저작물에 대한 동일성유지권의 예외로서 부득이하다고 인정되는 개변을 필요 최소한도에서 허용하고자 한 것이므로 극히 엄격하게 해석, 적용하여야 할 것이고, 함부로 확대해석되지 않도록 주의하여야 할 것이다. 위 규정 단서에서 "다만, 본질적인 내용의 변경은 그러하지 아니하다"고 하는 것도 그러한 취지에서 마련된 규정이다. '본질적인 내용'이 무엇인지는 저작물의 성질에 따라 구체적, 개별적으로 판단하여야 할 것이나, 예를 들어 스토리가 있는 어문저작물의 경우에는 구체적인 자구 표현(문언적 표현)보다는 사건의 전개과정이나 등장인물의 교차 등의 비문언적 표현(§27-16 참조)이 '본질적인 내용'의 주된 부분이 될 것으로 생각된다. 따라서 일부 자

구 내지 문장표현의 수정이나 어려운 말을 쉬운 말로 풀이하는 것은 비본질적 부분의 수정이므로 법에서 인정하는 예외적인 경우에는 허용될 수 있다고 하겠고, 예를 들어 소설의 스토리를 비극적 결말에서 희극적 결말로 변경하거나 시대적 배경을 바꾸는 등 비문언적 표현을 중대하게 변경할 경우에는 본질적인 내용의 변경에 해당하여 법에서 인정하는 예외적인 경우에도 허용되지 아니하는 것으로 본다.1 표현의 영역을 넘어 작품의 주제나 내포된 사상 자체를 다른 주제, 사상 등으로 바꾸어 표현하는 것은 더 말할 나위도 없이 본질적 내용의 변경이므로 허용되지 아니한다.

(2) 제한되는 경우(저작권법 제13조 제 2 항)

(가) 학교교육목적상 부득이한 경우(제 1 호)

§12-80
저작권법 제13조 제 2 항 제 1 호는 "제25조의 규정에 따라 저작물을 이용하는 경우에 학교교육 목적상 부득이하다고 인정되는 범위 안에서의 표현의 변경"에 대하여 그것이 본질적인 변경이 아닌 한 동일성유지권을 주장할 수 없도록 규정하고 있다. 법 제25조는 고등학교 및 이에 준하는 학교 이하의 학교의 교육 목적상 필요한 교과용도서에는 공표된 저작물을 게재할 수 있고(제 1 항), 특별법에 따라 설립되었거나 「유아교육법」, 「초·중등교육법」 또는 「고등교육법」에 따른 학교, 국가나 지방자치단체가 운영하는 교육기관 및 이들 교육기관의 수업을 지원하기 위하여 국가나 지방자치단체에 소속된 교육지원기관은 그 수업 또는 지원 목적상 필요하다고 인정되는 경우에는 공표된 저작물의 일부분(저작물의 성질이나 그 이용의 목적 및 형태 등에 비추어 저작물의 전부를 이용하는 것이 부득이한 경우에는 전부)을 복제·배포·공연·방송 또는 전송할 수 있다(제 2 항)고 규정하고 있다(§14-24 이하 참조). 이러한 경우에는 학교교육의 목적을 위해 저작재산권을 제한하면서 동시에 교육목적상 부득이하게 저작물의 표현내용을 변경해야 할 필요성이 있을 수 있음을 감안하여 이와 같이 동일성유지권도 제한하고 있는 것이다.

어려운 표현을 쉽게 하거나 사회도덕관념에 부합하지 않는 표현을 교과서에 실을 수 있는 수준으로 순화하는 것 등이 이에 해당할 것이다. 영어 교과서 같은 경우에는 학년에 따라서 난이도를 조정하기 위하여 저학년 교과서의 경우 어려운 단어를 빼고 쉬운 단어로 치환하는 경우도 부득이한 경우로 인정될 가능성이 없지 않다. 다만 부득이하다고 하는 것을 당해 저작물을 게재하기로 결정한 전제 위에 판단할 것은 아니고, 교육목적에 적합한 것 중에 표현을 변경하지 않아도 될 만한 좋은 소재가 있다면 그것을 우선적으로 채택하여야 할 것이므로 그러한 경우에 굳이 해당 저작물을 채택하여 그 표현을 변경하였다면 결과적으로 부득이한 경우에 해당하지 않는 것으로 보는 것이 타당할 것이다. 그렇게 본다면 미술저작물과 같은 경우에는 교육목적상 부득이한

---

1 同旨 허희성, 전게서, 82면.

사유로 변경할 수 있는 경우를 상정하기가 어려울 것으로 생각된다.1

 **판 례**

❖ 서울중앙지방법원 2009. 9. 2. 선고 2009가합7071 판결 §12-81

저작권법 제13조 제 2 항 제 1 호에 의하면 '저작권법 제25조의 규정에 따라 저작물을 이용하는 경우에 학교교육 목적상 부득이하다고 인정되는 범위 안에서의 표현의 변경에 대하여는 저작자가 이의할 수 없다'고 규정되어 있는데, 위 규정은 저작권법 제25조에 따라 학교의 교육 목적상 필요한 교과용도서에 '공표된 저작물'을 게재할 경우 등에 있어 그 '공표된 저작물'의 내용을 변경할 때 적용될 수 있는 규정임이 문언상 명백하므로, <u>교과용도서 자체를 수정할 때 위 규정을 근거로 동일성유지권이 제한된다고 볼 수는 없다.</u>

(나) 건축물의 변형(제 2 호)

제 2 호는 건축물의 증축·개축 그 밖의 변형의 경우에 동일성유지권이 제한되는 것으로 규정 §12-82
하고 있다. 건축물은 저작물로서의 창작성이 인정되는 경우라 하더라도 거주 기타 목적에 따른 실용적인 기능이 중시될 수밖에 없으므로 그러한 실용적인 필요에서 증축·개축을 하거나 그 밖에 필요한 변형을 할 경우에 저작자의 동일성유지권에 발목이 잡히지 않을 수 있도록 하기 위해 규정한 것이다. 법의 취지가 그러하므로 그러한 실용적 필요 또는 관점에서의 증·개축이나 변형이 아니고 심미적·예술적 관점이나 그러한 측면의 기호 때문에 변경을 가하는 것이라면 이 규정에 해당하지 아니하고 동일성유지권의 침해에 해당하는 것으로 보아야 할 것이다.2 건축저작물의 완전파괴의 경우에는 아예 동일성유지권 침해가 문제 되지 않는 것으로 볼 것임은 위 (1)(사) (§12-73)에서 설명한 바와 같으므로, 그러한 경우에는 이 제한규정과도 관계가 없다.

(다) 특정한 컴퓨터 외에는 사용할 수 없는 프로그램을 다른 컴퓨터에 사용할 수 있도록 하기 위하여 필요한 범위 안에서의 변경(제 3 호)

제 3 호는 특정한 컴퓨터 외에는 사용할 수 없는 프로그램을 다른 컴퓨터에 사용할 수 있도 §12-83
록 하기 위하여 필요한 범위 안에서 변경하는 경우에 동일성유지권이 제한되는 것으로 규정하고 있다. 전산환경 통합이나 시스템 업그레이드 등의 이유로 운영 중인 컴퓨터시스템의 운영체제를 윈도우즈에서 Linux나 MAC OS, Unix 운영체제로 변경(소위 '포팅')하는 경우 등을 말한다.3

---

1 加戶守行, 전게서, 174면 참조.
2 加戶守行, 전게서, 175면 참조.
3 문화체육관광부·한국저작권위원회, 개정 저작권법해설, 2009, 24~25면.

(라) 프로그램을 특정한 컴퓨터에 보다 효율적으로 사용할 수 있도록 하기 위하여 필요한 범위
　　안에서의 변경(제 4 호)

§12-84　　제 4 호는 프로그램을 특정한 컴퓨터에 보다 효율적으로 사용할 수 있도록 하기 위하여 필요한 범위 안에서 변경하는 경우에 동일성유지권이 제한되는 것으로 규정하고 있다. 예를 들어 32bit용으로 프로그래밍된 것을 64bit용으로 업그레이드 하는 경우와 같이, 기존의 노후된 시스템을 최신 시스템으로 변경하는 경우 등을 말한다.[1]

(마) 기타 저작물의 성질 등에 비추어 부득이한 경우(제 5 호)

§12-85　　제 5 호는 일반적으로 "그 밖에 저작물의 성질이나 그 이용의 목적 및 형태 등에 비추어 부득이하다고 인정되는 범위 안에서의 변경"에 대하여 동일성유지권을 제한하고 있다. 제 1 호 내지 제 4 호의 경우 외에도 저작물의 성질이나 이용 목적 및 형태 등에 비추어 저작물의 수정·변경이 부득이하다고 인정될 수 있는 경우가 다양하게 있을 수 있으나 그것을 일일이 나열하기 어려우므로 위와 같은 불확정개념을 사용하여 일괄적인 규정을 하게 된 것이다. 실제로 어떤 경우가 이 규정에 해당할지 여부는 구체적 개별적으로 신중하게 판단하여야 할 것이다. 이 규정에 해당할 수 있는 구체적인 사례로는 다음과 같은 경우들을 들 수 있다.[2]

첫째, 복제의 기술적인 수단에 따른 부득이한 경우가 있다. 예를 들어 컬러인쇄 출판물의 경우 출판용 3색판의 사용으로 인해 원작의 색채가 충분하게 구현되지 않는다고 하는 회화인쇄기술의 문제가 있을 수 있다. 또한 음악저작물의 녹음 등을 하는 경우에 극도로 높은 음이나 극도로 낮은 음은 수록되지 않는다고 하는 녹음기술상의 문제도 있을 수 있다. 그런가하면, 조각과 같은 입체적인 작품을 평면적으로 인쇄하는 경우에는 어떻게 하더라도 충분한 입체감을 살릴 수 없다고 하는 제약이 있게 된다. 이러한 제약들로 인한 부득이한 변경은 동일성유지권 제한사유에 해당하게 된다. 그러나 예컨대 컬러작품을 흑백으로 복제하는 것은 제한사유에 해당하지만, 흑백작품에 색채를 넣어 컬러작품으로 변경하는 것은 부득이한 경우라고 할 수 없으므로 제한사유에 해당하지 아니한다.[3]

둘째, 연주 또는 가창 솜씨의 미숙 등으로 인해 부득이한 경우가 있다. 가창 솜씨의 미숙이나 연습부족으로 인하여 저작자의 음악적 표현을 제대로 살리지 못한 경우에는 동일성유지권의 침해로 보지 아니한다.

셋째, 방송 등의 기술적 수단에 따라 부득이한 경우이다. 예를 들어 TV 방송을 함에 따라 평

---

1 문화체육관광부·한국저작권위원회, 상게서, 24면 및 26면.
2 加戸守行, 전게서, 176면 등 참조.
3 伊藤眞, 전게논문, 302면.

면TV가 아닌 경우 브라운관의 곡률에 따라 네 모서리가 잘려 회화작품이나 영화 등이 완전한 형태로 보이지 않는 것이 그러한 경우로서 동일성유지권이 제한된다. 영화의 TV방영에 따라 화면의 가로세로비율의 변경이 있게 되는 것도 '부득이한' 것으로 인정될 수 있을 것으로 생각된다.[1] 그러나 방송시간대와의 관계에서 방영시간을 맞추기 위해 영화의 일부분을 삭제하고 방영하는 것은 여기서 말하는 '부득이한' 경우에 해당하지 아니한다.

넷째, 프로그램의 이른바 '버그'를 수정하기 위해 부득이한 경우가 있다.

그 밖의 사례를 보면, 어문저작물의 경우 잡지의 표기방법 통일을 위해 기고된 글의 구두점 등 표시방법을 변경한 것에 대해 '부득이한' 경우로 인정하지 않은 사례가 있고,[2] 미술저작물과 관련하여서는, 선전광고용 일러스트를 의뢰한 자가 그 일러스트의 색을 약간 바꾸고 누락된 장치를 추가로 그려 넣은 것도 역시 '부득이한' 경우로 인정하지 않은 사례가 있다.[3] 또한 옥외에 설치된 조각작품 등의 미술저작물을 수선하여 복구하고자 할 경우에 원저작자의 감수를 거치지 않고 하더라도 '부득이한' 경우에 해당한다고 볼 것인지가 문제가 되는데, 그러한 수선행위로 인한 표현의 동일성 손상에 따른 저작자의 정신적 고통과 일일이 저작자를 찾아 그 감수를 거치는 것에 따른 소유자 측의 시간, 비용적인 부담의 양 측면을 조화롭게 고려하여 구체적, 개별적으로 신중하게 판단하여야 할 것이다.[4]

한편, 패러디에 의한 원작품의 변경이 '부득이한' 경우에 해당하는지가 문제 되는데, 이 문제는 저작재산권 제한사유 중 '인용'에 관한 부분에서 패러디의 문제를 다룰 때 함께 다루기로 한다(§14-102 참조).

 판 례

❖ 서울고등법원 2002. 10. 15. 선고 2002나986 판결 　　　　　　　　　　　　　　　　§12-86

〈사실관계〉

피고는 기독교 영상 선교사업 등을 목적으로 설립된 주식회사로서 원고의 허락 없이 이 사건 뮤지컬 전체(1시간 30분 분량)를 녹화한 후, 이를 14개의 부분으로 정리하여(모두 합하여 40분 내지 50분 분량) 같은 달 29.부터 2000. 7. 6.까지 피고의 인터넷 홈페이지에 올려놓음으로써, 그 홈페이지에 접속한 사람들이 원하는 시간에 이 사건 뮤지컬을 표시하는 부분을 클릭하여 위 14개 부분 중 원하는 부분을 시청할 수 있도록 하는 VOD(video on demand)방식으로 이 사건 뮤지컬의 녹화물을 방송하였다.

---

1 일본에서 극장용 영화를 TV 화면에 맞게 가로세로 비율을 맞추기 위한 트리밍을 한 것이 당시에 일반적이었다는 등의 이유로 동일성유지권 제한사유에 해당하는 것으로 인정한 판례가 이른바 '스위트홈' 사건에 대한 東京高裁 平成 10. 7. 13. 선고 판결이다.

2 東京高裁 平成 2년 11월 16일 선고 판결, 伊藤眞, 전게논문, 301면 참조.

3 東京地裁 昭和 48년 7월 27일 선고 판결, 伊藤眞, 전게논문, 302면 참조.

4 伊藤眞, 전게논문, 303면 참조.

법원은 피고의 저작재산권 침해를 인정하면서 동일성유지권 침해 여부에 대하여는 다음과 같이 판시하였다.

〈법원의 판단〉

피고가 이 사건 뮤지컬의 녹화물을 14개의 부분으로 나누어 피고의 인터넷 홈페이지에서 VOD방식으로 방송한 사실은 앞에서 본 바와 같으나, ○○○의 각 기재 및 변론의 전취지에 의하면 피고는 이 사건 뮤지컬의 내용을 삭제하거나 순서를 바꾸는 등의 편집은 가하지 아니한 채 단순히 전체 뮤지컬의 일부씩을 발췌하여 나열한 것에 불과하고, 또 당시의 기술수준으로는 파일의 용량이나 전송속도의 제한 등으로 인하여 인터넷 방송을 하기 위해서는 전체 뮤지컬을 3~4분씩의 여러 파일로 나누어야 했던 사정 등을 인정할 수 있는바 그렇다면 위와 같은 피고의 행위는 이 사건 뮤지컬에 실질적 개변을 가하여 그 동일성을 손상하였다고 보기 어려울 뿐만 아니라 가사 일부 동일성의 손상이 있다고 하더라도 이는 이용의 형태상 '부득이한 변경'(저작권법 제13조 제2항 제3호 참조)에 해당한다고 볼 것이므로 동일성유지권을 침해하였다고 인정하기에 부족하다.

▷NOTE : 위 판례에서 피고가 원고의 저작물인 뮤지컬 작품을 전체로서 하나의 영상파일로 제작한 것이 아니라 그 일부씩을 발췌하여 여러 개의 동영상 파일로 나누어 전송한 행위를 동일성에 손상이 없다고 본 것에 대하여는 약간의 의문이 남으며, 특히 허락 없이 행해진 위와 같은 행위에 대하여 이용의 형태상 '부득이한 변경'으로 볼 수도 있다고 한 것은 더욱 납득하기 어렵다. 동일성유지권의 제한 규정은 원래 인정되어야 할 권리를 예외적으로 제한하는 규정으로서 저작자의 정당한 권익을 보호하기 위해 가능한 한 제한적으로 해석하여야 한다는 점을 감안할 때, 저작물의 이용행위 자체가 적법하고 정당한 것일 때에만 그에 따른 구체적 '변경'행위도 때에 따라 부득이한 것으로 인정될 수 있는 것이 아닐까 생각된다. 이후에 선고된 서울고등법원 2008. 9. 23. 선고 2007나70720 판결[이 판결 중 '미리듣기' 서비스에 대한 부분은 대법원 판결에 의하여 다른 결론으로 대체되었으나(§12-52-3 참조), 그 이외의 다른 서비스에서 음악저작물의 절단을 동일성유지권침해로 인정한 부분은 여전히 타당한 것으로 인정될 여지가 있다]과 서울고등법원 2008. 9. 23. 선고 2007나127657 판결은 무단이용자가 저작물의 일부를 절단하여 서비스하는 것에 대하여 "저작물의 무단이용자가 거래실정상의 필요만을 이유로 저작자의 동의를 얻지 아니한 채 임의로 저작물의 일부를 절단하여 이용하는 경우까지 여기에 해당한다고 볼 수는 없다고 할 것이다"라고 판시하여, 본서의 입장과 같이, 무단이용자의 행위라는 것을 법 제13조 제2항 제5호의 적용에 부정적 영향을 미치는 요소로 보는 입장을 표명하였다.

§12-87

✦서울고등법원 2005. 7. 26. 선고 2004나76598 판결[1] — "썸네일 이미지" 사건

〈사실관계〉

인터넷 포털사이트를 운영하는 피고회사는 '이미지 검색' 프로그램을 활용하여 온라인상의 이미지를 검색한 후 이른바 썸네일(thumbnail) 이미지로 축소 변환시킨 다음 DB를 구축하여 이용자들이 일정한 검색어로 검색할 경우 해당하는 썸네일 이미지를 보여주는 서비스를 제공하였다. 그 DB 가운데

---

1 '성명표시권'에 관한 II. 3. 부분에서 소개한 것(§12-35)과 동일한 판결이다.

는 사진작가인 원고가 자신의 웹사이트에 게시하였던 사진 이미지들도 포함되어 있어서 원고가 저작권 침해 소송을 제기하였다. 다음은 그 중 동일성유지권 침해에 대하여 법원이 판단한 부분이다.

〈법원의 판단〉

위 인정 사실에 의하면, 비록 피고가 원고의 허락 없이 이 사건 사진을 축소하여 썸네일 이미지로 변환시켰으나, 썸네일 이미지는 원래 이미지의 단순한 축소에 불과하여 본질적인 내용에는 변경이 없고, 앞에서 본 이 사건 사진에 대한 썸네일 이미지의 이용 목적 및 그 형태 등을 고려하여 보면, 이는 저작권법 제13조 제 2 항 제 3 호가 규정하는 '부득이하다고 인정되는 범위'에 해당한다고 볼 수 있으므로, 피고가 원고의 이 사건 사진에 관한 동일성유지권을 침해하였다고 할 수 없다.

원고는 피고의 웹사이트에서 제공하는 휴대폰 이미지 전송 서비스 또는 슬라이드쇼 기능을 이용하여 이용자가 이미지의 크기, 밝기, 회전 등 사진의 편집을 할 수 있으므로 원고의 이 사건 사진에 대한 동일성유지권을 침해한 것이라고 주장하나, 슬라이드쇼 기능의 경우 썸네일 이미지가 아닌 큰 이미지를 사용함은 앞서 본 바와 같고, 휴대폰 이미지 전송 서비스의 경우 실제로 이용자가 원고의 이 사건 사진을 위 서비스를 이용하여 동일성을 훼손하는 결과에 이르렀음을 인정할 아무런 증거가 없을 뿐만 아니라 위 서비스는 이용자가 찍은 사진 등을 휴대폰에 휴대할 수 있도록 편의를 제공하는 것이 그 서비스의 주된 목적으로 보이므로 피고에게 그 침해에 대한 인식이 있다고도 볼 수 없어 원고의 위 주장은 이유 없다.

▷NOTE : 이 판결이 구 저작권법 제13조 제 2 항 제 3 호[=현행 저작권법 제13조 제 2 항 제 5 호] 의 적용을 긍정한 것은 위 판결의 해당 사안에서 포털 사이트의 썸네일 이미지 서비스가 저작권법 제 28조 소정의 공표된 저작물의 정당한 인용에 해당한다고 본 것(§14-73)의 연장선상에 있다. 즉 저작재산권 제한사유(자유이용 또는 공정이용)에 해당하는 근거 가운데 저작물의 축소 변형이 원저작권자의 시장 또는 잠재적 시장에 미치는 영향을 줄이는 것으로 판단된다는 것이 포함되어 있는 경우에 그 축소변형을 저작인격권의 면에서 동일성유지권 침해로 본다면 전후모순의 결과가 될 터이므로, 그러한 경우에는 이 판결과 같이 제 5 호를 적용하는 것이 타당하다.

§12-88

V. 저작인격권의 성질 및 행사

1. 저작인격권의 일신전속성

(1) 의   의

저작인격권은 저작자 일신에 전속한다(법 제14조 제 1 항). 즉 저작인격권은 일신전속성을 가진다. 따라서 저작인격권은 타인에게 양도할 수 없고, 재산상속인에게 상속되지도 아니한다. 또한 그 권한 행사에 있어서는 대리나 위임이 가능하긴 하지만,1 이는 어디까지나 저작인격권의 본질

§12-90

---

1 그러한 의미에서 저작인격권의 일신전속성의 뜻에는 '행사상의 일신전속성'은 포함되지 않고, 오직 '귀속상의 일신전

을 해하지 아니하는 한도 내에서만 가능한 것이고 저작인격권 자체는 저작자에게 여전히 귀속되어 있는 것으로 보아야 하며,1 또한 그 성질상 포기할 수도 없는 권리이다.2 만약 저작인격권을 사전에 포기하는 약정을 하거나 타인에게 양도하는 약정을 하더라도 그러한 약정은 무효라고 보아야 한다. 저작인격권의 일신전속성은 저작자가 자연인인 경우에만 인정되는 것은 아니다. '업무상 저작물'의 저작자인 법인 등 단체가 가지는 저작인격권도 일신전속성을 가지는 것은 마찬가지이다. 저작자가 자연인일 경우에는 그가 사망한 때에 본래적 의미의 저작인격권은 소멸하고,3 다음에서 보는 저작자의 사후 인격적 이익의 보호에 관한 법 제14조 2항 및 제128조의 규정이 적용될 뿐이나, 법인일 경우에는 법인이 존속하는 한 장기간 계속 저작인격권을 행사할 수 있다. 법인이 합병한 경우에도 합병 후의 법인이 합병 전의 법인과 동일성을 가지고 있다고 평가될 경우에는 그 법인은 저작자의 지위를 상실하지 않은 것으로 해석된다.

§12-91   컴퓨터프로그램저작물의 경우에, 구 컴퓨터프로그램보호법의 해석상으로는 저작인격권의 일신전속성에 관한 저작권법의 규정이 동법에는 반영되지 않은 점, '프로그램저작권 양도' 조항(동법 제15조)도 저작재산권에 한정하지 않은 표현으로 되어 있는 점 등과 아울러 프로그램의 기술적·산업적 특수성 등을 고려하여 저작인격권의 일신전속성을 부정하는 견해, 즉 그 양도 및 포기 가능성을 인정하는 견해가 더러 있었지만,4 동법과 저작권법을 통합하는 2009. 4. 22. 개정법에서부터는 그러한 견해를 더 이상 유지하기 어렵게 되었다. 저작인격권의 일신전속성에 관한 개정 저작권법 제14조에서 아무런 예외규정을 두고 있지 않은 이상 통합 저작권법하에서 프로그램에 대하여만 해석론으로 그와 같은 예외를 인정하기는 곤란하기 때문이다. 따라서 프로그램에 대한 저작인격권도 일반 저작물과 마찬가지로 일신전속성을 가지는 것으로 보아야 할 것이다.

속성'만을 뜻하는 것으로 봄이 타당하다. 同旨 강명수, "저작인격권에 대한 고찰", 동아법학 제58호, 751면. 다만 대리를 할 수 있다고 하여 성명표시권의 경우 대리인의 명의를 저작자 명의로 표시하는 방식으로 대리행사할 수 있는 것은 아니고 저작자의 실명 또는 이명을 표시하거나 아무런 표시를 하지 않는 등의 선택을 저작자로부터 위임받은 범위 내에서 대리하여 할 수 있음을 의미할 뿐이다. 같은 취지에서, 서울중앙지방법원 2017. 11. 10. 선고 2016 가합 537075 판결도 "원고가 공동저작자인 G를 대리하여 저작인격권을 행사하는 것은 가능하더라도, 원고가 G의 저작인격권을 자기 명의로 행사할 수는 없다고 할 것이다"라고 판시하였다.

1 아래에 소개하는 대법원 1995. 10. 2.자 94마2217 결정(§12-92) 참조. 따라서 대법원도 기본적으로 저작인격권의 일신전속성을 '행사상의 일신전속성'이 아닌 '귀속상의 일신전속성'의 의미로 이해하고 있는 것으로 볼 수 있다. 同旨 강명수, 전게논문, 751면.

2 '포기'와 '불행사특약'의 관계 등에 대하여 자세한 것은 §12-93-1 참조.

3 대법원 2008. 11. 20. 선고 2007다27670 판결(다수의견에 대한 보충의견) : "사람은 생존하는 동안 권리와 의무의 주체가 되는 것이므로(민법 제 3 조), 사망한 후에는 그 주체가 될 수 없는 것이다. 또한, 인격권은 일신전속권으로서 그 주체의 인격에 전속하여 그 주체와 분리될 수 없는 것이므로, 재산권과는 달리 양도나 상속의 대상이 될 수 없고, 따라서 법률에 특별한 규정이 없는 한 그 귀속주체가 사망함에 따라 소멸한다고 보아야 한다."

4 본서 초판, 932면도 그러한 입장을 취하고 있었다.

> **판 례**

❖대법원 1995. 10. 2.자 94마2217 결정 §12-92

저작인격권은 저작재산권과는 달리 일신전속적인 권리로서 이를 양도하거나 이전할 수 없는 것이라 할 것이므로 비록 그 권한행사에 있어서는 이를 대리하거나 위임하는 것이 가능하다 할지라도 이는 어디까지나 저작인격권의 본질을 해하지 아니하는 한도 내에서만 가능하다 할 것이고 저작인격권 자체는 저작권자에게 여전히 귀속되어 있는 것이라고 보아야 할 것이며, 구 저작권법(1986. 12. 31. 법률 제3916호로 전문 개정되기 전의 것, 이하 같다) 제14조에 의하면 저작자는 자기의 저작물에 관하여 그 저작자임을 주장할 수 있는 권리(소위 귀속권)가 있으므로 타인이 무단으로 자기의 저작물에 관한 저작자의 성명, 칭호를 변경하거나 은닉하는 것은 고의, 과실을 불문하고 저작인격권의 침해가 된다고 할 것이다(당원 1962. 10. 29.자 62마12 결정 참조). 그런데 원심은 신청인을 이 사건 저작물의 공동저작자로 인정하고서도 <u>이 사건 저작물에 대한 저작인격권마저도 프란치스꼬회측에 포괄적으로 위임되었다는 것을 전제로 피신청인들에 의한 이 사건 저작물의 저작자표시 변경이 신청인의 저작인격권의 침해로 되지 않는다고 판단하고 있는바, 이는 실질상 저작인격권의 양도를 인정하는 결과로 되어 저작인격권의 본질을 벗어나는 것이 되므로 허용되어서는 아니된다 할 것이고,</u> 이 사건 저작물에 대한 신청인의 저작인격권 자체는 여전히 신청인에게 귀속되어 있는 것이라고 보아야 할 것이다. 따라서 피신청인들이 이 사건 저작물을 수정하여 발간하면서 이 사건 저작물의 공동저작자인 신청인의 성명을 표기하지 아니하고 피신청인 홍연숙을 공동저작자로 표시한 것은 결과적으로 신청인의 이 사건 저작물에 대한 저작인격권을 침해한 결과로 된다 할 것인바, 이와 견해를 달리한 원심결정에는 저작인격권에 관한 법리를 오해한 위법이 있다고 할 것이므로 이 점을 지적하는 논지는 이유가 있다.

❖서울지방법원 1997. 10. 24. 선고 96가합59454 판결 §12-93

저작자는 자신이 창작한 저작물에 관하여 공표권, 성명표시권, 동일성유지권을 그 내용으로 하는 저작인격권과 복제권, 배포권 및 대여권, 2차적저작물작성권 등을 그 내용으로 하는 저작재산권을 가지는바, 그 중 저작재산권은 저작자의 재산적 이익을 보호하고자 하는 권리로서 그 전부 또는 일부를 양도, 이전하는 것이 허용되나, 저작인격권은 저작자의 인격적 이익을 보호하고자 하는 권리로서 일신전속적인 것이어서 비록 그 권한행사에 있어서는 이를 대리하거나 위임하는 것이 가능하다 하여도 이는 어디까지나 저작인격권의 본질을 해하지 아니하는 한도 내에서만 가능하다고 할 것이고 저작인격권 자체는 여전히 귀속되어 있는 것이라고 보아야 하므로, 피고들 주장과 같이 비록 신청인이 이 사건 저작물에 관한 모든 권리를 소외 재단에게 양도하기로 하였다고 하더라도 그에 의하여 양도되는 것은 저작재산권뿐이고 저작인격권 자체는 저작자인 원고에게 여전히 귀속되어 있는 것이고, 또 <u>저작인격권은 그 성질상 포기할 수 있는 권리도 아니어서 이를 포기하더라도 그와 같은 포기는 무효라 할 것이므로</u> 결국 원고의 저작인격권이 소외 재단에 양도되었다거나 원고가 소외 재단을 위하여 이를 포기하였다는 피고들의 주장은 받아들일 수 없다.

(2) 저작인격권 불행사 특약의 효력

§12-93-1   저작인격권은 일신전속적인 권리이므로 양도할 수도 없고 포기할 수도 없는 성질을 가지고 있음은 위에서 본 바와 같다. 따라서 2차적저작물 작성권을 포함하여 저작재산권을 전부 양도하여 원저작자에게 저작재산권은 전혀 남아 있지 않은 경우에도 저작인격권은 원저작자에게 남아 있는 것으로 보게 된다. 이러한 법리는 저작자의 인격적 이익을 훼손하는 계약으로부터 저작자를 보호하는 역할을 수행하고, 저작물의 상업적 이용자에 비하여 경제적 약자의 입장에 처하는 경우가 많은 저작자에게 최후의 보루와도 같은 기능을 담당하는 면이 있다고 할 수 있다. 저작재산권 양도 등과 관련하여 독일이나 프랑스 등의 국가에서 규정하고 있는 바와 같은 원창작자 보호의 강행규정을 두지 않은 상태에서 사적 자치의 원칙을 중시하고 있는 우리의 저작권법제 하에서는 저작인격권을 일신전속적 권리로 규정한 것이 저작자에게 남아 있는 마지막 '히든카드'와도 같은 것이라 할 수 있다.

그러나 다른 한편으로는 저작자에게 경제적 대가를 지급한 후 저작물을 최대한 자유롭게 활용하여 경제적 이윤을 취하고자 하는 상업적 이용자의 입장에서는 어떤 계약에도 불구하고 저작자에게 저작인격권이 남아 있다는 것이 하나의 암초와도 같은 법적인 리스크로 다가오는 부분이 있을 것이다. 특히 저작인격권 중 '동일성유지권'의 경우에는 저작물의 내용이나 형식의 변경과 관련된 것인바, 문화콘텐츠 등과 관련하여 이른바 '원소스 멀티유스(one souurce multi use)'의 시대를 맞이하여 다양한 형태로 원저작물을 변경하여 활용하는 일이 많은 오늘날의 상황에서 그러한 변경 활용의 경우마다 원저작자의 동일성유지권 침해 주장에 직면할 가능성이 있다고 하면 무척 곤혹스러운 일이 될 것이다. 그것은 저작권산업에 부정적인 영향을 미쳐 결과적으로 저작자에게도 저작물에 대한 경제적 대가가 줄어드는 부정적 영향을 미칠 수 있는 측면이 없지 않다.[1]

저작권계약의 실무에서는 위와 같은 법적 리스크를 최대한 회피하기 위해 저작인격권에 대한 '불행사특약'을 받아두는 경우가 많은 것으로 보인다. 저작인격권의 포기는 허용되지 않더라도 '불행사특약'은 그 효력이 인정될 수 있을 것이라는 판단에 기한 것이라 할 수 있다. 만약 이러한 불행사 특약의 효력이 인정된다면, 저작인격권과 관련된 상업적 이용자의 법적 리스크는 크게 줄어들 것이다. 그러나 그 반면에 저작인격권의 일신전속성을 강행규정으로 둔 저작권법의 취지는 실질적으로 훼손되어 형해화될 수도 있다. 이러한 딜레마를 어떻게 해결할 것인지에 대하여 여기서 검토해 보기로 한다.

먼저 저작인격권에 대한 불행사특약과 구별하여야 할 개념들에 대하여 살펴본다. 논자에 따라서는 저작인격권의 불행사특약을 저작인격권의 포기와 실질적인 면에서 동일한 것으로 이해하

---

1 中山信弘, 著作權法(第 2 版), 有斐閣, 2014, 473면 참조.

는 입장이 있다.1 그러나 저작인격권의 불행사특약은 상대방과의 채권적 계약이라는 점에서 저작인격권의 대세적(對世的), 물권적인 포기와는 구별된다. 전자의 경우에 대하여도 '포기'라는 용어를 사용하는 예가 많으나, 두 가지 개념은 법적으로 구별되어야 할 것이므로 용어도 전자의 경우는 '불행사특약'이라고 부르고 '포기'라는 용어는 사용하지 않는 것이 바람직한 것으로 생각된다. 그러한 용어법을 전제로 하면, 불행사특약의 유효성을 일부 긍정하는 것과 포기의 효력을 일부라도 긍정하는 것과는 서로 다른 문제라고 할 수 있다.

또한 일부 견해2는 저작인격권에 대한 불행사특약의 문제와 저작인격권과 관련한 타인의 행위에 대한 '동의'의 문제를 동일시하고 있다. 예컨대 타인이 자신의 저작물을 개변하는 것에 대하여 '동의'하는 취지의 약정을 동일성유지권의 불행사특약(또는 동일성유지권의 부분적 포기)으로 보는 것과 같은 입장인데, 이러한 입장에는 동의하기 어렵다. 저작물의 개변에 대한 동의는 그 자체가 저작인격권으로서의 동일성유지권의 '행사'이지 '불행사'는 아니라고 보아야 하고, 따라서 그러한 동의를 저작인격권의 불행사특약이라고 볼 것은 아니다. 동일성유지권 침해가 성립하기 위해서는 저작자의 허락이나 동의 없이 그 저작물을 개변함으로써 그 동일성을 해하는 결과를 초래하여야 하는 것이므로, 그러한 개변에 대한 저작자의 동의가 있다면 동일성유지권 침해는 성립하지 않는다는 것은 앞에서 살펴본 바와 같다(§12-41 참조). 그러한 동의의 취지가 계약에 포함되어 있는 경우에는 저작인격권의 일신전속성에 대한 문제와는 전혀 상관없이 동일성유지권 침해의 법적 리스크에서 벗어날 수 있는 것으로 보아야 할 것이다.

성명표시권의 경우에도 저작자가 자신의 저작물에 대하여 자신의 실명이나 이명을 표시할 것인지 아니면 그러한 표시 없이 익명으로 공표할 것인지 등을 자유롭게 선택할 수 있는 것으로 보아야 하므로(§12-19 참조), 저작자가 저작물의 복제물 등에 자신의 성명을 표시하지 않고 '무기명'으로 하는 것에 동의한 경우에는 그에 따라 성명표시를 하지 않더라도 성명표시권 침해가 아니다. 이러한 경우도 저작자가 성명표시권을 그와 같이 '행사'한 것일 뿐, 불행사하기로 특약한 것이 아니므로 그러한 동의를 성명표시권의 불행사특약이라고 할 것은 아니다. 따라서 위와 같은 '동의'는 저작인격권의 불행사특약과 개념적으로 구분되는 것으로 이해하여야 할 것이고, 저작인격권의 불행사특약은 상대방의 구체적 행위에 대한 동의의 의미를 넘어서 계약 상대방에 대한 관계에서 (전체적으로 혹은 일정한 제한적인 영역에서) 저작인격권을 행사하지 않기로 하는 합의를 하는

---

1 中山信弘, 著作權法(第 2 版), 有斐閣, 2014, 472면 등.
2 中山信弘, 著作權法(第 2 版), 有斐閣, 2014, 472면. 최경수, 전게서, 232~233면도 "우리 대법원도 저작인격권의 포기를 긍정하는 듯한 판례를 내놓고 있다. 대법원에 의하면, 묵시적 동의를 근거로 저작인격권 침해를 부정하고 있는 것이다."라고 하는 등 저작자의 개변에 대한 '동의'를 저작인격권으로서의 동일성유지권의 포기('불행사특약'의 의미로 '포기'라는 용어를 사용한 것으로 보인다)와 동일시하는 취지의 언급을 하고 있다.

것을 의미하는 것으로 보아야 할 것이다.

그러나 저작인격권의 행사로서의 성명표시 여부 또는 저작물 개변 등에 대한 동의와 '불행사특약' 및 '포기'의 문제는 개념적으로는 위와 같이 구별될 수 있지만, 서로 간에 매우 인접한 위치에 있는 개념인 것은 사실이고, 이 세 가지 개념이 다소간 혼동되고 있는 상태로 학설이나 실무의 입장이 다양하게 펼쳐지고 있는 상황이기도 하므로, 아래에서는 이 세 가지 개념을 분명하게 구분하되, 그에 대한 법적 상황의 명확한 정리를 위해 위 세 가지의 개념과 관련된 문제를 함께 정리해 보기로 한다.

이에 대하여 본서가 제시하는 판단기준은 다음과 같다.[1]

첫째, 저작인격권의 포기는 전부 포기가 아닌 일부 포기의 경우라 하더라도 무효인 것으로 보아야 할 것이다.[2] 일부 학설은 저작인격권의 포기도 일정한 범위 내에서는 그 효력을 인정하여야 한다고 주장하나, 그 학설에서 말하는 '포기'는 진정한 의미의 포기가 아니라 불행사특약의 의미인 것으로 생각된다. 저작인격권의 일부라도 물권적, 대세적 의미에서의 포기를 인정하는 것은 그것이 가지는 인격권으로서의 속성에 반하는 것으로서 허용될 수 없는 것으로 보아야 할 것이다. 그러한 원칙을 견지하더라도 아래에서 보는 바와 같이 저작물의 예상되는 이용형태 등에 대하여 미리 분명한 동의를 받거나 '불행사특약'을 받아 둠으로써 법적 리스크를 상당부분 완화할 수 있으므로, 굳이 그 포기를 인정할 필요는 없는 것으로 생각된다. 다만 저작권계약에서 '포기'라는 용어를 사용한 경우에도 그 취지가 '불행사특약'의 취지라고 이해할 수 있는 것이라면 아래에서 살펴보는 '불행사특약'으로서의 효력을 인정할 수 있는 가능성은 있으리라 생각된다.[3]

---

1 결국 본서는 불행사특약의 효력을 제한적으로 긍정하는 입장을 취하고자 하는데, 현재 우리나라의 다수 학설의 입장도 (구체적인 내용에 부분적 차이는 있지만) 기본적으로 제한적 긍정설의 입장을 취하고 있는 점에서는 같다고 할 수 있다. 오승종, 전게서, 423면; 박성호, 전게서, 296면; 최경수, 전게서, 233면; 조영선, "현행 업무상 저작물 제도의 문제점과 입법적 제언", 계간 저작권, 2013년 가을호, 59면 등 참조.

2 '6년째 연애중' 사건에 대한 서울고등법원 2009. 9. 3. 선고 2009나2950 판결은 "저작인격권인 공표권, 동일성유지권, 성명표시권은 일신전속적인 권리여서(저작권법 제14조) 이를 계약 상대방에게 양도할 수는 없으나, 그 권리를 포기하거나 상대방에 대하여 행사하지 않기로 약정하는 것은 가능하다고 할 것이다"라고 전제한 후, "이 사건 시나리오 집필계약에 의하면, 피고 회사는 원고가 집필하여 제공한 시나리오에 대하여 완전한 수정의 권한 및 원고와의 계약기간 동안은 물론 계약기간이 종료한 경우에 원고 이외의 작가를 고용하여 시나리오를 수정할 권한 및 시나리오를 영화화하지 아니할 결정권한을 가지며, 피고 회사가 시나리오에 대한 모든 지적재산권을 보유하는바, 원고는 피고 회사에 대하여 시나리오의 저작자로서 가지는 동일성유지권 및 공표권을 포기하였다고 할 것이고, 따라서 피고 회사가 원고 시나리오를 수정하거나 원고와 상의 없이 영화화하였더라도 원고는 피고 회사에 대하여 동일성유지권 및 공표권의 침해를 이유로 한 손해배상청구를 할 수는 없다고 할 것이다"라고 판시하고 있다. 위 판결은 저작인격권의 '포기' 가능성을 인정한 거의 유일한 판례로 보이는바, 저작인격권의 양도만이 아니라 그 포기를 인정하는 것은 저작인격권의 일신전속성을 인정하는 제도적 취지에 반하는 것으로 보는 본서의 입장에서는 위와 같은 판시의 정당성을 인정하기 어렵다. 위와 같은 사안의 경우에는 원고가 자신이 작성한 시나리오의 수정 및 공표에 대하여 사전에 '동의'한 것으로 인정하여 동일성유지권 및 공표권 침해를 부정하는 것이 타당하였을 것으로 생각한다.

3 서울서부지방법원 2011. 10. 28. 선고 2011가합1408 판결은 "원고가 자신이 가지는 성명표시권 등 저작인격권으로부터 파생되는 행사 권한을 피고에게 양도하고, 그 대신 저작권자 자신은 성명표시권 등의 권한을 행사하지 않기로 하

둘째, 저작물에 대한 성명표시와 관련된 '동의'는 성명표시권의 불행사특약과는 성질을 달리하는 것으로서, 성명표시권의 정당한 행사라고 인정되는 한 그 효력을 인정하여야 할 것이다. 저작물에 대한 성명표시를 실명, 이명 또는 무기명으로 하는 등의 선택과 관련한 저작자의 의사는 그대로 존중하는 것이 성명표시권의 취지에 부합하는 것이므로, 저작자의 실명을 표시하지 않더라도 저작자의 동의에 기한 것이라면 당연히 적법한 것이고 성명표시권 침해가 성립하지 않는다. 다만 이후의 상황에 따라 예컨대 책의 새 판을 인쇄하는 경우와 같이 상대방에게 손해를 초래하지 않는 상황에서 새로운 표시를 요구하는 것은 존중하여야 할 것이다.[1]

다만 저작자의 실명이나 이명이 아닌 타인을 저작자로 표시하기로 하는 합의나 그에 대한 동의는 이른바 '대작(代作)'과 관련된 것으로서, 특별히 그 위법성을 부정할 만한 상황이 아닌 한 우리 저작권법상 저작자 사칭·공표죄(저작권법 제137조 제1호)에 해당하는 것이므로 강행법규 위반을 이유로 그 효력을 부정하여야 할 것이다.[2]

셋째, 저작물의 형식·내용 또는 제호의 개변에 대한 동의는 원칙적으로 그 효력을 인정하여야 할 것이다. 앞에서도 언급한 바와 같이, 저작자의 허락이나 동의가 없을 것이 동일성유지권 침

는 불행사의 특약을 체결하였다는 취지"의 피고의 주장에 대하여, "저작인격권은 저작재산권과는 달리 일신전속적인 권리로서 이를 양도하거나 이전할 수 없는 것이므로, 비록 그 권한 행사에 있어서는 이를 대리하거나 위임하는 것이 가능하다 할지라도 이는 어디까지나 저작인격권의 본질을 해하지 아니하는 한도 내에서만 가능하고 저작인격권 자체는 저작권자에게 여전히 귀속되어 있다고 할 것이고(대법원 1995. 10. 2.자 94마2217 결정 참조), 돌이켜 이 사건에 있어서 보건대, 피고가 주장하는 성명표시권을 포함한 저작인격권 전체에 관한 행사 권한의 일괄적인 양도는 일신전속권으로 양도할 수 없는 저작인격권의 본질을 해하는 것으로 허용될 수 없는 것으로 보이고, 나아가 을 10 호증의 1 … 의 각 기재와 증인 안△△의 증언만으로 위 특약의 존재를 인정하기에 부족하며, 달리 이를 인정할 증거가 없으므로, 피고의 이 부분 주장 역시 어느 모로 보나 이유 없다."라고 판시하고 있다. 이 판결은 저작인격권의 경우 양도를 인정함은 일신전속성에 반하나 불행사특약의 유효성은 긍정될 수 있음을 전제로 하는 것으로 보인다. 다만, 위와 같이 그 행사권한의 포괄적인 양도가 저작인격권의 본질을 해하는 것이라고 본다면, 불행사특약도 포괄적인 경우에는 무효화될 수 있다고 보아야 할 것이다(§12-93-1 참조).

1 이것은 동의의 '철회'와 관련성이 있고, 한번 동의한 부분에 대하여 나중에 철회할 수 있는 권리를 저작자에게 인정할지 여부의 문제는 저작인격권이 가지는 일신전속성과 일정한 관계가 있는 문제라고 할 수 있다. 이에 대하여 저작인격권을 존중하는 전통이 강한 프랑스나 독일 등의 경우에는 한번 동의하거나 불행사특약을 하였더라도 일정한 기간이 지난 후에는 철회를 할 수 있는 권리를 인정하는 것이 판례의 태도라고 한다. Cyrill P. Rigamonti, "Deconstructing Moral Rights", 47 Harv. Int'l LJ. 353, 378-79 (2006).
　이것은 이들 나라가 철회권을 저작인격권의 하나로 인정하고 있는 것과도 일정한 관련성이 있는 문제라 생각되는데, 철회권을 저작인격권의 지분권으로 인정하지 않고 있는 우리나라의 경우에는 동의의 일방적 철회는 원칙적으로 인정되지 않고, 단지 한번 한 동의의 취지는 당해 이용행위에 국한된 것으로 보아 새로운 이용행위가 있을 때에는 의사결정을 갱신하여 무기명을 실명표시로 바꾸는 등의 권한행사를 할 수 있는 것으로 보는 등의 의사해석을 적절히 활용하여 저작인격권을 존중하는 법원칙을 정립하는 것이 바람직하지 않을까 생각된다.

2 일본 판례 가운데, 진정한 저작자가 아닌 사람의 이름을 저작자 명의로 표시하기로 한 합의를 공서양속에 반한다고 하여 무효라고 한 판례(知財高裁 平成 18.2.27. 判決, 平成17(ネ) 10100·10116)가 있고, 각서에 저작인격권을 행사하지 않는 취지의 기재가 있었지만, 원고가 자기의 이름이 본건 도서에 표시되는 것을 전제로 양해 각서에 서명·날인한 것으로 보아 성명표시권의 행사를 인정한 판례(東京地裁 平成 16.11.12. 判決, 平成16(ワ) 12686)도 있다. 平澤卓人, "分割してインターネット配信する著作物に対する法的保護: 日めくりカレンダー事件", 知的財産法政策学研究 24, 2009, 277~278면 참조.

해의 요건 중 하나인 것으로 보아야 할 것이기 때문이다. 그러나 지나치게 포괄적인 사전동의를 무조건 유효한 것으로 보는 것은 일신전속적 권리로서의 저작인격권을 충분히 존중하는 것이라고 보기 어려운 면이 있다. 따라서 포괄적인 사전 동의라고 하여 그 자체가 바로 무효가 되는 것은 아니지만, 포괄적인 사전 동의를 한 후에 이용자가 저작물을 개변한 것이 저작물의 본질적 내용을 변경한 것[1]이거나 저작자의 명예나 성망을 해하는 것인 경우에는 포괄적 동의에도 불구하고 동일성유지권 침해가 성립할 수 있는 것으로 보아야 할 것이다. 그렇게 보아야 하는 이유는 포괄적 동의의 취지를 합리적으로 해석할 경우 포괄적 동의라고 하여도 실제로는 일정한 범위 내의 변경에 동의하는 취지이며, 위와 같이 저작물의 본질적 변경에 해당하는 변경(예컨대 희극을 비극으로 바꾸는 것 등)이나 저작자의 명예와 성망을 해하는 변경(예컨대 저속하고 외설적인 내용으로 바꾸는 것 등) 등은 저작자가 예정한 동의 범위를 벗어난 것으로 보아야 할 것이기 때문이다. 따라서 저작자가 그러한 부분을 명시적으로 특정하여 동의한 경우에는 당해 계약을 불공정행위로 보아야 하는 등의 다른 사정이 없는 한 동의의 효력이 인정될 수 있다. 위와 같이 명예 등에 반하는 경우에 한하여 포괄적 동의의 효력을 부정하여야 할 것이라는 원칙은 우리나라의 일부 하급심 판결이 '허락을 받은 2차적저작물 작성'의 경우와 관련하여 판시한 내용에도 반영된 바 있다. 즉, '해운대 등대도안' 사건에 대한 서울고등법원 2008. 10. 29. 선고 2008나4461 판결 등은 2차적저작물의 작성과정에서 일정한 변경이 있음은 필연적인 것이라는 이유로 "저작자의 명예나 명성을 해치는 경우 또는 통상적인 변형에서 예정하고 있지 않은 본질적인 변형이 이루어진 경우"에 한하여 동일성유지권 침해를 인정할 수 있다고 하는 판시를 한 바 있다(§12-71 참조). 한편, 위 '동의'에는 묵시적 동의도 포함된다는 것이 대법원 판례의 입장인바, 묵시적 동의의 해석이 지나치게 남용될 경우에는 저작인격권을 존중하는 법의 정신에 반할 수 있음을 유의하여야 한다는 것은 앞서 살펴본 바와 같다(§12-41 참조).

넷째, 저작인격권의 불행사특약은 저작인격권을 물권적, 대세적으로 소멸시키는 의사표시를 뜻하는 '포기'와는 달리 저작자가 계약상대방과의 사이에, 자신에게 존재하는 권리의 '행사'를 하지 않는 부작위채무를 부담하는 채권적 효력이 있는 것에 불과하므로,[2] '포기'에 대하여 그 효력을 부정하는 법리를 불행사특약에 대하여 그대로 적용할 것은 아니다. 한편으로 '불행사특약'은 위에서 본 구체적인 저작물 이용형태 등에 대한 '동의'의 의미를 조금 넘어서서, 일정한 범위에서의 저작물 이용형태 등과 관련하여 저작인격권(그 지분권으로서의 성명표시권이나 동일성유지권)을 행사

---

1 앞에서 살펴본 '드라마 더 이상은 못 참아' 사건에 대한 서울중앙지방법원 2015. 1. 16. 선고 2013가합85566 판결(§12-41 참조)은 드라마 중간에 사망하도록 한 등장인물을 하관 직전 관 속에서 살아나도록 줄거리를 변경한 것을 해당 저작물의 본질을 해하는 정도의 중대한 내용 변경에 해당하는 것으로 보았다.

2 半田正夫·松田政行編, 著作權法 コンメンタール, 1巻(松田政行 집필부분), 勁草書房, 2009, 771면 참조.

하지 않겠다는 합의를 포함하므로, 단순한 '동의'와 완전히 동일시할 것은 아니고, '동의' 여부의 차원을 넘어선 '불행사특약'의 유효성을 별도로 논할 필요성이 있을 것으로 생각된다.[1] 이러한 의미의 '불행사특약'은 일정한 범위 안에서 그 효력이 긍정될 수 있다.[2]

다만 저작인격권의 불행사특약도 포괄적인 것이면, 결국 저작인격권의 전면적 포기와 실질적으로 유사한 결과를 초래하므로 무효라고 보아야 하며, 일정한 제한적인 범위 내에서의 불행사특약만 그 효력을 인정할 수 있다.

다섯째, 불행사특약의 효력이 일정한 제한적인 범위 내에서 긍정될 수 있다고 할 때, 그 구체적인 범위를 어떻게 보아야 할 것인지가 문제되는바, 최소한 구체적 이용형태에 대한 저작자의 '동의'에도 불구하고 저작인격권침해가 긍정될 수 있는 경우에는 불행사특약의 효력도 부정되어야 할 것이라 생각된다. 따라서 위 둘째 및 셋째의 경우 저작자의 '동의'에 대하여 효력이 부정되는 것과 동일한 상황이라면 그에 대하여 불행사특약이 있다 하더라도 그 특약의 존재는 저작인격권침해에 대한 유효한 항변이 될 수 없을 것이다. 즉, 대작(代作)에 대한 성명표시권 불행사 특약은 역시 강행규정 위반으로 무효가 될 가능성이 높고, 불행사특약을 한 후에 저작물에 대한 본질적 변경(변형)을 하는 것이나 저작자의 명예나 성망을 해하는 변경을 하는 것은 불행사특약의 취지가 그러한 경우를 예정한 것은 아니라는 이유 또는 그것까지 허용하는 것은 저작인격권의 일신전속성의 본질에 반한다는 이유로 그 효력을 부정할 수 있을 것이다.[3]

---

1 저작물의 구체적 이용형태 등에 대한 '동의'와 그와 관련된 특정 저작인격권의 불행사 특약이 동시에 이루어지는 경우도 있을 수 있고, 저작권계약에 임하는 '상업적 이용자' 등의 입장에서는 그와 같이 '동의'와 '불행사특약'을 동시에 받아두는 것이 법적 효력의 불안정성을 제거하는 면에서 가장 좋은 대안이 될 것이라 생각된다.

2 독일, 프랑스 등에서도 사전의 포괄적인 불행사특약(advance blanket waivers)은 무효라고 보지만, 저작자의 저작인격권에 대한 합리적으로 예견가능한 잠식을 포함하는, 좁은 범위로 맞추어진 불행사특약(narrowly tailored waivers that involve reasonably foreseeable encroachments on the author's moral rights)은 일반적으로 유효한 것으로 보는 것이 판례의 입장이라고 한다. Cyrill P. Rigamonti, op.cit, 377~378.

3 저작자의 명예나 성망을 해하는 변형이 있는 경우를 동일성유지권의 불행사특약의 효력이 부정되는 경우로 인정하는 것은 제한적인 범위내에서 불행사특약의 유효성을 인정하는 다수 학설에 의하여 일관되게 지지되고 있다.
  오승종, 전게서, 423면 : "저작인격권의 사전 포기를 인정할 수 있는 '일정한 경우'에 해당하려면 일단 저작자의 명예와 성망을 해하지 않는 경우라야 할 것이다. 왜냐하면, 저작인격권에는 일반적 인격권인 명예나 성망에 관한 권리도 포함되어 있다고 할 것인데, 이러한 일반적 인격권에 해당하는 부분에 대하여는 원칙적으로 사전 포기가 인정되지 않는다고 보아야 할 것이기 때문이다." (여기서 '포기'는 '불행사특약'과 같은 의미로 사용된 것이 아닐까 생각된다.)
  박성호, 전게서, 296면 : "일반적 인격권을 행사하지 않는다고 하는 합의는 그것의 포기와 마찬가지의 효과를 생기게 하여 무효로 된다는 점에서 동일성유지권에 대해서도 이것과 일치시키는 것이 합리적일 것이라고 생각한다. 전술한 베른협약이 요구하는 보호범위는 동일성유지권을 인격권으로서 보호하여야 하는 최저한의 기준이라고 할 것이므로 사회적 명예·명성을 해하는 데에 이르지 않는 범위에 관해서는 동일성유지권의 불행사의 합의를 하더라도 그 합의는 유효하다고 할 것이다." (이 견해가 인용하고 있는 半田正夫·松田政行編, 전게서 1卷(松田政行 집필부분), 769~770면도 유사한 입장을 취하고 있다.)
  中山信弘, 著作權法(第 2 版), 有斐閣, 2014, 475면 : "저작인격권에는 일반적 인격권에 포함되는 명예, 성망에 관한 권리도 포함되어 그 부분에 대하여는 일반적 인격권과 구별할 이유는 없다. 요컨대 명예, 성망을 해하는 것과 같은 모습에서의 저작인격권(특히 동일성유지권)에 대하여는 원칙적으로 '사전'의 포기를 인정할 것은 아니다." (역시 여기서 말하는 '포기'는 '불행사특약'의 의미라고 생각된다.)

다만 동일성유지권과 관련한 위와 같은 결론은 구체적 이용형태에 대한 특정이 없는 경우를 전제로 한 것으로서, 저작자가 구체적으로 어떠한 변경이 있는지를 인식하고 그것을 명확하게 특정하여 그에 대한 동일성유지권 불행사의 특약을 한 경우라면, 그것은 불행사특약으로서의 효력은 인정되지 않더라도, 그 부분에 대한 '동의'의 취지가 표명된 것으로 볼 수 있어 다른 특별한 사정이 없는 한 그 효력이 인정될 수 있을 것으로 생각된다.

여섯째, 그 외에 어느 범위에서 저작인격권의 불행사특약을 유효한 것으로 볼 것인지에 대하여는 사안마다 구체적 사정을 감안하여 판단하여야 할 것이고, 이후 판례의 누적을 통한 기준의 확립이 필요할 것으로 생각된다. 이 경우, 중요하게 고려하여야 할 것 중의 하나가 저작물의 성격 유형이라고 할 수 있다. 기능적 저작물이나 사실적 저작물의 경우는 그 범위가 상당히 포괄적이어도 유효한 것으로 인정할 수 있는 가능성이 높을 것이고, 그렇지 않고 문예적 저작물의 성격이 강한 저작물의 경우에는 보다 구체적으로 특정한 불행사특약만 유효한 것으로 인정될 수 있을 것이라 생각된다.[1] 이러한 저작물의 성격 유형 외에, 대가관계 등을 포함한 계약의 내용 및 경위 등을 두루 감안하여 판단할 필요가 있을 것이다.

2. 저작자 사후의 인격적 이익의 보호

(1) 의   의

§12-94 　저작인격권의 일신전속성의 원리를 관철한다면, 저작자의 저작인격권은 그의 생존기간 동안만 인정되고 그가 사망하면 소멸하는 것으로 보는 것이 타당할 것이다. 자연인이 사망한 후에는 아무런 권리의무의 주체가 될 수 없는 것이 당연하고, 또 저작인격권의 일신전속성에 따라 그 상속을 인정할 수 없기 때문이다. 그러나 그렇게만 보게 될 경우, 저작자가 사망하기만 하면 누구나 함부로 미공표 저작물을 공표하거나 저작자의 성명을 다른 이름으로 표시하여 배포하는 행위 또는 저작물의 내용을 변경하여 동일성을 해하는 행위를 하여도 아무런 조치를 취할 수 없게 되어 사자의 명예를 크게 훼손할 수 있을 뿐만 아니라 문화유산의 보전에도 많은 어려움과 혼란을 안겨줄 우려가 있다.

이 문제에 대하여 입법적으로 대응하는 방안으로는 ① 그러한 면이 있더라도 일신전속성의 원리를 관철하여 저작자의 사망으로 저작인격권은 완전히 소멸하는 것으로 정하는 방안,[2] ② 그러한

---

1 소설, 시, 회화 등과 같은 이른바 문예적 저작물의 경우는 저작자의 강한 개성이나 인격이 저작물에 스며들어 있어서 그것을 함부로 변경하는 등의 행위에 대한 저작자의 민감도가 매우 높을 것으로 예상됨에 반하여, 프로그램 등의 이른바 기능적 저작물이나 사실적 저작물의 경우에는 저작자의 개성이나 인격이 드러나는 면이 상대적으로 미약하여, 저작인격권의 절대적 보호보다는 저작물 이용의 원활성을 보장할 필요성이 현실적으로 강하게 부각되는 면이 있다. 저작물 유형에 따른 이러한 차이는 이 문제에 대한 해석론에서 적절하게 반영할 필요가 있다. 同旨 中山信弘, 著作權法(第 2 版), 有斐閣, 2014, 476면; 오승종, 전게서, 422면 등.

2 그러나 이 방안은 베른협약 상의 저작인격권 보호 기준에 미치지 못하게 되는 문제가 있다. 베른협약은 제 6 조의2 제 2 항에서 "저작인격권은 저작자의 사후에 있어서도 적어도 저작재산권이 소멸하기까지 존속하고, 이 권리는 각국

면을 고려하여 일신전속성의 원리에는 반하지만 저작인격권의 상속을 인정하는 방안, ③ 저작자 사망시 저작인격권이 소멸하는 것으로 전제하되 저작자 사후의 인격적 이익의 보호에 관한 특별 규정을 두는 방안 등 3가지의 길이 있을 수 있다. 우리나라 저작권법은 ③의 방안을 채택하고 있다.

즉 저작권법은 저작자가 사망할 경우 그 저작인격권은 소멸한다는 전제하에,1 제14조 제 2 항에서 "저작자의 사망 후에 그의 저작물을 이용하는 자는 저작자가 생존하였더라면 그 저작인격권의 침해가 될 행위를 하여서는 아니 된다. 다만, 그 행위의 성질 및 정도에 비추어 사회통념상 그 저작자의 명예를 훼손하는 것이 아니라고 인정되는 경우에는 그러하지 아니하다"고 규정하고 있고, 나아가 제128조에서는 "저작자가 사망한 후에 그 유족(사망한 저작자의 배우자·자·부모·손·조부모 또는 형제자매를 말한다)이나 유언집행자는 당해 저작물에 대하여 제14조 제 2 항의 규정을 위반하거나 위반할 우려가 있는 자에 대하여는 제123조의 규정2에 따른 청구를 할 수 있으며, 고의 또는 과실로 저작인격권을 침해하거나 제14조 제 2 항의 규정을 위반한 자에 대하여는 제127조3의 규정에 따른 명예회복 등의 청구를 할 수 있다"고 규정하고 있다. 나아가 제137조 제 4 호에서는 위 제14조 제 2 항의 규정을 위반한 자에 대하여 1년 이하의 징역 또는 1천만원 이하의 벌금에 처하도록 규정하고 있다.

§12-95

이 규정들은 저작자의 인격적 이익을 사후에라도 일정한 한도에서 보호하는 것이 저작자의 인격적 이익을 두텁게 보호하는 면에서 타당하다는 측면 외에 위에서 본 바와 같이 문화유산의 보호라고 하는 공공적인 필요성도 반영한 것이라고 할 수 있다.4

(2) 보호의 요건

먼저, 법 제14조 제 2 항에서 '저작자의 사망 후에'라고 하여 자연인의 사망에 해당하는 표현만을 사용하고 있어서 이 규정은 자연인이 사망한 경우에만 적용되고, 업무상 저작물의 저작자인 법인 기타 단체의 경우에는 적용되지 않는 것이 아닌가 하는 의문이 있을 수 있다. 그러나 이 문

§12-96

의 법률이 정하는 자격을 가진 사람이나 단체에 의하여 행사되어야 한다"고 규정하고 있다.

1 1957년의 구 저작권법은 저작인격권이 영구적으로 존속하는 것으로 규정하였으나, 1986년 개정법에서부터 저작인격권은 일신전속성에 따라 저작자의 사망에 의해 소멸하는 것으로 보는 입장으로 전환하여 그러한 전제하의 규정을 두게 되었다.

2 침해의 정지 등 청구권을 인정한 조항이다.

3 명예회복 등 청구권을 인정한 조항이다.

4 이 규정에 의한 보호에 대하여 "저작자의 사후 인격권"이라고 표현하는 경우가 있으나 법규정의 취지 및 내용에 의할 때 '인격권'이라는 표현보다는 '인격적 이익의 보호'라고 하는 표현을 사용하는 것이 합당한 것으로 생각된다. 현행법 제128조에 해당하는 구법 제96조의 제목으로 과거에는 "저작자의 사망후 저작인격권의 보호"라고 표시되어 있다가 2000년 개정법부터 "저작자의 사망후 인격적 이익의 보호"라고 수정한 것도 그러한 취지에 기한 것이라 생각된다. 즉 현행법은 저작자가 사망 후에도 저작인격권 기타 권리를 가지고 있다고 하는 규정을 둔 것이 아니라 저작자의 저작인격권은 소멸하지만 그 인격적 이익을 보호하기 위해 특별한 규정들을 둔 것이라는 점을 위 수정된 제목 표현에서부터 명확히 하고 있다는 것에 주목할 필요가 있다.

제에 대하여 대다수의 학설은 법문의 표현에도 불구하고 법인 기타 단체가 해산 등의 사유로 소멸한 경우에도 이 규정의 적용을 받을 수 있는 것으로 보고 있다.[1] 유사한 내용을 규정한 일본 저작권법 제60조에서는 "저작자가 존재하지 않게 된 후에도"라고 규정하여 법인 등 소멸의 경우도 당연히 포함되는 데 의문이 없는바, 우리나라에서도 법인 기타 단체가 소멸한 경우도 이 규정에 포함되는 것으로 해석하는 다수 견해의 입장이 형평성의 면에서 타당하다고 생각된다.

한편, 법 제14조 제 2 항은 " … 저작자가 생존하였더라면 그 저작인격권의 침해가 될 행위를 하여서는 아니 된다. 다만, 그 행위의 성질 및 정도에 비추어 사회통념상 그 저작자의 명예를 훼손하는 것이 아니라고 인정되는 경우에는 그러하지 아니하다"고 규정하고 있으므로, 그 단서 규정을 통해 저작인격권 침해의 일반적인 요건 외에 "그 행위의 성질 및 정도에 비추어 사회통념상 그 저작자의 명예를 훼손하는 것이 아니라고 인정되는 경우가 아닐 것"이라고 하는 요건을 추가하고 있는 셈이다. 결국 생존시라면 저작인격권 침해라고 인정할 수 있는 요건을 갖추었더라도 사회통념상 명예훼손의 가능성이 인정되지 아니하는 경우라면 이 규정에 의한 보호의 요건을 갖추지 못한 것이 된다. 일본 저작권법 제60조 단서에서는 "다만 그 행위의 성질 및 정도, 사회적 사정의 변동 기타에 의해 그 행위가 당해 저작자의 뜻을 해하지 않는다고 인정되는 경우에는 그러하지 아니하다"고 규정하여 조금 다르게 표현하고 있는데, "뜻을 해한다"고 하는 것보다 "명예의 훼손"이 보다 한정적인 의미를 띠고 있다는 점에서 우리 저작권법의 보호범위가 조금 더 제한적이라고 볼 여지가 있다.

결국 우리 저작권법은 저작자의 사망이나 소멸 후에는 구체적인 여러 정황에 비추어 저작자의 명예를 훼손할 가능성이 없는 것으로 보이는 경우에는 그 범위 내에서 미공표 저작물의 공표, 성명표시 방법 등의 수정, 저작물의 내용, 형식 및 제호의 변경 등 행위를 할 수 있도록 용인하고 있다고 볼 수 있다. 예를 들어 저작자 생존시에는 반체제적 성향을 의심받을까 생각하여 공표하지 않았던 저작물을 체제가 바뀐 후에 그 유족이 공표를 하는 경우나 저작자가 사망하고 난 후에 그 성명을 필명이 아니라 실명으로 표시하는 행위 또는 그 내용상의 오류가 명백하게 되어 오류 부분을 삭제 또는 수정하는 경우 등이 이에 해당할 것이다.[2]

 **판 례**

§12-97   ❖ 대법원 1994. 9. 30. 선고 94다7980 판결 — "이광수" 사건

망인인 이광수의 허락을 받지 아니하고 그의 소설을 다소 수정한 내용을 실은 도서를 출판·판매

---

1 오승종·이해완, 전게서, 279면; 황적인·정순희·최현호, 전게서, 259면 등 참조.
2 장인숙, 전게서, 70면.

하였으나, 수정한 내용이 주로 해방 후 맞춤법 표기법이 바뀜에 따라 오기를 고치거나 일본식 표현을 우리말 표현으로 고친 것으로서, 망인 스스로 또는 그 작품의 출판권을 가진 출판사에서 원작을 수정한 내용과 별로 다르지 않다면 그 수정행위의 성질 및 정도로 보아 사회통념상 저작자의 명예를 훼손한 것으로 볼 수 없어 저작자 사망 후의 저작인격권(저작물의 동일성유지권) 침해가 되지 아니한다.

❖ 서울지방법원 1995. 6. 23. 선고 94카합9230 판결 ― "이휘소" 사건   §12-98

〈사실관계〉

피신청인 A는 유명한 핵물리학자인 망 이휘소를 모델로 한 '소설 이휘소'라는 책을 발간하면서 망인이 작성한 편지 내용을 맞춤법에 따라 변경하여 게재하였다. 망인의 유족들인 신청인들은 피신청인의 위와 같은 행위가 망인의 저작권을 상속한 신청인들의 권리를 침해한 것이라는 취지로 주장하였다.

〈법원의 판단〉

○○○에 변론의 전취지를 종합하면, 위 이휘소는 1977. 6. 16. 미국 시카고 교외의 고속도로상에서 교통사고로 사망하였는데, 당시 일부에서 그가 단순한 교통사고가 아니라 교통사고를 위장하여 살해되었을 가능성이 있다는 의혹이 제기되기도 한 사실, 피신청인 A가 1986년경 위 이휘소를 알게 되었는데, 위 이휘소의 삶과 죽음에 관하여 관심을 갖게 되어 1987. 12.말경 위 이휘소에 관한 자료를 수집하기 위하여 B(망 이휘소의 어머니)를 찾아간 사실, 피신청인 A가 1988. 1. 하순경 위 B에게 위 이휘소에 대한 존경심에서 위 이휘소에 관한 글을 쓰겠다고 하자, 위 B가 위 편지를 피신청인 A에게 건네주어 이를 위 소설에 게재하게 된 사실, 신청인들은 미국에 거주하면서 우리나라에 온 적이 없기 때문에 위 편지를 입수할 수도 없었고 위 이휘소의 사후 15년 이상이 지나도록 위 편지를 입수하려고 노력한 적도 없었으며, 국한문혼용체로 쓰여진 위 편지를 읽을 수도 없는 사실, 위 이휘소의 편지 및 행적이 공표되어 위 이휘소가 우리나라에서 유명해지기 전까지는 신청인들이 위 편지의 저작권을 주장한 바가 없는 사실이 인정된다. 따라서 위 편지의 수신인이 모두 위 이휘소의 어머니인데, 위 편지에서 위 이휘소의 유학생활 및 학문연구활동 등이 잘 드러나고 있고 위 이휘소와 신청인들의 명예를 훼손할 만한 내용이 전혀 없기 때문에 어머니인 위 B가 위 이휘소의 사후에 위 편지를 공개하고자 했을 경우 위 이휘소가 이를 반대하지 않았을 것으로 보이며, 미국에 거주하는 신청인들이 위 편지에 별다른 이해관계가 없어 이를 입수하려고 노력한 흔적이 전혀 없었으므로, 위 이휘소가 어머니인 위 B에게 위 편지를 이용하거나 다른 사람들로 하여금 공표하는 것을 묵시적으로 승낙하였다고 볼 수 있고, 위 B가 피신청인 공◎하에게 위 편지를 공표하는 것도 묵시적으로 허락하였다고 할 것이며, 위 소설에서 위 편지를 일부 변경하였다고 하더라도 이는 위 이휘소의 사망 후에 행해진 것으로 그 행위의 성질 및 정도에 비추어 사회통념상 그 저작자인 위 이휘소의 명예를 훼손하는 것이라고 인정되지 아니하여, 결국 신청인들이 위 이휘소의 상속인으로서 위 편지의 저작권을 상속받았음을 전제로 하는 신청인들의 위 주장 부분은 이유 없다(이렇게 보지 아니하는 경우에는 아들로부터 받은 편지를 공표한 위 B는 위 편지를 무단 공표함으로써 며느리 또는 손자, 손녀가 상속한 저작권을 침해한 것이 되어, 우리의 사회통념상 이를 용인할 수 없다).

§12-99　　　　　　▷NOTE : 위 판결 내용 중 "신청인들이 위 이휘소의 상속인으로서 위 편지의 저작권을 상속받았음을 전제로 하는 신청인들의 위 주장 부분은 이유 없다"고 한 부분의 표현에는 문제가 있다. 저작물로서의 편지에 대한 저작재산권은 상속인에게 상속되었으나, 저작인격권은 본래 상속의 대상이 되지 않고 저작자의 사망으로 소멸하는 것으로서 단지 저작자의 사후 인격적 이익의 보호 규정의 적용만 문제가 될 뿐이라는 전제하에서 그 규정의 적용 여부에 대한 판단을 하는 취지로 판시하는 것이 좋았을 것이다. 구체적인 여러 가지 상황을 들어 편지의 공표 및 일부 수정이 법 제14조 제 2 항 단서에 규정된 "그 행위의 성질 및 정도에 비추어 사회통념상 그 저작자의 명예를 훼손하는 것이 아니라고 인정되는 경우"에 해당하는 것으로 본 것 등은 대체로 수긍할 수 있는 입장이라고 생각된다.

(3) 구제수단의 행사 주체 및 종류

§12-100　　저작자 사후의 인격적 이익 보호에 관한 제14조 제 2 항의 규정이 있다고 하더라도 보호의 대상이 되는 저작자는 이미 사망한 후이고, 또한 이와 같이 보호되는 저작자의 인격적 이익이 상속의 대상이 되는 것도 아니므로 법에서 특별히 민사적 구제를 취할 수 있는 자격에 관하여 따로 규정하지 않으면 민사적으로 구제를 받는 것은 불가능할 것이다. 그러한 점을 감안하여 저작자 사후의 인격적 이익을 충실하게 보호하기 위하여 법 제128조에서는 "저작자가 사망한 후에 그 유족(사망한 저작자의 배우자·자·부모·손·조부모 또는 형제자매를 말한다)이나 유언집행자는 당해 저작물에 대하여 제14조 제 2 항의 규정을 위반하거나 위반할 우려가 있는 자에 대하여는 제123조의 규정에 따른 침해정지등청구(§28-1 이하)를 할 수 있으며, 고의 또는 과실로 저작인격권을 침해하거나 제14조 제 2 항의 규정을 위반한 자에 대하여는 제127조의 규정에 따른 명예회복 등의 청구(§28-42 이하)를 할 수 있다"고 규정하고 있다.

§12-101　　먼저, 구제수단의 행사 주체는 저작자의 유족이나 유언집행자이다. 저작자가 법인 기타 단체인 경우는 구제수단을 행사할 주체 자격이 법에 정해져 있지 않으므로 민사적 구제를 받을 수 있는 길이 없다고 할 수 있고, 뒤에서 보는 형사적 구제의 대상이 될 뿐이다. 유족의 범위는 위와 같이 저작자의 배우자·자·부모·손·조부모 또는 형제자매만을 의미하는 것으로 한정되어 있으므로 여기에 나열된 유족 및 유언집행자가 모두 사망하고 나면 결과적으로 민사적 구제를 받을 길은 없어지고 형사적 구제의 대상으로만 남게 된다.

§12-102　　다음으로, 구제방법의 종류는 침해의 정지 등 청구와 명예회복 청구로만 한정되어 있고, 손해배상청구를 할 수는 없다.[1] 손해배상청구를 인정하지 않은 이유는, 저작자의 저작인격권이 상

---

[1] 서울서부지방법원 2006. 3. 17. 선고 2004가합4676 판결은 "저작권법 제14조에 의하면 저작인격권은 저작자 일신에 전속되는 권리로 저작자의 사망과 동시에 소멸하고, 다만 사회통념상 저작자의 명예를 훼손하는 정도의 침해행위를 한 경우에는 그 유족 등이 정지나 명예회복을 위한 조치를 구할 수 있을 뿐이고, 금전적인 손해배상청구는 할 수 없다"고 판시한 바 있고, 서울북부지방법원 2011. 2. 11. 선고 2010가합6288 판결도 같은 취지로 판시하였다.

속되는 것이 아니라 저작자의 사후 인격적 이익의 보호를 위하여 필요한 구제수단과 그 행사 주체를 법이 정하고 있을 뿐이므로 구제수단의 행사자인 유족 등에게 손해배상금을 청구하여 받을 수 있는 권리를 부여하는 것은 입법취지에 반하기 때문이다.

형사적 구제에 관하여는, 위에서 본 제14조 제 2 항의 규정을 위반한 자에 대하여 1년 이하의 징역 또는 1천만원 이하의 벌금에 처하도록 규정하고 있고(법 제137조 제 1 항 제 3 호), 이는 고소가 없어도 논할 수 있는 비친고죄로 규정되어 있다(제140조 제 2 호). 이 규정의 적용은 국가형벌권의 발동에 의하여 가능하고 특별히 구제수단의 행사자가 따로 있을 필요가 없으므로 법인 기타 단체의 경우에도 적용되고, 저작자가 자연인일 경우 유족 및 유언집행자가 모두 사망한 후에도 적용된다. 법에서 특별히 기간의 제한을 규정하고 있지 않으므로 영구적으로 적용될 수 있는 것이나, 세월이 많이 흐른 경우에는 특별한 경우가 아닌 한 실질적인 가벌성이 현저히 줄어들게 될 것이다.

위에서 본 바와 같은 구제수단 행사 주체로서의 유족등의 권리는 저작자 사후의 인격적 이익 §12-103 의 보호에 반하는 행위가 있을 경우 위와 같은 구제수단을 통해 구제를 받을 수 있는 소극적인 권리에 그치는 것이고 다른 사람의 그러한 행위를 적극적으로 허락할 권리가 포함된 것은 아니므로, 유족 등으로부터 허락을 받았다고 하더라도 여전히 위 처벌규정에 저촉되어 처벌을 받을 수 있고, 유족 중의 일부로부터 동의를 받았더라도 다른 유족이나 유언집행자가 여전히 민사적 구제를 청구할 수 있는 것으로 보아야 할 것이다.

3. 공동저작물의 저작인격권 행사

저작권법 제15조는 공동저작물의 저작인격권 행사와 관련하여, "① 공동저작물의 저작인격 §12-104 권은 저작자 전원의 합의에 의하지 아니하고는 이를 행사할 수 없다. 이 경우 각 저작자는 신의에 반하여 합의의 성립을 방해할 수 없다. ② 공동저작물의 저작자는 그들 중에서 저작인격권을 대표하여 행사할 수 있는 자를 정할 수 있다. ③ 제 2 항의 규정에 따라 권리를 대표하여 행사하는 자의 대표권에 가하여진 제한이 있을 때에 그 제한은 선의의 제 3 자에게 대항할 수 없다"고 규정하고 있다. 이에 관한 내용은 '저작물'에 관한 장 중 '공동저작물의 저작자' 부분에서 자세히 살펴본 바 있으므로 여기에서는 생략한다.

Ⅵ. 기타 저작자의 인격적 이익 보호를 위한 권리

1. 저작물의 수정·증감권

배타적발행권자가 배타적발행권의 목적인 저작물을 발행 등의 방법으로 다시 이용하는 경우 §12-105

(법 제58조의2 제 1 항) 및 출판권자가 출판권의 목적인 저작물을 다시 출판하는 경우(법 제59조 제 1 항)에 저작자는 정당한 범위 안에서 그 저작물의 내용을 수정하거나 증감할 수 있다(§18-33, §18-91). 이러한 수정·증감권은 배타적발행권자 및 출판권자와의 관계에서 법이 인정한 권리로서 우리 저작권법상 저작인격권의 지분권 가운데 하나로서의 지위를 가지고 있는 것은 아니지만 저작자의 인격적 이익을 보호하기 위한 규정들인 것은 분명하다. 따라서 저작재산권자가 아니라 '저작자'가 그 주체이다. 저작재산권(복제권)을 양도하여 복제권자가 아니게 된 저작자도 포함되지만 저작자가 사망한 후에 그 유족이 행사할 수 있는 것은 아니다. 한편, 배타적발행권자 또는 출판권자는 배타적발행권 또는 출판권의 목적인 저작물을 다시 발행 등의 방법으로 이용하거나 출판하고자 하는 경우에 특약이 없는 때에는 그때마다 미리 저작자에게 그 사실을 알려야 할 '통지의무(通知義務)'를 가지는바(법 제58조의2 제 2 항, 제59조 제 2 항; §18-31, 89), 이 규정들은 위와 같은 저작자의 '수정·증감권'을 실질적으로 보장하기 위한 것이다. 이에 대하여 자세한 것은 '배타적발행권과 출판권'에 관한 장에서 살펴보기로 한다.

2. 명 예 권

§12-106   저작권법 제124조 제 4 항은 "저작자의 명예를 훼손하는 방법으로 그 저작물을 이용하는 행위는 저작인격권의 침해로 본다"고 규정하고 있다. 공표권, 성명표시권, 동일성유지권 등 저작인격권의 각 지분권 침해에 해당하지 않을 경우에도 저작자의 명예를 훼손하는 방법으로 저작물을 이용할 경우에는 저작인격권 침해행위로 간주되도록 보충적인 규정을 둠으로써 특히 저작물의 창작의도에 반하거나 저작물에 표현된 예술적 가치의 손상을 가져오는 저작물 이용행위로부터 저작자를 보호하고자 한 것이다. 저작인격권의 세 가지 지분권 중 어느 권리를 침해한 것으로 볼 것인지는 특정하지 않았으므로 세 가지 지분권을 모두 포괄하는 의미에서의 저작인격권을 침해한 것과 마찬가지로 간주한다는 의미로 보면 될 것이다.

원래 저작인격권은 개인의 인격 자체를 직접적인 보호대상으로 하는 것이 아니라 그 인격이 화체된 저작물을 보호함으로써 간접적으로 저작자 개인의 인격적 이익을 보호한다고 하는 점에서 민법상의 일반적 인격권과 구별되는 특징이 있다는 것은 앞에서 설명한 바와 같은데, 명예권의 경우는 실질적으로 개인의 인격 자체를 보호하는 면이 있어 민법상의 명예훼손에 대한 권리 가운데 저작물의 이용과 관련된 특수영역을 다루고 있다고 할 수 있고, 그런 점에서 저작인격권과 민법상 인격권의 중간영역에 있는 권리라고 말할 수 있다.[1]

저작자의 명예를 훼손하는 방법으로 저작물을 이용하는 행위의 예로는 ① 예술작품인 나체

---

1 同旨 加戶守行, 전게서, 665면.

화를 스트립쇼를 하는 주점의 간판에 사용하는 경우, ② 문학작품을 상업적인 광고 선전 문서 속에 수록하여 출판하는 경우, ③ 예술적인 가치가 높은 미술작품을 이름도 없는 물품의 포장지에 복제하여 사용하는 경우, ④ 극히 장엄한 종교음악을 희극용의 악곡과 합체하여 연주하는 경우, ⑤ 어문저작물을 '악문(惡文)'의 예로서 이용하는 경우(비평, 평론 목적의 인용에 해당하는 경우는 제외) 등이 들어진다.[1]

본 조항에 저촉되는 저작물 이용방법에는 이와 같이 여러 가지가 있을 수 있는데, 그러한 이용방법에 의하여 저작자의 명예가 구체적으로 훼손되었다는 것을 입증할 필요는 없고, 사회통념상 명예 훼손의 우려가 높다고 인정되는 이용방법이라고 판단되면 족한 것이다.

한편, 저작자 사후 인격적 이익의 보호에 관한 법 제14조 제 2 항에서 "저작자의 사망 후에 그의 저작물을 이용하는 자는 저작자가 생존하였더라면 그 저작인격권의 침해가 될 행위를 하여서는 아니 된다"고 규정한 내용 중 '그 저작인격권의 침해가 될 행위'에는 공표권, 성명표시권, 동일성유지권의 침해뿐만 아니라 본 조항에 저촉되는 경우도 포함되는 것으로 보아야 할 것이다.[2]

제3절   저작재산권

I. 개   관

저작재산권은 저작물의 이용으로부터 생기는 경제적 이익을 보호하기 위한 권리이다. 저작권법은 저작재산권에 포함되는 권리의 종류로서 복제권(제16조), 공연권(제17조), 공중송신권(제18조), 전시권(제19조), 배포권(제20조), 대여권(제21조), 2차적저작물작성권(제22조) 등을 인정하고 있다. 다른 나라의 일부 입법례에서 인정하고 있는 저작재산권 지분권인 수입권[3]과 추급권[4]은 우리나라

§13-1

---

1 加戶守行, 전게서, 665~666면; 伊藤眞, 전게논문, 305면 등 참조.
2 同旨 加戶守行, 전게서, 666면.
3 수입권은 저작물의 원본이나 복제물을 수입하거나 이를 허락할 수 있는 배타적 권리를 뜻하는 것으로 볼 수 있다. 그러나 그러한 의미의 수입권을 인정하지 않더라도, 배포권에 대한 예외로서의 성격을 가지는 권리소진의 원칙의 법적 효과를 국내 또는 일정한 지역공동체 내로 제한하는 입장(국내소진설 또는 역내소진설)을 취할 경우에는 결과적으로 수입권을 인정하는 것과 같다고 할 수 있다. EU의 저작권 지침(2011년)의 경우는 그 제 4 조 제 2 항에서 배포권의 소진을 EU 지역내로 한정하여 인정하는 입장(역내소진)을 취함으로써 EU 회원국이 아닌 국가들로부터의 진정상품 병행수입을 실질적으로 통제할 수 있는 권리를 저작자에게 인정하는 것이 되어 결과적으로 수입권을 인정하는 것과 마찬가지의 입장을 취한 것으로 볼 수 있다. 병행수입, 국제소진설 등에 대하여는 §13-61 참조.
4 추급권(droit de suite)은 본래 권리의 목적물에 대한 소유권이 자신의 거래상대방이 아닌 다른 사람에게 이전된 경우에도 그 사람에게 추급하여 행사할 수 있는 권리를 뜻하는 말이다. 그러나 저작권법상으로는 주로 미술저작물등에 대하여 저작자가 그 원작품을 양도한 후에도 그 이후의 원작품 매매로부터 발생하는 이익에 참여하여 보상을 청구할

에서 아직 인정하지 않고 있다.

법문의 표현만으로는 그 성격이 분명하게 나타나 있다고 보기 어려우나, 위와 같은 7가지 종류의 저작재산권이 저작권자가 전유(專有)하는 배타적 지배권이라는 점에 대하여 아무런 이론이 없으며,1 그러한 배타적인 지배권으로서의 저작재산권은 기본적으로 저작권법에서 규정하고 있는 종류에 한하여 인정된다.

저작권자는 이러한 배타적 권리에 터잡아 주로 타인, 특히 전문적 사업자로 하여금 자신의 저작물을 이용할 수 있도록 허락하고, 그로부터 대가를 취득하는 방법으로 경제적 이익을 취하게 된다.

저작재산권은 위와 같이 여러 가지 내용의 권리들이 한데 모인 포괄적인 권리로서 이른바 '권리의 다발(bundle of rights)'이며, 그것을 이루는 여러 권리들은 소위 '지분권(支分權)'으로서 각각 분리하여 양도할 수 있다.2 이 점은 저작재산권의 중요한 특징의 하나이다.

Ⅱ. 복 제 권

1. 복제의 의의

§13-2　　저작자는 자신의 저작물을 스스로 복제하거나 타인에게 이를 하도록 허락하거나 하지 못하

수 있는 권리를 뜻하는 말로 사용되고 있다. 따라서 이러한 의미의 추급권은 '미술저작물 재판매 보상청구권(resale royalty right)'이라는 말과 동의어라고 할 수 있다. 이 권리는 1920년에 프랑스에서 처음 입법화한 이래 유럽 국가들 및 브라질, 우루과이, 모로코, 필리핀, 뉴질랜드 등으로 확산되고 있고, 미국의 경우에는 연방저작권법에 도입하지는 않았으나 캘리포니아 주법에 도입하였다가 헌법상의 '통상조항'에 반한다는 이유로 위헌판결이 선고된 바 있다. 최근에는 중국의 저작권법 개정안(未通過)에 추급권 규정이 도입되어 있어 눈길을 끈다.

추급권은 원저작자의 권리를 보호함으로써 창작활동을 장려하고 활성화시킬 수 있다는 점과 거래의 투명성이 확보되어 미술 애호가나 투자자 보호에 유리하다는 장점을 가지고 있는 반면 단기적으로 잠재적 거래자들이 미술품 거래를 주저하게 만드는 요인이 되어 거래시장에 타격을 줄 수도 있다는점, 미술품거래가 음성적으로 이루어지게 되어 미술시장이 위축될 가능성이 높다는 우려의 목소리도 있는 것이 사실이다. 우리나라와 EU 사이의 FTA협상에서 EU 측에서 우리나라에 추급권의 입법화를 요청하였으나, 일단 협정에서는 제외되고 대신 한·EU FTA 발효(2011. 7. 1) 후 2년 이내에 추급권 도입의 타당성 및 실행가능성을 검토하기 위한 당사자 간의 협의를 개시하도록 하였다. 현재 그 협상이 어떻게 진행되고 있는지는 확인되지 않고 있으나, 우리나라에서도 이제는 추급권의 도입 여부에 대한 검토가 필요한 시점이 된 것으로 생각된다. 위와 같은 제도의 장기적 장점과 단기적 부작용 우려를 신중하게 고려하여 부작용의 우려가 크지 않은 부분부터 단계적으로 도입하는 방안을 신중히 검토할 필요가 있을 것으로 생각된다. 자세한 것은 나강, "추급권 도입과 관련한 최근 해외 동향 및 사례 연구", 법학논총 제26권 제 3 호, 99~104면 참조.

1 일본 저작권법은 이 점을 분명히 하기 위하여, 예컨대 복제권의 경우 "저작자는 그 저작물을 복제할 권리를 專有한다"고 규정하고 있다(일본 저작권법 제21조). 우리 법에서는 단순히 "… 가진다"라고만 규정하고 있으나, 같은 취지의 규정으로 보아야 한다.

2 지분권마다 하나의 독립적인 권리로 인정되므로, 소송법적으로 저작재산권에 기한 청구를 할 경우에도 각 지분권에 기한 청구를 별개의 소송물로 보게 된다.

대법원 2013. 7. 12. 선고 2013다22775 판결 : "저작인격권이나 저작재산권을 이루는 개별적인 권리들은 저작인격권이나 저작재산권이라는 동일한 권리의 한 내용에 불과한 것이 아니라 각 독립적인 권리로 파악하여야 하므로 위 각 권리에 기한 청구는 별개의 소송물이 된다."

도록 금지할 배타적인 권리를 가진다(제16조). 따라서 타인이 저작권자의 허락 없이 저작물을 복제할 경우, 복제권의 침해로 된다. 이 복제권은 모든 종류의 저작물에 관하여 적용되는 권리로서 저작재산권의 여러 지분권 중에서 가장 기본적인 권능이다.[1]

§13-3

'복제'의 개념에 대하여는 저작권법 제 2 조 제22호에서 "인쇄, 사진촬영, 복사, 녹음, 녹화, 그 밖의 방법으로 일시적 또는 영구적으로 유형물에 고정하거나 유형물로 다시 제작하는 것을 말하며, 건축물의 경우에는 그 건축을 위한 모형 또는 설계도서에 따라 이를 시공하는 것을 포함한다"고 정의하고 있다.[2] 이처럼 복제에는 인쇄·사진 등의 '가시적인 복제'뿐만 아니라 녹음·녹화 등의 '재생가능한 복제'가 포함된다. 이것은 베른협약의 규정과 일치하는 것이다.[3]

§13-4

강학상 '무형복제(無形複製)'에 해당하는 저작물의 공연·방송·연주·가창(歌唱)·연술(演述) 등은 유형물에의 고정이 이루어지지 않으므로 복제의 개념에 포함되지 아니한다. 이들 무형복제에 대하여는 공연권·공중송신권 등을 따로 규정하고 있다.

§13-5

각본이 무대에서 연극으로 상연되거나 그것이 방송되는 경우에 그러한 상연이나 방송을 녹음, 녹화하는 것은 어문저작물인 각본의 복제에 해당하는 것으로 볼 수 있다. 마찬가지로 어떤 악곡이 연주되거나 가창되었을 경우 그 실연을 녹음하는 행위는 실연의 복제일 뿐만 아니라 악곡의 복제에도 해당한다. 개정 전 법은 그러한 점에 대한 해석상의 의문을 줄이기 위해 복제의 정의규정(제 2 조 제14호)에서 베른협약 제 9 조 제 3 항의 규정을 본받아 "각본·악보 그 밖의 이와 유사한 저작물의 경우에는 그 저작물의 공연·실연 또는 방송을 녹음하거나 녹화하는 것을 포함한다"고 규정하고 있었다. 현행법의 규정(제 2 조 제22호)에는 위 부분이 삭제되었으나 그렇다고 법해석이 달라지는 것은 아니다.[4]

2. 복제권의 내용

(1) 복제의 방법

§13-6

복제의 방법이나 수단에는 제한이 없다. 기계적·전자적·화학적 방법에 의하는 것 외에 손으로 베끼는 것도 포함된다. 소설이나 논문을 인쇄하거나 회화나 조각을 사진촬영하는 것 또는 음악작품을 음반에 취입하는 것 등은 복제의 대표적인 예라고 할 수 있다. 유형물이기만 하면 종이·나무·플라스틱·강철·고무·유리·석고·옷감·완구 등 어느 것에 수록하더라도 모두 복제로

---

1 김정술, 전게서, 266면.
2 위 정의 규정 중 '유형물에 고정'이라는 부분은 2000년 1월의 개정 저작권법에서 추가된 부분이며, 이로써 복제의 법적 개념이 좀더 분명해졌다고 할 수 있다. 또한 "일시적 또는 영구적으로"라는 부분은 한·미 FTA 이행을 위한 2011. 12. 2.자 개정에 의하여 추가된 부분인데, 이에 대하여는 후술하는 4. (2) 부분(§13-11 이하)에서 자세히 살펴본다.
3 베른협약 제 9 조 제 3 항 : "녹음 및 녹화는 이 협약의 적용상 복제로 본다."
4 임원선(책임집필), 실무자를 위한 저작권법, 저작권심의조정위원회, 2006, 105면 참조.

된다. 컴퓨터 파일형태로 된 저작물을 컴퓨터의 하드디스크나 시디롬 등 전자적 기록매체에 저장하는 이른바 '디지털 복제'도 복제에 해당한다.[1] 원작을 복제하는 직접복제뿐만 아니라, 복제물을 복제하는 간접복제도 복제에 포함된다.[2]

저작권법에서 건축저작물에 관하여 설계도서나 모형에 따라서 건물을 시공하는 것을 건축저작물의 복제로 보는 규정을 둔 것은 역시 이론적으로 그러한 행위를 복제로 볼 것인지에 관하여 의문이 있을 수 있는 부분을 입법적으로 해결한 것이라고 할 수 있다.[3] 이 규정의 해석과 관련하여 자세한 것은 '저작물의 분류' 중 '건축저작물'에 관해 설명한 부분(§4-71)을 참고하기 바란다.

(2) 복제의 인정범위

§13-7   복제에 해당하기 위해서는 반드시 기존저작물의 전부를 그대로 베낄 것을 요하는 것은 아니다. 저작물의 일부를 복제하는 경우에도 그것이 그 저작물의 창작성이 있는 부분을 복제한 것으로서 양적인 상당성을 갖춘 경우에는 복제에 해당하는 것으로 보아야 하며, 저작물의 문언적 표현을 복제한 경우가 아니라 비문언적 표현(§27-16, 17 참조)을 복제한 경우에도 그것이 기존의 저작물과 동일성(실질적 유사성)이 있는 것으로 판단되는 경우에는 복제로 인정된다. 한편 새로 제작된 작품이 기존의 저작물과 유사하더라도 그것이 기존의 저작물에 '의거'하여 제작한 것이 아니고 단지 우연의 일치에 의한 것일 뿐이라면 복제에 해당한다고 할 수 없으므로, 그러한 주관적인 요소('의거')도 복제의 개념에 포함되는 것이다(§27-8). 그 입증의 어려움을 경감하기 위해 판례는 기존의 저작물에 대한 '접근(access)'(§27-38)이나 '현저한 유사성'(§27-41) 등이 인정되면 해당 저장물에 대한 '의거'가 인정될 수 있는 것으로 보고 있다.[4]

3. 배타적발행권 및 출판권과의 관계

§13-8   저작권자가 배타적발행권자 또는 출판자에게 저작물에 관한 배타적발행권 또는 출판권을 설정하여 준 경우에는 마치 소유권자가 그 소유물에 관하여 제한물권을 설정한 것과 마찬가지의 효

---

1 2000년의 저작권법 개정시 복제의 개념에 '유형물로 다시 제작하는' 행위에 추가하여 '유형물에의 고정'을 포함시킨 것은 디지털 복제를 명확히 저작권법상의 복제에 포함시킨 의미가 있었다. 이와 관련하여 대법원 2007. 12. 14. 선고 2005도872 판결은 "저작권법 제 2 조의 유형물에는 특별한 제한이 없으므로 컴퓨터의 하드디스크가 이에 포함됨은 물론이지만, 하드디스크에 전자적으로 저장하는 MPEG-1 Audio Layer-3(MP3) 파일을 일컬어 유형물이라고는 할 수 없으므로, 음악 CD로부터 변환한 MP3 파일을 Peer-To-Peer(P2P) 방식으로 전송받아 자신의 컴퓨터 하드디스크에 전자적으로 저장하는 행위는 구 저작권법(2000. 1. 12. 법률 제6134호로 개정되기 전의 것) 제 2 조 제14호의 복제행위인 '유형물로 다시 제작하는 것'에는 해당하지 않고, 구 저작권법(2006. 12. 28. 법률 제8101호로 전문 개정되기 전의 것) 제 2 조 제14호의 복제행위인 '유형물에 고정하는 것'에 해당한다"고 판시한 바 있다.

2 김정술, 전게논문, 297면.

3 구 저작권법에서는 설계도서에 의하여 건축을 하는 권리를 실시권이라고 하여 따로 규정을 두고 있었다. 구 저작권법 제23조 : "[실시권] 저작자는 그 저작물을 건조 기타의 방법으로 실시할 권리가 있다."

4 이 문제는 곧 저작권 침해 여부의 판단과 직결되는 문제이므로, 그 문제를 다루는 제 8 장에서 자세히 살펴본다.

과가 인정되고, 저작권자의 복제권은 그 범위에 한하여 제한된다. 그러나 그 때에도 저작권자의 복제권은 잠재적인 권리로서 존재하게 되므로 제 3 자가 배타적발행권이나 출판권을 침해할 경우에는 저작권자도 침해정지 등을 청구할 권리를 가진다(§18-10, 60 참조).[1]

4. 디지털시대의 새로운 문제들

(1) 디지털화권의 문제

디지털화권이라는 용어는 두 가지 의미로 사용되고 있다.

첫째, 일종의 저작인접권으로서의 디지털화권이다. 오늘날과 같은 멀티미디어시대에서 정보 §13-9 의 중심은 디지털이라고 할 수 있고, 따라서 기존의 아날로그정보를 디지털정보로 변환할 필요성이 자주 발생한다. 즉 아날로그정보를 컴퓨터에서 이용하기 위해서는 0과 1로 표현되는 디지털신호로 변환하여야 하는데, 이러한 변환작업은 극히 손쉬운 경우도 있지만 많은 노력과 기술이 필요한 경우도 없지 않다. 이러한 경우 디지털화된 자료를 제 3 자가 무단히 이용하게 되면 맨 처음 디지털화한 사람은 경쟁상 불이익한 처지에 놓이게 되고, 디지털산업을 위하여도 바람직하지 않다는 이유에서 정보를 디지털형태로 처음 전자매체에 고정한 자에 대하여 저작인접권의 일종으로서 소위 '디지털화권'을 부여하자는 논의가 있었다.[2]

그러나 기술의 발전에 따라 아날로그자료의 디지털변환이 점점 더 용이해지고 있는 상황에서 이러한 권리를 신설할 필요성은 그다지 높지 않은 반면, 그로 말미암아 정보의 유통을 지나치게 저해할 우려가 있으므로 모든 디지털화작업에 일률적으로 저작인접권을 인정하는 것은 타당하지 않다. 다만 일정한 요건하에 제한적인 보호규정을 두는 것은 관련 산업의 발전을 돕는 면에서 필요할 수 있다. 개정 전의 온라인디지털콘텐츠산업발전법 제18조[3]의 규정이 입법 당초 디지털화 사업자에게 저작인접권에 준하는 권리를 인정하고자 하는 취지를 반영한 면이 없지 않으나, 현재 위 법은 2010. 6. 10. 전면개정되어 법명도 콘텐츠산업 진흥법[4]으로 바뀌었고 그 규정내용도 온라인디지털콘텐츠에 한하지 않고 모든 '콘텐츠'를 그 보호대상으로 하는 것으로 바뀌어 '디

---

1 김정술, 전게논문, 300면.

2 저작권심의조정위원회, "멀티미디어시대의 저작권대책," 저작권연구자료 제24집, 1996. 12, 86면.

3 제18조 (금지행위 등) ① 누구든지 정당한 권한없이 타인이 상당한 노력으로 제작하여 표시한 온라인콘텐츠의 전부 또는 상당한 부분을 복제 또는 전송하는 방법으로 경쟁사업자의 영업에 관한 이익을 침해하여서는 아니된다. 다만, 온라인콘텐츠를 최초로 제작하여 표시한 날부터 5년이 경과한 때에는 그러하지 아니하다.
　② 누구든지 정당한 권한없이 제 1 항 본문의 행위를 효과적으로 방지하기 위하여 온라인콘텐츠제작자나 그로부터 허락을 받은 자가 디지털콘텐츠에 적용한 기술적보호조치의 회피·제거 또는 변경(이하 "무력화"라 한다)을 주된 목적으로 하는 기술·서비스·장치 또는 그 주요부품을 제공·수입·제조·양도·대여 또는 전송하거나 양도·대여를 위하여 전시하는 행위를 하여서는 아니된다. 다만, 기술적보호조치의 연구·개발을 위하여 기술적보호조치를 무력화하는 장치 또는 부품을 제조하는 경우에는 그러하지 아니하다.

4 이 법에 의한 콘텐츠제작자 보호에 대하여 자세한 것은 본서 제 5 장 제 4 절(§21-1 이하) 참조.

지털화'에 특화된 법이라고 할 수 없게 되었다. 그렇지만 아날로그 콘텐츠를 디지털화하는 데 상당한 노력을 한 사업자가 콘텐츠산업 진흥법에 의한 일정한 보호1를 받을 수 있는 길은 열려 있으므로 당초 디지털화 사업자에게 디지털화권을 부여하자고 한 논의가 보다 넓은 범위에서 결실을 맺은 것으로 볼 수도 있을 것이다.

§13-10   둘째, 아날로그정보의 저작권자에게 부여되는 '아날로그저작물을 디지털로 변환하는 것을 허락하거나 금지할 수 있는 배타적인 권리'라는 의미로 '디지털화권'이라는 말을 사용하는 경우가 있다. 이러한 의미의 디지털화권을 복제권과 별도로 인정할 필요가 있는가 하는 문제가 제기된 바 있는데, 이는 위와 같은 '디지털화'가 '복제'의 개념에 포함되는가 하는 문제와 직접적인 연관성을 가지고 있다. 그것이 복제에 해당한다면 저작권법상의 '복제권' 규정으로 해결되고, 별도의 권리를 인정할 필요는 없을 것이기 때문이다. 이에 대하여 저작물의 디지털화행위는 '무형복제'에 해당하므로 '유형물에의 고정'을 요건으로 하는 저작권법상의 '복제' 개념에 해당하지 않는 것으로 보아야 하고, 따라서 저작자의 권리를 보호하기 위하여 복제권과는 별도의 권리로 디지털화권을 인정할 필요가 있다는 견해2가 있었다. 그러나 컴퓨터 하드디스크 등의 전자적 기록매체도 유형물에 포함되고, 아날로그정보를 디지털신호로 변환하는 과정은 필연적으로 그러한 기록매체에의 저장이 수반된다는 점에서 저작권법상의 복제에 해당하는 것으로 보는 데 별 문제가 없다(§13-6 참조).3 따라서 위와 같은 의미의 디지털화권을 별도로 인정할 필요는 없을 것으로 생각된다.4

---

1 구 온라인디지털콘텐츠산업발전법 제18조에 상응하는 현행 콘텐츠산업 진흥법 제37조의 내용은 다음과 같다.
　제37조 (금지행위 등) ① 누구든지 정당한 권한 없이 콘텐츠제작자가 상당한 노력으로 제작하여 대통령령으로 정하는 방법에 따라 콘텐츠 또는 그 포장에 제작연월일, 제작자명 및 이 법에 따라 보호받는다는 사실을 표시한 콘텐츠의 전부 또는 상당한 부분을 복제·배포·방송 또는 전송함으로써 콘텐츠제작자의 영업에 관한 이익을 침해하여서는 아니 된다. 다만, 콘텐츠를 최초로 제작한 날부터 5년이 지났을 때에는 그러하지 아니하다.
　② 누구든지 정당한 권한 없이 콘텐츠제작자나 그로부터 허락을 받은 자가 제1항 본문의 침해행위를 효과적으로 방지하기 위하여 콘텐츠에 적용한 기술적보호조치를 회피·제거 또는 변경(이하 "무력화"라 한다)하는 것을 주된 목적으로 하는 기술·서비스·장치 또는 그 주요 부품을 제공·수입·제조·양도·대여 또는 전송하거나 이를 양도·대여하기 위하여 전시하는 행위를 하여서는 아니 된다. 다만, 기술적보호조치의 연구·개발을 위하여 기술적보호조치를 무력화하는 장치 또는 부품을 제조하는 경우에는 그러하지 아니하다.
　③ 콘텐츠제작자가 제1항의 표시사항을 거짓으로 표시하거나 변경하여 복제·배포·방송 또는 전송한 경우에는 처음부터 표시가 없었던 것으로 본다.
2 김행남·김홍수·정상기, "정보통신망의 발달과 지적재산권법의 대응 – 저작권법을 중심으로," 계간 저작권 제39호, 1997년 가을호, 7면.
3 1996년 12월 2일부터 12월 20일까지 스위스 제네바에서 열린 "WIPO 저작권 및 저작인접권의 특정문제에 관한 외교회의"에서 이른바 WIPO 저작권조약을 체결하면서 작성한 조약 제1조 제4항에 관한 합의록에서 "디지털형태로 보호되는 저작물을 저장하는 것은 베른협약 제9조에서 말하는 '복제'이다"라고 규정한 바 있다.
4 저작권심의조정위원회, 저작권연구자료 제24집, 88면이 결론적으로 같은 입장을 취하고 있다.

(2) 일시적 저장에 관한 문제

(가) 의   의

일시적 저장은 원래 컴퓨터의 주기억장치(RAM)에 저작물을 저장하는 것을 저작권법상의 '복 §13-11
제'에 해당하는 것으로 볼 것인가 하는 문제에서 출발하였다. 그러나 오늘날은 단순히 RAM에의
저장만이 아니라, 캐싱(caching) 등의 기능에 의한 하드디스크에의 일시적 저장을 포함하여 다양
한 형태의 일시적 저장이 함께 문제되고 있다.

이러한 일시적 저장이 복제가 아니라고 보게 되면, 온라인상에 수없이 일어나는 일시적 저장
에 대하여 저작권자의 권리가 미치지 않게 되어 디지털 네트워크 환경에서의 저작물 유통에 대한
법적인 리스크가 줄어드는 장점이 있지만, 이용자가 저작물을 영구적인 형태로 복제할 필요 없이
일시적으로 저장하는 형태로 저작물을 이용할 수 있도록 하는 소프트웨어 임대(ASP 등) 또는 콘
텐츠 접속 등의 유료 서비스를 비즈니스 모델로 하는 사업자에게는 법적인 보호의 공백을 초래하
는 문제가 있을 수 있다. 이른바 소유의 시대에서 '접속의 시대'로의 패러다임 전환과 관련하여
일시적 저장에도 저작권이 미치기를 바라는 산업 현장으로부터의 수요는 갈수록 늘어날 것이다.

그러나 다른 한편으로는 일시적 저장을 모두 복제라고 보게 될 경우에, 저작권자의 배타적
권리가 너무 광범위하고 강력하게 온라인 네트워크 전반에 미치게 되어 온라인상의 저작물 유통
을 크게 경색시키는 문제를 초래할 수도 있다. 위와 같은 특별한 비즈니스 모델 외의 대부분의
일시적 저장은 경제적으로 별다른 중요성을 띠지 않고 있음에도 '개념적으로' 복제에 해당한다는
이유로 모두 배타적 권리에 묶이게 하는 것은 결코 바람직하지 않다.

이러한 딜레마를 어떻게 해결할 수 있을까 하는 것이 '일시적 저장' 문제에 관한 법·정책적
고민의 핵심을 이룬다. 이 문제를 해결하는 데 있어서 지나치게 관념적인 접근만을 하면 실제적
인 면에서 큰 대가를 치르게 될 수 있다. 즉, 법리적·개념적으로 일시적 저장도 복제라고 생각하
여 그것을 복제로 다루는 데서 그치면 온라인상의 정보유통의 흐름에 매우 큰 부정적 영향을 미
치게 될 것이고, 역시 법리적·개념적으로만 접근하여 그것이 복제가 아니라고만 하고 말면, '접
속의 시대'의 새로운 패러다임에 부합하는 신 비즈니스의 보호에 저작권법이 무기력한 모습을 보
이게 되는 문제가 있을 수 있다. 결국 양극단을 지양하는 중도절충적인 해법이 필요한데, 그 해법
은 '일시적 저장'을 복제에서 아예 제외하는 데서 나올 수는 없다. 일시적 저장을 적어도 일정한
범위에서는 '복제'라고 보는 데서 출발하여, 그 예외를 비교적 광범위하게 인정하는 것이 가장 합
리적인 해법이다.

이것이 미국과 유럽 등 저작권선진국에서 취하고 있는 방법이라 할 수 있고, 일본도 최근에
그러한 방향의 입법을 한 셈이다.

우리나라도 한·미 FTA의 이행을 위한 2011. 12. 2.자 개정법에 기본적으로 위와 같은 취지의 내용을 반영한 것으로 볼 수 있다.

(나) 일시적인 저장이 복제에 해당하는지 여부에 대한 기존의 해석론

§13-12   위에서도 언급하였지만, 일차적으로 '일시적 저장'은 디지털화된 저작물이 컴퓨터의 주기억장치인 램(RAM)에 저장되는 것을 의미한다. 램은 반도체로 만들어진 빠른 속도의 기억장치로서 대개의 경우 컴퓨터의 전원이 켜져 있는 동안에만 저장기능을 발휘하고, 일단 전원이 꺼지면 다른 '영구적'인 저장장치에 저장해 두지 않는 한, 저장된 자료가 모두 사라져 버리는 '임시성'을 속성으로 하고 있기 때문이다.

멀티미디어 환경하에서는 파일이든 컴퓨터프로그램이든 수많은 저작물이 전송된다. 현재의 기술수준에서는, 전송과정에서 컴퓨터의 임시저장(temporary storage) 장치, 즉 램에 저장되게 마련이다. 그렇다면 컴퓨터 램에 저장하는 것을 복제라고 할 수 있는가.

이 문제를 위에서 본 복제의 개념에 대입하여 판단해 보면, 결국 문제는 (i) 램이 유형물에 해당하는가, (ii) 램에의 저장이 '고정'의 요건을 충족시키는가 하는 두 가지의 문제로 귀착된다.

생각건대, (i) 램도 다른 전자적 기록매체인 컴퓨터 하드디스크나 시디롬 등과 기록매체로서의 속성은 동일하므로, 이를 유형적 매체로 보아야 하는 것은 큰 의문이 없을 것이나, (ii) 자료의 램에의 저장이 '고정'에 해당하는가 하는 것은 램의 속성인 '임시성'과 관련하여 입장이 나뉠 수 있는 문제이다.

저자는 현재의 기술상태에서 일반적인 PC환경에 비추어 보면, 램은 하드디스크 등에 비하여 상당히 작은 용량을 가진 임시적인 '작업공간'에 불과하며, 보조기억장치에 의식적으로 이를 저장해 두지 않는 한 전원이 차단됨과 동시에 사라져 버린다는 점과 이용자의 일반적인 의식을 아울러 고려해 보면, 이것을 유형물에의 '고정'으로서 복제에 해당한다고 보기는 어려울 것으로 보았다. 이에 따라 램에의 일시적 저장에 관한 한 그것이 '고정'의 요건을 충족하지 못하여 복제의 개념에 포함되지 아니한다는 입장, 즉 불포함설의 입장을 취하고 있었다.[1]

§13-13   그런데 램에의 일시적 저장 외에도 '일시적 복제'에 포함되는 경우들이 있다. 이른바 캐싱(caching)[2] 기능에 의하여 이용자 PC의 하드디스크에 웹사이트의 정보가 일시적으로 복제되는

---

1 기존의 국내 학설을 살펴볼 때, 일시적 저장을 복제에 포함하지 않는 불포함설이 포함설에 비하여 다수를 이루어 다수설 내지 통설이라고 할 수 있었다. 국내 학설의 자세한 정리는, 염호준, "한미자유무역협정에 따른 일시적 복제에 관한 검토," LAW & TECHNOLOGY, 제 5 권 제 3 호(통권 제23호), 서울대학교 기술과 법센터, 2009, 158~159면 참조.

2 캐싱은 네트워크의 속도 향상을 목적으로 이용자가 나중에 어느 웹사이트를 다시 방문하는 경우에 이용하도록 하기 위하여 그 웹사이트의 자료를 일시적으로 저장하는 것을 의미하며 local caching과 proxy caching으로 구분된다. 본문에서 언급하는 바와 같이 이용자 PC의 하드디스크 등에 이루어지는 캐싱은 local caching에 해당하며, proxy

경우가 그 한 예이다. 이러한 경우에 대하여는 저자도 복제의 개념에는 포함된다고 하는 포함설의 입장을 취하였으나, 그러한 경우도 복제의 범위에 포함되지 않는 것으로 보는 것이 타당하다는 견해(불포함설)도 있었다.[1] 이 문제에 대하여 대법원 판례의 입장을 명확하게 확인하기는 어려웠으나, 적어도 '자동다운로드' 방식에 의한 일시적 복제에 대하여는 하급심 판결이 복제에 해당하는 것으로 보는 입장을 표명한 바 있다.[2]

(다) 국제적인 동향[3]

1) 다자간 조약

1996년 WIPO 저작권조약의 체결과정에서 일시적 저장에 관한 문제가 논의되어 처음의 조약안에는 일시적 저장을 복제에 포함하는 규정이 포함되었으나, 최종 채택과정에서 국가간의 의견 차이로 삭제되었다.[4]

§13-14

2) 미   국

미국에서는 1995년 9월에 발표된 미국의 '정보기반구조실무단(Information Infrastructure Task Force : ITTF)'의 보고서가 램에의 저장도 복제에 해당하는 것으로 보아야 한다고 밝힌 바 있고, 이른바 MAI 케이스를 비롯한 연방항소법원 및 지방법원의 판례들이 "컴퓨터의 램에 소프트웨어를 올리는 것은 미국 저작권법하에서 '고정'의 요건을 충족하므로 복제에 해당한다"고 밝힌 바 있고[5] 이에 대한 여러 가지 비판적 논의에도 불구하고 미국의 판례입장으로 확립된 것으로 볼 수 있다. 그리고 미국 연방저작권법 제117조 (a)(1)이 컴퓨터프로그램을 기계와 함께 사용함에 있어서 필수적인 과정에서 행하여지는 복제 및 개작에 대하여 컴퓨터프로그램이 가지는 복제권 및 개작권으로부터 면책시키고 있고, 제117조 (c)[6]에서 컴퓨터를 유지하고 수리하는 과정에서 컴퓨터프로그램의 복제물을 합법적으로 장착하고 있는 기계를 작동시키기 위한 프로그램의 복제를 면책시키고 있는 것은 램에의 일시적 저장도 복제에 해당함을 전제로 한 입법을 한 셈이라고 할 수 있다.[7]

§13-15

미국은 이러한 입장에 기하여 자국의 SW산업을 보호하기 위한 목적하에 한국, 일본 등에 일시적

---

caching은 인기 사이트의 빠른 접속을 위해 ISP의 프록시 서버에 정보를 저장하여 이용하는 것을 말한다.

1 염호준, 전게논문, 159면.

2 온라인 음악사이트에서 스트리밍 방식에 갈음하여 이용자들이 노래듣기를 선택하면 서버에서 전송된 해당 곡의 컴퓨터압축파일(asf 파일)이 이용자 컴퓨터의 하드디스크의 임시폴더에 다운로드되어 재생되도록 한 이른바 http 방식의 서비스의 경우 전송된 파일이 미리 설정된 임시폴더의 사용공간이 다 채워지면 자동으로 삭제되게 한 점에서 '캐싱'의 경우와 유사하게, 일시적 저장 또는 일시적 복제라고 볼 만한 측면이 있었으나, 해당 서비스 제공자의 입장에서 '복제' 행위가 있었던 것으로 본 서울중앙지방법원 2006. 2. 15. 선고 2005노480 판결 참조.

3 졸고, "디지털 환경에서의 저작권법의 새로운 과제," 제 1 회 저작권 포럼 자료집(발제문), 한국저작권위원회, 2009, 7∼21면 참조.

4 그 자세한 경위에 대하여는 이대희, 인터넷과 지적재산권법, 박영사, 2002, 447∼450면 참조.

5 MAI Sys. Corp. v. Peak Computer, Inc., 991 F. 2d 511, 518∼19 (9th Cir. 1993), cert. dismissed, Peak Computer v. MAI Sys. Corp., 510 U. S. 1033 (1994) ; Triad Sys. Corp. v. Southeastern Express Co., 1994 U. S. Dist. Lexis 5390, 12∼18 (N. D. Cal. 1994) ; Advanced Computer Servs. of Michigan, Inc. v. MAI Sys. Corp., 845 F. Supp. 356, 363∼64 (E. D. Va. 1994).

6 DMCA 제302조에 의하여 추가된 조항이다.

7 이대희, 전게서, 453면.

저장을 명확히 저작권의 영역으로 규정해 달라는 요청을 하여 왔고, 그것이 한·미 FTA에도 반영되게 된 것이다.

3) EU

§13-16   EU의 경우는 1991년의 컴퓨터프로그램의 법적 보호에 관한 지침 제4조(a)에서 컴퓨터프로그램의 로딩, 현시, 실행, 송신이나 저장시 일시적 복제가 수반되는 경우에 저작권자의 배타적 권리가 미친다는 취지의 규정을 두었고, 1996년 데이터베이스의 보호에 관한 지침 제5조(a)에서도 데이터베이스제작자는 어떤 방식이나 형태로든 데이터베이스의 전체나 일부의 일시적 또는 영구적 복제를 허락할 배타적 권리를 가진다"고 규정하여 일시적 저장을 복제로 명시적으로 인정하는 입장을 일찍부터 분명히 하였다. 나아가 2001년에 채택된 EU 저작권 지침(Copyright Directive)도 제2조에서 일시적 저장이 저작권자의 복제권의 범위에 포함됨을 명시한 후, 제5조 제1항에서 일시적 저장에 의한 복제가 허용되는 경우와 관련하여 "잠정적 또는 부수적으로 일어나고 기술적 과정의 필수적이고 본질적인 것으로서 그 유일한 목적이 저작물 또는 그 밖의 대상물에 대하여 ① 네트워크상의 매개자에 의한 제3자들 사이의 송신 또는 ② 합법적인 이용을 하게 하는데 있는 일시적 복제 행위는 복제권으로부터 제외된다"고 규정하고 있다.

4) 일   본

§13-17   일본에서 일시적 저장의 문제를 명시적으로 다룬 최초의 판례는 동경지방재판소에서 2000년 5월 16일에 선고한 이른바 '스타 디지오' 사건 판결이다. 디지털 방송서비스를 통해 판매용 음반을 사용하여 라디오 음악 프로그램을 방송한 것에 대하여 음반제작자의 복제권을 침해한 것이 아니라고 결론을 내린 이 판결은 다음과 같은 두 가지 이유에 기하여 램에의 일시적 저장은 복제에 해당하지 않는다고 판시하였다.

① 장래 반복하여 사용될 가능성 : 일본 저작권법에서는 상연, 연주, 공중송신 등 무형적인 이용(일본 저작권법 22조~26조의2)에 대하여는 공중에 대하여 행해질 것을 보호요건으로 하고 있음에 대하여 복제라고 하는 유형적 이용에 대하여는 공적으로 행해지는지 여부를 불문하고 보호한다. 이것은 일단 복제물이 작성되면, 작성 자체가 공중에 대한 것이 아니더라도, 그것이 장래 반복하여 사용될 가능성이 생기므로 예방적으로 권리가 미치도록 해야 한다는 판단에 기한 것이다. 램에의 음악 데이터의 저장은 전원연결을 끊으면 소실된다고 하는 일시적, 과도적 성격을 가지는 것으로서 장래 반복하여 사용될 가능성이 있는 형태의 재제(再製)는 아니므로 복제에는 해당하지 않는다고 하였다.

② 컴퓨터프로그램저작물의 사용에 대한 침해간주 조항 : 일본 저작권법 제113조 2항에서는 프로그램의 복제물이 위법복제물임을 알고 업무상 사용하는 행위를 저작권침해로 본다고 정하고 있다.[1] 이것은 프로그램의 사용 자체는 원칙적으로 자유이고, 사용에 필연적으로 수반하는 프로그램의 램에의 저장도 위 조항에서 정하는 경우를 제외하고는 복제에 해당하지 않는다는 하는 전제에 기한 것이라고 해석해야 한다고 하였다.[2]

한편, 1973년 6월의 저작권심의회 제2 소위원회의 보고서에서 "(컴퓨터의) 내부기억장치에의 저작물의 저장은 순간적·과도적이고 바로 소실해 버리는 것이므로 저작물을 내부기억장치에 저장하는

---

1 한국 저작권법 제124조 제1항 제3호도 그와 유사한 취지의 규정이다.
2 日本知的財産協会デジタルコンテンツ委員会, "ネットワーク環境における著作権紛争と著作権制度の課題 (特集 : 訴訟·紛争関係の諸課題と今後の対応)," 知財管理 55권 제3호(통권 649호), 2005. 3, 398~399면.

행위를 저작물의 '복제'에 해당한다고 해석할 것은 아니다"라고 표명한 이래, 일시적 저장은 저작권법 상의 복제에는 포함되지 않는다고 하는 것(불포함설)이 일본의 통설이었다. 그러나 디지털화, 네트워크 화의 진전에 수반하여, 2000년의 저작권심의회 국제소위원회에서 일시적 저장의 취급이 중요과제가 되고 있다는 의견에 따라 2001년의 문화심의회 저작권분과회 소위원회에서 다시 검토를 행한 결과 " '일시적 저장'이라고 하는 것 중에는 램에의 상시저장 등 복제권의 대상으로 하는 것이 적당한 경우도 있다"고 보고되었다. 그리고 2002년 6월에 미일양국수뇌에게 제출된 보고서(미일간의 '규제개혁 및 경쟁정책 이니셔티브'에 관한 미일 양국 수뇌에의 제 1 회 보고서-2002. 6. 25.-)에서는 "일본 정부는 이른바 '일시적 저장'은 경제적 의의를 가지지 않는 음악 CD 플레이어 내부에서 자동적으로 생기는 기계적 저장 등 법원에 의하여 제외될 수 있는 경우를 제외하고, 복제가 될 수 있는 것으로 이해하고 있다"고 표명하기에 이르렀다.[1]

그 후 2006년 1월의 문화심의회 저작권분과회보고서[2]는 일시적 저장을 '순간적·과도적인 저장'과 '그 이외의 것'으로 나눈 다음, 전자의 '순간적·과도적인 저장'은 복제가 아니라고 하고, 후자는 일시적 고정으로서 복제라고 정리하였다. 나아가 위의 '그 이외의 것'에 대하여 이분하여 '복제권이 미치도록 할 것이 아닌 범위'와 '그 이외의 것'으로 분류하였다.

§13-18

그리고 위 '복제권이 미칠 것은 아닌 범위'는 일시적 저장 중 복제권이 미치게 하는 것이 적당하지 않다고 생각되는 행위로서 다음의 1-3의 요건을 모두 충족한 것이라고 하고 있다.[3]

i) 저작물의 사용 또는 이용에 있어서의 기술적 과정에서 발생할 것

ii) 부수적이거나 불가피한 것(저작물의 본래의 사용·이용에 수반하는 것으로서 행위주체의 의사에 기하지 않은 것)

iii) 합리적인 시간의 범위 내일 것

한편, 위 보고서에서는 3가지의 일시적 저장 유형에 대한 구체적인 예를 다음과 같이 들고 있다.

---

1 日本知的財産協会デジタルコンテンツ委員会, 전게논문, 399면.
2 『文化審議会著作権分科会報告書(平成 18年 1月)』
  http://www.bunka.go.jp/1tyosaku/pdf/singi_houkokusho_1801.pdf(마지막 방문 : 2009. 11. 20.)
3 이에 대하여는 뒤에서 보는 바와 같이 2009년 1월의 심의회 보고서에서 수정안을 제시하고 있다. 그 이전에 스에요시 와따루 변호사는 위 세 요건과 관련하여 다음과 같이 언급한 바 있다. "위와 같이 분류한 경우 복제권이 미치게 할 것이 아닌 범위에 대하여는 저작권 제한규정에 관한 입법적 조치를 검토할 필요가 있다. 그 경우 위 세 가지 요건으로 충분한지, 만약 충분하다고 하면 이것을 어떻게 조문화할 것인지, 입법시점 이전의 당해 범위에 속하는 행위의 취급을 어떻게 할 것인지 등의 논점이 있다. 우선, 위 1-3의 요건으로 충분한지의 문제와 관련하여, 앞으로도 기술이 더 진보하리라는 점은 이후의 과제로 남는 것이고, 현황에 있어서는 거의 타당한 요건이라고 생각된다. 다만, 백업이나 보안 목적 등 입법적 조치(예외 규정)가 필요한 '저장'은 이후에도 남아 있다는 것에 대해 충분히 유의하여야 할 것이다. 또한 EU 저작권 지침에서 '과도적', '불가결'이라고 한 것을 보고서에서는 '합리적 시간의 범위 내', '불가피한'으로 각각 말을 바꾸었는데 그 타당성에 대하여는 검토를 요한다. 나아가 EU 지침에 포함된 '독자적인 경제적 중요성을 갖지 않을 것'이라는 요건을 위 보고서에서는 들고 있지 않은 것의 타당성에 대하여도 다시 검토해 보아야 할 것이다." 末吉 亙, 「機器利用時·通信過程における一時的固定について」, 『ジュリスト』 2007/2/15(1328), 123~124면 참조.

---

1. 순간적·과도적인 저장이어서 복제가 아닌 것
   (1) 컴퓨터에서의 프로그램의 실행
       처리장치(CPU)의 읽기, 비디오램에의 입력
   (2) 디지털TV의 시청
       압축음성, 영상 데이터의 버퍼에의 저장
   (3) 네트워크에서의 데이터의 전달
       이메일 등의 전달과정에서의 저장
2. 일시적 고정(복제) 중에서 위 i)−iii)의 요건을 충족한다고 생각되는 것
   (1) 컴퓨터에서의 프로그램의 실행
       RAM에의 저장
       보조기억장치의 드라이브 캐쉬
       CPU에서의 1차 캐쉬/2차 캐쉬
   (2) 디지털TV의 시청
       데이터방송용 데이터의 RAM에의 저장
   (3) 네트워크에서의 데이터의 전달
       이용자의 컴퓨터 내의 캐쉬
       중계서버에서의 캐쉬
3. 일시적 고정(복제) 중 위 i)−iii)의 요건을 충족하지 못한다고 생각되는 것
   (1) 컴퓨터에서의 프로그램의 실행
       RAM에의 저장(상시 저장)
   (2) 디지털TV의 시청
       HDD에의 일시적인 보존(타임시프트 기능등)
   (3) 네트워크에서의 데이터의 전달
       미러링 서버에의 저장

위 보고서는 위와 같은 분류가 가질 수 있는 일부 문제점과 관련하여 "그러나 기술의 진전에 수반하여 다양한 형태의 일시적 고정이 출현하고 있고 또한 이후에도 출현할 것이 예상되기 때문에, 위 1−3의 요건으로는 권리가 미치도록 할 것이 아닌 모든 경우를 포괄하기는 어렵다고 생각된다. 예를 들어 통신의 효율성을 높이기 위해 행하는 미러링 서버에의 저장이나 재해(災害) 등의 서버 고장에 대비한 웹사이트의 백업서비스 등은 '불가피하거나 부수적'인 것이라고 말하기는 어렵기 때문에 위 요건에서는 벗어나게 되지만, 통신의 효율성이나 안전성의 면에서 권리가 미치지 않도록 하고자 하는 사회적인 요청이 강하다고 생각된다. 이 때문에 권리제한규정을 새로 신설하는 경우에도 명시적으로 권리가 제한되지 않는 일시적 고정이 모두 복제권의 대상이라고 하는 반대해석은 피해야 한다. 나아가 필요한 구체적인 경우를 상정하여, 개별적으로 별도의 권리제한규정을 두는 등, 필요한 조치를 추가하여 검토할 필요가 있다고 생각된다. 또한 통신과정에서의 캐싱 등 복제행위의 주체가 반드시 명확하지 않은 경우나 사용자의 의사의 유무에 관계없이 미리 일시적 고정의 기능이 기기에 들어가 있는 경우 등 복제주체가 누구인가 하는 논의도 아울러서 행해야 한다는 지적도 있었다. 따라서 이들 과제에 대하여는 이후의 기술동향을 지켜볼 필요가 있으므로 현시점에서는 긴급하게 입법적 조치를 해야 한다고 하는 결론에는 이르지 않았다. 그러나 법적 예측가능성을 높이고, 위축효과를 방지함으로써 권리자나 이용자

가 안심하고 저작물을 유통, 이용할 수 있는 법제도를 구축한다는 관점에서, 이후에도 입법조치의 필요성에 대하여 신중한 검토를 행하여, 2007년을 목표로 결론을 내려야 하는 것으로 하였다"고 밝히고 있다.

이에 대하여 2009년 1월의 심의회 보고서[1]는 검토 후 수정안을 제시하였다. 즉 2006년 보고서에서 복제권이 미치는 범위로 할 것이 아닌 것으로 정리하고 있는 행위 유형 가운데도 예컨대 캐싱이나 램에의 저장 등의 사례 중에서는 '합리적인 시간의 범위 내'라고 하는 정량적인 시간의 요소에 기한 요건에는 반드시 해당하지 않는 경우가 있을 수 있다는 점 등을 감안하여 다시 검토를 한 후 다음과 같은 수정안을 제시한 것이다.

§13-19

　a. 저작물 등의 시청 등에 있어서의 기술적 과정에서 발생하는

　b. 부수적 또는 불가피한 것으로서

　c. 시청 등을 위해 합목적적인 저장물이며, 당해 기술 및 당해 기술에 있어서의 일반적인 기기 이용의 모습에 비추어 합리적인 범위 내의 시청 등 행위에 제공되는 것일 것

그 후 일본은 두 차례에 걸친 법개정을 통해 일시적 저장에 대한 저작권 제한규정들을 입법화하였다. 즉, 일본은 일시적 저장이 복제임을 명시하는 규정을 두지는 않은 채, 그 예외 규정에 대한 입법을 통해 일시적 저장이 복제에 해당할 수 있다는 것을 입법적으로 수용한 셈이다. 이러한 방식은 위에서 본 미국의 예와 유사한 면이 있으나, 그 구체적인 규정내용은 상이하다.

§13-20

먼저 2006년 12월 22일의 저작권법 개정을 통해 신설된 제47조의3 규정[2]은 휴대전화나 컴퓨터 등과 같은 기록매체를 내장한 복제기기의 보수나 수리를 위하여 필요한 경우 또는 제조상의 결함을 이유로 교환하는 경우에는 내장된 기록매체에 기록되어 있는 저작물을 내장기록매체 이외에 일시적으로 기록하고, 수리 등이 끝난 후에는 다시 복제기기의 내장기록매체에 기록하는 것을 허용하는 규정으로서, 일본에서 '일시적 복제'도 복제임을 최초로 명시한 규정이라 할 수 있다. 휴대전화나 컴퓨터 등의 고장시 수리 및 교환을 용이하게 할 수 있도록 하기 위한 취지의 규정으로서, DVD 플레이어와 같이 기록매체가 내장되어 있지 않은 기기의 경우에는 적용될 여지가 없고, 소비자의 기호 변화 등을 이유로 한 제품 교환의 경우에는 위 규정 2항의 요건을 충족하지 않아 그 적용대상에서 제외된다.[3]

---

1 『文化審議会著作権分科会報告書(平成 21年 1月)』
　　http://www.bunka.go.jp/chosakuken/pdf/21_houkaisei_houkokusho.pdf (마지막 방문 : 2009. 11. 20.)
2 제47조의3(보수, 수리 등을 위한 일시적 복제) ① 기록매체내장복제기기(복제의 기능이 있는 기기로서, 그러한 복제를 기기에 내장된 기록매체(이하 이조에서는 [내장기록매체]라고 한다)에 기록하여 사용하는 것을 말한다. 다음 항에서도 마찬가지이다)의 보수 또는 수리를 위한 경우에는 그러한 내장기록매체에 기록되어 있는 저작물을 필요하다고 인정되는 한도에서 당해 내장기록매체 이외의 기록매체에 일시적으로 기록하고, 당해 보수 또는 수리 이후에는 당해 내장기록매체에 기록하는 것이 가능하다. ② 기록매체내장복제기기의 제조상의 결함 및 판매에 이르는 과정까지 생긴 고장 때문에 이것을 동종의 기기와 교환하는 경우에는, 그 내장기록매체에 기록되어 있는 저작물은 필요하다고 인정되는 한도 내에서 당해 내장기록매체 이외의 기록매체에 일시적으로 기록하고, 당해 동종의 기기의 내장기록매체에 기록하는 것이 가능하다. ③ 전 2항의 규정에 의해 내장기록매체 이외의 기록매체에 저작물을 기록한 자는 이러한 규정에 의한 보수, 수리 또는 교환 후에 당해 기록매체에 기록되어 있는 당해 저작물의 복제물을 보존해서는 안 된다.
3 文化廳長官官房著作權課, 「著作權法の一部を改正する法律について」, 『コピライト』 2007. 3, 35면.

§13-21   이후 2009년 6월 19일자 저작권법 개정을 통해 제47조의5,[1] 제47조의8[2]을 추가로 규정하였는데, 이 규정들은 일시적 저장을 위한 규정임을 명시하고 있지는 않지만, 실제로 위에서 본 바와 같이 일시적 저장과 관련하여 논의되어 온 복제권 제한사유를 반영한 것이라 할 수 있다. 즉, 제47조의5는 미러링, 백업, 캐싱 등의 경우에 대한 복제권 제한사유를 규정하고 있고, 제47조의8은 컴퓨터에서의 저작물 이용을 하는 기계적 과정에 수반되는 복제에 대하여 규정하고 있는데, 모두 일시적 저장의 문제를 염두에 둔 규정이다. 그런데, 여기서 '일시적'이라는 요건을 규정하지 않은 것은 그러한 표현이 가지는 불명료성을 감안하여 보다 분명하게 규정하고자 하는 취지에 기한 것으로서, 제47조의5의 경우에는 제 3 항에서 "더 이상 보존하여서는 안 되는 시점"을 명시하는 방법으로 제47조의8의 경우에는 "당해 정보처리를 원활하고 효율적으로 행하기 위해 필요하다고 인정되는 한도에서"에 시간적인 측면이 포함되는 것으로 하여 해결하고자 한 것이라 생각된다.

---

1 제47조의5(송신의 장해 방지 등을 위한 복제) ① 자동공중송신장치등(자동공중송신장치 및 특정송신장치[전기통신회선에 접속함으로써 그 기록매체 중 특정송신(자동공중송신 이외의 무선통신 또는 유선전기통신의 송신으로서 정령에서 정하는 것을 말한다. 이하 이 항에서 같다)의 용도에 제공하는 부분(제 1 호에서 '특정송신용 기록매체'라고 한다)기록되거나 또는 당해 장치에 입력되는 정보의 특정송신을 하는 기능을 가지는 장치를 말한다]를 말한다. 이하 이 조에서 같다]를 타인의 자동공중송신등(자동공중송신 및 특정송신을 말한다. 이하 이 조에서 같다)의 용도에 제공하는 것을 업으로 행하는 자는 다음의 각호에 열거하는 목적상 필요하다고 인정되는 한도 내에서 당해 자동공중송신장치등에 의해 송신가능화등(송신가능화 및 특정송신을 할 수 있도록 하기 위한 행위로서 정령에서 정하는 것을 말한다. 이하 이 조에서 같다)이 된 저작물을 당해 각호에서 정하는 기록매체에 기록할 수 있다.
  1. 자동공중송신등의 요구가 당해 자동공중송신장치등에 집중함으로써 송신의 지체 또는 당해 자동공중송신장치등의 고장에 의한 송신의 장해를 방지하는 것. 당해 송신가능화등에 관한 공중송신용 기록매체등(공중송신용 기록매체 및 특정송신용 기록매체를 말한다. 다음 호에서 같다) 이외의 기록매체에서 당해 송신가능화 등에 관한 자동공중송신등의 용도에 제공하기 위한 것.
  2. 당해 송신가능화등에 관한 공중송신용 기록매체등에 기록된 당해 저작물의 복제물이 멸실되거나 훼손될 경우의 복구의 용도에 제공하는 것. 당해 공중송신용 기록매체등 이외의 기록매체(공중송신용 기록매체등인 것을 제외한다)
  ② 자동공중송신장치등을 타인의 자동공중송신등의 용도에 제공하는 것을 업으로 행하는 자는 송신가능화등이 된 저작물(당해 자동공중송신장치등에 의하여 송신가능화등이 된 경우를 제외한다)의 자동공중송신등을 중계하기 위한 송신을 행하는 경우에는 당해 송신 후에 행해지는 당해 저작물의 자동공중송신등을 중계하기 위한 송신을 효율적으로 행하기 위해 필요하다고 인정되는 한도에서 당해 저작물을 당해 자동공중송신장치등의 기록매체 중 당해 송신의 용도에 제공하는 부분에 기록할 수 있다.
  ③ 다음 각호에 열거하는 자는 당해 각호에 정하는 때에는 그 후에는 당해 각호에 규정하는 규정의 적용을 받아 작성된 저작물의 복제물을 보존하여서는 아니 된다.
  1. 제 1 항(제 1 호에 관한 부분에 한한다) 또는 제 2 항의 규정에 의하여 저작물을 기록매체에 기록한 자. 이들 규정에 정하는 목적을 위해 당해 복제물을 보존할 필요가 없어졌다고 인정될 때 또는 당해 저작물에 관한 송신가능화등이 저작권을 침해하는 것인 것(국외에서 행하여진 송신가능화등에 있어서는 국내에서 행하였다고 하면 저작권침해가 되는 것일 것)을 알았을 때
  2. 제 1 항(제 2 호에 관한 부분에 한한다)의 규정에 의하여 저작물을 기록매체에 기록한 자. 같은 호에서 정한 목적을 위해 당해 복제물을 보존할 필요가 없어진 것으로 인정될 때
2 제47조의8(컴퓨터에서의 저작물의 이용에 수반하는 복제) 컴퓨터에서 저작물을 당해 저작물의 복제물을 사용하여 이용하는 경우 또는 무선통신이나 유선전기통신의 송신이 이루어지는 저작물을 당해 송신을 수신하여 이용하는 경우(이들의 이용 또는 당해 복제물의 사용이 저작권을 침해하지 않는 경우에 한한다)에는 당해 저작물은 이들의 이용을 위한 당해 컴퓨터에 의한 정보처리의 과정에서 당해 정보처리를 원활하고 효율적으로 행하기 위해 필요하다고 인정되는 한도에서 당해 컴퓨터의 기록매체에 기록할 수 있다.

(라) 한·미 FAT 이행을 위한 2011. 12. 2.자 개정법의 내용과 그 해석

2011. 12. 2.자 개정 저작권법은 다음과 같이 제 2 조 제22호의 '복제'에 대한 정의 규정을 개§13-22
정하고 제35조의2의 규정을 신설하였다.

개정전법	개정법
제 2 조 22. "복제"는 인쇄·사진촬영·복사·녹음·녹화 그 밖의 방법에 의하여 유형물에 고정하거나 유형물로 다시 제작하는 것을 말하며, 건축물의 경우에는 그 건축을 위한 모형 또는 설계도서에 따라 이를 시공하는 것을 포함한다.	제 2 조. 22. _____ 방법으로 일시적 또는 영구적으로 _____ _____ _____.
<신설>	제35조의 2(저작물 이용과정에서의 일시적 복제) 컴퓨터에서 저작물을 이용하는 경우에는 원활하고 효율적인 정보처리를 위하여 필요하다고 인정되는 범위 안에서 그 저작물을 그 컴퓨터에 일시적으로 복제할 수 있다. 다만, 그 저작물의 이용이 저작권을 침해하는 경우에는 그러하지 아니하다.

위와 같은 저작권법 개정을 통해 일시적 복제가 복제에 포함된다는 것이 명확해짐과 동시에 일시적 복제에 대하여만 적용되는 제35조의2의 규정을 통해 비교적 광범위한 저작재산권제한사유가 인정되게 되었다.

제35조의2의 규정에 대하여 자세한 것은 저작재산권 제한에 관한 부분(§14-211 이하)에서 설§13-23
명하기로 하고, 여기서는 '일시적 복제'의 개념에 대하여만 재정리해 보기로 한다.

개정 저작권법 상의 일시적 복제의 개념에는 ① 램(RAM)에의 일시적 저장1과 ② 캐싱 등에 의한 하드디스크에의 일시적 저장이 모두 포함되는 것으로 봄이 입법의 경위, 목적 등에 비추어 타당하다. 다만 앞서 일본에서의 논의에 대하여 자세히 살펴본 바와 같이(§13-18), 일시적 저장 중에서도 순간적·과도적인 것으로 볼 수 있는 일정한 유형의 경우에는 여전히 '고정'의 요건을 충족하지 못하여 복제의 개념에 포함되지 않는 경우가 있을 수 있다고 생각된다. 즉, 우리 저작권법 상 디지털 복제가 복제로 인정되기 위하여는 개정법 하에서도 여전히 '유형물에의 고정'에 해당하

---

1 '오픈캡처' 사건에 대한 대법원 2017. 11. 23. 선고 2015다1017, 1024, 1031, 1048 판결(§14-216-1)은 "사용자가 컴퓨터 하드디스크 드라이브(HDD) 등의 보조기억장치에 설치된 컴퓨터프로그램을 실행하거나 인터넷으로 디지털화된 저작물을 검색, 열람 및 전송하는 등의 과정에서 컴퓨터 중앙처리장치(CPU)는 실행된 컴퓨터프로그램의 처리속도 향상 등을 위하여 컴퓨터프로그램을 주기억장치인 램(RAM)에 적재하여 이용하게 되는데, 이러한 과정에서 일어나는 컴퓨터프로그램의 복제는 전원이 꺼지면 복제된 컴퓨터프로그램의 내용이 모두 지워진다는 점에서 일시적 복제라고 할 수 있다."라고 판시하였다.

여야 하므로 개정법상의 '일시적 복제'로서 복제의 개념에 해당하기 위해서는 비록 일시적이라 하더라도 사회통념상 유형물에의 '고정'에 해당하는 것으로 볼 수 있는 최소한의 저장 시간(duration)을 요하는 것으로 볼 수 있는 것이다.[1] 따라서 ① 컴퓨터에서의 프로그램의 실행과 관련하여 처리장치(CPU)의 읽기, 비디오램에의 입력, ② 디지털TV의 시청과 관련하여 압축음성, 영상 데이터의 버퍼에의 저장, ③ 네트워크에서의 데이터의 전달과 관련하여 이메일 등의 전달과정에서의 저장 등의 경우는 순간적·과도적인 성격이 강하여 개정 저작권법하에서도 '복제'의 개념에 포함되지 않는 것으로 볼 가능성이 많을 것이다.

법개정 이전에 램에의 일시적 저장 등이 복제의 개념에 포함되는지 여부에 관하여 포함설과 불포함설이 대립되었던 상황(§13-12, 13 참조)은 법개정으로 해소되게 되었지만, 구체적인 사건에서 일시적 저장이 복제에 해당하는지 순간적, 과도적 저장에 불과하여 복제가 아니라고 볼 것인지의 문제는 여전히 남아 있는 것이다.[2]

(3) 링크의 경우

§13-23-1   인터넷상의 타인의 저작물을 자신의 웹사이트 등에 링크시키는 것이 저작권법상의 복제에 해당하는지가 문제되는데, 대법원은 "인터넷 링크(Internet link)는 인터넷에서 링크하고자 하는 웹페이지나, 웹사이트 등의 서버에 저장된 개개의 저작물 등의 웹 위치 정보 내지 경로를 나타낸 것에 불과하여, 비록 인터넷 이용자가 링크 부분을 클릭함으로써 링크된 웹페이지나 개개의 저작물에 직접 연결한다 하더라도, 이는 저작권법 제 2 조 제14호에 규정된 '유형물에 고정하거나 유형물로 다시 제작하는 것'에 해당하지 아니한다"는 이유로 링크 자체가 복제에 해당하지는 않는 것으로 보고 있다.[3]

Ⅲ. 공 연 권

§13-24   저작자는 자신의 저작물을 스스로 공연하거나 타인에게 이를 하도록 허락하거나 하지 못하

---

1 미국의 경우 저작권법에 명문의 규정이 있는 것은 아니지만 MAI 케이스(MAI Systems Corp. v. Peak Computer Inc., 991 F.2d 511) 등을 통해 램에의 일시적 저장도 복제의 개념에 해당할 수 있는 것으로 보는 법리가 정립되어 왔음은 앞서 살펴본 바와 같다(§3-15 참조). 그런데 비교적 최근의 미국 판례는 MAI 케이스 등에서 말하는 일시적 저장은 복제로서의 '고정' 요건에 필요한 최소한의 시간적 요건을 충족하는 것을 전제로 한 것으로서 그러한 시간적 요건을 충족하지 못하는 불과 수초간의 순간적, 과도적 저장의 경우(당해 사건의 경우 1.2초 이내로 버퍼에 머문 것으로 인정됨)는 '고정'의 요소를 갖추지 못하여 저작권법상의 복제로 볼 수 없다고 밝힌 바 있다. Cartoon Network LP, LLLP v. CSC Holdings, Inc. 536 F.3d 121, 127-130(C.A.2 (N.Y.), 2008) 참조.

2 박성호, 저작권법(제 2 판), 박영사, 2017, 327~328면도 '순간적 저장'과 '일시적 저장'의 개념을 구분하고, 우리 법상의 복제 개념에 해당하는 것은 그 중 '일시적 저장'에 한한다는 견해를 제시하고 있다.

3 대법원 2010. 3. 11. 선고 2009다4343 판결. 다만 불법복제물에 링크시킨 경우에는 상황에 따라 복제권 침해의 방조 행위로 인정될 수 있다. 링크에 대하여 자세한 것은 §13-40 이하 참조.

도록 금지할 배타적인 권리를 가진다(제17조).

공연이란 저작물 또는 실연·음반·방송을 상연·연주·가창·구연·낭독·상영·재생 그 밖의 §13-25
방법으로 공중에게 공개하는 것을 말하며, 동일인의 점유에 속하는 연결된 장소 안에서 이루어지
는 송신(전송을 제외한다)을 포함한다(제 2 조 제 3 호).

각본이나 무보 기타 연극적 저작물을 무대 위에서 실현시키는 것이 '상연'이며, 음악저작물을
악기로 실연하는 것이 '연주', 음성으로 실연하는 것이 '가창'이다. 동화, 만담, 야담 등을 흥미롭
게 말로 표현하는 것이 '구연'이며, 시 등을 소리 내어 읽는 것이 '낭독'이고, 저작물을 영사막에
영사하는 것이 '상영'이다. 원래 상영은 영상저작물을 영사막에 영사하는 것을 뜻하는 단어로 주
로 사용되어 왔으나, 오늘날은 저작물의 무형적 전달행위로서 상영이라는 용어에 해당할 수 있는
다양한 유형들이 존재하고 그 대상이 영상저작물에만 한정되는 것도 아니므로, 이러한 모든 경우
를 포괄할 수 있도록 상영의 개념을 넓게 파악하는 것이 타당하다. 그것이 저작자의 권리를 보다
두텁게 보호하는 길이기도 하고, 저작자에게 '공중전달권'이라는 포괄적 권리를 인정하도록 하고
있는 WIPO저작권 조약 제 8 조의 취지에 부합하는 것이기도 하다.[1] 따라서 이제는 단지 영상저
작물을 영사하는 경우만이 아니라 미술, 사진, 어문 저작물 등의 다양한 저작물들을 컴퓨터 화
면,[2] TV수상기, 빌딩 벽면의 대형 디스플레이, 빔프로젝트 등을 통해 영사막에 영사하는 것을
모두 '상영'으로 보는 것이 타당한 것으로 생각된다.[3] '전시권'의 대상이 되는 전시는 유형물인
저작물의 원본 또는 복제물을 공중에게 진열하는 등의 행위만을 의미하고 이른바 무형적인 전시
는 포함하지 않는 개념으로 보아야 할 것인바(§13-51), 그러한 무형적 전시는 아무런 권리의 대상
이 되지 않는 것이 아니라 바로 '상영'에 해당하여 공연권의 대상이 되는 것으로 보아야 할 것이
다.[4] 한편, 2006년 개정법에서는 위와 같이 '재생'의 방법도 함께 나열함으로써 판매용 음반이나
DVD 등을 기계적으로 재생하는 방법으로 공중에게 음악을 틀어주거나 영상을 보여 주는 것도
공연에 해당한다는 종래의 해석론을 명문으로 법에 반영하였다. 그리고 공중송신되는 저작물을

---

1 WIPO 저작권조약상의 공중전달권은 우리 저작권법의 권리로는 '공연권＋공중송신권'에 해당하는 것으로 볼 수 있다.
   공중송신에 해당하지 않는 다양한 무형의 전달행위들을 공연권의 범위 안에 모두 포섭하는 것이 WIPO저작권 조약의
   충실한 이행을 위해 필요한 면이 있다. 일본의 경우 공연권을 상연권 및 연주권, 구술권, 상영권 등으로 구분하여 규
   정해 왔는데, 그 중 상영권을 원래는 영상저작물을 영사막 등에 영사하는 것만 대상으로 하는 것으로 규정하고 있다
   가 WIPO 저작권조약의 이행을 위해 1999년의 저작권법 개정을 통해 상영권의 대상을 미술, 사진, 어문저작물 등을
   포함한 모든 저작물로 확대하는 개정을 한 바 있다(이에 따라 원래 영상저작물에 대한 배포권과 함께 저작권법 제26
   조에 규정되어 있던 상영권을 제22조의2로 옮겨 규정하게 되었다).
2 각 개인의 PC에서 볼 수 있도록 인터넷 송신을 하는 것은 '공중'에게 상영하는 것이 아니므로, 전송에 해당할 뿐, 공
   연에는 해당하지 않는 것으로 보아야 할 것이지만, 전람회 등에 설치된 PC화면으로 사진, 미술저작물 등을 디스플레
   이하여 불특정 다수인이 볼 수 있게 하는 것은 '상영'으로서의 공연에 해당하는 것으로 본다.
3 中山信弘, 著作權法(第 2 版), 有斐閣, 2014, 255면 참조.
4 同旨 오승종, 저작권법(제 3 판), 박영사, 2013, 487면.

전달하는 것, 예를 들어 식당에서 라디오나 TV를 켜서 고객들로 하여금 음악 등을 듣게 하거나 방송프로그램을 시청하게 하는 것 또는 인터넷으로 송신되는 음악을 수신장치를 사용하여 들려주는 것 등도 '재생'이나 혹은 '그 밖의 방법'에 의한 공연에 해당하는 것으로 볼 수 있을 것이다.[1]

§13-26   또한 공연은 '공중에게 공개'할 것을 요건으로 하고 있는데, 여기서 공중이라 함은 불특정 다수인(특정 다수인을 포함한다)을 말한다(법 제 2 조 제32호).

불특정다수인이라 함은 그 개성 또는 특성이나 상호간의 관계 등을 묻지 않은 2인 이상의 사람을 말한다.[2] 정당의 집회, 단체의 회원대회와 같은 경우는 특정다수의 모임이지만 일반공중에 해당한다. 그러나 가족·친지 등으로 참석범위가 한정되는 통상의 결혼식이나 피로연에서의 연주, 오케스트라단원들의 연습을 위한 연주, 가정에서의 수인의 동호인을 위한 연주나 상영 등에는 공연권이 미치지 아니한다.[3] 일반인의 접근이 다소 제한되어 있는 반공개적인 장소(semipublic area)라도 일반인이 그 실연에 접할 수 있는 잠재성이 있다면 그곳에서의 실연도 공연으로 볼 수 있다.[4] 공중인지 여부의 판단과 관련하여, 특정한 영업주체와의 관계에서 다수의 고객이 서비스의 대상이 된 경우에는 각 고객 한 명 한 명을 떼어서 '특정인'으로 보기보다 그 고객 전체를 집합적으로 보아 아직 범위가 특정되기 전에는 '불특정 다수인'으로, 범위가 특정되었는데 그 수가 많다면 '특정다수인'으로서 '공중'의 개념에 해당하는 것으로 보는 것이 타당하다. 따라서 예컨대

---

1 이와 같이 공중송신되는 저작물을 공중에게 전달하는 행위에 대하여 일본 저작권법은 공중송신권(제23조 제 1 항)과 같은 조문에서 '공중에의 전달권'으로 규정하고 있다. 우리 저작권법은 그러한 별도 규정이 없는 대신, 포괄적인 공연권 규정을 두고 있으므로, 이러한 행위들도 모두 '공연권'의 대상인 '공연'에 포함되는 것으로 보게 된다. 일본 저작권법 제23조 제 2 항에 해당하려면 공중송신되는 저작물이어야 하지만, 우리 저작권법상으로는 공중송신에 해당하지 않는 1대1의 개인적 송신을 통해 받은 저작물 등도 포함하여, 송신받은 저작물을 일정한 장소적 범위 내에서 전송 이외의 방법으로 무형적으로 전달하는 모든 행위가 '공연'에 해당하는 것으로 본다. '현대백화점' 사건에 대한 대법원 2015. 12. 10. 선고 2013다219616 판결 및 그 원심 판결인 서울고등법원 2013. 11. 28. 선고 2013나2007545 판결은 백화점이 공중송신의 일종인 디지털음성송신(§13-35 참조)의 방법으로 송신받은 음원을 고객에게 들려준 것을 공연으로 인정하였다.

2 대법원 1985. 3. 26 선고 85도109 판결.

3 서울중앙지방법원 2018. 5. 4. 2017나76939 판결 : "저작권법 제 2 조 제 3 호의 규정에 의하면 공연이라 함은 저작물을 상연·연주·가창·연술·상영 그 밖의 방법으로 일반 공중에게 공개하는 것을 말하며, 여기서 일반 공중에게 공개한다 함은 불특정인 누구에게나 요금을 내는 정도 외에 다른 제한 없이 공개된 장소 또는 통상적인 가족 및 친지의 범위를 넘는 다수인이 모여 있는 장소에서 저작물을 공개하거나, 반드시 같은 시간에 같은 장소에 모여 있지 않더라도 위와 같은 불특정 또는 다수인에게 전자장치 등을 이용하여 저작물을 전파, 통신함으로써 공개하는 것을 의미한다고 할 것인데(대법원 1996. 3. 22. 선고 95도1288 판결 참조), 갑 제29호증의 기재에 의하더라도 <u>재학생 모두를 대상으로 하고 유료로 진행될 예정이던 취소된 공연과 달리, 이후 실제로 이루어진 2회의 공연은 학교 선생님들과 졸업한 동아리 선배들만 불러 모아 진행되었다는 것으로, 그와 같다면 이는 관객 상호간의 관계 및 개최자와의 관계를 통하여 서로 연결된 제한적인 범위의 사람들을 대상으로 하고 무상으로 진행된 공연으로 인정되는바, 원고가 제출한 증거들만으로는 위 2회의 공연이 저작권법에서 정한 공연에 해당한다고 단정하기 어렵다.</u>"

4 김정술, 전게논문, 301면. '공연'의 개념과 관련한 '공중'의 개념도 일반적인 '공중'의 개념(§12-4 참조)과 본질적으로 동일하나 공연이라는 무형적 이용형태의 특성에 따라 상대적으로 다수의 '특정 다수인'도 공공에 해당하지 않는 것으로 보게 되는 면이 있다.

노래방을 이용하는 고객이 4,5명씩 무리지어 와서 노래방 시설을 이용하여 노래를 부르는 경우에 함께 오는 고객들 상호간에는 서로를 '특정소수인'에 해당하는 것으로 볼 수 있을지라도, 노래방 업주와의 관계에서는 '불특정다수인'으로서 공중에 해당하는 것으로 보게 된다(공중의 개념에 대하여 보다 자세한 것은 §12-4 참조).

§13-27

2000년 1월의 개정 저작권법은 공연의 정의에 "동일인의 점유에 속하는 연결된 장소 안에서 이루어지는 송신을 포함한다"고 하는 규정을 추가하였는데, 이것은 그러한 규정이 없는 상태에서도 공연의 의미를 다소 넓게 해석하여 노래방에서의 재생 등을 공연으로 보아온 판례의 입장(노래방에서의 공연을 '간접침해'의 개념으로 설명한 내용은 §28-12 참조)[1]을 수용하면서 '공연'의 개념을 인접 개념인 '방송'과의 관계에서 보다 명확하게 규정하려 한 것이라고 할 수 있다.[2] 이에 따라, 공연의 상대방인 공중이 반드시 동일한 장소에 있어야 하는 것은 아니지만, '동일인의 점유에 속하는 연결된 장소 안에 있어야만 위 개념요건을 충족하게 된다. 따라서 동일한 한 백화점의 전층이나 한 열차의 모든 객실에 "구내방송"을 하는 것은 저작권법상 방송이 아니라 '공연'에 해당하는 것으로 보게 된다. 서로 다른 임차인들이 입주하여 영업을 하는 쇼핑몰의 경우에도 단일한 임대인이 각 임차인에게 임대하여 전체적으로 관리하고 있는 경우라면 임대인의 '간접점유'도 점유의 개념에 해당한다는 것과 위 규정의 입법취지 등을 감안할 때 동일인의 점유에 속하는 연결된 장소에 해당하는 것으로 보아 그 쇼핑몰 전체에 대한 "구내방송"은 역시 저작권법상 '공연'에 해당하

---

1 대법원 1996. 3. 22. 선고 95도1288 판결은 "노래방의 구분된 각 방실이 4, 5인 가량의 고객을 수용할 수 있는 소규모에 불과하다고 하더라도, 일반 고객 누구나 요금만 내면 제한 없이 이를 이용할 수 있는 공개된 장소인 노래방에서 고객들로 하여금 노래방 기기에 녹음 또는 녹화된 음악저작물을 재생하는 방식으로 저작물을 이용하게 하는 것은 저작물의 '공연'에 해당한다"고 판단하였다. 이성호, 전계논문은 이 판결이 "저작물의 전과, 이용에 관한 새로운 기술 및 각종 매체의 등장에 대응하여 저작자에 대한 적절한 보호가 가능하도록 우리 저작권법상의 공연의 의미를 넓게 해석하면서 그 의미를 분명히 밝히고 있는 최초의 판례라는 점에 그 의의가 있다"고 분석하고 있다. 위 판결은 영업주를 기준으로 하여 그 고객들을 '불특정 다수'로서 공중에 해당하는 것으로 보는 관점을 바탕에 깔고 있다고 할 수 있다. '비디오방' 영업과 관련하여 서울중앙지방법원 2008. 12. 5. 선고 2008노4354 판결은 "피고인이 자신이 운영하는 디브이디(DVD) 감상실에서 7개의 방을 설치하여 두고 그곳을 찾아온 불특정 또는 다수인에게 이 사건 영화를 재생하여 상영한 행위는 그 저작권자의 공연권을 침해하는 행위라 할 것"이라고 판시하였는데, '노래방'의 경우와 마찬가지로 영업주를 기준으로 그 고객들을 '불특정 다수'로서 공중에 해당하는 것으로 본 것이다. 또한 서울고등법원 2012. 10. 24. 선고 2011나104668 판결이 댄스학원 및 댄스 안무 강사가 수강생들 앞에서 안무를 그대로 재현하고 수강생들로 하여금 이를 따라하도록 한 것이 해당 안무에 관한 저작재산권자의 공연권을 침해한 것으로 본 것도 '공중'의 범위에 대한 해석의 면에서는 유사한 법리를 전제로 한 것으로 볼 수 있다.

2 2000년 법 개정 전에는 방송의 개념을 "일반공중으로 하여금 수신하게 할 목적으로 무선 또는 유선통신의 방법에 의하여 음성음향 또는 영상등을 송신하는 것(차단되지 아니한 동일구역 안에서 단순히 음을 증폭송신하는 것을 제외한다)을 말한다"고 규정하고 있었는데, 전송과의 관계를 명확히 하기 위하여 "수신하게" 앞에 "동시에"를 붙이고, 공연의 개념과의 경계를 명확히 하기 위해 공연의 정의를 위와 같이 개정하면서 방송에 대한 위 정의규정 중 괄호 속에 "차단되지 아니한 동일구역 안에서 단순히 음을 증폭송신하는 것을 제외한다"고 규정한 부분을 삭제하였고 그것이 현행규정으로 이어지고 있다. 따라서 위 개정 이전에는 "단순히 음을 증폭송신하는" 방식이 아닌 유선송신의 형태로 동일인의 점유에 속하는 연결된 장소 안에서 송신하는 것도 방송으로 보았지만, 개정 이후에는 그러한 경우도 '공연'의 경우에 해당하고 방송의 개념에서는 제외되는 것으로 보게 되었다.

는 것으로 보아야 할 것이다.1 그렇지만, 그러한 간접점유의 면에서 따져도 동일인의 점유에 속
한다고 할 수 없는 복합상가 건물 등에서 음악을 각층 매장 또는 복도 등에서 들려주는 경우 공
연이 아니고 방송에 해당하는 것으로 해석할 수밖에 없다.2 한편, '연결된 장소 안'일 것이 요구
되는데, 여기서 말하는 '연결'의 의미에 건물의 부지와 다른 건물의 부지가 주변의 다른 토지로
연결되어 있는 것도 포함하는 의미로 해석할 경우에는 그 의미가 지나치게 확대되어 입법취지에
반하는 것으로 생각되므로, 서로 다른 건물이라면 그 건물과 건물이 복도 등으로 구조적으로 연
결된 경우만 여기에 포함되는 것으로 보아야 할 것으로 생각된다. 따라서 그렇게 연결되어 있지
않고 서로 독립된 건물인 경우에는 설사 동일한 사업주체 또는 경영주체에 의하여 관리되는 영역
안에 있는 건물들이라 하더라도3 그 건물들에 걸쳐서 '구내방송'을 할 경우에는 저작권법상으로
도 '공연'이 아니라 '방송'에 해당하는 것으로 보아야 할 것이다.4

§13-28   위와 같이 2000년의 개정으로 방송과의 관계는 어느 정도 정리가 되었으나 '전송'과의 경합
관계는 명확히 해결되지 않았다. 즉, 동일인의 점유에 속하는 연결된 장소 안에서의 송신이 동시
에 "공중이 개별적으로 선택한 시간과 장소에서 수신하거나 이용할 수 있도록 저작물을 무선 또
는 유선통신의 방법에 의하여 송신하거나 이용에 제공하는 것"에도 해당할 경우에는 그것을 공연
으로 볼 것인지, 아니면 전송으로 볼 것인지의 문제가 제기될 수 있었는데, 2006년 개정법은 위
와 같이 괄호 속에 "전송을 제외한다"고 명시하고 있어 위와 같은 경우는 공연이 아니라 전송에
해당하는 것임이 분명하게 되었다. 예를 들어 호텔에서 각 객실에 제공하는 VOD 서비스는 현행
법상 공연이 아니라 전송에 해당함이 분명하게 된 것이다. 다만 전송은 송신의 이시성(異時性, 비동
시성)을 요건으로 하므로, 유선 또는 무선 통신을 이용하여 동일인의 점유에 속하는 연결된 장소
안에서 송신을 한 경우라 하더라도 그것이 '동시성'을 갖춘 경우에는 공연에 해당하게 된다.

§13-29   '공연'이 반드시 관람료나 시청료 등의 반대급부를 받을 것을 요건으로 하는 것은 아니며, 다
만 후술하는 바와 같이 영리를 목적으로 하지 아니하고 청중·관중 또는 제 3 자로부터의 반대급
부를 받지 아니하고 '공표된 저작물'을 공연할 경우에는 공연권 제한규정(제29조)에 따라 공연권
침해를 구성하지 아니한다.

§13-30   공연권과 복제권은 엄격히 구분되는 것이므로, 저작권자가 저작물의 복제만을 허락한 경우에
그 허락을 받은 사람이 그 저작물을 공연하기 위해서는 다시 저작권자의 허락을 받아야 함은 당

---

1 同旨 임원선, 실무가를 위한 저작권법(제 4 판), 한국저작권위원회, 2014, 141면.
2 同旨 오승종, 저작권법(제 3 판), 박영사, 2013, 461면.
3 예컨대, 학교의 학생회관 건물과 별도로 떨어져 있는 강의동의 경우는 같은 학교 안에 있더라도 서로 연결된 건물이
  아니라 독립된 건물이라고 보아야 할 것이다.
4 同旨 오승종, 전게서, 461~462면.

연한 것이다. 예컨대 노래반주용 기계의 제작업자에게 사용료를 받고 가사와 악곡 등 음악저작물의 이용을 허락하는 경우에 그 허락의 범위는 일반적으로 노래반주용 기계에 그것을 수록하여 복제하는 데 한하는 것으로 인정되고, 따라서 저작권자의 별도의 허락 없이 노래방에서 위와 같이 복제된 노래반주용 기계를 구입하여 복제된 가사와 악곡을 재생하는 방식으로 공중을 상대로 영업하는 행위는 공연권을 침해하는 것이 된다.[1]

§13-31
　　저작권법상 공연권은 가장 큰 제한을 받고 있는 권리이다. 즉 영리를 목적으로 하지 아니하고 청중이나 관중 또는 제 3 자로부터 어떤 명목으로든지 반대급부를 받지 아니하며, 실연자에게 통상의 보수를 지급하지도 않는 경우에는 저작권자의 허락을 받지 않고도 공표된 저작물을 공연할 수 있고(법 제29조 제 1 항), 청중이나 관중으로부터 당해 공연에 대한 반대급부를 받지 아니하는 경우에는 유흥주점 등에서의 공연 등 일정한 경우를 제외하고는 영리ㆍ비영리를 불문하고 판매용 음반 또는 판매용 영상저작물을 재생하여 공중에게 공연할 수 있다(같은 조 제 2 항)(§14-105 이하 참조).[2]

 **판 례**

❖ 서울중앙지방법원 2010. 7. 23. 선고 2008나40136(반소2008나40143) 판결　　　　§13-32
　　피고가 2004. 3.부터 2005. 8.말까지 피고의 '전면개정 재무관리'와 '전면개정 재무관리 해답'을 교재로 공인회계사수험학원에서 강의를 한 행위가 위 저서의 발행과 별도로 원고의 저작권을 침해하였는지 여부에 관하여 살피건대, 복제권과 공연권은 엄격히 구분되는 권리이므로, 복제권을 침해한 자가 저작자의 동의를 받지 않고 복제한 저작물의 공연에까지 나아갔다면 별도로 저작자의 저작권을 침해하는 것이 되는 것이고, 피고가 '전면개정 재무관리'와 '전면개정 재무관리 해답'을 수험강의의 교재로 삼아 공인중계사수험학원에서 강의를 한 사실은 당사자 사이에 다툼이 없으나, <u>위 강의행위를 두고 이를 복제한 원고 저작물의 공연이라고 볼 수는 없다.</u>
　　설령 위 강의행위를 공연으로 본다고 하더라도 복제권 침해와 마찬가지로 원고 저작물의 표현과 피고의 공연(강의) 사이에 "동일성 내지 실질적 유사성"이 존재하지 않는 경우에는 저작권 침해가 성립하지 않는 것이므로, 원고가 원고 저작물의 표현부분(아이디어 부분이 아닌)과 피고의 강의 사이에 동일성 내지 실질적 유사성이 존재하는 점을 입증하여야 할 것인바, 일반적으로 수험생들이 학습서를 구입하여 스스로 공부하는 이외에 학원에서 수험강의를 듣는 이유는 학습서에 나와 있는 내용 이외에 강사의 축적된 노하우나 개성 있는 전달기법 등을 통한 해당 과목의 이해 및 응용, 암기 등 수험목적을 달성하기 위한 방법을 습득하고자 한다는 수험강의의 특성에 비추어 강의교재와 강사의 강의 사이에는 실질적인 유사성이 존재할 가능성이 낮은 경우가 일반적인데다가, 피고의 강의와 원고의 저작물 사이에 실질적 유사성이 있음을 확정할 만한 아무런 입증자료도 없으므로, 결국 원고의 이 부분 주장은 이유 없다.

---

1 대법원 1994. 5. 10 선고 94도690 판결 참조.
2 이에 대하여 자세한 것은 제 4 절 Ⅷ 참조.

▷NOTE : 이 판결은 저작물 A의 복제물이라고 주장된 B의 작성자가 B를 교재로 학원 강의를 한 것과 관련하여 (B가 실제로 A의 복제물에 해당할 경우) 그 강의가 저작물 A의 공연에 해당하는지 여부에 관하여 일단 부정설의 입장을 취하면서 혹시 그것이 공연에 해당하는 것으로 볼 가능성도 있음을 염두에 두고 가정적 판단으로 B와 A 사이에 실질적 유사성이 있음을 인정할 증거가 없다는 이유로 원고의 주장을 배척하고 있다. 공연이란 저작물 등을 상연·연주·가창·구연·낭독·상영·재생 그 밖의 방법으로 공중에게 공개하는 것을 말한다고 하는 정의규정(법 제 2 조 제 3 호)에 비추어 볼 때, 강의의 내용이 저작물과 실질적 유사성이 있을 경우에는 이것을 공연이 아니라고 볼 근거가 무엇인지 의문이 든다. 이러한 경우도 원저작물과 실질적 유사성이 있는 한 공연의 개념에는 해당하는 것으로 봄이 타당할 것이라 생각된다.

Ⅳ. 공중송신권

1. 공중송신권의 의의

§13-33   저작자는 자신의 저작물을 공중송신할 배타적인 권리를 가진다(법 제18조). 공중송신이란 저작물 등을 공중이 수신하거나 접근하게 할 목적으로 무선 또는 유선통신의 방법에 의하여 송신하거나 이용에 제공하는 것을 말한다(법 제 2 조 제 7 호).

공중송신의 개념은 2006년 개정 저작권법에서 신설된 개념으로 방송, 전송, 디지털음성송신 및 기타의 송신행위를 모두 포괄하는 개념이다. 따라서 공중송신의 개념도는 [그림 1]과 같다.[1]

원래는 방송권과 전송권이 별도의 지분권으로 인정되었으나,[2] 개정법에서 보다 상위의 개념으로서 공중송신의 개념과 함께 공중송신권이 신설되게 되어, 종전의 방송권 및 전송권은 모두 공중송신권에 속하게 되었다.

§13-34   '방송(放送)'은 공중송신 중 공중이 동시에 수신하게 할 목적으로 음·영상 또는 음과 영상 등

---

1 문화체육관광부, 2006. 12. 28. 법률제8101호 개정 저작권법 해설, 19면.
2 전송권은 디지털 시대의 새로운 환경에 저작권법이 대응하는 과정에서 그 필요성이 부각되어 인정된 권리로서 우리나라 저작권법에 처음 전송권이 정식으로 도입된 것은 2000. 1. 12.자 개정법(법률 제6134호)에서이다. 같은 개정법은 제18조의2를 신설하여 "저작자는 그 저작물을 전송할 권리를 가진다."라고 규정하였다. 2006년 개정법은 방통융합의 흐름을 의식하여 이를 제도적으로 반영한다는 취지에서 전송과 방송 및 기타 공중송신을 포괄하는 공중송신권을 신설하게 된 것이다. 다만, 현행법상으로도 저작인접권자인 실연자와 음반제작자에게는 포괄적인 공중송신권이 인정되지 않아 전송권이 방송권 등과 별도로 부여되어 있다. 한편, 2000년 개정법에서 부칙규정 등으로 전송권에 대한 소급 적용을 제한하는 규정을 둔 바 없으므로, 위 규정 신설 이전에 공표된 저작물 등에도 위 개정법에 따른 전송권 및 현행법에 따른 공중송신권 등이 인정될 수 있다. 대법원 2016. 4. 28. 선고 2013다56167 판결도 같은 취지에서 "구 저작권법에는 저작자의 권리로서 전송권이 규정되어 있지 아니하였으나 2000. 1. 12. 법률 제6134호로 개정된 저작권법은 제18조의2로 저작자의 전송권을 신설하였는데 위 개정법률이 신설된 전송권에 관하여 소급효를 제한하는 규정을 두지 아니하였고, 이 사건 음반의 성격상 전송권이 인정될 여지가 없다는 등의 특별한 사정도 없는 이상 위 개정법률에 따라 이 사건 음반에 관하여도 전송권이 인정된다."라고 판시하였다(위 판례가 음반을 저작물과 같이 취급한 것은 1986. 12. 31.자 개정 이전의 구 저작권법상 음반이 저작물의 한 유형으로 규정되어 있었기 때문이다).

을 송신하는 것을 말하고(법 제 2 조 제 8 호), '전송(傳送)'은 공중송신 중 공중의 구성원이 개별적으로 선택한 시간과 장소에서 접근할 수 있도록 저작물 등을 이용에 제공하는 것을 말하며, 그에 따라 이루어지는 송신을 포함한다(법 제 2 조 제10호). 수신의 동시성(同時性, 방송)과 이시성(異時性, 전송)이 결정적인 구별기준이 됨은 구 저작권법과 마찬가지이다.

'디지털음성송신'은 개정법에서 신설된 개념으로서, "공중송신 중 공중으로 하여금 동시에 수신하게 할 목적으로 공중의 구성원의 요청에 의하여 개시되는 디지털 방식의 음의 송신을 말하며, 전송을 제외한다"고 정의되어 있다(제 2 조 제11호). 예를 들어 인터넷상에서 실시간으로 음악을 청취할 수 있게 제공하는 비주문형의 웹캐스팅의 경우를 보면, 그 이용자(수신자)가 해당 사이트에 접속하거나 특정한 서비스 메뉴 등을 클릭함으로써 수신자의 수신정보(IP) 및 송신요청 신호가 서비스 제공자 측의 서버에 전달되어야만 서버로부터 수신자의 PC를 향한 스트리밍 방식의 송신이 개시되는 점에서 법 제 2 조 제11호에서 말하는 "공중의 구성원의 요청에 의하여 개시되는" 것이라 할 수 있다(이러한 특성을 '매체의 雙방향성'이라 부를 수 있을 것이다).[1] 한편으로는 마치 라디오와 같이 누구나 같은 시간에는 같은 내용을 청취할 수 있도록 제공하는 점에서 "공중이 동시에 수신하게 할 목적"을 가진 디지털 방식의 음의 송신에 해당하므로 결국 개정법상의 '디지털음성송신' 개념에 정확하게 부합함을 알 수 있다. 디지털음성송신은 이와 같이 '매체의 雙방향성'과 '수신의 동시성'을 갖춘 디지털 송신 중 '음의 송신'에 한하는 개념이다. 이것은 2006년 개정법 이전의 구 저작권법상으로는 개념상 '수신의 동시성'을 요건으로 하는 '방송'에 해당하는 것으로 볼 수 있었는데, 개정법에서 매체의 '雙방향성'이라는 특성의 면에서 '방송'의 개념과 구별되고 '수신

§13-35

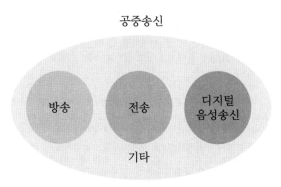

[그림 1] 공중송신 개념도

---

1 예컨대 공중파 방송이나 케이블TV 방송 등의 경우는 수신자 측의 송신요청 여부와 관계없이 일방향적으로 공중을 향해 또는 케이블을 통해 수신자의 TV에까지 일방향적으로 방송 신호를 송신하는 점에서 이러한 웹캐스팅이 가지는 특성을 가지고 있지 않음을 알 수 있다.

의 동시성'의 면에서는 '전송'의 개념과 구별되는 제 3 의 송신행위로 별도로 규정하게 된 것이다.

결국 구법상 전송에 해당하는 것은 그대로 개정법의 '전송'에 해당하고, 구법상 방송에 해당하는 것 중 '공중의 구성원의 요청에 의하여 개시되는 디지털 방식의 음의 송신', 즉 비주문형의 웹캐스팅 등은 개정법상은 방송이 아니라 디지털음성송신에 해당하게 된다. 개정법은 그러한 세 가지의 송신행위 외에도 다른 중간적인 영역이 있을 수 있음을 예정하고 그러한 모든 송신행위를 포괄하는 개념으로 공중송신이라는 개념을 설정한 것이다.

§13-35-1　비주문형의 웹캐스팅 중 음만의 송신이 아니라 '영상'을 함께 송신하거나 영상만을 송신하는 경우는 방송, 전송, 디지털음성송신의 개념 중 어디에도 해당하지 아니한다. 개정 전 법하에서는 이러한 경우도 송신의 동시성을 중시하여 '방송'에 해당하는 것으로 보았으나 현행법은 그와 유사한 경우인 '디지털음성송신'을 방송으로 보지 않고 별개의 개념으로 파악하고 있으므로 이와 같이 영상의 송신을 포함하는 비주문형의 웹캐스팅(강학상 이를 '디지털영상송신'이라 부른다)도 현행법상 방송에 포함시키지 않고자 한 것이 입법자의 의사인 것으로 추정된다.[1]

§13-36　여기서 공중송신 중 방송, 전송, 디지털음성송신의 구별기준을 다시 한번 정리해 보면 다음과 같다.

먼저 수신의 동시성/이시성을 기준으로 이시성을 가진 전송과 동시성을 가진 경우들로 구분되고, 그 다음 동시성을 가진 경우들 중에서 수신자의 송신요청에 의한 송신 개시 여부(매체의 쌍

---

[1] 다만 이 점에 대하여는 학설이 일치하지 않고 있다. 임원선, 실무가를 위한 저작권법(개정판), 한국저작권위원회, 2009, 132면은 방송에 해당한다는 입장을 취하고 있다. 또한 오승종, 저작권법, 박영사, 2007, 452면은 "영상물을 포함하는 웹캐스팅은 방송의 범주에 포함시켜 보호받을 수 있게 되었다는 것이 법개정을 주도한 문화체육관광부의 입장이다"라고만 언급하면서, 심동섭, "개정 저작권법 해설," 계간 저작권(2006. 겨울), 저작권심의조정위원회, 48~49면을 인용하고 있다. 실제로, 심동섭의 위 논문은 그러한 입장을 밝히고 있다. 그러나 그것이 당시 문화체육관광부의 입장이라고까지 할 수 있을지는 의문이다. 문화체육관광부, 2005-개정저작권법 설명자료, 10면 이하의 자료에 의하면, 방송의 특징은 제시된 도표상으로 [동시성 ○, 쌍방향성 ×, 주문형 X]로 표시되고, 그에 해당하는 사례로는 지상파방송, 케이블방송, 위성방송, DMB만이 들어지고 있고 있는데, 이에 의하면, 실시간 웹캐스팅의 경우는 쌍방향성이 있으므로, 방송에 포함되지 않게 된다.

　　한편, IPTV에 대하여도, 매체의 쌍방향적 속성은 마찬가지이므로 비슷한 견해대립이 있을 수 있다. 참고로, 문화체육관광부가 주최하고, 한국저작권위원회가 주관한 저작권 법체계 선진화를 위한 '저작권포럼 워크샵'의 자료집(2009. 12.)에 실린 한국저작권위원회에서 준비한 참고자료(동 자료집 27면)에서는 IPTV의 법적 성격과 관련하여 "IPTV의 실시간 방송은 수신자가 동일한 방송 프로그램을 동일한 시간대에 수신하는 '동시성'을 가지는 한편, IPTV를 수신하기 위해서는 수신자가 먼저 수신자의 수신정보(IP)를 보내야 하는 '송신요청'이 먼저 있는 점에서 개념상 방송이나 전송보다는 '디지털음성송신'에 가까움. 다만, 디지털음성송신은 음의 송신인데 반하여 IPTV는 음과 영상을 같이 송신하는 것이므로 엄밀하게는 디지털음성송신에 해당하지 않고 <u>방송과 전송 중간의 제 3 의 유형의 공중송신에 해당한다고 할 수 있음</u>"이라고 하고 있다. 이것은 본서의 입장과 일치하는 것이다. 이처럼 IPTV에 의한 실시간 방송의 경우에는 본서의 해석론상으로는 방송도 전송도 디지털음성송신도 아닌 '기타의 공중송신'영역에 해당하는 것으로 보게 되나, 입법론적으로는 웹캐스팅의 경우와 달리 규범적인 면에서 방송과 다르게 취급할 이유가 없다고 생각되므로 특칙규정 등에 의하여 '방송'으로 취급될 수 있도록 개정하는 것이 바람직하리라 생각된다. 이러한 논의에 대하여 보다 자세한 것은, 이해완, "저작권법상 공중송신의 유형 및 그 법적 취급에 관한 연구", 성균관법학 제24권 제 4 호(2012. 12), 391~419면 참조.

방향성)를 기준으로 하여 방송과 디지털음성송신 등으로 나누어지는 것으로 볼 수 있는데, 그것을 도표로 정리해 보면 다음과 같다.

	수신의 동시성		수신의 이시성
수신자의 송신 요청에 의하여 송신 개시(쌍방향성)	음의 송신	디지털음성송신	전송
	영상의 송신 포함	기타의 공중송신[1]	
수신자의 송신 요청과 무관하게 송신 개시(일방향성)	방송		

예를 들어 '인터넷방송'이라는 이름을 가지고 사업을 하더라도, 실제 그 사업에서 수행하는 서비스가 이용자가 자신이 선택한 시간에 다운로드 받는 경우이거나 스트리밍 방식이라 하더라도 자신이 선택한 시간에 시청할 수 있도록 하는 주문형 서비스(On Demand Service)의 특성을 가지고 있다면, 방송이 아니라 전송에 해당한다. 따라서 TV에 방송된 내용을 인터넷에서 '다시보기' 서비스로 제공하는 것과 인터넷 영화관 등의 서비스는 모두 전송에 해당한다.

역시 스트리밍 방식을 이용한 실시간 웹캐스팅의 경우는 앞에서 본 바와 같이 '음의 송신'만 §13-37 이루어지는 것이면, 저작권법적으로는 방송이나 전송이 아니라 디지털음성송신[2]에 해당한다. 지상파방송을 동시에 웹으로 시청할 수 있게 하는 "지상파방송 동시 웹캐스팅(Simulcast)"도 음의 송신만을 내용으로 하는 것이면 디지털음성송신에 해당하며, 모바일(핸드폰, 스마트폰)을 통한 무선 서비스도 여기에 포함될 수 있다. 뒤에 저작인접권에 관한 장에서 후술하겠지만, 실연자와 음반제작자는 실연 또는 음반의 전송, 방송 및 디지털음성송신 행위에 대하여는 일정한 권리(채권적 권리 포함)를 행사할 수 있도록 규정하고 있으나(§19-35 이하 및 §19-58 이하 참조) 공중송신 일반에 대한 권리를 인정하지는 않고 있다. 결국 비주문형의 웹캐스팅 중 영상의 송신을 포함하는 경우에는 저작인접권자의 권리가 미치지 않는 것으로 규정한 것으로 볼 수밖에 없는 것으로 생각된다. 그 이유에 대하여는 해당 부분(§19-36)에서 살펴보기로 한다. 그리고 저작재산권의 제한규정 중에서 공중송신, 전송, 방송 등의 용어가 사용되고 있는데, 그 중에서 공중송신이라는 용어가 쓰이지 않고 전송, 방송이라는 용어가 쓰인 부분에는 역시 비주문형의 웹캐스팅('디지털음성송신' 포함)은 해당되지 않는 것으로 보아야 한다.

---

1 위에서 본 바와 같이, 이 경우를 '방송'의 일종으로 보는 견해도 있다.
2 저작권법 제 2 조 제11호 : "디지털음성송신"은 공중송신 중 공중으로 하여금 동시에 수신하게 할 목적으로 공중의 구성원의 요청에 의하여 개시되는 디지털 방식의 음의 송신을 말하며, 전송을 제외한다.

2. 방 송

§13-38   '방송'은 공중송신 중 공중이 동시에 수신하게 할 목적으로 음·영상 또는 음과 영상 등을 송신하는 것을 말한다(법 제 2 조 제 8 호). 위에서 본 바와 같이 공중송신이란 저작물 등을 공중이 수신하거나 접근하게 할 목적으로 무선 또는 유선통신의 방법에 의하여 송신하거나 이용에 제공하는 것을 말하므로 결국 방송은 "공중이 동시에 수신하게 할 목적으로 음·영상 또는 음과 영상 등을 무선 또는 유선통신의 방법에 의하여 송신하는 것"을 의미하는 것으로 볼 수 있다.

이와 같이 우리 저작권법은 무선방송뿐만 아니라 유선방송도 방송의 일종으로 규정하고 있다.

국제적인 관례를 보면 베른협약과 미국 및 독일의 저작권법이 방송의 개념에 무선 또는 유선방송을 모두 포함하고 있으며, 로마협약(인접권조약)에서는 무선방송만 방송의 개념에 포함시키고 있다. 일본 저작권법은 공중에 의하여 동일한 내용의 송신이 동시에 수신될 것을 목적으로 행하는 무선통신의 송신을 말하는 '방송'(제 2 조 제 1 항 제 8 호)과 공중송신 중 공중에 의하여 동일한 내용의 송신이 동시에 수신될 것을 목적으로 행하는 유선전기통신의 송신을 말하는 유선방송(제 2 조 제 1 항 9-2호)을 구별하여 규정하고 있다. 우리나라의 위와 같은 규정은 베른협약과 미국 및 독일의 입법례를 본받은 것이다.[1]

먼저 무선방송이란 일반적으로 음(音)만의 방송(라디오방송)과 음(音)과 영상의 방송(텔레비전방송)이 주된 것이지만, 반드시 이에 한정되는 것은 아니다. 음성·음향·영상의 송신이 아닌 단순한 부호의 송신은 방송이라고 할 수 없다고 하는 견해도 있지만,[2] 모르스신호에 의한 방송이나 문자방송 등도 저작권법상의 방송에 포함된다고 보는 것이 타당할 것이다.[3] 저작권법의 문언상으로도 '음·영상 또는 음과 영상 등'이라고 하여 송신의 대상을 음과 영상에만 엄격하게 한정하고 있지는 않음을 알 수 있다.

다음으로 유선방송이란 유선통신에 의한 방송을 말하며, 여기에는 영업소에 대한 유선음악방송이나 CATV에 의한 방송 등이 포함된다. 방송의 개념에 '동시성'의 요소를 포함한 것은 2000년 1월의 개정법에서 비롯된 것인데, 이것은 위에서 본 바와 같이 '전송'의 개념과 방송의 개념을 명확히 구분하기 위한 것이다. 방송에는 생방송만이 아니고 녹음·녹화물에 의하여 방송하는 경우와 원방송을 수신하여 중계방송을 하는 경우 및 재방송도 포함된다.[4] 다만 '동일인의 점유에 속하는 연결된 장소 안에서 이루어지는 송신'은 공연에 해당하므로(§13-27), 방송의 개념에서는 제외

---

1 허희성, 전게서, 26면 참조.

2 김정술, 전게논문, 303면; 이기수 외 6인, 전게서, 914면 등.

3 허희성, 전게서, 26면; 송영식·이상정, 전게서, 152면 등. 이렇게 해석하는 것이 베른협약에 부합되는 해석이기도 하다(협약 제11조의2 제 1 항 참조).

4 허희성, 전게서, 97면.

된다.

법문이 공중으로 하여금 수신하게 할 목적으로 할 것을 요건으로 하고 있으므로, 그러한 목
적을 가지지 아니한 아마추어방송은 저작권법상의 방송에 해당하지 아니한다.

공연권의 경우와 마찬가지로 방송의 경우에도 영리를 목적으로 하지 아니하고, 또한 청중이
나 관중 혹은 제3자로부터 어떤 명목으로든지 반대급부를 받지 아니하는 경우에는 저작재산권
의 침해로 되지 아니한다(제29조 제1항). 그리고 공표된 저작물의 방송에 대하여는 방송사업자가
특정한 경우 문화체육관광부장관의 승인을 얻어서 저작물을 방송할 수 있다(제51조).

3. 전   송

위에서 본 바와 같이 전송은 공중송신 중 공중의 구성원이 개별적으로 선택한 시간과 장소에 §13-39
서 접근할 수 있도록 저작물 등을 이용에 제공하는 것을 말하며, 그에 따라 이루어지는 송신을
포함한다(법 제2조 제10호). 전송은 ① 수신의 이시성, ② 이용제공 또는 송신, ③ 공중의 세 가지
개념요소를 가지고 있다. 전송의 첫번째 개념요소는 '수신의 이시성(異時性)'이다. 위 정의규정에서
"공중의 구성원이 개별적으로 선택한 시간과 장소에서 접근할 수 있도록"이라는 표현에 그러한
개념요소가 내포된 것으로 볼 수 있다. 그 점에서 수신의 동시성을 요소로 하는 방송 및 디지털
음성송신과 명백히 구분된다. 이른바 다운로드 방식에 의한 서비스만이 아니라 스트리밍 방식에
의한 VOD, AOD 등의 서비스도 이용자가 같은 시점에는 같은 내용을 보거나 들을 수밖에 없는
방식이 아니라 자신이 선택한 시간에 처음부터 보거나 들을 수 있는 방식(즉 주문형)으로 서비스를
할 경우에는 서비스 주체가 그것을 '인터넷방송'이라고 부르더라도 저작권법상은 방송이 아니라
전송에 해당하는 것으로 보아야 한다. 인터넷상의 게시물 등은 대부분 그러한 의미에서 이시성을
가지고 있어 역시 전송에 해당한다.

한편, 전송과 공연의 구별기준도 수신의 이시성 여부에 있다. 즉 동일인의 점유에 속하는 연
결된 장소 안에서 이루어지는 송신은 방송이 아니라 공연에 해당할 수 있음은 위에서 본 바와 같
은데, 그러한 송신이라고 하더라도 VOD(Video on Demand) 서비스와 같이, 수신의 이시성이 인정
될 경우에는 전송에 해당하는 것으로 볼 수 있고, 전송에 해당할 경우는 공연의 개념에서 제외되
는 것으로 법에서 명시하고 있으므로(제2조 제3호 괄호 안의 부분), 결국 그 경우에는 공연에 해당
하지 않고 전송에만 해당하는 것으로 보게 된다. 쌍방향 매체로서의 속성을 가지는 인터넷을 이
용한 송신 가운데, 이와 같이 수신의 이시성이 있을 경우에는 '전송'에 해당하고, 수신의 동시성
이 있을 경우에는 '디지털음성송신'(음만의 송신일 경우, §13-35 참조) 또는 기타의 공중송신(영상을 포
함한 송신의 경우로서 강학상의 '디지털영상송신'에 해당함, §13-35-1 참조)에 해당하는 것으로 보게 된다.

그러나 수신의 동시성과 이시성이 명확히 구분되지 않는 새로운 형태의 서비스가 계속 대두되고 있어, 이른바 '유사전송'에 대한 규제의 필요성이 논의되고 있다. 예를 들어 '디지털음성송신' 형태를 염두에 둔 인터넷 음원 서비스의 경우 고객이 듣고 싶은 노래를 선택하면 그 노래의 처음부터 나온다는 의미에서의 '이시성'은 없지만, 그 사이트에서 제공하는 음원으로 자신이 좋아하는 몇 곡을 선택하여 '방송만들기'를 한 후 자신이 만든 방송제목을 선택하기만 하면 그 몇 곡 안에서 노래가 돌아가는 "음악방송"을 들을 수 있도록 제공하는 경우에는 '이시성' 또는 '주문형'에 상당히 근접한 면이 있다. 이러한 서비스를 전송이 아니라 디지털음성송신으로 볼 경우에 실연자 및 음반제작자의 배타적 권리가 미치지 않고 채권적 보상청구권의 대상으로만 보게 되는데, 그것이 타당한지는 의문이 있고, 따라서 전송과 유사한 위치에 있는 일정한 '유사전송'의 영역에 대하여 전송과 동일한 취급을 할 필요가 있을 수 있다. 이후의 상황 전개에 따라 입법적 검토가 필요한 부분이라 생각된다.[1] 해석상으로도 예를 들어 위와 같은 인터넷 사이트의 고객이 자신이 '방송만들기'를 한 음악목록에 관한 한 그 목록의 처음부터 음원을 청취하는 것이 가능한 형태로 서비스가 이루어지는 경우나 그렇지 않더라도 해당 고객이 자신이 청취하고 싶은 소수의 음원을 개별적으로 선택하여 청취할 수 있는 자유도가 상당한 정도에 이를 경우에는 그러한 고객들과 관계에서 해당 음원을 제공하는 서비스회사는 '동시성'이 아니라 '이시성'('주문형')의 요소가 있는 음원의 '이용제공'을 하는 것으로 보아야 할 것이므로, 그 법적 성격은 '디지털음성송신'이 아니라 '전송'에 해당하는 것으로 보아야 할 것이다. 그러한 경우에 해당한다고 할 수 있는 인터넷 서비스의 제공과 스마트폰 앱을 통한 모바일 서비스의 제공을 각 '전송'으로 본 하급심판결(§13-39-1 및 §13-39-2)이 있다. '일시정지 후 다시 이어 듣기' 기능이나 '곡 넘기기 기능' 등을 넣은 경우에도 디지털음성송신의 개념요소인 '동시성'은 없고, 제한적이지만 전송의 개념요소인 '이시성'은 인정될 수 있으므로 해석상 전송으로 보아야 할 것이다.

전송의 두 번째 개념요소는 "이용제공" 또는 "송신"이다. 이용제공이란 공중의 구성원이 이용하는 것이 가능한 상태로 업로드 등을 하는 것을 뜻한다. 실제 그 이용자의 PC 등으로 저작물의 송신이 이루어지지 않고 단지 인터넷 게시판 기능 등에 의하여 공중이 접근할 수 있는 웹서버 등에 저작물이 올려져 있기만 하여도 "이용 제공"에는 해당하므로, 전송은 이미 행해진 것으로 볼 수 있다. 그러한 이용제공행위가 있게 되면 그 이후 누군가가 웹사이트에 접속하거나 '클릭' 등의 동작을 취할 경우 기계적으로 송신이 이루어지게 된다. 법에서 위와 같이 " … 그에 따라 이루어지는 송신을 포함한다"라고 정의하고 있는 것은, '송신'의 준비단계라고 할 수 있는 '이용제

공'만이 아니라 '이용제공' 이후 실제로 공중의 구성원이 접근하여 이용하고자 할 때 그 이용자에게 자동적으로 이루어지는 '송신'도 전송의 개념에 포함하는 취지이다. 따라서 예컨대, 1회의 이용제공 이후 그에 기하여 자동적으로 송신이 100번 이루어진 사실이 인정된다면, 형사적으로 101회의 공중송신(전송)이 이루어진 것으로서 그것이 저작권자의 허락을 받지 않은 경우에는 101개의 공중송신권 침해죄의 경합범이 성립하게 되는 것으로 보아야 한다. 공소시효의 면에서도 각각의 송신의 시점이 시효산정의 기준이 되어야 하는 것이다.[1] 다만 우리 저작권법상 '전송'의 개념에 포함되는 '송신'은 수신의 이시성을 요소로 하는 '이용제공' 행위에 기하여 자동적으로 이루어지는 송신에 한하는 것임을 유의하여야 한다. 온라인상의 송신 중에서도 동시성을 가진 것은 당연히 전송 개념에 해당하지 않는다. 따라서 수신자 측의 접속 없이도 송신자 측에서 사전에 일정한 분야를 지정하여 기사를 팩스로 보내 주는 클리핑 서비스와 같은 경우는 '전송'의 개념에 해당한다고 보기 어렵다.[2] 한편 이용제공의 형태에는 여러 가지 유형이 있음을 유의할 필요가 있다. ① 공개된 인터넷 홈페이지나 웹사이트 게시판, 블로그 등에 글이나 사진, 영상물 등을 업로드하는 것이 이용제공의 일반적인 형태이나, 그 외에도 ② 자신의 블로그에 '비공개'로 올려 두었던 글을 '공개'로 설정변경하거나 웹스토리지에 비공개로 올려 두었던 파일에 대하여 다른 이용자들도 공유할 수 있도록 설정변경하는 것 등과 같은 경우, ③ 서버 컴퓨터에 웹서비스를 할 수 있는 모든 정보를 올려 두었지만 그 컴퓨터를 네트워크에 연결하지 않고 있다가 네트워크에 연결하여 실제 서비스가 이루어지도록 하는 경우 등도 이용제공에 포함될 수 있다.[3] 위 ①의 경우에는

---

[1] 본서에서 이와 같이 이용제공에 기하여 자동적으로 이루어지는 '송신'의 독자적인 법적 의의를 강조하는 것은 그것이 링크행위에 의한 침해 방조를 인정함에 있어서 논리적 근거가 되기 때문이다(자세한 것은 §13-47 참조, 그 부분에서 본서의 위와 같은 견해를 뒷받침하는 논리적 근거들을 자세히 제시한다).

[2] 오승종, 상게서, 444면 참조.

[3] 일본 저작권법 제 2 조 제 1 항 제 9 의5호는 '송신가능화'를 정의하면서 그 가목에 i) 자동공중송신장치의 공중송신용 기록매체에 정보를 기록하는 것, ii) 정보가 기록된 기록매체를 자동공중송신장치의 공중송신용 기록매체로 부가하는 것, iii) 정보가 기록된 기록매체를 자동공중송신장치의 공중송신용 기록매체로 변환하는 것, iv) 자동공중송신장치에 정보를 입력하는 것의 네 가지 유형을 나열하고 있고, 나목에서는 v) "그 공중송신용 기록매체에 정보가 기록되거나 또는 당해 자동공중송신장치에 정보가 입력되어 있는 자동공중송신장치에 대하여, 공중용으로 제공되고 있는 전기통신회선에의 접속(배선, 자동공중송신장치의 시동, 송수신용 프로그램의 기동 기타 일련의 행위에 의하여 행해지는 경우에는 당해 일련의 행위 중 최후의 것을 말한다)을 행하는 것"을 규정하고 있다.

　　이러한 송신가능화의 다섯 가지 유형 중 위 iv)의 유형은 실시간 송신의 경우를 뜻하는 것으로서 우리 저작권법상 전송이 아니라 디지털음성송신 또는 디지털영상송신에 해당하는 유형인 것으로 이해되지만(따라서 일본 저작권법상 저작인접권자에게 인정되는 송신가능화권은 우리 저작권법상의 전송권보다 그 범위가 넓다), 나머지 유형은 우리 저작권법상으로도 전송에 해당하는 것들이라 할 수 있다. 위에서 '이용제공'의 유형으로 나열한 것 중 ①은 일본법상의 송신가능화 유형 중 위 i)에 해당하는 것이고, ②는 iii)에 해당하며, ③은 v)에 해당하는 것으로 볼 수 있다. 일본 저작권법상의 유형 중 위 ii)의 유형은 자동공중송신장치와 물리적으로 접속되어 있지 않았던 기록매체를 자동공중송신장치와 물리적으로 접속시킴으로써 그 기록매체에 들어 있는 정보가 그 자동공중송신장치를 통하여 네트워크에 올려지도록 하는 것으로서, 과거의 예로는 저작물이 저장된 플로피디스켓을 서버를 통하여 네트워크에 올려지도록 서버에 삽입하는 행위 등이 그 예로 들어졌었다. 加戶守行, 著作權法逐條講義(五訂新版), 著作權情報センター, 2006, 41면 참조. 따라서 이러한 유형은 극히 드문 경우라고 할 수 있다.

전송의 과정에 복제가 수반되지만, ②, ③의 경우에는 이용제공행위 자체에는 복제가 수반되지 않는다는 점에 차이가 있다. 다만 위 ②, ③의 경우에도 그와 같이 공개가 되고 나면 그 이전의 복제도 사적 이용을 위한 복제가 아닌 것으로 보게 되어 저작자의 허락이 없을 경우 전송권침해 만이 아니라 복제권 침해도 성립하는 것으로 보게 될 가능성이 많을 것이다. 물론 그것은 같은 사람의 행위임을 전제로 하는 것이고 복제를 한 사람과 마지막 이용제공을 한 사람이 다른 경우에는 전자의 복제행위 중 적어도 ②의 경우는 사적 이용을 위한 복제로서 복제권 침해도 성립하지 않을 가능성이 높고, 전송권에 관한 한, 후자의 이용제공행위를 한 사람만 침해책임을 지게 될 것이다.

전송의 세 번째 개념요소는 "공중"이다. 전송은 '공중'의 구성원이 수신하게 할 것을 목적으로 하는 것이어야 하므로, '공중'을 대상으로 하지 않은 행위, 예를 들어 공중의 구성원이 아닌 특정한 개인에게 이메일을 보내는 것 또는 가족만 가입하는 비공개 까페에 글을 올리는 것 등은 전송에 해당하지 않는다. 다만, 동일한 저작물이 자동적으로든 수동적으로든 반복되어서 다수의 사람에게 발송된다면, 이는 전송에 해당하는 하는 것으로 보아야 할 것이다.[1] 영업주체와 그 고객과의 관계에서 공중의 개념을 어떻게 파악할 것인지는 '공연권'에 대하여 설명한 것(§13-26)과 같은 법리가 전송의 경우에도 적용된다. 즉, 특정한 영업주체와의 관계에서 다수의 고객이 서비스의 대상이 된 경우에는 각 고객 한 명 한 명을 떼어서 '특정인'으로 보기보다 그 고객 전체를 집합적으로 보아 아직 범위가 특정되기 전에는 '불특정 다수인'으로, 범위가 특정되었는데 그 수가 많다면 '특정다수인'으로서 '공중'의 개념에 해당하는 것으로 보는 것이 타당하다. 예를 들어, TV 프로그램에 대한 인터넷상의 원격녹화 서비스의 경우에 각 가입자 개인에 대한 서비스라는 점에 초점을 맞추면 회사와 가입자 개인의 1 : 1 관계의 서비스인 것처럼 생각되는 면이 있지만, 이러한 경우에 송신주체의 관점에서 보아 1 : 다(多)의 관계, 즉 회사가 불특정 다수의 고객들(공중)에 대하여 이용제공을 하는 것으로 보아야 할 것이다.[2]

---

1 임원선, 전게서, 129면.

2 '이러한 본서의 입장을 '송신주체 기준설'이라 부르기로 한다. '엔탈' 사건에 대한 서울고등법원 2009. 4. 30. 선고 2008나86722 판결이 그와 같은 사안에서 "피고는 피고가 관리하는 서버에 컴퓨터압축파일의 형태로 저장된 방송프로그램을 이용자들의 요청에 따라 이용자들의 개인 컴퓨터에 전송하여 이용자들이 이를 하드디스크 등에 저장할 수 있도록 하였고, 피고가 원고의 방송프로그램의 복제물을 전송하는 행위는 원고의 그 방송프로그램에 대한 저작재산권 중 공중송신권(전송권, 저작권법 제18조)을 침해하는 행위에 해당한다고 할 것"이라고 판시하고 그 근거로서 "동일한 저작물을 공중에게 전송하였는지 여부는 원래의 저작물을 기준으로 하여야 할 것이므로, 특정한 저작물의 복제물을 여러 개 만들어 이를 각 사람들에게 하나씩 제공하였다 하더라도 이는 '공중'에게 저작물 등의 이용을 제공한 것으로서 '전송'으로 보아야 할 것"이라는 점을 제시하고 있다. 이 판결이 '송신주체 기준설'의 입장을 뚜렷이 제시하지는 않았지만, 복제물이 아닌 저작물을 기준으로 하는 논리에 의하여 결론적으로는 같은 입장을 취한 셈이라고 할 수 있다.

  일본에서는 우리법상의 전송개념과 유사한 송신가능화 및 자동공중송신의 개념과 관련하여 '공중' 요건을 해석함에 있어서 하급심 판례의 입장이 ① 송신주체와 관계없이 시스템과 이용자 사이에 1대 1의 전달인지 여부에 초점을 두고 판단하는 입장과 ② 송신주체의 관점에서 파악하여야 한다는 입장('송신주체 기준설'과 같음)으로 나뉘어 있었고,

위 세 가지 요소 외에 예를 들어 인터넷을 이용한 송신일 것은 전송의 요소가 아니다. 인터넷에 의하지 않은 디지털 송신의 경우에도 이용자가 선택한 시간과 장소에서 시청 등을 할 수 있게 제공하는 주문형 서비스(VOD 등)일 경우에는 방송이나 디지털음성송신 등에 해당하지 않고 전송에 해당한다. 이용자가 PC를 이용하여 접근할 수 있도록 제공하는 것만이 아니라 휴대폰 등의 모바일기기 등을 통해 이용자들이 원하는 시간에 접근할 수 있도록 제공하는 것은 전송에 해당한다.

 **판 례**

❖ 서울남부지방법원 2013. 9. 26. 선고 2012노1559 판결   §13-39-1

〈인정된 사실〉

1) 피고인 주식회사 A는 이 사건 서비스의 제공과 관련하여 2010. 12. 3. 피해자들을 포함한 음반(음원)제작자들로부터 저작권법상 음반제작자의 복제권, 전송권, 디지털음성송신권 등에 대한 신탁관리를 맡고 있는 사단법인 한국음원제작자협회와 디지털음성송신 서비스에서의 음반 사용과 관련한 '디지털음성송신 보상금 지급계약(이하, '이 사건 보상금 지급계약'이라고 한다)을 체결하였고, 그 계약의 주요 내용은, 피고인 주식회사 A가 제공할 수 있는 서비스는 '저작권법 제 2 조 제11호에서 정한 디지털음성송신 중 피고인 주식회사 A가 제공하는 웹사이트, 설비 등을 통하여 일반 공중을 대상으로 송출하

'마네키TV' 사건에 대한 항소심 판결(지적재산고등재판소 2008. 12. 15. 선고 2008년(ネ) 제10059호 판결)은 "베이스스테이션이 자동공중송신장치에 해당하기 위해서는 송신의 상대방, 즉 수신측이 공중, 즉 불특정 다수인일 것을 전제로 한다. 그런데 베이스스테이션의 송신행위는 각 베이스스테이션별로 특정된 이용자의 요구에 따라 이루어지는 것으로서 그 송신행위 또한 각 베이스스테이션은 오직 미리 등록된 특정의 1대의 단말기로만 전송이 이루어지는 1 대 1의 송신행위에 해당하고 불특정 또는 특정 다수의 사람에 대해 송신을 하는 기능을 가지는 것은 아니기 때문에, 본건 서비스에 있어서 각 베이스스테이션은 자동공중송신장치에는 해당하지 않는다"고 판시하여 위 ①의 입장을 취하였다. 그러나 같은 사건의 상고심 판결(최고재판소 2011. 1. 18. 선고 平成21(受)제653호 판결)은 "누구든지 피고와의 관계 등이 문제되는 바 없이 피고와 이 사건 서비스를 이용하는 계약을 체결함으로써 이 서비스를 이용할 수 있는 것이어서, 송신의 주체인 피고의 입장에서 볼 때 이 사건 서비스의 이용자는 불특정인으로 공중에 해당하므로, 베이스스테이션을 이용하여 이루어지는 송신은 자동공중송신이며, 따라서 베이스스테이션은 자동공중송신장치에 해당한다"고 판시한 바 있다(마네키TV 사건 항소심 및 상고심 판결의 자세한 내용에 대하여는 김병일, "인터넷 기반 송신서비스의 저작권 문제", 정보법학 제15권 제 3 호, 2011, 9~12면 참조). 즉, 일본의 경우 공중송신과 관련하여 공중에의 해당 여부가 문제가 될 경우 송신 주체의 입장에서 이용자가 불특정 또는 특정 다수에 해당하는지 여부의 기준으로 판단하는 입장(송신주체 기준설)이 최고재 판례에 의해 확립되었다고 할 수 있다. 孫友容, 自動公衆送信の日中比較研究 : WIPO 条約からの軌跡(北海道大学 박사학위 논문), 2018, 67~69면 참조.

미국에서 큰 화제를 모은 사건인 에어리오 사건에서 미국 연방대법원[American Broadcasting Companies v. Aereo, 573 U.S. ___ (2014)]은 가입자들을 위해 소형의 안테나들을 무수히 설치하고 각 가입자에게 하나씩의 안테나를 할당한 후 원격녹화 서비스를 제공한 에어리오 회사의 행위가 미국법상의 공연권 침해에 해당하는 것으로 인정하였는데(미국 저작권법상의 공연권은 우리 저작권법상의 공중송신권을 포함하는 넓은 개념으로 사용되고 있다), 그 사건에서 최대의 쟁점이 된 것이 바로 각 가입자에 대한 서비스가 '공중'을 대상으로 한 것으로 볼 수 있는지 여부였다. 결국 미국 대법원도 영업주체와 고객과의 관계를 기본적으로 불특정다수인(공중)에 대한 관계로 보는 입장을 취한 것이라 할 수 있다. 이러한 사안과 관련하여서는 침해행위에 서비스회사의 역할과 개인 이용자의 역할이 겹쳐진 경우에 침해행위의 주체를 어떻게 확정할 것인지와 관련하여 논의되는 이른바 '간접침해'의 개념과 관련된 면도 있는 바, 그에 대하여 자세한 것은 §18-6 이하 참조.

는 디지털음성송신'이고(계약서 제 2 조 제 1 호), 피고인 주식회사 A가 제공하는 웹사이트, 설비등을 통하여 일반 공중을 대상으로 송출하는 디지털음성송신서비스를 이용할 수 있도록 허용된 회원 역시 저작물 등을 별도로 편성하여 청취자를 대상으로 송출하는 디지털음성송신을 할 수 있도록 하였다(계약서 제 2 조 제 2 호, 제 3 조).

2) 음원을 들으려는 일반인들이 피고인들이 운영하는 A(www.A.co.kr) 사이트를 통해 이 사건 서비스를 이용하는 형태를 보면, '방송하기'와 '방송듣기'로 나누어지는데, '방송하기'는 회원으로 가입하여 로그인 한 후 피고인들이 위 사이트에 업로드 해 놓은 이 사건 피해자들의 음원을 포함한 수많은 음원들 중에서 듣고 싶은(방송하고 싶은) 곡을 2곡 이상 체크하고 '방송하기'버튼을 누르면 선택한 곡으로 이루어진 방송채널을 생성할 수 있는 창이 뜨고, 채널명 입력 후 확인버튼을 누르면 바로 듣는 것이 가능해지는 서비스이고, '방송듣기'는 위와 같이 생성된 수많은 '방송하기'채널을 선택한 후 '방송듣기'버튼을 누르면 바로 방송중인 음악을 듣는 것이 가능해지는 서비스이다.

〈법원의 판단〉

위에서 본 바와 같은 저작권법의 규정 및 '전송'과 '디지털음성송신'의 특성, 인정사실에 더하여 원심이 적법하게 채택 조사한 증거들에 의하여 인정되는 다음과 같은 점, 즉 ① 먼저 이 사건 서비스 중 '방송듣기'는 음원을 듣고 싶어 하는 이용자가 A 사이트에 접속하여 콘텐츠(음원)를 보내줄 것을 요구하는 것은 필요하지만(매체의 쌍방향성) 이용자 누구나 같은 시간에 같은 내용의 음원을 들을 수 있도록 제공되는 것 (수신의 동시성, 실시간형)인 반면, '방송하기'는 음원을 듣고 싶은 사람이 자신이 선택한 시간과 장소에서 자신이 선택한 음원을 처음부터 들을 수 있는 것(수신의 이시성, 주문형)이어서 스트리밍 방식에 의한 주문형 VOD서비스와 실질적인 차이가 없는 점 (다만, 반드시 2곡 이상을 선택하여야 하고 1곡을 반복해서 듣거나 듣고 있던 도중에 이를 중지하고 바로 다른 음원을 들을 수 없다는 한계가 있기는 하나, 듣고싶은 2곡을 선택하고 '방송하기'버튼을 누른 다음 반복재생버튼을 누르면 반복적으로 2곡을 계속 들을 수 있으므로, 위와 같은 한계는 제한적이다), ② 나아가 피고인들은 위 A 사이트에, 이용자 자신이 원하는 시간과 장소에서 '방송하기'서비스를 통해 원하는 음원을 선택하고, 선택한 음원을 들을 수 있도록 이 사건 피해자들의 음원을 포함한 수많은 음원을 업로드 해 놓은 점, ③ 이 사건 보상금 지급계약에 따르면, 피고인 주식회사 A가 제공하는 웹사이트, 설비 등을 통하여 일반 공중을 대상으로 송출하는 디지털음성송신서비스를 이용할 수 있도록 허용된 회원 역시 저작물 등을 별도로 편성하여 청취자를 대상으로 송출하는 디지털음성송신을 할 수 있도록 한 사실은 앞서 본 바와 같으나 '저작물 등을 별도로 편성하여'에서 말하는 '저작물 등'은 피고인들이 A 사이트에 업로드 해놓은 '저작물 등'이 아니라 회원 자신이 개인적으로 적법하게 취득한 '저작물 등'이라고 봄이 상당한 점 등의 여러 사정을 종합해 보면, 피고인들이 위 A 사이트에 피해자들의 음원을 포함한 수많은 음원을 업로드 한 것 자체가 이미 저작권법상 '전송'에 해당할 뿐만 아니라, 이 사건 서비스 중 '방송하기'는 '전송'에 해당함이 명백하다.

▷NOTE : 위 판결의 사안은 '방송하기'의 경우 위 사이트의 이용자가 일정한 제약 하에 자신이 선택한 목록의 음악을 처음부터 들을 수 있도록 하는 형태인 한 수신의 이시성을 충족하는 것으로 볼

수 있으므로 위 판결이 이를 '디지털음성송신'이 아닌 '전송'이라고 본 것은 타당하다. 위 판결에서는 그 이전에 피고인 회사가 위 사이트에 피해자들의 음원을 포함한 수많은 음원을 업로드한 것 자체가 '전송'에 해당하는 것으로 보았는데, 그렇게 본 것은 아마도 위 ③의 보상금 지급계약에 위반된다는 것을 근거로 한 것이 아닐까 생각된다. 그러나 어떤 행위가 전송인지 디지털음성송신인지는 그 행위의 성격을 법규정에 비추어 따져보아야 하는 것일 뿐, 당사자 간 계약에 의하여 그 법적 성격이 달라지는 것은 아니므로, 위 판결의 그 부분 판시는 적어도 논리적 근거 제시가 충분하지 않은 면이 있다. 피고인 회사의 업로드 행위가 디지털음성송신의 성격을 가지는 행위로만 이어지고 있다면 그 업로드 행위는 결국 디지털음성송신 서비스의 준비단계의 복제행위일 뿐, 전송은 아닌 것으로 보아야 할 것이다. 다만 위 사안의 경우에는 결국 이용자에게 '방송하기' 기능을 제공하고 있어 피고인 회사가 올린 모든 음원이 그 방송하기에 이용될 가능성이 있다는 점에서 그 업로드 행위가 '전송'으로서의 법적 성격을 가지는 것으로 보는 것이 결과적으로는 타당한 사안이라 할 수 있다. 그 경우 '업로드'행위와 '방송하기'를 나누어 각각 판단할 것이 아니라 이용자들에게 '방송하기'를 통해 자신이 만든 음악목록의 음악을 수신의 이시성이 있는 형태로 접근하여 들을 수 있도록 '업로드' 하는 것이 바로 '전송'에 해당하는 것이라고 (통합적으로) 판단하는 것이 타당할 것으로 생각된다. 이용자에 의하여 만들어진 '방송하기' 서비스 자체는 다른 이용자들이 '방송듣기'를 하도록 하는 행위이므로, '전송'이 아니라 디지털음성송신'에 해당하는 것으로 볼 수 있으므로, '방송하기'를 전송이라고 표현한 부분에도 부정확한 점이 있다.

❖서울고등법원 2018. 5. 3. 선고 2017나2058510 판결 — "딩가 라디오" 사건　　　　　§13-39-2
〈인정된 사실〉

　　가. 원고는 디지털 콘텐츠의 개발, 제작, 유통 및 판매업을 목적으로 하는 회사로서 이 사건 각 음원을 제작한 음반제작자이다. 피고는 2015. 12.경 '딩가 라디오'(DINGA RADIO)라는 스마트폰용 어플리케이션 프로그램(이하, '이 사건 프로그램'이라 한다)을 제작하여 일반 공중의 이용에 제공하는 영업 등을 영위하는 회사로서, 이 사건 프로그램 이용자들에게 온라인으로 이 사건 각 음원을 포함한 음원을 제공하고 있다.

　　나. 피고는 이 사건 프로그램을 통하여 'DJ FEED' 서비스와 'DINGA RADIO 추천' 서비스를 제공하고 있다. DJ FEED 서비스는 자신이 선곡한 음원들로 채널을 생성하고 이를 재생하여 스스로 청취하고 다른 이용자도 해당 채널에 접속하여 음원을 청취할 수 있도록 해주는 것이다. DINGA RADIO 추천 서비스는 이 사건 프로그램이 이용자의 취향을 분석하여 그에 맞는 다른 이용자가 생성한 채널 또는 피고가 생성한 채널을 추천해주어 해당 채널의 음원을 청취할 수 있도록 해주는 것이다(이하 이들을 합쳐서 '이 사건 서비스'라 한다).

　　다. DJ FEED 서비스의 이용자는 가수 또는 제목을 키워드로 하여 검색된 음원, 이용자가 검색 또는 청취 과정에서 '좋아요'를 누른 음원, 최신 음원, 인기 음원, 이용자의 취향을 분석하여 이 사건 프로그램이 추천하는 음원 중 원하는 것을 선택하여 채널을 자유롭게 생성하고, 위 채널에 선곡된 음원을 순서대로 청취할 수 있다. 채널을 생성하기 위해서는 15곡 이상의 음원을 선곡해야 하고, 새로이 생성하는 채널에는 하나의 앨범에서 최대 3곡까지만 선곡하여 포함시킬 수 있는 제한이 있다.

　　라. 원칙적으로 다른 이용자들이 위 채널에 접속하는 경우 채널 생성자를 포함하여 해당 채널을

청취하는 모든 이용자가 같은 시간에 같은 곡을 듣게 된다. 다만 이 사건 프로그램의 채널 생성자는 자신이 생성한 채널의 선곡리스트 순서를 임의로 변경할 수 있고, 이 경우 채널 생성자와 위 변경 이후 채널에 접속한 이용자는 변경된 선곡리스트 순서에 따라 음원을 청취하게 되나, 이미 해당 채널을 청취하고 있던 다른 이용자들은 수정되기 전의 선곡리스트 순서에 따라 음원을 청취하게 된다.

마. 이 사건 서비스에는 채널 이용자가 재생 시점을 선택하는 기능,[1] [2] 채널 이용자가 현재 재생 중인 음원의 재생을 일시 정지하였다가 해당 부분부터 다시 청취하는 기능, 재생 중인 음원의 재생을 중단하고 강제적으로 다른 음원으로 이동하는 기능, 이미 재생된 음원을 반복하여 재생할 수 있는 기능은 포함되어 있지 않다.

〈법원의 판단〉

1) 전송과 디지털음성송신과의 구별기준

① 위 규정에 따른 방송, 전송, 디지털음성송신의 특징은 다음 표와 같이 도식화 할 수 있다.

이용형태	특징			사례
	동시성[3]	쌍방향성[4]	주문성[5]	
방송	○	×	×	지상파방송, 위성방송 등
전송	×	○	○	음원 스트리밍 서비스, VOD 서비스 등
디지털음성송신		○	×	개인 인터넷방송, 지상파방송, 웹캐스팅 등

전송은 '공중의 구성원이 개별적으로 선택한 시간과 장소에서 접근할 수 있도록'(이시성 및 주문형 쌍방향성) 저작물을 이용에 제공하는 것이다. 반면, 디지털음성송신은 '공중으로 하여금 동시에 수신하게 할 목적으로 공중의 구성원의 요청에 의하여 개시되는'(동시성 및 비주문형 쌍방향성) 디지털 방식의 음의 송신이다. 그런데, 디지털음성송신의 개념에서 '전송은 제외한다'라고 규정하고 있으므로, <u>어떤 서비스가 외형적으로는 디지털음성송신에 해당하는 것처럼 보이는 경우라도 전송의 요건에 해당하는 경우에는 이를 전송으로 보아야 한다.</u>

② 전송과 디지털음성송신의 '동시성' 여부에 관하여 살펴본다. 전송은 공중의 구성원이 개별적으로 선택한 시간과 장소에서 저작물(여기에는 저작권법 제 4 조에서 예시하고 있는 저작물로서 어문저작

---

1 피고는 이 사건 프로그램 최초 출시 당시에는 DJ FEED 서비스의 이용자가 채널을 생성하고 재생하면 해당 채널의 선곡리스트 첫 음원의 첫 부분부터 순서대로 재생되도록 설정하였으나, 얼마 후부터는 선곡리스트 첫 음원의 중간부터 순서대로 재생되도록 수정하였고, 2016. 5.경부터는 이 사건 프로그램이 임의로 정한 구간부터 순서대로 재생되도록 재차 수정하였다.

2 피고는 이 사건 프로그램은 최초 출시 당시에는 DJ FEED 서비스의 이용자가 채널을 생성하고 선곡리스트 순서를 변경한 후 채널에 접속하면 변경된 선곡리스트의 첫 음원부터 재생되도록 설정하였으나, 2016. 5.경부터는 변경된 채널을 재생하는 경우에도 이 사건 프로그램이 임의로 정한 구간부터 순서대로 재생되도록 수정하였다.

3 저작물등에 공중이 동시에 접근할 수 있는 특성.

4 수신자의 송신요청에 의해 송신이 개시됨.

5 이용자가 선택한 시간과 장소에서 저작물 등에 접근하거나 이용할 수 있음.

물, 음악저작물, 미술저작물, 영상저작물, 컴퓨터프로그램저작물 등이 모두 포함될 수 있을 것이나 이 사건에서는 디지털음성송신과 대비하여 문제되는 것은 음원이므로 이후부터는 음원에 한정하여 보기로 한다), 즉 음원에 접근할 수 있도록 음원을 제공하는 것을 의미한다. 반면, 디지털음성송신은 공중으로 하여금 동시에 수신하게 할 목적으로 송신하는 것을 의미하므로 디지털음성송신에서는 공중이 개별적으로 음원에 대한 수신 시간을 선택할 수 없다. 이와 대비하여 보면 전송은 수신자가 음원에 대한 수신 시간을 개별적으로 자유로이 선택할 수 있는 것으로 볼 수 있다.

③ 전송의 '주문형 쌍방향성'을 디지털음성송신의 '비주문형 쌍방향성'과 대비하여 살펴본다. 양자는 수신자의 요청에 의하여 음의 송신이 개시된다는 점에서는 쌍방향성의 표지를 갖추고 있다. 그런데 전송의 '주문형 쌍방향성'은 수신자가 개별적으로 선택한 시간과 장소에서 음원에 접근할 수 있다는 것을 의미한다. 반면, 디지털음성송신의 '비주문형 쌍방향성'은 수신자가 음원을 주문하는 기능, 즉 특정 음원을 선택할 수 있다는 의미의 주문성의 표지는 없다.

④ 한편, 전송의 경우 사업자는 저작권법 제74조, 제81조에 따라 인정되는 실연자와 음반제작자의 전송권이라는 배타적 권리의 제약으로 인하여 상대적으로 많은 사용료를 부담하여야 하는 반면, 디지털음성송신의 경우 사업자는 저작권법 제76조, 제83조에 따라 실연자와 음반제작자에게 상대적으로 적은 '상당한 보상금'만 부담하면 된다. 따라서 사업자 입장으로서는 디지털음성송신의 요건을 갖춘 것이라고 주장하지만 실질에 있어서는 전송에 해당하는 것으로 볼 수 있는 공중송신 사업형태를 취하고자 하는 동기가 발생한다. 이는 음원전송서비스시장을 잠식할 가능성이 있다(이러한 현상을 현재 학계나 실무에서 이른바 '유사 전송'이라는 이름으로 부르고 있다.). 디지털음성송신의 적격요건과 관련하여 미국에서와 같이 채널의 편성 방식에 대한 제한을 두고 있지 않은 우리 저작권법 체제에서는 이러한 '유사 전송'의 문제는 더 심각할 수밖에 없다. 이러한 우리의 법률과 현실도 전송과 디지털음성송신의 구별기준에서 고려할 수 있다.

또한, 저작권법 제87조 제 2 항은, 제34조에서 인정되는 방송사업자의 권리와 동등하게, 디지털음성송신사업자에게도 실연이 녹음된 음반을 사용하여 송신하는 경우 자체의 수단으로 실연이 녹음된 음반을 일시적으로 복제할 수 있도록 하고, 그 복제물의 보존기간을 방송사업자의 녹음물 또는 녹화물과 같이 1년으로 규정하고 있다. 이러한 측면에서 저작권법이 디지털음성송신을 방송과 유사하게 취급하는 것으로 볼 수 있으므로 방송이나 디지털음성송신이 모두 개념표지로 하고 있는 '동시성', 즉 공중이 동시에 수신하게 한다는 요건을 중시할 필요가 있다. 이러한 점을 고려하여 수신의 동시성을 판단하여야 한다.

⑤ 저작권법 제 2 조 제10호는 전송이 "공중의 구성원이 개별적으로 선택한 시간과 장소에서 저작물등을 이용에 제공하는 것"이라고 규정하고 있어 '저작물등'은 하나의 저작물등(이 사건에서는 1곡으로 부를 수도 있다.)을 개별적으로 자유로이 선택할 수 있도록 이용에 제공하여야 전송에 해당하는 것이 아닌가 하는 논란이 있을 수 있다. 그러나 위 규정의 "저작물등"의 앞뒤로 반드시 하나의 저작물등이라고 하는 문언적 한정이 없다. 뿐만 아니라 하나의 곡이 전송되는 경우에도 거기에는 작사, 작곡, 실연자 등 복수의 저작물이 포함되어 있는 경우가 일반적이므로, 위 전송 관련 규정에서 말하는 '저작물등'을 하나의 저작물등만을 의미한다고 단정할 수 없다.

⑥ 결론적으로, 구체적인 사안에서 전송에 해당하는지는 위에서 언급한 여러 사정들을 종합적으로 고려하여 판단하여야 한다.

2) 이 사건 서비스 중 DJ FEED 서비스가 전송에 해당하는지 여부

앞서 살펴본 전송과 디지털음성송신의 구별기준에 비추어, 기초사실, 증인 A의 진술 및 변론 전체의 취지에 의해 인정되는 다음 사정들을 종합하여 보면, 이 사건 서비스 중 DJ FEED 서비스는 전송에 해당한다고 봄이 타당하다.

① 이용자는 DJ FEED 서비스를 이용하여 직접 채널을 생성할 수 있고, 채널 생성 시 자신이 원하는 음원만을 선택하여 선곡리스트를 구성할 수 있다. 이 경우 피고는 이용자로 하여금 개별적으로 자신이 선택한 시간과 장소에서 자신이 원하는 음원들을 선택하여 채널을 만들고 이에 접근할 수 있도록 하고 있는 것이지, 피고가 공중으로 하여금 동시에 수신하게 할 목적으로 일방적으로 송신하는 것은 아니다(채널을 직접 생성하여 음원을 청취하던 이용자 A가 음원 재생 도중 채널의 음원 리스트 순서를 변경하여 해당 채널에서 음원을 청취하던 다른 이용자 B와 다른 음원을 듣게 되는 경우, A와 B는 서로 다른 채널에서 음원을 청취하게 되나, 이러한 국면에서의 동시성이 유지되는지 여부는 이 사건 서비스가 전송에 해당하는지 여부와는 관계없다).

② 피고는, 예컨대 A가 생성·청취 중인 채널에 접속하는 채널 이용자 B의 존재를 가정할 경우 A와 B가 같은 시점에 같은 음원을 듣게 된다는 점을 들어 DJ FEED 서비스가 '공중으로 하여금 동시에 수신하게 할 목적으로 공중의 구성원의 요청에 의하여 개시'된다고 주장한다. 그러나 피고가 DJ FEED 서비스의 '채널 만들기' 기능을 통하여 이용자들로 하여금 통상적인 디지털음성송신 서비스에서는 불가능한 음원의 선택이 가능하도록 한 점, 피고는 이 사건 프로그램의 홍보에 있어 '나만의 채널을 만들고 좋아하는 채널을 담아 확인할 수 있는 나만의 공간'이라는 점을 강조하고 있는 점, DJ FEED 서비스의 이용자는 손쉽게 채널을 생성할 수 있는바 B로서는 A의 취향에 맞는 음원들로 구성된 채널에 접속하기보다는 자신이 새로운 채널을 생성하여 음원을 청취하는 것이 일반적일 것으로 보이는 점 등에 비추어 보면, DJ FEED 서비스의 주된 목적 및 이용자들이 주로 사용하는 기능이 '공중으로 하여금 음원을 동시에 수신하게 하는 것'이라고 보이지는 아니하고, 피고가 주장하는 동시성이라는 것은 A가 생성한 채널에 B도 접속할 수 있도록 프로그램을 설계함으로써 생기는 부수적 효과 정도에 불과하다고 보아야 한다. 이 경우에도 A에 대하여는 여전히 전송의 성격을 유지하고 있다.

③ 이 사건 DJ FEED 서비스는 재생 시작 지점을 이용자가 선택할 수 없고 그 외에 이용자가 개별 곡을 선택해서 듣는 기능, 일시 정지 기능, 다음 곡 듣기 기능, 이전 곡 듣기 기능 등 통상적인 전송 서비스에서 제공되는 기능이 제공되지는 않는다. 그러나 앞의 예에서 이 사건 DJ FEED 서비스에서는 피고는 이용자 A에게 A가 스스로 생성한 채널에서 스스로 선택한 곡을 들을 수 있도록 음원을 제공하게 된다. 일단 재생이 시작되면 선곡리스트 순서대로 음원이 재생되기 때문에 이용자는 어느 곡이 언제 재생될지 예측이 가능하고 일정한 시간 후에는 자신이 선택한 곡들이 모두 재생이 된다. 따라서 DJ FEED 서비스에는 음원에 대한 시간적인 선택권에 어느 정도의 제한이 있을지언정 선택권이 없다고 볼 수는 없고, 위와 같은 기능들의 제공 여부가 전송에 해당하는지 여부와 직접적으로 연결된다고 보기도 어렵다.

④ 피고는 DJ FEED 서비스의 이용자는 채널 생성 시 15개 이상의 곡을 선택해야 하고, 특정한 한 개의 음원에 대해서는 원하는 시간에 접근할 수 없으므로 이 사건 서비스가 전송이 아니라고 주장한다. 그러나 앞서 본 바와 같이 전송 관련 규정에서 말하는 '저작물등'을 하나의 저작물이나 하나의 음원만을 의미한다고 단정할 수 없다. 피고는 이용자가 자신이 선택한 15개의 곡을 자신이 정한 순서대로 접근할 수 있도록 음원을 제공하게 된다. 비록 그 15개의 곡을 특정 곡이나 곡의 특정 부분을 임의로 수신할 수 없다는 제한이 있더라도 이러한 제한만을 가지고 주문성 요건을 부정하기는 어렵다.

⑤ 이용자는 채널 생성 시 하나의 앨범에서 최대 3곡까지만 선택할 수 있는 제한이 있으나 다음과 같은 방법으로 위 제한을 회피할 수 있다. 예컨대, 이용자 A가 15개의 음원이 수록된 a라는 음반에 수록된 음원들만을 청취하고자 할 경우, A가 DJ FEED 서비스를 이용할 경우, A는 a음반에 수록된 음원들을 3곡씩으로 나누어 5개의 채널을 생성한 뒤(나머지 12곡씩은 임의의 음원들을 무작위로 선택하여도 무방하다), 다시 위 5개의 채널에서 a음반에 수록된 음원들만을 선택하여 하나의 채널을 생성함으로써 손쉽게 a음반과 동일한 채널을 생성할 수 있게 되는바, 결국 DJ FEED 서비스로써 종래 음반시장의 수요를 대체하는 결과가 된다.

▷NOTE : 위 판결은 웹사이트를 통한 서비스가 문제된 서울남부지방법원 2013. 9. 26. 선고 2012노1559 판결의 사안과 달리 스마트폰 앱을 통한 서비스라는 점에서 다르고 구체적인 서비스 형태에 있어서도 일부 차이점이 있는 사안에 대하여 역시 방송채널을 생성할 수 있는 이용자들에게 음원을 제공한 부분을 '디지털음성송신'이 아니라 '전송'으로 보는 결론을 내렸다. 위와 같은 사안의 경우는 수신의 이시성과 동시성의 경계에 있는 '유사전송'의 영역이라 할 것인데, 여러 가지 사정을 종합적으로 고려하여 음원을 제공받는 이용자의 음원 선택 및 청취의 자유도가 상당히 높다는 점을 감안하여 실연자 및 음반제작자의 전송권을 충실하게 보호할 수 있는 방향으로 해석론을 취한 점에 그 의의가 있다고 할 수 있다.

---

4. 디지털음성송신

디지털음성송신은 공중송신 중 공중으로 하여금 동시에 수신하게 할 목적으로 공중의 구성원의 요청에 의하여 개시되는 디지털 방식의 음의 송신을 말하며, 전송을 제외한다(법 제 2 조 제11호). 디지털음성송신은 ① 수신의 동시성, ② 매체의 쌍방향성, ③ 음의 송신, ④ 공중의 네 가지 개념요소를 가지고 있다. §13-39-3

디지털음성송신의 첫 번째 개념요소는 '수신의 동시성(同時性)'이다. 이것은 방송과는 같고 전송과 구별되는 특징이다. 쌍방향 매체인 인터넷 등을 통해 '음'의 송신이 이루어질 경우 수신의 이시성 유무에 따라 전송에 해당할지 아니면 디지털음성송신에 해당할지 여부가 결정되는데, 그 중 특히 서비스제공회사가 제공하는 음원을 이용하여 이용자가 2개 이상의 음원목록을 만들어 방송채널 등을 생성 또는 개설할 수 있는 서비스에 대하여는 그 채널 개설을 하는 이용자의 음원

선택 청취의 자유도가 높을 경우 '수신의 이시성'이 인정될 수 있으므로 디지털음성이 아니라 전송에 해당한다고 보아야 할 것이라는 점은 앞서 살펴본 바와 같다(§13-39, §13-39-1, 2 참조).

디지털음성송신의 두번째 개념요소는 매체의 쌍방향성, 즉 송신이 "공중의 구성원의 요청에 의하여 개시되는" 것이라는 점이다. 그것이 의미하는 바가 무엇인지, 그리고 그것의 유무가 디지털음성송신과 방송을 구분하는 기준이 된다는 것에 대하여는 앞에서 설명한 바 있다(§13-35 참조).

디지털음성송신의 세 번째 개념요소는 '음의 송신'이다. '음'만 송신하여야 디지털음성송신에 해당하고, 음과 영상을 함께 송신하거나 영상만을 송신하는 경우는 다른 견해도 있지만 방송, 전송, 디지털음성송신 중 어느 것에도 해당하지 않는 '기타의 공중송신'으로 보아야 한다는 것이 본서의 입장이라는 것도 앞서 살펴본 바와 같다(§13-35-1 참조).

디지털음성송신의 네 번째 개념요소는 '공중'이다. 공중을 대상으로 한 송신이 아니면 공중송신의 한 유형인 디지털음성송신의 개념에 해당하지 않는다. 공중의 의미는 다른 공중송신과 다르지 않다.

5. 링크의 문제

(1) 링크의 법적 성질

§13-40   인터넷 홈페이지에 다른 웹사이트(타깃 사이트)를 그 운영자 등의 허락 없이 링크시키는 경우 법적인 문제는 없는가 하는 것이 문제되고 있다. 먼저 링크가 저작권법상의 '복제'에 해당하는가 하는 문제를 살펴보면, 링크는 단지 홈페이지 제작자가 인터넷에 올린 HTML[1]문서에 예를 들어 '<A href="http://www.copyright.or.kr/">한국저작권위원회</a>'[2]와 같이 링크하고자 하는 웹사이트의 이름과 URL(인터넷주소)에 링크에 사용하는 태그(tag)를 붙여 놓은 것에 불과하고 링크하는 웹사이트의 내용에 대한 복제행위가 전혀 수반되지 않으므로 저작권법상의 '복제'에 해당하는 것으로 볼 수 없음은 분명하다.[3]

저작권법상의 전송에 해당하는지 여부가 문제인데, 이 경우 당해 링크사이트의 문서 기타 정보를 웹서버에 올려 공중이 이용할 수 있도록 제공하는 측에서 전송행위를 하는 것이고, 그 사이트의 주소로 연결시키기 위해 HTML문서에 위와 같은 태그를 기재하여 올려 두는 행위는 단지

---

1 Hypertext Markup Language의 약어로서, 하이퍼텍스트 형식의 웹문서를 만드는 데 사용하는 언어(문법)를 말한다.
2 이러한 내용을 포함한 웹문서를 인터넷에 올렸을 경우 인터넷 익스플로러 등의 웹브라우저상에는 (일반적인 환경하에서) 링크사이트의 제목만 한국저작권위원회와 같이 파란색의 글씨에 밑줄이 그어진 상태로 표시되고, 이용자가 이 부분을 마우스로 클릭하면 바로 저작권심의조정위원회의 홈페이지가 뜨게 된다. 여기서 사용된 〈 A 〉 태그는 Anchor의 약자로서 다른 사이트로 링크할 경우에 URL(인터넷주소)을 지정하는 href 속성과 함께 사용된다.
3 다만 링크를 하면서 허락 없이 타깃 사이트에 있는 그래픽 아이콘 등을 복제하여 이용할 경우에는 그 부분에 한하여 복제권의 침해가 될 수 있다.

'저작물의 전송의뢰를 하도록 하는 지시 또는 의뢰의 준비'에 해당할 뿐이므로 원칙적으로 저작권법상의 '전송'에 해당하지는 않는 것으로 보는 것이 타당하다고 생각된다.1 만약 홈페이지에 링크를 다는 것을 전송에 해당하는 것으로 보아 전송권으로 규율할 경우 인터넷의 기술적 특성 중의 하나인 하이퍼링크의 활용을 지나치게 억압함으로써 다양한 형태의 정보의 유통을 통해 얻어질 수 있는 공중의 편익에도 큰 위협을 가하게 된다는 점을 고려하여야 할 것이다.

타깃 사이트의 '홈페이지' 또는 '메인페이지'에 링크하지 않고 그 세부적인 페이지에 바로 링크하는 경우2에는 타깃 사이트의 홈페이지를 통한 연결의 경우에 비하여 광고수입 등의 면에서 타깃 사이트 운영자 측에 불이익을 줄 가능성이 있다는 이유로 저작권침해의 가능성을 긍정하는 견해가 있을 수 있으나, 그러한 경우라고 하여 복제권이나 전송권의 침해라고 볼 근거는 없는 것으로 생각된다.3 그러한 심층링크라고 하여 복제 및 전송의 개념에 해당한다고 보기는 어렵기 때문이다. 나아가 심층링크가 전시나 2차적저작물 작성행위라고 보기도 어려우므로(§13-41-1 참조), 전시권 또는 2차적저작물작성권의 침해라고 할 수도 없다. 뒤에서 보는 바와 같은 보다 특수한 형태의 링크는 별론으로 하고, 세부적인 웹페이지에 대한 심층링크라는 이유만으로 저작권 침해를 긍정하는 것은 이론적인 근거가 미약할 뿐만 아니라 현실적으로도 타당성이 있다고 보기 어렵다. 왜냐하면, 하나의 회사가 여러 가지 사이트를 만들어 하이퍼링크로 연결해 두었을 경우 그 중 어느 것을 '메인 페이지'라고 볼 것인지가 불분명한 경우가 많아 '메인 페이지'에의 링크만 허용할 경우에 링크의 허용범위가 대단히 애매하여 법적 안정성을 해하고 그에 따라 결국은 링크의 자유를 지나치게 억제하게 될 것이기 때문이다.4

검색포털의 경우 일반적으로 웹상의 수많은 정보와 자료들을 로봇 프로그램으로 수집한 후 이를 심층링크로 제공하는 것이 일반화되어 있는데, 판례에서 그러한 심층링크의 적법성이 문제되기보다 이미지를 포함한 페이지를 링크하면서 해당 사이트의 이미지를 축소한 이른바 썸네일 이미지를 제공한 것이 '공표된 저작물의 인용'으로서 적법한 것으로 볼 것인가 하는 것이 주로 문제가 되어 왔다. 자세한 것은 해당 부분에서 소개하겠지만, 기본적으로 정당한 인용으로 인정하는 것이 우리 판례의 입장(§14-73 이하 참조)5인바, 그 경우 심층링크의 적법성은 당연한 전제로 되어 왔다고 볼 수 있다.

---

1 岡村久道·近藤剛史 編著,『インターネットの法律實務』,「新日本法規(1997)」, 90면 참조.
2 이를 심층링크(deep link) 또는 직접링크(direct link)라고 한다.
3 이와 관련하여 미국 법원도 deep link가 복제권 침해에 해당하지 않는다는 판결을 선고한 바 있다. Ticket master v. Tickets.com, U.S. District Court, Central District of California 판결은 deep link의 저작권 침해 여부와 관련하여 "링크 자체는 복제를 수반하지 않으며 이용자는 링크에 의하여 원저작자의 웹페이지로 옮겨질 뿐"이라고 하였다.
4 특히 검색엔진을 이용하여 세부적인 웹사이트 검색을 할 수 있도록 제공하는 것도 위법하게 되어 인터넷 이용자의 편익을 현저히 위협하게 될 것이다.
5 대법원 2006. 2. 9. 선고 2005도7793 판결 등.

　　대법원은 다음과 같이 심층링크가 저작권법상의 복제, 전송, 전시, 2차적저작물 작성 등의 개념에 해당하지 않고, 따라서 타인의 저작물이나 그 복제물에 대하여 그 허락 없이 심층링크를 하여도 저작재산권의 직접적인 침해 행위에 해당한다고 할 수 없음을 분명하고 일관되게 밝히고 있다(§13-41, §13-41-1 참조).

§13-41

❖대법원 2009. 11. 26. 선고 2008다77405 판결

　　구 저작권법(2006. 12. 28. 법률 제8101호로 전부 개정되기 전의 것. 이하 같다) 제 2 조 제14호는 그 법률에서 '복제'라 함은 인쇄·사진·복사·녹음·녹화 그 밖의 방법에 의하여 유형물에 고정하거나 유형물로 다시 제작하는 것을 말하며, 같은 조 제 9 의2호는 '전송'이란 일반공중이 개별적으로 선택한 시간과 장소에서 수신하거나 이용할 수 있도록 저작물을 무선 또는 유선통신의 방법에 의하여 송신하거나 이용에 제공하는 것을 말한다고 규정하고 있다. 그런데 인터넷에서 이용자들이 접속하고자 하는 웹페이지로의 이동을 쉽게 해주는 기술을 의미하는 인터넷 링크 가운데 이른바 심층링크(deep link) 또는 직접링크(direct link)는 웹사이트의 서버에 저장된 저작물의 인터넷 주소(URL)와 하이퍼텍스트 태그(tag) 정보를 복사하여 이용자가 이를 자신의 블로그 게시물 등에 붙여두고 여기를 클릭함으로써 위 웹사이트 서버에 저장된 저작물을 직접 보거나 들을 수 있게 하는 것으로서, 인터넷에서 링크하고자 하는 저작물의 웹 위치 정보 내지 경로를 나타낸 것에 불과하다. 따라서 <u>이는 구 저작권법 제 2 조 제14호에 규정된 "유형물에 고정하거나 유형물로 다시 제작하는 것"에 해당하지 아니하고, 또한 저작물의 전송의뢰를 하는 지시 또는 의뢰의 준비행위로 볼 수 있을지언정 같은 조 제 9 의2호에 규정된 "송신하거나 이용에 제공하는 것"에 해당하지도 아니한다. 그러므로 위 심층링크 내지 직접링크를 하는 행위는 구 저작권법이 규정하는 복제 및 전송에 해당하지 않는다고 할 것이다.</u>

　　▷NOTE : 이 판례는 인터넷상의 심층링크(deep link)가 복제 또는 전송의 개념에 해당하지 않아 타인의 저작물에 대하여 허락 없이 심층링크를 하는 것만으로는 저작권침해행위가 아님을 처음으로 명료하게 판시한 점에 중요한 의의가 있다.

§13-41-1

❖대법원 2016. 5. 26. 선고 2015도16701 판결 ─ "모바일 앱 링크" 사건

　　인터넷 링크(Internet link)는 인터넷에서 링크하고자 하는 웹페이지나 웹사이트 등의 서버에 저장된 개개의 저작물 등의 웹 위치 정보 내지 경로를 나타낸 것에 불과하여, 인터넷 이용자가 링크 부분을 클릭함으로써 링크된 웹페이지나 개개의 저작물에 직접 연결하더라도, 이는 저작권법 제 2 조 제22호에 규정된 '유형물에 고정하거나 유형물로 다시 제작하는 것'에 해당하지 아니하고, 같은 법 제19조에서 말하는 '유형물을 진열하거나 게시하는 것'에도 해당하지 아니한다. 또한 위와 같은 인터넷 링크의 성질에 비추어 보면 인터넷 링크는 링크된 웹페이지나 개개의 저작물에 새로운 창작성을 인정할 수 있을 정도로 수정·증감을 가하는 것에 해당하지 아니하므로 2차적저작물 작성에도 해당하지 아니

한다. 이러한 법리는 모바일 애플리케이션(Mobile application)에서 인터넷 링크와 유사하게 제 3 자가 관리·운영하는 모바일 웹페이지로 이동하도록 연결하는 경우에도 마찬가지이다.

▷NOTE : 위 판결은 모바일 앱을 통한 인터넷 링크도 웹사이트 상의 링크와 마찬가지로 저작재산권의 직접적 침해에 해당하지 않는다는 것을 명확히 한 점, 심층링크가 복제, 전송에 해당하지 않을 뿐만 아니라 전시나 2차적저작물 작성에도 해당하지 않음을 분명히 한 점에 의의가 있다.

(2) 프레임링크의 문제

인터넷 홈페이지를 제작할 때 '프레임(frame)' 기능을 사용하면, 자신의 홈페이지 화면을 둘 §13-42 이상의 영역으로 구획하여 표시할 수 있다. 즉, 화면의 좌측 창과 우측 창을 나누어서 좌측 창에는 홈페이지의 메뉴가 나타나게 하고 우측창에는 선택된 메뉴의 내용이 나타나게 하는 등의 방법이 인터넷에서 널리 사용되고 있는데, 그것이 바로 프레임 기능을 이용한 것이다. 프레임 기능을 사용한 홈페이지에서 별다른 주의 없이 타인의 사이트를 링크하면 화면 좌측에는 자신의 홈페이지 메뉴가 그대로 나오고 화면 우측에만 타인의 홈페이지가 나타나서 마치 우측의 내용도 자신의 홈페이지의 일부처럼 보여지게 되는 경우가 있다. 이러한 경우에는 위의 그림파일 링크의 경우와 마찬가지로 이용자의 오인, 혼동을 야기할 수 있다는 점에서 저작권 침해 여부가 문제될 수 있다. 이러한 경우에 역시 예외적으로 전송행위에 해당하는 것으로 보는 견해도 있을 수 있으나, 위에서 본 바와 같은 이유로(§13-40) 그러한 해석에 쉽게 찬동하기는 어렵다. 이 경우에 화면상에서 원래 의도한 모습으로 나오지 않고 다른 홈페이지의 일부 프레임과 중복되어 다른 모습으로 보여지게 된다는 점에서 동일성유지권 침해로 평가할 수 있다고 하는 견해도 있는 것 같다. 그러나 저작물 자체에 변형을 가하는 것이 아니라 이용자가 링크 부분을 클릭하였을 경우 웹브라우저의 기능에 의하여 원래 페이지의 일부와 새로운 페이지가 결합되어서 화면에 제시되는 것일 뿐이므로, 이를 동일성유지권 침해라고 보는 것이 이론적으로 타당한지는 의문이 있다. 2차적저작물작성권 침해로 구성하는 견해도 없지 않으나, 그것이 성립하려면 원저작물을 이용한 창작성 있는 개작이나 소재의 선택 및 배열에 창작성이 있는 편집저작물의 작성이 있어야 할 것인데, 프레임 안에서 링크를 설정하는 행위만으로는 그러한 요건을 충족한다고 보기 어렵다는 점에서 쉽게 수긍할 수 없는 견해이다.

프레임 링크의 기법을 교묘하게 사용함으로써 링크된 저작물을 마치 자신이 직접 작성한 것처럼 보이게 하는 경우에는 성명표시권의 침해로 볼 수 있다는 견해도 있을 수 있으나, 성명표시권의 침해도 저작권법상 저작자의 권리에 포함되는 '이용' 행위가 있어야만 문제될 수 있는 것인데, 위와 같은 경우에 타인의 저작물의 '이용'이 있다고 하기는 어려우므로 성명표시권 침해를 인

정하기 어려운 것으로 생각된다.[1]

§13-43   그리고, 영리적인 사이트의 운영자가 위와 같은 프레임 링크의 기법에 의하여 상대방 사이트의 콘텐츠를 자신의 사이트에 포함된 정보인 것처럼 제공함으로써 결과적으로 자사의 광고수입을 높이고 그만큼 상대방에게는 광고수입 감소 등의 피해를 안겨 준 것으로 인정될 경우에는 불법행위가 성립할 수도 있을 것이라고 생각된다(§13-44 참조).[2]

결론적으로, 위와 같은 프레임 링크의 경우에 대하여는 아직 그 법적 성질이 명확히 규명되지 않은 상태이고 경우에 따라 불법행위 또는 부당이득이 성립할 가능성도 배제할 수 없으므로 타깃 사이트 운영자 등의 허락 없이 위와 같은 형태의 링크를 다는 것은 삼가야 할 것이다. 프레임을 사용하는 경우에도 HTML문서에서 target 속성을 적절하게 사용하여 링크를 달면 법적으로 문제가 되지 않을 수 있다. 즉, '<A href="http://www.copyright.or.kr/"target="_top">한국저작권위원회</a>이라고 표시하면 원래의 홈페이지 대신에 링크사이트가 전면적으로 교체되어 표시되게 되고, '<A href="http://www.copyright.or.kr/"target="_blank">한국저작권위원회</a>와 같이 표시하면 새로운 창이 열리면서 링크사이트가 창 전체에 표시되게 되는데, 이러한 형태의 링크는 법적으로 문제되지 않을 것으로 생각된다.

 판 례

§13-44   ❖ 서울지방법원 2001. 12. 7. 선고2000가합54067호 판결 ─ '전자지도' 사건

〈사실관계〉

A는 전자지도 등의 데이터베이스와 컴퓨터 소프트웨어의 개발 및 판매업을 영위하는 회사이고 피고 B는 전자지도검색 소프트웨어 등의 개발 및 판매업과 인터넷정보서비스 제공업을 영위하는 회사이고 피고 C는 인터넷 정보서비스 제공업 등의 정보통신사업을 영위하는 회사이다.

전자지도의 개발업체인 A와 전자지도 공급계약을 맺고 지도검색서비스를 운영하던 B가 A의 허락 없이 자신의 협력업체인 C의 홈페이지 지도찾기코너에 B의 홈페이지를 무단으로 프레임 링크시켰다. 그 결과 C의 인터넷 홈페이지 이용자들은 전자지도를 포함한 지도검색서비스 일체를 이용할 수 있게 되었다.

〈법원의 판단〉

가. 피고 C는 자신이 개설한 ○○○이라는 이름의 이 사건 사이트에 인터넷 홈페이지를 개설한 후 그 홈페이지 이용자들에게 지도검색서비스 등 각종 인터넷 서비스를 제공하면서 인터넷 정보서비스

---

1 본서의 이전판에서는 이러한 경우 성명표시권 침해로 볼 여지는 있을 것으로 생각된다는 의견을 밝혔으나, 제 3 판에서 이 부분 견해를 변경하였다.

2 미국에서 링크에 대한 분쟁이 소송으로까지 이어진 예는 거의 모두 이러한 경우이다. Washington Post v. TotalNews (http://legal.web.aol.com/decisions/dlip/wash.html), Ticket-master v. Microsoft(http://www.talklaw.com/ticketmaster. html) 등 참조(위 사례들은 결국 모두 당사자간의 화해에 의하여 분쟁이 해결되어 판결은 나오지 않았다).

제공업을 영위하는 회사로서 저작권이 원고에게 있다는 점이 지도검색서비스상 표시되어 있는 이 사건 전자지도를 포함한 피고 B의 지도검색서비스 일체를 영리목적으로 프레임 링크하여 자신의 인터넷 홈페이지 이용자들에게 제공함에 있어, 원고의 이 사건 전자지도에 관한 저작권을 침해하거나 원고의 위 전자지도의 저작권자로서의 정당한 이익을 침해하지 아니하도록 주의하여야 함에도 불구하고, 아래에서 보는 바와 같이 이를 게을리한 과실이 있다.

나. 피고 C는 원고의 허락 없이 이 사건 전자지도를 포함한 피고 B의 지도검색서비스 일체를 자신의 인터넷 홈페이지에 프레임 링크하여, 인터넷 홈페이지 이용자들이 그 홈페이지에 있는 '지도보기' 란을 클릭하면, 인터넷 이용자들 개인 컴퓨터 모니터 화면 테두리에는 자신의 컴퓨터 서버에서 전송된 자신의 인터넷 홈페이지 화면이, 화면 중앙에는 피고 B의 컴퓨터 서버에서 전송된 그의 이 사건 전자지도를 포함한 지도검색서비스가 각각 나타나게 하는 방법으로, 자신의 인터넷 홈페이지 이용자들로 하여금 자신의 이 사건 사이트에 링크된 B의 컴퓨터 서버로부터 직접 이 사건 전자지도를 전송받게 함으로써 실질적으로 원고(A)의 허락 없이 이 사건 전자지도를 자신의 컴퓨터 서버에 복제하여 이를 자신의 인터넷 홈페이지 이용자들에게 제공하는 것과 같은 외관과 효과를 얻게 되었는바, <u>이와 같이 피고 C가 원고의 허락 없이 자신의 인터넷 홈페이지에 이 사건 전자지도를 포함한 피고 B의 지도검색서비스 일체를 프레임 링크 한 행위는, 원고의 허락 없이 이 사건 전자지도를 자신의 컴퓨터 서버에 복제하여 이를 자신의 인터넷 홈페이지 이용자들에게 전송한 행위와 마찬가지로, 이 사건 전자지도의 저작권자로서 전자지도 등 데이터베이스 판매업을 영위하는 원고로 하여금 위 전자지도와 같은 데이터베이스를 판매할 수 있는 기회를 상실하게 하는 손해를 입게 하여, 원고의 저작권에 기한 정당한 이익을 침해하므로, 이는 원고의 이 사건 전자지도에 관한 저작권을 침해하는 행위와 마찬가지로 선량한 풍속 기타 사회질서에 반하여 타인의 정당한 이익을 해하고 이로 인하여 이익을 얻는 위법한 행위에 해당한다.</u>

따라서, 피고 C는 원고에게 위와 같은 불법행위로 인하여 원고에게 발생한 이 사건 전자지도 판매수입 상실액 상당의 손해를 배상할 의무가 있다.

▷NOTE : 위 판결은 프레이밍에 대하여 정면으로 저작권 침해를 인정하지는 않았으나 당해 사례의 특성을 감안하여 실질적으로 '저작권 침해'와 마찬가지로 볼 수 있는 '불법행위'라고 판단하였다. 이 것은 프레이밍이 저작권 침해라고 단정하기에는 법리적 뒷받침이 다소 부족하다고 여겨 민법상의 불법행위 이론으로 사안을 해결하고자 한 것으로 생각된다.

---

(3) 인라인 링크

인라인 링크(inlining 또는 embedded link)란 웹사이트 이용자가 링크 제공자의 웹페이지를 방문했을 때 링크된 내용이 자동적으로 실행(activate)되게 하는 링크를 말한다. 인라인 링크는 다른 웹사이트의 정보를 링크제공자의 프레임 내에서 이용한다는 측면에서는 프레임 링크와 같지만 링크가 이용자의 개입 없이 자동적으로 실행되는 점에서 프레임 링크와 다르다.1 예컨대, 링크

§13-45

---

1 인라인 링크를 위해 사용하는 태그는 이미지의 경우는 〈 img src=" " 〉이고, 음악의 경우는 〈 bgsound src =" " 〉이

제공자가 다른 웹사이트의 이미지 파일이나 음악 파일에 인라인 링크를 한 경우에는 이용자가 링크제공자의 웹사이트를 방문했을 때 어떤 다음 동작을 하지 않아도 해당 이미지가 자동적으로 웹사이트의 한 구성부분으로 보이거나 해당 음악이 자동적으로 흘러나오게 된다. 이러한 인라인 링크의 경우에는 링크가 자동적으로 실행되기 때문에 웹사이트 이용자로서는 링크된 정보의 위치는 물론 링크가 되어 있는 사실조차 모르는 경우가 많다.[1]

아래에 소개하는 대법원 판례(§13-46)는 '인라인 링크'라는 말을 사용하지는 않아도 실제적으로 사진 이미지 등에 대한 인라인 링크가 문제된 사안에서 "피고가 원래의 사진 이미지 또는 적어도 이를 상세보기 이미지 크기로 축소, 변환한 이미지를 자신이 직접 관리하는 서버 등의 유형물에 저장하고 있었다는 점"을 인정할 증거가 없는 이상 저작권법상의 복제, 전송 등에 해당하지 않는다는 입장('서버 기준')을 표명하고 있다.[2] 이러한 판례 입장에 의하더라도 경쟁사업자가 타인의 노력에 편승하여 부당한 이익을 얻을 목적하에 인라인 링크를 이용한 것으로 볼 수 있는 경우에는 민법상의 일반불법행위가 성립할 가능성이 높다고 생각된다.

 **판 례**

§13-46

❖대법원 2010. 3. 11. 선고 2009다4343 판결 — "이미지 상세보기" 사건

2. 상세보기 방식에 의한 외부이미지 제공부분

가. 복제권 등 침해 여부에 관하여

(1) 원심은 그 판시와 같은 인정사실들에 기초하여, 피고가 그 웹사이트에서 '해외이미지'라는 분

다. 본서에서 인라인 링크를 프레임 링크와 구별하여 설명하고 있으나, 프레임 링크의 경우도 링크 제공 사이트의 일부에 링크 대상물이 바로 현출되는 방식이라고 볼 여지가 있다는 점에서 인라인 링크로서의 속성도 일부 가지고 있다고 할 수 있다. Pekka Savola, "Blocking injunctions and website operators' liability for copyright infringement for user-generated links", E.I.P.R. 2014, 36(5), p. 280. 따라서 프레임 링크와 인라인 링크의 구별이 아주 선명하다고 하기는 어렵다. 이해완, "인터넷 링크와 저작권 침해 책임", 성균관법학 27권 3호, 2015, 233면 참조.

1 김현철, "링크제공자의 저작권법상 책임에 관한 소고," 계간 저작권 2002년 여름호(제58호), 저작권심의조정위원회, 47면.

2 '서버 기준(server test)'이란 자신이 관리하는 서버 컴퓨터에 전자적 정보를 저장하여 직접 송신 서비스를 제공하는 자만이 공중송신권(미국법상의 배포권, 전시권 등) 침해의 주체가 될 수 있다고 보는 판단기준을 뜻한다. 이에 반하여, '편입 기준(incorporation test)'이란 '프레임 링크'나 '인라인 링크' 등을 통해 화면상 자신의 웹페이지 안에 다른 저작물을 편입시킨 모습을 취하기만 하면 설사 자신이 관리하는 서버에 해당 정보를 복제, 저장하지 않아도 공중송신권(미국법상의 배포권, 전시권 등) 침해의 주체가 될 수 있다고 보는 판단기준을 뜻한다. '서버 기준'은 구글의 이미지 검색 서비스에서 큰 이미지를 인라인 링크 방식으로 제공한 것이 사진저작물에 대한 저작재산권을 침해하였는지 여부가 문제된 사안에서 미국의 제9항소법원이 채택한 판단기준[Perfect 10, Inc. v. Amazon.com, Inc., 508 F.3d 1146, 1160-61 (9th Cir. 2007)]으로서, 현재 미국의 판례상 상당 정도 정립된 것으로 보이며, 우리 대법원도 이를 수용한 것이라 할 수 있다. 링크의 다양한 태양에 따라 판단이 애매하게 되는 것 없이, 링크의 주체가 자신이 관리하는 서버에 저작물을 복제, 저장한 경우가 아니라면 저작재산권의 직접침해 책임을 물을 수는 없다고 하여 비교적 명확한 판단기준을 제시한 점이 장점이라 할 수 있다. John Blevins, "Uncertainty As Enforcement Mechanism : The New Expansion of Secondary Copyright Liability to Internet Platforms", 34 Cardozo L. Rev. 1821, 1853-55 (2013) 참조.

류를 통해 검색되는 그 판시의 원고의 사진작품 또는 그 복제물인 외부이미지 221점을 원고의 허락 없이 복제한 후, 500×330 픽셀 크기(인쇄할 경우 약 17.64㎝×13.23㎝, 이하 위와 같은 크기의 이미지를 '상세보기 이미지'라고 한다)로 변환하여 게시함으로써 다수 인터넷 이용자의 이용에 제공한 이상, 이는 원고의 위 사진들에 대한 복제권, 전송권 및 전시권을 침해한 것이라고 판단하였다.

(2) 그러나 원심의 판단은 다음과 같은 이유로 수긍하기 어렵다.

먼저 피고가 그 웹사이트에서 '해외이미지'라는 분류를 통해 검색되는 원고의 위 사진들에 대한 복제권, 전송권 및 전시권을 침해하였다고 하기 위하여는 피고가 원래의 사진 이미지 또는 적어도 이를 상세보기 이미지 크기로 축소, 변환한 이미지를 자신이 직접 관리하는 서버 등의 유형물에 저장하고 있었다는 점을 원고가 입증하여야 하는데, 기록을 살펴보아도 이를 인정할 직접적인 증거는 없다.

다만 기록에 의하면, 피고 웹사이트에서 '해외이미지'라는 분류를 통해 검색되는 외부이미지의 경우, 피고가 이미지 검색프로그램을 이용하여 각종 인터넷 웹사이트에 게시된 이미지를 무작위로 검색·수집하여 그 썸네일 이미지와 원래 이미지가 저장된 인터넷 주소를 자신의 서버에 저장해 두었다가, 인터넷 이용자가 검색어를 입력하면 그에 해당하는 썸네일 이미지를 목록화하여 보여 주고, 인터넷 이용자가 다시 그 중 특정 썸네일 이미지를 선택하면 화면 중앙부에 원래의 이미지를 상세보기 이미지로 축소하여 보여 주며, 그 하단에서 원래 이미지가 위치한 인터넷 주소(URL), 파일 크기 등의 정보를 보여 주고 있음을 알 수 있다. 그런데 이른바 인터넷 링크에 의하여 이미지를 보여 주는 방법에는 웹브라우저에서 인터넷 이용자를 특정 웹페이지로 이동시켜 주는 방식 외에, 동일 서버 또는 다른 서버에 있는 이미지를 링크를 제공하는 웹페이지의 특정한 위치에 특정한 크기로 나타나도록 하는 방식으로도 구현할 수 있으며, 후자의 방식에 의할 경우에는 웹브라우저의 주소창에 표시된 웹사이트의 주소가 변하지 않은 채 링크된 다른 웹사이트의 이미지 등에 직접 연결할 수 있는바, 앞서 본 바와 같이 인터넷 링크는 인터넷에서 링크하고자 하는 웹페이지나 개개의 저작물 등의 웹 위치 정보 내지 경로를 나타낸 것에 불과하여, 위와 같은 사정만으로는 피고가 원래의 이미지 또는 이를 축소, 변환한 상세보기 이미지를 자신이 직접 관리하는 서버 등의 유형물에 저장하였다고 단정하기에 부족하다.

그럼에도 불구하고 원심은, 피고가 그 웹사이트에서 '해외이미지'라는 분류를 통해 검색되는 원고의 사진 또는 그 복제물인 외부이미지 221점의 원래의 이미지 또는 이를 축소, 변환한 상세보기 이미지를 자신이 직접 관리하는 서버 등의 유형물에 저장하였음을 전제로 그 복제권, 전송권 및 전시권 침해로 인한 손해배상책임을 부담한다고 판단하였으니, 원심 판결에는 채증법칙을 위반하여 사실을 오인함으로써 판결에 영향을 미친 잘못이 있다. 이 점을 지적하는 피고의 주장은 이유 있고, 반면에 피고의 손해배상책임이 인정됨을 전제로 손해배상액 산정의 잘못 여부를 다투는 원고의 주장은 더 나아가 살필 필요 없이 이유 없다.

▷NOTE : 위 판결에서 말하는 "동일 서버 또는 다른 서버에 있는 이미지를 링크를 제공하는 웹페이지의 특정한 위치에 특정한 크기로 나타나도록 하는 방식"이라는 것이 바로 '인라인 링크' 방식이라고 할 수 있다. 따라서 위 판결은 인라인링크 방식으로 타인의 저작물을 저작자의 허락 없이 링크하였더라도 그 저작물(의 복제물)을 자신이 직접 관리하는 서버 등의 유형물에 저장하였다는 증거가 없는 한 복제권, 전송권 등의 침해를 주장할 수 없다는 취지('서버 기준')를 표명한 것으로 볼 수 있다.

(4) 링크에 의한 저작권침해 방조의 문제 등

§13-47   대법원 판례가 링크행위만으로는 타인의 저작물을 복제, 전송 등의 방법으로 이용하는 것으
로 볼 수 없으므로 저작재산권 침해가 성립하지 않은 것으로 보는 입장을 일관되게 취하고 있음
은 위에서 본 바와 같다.[1] 그렇다면, 타인이 인터넷에 올린 불법복제물을 그 사실을 잘 알면서
자신의 웹사이트에 링크를 하여 둔 경우에도 아무런 법적 책임을 지지 않는 것으로 보아야 할까.
그러한 경우에도, 링크행위가 복제, 전송 등의 이용행위는 아니라고 보는 이상 이를 저작재산권
의 직접침해 행위로 보기는 어려울 것이다. 그러나 그러한 경우에는 링크를 한 사람(A)에게 타인
의 저작재산권 침해행위에 대한 방조의 책임을 물을 수는 있다고 보는 것이 타당할 것이다. 불법
복제물인 프로그램 파일에 직접링크를 한 경우를 가정해 보면, 우연히 그 링크를 발견하고 클릭
한 사람(B)의 경우에는 마우스클릭 한번만으로 그 파일을 다운로드 받을 수 있게 되므로,[2] 그러
한 링크를 한 A의 행위가 저작재산권자의 허락 없는 B의 저작물 '복제' 행위(복제권 침해행위)를 용
이하게 하는 것으로서 B(직접적 침해행위자, 정범)의 복제권 침해에 대한 방조행위가 될 수 있다.[3]
나아가 그 불법복제물을 온라인상에 업로드하여 복제 및 전송행위를 한 사람(C)의 입장에서는 그
러한 링크를 통해 자신의 추가적 노력 없이도 그 링크를 클릭한 사람에게 불법복제물을 바로 송
신할 수 있게 되므로 그러한 링크를 한 A의 행위가 저작재산권자의 허락 없는 C의 저작물 전송
행위(공중송신권 침해행위)를 용이하게 하는 것으로서 C(직접적 침해행위자, 정범)의 공중송신권침해에
대한 방조가 될 수 있다.[4] 링크행위에 대하여 직접침해책임을 인정하지는 않더라도 이러한 방조

---

1 다만 대법원의 이러한 판시내용 중 링크걸기가 전송의 개념에 해당하지 않는다고 본 것은 절대적 타당성을 가진 논리
  라고 보기는 어렵다. '송신'의 개념에는 해당하지 않더라도, '이용제공'의 개념에 해당하는 것으로 보는 것은 논리적으
  로 불가능한 것은 아니며, 저작권자의 권익을 보다 두텁게 보호하고자 하는 관점에서는 이용제공의 범위를 지나치게
  좁히는 것이 타당하지 않다고 보아, 타인의 저작물에 대한 링크를 설정하여 공중에게 제공하는 행위도 '이용제공'의
  범위에 포함된다고 보는 것도 가능하기 때문이다. 그러므로, 링크제공행위를 '전송'에 해당하지 않는다고 보는 것은
  전송에 대한 개념규정에서 오는 필연적인 결론이라기보다는, 링크의 자유를 최대한 보장하고자 하는 정책적인 관점의
  반영이라는 측면이 강하다고 할 수 있다. EU 유럽사법재판소의 판례(Svensson 사건에 대한 결정-CJEU Case C-
  466/12- 및 GS Media 사건에 대한 결정- C-160/15, EU:C:2016:644.; 2016.9.8. 결정-)는 '공중송신'의 개념을 넓
  게 잡아 링크설정 행위도 공중전달의 개념에 포함될 수 있는 것으로 보면서, 그 범위를 다른 기준으로 적절히 제한하
  는 입장을 취하고 있는데, 그것도 위와 같은 우리 판례의 입장이 절대적 타당성을 가진 것은 아닐 수 있음을 보여주
  는 것이라 할 수 있다. 오늘날 온라인상 불법복제물 유통을 위해 비공개 웹스토리지와 결합된 변칙적 링크 방식 등의
  악용이 큰 문제가 되고 있는 상황에서는 링크설정행위에 대하여 공중송신권의 직접침해를 전적으로 부정하는 입장이
  타당할지에 대한 재론의 필요성이 높아질 수 있을 것이라 생각한다.
2 때로는 링크를 클릭할 경우 파일을 다운로드받는 것이 아니라 스트리밍에 의하여 이용할 수 있는 경우도 있으나, 현
  행 저작권법은 스트리밍 방식에 의한 '일시적 복제'도 복제의 개념에 명시적으로 포함하고 있으므로, 동일하게 B의
  행위가 복제권 침해행위에 해당할 가능성이 있다.
3 B의 다운로드 행위가 사적 이용을 위한 복제(저작권법 제101조의3 제 1 항 제 4 호, §14-133)에 해당할 경우에는 복제
  권침해가 성립하지 않고 따라서 A도 침해방조행위를 한 것이 아니게 된다. 그러나 예컨대 컴퓨터프로그램저작물의
  불법복제물을 회사 업무에 사용하기 위하여 다운로드 받은 경우라면 사적 이용을 위한 복제라고 할 수 없고, 따라서
  그 경우에는 A의 행위가 B의 복제권 침해에 대한 방조가 될 수 있다.
4 저작권법 2조 제10호에서 '전송'에 대하여 "공중송신 중 공중의 구성원이 개별적으로 선택한 시간과 장소에서 접근할

에 의한 간접침해 책임은 긍정하는 것이 법리적으로 타당하고 저작권 보호질서의 유지라고 하는 현실적인 면에서도 타당하다.

그런데 대법원 2015. 3. 12. 선고 2012도13748 판결은 "형법상 방조행위는 정범의 실행을 용이하게 하는 직접, 간접의 모든 행위를 가리키는 것인데, 링크를 하는 행위 자체는 위와 같이 인터넷에서 링크하고자 하는 웹페이지 등의 위치정보나 경로를 나타낸 것에 불과하여, 인터넷 이용자가 링크 부분을 클릭함으로써 저작권자로부터 이용허락을 받지 아니한 저작물을 게시하거나 인터넷 이용자에게 그러한 저작물을 송신하는 등의 방법으로 저작권자의 복제권이나 공중송신권을 침해하는 웹페이지 등에 직접 연결된다고 하더라도 그 침해행위의 실행 자체를 용이하게 한다고 할 수는 없으므로 이러한 링크 행위만으로는 … 저작재산권 침해의 방조행위에 해당한다고 볼 수 없다"고 판시하였다. 이 판결은 링크를 하는 행위가 저작재산권 침해행위의 방조행위가 될

수 있도록 저작물등을 이용에 제공하는 것을 말하며, 그에 따라 이루어지는 송신을 포함한다"고 정의한 것은, '송신'의 준비단계라고 할 수 있는 '이용제공'만이 아니라 '이용제공' 이후 실제로 공중의 구성원이 접근하여 이용하고자 할 때 그 이용자에게 자동적으로 이루어지는 '송신'도 전송의 개념에 포함하는 취지를 명시한 것으로 보아야 할 것이라는 것은 앞에서 본 바와 같다(§13-39). 박성호, 저작권법(제 2 판), 박영사, 2016, 352면은 "전송의 핵심요소는 '공중의 이용에 제공하는 것'(전단)이고, 그에 따라 실제로 송신되었는지 또 얼마나 송신되었는지(후단)는 부수적 요소로서 손해배상액 산정 등을 할 때에 의미가 있을 뿐이다. 그러한 점에서 전송이란 어떤 저작물 등을 공중에게 이용가능하게 제공함으로써 완료되는 것이라고 보아야 한다"고 주장하나, 찬성할 수 없다. 설사 우리 저작권법이 위와 같이 규정하지 않고 '이용제공'만 전송의 개념에 포함하는 것으로 규정하였다고 가정하더라도, 이용제공 이후 자동으로 이루어지는 송신은 그것이 공중을 대상으로 한 것인 이상 당연히 '공중송신'의 개념에는 해당하는 것으로 보아야 할 것이고, 우리 저작권법은 위와 같이 규정하였으니, 그 송신이 공중송신 중에서도 전송에 해당하는 것으로 보아야 할 것이다. 설사 전송의 요소 중 이용제공이 송신보다 중요하거나 핵심적인 요소라고 가정하더라도 그것이 '송신'은 법적으로 무의미한 것이거나 이용제공의 개념에 흡수되는 것이라고 보아야 할 근거가 될 수는 없고, 달리 그렇게 볼 아무런 근거가 없다. 우리 저작권법상 전송의 개념 중 '이용제공'과 정확히 일치하지는 않지만 유사한 점이 많은 개념인 '송신가능화'와 그에 따라 자동적으로 이루어지는 '송신'에 해당하는 '자동공중송신'의 개념을 구분하고 그 두 가지 모두 방송 및 유선방송과 함께 공중송신에 해당하는 것으로 규정하고 있는 일본 저작권법(제 2 조 제 7 의2호, 제 8 호, 제 9 의2호, 9의4호, 9의5호)의 태도와 달리, 우리 저작권법은 전송이라는 개념 안에 '이용제공'과 '송신'을 모두 포함하는 규정형식을 취하고 있지만, 우리나라나 일본이나 이용제공(송신가능화)과 그에 기하여 자동적으로 이루어지는 송신(자동공중송신)을 모두 전송 또는 공중송신으로 보아 저작권자의 배타적 권리가 미치도록 한 점에서는 같다고 보아야 한다. 그렇게 보지 않을 경우 예컨대 불법복제물의 구체적 송신(자동공중송신) 시점으로 따지면 공소시효가 만료하지 않았음에도 불구하고, 그 이용제공 시점으로 따졌을 때 공소시효가 만료되었다는 이유로 현시점에서 계속 불법복제물의 송신이 이루어지고 있음에도 불구하고 형사처벌을 할 수 없는 부당한 결론이 도출되게 된다. 나아가, 이러한 해석은 우리나라가 가입한 다자간 국제조약에도 반하는 것이다. WIPO저작권조약 제 8 조는 "베른협약 제11조 (1) (ii), 제11조의2 (1) (i) 및 (ii), 제11조의3 (1) (ii), 제14조 (1) (ii) 및 제14조의 2 (1)의 규정의 적용을 방해하지 않으면서, 문학 및 예술 저작물의 저작자는 그 저작물에 유선 또는 무선의 방법으로 공중에의 전달(공중의 구성원이 자신이 선택한 장소와 시기에 저작물의 이용이 가능한 상태로 저작물을 두는 것을 포함한다)을 허락할 배타적 권리를 향유한다"고 규정하여 괄호 안의 규정을 통해 '이용제공'에 해당하는 개념을 포함하도록 하면서 괄호 밖의 규정을 통해 이용제공에 기하여 자동적으로 이루어지는 송신을 포함한 공중에의 전달(송신)을 모두 공중전달의 개념에 포함하여 배타적 권리(공중전달권)를 부여하도록 규정하고 있기 때문이다. 요컨대 '송신'은 저작권법상 이용제공에 흡수되는 것이 아니라 독자적으로 법적 의의를 가지는 '전송'에 해당하는 행위라고 보아야 한다. 따라서, 본문과 같은 경우 A의 링크행위 이전에 C의 이용제공 행위가 있었어도, A의 링크행위로 그 링크를 누군가가 클릭할 때 C의 이용제공에 기하여 자동으로 이루어지는 불법복제물의 송신(그 주체는 C라고 보아야 함)은 이용제공과 별도로 공중송신권 침해가 되고, A의 링크행위는 그에 대한 방조가 되는 것으로 보아야 한다.

수 있는지에 대하여 대법원이 최초로 그 입장을 표명하였다는 점에서 큰 관심과 주의를 끄는 판결이다. 그러나 위와 같이 불법복제물 등에 링크를 하는 행위를 저작재산권 침해행위의 실행행위를 용이하게 하는 행위로 그 방조행위가 될 수 있는 것으로 여기는 본서의 입장에서는 그와 배치되는 것처럼 보이는 위 판결의 취지를 납득하기 어려운 것이 사실이다. 다만 위 판결의 원심판결과 1심 판결을 자세히 분석해 보면, 위 판결은 검사가 공소제기를 할 때, 링크를 한 사람이 외국 블로그에 불법복제물인 만화 등 디지털콘텐츠를 게시한 사람의 업로드행위(침해행위로서의 복제행위등)를 방조한 것으로 보고 그러한 링크 정보 등을 자신이 운영하는 웹사이트에 게재되어 있도록 방치한 사이트 운영자를 저작재산권침해 방조범으로 보아 공소제기를 한 사안이었다. 1심 판결은 이를 유죄로 인정하였으나, 2심 판결(원심판결)은 그 링크행위가 복제행위(업로드 행위)의 실행 자체를 용이하게 한 것으로 보기기 어렵다는 이유로 무죄판결을 선고하였으며,[1] 대법원도 2심 판결의 연장선상에서 위와 같이 판결을 한 것이었다. 따라서 대법원의 위 판결은 링크 이전에 이미 타인에 의하여 이루어진 업로드 행위(공중송신행위와 복제행위의 성격을 동시에 가질 수 있다)에 의하여 복제권 및 공중송신권을 침해하는 웹페이지에 링크한 것만으로는 그 업로드 행위를 용이하게 하는 방조행위로 보기 어렵다는 취지를 표명한 것으로 이해하여야 할 것이다. 즉 위 판결은 링크하

---

[1] 위 대법원 판결의 원심판결인 청주지방법원 2012. 10. 19. 선고 2012노626 판결은 "형법상 방조행위는 정범의 실행행위를 용이하게 하는 것을 의미하는 바(대법원 1995. 9. 29. 선고 95도456 판결 등 참조), 인터넷 이용자 등이 외국 블로그에 이 사건 디지털컨텐츠를 게시하는 순간 범죄는 기수에 이르지만 그 이후 위 게시를 철회하기까지는 실행행위가 종료된다고 볼 수 없다. 그러므로 위 게시가 철회되기까지는 유·무형의 방법으로 방조행위가 이루어질 수 있지만, 그 방조행위는 복제권 침해의 실행행위 자체를 용이하게 하는 방법으로만 가능하다고 할 것이다. 그런데 이 사건 링크 행위나 이 사건 링크 글을 방치하는 행위는 인터넷 이용자 등에 대하여 복제권 침해의 실행행위를 용이하게 한 것이 아니라, 인터넷 이용자 등과 무관한 지위에서 단순히 인터넷 이용자 등에 의하여 복제권이 침해된 상태를 이용한 것에 불과하다고 할 것이어서 그 행위를 방조행위로 볼 수 없고, 그 행위가 복제권 침해행위로 인한 피해를 확산시키는 결과를 가져오더라도 달리 볼 것은 아니다."라고 판시하였다. 위 판결의 위 인용부분 중 앞부분은 오로지 공소사실에 정범의 행위로 특정, 명시된 업로드 행위만을 복제권 침해의 실행행위라고 보아 그에 대한 관계에서 링크 행위 등이 방조행위가 될 수 없다는 취지로 판시한 것으로 보인다. 그러한 판시내용은 공소사실 중 복제권 침해 부분으로 기재된 것만을 전제로 할 경우에는 논리적으로 타당한 면이 있다. 위에서 살펴본 바와 같이 이른바 '사전적 침해행위'에 대한 관계에서 링크행위를 방조행위로 보기는 어렵기 때문이다. 그러나 위 판결은 거기에 그치지 않고, 위 인용부분의 뒷부분에서, 사후적 침해행위와 관련된 부분을 부적절하게 설시하고 있다. 즉 위 판결은 링크 등 행위에 대하여 "인터넷 이용자 등과 무관한 지위에서 단순히 인터넷 이용자 등에 의하여 복제권이 침해된 상태를 이용한 것에 불과하다고 할 것"이라고 하고, 나아가 "그 행위가 복제권 침해행위로 인한 피해를 확산시키는 결과를 가져오더라도 달리 볼 것은 아니다"라고 하고 있는데, 이것은 법리적으로는 타당하지 않고 현실적인 면에서 매우 무책임한 판시라 생각된다. 왜냐하면, 그 부분은 링크를 통한 사후적 침해행위가 있을 수 있는 부분과 관련된 것으로서, 다운로드 등이나 그에 따른 송신 행위 등이 복제권 또는 공중송신권 침해가 될 수 있음에도 그러한 가능성에 대한 검토 없이, 이를 침해된 상태의 (사실상의) 이용행위라고만 평가하고 또한 그에 따른 피해의 확대가 사후적 침해행위에 따른 것이 아니라 침해행위는 없는 상황에서 결과적으로 그 피해만 확대되는 것이니 어쩔 수 없는 일이라는 취지로 판시함으로써, 링크 행위에 의한 피해 확대 등을 너무나 안이하게 정당화하고 있는 것으로 보이기 때문이다. 항소심 판결이 타당한 방향을 취하였다면, 그러한 '이용행위'에 대한 관계에서 링크행위가 침해 방조행위가 될 수 있는 가능성이 없지 않으나, 일단 공소사실에서 특정된 정범의 실행행위에 대한 관계에서 방조행위의 성립 여부를 판단한다고 하는 취지로 정리하였어야 할 것이다. 그런 점에서 위 판결은 링크의 문제에 대하여 전체적으로 올바른 법적 평가를 하지 못한 면이 있고, 그러한 오류가 대법원판결 상의 오류로 이어진 면이 있는 것으로 생각된다.

기 이전에 이미 이루어진 침해행위(사전적 침해행위)에 대하여 링크하기가 침해방조행위가 될 수 없음을 표명한 것일 뿐, 링크 이후에 링크를 클릭함으로써 비로소 이루어지는 다운로드 및 송신 등의 침해행위(사후적 침해행위)에 대하여 침해방조행위가 성립하는지 여부에 대하여 분명하게 판단한 것은 아니라고 보아야 한다. 링크 이전의 사전적 침해행위에 대하여 링크하기를 통한 방조가 인정되기 어렵다는 것은 수긍하여야 할 것이나, 링크를 통한 사후적 침해행위는 링크에 의하여 용이하게 이루어지는 것이 분명하므로 그 침해행위에 대한 관계에서 링크하기가 방조행위로서의 성격을 가지는 것으로 보는 것이 타당하다. 위 판결은 링크를 통한 사후적 침해행위에 대하여 구체적으로 판단한 바 없으므로 이후 링크를 통한 사후적 침해행위에 대한 대법원 판결이 선고되기 전에는 이 부분에 대한 대법원 판례의 입장을 단정하기 어려운 것으로 보아야 할 것이다. 위 판결의 사안은 검사의 공소제기에 있어서 정범의 행위를 사전적 침해행위로 잘못 특정하여 제시한 오류가 있었고, 그로 말미암아 위와 같은 항소심 및 상고심 판결이 나오게 된 면이 있다. 따라서 링크행위는 어떤 경우에도 직접침해는 물론 간접침해(침해방조)도 성립할 수 없다는 것이 대법원 판례의 취지라고 보는 것은 공소제기에 오류가 있었던 특수한 형사사건 하나에 대한 판결의 취지를 지나치게 확대해석하는 것이라는 점에서, 그 타당성을 인정하기 어렵다.

그렇지만, 위 대법원판결이 마치 사후적 침해행위까지 포함하여 링크행위를 침해방조행위로 볼 수 있는 가능성을 전적으로 부정한 것처럼 오해될 수 있는 문구로 작성된 것은 적어도 판결문 작성에 있어서 중대한 오류를 범한 것으로 생각되므로, 이후의 판례를 통해 분명하게 변경, 정리될 필요가 있다.[1] 적어도 불법복제물을 링크한 것이 어떤 경우에도 직접침해나 간접침해를 전혀

---

[1] '튜잉' 사건에 대한 대법원 판례의 입장에 대하여는 학자들로부터 상당한 비판이 제기되었는데, 그 가운데 비교적 자세하게 법리적으로 비판한 의견으로는 본문에서 제시한 바와 같은 저자의 사견('사후적 침해행위 방조론'이라 할 수 있다) 외에, '계속적 이용제공 방조론'이라 칭할 수 있는 박준석 교수의 견해가 있다. 이 견해는 대법원 판례가 링크의 자유 보장에 지나치게 치우친 관점을 취하였다는 것, 그에 따라 저작권법 제102조 규정 취지와도 부합하지 않는 결론을 내렸다는 등의 근거제시에서는 저자의 사견과 일치하지만, 다음과 같이 제시한 견해는 저자의 생각과 다른 점이 있다.

"대법원은 최초 업로드행위자가 범한 복제권 및 공중송신권 침해행위를 각각 이 사건 링크의 방조대상으로 검토함에 있어 복제권에서나 타당한 논리를 공중송신권에도 별다른 검토 없이 그대로 적용해버리는 오류를 범하고 있다. 만일 복제권 침해에 국한하였다면 이미 끝나버린 복제행위를 그보다 나중시점에 걸린 링크가 조력할 여지가 전혀 없으므로 이 사건 판결의 이해가 타당하다. 그렇지만 공중송신권 침해에 관해서는 설령 링크가 나중에 걸렸다고 하더라도 여전히 방조가 가능함을 이 사건 판결은 간과하고 있다. 공중송신권 침해는 업로드가 완료되더라도 계속 진행되는 침해행위의 성격을 가질 뿐, 이미 끝나버린 침해행위가 아닌 것이다. 환언하여 ' … 유형물에 고정하거나 다시 제작하는 …' 행위를 뜻하는 복제는 당해 고정이나 제작행위가 끝나는 즉시 더 이상 타인이 조력할 여지가 없게 되지만, 공중송신 중 전송은 다른 이들이 "접근할 수 있도록 이용에 제공"하는 행위가 본질이므로 업로드가 모두 이루어지는 순간 앞서 복제와 같이 타인의 조력이 불가능하게 되는 것이 아니라 그 업로드된 콘텐츠가 인터넷 상에 존속하는 동안은 여전히 '이용에 제공'이 계속 되고 있는 것이고 그런 계속적 행위를 타인이 충분히 조력할 여지가 생기는 것이다. [중략] 복제권 침해범죄는 그 성질상 업로드로 유형물(여기서는, 서버에의 복제물을 의미함)이 만들어지는 즉시 당해 범죄의 기수(既遂)가 될 뿐 아니라 범죄의 종료(終了)까지 있게 되는 범죄, 즉 우리 형법상 즉시범에 해당한다. 반대로 공중송신권 침해범죄는 즉시범이 아니라 계속범에 해당할 것이다. 왜냐하면 일단 인터넷상에 업로드되면 기수에 도달

할지는 몰라도 범죄가 종료되는 것은 아니며, 당해 콘텐츠가 삭제될 때까지 '이용에 제공'하는 행위가 계속된다고 보아야 하기 때문이다. 여기서 혼동하지 말아야 할 것은, 여기서 전송행위가 제공하는 '이용'이란 '송신'이 이루어지는 것처럼 실제 이용이 이루어지는 것을 의미한다기보다 이용자가 원하면 언제든지 접근할 수 있도록 허용하는 접근가능성 제공을 뜻한다는 것이다. 따라서 주거에 일단 침입한 것으로 주거침입죄는 기수에 도달하지만 주거로부터 퇴거할 때까지 당해 범행의 구성요건적 행위가 계속된다고 이해하는 우리 형사법의 시각을 채용하면, 인터넷공간에 일단 업로드한 것으로 전송에 의한 공중송신권 침해범죄는 기수에 도달하지만 당해 콘텐츠가 삭제될 때까지 당해 범행의 구성요건적 행위가 계속되는 셈이다. 이런 상황에서 설정되는 링크는 실질적으로 접근가능성을 증대시켜 '이용에 제공'하는 행위에 조력하는 행동에 해당하므로, 실제 당해 링크를 통한 송신이 이루어지는지에 관계없이, 형법상 방조에 해당한다고 볼 수 있게 되는 것이다." (박준석, "인터넷 링크행위자는 이제 정범은 물론 방조범조차 아닌 것인가 — 대법원 2012도13748 판결의 문제점과 저작권 형사범죄 처벌의 논리 —", 산업재산권 제48호(한국지식재산학회, 2015), 128~131면.)

위 견해는 저자가 '사전적 침해행위'라고 본 '이용제공' 행위에 대하여도 링크제공자의 방조책임을 인정할 수 있다고 보는 점에서, 저자의 입장과 뚜렷이 구별된다. 저자는 사전적 침해행위 가운데 파일 업로드 과정에서의 '복제' 행위만이 아니라 업로드에 의한 '이용제공' 행위에 대하여도, 링크설정행위가 그 실행행위 자체를 용이하게 하는 것은 아니라고 보아야 할 것이라고 생각해 그 점에 대한 대법원 판례의 취지를 수긍하는 입장을 취하였음에 반하여, 박준석 교수의 위 견해는 '이용제공' 행위의 계속성 및 '접근 가능성' 제공이라고 하는 특성에 비추어, 링크제공자에 의한 방조가 인정될 수 있다고 보는 입장을 취하고 있는 것이다. 저자의 사견에 비하여 박교수의 위 견해(계속적 이용제공 방조론)에 의할 때 방조책임의 추구가 보다 용이하여지고, 그 범위가 넓어지는 면이 있어, 권리자의 입장에서 권리의 보호를 받는 면에서는 보다 유리한 입장이라 할 수 있다. 다만, 저자는 여전히, '이용제공'의 실행행위는 업로드 행위에 한정되고, 링크에 의하여 더 많은 공중의 구성원들이 실제 해당 저작물에 접근할 수 있게 되는 것은 피해의 확대를 가져오는 것이긴 하지만 실행행위 자체를 용이하게 하는 것이라고 보기는 어려운 것으로 판단되어, 본서의 입장을 유지한다. 그것은 공중송신 중 이용제공이 가지는 계속(범)적 성격을 부정하는 것은 아니고, 단지 이용제공의 실행행위 자체와 기타의 다른 요소들을 개념적으로 구분하는 논리에 기한 것일 뿐이다.

츄잉 사건에 대한 대법원 판결 이후 아직 링크에 의한 저작권침해 방조의 책임 유무를 정면으로 다룬 새로운 대법원 판결은 선고되지 않고 있다. 그러나 그 사이에 대법원 판례를 정면으로 비판하면서 링크제공자의 방조 책임을 인정한 서울고등법원 판결이 나와 큰 관심을 모은 바 있다. 서울고등법원 2017. 3. 30. 선고 2016나2087313 판결이 그것인데, 이 판결은 해외 동영상 링크 사이트에서 대량으로 수집한 해외 동영상 공유 사이트에 게시된, 원고들(방송 3사)이 저작재산권을 보유하고 있는 영상저작물인 방송 프로그램들에 대한 임베디드 링크를 게재하여 이용자들이 무료로 시청할 수 있도록 제공한 피고에게 원고들이 저작재산권 침해 등을 이유로 손해배상청구를 한 사안에서, 피고의 위와 같은 링크제공 행위가 공중송신권 침해행위에 대한 방조행위에 해당하는 것으로 보아야 한다고 판시하였다. 이 판결은 결론적으로 "이 사건 링크행위는 실질적으로 해외 동영상 공유 사이트 게시자의 공중에의 이용제공의 여지를 더욱 확대시키는 행위로서 해외 동영상 공유 사이트 게시자의 공중송신권(전송권) 침해행위에 대한 방조에 해당한다고 봄이 타당하다"고 판시하면서 그에 바로 이어지는 괄호 안에 삽입한 보충적 판시로서 "따라서 이와 일부 배치되는 대법원 2015. 3. 12. 선고 2012도13748 판결 등의 견해는 변경되어야 하고, 설령 그 판례의 취지에 따라 이 사건 링크행위를 전송권 침해행위에 대한 방조로 볼 수 없다고 하더라도, 피고의 이 사건 링크행위는 부정하게 스스로의 이익을 꾀할 목적으로 타인의 시간과 노력 및 자본을 투입하여 이룩한 성과물의 명성 등에 편승하는 행위로서 법적으로 보호할 가치가 있는 원고들의 이익을 침해한 위법한 행위에 해당한다고 봄이 타당하므로, 민법상의 일반 불법행위가 성립한다고 보아야 하고, 이 사건에서는 그 경우 원고들이 그로 인한 구체적 손해액을 증명하는 것이 사안의 성질상 매우 어려워 법원은 민사소송법 제202조의2에 따라 변론 전체의 취지와 증거조사의 결과에 의하여 인정되는 모든 사정을 종합하여 상당하다고 인정되는 금액을 손해배상 액수로 인정할 수 있다 할 것이므로, 이 사건 결론에는 영향이 없다고 보인다"고 판시하였다.

위와 같이 하급심 판결이 대법원 판결을 정면으로 비판하면서 변경을 요구한 것은 매우 이례적인 일로서, 츄잉 사건에 대한 대법원 판결이 중대한 문제점을 내포하고 있다는 강한 확신에 기한 것으로 보인다. 이 판결은 위와 같은 결론을 내림에 있어서 학설이 제시한 여러 가지 근거들을 제시하고 있으나, 위 판결이 취한 논거들을 보면, 기본적으로 저자의 사견인 '사후적 침해행위 방조론'이 아니라 박준석 교수가 제시한 '계속적 이용제공 방조론'의 입장을 채택한 것으로 보인다. 이러한 논거에 대하여는 위에서 본 바와 같이 링크제공행위가 불법복제물을 업로드 한 사람의 실행행위 자체를 용이하게 하는 것은 아니지 않은가 하는 비판이 있을 수 있다고 생각되지만, 위 판결은 "실질적으로 … 이용제공의 여지를 더욱 확대시키는 행위"라고 규정함으로써, 정범의 실행행위 자체를 용이하게 하는지 여부만을 따지는 기존 법리의 형식적 적용이 야기하는 문제를 실질적 규범판단에 의하여 극복하고자 하는 취지를 드러내고 있

구성하지 않는 것으로 보는 입장은 외국의 판례에서도 그 예를 찾아볼 수 없고,1 우리 저작권법

는 것으로 보인다. 그러한 입장을 취하는 이유 내지 취지는 충분히 공감할 수 있으나, 그러한 '실질론'의 도움을 받지 않고도 기존 법리에 의하여 공중송신권 침해에 대한 방조를 인정할 수 있는 '사후적 침해행위 방조론'의 입장을 취하는 것이 논리적인 면에서 보다 강한 설득력을 가질 수 있을 것이라고 보는 필자의 관점에서 전적으로 찬성하기는 어려운 판시라 생각한다.

그러나 아무튼 위 판결이 불법복제물에 대한 링크제공행위에 대하여 방조책임을 인정하는 결론을 내린 것은 기본적인 방향성의 면에서 매우 타당한 입장을 취한 것이고, 이러한 법리가 대법원에 의하여 수용된다면, 링크 사이트에 의한 침해확산의 문제를 해결하는 데 긍정적인 영향을 미칠 수 있을 것이다.

이후 위 사건에 대한 상고심 대법원의 판결(대법원 2017. 9. 7. 선고 2017다222757 판결)이 선고되어 큰 관심을 모은 바 있다. 그러나 위 항소심 판결에 대하여 원고들만 상고하고 피고는 상고하지 않아, 법률심인 대법원이 판시한 것은 오로지 원심판결에서 피고의 '직접침해'를 인정하지 않은 것의 당부와 손해배상액 결정의 당부에 대한 것뿐이었다. 이 판결문에는 방론으로라도 링크제공행위가 불법복제물을 업로드 한 행위에 대한 방조가 될 수 있는지에 대한 언급을 한 바가 전혀 없다. 따라서 대법원의 이 판결에 링크제공행위를 침해방조행위로 보는 취지가 내포된 것으로 보기는 어렵고, 결론적으로 그 부분 쟁점에 관한 한, 츄잉 사건에 대한 대법원 판결의 입장이 아직 변경된 바 없다고 보는 것이 타당하다. 오히려 위 판결은 이미지에 대한 인라인 링크에 대하여 '서버 기준'을 취하여 링크제공자의 직접침해를 부정한 대법원 2010. 3. 11. 선고 2009다4343 판결에 이어, 동영상 임베디드 링크에 대하여도 링크 제공자의 직접침해를 부정하는 취지를 명백히 한 판례로서의 의미를 가질 뿐이다. 한편, 서울고등법원의 위 판결이 괄호 속의 가정적 판단을 통해, 설사 방조책임을 인정할 수 없다고 하더라도 민법상의 불법행위 책임을 물을 수 있다고 본 것에 대하여는 어떻게 평가할 것인지에 대하여 생각해 볼 필요가 있다. 만약 이러한 가정적 판단을 대법원이 수용하여, 불법복제물에 대한 링크는 침해방조로도 볼 수 없지만 불법행위에는 해당한다는 판결을 선고하여 그것이 대법원 판례로 정립된다면 어떨까? 그 경우에는 링크 사이트로 인한 저작권침해 확산에 대한 형사적 구제수단은 사용할 수 없고, 행정적 대응도 어려운 상황이 되므로 저작권 보호의 면에서 대단히 취약한 상황이 될 것이다. 항소심 재판부가 예비적, 가정적으로만 불법행위 법리를 언급하고 기본적으로 침해방조를 인정하는 입장을 취한 것은 불법행위 법리가 가진 그러한 한계를 인식한 데 기한 것으로 여겨진다. 이와 관련하여, 판결문에 의하면, 실제로 원고들이 제 2 예비적 청구원인으로 주장한 것은 민법상의 불법행위가 아니라 부정경쟁방지 및 영업비밀 보호에 관한 법률(이하 부정경쟁방지법이라 한다) 제 2 조 제 1 호 (차)목 규정(2013. 7. 30. 법률 제11963호로 개정된 부정경쟁방지법에 신설된 규정으로서 현행법상은 (카)목 규정에 해당함) 위반이었던 것으로 보인다. 부정경쟁방지법의 위 규정은 부정경쟁행위금지에 대한 보충적 일반조항의 성격을 가진 것으로서 "그밖에 타인의 상당한 투자나 노력으로 만들어진 성과 등을 공정한 상거래 관행이나 경쟁질서에 반하는 방법으로 자신의 영업을 위하여 무단으로 사용함으로써 타인의 경제적 이익을 침해하는 행위"를 부정경쟁행위의 하나로 규정함으로써 동법상의 손해배상청구권, 금지청구권 등 구제수단을 취할 수 있도록 하고 있다. 동법도 이를 형사처벌의 대상으로 규정하고 있지는 않으므로, 민법상의 불법행위로 인정하는 것에 비하여 금지청구권의 행사가 보다 명확하게 인정되고, 손해배상과 관련한 추정규정의 적용을 받을 수 있다는 정도의 혜택만 권리자에게 추가로 주어진다고 할 수 있다. 하지만 민법상의 불법행위보다 권리자의 입장에서 조금이라도 더 유리한 법적용일 수 있다는 점과 실제 원고가 그것을 예비적 청구원인으로 삼아 주장하였다는 점 등에 비추어 보면, 위 판결에서 이에 대한 판단을 생략하고, 민법상의 불법행위를 인정한 것은 아마도 동 재판부가 판례가 변경되지 않은 상황을 전제로 판단할 때 부정경쟁방지법 제 2 조 제 1 호 (카)목을 적용하기보다는 민법상 불법행위의 법리를 적용하는 것이 위 사안과 같은 경우에 보다 타당한 법적용이라고 판단한 것이 아닐까 생각된다. 그것은 재판부가 위 (카)목 규정의 적용범위를 다소간 제한적으로 보는 입장에서, 인터넷 이용자의 링크 행위가 영리적인 목적의 경쟁행위는 아닐 수 있다는 것을 감안한 것일 가능성이 클 것으로 보인다. 위 판결의 이 부분과 관련된 판시는, 현재 링크제공자의 저작권침해 책임 또는 침해방조 책임이 대법원 판례에 의하여 분명히 인정되지 않고 오히려 그 책임이 부정되는 것처럼 보이는 상황에서 예비적으로 부정경쟁방지법 제 2 조 제 1 호 (카)목 규정의 적용이 주장되기도 하지만, 법리적인 면에서 인터넷 이용자의 링크설정행위에 대하여는 위 (카)목 규정보다는 민법상의 불법행위 법리를 적용하는 것이 타당한 것으로 보는 입장이 있다는 것을 보여 주고 있다. 아무튼 저작재산권 침해에 대한 방조책임 등 가능성에 대하여 표현의 자유를 이유로 부정적 입장을 취하면서 민법상 불법행위의 법리 또는 부정경쟁방지법 제 2 조 제 1 호 (카)목 규정 등을 적용하고자 할 경우, 링크 방식의 저작권침해 확산을 억제하기보다는 형사적 책임과 행정적 규제에 직면한 웹하드 방식의 침해 사이트를 링크 사이트로 전환하도록 유인하는 효과를 발휘하여 저작권 보호에는 큰 공백을 초래할 것이라는 점에 유의하여야 할 것이다. 이상, 이해완, "링크사이트에 의한 저작권침해 확산에 대한 입법적 대응방안 연구", 성균관법학 제29권 제 4 호, 2017, 417~425면 참조.

1 영국 등의 경우에는 불법복제물에 대한 링크 정보를 제공하는 사이트를 저작권에 대한 직접침해를 이유로 서비스 중

제102조 제 1 항 제 4 호에서 온라인서비스제공자가 "정보검색도구를 통하여 이용자에게 정보통신망상 저작물등의 위치를 알 수 있게 하거나 연결하는 행위"를 일정한 요건 하에서만 면책될 수 있는 것으로 규정한 것과도 조화되기 어려운 입장이다. 위 대법원판결은 "링크를 하는 행위 자체는 위와 같이 인터넷에서 링크하고자 하는 웹페이지 등의 위치정보나 경로를 나타낸 것에 불과"하다고 판시하고 있으나, 그것은 형식적인 판단에 불과하다는 것을 대법원의 기존 판례가 이미 설득력 있게 설명한 바 있다. 즉, 인터넷상의 음란정보를 링크한 것이 음란물 공연 전시죄를 구성하는지가 문제된 사건에서 대법원은 "형식적으로 보면, 인터넷상의 링크는 링크된 웹사이트나 파일의 인터넷 주소 또는 경로를 나타내는 것에 불과하여 그 링크에 의하여 연결된 웹사이트나 파일의 음란한 부호 등을 전시하는 행위 자체에 해당하지 않는다고 볼 여지가 없지 아니하나, 인터넷상의 링크란 하나의 웹페이지 내의 여러 문서와 파일들을 상호 연결하거나 <u>인터넷상에 존재하는 수많은 웹페이지들을 상호 연결해 주면서, 인터넷 이용자가 '마우스 클릭(mouse click)'이라는 간단한 방법만으로 다른 문서나 웹페이지에 손쉽게 접근 검색할 수 있게 해주는 것(다른 웹페이지의 정보를 검색하기 위하여 특별한 명령어를 키보드로 입력하는 것과 같은 조치를 별도로 취할 필요가 없게 해준다.)</u>으로서, 초고속정보통신망의 발달에 따라 그 마우스 클릭행위에 의하여 다른 웹사이트로부터 정보가 전송되어 오는 데 걸리는 시간이 매우 짧기 때문에, 인터넷 이용자로서는 자신이 클릭함에 의하여 접하게 되는 정보가 링크를 설정해 놓은 웹페이지가 아니라 링크된 다른 웹사이트로부터 전송되는 것임을 인식하기조차 어렵고, 점점 더 초고속화하고 있는 인터넷의 사용환경에서 링크는 다른 문서나 웹페이지들을 단순히 연결하여 주는 기능을 넘어서 실질적으로 링크된 웹페이지의 내용을 이용자에게 직접 전달하는 것과 마찬가지의 기능을 수행하고 있다고 하지 않을 수 없다"고 판시한 바 있다.[1] 위 판결의 밑줄 그은 부분이 위에서 본 사후적 침해행위에 대한 관계에서 '링크하기'를 적어도 저작재산권 침해행위를 용이하게 하는 방조행위라고 보아야 할 이유를 분명하게 제시한 것으로 볼 수 있다. 따라서 월드와이드웹(www)의 핵심요소인 하이퍼링크 기능의 활용을 최대한 자유롭게 허용하고자 하는 원칙적 입장을 취하더라도 그러한 링크를 통해 불법복제물의 광범위한 확산이 이루어질 수 있는 상황에서 링크행위가 일정한 조건 하에 저작재산권 침해의 방조행위가 될 수 있는 가능성조차 근본적으로 부정하는 것은 있을 수 없는 일이라 하겠다. 그것은 지금까지 구축해 온 저작권 보호의 질서를 근저에서부터 무너뜨리는 일이 될 것

단 명령을 내린 판결이 선고된 바 있고(영국의 판례인 Paramount Home Entertainment International Ltd v British Sky Broadcasting Ltd ([2013] EWHC 3479 (Ch)) 등), 미국의 경우에도 불법복제물에 대한 링크 정보의 제공이 미국법상의 기여침해(contributory infringement) 책임을 질 수 있는 것으로 본 판결이 선고된 바 있다 (Intellectual Reserve, Inc. v. Utah Lighthouse Ministry, Inc., Jerald Tanner, Sandra Tanner, et al., U.S. District Court, Utah, Case No. 2 : 99-CV-808C.[1] 등).

1 대법원 2003. 7. 8. 선고 2001도1335 판결.

이다. 링크 방식의 불법복제물 공유정보나 그러한 정보만을 전문적으로 취급하는 사이트가 거리낌 없이 쏟아져 나와도 아무런 통제를 가할 수 없다면, 문화산업의 제도적 기반은 결국 붕괴되고 말 것이라고 해도 결코 과언이 아니다. 예컨대 엄청난 돈을 들여 갓 개봉한 한국 영화의 파일이 유출되어 어느 무명의 중국 사이트에 올려져 있는 것을 한국의 유명사이트 홈페이지에 링크해 두어 수백만 명이 다운로드 받을 수 있도록 하여도 그것은 단지 링크일 뿐, 침해행위의 방조는 아니라고 보아 어떠한 법적 구제도 받을 수 없도록 한다면, 그것을 과연 타당하다고 할 수 있을까. 그에 대한 답은 너무도 분명하지 않은가.

한편, 링크를 하면서 타깃사이트의 내용을 소개하기 위하여 다른 사이트에서 제공하는 이미지 파일이나 사이트의 일부내용을 복제하여 자신의 서버에 저장한 후 이용할 경우에는 그 자체로 복제권의 침해가 성립할 수 있다.[1] 다른 사이트에 있는 상표로고 등에 인라인 링크를 한 경우 등에는 상표권 침해 또는 부정경쟁행위가 될 수도 있다.

6. 스트리밍 서비스의 문제

스트리밍(Streaming)은 웹상에서 음성이나 동영상을 실시간으로 받아 볼 수 있도록 구현하는 인터넷 기술을 말한다. 최근 많이 유행하는 인터넷방송의 경우 이러한 스트리밍 기술을 이용하여 음악 등을 송신하는 예가 많은데, 이러한 경우는 저작권자의 허락을 받지 않아도 저작권법상 아무런 문제가 없을지가 문제된다. §13-48

생각건대, 스트리밍의 경우도 서비스를 함에 있어 어떤 음반을 디지털 파일로 만드는 과정에 복제가 수반되므로 저작권자 및 저작인접권자의 복제권이 미치게 되고, 그것을 인터넷상에서 이용자가 접속하여 바로 들을 수 있도록 제공하는 행위는 '전송' 행위에 해당하여 그들의 '전송권'이 미치게 된다. 따라서, 위와 같은 서비스를 저작권자 및 저작인접권자의 허락 없이 제공하게 되면, 저작권 및 저작인접권 침해가 된다고 할 수 있다.

혹자는 인터넷방송의 경우에도 저작권법상 영리를 목적으로 하지 아니하는 공연·방송에 대하여 규정한 제29조 등의 저작재산권 제한규정의 적용을 받을 것으로 생각하는 예가 있을 수 있으나, VOD 또는 AOD 방식의 인터넷방송은 저작권법상 '방송'이 아니라 '전송'에 해당하므로 방송의 경우에 대한 저작재산권 제한 규정은 적용되지 아니한다. 수신의 동시성이 있는 '실시간 웹캐스팅'의 경우도 스트리밍 방식인 것은 같으나, 그 경우에는 '전송'이 아니라 '디지털음성송신' 또는 '기타의 공중송신'(강학상의 디지털영상송신)에 해당하므로, 역시 방송에 대한 저작재산권 제한

---

1 영국의 사례인 Shetland Times Limited v. Dr. Jonathan Wills and Zetnews Limited, (Court of Session, Scotland October 24, 1996)에서 법원은 상대방이 제공하는 신문기사 하나하나를 링크하면서 기사의 일부내용을 복제하여 이용한 경우에 대하여 저작권 침해를 인정하여 링크에 대한 잠정적 금지명령을 내린 바 있다.

규정의 적용을 받지는 못한다.1

 판 례

§13-49

❖서울지방법원 2003. 9. 30.자 2003카합2114 결정 — "벅스뮤직" 사건

〈사실관계〉

피신청인은 인터넷상의 www.bugsmusic.co.kr 사이트를 운영하면서 약 150,000개의 음반을 ASF 파일 형태로 인터넷 컨텐츠 파일로 변환하고, 이를 www.bugsmusic.co.kr 서버에 저장하는 방법으로 이 사이트에 접속하는 인터넷 이용자들에게 제공함으로써 스트리밍(streaming) 방식에 의한 서비스를 제공하였다. 이용자들은 채무자의 웹사이트에 접속하여 실시간으로 음악을 들을 수는 있지만 이를 다운로드 받거나 복사할 수는 없게 되어 있다. 채무자는 이용자에게 음악 청취 서비스를 제공하는 대가로 회원들로부터 회비나 음악청취료를 징수하지 않고 있고, 다만 쇼핑몰 연계서비스나 광고수입 등을 통하여 사이트를 운영하고 있었다. 이에 음반제작자들로부터 그 권리를 신탁받은 한국음원제작자협회가 침해정지가처분을 신청하였다.

〈법원의 판단〉

가. 복제권 침해 여부에 대한 판단

(1) 위 인정 사실에 의하면, 이 사건 음반기획제작자들은 별지 목록 기재 각 음반에 대한 저작권법 제 2 조 제 7 호의 음반제작자에 해당하므로, 이 사건 음반기획제작자들과 이 사건 신탁관리 약정을 체결한 신청인은 저작권법 제67조, 제 2 조 제18호에 의하여 온라인을 이용한 매체와 관련하여 별지 목록 기재 각 음반에 대한 복제권을 가진다고 할 것이고, 한편, 음반을 컴퓨터압축파일로 변환하는 것은 변환 프로그램에 의하여 기계적으로 이루어지므로 창작성이 포함된다고 볼 여지가 없고, 변환된 컴퓨터압축파일이 컴퓨터의 보조기억장치에 저장되면 인위적인 삭제 등 특별한 사정이 없는 한 유형물에 고정되었다고 볼 만한 영속성을 지니게 되므로 이 사건 파일저장행위도 음반의 복제에 해당한다고 할 것이어서 피신청인은 신청인이 신탁관리하는 저작인접권인 복제권을 침해하였다 할 것이다.

(2) 이에 대하여 피신청인은, ① 이 사건 파일저장행위는 스트리밍 방식으로 파일을 방송 또는 전송행위인 이 사건 음악청취 서비스를 제공하기 위하여 필수적으로 수반되는 행위이므로 저작권법 제 2 조 제 8 호의 방송이나 같은 조 제 9 의2호의 전송에 해당할 뿐, 같은 조 제 9 호의 복제에 해당하지 않고, 복제권 침해를 이유로 이 사건 음악청취 서비스를 중지시킬 수 있다고 한다면 음반제작자에게 방송권 또는 전송권을 부여하는 결과가 되어 부당하며, ② 이 사건 음악청취 서비스는 동시성의 요건을 충족하여 저작권법 제 2 조 제 8 호의 방송에 해당하므로 피신청인은 같은 조 제 9 호의 방송사업자라 할 것이고, 설령 이 사건 음악청취 서비스가 방송이 아니라 하더라도 그 실질이나 기능에 있어서 공중파 방송과 아무런 차이가 없으므로 피신청인은 방송사업자와 유사한 지위에 있고, 피신청인이 이 사건 음악청취 서비스를 제공할 당시에는 저작권법에 전송권 규정이 없었고, 대법원판례도 인터넷 방송을 저작권법의 방송으로 판시하여 피신청인은 자신이 방송사업자인 것으로 믿고 이 사건 음악청취 서

---

1 디지털영상송신에 대하여는 '방송'으로 보는 견해가 있다는 것을 포함하여, 자세한 것은 §13-35 및 §13-35-1 참조.

비스를 제공하기 시작하게 된 것이므로 피신청인의 이와 같은 정당한 신뢰는 보호할 가치가 있다 할 것이어서 결국 저작권법 제91조 제 1 항, 제68조에 의하여(또는 유추적용에 의하여) 신청인은 피신청인에게 단지 보상청구권만 가질 뿐, 복제권 등 침해를 이유로 이 사건 음악청취 서비스의 중단을 요구할 수 없으며, ③ 음반제작자가 갖는 복제권은 저작인접권으로서 저작권법 제62조에 의하여 저작권자의 권리에 영향을 미칠 수 없으므로 음악저작물의 저작권자 및 실연자의 의사와 무관하게 음반제작자의 저작인접권만의 침해를 이유로 이 사건 음악청취 서비스의 중단을 요구할 수는 없고, ④ 이 사건 신청이 인용될 경우 저작인접권자인 음반제작자들이나 신청인이 실질적으로 얻는 이익은 적은 데 비해 피신청인이 입는 불이익은 현저하게 크다는 점에서 복제권 침해를 이유로 한 신청인의 방해배제청구는 권리남용에 해당한다고 주장한다.

살피건대, ① <u>이 사건 파일저장행위가 이 사건 음악청취 서비스를 위한 필수적인 전제일 수는 있으나 방송이나 전송을 위하여 서버의 보조기억장치에 파일을 저장하는 행위가 반드시 수반되는 것은 아니므로 이 사건 파일저장행위가 저작권법의 방송이나 전송에 흡수된다고 볼 수 없고</u>, 저작인접권자인 음반제작자에게 방송권 또는 전송권이 인정되지 아니하고 또한 이 사건 음악청취 서비스가 저작권법상 전송(제 2 조 제 9 의2호)으로 볼 여지가 없지 아니하다 해도, 앞서 본 대로 이 사건 음악청취 서비스를 위하여 이 사건 파일저장행위와 같은 저작권법상 복제행위를 거치는 이상 신청인은 음반제작자가 가지는 복제권에 기하여 피신청인에 대하여 복제권 침해의 정지 및 침해행위에 의하여 만들어진 물건의 폐기나 기타 필요한 조치를 청구할 수 있다고 할 것이며, 그 결과 신청인에게 전송권을 부여한 것과 같은 결과가 된다고 하여도 저작권법에 어긋나는 것이라고 볼 수는 없다고 할 것이다. ② <u>이 사건 음악청취 서비스는 개별적인 이용자들이 서로 다른 시간에 동일한 내용의 음악청취 서비스를 이용할 수 있음을 특징으로 하므로 설령 다수의 이용자가 같은 시간에 동일한 내용의 음악청취 서비스를 받을 가능성이 있다 하더라도 그 이유만으로 저작권법 제 2 조 제 8 호의 동시성의 요건을 충족하지는 못하여 방송에 해당한다고 볼 수 없고</u>(구 저작권법(2000. 1. 12. 법률 제6134호로 개정되기 전의 것)은 방송의 개념에 동시성의 요소를 포함시키지 않고 있었는데 저작권법 제 2 조 제 9 호의 2에 방송과 구별되는 전송의 개념이 새로 규정되면서 방송과 전송을 구별하기 위하여 방송의 개념에 동시성의 요소를 새롭게 포함시켰다), 현행 저작권법은 방송과 전송의 송신방식이나 정보유통의 특성, 파급력 등에 있어서의 차이 등을 고려하여 전송을 업으로 하는 자에게 방송사업자와 같이 판매용 음반을 사용하여 전송할 권리를 부여하는 규정을 두지 않은 이상, 피신청인과 같이 전송을 업으로 하는 자에게 함부로 방송사업자의 지위를 인정할 수는 없으며, 한편, 기록상 소명되는 바대로 피신청인은 애초부터 음반제작자들의 반대에도 불구하고 이 사건 음악청취 서비스를 무료로 제공하여 온 점 등에 비추어 보면 피신청인이 방송사업자라고 믿은 신뢰에 정당한 이유가 있다고 보이지도 않는다. ③ 저작권법 제62조는 실연, 음반, 방송의 이용은 필연적으로 저작물의 이용을 수반하므로 이때 저작인접권자의 허락뿐만 아니라 저작권자의 허락도 필요하다는 것을 주의적으로 규정한 것일 뿐, 저작권자의 의사와 무관하게 저작인접권자의 권리를 행사할 수 없다는 취지는 아니므로 신청인은 음악저작물의 저작권자, 실연자의 의사와 무관하게 자신의 권리를 행사할 수 있고, ④ 권리행사가 권리의 남용에 해당한다고 할 수 있으려면, 주관적으로 그 권리행사의 목적이 오직 상대방에게 고통을 주고 손해를 입히려는 데 있을 뿐 행사

하는 사람에게 아무런 이익이 없는 경우이어야 하고, 객관적으로는 그 권리행사가 사회질서에 위반된
다고 볼 수 있어야 하는 것이며, 이와 같은 경우에 해당하지 않는 한 비록 그 권리의 행사에 의하여
권리행사자가 얻는 이익보다 상대방이 잃을 손해가 현저히 크다 하여도 그러한 사정만으로는 이를 권
리남용이라 할 수 없다 할 것인데, 기록상으로는 신청인의 이 사건 신청이 그 목적이 오직 상대방에게
고통을 주고 손해를 입히려는 데 있고 그 권리행사가 사회질서에 위반된다고 볼 만한 사정에 대한 소
명이 부족하다. 따라서 피신청인의 주장들은 모두 받아들일 수 없다.

　　나. 배포권 침해 여부에 대한 판단

　　신청인은, 피신청인이 별지 목록 기재 각 곡의 음원을 컴퓨터압축파일로 변환하여 이 사건 사이트
서버의 보조기억장치에 저장한 후 이 사건 사이트에 접속한 이용자들에게 이 사건 음악청취 서비스를
제공함으로써 신청인이 신탁관리하는 음반제작자의 배포권을 침해하였다고 주장한다. 살피건대, 저작
권법상 '배포'라 함은 '저작물의 원작품 또는 그 복제물을 일반 공중에게 대가를 받거나 받지 아니하고
양도 또는 대여하는 것'을 뜻하는바(제 2 조 제15호), 위 인정 사실과 같이 이용자들이 선택한 곡에 해
당하는 컴퓨터압축파일을 스트리밍 방식에 의하여 이용자의 컴퓨터에 전송하고 실시간으로 재생되도록
하는 것이 저작물의 원작품이나 그 복제물을 일반공중에게 양도 또는 대여하는 것에 해당한다고 볼 수
없고, 달리 피신청인이 배포권을 침해하였다고 소명할 만한 자료가 없으므로 이 부분 주장은 받아들일
수 없다.

　　▷NOTE : 위 사건은 음반제작자 측에서 가처분신청한 사건이므로 음반제작자의 권리(저작인접
권)에 대하여만 판시하였으나 악곡등 음악저작물의 저작재산권에 대하여 판단하였더라도 결론에 있어
서 다르지는 않을 것이다. 위 사건은 2004년의 법 개정으로 음반제작자에게도 전송권을 인정하는 규정
이 신설되기 전의 판단이므로 전송권의 침해를 인정하는 결론에 이르지 않고 있으나 판시취지에 비추
어 보면 개정법상의 전송권 침해에도 해당함이 명백하다. 즉 개정법 하에서라면 복제권과 전송권의 침
해가 동시에 인정되며 복제권이 전송권에 흡수되는 관계에 있지 아니함을 밝히고 있다고 볼 수 있다.
이 또한 저작재산권의 경우에도 마찬가지일 터이나, 다만 2006년 개정법 이후부터는 전송권이 공중송
신권의 한 내용으로 되어 있어 큰 지분권으로는 공중송신권의 침해로 인정될 것이다. 배포권에 대한
위 판례의 판단 역시 저작재산권 중 배포권에 대하여도 그대로 적용할 수 있는 타당한 판시이다.

7. 공중송신권의 제한

§13-50　　개정 저작권법이 위와 같이 전송과 방송의 개념을 구분하고 있으므로, 방송에 대하여 규정된
저작재산권 제한규정이나 법정허락에 대한 규정이 그 자체로 전송의 경우에도 적용되는 것은 아
니다. 따라서, 저작권법의 규정 중 영리를 목적으로 하지 아니하는 방송에 대한 제29조, 방송사업
자의 일시적 녹음·녹화에 대한 제34조의 각 저작재산권 제한규정, 공표된 저작물의 방송을 위한
법정허락에 대한 제51조의 규정 등은 법적으로 '방송'이 아니라 '전송'에 해당하는 쌍방향적 송신

형태의 '인터넷방송'이나 '웹방송'의 경우에는 적용되지 아니한다.

다만, 시사보도를 위한 이용의 경우에 대한 저작권법 제26조의 제한규정 등은 포괄적 개념으로서 공중송신 행위가 나열되어 있으므로 전송이든 방송이든 또는 비주문형의 웹캐스팅(디지털음성송신 포함)이든 관계없이 같이 적용되게 된다.

그리고 개정 저작권법은 도서관 등 일정한 시설에서 컴퓨터 등 정보처리능력을 가진 장치를 통하여 관내 또는 도서관 간에 전송하는 것에 관하여 제한적인 요건과 범위 내에서 전송권이 미치지 않는 것으로 규정하고 있다(제31조). 이것은 전자도서관의 발전을 법적으로 뒷받침하기 위하여 2000년 개정법에서 처음 도입된 규정으로서 애초의 규정 내용이 저작권자의 권익을 지나치게 침해할 우려가 있다는 비판이 대두되어 2003년 개정법에서부터 그 요건과 범위를 제한적으로 규정하게 되었다.

한편, 공중송신권은 배포권과도 별개, 독립의 지분권이므로, 배포권을 제한하는 권리소진의 원칙(최초발행의 원칙)(§13-56 이하)이 공중송신권(그 가운데 특히, 전송권)에 대하여도 적용되는 것으로 볼 수는 없을 것이다(§13-57 참조).

V. 전시권(right of exhibition)

저작자는 미술저작물 등의 원본이나 그 복제물을 스스로 전시하거나 타인으로 하여금 전시할 수 있도록 허락을 하거나 이를 금지시킬 배타적인 권리를 가진다(제19조). 여기서 '미술저작물 등'이란 저작권법 제11조 제 3 항에서 약칭하기로 한 바에 따라 미술저작물 외에 건축저작물과 사진저작물을 포함하는 것으로 보아야 한다. '전시'는 저작물이 화체되어 있는 유형물을 일반인이 자유로이 관람할 수 있도록 진열하거나 게시하는 것을 말한다. 이 점은 뒤에서 소개하는 대법원 판례(§13-54)에서도 확인해 주고 있다. 따라서 인터넷상이나 프로젝트 기기에 의한 영사막 등에 이미지를 보여 주는 것은 유형물 자체의 진열 등에 해당하지 않으므로 전시의 개념에 해당하지 않고, 대신에 이는 공연의 요소 중 하나인 '상영'에 해당하여 '공연권'의 대상이 되는 것으로 본다(§13-25 참조). 전시의 장소는 화랑·도서관·상점의 진열대·진열장 등과 같이 전시를 위하여 마련된 장소뿐만 아니라, 가로, 공원, 건축물의 외벽, 호텔의 로비, 극장의 복도, 그 밖의 공중에 개방된 장소에서 하는 것도 모두 포함된다. 전시는 일반인에 대한 공개를 전제로 하는 것을 의미하므로 가정 내에서의 진열은 전시에 해당하지 아니한다. 여기서 일반인에 대한 공개의 개념은 공연의 경우와 같다. 공개적인 이상 전시의 방법, 관람료의 징수 여부는 묻지 아니한다.[1] 하급심판례

§13-51

---

1 김정술, 전게논문, 306면 참조.

를 보면, 甲이 그린 수채화(A)의 사진을 乙이 甲의 허락 없이 丙의 시 하단 부분에 삽입하여 시화
(詩畵) 액자를 만들어 역 대합실에 걸어 둔 것,[1] 甲이 촬영한 사진(A)을 포함한 앨범을 乙이 '사진
및 기자재 관련 전시회'에 참여하여 설치한 부스에 올려 두어 전시회 관람 고객들이 누구나 넘겨
볼 수 있도록 한 것,[2] 甲이 그린 그림(A)의 복제물을 乙이 자신이 경영하는 음식점에 게시한
것[3] 등에 대하여 乙이 甲의 A에 대한 전시권을 침해한 것으로 인정하였다.

§13-52   우리나라 저작권법이 위와 같이 사진·미술 및 건축저작물에 한하여 원작품과 복제물의 구분
없이 전시권이 미치도록 규정하고 있는 것은 미국이나 독일, 일본 등의 입법례와는 다른 것이다.
즉 미국저작권법 제101조·제106조 제 5 호는 "영화나 기타 시청각저작물의 개별 영상을 포함한
어문, 음악, 연극 및 무용저작물과 무언극 및 회화, 도면 또는 조각저작물"에 대하여 폭넓게 '현시
권(right of display)'을 인정하고 있는데, 이 '현시권'은 우리나라의 '전시권'보다 대상범위가 훨씬
넓다.[4] 그러나 일본 저작권법 제25조는 "저작자는 그의 미술저작물 또는 아직 발행되지 아니한
사진저작물을 이들 원작품에 의하여 공중에게 전시할 권리를 전유한다"고 규정하여 미술저작물
과 미발행의 사진저작물에 대하여만 그 원작품에 한하여 전시권을 인정하고 있고, 독일 저작권법
제18조는 "전시권이란 미공표 미술저작물 혹은 미공표사진저작물의 원본 혹은 복제본을 공개전시
하도록 하는 권리이다"라고 규정하여 복제물도 포함하되 미공표의 미술 및 사진저작물에 한하여
전시권을 인정하고 있어 우리나라보다 인정범위가 좁은 것을 알 수 있다.

§13-53   미술저작물 등의 경우에 그 원작품의 소유자와 저작권자가 일치하지 않을 경우 소유권과 저
작권의 충돌이 문제될 수 있다. 저작권법 제35조의 규정에 의하여 이 문제를 해결하고 있다. 즉
같은 법조 제 1 항에서 "미술저작물 등의 원본의 소유자나 그의 동의를 얻은 자는 그 저작물을 원
본에 의하여 전시할 수 있다. 다만, 가로·공원·건축물의 외벽 그 밖에 공중에게 개방된 장소에
항시 전시하는 경우에는 그러하지 아니하다"고 하여 일정한 예외적인 경우를 제외하고는 소유자
에게 저작물을 원작품에 의해 전시할 수 있도록 허용하고(§14-176 이하 참조), 그러한 범위 내에서
저작권자의 전시권이 제한되게 함으로써 양자의 이해관계를 조정하고 있다. 한편 위탁에 의한 초
상화 또는 이와 유사한 사진저작물의 경우에는 위탁자의 초상권을 보호하기 위하여 위탁자의 동
의가 없는 한 저작자가 이를 전시할 수 없도록 규정하고 있는데(제35조 제 4 항)(§14-191 참조), 이
또한 전시권의 제한규정에 해당한다.
    전시권은 저작인격권 중 하나인 공표권과 밀접하게 관련되어 있으나 언제나 공표권의 일면을

---

1 전주지방법원 2005. 12. 1. 선고 2005나1936 판결.
2 서울북부지방법원 2016. 4. 14. 선고 2015가단118639 판결.
3 서울중앙지방법원 2011. 1. 12. 선고 2008가단391321, 2009가단418018(병합) 판결.
4 현시권에 대하여 자세한 것은 최경수, 저작권법 개론, 한울, 2010, 23면 참조.

구성하는 것만은 아니고, 전시에 따른 관람료가 지불되는 경우가 많으므로 재산권으로서의 성질을
가지고 있는 것이다. 다만, 공표권의 문제가 해결된 뒤라야 전시권을 행사할 수 있음은 물론이다.

 **판 례**

❖대법원 2010. 3. 11. 선고 2009다4343 판결 — "이미지 상세보기" 사건 §13-54
1. 링크방식에 의한 외부이미지 제공 부분
　구 저작권법(2006. 12. 28. 법률 제8101호로 전부 개정되기 전의 것. 이하 같다) 제 2 조 제14호는
'복제'는 인쇄·사진·복사·녹음·녹화 그 밖의 방법에 의하여 유형물에 고정하거나 유형물로 다시 제작
하는 것을 말하며, 같은 조 제 9 의2호는 '전송'은 일반공중이 개별적으로 선택한 시간과 장소에서 수신
하거나 이용할 수 있도록 저작물을 무선 또는 유선통신의 방법에 의하여 송신하거나 이용에 제공하는
것을 말한다고 규정하고 있고, 한편 구 저작권법은 같은 법 제19조 소정의 '전시'에 관하여는 별도의
정의 규정을 두고 있지 않지만, 그 입법취지 등을 고려하면 위 법조에서 말하는 '전시'는 미술저작물·
건축저작물 또는 사진저작물(이하 '미술저작물 등'이라 한다)의 원작품이나 그 복제물 등의 유형물을
일반인이 자유로이 관람할 수 있도록 진열하거나 게시하는 것을 말한다고 할 것이다.
　그런데 이른바 인터넷 링크(Internet link)는 인터넷에서 링크하고자 하는 웹페이지나, 웹사이트
등의 서버에 저장된 개개의 저작물 등의 웹 위치 정보 내지 경로를 나타낸 것에 불과하여, 비록 인터넷
이용자가 링크 부분을 클릭함으로써 링크된 웹페이지나 개개의 저작물에 직접 연결한다 하더라도, 이
는 구 저작권법 제 2 조 제14호에 규정된 '유형물에 고정하거나 유형물로 다시 제작하는 것'에 해당하
지 아니하고, 또한 저작물의 전송의뢰를 하는 지시 또는 의뢰의 준비행위로 볼 수 있을지언정 같은 조
제 9 의2호에 규정된 '송신하거나 이용에 제공하는 것'에 해당하지 아니함은 물론, 같은 법 제19조에서
말하는 '유형물을 진열하거나 게시하는 것'에도 해당하지 아니한다. 그러므로 위와 같은 링크를 하는
행위는 구 저작권법이 규정하는 복제, 전송 및 전시에 해당하지 않는다고 할 것이다(대법원 2009. 11.
26. 선고 2008다77405 판결 등 참조).
　(중략)
2. 상세보기 방식에 의한 외부이미지 제공부분
가. 복제권 등 침해 여부에 관하여
　(1) 원심은 그 판시와 같은 인정사실들에 기초하여, 피고가 그 웹사이트에서 '해외이미지'라는 분
류를 통해 검색되는 그 판시의 원고의 사진작품 또는 그 복제물인 외부이미지 221점을 원고의 허락 없
이 복제한 후, 500×330 픽셀 크기(인쇄할 경우 약 17.64㎝×13.23㎝, 이하 위와 같은 크기의 이미지
를 '상세보기 이미지'라고 한다)로 변환하여 게시함으로써 다수 인터넷 이용자의 이용에 제공한 이상,
이는 원고의 위 사진들에 대한 복제권, 전송권 및 전시권을 침해한 것이라고 판단하였다.
　(2) 그러나 원심의 판단은 다음과 같은 이유로 수긍하기 어렵다.
　먼저 피고가 그 웹사이트에서 '해외이미지'라는 분류를 통해 검색되는 원고의 위 사진들에 대한
복제권, 전송권 및 전시권을 침해하였다고 하기 위하여는 피고가 원래의 사진 이미지 또는 적어도 이

를 상세보기 이미지 크기로 축소, 변환한 이미지를 자신이 직접 관리하는 서버 등의 유형물에 저장하고 있었다는 점을 원고가 입증하여야 하는데, 기록을 살펴보아도 이를 인정할 직접적인 증거는 없다.

다만 기록에 의하면, 피고 웹사이트에서 '해외이미지'라는 분류를 통해 검색되는 외부이미지의 경우, 피고가 이미지 검색프로그램을 이용하여 각종 인터넷 웹사이트에 게시된 이미지를 무작위로 검색·수집하여 그 썸네일 이미지와 원래 이미지가 저장된 인터넷 주소를 자신의 서버에 저장해 두었다가, 인터넷 이용자가 검색어를 입력하면 그에 해당하는 썸네일 이미지를 목록화하여 보여 주고, 인터넷 이용자가 다시 그 중 특정 썸네일 이미지를 선택하면 화면 중앙부에 원래의 이미지를 상세보기 이미지로 축소하여 보여 주며, 그 하단에서 원래 이미지가 위치한 인터넷 주소(URL), 파일 크기 등의 정보를 보여 주고 있음을 알 수 있다. 그런데 이른바 인터넷 링크에 의하여 이미지를 보여 주는 방법에는 웹브라우저에서 인터넷 이용자를 특정 웹페이지로 이동시켜 주는 방식 외에, 동일 서버 또는 다른 서버에 있는 이미지를 링크를 제공하는 웹페이지의 특정한 위치에 특정한 크기로 나타나도록 하는 방식으로도 구현할 수 있으며, 후자의 방식에 의할 경우에는 웹브라우저의 주소창에 표시된 웹사이트의 주소가 변하지 않은 채 링크된 다른 웹사이트의 이미지 등에 직접 연결할 수 있는바, 앞서 본 바와 같이 인터넷 링크는 인터넷에서 링크하고자 하는 웹페이지나 개개의 저작물 등의 웹 위치 정보 내지 경로를 나타낸 것에 불과하여, <u>위와 같은 사정만으로는 피고가 원래의 이미지 또는 이를 축소, 변환한 상세보기 이미지를 자신이 직접 관리하는 서버 등의 유형물에 저장하였다고 단정하기에 부족하다.</u>

그럼에도 불구하고 원심은, 피고가 그 웹사이트에서 '해외이미지'라는 분류를 통해 검색되는 원고의 사진 또는 그 복제물인 외부이미지 221점의 원래의 이미지 또는 이를 축소, 변환한 상세보기 이미지를 <u>자신이 직접 관리하는 서버 등의 유형물에 저장하였음을 전제로 그 복제권, 전송권 및 전시권 침해로 인한 손해배상책임을 부담한다고 판단하였으니,</u> 원심 판결에는 채증법칙을 위반하여 사실을 오인함으로써 판결에 영향을 미친 잘못이 있다. 이 점을 지적하는 피고의 주장은 이유 있고, 반면에 피고의 손해배상책임이 인정됨을 전제로 손해배상액 산정의 잘못 여부를 다투는 원고의 주장은 더 나아가 살필 필요 없이 이유 없다.

▷NOTE : 현행 저작권법은 전시에 대하여 아무런 정의규정을 두고 있지 않으므로 인터넷 웹페이지에 저작물의 이미지를 올려 두어 웹사이트에 접속한 불특정 다수의 이용자들이 화면을 통해 볼 수 있게 제공하는 것이 '전시'에 해당하는지 여부에 관하여 명확하게 판단하기가 어려웠다. 이 판례는 전시의 개념을 "미술저작물·건축저작물 또는 사진저작물(이하 '미술저작물 등'이라 한다)의 원작품이나 그 복제물 등의 유형물을 일반인이 자유로이 관람할 수 있도록 진열하거나 게시하는 것을 말한다고 할 것이다"라고 하여 유형물에 의한 전시만을 전시의 개념에 포함하고, 유형물에 의하지 않은 것은 전시의 개념에서 제외함을 선언하고 있다.

이 판례의 그러한 판시에 의하면 온라인 화면을 통한 전시는 유형물을 진열 또는 게시하는 것이 아니므로 저작권법상의 전시에 포함되지 않는 것으로 보아야 할 것이다. 그러나 이 판례가 구체적으로 판단한 내용을 자세히 들여다보면 그 취지가 반드시 일관되게 관철되고 있지 않은 면이 있다. '상세보기' 이미지와 관련하여 복제권, 전송권, 전시권 침해를 모두 인정한 원심 판결이 타당한지에 대하여 한꺼번에 묶어서 판단하기보다 그 중 복제권과 전송권의 침해는 위 판시와 같이 판시하되, 전시권의 침해에 대하여는 온라인상의 전시는 유형물의 진열 등이 아니어서 처음부터 전시의 개념에 해당하지 않는다고 지적하였으면 전후 모순 없이 논리정연한 결론이 도출된 것으로 볼 수 있을 터인데, 그렇지 않고 세 가지의 서로 다른 권리를 한꺼번에 묶어서 판단함으로써 결국 전시권 침해가 성립하지 않는 이유도 복제권 및 전송권과 마찬가지로, "자신이 직접 관리하는 서버 등의 유형물에 저장하지 않았음"을 이유로 삼은 것처럼 설시하고 있다. 이것이 단순한 판결문 작성상의 문제가 아니라 실제로 그렇게 판단한 것이라면 앞뒤가 모순된 판결이라 하겠다. 만약 자신이 직접 관리하는 서버 등의 유형물에 저장한 후 상세보기 서비스를 하였다면 어떻게 될까? 전시권의 침해에 해당하는 것인가? '서버 등의 유형물'을 진열하는 것이 아니라 서버 등의 유형물에 저장되어 있는 무형물로서의 이미지가 무형적으로 전시되는 것인 한 그 경우에도 이 판결에서 설시한 '전시' 개념에 의할 때는 전시권의 침해라고 볼 수 없음이 분명하다. 결국 이와 관련한, 위 판결의 뒷부분 설시는 적절치 않은 것으로 생각되고, 법리의 명확화나 보완의 역할을 하기보다 오히려 불필요한 혼란을 초래하는 면이 있으므로 이 판례를 적용함에 있어서는 뒷부분으로 인한 혼란을 피하고, 앞부분에서 전시의 개념을 비교적 명료하게 선언한 부분에 초점을 맞추어야 할 것이라 생각된다.

Ⅵ. 배 포 권

1. 배포권의 의의

저작자는 저작물의 원작품이나 그 복제물을 스스로 배포하거나 이를 금지시킬 배타적 권리를 가진다(제20조). 배포란 '저작물의 원본 또는 그 복제물을 공중에게 대가를 받거나 받지 아니하고 양도 또는 대여하는 것'을 말한다(제 2 조 제23호).   §13-55

구 저작권법에서는 배포권을 독립된 권리로 인정하지 않고 발행과 출판의 정의 속에 배포를 포함시켜 발행 또는 출판이란 "저작물을 복제하여 배포하는 것"이라고 정의하고, 발행권과 출판권만 인정하고 있었다. 또 베른협약에서도 복제권을 규정하면서(제 9조) 배포권은 명시적으로 규정하지 않았는데, 그 이유는 국가에 따라 배포권을 인정하는 국가도 있고, 그렇지 않은 국가도 있을 뿐만 아니라 그 내용에 있어서도 확정되지 않았기 때문이라고 한다.[1]

1986. 12. 31 저작권법의 전문개정을 하면서 선진각국의 입법례에 따라 배포권을 독립적으로 인정한 것은 과학기술의 발달에 따라 저작물의 이용수단이 다양화하면서 저작물의 복제자와 배포자가 각각 별개의 업으로 성장·발전하였으므로, 저작자 보호에 충실을 기하기 위해서는 복제권과 배포권을 별개의 권리로 인정하는 것이 바람직하다는 점과 저작물의 유통이 범세계적으로 활발하게 이루어지는 상황에서 저작권에 대한 관리의 효율성을 높이기 위해서는 배포권을 복제

---

1 허희성, 베른협약축조해설, 일신서적, 1984, 65면 참조.

권으로부터 분리하여 배포권만 지역적 또는 기간적으로 제한할 수 있도록 할 필요가 있다는 점 등에 기한 것이다.[1]

서점이나 음반 매장 또는 도서 대여점 등에서 공중을 대상으로 책이나 CD, DVD 등을 판매하거나 책, DVD, 만화 등을 대여하는 것 등이 배포의 개념에 해당하는 주된 예이다. 배포는 '공중'을 대상으로 할 것을 요건으로 하므로 '공중'에 해당하지 않는 특정인이나 특정 소수인을 대상으로 할 경우에는 배포의 개념에 해당하지 않는 것으로 보아야 할 것이다.[2] 다만, 예를 들어, 어떤 책을 읽은 후 인터넷 중고품 판매 사이트에 등록하여 불특정 다수인을 판매의 대상으로 한 경우에는 실제로 그 중 1명이 매수를 하였다고 하여 특정인 1인에게 양도한 것으로 볼 것이 아니라 불특정 다수인을 대상으로 한 양도로서 배포의 개념에 해당하는 것으로 보아야 한다. 입법론적으로는 배포에 대한 정의규정도 전송에 대한 그것과 마찬가지로 '공중에게' 대신 '공중의 구성원에게'로 하는 것이 보다 바람직하였을 것으로 생각되나, 현행법 하에서도 '공중의 구성원에게'의 의미로 해석하는 것이 타당할 것으로 생각된다. '배포'의 개념에는 유형물의 형태로 하는 양도 또는 대여만 포함되고 저작물의 무형적 전달은 포함되지 않으므로 웹사이트에서 음악파일이나 동영상 파일 등을 다운로드 방식으로 제공하는 것도 스트리밍 방식 등에 의한 제공의 경우와 마찬가지로 '전송'의 개념(§13-39 참조)에 해당할 뿐 저작권법상 배포의 개념에는 해당하지 아니한다(아래에서 소개하는 대법원 판결 참조). 그러나 온라인을 통해 전자상거래를 하더라도 유형물로 된 저작물의 원본이나 복제물을 오프라인상으로 배송할 경우에는 배포의 개념에 해당할 수 있다.

판 례

❖대법원 2007. 12. 14. 선고 2005도872 판결 — "소리바다" 사건

구 저작권법(2006. 12. 28. 법률 제8101호로 전문 개정되기 전의 것) 제 2 조 제15호에서 말하는 '배포'란 저작물의 원작품이나 그 복제물을 유형물의 형태로 일반 공중에게 양도·대여하는 것을 말하므로, 컴퓨터 하드디스크에 저장된 MP3 파일을 다른 P2P 프로그램 이용자들이 손쉽게 다운로드 받을 수 있도록 자신의 컴퓨터 내 공유폴더에 담아 둔 행위는 이에 해당하지 않는다.

---

1 허희성, 新著作權法逐條槪說, 범우사, 1988, 101면 참조.
2 수원지방법원 성남지원 2016. 8. 18. 선고 2016고정432 판결은 "대한민국 저작권법 제 2 조 제32호에서 '공중'은 '불특정 다수인(특정 다수인을 포함한다)'이라고 규정하고, 제 2 조 제23호에서 '배포'는 '저작물등의 원본 또는 그 복제물을 공중에게 대가를 받거나 받지 아니하고 양도 또는 대여하는 것을 말한다.'라고 규정하고 있으나, 이는 저작권법에 의하여 보호받는 저작권자의 배타적 권리인 '배포권(저작권법 제20조)'의 보호범위를 설명한 것일 뿐, 저작권법 제136조 제 1 항 제 1 호에 의하여 처벌받는 배포권의 침해행위가 반드시 '공중'을 대상으로 이루어질 것을 요건으로 한다고 해석할 수는 없다"고 판시한 바 있으나, 배포권 침해 여부에서 말하는 배포의 범위와 배포권의 보호범위에서 말하는 배포의 범위가 달라질 수는 없으므로, 이러한 판시는 법리적으로 타당하지 않다.

▷NOTE : 이 판결은 배포의 개념을 유형물 형태의 양도·대여의 경우로 분명히 한정함으로써, 저작물의 온라인상의 무형적 전달은 배포의 개념에 해당하지 않는다는 법리를 명확하게 확립한 것으로 볼 수 있다.

---

2. 예외 : 권리소진의 원칙

(1) 의   의

배포권은 이른바 권리소진의 원칙에 의하여 제한된다. 만약 저작권자의 배타적인 권리로서의   §13-56
배포권을 당해 저작물을 적법하게 판매한 후에도 계속 인정한다면, 저작물의 거래에 있어서 그 때마다 다시 저작권자의 허락을 받아야 하는 불편함이 있게 된다. 그 경우 저작물의 자유로운 유통을 저해하고 거래에 혼란을 초래하며, 소비자의 이익을 침해하는 등의 문제가 발생한다. 이러한 점을 감안하여[1] 저작권법 제20조 단서에서 "다만, 저작물의 원본이나 그 복제물이 해당 저작재산권자의 허락을 받아 판매 등의 방법으로 거래에 제공된 경우에는 그러하지 아니하다"라고 규정하고 있다. 이것을 저작권자의 배포권이 1회의 판매로써 소진된다는 원칙이라고 하여 권리소진 (exhaustion of rights)의 원칙 또는 최초 판매의 원칙(first sale doctrine)으로 불리며, 미국·EU를 비롯한 각국의 입법이 이를 인정하고 있다.

(2) 요   건

(가) 저작물의 원본이나 그 복제물이 거래에 제공될 것

여기서 저작물의 원본이나 그 복제물이라 함은 그 유형물에 한하는 개념으로서 온라인상의   §13-57
복제물은 포함되지 않는다. 즉 온라인상의 다운로드 방식 등으로 음악 파일 등을 판매하여 거래에 제공된 경우라면 유형물의 형태로 거래에 제공된 것이 아니므로 권리소진의 원칙이 적용되지 아니한다.[2] 한편으로 권리소진의 원칙은 배포권에 대하여만 규정되어 있으므로 전송권에 대하여는 적용이 없다고 말하여도 결론은 마찬가지이다. 현행법의 해석론으로서는 이와 같은 결론에 의문이 없지만, 장기적인 면에서 입법적으로는 온라인 판매의 경우에 최초판매의 원칙이라는 제도적 균형

---

1 독일의 학설상 권리소진의 이론적 근거로는 ① 저작물 취득자의 소유권에서 계속하여 양도할 권리가 나온다고 하는 소유권론, ② 저작물의 자유로운 거래에 따른 필요성을 근거로 제시하는 거래보장론, ③ 저작권자는 최초 양도시에 충분한 보상을 받을 수 있고 그로써 배포권의 목적이 달성된 것으로 볼 수 있다는 보상론 등이 제시되고 있다. 그 중 소유권론은 소유권과 저작권이 서로 다른 권리로서 서로 병렬적 관계에 있고 그 실체가 다르다는 것을 간과한 견해라 할 수 있으나, 나머지 두 견해는 권리소진을 인정하는 실질적인 이유를 정당하게 (상호보완적으로) 제시하는 견해들로서 이 둘 모두를 권리소진의 근거로 보는 것이 타당하다. 계승균, "저작권법상 권리소진이론", 창작과 권리, 2003년 겨울호(제33호), 세창출판사, 83~86면 참조.

2 同旨 계승균, 전게논문, 86면; 박성호, 저작권법, 박영사, 2014, 353면; 임원선, 실무가를 위한 저작권법(제 4 판), 한국저작권위원회, 2014, 222~224면.

장치가 결여된 문제를 어떻게 해결할 것인지는 계속 고민할 필요가 있는 부분이라 할 수 있다.1

한편, 우리나라 판례상 상표권의 소진과 관련하여 원래의 상품과의 동일성을 해할 정도의 가공이나 수선이 있을 경우에는 새로운 생산행위로 보아 상표권 소진의 효력이 미치지 않는 것으로 본 판례2가 있는데, 저작권법상 권리소진의 법리와 관련하여서도 비슷한 문제가 있을 수 있다. 예컨대 유럽사법재판소의 Allposter 사건 결정3은, 포스터 표면의 잉크층을 캔버스에 옮기는 기술(Canvas Transfer)을 사용한 가공공정을 통해 포스터의 그림을 캔버스에 옮김으로써 복제물의 내구성이 높아지고 회화의 질도 개선되며, 원화에 가까운 것이 만들어진 것으로 인정된 사안에서 "원작품에 가까운 것을 만들어 낸 것과 같은 복제물의 개변은 실제로는 저작물의 새로운 복제물에 해당하는 것이다. 이것은 정보사회 지침 2조(a)에 의하여 저작자의 배타적 권리에 포함되는 행위이다"라고 결정한 바 있다.4 우리나라에서도 위와 같은 사안의 경우라면, 새로운 복제물로 인정되어 배포권 소진의 효력이 미치지 않는 것으로 보아야 할 것으로 생각된다.

(나) 해당 저작재산권자의 허락을 받은 경우일 것

§13-58 위 1)의 '거래에의 제공'에 대하여 해당 저작재산권자(배포권자)의 허락이 있어야 한다. 실제로는 허락을 받지 않았지만 그것을 모르고 구입한 사람의 경우에는 배포권 침해가 성립할 수 있다. 이것은 유통 및 거래의 안전을 해치는 문제를 야기할 수 있고, 그것을 감안하여 일본 저작권법은

---

1 유럽사법재판소(CJEU)는 UsedSoft GmbH v. Oracle International Corporation 사건에서 디지털 재화에 대한 권리의 소진은 인터넷에서 다운로드 받은 중고 소프트웨어의 재판매에 대하여도 그 다운로드가 저작권자의 허락에 기한 것이기만 하면 적용될 수 있다고 판시하여 이른바 '디지털 최초판매의 원칙'을 인정한 바 있으나[Case C-128/11, UsedSoft GmbH v. Oracle Int'l Corp. (July 3, 2012), available at http://eur-lex.europa.eu/LexUriServ/LexUriServ.do? uri=CELEX : 62011CJ0128 : EN : HTML.], 미국의 법원은 아이튠즈 스토어에서 구매한 디지털 음원(음악 트랙들)에 대하여 재판매의 과정에서 권리자의 허락을 받지 않은 불법복제가 수반된다는 이유로 최초판매의 원칙의 적용을 부정한 바 있다[Capitol Records v. ReDigi Inc., No. 12 Civ. 95(RJS), 2013 WL 1286134 (S.D.N.Y. Mar. 30, 2013)].

　유럽사법재판소와 미국 법원은 모두 온라인 송신도 배포의 개념에 포함할 수 있다고 보는 점(유럽사법재판소의 경우 EU 컴퓨터프로그램보호지침의 해석과 관련한 입장이고, 컴퓨터프로그램저작물을 제외한 일반저작물의 경우에는 다르며, 따라서 위 UsedSoft 사건 판례도 음악, 영화 등의 일반저작물에 대하여는 적용되지 않는다. Fromm, W. and W. Nordemann Urheberrecht-Kommentar zum Urheberrechtsgesetz, Verlagsgesetz, Urheberrechtswahrnehmungsgesetz, 12. Aufl. 2018, §34 Rn.52 참조)에서 우리 대법원과는 다른 입장을 전제로 하면서 서로 다른 결론을 도출하고 있음에 유의할 필요가 있다. 우리나라에서 온라인 송신의 경우는 배포권의 대상이 아닌 것으로 명확히 정리되어 있다는 점에서, 배포권에 대한 예외규정으로서의 성격을 가지는 제20조 단서규정(권리소진의 원칙)을 온라인 전송의 경우에 적용하는 것은 해석론의 한계를 넘은 것이라 할 것이다.

2 대법원 2003. 4. 11. 선고 2002도3445 판결 : "특별한 사정이 없는 한 상표권자 등이 국내에서 등록상표가 표시된 상품을 양도한 경우에는 당해 상품에 대한 상표권은 그 목적을 달성한 것으로서 소진되고, 그로써 상표권의 효력은 당해 상품을 사용, 양도 또는 대여한 행위 등에는 미치지 않는다고 할 것이나, 원래의 상품과의 동일성을 해할 정도의 가공이나 수선을 하는 경우에는 실질적으로 생산행위를 하는 것과 마찬가지이므로 이러한 경우에는 상표권자의 권리를 침해하는 것으로 보아야 할 것이고, 동일성을 해할 정도의 가공이나 수선으로서 생산행위에 해당하는가의 여부는 당해 상품의 객관적인 성질, 이용형태 및 상표법의 규정취지와 상표의 기능 등을 종합하여 판단하여야 한다."

3 Case C-419/13, Art & Allposters International BV v Stichting Pictoright, January 22, 2015.

4 谷川和幸, "複製物に物理的加工を施して販売する行為に著作権は及ぶか(4)", 福岡大学法学論叢 62(3), 612~615면 참조.

선의자에 의한 양도의 경우에는 양도권 침해가 성립하지 아니한다는 특례규정1을 두고 있다.

우리 법상은 그러한 규정이 없으므로, 침해가 성립하지 않는다고 할 수는 없고, 다만 선의·무과실일 경우에는 손해배상책임은 지지 않을 것이다.

(다) 판매 등의 방법으로 거래에 제공될 것

판매 외의 거래방법에는 교환, 증여, 소유권의 포기 등 양도에 해당하거나 그에 준하는 것만 포함되는 것으로 보고, '대여'의 경우는 포함되지 않는 것으로 본다.2 대여의 경우에는 저작물의 원본 또는 복제물에 대한 처분권이 여전히 대여자에게 남아 있는 것을 전제로 하기 때문이다. 이와 같이 저작물에 대한 처분권의 보유 여부를 기준으로 판단하여야 한다는 것을 전제로 할 때, 배포권자가 약한 의미의 양도담보권을 설정하기만 하고 아직 담보권이 실행되기 전의 상황이라면 권리소진의 요건을 갖춘 것으로 보기 어렵지만, 환매조건부매매의 경우는 소진의 요건을 갖춘 것으로 볼 수 있다.3 여기서 말하는 판매 등의 거래행위가 공중을 대상으로 한 것만 뜻하는 것인지 아니면 개인을 대상으로 한 양도도 포함되는 것인지도 문제되나, 법규정에서 특별한 제한을 두고 있지 않고, '거래 제공'이라는 말만으로 공중을 대상으로 한 경우에 한정하는 의미가 포함되어 있다고 보기 어려우며, 개인간 양도의 경우도 포함하는 것이 거래의 안전을 보장하고자 하는 권리소진 규정의 입법취지에 부합되는 것이라 할 수 있으므로, 개인을 대상으로 한 양도도 포함되는 것으로 봄이 타당하다.4 저작권자의 의사에 기한 최초의 양도계약이 정당한 사유로 해제된 경우에는 어떻게 될까? 해제의 소급효에 의하여 최초의 양도계약은 원래부터 없었던 것으로 보게 되므로 그 경우에는 배포권이 소진되지 않은 것으로 보는 것이 타당할 것이다.5

§13-59

한편, 컴퓨터프로그램저작물의 경우에는 그것이 화체된 CD 등의 복제물이 소프트웨어 매장 등을 통해 거래에 제공된 경우에도 이른바 '포장지 이용허락(shrink wrap license)' 약관에 기하여 프로그램에 대한 이용허락계약을 체결한 것으로 보게 되는 경우가 있을 수 있다(§13-87 참조). 그

§13-60

---

1 제113조의2(선의자와 관련된 양도권의 특례) 저작물의 원작품 혹은 복제물(영화저작물의 복제물(영화의 저작물에 복제되어 있는 저작물에 대하여는 당해 영화저작물의 복제물을 포함한다)을 제외한다. 이하 이 조에서 같다), 실연의 녹음물 혹은 녹화물 또는 음반의 복제물의 양도를 받았을 때에 당해 저작물의 원본 혹은 복제물, 실연의 녹음물 혹은 녹화물 또는 음반의 복제물이 각각 제26조의2 제 2 항 각호, 제95조의2 제 3 항 각호 또는 제97조의2 제 2 항 각호의 어느 것에도 해당하지 않는 것인 것을 알지 못하고, 한편, 모르는 것에 대해 과실이 없는 사람이 당해 저작물의 원본 혹은 복제물, 실연의 녹음물 혹은 녹화물 또는 음반의 복제물을 공중에게 양도하는 행위는 제26조의2 제 1 항, 제95조의2 제 1 항 또는 제97조의2 제 1 항에 규정하는 권리를 침해하는 행위가 아닌 것으로 간주한다.

2 계승균, 전게논문, 88면; 오승종, 저작권법(제 3 판), 박영사, 2013, 494면; Melvile B. Nimmer, David Nimmer, Nimmer on Copyright Vol. I, 8.12[B][1][a]; Paul Goldstein, *Goldstein on Copyright*, Wolters Kluwer, 7 : 130-7 : 131.

3 同旨 계승균, 전게논문, 89면; 오승종, 저작권법(제 3 판), 박영사, 2013, 494면 등.

4 오승종, 전게서, 494면은 '거래 제공'의 의미를 본서와 다르게 보고 있지만 결론에 있어서는 동일한 입장이다.

5 일본 최고재 판례 중에 그러한 경우에는 소진을 논할 여지가 없다고 본 판례가 있다(最高裁判所 2002. 4. 25. 第一小法廷判決·民集56卷4号808頁).

러한 경우에는 그 소프트웨어의 거래의 특성상 사회통념상 정당하다고 승인될 수 있는 범위 내에서 복제물에 대한 처분권을 그 이용권자(licensee)인 CD 구매자에게 넘기지 않은 것으로 보게 되어 권리소진의 원칙이 적용되지 않는 것으로 보는 것이 타당할 것이라 생각된다.1 미국의 제 9 연방항소법원은 자신이 구매한 정품소프트웨어 CD를 온라인 경매사이트(eBay)를 통해 판매한 사람이 그 소프트웨어 복제물의 소유자가 아니라 이용권자(licensee)에 불과하므로 그의 판매행위는 저작권자의 배포권을 침해한 것이라고 인정한 바 있다.2

(3) 효   과

§13-61   권리소진의 요건을 모두 충족할 경우 해당 유형물에 대하여는 그 저작물에 더 이상 배포권이 없는 것과 동일하게 취급된다. 즉, 해당 유형물에 한하여 권리가 소진되는 것일 뿐이다. 따라서 정당한 거래를 통해 구매한 원본이나 복제물로서의 유형물을 양도 또는 대여하는 것은 저작재산권자의 허락이 없어도 가능하지만(다만 대여의 경우에는 뒤에서 보는 일정한 제한적인 경우에 권리소진의 원칙에 대한 예외로서의 대여권이 작용하게 된다), 아직 거래에 제공되지 않은 원본 또는 복제물에 대하여는 배포권이 그대로 미쳐, 배포권자의 허락 없이 양도 또는 대여할 수 없다. 그리고 배포권이 소진될 뿐이므로, 복제권, 공연권, 공중송신권, 전시권, 2차적저작물작성권 등은 그대로 남아 있다. 따라서 저작물의 복제물을 정당하게 구매한 사람이라도 그것을 이용하여 예컨대 공연이나 전시를 하면 공연권 또는 전시권 침해가 성립한다. 한편 권리자가 배포에 있어서 일정한 제약조건을 붙인 경우에도 위에서 본 다른 요건을 모두 충족하는 한 권리소진의 효과가 발생하는 것으로 봄이 거래의 안전을 보장하고자 하는 위 규정의 입법취지에 비추어 타당할 것이다. 그런 의미에서 위 규정은 강행규정으로서의 성격을 가진다고 할 수 있다.3 미국의 판례 중에도 저작자가 음반제작자에게 판매를 허락하면서 일정한 용도로만 판매하도록 제한한 경우에도 권리소진의 원칙이 그대로 적용된다고 한 사례가 있다.4 효과의 지역적 범위와 관련하여, 국내에서 거래에 제공된 경우에만 미치고, 국외에서 거래에 제공된 경우에는 미치지 않는다고 보는 국내소진설5과 국제소진설6이 대립되고 있다.

---

1 이러한 본서의 입장에 반대하는 취지의 견해로는 박성호, 저작권법, 박영사, 2014, 349~351면 참조.
2 Vernor v. Autodesk, Inc. 621 F. 3d 1102 (9th Cir, 2010). 같은 취지의 판결로 Adobe Systems Inc. v. Kornrumpf 780 F. Supp. 2d 988 (N.D.Cal., 2011.)이 있다.
3 同旨 오승종, 전게서, 495면.
4 Burke & Van Heusen, Inc. v. Arrow Drug, Inc. 233 F.Supp. 881, 883-884(D.C.Pa. 1964).
5 안효질, "저작물의 디지털거래와 권리소진 원칙", 산업재산권 제15호, 69~70면; 계승균, 전게논문, 93면; 박성호, 전게서, 351~352면.
6 배금자, "저작권에 있어서의 병행수입의 문제", 창작과 권리, 2003 봄호(제30호), 세창출판사, 168면; 박영길, "저작권과 병행수입(하)", 계간 저작권 제41호(1998년), 15면; 최경수, 전게서, 253~254면; 오승종, 저작권법(제 3 판), 박영사, 2013, 498면; 맹정환, "저작권의 국제적 소진 이론에 대한 연구", Law & technology 제 9 권 제 3 호(2013.

우리 저작권법의 해석에 앞서 이 문제에 대한 국제조약 및 주요국의 입장을 살펴보는 것이 도움이 될 것으로 생각된다. 먼저 국제조약을 보면, 아직 일반적인 차원에서 국제소진 또는 국내소진의 어느 한 입장을 취한 다자간 국제조약은 존재하지 않는다.1 WIPO 저작권조약을 체결하기 위한 논의 과정에서 미국과 유럽연합이 국내소진 또는 지역소진 원칙을 강력히 주장하였으나, 오스트레일리아, 일본, 캐나다 등은 이에 강력히 반대하여 격렬한 논의 끝에 결국 합의를 도출하지 못하고 국제소진을 취할지 여부를 체약당사국의 입법에 맡겨 두는 방향으로 결정한 바 있다.2 따라서 현재 각국의 입법례는 국제소진을 명문으로 인정하는 일본,3 오스트레일리아4 등의 경우와 법문 상으로는 명백하지 않으나 연방대법원 판례에 의하여 국제소진의 입장을 취하는 미국5의 경우, 유럽공동체 내의 최초판매등의 경우에만 권리소진을 인정하여 이른바 '지역소진'의 입장을 취한 유럽연합의 경우6 등으로 다양하게 나누어지고 있다. 국제회의에서의 논의상황

---

5), 56~57면 등. 국내 다수설의 입장이라 할 수 있다.

1 아직 발효되지는 않았지만 마라케쉬 조약이 시각장애인 등의 저작물에 대한 접근권을 향상하도록 하기 위해 그들에게 접근가능한 포맷의 복제물들을 권리자의 동의 없이 수입할 수 있도록 하는 규정(제 6 조)을 두고 있는데, 이는 장애인의 접근권 향상을 위한 제한사유와 관련된 범위에 한하여 국제소진을 의무화하는 강행규정의 성격을 가지고 있다고 할 수 있다.

2 WIPO Copyright Treaty 6(2) : "이 조약상의 어떤 규정도 체약국이 … 권리의 소진에 대하여 그 조건을 정할 수 있는 자유에 영향을 미치지 아니한다" 임원선, 실무가를 위한 저작권법(제 4 판), 한국저작권위원회, 2014, 220면 참조.

3 일본은 저작권법 제26조의2 제 2 항 제 5 호에서 국제소진을 명문으로 인정하고 있다. 다만, 중국 등지에서 저가의 음반CD 등이 일본 국내로 환류되어 들어오는 일이 많아지면서 권리자의 이해관계에 크게 반하는 상황이 발생하자 2004년 법92호로 저작권법을 개정하여 국외 배포를 목적으로 발행한 상업용 음반에 한하여 일정한 요건 하에 외국으로부터의 수입을 저작권 침해로 간주하는 규정(이른바 '환류방지규정', 제113조 제 5 항)을 신설하였다. 따라서 일본은 기본적으로 국제소진의 입장을 취하면서 예외적, 부분적으로 국내소진의 입장을 취한 입법례에 해당한다고 할 수 있다. 일본의 이러한 입법례는 우리도 이후의 상황에 따라서 고려해볼 수도 있는 흥미로운 입법사례에 해당하므로, 위 환류방지 규정(제113조 제 5 항)의 규정내용을 소개하면 다음과 같다.

"국내에서 배포하는 것을 목적으로 하는 상업용 음반(이하 이 항에서 「국내배포목적 상업용 음반」이라 한다)을 스스로 발행하거나 또는 다른 자에게 발행하게 하고 있는 저작권자 또는 저작인접권자가 당해 국내배포목적 상업용 음반과 동일한 상업용 음반으로, 오로지 국외에서 배포하는 것을 목적으로 하는 것(이하 이 항에서 「국외배포목적 상업용 음반」이라 한다)을 국외에서 스스로 발행 또는 다른 자에게 발행하게 하고 있는 경우에 있어서, 정을 알고 당해 국외배포목적 상업용 음반을 국내에서 배포할 목적으로 수입하는 행위 또는 당해 국외배포목적 상업용 음반을 국내에서 배포하거나 혹은 국내에서 배포할 목적으로 소지하는 행위는, 당해 국외배포목적 상업용 음반이 국내에서 배포되는 것에 의하여, 당해 국내배포목적 상업용 음반의 발행에 의하여, 당해 저작권자 또는 저작인접권자가 얻을 것이 기대되는 이익이 부당하게 해하여지는 것으로 되는 경우에 한하여, 그러한 저작권 또는 저작인접권을 침해하는 행위로 본다. 다만, 국내에서 최초로 발행된 날부터 기산하여 7년을 넘지 아니하는 범위 내에서 정령으로 정하는 기간을 경과한 국내배포목적 상업용 음반과 동일한 국외배포목적 상업용 음반을 수입하는 행위 또는 당해 국외배포목적 상업용 음반을 국내에서 배포하거나 혹은 국내에서 배포할 목적으로 소지하는 행위에 대하여는 그러하지 아니하다."

4 오스트레일리아 저작권법 제44조A 참조.

5 미국은 위에서 본 바와 같이 WIPO 저작권조약 체결을 위한 논의과정에서는 국내소진의 입장을 강하게 주장한 바 있고, 이전의 미국 판례도 기본적으로 국내소진설을 취해 왔다고 할 수 있으나, 최근의 커트생 판결[Kirtsaeng v. John Wiley & Sons, Inc., 133 S.Ct. 1351 (2013)]에서 연방대법원이 저작권의 국제소진을 인정하는 결론을 내려 현재로서는 국제소진설의 입장을 취한 나라에 해당하게 되었다. 미국 저작권법은 배포권의 소진에 대한 규정(109(a)) 외에 우리 저작권법과 달리 수입권을 인정하는 규정(602(a)(1))을 두고 있어, 양 규정의 관계에 대하여 해석상의 어려움이 야기된 면이 있으나, 결과적으로는 수입권 규정보다 권리소진의 규정이 우선적용되게 된 것으로 볼 수 있다.

6 EU 저작권지침 제 4 조 제 2 항 참조. 이에 따라 독일, 프랑스 등의 유럽연합 회원국들도 국내법을 통해 지역소진의

을 보면 유럽연합과 같은 일부 선진국의 경우에는 국제적 시장분할을 통한 가격차별화의 혜택을
자국(또는 해당 지역)의 권리자들에게 주고자 하는 취지에서 국제소진에 반대하는 입장을 취하는
반면, 외국으로부터의 저작물 수입을 자유롭게 할 수 있도록 보장하기를 바라는 대부분의 중진
국, 개도국 등은 국제소진의 입장을 옹호하는 경향을 보이고 있지만, 커트생 판결 이후의 미국과
같이 대표적인 저작물 수출국에 해당하는 선진국에서도 저작물의 자유로운 국제유통을 보장하기
위해 국제소진설의 입장을 취하는 예가 있음을 알 수 있다.

　　우리 저작권법은 국제소진설 또는 국내소진설의 입장을 명시적으로 취하고 있다고는 할 수
없고, 아직 이 문제를 직접적으로 다룬 판례가 나오지도 않았다. 국제소진설을 취할 경우에는 저
작권자의 허락을 받은 독점수입권자 등이 아닌 사람이 외국에서 처음 거래에 제공된 저작물의 복
제물을 직접 수입하여 국내시장에서 판매하는 것을 뜻하는 소위 ‘진정상품의 병행수입’이 자유롭
게 허용되는 반면, 국내소진설을 취할 경우에는 저작권자의 허락 없이 그러한 복제물을 수입하여
국내에서 양도하거나 대여할 경우 저작재산권자의 배포권 침해로 인정되게 된다. 이처럼 국제소
진설을 취할 것인지 여부는 진정상품의 병행수입을 허용할 것인지의 문제와 직결되어 있는데, 상
표법의 경우에는 대법원이 일정한 요건 하에 진정상품의 병행수입을 인정하는 입장을 취하고 있
어,1 대법원이 병행수입의 허용을 통한 자유무역 질서의 형성에 긍정적 태도를 보이고 있다고는
할 수 있고, 그 점은 저작권법에 대한 해석에도 일정한 영향을 미칠 수 있으리라 생각된다. 그러
나 상표법과 관련하여 병행수입을 제한적으로 허용하고 있는 판례의 입장은 그러한 병행수입을
허용하더라도 상표의 기능을 해하지 않는다고 하는 상표기능론적인 근거를 염두에 둔 면이 많으
므로, 그러한 상표법상의 법리가 그대로 저작권법에 적용된다고 하기는 어렵고, 저작물의 병행수
입을 허용할 것인지 여부는 저작권법 규정의 독자적 해석에 맡겨져 있다고 할 수 있다.

　　우리 저작권법의 해석론 중 국내소진설은 주로 지식재산권의 속지주의 원칙에 그 근거를 두
고 있고, 국제소진설은 저작권법 제124조 제 1 항 제 1 호에서 “수입 시에 대한민국 내에서 만들
어졌더라면 저작권 그 밖에 이 법에 따라 보호되는 권리의 침해로 될 물건을 대한민국 내에서 배
포할 목적으로 수입하는 행위”를 저작재산권 침해행위로 간주하는 규정을 두고 있는 것은 해적판

　　입장을 취하고 있다.

1　대법원 2006. 10. 13. 선고 2006다40423 판결 : “국내에 등록된 상표와 동일유사한 상표가 부착된 지정상품과 동일・
　　유사한 상품을 수입하는 행위가 그 등록상표권의 침해 등을 구성하지 않는다고 하기 위해서는, 외국의 상표권자 내
　　지 정당한 사용권자가 그 수입된 상품에 상표를 부착하였어야 하고, 그 외국 상표권자와 우리나라의 등록상표권자가
　　법적 또는 경제적으로 밀접한 관계에 있거나 그 밖의 사정에 의하여 위와 같은 수입상품에 부착된 상표가 우리나라의
　　등록상표와 동일한 출처를 표시하는 것으로 볼 수 있는 경우이어야 한다. 아울러 그 수입된 상품과 우리나라의 상표
　　권자가 등록상표를 부착한 상품 사이에 품질에 있어 실질적인 차이가 없어야 하고, 여기에서 품질의 차이란 제품 자
　　체의 성능, 내구성 등의 차이를 의미하는 것이지 그에 부수되는 서비스로서의 고객지원, 무상수리, 부품교체 등의 유
　　무에 따른 차이를 말하는 것이 아니다.”

등의 불법복제물의 수입만을 저작권자에 의한 통제영역에 두고자 하는 입법자의 의사를 추정하게 하는 면이 있고, 따라서 진정상품의 병행수입은 자유롭게 허용하고자 하는 취지인 것으로 보인다는 데서 그 근거를 찾는 예가 많다. 본서에서는 우리 저작권법의 해석에 있어서, 다음과 같은 이유로 국제소진설의 입장을 취한다.

첫째, 이 문제는 결국 제20조 단서에서 "다만, 저작물의 원본이나 그 복제물이 해당 저작재산권자의 허락을 받아 판매 등의 방법으로 거래에 제공된 경우에는 그러하지 아니하다"고 규정하고 있는 것을 "다만, 저작물의 원본이나 그 복제물이 해당 저작재산권자의 허락을 받아 <u>국내에서</u> 판매 등의 방법으로 거래에 제공된 경우에는 그러하지 아니하다"라는 의미로 해석할 것인지 여부에 관한 것이라 할 수 있다. 법문에 없는 지역적 제한을 해석상 도입하는 것은 특별한 이유가 없는 한 원칙적으로 타당하지 않고, 그러한 제한이 필요하다면 입법적으로 해결하는 것이 바람직하다고 생각된다. 국내소진설은 법문에 없는 지역적 제한을 가하는 이론이고, 국제소진설은 법문에 있는 그대로 해석하는 쪽에 가깝다고 할 수 있다.

둘째, 국내소진설을 취하는 논자들은 예외 없이 저작권을 포함한 지적재산권의 속지주의(territoriality)에 그 근거를 두고 있으나, 위 단서규정의 해석은 속지주의와 필연적 관련성은 없는 것으로 생각된다.[1] 속지주의는 국제저작권조약에 명문으로 규정되어 있지는 않고, 베른협약상의 내국민대우 조항 등을 통해 묵시적으로 받아들여진 것으로 보고 있다.[2] 속지주의의 기본적 의미는 어느 한 국가의 저작권법이 기본적으로 그 영토 내에서 적용되고 예를 들어 타국에서 자국 저작물에 대한 저작권침해가 이루어지더라도 그 나라에 대하여까지 자국 저작권법의 효력을 미칠 수는 없다는 점에 있는 것이다. 어느 나라의 저작권법이 배포권에 대한 예외로서의 권리소진의 원칙의 적용요건을 자국내에서 최초 거래가 이루어진 경우로 한정할 것인지 아니면 다른 나라에서 최초 거래가 이루어진 경우도 포함하는 것으로 정할지는 속지주의에 의하여 규정되지 않고, 어디까지나 각국의 입법정책 및 입법재량에 맡겨져 있는 것으로 보아야 한다. 그것이 WIPO 저작권조약 제 6 조 제 2 항 등의 취지이기도 하다. 더구나 저작권법의 경우는 산업재산권의 경우처럼 각국별 등록에 의하여 권리가 발생하는 것이 아니라 무방식주의에 의하여 창작 즉시 권리가 발생하고 베른협약 등의 국제저작권조약에 의하여 체약국들에서도 바로 보호가 이루어지므로 속지주의의 성격이 대폭 완화되어 있다는 점도 고려되어야 한다.[3] 실제로 위와 같은 의미의 속지주의 원칙 하에서, 많은 나라가 국제소진설의 입장을 취하고 있고, 미국의 경우 명문의 규정이 없음에도 불구하고 대법원이 해석상으로 국제소진설을 취하고 있음은 위에서 언급한 바와 같다. 그

---

1 同旨, 맹정환, 전게논문, 56~57면.
2 임원선, 전게서, 219면 참조.
3 박영길, 전게논문, 15면 참조.

렇다면 적어도 국내소진의 원칙을 강제하는 의미에서의 속지주의 원칙이란 국제적으로 존재하지
않음이 명백하다고 할 수 있다. 어느 한 나라의 저작권법에 의하여 보호되는 저작권자의 배포권
이 미치는 범위에 있어서 속지주의가 적용된다면, 배포권의 제한과 관련하여서도 그에 부합되게
속지적인 제한이 있는 것으로 보는 것이 조금 더 자연스러운 것 같다는 정도의 생각은 있을 수
있으나, 그것을 이 부분 쟁점을 판단하는 데 중요한 논거로 삼는 것에는 찬성하기 어렵다.[1]

셋째, 저작권법 제124조 제 1 항 제 1 호에서 "수입 시에 대한민국 내에서 만들어졌더라면 저
작권 그 밖에 이 법에 따라 보호되는 권리의 침해로 될 물건을 대한민국 내에서 배포할 목적으로
수입하는 행위"를 저작재산권 침해행위로 간주하는 규정을 두고 있는 것은 이 규정이 소위 해적
판 등의 불법복제물이 국내에 수입되어 들어오는 것을 막기 위한 규정임이 명백하다는 점[2]에서
'진정상품'의 수입에 대하여는 자유롭게 허용하고자 한 것이 입법자의 의사인 것으로 추정하게 하
는 근거가 될 수 있고, 따라서 이 규정의 취지에 비추어보면 국제소진설이 우리 저작권법의 입법
취지에 가까운 것으로 볼 수 있다. 물론 이 규정이 제20조 단서 규정의 해석과 논리필연적으로
연관된 것이라고 보기는 어렵지만, 입법취지를 파악하는 데 도움을 주는 것은 사실이다. 만약 당
시의 입법자가 진정상품의 병행수입에 대하여도 저작재산권자의 통제가 미치도록 할 의도를 가
졌다면, 진정상품도 그 대상에 포함되는 것으로 규정하였어야 했다. 그렇게 할 경우 진정상품인
지 여부를 불문하고 배포 목적의 수입을 모두 권리침해로 볼 수 있게 되어 국내소진의 취지에 부
합하게 되는 것이다. 원래 배포의 개념에는 양도 또는 대여만 포함되고 '수입' 자체는 포함되지
않는 것인데, 수입권을 정면으로 인정하지 않더라도 위와 같은 침해간주 규정을 통해 실질적으로
수입권을 인정함으로써 국내소진의 입장을 명확하게 관철하는 길이 열릴 수 있었는데, 우리 저작

---

1 상표법 관련 판례이긴 하지만, 본서의 주장과 같은 취지에서 '타미야' 사건에 대한 서울지방법원 1996. 10. 18. 선고
95가합80468 판결은 "진정상품의 병행수입 행위가 상표법의 보호대상인 상표권을 침해하는 위법한 행위인가 여부를
판단함에 있어 그 상품이 외국에서 권리자에 의하여 정당하게 상표가 부착되어 유통되었다는 점 등 외국에서의 사실
또는 행위를 참작하는 것은 상표권의 속지주의 원칙 내지 독립의 원칙에 반하는 것이라고 할 수도 없으므로 상표권에
관한 속지주의 원칙으로 인하여 진정상품의 병행수입이 일률적으로 금지된다고 볼 수 없다"고 판시하였다. 황의청·
조현숙, "한국과 중국의 병행수입제도에 관한 비교연구", 통상정보연구, 16(4), 86~87면 참조.

2 이 규정의 취지를 이와 같이 해석하는 것이 통설의 입장이라 할 수 있다. 다만 박준석, "상표상품만의 병행수입론 논
의를 넘어 특허-상표-저작권 전반의 권리소진 이론으로(상)", 208-209면은 저작권법 제124조 제 1 항 제 1 호의 "수입
시에 대한민국 내에서 만들어졌더라면 저작권 그 밖에 이 법에 따라 보호되는 권리의 침해로 될 물건"의 의미는 국내
저작권법상 저작권의 예외규정을 고려하여 국내에서도 자유롭게 복제 배포할 수 있는 저작물에 대해서는 그를 위한
수입도 허용된다는 점을 확보해주기 위한 취지의 규정으로 보아야 한다고 하여 통설의 입장과 다른 견해를 주장한다.
그러나 저작재산권에 대한 제한 또는 예외 규정과 관계없이 진정상품의 경우는 '수입 시에 대한민국 내에서 만들어
졌더라면 저작권 그 밖에 이 법에 따라 보호되는 권리의 침해로 될 물건'에 해당하지 않는다는 점을 어떻게 설명할
것인지 의문이다. "대한민국 내에서 만들어졌더라면 저작권 그 밖에 이 법에 따라 보호되는 권리의 침해로 될 물건"
이라는 표현은 오히려, 국내 저작권법의 효력이 미치지 않는 영역에서 만들어진 복제물이 그 영토의 법에서는 허용되
는지와 상관없이 우리나라의 저작권법에 따라 수입시점을 기준으로 판단하였을 때 복제권 등 권리침해가 되는 경우
에는 그 수입행위를 침해행위로 간주하고자 하는 취지에서 법문에 반영된 것으로 보는 것이 타당할 것이다(§27-122
참조).

권법은 그러한 입법을 하는 대신 일본 저작권법의 규정1 등을 참고하여 해적판 등 불법복제물의 수입만을 저작재산권 침해로 간주하는 규정을 두고 있는 것이다.2 따라서 위와 같은 우리 저작권법의 규정을 자유로운 병행수입을 허용하는 취지에 기한 것으로 보는 다수설의 입장은 설득력이 있다.

넷째, 보다 실질적인 차원에서, 특별한 사정이 없는 한 국제소진설을 취하는 것이 저작물의 자유로운 국제거래를 허용하고 국제거래의 원활성 및 안전성을 보장하는 점에서 오늘날의 국제무역질서에 부합하며, 소비자의 이익에도 부합하는 것이라는 점을 해석론상 고려할 필요가 있다. 한편으로는 국제소진의 경우에도 권리자의 입장에서는 최초의 거래시에 필요한 보상을 받을 수 있는 길이 열려 있으므로 국내소진설을 취하여야만 권리자의 보호를 충실하게 하는 것이라고 할 수는 없다. 권리자가 국내소진이나 지역소진을 통해 얻을 수 있는 혜택은 국제시장의 분할 및 가격차별화 정책을 효과적으로 펼쳐 나갈 수 있다는 것인데, 그러한 혜택은 저작권의 본질적인 요소는 아니라고 보아야 할 것이고, 국제거래의 안전이나 자유로운 경쟁을 통한 소비자 이익의 도모 등의 다른 가치가 보다 우선적인 고려요소가 되어야 할 것으로 생각된다. 그것이 궁극적으로 문화와 산업의 향상발전이라고 하는 저작권법의 목적(제 1 조)에도 보다 부합되는 면이 있다. 커트생 사건 판결에서 미국 대법원도 국제소진설을 취하는 것이 저작권법의 근본목적, 즉 "연방의회는 저작자와 발명가에게 그들의 저작과 발명에 대해 한정된 기간 동안 배타적 권리를 보장해 줌으로써, 과학과 유용한 기술의 발전을 촉진시킬 권한을 가진다"라고 규정한 연방헌법 제 1 조 제 8 항 제 8 문에서 연방저작권법을 통하여 달성하고자 한 의도에 부합한다고 보았다. 가령 도서관이 보유한 수많은 장서들 중 상당부분이 외국에서 제작된 것들인데 국내소진설에 따른다면 미국으로의 수입 때마다 저작권자의 허락을 받아야 하는데 현실적으로 저작권자를 일일이 파악하기조차 어려운 형편이고, 미술관 역시 비슷한 사정이라는 점, 자동차·핸드폰·PC와 같은 기술제품의 경우에도 저작권법의 보호를 받는 컴퓨터프로그램을 포함하고 있는바 이들 중 상당부분이 미국 저작권자의 허락 하에 외국에서 제조되는 실정임에도 수입 시점에 재차 저작권자의 허락을 받을 것을 요구함은 부당하다는 점, 그 이외의 상품에도 저작권 보호대상인 포장, 로그, 라벨, 제품안내서를 포함하는 경우가 많아 비슷한 부당함이 발생할 수 있는 점 등을 감안한 것으로 판시하

---

1 일본 저작권법은 제113조 제 1 항 제 1 호에서 "국내에서 배포할 목적으로, 수입시에 국내에서 작성하였다면 저작인격권, 저작권, 출판권 또는 저작인접권의 침해로 될 행위에 의해 작성된 물건을 수입하는 행위"를 저작권 침해간주행위로 규정하고 있는데 이에 대하여 일본의 학설은 우리나라의 제124조 제 1 항 제 1 호에 대한 통설의 해석과 동일한 해석을 하고 있다. 加戶守行, 著作權法逐條講義(五訂新版), 著作權情報センター, 2006, 649~650면 참조.

2 이러한 규정은 일본이나 우리나라에만 있는 것은 아니고 예컨대 미국 저작권법도 602(a)(2)에 유사한 규정을 두고 있다. 다만 미국 저작권법은 그 규정만이 아니라 (그 규정과 달리 형사적 구제수단을 인정하지는 않는) 일반적 수입권 규정(602(a)(1))을 두고 있어 권리소진의 국제소진을 인정하는 데 걸림돌이 될 수 있었으나, 커트생 사건에 대한 대법원 판결은 수입권 규정보다 권리소진 규정(109(a))을 우선적용하는 입장을 취하였음은 위에서 본 바와 같다.

고 있다.[1] 특히 우리나라와 같이 전체적으로 아직은 저작물 수출국의 입장보다 수입국의 입장이 강하고 대외무역의존도가 높은 경우에는 더욱 이러한 해석이 현실적 타당성을 가진다고 할 수 있다.[2] 물론 일본에서 상업용 음반에 한하여 '환류방지조항'을 만든 것과 같이 특별한 상황에서 일정한 제한적인 경우에 저작재산권자에게 진정상품에 대하여도 적용되는 수입권을 인정할 필요가 있을 수 있으나, 그러한 필요가 있을 경우에는 입법적으로 명확하게 규정하여야 할 것이고 다른 제한규정이 없는 한 해석론상은 제20조 단서 규정을 위와 같이 해석하는 것이 실질적인 면에서도 타당하다.[3]

Ⅶ. 대 여 권

§13-62　　위에서 본 바와 같이 일단 최초판매가 이루어지면 저작권자의 배포권은 소진되기 때문에 적법한 양수인은 이를 재판매하거나 대여할 수도 있게 되는데, 음반이나 컴퓨터 프로그램 또는 그 복제물의 상업적 대여는 결과적으로 저작권자가 저작물의 판매로 얻을 수 있는 수익을 감소시키는 결과를 가져오는 문제가 있다. 이를 시정하기 위하여 권리소진의 원칙에 대한 예외로 저작권자에게 인정하는 것이 바로 대여권이다. 즉 대여권은 최초판매 이후에 저작권자가 음반 등 특정한 종류의 저작물의 적법한 양수인에게 음반 등을 상업적으로 대여할 수 있도록 허락하거나 이를 금지할 수 있는 권리를 말한다.

　　미국 저작권법은 1984년의 개정에 의하여 음반에 관하여 대여권을 인정하는 제109조 (b)를 추가한 후 1990년에는 컴퓨터 프로그램에 대하여도 대여권을 인정하는 것으로 위 조항을 개정하였다. TRIPs 협정 제11조에서는 "적어도 컴퓨터 프로그램과 영상저작물에 관하여 회원국은 저작자나 권리승계인에게 그들이 저작권 보호저작물의 원본 또는 복제물의 공중에 대한 상업적 대여를 허락 또는 금지할 수 있는 권리를 부여한다. 회원국은 영상저작물에 관하여서는 그러한 대여가 자기 나라 저작자와 권리승계인에게 부여된 배타적인 복제권을 실질적으로 침해하는 저작물의 광범위한 복제를 초래하지 아니하는 경우, 이러한 의무에서 면제된다. 컴퓨터 프로그램과 관련하여 이러한 의무는 프로그램 자체가 대여의 본질적인 대상이 아닌 경우에는 적용되지 아니한

---

1 Kirtsaeng v. John Wiley & Sons, Inc., 133 S.Ct. at 1364~1367. 박준석, "특허·상표·저작권에 걸친 소진원칙의 통합적분석 제안 : 미국의 최근동향을 중심으로", 지식재산연구 제 9 권 제 1 호(2014. 3), 25면 참조.

2 일반적으로 국내 저작물만을 염두에 두고 양설의 적용결과를 비교하는 예가 많은데, 사실은 국내소진설을 취할 경우 외국 저작물에 대하여도 내국민대우의 원칙에 따라 배포권의 국내소진을 인정하여야 하는데, 그렇게 되면 우리나라에서 외국 저작물을 수입할 자유에 중대한 제약이 있게 된다는 것을 간과하여서는 안 될 것이다.

3 맹정환, 전게논문, 55~56면(위 첫째와 셋째의 근거에 대하여는 본서의 입장에 반대하는 취지를 표명하고 있지만, 위 넷째의 근거에 대한 입장은 본서의 입장과 유사한 것으로 생각된다) 참조.

다"라는 규정을 두었다.

WIPO 저작권조약(WCT)도 유사한 내용의 규정(제 7 조)을 두고 있다.

우리 저작권법은 1994. 1. 7자 개정을 통해 판매용 음반에 대하여 저작자·실연자 및 음반제작자에게 대여권을 인정하는 규정을 처음 마련하였고, 컴퓨터 프로그램에 대하여는 구 컴퓨터프로그램보호법을 1994. 1. 5자로 개정하면서 대여권에 관한 규정을 처음 신설하였다.[1]

저작권법과 컴퓨터프로그램보호법을 통합한 현행 저작권법은 제21조에서 "제20조 단서에도 불구하고 저작자는 상업적 목적으로 공표된 음반(이하 "상업용 음반"이라 한다)이나 상업적 목적으로 공표된 프로그램을 영리를 목적으로 대여할 권리를 가진다"고 규정하고 있다.

그러나 영상저작물에 관하여는 우리 나라의 상황이 TRIPs 제11조의 예외규정에서 말하는 "대여가 자기 나라 저작자와 권리승계인에게 부여된 배타적인 복제권을 실질적으로 침해하는 저작물의 광범위한 복제를 초래하지 아니하는 경우"에 해당한다는 전제하에 대여권규정을 두지 않고 있다.

대여권은 배포권에 대한 제한사유인 권리소진의 원칙에 대한 예외규정에 의하여 원래 배포권의 내용에 포함된 일부 권리가 최초판매 이후에도 '소진'되지 않고 남아 있게 됨을 뜻할 뿐이므로, 배포권과 독립된 별개의 지분권이 인정되는 것이라고 보기 어려운 면이 있다. 배포권의 내용에 저작물을 타인에게 양도하는 것뿐만 아니라 대여하는 것을 허락하거나 이를 금지할 권리가 포함되어 있음은 위에서 본 바와 같다. 참고로 일본의 경우에는 영화저작물에 대하여만 '반포권'을 인정하고 다른 저작물에 대하여는 배포권을 인정하지 아니하는 입법태도를 취하고 있다가 음반 등의 상업적 대여에 의하여 저작권자의 이익이 침해되는 현상에 직면하자 1983년에 '상업용 레코드의 공중에의 대여에 관한 저작자 등의 권리에 관한 잠정조치법'을 제정하고, 1984년에는 저작권법을 개정하여 별도로 반포권이 인정되는 영화저작물 이외의 모든 저작물에 대하여 대여권을 인정하는 조문[2]을 신설하였다.[3] 이러한 일본의 입법례에서는 대여권이 우리 저작권법상의 대여

---

1 1994. 7. 1. 개정 저작권법에서 제43조 제 2 항을 신설한 것으로서, 당시 배포권의 소진에 대한 당시의 규정인 같은 조 제 1 항에 대한 특칙의 의미로서 "배포권자는 제 1 항의 규정에 불구하고 판매용 음반의 영리를 목적으로 하는 대여를 허락할 권리를 가진다"고 규정하였다. 그리고 위 개정법 부칙 제 2 항은 '대여권에 관한 경과조치'라는 제목 하에 "이 법 시행전에 발행된 저작물이 수록된 판매용 음반의 대여에 관하여는 종전의 규정에 의한다."라고 규정하였다. 따라서 그 이전에 발행된 음반에 대하여는 대여권이 인정되지 않는다. 대법원도 "구 저작권법에는 저작권자의 권리로서 대여권이 규정되어 있지 아니하였는데, 1994. 1. 7. 법률 제4717호로 개정되어 1994. 7. 1. 시행된 저작권법은 제43조 제 2 항에서 판매용 음반에 관하여 저작권자에게 대여권을 인정하는 규정을 신설하였으나 위 개정법률 부칙 제 2 항(대여권에 관한 경과조치)이 "이 법 시행 전에 발행된 저작물이 수록된 판매용 음반의 대여에 관하여는 종전의 규정에 의한다."라고 규정하고 있으므로, 위 부칙규정에 따라 위 대여권 규정은 1987년 저작권법 시행 전에 공표된 이 사건 음반에 관하여는 적용되지 않는다고 할 것이다"라고 판시하였다(대법원 2016. 4. 28. 선고 2013다56167 판결). 구 저작권법 하의 음반이 문제된 사안이었으므로 위와 같이 판시하였으나, 위 법 시행일인 1994. 7. 1. 이전에 발행된 음반이라면 모두 마찬가지라고 보아야 한다.

2 제26조의2(대여권) : 저작자는 그의 저작물(영화저작물은 제외한다)을 그 복제물(영화저작물에서 복제되는 저작물에

권과는 달리 복제권 등과 대등한 지분권의 성격을 가지게 된다.

　　대여권이 인정되는 것은 '상업용 음반이나 상업용 프로그램의 영리를 목적으로 하는 대여'에 한하므로 상업용 음반등이 아니거나 상업용 음반등이더라도 영리를 목적으로 하지 아니한 개인적인 대여에는 대여권이 미치지 아니함은 물론이다.

§13-63　　대여권과 유사하지만 구별하여야 할 개념이 공공대출권(public lending rights)이다. 공공대출권이란 도서관소장의 도서나 음반을 공중에게 대출하는 것을 인정하는 경우에는 이용된 분만큼 저작자가 판매의 기회를 잃어 재산적 이익을 잃게 되므로 보상금을 지급하여야 한다는 것이다. 공공대출권제도는 1946년에 덴마크에서 세계최초로 시작된 이래 유럽지역을 중심으로 확산되어 현재 영국, 독일, 프랑스, 네덜란드, 오스트레일리아 등을 비롯한 35국에서 성공적으로 시행되고 있으나,[1] 우리나라에서는 아직 도입하지 않고 있다.[2]

Ⅷ. 2차적저작물작성권

§13-64　　저작자는 그의 저작물을 원저작물로 하는 2차적저작물을 작성하여 이용할 권리를 가진다(제21조).[3] 2차적저작물의 의의에 관하여는 앞에서(§5-1 이하) 자세히 설명한 바가 있으므로 여기서는 설명을 생략한다.

§13-65　　"2차적저작물을 작성할 권리"가 아니라 "2차적저작물을 작성하여 이용할 권리"라고 규정하여 2차적저작물을 이용하는 것도 이 권리의 내용에 포함되는 것처럼 보이지만, 그 부분에 큰 의미를 둘 것은 아니라 생각된다. 왜냐하면, 저작권법 제5조 제2항은 "2차적저작물의 보호는 그 원저작물의 저작자의 권리에 영향을 미치지 아니한다"고 규정하고 있으므로 2차적저작물이 작성된 경우에도 그것이 원저작물의 창작성 있는 표현을 내포하고 있는 이상 원저작권자는 여전히 자신

있어서 당해 영화저작물의 복제물은 제외한다)의 대여에 의하여 공중에게 제공할 권리를 전유한다.

3 다만, 부칙 제4조의2에 의하여 저작물 중 서적 또는 잡지에 대하여는 그간의 관행을 고려하여 제26조의2의 규정을 '당분간' 적용하지 아니하는 것으로 규정하고 있다. 그리고 1999년 개정법에서는 다시 '양도권'을 별도로 인정하는 규정을 신설하였다.

1 EU의 경우 1992년 대여권 지침의 제정으로 공공대출권 보장을 의무화함(그것을 배타적 권리로 규정할지 여부는 각국의 임의에 맡기되 적어도 보상금제도의 실시는 의무화함)에 따라 EU 회원국들이 공공대출권 제도를 도입하여, 현재 이 제도를 도입한 35개 국가 중에서 30개국이 유럽에 있는 나라들이다. 유럽 외의 지역에 속한 나라 중에서 이 제도를 도입한 나라로는 오스트레일리아, 뉴질랜드, 캐나다, 이스라엘 등을 들 수 있다('http://www.plrinternational.com/' 참조).

2 공공대출권에 대하여 자세한 것은 김문환, "대여권에 관한 일고찰," 계간 저작권, 1992년 봄호, 18면 이하 및 최준란, "저작권 보호를 위한 공공대출권(PLR) 연구", 글로벌문화콘텐츠 제30호, 2017, 181~197면 참조.

3 2006년 개정법 이전에는 2차적저작물작성권과 함께 편집저작물작성권도 규정하고 있었으나(개정 전 법 제21조), 편집저작물작성권은 복제권에 완전히 흡수될 수 있고 별도의 존재의의는 없다고 보아 개정법에서 그 부분을 삭제하였다.

의 모든 권리를 주장할 수 있을 것이기 때문에 2차적저작물이용권을 별도로 강조할 경우에는 중복과 혼란을 초래하는 면이 있기 때문이다. 예컨대 甲이 원저작물 A의 저작자이고, 乙이 A를 기초로 한 2차적저작물로서 AB를 작성하였는데, 丙이 AB를 무단 복제하였다면, 甲은 丙이 AB를 복제함으로써 자신의 저작물인 A를 복제한 것이 된다는 이유로 복제권 침해를 주장할 수 있다고 보는 것이 법 제5조 제2항의 취지에 부합한다고 생각된다. 그 경우에 丙이 甲의 A에 대한 "2차적저작물이용권"을 침해하였다고 할 것은 아니라고 생각된다. 법 제22조가 "2차적저작물을 작성하여 이용할 권리"라고 표현하고 있어 '2차적저작물이용권'이 '2차적저작물작성권'과 분리하여 귀속, 행사될 수 있음을 전제로 한 것은 아니라고 봄이 상당하다는 면에서도 그러하다. 결국 이 규정은 2차적저작물을 작성할 권리를 인정한 데에만 의미가 있다고 보아도 좋을 것이다.[1]

어떤 저작물을 이용하여 다른 저작물을 작성하였을 경우에 그것이 원저작물과 사이에 실질적 유사성이 인정되고, 새로운 창작성이 가미된 바도 없다면 '복제'에 해당하고, 실질적 유사성이 있지만 개작에 있어서의 창작성이 인정되면 '2차적저작물의 작성'에 해당하며,[2] 단순히 원저작물의 아이디어를 차용하였을 뿐인 경우에는 저작권의 어떤 내용에도 저촉되지 아니하는 새로운 저작물의 창작이라고 보아야 할 것인데, 실제로 그것이 어느 경우에 해당하는지를 구별하는 것은 매우 어려운 문제이다. 이에 관하여는 저작권의 침해에 대한 판단을 다루는 제8장에서 다시 자세히 살펴보기로 한다. §13-66

IX. 저작재산권의 양도·행사·소멸

1. 저작재산권의 양도

(1) 양도가능성 및 그 성질

저작재산권은 전부 또는 일부를 양도할 수 있다(제45조 제1항). 저작재산권은 저작인격권과 §13-67

---

1 최경수, 전게서, 277면도 유사한 취지를 표명하고 있다.

2 복제권과 2차적저작물작성권이 항상 선택적 관계에 있는 것은 아니라는 점에 유의할 필요가 있다. 예컨대, 乙이 甲의 허락 없이 甲이 그린 회화(A)를 사진으로 촬영한 후 그것을 변형하여 새로운 창작성을 부가함으로써 2차적저작물 (AB)을 작성한 경우를 보면, 그러한 경우에는 A를 사진으로 촬영한 부분은 복제권 침해가, AB를 작성한 부분은 2차적저작물작성권 침해가 각 성립하여 복제권과 2차적저작물작성권이 중첩 적용될 수 있다고 생각된다. 사안을 달리 하여, 乙이 甲이 그린 그림(A)과 실질적 유사성이 있지만 새로운 창작성을 부가한 그림(AB)을 그린 경우를 가정해 보자. 그러한 경우에는 AB 안에 A가 복제된 부분도 포함하고 있다고 보아 복제권과 2차적저작물작성권 침해를 모두 인정하는 견해도 있을 수 있지만(미국의 학설 중에 번역의 경우를 예로 들어 그러한 중첩적용을 긍정하는 입장이 보인다. Leaffer, M. A., Understanding copyright law(Sixth Edition), LexisNexis, 2014, p. 301 참조), 그러한 사안에는 복제행위가 2차적저작물 작성 행위에 흡수되는 것으로 보아 2차적저작물작성권 침해만 인정하는 것이 보다 자연스러운 해석일 것으로 생각된다. 두 권리의 중첩적용 여부의 기준은 복제행위가 2차적저작물 작성행위와 구별될 수 있는 형태로 별도로 존재한다고 볼 수 있는지 여부에 있다고 생각한다(저자의 사견임).

달리 재산권으로서의 성질을 가지므로 저작권자의 의사에 따라 자유롭게 양도할 수 있음은 당연하다.1 뒤에서 살펴볼, 장래 발생할 저작권에 대한 채권적 양도계약 등의 경우가 아닌 한 일반적으로 저작재산권 양도계약은 준물권계약(準物權契約)의 성격을 가지고 있다고 할 수 있다.

(2) 불요식행위

§13-68 　저작재산권의 양도에는 특별한 방식이 필요 없다. 저작권법 제54조 제1호에서 저작재산권의 양도(상속 기타 일반승계의 경우를 제외한다)는 이를 등록하지 않으면 제3자에게 대항할 수 없다고 규정하고 있는 것에서 알 수 있는 바와 같이 등록은 양도의 효력발생요건이 아니라 제3자에 대한 대항요건에 불과하다. 그러므로 당사자 사이에 양도계약이 성립하면 바로 양도의 효력이 발생한다. 반드시 서면계약에 의할 것을 요구하고 있지 않으므로 구두계약도 가능하다.

(3) 일부양도의 의의와 한계

§13-69 　민법상의 재산권, 예컨대 소유권의 경우에는 그 소유권의 내용이 되는 권리 중 일부를 분리하여 양도할 수 없지만, 저작재산권의 경우에는 권리의 일부를 양도할 수 있다는 점이 매우 특징적인 부분이다.

　권리의 '일부'를 양도할 수 있다고 할 때 어느 정도까지 분할하여 양도할 수 있다는 의미인지 반드시 명확하지 아니하므로, 이를 자세히 분석해 볼 필요가 있다. 우선 저작재산권의 지분권인 복제권·공연권·공중송신권 등의 권리 중 하나 또는 여럿을 따로 양도할 수 있다는 것에 대하여는 아무런 이론이 없다.

§13-70 　특정한 지분권을 다시 그 이용형태에 따라 분할하여 양도하는 것도 가능하다고 볼 것인지는 문제가 없지 않다. 예컨대 저작물을 인쇄·출판할 권리와 저작물의 연주를 녹음·녹화할 권리 등도 모두 복제권에 포함되고 있으나, 별개의 권리로 구별하여 취급할 필요성이 높고 실제로도 분리하여 양도되고 있으며, 또한 문예작품이나 학술논문 등 어문저작물의 번역은 실무상으로도 번역되는 국어마다 그 번역할 권리가 구별되고 있으므로 이들에 대한 분할양도의 효력을 부정할 필요는 없을 것이다. 그러나 지분권을 필요 이상으로 세분화하는 것을 인정하면 저작권이 그 발생 및 이전에 있어서 어떠한 형식도 필요로 하지 아니할 뿐만 아니라 당해 지분권의 양수인은 양수한 범위 내에서 당해 저작물의 배타적인 이용을 할 수 있음과 동시에 타인에게 이용허락을 하는 것도 가능하므로, 원래의 저작권자와 위와 같이 세분화된 당해 권리의 양수인이 각자 제3자에게 이용을 허락한 경우, 또는 위 권리자들과 침해자 사이에 손해배상청구소송이 제기된 경우 등에

---

1 중국의 경우는 저작권법에 저작재산권의 양도를 인정하는 명문의 규정이 없어서 저작권 양도의 허부에 대하여 논란이 있으나, 실무상으로는 양도가능성이 인정되고 있다.

상당한 혼란이 발생할 가능성이 있으므로, 그 세분화에는 적정한 한계가 그어져야 할 것이다. 저작권을 세분화하여 양도하는 것이 허용되는 범위에 관하여는 당해 저작물의 성질, 세분화된 권리의 이용태양, 세분화의 합리성 유무, 독립하여 취급할 사회적 필요성의 유무 및 그 정도 또는 실무관행의 유무, 동일한 목적을 달성할 다른 수단의 유무, 일부양도를 인정한 경우의 권리관계의 불명확성이나 복잡화 등 불이익의 유무 등 제반사정을 종합적으로 고려하여 신중히 판단해야 할 것이다.[1]

§13-71 권리를 행사할 수 있는 지역이나 장소를 한정해서 양도하는 것이 가능한가 하는 문제도 간단한 문제는 아니다. 국가단위로 제한하여, 예컨대 한국 내에서 혹은 미국 내에서 연주할 수 있는 권리를 양도하는 것과 같은 경우에 그 효력을 인정하여야 한다는 데 대하여는 국내외의 학설이 대체로 일치하고 있다.[2] 그러나 더 나아가 서울에서 복제할 권리의 양도, 미국의 뉴욕에서 연주할 권리의 양도와 같이 국가단위 이하의 장소적 제한을 붙인 계약의 효력을 인정할 것인가에 대하여는 견해의 대립이 있다. 이에 대하여 부정적인 입장을 취하는 견해는 저작재산권을 구성하는 각종 권리를 지역적으로 세분화하여 양도하는 것을 인정하게 되면 하나의 독립된 권리로서의 존재가치를 상실하게 되고, 누가 권리자인가 하는 것이 매우 불명확하게 된다는 점, 이러한 형태의 양도를 인정하지 않아도 저작물의 이용허락제도에 의하여 그러한 모습의 저작물 이용이 가능하다는 점 등을 이유로 들고 있다.[3] 그러나 이 문제에 대하여도 일도양단적인 결론을 취하기보다는 지분권 세분화의 한계를 그을 때 고려해야 할 것으로, 위에서 든 바와 같은 제반사정을 감안하여 그 한계를 파악하는 것이 타당하지 않을까 생각된다.[4]

§13-72 시간적인 제한, 예를 들어 5년간 양도한다고 하는 것과 같은 기한부의 저작재산권 양도는 이를 인정하는 것이 통설이다.[5]

---

1 足立謙三, "著作權の移轉と登錄," 裁判實務大系－知的財産關係訴訟法, 靑林書院, 1997, 268~269면 참조.
2 허희성, 전게서(1988), 175면; 內田晋, 전게서, 291면; 足立謙三, 전게논문, 269면 등.
3 內田晋, 전게서, 291면 참조.
4 허희성, 전게서(1988), 175면; 足立謙三, 전게논문, 269면 등 참조.
5 허희성, 전게서(1988), 173~175면; 송영식·이상정·황종환, 지적소유권법(하), 477면; 內田晋, 전게서, 290면; 足立謙三, 전게논문, 269면 등 참조. 다만, 이러한 통설의 입장을 취할 경우 정해진 기한 내에, 양도받은 저작재산권을 제 3 자에게 다시 양도하는 등 처분행위를 하거나 그 양도받은 저작재산권에 대하여 제 3 자로부터 압류나 가압류, 가처분 등이 있을 경우에 그 제 3 자와 저작재산권을 환원받아야 할 원래의 권리자 및 양수인 사이에는 상당히 복잡한 법률관계가 형성될 수 있다는 점 등을 이유로 통설의 입장에 의문을 표시하면서, 결론적으로 기한부로 저작재산권을 양도한 계약을 체결한 경우 ① 계약내용의 성질을 따져보아서 그 정해진 기간동안 저작재산권의 독점적 이용허락을 부여한 계약으로 해석하든가, 아니면 ② 저작재산권을 완전히 양도하되 일정기간이 경과하면 원래의 권리자가 환매를 할 수 있는 환매권을 보류한 양도계약으로 해석하는 것이 옳다고 하는 견해가 있다(오승종, 저작권법(제 4 판), 박영사, 2016, 596면). 위 견해 중 ①의 결론은 그러한 해석이 가능한 경우라면 그렇게 보아야 할 것이라는 점에서 통설의 입장과 다르지 않은 것으로 생각되고, ②의 결론이 소유권의 자동적 복귀가능성을 처음부터 부정하는 점에서 통설과 차이가 있는 부분이라 생각된다. 이 부분에 대하여는 향후 실제의 사안에서 쟁점이 되었을 경우 보다 신중하게 검토해볼 필요가 있지 않을까 생각된다.

(4) 2차적저작물작성권의 유보추정

§13-73   일반 저작물의 경우, 저작권법은 저작재산권의 전부를 양도하는 경우에도 원저작물의 원형을 해칠 우려가 있는 2차적저작물작성권은 원저작권자에게 유보되어 있는 것으로 추정한다(제45조 제 2 항 본문). 당사자들 사이에 특약으로 2차적저작물작성권을 함께 양도하기로 하는 것은 물론 가능하다. 그 특약에는 명시적인 특약만이 아니라 묵시적인 특약도 포함되므로, 계약 당시의 여러 가지 정황이나 취지 등에 비추어 2차적저작물작성권을 양도하기로 하는 묵시적 특약이 있었다고 인정될 수 있는 경우에는 추정이 번복된다.

위와 같이 일반 저작물을 양도할 경우에 특약이 없는 한 2차적저작물작성권은 원저작권자에게 유보된다고 추정하고 있는 것은 2차적저작물작성권과 밀집한 관련이 있는, 저작자의 저작인격권(동일성유지권)을 존중하기 위한 취지라 할 것이다.

그러나 컴퓨터프로그램저작물의 경우에는 기능적 저작물의 특성상 지속적인 업그레이드(2차적저작물 작성)가 거의 필수적으로 요구되므로 프로그램에 대한 저작재산권 양도 시에 특약이 없더라도 양수인이 필요시에 업그레이드를 할 수 있는 권리는 당연히 함께 양도받은 것으로 생각하는 것이 통례일 것이다. 이러한 프로그램이 가지는 특성 및 거래실정 등을 감안하여 프로그램의 경우에는 일반 저작물에 대한 규정과는 반대로 오히려 특약이 없는 한 2차적저작물작성권도 함께 양도된 것으로 추정하고 있다(제45조 제 2 항 단서).[1]

(5) 장래 발생할 저작재산권의 양도

§13-74   장래 발생할 저작재산권의 양도를 인정하는 규정은 없지만, 그러한 양도계약을 체결하는 것도 계약자유의 원칙에 의하여 일반적으로는 유효한 것으로 보아야 할 것이다. 장래 저작재산권이 발생하면 양수인에게 양도하기로 약속하는 채권계약은 물론, 장래 저작권이 발생함과 동시에 저작재산권이 양수인에게 이전되도록 하는 조건부 준물권계약도 유효한 것으로 본다.[2]

다만, 장래 발생할 저작재산권의 일괄적 양도를 내용으로 하는 계약의 경우에 기한의 정함이 없고 저작자가 평생 그 계약에 구속되도록 하는 내용을 가지고 있는 경우라면, 민법상의 공서양속의 원칙에 반하여 무효라고 보아야 할 경우가 있을 것이다.[3]

---

1 이 규정은 컴퓨터프로그램보호법과 저작권법을 통합한 2009. 4. 22. 개정 저작권법에서, 프로그램저작권 양도시 '개작권 양도 추정' 규정을 두고 있던 컴퓨터프로그램보호법의 입장을 수용한 것이다.
2 송영식·이상정·황종환, 전게서, 477면; 足立謙三, 전게논문, 266면 등 참조.
3 內田晋, 전게서, 295면 참조.

2. 저작물의 이용허락

(1) 의   의

저작재산권자는 다른 사람에게 그 저작물의 이용을 허락할 수 있다(저작권법 제46조 제1항). §13-75
'허락'은 저작재산권자가 다른 사람으로 하여금 자신의 저작물을 이용할 수 있도록 정당화하는 의
사표시를 말한다. 저작재산권은 배타적 권리이므로 저작재산권자의 허락 없이는 누구도 그 저작
물을 이용할 수 없다. 따라서 다른 사람이 저작물을 이용하려면 저작재산권자에게 이용료를 지급
하고 그 이용허락을 받아야 하며, 경제적 권리로서의 저작재산권의 행사는 통상 저작물이용허락
권 및 이용료청구권의 행사를 통해 이루어진다.

저작재산권자가 타인에게 저작물에 대한 이용권을 부여하는 것과 관련된 제도로는 저작권법 §13-76
제46조에 의한 이용허락 외에 개정법 제57조 이하에서 규정하고 있는 '배타적발행권'(§18-3 이하)
및 '출판권'(§18-38 이하) 설정제도가 있다. 제46조에 의한 이용허락 제도가 당사자 사이의 채권계
약에 관한 것으로서 채권적인 이용권을 부여하는 것에 관한 제도라면 후자의 제도는 배타적발행
권자 또는 출판권자가 일종의 물권적 권리, 즉 배타적 권리를 가지게 되는 제도라는 점에서 근본
적 차이가 있다. 배타적이용권을 인정하는 제도로서는 원래 출판권과 프로그램배타적발행권제도
만 있었으나, 한·미 FTA의 이행을 위한 개정법에서 프로그램만이 아니라 모든 저작물에 대하여
적용되는 배타적발행권제도를 도입하면서 기존의 프로그램배타적발행권제도는 신설제도에 흡수시
키고, 출판권에 관하여는 출판계의 의견에 따라 그 설정에 관하여 별도의 근거규정을 특례규정으
로 존치하는 것으로 하였다. 이러한 배타적발행권 등의 제도에 대하여는 제5장 제1절에서 자
세히 살펴보기로 하고, 여기에서는 저작권법 제46조에 기한 '이용허락'제도에 대하여만 살펴본다.

(2) 이용허락의 성질·종류 및 효력

이용의 '허락'은 저작재산권의 양도와 달리 저작권자가 자신의 저작재산권을 그대로 보유하 §13-77
면서 단지 다른 사람에게 자신의 저작물을 이용할 수 있도록 허용하는 의사표시1 이용허락에 특

---

1 통상은 권리자와 이용자의 계약에 의하는 경우가 많지만, 예를 들어 저작재산권자가 불특정 다수의 제3자에 대하여
일정한 조건하에 자유로운 이용을 선언하는 경우 등 저작재산권자의 단독행위에 의하여 이용허락이 성립하는 경우도
있을 수 있다. 島並良·上野達弘·橫山久芳, 著作權法入門, 有斐閣, 2009, 216면 참조. 미국에서 만들어져 우리나라에
서도 많이 사용되고 있는 CCL이나 공공저작물 관련 '공공누리(KOGL)' 등이 그러한 예에 해당한다. 공개소프트웨어
라이선스인 GPL 등도 그 취지는 유사한 점이 있지만, 약관의 내용이 계약의 체결을 전제로 한 것으로 구성되어 있어,
결국 이용자의 이용시 (의사실현에 의하여) 이용허락계약이 체결된 것으로 보게 될 것으로 생각된다.
　'공공누리'에 대해서는 법 제24조 제2항의 저작재산권제한사유에 대한 부분(§14-23-13)에서 설명할 것이므로 여기
서는 CCL에 대하여만 약간의 설명을 덧붙인다. CCL은 공유정신에 입각하여 비상업적 저작물의 원활한 유통과 공유
를 촉진하기 위하여, 자유소프트웨어 운동에서 아이디어를 얻은 미국의 로렌스 레식(Lawrence Lessig) 교수가 창안
한 자유이용허락표시로서, 저작자의 의사를 일일이 묻지 않아도 간단한 표시만으로 그 이용조건을 확인하고 그 조건

별한 방식은 필요하지 않다. 서면에 의할 필요가 없는 것은 물론이고 묵시적 이용허락도 그 효력을 인정받을 수 있다. 서울중앙지방법원 2014. 5. 1. 선고 2012가합535149 판결도 '아래 한글' 또는 'MS 워드' 프로그램에 번들로 포함되어 제공되는 서체 파일의 이용과 관련하여 묵시적 이용허락의 효력을 인정하였다(§6-68). 다만 어떤 저작물을 특별한 기술적 보호조치를 하지 않고 웹상에 게시하였다는 것만으로는 묵시적 이용허락을 인정할 수 없고(§13-96), 자신의 의견이나 정보를 널리 전파하고자 하는 목적을 밝히면서 온라인 게시판에 글을 올린 경우라 하더라도 제3자가 개인적으로 소장하거나 지인들에게 전파하는 등의 이용을 넘어서 적극적, 상업적으로 이용하는 행위에 대하여까지도 묵시적으로 허락한 것으로 보기는 어렵다.[1] 이용자가 저작권자와의 '이용허락계약' 등에 의하여 취득하는 '이용권'은 준물권으로서의 성질이 아니라, 저작권자에 대한 관계에서 자신의 저작물이용행위를 정당화할 수 있는 채권으로서의 성질을 가진다. 채권이 (준)물권을 이기지 못하는 법리에 따라 이러한 채권적 이용권은 저작재산권의 양수인에게 대항하지 못하는 취약성을 가지고 있다. 예컨대 상표법의 경우는 통상사용권도 등록을 통해 대항력을 가질 수 있도록 하고 있지만(상표법 제100조 제1항 제1호),[2] 저작권법의 경우는 이용권을 등록함으로써 대항력을 가질 수 있는 제도를 두고 있지 않으므로 자신에게 이용허락을 한 저작재산권자가 저작재산권을 양도할 경우 양수인에게 자신의 이용권으로 대항할 수 있는 방법이 없다. 대법원 2015. 4. 9. 선고 2011다101148 판결(§13-83-1)은 그러한 법리를 전제로 하고 있다. 이용권자의 법적 보호 방안에 대하여 무관심한 현행법의 태도가 타당한지에 대하여는 이후 입법론적인 검토가 필요할 수도 있을 것으로 생각된다.

§13-78   저작권법 제46조에 의한 저작물의 이용허락은 이를 '단순허락'과 '독점적 허락'의 두 가지 종류로 나누어 볼 수 있다. 먼저 단순허락의 경우는 저작재산권자가 복수의 사람에 대하여 저작물의 이용을 중첩적으로 허락할 수 있다. 즉 단순허락을 한 경우에는 이용자는 저작물을 배타적·독점적으로 이용할 수 없으므로 단순히 저작재산권자에 대하여 자신이 그 저작물을 이용하는 것을

을 준수하는 범위 내에서 자유롭게 이용할 수 있도록 하는 취지로 만들어졌다. 우리나라에서는 2005년 3월부터 한국 정보법학회가 정식으로 보급하기 시작하여 현재 네이버, 다음 등의 일부 코너에서 시스템적으로도 반영하여 사용할 수 있게 하고 있는 등 비교적 널리 보급되고 있다. 우리나라와 미국 외에도 일본, 대만, 독일, 프랑스, 이탈리아, 캐나다, 브라질 등 전세계 70여개 나라에서 운영되고 있다고 한다. 저작자표시는 기본으로 하여, 필요시 비영리, 변경금지, 동일조건변경허락 등의 조건을 선택할 수 있다. CCL과 관련한 우리나라 하급심 판례를 보면, 甲이 사진(A)을 촬영하여 자신의 개인블로그에 업로드하면서 CCL에 따라 저작자 표시, 비영리, 변경금지의 조건을 따를 경우 A의 사용을 허락하였는데, 숙박업 대행사인 乙이 자신이 운영하는 블로그에 甲의 동의 없이 A를 게재한 사안에서 乙(피고)이 CCL의 이용허락조건을 준수하였다고 주장함에 대하여 "피고는 숙박업 대행업에 대한 홍보의 일환으로 각 블로그를 운영하면서 이 사건 사진을 게재하여 활용하였으므로, 이 사건 사진의 게재에 영리적 목적이 포함되어 있다고 봄이 상당하므로, 비영리 이용에 해당한다고 볼 수 없다."라고 판시한 사례(인천지방법원 2017. 2. 15. 선고 2016나58171 판결)가 있다.

1 수원지방법원 2012. 2. 2. 선고 2010노6202 판결 참조.
2 특허권에 대한 통상실시권의 경우도 마찬가지이다(특허법 제118조 제1항 참조).

용인하여 줄 것을 구할 수 있을 뿐이고, 자신 이외에 별도로 저작재산권자로부터 동일한 이용허락을 받은 제 3 자가 있어도 이를 배제할 수 있는 어떤 권리도 가지지 아니하는 것이다.

'독점적 허락'은 이용자가 저작재산권자와 사이에 일정한 범위 내에서의 독점적인 이용을 인정하거나 이용자 이외의 다른 사람에게는 이용허락을 하지 않기로 하는 특약을 체결한 경우이지만, 이러한 독점적 허락도 위에서 언급한 '배타적발행권'의 설정이 아닌 한 채권적인 성질을 가지는 점에서는 차이가 없으므로 저작재산권자가 그 이용자 이외의 다른 사람으로 하여금 그 저작물을 이용하게 한 경우에도 독점적 허락을 받은 이용자가 다른 이용자를 상대로 금지청구나 손해배상청구를 할 수는 없다. 다만, 이러한 경우에 저작재산권자를 상대로 하여서는 채무불이행을 이유로 한 손해배상청구를 할 수 있다. §13-79

만약 제 3 자가 저작재산권자의 허락 없이 무단으로 저작물을 이용하는 경우라면 저작재산권자로부터 이용허락을 받은 이용자가 무권원의 제 3 자에 대하여 손해배상청구권 등을 행사할 수 있을까. §13-80

먼저 단순허락의 경우를 살펴보면 단순허락의 경우에는 이용자가 저작재산권자에 대한 관계에서 단지 자신의 저작물 이용을 용인해 줄 것을 요구할 수 있을 뿐이고 다른 제 3 자의 이용에 대하여는 계약상의 어떠한 권리도 없는 입장이므로, 가사 제 3 자가 저작물의 무단이용을 하였다고 해도 그에 대하여 손해배상청구 등을 할 수는 없다고 하겠다.[1]

다음으로 '독점적 허락'의 경우에는 이용자가 침해자에 대하여 손해배상청구권을 가지는가 하는 문제를 검토해 보자. 우리나라에서는 이 문제에 관한 논의가 거의 보이지 아니하고 일본의 학설상으로는 견해가 나뉘어져 있으나, 이 경우에 이용자는 저작물의 독점적 이용에 관하여 밀접한 이해관계를 가지고 있으므로 적어도 독점적 허락이 있다는 것을 인식하면서 저작물의 무단이용을 한 침해자에 대하여는 손해배상청구권을 가지는 것으로 봄이 타당할 것으로 생각된다.[2] 대법원도 "일반적으로 채권에 대하여는 배타적 효력이 부인되고 채권자 상호간 및 채권자와 제 3 자 사이에 자유경쟁이 허용되는 것이어서 제 3 자에 의하여 채권이 침해되었다는 사실만으로 바로 불법행위로 되지는 않는 것이지만, 거래에 있어서의 자유경쟁의 원칙은 법질서가 허용하는 범위 내에서의 공정하고 건전한 경쟁을 전제로 하는 것이므로, 제 3 자가 채권자를 해한다는 사정을 알면서도 법규를 위반하거나 선량한 풍속 또는 사회질서를 위반하는 등 위법한 행위를 함으로써

---

1 서울지방법원 1997. 9. 12. 선고 96가합75067 판결 : "(증거에 의하면) 블리츠회사는 위 약정 당시 원고에게 위 CD-Blitz의 현행 버전을 한국 내에서 제조·판매할 수 있는 비독점적 권한만을 허락함을 명시하고 있으므로, 원고는 블리츠회사에 대하여 위 CD-Blitz 프로그램을 한국 내에서 자유로이 제조·판매하게 할 권리만을 주장할 수 있을 뿐이고 … "

2 足立謙三, 전게논문, 264면 참조.

채권자의 이익을 침해하였다면 이로써 불법행위가 성립하고, 여기에서 채권침해의 위법성은 침해되는 채권의 내용, 침해행위의 태양, 침해자의 고의 내지 해의의 유무 등을 참작하여 구체적, 개별적으로 판단하되, 거래자유 보장의 필요성, 경제사회정책적 요인을 포함한 공공의 이익, 당사자 사이의 이익균형 등을 종합적으로 고려하여야" 한다고 판시한 바 있다.[1]

대법원 판례 가운데 저작물의 독점적 이용권자의 채권 침해를 인정한 사례는 아직 보이지 않지만, 독점적 판매권에 대한 제3자의 채권침해를 인정한 대법원 2003. 3. 14. 선고 2000다32437 판결이 매우 유사한 사례이므로 참고할 필요가 있다.[2]

이 판결은 "특정기업으로부터 특정물품의 제작을 주문받아 그 특정물품을 그 특정기업에게만 공급하기로 약정한 자가 그 특정기업이 공급받은 물품에 대하여 제3자에게 독점판매권을 부여함으로써 제3자가 그 물품에 대한 독점판매자의 지위에 있음을 알면서도 위 약정에 위반하여 그 물품을 다른 곳에 유출하여 제3자의 독점판매권을 침해하였다면, 이러한 행위는 특정기업에 대한 계약상의 의무를 위반하는 것임과 동시에 제3자가 특정기업으로부터 부여받은 독점판매인으로서의 지위 내지 이익을 직접 침해하는 결과가 되어, 그 행위가 위법한 것으로 인정되는 한, 그 행위는 그 특정기업에 대하여 채무불이행 또는 불법행위가 됨과는 별도로 그 제3자에 대한 관계에서 불법행위로 된다"고 하였다. 이 판결을 유추하여 볼 때, 독점적 이용권자라는 사실에 대한 고의 등의 일정한 요건 하에 독점적 이용권에 대한 제3자의 채권침해(불법행위)를 인정할 수 있고, 그러한 경우에는 당연히 독점적 이용권자가 자신의 이름으로 손해배상청구권을 행사할 수 있다.[3]

한편, 독점적 이용권자가 저작재산권자의 손해배상청구권을 대위 행사할 수 있다고 보는 견

---

1 대법원 2010. 8. 25. 선고 2008마1541 판결.

2 조영선, "특허실시권자의 손해배상 및 금지청구권", 저스티스 통권 제110호, 97면 참조.

3 대법원 2011. 6. 9. 선고 2009다52304 판결은 원고 甲이 프로그램의 독점적 이용권자이고 원고 乙이 저작재산권자이며, 피고가 침해자로 인정된 사안에서 "원심이 그 판시와 같은 여러 사정을 종합하여 피고가 원고 甲이 이 사건 제2이용 허락계약에 기하여 원고 乙에 대하여 가지는 채권을 해한다는 사정을 알면서 ○○온라인시스템의 소스코드를 이용했다고 단정할 수 없어 채권침해의 위법성이 인정된다고 보기 어렵다는 이유로 원고 甲의 손해배상청구를 받아들이지 아니한 것은 정당"하다고 판시하였는데, 이것은 만약 피고가 원고 甲이 독점적 이용권자임을 알았다면 원고 甲에 대한 관계에서 채권침해로 인한 손해배상책임을 질 수도 있을 것임을 시사하고 있다고 할 수 있다.

한편으로 하급심판결 가운데는 저작물의 독점적 이용허락과 관련하여 제3자의 채권침해를 인정한 다음의 사례가 있다.

서울중앙지방법원 2009. 9. 4. 선고 2009가합18194 판결 : "원고가 2008. 9. 29. 그에게 위 각 서적에 관한 판권이 있고 피고 회사의 출판권은 종료하였으므로, 추후 원고의 권리를 침해할 경우 민형사상 이의를 제기하겠다는 내용의 내용증명을 피고 회사에게 보냈고, 위 내용증명이 같은 달 30. 피고 회사에 도달한 사실, 피고 회사가 위 내용증명을 받은 이후에도 위 각 서적의 번역본을 판매하다가 2009. 4. 13.에서야 그 판매를 중단하고 재고서적을 모두 폐기한 사실, 피고 회사와 저작자 사이의 위 각 서적에 관한 번역출판계약은 각 2008. 3. 및 같은 해 8.에 이미 종료한 사실은 앞서 본 바와 같으므로, 결국 피고 회사는 원고가 위 각 서적에 관한 독점적 이용권을 가지고 있음을 알면서도 그 채권을 침해하였다고 할 것이고, 그 결과 그로 인하여 원고가 입은 손해를 배상할 의무가 있다."

해가 있으나,[1] 그 경우는 특정채권의 보전을 위한 채권자대위권 행사를 허용하는 유형에 부합한다고 보기 어렵고, "채권자가 보전하려는 권리와 대위하여 행사하려는 채무자의 권리가 밀접하게 관련되어 있고, 채권자가 채무자의 권리를 대위하여 행사하지 않으면 자기 채권의 완전한 만족을 얻을 수 없게 될 위험이 있어 채무자의 권리를 대위하여 행사하는 것이 자기 채권의 현실적 이행을 유효적절하게 확보하기 위하여 필요하며, 채권자대위권의 행사가 채무자의 자유로운 재산관리 행위에 대한 부당한 간섭이 된다는 등의 특별한 사정이 없는 경우"에 채권자대위권의 행사를 인정하는 대법원 판례의 입장[2]에 비추어 보더라도 일반적으로 그 요건을 충족하는 것으로 보기 어려울 것이라는 점에서, 대위행사를 긍정하는 위 견해에 선뜻 찬동하기 어렵다. 즉, 손해배상청구권의 대위행사는 특별한 경우가 아닌 한 인정되기 어려운 것으로 생각된다.[3]

독점적 허락의 경우 이용자가 위와 같은 무단이용자를 상대로 침해정지청구를 할 수 있을까. §13-81 우선 독점적 허락의 경우에도 이용자가 가지는 이용권이 기본적으로 채권의 성질을 가지는 한 그 이용자가 제 3 자에 대하여 고유의 금지청구권을 행사할 수 있는 근거는 없다고 보아야 할 것이다. 문제는 이 경우에 이용자가 채권자대위의 법리에 따라 저작재산권자를 대위하여 침해자를 상대로 침해정지청구권을 행사할 수 있는가 하는 것이다. 이에 대하여 소극적인 견해도 없지 아니하나,[4] 독점적 이용허락의 경우에는 특별한 사정이 없는 한 이용권자가 저작재산권자에 대하여 적어도 제 3 자의 침해를 배제하는 데 협력할 것을 요구할 권리가 있다고 볼 수 있고, 그런 상태에서 침해에 따른 이해관계가 예민하지 않은 저작재산권자가 침해행위의 배제에 소극적일 경우에는 독점적 이용권자가 저작재산권자의 제 3 자에 대한 침해정지청구권을 대위하여 권리 행사를 할 수 있도록 허용하는 것이 현실적으로도 필요하고 권리보호의 충실화라고 하는 이상에도 부합한다는 점에서, 특정채권의 보전을 위해 채무자의 자력 유무를 불문하고 채권자대위권의 행사를 허용하는 민법상의 법리에 따라, 위와 같은 침해배제 협력 요구권을 피보전권리로 하여 저작재산권자가 가지는 침해금지청구권을 대위 행사할 수 있는 것으로 보는 것이 타당한 것으로 생각된다(긍정설).[5] 아래에서 소개하는 바와 같이 대법원 판례(§13-83)도 긍정설을 취하고 있다. 다만 이것

---

1 박성호, 전게서, 423면 등.

2 대법원 2001. 5. 8. 선고 99다38699 판결 등.

3 위에 소개한 서울중앙지방법원 2009. 9. 4. 선고 2009가합18194 판결이 그러한 이유를 들어, 저작물의 무단이용자인 제 3 자에 대하여 저작권자를 대위하여 손해배상청구를 한 부분은 그 피보전권리가 없다는 이유로 각하하는 결론을 내리고 있다.

4 足立謙三, 전게논문, 265면 참조.

5 박성호, 전게서, 423면도 기본적으로 같은 취지이나, 다만 독점적 이용허락만으로는 피보전권리를 인정하기에 부족하다고 할 수 있어, 명시 또는 묵시적으로라도 저작재산권자가 침해배제의무를 별도로 부담한 경우에만 대위를 허용하여야 할 것이라는 취지의 견해를 추가하고 있다. 그러나 '독점적' 이용허락을 한 것만으로도 저작재산권자에게 침해배제를 위해 협력할 의무는 있다고 할 것이고, 따라서 별도의 약정이 없더라도 그 협력청구권을 피보전권리로 하여 저작재산권 침해정지청구를 대위할 수 있다고 보는 것이 구체적 타당성의 면에서나 법률관계의 명확성의 면에서나 보

은 그 제 3 자(丙)가 권리자 본인(甲)으로부터 이용허락을 받은 바 없이 무단으로 이용함으로써 침해가 성립하는 경우에 한하는 것이다. 丙이 甲으로부터 이용허락을 받은 경우에는 그것이 甲과 乙 사이의 독점적 이용허락계약에 반하여 허락한 것이라 하더라도, 乙이 대위할 피대위권리로서의 甲의 丙에 대한 침해청구권이 존재하지 않으므로, 독점적 이용권자인 乙의 丙에 대한 대위청구가 있을 수 없고, 乙로서는 甲에게 계약위반의 책임을 물을 수 있을 뿐이다. 또한 이것은 甲이 권리행사를 하지 않음을 전제로 하는 것이므로, 甲이 이미 권리행사를 하고 있다면 그것을 대위행사하는 것은 허용되지 않을 것이다. 그러나 甲이 1회 丙에게 침해정지 요구를 한 것만으로는 그 이후에 계속되는 丙의 침해행위에 대하여 乙이 甲을 대위하여 정지청구를 하는 것을 부적법하게 하는 것이 아니라고 보아야 할 것이다.[1] 이 경우 자신이 독점적 이용허락을 받은 이용행위의 범위 내에서만 침해정지청구권을 대위할 수 있는 것으로 보아야 할 것인바, 하급심결정 중에 특정 영화에 관하여 '오프라인상'의 독점적 이용권을 가진 사람은 '온라인상' 저작권 침해행위에 대하여 저작권법상 침해정지 등 청구권을 행사할 수 없다고 한 사례가 있다.[2] 또한, "저작권자와 저작물에 관하여 독점적 이용허락계약을 체결한 자는 자신의 권리를 보전하기 위하여 필요한 범위 내에서 저작권자를 대위하여 … 침해정지청구권 등을 행사할 수 있지만, 저작권자와의 이용허락계약에 의하여 취득하는 독점적 번역출판권은 독점적으로 원저작물을 번역하여 출판하는 것을 내용으로 하는 채권적 권리이므로, 제 3 자가 작성한 저작물이 원저작물의 번역물이라고 볼 수 없는 때에는 독점적 번역출판권자가 저작권자를 대위하여 그 제 3 자를 상대로 침해정지 등을 구할 보전의 필요성이 있다고 할 수 없다."라고 한 판례도 있다.[3]

§13-82   이용허락을 하면서 저작물의 이용방법 및 조건을 정한 경우에 이용권자는 그 허락받은 이용방법 및 조건의 범위 안에서 저작물을 이용할 수 있다(저작권법 제46조 제 2 항). 이용허락의 방법 및 조건을 위반한 경우에 계약위반의 책임만 질 것인지 아니면 저작권침해의 책임을 같이 져야 할 것인지에 대하여는 뒤에서 자세히 살펴본다(§13-97-5). 또한 저작물이용계약은 당사자간의 신뢰관계를 바탕으로 하여 이루어지는 것이므로, 그 이용권은 당사자간의 구체적인 신뢰관계에 터잡은 것이므로 저작재산권자의 동의 없이 제 3 자에게 양도할 수 없다(저작권법 제46조 제 3 항).

다 나은 결론이 아닐까 생각된다.

1 서울서부지방법원 2007. 5. 30. 선고 2006가합5215 판결 참조.

2 '웹스토리지' 사건에 대한 서울중앙지방법원 2008. 8. 5.자 2008카합968 결정.

3 서울고등법원 2015. 4. 30. 선고 2014나2018733 판결.

 판 례

❖대법원 2007. 1. 25. 선고 2005다11626 판결—"소리바다" 사건   §13-83

저작권법은 특허법이 전용실시권제도를 둔 것과는 달리 침해정지청구권을 행사할 수 있는 이용권
을 부여하는 제도를 마련하고 있지 아니하여, 이용허락계약의 당사자들이 독점적인 이용을 허락하는
계약을 체결한 경우라도 그 이용권자가 독자적으로 저작권법상의 침해정지청구권을 행사할 수는 없다
고 할 것이다. 따라서, 이용허락의 목적이 된 저작권법이 보호하는 재산권의 침해가 발생하는 경우에도
그 권리자가 스스로 침해정지청구권을 행사하지 아니하는 때에는 독점적인 이용권자로서는 이를 대위
하여 행사하지 아니하면 달리 자신의 권리를 보전할 방법이 없을 뿐 아니라, 저작권법이 보호하는 이
용허락의 대상이 되는 권리들은 일신전속적인 권리도 아니어서 독점적인 이용권자는 자신의 권리를 보
전하기 위하여 필요한 범위 내에서 권리자를 대위하여 저작권법 제91조에 기한 침해정지청구권을 행사
할 수 있다고 할 것이다.

원심 판결 이유를 위 법리와 기록에 비추어 살펴보면, 원심 판시 별지 노래목록 순번 4 및 11 기
재 각 노래에 관하여 음을 음반에 맨 처음 고정한 음반제작자인 소외 영△ 법인과 소외 미◇ 법인으로
부터 대한민국 내에서 음반제조권과 함께 독점적 음반 판매 및 배포권을 각 허락받은 독점적 이용권자
인 채권자 4 주식회사와 채권자 11 주식회사는 위 각 음반제작자를 대위하여 복제권 침해정지를 청구
할 수 있다고 할 것이며, 소리바다 서비스 이용자들의 복제권 침해행위를 방조하는 채무자들 역시 그
침해정지청구의 상대방이 될 수 있다고 할 것이므로, 이와 같이 판단한 원심은 정당하고 거기에 상고
이유에서 주장하는 바와 같은 법리오해 등의 위법이 없다.

❖대법원 2015. 4. 9. 선고 2011다101148 판결   §13-83-1

<u>저작물 이용자가 저작권자와의 이용허락계약에 의하여 취득하는 이용권은 저작권자에 대한 관계
에서 자신의 저작물 이용행위를 정당화할 수 있는 채권으로서의 성질을 가지는 데 불과하므로, 저작권
신탁이 종료되어 저작권이 원저작권자인 위탁자에게 이전된 경우에는 원저작권자와 수탁자 사이에 수
탁자가 행한 이용허락을 원저작권자가 승계하기로 하는 약정이 존재하는 등의 특별한 사정이 없는 한
저작물 이용자는 신탁 종료에 따른 저작권 이전 후의 이용행위에 대해서까지 수탁자의 이용허락이 있
었음을 들어 원저작권자에게 대항할 수 없다.</u>

원심판결 이유와 원심이 채택한 증거에 의하면, 사단법인 한국음악저작권협회(이하 '음악저작권협
회'라고만 한다)는 1998. 5. 15. 및 2003. 7. 20. 피고 주식회사 금영(이하 '피고 금영'이라고만 한다)에
게 이 사건 음악저작물에 관하여 이용허락을 한 사실, 음악저작권협회는 2004. 4.경 원고에게 '이 사건
음악저작물에 관하여 원고와 음악저작권협회 사이에 체결된 신탁계약은 2004. 4. 6.자로 해지되었다'는
취지의 통보를 한 사실을 알 수 있다.

이러한 사실관계를 앞에서 본 법리에 비추어 보면, <u>원고와 음악저작권협회 사이의 신탁계약이 종
료되어 이 사건 음악저작물의 저작권이 원저작권자인 원고에게 이전된 이상, 피고 금영은 특별한 사정
이 없는 한 그 이후 이 사건 음악저작물을 노래반주기와 노래반주기용 DVD 타이틀 제조에 이용하는
행위에 대하여 음악저작권협회의 1998. 5. 15.자 및 2003. 7. 20.자 각 이용허락을 들어 원고에게 대항</u>

<u>할 수는 없다.</u>

▷NOTE : 위 판결은 원저작권자로부터 권리를 이전받아 행사하는 수탁자(신탁단체)의 이용허락에 기하여 채권적 이용권을 가지고 있는 자는 그 권리가 가진 채권적 성격으로 인하여 이후 신탁관계의 종료로 저작권을 이전받게 된 원저작권자에게 자신의 채권적 이용권으로 대항할 수 없다는 것을 명시한 판례이다. 신탁관계의 해지에 의한 저작권이전의 경우에 대한 판례이지만, 저작재산권 양도의 경우에도 일반적으로 적용될 수 있는 법리로서 채권적 이용권자가 저작재산권의 양수인에게 대항할 수는 없다는 것을 명백히 한 것이라고 할 수 있다. 물론, 저작재산권 양도의 경우에 저작권법이 '등록'을 대항요건으로 규정하고 있어, 등록 이전의 이용행위에 대하여 결과적으로 양수인이 침해라고 주장할 수 없는 법적 효과가 있지만(§17-15 참조), 그것은 상대방이 대항요건을 갖추지 못함에 따른 반사적 이득에 불과하고, 적극적인 의미에서의 대항력은 없으며, 그 경우에도 상대방이 등록요건을 갖추기만 하면 더 이상 대항할 수 없게 된다. 위 사안의 경우에는 수탁자가 등록을 하지 않고 있다가 신탁관계가 종료됨으로써 저작권이 원저작권자에게 이전된 경우이므로, 대항요건으로서의 등록은 문제되지 않은 경우인 것으로 보인다.

(3) 저작물이용허락계약과 양도계약의 구별 및 저작권계약 해석의 원칙

§13-84 위와 같이 저작물이용허락계약에 기한 이용권은 채권의 성질을 가지는 반면, 저작재산권양도계약에 의하여 양도받은 저작재산권은 준물권의 성질을 가져 그 성질과 효력이 상이한데, 실제 당사자들 사이의 계약을 해석함에 있어서는 그 계약이 저작물이용허락계약인지 저작재산권양도계약인지 분명하지 않은 경우가 많다. 이러한 경우에 대하여 대법원 1996. 7. 30 선고 95다29130 판결은 "저작권양도 또는 이용허락되었음이 외부적으로 표현되지 아니한 경우에는 저작자에게 권리가 유보된 것으로 유리하게 추정함이 상당하다"고 판시하고 있는데,[1] 이는 저작권계약해석

---

1 이 판례는 이후의 많은 판례들에서 법리적 전제로 원용되어, 저작자와 상대방 사이의 계약이 저작재산권 양도계약인지 아니면 이용허락인지 여부가 문제가 된 많은 사안들에서 양도계약이 아니라 이용허락계약으로 보아야 한다는 결론이 도출되게 되었다. 그러한 판례들의 예를 들어 보면 다음과 같다.

① 서울중앙지방법원 2006. 7. 12. 선고 2006가합10182 판결 : "이 사건 계약서 제3조가 제1항에서 '이 사건 영화의 제목과 원안에 대한 모든 권리', 제2항에서 '이 사건 영화를 비디오, 방송, 기타 영상저작물로 변형제작, 이용, 판매할 모든 권리', 제3항에서 '이 사건 영화 및 그 2차적 저작물을 제작, 복제, 배포, 이용할 권리', 제4항에서 '이 사건 영화의 속편에 관련된 모든 권리', 본문에서 위 각 권리들 및 '이 사건 계약에 명시되지 않은 기타 권리'가 원고에게 귀속된다고 각 규정하고 있음은 앞에서 본 바와 같으므로 우선 그 문언적 의미에 관하여 살피건대, 위 조항은 모두 '이 사건 영화에 관한' 권리를 내용으로 하고 있음이 문언상 명백하고, 같은 조 제1항이 규정한 '영화의 원안'이 문언상 시나리오를 의미한다고 보기는 어려우며 통상 영화의 원안이란 영화의 기획안을 의미한다고 보아야 할 것이고, 제3조 각 항에 규정된 권리들이 이 사건 영화에 관한 권리임에 비추어 '이 사건 계약에 명시되지 않은 기타 권리'가 이 사건 시나리오에 대한 저작권 자체를 의미한다고 볼 수 없으며, '양도한다', '양도계약서'라는 표현을 명시하는 통상의 양도계약서(갑 제1호증의 기재에 의하면 원고는 이 사건 계약체결일로부터 불과 20일 전인 2003. 12. 4. 이△△로부터 이 사건 영화의 기획안을 양수하면서 계약서 명칭을 '양도계약서', 그 서문에서 '양도계약을 체결한다', 제1조에서 '원고에게 양도하는 데 대한 제반 법률관계', 제2조에서 '양도금', 제4조에서 '지적재산권'이라는 제목 아래 '이△△은 … 저작권, 저작인접권, 기타 어떠한 권리를 이유로 내세워 대가의 지급이나 손해배상 및 기타의 청구

의 원칙에 관한 미국 연방항소법원 판례의 입장을 원용한 것으로서 타당한 입장이라고 생각된 다.[1] 저작자와 출판자 사이에 저작물이용대가를 판매부수에 따라 지급하는 것이 아니라 미리 일 괄지급하는 형태의 소위 매절계약(買切契約)을 체결한 경우에 그 원고료로 일괄지급한 대가가 인

를 하지 않는다'라는 문언으로 계약서를 작성한 사실을 인정할 수 있다)와 이 사건 계약서의 문구는 뚜렷이 구별되므로(이 사건 계약체결 당시 이 사건 시나리오가 완성되지 아니한 상태이므로 양도, 양수금이라는 표현을 쓰지 않은 것이라고 하더라도, 제 3 조는 시나리오 완성 이후의 권리관계를 규율한 것이므로 '완성된 시나리오에 대한 모든 저작권은 원고에게 이전된다', '피고는 완성된 시나리오에 대하여 어떠한 권리도 주장하지 아니한다'라는 식으로 손쉽게 규정할 수 있음에도 이 사건 계약은 '원고는 이 사건 영화에 관한 … 권리를 소유한다', '권리를 갖는다', '권리는 원고에게 속한다'라고만 규정하고 있다) 이 사건 계약은 문언상 이 사건 영화에 대한 일체의 저작권이 원고에게 있다는 내용으로서, 이 사건 시나리오를 영화화(映畵化)하기 위해 이용할 수 있는 권리를 원고에게 부여하고, 이 사건 영화에 대하여는, 원고가 모든 권리를 갖고 피고는 저작권을 주장할 수 없다는 의미라고 할 것이어서[저작권법 제75조 제 2 항, 제 1 항은 영상저작물(이 사건 영화)의 이용을 위하여 필요한 권리가 영상제작자(원고)에게 양도되는 경우라도 영상저작물의 제작에 사용되는 각본(이 사건 시나리오)의 저작재산권은 여전히 각본의 저작재산권자(피고)에게 남아있게 된다는 것을 밝히고 있으므로, 이 사건 영화에 대한 권리가 원고에게 양도되었다고 하더라도 바로 이 사건 시나리오에 대한 저작권까지 원고에게 양도되는 것은 아니다), 이 사건 계약이 이 사건 시나리오에 대한 저작권양도계약이라는 원고의 주장은 이유 없다."

② 수원지방법원 성남지원 2013. 5. 8. 선고 2012가합5441 판결 : "이 사건 약정은 그 문언에서 '원고가 이 사건 프로그램 소스를 소유한다'라고 표시하였다 하더라도, 계약당사자 간의 진실한 의사표시는 저작권 이용에 관한 계약, 즉 이 사건 프로그램의 저작권은 그 작성자인 피고 ○○○네트워크에게 유보되어 있고 원고에게는 단지 그 목적 범위 내의 이용권이 부여되었을 뿐이라고 봄이 타당하다 할 것이다."

위 사안들은 문서 제목 등에 "저작권 양도"의 표시는 없었던 사안으로 보인다. 그러나, 문서의 제목이나 일부 조항에서 '저작권의 양도'라고 표시한 사안에도 다른 조항들에 비추어 '이용허락' 계약으로 인정한 다음과 같은 사례들도 있다.

① 서울고등법원 2007. 2. 7. 선고 2005나20837 판결 : "우선 이 사건 양도계약의 법적 성질에 관하여 보면, 그 양도계약서 제 9 조에 "본 계약의 유효기간은 10년으로 한다. 단, 계약 종료 3개월 이전까지 서면상 해지통보가 없는 경우 3년씩 자동연장되는 것으로 한다"라고 규정하고 있는바(갑 3호증 참조), 이 규정에 비추어 보면 이 사건 양도계약은 문서의 제목이나 다른 조항에서 '저작권 양도'라고 표시하였다 하더라도 계약당사자 간의 진실한 의사표시는 '저작권 이용'에 관한 계약이라고 봄이 타당하다 할 것이다."

② 서울남부지방법원 2010. 1. 8. 선고 2009가합7176 판결 : "앞서 본 바와 같이 이 사건 출판계약에서 △△△가 공연권 등을 양도한다고 약정하기는 하였으나, 한편 △△△ 및 작곡가가 ○○○로부터 공연권, 복제권으로 인한 사용료를 분배받기로 약정한 점 등에 비추어 이 사건 출판계약은 작곡가가 저작재산권을 그대로 보유하되 ○○○가 한국 내에서 저작물을 이용할 수 있도록 허락하고 대신 ○○○로부터 그 허락의 대가를 분배받는 내용의 저작권 이용허락계약이라고 봄이 상당하다."

다른 한편으로, 제작사인 甲이 乙과 丙으로부터 투자를 받아 영상저작물을 제작하였으나 계약에 의하여 그 저작재산권은 乙과 丙이 가지고 甲은 그 배급권을 가지기로 계약한 사안에 대하여 서울고등법원은 "앞서 인정한 사실 및 변론 전체의 취지에 의하여 알 수 있는 다음과 같은 사정을 종합해 보면, 원고(甲)는 이 사건 배급계약과 협약을 체결함으로써 제 1, 2 영상물의 저작권자들인 대한무역투자진흥공사(乙)와 고성군(丙)으로부터 기간과 용도가 한정된 공연권, 복제·배포권 등의 저작재산권을 포함하는 권리인 '배급권'을 양수하였다고 해석하는 것이 타당하다."라고 판시한 바 있고(서울고등법원 2014. 10. 14. 선고 2013나65545 판결), 상고심 법원인 대법원도 이를 승인하였다(대법원 2016. 7. 14. 선고 2014다82385 판결). 이것은 위와 같은 사안의 경우에는 배급권을 가지게 된 甲이 영상물의 제작사라는 점에서, 배급권계약을 제한적이나마 양도계약으로 해석하는 것이 오히려 "저작자에게 유리한 추정"의 원칙에 더 부합하는 면이 있다는 것을 감안한 것이 아닐까 생각된다.

[1] 미국에서는 이 원칙을 '저작자에게 유리한 추정(presumption for the author)'이라고 하며, 연방 제 9 항소법원 판례인 S.O.S., Inc. v. Payday, Inc., 886 F. 2d 1081(9th Cir. 1989), Warner Bros. Pictures v. Columbia Broadcasting Sys., 216 F. 2d 945(9th Cir. 1954), cert. denied, 348 U.S. 971(1955) 등에서 표명되었다. 그 외에 위 양 판결에서 표명된 원칙으로 저작권계약에 있어서 모호한 것은 계약서문안을 작성한 자에게 불리하게 추정한다는 의미의 '계약문안작성자에게 불리한 추정(presumption against the drafter)'이 있다. 이성호, "저작물이용허락의 범위와 새로운 매체," 판례실무연구[1], 비교법실무연구회 편, 박영사, 1997, 73면 참조.

세를 훨씬 초과하는 고액이라는 등의 입증이 없는 한 이는 저작재산권의 양도가 아니라 출판권설정계약 또는 독점적 출판계약으로 봄이 상당하다는 판례1의 입장도 동일한 맥락에서 파악할 수 있을 것이다. 또한, 같은 맥락에서, 원저작물(A)과 2차적저작물(AB)에 대한 저작권을 모두 가지고 있는 甲이 乙에게 2차적저작물(AB)에 대한 저작재산권을 양도한 경우에, 원저작물(A)에 대한 저작재산권까지 당연히 양도한 것으로 보지는 않는 것이 대법원 판례의 입장이다(§5-33-2 참조).

위 대법원 판례가 취한 '저작자에게 유리한 추정(presumption for the author)'의 원칙은 반드시 저작재산권 양도와 저작물 이용허락계약을 구별하기 위한 기준만이 아니라 저작권계약 전반에 걸쳐 적용될 수 있다. 이는 민법상의 일반해석원칙과는 구별되는 저작권법 특유의 해석원칙의 하나로서, 특히 신인작가 등 사회경제적인 약자의 지위에 있는 저작자를 보호하는 원칙으로 기능할 수 있다는 점에 주목할 필요가 있다. 이와 관련하여 독일에서는 일찍이 저작권계약 해석의 원칙으로 '목적양도론'이 발전되어 왔다. '목적양도론'이란 당사자의 의사가 불분명하거나 의심스러울 경우에 계약목적을 달성하기 위하여 필요한 권리 이상을 수여하지 않은 것으로 추정하는 원칙을 뜻한다.2 이러한 목적양도론은 독일 저작권법 제31조 제5항에 반영되어 있다.3 신인 작가 등 사회경제적 약자의 입장에 있는 창작자를 보호하는 강행규정이 거의 없는 우리 저작권법의 해석·적용에 있어서 법률행위 해석방법을 통해서라도 창작자 보호를 도모하여 창작유인을 강화할 필요가 있다는 점에서 이러한 독일 저작권법상의 해석원칙을 크게 참고할 필요가 있으리라 생각된다. 저작자에게 유리한 추정의 원칙을 적용한 위 대법원 판례도 목적양도론과 근본적인 취지는 같이하고 있는 것이라 할 수 있으나, 목적양도론이 그보다 한걸음 더 나아가 합리적 해석의 기준이 될 수 있는 부분이 있으므로 이후의 판례가 그 도입을 긍정적으로 검토해 볼 필요가 있을 것

---

1 서울민사지방법원 1994. 6. 1 선고 94카합3724 판결(한국저작권판례집 II).

2 계승균, "저작물 이용허락계약해석에 관한 비판적 고찰", 창작과 권리 67호(2012년 여름호), 세창출판사, 180~181면 참조.

3 독일 저작권법 제31조 제5항 : 용익권의 부여시 이용의 종류가 개별, 명시적으로 표시되지 않으면, 이용의 방식이 미치는 범위는 양 당사자에 의하여 기초가 된 계약의 목적에 의하여 결정된다. 이상은, 용익권이 부여되었는지의 여부, 비배타적 혹은 배타적인 용익권이 부여되었는지의 여부, 용익권과 금지권이 미치는 범위의 문제 및 어떠한 제한에 용익권이 따르는가의 문제에 준용된다.

　독일 저작권법 제37조도 다음과 같이 저작자에게 유리한 계약해석 원칙을 규정하고 있다.

　제37조(용익권 부여에 관한 계약)

　1. 저작자가 타인에게 저작물에 관한 용익권을 부여하는 경우 의심스러운 때에는 저작물의 개작물의 공표 혹은 그 이용에 관한 동의가 저작자에게 유보된다.

　2. 저작자가 타인에게 저작물의 복제에 관한 용익권을 부여하는 경우에 의심스러운 때에는 저작물을 녹화물 혹은 녹음물에 복사하는 권리가 저작자에게 유보된다.

　3. 저작자가 타인에게 저작물의 공개 재현을 위한 용익권을 부여하는 경우에 의심스러운 때에는 정하여진 장소 외에서 화면, 확성기 혹은 이와 유사한 기술장치를 통하여 위 재현물을 공개 감지하도록 하는 권한이 위 타인에게 주어지지 아니한다.

　이상 박익환 역, 독일저작권법, 한국저작권위원회, 2010, 19면, 23~24면 참조.

으로 생각된다.

이러한 저작권법상의 해석원칙과 민법상의 법률행위에 대한 일반적 해석규범은 서로 상충한
다고 보기보다는 저작권법상의 해석원칙이 민법상의 해석원칙을 보충하는 의미를 가지는 것으로
보는 것이 타당할 것으로 생각된다. 위 대법원 95다29130 판결도 위와 같은 저작자에게 유리한
추정의 원칙을 천명하기에 앞서 "일반적으로 법률행위의 해석은 당사자가 그 표시행위에 부여한
객관적인 의미를 명백하게 확정하는 것으로서 당사자가 표시한 문언에 의하여 그 객관적인 의미
가 명확하게 드러나지 않는 경우에는 그 문언의 내용과 그 법률행위가 이루어진 동기 및 경위,
당사자가 그 법률행위에 의하여 달성하려고 하는 목적과 진정한 의사, 거래의 관행 등을 종합적
으로 고찰하여 사회정의와 형평의 이념에 맞도록 논리와 경험의 법칙, 그리고 사회 일반의 상식
과 거래의 통념에 따라 합리적으로 해석하여야 한다"고 하여 민법상 법률행위 해석의 일반원칙을
기초로 하고 있다. 그러한 일반 해석원칙 중에 특히 '사회정의와 형평의 이념에 맞도록' 해석하는
원칙과 관련하여 사회경제적 약자의 지위에 있는 창작자의 보호를 염두에 둘 필요가 있을 것이다.

   **판 례**

❖ 서울고등법원 1997. 11. 28. 선고 96나5256 판결[1]   §13-85

(증거를 종합하면) 소외 甲이 원고로부터 이 사건 가요에 대한 사용승낙을 받을 당시 우리나라 음
반업계의 관행상 음반을 제작함에 있어 음반제작자가 제작비용 전부를 부담하고 제작 후의 홍보도 주
도적으로 하였으며 작사·작곡자 또는 가수들은 곡을 제공하거나 가창만을 할 뿐 비용을 부담하지는
않았던 사실, 따라서 음반제작자가 투자된 비용을 회수하고 이윤을 얻을 수 있는지 불확실하여 작사·
작곡자 또는 가수의 경우 1회의 사용료를 받거나 무명의 경우 보수도 받지 않은 채 음반취입의 기회
만을 가진 것에 만족하고 음반제작자에게 그가 제작하는 음반에 관한 복제권을 수량·횟수·기간 및 종
류 등의 제한 없이 부여하였고, 그러한 경우 작사·작곡자 등이 음반의 판매량에 따른 별도의 인세지급
등을 주장하는 일은 없었고 오히려 음반제작자로서의 권리를 보호해 주기 위하여 일정 기간 다른 음반
제작자에게 다시 권리를 부여하는 일이 없도록 제한을 두었던 사실, 한편 음반제작자 중에는 제작된
원반을 이용하여 음반을 판매목적으로 제조할 수 있는 시설을 갖춘 자가 많지 않았고, 따라서 음반제
작자가 음반제조시설을 갖춘 다른 사업자와 공동으로 음반을 제조·판매하거나 그 음반에 관한 권리를
양도하는 일이 흔히 있었던 사실 등을 인정할 수 있고 반증이 없다.

따라서 앞서 인정한 이 사건 음반의 제작과정, 소외 甲과 원고 사이의 관계, 원고의 이 사건 가요
에 대한 사용승낙경위 등을 위 인정의 관행 등과 종합하여 보면, 원고와 위 甲 사이에서 이 사건 가요
를 녹음물 일체에 사용하는 것을 원고가 승낙한다고 약정한 것은 비록 당사자 사이에 그 의미를 명백
히 하지 않은 점이 있지만, 이는 위 甲이 원고가 작사·작곡한 가요를 이용하여 단순히 음반을 제작하

는 행위를 원고가 승낙한다는 뜻을 넘어 그 음반에 대한 원고의 저작재산권 중 복제·배포권을 위 뿌에 대하여 양도하고 그가 이를 처분할 수 있는 권한까지 부여한 것으로 해석함이 상당하다.

▷NOTE : 위 판결은 여러 가지 근거를 내세워 음악저작물에 대하여 "사용승낙"을 한 것으로 표시되어 있음에도 불구하고 음반에 대한 저작재산권 중 복제·배포권을 양도한 것으로 인정하고 있는데, 이는 문언에도 반하고, 위에서 본 바와 같이 대법원 판례가 취하고 있는 '저작권자에게 유리한 해석의 원칙'에도 반하는 것으로서 그 타당성에 의문이 있다.

(4) 새로운 매체의 등장과 저작물이용허락계약의 해석

§13-86   저작권이용허락계약시 매체의 범위에 대한 명시적 약정이 없는 경우에 계약에서 이용허락을 받은 매체의 범위에 새로운 매체도 포함되는 것으로 볼 것인지 여부가 쟁점으로 되는 경우가 있다. 이것은 기본적으로 구체적인 이용허락계약의 해석문제로서 획일화된 결론은 있을 수 없는 문제이나, 구체적인 사건해결에서 참고할 일반적인 판단기준을 정리해 보는 것은 유익한 일일 것이다.

이와 관련하여 대법원 1996. 7. 30 선고 95다29130 판결은 음반제작에 의한 음악저작물 이용과 관련된 사안에서 "저작권에 관한 이용허락계약의 해석에 있어서 저작권이용허락을 받은 매체의 범위를 결정하는 것은 분쟁의 대상이 된 새로운 매체로부터 발생하는 이익을 누구에게 귀속시킬 것인가의 문제라고 할 것이므로, '녹음물 일체'에 관한 이용권을 허락하는 것으로 약정하였을 뿐 새로운 매체에 관한 이용허락에 대한 명시적인 약정이 없는 경우 과연 당사자 사이에 새로운 매체에 관하여도 이용을 허락한 것으로 볼 것인지에 관한 의사해석의 원칙은 ① 계약 당시 새로운 매체가 알려지지 아니한 경우인지 여부, 당사자가 계약의 구체적 의미를 제대로 이해한 경우인지 여부, 포괄적 이용허락에 비하여 현저히 균형을 잃은 대가만을 지급받았다고 보여지는 경우로서 저작자의 보호와 공평의 견지에서 새로운 매체에 대한 예외조항을 명시하지 아니하였다고 하여 그 책임을 저작자에게 돌리는 것이 바람직하지 않은 경우인지 여부 등 당사자의 새로운 매체에 대한 지식, 경험, 경제적 지위, 진정한 의사, 관행 등을 고려하고, ② 이용허락계약조건이 저작물 이용에 따른 수익과 비교하여 지나치게 적은 대가만을 지급하는 조건으로 되어 있어 중대한 불균형이 있는 경우인지 여부, 이용을 허락받은 자는 계약서에서 기술하고 있는 매체의 범위 내에 들어간다고 봄이 합리적이라고 판단되는 어떠한 사용도 가능하다고 해석할 수 있는 경우인지 여부 등 사회일반의 상식과 거래의 통념에 따른 계약의 합리적이고 공평한 해석의 필요성을 참작하며, ③ 새로운 매체를 통한 저작물의 이용이 기존의 매체를 통한 저작물의 이용에 미치는 경제적 영향, 만일 계약 당시 당사자들이 새로운 매체의 등장을 알았더라면 당사자들이 다른 내용의 약정을 하였으리라고 예상되는 경우인지 여부, 새로운 매체가 기존의 매체와 사용·소비방법에 있어 유사하여 기존매체시장을 잠식·대체하는 측면이 강한 경우이어서 이용자에게 새로운 매체에 대한 이용권이 허락된 것으로 볼 수 있는지 아니면 그와 달리 새로운 매체가 기술혁신을 통해 기존의 매체시장에 별다른 영향을 미치지 않으면서 새로운 시장을 창출하는 측면이 강한 경우이어서 새로운 매체에 대한 이용권이 저작자에게 유보된 것으로 볼 수 있는지 여부 등 새로운 매체로 인한 경제적 이익의 적절한 안배의 필요성 등을 종합적으로 고려하여 사회정의와 형평의 이념에 맞도록 해석하여야 한다"고 판시하여 상당히 세밀한 판단기준을 제시하고 있다. 이 가운데 특히 중요한 실제적 의미를 가지는 것은 ③의 기준으로서, 이용자에게 유리하게 볼 다른 사정들이 함께 있을 경우 새로운 매체가 기존매체와 사용·소비방법이 유사하여 기존매체시장을 잠식·대체하는 측면이 강한 경우에는 이용자에게 새로운 매체에 대한 이용권이 허락된 것으로 보고, 그와 달리 새로운 매체가 기술혁신을 통해 기존의 매체시장에 별다른 영향을 미치지 않으면서 새로운 시장을 창출하는 측면이 강한 경우에는 이용자에게 새로운 매체에 대한 이용권이 허락되지 않은 것으로 볼 것임을 전제로 하고 있다. 이러한 판례의 입장은 이용허락계약의 해석에 있어서 일종의 '경제적 접근방법'에 의하여 정의와 형평의 이념에 부합하는 결론을 도출하려고 하는 태도라고 생각된다.

구체적인 사안을 살펴보면 위 대법원 판례는 음악저작물을 기존의 LP(Long Playing Record)음반 등을 통해 복제하여 이용할 권리를 허락받은 음반회사가 계약체결 당시 당사자들이 알지 못하였던 새로운 매체인 CD(Compact Disk)를 통하여 복제이용할 권리도 허락받은 것인가 하는 문제에 대하여, CD음반이 LP음반과 소비·사용기능에 있어 유사하여 LP음반시장을 대체·잠식하는 성격이 강한 점을 다른 구체적인 여러 사정들과 함께 고려하여 위 허락에는 CD음반에 대한 이용허락까지도 포함되어 있는 것으로 판단하였다.

미국의 판례는 ① 무성영화 당시의 영화화권에는 유성영화화권도 포함된다고 보며,[1] ② 극장에서 영화를 상영할 권리에는 TV를 통한 방영권까지 포함된다고 보고 있으나,[2] ③ TV방영권에 비디오 카세트를 배포할 권리까지는 포함되지 않는다고 보았다.[3][4] 우리나라 대법원 판례로도 상고허가신청이 기각된 사례로 TV드라마에 대한 이용허락에는 비디오 테이프의 이용허락은 포함되지 않는다고 판시한 원심을 인용한 예[5]가 있다. 이러한 판례의 입장은 대체로 위에서 본 경제적 접근방법에 의한 결론과 일치하는 것으로 여겨진다.[6] 그러나 그 중 특히 ②의 경우는 저

---

1 L. C. Page & Co. Inc. v. Fox Film Corp., 83 F. 2d 196(2d Cir. 1936).
2 Bartsch v. Metro-Goldwin-Mayer Inc., 391 F. 2d 150(2d Cir.), cert. denied, 393 U.S. 826(1968).
3 Rey v. Lafferty, 990 F. 2d 1379(1st Cir. 1993).
4 이상 미국판례의 정리·소개는 이성호, 저작물이용허락의 범위와 새로운 매체, 79~80면 참조.
5 대법원 1985. 5. 28.자 84다카2514 결정.
6 지대운, "저작권에 관한 계약이 저작권양도계약인지 이용허락계약인지의 구별기준, 저작권이용허락계약시 매체의 범

작자에게 유리한 추정의 원칙 등에 비추어 찬성하기 어려운 결론이 아닌가 생각된다. 그리고 위 대법원 판결이 새로운 매체가 시장을 잠식하는지 여부를 저작권계약의 해석에 있어서의 고려요소로 삼은 것에 대하여는 "저작물이용과 관련하여 규범적인 평가보다는 시장에서의 파급효과 내지 경제적 이익을 위주로 하여 저작권자와 저작물이용허락을 받은 사람 사이의 역학관계 내지 경제적 이익의 배분을 중심으로 분석하고 있다는 인상이 든다"[1]는 등의 비판적 견해가 있다. 대법원 판례의 논리는 이용자가 상당한 대가를 지급하고 이용허락을 받았는데 새로운 매체가 나와서 기존의 시장을 잠식할 경우 그 매체에 대하여 아무런 권리가 없는 것으로 볼 경우에는 '규범적인 관점'에서 '정의와 형평'에 반한다고 하는 취지이고 그것을 여러 가지 고려요소의 하나로 삼은 것에 불과하므로, 대법원이 경제적 이익을 중심에 둔 나머지 규범적 평가를 외면한 것으로 볼 것까지는 아니라 생각한다. 그렇지만, 계약 당시 예상하지 못한 새로운 매체가 등장하였을 경우 계약에서 "현재 당사자 사이에 예상치 못한 새로운 매체가 국내에서 사용될 경우에 그 매체가 이러이러한 성격을 가지는 경우에는 이용허락의 대상에 포함한다"고 하는 취지를 명시하지 않은 이상 당초의 이용허락계약이 그 새로운 매체를 대상으로 한 것이 아닌 것으로 보는 것이 '저작자에게 유리한 추정'의 원칙과 그 이면의 창작자 보호의 정신에 보다 부합하는 면이 있는 것은 사실이다.[2]

따라서 위 판례의 입장에 대하여는 향후 진지한 재검토가 필요한 것으로 생각된다.[3]

위에 대한 명시적 약정이 없는 경우 새로운 매체에 대한 이용을 허락한 것으로 볼 것인지 여부 – 대법원 1996. 7. 30 선고 95다29130 판결," 판례실무연구[1], 비교법실무연구회 편, 박영사, 1997, 121면 참조.

[1] 계승균, 전게논문, 186~187면.

[2] 위 대법원 판결도 "기록에 의하여 살펴보면, 이 사건에 있어서 원고들이 경제적 지위에 있어서 현저히 약자적 입장에 있었고, 또한 원고들이 대편성 악단에 대한 비용, 음반업계의 관행상 무명가수인 경우 원고들이 부담하였을 음반 제작비용으로서 피고가 부담한 부분, 음반의 복제, 판매로 인한 원고들의 선전비용 상당의 대가만으로 과연 새로운 매체인 CD음반에 대한 이용허락까지도 한 것이라고 볼 수 있을 것인가 하는 점이 없지 아니 하나"라고 판시하고 있다. 그렇다면, 다른 사정들이 있다고 하여도 근본적으로 계약내용의 불명료성으로 인한 불이익은 저작자가 아니라 이용자가 입도록 하는 것이 타당한 것이 아니었을까 생각된다.
비교적 최근에 선고된 하급심판결(서울남부지방법원 2013. 1. 10. 선고 2012가합14280 판결, 19-49-1)에서는 "원고들이 허락한 저작인접권 이용기간이 비교적 장기간이고, 원고들로서는 각 음반의 발매시점에 교부받은 계약금 명목의 돈 외에 달리 A로부터 음반판매량에 따른 수익금을 나누어 받지 못한 점, <u>이 사건 각 음반의 발매 당시 모바일·인터넷 음원 제공 서비스의 활성화를 예견하였다면 원고들로서는 그에 대한 다른 약정을 하였을 것으로 보이는 점</u>, 이 사건 각 음반에 수록된 음원을 이용하여 무제한적으로 모바일·인터넷서비스에 제공하는 행위는 이 사건 각 음반에 수록된 대부분의 곡에 대한 저작권을 가진 원고들의 저작권을 부당하게 침해하는 행위로 보이는 점 등에 비추어 그 범위는 해당 음반의 제조, 유통, 판매에 한정되는 것으로 봄이 상당하다"고 판시한 바 있다. 서울고등법원 2012. 10. 24. 선고 2011나96415 판결(§19-79-1)도 "제반 사정에 비추어 음원 제작 당시 을은 갑에게 CD음반과 같이 음이 유형물에 고정되는 방식의 음반 제작에 동의하여 음원에 관한 복제, 배포, 전송 등 실연자로서의 권리를 양도한 것으로 보이나, <u>음원 제작 당시 예상할 수 없었던 DVD 영상물을 제작할 수 있는 권리까지 갑에게 양도한 것으로 보이지는 않는다</u>"고 판시하여 권리양도계약의 대상범위와 관련하여 계약 당시 예상할 수 없었던 매체에 대하여는 계약내용에 포함하지 않은 방향으로 해석한 사례이다.

[3] 본서 이전판에서는 대법원 판결의 입장에 대하여 긍정적으로 언급한 바 있으나, 제 3 판에서 종전의 견해를 변경하였다. 참고로 독일 저작권법 제31조a는 아직 알려지지 않은 종류의 이용에 관한 계약과 관련하여 다음과 같이 규정하고

(5) 포장지 이용허락(shrink wrap license)

오늘날 패키지 프로그램의 판매에 있어서 컴퓨터프로그램저작물에 대한 이른바 '포장지 이용 §13-87
허락(shrink wrap license)'이 널리 통용되고 있다. 즉 고객이 소프트웨어 매장에서 CD 등으로 포장
되어 있는 프로그램을 구입한 후 집에 돌아와 포장을 뜯어보면 CD가 들어 있는 봉투 겉면에 "이
포장을 뜯는 것은 아래의 소프트웨어 사용계약서에 동의함을 의미합니다"라고 하는 등의 문구와
함께 사용허락에 관한 여러 가지 사항들이 기재되어 있는 것을 흔히 볼 수 있는데, 이러한 방식
의 이용허락을 포장지 이용허락이라고 한다. 보통 봉투에 미리 인쇄된 '이용계약'의 주요한 내용
은 다음과 같다.[1]

    1) 봉투를 뜯어 열면 봉투에 기재되어 있는 이용약관과 조건에 대해 승낙한 것으로 간주한다.

    2) 보존목적, 프로그램 에러 시정, 고장난 매체의 교체 이외의 경우에는 복제를 할 수 없다.

    3) 제 3 자에 대한 프로그램의 이용허락과 제품의 양도는,

        ① 저작권자의 사전 승인을 받고,

        ② 그 제 3 자가 이용약관과 조건에 동의하며,

        ③ 원 사용자가 프로그램의 복제본을 폐기하는 조건하에서만 허용되며, 복제본에는 반드시 저
          작권표시를 해야 한다.

    4) 어떠한 경우에도 제 3 자에 대해 판매를 하기 위해 프로그램을 복제하는 것은 허용되지 않는다.

    5) 이용허락계약에서 부여한 이용권한 이외에는 프로그램에 관한 어떠한 저작권도 이용자에게 부
여되지 않는다.

    6) 저작권자는 이러한 계약내용에 대한 불이행을 이유로 계약을 해제, 해지할 권한을 가지고 저작
권자가 계약을 해제, 해지할 경우 모든 복제본은 회수된다.

    7) 이러한 계약조건은 수정본 등 추후 배포되는 자료에도 적용된다.

이러한 포장지 이용허락에 의한 계약은 유효한 것인가. 위와 같은 경우 봉투 겉면에 인쇄되 §13-88
어 있는 사항들은 약관의 규제에 관한 법률 제 2 조 제 1 항의 '그 명칭이나 형태 또는 범위에 상
관없이 계약의 한쪽 당사자가 여러 명의 상대방과 계약을 체결하기 위하여 일정한 형식으로 미리
마련한 계약의 내용'으로서 위 법률에서 말하는 '약관'에 해당함은 의문이 없을 것이므로, 결국 위

있는데, 이러한 규정이 우리 저작권법에는 없지만, 저작권계약의 해석원칙을 정립함에 있어서 참고할 필요는 있으리
라 생각된다.

제31조a(아직 알려지지 않은 종류의 이용에 관한 계약)

① 저작자가 아직 알려지지 않은 종류의 이용을 위하여 권리 혹은 의무가 부여되는 계약은 서면을 필요로 한다. 저작
자가 모든 사람을 위한 단순한 용익권을 무상으로 부여한다면, 위 서면은 필요하지 않다. 저작자는 이러한 권리나 의
무의 부여행위를 철회할 수 있다. 위 철회권은 상대방이 새로운 종류의 저작물이용의 수용의도에 관한 통보를 자신에
게 알려진 저작자의 최근 주소로 발송한 후 3개월이 지나면 소멸한다. (이하 생략)

  박익환 역, 전게서, 19~20면.

1 신각철, 최신 컴퓨터프로그램보호법, 법영사, 1999, 154면 참조.

법률에 따라 그 유효성을 따져보아야 할 것이다.

§13-89　　먼저 약관의 편입통제와 관련하여, 위와 같은 포장지 이용허락약관은 약관의 규제에 관한 법률 제 3 조의 명시설명의무의 요건을 충족하지 못하였다고 하여 전적으로 약관의 효력을 부인하는 견해도 있는 듯하나, 그것은 쉽게 수긍하기 어렵다. 팝업 등의 방법으로 중요한 내용을 확인하도록 하는 조치를 취하고 있을 경우에는 명시설명의무를 이행한 것으로 볼 수 있을 것으로 생각된다.

§13-90　　다음으로는 약관에 대한 불공정성 통제(내용통제)의 단계에서, 포장지 이용허락약관의 내용 가운데 저작권법상의 임의규정을 이용자에게 불리하게 변경하는 조항이나 담보책임을 면제, 제한하는 조항 등은 무효로 보아야 할 것이다. 예컨대 저작권법의 요건을 충족하는 경우임에도 프로그램의 역분석(리버스 엔지니어링)을 금지하는 약관조항을 두고 있다면, 무효라고 볼 가능성이 많을 것이다.[1] 위에서 예를 든 약관 내용 중 3)은 권리소진의 원칙을 배제하는 면에서 저작권법상의 권리제한에 관한 임의규정에 비하여 불리한 약관조항이므로 무효라고 볼 것이라는 의견[2]이 있을 수 있으나, 이 경우에는 소프트웨어 거래의 특성에 비추어 사회통념상 정당하다고 승인될 수 있는 범위 내에서는 권리자가 복제물에 대한 처분권을 완전히 양도한 경우라고 볼 수 없으므로 처음부터 권리소진의 원칙의 적용요건을 갖추지 못한 것으로 보는 것이 타당할 것으로 생각된다(§13-60 참조).

　　이상의 논의는 웹사이트 등에서 화면상으로 약관의 내용을 제시하고 이용자가 [동의합니다] 등의 버튼을 클릭하도록 하는 방식의 이용허락(이를 '클릭온' 또는 '클릭랩' 이용허락이라 한다)의 경우에도 큰 차이 없이 적용될 수 있을 것이다.

(6) 이용허락계약의 해석과 관련한 기타 문제

그 밖에 이용허락계약의 해석과 관련하여 실무상으로 문제된 사례는 다음과 같다.

　판 례

1) PC통신상의 유료정보

§13-91　　❖서울지방법원 1998. 9. 21. 선고 98카합1699 판결

　　신청인이 PC통신에서 제공하고 있는 입찰정보는 그 정보소재의 선택·배열·검색조건·검색화면 구성 등에 관하여 최소한도의 창작성이 있다고 할 것이고, 위 신청인이 그것을 통해 이와 같은 정보를 제공함에 있어 일정한 수수료를 받고 회원들에게 그 이용을 허락하였다고 하더라도 그것은 위 정보를

1　미국에서 그런 취지로 판결한 예로는 Vault Corp. v. Quaid Software Ltd. 847 F. 2d255(5th Cir. 1988)를 들 수 있다.

2　저자가 본서의 초판(950면)에서 취한 입장이었다.

복제하여 새로운 상업적 이용에 이르게 하는 것까지 포함하는 것은 아니라고 할 것이므로, 피신청인이 자신의 직원들을 통하여 신청인의 정보를 무단복제하였다면 저작권을 침해하였다고 해야 할 것이다.[1]

2) 노래방기기 제작업자에 대한 음악저작물 이용허락

❖대법원 1996. 3. 22. 선고95도1288 판결 §13-92

음악저작물에 대한 저작권위탁관리업자인 사단법인 한국음악저작권협회가 영상반주기 등 노래방기기의 제작이나 신곡의 추가입력시에 그 제작업자들로부터 사용료를 받고서 음악저작물의 이용을 허락한 것은 특별한 사정이 없는 한 위 제작업자들이 저작물을 복제하여 노래방기기에 수록하고 노래방기기와 함께 판매·배포하는 범위에 한정되는 것이고, 그와 같은 허락의 효력이 노래방기기를 구입한 노래방영업자가 일반공중을 상대로 거기에 수록된 저작물을 재생하여 주는 방식으로 이용하는 데에까지 미치는 것은 아니다.

3) 가수의 음반 등에 대한 이용허락과 전속기간

❖서울고등법원 1995. 3. 21. 선고 94나6668 판결 §13-93

가수가 가요 및 가창을 음반회사가 음반 등 녹음물 일체에 이용하는 것을 허락한 이상, 그 이용기간을 정하는 등 특별한 약정이 없는 한 음반회사가 전속기간 중 제작한 기존원반을 그 전속기간경과 후에 복제하여 판매하는 행위는 위 이용허락의 범위에 속함이 명백하다 할 것이다.[2]

4) 공연할 음악극의 주제곡을 작곡해 준 대가로 지급한 작곡료의 의미

❖대법원 1994. 12. 9. 선고 93다50321 판결 §13-94

달리 특단의 사정이 없는 한 공연할 음악극의 주제곡을 작곡해 준 대가로 지급한 작곡료는 작곡의 뢰극단이 그 음악극의 공연과 관련하여 그 주제곡에 대하여 작곡을 의뢰할 당시 이미 예정되거나 또는 앞으로 그 공연을 예견할 수 있는 범위 내에서 향후 상당기간 내에 이루어지는 재공연에 대한 저작권료를 지급한 것으로 봄이 상당하다고 하여 재공연시 주제곡을 사용함으로써 선의·무과실로 작곡가의 저작재산권을 침해하였음을 원인으로 하는 부당이득반환청구를 배척한 원심 판결을 수긍함.

5) 웹상의 "스크랩 허용"의 취지

❖서울중앙지방법원 2006. 3. 3. 선고 2005가단283641 판결 §13-95

원고가 이 사건 사진을 게시하면서 스크랩을 허용하였다고 하더라도 이는 이 사건 갤러리를 이용하는 사람들이 자신의 블로그, 카페 등에 비영리적인 목적으로 사진을 옮기는 범위에서 승낙을 한 것으로 볼 것이고, 이 사건의 경우와 같이 피고가 자신의 회사 홈페이지에서 영리의 목적으로 이 사건 사진을 사용하는 것까지 허락한 것으로 볼 수는 없다.

6) 기술적 보호조치를 하지 않고 웹상에 게시한 것이 묵시적 이용허락인지 여부

❖서울고등법원 2005. 7. 26. 선고 2004나76598 판결 §13-96

원고가 원고의 웹사이트에 아무런 기술적 보호 장치를 하지 아니한 것이 원고의 웹사이트에 게시

---

1 법률신문 제2738호.
2 법률신문 제2403호.

된 원고의 저작물을 복제, 전시하는 행위에 대하여 묵시적 승낙을 한 것으로 볼 수 있는지에 관하여 살펴건대, 을 제 4 호증의 기재 및 변론 전체의 취지를 종합하면, 로봇프로그램과 같은 이미지 수집 프로그램은, 회원 가입을 한 회원들만이 그 웹사이트의 내용을 볼 수 있게 설정되어 있는 경우나 검색로봇의 접근을 방지하는 robots.txt 파일을 웹사이트의 최상위 주소에 저장해 놓은 경우에는 해당 웹사이트 내의 내용물을 수집할 수 없는 사실, 위와 같은 방법은 검색로봇을 배제하기 위하여 일반적으로 사용되고 있는 공지된 기술인 사실, 그런데 원고의 웹사이트는 회원 가입 절차 없이 누구라도 접속 가능하며, 피고의 웹사이트의 검색 서비스에서 썸네일 이미지로 제공되는 이 사건 제 1 사진 31점을 포함한 대부분의 사진들은 원고의 웹사이트의 회원으로 가입하지 아니하고도 이를 볼 수 있을 뿐만 아니라 복사할 수도 있는 사실, 원고의 웹사이트는 로봇프로그램에 의하여 웹사이트 내의 내용물이 무단으로 수집되는 것을 방지하기 위한 아무런 기술적 보호 장치도 마련되어 있지 않은 사실은 인정되나, 저작권자인 원고로서는 웹사이트에 게시된 자신의 이 사건 사진 저작물이 웹사이트를 방문하는 이용자에 의하여 열람, 감상되는 등으로 이용자들에 의하여 적법하게 이용되는 것을 충분히 기대할 수 있고, 이와 달리 원고의 저작권을 침해하는 방법으로 저작물을 이용하는 이용자가 있을 것에 대비하여 자신의 저작물을 지키기 위하여 미리 기술적 보호 장치를 강구하여야 할 어떠한 의무가 있다고 할 수 없으므로 원고가 사전에 자신의 저작물에 대한 이용자의 접근을 차단하는 등 기술적 보호장치를 하지 않았다고 하여 피고에 의한 저작권 침해행위를 묵시적으로 승낙한 것이라고 보기 어렵다 할 것이고, 달리 이를 인정할 아무런 증거가 없다.

7) 기간을 정하지 않은 묵시적 이용허락의 기간은 언제까지로 볼 것인가

§13-97

❖서울중앙지방법원 2000. 11. 3. 선고 2009가합112478 판결

가사 이 사건 연주자들이 피고에게 이 사건 연주물을 녹음하면서 묵시적으로 이용허락한 것이라고 하더라도, 저작권법상 출판권은 그 설정행위에 특약이 없는 때에는 맨 처음 출판한 날로부터 3년간 존속하는 점(제60조 제 1 항), 기간을 정하지 않고 출판허락을 한 경우 저작권자는 최소한의 기간이 경과한 이후에는 언제든지 출판허락을 철회함으로써 출판허락관계를 종료시킬 수 있다고 봄이 상당하다고 할 것인데, 그 최소한의 기간은 출판허락을 한 때로부터 기산하여 3년이라고 봄이 상당한 점(대법원 2004. 8. 16. 선고 2002다47792 판결 참조) 등을 고려하면, 원고가 그 이용허락을 철회할 수 있는 최소한의 기간은 3년 이상이 된다고 할 것인데, 이 사건 연주자들이 이 사건 연주물을 마지막으로 녹음한 시점이 2009. 10.경인 사실에 비추어(연주물별로 구체적으로 녹음한 시점은 특정되어 있지 않다), 이 사건 변론 종결일 현재 그와 같은 최소한의 기간이 도과하였다고 보기도 어렵다.

▷NOTE : 위 판결은 저작물이 아니라 저작인접물인 연주물에 대한 판결이나, 저작물에 대하여도 동일한 결론이 내려질 수 있을 것이다. 이 사건에서 법원은 여러 가지 사정에 비추어 연주자들이 피고에게 그 권리를 '양도'한 것으로 인정하면서 가정적으로 그것이 양도가 아니라 기간을 정하지 않은 묵시의 '이용허락'이라 하더라도 출판권에 관한 규정의 취지에 비추어 최소한 3년의 기간 동안은 보장되어야 한다고 보았다.

8) 달력의 사진과 전시 허락의 범위

❖서울중앙지법 2004. 11. 11. 선고 2003 나51230 판결 — "달력 사진 전시" 사건 §13-97-1

원고는 사진저작물을 대여함에 있어 액자전시게시, 포스터, 달력, 신문광고 및 잡지광고 등 용도별, 매체별로 사용가격에 차별을 두고 있는데, 달력용 사진에 비하여 액자용 사진의 대여료가 더 고가이고, 원고의 사진저작물을 사용하는 사람이 허가된 사용범위 및 내용을 변경해서 사용하고자 할 때에는 반드시 사전에 저작권자에게 이를 통보하도록 정하고 있으며, 원고가 이 사건 사진 11점을 달력제작업자에게 대여하여 이 사건 달력의 각 월의 계절적 특성에 부합하는 사진을 해당 월에 게재하여 달력을 제작하게 함으로써, 이 사건 각 사진은 달력에 게재하는 용도로 그 사용을 허락하여, 이 사건 달력에 게재된 이 사건 각 사진은 각 월별의 계절적 특성을 시각적으로 표현하기 위하여 날짜요일과 함께 게재한 것이므로 사진이 달력으로부터 분리될 경우에는 이러한 시각적인 효과를 기대할 수 없을 뿐만 아니라, 분리된 사진을 통하여는 날짜와 요일을 전혀 알 수 없으므로 이는 이미 달력의 일부라고 할 수 없고, 단지 독자적인 사진예술품으로 인식되는 것이다. 달력을 판매함에 있어서 전시를 허락한 직접적인 대상은 어디까지나 달력 전체이고, 그 안에 포함된 사진은 달력 전체를 하나의 저작물로 전시할 수 있는 범위 내에서 부수적으로 그 사진에 대한 전시도 허락된 것인데, 달력에서 사진을 분리하여 이를 독자적으로 전시하는 것은 달력의 일부로서가 아니라 새로운 사진작품을 전시하는 것에 해당되며, 인쇄기술의 발달로 달력에 게재된 사진과 필름으로부터 바로 인화한 사진의 구별이 용이하지 않고, 원고가 사진저작물을 대여함에 있어 액자로 전시하는 경우와 달력에 게재하는 경우를 구별하고 있으며, 또한 제반사정을 감안하면 원고가 이 사건 각 사진을 달력에 게재하여 전시하는 용도로만 그 사용을 허락하였다고 볼 수 있으므로, 이 사건 달력을 구입한 사람들이 달력에 게재된 방법으로 이 사건 각 사진을 전시하지 않고, 달력에서 오려낸 후 액자에 넣어 일반 공중이 볼 수 있는 장소에 전시하는 행위는 허락된 범위를 넘는 것이라고 하여 원고의 전시권을 침해하였다고 판단하였다.[1]

▷NOTE : 위 판결에 대하여는 긍정적인 견해[2]와 비판적인 견해[3]가 엇갈리고 있으나, 달력의 형태로 전시하는 것까지만 이용허락의 범위에 포함되고, 달력에서 사진저작물을 분리하여 전시하는 것에 대하여는 이용허락을 하지 않은 것으로 보는 것이 당사자의 의사 및 거래관행, 그리고 저작자에게 유리한 추정의 원칙 등에 부합하는 타당한 해석이라 생각된다.

9) 음반제작자에의 이용허락이 편집음반에의 복제에도 미치는지 여부

❖대법원 2007. 2. 22. 선고 2005다74894 판결 — "편집음반" 사건 §13-97-2

음반제작자와 저작재산권자 사이에 체결된 이용허락계약을 해석함에 있어서 그 이용허락의 범위가 명백하지 아니한 경우에는 당사자가 그 이용허락계약을 체결하게 된 동기 및 경위, 그 이용허락계

---

1 허희성, "사진저작물에 대한 이용허락의 범위―서울중앙지법 2004. 11. 11. 선고 2003나51230호―", 계간 저작권 2005년 봄호(제59호), 60면 참조.

2 허희성, 위 논문, 68면 : "오늘날 인쇄기술의 발달로 달력에 게재된 사진과 필름으로부터 바로 인화한 사진의 구별이 쉽지 않는 점을 고려할 때, 달력에서 분리된 사진의 독자적인 전시는 별도의 사진작품 전시로 보아야 할 것이다."

3 임원선, 실무가를 위한 저작권법(제4판), 한국저작권위원회, 2014, 151면 : "저작자가 저작물을 달력에 게재하는 것을 허락한 것은 이를 어떠한 형태로든 그리고 언제까지든 이를 전시하는 것을 허용한 것으로 이해함이 타당하다. 저작권자는 다만 인쇄의 질로써 이 두 가지 이용을 차별할 수 있을 것이다."

약에 의하여 달성하려는 목적, 거래관행, 당사자의 지식, 경험 및 경제적 지위, 수수된 급부가 균형을 유지하고 있는지 여부, 이용허락 당시 당해 음악저작물의 이용방법이 예견 가능하였는지 및 그러한 이용방법을 알았더라면 당사자가 다른 내용의 약정을 하였을 것이라고 예상되는지 여부, 당해 음악저작물의 이용방법이 기존 음반시장을 대체하는 것인지 아니면 새로운 시장을 창출하는 것인지 여부 등 여러 사정을 종합하여 그 이용허락의 범위를 사회 일반의 상식과 거래의 통념에 따라 합리적으로 해석하여야 한다.

음반제작자가 음악저작물의 저작자들로부터 이용허락을 받아 그에 관한 원반(原盤)을 제작함으로써 그 원반(原盤)의 복제배포권을 갖게 되었다 하더라도, 위 음반저작물에 대한 저작자의 이용허락의 구체적인 범위와 관계없이 음반제작자가 위 원반(原盤) 등을 복제하여 편집음반을 제작판매한 행위가 음반제작자의 복제배포권의 범위에 당연히 포함되지는 않는다고 본 사례.

▷NOTE : 음반제작자가 음악저작물의 저작자로부터 이용허락을 받은 범위에 해당 음반 외에 편집음반에의 복제에 대한 이용허락까지 당연히 포함된 것으로 볼 것은 아니라는 취지의 판결로서 저작자에게 유리한 추정의 원칙 등에 비추어 그 타당성을 긍정할 수 있다. 이 문제에 관하여 다른 견해를 취한 판결(대법원 2006. 12. 22. 선고 2006다21002 판결)도 있었으나 위와 같은 판결이 대법원의 주류적 판례경향에 속한다고 할 수 있다.

10) 트위터에 올린 글의 이용허락범위

§13-97-3   ❖서울남부지방법원 2013. 5. 9. 선고 2012고정4449 판결 — "작가 이외수 트위터글" 사건

위에서 든 증거들에 의하면, 소셜 네트워크인 트위터의 약관 규정과 이용관행에 따라 누구나 트위터에 올려진 글을 열람, 저장, 재전송할 수 있다는 것은 분명하다.

그러나, 이러한 트윗글의 자유로운 이용은 트위터라는 소셜 네트워크의 공간 안에서, 트위터의 약관에 의한 이용방법의 한도 내에서만 허용된 것으로 보아야 하며, 이 사건과 같이 트위터상에서 열람할 수 있는 각종 저작물을 트위터라는 공간 밖에서 전자책 형태의 독자적인 파일로 복제, 전송하는 것까지 허용하는 것은 아니라 할 것이므로, 변호인의 이 부분 주장도 받아들이지 아니한다.

11) 건강식품 홍보자료로 사용할 목적으로 논문작성을 의뢰한 경우와 논문저자들의 이용허락범위

§13-97-4   ❖대법원 2013. 2. 15. 선고 2011도5835 판결 — "리프리놀 사건"

저작권에 관한 계약을 해석함에 있어 그것이 저작권 양도계약인지 이용허락계약인지가 명백하지 아니한 경우, 저작권 양도 또는 이용허락되었음이 외부적으로 표현되지 아니하였으면 저작자에게 권리가 유보된 것으로 유리하게 추정함이 상당하고, 계약내용이 불분명한 때에는 구체적인 의미를 해석함에 있어 거래관행이나 당사자의 지식, 행동 등을 종합하여 해석함이 상당하다(대법원 1996. 7. 30. 선고 95다29130 판결 등 참조).

원심은, 그 채택 증거를 종합하여 2001년경부터 공소외 1 외국법인(이하 '공소외 1 법인'라 한다)으로부터 리프리놀(LYPRINOL)을 수입하여 판매하던 공소외 2 주식회사(이하 '공소외 2 회사'라 한다)는 2002년경 리프리놀의 효능에 대한 홍보자료로 활용하기 위하여 국내 대학병원 정형외과 교수들인 공소외 3 외 7인에게 리프리놀의 관절염증 조절 및 관절기능 개선에 대한 임상연구를 의뢰한 사실, 임

상연구를 의뢰받은 공소외 3 외 7인은 관절염 환자 54명에 대한 임상연구 결과를 종합하여 2002년 5월경 '슬관절 및 고관절의 퇴행성 관절염 환자에서 뉴질랜드산 초록입홍합 추출 오일물(LYPRINOL)의 유효성 및 안정성에 대한 고찰'이라는 제목의 논문(이하 '이 사건 논문'이라 한다)을 발표한 사실, 공소외 1 법인과 공소외 2 회사는 국내 대리점계약을 체결하면서 공소외 2 회사가 시작하여 발표하는 판촉물 및 임상연구에 대한 저작권은 공소외 2 회사가 보유한다는 취지로 약정한 사실, 이 사건 논문의 저자들이 논문의 해외 출판을 위하여 그 편집을 공소외 1 법인이 지정한 제 3 자에게 위임하기도 하였으나 공소외 1 법인에 이 사건 논문의 사용을 포괄적으로 허락하였다고 볼 만한 사정은 없는 사실 등을 인정한 다음, 이 사건 논문의 작성 경위, 공소외 1 법인과 공소외 2 회사 사이의 대리점계약의 내용 등 판시와 같은 여러 사정에 비추어, 이 사건 논문의 저자들이 공소외 1 법인에 이 사건 논문에 대한 저작권을 양도하였다거나 포괄적 이용허락을 하였다고 볼 수 없다고 판단하였다.

원심판결 이유를 앞서 본 법리에 비추어 살펴보면 원심의 위와 같은 판단은 정당한 것으로 수긍할 수 있고, 거기에 상고이유의 주장과 같이 저작재산권의 양도나 저작물의 이용허락에 관한 법리 등을 오해하거나 논리와 경험의 법칙을 위반하고 자유심증주의의 한계를 벗어나 사실을 잘못 인정한 위법이 없다.

▷NOTE : 위 판결은 대법원이 저작자에게 유리한 추정의 원칙을 적용하여 저작재산권의 양도만이 아니라 '포괄적 이용허락'을 인정하기 어렵다고 본 사례로서, 대법원이 저작권계약의 해석과 관련하여 저작자에게 유리한 추정의 원칙을 확고하게 정립하고 있음을 보여주는 것이라 할 수 있다.

---

(7) 저작물 이용허락계약의 위반과 저작재산권침해

저작물이용허락계약의 가장 기본적인 요소는 저작재산권자가 저작물에 대하여 이용허락을 함으로써 이용허락을 받은 자(채권적 이용권자)의 이용행위에 대하여 침해주장을 하지 않고 이를 허용한다는 것에 있다. 그러나 실제의 이용허락계약(라이선스계약)에서는 단순히 그러한 사항만이 아니라 그에 대한 대가관계는 물론이고, 저작물의 이용등과 관련한 구체적인 사항들, 기타 상호 협력관계 등에 대한 다양한 계약조항들을 두게 된다. 이러한 경우에 이용자가 그 계약상의 의무를 위반하기만 하면 전부 계약위반으로서 채무불이행책임을 지게 됨과 동시에 저작재산권 침해의 책임도 지게 되는 것으로 보기는 어렵다. 예를 들어 저작물 이용에 대한 대가를 지급하지 않았을 경우에 그것이 계약위반임은 분명하지만 그것을 이유로 바로 저작재산권 침해라고 할 수는 없을 것이다. 그렇다고 일단 이용허락계약을 적법하고 유효하게 한 이상 이용자가 어떤 의무를 위반하더라도 그것은 계약위반으로서 채무불이행책임을 질 뿐 저작재산권 침해가 성립하지는 않는 것으로 보아서도 안 될 것이다. 예컨대 저작물에 대한 공연을 허락받았는데, 그 허락받은 범위를 넘어서 저작물을 출판하였다면, 계약위반과 동시에, 저작재산권자의 복제권 및 배포권의 침해

§13-97-5

가 성립하는 것으로 보아야 할 것이다. 단순한 계약위반의 경우에는 민법상의 계약해제 및 손해배상청구 등이 가능할 뿐인 데 반하여 저작재산권침해가 동시에 성립하는 경우에는 저작재산권자에게 침해정지청구 및 형사고소 등의 구제 수단이 주어지게 되어 두 경우는 실질적으로 큰 차이가 있고, 어떤 내용으로든 계약이 체결되었다는 이유만으로 저작재산권 침해의 병립가능성을 부정하거나 그러한 인정범위를 부당하게 좁힐 경우에는 저작권 보호에 큰 공백이 발생할 수 있음을 유의할 필요가 있다.

그렇다면, 어떤 기준으로 위 두 가지 경우를 구분할 것인가. 이와 관련하여 저작권법 제46조 제 2 항은 "제 1 항의 규정에 따라 허락을 받은 자는 허락받은 이용 방법 및 조건의 범위 안에서 그 저작물을 이용할 수 있다"고 규정하고 있는데, 이 규정에서 말하는 이용방법 및 조건은 무엇을 뜻하는지도 문제이다. 이에 대하여 국내외 학설은 상당히 다양하게 나뉘어 있다. 학설의 내용을 분류해 보면, ① 계약에서 정한 이용방법 및 조건이 저작권의 본래적 내용인가 저작권의 행사에 있어서 저작권자로부터 부가된 채권, 채무인가를 기준으로 하여 저작권의 본래적 내용에 해당하는 의무를 위반할 경우에는 저작재산권 침해가 성립하고 그렇지 않으면 단순한 계약위반이라고 하는 견해(제 1 설),[1] ② 이용방법에 해당하는 것을 위반하면 저작재산권 침해도 되지만, 이용의 조건을 위반하는 것은 계약위반일 뿐이라고 하는 견해(제 2 설),[2] ③ 저작권법에 의해 설정된 의무(즉, 그 의무가 저작권의 효력에 의해 부여된 것)와 당사자의 합의에 의해 비로소 발생한 의무(즉, 그 의무가 계약의 효력에 의해 부여된 것)로 구별하여, 전자의 위반은 저작권 침해에 이르지만 후자의 위반은 채무불이행에 그친다고 보는 견해(제 3 설),[3] ④ 계약의 범위 외의 이용행위를 하면 저작권 침해도 성립하지만, 단순히 수량제한위반, 사용료 미지급 등의 경우에는 계약위반에 그친다고 보는 견해(제 4 설),[4] ⑤ 당해 계약위반이 지분권의 본질적 내용에 관한 것인지 여부를 기준으로 하여 지분권의 본질적 내용에 관한 계약위반의 경우에 한하여 저작재산권 침해도 성립한다는 견해(제 5 설)[5] 등으로 나누어 볼 수 있다.

생각건대, 이 문제에 대하여 먼저 명확히 하여야 할 것은 제46조 제 2 항 규정의 취지라 생각된다. 제46조 제 2 항은 저작권계약의 대부분을 차지하는 저작물이용허락계약과 관련하여 이용권자의 면책범위를 명확히 하고자 한 취지의 규정으로 보아야 할 것이다. 즉 이 규정은 이용권자가 자신이 허락받은 "이용방법 및 조건"의 범위 안에서 이용하기만 하면 그 이용행위에 대하여 저작

1 加戶守行, 著作權法逐條講義(五訂新版), 著作權情報センター, 2006, 383~384면.
2 허희성, 2011 신저작권법 축조개설 (상), 명문프리컴, 2011, 317~318면.
3 박성호, 전게서, 435~436면.
4 中山信弘, 著作權法(第 2 版), 有斐閣, 2014, 426면.
5 作花文雄, 詳解 著作權法(第 4 版), ぎょうせい, 2010, 446면.

권법상의 침해책임을 지지 않는다는 것을 분명히 하고 있는 것이다. 따라서 이 규정의 '이용방법 및 조건'은 이용권자의 이용행위가 저작권법적으로 적법한 것으로 되기 위한 이용행위의 범위를 특정한 것이라 할 수 있다. 이렇게 볼 경우 결국 문제는 이 규정상의 '이용방법 및 조건'에 해당하는 것이 무엇인가 하는 것인데, 여기서 중요시하여야 할 단어가 바로 '이용'이다. 여기서 말하는 이용은 저작권법이 저작재산권을 부여하고 있는 복제, 공연, 공중송신, 전시, 배포, 2차적저작물 작성 등 행위만을 뜻하고[1] 이른바 '사용행위'로서 저작재산권의 통제범위 밖에 있는 것은 포함되지 않는다. '오픈캡처' 사건에 대한 대법원 2017. 11. 23. 선고 2015다1017, 1024, 1031, 1048 판결(§14-216-1)도 같은 취지를 표명하였다. 결국 제46조 제 2 항에서 말하는 "이용방법 및 조건"이란 바로 위와 같은 '이용'의 의미를 전제로 하여, <u>저작재산권자의 뜻에 따라 이용권자의 '이용'의 범위를 그 방법이나 조건의 면에서 제한한 사항</u>을 뜻하는 것으로 보아야 할 것이고, 그것이 세부적인 것인지, 수량적인 것인지 등은 불문하는 것으로 보아야 할 것이다. 여기서 어떤 것이 '방법'이고 어떤 것이 '조건'인지는 따질 필요가 없는 것으로 본다. 이렇게 볼 경우에는 '본질적' 또는 '본래적' 등의 모호한 용어를 사용하지 않아도 저작재산권 침해여부를 비교적 명료하게 판단할 수 있고, 그 결론도 저작권자의 권리를 비교적 두텁게 보호하면서 이용권자에게 부당한 불이익을 주지는 않는다는 점에서 정당한 것으로 생각된다. 제 2 설이나 제 4 설의 경우에는 위와 같은 의미의 '이용'과 관련하여 저작재산권자가 그 방법, 수량 등을 제한한 경우에도 그 제한이 세부적이거나 수량적이라는 등의 이유로 그 제한을 무시하고 초과한 경우에도 저작재산권 침해가 성립하지 않아 결과적으로 저작재산권자가 저작권법상의 구제수단을 사용할 수 없는 결과가 되는데, 그것은 이 부분 해석을 통해 저작권자의 권리를 부당하게 제한하는 결과가 된다는 점에서 찬성하기 어렵다. 나머지 견해들은 본서의 입장과 실질적인 차이가 크지 않을 가능성이 많으나, 해석상의 어려운 개념을 도입하기보다 법문에 기초하여 자연스럽게 결론을 내린다는 점에서 본서의 입장에 장점이 있을 것으로 생각된다.

구체적인 위반유형에 따라 본서의 입장을 적용해 보면 다음과 같다.

첫째, 이용허락받은 지분권의 범위를 넘어선 이용행위는 이용방법에 대한 기본적인 제한범위를 넘은 것으로서 당연히 저작재산권 침해가 된다. 위에서도 예를 들었지만 또 다른 예를 들어보면, 희곡의 출판을 허락하였는데 그것을 가지고 무대에서 상연(공연)을 할 경우 계약위반과 함께 공연권 침해가 성립한다.

---

1 저작권법상 '이용'은 이러한 의미로 사용되는 예가 많으나, 뒤에서 보는 바와 같이 그러한 의미의 이용이 아닌 사용의 뜻으로 '이용'이라는 단어를 사용한 경우도 있다. 제35조의2에서 "컴퓨터에서 저작물을 이용하는 경우에는"이라고 한 부분의 '이용'이 그러한 예이다(§4-212 참조). 그러나 제46조 제 2 항에서 말하는 '이용'은 그 규정 취지 등에 비추어 '이용/사용 구분론'에서 말하는 '이용'에 해당하는 의미로 보아야 할 것이다.

둘째, 이용허락을 받은 수량이나 횟수를 초과한 경우에도 '이용'에 관한 방법 내지 조건상의 제한을 위반한 것인 이상 해당 지분권의 침해가 성립한다. 예를 들어 1000부를 복제할 수 있도록 허락하였는데 1100부를 복제하였다면 100부(초과부수가 100부가 아니라 1부라고 하여도 마찬가지이다)만큼은 허락범위 외의 이용으로서 계약위반과 함께 복제권 침해가 성립하는 것으로 보아야 할 것이다. 이 부분 결론은 제 4 설에는 반하나, 제 5 설 등에는 반하지 않는다.

셋째, 이용의 구체적 방법을 특정하는 약정을 한 경우에 그것이 저작재산권자의 뜻에 따라 이용의 범위를 제한하기 위한 취지에 기한 것이라면 그것을 위반한 경우, 역시 저작재산권 침해가 성립하는 것으로 보아야 할 것이다. 예컨대 영화로 상영할 것인지 TV로 방송할 것인지 등에 대하여 계약에서 규정한 구체적 방법이 아닌 다른 방법으로 이용한 경우에는 저작재산권 침해가 되는 것으로 보아야 한다. 이용의 구체적 방법이 계약서에 적혀 있지만 위와 같은 취지가 아니라 하나의 예시적 방법으로만 기재된 것이라면 그와 다른 방법을 취하더라도 저작재산권 침해가 성립하지 않음은 물론이고 계약위반에 따른 채무불이행 책임을 지지도 않는 것으로 보아야 할 것이다.

넷째, 이용허락의 시간적·장소적 제한을 위반한 경우에도 이용의 방법이나 조건을 위반한 것인 이상 해당 지분권의 침해가 성립한다. 예를 들어 30초간의 방송을 허락하였는데 5분 방송을 한 경우 또는 5일간의 전송을 허락하였는데 10일 동안 전송을 한 경우 등에는 공중송신권 침해가 성립하고, 제주도에서의 연극 상연을 허락하였는데, 서울에서 상연한 경우라면 공연권 침해가 성립한다.

다섯째, 이용자가 저작물에 대하여 '이용'에 포함되지 않는 '사용'행위에 대하여 방법이나 조건을 정한 경우에 그 방법 또는 조건은 '이용'의 범위를 제한한 것이 아니므로 특히 그것을 '이용'의 조건으로 하였다고 볼 만한 사정이 없다면 그것을 위반하여도 저작재산권침해가 성립하지 않는다. 이와 관련하여, '오픈캡처' 사건에 대한 대법원 2017. 11. 23. 선고 2015다1017, 1024, 1031, 1048 판결(§14-216-1)은 "저작권법 제46조 제 2 항은 저작재산권자로부터 저작물의 이용을 허락받은 자는 허락받은 이용 방법 및 조건의 범위 안에서 그 저작물을 이용할 수 있다고 규정하고 있다. 위 저작물의 이용허락은 저작물을 복제할 권리 등 저작재산권을 이루는 개별적 권리에 대한 이용허락을 가리킨다. 따라서 저작재산권자로부터 컴퓨터프로그램의 설치에 의한 복제를 허락받은 자가 위 프로그램을 컴퓨터 하드디스크 드라이브(HDD) 등 보조기억장치에 설치하여 사용하는 것은 저작물의 이용을 허락받은 자가 허락받은 이용 방법 및 조건의 범위 안에서 그 저작물을 이용하는 것에 해당한다. 위와 같이 복제를 허락받은 사용자가 저작재산권자와 계약으로 정한 프로그램의 사용 방법이나 조건을 위반하였다고 하더라도, 위 사용자가 그 계약위반에 따른 채무불이행책임을 지는 것은 별론으로 하고 저작재산권자의 복제권을 침해하였다고 볼 수는 없다."라고 판시하였다.

여섯째, 이용을 하면서 다른 행위를 하기로 약정한 경우, 예컨대 출판을 하면서 광고를 하기로 약정한 경우 등은 광고약정이 그 이용행위의 범위를 직접적으로 특정하거나 한정하는 것이 아니므로, 원칙적으로 그것을 위반하더라도 계약위반이 될 뿐이고, 저작재산권침해는 아닌 것으로 보아야 할 것이다. 다만 특별히 강한 의사표시를 통해 그 행위를 반드시 선이행하도록 하는 조건 하에 이용허락을 한 경우라면, 결국 그 이용의 직접적인 조건이 되는 것으로 볼 수도 있을 것이나 그것은 예외적인 경우라고 할 수 있을 것이다.[1]

일곱째, 이용자의 이용에 대한 반대급부로서의 대가의 지급 등 의무 위반은 이용행위를 직접 특정하거나 제한하는 것과 관련된 것은 아니므로 그것을 위반하더라도 계약위반이 될 뿐 저작재산권침해가 성립하지는 않는다. 다만 그 반대급부의 제공을 반드시 선이행하도록 하였는데 이행하지 않고 이용행위를 한 경우에는 역시 그 선이행의 조건이 이용행위에 대한 직접적 제한이라고 볼 수 있으므로, 그 경우의 위반은 저작재산권침해가 될 수 있다. 또한 이러한 반대급부의 불이행을 이유로 저작재산권자가 계약해제를 한 경우에는 (해제의 소급효가 인정되지 않는 계속적 계약등의 경우가 아니라면) 결국 해제의 소급효에 따라 이전의 이용행위도 소급하여 허락 없는 이용행위로서 침해에 해당하는 것으로 보게 될 가능성이 있다. 그 경우에도 해제 이전에 바로 침해를 주장할 수는 없다는 점을 유의하여야 할 것이다.

'오픈캡처' 사건에 대한 대법원 2017. 11. 23. 선고 2015다1017, 1024, 1031, 1048 판결(§14-216-1)은 이상과 같은 본서의 입장과 기본적으로 부합되는 것으로 생각된다.

3. 저작재산권의 질권설정

(1) 질권설정의 가능성과 그 성질

§13-98 민법 제345조는 부동산의 사용·수익을 목적으로 하는 권리를 제외한 재산권은 '권리질권'의 목적이 될 수 있음을 규정하고 있다. 저작재산권도 일종의 재산권이므로 '권리질권'을 설정할 수 있다. 저작권법 제47조는 저작재산권을 목적으로 하는 질권의 행사방법을 규정하고 있는데, 이는 그 질권설정이 가능함을 당연한 전제로 하고 있는 것이다. 저작재산권에 대한 질권이 권리질권의 성질을 가진다는 점에 관하여는 이론이 없지 않다. 저작재산권의 경우는 질권설정 이후에도 저작물의 이용은 기본적으로 저작권자가 하는 점에서 권리질권과는 다른 성격을 가지고 있다는 근거

---

[1] 참고로, 서울중앙지방법원 2016. 1. 27. 선고 2015가합513706 판결은 "이용허락시 명시적으로 출처표시를 조건으로 하였다는 등의 별다른 사정이 없는 한, 저작권자 등의 '이용허락에 따라' 영상물을 사용하는 경우에는 '그 출처표시를 하지 않더라도' 그 이용허락의 범위를 벗어난 것이라고 보기는 어렵다."라고 판시하였다.

에서 '권리질권설'을 비판하면서 이를 저당권과 유사한 일종의 '특수질권'이라고 주장하는 견해1
가 있으나, 위 주장에서 말하는 상이점은 저작권에 대한 질권과 민법상의 '채권질권' 사이에 존재
하는 것일 뿐이므로 민법 제345조에서 말하는 일반적인 '권리질권'에 해당하지 않는 것으로 볼
이유는 없다.

(2) 질권설정의 방법

§13-99 　저작재산권에 대한 질권의 설정도 권리의 양도에 관한 방법에 의하여야 하므로 질권설정
계약만에 의하여 질권이 성립하게 된다(민법 제346조). 질권자에게 저작권등록증을 교부할 필요는
없다.

(3) 질권의 효력

(가) 질권설정자의 처분권한

§13-100 　저작권법 제47조는 "저작재산권을 목적으로 하는 질권은 그 저작재산권의 양도 또는 그 저
작물의 이용에 따라 저작재산권자가 받을 금전 그 밖의 물건(배타적발행권 및 출판권설정의 대가를 포
함한다)에 대하여도 행사할 수 있다"고 규정하여 질권설정 이후에도 질권설정자인 저작재산권자가
그 저작재산권을 양도하거나 저작물의 이용허락, 출판권설정 등의 방법으로 저작권을 행사할 수
있음을 전제로 하고 있다. 즉 저작재산권과 저작물에 대한 처분권한은 질권설정자인 저작재산권
자에게 남아 있다.

(나) 대항요건

§13-101 　저작재산권을 목적으로 하는 질권의 설정·이전·변경·소멸 또는 처분제한은 등록하지 아니
하면 제 3 자에게 대항할 수 없으므로(저작권법 제54조 제 2 호), 질권이 설정된 저작재산권을 저작재
산권자로부터 양수한 양수인도 질권자가 대항요건을 갖추기 전에 먼저 대항요건을 갖추면 질권
의 부담이 없는 완전한 저작재산권을 취득하게 된다. 그와 반대로 질권설정 이전에 저작재산권을
양수한 양수인이라도 그 후에 질권을 설정한 질권자가 먼저 대항요건을 갖춘 경우에는 그 질권자
에게 대항할 수 없다.

(다) 질권설정자의 의무

§13-102 　질권설정자는 질권자의 동의 없이 질권의 목적된 권리를 소멸하게 하거나 질권자의 이익을
해하는 변경을 할 수 없다(민법 제352조). 저작재산권을 양도하거나 저작물의 이용허락을 하는 등
의 행위는 이에 해당하지 않는 것으로 본다. 다만, 지나치게 낮은 금액으로 저작재산권을 양도하

---

1 허희성, 전게서(1988), 189면 참조.

여 그 양도가액이 피담보채권액에 미치지 못하게 하는 행위는 위 조항에 저촉되어 질권침해를 구성하는 것으로 보아야 할 것이다.

(라) 저작재산권의 행사

질권의 목적으로 된 저작재산권은 설정행위에 특약이 없는 한 저작재산권자가 이를 행사한다(저작권법 제47조 제 2 항).[1] 다만 질권자가 이용허락 등의 권리행사를 통해 제 3 자로부터 받을 금전 그 밖의 물건에 대하여도 질권의 효력이 미침은 후술하는 바와 같다.

§13-103

(4) 질권의 효력이 미치는 범위

저작재산권을 목적으로 하는 질권은 그 저작재산권의 양도 또는 그 저작물의 이용에 따라 저작재산권자가 받을 금전 그 밖의 물건(배타적발행권 및 출판권 설정의 대가를 포함한다)에 대하여도 행사할 수 있다(저작권법 제47조 제 1 항). 저작재산권의 양도대금에 대하여 질권의 효력이 미치도록 규정한 것은 민법 제342조의 "물상대위"에 관한 규정을 저작재산권에 대하여는 '양도'의 경우에도 확장하여 적용한 것으로 볼 수 있고, 저작물의 이용허락이나 출판권 설정에 따라 저작재산권자가 받을 대금 또는 수수료는 저작재산권의 '법정과실'에 해당하므로, 그에 대하여 질권의 효력이 미치도록 한 것은 당연한 규정이라고 할 수 있다. 다만, 이 경우에 다른 제 3 자와 사이에 우선변제권의 존부에 관한 다툼이 있을 수 있으므로, 그 기준을 명백히 하기 위하여 저작권법 제47조 제 1 항 단서는 질권자가 위와 같은 금전 또는 물건에 대하여 권리를 행사할 수 있으려면 "이들의 지급 또는 인도 전에 이를 받을 권리를 압류하여야 한다"고 규정하고 있다.

§13-104

4. 공동저작물의 저작재산권행사

이에 대해서는 공동저작물에 관한 부분(§9-1 이하) 참조.

5. 저작재산권의 소멸

저작재산권의 소멸사유는 다음과 같다.

§13-105

(1) 보호기간의 만료

저작재산권은 그 보호기간이 만료하면 소멸한다.

---

1 원래 컴퓨터프로그램보호법에서만 "질권의 목적으로 된 프로그램저작권은 질권 설정행위에 특약이 없는 한 프로그램 저작권자가 이를 행사한다"는 규정(제21조 제 1 항)을 두고 있었는데, 동법과 저작권법을 통합한 2009. 4. 22. 개정 저작권법에서 이 규정을 모든 저작물에 대한 규정으로 수용하여 제47조 제 2 항을 두게 된 것이다.

(2) 저작권법상의 소멸사유

저작권법은 ① 저작재산권자가 상속인 없이 사망한 경우에 그 권리가 민법 기타 법률의 규정에 의하여 국가에 귀속되는 경우와 ② 저작재산권자인 법인 또는 단체가 해산되어 그 권리가 민법 기타 법률에 의하여 국가에 귀속되는 경우에 저작재산권이 소멸하는 것으로 규정하고 있다 (제49조). 저작물은 문화적 소산으로서 그 이익을 향유하여야 할 사적 주체가 없는 한 일반국민이 널리 이용하도록 하는 것이 바람직하며, 국유재산으로서 국가가 저작재산권을 행사하는 것은 적당하지 않기 때문에 민법규정에 의하여 국유로 되는 경우에는 이를 사회적 공유로 하는 것이 문화정책적으로 바람직하다는 취지에서 나온 규정이다.

위 규정에 의하여 소멸하는 저작재산권은 저작재산권의 전부만이 아니라 복제권·공연권과 같은 지분권인 경우도 있다. 예컨대 이들의 지분권을 양도받은 자가 상속인 없이 사망하였다면, 이들의 권리는 원권리자에게 복귀하는 것이 아니라 소멸하는 것이다.[1]

(3) 저작재산권의 포기

§13-106　　저작권법에 명문의 규정은 없지만, 재산권의 일종인 저작재산권을 포기할 수 있다는 것에 대하여는 이론이 없다. 포기는 저작재산권자의 의사표시만으로 가능하며, 특별한 방식은 요구되지 아니한다. 다만, 저작재산권을 목적으로 한 질권이 설정되었거나 저작재산권자가 배타적발행권 또는 출판권을 설정한 경우에는 저작재산권의 포기가 그들의 권리와 충돌되므로 그 효력을 인정할 수 없을 것이다.[2]

(4) 시효문제

§13-107　　민법 제162조 제 2 항에서 소유권 이외의 재산권은 20년간 불행사에 의하여 소멸시효가 완성되는 것으로 규정하고 있으나, 저작재산권의 경우에는 저작물의 이용에 관한 배타적인 권리로서 그 이용방법에는 아무런 제한이 없으므로 '권리의 불행사(不行使)'라는 것을 생각하기 어렵고, 따라서 소멸시효의 문제는 없는 것으로 생각된다. 다만, 저작재산권을 침해한 불법행위자에 대하여 손해배상청구권이 발생하였을 경우에 그 청구권은 소멸시효의 대상이 되나, 저작재산권 자체의 시효문제와는 구별되는 것이다.

다음으로 저작재산권에 대하여 취득시효가 인정될 수 있을지도 문제이다. 민법 제248조에서 취득시효에 관한 민법 제245조 이하의 규정은 "소유권 이외의 재산권의 취득에 준용한다"고 규정하고 있으므로, 단순한 문리해석에 의하면 소유권 이외의 재산권에 해당하는 저작재산권에 대

---

1 허희성, 전게서(1988), 198면.
2 허희성, 전게서(1988), 198면.

하여도 민법 제245조를 준용하여 취득시효를 인정하여야 할 것으로 생각되고, 일본에서의 통설도 그러한 입장을 취하고 있다.[1] 그러나 본래 취득시효제도는 유체물(有體物)을 전제로 한 제도로서, 유체물과는 달리 복수의 장소에서 동시에 여러 사람이 이용할 수 있는 무체물인 저작물에 대한 권리에 적용하기에는 부적합한 면이 있어 자칫 타인의 이용사실을 모르고 있는 저작권자에게 가혹한 결과를 초래하기 쉽고 저작권에 대한 시효취득을 인정하여야 할 사회적 필요성도 크지 않은 점, 입법연혁을 따져 보아도 민법의 위 규정은 저작권법이 제정되기 전부터 있던 규정으로서 저작권을 염두에 두고 만들어진 것은 아니므로, 만약 저작권에 대하여 준용한다면 입법자의 의도에는 부합하지 않는 결과를 초래할 가능성이 많은 점 등에 비추어 보면 저작권의 경우에는 원칙적으로 취득시효가 인정되지 아니하는 것으로 보는 것이 타당하지 않을까 생각된다.[2]

제4절 저작물의 자유이용과 저작재산권의 제한

I. 서   설

1. 자유이용의 필요성

저작권은 저작자의 권익을 보호하기 위해 부여된 배타적 권리이다. 따라서 타인의 저작물을 복제 등의 방법으로 이용하고자 할 경우에는 그 저작자를 찾아 그의 허락을 받아야 하고 그 허락 없이 이용할 경우에는 저작권 침해가 성립하는 것이 원칙이다. 그러나 모든 상황에서 모든 저작물 이용행위에 대하여 그러한 원칙을 관철할 경우에는 저작물의 원활한 이용을 저해함으로써 문화의 발전이나 공익적 목적의 달성에 역행하는 결과를 초래할 수 있다. 저작물은 원래 널리 많은 사람들에 의하여 이용됨으로써 그 존재가치가 드러나는 것이고, 어떤 저작물도 선인의 문화유산을 토대로 하지 않고 완전히 무에서 유를 창조한 것은 없다는 점에서 공공성과 사회성을 가진다는 것을 간과하여서는 아니 된다. 따라서 저작자의 권익을 보호하기 위해 저작자에게 저작물에 대한 배타적 권리로서의 저작권을 부여하되, 일정한 예외적인 경우에는 저작물의 공공성과 사회

§14-1

---

1 半田正夫, "著作權の準占有, 取得時效," 裁判實務大系－知的財産關係訴訟法, 靑林書院, 294면 참조.
2 同旨 : 허희성, 전게서(1988), 199면; 半田正夫, 전게논문, 294면도 저작권의 시효취득을 인정하는 통설에 대하여 의문을 표시하면서, 설사 인정하더라도 ① 특정한 지역에서의 이용권의 시효취득만 인정하거나, ② 시효취득의 요건으로서의 준점유의 '공연'을 '저작권자가 당연히 알 수 있도록 하는 방법 또는 모습으로'라는 의미로 한정하여 엄격하게 해석하는 등의 방법으로 그 인정범위를 제한하여야 할 것이라고 주장하고 있다.

성을 감안하여 이용자들의 자유이용(自由利用)을 보장하는 규정들을 둘 필요가 있다.

2. 자유이용의 의의

§14-2 저작물의 자유이용(自由利用)은 다음과 같이 여러 가지 의미로 사용된다.[1]

(1) 최 광 의 : 보호되는 저작물인지 여부를 불문하고 타인의 저작물을 자유로이 이용할 수 있는 모든 경우를 말한다. 저작권법 제 7 조의 보호받지 못하는 저작물(§7-1 이하 참조), 저작권법 및 조약상으로 보호 의무를 지지 아니하는 외국인의 저작물(§39-1 이하 참조), 저작권 보호기간이 지난 저작물(§16-1 이하 참조) 등의 자유이용도 포함된다.

(2) 광   의 : 저작권 보호의 대상이 되는 타인의 저작물을 저작권자의 허락 없이 이용할 수 있는 모든 경우를 말하므로 여기에는 법정허락에 의한 저작물이용(저작권법 제50조 내지 제52조) (§15-1 이하 참조)이 포함된다.

(3) 협   의 : 광의의 자유이용(自由利用) 중 법정허락에 의한 이용을 제외한 것, 즉 저작재산권의 제한사유로 저작권법 제23조 내지 제35조의3에서 규정한 경우를 말한다. 그 이용에 대하여는 사용료를 지불할 필요가 없는 것이 원칙이나, 제25조, 제31조의 경우와 같이 보상금을 지급하여야 하는 경우도 있다. 저작권법상 자유이용(自由利用)이라고 하면 대개 이러한 협의로 이해되고 있다. 본서에서는 자유이용(自由利用)의 개념을 협의로 파악하여 서술하고자 한다.

3. 저작재산권 제한 규정

(1) 입 법 례

§14-3 자유이용과 관련한 입법태도를 국제적으로 비교해 보면, 대부분의 나라들은 자유이용이 허용되는 저작재산권 제한 사유들을 구체적으로 열거하여 그와 같이 열거한 사유에 한하여 자유이용을 인정하는 방식을 취하고 있으나, 영국과 미국 등 일부 국가에서는 이에 추가하여 일반적인 제한규정(영국에서는 fair dealing, 미국에서는 fair use(공정이용)라 한다)을 두는 방식을 취하고 있다.[2]

'공정이용'은 원래 판례를 통해 형성된 개념이나 미국의 경우 1976년 저작권법 개정시 성문화하기에 이르렀다. 즉, 미국 저작권법 제107조는 저작물의 공정사용에 해당하는지 여부를 판단하는 기준으로서, ① 이용의 목적과 성격(이용의 영리성 유무), ② 저작권 있는 저작물의 성질, ③ 그 저작물 전체와 관련하여 이용된 부분의 양과 내용, ④ 그 저작물의 잠재적 시장이나 가격에

---

1 이형하, "저작권법상의 자유이용," 지적소유권에 관한 제문제(하), 재판자료 제57집, 법원행정처, 1992, 339, 340면 참조. 최근에는 자유이용과 거의 같은 뜻으로 '공정이용'이라는 말을 사용하고 있으므로 본서에서도 이 두가지 용어를 필요에 따라 혼용한다.

2 임원선(책임집필), 전게서, 182면 참조.

미치는 영향 등의 4가지를 규정하고 있다.1

우리 저작권법도 2011. 12. 2.자 개정에 의하여 미국 저작권법 제107조와 유사한 성격의 공정이용 일반조항이라 할 수 있는 제35조의3 규정을 도입하였다.

(2) 우리 저작권법의 규정 개관

저작권법은 우선 제23조 내지 제35조의2에 걸쳐 개별적인 저작재산권 제한 규정들을 두고 있다. 구체적으로 보면, 재판절차 등에서의 복제(제23조), 정치적 연설 등의 이용(제24조), 공공저작물의 자유이용(제24조의2), 학교교육 목적 등에의 이용(제25조), 시사보도를 위한 이용(제26조), 시사적인 기사 및 논설의 복제 등(제27조), 공표된 저작물의 인용(제28조), 영리를 목적으로 하지 아니하는 공연·방송(제29조), 사적이용을 위한 복제(제30조), 도서관 등에서의 복제 등(제31조), 시험문제로서의 복제(제32조), 시각장애인 등을 위한 복제 등(제33조), 청각장애인 등을 위한 복제 등(법 제33조의2), 방송사업자의 일시적 녹음·녹화(제34조), 미술저작물 등의 전시 또는 복제(제35조), 저작물 이용과정에서의 일시적 복제(제35조의2) 등의 사유가 규정되어 있다. 이 가운데 정치적 연설 등의 이용에 관한 제24조의 규정과 시사적인 기사 및 논설의 복제 등에 관한 제27조의 규정은 2006년 저작권법에서 신설된 규정들이고 일시적 복제에 관한 제35조의2는 2011. 12. 2.자 개정시에 신설된 규정이며, 청각장애인 등을 위한 복제 등에 관한 제33조의2는 2013. 7. 16.자 개정, 공공저작물의 자유이용에 관한 제24조의2는 2013. 12. 30.자 개정에 의하여 각 신설된 규정이다. 컴퓨터프로그램저작물에 대하여는 특례규정으로 제101조의3(재판 또는 수사를 위한 복제, 학교교육목적 등에의 이용, 시험 및 검정에의 이용, 프로그램의 기초인 아이디어 및 원리의 확인을 위한 이용, 컴퓨터의 유지·보수를 위한 일시적 복제 등), 제101조의4(프로그램코드역분석), 제101조의5(정당한 이용자에 의한 보존을 위한 복제 등) 등의 규정을 두고 있다. 다음으로 2011. 12. 2.자 개정 저작권법은 제35조의3에서 위의 개별적인 제한 사유에는 해당하지 않지만 저작물의 공정한 이용에 해당하는 행위를 허용하기 위해 보충적으로 공정이용에 관한 일반조항의 성격을 가지는 제35조의3 규정을 두었다. 한편, 저작

§14-4

---

1 현행 미국 저작권법 제107조의 내용은 다음과 같다.
　제107조 (배타적 권리에 대한 제한 : 공정사용) 제106조 및 제106조의 A의 규정에도 불구하고 비평, 논평, 시사보도, 교수(학습용으로 다수 복제하는 경우를 포함), 학문, 또는 연구 등과 같은 목적을 위하여 저작권으로 보호되는 저작물을 복제물이나 음반으로 제작하거나 또는 기타 제106조 및 제106조의 A에서 규정한 방법으로 사용하는 경우를 포함하여 공정사용하는 행위는 저작권 침해가 되지 아니한다. 구체적인 경우에 저작물의 사용이 공정사용이냐의 여부를 결정함에 있어서 다음을 참작하여야 한다.
　(1) 그러한 사용이 상업적 성질의 것인지 또는 비영리적 교육목적을 위한 것인지 등 그 사용의 목적 및 성격
　(2) 저작권으로 보호되는 저작물의 성격
　(3) 사용된 부분이 저작권으로 보호되는 저작물 전체에서 차지하는 양과 상당성, 그리고
　(4) 이러한 사용이 저작권으로 보호되는 저작물의 잠재적 시장이나 가치에 미치는 영향.
　위의 모든 사항을 참작하여 내려지는 결정인 경우에, 저작물이 미발행되었다는 사실 자체는 공정사용의 결정을 방해하지 못한다.

권법은 제36조에서 저작재산권이 제한되는 각 경우에 번역 등에 의한 이용이 가능한 경우들에 관하여 규정하고, 제37조에서는 제한사유 중에서 출처명시의무가 있는 경우들을 규정하고 있으며, 제38조에서는 이들 제한 규정들이 저작자의 저작인격권에 영향을 미치는 것으로 해석되어서는 아니 된다고 하여 저작인격권과의 관계를 규정하고 있다.

(3) 공정이용에 관한 일반조항의 도입

(가) 도입의 필요성

§14-5 개정 전의 우리나라 저작권법은 다수 입법례에 따라 저작재산권 제한사유를 개별적으로 나열하는 방식만을 취하고 미국법과 같은 일반적인 공정이용조항을 도입하고 있지는 않았다. 따라서 개별적인 각각의 제한사유 중 하나에 해당하지 않으면 사회통념상 공정이용에 해당할 만한 경우라 하더라도 공정이용으로 인정하여 저작권 침해의 책임을 면할 수 있는 길은 없었다고 할 수 있다. 디지털 시대의 저작물 이용형태가 날로 다양화되면서 이러한 상황에 대한 근본적인 해결을 요구하는 목소리가 높아져 왔다. 저자도 다음과 같은 이유로 일반적인 공정이용 조항의 도입을 지지하는 입장을 표명한 바 있다.[1]

① 현재의 저작재산권 제한사유만으로는 온라인상의 다양한 표현 및 정보유통 등 활동 중에서 저작권자의 이익을 부당하게 해하지 않고 시장에 대한 악영향이 없음에도 불구하고 배타적 권리의 틀에 묶이는 부분이 많아 그 누구의 이익에도 도움이 되지 않으면서 표현의 자유를 위축시키고, 정보의 흐름을 가로막는 문제를 해결하기가 어렵다고 생각한다. 이러한 상황을 그대로 두고서는 권리자와 이용자가 모두 만족하는 새롭고 건강한 저작권 문화를 만들어내기가 무척 어렵다는 것을 발견하였다. 공정이용에 관한 일반조항을 통해 그러한 부분들이 일단 해석상 공정이용이 허용될 수 있는 '가능성'의 영역으로 들어오게 한 후 구체적인 명확성을 위해서는 공정이용 가이드라인 등의 제정 등의 노력을 기울이는 것이 바람직한 것으로 생각된다.

② 공정이용 조항이 있더라도 적어도 저작물의 시장에 악영향을 미치는 것이 분명한 부분에 대하여는 공정이용을 이유로 허용될 수 없음이 사법당국 및 관계자들에 의하여 쉽게 인식될 수 있으므로 권리자의 권리가 부당하게 침해될 것에 대한 우려는 거의 없다고 생각된다. 공정이용 조항을 바탕으로 가이드라인을 만들어 제시하게 되면 오히려 저작권에 대한 긍정적 인식 및 지식을 보급하여 저작권 등의 보호에 유리한 환경이 조성될 수 있을 것이다.

③ 저작권법은 사실상 온라인상의 신규 비즈니스에 대한 사전 규제적인 측면을 내포하고 있어 제도설계가 지나치게 경직된 모습으로 될 경우 신규 비즈니스의 창업에 불리한 면이 있다. 온라인 비즈니

---

[1] 이해완, 전게논문, 2009, 62~64면. 본서의 초판(2007)에서는 공정이용의 일반조항을 도입하는 것이 "판례형성이 빠르지 않은 우리나라에 있어서 해석상의 어려움과 적용에 있어서의 큰 혼란을 초래할 가능성"이 있다는 이유로 다소 부정적인 입장을 취한 바 있으나(초판 352면), 이후 그 반대 측면의 문제가 더욱 크다고 생각되고 일반조항 도입으로 인한 문제는 공정이용 가이드라인의 제정 등을 통해 어느 정도 해소할 길이 있겠다는 생각이 들어 입장을 바꾸게 되었다.

스를 수행하는 벤처기업의 경우 국제적인 경쟁환경 속에서 긴장된 시간싸움을 벌이는 경우가 많은데, 한정·열거의 경직된 제한규정에 포함되지 않음으로써 항상 사전적 협상을 완료하여야 비즈니스를 수행할 수 있다고 하면, 비즈니스의 기회를 잃는 일이 많게 되고, 자연히 국제경쟁력에 매우 불리한 영향을 초래하게 된다.[1] 저작권자의 경제적 이익을 훼손하는 경우라면 당연히 대가관계의 협의 등 사전협상이 필요하겠지만, 저작권자에게 실질적으로 손해가 없거나 오히려 이득을 주는 경우여서 공정이용에 해당한다고 확신할 만한 경우에는 공정이용에 관한 일반조항에 의지하여서라도 사업을 추진할 수 있게 하는 것이 사회적·국가적으로 바람직할 것이라는 생각이 든다. 이 경우는 사후적으로 공정이용 조항에 기한 법원의 판단에 의하여 결국 저작재산권 침해가 인정되어 권리자에게 배상을 하여야 하는 법적 리스크를 일부 안고 하는 것이지만, 해당 조항이 전혀 없는 경우에 비하여 신규비즈니스의 창업기회가 늘어날 수 있다는 것이다.

④ 공정이용 규정으로 인한 남소의 우려가 제기되기도 하지만, 공정이용은 일반적으로 적극적인 청구원인이 되는 것이 아니라 소제기 시의 항변사유가 되는 것일 뿐이므로, 공정이용에 대한 일반조항이 남소의 원인이 되는 것은 아니다.[2] 또한 공정이용 항변에 대하여 판단을 내리기가 쉽지 않은 경우가 많아 법원에 큰 부담을 줄 것이라는 생각이 있을 수 있으나, 그것은 실제로는 큰 문제가 되지 않는다. 우리 법원의 경향을 보면, 저작권법의 형식적이고 기계적인 적용보다는 사안의 적정한 해결을 위해 외국의 일반조항에 대한 해석론까지 최대한 동원하는 경향을 이미 보이고 있다. 포털사이트의 검색서비스에서 '썸네일 이미지'를 제공하는 것이 문제가 된 사안에 대하여 미국의 공정이용항변에 대한 판례까지 참고하여 판결을 내린 것이 그 예라고 할 수 있다. 그렇다면, 공정이용 조항이 없더라도 공정이용 조항을 참고한 후 저작권법 제28조를 적용하여 판결을 내리는 등의 현 상황에 비하여 공정이용 조항이 있을 경우가 법원에 큰 부담을 준다거나 법률관계를 불명료하게 한다거나 하는 문제가 크다고 보기는 어렵다.

⑤ 무엇보다, 빠르게 변화하는 상황 속에서 실질적으로 공정(fair)한 이용을 한 것이 새로운 상황을 반영하지 못한 채 한정·열거되어 있는 기존 조문의 자구 해석에 얽매어 결과적으로 '침해'로 판단되는 일을 막는 것이 디지털 환경에 걸맞은 새로운 사법적 정의를 저작권의 영역에서 구현함으로써 저작권제도에 대한 국민들의 긍정적 인식을 제고하고, 저작권을 문화적으로 수용하도록 하는 데 유리하다.

⑥ 이미 저작권법 제28조를 일반조항으로서의 공정이용조항으로 운영하고 있으므로 별도의 공정이용조항이 필요하지 않은 것은 아닌가 하는 생각이 있을 수 있으나, 제28조는 어디까지나 '인용(引用)'에 관한 조항이므로 그것을 저작물의 '이용(利用)' 일반에 무한대로 확대 적용하기는 어렵다. 또한 일반조항이 아닌 것을 억지로 일반조항으로 해석, 운영하는 것이 사실이라면 그러한 상황을 방치하는 것보다 정면으로 일반조항을 잘 구성하여 규정하고, 인용에 관한 규정은 개별조항으로서의 의미를 살리도록 하는 방안이 입법정책상으로 타당하다.

---

1 中山信弘, 三山裕三(対談), 「デジタル・ネット時代における著作権のあり方(下)」, 『NBL』2月 15日号(No. 899) 51~53면 참조.
2 中山信弘, 三山裕三(対談), 상게논문, 52면.

(나) 한·미 FTA와 그 이행을 위한 개정법

§14-6   한·미 FTA협정문에는 '공정이용'에 관한 내용이 일시적 복제와 관련한 각주 11)에 언급되어 있다. 그 각주 내용은 "각 당사국은 이 항에서 기술된 권리에 대한 제한 또는 예외를 그 저작물, 실연 또는 음반의 통상적인 이용과 충돌하지 아니하고, 그 권리자의 정당한 이익을 불합리하게 저해하지 아니하는 특정한 경우로 한정한다. 보다 명확히 하기 위하여, 각 당사국은 공정이용을 위하여 이 항에서 기술된 권리에 대한 제한과 예외를 채택하거나 유지할 수 있다. 다만, 그러한 제한 또는 예외는 이전 문장에서 규정된 대로 한정된다"라고 하여 베른협약 제 9 조의 이른바 3 단계 테스트(§14-8, §14-219~222 참조)를 준수하는 범위 내에서 '공정이용'을 위하여 복제권에 대한 제한과 예외를 채택 또는 유지할 수 있다는 취지를 밝히고 있다. 이러한 각주 규정에 의하여 일시적 복제에 대한 것이든 그것을 넘어선 저작물의 모든 이용형태에 대한 것이든 공정이용에 관한 일반조항을 도입할 의무가 우리 정부에 있게 된 것은 결코 아니고, 우리의 입법 재량에 맡겨진 문제이다. 그렇지만, 미국법의 내용 중 권리보호 수준을 높이는 내용은 도입하면서 이용자의 공정이용을 폭넓게 보장하기 위한 규정은 도입하지 않는다면 위에서 본 제도적 균형 상실을 더욱 악화시킬 수 있다는 점을 감안하여 차제에 포괄적 공정이용 조항을 도입하는 것이 타당하다는 의견이 반영되어 개정법에 그 부분이 다음과 같이 포함되게 되었다.

제35조의3(저작물의 공정한 이용)   ① 제23조부터 제35조의2까지, 제101조의3부터 제101조의5까지의 경우 외에 저작물의 통상적인 이용 방법과 충돌하지 아니하고 저작자의 정당한 이익을 부당하게 해치지 아니하는 경우에는 보도·비평·교육·연구 등을 위하여 저작물을 이용할 수 있다.
② 저작물 이용 행위가 제 1 항에 해당하는지를 판단할 때에는 다음 각 호의 사항을 고려하여야 한다.
1. 영리성 또는 비영리성 등 이용의 목적 및 성격
2. 저작물의 종류 및 용도
3. 이용된 부분이 저작물 전체에서 차지하는 비중과 그 중요성
4. 저작물의 이용이 그 저작물의 현재 시장 또는 가치나 잠재적인 시장 또는 가치에 미치는 영향

이른바 '3단계 테스트'를 기본적인 테두리로 하면서 미국법상의 4가지 고려요소를 결합한 것이어서 그 적용에 있어서 저작권자의 이익을 부당하게 저해할 우려를 최소화한 데에 장점이 있다고 생각된다. 3단계 테스트 중의 '저작물의 통상적 이용방법과 충돌하지 않을 것'과 공정이용 판단의 4요소 중 하나인 '저작물의 잠재적 시장이나 가치에 미치는 영향'의 개념이 실질적으로 포개지는 부분이 있어 약간 중복이라고 할 수도 있으나, 그러한 '중복 적용'을 통해 저작권자의 현재 및 잠재적인 시장에 미치는 영향을 최소화할 수 있는 장점이 있는 것으로 생각된다. 그리고 구체

적인 제한사유들 맨 아래에 두는 것으로 한 것도 위치상 적절하다고 생각된다.

(다) 공정이용 조항의 한계와 '공정이용 가이드라인'

공정이용 조항은 기술 및 산업, 문화적 상황 등의 변화에 부응하는 유연한 해석을 가능하게 §14-7
한다는 장점이 있는 반면, 구체성과 명확성은 떨어지는 면이 있다. 구체적인 사안에서 저작물의
이용자가 자신의 이용이 공정이용 조항에 해당할지 여부를 그 조항만으로 정확히 알기는 어렵다.
결국 공정이용 조항이 있더라도 그 구체적인 적용에 대하여 보다 알기 쉬운 지침이 제시되지 않
으면 법적 불안정성이 해소되지 않아 공정이용이 활성화되지 않고 공정이용 조항이 해결하고자
하는 불균형의 문제는 여전히 미해결상태로 남게 될 것이다.

이러한 문제점을 해결하기 위해서는 '공정이용 가이드라인'의 제정과 보급이 꼭 필요하다. 저
작물의 이용에 관련된 권리자, 사업자, 이용자, 법전문가 등으로 구성된 협의체인 저작권상생협의
체에서 일차적으로 현행법하에서 공정이용 관련 조항들에 대한 법해석 기준을 최대한 명료하게
제시하는 데 초점을 두고 2010년 12월에 '저작물의 공정이용에 관한 가이드라인'을 제정하여
2011년 봄에 온라인상에 공표한 바 있는데, 이후에도 분야별로 보다 세부적이고 명확한 기준의
가이드라인을 만들어 나가기 위한 노력이 지속적으로 경주되어야 할 것이다.

4. 저작재산권 제한의 한계 — 3단계 테스트

앞에서 살펴본 바와 같은 필요성에서 저작물의 자유이용이 허용되는 예외적인 경우들을 규 §14-8
정하고 있으나 그것이 자칫 확대해석 되거나 너무 넓은 범위로 확대하여 규정되게 되면 저작권자
의 정당한 권익을 부당하게 해치게 될 수 있다. 그러한 점에서 저작재산권 사유에 대한 해석이나
입법에 있어서 일정한 한계를 준수하지 않으면 안 된다. 국제적으로 이러한 한계를 확정하는 기
준으로는 베른협약에서 각국이 복제권에 대한 제한과 예외를 인정함에 있어서 따라야 할 세 가지
의 기준을 정한[1] 데서 비롯된 이른바 '3단계 테스트'가 있다. 이 테스트는 TRIPs와 WIPO 저작
권조약(WCT) 및 WIPO 실연·음반조약(WPPT)에 와서는 복제권뿐만 아니라 조약에 포함된 다른
모든 권리에 대한 제한과 예외의 한계를 정하는 기준으로 작용하게 되었다.

3단계 테스트는 권리의 제한이 첫째, 특별한 경우(certain special cases)여야 하고, 둘째, 저작
물의 통상적인 이용방법과 충돌하지 않아야 하며, 셋째, 권리자의 정당한 이익을 부당하게 해하
지 않는 경우여야 한다는 것을 말한다.

위에서 본 바와 같이 3단계 테스트는 한·미 FTA 이행을 위한 2011. 12. 2.자 개정 저작권법
상의 공정이용 일반조항(개정법 제35조의3)에도 반영되어 있으므로 해당조항을 설명하는 부분(§14-

---

1 베른협약 제9조 제2항 참조.

219 이하 참조)에서 그 구체적 의미를 살펴보기로 한다.

5. 저작재산권 제한규정의 강행규정성

§14-8-1   저작재산권 제한규정이 이른바 임의규정인지 아니면 강행규정인지에 대하여 학설은 일치하지 않고 있다. 그런데 자세히 살펴보면, 어떤 의미에서 임의규정 또는 강행규정이라고 하는지 그 의미하는 바가 일치하지 않고 있음을 알 수 있다. 첫째로는, 법에서 정한 일정한 요건에 해당할 경우에는 저작권법상 권리침해로 보지 않는다는 원칙을 당사자 간의 계약에 의하여 변경할 수는 없다는 의미에서 저작재산권 제한규정을 강행규정으로 보는 견해와 그에 반대하는 견해가 있을 수 있다. 두 번째로는 저작재산권 제한 규정의 취지에 반하는 당사자 간의 약정은 제한규정 자체의 요건을 변경하는 효력이 없을 뿐만 아니라, 당사자 간 채권채무를 발생시키는 계약으로서의 효력도 부정된다는 의미에서의 강행규정인지 여부가 문제될 수 있다. 현재 이 두 가지 차원이 다소간 혼동된 상태에서 논의가 진행되는 것이 아닌가 생각되는 면이 있다.

생각건대, 저작재산권제한규정은 위 첫째의 의미에서는 강행규정으로 보아야 할 것이고, 둘째의 의미에서는 규정의 취지를 저작권법의 목적 등에 비추어 신중하게 고려하여 그 강행규정성 여부를 판단하여야 할 것인바, 적어도 일부 규정들(제30조, 제35조의2 등)은 기본적으로 임의규정에 해당하는 것으로 보아야 할 것이다. 즉 법에서 일정한 요건 하에 권리침해의 민·형사책임을 면책시키고 있는데, 그에 반하는 사인간의 합의가 있다고 하여 원래는 침해가 되지 않을 행위를 침해로 인정할 수는 없다고 보아야 할 것이므로, 그 점에서는 강행규정성을 가지는 것으로 보아야 하지만,[1] 그러한 합의(법에서 권리제한규정을 통해 허용하는 어떠한 행위를 하지 않기로 하는 합의 또는 어떠한 행위를 하되 법에서 요구하지 않는 추가적인 제한조건 하에 하기로 하는 합의) 자체는 사법상의 계약으로서의 효력을 가지는 경우가 있을 수 있다. 그 경우 위반시 침해책임을 물을 수는 없지만 채무불이행에 따른 손해배상책임 등을 물을 수는 있게 된다.

첫째 의미에서의 강행규정성은 예외가 있을 수 없으리라 생각되지만, 두 번째 의미에서의 강행규정성 또는 임의규정성은 일률적으로 단정하기 어렵고, 각각의 규정취지를 잘 살펴서 판단하여야 할 것이다.[2] 예컨대 시각장애인 또는 청각장애인 보호를 위한 규정(제33조 및 제33조의2)에

---

1 이 경우도 그 합의에 이용자가 저작권침해책임을 지기로 한다는 부분이 포함되어 있을 때 그 부분 합의를 무효화시키는 의미에서 강행규정으로서의 효력을 가진다고 볼 수 있다.

2 오승종, 저작권법(제 3 판), 박영사, 2014, 787면도 "저작권법이 규정하고 있는 권리제한규정 모두를 임의규정 또는 강행규정이라고 일률적으로 확정할 수는 없다. 각각의 개별 규정에 있어서 그 규정이 실현하고자 하는 저작권자와 이용자 사이의 이해관계의 균형과 궁극적으로는 저작권법의 목적과 정신에 비추어 그 규정의 성질을 결정하여야 할 것이다"라고 피력하고 있다. 作花文雄, 詳解 著作權法(第 4 版), ぎょうせい, 2010, 310~311면도 유사한 의견을 제시하고 있다.

이들 견해에서 말하는 강행규정도 위 둘째의 의미에서의 강행규정을 뜻하는 것이 아닐까 생각된다.

반하는 사법상의 계약은 사회적 약자 보호를 위한 규정의 취지에 반하는 것으로서 채권적 계약으로서도 무효화될 수 있고, 그 경우 해당 제한규정은 두 번째 의미에서의 강행규정성을 가지는 것이라 할 수 있다.1 그 외에도 공공저작물의 자유이용규정(제24조의2)은 저작재산권자가 국가 또는 지방자치단체라는 점에서, 정치적 연설 등의 이용(제24조), 시사보도를 위한 이용(제26조) 등의 경우는 표현의 자유보장과 직결된 것이라는 점에서 두 번째 의미의 강행규정성을 가지는 것으로 보아야 할 것이다. 교육목적의 이용에 대한 제25조, 도서관등에서의 이용에 대한 제31조 등도 공익적인 성격이 강하므로 적어도 사회통념상 부당한 제한을 가하는 계약이라면 민법 제103조의 반사회질서의 법률행위라는 이유로 무효화될 가능성이 있으리라 생각된다. 그 외에 어떤 규정들이 이러한 의미에서의 강행규정성을 가지는지는 앞으로 구체적인 사안에 대한 판례가 누적되기를 기다려볼 필요가 있을 것이다. 다만 두 번째 의미에서의 강행규정성이 인정되지 않고 임의규정성을 가지는 것으로 보게 되는 경우에도 구체적인 계약내용이 현저히 부당한 것으로 인정될 경우에는 민법 제103조 등에 의해 무효화되는 경우가 있을 수 있다. 그리고 이른바 포장지 이용허락(§13-87)이나 클릭온 이용허락(§13-90)에 그러한 계약내용이 들어 있을 경우에는 약관규제법에 의한 약관의 불공정성통제(내용통제)에 따라 임의규정이 사실상 강행규정화되는 면이 있어 실질적으로 그 계약적 효력이 부정되어야 할 경우들이 있을 수 있다(§13-90 참조).

 판 례

❖ 서울고등법원 2014. 11. 20. 선고 2014나19891 판결 ─ "오픈캡쳐 유료화" 사건   §14-8-2

이 사건에서 보면, 개별 사용자가 오픈캡쳐 유료버전으로 업데이트하는 과정에서 오픈캡쳐 유료버전을 컴퓨터의 하드디스크에 인스톨하여 설치하면서 화면에 저작권자인 피고가 제시한 개인용 또는 비업무용으로만 사용하는 것에 동의한다는 표시가 나오자 이를 클릭함으로써(클릭하지 않으면 다음의 화면으로 진행되지 않는다) 이른바 클릭온 방식으로 사용허락계약이 성립하였음에도 개별 사용자들이 원고들의 회사에서 업무용으로 사용함으로써 피고와 사이의 사용허락계약을 위반하였다.

그러나 개별 사용자가 피고와의 사용허락계약을 위반하여 오픈캡쳐 유료 버전을 컴퓨터에서 실행하여 사용하였다고 하더라도 이는 저작권법상의 복제권 등의 저작재산권의 지분권을 침해하는 경우에 해당하지 않으므로 저작권법 35조의2 단서가 적용되지 않고, 개별 사용자가 피고와 사용허락계약을 위반하여 오픈캡쳐 유료버전을 업무용으로 실행하면서 그에 부수하여 일시적 복제가 이루어진 경우에 해당하여 개별 사용자들이 피고에 대하여 사용허락계약 위반에 따른 채무불이행책임을 부담하는 것은 별도로 하더라도 그와 같은 컴퓨터프로그램을 실행하는 과정에서 이루어지는 컴퓨터 내의 램에의 일시적

---

1 이러한 본서의 입장과 달리, 장애인을 위한 권리제한사유와 같이 공익성이 매우 높은 경우라 하더라도 대등한 당사자 사이에 개별적 계약을 한 경우라면 그 효력을 부정할 이유가 없다고 하여 권리제한사유를 모두 임의규정으로 보는 견해도 있다. 島並良·上野達弘·横山久芳, 著作權法入門, 有斐閣, 2009, 160면.

복제행위는 저작권법 35조의2 본문에 따라 면책된다고 보아야 한다.

▷NOTE : '오픈캡처' 사건에 대한 위 판결의 위 부분은 저작권법 제35조의2 규정이 첫째의 의미에서는 강행규정성을 가지지만 둘째의 의미에서는 임의규정성을 가짐을 전제로 하는 것으로 볼 수 있다.

Ⅱ. 재판절차 등에서의 복제

1. 의   의

§14-9 　저작권법 제23조는 "재판절차를 위하여 필요한 경우이거나 입법·행정의 목적을 위한 내부자료로서 필요한 경우에는 그 한도 안에서 저작물을 복제할 수 있다. 다만, 그 저작물의 종류와 복제의 부수 및 형태 등에 비추어 당해 저작재산권자의 이익을 부당하게 침해하는 경우에는 그러하지 아니하다"라고 규정하고 있다. 국가의 사법권, 입법권, 행정권 등을 통해 국가목적을 실현하기 위해 필요한 한도 내에서 저작재산권을 제한하는 취지라고 할 수 있다.

2. 요   건

(1) 대상 저작물

§14-10 　법에서 공표된 저작물에 한정하고 있지 않으므로 미공표 저작물도 포함될 수 있다. 다만, 저작자의 공표권(§12-3 이하)을 부정하는 취지는 아니므로 필요한 한도를 넘어 저작물이 외부에 공표되도록 하여서는 아니 될 것이다. 재판절차에서 판결문의 일부로 포함되어 공개되는 것은 공표권의 침해라고 볼 수 없지만, 입법·행정 목적을 위한 내부자료를 외부에 공개하는 행위는 공표권 침해의 문제가 있을 수 있다.[1]

(2) 복제의 목적과 상황
다음의 2가지 유형으로 살펴볼 수 있다.

(가) 재판절차에서의 복제

§14-11 　판결문 내용 중에 저작권 있는 저작물을 사용할 필요가 있는 경우, 증거서류나 변론, 준비서면의 논거자료, 기타 소송자료로 제출할 필요가 있는 경우 등이다. 또한 여기에서 말하는 재판절차란 법원에서 하는 재판만 뜻하는 것이 아니라 행정관청의 준사법적 절차도 포함하는 개념이라고 보아야 할 것이다.[2]

---

1 황적인·정순희·최현호, 전게서, 280~281면 참조.
2 장인숙, 전게서, 87면 등 참조.

(나) 입법·행정의 목적을 위한 내부자료로서의 복제

　입법목적을 위한 경우란 법률안심의를 위해 사용하는 경우만이 아니라 예산안심의, 국정조사 §14-12
기타 국회 또는 지방의회의 기능을 행하기 위해 필요한 경우도 포함하며, 대법원의 규칙제정, 정
부의 조약체결, 행정각부의 부령 제정 등의 과정도 '입법'에 준하는 것으로서 포함된다고 볼 수
있다. 행정목적을 위한 경우란 행정청이 그 소관 사무를 수행하기 위해 필요한 경우를 말한다. 단
순히 공무원의 집무 참고자료로서 복제하는 것은 인정되지 않고 그 저작물을 복제하지 않으면 입
법 또는 행정의 목적을 충분히 달성할 수 없다고 볼 수 있는 경우일 것을 요한다. '내부자료'로
복제하는 것만 허용되므로 행정목적을 위한 것이어도 홍보자료와 같이 외부에 널리 배포하고자
하는 경우는 이에 해당하지 않는다.[1]

(3) 복제의 주체

　재판절차에서의 복제에 있어서는 재판절차를 위한 필요가 인정되면, 법원, 검찰청 등 국가기 §14-13
관만이 아니라 쟁송사건의 당사자인 원고, 피고, 변호사, 감정인 등이 준비서면이나 의견서의 내
용에 포함하거나 참고자료로 첨부하기 위해 저작물을 복제하는 것도 가능하다. 그러나 입법·행
정의 목적을 위한 내부자료로서의 복제에 있어서는 일반 사인(私人)이 행하는 것은 생각할 수 없
으므로 국회, 지방의회, 관공서 등의 기관 또는 그 구성원만이 복제의 주체가 된다.

(4) 복제의 양

　위와 같은 요건을 갖춘 경우에도 그 필요한 한도 안에서 복제하여야 하고 이를 초과하여서는 §14-14
아니 된다. 저작물의 일부분밖에 필요하지 않는데, 그 전부를 복제하거나 필요부수를 초과한 부
수를 복제하는 것은 필요한 한도 내라고 말할 수 없다.

3. 한　계

　법 제23조 단서는 "다만, 그 저작물의 종류와 복제의 부수 및 형태 등에 비추어 당해 저작재 §14-15
산권자의 이익을 부당하게 침해하는 경우에는 그러하지 아니하다"라고 규정하고 있다.

　이것은 3단계 테스트(§14-8 및 §14-219∼222 참조)의 취지가 일부 반영된 것으로 볼 수 있다. 저
작물의 종류와 복제의 부수 및 형태에 비추어 현실적으로 시판되는 저작물이나 복제물의 판매량
을 저하시킨다든가 혹은 장래에 있어서 저작물의 잠재적 판매를 저해할 위험성이 있는 경우의 복
제는 허용되지 않는다는 의미로 해석할 수 있다.[2] 예를 들어 행정기관의 내부자료로 사용하기
위해 구매하는 수요가 하나의 시장을 이룰 것이라는 판단하에 상당한 노력과 비용을 들여 간행한

---

1 加戶守行, 전게서, 290면 참조.
2 황적인·정순희·최현호, 전게서, 281면 등 참조.

민간의 저작물을 구매하지 않고 복제하여 사용하는 경우가 여기에 해당하는 전형적인 예라고 할
수 있을 것이다.

4. 번역이용 및 출처명시

§14-16   위 규정에 따른 자유이용으로서 저작물을 복제하여 이용할 경우에는 이를 번역하여 이용할
수 있다(법 제36조 제 2 항). 다만 개작하여 이용하는 것은 허용되지 않는다.

한편, 위 규정에 따라 저작물을 이용할 때에는 그 출처를 명시하여야 한다. 출처의 명시는 저
작물의 이용 상황에 따라 합리적이라고 인정되는 방법으로 하여야 하며, 저작자의 실명 또는 이
명이 표시된 저작물인 경우에는 그 실명 또는 이명을 명시하여야 한다(법 제37조).

5. 컴퓨터프로그램저작물의 경우

§14-17   컴퓨터프로그램저작물(이하 프로그램이라 한다)의 경우 법 제23조가 적용되지 않고(법 제37조의2)
그 대신 법 제101조의3 제 1 항 제 1 호가 적용된다. 이 규정은 재판 또는 수사를 위하여 복제하
는 경우에는 그 목적상 필요한 범위에서 공표된 프로그램을 복제할 수 있는 것으로 규정하고
있다.

일반저작물에 비하여 다음과 같은 점에서 그 허용범위가 좁다는 점을 유의하여야 한다.

첫째, 공표된 프로그램만 대상이 될 수 있고, 미공표의 프로그램은 처음부터 그 적용대상이
될 수 없다.

둘째, 수사를 위한 것 외에는 입법·행정의 목적을 위한 내부자료로서 필요한 경우에도 자유
이용의 범위에 포함되지 않는다.

수사를 위한 경우는 허용되는데, 여기서의 '수사'는 수사기관에 의하여 법에 따라 이루어지는
것이면 강제수사인지 임의수사인지 묻지 않고 적용대상이 되는 것으로 본다.[1]

프로그램의 종류·용도, 프로그램에서 복제된 부분이 차지하는 비중 및 복제의 부수 등에 비
추어 프로그램의 저작재산권자의 이익을 부당하게 해치는 경우에는 위 규정이 적용되지 않는데,
그 점은 일반저작물의 경우와 유사하다고 할 수 있다.

---

1 同旨 정상조편, 저작권법 주해[김기영 집필부분], 박영사, 2007, 476면.

Ⅲ. 정치적 연설 등의 이용

1. 의　의

　　저작권법 제24조는 "공개적으로 행한 정치적 연설 및 법정·국회 또는 지방의회에서 공개적　§14-18
으로 행한 진술은 어떠한 방법으로도 이용할 수 있다. 다만, 동일한 저작자의 연설이나 진술을 편
집하여 이용하는 경우에는 그러하지 아니하다"고 규정하고 있다.

　　원래 2006년 법 개정 이전에는 위와 같은 규정이 없는 대신 비보호(非保護) 저작물에 관한 제
7 조 규정(§7-1 이하 참조)의 제 6 호로 '공개한 법정·국회 또는 지방의회에서의 연술'이 포함되어
있었는데, 2006년 법 개정으로 장소와 관계없이 공개적으로 행한 정치적 연설을 포함하여 보다
확대된 범위의 저작물에 대하여 비보호 저작물이 아니라 저작재산권이 제한되는 경우로 규정하
게 되었다.[1] 공개적으로 행한 정치적 연설을 널리 자유이용의 대상으로 함으로써 민주정치의 기
초인 정치적 의견의 공유와 자유로운 정치적 토론이 이루어질 수 있도록 함과 동시에 국민의 알
권리를 보장하기 위한 취지라고 할 수 있다.[2] 다른 한편으로 종래 비보호 저작물이던 것을 위
제한사유에 포함하여 규정한 것은 그 경우에도 저작인격권(§12-1)의 보호는 필요하다고 보았기
때문이다.

2. 요　건

(1) 대상 저작물

(가) 공개 요건

　　위 규정의 적용을 받는 저작물인 연설이나 진술은 모두 공개적일 것을 요한다. 비밀연설회에　§14-19
서의 연설이나 비공개 심리(審理)에서의 진술과 같이 외부에 공개되지 않을 것이라는 전제하에 말
을 한 것이라고 하는 '내밀성(內密性)'을 가진 것에 대하여 자유이용을 인정하는 것은 적당하지 않
다고 판단한 결과이다. 따라서 비밀모임에서 행한 연설의 경우에는 저작인격권으로서의 공표권
외에도 저작재산권이 작용하게 된다.

　　입장이 제한된 장소에서의 연설이라고 하더라도 그 실황을 중계방송하는 것이 허용된 것이
면 당연히 공개된 것으로 해석해야 하고, 또한 특정 집단의 집회에서 행해진 연설이라고 하더라
도 일반 보도 기자(報道 記者)들의 입장이 허용되고 있으면 공개된 것으로 보아야 할 것이다.

1　베른협약 제 2 조의2 제 3 항, 일본 저작권법 제40조 제 1 항, 독일 저작권법 제48조 제 2 항 등에서 유사한 규정을 두
　고 있다.
2　임원선(책임집필), 전게서, 185면; 서달주, 한국저작권법, 박문각, 2007, 277면 참조.

(나) 유형별 요건

1) 정치적 연설

§14-20 위 규정 앞부분의 '공개적으로 행한 정치적 연설'에 해당하기 위해서는 연설의 '정치성'이 인정되어야 한다. 단지 정치에 관한 연설이기만 하면 해당하는 것이 아니라 정치의 방향에 영향을 주려고 하는 것이어야 한다. 정치의 방향에 영향을 주려고 하는 것으로서는, 선거연설회, 정당연설회 등에서의 연설이나 정치적 성격의 집회, 시위 현장에서의 연설 등이 포함될 수 있을 것이다. 정치에 관한 것이어도 정치문제에 관한 해설과 같이 정치상의 주장이 포함되어 있지 않은 경우에는 여기서 말하는 정치적 연설에 해당하지 않는다.[1]

2) 법정·국회 또는 지방의회에서의 진술

§14-21 '법정·국회 또는 지방의회에서의 공개적 진술'의 경우에는 진술의 '정치성'을 요하지 않는다. 국회 또는 지방의회에서의 공개적 진술은 대개 정치적 연설에 해당하는 경우가 많겠지만, 반드시 거기에 한정할 것은 아니다. '법정에서의 진술'의 경우 공개법정이나 기타 공개적인 심리(審理) 장소에서의 검사, 변호사, 원고, 피고 등의 변론과 감정인 등의 진술, 증인의 증언 등을 모두 포함하는 것으로 본다.

(2) 이용방법

§14-22 본 규정 내용 중 '법정·국회 또는 지방의회에서의 공개적 진술'의 경우는 원래 비보호 저작물이었던 것 등을 감안하여 법은 이 경우의 이용방법에 있어서는 복제, 공연, 공중송신 등을 비롯한 '어떠한 방법'도 가능한 것으로 규정하고 있다. 다만 하나의 예외로서 동일한 저작자의 연설이나 진술을 편집하여 이용하는 경우는 제외된다(제24조 단서). 예컨대 '홍길동 연설문집'이라고 하는 편집물을 발행하면서 홍길동 본인의 허락을 받지 않아도 된다고 하는 것은 법의 취지를 달성하기 위해 필요한 범위를 넘어 저작자의 권리를 지나치게 제한하는 것이라고 보아 그러한 경우에는 저작자가 저작재산권을 행사할 수 있는 것으로 규정한 것이다. 이 때 그 편집이 편집저작물로서의 성립요건을 갖출 것을 요하는 것은 아니고 소재의 선택, 배열, 구성 등에 창작성이 없는 단순 편집물의 경우도 단서규정에 포함되는 것으로 보아야 할 것이다.[2] 동일한 저작자의 연설이나 진술을 편집하는 경우로 한정하여 규정하고 있으므로 예를 들어 '역대 대통령 연설문집'과 같이 여러 명의 연설을 모아서 편집한 경우에는 단서규정에 해당하지 않는 것으로 본다.[3] 그러나 한권의 연설문집에 여러 명의 연설문이 포함되어 있다고 해도 그 중 1인의 연설문만 떼어서 볼 경우에

---

1 加戶守行, 전게서, 282면 참조.
2 同旨 임원선(책임집필), 전게서, 185면.
3 加戶守行, 전게서, 282면 참조.

그 1인의 연설을 편집하여 이용하는 경우로 볼 수 있을 정도에 이를 때에는 단서규정에 해당하는 것으로 보아야 하지 않을까 생각된다.

3. 번역이용 및 출처명시

위 규정에 따른 자유이용으로서 저작물을 복제하여 이용할 경우에는 이를 번역하여 이용할 수 있다(법 제36조 제 2 항). 다만 개작하여 이용하는 것은 허용되지 않는다. §14-23

한편, 위 규정에 따라 저작물을 이용할 때에는 그 출처를 명시하여야 한다. 출처의 명시는 저작물의 이용 상황에 따라 합리적이라고 인정되는 방법으로 하여야 하며, 저작자의 실명 또는 이명이 표시된 저작물인 경우에는 그 실명 또는 이명을 명시하여야 한다(법 제37조).

Ⅳ. 공공저작물의 자유이용

1. 의   의

저작권법 제24조의2는 공공저작물의 자유이용에 관하여 규정하고 있다. 모두 세 개 항으로 구성되어 있는데, 제 1 항에서는 국가 또는 지방자치단체가 저작재산권을 가지는 공공저작물에 대하여, 제 2 항에서는 공공기관이 저작재산권을 가지는 공공저작물에 대하여 각 규정하고 있고, 제 3 항은 제 1 항의 공공저작물 중 같은 항 제 4 호의 예외사유에 해당하여 결과적으로 제 1 항에 의한 자유이용의 대상이 되지 않는 공공저작물에 대하여도 필요시 자유이용의 대상으로 할 수 있도록 하는 취지로 규정하고 있다. 이 가운데 제 1 항의 규정만 법으로 저작재산권을 제한하는 규정이라는 점에서 저작권법상의 자유이용 규정에 해당하고, 제 2 항과 제 3 항의 규정은 공공기관이나 국가·지방자치단체의 최종적인 결정을 매개로 하여 사실상 그 자유이용이 활성화될 수 있도록 하는 규정으로서 저작재산권 제한규정은 아니므로 그 법적 성격에 근본적 차이가 있다. §14-23-1

공공저작물이란 국가, 지방자치단체 또는 공공기관이 저작재산권을 가지고 있는 저작물을 뜻한다. 그 가운데 법 제24조의2 제 1 항에 의하여 자유이용의 대상이 되는 것은 국가 또는 지방자치단체가 저작재산권을 가지고 있는 것에 한하므로, 그것을 본서에서는 협의의 공공저작물이라 부르고, 공공기관이 저작재산권을 보유하여 같은 조 제 2 항에 의한 이용활성화 정책의 대상이 되는 저작물을 포함하여 '광의의 공공저작물'이라고 부르고자 한다. 제24조의2의 제목이 '공공저작물의 자유이용'인데 ③도 포함하여 규정하고 있는 점에서 저작권법상의 '공공저작물' 개념은 광의의 공공저작물을 뜻하는 것으로 볼 수 있고, 따라서 본서에서도 '협의' 또는 '광의'를 표시하지 않고 단순히 '공공저작물'이라고 할 때는 '광의의 공공저작물'을 뜻하는 개념으로 사용한다.

공공저작물에 대하여는 저작권법 제 7 조 제 1 호부터 제 4 호까지에서도 규정하고 있는데, 그 것은 법령, 고시, 훈령, 판결 등으로서 국가 또는 지방자치단체가 작성한 저작물 중에서 특히 일 반 국민에게 주지시킬 공익적 성격이 강한 것들에 한정하여 아예 저작권법에 의한 보호를 받지 못하도록 규정한 것이라 할 수 있다(§7-1 이하 참조). 그러나 그 외의 공공저작물도 국민이 납부한 세금으로 조성되는 국가예산 등을 바탕으로 공공적인 목적으로 작성되는 것이므로 특별한 문제 만 없다면 이를 널리 모든 국민들이 자유롭게 사용하고 문화산업 등을 위해서도 일종의 '창조자 원'으로 삼아 활용할 수 있도록 하는 것이 바람직한 방향이라 할 수 있다. 공공저작물의 경우는 공공의 목적 하에 국가예산의 뒷받침으로 작성되는 것이므로 저작권보호의 공리주의적 근거인 '창작유인'을 필요로 하지 않는다는 점도 위와 같은 방향의 제도적 노력에 정당성을 부여한다고 볼 수 있다. 2013. 12. 30. 법률 제12137호로 이루어진 저작권법 개정(2014. 7. 1. 시행)을 통해 신설 된 저작권법 제24조의2는 위와 같은 취지에 기하여 공공저작물의 자유이용을 보장하고 그 이용 을 활성화하기 위한 규정이라 할 수 있다.

위와 같은 법개정으로 현행 저작권법은 공공저작물에 대하여 ① 제 7 조 제 1 호부터 제 4 호 까지의 규정을 통해 처음부터 저작권법에 의한 보호에서 배제되는 법령, 고시, 공고, 판결 등이나 그 편집물(국가 또는 지방자치단체에 의하여 작성된 경우에 한함)의 경우(§7-1), ② 저작권보호의 대상에 는 포함되지만, 제24조의2 제 1 항에서 그 저작재산권을 제한하여 그 예외사유에 해당하지 않는 한 누구든지 자유롭게 이용할 수 있도록 하고 있는 경우, ③ 저작권보호의 대상으로 인정되고 자 유이용의 대상으로 규정되지 않았지만, 정부의 공공저작물 이용활성화 정책의 대상으로 삼고 있 는 경우(제24조의2 제 2 항 및 제 3 항) 등의 세 가지로 구분하여 서로 다른 법적 취급을 하고 있다. 여기서는 그 중 ②와 ③에 대하여 살펴본다.

저작권법이 광의의 공공저작물을 모두 자유이용(저작재산권 제한사유)의 대상으로 하지 않고 협 의의 공공저작물만 자유이용의 대상으로 한 것은 광의의 공공저작물 중 공공기관이 저작재산권 을 보유하고 있는 저작물은 매우 다양한데 그 중 일부 저작물은 현재 유상의 거래대상이 되고 있 고 공공기관의 성격도 다양하여 그 차이를 무시하고 일률적으로 법에 의한 자유이용의 대상으로 하는 데는 무리가 따를 수 있음을 감안한 것이라 생각된다. 대신에 그러한 공공기관의 공공저작 물도 정부의 시책을 통해 공공저작물에 대한 자유이용허락표시인 '공공누리'를 부착하여 국민들 에게 자유이용의 대상으로 제공될 수 있도록 할 필요가 있다고 보아, 그러한 정부의 시책에 대한 근거조항으로 제 2 항의 규정을 둔 것이다. 법의 취지는 모든 공공저작물을 최대한 자유이용의 대 상으로 개방하고자 하는 데 있음을 감안하여 정부는 제 2 항에서 요구하는 '시책'을 적극적으로 펼쳐나가야 할 것이다.

한편, 이 규정은 다른 자유이용 규정들과 달리 저작인접권 제한 규정(제87조 제 1 항)에서 준용하고 있지 않아, 국가기관 등이 방송사업자인 방송, 국가기관 등이 음반제작자인 음반 등에 대하여는 적용되지 않는 것으로 해석된다. 이 점은 입법상의 특별한 고려에 기한 것이라기보다 비의도적인 누락이 아닐까 생각되므로 향후 입법적 보완이 필요하다.

2. 국가 또는 지방자치단체의 공공저작물(제 1 항)

(1) 대상 저작물

(가) 서   설

저작권법 제24조 제 1 항 본문은 "국가 또는 지방자치단체가 업무상 작성하여 공표한 저작물이나 계약에 따라 저작재산권의 전부를 보유한 저작물은 허락 없이 이용할 수 있다"고 하여 그 적용대상을 "국가 또는 지방자치단체가 업무상 작성하여 공표한 저작물이나 계약에 따라 저작재산권의 전부를 보유한 저작물"로 규정하고 있다. 이것은 ① 국가 또는 지방자치단체가 업무상 작성하여 공표한 저작물과 ② 국가 또는 지방자치단체가 계약에 따라 저작재산권의 전부를 보유한 저작물로 구분할 수 있다.

§14-23-2

(나) 국가 또는 지방자치단체가 업무상 작성하여 공표한 저작물

"국가 또는 지방자치단체가 업무상 작성하여 공표한 저작물"이란 국가 또는 지방자치단체(이하 통칭하여 '국가등'이라 한다)의 소속 공무원이 업무상 작성한 저작물로서 '업무상저작물'(§10-1 참조)에 관한 저작권법 제 9 조의 요건을 갖추어 국가등을 그 저작자로 보게 되는 저작물 중 국가등이 공표한 것을 뜻하는 것으로 해석된다. '국가'가 주체인 경우라고 하는 것은 실질적으로 '국가기관'이 주체인 경우를 뜻하는 것으로 볼 수 있는데 국가기관에는 입법부, 사법부, 행정부가 모두 포함되며 행정부에는 정부조직법에 의한 중앙행정기관 등이 포함되며, 구체적으로는 각 부처 직제(대통령령)에 규정된 기관들이 이에 해당하는 것으로 볼 수 있다. 뒤에서 보는 '공공기관'은 국가기관의 범위에서 제외된다. 업무상저작물에 관한 제 9 조의 요건 중 '법인등 사용자의 명의로 공표될 것'이라는 요건이 있는데, 그 가운데는 이미 공표된 것만이 아니라 공표가 예정된 것도 포함되므로(§10-23 참조) 국가등의 공무원이 업무상 작성한 미공표 저작물도 국가등 명의로 공표할 것으로 예정된 것은 국가등이 그 저작자가 되지만, 그러한 저작물이 모두 제24조의2 제 1 항의 적용대상인 것은 아니고 그 중에서 이미 공표된 것만 적용대상인 것으로 보는 것이 법문에 부합하는 해석이다. 나아가 실질적인 면에서도, 국가등이 어떤 형태로든 외부에 공개하지 않은 비공개(미공표) 상태의 저작물을 자유이용의 대상으로 삼는 것은 입법취지를 감안하더라도 지나친 면이 있음을

§14-23-3

감안할 때 위와 같은 해석이 타당한 것으로 생각된다. 이 경우는 저작권법 제 9 조에 따라 국가등이 저작자가 되어 그 저작물에 대한 저작재산권은 물론이고 저작인격권까지 모두 가지게 되므로, 이를 자유이용의 대상으로 삼는 데 있어서 제 3 의 권리자와의 관계에 대한 문제는 전혀 없을 것이라는 점을 고려하여 저작권법은 아래 (다)의 경우와 달리 저작재산권을 전부 보유하고 있을 것을 별도로 요구하지 않고 있다. 이미 모든 권리를 국가등이 보유하고 있기 때문이다.

(다) 국가 또는 지방자치단체가 계약에 따라 저작재산권의 전부를 보유한 저작물

§14-23-4   국가등이 "계약에 따라 저작재산권의 전부를 보유한 저작물"이란 국가등이 저작자가 아니어서 저작재산권을 원시취득하지는 않았지만, 해당 저작물에 대한 저작재산권자로부터 저작재산권 양도계약을 체결함으로써 저작재산권을 후발적으로 전부 취득한 저작물을 뜻한다. 이것은 국가등이 발주한 용역계약 등에서 용역결과로서의 산출물에 대한 저작재산권을 국가등에게 양도하기로 하는 약정을 함으로써 국가등이 그 산출물로서의 연구보고서 기타의 저작물에 대한 저작재산권을 전부 취득하게 된 경우[1] 등을 주로 염두에 둔 것이지만, 그 사유를 불문하고 어떤 이유로든 국가등이 계약을 통해 저작재산권을 전부 취득하였다면 본항의 적용대상이 될 수 있다. 저작재산권의 "전부"를 취득하여야 하므로 2차적저작물작성권을 포함한 모든 지분권을 양도받아 취득한 경우여야 한다. 뒤에서 보는 바와 같이 협의의 공공저작물의 자유이용의 방법에는 개작이나 번역 등이 포함됨을 감안할 때 국가등이 2차적저작물작성권도 보유하고 있어야 한다고 보는 위와 같은 해석은 필연적이다. 프로그램을 제외한 일반 저작물의 경우, 저작재산권의 전부를 양도하는 경우에도 2차적저작물작성권은 원저작권자에게 유보되어 있는 것으로 추정되므로(제45조 제 2 항 본문; §13-73 참조), 그 경우 국가등이 계약에서 2차적저작물작성권도 양도받는 취지를 명시한 경우에 한하여 본항의 대상이 될 수 있음을 유의하여야 할 것이다.

---

1 참고로 국유재산법 제65조의12는 중앙관서의 장 등이 국가 외의 자와 저작물 제작을 위한 계약을 체결할 경우 저작권 귀속에 관한 사항을 계약내용에 포함되도록 하고 있다. 이 규정을 인용해 보면 다음과 같다.
제65조의12(저작권의 귀속 등) ① 중앙관서의 장등은 국가 외의 자와 저작물 제작을 위한 계약을 체결하는 경우 그 결과물에 대한 저작권 귀속에 관한 사항을 계약내용에 포함하여야 한다.
② 중앙관서의 장등이 국가 외의 자와 공동으로 창작하기 위한 계약을 체결하는 경우 그 결과물에 대한 저작권은 제11조 제 1 항 본문에도 불구하고 공동으로 소유하며, 별도의 정함이 없으면 그 지분은 균등한 것으로 한다. 다만, 그 결과물에 대한 기여도 및 국가안전보장, 국방, 외교관계 등 계약목적의 특수성을 고려하여 협의를 통하여 저작권의 귀속주체 또는 지분율 등을 달리 정할 수 있다.
③ 중앙관서의 장등은 제 1 항 및 제 2 항에 따른 계약을 체결하는 경우 그 결과물에 대한 저작권의 전부를 국가 외의 자에게 귀속시키는 내용의 계약을 체결하여서는 아니 된다.
저작권 귀속에 대한 약정에 있어 국가가 2차적저작물작성권을 포함한 모든 저작권의 귀속주체가 되는 것으로 약정한 경우에는 저작재산권 전부를 국가가 양도받은 것으로 볼 수 있어(일신전속성이 있는 저작인격권은 계약상대방이 공무원이 아니라 독립된 계약주체인 이상 그 상대방이 그대로 보유한다) 위 2항 본문에 해당하는 경우는 결국 국가가 저작재산권을 전부 취득하여 저작권법의 이 규정에 해당하는 것으로 볼 수 있다. 그러나 위 2항 본문의 경우에는 국가가 저작재산권의 전부가 아니라 그 지분만 가지므로 이 규정의 적용대상이 아니라고 보아야 할 것이다.

(2) 예 외

(가) 서 설

위 (1)의 대상 저작물에 해당하면 원칙적으로 법 제24조의2 제 1 항 본문에 따른 자유이용의 대상이 되지만, 같은 항 단서는 "다만, 저작물이 다음 각 호의 어느 하나에 해당하는 경우에는 그러하지 아니하다"라고 규정하면서 제 1 호부터 제 4 호까지의 네 가지 예외사유를 규정하고 있다.

§14-23-5

(나) 국가안전보장에 관련되는 정보를 포함하는 경우(제 1 호)

법 제24조의2 제 1 항 제 1 호는 "국가안전보장에 관련되는 정보를 포함하는 경우"를 예외사유의 하나로 규정하고 있다. '국가안전보장'이란 국가의 존립, 헌법의 기본질서의 유지 등을 포함하는 개념으로서 국가의 독립, 영토의 보전, 헌법과 법률의 기능 및 헌법에 의하여 설치된 국가기관의 유지 등의 의미로 이해할 수 있다.[1] 이 규정의 입법취지에 비추어 보면, 이는 예컨대 국방이나 안보에 관한 비밀정보 등이 어떤 사유로든 잘못 공개된 경우와 같이 그 저작물의 활용 또는 보급이 위와 같은 의미의 '국가안전보장'에 현저히 부정적 영향을 미칠 가능성이 있는 경우를 뜻하는 것으로 보아야 할 것이다.[2] 그렇게 해석하지 않고 '국가안전보장'과 관련성이 있는 정보를 포함하고 있기만 하면 자유이용의 대상에서 제외되는 것으로 문리해석을 할 경우에는 국민들에게 널리 알릴 목적으로 작성된 국방부의 보도자료 등도 자유이용의 대상에서 제외되게 되는데, 그것은 입법취지와는 거리가 먼 해석이 될 것이다.[3]

§14-23-6

---

[1] 대법원 2013. 1. 24. 선고 2010두18918 판결.

[2] 참고로 공공기관의 정보공개에 관한 법률 제 9 조 제 1 항 제 2 호는 국가안전보장·국방·통일·외교관계 등에 관한 사항으로서 공개될 경우 국가의 중대한 이익을 현저히 해칠 우려가 있다고 인정되는 정보(제 2 호)를 비공개대상으로 규정하고 있다.

[3] 참고로, 위 대법원 2013. 1. 24. 선고 2010두18918 판결은 "구 국가정보원법(2011. 11. 22. 법률 제11104호로 개정되기 전의 것, 이하 같다) 제 6 조는 "국가정보원의 조직소재지 및 정원은 국가안전보장을 위하여 필요한 경우에는 이를 공개하지 아니할 수 있다."고 규정하고 있다. 여기서 '국가안전보장'이란 국가의 존립, 헌법의 기본질서의 유지 등을 포함하는 개념으로서 국가의 독립, 영토의 보전, 헌법과 법률의 기능 및 헌법에 의하여 설치된 국가기관의 유지 등의 의미로 이해할 수 있는데, 국외 정보 및 국내 보안정보(대공, 대정부전복, 방첩, 대테러 및 국제범죄조직에 관한 정보)의 수집작성 및 배포 등을 포함하는 국가정보원의 직무내용과 범위(제 3 조), 그 조직과 정원을 국가정보원장이 대통령의 승인을 받아 정하도록 하고 있는 점(제 4 조, 제 5 조 제 2 항), 정보활동의 비밀보장을 위하여 국가정보원에 대한 국회 정보위원회의 예산심의까지도 비공개로 하고 국회 정보위원회 위원으로 하여금 국가정보원의 예산 내역을 공개하거나 누설하지 못하도록 하고 있는 점(제12조 제 5 항) 등 구 국가정보원법상 관련 규정의 내용, 형식, 체계 등을 종합적으로 살펴보면, 국가정보원의 조직소재지 및 정원에 관한 정보는 특별한 사정이 없는 한 국가안전보장을 위하여 비공개가 필요한 경우로서 구 국가정보원법 제 6 조에서 정한 비공개 사항에 해당하고, 결국 공공기관의 정보공개에 관한 법률 제 9 조 제 1 항 제 1 호에서 말하는 '다른 법률에 의하여 비공개 사항으로 규정된 정보'에도 해당한다고 보는 것이 타당하다"고 판시하고 있는데, 공공기관의 정보공개에 관한 법률상의 비공개 대상정보와 관련된 것이긴 하지만, 국가안전보장에 관련되는 정보의 한 예라고 할 수 있을 것이다.

(다) 개인의 사생활 또는 사업상 비밀에 해당하는 경우(제 2 호)

1) '개인의 사생활'에 해당하는 경우

§14-23-7　'개인의 사생활'은 "모든 국민은 사생활의 비밀과 자유를 침해받지 아니한다"고 규정한 헌법 제17조에 의한 보호대상으로서 인간의 존엄과 가치, 행복추구권을 규정한 헌법 제10조 제 1 문에서 도출되는 일반적 인격권의 보호대상에도 포함되며 그러한 헌법규정들에 기초하여 제정된 개인정보보호법에 의한 보호대상인 '개인정보'[1]가 사생활의 침해방지를 위한 법적 보호대상이라고 할 수 있다.

　　　　그러나 살아 있는 개인의 성명 등이 포함되어 있다고 하여 모두 사용할 수 없다고 하면 예를 들어 담당공무원의 성명과 직책이 표시된 보도자료나 국회의원 성명이 포함된 국회 문건 등도 제외되게 되어 지나친 제한이 될 것이다. 공공기관의 정보공개에 관한 법률 제 9 조 제 1 항 제 6 호의 각목의 예외사유[2]에 해당하여 공개가 허용되는 개인정보는 이 규정에서 말하는 "개인의 사생활"의 범위에 해당하지 않는 것으로 보아 그것이 포함된 저작물도 자유이용의 대상에 포함되는 것으로 보아야 할 것으로 생각된다.

　　　　또한 대법원 판례는 "사생활과 관련된 사항의 공개가 사생활의 비밀을 침해하는 것으로서 위법하다고 하기 위하여는 적어도 공표된 사항이 일반인의 감수성을 기준으로 하여 그 개인의 입장에 섰을 때 공개되기를 바라지 않을 것에 해당하고 아울러 일반인에게 아직 알려지지 않은 것으로서 그것이 공개됨으로써 그 개인이 불쾌감이나 불안감을 가질 사항 등에 해당하여야 한다"고 판시하고 있으므로[3] 이러한 대법원 판례에 따라 위법하지 않은 것으로 판단되는 사항이라면 본 항에서 말하는 "개인의 사생활"에 해당하는 경우는 아니라고 보아야 할 것이다.[4]

2) '사업상 비밀'에 해당하는 경우

§14-23-8　'사업상 비밀'의 의미를 어떻게 보아야 할 것인지, 이를 부정경쟁방지 및 영업비밀보호에 관

---

1 개인정보보호법 제 2 조 제 1 호는 '개인정보'를 "살아 있는 개인에 관한 정보로서 성명, 주민등록번호 및 영상 등을 통하여 개인을 알아볼 수 있는 정보(해당 정보만으로는 특정 개인을 알아볼 수 없더라도 다른 정보와 쉽게 결합하여 알아볼 수 있는 것을 포함한다)를 말한다"고 규정하고 있다.

2 공공기관의 정보공개에 관한 법률 제 9 조 제 1 항 제 6 호는 "해당 정보에 포함되어 있는 성명주민등록번호 등 개인에 관한 사항으로서 공개될 경우 사생활의 비밀 또는 자유를 침해할 우려가 있다고 인정되는 정보"를 비공개대상으로 규정하면서 그 단서규정을 통해 ① 법령에서 정하는 바에 따라 열람할 수 있는 정보(가목), ② 공공기관이 공표를 목적으로 작성하거나 취득한 정보로서 사생활의 비밀 또는 자유를 부당하게 침해하지 아니하는 정보(나목), ③ 공공기관이 작성하거나 취득한 정보로서 공개하는 것이 공익이나 개인의 권리 구제를 위하여 필요하다고 인정되는 정보(다목), ④ 직무를 수행한 공무원의 성명직위(라목), ⑤ 공개하는 것이 공익을 위하여 필요한 경우로서 법령에 따라 국가 또는 지방자치단체가 업무의 일부를 위탁 또는 위촉한 개인의 성명직업(마목) 등 개인에 관한 정보를 예외로 규정하여 공개할 수 있도록 하고 있다.

3 대법원 2006. 12. 22. 선고 2006다15922 판결.

4 오상훈·이규호, 공공저작물 관리방안 및 위탁저작물 귀속 명확화 방안 연구(이규호 집필부분), 한국문화정보센터, 2014, 77~78면 참조.

한 법률(이하 '부정경쟁방지법'이라 한다)상의 '영업비밀'과 동일한 개념으로 볼 것인지 여부가 해석상 까다로운 문제라 생각된다. '사업상 비밀'이라는 용어를 사용한 법률 규정으로는 저작권법의 본조항 외에 독점규제 및 공정거래에 관한 법률 제43조 제 1 항, 표시·광고의 공정화에 관한 법률 제 7 조의3 제 2 항 제 4 호, 환경분쟁 조정법 제37조 제 3 항 등이 있지만, 저작권법과 마찬가지로 그 법률들에 '사업상 비밀'에 대한 정의 규정은 두고 있지 않다. 저작권법 제24조의2의 규정 취지가 공공저작물의 자유이용을 최대한 보장하고자 하는 취지임을 감안하면, 본 규정에서 자유이용의 대상에서 제외하고 있는 '사업상 비밀'에 해당하는 경우는 엄격하게 해석하여, '사업상 비밀'의 공개적 이용이 위법한 경우를 뜻하는 것으로 보아야 할 것으로 생각된다. 따라서 이 규정에서의 '사업상 비밀'의 의미는 부정경쟁방지법상의 '영업비밀'과 동일한 것으로 보는 것이 타당할 것으로 생각된다.[1] 부정경쟁방지법 제 2 조 제 2 호는 '영업비밀'을 "공공연히 알려져 있지 아니하고 독립된 경제적 가치를 가지는 것으로서, 합리적인 노력에 의하여 비밀로 유지된 생산방법, 판매방법, 그 밖에 영업활동에 유용한 기술상 또는 경영상의 정보를 말한다"고 정의하고 있다. 여기서 ① '공연히 알려져 있지 아니하다'는 것(비공지성 또는 비밀성)은 그 정보가 간행물 등의 매체에 실리는 등 불특정 다수인에게 알려져 있지 않기 때문에 보유자를 통하지 아니하고는 그 정보를 통상 입수할 수 없는 것을 말하고,[2] ② '독립된 경제적 가치를 가진다'는 것(경제적 유용성)은 그 정보의 보유자가 그 정보의 사용을 통해 경쟁자에 대하여 경쟁상의 이익을 얻을 수 있거나 또는 그 정보의 취득이나 개발을 위해 상당한 비용이나 노력이 필요하다는 것을 말하며,[3] ③ '상당한 노력에 의하여 비밀로 유지된다'는 것(비밀관리성)은 그 정보가 비밀이라고 인식될 수 있는 표시를 하거나 고지를 하고, 그 정보에 접근할 수 있는 대상자나 접근 방법을 제한하거나 그 정보에 접근한 자에게 비밀준수의무를 부과하는 등 객관적으로 그 정보가 비밀로 유지관리되고 있다는 사실이 인식 가능한 상태인 것을 말한다.[4] 공공기관의 정보공개에 관한 법률 제 9 조 제 1 항 제 7 호는 법인단체 또는 개인의 경영상영업상 비밀에 관한 사항으로서 공개될 경우 법인등의 정당한 이익을 현저히 해칠 우려가 있다고 인정되는 정보는 특별한 예외사유[5]에 해당하지 않는 한 공개하지 않도록 규정하고 있으므로 위와 같은 영업비밀에 해당하는 정보는 원칙적으로 비공개정보에 해당할 것이나, 국가등이 이를 간과하고 공표한 경우 등이 본 규정의 적용대상이 될 수 있을 것이다.

---

1 오상훈·이규호, 전게문헌, 78~80면 참조.
2 대법원 2004. 9. 23. 선고 2002다60610 판결 등 참조.
3 대법원 2009. 4. 9. 선고 2006도9022 판결 등 참조.
4 대법원 2012. 6. 28. 선고 2012도3317 판결, 대법원 2009. 7. 9. 선고 2006도7916 판결 등 참조.
5 공공기관의 정보공개에 관한 법률 제 9 조 제 1 항 제 7 호 가목과 나목에서 i) 사업활동에 의하여 발생하는 위해로부터 사람의 생명신체 또는 건강을 보호하기 위하여 공개할 필요가 있는 정보(가목)와 ii) 위법부당한 사업활동으로부터 국민의 재산 또는 생활을 보호하기 위하여 공개할 필요가 있는 정보(나목)를 예외로 규정하고 있다.

(라) 다른 법률에 따라 공개가 제한되는 정보를 포함하는 경우(제3호)

§14-23-9

다른 법률에 따라 공개가 제한되는 정보란 공공기관의 정보공개에 관한 법률 제9조[1]에서 비공개 대상 정보로 규정하고 있는 정보를 뜻하는 것으로 보아도 좋을 것이다. 같은 법 제1항 제1호가 "다른 법률 또는 법률에서 위임한 명령(국회규칙·대법원규칙·헌법재판소규칙·중앙선거관리위원회규칙·대통령령 및 조례로 한정한다)에 따라 비밀이나 비공개 사항으로 규정된 정보"도 비공개 대상정보로 규정하고 있기 때문에 다른 모든 법률 등에 의한 비공개정보도 이 규정으로 수렴되기 때문이다. 다른 법령상의 비공개 대상정보에 해당하는 것의 예로는 공공기록물 관리에 관한 법률 제35조, 국회기록물관리규칙 제32조 등에 따라 비공개로 분류된 기록물을 들 수 있다.

---

1 공공기관의 정보공개에 관한 법률 제9조의 내용은 다음과 같다.

제9조(비공개 대상 정보) ① 공공기관이 보유·관리하는 정보는 공개 대상이 된다. 다만, 다음 각 호의 어느 하나에 해당하는 정보는 공개하지 아니할 수 있다.

1. 다른 법률 또는 법률에서 위임한 명령(국회규칙·대법원규칙·헌법재판소규칙·중앙선거관리위원회규칙·대통령령 및 조례로 한정한다)에 따라 비밀이나 비공개 사항으로 규정된 정보

2. 국가안전보장·국방·통일·외교관계 등에 관한 사항으로서 공개될 경우 국가의 중대한 이익을 현저히 해칠 우려가 있다고 인정되는 정보

3. 공개될 경우 국민의 생명·신체 및 재산의 보호에 현저한 지장을 초래할 우려가 있다고 인정되는 정보

4. 진행 중인 재판에 관련된 정보와 범죄의 예방, 수사, 공소의 제기 및 유지, 형의 집행, 교정(矯正), 보안처분에 관한 사항으로서 공개될 경우 그 직무수행을 현저히 곤란하게 하거나 형사피고인의 공정한 재판을 받을 권리를 침해한다고 인정할 만한 상당한 이유가 있는 정보

5. 감사·감독·검사·시험·규제·입찰계약·기술개발·인사관리에 관한 사항이나 의사결정 과정 또는 내부검토 과정에 있는 사항 등으로서 공개될 경우 업무의 공정한 수행이나 연구·개발에 현저한 지장을 초래한다고 인정할 만한 상당한 이유가 있는 정보. 다만, 의사결정 과정 또는 내부검토 과정을 이유로 비공개할 경우에는 의사결정 과정 및 내부검토 과정이 종료되면 제10조에 따른 청구인에게 이를 통지하여야 한다.

6. 해당 정보에 포함되어 있는 성명·주민등록번호 등 개인에 관한 사항으로서 공개될 경우 사생활의 비밀 또는 자유를 침해할 우려가 있다고 인정되는 정보. 다만, 다음 각 목에 열거한 개인에 관한 정보는 제외한다.

가. 법령에서 정하는 바에 따라 열람할 수 있는 정보

나. 공공기관이 공표를 목적으로 작성하거나 취득한 정보로서 사생활의 비밀 또는 자유를 부당하게 침해하지 아니하는 정보

다. 공공기관이 작성하거나 취득한 정보로서 공개하는 것이 공익이나 개인의 권리 구제를 위하여 필요하다고 인정되는 정보

라. 직무를 수행한 공무원의 성명·직위

마. 공개하는 것이 공익을 위하여 필요한 경우로서 법령에 따라 국가 또는 지방자치단체가 업무의 일부를 위탁 또는 위촉한 개인의 성명·직업

7. 법인·단체 또는 개인(이하 "법인등"이라 한다)의 경영상·영업상 비밀에 관한 사항으로서 공개될 경우 법인등의 정당한 이익을 현저히 해칠 우려가 있다고 인정되는 정보. 다만, 다음 각 목에 열거한 정보는 제외한다.

가. 사업활동에 의하여 발생하는 위해(危害)로부터 사람의 생명·신체 또는 건강을 보호하기 위하여 공개할 필요가 있는 정보

나. 위법·부당한 사업활동으로부터 국민의 재산 또는 생활을 보호하기 위하여 공개할 필요가 있는 정보

8. 공개될 경우 부동산 투기, 매점매석 등으로 특정인에게 이익 또는 불이익을 줄 우려가 있다고 인정되는 정보

② 공공기관은 제1항 각 호의 어느 하나에 해당하는 정보가 기간의 경과 등으로 인하여 비공개의 필요성이 없어진 경우에는 그 정보를 공개 대상으로 하여야 한다.

③ 공공기관은 제1항 각 호의 범위에서 해당 공공기관의 업무 성격을 고려하여 비공개 대상 정보의 범위에 관한 세부 기준을 수립하고 이를 공개하여야 한다.

위와 같이 법에 따라 공개가 제한된 것은 정부의 책임으로 비공개를 준수하여야 하고 국민들은 정부를 믿고 안심하고 사용할 수 있도록 하는 것이 저작권법 제24조의2의 입법취지를 보다 잘 살릴 수 있는 길이 아니었을까 생각되는 면이 없지 않다. 기존에 국가등의 저작재산권으로 묶여 있던 것을 자유이용으로 개방하는 입법적 결단에 대한 일각의 우려를 의식하여 이용자의 입장에서도 한 번 더 체크해 보도록 하는 의미에서 이와 같은 규정을 둔 것으로 보인다. 그러나 다른 국민들의 사생활 보호 등 개인적 법익과 관련하여 체크하도록 하는 것은 필요한 일이라 할 수 있지만, 국가적 법익과 관련된 경우로서 그 판단이 쉽지 않은 경우나 국가기관이 법령에 따라 내부적으로 비공개로 분류한 경우 등에는 국가의 잘못으로 공표해 두고는 그 이용자에게 책임을 묻기 위해 저작권법 제24조의2 제 1 항 제 3 호의 예외사유 등을 들어 저작재산권 침해를 주장할 수 하도록 하는 셈이 되어 적절치 않은 것으로 느껴진다. 따라서 향후 이 부분과 관련하여, 예외사유를 너무 넓게 규정하고 있는 것은 아닌지 입법적 재검토가 필요할 것으로 생각된다.

(마) 한국저작권위원회에 등록된 저작물로서 국유재산법에 따른 국유재산 또는 공유재산 및 물품 관리법에 따른 공유재산으로 관리되는 경우(제 4 호)

1) 한국저작권위원회에 등록된 저작물로서 국유재산법에 따른 국유재산으로 관리되는 경우

국유재산법 제 2 조 제 1 호는 '국유재산'에 대하여 "국가의 부담, 기부채납이나 법령 또는 조약에 따라 국가 소유로 된 제 5 조 제 1 항 각 호의 재산을 말한다"고 정의하고 있고, 제 5 조 제 1 항에서는 "저작권법에 따른 저작권, 저작인접권 및 데이터베이스제작자의 권리 및 그 밖에 같은 법에서 보호되는 권리로서 같은 법 제53조 및 제112조 제 1 항에 따라 한국저작권위원회에 등록된 권리(이하 "저작권등"이라 한다)"를 국유재산의 범위에 포함하고 있다(같은 항 제 6 호 나목). 2012. 12. 18 법률 제11548호로 국유재산법의 개정(시행 2013. 6. 19)을 하기 전에는 '사용허가' 등의 면에서 지식재산권의 특성을 반영하지 않은 상태에서 모든 저작권을 국유재산에 포함하는 규정을 두고 있었는데 위 개정을 통해 위와 같이 저작권 중 (국가가 특별히 국유재산으로 관리할 의도 하에) 한국저작권위원회에 등록한 것만 국유재산의 범위에 포함함으로써 국가가 저작재산권을 보유하고 있어도 한국저작권위원회에 등록하지 않은 저작물은 국유재산법의 적용을 받지 않고 보다 자유롭게 이용허락을 할 수 있도록 하는 입법적 개선이 이루어졌다.

§14-23-9

저작권법 제24조의2 제 1 항 제 4 호에서 위와 같이 국유재산으로 관리되는 경우를 저작재산권 제한 대상에서 제외한 것은 국가가 특별히 국유재산으로 관리할 필요가 있다고 하는 것은 적극적 등록행위를 통하여 관리하고 그렇게 등록하지 않고 공표한 것은 자유이용의 대상으로 함으로써 일종의 '옵트-아웃' 방식(특별히 이용허락을 받은 경우에만 이용할 수 있는 시스템이 아니라 권리자 측

에서 특별한 절차적 노력을 기울여야만 자유이용의 대상에서 벗어날 수 있는 시스템이라는 의미)의 제도적 아이디어를 구현한 것이라 할 수 있다. 이 규정은 이와 같이 국가기관이 적극적으로 등록하여 국유재산의 범위에 포함하여 관리한다는 것만을 예외사유의 요건으로 함으로써 그것이 어떤 정당한 이유를 가졌는지는 묻지 않고 있다. 만약 국가가 특별한 이유 없이 모든 저작물을 국유재산화하여 관리하는 원칙을 정하여 시행한다면 결국 저작권법 제24조의2 제 1 항은 아무 의미 없는 것이 되겠지만, 현실적으로는 그렇게 될 가능성은 없고, 공공저작물 이용활성화의 정책적 분위기 속에서 나름대로 정당한 필요성이 있는 특별한 경우에 한하여 등록 및 관리를 할 것이라는 예상 또는 기대를 기초로 이와 같은 입법을 한 것으로 볼 수 있다.

> 2) 한국저작권위원회에 등록된 저작물로서 '공유재산 및 물품 관리법'에 따른 공유재산으로 관리되는 경우

§14-23-10   공유재산 및 물품 관리법 제 2 조 제 1 호는 '공유재산'을 "지방자치단체의 부담, 기부채납이나 법령에 따라 지방자치단체 소유로 된 제 4 조 제 1 항 각 호의 재산을 말한다"고 정의하고 있다. 나아가 동법 제 4 조 제 1 항 제 5 호는 "저작권·특허권·디자인권·상표권·실용신안권과 그 밖에 이에 준하는 권리"를 공유재산의 범위에 포함하고 있다. 따라서 이 법의 규정에 의하면 2012. 12. 18.자 국유재산법 개정 이전의 국유재산법과 마찬가지로 한국저작권위원회에 등록하지 않아도 지방자치단체가 저작권을 가지는 저작물이 창작되거나 다른 저작물에 대하여 지방자치단체가 계약을 통해 저작재산권을 양도받는 즉시 공유재산에 편입되어 법적으로는 관리대상에 포함되게 된다. 그러나 저작권법의 위 규정이 "한국저작권위원회에 등록된 저작물"일 것을 요구하고 있으므로, 위와 같이 공유재산으로 된 저작물이 모두 자유이용의 대상에서 제외되는 것이 아니라 그 가운데 한국저작권위원회에 등록된 것만 제외되게 된다.

공유재산 및 물품 관리법은 아직 지식재산의 경우를 위한 특례규정을 두지도 않고 있어 공유재산인 저작물의 이용허락 등 절차가 까다롭게 규정되어 있다.

> 3) 국유재산 등으로 관리되는 경우의 이용활성화(제 3 항)

§14-23-11   저작권법 제24조의2 제 3 항은 "국가 또는 지방자치단체는 제 1 항 제 4 호의 공공저작물 중 자유로운 이용을 위하여 필요하다고 인정하는 경우 국유재산법 또는 공유재산 및 물품 관리법에도 불구하고 대통령령으로 정하는 바에 따라 사용하게 할 수 있다"고 규정하고 있다.

이것은 국가등이 한국저작권위원회에 등록하여 관리하는 국유재산이나 공유재산의 경우를 예외로 규정하면서도 그 가운데도 공공저작물 이용 활성화의 시책에 따라 널리 국민의 자유이용에 제공할 필요가 있는 것들이 있을 수 있음을 감안한 규정으로서, 제 1 항의 규정과 같은 저작재산권 제한규정은 아니고, 공공저작물 이용활성화 정책의 시행을 위한 특례규정일 뿐이다. 이것은

국유재산법[1]이나 공유재산 및 물품관리법[2]에 규정된 절차적인 제약을 벗어나 보다 간편하고 자유롭게 이용허락을 할 수 있도록 하기 위한 규정이라 할 수 있다.

그러한 취지에 따라 저작권법 시행령 제 1 조의3 제 2 항은 "법 제24조의2 제 3 항에 따라 「국유재산법」 제 2 조 제11호에 따른 중앙관서의 장등(이하 "중앙관서의 장등"이라 한다) 또는 지방자치단체의 장은 법 제24조의2 제 1 항 제 4 호의 공공저작물 중 국민의 자유로운 이용이 필요하다고 인정하는 경우에는 「국유재산법」 제65조의8 및 「공유재산 및 물품관리법」 제20조·제29조에도 불구하고 사용·수익허가나 대부계약 체결 없이 해당 공공저작물을 자유롭게 사용하도록 할 수 있다. 이 경우 중앙관서의 장등 또는 지방자치단체의 장은 해당 공공저작물을 사용·수익허가

---

1 현행 국유재산법은 2012. 12. 18자 개정 이전에 비하여는 상대적으로 보다 유연하게 이용허락을 할 수 있도록 규정하고 있으나 여전히 다소간 까다로운 제약을 내포하고 있다. 위 개정으로 국유재산법 제 4 장의2로 '지식재산 관리·처분의 특례'가 규정되었는데, 그 규정들을 나열해 보면 다음과 같다.
제65조의7(지식재산의 사용허가등) ① 지식재산의 사용허가 또는 대부(이하 "사용허가등"이라 한다)를 받은 자는 제30조 제 2 항 본문 및 제47조 제 1 항에도 불구하고 해당 중앙관서의 장등의 승인을 받아 그 지식재산을 다른 사람에게 사용수익하게 할 수 있다.
② 저작권등의 사용허가등을 받은 자는 해당 지식재산을 관리하는 중앙관서의 장등의 승인를 받아 그 저작물의 변형, 변경 또는 개작을 할 수 있다.
제65조의8(지식재산의 사용허가등의 방법) ① 중앙관서의 장등은 지식재산의 사용허가등을 하려는 경우에는 제31조 제 1 항 본문 및 제47조 제 1 항에도 불구하고 수의의 방법으로 하되, 다수에게 일시에 또는 수회에 걸쳐 할 수 있다.
② 제 1 항에 따라 사용허가등을 받은 자는 다른 사람의 이용을 방해하여서는 아니 된다.
③ 중앙관서의 장등은 제 2 항을 위반하여 다른 사람의 이용을 방해한 자에 대하여 사용허가등을 철회할 수 있다.
④ 중앙관서의 장등은 제 1 항에도 불구하고 제65조의11 제 1 항에 따른 사용허가등의 기간 동안 신청자 외에 사용허가등을 받으려는 자가 없거나 지식재산의 효율적인 관리를 위하여 특히 필요하다고 인정하는 경우에는 특정인에 대하여만 사용허가등을 할 수 있다. 이 경우 사용허가등의 방법은 제31조 제 1 항 본문 및 제 2 항 또는 제47조 제 1 항에 따른다.
제65조의9(지식재산의 사용료 등) ① 지식재산의 사용허가등을 한 때에는 제32조 제 1 항 및 제47조 제 1 항에도 불구하고 해당 지식재산으로부터의 매출액 등을 고려하여 대통령령으로 정하는 사용료 또는 대부료를 징수한다.
② 동일인(상속인이나 그 밖의 포괄승계인은 피승계인과 동일인으로 본다)이 같은 지식재산을 계속 사용수익하는 경우에는 제33조 및 제47조 제 1 항은 적용하지 아니한다.
제65조의10(지식재산 사용료 또는 대부료의 감면) 중앙관서의 장등은 제34조 제 1 항 및 제47조 제 1 항에서 정한 사항 외에 다음 각 호의 어느 하나에 해당하는 경우에는 대통령령으로 정하는 바에 따라 그 사용료 또는 대부료를 감면할 수 있다.
1. 「농어업농어촌 및 식품산업 기본법」 제 3 조 제 2 호에 따른 농어업인의 소득 증대, 「중소기업기본법」 제 2 조에 따른 중소기업의 수출 증진, 그 밖에 이에 준하는 국가시책을 추진하기 위하여 중앙관서의 장등이 필요하다고 인정하는 경우 : 면제
2. 그 밖에 지식재산을 공익적 목적으로 활용하기 위하여 중앙관서의 장등이 필요하다고 인정하는 경우 : 감면
제65조의11(지식재산의 사용허가등 기간) ① 제35조 또는 제46조에도 불구하고 지식재산의 사용허가기간 또는 대부기간은 5년 이내에서 대통령령으로 정한다.
② 제 1 항에 따른 사용허가기간 또는 대부기간이 끝난 지식재산(제35조 제 2 항 본문 및 제46조 제 2 항에 따라 대통령령으로 정하는 지식재산의 경우는 제외한다)에 대하여는 제 1 항의 사용허가기간 또는 대부기간을 초과하지 아니하는 범위에서 종전의 사용허가등을 갱신할 수 있다. 다만, 제65조의8 제 4 항에 따른 사용허가등의 경우에는 이를 한 번만 갱신할 수 있다.
2 공유재산 및 물품관리법은 국유재산법의 2012. 12. 18.자 개정과 같은 개정이 이루어지지 않아 지식재산에 대한 특례 규정이 아직 없어 더욱 까다로운 절차로 규정되어 있다고 할 수 있다.

나 대부계약 체결 없이 자유롭게 사용할 수 있다는 것을 알 수 있도록 제 1 항 제 5 호에 따른 기준에 따라 표시할 수 있다"고 규정하고 있다. 여기서 말하는 "제 1 항 제 5 호에 따른 기준"에 따른 표시가 바로 '공공누리'이므로 저작권법 제24조의2 제 3 항 및 위 시행령 규정은 결국 국유재산 및 공유재산으로 관리되는 등록저작물에 대하여도 공공저작물 이용 활성화의 대상이 될 수 있는 저작물에 대하여 '공공누리'의 활용을 촉진하기 위하여 국유재산법 등의 절차적 제약을 벗어날 수 있도록 한 것이라 할 수 있다.

(3) 이용방법

§14-23-12   위 (1)에 해당하면서 위 (2)의 예외사유에는 해당하지 않는 협의의 공공저작물은 저작권법 제24조의2 제 1 항에 따라 저작재산권자의 허락 없이 이용할 수 있다. 이용방법에 특별한 제한이 없으므로 어떤 방법으로든 이용할 수 있고, 법 제36조 제 1 항에 의하여 번역·편곡 또는 개작도 가능하도록 되어 있다. 다만 저작인격권을 해하지는 않아야 하는 제약은 있는데, 위와 같은 개작 등이 허용되므로 개작에 의한 동일성유지권 침해는 본질적인 변형이나 명예훼손적인 변경 등 예외적인 경우가 아닌 한 문제되지 않을 것이다. 법에 의하여 일률적으로 저작재산권이 제한되는 것이므로 이 규정의 적용대상에 대하여는 국가등이 변경금지의 제한을 가할 수 없고, 비영리목적의 이용 등의 제한을 가할 수도 없다. 성명표시권과 출처명시의무에 기하여 저작물 작성주체인 국가기관 등을 정확하게 표시할 의무는 있다. 따라서 뒤에서 보는 '공공누리' 중 제 1 유형의 표시를 하는 것은 법의 취지와 어긋나지 않아 별 문제가 없을 수도 있지만, 제 2 유형부터 제 4 유형까지를 붙이는 것은 법의 취지에 반하는 것으로서 이용자들은 그 표시에도 불구하고 해당 공공누리 유형의 이용조건 등의 제한을 받지 않고 자유롭게 이용할 수 있다고 보아야 할 것이다.

3. 공공기관의 공공저작물(제 2 항)

§14-23-13   저작권법 제24조의2 제 2 항은 "국가는 공공기관의 운영에 관한 법률 제 4 조에 따른 공공기관이 업무상 작성하여 공표한 저작물이나 계약에 따라 저작재산권의 전부를 보유한 저작물의 이용을 활성화하기 위하여 대통령령으로 정하는 바에 따라 공공저작물 이용활성화 시책을 수립·시행할 수 있다"고 규정하고 있다. 그리고 저작권법 시행령 제 1 조의3 제 1 항은 법 제24조의2 제 2 항에 따른 공공저작물 이용활성화 시책에는 ① 자유이용할 수 있는 공공저작물의 확대 방안(제 1 호), ② 공공저작물 권리 귀속 명확화 등 이용활성화를 위한 여건 조성에 관한 사항(제 2 호), ③ 공공저작물의 민간 활용 촉진에 관한 사항(제 3 호), ④ 공공저작물 자유이용에 관한 교육·훈련 및 홍보에 관한 사항(제 4 호), ⑤ 자유이용할 수 있는 공공저작물임을 나타내기 위하여 문화체육관광

부장관이 정한 표시 기준의 적용에 관한 사항(제5호), ⑥ 공공저작물 자유이용과 관련된 제도의
정비에 관한 사항(제6호), ⑦ 그 밖에 공공기관의 공공저작물 이용활성화를 위하여 필요한 사항
(제7호)이 포함되어야 하는 것으로 규정하고 있다.

앞에서도 언급한 바와 같이 이 규정은 저작재산권 제한사유에 대한 규정이 아니라 공공저작
물 이용활성화 정책에 관한 규정이므로 제1항과는 그 법적 성격을 달리한다. 따라서 제36조 제
1항에서 번역·편곡 또는 개작도 가능하게 하는 것에 제24조의2를 포함하고 있지만, 제24조의2
제1항만 저작재산권 제한 규정이므로 제36조의 적용대상이 되고, 제24조의2 제2항 및 제3항
(§14-23-11)은 성격상 제외되는 것으로 보아야 할 것이다. 즉, 이 규정에 따른 자유이용은 법에 의
한 것이 아니라 위 시행령의 시책을 기초로 한 각 국가기관등의 최종결정을 매개로 하여 이루어
지는 것으로서 그 이용허락의 범위 선택에 있어서 변경금지, 비영리 등의 조건을 설정하는 것은
저작권법적으로 금지되는 것은 아니다. 다만 공공데이터의 제공 및 이용 활성화에 관한 법률(이하
'공공데이터법'이라 약칭함) 제3조 제4항은 "공공기관은 다른 법률에 특별한 규정이 있는 경우 또
는 제28조 제1항 각 호의 경우를 제외하고는 공공데이터의 영리적 이용인 경우에도 이를 금지
또는 제한하여서는 아니 된다"고 하여 영리목적의 이용도 원칙적으로 허용하여야 한다고 규정하
고 있으므로 동법의 제한을 받을 수는 있다.

그리고 위 ⑤의 "자유이용할 수 있는 공공저작물임을 나타내기 위하여 문화체육관광부장관
이 정한 표시 기준"이 바로 '공공누리'(KOGL, Korea Open Government License)이다. '공공누리'란
공공저작물에 대한 자유이용허락 표준 라이선스로, 공공저작물의 자유로운 이용기반을 조성하기
위해 정부에서 마련한 것이다. 자유이용허락표시로는 민간에서 사용되는 CCL(§3-77 각주 참조)이
있으나, 이용허락조건을 보다 간소화하여 자유이용의 범위를 넓히고 공공저작물에 한정된 사용으
로 신뢰성을 높이며, 공공기관의 면책약관을 포함함으로써 공공기관들의 보다 적극적인 참여를
유도하고자 하는 등의 목적으로 공공저작물용 자유이용허락표시를 별도로 개발하게 된 것이다.

이용자가 쉽게 그 이용조건을 확인할 수 있도록 이용자가 인지하기 쉬운 '공공누리 마크'가
다음과 같이 만들어져 있다.

기본 표시	이용허락 조건 표시		
	출처표시(기본조건)	상업적 이용금지	변경 금지
OPEN 공공누리 공공저작물 자유이용허락	출처표시	상업용금지	변경금지

그리고 이용허락의 유형으로는 출처표시의무를 기본조건으로 하고, 공공기관의 필요에 따라 상업적 이용금지, 변경금지 의무를 선택적으로 부과할 수 있도록 함으로써 다음과 같은 네 가지 유형의 공공누리 중에 하나를 선택할 수 있게 되어 있다.

유 형	설 명
제 1 유형 출처표시 OPEN 공공누리 공공저작물 자유이용허락	• 출처표시 • 상업적, 비상업적 이용 가능 • 변형 등 2차적 저작물 작성 가능
제 2 유형 출처표시＋상업적 이용금지 OPEN 공공누리	• 출처표시 • 비상업적 이용만 가능 • 변형 등 2차적 저작물 작성 가능
제 3 유형 출처표시＋변경금지 OPEN 공공누리	• 출처표시 • 상업적, 비상업적 이용 가능 • 변형 등 2차적 저작물 작성 금지
제 4 유형 출처표시＋상업적 이용금지＋변경금지 OPEN 공공누리	• 출처표시 • 비상업적 이용만 가능 • 변형 등 2차적 저작물 작성 금지

그런데 이 가운데 제 2 유형과 제 4 유형은 위에서 본 공공데이터법이 규정하고 있는 원칙(비영리 허용)에 반하는 면이 있으므로 공공데이터법의 적용을 받는 저작물에 대하여는 예외사유에 해당하지 않는 한 사용할 수 없는 유형으로 되었다. 그리고 제 3 유형도 변경금지를 선택한 것인데, 변경금지는 민간기업이 공공저작물을 창조자원으로 활용하는 데 중대한 제약이 되므로, 가급적 이러한 유형을 선택하지 말고 제 1 유형을 선택하는 것이 바람직한 면이 있다. 그러나 저작권법상, 공공기관의 공공저작물에 대하여 어떠한 유형을 선택하여야 한다는 의무나 제한이 있는 것은 아니다.

한편, 위 ③의 공공저작물의 민간활용 촉진에 관한 시책 중에는 공공저작물의 신탁관리 활성화도 포함될 수 있다. 현재 한국문화정보원이 공공저작물 신탁관리기관으로 지정되어 활동하고 있다.

V. 학교교육목적 등에의 이용

1. 의   의

학교나 기타 교육기관의 교육과정에 있어서는 교육의 목적을 달성하기 위해 기존의 저작물 을 이용하지 않을 수 없는 경우들이 수없이 많이 있다. 그러한 경우에 일일이 저작재산권자의 동 의를 받지 않으면 이용할 수 없다고 한다면, 교육의 목적을 충실히 달성하기가 곤란할 것이다. 저 작권법은 그러한 사정과 교육의 공공성을 고려하여 그와 같이 교육의 목적을 달성하기 위해 필요 한 일정한 경우에 보상금의 지급을 조건으로 저작재산권을 제한하는 규정을 두고 있다. 교과용 도서에의 게재에 관한 제25조 제 1 항의 규정과 교육기관 및 교육지원기관에서의 이용에 관한 제 25조 제 2 항 및 제 3 항의 규정이 바로 그것이다.

§14-24

2. 유형별 요건

(1) 교과용 도서에의 게재

고등학교 및 이에 준하는 학교 이하의 학교의 교육목적상 필요한 교과용 도서에는 공표된 저 작물을 게재할 수 있다(법 제25조 제 1 항).

§14-25

고등학교 및 이에 준하는 학교 이하의 학교에는 초·중등교육법에 의한 초등학교, 공민학교, 중학교, 고등공민학교, 고등학교, 고등기술학교, 특수학교, 각종 학교 중 고등학교에 준하는 것 등 이 포함된다. 고등교육법에 의한 대학, 전문대학 등은 여기에 해당하지 않는다. 유아교육법에 의 한 유치원도 '고등학교 및 이에 준하는 학교 이하의 학교'에 포함되지 않는 것으로 보는 견해가 있으나,1 반드시 그렇게 볼 이유는 없고 특히 2009. 4. 22.자 개정으로 제25조 제 2 항에서 '유아 교육법'에 따른 학교라고 하여 유치원을 그 적용대상에 명시적으로 포함하여 규정하고 있는 취지 에 비추어보면, 제25조 제 1 항의 해석과 관련하여서도 유치원을 '고등학교 및 이에 준하는 학교 이하의 학교'에 해당하는 것으로 보는 것이 타당할 것으로 생각된다.2 그것이 실무의 입장이기도 하다.

'교과용 도서'란 일반적으로 교과서와 지도서를 말하고 그것은 다시 국정도서, 검정도서, 인

§14-26

---

1 정상조편, 전게서[하상익 집필부분], 486면.
2 同旨 오승종, 저작권법(제 3 판), 박영사, 2013, 587면(이전 판에서의 이 부분에 대한 견해를 변경함).

정도서로 분류되는데(교과용 도서에 관한 규정 제2조[1]), 이들이 모두 이 규정에서 말하는 '교과용 도서'에 포함된다.[2] 교과용 도서는 그 개념상 영상저작물 및 전자저작물을 포함하고 있으므로, 영상 기타 멀티미디어 저작물 역시 이에 포함된다.[3]

학습용 참고서는 '교과용 도서'에 포함되지 않으며,[4] 교사가 직접 교육에 활용하기 위해 제작한 참고자료도 이에 해당하지 않는다.[5]

한 가지 유의할 것은 저작물을 '교과용 도서'에 게재하는 것이 일정한 조건하에 허용될 뿐이고, '교과용 도서'를 자유이용의 대상으로 하고 있는 것은 아니라는 점이다. 즉 교과용 도서의 내용을 해당 부분에 대한 저작권자의 허락 없이 학습용 참고서 등에 이용하는 것은 저작권 침해가될 수 있다. 또한 교과용 도서의 내용을 가지고 인터넷 강의를 하는 것이 공표된 저작물의 인용으로서의 범위를 초과한 경우에는 저작권자의 저작재산권 중 복제권 및 공중송신권(전송권)을 침해한 것으로 인정될 수 있다.[6]

---

1 교과용도서에 관한 규정 제2조(정의) 이 영에서 사용하는 용어의 정의는 다음과 같다.
  1. "교과용도서"라 함은 교과서 및 지도서를 말한다.
  2. "교과서"라 함은 학교에서 학생들의 교육을 위하여 사용되는 학생용의 서책·음반·영상 및 전자저작물 등을 말한다.
  3. "지도서"라 함은 학교에서 학생들의 교육을 위하여 사용되는 교사용의 서책·음반·영상 및 전자저작물 등을 말한다.
  4. "국정도서"라 함은 교육부가 저작권을 가진 교과용도서를 말한다.
  5. "검정도서"라 함은 교육부장관의 검정을 받은 교과용도서를 말한다.
  6. "인정도서"라 함은 국정도서·검정도서가 없는 경우 또는 이를 사용하기 곤란하거나 보충할 필요가 있는 경우에 사용하기 위하여 교육부장관의 인정을 받은 교과용도서를 말한다.
2 통설의 입장이다. 정상조편, 전게서 [하상익 집필부분], 485~486면은 "본조에 의하여 저작물의 게재가 허용되는 교과용 도서는 교과용 도서에 관한 규정상의 교과용 도서(지도서 포함) 중 '국정도서' 또는 '검정 합격결정을 받은 도서'에 한정되는 것으로 해석하여야 한다"고 주장하면서 특히 '인정도서'를 제외하여야 하는 이유로 인정도서는 기존에 발간된 책 중 교과용 도서로 사용될 필요성이 있는 도서에 대하여 국가가 교과용 도서로 '인정'해 준 도서이므로 그 발간 시점에 저작권 문제를 해결하여야 하였고 그것을 해결하지 않아 저작권을 침해한 바 있다면 그 후의 '인정'에 의하여 그 침해를 정당화된다는 것은 있을 수 없다는 것을 들고 있다. 통설에 의하더라도 인정도서가 되기 전의 저작권침해 행위가 적법행위로 변하는 것을 인정하는 것은 아니고 국가의 '인정'을 받은 인정도서의 수정증보판 등에 저작물을 게재하는 경우나 또는 국정교과서나 검정교과서가 없는 경우에 인정도서로서 인정을 받기 위해 새로 편찬한 교과서 등의 경우에 본조의 적용이 있음을 뜻하는 것일 뿐이므로, 이러한 통설과 달리, 아예 인정도서 등을 교과용 도서에서 제외할 이유는 없다고 생각된다.
3 정상조편, 전게서 [하상익 집필부분], 487면.
4 '표준전과'에 대한 서울민사지방법원 1992. 6. 5. 선고 91가합39509 판결 : "교과용 도서에 관한 규정에 의하면 교과용 도서라 함은 교과서, 지도서, 인정도서를 말하고, 교과서는 학교에서 교육을 위하여 사용되는 학생용의 주된 교재로서 교육부가 저작권을 가진 도서와 교육부장관의 검정을 받은 도서로 구분되고, 지도서는 학교에서 교육을 위하여 사용되는 교사용의 주된 교재를 말하며, 교육부가 저작권을 가진 도서와 교육부장관의 검정을 받은 도서로 구분되며, 인정도서라 함은 교과서 또는 지도서에 갈음하거나 이를 보충하기 위하여 교육부장관이 승인을 얻은 도서를 말하는데, 위 표준전과가 교육부가 저작권을 가지거나 교육부장관의 검정 또는 승인을 받은 도서라고 인정할 만한 증거가 없고, 참고서는 교과용 도서에 해당되지 아니하므로 위 항변은 이유 없다."
5 임원선, 전게서(2009), 212면.
6 정상조편, 전게서 [하상익 집필부분], 487면 주17) : 영어교과서에 실린 저작물을 이용하여 인터넷 강의를 한 사안에서, 서울중앙지방법원 2005. 11. 9. 선고 2004노732 판결(상고취하로 확정)은 "문제되고 있는 저작물이 교과용 도서

게재할 수 있는 저작물은 공표('공표'의 의의에 대하여는 §12-3 참조)된 저작물이기만 하면 문학, 음악, 미술저작물 등 그 종류를 불문한다.

'게재'의 의미에는 복제 및 배포가 포함된다. 원격교육을 위한 전송도 포함되는지 여부에 대 §14-27 하여는 아직 결론을 내리기 어려운 상태이나, 전송이 포함되지 않는다고 볼 경우에도 법 제25조 제 2 항의 요건을 갖춘 경우에 학교의 수업목적으로 '전자저작물'인 교과용 도서를 전송하는 것은 가능하다.1

게재할 수 있는 저작물의 분량에 관하여 저작권법상 특별한 제한을 두고 있지 않으나2 교육 목적상 필요한 정도를 넘어선 이용은 허용되지 않는다고 보아야 할 것이다. 따라서 시, 회화, 사 진 등은 전부 게재하는 것이 불가피한 경우가 많을 것이나, 장편소설 등의 경우 일부 게재만으로 충분히 교육목적을 달성할 수 있음에도 그 전부를 교과용 도서에 게재하는 것은 허용되지 않는 다.3 단편소설의 경우에는 전문 게재하는 것이 허용될 가능성이 있다.4

(2) 교육기관 및 교육지원기관에서의 이용

(가) 규정 내용

특별법에 의하여 설립되었거나 초·중등교육법 또는 고등교육법에 의한 교육기관 또는 국가 §14-28 나 지방자치단체가 운영하는 교육기관 및 이들 교육기관의 수업을 지원하기 위하여 국가나 지방 자치단체에 소속된 교육지원기관은 그 수업 또는 지원목적상 필요하다고 인정되는 경우에는 공 표된 저작물의 일부분을 복제, 배포, 공연, 방송 또는 전송할 수 있다. 다만, 저작물의 성질이나 그 이용의 목적 및 형태 등에 비추어 저작물의 전부를 이용하는 것이 부득이한 경우에는 전부를

라는 사유는 저작권법 제 6 절에 규정된 저작재산권의 제한규정, 특히 제25조에 해당하는지 여부를 판단하는 하나의 참작사유에 불과할 뿐, 그것이 교과용 도서라는 이유만으로 저작권의 범위가 제한되거나 그 저작권에 내재적인 한계 가 있다고는 볼 수 없다"고 판시하였다.

1 임원선, 전게서(2009), 212면 참조. 문화체육관광부의 수업목적보상금 기준 고시에서도 원격대학의 원격수업에 의한 저작물 이용을 수업목적의 범위에 포함시키고 있는데, 그것은 전자저작물인 교과용도서의 전송에 의한 이용도 예정한 것으로 볼 수 있다. 한편, 현재 정부에 의하여 국회에 제출되어 있는 저작권법 개정안에는 교과용도서의 발행인으로 하여금 교육목적상 필요한 경우 교과용도서에 "게재"된 공표된 저작물을 "복제·배포·공중송신"할 수 있게 규정함으 로써 '디지털 교과용 도서'의 보급 및 활용에 문제가 없도록 배려하고자 하는 취지의 개정안이 포함되어 있다. 그러한 개정입법을 통해 디지털 교과서의 활용이 법적인 불확실성에서 벗어날 수 있도록 할 필요가 있으리라 생각된다.

2 오승종, 전게서, 574면은 법 제25조 제 1 항이 "고등학교 및 이에 준하는 학교 이하의 <u>학교의 교육 목적상 필요한</u> 교 과용도서에는 공표된 저작물을 게재할 수 있다"라고 규정하여 "학교의 교육 목적상 필요한"이라는 문언이 포함되어 있음을 중시하여 그것을 게재의 분량을 제한할 수 있는 근거로 보는 입장을 취하고 있다. 그러나 그 표현이 '교과용 도서'를 수식하는 위치에 있어서, 그와 같이 보기가 문리적으로는 자연스럽지 못한 면이 있다. 다만 실질적인 입법취 지를 고려할 때 "학교의 교육 목적상 필요한 한도 내에서 공표된 저작물을 게재할 수 있다"고 규정한 것과 마찬가지 로 해석하여도 무방할 것으로 여겨진다.

3 정상조편, 전게서 [하상익 집필부분], 488면.

4 오승종, 전게서, 574면도 "필요하다면 단편소설을 전문 게재하는 것도 인정될 수 있을 것이다"라고 하여 긍정적 입장 을 취하고 있다.

이용할 수 있다(법 제25조 제 2 항). 제 2 항의 규정에 의한 교육기관에서 교육을 받는 자는 수업목적상 필요하다고 인정되는 경우에는 제 2 항의 범위 내에서 공표된 저작물을 복제하거나 전송할 수 있다(법 제25조 제 3 항).

(나) 이용의 주체

1) 교육기관

§14-29   저작권법 제25조 제 2 항은 그 적용을 받는 교육기관으로 "특별법에 따라 설립되었거나「유아교육법」,「초·중등교육법」또는「고등교육법」에 따른 학교, 국가나 지방자치단체가 운영하는 교육기관"을 나열하고 있다. 이 규정에서 말하는 교육기관은 ① 특별법에 따라 설립되었거나 유아교육법, 초·중등교육법 또는 고등교육법에 따른 학교, ② 국가나 지방자치단체가 운영하는 교육기관의 두 유형으로 나눌 수 있다.1 먼저, 위 ①의 학교에는 초·중등교육법에 의한 학교(초등학교, 공민학교, 중학교, 고등공민학교, 고등학교, 고등기술학교, 특수학교, 각종학교 등) 외에 유아교육법에 의한 학교인 유치원2과 고등교육법에 의한 대학, 산업대학, 교육대학, 전문대학, 방송대학, 통신대학, 방송통신대학, 사이버대학, 기술대학 및 이에 준하는 각종학교, 특별법에 의하여 설립된 학교 등이 포함된다. '학교'로 그 범위를 제한하고 있으므로 학원의 설립·운영 및 과외교습에 관한 법률에 의하여 설립된 학원이나 교습소는 여기에 포함되지 않고, 평생교육법에 기하여 원격평생교육시설로 신고되었다고 하더라도 마찬가지이다.3

---

1 2009. 4. 22.자 저작권법 개정에 의하여 종전에 "특별법에 의하여 설립된 교육기관"도 적용대상에 포함하였던 규정을 국가나 지방자치단체가 운영하는 것이 아니면 '학교'만 포함하는 것으로 제한하였다. 본서 3판에서 이 부분 설명에 착오가 있었던 부분을 4판에서 바로잡는다.

2 유아교육법 제 7 조의 해석상 영유아보육법에 따른 어린이집이 여기에 포함되지 아니함은 명백하다. 그러나 어린이집에서의 교육 목적 이용에 대하여도 유치원의 경우와 동일한 법적 배려를 하는 것이 형평의 원칙에 부합하는 면이 있다. 그러한 취지에서 19대 국회에서의 박성호 의원 대표 발의 법안에 이어 20대 국회에서도 최도자 의원의 대표발의로 '어린이집'에서의 교육목적 이용도 본조에 의하여 허용되는 범위에 포함되도록 하는 개정안이 국회에 계류 중이다.

3 서울중앙지방법원 2011. 9. 14. 자 2011카합683 결정 : "위 조항은 2009. 4. 22. 법률 제9625호로 저작권법이 일부 개정되면서 수정된 조항으로서, 개정 전 구 저작권법 제25조 제 2 항은 특별법에 의하여 설립된 '교육기관', 초·중등교육법 또는 고등교육법에 따른 '교육기관', 국가나 지방자치단체가 운영하는 '교육기관'이 그 수업 목적상 필요에 따라 공표된 저작물을 이용할 수 있도록 규정하고 있었다. 그러나 2009. 4. 22. 개정된 저작권법 제25조 제 2 항은 공표된 저작물을 이용할 수 있는 주체에 관하여, 구 저작권법 제25조 제 2 항에서 특별법에 의해 설립되거나 초·중등교육법 또는 고등교육법에 따른 '교육기관'으로 규정하고 있던 것과 달리 특별법에 의하여 설립되거나 유아교육법, 초·중등교육법, 고등교육법에 따른 '학교'로 그 범위를 제한하고 있고, 이와 구분하여 국가나 지방자치단체가 운영하는 '교육기관' 및 국가나 지방자치단체에 소속된 '교육지원기관'을 별도로 규정하고 있다. 이러한 저작권법 제25조 제 2 항의 개정연혁과 전후맥락에 비추어 보면, 특별법에 의하여 설립된 교육기관 중 저작권법 제25조 제 2 항에 따라 교육 목적상 필요에 의하여 공표된 저작물의 일부 또는 전부를 복제, 공연, 전송할 수 있는 주체는 특별법에 의하여 설립된 '학교'로 제한된다고 해석함이 상당하다. (중략) 기록에 의하면, 피신청인은 2008. 4. 21. 이 사건 사이트에서 실시하고 있는 ○○○○교육에 관하여 평생교육법의 위 각 조항을 근거로 원격평생교육시설로 신고한 사실이 소명된다. 그러나 피신청인이 위 신고에 따라 평생교육법 제 2 조 제 2호 가목의 평생교육기관에 해당하는지 여부는 별론으로 하고, 제출된 자료만으로는 피신청인이 평생교육법 또는 그 밖의 특별법에 의하여 설립된 '학교'라는 점이 소명되었다고 하기에는 부족하다."

다음으로는, 위와 같은 학교가 아니더라도 국가 또는 지방자치단체가 운영하는 교육기관이면 이 규정의 적용을 받는 교육기관에 포함되는 것으로 규정하고 있는데, 여기에는 공무원의 각종 교육·연수·훈련 등을 위한 교육기관(중앙 및 지방공무원연수원, 각 시도 교육연수원 등)만이 아니라 국가나 지방자치단체가 특수한 목적을 위하여 운영하는 교육기관도 포함되는 것으로 해석된다.[1]

교육기관이 주체라고 하지만 구체적으로는 교사나 교수가 스스로 또는 직원 등의 보조를 받아 수행하는 형태가 될 것이다.

2) 교육지원기관

이 규정에 의한 '교육지원기관'은 각급 학교 또는 국가나 지방자치단체가 운영하는 교육기관의 '수업 지원'을 목적으로 하는 기관을 뜻한다.[2] 예를 들어 학교나 중앙공무원교육원 등 교육기관의 '수업을 지원'하기 위한 '학습지원센터' 등이 이에 해당한다. 또한 해당 교육지원기관 구성원의 신분은 국가공무원법 또는 지방공무원법상의 공무원에 해당되어야 한다. 따라서 그 구성원이 공무원 신분이 아닌 한국교육개발원이나 한국교육학술정보원, 한국교육과정평가원 등은 이에 해당하지 않는다.[3]   §14-30

3) 교육을 받는 자

법 제25조 제 3 항은 "제 2 항의 규정에 따른 교육기관에서 교육을 받는 자는 수업목적상 필요하다고 인정되는 경우에는 제 2 항의 범위 내에서 공표된 저작물을 복제하거나 전송할 수 있다"고 규정하고 있다. 이는 교육이 교육을 하는 자와 받는 자 사이의 일방적인 소통이 아니라 쌍방향적인 소통이라는 점을 감안하여 2006년 개정법에서 신설한 조항이다. '교육을 받는 자'는 학교의 학생이나 평생교육시설 등의 수강자 등을 의미한다.   §14-31

(다) 이용의 방법

교육기관 및 교육지원기관이 주체가 된 경우는 복제·배포·공연·전시 또는 공중송신을 할 수 있는 것으로 규정되어 있으나, 교육을 받는 자가 주체가 된 경우는 복제 또는 전송만 할 수 있는 것으로 규정되어 있다. 2000년 법 개정 이전에는 '방송'과 '복제'만 규정하였다가 2000년 개정으로 '공연'이 추가되고, 2006년 개정으로 다시 '전송'이 추가됨과 동시에 교육을 받는 자의 복제와 전송을 허용하는 조항이 신설되게 되었으며, 2009. 4. 22. 개정에 의해 교육기관 등이 주체가 된 경우에 허용되는 이용행위로 '배포'가 추가되었고, 다시 2013. 12. 30.자 개정(2014. 7. 1. 시행)에 의하여 역시 교육기관등이 주체가 된 경우에 허용되는 이용행위로 '전시'(§13-51)가 추가됨   §14-32

---

1 허희성, 신저작권법 축조개설(상), 명문프리컴, 2007, 194면.
2 문화체육관광부·한국저작권위원회, 저작권법과 컴퓨터프로그램보호법을 통합한 개정 저작권법 해설(2009. 8)(이하 문화체육관광부 등, 개정 저작권법해설(2009)라고만 표시한다), 29면; 임원선, 전게서(2009), 214면 참조.
3 문화체육관광부 등, 개정 저작권법해설(2009), 29면.

과 동시에, '방송'과 '전송' 대신에 그보다 상위개념으로서 '전송'과 '방송' 외에 '디지털음성송신'(§13-35)과 '기타의 공중송신'도 포함하는 상위개념인 '공중송신'(§13-33)이 들어가게 되어 결국 위와 같이 규정되게 된 것이다. 다만, 전송의 경우에 복제방지의 기술적 조치가 없는 상태에서 무제한 허용되게 되면, 쉽게 유출되어 인터넷 등을 통해 널리 유통됨으로써 저작권자의 정당한 권익을 크게 훼손할 수 있으므로 법 제25조 제10항에서 "제 2 항의 규정에 따라 교육기관이 전송을 하는 경우에는 저작권 그 밖에 이 법에 의하여 보호되는 권리의 침해를 방지하기 위하여 복제방지조치 등 대통령령이 정하는 필요한 조치를 하여야 한다"고 규정하고 있다.

여기서 '대통령령이 정하는 필요한 조치'란 다음의 조치들을 의미한다(시행령 제 9 조).

① 불법 이용을 방지하기 위하여 필요한 다음 각 목에 해당하는 기술적 조치

　가. 전송하는 저작물을 수업을 받는 자 외에는 이용할 수 없도록 하는 접근제한조치

　나. 전송하는 저작물을 수업을 받는 자 외에는 복제할 수 없도록 하는 복제방지조치

② 저작물에 저작권 보호 관련 경고문구의 표시

③ 전송과 관련한 보상금을 산정하기 위한 장치의 설치

교육을 받는 자에 의한 전송을 허용한 것도 원격교육을 가능하게 하기 위한 취지이다. 즉, 인터넷을 이용한 쌍방향 교육의 특성을 고려하여 학생이나 수강자 등도 인터넷을 통해 과제물이나 기타 수업 관련 자료를 교사에게 제출할 수 있도록 하고 같은 수업의 학생이나 수강자들도 해당 자료에 접근할 수 있도록 하기 위한 규정이다. 이 경우는 교육을 받는 자가 주체이다 보니 그 능력 등을 감안하여 제25조 제10항의 복제방지조치 등 의무주체에서는 제외하고 있으나, 저작재산권자의 권리가 부당하게 침해되지 않도록 교육기관이 접근 통제를 위하여 필요한 조치를 취한 사이버 공간(예 : 특정 학급 학생만 들어오도록 제한된 학교 홈페이지 내 게시판 혹은 자료실) 내에서 전송하는 것만 허용되는 것으로 보는 것이 '수업목적상 필요한' 범위 내에서 인정하고자 한 위 규정의 입법 취지에 부합하는 해석이라 할 것이다.

한편 2009. 4. 22. 개정법 이전에는 교육기관의 이용행위에 복제, 공연, 방송, 전송의 4가지 행위유형만 나열되고 '배포'가 포함되어 있지 않아 교사 등이 저작물의 일부를 복제한 후 이를 학생들에게 배부하는 것이 허용되는지 여부에 관하여 의문이 있을 수 있었다. 개정법에서 '배포'가 명시적으로 포함됨으로써 그러한 의문은 사라지게 되었다. 즉, 수업목적상 필요하다고 인정되는 범위 내라면 배포의 개념에 해당한다는 이유로 허용하지 않을 이유는 없게 된 것이다. 또한 2013. 12. 30.자 개정법이 시행된 2014. 7. 1. 이후에는 교육목적에 의한 저작물의 원본 및 그 복제물의 전시와 디지털음성송신 및 기타의 공중송신 등도 명확하게 허용범위에 포함되게 되었다.

(라) 대상 저작물

복제 등의 객체가 되는 저작물은 공표된 저작물일 것을 요한다.[1] 공표된 저작물이기만 하면 그 종류에는 아무런 제한이 없다.

(마) 허용되는 복제 등의 범위

1) '수업 목적'의 의의

교육기관, 교육지원기관 및 교육을 받는 자 등의 본조에 의한 이용은 모두 수업목적상 필요 §14-33 하다고 인정되는 범위 내에서만 가능하다. 그런데 여기서 말하는 '수업'이란 교과로서의 수업만이 포함되는 것으로 아주 좁게 해석되지는 않는다. 초중등교육에 있어서는, 특별교육활동인 학교행사(운동회, 수학여행 등), 세미나, 실험·실습, 필수과목으로 되어 있고 교사의 지도를 받는 동아리활동 등도 포함될 수 있고, 대학 등의 고등교육에 있어서는 학점취득이 인정되는 교육활동이 여기에 포함될 수 있는 것으로 보는 것이 유력한 견해이며,[2] 이른바 원격수업도 물론 포함된다. '창의적 체험활동'이나 '방과 후 학습'도 학교 교육과정에 따라 학교장의 지휘, 감독하에 학교 안 또는 밖에서 교수 및 교사에 준하는 지위에 있는 사람에 의해 수행되는 것이라면 수업의 범위에 포함되는 것으로 볼 수 있다.[3] 또한 교사들이 수업을 위해 준비하는 과정(각종 수업자료의 개발, 작성)도 수업의 개념에 포함되며, 수업을 위해 관련 교사 간 자료를 공유하는 과정도 수업의 준비행위로 볼 수 있다. 다만, 그 공유는 과목 교사들 간의 한정된 범위 안에서 가능하며 일반인들의 접근이 가능한 방식의 공유는 허용되지 않음을 유의하여야 한다.[4]

또한 여기서 수업이라 함은 현재 진행되고 있거나 구체적인 수업일시·내용이 정해져 있는 수업만을 의미하는 것이므로, 장차 수업에 사용하려 한다는 등의 추상적인 목적은 본 조항의 적용범위에서 제외된다.[5] 그리고 학생들이 자율적으로 수행하는 과외활동도 수업의 범위에 포함되지 않는다.[6] 또한 교사(校舍)의 건립이나 환경미화 같은 교육환경의 조성이나 개선을 위한 행위도 포함되지 않으며, 따라서, 학교조경을 위해 미술저작물을 복제하는 것은 이 규정에 의하여 허용되는 행위가 아니다.[7] 그 외에, 다음의 행위들도 수업목적의 이용행위라고 보

---

1 하급심 판결 중에 이용된 저작물(연극용 대본)이 미공표의 저작물이라는 이유로 본조의 적용대상이 아니라고 본 사례(서울중앙지방법원 2018. 5. 4. 선고 2017나76939 판결, 사안의 내용은 §12-4 참조)가 있다.

2 오승종, 전게서, 568면; 정상조편, 전게서 [하상익 집필부분], 490면; 加戶守行, 전게서, 258면; 半田正夫·松田政行 編, 著作權法 コンメンタール, 2卷 [茶園成樹 집필부분], 勁草書房, 2009, 266~267면 등.

3 문화체육관광부, "저작권법 제25조 제 2 항 '수업목적'에 대한 재질의"(과학기술기반과, 2010. 8. 3.)에 대한 회신.

4 문화체육관광부, "저작권법 제25조 제 2 항 '수업목적'에 대한 재질의"(과학기술기반과, 2010. 8. 3.)에 대한 회신.

5 정상조, 전게서 [하상익 집필부분], 490면.

6 오승종, 전게서, 568면; 정상조편, 전게서 [하상익 집필부분] 490면; 加戶守行, 전게서(2006), 258면; 半田正夫·松田政行編, 전게서 2卷 [茶園成樹 집필부분], 266~267면 등.

7 임원선, 전게서(2009), 215면.

기 어렵다.[1]

① 학교의 교육계획에 근거하지 않은 자주적인 활동으로서의 동아리, 동호회, 연구회 등

② 수업과 관계없는 참고자료의 사용

③ 학급통신·학교소식 등에의 게재

④ 학교 홈페이지에의 게재

2) 수업목적상 필요한 범위

교육기관이나 교육을 받는 자의 복제 등 이용은 모두 '수업목적상 필요하다고 인정되는 경우에' 그 필요한 범위 내에서만 인정된다. 따라서 원칙적으로 저작물의 전부를 이용할 수는 없고, '저작물의 일부분'만 이용하여야 한다. 다만 사진·그림 및 시 등과 같이 저작물의 성질이나 그 이용의 목적 및 형태 등에 비추어 저작물의 전부를 이용하는 것이 부득이한 경우에는 예외적으로 전부를 이용할 수 있다(법 제25조 제 2 항 단서).

§14-34   한편, 컴퓨터프로그램저작물의 경우에는 '저작물의 일부분'을 복제, 배포할 수 있다는 명시적 규정이 없는 대신, "프로그램의 종류·용도, 프로그램에서 복제된 부분이 차지하는 비중 및 복제의 부수 등에 비추어 프로그램의 저작재산권자의 이익을 부당하게 해치는 경우에는 그러하지 아니하다"고 하는 규정(제101조의3 제 1 항 단서)을 두고 있다. 그런데 일반 저작물의 경우에도 해석론상 이러한 규정이 적용되는 것과 같은 해석이 이루어지고 있다. 즉 저작물의 종류·용도, 저작물에서 복제된 부분이 차지하는 비중 및 복제의 부수 등에 비추어 저작재산권자의 이익을 부당하게 해치는 경우에는 수업목적을 위한 정당한 이용으로 보기 어렵다고 여겨지고 있다.[2]

위와 같은 관점에서, 구체적으로 다음과 같은 경우는 수업목적을 위한 정당한 이용으로 보기 어려운 것으로 인정될 가능성이 있다.[3]

① 교사 또는 학생들이 구입하거나 빌려서 이용할 것을 상정하여 시장에 제공되고 있는 것 (참고서, 문제집, 대학 교과서 또는 보조교재, 연습서, 교육기관에서의 상영을 목적으로 판매 또는 대여되는 영상물 등)의 구입 등을 대체할 목적으로 복제하는 행위

② 원격 수업에 이용할 수 있도록 하기 위한 목적으로 판매되고 있는 저작물을 허락 없이 복제, 전송하는 행위

③ 본래의 수업목적을 넘는 이용으로서, 예컨대 필요한 기간을 넘어 교실 내 혹은 학교 내의

---

1 일본의 '저작권법 제35조 가이드라인 협의회'에서 작성, 공표한 "학교 그 밖의 교육기관에 있어서의 저작물의 복제에 관한 저작권법 제35조 가이드라인" 참조.

2 오승종, 전게서, 572면; 임원선, 전게서(2009), 217면 등.

3 오승종, 전게서, 573면; 加戶守行, 전게서, 258~259면; 半田正夫·松田政行編, 전게서 2卷 [茶園成樹 집필부분], 268면; 일본의 '저작권법 제35조 가이드라인 협의회'에서 작성, 공표한 "학교 그 밖의 교육기관에 있어서의 저작물의 복제에 관한 저작권법 제35조 가이드라인" 등 참조.

벽면에 미술저작물을 게시하는 등의 행위

④ 학생 1인당 1부를 초과하여 복제하는 경우

⑤ 복제 후 제본까지 하여 시판되는 책과 동일하게 만들거나 미술, 사진 등 저작물을 감상용이 될 정도의 화질로 인쇄하는 경우

3. 보   상

저작권법은 교육의 공공성을 고려하여 위와 같은 저작재산권 제한 규정을 두면서도 동시에 저작재산권자의 권익이 부당하게 저해되는 것을 방지하기 위해 보상의무에 관한 규정을 두고 있다. 즉, ① 교과용 도서에 공표된 저작물(프로그램 포함)을 게재하거나 ② 교육기관 및 교육지원기관에서 일반 저작물을 복제, 배포공연, 방송 또는 전송 등의 방법으로 이용한 경우에 이용자는 해당 저작재산권자에게 문화체육관광부장관이 정하여 고시하는 기준에 의한 보상금을 지급할 의무가 있다고 규정하고 있다(법 제25조 제 4 항, 제10조의3 제 2 항). 다만 ②의 경우에 고등학교 및 이에 준하는 학교 이하의 학교의 경우에는 보상금지급의무가 면제된다(같은 항 단서). §14-35

이 규정에 의한 저작재산권자의 보상청구권은 물권적인 것이 아니라 채권적인 성격을 가지고 있다. 따라서 이용자의 입장에서 그 보상의무의 이행이 저작물 이용을 적법하게 하는 요건은 아니다. 즉 앞서 살펴본 2.의 요건들만 모두 갖추면 저작재산권자의 허락 없이 저작물을 이용하여도 위법하지 않고, 그 이용행위에 의하여 구체적인 보상금지급의무가 발생하게 될 뿐이다. 다른 요건을 모두 갖추었을 경우, 보상금을 지급하지 않았다고 하여 소급하여 저작권 침해가 되는 것은 아니다.[1] 물론 보상금청구권을 민사소송의 방법으로 행사하여 판결을 받을 경우 민사상의 강제집행을 할 수는 있다. 그러나 침해정지청구 등을 할 수는 없다.[2] §14-36

보상금을 지급하여야 할 대상자(보상권리자)는 '저작재산권자'이다. 그런데 이용자들이 일일이 저작물마다 저작재산권자를 찾아서 보상금을 지급하기는 매우 번거롭고 불편한 일이 될 것이기 때문에 저작권법은 지정단체에 의한 통일적인 권리행사가 이루어지도록 규정하고 있다. 따라서 저작재산권자의 보상금청구권 행사는 개별적으로 할 수 없고, 문화체육관광부장관이 지정하는 권리자 단체를 통해서만 할 수 있는 것으로 규정하고 있는데(제25조 제 5 항), 현재 교육용 도서에의 저작물 게재로 인한 보상금청구권을 행사할 수 있는 단체는 한국복제전송저작권협회로 지정되어 있다. 지정 단체는 그 구성원이 아니라도 보상권리자로부터 신청이 있을 때에는 그 자를 위하여 §14-37

---

1 정상조편, 전게서, [하상익 집필부분], 493면.
2 법 제123조 제 1 항 : 저작권 그 밖에 이 법에 따라 보호되는 권리(제25조·제31조·제75조·제76조·제76조의2·제82 조·제83조 및 제83조의2의 규정에 따른 보상을 받을 권리를 제외한다. 이하 이 조에서 같다)를 가진 자는 그 권리를 침해하는 자에 대하여 침해의 정지를 청구할 수 있으며, 그 권리를 침해할 우려가 있는 자에 대하여 침해의 예방 또는 손해배상의 담보를 청구할 수 있다.

그 권리행사를 거부할 수 없으며, 이 경우에 그 단체는 자기의 명의로 그 권리에 관한 재판상 또는 재판 외의 행위를 할 권한을 가진다(제25조 제6항).

§14-38   한편, 지정 단체는 보상금 분배 공고를 한 날부터 5년이 경과한 미분배 보상금에 대하여 문화체육관광부장관의 승인을 얻어 ① 저작권 교육·홍보 및 연구, ② 저작권 정보의 관리 및 제공, ③ 저작물 창작 활동의 지원, ④ 저작권 보호 사업, ⑤ 창작자 권익옹호 사업, ⑥ 보상권리자에 대한 보상금 분배 활성화 사업, ⑦ 저작물 이용 활성화 및 공정한 이용을 도모하기 위한 사업 중 어느 하나에 해당하는 목적을 위하여 사용할 수 있다. 다만, 보상권리자에 대한 정보가 확인되는 경우 보상금을 지급하기 위하여 일정 비율의 미분배 보상금을 대통령령으로 정하는 바에 따라 적립하여야 한다(같은 조 제8항).[1] 이는 교과용도서 보상금이 권리자의 확인과 소재 파악의 어려움으로 인하여 상당부분 분배되지 아니하는 현실을 고려한 것으로서, 공탁이라는 번거로운 절차나 계속적인 보관보다는 공익목적으로 활용하는 것이 훨씬 더 바람직하다는 판단에 기하여 도입된 규정이다.[2] 다만 이 규정이 저작권자의 진정한 이해관계에 반하여 남용될 것을 우려하여 그 적용대상이 되는 데 소요되는 기간을 3년에서 5년으로 늘리고 공익목적에 해당하는 구체적인 사항들을 법률에서 나열하며, 기간이 지난 후에도 보상권리자의 정보가 확인되면 분배를 할 수 있도록 일정비율의 금액을 적립하도록 하는 등의 보완적 규정을 두게 된 것이다.

4. 번역 등에 의한 이용 및 출처명시

§14-39   위 규정에 따른 자유이용으로서 저작물을 이용할 경우에는 이를 번역·편곡 또는 개작하여 이용할 수 있다(법 제36조 제1항).

한편, 위 규정에 따라 저작물을 이용할 때에는 그 출처를 명시하여야 한다. 출처의 명시는 저작물의 이용 상황에 따라 합리적이라고 인정되는 방법으로 하여야 하며, 저작자의 실명 또는 이명이 표시된 저작물인 경우에는 그 실명 또는 이명을 명시하여야 한다(법 제37조).

5. 컴퓨터프로그램저작물의 경우

§14-40   컴퓨터프로그램저작물(이하 프로그램이라 한다)의 경우 법 제25조가 적용되지 않고(법 제37조의2) 그 대신 법 제101조의3 제1항 제2호 및 제3호가 적용된다.

제2호는 "「유아교육법」, 「초·중등교육법」, 「고등교육법」에 따른 학교 및 다른 법률에 따라

---

1 2018. 10. 16.자 저작권법 개정을 통해 제25조 제8항에서 원래 '3년'으로 규정했던 것을 '5년'으로, '공익목적을 위하여'라고 규정했던 것을 위와 같이 1호부터 7호까지 일곱 가지 목적을 나열한 다음 '다음 각호의 어느 하나에 해당하는 목적 중 하나를 위하여'로 개정하고, 단서 규정도 신설하였다.

2 임원선(책임집필), 전게서, 194면; 서달주, 전게서, 281면 참조.

설립된 교육기관(상급학교 입학을 위한 학력이 인정되거나 학위를 수여하는 교육기관에 한한다)에서 교육을 담당하는 자가 수업과정에 제공할 목적으로 복제 또는 배포하는 경우"를, 제 3 호는 "「초·중등교육법」에 따른 학교 및 이에 준하는 학교의 교육목적을 위한 교과용 도서에 게재하기 위하여 복제하는 경우"를 각 제한사유로 규정하고 있다.

이 규정들 중 제 3 호와 저작권법 제25조 제 1 항을 비교하면 거의 다른 점이 없으나, 제 2 호와 저작권법 제25조 제 2 항 및 제 3 항을 비교해 보면 다음과 같이 상당한 차이점이 있음을 알 수 있다.

첫째, 교육기관의 범위와 관련하여 프로그램에 대한 특칙규정인 제101조의3 제 1 항 제 2 호의 규정은 "상급학교 입학을 위한 학력이 인정되거나 학위를 수여하는 교육기관에 한한다"고 명시하고 있으므로 위 교육기관 중 그러한 교육기관이 아닌 경우는 제외된다. 반면에 일반 저작물에 대하여 적용되는 법 제25조 제 2 항은 그러한 제한을 붙이지 않고 있으므로, 반드시 학력 인정 또는 학위 수여의 교육기관에 한하는 것으로 볼 근거가 없다.

둘째, 일반 저작물의 경우에는 교육기관만이 아니라 교육지원기관도 이용의 주체가 되나, 프로그램의 경우에는 교육기관이 아닌 교육지원기관이 허용되는 이용의 주체가 될 수 없다.

셋째, 일반 저작물의 경우에는 교육을 받는 자도 일정한 범위 내에서 이용의 주체가 될 수 있으나, 프로그램의 경우에는 교육을 받는 자가 그 규정에 의하여 허용되는 이용의 주체가 될 수 없다.

넷째, 일반 저작물의 경우에는 복제, 배포만이 아니라 공연, 전시 및 공중송신도 할 수 있도록 규정하고 있는 데 반하여, 프로그램의 경우에는 복제와 배포만 가능하다. 따라서 예컨대, 원격교육을 위해 프로그램을 전송하는 등의 행위는 허용되지 아니한다.

다섯째, 위에서 본 바와 같이 일반 저작물의 경우에는 교육기관에서의 이용과 관련하여서도 예외적인 경우를 제외하고 보상의무가 규정되어 있으나, 프로그램의 경우에는 교과용 도서에의 게재를 위한 복제의 경우를 제외하고 제 2 호의 경우에 대하여는 보상의무를 규정하지 않고 있다.

여섯째, 컴퓨터프로그램저작물의 경우에는 '저작물의 일부분'을 복제, 배포할 수 있다는 명시적 규정이 없는 대신, "프로그램의 종류·용도, 프로그램에서 복제된 부분이 차지하는 비중 및 복제의 부수 등에 비추어 프로그램의 저작재산권자의 이익을 부당하게 해치는 경우에는 그러하지 아니하다"고 하는 규정(제101조의3 제 1 항 단서)을 두고 있음에 반하여 일반 저작물의 규정은 원칙적으로 '저작물의 '일부분'만 이용할 수 있고 예외적인 경우에만 그 전부를 이용할 수 있도록 하는 취지의 규정은 두고 있으나, 해석상으로는 큰 차이가 없다는 것도 앞서 살펴본 바와 같다.

위와 같은 차이점 외에는 앞서 일반 저작물에 대하여 설명한 내용이 그대로 적용될 수 있다.

다만, 특정한 컴퓨터프로그램에 대한 수업을 하기 위하여 컴퓨터프로그램을 복제 또는 배포하는 것이 아니라, 다른 내용의 수업 등을 위하여 컴퓨터프로그램저작물에 해당하는 서체파일을 이용하여 문서를 작성하여 홈페이지에 게시하는 등의 행위는 제 2 호의 적용을 받을 수 없음을 유의하여야 한다.[1]

VI. 시사보도를 위한 이용

1. 의   의

§14-41   작권법 제26조는 "방송·신문 그 밖의 방법에 의하여 시사보도를 하는 경우에 그 과정에서 보이거나 들리는 저작물은 보도를 위한 정당한 범위 안에서 복제·배포·공연 또는 공중송신할 수 있다"고 규정하고 있다.

위 규정의 취지는 기자 등의 언론인이 시사보도를 하는 과정에서 당초 의도와 관계없이 우발적으로 타인의 저작물을 이용하게 되거나 또는 시사보도에 부수하여 불가피하게 타인의 저작물이 나타나게 되는 경우 당해 언론인을 저작권 침해의 책임으로부터 면책시켜 줌으로써 시사보도가 보다 원활하게 이루어질 수 있도록 하기 위한 것이다.[2]

언론인의 시사보도를 위한 저작물 이용이 '자유이용'으로 인정될 수 있는 경우로는 이 규정 외에 법 제28조에 의한 '인용'의 경우(§14-56 이하 참조)가 있을 수 있다. 제28조에 의한 인용은 뒤에서 자세히 살펴보겠지만, '시사보도의 과정에서 보이거나 들리는 저작물'이 우발적으로 이용되는 것이 아니라 보도, 비평 등을 위해 그와 관련된 저작물을 적극적으로 인용하는 행위를 자유이용으로 허용하는 것이므로 제26조와 달리 '공표된' 저작물에 한하여 '정당한 범위' 안에서 '공정한 관행'에 합치되게 이용하여야 하는 등의 엄격한 요건을 갖추어야 한다.

2. 요   건

(1) 이용의 객체가 되는 저작물

§14-42   본조에서 이용의 객체가 되는 저작물은 "시사보도를 하는 과정에서 보이거나 들리는 저작물"

---

1 서울서부지방법원 2018. 1. 9. 선고 2017나33081 판결은 초등학교 교직원이 홈페이지에 '6학년 수학여행 활동 만족도 및 정산' 등 제목의 문서를 올릴 때 타인의 컴퓨터프로그램저작물인 서체파일을 사용한 것 등의 행위에 대해 본조의 적용을 주장한 데 대하여, "교육기관에서 이 사건 서체파일들 자체에 관하여 수업을 하기 위하여 그 목적상 필요한 범위에서 복제한 경우가 아님이 그 행위 태양에 비추어 명백하므로 위 저작권법 제101조의3 소정의 '교육기관에서 교육을 담당하는 자가 수업과정에 제공할 목적으로 복제 또는 배포하는 경우'에 해당된다고 볼 수 없다."라고 판시하였다.
2 이형하, 전게논문, 346면 참조.

이다.

저작물의 공표 여부는 불문한다. 저작물이 시사보도의 과정에서 보이거나 들린다는 것은 적극적으로 저작물을 시사보도에 인용하는 것이 아니라 "보도되고 있는 사건의 현장에 있는 저작물이 방송이나 신문 등에 우발적으로 복제되는 것"을 말한다. 그 전형적인 사례로는 회화전시회의 개최상황을 보도하거나 명화 도난사건을 보도할 때 보도화면에 전시된 그림이 보이는 것과 체육대회 입장식을 TV나 뉴스 영화로 보도할 때 행진곡의 연주가 들리는 것 등을 들 수 있다. 그러나 사건현장을 촬영한 보도용 사진 자체는 사건보도의 과정에서 보이는 저작물이 아니므로 본조에 의하여 이용할 수 있는 저작물이 아니다.[1]

방송이나 신문 등에서 어떠한 사건이나 사실을 알리는 행위가 '시사보도'에 해당하는지 여부는 궁극적으로 위와 같은 저작재산권 제한규정에서 시사보도로 인정하여 보호할 만한 최소한의 뉴스가치가 있는지 여부를 규범적으로 판단하여야 할 필요가 있겠으나, 대개의 경우 언론기관에서 사람들의 관심사라는 이유로 보도를 한 이상 시사보도라고 보는 데 별 문제는 없을 것이다. 따라서 그 판단을 너무 까다롭게 여길 것은 아니며, 보도의 영역도 정치, 경제, 사회, 문화, 예술, 스포츠, 연예 등 모든 분야에 걸친 것으로 볼 수 있다.[2]

여기서 한 가지 쟁점이 되는 것은 "특정한 사건을 구성하는 저작물도 본조에 의하여 자유이용이 허용되는지" 여부이다. 이에 대하여는 긍정설[3]도 있으나, "특정한 사건을 구성하는 저작물"의 자유이용을 명시적으로 함께 규정한 일본 저작권법 제41조[4]의 경우와 달리 우리 저작권법에서는 그러한 규정을 두지 않고 있으며, 그것이 제26조의 규정에 포함되지 않는 것으로 보더라도 제28조의 인용에 관한 규정으로 적절히 해결될 수 있다는 점을 감안할 때 부정설[5]이 우리 저작권법의 해석으로 타당한 입장이라 생각된다. 다만, "특정한 사건을 구성하는 저작물"과 "시사보도를 하는 과정에서 보이거나 들리는 저작물"의 구별이 썩 분명한 것은 아닐 수도 있다. 뒤에 소개하는 '일본잡지 누드사진 게재' 사건의 경우 그 누드사진은 "사건을 구성하는 저작물"이라고 볼 수도 있지만, "시사보도를 하는 과정에서 보이는" 저작물이라고 볼 수도 있다. 이러한 경우에 그것이 사건을 구성하는 저작물에 해당한다는 이유로 본조 해당성을 간단히 부정해 버리면 그것은

---

1 加戶守行, 전게서, 288면 등.

2 이형하, 전게논문, 348면 참조.

3 허희성, 전게서(1988), 117면 참조. 장인숙, 전게서, 91면도 "사건보도를 위해 부득이하게 이용하는 것(예 : 회화 도난 사건의 당해 회화를 사진 보도하는 것)도 포함한다고 보아야 할 것이다"고 하여, 긍정설의 입장에 선 것으로 볼 수 있다.

4 일본 저작권법 제41조 : 사진, 영화, 방송 그 밖의 방법에 의하여 시사의 사건을 보도한 경우에는 <u>당해 사건을 구성하거나</u> 또는 해당 사건의 과정에서 보이거나 들리는 저작물은 보도의 목적상 정당한 범위 내에서 복제하거나 당해 사건의 보도에 수반하여 이용할 수 있다.

5 이형하, 전게논문, 349면; 오승종·이해완, 전게서, 2005, 339면.

잘못이다. 특정한 사건을 구성하는 저작물에는 해당하지만, 시사보도의 과정에서 보이거나 들리는 저작물에는 해당하지 않는 전형적인 예로는, 미술관의 회화가 도난당한 사건의 경우 이를 보도하면서 현재 도난되어 현장에 없는 회화에 대한 과거의 영상을 보여 주는 경우를 들 수 있다. 그러한 경우에는 제28조의 인용에 관한 규정을 적용하여야 할 것이다.1

(2) 이용의 범위

§14-43

보도의 목적상 정당한 범위 내이어야 하며, 이는 사회통념과 시사보도의 관행에 비추어 판단하여야 한다. 시사보도에 사용하는 경우라도 취재를 기화로 의도적으로 취재대상의 배경에 등장하는 저작물에 초점을 맞추어 이를 감상용으로 제공하는 등의 경우라면 보도를 위한 정당한 범위 내에서의 이용이라고 할 수 없다. 연극 상연을 방송으로 보도하는 경우에 그 보도를 위한 목적을 넘어서서 장시간 방송하는 경우나 자선 콘서트를 보도하면서 연주된 음악을 전부 들려주는 경우 등이 그러한 경우의 예가 될 것이다. 또한 보도 이외의 목적을 위하여 저작물을 이용하여서는 아니 되므로, 가령 타인의 저작물이 포함된 장면을 보도가 끝난 뒤 비디오테이프에 수록하거나 또는 화집 등으로 만들어 시판하는 것은 허용되지 않는다.2

특히 미공표 저작물이 보도과정에서 보이거나 들리는 경우에는 저작자의 공표권(§12-3 이하)을 고려하여야 하므로 자유이용이 허용되는 '정당한 범위'를 더욱 엄격하게 한정적으로 해석하여야 할 것이다. 즉, 그러한 경우 저작물의 내용이 신문, 방송 등의 언론매체를 통해 처음으로 공표되게 되면 실질적으로 저작자의 공표권이 박탈되는 결과가 되므로 보도의 시간이나 화면에 드러나는 정도 등의 면에서 극히 제한적으로 이용하여야만 정당성이 인정될 수 있을 것으로 생각된다.3

 **판 례**

§14-44

❖대법원 1990. 10. 23. 선고 90다카8845 판결 — "일본 잡지 누드사진 게재" 사건

〈사실관계〉

일본의 시사주간지에 '한국으로부터의 누드, 비장사진을 일거 대공개'라는 제호로 게재된 저작물인 사진 중 일부를 가져다가 국내 잡지에 '사진예술작품들 일본으로 건너가 포르노성 기획으로 둔갑'이라는 제목하에 전재한 것이 사진저작물에 대한 저작권 침해인지 여부가 문제된 사건으로서 현행 저작권법 제26조에 해당하는 개정 전 저작권법 제24조 및 현행 저작권법 제28조(공표된 저작물의 인용)에 해당하는 개정 전 저작권법 제25조에의 해당 여부 등이 쟁점이 되었다. 다음은 그 중 개정전 법 제24조

---

1 이형하, 전게논문, 349면 참조.
2 이형하, 전게논문, 349~350면; 加戶守行, 전게서, 289면.
3 이형하, 전게논문, 350면 참조.

(=현행법 제26조)와 관련한 법원의 판시 내용이다.

〈법원의 판단〉

저작권법 제24조 소정의 시사보도를 위한 이용으로 타인 저작물의 자유이용이 허용되기 위하여는 사회통념과 시사보도의 관행에 비추어 보도의 목적상 정당한 범위 안에서의 이용이어야 한다고 할 것인바, 잡지에 게재된 사진이 칼라로 된 양질의 사진으로서 그 크기나 배치를 보아 전체적으로 3면의 기사 중 비평기사보다는 사진이 절대적 비중을 차지하는 화보형식으로 구성되어 있는 경우 위 사진들은 보도의 목적이라기보다는 감상용으로 인용되었다고 보이므로 보도를 위한 정당한 범위 안에서 이용되었다고 볼 수 없다.

(3) 이용의 방법

이용의 방법에는 '복제·배포·공연 또는 공중송신'이 포함된다. 허용되는 행위가 종전에는 §14-45
'복제·배포·공연·방송 또는 전송'으로 규정되어 있었는데, 2006년 개정법에서 '방송 또는 전송'이 그것들을 포함한 보다 상위의 개념인 '공중송신'(§13-33 이하 참조)으로 대체된 것이다. 즉, 공중송신에는 방송 및 전송 외에 그 두 가지 개념에 해당하지 않는 기타의 공중송신행위까지 포함되므로 종전의 규정보다 조금이나마 이용의 방법이 확장되었다고 볼 수 있다. 구체적으로는 신문에 실어서 배포하는 것이나 TV 또는 라디오로 방송하는 것, 인터넷상의 언론매체를 통해 전송하거나 비주문형으로 웹캐스팅을 하는 것 등의 행위가 여기에 포함될 수 있다.

3. 번역이용 등

위 요건을 충족하는 경우 이용자는 그 저작물을 번역하여 이용할 수 있으나(법 제36조 제 2 항), §14-46
편곡이나 개작을 하여 이용할 수는 없다.

한편, 위 경우에 출처명시의무는 면제되는 것으로 2000년 개정 저작권법에서부터 규정하고 있다.

Ⅶ. 시사적인 기사 및 논설의 복제 등

1. 의   의

저작권법 제27조는 "정치·경제·사회·문화·종교에 관하여 「신문 등의 진흥에 관한 법률」 §14-47
제 2 조의 규정에 따른 신문 및 인터넷신문 또는 「뉴스통신진흥에 관한 법률」 제 2 조의 규정에 따른 뉴스통신에 게재된 시사적인 기사나 논설은 다른 언론기관이 복제·배포 또는 방송할 수 있

다. 다만, 이용을 금지하는 표시가 있는 경우에는 그러하지 아니하다"고 규정하고 있다. 이것은 이른바 '전재(轉載) 규정'으로서 베른협약 제10조의2 제 1 항 규정을 원용하여 2006년 개정법에서 신설한 규정이다.

　정치·경제·사회·문화·종교에 관한 시사적인 기사나 논설은 공공성이 강한 저작물로서 이를 다른 언론기관이 전재할 수 있도록 하는 것은 국민의 알권리를 충족하는 한편, 건전한 토론문화와 여론형성에 기여하며, 궁극적으로 민주사회 발전의 초석이 된다는 것이 위 규정 도입의 취지이다.[1]

2. 요　건

(1) 대상 저작물

§14-48　본조에 의하여 이용대상이 되는 저작물은 정치·경제·사회·문화·종교에 관하여 「신문 등의 진흥에 관한 법률」제 2 조의 규정에 따른 신문 및 인터넷신문 또는 「뉴스통신진흥에 관한 법률」제 2 조의 규정에 따른 뉴스통신에 게재된 시사적인 기사나 논설이다. 신문, 인터넷신문 또는 뉴스통신에 게재된 것만 포함하고 잡지에 게재된 것과 방송된 것은 제외되었다.[2] 즉 시사적인 기사나 논설이라 하더라도 그것이 잡지에 게재되거나 방송이 된 경우에는 본조에 의한 자유이용의 대상이 될 수 없다. 잡지는 재산권성이 강하다는 이유, 방송은 이용금지의 표시가 어렵다는 이유가 들어지고 있으나,[3] 이 두 가지의 중요한 언론매체가 포함되지 않은 점은 규정의 취지를 크게 약화시키는 부분이라 생각된다.[4]

§14-49　신문 등의 진흥에 관한 법률에 따른 '신문'이란 정치·경제·사회·문화·산업·과학·종교·교육·체육 등 전체 분야 또는 특정 분야에 관한 보도·논평·여론 및 정보 등을 전파하기 위하여 같은 명칭으로 월 2회 이상 발행하는 간행물로서 ① 정치·경제·사회·문화 등에 관한 보도·논평 및 여론 등을 전파하기 위하여 매일 발행하는 간행물인 일반일간신문, ② 산업·과학·종교·교육 또는 체육 등 특정 분야(정치를 제외한다)에 국한된 사항의 보도·논평 및 여론 등을 전파하기 위하여 매일 발행하는 간행물을 뜻하는 특수일간신문, ③ 정치·경제·사회·문화 등에 관한 보도·논평 및 여론 등을 전파하기 위하여 매주 1회 발행하는 간행물(주 2회 또는 월 2회 이상 발행하는 것을 포함한다)을 뜻하는 일반주간신문, ④ 산업·과학·종교·교육 또는 체육 등 특정 분야(정치를

---

1 임원선(책임집필), 전게서, 195면 참조.
2 서울고등법원 2016. 11. 24. 선고 2015나2049789 판결도 "저작권법 제27조는 신문 및 인터넷 신문이나 뉴스통신에 게재된 시사적인 기사나 논설을 다른 언론기관이 복제·배포 또는 방송하는 것을 허용하는 내용의 규정일 뿐 방송된 저작물은 그 적용 대상인 저작물에서 제외되는 점"을 언급하고 있다.
3 서달주, 전게서, 283면.
4 임원선(책임집필), 전게서, 196면 참조.

제외한다)에 국한된 사항의 보도·논평 및 여론 등을 전파하기 위하여 매주 1회 발행하는 간행물(주 2회 또는 월 2회 이상 발행하는 것을 포함한다)을 뜻하는 특수주간신문을 포함하는 개념이다.[1] 반면에, '잡지'란 정치·경제·사회·문화·시사·산업·과학·종교·교육·체육 등 전체 분야 또는 특정 분야에 관한 보도·논평·여론 및 정보 등을 전파하기 위하여 동일한 제호로 월 1회 이하 정기적으로 발행하는 책자 형태의 간행물을 말한다.[2] 결국 신문과 잡지의 구별 기준은 월 1회 이하 발행되는 것인지, 월 2회 이상 발행되는 것인지에 있음을 알 수 있다.

또한 '인터넷신문'이란 컴퓨터 등 정보처리능력을 가진 장치와 통신망을 이용하여 정치·경제·사회·문화 등에 관한 보도·논평 및 여론·정보 등을 전파하기 위하여 간행하는 전자간행물로서 독자적 기사 생산과 지속적인 발행 등 대통령령으로 정하는 기준[3]을 충족하는 것을 말한다.[4] "뉴스통신"이란 전파법에 의하여 무선국의 허가를 받거나 그 밖의 정보통신기술을 이용하여 외국의 뉴스통신사와 뉴스통신계약을 체결하고 국내외의 정치·경제·사회·문화·시사 등에 관한 보도·논평 및 여론 등을 전파함을 목적으로 행하는 유무선을 포괄한 송수신 또는 이를 목적으로 발행하는 간행물을 말한다.[5]

'시사적'이라고 하는 것은 최근 일어난 일과 관련된 것을 의미하나, 과거에 일어난 일이어도 최근의 사건과의 관련에서 다루어지면 여기에 해당할 수 있다. 다만 전재하는 시점에서도 '시사성'이 있을 것을 요한다고 해석되므로 처음 게재될 때는 시사적인 기사나 논설이었어도 그 후 일정한 시간이 경과하여 그러한 시사성을 상실한 때에는 이 규정의 적용대상이 될 수 없다고 해석된다.[6] §14-50

그리고 위 규정에서 말하는 '논설'은 신문의 사설과 같이 언론기관으로서의 주장 내지 제언을 전개하는 것일 것을 요하고 단순한 시사문제의 해설은 이에 해당하지 아니한다. 신문사의 편집자 칼럼 등도 가벼운 터치의 촌평이나 감상에 그치지 않고 시사문제에 관한 하나의 논평, 제안 §14-51

---

1 신문 등의 진흥에 관한 법률 제 2 조 제 1 호.
2 잡지 등 정기간행물의 진흥에 관한 법률 제 2 조 제 1 호 가목.
3 신문 등의 진흥에 관한 법률 시행령 제 2 조에 의하면, 일반적인 경우, 다음의 두 가지 요건을 충족하여야 '인터넷신문'으로 인정될 수 있다.
　　① 독자적인 기사 생산을 위한 요건으로서 다음의 두 가지 요건을 모두 충족할 것
　　i) 취재 인력 2명 이상을 포함하여 취재 및 편집 인력 3명 이상을 상시적으로 고용할 것
　　ii) 주간 게재 기사 건수의 100분의 30 이상을 자체적으로 생산한 기사로 게재할 것
　　② 지속적인 발행요건으로서 주간 단위로 새로운 기사를 게재할 것
　　그리고 신문사업자, 잡지 또는 기타간행물을 발행하는 자, 뉴스통신사업을 영위하는 자 경우 중 하나에 해당하는 자의 계열회사가 생산하는 기사를 인터넷을 통하여 일반에 제공하는 경우에는 자체적으로 생산한 기사가 100분의 30 미만인 경우에도 위 ① ii)의 기준을 충족한 것으로 본다.
4 신문 등의 진흥에 관한 법률 제 2 조 제 2 호.
5 뉴스통신진흥에 관한 법률 제 2 조 제 1 호.
6 임원선(책임집필), 전게서, 196면 참조.

이라고 하는 성격의 것이면 논설에 해당한다고 볼 수 있다.[1] 규정 자체만 보아서는 명백하지 않지만, 언론기관 상호간의 전재(轉載)를 허용하고자 한 규정 취지에 비추어, 언론사 내부인이 아니라 외부의 기고자(寄稿者)가 작성한 저작물은 본조의 적용대상에서 제외되는 것으로 봄이 타당할 것으로 생각된다.[2]

(2) 이용의 주체

§14-52 다른 언론기관이 이용의 주체가 된다. 언론기관만이 주체로 규정되어 있으므로 일반 국민들이 개인적으로 전재하는 것은 여기에 포함되지 아니한다. 법률상 '언론기관'에 해당하는 것에는, 텔레비전 및 라디오 방송사, 신문사업자, 잡지 등 정기간행물 사업자, 뉴스통신사업자, 인터넷언론사 등이 포함된다.[3] 일반 출판사는 포함되지 않으므로 출판사가 특정한 목적으로 기사나 논설을 편집하여 책으로 출판하는 것과 같은 경우는 본조의 적용대상이 아니다.

(3) 이용의 방법

§14-53 이용방법은 '복제·배포 또는 방송'에 한한다. 따라서 온라인 사이트에 게재하는 '전송'이나 비주문형의 웹캐스팅('디지털음성송신' 등)(§13-35)은 포함되지 아니한다. 인터넷신문의 경우 그 기사나 논설이 이용대상에는 포함되어 있음에 반하여 다른 신문의 기사나 논설 등을 그 온라인 신문에 전재하는 것은 허용되지 않는다는 점에서 형평성을 잃은 규정이라는 비판을 받을 수 있을 것으로 생각된다.

(4) 이용금지의 표시가 없을 것

§14-54 법 제27조 단서는 "다만, 이용을 금지하는 표시가 있는 경우에는 그러하지 아니하다"고 규정하여 이용금지 표시가 없을 것을 요건으로 하고 있다. 여기서 이용을 금지하는 표시란 일반적인 의미에서의 이용을 말하는 것이 아니라 이 규정에 의한 이용의 금지를 뜻하는 것으로 보아야 한다. 일반적인 이용이라면 그것은 바로 저작권 보호를 의미하는 것으로서 저작물인 한 당연한 것이므로 본조의 단서에 해당하는 표시라고 보기 어렵기 때문이다. 그런 점에서 ⓒ 표시와 '모든 권리 유보(all rights reserved)' 등의 표시도 본조 단서에 의한 이용금지 표시에는 해당하지 않는 것으로 보아야 할 것이다.[4]

간단하게는 '전재금지(轉載禁止)'라고만 표시하면 위 단서규정에 해당하는 것으로 볼 수 있을 것이다. 문자적으로만 생각하면 '전재금지'에는 방송의 경우는 제외된 것처럼 보일 수도 있으나 그

---

1 加戶守行, 전게서, 280, 281면 참조.
2 同旨 서달주, 전게서, 283면.
3 공직선거법 제82조 참조.
4 同旨 임원선(책임집필), 전게서, 196면.

취지는 방송의 경우를 포함하여 본조에 의한 이용을 금지하는 뜻으로 이해할 수 있을 것이다.[1]

어느 곳에 이용금지 표시가 있어야 하는지도 해석상 어려운 문제가 될 수 있다. 신문의 1면 모두(冒頭)에 표시한 것만으로는 신문 전체의 저작권을 주장하는 취지인지 기사나 논설의 전재를 금지하는 취지인지 불분명하다는 이유로 개개 기사나 논설마다 이용금지 표시가 있을 것을 요한 다고 하는 견해[2]가 있으나, 그렇게 될 경우 성명표시권을 지나치게 강조할 때 생길 수 있는 폐해 와 유사한 문제가 발생할 가능성이 있으므로 향후의 관행 등을 고려하여 신중하게 판단해야 할 것이라는 취지의 견해[3]가 설득력이 있다고 생각된다.

3. 번역이용 및 출처명시

위 규정에 따른 자유이용으로서 저작물을 복제하여 이용할 경우에는 이를 번역하여 이용할 수 있다(법 제36조 제 2 항). 외국의 신문 등에 게재된 시사적인 기사 및 논설을 번역하여 전재할 수 있다는 점에 본 규정의 의의가 크다고 할 수 있다. 다만 개작하여 이용하는 것은 허용되지 않 는다. §14-55

한편, 위 규정에 따라 저작물을 이용할 때에는 그 출처를 명시하여야 한다. 출처의 명시는 저 작물의 이용 상황에 따라 합리적이라고 인정되는 방법으로 하여야 하며, 저작자의 실명 또는 이 명이 표시된 저작물인 경우에는 그 실명 또는 이명을 명시하여야 한다(법 제37조). 베른협약 제10 조의2 제 1 항에서도 전재규정에 따라 시사적인 기사 또는 논설을 이용할 때 반드시 출처 표시를 하도록 의무화하고 있다.[4]

---

1 加戶守行, 전게서, 282면 참조.

2 加戶守行, 전게서, 282면 참조.

3 임원선(책임집필), 전게서, 196면.

4 다만, 출처명시의무 위반에 대하여 별도의 형사적 제재(법 제138조 제 2 호)가 가해질 수 있는 것은 별도로 하고, 출 처명시가 본조 적용의 요건인 것은 아니라고 보아야 한다(법 제28조와 출처명시의무 위반과의 관계에 대한 설명— §14-70-참조). 베른협약 제10조의2 제 1 항의 해석과 관련하여, 최경수, 국제지적재산권법(개정판), 한울아카데미, 2017, 351면도 "출처표시 의무는 시사 보도 목적 사용에 대한 면책 조건은 아니다. (베른협약) 제10조의2 제 1 항 2 문 후단 규정("이 의무 위반의 법적 효과는 보호가 주장되는 국가의 입법에 따라 결정된다")도 이런 해석을 간접적으 로 뒷받침한다."라고 설명하고 있다. 서울남부지방법원 2009. 12. 1. 선고 2009가합9837 판결은 "피고들은 또한 위 기 사 복제행위가 저작권법 제27조(정치·경제·사회·문화·종교에 관하여 「신문 등의 자유와 기능보장에 관한 법률」 제 2 조의 규정에 따른 신문 및 인터넷신문 또는 「뉴스통신진흥에 관한 법률」 제 2 조의 규정에 의한 뉴스통신에 게재된 시사적인 기사나 논설은 다른 언론기관이 복제·배포 또는 방송할 수 있다. 다만, 이용을 금지하는 표시가 있는 경우 에는 그러하지 아니하다)에 의하여 허용되는 기사 전재 행위에 해당된다고 주장한다. 살피건대 저작권법 제27조에 따 라 특정 신문에 게재된 시사적인 기사를 복제, 배포할 수 있는 경우에도 그 출처를 명시하여야 하는바(저작권법 제37 조 제 1 항 본문), 피고들이 이 사건 기사를 그대로 전재함에 있어 출처를 명시하지 않은 사실은 당사자 사이에 다툼 이 없으므로 위 주장도 이유 없다."라고 판시함으로써 출처명시의무 이행을 본조 적용의 요건인 것을 전제로 하였는 데, 이러한 판시는 타당하다고 할 수 없다.

VIII. 공표된 저작물의 인용

1. 의   의

§14-56   저작권법 제28조는 "공표된 저작물은 보도·비평·교육·연구 등을 위하여는 정당한 범위 안에서 공정한 관행에 합치되게 이를 인용할 수 있다"고 규정하고 있다. 인용이란 자신의 저작물 중에 타인의 저작물을 이용하는 것으로서, 예를 들어 자신의 저서나 논문에서 주장을 뒷받침하기 위해 타인의 논문 내용을 일부 빌려 쓰거나 사건을 보도하면서 사건과 관계된 사진저작물을 가져다 쓰는 것 등을 의미한다.[1]

이러한 인용은 원래 저작물의 복제 등에 해당하여 저작재산권자의 허락 없이 할 경우 저작재산권 침해가 되는 것이 원칙이나, 학문과 예술의 발전은 선행의 학문, 예술을 바탕으로 이를 끊임없이 비교검토하고 비판, 평가하는 가운데 이루어질 수 있는 것이고 이를 위해서는 타인의 저작물을 일정한 요건하에 인용할 수 있도록 허용할 필요가 있으므로 위와 같은 저작재산권 제한 사유가 규정되게 된 것이다.[2]

2. 요   건

(1) 공표된 저작물일 것

§14-57   공표('공표'의 의의에 대하여는 §12-3 참조)된 저작물일 것을 요하므로 공표되지 않은 저작물을 인용할 경우에는 본조의 요건을 충족하지 못하는 것이 될 뿐만 아니라[3] 저작자의 저작인격권 중 공표권(§12-3 이하)을 침해하는 것이 될 수 있다. 공표된 저작물이기만 하면, 그 종류를 불문하므로 어문저작물만이 아니라 음악, 미술, 영상저작물 등도 인용의 대상이 될 수 있다.

---

1 '인용'의 의미를 이렇게 '자신의 저작물 중에 타인의 저작물을 이용'하는 것으로 보는 것은 '인용'이 단순한 '이용'과는 다른 제한적 의미로서 자신의 저작물 속에 다른 저작물을 포함하는 것과 같은 의미를 가지는 것으로 봄을 전제로 한다. '인용'의 의미를 이렇게 볼 경우에는 타인의 저작물을 어떤 다른 목적으로 자신의 저작물과는 뚜렷한 관계없이 복제하여 이용하는 것 등은 처음부터 저작권법 제28조의 적용대상에서 제외되는 것으로 보게 된다. '인용'에 대한 이러한 해석은 종래의 학설에서 일반적으로 보이는 부분이었는데, '썸네일 이미지' 사건에 대한 대법원 2006. 2. 9. 선고 2005도7793 판결(§14-73)은 이와는 다른 전제의 판단을 한 바 있다. 그러나 최근 리프리놀 사건에 대한 대법원 2013. 2. 15. 선고 2011도5835 판결(§14-90-1)은 '인용'의 개념에 대한 학설의 입장으로 되돌아오는 모습을 보여주고 있는 것으로 생각된다.
2 장인숙, 전게서, 92면 참조.
3 우리나라 판례 중에서 미공표 저작물이라는 이유로 본조의 적용을 부정한 사례는 시험문제로 배포하였다가 회수한 경우에 대한 서울고등법원 1995. 5. 4. 선고 93나47372 판결(§14-58) 및 서울서부지방법원 2006. 12. 12. 선고 2006노716 판결(한국어능력시험 문제에 대한 사건임) 등이 있다(이러한 판결이 시험문제가 공표되지 않은 것으로 본 부분에 의문점이 있다는 것에 대하여는 §14-58 NOTE 참조). 일본 판례 가운데는 가정에서 아이를 안고 있는 아버지의 모습을 찍은 사진을 책에서 인용한 것과 관련하여 미공표의 사진저작물을 대상으로 한 것이라는 이유로 적법한 인용이 아니라고 본 '동경 아웃사이더즈' 사건 판결(지적재산고등재판소 2007. 5. 31. 선고 판결, 平成19年(ネ)第10003호)이 있다.

 **판 례**

❖서울고등법원 1995. 5. 4. 선고 93나47372 판결 ― "토플 문제" 사건　　　　　　　　§14-58

〈사실관계〉

영문과 교수로서 토플시험 관리자로 일한 피고가 토플 시험문제들을 입수하여 소외 A회사에게 넘겨줌으로써 해설과 함께 어느 영어잡지에 실려 배포되게 되자 그 시험문제들의 저작자인 원고가 저작권침해소송을 제기하였다. 이에 피고는 '공정한 인용'의 항변을 하였다.

〈법원의 판단〉

피고는, 공표된 저작물은 교육, 연구 등을 위하여는 정당한 범위 안에서 공정한 관행에 합치되게 인용할 수 있는데 이 사건 토플 시험과 같이 해당 문제로 시험을 치르는 경우에는 시험을 치르는 그 자체가 해당 시험문제의 공표에 해당되며, 피고는 공표된 위 문제들을 교육 목적으로 해설 기사를 덧붙여 위 투데이 잡지에 인용하였을 뿐이므로 원고의 저작권을 침해한 바가 없다고 주장한다.

살피건대, 저작자는 그 저작물을 공표하거나 공표하지 아니할 것을 결정할 권리를 가지며(저작권법 제11조), 공표란 저작물을 공연, 방송 또는 전시 그 밖의 방법으로 일반 공중에게 공개하는 경우와 저작물을 발행하는 경우를 말하는데(저작권법 제 2 조 제17호), 원고는 토플시험 응시생들에게 문제지의 소지, 유출을 허용하지 아니하고서 그대로 회수함으로써 시험문제들이 공중에게 공개되는 것을 방지하고 있고, 시험이 시행된 후에 원고 자체의 판단에 따라 재사용여부나 공개여부, 공개시기 등을 별도로 결정하고 있는 사실은 앞에서 본 증거로 인정할 수 있으므로, 이러한 사정 아래에서 제한된 범위의 응시생들이 토플 시험을 치르는 행위만으로는 이를 공표라 할 수 없고, 달리 원고의 토플 문제가 일반 공중에게 공개되었다거나 발행되었음을 인정할 아무런 증거가 없으므로(피고는 모든 시험의 경우 시험 이후 응시생들과 장래의 응시생들을 위하여 문제와 정답을 시험 당일 공개하는 관행이 성립되었다고 주장하나 원심증인 ○○○의 ○○대학입시나 고교입시 외의 경우에도 시험 문제를 공개하는 관행이 성립되었음을 인정할 수 없고 달리 이를 인정할 증거가 없다) 피고의 위 주장은 더 나아가 판단할 필요 없이 이유 없다.

▷NOTE : 정당한 인용의 항변이 공표된 저작물을 대상으로 한 경우에만 성립한다는 전제하에 위 토플 문제들의 경우 공표된 것으로 볼 수 없다는 이유로 항변을 배척한 사례이다. 시험문제로 배포한 것만으로도 '다수인'에게 공개한 것이니 공표라고 볼 수 있지 않을까 하는 생각도 있을 수 있으나, 법원은 그것이 각각 개별적으로 치르는 시험의 문제지로만 제공된 후 바로 회수되었다고 하는 특성을 감안하여 공표에 해당하지 않는 것으로 보았다.[1] 그 취지가 이해되지 않는 것은 아니나, 법적인 개념이나 논리의 면에서는 납득하기가 쉽지 않다. 시험 시행기관의 입장에서 볼 때 응시생들에게 시험문제지를 나누어 준 것은 응시생들이 최소한 특정다수인이라고 볼 경우 공중에게 저작물의 복제물을 대여한 것

---

[1] 업무상저작물의 '법인 명의 공표' 요건과 관련된 것이지만, '족보닷컴' 사건에 대한 1심 판결인 서울중앙지방법원 2006. 10. 18. 선고 2005가합73377 판결은 저작인 시험문제가 "특정다수인인 경기고등학교 학생들에게 시험 평가를 위하여 배포되고 회수되지 않았"음을 이유로, 해당 저작물이 공중에게 '공표'된 것으로 인정하였다. '토플 문제' 사건과 '족보닷컴' 사건의 차이점은 시험문제지의 회수 여부에 있다. 그러나 회수 여부의 차이는 대여와 양도의 차이일 뿐이므로, 모두 공표로 보는 것이 타당할 것이라 생각한다.

에 해당하므로 '배포'의 개념에 해당하고(법 제 2 조 제23호), 나아가 저작물을 공중의 수요를 충족시키기 위하여 공중에게 배포하는 행위, 즉 '발행'에도 해당하는 것으로 보아야 할 것이므로(법 제 2 조 제24호), 결국 저작물을 발행하는 경우로서 '공표'의 개념에 해당하는 것으로 보아야 할 것(법 제 2 조 제25호)이라고 생각되기 때문이다. 사회적인 관점에서 보면 비공개로 한 것으로 생각되나, 법적인 관점에서 보면, 공표한 것에 해당한다고 보는 것이 타당한 것이다.1 구체적인 타당성의 측면은 불확정개념을 담은 다른 요건들을 해석, 적용함에 있어서 반영할 수 있지 않았을까 생각된다.

---

(2) 보도·비평·교육·연구 등을 위한 인용일 것

(가) "보도·비평·교육·연구 등"

§14-59   본조에 의하여 허용되는 인용은 보도·비평·교육·연구 등을 위한 것이어야 한다. 다만, "보도·비평·교육·연구를 위한 것"이 아니라 "보도·비평·교육·연구 '등'을 위한 것"이어야 한다고 규정하고 있으므로, 나열된 네 가지의 목적(보도, 비평, 교육, 연구)에 한정되지 아니하고, 다른 목적도 포함될 수 있다.2 다만 그 목적이 '문화 및 관련 산업의 향상·발전'이라고 하는 저작권법의 목적에 비추어 정당화될 수 없는 것이라면, 본조에 의한 공정이용으로 인정하기 어려울 것이다. 예를 들어 자신의 저작에 소요되는 시간과 노력을 절약하기 위한 목적3이나 자신의 저작물을 잘 꾸미면서 독자의 호기심을 끌기 위한 목적 또는 타인의 저작물을 사용함으로써 자신의 저작물의 상품가치를 높이기 위한 목적 등으로만 타인의 저작물을 인용하는 것은 이 규정에 의한 허용 범위에 속하지 않는 것으로 보고 있다.

(나) 영리적 목적

§14-60   영리적인 목적이 있다고 하여 그것만으로 이 규정에 의한 공정이용이 부정되는 것은 아니다. 다만, 영리적인 목적을 위한 이용은 비영리적 목적을 위한 이용의 경우에 비하여 자유이용이 허용되는 범위가 상당히 좁아진다고 보는 것이 판례의 태도이다.4 실제로 보도·비평·교육·연구의

---

1 이 부분은 초판에서 언급한 긍정적 의견을 개정판에서 비판적 의견으로 수정한 것임을 밝힌다. 언뜻 생각하면 판결내용이 타당한 것으로 보이나, 법적으로 곰곰이 따져 보았을 때 아무래도 잘 납득이 되지 않는 부분이 있다고 여겨지기 때문이다.

2 뒤에 소개하는 서울고등법원 2010. 10. 13. 선고 2010나35260 판결 - '손담비씨 노래' 사건(§14-83) 참조.

3 이와 관련하여 여행알선업 등을 하는 자가 다른 여행안내서에 게재되어 있는 내용을 자신의 인터넷 홈페이지에 그대로 베끼어 게재하는 한편 이를 다른 여행사의 인터넷 사이트에도 제공한 사건에서, 법원은 "여행안내서의 일부를 베낀 목적은 홈페이지 게재 자료를 작성하는 시간과 노력을 절약하기 위한 것으로 봄이 상당하여 보도, 비평 등과 상관없다 할 것이고, 출처가 원저작물이라는 것도 명시하지 않아 인용방법도 공정한 관행에 합치되지 않는다 할 것이므로, 도저히 저작권법상 허용되는 인용이라고 볼 수 없다"고 판시하였다(서울중앙지방법원 2003. 5. 30. 선고 2001가합64030 판결). 정상조편, 전게서 [김기영 집필부분], 511면 주5) 참조.

4 대법원 1997. 11. 25. 선고 97도2227 판결, 서울남부지방법원 2006. 10. 11. 선고 2006노930 판결, 서울남부지방법원 2008. 6. 5. 선고 2007가합18479 판결 등 참조.

목적이 반드시 비영리적인 것에 한하는 것은 아니고, 영리목적의 보도·비평·교육·연구가 있을 수 있다. 예를 들어 학교교육을 위한 것은 비영리의 교육목적이라 할 수 있지만, 학원이나 사설 이러닝 사이트 등에서의 이용이나 교육 관련 참고서, 문제집의 출판 등의 경우에는 '영리적인 교육목적을 위한 이용'[1]이라고 할 수 있을 것이다. 이러한 경우에는 그 혼합적인 성격을 적절히 감안하여 공정이용 여부의 판단이 이루어져야 할 것이다. 기본적으로, 영리적인 목적이 있다는 것만을 이유로 이 규정의 적용을 부정하지는 않되, 영리적인 목적이 없는 경우에 비하여 자유이용의 범위가 좁아질 수 있다는 것을 전제로 하여, 구체적인 사안에 따라 합리적으로 판단할 필요가 있다.

상업적인 광고에 타인의 저작물을 인용하는 것도 경우에 따라 이 규정에 따른 공정이용으로 인정될 가능성을 완전히 배제할 수는 없다.[2] 특히 '비평'의 요소를 포함한 '비교광고' 또는 '패러디광고'의 경우에는 다른 조건을 충족할 경우에 이 규정에 의한 자유이용이 인정될 가능성이 상대적으로 많겠지만,[3] 반드시 그것에 한정되는 것이라고 말할 수는 없다. 다만, 위에서 본 판례의 입장에 비추어, 상업적인 광고에의 사용은 비영리적인 목적에 비하여 자유이용의 가능성이 상당히 좁아지는 것으로 보게 될 것이다.

위와 같이 경우에 따라서 영리적인 목적을 가진 인용도 정당한 인용이 될 수 있으나, 이용의 목적이 창조적이거나 생산적이지 않다면, 정당한 인용으로 인정되기 어려울 것이다. 이와 관련하여 최근의 한 하급심 판결은 "저작권법 제28조에서 규정한 '보도·비평·교육·연구 등'은 인용 목적의 예시에 해당한다고 봄이 타당하므로, 인용이 창조적이고 생산적인 목적을 위한 것이라면 그것이 정당한 범위 안에서 공정한 관행에 합치되게 이루어지는 한 저작권법 제28조에 의하여 허용된다"고 밝힌 바 있다.[4] 공정이용의 일반조항의 해석에 있어서는 창조적이거나 생산적인 목적이 아닌 경우에도 공정이용으로 인정될 수 있는 가능성이 있음을 완전히 배제할 수 없겠지만,[5]

---

1 대법원 1997. 11. 25. 선고 97도2227 판결에서, 피고인이 대학입시용 문제집을 펴낸 것에 대하여 '영리적인 교육목적을 위한 이용'이라는 표현을 사용하면서 "이 경우 반드시 비영리적인 이용이어야만 교육을 위한 것으로 인정될 수 있는 것은 아니라 할 것이지만, 영리적인 교육목적을 위한 이용은 비영리적 교육목적을 위한 이용의 경우에 비하여 자유이용이 허용되는 범위가 상당히 좁아진다고 볼 것이다."라고 판시하였다.

2 정상조편, 전게서 [김기영 집필부분], 511면; 임원선, 전게서, 226면 등.

3 Triangle Publications, Inc. v. Knight-Ridder Newspapers, Inc., C.A.5 (Fla.) 1980, 626 F. 2d 1171, 207 U.S.P.Q. 977. 참조.

4 이른바 '손담비씨 노래 사건'에 대한 서울고등법원 2010. 10. 13. 선고 2010나35260 판결(§14-83).

5 공정이용에 관한 미국 저작권법 제107조의 일반조항의 해석과 관련하여, 미국 판례는 이른바 변용적 이용 (transformative use)일 것을 공정이용의 제1 요소를 판단함에 있어서 하나의 중요한 요소로 보고 있지만, 그것이 공정이용을 인정하는 데 절대적으로 필요한 요소는 아니라고 한다. Campbell v. Acuff-Rose Music, Inc. 사건에서 미국 연방대법원은 "비록 변용적 이용이 공정이용의 인정에 절대적으로 필요한 요소는 아니지만, 변용적인 저작물은 저작권의 틀 안에서 공정이용 법리를 통해 숨쉴 수 있는 공간이 보장되는 핵심에 위치한다"고 판시한 바 있다(510 U.S. 569).

공표된 저작물의 인용에 관한 우리 저작권법 제28조의 해석에 있어서는 그 성격상 "창조적이거나 생산적인 목적"을 필요로 하는 것으로 보아도 좋으리라 생각된다. 다만 위 판결의 "창조적이고 생산적"이라는 표현은 지나치게 엄격한 것으로 여겨진다.

(3) 정당한 범위 안에서 공정한 관행에 합치되게 인용할 것
(가) 주종관계 기준과 새로운 판례의 흐름

§14-61   "정당한 범위 안에서 공정한 관행에 합치되게" 인용하여야 법 제28조에 의하여 적법한 인용이 될 수 있고, 그렇지 않으면 저작재산권 침해로 인정되게 된다. 대법원은 과거에 그 중에서 "정당한 범위 안에서"의 인용과 관련하여 이른바 '주종관계'를 요건으로 하는 입장을 표명한 바 있었다. 즉, 대법원 1990. 10. 23. 선고 90다카8845 판결에서 "보도, 비평 등을 위한 인용의 요건 중 하나인 '정당한 범위'에 들기 위하여서는 그 표현형식상 피인용저작물이 보족, 부연예증, 참고자료 등으로 이용되어 인용저작물에 대하여 부종적(附從的) 성질을 가지는 관계(즉, 인용저작물이 주(主)이고, 피인용저작물이 종(從)인 관계)에 있다고 인정되어야 할 것이다"라고 판결한 바 있다.

§14-62   그러나 그 뒤에 선고된 판결들에서는 "정당한 범위 안에서 공정한 관행에 합치되게"를 둘로 나누지 않고 하나의 기준으로 삼아 판단하면서, 이를 판단함에 있어서 고려하여야 할 여러 가지 요소들을 나열하는 입장을 취하고 있다. 즉, 대법원 1997. 11. 25. 선고 97도2227 판결은 "저작권법 제25조[현행법 제28조]는 공표된 저작물은 보도·비평·교육·연구 등을 위하여는 정당한 범위 안에서 공정한 관행에 합치되게 이를 인용할 수 있다고 규정하고 있는바, 정당한 범위 안에서 공정한 관행에 합치되게 인용한 것인가의 여부는 인용의 목적, 저작물의 성질, 인용된 내용과 분량, 피인용저작물을 수록한 방법과 형태, 독자의 일반적 관념, 원저작물에 대한 수요를 대체하는지의 여부 등을 종합적으로 고려하여 판단하여야 할 것"이라고 판시하였고, '썸네일 이미지' 사건에 대한 대법원 2006. 2. 9. 선고 2005도7793 판결(§14-73)도 같은 입장을 취하고 있다.

§14-63   대법원이 '주종관계'라는 기준을 일관되게 적용하지 않은 것은, 첫째, 위와 같은 주종관계가 인정된다는 이유만으로 '정당한 범위 안에서'의 인용이라고 인정하기 어려운 사안이 있다는 것(뒤에서 공정한 인용으로 인정되지 않은 사례의 하나로 소개하는 대법원 1997. 11. 25. 선고 97도2227 판결 — "대학입시용 문제집" 사건의 경우)과 둘째, 새로운 인터넷 환경에서의 이미지 검색서비스를 위한 썸네일 이미지의 제공 등의 공정이용 여부를 '인용저작물'과 '피인용저작물'의 주종관계라고 하는 잣대로 판단하기는 어려운 것(대법원 2006. 2. 9. 선고 2005도7793 판결의 경우) 등에 이유가 있었던 것으로 여겨진다. 둘째의 경우는 공정이용에 관한 일반조항이 입법화되어 있지 않아 부득이하게 공정이용 일반조항에 가장 가까운 법 제28조를 적용한 것에 기인하는 것으로 볼 수 있어서, 공정이용에 관

한 일반조항이 도입된 상황에서는 더 이상 고려될 필요가 없을 수도 있으나, 첫째의 경우까지 감안하면, '주종관계'의 기준만으로 정당한 범위 내인지 여부를 전적으로 결정하는 것은 타당하다고 보기 어려울 것이다. 즉, 주종관계는 인용의 정당성과 공정성을 판단하기 위한 하나의 요소에 불과하고 기타 여러 가지 요소, 특히 '시장 대체성 유무' 등을 중시하여 판단하는 것이 바람직한 방향이라 할 수 있다. 다만, 어느 저작물에서 다른 저작물을 인용하는 일반적인 경우에 적어도 위와 같은 '주종관계'는 인정되어야 정당한 범위 내라고 할 수 있을 것이라고 하는 정도의 의미에서는, 주종관계의 기준이 존속해 온 것으로 볼 수 있다.[1] 나아가 최근의 '리프리놀' 사건에 대한 대법원 2013. 2. 15. 선고 2011도5835 판결(§14-90-1)은 본서의 위와 같은 입장을 수용하여 종래의 주종관계 기준과 대법원 판례의 새로운 경향에 따른 고려요소들(공정이용적 고려요소들)을 분명하게 결합하는 기준을 적용하고 있다. 결과적으로 주종관계 기준을 A라고 하고 새로운 공정이용적 고려요소를 B라고 할 때, 종전의 '썸네일 이미지' 사건 등의 판례가 그 판단기준을 A에서 B로 대체하는 것처럼 보인 면이 있었음에 반하여, '리프리놀' 사건 판례는 제28조의 판단기준으로 'A + B'의 입장을 명확히 하고 있다고 할 수 있다. 즉, 기본적으로 주종관계의 요건은 갖추어야 하고, 그 다음으로 공정이용적 고려요소들을 종합하여 판단하는 것으로 기준을 세운 것이다. 이것은 공정이용 일반조항(현행법 제35조의3; §14-217 이하 참조)의 신설 이후의 저작권법에 대한 해석론으로서, 제28조를 일반적 공정이용이 아니라 주된 저작물에 타인의 저작물을 인용한 것으로서 자신이 저작물이 주된 위치에 있을 경우를 기본적인 전제로 하는 것으로 제한적으로 해석하고 나머지 공정이용의 영역(예컨대 '썸네일 이미지' 사건의 경우 등)은 공정이용 일반조항인 제35조의3으로 보내고자 하는 취지에 기한 것으로서 향후의 판례는 이러한 방향으로 정립되어 갈 것으로 예상된다.

(나) 인용의 양적인 측면

위와 같은 관점에서 제한적인 의의를 가지는 주종관계의 의미를 조금 더 자세히 살펴보기로 한다. 주종관계는 양적인 면과 질적인 면을 나누어 살펴볼 수 있다. 양적인 측면에서 어디까지나 인용하고자 하는 자기의 저작물이 주체가 되어야 하고 인용되는 타인의 저작물은 종적인 존재라야 한다. 따라서 타인의 저작물만 있고 자신의 저작물은 없다면, 정당한 범위 내의 인용으로 볼 수 없고, 나아가 타인의 저작물이 대부분을 차지하고 자신의 저작물은 인용부분보다 적은 경우에도 일반적으로는 정당한 인용의 범위를 초과한 것으로 볼 수 있다.[2]

§14-64

---

1 '썸네일 이미지' 사건에 대한 대법원 2006. 2. 9. 선고 2005도7793 판결(§14-73) 등이 주종관계의 기준을 언급하지 않고 새로운 공정이용적 고려요소들만 제시한 것은 사실이나 주종관계의 기준을 전원합의체 판결을 통해 폐기한 바 없으므로 '주종관계'의 기준을 제시한 과거의 대법원 1990. 10. 23. 선고 90다카8845 판결(§14-89)은 아직 유효한 판례라고 할 수 있다.

2 오승종, 전게서 593면 등.

§14-65　　인용의 양적인 측면과 관련하여, 타인의 저작물의 전부를 인용하는 것이 허용되는지에 대하여 살펴볼 필요가 있다. 법에서 '정당한 범위 내'라고만 하고 일부만 인용할 수 있는 것으로 명시하고 있지 않은 취지에 비추어보면, 정당한 범위 내라고 볼 수 있는 이상 전부인용이 어떤 경우에도 불가능한 것이라고 볼 것은 아니다. 예를 들어 영화, 소설, 연구보고서, 교향곡 등의 경우는 일부 인용만을 인정해도 문제가 없을 것이나, 짧은 시, 사진, 회화 등의 경우에는 '전부인용'을 하지 않으면, 인용의 목적을 도저히 달성할 수 없고, 일부만을 잘라서 '일부인용'을 할 경우에 오히려 저작물을 훼손하여 저작자의 동일성유지권(§12-39 이하 참조)을 침해할 우려도 있으므로 그러한 경우에는 전부인용이라 하더라도 다른 요건을 충족하면 정당한 인용이 될 수 있다고 보아야 할 것이다.1 문학평론가가 어느 시인에 대한 평론을 쓰면서 비평대상인 시인의 시 중 몇 편을 선정하여 그 전부를 인용하거나 미술사에 관한 저술에서 어느 화가의 회화 작품 전체를 인용하는 등의 경우가 그러한 예이다. 다만 사진이나 회화의 경우 인용의 목적을 달성할 수 있는 최소한의 범위를 넘어서서 지나치게 좋은 화질과 크기로 복제, 인용하여2 감상의 수요를 충족하게 하는 것과 같은 경우에는 '정당한 범위 내'라고 인정하기 어려울 것이다.3

　　(다) 인용의 질적인 측면

§14-66　　위에서 살펴본 '양적인 주종관계'와 함께, '질적인 주종관계'도 고려하여야 한다. 자신이 저작한 부분의 분량이 인용된 부분보다 많더라도 질적인 측면에서 피인용부분이 월등히 높은 가치를 가지는 경우라면 인용저작물이 주(主)가 되는 경우라고 볼 수 없다.

　　또한 인용저작물이 주(主)가 된다고 하려면 먼저 인용부분을 제외한다고 가정하더라도 저작물로서의 독자적인 존재의의를 가지는 창작부분이 존재하여야 한다. 나아가 원칙적으로 피인용저작물이 그 인용된 부분만으로는 독자적인 존재의의를 갖지 못하고 오히려 인용저작물과 연관이 될 때에 비로소 그 존재이유를 갖게 되는 것이어야 한다. 예컨대, 타인이 저술한 논문을 자기의 저서 속에 그대로 전재(轉載)하는 행위는 이 규정에 의한 자유이용에 해당하지 아니한다.4 그리고 아래

1　허희성, 전게서(2007), 214면; 이형하, 전게논문, 366면; 오승종, 전게서, 593면.

2　그렇게 하지 않고 화질 등이 떨어지는 것을 게재한 경우 등을 '질적인 의미의 일부인용'으로 보는 견해도 있다. 이형하, 전게논문, 367면 참조. 이 견해에 의하면 이러한 질적인 일부인용으로 인용의 목적을 달성할 수 있는 경우임에도 질적인 전부인용이나 그에 가까운 인용을 하였을 때에는 정당한 인용으로 인정하기 어렵다고 주장한다. 용어의 문제를 떠나 실질적인 결론에 있어서는 타당한 주장이라 생각된다.

3　사진을 보도 목적으로 인용하면서 칼라로 된 양질의 사진으로 인용하여 '감상용'이 될 수 있게 한 사안에 대하여 그 사진의 '성상'을 다른 여러 고려요소와 함께 고려하여 공표된 저작물의 정당한 인용을 부정한 판례가 뒤에서 '공정한 인용으로 인정되지 않은 사례'의 하나로 소개하는 대법원 1990. 10. 23. 선고 90다카8845 판결(§14-89)이다. 반면에, 대통령 가족 사진을 저작권자 허락 없이 신문에 게재한 것이 문제된 사안에 대하여 "신문에 실린 사진은 신문재질, 인쇄비용 등의 한계로 인해 화질이 떨어져 작품으로서의 사진을 감상하기는 어려운" 점을 다른 여러 사정과 함께 고려하여 정당한 인용으로 인정한 사례(서울중앙지방법원 2006. 10. 25. 선고 2006가합73930 판결, §14-83-1)가 있다.

4　이형하, 전게논문, 366면.

(5)의 여러 판단요소들을 질적인 주종관계의 판단에서 고려하여야 할 사항으로 보는 입장도 있다.[1]

(라) 대법원 판례의 새로운 경향에 따른 고려요소들

위에서 본 바와 같이 대법원 판례의 최근 경향은 '주종관계' 이론을 전면에 내세우기보다 종 §14-67 합적인 관점에서 여러 가지 고려요소를 종합하여 판단하는 태도를 취하는 경우가 많다. 대법원이 그 고려요소로 들고 있는 것은 ① 인용의 목적, ② 저작물의 성질, ③ 인용된 내용과 분량, ④ 피인용저작물을 수록한 방법과 형태, ⑤ 이용자의 일반적 관념, ⑥ 원저작물에 대한 수요를 대체하는지의 여부 등이다.[2]

그 가운데 ① 인용의 목적에 대하여는 위 '(2) 보도·비평·교육·연구 등을 위한 인용일 것'에서 자세히 설명한 바 있다. 또한 이 부분은 공정이용의 일반조항에 대한 설명 중 첫 번째 고려요소와 상통하는 부분이므로 본서의 그 부분에 대한 설명 부분(§14-224 이하 참조)을 참고할 필요가 있다. 실제로 최근의 리프리놀 사건에 대한 대법원 판례(§14-90-1)는 "피고인은 기능성 원료의 인정신청을 위한 근거서류로 이 사건 논문 전체를 복제한 것인데, 이와 같은 목적은 이 사건 논문이 작성된 원래의 목적과 같으므로, 이 사건 논문의 복제는 원저작물을 단순히 대체한 것에 불과한 것으로 볼 수 있는 점"을 제28조의 공정이용적 고려요소의 판단에서 불리한 요소로 보았는데, 그것은 공정이용 판단의 첫 번째 고려요소와 관련하여 '변용적 이용'인지 여부를 중시하고 있는 미국 판례이론의 영향을 받은 것으로 생각된다. 특히 이것은 본서에서 미국 판례이론을 종합하여 "변용적 이용 또는 생산적 이용에의 해당여부를 판단함에 있어서 하나의 기준이 되는 것은 저작물을 이용하는 목적 및 그것이 이바지하는 기능이 원저작물의 목적 또는 기능과 동일한지 여부이다"라고 정리한 부분(§14-235)과 동일한 입장을 수용한 것으로 보인다. 이는 미국 저작권법 제107조를 본받은 공정이용 일반조항이 도입된 이후의 대법원 판례가 공정이용에 대한 판단요소에 대한 오랜 기간 정립되어 온 미국의 판례이론을 과거보다 더욱 중시하여 참고할 것이라는 점을 예고하고 있는 것으로 보아도 좋지 않을까 생각된다.

② 저작물의 성질과 관련하여서는 후술하는 공정이용 일반조항에 관한 설명 중 '두 번째 고려요소'에 대한 부분(§14-250 이하 참조)을 참고하기 바란다.

③ 인용된 내용과 분량에 대하여는 위 (나), (다)에서 설명한 내용을 고려하여야 할 것이나, 종합적인 고려요소의 하나라고 하는 관점에서 역시 공정이용 일반조항에 관한 설명 중 '세 번째 고려요소'에 대한 부분(§14-257 이하 참조)을 참고할 필요가 있을 것이다.

④ 피인용저작물을 수록한 방법과 형태는 아래 (마)에서 공정한 관행에 합치하는 방법에 대하

---

1 서울남부지방법원 2010. 2. 18. 선고 2009가합18800 판결.
2 뒤에서 소개하는 대법원 2006. 2. 9. 선고 2005도7793 판결 – "썸네일 이미지" 사건(§14-73).

여 설명하는 내용을 각 참고하면 될 것이다.

그리고 ⑤ 이용자의 일반적 관념은 이용자들이 일반적으로 인용된 저작물을 감상용으로 생각하는지, 단순히 하나의 정보라고 생각하는지 등의 관념을 말하는 것으로서,1 원저작물의 수요를 대체할지 여부를 판단하는 데 있어서 하나의 고려요소가 되는 부분이라 할 수 있을 것이다.

마지막으로 ⑥ 원저작물에 대한 수요를 대체하는지의 여부를 고려하여야 하는데, 이것이 실질적으로 가장 중요한 고려요소의 하나라고 할 수 있다.2 원저작물에 대한 수요를 대체하는 이용을 허용할 경우에 저작재산권자의 경제적 이익을 심대하게 위협할 수 있을 것이기 때문이다. 그런데 이 고려요소는 공정이용 일반조항의 네 번째 고려요소와 같은 취지라고 할 수 있으므로 그에 관한 설명부분(§14-261 이하 참조)을 참고하면 된다.

(마) 인용의 방법 — '공정한 관행'에의 합치

1) 개　　관

§14-68　　인용방법이 '공정한 관행'에 합치하여야 한다는 것과 관련하여, ① 인용저작물 중에서 피인용저작물이 인용된 부분이 어느 부분인지 구별될 수 있도록 하여야 한다는 것(이를 '명료구별성 또는 명료구분성의 요건이라 한다), ② 인용 부분에 대하여 출처를 명시하여야 한다는 것, ③ 원칙적으로 수정, 개작하여 인용하는 것은 공정한 관행에 반하는 것으로 본다는 것 등을 유의할 필요가 있다.

2) 인용부분의 명료한 구분(명료구별성)

§14-69　　인용 부분의 명확한 구별방법으로서는, 어문저작물의 경우 따옴표를 쓴다든지 줄을 바꾸거나 크기나 모양이 다른 활자로 표시하는 것이 일반적이며, 적합한 위치에 주를 붙이는 것도 한 방법이 될 수 있을 것이다.3 인용되는 저작물이 인용하는 저작물과 분명하게 구별되지 않고 저작물에 접하는 일반인이 인용저작물 가운데 그 저작자 이외의 사람이 저작한 부분이 있는 것이 판명되지 않는 방법으로 자기의 저작물 중에 다른 사람의 저작물의 일부를 가지고 들어와 이용하는 경우에는 인용의 요건을 갖추지 못한 것으로 보아야 한다.4

3) 출처의 명시

§14-70　　인용 부분에 대하여 출처를 명시할 의무가 있음은 저작권법 제37조 제 1 항에서도 규정하고

---

1 예컨대, 대법원 2006. 2. 9. 선고 2005도7793 판결에서 "이미지 검색을 이용하는 사용자들도 썸네일 이미지를 작품사진으로 감상하기보다는 이미지와 관련된 사이트를 찾아가는 통로로 인식할 가능성이 높은 점"을 고려요소의 하나로 삼았다.

2 판례상으로도 이 요소는 대단히 중요한 비중으로 다루어지고 있다. 예를 들어, 서울행정법원 2006. 2. 16. 선고 2002구합29395 판결은 "원고가 자신의 방송국을 통하여 외신뉴스를 그대로 방송(언어만 한국어로 번역하여)함으로써 원저작물에 대한 시장수요를 대체할 수 있는 정도에까지 이르렀다고 할 것"이라는 점을 정당한 인용으로 보기 어려운 주된 근거로 제시하고 있다.

3 박성호, "포스트모던 시대의 예술과 저작권," 한국저작권논문선집(Ⅱ), 한국저작권심의조정위원회, 1995, 220면 참조.

4 서울중앙지방법원 2007. 5. 3. 선고 2005가합64823 판결 참조.

있다. 그런데 출처명시의무의 이행은 저작재산권 제한사유와는 별개의 의무로서 그것을 위반한 경우에 별도의 형사적 제재(법 제138조 제 2 호)가 가해질 수는 있지만, 그것을 위반하였다고 하여 저작재산권 제한사유의 적용이 부정되는 것으로 볼 수 없다고 하는 것이 학설의 일반적인 입장이다(§14-279 참조).[1] 그러나 공표된 저작물의 인용에 있어서, 인용의 방법이 공정한 관행에 합치하여야만 정당한 인용으로 보는 것과 관련하여 출처명시의무의 이행이 그러한 공정한 관행의 내용이 된다고 하면, 결과적으로, 이 경우에는 제대로 출처를 명시하지 않으면 공정한 인용의 요건을 충족하지 못한 것으로 보게 되어, 결국 단순한 출처명시위반이 아니라 저작재산권 침해로 인정될 가능성이 높다.[2] 다만 저작권법 제28조와 관련하여서는 출처명시의무위반이 있으면 무조건 인용의 공정한 관행에 반하는 것으로 일률적으로 단정할 것인지는 의문이 없지 않다. 특히 과거의 주종관계 기준만이 아니라 새로운 공정이용적 요소들을 대거 판단요소로 추가하여 종합적인 판단을 하는 데 있어서 출처명시 위반이라는 한 가지 사유에 지나친 효과를 인정하는 것은 부당하게 느껴지는 면도 있으므로 구체적인 사안에 따라서는 그러한 종합적 판단에 있어서 하나의 요소로만 고려되는 경우도 있을 수 있지 않을까 생각된다.[3]

---

1 허희성, 전게서(2007), 157면; 황적인·정순희·최현호, 전게서, 301면; 박성호, 저작권법(제2판), 박영사, 2017, 566~567면.

2 박성호, 전게논문, 220면. 일본의 판례 중에 '절대음감 사건'에 대한 東京高裁 平成14年 4月11日 平13(ネ)3677号, 平13(ネ)5920号 判決이 이러한 법리를 밝히고 있다. 이 판결은 "인용에 있어서는 위에서 본 바와 같이 인용 부분을 괄호로 묶는 등 인용저작물과 명료하게 구별하는 것에 더하여, 인용 부분이 피인용저작물에서 유래하는 것을 명시하기 위해 인용저작물 중에 인용부분의 출처를 명시하는 관행이 있는 것은 당 재판소에 현저한 사실이다. 그리고 이러한 관행이 저작권법 제32조 제 1 항에서 말하는 「공정한」이라고 하는 평가를 받기에 적합한 것임은 저작권법의 목적에 비추어 명백하다."고 서술하고 있다. 우리나라 판례 중에도 "출처가 원저작물이라는 것도 명시하지 않아 인용방법도 공정한 관행에 합치되지 않는다 할 것이므로, 도저히 저작권법상 허용되는 인용이라고 볼 수 없다"고 판시한 예가 있다. 서울중앙지방법원 2003. 5. 30. 선고 2001가합64030 판결(정상조편, 전게서 [김기영 집필부분], 511면 주15) 참조). (이러한 입장과 상치되는 입장을 표명한 하급심 판례도 있다. §14-78, 79 참조).

3 최근의 판례 가운데 본서의 주장과 맥락을 같이 하여, 출처명시의무 위반과 정당한 인용의 부정을 직접적으로 연결시키지는 않으면서도 "출처를 명시하였는지 여부는 저작권법 제28조 소정의 '정당한 범위 안에서 공정한 관행에 합치되게 인용한 것인지 여부'를 판단함에 있어서 중요한 고려요소가 된다고 보아야 할 것"이라는 법리를 제시한 다음과 같은 사례가 있다.

　서울중앙지방법원 2016. 1. 27. 선고 2015가합513706 판결: "피고 ○○방송의 주장과 같이, 저작권법 제28조의 문언 및 저작권법 벌칙 규정의 체계에 비추어 볼 때, 피인용저작물의 출처명시의무 이행을 저작권법 제28조 소정의 '공표 저작물의 인용'에 해당하기 위한 필수 요건이라고 볼 수는 없다. 그러나 갑 제12호증, 을마 제 3 내지 11호증의 각 기재 및 변론 전체의 취지를 종합하여 인정할 수 있는 다음과 같은 사정들, 즉 ① 저작권법은 제37조 제 1 항(이 관에 따라 저작물을 이용하는 자는 그 출처를 명시하여야 한다. 다만, 제26조, 제29조부터 제32조까지, 제34조 및 제35조의2의 경우에는 그러하지 아니하다.)에서 저작권법 제28조에 따른 공표 저작물 인용시 그 출처를 명시할 의무를 부과하고, 제138조 제 2 호에서 위 의무를 위반할 경우 형사처벌하도록 규정하고 있는 점, ② 보도, 비평, 교육, 연구 등의 목적으로 '저작권자의 허락 없이' 저작물을 인용하는 경우에도, 그 출처만큼은 표시하는 관행이 사회 일반에 상당 수준 정착된 것으로 보이는 점 등을 종합하면, 공표된 저작물을 인용할 때 그 출처를 명시하였는지 여부는 저작권법 제28조 소정의 '정당한 범위 안에서 공정한 관행에 합치되게 인용한 것인지 여부'를 판단함에 있어서 중요한 고려요소가 된다고 보아야 할 것이고, 따라서 출처를 명시하지 않은 채 영상 저작물을 무단 사용한 경우, 출처를 명시할 수 없는 특별한 사정(피인용저작물의 출처가 불명인 경우 등)이 없는 한, 이는 공정한 관행에 합치되게 인용한 것이 아니라고 볼 여지가 크다고 할 것이다."

출처명시의 방법과 관련하여 법 제37조 제 2 항은 "출처의 명시는 저작물의 이용 상황에 따라 합리적이라고 인정되는 방법으로 하여야 하며, 저작자의 실명 또는 이명이 표시된 저작물인 경우에는 그 실명 또는 이명을 명시하여야 한다"고 규정하고 있다.

여기서 '합리적으로 인정되는 방법'에 대하여 보다 자세히 살펴보면 다음과 같다. 즉, 전문서적이나 학술논문의 경우에는, 저작자의 이름, 책의 제호(논문 등의 경우에는 그 제호와 수록된 간행물의 명칭), 발행기관(출판사 등), 판수, 발행년(월, 일), 해당 페이지를 밝히고 본문 속의 주나 각주 또는 후주 등의 방법을 사용하여야 한다. 번역 등 2차적저작물의 경우에는 번역자 등의 표시와 함께 원저작자의 이름과 제호를 표시하여야 하고, 다른 전거가 없이 자신이 직접 들은 연설을 인용할 경우에는 연설자의 성명 외에 연설이 행해진 때와 장소를 명시할 필요가 있다. 신문 등의 정기간행물의 기사나 논설, 해설 등의 작성에 있어서는 그것이 지니는 특수한 성격과 제한 때문에 학술논문의 경우보다는 간략한 표시방법이 허용될 수 있다고 본다. 따라서 인용부분이 본문과 구별될 수 있는 정도의 식별표시를 하고 출처도 저작자의 이름과 저작물의 제호만 명시하면 무방할 것이다. 그러나 인용 부분을 개별적으로 표시하지 않고 책의 말미에 "본서의 집필에는 ○○책 및 ○○논문을 참고하였다"는 식의 표시를 하는 것만으로는 부족하다고 본다.[1] 유사한 사안으로서, 타인의 저작물을 부분적으로 인용한 본문의 각 해당 부분에 출처를 명시하지 않고 책의 말미에만 포괄적으로 참고자료 또는 참고문헌으로 기재한 것은 적절한 것이 아니라고 보아 다른 사정들과 종합하여 정당한 인용을 부정한 사례들이 있다.[2] 또한 외국 문헌을 직접 번역하여 자기 저술에 인용하는 경우에는 외국 문헌을 출처로 표시하여야 하고, 외국 문헌의 번역물을 인용하는 경우에는 합리적인 방식에 의하여 외국 문헌을 원출처로, 번역물을 2차 출처로 표시하여야 한다.[3] 타인과의 공저인 선행 저술 중 일부를 인용하여 단독 저술을 할 때는 원칙적으로 출처표시의무를 부담하고, 공저가 편집저작물이나 결합저작물에 해당하는 경우라도 자신의 집필 부분을 넘어 다른 공저자의 집필 부분을 인용하는 경우에는 출처표시의무를 부담한다.[4]

4) 수정·개작의 문제 — '요약인용'의 허부 등

§14-71   피인용저작물을 수정, 개작하여 인용하는 것은 원칙적으로 공정한 관행에 합치되지 아니하는 것으로 보아야 할 뿐만 아니라 저작인격권 중 동일성유지권 침해의 문제를 야기할 수도 있다. 개작이 허용되지 않는다는 것은, 법 제28조의 제한사유에 해당할 경우에 대하여 법 제36조에서도 제 2 항의 규정을 통해 번역하여 이용하는 것만 허용하고 개작에 의한 이용을 허용하는 규정은

---

1 이상 박성호, 전게논문, 221면; 한승헌, 정보화시대의 저작권, 도서출판 나남, 1992, 290~291면 참조.
2 의정부지방법원 2006. 11. 9. 선고 2006노685 판결; 서울중앙지방법원 2018. 7. 27. 선고 2015가단169829 판결.
3 대법원 2016. 10. 27. 선고 2015다5170 판결.
4 위의 판결.

두고 있지 않은 점에서도 알 수 있다. 다만 개작에 이르지 않는 변경 중에서 원래의 큰 이미지를 작은 견본용 이미지(썸네일)로 줄여 이미지 검색 서비스에 이용하는 것 등은 판례에 의해 허용되고 있다.[1] 이 때 동일성유지권과의 관계에 대하여 판례는 그 예외조항[2]에 해당하는 것으로 보고 있다.[3]

'개작'이 원칙적으로 허용되지 않는 것과 관련하여, 요약인용의 허용 여부에 대하여 학설이 긍정하는 입장(다수설)[4]과 적어도 개작에 이르는 경우에는 부정하는 입장(소수설)[5]으로 나뉘어 있는 상태에서, 그것을 긍정하는 입장을 취한 하급심 판결이 선고된 바 있다.[6] 요약인용을 긍정할 경우에도 그것이 저작자의 저작인격권 중 동일성유지권을 침해하지 않도록 유의하여야 할 것이다.[7] '요약'이 '개작'으로서의 성격을 가지는 경우가 많아, 법문을 엄격하게 적용할 때 제28조에

§14-72

---

1 대법원 2006. 2. 9. 선고 2005도7793 판결(§14-73).

2 현행 저작권법 제13조 제 2 항 제 5 호의 "그 밖에 저작물의 성질이나 그 이용의 목적 및 형태 등에 비추어 부득이하다고 인정되는 범위 안에서의 변경."

3 서울고등법원 2005. 7. 26. 선고 2004나76598 판결(§14-78) : "비록 피고가 원고의 허락 없이 이 사건 사진을 축소하여 썸네일 이미지로 변환시켰으나, 썸네일 이미지는 원래 이미지의 단순한 축소에 불과하여 본질적인 내용에는 변경이 없고, 앞에서 본 이 사건 사진에 대한 썸네일 이미지의 이용 목적 및 그 형태 등을 고려하여 보면, 이는 저작권법 제13조 제 2 항 제 3 호[현행법상은 제 5 호]가 규정하는 '부득이하다고 인정되는 범위'에 해당한다고 볼 수 있으므로, 피고가 원고의 이 사건 사진에 관한 동일성유지권을 침해하였다고 할 수 없다."

4 장인숙, 전게서, 92면; 황적인·정순희·최현호, 전게서, 286면; 서달주, 저작권법(제 2 판), 박문각, 2009, 393면; 三山裕三, 著作權法詳說(第8版), LexisNexis, 2010, 327~332면; 半田正夫·松田政行編, 전게서 2卷 [盛岡一夫 집필부분], 205면; 中山信弘, 著作權法, 有斐閣, 2007, 262면 등. 다만 이 가운데 三山裕三은 요약인용을 인정하더라도 엄격한 요건을 부과하여야 한다는 입장에서, 요약인용된 원저작물과의 관계에서의 대체가능성 등을 엄격하게 따져봐야 하고, 무제한적으로 요약인용을 인정하는 것은 곤란하다고 한다. 이 때 요약의 압축도가 높으면 높을수록 대체가능성이 낮아져 적법성이 인정될 가능성이 높아진다고 한다.

5 오승종, 전게서, 600면; 加戸守行, 전게서, 245면.

6 서울중앙지방법원 2008. 10. 9. 선고 2006가합83852 판결 : "그리고 위와 같은 요건을 갖춘 형태로 타인의 언어저작물을 새로운 언어저작물에 인용하여 이용하는 경우에는 타인의 저작물을 그 취지에 충실하게 요약하여 인용하는 것도 허용된다고 해석해야 한다. 그 이유는 다음과 같다. 먼저 저작권법 제28조의 해석으로서도 인용이 원저작물을 그대로 사용하는 경우에 한정된다고 해석해야 할 근거가 없다. 또 실제적으로도 새로운 언어저작물을 창작함에 있어 타인의 언어저작물의 전체나 상당히 넓은 범위의 취지를 인용할 필요가 있는 경우가 있지만, 이 경우에 원문 그대로 인용하는 것은 인용이라는 명목으로 타인의 저작물의 전부 또는 광범위한 부분의 복제를 인정하는 것으로 되고 그 저작권자의 권리를 침해하는 정도가 크게 되어 그 결과 공정한 관행에 합치하더라도 정당한 범위에 속한다고 할 수 없게 될 우려가 있다. 그리고 인용되는 저작물이 경우에 따라서는 기술대상이 광범위하게 걸쳐 있어 인용하여 이용하려고 하는 사람에게 있어 일정한 관점에서 요약한 것을 이용하면 충분하고, 전문을 인용할 필요까지 없는 경우가 있다. 나아가 원저작물의 취지를 정확하게 반영한 문장으로 인용하기 위해서는 원문의 일부를 생략하면서 조각조각 단편적으로 인용하는 것만 인정하는 것보다는 오히려 원문의 취지에 충실한 요약에 의한 인용을 인정하는 편이 타당하기 때문이다. 그리고 현실적으로도 이와 같은 요약에 의한 인용이 사회적으로 널리 행하여지고 있다."
　한편, 일본의 하급심 판결 가운데도 요약인용의 정당성을 긍정한 사례가 있다. 東京地裁 1998. 10. 30. 선고 판결('혈액형과 성격의 사회사' 사건), 判例時報 1674호, 132면 참조.

7 三山裕三은 요약인용이 동일성유지권 침해를 구성할 수 있는 경우로서, 1) 그러한 요약이 행해짐으로써 저작자가 당초 생각했던 것과 다르게 받아들여질 우려가 있는 경우, 2) 그러한 요약인용에 의하여 저작자가 정신적 고통을 느낄 우려가 있는 경우를 들고 있다. 나아가, a) 요약이 너무 일방적으로 기울어져 어느 한 부분의 요약에만 그쳐 전체의 균형을 상실하고 있는 경우, b) 요약의 방법이 적절하지 않아 취지의 충실성을 결하고 부정확한 경우, c) 일부러 전후 문맥을 무시하고 여기저기서 내용을 끌어모음으로써 인용된 저작물의 취지를 왜곡하고 그 내용을 오해하게 하는 모

의하여 그러한 개작으로서의 요약인용이 허용된다고 보기는 어렵다. 이전에는 구체적 타당성의 면을 강하게 의식하여 법문에 반하는 점이 있음에도 불구하고 요약인용도 제28조에 의하여 허용되어야 한다는 견해를 취하였으나, 이제는 공정이용 일반조항(제35조의3; §14-217 이하 참조)이 신설되어 구체적 타당성 있는 해결이 가능하게 되었으니, 요약인용의 허용은 공정이용 일반조항에 맡기고, 제28조의 적용대상은 아니라고 보는 것이 타당할 것으로 생각된다.[1]

 **판례** 공정한 인용으로 인정된 사례

§14-73

❖ 대법원 2006. 2. 9. 선고 2005도7793 판결 ― "썸네일 이미지" 사건

저작권법 제25조[2]는 공표된 저작물은 보도·비평·교육·연구 등을 위하여는 정당한 범위 안에서 공정한 관행에 합치되게 이를 인용할 수 있다고 규정하고 있는데, 정당한 범위 안에서 공정한 관행에 합치되게 인용한 것인지 여부는 인용의 목적, 저작물의 성질, 인용된 내용과 분량, 피인용저작물을 수록한 방법과 형태, 독자의 일반적 관념, 원저작물에 대한 수요를 대체하는지 여부 등을 종합적으로 고려하여 판단하여야 한다(대법원 2004. 5. 13. 선고 2004도1075 판결, 1998. 7. 10. 선고 97다34839 판결 등 참조). 원심은, 그 채용 증거들을 종합하여 판시와 같은 사실을 인정한 다음, 피고인 회사의 검색사이트에 썸네일 이미지의 형태로 게시된 A의 사진작품들은 A의 개인 홈페이지에서 이미 공표된 것인 점, 피고인 회사가 썸네일 이미지를 제공한 주요한 목적은 보다 나은 검색서비스의 제공을 위해 검색어와 관련된 이미지를 축소된 형태로 목록화하여 검색서비스를 이용하는 사람들에게 그 이미지의 위치정보를 제공하는 데 있는 것이지 피고인들이 A의 사진을 예술작품으로서 전시하거나 판매하기 위하여 이를 수집하여 자신의 사이트에 게시한 것이 아닌 만큼 그 상업적인 성격은 간접적이고 부차적인 것에 불과한 점, A의 사진작품은 심미적이고 예술적인 목적을 가지고 있다고 할 수 있는 반면 피고인 회사의 사이트에 이미지화된 A의 사진작품의 크기는 원본에 비해 훨씬 작은 가로 3㎝, 세로 2.5㎝ 정도이고, 이를 클릭하는 경우 독립된 창으로 뜬다고 하더라도 가로 4㎝, 세로 3㎝ 정도로 확대될 뿐 원본 사진과 같은 크기로 보여지지 아니할 뿐만 아니라 포토샵 프로그램을 이용하여 원본 사진과 같은 크기로 확대한 후 보정작업을 거친다 하더라도 열화현상으로 작품으로서의 사진을 감상하기는 어려운 만큼 피고인 회사 등이 저작물인 A의 사진을 그 본질적인 면에서 사용한 것으로는 보기 어려운 점, 피고인 회사의 검색사이트의 이 사건 썸네일 이미지에 기재된 주소를 통하여 B의 홈페이지를 거쳐 A의 홈페이지로 순차 링크됨으로써 이용자들을 결국 A의 홈페이지로 끌어들이게 되는 만큼 피고인 회사가 A의 사진을 이미지검색에 제공하기 위하여 압축된 크기의 이미지로 게시한 것이 A의 작품사진에 대한 수요를 대체한다거나 A의 사진 저작물에 대한 저작권 침해의 가능성을 높이는 것으로 보기는 어려운 점, 이미지 검색을 이용하는 사용자들도 썸네일 이미지를 작품사진으로 감상하기보다는 이미지와 관련된

습으로 요약한 것과 같은 경우 등이 위 1)의 예이고, d) 요약자가 의도적으로 원저작자의 의향에 반하는 형태로 요약했다고 평가할 수 있는 경우, e) 개인공격이나 비판의 의도로 왜곡하여 요약한 것과 같은 경우 등이 2)에 해당하는 예라고 할 수 있다고 한다. 三山裕三, 전게서, 333~334면 참조.

1 이 부분은 제3판에서 종전의 견해를 변경한 것임을 밝힌다.

2 개정전 법 제25조는 2006년 개정 후의 현행법 제28조와 동일하다.

사이트를 찾아가는 통로로 인식할 가능성이 높은 점 및 썸네일 이미지의 사용은 검색사이트를 이용하는 사용자들에게 보다 완결된 정보를 제공하기 위한 공익적 측면이 강한 점 등 판시와 같은 사정 등을 종합하여 보면, 피고인 회사가 A의 허락을 받지 아니하고 A의 사진작품을 이미지검색의 이미지로 사용하였다고 하더라도 이러한 사용은 정당한 범위 안에서 공정한 관행에 합치되게 사용한 것으로 봄이 상당하다고 판단하였다. 앞서 본 법리와 기록에 비추어 살펴보면, 위와 같은 원심의 사실인정과 판단은 옳은 것으로 수긍이 가고, 거기에 채증법칙 위배로 인한 사실오인 또는 저작권법 제25조 소정의 정당한 이용에 관한 법리오해 등의 위법이 있다고 할 수 없다.

▷NOTE : 인터넷 포털 사이트 등이 제공하는 검색서비스는 이른바 '로봇'이라고 하는 프로그램을 §14-74
이용하여 인터넷상에 공개된 수많은 정보들을 자동으로 검색, 추출하여 배열한 후 많은 이용자들이 편리하게 검색하여 이용할 수 있도록 제공함으로써 인터넷상의 정보가 대중들에게 편리하게 활용될 수 있도록 돕는 역할을 수행하고 있다. 그런데 그 과정에서 타인의 저작물에 해당할 수 있는 여러 정보들에 접근하여 복제, 변형, DB화, 하이퍼링크 연결 등을 가공과정을 거치게 됨에 따라 불가피하게 저작권 침해의 소지를 안게 되는 부분들이 있다. 본 판례는 그러한 검색서비스의 한 형태로서 인터넷상에 공개된 이미지 자료들을 검색할 수 있도록 제공하면서 타인의 저작물인 이미지를 이른바 "썸네일 이미지"로 축소하여 게재하고 원래의 이미지가 있는 사이트로 링크를 걸어 둔 것이 저작권 침해가 되는지 여부를 판단한 사례이다. 그러한 썸네일 이미지의 게재 행위는 저작권자의 허락 없는 복제, 전송에 해당하므로 법에서 정한 저작재산권 제한사유에 해당하지 않는 한 저작재산권 침해가 됨은 분명하다. 2011. 12. 2.자 개정 이전의 저작권법하에서 제소된 이 사건에서 주장될 수 있는 저작재산권 제한사유는 '정당한 인용'에 관한 현행법 제28조의 사유로서, 이 사건에서도 그 해당 여부가 쟁점이 되었다. 앞에서 제28조의 적용 요건들을 자세히 살펴보았는데, 대법원은 본조 적용 여부를 판단함에 있어서 각각의 요건을 구별하여 개별적으로 따지기보다 위 판시와 같이 종전의 일부 대법원 판례를 참고하여 "정당한 범위 안에서 공정한 관행에 합치되게 인용한 것인지 여부는 인용의 목적, 저작물의 성질, 인용된 내용과 분량, 피인용저작물을 수록한 방법과 형태, 독자의 일반적 관념, 원저작물에 대한 수요를 대체하는지 여부 등을 종합적으로 고려하여 판단하여야 한다"고 하는 식으로 묶어서 포괄적인 판단기준을 적용하였다. 앞에서 본 '주종관계'라고 하는 기준을 일종의 확대경처럼 사용한 판례도 있지만, 그렇지 않고 이 사건과 같이 '주종관계'를 전혀 언급하지 않은 경우도 있는 것이다. 사실 이 사건에서 주종관계를 따지기는 쉽지 않다. 굳이 따진다면, 본 사안의 이미지 검색서비스를 포함한 검색서비스의 전체적 구성, 배열 등이 편집저작물을 구성하고 그것이 '주(主)'의 지위에 있다고 볼 수도 있겠지만, 아무래도 어색하고 작위적이라는 느낌을 떨쳐버리기가 어렵다. 대법원이 이 사건에서 인용의 정당성을 긍정한 것은 그것이 개별적으로 하나하나의 요건이나 잣대에 부합되는지 여부가 아니라 위와 같은 종합적인 기준을 전제로 볼 때 위와 같은 썸네일 이미지의 게재가 검색서비스라고 하는 공공적 의의를 가진 곳에 생산적인 목적으로 인용된 것으로서 그러한 인용이 저작권자에게 시장 수요를 대체하는 등 부당한 피해를 안겨 주는 것은 전혀 없다고 판단한 데 따른 것이다. 그리고 그러한 판단에는 ① 썸네일 이미지가 원래의 이미지를 작은 크기로 압축한 것으로서 감상용이 되기보다는 관련 사이트를 찾아가도록 돕는 '통로'의 역할을 수행하는 데 불과한 것이라는 점과 ② 실제로 간편한 클릭 몇 번으로 저작권자의 사이트를 찾을 수 있도록 하이퍼링크를 제공함으로써 저작권자가 자신의 저작물을 공표한 목적에 부합하는 결과를 가져오게 구성되어 있다는 점 등이 주요하게 작용한 것으로 보인다. 그러므로 ① 감상용으로 부적합할 정도의 이미지 압축과 ② 출처가 되는 사이트에 대한 하이퍼링크 제공의 두 가지 요소 중 하나라도 결여되면 판례의 결론은 달라져야 할 것으로 생각된다. 다만 위 판례가 저작권자의 사이트에 대한 직접적 링크가 아니라 다른 인용사이트를 거친 간접적 링크의 경우임에도 불구하고 그 정당성을 인정한 것은 눈여겨볼 대목이라 생각된다.

§14-75   한편, 이 사건에서 검색서비스의 상업적 성격과 관련하여 "피고인 회사가 썸네일 이미지를 제공한 주요한 목적은 보다 나은 검색서비스의 제공을 위해 검색어와 관련된 이미지를 축소된 형태로 목록화하여 검색서비스를 이용하는 사람들에게 그 이미지의 위치정보를 제공하는 데 있는 것이지 피고인들이 A의 사진을 예술작품으로서 전시하거나 판매하기 위하여 이를 수집하여 자신의 사이트에 게시한 것이 아닌 만큼 그 상업적인 성격은 간접적이고 부차적인 것에 불과한 점"을 지적함으로써 그 상업성보다는 일반 이용자들을 위한 공공적 의의에 보다 주목한 것은 전반적인 검색서비스의 저작권 침해 여부에 대한 판단에 있어서 일정한 방향성을 시사한 측면도 있다고 생각된다.

§14-76   그리고 이 사건에서 '썸네일' 형태로 원본파일을 압축한 것을 일종의 수정, 변형이라고 본다면, 저작물의 인용에 있어서 수정이나 변경을 할 경우 공정한 관행에 합치되지 않는 것으로 볼 것이라고 하는 앞서 살펴본 원칙(§14-71 참조)에 대한 예외라고 할 수 있다.

§14-77   이 사건에 참고가 되었을 가능성이 높은 미국판례로는 Kelly v. Arriba Soft Co.[1]를 들 수 있다. 이 판례도 이 사건 대법원 판결과 유사하게 검색 로봇에 의해 수집된 썸네일 이미지의 저작권 침해 문제를 다룬 것이다. 원고 Kelly는 전문적인 사진작가로 미국 서부지역의 풍광을 사진에 담는 작업을 하면서, 그 사진을 Kelly 자신의 웹사이트 및 그와 이용허락계약을 맺고 있는 다른 사이트들을 통해서 제공해 오고 있었고, 피고인 Arriba Soft 사에서는 사진작가 Kelly의 사진을 검색 로봇이 수집한 썸네일 이미지로 복제하여 인터넷 이용자들이 볼 수 있도록 하였다. 법원은 미국법상의 공정이용의 4가지 판단요소를 가지고 판단한 결과 피고의 행위가 공정이용에 해당한다는 이유로 원고 패소 판결을 내렸다.[2] 또한 한국에서도 이 사건 전에 아래에 소개하는 서울고등법원 2005. 7. 26. 선고 2004나76598 판결이 이 사건과 동일한 문제에 대하여 같은 결론을 내린 바 있다.

위와 같이 위 판결은 디지털 시대의 공정이용에 대한 판단요소들을 적절히 고려하였다는 점에서 그 실질적 타당성을 인정할 수 있으나, 위 판례가 위치한 특수한 좌표에 대하여 인식할 필요가 있다. 위 판결은 공정이용 일반조항(제35조의3; §14-217 이하 참조)이 신설된 때로부터 약 5~6년 전에 선고된 판결로서 우리 저작권법에 공정이용 일반조항이 없음으로 인해 디지털 시대의 새로운 공정이용에 대하여 적절한 법적 판단을 하기 쉽지 않은 점을 감안하여 저작권법 제28조를 사실상 공정이용 일반조항에 거의 가까운 것으로 활용하고자 하는 취지를 내포하고 있었다고 할 수 있다. 그로 인해 위 판결은 첫째, 저작권법 제28조의 '인용'을 '이용'보다는 제한적인 의미로서 자신의 저작물에 타인의 저작물을 포함하여 이용하는 행위 등에만 적용될 수 있는 개념으로 보아온 종래의 학설과 달리 '인용'을 '이용'과

---

1 336 F. 3d 811(9th Cir. 2003).
2 자세한 것은, 신창환, "썸네일 이미지 검색 서비스의 저작권 침해 여부," 계간 저작권 2005년 여름호(제70호), 59~61면 참조.

별로 다르지 않은 개념으로 본 특징이 있고, 둘째, 종래의 판례가 취해온 주종관계 기준은 '인용'을 전제로 한 것이다 보니, 위 판결에서는 주종관계에 대한 기준을 생략하고 새로운 공정이용적 판단요소들만 제시한 특징을 가지고 있다. 공정이용 일반조항이 신설된 후에는 이와 같이 제28조의 적용영역을 확대한 부분을 도로 원래의 모습으로 '복원'해 나갈 필요가 있다고 생각되는데, 개정 이후에 선고된 '리프리놀' 사건에 대한 대법원 2013. 2. 15. 선고 2011도5835 판결(§14-90-1)이 위 첫째와 둘째의 점에서 조금씩 다른 판시를 함으로써 그러한 '복원'의 방향성을 드러내고 있다고 생각된다.

❖서울고등법원 1997. 7. 9. 선고 96나18627 판결 ─ "무궁화꽃이 피었습니다" 사건   §14-78

〈사실관계〉

신청인은 '핵물리학자 이휘소'라는 책의 편저자이고, 피신청인 A는 신청외 망 이휘소를 모델로 한 소설인 '무궁화꽃이 피었습니다'(이하 이 사건 소설이라 한다)의 저자이며, 피신청인 B는 그 발행인이다. 신청인은 피신청인들이 발행한 이 사건 소설이 자신의 책에 있는 내용을 상당 부분을 복제하여 사용한 것으로 자신의 저작권을 침해하였다고 주장하면서 침해금지가처분을 신청하였다. 법원의 판단에 의하면, '핵물리학자 이휘소'는 전기(傳記)와 소설의 중간적 성격을 가진 저작물이고, 이 사건 소설은 이휘소라는 인물을 모델로만 사용한 '모델소설'로서 추리소설의 기법까지 가미된 것이다. 법원은 여러 가지 이유로 피신청인들의 저작권침해를 인정하지 않는 결론을 내렸는데, 다음의 판시는 피신청인 A가 소설을 저작함에 있어 '핵물리학자 이휘소'의 일부 내용을 그대로 인용한 부분이 개정 전의 저작권법 제25조(=현행법 제28조)에 의한 정당한 인용이라고 볼 수 있을지가 쟁점이 된 부분에 대한 판단내용이다.

〈법원의 판단〉

저작권법 제25조에서 공표된 저작물은 보도, 비평, 교육, 연구 등을 위하여는 정당한 범위 안에서 공정한 관행에 합치되게 이를 인용할 수 있다고 규정하고 있고, 위 규정에서 정한 인용의 목적인 보도, 비평, 교육, 연구는 예시적 규정으로서 그밖에 예증, 해설, 보충, 강조를 위한 인용도 가능하다고 보아야 할 것이고, 또 위 규정에서 말하는 정당한 범위에 속하기 위하여는 그 표현형식상 피인용저작물이 보족, 부연, 예증, 참고자료 등으로 이용되어 인용저작물에 대하여 부종적 성질을 가지는 관계[즉, 인용저작물이 주(主)이고, 피인용저작물이 종(從)인 관계에 있다고 인정되어야 하며(대법원 1990. 10. 23. 선고 90다카8845 판결 참조), 소설 중에 설정된 상황을 설명하기 위한 목적에서 타인의 저작물 등의 자료를 인용함에 있어서, 그 출처를 명시하는 등 적절한 방법으로 피인용부분을 자신의 창작부분과 구별될 수 있도록 하고, 피인용저작물을 지나치게 많이 인용하지 아니하며, 또한 위 인용으로 말미암아 원저작물에 대한 시장수요를 대체할 수 있는 정도에 이르지 아니하는 경우, 다른 특별한 사정이 없는 한 그 인용 이용행위는 공정한 관행에도 합치된다고 보아야 할 것이다.

그런데, 앞서 본 소명자료들에 의하면 이 사건 제 1 이용부분은 이 사건 소설 제 1 권 286면, 제 2 권 285면, 제 3 권 283면 등 총 854면 중에서 차지하는 면수가 약 10면 정도에 해당하는 것으로서 극히 일부분일 뿐만 아니라, 소설 구성상의 필요 즉 핵무기개발을 둘러싼 이용후와 박정희와의 연결고리를 당시의 시대상황에 부합하고, 또한 그럴듯하게 맞추기 위한 목적에서 원문의 동일성을 해하지 않은 채 거의 그대로 인용하였으며, 피인용부분과 창작부분 사이의 행을 비우는 방법 등으로 피인용부분과 창작부분이 구별될 수 있도록 함과 아울러 그 각 인용부분 말미에 (위의 내용은 공◇하 편저, 도서출판 뿌리에서 출간한 「핵물리학자 이휘소」에서 인용함) 또는 (박정희 대통령의 편지와 이 박사의 일기는 도서출판 뿌리에서 펴낸 공◇하 편저, 「핵물리학자 이휘소」에서 인용한 것임을 밝힙니다) 라고 인용문구를 명시함으로써 이 사건 소설의 독자들로 하여금 그 부분의 출전을 손쉽게 알 수 있도록 배려하였고(위와 같이 인용구를 명시하였기 때문에, 뒤(위 소설 제 2 권 101면 14행부터 21행까지와 같은 면 24행부터 102면 10행까지)에서 다시 그 중 일부를 인용하면서는 위와 같은 인용구를 거듭 기재하지 않고, < >속에 위 인용부분을 기재하여 위 피신청인의 창작부분과 구별하였던 것으로 보인다), 이 사건 소설 각권 중 작가의 말에서 저서의 일부를 인용하도록 해준 공◇하 선생께 감사한다는 문구를 삽입하였으며, 핵물리학자 이휘소는 1992. 7. 10. 5판이 나온 후 신청인 스스로 이를 절판시키기로 하여 그 후 시중에 유통되지 아니하였으므로 이 사건 제 1 이용부분으로 인하여 그 시장수요가 침해될 가능성이 거의 없었던 사실(오히려 일반 국민들에게는 거의 알려져 있지 아니하던 망인이 이 사건 소설로 인하여 전국민적으로 알려지게 되었고 이로 인하여 망인 관련 유사작품에 대한 시장수요가 증가될 가능성도 없지 않다)이 인정되는바, 위 인정사실에 비추어 보면 이 사건 제 1 이용부분은 그 표현형식상 이 사건 소설의 보족, 부연, 예증, 참고자료 등으로 이용되어 부종적(附從的) 성질을 가지는 관계에 있고 원저작물의 시장수요를 대체할 정도에 이르지 아니한 것으로서 위 저작권법 제25조의 정당한 범위 안에서의 인용에 해당되고, 또한 창작부분과의 구별을 가능하게 함과 아울러 인용 출처를 밝힌 점에 비추어 공정한 관행에 합치되는 인용에 해당된다고 할 것이므로, 피신청인들의 저작재산권(복제권 및 배포권) 침해행위는 면책된다고 할 것이며(같은 이유로 소갑제15호증의 12의 기재는 이를 채용하지 아니한다), 나아가 피신청인들이 이 사건 인용부분의 인용 출처와 원저작자인 신청인의 성명을 밝힌 이상 신청인의 성명표시권을 침해하였다고 볼 수도 없다 할 것이다.

▷NOTE : 이 판례는 소설에서 소설적 성격을 일부 포함한 다른 작품을 인용한 것을 정당한 인용으로 인정한 사례로서 '썸네일 이미지' 사건의 경우와 달리 주종관계를 비롯한 인용의 요건들의 충족 여부를 비교적 소상하게 검토하고 있는 점에서 참고가치가 크다고 생각된다.

§14-79 ❖ 서울고등법원 2010. 10. 13. 선고 2010나35260 판결 ― "손담비씨 노래" 사건
〈사실관계〉

원고는 2009. 2. 2. 다섯 살 된 원고의 딸이 의자에 앉아 가수 손담비씨가 가창한 '미쳤어'라는 노래(이 사건 음악저작물)의 후렴구 일부분을 부르면서 춤을 추는 것을 촬영한 이용자제작콘텐츠(UCC-User Created Content 또는 UGC-User Generated Content) 형태의 53초 분량의 동영상(이하 '이 사건 동영상'이라 한다)을 주된 내용으로 하는 게시물('이 사건 게시물')을 원고가 운영하는 네이버 블로그에 게시하였다. 이에 대하여 피고협회(한국음악저작권협회)가 위 게시물이 동 협회가 저작자들로부터 신탁받아 관리하고 있는 이 사건 저작물에 대한 저작재산권을 침해한 것이라고 하면서 피고회사(엔에이치엔 주식회사)에게 삭제요청을 하였고, 피고회사는 임시 게시중단 조치를 한 후 원고의 재개시 요청에 대하여 소명부족을 이유로 응하지 않고 있었다. 이에 원고는 원고의 이 사건 저작물 이용이 우리

저작권법 제28조 등에 의하여 '공정이용'으로 인정될 수 있어 저작권 침해가 성립되지 않음에도 불구하고 위와 같이 삭제요청을 한 피고협회와 그에 따라 게시 중단 조치 등을 취한 피고회사의 행위는 위법하다고 주장하면서 1심 법원인 서울남부지방법원에 원고의 이 사건 게시물 게재행위가 저작권 침해행위가 아니라는 확인을 구함과 동시에 피고협회에게는 저작권법 제103조 제 6 항에 의한 손해배상을 구하고, 피고회사에게도 과실에 의한 불법행위책임을 물어 손해배상을 청구하였다. 이에 대하여 1심 법원은 원고의 이 사건 게시물 게시행위는 저작권법 제28조에 의한 '공표된 저작물'의 정당한 '인용'에 해당하여 저작권 침해를 구성하지 않는다는 전제하에 원고의 위 확인청구를 인용하고, 피고협회에 대한 손해배상청구를 일부 인용하며, 피고회사에게는 위 게시 중단 등 조치에 과실이 없다는 이유로 피고회사에 대한 손해배상청구는 전부 기각하는 취지의 판결을 선고하였다. 이에 대하여 피고협회가 항소를 제기하자 항소심 법원인 서울고등법원은 원심에서 원고의 확인청구를 인용한 부분만을 취소한 후, 확인의 이익이 없다는 이유로 원고의 그 부분 소를 각하하고 피고협회의 나머지 항소를 기각하는 판결을 선고하였다. 아래에서 인용하는 부분은 항소심 판결문 중 원고의 게시행위가 정당한 '인용'에 해당한다고 판단한 부분만 발췌한 것이다.

〈법원의 판단〉
… (2)저작권법 제28조는 "공표된 저작물은 보도·비평·교육·연구 등을 위하여는 정당한 범위 안에서 공정한 관행에 합치되게 이를 인용할 수 있다"고 규정하고 있다.

여기서 인용이라 함은 타인이 자신의 사상이나 감정을 표현한 저작물을 그 표현 그대로 끌어다 쓰는 것을 말하나, 인용을 하면서 약간의 수정이나 변경을 하였다고 하더라도 인용되는 저작물의 기본적 동일성에 변함이 없고 그 표현의 본질적 특성을 그대로 느낄 수 있다면 역시 인용에 해당한다.

저작권법이 저작권을 보호하는 이유는 저작권 및 저작인접권의 보호를 통하여 궁극적으로는 문화 및 관련 산업의 향상을 도모하려는 것이므로, 저작권은 저작권자의 개인적 이익과 문화 및 관련 산업의 향상이라는 사회적 이익의 비교형량에 따라 제한될 수 있다. 저작권법은 이러한 비교형량을 구체화하여 저작권의 제한사유를 명시적으로 규정하고 있는데, 저작권법 제28조도 그러한 조항 중 하나이다. 즉, 저작권법 제28조는, 새로운 저작물을 작성하기 위하여 기존 저작물을 이용하여야 하는 경우가 많고, 그러한 경우에 기존 저작물의 인용이 널리 행해지고 있는 점을 고려하여 기존 저작물의 합리적 인용을 허용함으로써 문화 및 관련 산업의 향상발전이라는 저작권법의 목적을 달성하려는 데 그 입법취지가 있다.

이러한 입법취지에 비추어 보면 저작권법 제28조에서 규정한 '보도·비평·교육·연구 등'은 인용 목적의 예시에 해당한다고 봄이 타당하므로, 인용이 창조적이고 생산적인 목적을 위한 것이라면 그것이 정당한 범위 안에서 공정한 관행에 합치되게 이루어지는 한 저작권법 제28조에 의하여 허용된다.

정당한 범위 안에서 공정한 관행에 합치되게 인용한 것인지 여부는 인용의 목적, 저작물의 성질, 인용된 내용과 분량, 피인용저작물을 수록한 방법과 형태, 독자의 일반적 관념, 원저작물에 대한 수요를 대체하는지 여부 등을 종합적으로 고려하여 판단하여야 한다(대법원 2006. 2. 9. 선고 2005도7793 판결, 대법원 2004. 5. 13. 선고 2004도1075 판결, 대법원 1998. 7. 10. 선고 97다34839 판결 등 참조).

한편, 법문은 '인용할 수 있다'고만 규정하고 있으나, 이는 소극적으로 타인의 저작물을 복제하여 그 용도대로 사용하는 데 그치지 아니하고, 적극적으로 자신이 저작하는 저작물 중에 타인의 저작물을 인용하여 이용할 수 있다는 취지이므로, 인용된 부분이 복제·배포되거나 공연·방송·공중송신·전송되는 것도 허용된다. 결국, 정당한 인용은 복제권뿐만 아니라 배포권·공연권·방송권·공중송신권·전송권 등 저작재산권 일반에 대한 제한사유가 된다.

다만, 저작권법 제37조에서는 저작권법 제28조 등에 따라 저작권을 이용하는 자는 저작물의 이용상황에 따라 합리적이라고 인정되는 방법으로 그 출처를 명시하도록 하고 있으므로, 타인의 저작물을 인용하는 경우에는 저작물의 이용상황에 따라 합리적이라고 인정되는 방법으로 그 출처를 명시하여야 한다.

(3) 이 사건 저작물이 공표된 저작물이라는 점은 당사자 사이에 다툼이 없는 점, 이 사건 동영상은 미취학 연령으로 보이는 원고의 딸이 가족여행 중에 이 사건 저작물의 실연자인 가수 손담비의 춤을 흉내 내면서 이 사건 저작물 중 일부를 불완전하게 가창하는 것을 녹화한 것인데, 이는 원고가 가수 손담비를 흉내 내는 원고 딸의 귀엽고 깜찍한 모습과 행동을 생동감 있게 표현한 것으로서 창작성 있는 저작물에 해당하는 점, 이 사건 동영상의 제작 및 전송 경위에 비추어 이 사건 동영상이 영리를 목적으로 제작되거나 전송된 것은 아니라고 보이는 점, 이 사건 동영상의 주된 내용은 원고의 어린 딸이 귀엽고 깜찍하게 가수 손담비의 춤 동작을 흉내 내는 것이고, 이를 위하여 이 사건 저작물의 일부가 반주도 없이 불완전한 가창의 방법으로 인용된 점, 갑 제8 호증의 기재 및 변론 전체의 취지에 의하면 이와 같이 인용된 이 사건 저작물의 양은 전체 74마디 중 7~8마디에 불과하므로 인용의 목적에 비추어 최소한도의 인용으로 보이는 점, 그나마도 음정, 박자, 가사를 상당히 부정확하게 가창한 것인데다가 녹화 당시 주변의 소음으로 인하여 약 53초 분량의 이 사건 동영상 중 초반부 약 15초 정도만 이 사건 저작물을 가창하고 있음을 식별할 수 있는 점, 따라서 일반 공중의 관념에 비추어 이 사건 동영상이 이 사건 저작물이 주는 감흥을 그대로 전달한다거나 이 사건 저작물에 대한 시장의 수요를 대체한다거나 또는 이 사건 저작물의 가치를 훼손한다고 보기는 어려운 점, 대중가요와 같은 음악저작물의 경우에 일반적으로 작곡가나 작사가보다는 실연자의 이름으로 언급하여 그 출처를 표시하고 있는데, 이 사건 동영상이 포함된 이 사건 게시물에도 이 사건 저작물의 실연자를 언급함으로써 합리적인 방법으로 이 사건 저작물의 출처를 명시하고 있는 점 등 제반 사정을 종합하면, 이 사건 동영상은 이 사건 저작물의 일부를 정당한 범위 안에서 공정한 관행에 합치되게 인용하였음이 인정된다.

(4) 갑 제4 호증의 기재에 의하면 이 사건 게시물에 인용된 이 사건 후렴구는 그 양이 이 사건 저작물의 전체 가사 21행 중 5행에 불과한 점, 이 사건 후렴구를 인용한 목적은 이 사건 동영상에서 인용된 이 사건 저작물 부분이 음정, 박자 및 가사가 상당히 부정확하여 잘 인식하기 어려우므로 그와 대비하여 이 사건 동영상에서 인용된 부분이 이 사건 저작물 중 어떠한 부분인지 알 수 있도록 하기 위한 것으로 보이는 점, 따라서 일반 공중의 관념에 비추어 이 사건 후렴구가 이 사건 저작물이 주는 감흥을 그대로 전달한다거나 이 사건 저작물에 대한 시장의 수요를 대체한다거나 또는 이 사건 저작물의 가치를 훼손한다고 보기는 어려운 점, 이 사건 게시물에 이 사건 저작물의 실연자를 언급함으로써 이 사건 저작물의 출처를 명시한 점 등 제반사정을 종합하여 보면 이 사건 후렴구 역시 이 사건 저작물의 일부를 정당한 범위 안에서 공정한 관행에 합치되게 인용하였음이 인정된다.

(5) 또한, 이 사건 게시물은 이 사건 동영상 및 이 사건 후렴구 이외에도 이에 덧붙여 "그런데 도대체 이 노래를 어디서 보고 들은 것이기에 이렇게 따라 하는 것일까요? 집에서는 거의 가요 프로그램을 보질 않는데 말입니다, 뭐 그냥 저냥 웃으면서 보긴 했는데, 너무 아이가 춤과 노래를 좋아하는 것은 아닐런지 걱정스럽기도 합니다. 그리고 좀 더 소녀 취향의 노래를 불러 주었으면 좋겠는데 말이지요'라는 내용의 글과 이 사건 동영상을 녹화한 곳과 같은 장소에서 촬영한 원고의 딸의 다른 사진들을 함께 게재함으로써 이 사건 동영상이나 이 사건 후렴구와는 별개로 대중매체가 어린이들에게 끼치는 영향에 대한 원고의 사상과 감정을 표현한 새로운 창작물이 되었고, 이 사건 동영상과 이 사건 후렴구는 이 사건 게시물을 구성하는 요소로 흡수되었으므로, 이러한 점에 앞서 본 바와 같이 이 사건 동영상과 이 사건 후렴구가 이 사건 저작물을 정당한 범위 안에서 공정한 관행에 합치되게 인용하였음이 인정되는 사정을 함께 고려하면 이 사건 게시물 역시 이 사건 저작물을 정당한 범위 안에서 공정한 관행에 합치되게 인용한 것임을 인정할 수 있다.

(6) 따라서 이 사건 동영상 및 이 사건 후렴구는 물론 이 사건 게시물은 모두 이 사건 저작물을 정당한 범위 안에서 공정한 관행에 합치되게 인용한 것으로서 이 사건 저작물의 저작재산권을 침해한 것이 아니므로, 원고는 이 사건 동영상이나 이 사건 게시물을 자유로이 복제·배포는 물론 공연·방송·공중송신·전송을 할 수 있다.

▷NOTE : 이 판결은 디지털 시대의 변화된 환경 속에서 저작권법을 기계적으로 경직되게 적용할 경우에 저작권자의 실질적 이해관계와는 무관한 영역에서 일반 국민의 표현의 자유를 크게 제약하는 문제점이 있음을 직시하고 공정이용의 일반조항이 없었던 기존의 저작권법하에서 제28조를 적극적으로 해석, 적용하는 방법을 통해 표현의 자유와 저작권자의 권리 보호 사이에 적절한 균형을 도모한 것으로 이해될 수 있다. 특히 저작물 이용의 목적과 관련하여 법 제28조에서 나열한 보도, 비평, 교육, 연구의 네 가지 목적이 예시적인 것에 불과하다고 하면서 '창조적이고 생산적인 목적'이 인정되면 족하다고 한 점, 정당한 인용은 복제권뿐만 아니라 배포권·공연권·방송권·공중송신권·전송권 등 저작재산권 일반에 대한 제한사유가 된다는 것을 분명히 한 점 등은 주목할 만한 판시이며, '창조적이거나 생산적인 목적'이 아니라 '창조적이고 생산적인 목적'이라고 한 것은 적절치 않은 것으로 생각되긴 하지만(§14-16 참조), 실질적으로 큰 차이가 있는 것은 아니며 전체적으로 타당한 판시라 여겨진다.

❖ 서울중앙지방법원 2006. 10. 25. 선고 2006가합73930 판결 — "대통령 가족사진" 사건   §14-83-1
〈사실관계〉

가. 원고는 '○○○○스튜디오'라는 상호로 가족사진 및 아기사진 촬영업을 하고 있고, 피고는 일간신문 ○○일보를 발행하는 언론사이다.

나. 원고는 △△△ 대통령 부부, 그 아들 부부 및 손녀의 가족사진(이하 '이 사건 사진'이라 한다)을 단란한 가정의 분위기가 잘 나타나도록 촬영한 후 이를 자신의 웹사이트에 게시하여 놓고 있었는데, 피고는 위 웹사이트에서 이 사건 사진을 발견한 후 원고의 허락을 받지 아니한 채 2006. 2. 8.자 ○○일보 A27면 '사람들'란에 이 사건 사진을 실은 후 '△대통령 가족사진 공개'라는 표제하에 '△△△대통령 부부와 아들 ○○씨 부부 등이 함께 찍은 가족 사진. △대통령 손녀 ○○양의 첫 돌을 맞아 2005년

1월 촬영한 것으로 보인다. 서울의 한 스튜디오 홈페이지에 올라 있다'(초판 이외의 일부 판에서는 '서울 강남의 T스튜디오 홈페이지'라고 기재하였다)는 설명을 기재하여 신문을 발행하였다.

〈법원의 판단〉

위 인정사실에 의하면 원고는 이 사건 사진을 촬영한 저작자로서 이 사건 사진의 저작권자라고 할 것이고, 피고는 저작권자인 원고의 허락 없이 이 사건 사진을 복제한 후 이를 게재한 신문을 발행하여 배포함으로써 특별한 사정이 없는 한 원고의 저작권을 침해하였다고 할 것이다.

이에 대하여 피고는 이 사건 사진을 보도 목적으로 정당한 범위에서 공정한 관행에 합치되게 인용하였으므로 저작권을 침해하지 아니한 것이라고 주장하므로 살피건대, 저작권법 제25조는 공표된 저작물은 보도 · 비평 · 교육 · 연구 등을 위하여는 정당한 범위 안에서 공정한 관행에 합치되게 이를 인용할 수 있다고 규정하고 있고, 정당한 범위 안에서 공정한 관행에 합치되게 인용한 것인지 여부는 인용의 목적, 저작물의 성질, 인용된 내용과 분량, 피인용저작물을 수록한 방법과 형태, 독자의 일반적 관념, 원저작물에 대한 수요를 대체하는지 여부 등을 종합적으로 고려하여 판단하여야 할 것인바(1997. 11. 25. 선고 97도2227 판결 등 참조), 이 사건 사진의 경우 원고의 홈페이지에서 이미 공표된 저작물이라는 점(피고가 원고의 허락 없이 이 사건 사진을 복제할 수 있었던 것에 비추어 누구나 원고의 홈페이지에서 이 사건 사진을 볼 수 있었던 것으로 보이고, 사진촬영시기로 미루어 볼 때 이 사건 사진은 1년 이상 공개되어 있었던 것으로 보인다)은 앞에서 본 바와 같고, ① 인용의 목적에 관하여 피고가 이 사건 사진을 인용한 것은 (청와대 보안 규정 등으로 쉽게 구하기 어려운) 대통령의 가족사진이 공개되었다는 사실 자체의 전달 · 보도에 중점이 있고, 위 사실을 뒷받침하는 자료로서 이 사건 사진을 인용한 것이지 이 사건 사진의 창작성을 이용하거나 상업적 목적에 활용한 것은 아니라는 점, ② 저작물의 성질 및 인용된 내용과 분량에 관하여 이 사건 사진은 대통령 가족의 촉탁에 의해 촬영된 사진으로서 원고의 이 사건 사진에 대한 저작권이 보호하는 것은 구도 설정, 빛의 방향과 양의 조절, 카메라 각도의 설정, 셔터찬스의 포착 기타 촬영방법, 현상 및 인화의 방법 등에 나타난 원고의 창작성 있는 표현일 뿐이고 피사체가 대통령 가족이라는 사실에 있는 것은 아닌 점, 신문에 실린 사진은 신문재질, 인쇄비용 등의 한계로 인해 화질이 떨어져 작품으로서의 사진을 감상하기는 어려운 만큼 피고가 저작물인 원고의 사진을 그 본질적인 면에서 인용한 것으로는 보기 어려운 점, ③ 피인용저작물을 수록한 방법 및 형태에 관하여 피고는 '서울의 한 스튜디오' 또는 '서울 강남의 T스튜디오'라고 표시하여 피고 자신이 촬영한 사진이 아니라 타인이 촬영한 사진임을 밝히고 자신의 작성 부분과 구별될 수 있도록 했다는 점, ④ 독자의 일반적 관념과 관련하여 독자들도 위 사진을 작품사진으로 감상하기보다는 사실을 전달하는 과정에서의 참고자료로 인식할 가능성이 높은 점, ⑤ 원저작물에 대한 수요대체 여부 등과 관련하여 피고가 원고의 사진을 사진작품으로서 전시하거나 판매하기 위하여 이를 게재한 것이 아니고, 앞에서 본 바와 같이 피고의 행위로 인하여 작품으로서의 이 사건 사진을 감상할 수는 없으며, 이를 확대하더라도 마찬가지일 것이어서 피고의 행위로 인해 원고의 사진작품에 대한 수요를 대체한다거나 원고의 저작물에 대한 저작권침해의 가능성을 높이는 것으로 보기 어려운 점, ⑥ 그 외에 피고가 이 사건 사진 외에 저작권에 의해 보호되지 않는 자료들을 이용할 수 있었음에도 원고의 저작권을 침해한 것으로는 보이지 않는 점 등을 종합하여 고려하면 피고가 이 사건 사진을 위와 같이 복제 · 배포하였다고 하더라도 이러한 인용은 정당한 범위 안에서 공정한 관행에 합치되게 이루어진 것으로 봄이 상당하므로 피고가 이 사건 사진에 대한 원고의 저작권을 침해하였다고 볼 수 없다.

▷NOTE : 위 판결은 대통령의 가족사진을 촬영한 것(사진저작물)을 일간신문에서 인용한 사안에 대하여 이른바 '종합고려설'의 입장에서 여러 가지 사정을 종합적으로 고려하여 정당한 인용으로 인정한 사례로서 참고할 가치가 있다고 생각된다.

판 례 공정한 인용으로 인정되지 않은 사례

❖ 서울동부지방법원 2006. 8. 17. 선고 2006노491 판결 §14-84

가. 저작권법 제25조는 공표된 저작물은 보도·비평·교육·연구 등을 위하여는 정당한 범위 안에서 공정한 관행에 합치되게 이를 인용할 수 있다고 규정하고 있는바, 정당한 범위 안에서 공정한 관행에 합치되게 인용한 것인가의 여부는 인용의 목적, 저작물의 성질, 인용된 내용과 분량, 피인용저작물을 수록한 방법과 형태, 독자의 일반적 관념, 원저작물에 대한 수요를 대체하는지 여부 등을 종합적으로 고려하여 판단하여야 할 것이다.

나. 이 사건에 관하여 살피건대, 피고인 오 이 이 사건 공소사실과 같이 인터넷사이트를 통해 서적을 판매하려는 상업적인 목적을 가지고, 상품의 동일성을 구별할 수 있을 정도로 서적의 표지 등을 복제하여 인터넷 사이트에 게시하는 데에 그치지 아니하고, 서적의 내용에 포함된 이미지와 글, 그림 등을 저작권자의 동의 없이 그대로 복제하여 인터넷 사이트에 게시함으로써 누구든지 이를 열람하고, 나아가 복제할 수 있게 한 행위는 그 인용의 목적, 저작물의 성질, 인용의 방법과 형태 등에 비추어 정당한 범위 안에서 공정하게 위 저작물을 이용한 경우라고 보기 어렵다 할 것이므로 피고인들의 주장은 받아들이지 않는다.

❖ 서울남부지방법원 2006. 10. 11. 선고 2006노930 판결 — "한국어능력시험용 문제집" 사건 §14-85

1. 피고인의 변호인의 항소이유 요지(법리오해)

피고인이 발행한 수험서에 실린 기출문제는 실제 한국방송공사 한국어능력시험 기출문제에 근거한 것이 아니고 수험생들의 기억력을 되살려 재구성한 것으로서 실제 문제와 동일하지도 않으므로 저작권 침해라 할 수 없을 뿐만 아니라, 이와 같은 방법으로 기출문제를 수록하는 것은 그 동안 수험서를 발간해온 출판업계의 오랜 관행에 따른 것으로서 저작권법 제25조에 의해 교육 목적상 허용되는 공정한 관행에 합치된 인용에 해당함에도, 원심은 법리를 오해하여 이 사건 공소사실을 유죄로 인정한 잘못을 저질렀다.

2. 판 단

이 사건 한국어능력시험 기출문제는 저작권법에 의해 보호되는 저작물에 해당함이 분명하고, 이와 같은 저작물을 직접 보고 베낀 것은 아니더라도 수험생들의 기억력을 되살리는 간접적인 방법에 의해 이를 복원하여 게재한 경우에도 저작물의 복제에 해당한다 볼 것이며, 질문과 답안이 전부 게재된 것이 아니라 할지라도 거의 모든 문제와 그 정답이 수록되어 있는 이상 피고인이 이 사건 수험서에 실은 문제와 실제 이 사건 한국어능력시험 기출문제 사이에는 실질적인 유사성이 인정된다 할 것이다.

또한, 저작권법 제25조는 공표된 저작물은 보도·비평·교육·연구 등을 위하여는 정당한 범위 안에서 공정한 관행에 합치되게 이를 인용할 수 있다고 규정하고 있으나, 여기서 정당한 범위 안에서 공정한 관행에 합치되게 인용한 것인가 여부는 인용의 목적, 저작물의 성질, 인용된 내용과 분량, 피인용 저작물을 수록한 방법과 형태, 독자의일반적 관념, 원저작물에 대한 수요를 대체하는지 여부 등을 종합적으로 고려하여 판단하여야 할 것이고, 영리적인 교육목적을 위한 이용은 비영리적인 교육목적을 위한 이용의 경우에 비하여 자유이용이 허용되는 범위가 상당히 좁아진다 할 것인바(대법원 1997. 11. 25. 선고 97도2227 판결 참조), 피고인은 한국어능력시험용 문제집을 제작함에 있어서 개개의 문제의 질문을 만들기 위해 그 일부분으로서 기출문제를 인용한 것이 아니라 이 사건 한국어능력시험 기출문제의 질문과 답안을 통째로 게재한 것으로서 이 사건 수험서에 있어 상당한 분량(총 1169쪽 중 66쪽)과 위상(서적 표지에 굵은 글씨로 강조되어 있다)을 차지하고 있고, 한국방송공사가 저작권을 갖는 위 기출문제에 대한 일반 수험생들의 수요를 상당 부분 대체하였다고 할 것이므로, 이와 같은 인용을 가리켜 교육을 위한 정당한 범위 안에서의 공정한 관행에 합치되는 인용이라고 할 수는 없다 할 것이다.

§14-86   ❖ 서울지방법원 1999. 7. 30. 선고 98가합112564 판결

〈사실관계〉

고시학원을 운영하는 피고는 "○○학교교육학"이라는 제목의 서적(이하 이 사건 침해저작물이라 한다)을 간행함에 있어 원고(서울특별시)의 허락 없이 원고가 발간한 교직실무편람의 내용 중 4면부터 360면까지를 그 차례나 글자체, 글자크기 등만을 바꾸어서 위 침해저작물 중 총 288면에 그대로 게재하였고 그 출처를 밝히지 않은 채 피고를 편저자로 표시하였다.

〈법원의 판단〉

피고가 위와 같이 이 사건 침해저작물을 저작, 간행함에 있어 원고의 위 저작물을 무단으로 이용하고, 그 출처를 표시하지 않은 행위는 원고의 저작재산권 및 저작인격권을 침해하는 불법행위라 할 것이다.

피고는 이에 대해, 이 사건 저작물은 이미 공표된 저작물로서 원고도 그 이용을 양해하였다는 취지의 주장을 하므로 보건대, 을 1 내지 을 3의 각 기재에 변론의 전취지를 보태어 보면 위 저작권 침해 당시 이 사건 저작물의 복사본이 이미 유포되어 있었고, 또 원고는 이 사건 저작물의 발간사에서 이 사건 저작물의 내용을 원고 산하 교육연구원의 홈페이지에 수록하니 필요한 경우 뽑아서 이용하길 바란다고 하였음은 인정되나, 공표된 저작물은 교육 등을 위하여 정당한 범위 안에서 공정한 관행에 합치되게 이를 인용할 수 있을 뿐인바(저작권법 제25조) 피고의 위와 같은 무단이용행위가 이에 해당한다고 보기 어렵고, 또 원고의 위 발간사의 취지는 개개인이 사적으로 이 사건 저작물을 이용함에 있어 필요한 부분을 자유롭게 참고하라는 것일 뿐 피고처럼 이를 상업적 목적으로 복제, 판매하여도 된다는 뜻이라고 보이지도 않는다. 따라서 피고의 위 주장은 이유 없다.

❖대법원 1997. 11. 25. 선고 97도2227 판결 ― "대학 입시용 문제집" 사건   §14-87

〈사실관계〉

연세대, 고려대, 서강대, 성균관대 등 대학입학 본고사의 입시문제를 대학입시용 문제집에 실은 것을 각 대학 총장이 학교법인의 이사장을 대리하여 고소함으로써 문제집을 간행한 회사 등이 기소된 사건이다.

〈법원의 판단〉

논지는, 피고인 주식회사 중앙교육진흥연구소의 대표이사인 피고인 허△수가 '95대학별고사 국어'란 ○○대학입시용 문제집을 제작함에 있어서 위 각 대학의 본고사 국어 문제 전부를 인용한 것을 비롯하여, 같은 형식의 논술, 영어, 수학 등의 문제집에도 위 각 대학의 논술, 영어, 수학 등의 본고사 문제 전부를 인용하였다고 하더라도, 피고인의 대학진학지도라는 교육목적을 위한 것이고 또 위 문제집에서 차지하는 위 각 대학의 본고사 문제의 비율이 국어 9.7%, 논술 2.8%, 영어 6.9%, 수학Ⅰ 9.9%, 수학Ⅱ 9.7%에 불과하므로, 저작권법 제25조가 정하는 공표된 저작물의 정당한 사용에 해당한다는 것이다.

저작권법 제25조는 공표된 저작물은 보도·비평·교육·연구 등을 위하여는 정당한 범위 안에서 공정한 관행에 합치되게 이를 인용할 수 있다고 규정하고 있는바, 정당한 범위 안에서 공정한 관행에 합치되게 인용한 것인가의 여부는 인용의 목적, 저작물의 성질, 인용된 내용과 분량, 피인용저작물을 수록한 방법과 형태, 독자의 일반적 관념, 원저작물에 대한 수요를 대체하는지의 여부 등을 종합적으로 고려하여 판단하여야 할 것이고, 이 경우 <u>반드시 비영리적인 이용이어야만 교육을 위한 것으로 인정될 수 있는 것은 아니라 할 것이지만, 영리적인 교육목적을 위한 이용은 비영리적 교육목적을 위한 이용의 경우에 비하여 자유이용이 허용되는 범위가 상당히 좁아진다고 볼 것이다.</u>

이 사건에서 보건대, 피고인 ○○대학입시용 문제집을 제작함에 있어서 개개의 문제의 질문을 만들기 위하여 그 질문의 일부분으로서 위 대학입시문제를 인용한 것이 아니라 위 대학입시문제의 질문과 제시된 답안을 그대로 베꼈고, 이로써 문제집의 분량을 상당히 늘릴 수 있었으며, 특히 ○○학교법인들이 저작권을 갖는 본고사 문제를 전부 수록함으로써 본고사 문제에 대한 일반 수요자들의 시장수요를 상당히 대체하였다고 할 것이므로, 이와 같은 인용을 가리켜 교육을 위한 정당한 범위 안에서의 공정한 관행에 합치되는 인용이라고는 볼 수 없다 할 것이고, 지금까지 어느 대학 입시문제에 관하여 저작권을 주장한 바 없었다고 하여 결론이 달라진다고 할 수도 없다.

❖서울고등법원 1996. 7. 12. 선고 95나41279 판결 ― "소설마당" 사건   §14-88

〈사실관계〉

출판사를 운영하는 피고가 "독서교실"이라는 표제하에 "소설마당" 제2 내지 7권(이 사건 침해저작물)을 출판하면서 염상섭, 이호철, 홍성원 등 소설가들의 소설들의 전부 또는 일부를 그 저작자인 소설가들이나 그들로부터 저작재산권을 신탁받아 관리하고 있는 원고(한국문예학술저작권협회)의 허락을 받지 않고 무단 전재하였고, 이에 원고가 저작권 침해를 이유로 손해배상청구소송을 제기한 사건이다. 다음은 그에 대한 법원의 판결 중 정당한 인용 여부에 대한 판시 부분이다.

〈법원의 판단〉

피고는 또, 공표된 저작물은 보도, 비평, 교육, 연구 등을 위하여는 정당한 범위 안에서 공정한 관행에 합치되게 이를 인용할 수 있는바, 그 동안 출판업계는 교육 목적으로 출판하는 경우에는 업계의 관행상 출판계약 없이 출판하였고, 피고 경영의 관동출판사는 학생들 교육에 관한 참고용 도서를 출판하는 출판사로서, 이 사건 침해저작물 역시 학생들을 대상으로 하여 고급 사고력을 길러주기 위하여 제작된 교육용 책자이므로 이 사건 침해저작물에 이 사건 소설작품을 수록한 것은 위와 같은 관행에 따른 것으로서 저작권의 침해가 되지 않는다고 주장한다.

살피건대, 저작권법 제25조는 "공표된 저작물은 보도, 비평, 교육, 연구 등을 위하여는 정당한 범위 안에서 공정한 관행에 합치되게 이를 인용할 수 있다"라고 규정하고 있으나, 이 경우에도 <u>그 인용의 범위는 표현형식이나 인용목적 등에서 피인용저작물이 보족, 부연, 예증, 참고자료 등으로 이용되어 인용저작물에 대하여 부종적 성질을 가지는 관계에 있어야 하고, 인용의 정도에 있어서도 피인용저작물을 지나치게 많이 인용하거나 전부 인용하여 원저작물에 대한 시장수요를 대체할 수 있는 정도가 되어서는 아니되는 등 인용이 정당한 범위 안에서 공정한 관행에 합치되어야 한다는 제한이 있다</u> 할 것이다.

우선 피고가 주장하는 바와 같은 관행이 우리 출판업계에 존재하는지에 대하여 이를 인정할 증거가 없을 뿐만 아니라, 구체적으로 이 사건 침해저작물의 경우를 보더라도 앞서 본 증거들에 변론의 전취지를 보태어 보면, 이 사건 ○○대학입시 준비를 하는 학생들을 위하여 소설감상 능력을 키워주기 위한 목적으로 우리나라의 대표적인 소설들을 선정하여 수록하면서, 각 작품마다 작가를 소개하고, 작품의 주제, 줄거리, 단락, 플롯, 시점, 등장인물과 인물의 묘사 방법, 배경, 문학사적 의의 등을 간략하게 기술한 작품해설을 싣고 있으나, 작품에 대한 해설은 작품을 감상하기 위하여 필요한 최소한의 분량에 그치고, 실제로 그 각 작품 자체를 읽을 수 있도록 단편의 경우에는 전문을, 중·장편의 경우에도 상당한 분량을 인용하고 있어 전체적으로 그 인용부분이 주가 되고 있는 사실을 인정할 수 있다.

따라서 이는 정당한 인용의 범위를 넘어 원저작물의 시장수요를 대체할 수 있는 정도라고 할 것이고, 인용저작물과 피인용저작물이 부종적 관계에 있다거나 정당한 관행에 합치된 인용이라고 보기 어려우므로 피고의 위 주장도 이유 없다 할 것이다.

§14-89   ❖대법원 1990. 10. 23. 선고 90다카8845 판결 — "일본 잡지 누드 사진 게재" 사건

〈사실관계〉

일본의 시사주간지에 '한국으로부터의 누드, 비장사진을 일거 대공개'라는 제호로 게재된 저작물인 사진 중 일부를 가져다가 국내 잡지에 '사진예술작품들 일본으로 건너가 포르노성 기획으로 둔갑'이라는 제목하에 전재한 것이 사진저작물에 대한 저작권 침해인지 여부가 문제된 사건으로서 앞서 현행 저작권법 제26조와 관련된 쟁점에 대한 판단을 소개한 바 있다. 다음은 법원의 판시내용 중 현행 저작권법 제28조에 해당하는 개정 전 저작권법 제25조에의 해당 여부에 대한 판단 부분이다.

〈법원의 판단〉

저작권법 제25조 소정의 보도, 비평 등을 위한 인용의 요건 중 하나인 '정당한 범위'에 들기 위하여서는 그 표현형식상 피인용저작물이 보족, 부연예증, 참고자료 등으로 이용되어 인용저작물에 대하여

부종적 성질을 가지는 관계(즉, 인용저작물이 주이고, 피인용저작물이 종인 관계)에 있다고 인정되어야 할 것이다.

원심 판결은 피고들의 발행잡지에 위 사진들을 게재함에 있어 그 방법과 범위가 보도, 비평의 인용에 있어서 정당한 범위이거나 공정한 관행에 합치되게 게재하였다고 보기 어렵다고 판단하였는바, 기록에 비추어 살펴보면 이 사건 기사 중 사진부분을 제외한 해설기사는 '직장인' 및 '뷰티라이프'의 해당 2면 중 3분의 1 정도에 그치고 그것도 대부분이 위 '플래쉬'지의 해설을 그대로 번역한 것인바, 이 사실과 위에서 본 이 사건 게재사진들의 성상, 크기, 배치 등을 종합해 보면 이 사건 인용저작물이 종이고, 피인용저작물이 주의 관계에 있다고 보여져 피고들의 이 사건 저작물의 인용은 보도, 비평 등을 위한 정당한 범위에 합치되지 않는다고 할 것이므로 원심 판결은 이유 설시에 있어 다소 미흡한 점이 있지만 그 판단의 결론은 정당하고 거기에 저작권법 제25조에 관한 법리오해의 위법이 있다고 할 수 없다.

✤ 서울남부지방법원 2008. 6. 5. 선고 2007가합18479 판결 — "스타UCC" 사건　　　　　§14-90

〈사실관계〉

SBS가 방영하는 "신동엽의 있다! 없다!" 프로그램(이 사건 프로그램) 중 스타의 숨은 이야기를 발굴하는 코너인 '스타 UCC' 편에서 연기자 이순재가 이 사건 영화("대괴수 용가리")에 출연한 사실이 있는지를 확인하는 내용을 방송하였다. 그 과정에서 피고들은 원고의 허락 없이 이 사건 영화 중 일부 장면을 3분 정도 방영하였다. 그것이 저작권법 제28조에 의하여 공정이용에 해당할 수 있는지 여부가 다투어진 사건이다.

〈법원의 판단〉

구 저작권법 제28조는 공표된 저작물은 보도·비평·교육·연구 등을 위하여는 정당한 범위 안에서 공정한 관행에 합치되게 이를 인용할 수 있다고 규정하고 있는바, 정당한 범위 안에서 공정한 관행에 합치되게 인용한 것인가의 여부는 인용의 목적, 저작물의 성질, 인용된 내용과 분량, 피인용저작물을 수록한 방법과 형태, 독자의 일반적 관념, 원저작물에 대한 수요를 대체하는지 여부 등을 종합적으로 고려하여 판단하여야 할 것이고, 이 경우 반드시 비영리적인 목적을 위한 이용만이 인정될 수 있는 것은 아니라 할 것이지만, 영리적인 목적을 위한 이용은 비영리적 목적을 위한 이용의 경우에 비하여 자유이용이 허용되는 범위가 상당히 좁아진다(대법원 1997. 11. 25. 선고 97도2227 판결 등 참조).

살피건대 피고들이 이 사건 프로그램에서 이 사건 영화를 일부 인용한 것이 시청자들에게 정보와 재미를 주기 위한 목적이었다고 하더라도 그 이용의 성격은 상업적·영리적인 점, 피고 에스비에스가 자신의 인터넷 홈페이지를 통하여 유료로 이 사건 프로그램을 방송한 점, 피고들이 원고로부터 이 사건 영화의 인용에 대한 동의를 받는 것이 어렵지 아니하였던 점 등 이 사건 변론에 나타난 여러 사정을 고려하여 볼 때, 피고들의 위 행위가 공정이용에 해당한다고 할 수 없으므로 위 항변은 이유 없다.

▷NOTE : 대법원 1997. 11. 25. 선고 97도2227 판결의 취지에 따라 영리적 목적을 공정한 인용 여부의 판단에서 불리한 요소의 하나로 고려한 사례이다. 다만 영리적 목적 여부는 공정이용의 판단에서 여러 가지 고려 요소의 하나일 뿐인데, 그것을 지나치게 중요한 요소로 고려한 것이 아닌가 하는 의

문이 든다.

§14-90-1

❖대법원 2013. 2. 15. 선고 2011도5835 판결 — "리프리놀 사건"

구 저작권법 제28조는 "공표된 저작물은 보도비평교육연구 등을 위하여는 정당한 범위 안에서 공정한 관행에 합치되게 이를 인용할 수 있다."고 규정하고 있다. 이 규정에 해당하기 위하여는 그 인용의 목적이 보도·비평·교육·연구에 한정된다고 볼 것은 아니지만, 인용의 '정당한 범위'는 인용저작물의 표현 형식상 피인용저작물이 보족, 부연, 예증, 참고자료 등으로 이용되어 인용저작물에 대하여 부종적 성질을 가지는 관계(즉, 인용저작물이 주이고, 피인용저작물이 종인 관계)에 있다고 인정되어야 하고, 나아가 정당한 범위 안에서 공정한 관행에 합치되게 인용한 것인지 여부는 인용의 목적, 저작물의 성질, 인용된 내용과 분량, 피인용저작물을 수록한 방법과 형태, 독자의 일반적 관념, 원저작물에 대한 수요를 대체하는지 여부 등을 종합적으로 고려하여 판단하여야 한다(대법원 1998. 7. 10. 선고 97다34839 판결 등 참조).

원심판결 이유와 원심이 적법하게 채택한 증거들에 의하면, 이 사건 논문은 원래 공소외 2 회사가 리프리놀을 기능성 원료로 인정받고자 그 신청을 위하여 공소외 3 등에게 의뢰하여 작성된 것이고, 공소외 2 회사는 2004년 이 사건 논문을 근거자료로 제출하여 식품의약품안전청(이하 '식약청'이라 한다)으로부터 '공소외 2 회사 리프리놀 – 초록입홍합 추출 오일복합물'을 건강기능식품의 개별인정형 기능성 원료로 인정받은 사실, 공소외 4 주식회사(이하 '공소외 4 회사'라 한다)는 공소외 2 회사와의 계약을 종료한 공소외 1 법인에서 2008년 5월경부터 리프리놀을 수입하여 판매하게 되었는데, 그 대표이사이던 피고인은 '리프리놀 – 초록입홍합 추출 오일복합물'을 개별인정형 기능성 원료로 인정받기 위하여 저자들의 동의 없이 최신의학 Vol. 45., No. 5(2002년)에 게재되어 있던 이 사건 논문 전체를 직접 복제하여 식약청에 제출한 사실, 피고인이 '리프리놀 – 초록입홍합 추출 오일복합물'을 식약청으로부터 개별인정형 기능성 원료로 인정받을 경우 이를 이용하여 제조한 제품의 판매에 있어 상당한 이익이 예상되는 사실, 통상 학회지에 실린 논문을 광고처럼 상업적인 목적으로 이용하는 경우에는 저작권자나 저작권자가 속해 있는 단체로부터 허락을 받아 이용하고 있는 사실 등을 알 수 있다.

이러한 사실관계를 앞서 본 법리에 비추어 살펴보면, 피고인의 행위는 이 사건 논문 전체를 그대로 복사하여 신청서에 첨부한 것이므로 구 저작권법 제28조 소정의 '인용'에 해당한다고 보기 어렵고, 가사 피고인의 행위를 그 '인용'으로 본다 하더라도, ① 공소외 4 회사가 '리프리놀 – 초록입홍합 추출 오일복합물'을 기능성 원료로 인정받음으로써 제품 판매에 상당한 이익을 얻을 것으로 예상되는 점, ② 피고인은 기능성 원료의 인정신청을 위한 근거서류로 이 사건 논문 전체를 복제한 것인데, 이와 같은 목적은 이 사건 논문이 작성된 원래의 목적과 같으므로, 이 사건 논문의 복제는 원저작물을 단순히 대체한 것에 불과한 것으로 볼 수 있는 점, ③ 이 사건 논문이 임상연구 결과를 기술한 사실적 저작물이기는 하지만 이 사건 논문의 일부가 아닌 전체가 그대로 복제되어 이용된 점, ④ 이 사건 논문의 복제로 인하여 사단법인 한국복사전송권협회와 같이 복사권 또는 전송권 등을 관리하는 단체가 복제허락을 통하여 얻을 수 있는 수입에 부정적인 영향을 미치게 될 것으로 보이는 점 등에 비추어 보면, 학술정보 데이터베이스 제공업자로부터 적은 비용으로 손쉽게 이 사건 논문의 복제물을 구할 수 있는 사정까지 엿보이는 이 사건에서, 피고인의 이 사건 논문 복제행위를 구 저작권법 제28조 소정의 '공표된 저작물의 인용'에 해당하는 행위라고 보기는 어렵다.

　▷NOTE : 위 판결은 제28조의 적용과 관련하여 자신의 저작물의 일부로 포함하는 것이 아니라 타인의 저작물을 그대로 복제하여 사용하는 것은 '인용'이라는 개념 자체에 해당하지 않는다고 판시함으로써 본서를 비롯하여 종래의 학설이 '인용'의 개념을 '이용'과는 다른 제한적인 의미로 파악해 온 것(14-56 참조)을 수긍하는 입장을 보이고 있다. 이 점은 "썸네일 이미지 사건"에 대한 대법원 2006. 2. 9. 선고 2005도7793 판결(§14-73)과는 배치되는 면이 있는데, 그것은 판결의 시점에 있어서 위 "썸네일 이미지" 사건 판결은 2011. 12. 2.자 개정에 의하여 우리 저작권법에 공정이용 일반조항(현행법 제35조의3; §14-217 이하 참조)이 신설되기 전에 이루어졌고, 이 사건 판결은 그 후에 이루어졌다는 차이에서 비롯된 면이 있지 않을까 생각된다. 즉, 위 썸네일 이미지 사건에 대한 판단의 과정에서 대법원은 공정이용 일반조항이 없는 우리나라에서 디지털 시대의 새로운 이용형태에 적절히 대응하기 위해 저작권법 제28조를 공정이용 일반조항으로 확대하여 적용할 필요가 있다는 생각을 하였던 것으로 보이는 반면, 이 사건의 경우는 비록 개정 전의 법을 적용해야 할 사안이긴 하지만 개정 후에 판결을 하다 보니, 제28조를 이제는 원래의 취지에 맞게 진정한 의미의 '인용'에 한하여 적용되는 저작재산권 제한 규정으로 해석하는 것이 타당하겠다고 여긴 관점이 반영된 것으로 여겨진다.

　그런데 위 판결은 거기에 그치지 않고, '인용'으로 볼 경우에 대한 가정적 판단으로서 제28조의 적용요건들에 대하여도 판단하고 있다. 그 과정에서 위 판결은 또 하나의 중요한 기준을 제시하고 있는데, 그것은 종래의 주종관계 기준과 대법원 판례의 새로운 경향에 따른 고려요소들(공정이용적 고려요소들)을 분명하게 결합하고 있다는 점이다(§14-63 참조). 이 부분은 본서가 이전판부터 주종관계에 관한 종전의 판례는 폐기되지 않았고 최소한 주종관계는 인정되어야 정당한 이용이 될 수 있는 것이라는 의미에서 유지되고 있다고 주장한 부분을 수용한 것으로 생각되며, 판례의 이러한 경향은 제28조는 원래의 자리를 찾도록 하고, 나머지 공정이용의 영역은 제35조의3으로 보내면 될 것이라는 점을 염두에 둔 것으로 생각된다. 비록 이 사건이 공정이용 일반조항 신설 후의 저작권법을 적용한 사안은 아니지만 현행법의 해석에 있어서 하나의 방향성을 제시한 면이 있다고 생각된다.

　한편으로 대법원이 위 ② 부분의 판단요소를 강조하여 설시하고 있는 것은 공정이용의 제 1 요소의 판단과 관련하여 이른바 '변용적 이용'에 해당하는지 여부가 중시되고 있음을 긍정적으로 반영한 것으로 보인다. 이것은 대법원이 A＋B의 판단기준을 취하되, A는 최소한의 기준으로 전제하고 B부분을 중심에 두면서 B부분의 판단에 있어서는 우리 저작권법이 도입한 공정이용 일반조항이 기본적으로 거의 유사하게 수용한 미국 저작권법 제107조의 공정이용 판단요소들에 대한 미국 판례등의 이론을 크게 참고하고 있음을 보여주는 것이라 생각된다. 따라서 위 판결은 공정이용 일반조항 신설 전의 저작권법을 적용한 사안임에도 불구하고 공정이용 일반조항이 도입된 후의 제28조와 제35조의3 사이의 관계정립 등에 대한 대법원의 입장을 알 수 있게 하는 중요한 선례로서의 의미를 가지는 것으로 생각된다.

3. 패 러 디

(1) 의 의

§14-91   패러디는 일반적으로 해학적인 비평 형식의 예술표현기법 또는 이러한 기법으로 작성된 저작물을 지칭하는 용어로 널리 알려져 있다.1 "문예작품의 한 형식으로 유명한 문예작품의 문체를 비틀거나 또는 음률을 답습하여 그 원작품의 내용과는 다른 내용의 것으로 하여 원저작물을 재미있게 혹은 풍자적으로 재구성한 작품"으로 정의되기도 하지만,2 법률상의 엄격한 정의는 아니다. 미국 판례는 패러디를 "타인의 저작물의 언어적 표현 또는 스타일이 매우 흡사하게 모방되거나 흉내 내어져 코믹한 효과나 조소를 자아내는 것으로서 거기에 패러디 작가의 독창적인 관점을 반영하여 원저작물에 관한 비평적 논평이나 진술이 곁들여져 패러디에 그것의 유희적 기능을 넘어선 사회적 가치가 부여된 것을 말한다"고 정의하고 있다.3 이러한 패러디가 예술적 표현양식으로서 존재의의를 가지는 이상 문화의 발전이라는 저작권법의 목적을 달성하고 표현의 자유를 실질적으로 보장하는 차원에서, 일정한 요건을 갖춘 경우 거기에 이용된 원저작물과의 관계에서의 저작권 침해 책임으로부터 면제되어야 할 것이라는 입장은 국내외에서 널리 공유되고 있으나 정확히 어떤 근거로 면책되는 것으로 볼 것인지에 대하여는 명확한 결론이 나오지 않고 아직도 의견이 분분한 상태이다.4 다만, 저작재산권 침해와 관련하여서는 저작권법 제28조의 정당한 인용에 해당한다는 것이 가장 중요한 근거로 논의되어 왔으므로 본서에서도 제28조를 설명하는 이 부분에서 함께 다루는 것이다.

(2) 패러디에 관한 저작권법상의 쟁점 개관

§14-92   우선 패러디가 거기에 이용된 원저작물과의 관계에서 별개의 완전히 독립한 저작물인지 2차적저작물(§5-1 이하 참조)인지가 문제 된다. '표현'이 아닌 '아이디어'만을 차용하여 패러디한 경우(아이디와 표현의 이분법; §3-29 이하 참조) 또는 제호(§6-47 이하 참조) 등 비보호 영역만을 이용하여 패러디한 경우 등은 2차적저작물이 되지 않고, 독립된 저작물로 인정되어 저작권 침해의 문제가 발

---

1 김원오, "패러디 항변을 둘러싼 저작권법상 쟁점과 과제," 계간 저작권 2001년 겨울호(제56호), 저작권심의조정위원회, 2001, 13면 참조.

2 저작권심의조정위원회, 저작권용어해설, 1989, 298면.

3 Metro-Goldwyn-Mayer, Inc. v. Showcase Atlanta Co-op. Productions, Inc., N.D.Ga.1979, 479 F.Supp. 351, 203 U.S.P.Q. 822.

4 패러디는 대부분의 나라들에서 해석상의 문제로 제기되고 있을 뿐이고, 저작권법에서 직접 언급하여 다루고 있는 예는 드물다. 다만 프랑스 저작권법은 그 제122조의5 제 4 호에서 '표현양식의 규칙'을 준수할 것을 전제로 풍자적으로 표현하는 자유 즉, 패러디, 파스티슈, 캐리커처의 자유를 허용하고 있다. 이 때 중요한 기준이 되는 '표현양식의 규칙'은 결국 해석에 맡겨져 있는 것으로서 판례를 중심으로 그에 대한 해석이 전개되고 있다고 한다. 서달주, 전게서 (2007), 286~287면 참조.

생하지 않는 것으로 볼 수 있을 것이다.

그러나 원저작물의 본질적인 특징이 감득될 수 있는 정도, 즉 원저작물의 창작적인 표현이 사용되고 있어 원저작물과 '실질적 유사성'이 인정될 경우(§5-6 이하 참조)에는 새로운 창작성이 부가되었더라도 2차적저작물의 범위에 속한 것으로 보아야 할 것이다. 따라서 그러한 패러디의 경우는 저작재산권 제한사유에 해당하지 않는 한 2차적저작물작성권 침해의 소지를 내포하고 있다. 패러디가 문제가 되는 경우라고 하면 대부분 이 경우에 해당한다고 하는 것은 기본적인 전제가 된다고 보아야 할 것이다.[1]

한편으로 이러한 패러디에 있어서는 원저작물의 개변이 필연적으로 수반되므로 동일성유지권(§12-39 이하) 침해의 문제도 제기되게 된다. 또한 원저작자의 표시를 하지 않았을 경우에는 성명표시권(§12-18 이하)의 침해가 문제될 수도 있다.

그렇다면 이러한 침해 주장에 대하여 패러디를 한 작가는 어떠한 항변을 할 수 있을 지가 문제이다. 대부분의 학자들은 여기에 저작권법 제28조에 의한 공정한 인용의 항변이 원용될 수 있다고 한다. 그에 대하여 자세한 것은 항을 나누어 살펴보기로 한다.

그러나 공정한 인용으로 인정되더라도 그것은 원칙적으로 저작재산권 침해에 대한 항변이 될 수 있을 뿐이고, 저작인격권 침해에 대하여는 별도로 판단하여야 한다. 동일성유지권 침해 및 성명표시권 침해에 대하여 각각 예외사유가 정해져 있으므로 그 예외사유에의 해당성 여부가 문제된다.

(3) 공정한 인용에의 해당 여부

(가) 서 언

대법원 판례의 최근 경향이 공정한 인용 여부의 판단에서 여섯 가지의 고려요소를 종합하여 판단하는 것에 있음은 위에서 본 바(§14-67)와 같은데, 그 주된 내용은 미국 저작권법 제107조의 공정이용에 대한 네 가지 고려요소와 포개진다고 할 수 있다. 따라서 패러디가 공정한 인용에 해당하는지 여부를 판단함에 있어서 미국의 판례가 그 저작권법상 공정이용 판단의 4가지 요소를 패러디에 어떻게 적용해 왔는지를 살펴보는 것은 매우 중요한 의의가 있다고 할 수 있다.

§14-93

한편으로는 2011. 12. 2.자 저작권법 개정에 의하여 공정이용에 관한 일반조항으로서의 성격을 가지는 제35조의3 규정이 신설된 상황에서는 패러디도 제28조가 아니라 제35조의3의 적용을 받는 것이 옳다는 견해도 있을 수 있다. 본서의 입장에서도 그것이 보다 자연스러운 방향이 아닌

---

[1] 새로운 창작성이 부가되지 아니한 것으로 인정될 경우도 있을 수 있는데, 그러한 경우라면 2차적저작물이 아니라 복제물로 보아야 할 것이다. 그러한 경우에는 패러디를 하더라도 예술적 측면 등에서 아무런 창조적 기여가 없는 것이므로 공정한 인용 등에 해당할 가능성이 없고, 따라서 저작권 침해에 대한 면책을 받을 가능성이 없다고 할 수 있다.

가 하고 생각되는데, 만약 우리 법원도 그러한 입장을 취한다면, 개정법 제35조의3과 유사한 내용으로 규정되어 있는 미국 저작권법 제107조에 대한 판례이론이 더욱 직접적으로 참고가 될 것이다.

미국 판례는 패러디라는 이유만으로 공정이용이 추정되는 것으로 보고 있지는 않으며,1 패러디도 다른 논평이나 비평과 같이 공정이용의 판단에 유리한 지위를 주장할 수 있는 것으로 보고 있다.2

(나) 저작물 이용의 목적 및 성격3

1) 영리적 이용 및 변용적 이용 등

§14-94   패러디가 영리적 이용과 결부된 것이라고 하여 공정이용을 인정할 수 없는 것은 아니며, 특히 성공적으로 잘 만들어진 패러디의 경우에 그것이 원저작물과는 완전히 다른 새로운 의미를 자아내고 원저작물과는 전혀 다른 기능을 수행한다는 의미에서 변용적 이용(§14-230 이하 참조)으로 인정될 가능성이 많다. 그러한 변용적 이용의 정도가 높게 인정될 경우에 이용의 영리성이 가지는 불리한 영향은 크게 줄어들 수 있다. '2 Live Crew'가 Roy Orbison의 노래 "Oh, Pretty Woman"을 패러디하여 랩버전의 "Pretty Woman"을 만들어 자신들의 음반에 수록하여 판매함으로써 상업적으로도 큰 성공을 거둔 사안과 관련하여, 미국 연방 대법원은 피고가 패러디한 것이 가지는 변용적 성격을 인정하면서, "새로운 저작물이 변용적일수록 공정이용의 판단에 불리할 수 있는 상업성과 같은 다른 요소들의 중요성은 줄어들 것이다. 비록 변용적 이용이 공정이용의 인정에 절대적으로 필요한 요소는 아니지만, 변용적인 저작물은 저작권의 틀 안에서 공정이용 법리를 통해 숨쉴 수 있는 공간이 보장되는 핵심에 위치한다"고 판시한 바 있다.4

2) 패러디의 대상

§14-95   위 (1)에서 살펴본 미국 판례의 패러디에 대한 정의는 원저작물을 비평의 대상으로 삼는 것을 전제로 하고 있어, 원저작물을 비평의 대상으로 하지 않고 단지 그것을 매개로 하여 사회, 정치, 문명 등을 비평의 대상으로 하는 이른바 '매개패러디'를 개념적으로 제외하고 있음을 알 수 있다. Acuff-Rose 사건의 대법원 판결도 "저작권법의 목적상, 패러디는 이전 저작자의 저작물의 어떤 요소들을 적어도 부분적으로 원저작자의 저작물에 대한 논평을 담은 새로운 저작물을 만들기 위하여 사용하는 것이다"라고 하여 적어도 부분적으로 직접적 패러디의 성격을 가질 것이 패

---

1 Fisher v. Dees, C.A.9 (Cal.) 1986, 794 F. 2d 432, 230 U.S.P.Q. 421.
2 Campbell v. Acuff-Rose Music, Inc., 510 U.S. 569.
3 저작물의 공정이용에 관한 가이드라인(저작권상생협의체, 대표집필 : 이해완, http://freeuse.copyright.or.kr/htm/guideline/guidehome.htm) XI-1-g.
4 Campbell v. Acuff-Rose Music, Inc., 510 U.S. 569 at 579.

러디의 조건임을 명백히 하였다.[1] 이와 같이 직접적 패러디에 대하여만 공정이용에 있어서 유리한 지위를 인정하는 것이 미국의 판례[2] 및 통설일 뿐만 아니라 우리나라의 학설상으로도 다수설이라고 할 수 있다.[3] 우리나라의 하급심 판례 중에서도 공정이용에 관한 일반조항이 없는 상태에서 공표된 저작물의 인용에 관한 저작권법 제28조와의 관계에서 판단한 것이긴 하지만, 원저작물을 비평의 대상으로 한 경우에만 패러디로서의 자유이용이 허용될 가능성이 있다는 취지를 표명한 판례가 있다(뒤에 소개하는 서울민사지방법원 2001. 11. 2. 선고 2001카합1837 결정 ─ "컴배콤" 사건(§14-101)).

3) 패러디가 저속한 성격의 것인지 여부

이와 관련하여 Acuff-Rose 사건의 미국 대법원 판결은 "저작물의 패러디가 공정이용인지 여부를 결정하기 위한 목적상, 관건이 되는 것은 패러디적 특성이 합리적으로 인식될 수 있는지 여부이다. 패러디가 고상한 성격인지 저속한 성격인지는 중요하지 않고 중요시되어서도 아니된다"고 판시한 바 있다.[4] §14-96

4) 패러디 저작물을 선전하기 위한 광고

다른 저작물의 공정이용에 해당하는 패러디 작품을 선전하는 광고물에 그 패러디 저작물이 복제된 경우에 그 광고물에 원저작물의 요소들이 사용된 것 역시 공정이용으로 인정된 사례가 있다.[5] §14-97

(다) 저작물의 종류 및 용도[6]

패러디의 경우에는 널리 알려진 저작물을 이용하는 것을 그 속성의 하나로 하고 있으므로 미공표저작물의 경우는 패러디의 대상으로 상정될 수 없고, 사실적 · 정보적 저작물의 패러디라는 것도 생각하기 어려우므로, 공정이용의 두 번째 고려요소(§14-250 이하 참조)는 패러디와의 관계에서는 거의 의미가 없다고 할 수 있다.[7] §14-98

---

1 Campbell v. Acuff-Rose Music, Inc., 510 U.S. 569 at 580.
2 Rogers v. Koons, 960 F. 2d 301 : 이 사건에서 미국 연방 제 2 항소 법원은 "조각가의 "한 줄의 강아지들"은 공정이용 법리와 관련하여 사진작가의 사진에 대한 패러디로 인정될 수 없는데, 그 이유는 사진작가의 "강아지들"이란 작품 자체는 부분적으로조차 패러디의 대상이 아니었기 때문이다. 복제된 저작물은 적어도 부분적으로 패러디의 대상이 되어야 하며, 그렇지 않으면 원저작물을 떠올릴 필요가 없을 것이다"라고 판시하였다.
3 오승종, 전게서, 610면 등 참조.
4 Campbell v. Acuff-Rose Music, Inc., 510 U.S. 569 at 582.
5 Steinberg v. Columbia Pictures Industries, Inc., S.D.N.Y.1987, 663 F. Supp. 706, 3 U.S.P.Q.2d 1593.
6 저작물의 공정이용에 관한 가이드라인(저작권상생협의체, 대표집필 : 이해완, http : //freeuse.copyright.or.kr/htm/guideline/guidehome.htm) XI-2-c.
7 Campbell v. Acuff-Rose Music, Inc., 510 U.S. 569 at 586.

(라) 이용된 부분이 저작물 전체에서 차지하는 비중과 그 중요성[1]

§14-99   패러디의 경우에는 공정이용의 세 번째 고려요소(§14-257 이하)와 관련하여, 그 특성에 따라 일반적인 경우와는 다른 특수한 기준이 개발되어 있는데, 그것이 바로 '원저작물을 떠올리는 (conjure up) 데 필요한 정도'라고 하는 기준(conjure up test)이다. 패러디 작품을 감상하는 사람이 그 작품이 무엇을 패러디한 것인지를 모른다면 그것은 그 자체로 실패한 패러디가 되는 것이므로, 패러디스트로서는 최소한 패러디의 대상이 된 원저작물을 이용하였음을 누구나 알 수 있도록 할 필요가 있고, 따라서 원저작물을 떠올릴 수 있도록 하기 위해 그것의 실질적으로 중요한 부분을 이용하는 것도 공정이용의 관점에서 보다 관대하게 용인되어야 할 경우가 많다는 판단에 기하여 이러한 특화된 기준이 미국의 통설 및 판례에 의하여 채택되어 온 것으로 볼 수 있다.

다만 패러디스트가 이용할 수 있는 범위가 원저작물을 떠올리는 정도에 엄격하게 한정되는 것은 아니다. 원저작물을 떠올리는 정도는 패러디가 효과적인 것이 되기 위해 필요한 최소한의 정도이므로, 실제의 사안에서는 그러한 정도를 넘는 경우들이 있을 수 있고, 그것이 해당 패러디의 특성에 비추어 합리적인 이용범위 내라고 판단되면 원저작물을 떠올리기 위해 필요한 최소한의 정도를 넘었다는 것만으로 공정이용이 인정될 수 없는 경우라고 단정할 수는 없다.[2] 다만, 그러한 합리적인 범위를 넘어서 이용되고 있는지, 만약 그렇다면 그 정도는 어느 정도인지는 공정이용의 인정에 있어서 중요한 고려사항이 될 수 있다. 즉, 그러한 정도를 넘어서 이용하는 부분이 클수록 공정이용의 인정에 불리하게 작용하게 됨은 당연한 것이다.

(마) 저작물의 이용이 저작물의 현재 또는 장래의 시장이나 가치에 미치는 영향[3]

§14-100   이는 공정이용의 네 번째 고려요소(§14-261 이하)에 대한 것이다. 패러디로서 공정이용 여부가 문제되는 것은 대부분 2차적저작물에 해당하는 것으로 볼 수 있고, 따라서 2차적저작물에 대한 시장에 악영향을 줄지 여부가 문제될 수 있다. 그러나 패러디가 효과적으로 그 기능을 수행할 경우에 그것은 원저작물에 대한 비평적 기능을 포함한 완전히 새로운 의미를 가지게 되므로, 그러한 경우에 '통상의 시장'에 대한 악영향을 크게 인정하기는 어려울 것으로 여겨진다. Acuff-Rose 사건에서 미국 연방 대법원도 "영리적 이용이 단지 원저작물 전부의 복제에 해당할 경우에 그것

---

1 저작물의 공정이용에 관한 가이드라인(저작권상생협의체, 대표집필 : 이해완, http : //freeuse.copyright.or.kr/htm/guideline/guidehome.htm) XI-3-b.

2 Paul Goldstein, *supra* 12 : 66. 미국의 초기판례에 있어서는 이 점이 분명하지 않았으나, 최근의 판례는 '원저작물을 떠올리는 정도'가 패러디스트가 이용할 수 있는 최대한을 말하는 것이 아님을 분명히 하고 있다. E.g. Campbell v. Acuff-Rose Music, 510 U.S. 569 at 588; e.g., Elsmere Music, 623 F. 2d, at 253, n. 1; Fisher v. Dees, 794 F. 2d, at 438~439.

3 저작물의 공정이용에 관한 가이드라인(저작권상생협의체, 대표집필 : 이해완, http : //freeuse.copyright.or.kr/htm/guideline/guidehome.htm) XI-4-b.

은 명백히 그 원저작물이 가지는 목적을 대체하며, 그 시장 대체물로 기능하므로, 이 경우 원저작물의 시장에 대한 악영향이 있을 것으로 보는 데는 문제가 없다. 그러나 역으로 2차적 이용이 변용적일 때에는 시장 대체성이 적어도 덜 분명하고, 시장에의 악영향이 곧바로 추정될 수는 없다. 순수하고 명백한 패러디에 관한 한, 그것이 원저작물을 대체함으로써 원저작물의 시장에 악영향을 미치지는 않을 가능성이 보다 높다. 패러디와 원저작물은 대개 다른 시장 기능에 기여하기 때문이다"라고 판시한 바 있다.1 다만, 패러디라는 이름으로 만들어진 작품이라고 하더라도 실제로 그것이 패러디로서의 풍자적 기능에 충실하기보다 원저작물을 대체하는 효과가 있는 경우도 있을 수 있으므로 구체적인 사안에 따라 그 영향의 유무를 신중하게 판단할 필요가 있다.

한편, 패러디가 그 비평적 논평의 효과성으로 인해 원저작물 또는 그 이차적 이용을 위한 시장에 손상을 줄 수 있다는 사실은 저작권법상 고려대상이 아니다.2

 **판 례**

❖ 서울민사지방법원 2001. 11. 1.자 2001카합1837 결정 — "컴배콤" 사건   §14-101

〈사실관계〉

가수 이모씨가 가수 서태지씨의 '컴백홈'을 패러디한 '컴배콤'이라는 노래를 만들어 음반과 뮤직비디오를 제작한 데 대하여 서태지씨 측에서 저작권침해금지 가처분신청을 한 사건인데, 법원은 해당 패러디를 공정한 인용으로 보지 않는다는 전제하에 가처분신청을 받아들였다.

〈법원의 판단〉

기존의 저작물에 풍자나 비평 등으로 새로운 창작적 노력을 부가함으로써 사회 전체적으로 유용한 이익을 가져다 줄 수 있는 점이나 저작권법 제25조에서 "공표된 제작물은 보도·비평·교육·연구 등을 위하여는 정당한 범위 안에서 공정한 관행에 합치되게 이를 인용할 수 있다"고 규정하고 있는 점 등에 비추어, 이른바 패러디가 당해 저작물에 대한 자유이용의 범주로서 허용될 여지가 있음은 부인할 수 없다고 하겠으나, 그러한 패러디는 우리 저작권법이 인정하고 있는 저작권자의 동일성유지권과 필연적으로 충돌할 수 밖에 없는 이상 그러한 동일성유지권의 본질적인 부분을 침해하지 않는 범위 내에서 예외적으로만 허용되는 것으로 보아야 할 것이고, 이러한 관점에서 패러디로서 저작물의 변형적 이용이 허용되는 경우인지 여부는 저작권법 제25조 및 제13조 제 2 항의 규정취지에 비추어 원저작물에 대한 비평·풍자 여부, 원저작물의 이용목적과 성격, 이용된 부분의 분량과 질, 이용된 방법과 형태, 소비자들의 일반적인 관념, 원저작물에 대한 시장수요 내지 가치에 미치는 영향 등을 종합적으로 고려하여 신중하게 판단하여야 할 것이다.

이 사건에 관하여 보건대, 피신청인들이 이 사건 원곡에 추가하거나 변경한 가사의 내용 및 그 사

---

1 Campbell v. Acuff-Rose Music, 510 U.S. 569 at 591.
2 Campbell v. Acuff-Rose Music, 510 U.S. 569 at 593.

용된 어휘의 의미, 추가·변경된 가사 내용과 원래의 가사내용의 관계, 이 사건 개사곡에 나타난 음정, 박자 및 전체적인 곡의 흐름 등에 비추어 피신청인들의 이 사건 개사곡은 신청인의 이 사건 원곡에 나타난 독특한 음악적 특징을 흉내내어 단순히 웃음을 자아내는 정도에 그치는 것일 뿐, 신청인의 이 사건 원곡에 대한 비평적 내용을 부가하여 새로운 가치를 창출한 것으로는 보이지 아니하고(피신청인들은 자신들의 노래가 음치가 놀림받는 우리사회의 현실을 비판하거나 대중적으로 우상화된 신청인도 한 인간에 불과하다는 등의 비평과 풍자가 담겨 있다고 주장하나, 패러디로서 보호되는 것은 당해 저작물에 대한 비평이나 풍자인 경우라 할 것이고 당해 저작물이 아닌 사회현실에 대한 것까지 패러디로서 허용된다고 보기 어려우며, 이 사건 개사곡에 나타난 위와 같은 제반 사정들에 비추어 이 사건 개사곡에 피신청인들 주장과 같은 비평과 풍자가 담겨 있다고 보기 어렵다), 피신청인들이 상업적인 목적으로 이 사건 원곡을 이용하였으며, 이 사건 개사곡이 이 사건 원곡을 인용한 정도가 피신청인들이 패러디로서 의도하는 바를 넘는 것으로 보이고, 이 사건 개사곡으로 인하여 신청인의 이 사건 원곡에 대한 사회적 가치의 저하나 잠재적 수요의 하락이 전혀 없다고는 보기 어려운 점 등 이 사건 기록에 의하여 소명되는 여러 사정들을 종합하여 보면, 결국 피신청인들의 이 사건 개사곡은 패러디로서 보호받을 수 없는 것이라 하겠다.

▷NOTE : 위 내용에 비추어 볼 때 법원이 이재수씨의 컴배콤을 서태지씨의 컴백홈에 대한 공정한 인용으로 인정하지 않은 이유는 컴배콤이 첫째, 원저작물인 컴백홈을 비평 또는 풍자의 대상으로 삼은 '직접적 패러디'가 아니고, 둘째, 패러디로서 새로운 가치를 창출했다고 보기 어렵다는 것에 있었던 것으로 보인다.

(4) 동일성유지권 침해 문제

§14-102   앞서 설명한 바와 같이 패러디는 원작의 실질적 개변이 전제가 되므로 원작의 아이디어만 이용한 것으로 판단되는 등으로 원작과의 관계에서 실질적 유사성이 없는 경우가 아닌 한 저작인격권 중 동일성유지권(§12-39 이하)의 침해가 문제 될 수 있다. 특히 원저작자의 동의를 받기 어려운 패러디의 특성으로 인해 저작자의 동의 없이 그 저작물을 개변한 것에 해당하므로 특별한 사정이 없는 한 동일성유지권 침해라고 보아야 한다는 것이 논리적인 귀결이라고 할 수 있다. 그러나 그렇게 되면 성공한 패러디를 포함하여 대부분의 패러디는 그 문화적 가치와 관계없이 저작자의 저작인격권을 침해하는 행위로 부적법한 것으로 보게 되는 결과가 되므로 결국 예술가 등에게 패러디라는 표현방식을 이용할 자유를 사실상 박탈하는 셈이 될 것이다. 그렇다면, 동일성유지권의 침해 주장에 대하여 어떠한 항변이 가능하다고 볼 것인가?

이와 관련한 학설로는 첫째, 저작물의 내용, 형식에 변경이 있더라도 기존의 원저작물을 패러디한 것이 명백하고 누구에게나 원작을 흉내 낸 것으로 취급되어 저작자의 인격이나 의사를 해하지 않는다고 인정되는 경우에는 내용, 형식에 변경이 있다고 하더라도 동일성유지권의 문제는 발생하지 않는다는 견해,[1] 둘째, 저작자의 허락이 없는 2차적저작물 작성은 동일성유지권 침해가 성립하는 것으로 보는 것이 일반적인 견해이고 패러디도 원저작자의 허락을 받지 않고 작성되는 것이 일반적이지만, 원저작물에 대한 비평을 목적으로 한 패러디의 경우에는 원저작자의 동의를 받는 것이 사실상 불가능하므로, 소위 '강제된 허락'이 있는 것으로 의제하여 동일성유지권 침해의 성립을 부정하는 견해,[2] 셋째, 동일성유지권의 제한사유에 해당하는 것으로 취급하는 견해[3] 등이 있을 수 있다.

먼저, 첫째 견해는 실제 비평 또는 풍자 목적의 패러디가 동일성유지권 침해의 기본적 요건을 갖추고 있음에도 불구하고 다른 개변 행위에 비하여 실제적으로 저작자의 의사 또는 인격을 해하지 않는다고 볼 근거가 없다는 점에서 수긍하기가 어렵다. 그리고 둘째 견해에서 말하는 '강제적 허락'은 법에서 명시적으로 규정하지 않은 상태에서 해석론으로 인정하기에는 어려운 것이라 생각된다. 결국 셋째 견해가 가장 타당한 견해라고 생각된다.

즉, 저작권법 제13조 제 2 항 제 5 호에서는 "그 밖에 저작물의 성질이나 그 이용의 목적 및 형태 등에 비추어 부득이하다고 인정되는 범위 안에서의 변경"은 동일성유지권의 제한사유로 인정하고 있는데(§12-85 참조), 패러디가 바로 이 규정에 해당할 수 있다고 생각된다. 같은 항에서 "다만, 본질적인 내용의 변경은 그러하지 아니하다"고 하고 있는 것과의 관계에서 패러디는 대부분 본질적인 내용의 변경이라고 인정될 수밖에 없어 이 조항의 적용이 어렵다고 주장하는 견해[4]가 있으나 원저작물이 구분되어서 인식되고 그 구분되어서 인식되는 부분에 있어서는 원저작자가 표현하고자 한 본질적인 내용의 변경이 없다면, 위 단서조항에 해당하지 않는 것으로 볼 수 있다고 생각한다. 결국 이른바 '성공한 패러디'로서 앞서 본 바와 같은 공정한 인용의 요건을 갖춘 경우에는 위와 같은 논리에 의하여 동일성유지권 침해의 책임을 물을 수도 없는 것으로 볼 수 있을 것이다.

---

[1] 허희성, 전게서, 81면; 오승종·이해완, 전게서, 352면.
[2] 김원오, 전게논문, 27면 참조. 다만 김원오 교수가 자신의 견해로 주장한 것이 아니라 그러한 견해가 있을 수 있음을 언급한 것이다.
[3] 정재훈, 전게논문, 27면.
[4] 김원오, 전게논문, 28면.

§14-103

❖最高裁 1980. 3. 28. 선고 昭51(オ)923호 판결[1]

〈사실관계〉

X(상고인, 원고)는 산악 및 스키에 관한 작품을 주로 촬영하는 사진가로서 오스트리아에서 스키어가 설산의 경사면을 파상(波狀)의 슈푸르를 그리면서 활강하고 있는 정경을 촬영하여 이 사건 사진(컬러사진)을 창작함으로써 그 저작권을 취득하였다. X는 사진집에 본건 사진을 복제, 게재하였고 또한 광고용 달력에 복제하는 것을 제 3 자에게 허락한 바 있다. Y(피상고인, 피고)는 그래픽 디자이너로서 이 사건 사진에서 그 좌측 일부를 트리밍하고 흑백사진으로 복제한 다음 그 오른쪽 윗부분에 타이어 회사의 광고사진에서 복제한 자동차 스노타이어의 사진을 배치하여 영상을 합성함으로써 본건 몽타주 사진을 작성하였다. Y는 이 사건 몽타주 사진을 사진집에 게재하고 또 주간지에 '궤적'이라는 제목으로 게재하였다. X는 Y에 대해 저작인격권에 기한 사죄광고 및 위자료 50만엔의 지급을 청구하였다. 제 1 심은 X의 청구를 인용하였으나 항소심은 원판결을 취소하고 X의 청구를 기각하였다. 이에 대해 X가 상고한 사건이다.

〈법원의 판단〉

법 제30조 제 1 항 제 2 호는 이미 발행된 타인의 저작물을 정당한 범위 내에 있어서 자유롭게 자기의 저작물 중에 절록인용(節錄引用)하는 것을 용인하고 있지만, 여기서 말하는 인용이란 소개, 참조, 논평 그 밖의 목적으로 자기의 저작물 중에 타인의 저작물의 원칙적으로 일부를 채록하는 것을 말한다고 해석하는 것이 상당하므로 그러한 인용에 해당한다고 하기 위해서는 인용을 하는 저작물의 표현 형식에 있어서 인용저작물과 피인용저작물을 명료하게 구별하여 인식할 수 있고 또한 그 양 저작물 사이에 전자가 주(主), 후자가 종(從)인 관계가 있다고 인정되는 경우이어야 한다고 할 것이고, 나아가 법 제18조 제 3 항의 규정에 의하면, 피인용저작물의 저작인격권을 침해하게 되는 상태에서의 인용은 허용되지 않음이 분명하다.

원심이 확정한 사실에 근거하여 이 사건 사진과 이사건 몽타주 사진을 대조해 보면 이 사건 사진은 멀리 눈 덮인 산들이 좌우로 연결되고 그 앞에 눈에 덮인 넓은 내리막 경사면이 열려 있는 산악의 풍경 및 우측 눈의 경사면의 마치 스노타이어의 흔적과 같은 슈푸르,[2] 그리고 활강하고 있는 6명의 스키어를 조감할 수 있는 위치에서 촬영한 영상으로 구성된 점에 특징이 있다고 인정되는 컬러사진임에 대하여, 이 사건 몽타주 사진은 그 좌측의 스키어가 없는 풍경 부분의 일부를 줄인 것으로서 오른쪽 위쪽으로 위 슈푸르 기점에 해당하는 눈의 경사면 위에 거대한 스노타이어의 사진을 위 경사면의 배후에 연결된 산들의 일부를 숨기고 타이어의 상부가 화면의 밖에 비어져 나오도록 겹치고 이것을 흑백사진에 복사하여 작성한 합성사진이므로, 이 사건 몽타주 사진은 컬러인 이 사건 사진의 일부를 삭제하고 거기에다 이 사건 사진에 없는 스노타이어의 사진을 합성한 후 이것을 흑백사진으로 한 점에 있어서, 이 사건 사진에 개변을 가하고 이용하여 작성된 것이라고 할 수 있다.

---

1 앞서 동일성유지권에 대하여 설명하는 부분에서 약간의 소개를 한 바 있으나(§12-47), 패러디에 관한 중요 판례 중의 하나라는 면을 감안하여 중복된 면이 다소 있더라도 여기에서 상세히 인용한다.

2 독일어 Spur에서 온 말로서, 스키에서, 설면(雪面)에 생긴 활주(滑走)의 자국을 일컫는 용어이다.

그런데 이 사건 사진은 위와 같이 이 사건 몽타주 사진에 삽입되어 이용되고 있는 것인데, 이용되고 있는 이 사건 사진의 부분(이하 '이 사건 사진 부분'이라고 한다)은 위 개변의 결과로서 그 외면적인 표현 형식의 점에 있어서 이 사건 사진 자체와 동일하지 않게 된 것이지만, 이 사건 사진의 본질적인 특징을 형성하는 눈의 경사면을 위와 같은 슈푸르와 활강해 오는 6명의 스키어의 부분 및 산악 풍경 부분 가운데 전자에 관해서는 그 전부, 그리고 후자에 관해서는 여전히 그 특징을 남기기에 충분한 부분으로 되어 있으므로 이 사건 사진에 있어서 표현 형식상의 본질적인 특징은 이 사건 사진 부분 자체에 의하여도 이를 감득할 수 있는 것이다. 그리고 이 사건 몽타주 사진은 그것을 일별하는 것만으로도 이 사건 사진 부분에 스노타이어의 사진을 부가함으로써 작성된 것인 것을 간취할 수 있으므로 위와 같이 슈푸르상의 타이어의 흔적에 주목하여 슈푸르 기점에 해당하는 부분에 거대한 스노타이어 1개를 배치함으로써 이 사건 사진 부분과 타이어가 서로 결합한 비현실적인 세계를 표현하여, 현실적인 세계를 표현한 이 사건 사진과는 별개의 사상, 감정을 표현하기에 이르고 있다고 하여도 이 사건 몽타주 사진으로부터 이 사건 사진에 있어서의 본질적인 특징 자체를 직접 감득하는 것은 충분히 가능한 것이다. 그렇다면, 이 사건 사진의 본질적인 특징은 이 사건 사진 부분이 이 사건 몽타주 사진 속에 결합되어 이용되고 있는 상태에서도 그 자체를 직접 감득할 수 있음이 분명하므로 피고가 행한 위와 같은 이 사건 사진의 이용은 원고가 이 사건 사진의 저작자로서 보유하는 이 사건 사진에 관한 동일성유지권을 침해한 개변이라고 하지 않을 수 없다.

뿐만 아니라, 위에서 살펴본 바에 의하면, 이 사건 몽타주 사진에 포함되어 이용되고 있는 이 사건 사진 부분은 이 사건 몽타주 사진의 표현 형식상 위에서 설시한 바와 같이 종(從)적인 지위를 가진 상태로 인용되고 있다고 할 수 없으므로, <u>이 사건 사진이 이 사건 몽타주 사진 속에 법 제30조 제1항 제2호에서 말하는 의미에서 인용되어 있다고 할 수도 없다. 그리고 이것은 원심이 확정한 사실, 즉, 이 사건 몽타주 사진 작성의 목적이 이 사건 사진을 비판하고 세상을 풍자하는 것에 있으므로 그 작성에는 이 사건 사진의 일부를 인용하는 것이 필요하고, 또한 이 사건 몽타주 사진은 미술상의 표현 형식으로서 오늘날 사회적으로 받아들여지고 있는 포토 몽타주의 기법에 따른 것이라는 사실에 의하여도 움직일 수 없는 것이다.</u> 그렇다면, 피고에 의한 이 사건 몽타주 사진의 발행은 원고의 동의가 없는 한 원고가 이 사건 사진의 저작자로서 보유하는 저작인격권을 침해한 것이라고 보아야 한다.

자기의 저작물을 창작함에 있어서 타인의 저작물을 소재로 하여 이용하는 것은 물론 허용되지 않는 것은 아니지만, 그 타인의 허락 없이 이용하는 것이 허용되는 것은 타인의 저작물에 있어서의 표현 형식상의 본질적인 특징이 그 자체로서 직접 감득되지 않는 모습으로 이를 이용하는 경우에 한하는 것이다. 따라서 원고의 동의가 없는 한 본건 몽타주 사진의 작성에 있어서 행해진 본건 사진의 위와 같은 개변이용행위를 정당하다고 할 수 없고 또한 예컨대 본건 사진 부분과 스노타이어의 사진을 합성한 기발한 표현형식의 점에 착목할 때 본건 몽타주 사진에 창작성을 긍정하여 본건 몽타주 사진을 1개의 저작물이라고 볼 수 있다고 하더라도 본건 몽타주 사진 가운데 본건 사진의 표현형식에 있어서의 본질적인 특징을 직접 감득할 수 있음이 위에서 본 바와 같은 이상, 본건 몽타주 사진은 본건 사진을 그 표현 형식에 개변을 가하여 이용하는 것으로서 본건 사진의 동일성을 해하는 것이라고 보는 데 지장이 없다. (원심 판결 파기환송)

▷NOTE : 위 판례는 패러디의 문제를 다룬 일본의 대표적 판례로서, 일종의 패러디 작품인 이 사건 몽타주 사진에 대하여 원저작물(이 사건 사진)과의 관계에서 공정한 인용으로 인정하지 않고 원저작물 저작자의 저작인격권 중 동일성유지권의 침해를 인정하는 결론을 내리고 있다. 법리 면에서 2차적저작물이 성립하는 경우에도 동일성유지권의 침해를 인정할 수 있음을 분명히 한 사례라는 면에서도 의미 있는 선례인데, 그 점은 '저작인격권'에 대한 장에서 소개한 바 있다(§17-46, 47 참조).

패러디 작품에서 원저작물을 '인용'한 것이 다른 요건들에 비추어 정당하다면, 패러디라는 표현방식을 사용함에 따라 원저작물에 대한 수정, 변경 또는 개작을 하였더라도 그것은 불가피한 것이므로 그것만을 이유로 동일성유지권 침해를 인정할 수는 없고 그 예외사유에 해당하는 것으로 볼 수 있다는 것이 본서의 입장(§14-102)인데, 위 판례는 본서의 그러한 입장과는 상치되는 입장을 보이고 있는 것이 아닌가 생각된다. 동일성유지권 등 저작인격권을 침해할 경우 공정한 인용이 될 수 없음은 언급하면서, 그 역(逆)의 관계가 성립할 가능성, 즉 공정한 인용으로 인정되면 동일성유지권의 침해가 아니라고 보게 될 가능성은 전혀 언급하지 않고 있기 때문이다. 그리고 인용의 정당성 여부를 따짐에 있어서도 패러디라는 표현기법이 가지는 특성과 그에 따른 판단기준(원저작물을 비평 또는 풍자의 대상으로 삼은 직접적 패러디인지 여부 등)에 주목한 판시를 전혀 하지 않아 아쉬움을 남기고 있다. 이 판례는 '패러디 사건'이라는 이름으로 널리 알려진 사례임에도 불구하고 판결문에 '패러디'라는 말을 사용하지 않고 단지 "이 사건 몽타주 사진 작성의 목적이 이 사건 사진을 비판하고 세상을 풍자하는 것에 있으므로 그 작성에는 이 사건 사진의 일부를 인용하는 것이 필요하고, 또한 이 사건 몽타주 사진은 미술상의 표현 형식으로서 오늘날 사회적으로 받아들여지고 있는 포토 몽타주의 기법에 따른 것이라는 사실에 의하여도 움직일 수 없는 것이다"라고 한 부분에서 패러디의 핵심 요소인 '비판과 풍자'의 목적을 간단히 언급하고 있을 뿐이다. 이 점에서 예술적 표현의 자유를 보장하기 위한 관점에서 엄격한 요건 하에서나마 패러디에 대한 법리적 정당화를 하고자 하는 학계의 고민이 판결에 깊이 반영되어 있다고 보기는 어려운 것으로 생각된다. 다만 위 판례가 이 사건 몽타주 사진에서 이 시간 사진 부분을 사용한 것이 정당한 인용으로 인정되기 위해 갖추어야 할 요건을 갖추지 못한 것으로 본 것은 결론적으로는 타당하다고 생각되므로(이 사건 몽타주 사진이 자동차에 의한 공해라고 하는 사회현상 외에 이 사건 사진 자체도 비평 또는 풍자의 대상으로 삼은 이른바 '직접적 패러디'인지에 대해 상당한 의문이 든다. 그러한 점에서 인용의 정당성이 인정되지 못한다면, 동일성유지권의 침해도 인정하지 않을 수 없다), 위 판례의 결론에 문제가 있다고 할 것은 아니다.

---

(5) 성명표시권 침해 문제

§14-104   한편, 패러디의 특성에 비추어 원저작물의 저작자 성명을 표시하기가 곤란한 경우들이 많이 있을 텐데, 그러한 경우에 성명표시권(§12-18 이하) 침해가 문제될 수 있다면 그것 역시 패러디라고 하는 표현기법을 이용하는 데 지장을 초래할 것이다. 패러디라고 하는 표현형식상의 제약으로 인하여 원저작자의 성명을 표시하기가 곤란한 경우에는 저작권법 제12조 제 2 항 단서 규정[1]이

---

1 "다만, 저작물의 성질이나 그 이용의 목적 및 형태 등에 비추어 부득이하다고 인정되는 경우에는 그러하지 아니하다."

적용되는 것으로 볼 수 있을 것이다. 법 제37조의 출처명시의무(§14-278 이하 참조)도 문제될 수 있으나, 패러디의 경우는 차용한 원작이 저절로 전면에 드러난다는 점에서 출처명시를 할 필요가 없다는 것은 앞에서도 본 바와 같다.

Ⅸ. 영리를 목적으로 하지 않는 공연·방송 등

1. 의   의

저작권법 제29조는 제 1 항에서 "영리를 목적으로 하지 아니하고 청중이나 관중 또는 제 3 자로부터 어떤 명목으로든지 반대급부를 받지 아니하는 경우에는 공표된 저작물을 공연(상업용 음반 또는 상업적 목적으로 공표된 영상저작물을 재생하는 경우를 제외한다) 또는 방송할 수 있다. 다만, 실연자에게 통상의 보수를 지급하는 경우에는 그러하지 아니하다"고 규정하여 비영리 목적의 공연·방송을, 제 2 항에서는 "청중이나 관중으로부터 당해 공연에 대한 반대급부를 받지 아니하는 경우에는 상업용 음반 또는 상업적 목적으로 공표된 영상저작물을 재생하여 공중에게 공연할 수 있다. 다만, 대통령령이 정하는 경우에는 그러하지 아니하다"고 규정하여 반대급부 없는 상업용 음반 등의 공연을 각각 일정한 요건하에 저작재산권 제한 사유로 규정하고 있다.

§14-105

2. 요   건

(1) 비영리목적의 공연·방송(제 1 항)의 경우

아래의 세 가지 요건을 모두 충족하여야 본 조항의 저작재산권 제한사유에 해당하게 된다.

(가) 영리를 목적으로 하지 않는 공표된 저작물의 공연·방송일 것

먼저 공연(§13-25) 또는 방송(§13-38)에 해당하여야 한다. 예컨대 '전시'(§13-51)의 경우에 이 규정을 원용할 수는 없고,[1] 전송의 경우도 마찬가지이다.[2] 방송의 경우 우리 저작권법상 무선방송과 유선방송을 구별하지 않으므로 해석상 모든 형태의 방송이 포함되는 것으로 보아야 하나, 영리 목적을 부정할 수 있는 경우는 드물 것이다.[3] 또한 "공표된 저작물"일 것을 요건으로 규정하

§14-106

---

1 전주지방법원 2005. 12. 1. 선고 2005나1936 판결 참조.
2 '아이멥스 사건'에서 서울중앙지방법원 2005. 5. 30.자 2004카합3965 결정은 웹사이트(www.imeps.com)에서 제공하는 프로그램을 통해 이용자들이 각자 할당받은 이메일 계정에 저장된 음악파일을 서로간에 검색하여 스트리밍 방식으로 들을 수 있도록 하는 서비스를 제공한 것에 대하여 그것이 공연에 해당하지 않고 전송에 해당한다는 이유로 이 규정의 적용을 부정하였다. 정상조편, 전게서 [김기영 집필부분], 547면 참조.
3 서울중앙지방법원 2016. 1. 27. 선고 2015가합513706 판결은 "피고 한국방송공사의 [별지1] 목록 제 4 항 기재 각 영상물 제작 및 방송이 저작권법 제29조 제 1 항 소정의 비영리 목적의 방송에 해당하는지 여부"에 관하여 "살피건대, 직접적으로는 물론 간접적으로라도 영리를 목적으로 하는 경우에는 저작권법 제29조 제 1 항의 적용이 없다고 할 것

고 있으므로, 다른 모든 요건을 충족하여도 이용대상 저작물이 미공표의 저작물인 경우에는 본항에 의한 자유이용의 대상이 될 수 없다.[1] 그러한 미공표 저작물을 이용하여 공중에게 공개하게 될 경우 공연권이나 공중송신권을 침해할 뿐만 아니라 저작자의 저작인격권인 공표권도 침해한 것으로 인정되게 될 것이다.

본항의 적용을 받기 위해서는 방송만이 아니라 공연도 영리를 목적으로 하지 않는 것이어야 한다. 여기서 영리의 목적이라고 하는 것은 두 번째 요건인 '반대급부를 받지 않을 것'과 구별되는 별도의 요건으로 규정된 점에 비추어, 직접적인 영리목적만이 아니라 간접적으로라도 영리적 목적을 가지고 있는 경우를 포함하는 것으로 보아야 한다.[2] 예를 들어 무료의 시사회라고 하여도 선전용의 시사회라면 영리성이 있고, 어떤 상품을 구매하면서 받은 무료입장권을 들고 오는 사람들을 연주회 등에 무료입장시키는 경우도 고객서비스 또는 상품 구매의욕 촉진이라고 하는 관점에서 영리목적이 있다고 할 수 있을 것이다. 특정 회사의 이미지 제고를 위해 그 회사의 이름으로 중창단을 만든 후 정기적으로 공연하고 매 공연마다 일정 금액을 받아 온 경우에도 영리의 목적이 있다고 인정한 판례가 있다.[3] 그러나 사내 직원들의 회식이나 운동회에서의 연주와 같이 친목을 위한 목적이라면, 그것은 비록 영리적인 성격을 가진 회사의 내부 행사라 하더라도 영리목적의 공연 등에 해당한다고 보기 어려울 것이다.[4]

또한 공표('공표'의 의의에 대하여는 §12-3 참조)된 저작물만 이용대상으로 허용됨을 유의하여야 한다.

(나) 반대급부를 받지 아니할 것

§14-107 본 조항의 적용을 받기 위하여는 청중이나 관중 또는 제 3 자로부터 어떤 명목으로든지 반대급부를 받지 않아야 한다. 무료의 자선공연이라 할지라도 이른바 스폰서(제 3 자)가 있다면 이 규정의 적용을 받을 수 없다.[5] 저작물의 공연, 방송에 대한 대가를 받기만 하면 그것이 공연에 필

인바, 공영방송인 피고 한국방송공사는 1TV와 관련하여 수신료를 받고 있는 이상 피고 한국방송공사의 방송이 비영리 목적의 방송이라고 볼 수는 없으므로, 피고 한국방송공사의 이 부분 주장은 이유 없다"라고 판시하였다.

1 서울중앙지방법원 2018. 5. 4. 선고 2017나76939 판결은 대학생이 창작한 연극대본을 이용하여 공연한 것이 저작권법 제28조 제 1 항에 해당하는지 여부가 문제된 사안에서 "이 사건 각 저작물이 공표된 저작물에 해당한다고 볼 수 없음은 앞서 본 바와 같으므로, 피고들의 위 주장은 이유 없다"라고 판시하여 본항의 적용을 부정하였다.

2 加戸守行, 전게서, 272면; 황적인·정순희·최현호, 전게서, 287면.

3 '얌모얌모' 사건에 대한 대전지방법원 2015. 1. 15. 선고 2014노1511 판결은 주식회사 B와 공연 협약을 맺고 회사의 이름을 딴 B..중창단을 창설한 후 정기적으로 관객들을 상대로 공연을 하고 매 공연마다 주식회사 B로부터 110만 원을 받아 온 공연단체의 공연에 대하여 "회사 이미지 제고를 통해 간접적으로 회사의 이익을 증진시킨다는 목표에 기여한다는 점에서는 최소한 간접적으로라도 영리 목적을 인정할 수 있고, 특히 매 공연마다 B로부터 110만 원을 받아 일정한 반대급부를 규칙적으로 수령하여 온 점에서도 영리 목적이 인정된다"고 판시하였다.

4 加戸守行, 전게서, 272면 참조.

5 위에서 언급한 '얌모얌모' 사건에 대한 대전지방법원 2015. 1. 15. 선고 2014노1511 판결(§14-106 참조)은 영리의 목적을 인정하면서 동시에 '반대급부'를 받았다는 것도 인정하였다. 즉, 위 판결은 "이 사건 공연이 무료 공연으로서 공

요한 제반 경비에 충당하기 위한 목적으로서 달리 이윤을 추구하는 동기는 없다고 하더라도 본 조항의 요건을 충족하지 못하는 것으로 보아야 한다. 다만, 연주회에서 공연에 대한 대가가 아니라 별도로 제공하는 다과에 대한 정상적인 대가만을 받은 경우에는 그것이 경우에 따라 영리목적으로 인정될 수 있음은 별론으로 하고 공연에 대한 반대급부를 받지는 않은 것으로 인정될 수 있을 것이다. 연주회 등의 입장료는 무료이지만 입장 자격이 유료 웹사이트의 회원에게만 주어진다고 하면 그 회비의 일부가 반대급부로서의 성격을 띠는 것으로 보아 역시 본 조항의 요건을 충족하지 못하는 것으로 보아야 한다.[1]

(다) 실연자에게 통상의 보수를 지급하지 아니할 것

실연자(실연자의 개념에 대하여는 §19-2 이하 및 §19-8 이하 참조)에게 통상의 보수를 지급하지 아니할 것도 본 조항의 요건이다. 이러한 규정을 둔 것은, 실연자(가수, 악단, 연기자, 무용수 등)에게 보수를 줄 수 있다면 저작재산권자에게도 당연히 저작물 사용료를 지급하여 정상적으로 이용할 일이지 굳이 자유이용을 허용할 이유가 없다는 취지인 것으로 이해된다.[2] '통상의 보수'라고 규정되어 있으므로 그에 미치지 못하고 단지 교통비, 식대 등의 실비를 제공하는 수준에 그치는 것이라면 본 요건에 저촉되지 않는 것으로 볼 수 있다.[3] §14-108

실연자가 공연에 대한 대가를 개별적으로 받지는 않지만 월급을 받고 있는 경우는 어떨까? 예를 들어 소방서의 음악대 대원의 경우 급여를 받고 있지만, 그것은 공무원으로서 소방서의 직무에 종사하는 것에 대한 일반적인 의미에서의 대가이고, 연주행진 등의 경우의 그 연주를 행하는 것에 대한 보수는 아니라고 할 수 있다. 그러나 직업적인 음악밴드에 종사하면서 월급을 받고 있는 사람이 그 직무의 일환으로 연주를 하였다면, 그 연주에 대한 통상의 보수를 포괄적으로 받고 있다고 보아야 할 것이다.[4] 또한 실연자에게 지급하는 것이 아니라 음악 해설자나 사회자 등에게만 보수를 지급하는 경우에는 본조의 요건에 저촉되지 아니한다.

(라) 상업용 음반 또는 상업적 목적으로 공표된 영상저작물을 재생하는 경우가 아닐 것 §14-109

2016. 3. 22.자 개정 저작권법은 제29조 제 1 항의 적용대상인 공연의 범위에서 '상업용 음반 또는 상업적 목적으로 공표된 영상저작물을 재생하는 경우'를 제외하는 취지를 괄호 속에 명시하고 있으므로, 상업용 음반 등에 의한 재생공연의 경우는 여기서 제외되고, 공연 중에서는 주로 생

연을 관람하는 관객들로부터 아무런 대가를 받지 않았던 것은 사실이지만, 공연을 후원하는 기업인 B로부터 1회당 110만 원이라는 반대급부를 받았던 이상 위 규정의 적용을 받을 수 없다."라고 판시하였다.

1 加戶守行, 전게서, 272~273면 참조.
2 장인숙, 전게서, 94면.
3 황적인·정순희·최현호, 전게서, 287면; 장인숙, 전게서, 94면; 서달주, 전게서(2007), 290면.
4 加戶守行, 전게서, 273면 참조.

실연의 경우가 본항의 적용대상이 되게 된다.1 다만, 상업용 음반이 아닌 음반이나 상업적 목적으로 공표된 것이 아닌 영상저작물을 재생하여 공연하는 경우는 법문에서 명시적으로 제외하지 않고 있으므로, 반대해석의 원칙에 따라 본항에 포함되는 것으로 보아야 할 것으로 생각된다. 상업용 음반 등이 아닐 경우 경제적 이해관계와는 무관한 경우가 많을 것이라는 점도 그러한 해석의 타당성을 뒷받침하는 면이 있을 것이다.

(2) 반대급부 없는 상업용 음반 등의 공연(제 2 항)의 경우
역시 다음의 요건을 모두 갖추어야 본 조항의 저작재산권 제한사유에 해당할 수 있다.

(가) 반대급부를 받지 아니할 것
§14-110   청중이나 관중으로부터 당해 공연에 대한 반대급부를 받지 아니할 것이 본 조항의 요건이다. 제 3 자로부터 반대급부를 받는 경우는 규정에서 제외되어 있는 것이 위 제 1 항의 경우와 다른 점이다. '당해 공연에 대한 반대급부'일 것을 요하는 것도 제 1 항과 다른 점이라고 하는 견해2도 있으나, 제 1 항의 경우도 법문상의 표현은 다르지만 당해 공연에 대한 반대급부를 의미하는 것으로 봄이 타당하다고 생각되므로 그 점에서 차이가 있다고 보기는 어렵다.

(나) 상업용 음반 또는 상업용 영상저작물을 재생하는 방법으로 하는 공연일 것
§14-111   1) 의   의
제 2 항의 요건을 충족하기 위하여는 '상업용 음반' 또는 '상업적 목적으로 공표된 영상저작물'을 재생하는 방법으로 하는 공연이어야 한다. 이 부분은 2016. 3. 23.자 개정에 의하여 달라진 것으로서, 원래는 '판매용 음반' 또는 '판매용 영상저작물'을 재생하는 방법으로 할 것을 요건으로 하였다가 위 개정으로 위와 같이 다른 용어로 교체되게 된 것이다. 이것은 개정 전 저작권법 규정 중 '판매용 음반'의 개념에 대하여 판례가 다소간 엇갈리고 있었고, 그에 따라 여러 가지 혼란이 빚어지고 있었던 상황을 배경으로 하여, 그 혼란을 정리하고자 하는 취지를 내포한 개정이라고 할 수 있다. 따라서 이를 정확하게 이해하기 위해서는 먼저, 개정 전 저작권법상의 '판매용 음반'의 개념에 대한 판례 입장에 대하여 살펴볼 필요가 있다.

---

1 개정전 법의 제29조 제 1 항에서는 이러한 괄호 속의 문언을 가지고 있지 않았으므로, 다수 학설은 생실연만이 아니라 재생공연도 모두 제 1 항의 범위에 포함되는 것으로 해석하고 있었다. 하동철, 공연권에 관한 연구, 서강대학교 대학원 박사학위논문(2005), 298면 참조.

2 오승종·이해완, 전게서, 357면.

2) 개정 전 저작권법상 '판매용 음반'의 개념에 대한 판례의 입장

가) '스타벅스' 사건에 대한 대법원 2012. 5. 10. 선고 2010다87474 판결   §14-111-1

〈사안의 내용과 쟁점〉

먼저 살펴보아야 할 판례가 이른바 '스타벅스' 사건에 대한 대법원 2012. 5. 10. 선고 2010다87474 판결이다. 이 판결은 처음으로 저작권법 제29조 제 2 항의 '판매용 음반'의 개념에 대하여 판단을 내린 판결로 주목된다. 이 사건은 한국음악저작권협회가 원고가 되어 외국계 커피 전문점('스타벅스')의 국내 지사인 甲 주식회사를 피고로 하여, 본사와 음악 서비스 계약을 체결하고 배경음악 서비스를 제공하고 있는 乙 외국회사로부터 음악저작물을 포함한 배경음악이 담긴 CD를 구매하여 커피숍 매장에서 재생함으로써 고객들을 위한 배경음악으로 들려 준 것이 음악저작물에 대한 공연권 침해라고 주장하면서 침해정지등을 청구한 사안이다. 이 사건에서 피고가 내세운 항변사유 중의 하나가 피고가 판매용 음반인 위 CD를 이용하여 재생한 것은 저작권법 제29조 제 2 항에 따른 면책대상이라는 것이었으므로, 위 사건의 주된 쟁점의 하나는 바로 커피숍 매장에서 재생된 위 CD가 저작권법 상의 '판매용 음반'에 해당하는지 여부에 있었다.

〈대법원의 판시 내용〉

이에 대하여 대법원은 다음과 같이 판시하였다.

"저작권법 제29조 제 2 항은, 청중이나 관중으로부터 당해 공연에 대한 반대급부를 받지 않는 경우 '판매용 음반' 또는 '판매용 영상저작물'을 재생하여 공중에게 공연하는 행위가 저작권법 시행령에서 정한 예외사유에 해당하지 않는 한 공연권 침해를 구성하지 않는다고 규정하고 있다. 그런데 위 규정은, 공연권의 제한에 관한 저작권법 제29조 제 1 항이 영리를 목적으로 하지 않고 청중이나 관중 또는 제 3 자로부터 어떤 명목으로든지 반대급부를 받지 않으며 또 실연자에게 통상의 보수를 지급하지 않는 경우에 한하여 공표된 저작물을 공연 또는 방송할 수 있도록 규정하고 있는 것과는 달리, 당해 공연에 대한 반대급부를 받지 않는 경우라면 비영리 목적을 요건으로 하지 않고 있어, 비록 공중이 저작물의 이용을 통해 문화적 혜택을 향수하도록 할 공공의 필요가 있는 경우라도 자칫 저작권자의 정당한 이익을 부당하게 해할 염려가 있으므로, 위 제 2 항의 규정에 따라 저작물의 자유이용이 허용되는 조건은 엄격하게 해석할 필요가 있다. 한편 저작권법 제29조 제 2 항이 위와 같이 '판매용 음반'을 재생하여 공중에게 공연하는 행위에 관하여 아무런 보상 없이 저작권자의 공연권을 제한하는 취지의 근저에는 음반의 재생에 의한 공연으로 그 음반이 시중의 소비자들에게 널리 알려짐으로써 당해 음반의 판매량이 증가하게 되고 그에 따라 음반제작자는 물론 음반의 복제·배포에 필연적으로 수반되는 당해 음반에 수록된 저작물의 이용을 허락할 권능을 가지는 저작권자 또한 간접적인 이익을 얻게 된다는 점도 고려되었을 것이므로, 이러한 규정의 내용과 취지 등에 비추어 보면 위 규정에서 말하는 '판매용 음반'이라 함은 그와 같이 시중에 판매할 목적으로 제작된 음반을 의미하는 것으로 제한하여 해석함이 상당하다.

원심판결 이유에 의하면, 플레이네트워크사(Playnetwork, Inc. 이하 'PN사'라 한다)는 스타벅스 본사(Starbucks Coffee International, Inc.)와 음악 서비스 계약(Music Service Agreement)을 체결하고 세계 각국에 있는 스타벅스 커피숍 매장에 대한 배경음악 서비스를 제공하고 있는 사실, 스타벅스의 국내 지사인 피고는 스타벅스 본사와의 계약에 따라 PN사로부터 이 사건 제1, 제2 음악저작물을 포함한 배경음악이 담긴 CD(이하 '이 사건 CD'라 한다)를 장당 미화 30.79달러(운송료 3.79달러 포함)에 구매하여, 국내 각지에 있는 스타벅스 커피숍 매장에서 그 배경음악으로 PN사가 제공한 플레이어를 이용하여 재생시켜 공연한 사실, 그런데 이 사건 CD는 암호화 되어 있어 PN사가 제공한 플레이어에서만 재생되고, 계약에서 정해진 기간이 만료되면 더 이상 재생되지 않으며, 피고는 이를 폐기하거나 반환할 의무를 부담하는 사실 등을 알 수 있다.

이러한 사실관계를 앞서 본 법리에 비추어 살펴보면, 이 사건 CD는 PN사의 스타벅스 본사에 대한 배경음악 서비스 제공의 일환으로 스타벅스 본사의 주문에 따라 피고 등 세계 각국의 스타벅스 지사에게만 공급하기 위하여 제작된 부대체물일 뿐 시중에 판매할 목적으로 제작된 것이 아니므로, 저작권법 제29조 제 2 항에서 정한 '판매용 음반'에 해당하지 않는다고 할 것이다."

〈위 판결에 대한 비판적 입장〉

위 판결에 대하여 필자는 다음과 같은 비판적 의견을 제시한 바 있다.[1]

"이 판결은 '판매용 음반'의 개념을 '시판용 음반'의 개념으로 한정하여 본 취지인데, '시판용'이라는 한정보다 더욱 본질적으로 중대한 문제는 이 판결이 '음반'의 개념을 적어도 저작권법 제29조 제 2 항과의 관계에서는 '유형물에 고정된 음(음원)'의 개념으로 파악하기보다 '음(음원)이 고정된 유형물'의 개념으로 파악하여 판매용인지 여부를 '유형물'인 CD를 기준으로 판단하였다는 점이다. 그러나 뒤에서 보는 바와 같이 음반은 음반제작자의 권리의 객체로서 저작권법 여러 곳에서 사용되는 중요한 개념인바, 이는 음이 고정된 유형물이 아니라 유형물에 고정된 음(음원)을 뜻하는 개념으로서 이른바 '디지털 음원'도 포함하는 개념으로 해석하는 것이 타당하다. 따라서 '판매용 음반'의 개념을 파악할 때에도 우선적으로 음반의 개념을 위와 같이 유형물이 아니라 무형물로서의 음원의 개념으로 파악할 필요가 있다. 위 대법원 판결은 디지털 음원과 관련된 사건은 아니었지만, 디지털 음원의 경우에는 '유형물'로서의 음반개념으로 파악하기가 어렵다는 점에서 판매용 음반으로서의 성격이 전적으로 부정될 우려가 있을 수 있다.

… (그러나) '디지털 음원'도 그것이 판매를 목적으로 공표된 음원인 이상 '판매용 음반'의 개념에 해당하는 것으로 보아야 한다는 입장을 취하고자 한다. 그 이유는 다음과 같다.

첫째, '판매용 음반'의 중요한 개념요소인 '음반'의 개념은 '음이 고정된 유형물'이 아니라 '유형물에 고정된 음'의 개념으로서 무형물(무체물)로서의 디지털 음원을 포함하는 개념임이 명백하다. 따라서 음반이 판매용인지 여부는 음원이 처음 공표될 때 판매를 목적으로 한 것인지 여부를 기준으로 판단하는 것이 타당하다.

둘째, '판매용 음반'의 개념은 제29조 제 2 항에만 있는 것이 아니라 저작권법 여러 곳에서 사용되는데 그 중에서는 저작인접권자의 중요한 권리들의 요건과 직결되는 부분들이 있다. 방송 및 공연에 대한 실연자 및 음반제작자의 보상청구권에 대한 규정들이 그러하다. 그런데 그 중에서도 특히 공연보상청구권 규정(제76조의2 및 제83조의2)은 이미 디지털 음원의 보급이 많이 이루어지고 있는 상황에서 WIPO 실연·음반 조약(WPPT) 등의 국제조약의 보호수준에 맞추기 위한 취지로 발의되어 통과된 저작권법 개정안에 의하여 저작권법에 반영된 것이다. 따라서 이들 규정에서의 '판매용 음반'의 개념은

---

1 이해완, 저작권법(제 3 판), 박영사(2015), 639~645면.

국제조약의 규정 및 저작인접권자 보호강화의 입법취지에 부합되는 방향으로 해석되어야 하는데, WPPT에서는 디지털음원의 경우 보다 완화된 요건으로 '판매용 음반'으로 인정되고 있을 뿐만 아니라 판매용 음반의 직접적 사용만이 아니라 간접적 사용도 '판매용 음반의 사용'에 포함되는 것으로 규정하고 있음[1]을 감안할 때, 우리나라가 가입한 WPPT의 규정을 의식하여 만들어진 보상청구권 규정상의 '판매용 음반' 개념에 디지털 싱글 앨범으로 공표된 음원을 포함하여 디지털 음원이 포함되는 것으로 해석하여야 한다. 그렇다면 저작권법상 동일한 개념은 가급적 동일하게 해석하는 것이 법적 정합성에 부합된다는 점을 감안할 때 법 제29조 제 2 항의 '판매용 음반' 개념도 동일하게 '디지털 음원'을 포함하는 개념인 것으로 보는 것이 타당하다.

셋째, 저작권법상 "판매용 음반"이라는 문구가 들어간 조문들을 보면, '판매용 프로그램'(제21조), '판매용 영상저작물'(제29조) 등 무체물 내지 무형물인 저작물의 유형과 나란히 나열된 것을 볼 수 있는데, 이는 "판매용 음반"의 '음반'도 무체물 내지 무형물로서의 음반이라는 것을 강하게 시사하고 있다.

넷째, 법정허락에 관한 제52조에서는 "판매용 음반이 우리나라에서 처음으로 판매되어 3년이 경과한 경우 그 음반에 녹음된 저작물을 녹음하여 다른 판매용 음반을 제작하고자 하는 자가 그 저작재산권자와 협의하였으나 협의가 성립되지 아니하는 때에는 대통령령이 정하는 바에 따라 문화체육관광부장관의 승인을 얻은 후 문화체육관광부장관이 정하는 기준에 의한 보상금을 당해 저작재산권자에게 지급하거나 공탁하고 다른 판매용 음반을 제작할 수 있다"고 규정하고 있다. 그런데 여기서 "다른 판매용 음반"이라는 것은 콘텐츠(무형물)로서의 음반(음원)을 새로 제작하는 것을 말하는 것이지, 음은 그대로 두고 저장매체만 변환하는 것을 말하는 것은 아님이 분명하다. 후자의 경우라면 기존 음반의 복제에 불과한 것으로 평가될 것이기 때문이다. 그러므로 이 규정도 '판매용 음반'에서 말하는 음반이 무형물로서의 음원을 뜻한다는 것을 명백히 보여주고 있다.

---

1 WPPT는 제15조 제 1 항에서 "실연자와 음반제작자는 상업적인 목적으로 발행된 음반이 방송이나 공중전달에 직접적으로나 간접적으로 이용되는 경우에 공정한 단일 보상에 대한 권리를 향유한다"고 규정하고 있다. 여기서 말하는 "상업적인 목적으로 발행된 음반"이 바로 우리 저작권법상의 '판매용 음반'에 해당하는 개념임은 물론이다. 이 규정에 포함된 '음반'의 개념은 같은 조약 제 2 조 (b)에서 규정하고 있는 바에 따라 해석된다. 그 제 2 조 (b)는 음반에 관하여 "'음반'이란 실연의 소리 또는 기타의 소리, 또는 소리의 표현을 고정한 것으로서, 영상 저작물이나 기타 시청각저작물에 수록된 형태 이외의 고정물을 말한다"고 규정하고 있다. 이러한 규정도 음반의 개념을 음이 고정된 유형물이 아니라 유형물에 고정된 음원을 뜻하는 것으로 보고 있음이 분명하다. 한편 WPPT는 온라인 전송이 이슈로 대두된 시점에서 채택된 것이므로 CD 등의 유체물에 고정되어 배포되는 것이 아니라 처음부터 온라인 전송에 의하여 공중에게 무형물로 제공되는 경우도 상업용 음반으로 볼 수 있도록 명확하게 하기 위하여, 같은 조약 제15조 제 4 항에서 "이 조의 적용상 공중의 구성원이 개별적으로 선택한 장소와 시간에 음반에 접근할 수 있는 방법으로, 유선이나 무선의 수단에 의하여 공중이 이용할 수 있도록 제공된 음반은 상업적인 목적으로 발행된 것으로 간주한다"고 규정하고 있다. 제15조에 대한 관계에서만 적용되는 이 규정에 따라 온라인상으로 공중을 대상으로 한 전송이 이루어지기만 하면, 실제로 그것이 상업적 목적에 기한 것인지를 묻지 않고 상업용 음반으로 보게 된다. 제15조 제 4 항의 위 규정은 온라인을 통해 공중송신되는 디지털 음원의 경우도 상업용 음반에 포함될 수 있는 것으로 규정하고 있을 뿐만 아니라 그러한 온라인 공중송신의 경우에는 상업적 목적이 없더라도 상업적 목적이 있는 것으로 의제함으로써 그 보호범위를 약간 더 확장하고 있는 것이다. 여기서 주의할 것은 그러한 전송행위 자체에 대하여는 WPPT 제10조 및 제14조에서 실연자와 음반제작자에게 각각 배타적 권리를 부여하고 있고, 그러한 전송행위에 의하여 제공된 음원을 복제하여 방송 또는 공연 등에 이용하는 것에 대하여 WPPT 제15조에서 보상청구권의 대상으로 규정하고 있다는 점이다.

우리나라가 WPPT에 가입하면서 동시에 가입한 로마협약(제12조)도 부분적으로 WPPT의 규정내용과 상이하나 디지털 음원을 상업용 음반의 범위에 포함하고 있는 것으로 해석되는 점은 동일하다.

다섯째, 디지털 음원도 판매용 음반 또는 그 복제물에 해당하여 그 사용에 대한 보상이 실연자 및 음반제작자에게 주어질 수 있다고 보는 필자의 입장은 저작인접권자의 권익을 보호함으로써 문화 및 관련 산업의 향상을 도모하고자 하는 저작권법의 목적(제 1 조)에 부합하는 해석이다.

여섯째, 위와 같은 해석에 반하여 과거와 같은 유형물로서의 CD를 이용한 공연 등에만 공연 보상청구권 규정의 적용이 있다고 해석할 경우에는 디지털 음원을 이용하는 경우와 그렇지 않은 경우를 합리적 이유 없이 차별하는 것이 되어 헌법상의 평등권 조항에 반하는 문제가 있다. 즉, 근본적으로 시장에 판매할 목적으로 발행된 것이 아닌, 친구에게 선물로 주기 위해 제작한 음반이나 방송사에서 반복 방송을 위해 녹음을 해둔 것 등 제한적인 사례에서 '판매용 음반'이 아니라고 보아 보상청구권을 인정하지 않는 것은 사회경제적 실태에 비추어 합리적인 차별이라고 인정될 수 있으나, 권리자의 입장에서 경제적 이해관계의 면에서 하등 차이가 없는 음반을 디지털 음원의 송신등의 방식으로 이용되었다는 이유만으로 그렇지 않은 경우에 비하여 차별적인 취급을 하여 보상청구권을 부정하는 결론을 내리는 것은 매우 불합리한 차별적 취급이라 할 수밖에 없을 것이다. 또한 실연자와 음반제작자의 권리를 법문에도 없는 새로운 요건(판매용 발행 이후에 다시 유체물로서의 복제물이 시판용으로 만들어질 것)을 내세워 부당하게 제한하는 것은 헌법상의 재산권보장조항에도 반하는 문제가 있다. 그런 점에서 이러한 저자의 입장은 합헌적 해석의 원칙에도 부합하는 것이다.

일곱째, 제29조 제 2 항만 놓고 보면 판매용 음반의 개념을 좁게 보는 것이 저작재산권자의 공연권에 대한 지나친 제한을 완화하는 데 기여하는 면에서 장점이 있는 것으로 생각되는 면이 있지만, 좀 더 깊이 생각해 보면, 이러한 해석론의 채택이 위 규정이 가지고 있는 문제를 해결하는 올바른 해법이라고 할 수 없다. 비록 제29조 제 2 항에 대하여는 국제조약과의 관계에서 문제제기가 꾸준히 있어 왔고, 입법론적으로는 이 규정의 적용범위를 대폭 축소하는 방향으로 개정할 필요가 있다는 데 동의하지만, 그러한 입법적 노력이 아니라 법해석의 방법으로, 그것도 디지털 음원 등에 대한 차별적 취급을 초래하는 방향으로 갑작스럽게 그 적용범위를 줄여 소규모 매장 등에 공연권 집행이 이루어지도록 하는 것은 불필요한 사회적 갈등을 유발하는 점에서도 바람직하지 않다.

여덟째, '스타벅스' 사건 판결이 제29조 제 2 항의 '판매용 음반'을 '시판용 음반'으로 제한하여 보게 된 주된 논리적 근거로 제시한 것은 "저작권자의 공연권을 제한하는 취지의 근저에는 음반의 재생에 의한 공연으로 그 음반이 시중의 소비자들에게 널리 알려짐으로써 당해 음반의 판매량이 증가하게 되고 그에 따라 음반제작자는 물론 음반의 복제·배포에 필연적으로 수반되는 당해 음반에 수록된 저작물의 이용을 허락할 권능을 가지는 저작권자 또한 간접적인 이익을 얻게 된다는 점도 고려되었을 것"이라는 점에 있는데, 그것은 상업적 목적으로 공표된 디지털 음원의 경우라도 마찬가지이다.[1]

위에서 디지털 음원을 중심으로 설명하였지만, 그렇지 않은 경우에도 음원으로서의 음반을 기준으로 판단하여야 한다는 원칙을 일관되게 적용하여야 함은 물론이다. 예컨대 '스타벅스' 사건의 경우는 직접적으로 디지털 음원에 대하여 다룬 사건은 아니었지만, 그 사건에서도 위와 같은 판단의 기준을 적용할 경우에 결론이 달라지게 된다. 동 사건의 사안은 원래 시중에 판매용으로 나온 음반의 음원을 이용하여 스타벅스 매장용으로 '편집앨범 CD'를 제작한 경우였는데, '편집앨범' CD라고 하는 2차적으

---

1 이상의 논의와 관련하여 자세한 것은 이해완, "저작권법상 '음반' 및 '판매용 음반'의 개념에 관한 고찰", 성균관법학 제26권 제 4 호(2014. 12), 469~501면 참조.

로 제작된 유형물을 기준으로 할 것이 아니라 그 속에 복제되어 들어간 음원으로서의 음반이 판매용으로 제작된 것인지 여부를 기준으로 판단하면 당연히 '판매용' 음반으로 보는 것이 타당하였던 것으로 보이는 것이다. 그리고 위와 같은 판단기준을 적용하여 판단할 때 음원으로서의 음반이 '시판용'인지 여부를 기준으로 판단할 것은 아니라고 보아야 한다. 대법원이 '판매용'을 '시판용'으로 축소해석한 것은 제29조 제 2 항의 제한적 해석 필요성에 근거를 둔 것인바, '판매용 음반' 개념이 제29조 제 2 항에만 있는 것이 아니라 저작인접권자의 권리행사의 요건에도 포함되어 있는 중요한 개념이므로 이를 제29조 제 2 항의 관점으로 재단하여 축소해석하는 것은 타당하지 않은 것이다. 따라서 '시중에 판매할' 목적이 아니라 특정 주문자에게 유상으로 공급할 목적으로 제작된 것도 유상의 거래인 이상 모두 '판매용'으로 보는 것이 타당하다. 상업적인 목적으로 제작되어 공표된 음원은 언제든지 판매의 대상이 될 수 있는 것이므로, 그것이 어느 단계에서 특정 주문자에게 유상으로 공급된 것으로 보인다는 이유만으로 판매용 음반에서 제외할 이유는 없고, 그러한 경우를 제외하는 것은 상업용 음반에 대한 보상청구권을 인정하는 WPPT 등 국제조약에도 반하는 것이라 할 수 있다. 결국 판매용 음반에서 제외되는 음반은 위에서도 언급한 바와 같이, 친구에게 선물로 주기 위해 제작한 음반이나 방송사에서 반복방송을 위해 녹음을 해둔 것 등에 한정되는 것으로 보아야 할 것이다.

판매용 음반을 위와 같이 볼 경우, '판매용 영상저작물'의 경우도 마찬가지로 DVD 등의 유형적 매체를 중심으로 보기보다 그 저작물 자체가 상업적인 목적으로 공표된 것이라면 '판매용 영상저작물'로 보는 것이 타당하다."

〈현 상황에서의 평가〉

이상이 저자가 '스타벅스' 사건에 대한 대법원 판결을 비판하면서 주장한 내용이었는데, 그 논거의 상당 부분은 해당 판결이 저작인접권자에게 불리하게 작용할 수 있는 가능성에 대한 우려와 관련된 것이었다. 물론 저작권법상 동일한 용어에 대하여 엇갈리는 해석보다 정합성과 일관성이 있는 해석이 보다 바람직하다는 취지의 의견도 표명하였지만, 그것이 저자가 집요하게 대법원 판례를 비판한 주된 이유는 아니었다. 만약 저작인접권자의 공연보상청구권 등의 요건으로서의 '판매용 음반'과 저작권자 등의 공연권 제한의 요건으로서의 '판매용 음반'이 같은 용어임에도 불구하고 이를 다른 개념으로 해석하는 것이 대법원 판례의 입장으로 정립될 수 있다면, 그러한 판례 입장에 대하여는 논리적으로 동의하기는 어려워도, 결론적으로 크게 이의를 할 이유는 없다고 생각할 수 있다.

실제 그 후 전개된 상황이 그렇게 되었다. 후술하는 바와 같이, 대법원의 이 판결 이후에 나온 현대백화점 사건 및 하이마트 사건 판결까지를 종합해 보면, 이후 대법원은 같은 '판매용 음반'이라도 제29조 제 2 항에서 사용된 용어와 제76조의2 등에서 사용된 용어는 서로 다르게 해석하는 것으로 정립된 셈이고, 그것은 어느 쪽이나 권리자의 정당한 권익에 도움이 되는 방향이므로, 결론적으로는 수긍할 수 있는 면도 전혀 없지는 않다고 생각된다.[1]

---

1 대법원 판례에 대한 저자의 비판적 의견과 달리, 제29조 제 2 항의 '판매용 음반' 개념만을 특별히 제한적으로 해석하는 대법원 판례와 같은 입장을 취하는 견해도 있다. 조상혁, "판매용 음반의 공연에 관한 저작권법 제29조 제 2 항에 관한 연구", 홍익법학 제16권 제 2 호(2015), 323~324면 참조.

§14-111-2

　　나) '현대백화점' 사건에 대한 대법원 2015. 12. 10. 2013다219616 판결

　　〈사안의 내용과 쟁점〉

　　이 사건에서 원고들은 한국음악실연자연합회와 한국음반산업협회였고, 피고는 백화점을 운영하는 주식회사 현대백화점이었다. 피고는 자신이 운영하는 백화점 매장에 오는 고객들에게 배경음악을 들려주기 위하여, 디지털 음원을 매장에 송신해 주는 방식의 서비스를 하는 주식회사 케이티뮤직(이하 '케이티뮤직'이라고만 한다)과 거래하면서 케이티뮤직으로부터 디지털음원을 공급받아 사용하였다. 케이티뮤직은 음반제작자들로부터 디지털 음원을 받아 이를 음원 데이터베이스(DB)에 저장, 관리하면서 필요할 때마다 음원을 추출하여 사용하였고, 피고는 케이티뮤직에 매월 '매장음악서비스이용료'를 지급하고, 케이티뮤직으로부터 인증받은 컴퓨터에 소프트웨어를 다운로드한 후 케이티뮤직이 제공한 웹페이지에 접속하여 아이디와 패스워드를 입력한 다음 케이티뮤직이 스트리밍 방식으로 전송하는 음악을 실시간으로 매장에 틀어 놓았다. 케이티뮤직은 피고로부터 받은 위 '매장음악서비스이용료'의 일부를 원고들에게 디지털음성송신보상금이라는 명목으로 다시 지급하였으나, 위 디지털음성송신보상금에 공연보상금은 포함되어 있지 않았다. 이에 원고들은 피고에게 저작권법 제76조의2 제 1 항, 제83조의2 제 1 항에 기하여 피고가 판매용 음반을 사용하여 공연을 한 자로서 상당한 보상금을 해당 실연자나 음반제작자에게 지급할 의무가 있고, 원고들이 각각 그 보상금 수령단체로 지정되었으니, 결국 피고는 원고들에게 공연보상금을 지급할 의무가 있다고 주장하였다. 이에 대하여, 피고는 위 스타벅스 판결의 취지에 의하면, '판매용 음반'은 '시판용 음반'의 의미로 해석되어야 하므로, 위와 같이 디지털음원을 송신받아 고객들에게 들려주는 것은 시판용 음반을 이용한 것이 아니므로, 결국 피고에게는 보상금 지급의무가 없다는 취지로 주장하였다.

　　이 사건에서는 처음으로 '디지털 음원'이 '판매용 음반'에 해당하는지 여부가 주된 쟁점으로 부각되었다. 이에 관하여, 이 사건의 1심 판결(서울중앙지방법원 2013. 4. 18. 선고 2012가합536005 판결)에서는 디지털 음원에 대하여 판매용 음반으로서의 성격을 부정함으로써 이용자의 공연사용에 대한 실연자와 음반제작자의 보상청구권 행사를 부정하는 결론을 내렸다. 반면에 그 항소심(2심) 판결(서울고등법원 2013. 11. 28. 선고 2013나200745 판결)에서는 디지털 음원도 판매용 음반의 개념에 해당하는 것으로 인정함으로써 1심의 결론을 뒤집었으나, '스타벅스' 사건 대법원 판결과의 충돌을 피하기 위해 저작권법 제76조의2 등 규정에서의 '판매용 음반'을 제29조 제 2 항의 '판매용 음반'의 개념과 서로 다른 의미로 보는 방향을 취하였다. 그에 대하여 피고가 상고하여, 대법원이 다음과 같은 판결을 선고하였다.

　　〈대법원 판결의 내용〉

　　"저작권법 제76조의2 제 1 항, 제83조의2 제 1 항은 판매용 음반을 사용하여 공연을 하는 자는 상당한 보상금을 해당 실연자나 음반제작자에게 지급하도록 규정하고 있다. 위 각 규정이 실연자와 음반제작자에게 판매용 음반의 공연에 대한 보상청구권을 인정하는 것은, 판매된 음반이 통상적으로 예정하고 있는 사용 범위를 초과하여 공연에 사용되는 경우 그로 인하여 실연자의 실연 기회 및 음반제작자의 음반판매 기회가 부당하게 상실될 우려가 있으므로 그 부분을 보상해 주고자 하는 데에 그 목적이 있다. 이러한 규정의 내용과 취지 등에 비추어 보면 위 각 규정에서 말하는 '판매용 음반'에는 불특

정 다수인에게 판매할 목적으로 제작된 음반뿐만 아니라 어떠한 형태이든 판매를 통해 거래에 제공된 음반이 모두 포함되고, '사용'에는 판매용 음반을 직접 재생하는 직접사용뿐만 아니라 판매용 음반을 스트리밍 등의 방식을 통하여 재생하는 간접사용도 포함된다고 해석함이 타당하다.

원심판결 이유에 의하면, ① 주식회사 케이티뮤직(이하 '케이티뮤직'이라고만 한다)은 음반제작자들로부터 디지털 음원을 받아 이를 음원 데이터베이스(DB)에 저장, 관리하면서 필요할 때마다 음원을 추출하여 사용한 사실, ② 피고는 케이티뮤직에 매월 '매장음악서비스이용료'를 지급하고, 케이티뮤직으로부터 인증받은 컴퓨터에 소프트웨어를 다운로드한 후 케이티뮤직이 제공한 웹페이지에 접속하여 아이디와 패스워드를 입력한 다음 케이티뮤직이 스트리밍 방식으로 전송하는 음악을 실시간으로 매장에 틀어 놓은 사실, ③ 케이티뮤직은 피고로부터 받은 위 '매장음악서비스이용료'의 일부를 원고들에게 디지털음성송신보상금이라는 명목으로 다시 지급한 사실, ④ 그런데 위 디지털음성송신보상금에 공연보상금은 포함되어 있지 않은 사실 등을 알 수 있다.

이러한 사실관계를 앞서 본 법리에 비추어 살펴보면, 케이티뮤직이 위 디지털음성송신보상금을 지급하고 음반제작자로부터 받은 디지털 음원은 저작권법 제76조의2 제 1 항, 제83조의2 제 1 항의 '판매용 음반'에 해당하고, 피고가 위 디지털 음원을 케이티뮤직으로부터 제공받고 스트리밍 방식을 통하여 매장에 틀어 놓아 간접사용한 행위는 판매용 음반을 사용하여 공연한 행위에 해당한다."

〈검토〉

위 판결은, 그 이전에 나온 스타벅스 사건에 대한 대법원 판결이 저작인접권자의 보상금 청구권 행사에 혹시라도 부정적 영향을 미치지 않을까 하는 우려를 불식시킨 매우 다행스러운 판결이라 생각된다. 그리고 저자의 관점에서 볼 때, 음반의 개념이나 판매용 음반의 개념에 대하여 기본적으로 타당한 입장을 취한 것으로 생각된다. 위 판결은 디지털 음원도 음반의 개념에 해당할 뿐만 아니라 판매용 음반의 개념에 해당함을 분명히 하고, 나아가서는 그것을 스트리밍 방식으로 사용하여 공연한 '간접사용' 행위도 저작권법 제76조의2 제 1 항 및 제83조의2 제 1 항 등 규정들에서 말하는 판매용 음반을 사용한 공연행위에 해당한다고 판결함으로써 오늘날의 이용실태와 국제조약의 규범 등에 부합하는 올바른 결론을 내리고 있다.

다만, 이 판결은 전원합의체 판결이 아니고, 따라서 기존의 선례인 스타벅스 사건 판례와의 충돌을 피하고자 하는 의도를 내포하고 있는 것으로 보인다. 위 판결이 위와 같이 판시하면서 서두에 저작권법 제76조의2 제 1 항 등 규정의 목적에 대하여 언급한 것이 그러한 노력의 일환으로 생각된다. 즉, 위 판결은, 스타벅스 사건에 판례가 제29조 제 2 항의 입법취지 등에 비추어 제한적 해석의 필요성이 있음을 전제로 한 것에 상응하여, "저작권법 제76조의2 제 1 항, 제83조의2 제 1 항은 판매용 음반을 사용하여 공연을 하는 자는 상당한 보상금을 해당 실연자나 음반제작자에게 지급하도록 규정하고 있다. 위 각 규정이 실연자와 음반제작자에게 판매용 음반의 공연에 대한 보상청구권을 인정하는 것은, 판매된 음반이 통상적으로 예정하고 있는 사용 범위를 초과하여 공연에 사용되는 경우 그로 인하여 실연자의 실연 기회 및 음반제작자의 음반 판매 기회가 부당하게 상실될 우려가 있으므로 그 부분을 보상해 주고자 하는 데에 그 목적이 있다"고 선언함으로써, 이 규정은 권리보호를 충실하게 하고자 하는 목적이 있어, 지나치게 제한적인 해석은 적절하지 않음을 암시하고 있고, 권리제한규정인 제29조 제 2 항과 비교할 때 각 규정의 취지와 목적이 달라서, 동일한 용어로 사용된 개념이라도 서로 다르게 해석하는 것이 가능할 수 있음을 드러내고자 한 흔적을 보이고 있다. 다만, 이 사건은 대법원에서 디지털 음원이 판매용 음반인지 여부를 다룬 최초의 사례로서, 이후 디지털 음원이 판매용 음반인지 여부가 제29조 제 2 항의 해석과 관련하여 문제가 될 경우 어떤 결론이 날지는 여전히 불명확한 부분이 있었는데, 그에 대한 대법원의 판단을 보여준 것이 아래에서 보는 '하이마트' 사건 대법원 판결이다.

§14-111-3

다) '하이마트 사건'에 대한 대법원 2016. 8. 24. 2016다204653 판결
〈사안 및 쟁점〉
이 사건에서 원고는 음악 저작재산권자들의 권리를 신탁받아 관리하고 있는 사단법인 한국음악저작권협회이고, 피고는 전자제품 전문 매장을 운영하는 롯데하이마트 주식회사였다. 이 사건에서 피고는 위 현대백화점 사건과 유사하게, 매장음악서비스 제공회사들로부터 디지털 음원을 송신받아 이를 매장 방문 고객들에게 들려주는 방식으로 음악저작물을 공연하고 있었다. 이 사건에서 주된 쟁점은 피고의 위와 같은 음악저작물 공연행위가 저작권법 제29조 제 2 항에서 말하는 '판매용 음반'의 이용에 해당하는지 여부에 있었다. 이것은 제29조 제 2 항의 판매용 음반의 개념에 대한 해석이 문제된 사안이라는 점에서 '스타벅스' 사건 대법원 판결과 같지만, '디지털 음원'이 '판매용 음반'에 해당하는지 여부가 문제가 된 사례라는 점에서는 위에서 본 '현대백화점' 사건과 유사한 면도 있다.

〈대법원 판결의 내용〉
위 사안에 대하여 대법원은 다음과 같이 판시하였다.
"저작권법 제29조 제 2 항은, 청중이나 관중으로부터 당해 공연에 대한 반대급부를 받지 않는 경우 '판매용 음반' 또는 '판매용 영상저작물'을 재생하여 공중에게 공연하는 행위가 저작권법 시행령에서 정한 예외사유에 해당하지 않는 한 공연권 침해를 구성하지 않는다고 규정하고 있다. 그런데 위 규정은, 공연권의 제한에 관한 저작권법 제29조 제 1 항이 영리를 목적으로 하지 않고 청중이나 관중 또는 제 3 자로부터 어떤 명목으로든지 반대급부를 받지 않으며 또 실연자에게 통상의 보수를 지급하지 않는 경우에 한하여 공표된 저작물을 공연 또는 방송할 수 있도록 규정하고 있는 것과는 달리, 당해 공연에 대한 반대급부를 받지 않는 경우라면 비영리 목적을 요건으로 하지 않고 있어, 비록 공중이 저작물의 이용을 통해 문화적 혜택을 향수하도록 할 공공의 필요가 있는 경우라도 자칫 저작권자의 정당한 이익을 부당하게 해할 염려가 있으므로, 위 제 2 항의 규정에 따라 저작물의 자유이용이 허용되는 조건은 엄격하게 해석할 필요가 있다. 한편 저작권법 제29조 제 2 항이 위와 같이 '판매용 음반'을 재생하여 공중에게 공연하는 행위에 관하여 아무런 보상 없이 저작권자의 공연권을 제한하는 취지의 근거에는 음반의 재생에 의한 공연으로 그 음반이 시중의 소비자들에게 널리 알려짐으로써 당해 음반의 판매량이 증가하게 되고 그에 따라 음반제작자는 물론 음반의 복제·배포에 필연적으로 수반되는 당해 음반에 수록된 저작물의 이용을 허락할 권능을 가지는 저작권자 또한 간접적인 이익을 얻게 된다는 점도 고려되었을 것이므로, 이러한 규정의 내용과 취지 등에 비추어 보면 위 규정에서 말하는 '판매용 음반'이라 함은 그와 같이 시중에 판매할 목적으로 제작된 음반을 의미하는 것으로 제한하여 해석함이 상당하다(대법원 2012. 5. 10. 선고 2010다87474 판결 참조).

원심은, 매장음악서비스 제공업체들이 피고의 매장들에 전송한 이 사건 음악저작물 음원들이 '시중에 판매할 목적으로 제작된 음반'에 해당한다고 볼 수 없다고 판단하고, 저작권법 제29조 제 2 항에 의해 원고의 저작권 행사가 제한된다는 피고의 주장을 배척하였다.

앞서 본 법리와 원심이 채택한 증거에 비추어 원심판결을 살펴보면, 원심의 위와 같은 판단은 정당하고, 거기에 저작권법 제29조 제 2 항의 '판매용 음반'에 관한 법리를 오해한 잘못이 없다."

〈검토〉

위 판결은 대법원이 개정 전 저작권법 제29조 제 2 항의 '판매용 음반'의 개념은 여전히 '시판용 음반'을 뜻하는 것으로 좁게 이해하고, 따라서 디지털 음원은 그 규정상의 '판매용 음반'이 아닌 것으로 보는 입장을 표명하고 있다. 여기서 대법원은 저작권법 제76조의2 및 제83조의2의 규정상 '판매용 음반'의 개념에 디지털 음원이 포함됨을 밝힌 '현대백화점' 사건 판결을 선례로 따르지 아니하고, 기본적으로 스타벅스 사건에 대한 대법원 판결을 따르는 입장을 취하였는데, 그것은 그 두 선례가 서로 다른 목적과 취지를 가진 서로 다른 규정에 대한 해석이라는 점에 주목한 것이라 할 수 있다.

라) 위 판례들에 대한 종합적 검토 §14-111-4

위 판결들을 종합해 보면, 결국 대법원은 구 저작권법 제29조 제 2 항에서 말하는 '판매용 음반'은 제한적으로 보아 '시판용 음반'으로 좁게 해석하고, 제76조의2 제 1 항 등의 규정에서 말하는 '판매용 음반'은 상대적으로 넓게 해석하는 것이 타당하다는 입장을 분명하게 표명한 것이라 생각된다.

이러한 대법원의 입장은 비록 논리적으로 비판의 여지가 있지만, 그 결론을 큰 틀에서 바라볼 때 양쪽 모두 저작권법상 권리자들의 정당한 권리보호에 도움이 되는 결론이라는 점에서는 수긍할 수 있는 면도 없지 않다.

다만, 여기서 한 가지 분명하게 짚고 넘어가야 할 점은 '스타벅스' 판결과 '하이마트' 판결이 '음반' 개념을 다소 모호하게 만든 면이 있다는 것이다. 이 판결들에서 '판매용 음반'을 제한적으로 해석하여야 한다는 전제 하에 그것을 '시판용 음반'으로 보아야 한다고 판시하고 있으나, '음반'이 시판용인지 여부의 판단으로 나아가기에 앞서 도대체 무엇을 '음반'으로 볼 것인가의 문제가 규명될 필요가 있다는 것이다. 스타벅스 판결에서는 CD를 음반으로 본 측면이 있었다. 그러나 유형물인 CD를 음반으로 보는 것이 타당하지 않음은 앞서 자세히 살펴본 바와 같다. 그런데 위 하이마트 판결에서는 피고가 매장음악서비스 사업자들로부터 전송받은 디지털 음원을 아예 '음반'이 아니라고 본 것이 아니라, 그것을 '시중에 판매할 목적으로 제작된 음반'에 해당하는 것으로 볼 수 없다는 취지를 표명하고 있다.

이러한 판결의 취지를 합리적으로 이해해 보면, 디지털 음원도 음반의 개념에 해당할 수 있다는 점에서는 현대백화점 판결과 동일한 입장을 취하면서, 다만, 제29조 제 2 항에서 말하는 '판매용 음반'은 음원이 화체된 CD 등의 유형물의 제작을 기준으로 하여 그 유형물이 시중에 판매할 목적으로 제작된 경우에 그 속에 들어 있는 무형물로서의 음원을 뜻하는 것으로 보는 입장을 취한 것으로 볼 수 있을 것이다. 비록 '스타벅스' 사건 판결에서는 이 점에 대하여 오해의 소지가 많게 작성한 부분이 있지만, '하이마트' 사건 판결은 그러한 오해의 소지를 다소간 불식하고 있는 것으로 보인다. 이렇게 보면, 개정 전 저작권법 하에서도 대법원 판례가 음반의 개념에 대하여는 유형물에 고정된 무형물로서의 음원을 뜻하는 것으로 일관되게 이해하고 있는 것으로 볼 여지가 있고, 다만, '판매용 음반'의 개념에 대해서만, 제29조 제 2 항에서의 개념과 저작인접권자의 보상청구권 관련 규정에서 사용된 개념을 서로 다르게 보고 있는 것으로 이해하는 것이 타당하지 않을까 생각된다.

§14-111-5   3) 현행 저작권법상 '상업용 음반' 등의 개념

위에서 개정 전 저작권법 상의 '판매용 음반'의 개념에 대한 다소 복잡하고 혼란스러운 판례입장에 대하여 살펴보았다. 결론적으로 개정전 저작권법상 제29조 제 2 항의 '판매용 음반' 개념과 제76조의 2 제 1 항 등의 '판매용 음반' 개념은 같은 용어를 사용하고 있어도 서로 다른 개념이고, 디지털 음원은 후자의 판매용 음반일 수는 있어도 전자의 판매용 음반일 수는 없다는 것이 판례의 입장이었다.

그러면, 개정 후의 현행 저작권법상의 상업용 음반의 개념은 어떻게 이해하여야 할까? 2016. 3. 22.자 개정을 통해 저작권법상 '판매용 음반'의 개념은 모두 일괄적으로 '상업용 음반'으로 고쳐졌다. 그리고 개정법에서 음반의 개념도 종전에는 "음(음성·음향을 말한다. 이하 같다)이 유형물에 고정된 것(음이 영상과 함께 고정된 것을 제외한다)을 말한다."라고만 규정하고 있던 것을 "'음반은 음(음성·음향을 말한다. 이하 같다)이 유형물에 고정된 것(음을 디지털화한 것을 포함한다)을 말한다. 다만, 음이 영상과 함께 고정된 것을 제외한다."라고 개정하여, 디지털음원이 음반의 개념에 해당함을 명확히 하였다. 또한 제21조에서 "상업적 목적으로 공표된 음반(이하 "상업용 음반"이라 한다) …"이라는 규정을 둠으로써 상업용 음반의 의미가 "상업적 목적으로 공표된 음반"을 뜻한다는 것을 분명히 하였다.

그러나 아직도 어떤 음반이 상업용 음반인지 아닌지에 대해서 여러 가지 혼란이 있는 것으로 보인다. 이러한 혼란을 극복하기 위하여 먼저 명확히 하여야 할 것은 상업용 음반에 포함된 '음반'이라는 것이 정확히 무엇을 의미하는지에 대한 것이다. '음반' 및 '상업용 음반'의 개념에 대한 혼란의 상당 부분은 음반이 CD와 같은, 음이 고정된 유형물을 뜻하는 것으로 오해하는 경우가 많다는 데 기인하는 것으로 생각된다. 위에서 살펴본 바와 같이 스타벅스 사건에 대한 대법원 2012. 5. 10. 선고 2010다87474 판결은 그러한 오해에 기한 판단을 하였고, 그로 인해 저작권실무에 있어서도 상당한 오해와 혼란이 지속되고 있는 것으로 보인다.

그러나 국제조약 및 저작권법의 규정 취지 등을 종합해 보면, '음반'의 의미는 '음이 고정된 유형물'이 아니라 '유형물에 고정된 음', 즉 '음원'을 뜻하는 것이라고 보아야 한다. 2016년 개정 저작권법에서 디지털 음원도 음반의 개념에 포함된다는 것을 명시적으로 규정함으로써 이에 대한 법해석상의 의문은 사라졌다고 생각한다. 2016년 개정저작권법 제 2 조 제 5 호는 "'음반은 음(음성·음향을 말한다. 이하 같다)이 유형물에 고정된 것(음을 디지털화한 것을 포함한다)을 말한다. 다만 음이 영상과 함께 고정된 것을 제외한다."라고 규정하고 있다. "음이 유형물에 고정된 것"이라는 말 자체는 약간 애매하여 음이 고정된 유형물을 말하는 것인지 유형물에 고정된 음을 말하는 것인지 분명하지 않은 것처럼 여겨질 수 있으나, 음을 디지털화한 것을 포함한다는 규정을 통해, 그것이 '유형물에 고정된 음', 즉 음원을 뜻하는 것임을 분명히 하고 있는 것이다. 만약 음이 고정된 유형물이 음반이라면, 디지털 음원은 음반이 될 수 없고 디지털 음원이 고정된 컴퓨터 하드디스크 등이 음반이 되어야 하는데, 그것이 타당하지 않다는 것은 말할 나위가 없다(§19-46 참조).

위와 같이 음반의 개념이 명백하게 정리되고 나면, '상업용 음반'의 개념에 대한 혼란의 상당 부분은 사라질 것이라 생각된다. 음원이 음반이라면 최초에 음원이 제작, 공표된 시점에 누군가에게 판매, 대여 그 밖의 상업적인 목적으로 제작, 공표된 것으로 볼 수 있는 한, 이후 CD가 제작된 것에는 판매 등 목적이 없더라도 상업용 음반으로 보아야 할 것이다. 개정 전 저작권법에서 '판매용 음반'이라고 한 것을 개정법에서 '상업용 음반'으로 변경한 것은 스타벅스 사건에 대한 대법원 판결에서 '판매용 음반'을 '시판용 음반'으로 제한 해석한 것으로 인해 시장에 혼란이 초래되었다고 보고 이를 '상업용 음반'으로 개정함으로써 단지 시판용 음반만이 아니라 널리 판매 또는 대여 등 상업적 목적이 있는 것을 모두 이 개념에 포함할 것임을 명확히 한 것이다. 나아가 그것을 저작권법 제29조와 저작권법 제76조의2 등 규정에서 서로 엇갈림 없이 일관되게 적용되도록 하는 취지를 반영한 것이기도 하다.

'상업용 음반', 즉 '상업적 목적으로 공표된 음반'의 뜻을 정확하게 이해하기 위해서는 이와 유사한 개념인 "상업적인 목적으로 발행된 음반(a phonogram published for commercial purposes)"이라는 개념을 처음으로 사용한 로마협약 제12조에 대한 일반적인 해석을 참고할 필요가 있다. 로마협약에서 "상업적인 목적으로 발행된 음반"이라고 하는 것은 시장에서 판매 등을 통해 일반 소비자의 수요를 충족할 수 있도록 제공된 음반을 뜻하는 것이며, 여기에 포함되지 않는 것의 예로서는 방송사가 실연의 반복적 방송 및 아카이브 저장을 위해 스튜디오 녹음을 해둔 것, 음악인들이 단순한 기록의 목적으로나 친구에게 선물로 제공하기 위한 목적으로 음반을 제작하고 시장에는 내놓지 않은 것 등이 들어 진다.[1]

따라서 여기서 말하는 '상업적 목적'에는 음반을 판매하거나 대여하는 등의 유상적 거래행위만이 아니라 특정회사의 서비스나 상품에 대한 광고, 홍보를 위한 것이나 매장에서 배경음악으로 사용하기 위한 것 등도 직접 또는 간접으로 상업적인 이익을 도모하는 것이면 모두 포함되는 것으로 보아야 할 것이다.

CD 등 유형물에 고정된 형태로 시중에서 판매되는 것, 즉 시판용 음반만이 아니라, 디지털 싱글 앨범과 같이 처음부터 온라인상에서 다운로드 방식이나 스트리밍 방식으로 유상 거래될 것을 목적으로 하여 공표된 디지털 음원도 당연히 포함하는 개념이며, 또한 시중에 널리 판매하는 것이 아니라 특정 매장을 위하여 전문적으로 제작되어 유상으로 공급되는 CD에 들어 있는 음원도 당연히 포함하는 개념이라고 보아야 한다. 스타벅스 사건에서 문제가 된 편집앨범 CD의 경우에는 편집앨범 CD로 제작되기 이전에 이미 상업적 목적으로 공표된 음원이 있었던 것이므로, 거기에 수록된 음원이 CD 제작 이전부터 상업용 음반에 해당하였던 것이고, 그것을 CD로 제작하여 이용하는 것도 여전히 상업용 음반의 이용에 해당하는 것으로 보아야 할 것이다.[2] 만약 매장용으로 제작된 CD에 이전에 공표되지 않은 음원

---

1 Michel M. Walter, Silke von Lewinski, European Copyright Law-A Commentary, Oxford University Press (2010), p. 322.

2 '상업용 음반'의 개념과 관련하여, 박영규 교수는 "결국 상업용 음반이라 함은 … 시장에서 판매 등을 통해 공중의 수요를 충족시키기 위한 목적, 즉 상업적 목적으로 제공되는 음반을 의미하는 것으로 해석된다. 다만, 이러한 상업적 목적은 저장매체가 무엇인지 불문하고 처음에 상업용으로 발행 또는 전송된 경우뿐만 아니라 제작하는 시점에서는 공표하지 않고 비영리·개인적인 목적으로 제작되었다 할지라도 이후에 영리 목적으로 공표하는 경우, 음악인들이 단순한 기록의 목적으로 혹은 친구에게 선물로 제공하기 위한 목적으로 음반을 제작하고 시장에는 내놓지 않다가 이후에 시장에 내놓는 경우 등도 인정되어야 한다는 점에서, 상업적 목적은 불변이 아니라 공표 여부 및 그 시기, 인적 범위,

이 처음으로 포함된 것으로 가정하면 어떨까? 그 경우에도 매장용으로 제작되어 매장에서의 재생을 통해 공표되는 것을 법적으로 평가해 보면, 매장의 배경음악으로 사용한다는 상업적인 목적으로 공표되는 것이라 할 것이므로 역시 상업용 음반에 해당하는 것으로 보아야 할 것이다. 문화체육관광부 및 한국저작권위원회에서 공동으로 발간한 자료에 의하면, 정규/싱글 앨범으로 공표된 경우, 영화나 드라마의 OST의 경우, 방송프로그램에서 제작한 경우, 음반 홍보를 위해 무료로 배부된 경우, 공연 실황을 녹음한 경우 등의 일반 음반만이 아니라 소위 '주배시 음악'이라고 약칭하여 부르곤 하는 '주제·배경·시그널 음악'의 경우도 기존의 상업용 음반을 주배시 음악으로 사용하는 경우는 물론이고, 음반 제작 업체가 사전에 제작한 주배시 음악을 방송국 또는 영상제작자 등이 선택하여 사용하는 경우도 상업용 음반에 해당하는 것으로 설명하고 있다.[1] 다만 방송사업자가 자기의 방송을 위하여 주배시 음악을 자체 제작 또는 주문 제작하여 사용하는 경우는 '비상업용 음반'에 해당하는 것으로 제시하고 있으나,[2] 유상거래인 주문제작의 경우가 상업용음반이 아니라고 보기는 어려울 것으로 생각되며, 자체 제작의 경우에도 그것을 다른 방송사업자 등에게 판매 또는 대여할 목적이 없다고 단정하기 어려우므로, 역시 상업용 음반이 아니라고 단정하기는 어려운 것이 아닐까 생각된다.

오디오 방송 채널은 물론이고 일반 라디오 방송을 통해 송신되는 음원도 처음 공표될 때 상업적인 목적으로 제작, 공표된 음원들일 터이므로 모두 상업용 음반에 해당하는 것이고, 따라서 매장에서 라디오 방송을 통해 음악을 들려주는 경우도 제29조에서 말하는 "상업용 음반을 재생하여 공중에게 공연"하는 경우에 해당하는 것으로 보아야 할 것이다. 요즘 많이 행해지는 바와 같이 매장음악 전문 서비스 회사가 매장 경영자에게 '디지털음성송신 서비스'를 제공하고 매장 경영자가 그것을 받아 매장에 틀어 놓는 경우에도 상업용 음반을 재생하여 공중에게 공연하는 경우에 해당함은 물론이다. 또한 유튜브 동영상을 재생하여 매장 고객들에게 음악을 들려주는 경우에도 거기에 사용된 음원이 처음 공표된 시점을 기준으로 파악할 때 상업적 목적으로 제작, 공표된 음원이 사용된 것이라면, 상업용 음반을 재생, 공연하는 경우에 해당하는 것으로 보아야 할 것이다.[3] 위에서 예시한 바와 같이, 특히 예외적인 경우[4]가 아닌 한, 대부분 상업용 음반의 재생, 공연에 해당하는 것으로 보게 될 것인 바, 그러한 경우에는 저작권법 시행령에 의한 예외규정에 해당하는 백화점, 대형마트, 커피숍, 전문맥주점 등의 경우를 제외하고, 편의점, 치킨집, 김밥집 등의 경우에는 현행법상 제29조에 의하여 면책될 수 있는 것으로 보

권리자의 의도, 공중에게 공개되었는지의 여부 등을 종합적으로 고려하여 판단되어야 할 것이다."라고 견해를 밝히고 있다. 박영규, 개정 저작권법상 공연권 제한과 상업용 음반의 의미(연구보고서), 문화체육관광부(2016), 40면 참조. 이 점에 관한 박영규 교수의 견해에 기본적으로 찬동한다.

1 문화체육관광부·한국저작권위원회, 개정저작권법에 따른 상업용 음반—상업적 목적으로 공표된 음반 바로 알기, 9면 참조.

2 Id.

3 문화체육관광부·한국저작권위원회, 위의 책, 10면은 매장에서 재생하기 위해 음악을 새로 직접 또는 주문 제작하는 경우 및 매체 광고에 삽입할 목적으로 음악을 새로 직접 또는 주문 제작하는 경우를 '비상업용 음반'에 해당하는 경우로 설명하고 있으나, 이러한 경우는 모두 광고나 매장 분위기 제고라는 상업적 목적을 위하여 제작, 공표된 것으로서 '상업용 음반'에 해당하는 것으로 보는 것이 타당할 것으로 여겨진다.

4 문화체육관광부·한국저작권위원회, 위의 책, 10면은 '국악연주모임, 재즈동호회 등 사교모임이나 동호회에서 활용하기 위하여 제작하는 음반 등'을 '단순 기록 목적 또는 내부 활용 등을 위한 목적으로 제작된 음반'의 예로서, '비상업용 음반'에 해당하는 것으로 들고 있는데, 이 부분 설명은 타당한 것으로 생각된다. 이러한 경우가 '비상업용 음반'으로 보아야 할 극히 예외적인 경우 중 하나가 아닐까 생각된다.

아야 할 것이다.[1]

(다) 법령에 의한 예외사유에 해당하지 아니할 것

제 2 항은 세계적으로 입법례가 드문 편이고, 자칫 저작재산권자의 권익을 지나치게 침해할 §14-113
소지가 있는 조항이라는 점에서 이를 개정하여야 한다는 논의가 있어 왔으나, 아직까지는 법령에
의한 예외사유를 확대함으로써 그러한 문제점을 해결하고자 하는 경향을 보이고 있다. 즉, 법 제
29조 제 2 항 단서에서 "다만, 대통령령이 정하는 경우에는 그러하지 아니하다"고 규정한 후 저작
권법시행령에서 자세히 예외사유를 규정하는 방식을 취하고 있는데, 시행령상의 예외사유가 수차
의 개정으로 확대되어 왔다. 특히 2017. 8. 22.자 개정 시행령(2018. 8. 23. 시행)은 식품위생법 시행
령에 따른 휴게음식점 중 커피 전문점 등을 영위하는 영업소(이른바 '호프집' 등도 포함), 체육시설의
설치·이용에 관한 법률 시행령에 따른 체력단련장 또는 유통산업발전법에 따른 대규모점포 중
전통시장을 제외한 대규모점포를 새로 예외규정의 적용대상에 포함하여 이러한 영업소 등에서
저작재산권자가 공연권을 행사할 수 있도록 하였다. 이것은 제29조 제 2 항을 폐지하는 방안에
비하면 미흡한 면이 없지 않지만, 저작권자등의 권익의 실질적 향상에 큰 도움이 되는 제도적 개
선이라 할 수 있다.

시행령 제11조는 다음의 사유를 본 조항에 의한 저작재산권제한사유의 적용을 받을 수 없는
예외사유로 규정하고 있다.

① 식품위생법 시행령 제21조 제 8 호[2]에 따른 영업소에서 하는 다음 각 목의 공연

　　가. 식품위생법 시행령 제21조 제 8 호 가목에 따른 휴게음식점 중 통계법 제22조에 따라
　　　　통계청장이 고시하는 산업에 관한 표준분류(이하 "한국표준산업분류"라 한다)에 따른 커피
　　　　전문점 또는 기타 비알코올 음료점업을 영위하는 영업소에서 하는 공연

　　나. 식품위생법 시행령 제21조 제 8 호 나목에 따른 일반음식점 중 한국표준산업분류에

---

1 문화체육관광부·한국저작권위원회, 위의 책, 11면.
2 식품위생법 시행령 제21조 제 8 호 : 식품접객업
　가. 휴게음식점영업 : 주로 다류(茶類), 아이스크림류 등을 조리·판매하거나 패스트푸드점, 분식점 형태의 영업 등 음
　　식류를 조리·판매하는 영업으로서 음주행위가 허용되지 아니하는 영업. 다만, 편의점·슈퍼마켓·휴게소 기타 음
　　식류를 판매하는 장소(만화가게 및 게임산업진흥에 관한 법률 제 2 조 제 7 호에 따른 인터넷컴퓨터게임시설제공
　　업을 하는 영업소 등 음식류를 부수적으로 판매하는 장소를 포함한다)에서 컵라면, 일회용 다류 그 밖의 음식류에
　　물을 부어주는 경우는 제외한다.
　나. 일반음식점영업 : 음식류를 조리·판매하는 영업으로서 식사와 함께 부수적으로 음주행위가 허용되는 영업
　다. 단란주점영업 : 주로 주류를 조리·판매하는 영업으로서 손님이 노래를 부르는 행위가 허용되는 영업
　라. 유흥주점영업 : 주로 주류를 조리·판매하는 영업으로서 유흥종사자를 두거나 유흥시설을 설치할 수 있고 손님이
　　노래를 부르거나 춤을 추는 행위가 허용되는 영업
　마. 위탁급식영업 : 집단급식소를 설치·운영하는 자와의 계약에 의하여 그 집단급식소 내에서 음식류를 조리하여 제
　　공하는 영업
　바. 제과점영업 : 주로 빵, 떡, 과자 등을 제조·판매하는 영업으로서 음주행위가 허용되지 아니하는 영업

따른 생맥주 전문점 또는 기타 주점업을 영위하는 영업소에서 하는 공연1

　다. 식품위생법 시행령 제21조 제8호 다목에 따른 단란주점과 같은 호 라목에 따른 유흥주점에서 하는 공연

　라. 가목부터 다목까지의 규정에 해당하지 아니하는 영업소에서 하는 공연으로서 음악 또는 영상저작물을 감상하는 설비를 갖추고 음악이나 영상저작물을 감상하게 하는 것을 영업의 주요 내용의 일부로 하는 공연

② 한국마사회법에 따른 경마장, 경륜·경정법에 따른 경륜장 또는 경정장에서 하는 공연

③ 체육시설의 설치·이용에 관한 법률에 따른 다음 각 목의 시설에서 하는 공연

　가. 체육시설의 설치·이용에 관한 법률 제5조에 따른 전문체육시설 중 문화체육관광부령으로 정하는 전문체육시설

　나. 체육시설의 설치·이용에 관한 법률 시행령 별표 1의 골프장, 무도학원, 무도장, 스키장, 에어로빅장 또는 체력단련장

④ 항공법에 따른 항공운송사업의 여객용 항공기, 해운법의 규정에 따른 해상여객운송사업용 선박, 철도사업법의 규정에 따른 여객용 열차에서 하는 공연

⑤ 관광진흥법에 따른 호텔·휴양콘도미니엄·카지노 또는 유원시설에서 하는 공연

⑥ 유통산업발전법 별표에 따른 대규모점포(전통시장 및 상점가 육성을 위한 특별법 제2조 제1호에 따른 전통시장은 제외한다)에서 하는 공연2

⑦ 공중위생관리법 제2조 제1항 제2호의 숙박업 및 같은 항 제3호 나목의 목욕장에서 영상저작물을 감상하게 하기 위한 설비를 갖추고 하는 상업적 목적으로 공표된 영상저작물의 공연

⑧ 다음 각 목의 어느 하나에 해당하는 시설에서 영상제작물을 감상하게 하기 위한 설비를 갖추고 발행일부터 6개월이 지나지 아니한 상업적 목적으로 공표된 영상저작물을 재생하는 형태의 공연

　가. 국가·지방자치단체(그 소속기관을 포함한다)의 청사 및 그 부속시설

　나. 공연법에 따른 공연장

---

1 가목과 나목이 2017. 8. 22.자 개정으로 신설된 규정들이다. 이 규정에 따라 커피숍이나 맥주전문점 등에서의 반대급부를 받지 아니하는 '상업용 음반' 재생 공연에 대하여 저작권자의 공연권이 미칠 수 있게 되었다.

2 이 규정은 원래 「유통산업발전법」 별표에 따른 대형마트·전문점·백화점 또는 쇼핑센터에서 하는 공연'으로 규정되어 있었는데, 2017. 8. 22.자 개정에 의하여 위와 같이 수정된 것이다. 이 부분의 개정은 첫째, 2009년 유통산업발전법상 대규모점포(면적 3,000㎡ 이상)의 종류에 '복합쇼핑몰'이 추가되었으나, 이를 미처 반영하지 못한 문제와, 둘째, 유통산업발전법상 '그 밖의 대규모점포'를 모두 제외하였던 문제를 시정하기 위한 개정이다. 이 개정으로 '그 밖의 대규모점포'에 포함되어 있는 전통시장의 경우만 괄호 속의 규정을 통해 제외하고 나머지는 모두 저작권자의 공연권이 미치는 범위에 포함함으로써 입법상의 형평성을 제고하게 되었다.

다. 박물관 및 미술관 진흥법에 따른 박물관·미술관

라. 도서관법에 따른 도서관

마. 지방문화원진흥법에 따른 지방문화원

바. 사회복지사업법에 따른 사회복지관

사. 양성평등기본법 제47조 및 제50조에 따른 여성인력개발센터 및 여성사박물관

아. 청소년활동진흥법 제10조 제 1 호 가목에 따른 청소년수련관

자. 지방자치법 제144조에 따른 공공시설 중 시·군·구민회관

3. 개작 이용 등

본조에 의한 저작재산권 제한사유에 해당하는 경우에는 해당 저작물을 번역·편곡 또는 개작   §14-114
하여 이용할 수 있다(법 제36조 제 1 항).

또한 이 경우에 출처명시의무는 면제된다(법 제37조 제 1 항).

X. 사적 이용을 위한 복제

1. 의   의

저작권법 제30조는 "공표된 저작물을 영리를 목적으로 하지 아니하고 개인적으로 이용하거   §14-115
나 가정 및 이에 준하는 한정된 범위 안에서 이용하는 경우에는 그 이용자는 이를 복제할 수 있
다. 다만, 공중의 사용에 제공하기 위하여 설치된 복사기기에 의한 복제는 그러하지 아니하다"고
규정하고 있다. 이것을 '사적 이용을 위한 복제'라고 한다.

본조의 규정취지는 저작권법이 사적(私的) 영역 내에서 행해지는 복제까지 금지할 경우에는
인간의 행동의 자유가 과도하게 저해될 수 있고, 반면에 그러한 사적 복제를 저작권의 범위 내로
한다고 해도 실제 그 실효성을 기대하기 어렵다는 것에 있다.[1]

그러나 오늘날 디지털 기술의 발전에 따라 사적 복제의 광범위한 허용이 저작권자의 정당한
권익에 중대한 위협이 되고 있다는 인식이 확산되고 있다. 아날로그 방식의 복제의 경우에는 사
적 이용을 위한 복제를 허용한다 하더라도 저작자들에게 미치는 경제적 손실이 그다지 크지 않았
지만, 디지털 기술에 의하여 매우 용이하게 저작물이 복제, 유통될 수 있는 현실 속에서는 사적인
복제의 무차별적 허용이 저작권자의 정당한 권익에 큰 영향을 미칠 수 있게 된 것이다. 한편으로

---

1 金井重彦·小倉秀夫 編著, 著作權法 コンメンタール 上卷(1條~74條), 東京布井出版, 2000 [桑野雄一郎 집필부분],
  366면 참조.

는 일정한 경우의 사적인 복제(예컨대 불법 음원파일의 개인적 감상을 위한 다운로드)를 저작권의 영역에 둘 경우 그것을 온라인상에서 실효성 있게 모니터링할 수 있는 가능성도 늘어나고 있어 그 실효성이 없음을 이유로 한 입법취지도 퇴색되고 있는 면이 있다. 그런 점에서 입법론적인 신중한 검토와 아울러 해석론에 있어서도 본조의 제한사유가 지나치게 확대 적용되지 않도록 엄격한 해석을 전개할 필요가 있다고 생각된다.

2. 요 건

§14-116 컴퓨터프로그램저작물의 경우(§14-133 참조)를 제외한 일반저작물의 경우 다음의 요건들을 충족할 때 제31조에 의해 자유이용이 허용된다.

(1) 공표된 저작물일 것

사적 이용을 위한 복제가 허용되기 위하여는 그 대상이 공표('공표'의 의의에 대하여는 §12-3 참조)된 저작물일 것을 요한다. 공표된 저작물이기만 하면, 어문, 음악, 미술, 기타 어떤 종류의 저작물이라도 그 대상이 될 수 있다.

(2) 영리 목적이 아닐 것

§14-117 사적 이용을 위한 복제로 인정되려면 영리의 목적으로 하지 않아야 한다. 여기서 영리의 목적이란 소극적으로 저작물의 구입비용을 절감한다는 의미가 아니라 복제물을 타인에게 판매하거나 타인으로부터 복제의뢰를 받아 유상으로 복제를 대행하는 등 복제행위를 통하여 직접 이득을 취할 목적을 의미한다. 그러므로 예를 들어, 다음의 경우들은 일반적으로, 영리의 목적을 가진 것으로 보지 아니한다.

행 위	비 고
① 개인사업자 또는 영리법인인 회사 등이 타인에게 판매할 의사 없이 내부에서 이용하기 위하여 저작물을 복제하는 행위[1]	다만, 뒤에서 보는 바와 같이 '개인, 가정 또는 이에 준하는 한정된 범위' 안에서 이용되는 것이라고 할 수 없어 결국 이 규정에 의한 자유이용의 범위에는 포함되지 않는 것으로 보는 견해가 많다.
② 교사가 수업 준비를 위한 자료로 저작물을 복제하여 이용하는 경우	다만 그 자료를 학생들에게 배부할 경우에는 역시 '개인, 가정 또는 이에 준하는 한정된 범위'를 넘어선 것으로 볼 수 있다.[2] 그러나 그 경우에도 일정한 요건하에 교육목적을 위한 이용으로서 제25조 제 2 항에 의하여 허용될 수는 있다(§14-28 이하 참조)

---

1 이형하, 전게논문, 377면.
2 이형하, 전게논문, 377면.

③ 개인적으로 감상할 목적으로 음원을 구매하는 대신, P2P 프로그램이나 파일 공유형 웹하드 사이트에서 다운로드 받는 행위[1]	뒤에서 보는 바와 같이, P2P 프로그램을 이용하여 다운로드를 받으면서 동시에 공유폴더에 그 파일이 등록되어 불특정 다수의 사람에게 전송되게 되는 경우에는 '개인, 가정 또는 이에 준하는 한정된 범위'를 넘어서 이용하는 경우에 해당하는 것으로 볼 수 있다. 그렇지 않은 경우에도 불법복제파일임을 알면서 다운로드 받은 경우는 본조에 의하여 허용되는 범위에 포함되지 않는다고 본 하급심 판례가 있다(§14-130 참조)
④ TV 방송 내용을 나중에 다시 보기 위하여 녹화해 두는 행위	결론적으로도 사적 이용을 위한 복제로서 허용되는 행위가 될 가능성이 높다.
⑤ 구입한 음악 CD에 수록된 음원을 MP3 플레이어에 넣어서 보다 편리하게 감상하기 위하여 리핑(ripping)하는 행위	결론적으로도 사적 이용을 위한 복제로서 허용되는 행위가 될 가능성이 높다.

(3) 개인, 가정 또는 이에 준하는 한정된 범위 안에서의 이용일 것

§14-118

본조의 적용을 받으려면 '개인적으로 이용하거나 가정 및 이에 준하는 한정된 범위 안에서 이용하는 경우'이어야 한다. 복제행위를 개인적으로 하는 것 등을 의미하는 것이 아니라 복제 후의 이용행위가 이러한 범위 내에서의 이용이어야 한다는 뜻이다. 복제 시점을 기준으로 하면 이러한 범위 내의 이용을 '목적'으로 한 복제일 것을 요한다고 볼 수 있다.

먼저 '개인적으로 이용'한다는 것은 복제를 한 자 자신이 이용하는 것을 의미한다.

'가정'이라는 용어는 친족관계보다는 동거관계에 중점을 두고 있는 개념으로 이해되므로 동거하지 않는 가족은 제외되는 것으로 보이지만 동거하지 않는 가족도 그에 '준하는' 범위로는 볼 수 있어 별다른 문제는 없다.[2]

그리고 '이에 준하는 한정된 범위 안'이라고 하기 위해서는 복제하는 자가 속하는 소수의 집

---

1 P2P 프로그램인 소리바다와 관련된 사건에서 수원지방법원 성남지원 2003. 2. 14. 선고 2002카합284 판결에서 법원은 사적 복제에 해당하여 복제가 허용되기 위해서는 (i) 영리의 목적이 없어야 하고, (ii) 이용범위가 개인적 이용이나 가정 및 이에 준하는 한정된 범위로 국한되어야 할 것이라고 전제한 후 그 중 먼저 (i) 요건에 관하여 판단하면서 소극적으로 저작물의 구입비용을 절감하는 정도만으로는 영리의 목적을 인정하기에 부족하고 시판되는 게임프로그램 등을 다른 사람이 구입한 게임CD 등으로부터 복제하는 경우와 마찬가지로 통상 대가를 지급하고 구입해야 하는 것을 무상으로 얻는 행위에는 영리의 목적이 인정된다고 하였다. 그러면서 피고들이 소리바다 서비스를 시작한 후에도 음반제작자 등은 곡당 900원에 인터넷을 통하여 MP3 파일을 판매하여 왔으므로 음반제작자 등으로부터 이용자들이 MP3 파일을 구입하는 대신 무상으로 다운로드 받는 행위에는 영리의 목적이 인정되고, 이용자들이 상호간에 원하는 MP3 파일을 무료로 다운로드 받기 위하여 자신의 MP3 파일도 무상으로 제공하는 것으로서 일종의 물물교환의 형태를 띠고 있어 다른 MP3 파일을 계속 다운로드 받는 경제적 이익을 취하는 것이라고 보았다. 그런데 위와 같은 판결은 영리의 목적을 너무 확대해석하는 것이어서 통설 및 판례의 입장과는 배치되는 입장으로 여겨진다. 위 사건의 항소심 판결인 서울고등법원 2005. 1. 25. 선고 2003나80798 판결에서 '영리의 목적'을 긍정하는 취지의 언급이 없는 것은 이러한 원심 판결의 이유에 동의하지 않았기 때문일 것으로 여겨진다.

2 金井重彦·小倉秀夫 編著, 전게서 [桑野雄一郎 집필부분], 368면 참조.

단 구성원들 상호간에 강한 인적결합1이 있을 것을 필요로 한다. 예를 들어 자신과 교분이 있는 친구들에게 배포하는 것과 같은 경우에 그 친구들 상호간에는 인적결합이 없다면 이 요건을 충족하지 못하는 경우라고 할 수 있다. 전형적으로는 동호회나 서클 중에서 10인 정도 이내의 사람들이 하나의 취미 내지 활동을 목적으로 하여 모여 있는 한정된 극소수의 그룹을 가리키는 것으로 보고 있다.2

'공중'에 해당하는 사람이 이용할 수 있는 경우라면, '개인, 가정 또는 이에 준하는 한정된 범위'라고 할 수 없고, 따라서 사적 이용을 위한 복제로서 허용되는 것으로 볼 수 없다. 이것을 전송의 개념(§13-39 참조)과 관련하여 생각해 보면, "공중의 구성원이 개별적으로 선택한 시간과 장소에서 접근할 수 있도록 저작물 등을 이용에 제공하는 것"을 뜻하는 전송에 해당하는 경우라면 사적 이용을 위한 복제를 허용할 수 없다고 할 수 있다. 반면에, 공중의 구성원이 이용할 수 있게 제공하는 것이 아니라는 이유로 전송에 해당하지 않는 것으로 보는 경우라면, 사적 이용의 범위 내라고 볼 가능성이 높을 것이다. 예를 들어 저작물의 복제물을 가족이나 서로 잘 알고 있는 극소수의 친구들에게 이메일이나 메신저로 송부하는 경우에는 전송의 개념에 해당하지 않고3 그에 수반하는 복제는 사적 이용을 위한 것으로 볼 수 있을 것이다. 게시물을 회원들만 공유하고 비회원은 그 내용을 전혀 열람할 수도 없도록 하는 폐쇄적인 형태의 인터넷 카페를 개설하여 가족들 또는 그에 준하는 극소수의 친구 등만을 회원으로 하여 운영할 경우에 그 카페 게시판 등에 복제

---

1 이것은 뒤에 소개하는 '소리바다' 사건 판결문에서 사용한 표현인데, 임원선(책임집필), 전게서, 203면은 '사적 유대감'이라는 표현을 쓰고 있다. '업무적' 유대감과 구별하기 위한 취지이다.

2 加戶守行, 전게서, 225면; 金井重彦·小倉秀夫 編著, 전게서 [桑野雄一郎 집필부분], 369면 참조. 다만 이러한 수적 기준에 대하여 모든 학자들이 동의하고 있는 것은 아니다. 半田·松田(2009) 2卷 [宮下佳之 집필부분], 148면은 이와 같은 문언을 포함하는 것으로 개정한 1970년의 일본 저작권법 개정 전의 국회 심의 과정에서 당시 문화청 차장이었던 安達健二씨가 1970. 4. 8. 열린 중의원 문교위원회에서 " … '이에 준하는 한정된 범위 내'라고 하는 것은 예를 들어 3, 4인 정도의 극소수의 친구 사이로 구성된 음악동호회 같은 것이 그 악보를 인쇄하여 함께 노래 부르는 것과 같은, 그러한 가정에 준하는 … 이것은 가정은 아니지만 가정과 같은 정도의 인원수의 소그룹의 범위 내라고 하는 의미에서 '이에 준하는 한정된 범위 내' 이렇게 표현하게 된 것입니다"라고 설명한 바 있음을 들어, 그 설명대로 "3, 4인 정도의 극소수인'의 가족에 준하는 친한 친구 등일 것이 필요하다고 해석하는 것이 입법취지에 부합하는 것이라는 의견을 밝히고 있다.
  한편, 사적 이용을 위한 복제에 관한 독일 저작권법 제53조의 해석과 관련하여서는 그 규정에 의하여 복제 가능한 부수가 판례상 최대 7부로 한정되어 있다고 보는 경우가 많다(예컨대, 안효질, 개정 독일 저작권법에 비추어 본 저작권의 제한, 디지털재산법연구 3권 1호(2004. 5), 세창출판사, 48면). 그러나 다른 견해에 의하면, 7부 기준을 제시한 판례(BGH GRUR 1978, 474, 476) 입장은 구법하에서 수업 목적을 위하여 보상금으로부터 자유롭게 이용할 수 있는 복제물 수량에 관하여 판결한 것으로서 현행법상 사적 복제의 허용부수를 정하는 기준으로는 더 이상 결정적인 기준이 될 수 없다고 설명되고 있다(Dreier/Schulze, a.a.O, §53 Rn. 9.). 이에 따르면, 현재 학자들 사이에는 여전히 이 판례에 따라 7부를 기준으로 하는 견해와 이 기준은 유효하지 않다는 전제하에 3부를 상한으로 하는 견해가 있는가 하면, 10부를 상한으로 하는 견해도 있다고 한다.
  우리나라 판례상으로 수적 기준을 제시한 예는 아직 보이지 않는다. 다만 그 수가 상당히 많아 사적 이용을 위한 복제라고 볼 수 없는 경우를 인정한 판례로는 대법원 1991. 8. 27. 선고 89도702 판결(§14-128)을 들 수 있다.

3 임원선, 전게서(2009), 127~128면 참조.

물을 올려 공유할 경우에도 '전송'의 개념에 해당하지 않고, 이 규정에 따라 사적 이용을 위한 복제로서 허용되는 것으로 볼 수 있을 것이다. 그러나 그러한 폐쇄적인 인터넷 카페라 하더라도 그 회원수가 많거나 회원 상호간의 개인적인 결합관계가 약한 경우, 또는 비회원이 '글쓰기'를 할 수는 없어도 검색 및 열람을 할 수 있게 하는 경우이거나 회원구성이 쉽게 바뀔 수 있는 개방적인 형태로 운영되는 등의 경우에는 공중을 대상으로 한 것으로서, '전송'에 해당하고, 사적 이용을 위한 복제라고 보기도 어려울 것이다.

본 요건과 관련하여 가장 문제가 되는 것은 기업에서 내부적으로 업무를 위해 이용하는 경우가 본 요건을 충족할 수 있는가 하는 점이다. 이에 대하여는 그것이 기업의 영리목적에 직결되지 아니하고 또한 소량의 복제라면 일반 개인이 자료수집을 위하여 복제하는 경우와 다르지 아니하므로 본조의 규정에 해당하는 것으로 볼 수 있다는 견해도 없지 않다.[1] 그러나 대부분의 학설은 그러한 경우에는 '이에 준하는 한정된 범위 안'에 해당하지 않는다고 보고 있으며,[2] 일본 판례 가운데도 그러한 다수설의 입장을 따른 예가 있다.[3] §14-119

일반적인 기업에 있어서는 사용하는 자가 특정, 소수라고 할 수 없으므로 당연히 이 범위에 해당하지 않는다고 할 수 있지만, 문제는 기업 내라고 하더라도 특정 과(課)와 같이 작은 수의 집단에서 업무상 참고하기 위해 잡지의 논문을 복제하는 경우나 가족경영의 소규모 폐쇄회사 등에서 기업 내 사용을 목적으로 하여 복제를 하는 경우이다. 이러한 경우 구성원의 수(數)만 기준으로 하면 위 요건 범위 내에 해당한다고 볼 여지가 있다. 그러나 그 이용행위의 성격이 업무적인 성격을 띠고 있다는 점에서 가정 내에서의 이용과는 근본적인 성격을 달리하고 있다는 점에서 위 규정에서 말하는 '이에 준하는 한정된 범위 안에서의 이용'이라고 보기는 어렵다고 할 수 있다.[4] 그런 점에서 위 다수설의 입장에 찬동한다. 대법원도 최근 '리프리놀' 사건에서 다수설의 입장을 수용한 판결을 선고하였다(§14-122-1).

의사, 변호사 등의 개인직업의 경우에는 본조의 요건을 충족하는 것으로 보아야 한다는 견해[5]도 있지만, 업무에 사용하기 위한 복제에 관한 한, 위와 같은 이유로 찬성하기 어렵다.[6] 요컨

---

1 半田正夫, 著作權法의現代的課題, 一粒社, 72면 등.

2 이형하, 전게논문, 379~380면; 허희성, 전게서, 130면; 加戶守行, 전게서, 226면; 金井重彦·小倉秀夫 編著, 전게서 [桑野雄一郎 집필부분], 369~370면 등.

3 東京地裁 1977. 7. 22. 선고 昭48(ワ)2198호 판결 : 무대장치 등의 제조, 판매를 업으로 하는 회사가 무대장치 제작의 참고자료로서 업무상 이용하기 위해 타인의 무대장치에 관한 설계도를 복제한 행위에 관하여, 위 행위는 그 목적이 개인적인 사용에 있더라도 가정에 준하는 한정된 범위 안에서의 이용에 있다고 할 수 없다고 하는 이유로 일본 저작권법 제30조의 사적 사용을 위한 복제에 해당하지 않는다고 한 사례이다.

4 同旨 金井重彦·小倉秀夫 編著, 전게서 [桑野雄一郎 집필부분], 370면.

5 內田晋, 전게서, 192~194면; 안효질, "사적 이용을 위한 복제," 계간 저작권 1997년 겨울호, 저작권심의조정위원회, 53~54면.

6 同旨 임원선(책임집필), 전게서, 204면.

대 본조에 의한 이용행위에는 비즈니스와 관련한 업무상의 이용은 포함되지 않는 것으로 보아야
할 것이다.

§14-120   한편, 블로그의 이용과 관련하여서 본 요건의 해당 여부가 문제 된다. 블로그는 인터넷을 의
미하는 웹(web)과 자료를 뜻하는 로그(log)의 합성어로서 자신의 관심사에 따라 자유롭게 글을 올
릴 수 있는 일종의 개인 사이트이다. 그런데 문제는 인터넷 언론에서 스크랩하여 자신의 블로그
에 글을 게시하는 것을 저작권법 위반으로 볼 수 있는지 여부이다. 이에 대해 사적 이용을 위한
복제에의 해당가능성이 논의되지만, 불특정 다수의 사람이 이용할 수 있는 형태로 게시한다는 점
에서 가정 또는 그에 준하는 한정된 범위 내의 이용이라고 할 수 없으므로 사적 이용을 위한 복
제에 해당하지 않는다. 따라서 인터넷 언론기사 등 다른 저작물을 스크랩하여 자신의 블로그 등
에 글을 게시하는 경우는 저작권자의 복제권과 공중송신권(전송권)을 침해하는 행위라고 보아야
할 것이다.[1]

§14-121   P2P 프로그램 또는 서비스를 이용하여 개인적으로 타인의 저작물을 다운로드 받는 경우에는
사적 이용을 위한 복제에 해당한다고 볼 수 있으나[2] 다운로드 받음과 동시에 이른바 '공유폴더'
에 등록되어 불특정 다수의 접속자가 다운로드 받아 갈 수 있도록 제공할 경우에는 역시 가정에
준하는 한정된 범위 안에서의 이용이라고 볼 수 없으므로 사적 이용을 위한 복제에 해당하지 아
니하며, 복제만이 아니라 공중송신(전송)에도 해당하게 된다(아래에 소개하는 '소리바다' 사건 판례(§14-
122) 참조). 그러한 전송이 수반되지 않는 방법으로 P2P 프로그램을 이용하거나 혹은 파일공유형
웹스트로지(웹하드) 사이트를 이용하여 개인적으로 감상할 목적으로 영화, 음원 등의 불법복제물
을 다운로드 받는 경우에는 그것을 다른 목적으로 사용하지 않는 한 '개인, 가정 또는 이에 준하
는 한정된 범위' 안에서의 이용에 해당할 가능성이 높으나, 그것이 불법파일이라는 사실을 알고
다운로드 받았을 경우에는 뒤의 (7)에서 보는 바와 같이(§4-130) 사적 이용을 위한 복제에 해당하
지 아니한다는 하급심 판례가 있다.

 판 례

§14-122   ❖ 서울고등법원 2005. 1. 12. 선고 2003나21140 판결 — "소리바다" 사건
저작권법 제27조에서 규정하는 사적이용을 위한 복제에 해당하기 위하여는, 그 복제행위가 ① 영
리를 목적으로 하지 아니하고(주관적 요건), ② 개인적으로 이용하거나 가정 및 이에 준하는 한정된 범
위 안에서 이용하는 것이어야 한다(객관적 요건)는 요건을 모두 충족하여야 할 것인바, 먼저 객관적 요

---

1 同旨 성선제, "온라인 뉴스와 저작권 — 상생의 길," 계간 저작권 2006년 여름호(제74호), 저작권심의조정위원회, 42
~43면.
2 同旨 임원선(책임집필), 전게서, 206면.

건에 관하여 살펴본다.

　　개인, 가정 또는 이에 준하는 한정된 범위 안에서의 이용에 해당하기 위하여는, 복제를 하는 이용자들이 다수집단이 아니어야 하고, 그 이용자들 서로간에 어느 정도의 긴밀한 인적결합이 존재할 것이 요구된다고 할 것인바, 앞서 본 인정사실에 의하여 알 수 있는 다음과 같은 사정, 즉 소리바다 서비스는 아이디, 비밀번호를 등록하면 누구라도 자유롭게 이용할 수 있는 점, 이용자가 MP3 파일을 공유폴더에 저장하고 소리바다 서버에 접속하기만 하면 최대 5,000명에 이르는 다른 이용자들이 해당 파일에 접근하여 별다른 절차를 거침이 없이 자유로이 다운로드 받을 수 있는 상태에 놓이는 점, 소리바다 프로그램의 기본설정에 의하면 다운로드폴더는 공유폴더와 일치하도록 되어 있으므로 원칙적으로 다운로드폴더로 다운로드된 MP3 파일은 그 즉시 다른 이용자들이 다운로드 받을 수 있게 되는 점, 이용자들 사이에는 MP3 파일을 공유한다는 공통의 목적 외에 별다른 인적 유대관계가 없고, 아이디만을 확인할 수 있을 뿐 아무런 개인적인 정보도 공유되고 있지 아니한 점, 이 사건 가처분결정에 의해 소리바다 서비스가 중단되기 이전 등록 회원의 수 및 접속규모가 막대한 점 등에 비추어 보면, <u>소리바다 이용자들의 이 사건 MP3 파일 복제행위는 개인, 가정 또는 이에 준하는 한정된 범위에서의 이용이라고는 볼 수 없다</u> 할 것이므로, 채무자들의 사적이용을 위한 복제 항변은 더 살필 필요가 없이 이유 없다.

　　❖ 대법원 2013. 2. 15. 선고 2011도5835 판결 ― "리프리놀" 사건　　　　　§14-122-1

　　구 저작권법 제30조 전문은 "공표된 저작물을 영리를 목적으로 하지 아니하고 개인적으로 이용하거나 가정 및 이에 준하는 한정된 범위 안에서 이용하는 경우에는 그 이용자는 이를 복제할 수 있다."고 규정하고 있다. 그런데 기업 내부에서 업무상 이용하기 위하여 저작물을 복제하는 행위는 이를 '개인적으로 이용'하는 것이라거나 '가정 및 이에 준하는 한정된 범위 안에서 이용'하는 것이라고 볼 수 없으므로, 위 조항이 규정하는 '사적 이용을 위한 복제'에 해당하지 않는다.

　　앞서 본 사실관계를 위 법리에 비추어 살펴보면, 피고인의 이 사건 논문 복제행위는 영리를 목적으로 기업 내부에서 업무상 이용하기 위하여 이루어진 것으로서 가정 및 이에 준하는 한정된 범위 안에서 이용하는 것이라고 할 수 없으므로, 피고인의 행위는 구 저작권법 제30조가 규정하는 '사적 이용을 위한 복제'에 해당하지 않는다.

　　▷NOTE : 회사의 대표가 회사에서 수입하여 판매하고 있는 건강식품에 대하여 행정관청의 인정을 받기 위해 타인의 저작물인 논문을 복제하여 행정관청에 제출한 사안에 대한 판결로서, 기업의 업무를 위해 이루어지는 복제가 사적 이용을 위한 복제에 해당할 수 있는지에 대한 최초의 판결이라는 점에서 큰 의의가 있는 판례라 할 수 있다.

(4) 복제의 주체

법문에서 '그 이용자는 이를 복제할 수 있다'고 규정하고 있으므로 복제의 주체는 사적 이용자 본인이어야 한다. 복제행위의 주체가 본인인 이상 실제로 복사행위를 하는 자는 본인이 수족　§14-123

으로 사용하는 사람이거나 업무상 본인을 보조하는 지위에 있는 타인이라도 무방하다.[1]

이와 관련하여, 이용자가 복제업자에게 복제를 의뢰하는 경우를 본조에 의한 사적 이용으로 볼 것인지가 문제 된다. 반대견해도 전혀 없는 것은 아니지만, 복제업자에게 의뢰를 하여 수행하는 경우에 그 복제의 주체는 영리적인 목적으로 복제업에 종사하는 복제업자라고 보아야 하므로 본조의 요건을 갖춘 것으로 볼 수 없다.[2]

또한 타인 소유의 복제기기를 이용한 경우에 본조의 적용이 있을 수 있는지에 대하여도 논의가 있으나, 법문이 복제의 주체를 한정하는 취지는 나타내고 있지만, 모든 복제기의 소유주체를 한정하는 규정은 두고 있지 않으므로 본인 소유의 복제기기를 이용한 경우에 한정하여 본조의 요건을 충족한 것으로 볼 근거는 없다고 생각된다.[3] 다만 이와 관련하여 2000년 개정 저작권법에서부터는 뒤에서 보는 바와 같이(§14-125) 공중용으로 설치된 복사기에 의한 복제의 경우는 본조의 적용을 받을 수 없다고 규정하고 있다.

(5) 복제의 방법

§14-124

복제의 방법에 있어서는 1957년에 제정된 구 저작권법은 기계적·화학적 방법에 의하지 아니하는 복제만 허용하였지만, 현행법상으로는 특별한 제한이 없어서 복사기를 쓰거나 녹음, 녹화기기를 사용하거나 웹사이트 등에서 제공하는 복제기능을 이용하거나 아무 상관이 없다. 다만, 2000년 저작권법 개정으로 신설된 단서 규정에 의한 제한이 존재한다.

§14-125

즉, 현행법 제30조 단서는 "다만, 공중의 사용에 제공하기 위하여 설치된 복사기기에 의한 복제는 그러하지 아니하다"고 규정하여 공중의 사용에 제공하기 위하여 설치된 복사기기에 의한 복제가 아닐 것을 요건으로 규정하고 있다. 이 규정은 복사기의 소유를 복제자 본인에게 속할 것을 요구하는 것은 아니므로 타인의 복사기를 빌린 경우이더라도 가정 내에 설치한 것이라면 단서 규정에 저촉되지는 않지만, 공중의 사용에 제공하기 위하여 설치된 것인 이상 전문 복제업자가 소유, 운영하는 것만이 아니라 시민회관 등의 공공시설에서 공중이 이용할 수 있도록 설치, 제공하는 복사기도 포함된다.

'복사기기'라는 말을 쓰고 있으므로 모든 복제기기를 포함하는 것이 아니라 주로 문헌 복제에서 많이 이용되는 복제방법인 사진(寫眞)적인 복제(photocopying)[4]를 위한 기기만을 의미하는 것으로 보아야 할 것이다. 일반적으로 '복사기'라고 불리는 것 외에 복사기의 기능을 가진 복합기와 역시 사진적 복제의 방식을 취하는 팩스기 등의 경우도 여기에 포함된다고 볼 수 있을 것이

---

1 이형하, 전게논문, 384면; 허희성, 전게서, 130면, 장인숙, 전게서, 96면 등.
2 이형하, 전게논문, 384~385면 등 참조.
3 同旨 이형하 전게논문, 385면.
4 http://www.copycle.or.kr/bbs/faq2.asp 참조.

나, 그렇지 않은 오디오 및 비디오테이프 레코더와 고속 더빙기 등과 같은 녹음·녹화기기, 프로그램을 내장한 컴퓨터 등은 그 범위에서 제외될 것이다.1 따라서 자동복제기기 일반에 대하여 유사한 규정을 두고 있는 일본 저작권법 규정2과는 다르다.3

한편, 일본 저작권법 제30조 제 2 호는 "기술적 보호수단의 회피(기술적 보호수단에 사용되고 §14-126 있는 신호의 제거 또는 개변(기록 또는 송신의 방식의 변환에 수반하는 기술적 제약에 의한 제거 또는 개변을 제외한다)을 행하는 것에 의해 당해 기술적 보호수단에 의하여 방지되는 행위를 가능하게 하거나 또는 당해 기술적 보호수단에 의해 억지되는 행위의 결과에 장애를 생기지 않도록 하는 것을 말한다. 120조의2 제 1 호 및 제 2 호에 있어서도 같다)에 의해 가능하게 되거나 또는 그 결과에 장해가 생기지 않도록 된 복제를, 그 사실을 알면서 하는 경우"를 사적 이용을 위한 복제를 인정하지 않는 예외사유의 하나로 규정하고 있으나 우리 저작권법은 그러한 규정을 두지 않고 있다.

(6) 복제의 양적 범위

위에서 본 요건들을 모두 갖추더라도 그 복제는 필요한 한도에서 허용되는 것이고 필요한 범 §14-127 위를 넘어 복제를 하거나 필요한 부수보다 많은 부수를 복제하는 것은 법의 취지에 비추어 허용되지 않는 것으로 본다.

이와 관련하여, 가정에서 비디오자료실을 만들어 TV프로그램 등을 녹화하여 많은 영상저작물을 비치하는 행위는 앞서 본장의 서설 부분에서 살펴본 '3단계 테스트'(§14-8, §14-217~222 참조) 등의 취지에 비추어 본조에 의한 자유이용의 대상에서 제외되어야 한다는 취지의 견해(부정설)4가 있다. 이에 반하여, 우리 저작권법이 제30조와 같은 규정을 두고 있는 취지는 저작권자의 이익을 해한다고 하더라도 개인적인 이용에 그치는 이상 저작권 침해의 책임을 묻지 않겠다는 입법

---

1 다만 본서와 입장과는 달리 위와 같은 녹음, 녹화기 등의 복제기기도 모두 이 규정상의 '복사기기'에 포함된다고 보는 견해(오승종, 전게서, 639면; 서달주, 전게서(2009), 411면)도 있다. (다만 오승종, 저작권법(제 3 판), 박영사, 2013, 679면은 종전의 견해를 변경하여 본서와 같은 견해를 취하고 있다.) 하급심 판결 중에도 컴퓨터 하드웨어와 소프트웨어가 결합된 것을 복사기기로 본 예가 있다. 즉, 서울고등법원 2009. 4. 30. 선고 2008나86722 판결은 지상파 TV 송신신호 수신장치, 송신된 신호를 특정비디오 형식으로 변환하는 장치와 일정 기간 파일을 보관할 수 있는 저장장치(서버) 등 30대의 개인용 컴퓨터 및 이를 제어하는 30여 종의 소프트웨어로 구성되어 있는 '엔탈녹화시스템'에 의한 복제를 제30조 단서에서 정하고 있는 공중의 사용에 제공하기 위하여 설치된 복사기기에 의한 복제로 볼 수 있다고 판시하였다.

2 일본 저작권법 제30조는 원래 '저작권의 목적으로 되어 있는 저작물은 개인적으로 또는 가정 기타 이에 준하는 한정된 범위 내에서 사용되는 것을 목적으로 하는 경우에는 그 사용자가 복제할 수 있다'라고만 규정하였다가 1984년 법개정으로 '공중의 사용에 제공할 목적으로 설치되어 있는 자동복제기기를 사용하여 복제하는 경우를 제외한다'는 단서를 추가하였다. 다만 그 부칙 제 5 조의2는 위 제30조와 이에 대한 처벌규정인 제119조 제 2 호의 적용대상이 되는 자동복제기기로부터 문헌복사기를 당분간 제외한다고 규정하고 있다.

3 우리 법상으로도 일본법과 마찬가지로 CD, 비디오테이프 등의 복제를 위한 복제기기도 공중용으로 설치된 것이면 이 단서규정의 적용을 받도록 하는 취지의 입법이라고 하면, '복사'가 아니라 '복제'라는 용어를 사용하였어야 할 것이다.

4 加戶守行, 전게서, 225면; 허희성, 전게서, 129면; 內田晋, 전게서, 191면 등 참조.

자의 결단이 있던 것으로 보아야 하므로 그러한 복제물의 수집, 비치행위라 하더라도 개인적 이용에 그치는 한 허용된다고 하는 견해(긍정설)[1]도 있다. 그러한 개인적인 수집, 비치 등에는 상당한 노력이 요구되는 것으로서 흔하게 일어나는 일은 아니고 대외적으로 공연, 배포 등에 이용되는 경우는 어차피 사적 이용의 범위에서 제외되는 것이므로 그러한 이용이 저작자의 정당한 이익을 부당하게 해하는 것으로 볼 것은 아니라고 생각되므로 긍정설의 입장이 결론적으로는 타당하다고 생각된다.

📖 **판 례**

§14-128

❖ 대법원 1991. 8. 27. 선고 89도702 판결 — "노가바" 사건

○○연구소는 연구원 4명과 목사와 기독청년들인 회원 약 200명으로 구성되어 있으며 피고인은 인쇄된 책자 50부를 동월교회의 교사협의회에, 20부를 ○○연구소의 목사 등에게 배부하고 30부는 수사기관에 압수된 사실을 인정할 수 있는 바, 이러한 위 연구소의 인적구성과 회원의 수, 복제의 방법과 그 부수, 배포대상 등에 비추어 볼 때 설령 피고인이 연구의 목적으로 위 책자를 출판하였다고 하더라도 정당한 이용행위의 범주에 속하는 사적사용을 위한 복제라고 할 수 없다.

---

(7) 저작권을 침해한 복제물임을 알면서 복제하는 경우의 문제

§14-129

제18대 국회에 정부안으로 제출되었다가 임기만료로 폐기된 저작권법 개정안에서는 제30조 단서 제 2 호로 "저작권을 침해한 복제물임을 알면서 복제하는 경우"를 사적 이용을 위한 복제의 예외사유의 하나로 추가하였고, 프로그램에 대하여는 법 제101조의3 제 1 항 제 4 호 나목에 같은 예외사유를 규정하고 있었다.[2] 만약 이 개정안이 국회를 통과하여 시행되게 되었다면, 저작물의 불법 복제물(파일)을 무료 또는 매우 저렴한 대가(그 대가가 권리자에게는 전혀 돌아가지 않음)를 받고 제공하는 웹사이트(권리자의 허락하에 합법적인 복제물을 취급하는 사이트를 제외한 파일공유형 웹스토리지 서비스 제공 사이트 등) 또는 P2P 등 프로그램(역시 권리자의 허락하에 합법적인 복제물만 유통하는 프로그램은 제외)을 이용하여, 불법 복제물인 줄 알면서 그것을 다운로드 받는 것은 개인적인 감상 등을 목적으로 한 경우에도 사적 이용을 위한 복제로 허용되지 않게 되었을 것이다.

§14-130

서울중앙지방법원 2008. 8. 5.자 2008카합968 결정은 위와 같은 개정안에 따른 개정입법이

---

1 이형하, 전게논문, 382면; 金井重彦·小倉秀夫 編著, 전게서 [桑野雄一郎 집필부분], 370면.
2 다만 사적 이용을 위한 복제로서의 다른 요건을 모든 갖춘 경우에 형사처벌 대상에서는 제외하는 것으로 하였다. 이러한 개정안은 일본의 2009년 개정 저작권법의 규정과 유사한 것이었는데, 일본의 경우는 2009년 개정법의 시행결과 불법다운로드를 억제하는 데 일부 효과가 있지만 전체적으로 불법복제물의 유통이 별로 줄어들지 않고 있다는 이유로 2012년의 개정으로 다시 유상저작물 등의 불법 다운로드 등에 대하여는 형사처벌의 대상으로 하는 것으로 개정하였다.

이루어지지 않은 현행법에 대한 해석으로도 불법파일임을 인식하면서 복제하는 경우는 사적 이용을 위한 복제로서 허용되는 범위에 포함되지 않는 것으로 판시한 바 있다.[1] 그러나 하급심 법원의 이러한 해석은 해석론의 한계를 넘은 것으로 생각되고, 특히 사적 이용을 위한 복제인지 여부에 따라 형사처벌이 좌우됨을 감안할 때 실질적인 면에서 형벌법규에 대한 확대해석의 성격을 가진다고 볼 수도 있어 타당하지 않은 것으로 생각된다.[2] 아직 이 문제에 관한 대법원 판례는 나오지 않았다.

3. 개작 이용 등

본조 규정에 의한 자유이용에 있어서는 그 저작물을 번역·편곡 또는 개작하여 이용할 수 있다(법 제36조 제 1 항). 또한 출처명시의무는 면제된다(법 제37조 제 1 항 단서). §14-131

---

1 웹스토리지 서비스와 관련한 가처분신청 사건에 대한 결정인 서울중앙지방법원 2008. 8. 5.자 2008카합968 결정은 구체적으로, 다음과 같이 설시하고 있다. "인터넷 이용자들이 저작권자로부터 이용허락을 받지 않은 영화 파일을 업로드하여 웹스토리지에 저장하거나 다운로드하여 개인용 하드디스크 또는 웹스토리지에 저장하는 행위는 유형물인 컴퓨터의 하드디스크에 고정하는 경우에 해당하므로 특별한 사정이 없는 한 저작권자의 복제권을 침해한다. 그런데 저작권법 제30조는 이른바 사적이용을 위한 복제를 허용하고 있으므로, 위와 같은 이용자들의 복제행위가 이에 해당하여 적법한지 여부를 살펴 볼 필요가 있다. 먼저 웹스토리지에 공중이 다운로드할 수 있는 상태로 업로드되어 있는 영화 파일을 다운로드하여 개인용 하드디스크 또는 비공개 웹스토리지에 저장하는 행위가 영리의 목적 없이 개인적으로 이용하기 위하여 복제를 하는 경우에는 사적이용을 위한 복제에 해당할 수 있다. 그러나 업로드되어 있는 영화 파일이 명백히 저작권을 침해한 파일인 경우에까지 이를 원본으로 하여 사적이용을 위한 복제가 허용된다고 보게 되면 저작권 침해의 상태가 영구히 유지되는 부당한 결과가 생길 수 있으므로, 다운로더 입장에서 복제의 대상이 되는 파일이 저작권을 침해한 불법파일인 것을 미필적으로나마 알고 있었다면 위와 같은 다운로드 행위를 사적이용을 위한 복제로서 적법하다고 할 수는 없다. 다음으로 개인용 하드디스크에 저장된 영화 파일을 '비공개' 상태로 업로드하여 웹스토리지에 저장하는 행위에 관하여도, 해당 파일이 예컨대 DVD를 합법적으로 구매하여 이를 개인적으로 이용할 목적으로 파일로 변환한 것과 같이 적법한 파일인 경우라면 이를 다시 웹스토리지에 비공개 상태로 저장하는 행위 또한 사적이용을 위한 복제로서 적법하다고 할 것이나, 해당 파일이 불법 파일인 경우라면 이를 웹스토리지에 비공개 상태로 저장하더라도 그것이 사적이용을 위한 복제로서 적법하다고 할 수는 없다. 인터넷 이용자들이 저작권자로부터 이용허락을 받지 않은 영화 파일을 업로드하여 웹스토리지에 저장하거나 다운로드하여 개인용 하드디스크 또는 웹스토리지에 저장하는 행위는 유형물인 컴퓨터의 하드디스크에 고정하는 경우에 해당하므로 특별한 사정이 없는 한 저작권자의 복제권을 침해한다. 그런데 저작권법 제30조는 이른바 사적이용을 위한 복제를 허용하고 있으므로, 위와 같은 이용자들의 복제행위가 이에 해당하여 적법한지 여부를 살펴 볼 필요가 있다. 먼저 웹스토리지에 공중이 다운로드할 수 있는 상태로 업로드되어 있는 영화 파일을 다운로드하여 개인용 하드디스크 또는 비공개 웹스토리지에 저장하는 행위가 영리의 목적 없이 개인적으로 이용하기 위하여 복제를 하는 경우에는 사적이용을 위한 복제에 해당할 수 있다. <u>그러나 업로드되어 있는 영화 파일이 명백히 저작권을 침해한 파일인 경우에까지 이를 원본으로 하여 사적이용을 위한 복제가 허용된다고 보게 되면 저작권 침해의 상태가 영구히 유지되는 부당한 결과가 생길 수 있으므로, 다운로더 입장에서 복제의 대상이 되는 파일이 저작권을 침해한 불법파일인 것을 미필적으로나마 알고 있었다면 위와 같은 다운로드 행위를 사적이용을 위한 복제로서 적법하다고 할 수는 없다.</u> 다음으로 개인용 하드디스크에 저장된 영화 파일을 '비공개' 상태로 업로드하여 웹스토리지에 저장하는 행위에 관하여도, 해당 파일이 예컨대 DVD를 합법적으로 구매하여 이를 개인적으로 이용할 목적으로 파일로 변환한 것과 같이 적법한 파일인 경우라면 이를 다시 웹스토리지에 비공개 상태로 저장하는 행위 또한 사적이용을 위한 복제로서 적법하다고 할 것이나, 해당 파일이 불법 파일인 경우라면 이를 웹스토리지에 비공개 상태로 저장하더라도 그것이 사적이용을 위한 복제로서 적법하다고 할 수는 없다."

2 同旨 박성호, 저작권법, 박영사, 2014, 571면.

4. 복제보상금제도

§14-132   2006년 법 개정의 과정을 포함해서 저작권법의 개정 논의 때마다 등장하는 단골 이슈 중의 하나가 복제보상금제도(부과금제도, levy system)의 신설 여부이다. 복제보상금제도란 복사기·녹음기·녹화기를 구입한 사람은 그것으로 책·음악·영화 등 타인의 저작물을 복제하므로 복제물의 사용자는 저작권자에게 일정한 사용료를 지급하여야 한다는 것이다. 이 경우 복제물의 사용자는 저작권자에게 직접 지급하는 것이 아니라 복제기기와 복제기재(녹음·녹화 테이프)의 가격의 1, 2퍼센트를 추가하여(가령 10만원짜리 녹음기를 사면 천원이나 2천원을) 부담하며, 이를 수취한 복제기기·기재의 제조자가 그것을 저작권단체에게 지급하면 이 단체는 회원인 저작권자에게 분배해 준다.1

이러한 복제보상금제도는 복제기술의 발전과 복제기기의 보급에 따라 크게 위협받고 있는 저작권자들의 권익을 보호하여 문화 발전에 기여하는 면에서는 매우 긍정적인 제도임이 분명하므로 저작권관련단체 등을 중심으로 일찍부터 그 도입이 추진되어 왔으나, 현실적으로 복사기·녹음기·녹화기 제조업체의 원가상승을 불러오는 등 경제적인 이해관계가 맞물려 있어 난항을 겪어 왔다. 이미 지난 93년에 문화체육부가 이 제도를 도입한 저작권법 개정안을 마련하여 입법예고까지 하였으나, 정부 내의 경제관련 부처인 재정경제부, 산업자원부의 강력한 반대로 무산된 바도 있다. 그러나 독일을 비롯한 주요 선진국에서는 이미 오래 전부터 실시되고 있다.2

이 문제는 본질적으로 국가가 경제정책과 문화정책 사이에서 어떻게 균형을 잡을 것인가 하는 정책적 문제를 내포하고 있다고 할 것이나, 지금까지 경제발전 우선 정책에 의하여 충분한 보호를 받지 못하여 온 문화 영역에 종사하는 계층의 정당한 이익을 보호함으로써 문화의 발전에 기여하고 궁극적으로는 국가 전체의 균형 있는 발전을 이룩한다는 차원에서 그 도입이 이루어져야 할 것으로 생각된다.3

복제보상금제도는 입법적으로 도입되지 않았으나 앞서 본 바와 같이 공중용 복사기를 이용한 경우를 예외로 보는 단서조항이 신설되고 복사권 등에 관한 집중관리단체인 (사) 한국복사전

---

1 황적인, "복제보상금제의 긍정론," 한국저작권논문선집(Ⅱ) − 저작권관계자료집 18 − , 1995, 저작권심의조정위원회, 199면.

2 1955년 독일 대법원 판례에서 인정되기 시작하여 1995년 현재 18개국에서 실시되고 있다고 한다. 황적인, 전게논문, 199면 참조.

3 일본에서는 1992년의 저작권법 일부 개정시에 디지털 녹음, 녹화 기기에 대한 보상금제도를 도입하였다. 즉, 개정법에 의하여 신설된 동법 제30조 제 2 항에서 "사적 사용을 목적으로 하여, 디지털 방식의 녹음 또는 녹화의 기능을 가지는 기기(방송의 업무를 위한 특별한 성능 기타 사적 사용에 통상 제공되지 않는 특별한 성능을 가지는 것 및 녹음 기능이 부착된 전화기 기타 본래의 기능에 부속하는 기능으로서 녹음 또는 녹화의 기능을 가지는 것을 제외한다) 중 정령에서 정하는 것에 의해, 당해 기기에 의한 디지털 방식의 녹음 또는 녹화의 용도로 제공되는 기록매체로서 정령에서 정하는 것에 녹음 또는 녹화를 행하는 자는 상당한 액의 보상금을 저작권자에게 지불하여야 한다"고 규정하고 있다. 이 규정의 취지, 요건 등에 대하여 자세한 것은 加戸守行, 전게서, 231~234면 참조.

송권관리센터가 설립됨에 따라 현재 동 센터가 복사점과 일괄계약을 맺음으로써 개별적으로 복사를 할 때에는 별도로 허락을 받지 않아도 되도록 하면서 복사로 인하여 피해를 입고 있는 저작권자에게 일부 보상이 돌아가도록 하고 있다.[1]

5. 컴퓨터프로그램저작물의 경우

컴퓨터프로그램저작물에 대하여는 저작권법 제30조가 적용되지 아니하고(법 제37조의2), 대신 §14-133 저작권법 제101조의3 제 1 항 제 4 호가 적용된다. 이 규정에 의하면, "가정과 같은 한정된 장소에서 개인적인 목적으로 복제하는 경우"로서 "영리를 목적으로 복제하는 경우"가 아닐 것(같은 호 괄호) 및 "프로그램의 종류·용도, 프로그램에서 복제된 부분이 차지하는 비중 및 복제의 부수 등에 비추어 프로그램의 저작재산권자의 이익을 부당하게 해치는 경우"가 아닐 것(제 1 항 단서)을 조건으로 자유이용이 허용된다.

여기에서 "가정과 같은 한정된 장소에서 개인적인 목적"으로 이용하는 경우라고 하는 것은 저작권법 제30조의 "개인적으로 이용하거나 가정 및 이에 준하는 한정된 범위 안에서"(§14-118 이하)와 그 뜻하는 바가 다르다. 즉 저작권법 제30조의 경우에는 앞서 설명한 바와 같이, 복제하는 사람 자신이 개인적으로 이용하는 경우뿐만 아니라 가정이나 그에 준하는 한정된 범위 안에 있는 소수 사람들이 함께 이용하는 경우가 포함될 수 있지만, 프로그램에 대한 저작권법 제101조의3 제 1 항 제 4 호가 적용되기 위해서는 복제하는 사람 자신이 개인적으로 이용하는 것을 목적으로 하는 경우일 것을 필요로 하고, "가정과 같은 한정된 장소에서"라고 하는 것은 이용자의 범위를 넓히는 것이 아니라 오히려 복제의 장소를 가정 안이나 혹은 그에 준하는 한정된 장소로 한정하는 의미를 가질 뿐이다.[2] 그 규정에 의하면, 공공장소에 설치된 PC 등에 의한 복제는 개인적인 목적이라 하더라도 자유이용의 범위에서 제외된다.

위에서 일반 저작물에 대한 요건 중 (1) 영리 목적이 아닐 것에 대한 설명(§14-117)은 프로그램에 대하여도 그대로 적용될 수 있으나, 그 나머지 요건들은 프로그램에 대하여는 적용되지 아니하는 요건들임을 유의할 필요가 있다.

---

1 임원선(책임편집), 전게서, 206면.
2 同旨 임원선, 전게서(2009), 232면.

XI. 도서관 등에서의 복제

1. 서   설

§14-134   저작권법 제31조에서는 도서관 등이 주체가 된 경우에는 일정한 요건하에 저작물을 복제 또는 전송할 수 있도록 규정하고 있다. 도서관 등이 학문과 예술의 발전을 위해 역할을 원활하게 수행할 수 있도록 하기 위해 마련된 저작재산권 제한사유이다.[1]

오늘날의 도서관은 종이책만이 아니라 디지털 형태의 정보와 자료를 구축하여 컴퓨터 등 정보통신매체를 통해 이용자들에게 제공하는 이른바 '전자도서관'의 구축에 노력을 기울이고 있다.

이러한 추세를 반영하여 2000년의 개정법은 제28조 제 2 항을 신설하여, "도서관 등은 컴퓨터 등 정보처리능력을 가진 장치를 통하여 당해 시설과 다른 도서관 등에서 이용자가 도서 등을 열람할 수 있도록 이를 복제·전송할 수 있다. 이 경우 도서관 등은 이 법에 의하여 보호되는 권리를 위하여 필요한 조치를 취하여야 한다"라고 규정한 바 있다. 그런데 이 규정에 대하여는 전자도서관의 구축 편의 및 활성화에만 치중하여 저작자 등의 권리를 지나치게 제한하는 규정이라는 비판이 높았다. 이에 따라 2003년의 개정법에서 관련 규정을 상세히 보완하여 저작권자의 권리 보호와 조화를 이루고자 하였다.

즉, 2003년의 개정법은 앞에서 본 바와 같이 제28조(=현행법 제31조) 제 1 항에서 도서관 등이 이용자의 요구 또는 다른 도서관의 요구에 따라 복제하는 경우에는 디지털 형태로 복제할 수 없도록 제한함과 동시에 전자도서관과 관련하여 제 2 항에서 제 6 항까지의 자세한 규정을 통해 전자도서관 구축을 위한 복제, 전송 등을 제한적으로만 허용함으로써 저작권자의 권익 보호와 균형을 이루기 위한 상세한 규정들을 마련하였다. 이 개정법에 의하여 도서관 등은 도서 등의 자체보존을 위하여 필요한 경우(제 1 항 제 2 호)와 관내 전송(§14-146) 및 관간 전송(§14-149 이하)의 경우에 제한적으로 디지털 형태의 복제 또는 전송이 가능하게 되었다.

한편, 2006년 개정법에서는 본조에 대하여 교육목적 이용의 경우와 마찬가지로, 도서관 등에서의 보상금의 지급 단체 지정 및 취소 요건을 신설하고 3년 경과 미분배 보상금을 공익목적으로 사용할 수 있도록 하였다. 그리고 2009. 3. 25. 개정법에서는 국립중앙도서관으로 하여금 온라인 자료를 체계적으로 수집·관리하도록 하는 복제근거를 마련하였다.

---

1 장인숙, 전게서, 97면 참조.

2. 제31조 제 1 항의 규정

(1) 의   의

저작권법 제31조 제 1 항은 "도서관법에 따른 도서관과 도서문서기록 그 밖의 자료(이하 '도서   §14-135
등'이라 한다)를 공중의 이용에 제공하는 시설 중 대통령령이 정하는 시설(당해 시설의 장을 포함하며,
이하 "도서관 등"이라 한다)은 다음 각 호(1. 조사연구를 목적으로 하는 이용자의 요구에 따라 공표된 도서 등의
일부분의 복제물을 1인 1부에 한하여 제공하는 경우, 2. 도서 등의 자체보존을 위하여 필요한 경우, 3. 다른 도서
관 등의 요구에 따라 절판 그 밖에 이에 준하는 사유로 구하기 어려운 도서 등의 복제물을 보존용으로 제공하는
경우)의 어느 하나에 해당하는 경우에는 그 도서관 등에 보관된 도서 등(제 1 호의 경우에는 제 3 항의
규정에 따라 당해 도서관 등이 복제·전송받은 도서 등을 포함한다)을 사용하여 저작물을 복제할 수 있다.
다만, 제 1 호 및 제 3 호의 경우에는 디지털 형태로 복제할 수 없다"고 규정하고 있다.

도서관 등에서 그 이용자들에게 필요한 자료를 복제하여 주는 것이 도서관의 중요한 업무로
되어 있고 또한 도서관 자료의 보존이나 활용을 위하여는 복제가 불가피한 경우가 있다. 현행법
은 이러한 도서관 업무의 실태와 도서관의 문화적·공공적 역할의 중요성을 고려하여 도서관 등
에서 일정한 요건하에 저작자의 동의 없이도 저작물을 복제할 수 있도록 하기 위하여 도서관 등
에서의 자유이용을 규정하고 있는 것이다.[1] 디지털화하여 보존하는 것이 보관 공간의 절약 및
검색의 편의성 등 면에서 장점이 있다는 것을 감안하여 제 2 호에 의한 보존의 경우 디지털 형태
로 복제하는 것도 허용하고 있으나 한편으로는 디지털화하여 유통될 경우 저작권자의 권익에 치
명적인 위협이 될 수 있음을 감안하여 제 1 호 및 제 3 호의 경우에는 디지털 형태로 복제하는 것
(그 의미에 대하여는 §14-142 참조)을 허용하지 않고 있다.

(2) 요   건

(가) 복제의 주체

도서관 등이 복제의 주체일 것이 요건이다. 법문이 "도서관법에 따른 도서관과 … 시설에서   §14-136
는"이라고 규정하고 있으나 이것은 도서관 등이 물리적인 복제의 장소가 될 것을 의미하는 것이
아니라 복제의 사업적 주체가 도서관 등일 것을 요하는 취지이다. 따라서 외부의 복사업자가 도
서관 구내에 들어와 복제업을 수행할 경우는 당연히 본조의 요건을 충족하지 못한다.[2] 다만 복
제행위에 대한 사업적 책임을 도서관 등이 지고 있을 경우에는 복제기기의 소유권이 외부의 임대
사업자에게 있거나 일정한 보조적 업무를 외부에서 수행한다고 하더라도 도서관 등이 복제의 주

---

1 황적인·정순희·최현호, 전게서, 293면 참조.
2 加戶守行, 전게서, 237면 참조.

체인 것으로 볼 수 있을 것이다.[1]

§14-137　　　이른바 카드식 복사기를 설치한 후 특별한 관리 없이 이용자에게 자유로이 소장도서를 복제하게 하는 경우에는 도서관 등이 복제의 주체가 되는 것으로 보기 어려운 것으로 생각된다.[2] 그 경우 이용자의 복제가 사적 이용을 위한 복제에 해당하는지가 문제인데, 공중용으로 설치된 복사기에 해당하므로 앞서 살펴본 법 제30조 단서 규정이 적용되어 사적 이용을 위한 복제로서 허용되는 경우라고 볼 수도 없다고 여겨진다.[3]

　　　다만 도서관 등 직원의 지시, 감독하에 이용자가 복제하도록 하는 경우에는 그 감독이 충분한 정도로 합리적으로 시행된다는 전제하에, 복제의 주체를 도서관 등이라 볼 수 있을 것이다.[4]

§14-138　　　다음으로 '도서관 등'이 무엇을 뜻하는지 보다 구체적으로 살펴보자. 도서관법 제 2 조 제 1 호에서는 도서관을 "도서관자료를 수집, 정리, 분석, 보존하여 공중에게 제공함으로써 정보이용, 조사연구, 학습교양 등 문화발전 및 평생교육 등에 이바지하는 시설"이라고 정의하고 있다. 그리고 이 법에서는 도서관의 종류를 그 설립목적 등에 따라 국립중앙도서관, 공공도서관, 대학도서관, 학교도서관, 전문도서관 및 특수도서관으로 구분하고 있다.[5] 이와 같은 도서관 및 도서, 문

1　장인숙, 전게서, 97면 참조.
2　이형하, 전게논문, 387면 참조.
3　일본 저작권법상으로는 공중용 자동복제기기를 이용한 복제에 대한 사적 복제 예외규정(일본 저작권법 제30조 제 1 호)의 적용을 문서, 도화에 대하여는 보류하도록 부칙 제 5 조의2에서 규정하고 있는 관계로, 이러한 도서관에서의 이용자의 자유로운 복제가 논리적으로는 사적 복제로서 허용되는 것으로 보아야 한다는 견해가 있는가하면, 그러한 결론은 일본 저작권법 제31조 제 1 항 제 1 호의 취지가 일탈되어 버리므로 이러한 경우에는 제31조가 우선 적용되는 것으로 하여 사적 복제를 허용하지 않아야 한다는 견해도 매우 유력하게 주장되고 있다. 金井重彦·小倉秀夫編著, 著作權法 コンメンタール 上卷(1條~74條) [桑野雄一郎 집필부분], 東京布井出版, 2000, 387면; 中山信弘, 전게서, 254면 등 참조. 黑澤節男, 圖書館の著作權基礎知識, 第 2 版, 太田出版, 2008, 104면도 사적 이용을 위한 복제로서 허용된다는 견해를 비판하면서 다음과 같이 말하고 있다. "그러나 도서관이라고 하는 저작물의 보고에서 엄격한 요건을 붙여 일부분의 복제만을 인정하고 있는 법 제31조의 규정취지 및 법 30조의 개정규정과 법 부칙 제 5 조의2의 규정이 제정된 경위 등을 고려해 보면, 도서관에 코인(coin)식 복사기를 설치하여 도서관 직원의 아무런 감독 없이 전문 복제를 할 수 있도록 하는 시스템은 문화적 소산의 공정한 이용에 유의하면서 권리자의 보호를 도모하는 것을 목적으로 하는 저작권법과 저촉되는 것이라고 할 수밖에 없어 허용될 수 없다."
4　정상조편, 전게서 [임원선 집필부분], 564면; 오승종, 전게서, 655~656면.
5　도서관법 제 2 조의 정의규정은 다음과 같다.
　4. "공공도서관"이라 함은 공중의 정보이용·문화활동·독서활동 및 평생교육을 위하여 국가 또는 지방자치단체가 설립한 도서관이나 공중에게 개방할 목적으로 민간기관 및 단체가 설립한 도서관을 말한다. 다음 각 호의 시설은 공공도서관의 범주 안에 포함된다.
　　가. 제 5 조의 규정에 따른 도서관의 시설 및 자료기준에 미달되는 소규모의 비영리 독서시설인 문고
　　나. 장애인에게 도서관서비스를 제공하는 것을 주된 목적으로 하는 장애인도서관
　　다. 의료기관에 입원 중인 사람에게 도서관서비스를 제공하는 것을 주된 목적으로 하는 병원도서관
　　라. 육군, 해군, 공군 등 각급 부대의 병영내 장병들에게 도서관서비스를 제공하는 것을 주된 목적으로 하는 병영도서관
　　마. 교도소에 수용 중인 사람에게 도서관서비스를 제공하는 것을 주된 목적으로 하는 교도소도서관
　　바. 어린이에게 도서관서비스를 제공하는 것을 주된 목적으로 하는 어린이도서관
　5. "대학도서관"이라 함은 「고등교육법」 제 2 조의 규정에 따른 대학 및 다른 법률의 규정에 따라 설립된 대학교육과정 이상의 교육기관에서 교수와 학생, 직원에게 도서관서비스를 제공하는 것을 주된 목적으로 하는 도서관을 말한다.

서, 기록 그 밖의 자료를 공중의 이용에 제공하는 시설 중 대통령령이 정하는 시설1만이 법 제
31조에 의한 복제 등을 할 수 있다.

(나) 복제의 대상 및 수단

도서관 등이 복제를 할 수 있는 대상은 그 도서관 등에 보관된 도서·문서·기록 그 밖의 자   §14-139
료(이하 "도서 등"이라 한다)이다. 도서 등의 소유권이 당해 도서관 등에 있는지 다른 도서관 등으로
부터 빌려온 것인지를 불문하고, 당해 도서관 등이 책임지고 보관하고 있는 도서 등일 것을 요한
다. 그 도서관 등이 보관하고 있는 도서 등이 아니라 이용자가 개인적으로 외부에서 가지고 온
자료를 당해 도서관으로 하여금 복제하게 하는 것은 이에 해당하지 않는다.[2]

도서·문서·기록 그 밖의 자료라고 하여 비교적 광범위하게 규정하고 있으므로 서적, 잡지,
기록물 등의 문서 자료 외에 지도, 도형, 모형, 사진, 음반, 영상물 등 모든 정보매개물을 포함하
는 개념으로 본다.[3]

따라서 복제의 수단에도 복사, 사진촬영, 녹음, 녹화 또는 마이크로 필름화 등이 널리 포함된
다. 그러나 디지털 형태로 복제하는 것(그 의미에 대하여는 §14-142 참조)은 위에서 본 바와 같이 제
2 호 사유의 경우에만 허용된다.

(다) 유형별 요건

1) 이용자의 요구에 의한 복제(제 1 호)

첫째, 이용자의 요구에 의하여야 한다. 수요를 예측해서 복사를 미리 준비해 두었다가 이를   §14-140
이용자에게 판매한다고 하는 형태는 이 요건에 합치되지 않는 것으로 본다. 개인(자연인)뿐만 아
니라 법인 기타 단체, 특히 영리법인 또는 영리단체도 조사연구의 목적을 위하여 그 명의로 도서
관에 대하여 복제를 요구할 수 있다.[4] 다만, 그 영리법인 등이 1부의 복제물을 도서관 등으로부

---

6. "학교도서관"이라 함은 「초·중등교육법」 제 2 조의 규정에 따른 고등학교 이하의 각급 학교에서 교사와 학생, 직
  원에게 도서관서비스를 제공하는 것을 주된 목적으로 하는 도서관을 말한다.

7. "전문도서관"이라 함은 그 설립 기관·단체의 소속 직원 또는 공중에게 특정 분야에 관한 전문적인 도서관서비스를
  제공하는 것을 주된 목적으로 하는 도서관을 말한다.

1 저작권법 시행령 제12조는 법 제31조 제 1 항에서 "대통령령이 정하는 시설"이란 다음 각호의 어느 하나에 해당하는
  시설을 말한다고 규정하고 있다.
   1. 「도서관법」에 따른 국립중앙도서관·공공도서관·대학도서관·학교도서관·전문도서관(영리를 목적으로 하는 법인
  또는 단체에서 설립한 전문도서관으로서 그 소속원만을 대상으로 도서관 봉사를 제공하는 것을 주된 목적으로 하는
  도서관을 제외한다)
   2. 국가, 지방자치단체, 영리를 목적으로 하지 아니하는 법인 또는 단체에서 도서·문서·기록 그 밖의 자료(이하
  "도서 등"이라 한다)를 보존·대출하거나 그 밖에 공중의 이용에 제공하기 위하여 설치한 시설

2 이형하, 전게논문, 387면.

3 加戸守行, 전게서, 238면; 장인숙, 전게서, 97면 참조.

4 이형하, 전게논문, 388면.

터 제공받은 후에 업무상 이용을 위해 여러 부로 복제할 경우에는 저작권자의 허락이 없는 한 복제권 침해가 성립할 수 있다. 기업의 업무상 복제가 사적 이용을 위한 복제에 해당하지 않음은 앞서 살펴본 바와 같기 때문이다.

둘째, 이용자의 복제요구가 조사, 연구를 목적으로 하는 것이어야 한다. 따라서 단순한 취미, 오락 등의 목적으로 복제를 요구하는 경우에는 본조의 요건을 충족하지 아니한다. 그러나 이용자가 어떤 목적을 가졌는지는 도서관 등이 객관적으로 판단하기 어려울 것이므로 결국 이 요건은 선언적인 의미에 그치는 것이라고 보지 않을 수 없다. 복사를 요구하는 대상물이 무엇인지에 따라 판단할 수밖에 없을 것이라고 하는 견해[1]도 있으나, 예를 들어 영화, 사진, 미술 등이라고 하여 조사, 연구 등을 목적으로 한 복제의 대상이 될 수 없는 것은 아니므로 타당하다고 보기 어렵다.[2]

여기서 조사, 연구라 함은 반드시 높은 수준의 것이 아니어도 무방하다. 예를 들어 초등학생이나 중학생이 숙제를 하기 위해 조사하는 경우 등도 포함되는 것으로 보아야 할 것이다.[3] 조사, 연구의 목적이기만 하면 그것이 영리 목적의 조사, 연구라도 무방하다.[4]

셋째, 공표('공표'의 의의에 대하여는 §12-3 참조)된 저작물일 것을 요한다. 따라서 미공표 유고, 일기 등을 설사 도서관 등이 보관하고 있다고 하더라도 이 규정에 따라 복제를 하는 것은 허용되지 않는다. 미공표 저작물이라도 도서관 등이 이를 입수하게 된 경위에 비추어 저작권자가 도서관 이용자에 의한 열람, 복제 등을 허용하였다고 볼 수 있는 경우에는 공표된 저작물에 준하여 취급하는 것도 가능할 것이라는 견해가 있으나[5] 그 경우에는 저작재산권 제한사유에 해당하기 때문이 아니라 저작권자(저작자)의 허락을 받았기 때문에 문제가 되지 않는 것으로 보아야 할 것이다.

§14-141　넷째, 도서 등의 일부분을 복제하여야 한다. 따라서 한 권의 책이나 한 권의 사진집의 전부를 복제하여서는 아니 된다. '일부분'이라고 하는 이상 적어도 저작물 전체의 절반 이하여야 한다는 견해[6]가 있으나 반드시 그렇게 보아야 할 이유는 없다고 생각된다.[7] 특히 일본 저작권법상으로는 '저작물의 일부분'이라고 하여 각 저작물의 일부분을 뜻하는 것으로 보지 않을 수 없으나, 우리 저작권법상으로는 '도서 등의 일부분'이라고 규정하고 있으므로[8] 굳이 저작물의 일부분이라고

1　加戶守行, 전게서, 239면.
2　同旨 이형하, 전게논문, 388면.
3　半田正夫·松田政行編, 전게서 2卷 [黑澤節男 집필부분], 169면.
4　中山信弘, 전게서, 254면.
5　이형하, 전게논문, 389면 참조.
6　加戶守行, 전게서, 239면.
7　이형하, 전게논문, 389면도 "저작물의 일부분에 한정하는 것은 가령 낱권으로 되어 있는 저작물을 통채로 복제하는 것을 막기 위한 것이며, 타인의 저작물을 자신의 저작물 중에 인용하는 경우에 타인의 저작부분이 종된 지위에 있어야 하는 것과는 달리 본조의 경우는 타인의 저작물을 그 본래의 용도대로 사용하려는 것이므로 가령 본문 중 주요부분을 전부 복제한다고 하더라도 이는 일부 복제로서 허용된다고 본다"고 한다.
8　2000년의 법 개정 이전에는 저작권법의 이 부분 규정이 '저작물의 일부분'이라는 표현을 사용하고 있었는데, 2000년

해석할 이유도 없다고 생각된다. 예를 들어 논문집 1권을 전부 복제하는 것은 허용되지 않지만, 거기에 실린 논문 1편을 전부 복제하는 것은 논문집을 기준으로 볼 때 그 중 일부분에 해당하므로 '도서 등의 일부분'에 해당하는 것으로 볼 수 있다고 생각된다. 그것이 법문에 부합할 뿐 아니라 도서관의 이용실태 및 현실에도 부합하는 해석이라고 생각한다. 법이 여러 가지 요건하에 도서관 등의 복제를 자유이용으로 허용하면서 어느 책에 실린 논문 1편조차 전부 복제하지는 못하도록 하여 이용자로 하여금 조사, 연구의 목적을 달성하는 데 곤란을 겪도록 할 것을 의도한 것은 아니라고 생각된다.[1] 한편, 지도, 회화, 사진 등의 경우 전부복제를 허용하지 않는 것은 현실적으로 무리라고 하는 견해[2]가 있다. 그러나 법문에서 도서 등의 일부분을 복제할 것을 요구하고 있음에도 불구하고 도서 등의 일부분이 아니라 낱개로 보관되고 있는지도 등의 경우에도 그 전부를 복제하는 것을 허용하는 것은 해석론의 한계를 넘는 것이 아닌가 생각된다. 다만 사진이나 회화 등의 경우 복사에 의하여 화질이 떨어져 저작권자의 권익을 해할 우려가 상대적으로 적은 경우에는 질적인 의미의 '일부 복제'라고 보아 허용할 수 있다고 볼 수 있을 것이다.[3]

여러 사람이 서로 분담하여 하나의 저작물의 일부분씩을 복제함으로써 저작물 전체를 복사하는 경우도 문제가 된다. 이러한 방식으로 전체를 복제하는 것은 일부분만의 복제를 허용하는 저작권법의 취지를 잠탈하는 것이 되어 허용되어서는 아니 된다.[4]

다섯째, 1인 1부에 한하여 제공되어야 한다. 1인의 대표에 의해 다수인이나 단체 구성원들을 위한 대리신청, 수령이 문제가 되는데, 이용자 1인이 복수 부수를 손에 넣는 것을 방지하는 의미에서 허용되지 않는다고 해석하여야 할 것이다.[5]

여섯째, 디지털 형태의 복제가 아니어야 한다. 스캐닝 등에 의하여 디지털 자료로 변환하는 것도 일종의 복제이지만, 그러한 복제를 하여 이용자에게 전달할 경우에는 온라인을 통해 쉽게 유통될 가능성이 있다는 점에서 저작권자의 권익에 부정적인 영향을 미칠 수 있다는 점을 고려한 규정이다. 팩스를 이용하여 복제물을 송부할 경우에는 전기적 신호로 전달되더라도 디지털 팩시

§14-142

의 법 개정으로 '도서 등의 일부분'이라는 표현으로 바뀌었다. 당시 그 개정입법을 주도한 문화관광부의 공무원에 의하면, "정기간행물이나 논문집에 수록된 학술논문집의 경우 논문 자체가 하나의 전체적인 저작물이므로 현실적인 복제관행과 일치되지 않는 점이 있으므로, 이번 개정에서는 도서 등의 일부분을 복제할 수 있도록 하였다"고 한다. 김태훈, "개정 저작권법 해설," 저작권심의조정위원회 편, 저작권강연회 자료집(2000. 3.), 64면[정상조편, 전게서[임원선 집필부분], 566면에서 재인용].

1 이형하, 전게논문, 390면은 '도서 등의 일부분'이라고 하는 문언의 의미를 '저작물의 일부분'과는 다른 뜻으로 보는 본서의 견해와 일치하는 주장을 하는 것은 아니나, 이와 같이 논문집이나 잡지 등에 실린 논문 1편을 전부 복제하는 것은 허용되어야 한다고 하는 결론에 있어서는 본서의 입장과 일치하는 의견을 주장하고 있다.

2 황적인·정순희·최현호, 전게서, 295면.

3 이형하, 전게논문, 390면 참조.

4 오승종, 전게서, 659~660면; 정상조편, 전게서 [임원선 집필부분], 565면.

5 加戸守行, 전게서, 239면; 이형하, 전게논문, 390면 등 참조.

밀리가 아닌 한 '디지털 형태'의 복제가 수반되지는 않는 것으로 보이고, 팩스 송부가 우리 저작권법상 '전송'에 해당한다고 보기도 어려우므로 제 1 호에 따라 허용되는 범위에 포함된다고 볼 수 있을 것이다.

디지털 형태의 도서 등을 아날로그 형태로 복제하는 것은 이 규정에 의하여 허용되는 범위 안에 있다. 즉 이북이나 디지털 형태의 학술논문 자료 등을 프린터로 출력하여 제공하는 것은 가능하다. 다만, 그 경우에 뒤에서 보는 바와 같은 보상금 지급의무가 따른다.

2) 도서 등의 자체보존을 위한 복제(제 2 호)

§14-143   도서관 등은 도서 등의 자체보존을 위하여 필요한 경우에도 도서 등을 복제할 수 있다. 이에 해당하는 경우로는 다음의 경우들을 들 수 있다.

첫째, 보관 공간의 부족으로 인해 마이크로필름, 마이크로피시, 자기테이프 등으로 축소복제하거나 스캐닝 등으로 디지털화하여 보존하고자 하는 경우이다. 보관 공간의 부족이 이유이므로 원래의 도서 등은 폐기하는 조건으로만 허용된다는 취지의 견해[1]가 있으나 지나치게 엄격한 요구가 아닌가 생각된다. 보관공간의 부족에 대비하여 미리 그러한 복제를 해 둘 필요가 있어서 하는 경우도 정당한 것으로 인정될 수 있을 것이다.

둘째, 보관 중인 귀중한 희귀본의 손상, 분실을 예방하기 위해 완전한 복제를 해 둔다고 하는 경우도 있을 수 있다. 희귀본이라고 볼 수 없는 일반 소장문서의 부식 등에 의한 결손에 대처하기 위해 복제를 해 두는 행위의 필요성에 대하여는 극히 엄격한 판단기준이 적용되어야 할 것이다.[2] 부식 등에 대비할 필요가 있는 서적 등은 추가로 구매하는 것이 더 좋은 방법일 수 있기 때문에 그러한 구매 가능성이 없는 경우인지 여부가 중요한 판단기준의 하나가 될 것으로 생각된다.

셋째, 보관 중인 자료의 오손(汚損)된 페이지를 보완하기 위해 복제하는 경우도 있을 수 있다. 그러나 정기간행물의 궐호를 보충하기 위해 복제를 하는 것은 본호의 법문과도 일치하지 않음은 물론 본조 본문에서 말하는 '그 도서관 등에 보관된 도서 등'을 복제하는 행위에도 해당하지 않아 허용되지 아니한다. 또한 예를 들어 보존용의 자료만 있어서 열람용으로 또 한 부 복제를 한다고 하는 것만으로는 보존을 위한 필요가 있는 경우에는 해당하지 않는다. 열람용으로 또 한 부 구입하면 족하기 때문이며, 자료구입비 등의 재정적 이유는 보존의 필요성과는 관계가 없다.[3]

본호의 경우는 제 1 호 및 제 3 호의 경우와 달리 디지털 형태의 복제도 허용되는데, 그렇게 규정된 것은, 내부 보관을 위한 것이므로 저작권자의 정당한 이익을 위협할 수 있는 불법유통의

---

1 加戶守行, 전게서, 240면.
2 加戶守行, 전게서, 241면.
3 加戶守行, 전게서, 241면.

가능성이 상대적으로 적은 반면, 보관을 위한 공간의 문제나 보관기간의 경과로 인한 훼손의 문제에 대비하기 위한 좋은 방법 중의 하나가 될 수도 있기 때문이다. 다만, 본조 제4항 및 제7항에 의한 제한이 있다. 즉, 도서관 등은 본호의 규정에 따라 도서 등의 복제 를 할 경우에 그 도서 등이 디지털 형태로 판매되고 있는 때에는 그 도서 등을 디지털 형태로 복제할 수 없다(제4항). 또한 이 경우 제7항에 의한 복제방지조치 등 의무를 진다.

3) 다른 도서관 등의 요구에 따른 복제(제3호)

제3호는 "다른 도서관 등의 요구에 따라 절판 그 밖에 이에 준하는 사유로 구하기 어려운 도서 등의 복제물을 보존용으로 제공하는 경우"이다. 도서관 간의 상호 자료 제공을 일정한 한도 안에서 인정하는 취지의 규정으로서, 다른 도서관 등의 요구에 따라 입수하기 곤란한 도서 등의 복제물을 제공할 수 있도록 정하고 있다. §14-144

여기서 "다른 도서관 등"이라 함은 역시 본조 및 시행령상의 도서관 및 기타 시설에 해당하는 경우여야 할 것이다.

"절판 그 밖에 이에 준하는 사유로 구하기 어려운 도서 등"이라 함은 절판된 단행본, 발행 후 장기간을 경과한 정기간행물 등으로서 헌책방 등에서도 쉽게 구할 수 없는 것을 말한다. 가격 이 높기 때문에 재정적으로 구입하기가 어렵다고 하는 경제적 이유는 정당한 이유라고 보기 어렵 다. 외국도서이기 때문에 입수하는 데 시간이 걸린다고 하는 것도 이유가 될 수 없음은 물론이다. 일반시장에는 이미 존재하지 않고 있는 것과 같은 경우만을 의미하는 것이다. 이 때 복제의 주체 는 입수하기 곤란한 자료를 소장하여 복제물을 제공하는 도서관 등이 된다. 즉 복제물을 필요로 하는 도서관 등이 그 자료를 빌려서 복제하는 것은 허용되지 않는다는 것에 주의를 요한다.[1]

본호의 경우, 디지털 형태로 복제하는 것은 허용되지 아니한다.

3. 제31조 제2항 내지 제7항의 규정

법 제31조 제1항이 도서관 등의 복제에 관한 전통적인 규정으로서 디지털 시대가 되면서 디지털 형태의 복제에 의한 보존을 허용하는 등 일부 수정만 된 규정임에 대하여, 제2항 내지 제7항의 규정은 앞서 '서설'에서 설명한 바와 같이 본격적인 '전자도서관' 구현을 위한 규정이라 할 수 있다. 다만, 그로 인하여 저작권자의 이익이 부당하게 위협받는 일이 없도록 균형을 잡으려 는 의도도 반영되어 있다. §14-145

---

1 加戶守行, 전게서, 241~242면.

(1) 도서관 등의 안에서의 전자적 열람을 위한 복제, 전송(제 2 항)

§14-146   제 2 항에 따라 도서관 등은 일정한 요건하에 컴퓨터 등 정보처리능력을 가진 장치(이하 '컴퓨터'라 한다)를 이용하여 이용자가 그 도서관 등의 안에서 열람할 수 있도록 보관된 도서 등을 복제하거나 전송할 수 있다.

이 규정에 따라 복제 또는 전송이 허용되기 위한 요건들을 살펴보면 다음과 같다.

첫째, '도서관 등'이 복제의 주체가 되어야 하고 그 도서관 등에 보관된 도서 등을 사용하여 복제 또는 전송할 것을 요하는 점은 제 1 항의 경우(§14-135 이하)와 마찬가지이다.

둘째, 이용자의 열람을 목적으로 하는 복제·전송일 것을 요한다. 일반적으로 열람이란 저작물을 시각적으로 보는 행위를 말하나, 도서관 이용의 관행상 이에 국한되는 것은 아니며, 듣는 행위를 포함하는 것으로 이해되고, 따라서 음반이나 영상저작물을 복제·전송하여 청취 또는 시청하게 하는 것도 이에 포함되는 것으로 볼 수 있다.[1] 여기서의 복제는 전송을 위한 디지털 형태의 복제를 뜻한다.

이용자가 열람을 넘어 복제를 할 수 있도록 제공하는 것은 이 규정에 의한 자유이용의 범위를 넘어선 것으로 보아야 한다. 따라서 이용자로 하여금 디지털 형태의 도서 등을 디지털 형태로 복제(다운로드, USB로의 파일복제 등)하게 하는 것이 허용되지 않음은 물론이고, 아날로그 형태로 복제, 즉 출력(프린트 아웃)을 할 수 있도록 하는 것도 제31조 제 1 항 제 1 호에 따라서 저작물의 일부분을 복제(프린트 아웃)하는 경우를 제외하고는 이 규정(제 2 항)에 따라 허용되지는 아니한다.[2]

§14-147   셋째, 도서관 등의 안에서의 열람을 위한 것이어야 한다. '도서관 등의 안'이란 도서관 등의 구내(premises)를 의미한다. 대학 등의 경우 비록 교내라 할지라도 연구실 등에서의 열람을 위한 복제·전송은 이에 해당한다고 보기 어렵다. 도서관 등이 여러 동의 건물로 이루어진 경우에도 그 건물들이 하나의 조직에 속해 있다면 그 건물들에 있는 도서관 등의 구내는 해당 도서관 등의 안으로 볼 수 있다. 대학 내에 각 단과대학별로 자료실 등이 운영되고 있는 경우에, 그 단과대학 자료실들이 대학 중앙도서관의 지휘·감독을 받고 있을 때에는 각 자료실의 구내를 동일한 대학 도서관의 구내라고 할 수 있을 것이다. 그렇지 않고 각 자료실 등이 대학 중앙도서관의 지휘·감독을 받지 않고 독립적으로 운영되고 있다면 이를 하나의 도서관이라고 하기 어려우며 따라서 별개의 도서관으로 보아야 할 것이다. 이러한 경우에는 같은 도서관 등의 안에서의 열람을 위한 복제, 전송에 관한 이 규정(제31조 제 2 항)에 의한 자유이용의 대상이 되지 않고, 다른 도서관 등의 안에서의 열람을 위한 복제, 전송에 관한 제31조 제 3 항의 규정(§14-149 이하)이 적용되어야 할 경우라

---

1 정상조편, 전게서 [임원선 집필부분], 571면.
2 정상조편, 전게서 [임원선 집필부분], 571면.

고 보아야 한다.1

넷째, 동시 열람 이용자 수에 관한 제한을 준수할 것을 요한다. 이 경우 동시에 열람할 수 있   §14-148
는 이용자의 수는 그 도서관 등에서 보관하고 있거나 저작권 그 밖에 이 법에 따라 보호되는 권
리를 가진 자로부터 이용허락을 받은 그 도서 등의 부수를 초과할 수 없다(제31조 제 2 항 후문). 그
부수를 초과한 수의 이용자가 동시에 열람할 수 있도록 제공할 경우에는 이 규정에 의한 자유이
용의 범위를 벗어나는 것이 되고 따라서 허락 없이 그렇게 할 경우에는 저작권자 등의 복제권 및
전송권을 침해하는 것이 된다. 다만 동시 열람 이용자 수에 관한 이러한 제한은 보상금지급의무
가 수반되지 않는, 관내 전송에 관한 제31조 제 2 항의 경우에만 적용되고, 보상금지급의무가 수
반되는, 관간 전송에 관한 제31조 제 3 항의 경우(§14-149 이하)에는 적용되지 않는 것이다. 제 2 항
에서 동시열람이 가능한 이용자 수를 제한한 것은 도서관 등에서 보다 많은 이용자에게 디지털
정보를 열람할 수 있도록 제공하고자 할 경우에는 보다 많은 부수의 도서 등을 구입하거나 별도
의 이용허락을 받아야만 하게 되어 결과적으로 저작권자 등의 권익 보호에 도움이 될 것을 기대
한 취지의 규정이라 할 수 있다.

다섯째, 복제방지조치 등 필요한 조치를 취할 것을 요한다. 이 규정에서 말하는 복제는 디지
털 복제를 의미하므로 제 1 항 제 2 호 사유 중 디지털 형태의 복제의 경우와 마찬가지로 복제방
지조치 등 의무를 지운 것이다. 그에 대하여 자세한 것은 뒤의 (5)(§14-155)에서 살펴본다.

여섯째, 도서 등이 이미 디지털 형태로 판매되고 있는 경우에는 디지털 형태로 복제하여서는
아니 된다(저작권법 제31조 제 4 항). 이에 대하여 자세한 것은 뒤의 (3)(§14-152)에서 살펴본다.

(2) 다른 도서관 등의 안에서의 전자적 열람을 위한 복제, 전송(제 3 항)

제 3 항에 따라 도서관 등은 일정한 요건하에 컴퓨터를 이용하여 이용자가 다른 도서관 등의   §14-149
안에서 열람할 수 있도록 보관된 도서 등을 복제하거나 전송할 수 있다. 이 규정에 의하여 복제,
전송이 허용되기 위한 요건은 다음과 같다.

첫째, '도서관 등'이 복제의 주체가 되어야 하고 그 도서관 등에 보관된 도서 등을 사용하여
복제 또는 전송할 것을 요하는 점은 제 1 항(§14-135 이하) 및 제 2 항(§14-146 이하)의 경우와 마찬
가지이고, 이용자의 열람을 목적으로 하는 복제·전송일 것을 요하는 것은 제 2 항의 경우와 마찬
가지이다.

둘째, 다른 도서관 등의 안에서의 열람을 위한 것이어야 한다. 도서관 등의 안이란 역시 도서   §14-150
관 등의 구내(premises)를 의미한다(§14-147 참조). 동일한 도서관 등인지 다른 도서관 등인지를 구

---

1 이상 정상조편, 전게서 [임원선 집필부분], 572~573면 참조.

별함에 있어서는 동일한 지휘, 감독 체계에 따라 운영되는지가 중요한 판단요소가 된다. 예를 들어 대학 내에 각 단과대학별로 자료실 등이 운영되고 있는 경우에, 그 단과대학 자료실들이 대학 중앙도서관의 지휘·감독을 받고 있을 때에는 각 자료실의 구내를 동일한 대학 도서관의 구내라고 할 수 있을 것이지만, 그렇지 않고 각 자료실 등이 대학 중앙도서관의 지휘·감독을 받지 않고 독립적으로 운영되고 있다면 이를 하나의 도서관이라고 하기 어려우며 따라서 별개의 도서관으로 보아야 할 것이다. 이러한 경우에는 같은 도서관 등의 안에서의 열람을 위한 복제, 전송에 관한 이 규정(제31조 제 2 항)에 의한 자유이용의 대상이 아니라 이 규정, 즉 다른 도서관 등의 안에서의 열람을 위한 복제, 전송에 관한 제31조 제 3 항의 규정이 적용되어야 할 경우라고 할 수 있다.[1]

§14-151   셋째, 그 전부 또는 일부가 판매용으로 발행된 도서 등은 그 발행일로부터 5년이 경과하여야 이를 복제하거나 전송할 수 있다. 도서 등의 일부가 판매용으로 발행된 경우에는 ① 편집물인 도서 등의 일부 내용이 판매용으로 발행된 경우와 ② 전체 발행 부수의 일부는 비매품이지만 다른 일부가 판매용으로 발행된 경우가 모두 포함된다. 비매품으로만 발행된 도서 등은 5년의 기간이 경과하기를 기다릴 필요 없이 이를 복제하거나 전송할 수 있다.[2] 결국 이 규정에 의한 자유이용의 대상이 되는 것은 비매품과 발행일로부터 5년이 경과된 도서 등으로 한정된다.

넷째, 복제방지조치 등 필요한 조치를 취할 것(§14-155) 및 도서 등이 이미 디지털 형태로 판매되고 있는 경우에는 디지털 형태로 복제하지 아니할 것(§14-152) 등은 제 2 항의 경우와 동일하다.

(3) 도서 등이 디지털 형태로 판매되고 있는 경우(제 4 항)

§14-152   위에서도 각 해당 규정에서 언급한 바 있지만, 도서관 등은 자체보존을 위한 도서 등의 복제 및 관내 전송 및 관간 전송에 관한 규정에 따라 도서 등의 복제를 함에 있어서 그 도서 등이 디지털 형태로 판매되고 있는 경우에는 그 도서 등을 디지털 형태로 복제할 수 없다(제31조 제 4 항). 어떤 책이 e-book으로 제작되어 시중에 판매되고 있을 경우에는 도서관 등으로서도 이를 구매하여 보존하거나 이용자 등에게 제공할 수 있을 것이고, 그것이 e-book 등 판매 시장의 한 축이 될 수 있으므로 그러한 경우에 디지털 형태의 복제를 허용하면 저작권자의 경제적 권리를 부당하게 해할 수 있게 될 것이라는 것을 고려한 것이다.

디지털 형태의 복제만 금지하고 있고, 전송을 금지하고 있지 않은 것은 기왕에 도서관 등이 디지털화하여 DB를 구축해 놓은 것은 그대로 전자도서관으로 활용할 수 있도록 한 취지로 여겨진다. 따라서 도서관 등이 그 소장 도서 등을 이미 디지털 형태로 복제하였다면 이를 제 2 항(도서

---

1 이상 정상조편, 전게서 [임원선 집필부분], 572~573면 참조.
2 이상 정상조편, 전게서 [임원선 집필부분], 573면 참조.

관 등 안에서의 전자적 열람을 위한 전송)과 제 3 항(다른 도서관 등 안에서의 전자적 열람을 위한 전송)의 규정에 의하여 전송할 수는 있다.[1]

(4) 보상의무(제 5 항, 제 6 항)

도서관 등은 제31조 제 1 항 제 1 호의 규정에 의하여 이용자의 요구에 따라 디지털 형태의 도서 등을 복제(프린트 아웃)하는 경우 및 제 3 항의 규정에 의하여 도서 등을 다른 도서관 등의 안에서 열람할 수 있도록 복제하거나 전송하는 경우에는 문화체육관광부장관이 정하여 고시하는 기준에 의한 보상금을 당해 저작재산권자에게 지급하여야 한다(저작재산권자가 가지는 보상청구권의 법적 성격 등에 대하여는 §14-36 참조). 다만, 국가, 지방자치단체 또는 고등교육법 제 2 조의 규정에 의한 학교를 저작재산권자로 하는 도서 등은 그 전부 또는 일부가 판매용으로 발행된 도서 등이 아닌 한 보상금 지급의무가 면제된다(제31조 제 5 항). §14-153

종전에는 지정 단체에 관한 규정이 없어 저작재산권자를 개별적으로 찾아 지급하거나 아니면 공탁할 수밖에 없었는데, 2006년 개정법에서는 그에 따른 번거로움과 혼란을 피하도록 하기 위해 교육목적을 위한 이용의 경우에 대하여 같은 취지로 신설된 제25조 제 5 항 내지 제 9 항의 규정을 준용하는 것으로 규정함으로써(같은 조 제 6 항) 보상금청구권의 행사는 개별적으로 할 수 없고 문화체육관광부장관이 지정하는 권리자 단체를 통해서만 할 수 있도록 하고 있다. 지정 단체는 그 구성원이 아니라도 보상권리자로부터 신청이 있을 때에는 그 자를 위하여 그 권리행사를 거부할 수 없다. 이 경우에 그 단체는 자기의 명의로 그 권리에 관한 재판상 또는 재판 외의 행위를 할 권한을 가진다(본조 제 6 항에 의해 준용되는 제25조 제 6 항). §14-154

한편, 지정 단체는 보상금 분배 공고를 한 날부터 5년이 경과한 미분배 보상금에 대하여 문화체육관광부장관의 승인을 얻어 법 제25조 제 8 항 각호의 공익적 목적을 위하여 사용할 수 있다(본조 제 6 항에 의해 준용되는 제25조 제 8 항).

(5) 복제방지조치 등(제 7 항)

위 각 규정에 의하여 도서 등을 디지털 형태로 복제하거나 전송하는 경우에 도서관 등은 저작권 그 밖에 저작권법에 의하여 보호되는 권리의 침해를 방지하기 위하여 복제방지조치 등 대통령령[2]이 정하는 필요한 조치를 하여야 한다(제31조 제 7 항). 이는 디지털 형태의 복제가 저작권자 §14-155

---

1 정상조편, 전게서 [임원선 집필부분], 572면.
2 저작권법 시행령 제13조는 '권리보호에 필요한 조치'에 관하여 다음과 같이 규정하고 있다.
  "법 제31조 제 7 항에서 "대통령령이 정하는 필요한 조치"란 다음 각호의 조치를 말한다.
  1. 불법이용의 방지를 위하여 필요한 다음 각목에 해당하는 기술적 조치
    가. 제12조에 따른 시설(이하 "도서관 등"이라 한다)의 이용자가 도서관 등의 안에서 열람하는 것 외의 방법으로는 도서 등을 이용할 수 없도록 하는 복제방지조치

의 이익을 침해할 수 있는 위험요소를 최대한 회피할 수 있도록 하기 위한 규정이다.

4. 온라인 자료의 보존을 위한 국립중앙도서관의 복제

§14-156 　도서관법 제20조의2에 따라 국립중앙도서관이 온라인 자료의 보존을 위하여 수집하는 경우에는 해당 자료를 복제할 수 있고(저작권법 제31조 제 8 항), 그 경우 저작권, 출판권, 저작인접권 등의 침해로 보지 아니한다.

　정보기술의 비약적 발달에 따라 지식정보의 생산 및 이용환경은 온라인으로 급속히 확산되고 있는 추세이나 오프라인자료에 비하여 생성·소멸주기가 짧은 이들 온라인 자료에 대한 관리는 미약한 상황에 있다. 이에 국가 기록물의 전반적 법정 수집기관인 국립중앙도서관이 정보통신망을 통하여 공중의 이용에 제공되는 저작물 중 국가차원에서 보존가치가 높은 도서 등을 수집하여 보존할 수 있도록 2009. 3. 25. 개정법에서 복제 근거규정을 마련한 것이다.[1][2] '온라인 자료'란 정보통신망을 통하여 공중송신되는 자료를 말한다(도서관법 제 2 조 제 9 호).

　국립중앙도서관이 도서관법 및 시행령의 위 규정에 따라 적법하게 온라인 자료를 수집하기 위해 복제하는 행위에 대하여 권리제한사유로 하여, 그 원활한 사업추진이 가능하도록 하기 위한 규정이다. 다만 도서관법 제20조의2 제 5 항에서는 위와 같이 "수집하는 온라인 자료의 전부 또는 일부가 판매용인 경우에는 그 온라인 자료에 대하여 정당한 보상을 하여야 한다"고 규정하여

　　나. 도서관 등의 이용자 외에는 도서 등을 이용할 수 없도록 하는 접근제한 조치
　　다. 도서관 등의 이용자가 도서관 등의 안에서 열람하는 것 외의 방법으로 도서 등을 이용하거나 그 내용을 변경한 경우 이를 확인할 수 있는 조치
　　라. 판매용으로 제작된 전자기록매체의 이용을 방지할 수 있는 장치의 설치
　2. 저작권침해를 방지하기 위한 도서관직원교육
　3. 컴퓨터 등에 저작권보호관련 경고표지의 부착
　4. 법 제31조 제 5 항에 따른 보상금을 산정하기 위한 장치의 설치
1 문화체육관광부 등, 개정 저작권법해설(2009), 30~31면.
2 이와 관련하여 도서관법 제20조의2는 다음과 같이 규정하고 있다.
도서관법 제20조의2 (온라인 자료의 수집)
① 국립중앙도서관은 대한민국에서 서비스되는 온라인 자료 중에서 보존가치가 높은 온라인 자료를 선정하여 수집·보존하여야 한다.
② 국립중앙도서관은 온라인 자료가 기술적 보호조치 등에 의하여 수집이 제한되는 경우 해당 온라인 자료 제공자에게 협조를 요청할 수 있다. 요청을 받은 온라인 자료 제공자는 특별한 사유가 없는 한 이에 응하여야 한다.
③ 수집된 온라인 자료에 본인의 개인정보가 포함된 사실을 알게 된 자는 대통령령으로 정하는 방식에 따라 국립중앙도서관장에게 해당 정보의 정정 또는 삭제 등을 청구할 수 있다.
④ 제 3 항에 따른 청구에 대하여 국립중앙도서관장이 행한 처분 또는 부작위로 인하여 권리 또는 이익의 침해를 받은 자는 행정심판법에서 정하는 바에 따라 행정심판을 청구하거나 행정소송법에서 정하는 바에 따라 행정소송을 제기할 수 있다.
⑤ 국립중앙도서관은 제 1 항에 따라 수집하는 온라인 자료의 전부 또는 일부가 판매용인 경우에는 그 온라인 자료에 대하여 정당한 보상을 하여야 한다.
⑥ 수집대상 온라인 자료의 선정·종류·형태와 수집 절차 및 보상 등에 관하여 필요한 사항은 대통령령으로 정한다.

보상제도를 마련하고 있다.

5. 개작 이용 금지 등

본조 규정에 의한 자유이용에 있어서는 그 저작물을 번역하거나 편곡 또는 개작하여 이용할
수 없다(법 제36조). 출처명시의무는 면제된다(법 제37조 제 1 항 단서).

XII. 시험문제로서의 복제

1. 의   의

저작권법 제32조는 "학교의 입학시험 그 밖에 학식 및 기능에 관한 시험 또는 검정을 위하여   §14-157
필요한 경우에는 그 목적을 위하여 정당한 범위에서 공표된 저작물을 복제·배포할 수 있다. 다
만, 영리를 목적으로 하는 경우에는 그러하지 아니하다"고 규정하고 있다.

본조는 시험문제는 비밀성을 요하는 것이므로 시험문제에 저작물을 사용하기 위해 사전에
저작권자의 허락을 받기가 현실적으로 곤란한 면이 있고, 시험문제로 이용되는 것만으로는 저작
권자의 이익을 해할 우려가 크지 않다는 것을 감안한 규정이다.[1]

2. 요   건

(1) 공표된 저작물일 것

본조에 의하여 복제할 수 있는 저작물은 공표된 저작물에 한한다. 저작물의 종류는 묻지 아
니한다.

(2) 시험 또는 검정을 위해 필요한 경우에 그 목적을 위해 정당한 범위에서 복제하는 것일 것

시험 또는 검정은 학교의 입학시험뿐만 아니라 다른 기관에서 치르는 시험이나 검정이더라   §14-158
도 학식 및 기능에 관한 것이면 여기에 포함된다. 입사시험 등의 선발시험, 모의 테스트 등의 학
력평가시험, 운전면허시험 등의 기능검증 등 다양한 경우가 있다. 다만, 영리 목적의 시험 등이
제외됨은 뒤에서 보는 바와 같다.

시험 또는 검정을 위해 필요한 경우라고 하면, 예를 들어 입학시험에서 국어에 대한 이해능
력을 알아보기 위한 국어문제로 소설의 일부나 시 등의 문예작품을 인용한 후 그 주제나 표현기
법 등에 대하여 출제하는 경우나 영어시험에서 독해능력을 테스트하기 위해 미국 작가의 수필 중

---

[1] 황적인·정순희·최현호, 전게서, 296면; 장인숙, 전게서, 98면; 加戸守行, 전게서, 262~263면.

일부를 출제하는 것 또는 음악 문제로서 악보를 제시하는 경우 등이 이에 해당한다.

허용되는 행위는 복제·배포만 규정되어 있으므로 복제·배포 이외에 예컨대 '전송'을 하는 것은 이 규정에 의한 허용범위에 포함되는 것으로 보기 어렵다. 일본 저작권법의 경우에는 2003년의 법 개정으로 저작물을 '공중송신'하는 경우에도 동일한 규정의 적용을 받을 수 있도록 규정하였으나, 우리 저작권법은 아직 그러한 규정을 두지 않았다. 앞으로 온라인상의 시험 등을 위해 우리 저작권법상으로도 그러한 규정을 두는 것이 입법론적으로 타당할 것이라 생각된다.

본조의 규정이 적용되기 위해서는 시험문제 그 자체로서 복제하여야 하고, 입학시험에 출제된 문제를 모아 복제하여 시험문제집(기출문제집)을 작성하는 등의 행위나 예상문제집에 싣기 위해 복제하는 경우는 본조의 적용범위에 포함되지 않는다. 그 경우에는 문제집에 복제되는 저작물의 저작권자로부터 이용허락을 받아야 할 것이다.[1]

(3) 영리를 목적으로 하지 않을 것

§14-159

영리를 목적으로 하는 경우란 본조의 취지에 비추어 볼 때 너무 넓게 해석하지 않는 것이 타당하다고 생각된다. 따라서 본조에서 말하는 '영리 목적'의 의미는 시험을 치르는 것 자체가 직접적으로 영리를 목적으로 하는 것을 의미한다고 보아야 한다. 시험의 실시를 업으로 하는 회사나 단체가 수험료를 받고 실시하는 시험이나 시험문제 출제를 대행해 주는 것을 업으로 하는 대행사가 출제하는 것 등이 여기에 해당한다.[2]

다만, 위에서 살펴본 바와 같이, 시험문제의 경우에는 비밀성을 요하므로 저작물을 사용하기 위해 사전에 저작권자의 허락을 받기가 곤란한 반면, 시험문제로 이용되는 것만으로는 저작권자의 이익을 해할 우려가 크지 않다는 특성이 있는바, 그러한 특성은 영리목적이 있는 경우에도 크게 다를 바는 없는 것이므로, 영리목적이라고 하여 아무런 제한규정을 두지 않는 것보다는 일본 저작권법 제36조 제 2 항의 규정[3]과 같이 보상을 전제로 한 제한규정을 두는 것이 입법론적으로는 바람직하다고 생각된다.

3. 번역이용 등

§14-160

본조 규정에 의한 자유이용에 있어서는 그 저작물을 번역하여 이용할 수 있다(법 제36조 제 2 항). 달리 편곡 또는 개작하여 이용하는 것은 허용되지 않는다. 또한 출처명시의무는 면제된다(법 제37조 제 1 항 단서).

---

1 황적인·정순희·최현호, 전게서, 296면; 장인숙, 전게서, 99면; 加戸守行, 전게서, 264면.
2 加戸守行, 전게서, 265면; 장인숙, 전게서, 99면 등 참조.
3 일본 저작권법 제36조(시험문제로서의 복제 등) 제 2 항 : 영리를 목적으로 하여 전항의 복제 또는 공중송신을 행하는 자는 통상의 사용료 액수에 상당하는 액수의 보상금을 저작권자에게 지급하여야 한다.

4. 컴퓨터프로그램저작물의 경우

컴퓨터프로그램저작물에 대하여는 저작권법 제32조가 적용되지 아니하고(법 제37조의2), 대신   §14-161
저작권법 제101조의3 제 1 항 제 5 호가 적용된다. 이 규정에 의하면, "「초·중등교육법」, 「고등교
육법」에 따른 학교 및 이에 준하는 학교의 입학시험이나 그 밖의 학식 및 기능에 관한 시험 또는
검정을 목적(영리를 목적으로 하는 경우를 제외한다)으로 복제 또는 배포하는 경우"에 프로그램에서 복
제된 부분이 차지하는 비중 및 복제의 부수 등에 비추어 프로그램의 저작재산권자의 이익을 부당
하게 해치는 경우"가 아닐 것(제 1 항 단서)을 조건으로 자유이용이 허용된다.

위와 같은 단서 규정이 있는 것 외에는 법 제32조의 규정내용과 거의 차이가 없으므로 위에
서 제32조에 대하여 전개한 해석론을 그대로 적용하여도 무방할 것이다.

XIII. 시각장애인 등을 위한 복제 등

1. 의   의

공표된 저작물은 시각장애인 등을 위하여 점자로 복제·배포할 수 있다(저작권법 제33조 제 1   §14-162
항). 그리고 시각장애인 등의 복리증진을 목적으로 하는 시설 중 대통령령이 정하는 시설(당해 시
설의 장을 포함한다)은 영리를 목적으로 하지 아니하고 시각장애인 등의 이용에 제공하기 위하여 공
표된 어문저작물을 녹음하거나 시각장애인 등 전용 기록방식으로 복제·배포 또는 전송할 수 있
다(같은 조 제 2 항). 시각장애인 등을 위한 특수 목적 또는 특수한 방식의 복제, 배포, 녹음 등은 장
애인의 정보접근권 보장 및 장애인복지를 위한 공익적 요청이 큰 부분이며, 이러한 복제 등을 허
용한다고 하더라도 저작권자가 통상적으로 예정하고 있는 저작물의 이용행위가 아니기 때문에
저작권자의 경제적 이익을 해할 우려가 크지 않기 때문에 두고 있는 규정이다.

2. 요   건

(1) 제 1 항의 경우

(가) 시각장애인 등을 위한 것일 것

시각장애인 등을 위한 것이기만 하면, 영리목적이 없을 것은 요건이 아니다. 2003년 법 개정   §14-163
이전의 저작권법 제30조는 좁은 의미의 시각장애인으로서 '앞을 못 보는 사람'에 한정하여 저작
재산권 제한을 허용하였으나, 2003년 개정법부터 시각장애인의 범위를 '시각장애인 등'으로 하여
권리 제한의 수혜자를 보다 폭넓게 인정하고 있다. 저작권법 시행령 제15조에서는 '시각장애인

등'을 좁은 의미의 시각장애인(제1호 : 장애인복지법 시행령 별표 1 제3호에 따른 시각장애인)[1]과 기타
장애인(제2호 : 신체적 또는 정신적 장애로 인하여 도서를 다루지 못하거나 독서능력이 뚜렷하게 손상되어 정상
적인 독서를 할 수 없는 사람)으로 나누고 있다. 법령상의 시각장애인 등의 개념에 저작권법 시행령
제15조 제2호의 경우가 포함됨으로써 뇌성마비자처럼 책을 다루기 어려운 장애가 있거나 난독
증(難讀症, dyslexia)과 같은 독서 장애를 가지고 있는 사람도 시각장애인과 마찬가지로 이 규정의
적용을 받을 수 있게 된 것으로 본다.[2]

(나) 점자로 복제, 배포하는 것일 것

점자와 함께 정상인도 읽을 수 있는 형태를 부가하여 복제하는 것은 허용되지 않는다.

(2) 제2항의 경우

(가) 목   적

§14-164   제2항의 규정을 적용받기 위해서는 영리를 목적으로 하지 않아야 하며, 동시에 시각장애인
등의 이용에 제공하기 위한 목적을 가져야 한다. 시각장애인 등의 범위는 위에서 살펴본 바와 같
다. 오로지 시각장애인 등을 위한 것이어야 하므로 일반인을 위하여도 제공하고자 하는 목적을
가지고 있으면 본조의 요건을 충족할 수 없다.

(나) 법령이 정하는 일정한 시설에서 수행할 것

§14-165   법 제33조 제2항에서는 "시각장애인 등의 복리증진을 목적으로 하는 시설 중 대통령령이
정하는 시설(당해 시설의 장을 포함한다)"이 주체가 되어야 한다고 규정하고 있고, 저작권법 시행령
제14조는 위 규정에서 '대통령령이 정하는 시설'이란 다음 각호 중 하나에 해당하는 시설을 말한
다고 규정하고 있다.

1) 장애인복지법 제58조 제1항에 따른 장애인복지시설 중 다음 각목의 어느 하나에 해당하
는 시설

가. 시각장애인 등을 위한 장애인 거주시설

나. 장애인 지역사회재활시설 중 점자도서관

다. 장애인지역사회재활시설 및 장애인직업재활시설 중 시각장애인 등을 보호하고 있는 시설

---

1 장애인복지법 시행령 별표 1 제3호에 의하면 시각장애인은 다음의 사람을 말하는 것으로 규정되어 있다.
  가. 나쁜 눈의 시력(만국식시력표에 따라 측정된 교정시력을 말한다. 이하 같다)이 0.02 이하인 사람
  나. 좋은 눈의 시력이 0.2 이하인 사람
  다. 두 눈의 시야가 각각 주시점에서 10도 이하로 남은 사람
  라. 두 눈의 시야 2분의 1 이상을 잃은 사람
2 임원선, 전게서(2009), 241~242면.

2) 유아교육법, 초·중등교육법 및 장애인 등에 대한 특수교육법의 규정에 의한 특수학교와 시각장애인 등을 위하여 특수학급을 둔 각급학교

3) 국가·지방자치단체, 영리를 목적으로 하지 아니하는 법인 또는 단체가 시각장애인 등의 교육·학술 또는 복리증진을 목적으로 설치·운영하는 시설

공공도서관은 특별한 경우가 아닌 한 여기에 포함되지 않는 것으로 보며,[1] 대학교의 경우에는 시각장애인 등을 위한 특수학급을 둔 경우에 한하여 위 2)에 해당하여 이 규정에 의한 자유이용의 주체가 될 수 있을 것이다.

(다) 공표된 어문저작물을 대상으로 한 것일 것

공표('공표'의 의의에 대하여는 §12-3 참조)된 어문저작물(§4-2)을 대상으로 한 것만 허용되므로 미공표 저작물이나 어문저작물이 아닌 다른 종류의 저작물을 대상으로 할 수는 없다. 어문저작물에 한정한 이유는, 예를 들어 음악저작물 등은 복제 기타 방법으로 무단 이용될 가능성이 매우 높고 실제 시각장애인 등에게 필요한 것은 주로 어문저작물이기 때문이다.[2]

§14-166

(라) 행 위

위와 같은 요건을 갖춘 경우 위 시설들이 할 수 있는 행위는 공표된 어문저작물을 녹음하거나 대통령령으로 정하는 시각장애인 등을 위한 전용 기록방식으로 복제·배포 또는 전송하는 것에 한정된다. 종전에는 시각장애인을 위한 일부 시설에서 녹음할 수 있도록 하는 규정만 두고 있었는데 2003년 개정법에서부터 이를 확대하여 녹음 이외에 시각장애인 등 전용 기록방식으로 복제, 배포 및 전송을 할 수 있도록 획기적인 변화를 가져왔다. 그 후 2009. 3. 25. 개정법에서 전용 기록방식을 구체적으로 대통령령에서 정하도록 위임하는 규정을 두었다.

§14-167

그에 따라 저작권법 시행령 제14조 제 2 항은 법 제33조 제 2 항에서 "대통령령으로 정하는 시각장애인 등을 위한 전용 기록방식"이란 구체적으로 다음의 경우 중 하나에 해당하는 것을 말하는 것으로 규정하고 있다.

① 점자로 나타나게 하는 것을 목적으로 하는 전자적 형태의 정보기록방식

디지털 점자 등이 이에 해당한다.

② 인쇄물을 음성으로 변환하는 것을 목적으로 하는 정보기록방식

2차원 바코드로 기록되어 리더기를 통하여 음성으로 들을 수 있도록 하는 보이스아이(Voice-eye) 등이 이에 해당한다.

---

1 서달주, 전게서(2009), 427면.
2 최경수, 전게논문, 73면 참조.

③ 시각장애인을 위하여 표준화된 디지털음성정보기록방식

음성합성장치를 통하여 음성으로 전환될 수 있도록 하는 방식으로서 시각장애인을 위하여 표준화된 것을 말하며, 데이지(Daisy) 또는 보이스 브레일(Voice Braille)이 이에 해당한다.

④ 시각장애인 외에는 이용할 수 없도록 하는 기술적 보호조치가 적용된 정보기록방식

이것은 정보기록방식 자체의 속성만을 볼 때는 시각장애인 등을 위한 방식이라 할 수 없는 것, 예를 들어 일반 텍스트 파일과 같은 경우에도 시각장애인 외에는 이용할 수 없도록 하는 기술적 보호조치가 적용될 경우에는 이 규정에 따라 복제, 전송을 할 수 있도록 근거규정을 마련한 것이라고 할 수 있다.[1] 다만 그 기술적 보호조치가 충분히 효과적이어서 시각장애인 외에는 이용할 수 없도록 보장할 수 있을 것을 전제로 한 것으로 보아야 할 것이다.

3. 출처명시의무 등

§14-168   본조에 의하여 자유이용이 허용되는 경우에는 이를 번역하여 이용할 수 있으며(법 제36조 제 2 항), 그 밖의 개작 등은 허용되지 않는다. 출처명시의무도 면제되지 않는다(제37조).

XIV. 청각장애인 등을 위한 복제 등

1. 의   의

§14-168-1   누구든지 청각장애인 등을 위하여 공표된 저작물을 수화로 변환할 수 있고, 이러한 수화를 복제·배포·공연 또는 공중송신할 수 있다(저작권법 제33조의2 제 1 항). 그리고 청각장애인 등의 복리증진을 목적으로 하는 시설 중 대통령령으로 정하는 시설(해당 시설의 장을 포함한다)은 영리를 목적으로 하지 아니하고 청각장애인 등의 이용에 제공하기 위하여 필요한 범위에서 공표된 저작물 등에 포함된 음성 및 음향 등을 자막 등 청각장애인이 인지할 수 있는 방식으로 변환할 수 있고, 이러한 자막 등을 청각장애인 등이 이용할 수 있도록 복제·배포·공연 또는 공중송신할 수 있다(같은 조 제 2 항). 시각장애인 등을 위한 복제 등의 경우와 마찬가지로, 청각장애인 등을 위한 특수목적 또는 특수한 방식의 복제, 배포, 공연, 공중송신 등은 장애인의 정보접근권 보장 및 장애인 복지를 위한 공익적 요청이 큰 부분이며, 이러한 복제 등을 허용한다고 하더라도 저작재산권자가 통상적으로 예정하고 있는 저작물의 이용행위가 아니기 때문에 저작권자의 경제적 이익을 해할 우려가 크지 않기 때문에 두고 있는 규정이다. 원래는 시각장애인 등을 위한 규정(제33조)만 있었는데, 2013. 7. 16 법률 제11903호로 이루어진 저작권법 개정(2013. 10. 17. 시행)을 통해 청각장애

---

1 이상 임원선, 전게서(2009), 242면 참조.

인 등을 위한 이 규정(제33조의2)이 신설되게 되었다.

2. 요 건

(1) 제 1 항의 경우

(가) 청각장애인 등을 위한 것일 것

제 2 항의 경우와 달리 영리를 목적으로 하지 아니할 것은 요건이 아니므로 영리를 목적으로 하여도 좋은 것으로 해석된다. 청각장애인 등을 위한 것이기만 하면 누구든지 그 주체가 될 수 있고, 저작물도 공표된 저작물이기만 하면 어떤 저작물도 그 대상이 될 수 있다. '청각장애인 등'의 범위에 대하여는 저작권법시행령 제15조의3에서 장애인복지법 시행령 별표 1 제 4 호에 따르는 것으로 규정하고 있다.[1]

§14-168-2

(나) 행 위

제 1 항에 의하여 허용되는 행위는 저작물을 수화로 변환하는 것과 그렇게 변환된 수화를 복제·배포·공연 또는 공중송신하는 것이다.

(2) 제 2 항의 경우

(가) 목 적

제 2 항의 적용을 받기 위해서는 영리를 목적으로 하지 않아야 하며, 동시에 청각장애인 등의 이용에 제공하기 위한 목적을 가져야 한다. 청각장애인 등의 범위는 위에서 살펴본 바와 같다. 오로지 청각장애인 등을 위한 것이어야 하므로 일반인을 위하여도 제공하고자 하는 목적을 가지고 있으면 본조의 요건을 충족할 수 없는 것으로 본다.

§14-168-3

(나) 법령이 정하는 시설이 수행할 것

법 제33조의2 제 2 항은 "청각장애인 등의 복리증진을 목적으로 하는 시설 중 대통령령으로 정하는 시설(해당 시설의 장을 포함한다)"이 주체가 되어야 한다고 규정하고 있고, 저작권법 시행령 제15조의2는 위 규정에서 '대통령령으로 정하는 시설'이란 다음 각 호의 어느 하나에 해당하는 시설을 말한다고 규정하고 있다.

§14-168-4

1) 장애인복지법 제58조 제 1 항에 따른 장애인복지시설 중 다음 각 목의 어느 하나에 해당

---

1 장애인복지법 시행령 별표 1 제 4 호는 청각장애인을 다음과 같이 규정하고 있다.
  가. 두 귀의 청력 손실이 각각 60데시벨(dB) 이상인 사람
  나. 한 귀의 청력 손실이 80데시벨 이상, 다른 귀의 청력 손실이 40데시벨 이상인 사람
  다. 두 귀에 들리는 보통 말소리의 명료도가 50퍼센트 이하인 사람
  라. 평형 기능에 상당한 장애가 있는 사람

하는 시설

　가. 장애인 지역사회재활시설 중 수화통역센터

　나. 장애인 지역사회재활시설 및 장애인 직업재활시설 중 청각장애인 등을 보호하고 있는 시설

　2) 유아교육법, 초·중등교육법 및 장애인 등에 대한 특수교육법에 따른 특수학교와 청각장애인 등을 위하여 특수학급을 둔 각급학교

　3) 국가·지방자치단체, 영리를 목적으로 하지 아니하는 법인 또는 단체가 청각장애인 등의 교육·학술 또는 복리 증진을 목적으로 설치·운영하는 시설

　(다) 공표된 저작물을 대상으로 한 것일 것

§14-168-5　　공표된 저작물만 대상으로 규정되어 있으므로 미공표저작물을 대상으로 할 수는 없다. 시각장애인 등에 대한 제33조 제 2 항의 경우에는 '공표된 어문저작물'이라고 하여 저작물의 유형을 '어문저작물'에 한정하고 있지만, 청각장애인등에 대한 본항의 경우에는 저작물의 유형이나 종류를 제한하지 않고 있으므로 어떤 종류의 저작물이라도 그 대상이 될 수 있다.

　(라) 행　　위

§14-168-6　　위와 같은 요건을 갖춘 경우 위 시설이 할 수 있는 행위는 그 저작물등에 포함된 음성 및 음향 등을 자막 등 청각장애인이 인지할 수 있는 방식으로 변환하는 것과, 그렇게 변환된 자막 등을 청각장애인 등이 이용할 수 있도록 복제·배포·공연 또는 공중송신하는 것이다. 시각장애인 등에 대한 제33조 제 2 항의 경우에 비하여 공연 및 전송 이외의 공중송신행위가 포함되어 있는 면에서 허용되는 행위의 범위가 조금 더 넓다는 점에 유의할 필요가 있다. 이것은 제33조 제 2 항에서는 어문저작물만 대상으로 하고 있음에 반하여 제33조의2 제 2 항에서는 저작물 종류에 대한 제한이 없어 영상저작물 등도 포함될 수 있다는 것의 연장선상에서 이루어진 규정으로 이해할 수 있다. 이 규정이 제 1 항에 비하여 목적, 주체 등의 면에서 비교적 엄격한 제한을 두고 있는 것은 '수화'의 경우와 달리 '자막'의 경우에는 장애인이 아닌 일반인의 수요와도 연결되는 부분이 있음을 감안하여 권리자의 경제적 이익에 부당한 영향을 미치지 않도록 하기 위한 것이라 할 수 있다.

　위와 같이 자막 등으로 변환하는 것과 그 변환된 자막 등을 복제, 배포, 공연 또는 공중송신하는 것만 이 규정에 의하여 허용되는 것이므로 그 자막을 붙인 영상저작물의 복제, 배포, 공연 또는 공중송신이 이 규정에 따라 허용되는 것은 아니다. 그러한 영상저작물의 이용은 별도로 다른 저작재산권 제한 규정의 적용을 받는 이용행위가 아닌 한 저작재산권자의 허락을 받아야 한다.[1]

---

1 同旨 임원선, 실무가를 위한 저작권법(제 4 판), 한국저작권위원회, 2014, 282면.

XV. 방송사업자의 일시적 녹음·녹화

1. 의   의

저작물을 방송할 권한을 가지는 방송사업자는 자신의 방송을 위하여 자체의 수단으로 저작   §14-169
물을 일시적으로 녹음하거나 녹화할 수 있다(법 제34조 제1항). 이에 따라 만들어진 녹음물 또는
녹화물은 녹음일 또는 녹화일로부터 1년을 초과하여 보존할 수 없다. 다만, 그 녹음물 또는 녹화
물이 기록의 자료로서 대통령령이 정하는 장소에 보존되는 경우에는 그러하지 아니하다(같은 조
제2항).

방송사업자가 타인의 저작물을 이용하여 방송할 경우에 그것이 생방송이 아닌 한 일시적으
로나마 저작물을 녹음·녹화하지 않을 수 없다. 그래서 방송사업자가 방송을 하기 전에 저작재산
권자로부터 방송 및 복제에 대한 허락을 받지 않으면 그의 방송권 및 복제권을 침해하는 것으로
된다. 법 제34조와 같은 규정이 없다고 가정하면, 방송사업자가 저작재산권자(방송권자)로부터 방
송에 대한 허락을 받았더라도 저작재산권자(복제권자)로부터 녹음·녹화 등의 복제행위에 대한 허
락을 별도로 받지 않으면 복제권 침해가 성립하게 된다. 이렇게 되면 현실적으로 방송사업자의
원활한 사업 운영에 큰 지장과 불편을 초래하게 된다. 반면에 이미 방송을 허락한 저작재산권자
측의 입장을 복제에 관하여 추가로 배려해 줄 필요는 그 복제가 일시적인 것인 한 그리 크다고
볼 수 없다. 그러한 사정을 감안하여 저작권법은 방송사업자의 일시적 녹음·녹화에 대하여 일정
한 요건하에 자유이용을 허락하는 위와 같은 규정을 두게 된 것이다.

2. 요   건

(1) 방송사업자가 주체가 될 것

본조의 적용을 받기 위하여는 일시적 녹음·녹화의 주체가 방송사업자이어야 한다. 방송사업   §14-170
자는 방송을 업으로 하는 자를 말한다(법 제2조 제9호). 저작인접권에 관한 장에서 자세히 살펴보
겠지만, 현행법상 전송에 해당하는 경우는 물론 디지털음성송신사업자를 포함한 비주문형의 웹캐
스팅 사업자(§13-35, 36 참조)도 방송사업자에 포함되지 않는 것으로 본다.

(2) 자신의 방송을 위하여 하는 것일 것

먼저 방송을 위하여 하는 것이어야 하므로 방송 이외의 다른 목적으로 하는 것은 본조의 요   §14-171
건을 충족하지 못한다. 나아가 '자신의' 방송을 위하여 하는 것이어야 하므로 다른 방송사 등의
방송을 위하여 하는 것도 본조의 요건에 해당하지 않는 것이다. MBC와 같이 서울본사와 지방 방

송사가 서로 별개의 법인체로 되어 네트워크를 이루고 있는 경우에도 엄격히 해석하여 각 방송국이 자신의 방송을 위하여 하는 경우에 한하여 본조의 요건을 충족하는 것으로 보아야 한다.

(3) 자체의 수단으로 하는 것일 것

§14-172   방송사업자가 자체의 수단으로 녹음·녹화하는 경우여야 한다. 이는 방송사업자가 자체적으로 보유한 인적·물적 수단을 말하는 것으로서, 자신의 시설, 설비를 사용하여 자기직원에 의하여 녹음·녹화하는 경우를 말하는 것이다. 그러나 전체적으로 보아 자신이 보유한 시설, 설비를 이용하는 것이 중심이라면 일부 시설이나 설비를 빌려서 이용하는 것이 있더라도 본조의 요건을 충족하는 것으로 볼 수 있을 것이다. 물론 외부 프로덕션 회사를 이용한 경우에는 여기에 해당하지 않는 것으로 본다.

(4) 일시적 녹음·녹화일 것

§14-173   2006년의 법개정 전에는 조문 제목에만 '일시적'이라는 말이 있고, 조문 내용에는 빠져 있었는데, 2006년 개정으로 조문 내용에서도 일시적 녹음·녹화일 것을 분명히 요구하고 있다. 그러나 '일시적'이라고 하여 녹음·녹화의 매체, 방법 등이 달라지는 것은 전혀 없다. 단지 방송사업자의 입장에서 방송을 위해 일시적으로 녹음·녹화하는 것이므로 특별한 사유 없이 방송을 위한 필요와 무관하게 계속 보존할 수 없는 것이라는 '의식'을 분명히 가지고 녹음·녹화할 것을 요구하는 데에 그 의미가 있다.

객관적으로 보다 중요한 의미를 가지는 것은 법이 허용한 보존기간이 어떻게 되는가 하는 것인데, 이에 대해 법 제34조 제 2 항은 "제 1 항의 규정에 따라 만들어진 녹음물 또는 녹화물은 녹음일 또는 녹화일로부터 1년을 초과하여 보존할 수 없다. 다만, 그 녹음물 또는 녹화물이 기록 자료로서 대통령령이 정하는 장소에 보존되는 경우에는 그러하지 아니하다"고 규정하고 있다. 그리고 저작권법 시행령 제16조는 위 규정상의 "대통령령이 정하는 장소"를 ① 기록의 보존을 목적으로 국가 또는 지방자치단체가 설치·운영하는 시설, ② 방송용으로 제공된 녹음물 또는 녹화물을 기록 자료로 수집·보존하기 위하여 방송사업자가 운영하거나 그의 위탁을 받아 녹음물 등을 보존하는 시설로 규정하고 있다. 결국 1년의 기간이 지난 후에도 '기록 보존'의 목적으로는 계속 보존할 수 있도록 허용하고 있는 셈이다. 이것은 방송 자료가 문화유산으로서의 가치를 가질 수 있음에도 불구하고 모두 폐기할 것을 요구하는 것이 사회경제적으로 큰 손실이 될 수 있음을 고려한 규정이라 생각되는데, 방송사업자로서는 이 규정을 남용하여 저작권자의 이익을 부당하게 해하는 일이 없도록 유의하여야 할 것이다.

그 외에 2006년 개정법 이전에는 "다만, 그 저작물의 방송권자의 의사에 반하는 때에는 그러하지 아니하다"고 규정하고 있었는데, 개정법에서는 이 단서규정을 삭제하였다. 일시적 녹음·녹화는 복제행위이기 때문에 이러한 규정을 둔다면, 방송권자가 아니라 '복제권자'로 하여야 맞는 것이었다. 오늘날 방송기술상 대부분의 저작물이 일시적으로 녹음·녹화되어 방송되는 것이 보편적이고, 저작권자들은 저작물의 방송을 허락하는 때에 그 저작물의 생방송 또는 녹음·녹화 방송을 결정할 수 있는 기회가 있기 때문에 굳이 단서조항을 존치시킬 실익은 없다는 것이 개정취지이다.[1]

3. 출처명시의무 면제

본조에 의한 자유이용의 경우는 그 성격상 출처명시의무는 면제된다(법 제37조 제1항). 번역이나 편곡, 개작 등의 이용은 당연히 허용되지 아니한다.　§14-174

XVI. 미술저작물 등의 전시 또는 복제

1. 개　설

저작권법상 미술저작물, 건축저작물 및 사진저작물을 묶어서 '미술저작물 등'이라고 부르고 있다(법 제11조 제3항). 이러한 미술저작물 등의 경우 전시권과의 관계에서 유체물인 원작품의 소유자와 저작자의 이해를 조정할 필요가 있고, 공개적으로 전시된 경우에는 일반 이용자의 복제이용을 일부 허용해 주는 것이 바람직하다는 등의 특성을 가지고 있으므로 이러한 특성을 감안하여 저작권법은 1) 원본 소유자에 의한 전시, 2) 공개된 미술저작물 등의 복제, 3) 미술저작물 등의 전시, 판매에 수반되는 목록 형태의 책자 복제, 배포 등의 3가지 경우에 있어 일정한 요건하에 저작재산권을 제한하는 한편, 4) 위탁초상에 관한 특칙을 규정하고 있다.　§14-175

2. 원본 소유자에 의한 전시

(1) 의　의

저작권법 제35조 제1항은 "미술저작물 등의 원본의 소유자나 그의 동의를 얻은 자는 그 저작물을 원본에 의하여 전시할 수 있다. 다만, 가로·공원·건축물의 외벽 그 밖에 공중에게 개방된 장소에 항시 전시하는 경우에는 그러하지 아니하다"고 규정하고 있다.　§14-176

위에서도 언급한 바와 같이 유체물인 원본의 소유자와 저작권자 사이의 이해관계를 적절히

---

1 저작권심의조정위원회, 저작권법 전면 개정을 위한 조사연구 보고서(1), 2002, 128면 참조.

조정하기 위한 취지의 규정이다. 저작권과 유체물로서의 회화 등 원본의 소유권은 구별되는 것이 므로 화가가 그림을 그린 후 그것을 다른 사람에게 양도한 경우에도 저작권은 여전히 화가가 가 지게 되므로, 그 그림을 양수하여 소유자가 된 사람도 이를 복제하거나 전시 또는 개작 등을 하 고자 하면 저작권자의 허락을 받아야만 한다. 그러나 그러한 이용행위들 중에서 전시(展示)의 경 우에는 일반 거래관념에 비추어 볼 때 소유자가 저작권자의 별도의 동의 없이도 할 수 있으리라 기대하고 거래에 임하는 것이 보통일 것이고, 이를 허용하지 않으면 원본 소유의 가치가 현저히 떨어져 원본의 원활한 거래와 그로 인한 저작자의 경제적 이익에도 오히려 부정적인 영향을 미칠 수 있는 것이다. 그러한 점을 고려하여 저작권법은 위와 같이 미술저작물 등의 원본 소유자 등에 의한 전시를 일정한 요건하에 허용하고 있다.

다만 법에서 원본 소유자 등의 전시를 제한적으로 허용하는 것은 저작재산권 중 전시권을 그 들에게 귀속시키는 취지는 아니다. 전시권(§13-51 이하)은 기본적으로 저작권자가 가지되, 위와 같 은 법취지에 따라 소유자 등의 전시를 일부 허용하기 위해 저작재산권(전시권) 제한사유의 하나로 규정한 것일 뿐이다.

(2) 요 건

§14-177   1) 원본의 소유자 또는 그의 동의를 얻은 자여야 한다. 이처럼 원본 소유자뿐만 아니라 그의 동의를 받은 화랑 등도 전시의 주체가 될 수 있도록 허용하고 있다. 여기서 '원본'이란 저작자가 자신의 사상이나 감정을 표현하여 직접 제작한 유형물을 말하는 것으로서 대개의 경우 원본은 하 나밖에 없는 경우가 많으나, 저작물의 종류에 따라서는 복수의 원본이 있는 경우도 있다. 예를 들 어 판화의 경우에는 저작자에 의하여 직접 원본으로서 제작된 판화는 그 수량과는 관계없이 모두 원본으로 볼 수 있고, 사진저작물의 경우에도 음화지에 의하여 저작자가 현상을 한 것은 여러 장 이더라도 모두 원본이라고 보아야 하며,[1] 조각 등의 입체적인 조형도 저작자가 형(型)을 이용하 여 여러 개의 조형물을 만든 경우에 그 모두가 원본이 될 수 있다.[2] 위와 같이 원본을 저작자에 의해 유형물로 제작된 것을 뜻하는 것으로 보는 이상, 저작자가 컴퓨터 프로그램을 이용하여 그 린 그림이나 디지털 카메라로 촬영하여 인화한 적이 없는 사진영상 등과 같이 저작자에 의하여 유형물로 제작된 바 없는 것에 대하여는 원본이 존재하지 않는 것으로 보아야 할 것이다.[3] 즉 저 작자가 작성한 디지털 파일을 온라인상으로 구입하여 전송받았다 하더라도 그 구매자는 원본의 소유자가 될 수 없다. 그러한 경우에, 온라인상으로 이미지를 이용하는 것은 전시에 해당하지 않

---

1 오승종, 전게서, 683~684면; 加戸守行, 전게서, 192면; 半田正夫·松田政行編, 전게서 2卷 [久々湊伸一 집필부분], 376면 등.

2 半田正夫·松田政行編, 전게서 2卷 [久々湊伸一 집필부분], 376면.

3 오승종, 전게서, 684면.

으므로(§13-51 참조) 적어도 전시권의 침해가 성립하지는 않으나, 만약 그 이미지를 출력한 유형물로서의 복제물을 전시하고자 할 경우에는 저작권자의 허락을 받아야 하고 그렇지 않을 경우에는 전시권의 침해가 성립하게 된다.

2) 원본에 의한 전시여야 한다. 원본을 소유한 것을 중시하여 허용하는 것이므로 원본에 의한 전시만 허용됨은 당연한 것이다. 이와 관련하여, 하급심 판결 중에, 달력에 있는 사진을 오려내어 액자에 넣어 허락 없이 병원복도에 걸어놓는 것은 저작권자의 전시권을 침해하는 행위라고 판단한 사례가 있다.[1] §14-178

3) 가로·공원·건축물의 외벽 그 밖에 공중에게 개방된 장소에 항시 전시하는 경우는 아니어야 한다(제35조 제1항 단서). 빌딩 외벽에 걸린 그림 또는 일반시민이 드나드는 공원에 설치된 동상이나 기타 조각 등이 공중에게 개방된 장소에 전시된 경우라고 할 수 있다. 유료의 유원지와 같이 입장료를 징수한다고 하더라도 불특정 다수인이 들어와서 감상할 수 있는 장소에 있다면, 공중에게 개방된 장소라고 보아야 할 것이다.[2] 처음부터 공중에게 개방된 장소에 항시 전시할 목적으로 설치된 것이 분명하다면 저작자 자신이 그러한 전시를 용인하는 의사를 명백히 한 것으로 볼 수 있어 별 문제는 없을 것이다. 그렇지 않고 처음에는 저작자의 뜻에 따라 공중에게 개방되지 않은 장소에 설치하였던 것을 이후 소유자의 의사에 기하여 개방적인 장소로 옮기거나 그 설치된 장소 자체를 개방한다거나 하는 경우에는 저작자의 뜻에 반하는 경우가 있을 수 있고, 그러한 경우에는 이 규정에 의한 자유이용이 허용되지 않음을 명확히 하고자 한 것이 위 단서규정의 취지이다. §14-179

다만 '항시' 전시하는 경우만 문제 삼고 있으므로, 임시로 공개적인 장소에 설치하였다가 오래지 않아 철거하는 것은 이 단서조항에 해당하지 않는다.[3] 동상이 토지상의 좌대에 고정된 경우나 벽화가 건축물 자체와 일체화되어 있는 등의 경우는 '항시' 전시되는 전형적인 경우들이라 할 수 있지만, 그 밖에도, 예를 들어 버스 차체에 미술저작물이 그려진 상태에서 그 버스가 지속적으로 운행된다면, 그 미술저작물이 항시 전시되는 것이라고 볼 수 있을 것이다.[4]

---

1 서울중앙지방법원 2004. 11. 11. 선고 2003나51230 판결. 이 판결에 대하여는 달력에 사진을 싣도록 허락한 저작권자의 이용허락행위에는 그 사진을 어떠한 형태로든 그리고 언제까지든 전시하는 것을 허용하는 취지가 내포된 것으로 봄이 타당하다는 근거하에 비판하는 견해가 있다. 임원선, 전게서(2009), 134면 참조. 그러나 그 견해에서도, 그러한 행위가 원본이 아닌 복제물을 이용한 것인 이상 이 규정에 의한 자유이용의 대상이 될 수 없다는 것은 당연한 전제가 되고 있는 것이다.

2 허희성, 전게서(2007), 257면.

3 장인숙, 전게서, 103면.

4 오승종, 전게서, 685면.

(3) 공표권과의 관계

§14-180   미술저작물 등 원본의 소유자가 그 원본을 전시하는 것은 저작재산권자의 전시권에 대한 관계에서만 문제 되는 것이 아니라 저작자의 저작인격권 중 공표권(§12-3 이하)과의 관계에서도 문제가 있을 수 있다. 즉 원래 미공표의 저작물인 경우에 원본 소유자가 이를 전시하게 되면 저작자의 공표권을 침해하는 것이 될 수 있는 것이다. 따라서 법에서 그러한 전시를 허용하기 위하여는 전시권을 제한하는 규정만이 아니라 공표권에 관한 문제를 해결하는 조항이 별도로 필요하다. 이러한 점을 감안하여 저작권법은 앞서 공표권에 관한 장에서 살펴본 바와 같이(§12-15), 제11조 제3항에서 "저작자가 공표되지 아니한 미술저작물·건축저작물 또는 사진저작물(이하 "미술저작물 등"이라 한다)의 원본을 양도한 경우에는 그 상대방에게 저작물의 원본의 전시방식에 의한 공표를 동의한 것으로 추정한다"고 하는 공표동의 추정조항을 마련해 두고 있다. 따라서 특별히 공표에 대한 동의를 하지 않았음을 저작자 측에서 입증하지 못하는 한, 소유자의 원본 전시는 저작자의 공표권에도 저촉되지 않는 것으로 볼 수 있다.

3. 개방된 장소에 항시 전시된 미술저작물 등의 복제

(1) 의   의

§14-181   법 제35조 제2항은 "제1항 단서의 규정에 따른 개방된 장소에 항시 전시되어 있는 미술저작물 등은 어떠한 방법으로든지 이를 복제하여 이용할 수 있다. 다만, ① 건축물을 건축물로 복제하는 경우, ② 조각 또는 회화를 조각 또는 회화로 복제하는 경우, ③ 제1항 단서의 규정에 따른 개방된 장소 등에 항시 전시하기 위하여 복제하는 경우, ④ 판매의 목적으로 복제하는 경우 중의 어느 하나에 해당하는 경우에는 그러하지 아니하다"고 규정하고 있다.

여기서 "제1항 단서의 규정에 따른 개방된 장소에 항시 전시되어 있는 미술저작물 등"의 의미가 무엇인지는 위에서 제1항 단서에 대하여 설명한 바(§14-179)와 같다. 제1항 단서에 나열된 가로·공원·건축물의 외벽 등이 그 예이다.1 예컨대 올림픽공원에 설치된 조각 작품을 그 공원을 산책하는 시민들이 카메라로 촬영하는 것은 매우 자연스러운 일로서 이것을 저작권자의 허락 없이 하였다고 하여 복제권 침해라고 한다면 지나친 저작권 보호로 공중의 이익을 저해하는 일이 될 텐데, 그러한 경우에 복제권을 제한한다고 하여 저작권자의 경제적 이익을 부당하게 해할 것으로 보이지도 않는다는 것이 위 규정의 취지라고 할 수 있다. 이에 따라 공중에게 허용되는 저

---

1 서울중앙지방법원은 2007. 5. 23. 경 이 조항의 개방된 장소가 '옥외의 공간'을 의미한다는 전제하에, 어느 호텔 라운지에 전시된 미술저작물을 복제하여 광고에 사용한 것이 이 조항에 의한 저작재산권 제한사유에 해당하지 않는다고 보아 저작재산권 침해를 인정하는 판결을 내렸다고 한다. CBS 노컷뉴스 동일자 "호텔 라운지에 전시된 미술품 복제, 저작권 침해"라는 제하의 기사 참조.

작물 이용의 자유를 '파노라마의 자유'라고 부른다.

우리 저작권법은 위와 같이 가로·공원·건축물의 외벽 그 밖에 공중에게 개방된 장소에 항   §14-182
시 전시되어 있을 것만 요구하고, 일본 저작권법(제46조 제 1 항)과 달리 그 장소가 '옥외', 즉 '건물
밖'일 것을 명시적으로 요구하고 있지는 않은데 그럼에도 불구하고 우리 저작권법의 해석상으로
도 '옥외'에 전시된 경우만을 의미하는 것으로 보는 견해1가 있음에 유의할 필요가 있다. 하급심
판결 가운데도 예를 들어 호텔 라운지의 한쪽 벽면에 미술저작물이 설치된 것도 공중에게 개방되
어 있는 장소라는 이유로 이 규정에 의한 자유이용의 대상으로 삼을 수 있을지가 문제된 사안에
서, 우리 저작권법의 해석상으로도 '옥외'에 설치되어 전시될 것을 요한다는 전제하에 그러한 경
우에는 이 규정에 의한 자유이용의 대상이 될 수 없다고 본 사례가 있다.2 적어도 가로, 공원,
건축물의 외벽 등과 동일하게 볼 수 있을 정도로 개방된 곳을 의미하고 단순히 공중이 볼 수 있
는 곳이면 모두 이에 해당하는 것이 아님은 분명하다. '전시'의 개념 자체가 공중이 볼 수 있도록
진열하는 등의 행위를 뜻하므로(§13-51 참조), 만약 공중이 볼 수 있는 장소에 진열한 경우를 모두
이 조문에서 말하는 개방된 장소에 전시하는 것으로 본다면, '전시'된 것은 예외 없이 이 규정에
의한 자유이용의 대상이 된다는 부당한 결과를 초래하기 때문이다. 이와 관련하여, '골프존' 사건

---

1 하동철, 전게논문, 70면; 오승종, 전게서, 684면; 박성호, 저작권법(제 2 판), 박영사, 2017, 612면.
2 서울중앙지방법원 제13민사부 2007. 5. 17. 선고 2006가합104292 판결 : "(구)저작권법 제32조 제 2 항은 미술저작물
로서 가로·공원·건축물의 외벽 그 밖의 일반 공중에게 개방된 장소에 항시 전시되어 있는 경우에는 일정한 예외사
유에 해당하지 않는 한 어떠한 방법으로든지 이를 복제할 수 있도록 인정하고 있다.
  이는 미술저작물의 원작품이 불특정 다수인이 자유롭게 볼 수 있는 개방된 장소에 항상 설치되어 있는 경우에 만약
당해 저작물의 복제에 의한 이용에 대해 저작재산권에 기초한 권리주장을 아무런 제한 없이 인정하게 되면 일반인의
행동의 자유를 지나치게 억제하게 되어 바람직하지 않게 되고, 이러한 경우에는 일반인에게 자유로운 복제를 허용하
는 것이 사회적 관행에 합치하기 때문에 개방된 장소에 항상 설치되어 있는 미술저작물에 대해서는 일반인에 의한
복제를 자유롭게 한 것이다. 다만, 제 1 항은 미술저작물 등의 원작품의 소유자 또는 그의 동의를 받은 자는 그 저작
물을 원작품에 의하여 전시할 수 있도록 하되, 다만 가로·공원·건축물의 외벽 그 밖의 일반 공중에게 개방된 장소에
항시 전시하려고 하는 경우에는 저작권자의 허락을 받아야 한다고 규정하고 있다.
  따라서 (구)저작권법 제32조의 입법취지와 조문의 형식과 구조 등을 고려할 때 저작권법 제32조 제 2 항에 정해진
'일반 공중에게 개방된 장소'라고 함은 도로나 공원 기타 일반 공중이 자유롭게 출입할 수 있는 '옥외의 장소'와 건조
물의 외벽 기타 일반 공중이 보기 쉬운 '옥외의 장소'를 말하는 것이고, '옥내의 장소'는 비록 일반 공중이 자유롭게
출입할 수 있다고 하더라도 일반 공중이 쉽게 볼 수 있는 곳이라고 볼 수 없으므로 이에 해당하지 않는다고 봄이 상
당하다. 이와 달리 옥내의 장소도 일반 공중이 자유롭게 출입할 수 있으면 개방된 장소에 포함된다고 해석하게 되면
미술저작물의 소유자가 일반 공중의 출입이 자유로운 건축물 내부의 장소에서 그 미술저작물을 전시하는 경우에도
항상 저작권자의 동의가 필요하다는 불합리한 결과가 초래된다.
  이 사건에서 보면 A호텔 1층 라운지는 일반 공중의 출입이 제한되지 아니하여 누구든지 자유롭게 출입할 수 있는
장소에 해당하지만 호텔 라운지는 호텔 내부공간으로서 저작권법 제32조 제 2 항의 '일반 공중에게 개방된 장소'에 해
당하지 않는다.
  피고들은 원고의 이용허락을 받지 아니하고 원고의 미술저작물에 의거해서 이를 배경으로 동영상광고를 제작하였으
므로 원고의 미술저작물에 대한 복제권을 침해하였다. 또 위와 같이 이러한 동영상광고를 일반 공중으로 하여금 동시
에 수신하게 할 목적으로 TV를 통해 송신하였으므로 원고의 미술저작물에 대한 방송권을 침해하고, 일반 공중이 선
택한 시간과 장소에서 이용할 수 있도록 인터넷 홈페이지에 그 동영상을 올려 이용에 제공함으로써 원고의 미술저작
물에 대한 전송권을 침해하였다."

에 대한 서울고등법원 2016. 12. 1. 선고 2015나2016239 판결은 위 규정에서 '공중에게 개방된 장소'라고 함은 "불특정 다수의 자가 보려고만 하면 자유로이 볼 수 있는 개방된 장소"를 가리킨다고 해석하는 것이 타당하다고 전제한 후, 회원제 골프장은 그러한 장소에 해당하지 않는다고 판시하였다(§14-187-1 참조). 사견으로도, 위 규정에서 말하는 "제1항 단서의 규정에 따른 개방된 장소"에는 어떤 제한 없이 불특정 다수의 자가 보려고만 하면 자유로이 볼 수 있는 개방된 장소를 뜻하는 것으로 보는 것이 타당할 것이라 생각한다. 따라서 원칙적으로 호텔을 이용하는 고객을 위해 개방된 장소인 호텔 내부나 회원제 골프장 등은 여기에 포함되지 않는 것으로 보는 것이 타당할 것으로 생각된다. 다만 '옥외의 장소'일 것을 명시하고 있는 일본 저작권법의 규정과 달리 '옥외'일 것을 요구하지 않는 우리 저작권법의 해석으로는, 반드시 '옥외'일 것을 요하지는 아니하고, 예를 들어, 역 구내 등과 같이 불특정 다수의 사람이 자유롭게 출입할 수 있는 공공장소도 포함되는 것으로 보는 것이 타당할 것으로 생각된다.1

그리고 그러한 개방된 장소에 '항시' 전시하는 경우여야 한다. 예를 들어 단기간의 행사와 관련하여 현수막을 건 것과 같이 일시적으로 전시하였다가 머지않아 철거될 것으로 보이는 경우에는 '항시' 전시하는 것으로 보기 어려울 것이다. 눈이나 얼음으로 만든 조각품 등은 일정시간만 공중에게 전시될 수 있으므로 '항시'의 요건을 충족하기 어렵다.2 그러나 '항시'라는 것이 반드시 영구적 전시를 의미하는 것은 아니므로 비교적 장기간 전시 후 철거할 예정인 경우에는 '항시' 전시하는 것으로 보게 될 가능성이 많을 것이다. 일본의 판례에 의하면 요코하마 순환 버스 노선을 달리는 요코하마 시영버스의 차체에 그려진 그림도 일본 저작권법 제46조에서 말하는 "옥외의 장소에 항상적으로 설치되어 있는 것"에 해당하는 것으로 보았는데,3 비슷한 사안이라면 우리나라에서도 "개방된 장소에 항시 전시되어 있는 미술저작물"에 해당하는 것으로 볼 수 있을 것이다.

---

1 '옥외의 장소'일 것을 명문으로 요구하는 일본 저작권법의 해석론으로도 "반드시 옥외일 필요는 없고, 옥외 장소에 상당하는 곳, 예를 들면, 역 구내 등 특정 다수의 사람이 자유롭게 출입할 수 있는 공공장소에 설치된 것이라면 '옥외 장소'에 포함하여 해석할 여지도 있다고 생각된다"는 견해가 있다. 村井麻衣子, "アクセス可能な著作物に対する公衆の利用の自由：はたらくじどうしゃ事件", 知的財産法政策学研究 Vol. 10, 2006, 256~257면 참조.

2 하동철, 전게논문, 70면.

3 '일하는 자동차' 사건에 대한 東京地裁 2001. 7. 25. 선고 平13(ワ)56号 판결. 이 사건 원고는 요코하마 시영버스 좌우 양측면부 등에 그림을 그린 화가이고, 피고는 "사이좋은 그림책 시리즈 ⑤ 거리를 달리는, 일하는 자동차"라는 제목의 책을 출판한 주식회사이다. 피고가 출판한 위 책은 사진이나 그림을 이용하여 도시를 달리는 각종 자동차에 대하여 유아들을 대상으로 알기 쉽게 해설한 책인바, 그 책의 표지('[그림 2]' 참조) 등에는 원고의 그림이 그려진 시영버스의 사진이 게재되어 있었다. 이에 원고가 피고에 대하여 저작권침해소송을 제기하자 피고는 우리 저작권법 제35조 제2항과 유사한 일본 저작권법 제46조에 의해 자유이용이 허용되는 경우라고 보아야 한다고 항변하였다. 법원은 결국 피고의 주장을 받아들여 원고 패소의 판결을 선고하였다.

[그림 2]

"복제하여 이용할 수 있다"고 규정하고 있으므로 그 일차적 이용행위는 저작권법상 '복제'의 개념에 해당하는 것이어야 할 것이다. "어떠한 방법으로든지"라는 문언을 중시하여, 본항의 '복제' 는 협의의 복제뿐 아니라 개작을 포함하는 광의의 저작물 재제작을 의미한다고 보아야 할 것이라 는 견해1이 있으나 그렇게 볼 수 있는 법적 근거가 없고,2 저작자의 저작인격권과도 관계된 문 제라는 점에서 선뜻 찬동하기 어렵다.3 저작권법상 '복제'의 개념에 해당하는 것으로서 본항의 적용을 받을 수 있는 대표적인 경우는 촬영, 녹화 등을 들 수 있다. 실물과 똑같이 그리려는 목적 으로 그림을 그리는 것도 복제의 개념에 해당할 수 있으나, 예컨대 조각을 그림으로 그리면서 새 로운 창작성을 부가한 것과 같은 경우에는 개작에 해당하여 허용범위를 넘어서는 경우도 있을 수 있겠다. §14-183

다만 개방된 장소의 미술저작물 등을 촬영하거나 녹화한 후 그것을 배포하거나 공중송신하 는 행위는 사회적으로 널리 행해지는 것으로서 이를 제한할 필요는 크지 않다고 생각되고, 법문 도 "복제할 수 있다"가 아니라 "복제하여 이용할 수 있다"고 규정하여 복제 후의 2차적 이용행위 를 널리 허용하고 있는 것으로 볼 수 있는 근거를 제공하고 있다고 볼 수 있으므로 복제물의 배 포 또는 공중송신 행위는 허용되는 범위에 포함되는 것으로 봄이 타당하다고 생각된다.

(2) 예   외

(가) 건축물을 건축물로 복제하는 경우

건축물은 대개 개방된 장소에 세워지게 되는데, 본항에 의하여 그러한 건축물을 그대로 모방하여 새로운 건축물을 짓는 것을 허용한다면 건축저작물(§4-65 이하)의 보호는 그 의미를 상실하게 될 것이라는 것을 고려한 예외규정이다. 물론 여기서 말하는 건축물은 건축저작물로 인정되는 것을 전제로 하는 것이며, 건축저작물로 인정할 만한 창작성이 없는 일반 주택 등의 경우는 저작재산권 제한 사유를 논할 필요도 없이 그 외형을 자유롭게 복제할 수 있는 것이 다. 건축저작물을 사진촬영하거나 모형을 만드는 것 등은 본항 본문의 요건을 충족하는 한 허 용된다. §14-184

(나) 조각 또는 회화를 같은 형태로 복제하는 경우

조각을 조각으로 회화를 회화로 복제하는 것은 저작권자의 권익에 큰 영향을 미치게 될 것임 §14-185

---

1 장인숙, 전게서, 104면.
2 법 제36조 제1항에서 저작재산권 제한사유 중 개작을 할 수 있는 경우를 규정하면서 제35조의 경우는 제외하고 있다.
3 '골프존' 사건에 대한 서울고등법원 2016. 12. 1. 선고 2015나2016239 판결은 이 점에서 본서와 같은 입장을 취하였 다(§14-187-1 참조). 다만 개작이 어떤 경우에도 공정이용에 해당할 수 없다는 것은 아니다. 사안에 따라 공정이용 일반조항인 저작권법 제35조의3에 의하여 공정이용으로 인정될 수는 있다고 생각된다. '골프존' 사건에서도 제35조의 3에 의한 공정이용항변도 제기되었으나 받아들여지진 않았다.

을 고려한 예외규정이다. 사진이나 녹화물의 영상에 수록하는 것은 당연히 가능하다. 조각을 회화로, 회화를 조각으로 바꾸는 이른바 '이종복제(異種複製)'는 허용될 것이라고 보는 견해[1]가 다수설이라고 할 수 있으나,[2] 그러한 이종복제는 저작권법의 관점에서 복제가 아니라 새로운 창작성이 부가된 개작(2차적저작물 작성)에 해당할 가능성이 높으므로 본항 본문의 요건 자체에 해당하지 않는 것으로 본다. 앞서 살펴본 바와 같이 본항에서 말하는 '복제'의 의미에 '개작'은 포함되지 않는 것으로 보는 것이 본서의 입장(§14-183)이기 때문이다. 결국 그러한 경우에는 조각이나 회화의 원저작권자(2차적저작물작성권자)의 허락을 받아야만 할 것이다.

(다) 개방된 장소에 항시 전시하기 위하여 복제하는 경우

§14-186   복제물을 개방된 장소에 항시 전시하는 경우에는 역시 저작권자의 권익에 큰 영향을 미치는 것이라고 보아 예외규정에 포함시킨 것이다. 따라서 개방된 장소에 설치된 조각을 촬영하더라도 그 사진을 공개된 건물 외벽 등에 항시 전시하기 위해 하는 것은 허용되지 아니한다.

(라) 판매를 목적으로 복제하는 경우

§14-187   판매를 목적으로 복제하는 경우에는 저작권자의 경제적 이익과 충돌하는 경우이므로 허용되지 않는 것으로 한 것이다. 아름다운 조각이나 건축물의 경우 이를 사진으로 촬영한 후 엽서 등에 담아 판매하는 경우가 많이 있는데 이 예외규정에 따라, 저작권자의 허락을 받지 않으면 허용되지 않는 것으로 보아야 한다. 그러나 복제물 자체가 판매의 주요대상이 되는 것이 아니라 예를 들어 판매되는 잡지의 표지 디자인에 사용되는 등의 경우라면 이 예외규정에 저촉되지 않는 것으로 보아야 할 것이다.[3]

또한 판매를 목적으로 복제하는 경우만이 이 예외규정에 해당하게 되므로, 선전·광고 등 영리를 목적으로 하는 것이라도 무료로 배포되는 것이라면 이에 해당하지 않는다. 따라서 예를 들

---

1 장인숙, 전게서, 105면.
2 장인숙, 전게서, 105면; 오승종, 전게서, 688면; 허희성, 전게서(2007), 259면.
3 同旨 장인숙, 전게서, 106면; 일본 저작권법 제46조 제 4 호는 우리 저작권법 제35조 제 2 항 제 4 호에 해당하는 예외사유로서 "오로지 미술저작물의 복제물의 판매를 목적으로 복제하거나 또는 그 복제물을 판매하는 경우"를 규정하고 있다. 앞서 소개한 '일하는 자동차' 사건에 대한 東京地裁 2001. 7. 25. 선고 平13(ワ)56号 판결(§14-182 참조)은 원고의 그림이 그려진 요코하마 시영버스의 사진을 그 표지 등에 게재한 유아용 도서를 출판, 판매한 출판사의 행위가 일본 저작권법 제46조 제 4 호에 해당하는지 여부에 관하여 판단함에 있어서 먼저 위 예외규정을 둔 이유는 그러한 행위는 상당한 수익이 예상되는 시장을 저작권 소유자로부터 빼앗아 현저한 경제적 불이익을 줄 수 있기 때문에 저작권자의 이익을 배려하여 예외를 정한 것으로 생각된다고 하여 위 규정의 취지를 확인한 후, 유아용 사진을 이용하여 도시를 달리는 각종 자동차를 설명한다고 하는 피고 책의 목적에 비추어 원고 작품의 게재 방법이 특별히 부자연스러운 형태가 아니라는 것, 피고 서적을 보는 사람은 소개된 각종 자동차의 일례로서 본건 버스가 게재되고 있다는 인상을 받는다는 것 등의 사정을 종합 고려하여 피고의 행위는 위 제 4 호에 해당하지 않는다고 판시하였다(村井麻衣子, 앞의 논문, 255~256면 참조). 위와 같이 일본 저작권법의 예외규정은 우리 저작권법의 규정과 약간 다른 문언으로 되어 있으나, 우리 저작권법상으로도 위와 같은 사안의 경우는 입법취지 등에 비추어 동일한 결론을 내릴 수 있을 것으로 생각된다.

어 무료로 배포되는 기업의 홍보용 캘린더에 복제하는 것은 본 예외규정의 적용이 없고 법 제35조 제 2 항 본문에 따라 자유이용이 허용된다고 본다.[1]

그리고 예를 들어, 그림엽서에 사용할 목적으로 풍경사진을 촬영할 때 그 배경에 개방된 장소에 항시 설치되어 있는 미술저작물 등이 들어가게 되는 경우에는, 그 그림엽서에서 해당 미술저작물이 주된 존재인가 종된 존재인가 여부에 따라 본 예외규정의 적용 여부를 결정하여야 한다고 보는 것이 일반적이다. 즉, 풍경은 단순히 부수적인 것이고 미술저작물을 주된 소재로 하여 촬영한 것이라면 이 예외규정이 적용될 것이지만, 반대로 풍경이 주된 소재이고 그 배경에 멀리 미술작품이 촬영되어 있음에 지나지 않는 경우라면 이 예외규정이 적용되지 않고 따라서 자유이용의 대상이 되는 것으로 본다.[2]

📖 **판 례**

♣ 서울고등법원 2016. 12. 1. 선고 2015나2016239 판결 — "골프존" 사건[3]   §14-187-1

… 저작권법 제35조의 입법취지와 조문의 형식과 구조 등을 고려할 때 <u>제35조 제 2 항에서 정해진 '공중에게 개방된 장소'라고 함은 불특정 다수의 자가 보려고만 하면 자유로이 볼 수 있는 개방된 장소를 가리킨다고 해석하는 것이 타당한데, 앞서 본 사실관계에 의하면, 이 사건 각 골프장은 회원제로 운영되는 골프장으로서 일반공중의 출입이 제한되지 아니하여 누구든지 자유롭게 출입할 수 있는 장소라고 보기 어렵다. 그리고 위 조항에서 말하는 '복제하여 이용할 수 있다'는 것은 그 입법취지, 즉 개방된 장소에 항시 전시된 미술저작물 등의 복제행위는 일상생활에서 자연스럽게 일어나는 행위들이므로 이를 저작권으로 제한하는 것은 사회통념에 맞지 않을 뿐만 아니라 그 경우 자유이용을 허용하더라도 저작자의 경제적 이익을 크게 해치는 것은 아니라는 점에 비추어 그러한 입법취지를 넘어서는 경우, 즉 적극적인 2차적저작물의 작성행위까지 허용하는 것은 아니라고 해석하는 것이 타당하다.</u>

그런데 이 사건에서 피고 회사가 이 사건 각 골프장의 골프코스를 이용하여 스크린골프 시뮬레이션용 3D 골프코스 영상을 제작하는 것은 원저작물로서 건축저작물인 이 사건 각 골프장의 골프코스를 3D 컴퓨터 그래픽 등을 이용하여 3D 골프코스 영상으로 다시 창작하는 것으로서 2차적저작물의 작성에 해당하므로, 피고 회사의 위와 같은 행위가 저작권법 제35조 제 2 항에 따라 허용되는 적법한 행위라고 볼 수도 없다. 따라서 피고 회사 등의 위 주장은 이유 없다.

---

1 오승종, 전게서, 688면; 허희성, 전게서(2007), 259면 등 통설의 입장이다. 다만, 하급심 판결 중에 판매의 목적을 넓게 해석하여 광고의 목적으로 사용한 경우에도 저작권법 제35조 제 2 항 단서 제 4 호의 예외사유에 해당하는 것으로 본 사례('UV하우스' 사건에 관한 서울중앙지방법원 2007. 9. 12. 선고 2006 가단 208142 판결)가 있다. 입법론적으로는 이 판결과 같이 광고 등의 경우도 자유이용에서 제외되는 것으로 보는 것이 바람직한 면이 있으나, 법해석상으로는 그렇게 보기 어려운 것으로 여겨진다.

2 오승종, 전게서, 689면; 허희성, 전게서(2007), 259-260면; 정상조편, 전게서 [김병일 집필부분], 589면.

3 이 판결의 다른 쟁점들에 대해서는 §4-76-4 및 §5-23-3 참조.

▷NOTE : 위 판결은 골프장의 골프코스를 이용하여 스크린골프 시뮬레이션용 3D 골프코스 영상을 제작한 것이 골프코스에 대한 저작권을 침해한 것인지 여부가 문제된 사안에서, 이른바 '파노라마의 자유'에 관한 저작권법 제35조 제 2 항의 적용 요건과 관련하여 첫째, 회원제로 운영되는 골프장이 '공중에게 개방된 장소'에 해당한다고 보기 어렵다는 것, 둘째, 위 규정에서 '복제하여 이용할 수 있다'고 한 것은 그 취지에 비추어 적극적인 2차적저작물 작성행위까지 허용하는 것은 아니라고 보아야 한다는 것을 이유로, 제35조 제 2 항의 적용을 부정하였다. 위 둘째의 근거는 이전 판에서부터 본서가 주장한 입장과 일치하는 것이고, 첫째의 근거 제시에 대하여도 본서는 동의하는 입장이다(§14-182 참조).

4. 미술저작물 등의 전시, 판매에 수반되는 목록 형태 책자의 복제 및 배포

(1) 의　　의

§14-188　법 제35조 제 3 항은 "제 1 항의 규정에 따라 전시를 하는 자 또는 미술저작물 등의 원본을 판매하고자 하는 자는 그 저작물의 해설이나 소개를 목적으로 하는 목록 형태의 책자에 이를 복제하여 배포할 수 있다"고 규정하고 있다.

위에서 본 제 1 항의 규정에 따라 미술저작물 등의 원본 소유자는 원본에 의한 전시를 자유롭게 할 수 있으며, 한편으로 판매 등의 방법으로 한번 거래의 대상이 된 이후에는 권리소진의 원칙(§13-56 이하 참조)을 정한 저작권법 제20조 단서 규정에 따라 저작권자의 배포권(§13-55 이하)도 소진되어 저작권자의 허락 없이 이를 자유롭게 다른 제 3 자에게 판매할 수도 있다. 그런데 그러한 전시 및 판매를 위해 불특정 다수인이 관람할 수 있는 전시회장 등에 내놓을 경우에는 그에 수반하여 카탈로그, 팜플렛 등 목록 형태의 책자를 만들어 배포하는 것 필요한데, 그 책자에 미술저작물 등을 복제한 사진 등을 게재하여 배포하는 것에 대해 저작재산권자(복제·배포권자)의 별도 허락을 받도록 요구한다면 결국 소유자의 위와 같은 전시 및 판매 등의 자유는 실질적으로 큰 제약을 받게 될 것이다. 그런 점에서 저작권법은 본항을 통해 그와 같은 경우를 저작재산권 제한사유로 추가한 것이다.

(2) 요 건

(가) 미술저작물 등의 원본의 소유자로서 원본에 의하여 전시하는 자 또는 미술저작물 등의 원본을 판매하고자 하는 자가 이용할 것

위 규정은 "제1항의 규정에 따라 전시를 하는 자 또는 미술저작물 등의 원본을 판매하고자 하는 자"만 복제 및 배포의 주체가 될 수 있도록 규정하고 있다. 따라서 미술저작물 등의 원본의 소유자로서 저작권법 제35조 제1항에 의하여 원본에 의하여 전시하는 자 또는 미술저작물 등의 원본을 판매하고자 하는 자만 이 규정에 의한 자유이용의 주체가 될 수 있고, 예를 들어 미술저작물 등의 복제물을 판매하고자 하는 자는 이 규정에 의한 자유이용의 주체가 될 수 없다.

§14-189

(나) 미술저작물 등을 그 저작물의 해설이나 소개를 목적으로 하는 목록 형태의 책자에 복제, 배포할 것

"그 저작물의 해설이나 소개를 목적으로 하는 목록 형태의 책자"는 관람자를 위해 전시되는 저작물의 해설 또는 소개를 목적으로 하는 소형의 카탈로그, 목록 또는 도록 등을 의미하는 것으로서, 해설 또는 소개의 목적을 벗어나 원본을 대신하여 감상용이 될 수 있을 정도의 호화본이나 화집이라고 할 수 있을 정도의 것은 허용되지 않는 것으로 보고 있다.[1]

§14-190

특별전람회와 같은 경우에는 출품되어 진열된 작품을 복제하여 게재하는 것이 허용될 것이지만, 미술관과 같은 상설적인 시설에서는 목록작성 시점에 진열되어 있는 작품뿐만 아니라 교체진열이 예정되어 있는 소장작품 전체를 소장목록 형태의 책자로 복제하는 것도 허용된다고

---

[1] 장인숙, 전게서, 107면; 허희성, 전게서(2007), 261면; 오승종, 전게서, 691면; 일본 판례 중에 목록형태의 책자를 넘어 감상용 도서가 될 수 있다는 이유로 우리 저작권법 제35조 제3항에 상응하는 규정인 일본 저작권법 제47조의 규정을 부정한 판결들이 있다. 예를 들어 '달리사건'에 대한 東京地裁 平成 9年 9月 5日 平3(ワ)3682号 判決은 "(일본) 저작권법 47조에서 규정하고 있는 "관람자를 위해서 미술의 저작물 또는 사진의 저작물의 해설 또는 소개를 목적으로 하는 소책자"란 관람자를 위해서 전시된 저작물의 해설 또는 소개를 하는 것을 목적으로 하는 소형의 카탈로그, 목록 또는 도록 등을 의미하는 것이며, 해설 또는 소개를 목적으로 하는 것으로 규정한 이상, 그 내용에 있어서 저작물의 해설이 주가 되어 있거나 또는 저작물에 관한 자료적 요소가 상당히 있는 것을 요하는 것으로 해석하여야 하고, 또한 전시된 원작품을 감상하려고 하는 관람자를 위해서 저작물의 해설 또는 소개를 하는 것을 목적으로 하는 것이므로, 게재되는 작품의 복제의 질이 복제 자체의 감상을 목적으로 하는 것이 아니고 전시된 원작품과 해설 또는 소개와의 대응 관계를 시각적으로 명백히 하는 정도일 것을 전제로 하고 있는 것으로 해석되고, 예를 들어 관람자에게 배포되는 것이더라도 종이의 질, 판형, 작품의 복제상태 등으로 보아 복제된 작품의 감상용 도서로서 시장에 있어서 거래될 만한 가치를 가지는 것은 실질적으로 화집에 다름 아니고, 동조 소정의 소책자에 해당 하지 않는다. 일정 주제의 전람회의 기회에 일본 전국 혹은 세계 각국에서 대여를 받은 작품, 개인 소장 작품 등 일반인으로서는 일상적으로 접할 수 없는 작품의 질이 좋은 복제물을 게재한 카탈로그를 발행하고, 관람자가 후일 이것을 감상·검토하고, 원작품을 상기할 수 있도록 하기 위해 제공하는 것은 문화적·학술적으로는 의의가 있는 일이지만, 그러한 판매용 및 감상용의 화집과 같은 것을 저작권법 47조 소정의 소책자로서 복제권이 미치지 않는 것으로 보는 것은 상당하지 않다"고 판시한 바 있다. 다만, 이 판결에서 "그 내용에 있어서 저작물의 해설이 주가 되어 있거나 또는 저작물에 관한 자료적 요소가 상당히 있는 것을 요하는 것으로 해석"한 부분에 대하여는 굳이 그러한 요건까지 부과할 이유는 없다고 하여 비판하는 견해가 유력하고, 이후의 다른 판례들도 그 부분 요건을 제시하지는 않고 있다. 半田·松田(2009) 2卷 [上村哲史 집필부분], 410면 참조.

본다.1

　　이 규정에 의하여 작성된 카탈로그나 목록 등이 제작 실비에 해당하는 가격으로 판매되는 경우는 물론이고, 전시회 등의 수익을 위하여 실비 이상의 가격으로 판매되는 경우도 있을 수 있는데, 그러한 경우라고 하여 이 규정이 적용되지 않는다고 볼 것은 아니다.2 그러나 그러한 카탈로그나 목록은 해당 미술저작물 등의 시장적 가치를 저해하는 결과를 초래할 우려가 크므로 이 규정의 적용 여부를 판단함에 있어서 더욱 엄격하게 볼 것이 요망된다. 예를 들어 관람 예정인원을 훨씬 상회하는 부수를 작성하여 일반인들에게도 판매하는 것은 허용되지 않는다.3 또한 목록 형태의 책자가 아니라 그림엽서 또는 1장짜리 복제화를 작성하는 것도 이 규정이 적용되지 않고, 따라서 그 경우에는 저작재산권자의 허락 없이는 작성할 수 없다.4

　　위와 같은 조건들을 충족할 경우 미술저작물 등(§14-175 참조)을 목록 형태의 책자에 '복제'하여 '배포'하는 것이 허용된다. 법문을 위주로 해석할 경우, 이러한 규정은 오프라인 인쇄물 형태로 제작하여 배포하는 것만 허용하는 취지로서 온라인상의 전송이나 기타 공중송신의 경우는 적용되지 않는 것으로 보게 될 가능성이 높지만,5 전자상거래가 활성화된 오늘날의 디지털 환경 속에서는 인터넷 상의 미술저작물 경매 등의 경우에 그 미술저작물의 축소 이미지를 경매 사이트에 올려서 구매희망자들이 볼 수 있게 할 필요성이 크게 부각되고 있다.6 이러한 점을 감안하여, 하급심 판결 가운데는 해석론으로도 복제 및 배포 외에 공중송신의 경우도 이 규정의 유추적용이 가능한 것으로 본 사례가 있어 눈길을 끈다.7 판매하는 그림 등이 어떤 것인지를 구매희망자가 알 수 있도록 축소이미지의 목록을 경매사이트 등에 올려 '전송'하는 것은 그 축소 이미지의 해상도가 높지 않아 저작권자의 이익을 부당하게 해치지 않는 것으로 보일 때에는 이 규정의 유추적용을 하기보다 공정이용 일반조항인 제35조의3에 따른 공정이용에 해당하여 허용되는 것으로 보

1　오승종, 전게서, 691면; 加戶守行, 전게서, 310면.

2　오승종, 전게서, 691면; 加戶守行, 전게서, 310면; 半田正夫·松田政行編, 전게서 2卷 [上村哲史 집필부분], 411면.

3　오승종, 전게서, 691면; 加戶守行, 전게서, 310면; 半田正夫·松田政行編, 전게서 2卷 [上村哲史 집필부분], 411면.

4　오승종, 전게서, 691~692면; 허희성, 전게서(2007), 261면; 加戶守行, 전게서, 311면.

5　半田正夫·松田政行編, 전게서 2卷 [上村哲史 집필부분], 411면 참조.

6　임원선, 전게서(2009), 247면 등 참조. 일본에서는 그러한 경우를 저작재산권 제한사유로 하기 위한 별도의 규정을 2009년의 개정법에서 다음과 같이 신설하였다.
　　　일본 저작권법 제47조의2(미술저작물 등의 양도 등의 제의에 수반하는 복제 등) 미술저작물 또는 사진 저작물의 원작품 또는 복제물의 소유자 그 밖에 그 양도 또는 대여의 권원을 가지는 사람이 제26조의2 제 1 항 또는 제26조의3에 규정된 권리를 해치는 바 없이 그 원작품 또는 복제물을 양도하거나 대여하려고 하는 경우에는 해당 권원을 가지는 사람 또는 그 위탁을 받은 사람은 그 제안을 위한 용도에 제공하기 위해 그 저작물에 대하여 복제 또는 공중 송신(자동공중송신의 경우에는 송신가능화를 포함한다)(당해 복제에 의해 작성되는 복제물을 이용하여 행하는 이들 저작물의 복제 또는 당해 공중송신을 수신하여 행하는 이들 저작물의 복제를 방지하거나 또는 억제하기 위한 조치 그 밖에 저작권자의 이익을 부당하게 해치지 않기 위한 조치로서 정령으로 정하는 조치를 강구하여 행하는 것에 한정한다)을 할 수 있다.

7　서울중앙지방법원 2008. 10. 17. 선고 2008가합21261 판결.

는 것이 타당할 것으로 생각된다.

5. 위탁에 의한 초상화 등

위탁에 의한 초상화 또는 이와 유사한 사진저작물의 경우에는 위탁자의 동의가 없는 때에는   §14-191
이를 이용할 수 없다(법 제35조 제4항). 위탁에 의하여 초상화나 그와 유사한 인물 사진 등을 작성
한 경우에도 특별한 약정이 없는 한 그 저작권은 초상화를 그린 화가나 사진을 촬영한 사진사가
갖는 것이 원칙이다. 그런데 그 초상화나 인물사진에는 '초상'의 주인공인 위탁자의 초상권이 작
용하기 때문에 저작권자라고 하여 그 초상권을 침해할 수 있는 이용행위를 함부로 하여서는 아니
된다. 이것은 민법상의 인격권(그 중 초상권)에 관한 법리만으로도 충분히 도출되는 결론으로서 저
작권법의 특별한 규정을 요하는 것은 아니나, 저작권법은 주의적으로 확인하는 의미에서 위와 같
은 규정을 둔 것이다.

원래 1957년에 제정된 구 저작권법은 제13조에서 "타인의 촉탁에 의하여 저작된 사진, 초상
의 저작권은 그 촉탁자에 속한다"고 규정하고 있었는데, 이는 저작자 확정에 있어서의 '창작자 원
칙'에 비추어 보면 매우 변칙적인 규정이라고 할 수 있다. 현행법은 그러한 변칙을 인정하지 않는
대신 초상화 또는 이와 유사한 사진저작물의 이용시에는 위탁자의 동의를 받도록 하는 취지의 권
리제한 규정을 두는 것으로 초상권과의 충돌 문제를 해결하였다. 이 규정은 저작권 보호가 아니
라 초상권 보호를 위한 목적에 기한 규정으로서 이 규정을 위반하여 위탁자의 동의를 받지 않고
초상화 또는 이와 유사한 사진저작물을 이용하였을 경우에는 저작권침해가 되는 것이 아니라 초
상권의 침해가 성립하는 것으로 보아야 함은 당연한 것이다.

6. 출처 명시 등

본조에 의한 자유이용의 경우에 출처명시의무는 면제되지 아니한다(법 제37조). 개작 이용도
허용되지 않음은 위에서도 언급한 바와 같다(법 제36조 참조).

XVII. 컴퓨터프로그램저작물의 특성에 따른 저작재산권 제한사유

1. 개   관

§14-192   구 컴퓨터프로그램보호법과 저작권법을 통합한 2009. 4. 22. 개정 저작권법은 기존의 컴퓨터 프로그램보호법의 규정들 중 컴퓨터프로그램저작물(이하 프로그램이라 한다)의 특성을 반영한 규정들을 저작권법상의 특례규정으로 수용하였다. 특례규정 중 저작재산권 제한사유에 관한 규정들이 제101조의3, 제101조의4, 제101조의5이다. 그 가운데 제101조의3 제 1 호(재판 또는 수사를 위한 복제), 제 2 호(교육기관에서의 수업목적 이용), 제 3 호(교과용 도서에의 게재), 제 4 호(사적 이용을 위한 복제), 제 5 호(시험 또는 검정 목적의 이용)의 다섯 가지 사유는 각각 일반저작물에 대한 제한사유인 제23조, 제25조 제 2 항, 같은 조 제 1 항, 제30조, 제32조에 대한 특칙규정이라 할 수 있으므로, 각 해당 사유에 대한 설명의 마지막 부분에서 이미 설명하였다.

위 다섯 가지 사유를 제외한 네 가지 사유, 즉 ① 프로그램의 기초를 이루는 아이디어 및 원리를 확인하기 위한 복제(제101조의3 제 1 항 제 6 호), ② 컴퓨터의 유지·보수를 위한 프로그램의 일시적 복제(제101조의3 제 2 항), ③ 프로그램코드 역분석(제101조의4), ④ 정당한 이용자에 의한 프로그램 보존을 위한 복제 등(제101조의5)의 각 사유에 대하여 여기에서 자세히 살펴보기로 한다.

2. 프로그램의 기초를 이루는 아이디어 및 원리를 확인하기 위한 복제

(1) 의   의

§14-193   저작권법 제101조의3 제 1 항 제 6 호는 "프로그램의 기초를 이루는 아이디어 및 원리를 확인하기 위하여 프로그램의 기능을 조사·연구·시험할 목적으로 복제하는 경우(정당한 권한에 의하여 프로그램을 이용하는 자가 해당 프로그램을 이용 중인 때에 한한다)"를 프로그램의 종류·용도, 프로그램에서 복제된 부분이 차지하는 비중 및 복제의 부수 등에 비추어 프로그램의 저작재산권자의 이익을 부당하게 해치는 경우가 아닐 것을 조건으로 저작재산권 제한사유로 규정하고 있다.

(2) 요   건

(가) 프로그램의 기초를 이루는 아이디어 및 원리를 확인하기 위하여 프로그램의 기능을 조사·연구·시험할 목적으로 복제하는 경우일 것

§14-194   컴퓨터프로그램은 다른 저작물과 마찬가지로 그 표현만 보호되고 그 기초를 이루는 아이디어나 원리는 아무리 참신한 발견 등을 내포하고 있더라도 법적으로 보호되지 않는다(§3-29 이하 참조). 즉 그 아이디어나 원리는 저작권법적으로는 원래 자유로이 이용할 수 있는 것이 원칙이다.

그런데 다른 프로그램의 아이디어나 원리를 알아내기 위해서는 그 아이디어 및 원리를 확인하기 위해 프로그램을 조사, 연구, 시험하는 과정이 필요하게 된다. 이러한 과정을 거치는 것을 법에서 허용하지 않으면 실제로 아이디어를 자유롭게 이용할 수 없는 결과가 되고, 그것은 경쟁의 촉진이라고 하는 면에서 바람직하지 않은 결과가 된다. 그러한 아이디어를 추출하기 위해 때로 프로그램 코드 역분석이라고 하는 과정을 거칠 필요도 있는데, 그에 대하여는 엄격한 요건하에 저작권법 제101조의4에서 별도로 규정하고 있고, 이 규정(제101조의3 제 1 항 제 6 호)은 그 아이디어 등을 확인하기 위해 코드 역분석이 아니라 프로그램의 정상적 설치, 실행, 사용 등의 절차를 활용하는 것을 허용하는 취지로 규정된 것이다.1 정당한 권한을 가진 이용자라면 원래 프로그램의 설치, 실행, 사용 등에 수반되는 복제는 적법하게 할 수 있는 것이지만, 때로는 권리자가 이용자들에게 원래의 프로그램이 예정하고 있는, 예를 들어 교육이나 업무생산성 향상, 엔터테인먼트 등의 정해진 목적으로만 이용할 수 있도록 하고 다른 목적으로의 사용을 허락하지 않는 경우가 있으므로 그러한 경우에도 그러한 목적을 위한 설치, 사용 등을 법에서 허용하기 위해 이 규정을 둔 것이라고 할 수 있다.

---

1 서울중앙지방법원 2014. 1. 23. 선고 2013가합23162 판결은 "① 저작권법은 제 2 조 제34호에서 프로그램의 역분석 가운데 특히 프로그램의 호환에 필요한 정보를 얻기 위한 역분석을 '프로그램코드역분석'이라는 용어로 정의하면서 제101조의4 제 1 항에서 프로그램코드역분석이 가능한 경우를 규정하고 있을 뿐, 프로그램의 기초 원리나 아이디어를 얻기 위한 역분석이나 오류 수정이나 결함 제거를 위한 역분석 등과 같은 다른 용도의 역분석에 관해서는 별도의 규정을 두고 있지 아니하므로, 다른 용도의 역분석의 경우에는 저작권법의 일반 원칙에 따라 저작권 침해 및 저작권의 제한 여부를 판단해야 하는 점, ② 또한 저작권법은 제101조의3 제 1 항에서 공표된 프로그램을 복제 또는 배포할 수 있는 일반적인 예외사유를 규정한 다음, 제101조의4 제 1 항에서 특히 프로그램코드역분석을 할 수 있는 예외사유를 별도로 규정하는 체계로 이루어져 있는 점, ③ 역분석이 저작권 침해로 평가되는 이유는 앞서 본 바와 같이 역분석 과정에서 필연적으로 프로그램의 복제가 발생하기 때문이므로 그 복제가 저작권법의 일반조항에 의하여 허용된다면 프로그램의 역분석 또한 허용되는 행위로 볼 수 있는 점, ④ 저작권법의 보호대상은 표현이지 그 기초 원리나 기술적 사상은 아니므로, 해당 프로그램에 내재된 기초 원리나 기술적 사상에 관하여 특허권 등을 설정하여 별도로 보호받지 아니한 이상, 프로그램의 역분석에 의해 그 기술적 사상에 접근하는 것을 과다하게 금지하는 것은 문화 및 관련 산업의 향상 발전에 이바지하기 위한 저작권법의 목적에도 맞지 않는 점 등을 종합해보면, 저작권법 제101조의3 제 1 항은 프로그램의 복제를 전제로 하는 프로그램의 역분석에 관하여 적용되는 일반규정이고 같은 법 제101조의4 제 1 항은 역분석 가운데서 특히 프로그램의 호환성 확보를 위한 프로그램코드역분석에 관하여 적용되는 특별규정이라 할 것이므로, 프로그램의 역분석은 저작권법 제101조의3 제 1 항 각 호에 규정된 예외사유에 해당하는 경우에는 해당 프로그램에 관한 복제권과 배포권을 침해하지 아니하고, 프로그램의 호환에 필요한 정보를 얻기 위한 프로그램코드역분석은 저작권법 제101조의4 제 1 항에 규정된 예외사유에 해당하는 경우 해당 프로그램에 관한 저작재산권을 침해하지 아니한다고 보아야 한다. 따라서 피고의 역분석 행위가 저작권법 제101조의3 제 1 항 제 6 호와 같은 법 제101조의4 제 1 항에 의하여 허용될 경우에는 원고의 저작권을 침해하지 아니하게 된다."라고 판시하고 있다. 그러나 저작권법 제 2 조 제34호에서 "프로그램코드역분석"에 대하여 정의하면서 "독립적으로 창작된 컴퓨터프로그램저작물과 다른 컴퓨터프로그램과의 호환에 필요한 정보를 얻기 위하여 컴퓨터프로그램저작물코드를 복제 또는 변환하는 것을 말한다."라고 규정하여, 프로그램코드역분석은 처음부터 프로그램 간의 호환에 필요한 정보를 얻기 위한 것으로 한정하고 있고 저작권법 제101조의4는 제목부터 프로그램코드역분석이라고 표시하고 본문에도 " … 프로그램코드역분석을 할 수 있다"라는 문언을 사용하고 있음에 반하여 제101조의3 제 1 항 제6호의 규정에는 그 제목이나 본문 어디에도 '역분석'이나 '변환'이라는 단어를 사용하고 있지 않은 것에 미루어보면, 제101조의4만 프로그램코드역분석에 대한 규정이고 (그에 대하여는 §14-201 이하 참조) 본호 규정은 프로그램코드역분석에 관한 규정이 아니라고 보는 것이 타당할 것으로 생각된다.

따라서 이 규정은 위와 같은 목적으로 행하는 복제에 대하여만 적용되고, 그렇지 않은 경우에는 적용되지 않는다. 실제로 위와 같은 목적으로 행하는 것이 아니더라도, 원래의 이용자가 정당하게 사용할 수 있는 목적 범위 내에 있는 경우라면, 저작권자의 허락을 받은 이용이므로 처음부터 저작권 침해가 되지 않는 것이다. 결국 이 규정은 이용허락을 받은 사용목적의 범위 내가 아니더라도 위와 같은 목적에 따른 설치, 사용 등이면 이것을 허용하기 위한 규정으로서, 그 취지는 이용행위의 추가적 허용이라기보다는 이용목적의 추가적 허용에 있다고 할 수 있다. 프로그램을 사용하는 과정에는 통상 램(RAM)에의 일시적 저장이 수반되는데, 그러한 일시적 저장이 저작권법상 복제의 개념에 포함되는 것으로 볼 것인지에 대하여는 견해가 일치하지 않았고 국내 학설 가운데는 복제의 개념에 포함되지 않는다는 견해가 많은 편이었으나 한·미 FTA 이행을 위한 2011. 12. 2.자 개정 저작권법에서는 일시적 저장을 복제의 개념에 포함시키는 규정을 명시적으로 두었다(자세한 것은 §13-11 이하 참조). 개정법에 따라 그러한 일시적 저장을 복제에 해당한다고 볼 경우에도 이 규정이 요구하는 모든 조건을 충족할 경우에는 복제권 침해가 성립하지 않게 된다.

(나) 정당한 권한에 의하여 프로그램을 이용하는 자가 행하는 경우일 것

§14-195 이것은, 컴퓨터프로그램의 설치, 사용 등에 대하여 권리자로부터 이용허락을 받은 경우이거나 다른 저작재산권 제한사유 등에 의하여 정당하게 이용할 수 있는 경우여야 한다는 것을 뜻한다. 이른바 패키지 프로그램의 경우에 그 이용허락은, 정품CD를 구매한 이용자가 그 포장지를 뜯을 때에 동의한 것으로 보게 되는 이른바 '포장지 이용허락 약관(shrink-wrap license)'(§13-87 이하 참조) 또는 온라인 사이트에서 다운로드 방식 등으로 구매할 때 화면에 제시된 이용허락 조건들에 동의한다는 클릭을 통해 성립한 것으로 보게 되는 이른바 '클릭온(click-on) 이용허락 약관' 등에 의하여 이루어지는 경우가 많다. 그러한 경우의 오프라인 또는 온라인의 프로그램 구매자들은 패키지 형태가 아닌 프로그램에 대하여 정식의 이용허락 계약을 체결하고 이용하는 경우와 마찬가지로, '정당한 권한에 의하여 프로그램을 이용하는 자'에 해당한다.

(다) 그 이용자가 해당 프로그램을 이용 중인 때에 하는 복제일 것

§14-196 이것은 위와 같은 프로그램의 정성적인 설치, 사용 과정 중에 부수적으로 이루어지는 복제만 자유이용의 범위 안에 있는 것이고, 그러한 이용과정을 벗어나 복제 등의 행위를 하는 것은 허용되지 않는다는 것을 뜻하는 것이다. 아래 4.(§14-201 이하)에서 설명하는 별도의 요건을 갖추지 않는 한 이 규정에 따라 프로그램 코드 역분석을 할 수는 없고, 아래 5.(§14-206 이하)에서 설명하는 별도의 요건을 갖추지 않는 한 또 하나의 복제본을 제작할 수도 없다.

3. 컴퓨터의 유지·보수를 위한 프로그램의 일시적 복제

(1) 의   의

한·미 FTA 이행을 위한 2011. 12. 2. 자 개정법에서는 제101조의3 제 2 항을 신설하여 컴퓨   §14-197
터의 유지·보수를 위한 프로그램의 일시적 복제를 프로그램에 특화된 저작재산권 제한사유의 하
나로 추가하였다.

이것은 PC, 스마트폰 등의 정보처리장치(저작권법상 총칭하여 '컴퓨터'라 한다. 제 2 조 제16호 참조)
에 프로그램이 설치되어 있는 상태에서 고장으로 수리할 필요성이 많아지면서 그 필요성이 부각
된 조문이다. 즉 이러한 상황에서 컴퓨터가 고장이 날 경우에는 컴퓨터를 수리하는 과정에서 그
운영체제를 새로 깔아 설치하는 등의 경우에 기존의 하드디스크 등에 설치되어 있던 프로그램을
일시적으로 다른 저장매체에 복제해 두었다가 다시 컴퓨터로 복제하는 과정을 거치지 않으면
컴퓨터를 정상적으로 이용할 수 없게 되는 경우가 많으므로, 그러한 경우에 일시적으로 프로그
램을 다른 매체에 복제하는 등의 행위를 명시적으로 허용하기 위하여 이 규정을 마련하게 된 것
이다.[1]

(2) 적용 요건(제101조의3)

(가) 컴퓨터의 유지·보수를 위하여 그 컴퓨터를 이용하는 과정에서 하는 행위여야 한다.

컴퓨터가 바이러스의 감염이나 물리적 충격 등의 사유로 정상적으로 작동되지 않아 수리를   §14-198
하기 위해 그 컴퓨터의 운영체제 프로그램을 새로 설치하거나 하드디스크를 교체하는 등의 과정
에서 일시적으로 다른 매체에 복제해 두었다가 수리 후 다시 원래 컴퓨터에 복제하는 것이 그 전
형적인 예라고 할 수 있다. 새로운 컴퓨터를 사서 기존의 구 컴퓨터에 설치되어 있던 프로그램을
옮겨 복제하는 것은 컴퓨터의 유지·보수를 위한 것이 아니고 '일시적 복제'도 아니므로 이 규정
의 적용대상이 아니다.[2] 컴퓨터의 수리를 위해 일시적 복제를 하는 사람은 반드시 컴퓨터의 소
유자 자신이 아니라 전문 수리업자여도 상관없는 것으로 보아야 할 것으로 생각된다.

(나) 정당하게 취득한 프로그램이어야 한다.

프로그램이 처음부터 권리자의 허락 없이 불법으로 복제되어 있는 것이라면 컴퓨터의 수리   §14-199
과정에서 일시적으로 복제하는 행위라고 하여 굳이 적법하게 볼 필요가 없다는 취지에서 규정된

---

[1] 일본 저작권법 제47조의4가 유사한 취지의 규정이나, 프로그램만이 아니라 '저작물' 전체에 대한 제한사유라는 점이
다르다. 미국 저작권법 제117조 (c), (d)는 우리 개정법과 마찬가지로 프로그램에 대하여 같은 취지의 제한사유를 규
정하고 있다.

[2] 半田正夫·松田政行編, 著作權法 コンメンタール, 2卷, 勁草書房, 2009, 434면 참조.

요건이다. 일본 저작권법 제47조의4의 경우에는 이러한 요건이 없으므로 전문적인 수리업자의 경우 컴퓨터에 저장된 저작물이 불법복제물인지 여부와 관계없이 면책되는 것으로 해석되고 있으나,[1] 우리 저작권법 상으로는 프로그램이 컴퓨터 소유자 등에 의하여 정당하게 취득된 것이 아닐 경우에는 전문적인 수리업자의 경우에도 침해 책임을 질 여지가 없지 않다. 다만 특별히 불법복제물이라는 증거가 없는 이상, 고의, 과실이 없는 것으로 볼 가능성은 많을 것이다.

(다) 일시적 복제여야 한다.

§14-200   위와 같이 수리과정에서 프로그램을 다른 저장매체에 복제하였다가 수리 후에 원래의 컴퓨터에 다시 복제한 후 다른 저장매체에 복제하였던 프로그램은 삭제를 할 경우에는 '일시적 복제'의 개념에 해당한다고 볼 수 있다. 그러나 앞서도 언급한 바와 같이 고장이 난 컴퓨터 대신 다른 컴퓨터에 옮겨 복제해 두고 계속 사용하는 것과 같은 경우에는 '일시적 복제'라고 할 수 없다.

4. 프로그램코드 역분석(리버스 엔지니어링)

(1) 의   의

§14-201   프로그램코드 역분석이란 일반적으로 리버스 엔지니어링(reverse engineering)이라 불리는 것 중의 한 유형이다. 리버스 엔지니어링이란 회사나 개인이 어떠한 물건을 구입한 후 그 제품의 기술정보를 알아내기 위하여 그 제품을 분해 또는 분석하는 것을 말한다. 컴퓨터프로그램에 있어서의 역분석, 곧 리버스 엔지니어링은 다음과 같은 특징을 갖는다. 즉, 시중에 유통되고 있는 컴퓨터프로그램은 대부분 목적코드(object code)의 형태로 되어 있어 그 자체로는 내용을 알아볼 수 없고 따라서 특수한 컴퓨터프로그램을 이용하여 그 목적코드를 원시코드(source code)로 역변환(decompile)할 필요가 있다. 그러므로 프로그램의 리버스 엔지니어링에는 반드시 이러한 역변환의 과정이 따르게 되는데, 그 과정에서 컴퓨터프로그램의 '복제'가 수반되는 것은 필연적이다. 또한 역변환에 의하여 그 원래의 원시코드와 유사한 원시코드(cousin source code)를 만들고 그것에 기하여 흐름도(flow chart)를 작성하는 행위는 역시 저작권법상 프로그램의 복제에 해당하거나 아니면 2차적저작물 작성행위에 해당하는 것으로 볼 수 있다. 따라서 저작권법상 이것을 허용하는 아무런 규정이 없다면, 저작권자의 허락을 받지 않는 한 복제권 또는 2차적저작물작성권의 침해가 될 수 있다. 저작권법 제101조의4는 바로 이러한 행위를 프로그램코드 역분석이라고 칭하면서 일정한 조건을 충족할 경우 자유이용의 대상이 될 수 있도록 규정하고 있다.

---

1 半田正夫·松田政行編, 전게서, 433면 참조.

(2) 요 건

(가) 정당한 권원에 의하여 프로그램을 사용하는 자 또는 그의 허락을 받은 자가 프로그램코드 역분석을 행할 것

정당한 권원에 의하여 프로그램을 사용하는 자 또는 그의 허락을 받은 자가 행할 것을 요건 §14-202 으로 하므로, 프로그램의 불법복제물을 취득한 자 등은 이 규정에 의한 코드 역분석을 할 수 없다. 여기서 정당한 권원에 의하여 프로그램을 사용하는 자의 뜻은 위 2.에서 살펴본 제101조의3 제 6 호의 "정당한 권한에 의하여 프로그램을 이용하는 자"와 같다. 다만 이 규정에 의한 자유이용에 있어서는 그러한 정당한 사용 권한을 가진 자만이 아니라 그로부터 허락을 받은 자도 주체가 될 수 있다는 것이 제101조의3 제 6 호의 경우와 다른 점이다.

(나) 호환에 필요한 정보를 쉽게 얻을 수 없고 그 획득이 불가피한 경우일 것

현행 저작권법상 코드 역분석은 '호환'과 관련된 한도 안에서만 허용된다. '호환(interoperability)' §14-203 이란 하드웨어와 소프트웨어의 상호 연결성을 포함하는 개념으로서, 일반적으로는 "정보를 교환하고 상호간에 교환된 정보를 사용할 수 있는 능력"으로 정의되고 있다.[1]

'호환에 필요한 정보를 쉽게 얻을 수 없고 그 획득이 불가피한 경우'라고 함은 코드 역분석에 의하지 않고는 호환에 필요한 정보를 쉽게 얻을 수 없고 코드 역분석에 의하여 호환에 관한 정보를 획득하는 것이 호환을 위해 불가피한 경우를 의미하는 것으로 볼 수 있을 것이다.[2] 다른 방법이 있을 경우에는 허용되지 않고 다른 방법이 없을 경우에만 보충적으로 허용된다는 의미에서 보충성의 원칙이라고 부르기도 한다. 따라서 사용자 매뉴얼이나 기타의 방법을 통하여 호환에 필요한 정보를 획득할 수 있는 경우에는 역분석이 허용되지 않는다.[3] 미국의 판례상으로, 다른 게임회사의 게임기 콘솔과 호환 가능한 게임을 제작하기 위해서는 그 콘솔에 내장된 컴퓨터프로그램

---

1 EU 저작권 지침 전문 (12). Ed. Thomas Dreier et al., *Concise European Copyright Law*(2006), 230면.

2 서울중앙지방법원 2014. 1. 23. 선고 2013가합23162 판결은 이 규정의 적용을 주장하는 피고의 항변을 배척하면서 "피고가 제출한 증거들만으로는 피고가 호환에 필요한 정보를 쉽게 얻을 수 없었다거나 호환성의 획득이 불가피하였다는 점을 인정하기 부족하고, 달리 이를 인정할 증거가 없다. 오히려 갑 제24호증의 기재와 변론 전체의 취지를 종합하면, 원고와 피고는 이 사건 원고 프로그램이 내장된 이 사건 피고 프로그램의 정상적인 작동을 위해 상호협력하면서 수차례 기술지원을 주고받은 사실을 인정할 수 있는바, 위 인정사실에 의하면 피고로서는 이 사건 원고 프로그램이 과도한 정보를 수집하는 코드를 가지고 있어 서울특별시에서 운영하는 시스템에 적합하지 않다는 사정이 있었다면 원고에게 기술지원을 요청하여 이를 쉽게 제거할 수 있었던 것으로 보임에도 원고에게 어떠한 요청도 하지 아니한 채 곧바로 이 사건 원고 프로그램을 역분석하였으므로, 피고의 역분석은 저작권법 제101조의4 제 1 항에 의하여 허용되는 행위에 해당하지 아니한다. 또한 피고의 주장에 의하더라도 피고는 이 사건 원고 프로그램이 서울특별시에서 운영하는 시스템에 기술적으로 호환되지 않는 문제를 해결하기 위해서가 아니라 단순히 이 사건 원고 프로그램이 서울특별시의 정보를 과도하게 수집하지 못하도록 하기 위해서 이 사건 원고 프로그램을 역분석하였다는 것이므로, 이는 다른 프로그램과의 호환에 필요한 정보를 얻기 위해 이루어진 것으로 볼 수도 없다."라고 판시하였다.

3 전성태, "프로그램코드 역분석에 관한 소고," 디지털재산법연구, 제 4 권 제 1 호, 세창출판사(2005), 278~279면; 오승종, 전게서(2007), 887면.

을 코드 역분석(리버스 엔지니어링)하여 호환에 필요한 정보를 얻을 수밖에 없었던 경우에 대하여 그 코드 역분석을 공정이용으로 인정한 사례[1]가 있는데, 그러한 경우가 이 조건을 충족하는 예라고 할 수 있다.

현행법상 호환을 위한 목적 이외의 다른 목적에 기한 코드 역분석은 허용되지 않는다. 특히 역분석의 대상이 되는 프로그램과 유사한 기능의 프로그램을 만들기 위한 목적은 이 규정에 의한 허용범위에 포함되지 아니한다.

(다) 당해 프로그램의 호환에 필요한 부분에 한하여 코드 역분석을 할 것

§14-204
위와 같이 호환을 위해 불가피하게 코드 역분석을 할 필요가 있다고 인정되더라도, 필요한 호환 관련 정보를 얻기 위해서는 그 프로그램 중 일부분에 대해서만 코드 역분석을 하여도 충분한 경우라면 그 일부분에 한하여 역분석을 하여야 하고, 그것을 넘어서는 부분에 대하여 역분석을 하는 것은 허용되지 아니한다. 그러므로 이 규정에 의한 자유이용을 하고자 하는 이용자는 해당 프로그램 중 호환에 필요한 정보를 얻기 위해 역분석을 하지 않으면 안 되는 부분이 어느 부분인지를 확인한 후 그 부분을 초과하여 역분석을 하지 않도록 주의를 기울여야 한다.

(라) 코드 역분석을 통하여 얻은 정보를 ① 호환 목적 외의 다른 목적을 위하여 이용하거나 제 3 자에게 제공하는 경우 또는 ② 코드 역분석의 대상이 되는 프로그램과 표현이 실질적으로 유사한 프로그램을 개발·제작·판매하거나 기타의 프로그램저작권을 침해하는 행위에 이용하는 경우에 해당하지 않을 것(제101조의4 제 2 항)

§14-205
코드 역분석은 호환을 위해 필요한 정보를 얻기 위해 불가피한 경우에 그러한 목적으로만 허용되는 것이므로, 역분석을 통해 얻은 정보를 그러한 호환 목적 외의 다른 목적에 이용하거나 제 3 자에게 제공하는 것은 허용되지 않는다(제101조의4 제 2 항 제 1 호). 즉, 그 정보는 반드시 호환을 위한 원래 목적에만 사용하여야 하는 것이다. 그것을 벗어나 다른 목적 등에 이용할 경우에 프로그램 저작권의 침해가 될 수 있다. 코드 역분석의 대상이 되는 프로그램과 표현이 실질적으로 유사한 프로그램을 개발·제작·판매하거나 기타의 프로그램저작권을 침해하는 행위(제101조의4 제 2 항 제 2 호)도 호환의 목적으로 이용하는 경우가 아니므로 당연히 제 1 호의 경우에 포함되는 것이나, 특히 문제되는 경우라는 점에서 제 2 호에 명시하여 금지행위로 하고 있는 것이다.

위와 같은 모든 조건을 충족할 경우에, 프로그램코드 역분석(리버스 엔지니어링)은 법에 의하여 허용되는 것으로서, 권리자가 포장지(shrink-wrap) 이용허락 또는 클릭온(click-on) 이용허락 약관 등에 위와 같은 역분석을 허용하지 않는 취지의 조항을 두더라도 그 조항은 효력을 가질 수 없는

---

1 Sega Enterprises Ltd. v. Accolade, Inc., C.A.9 (Cal.) 1992, 977 F. 2d 1510, 24 U.S.P.Q.2d 1561; Atari Games Corp. v. Nintendo of America Inc., C.A.Fed. (Cal.) 1992, 975 F. 2d 832, 24 U.S.P.Q.2d 1015.

것으로 보아야 할 것이다.[1]

5. 정당한 이용자에 의한 프로그램 보존을 위한 복제 등

(1) 의   의

저작권법 제101조의5 제 1 항은 "프로그램의 복제물을 정당한 권한에 의하여 소지·이용하는   §14-206
자는 그 복제물의 멸실·훼손 또는 변질 등에 대비하기 위하여 필요한 범위에서 해당 복제물을
복제할 수 있다"고 규정하고 있다. 프로그램은 그 기록매체의 특성상 일반저작물보다 쉽게 멸실,
훼손될 수 있으므로, 사용자의 합리적인 이용권을 보장하기 위하여 보존용 복제물(backup copy)을
만들어 둘 수 있도록 허용한 것이다.[2]

(2) 요   건

(가) 프로그램의 복제물을 정당한 권한에 의하여 소지·이용하는 자가 행할 것

프로그램의 복제물을 정당한 권한에 의하여 소지·이용하는 자만 이 규정에 의한 이용주체가   §14-207
될 수 있다. 판매되는 프로그램의 복제물을 구입한 자를 비롯하여 어떤 이유로든 프로그램의 복
제물을 정당하게 소지하고, 그 프로그램의 사용에 대하여 저작권자로부터 이용허락을 받거나 법
정허락 등에 의하여 이용할 수 있는 경우 등을 모두 포함한다. 프로그램의 불법복제물을 소지하
는 자가 여기에 포함되지 않음은 당연한 것이다.

(나) 프로그램 복제물의 멸실, 훼손 또는 변질 등에 대비하기 위한 경우일 것

프로그램 복제물의 멸실, 훼손 또는 변질 등에 대비하기 위한 경우에 한한다. 프로그램의 보   §14-208
존을 위하여 복제할 수 있다고 함은 복제를 할 때에만 그러한 목적이 있으면 족한 것이 아니라
그 복제물의 보존 중에도 그러한 목적이 유지되어야 한다.[3] 따라서 처음에 프로그램의 보존을
위하여 복제하였더라도 뒷날 보존의 목적을 넘어 복제물을 타인에게 양도하거나 대여하는 것은
허용되지 않으며 다른 컴퓨터에서 보존용 복제물을 사용하는 것도 허용되지 않는다.[4] 프로그램
의 복제물을 정당한 권한에 의하여 소지하고 있다고 하더라도 위와 같은 보존의 목적이 아닌 다
른 목적을 가지고 추가적으로 복제물을 작성할 경우에는 이용허락 계약이나 약관 등에서 특별히
허용하지 않은 이상, 프로그램저작권자의 저작재산권을 침해하는 행위가 됨을 유의하여야 한다.

---

1 정상조편, 전게서 [김기영 집필부분], 467면 등 참조. 컴퓨터프로그램의 법적 보호에 관한 1991년 5월 14일의 유럽공
  동체지침 제 9 조 제 1 항도 이러한 리버스 엔지니어링에 대한 예외를 금지 또는 제한하는 조항은 무효라고 규정하고
  있다.
2 임준호, "컴퓨터 프로그램의 법적 보호," 지적소유권에 관한 제문제(하), 법원행정처, 519면.
3 정상조편, 전게서 [김기영 집필부분], 470면.
4 임준호, 전게논문, 519면; 정상조편, 전게서 [김기영 집필부분], 470면.

(다) 보존을 위해 필요한 범위에서의 복제일 것

§14-209   보존을 위해 백업 카피를 작성할 필요성이 있는지 여부를 판단함에 있어서는 복제물이 저장된 매체의 특성이 중요한 고려사항 중의 하나가 된다. 그러한 관점에서 CD 또는 CD-ROM에 저장된 상태로 시판되는 경우에는 별도의 복제물을 작성할 필요가 없다고 보는 견해1가 있는가 하면, CD 또는 CD-ROM도 읽어내기 어려운 경우가 있을 수 있으므로 그러한 경우에도 보존을 위한 복제물 작성이 필요할 수 있다고 보는 견해2도 있다. 실제의 사안에서 사회통념에 따라 합리적으로 판단할 때 현실적으로 당해 프로그램에 의해 다루어지는 데이터의 중요성 및 다른 프로그램의 사용 가능성 등의 상황에 비추어, 프로그램의 장해에 의한 데이터 사용상의 리스크가 있으면 백업이 필요하다고 할 수 있고, 그러한 경우에 이 규정에 따른 복제가 허용될 것이다. 다만 이 때 그 데이터를 다른 프로그램에서도 쉽게 읽을 수 있다거나 접근성과 신뢰성이 높은 온라인 고객지원 등을 통해 대체 프로그램을 저작권자 측에서 상시 제공하고 있다거나 하는 사정은 중요하게 고려해야 할 사정이라고 할 수 있다.3 즉 그러한 사정이 있으면 백업의 필요성을 인정하기 어려운 경우라고 볼 가능성이 많을 것이다. 복제의 부수에 대하여도 보존의 필요성에 따라 엄격히 한정될 필요가 있고, 특별한 사정이 없는 한 한 부의 복제만으로 충분하다고 보아야 할 것이다.4

이 규정에 따라 '복제' 외에 '개작·번역'도 허용되는 것으로 보는 견해5가 있으나, 이 규정(저작권법 제101조의5)의 해석상으로는 그렇게 보기가 어렵다.6 다만, 저작권법 제13조 제 2 항 제3, 4호는 ① 특정한 컴퓨터 외에는 사용할 수 없는 프로그램을 다른 컴퓨터에 사용할 수 있도록 하기 위하여 필요한 범위 안에서의 변경(제 3 호), ② 프로그램을 특정한 컴퓨터에 보다 효율적으로 사용할 수 있도록 하기 위하여 필요한 범위 안에서의 변경(제 4 호)을 동일성유지권의 예외사유로 규정하고 있어, 이러한 변경을 법적으로 허용하고 있다고 볼 수 있다. 이른바 '버그' 수정 등을 위한 프로그램의 변경은 저작권법 제13조 제 2 항 제 5 호에서 규정하고 있는 "그 밖에 저작물의 성질이나 그 이용의 목적 및 형태 등에 비추어 부득이하다고 인정되는 범위 안에서의 변경"에 해당하여 역시 허용되는 것으로 볼 수 있을 것이다.7 물론 이러한 여러 가지 변경의 허용은 이용자가

---

1 金井重彦·小倉秀夫編著, 전게서(상권) [藤田耕司 집필부분], 494면. 영국의 법원도 Sony v. Owen(UK) 등의 사건에서 CD-ROM에 들어 있는 프로그램의 경우 백업용 카피를 만들 필요성이 거의 없을 것이라고 판단한 바 있다. EThomas Dreier(2006), 228면.

2 半田正夫·松田政行編, 전게서 2卷 [田中成志 집필부분], 420면.

3 半田正夫·松田政行編, 전게서 2卷 [田中成志 집필부분], 420면; Ed. Thomas Dreier et al., *supra* 228.

4 Ed. Thomas Dreier et al., *supra* 228.

5 송상현·김문환·양창수, 컴퓨터프로그램보호법 축조연구, 서울대학교 출판부, 1989, 141~142면.

6 이철, 컴퓨터범죄와 소프트웨어보호, 박영사, 1995, 367면; 정상조편, 전게서 [김기영 집필부분], 470면.

7 본서 제 4 장 제 1 절 IV. 3. (2) (다), (라), (마)(§12-85) 참조.

그 프로그램에 대한 정당한 사용권한을 가지고 있음을 전제로 하는 것이다.

　(라) 원래의 프로그램을 소지·사용할 권리를 상실한 때에는 보존용 복제물도 폐기할 것

　보존용 복제물을 만든 경우에, 원래의 프로그램을 소지·사용할 권리를 상실한 때에는 그 프 §14-210
로그램의 저작재산권자의 특별한 의사표시가 없는 한 보존용 복제물도 폐기하여야 한다(법 제101
조의5 제 2 항 본문). 따라서 프로그램 복제물의 소유권을 타인에게 양도하거나 프로그램의 대여기
간이 도과한 경우 원래의 프로그램 복제물을 양도 또는 폐기할 뿐만 아니라 보존용 복제물도 폐
기하여야 한다. 프로그램의 복제물을 소지·사용할 권리가 당해 복제물이 멸실됨으로 인하여 상
실된 경우에 그러한 폐기의무를 인정할 수 없음(같은 조 제 2 항 단서)은 당연한 것이다.

XVIII. 저작물 이용과정에서의 일시적 복제

1. 의　　의

　2011. 12. 2. 개정 저작권법은 한·미 FTA(협정문 §18. 4. 1.)에 따라 제 2 조 제22호에서 복제의 §14-211
개념에 일시적 복제도 포함됨을 명시함과 동시에(자세한 것은 §13-22 이하 참조) 그러한 개정이 컴퓨
터에서의 저작물 이용 및 유통을 지나치게 경색시키는 결과를 초래하지 않도록 하기 위해 일시적
복제에 대한 저작재산권 제한규정으로 제35조의2를 신설하였다. 이러한 취지에서 법 제35조의2
는 "컴퓨터에서 저작물을 이용하는 경우에는 원활하고 효율적인 정보처리를 위하여 필요하다고
인정되는 범위 안에서 그 저작물을 그 컴퓨터에 일시적으로 복제할 수 있다. 다만, 그 저작물의
이용이 저작권을 침해하는 경우에는 그러하지 아니하다"고 규정하고 있다.

2. 요　　건

(1) 컴퓨터에서의 저작물 이용(주된 이용)에 따른 부수적 이용일 것

　제35조의2는 "컴퓨터에서 저작물을 이용하는 경우에는 … 그 저작물을 그 컴퓨터에 일시적으 §14-212
로 복제할 수 있다"고 규정하고 있는데, 이것은 컴퓨터 환경에서의 저작물 이용(주된 이용)을 위해
부수적으로 일시적 복제가 이루어지는 경우일 것을 요하는 취지라고 할 수 있다. 즉 이 규정에서
말하는 저작물의 '이용'은 '일시적 복제'를 제외한 다른 형태의 이용을 말하며, '일시적 복제'는 그
이용에 대한 관계에서 부수적인 성격을 가질 것을 요하는 것으로 보아야 할 것이다.

　예컨대 DVD를 구입하여 컴퓨터에서 시청하기 위해 재생을 시키는 과정에서 DVD에 수록된
파일의 내용이 컴퓨터의 램에 일시적으로 저장되는 것, 인터넷상의 정보를 검색하고 이용하는 과

정에서 그 정보의 내용이 램에 저장되거나 일부 내용이 캐시 파일로 하드디스크에 일시적으로 복제되는 것 등이 그러한 경우에 해당한다. 즉, 이 때 컴퓨터에서 DVD를 재생하여 시청하는 것이 주된 목적이라면 그 과정에서 램에의 일시적 복제가 일어나는 것은 부수적인 성격을 가지는 것이며, 인터넷상의 정보를 검색, 열람하는 것과 그 과정에서 램이나 캐싱을 위해 지정된 폴더에 정보(저작물)가 일시적으로 복제되는 것의 관계도 마찬가지이다.

　　"저작물을 이용하는 경우"에서 말하는 '이용'에는 반드시 저작재산권의 구체적 지분권에 해당하는 이용만 포함되는 것이 아니라 위와 같은 DVD 시청, 정보의 검색·열람 등과 같이 지분권에 포함되지 않는 일반적인 의미의 이용도 포함되는 것으로 보아야 할 것이다.[1]

　　위에서 예를 든 경우들은 뒤에서 보는 나머지 요건들도 충족하는 것으로 볼 수 있어 결국 복제권자의 허락 없이 일시적 복제가 이루어지더라도 제35조의2에 따라 복제권 침해가 부정되게 될 가능성이 많다.

　　(2) 원활하고 효율적인 정보처리를 위하여 필요하다고 인정되는 범위 안에서 이루어질 것

§14-213　　'원활하고 효율적인 정보처리를 위하여 필요하다'는 것은 위에서도 예를 든 바와 같이, DVD의 원활한 재생을 위해 그 안에 수록된 정보를 RAM에 일시적으로 저장하는 것이나 정보검색의 속도를 향상시키기 위해 캐시파일을 PC 하드디스크의 임시폴더에 저장해 두는 것과 같이, 원활하고 효율적인 정보처리를 위한 기술적 필요에 의하여 일시적 복제가 필요한 경우를 말한다. 같은 취지에서 '오픈캡쳐 유료화' 사건에 대한 2심 판결인 서울고등법원 2014. 11. 20. 선고 2014나19891 판결(§14-216-1)은 "프로그램을 일시적으로 램에 저장하는 것은 중앙처리장치(CPU)는 처리 속도가 빠른 반면 하드디스크 등의 보조기억장치에서 데이터를 읽어 오는 속도는 느리므로 두 장치 사이의 속도 차이를 조정하여 처리 속도를 높이기 위한 것이므로 오픈캡쳐 유료버전의 실행 과정에서 이루어지는 일시적 복제는 원활하고 효율적인 정보처리를 위하여 필요한 범위 내의 복제에 해당한다"고 판시하였다. 위 사건의 상고심 판결인 대법원 2017. 11. 23. 선고 2015다1017, 1024, 1031, 1048 판결(§14-216-1)은 위 규정의 취지는 "새로운 저작물 이용환경에 맞추어 저작권자의 권리보호를 충실하게 만드는 한편, 이로 인하여 컴퓨터에서의 저작물 이용과 유통이 과도하게 제한되는 것을 방지함으로써 저작권의 보호와 저작물의 원활한 이용의 적절한 균형을 도모하는 데 있다."고 전제한 다음, "이와 같은 입법 취지 등에 비추어 볼 때 여기에서 말하는 '원활하고 효율적인 정보처리를 위하여 필요하다고 인정되는 범위'에는 일시적 복제가 저작물의 이용 등에 불가피하게 수반되는 경우는 물론 안정성이나 효율성을 높이기 위해 이루어지는 경우도 포함된

---

1 池村聰, 著作權法 コンメンタル, 別冊 ― 平成21年 改正解說, 勁草書房, 2010, 126면.

다고 볼 것이지만, 일시적 복제 자체가 독립한 경제적 가치를 가지는 경우는 제외되어야 할 것이다."라고 판시하고, 나아가 "위 법리에 따라 기록을 살펴보면, 원고들의 직원들이 컴퓨터에서 오픈캡처 유료버전을 실행할 때 그 컴퓨터 프로그램의 일부가 사용자 컴퓨터의 주기억장치인 램(RAM)의 일정 공간에 일시적으로 저장됨으로써 일시적 복제가 이루어지지만, 이는 통상적인 컴퓨터프로그램의 작동과정의 일부이므로 저작물인 컴퓨터프로그램의 이용에 불가피하게 수반되는 경우로서 독립한 경제적 가치를 가진다고 하기 어렵다."라고 판시하였다. 위 2심 판결과 비교할 때 구체적 근거제시의 면에서 약간 상이하지만, "통상적인 컴퓨터프로그램의 작동과정의 일부"라는 점에 초점을 맞추어, '원활하고 효율적인 정보처리를 위하여 필요하다고 인정되는 범위' 안에서의 일시적 복제에 해당하는 것으로 본 것이다.[1]

위와 같은 경우가 아니라 사용자가 특별히 하드디스크에 저장한 후 일정한 기간만 사용하는 등의 경우에는 그 사용기간이 비록 짧았다 하더라도 이 (2)의 요건을 충족하는 것으로 보기 어렵다. 한편으로는, 위와 같은 캐싱 등의 기술적 과정에서 하드디스크에 저장된 파일이라 하더라도 그것을 다른 저장공간으로 복사하여 사용하는 등의 2차적인 사용행위를 할 경우에는 '원활하고 효율적인 정보처리'를 위해 필요한 '범위 내'의 이용이라고 할 수 없으므로, 역시 이 요건을 충족하지 못하는 것이 되고 결과적으로 복제권 침해가 성립할 수 있다.

(3) 일시적 복제에 해당할 것

이 규정에 따라 저작재산권이 제한되려면, 저작물이 램이나 하드디스크에 저장되는 시간의 면에서도 '영구성'이 아닌 '일시성'을 가질 것을 요한다. 일반적으로 램(RAM)의 경우는 특별한 경우가 아닌 한 그것이 가지는 저장매체로서의 속성 자체가 임시성 또는 휘발성을 가지므로 '영구성'을 가지지 않는다는 점에 대해 아무런 의문이 없다. 캐싱의 경우와 같이 하드디스크의 폴더에 저장되는 경우에는 램에의 일시적 저장에 비하여 비교적 장시간 저장되는 경우가 있을 수 있으나, 그것이 일정한 시간의 경과 등에 따라 기술적으로 삭제 또는 갱신되도록 되어 있는 이상 '일시적 복제'의 성격을 가지는 것으로 보아야 할 것이다. 즉 일정한 시간적 유한성이 기술적으로 주어져 있기만 하면 일시적 복제에 해당하는 것으로 볼 수 있을 것이다.

§14-214

앞서 살펴본 바와 같이(§13-18) 일본의 2006년 문화심의회 저작권분과회 보고서의 내용에 따르면, 일시적 복제와 '순간적·과도적' 저장을 구분하여 후자의 경우는 아예 복제의 개념에 포함되지 않는 것으로 보는 견해가 제시된 바 있다. 컴퓨터에서의 프로그램의 실행과정 중에서 램(RAM)에의 저장을 제외한 CPU에서의 읽기, 비디오램에의 입력과 디지털TV의 시청에 있어서 압

---

1 대법원의 판시내용 중 "독립적 경제적 가치를 가지는 경우는 제외되어야 할 것이다."라고 판시한 부분과 관련하여서는 §14-216에서 자세히 살펴본다.

축음성 및 영상데이터의 버퍼에의 저장, 이메일 등의 전달과정에서의 네트워크상의 저장 등의 경우가 바로 그러한 순간적·과도적 저장에 해당한다는 것이 그 견해의 입장이었다. 일시적 저장을 복제의 개념에 포함하는 입장을 입법적으로 보다 분명하게 수용한 우리 저작권법(개정법)의 해석상으로도 동일하게 해석하는 것이 가능할 것으로 생각된다(§13-23 참조).

결국 개정법에 의할 때, 컴퓨터 환경 하에서의 저작물의 저장은 그 시간적 길이 및 그것을 결정하는 기술적 속성 등에 따라 ① '순간적'이라고 할 정도로 짧을 경우와 ② 그보다는 길어서 복제의 개념요소 중의 하나인 '고정'의 요소를 갖춘 것으로 볼 수 있지만, 그 저장의 시간 및 기술적 속성 등에 비추어 '일시적 복제'의 성격을 가지는 경우, 그리고 ③ 위와 같은 관점에서 '일시성'이 인정되지 않아 '일시적 복제'가 아니라 일반적 복제라고 해야 할 경우의 세 가지로 구분된다고 할 수 있다. 그 중 본조의 요건을 충족할 수 있는 것은 ②의 경우에 한하지만, ①의 경우는 처음부터 복제의 개념에 해당하지 않으므로 본조의 요건을 충족하는지 여부와 상관없이 그 자체로는 저작권침해를 구성하지 않는 것으로 보아야 할 것이다.

(4) 주된 이용이 저작권침해를 구성하지 않을 것

§14-215   "그 저작물의 이용이 저작권을 침해하는 경우가 아닐 것"의 요건에 포함된 '그 저작물의 이용'이라는 것은 위에서 본 저작물의 '주된 이용(일시적 복제를 제외한 이용)'을 말하는 것으로 보아야 한다. 만약 일시적 복제가 포함되는 것으로 볼 경우에는 저작권법 제35조의2가 결과적으로 일정한 요건하에 일시적 복제가 복제권자의 허락이 없더라도 저작권 침해를 구성하지 않는 예외를 규정하면서 그것이 저작권침해에 해당하는 경우를 다시 그 예외로 규정하는 셈이 되어 논리적으로 모순을 일으키게 되므로 허용될 수 없다.

결국 개정 저작권법 제35조의2의 단서 규정은 일시적 복제의 주체가 하는 저작물의 '주된 이용'이 저작권법상의 복제권(§13-2 이하), 공중송신권(§13-33 이하) 등의 저작재산권의 지분권을 침해하는 경우에는 그에 부수하여 이루어지는 일시적 복제만을 제35조의2에 따라 침해가 아닌 것으로 볼 필요가 없다는 이유로 그 경우에는 일시적 복제도 침해가 된다는 취지의 규정을 한 것이라고 보아야 할 것이다. 이러한 해석은 우리의 개정 저작권법 제35조의2와 유사한 취지의 규정인 2009년 개정 일본 저작권법 제47조의 81에 대한 일본 주석서의 해석2과 기본적으로 일치하는 것이다.

---

1 제47조의8(컴퓨터에서의 저작물의 이용에 수반하는 복제) 컴퓨터에서 저작물을 당해 저작물의 복제물을 사용하여 이용하는 경우 또는 무선통신이나 유선전기통신의 송신이 이루어지는 저작물을 당해 송신을 수신하여 이용하는 경우 (이들의 이용 또는 당해 복제물의 사용이 저작권을 침해하지 않는 경우에 한한다)에는 당해 저작물은 이들의 이용을 위한 당해 컴퓨터에 의한 정보처리의 과정에서 당해 정보처리를 원활하고 효율적으로 행하기 위해 필요하다고 인정되는 한도에서 당해 컴퓨터의 기록매체에 기록할 수 있다.

2 池村聰, 전게서, 127면.

또한 이러한 '주된 이용'이 저작권침해에 해당한다는 것은 그 취지에 비추어 저작인격권(§12-1 이하)이 아닌 저작재산권(§13-1 이하)의 침해에 해당한다는 의미라고 보아야 할 것이다.[1] 나아가 저작재산권의 침해가 성립되려면, 그 이용행위가 저작재산권의 지분권에 해당하는 행위(복제, 공연, 공중송신, 전시, 배포, 대여, 2차적저작물 작성)이며, 저작재산권자의 허락을 받지 못하였고, 저작재산권 제한사유(§14-3 이하 참조)에 해당하지 아니하며 법정허락(§15-1 이하)의 요건을 충족하지도 않은 경우여야 한다. 같은 취지에서 '오픈캡처' 사건에 대한 2심 판결인 서울고등법원 2014. 11. 20. 선고 2014나19891 판결(§14-216-1)은 "저작권법 35조의2 단서에서 정해진 그 저작물의 이용이 저작권을 침해하는 경우라고 함은, 일시적 복제의 주체가 행하는 저작물의 주된 이용이 저작권자의 허락을 받아야 하는 이용행위에 해당함에도 저작권자로부터 이용허락을 받지 아니하였거나 저작권법에 의해 허용된 행위(저작권법이 정하고 있는 사적복제 등 각종 제한 규정에 해당하는 행위)에 포함되지 아니하는 이용행위로서 저작권법상의 복제권 등의 저작재산권의 지분권을 침해하는 경우 또는 프로그램의 사용을 일정한 요건을 갖춘 경우에 침해로 간주하고 있는 행위(저작권법 124조 1항 3호)에 해당하는 것을 말한다. 따라서 이러한 경우에는 그에 부수하여 이루어지는 일시적 복제도 저작권법 35조의2 본문의 자유이용으로부터 제외된다"고 판시하였다. 위 사건에 대한 상고심 판결인 대법원 2017. 11. 23. 선고 2015다1017, 1024, 1031, 1048 판결(§14-216-1)은 이와 관련하여 "앞서 본 대로 피고의 허락하에 오픈캡처 유료버전이 원고들 직원들의 컴퓨터 하드디스크 드라이브(HDD)에 복제된 이상 저작권법 제35조의2 단서가 일시적 복제권의 침해에 대한 면책의 예외로 규정하고 있는 '저작물의 이용이 저작권을 침해하는 경우'에 해당하는 사유도 존재하지 않는다고 할 것이다."라고 판시하였다. 이 판결은 관련 법리를 친절하게 설시하고 있지는 않지만, 위 2심 판결에서 밝힌 법리를 전제로 하여, 주된 이용으로서의 오픈캡처 유료버전의 영구적 복제가 적법하게 이루어진 이상 제35조의2 단서에 해당하는 사유도 없다고 본 것이라 할 수 있다.

예를 들어 컴퓨터를 이용하여, DVD에 수록된 영상저작물 또는 인터넷상에서 스트리밍 방식으로 제공되는 영상저작물을 재생하여 공중이 시청할 수 있도록 보여주는 공연행위를 저작권자의 허락 없이, 저작재산권 제한사유에도 해당하지 않는 상태에서 할 경우 그 영상저작물을 컴퓨터의 램에 일시적으로 저장하는 것이 비록 공연행위의 과정에서 부수적으로 행하는 것으로서 위 (1) 내지 (3)의 요건을 모두 충족하는 것이라 하더라도 그 주된 이용행위인 공연이 저작권 침해를 구성하는 이상 위와 같은 일시적 저장도 복제권 침해에 해당하는 것으로 보아야 한다는 것을 의미한다는 것이다.[2]

---

1 池村聰, 전게서, 127면. 일본 저작권법상의 '저작권'이라는 용어가 우리 법의 의미와 다르다는 것을 감안하더라도 법의 취지상 이렇게 해석하는 것이 타당하다고 본다.
2 DVD의 불법복제본을 제작하여 자신이 시청하는 경우라면, 견해에 따라 다를 수 있지만, 저작권법 제30조의 '사적 이

이와 같이 어차피 주된 이용이 저작권 침해를 구성하는 사안에서 일시적 복제도 함께 침해를 구성하는 것으로 정리하는 정도의 의미이므로 위 (4)의 요건이 가지는 실제상의 의의는 미미하다고 할 수 있다.

(5) 일시적 복제가 독립한 경제적 가치를 가지지 않을 것

§14-216 그렇다면 일시적 복제 중에 어떤 경우가 저작권침해를 구성하게 될까. 그것은 바로 일시적 복제가 위와 같은 부수적인 성격을 가지지 않는 경우, 즉 일시적 복제 자체가 독립한 경제적 가치를 가지는 경우임에도 저작권자의 허락을 받지 않았고 달리 저작재산권 제한사유에도 해당하지 않는 경우이다. 예컨대 온라인상의 서비스 방식으로 소프트웨어를 유상으로 제공하는 SaaS,[1] 웹상에서 응용프로그램을 임대하여 제공하는 ASP[2] 등의 경우 및 역시 접속에 의하여 온라인상으로 내용을 열람하는 것을 통제하면서 그러한 열람을 위해서는 이용료나 회비를 내게 하는 유료 콘텐츠 서비스 등의 경우에는 일시적 저장 자체가 독립한 경제적 가치를 가지는 것으로 볼 수 있다. 즉 이 경우에는 이용자 PC의 램(RAM)에 서비스 제공회사의 소프트웨어나 콘텐츠가 일시적으로 저장되는 것이 유상거래의 핵심적 대상이 되므로 단순히 부수적인 것이라고 할 수 없어 제35조의2의 요건을 갖추지 못한 것으로 보아야 할 것이다.

법 제35조의2의 법문은 분명하게 '독립한 경제적 가치가 없을 것'을 요건의 하나로 제시하고 있지는 않지만, 위 규정의 취지 속에 일시적 복제가 '주된 이용'과의 관계에서 '부수적'인 성격을 가질 것을 요하는 의미가 내포되어 있는 것으로 본다면, 그 부수성의 자연적인 귀결로서 일시적 복제가 그 자체로 독립한 경제적 가치를 갖지는 않는 경우일 것을 요하는 것으로 해석할 수 있다고 생각된다.[3]

오픈캡처 사건에 대한 대법원 2015다1017, 1024, 1031, 1048 판결(§14-216-1)은 본서의 위와 같은 주장을 수용하여, 앞에서도 언급한 바(§14-213)와 같이 본조의 적용에 있어서 "일시적 복제 자체가 독립한 경제적 가치를 가지는 경우는 제외되어야 할 것이다."라고 판시하였다. 그리고 그 논거를 자세하게 제시하고 있지는 않지만, "이는 통상적인 컴퓨터프로그램의 작동과정의 일부이

용을 위한 복제'에 해당하여 저작권침해를 구성하지 않는 것으로 볼 수 있으므로, 본문에서 설명하고자 하는 바의 적절한 사례라고 하기 어렵다.

1 'Software as a service'의 약어이다. 소프트웨어의 기능 중 이용자가 필요로 하는 것만을 서비스로 제공하여 이용이 가능하도록 하는 방식을 말하며, 서비스형 소프트웨어라고도 불린다. 이용자는 필요할 때 필요한 기능만 이용할 수 있으며, 이용하는 기능만큼만 요금을 지불하게 된다.

2 'Application Service Provider'의 약어로서 웹상의 응용소프트웨어 임대업이라고 할 수 있다. 소프트웨어를 패키지 형태로 판매하지 않고 일정한 요금을 받고 인터넷을 통해 임대해 주는 서비스로서 전사적 자원관리(ERP), 제품정보 관리(PDM), 그룹웨어, 전자상거래(EC), 전자문서교환(EDI) 등이 주된 대상이다. Saas와 강조점이 다르나, 유사한 면이 많고, 두 가지 용어가 혼용되기도 한다.

3 참고로 EU 저작권지침(정보사회 지침) 전문(33)은 일시적 복제와 관련하여 "관련된 복제행위는 그 자체로 독립한 경제적 가치를 갖지 않아야 한다"고 명시하고 있다.

므로 저작물인 컴퓨터프로그램의 이용에 불가피하게 수반되는 경우로서 독립한 경제적 가치를 가진다고 하기 어렵다."라고 결론을 내리고 있다. 이것은 위 사안의 경우 유료화 이후의 사용과 관련된 점에서 '경제적 가치' 자체를 부정할 수는 없지만 위 사안에서의 일시적 복제는 주된 이용인 프로그램 설치과정에서의 복제에 대한 관계에서 '부수성'을 가지고 있으므로 그와의 관계에서 '독립한' 경제적 가치를 가지는 것으로 보기는 어렵다고 본 본서 3판의 관점[1]을 참고한 것으로 보인다.[2] 이와 같이 오픈캡처 사건에 대한 대법원 판결은 일시적 복제가 '독립한 경제적 가치'를 가지지 않은 것으로 보았지만, 이후에 위 판결의 법리를 이어받아 판결한 대법원 2016다20916 판결(§14-216-2)은 일시적 복제가 라이선스계약상의 최대 동시사용자수를 실질적으로 늘리는 방법으로 사용된 경우에 대하여 '독립한 경제적 가치'의 존재를 긍정하고, 그에 따라 본조에 의한 면책을 부정하는 결론을 내렸다.

 **판 례**

❖ 대법원 2017. 11. 23. 선고 2015다1017, 1024, 1031, 1048 판결 — "오픈캡처" 사건 §14-216-1

〈사실관계〉

이 사건 소프트웨어는 6.7버전까지는 무료로 사용자에게 제공되었고 이 사건 소프트웨어의 저작재산권은 최종적으로 2012. 4. 1. 피고에게 양도되었다. 그 후 이 사건 소프트웨어는 2012. 2. 5.에 6.7버전에서 7.0버전으로 업데이트 되었으며 '비상업용/개인용'으로 사용하는 경우에만 무료로 제공되고, 그 이외의 경우에는 '기업용 라이선스'를 구매하도록 유료화되었다. 이 후 피고는 이 사건 소프트웨어를 업데이트 또는 설치함으로써 수집된 IP어드레스 및 MAC어드레스를 바탕으로 원고들에게 저작권 침해 경고장을 발송하였다. 이에 원고들은 피고를 대상으로 저작권으로 인한 채무부존재확인의 소를 제기하였다.

---

1 이해완, 저작권법(3판), 박영사, 2015, 710면 참조.
2 손천우, "저작재산권자로부터 컴퓨터프로그램의 설치에 의한 복제를 허락받은 자가 위 프로그램을 컴퓨터에서 실행하는 행위가 영구적 복제권 및 일시적 복제권의 침해에 해당하는지 여부", 대법원판례해설, 2017-하권, 법원도서관, 326면 참조. 이 글에서 손천우 판사(대법원 재판연구관)는 해당 사안에서 일시적 복제가 '독립한 경제적 가치'를 갖는다고 보기 어렵다고 생각하는 이유를 다음의 세 가지로 설명하면서 본서 3판의 해당 부분을 일부 참고하였음을 각주에 표시하고 있다.
① 원고들의 직원들은 피고의 허락하에 영구적으로 복제된 프로그램을 실행시켰다.
② 이 사건 프로그램 신 버전의 경우 프로그램을 실행하려는 단계에서 라이선스 약관(사용허락계약)이 제시되어 신 버전을 업무용으로 사용하려면 일정한 사용료를 지불하여야 했으므로, 이 사건 프로그램의 신 버전을 실행하고 업무용으로 사용하는 과정에서 수반되는 일시적 복제 그 자체에 일정한 경제적 가치가 있다고는 볼 수 있을 것이다.
③ 그러나 일시적 복제가 저작권 침해에 해당하려면 당초의 복제물의 이용을 대체하는 '독립한 경제적 가치'를 가져야 하는데, 이 사건 프로그램 신 버전의 실행에 수반되는 일시적 복제는 개별 사용자의 컴퓨터에 설치된 복제물과의 관계에서 부수적인 것으로 볼 수 있어 그러한 영구적 복제물의 이용을 대체하는 '독립한' 경제적 가치를 갖는다고 볼 수는 없다. 이 사건 프로그램을 실행하면서 주기억장치인 RAM에 저장된 정보는 그 자체로 실행성이 없어 유상거래의 핵심적 대상이 되기 어려우므로 독립한 경제적 가치를 가진다고 하기 어렵다.

〈당사자 주장의 요지〉

피고는 원고들의 직원들이 이 사건 프로그램의 신 버전을 설치하면서 비업무용·개인용으로만 사용하기로 약정하였음에도 이러한 이용허락계약을 위반하고 신 버전을 업무용으로 사용하였으므로 위와 같이 신 버전을 컴퓨터 하드디스크에 설치·실행한 행위는 피고의 복제권을 침해하는 행위라고 주장하였다.

반면 원고들은 이 사건 프로그램의 신 버전은 개별 직원들의 의사와 상관없이 피고의 지시에 따라 개별 직원들의 컴퓨터로 다운로드가 되어 복제가 이루어지고 그 이후에야 비로소 이용허락에 관한 라이선스 약관 동의창이 나타나므로, 원고들의 직원들이 저작권자인 피고의 허락 없이 신 버전을 설치·실행하여 복제한 것이 아니므로 복제권을 침해한 것이 아니라고 다투었다.[1]

〈재판의 진행경과〉

1심 법원은 원고들의 피용자들이 한 이 사건 소프트웨어의 업데이트는 저작권자의 허락 하에 이루어진 것이나 업데이트 이후 이 사건 소프트웨어를 실행함으로써 저작권자의 일시적 복제권을 침해한 것으로 판단하여 일부 원고들의 사용자책임을 인정하였다. 그러나 2심 법원은 원고 피용자들의 일시적 복제행위가 저작권법 제35조의2 본문에 따라 면책된다고 판시함으로써 원고들의 사용자 책임을 부정하였다.[2] 그러나 2심 법원은 원고의 주장을 받아들여 프로그램 실행 시 발생하는 일시적 복제는 법 제35조의2 본문에 따라 면책된다고 판단하였다(서울고등법원 2014. 11. 20. 선고 2014나19891 판결). 이에 피고가 상고하여 상고심인 대법원의 판결이 선고되게 되었다.

〈법원의 판단〉

(1) 사용자가 컴퓨터 하드디스크 드라이브(HDD) 등의 보조기억장치에 설치된 컴퓨터프로그램을 실행하거나 인터넷으로 디지털화된 저작물을 검색, 열람 및 전송하는 등의 과정에서 컴퓨터 중앙처리장치(CPU)는 실행된 컴퓨터프로그램의 처리속도 향상 등을 위하여 컴퓨터프로그램을 주기억장치인 램(RAM)에 적재하여 이용하게 되는데, 이러한 과정에서 일어나는 컴퓨터프로그램의 복제는 전원이 꺼지면 복제된 컴퓨터프로그램의 내용이 모두 지워진다는 점에서 일시적 복제라고 할 수 있다.

(2) 한편 저작권법은 제 2 조 제22호에서 복제의 개념에 '일시적으로 유형물에 고정하거나 다시 제작하는 것'을 포함시키면서도, 제35조의2에서 "컴퓨터에서 저작물을 이용하는 경우에는 원활하고 효율적인 정보처리를 위하여 필요하다고 인정되는 범위 안에서 그 저작물을 그 컴퓨터에 일시적으로 복제할 수 있다. 다만 그 저작물의 이용이 저작권을 침해하는 경우에는 그러하지 아니하다."라고 규정하여 일시적 복제에 관한 면책규정을 두고 있다. 그 취지는 새로운 저작물 이용환경에 맞추어 저작권자의 권리보호를 충실하게 만드는 한편, 이로 인하여 컴퓨터에서의 저작물 이용과 유통이 과도하게 제한되는 것을 방지함으로써 저작권의 보호와 저작물의 원활한 이용의 적절한 균형을 도모하는 데 있다. 이와 같은 입법 취지 등에 비추어 볼 때 여기에서 말하는 '원활하고 효율적인 정보처리를 위하여 필요하다고 인정되는 범위'에는 일시적 복제가 저작물의 이용 등에 불가피하게 수반되는 경우는 물론 안정성이나 효율성을 높이기 위해 이루어지는 경우도 포함된다고 볼 것이지만, 일시적 복제 자체가 독립한

---

1 손천우, 앞의 논문, 308~309면 참조.
2 위 사실관계 및 재판 진행경과의 정리는 한국저작권위원회, 한국 저작권 판례집[14], 112~113면 참조.

경제적 가치를 가지는 경우는 제외되어야 할 것이다.

(3) 위 법리에 따라 기록을 살펴보면, 원고들의 직원들이 컴퓨터에서 오픈캡처 유료버전을 실행할 때 그 컴퓨터 프로그램의 일부가 사용자 컴퓨터의 주기억장치인 램(RAM)의 일정 공간에 일시적으로 저장됨으로써 일시적 복제가 이루어지지만, 이는 통상적인 컴퓨터프로그램의 작동과정의 일부이므로 저작물인 컴퓨터프로그램의 이용에 불가피하게 수반되는 경우로서 독립한 경제적 가치를 가진다고 하기 어렵다.

앞서 본 대로 피고의 허락하에 오픈캡처 유료버전이 원고들 직원들의 컴퓨터 하드디스크 드라이브(HDD)에 복제된 이상 저작권법 제35조의2 단서가 일시적 복제권의 침해에 대한 면책의 예외로 규정하고 있는 '저작물의 이용이 저작권을 침해하는 경우'에 해당하는 사유도 존재하지 않는다고 할 것이다. 설령 이 사건 약관이 비업무용에 관해서만 일시적 복제를 허락하는 내용이라고 보더라도, 위와 같이 복제된 오픈캡처 유료버전을 실행하는 과정에서 발생되는 일시적 복제가 계약 위반에 따른 채무불이행이 되는 것은 별론으로 하고 저작권 침해에 해당한다고 볼 수는 없다.

따라서 피고의 오픈캡처 유료버전을 실행하는 과정에서 발생되는 일시적 복제는 저작권법 제35조의2가 규정하는 '컴퓨터에서 저작물을 이용하는 경우에 원활하고 효율적인 정보처리를 위하여 필요하다고 인정되는 범위' 내의 것으로 볼 수 있으므로, 원고들의 직원들이 피고의 오픈캡처 유료버전에 대한 일시적 복제권을 침해하였다고 할 수 없다.

(4) 그렇다면 원심이 오픈캡처 유료버전의 실행에 따라 이루어지는 일시적 복제가 피고의 저작권을 침해하지 않았다고 본 결론은 정당하다. 거기에 복제권 침해 및 저작권법 제35조의2에 관한 법리를 오해하는 등의 잘못이 없다.

▷NOTE : 위 판결은 우리 저작권법에 일시적 복제에 대한 저작재산권 제한 규정(제35조의2)이 신설된 후 그 규정의 적용 여부가 문제된 사안에서 대법원의 입장을 밝힌 최초의 판례로서 큰 의의를 가지고 있다. 이 판결은 본서 3판의 관점을 기본적으로 수용한 것으로서, 위 규정의 입법취지 등에 부합하는 타당한 해석을 한 것으로 여겨진다(구체적인 이슈에 대한 판단에 대하여는 앞에서 언급한 부분 §14-213, 215, 216 참조).

❖대법원 2018. 11. 15. 선고 2016다20916 판결   §14-216-2

(1) … 저작권법은 제 2 조 제22호에서 복제의 개념에 '일시적으로 유형물에 고정하거나 다시 제작하는 것'을 포함시키면서도, 제35조의2에서 "컴퓨터에서 저작물을 이용하는 경우에는 원활하고 효율적인 정보처리를 위하여 필요하다고 인정되는 범위 안에서 그 저작물을 그 컴퓨터에 일시적으로 복제할 수 있다. 다만, 그 저작물의 이용이 저작권을 침해하는 경우에는 그러하지 아니하다."라고 규정하여 일시적 복제에 관한 면책규정을 두고 있다. 그 취지는 새로운 저작물 이용환경에 맞추어 저작권자의 권리보호를 충실하게 만드는 한편, 이로 인하여 컴퓨터에서의 저작물 이용과 유통이 과도하게 제한되는 것을 방지함으로써 저작권의 보호와 저작물의 원활한 이용의 적절한 균형을 도모하는 데 있다. 이와 같은 입법 취지 등에 비추어 볼 때 여기에서 말하는 '원활하고 효율적인 정보처리를 위하여 필요하다고 인정되는 범위'에는 일시적 복제가 저작물의 이용 등에 불가피하게 수반되는 경우는 물론 안정성

이나 효율성을 높이기 위해 이루어지는 경우도 포함된다고 볼 것이지만, 일시적 복제 자체가 독립한 경제적 가치를 가지는 경우는 제외되어야 할 것이다(대법원 2017. 11. 23. 선고 2015다1017·1024·1031·1048 판결 참조).

(2) 원심판결의 이유 및 원심이 적법하게 채택하여 조사한 증거 등에 의하면 다음과 같은 사실을 알 수 있다.

(가) 원고는 피고 다쏘 시스템 에스에이의 자회사인 피고 다쏘시스템코리아와 피고 다쏘 시스템 에스에이가 저작권을 가지고 있는 카티아(CATIA) 소프트웨어(이하 '피고 소프트웨어'라 한다)에 관하여 일반 브이에이알(VAR, Value-Added Reseller) 계약이라는 명칭의 판매대리점 계약을 체결하였다.

(나) 피고 다쏘 시스템 에스에이는 피고 소프트웨어에 대한 이용허락계약(이하 '이 사건 라이선스 계약'이라 한다)을 통하여 라이선스 받은 최대 동시사용자 수보다 많은 사용자가 피고 소프트웨어를 동시에 사용할 수 없도록 하는 동시사용 방식의 라이선스를 부여하였다. 이는 피고 소프트웨어가 설치되어 있는 사용자 컴퓨터로부터 라이선스 부여 요구를 받은 서버가 선착순으로 라이선스를 할당하고 보유한 라이선스를 모두 소진하면 이미 할당받은 사용자가 라이선스를 반납할 때까지 기다렸다가 이를 회수하여 다시 라이선스를 요구하는 다른 사용자에게 재할당을 하는 방식이다.

사용자 컴퓨터는 최초에 서버와 약속한 대로 일정 시간마다 라이선스의 유효성을 확인하는 메시지(heartbeat)를 보내 서버로부터 라이선스의 유효성을 확인받고, 서버는 정해진 시간 내에 사용자 컴퓨터로부터 신호를 받지 못할 경우 해당 사용자 컴퓨터로부터 라이선스를 회수한 후 다른 사용자 컴퓨터가 사용할 수 있는 상태로 전환하게 된다.

(다) 원고는 피고 소프트웨어의 최종사용자가 라이선스를 추가로 확보할 수 있는 기능을 가진 소프트웨어(이하 '원고 소프트웨어'라 한다)를 개발하여 피고 소프트웨어의 최종사용자들에게 판매하였다. 라이선스의 개수와 동일한 수의 피고 소프트웨어가 실행되던 중 피고 소프트웨어의 다른 사용자들이 원고 소프트웨어를 사용하게 되면, 원고 소프트웨어는 사용자 컴퓨터에 실행되어 있으나 실제로 사용되지는 않고 있는 피고 소프트웨어를 비활성화시킴으로써 피고 소프트웨어를 종료시키지 않은 상태로 라이선스를 반환하도록 하고, 이와 같이 반환된 라이선스는 다른 사용자 컴퓨터에서 새롭게 실행된 피고 소프트웨어가 할당받아 사용할 수 있게 된다. 원고 소프트웨어가 위와 같이 피고 소프트웨어를 비활성화시키더라도 종료되지 않은 피고 소프트웨어는 그대로 램(RAM)에 일시적으로 복제된 상태로 남게 된다. 만일 피고 소프트웨어의 사용자들이 모든 라이선스를 실행하고 있던 중 원고 소프트웨어를 사용하여 비활성화시킨 일부 라이선스를 새로운 사용자에게 할당하여 피고 소프트웨어를 실행한 사용자에게 제공하게 되면, 이용허락된 최대 동시 사용자 수를 초과하는 피고 소프트웨어가 램(RAM)에 일시적으로 복제되게 된다.

(3) 위 사실관계를 앞에서 본 법리에 따라 살펴본다.

(가) 이 사건 라이선스 계약은 이용허락 범위에 프로그램의 '사용'뿐만 아니라 '액세스'도 포함시키고 있는데, 위 '액세스'는 피고 소프트웨어를 실행시킬 때 발생하는 것으로, 그 과정에서 피고 소프트웨어가 램(RAM)에 일시적으로 복제되게 된다. 이 사건 라이선스 계약은 라이선스 계약에 명시된 경우를 제외하고 명시적이거나 묵시적인 어떠한 권리나 라이선스가 최종사용자에게 허용되지 않는다는 내용을 포함하고 있는데, 이용허락 당시 약정한 최대 수를 초과하는 일시적 복제를 허락한다는 취지의 내용은

포함하고 있지 않다. 따라서 이 사건 라이선스 계약을 체결할 당시 저작권자인 피고 다쏘 시스템 에스에이가 약정한 최대 라이선스 수를 넘는 일시적 복제까지 허락하였다고 볼 수 없다.

(나) 원고 소프트웨어는 위와 같은 피고 소프트웨어의 기본적인 관리 및 작동 방식을 바탕으로 하여 라이선스를 할당받은 사용자 중 실제로 피고 소프트웨어를 사용하고 있지 않은 사용자를 가려내어 그 사용자가 실행 중인 피고 소프트웨어를 비활성화시킴으로써 피고 소프트웨어가 사용가능한 라이선스를 추가적으로 확보하는 작업을 하는 것이지, 피고 소프트웨어의 작동과정에서 원활하고 효율적인 정보처리를 위한 작업을 하는 것으로만 볼 수 없다. 또한, 원고 소프트웨어로 인해 실행 중이기는 하나 실제로 사용되고 있지는 않은 피고 소프트웨어가 비활성화되는 과정에서 피고 소프트웨어가 종료되지 않은 채 사용자 컴퓨터의 램(RAM)에 복제된 상태로 남아 있게 되는데, 이는 원고 소프트웨어에 의해 추가적으로 발생한 것이지 피고 소프트웨어를 이용하는 과정 중에 불가피하게 수반되는 결과물이라고 볼 수도 없다.

이 사건 라이선스 계약과 같은 동시사용 방식에서 유상 거래의 핵심이 되는 것은 '최대 라이선스의 수'라고 볼 수 있는데, 원고 소프트웨어로 인해 '최대 라이선스의 수'가 증가되는 효과가 발생하게 된다. 원고의 홍보자료에도 원고 소프트웨어를 사용하게 되면 실제 구매한 라이선스 수보다 약 20%의 라이선스를 더 구매한 것과 같은 효과를 가지게 된다고 밝히고 있다. 동시사용 라이선스 계약은 다수의 사용자를 전제로 하는데, 실행 중이지만 실제로 사용되지 않은 소프트웨어로 인해 최대 라이선스의 수만큼 실행되지 않는 경우가 종종 발생한다. 동시사용 방식 라이선스 계약에서 '최대 라이선스 수'를 결정할 때에는 이러한 사정을 고려할 수밖에 없는데, 원고 소프트웨어를 사용하면 구매할 라이선스 수를 줄일 수 있으므로, 피고 소프트웨어의 라이선스 판매량이 감소하는 경제적 효과가 발생하게 된다.

(다) 이러한 사정 등을 종합하면, 원고 소프트웨어에 의해 발생하는 일시적 복제는 피고 소프트웨어의 이용과정에서 불가피하게 수반되거나 안정성이나 효율성을 높이는 것으로만 보기 어렵고, 독립한 경제적 가치를 가지는 것으로 볼 수 있다.

(4) 따라서 원고 소프트웨어가 피고 다쏘 시스템 에스에이의 일시적 복제권을 침해하였다는 취지로 판단한 원심의 결론은 정당하다. 거기에 일시적 복제권 및 저작권법 제35조의2의 규정에 관한 법리를 오해하거나 논리와 경험의 법칙을 위반하여 자유심증주의의 한계를 벗어나는 등의 사유로 판결에 영향을 미친 잘못이 없다.

▷NOTE : 위 판결은 '오픈캡처' 사건에 대한 대법원 2015다1017 판결에서 제시한 법리에 따라 판단하였으나, '오픈캡처' 사건에서는 주된 이용과의 관계에서 독립한 경제적 가치의 존재가 부정되었음에 반하여, 위 판결은 그것을 긍정함으로써 저작권법의 제35조의2에 의한 면책가능성은 부정됨을 전제로 원고가 피고의 일시적 복제권을 침해하였다고 인정하였다. 제35조의2의 적용요건으로 '일시적 복제가 독립한 경제적 가치를 가지고 있지 않을 것'이라는 요건이 요구됨을 긍정하면서 구체적인 사안에서 일시적 복제가 독립한 경제적 가치를 가지는 것으로 인정하여 위 요건에의 해당성을 부정한 최초의 대법원 판결이라는 점에 의의가 있다. 위 판결에서 인정된 사실관계에 비추어볼 때 대법원의 위와 같은 판단은 타당한 것으로 생각된다.

XIX. 공정이용 일반조항(제35조의3)

1. 의　　의

(1) 취　　지

§14-217　　한·미 FTA 이행을 위한 2011. 12. 2.자 개정 저작권법은 개별적 저작재산권 제한 규정(법 제 23조~제35조의2, 제101조의3~제101조의5) 이외에 저작물의 통상적인 이용과 충돌하지 아니하고 저작자의 합리적인 이익을 부당하게 저해하지 않는 범위 내에서 저작물을 이용할 수 있도록 하는 규정(제35조의3)을 신설하고 특정한 이용이 이러한 제한의 범위 내에 포함되는지를 판단하는 데에 고려될 수 있는 네 가지의 기준을 예시하고 있다.

　　이 규정은 개별적 저작재산권 제한규정과는 달리 구체적인 이용행위를 특정하지 않고 어떠한 이용행위이든지 그것이 공정이용에 해당하는지 여부를 그 이용행위의 목적 등 몇 가지 일반적인 고려요소에 따라 판단할 수 있도록 포괄적으로 허용하고 있는 규정이므로 '공정이용 일반조항' 또는 '포괄적 공정이용 조항'이라고 할 수 있다. 이 규정은 미국 저작권법 제107조를 참고한 것이지만, 한·미 FTA에 의하여 반드시 도입하기로 한 것은 아니고, 미국법의 내용 중 권리보호 수준을 높이는 내용은 도입하면서 공정이용을 폭넓게 보장하기 위한 규정은 도입하지 않는다면 권리보호와 공정이용의 보장 사이의 제도적 균형을 악화시킬 수 있다는 관점에서 도입하게 된 것이라는 것은 앞서 살펴본 바와 같다(§14-6 참조).

　　저작물의 디지털화와 유통환경 변화에 따라 기존 저작권법상 열거적인 저작재산권 제한규정으로는 제한 규정이 필요한 다양한 상황하에서의 저작물 이용을 모두 아우르기 어려운 한계가 있으므로, 환경 변화에 대응하여 적용될 수 있는 포괄적인 저작재산권 제한규정이 필요하게 된 것이 이 규정의 도입배경이라고 할 수 있다.[1]

　　제35조의3의 규정내용을 구체적으로 살펴보면, 제 1 항은 "제23조부터 제35조의2까지, 제101조의3부터 제101조의5까지의 경우 외에 저작물의 통상적인 이용 방법과 충돌하지 아니하고 저작자의 정당한 이익을 부당하게 해치지 아니하는 경우에는 저작물을 이용할 수 있다"고 규정하고 있고, 제 2 항은 "저작물 이용 행위가 제 1 항에 해당하는지를 판단할 때에는 다음 각 호의 사항등을 고려하여야 한다"고 하면서 제 1 호부터 제 4 호까지의 네 가지 고려 요소들을 나열하고 있다. 여기서 제 1 항은 베른협약 제 9 조 제 2 항,[2] TRIPs 제13조,[3] WIPO 저작권조약(WCT) 제10조

---

[1] 문화체육관광부·한국저작권위원회, 한·미 FTA 이행을 위한 개정 저작권법 설명자료(2011. 12. 14.), 8면.

[2] "특별한 경우에 있어서 그러한 저작물의 복제를 허용하는 것은 동맹국의 입법에 맡긴다. 다만, 그러한 복제는 저작물의 통상적인 이용과 충돌하지 아니하여야 하며, 저작자의 합법적인 이익을 부당하게 해치지 아니하여야 한다."

[3] "회원국은 배타적 권리에 대한 제한 또는 예외를, 저작물의 통상적 이용과 저촉되지 않고 저작자의 합법적인 이익을

제 2 항,[1] WIPO 실연·조약 제16조 제 2 항[2] 등에서 규정하고 있는 저작권의 제한 및 예외에 관한 이른바 3단계 테스트를 법문 속에 반영하고 있는 셈이고, 제 2 항은 공정이용에 관한 일반조항의 대표적 입법례인 미국 저작권법 제107조[3]의 규정에 따른 네 가지 고려요소를 참고한 규정이라 할 수 있다. 위 법문의 구조로 볼 때 제 1 항과 제 2 항은 서로 별개의 요건을 규정한 것이 아니라 제 2 항이 제 1 항의 판단요소를 규정한 것으로서 서로 불가분의 관계를 맺고 있음을 알 수 있다.

아래에서는 먼저 공정이용 일반조항(제35조의3)과 제28조의 관계에 대하여 살펴보고 나서 제35조의3 제 1 항에 반영된 '3단계 테스트'가 무엇을 뜻하는 것인지에 대한 일반적인 해석을 간략히 소개한 후 제 2 항에 규정된 네 가지 고려요소들을 상세하게 예를 들어 설명하기로 한다. '3단계 테스트'는 원래 국제조약 상의 규정으로서 그것이 다른 나라의 국내법에 도입되어 적용된 구체적 사례를 찾기가 쉽지 않으나, 제 2 항의 경우는 그와 거의 동일한 내용이 규정되어 있는 미국 저작권법 제107조에 대하여 비교적 풍부한 판례가 형성되어 있으므로, 그 판례들을 참고하여 판단기준을 정리해 보기로 한다.

(2) 제28조와의 관계

개정법에 의하여 제35조의3 규정이 신설되기 전에는 공정이용에 관한 일반조항은 없었다고 §14-218 할 수 있으나, '공표된 저작물의 인용'에 관한 제28조의 규정(§14-56 이하)이 실질적으로 상당한 범위에 걸쳐 공정이용에 관한 일반조항의 역할을 수행해 온 면이 있다. 대법원 판례가 포털 사이트의 이미지 검색을 위한 썸네일 이미지 작성 및 그것의 서버에의 저장 등 행위에 대하여 저작권법 제28조에 의한 정당한 '인용'으로 본 것[4]은 '인용'이라는 법문에 비추어 어색한 면이 없지 않지

부당하게 해치지 않는 특별한 경우로 한정하여야 한다."

1 "체약국은, 베른협약을 적용함에 있어서, 그 조약에서 부여된 권리에 대한 제한과 예외를, 저작물의 통상적 이용과 저촉되지 않고 저작자의 합법적인 이익을 부당하게 해치지 않는 특별한 경우로 한정하여야 한다."

2 "체약국은 이 조약에 규정된 권리들에 대한 제한 또는 예외를, 실연 또는 음반의 통상적 이용과 저촉되지 않고 실연자 또는 음반제작자의 합법적인 이익을 부당하게 해치지 않는 특별한 경우로 한정하여야 한다."

3 제107조 배타적 권리에 대한 제한 : 공정사용
제106조 및 제106조의 A의 규정에도 불구하고 비평, 논평, 시사보도, 교수(학습용으로 다수 복제하는 경우를 포함), 학문, 또는 연구 등과 같은 목적을 위하여 저작권으로 보호되는 저작물을 복제물이나 음반으로 제작하거나 또는 기타 제106조 및 제106조의 A에서 규정한 방법으로 사용하는 경우를 포함하여 공정사용하는 행위는 저작권 침해가 되지 아니한다. 구체적인 경우에 저작물의 사용이 공정사용이냐의 여부를 결정함에 있어서 다음을 참작하여야 한다.
　(1) 그러한 사용이 상업적 성질의 것인지 또는 비영리적 교육목적을 위한 것인지 등 그 사용의 목적 및 성격
　(2) 저작권으로 보호되는 저작물의 성격
　(3) 사용된 부분이 저작권으로 보호되는 저작물 전체에서 차지하는 양과 상당성, 그리고
　(4) 이러한 사용이 저작권으로 보호되는 저작물의 잠재적 시장이나 가치에 미치는 영향. 위의 모든 사항을 참작하여 내려지는 결정인 경우에, 저작물이 공표되지 않은 사실 자체는 공정사용의 결정을 방해하지 못한다.

4 대법원 2006. 2. 9. 선고 2005도7793 판결(§14-73).

만, 일반조항이 따로 없는 상태에서 공정이용의 폭을 적절히 넓히기 위해 부득이한 해석이었던 것으로 이해할 수 있다.

이와 같이 제35조의3 규정이 신설되기 전에도 제28조의 규정이 공정이용에 관한 일반조항으로서의 적용범위를 넓혀 왔지만, 그럼에도 불구하고 개정법에서 신설한 제35조의3 규정과 완전히 동일한 역할을 수행하였다고 볼 수는 없다. 첫째로 제28조의 규정은 '공표된 저작물'에 한하여 적용대상으로 하고 있으나, 제35조의3 규정에서는 공표 여부도 하나의 고려요소에 불과한 것으로 보아 설사 공표되지 아니한 저작물이라 하더라도 특별한 경우에 그 규정에 따라 공정이용에 해당하는 것으로 보게 될 경우가 있음을 전제로 하고 있다. 둘째, 제28조의 규정은 '저작물의 인용'의 경우에 관한 것이므로 적어도 다수설은 피인용저작물을 인용하는 주된 저작물을 작성하는 경우에 한하여만 이 규정을 적용할 수 있는 것으로 인정하여 왔다. 따라서 타인의 저작물을 가창한 것을 영상물(영상저작물로서의 창작성은 없는 것)에 담아 온라인에 올리는 것과 같은 경우를 제28조에 해당하는 것으로 보기는 어려우므로, 공정이용에 관한 일반조항으로서의 제35조의3의 규정이 보충적으로 존재할 실익이 있는 경우가 있음을 알 수 있다. 위에 언급한 썸네일 사건(§14-73)도 제35조의3 규정이 신설된 상황에서는 제28조보다 제35조의3 규정을 적용하는 것이 훨씬 더 자연스럽다고 할 수 있다.

미국 저작권법의 경우에는 우리 법 제28조와 같은 규정은 별도로 존재하지 않고 제35조의3과 같은 취지의 제107조의 규정만 존재하므로, 우리 법 제28조의 규정이 적용될 경우들은 모두 미국 저작권법의 공정이용 일반조항인 제107조가 적용되게 된다. 그런 점에서 제28조의 규정을 삭제하고 제35조의3 규정으로 통합하는 방안도 생각해 볼 수는 있으나, 제28조의 규정과 관련하여 지금까지 형성되어 온 여러 가지 판례 법리 등이 관련 사안의 구체적 해결에 도움이 되는 면도 많으므로, 그것을 삭제하는 것은 바람직한 방안이라고 보기 어렵다. 향후의 판례, 학설 및 실무는 제28조의 적용범위를 보다 명료하게 한정하고, 제28조에 해당하는지 여부가 애매한 부분은 모두 제35조의3의 일반조항에 따라 판단하는 방향으로 정리해 나가는 것이 바람직할 것이라 생각된다. 비교적 최근에 선고된 '리프리놀' 사건에 대한 대법원 2013. 2. 15. 선고 2011도5835 판결(§14-90-1)은 비록 공정이용 일반조항을 도입하는 개정이 이루어지기 전의 저작권법을 적용한 사안이긴 하지만, 개정법이 시행된 이후의 대법원 판결로서, 개정법상의 공정이용 일반 조항(제35조의3)의 존재를 의식하여 제28조의 적용범위를 적절히 제한하고자 하는 취지를 드러내고 있다. 즉, 위 판결은 '인용'의 의미를 다수학설과 같이 제한적으로 해석하는 취지를 표명함과 아울러, 종래의 대법원 판례가 제28조 적용을 위한 최소한의 요건으로 강조되어 온 '주종관계'의 기준을 새로운 공정이용적 고려요소들과 결합하여 제시하는 등의 판시를 통해, '썸네일 이미지' 사건에 대한 대법원 판결 등을 통해 다소간 일반조항화의 길을 걸어갔던 제28조 규정의 원래 자리를 되찾아 주고자 하는 방향성을 뚜렷이 보여주고 있다. 이것이 향후 대법원 판례의 입장으로 정립될 것으로 예상된다(§14-63).

요컨대 제28조는 공정이용 사유 중 '공표된 저작물의 인용'에 대한 것에 한정된 규정이고, 제35조의3은 보다 일반적으로 모든 형태의 저작물 이용에 대하여 보충적으로 적용될 수 있는 조항이라 할 수 있다.1

2. 3단계 테스트와 제35조의3 제 1 항

(1) 3단계 테스트

3단계 테스트는 베른협약, TRIPs, WCT, WPPT 등 국제조약에서 저작권 제한 또는 예외 사유와 관련하여 그 제한 또는 예외 규정이 지나치게 확대되어 저작권자등의 정당한 이익을 부당하게 해치지 않도록 하기 위한 일종의 안전장치로 도입된 것이다(§14-8). 이것은 저작권법의 양대 목표2인 저작권자 등의 권리 보호와 이용자의 공정이용 도모 사이의 매우 미묘한 균형과 관련된 것으로서 저작권 등의 권리 보호를 절대적으로 강조하기보다 공정이용을 보장하되 공정이용이라는 이름으로 저작권자 등의 이익이 과도하게 위협받지 않도록 보장하기 위한 규정의 성격을 가지는 것이다. §14-219

3단계 테스트를 반영하여 규정된 개정 저작권법 제35조의3 제 1 항을 중심으로 그 의미를 살펴보면, 다음과 같다.

제35조의3 제 1 항은 "제23조부터 제35조의2까지, 제101조의3부터 제101조의5까지의 경우 외에 저작물의 통상적인 이용 방법과 충돌하지 아니하고 저작자의 정당한 이익을 부당하게 해치지 아니하는 경우에는 저작물을 이용할 수 있다"고 규정하고 있는데, 이것은 이 규정이 제23조부터 제35조의2까지 및 제101조의3부터 제101조의5까지의 규정에 의하여 자유이용이 허용되지 않는 경우에 대한 보충적 규정임을 말해 줌과 동시에, 그러한 경우에 공정이용으로 보아 자유이용

---

1 다만 여기서 '보충적'이라고 말하는 것은 그다지 엄격한 의미는 아니다. 예를 들어 피고가 공정이용의 항변을 하면서 다른 제한사유를 주장하지 않고 제35조의3만 주장한 사안에서, 다른 제한사유 규정에 해당한다는 이유로 제35조의3의 적용을 부정할 필요는 없을 것이다. 한편으로, 제35조의3 이외의 다른 제한규정에서 정하고 있는 요건을 일부 충족하지 못한 경우에, 그 규정에 해당하지 아니한 이상 제35조의3에 의하여 허용된다고 볼 수 없다고 하면서 제35조의3에 기한 항변을 무조건 배척하는 것도 타당하지 않다. 예를 들어 하급심판결 중에 컴퓨터프로그램저작물의 역분석에 관한 101조의4 등 규정의 요건을 충족하지 못한 것으로 본 사안에서 "위 규정에 해당하지 아니한 이상 공정이용의 원칙에 관한 일반론에 따라 역분석을 허용할 수는 없다"라고 판시한 사례(서울중앙지방법원 2014. 1. 23. 선고 2013가합23162 판결)가 있으나, 이러한 판시는 적절하지 않다. 같은 결론을 내리더라도, 공정이용의 요건에 따라 (간략하게나마) 별도의 판단을 하면서 부정적 결론을 내리는 것이 타당하였을 것이라 생각한다.
2 우리 저작권법 제 1 조는 "이 법은 저작자의 권리와 이에 인접하는 권리를 보호하고 저작물의 공정한 이용을 도모함으로써 문화 및 관련 산업의 향상발전에 이바지함을 목적으로 한다"고 규정하고 있다.

이 허용되기 위하여 거쳐야 할 3단계 테스트를 반영하고 있다. 원래 3단계 테스트는 첫째, 그것이 특별한 경우(certain special cases)여야 한다는 것, 둘째, 저작물의 통상적인 이용 방법과 충돌하지 않는 경우여야 한다는 것, 셋째, 저작자의 정당한 이익을 부당하게 해치지 아니하는 경우여야 한다는 것인데, 위 규정은 그 중 둘째와 셋째를 명시적으로 반영하고 있고, 첫째는 암묵적인 전제로 하고 있다고 볼 수 있다.

§14-220   첫째, 그것이 '특별한 경우(certain special cases)'여야 한다는 것은 '명확하게 한정된' 경우들만을 의미하는 것은 아니라고 해석된다.[1] 만약 그러한 의미라고 보면, TRIPs 등 국제조약 체결을 주도한 미국의 저작권법 제107조 및 우리의 개정 저작권법 제35조의3의 규정 자체가 3단계 테스트를 위반한 것이 되어 받아들이기 어려운 결론을 도출하게 된다. 보다 구체적으로, 이것은 이용되는 저작물등의 성격이나 그 이용행위 등의 면에서 그 이용을 정당화할 수 있을 만한 특수성이 있어야 한다는 의미라고 할 수 있으며, 그 구체적인 판단에 있어서는 다음의 둘째, 셋째의 테스트도 함께 고려될 수 있다고 보아야 할 것이다.[2] 다른 테스트를 적용함에 있어서 이용의 양적 측면을 함께 고려하더라도, 첫 번째 테스트 자체를 질적인 것은 물론 양적인 면에서도 좁은 범위의 이용이라고 하여 근본적인 제약을 가하는 것은 바람직하지 않다.[3]

§14-221   둘째, 저작물의 통상적인 이용 방법과 충돌하지 않는 경우여야 하는데, 여기서 저작물 등의 통상적 이용(normal exploitation)이란 해당 저작물이 일반적으로 지향하고 있는 시장을 의미한다. 예를 들면, 학교 수업시간에 활용될 것을 예상하고 만들어진 학습 보조교재의 경우라면 이러한 저작물에 대한 저작재산권은 비록 학교 교육목적을 위해서라도 제한하여서는 안 된다는 것이 바로 이 둘째의 테스트와 관련된 것이다.[4] 즉 이 테스트는 저작물의 통상적인 시장과 경쟁관계에 있는 이용행위는 원칙적으로 허용될 수 없다는 의미를 담고 있는데, '통상적인 시장'의 범위를 넓게 모든 잠재적인 시장을 다 포괄할 경우에는 공정이용을 인정할 수 있는 여지가 거의 없어져 권리보호와 공정이용 사이의 미묘한 균형이 파괴될 것이므로 그러한 균형을 깨트리지 않는 규범적인 관점에서 '통상적인 시장'인지 여부를 합리적으로 판단하여야 할 것이다. 결국 그 판단은 제35조의3 제 2 항의 네 가지 고려요소를 종합하여 하게 될 것이다.

§14-222   셋째, 저작권자 등의 정당한 이익을 부당하게 해치지 아니하는 경우여야 한다. 이것은 마지

---

1 그러한 의미에서 'certain special case'라는 표현은 실질적으로 'some special cases'라는 표현과 동일시할 수 있다고 본다. Martin Senftleben, *Copyright, Limitations and the Three-Step Test – An Analysis of the Three-Step Test in international and EC Copyright Law*, 2004, pp. 134-137.

2 Martin Senftleben, *supra* 137-138.

3 Martin Senftleben, *supra* 140-152; Christophe Geiger et al., DECLARATION – A BALANCED INTERPRETATION OF THE "THREE-STEP TEST" IN COPYRIGHT LAW (http://www.ip.mpg.de/shared/ data/pdf/declaration_three_steps.pdf).

4 임원선, 전게서, 165면.

막 테스트이므로 "저작물의 통상적인 이용 방법과 충돌하지 않는 특별한 경우"라고 하더라도 "저작권자 등의 정당한 이익을 부당하게 해치는" 것으로 볼 수 있는 경우에는 공정이용으로 허용될 수 없다는 것이다. 권리의 제한이 권리자의 이익에 어느 정도 영향을 주는 것은 필연이라고 하여도 그 영역을 넘어서 저작권자 등의 이익이 부당하게 저해되는 것으로 볼 수 있는 경우에까지 공정이용이 인정되어서는 안 될 것이라는 의미라고 할 수 있다. 공정이용이 본질적으로 권리자의 이익과 특정한 경우에 있어서의 이용 사이를 조정하고자 하는 것이므로 권리자 측에서 그 이익이 어느 정도 저해된다고 하여도 그것은 수인하여야 하지만 그 이익이 부당하게 저해되는 사태까지 수인할 의무는 없는 것이다. 여기서 말하는 저작권자 등의 정당한 이익은 반드시 경제적 이익만을 말하는 것은 아니며, 저작인격권 등에 의하여 보호되는 인격적 이익도 포함될 수 있다.[1] 다만, 저작인격권을 절대적으로 강조하여 보호하고자 할 경우에는 그로 인해 역시 권리보호와 공정이용 사이의 미묘한 균형이 무너질 우려가 있으므로, 저작인격권도 사회통념상 합리적인 범위 안에서는 적절한 제한이 필요하다. 우리 저작권법 제12조 제 2 항 단서 및 제13조 제 2 항 각호에 이미 그러한 제한사유가 반영되어 있어 공정이용에 있어 저작인격권 보호가 지나치게 걸림돌이 되지는 않도록 하고 있다. 그러나 이러한 규정이 공정이용의 판단에 있어서 저작인격권을 무시하여도 좋다는 것은 결코 아니므로, 공정이용 여부를 판단할 때 저작자의 저작인격권이 부당하게 해쳐지지 않도록 유의하여야 할 것이다. 저작권자등의 '정당한' 이익을 '부당하게' 해치는 경우인지 여부에 대한 판단은 구체적·개별적으로 사안에 따라 신중하게 이루어져야 할 것인데, 개정 저작권법상, 그 판단에 있어서는 역시 제35조의3 제 2 항의 네 가지 요소들을 종합적으로 고려하여야 한다.

(2) '보도·비평·교육·연구 등을 위하여'의 삭제

2011년 개정법은 원래 제35조의3 제 1 항에서 "……보도·비평·교육·연구 등을 위하여 저작물을 이용할 수 있다"고 하여 저작물 이용의 목적에 관하여 언급하고 있었으나, 2016. 3. 22.자 개정법(2016. 9. 23. 시행)에서 이 부분을 삭제하였다. 이것은 같은 조 제 2 항 제 1 호의 고려요소 중에서 '영리성 또는 비영리성 등'이라는 문언을 삭제하는 것과 동시에 이루어진 것으로서, 그 개정 이유로는 "공정이용 조항은 다양한 분야에서 저작물 이용행위를 활성화함으로써 문화 및 관련 산업을 발전시키는 중요 목적을 수행하여야 할 것이나, 그 목적 및 고려 사항이 제한적이어서 목적 달성에 어려움이 있는 바 이를 정비할 필요"가 있다는 것이 제시되었다. 그와 같은 개정 이전에도 '보도·비평·교육·연구 "등"을 위하여'라고 규정하고 있었으므로 나열된 네 가지의 목적에 한

§14-223

---

1 Martin Senftleben, *supra* 219-221.

정되지 아니하고 다른 목적도 포함될 수 있는 것으로 해석될 수 있었으나, 그 부분에 대한 오해의 가능성을 피하고 보다 적극적인 적용을 유도하기 위한 목적으로 위 문언을 삭제하는 개정을 한 것으로 생각된다. 이러한 전후 경위에 비추어 보면, 위 개정이 본조 적용에 있어서의 오해를 방지하는 것 외에 법적으로 큰 변화를 야기하는 것이라고 보기는 어렵다.

3. 네 가지의 고려요소(제35조의3 제 2 항)

(1) 이용의 목적 및 성격(제 1 호)

§14-224   공정이용 여부의 판단에 있어서는 첫 번째로, 저작물등의 이용의 목적 및 성격을 고려하여야 한다. 이것이 공정이용 판단의 제 1 요소이다. 여기서 고려되어야 할 구체적인 요소들을 나누어 살펴보면, 다음과 같다.

(가) 영리성을 가진 것인지 여부

§14-225   저작물의 이용이 영리성 또는 비영리성을 가진 것인지 여부는 공정이용 판단의 제 1 요소를 판단함에 있어서 중요한 고려요소가 된다. 그러나 영리성을 가지면 언제나 공정이용이 될 수 없고 비영리성을 가지면 무조건 공정이용이 될 수 없는 것은 결코 아니다. 미국의 판례도 "저작물의 이용이 교육적이고, 영리를 목적으로 한 것이 아니라는 사실만으로 침해의 인정으로부터 자유로울 수 없는 것과 마찬가지로 이용의 영리적인 성격만으로 공정이용의 인정이 전적으로 배제되는 것은 아니다"라고 하고 있다.[1] 위에서도 언급한 바(§14-223)와 같이 원래 본호는 "영리성 또는 비영리성 등 이용의 목적 및 성격"으로 규정되어 있다가 2016. 3. 22.자 개정법(2016. 9. 23. 시행)의 제35조의3 제 1 항에서 "보도·비평·교육·연구 등을 위하여" 부분을 삭제함과 동시에 본호의 "영리성 또는 비영리성 등" 부분도 삭제하여, 현행법상으로는 "영리성 또는 비영리성"의 고려가 규정의 문언에서 빠지게 되었다. 이것은 영리적 이용이라고 하여 공정이용이 절대적으로 부정되거나 그렇지 않더라도 지나치게 소극적인 적용이 이루어질 경우 공정이용제도를 통해 저작권 관련 산업에서의 창조와 혁신을 뒷받침하고자 하는 입법목적의 달성을 저해할 것이라는 우려를 반영한 것이라 여겨진다.

그렇지만 이용의 목적이 영리적인 성격을 가질 경우가 그렇지 않은 경우에 비하여 공정이용으로 인정되기에 불리한 면이 있고, 거꾸로, 이용의 목적이 비영리적인 성격을 가질 경우가 상대적으로 유리한 면이 있는 것은 사실이다. 우리나라 판례가 공표된 저작물의 인용에 관한 저작권법 제28조의 적용과 관련하여 "이 경우 반드시 비영리적인 목적을 위한 이용만이 인정될 수 있는

---

1 Campbell v. Acuff-Rose Music, Inc., 510 U.S. 569.

것은 아니라 할 것이지만, 영리적인 목적을 위한 이용은 비영리적 목적을 위한 이용의 경우에 비하여 자유이용이 허용되는 범위가 상당히 좁아진다"고 판시해 온 것1은 보충적 일반조항인 제35조의2에 대하여도 마찬가지로 적용될 것이다.2

영리적 목적의 이용이라고 해도 그 안에는 그 영리성의 정도에 있어 매우 다양하고 광범위한 스펙트럼이 있다. 그 스펙트럼의 한 쪽 끝에는 이용자의 상품 광고에 사용하는 것이 있고, 다른 한 쪽 끝에는 시청료를 받고 뉴스보도를 하는 공영방송의 경우 또는 비영리 공익법인이 그 사업목적에 따라 책을 판매용으로 출판하는 경우 등에서의 저작물 이용이 있다.3 이처럼 서로 다른 상업성의 정도도 공정이용의 판단에 영향을 미칠 수 있다. 즉, 일반 상품 광고의 경우는 가장 대표적으로 강하게 영리성을 띤 경우라고 할 수 있으므로, 공정이용의 인정범위가 상대적으로 가장 좁다고 할 수 있고, 시청료나 광고 등 수입으로 운영되는 방송사의 뉴스보도나 비영리 법인의 판매용 책자 출판과 같은 경우는 공정이용의 인정범위가 다른 영리 목적 이용의 경우에 비하여 상대적으로 넓은 것으로 보아야 할 것이다.

상품 광고의 경우가 영리성의 정도가 가장 높은 편에 속하는 것은 사실이지만, 상품 광고에 §14-226
저작물을 이용하는 경우라고 하여 그 저작물에 대한 공정이용의 가능성이 전적으로 부정되는 것은 아니다. 특히, 예를 들어 영화의 광고포스터 등과 같이, 광고가 특정한 저작물의 연장으로서의 의미를 가지고 있는 경우에는 그 상업성의 정도는 다소 완화되는 것으로 볼 수 있고,4 따라서 공

---

1 대법원 1997. 11. 25. 선고 97도2227 판결 등.
2 피고의 행위에 영리적인 목적이 있다는 것을 공정이용 판단에 불리한 요소의 하나로 들면서 제35조의3에 따른 공정이용을 부정한 사례들로, 수원지방법원 2017. 5. 2. 선고 2016나66360 판결("피고는 홈페이지 제작업 등에 종사하는 회사로서 고객들로부터 의뢰받은 홈페이지를 제작하는 과정에서 위 사진 등을 게시하게 된 점, 원고는 판매할 목적으로 위 사진 등을 제작한 것인 점 등에 비추어, 피고 주장하는 위 사정만으로, 피고가 저작물인 위 사진 등을 저작권법 제35조의3에 따라 저작물의 통상적인 이용 방법과 충돌하지 아니하고 저작자의 정당한 이익을 부당하게 해치지 아니하는 범위 내에서 이를 이용하였다고 볼 수 없으므로, 이 부분 주장은 이유 없다."), 인천지방법원 2017. 2. 15. 선고 2016나58171 판결(… 피고가 영리적인 목적으로 이 사건 사진을 게재한 점, 피고는 이 사건 사진의 전체를 게재하여, 원고의 저작물 전체를 이용한 점 등에 비추어 피고의 이 사건 사진 게재가 공정이용에 해당한다고 인정하기 어렵고, 이를 인정할 다른 증거도 없다."), 서울중앙지방법원 2017. 9. 29. 선고 2017가합538716 판결(" … 피고 이메일이 포함된 이 사건 도서는 영리 목적으로 작성되어 시중에 판매되는 서적인 점 … ") 등을 들 수 있다. 또한, 비영리성을 공정이용 판단에 유리한 요소의 하나로 적시한 사례(서울서부지방법원 2015나33407 판결, "피고는 채식을 장려하는 취지의 기사를 작성하던 중 인터넷 검색사이트에서 발견한 이 사건 사진의 크기 및 화질이 축소된 이미지를 채식의 사례로 소개하기 위하여 사용한 것으로서 그 이용목적 및 성격이 영리적이라고 보기 어려운 점"을 여러 가지 고려요소의 하나로 나열함)도 있다. 그러나 비영리성이 인정되는 경우이지만 공정이용을 부정한 사례도 있다. 예컨대 교육기관 등에서 서체파일을 무단으로 사용한 사안에 대하여 서울서부지방법원 2017나33081 판결은 "피고 인천광역시는 '별지 침해사례가 저작물의 통상적인 이용방법과 충돌하지 않고 저작자의 정당한 이익을 부당하게 해치지 않는 경우에 해당하여 저작권법 제35조의3에 의하여 저작물을 이용할 수 있다'고 주장하나, 별지 침해사례는 저작물의 통상적인 이용방법과 충돌할 뿐만 아니라 저작권자의 정당한 이익을 부당하게 해치는 경우에 해당한다고 할 것인바, 이와 다른 전제에 있는 피고 인천광역시의 주장은 받아들이지 아니한다."라고 판시하였다.
3 Melvile B. Nimmer, Dvid Nimmer, *Nimmer on Copyright* IV, 1995, 13-164.
4 Leibovitz v. Paramount Pictures Corp. 137 F. 3d(임신한 여성의 몸 위에 남자 배우의 얼굴을 결합하여 보여주는 사진이 개봉 예정인 영화의 광고포스터에 사용된 것이 임신한 여자배우, 데미 무어의 사진(원저작물)의 공정이용인지

정이용의 인정 가능성이 상대적으로 넓어진다고 할 수 있다. 또한 상품 광고가 아니라 정치적인 광고1 등의 경우이거나 또는 상품 광고 중에서도 다른 상품에 대한 비평의 요소를 내포한 '비교 광고'의 경우2 등에는 표현의 자유 및 국민 또는 소비자의 '알 권리' 등의 측면에서 공정이용의 인정범위가 다소 넓어질 수 있는 측면이 있다.

§14-227   영리목적이라고 함은 반드시 직접적으로 금전적 대가를 취득할 목적만을 의미하는 것이 아니라 간접적으로라도 이윤창출에 기여하고자 하는 것이라면 이에 해당한다. 따라서 기업 내부에 설치된 자료실 등의 직원이 조사 또는 연구의 목적으로 학술논문 등을 복제하는 것도 궁극적으로 기업의 이윤창출 활동에 기여하고자 하는 목적으로 행해지는 것인 이상 영리의 목적이 있는 것으로 볼 수 있다.3 또한, 출판되지 않은 종교적 서적을 무단 복제하여 교인들에게 배포하는 것도 이익을 취하는 행위이므로 직접적인 상업적 이익을 목적으로 하지 않는다는 이유로 첫 번째 고려 요소에서 유리하게 취급할 것은 아니라고 한 미국 판례가 있다.4 그 사건에서 영리적 목적의 유무 판단에 있어서 기준으로 삼은 것은 금전적 이익을 유일한 목적으로 하는지 여부가 아니라 통상의 대가를 지급하지 않고 저작물로부터 이익을 취하는 지위에 있는지 여부였다.5 이러한 기준에 따라, P2P 프로그램을 이용하여 불법복제 음원을 다운로드 받은 이용자들에게도 '영리의 목적'이 있는 것으로 인정된 바 있다.6

비록 영리의 목적으로 타인의 저작물을 이용하였고, 그것이 큰 상업적 성공을 거둔 경우라 하더라도, 예를 들어 타인의 음악저작물을 패러디하여 만든 악곡이 실린 판매용 음반이 큰 성공

가 문제된 사건인데, 법원은 그 이용자가 필요 이상으로 저작물을 이용하지 않았고 소비자들이 원저작물인 사진 대신 패러디 사진을 구매할 가능성은 거의 없다는 점 등을 감안하여 그것을 공정이용으로 인정하였다); Melvile B. Nimmer et al., *supra* 13-165.

1 MasterCard Intern. Inc. v. Nader 2000 Primary Committee, Inc., S.D.N.Y.2004, 70 U.S.P.Q. 2d 1046, 2004 WL 434404(대통령 후보와 그의 정치적 조직이 금융서비스 회사의 저작물로서 서비스마크에 사용된 문구, 즉 "돈이 살 수 없는 것들이 있다. 그 밖의 모든 것들을 위해 마스터카드가 있다"를 정치적 광고에 사용한 것은 그 정치광고가 일종의 패러디로서 피고가 전하고자 하는 메시지의 내용이 원고의 광고와는 다르고 침해로 주장되는 광고의 사용이 저작물의 잠재적 시장 또는 그 가치에 악영향을 미치지도 않음을 감안할 때 공정이용에 해당한다고 보아야 한다.

2 Triangle Publications, Inc. v. Knight-Ridder Newspapers, Inc., C.A.5 (Fla.) 1980, 626 F. 2d 1171, 207 U.S.P.Q. 977.

3 American Geophysical Union v. Texaco Inc. 60 F. 3d 913.

4 Worldwide Church of God v. Philadelphia Church of God, Inc. 227 F. 3d 1110.

5 Melvile B. Nimmer et al., *supra* 13-166.

6 A&M Records, Inc. v. Napster, Inc. 239 F. 3d 1004. 이 사건에 적용된 미국 저작권법 제107조의 규정(개정 저작권법 제35조의2의 규정에 상응하는 것)에 의한 '영리의 목적'을 판단함에 있어서 적용한 이러한 기준은 우리 저작권법 제30조의 '사적 이용을 위한 복제'의 요건과 관련하여 '영리의 목적'을 판단하는 기준은 서로 상이하다. 우리 저작권법 제30조를 적용할 때의 영리의 목적은 "소극적으로 저작물의 구입비용을 절감한다는 의미가 아니라 복제물을 타인에게 판매하거나 타인으로부터 복제의뢰를 받아 유상으로 복제를 대행하는 등 복제행위를 통하여 직접 이득을 취할 목적을 의미한다"고 해석되고 있음에 반하여, 공정이용 일반조항에 있어서의 영리의 목적은 직접적인 금전적 이득의 목적만을 뜻하는 것은 아니므로, 경우에 따라 판매용음원을 구입하는 돈을 절약하기 위한 것도 영리의 목적으로 인정될 수 있는 것이다.

을 거둔 경우1나 타인의 저작물을 인용한 전기저작물이 베스트셀러가 된 경우2와 같이, 저작물의 이용이 가지는 다른 여러 가지 가치, 효용 등의 측면을 다른 고려사항들과 함께 고려하여 공정이용으로 인정한 사례들이 있다. 우리나라의 경우에도 공정이용에 관한 보충적 일반조항이 입법화되기 전에 제28조를 적용한 사안이긴 하지만, 대법원 판례가 포털사이트에서 이미지 검색 서비스를 구축하여 서비스함에 있어서 타인의 사진저작물을 축소한 썸네일 이미지를 검색용으로 복제, 전송한 것을 공정한 인용으로 인정한 바 있는데,3 그것은 그 서비스가 영리적·상업적인 성격을 가지고 있긴 하지만, 그러한 성격이 그다지 강하다고 할 수는 없는 반면, 그 서비스가 가지는 공익적 측면은 강하다는 점을 고려한 것이었다.

　　미국의 연방대법원은 Sony 사건에서 "저작물의 영리적 이용은 추정적으로 저작물의 불공정한 이용에 해당하지만, 비영리적 이용은 다른 문제이다. 저작물의 비영리적 사용을 침해라고 하기 위해서는 그 특정한 이용이 저작권자에게 해악을 끼친다는 것 또는 그것이 널리 만연하게 되면 저작물의 잠재적 시장에 부정적인 영향을 미칠 것이라는 것을 입증하여야 한다"고 판시한 바 있다.4 그러나 이후 Campbell v. Acuff-Rose Music, Inc. 사건에 대한 미국 연방대법원 판결은 Sony 사건에 대한 대법원의 위와 같은 판시내용은 단지 영리적 이용이 공정이용의 판단에 불리한 영향을 미칠 수 있다는 것을 뜻하는 것일 뿐이고, 영리적 이용(commercial use)에 추정적 효력을 부여하고자 한 것은 아니라고 하면서, 그러한 불리한 영향조차도 상황적 맥락에 따라 변동될 수 있다고 판시하였다.5 다만 이 판결에서도 순수한 복제의 방법으로 이용하는 것이 상업적 이용의 성격을 가진다면 그것은 공정이용이 아니라고 추정될 수 있다고 보았다.6

§14-228

(나) 이용이 사적(私的)인 성격을 가지는지 여부

　　미국 저작권법상으로는 사적 이용을 위한 복제에 관한 규정이 없으므로 사적인 이용을 위한 복제의 경우도 그 이용의 목적이 사적인 이용(private use)에 있다는 것을 중요한 고려사항의 하나로 하여 공정이용에 해당할지 여부를 판단하여 왔다.7 우리 저작권법의 경우에는 사적 이용을 위한 복제에 대하여는 별도의 권리제한규정(저작권법 제30조)을 두고 있으므로, 기본적으로는 그 규정에 의한 자유이용의 대상이 될지 여부를 판단하면 족하다고 할 수 있다(사적 이용을 위한 복제 등에 대하여 자세한 것은 §14-115 이하 참조).

§14-229

1 Campbell v. Acuff-Rose Music, Inc., 510 U.S. 569.
2 Rosemont Enterprises, Inc. v. Random House, Inc. 366 F. 2d 303.
3 대법원 2006. 2. 9. 선고 2005도7793 판결(§14-73).
4 Sony v. Universal City 464 U.S. 417 at 451.
5 510 U.S. 569 at 585.
6 510 U.S. 569 at 591.
7 Sony v. Universal City 464 U.S. 417, 104 S.Ct. 774.

저작재산권의 권리범위에 속하는 이용행위 중 복제 또는 2차적저작물 작성을 제외한 나머지 모든 이용행위들, 즉, 공연, 공중송신, 전시, 배포 등의 경우는 모두 그 개념 자체가 '공중'을 대상으로 한 이용행위를 뜻하는 것이므로 '공중'을 대상으로 하지 않는 사적인 연주 또는 가창, 사적인 송신, 가족 대상의 전시, 사적인 양도 또는 대여 등의 경우는 처음부터 저작재산권의 범위에 포함되지 않는 행위이므로 권리자의 허락을 받지 않아도 자유롭게 할 수 있다. 즉, 이러한 경우에 이용의 사적인 성격은 단순히 공정이용의 한 가지 판단요소에 불과한 것이 아니라, 저작권자의 배타적 권리 범위에 개념적으로 포함될지 말지를 좌우하는 요소가 되며, 그 이용이 사적인 성격을 가질 경우, 다른 요소를 더 살펴볼 필요 없이 자유이용의 대상이 된다.

나머지 두 가지의 이용행위 유형 중 복제는 사적 이용을 위한 복제의 요건을 갖출 경우 저작권법 제30조의 규정에 의한 자유이용의 대상이 될 수 있고, 그러한 경우에는 저작권법 제36조에 의하여 번역·편곡 또는 개작하여 이용하는 것도 허용되므로, 나머지 한 가지 이용행위 유형인 '2차적저작물 작성'도 법 제30조의 요건을 갖춘 경우이기만 하면 자유이용의 대상이 된다.

전체적으로 정리를 해 보면, 사적인 이용 목적의 복제 및 2차적저작물 작성은 저작권법 제30조의 조건을 모두 충족할 경우에 그 규정에 의한 공정이용이 성립하여 자유이용의 대상이 되고, 나머지의 경우에는 사적인 성격의 이용이면 처음부터 저작재산권의 권리범위에 포함되지 않아 자유이용의 대상이 된다. 이 두 가지의 이용행위가 결합된 경우에는 역시 자유이용의 대상이 될 수 있다. 예를 들어 사적인 이용을 위한 복제로서 제30조의 조건을 충족한 복제행위와 사적인 성격을 가진 송신행위가 결합된 경우라고 할 수 있는, 특정한 친구 한 명을 대상으로 한 이메일 송신행위는 그 과정에 수반되는 복제는 사적 이용을 위한 복제로서 저작권법 제30조에 의하여 허용되고, 그러한 송신행위가 공중을 대상으로 한 것이 아니어서 저작권법 상 공중송신(전송)에 해당하지 않아 저작권자의 배타적 권리가 미치지 아니하므로 결과적으로 자유이용의 대상이 된다.

사적인 성격이 강하지만 제30조의 엄격한 요건을 충족하지 못한 경우에 그 이용이 가지는 사적인 성격은 공정이용의 판단에 있어서 유리한 요소의 하나가 될 수 있다.

(다) 이용이 '변용적 이용' 또는 '생산적 이용'의 성격을 가지는지 여부

§14-230   Acuff-Rose 사건에서 미국 연방대법원은 공정이용의 첫 번째 고려요소인 '이용의 목적 및 성격'에 관한 판단에 있어서 가장 핵심적인 것은 "그 이용이 단순히 이용되는 저작물을 대체(super sede)하는 것인지 아니면 그 이용이 원저작물을 새로운 표현, 의미, 메시지로 변경하는 변용적인 것인지 여부 및 만약 그러하다면 어느 정도로 그러한지 여부"의 판단이라고 하였다.[1] 즉, 그 이

---

1 Campbell v. Acuff-Rose Music, Inc 510 U.S. 569 at 569.

용이 '변용적 이용(transformative use)'[1]에 해당할 경우에는 공정이용에 해당할 가능성이 상대적으로 높고, 그렇지 않고 '대체적 이용'에 해당할 경우에는 공정이용에 해당할 가능성이 상대적으로 낮다는 것이다. '변용적 이용'이라는 말을 공정이용의 판단요소로 처음 제시된 것은 Pierre N. Leval이 작성하여 1990년 3월에 하버드 로리뷰에 게재한 "공정이용의 기준을 향하여(TOWARD A FAIR USE STANDARD)"라는 논문에서였다. 이 논문에서 Leval은 "나는 정당화의 질문[2]에 대한 대답은 주로 문제되는 이용이 변용적인지 여부, 변용적이라면 어느 정도 변용적인지 여하에 달려 있다고 믿는다. 그 이용은 생산적이어야 하고 원저작물과는 다른 방법으로 또는 다른 목적을 위해 인용부분을 사용하여야 한다. 원저작물을 단순히 재포장하거나 재발행하는 인용은 그 기준을 통과하기 어렵다. 스토리 판사의 말에 의하면, 그것은 단지 원저작물을 대체(supersede)할 뿐이다. 반면에 2차적 이용이 원저작물에 가치를 추가하면, 즉 피인용물이 새로운 정보, 새로운 미감, 새로운 통찰과 이해의 창조로 변용되어 그 원재료로 사용된다면, 그것이야말로 공정이용 법리가 사회적 부요를 위해 보호하고자 하는 활동유형이다. 변용적 이용은 피인용 저작물을 비평하거나 원저작자의 특성을 드러내는 것 또는 사실을 입증하거나 원저작물에서 주장된 사상을 방어하거나 또는 반박하기 위하여 그것을 요약하는 것 등을 포함할 수 있다. 그것은 또한 패러디, 상징주의, 미적 선언 기타 등등 헤아릴 수 없는 많은 경우를 포함할 수 있다"라고 주장하였다.[3]

변용적 이용에는 저작물 자체의 변형을 수반하는 경우도 있지만, 반드시 그러한 경우에 한정되지 않고 기존 저작물을 새로운 정보 제공 등의 용도로 복제하는 등의 경우도 포함될 수 있다.[4] 예를 들어, 포털 등의 웹사이트에서 이미지 검색서비스를 제공하기 위한 준비과정에서 타인의 사진저작물 또는 미술저작물에 해당하는 이미지 파일을 복제하는 것은 저작물을 변형하는 것이 아니지만, 인터넷 검색서비스를 통해 이용자들에게 '새로운 정보'를 제공하기 위한 복제라는 이유로

---

1 영어 'transformative use'를 '변형적 이용'이라고 번역하는 예가 많으나, '변형적'이라는 말이 저작물 자체의 변형을 의미하는 것으로 오해될 여지가 많다고 여겨져, 여기에서는 그것을 사용하지 않고 대신에 '변용적 이용'이라는 표현을 사용하기로 하였다. '변용적 이용(transformative use)'은 저작물 자체의 변형을 수반하는 경우도 있지만 그렇지 않은 경우도 있고, 저작물 자체의 변형은 우리 저작권법상 저작인격권 중의 하나인 동일성유지권과의 관계에서 문제가 될 수 있는 부분도 있음을 감안할 때, 공정이용 인정에 유리한 요소로서 '변형적 이용'이라는 표현을 사용하는 것이 여러 가지 혼란을 초래하는 면이 있다고 생각되기 때문이다. 그런데 '변용적 이용'도 근본적으로 강조하는 중점은 변용 (transformation)에 있고, 그 결과로서의 생산적인 면에 있는 것이 아닌데, 실질적으로 공정이용의 판단에 긍정적으로 기여할 수 있는 것은 변용이 아니라 생산적인 결과라는 관점에서 '생산적 이용'이라는 말을 사용하는 것이 보다 적합할 수 있다는 것은 §14-233에서 설명하는 바와 같다.

2 저작자의 창작활동을 유도하고자 하는 저작권법의 목적에 비추어, 저작권자에게 유리하게 판단되는 여러 요소들에 대항하여, 저작물의 2차적 이용자의 자유이용을 정당화할 사유가 무엇인가 하는 질문을 말한다.

3 Pierre N. Leval, "TOWARD A FAIR USE STANDARD," 103 Harv. L. Rev. 1105(1990) at 1111.

4 미국 판례 가운데는 변용적 이용으로 인정되려면 저작물 자체의 변형을 요한다고 본 사례들도 있으나 보다 주류적인 판례들은 저작물 자체의 변형이 없더라도 그것이 새로운 맥락(context) 속에 이용된 것도 변용적 이용으로 보는 입장을 보이고 있다. Paul Goldstein, *Goldstein on Copyright* 12 : 51-53(3d ed. 2008).

공정이용에 해당하는 것으로 인정한 사례들이 있다.[1]

§14-231   변용적 이용과 관련하여 한 가지 주의를 요하는 것은, 저작권법에서 저작권자에게 2차적저작물작성권(§13-64 이하)을 인정하고 있는 이상, 2차적저작물(§5-1 이하)에 해당할 정도로 원저작물에 새로운 창작성을 부가하였다는 이유만으로 공정이용으로 인정되는 것은 아니며, 그러한 경우에 원칙적으로는 2차적저작물작성권을 가진 저작권자의 허락을 받아야 한다는 것이다. 2차적저작물을 작성하더라도 원저작물에 대한 대체적 성격이 클 경우에는 변용적 이용이라고 볼 수 없을 것이다.[2] 그렇지 않고 변용적 이용에 해당하는 경우라 하더라도, 변용적 이용이라고 하는 것은 공정이용의 판단에서 고려할 여러 가지 요소 중의 하나에 불과하고, 나머지 고려요소들을 종합하여 최종적인 결론을 내려야 하는데, 인용·패러디 등의 경우를 제외하고 일반적으로는 2차적저작물작성에 관한 시장도 저작물에 대한 통상의 시장이 될 수 있으므로, 2차적저작물 작성을 너무 쉽게 공정이용으로 인정할 경우 저작물의 잠재적 시장에 부당한 영향을 미치는 것이 될 수 있음을 유의하여야 한다. 그렇다면, 변용적 이용이란 2차적저작물의 범위를 넘어서서 완전히 독립 별개의 새로운 저작물을 작성한 경우에만 인정되는 것일까? 그것은 아니다. 만약 그러한 경우라면 그것은 그 자체로 이미 저작권 침해가 될 수 없는 경우이므로, 공정이용이 문제될 수 있는 영역이 아니다. 타인의 저작물(원저작물)을 이용하여 무언가를 만든 것이 공정이용에 해당하는지 여부, 그와 관련하여 변용적 이용에 해당하는지 여부를 따지는 것은 그 무언가가 원저작물의 복제물이거나 아니면 2차적저작물에 해당함을 전제로 하는 것이다. 그러한 경우 중에서, 그것이 위에서 본 바와 같은 변용적 이용에 해당할 경우에 그것이 가지는 생산적이고 창조적인 요소를 다른 여러 요소와 함께, 공정이용의 판단에 있어서 긍정적인 관점으로 고려할 수 있다고 생각하면 족할 것이다.

§14-232   또한 저작물 자체의 변형은 우리 저작권법상 저작자의 저작인격권인 동일성유지권(§12-39 이하)의 침해가 될 소지도 있고, 동일성유지권을 충분히 존중하지 않는 것은 3단계 테스트와의 관계에서 저작권자의 이익을 부당하게 해치는 것으로 볼 수도 있다. 따라서 저작물의 변형 또는 변경 행위 자체는 공정이용의 판단에서 반드시 유리한 영향만 미치는 것이 아니라는 것을 염두에 둘 필요가 있다. 변용적 이용에 있어서 공정이용의 판단에 긍정적으로 영향을 미칠 수 있는 것은 그러한 이용행위의 결과로서 사회적 부요를 증대시킬 수 있는 "새로운 정보, 새로운 미감, 새로운 통찰과 이해가 창조"된다는 것에 있지, 그 과정에 수반되는 저작물의 변경 등 행위 자체에 있는 것은 아니라고 말해도 틀린 말은 아닐 것이다. 그러한 생산적 결과 등을 종합하여 신중하게 판단

---

1 Kelly v. Arriba Soft Corp. 336 F. 3d 811; Perfect 10, Inc. v. Amazon.com, Inc. 508 F. 3d 1146.

2 예를 들어, 번역은 2차적 저작물 작성행위의 대표적인 예이지만, 번역은 변용적 이용이라고 보기 어렵다. *see* Nihon Keizai Shimbun, Inc. v. Comline Business Data, Inc. 166 F. 3d 65.

한 결과로서 그 이용행위가 공정이용에 해당하는 것으로 볼 경우에 그것을 위해 부득이하게 저작물을 변경한 행위에 대하여는 동일성유지권에 대한 제한사유(제13조 제 2 항 제 5 호)가 적용되어 저작인격권 침해의 책임으로부터도 벗어날 수 있는 것으로 보게 될 것이다.

그런 관점에서 보면, '변용적 이용'보다는 미국 법원이 Sony 사건 판결[1] 등에서부터 전통적으로 사용해 온 '생산적 이용'이라는 말을 쓰는 것이 보다 바람직한 면이 있다. 그리고 위에서 본 바와 같이, '변용적 이용'이라는 말을 공정이용의 판단요소의 하나로 처음 제시한 Pierre N. Leval의 글도 변용적 이용을 사실상 '생산적 이용'과 동의어로 사용하고 있음을 알 수 있다. 그리고 우리나라의 하급심 판결이 공표된 저작물의 인용에 관한 저작권법 제28조에서 "공표된 저작물은 보도·비평·교육·연구 등을 위하여는 정당한 범위 안에서 공정한 관행에 합치되게 이를 인용할 수 있다"고 규정하여 그 인용의 목적으로 보도·비평·교육·연구 등을 나열하고 있는 것과 관련하여, "위 규정에 열거된 목적은 예시적인 것이고 열거적인 것이 아니며 다만 그 인용이 창조적이고 생산적인 목적을 위하여 타인의 저작물을 이용하는 것이어야 한다고 할 것"이라고 하여 "창조적이고 생산적인 목적"을 강조하고 있는 것도 비슷한 맥락이라고 할 수 있다.[2]

§14-233

'변용적 이용' 또는 '생산적 이용'은 공정이용의 필수적 요건은 아니라는 것이 미국 판례의 태도이다. Sony 사건에서 항소심 판결은 생산적 이용일 것을 공정이용의 필수요건으로 보았으나, 연방대법원은 "의회는 단지 공정이용의 분석이 이해관계의 미묘한 균형을 잡아 줄 것을 요구하였을 뿐이다. 생산적인 이용과 비생산적인 이용 사이의 구별은 그 균형점을 찾는 데 도움이 될 수는 있지만, 그것이 전적으로 결정적인 기준이 될 수는 없다"고 판시하였다.[3] Sony 사건에서 문제된 것은 TV 방송을 다른 편한 시간대에 보기 위한 목적으로 가정용 VTR로 녹화해 두는 행위가 공정이용에 해당하는가 하는 것이었는데, 그 행위는 생산적인 이용은 아니지만, 사적인 목적의 비영리적인 이용이라는 점 등을 감안할 때 공정이용에 해당할 수 있는 것으로 본 것이다.[4]

§14-234

---

1 Sony v. Universal City 464 U.S. 417 at 455.

2 이른바 '손담비 사건'에 대한 서울남부지방법원 2010. 2. 18. 선고 2009가합18800 판결. 이 판결은 "이 사건 동영상은 원고의 어린 딸이 이 사건 저작물의 일부분을 불완전하게 따라 부르면서 춤을 추는 것을 촬영한 것인 점, 이 사건 게시물에는 이 사건 동영상에 덧붙여 '그런데 도대체 이 노래를 어디서 보고 들은 것이기에 이렇게 따라 하는 것일까요? 집에서는 거의 가요 프로그램을 보질 않는데 말입니다. 뭐 그냥 저냥 웃으면서 보기는 했는데, 너무 아이가 춤과 노래를 좋아하는 것은 아닐런지 걱정스럽기도 합니다. 그리고 좀 더 소녀 취향의 노래를 불러 주었으면 좋겠는데 말이지요.'라는 내용의 글과 기타 같은 장소에서 원고의 딸을 촬영한 별개의 사진들이 함께 게시되어 있는 점 등은 별지 제 2 목록 기재와 같은 바, 이를 종합하여 보면 원고는 가족여행 중에 있었던 어린아이인 원고의 딸의 귀엽고 깜찍한 행동에 대한 기록과 감상, 대중문화가 어린 아이에게 미친 영향 등에 대한 비평 등을 담아 이 사건 게시물을 작성하고 공개한 것으로서 이는 창조적이고 생산적 목적에 의한 것임을 인정할 수 있으며, 기타 원고가 이 사건 저작물의 상업가치를 도용하여 영리목적을 달성하고자 했다는 등의 사정은 찾아볼 수 없다"고 판시하여 해당 사건에 대하여 생산적 이용으로서의 목적 또는 성격을 인정하고 있다.

3 Sony v. Universal City 464 U.S. 417 at 455.

4 Sony 사건의 사안에 대하여는 우리나라 저작권법하에서라면 사적 이용을 위한 복제에 관한 제30조가 적용될 것이나,

Acuff-Rose 사건의 연방대법원 판결도 변용적 이용의 중요성을 상당히 강조하면서도 Sony 판례의 입장을 존중하여 그것이 공정이용의 필수적 요소는 아니라고 인정하였다.[1] 물론 그것이 필수적인 요소는 아니라도 하여도 비생산적 이용이나 단순복제 등의 경우에 비하여 공정이용에 유리한 요소로 작용할 가능성이 많음은 부정할 수 없다.

§14-235   변용적 이용 또는 생산적 이용에의 해당여부를 판단함에 있어서 하나의 기준이 되는 것은 저작물을 이용하는 목적 및 그것이 이바지하는 기능이 원저작물의 목적 또는 기능과 동일한지 여부이다. 그것이 동일한 경우에는 변용적 이용이라고 보기 어렵고, 공정이용의 다른 고려요소의 면에서도 불리하게 판단될 가능성이 높을 것이다. 이와 관련하여 "어느 교사에 의하여 케익 장식을 가르치기 위한 목적으로 준비된 '학습활동 패키지'가 케익 장식에 관한 소책자에 대하여 등록 저작권을 보유하고 있는 공립학교 교사의 소책자 집필과 동일한 목적에 기한 것이라는 사실은 공정이용의 인정에 부정적인 영향을 미친다"고 본 판례[2]가 있고, 또 다른 판례[3]에서는 "피고의 저작물 사용은 그 이용이 원고의 것과 다른 기능에 이바지하는 것이면 공정하다고 인정될 가능성이 상대적으로 높아진다"고 판시한 바 있다. '리프리놀' 사건에 대한 대법원 2013. 2. 15. 선고 2011도5835 판결(§14-90-1)도 제28조의 '공표된 저작물의 인용'의 요건으로서의 '인용의 목적'과 관련된 판단이긴 하지만, 변용적 이용 여부에 관한 위와 같은 판단기준을 채택하여, "피고인은 기능성 원료의 인정신청을 위한 근거서류로 이 사건 논문 전체를 복제한 것인데, 이와 같은 목적은 <u>이 사건 논문이 작성된 원래의 목적과 같으므로</u>, 이 사건 논문의 복제는 원저작물을 단순히 대체한 것에 불과한 것으로 볼 수 있는 점"을 제28조의 공정이용적 고려요소의 판단에서 불리한 요소의 하나로 나열한 바 있다(§14-67 참조). 또한 'Be The Reds' 사건에 대한 대법원 2014. 8. 26. 선고 2012도10777 판결(§14-246-1)도 마찬가지로 제28조를 적용한 사건이긴 하지만, 공정이용적 고려요소를 판단함에 있어서, "피고인들의 행위에 영리적 목적이 있고, 이 사건 저작물을 단순히 대체하는 수준을 넘어 그와 <u>별개의 목적</u>이나 성격을 갖게 된다고 볼 수는 없다는 점"을 공정이용 인정에 불리한 요소로 나열함으로써, 유사한 입장을 드러내고 있다.

변용적 이용과 관련하여 한 가지 저작권법 규정을 주목할 필요가 있는데, 그것은 저작권법 제36조이다. 제36조는 공정이용 일반조항인 제35조의3에 따라 저작물을 이용할 경우에는 제25조 및 제29조의 경우와 마찬가지로, 그 저작물을 번역·편곡 또는 개작하여 이용할 수 있다고 규정하여 '변형적인' 이용을 최대한도로 허용하고 있다.

미국 저작권법상은 이러한 경우에 대한 별도의 면책조항이 없으므로 공정이용에 관한 일반조항이 적용된다.

1 510 U.S. 569 at 579.

2 Marcus v. Rowley, C.A.9 (Cal.) 1983, 695 F. 2d 1171, 217 U.S.P.Q. 691.

3 Hustler Magazine, Inc. v. Moral Majority, Inc., C.D.Cal.1985, 606 F.Supp. 1526, 226 U.S.P.Q. 721.

(라) 이용의 목적이 공익적 가치를 가지고 있는지 여부

이용의 목적이 공익적 가치를 가지고 있는지 여부는 공정이용의 판단에 상당히 중요한 요소   §14-236
라고 여겨진다. 미국 저작권법 제107조는 공익적 가치를 가지는 목적으로서 "비평, 논평, 시사보
도, 교수(학습용으로 다수 복제하는 경우를 포함), 학문, 또는 연구 등"을 나열하고 있다. 원래 "보도·
비평·교육·연구 등을 위하여 저작물을 이용할 수 있다"고 하여 저작물 이용의 네 가지 목적을
언급하고 있었으나, 2016. 3. 22.자 개정법(2016. 9. 23. 시행)에서 그 부분이 삭제되었음은 앞에서
(§14-223) 살펴본 바와 같다. 이들 네 가지의 목적 이외의 경우에도 공정이용이 인정될 수 있음에
도 불구하고 지나치게 제한된 목적의 범위 내에서만 공정이용을 인정하는 경향성이 있을 것을 우
려하는 뜻에서 이를 삭제하는 개정이 이루어진 것이지만, 그러한 공익적 목적이 있을 경우 공정
이용 판단에 유리한 면이 있을 수 있음은 현행법상으로도 부정할 수 없다. 우리 저작권법은 보도,
비평, 교육, 연구 등의 목적으로 '인용'하는 경우에 대하여 제28조(§14-56 이하 참조)를 두고 있고,
그 외에도 보도 과정에서 보이거나 들리는 저작물의 이용에 관하여 제26조(§14-41 이하 참조)를 두
고 있으며, 학교교육 목적 등에의 이용에 대하여는 제25조(§14-24 이하 참조), 역시 교육과 관련된
것으로 볼 수 있는, 시험문제로의 복제 등에 대하여는 제32조(§14-157 이하 참조)를 두고 있고, 연
구와 관련된 이용으로서 도서관등에서의 저작물 이용에 관해서는 제31조(§14-134 이하 참조)를 두
고 있다. 이와 같이 특별규정이 있는 경우에 대하여는 기본적으로 그 규정의 적용조건을 충족할
경우에 그 규정에 따라 공정이용으로 인정되는 것으로 볼 수 있으나, 그러한 특칙규정에 해당하
지 않을 경우에도 여러 가지 고려요소들을 감안할 때 예외적으로 보충규정인 제35조의3의 일반
조항에 해당하는 경우가 있을 수 있고, 그러한 경우에, 그 목적이 가지는 공익적 가치는 긍정적인
고려요소가 될 수 있다.[1]

공공기관에서 업무상으로 이용할 경우에는 공익적 가치가 인정될 가능성이 높으나, 그 공익   §14-237
적 가치를 절대화하여 공정이용을 너무 쉽게 인정하는 것은 바람직하지 않다. 공공기관에서의 이
용과 관련하여서는 우리 저작권법 제23조가 "재판절차를 위하여 필요한 경우이거나 입법·행정의
목적을 위한 내부자료로서 필요한 경우에는 그 한도 안에서 저작물을 복제할 수 있다. 다만, 그
저작물의 종류와 복제의 부수 및 형태 등에 비추어 당해 저작재산권자의 이익을 부당하게 침해하
는 경우에는 그러하지 아니하다"고 규정하고 있으므로(이 규정의 적용요건에 대하여는 §14-9 이하 참조),

---

1 하급심 판결 중에 그러한 공익적 목적을 고려한 예로서는, 서울서부지방법원 2015. 11. 26. 선고 2015나33407 판결이
  "피고의 이 사건 사진 이용은 식생활에 관한 비평적 기사 작성을 위한 것으로 저작물의 통상적인 이용 방법과 충돌하
  지 아니하고 저작자의 정당한 이익을 부당하게 해치지 아니하는 경우로서 저작권법 제35조의3이 정한 저작물의 공정
  한 이용에 해당한다고 봄이 상당하다."라고 판시한 것을 들 수 있다. 다만 공익적 목적의 하나인 교육을 위한 목적이
  인정되는 경우에도 다른 여러 사정을 종합적으로 고려하여 공정이용을 부정한 사례(서울중앙지방법원 2018. 5. 4. 선
  고 2017나76939 판결)도 있다.

기본적으로는 그 규정의 적용을 통해 해결하고, 그 규정에 해당하지 않는 경우 가운데, 여러 가지 고려요소를 종합할 때 공정이용을 인정할 만한 예외적인 경우에만 공정이용이 인정될 수 있을 것이다.

§14-238   장애인을 위한 저작물의 이용의 경우도 공익적 가치를 높게 평가할 만한 경우라고 할 수 있다. 현행 저작권법 제33조 및 제33조의2가 시각장애인 등과 청각장애인 등을 위한 저작재산권 제한사유를 규정하고 있으나 향후 장애인의 정보접근권 향상을 위해 그 적용범위를 더욱 넓혀나갈 필요가 있는 부분이 있을 수 있다. 따라서 위 규정들의 요건을 충족하지 못하는 경우 중에서, 장애인을 위한 저작물 이용으로서 공익적 가치를 가지는 한편, 저작권자의 이익을 부당하게 해치지 않는 이용이라고 보이는 경우에 대하여는 이 규정에 따른 공정이용으로 보아 허용하여야 할 경우가 있을 수 있다.

§14-239   온라인상의 새로운 이용행위 중에서도 공익적 가치를 인정할 수 있는 경우가 있을 수 있다. 우리 대법원 판례가 명시적으로 공익적 가치가 있다고 인정한 예로서는 웹상에서 이미지 검색서비스를 구축하여 제공함에 있어서, "사용자들에게 보다 완결된 정보를 제공하기 위해 썸네일 이미지를 사용"한 경우를 들 수 있다.[1] 또한 일반 네티즌들의 온라인상의 일상적 표현활동도 인터넷상의 표현의 자유 또는 문화적 다양성 등의 공익적 가치의 관점에서 조명될 수 있다. 딸이 유명가수의 춤동작을 흉내 내면서 그 노래를 부르는 장면을 촬영한 동영상을 인터넷 블로그 등에 올리면서 간략한 코멘트를 단 네티즌의 행위와 관련하여 1심 판결인 서울남부지방법원 2010. 2. 18. 선고 2009가합18800 판결이 "이 사건 저작물을 활용한 UCC 형태의 이 사건 동영상, 게시물 등을 복제하고 공중에 공개하는 것을 제한함으로써 저작권자가 얻는 이익에 비하여 그로 인해 초래될 수 있는 저작권자의 잠재적인 불이익과 표현 및 문화·예술의 자유에 대한 지나친 제약, 창조력과 문화의 다양성의 저해, 인터넷 등의 다양한 표현수단을 통해 누릴 수 있는 무한한 문화산물의 손실이 더 크다고 판단되므로, 이러한 측면에서도 원고의 이 사건 게시물은 피고 협회가 보유하는 저작재산권이 저작권법으로 정당하게 제한받고 있는 범위 내에서 피고 협회의 저작물을 인용한 것이라 하겠다"고 판시한 것에 그러한 관점이 반영되어 있다고 할 수 있다. 그러한 행위 하나만을 떼어 놓고 보면 공익적 가치와 무관한 것처럼 보일지라도, 그러한 행위를 허용할 때의 누적적 효과와 그 반면에서 그러한 행위를 제약할 경우의 누적적 효과를 비교할 때에 드러나는 공익적 가치의 득실이 있을 경우 그것이 중요한 요소로서 고려되어야 할 것이라고 보는 것은 타당하다고 할 수 있다. 그러나 인터넷 상의 표현의 자유의 측면만을 지나치게 강조함으로써 저작권자의 이익을 부당하게 해치는 결과가 되어서는 안 되므로, 이 부분의 판단에 있어서도 예민

---

1 대법원 2006. 2. 9. 선고 2005도7793 판결. 공정이용에 관한 일반조항이 마련되지 않은 상태에서, 공표된 저작물의 인용에 관한 제28조의 규정을 적용하였으나, 개정 저작권법하에서는 일반조항인 제35조의2를 적용하여 결론을 내리는 것이 타당할 것으로 보이는 사안에 대한 판결이다.

한 균형의식이 유지되어야 할 것이다.

산업적인 측면에 있어서는 독점의 방지와 경쟁의 촉진이라는 것이 하나의 공익적 가치로 인 §14-240
정될 수 있다. 우리 저작권법 제101조의4(이 규정의 적용요건에 대하여는 §14-201 이하 참조)가 호환을
위한 프로그램코드 역분석(리버스 엔지니어링)을 공정이용으로 허용하고 있는 것은 그것이 경쟁의
촉진에 도움이 되기 때문이다. 미국 저작권법은 우리 저작권법 제101조의4에 상응하는 규정이
없지만, 미국의 법원은 공정이용 일반조항인 제107조에 의하여 타사의 게임콘솔과 호환되는 게
임을 제작하기 위해 콘솔에 내장된 프로그램의 코드 역분석을 한 경우 등을 공정이용으로 인정한
바 있다. 리버스 엔지니어링 이외에도 산업상의 경쟁을 촉진하는 데 도움이 되는 이용에 대하여
는 공익적 가치를 인정할 수 있으리라 여겨진다.

(마) 이용이 '부수적 이용'으로서의 성격을 가지고 있는지 여부

우리 저작권법 제26조는 "방송·신문 그 밖의 방법에 의하여 시사보도를 하는 경우에 그 과 §14-241
정에서 보이거나 들리는 저작물은 보도를 위한 정당한 범위 안에서 복제·배포·공연 또는 공중송
신할 수 있다"고 규정하고 있는데(§14-41 이하 참조), 여기서 "그 과정에서 보이거나 들리는 저작
물"을 특별한 의도 없이 보도 사진 또는 보도 영상에 이용하게 되는 것이 '부수적 이용(incidental
use)'의 전형적인 예라고 할 수 있다. 저작권법 제26조는 시사보도의 목적이 가지는 공익적 가치
와 함께 그러한 이용행위가 가지는 부수적 성격을 함께 고려하여 자유이용의 대상으로 한 것으로
볼 수 있다. 그런데 이러한 부수적 이용의 경우는 반드시 시사보도를 위한 경우가 아니더라도 저
작권침해로 문제 삼기보다 자유이용의 대상으로 하는 것이 바람직한 경우가 많다. 특히 오늘날
인터넷 및 모바일 등의 다양한 채널을 통해 누구나 쉽게 대중을 상대로 한 표현활동을 할 수 있
는 상황에서는 저작권법을 형식적으로 경직되게 적용할 경우에 저작권침해가 성립할 부수적 이
용의 예가 부지기수로 많이 있을 수 있다.

그러한 점을 감안하여 EU 저작권지침[1] 및 영국, 독일, 일본[2] 등의 저작권법에서는 부수적 §14-242

---

1 제5조 제3항 : 회원국은 다음의 경우에 제2조 및 제3조에 규정된 권리들에 대한 예외 또는 제한을 규정할 수 있다.
  (i) 어떤 저작물 또는 기타 보호대상물의 다른 소재에의 부수적 포함
2 일본에서는 공정이용 일반조항의 도입을 적극적으로 검토한 후 결론적으로 일반조항을 도입하지는 않는 대신 저작재
  산권 제한사유의 폭을 적절히 넓히는 방향을 취하기로 하면서 그와 관련된 대표적인 개정사항으로 부수적 이용에 관
  한 조항을 도입하기로 하여 2012년의 개정시에 다음과 같은 조항을 신설하였다.
  제30조의2 ① 사진촬영, 녹음 또는 녹화(이하 이 항에서 '사진촬영등'이라 한다)의 방법으로 저작물을 창작함에 있어
  서 당해 저작물(이하 이 조에서 '사진등저작물'이라 한다)에서 사진촬영등의 대상으로 하는 사물 또는 음으로부터 분
  리하는 것이 곤란하기 때문에 부수하여 대상이 되는 사물 또는 음과 관련된 다른 저작물(당해 사진등저작물에서 경미
  한 구성부분이 되는 것에 한한다. 이하 이 조에서 '부수대상저작물'이라 한다.)은 당해 창작에 수반하여 복제 또는 개
  작할 수 있다. 다만 당해 부수대상저작물의 종류, 용도 및 당해 복제 또는 개작의 태양에 비추어 저작권자의 이익을
  부당하게 해하게 되는 경우는 그러하지 아니하다.
  ② 전항의 규정에 따라 복제 또는 개작된 부수대상저작물은 같은 항에서 규정하는 사진등저작물의 이용에 수반하여

이용에 대하여 보다 포괄적으로 면책을 인정하는 규정을 두고 있다. 우리 저작권법상 별도의 규정이 없는 가운데서도, 어떤 저작물의 이용이 전혀 의도된 것이 아니고, 다른 목적으로 촬영하는 과정에서 우발적, 부수적으로 촬영대상에 일부 포함된 것과 같은 경우는 저작권법 제26조의 시사보도를 위한 이용에 해당하지 않더라도 아예 저작물의 이용에 해당하지 않는다고 보아야 한다는 견해1가 있다. 이 견해에서 그러한 상황으로 예를 드는 것에는 ① 어느 유명 인사를 인터뷰하는 과정에서 그 사람의 배경에 미술작품이 걸려 있어서 TV 방송이나 사진 중에 그 그림이 필연적으로 보이게 되는 경우,2 ② TV 방송에 출연한 사람이 입은 티셔츠에 미술저작물로 볼 수 있는 것이 그려져 있어, 그것이 방영된 경우3 등이 있다. 그 중 ①의 경우와 관련하여, 이 견해를 취하는 학설은 다음과 같은 보충 설명을 하고 있다.

"다만 그 배경에 있는 미술작품에 의식적으로 카메라의 초점을 맞추어 촬영하는 경우는 저작권이 작동할 수 있다. 이러한 의미에서 본다면 본조에서 사건 과정에서 나타나는 저작물이라고 하는 것은 저작물의 실질적 이용이라고 할 수 있는 경우를 말하는 것이고, 배경에 잠깐 나타나는 정도로서 크게 눈길을 끌지 못하는 정도라면 아예 저작물을 이용하는 것이 아니라고 보는 것이 옳다고 생각한다."4

이 견해는 이른바 '형식적 저작권 침해'를 저작권침해의 책임으로부터 면제할 수 있는 나름대로의 근거를 제공하고 있다는 점에서 주목할 만한 견해라고 할 수 있으나, "아예 저작물을 이용하는 것이 아니라고 보는" 근거가 불분명하고, 그 적용기준이 명료하지 않다는 것이 문제점으로 지적될 수도 있다.5 우리 저작권법상으로 공정이용 일반조항이 마련된 상황에서는 이러한 부수적 이용도 공정이용에 해당할 수 있는 것으로 보는 것이 타당할 것이다.

§14-243   부수적 이용에 관한 권리제한규정6을 두고 있는 영국 저작권법상의 '부수적'이라는 말의 의

이용할 수 있다. 다만 당해 부수대상저작물의 종류, 용도 및 당해 이용의 태양에 비추어 저작권자의 이익을 부당하게 해하게 되는 경우는 그러하지 아니하다.

1 오승종, 전게서, 584~585면; 허희성, 전게서, 208~209면; 加戸守行, 전게서, 288면.

2 오승종, 전게서, 584면; 加戸守行, 전게서, 288면 등.

3 오승종, 전게서, 585면.

4 오승종, 전게서, 584~585면. 허희성, 전게서, 208~209면 및 加戸守行, 전게서, 288면도 같은 취지의 언급을 하고 있다.

5 フェアユース研究會, 著作權・フェアユースの最新動向 - 法改正への提言, 第一法規, 2010, 34면(上野達弘교수의 의견) 참조.

6 제31조(저작물의 부수적 수록)

(1) 저작물의 저작권은, 미술저작물, 녹음물, 영화, 방송 및 유선 프로그램에의 부수적인 수록에 의하여는 침해되지 아니한다.

(2) 제 1 항에 의하여 그 제작이 저작권 침해로 되지 아니하는 어떤 것의 복제물을, 공중에게 배포, 재생, 현시, 방송 또는 유선 프로그램 서비스에 수록하는 것은 저작권 침해가 되지 아니한다.

(3) 음악저작물, 음악과 함께 말하여지거나 노래되는 가사 혹은 그러한 음악저작물이나 가사를 수록하고 있는 녹음물, 방송, 유선 프로그램은, 그것이 고의적으로 수록되었을 경우에는 다른 저작물에 부수적으로 수록된 것으로는

미 등에 관하여 영국 법학자들은 다음과 같이 해석하고 있다.[1]

"'부수적(incidental)'이라고 하는 말의 의미는 음악저작물에 대하여 3항에서 특칙을 둔 것 외에는 일반적인 영어 단어의 의미로 해석될 수 있도록 의도적으로 아무런 정의규정을 두지 않고 있다. 모든 목적을 위해 정당화될 수 있는 명확한 정의규정을 두는 것은 불가능했다고 한다. 무엇이 부수적인지는 구체적인 사례에서 모든 상황을 종합하여 판단하여야 할 것이고, 반드시 비의도적(unintentional)인 것임을 의미하는 것은 아니다. 실제로도 비의도적이거나 비고의적인 수록에 한정되지 아니한다. 부수적인 저작물 이용과 필수적인 저작물이용 사이에 정확한 구별기준이 만들어질 필요는 없으며, 둘 사이의 이분법이 존재할 필요도 없다. 예컨대 어떤 예술작품이 사진사가 그 대상으로 하는 배경의 한 부분이기 때문에 사진에 들어갔다면, 그것은 별도로 삭제하지 않는 한 사진에 반드시 나타날 것이다. 그리고 그러한 의미에서 필수적이라고 말할 수도 있을 것이다. 그러나 그런 경우에도 그 수록이 부수적일 수도 있고, 부수적이지 않을 수도 있다. 유일한 의미 있는 질문은 당해 미술저작물, 녹음물, 영상저작물 또는 방송의 수록이 부수적이었는가 여부일 뿐인데, 그것은 다음의 질문과 연관된다. 즉 당해 저작물이 만들어진 정황과 관련하여 왜 그 저작물이 수록되었는가 하는 것이다. 상황에 따라서는 그것을 수록한 이유가 심미적인 경우뿐만 아니라 상업적인 이유에 있다고 하더라도 그 점에서 부수적이지 않다고 판단될 수 있다."[2]

즉, 영국의 학설 및 판례는 어떤 저작물이 다른 저작물에 포함된 이유가 심미적인 관점에서 필요하였거나 아니면 상업적 또는 영리적인 관점에서 필요하였다고 판단되면 그것은 부수적 이용이 아니라고 하는 판단기준만을 유의미한 기준으로 채택하고 있다고 할 수 있다.

역시 부수적 이용에 관한 권리제한규정[3]을 두고 있는 독일 저작권법과 관련하여 독일의 사례 중에 위 규정이 적용된 것과 적용되지 않은 것을 살펴보면, 다음과 같다.[4]

§14-244

보지 아니한다.

1 Kevin Garnett et al., *supra* 501-502.

2 Football Association Premier League Ltd and others v Panini UK Ltd. 이 사건은 어린이들을 위한 축구 키트에 있는 유명한 축구선수들의 카드에 프리미어 리그 등의 로고가 나온 것이 부수적인 것인지가 문제 된 사건인데, 법원은 그 로고가 카드에 나오는 것이 고객을 끌기 위한 상업적 이유에서 필요하였다는 근거 하에 부수적인 이용으로 인정하지 않는 결론을 내렸다.

3 제57조 (중요하지 아니한 부수적 저작물)
복제, 배포 또는 공중재현의 본래적 대상 이외에 중요하지 아니한 부수적 저작물로서 저작물을 복제, 배포 또는 공중재현하는 것은 허용된다.

4 文化審議会著作権分科会法制問題小委員会 権利制限の一般規定ワーキングチーム, 権利制限一般規定ワーキングチーム 報告書 (平成22年 1月), 18면.
(http://www.bunka.go.jp/chosakuken/singikai/housei/h21_shiho_07/pdf/shiryo_3_2.pdf).

① 독일 저작권법 제57조가 적용된 사례[1]

잡지의 표지에 「직업과 커리어, 나는 장래 무엇이 되어야 할까?」라는 제호와 함께 실린 사진 속에 젊은 남성이 입고 있는 티셔츠의 영상이 포함되어 있었는데, 그 티셔츠에는 "Fallguy"라고 하는 문자와 자동차의 사진이 디자인되어 있었다. 이에 대하여, 그 티셔츠의 디자이너가 잡지사를 상대로 해당 티셔츠를 복제한 것이 저작권 침해라는 이유로 소를 제기하였다.

뮌헨지방법원 및 항소심인 뮌헨 상급지방법원은 이 사건에 대해, 저작물의 복제에 해당하긴 하지만, 그 복제된 티셔츠는 잡지 표지 디자인의 중심적 부분을 구성하고 있지 않고, 그 티셔츠를 다른 디자인으로 바꾸어 넣었다고 해도 표지로서의 디자인을 해치지 않는 것으로 보이고(교체 가능성), 원고는 해당 "Fallguy"라고 하는 표기가 약 20년 전에 미국에서 방송된, 스턴트맨을 테마로 한 텔레비전 드라마의 제호이며, 따라서 직업을 테마로 한 잡지의 내용과 관련되어 이용되었다고 주장하고 있지만, 원래 해당 드라마는 독일에서는 완전히 다른 이름으로 방송된 것이어서 해당 표현을 가지고 스턴트맨이라고 하는 특정의 직업을 상기하기 어려운 점 등을 이유로 하여, 제57조를 적용하였다.

② 독일 저작권법 제57조의 적용이 부정된 사례[2]

가구 판매점의 카탈로그의 어느 면에, 상품인 소파의 거실에 고정된 사진이 있고, 그 소파 윗부분에 그림이 걸려 있었다. 이 그림의 저작자가 저작권 침해를 주장했다.

이 사건에서 법원은 그 그림의 디자인이 소파의 디자인과 잘 어울리고 있는 점을 파악하고, 그 그림을 다른 그림과 교환할 경우에는 전체의 디자인이 바뀌어 버린다는 것을 인정하여, 결과적으로 제57조의 적용을 부정하였다.

독일의 위 판례 입장은 영국의 학설 및 판례와 크게 다르지 않으나, 교체 가능성이라고 하는 추가적인 기준을 제시하고 있는 것이 참고할 만한 부분이다.

§14-245   미국의 판례 가운데도 영화에 다른 저작물이 부수적으로 촬영되어 들어간 경우에 대하여 공정이용을 인정한 사례들이 있는데, 그것은 그러한 경우에는 비록 원고의 저작물이 전부 이용되었다 하더라도 원고의 저작물의 기능을 대체하는 것이 아니라는 점에 의하여 정당화될 수 있다고 보고 있다.[3] 최근에 문제가 된 이른바 렌즈 사건도 부수적 이용의 전형적인 예의 하나인데,[4] 이

---

1 OLG Muenchen, 13 3 2008, 29 U 5826/27.

2 OLG Muenchen, 9. 6. 1988, 6 U 4132/87.

3 Ringgold v. Black Entertainment Television, Inc. 126 F. 3d 70(2d Cir. 1997). 그럼에도 불구하고, 미국의 영화 산업에서는 법적 분쟁의 발생을 방지하기 위해서 저작권에 의하여 보호되지 않는 배경 장면만을 촬영하기 위해 주의를 기울이고 있다고 한다. Melvile B. Nimmer et al., *supra* 13-222.

4 사안의 내용은 다음과 같다. 2007년 2월 7일 원고 렌즈(Stephanie Lenz)는 자기 아들이 프린스의 노래 'Let's Go Crazy'를 배경으로 부엌에서 춤을 추고 있는 것을 비디오로 찍었다. 이 비디오는 29초 정도의 길이로서 비디오상의 음질은 그다지 좋지 않았으나 약 20초 정도 프린스의 노래 'Let's Go Crazy'를 들을 수 있다. 2007년 2월 8일, 렌즈

에 대하여 법원은 공정이용에 해당한다는 전제하에 권리자의 온라인서비스제공자에 대한 삭제통지의 위법성을 긍정하는 결론을 내리고 있다.1 다만 미국의 판례 또는 학설은 부수적 이용의 기준을 명료하게 제시하고 있지는 못하다.

우리 저작권법상 위와 같은 영국 및 독일의 학설 및 판례에 의하여 부수적 이용으로 인정되는 경우, 즉 그 저작물이 촬영 등에 의하여 다른 저작물에 포함되어 있지만, 그 저작물이 들어가야 할 심미적 또는 영리적인 필요성이 인정되지 않거나 다른 것으로 교체해도 무방하였던 것으로 여겨지는 경우에는 부수적인 이용의 성격을 가지는 것으로 보아 공정이용으로 인정하는 데 유리한 요소로 고려하여야 할 것이다. 다만, 이러한 부수적 이용은 특별한 예외적인 경우 중의 하나일 뿐이므로, 부수적 이용의 성격이 없다는 것을 공정이용의 인정에 있어서 불리한 요소로 고려할 것은 아니다. §14-246

우리나라에서도 부수적 이용 여부가 문제가 된 사건이 대법원까지 올라가 판단을 받게 되었는데, 'Be The Reds' 사건에 대한 대법원 2014. 8. 26. 선고 2012도10777 판결(§14-246-1)이 그것이다. 이 판례를 통해서 확인해 볼 수 있는, 부수적 이용에 대한 대법원의 입장은, 부수적 이용이라는 것만으로 저작물의 '이용'을 부정하는 등의 결론을 내릴 수는 없고 구체적인 사안에서 '실질적 유사성'의 유무, 나아가 '공정이용'에의 해당 유무를 사안별로 따져야 할 것이라는 점이다. 이것은 기본적으로 본서의 입장과 상통하는 입장이라 할 수 있다.

판 례

❖대법원 2014. 8. 26. 선고 2012도10777 판결 — "Be The Reds" 사건 §14-246-1

〈사실관계 및 재판의 경과〉

A(피고인들)는 한일 월드컵 당시 널리 사용된 "Be The Reds!"라는 응원문구를 도안화한 저작물인 *Reds!* (이하 '이 사건 저작물'이라 한다) 도안이 그려진 티셔츠 등을 착용한 모델을 촬영한 후 그 사진들(이하 '이 사건 사진들'이라 한다)을 인터넷 상에서 양도, 이용허락을 중개하는 이른바 포토라이브러리(photo library)업체에 위탁하여 인터넷상에 배포하였다. A의 위와 같은 행위가 이 사건 저작물에 대한 저작재산권을 침해한 것이라는 이유로 검사가 A를 저작권법위반죄로 기소한 데 대하여, 1심 재판부는 그것이 부수적 이용이라는 것을 주된 이유로 무죄판결을 선고하였다. 항소심에서도 같은 이유로 항소가 기각되자 검사가 상고하여 대법원의 판단을 받게 되었다.

는 이 비디오에 'Let's Go Crazy #1'55)이라는 타이틀을 붙여서 자신의 친구들과 가족이 함께 볼 수 있도록 유튜브에 동영상으로 업로드하였다. 이에 대하여 저작권자 측에서 유튜브에 삭제통지를 함으로 말미암아 분쟁이 발생하였다. 김경숙, "UCC와 공정이용법리에 관한 미국 판례법리의 전개 — 렌즈사건을 통해 본 DMCA상 공정이용의 새로운 해석 —," 계간 저작권 2008 겨울호, 134~135면 참조.

1 Stephanie Lenz v. Universal Music Corp., No 5 : 07-cv-03783 JF (N.D.Cal. filed Aug. 20, 2008).

〈대법원의 판단〉

대법원은 항소심 재판부가 저작권침해를 부정한 것은 첫째, 이 사건 저작물과 이 사건 사진들 사이에 '실질적 유사성'을 인정할 수 없다는 것, 둘째, 이 사건에 적용된 구 저작권법 제25조(현행법 제28조)가 규정한 공표된 저작물의 인용에 해당한다는 것에 그 근거를 두고 있는 것으로 정리한 후 위 두 가지의 논거에 대하여 각각 다음과 같이 판단하였다.

먼저 실질적 유사성의 유무와 관련하여서는 "사진촬영이나 녹화 등의 과정에서 원저작물이 그대로 복제된 경우, 새로운 저작물의 성질, 내용, 전체적인 구도 등에 비추어 볼 때, 원저작물이 새로운 저작물 속에서 주된 표현력을 발휘하는 대상물의 사진촬영이나 녹화 등에 종속적으로 수반되거나 우연히 배경으로 포함되는 경우 등과 같이 부수적으로 이용되어 그 양적·질적 비중이나 중요성이 경미한 정도에 그치는 것이 아니라 새로운 저작물에서 원저작물의 창작적인 표현형식이 그대로 느껴진다면 이들 사이에 실질적 유사성이 있다고 보아야 한다"고 전제한 다음, ① 이 사건 사진들 중 일부 사진들에는 이 사건 저작물의 원래 모습이 온전히 또는 대부분 인식이 가능한 크기와 형태로 사진의 중심부에 위치하여 그 창조적 개성이 그대로 옮겨져 있다는 점, ② 이 사건 저작물은 월드컵 분위기를 형상화하고자 하는 위 사진들 속에서 주된 표현력을 발휘하는 중심적인 촬영의 대상 중 하나로 보인다는 점 등을 들어 위 사진들에서 "이 사건 저작물의 창작적인 표현형식이 그대로 느껴지는 이상 위 사진들과 이 사건 저작물 사이에 실질적 유사성이 있다고 보아야 한다"고 판시하였다.

다음으로, 위 사진들의 이용이 구 저작권법 제25조가 정한 '공표된 저작물의 인용'에 해당하는지에 관하여는, "구 저작권법 제25조는 공표된 저작물은 보도비평교육연구 등을 위하여는 정당한 범위 안에서 공정한 관행에 합치되게 이를 인용할 수 있다고 규정하고 있는바, 정당한 범위 안에서 공정한 관행에 합치되게 인용한 것인가의 여부는 인용의 목적, 저작물의 성질, 인용된 내용과 분량, 피인용저작물을 수록한 방법과 형태, 독자의 일반적 관념, 원저작물에 대한 수요를 대체하는지 여부 등을 종합적으로 고려하여 판단하여야 하고, 이 경우 반드시 비영리적인 이용이어야만 하는 것은 아니지만 영리적인 목적을 위한 이용은 비영리적인 목적을 위한 이용의 경우에 비하여 자유이용이 허용되는 범위가 상당히 좁아진다"고 전제한 다음, ① 피고인들의 행위에 영리적 목적이 있고, 이 사건 저작물을 단순히 대체하는 수준을 넘어 그와 별개의 목적이나 성격을 갖게 된다고 볼 수는 없다는 점, ② 위 사진들에는 이 사건 저작물의 원래 모습이 온전히 또는 대부분 인식이 가능한 크기와 형태로 사진의 중심부에 위치하여 양적·질적으로 상당한 비중을 차지하고 있다는 점, ③ 위 사진들의 배포는 이 사건 저작물의 수요를 대체함으로써 결과적으로 저작권자의 저작물 이용허락에 따른 이용료 수입을 감소시킬 것으로 보인다는 점 등을 종합하여 판단할 때 "피고인들이 배포한 이 사건 침해사진들에서 이 사건 저작물이 정당한 범위 안에서 공정한 관행에 합치되게 인용된 것이라고 보기 어렵다"고 판시하였다.

▷NOTE : 위 판결의 사안은 티셔츠를 입고 있는 사람을 촬영하는 과정에서 티셔츠에 염직된 도안이 촬영대상에 포함되어 복제되고 이후 그것이 전송 등으로 이용되게 된 점에서 '부수적 이용'의 쟁점과 관련된 사안으로 볼 수 있고, 위 판결은 바로 그러한 쟁점에 대하여 대법원의 입장을 표명한 최초의 판례로서 큰 의의를 가지고 있다. 결론적으로, 위 대법원 판결은 언뜻 보아 부수적 이용에 해당하는 것처럼 보이는 사안이라 하더라도 저작물 이용의 양적·질적 비중이나 중요성 또는 그 목적의 영리성

유무 등을 자세히 따져보지 않고 일률적으로 침해의 요건인 '실질적 유사성'을 부정하거나 '공표된 저작물의 인용'에 관한 구 저작권법 제25조(현행법 제28조)의 규정에 해당하는 것으로 쉽게 단정하여서는 안 된다는 전제 하에 그 판단의 기준을 제시하고 있다고 할 수 있다. 공정이용 일반 조항이 신설되기 이전의 구 저작권법이 적용된 사안이긴 하지만, 판결의 선고시점은 공정이용 일반 조항이 신설된 후이므로, 대법원으로서는 공정이용 일반조항의 적용가능성에 대하여도 생각해 보았을 것인바, 제28조의 요건과 관련하여 공정이용적 고려요소들을 판단한 부분에 비추어보면, 현행법상의 공정이용 일반조항의 적용에 대하여도 부정적인 결론을 내릴 것이라는 점을 시사하고 있다고 할 수 있다. 대법원의 이러한 결론은 부수적 이용의 요소를 전적으로 무시하고자 하는 취지가 아니라, 구체적·개별적으로 사안마다 공정이용의 판단기준에 따라 이용의 목적, 부수적으로 포함된 것으로 보이는 저작물이 차지하는 비중, 저작물의 시장에 미치는 영향 등을 종합적으로 고려한 후 판단하여야 할 것이라는 점을 강조하고 있는 것으로 보아야 할 것이다. 물론 공정이용의 판단 이전에 '실질적 유사성'의 유무도 검토되어야 할 것인바, 대법원은 그에 대하여도 위 사진들에서 이 사건 저작물의 창작적인 표현형식이 그대로 느껴지는 이상 위 사진들과 이 사건 저작물의 실질적 유사성이 있다고 보아야 한다는[1] 판단기준을 제시하고 있다고 할 수 있다. 물론 그것은 부수적 이용이라고 하여 실질적 유사성의 판단기준을 달리한 것이 아니라 일반적인 판단기준을 그대로 적용한 것으로 보아야 할 것이다. 위에서도 언급한 것처럼, 이러한 대법원의 판단은 기본적으로 본서의 입장과 상통하는 것이다. 이후에 대법원이 공정이용 일반조항의 적용과 관련하여 '부수적 이용'으로서의 성격을 긍정적으로 고려한 판결을 선고하게 되면 이 문제에 대한 대법원 판례의 입장은 보다 분명하게 정리된 형태로 제시될 수 있을 것이라 생각된다.

(바) 저작물을 이용하게 된 경위 및 이용의 방법 등이 정당한지 여부 등

미국 판례상으로 공정이용이 인정되기 위해서는 그 이용자의 행위가 신의성실의 원칙에 비추어 볼 때 정당한 것으로 인정되어야 하고, 거짓말 등으로 불법 또는 부당하게 저작물을 입수하여 이용한 경우 등에는 이른바 악의적 이용이라고 하여, 공정이용의 인정을 어렵게 하는 사유의 하나로 보고 있다. 예를 들어 사용목적에 대하여 거짓말을 하여 필름 프린트를 교부받은 후 얘기한 것과 다른 목적으로 이용하였다는 것은 공정이용을 부정할 하나의 근거가 된다고 본 판례가 있다.[2] 도난당한 원고를 그 사실을 알고 이용하는 경우도 마찬가지이나, 기술적 보호조치를 허락없이 무력화하였다는 것만으로는 공정이용의 인정에 불리한 요소가 되지 않는다.[3] §14-247

그러나 협상 등 거래비용이 높지 않음에도 불구하고 저작권자의 동의를 구하지 않았다는 것만으로는 그러한 '악의적 이용'에 해당하지 않는다는 것이 미국의 다수 판례의 입장이다. 저작권 §14-248

---

1 이 부분의 판시는 우리나라 대법원이 실질적 유사성에 대한 일본 판례의 기준인 '본질적 특징 직접감득설'에 상응한 '창작적 특성 직접감지설'을 취하는 것으로 보이는 것과 상통하는 것으로 보인다. 그 점에 대하여 자세한 것은 §5-7 각주 참조.
2 Roy Export Co. Establishment of Vaduz, Liechtenstein, Black Inc., 503 F.Supp. 1137(S.D.N.Y. 1980) at 1146.
3 Melvile B. Nimmer et al., *supra* 13~169.

자에게 허락 여부를 물어본 데 대하여 저작권자가 거절을 하였음에도 불구하고 이용을 한 사실도 공정이용의 인정에 아무런 부정적 영향을 주지 않는다는 것이 지배적인 판례 및 학설의 입장이 고,[1] Acuff-Rose 사건에서 연방대법원도 같은 입장을 표명하고 있다.[2] 만약 판례가 그와 다른 입장을 표명하였다면, 공정이용인지 여부가 애매한 상황에서 권리자의 허락을 구하려는 노력을 가로막는, 바람직하지 않은 결과가 초래되었을 가능성이 있다.

§14-249   저작자의 저작인격권을 존중하기 위한 노력이 잘 기울여졌는지 여부는 공정이용 판단에 있어서 하나의 중요한 고려요소가 될 수 있다. 사회통념에 비추어 볼 때 부득이한 경우가 아니라면 저작자의 성명을 포함한 출처를 표시하고, 저작물의 불필요한 개변을 하지 않도록 주의할 필요가 있다.[3]

(패러디의 경우에 대한 제 1 요소의 판단에 관하여는 §14-94 참조)

(2) 저작물의 종류 및 용도(제 2 호)

§14-250   공정이용 여부의 판단에 있어서는 두 번째로 저작물의 종류 및 용도를 고려하여야 한다. 이 것이 공정이용 판단의 제 2 요소이다. 여기서 고려되어야 할 구체적인 요소들을 나누어 살펴보면, 다음과 같다.

---

[1] Ibid. 13~168.

[2] Campbell v. Acuff-Rose Music 510 U.S. 569 at * 585. 이 사건에서 미 연방대법원은 "우리는 2 Live Crew의 원저 작물 사용에 대한 허락 요청이 공정이용의 인정에 불리한 요소로 고려되어야 한다는 Acuff-Rose의 주장을 받아들이 지 않는다. 비록 선의가 공정이용에 중심적 지위를 갖지만, 2 Live Crew의 행동은 반드시 그들이 그들의 버전이 공 정이용이 아니라고 믿었음을 뜻하는 것이 아니다. 그 요청은 단지 지금 제기된 것과 같은 소송의 피하기 위한 선의의 노력으로 행해진 것일 수 있다. 그 사용이 권리자의 허락 없이도 공정한 것이라면 아무런 허락이 요청되거나 주어질 필요가 없다. 따라서 저작물을 사용하는 데 대한 허락이 거절된 사실은 공정이용의 인정에 불리한 요소로 작용하지 않는다"라고 판시하였다.

[3] 하급심 판결을 보면, 특성화 고교의 기간제 교사가 연극동아리의 지도교사로서 자신이 지도하는 동아리가 창작연극제 에 참가하여 저작자인 원고(대학교 연극영화학과 학생)가 작성한 연극대본을 약간 수정한 것을 이용하여 공연하도록 하는 등의 침해행위를 하면서 프로그램북 등에 그 원작자를 원고로 표시하지 않아 원고의 성명표시권을 침해한 것으 로도 인정받게 된 사안에서 피고 측에서 제35조의3에 따른 공정이용 항변을 한 데 대하여 원저작자를 표시하지 않은 점을 중시하여 " … 연극영화를 전공으로 하는 경우에도 피교육자로서 성장 과정의 단계에서는 창작할 수 있는 작품 수가 제한적일 수밖에 없는데, 그러한 소수의 대표작을 적극적으로 또는 원작자를 밝히지 않는 소극적 방법으로 도용 당하면 원저작자의 창작자로서 정체성 확립에 지장을 초래하고 그에게 축적되어야 할 시장의 신뢰나 기대가 희석되거 나 훼손될 우려가 있다는 점 등을 고려하여 보면, 피고 △△△이 원고로부터 이 사건 저작물을 건네받는 과정에서 이 사건 이용행위를 포괄하지 못하는 제한적인 범위의 사용에 대한 동의를 얻었다거나 이 사건 저작물 2의 원래 예정된 공연 자체는 궁극적으로 취소되었다는 사정만으로 피고 △△△의 이 사건 각 저작물의 이용행위가 저작권법 제35조의 3이 정하는 저작물의 공정한 이용에 해당한다고 볼 수 없다."라고 판시한 사례(서울중앙지방법원 2018. 5. 4. 선고 2017나76939 판결)가 있다. 그밖에도 출처명시의 결여를 불리한 고려요소의 하나로 나열하여 공정이용을 부정한 사 례로, 서울중앙지방법원 2016. 1. 27. 선고 2015가합513706 판결("저작물을 이용할 때 그 출처를 명시하였는지 여부 는 저작권법 제35조의3 소정의 '저작물의 공정이용' 여부 판단시 중요한 고려사항이 된다고 보아야 할 것이고, 따라서 출처를 명시하지 않은 채 영상저작물을 무단 사용한 경우, 출처를 명시할 수 없는 특별한 사정(피인용저작물이 출처 불명인 경우 등)이 없는 한, 이는 저작물의 통상적인 이용 방법과 충돌하거나 저작자의 정당한 이익을 부당하게 해치 는 이용이라고 볼 여지가 클 것"이라고 판시함), 청주지방법원 2015. 2. 12. 선고 2014고정232 판결 등을 들 수 있다.

(가) 저작물이 사실적 저작물 등인지 여부

제 2 요소와 관련하여, 미국의 판례는 저작물의 성격이 사실적·정보적인 성격을 많이 가지고 §14-251
있을수록 그 이용행위가 공정이용으로 인정될 가능성이 높은 것으로 보고,[1] 역으로, 이용되는 저
작물의 성격이 창조적인 것으로 인정될 경우에는 공정이용이 인정될 가능성이 상대적으로 낮아
지는 것으로 보고 있다.[2] 여기서 주의할 것은 이용의 대상이 사실의 전달에 불과한 시사보도 등
에 해당하여 저작물로 보호되지 않는 경우에는 그 이용이 공정이용에 해당하는지 여부를 따질 필
요가 없이 처음부터 자유이용의 대상이 된다는 점이다('사실의 전달에 불과한 시사보도'에 대하여는 §7-8
이하 참조). 여기서 사실적 저작물(factual works)이라고 하는 것은 사실을 소재로 하면서도 그것을
글로 표현하는 과정에서 창작성 있는 표현이 반영되어 있는 경우(어문저작물에 해당함)나 사실적 소
재를 선택, 배열 또는 구성함에 있어서의 창작성이 인정될 수 있는 경우(편집저작물에 해당함) 등을
말하는 것으로서, 그러한 경우에도 그 중 창작성 있는 표현을 이용하지 않고 그 안에 포함된 사
실, 정보, 아이디어 등만을 가져다 이용하는 것은 역시 원래부터 저작권자의 허락 없이 자유롭게
할 수 있는 것이므로, 그 경우도 공정이용이 문제되지 아니한다.

결국 공정이용 여부가 문제가 되는 것은 그러한 사실적 저작물의 창작성 있는 표현까지 이용
하게 되는 경우인데, 그러한 경우에 저작권자의 허락 없는 이용은 원칙적으로는 저작권 침해가
되는 것이지만, 그 이용되는 저작물이 사실적 저작물이라는 것을 공정이용에 다소간 유리한 요소
로 삼아 나머지 여러 가지 요소들과 함께 판단할 때 결과적으로 공정이용이 될 수 있는 가능성이
상대적으로 다소나마 높아질 수 있다는 것이다. 이것은 예를 들어 시사보도 또는 역사물, 과학 기
타 학술논문 등의 사실적·정보적 성격의 저작물은 표현의 자유 및 알 권리의 관점에서 자유로운
유통의 필요성이 상대적으로 높고, 소설 등의 창조적 저작물의 경우에는 그러한 요청이 상대적으
로 크지 않다는 것을 고려한 것이다. 그러나 공정이용의 판단에 있어서 이 두 번째 고려요소가
가지는 중요성이 상대적으로 낮은 편이므로,[3] 이 요소가 가지는 영향을 과대평가하여서는 안 될
것이다. 즉, 사실적·정보적 성격의 저작물이라고 하더라도 그것이 인간의 사상, 감정을 창작성
있게 표현한 것으로서 저작물로 보호되는 것인 이상 그에 대해 공정이용을 너무 용이하게 인정하
여서도 안 되고, 창조적 성격의 저작물이라고 하여 그것만을 이유로 공정이용의 인정에 있어서
너무 높은 장벽을 세워서도 안 될 것이다.

저작물에 따라서는 사실적 저작물의 성격과 창조적 저작물의 성격이 혼합되어 있는 경우가 §14-252
있다. 그러한 경우에는 저작물의 종류와 용도라고 하는 이 두 번째 고려요소의 비중을 더욱 낮게

---

1 *E.g.* National Business Lists, Inc. v. Dun & Bradstreet, Inc., N.D.Ill.1982, 552 F. Supp. 89.
2 *E.g.* Bridge Publications, Inc. v. Vien, S.D.Cal.1993, 827 F. Supp. 629.
3 Melvile B. Nimmer et al., *supra* 13-170-170.1.

판단하여야 할 것이다. 같은 취지에서, 미국 판례 가운데 "케익 장식에 관한 저작물인 소책자가 그 중의 어떤 페이지들은 다른 케익 장식 관련 서적이나 요리법에 관한 책들에서 이용할 수 있는 정보를 포함하고 있지만 다른 부분에는 저작권자가 그녀 자신의 경험이나 아이디어에서 이끌어 낸 창조적인 부분을 포함하고 있는 등 정보적인 면과 창조적인 면을 모두 가지고 있을 경우에, 저작물의 성격은 교사가 '학습활동 패키지'를 준비하면서 그 저작물을 사용한 것이 공정이용에 해 당하는지 여부에 관하여 중요한 기준은 아닌 것으로 판단된다"고 판시한 사례가 있다.[1]

§14-253 　　한편, 컴퓨터프로그램 등의 기능적 저작물과 관련하여, 미국의 판례는 "주로 기능적 고려에 의하여 작성된 저작물은 공정이용 보호의 스펙트럼 중에서 허구적 저작물보다는 사실적 저작물 에 보다 가깝다"고 보고 있다.[2] 이것은 '리버스 엔지니어링'의 경우(§14-201 이하 참조)와 같이, 기 능적 저작물의 이용이 그 기능이나 아이디어의 이용과 밀접 불가분의 관계에 있을 경우에 공정이 용의 가능성이 상대적으로 높아진다는 것을 뜻하는 것으로 볼 수 있다.

　　(나) 저작물이 공표된 저작물인지 여부

§14-254 　　미국 저작권법 제107조는 아직 공표되지 않은 저작물도 공정이용의 대상이 될 수 있음을 명 시하고 있다. 우리 저작권법상의 기존의 저작재산권 제한사유들을 보면, 공표('공표'의 의의에 대하여 는 §12-3 참조)된 저작물일 것을 요건으로 하고 있는 것이 대부분이고, 공표된 저작물일 것을 요하 지 않는 경우는 재판절차 등에서의 이용에 관한 저작권법 제23조, 시사보도를 위한 이용에 관한 제26조, 미술저작물 등의 원본소유자의 전시 등에 관한 제35조 제 1, 3 항 등의 규정뿐이다. 특히 '인용'에 관한 제28조, 사적 이용을 위한 복제에 관한 제30조가 모두 '공표된 저작물'일 것을 요건 으로 하고 있어 원칙적으로 공표된 저작물을 대상으로 하여야 공정이용으로 인정될 수 있다는 원 칙이 우리 저작권법에 반영되어 있다고 할 수 있다. 미국 저작권법상으로도 공표되지 않은 저작 물이 공정이용의 대상이 되는 것을 부정하지는 않지만, 공표되지 않은 저작물과 공표된 저작물 사이에는 공정이용의 인정에 있어서 큰 차이가 있을 수 있다는 것이 판례에 의하여 인정되고 있 다. 특히 Harper & Row Publishers, Inc. v. Nation Enterprises 사건에서 미국 연방대법원은 "저작물의 성격 중 아직 미공표 상태라는 것은 반드시 결정적인 것은 아닐지라도 저작권침해소송 에서 제기되는 공정이용 항변을 물리치는 데 매우 중요한 요소 중의 하나이다"라고 판시한 바 있 다.[3] 이것은 우리 저작권법 제35조의3의 해석에 있어서도 마찬가지일 것이다. 즉, 우리 저작권법 상으로도 공정이용에 관한 보충적 일반조항으로서의 제35조의2의 규정의 해석상으로, 아직 공표

1 Marcus v. Rowley, C.A.9 (Cal.) 1983, 695 F. 2d 1171, 217 U.S.P.Q. 691.
2 Lotus Development Corp. v. Borland Intern., Inc., D.Mass.1993, 831 F. Supp. 223, 30 U.S.P.Q.2d 1081.
3 471 U.S. 539 at *554.

되지 않은 저작물도 공정이용의 대상이 되는 경우를 완전히 배제할 수는 없지만, 공표된 저작물에 비하여 그 인정가능성이 매우 낮을 것으로 예상할 수 있다.[1]

미국 판례상 미공표 저작물에 대한 공정이용이 인정된 사례는 주로 전기작가가 전기대상인물이 쓴 편지 등을 전기에 이용한 경우[2]인데, 그러한 경우에는 사안에 따라 우리 저작권법상으로도 '공표된 저작물의 인용'에는 해당할 수 없어도 보충적 일반조항인 제35조의3의 규정에는 해당하는 것으로 볼 수 있는 경우가 있을 수 있다. 다만 저작자의 저작인격권으로 우리 저작권법상 보장되고 있는 공표권이 침해되지 않도록 유의할 필요가 있는데, 우리 저작권법상으로도 대상인물이 고인이 된 후라면 그 공표가 사회통념상 대상인물의 명예를 훼손하는 것이 되지 않는 이상 문제는 없다.[3] §14-255

(다) '고아저작물' 등의 경우

저작권자의 소재 불명 등으로 저작물에 대한 정당한 권리자를 찾을 수 없는 경우 그 저작물을 '고아저작물(Orphan Works)'이라고 부른다. 이러한 고아저작물에 대하여 그 이용을 활성화하기 위한 다양한 제도적 방안이 탐색되고 있으나, 현행 저작권법상으로는 법정허락[4]에 관한 제50조[5](그 자세한 내용은 §15-2 이하 참조)에 의하여 이용하는 방법밖에 없다. 이것은 일정한 요건하에 §14-256

---

1 하급심 판결 중에 '미공표'의 저작물을 전시한 것에 대하여 그것이 공표되지 않은 것임을 주요하게 고려하여 공정이용을 부정한 사례(서울북부지방법원 2016. 4. 14. 선고 2015가단118639 판결, §13-51 참조. "이 사건에 관하여 살피건대, 이 사건 사진은 고객인 신혼부부의 의뢰에 따라 제작된 웨딩사진으로, 공중에게 공개하거나 공중의 수요를 충족시키기 위한 사진이 아니며, 실제로 그와 같이 촬영되었다고도 보이지 않는 점, 피고가 제작물판매 홍보를 위한 영리 목적으로 이 사건 사진을 사용한 점, 더욱이 이 사건 사진은 미공표된 웨딩사진으로서 불특정인 또는 특정다수를 상대로 한 전시 여부를 결정함에 저작자 내지 초상권자의 공표의사가 중요하다고 판단되는 점 등에 비추어 볼 때, 피고가 이 사건 사진을 무단으로 앨범에 끼워 전시한 행위는 공표된 저작물을 공정하게 이용한 것으로 보이지 않는다."라고 판시함)가 있다.

2 *E.g.* Wright v. Warner Books, Inc., C.A.2 (N.Y.) 1991, 953 F. 2d 731, 20 U.S.P.Q.2d 1892 : "학술적 전기에서 대상인물의 일기의 세 부분을 다른 표현으로 인용하고 그 인물이 전기 작가에게 보낸 편지의 네 부분을 직접적으로 인용한 것은 비록 편지와 일기의 내용이 미공표 상태에 있었고 그 편지를 공표하지 않기로 하는 합의가 있었다고 하더라도 428페이지의 전기 중에 두 페이지에 걸쳐 사실적인 논점을 예증하거나 전기작가의 대상인물과의 관계를 입증하기 위하여 그 일기 내용과 편지들을 사용한 것으로서 편지나 일기의 시장을 해칠 가능성도 없다는 점을 감안할 때 공정이용에 해당하는 것으로 판단된다."

3 제14조(저작인격권의 일신전속성)
　① 저작인격권은 저작자 일신에 전속한다.
　② 저작자의 사망 후에 그의 저작물을 이용하는 자는 저작자가 생존하였더라면 그 저작인격권의 침해가 될 행위를 하여서는 아니 된다. 다만, 그 행위의 성질 및 정도에 비추어 사회통념상 그 저작자의 명예를 훼손하는 것이 아니라고 인정되는 경우에는 그러하지 아니하다.

4 저작권법상 법정허락은 이러한 고아저작물의 경우 외에, 공표된 저작물을 공익상 필요에 의하여 방송하고자 하는 방송사업자가 그 저작재산권자와 협의하였으나 협의가 성립되지 아니하는 경우(법 제51조)와 판매용 음반이 우리나라에서 처음으로 판매되어 3년이 경과한 경우 그 음반에 녹음된 저작물을 녹음하여 다른 판매용 음반을 제작하고자 하는 자가 그 저작재산권자와 협의하였으나 협의가 성립되지 아니한 경우(법 제52조) 등에 인정된다.

5 제50조(저작재산권자 불명인 저작물의 이용)
　① 누구든지 대통령령이 정하는 기준에 해당하는 상당한 노력을 기울였어도 공표된 저작물(외국인의 저작물을 제외한

문화체육관광부장관의 승인을 받고 보상금을 사전 공탁함으로써 권리자의 허락을 받은 것과 같은 법적 효과를 부여받는 것으로서, 다른 요건을 갖춘 경우에도 절차적으로 장관 승인 및 공탁 없이 저작물을 이용할 경우에는 원칙적으로 저작권 침해가 성립한다.[1] 이러한 법정허락제도를 이용하지 않고 고아저작물을 이용한 경우에 그것이 공정이용의 고려요소로 참작될 수 있을지는 불분명하다. 법정허락과 관련한 구체적인 상담을 원할 경우에는 한국저작권위원회 홈페이지(http : // www.copyright.or.kr)의 고객지원 메뉴 중 법정허락 서브메뉴에 있는 정보를 이용하여 상담신청을 할 수 있다.

(3) 이용된 부분이 저작물 전체에서 차지하는 비중과 그 중요성(제3호)

§14-257   공정이용 여부의 판단에 있어서는 세 번째로, 이용된 부분이 저작물 전체에서 차지하는 비중과 그 중요성을 고려하여야 한다. 이 세 번째의 고려요소(제3요소)는, 이용된 부분이 이용된 저작물 전체에서 차지하는 양적 비중과 질적 중요성을 고려할 것을 요구하고 있다. 기본적으로 이용된 저작물 전체를 기준으로 하여 양적, 질적 비중을 판단하여야 하고, 그것을 이용하여 새로 만들어진 저작물을 기준으로 하여서만 판단하여서는 아니 된다. 이러한 원칙과 관련하여 미국의 Learned Hand 판사는 판결문에서 "어떤 표절자도 자신이 표절하지 않은 부분이 얼마나 많은지를 입증함으로써 자신의 잘못에 대한 책임을 벗어날 수 없다"고 선언한 바 있다.[2] 다만, 일부 법원은 다른 저작물을 이용하여 작성한 저작물에서 이용된 저작물이 차지하는 비중도 고려요소로 삼는 경우가 있고, Harper & Row Publishers, Inc. v. Nation Enterprises 사건에서 미국 연방대법원도 "침해 저작물 중 상당한 부분이 원고 저작물을 그대로 베낀 것이라는 사실은 이용된 저작물의 질적 가치를 보여주는 증거이다"라고 하여 침해 저작물 중 이용된 저작물이 차지하는 비중이 높은 경우를 공정이용에 불리한 고려요소로 삼은 바 있다.[3] 우리나라 판례가 공표된 저작물의 인용에 관한 제28조의 적용에 있어서 주종관계를 고려하는 것이 바로, 다른 저작물을 이용하여 작성한 저작물 중에서 이용된 저작물이 차지하는 비중을 고려하는 것이라 할 수 있는데, 미

다)의 저작재산권자나 그의 거소를 알 수 없어 그 저작물의 이용허락을 받을 수 없는 경우에는 대통령령이 정하는 바에 따라 문화체육관광부장관의 승인을 얻은 후 문화체육관광부장관이 정하는 기준에 의한 보상금을 공탁하고 이를 이용할 수 있다. [개정 2008. 2. 29 제8852호(정부조직법)]

② 제1항의 규정에 따라 저작물을 이용하는 자는 그 뜻과 승인연월일을 표시하여야 한다.

③ 제1항의 규정에 따라 법정허락된 저작물이 다시 법정허락의 대상이 되는 때에는 제1항의 규정에 따른 대통령령이 정하는 기준에 해당하는 상당한 노력의 절차를 생략할 수 있다. 다만, 그 저작물에 대한 법정허락의 승인 이전에 저작재산권자가 대통령령이 정하는 절차에 따라 이의를 제기하는 때에는 그러하지 아니하다.

④ 문화체육관광부장관은 대통령령이 정하는 바에 따라 법정허락 내용을 정보통신망에 게시하여야 한다.

1 서울지방법원 1998. 12. 4. 선고 98가합2216 판결(529면 참조).

2 Sheldon v. Metro-Goldwyn Pictures Corp., 81 F. 2d 49, 56 (CA2), cert. denied, 298 U.S. 669, 56 S.Ct. 835, 80 L.Ed.1392 (1936).

3 471 U.S. 539 at 565.

국 법원에서도 그것이 공정이용에 불리한 영향을 줄 만한 것일 경우에는 고려하고 있다고 할 수 있다. 실제로 우리나라의 판례에서 적용한 주종관계의 기준은 그 주종관계가 없다는 것만으로 이용자의 자유이용을 허용하는 기준으로 사용되기는 어려워 일종의 편면적인 기준으로 보아야 할 측면이 있고, 판례상으로도 주종관계 기준을 이용자에게 유리하게 적용한 사례는 보이지 않으므로 우리나라와 미국의 입장에 근본적 차이가 있다고 보기는 어렵다(공표된 저작물의 인용과 관련하여 '주종관계'의 문제에 대하여는 §14-61 이하 참조). 따라서 제 3 요소를 고려함에 있어서는 원칙적으로 이용된 저작물의 전체에서 이용된 부분이 차지하는 비중을 고려하여야 하고, 예외적으로 그것을 이용하여 작성한 저작물 중에서 이용된 부분이 차지하는 비중이 높을 경우에 그것을 공정이용의 인정에 불리한 요소로서 고려할 수는 있다고 보면 좋을 것이다.

타인의 저작물 중 일부만을 이용할 경우에 그 양이 극히 적어 양적인 상당성을 갖추지 못할 경우에는 저작권침해의 요건인 '실질적 유사성'이 인정되지 않는 경우가 있을 수 있다(§27-11 참조). 그러한 경우에는 공정이용 여부를 따지기 이전에 이미 침해가 부정되는 것이므로, 논리적으로는 공정이용과 무관한 영역이라고 할 수 있다. 따라서 그러한 경우에 공정이용의 다른 고려요소를 함께 고려하여 판단할 것은 아니고, 구체적인 사안에서 이용되는 부분의 창작성의 정도 등을 함께 살펴서 침해 여부를 판단하면 족하다. 한편으로 저작권법상 보호되는 것은 인간의 사상 또는 감정의 창작성 있는 '표현'이지 그 표현된 사상이나 감정 기타 '아이디어'가 아니므로 타인의 저작물 속에 있는 아이디어만을 이용하는 것은 저작권 침해가 되지 아니한다. 이것도 마찬가지로 공정이용의 여부를 따지기 이전의 문제이므로, 논리적으로는 공정이용과 무관한 것이다. 결국 타인의 저작물 가운데 창작성 있는 표현에 해당하여 저작물로서의 보호범위에 해당하는 부분을 최소한의 양적 상당성을 넘어 이용한 경우에 공정이용 여부가 문제될 수 있고, 그러한 경우에 다시 그 이용한 양적 비중과 질적 중요성이 공정이용의 여러 가지 고려요소 중 하나의 고려요소로 작용하는 것으로 이해하여야 할 것이다.

§14-258

다만 이것은 공정이용의 고려요소 중 하나의 요소일 뿐이므로, 타인의 저작물을 전부 복제하였다고 하여 공정이용의 가능성이 전적으로 부정되는 것은 아닐 뿐만 아니라(§14-65 참조)[1] 전부 이용을 공정이용으로 인정한 사례가 상당수 있다.[2] 이것은 다른 고려요소들이 공정이용의 인정에 유리한 경우들로서, 특히 그 이용을 인정함에 따르는 이용자의 이익 및 공익적 가치가 권리자의 손실을 훨씬 상회하고 저작권자의 권리행사에 따르는 거래비용이 현저히 높은 경우에 그러하다고 할 수 있다. 다만 예외적으로 저작물 전체의 복제를 인정하더라도 그 복제의 부수 등은 필

§14-259

---

1 미국의 통설이다. Paul Goldstein, *supra* 12 : 64; Melvile B. Nimmer et al., *supra* 13~181.
2 *E.g.* Sony Corp of America v Universal City Studios, Inc, 464 US 417 (1984); Sega Enterprises Ltd. v. Accolade, Inc., 977 F. 2d 1510 (Cal, 1992); Belmore v. City Pages, Inc. 880 F. Supp. 673(D.Minn.1995).

요. 최소한도로만 인정하여야 할 것이다.[1]

§14-260   일반적인 경우에, 양적인 비중과 질적인 중요성 중에서 판례는 질적인 측면이 더 큰 중요성을 가지는 것으로 보고 있다. 예를 들어 Harper & Row Publishers, Inc. v. Nation 사건에서 미국 연방대법원은 비록 약 20만 단어로 이루어진 원고의 저작물 중 피고가 이용한 것은 300단어에 불과하지만, 그 부분이 전체 저작물 중에 '가장 흥미롭고 감동적인 부분'이라는 것을 중시하여 공정이용을 부정하고 침해를 인정하는 결론을 내린 바 있다.[2]

(4) 저작물의 이용이 저작물의 현재 시장 또는 가치나 잠재적인 시장 또는 가치에 미치는 영향
(제 4 호)

§14-261   공정이용 여부의 판단에 있어서는 네 번째로, 저작물의 이용이 저작물의 현재 시장 또는 가치나 잠재적인 시장 또는 가치에 미치는 영향을 고려하여야 한다.

저작물의 이용이 저작물의 현재 시장 또는 가치나 잠재적인 시장 또는 가치에 미치는 영향(제4요소)은 네 가지 고려요소 중에 결론에 해당하는 부분으로서 가장 중요하게 취급되어야 할 요소라고 할 수 있다. 이것은 앞에서 설명한 3단계 테스트 중에서 제 2 단계(저작물의 통상적인 이용방법과 충돌하지 아니할 것) 및 제 3 단계(저작자의 정당한 이익을 부당하게 해치지 아니할 것)의 기준과도 일맥상통하는 고려요소이다.

우선, 피고의 저작물이 원고의 그것과 경쟁관계에 있을 때 제 4 요소에 있어서 공정이용의 인정에 매우 불리한 요소가 된다. 즉 피고의 저작물이 원고가 이미 진입해 있는 기존의 시장에서 경쟁관계를 형성할 경우에는 공정이용을 인정하기가 매우 어려울 것이다. 우리 저작권법상 공표된 저작물의 인용에 관한 제28조의 적용이 문제된 사안에서 대법원이 "정당한 범위 안에서 공정한 관행에 합치되게 인용한 것인지 여부는 인용의 목적, 저작물의 성질, 인용된 내용과 분량, 피인용저작물을 수록한 방법과 형태, 독자의 일반적 관념, <u>원저작물에 대한 수요를 대체하는지 여부</u> 등을 종합적으로 고려하여 판단하여야 한다"[3]고 할 때의 나열된 고려요소들 중 "원저작물에 대한 수요를 대체하는지 여부"라고 하는 것이 바로 시장에서 일종의 '대체재'로서 경쟁하는 관계에 있음을 의미한다고 할 수 있다. 예를 들어 원저작물을 압축, 요약하여 일목요연하게 정리한 인

---

1 하급심판결을 살펴보면, 타인의 저작물을 전부 복제한 것인지 여부를 공정이용 판단에 고려한 사례들이 많이 보인다. 원고의 저작물의 전체 또는 거의 전체를 이용한 것을 공정이용 판단에 있어서 불리한 요소로 적시한 사례로는, 수원지방법원 2017. 6. 30. 선고 2016나21251 판결(" ⋯ 피고가 이 사건 저작물 전체 내용을 그대로 복제하여 이 사건 게시글을 작성한 점 ⋯ "), 서울중앙지방법원 2018. 5. 4. 선고 2017나76939 판결(" ⋯ 피고 △△△에 의하여 이용된 부분이 저작물 일부가 아니라 그 전체에 해당하는 점 ⋯ "), 인천지방법원 2017. 2. 15. 선고 2016나58171 판결(" ⋯ 피고는 이 사건 사진의 전체를 게재하여, 원고의 저작물 전체를 이용한 점 ⋯ ") 등을 들 수 있다.

2 471 U.S. 539 at 565.

3 대법원 2004. 5. 13. 선고 2004도1075 판결, 1998. 7. 10. 선고 97다34839 판결, 2006. 2. 9. 선고 2005도7793 판결 등.

쇄물을 판매할 경우에 원저작물에 대한 수요를 대체하는 효과가 상당히 있을 수 있으므로, 그러
한 경우에 공정이용을 인정하기는 어렵다.[1]

　시장 경쟁 여부를 판단할 때에 권리자가 이미 진입한 시장만을 고려대상으로 하는 것은 타당　§14-262
하지 않다. 미국의 과거 판례 가운데 "아직 진입하지 않은 2차 시장에서의 허락 없는 이용에 의
하여 실질적으로 손해를 입을 수는 없다"고 한 사례[2]가 있으나, 이러한 태도는 이후의 판례에 의
하여 명백히 번복되었다.[3] 즉, 아직 진입하지 않은 시장이라도 권리자가 진입할 것으로 예상되는
시장은 경쟁관계 등을 판단할 때 함께 고려되어야 한다. 우리의 개정 저작권법이 "저작물의 현재
시장 또는 가치나 잠재적인 시장 또는 가치"라는 표현을 사용하고 있는 것도 아직 진입하지 않은
'잠재적인 시장'을 포함시키고자 하는 취지임이 분명하다.[4] 원저작물 자체에 대한 시장뿐만 아니
라 원저작물을 기초로 하여 작성되는 2차적저작물에 대한 시장도 여기에 포함될 수 있다.[5] 아직
원저작물에 대한 2차적저작물이 작성된 바 없고, 따라서 그에 대한 이용허락으로 수입을 얻은 바
가 없더라도 그러한 2차적저작물이 작성될 개연성이 있고, 그럴 경우 그 이용허락으로 인한 수입
이 기대될 수 있다고 하면, 피고가 유사한 2차적저작물을 작성한 것이 제 4 요소에 있어서 불리하
게 고려될 수 있다.[6] 제 4 요소와 관련하여, Sony 사건의 연방대법원 판결도 "실제의 손해가 있

---

1 Wainwright Securities, Inc. v. Wall St. Transcript Corp., 558 F. 2d 91.
2 Williams & Wilkins Co. v. U. S. 203 Ct.Cl. 74, 487 F. 2d 1345.
3 *E.g.* Consumers Union of United States, Inc. v. General Signal Corp. 724 F. 2d 1044.
4 전자상거래를 통해 수입·수출을 하는 사업을 운영하는 원고가 각처에서 전자상거래를 통한 수출입 관련 강의를 하면
　서 자신이 수출거래 시에 사용하는 영문 이메일(이를 '원고 이메일'이라 함)을 강의자료에 포함하여 강의에 사용하였
　는데, 피고가 전자상거래를 통한 무역에 필요한 실용적 정보를 제공하기 위한 목적의 책을 발간하면서 원고 이메일과
　실질적으로 유사한 이메일('피고 이메일'이라 함)을 포함시킨 것에 대하여 저작권침해소송을 제기한 데 대하여 피고
　가 제35조의3에 따른 공정이용의 항변을 한 사건이 있다. 이러한 사건에서 원고는 아직 해당 분야의 책을 발간하지
　않았지만 해당 분야의 강의를 해오면서 원고 이메일을 포함하여 강의자료를 축적하고 있는 상황이므로, '전자상거래
　를 통한 무역 관련 정보 제공 서적'의 발간은 원고 이메일의 '잠재적인 시장' 영역에 해당한다고 할 수 있을 것이다.
　서울중앙지방법원 2017. 9. 29. 선고 2017가합538716 판결은 위 사건에서 위와 같은 피고의 항변에 대하여 판단하면
　서 " … <u>원고 이메일과 거의 동일한 피고 이메일이 이 사건 도서에 포함되어 유통되면 원고의 원고 이메일을 사용한
　강의 또는 강의교재의 잠재적 시장 가치가 훼손될 것으로 보이는 점 등에 비추어 보면, 피고가 피고 이메일을 포함한
　이 사건 도서를 발간한 행위가 저작물의 공정한 이용에 해당한다고 보기 어렵다.</u>"라고 판시하였는데, 위 사안에서 원
　고 이메일의 '잠재적 시장가치'의 훼손가능성을 인정한 것은 타당하다.
5 Melvile B. Nimmer et al., *supra* 13-183; Cable-Home Communication Corp. v. Network Productions, Inc.,
　902 F. 2d 829, 15 U.S.P.Q.2d 1001.
6 하급심 판결 중에 2차적저작물의 경우에도 잠재적 시장 가치 훼손 가능성을 긍정한 사례가 있다. 피고의 저작물인 교
　재에 기초하여 원고가 동영상 강의를 제작하여 제공하는 것이 저작권침해에 해당하는지가 문제된 사건에서 서울중앙
　지방법원 2015. 2. 12. 선고 2012가합541175 판결은 위 동영상 강의가 교재에 대한 2차적저작물에 해당한다고 인정
　한 다음, 원고의 공정이용 주장에 대하여 판단하면서, "① 이 사건 동영상 강의 제공의 목적 및 영리성, ② 이 사건
　동영상 강의와 피고 교재의 종류 및 용도, ③ 이 사건 동영상 강의에서 피고 교재가 인용된 부분이 차지하는 비중과
　그 중요성, ④ 이 사건 동영상 강의의 제공에 따른 피고 교재의 잠재적 시장 가치 훼손 가능성 등에 비추어 보면, 원
　고가 이 사건 동영상 강의를 수강생들에게 유료로 제공한 행위가 저작물의 통상적인 이용 방법과 충돌하지 아니하고
　저작자의 정당한 이익을 부당하게 해치지 아니하는 경우로서 저작권법 제35조의3에서 정하고 있는 저작물의 공정한
　이용에 해당한다고 볼 수는 없으므로, 원고의 이 부분 주장도 받아들일 수 없다."라고 판시하였다. 위 ④에서 "이 사

다는 것이 입증될 필요는 없고, 미래에 손해가 발생할 상당한 정도의 개연성(some meaningful likelihood of future harm)"이 입증되면 족하다고 판시하였는데,[1] 그 의미는 "피고에 의해 행해지는 이용유형을 위한 시장이 존재할 개연성이 있다는 것"이 밝혀지는 것으로 족하다는 것으로 이해되고 있다.[2]

위와 같이 아직 진입하지 않은 시장도 고려됨에 따라 구체적인 사안에서 다음과 같은 판단이 이루어진 바 있다.

① 원고가 앞으로 출판하지 않겠다고 서약한 경우에도 잠재적 시장은 있다고 보아야 하므로, 시장에 대한 영향이 없다고 할 수 없다.[3]

② 원고(이용자)가 피고(저작권자)의 시장에 책을 팔고 있지는 않지만, 원고가 피고의 경쟁자들에게 그 책에 나타나는 정보를 사용할 수 있도록 이용허락을 하여 일종의 라이선스 시장을 형성한 경우, 시장에 대한 악영향이 인정된다.[4]

③ 원고의 저작물을 토대로 작성된 2차적저작물의 배포가 저작물의 새로운 버전을 위한 원고의 시장을 침범한 것으로 인정되었다.[5]

④ 허락 없이 피고들의 책에 삽입된, 원고의 부모들에 의하여 작성된 저작물인 편지들이 20년 동안 출판되지 않고 있었다는 사실은 반드시 공정이용과의 관계에서 그 편지들이 피고들의 행위에 의하여 손상될 수 있는 장래의 시장을 가지고 있지 않다는 것을 의미하는 것은 아닌 것으로 판단되었다.[6]

⑤ 원고의 책이 절판된 것과 관련하여서는 그것을 공정이용의 인정을 뒷받침하는 사실의 하나로 고려한 판례[7]와 그렇지 않고 현재 절판되어 있지만, 2차적저작물에 대한 시장이 형성될 개연성이 있다고 본 판례[8]가 있다.

§14-263   그런데 저작권자가 장래 진입할 개연성이 있는 모든 시장이 포함된다고 할 때에 공정이용과 관련된 모든 사안에서 피고가 사용한 바로 그 이용에 대한 라이선스 시장도 '저작물의 현재 시장 또는 잠재적인 시장'으로 인정될 가능성이 있고,[9] 그렇게 되면 공정이용을 통해 달성하고자 하는 미묘한 균형을 파괴하는 결과를 초래할 가능성이 있다. 따라서 '통상의 시장(normal market)'이라

건 동영상 강의의 제공에 따른 피고 교재의 잠재적 시장 가치 훼손 가능성"을 인정한 점에 주목할 필요가 있다.

1 Sony v. Universal City, 464 U.S. 417 at 451.

2 Paul Goldstein, *supra* 12:70.

3 Worldwide Church of God v. Philadelphia Church of God, Inc., 227 F. 3d 1110 at 1119; Salinger v. Random House, Inc., 811 F. 2d 90 at 99.

4 United Telephone Co. of Missouri v. Johnson Pub. Co., Inc., 855 F. 2d 604.

5 Stewart v. Abend, 495 U.S. 207, 110 S.Ct. 1750.

6 Meeropol v. Nizer, 560 F. 2d 1061, 195 U.S.P.Q. 273 (C.A.2 (N.Y.) 1977).

7 Maxtone-Graham v. Burtchaell, 803 F. 2d 1253, 231 U.S.P.Q. 534 (C.A.2 (N.Y.) 1986).

8 Robinson v. Random House, Inc., 877 F. Supp. 830, 34 U.S.P.Q.2d 1257, 35 U.S.P.Q.2d 1635 (S.D.N.Y. 1995).

9 Melvile B. Nimmer et al., *supra* 13~184.

는 개념을 통해 그 시장의 영역을 적절하게 합리적으로 정하기 위한 노력을 기울일 필요가 있다. 미국의 판례 중에도 현재 또는 장래의 모든 가능한 시장이 아니라 통상의 시장이라고 인정되는 범위 내에서 제4요소로 고려할 수 있다고 보는 입장을 표명한 판례들이 있고,[1] 어떤 판례는 '전통적·합리적이거나 또는 개발개연성이 있는 시장'이라는 표현을 사용하기도 하였다.[2] '통상의 시장'이라는 개념은 공정이용조항과 관련한 미 상원의 보고서에서도 사용한 바 있고,[3] 개정 저작권법 제35조의2에 반영된 3단계 테스트 중 "저작물의 통상적인 이용 방법과 충돌하지 않는 경우인지 여부"에 관한 2단계의 기준과 일치하는 개념이기도 하므로, 우리 저작권법의 해석상으로는 '통상의 시장'이라는 개념을 통해 적절한 균형을 도모할 필요가 있다고 여겨진다.

시장이 통상적 시장인지 여부를 판단함에 있어서 중요한 고려요소가 될 수 있는 것이 바로 거래비용의 문제이다. 예를 들어 우리나라 판례가 공정한 인용으로 인정한 포털 사이트 등의 이미지 검색서비스의 경우에 썸네일 형태의 이미지 파일을 복제, 전송하는 것에 대하여 저작권자의 라이선스 시장이 통상적 시장으로 존재하는지 여부에 대하여 생각해 보면, 거래비용의 측면이 가지는 중요성을 쉽게 알 수 있다. 즉, 이 경우에 그러한 라이선스(이용허락)를 받는 것에 거래비용으로 인한 장벽이 없다면, 그 라이선스 시장이 아직 출현하지 않았지만 곧 출현할 것으로 합리적으로 예측할 수 있는 시장영역이라 할 수 있지만, 그러한 이용허락을 사전에 일일이 받는다는 것은 새로운 저작물과 새로운 저작자가 계속 등장하는 인터넷의 속성에 비추어 거의 불가능에 가까운 일이고, 결국 사전의 이용허락을 요구할 경우에는 공익적 가치를 가진 해당 서비스에 대하여 라이선스를 받도록 하는 효과를 거두기보다는 그 서비스를 중단시키는 결과를 초래할 뿐이라고 여겨진다. 바로 이러한 사례를 통해 거래비용이 시장의 형성에 얼마나 큰 영향을 미치는지를 확인할 수 있다. 결국 거래비용이 클 경우에는 '통상의 시장'을 인정하기가 어렵고, 그것은 공정이용의 인정에 유리한 요소가 된다고 할 수 있다. 사적 이용에 대하여 공정이용을 인정한 미국의 Sony 판결도 같은 관점에서 이해할 수 있다. 거래비용만이 통상의 시장을 결정하는 중요한 요소라는 것은 물론 아니지만, 거래비용이 하나의 요소로서 중요하게 고려될 수 있음을 뜻한다.

§14-264

위와 같은 맥락에서 미국의 판례들이 시장에의 부당한 영향이 있는 경우와 그렇지 않은 경우를 적절히 구분해 온 사례들을 살펴보면 다음과 같다.[4] 물론 구체적 사안에 대하여 개별적으로 여러 요소들을 종합하여 판단하여야 하는 것이지만, 판례의 취지를 간략히 요약한 것만으로도 판

§14-265

---

1 Harper & Row Publishers, Inc. v. Nation Enterprises, 471 U.S. 539 at 568; Mathieson v. Associated Press, 1992 WL 164447 (S.D.N.Y.).
2 American Geophysical Union v. Texaco Inc., 60 F. 3d 913.
3 "특수한 예외가 있지만 … 저작물에 대한 <u>통상적 시장</u>의 어느 부분을 대체하는 이용은 일반적으로 침해로 판단될 것이다" Senate Report, at 65.
4 Paul Goldstein, *supra* 12:72~72.1.

단기준에 대하여 일정한 시사를 받을 수는 있다고 생각되어 소개한다.

    ① 원고의 노래 가사의 패러디가 피고의 노래 가사 잡지에 실린 경우에는 시장 영향이 긍정되었으나,[1] 그러한 패러디가 유머 잡지에 실린 경우에는 시장 영향이 부정되었다.[2]

    ② 피고가 원고의 교육 프로그램 방송을 공립학교에 체계적으로 배포하기 위해 복제한 경우는 시장에의 악영향이 인정되었으나,[3] 피고가 원고의 오락 프로그램을 가정 내에서의 사적 사용을 위하여 복제한 경우에는 시장에의 악영향이 부정되었다.[4]

    ③ P2P 프로그램을 이용하여 이른바 공간이동(space shifting)을 위해 복제된 경우에는 시장에의 악영향이 긍정되었으나,[5] 이른바 시간이동(time shifting)을 위해 복제된 경우에는 시장에의 악영향이 부정되었다.[6]

한편, 시장에의 영향을 판단함에 있어서 이용자의 저작물 중 원저작물을 이용한 것으로 인한 영향,[7] 나아가 원저작물 중에서도 '창작성 있는 표현'에 해당하는 부분을 이용한 것으로 인한 영향만을 고려하여야 하고,[8] 그 나머지 부분, 즉 원저작물로부터 아이디어 등 보호되지 않는 부분을 이용한 것으로 인한 영향은 고려대상에서 제외되어야 한다.

§14-266   원저작물을 이용한 저작물이 원저작물을 비평한 것으로 인한 시장가치의 저하는 제4요소를 고려함에 있어서 제외되어야 한다. 전기 작가가 대상인물의 저작물을 일부 이용하면서 대상인물을 비판한 것이 미치는 시장에의 악영향과 관련하여 판례는 "전기 작가의 대상인물에 대한 혹독한 비평이 대상인물의 현재 공표된 또는 아직 공표되지 않은 저작물들에 대한 고객 수요에 미칠 수 있는 부정적 영향은 비평의 본질에 기한 것으로서 대상인물 자신의 저작물을 비평의 목적 범위 내에서 전기 작가가 이용한 것이 공정이용 법리하에서 보호되어 금지청구를 물리칠 수 있는지 여부를 결정함에 있어서 고려할 요소는 아니다. 공정이용 보호는 우호적인 비평에만 주어지는 것이 아니다"라고 판시한 바 있다.[9] 이것은 미국 판례의 확립된 태도이다.[10]

---

  1 Leo Feist, Inc. v. Song Parodies, 146 F. 2d 400.

  2 Berlin v. E. C. Publications, Inc., 219 F. Supp. 911.

  3 Encyclopaedia Britannica Educational Corp. v. Crooks, 542 F. Supp. 1156.

  4 Sony Corp of America v Universal City Studios, Inc, 464 US 417 (1984).

  5 A&M Records, Inc. v. Napster, Inc., 239 F. 3d 1004.

  6 Sony Corp of America v Universal City Studios, Inc, 464 US 417 (1984).

  7 Arica Institute, Inc. v. Palmer, 970 F. 2d 1067.

  8 Melvile B. Nimmer et al., *supra* 13–181.

  9 New Era Publications Intern., ApS v. Henry Holt and Co., Inc., S.D.N.Y.1988, 695 F. Supp. 1493, 8 U.S.P.Q.2d 1713.

 10 *E.g.* NXIVM Corp. v. Ross Institute, C.A.2 (N.Y.) 2004, 364 F. 3d 471, 70 U.S.P.Q.2d 1538.

4. 공정이용 일반조항의 적용 여부에 관한 사례들

공정이용 일반조항은 2011년 개정법에서 처음 도입된 것이므로 아직 그것의 적용 여부에 관 §14-267
한 우리나라의 판례가 충분히 형성되어 있지 않다. 따라서 일반 국민들로서는 신설된 조항에 따
라 어떤 경우가 추가로 허용될 수 있는지 여부가 매우 궁금하지만 법조문만으로는 그것을 파악하
기가 쉽지 않아 어려움을 겪을 가능성이 많을 것으로 생각된다. 이전에 저작권상생협의체는 그러
한 국민들의 어려움을 해소하는 것을 하나의 목적으로 하여 2010년 12월에 저작물의 공정이용에
관한 가이드라인을 제정하여 2011년 초에 인터넷을 통하여 공표한 바 있다. 저자가 대표집필한
이 가이드라인은 말미의 XII장에 '사례 예시'를 두어 일반 국민들이 궁금하게 여길 만한 사항들에
대하여 해설하고 있었는데, 그 중 공정이용 일반조항의 적용 여부에 관한 사례를 여기에 인용하
면, 다음과 같다.

(1) 네티즌이 유명 가수의 안무를 모방한 장면을 인터넷에 동영상으로 공유하였을 경우 공정이용의 §14-268
범위는 어디까지인가?

[답] 안무가 연극저작물(무용)로서의 창작성을 갖춘 경우에 그 저작권자의 허락 없이 그 안무를 모
방한 장면을 동영상으로 촬영하여 인터넷에 올린 것은 연극저작물의 복제, 전송에 해당하여, 연극저작
물의 저작재산권 중 복제권 및 공중송신권 침해가 문제될 수 있습니다.

다만 전문 무용수가 아닌 일반인이 영리의 목적 없이 단순히 개인적인 취미 내지 표현활동의 일환
으로 유명가수의 안무를 흉내 내어 춤을 춘 것으로서 그 무용저작물의 전부가 아닌 일부를 이용한 것
이고, 그것을 동영상으로 촬영하여 인터넷에 올린 것도 춤을 춘 본인이나 그의 동의를 받은 친구 등에
의하여 단순히 온라인상의 정보 공유 등 개인적인 표현활동을 위하여 행한 것일 뿐, 영리적인 목적을
위한 것이 아닐 경우에는 공정이용의 일반조항에 따라 공정이용으로 인정될 가능성이 많을 것으로 생
각됩니다. 그러한 이용행위가 가지는 비영리적인 성격 및 그 이용의 분량 등과 함께, 그러한 행위를 허
용하더라도 무용저작물에 대한 시장수요를 대체하는 영향이 있다고 할 수 없고, 오히려 그 저작물의
인지도를 높이는 방향으로 기여한다고 볼 수도 있는 반면, 그러한 행위를 전체적으로 허용하지 않을
경우 인터넷 상의 표현 및 문화·예술의 자유에 대한 지나친 제약, 창조력과 문화의 다양성의 저해 등
의 부정적 영향을 끼칠 수 있다는 점을 고려할 때 그러합니다.

그러나 예를 들어 무용학원이 자신의 학원을 광고할 목적으로 수강생들이 춤을 추는 장면을 촬영
한 동영상을 인터넷에 올리는 경우와 같이 영리의 목적이 인정되는 경우라면 공정이용으로 인정되기
어려울 것입니다. 또한 비록 비영리적인 이용이라 하더라도, 녹화의 질 등의 면에서 우수하고 그 이용
한 분량도 상당하여 원래의 무용저작물이 가지는 시장수요를 대체하는 영향이 인정될 경우에는 공정이
용으로 보기 어려울 것입니다. 또한 춤을 춘 사람의 동의 없이 그 동영상을 올리는 것은 그의 초상권
등을 침해하는 행위가 되어 적법하지 않습니다.

한편, 춤을 출 때 틀어놓은 배경음악이 함께 녹음되어 복제, 전송될 경우에는 음악저작물에 대한 저작권침해가 함께 문제될 수 있습니다. 그것이 공정이용에 해당할지 여부에 대하여는 40번 사례(§14-274)를 참고하시기 바랍니다.

§14-269

(2) 노래방에서 노래 부른 파일을 개인 홈페이지에 올렸을 때 처벌대상이 되는가?

[답] 노래방에서 손님들이 노래를 부르는 행위 자체는 그 노래방을 경영하는 입장에서는 불특정 다수인을 대상으로 음악저작물 등을 '공연'하는 것으로 평가되어 저작권자의 허락을 요하지만, 그 손님들의 입장에서 볼 때 일반적으로 소수의 친구 등과 어울려 노래하는 것은 공중을 대상으로 하는 것으로 보기 어려우므로 저작권법상의 '공연'에 해당하지 않고 따라서 자유롭게 할 수 있습니다. 그러나 그 노래 부르는 장면을 동영상 등으로 촬영할 경우에는 그 노래의 가사 및 악곡과 함께 노래방기기에 저장된 연주음(실연자인 연주자들의 실연 및 음반제작자의 음반에 해당함)을 '복제'하는 것에 해당하고, 그것을 불특정 또는 다수의 사람이 방문할 수 있는 인터넷 웹사이트 등에 올리는 것은 그것을 복제, 전송하는 것에 해당하므로, 저작권자 및 실연자의 허락 없이 그렇게 할 경우에는 음악저작권자의 저작재산권과 실연자 및 음반제작자의 권리를 동시에 침해하는 것이 될 가능성이 있습니다.

다만, 그 파일을 인터넷에 올린 행위에 아무런 영리적인 목적이 없고, 그것이 음악저작물등의 전부 이용이 아니라 일부 이용에 해당하며, 녹음의 질이 좋지 않은 등의 사정이 있어 전체적으로 음악저작물등의 시장수요를 대체하는 효과가 있다고 보기 어려울 경우에는 공정이용의 일반조항에 따라 공정이용으로 인정될 가능성이 있을 것으로 생각됩니다. 그러한 이용행위가 가지는 비영리적인 성격 및 그 이용의 분량 등과 함께, 그러한 행위를 허용하더라도 음악저작물등의 시장에 미치는 악영향이 있다고 할 수 없고, 오히려 그 저작물 등의 인지도를 높이는 방향으로 기여한다고 볼 수도 있는 반면, 그러한 행위를 전체적으로 허용하지 않을 경우 인터넷상의 표현 및 문화·예술의 자유에 대한 지나친 제약, 창조력과 문화의 다양성의 저해 등의 부정적 영향을 끼칠 수 있다는 점을 고려할 때 그러합니다.

그러나 녹음의 질 등의 면에서 우수하고(특히 노래방에서 제공하는 녹음서비스를 이용한 경우 등) 이용한 분량도 상당하여 원래의 음악저작물 등의 시장수요를 대체하는 영향이 인정될 경우에는 비록 그것이 비영리적인 이용이라고 하더라도 공정이용으로 인정되기가 쉽지 않을 수 있습니다. 또한 노래를 부른 사람의 동의 없이 그 동영상을 올리는 것은 일반적으로 그의 초상권 등을 침해하는 행위가 되어 적법하지 않습니다.

§14-270

(3) 타 쇼핑몰에서의 각 상품에 대한 사용후기를 그대로 복사하여 자신의 쇼핑몰 사이트에 올린 경우 저작권 침해에 해당하는가?

[답] 그 사용후기가 어문저작물로서의 최소한의 창작성을 가진 것으로 전제할 경우에 그것을 복제하여 자기의 쇼핑몰 사이트에 올린 행위는 어문저작물의 복제 및 전송에 해당하여 그 저작권자의 허락이 없다면 그의 저작재산권 중 복제권 및 공중송신권을 침해한 것으로 보게 될 것입니다.

이러한 경우에는 영리를 목적으로 한 것으로서 생산적 이용이라고 할 수 없고, 전부 이용에 해당하며, 부정경쟁행위의 요소도 있는 등 여러 측면에 비추어 볼 때, 공정이용에 관한 일반조항을 적용하여 공정이용이라고 보기는 어려운 경우라고 생각됩니다.

(4) 놀고 있는 아기의 영상을 촬영한 후 영상에 음악 배경을 같이 포함하여 홈페이지에 올린 경우 공 §14-271
정이용에 해당되는가?

[답] 음악 배경이라고 하는 것이 우연히 가족 중 누군가가 틀어 놓은 방송에서 흘러나온 음악이거나 우연히 CD를 재생하여 틀어놓은 음악인지 여부, 그 음질 여하 등에 따라 공정이용 여부의 판단이 달라질 수 있을 것으로 생각됩니다.

만약 그 음악이 들려지는 여러 가지 상태 등에 비추어 우연히 마침 틀어놓은 음악이 포함된 것으로 볼 수 있고 특별히 음악을 골라서 이용한 것으로 볼 만한 사정이 없다면, 그 이용이 비영리적 성격과 부수적 이용으로서의 특성을 함께 가지고 있다는 점, 통상 녹음된 음질 등이 좋지 않을 것이라는 점과 아기가 노는 장면의 동영상과 결합되어 있다는 점에서 음악저작물의 시장수요를 대체하는 등의 영향을 인정하기 어려운 반면, 그러한 행위를 전체적으로 허용하지 않을 경우 인터넷상의 표현의 자유에 대한 지나친 제약, 문화적 다양성의 저해 등의 부정적 영향을 끼칠 수 있다는 점을 고려할 때, 공정이용의 일반조항에 따라 공정이용으로 인정될 가능성이 많을 것으로 생각됩니다.

(5) 결혼식장 등에서 부른 축가와 춤 등과 같은 축하 공연을 촬영하여 홈페이지에 올리면 공정이용에 §14-272
해당되는가?

[답] 결혼식장에서 축가를 부르거나 춤을 추는 행위 자체는 특별한 경우가 아닌 한 저작권법상의 공연에 해당하지 않거나 저작권법 제29조 제1항에 의한 비영리 목적의 공연에 해당하여 저작권자의 허락을 필요로 하지 않는 것으로 볼 수 있습니다. 그러나 그러한 장면을 촬영한 동영상 파일을 홈페이지에 올리는 행위는 음악저작물(가사 및 악곡) 및 연극저작물(무용)의 복제 및 전송에 해당하므로, 저작권자의 허락 없이 할 경우에 그 저작재산권 중 복제권 및 공중송신권의 침해에 해당할 가능성이 있습니다.

다만 그 축가와 춤이 결혼식의 하객 등에 의한 것으로서 그것을 올린 것에 영리적 목적이 없고, 그것이 음악저작물이나 무용저작물 등의 전부 이용이 아닌 일부 이용에 해당하며, 그 녹음 및 녹화의 질이 좋지 않은 등의 사정이 있을 경우에는 공정이용의 일반조항에 따라 공정이용으로 인정될 가능성이 있을 것으로 생각됩니다. 그러한 이용행위가 가지는 비영리적인 성격 및 그 이용의 분량 등과 함께, 그러한 행위를 허용하더라도 원래의 음악저작물 등에 대한 시장수요를 대체하는 영향이 있다고 할 수 없고, 오히려 그 저작물 등의 인지도를 높이는 방향으로 기여한다고 볼 수도 있는 반면, 그러한 행위를 전체적으로 허용하지 않을 경우 인터넷 상의 표현 및 문화·예술의 자유에 대한 지나친 제약, 창조력과 문화의 다양성의 저해 등의 부정적 영향을 끼칠 수 있다는 점을 고려할 때 그러합니다.

그러나 녹음의 질 등의 면에서 우수하고 이용한 분량도 상당하여 원래의 음악저작물이나 무용저작물 등의 시장수요를 대체하는 영향이 인정될 경우에는 비록 그것이 비영리적인 이용이라고 하더라도 공정이용으로 인정되기가 쉽지 않을 수 있습니다.

한편으로, 촬영된 사람의 동의 없이 동영상을 올리는 것은 그의 초상권 등을 침해하는 행위가 될 수 있습니다.

§14-273　　(6) 해외에서 절판된 저서를 번역하여 블로그에 무료로 올렸다면 공정이용에 해당되는가?

[답] 해외에서 절판이 된 저서도 아직 저작재산권 보호기간이 남아 있는 한 그 저작권을 부정할 수 없고, 그것을 번역하여 블로그에 올려 불특정 다수인이 이용할 수 있도록 제공한 것은 저작권자의 허락을 받지 못한 이상 저작권자의 저작재산권을 침해한 것이 될 것입니다. 이용하고자 하는 도서가 절판된 사실은 경우에 따라 공정이용 인정에 유리한 요소로 보게 될 경우도 있을 수는 있지만, 설문과 같이, 해외에서 절판된 저서라는 것만을 이유로 무단 번역하여 인터넷에 올린 것을 공정이용으로 인정하기는 어렵습니다. 그 저작권자가 나중에라도 새로운 판의 출간을 준비하면서 우리나라에서도 역자를 물색하여 번역서를 내고자 할 가능성을 배제할 수 없으므로, 위와 같은 번역 및 전송행위는 저작물의 장래의 시장(2차적저작물에 대한 시장) 및 가치에 부정적인 영향을 미치는 것으로 보게 될 가능성이 많을 것이기 때문입니다.

§14-274　　(7) 음악을 틀고 춤을 춘 동영상을 홈페이지에 올렸다면 공정이용에 해당되는가?

[답] 음악을 틀고 춤을 춘 동영상을 인터넷에 올리는 경우에 해당 음악저작물과 가수 또는 연주자의 실연, 음반제작자의 음반 등을 복제, 전송하는 것에 해당하므로, 저작권자, 실연자, 음반제작자 등의 허락 없이 그렇게 할 경우에는 원칙적으로 음악저작권자의 저작재산권(복제권, 공중송신권)과 실연자 및 음반제작자의 권리(복제권, 전송권)를 동시에 침해하는 것이 될 수 있습니다. 춤을 춘 것이 가수의 춤을 흉내낸 것일 경우에는 그것을 안무한 사람이 무용저작물에 대하여 가지는 저작재산권(복제권, 공중송신권)을 침해한 것이 될 수도 있습니다.

다만, 그 파일을 인터넷에 올린 행위에 아무런 영리적인 목적이 없고, 음악저작물등의 이용 분량이 상대적으로 적으며, 녹음 및 녹화의 질이 좋지 않은 등의 사정이 있어 전체적으로 음악저작물 및 무용저작물의 시장 수요를 대체하는 영향이 있다고 보기 어려울 경우에는 공정이용의 일반조항에 따라 공정이용으로 인정될 가능성이 있을 것으로 생각됩니다. 그러한 이용행위가 가지는 비영리적인 성격 및 그 이용의 분량 등과 함께, 그러한 행위를 허용하더라도 음악저작물등의 시장에 대한 악영향이 있다고 보기 어렵고 오히려 그 저작물 등의 인지도를 높이는 방향으로 기여한다고 볼 수도 있는 반면, 그러한 행위를 전체적으로 허용하지 않을 경우 인터넷상의 표현 및 문화·예술의 자유에 대한 지나친 제약, 창조력과 문화의 다양성의 저해 등의 부정적 영향을 끼칠 수 있다는 점을 고려할 때 그러합니다.

그러나 녹음, 녹화의 질 등이 우수하고 이용한 분량도 상당하여 원래의 음악저작물 등의 시장수요를 대체하는 영향이 인정될 경우에는 비록 그것이 비영리적인 이용이라고 하더라도 공정이용으로 인정되기가 쉽지 않을 수 있습니다.

§14-275　　(8) 인터넷 검색 사이트에서 검색어를 치면 나열되는 뉴스 검색결과 화면에 뉴스 제목이나 기사의 요약내용, 출처 등이 표시되고 그것을 클릭하면 아웃링크의 방식으로 언론사의 해당 홈페이지로 연결되도록 하는 것은 공정이용에 해당하나요?

[답] 아웃링크(outlink)란 해당 사이트에서 벗어나 링크로 연결된 외부 사이트로 나가도록 하이퍼링크를 거는 것을 말합니다. 검색서비스의 결과 페이지에 아웃링크로 온라인뉴스를 연결시키는 것 자

체는 저작권법상 복제, 전송, 전시, 배포 등의 개념에 해당하지 않는 것으로서 저작권자의 배타적 권리
가 미치지 않는 것으로 볼 수 있습니다. 즉 그러한 링크를 하더라도 저작권 침해에 해당하지는 않습니
다. 다만 뉴스의 제목, 요약(여기서 요약이란 자동으로 검색어 주변의 일부분을 제시하는 것을 말하는
것으로 보입니다), 출처 등을 간단하게 소개하는 내용을 포털의 서버에 저장(복제)하여 서비스(전송)하
고 있는 부분은 만약 그 요약 등이 타인(온라인 신문사 등)의 저작물(뉴스) 중 창작성 있는 표현을 포
함할 경우에는 그 저작권자의 저작재산권(복제권, 공중송신권)을 침해하는 것으로 인정될 가능성이 있
습니다. 그렇지 않고 그 요약 등의 내용에 창작성 있는 표현이 없고, 사실의 전달에 불과한 시사보도에
해당하는 성격의 것만 포함되어 있다면, 그것은 저작물로 보호되지 않으므로 공정이용 여부를 따질 필
요 없이 자유롭게 이용할 수 있다고 볼 수 있습니다.

　　그 요지 중에 일부라도 저작자의 창작성 있는 표현이 있을 경우에는 그것을 이용한 서비스로 인한
저작권 침해의 책임을 벗어나기 위해서는 그러한 서비스가 저작권법상 공정이용으로 인정될 수 있어야
할 것입니다. 이때 공정이용의 판단에 있어서는, 그러한 검색 서비스를 제공하는 서비스가 약간의 상업
적 성격이 있다고 하지만 그 상업성이 강하지 않고 부차적이라는 점, 검색 서비스를 통해 이용자들이
전에 없던 혜택을 누리고 있는 면에서 공익적 가치가 인정된다는 점, 아웃링크 방식으로 원저작물의
인터넷 서비스로 트래픽이 연결된다는 점에서 시장수요를 대체하기보다는 오히려 이끌어내는 역할을
수행하는 면이 있다는 점 등이 공정이용 판단에 유리한 사유가 될 수 있을 것입니다. 따라서 자동으로
추출 제시되는 일부 기사 내용('요약')의 분량이 적어 그것만으로는 온라인 뉴스 서비스의 시장 수요를
대체하는 영향이 있다고 인정될 수 없을 경우에는 공정이용으로 인정될 가능성이 많을 것입니다.

　　(9) 다수의 사진저작물을 편집하여 하나의 이미지 파일로 편집하였다면 공정이용에 해당되는가?　　§14-276

　　[답] 설문은 컴퓨터를 활용하여 여러 사진을 붙여 하나의 새로운 작품을 만드는 일종의 포토몽타
주 기법을 이용하는 것에 대한 것으로 생각됩니다. 그러한 포토몽타주 기법을 이용하여 만들어진 파일
이 하나의 새로운 저작물, 즉 2차적저작물이 될 수 있을 정도로 새로운 창작성이 인정될 경우에도 사
진저작물의 저작권자들의 허락 없이 그렇게 하였을 경우에, 저작권 침해의 책임에서 벗어나기는 어려
울 것으로 생각됩니다. 그러한 경우에 사진저작물 저작권자의 저작재산권인 2차적저작물작성권과 저작
인격권인 동일성유지권을 침해한 것으로 보게 될 것이기 때문입니다. 만약 2차적저작물이라고 볼 만한
새로운 창작성이 인정되지 않을 경우에는 복제권 침해와 함께 이 경우에도 역시 동일성유지권 침해가
인정될 것입니다. 그러한 경우에 패러디로서의 공정이용 요건을 갖추고 있는 등의 특별한 사정이 없는
한 공정이용에 해당한다고 보기는 어려울 것입니다. 포토몽타주 등이 패러디로서 공정이용에 해당하기
위해서는 그것이 이용된 사진저작물 자체에 대한 비평 또는 풍자의 요소를 포함하고 있고('직접적 패러
디'에 해당함), 패러디를 통해 원저작물과는 완전히 다른 새로운 의미, 기능을 창출하는 데 성공하고 있
으며('변용적 이용'의 정도가 높은 것으로 인정됨), 원저작물을 패러디의 효과를 내기 위해 합리적으로
필요한 범위를 초과하여 이용하지 않았고, 원저작물의 시장을 대체하는 영향을 인정하기 어려운 등의
조건을 갖추어야 할 것입니다.

　　(패러디에 대하여 자세한 것은 §14-91 이하 참조)

§14-277

     (10) 저작물을 이용하고자 하는데 저작권자를 알 수 없다. 저작권자를 찾기 위하여 인터넷(예 : 한국 저작권위원회 권리찾기 사이트)에 저작물을 업로드하는 것이 가능한가?

     [답] 저작권자를 찾기 위한 것이라 하여도 다른 사람들이 그 저작물을 이용할 수 있는 정도로 상세하거나 충분한 양을 업로드할 경우에는 저작권자의 권리를 침해하게 될 가능성이 높습니다. 다만, 해당 저작물의 권리자를 찾기 위한 최소한의 저작물 일부분(예를 들어 음악의 경우 30초 미만, 그림의 경우 픽셀 100×200 미만 등)을 업로드하는 경우는 저작물의 시장 수요에 악영향을 미친다고 보기 어려우므로 그 이용의 목적, 성격 등을 고려할 때 공정이용에 관한 일반조항에 해당하여 결국 저작권자의 권리를 침해하지 않는 것으로 볼 가능성이 많다고 생각됩니다.

XX. 출처명시의무

1. 의　　의

§14-278

     저작재산권 제한사유에 해당하여 자유이용이 인정될 경우에도 가급적 이용하는 저작물의 출처는 표시하도록 하는 것이 바람직할 것이다. 그것은 비단 저작인격권의 보호를 위해서만이 아니라 저작재산권자나 배타적발행권자 또는 출판권자 등의 이익을 위해서도 필요한 일이라 할 수 있다.1 그러나 자유이용이 인정되는 모든 경우에 일률적으로 출처의 명시를 요구할 경우에는 경우에 따라 매우 번거로운 일이 되어 실질적으로 자유이용을 인정하고자 하는 입법취지를 달성할 수 없게 되는 경우도 있을 수 있다. 그런 관점에서 저작권법은 제37조 제 1 항은 저작재산권 제한사유가 적용되어 이용자들이 자유롭게 이를 이용하는 경우에도 원칙적으로 그 저작물의 출처를 명시할 의무를 지는 것으로 규정하면서 7개조에 대하여는 예외로서 그 명시의무가 면제되는 것으로 규정하고 있다. 법 제37조 제 1 항 본문에서 "이 관에 따라 저작물을 이용하는 자는 그 출처를 명시하여야 한다"고 규정하여 출처명시의무를 지는 자를 "이 관에 따라 저작물을 이용하는 자"로 한정하고 있으므로, 이 의무는 저작권법 제 4 절 제 3 관 '저작재산권의 제한'에서 규정하고 있는 제23조부터 제35조의3까지의 규정(그 중 단서에서 규정하고 있는 7개조는 제외)에 따라 저작물을 이용하는 경우에 한하여 인정되는 것으로 보아야 할 것이다.2 그것은 법 제12조 제 2 항의 성명표시

---

  1 대법원도 이 규정의 입법취지를 저작인격권 보호에 국한하여 바라보지 않고, 널리 저작권 보호의 실효성을 높이기 위한 규정으로 보고 있다. 즉, 뒤에서 보는 '입시학원의 해법 소개' 사건에 대한 대법원 2010. 4. 29. 선고 2007도2202 판결(§14-281-1)은 "위 규정은 저작자의 권리와 이에 인접하는 권리를 보호하고 저작물의 공정한 이용을 도모함으로써 문화의 향상발전에 이바지하고자 하는 구 「저작권법」의 목적을 달성하기 위하여 특정한 경우에 일반 공중이 저작권자의 허락을 받지 아니하고 저작물을 자유로이 이용할 수 있도록 보장하면서도, 원저작물이 이를 이용하고 있는 저작물과 구별될 수 있도록 원저작물의 출처를 명시하게 하여 저작권 보호의 실효를 거두고자 하는 데에 그 입법취지가 있다"고 판시하고 있음에 주목할 필요가 있다. 입법취지에 대한 이러한 관점은 친고죄인 출처명시의무위반죄의 고소권자를 누구로 볼 것인가의 문제와 관련된다(§14-279 각주 참조).

  2 같은 취지에서 서울북부지방법원 2016. 2. 19. 선고 2015가단100195(본소), 2015가단26396(반소) 판결은 "저작권법

의무 규정이 "저작물을 이용하는 자는 … "이라고 규정하고 있어 저작물 이용자 모두를 의무 주체로 한 것과 다른 점이다.

법 제37조의 규정에 의한 출처명시의무도 저작물의 이용을 전제로 하는 것이므로 저작물로서의 표현에 해당하지 않는 타인의 학문적 사상만을 참고하여 이용하거나 타인의 저작물에 포함된 사실적 정보만을 이용한 것과 같은 경우에는 저작권법상의 출처명시의무가 인정되지 아니한다. 그 때에도 그것이 타인의 저작물에 고유한 사상이나 발견인 경우에는 출처를 밝히는 것이 논문작성에 있어서의 관례이고 자신의 논증을 위해서도 도움이 되며 도덕적으로 올바른 것이라고 볼 수도 있으나 저작권법상의 의무는 아니라고 보는 것이다.[1]

2. 법적 성질

(1) 저작재산권 제한규정과의 관계 등

위와 같은 출처명시의무에 대하여는 ① 이를 저작재산권 제한 규정의 추가적인 적용요건으로 볼 것인지 아니면 ② 저작재산권 제한 규정과는 별도로 이용자에게 부과되는 별개의 의무로 볼 것인지가 문제이다. §14-279

저작재산권 제한사유를 규정한 각 조의 해당요건을 모두 갖춘 저작물 이용자가 단지 그 이용에 있어서 해당 저작물의 출처를 명시하지 않은 경우에, ①의 입장을 취하면, 그 이용행위가 결국 제한사유로서의 요건을 결하여 저작재산권 침해를 구성하는 것으로 보게 되고, ②의 입장을 취하면, 저작재산권 제한사유에 해당하여 저작재산권 침해가 되지 아니하고 단지 출처명시의무위반이 별도로 문제될 수 있을 뿐이라고 볼 것이다.

우리 저작권법은 권리의 침해죄(제136조)와는 별개로 그보다 형량이 현저히 가벼운 출처명시위반죄(제138조 제 2 호)[2]를 규정하고 있으므로 ②의 입장에 선 것으로 보아야 할 것이다.[3]

제37조 제 1 항은 '이관에 따라 저작물을 이용하는 자는 그 출처를 명시하여야 한다'고 규정하고 있고, 위 규정은 위 법 제 4 절 저작재산권 중 제 2 관 저작재산권의 제한에 관한 제23조 내지 제36조에서 규정한 내용에 따라 저작물을 이용하는 경우에 적용되는 것이다. 피고는 저작권법 제23조 내지 제36조에서 규정한 바에 따라 원고의 사진이미지를 이용한 것이 아니라 저작권법 제46조에 따라 원고의 사용승낙을 얻어 사용한 경우이므로 위 법 제37조 제 1 항이 적용되지 않고 허락받은 이용방법 및 조건의 범위 안에서 저작물을 사용할 수 있다(원고가 사용허락을 하면서 이용방법에 관하여 특별한 제한이나 조건을 설정하지 않은 것은 위에서 본 바와 같다). 따라서 피고의 행위가 저작권법 제37조 제 1 항에 위반하여 위법행위라는 원고의 주장도 받아들이지 아니한다."라고 판시하였다.

1 서달주, 전게서, 315면 참조.
2 출처명시의무위반죄도 피해자(저작자)의 고소가 있어야 공소제기를 할 수 있는 친고죄이다. 저작권법 제140조 참조. 그 고소권자를 어떻게 보아야 할 것인지도 문제이나, 저작인격권침해죄의 경우에는 고소권자가 저작자(저작인격권자)에 한정되는 것으로 보아야 하지만, 출처명시의무는 저작인격권의 보호를 위한 규정으로서의 성격만 가지는 것이 아니고 위에서 언급한 바와 같이 저작재산권자, 배타적발행권자, 출판권자 등의 이익과도 관련되므로, 그러한 권리자들도 권리제한규정이 아니라면 그 위반자의 복제 등 '이용' 행위에 의하여 자신의 권리를 침해당한 것으로 볼 수 있는 상황에 있다면 모두 출처명시의무 위반죄의 고소인이 될 수 있는 것으로 보아야 할 것이다.
3 황적인·정순희·최현호, 전게서, 301면 참조. 앞서 '공표된 저작물의 인용'에 대한 설명 부분에서 소개한 서울고등법

다만, 앞서 '공표한 저작물의 인용'에 관한 설명 부분에서 살펴본 바와 같이(§14-70), 인용에 관한 제28조의 요건 중에는 인용의 요건 가운데 "인용의 방법이 공정한 관행에 합치되어야 한다"는 것이 포함되어 있고, 출처를 명시하지 않으면 공정한 관행에 합치되지 않는 인용으로 볼 가능성이 있어 결국 제28조의 요건을 갖추지 못한 것으로 보게 될 수도 있다는 점에서 그 경우에 관한 한 저작재산권 제한사유와도 일정한 관련성을 가지고 있다고 할 수 있다.

위와 같이, 원칙적으로, 출처명시의무 위반에 의하여 저작재산권 침해의 법적 효과가 발생하지는 않으나, 법상의 의무인 출처명시의무의 위반으로 인하여 저작권자에게 손해가 발생하였을 경우에는 그것이 고의 또는 과실에 의한 것으로서 민법상 '불법행위'에 해당하는 한, 손해배상청구를 할 수 있을 것이며, 민사소송으로 출처명시의무의 이행청구를 하는 것도 인정되어야 할 것으로 생각한다.[1] 그 이행청구를 할 수 있는 자가 누구인지가 문제인데, 위에서 출처명시의무위반죄에 대한 고소권자에 대하여 언급한 바와 같이, 출처명시의무는 저작인격권을 가지는 저작자, 저작재산권자, 배타적발행권자, 출판권자 등의 이해관계와도 관련된 것이라는 점에서 저작자 외에 이들 권리자들도 청구권을 가지는 것으로 보아야 할 것으로 생각된다.[2]

(2) 성명표시권과의 관계

§14-279-1   출처명시의무와 성명표시권의 관계도 문제된다. 생각건대 출처명시의무가 비록 성명표시권과 밀접한 관련성을 가지고 있긴 하지만, 성명표시권은 저작권법 제12조에, 출처명시의무는 제37조에 별도로 규정되어 있고 그 요건 및 법적 효과, 특히 위반시의 처벌규정[3] 등에 차이가 있는 점에 비추어볼 때 이 두 가지 개념은 법적으로는 서로 구별되는 개념인 것으로 보아야 할 것이

원 2005. 7. 26. 선고 2004나76598 판결(§14-78)도 출처명시 위반이 저작재산권 제한사유 자체의 요건은 아니라고 보는 입장에 서 있는 판례라고 할 수 있다.

1 같은 취지, 박성호, 저작권법(제 2 판), 2017, 639면; 오승종, 저작권법(제 4 판), 2016, 885면.

2 加戶守行, 著作權法逐條講義(六訂新版), 著作權情報センター, 2013, 381면도 저작자 및 저작재산권자(일본법상 '저작권자') 외에, "적어도 '출판사'에게는 청구권이 있다고 하는 것이 타당하다고 생각한다"고 밝히고 있다(일본의 학설로는 출처명시의무에 관한 일본 저작권법 제48조 규정은 저작재산권제한 규정과 결부된 것으로서 저작인격권 보호와는 무관하다고 보는 관점에서, 민사적 청구의 주체도 저작재산권자로 한정되어야 한다는 견해도 많다. 예를 들어, 小倉秀夫·金井重彦 編著, 著作權法 コンメンタール, LexisNexis, 2013, 618면이 그러하다. 이러한 관점에도 일리가 없지 않으나, 위 규정이 저작재산권 등의 충실한 보호를 의도한 것 외에, 저작인격권 보호와도 밀접한 관련성이 있다는 것을 굳이 부정할 필요는 없을 것이라 생각된다). 위 견해가 '출판사'를 언급한 것은 출판사가 출처명시에 대한 이해관계를 가진다는 점을 고려한 것으로 보이나, 본서의 입장에서는 그것과는 약간 다른 관점에서, 저작재산권자로부터 출판권을 설정받은 물권적 권리의 보유자인 (설정)출판권자에 한하여, 유사한 법적 지위를 가지는 배타적발행권자와 함께 청구권자에 포함될 수 있다고 보는 입장을 취한다. 이 문제와 관련하여, 박성호, 상게서, 639면 및 오승종, 상게서, 885면은 출처명시의무에 관한 민사상 청구주체는 "저작권자는 물론 저작자도 포함된다"고만 언급하고, 배타적 발행권자 및 출판권자에 대하여는 언급하지 않고 있다.

3 성명표시권의 경우에는 그 침해로 저작자의 명예를 훼손한 경우에 한하여 3년 이하의 징역 또는 3천만원 이하의 벌금에 처하거나 이를 병과할 수 있도록 규정하고 있음(제136조 제 2 항 제 1 호)에 반하여, 출처명시의무위반의 경우에는 제138조 제 2 호에 의하여 저작자의 명예훼손과 관계없이, 500만원 이하의 벌금에 처하도록 규정하고 있다.

다. 다만 그렇다고 하여 일부 견해1와 같이 출처명시의무 위반과 성명표시권 침해는 중첩적으로
적용될 수 없다고 보는 데 대하여는 찬동할 수 없다. 성명표시권침해와 출처명시의무위반이 항상
경합하는 것은 아니고 그 중 어느 하나만 성립하는 경우도 있을 수 있지만, 두 가지가 경합하는
경우도 있을 수 있다. 후술하는 바와 같이 출처명시의 방법에 관한 저작권법 제37조 제 2 항의 규
정은 성명표시권과 중첩된 부분을 포함하고 있다. 따라서 그 중첩된 부분을 위반한 경우, 즉 출처
명시의무위반행위가 성명표시권 침해의 요건을 동시에 갖춘 경우에는 그 두 가지 행위에 대한 법
적 효과가 경합될 수 있는 것으로 보는 것이 타당할 것이다.2 그리고 제37조 제 1 항에 의하여
출처명시의무가 면제되는 경우에는 원칙적으로 성명표시권에 대한 제한사유(제12조 제 2 항 단서)에
해당하는 것으로 보는 것이 타당하리라는 것은 후술하는 바(§14-282)와 같다.

3. 출처명시가 면제되는 경우

법 제37조 제 1 항에서 출처명시의무를 면제한 경우는 다음의 7가지 경우이다. §14-280

(1) 시사보도를 위한 이용(제26조)

(2) 영리를 목적으로 하지 아니하는 공연·방송(제29조)

(3) 사적이용을 위한 복제(제30조)

(4) 도서관 등에서의 복제 등(제31조)

(5) 시험문제로서의 복제(제32조)

(6) 방송사업자의 일시적 녹음·녹화(제34조)

(7) 저작물이용과정에서의 일시적 복제(제35조의2)

4. 출처명시의 방법

출처의 명시는 저작물의 이용 상황에 따라 합리적이라고 인정되는 방법으로 하여야 하며, 저 §14-281
작자의 실명 또는 이명이 표시된 저작물인 경우에는 그 실명 또는 이명을 명시하여야 한다(제37조
제 2 항). '저작물의 이용상황에 따라 합리적이라고 인정되는 방법'이 구체적으로 어떤 것인지에 대
하여는 §14-70에서 자세히 짚어본 바 있으므로 중복을 피하기로 한다.3

---

1 하동철, "출처표시의 적정성과 저작권법 위반의 범위 : 입시학원의 해법 소개 사건", 계간 저작권 제93호(2011), 115면.
2 성명표시권 침해로 저작자의 명예가 훼손되었을 경우에는 벌칙규정도 경합되어, 두 가지 모두에 대하여 피해자의 고
  소가 있을 경우에는 "한 개의 행위가 수개의 죄에 해당하는 경우"로서 형법 제40조의 '상상적 경합'에 해당하게 되어,
  결국 중한 죄에 정한 형인 저작인격권침해죄로 처벌하게 될 것이다.
3 우리 저작권법 제37조에 상응하는 일본 저작권법 제48조는 제 2 항에서 "전항의 출처의 명시에 있어서는, 이에 수반
  하는 저작자명이 분명해진 경우 및 당해 저작물이 무명의 것인 경우를 제외하고, 당해 저작물에 표시되어 있는 저작
  자명을 나타내 보여야 한다."라고 규정하고, 제 3 항에서는 "제43조의 규정에 의하여 저작물을 번역, 편곡, 변형 또는
  번안하여 이용하는 경우에는, 전 2항의 규정의 예에 의하여 그 저작물의 출처를 명시하여야 한다."라고 규정하고 있
  다. 우리 저작권법이 실명 또는 이명이 표시된 저작물인 경우에는 그 실명 또는 이명을 명시하여야 한다는 규정만 두

다만 여기서 한 가지 검토되어야 할 점은 위 규정 중에서 "저작자의 실명 또는 이명이 표시된 저작물인 경우에는 그 실명 또는 이명을 명시하여야 한다"고 규정한 부분은 성명표시권에 관한 저작권법 제12조 제 2 항 본문에서 "저작물을 이용하는 자는 그 저작자의 특별한 의사표시가 없는 때에는 저작자가 그의 실명 또는 이명을 표시한 바에 따라 이를 표시하여야 한다"고 규정한 것과 거의 그대로 포개지는 면이 있는데, 제12조 제 2 항에서는 "다만, 저작물의 성질이나 그 이용의 목적 및 형태 등에 비추어 부득이하다고 인정되는 경우에는 그러하지 아니하다"고 하는 단서규정을 통해 성명표시권 침해의 예외를 인정하고 있음에 반하여, 출처명시의무에 관한 제37조의 규정에는 그러한 예외가 규정되어 있지 않다는 것을 어떻게 보아야 할 것인가 하는 것이다.

만약 법의 취지가 그러한 부득이한 사정이 있을 경우에도 출처명시위반죄로 처벌하고자 하는 취지라고 본다면, 위 규정상의 차이를 그대로 존중하여야 하겠지만, 그렇지 않고, 성명표시권에 대한 제한사유는 출처명시위반죄에 대한 관계에서도 실질적으로 적용되는 것으로 보는 것이 입법취지에 부합하는 것이라고 본다면, 그러한 입법취지에 부합하는 해석론을 취하는 것이 타당할 것이다. 본서는 그러한 해석이 타당하다고 보아, 성명표시권에 대한 제12조 제 2 항 단서의 제한사유에 해당할 경우에는 출처명시의무는 적어도 그 방법에 있어서(저작자의 실명이나 이명의 표시 등을 생략하는 것을 포함하여) 대폭 완화될 수 있다고 보는 입장을 취한다. 그러한 해석의 법문상 근거는 제37조 제 2 항에서 "저작물의 이용상황에 따라 합리적이라고 인정되는 방법으로" 하도록 하고 있다는 데서 찾을 수 있다. 즉, 제12조 제 2 항 단서에서 말하는 "저작물의 성질이나 그 이용의 목적 및 형태 등에 비추어 부득이하다고 인정되는 경우"에는 성명표시 등을 생략하더라도 "저작물의 이용상황에 따라 합리적으로 인정되는 방법"이라 할 수 있고, 제37조 제 2 항의 후문은 그러한 예외적인 경우가 아닌 일반적인 경우의 원칙을 선언한 것으로 해석할 수 있을 것이다.

아래에서 소개하는 대법원 2010. 4. 29. 선고 2007도2202 판결은 위와 같은 본서의 입장과 기본적으로 동일한 취지라고 할 수 있다. 이것은 입시학원에서 홍보물을 만들면서 다른 학원 자료를 비판적으로 인용하면서 'A학원 모교재'라고만 표시한 것을 합리적인 명시방법으로 인정한

고 있고, 그에 대한 예외를 규정하지 않고 있음에 비하여, 일본 저작권법은 제48조 제 2 항에서 ① '이에 수반하는 저작자명이 분명해진 경우'와 ② '당해 저작물이 무명의 것인 경우'를 예외로 명시하고 있는 점이 주목된다. 위 ①의 경우에 해당하는 예로는 저작물의 제호가 'ㅇㅇㅇ저작전집' 등과 같은 경우 등이 들어진다(作花文雄, 詳解 著作權法(第4版), ぎょうせい, 2010, 406면 참조). 위 ①, ②와 같은 경우에는 우리 저작권법상으로도 해석상 출처명시의무의 예외로 인정될 수 있을 것이라 생각된다. 그리고 일본 저작권법 제48조 제 3 항은 동법이 19조 제 1 항 후문에서 2차적저작물에 대하여도 원저작자의 성명표시권을 명시적으로 인정하고 있는 것과 맥락을 같이하는 것인바, 우리 저작권법의 해석상 2차적저작물에 대한 원저작자의 성명표시권을 인정하여야 할 것으로 보는 본서의 입장(§12-22)에서는 출처명시의무에서도 역시 명문의 규정은 없지만 원칙적으로 원저작자의 성명을 표시할 의무가 출처명시의무에 포함된 것으로 보아야 할 것이라 생각한다.

사례였다. 그와 같은 취지에서 포털 사이트의 이미지 검색 서비스에서 썸네일 이미지를 복제, 전송하면서(그 부분에 대하여는 공정이용으로 인정되었다), 출처로 원래의 이미지가 있는 웹사이트 주소(URL)만 표시한 것에 대하여 인터넷의 특성 등에 비추어 합리적인 출처명시방법이라고 인정한 사례(서울고등법원 2005. 7. 26. 선고 2004나76598 판결; §14-78)가 있다.

한편, 출처명시 의무도 저작재산권이 부여된 이용행위를 전제로 하는 것이므로, 타인의 저작물을 링크하는 것은 설사 인라인링크라고 하더라도 그러한 의미의 '이용'이 아니므로, 출처명시의무의 대상이 아닌 것으로 보는 것이 대법원판례의 입장이다.[1]

📖 **판 례**

❖대법원 2010. 4. 29. 선고 2007도2202 판결 — "입시학원의 해법 소개" 사건   §14-281-1

　　구 저작권법 (2006. 12. 28. 법률 제8101호로 전부 개정되기 전의 것, 이하 같다) 제34조 제 1 항은 '이 절의 규정에 의하여 저작물을 이용하는 자는 그 출처를 명시하여야 한다. 다만, 제24조, 제26조 내지 제29조 및 제31조의 경우에는 그러하지 아니하다'고 규정하고, 제 2 항은 '출처의 명시는 저작물의 이용상황에 따라 합리적이라고 인정되는 방법으로 하여야 하며, 저작자의 실명 또는 이명이 표시된 저작물인 경우에는 그 실명 또는 이명을 명시하여야 한다'고 규정하고 있는바, 위 규정은 저작자의 권리와 이에 인접하는 권리를 보호하고 저작물의 공정한 이용을 도모함으로써 문화의 향상발전에 이바지하고자 하는 구 「저작권법」의 목적을 달성하기 위하여 특정한 경우에 일반 공중이 저작권자의 허락을 받지 아니하고 저작물을 자유로이 이용할 수 있도록 보장하면서도, 원저작물이 이를 이용하고 있는 저작물과 구별될 수 있도록 원저작물의 출처를 명시하게 하여 저작권 보호의 실효를 거두고자 하는 데에 그 입법취지가 있다. 위 규정의 입법취지와 내용 및 그 밖에 저작자의 성명표시권에 관하여 규정한 구 저작권법 제12조 제 2 항에서도 '저작물을 이용하는 자는 그 저작자의 특별한 의사표시가 없는 때에는 저작자가 그의 실명 또는 이명을 표시한 바에 따라 이를 표시하여야 한다'고 규정하는 한편으로, '다만, 저작물의 성질, 그 이용목적 또는 형태 등에 비추어 부득이하다고 인정되는 경우에는 그러하지 아니하다'는 단서규정을 두고 있는 점 등에 비추어 보면, 구 저작권법 제34조 제 2 항에 규정된 '저작자의 실명 또는 이명이 표시된 저작물인 경우에는 그 실명 또는 이명을 명시하여야 한다'는 문언은 저작물의 출처를 명시하는 방법을 예시한 것에 불과할 뿐 어떠한 경우라도 예외 없이 저작자의 실명 또는 이명을 명시하여야 한다는 것은 아니라고 해석함이 상당하고, 저작자의 성명을 포함하여 저작물의 출처가 합리적이라고 인정되는 방법으로 명시되었는지 여부는 저작물의 종류, 성질, 그 이용의 목적 및 형태 등 저작물의 이용상황을 종합적으로 고려하여 판단하여야 한다.

　　원심이 적법하게 채택하여 조사한 증거들에 의하면, 피고인 2 주식회사(이하 '피고인 회사'라 한다)의 사용인인 피고인 1이 피고인 회사가 운영하는 ○○학원의 수시 전략 설명회에 참석한 입시준비

---

1 대법원 2010. 3. 1. 선고 2009다4343 판결(§13-46) : "구 저작권법 제12조 제 2 항, 제34조(현행법 제37조) 제 1 항 각 본문에서 규정한 '저작물을 이용'한다고 함은 같은 법에서 저작자의 권리로서 보호하는 복제, 전송, 전시 등과 같은 방식으로 저작물을 이용하는 것을 의미한다."

생 학부모 등을 상대로 발간·배포된 '너희가 3차원적 사고를 아느냐?'라는 제호의 ○○학원 홍보용 책
자에서, 2000학년도 고려대학교 논술고사 문제를 소개한 후 ○○학원의 해제를 게재하기에 앞서 유명
논술학원 중의 하나인 공소외 주식회사가 작성한 논술교육용 교재인 '△△ Ⅰ'에 게재된 원심 판시 이
사건 해제를 인용하고 이에 대한 비판을 덧붙이면서, 이 사건 해제의 출처를 'A학원 모 교재'라고만 표
시한 사실을 알 수 있다.

　　이를 앞서 본 법리에 비추어 살펴보면, 피고인 1은 인용된 이 사건 해제를 자신의 저작물 부분과
명확히 구별하여 타인의 저작물로 표시함으로써 이 사건 해제가 위 피고인의 저작물과 혼동·오인될
가능성을 배제하였고, 또한 ○○학원의 책자는 이를 접한 독자들에게 논술교육용 교재라기보다는 인지
도가 높은 다른 학원의 교재와 비교하여 ○○학원을 홍보하는 책자 정도로 인식될 것으로 보일 뿐이어
서, 위와 같은 방법의 출처 표시에 의하여 공소외 주식회사가 이 사건 해제의 저작자임을 주장할 이익
을 해할 염려가 있다고 보기 어려우며, 그 밖에 위와 같은 홍보용 책자의 성질상 비교 대상으로 인용된
저작물에 관하여는 다소 과장되거나 편파적인 내용의 비판이 덧붙여지기 쉬워 인용된 저작물 저작자의
실명 또는 이명 등을 구체적으로 특정할 경우 자칫 저작자의 명예나 신용 등의 권익을 손상할 우려도
전혀 없다고는 단정할 수 없으므로, 이와 같은 여러 사정을 종합적으로 고려하여 볼 때, 위 피고인이
○○학원의 홍보용 책자에 이 사건 해제를 비평 등의 목적으로 인용하면서 그 출처를 앞서 본 바와 같
이 표시한 것은 그 나름대로의 합리성을 갖춘 출처명시방법으로 인정될 수 있다.

　　그렇다면 원심이 피고인 회사의 사용인인 피고인 1이 출처명시의무를 위반하였다고 보기 어렵다
는 이유로 피고인들에 대해 무죄를 선고한 것은 정당하다.

　　▷NOTE : 대법원의 위 판결은 출처명시의무의 방법과 관련하여 제37조 제2항 후문의 규정을 어
떻게 이해할 것인지에 대하여 최초로 명확하게 판시한 판례로서 큰 의의를 가지고 있다. 구체적으로는
어떤 학원의 홍보용 책자에 대학입시 논술문제에 대한 다른 학원의 해제를 비판적 관점에서 인용하면
서 그 출처를 "A학원 모교재"라고만 표시한 것도 여러 가지 구체적 상황에 비추어 나름대로의 합리성
을 갖춘 출처명시방법으로 인정할 수 있다고 판시하고 있다. 결국, 저작권법 제12조 제2항 단서에 해
당하는 것으로 볼 만한 사유가 있을 경우에 저작자 성명표시를 생략하더라도 출처명시의무 위반이 아
닌 것으로 보는 결론을 내린 것이다. 판지에 찬동한다.

XXI. 저작인격권과의 관계

§14-282　　저작재산권 제한에 관한 규정은 저작인격권에 영향을 미치는 것으로 해석되어서는 아니 된
다(법 제38조).

　　그러나 저작재산권과 저작인격권은 서로 철저히 분리된 관계에 있는 것이 아니라 밀접한 관
계를 맺고 있는 부분이 있어 저작재산권에 대한 제한 규정이 그 자체로 저작인격권에 영향을 미
칠 수밖에 없는 부분들이 있다. 예를 들어, 위에서 본 바와 같이 저작물의 개작 등이 허용되는 경

우가 있는데1 그러한 경우에 개작이 저작물의 임의적 변경에 해당한다는 이유로 저작인격권 중 동일성유지권의 침해가 성립하는 것이라고 볼 수는 없을 것이다. 또한 출처명시가 면제되는 경우에 그에 따라 출처를 표시하지 않은 것이 저작인격권의 면에서 성명표시권을 침해한 것이 된다고 하면 그것도 입법취지에 반하는 모순적인 해석이다. 즉, 그러한 경우에는 성명표시권의 침해도 부정하여야 할 것이다. 다만 그 법적 근거의 면에서는 동일성유지권과 성명표시권에 관한 규정에서 각각 일반적 제한사유를 규정하고 있으므로 그 예외사유에 해당하는 것으로 보는 것이 타당할 것이다.

이상과 같이 저작재산권의 제한에 대한 규정이 결과적으로 저작인격권의 침해 여부의 판단에도 영향을 미치는 경우가 있을 수 있다는 것을 부정할 수 없지만, 그 외의 경우에는 위와 같은 법 제38조의 규정 취지에 따라 저작재산권 제한에 관한 규정을 이유로 부당하게 저작인격권의 침해를 정당화하지 않도록 각별한 주의를 기울여야 할 것이다.

한 예로, 저작재산권 제한사유 가운데는 미공표 저작물을 이용할 수 있도록 한 경우도 있지만, 그러한 경우에도 법에서 허용한 이용행위가 복제 등에 한정되어 저작물의 공표를 전제로 하지 않은 것으로 보이는 한, 저작자의 공표권(§12-3 이하)을 무시하여서는 아니 되므로, 이용자로서는 그 이용이 실질적으로 '공표'에 이르지 않도록 유의하여야 하고 만약 그것이 '공표'에 이르는 행위이면 원칙적으로 공표권 침해가 성립하는 것으로 보아야 할 것이다.

또한, 저작재산권 제한사유의 각 해당 요건들을 모두 충족하면서 단지 출처명시의무를 이행하지 않았을 경우에 저작재산권 침해는 성립하지 않고 출처명시위반죄가 성립할 뿐이라고 볼 것임은 위에서 살펴본 바와 같으나, 그러한 경우에 저작인격권 침해가 성립할지 여부는 저작인격권에 대한 규정에 비추어 별도로 판단하여야 할 것이고, 만연히 저작인격권 침해를 부정하기는 어려울 것으로 생각된다.

---

1 동일성유지권의 경우 제13조 제 2 항 제 5 호 : "그 밖에 저작물의 성질이나 그 이용의 목적 및 형태 등에 비추어 부득이하다고 인정되는 범위 안에서의 변경"
성명표시권의 경우 제12조 제 2 항 단서 : "다만, 저작물의 성질이나 그 이용의 목적 및 형태 등에 비추어 부득이하다고 인정되는 경우에는 그러하지 아니하다."

> ### 제5절 저작물 이용의 법정허락

I. 서 설

§15-1 　저작권법상 저작재산권 제한사유에 해당하지 않으면 저작재산권자의 허락 없이 이용할 수 없는 것이 원칙이나 그러한 원칙만을 예외 없이 관철할 경우에는 저작물이 가지는 문화적 가치를 일반 국민들이 향유하는 데 곤란을 겪을 수 있으므로 가치 있는 저작물의 사장(死藏)을 방지하고 그 활용을 촉진하기 위해 일정한 경우에 저작재산권자의 경제적 이익을 조화롭게 감안한 적절한 제 3 의 해결책을 강구할 필요가 있다. 저작재산권자가 불명인 경우와 같이 그 허락을 받아서 이용하기가 현실적으로 어려운 경우나 그 저작물의 이용이 공중의 입장에서 필요불가결함에도 저작권자와의 협의가 성립하지 아니하는 경우에는 문화체육관광부장관의 승인하에 저작재산권자에게 보상금을 공탁하거나 지급할 것을 전제로 그 저작물을 이용할 수 있도록 제도적으로 허용할 필요가 있는 것이다. 그것이 법정허락제도로서 우리 저작권법 제50조 내지 제52조에서 규정하고 있다.[1] 강학상으로는 저작재산권자와의 협의를 먼저 거치도록 하여 그 협의가 성립하지 않을 경우에 보상금의 지급 또는 공탁을 조건으로 허락 없이 이용할 수 있도록 하는 제도(법 제51조 및 제51조의 경우)를 '강제허락(compulsory license)'이라고 하여 그러한 협의를 거칠 것을 요하지 않는 '법정허락(statutory license, 법 제50조의 경우)'과 구별하여 논하는 예가 있으나, 우리 저작권법상으로는 그 두 가지 성격의 것을 모두 '법정허락'이라는 용어로 칭하고 있다.

　위와 같이 저작물 이용의 활성화와 저작권 보호 사이에 적절한 조화를 달성하고자 하는 것이 법정허락제도의 취지로서, 그것이 잘 활성화되기만 하면 사회적으로 유용한 결과를 낳을 수 있을 것으로 기대되는데, 실제로 그 절차의 번거로움으로 인해 활용도가 매우 미흡하여 거의 사문화될 지경에 이르게 되자 2000년의 저작권법 개정시에 그러한 문제점들을 보완하기 위한 몇 가지 개정이 이루어졌다. 법 제50조의 요건인 '상당한 노력'을 기울였음을 입증할 수 있는 객관적 기준을 대통령으로 자세히 정하도록 하여 이용자의 편의성을 높였고, 법정허락의 범위를 저작물 외에 실연, 음반, 방송 등의 저작인접물로도 확장하도록 하였으며, 아울러 법정허락에 대한 실무를 저작권위원회(현행법은 '한국저작권위원회')에서 맡도록 하여 그 절차가 보다 원활히 이루어지도록 배려하였다. 2006년의 개정시에도 법 제50조의 법정허락사유와 관련하여, 한번 법정허락이 승인된 저작

---

1 베른협약은 제11조의2 제 2 항에서 저작물의 방송에 관하여, 제13조 제 1 항에서 음악저작물의 녹음에 관하여 각 법정허락에 관한 입법을 동맹국이 할 수 있도록 허용하는 취지의 규정을 두고 있다.

물에 대하여 다시 법정허락의 신청이 이루어지는 때에는 상당한 노력 절차를 생략하고, 대신에 저작권자에게 이의를 제기할 수 있는 절차를 두는 소폭의 개정을 하였다.

한편, 구 컴퓨터프로그램보호법상에는 저작재산권자가 불명인 경우의 법정허락에 관한 저작권법의 규정(제50조)과 유사한 취지의 규정으로 프로그램의 사용승인에 관한 규정(제18조)을 두고 있었는데, 동법과 저작권법을 통합한 2009. 4. 22. 개정 저작권법은 컴퓨터프로그램보호법의 규정을 버리고 저작권법의 기존규정으로 수렴시키는 방법을 취하고 있다. 저작권법 규정에 제도이용 활성화를 위한 고민이 추가로 반영된 부분이 있고, 프로그램에 대해 이 규정을 적용하더라도 특별한 문제는 없을 것이라고 판단하여 그렇게 한 것으로 생각된다. 결국 현행법상은 프로그램의 경우에도 일반 저작물과 동일하게 제50조의 규정을 적용받게 되었다.

Ⅱ. 법정허락의 유형

1. 저작재산권자 불명의 경우

(1) 의 의

누구든지 대통령령이 정하는 기준에 해당하는 상당한 노력을 기울였어도 공표된 저작물(외국인의 저작물은 제외한다)의 저작재산권자나 그의 거소를 알 수 없어 그 저작물의 이용허락을 받을 수 없는 경우에는 대통령령이 정하는 바에 따라 문화체육관광부장관의 승인을 얻은 후 문화체육관광부장관이 정하는 기준에 의한 보상금을 공탁하고 이를 이용할 수 있다(제50조 제1항). §15-2

(2) 요 건

(가) 저작물의 종류

공표된 저작물이기만 하면 그 종류는 묻지 아니한다. 다만 외국인의 저작물은 제외된다. 요건 중의 하나인 '저작권자를 찾는 상당한 노력'의 절차가 국내 절차 위주로 되어 있는 관계로 자칫 국제협약의 위반 소지가 발생할 수 있다는 것을 고려하여 2006년 개정법에서 법정허락의 대상에서 외국인의 저작물을 제외하는 규정을 둔 것이다. §15-3

(나) 저작재산권자 불명

위에서 인용한 제50조 제1항에서 규정하고 있는 바와 같이 "대통령령이 정하는 기준에 해당하는 상당한 노력을 기울였어도 저작재산권자나 그의 거소를 알 수 없어 그 저작물의 이용허락을 받을 수 없는 경우"일 것을 요한다. §15-4

이 규정에서 정한 저작재산권자 불명 사유의 유형을 분류해 보면, ① 저작자가 불명인 경우,[1] ② 저작자명은 알지만 그 유족 등의 저작재산권자가 불명인 경우, ③ 저작재산권자가 분명하다고 해도 그의 거소를 알 수 없는 경우 등으로 나눌 수 있는데, 이들 세 가지 경우가 모두 본조 사유에 해당할 수 있다. 다만, 저작자라고 칭하는 사람이 2인이어서 그 2인 중 누가 저작자인지가 분명하지 않다는 것만으로는 본조에서 말하는 저작재산권자 불명에 해당한다고 보기 어렵다.[2]

그런데 이러한 저작재산권자 불명 사유를 너무 쉽게 인정하게 되면, 저작재산권자의 보호에 큰 흠결이 발생할 수 있으므로 법은 "대통령령이 정하는 기준에 해당하는 상당한 노력을 기울였어도 알 수 없는 경우"일 것을 요구하고 있다. '대통령령이 정하는 기준에 해당하는'이라는 부분은 원래 없었던 것을 조금이라도 명확한 기준을 제시하여 법정허락 이용을 활성화하고자 하는 취지에서 2000년 개정법에서 삽입된 문구이다.

'대통령령이 정하는 기준'에 대하여는 저작권법 시행령 제18조 제 1 항에서 ① 법 제55조 제 3 항에 따른 저작권등록부의 열람 또는 그 사본의 교부 신청을 통하여 해당 저작물의 저작재산권자나 그의 거소를 조회할 것, ② 해당 저작물 등을 취급하는 저작권신탁관리업자(해당 저작물이 속하는 분야의 저작물을 취급하는 저작권신탁관리업자가 없는 경우에는 법 제105조 제 1 항에 따른 저작권 대리 중개업자 또는 해당 저작물에 대한 이용을 허락받은 사실이 있는 이용자 중 2명 이상)에게 저작재산권자의 성명 또는 명칭, 주소 또는 거소를 조회하여 확정일자 있는 문서를 보냈으나 이를 알 수 없다는 회신을 받거나 또는 문서를 발송한 날부터 1개월이 지났는데도 회신이 없을 것 및 ③ 「신문 등의 진흥에 관한 법률」 제12조 제 1 항에 따라 등록한 전국을 보급지역으로 하여 발행되는 일간신문 또는 문화체육관광부와 법 제112조에 따른 한국저작권위원회의 인터넷홈페이지에 문화체육관광부령으로 정하는 바에 따라 제 1 호에 따른 조회사항 등을 공고한 날부터 10일이 지났을 것 등의 세 요건을 동시에 충족하여야 하는 것으로 규정하고 있다.

---

1 저작자가 불명인 경우에는 공동저작자 중 1인이 불명인 경우도 포함되는 것으로 보아야 할 것인지 여부가 문제될 수 있다. 이 문제에 대한 학설이나 판례를 찾을 수 없으나, 저자의 사견으로는 공동저작자 1인이 불명(거소 불명 등)인 경우에도 제50조 1항에 의한 법정허락 신청을 할 수 있는 것으로 보아야 할 것으로 본다. 즉, 저작권법상의 법정허락 제도의 취지에 비추어 거소 등 불명인 공동저작자 1인의 허락을 받지 못하여 이용을 할 수 없는 경우에 그 이용자로서는 먼저 나머지 공동저작자들의 허락을 받은 후, 저작권법 제50조에 따른 법정허락으로 문화체육관광부장관의 승인을 받기 위한 절차를 밟을 수 있고, 그에 의한 승인을 받아 보상금을 지급한 경우에는 이용자가 그 공동저작자로부터 이용허락을 받은 것과 동일한 법적 효과가 부여되는 것으로 봄이 타당하다고 생각한다. 저작권법 제48조 제 1 항에 의하면 공동저작물에 대한 권리행사는 전원합의에 의하여 하도록 되어 있지만(§9-18), 위와 같은 과정을 모두 거치고 나면 법적으로 '전원합의'에 의하여 행사된 것과 동일하게 취급할 수 있을 것으로 생각되고, 위 법정허락의 효력도 부정할 수 없을 것이므로, 그 이용자는 법적으로 저작재산권 침해의 책임을 지지 않고 적법하게 해당 저작물을 이용할 수 있을 것이라 생각한다. 한국저작권위원회에서는 위와 같은 경우에 법정허락 신청이 들어오면, 다른 요건을 갖추고 있는 경우에 먼저 다른 공유자로부터 이용허락을 받도록 하여 그것을 확인한 다음 일반적인 경우와 동일하게 절차를 진행해 나가면 될 것으로 생각된다(저자의 사견임).
2 加戸守行, 전게서, 401면 참조.

한편, 저작권법 시행령 제18조 제 2 항은 "법 제50조에 따라 이용하려는 저작물이 법 제25조 제 8 항(법 제31조 제 6 항에서 준용하는 경우를 포함한다)에 따른 보상금 분배 공고를 한 날부터 3년이 경과한 미분배 보상금 관련 저작물, 그 밖에 저작재산권자나 그의 거소가 명확하지 않은 저작물에 해당하고 문화체육관광부장관이 그 저작물에 대하여 다음 각 호의 모든 노력을 한 경우에는 제 1 항 각 호의 상당한 노력의 모든 요건을 충족한 것으로 본다"고 규정하고 있다.

1) 법 제55조에 따른 저작권등록부를 통한 해당 저작물의 저작재산권자나 그의 거소의 조회 (제 1 호)

2) 제52조 제 3 항에 따라 저작권위탁관리업자가 보고한 사항을 통한 해당 저작물의 저작재산권자나 그의 거소의 조회(제 2 호)

3) 권리자 찾기 정보시스템에 저작재산권자나 그의 거소 등 문화체육관광부령으로 정하는 사항을 공고한 날부터 3개월 이상이 지났을 것

저작권법 시행령의 위와 같은 규정은 문화체육관광부장관이 권리자가 불명인 저작물 등의 권리자를 찾기 위한 권리자 찾기 정보시스템을 구축운영할 수 있도록 하는 규정(제73조 제 1 항 제 6 호 및 같은 조 제 2 항) 등과 함께 2012. 4. 12.자 시행령 개정을 통해 신설된 규정으로서, 정부의 적극적 노력을 통해 이른바 고아저작물(orphan works) 문제를 해결하기 위한 제도개선책이 반영된 것이라 할 수 있다. 그러나 고아저작물 문제의 보다 근본적인 해법은 확대된 집중관리제도(§25-33)의 도입에서 찾아야 할 것으로 생각된다.

위 규정에 따라 법정허락된 저작물이 다시 법정허락의 대상이 되는 때에는 위와 같은 기준에 의한 상당한 노력의 절차를 생략할 수 있다. 다만, 그 저작물에 대한 법정허락의 승인 이전에 저작재산권자가 대통령령이 정하는 절차에 따라 이의를 제기하는 때에는 그러하지 아니하다(법 제50조 제 3 항). 이미 법정허락된 저작물은 시간이 지나더라도 저작권자가 나타날 개연성이 적고, 저작권자를 찾기 위한 똑같은 절차를 반복하는 것은 과도한 시간과 비용만 초래한다는 점을 감안하여 한번 법정허락이 승인된 저작물에 대하여 다시 법정허락의 신청이 이루어지는 때에는 상당한 노력 절차를 생략하고, 대신에 만일의 경우를 대비하여 저작권자가 이의를 제기할 수 있도록 기회를 주고 그에 따른 절차를 대통령령에서 정하도록 한 것이다.

(다) 문화체육관광부 장관의 승인 및 보상금 공탁

위와 같은 요건을 갖춘 경우에도 바로 저작물을 이용할 수 있는 것이 아니라 문화체육관광부의 승인을 받고 문화체육관광부장관이 정하는 기준에 의한 보상금을 공탁하는 등의 절차를 밟은 후에라야 저작물을 이용할 수 있다. 문화체육관광부장관의 승인 및 보상금 공탁 등의 절차는 저

§15-5

작권법시행령에서 자세히 규정하고 있다. 문화체육관광부장관의 승인의 법적 성질은 저작권자에 갈음하여 행정청이 하는 저작물 이용허락이라고 할 것이고, 그 효과로서는 보상금의 지급을 조건으로 하는 것 외에는 저작재산권자가 하는 저작물이용허락과 완전히 동일한 효과를 발생시키는 것으로 볼 수 있다. 다만 저작재산권자의 허락에 기한 사용권은 동의가 있으면 양도할 수 있음에 반하여 문화체육관광부장관의 승인에 의한 이용권은 그 양도성이 부정되는 점 등에서 차이가 있다.1

 판 례

§15-6   ✤ 서울지방법원 1998. 12. 4. 선고 98가합2216 판결

〈사실관계〉

피고는 원고가 저작재산권을 양수한 악곡 및 가사를 그 저작자 또는 원고의 허락 없이 컴퓨터영상 가요반주기에 수록한 뒤 그 반주기기들을 판매하였다. 이에 원고가 손해배상청구소송을 제기하자 피고는 "위 악곡 및 가사를 사용할 당시에는 각 저작권자를 찾을 수 없었기 때문에 사용허락을 받을 수 없었고, 그리하여 피고는 우선 위 각 악곡 및 가사를 사용하고 난 뒤에 저작권자를 찾으면 그 때 적절한 이용료를 지급할 생각이었을 뿐 저작권자가 누구인지 알면서도 그의 승낙 없이 사용한 것은 아니라"고 주장하였다.

〈법원의 판단〉

위 악곡 및 가사의 저작권자가 누구인지 또는 그의 거소가 어디인지 알 수가 없어서 위 각 저작물의 사용허락을 받을 수 없었다고 하더라도, 피고로서는 저작권법 제47조2 제 1 항이 정한 바에 따라 문화관광부장관으로부터 승인을 얻고 문화관광부장관이 정한 보상금을 공탁하지 않고서는 그 저작물을 사용할 권한이 없다 할 것인바, 피고가 위 법조에서 정한 절차를 거치지 않았음은 피고 스스로 인정하고 있으므로, 저작권자를 찾을 수가 없어 그로부터 사용허락을 받을 수 없었다는 위와 같은 사정만으로 피고의 위 저작권침해행위의 위법성이 조각된다고 할 수 없다.

(3) 효   과

§15-7   위 요건을 모두 갖춘 경우에 그 절차를 마친 이용자는 저작재산권자로부터 이용허락을 받은 것과 마찬가지로 저작물을 이용할 수 있다. 또한 본 조항의 경우에는 다른 경우와는 달리 저작물을 어떻게 이용하려고 하는지는 묻지 않는다. 즉, 복제, 배포하려 하든 공연, 방송, 전시하려 하든 또는 번역, 개작 등을 하려 하든 모두 다 이 조항에 의한 이용이 가능한 것이다.3

---

1 加戸守行, 전게서, 401면.
2 현행법 제50조.
3 장인숙, 전게서, 136면.

다만, 이 조항에 의하여 저작물을 이용하는 자는 문화체육관광부장관의 승인을 얻었다는 것과 그 연월일을 적절하게 표시하여야 한다(제50조 제 2 항). 문화체육관광부장관은 대통령령이 정하는 바에 따라 법정허락 내용을 정보통신망에 게시하여야 한다(같은 조 제 4 항).

2. 공표된 저작물의 방송

(1) 의   의

저작권법 제51조는 "공표된 저작물을 공익상 필요에 의하여 방송하고자 하는 방송사업자가 §15-8
그 저작재산권자와 협의하였으나 협의가 성립되지 아니하는 경우에는 대통령령이 정하는 바에 따라 문화체육관광부장관의 승인을 얻은 후 문화체육관광부장관이 정하는 기준에 의한 보상금을 당해 저작재산권자에게 지급하거나 공탁하고 이를 방송할 수 있다"고 규정하고 있다.

방송이 수행해야 할 공공적 기능을 원활하게 발휘할 수 있도록 저작재산권자 측의 권리남용을 억제하기 위한 취지에 기한 규정이라고 할 수 있다.[1]

(2) 요   건

(가) 공표('공표'의 의의에 대하여는 §12-3 참조)된 저작물이어야 한다. §15-9

(나) 공익상 필요에 의하여 방송하고자 하는 경우여야 한다. 따라서 특별히 공익성을 인정받을 만한 사유를 소명하여야 승인을 받을 수 있을 것이다.

(다) 저작재산권자와 협의하였으나 협의가 성립하지 않은 경우여야 한다. 협의가 개시되었으나 협의가 성립하지 않은 경우뿐만 아니라 허락을 얻을 목적으로 협의를 시도하였으나 저작재산권자 측에서 협의 자체를 거부한 경우도 이 요건을 충족하는 것으로 보아야 할 것이다. 협의의 상대방인 저작재산권자가 불명이어서 협의를 할 수 없는 경우는 포함되지 않으므로 그 때에는 비록 공표된 저작물을 공익상 필요에 따라 방송하고자 하는 경우에도 본조의 적용을 받을 수는 없고 제50조의 적용을 받아야 할 것이다.

(라) 문화체육관광부장관의 승인과 보상금의 지급 또는 공탁 등 절차를 거쳐야 한다.

---

1 그러나 지금까지 이 조항에 의해 승인된 사례가 한 번도 없어 단순히 이론적·상징적인 의미만 가지고 있다는 견해가 있다(정상조 편, 저작권법 주해(하상익 집필부분), 박영사, 2007, 695면). 종합유선방송사업자의 지상파 재송신과 관련된 분쟁에 대한 가처분 사건에서 서울고등법원 2011. 6. 2.자 2010라109 결정은 저작권법 제51조에 의한 법정허락제도의 공익적 취지에 비추어 신청인의 재송신금지청구는 그 보전의 필요성이 없다고 하는 피신청인의 주장에 대하여, "저작권법 제51조는 공표된 저작물의 공익상 필요에 의한 방송에 관하여 법정허락제도를 규정하고 있다. 그러나 이 사건 방송의 재송신이 위 조항에서 정한 법정허락제도의 대상이라거나 피신청인이 위 법정허락에 필요한 절차를 일부라도 이행하였다는 점을 인정할 자료가 없다. 또한 단순히 위 법정허락제도가 존재한다는 사정은 이 사건 가처분에 관한 보전의 필요성을 부인할 사유가 될 수 없다."라고 설시하였다.

(3) 효   과

§15-10   허용되는 이용행위는 원작 그대로의 방송에 한하는 것이 원칙이겠으나 저작물의 본질적인 내용을 변경하지 않는 범위 내에서 방송에 적합하게 하기 위하여 부득이한 수정을 가하는 것은 용인된다고 보아야 할 것이다.1

3. 상업용 음반의 제작

(1) 의   의

§15-11   저작권법 제52조는 "상업용 음반이 우리나라에서 처음으로 판매되어 3년이 경과한 경우 그 음반에 녹음된 저작물을 녹음하여 다른 상업용 음반을 제작하고자 하는 자가 그 저작재산권자와 협의하였으나 협의가 성립되지 아니하는 때에는 대통령령이 정하는 바에 따라 문화체육관광부장관의 승인을 얻은 후 문화체육관광부장관이 정하는 기준에 의한 보상금을 당해 저작재산권자에게 지급하거나 공탁하고 다른 상업용 음반을 제작할 수 있다"고 규정하고 있다.

이는 전속계약에 의한 특정 음반회사 등의 복제권 등의 독점을 배제함으로써 음악의 유통을 촉진하고 음악문화의 향상에 기여하고자 하는 취지에 기한 규정이다.

여기서 상업용 음반의 제작으로 결국 음악저작물의 복제가 허용되게 된 셈인데, 이러한 법정허락의 대상이 되는 음악저작물에는 가사와 악곡이 모두 포함된다. 다만 뮤지컬이나 오페라와 같은 '악극적 저작물'을 녹음하여 상업용 음반에 복제하는 것은 본조에 의한 승인 대상이 아니라고 보아야 한다. 그러한 악극적 저작물의 경우 음악저작물로서의 성격을 동시에 가지는 가사뿐만 아니라 어문저작물로서의 성질만을 가지는 각본이 동시에 복제되게 되므로 음악저작물에 대하여 법정허락을 인정하고자 한 본조의 입법취지를 넘어서서 각본작가의 어문저작물에 대한 권리까지 제한하는 면이 있기 때문이다. 다만 서곡, 아리아 또는 간주곡과 같이 그 일부분에만 착목하면 일반 음악저작물과 동일하게 볼 수 있는 것에 대하여 그 일부분씩만 이용하는 경우에는 본조에 의한 법정허락 대상이 될 수 있는 것으로 볼 수 있다.2

(2) 요   건

§15-12   (가) 우리나라에서 처음으로 판매된 '상업용 음반'이어야 한다('상업용 음반'의 의미에 대해서는 §14-111-5 참조). 따라서 최초로 외국에서 판매된 상업용 음반의 원반을 수입하여 국내에서 리프린트하여 판매할 경우에는 본조의 적용이 없다. 그러나 음악저작물이 이미 외국의 상업용 음반으로 녹음되어 시판중인 경우에도, 우리나라에서 다른 가수, 밴드 등에 의하여 새로 제작한 상업용 음

---

1 장인숙, 전게서, 137면.
2 加戸守行, 전게서, 406~407면 참조.

반을 작성하여 판매한 경우에는 본조의 적용대상이 된다.

(나) 음반이 판매된 지 3년이 경과하여야 한다. 이는 기존 음반 제작자의 투자회수 기간으로 보장하기 위해 두어진 요건이다.

(다) 새로이 제작하고자 하는 음반도 상업용 음반이어야 한다. 따라서 비매품을 제작하고자 할 경우에는 본조의 적용을 받을 수 없다.

(라) 새로이 제작하고자 하는 자가 저작재산권자와 협의하였으나 협의가 성립하지 아니한 경우여야 한다. 저작자가 아니라 저작재산권자가 협의 상대방인 것에 유의할 필요가 있다.

(마) 문화체육관광부장관의 승인과 보상금의 지급 또는 공탁 등 절차를 거쳐야 한다.

제6절 저작재산권의 보호기간

I. 서 설

1. 보호기간 한정의 이유

저작재산권은 저작물의 배타적, 독점적 권리로서 소유권과 매우 유사하다. 그러나 영구적 존속을 인정하는 소유권과 달리 저작재산권은 대부분의 국가들에서 일정한 보호기간에 한하여 보호하는 입장을 채택함으로써 일정한 기간이 지나면 소멸하여 저작물이 공중의 영역(public domain)으로 들어가도록 하고 있다. 이를 저작재산권의 '시적 한계(時的 限界)'라고 한다. 만약 저작재산권이 소유권과 마찬가지로 영구적으로 존속하는 권리로 규정되게 되면, 저작권자의 허락이 없으면 영구히 그 저작물을 이용할 수 없게 되어 문화의 발전에 큰 지장을 초래하게 될 것이다. 저작자라고 하여도 완전한 무에서 유를 만들어내는 것은 불가능하고 저작물의 작성에 있어서는 어떤 형태로든 선인의 문화적 유산을 섭취하여 이를 이용하지 않을 수 없는 것이므로 완성된 저작물을 영구히 사유물(私有物)로 하는 것은 바람직하지 않은 것이라 할 수 있다. 그것이 저작재산권의 '시적 한계(時的 限界)'를 인정하는 근거이다. 그러나 한편으로 보호기간이 너무 짧을 때에는 저작자가 누리는 이익이 너무 적게 되어 저작자의 창작활동에 대해 충분한 보상을 줄 수 없게 될 것이다. 그렇게 되면 사람들이 창작의 의욕을 잃게 되어 역시 문화발전을 저해하게 될 것이다. 따라서 정책적으로 보호기간을 결정함에 있어서는 너무 길지도 너무 짧지도 않는 범위 내에서 저작물의 자유이용을 바라는 공중의 이익과 창작활동에 대한 충분한 보상을 기대하는 저작자의 이익의 조화

점을 찾기 위해 노력하여야 한다.1

2. 기간산정의 원칙

보호기간의 산정에 관하여는 다음의 두 가지 기준 내지 원칙이 있다.

(1) 사망시기산주의

§16-2   저작자의 사망시를 기준으로 하여 보호기간의 계산을 행하는 원칙을 말한다. 저작권의 발생에 아무런 방식이나 절차를 요하지 아니하는 무방식주의에 의하면 저작권의 보호기간은 저작물 작성시부터 바로 진행되는 것이므로 '사망시기산(死亡時起算)'이라고 하여도 보호기간의 기산점을 사망시(死亡時)로 보는 것이 아니라 보호기간의 종기를 결정함에 있어서 저작자의 사망시를 기준으로 하여 그로부터 일정한 기간 이후로 보는 것을 말한다. 뒤에서 보는 바와 같이 우리 저작권법은 원칙적으로 사망시로부터 50년(2013. 7. 1부터는 70년)이 지난 시점을 보호기간의 종기로 보는 사망시기산주의를 채택하고 있다.

(2) 공표시기산주의

§16-3   저작물의 공표시를 기준으로 하여 보호기간의 계산을 행하는 원칙을 말한다. (1)의 경우와 마찬가지로 보호기간의 시기(始期)가 아니라 종기(終期)를 결정하는 기준시점을 저작물의 공표시로 한 취지이다. 뒤에서 보는 바와 같이 우리 저작권법은 무명 또는 이명저작물, 업무상저작물, 영상저작물 등 몇 가지 예외적인 경우에 공표시로부터 50년(2013. 7. 1부터는 70년)이 지난 시점을 보호기간의 종기(終期)로 보는 공표시기산주의를 채택하고 있다.

3. 미국의 소니보노법·한·미 FTA, 한·EU FTA 및 2011년 개정법

(1) 미국법상 저작권 보호기간의 연장과정

§16-4   1790년의 최초 저작권법은 보호기간을 14년으로 하고 저작권자의 신청에 따라 14년간 갱신될 수 있도록 규정하였다. 이후 1831년의 개정에 의하여 최초 보호기간이 28년으로 연장되었고 1909년의 개정에 의하여 갱신기간이 28년으로 연장됨으로써 저작권 보호기간은 최초 보호기간 28년 및 신청에 의한 갱신기간 28년을 합하여 56년으로 되었다. 그 후 1978. 1. 1. 발효된 1976년 저작권법은 1977년 이후의 저작물에 대하여 갱신의무를 삭제하고 1978년 이전의 저작물에 대하여는 보호기간의 갱신기간을 47년으로 규정함으로써 총 저작권 보호기간을 75년(최초 보호기간 28년 및 갱신기간 47년)으로 연장하였다. 또한 1977년 이후의 저작물에 대하여는 저작권 보호기간

---

1 半田正夫, 전게서, 177면 참조.

을 일률적으로 개인 저작물의 경우 저작자 생존중 및 사후 50년, 직무저작물의 경우 창작 후 75년으로 규정하였다.1

(2) 소니보노법의 성립과 그 내용

1998. 10. 7. 이른바 '소니보노법'(소니보노 저작권기간 연장법; Sonny Bono Copyright Term Extension Act)2이 미국 의회 상하원을 통과하고 10월 27일 클린턴 대통령이 법안에 서명함으로써 10월 28일 발효되었다. 현행 미국 저작권법 제302조에 반영되어 있는 이 개정법의 내용은 다음과 같다.   §16-5

(가) 1978. 1. 1. 이후에 창작된 저작물

개인저작물의 경우 저작자 생존중 및 사망 후 70년간 보호된다. 공동저작물의 경우에는 최후로 사망한 공동저작자의 사망일로부터 70년간 보호된다. 익명이나 가명 저작물 및 직무저작물의 경우에는 최초 공표일로부터 95년간 또는 창작일로부터 120년간 중 먼저 도래하는 날짜에 저작권이 만료한다.

(나) 1978. 1. 1. 이전에 창작되었으나 공표되거나 등록되지 아니한 저작물

저작자 생존중 및 사망 후 70년간 보호되나 어떠한 경우에도 2002년 12월 31일 이전에 만료되지 아니한다. 저작물이 2002. 12. 31. 이전에 공표된 경우에는 2047. 12. 31. 전에 만료되지 아니한다.

(다) 1978. 1. 1. 이전에 창작되어 아직 최초 보호기간 또는 연장 보호기간 내에 있는 저작물

총 보호기간이 최초로 저작권이 확보된 날로부터 95년간이 되도록 연장하여 존속한다.

2003년 1월 15일 미국 연방 대법원은 위 소니보노법이 연방헌법의 저작권관련 조항 및 수정조항 제 1 조(First Amendment)에 위배되지 않는다는 합헌판결을 내렸다.3

(3) 한·미 FTA의 합의내용

한·미 FTA의 합의 내용 중에는 저작권과 관련한 중요한 사항들이 포함되어 있다. 그 중 하나가 저작재산권 보호기간을 각각 현재의 사망 후(또는 공표 후) 50년에서 70년으로 연장하기로 한 것이다.4 다만 소급효는 없으며 2년간의 유예기간도 보장받았다. 이것은 미국이 위와 같이 소니   §16-6

---

1 양영준, "미국 저작권 보호기간 연장법 합헌 판결(Eldred v. Ashcroft)에 대한 소고," 계간 저작권 2003년 봄호(제61호), 2003, 23면 참조.

2 법안 제안자인 Sonny Bono의 이름을 따서 이와 같은 공식명칭을 가지게 되었으나 이 법안에 반대하는 진영에서는 월트디즈니사가 미키마우스를 비롯한 자사 캐릭터들의 저작권 보호기간을 연장하기 위하여 이 법안의 통과를 적극 후원하였다는 이유로 일명 미키마우스법으로 불러야 할 것이라고 비난하기도 한다. 양영준, 전게논문, 22면 참조.

3 Eldred v. Ashcroft, 자세한 것은 양영준, 전게논문 참조.

4 현재 발표된 협정문을 보면, 제18.4조 4에 다음과 같이 규정하고 있다.
　각 당사국은 저작물(사진저작물을 포함한다)·실연 또는 음반의 보호기간을 산정하는 경우, 다음을 규정한다.

보노법으로 그 보호기간을 20년 연장한 것에 기하여 다른 나라와의 FTA에서 일관되게 요구해온 사항이 약간의 절충하에 반영된 것이다.

(4) 한·EU FTA의 합의내용과 그 이행을 위한 저작권법 개정

§16-7 한·미 FTA보다 나중에 체결되었지만 앞서 비준되어 2011. 7. 1. 발효된 한·EU FTA에도 저작권에 관한 중요 사항 몇 가지가 규정되었는데, 그 가운데는 역시 저작재산권의 보호기간 연장에 관한 내용이 포함되어 있다. 저작재산권 보호기간을 자연인의 경우 사후 50년에서 70년으로 연장하기로 한 것은 한·미 FTA와 동일하지만 세부적으로는 다음 표와 같이 약간의 차이가 있다.[1]

	한·미 FTA	한·EU FTA
보호기간	• 저작권 : 70년(자연인·법인) • 저작인접권 　－실연 및 음반 : 70년 　－방송 : 미규정 ※ 협정발효 2년 내 적용	• 저작권 : 70년(**자연인의 경우만**) • 저작인접권 　－**실연 및 음반 : 미규정** 　－**방송 : 첫 방영 후 50년** ※ 협정발효 2년 내 적용

위와 같은 상황에서 한·EU FTA의 이행을 위한 저작권법 개정이 먼저 이루어지게 됨으로써 2011. 6. 30. 공포된 저작권법 개정법에는 보호기간 연장에 관한 규정이 한·EU FTA의 합의사항을 중심으로 하면서 약간의 조정을 한 내용으로 들어가게 되었다. 즉, 실연자 및 음반제작자의 권리의 보호기간 연장 문제는 일단 접어두고 저작재산권의 보호기간을 저작자의 사망시를 기준으로 하든 저작물의 공표시를 기준(무명·이명저작물, 업무상저작물, 영상저작물의 보호기간 등)으로 하든 관계없이 기존 50년에서 70년으로 연장하며, 장기 미공표저작물에 관한 제39조 제1항 단서를 삭제하고, 컴퓨터프로그램저작물에 대한 저작재산권 보호기간에 대하여 영상저작물과 함께 공표시 기산주의를 취하고 있던 것을 국제관례에 따라 일반 저작물과 마찬가지로 사망시기산주의를 취하는 것으로 변경하는 등의 내용으로 개정되게 되었다. 다만 그 부칙 제1조에서 "이 법은 「대한민국과 유럽연합 및 그 회원국 간의 자유무역협정」이 발효하는 날부터 시행한다. 다만, 제39조부터 제42조까지의 개정규정은 「대한민국과 유럽연합 및 그 회원국 간의 자유무역협정」이 발효한

가. 자연인의 수명에 기초하는 경우, 그 기간은 저작자의 생존기간과 저작자의 사후 70년 이상이다. 그리고

나. 자연인의 수명 이외의 것에 기초하는 경우, 그 기간은 1) 저작물·실연 또는 음반이 최초로 허락되어 발행한 연도 말로부터 70년 이상이다. 또는 2) 저작물·실연 또는 음반의 창작으로부터 25년 이내에 승인된 발행을 하지 못한 경우, 저작물·실연 또는 음반이 창작된 연도 말로부터 70년 이상이다.

1 국회 문화체육관광방송통신위원회(수석전문위원 류환민), 저작권법 일부 개정법률안(정부 제출) 검토보고서 (2011. 3. 7.) 9면.

후 2년이 되는 날부터 시행한다"고 규정함으로써 보호기간 연장과 관련된 모든 개정규정은 한·
EU FTA 발효일인 2011. 7. 1.부터 2년이 되는 날인 2013. 7. 1.부터 시행되게 되었다. 이것은 특
정저작물에 대한 보호기간의 만료를 기대하고 출판, 영화 등 관련 사업을 준비하고 있던 업체들
이 예기치 못한 피해를 입지 않도록 한·EU FTA에서 보호기간과 관련하여 2년의 유예기간을 두
기로 합의해 둔 바에 기한 것이다.

(5) 한·미 FTA의 이행을 위한 개정법

한·EU FTA를 위한 2011. 6. 30.자 개정법의 위와 같은 내용은 저작권에 관한 한 한·미   §16-8
FTA의 합의사항도 모두 반영한 것이 되어 한·미 FTA를 위한 2011. 12. 2.자 개정에서 저작재산
권의 보호기간에 관한 추가적인 개정은 필요하지 않았다. 따라서 저작인접권 중 실연자의 권리와
음반제작자의 권리에 대하여만 그 보호기간을 50년에서 70년으로 연장하는 내용으로 개정이 이
루어지게 되었다(그 자세한 내용은 §19-72 참조).

Ⅱ. 보호기간의 원칙

1. 원   칙

저작재산권은 다른 특별한 규정이 있는 경우를 제외하고는 원칙적으로 저작자의 생존하는   §16-9
동안과 사망 후 70년간 존속한다(법 제39조 제1항 본문).

1957년에 제정된 구 저작권법은 30년의 보호기간을 인정하고 있었는데,[1] 1986년 개정시에
당시의 국제적 추세에 따라 20년 연장하여 사망시로부터 50년의 보호기간을 인정하게 되었고,
나아가 위에서 본 바와 같이 한·EU FTA 이행을 위한 2011. 6. 30. 개정으로 다시 70년으로 연장
되어 2013. 7. 1.부터 시행되게 되었다.

1986년 개정법은 부칙 제2조 제1항에서 "이 법 시행 전에 종전의 규정에 의하여 저작권의
전부 또는 일부가 소멸하였거나 보호를 받지 못한 저작물에 대하여는 그 부분에 대하여 이 법을
적용하지 아니한다"고 규정하여 이미 보호기간 만료로 저작권의 전부 또는 일부가 소멸된 저작물
은 그 부분에 대하여 연장의 혜택을 받을 수 없도록 하였다. 1986년 개정법의 시행일인 1987. 7.
1. 을 기준으로 하여 아직 구 저작권법상의 보호기간(사후 30년)이 조금이라도 남아 있었던 경우
라면 특별히 개정법에 비하여 구 저작권법에 의하여 더 긴 보호기간의 적용을 받는 경우가 아닌
한 개정법의 적용을 받게 되어[2] 원칙적으로 50년의 보호기간이 적용되게 되었다.

---

1 구 저작권법 제30조 제1항 : 발행 또는 공연한 저작물의 저작권은 저작자의 생존간 및 사후 30년간 존속한다.
2 1986년 법 부칙 제3조(저작물의 보호기간에 관한 경과조치) 이 법 시행전에 공표된 저작물로서 부칙 제2조 제1

§16-10 한편, 구 저작권법상 연주·가창·연출·음반 또는 녹음필름도 저작물로 인정되어(제2조) 사후 30년의 보호기간을 누렸다. 이들은 1986년 개정법에서는 저작인접물로 보아 20년간의 보호기간1을 적용하는 것으로 규정되었으나 개정법 부칙 제2조 제2항 제1호의 규정2에 따라 그 시행일인 1987. 7. 1. 전에 공표된 것인 경우에는 여전히 구 저작권법에 의하여 저작물로서 사후 30년간의 보호기간을 인정받게 되었다.

§16-11 2011. 6. 30. 개정 저작권법 부칙 제2조도 경과조치로서 "이 법 시행 전에 종전의 규정에 따라 저작권, 그 밖에 이 법에 따라 보호되는 권리의 전부 또는 일부가 소멸하였거나 보호를 받지 못한 저작물 등에 대하여는 그 부분에 대하여 이 법을 적용하지 아니한다"고 규정하고 있으므로 50년의 보호기간을 기준으로 하여 2013. 6. 30. 이전에 보호기간이 만료될 경우에는 그 저작재산권은 완전히 소멸하고 보호기간 연장의 혜택을 받지 못한다.

2. 장기 미공표 저작물(2013. 6. 30. 이전)

§16-12 개정 전 저작권법 제39조 제1항 단서는 위와 같은 원칙에 대한 예외로서 "다만, 저작자가 사망 후 40년이 경과하고 50년이 되기 전에 공표된 저작물의 저작재산권은 공표된 때부터 10년간 존속한다"고 규정하고 있었다. 저작자의 사망일로부터 40년이 지난 후 50년은 되기 전의 기간 동안에 저작물이 처음 공표되었을 경우에 대한 규정인데, 이 경우에 제39조 제1항 본문의 원칙을 그대로 적용하면, 10년에 미치지 못하는 짧은 기간만 저작권 보호가 주어지고 더욱이 50년이 다 되어갈 무렵에는 거의 잔존보호기간이 없어 '공표'에 따른 경제적 보상이 거의 없게 되는 문제가 있음을 감안하여 그 기간 중에 공표되더라도 최소한 공표일로부터 10년간은 저작권 보호를 부여함으로써 공표에 대한 보상을 가능하게 하기 위한 규정이다. 이 규정에 따르면, 예를 들어 저작자 사후 49년이 지난 상태에서 공표한 저작물의 저작권은 사후 59년까지 존속하는 결과가 된다.

다만 위 규정은 2011. 6. 30. 공포된 개정 저작권법에 의하여 삭제되게 되어 그 부분의 시행일인 2013. 7. 1.부터는 더 이상 적용되지 않게 되었다. 즉 장기 미공표의 저작물이라 하더라도 그 저작재산권은 저작자 사후 70년간 존속하게 되며, 더 이상 연장되지는 아니한다.

항에 해당되지 아니한 저작물의 보호기간은 다음 각호와 같다.
　1. 종전의 규정에 의한 보호기간이 이 법에 의한 보호기간보다 긴 때에는 종전의 규정에 의한다.
　2. 종전의 규정에 의한 보호기간이 이 법에 의한 보호기간보다 짧은 때에는 이 법에 의한다.
1 1986년법상 저작인접권의 보호기간은 20년이었다. 1994. 1. 7. 개정된 저작권법에서 저작인접권의 보호기간이 50년으로 연장되었는데 그 부칙 제3항에 의하여 1994년법 시행일(1994. 7. 1) 이후에 발생한 저작인접권에만 적용되는 것으로 규정하였다.
2 부칙 제2조 제2항 이 법 시행 전에 종전의 규정에 의하여 공표된 저작물로서 다음 각 호의 1에 해당하는 것은 종전의 규정에 의한다. 제1호 : 종전의 법 제2조의 규정에 의한 연주·가창·연출·음반 또는 녹음필름.

3. 공동저작물

공동저작물의 저작재산권은 맨 마지막으로 사망한 저작자의 사망 후 70년(2013. 7. 1부터는 70 §16-13
년)간 존속한다(법 제39조 제 2 항). 공동저작물은 공동저작자의 각 기여부분을 분리하여 개별적으로
이용하는 것이 불가능한 경우이므로(§9-2 참조) 공동저작자 중 1인이 먼저 사망하여 그로부터 70
년이 지났다고 하더라도 그의 기여부분만 분리하여 저작권 소멸을 인정하기가 곤란하다. 따라서
이 경우 공동저작자 중 맨 마지막으로 사망한 저작자의 사망시점을 기준으로 하여 70년의 기간
을 산정하도록 규정한 것이다.

분리이용가능성이 있는 결합저작물의 경우에는 우리 저작권법상 단독저작물의 결합에 불과
한 것으로 보고 특별한 법적 취급을 하지 않고 있으므로(§9-23 참조) 보호기간의 면에서도 각자의
저작부분을 분리하여 산정하면 된다.

한편, 2013. 6. 30. 이전까지 적용되는 장기 미공표 저작물에 관한 법 제39조 제 1 항 단서의
규정은 공동저작물의 경우에도 적용되는 것으로 보아야 할 것이다. 즉, 맨 마지막에 사망한 공동
저작자의 사망 후 40년이 경과하고 50년이 되기 전에 공표하였다면 입법취지나 다른 경우와의
균형에 비추어 볼 때 역시 위 단서규정에 따라 공표된 때로부터 10년간 존속한다고 해석하는 것
이 타당하다고 생각된다.[1]

Ⅲ. 공표시를 기준으로 하는 저작물

1. 무명 또는 이명저작물

(1) 원   칙

무명 또는 널리 알려지지 아니한 이명이 표시된 저작물의 저작재산권은 공표된 때부터 70년 §16-14
간 존속한다(법 제40조 제 1 항 본문).

무명 또는 널리 알려지지 아니한 이명이 표시된 저작물은 저작자의 사망시점을 객관적으로
확정하기 어려워 사망시 기산주의에 입각한 법 제39조 제 1 항의 원칙을 적용하지 못하고 독일,
프랑스, 일본 등의 대부분의 입법례에 따라 공표시기산주의(§16-3)를 취한 것이다.

---

1 同旨 장인숙, 전게서, 110면. 황적인·정순희·최현호, 전게서, 308면은 공동저작물의 경우에도 제39조 제 1 항 단서의
규정이 적용되도록 함이 타당한데, 공동저작물에 대한 규정을 제 2 항에 따로 두어 그러한 해석이 어렵게 되었다는 전
제하에 규정체계상의 문제점을 입법론적으로 지적하고 있으나, 해석론으로서도 위와 같은 해석이 불가능한 것은 아니
라고 생각된다.

그런데, 법 제40조 제 1 항 단서는 "다만, 이 기간 내에 저작자가 사망한지 70년이 경과하였다고 인정할 만한 정당한 사유가 발생한 경우에는 그 저작재산권은 저작자 사망 후 70년이 경과하였다고 인정되는 때에 소멸한 것으로 본다"고 규정하고 있다. 원래는 이 단서규정이 없었는데, 그 점에 대하여 저작자 사망 후에 무명 또는 이명으로 공표하면 제40조 제 1 항에 따라 공표일로부터 70년간 보호되고, 실명으로 공표하면 제39조 제 1 항의 원칙 규정에 따라 사망 후 70년간만 보호되므로 균형이 맞지 않고 악용할 소지가 있다는 취지의 비판이 제기된 바 있다.[1] 이러한 점을 감안하여 1995. 12. 6. 저작권법 개정시에 일본 저작권법 제52조 제 1 호를 본받아 새로 위 단서규정을 추가한 것이다.

(2) 예   외

§16-15   무명 또는 널리 알려지지 아니한 이명이 표시된 저작물이라 하더라도 ① 공표 후 70년 이내에 저작자의 실명 또는 널리 알려진 이명이 밝혀진 경우 또는 ② 공표 후 70년 이내에 저작권법 제53조 제 1 항의 규정에 따른 저작자의 실명등록이 있는 경우에는 법 제40조 제 1 항의 규정은 적용되지 아니한다.

무명 또는 널리 알려지지 않은 이명이 표시된 저작물의 경우라 하더라도 그 보호기간 중에 저작자가 확인이 되고 따라서 그 사망시점이 확인될 수 있게 된 경우에는 보호기간의 원칙으로 돌아가야 한다는 것이 위 규정의 취지이다. 따라서 위 두 가지의 경우 중 하나에 해당하는 때에는 법 제39조의 원칙으로 돌아가 저작자 생존시 및 사망 후 70년의 기간 동안 저작권 보호를 받게 된다.

2. 업무상저작물

§16-16   업무상저작물의 저작재산권은 공표한 때부터 70년간 존속한다. 다만, 창작한 때부터 50년 이내에 공표되지 아니한 경우에는 창작한 때부터 70년간 존속한다(법 제41조).

업무상저작물의 경우는 법인 기타 단체가 저작자인 경우가 많아 사망시기산주의(§16-2)의 원칙을 그대로 적용할 수 없으므로 공표시기산주의(§16-3)를 취한 것이다. 법인 기타 단체의 경우에도 자연인의 사망과 유사한 해산 기타 소멸의 시점을 기준으로 할 수 있지 않을까 하는 생각이 있을 수 있으나 그것을 기준으로 하게 되면, 법인 등이 오래도록 해산하지 않을 경우 자연인의 저작물보다 지나치게 오래 보호를 받는 불합리가 생길 수 있기 때문에 적절하지 않다.

예외적으로 '창작시 기산주의'를 취한 위 단서규정은, 법인 등이 업무상저작물을 작성한 후 공표하지 않고 두면 아무리 오랜 세월이 흘러도 계속 저작재산권을 주장할 수 있게 되는 문제가

---

1 황적인·정순희·최현호, 전게서, 308면 참조.

발생하게 됨을 감안하여 그러한 지나친 장기 보호를 지양하고 공표를 유도하기 위한 취지로 규정된 것이다.

법 제41조가 '업무상저작물'이라고만 규정하고 있으나 그 의미는 단순히 법 제 2 조 제31호의 '업무상저작물'의 정의에 해당하는 것을 의미하는 것이 아니라 더 나아가 법 제 9 조의 요건을 갖추어 법인·단체 그 밖의 사용자를 저작자로 보게 되는 경우를 뜻하는 것으로 봄이 타당하다는 것은 본서의 '업무상저작물'에 대한 설명 부분에서 살펴본 바(§10-32)와 같다(반대 견해 있음).

3. 영상저작물

영상저작물의 저작재산권은 공표한 때부터 70년간 존속한다. 다만, 창작한 때부터 50년 이내에 공표되지 아니한 경우에는 창작한 때부터 70년간 존속한다(법 제42조). 영상저작물의 경우 그 작성 과정에 여러 사람의 창작적 관여가 있는 경우가 많아 저작자가 누구인지 확정하기 어렵다는 점에서 사망시기산주의의 원칙을 따르기가 적합하지 않은 면이 있으므로 업무상저작물의 경우와 마찬가지로 공표시기산주의를 취한 것이다. 단서규정의 취지도 업무상저작물의 경우와 마찬가지이다. §16-17

이 규정은 영상저작물에 한하여 적용되는 것이므로 영상저작물에 사용된 소설, 각본 등의 어문저작물, 미술저작물 및 음악저작물 등에 대하여는 업무상 저작물이 아닌 한 모두 제39조의 원칙규정이 적용된다.

4. 컴퓨터프로그램저작물(2013. 6. 30. 이전)

컴퓨터프로그램저작물(이하 '프로그램'이라 한다)에 대하여는 구 컴퓨터프로그램보호법에서부터 사망시기산주의가 아니라 공표시기산주의를 취하고 있었고, 동법과 저작권법을 통합한 2009. 4. 22. 개정 저작권법도 그 입장을 그대로 수용하여 제42조에서 영상저작물과 함께 공표시기산주의를 적용받도록 규정하였다. 이러한 규정에 대하여는 국제 기준에 부합하지 않는 문제점이 있어 한·EU FTA의 이행을 위한 2011. 6. 30. 개정 저작권법에서는 제42조 중 프로그램 관련 부분을 삭제하는 것으로 개정함으로써 프로그램에 대하여도 일반저작물과 동일하게 사망시기산주의를 취하도록 하였다. 따라서 프로그램에 대하여 업무상저작물 등에 해당하는지 여부를 불문하고 일률적으로 영상저작물과 동일하게 공표시로부터 50년(창작시로부터 50년간 미공표시에는 창작시로부터 50년)의 보호기간만 인정하는 규정은 개정법이 시행되기 전인 2013. 6. 13.까지만 적용되게 되고, 그 이후에는 일반저작물과 같이 취급되어 업무상저작물 등이 아닌 한 저작자 사망시로부터 70년간의 보호기간이 인정되게 되었다. §16-18

Ⅳ. 계속적 저작물의 공표시기

1. 의   의

§16-19   우리 저작권법은 위에서 본 바와 같이 공표시기를 기준으로 하여 보호기간을 산정하는 몇 가지 특칙 규정을 가지고 있으므로 공표시점이 언제인지가 매우 중요한 의미를 가지게 된다.

이러한 공표시점을 확정하는 면에서 특별한 고려가 필요한 것이 계속적 저작물의 경우이다. 계속적 저작물이란 신문 연재소설 등의 경우와 같이 계속적으로 발행 또는 공표되는 저작물을 말하며, 1회의 발행이나 공표로 종료되는 저작물인 '일회적 저작물'과 대조를 이루는 개념이다.

계속적 저작물의 공표시기와 관련하여 저작권법 제43조 제 1 항은 "제39조 제 1 항 단서(2013. 6. 30. 이전까지만 적용)·제40조 제 1 항 또는 제41조의 규정에 따른 공표시기는 책·호 또는 회 등으로 공표하는 저작물의 경우에는 매책·매호 또는 매회 등의 공표시로 하고, 일부분씩 순차적으로 공표하여 완성하는 저작물의 경우에는 최종부분의 공표시로 한다"고 규정하고 있고, 그 제 2 항은 "일부분씩 순차적으로 공표하여 전부를 완성하는 저작물의 계속되어야 할 부분이 최근의 공표시기부터 3년이 경과되어도 공표되지 아니하는 경우에는 이미 공표된 맨 뒤의 부분을 제 1 항의 규정에 따른 최종부분으로 본다"고 규정하고 있다.

이 규정에 의하면 저작권법은 계속적 저작물을 두 가지의 경우로 나누어 서로 다른 법적 취급을 하고 있음을 알 수 있다. 강학상 그 두 경우를 단순한 '축차저작물'과 '순차저작물'이라는 용어로 구분할 수 있다.

2. 축차저작물

§16-20   순차저작물과 구별되는 의미에서의 축차저작물이라 함은 책, 호 또는 회 등으로 번호를 붙여 계속적으로 공표되는 저작물 중 그 때마다 주제나 줄거리가 완결되는 저작물을 의미한다. 예를 들어 일간, 주간, 월간, 계간 등의 신문이나 잡지 등 편집저작물 자체, 신문, 잡지의 연재 칼럼 또는 TV드라마 중에서 예를 들어 '대추나무 사랑 걸렸네'와 같이 같은 이름하에 매회 서로 다른 주제와 스토리로 방영하는 것 등이 그러한 예에 해당한다.

이 경우에는 법 제43조 제 1 항 전단의 규정에 따라 그 공표시기를 매책·매호 또는 매회 등의 공표시로 하여 공표시기산주의가 적용되는 경우에 이를 기준으로 하여 저작권 보호기간을 산정하게 된다. 즉 이 경우는 각각 독립된 저작물로 보는 것이다.

3. 순차저작물

순차저작물이라 함은 계속적 저작물 중 일부분씩 순차로 공표하여 최종회로서 완성되는 저 §16-21
작물을 말한다. 예를 들면, 신문의 연재소설이나 스토리가 계속 연결되어 마지막 회로써 완결되
는 대부분의 TV연속극 등이 이에 속한다. 이때에는 법 제43조 제 1 항 후단 규정에 따라 그 공표
시기를 '최종부분'의 공표시로 본다.

다만 순차저작물의 계속되어야 할 부분이 최근의 공표시기로부터 3년이 경과되어도 공표되
지 아니하는 경우에는 이미 공표된 맨 뒤의 부분을 위 규정에 따른 '최종부분'으로 본다(제 2 항).
예를 들어 신문 연재소설이 50회까지 진행되다가 어떤 이유로 중단된 후 3년이 지나도록 연재를
재개하지 않을 경우에는 그 50회의 부분이 내용적으로 완결되지는 않았더라도 최종부분이라고
보아 그 발행시점을 공표시로 본다는 취지이다. 이 규정은 순차저작물에 있어서 각 부분의 공표
시기가 시간적으로 지나치게 큰 간격이 있을 때 발생하는 문제를 해소하기 위한 것이다. 이 규정
이 없다면 예컨대 최종부분을 계속 발표하지 않으면 그 이전의 부분은 영구히 보호된다는 결과가
된다.[1]

위와 같이 순차저작물에 대하여는 저작권 보호기간의 산정과 관련하여 공표시기를 최종부분
의 공표시로 보는 규정을 두고 있는데, 이러한 규정이 저작인격권 중 공표권에 대한 판단에도 영
향을 미치는지에 대하여 의문이 있을 수 있다. 그러나 이 규정은 저작권 보호기간 산정을 위한
규정일 뿐이고, 공표권에 특별한 영향을 미치는 규정으로 볼 것은 아니다. 즉, 신문 연재소설이
5회까지 연재된 경우에 아직 공표되지 않은 6회 이후 부분에 대한 공표권은 여전히 저작자가 가
지는 것이고, 그 반면에 이미 공표된 5회까지의 부분에 대하여는 한번 공표가 된 이상 공표권이
소멸되는 것으로 보아야 할 것이다. 최종부분이 공표되지 않았다는 이유로 아직 공표가 전혀 이
루어지지 않은 것으로 취급할 것은 아니다.

V. 보호기간의 계산

저작권법 제44조는 "저작재산권의 보호기간을 계산하는 경우에는 저작자가 사망하거나 저작 §16-22
물을 창작 또는 공표한 다음 해부터 기산한다"고 규정하고 있다.

위에서 본 바와 같이 저작재산권 보호기간을 산정하는 기준 시점은 저작자의 사망시, 저작물
의 공표시 또는 창작시 등으로 규정되어 있으므로 저작자의 사망일이나 저작물의 공표일 또는 창

---

1 황적인·정순희·최현호, 전게서, 312면.

작일을 기산일로 하는 것이 가장 정확하다고 볼 수 있다. 그러나 저작자 사망의 경우는 물론이고 창작 또는 공표의 경우에 긴 시간이 흐른 후에는 그 날짜가 분명하지 못한 경우가 많아 보호기간의 계산에 혼란을 줄 우려가 있다는 점을 감안하여 위와 같이 규정한 것이다.

이 규정을 적용하여 실제 보호기간의 계산을 해 보자. 예를 들어 "무기여 잘 있거라" 등의 명작을 남긴 헤밍웨이의 경우 그 사망일이 1961. 7. 2.로 알려져 있다. 그렇다면 그가 쓴 "무기여 잘 있거라"의 저작물로서의 보호기간은 우리 저작권법상 그 사망일의 다음 해인 1962. 1. 1.부터 기산하여 50년이 되는 2011. 12. 31.까지라고 보아야 한다. 2011. 6. 30. 공포된 개정법에 의한 70년의 기간으로 계산할 경우에는 2031. 12. 31.까지가 되겠지만, 그 시행일인 2013. 7. 1. 이전에 이미 저작재산이 소멸하게 되어 기간 연장의 혜택을 받을 수 없는 경우라 하겠다.[1]

Ⅵ. 구 저작권법상 저작물의 보호기간

1. 서   설

§16-23   우리 저작권법상 저작재산권 보호기간에 대한 위와 같은 규정은 대부분 1986년 개정법에서 처음 수립된 것이고 1957년에 제정된 구 저작권법은 저작재산권의 보호기간을 원칙적으로 저작자 생존기간 및 사망 후 30년까지로 규정하고 있었다. 1986년 개정법(이하 본절에서의 설명에 있어서는 '신법'이라 한다)은 보호기간뿐만 아니라 저작물의 보호범위, 권리의 내용 등 모든 면에 있어서 구 저작권법(이하 '구법'이라 한다)을 완전히 환골탈태하였다고 할 정도로 큰 변화를 보였는데, 그로 인해 신법 시행일 전에 공표된 저작물에 대하여 어느 법이 적용될 것인지, 어떠한 경우에 저작재산권 보호기간이 신법에 따라 연장된 것으로 볼 것인지 등을 비교적 상세히 규율하여야 할 필요가 있었고, 그것은 신법의 부칙 제2조와 제3조에 반영되어 있다. 이 규정 내용은 약 30여년 이전의 신구법 교체에 따른 문제이긴 하지만, 지금도 구법 시행 중에 공표된 저작물을 이용하게 될 경우 등에 있어서 여전히 그 적용을 받아야 하는 면에 있어서는 현재성을 가진 살아 있는 문제라고 할 수 있다. 그러한 관점에서 그 부칙 조항의 내용을 아래에서 자세히 살펴보기로 한다.

2. 신법의 적용범위

§16-24   신법의 부칙 제2조 제1항은 "이 법 시행 전에 종전의 규정에 의하여 저작권의 전부 또는 일부가 소멸하였거나 보호를 받지 못한 저작물에 대하여는 그 부분에 대하여 이 법을 적용하지 아니한다"고 규정하고 있다. 법률효과 불소급의 원칙을 적용한 것이라 할 수 있다.

---

1 앞서 Ⅱ. 1.에서 설명한 내용(§16-11) 참조.

(1) 저작권이 전부 소멸한 경우

구법상 보호기간은 원칙적으로 저작자의 사후 30년, 사후 공표 저작물과 무명·변명(變名) 저 §16-25
작물 또는 관공서 등의 단체명의 저작물에 있어서는 공표 후 30년, 사진저작물과 독창성이 없는
영화저작물에 있어서는 최초 발행일로부터 10년이므로,[1] 약간의 특수한 예외를 제외하면, 신법
시행 시점에 있어서 구법상의 저작권이 신법상의 저작권 또는 저작재산권으로 이행되는 것은 ①
1957년 이후에 사망한 저작자의 저작물, ② 1957년 이후에 공표된 사후 공표 저작물, 무명·변명
저작물 및 단체명의 저작물과 ③ 1977년 이후에 발행된 사진저작물과 뉴스 영화 등의 저작물에
한한다.

1956년에 저작자의 사망 또는 공표가 있었던 저작물이나 1976년에 발행된 사진저작물 등은
신법 시행 이전인 1986. 12. 31. 저작권의 보호기간이 만료되었으므로 신법에 의한 저작재산권 보
호기간 연장의 혜택을 누리지 못하고 이미 그 저작재산권이 소멸된 것으로 보아야 한다. 그러나
1957년에 저작자의 사망 또는 공표가 있었던 저작물이나 1977년에 발행된 사진저작물 등은 구법
상의 보호기간의 만료 시점이 1987. 12. 31.까지이므로 신법 시행일인 1987. 7. 1.에는 그 저작권
이 존속하고 있는 것이다. 따라서 이들 저작물은 신법 시행으로 신법에 의한 보호를 받게 되며
보호기간도 50년(2013. 7. 1부터는 70년)으로 연장되는 것이다. 그리고 구법 제45조[2]의 규정에 의하
여 구법 시대에 상속인 없이 저작자가 사망한 경우에도 저작권이 이미 소멸하였으므로 신법에 의
하여 부활하지 않는다.[3]

(2) 저작권의 일부가 소멸한 경우

구법 제34조[4]의 규정에 의해서 원저작물의 발행일부터 5년 이내에 그 번역물을 발행하지 §16-26
않았기 때문에 구법에 의하여 그 번역권이 소멸된 저작물에 대하여는 그 번역권에 상당하는 신법
상의 2차적저작물작성권 중 번역권에 관한 것이 부활되지 않는다.[5]

(3) 구법상 보호를 받지 못하던 저작물

구법상의 음반과 녹음 필름은 구법 제 2 조에서 저작물로 열거하고 있으나 구법 제64조 제 1 항 §16-27
제 8 호에서 음반, 녹음 필름을 공연 또는 방송에 제공하는 것은 저작권의 비침해행위라고 하였으

---

1 구 저작권법 제29조 내지 제38조 참조.
2 구 저작권법 제45조 (소멸) 상속인 없는 경우에는 저작권은 소멸된다.
3 허희성, 전게서(1988), 454면.
4 구 저작권법 제34조 (동전) ① 저작권자가 원저작물 발행일로부터 5년 내에 그 번역물을 발행하지 않을 때에는 그
  번역권은 소멸한다.
  ② 전항의 기간 내에 저작자가 그 보호를 받고자 하는 국어의 번역물을 발행할 때에는 그 국어의 번역권은 제30조의
  규정에 의한다.
5 허희성, 전게서(1988), 455면.

므로 구법하에서는 음반과 녹음 필름이 저작물이면서도 공연과 방송에 대하여는 사실상 보호를 받지 못하였다. 따라서 신법하에서도 구법 시대에 제작된 음반과 녹음 필름(녹음물)은 계속 공연 이나 방송에 제공되어도 신법 부칙 제 2 조 제 1 항의 규정에 의하여 보호를 받지 못한다.

3. 보호기간에 관한 경과조치

§16-28   신법 부칙 제 3 조는 "신법 시행전에 공표된 저작물로서 부칙 제 2 조 제 1 항에 해당되지 아니한 저작물의 보호기간은 ① 구법의 규정에 의한 보호기간이 신법에 의한 보호기간보다 긴 때에는 구법의 규정에 의하고, ② 구법의 규정에 의한 보호기간이 신법에 의한 보호기간보다 짧은 때에는 신법에 의한다"고 규정하고 있다. 법문상 보호기간이 같은 경우에 대하여는 규정이 없으나 개정법이 적용된다고 보아야 할 것이다.

위 규정의 적용범위는 신법 시행 전에 '공표된' 저작물에 한한다는 것에 주의할 필요가 있다. 미공표 저작물은 구법상 보호기간이 진행되지 않아 영구히 존속하는 결과가 되었는데 위 규정의 적용대상은 아니므로 신법에 의하여 저작자 사후 50년이 경과함으로써 소멸하게 되는 것으로 본다.[1]

위 부칙 규정 제 1 호에서 구법상의 보호기간이 긴 경우에는 구법의 규정에 의한다고 규정하고 있지만 대개의 경우는 신법상의 보호기간이 길어 제 1 호 규정이 적용되는 경우는 거의 없을 것이다. 다만 한 가지 예를 들자면, 저작자의 사후 20년이 경과한 후에 공표된 저작물을 들 수 있다. 왜냐하면 구 저작권법 제31조에서 저작자의 사후에 공표된 저작물은 공표시로부터 30년간 보호되는 것으로 규정하고 있으므로 예컨대 저작자의 사후 30년이 경과한 후에 공표된 저작물은 구 저작권법상 실제로 저작자 사후 60년까지 보호되는 결과가 되어 신법의 보호기간보다 더 긴 경우가 되는 것이다.[2] 이러한 경우 위 부칙규정에 따라 구법이 적용되게 된다.

Ⅶ. 외국인 저작물의 소급보호 및 상호주의

1. 의   의

§16-29   저작권에 관한 국제협약 중 우리가 초기에 가입한 세계저작권협약(UCC)은 불소급보호원칙을, 나중에 가입한 베른협약은 소급보호원칙을 각각 채택하고 있으며, WTO/TRIPs 협정은 베른협약의 실체적 규정들을 그 내용에 포함하고 있다. 우리나라는 1995. 1. 1. WTO/TRIPs 협정에 가입

---

1 허희성, 전게서(1988), 462면 참조.
2 허희성, 전게서(1988), 463면 참조.

한 후 1996. 6. 21. 베른협약에 가입신청하여 1996. 9. 21. 효력이 발생하였다. WTO/TRIPs 협정 가입 후 베른협약 가입을 준비하는 단계에서 베른협약의 소급보호의 원칙을 수용하기 위해 저작 권법을 개정한 것이 1995. 12. 6.의 저작권법 개정이고, 그 개정법은 1996. 7. 1.부터 시행되게 되었다. 이 개정법에 따라 종전에는 자유이용이 가능하였던 외국인의 저작물도 1996. 7. 1.부터는 새로이 소급보호를 하게 되었다. 그러한 소급보호의 대상이 되는 저작물은 저작권법은 '회복저작물'이라는 용어로 칭하고 있다.

2. 소급보호의 범위

베른협약 제18조 제 1 항은 "이 협약은 협약의 효력발생 당시 본국에서 보호기간의 만료에 의하여 이미 공유가 되지 아니한 모든 저작물에 적용된다"고 규정하고 있다.　§16-30

그런데 1995. 12. 6. 개정법의 부칙 제 3 조는 "법 제 3 조 제 1 항 및 제61조의 규정에 의하여 새로이 보호되는 외국인의 저작물 및 음반으로서 이 법 시행 전에 공표된 것(이하 "회복저작물 등"이라 한다)의 저작권과 실연자 및 음반제작자의 권리는 당해 회복저작물 등이 대한민국에서 보호되었더라면 인정되었을 보호기간의 잔여기간동안 존속한다"고 규정하고 있다.

1986년 개정법에서 구법에 의한 보호기간이 이미 만료한 경우는 신법의 적용을 받을 수 없다고 규정하고 있으므로 1956년 이전에 저작자가 사망한 저작물 등의 경우에는 1986년법에 의한 저작재산권 기간 연장의 혜택을 받지 못하고 그 저작권이 소멸한 것으로 볼 것이라는 것은 앞에서 살펴본 바와 같다. 그러므로 외국인의 저작물이 우리나라에서 우리나라 국민의 저작물과 동일하게 보호를 받아 왔다고 가정할 경우에는 역시 1957. 1. 1. 이후 저작자가 사망한 경우에 한하여 신법에 의한 50년의 보호기간의 적용을 받게 되는 것인바, 위 부칙 규정은 그러한 경우라야만 1995. 12. 6. 개정법에 의한 소급보호의 대상이 될 수 있다는 취지를 내포하고 있는 것이다. 다시 말해 외국인의 저작물도 1956년 이전에 저작자가 사망한 경우 등은 소급보호의 대상에서 제외되는 것으로 본다.

외국인의 입장에서 보면 한국 저작권법의 연혁에 따른 이와 같은 해석이 소급보호의 취지를 일부 훼손하는 것이 아닌가 생각될 수도 있으나, 이것은 외국인의 저작물에 대하여 내국인의 저작물보다 더 확장하여 보호하게 되는 이른바 '초국민대우(超國民待遇)'를 회피하기 위한 부득이한 규정으로 이해될 수 있으리라 생각한다.

3. 회복저작물 등의 이용에 관한 경과조치

1995년법 부칙 제 4 조는 "① 이 법 시행 전에 회복저작물 등을 이용한 행위는 이 법에서 정　§16-31

한 권리의 침해행위로 보지 아니한다.[1] ② 회복저작물 등의 복제물로서 1995년 1월 1일 전에 제작된 것은 1996년 12월 31일까지 이를 계속하여 배포할 수 있다. ③ 회복저작물 등을 원저작물로 하는 2차적저작물로서 1995년 1월 1일 전에 작성된 것은 이 법 시행 후에도 이를 계속하여 이용할 수 있다. 다만, 그 원저작물의 권리자는 1999년 12월 31일 후의 이용에 대하여 상당한 보상을 청구할 수 있다. ④ 이 법 시행 전에 회복저작물 등이 고정된 판매용 음반을 취득한 때에는 제43조 제 2 항, 제65조의2 및 제67조의2의 규정[2]을 적용하지 아니한다"고 규정하고 있다.

이러한 규정의 취지는 종전의 법에 따라 적법하게 이용해 온 것을 침해행위로 보지 않고 면책시킴과 동시에 법시행 전의 저작물 이용행위로 인해 이미 제작된 복제물 등을 계속 활용할 수 있도록 함으로써 투하자본의 회수를 가능하게 하기 위한 것이다.

§16-31-1 　　외국인의 저작물에 대한 소급보호의 원칙이 저작권법 개정으로 시행되기 이전에 국내에서 상표등록 출원을 하여 등록된 상표에 대하여는 위와 같은 경과규정이 없음에도 불구하고 하급심 판결에서 등록상표에 대한 상표권자의 권리가 저작권에 우선할 수 있는 것으로 보는 입장을 표명한 바 있다. 즉, 서울고등법원 2012. 7. 25. 선고 2011나70802 판결은 "저작권과 상표권이 저촉되는 경우에 관하여 상표법 제53조는 '상표권자 등이 상표를 사용할 경우에 그 사용상태에 따라 상표등록출원일 전에 발생한 타인의 저작권과 저촉되는 경우에는 저작권자의 동의를 얻지 않고서는 그 등록상표를 사용할 수 없다'고 규정하여 저작권과 저촉되는 상표라도 그것이 공공의 질서나 선량한 풍속을 문란케 하는 것으로서 상표법 제 7 조 제 1 항 제 4 호의 부등록사유에 해당한다고 볼 만한 특별한 사정이 없으면 등록될 수 있지만 등록되더라도 선행 저작권자의 동의 없이는 사용할 수 없는 법률관계를 예정하고 있는데, 앞서 살펴본 바와 같이 회복저작물에 관한 저작권법 규정은 외국인의 저작물을 사실상 이용하여 오던 자라도 과거 외국인의 저작권이 보호되지 않

---

1 1995년법 부칙 제 4 조 제 1 항은 '소급보호'의 의미와 관련하여 이해할 필요가 있다. 국제적인 측면에서 소급보호는 두 가지 의미로 쓰일 수 있다. 하나는 ① 협약이 어느 국가에 대하여 효력이 발생하는 시점(이하 '기준시점'이라 한다)에 존재하는 외국 저작물을 그 시점 전에 이용(복제, 공연, 방송, 번역 등)했다고 하더라도 이에 대하여 저작자의 권리가 미칠 수 있다는 의미이고, 다른 하나는 ② 기준시점 당시 존재하는 외국 저작물을 그 시점 이후에 이용하는 경우 이에 대하여 저작자의 권리가 미치도록 한다는 의미이다. 후자의 경우 소급보호의 의미는 본국에서 보호가 향유되고 있음에도 불구하고 기준시점까지는 다른 국가에서 보호되지 않던 저작물을 기준시점 이후에 보호해 준다는 것으로, 이는 종전에 보호해주지 않던 저작물에 대한 보호라는 측면에서 소급보호라고 할 수 있다. 전자의 의미의 소급보호를 인정하게 되면 이는 법률불소급의 원칙과 충돌하는 결과를 가져온다(이상, 최경수, 국제지적재산권법(개정판), 한울아카데미, 2017, 373면 참조). 베른협약에서 규정하고 우리 저작권법이 수용한 소급보호의 의미는 위 ②의 의미이다. 우리나라 하급심 판결도 소급보호의 의미에 대하여 다음과 같이 판시한 바 있다.

　　서울고등법원 2012. 7. 25. 선고 2011나70802 판결 : "저작권법은 외국인의 저작권에 대하여 소급적 보호를 인정하고 있는데, 여기서 소급보호란 과거 국내에서 보호되지 않던 1996. 7. 1. 이전에 창작된 외국인의 저작물에 대하여 새롭게 보호를 부여한다는 의미이고, 저작물의 공표시점으로 소급하여 국내법에 따른 보호를 인정하려는 취지는 아니다. 부칙 제 4 조 제 1 항도 이러한 법리를 재확인하고 있는 것으로 보인다. 따라서 이 사건 도안은 1996. 7. 1.부터 새롭게 저작권법에 따른 보호를 받는다."

2 대여권과 관련된 조항들이다.

음으로써 누렸던 지위를 1996. 7. 1. 이후부터는 상실한다는 의미이므로, 이 사건 상표 중 1996. 7. 1. 이전에 출원된 상표는 원고의 저작권이 아직 국내법적으로 효력을 발생하기 전의 것이므로 위 조항에서 말하는 '상표등록출원일 전에 발생한 저작권'에 해당한다고 볼 수 없다. 따라서 1996. 7. 1. 이전에 상표권이라는 유효한 독립의 권리를 취득함으로써 얻은 법률상의 지위는 회복 저작물을 보호하는 저작권법 시행 이후에도 그대로 보호하는 것이 타당하므로, 원고는 이 사건 도안에 관한 저작권이 국내법적 보호를 받기 시작한 1996. 7. 1. 이전에 이 사건 상표 중 상표등 록출원을 마친 상표에 관하여는 저작권 침해를 주장할 수 없다"고 판시하였다.[1]

4. 상호주의

2011. 6. 30. 개정 저작권법에서 저작권 보호기간을 50년에서 70년으로 연장한 것은 한·EU §16-32 FTA의 이행에 초점이 두어진 것이지만 국제협약상의 내국민대우에 따라 베른협약 등 국제협약에 가입한 다른 나라들의 국민에 대하여도 원칙적으로 적용되게 된다. 그러나 우리나라 저작자의 저 작물에 대하여 50년의 보호기간만 인정하는 나라에 대하여도 70년의 보호기간을 적용하게 될 경 우 상호간의 형평성에 크게 반하는 문제가 있게 된다.

이와 관련하여 베른협약 제7조 제8항은 "어떠한 경우에도 그 기간은 보호가 요구된 국가 의 법률의 규율을 받는다. 다만, 그 국가의 법률에서 다르게 규정하지 아니하는 한 그 기간은 저 작물의 본국에서 정한 기간을 초과할 수 없다"고 규정하고 있다. 이것은 베른협약이 내국민대우 의 원칙에 대한 예외로서 실질적 상호주의를 규정한 것으로 볼 수 있고(§33-14), 나아가 이것은 WTO/TRIPs에서 최혜국대우의 예외로도 인정되고 있다(제4조 (b) 참조). 그러므로 우리 저작권법 에서 저작권 보호기간의 연장과 관련하여 (실질적) 상호주의의 입장을 취하는 것은 국제협약상의 내국민대우 및 최혜국대우에 반하지 않는 것으로 볼 수 있다.

이에 따라 2011. 6. 30. 개정 저작권법 제3조 제4항은 "제1항 및 제2항에 따라 보호되는 외국인의 저작물이라도 그 외국에서 보호기간이 만료된 경우에는 이 법에 따른 보호기간을 인정 하지 아니한다"고 규정하고 있다.

예를 들어 베른협약 등의 가입국인 중국의 경우 저작권법에서 사후 50년의 보호기간을 규정 하고 있으므로 우리 저작권법상의 보호기간 연장에 관한 규정이 2013. 7. 1. 시행되게 된 후에도 중국인의 저작물에 관하여는 우리의 개정 저작권법에 의하면 보호기간이 존속하는 것이라 하더 라도 중국 저작권법에 따라 50년의 보호기간이 만료된 경우에는 저작물로 보호하지 않게 되는

---

1 이 판결은 대법원 2014. 12. 11. 선고 2012다76829 판결에 의하여 상고기각되어 확정되었으나, 대법원에서는 피고만 이 상고하여 원심에서 외국인의 저작물에 대한 소급보호를 부정하여 원고의 청구를 기각한 위 부분은 쟁점이 되지 않았으므로 이에 대한 대법원의 판단이 이루어지지는 않았다.

결과가 되는 것이다. 이와 같이 보호기간에 대하여는 내국민대우의 원칙이 수정되게 되는 것을 알 수 있다.

제7절 등록 및 인증제도

Ⅰ. 서 설

§17-1 　저작권의 등록이란 저작자의 성명 등 저작권법에서 정한 일정한 사항을 저작권등록부에 기재하는 것 또는 그 기재를 말한다. 우리나라의 저작권법은 무방식주의를 채택하고 있으므로 등록이 저작권의 발생과 직접적인 관계가 있는 것은 아니다. 그러나 저작권에 관하여 일정한 사항을 공부인 저작권등록부에 등록하게 함으로써 일반 공중에게 공개·열람토록 하여 공시적인 효과를 기대함과 동시에, 일정한 사항에 대하여는 사후적인 입증의 편의를 위한 추정의 효력을 가지게 하고, 한편으로는 일정한 사항에 대하여 거래의 안전을 위하여 제 3 자에게 대항하기 위한 대항력을 가지게 하였다. 전자에 해당하는 것이 '저작권의 등록'이고 후자에 해당하는 것이 저작재산권의 변동, 즉 저작재산권의 양도, 처분 제한 또는 질권의 설정·이전 등에 관한 등록이다.

　저작권등록제도를 이해함에 있어서 한 가지 유의하여야 할 것은 저작권에 관한 사항은 이를 모두 등록하여야 제 3 자에 대하여 대항할 수 있는 것은 아니라는 점이다. 법에 정하여진 저작재산권의 양도·처분 제한이나 질권의 설정·이전 등은 등록하여야 대항력이 발생하지만, 저작권의 원시취득은 등록하지 않아도 제 3 자에 대한 대항력이 있으며,1 법령에서 정하지 않은 사항에 대하여는 등록하고자 해도 등록할 방법이 없다.

　개정 전의 저작권법은 저작권의 등록을 무명(無名) 또는 이명(異名)이 표시된 저작자가 하는 '실명등록'과 저작재산권자가 하는 '최초발행·공표일의 등록'을 나누어 규정하였으나, 2000년 1월의 개정법에서부터 이 둘을 통합하고 등록범위 및 기재사항을 확대하여 '저작권의 등록'으로 규정하였다.

---

1 서울지방법원 1997. 8. 12. 선고 97노50 판결(법률신문 제2625호) : "저작권법상의 권리는 그 성질상 특정한 형식이나 절차에 관계없이 저작자가 저작물을 저작한 때로부터 당연히 발생하고 성립하는 것이어서(저작권법 제10조 제 2 항 참조) 관계행정기관에 저작권이 등록되어 있는지, 또는 누구의 명의로 등록되어 있는지의 여부는 저작권의 성립 자체와는 무관하다고 할 것이다. 그렇다면, 이 사건 대학입시문제의 저작권은 각 대학교의 해당 학교법인에 당연히 귀속된다고 할 것이고(저작권법 제 9 조 참조), 문화체육부에 등록된 저작권자가 각 대학교의 총장 개인명의나 또는 각 대학교 그 자체의 명의로 되어 있다는 사실 자체는 위 인정에 아무런 영향도 주지 않는다고 할 것이다."

한편, 2006년 개정 저작권법은 저작물 등의 거래 안전과 신뢰 보호를 위하여 권리자 등의 인증제도를 규정하고 있다(법 제56조).

Ⅱ. 저작권의 등록

1. 의 의

저작자는 다음의 각 사항을 등록할 수 있다(제53조).　　　　　　　　　　　　§17-2

① 저작자의 실명·이명(공표 당시에 이명을 사용한 경우에 한한다)·국적·주소 또는 거소
② 저작물의 제호·종류·창작년월일
③ 공표의 여부 및 맨처음 공표된 국가·공표년월일
④ 그 밖에 대통령령으로 정하는 사항

저작자가 사망한 경우 저작자의 특별한 의사표시가 없는 때에는 그의 유언으로 지정한 자 또는 상속인이 위 각 사항의 등록을 할 수 있다(저작권법 제53조 제 2 항).

개정 전의 저작권법에 의하면, 실명등록을 할 수 있는 것은 저작물에 성명을 표시하지 않았거나 실명이 아닌 이명(異名)으로 표시한 경우에 한하였는데, 2000년 개정저작권법의 시행일인 2000. 7. 1부터는 그러한 제한 없이 저작자 또는 저작재산권자는 누구나 그 성명을 등록할 수 있게 되었다. 이명등록은 공표 당시에 이명을 사용한 경우에 한하여 할 수 있게 하였는데, 이명이란 예명·아호·약칭 등을 총칭하는 개념이다.[1] 저작물의 제호·종류·창작연월일 등도 개정법에서 새로 규정된 등록사항인데, 이처럼 등록사항을 확대한 것은 저작권 관련 정보의 보다 자세한 등록을 통한 DB 구축 등으로 이용자의 편의를 도모하고 공시적 효과를 강화하기 위한 취지이다.

등록신청 당시에 저작재산권을 소유하고 있지 않은 저작자도 각자 자신의 성명을 등록할 수 있다.

개정 전 저작권법은 '저작자' 외에 '저작재산권자'도 위 각 사항을 등록할 수 있는 것으로 규정하고 있었는데, 2006년 개정법에서 '저작재산권자' 부분은 삭제하였다. 저작재산권자가 저작자 본인인 경우에는 저작자로서 등록을 하면 창작자가 저작권자가 되는 저작권의 기본원칙에 따라 저작재산권자로 추정을 받는 것이고, 또한 저작재산권자가 상속인인 경우에는 상속인으로서 피상속인의 저작권등록을 한 다음 호적등본 등을 통하여 상속인임을 증명하면 저작재산권자임을 쉽게 입증할 수 있으며, 저작재산권자가 양수인인 경우에는 저작재산권 변동등록제도를 이용할 수 있으므로 저작재산권자가 굳이 자신의 실명 등을 등록하게 할 필요는 없다는 취지에 기한 것

---

[1] 저작권법 제 8 조 제 1 항 제 1 호 참조.

이다.1

2. 효 력

(1) 성명등록의 효력

(가) 보호기간의 회복

§17-3   저작권법 제40조 제1항에서는 일반적인 저작물과 달리 무명 또는 이명(異名)의 저작물의 보호기간은 공표 후 50년으로 규정하고 있지만, 저작물의 발표시에 저작자의 성명을 밝히지 않았거나 이명(異名)을 사용한 경우에도 그 저작자가 실명등록을 하게 되면 다시 일반저작물과 마찬가지로 저작자 사망 후 50년(2013. 7. 1. 이후에는 70년)까지의 보호기간을 인정받게 된다(제40조 제2항 제2호).

(나) 저작자에 대한 추정력

§17-4   위 규정에 의하여 저작자로 실명이 등록되어 있는 자는 그 등록저작물의 저작자로 법률상 추정된다(저작권법 제53조 제3항). 저작물에 저작자의 실명을 표시한 경우에는 저작권법 제8조의 규정에 의하여 그 표시된 사람이 저작자로 추정되나, 무명 또는 이명의 저작물에 대하여는 위 규정에 따른 실명등록을 하였을 때에 한하여 추정력이 인정된다. 다만, 그의 이명으로서 널리 알려진 것이 일반적인 방법으로 표시된 자, 예컨대 박목월이라는 예명으로 널리 알려진 박종영씨의 경우 등에는 저작권법 제8조의 규정에 의하여 이명을 표시한 저작물의 저작자로 추정되므로, 위 규정에 의한 실명등록을 하지 않아도 불이익을 받지 아니한다.

(2) 창작일·최초공표일 등 등록의 효력

위 규정에 의한 맨 처음 발행일 등의 등록에는 다음과 같은 효력이 있다.

(가) 등록사항에 대한 추정력

§17-5   저작물의 창작연월일 또는 맨처음의 공표연월일을 등록하였을 때에는, 원칙적으로 등록된 연월일에 창작 또는 맨처음 공표된 것으로 법률상 추정된다(저작권법 제53조 제3항 본문). 그 결과 공표시를 기준시점으로 하는 저작재산권의 보호기간은 등록된 최초공표 연월일의 다음해부터 기산한다. 이것은 실제적으로 이용허락을 받을 이용자에 대한 관계에서 중요한 의미를 가진다. 즉, 이용자는 저작재산권자와 사이에 이용허락계약을 체결할 때 등록한 연월일만 확인해 보면, 저작재산권의 존속 여부를 쉽게 파악하고 또 이를 신뢰할 수 있게 되는 것이다.

다만, 저작물을 창작한 때부터 1년이 경과한 후에 창작연월일을 등록한 경우에는 등록된 연

---

1 저작권심의조정위원회, 저작권법 전면 개정을 위한 조사연구 보고서(1), 2002, 162면 참조.

월일에 창작된 것으로 추정하지 아니한다(제53조 제 3 항 단서). 이러한 단서규정은 원래 사후에 프로그램 창작연월일을 소급하여 허위 등록할 가능성이 있음을 우려하여 2006년 개정 컴퓨터프로그램보호법에서 처음으로 추가하였던 규정인데, 일반 저작물에 대하여도 같은 허위 등록의 우려가 있을 수 있으므로 동법과 저작권법을 통합한 2009. 4. 22. 개정법에서 모든 저작물에 대하여 적용되는 규정으로 수용하게 된 것이다.

(나) 최초공표국가의 추정

맨처음의 공표연월일을 등록하면서 맨 처음 공표된 국가를 함께 등록한 경우에는 법률상 명시적으로 규정하고 있지 않지만, 등록된 최초공표국가에서 최초로 공표된 것으로 사실상 추정되는 것으로 보아야 할 것이다. 저작권법 제 3 조 제 2 항에서는 대한민국에서 상시 거주하는 외국인(무국적자 및 대한민국에 주된 사무소가 있는 외국법인을 포함한다)의 저작물과 맨 처음 대한민국 내에서 공표된 저작물은 국제협약에 의하지 아니하고도 저작권법에 의하여 보호되는 것으로 규정하고 있는데, 외국인이 국내에서 맨 처음의 발행국가로 대한민국을 등록한 경우에는 다른 특별한 사정이 없는 한, 그 최초발행지가 대한민국이라는 것이 사실상 추정되게 된다.

§17-6

(3) 저작권 등 침해자의 과실 추정

저작권, 저작인접권 또는 출판권이 등록되어 있는 경우에 이를 침해한 자는 그 침해행위에 과실이 있는 것으로 추정된다(제125조 제 4 항). 이 규정도 2000년 1월의 개정법에서 처음 신설된 것이다.

§17-7

(4) 법정손해배상의 청구자격 부여

한·미 FTA를 위한 2011. 12. 2.자 개정법에는 법정손해배상제도가 신설되었는데(자세한 내용은 §28-34 이하 참조), 그와 관련하여 개정법 제125조의2 제 3 항은 "저작재산권자등이 제 1 항에 따른 청구를 하기 위해서는 침해행위가 일어나기 전에 제53조부터 제55조까지의 규정(제90조 및 제98조에 따라 준용되는 경우를 포함한다)에 따라 그 저작물등이 등록되어 있어야 한다"고 규정하고 있다. 이것은 등록제도의 이용을 활성화하기 위하여 도입한 규정으로서, 향후 법원이 법정손해배상의 경우 일반 손해배상액에 비하여 뚜렷이 높은 금액으로 인정하는 경향을 보일 경우 저작물 등록을 유도하는 데 긍정적인 기여를 할 수 있을 것으로 생각된다.

§17-8

Ⅲ. 저작재산권의 변동에 대한 등록

1. 저작권법의 규정

§17-9   저작재산권의 양도 또는 처분제한 혹은 저작재산권을 목적으로 하는 질권의 설정·이전·변경·소멸 또는 처분제한은 이를 등록할 수 있으며, 등록하지 아니하면 제 3 자에게 대항할 수 없다(저작권법 제54조). 이것은 저작재산권의 양도 등에 관하여 부동산의 물권등기와 유사하게 등록에 의한 공시제도를 규정함으로써 거래의 안전을 도모하고자 한 것이다.

다만, 민법에 있어서는 부동산에 관한 물권변동에 있어서 등기를 그 효력발생요건으로 규정하고 있으나, 저작권법은 저작재산권의 변동에 관하여 등록을 '효력발생요건'이 아니라 '대항요건'으로 규정하고 있다. 즉 등록을 마치지 않은 상태에서도 저작재산권양도 등의 법률적 효과는 발생하며, 단지 이를 제 3 자에게 대항할 수 없을 뿐이다.

2. 등록사항

(1) 저작재산권의 양도 또는 처분제한(제54조 제 1 호)

(가) 저작재산권의 양도

§17-10   저작재산권의 전부양도뿐만 아니라 '일부'의 양도도 여기서 말하는 '양도'에 포함되므로, 지분권인 복제권·배포권 등을 각각 분리하여 이전등록할 수 있다.

다만, 법에서 명문으로 제외하고 있는 "상속 기타 일반승계"의 경우에는 이를 등록하지 않더라도 저작권의 이전사실을 제 3 자에게 대항할 수 있다. '일반승계'란 통상 포괄승계라고 불리는 것으로서 단일의 원인에 의하여 전주(前主)의 모든 권리의무가 전체로서 일괄하여 이전되는 것을 말한다. 법이 명시적으로 들고 있는 '상속' 외에 회사의 합병, 포괄유증 등이 이에 해당한다.

(나) 처분제한

§17-11   저작재산권의 처분제한도 등록하여야 제 3 자에게 대항할 수 있다. '처분제한'이란 권리의 변동(권리의 소멸이나 이전 또는 내용변경)을 일으키는 법률행위, 즉 처분행위를 제한하는 가압류·가처분, 압류명령 등을 법원으로부터 받은 것을 말한다.

(2) 배타적발행권 또는 출판권의 설정·이전·변경·소멸 또는 처분제한

§17-12   여기서 주목할 것은 배타적발행권이나 출판권의 이전, 변경 등의 권리변동만이 아니라 그것 자체를 기준으로 할 경우에는 권리의 발생사유에 해당하는 '설정'의 경우도 그 이전 등과 마찬가지로 등록을 효력발생요건이 아니라 대항요건으로 규정하고 있다는 점이다(배타적발행권의 등록에

대하여는 §18-27, 출판권의 등록에 대하여는 §18-83 각 참조).

(3) 저작재산권, 배타적발행권, 출판권 등을 목적으로 하는 질권의 설정·이전·변경·소멸 또는 처분제한

(가) 질권의 설정

앞서 살펴본 바와 같이 저작재산권, 배타적발행권, 출판권 등을 목적으로 하는 질권설정은 §17-13
당사자 사이의 합의만에 의하여 할 수 있고 별도의 등록이나 기타 다른 절차를 취할 필요가 없으
나(§13-99 참조), 이를 제 3 자에게 대항하기 위해서는 그 질권설정의 등록을 필요로 하도록 규정한
것이다.

앞서 살펴본 바와 같이 저작재산권을 목적으로 하는 질권설정은 당사자 사이의 합의만에 의
하여 할 수 있고 별도의 등록이나 기타 다른 절차를 취할 필요가 없으나, 이를 제 3 자에게 대항
하기 위해서는 그 질권설정의 등록을 필요로 하도록 규정한 것이다.

(나) 이전·변경 등

이미 설정된 질권을 제 3 자에게 '이전'하거나 그 질권의 내용을 '변경'하거나 질권을 '소멸'시 §17-14
키거나 또는 '처분을 제한'하는 경우에도 이를 등록하여야 제 3 자에게 대항할 수 있다. 질권의 내
용의 '변경'이라 함은 그 질권에 의하여 담보되는 피담보채권의 변경 등을 의미하는 것이다. 질권
의 소멸도 등록에 의하여 제 3 자에게 대항할 수 있게 한 것은 소멸한 질권에 대하여 권리를 가지
는 제 3 자가 있을 수 있기 때문이다.

3. '제 3 자'의 범위

위 규정에서 등록을 하지 않으면 '제 3 자'에게 대항할 수 없다고 할 때 '제 3 자'라고 함은 권 §17-15
리변동에 관계한 당사자[1]와 그 권리·의무의 포괄승계인[2]을 제외한 모든 사람을 말하는 것이 아
니라 등록의 흠결을 주장하는 데 대하여 정당한 이익을 가지는 제 3 자, 곧 권리변동에 관계한 당
사자의 법률상 지위와 양립할 수 없는 법률상 지위를 가진 제 3 자를 의미하는 것으로 해석하는
것이 타당하다.[3] 대법원 판례의 입장과 같다(§17-18). 그러한 범위에 속하지 않는 사람, 예컨대 불
법으로 저작권을 침해하고 있는 무단이용자도 제 3 자라고 하여 위 규정의 적용을 받도록 하는

---

1 저작재산권을 양도한 양도인은 (당사자로서) 등록의 흠결을 주장하는 데 정당한 이익을 가진 제 3 자에 해당하지 않으
   므로 그 양수인은 등록절차 없이도 양도의 효력을 주장할 수 있다고 본 판례(서울중앙지방법원 2012. 11. 23. 선고
   2012가합2175·29033·73955 판결)가 있다. 당연한 판시이다.

2 '김광석 음반' 사건에 대한 서울중앙지방법원 2006. 10. 10. 선고 2003가합66177 판결은 저작인접권자의 상속인으로
   서 포괄승계인인 사람과 그가 자신을 대표이사로 하여 설립한 회사는 저작인접권 양도에 대한 등록의 흠결을 주장하
   는 데 정당한 이익을 가진 제 3 자라고 볼 수 없다는 취지로 판시하였다. 타당한 판시이다.

3 송영식·이상정·황종환, 전게서, 521면; 허희성, 전게서, 234면; 内田 晉, 전게서, 303면 등 참조.

것은 입법취지에 맞지 않기 때문이다. 따라서 저작권이전등록을 마치지 않은 저작권양수인도 저작권침해자에 대하여 침해정지청구권 및 손해배상청구권 등의 권리를 행사하는 데에는 아무런 지장이 없다.[1] 또한, 예를 들어 甲이 乙에게 저작재산권을 양도한 후 乙과 양도계약을 합의해제하고 다시 丙에게 저작재산권을 양도하였는데, 乙이 그 저작재산권을 丁에게 양도한 사안에서의 丁의 지위와 같이 무권리자(위 사안에서 乙)로부터 저작재산권을 양수한 사람은 저작재산권 양도등록의 흠결을 주장할 수 있는 법률상 정당한 이익을 가진 제 3 자에 해당하지 않는 것으로 보아야 할 것이다.[2]

위 규정의 '제 3 자'에 해당하는 가장 전형적인 예는 저작권자가 저작재산권을 이중으로 양도한 경우의 이중양수인[3]이지만, 그 이외의 다른 경우도 있을 수 있다. 예를 들어 저작권자 A가 X에게 저작재산권을 양도하고 그 등록을 하지 않고 있는 사이에 Y가 A로부터 그 저작권의 객체인 저작물의 이용허락을 받았을 경우에 X는 등록을 하지 않은 한 제 3 자인 Y에 대하여 자신이 X로부터 저작재산권을 양도받았다는 주장을 할 수 없고, 따라서 Y가 A로부터 받은 저작물 이용허락의 효력을 다툴 수 없다.[4]

---

1 대법원 2006. 7. 4. 선고 2004다10756판결(§17-18) 참조. 한편, 형사사건에 있어서도 저작재산권을 침해한 사람은 위 규정에서 말하는 제 3 자가 아니므로, "저작재산권을 양도받은 사람은 그 양도에 관한 등록 여부에 관계없이 그 저작재산권을 침해한 사람을 고소할 수 있다."는 것이 판례의 입장이다(대법원 2002. 11. 26. 선고 2002도4849 판결).

2 예를 든 사안에서 乙이 甲과의 양도계약이 합의해제되어 무권리자가 된 상태에서 양도한 것이라는 점에 주의를 요한다. 이와 유사한 사안에서 같은 취지로 판결한 사례가 '송가황조' 사건에 대한 서울고등법원 1999. 10. 19. 선고 99나3305 판결("위 乙이 무권리자인 이상 그로부터 양도를 받은 위 丁이 적법하게 이 사건 판권을 양수했다고 할 수 없고 (위 한국영상음반협회의 판권확인을 대항력의 취득요건인 '저작재산권의 양수도의 등록'으로 볼 수도 없을 뿐 아니라, 가사 무권리자와 저작재산권의 양수도 계약을 체결한 후 이를 등록하였다고 하여도, 권리를 적법하게 취득하는 것으로 되는 것은 아니므로 한국영상음반협회의 판권확인을 받았다는 사실은 결론에 영향을 미치지 아니한다), 그로부터 순차적으로 양수받은 피고 戊 또한 이 사건 판권의 양수인으로 볼 수 없어 원고의 저작권양도등록의 흠결을 주장할 수 있는 법률상 정당한 이익을 가진 제 3 자에 해당하지 아니하므로, 피고들의 위 주장은 이유 없다."라고 판시함)이다.

　사안을 바꾸어 甲이 乙에게 저작재산권을 양도한 후 丙에게 다시 이중으로 양도한 경우를 가정해 보면, 이는 전형적인 이중양도의 사안으로서, 丙은 甲의 乙에 대한 저작재산권 양도에 관한 등록의 흠결을 주장할 수 있는 법률상 정당한 이익을 가진 제 3 자에 해당하게 된다. 이 경우는 甲이 乙에게 저작재산권을 양도한 후라고 하여 甲을 '무권리자'로 취급할 수 없다. 이와 관련하여, 서울고등법원 2008. 7. 8. 선고 2007나80093 판결은 "후순위 양수인인 원고가 체결한 이 사건 제2 양도계약은 무권리자로부터 저작권을 양수받은 경우에 해당하여 무효라고 보는 경우에는, 결국 후순위 양수인은 저작권양도등록을 먼저 경료하였는지 여부에 관계없이 언제나 선순위 양수인에게 대항할 수 없는 결과를 초래하게 되는데, 이러한 결과는 이중 양수인들 사이에는 저작권등록을 먼저 경료한 사람을 권리자로서 보호하는 우리 저작권법의 취지에 명백히 반하는 것으로서 허용된다고 할 수 없고 … "라고 판시한 바 있다.

3 만약 이중양수인이 모두 등록을 마치지 않은 상태라면 서로 상대방에 대하여 자신의 권리로 대항할 수 없다고 보아야 한다. 서울고등법원 2010. 4. 14. 선고 2009나103402(본소), 2010나29678(반소) 판결이 그러한 사안에 대하여 "원고와 피고는 각각 ㅇㅇㅇ으로부터 이 사건 음반에 관한 저작인접권을 양수한 자들로서, 서로가 그 상대방에 대하여 저작인접권의 양수인의 지위와 양립할 수 없는 법률상 지위를 취득하였지만, 원고나 피고 모두 이 사건 음반에 관한 저작인접권을 등록하였음을 인정할 아무런 증거가 없다. 따라서 원고와 피고는 서로 상대방에 대하여 저작인접권의 양수로써 대항할 수 없다고 할 것이므로, 원고의 본소청구 및 피고의 반소청구는 모두 이유 없다."라고 판시하였다.

4 內田晉, 전게서, 304면 참조; 대법원 1995. 9. 26 선고 95다3381 판결은 양수인이 양도등록을 마치지 않은 사이에 양도인과 제 3 자 사이에 출판권설정계약이 체결된 경우에 대하여 저작권양도로써 그 제 3 자에게 대항할 수 없다고 판시하였다.

여기서 말하는 '제 3 자'에는 '선의'의 제 3 자만 포함된다는 견해1가 있으나 찬동하기 어렵다. 즉 등록을 하지 않은 자는 제 3 자의 선의·악의를 묻지 않고 대항할 수 없다고 해석하는 것이 기본적으로 타당하다고 생각한다. 왜냐하면 악의의 제 3 자에게는 등록을 하지 않고도 대항할 수 있다고 하면 제 3 자가 저작권양도 등의 사실을 알았는지 몰랐는지 하는 것이 관계자 사이에 늘 문제가 되어 저작권거래와 관련하여 끝없는 분쟁에 휘말리게 될 우려가 있고, 그렇게 되면 저작권 이전사실을 공시하게 하여 저작권거래의 안전을 도모하고자 하는 등록제도의 의의를 거의 상실하게 될 것이기 때문이다.2 일부 학자들 가운데 '배신적 악의자'의 경우는 제외하여야 한다는 견해가 있으나,3 그 개념 또는 법리적 근거가 명확하지 아니한 문제가 있다. 민법상 부동산의 이중양도에 대한 법리와 마찬가지로 저작재산권양도인의 배임행위에 적극가담하여 저작재산권을 이중으로 양도받은 경우에 한하여 반사회적 법률행위로서 무효이고 따라서 그 양수인 등이 저작권 양도등록의 흠결을 주장할 수 있는 법률상 정당한 이익을 가진 제 3 자에 해당하지 않는 것으로 보는 것이 타당할 것이다.4

 **판 례**

❖대법원 1995. 9. 26. 선고 95다3381 판결   §17-16

외국 작가의 저작물의 번역을 완성함으로써 그 2차적저작물에 대한 저작권을 원시적으로 취득한 자가 그 2차적저작물에 대한 저작재산권을 갑에게 양도하였으나 갑이 이에 대한 등록을 하지 아니한 사이에, 그 저작재산권 양도 사실을 모르는 을이 그 2차적저작물의 저작권자와 저작물을 일부 수정, 가

---

1 정상조, "저작권이전등록 - '안현필' 사건," 한국저작권판례평석집 제 1 집, 저작권심의조정위원회, 1998, 129면.
2 일본에서 다수설이다. 內田 晉, 전게서, 305면 등 참조.
3 허희성, 전게서, 234면.
4 대법원 2016. 1. 14. 선고 2014다202110 판결(§17-18-2)에서 "기록을 살펴보아도 영화제작자가 이 사건 창작곡 저작자들의 배임행위를 유도하고 조장하여 저작권을 양도받거나 이용허락받았다고 볼 만한 사정이 보이지 아니한다."라고 판시한 것은 본서와 같은 입장을 전제로 한 것으로 보인다. 하급심 판결 중에, 배임행위에의 적극적 가담사실이 인정되어 양도계약이 사회질서에 반하여 무효라고 본 다음과 같은 사례가 있다.
서울민사지방법원 1989. 5. 23. 선고 88가합51561 판결 : "저작권 중 저작인격권을 제외한 저작재산권의 이전 변동은 당사자간의 양도의 의사표시만으로 당연히 그 효력이 발생하고 이를 제 3 자에게 대항하기 위하여는 그 이전등록을 하여야 하는 것이지만 이 경우 제 3 자라 함은 그 등록의 흠결을 주장함에 법률상 정당한 이익을 갖는 자에 한하고 정당한 원인 없이 등록을 받은 제 3 자 또는 불법행위관계에 있는 제 3 자는 이에 포함되지 아니한다고 볼 것인데 위 인정사실에 의하면 소외 △△△은 이미 이 사건 저작물에 관한 저작권을 양도하고서도 아직 위 원고가 그 이전 등록을 하고 있지 아니함을 기화로 위와 같은 사실을 명백히 알고 있던 피고에게 양도하였다 할 것이니 위 소외인의 위 이중양도행위는 형사상 처벌되는 배임행위임이 명백하고 피고의 양수행위는 위 소외인의 위 배임행위에 적극 가담한 행위라고 볼 것이므로 피고와 위 소외인간의 위 1987. 8. 20.자 저작권(별지목록 제 8 항 기재 저작물 제외)의 양도행위는 사회정의관념에 위배된 반사회적 법률행위로서 무효라 할 것이고, 이처럼 무효인 양도계약에 터잡아 경료된 피고 명의의 위 각 저작권양도등록 역시 무효라 할 것이므로 위 양도등록을 받은 피고에 대하여도 그 저작권 또는 출판권을 가지고 대항할 수 있다 할 것이므로 이 점을 지적하는 원고들의 재항변은 이유 있고 결국 피고의 위 항변은 이유 없다 할 것이다."

필하여 다시 출판하기로 하는 출판권 설정계약을 체결하고 그 등록까지 마쳤다면, 갑은 그 저작권의 양수로써 을에게 대항할 수 없다.

§17-17   ❖서울중앙지방법원 2006. 10. 10. 선고 2003가합66177 판결
A는 위 4개의 음반에 관한 저작인접권을 김광석으로부터, 또는 위 합의를 통해 피고 B로부터 양수한 사실을 저작권법에 정한 바에 따라 등록하지 않았으므로, 피고 B로부터 이용허락을 받아 음반을 제작, 판매한 피고 C, D, E, F에 대하여 위와 같이 저작인접권을 양수한 사실을 가지고 대항할 수 없다.

§17-18   ❖대법원 2006. 7. 4. 선고 2004다10756 판결
신탁법 제 3 조 제 1 항의 취지는 등기 또는 등록하여야 할 재산권에 관하여 신탁재산이라는 뜻을 등기 또는 등록하지 않으면 제 3 자에게 신탁재산임을 주장할 수 없다는 취지에 불과한 것이고, 저작권법 제52조에 따른 저작재산권의 양도등록은 그 양도의 유효요건이 아니라 제 3 자에 대한 대항요건에 불과하고, 여기서 등록하지 아니하면 제 3 자에게 대항할 수 없다고 할 때의 '제 3 자'란 당해 저작재산권의 양도에 관하여 양수인의 지위와 양립할 수 없는 법률상 지위를 취득한 경우 등 저작재산권의 양도에 관한 등록의 흠결을 주장함에 정당한 이익을 가지는 제 3 자에 한하고, 저작재산권을 침해한 사람은 여기서 말하는 제 3 자에 해당하지 않는다. 따라서 음악저작물의 저작권자로부터 저작권을 신탁적으로 양도받은 사람은 신탁법 및 저작권법상의 등록을 하지 않았더라도 저작권침해자에 대하여 손해배상을 청구할 수 있다.

▷NOTE : 저작재산권을 신탁관리단체에 신탁한 경우에 대외적으로는 저작재산권을 양도한 것으로 보게 되므로(§25-18, 19 참조) 이 경우도 등록이 신탁적 양도에 대한 대항요건이 된다. 위 판례도 그러한 법리를 전제로 하면서 다만 위 사안은 저작권 침해자에 대하여 손해배상청구를 하는 경우이므로 그 침해자가 저작권법이 말하는 '제 3 자'에 해당하지 아니한다는 이유로 위와 같이 판결한 것으로서 타당한 판시이다. 대법원 2006. 7. 13. 선고 2004다10756 판결도 위 판결과 거의 동일한 취지의 판결이다.

§17-18-1   ❖서울고등법원 2013. 12. 19. 선고 2013나2010916 판결
원고의 저작권신탁계약약관(2009. 3. 18. 변경된 것) 제 3 조 제 1 항은 '위탁자(저작자)는 현재 소유하고 있는 저작권 및 장차 취득하게 되는 저작권을 신탁재산으로 수탁자(원고)에게 저작권을 이전하고'(밑줄 및 괄호기재는 편의상 덧붙임)라고 되어 있는 사실을 인정할 수 있으므로, 원고에게 저작권을 위탁한 저작자가 창작한 이 사건 창작곡의 저작권은 위 약관에 따라 원고에게 이전된다고 볼 것이다.
그러나 저작재산권의 양도 또는 처분제한은 등록하지 아니하면 제 3 자에게 대항할 수 없는데(저작권법 제54조 제 1 호), 원고는 이 사건 창작곡에 대한 저작권신탁을 등록하지 아니한 사실을 자인하고 있다. 그렇다면 이 사건 창작곡의 저작자들로부터 그에 관한 저작재산권을 양도받거나 이용허락을 받은 영화저작자들은 저작재산권의 양도에 관하여 수탁자인 원고의 지위와 양립할 수 없는 법률상 지위를 취득한 자들로서 저작재산권의 양도에 관한 등록의 흠결을 주장함에 정당한 이익을 가진다고 할

것이어서, 저작권법 제54조에서 말하는 제3자에 해당하므로(대법원 2006. 7. 13. 선고 2004다10756 판결 참조), 원고는 위 영화제작자들로부터 영화를 공급받아 상영한 피고에 대하여 이사건 창작곡의 저작재산권 신탁에 따른 양도로써 대항할 수 없다.

▷NOTE : 위 판결은 신탁단체인 한국음악저작권협회와의 관계에서 동 단체에 저작재산권을 포괄적으로 신탁한 음악저작자로부터 이용허락을 받은 영화제작자가 '저작재산권의 양도에 관하여 수탁자인 원고의 지위와 양립할 수 없는 법률상 지위를 취득한 자들로서 저작재산권의 양도에 관한 등록의 흠결을 주장함에 정당한 이익을 가지는' 제3자에 해당하는 것으로 인정한 것이다. 타당한 판시이다.

❖ 대법원 2016. 1. 14. 선고 2014다202110 판결 — "CGV" 사건 §17-18-2

원심은, 원고가 이 사건 창작곡의 저작자들로부터 그에 관한 저작재산권을 신탁받았더라도 그 이전등록을 마치지 아니한 이상 저작자들로부터 저작재산권을 이중 양수하거나 저작물의 이용허락을 받은 영화제작자들과 그들로부터 영화를 공급받아 상영한 피고에 대하여 저작재산권 신탁에 따른 양도로써 대항할 수 없다고 판단하였다. 그리고 기록을 살펴보아도 영화제작자가 이 사건 창작곡 저작자들의 배임행위를 유도하고 조장하여 저작권을 양도받거나 이용허락받았다고 볼 만한 사정이 보이지 아니한다.

▷NOTE : 대법원의 위 판결은 대법원도 본서의 입장(§17-15)과 같이, 악의의 제3자라고 하여 저작권법 제54조의 제3자에 해당하지 않는다고 할 수 없고, 저작재산권 양도인의 배임행위에 적극가담하여 이중양수를 받거나 이용허락을 받은 경우에 한하여 (그러한 경우에는 이중양수 등이 반사회적 법률행위로서 무효가 될 것이므로) 저작권양도등록의 흠결을 주장할 수 있는 법률상 정당한 이익을 가진 제3자에 해당하지 않는 것으로 보는 입장을 취하고 있음을 시사하고 있는 것으로 보인다.

4. 부실의 등록

저작권의 등록은 대항요건에 불과하고 권리의 발생요건 또는 효력요건은 아니므로 등록이 §17-19 이루어져도 그것이 실체관계에 합치하지 않을 때에는 그 등록은 그 한도 내에서 무효로 되며, 등록에 공신력(公信力)도 인정되지 아니하므로 등록을 신뢰하여 저작권의 양도를 받아도 그 저작권을 취득할 수 없는 것으로 해석된다.1

---

1 민법상 부동산등기에 관하여 정립된 이론과 마찬가지이다(足立謙三, 전게논문, 269면). 이 논문은 그러나 "진실한 권리자측의 귀책사유, 즉 부실의 등록의 작출 또는 존속에 어떠한 의미에서든 관여한 바가 있어 그의 권리를 상실시켜도 어쩔 수 없다고 인정할 만한 경우에는 진실의 권리자라고 해도 그 등록의 무효를 선의의 제3자에게 대항할 수 없다"고 하는 보충적인 이론을 주장하고 있다(足立謙三, 전게논문, 271면).

Ⅳ. 등록의 절차 등

1. 저작권등록부 등

§17-20   저작권의 등록은 저작권등록부(컴퓨터프로그램저작물의 경우에는 프로그램등록부를 말하며, 이하 같다)에, 출판권의 등록은 출판권등록부에, 저작인접권의 등록은 저작인접권등록부에 각 기재하여 행하며, 문화체육관광부장관이 이러한 등록업무를 관장하도록 규정되어 있다(저작권법 제55조·제63조 제3항·제90조). 프로그램의 등록과 관련하여서는, 구 컴퓨터프로그램보호법하에서 컴퓨터프로그램보호위원회가 등록업무를 맡아 오면서 별도의 프로그램등록부를 관리해 오고 있었는데 이것을 한꺼번에 저작권등록부로 통합하는 데는 물리적 한계가 있을 수 있음을 감안하여, 동법과 저작권법을 통합한 2009. 4. 22. 개정 저작권법에서도 등록부 자체는 '저작권등록부'와 '프로그램등록부'를 구분하여 관리하도록 하였다(제55조 제1항). 그 외에는 일반 저작물과 동일한 법적 취급을 받는다.

2. 등록신청

§17-21   (1) 저작권 등의 등록은 원칙적으로 신청 또는 촉탁에 의하여 한다(저작권법시행령 제25조). 촉탁에 의한 등록의 절차도 신청으로 인한 등록에 관한 규정을 준용하도록 하고 있으므로 그 절차는 크게 다르지 않다.

(2) 저작권 등의 등록을 하고자 하는 자는 저작권, 출판권 또는 저작인접권등록신청서를 문화체육관광부장관에게 제출하여야 한다(저작권법시행령 제26조 제1항).

(3) '저작권의 등록'은 저작자 또는 저작재산권자가 단독으로 신청하여 할 수 있으나, 저작권·출판권·저작인접권의 변동에 관한 등록신청은 원칙적으로 등록권리자 및 등록의무자가 공동으로 이를 행한다. 다만, 신청서에 등록의무자의 승낙서를 첨부하였을 때에는 등록권리자만으로 이를 신청할 수 있고, 판결·상속 기타 일반승계 또는 촉탁에 의한 등록신청도 등록권리자만으로 이를 할 수 있으며, 등록명의인표시의 변경 또는 정정의 등록신청은 등록명의인이 이를 할 수 있다(저작권법시행령 제26조 제2 내지 5항).

3. 등록신청의 반려

§17-22   문화체육관광부장관은 ① 등록신청한 사항이 등록할 것이 아닌 때(제1호)와 ② 등록신청이 문화체육관광부령으로 정한 서식에 적합하지 아니하거나 그 밖의 필요한 자료 또는 서류를 첨부하지 아니한 때(제2호)의 어느 하나에 해당하는 경우에는 신청을 반려할 수 있다. 다만, 신청의

흠결이 보정될 수 있는 경우에 신청인이 당일 이를 보정하였을 때에는 그러하지 아니하다(법 제55 조 제 2 항).

등록관청이 형식적 심사권한을 가지고 있고 거기에는 '저작물이 아님이 법률상 명백한 경우'에 대한 반려권한도 포함된다는 것은 뒤에 소개하는 대법원 판례에 의하여 인정되고 있으나 개정 전의 저작권법 및 그 시행령, 시행규칙 등에 그에 대한 아무런 근거규정이 없어 문제였는데, 2006년 개정법에서 위와 같이 반려처분의 근거를 명문화한 것이다.

4. 등록증의 교부

문화체육관광부장관은 위와 같은 등록신청을 받아 이를 등록부에 등록하였을 때에는 신청인 에게 등록증을 발급하여야 한다(저작권법시행령 제28조 제 1 항). §17-23

5. 등록사항의 경정

문화체육관광부장관은 등록부에 등록된 사항에 대하여 착오 또는 누락사항을 발견하였을 때 에는 지체없이 이를 등록권리자와 등록의무자에게 통지하여야 하며, 그 착오 또는 누락사항이 등 록공무원의 과오로 인한 것인 때에는 지체없이 그 등록을 경정하고, 그 내용을 등록권리자와 등 록의무자에게 통지하여야 한다. 그러한 경우에 그 등록사항의 경정에 이해관계를 가진 제 3 자가 있는 경우에는 그 제 3 자에게도 착오 또는 누락사항의 내용을 통지하여야 한다(저작권법시행령 제 29조). §17-24

6. 등록사항의 변경

위와 같이 등록된 사항에 관하여 그 권리자가 변경, 경정, 말소등록 또는 말소한 등록의 회복 등록을 신청할 때에는 변경등록신청서에 변경사실을 증명할 수 있는 서류를 첨부하여 문화체육 관광부장관에게 제출하여야 한다(저작권법시행령 제30조 제 1 항). §17-25

7. 등록공보의 발행과 등록부의 열람 등

문화체육관광부장관은 저작권등록부에 기재한 등록에 대하여 등록공보를 발행하거나 정보통 신망에 게시하여야 하며, 신청한 자가 있는 경우에는 저작권등록부를 열람하게 하거나 그 사본을 교부하여야 한다(저작권법 제55조 제 3 항). §17-26

8. 비밀유지의무

§17-27   저작물의 등록 관련 업무를 수행하는 자 및 그 직에 있었던 자는 직무상 알게 된 비밀을 다른 사람에게 누설하여서는 아니 된다(저작권법 제55조의2). 이 규정은 원래 등록시 제출된 프로그램의 내용을 비밀로 유지하기를 바라는 저작권자의 이익을 보호하기 위하여 컴퓨터프로그램보호법 제25조에 규정되어 있던 것인데, 동법과 저작권법을 통합하는 2009. 4. 22. 개정 저작권법에서 모든 저작물에 대하여 적용되는 규정으로 수용하게 된 것이다.

V. 등록관청의 저작물 등록심사권

§17-28   위에서 본 바와 같이 저작권법 및 저작권법시행령에서 등록절차에 관하여 규정하고 있으나, 특허법 등의 산업재산권법과 달리 등록의 실질적 요건이나 등록관청의 심사권한 내지 심사절차에 관하여는 아무런 규정을 두고 있지 않다. 여기서 저작권등록관청의 심사권한의 범위를 어디까지로 볼 것인지가 문제된다.

저작권에 관한 등록은 하나의 공시제도에 불과하고, 등록의 공신력은 인정되지 아니하며, 등록관청이 등록사항과 관련하여 그 실체적 권리관계를 심사할 의무나 권한이 있다고 볼 아무런 법적 근거가 없는 상태이므로 기본적으로 등록관청은 등록사항에 대하여 '형식적 심사권한'만을 가지고 있으며, 이른바 '실질적 심사권한'은 없는 것으로 보는 것이 타당하다. 이는 우리 대법원 판례의 일관된 입장이라고 할 수 있다.[1]

다만, '형식적 심사권한'만을 인정한다고 할 때도 구체적으로 '형식적 심사권한'의 범위에 속하는 사항에는 어떤 것들이 포함되는지는 다시 따져보아야 할 문제이다. 특히 저작권등록을 하려면 그 대상이 저작물이어야 함은 당연한 것인데, 어떤 대상이 저작물에 해당하는지 여부는 창작성 등의 여러 가지 요건과 관련하여 어려운 법적 판단의 문제를 제기하고 있는 것이므로, 이러한 저작물성의 판단을 어느 정도까지 '형식적 요건'이라고 하여 등록관청의 심사권한범위 내에 있는 것으로 인정할 것인가 하는 것이 실무에 있어서 가장 주요한 문제가 되고 있다.

이 문제에 관하여는 먼저 '형식적 심사권한'이라는 것을 극단적으로 엄격하게 해석하여 등록관청의 법적 판단기능 및 재량의 여지를 전면적으로 부정하고, 등록관청은 오직 법령이 요구하는 관련서류가 제대로 제출되었는지 여부만을 심사할 수 있다는 견해를 상정해 볼 수 있다. 이 입장

---

1 대법원 1977. 12. 13. 선고 77누76 판결; 대법원 1996. 8. 23. 선고 94누5632 판결 등 참조.
　대법원 1977. 12. 13. 선고 77누76 판결은 "저작권에 관한 등록은 하나의 공시제도에 불과하여 등록관청은 그 실체적 권리관계에까지 심사할 권한이 없다고 할 것"이라고 판시하고 있다.

에서는 저작물성과 관련하여서도 등록신청서에 대상물이 저작권법에 예시된 어느 종류의 저작물에 해당됨을 표방하면서 등록을 신청하기만 하면 기계적으로 그 등록을 모두 받아주어야 한다는 결론을 취하게 될 것이다. 그러나 ① 이러한 견해를 취하게 되면 저작물이 아닌 물품도 저작물로 등록되는 것을 막을 수 있는 아무런 장치가 없어서 결과적으로 저작권등록관리업무의 비효율성과 행정력의 낭비를 초래할 가능성이 높으며, ② 비록 저작권법상 등록에 공신력을 인정하지는 않지만, 그 공시적 기능과 관련하여 추정력 등의 일정한 법적 효력을 부여하고 있는 상황에서 위와 같이 등록관청의 법적 판단을 배제한 상태에서 등록이 이루어지도록 하면 저작권과 관련한 거래에 상당한 혼란을 초래할 우려도 있으므로 위 견해는 타당하지 아니하다.

따라서 저작물성의 판단과 관련하여 등록관청의 법적 판단기능을 어느 정도 존중해 주는 것이 바람직하다고 할 것인데, 그러한 입장을 취하는 경우에도 다시 견해가 두 갈래로 나뉠 수 있다.

첫번째는 등록관청은 신청된 물품이 저작물에 해당하는지 여부에 관한 형식적인 심사권을 가지고 있고, 심사결과 저작물에 해당하지 아니함이 명백한 경우에는 등록을 거부할 수 있으나, 여기서 저작물에 해당하지 아니함이 명백한 경우라 함은 학설상 당해 물품이 저작물에 해당하지 않는다는 점에 관하여 전혀 이론의 여지가 없거나, 판례에 의하여 저작물성이 이미 부인된 경우만을 의미하는 것으로 보아야 한다는 견해가 있을 수 있다.

그러나 ① 저작권에 관한 전문적인 판단능력과 권한을 가진 등록관청이 자신의 법령해석 및 집행기능은 제거된 채 지배적인 학설에만 의존하여야 한다거나 판례가 나오기 전에는 독자적인 법령해석을 할 수 없다고 보아야 할 아무런 근거가 없고, ② 법원의 사후적 심사와 관련하여서도 법원과 등록관청이 모두 그 저작물성을 부정하는 입장에 있어 일치하는 경우에도 학설상 이론의 여지가 있을 수 있었다는 이유만으로 등록거절처분이 위법하다고 판단해야 하는 모순이 발생하며, ③ 이 견해에 의하더라도 저작물이 아닌 물품이 저작물로 등록되어 행정력의 낭비를 초래할 가능성도 높으므로, 이 견해는 타당하다고 보기 어렵다.

두 번째는 등록관청은 저작물 등록신청에 관하여 그것이 저작권등록대상인 저작물에 해당하는지 여부와 등록신청시 구비하여야 할 법령상의 요건을 갖춘 것인지 여부 등에 관한 형식적 심사권을 가지지만, 여기서 형식적인 심사권이라 함은 신청서의 문면이나 제출된 물품 자체에 의하여 실질적인 사실조사 없이 당해 물품이 저작물에 해당하는지 여부가 법률상 명백한지 여부를 판단한다는 의미라고 해석하는 견해이다. 따라서 사실조사를 하여야만 그 창작성의 여부를 확인할 수 있는 경우에 이를 확인하여 저작물성을 가릴 권한이나 의무는 등록관청에 없지만, 신청서의 문면이나 제출된 물품 자체에 의하여 저작물성을 판단할 수 있을 경우에는 관련된 판례가 나오기 전이고 학설도 완전히 정립되지 않은 상태라 하더라도 등록관청이 법령해석을 통해 '저작물이 아넘이 법률상 명백하다'고 판단되면 그 등록을 거절할 수 있다고 보는 것이다. 이 견해가 타당하다고 생각된다.[1]

대법원 1996. 8. 23. 선고 94누5632 판결도 바로 위와 같은 입장에 기한 것이다. 이 판례는 글자체의 저작물성을 부인하여 그 등록신청서를 반려한 등록관청의 처분이 정당하다고 한 것인데, 이 판례의 요지 중 등록관청의 심사권한과 관련된 부분은 다음과 같다.

1) 저작권법의 규정내용과 저작권등록제도 자체의 성질 및 취지에 비추어 보면, 현행 저작권법이나 같은 법 시행령이 등록관청의 심사권한이나 심사절차에 관하여 특별한 규정을 두고 있지 않다고 하더라도 등록관청으로서는 당연히 신청된 물품이 우선 저작권법상 등록대상인 '저작물'에 해당될 수 있는지 여부 등의 형식적 요건에 관하여 심사할 권한이 있다고 보아야 하고, 다만 등록관청이 그와 같은 심사를 함에 있어서는 등록신청서나 제출된 물품 자체에 의하여 당해 물품이 우리 저작권법의 해석상 저작물에 해당하지 아니함이 법률상 명백한지 여부를 판단하여 그것이 저작물에 해당하지 아니함이 명백하다고 인정되는 경우에는(반드시 저작물성을 부인한 판례가 확립되어 있다거나 학설상 이론의 여지가 전혀 없는 경우만을 의미하는 것은 아니다) 그 등록을 거부할 수 있지만, 더 나아가 개개 저작물의 독창성의 정도와 보호의 범위 및 저작권의 귀속관계 등 실체적 권리관계까지 심사할 권한은 없다.

2) '산돌체모음'·'안상수체모음'·'윤체B'·'공한체 및 한체모음' 등 서체도안들은 우리 민족의 문화유산으로서 누구나 자유롭게 사용하여야 할 문자인 한글자모의 모양을 기본으로 삼아 인쇄기술에 의해 사상이나 정보 등을 전달한다는 실용적인 기능을 주된 목적으로 하여 만들어진 것임이 분명하여 우리 저작권법의 해석상으로는 그와 같은 서체도안은 신청서 및 제출된 물품 자체에 의한 심사만으로도 저작권법에 의한 보호대상인 저작물에 해당하지 아니함이 명백하므로, 등록관청이 그 서체도안에 관한 등록신청서 및 제출된 서체도안 자체에 의한 심사결과에 따라 그 서체도안이 우리 저작권법의 해석상 등록대상인 저작물에 해당되지 않는다고 보아 당해 등록신청을 반려한 조치는 적법하다.

등록신청의 반려에 관한 개정법 제55조 제 2 항의 규정은 위 판례의 취지를 그대로 반영한 것이다.

Ⅵ. 저작권 인증

§17-30   문화체육관광부장관은 저작물 등의 거래의 안전과 신뢰보호를 위하여 인증기관을 지정할 수 있다(법 제56조 제 1 항). 이 규정은 특히 해외에서 한국 저작물을 거래하는 과정에서 저작권자가 누구인지, 정당한 이용허락을 받은 사람인지 등에 대한 의문을 가지고 문의해 오는 경우가 많음에도 그것을 확인해 줄 수 있는 특별한 제도적 뒷받침이 되어 있지 않은 문제점을 시정하기 위하여 마련되었다. 위에서 본 바와 같은 저작권등록제도가 있지만, 그것은 뒤에서 보는 '이용허락인증'과 같은 기능을 수행할 수 없고, 모든 저작물이 등록되는 것도 아니며 그 정확성도 확실히 담보

---

1 이성호, "서체도안의 저작물성과 등록관청의 저작물 등록심사권의 범위," 대법원판례해설 제27호(1996년 하반기), 법원행정처, 610면 참조.

되지는 않는다는 점에서, 별도의 '인증'제도의 필요성이 제기된 것이다. 여기서 '인증'이란 저작물 등의 이용허락 등을 위하여 정당한 권리자임을 증명하는 것을 말한다(법 제2조 제33호).

이 규정에 따라 인증기관으로 지정받을 수 있는 기관은 ① 한국저작권위원회, ② 저작권신탁관리업자, ③ 그 밖에 문화체육관광부장관이 인증업무를 수행할 능력이 있다고 인정하는 법인이나 단체 등이다(영 제36조 제1항).

지정된 인증기관은 인증과 관련한 수수료를 받을 수 있으며 그 금액은 문화체육관광부장관이 정한다(법 제56조 제3항).

문화체육관광부장관은 인증기관이 지정요건을 갖추지 못하거나 인증업무규정에 위반하여 인증업무를 처리한 경우 또는 정당한 이유없이 1년 이상 계속하여 인증업무를 하지 아니한 경우 등에는 그 지정을 취소할 수 있다(법 제56조 제2항, 영 제36조 제6항).

인증의 종류는 권리자 인증과 이용허락 인증으로 구분된다. 권리자 인증이란 저작물 등을 특정한 형태로 이용할 수 있도록 허락하는 사람이 그에 대하여 정당한 권리를 가지고 있다는 것을 인증하는 것을 말하는 것이고, 이용허락인증이란 저작물 등을 복제, 배포하는 자가 저작권자로부터 이용허락을 받았다는 것을 인증하는 것을 말하는 것이다.[1] §17-31

이러한 인증은 그것이 인증된 사항을 법적으로 확정하는 효력이 있는 것은 아니고 법원의 재판에 의하여 번복될 수 있는 가능성은 있다. 다만, 인증기관을 믿고 거래를 한 사람이 그 나중에 인증 내용이 사실과 다른 것으로 판명됨으로 말미암아 손해를 입은 경우에는 인증기관의 과실을 이유로 손해배상을 청구할 수 있을 것이다. 다른 한편으로 인증을 믿은 이상 저작권 침해의 과실이 있다고 인정되지는 않을 수 있고, 그로 인하여 권리자가 인증을 믿고 거래한 후 저작물의 복제 등을 한 자를 상대로 손해배상청구를 할 수 없게 되는 경우가 있을 수 있고, 그 경우에는 권리자가 인증기관을 상대로 손해배상청구를 할 가능성이 있다.[2] §17-32

이와 같은 저작권인증제도는 중국을 비롯한 다른 나라에 한류 콘텐츠를 수출함에 있어서 권리관계 입증의 수단을 제공할 필요 등의 현실적인 필요에 따라 도입된 것이지만, 선진국의 법제 가운데 참고할 만한 유사사례가 없고, 인증제도의 운영 시스템을 마련하는 데 따르는 현실적인 문제들이 만만치 않아 2006년의 개정법이 시행된 후에도 4년 여의 기간에 이르기까지 실질적으로 시행되지 못하였다. 그러나 문화체육관광부는 그 시행을 위해 2010. 11. 8. '저작권 인증 업무 지침'[3]을 제정, 고시하였고, 그에 따라 한국저작권위원회가 문화체육관광부로부터 인증기관으로 §17-33

---

1 임원선(책임집필), 전게서, 275면 참조.
2 서달주, 전게서(2007), 359면도 "권리자에게 발생한 재산적 피해는 권리자와 인증기관 간의 책임문제로 돌릴 수밖에는 없다"고 하고 있다.
3 '저작권 인증 업무 지침'은 ① 인증서의 발급 절차 및 인증표시부여, ② 인증서의 폐지·소멸 등 유효성 제시, ③ 인증

지정받아 2012. 2. 23.부터 저작권 인증업무를 시작하였다. 동 위원회는 저작권 인증 업무를 위해 저작권인증 사이트(http://cras.copyright.or.kr/)를 개설한 후 본격적으로 인증서비스를 하고 있다. 온라인 신청 요령 등 자세한 사항은 위 사이트에서 안내받을 수 있다.

업무규정 작성·공시, 조회 및 열람 서비스 제공 등 인증기관의 의무, ④ 인증서 발급의 신청·접수 업무 위탁 및 수수료 부과 등을 규정하고 있다.

기타의 권리 및 특례

copyright law

Ⅰ. 서   설

§18-1   한·미 FTA의 이행을 위한 2011. 12. 2.자 개정 저작권법은 모든 저작물에 대하여 적용할 수 있는 배타적발행권제도를 새로이 도입하였다. 배타적발행권이란 저작재산권자가 저작물 이용자에게 그 저작물을 발행하는 등의 일정한 이용행위를 할 수 있는 권리를 배타적으로 설정함으로써 그 이용자가 취득하게 되는 권리를 말한다. 이러한 배타적발행권제도는 전적으로 새로운 제도는 아니다. 기존 저작권법에 규정된 출판권 및 프로그램 배타적발행권이 실제로 물권적 성격을 가지는 '배타적이용권'에 해당하므로, 법적 성격에 있어서 공통점이 있고, 그 중에서 특히 프로그램 배타적발행권의 경우는 대상 저작물만 컴퓨터프로그램저작물에 한정되는 것 말고는 내용적으로도 동일하다. 따라서 개정법의 배타적발행권제도는 기존의 컴퓨터프로그램에 대하여만 적용되던 제도를 모든 저작물에 대하여 적용할 수 있도록 확장한 데 그 의의가 있다고 할 수 있다. 이러한 배타적발행권이 신설됨으로써 기존의 출판권은 배타적발행권의 한 부분으로서의 성격을 가지게 되므로 입법과정에서 출판권제도의 존치 여부가 문제 되었으나, 기존의 관행에 따라 출판권을 설정받은 경우에 대한 법률효과를 혼동 없이 명료하게 할 필요가 있다는 등의 이유로 출판권에 대하여는 배타적발행권에 대한 특례규정으로 수렴함으로써 기존제도가 유지될 수 있게

되었다.

한·미 FTA 제18.10조 제4항에서 "각 당사국은 모든 지적재산권 집행에 관한 민사 사법절차를 권리자(주27 : 제18.10조의 목적상 "권리자"는 그러한 권리를 주장할 수 있는 법적 지위와 권한을 가진 협회 또는 조합을 포함하고, 지적재산에 포함된 하나 이상의 지적재산권을 배타적으로 가지고 있는 인을 포함한다)에게 이용 가능하도록 한다"고 규정하고 있는 것이 이 제도를 도입한 배경이다. 배타적발행권이 아니라 독점적 이용허락을 받은 경우에도 그 이용권자가 저작재산권자를 대위하여 침해정지청구 등을 할 수 있는 것은 판례에 의하여 인정되고 있지만, 손해배상청구의 경우에는 제3자의 채권 침해가 인정될 만한 경우에 한하여 받아들여질 가능성이 있는 점에서 한계가 있으므로(§13-80 참조), 배타적발행권을 모든 저작물에 대하여 규정하는 것은 한·미 FTA의 이행 차원에서 필요한 일이었다.

그런데 원래 정부가 마련한 개정안에는 모든 이용행위에 대하여 인정되는 '배타적이용권'제도가 출판권제도와 별도로 존속기간에 대한 임의규정 외에는 특별한 제한 없이 규정되어 있었다. 그러나 '배타적이용권'제도는 원저작권자의 권리가 '설정'이라는 이름하에 실질적으로 배타적이용권자에게 이전되는 것을 허용하는 것이라 할 수 있으므로 이것이 무제한적으로 남용될 경우에 원저작권자의 권리가 형해화되고, 계약을 통해 배타적이용권을 설정받은 상업적 이용자만 큰 이익을 누리는 결과를 초래할 수도 있는 문제가 없지 않았다. 국회에서의 개정안 통과 전의 최종적인 검토 과정에서 위와 같이 저작물 이용행위에 제한이 없는 배타적이용권제도가 이용행위 중 발행(복제, 배포) 및 복제, 전송의 경우에 한하여 인정되는 '배타적발행권'제도로 축소 조정되고 동시에 종전에 저작권자와 출판권자 사이의 이해관계를 조정하기 위하여 규정되어 있던 조항들을 배타적발행권에 대하여도 대부분 적용될 수 있도록 규정한 것은 그런 관점에서 매우 다행스러운 일이라 생각된다.

§18-2

한·미 FTA에 배타적발행권제도의 근거조항을 둔 것은 미국의 저작물 유통회사 등의 이익을 위한 미국 정부의 요망이 반영된 면이 있으나, 우리나라 내에서도 저작물 이용형태가 다양해짐에 따라 기존의 아날로그 출판 이외에 전자출판 등 다양한 이용형태에 대해서도 저작물 이용자가 배타적발행권 설정을 통해 준물권적 지위를 확보함으로써 저작권산업을 보다 안정적으로 영위할 수 있도록 할 필요가 있다는 지적이 있어 왔으므로 그러한 필요가 반영된 점에서 이 제도의 긍정적 의의를 찾을 수 있다.[1]

아래에서는 이러한 배타적발행권에 대하여 먼저 살펴본 후, 성질상은 배타적발행권의 일종이

---

[1] 문화체육관광부·한국저작권위원회, 한·미 FTA 이행을 위한 개정 저작권법 설명자료(2011. 12. 14.), 17면; 김현철, "한미 FTA 이행을 위한 저작권법 개정방안 연구," 저작권위원회, 2007, 177면.

라 할 수 있지만 특례규정에 의하여 별도로 규정되어 있는 출판권에 대하여 살펴보기로 한다.

Ⅱ. 배타적발행권

1. 의의 및 법적 성질

§18-3   배타적발행권이란 저작물을 발행하거나 복제·전송(이하 "발행 등"이라 한다)할 권리를 가진 자로부터 설정을 받은 제 3 자(배타적발행권자)가 그 저작물에 대하여 설정행위에서 정하는 바에 따라 그 저작물을 발행 등의 방법으로 이용할 권리를 말하며, 제63조에 별도로 규정된 '출판권'은 여기에서 제외된다(법 제57조 제 1 항, 제 3 항).

§18-4   이 권리는 당사자 사이의 계약에 의하여 구체화되지만 단지 계약 당사자 사이에서만 주장할 수 있는 채권적인 권리가 아니라 배타적(排他的), 대세적(對世的) 권리로서 준물권(準物權)적인 성격을 가진다. 이러한 준물권적 권리는 계약 당사자 사이의 합의만으로 창설할 수 있는 것이 아니고 법률상의 근거가 존재하여야 하는데, 저작권법 제57조 제 1 항에서 "저작물을 발행하거나 복제·전송(이하 "발행 등"이라 한다)할 권리를 가진 자는 그 저작물을 발행 등에 이용하고자 하는 자에 대하여 배타적 권리(이하 "배타적발행권"이라 하며, 제63조에 따른 출판권은 제외한다. 이하 같다)를 설정할 수 있다"고 규정하고 있는 것이 바로 배타적발행권 설정의 법적 근거이다.

§18-5   저작재산권자가 이용자에게 저작물을 이용하게 하되, 이용자가 배타적 권리를 가지지는 않도록 하려면 저작권법 제46조에 의한 '저작물의 이용허락'을 하면 된다(이에 대하여 자세한 것은 §13-75 이하 참조). 저작권법 제46조에 의한 이용허락 가운데도 계약상 이용자가 독점적인 이용권을 갖도록 하는 경우, 즉 독점적 이용허락을 하는 경우가 있는데, 그 경우에도 그 이용의 독점성이 계약에 의하여 보장되는 것으로 하는 취지이고 본조의 배타적발행권을 설정하는 의사에 기한 것이 아니라면, 그것은 단순한 채권적 효력이 있을 뿐이다. 그런 점에서 제46조에 의한 이용허락과 제57조에 의한 배타적발행권 설정은 법적 성격에 있어서 뚜렷이 구별된다. 다만 현실 속에서는 실제 이루어진 계약이 제46조에 의한 이용허락인지 제57조에 의한 배타적발행권 설정인지가 반드시 명확하지 않은 경우가 있을 수 있다. 이 경우에는 의심스러울 때에는 저작권자에게 유리하게 해석한다는 원칙에 따라 '배타적발행권'의 문구가 뚜렷이 포함되지 않은 계약이라면 '독점적인 이용'에 관한 내용이 있다고 하더라도 제57조에 기한 배타적발행권의 설정이 아니라 제46조에 기한 '독점적 이용허락'에 해당하는 것으로 보는 것이 원칙적으로 타당하다고 생각된다.1

---

1 '티맥스' 사건에 대한 대법원 2011. 6. 9. 선고 2009다52304 판결은 프로그램에 대한 국내 독점적 사용권 등을 부여받은 것은 인정되는 사안에서 계약상 제 3 자의 청구가 있는 경우 그 상황을 즉시 저작권자에게 알려야 하며 그에 대응

한편, 개정법은 문서 또는 도화의 발행에 대한 배타적 권리로서의 출판권에 대하여는 배타적 §18-6
발행권과는 별도의 권리로 규정하고 있으므로, 저작자로부터 출판권을 설정받은 자는 다른 약정
이 없는 한 출판권만 가질 뿐이고, 배타적발행권을 가지지는 못한다. 따라서 오프라인 도서의 출
판을 위한 출판권을 설정받으면서 동시에 전자책 등의 전자출판에 대하여도 배타적 권리를 갖고
자 할 경우에는 그에 대한 배타적발행권을 설정받을 필요가 있다. 법 개정 이전에 작성된 기존의
출판권설정계약서상에 전자출판을 허락하는 취지가 포함되어 있다 하더라도 그것은 미리 법개정
을 염두에 두고 합의하였다는 등의 특별한 사정이 없는 한 제46조에 의한 이용허락의 성격을 갖
는 것으로 보아야 할 것이고(따라서 독점조항이 있더라도 독점적 이용허락에 해당할 뿐임), 배타적발행권
을 설정받은 것으로 보기는 어려울 것이다.

저작물에 대한 저작재산권을 토지에 대한 소유권에 비유한다면, 저작재산권의 양도는 토지에 §18-7
대한 소유권의 양도에, 배타적발행권의 설정은 토지에 대한 용익물권(用益物權)(예컨대 지상권)의 설
정에 각 해당한다고 할 수 있다. 따라서 저작재산권자(저작물에 대하여 발행 등을 할 수 있는 권리자)의
권리는 설정된 배타적발행권의 제한을 받는 것 외에는 그대로 원래의 권리자에게 남아 있는 것이
고, 또한 배타적발행권은 저작재산권의 존재를 전제로 하여 설정적으로 이전된 것이므로 저작재
산권이 어떤 이유로 소멸하면 배타적발행권도 소멸하는 것이 원칙이다. 다만 저작자가 사망하였
으나 그 상속인이 존재하지 않으므로 저작재산권의 보호기간이 경과하기 전에 저작재산권이 소
멸하는 경우에 배타적발행권도 따라서 소멸한다고 하면, 배타적발행권자가 예상치 못한 사유에
의하여 그의 지위를 불안정하게 하는 불합리한 측면이 있다. 상속인이 없는 경우 저작권을 공유
(公有)로 하는 것은 이해관계인이 없어 더 이상 보호할 필요가 없기 때문이라는 것을 감안하여,
그러한 경우에는 저작재산권의 소멸에도 불구하고 배타적발행권이 그 존속기간 동안 그대로 존
속하는 것으로 보아야 할 것이다(출판권의 경우에 대한 §18-58 참조).

배타적발행권은 배타적 성질의 준물권이므로 배타적발행권자는 모든 사람에게 배타적발행권 §18-8
을 주장할 수 있고 당연히 저작재산권자에게도 주장할 수 있다. 즉, 저작재산권자는 배타적발행
권자의 배타적발행권을 존중하여야 하므로 계약에서 정한 조건과 방법의 범위 내에서는 스스로
동일한 저작물을 발행 등의 방법으로 이용하거나 다른 제 3의 출판자에게 배타적발행권을 설정하
거나 이용허락을 할 수 없는 것이 원칙이다. 저작권법 제57조 제 2 항은 "저작재산권자는 그 저작
물에 대하여 발행 등의 방법 및 조건이 중첩되지 않는 범위 내에서 새로운 배타적발행권을 설정
할 수 있다"고 규정하고 있는데, 이것은 발행 등의 방법 및 조건이 중첩될 경우에는 새로운 배타

할 것인지 여부는 저작권자가 결정하고, 사용권자가 청구에 대응하거나 화해할 경우에는 저작권자의 이름과 비용으로
이를 행하는 것으로 약정한 점 등에 비추어볼 때 사용권자가 저작권자로부터 프로그램배타적발행권을 설정받았다고
할 수 없다는 취지로 판시하였다.

적발행권을 설정할 수 없다는 것을 당연한 전제로 하고 있는 것이다. 만약 다른 특약이 없음에도 불구하고 저작재산권자가 그러한 행위를 한다면 계약상의 채무불이행이 될 뿐만 아니라 배타적 발행권 침해에 대한 민·형사상의 책임을 지게 된다.

§18-9   또한 제 3 자가 배타적발행권을 침해할 경우 배타적발행권자는 저작재산권자의 도움을 받거나 그의 권리를 대위할 필요 없이 바로 자신의 명의로 자신의 권리인 배타적발행권을 주장하여 민·형사상의 권리구제(침해정지청구, 손해배상청구, 형사고소 등 포함)를 받을 수 있다는 것도 배타적발행권이 가지는 준물권적 성격에 비추어 당연한 것이다.

§18-10   여기서 문제가 되는 것은 배타적발행권을 설정한 저작재산권자가 그 설정범위 내에서 제 3 자가 침해행위를 한 경우에 저작재산권침해를 이유로 침해정지청구를 할 수 있는지 여부이다. 저작권법상의 배타적발행권과 유사한 법적 성격을 가지는 상표법상의 전용사용권에 관하여 대법원은 2006. 9. 8. 선고 2006도1580 판결에서 "상표권이나 서비스표권에 관하여 전용사용권이 설정된 경우 이로 인하여 상표권자나 서비스표권자의 상표 또는 서비스표의 사용권이 제한받게 되지만, 제 3 자가 그 상표 또는 서비스표를 정당한 법적 권한 없이 사용하는 경우에는 그 상표권자나 서비스표권자가 그 상표권이나 서비스표권에 기하여 제 3 자의 상표 또는 서비스표의 사용에 대한 금지를 청구할 수 있는 권리까지 상실하는 것은 아니고, 이러한 경우에 그 상표나 서비스표에 대한 전용사용권을 침해하는 상표법 위반죄가 성립함은 물론 상표권자나 서비스표권자의 상표권 또는 서비스표권을 침해하는 상표법 위반죄도 함께 성립한다"고 판시하고 있는데, 이러한 판결취지는 타당한 것으로 생각되며, 저작재산권의 경우에도 마찬가지로 판단되어야 할 것이다. 즉, 저작재산권의 경우에 저작재산권자가 타인에게 배타적발행권을 설정한 경우 그 설정한 범위 내에서 자신의 저작재산권 행사에 제한을 받게 되지만, 제 3 자가 침해행위를 한 경우에 그에 대한 정지를 청구할 수 있는 권리까지 상실하는 것은 아니라고 보아야 한다. 결국 그러한 경우에 저작재산권자와 배타적 발행권자 모두 침해정지청구권을 행사할 수 있는 것(배타적발행권의 침해인 동시에 저작재산권의 침해도 성립하는 것)으로 보아야 할 것이다.[1] 위에서도 언급한 바와 같이 저작재산권과 배타적발행권의 관계는 민법상 소유권과 지상권의 관계와 본질적으로 유사한 면이 있는데, 지상권을 설정한 소유권자의 지위와 관련하여, 대법원 1974. 11. 12. 선고 74다1150 판결은 "무릇 토지소유권은 그 토지에 대한 지상권설정이 있어도 이로 인하여 그 권리의 전부 또는 일부가 소멸

---

[1] 판례도 이 점에서 본서와 같은 입장에 서 있는 것으로 보인다. 예를 들어, 부산지방법원 2015. 7. 6.자 2015카합514 결정은 "채권자 주식회사 △△을 제외한 채권자들은 저작자로서, 채권자 주식회사 △△은 저작권법 제57조에서 정한 배타적 발행권자로서 저작권법 제123조 제 1 항에 따라 그 권리를 침해하는 자에 대하여 침해의 정지를, 그 권리를 침해할 우려가 있는 자에 대하여 침해의 예방을 각 청구할 수 있고, 이러한 침해지정청구는 가처분신청의 형태로도 행사할 수 있다."라고 설시하였고, 서울고등법원 2016. 11. 29.자 2015라1490 결정도 같은 취지로 판단하였다.

하는 것도 아니고 단지 지상권의 범위에서 그 권리행사가 제한되는 것에 불과하며, 일단 지상권이 소멸되면 토지소유권은 다시 자동적으로 완전한 제한 없는 권리로 회복되는 법리라 할 것이므로 소유자가 그 소유토지에 대하여 지상권을 설정하여도 그 소유자는 그 토지를 불법으로 점유하는 자에게 대하여 방해배제를 구할 수 있는 물권적 청구권이 있다고 해석함이 상당"하다고 판시하여 위와 같은 입장을 뒷받침하고 있다.[1]

그러나 배타적발행권을 설정한 저작재산권자가 배타적발행권의 범위에 속하는 이용행위를 한 제3의 침해자에 대하여 손해배상청구를 할 수 있는지 여부에 대하여는 경우의 수를 나누어 살펴볼 필요가 있다. 만약 배타적발행권을 설정함에 있어서 일정기간에 대하여 일정금액으로 사용료를 정하여 배타적발행권을 설정한 경우라면 침해로 인하여 매상이 감소하더라도 저작재산권자에게는 사용료 수입의 감소가 없으므로 손해배상을 청구할 수 없을 것이다. 그러나 배타적발행권 설정에 따른 사용료를 배타적발행권자의 판매량에 비례하여 받는 경우에는 배타적발행권이 설정되어 있더라도 저작재산권자의 손해배상청구가 그 사용료 감소분에 상응하는 만큼은 받아들여질 수 있다.[2] 결국 이 문제는 구체적인 사안에서 저작재산권자에게 손해가 있었는지 여부에 따라 판단되어야 할 것이다.[3] §18-11

저작권법상 배타적발행권에 관한 규정은 저작재산권자가 설정하는 권리를 중심으로 규정되어 있으나, 복제권, 배포권 및 전송권을 가지는 실연자와 음반제작자도 실연 또는 음반에 대하여 타인에게 배타적발행권을 설정할 수 있다(§19-82 참조).

2. 내 용

개정 저작권법 제57조 제3항은 "제1항에 따라 배타적발행권을 설정받은 자(이하 "배타적발행권자"라 한다)는 그 설정행위에서 정하는 바에 따라 그 배타적발행권의 목적인 저작물을 발행등의 방법으로 이용할 권리를 가진다"고 규정하고 있다. 이에 의하면 배타적발행권의 내용은 "설정행위에서 정하는 바에 따라 그 배타적발행권의 목적인 저작물을 발행등의 방법으로 이용할 권리"라고 할 수 있다. 그 내용을 보다 자세하고 정확하게 이해하기 위하여 주요 문구별로 나누어 살펴보기로 한다. §18-12

---

1 조영선, "특허실시권자의 손해배상 및 금지청구권," 저스티스 통권 제110호, 114~115면 참조.
2 특허권의 경우에 대한 것이지만, 정상조·박성수 공편, 특허법 주해 II, 박영사, 2010, 266~267면(박성수 집필부분)이 같은 입장을 취하고 있다.
3 상표권과 관련하여 대법원 2002. 10. 11. 선고 2002다33175 판결이 전용사용권이 설정된 기간에 대하여 상표권자의 손해가 없었던 것으로 본 원심 판결의 내용을 수긍하는 취지의 판시를 하고 있다. 그러나 구체적으로 어떤 사안인지 명료하지 아니하여, 이 문제에 관한 대법원의 입장을 정확히 알기는 어렵다.

(1) '설정행위에서 정하는 바에 따라'

§18-13   배타적발행권은 저작권법에서 준물권적인 성격으로 설정할 수 있는 법적 근거를 두고 있지만 그 권리가 구체화되기 위해서는 반드시 저작재산권자의 구체적인 설정행위를 필요로 한다. 그 설정행위가 보통은 계약의 형태를 취하겠지만, 유언의 경우와 같이 저작재산권자의 단독행위인 경우도 있을 수 있다. 배타적발행권의 구체적인 내용은 이러한 설정행위에 의하여 정해지게 된다. 그러나 예를 들어 배타적발행권의 배타적인 성질에 배치되는 내용, 즉 저작권자가 다른 제 3 자에게도 배타적발행권을 중첩적으로 설정할 수 있다고 하는 등의 내용이 계약에 포함되게 되면, 그것은 배타적발행권 설정제도의 본질에 반하는 것이므로 문제가 있다. 그러한 경우라면 설사 '배타적발행권 설정'이라고 하는 표현을 사용한다고 하더라도 실제로는 이용허락계약의 성질을 가진 것으로 보게 될 가능성이 높다. 그리고 저작권법에서 배타적발행권자와 저작권자의 권리의무에 관하여 규정한 것과 상충하는 내용으로 계약이 이루어진 경우 중에서 저작권법의 해당 규정이 강행규정인 경우에는 역시 그 상충하는 부분의 계약의 효력은 인정될 수 없다.

§18-14   한편, 계약의 내용 중에는 물권적 설정행위의 내용을 이루는 것도 있고, 그렇지 않은 것도 있을 수 있음을 유의하여야 한다. 예컨대 웹사이트에 올리는 방식으로 복제, 전송하는 것에 관하여 배타적발행권을 설정할 경우에 웹사이트에 올리는 방식 자체는 설정행위의 중요한 내용이므로 그 범위를 벗어나 오프라인에서 이용하는 것은 달리 특별한 약정이 없는 한 배타적발행권의 침해가 성립하지 않을 가능성이 많지만, 웹사이트에 올릴 때 구체적인 방식을 특정한 것과 같은 계약내용은 설정행위의 내용이 아니라 당사자 사이에 채권적인 효력이 있는 계약내용에 불과하다고 보아야 할 것이다. 즉 그러한 경우에는 제 3 자가 웹상에 올리는 방식을 달리하였다 하더라도 배타적발행권의 침해가 성립할 수 있는 것이다.

§18-15   설정행위를 할 수 있는 자는 해당 이용행위에 대한 저작재산권을 가지고 있는 저작재산권자이다. 다만 그 부분의 권리에 대하여 질권설정이 되어 있는 경우에는 저작재산권자라고 하더라도 처분권이 제한되므로 질권자의 허락이 있어야만 배타적발행권을 설정할 수 있다(법 제57조 제 4 항).

(2) '발행등의 방법으로 이용할 권리'

§18-16   '발행등'이란 저작물을 발행하거나 복제·전송을 하는 것을 말한다(법 제57조 제 1 항 참조). 저작권법상 '발행'이란 "저작물 또는 음반을 공중의 수요를 충족시키기 위하여 복제·배포하는 것"을 말하므로(제 2 조 제24호), 결국 '발행등'이란 '복제·배포'와 '복제·전송'을 포괄하는 것이라 할 수 있다.[1] 공중을 대상으로 한 배포 또는 전송이 이루어지는 경우에 한하여 '발행 등'에 해당하므로

---

1 문화체육관광부·한국저작권위원회, 한·미 FTA 이행을 위한 개정 저작권법 설명자료(2011. 12. 14.), 18면 참조.

그렇지 않고 '복제'만 하는 것에 대하여는 배타적발행권을 설정할 수 없고, 복제는 제외하고 배포 또는 전송행위만 허용하는 경우도 '발행 등'에 해당하지 않으므로 배타적발행권을 설정할 수 없다. 단순히 복제만을 허용하기 위하여서는 배타적발행권의 설정 대신 법 제46조에 의한 이용허락 제도를 이용하면 되지만, 그 경우에는 이용권에 준물권으로서의 '배타적' 성격이 없다는 점에 유의하여야 한다.

결국 배타적발행권의 내용은 ① 복제·배포, 즉 발행을 할 수 있는 권리만 있는 경우, ② 복제·전송을 할 수 있는 권리만 있는 경우, ③ 복제·배포, 즉 발행 및 복제·전송을 할 수 있는 권리를 모두 가지는 경우의 세 가지로 구분된다(복제, 배포, 전송의 개념에 대하여 자세한 것은 각각 §13-3, §13-55, §13-39 참조). 이른바 '전자출판'이라는 것은 그 중 ②에 해당한다고 할 수 있으므로 전자출판을 할 수 있는 권리를 배타적 권리로 설정하고자 할 경우에 개정전 저작권법상으로는 권리 양도 이외의 다른 방법이 없었으나 개정 저작권법에서는 '전자출판업자'에게 '배타적발행권'을 설정할 수 있게 되었다.

위와 같은 세 가지의 권리내용에는 모두 복제 외에 배포 또는 전송 등의 추가적인 행위가 필요하지만, 저작물 이용자의 행위가 배타적발행권의 침해행위가 되기 위하여 그 이용행위에 복제 외에 배포 또는 전송행위가 있어야만 하는 것은 아니고 사적 이용을 위한 복제(저작권법 제30조)에 해당하지 않는 한 복제행위만으로도 침해가 성립할 수 있다.[1] 다만, 예를 들어 배타적발행권의 설정행위에서 권리의 내용에 온라인 전송을 위한 디지털 전송에 대하여만 배타적 권리를 가지도록 명시한 경우에는 오프라인상의 아날로그 복제는 침해행위가 되지 않는 것으로 볼 수 있을 것이다.

원래의 개정안에는 '배타적이용권'제도로 도입되어 모든 이용행위에 걸쳐 설정할 수 있도록 하고 있었는데, 최종적으로 국회를 통과한 개정안은 위와 같이 발행과 복제·전송의 경우에 한하여 배타적발행권을 설정할 수 있도록 제한하고 있음을 유의할 필요가 있다.[2]

---

[1] 이와 같이 '복제'의 경우에는 배타적발행권의 침해가 성립하지만 '2차적저작물 작성'의 경우에는 저작재산권자의 2차적저작물작성권 침해만 성립하고 배타적발행권침해는 성립하지 않는 것으로 보아야 할 것이다. 출판권에 대하여 그러한 취지로 설명한 §18-66 참조.

[2] 따라서 발행과 '복제·전송' 이외의 행위, 예컨대 2차적저작물작성 행위에 대하여는 우리 저작권법상 (저작재산권의 일부 양도의 방법은 별도로 하고) 배타적 권리를 설정할 수 있는 길이 없다. 그러한 행위에 대하여 설사 독점적 권리를 설정하였다고 하더라도 그것은 채권적 의미를 가지는 것에 불과하므로, 그 설정을 받은 사람이 대세적 권리를 행사할 수는 없다. 같은 취지에서 서울중앙지방법원 2013. 5. 31. 선고 2012가합88872판결은 "저작권법은 저작재산권자가 그의 의사에 따라 대세적 효력을 가지는 배타적발행권(제57조)과 출판권(제63조)을 제3자에게 부여할 수 있음을 규정하고 있음에 반하여, 대세적 효력을 가지는 '2차적저작물 작성 및 이용권한'을 제3자에게 부여할 수 있는 근거 규정을 두고 있지 아니한 바, 저작재산권자로부터 2차적저작물의 작성 및 이용 권한을 독점적으로 부여받은 자라 할지라도 그가 가진 권리는 저작재산권자에게 주장할 수 있는 채권적인 권리에 지나지 아니하여, 저작재산권자와 별개로 자신이 직접 원저작물의 2차적저작물을 무단으로 발행한 자를 상대로 침해행위의 금지 및 손해배상을 구할 수는 없다고 할 것이다."라고 판시하였다.

(3) 출판의 제외

§18-17   출판은 발행의 개념에 포함되므로, 원래는 그 성질상 배타적발행권의 내용에 포함되는 것이지만, 기존의 출판권을 설정받은 경우와 기존의 관행에 따라 출판권을 설정받는 경우에는 기존 저작권법상의 출판권에 관한 규정을 그대로 적용받을 수 있도록 하기 위해 개정법에서 배타적발행권에 대한 특례규정으로 제63조에 출판권의 설정에 관한 규정을 별도로 두면서, 배타적발행권의 개념에서는 출판권을 제외하는 것으로 규정한 것이다(제57조 제 1 항 참조). 따라서 뒤에서 보는 출판의 개념에 해당하는 행위를 하는 것은 출판권의 대상으로 하여야 하고, 배타적발행권의 대상으로 할 수는 없다. 앞서 언급한 바와 같이, 오프라인상의 출판과 온라인상의 전자출판을 동시에 하고자 할 경우에는 '출판권' 및 '배타적발행권'을 동시에 설정받는 방법을 취하여야 할 것이다.

3. 배타적발행권의 존속기간

§18-18   배타적발행권의 존속기간은 설정행위에 의하여 임의로 정할 수 있으나, 설정행위에 정함이 없으면 일반적인 경우 맨 처음 발행 등을 한 날로부터 3년간 존속한다(법 제59조 제 1 항 본문). 다만 저작물의 영상화를 위하여 배타적발행권을 설정한 경우에는 발행 등을 한 날로부터 5년간 존속한다(같은 항 단서).

        3년 또는 5년보다 장기간으로 정하는 것도 물론 가능하나 기간의 한정을 두도록 하는 것이 법의 취지이므로 계약기간을 영구화하는 뜻에서 무기한의 계약기간을 정하는 경우는 '설정행위에 정함이 없는' 경우에 해당하는 것으로 보아 맨 처음 발행등을 한 날로부터 3년(영상화를 위한 경우에는 5년)간만 존속하는 것으로 보게 될 것이다. 맨 처음 발행등을 한 날이라고 함은 음반 등의 형태로 시중의 매장에 배포되거나 웹사이트 등에 올려져 공중이 접근할 수 있는 상태에 놓이게 된 최초의 시점을 의미하는 것으로 본다.

        여기서 말하는 '영상화'란 법 제99조에서 말하는 '영상화'와 같은 의미로 보아야 할 것이다(제99조의 '영상화'의 의의에 대하여 자세한 것은 §23-12 참조). 소설, 각본, 시나리오 등 어문저작물의 영상화 외에 음악저작물을 영화나 드라마 등의 배경음악으로 이용하거나 미술저작물을 영화 등의 무대 또는 배경으로 이용하는 것 등도 포함되는 개념으로 본다.

§18-19   맨 처음 발행등을 한 날로부터 3년 또는 5년간 존속한다고 규정한 것이 배타적발행권이 발생하는 시점을 규정하는 의미도 갖고 있는 것으로 보아 계약 시점부터 최초로 발행등을 한 시점까지 사이에는 배타적발행권이 발생하지 않고 있는 것으로 보는 견해도 있을 수 있으나, 배타적발행권은 설정행위에 의하여 바로 발생하고 '맨처음 발행등을 한 날로부터'라고 하는 것은 배타적발행권 존속기간을 계산하기 위한 기산일을 정한 것에 불과하다고 보는 것이 타당하다고 생각된

다(출판권에 관한 §18-75 참조).

계약기간 만료 시점에서 특별한 의사표시가 없을 경우 자동으로 기간이 갱신된다는 조항이 있을 경우는 그에 따라 갱신이 이루어지게 되나 그렇지 않은 경우에는 기간의 만료에 의하여 배타적발행권은 소멸되게 된다.

'발행등'의 개념에는 복제와 배포 또는 전송이 모두 포함되므로, 배타적발행권이 소멸되고 나면 당해 배타적발행권자는 저작재산권자의 허락 없이는 저작물의 복제뿐만 아니라 복제된 저작물의 배포 또는 전송도 저작재산권자의 허락 없이는 할 수 없는 것이 원칙이다. 그러나 그 가운데 특히 '배포'를 허용하지 않는 원칙을 무조건적으로 관철하게 되면 이미 복제된 저작물을 무조건 폐기할 수밖에 없어 사회경제적으로 바람직하지 않은 결과가 발생할 수 있다. 그러한 점을 감안하여 저작권법은 두 가지 예외사유를 규정하고 있다.

즉 배타적발행권이 그 존속기간의 만료 그 밖의 사유로 소멸된 경우에 그 배타적발행권을 가지고 있던 자는 ① 배타적발행권 설정행위에 특약이 있는 경우와 ② 배타적발행권의 존속기간 중 저작재산권자에게 그 저작물의 발행에 따른 대가를 지급하고 그 대가에 상응하는 부수의 복제물을 배포하는 경우를 제외하고는 그 배타적발행권의 존속기간 중 만들어진 복제물을 배포할 수 없다(법 제61조). 두 가지 예외사유의 경우에는 배타적발행권 소멸 후에 복제물을 배포하여도 저작재산권(배포권)침해가 되지 않도록 한 것이다.

§18-20

4. 배타적발행권의 양도·입질

배타적발행권도 재산권 중 물권에 준하는 성격을 가지므로 원칙적으로 제3자에게 이전할 수 있는 것으로 보아야 할 것이다. 그러나 저작재산권자의 입장에서는 특정한 발행자의 지명도나 사회적 신용도 등을 감안하여 계약을 하는 경우가 많을 것이므로 그러한 인적 신뢰관계를 감안할 경우 저작재산권자의 동의 없는 배타적발행권의 임의적 이전을 허용하여서는 아니 될 것이다. 이러한 취지에서 저작권법 제62조 제1항은 "배타적발행권자는 저작재산권자의 동의 없이 배타적발행권을 양도하거나 또는 질권의 목적으로 할 수 없다"고 규정하고 있다. 저작재산권자의 동의를 전제로 배타적발행권의 양도성 및 입질 가능성을 인정하고 있는 셈이다.

§18-21

배타적발행권을 양도하는 방법으로서는, 하나의 저작물에 대한 배타적발행권을 양도하는 개별적 양도의 경우와 배타적발행권자의 영업 전체를 양도하는 결과로서 배타적발행권자가 가지는 특정 저작물에 대한 배타적발행권도 함께 양도되는 경우가 있을 수 있다. 후자의 경우에는 배타적발행권자의 영업양도 자체에 대한 저작재산권자의 동의가 있으면 특정 저작물에 대한 배타적발행권의 양도에 대하여도 승낙을 한 것으로 볼 수 있을 것이다.

배타적발행권의 입질(入質)에 대한 저작재산권자의 동의는 입질을 하는 시점에 있는 것이 바람직하나 그렇지 않고 실제로 질권을 행사하여 배타적발행권의 이전이 이루어지는 시점에 동의가 있어도 이전의 효력은 인정되어야 할 것으로 본다. 배타적발행권의 입질 시점에 저작재산권자의 동의가 있었다면 질권 행사에 의한 배타적발행권의 이전 시점에 다시 동의를 받을 필요가 없음은 물론이다.

§18-22 배타적발행권자가 저작재산권자의 동의 없이 배타적발행권을 양도하거나 입질을 한 경우의 효과에 대하여 무효라는 견해도 있으나 당사자간의 채권계약으로서의 효력은 발생하고 다만 저작재산권자의 동의가 없이는 그 효력을 저작재산권자에게 주장할 수 없는 것으로 보는 것이 타당하다. 이 경우 저작재산권자로서는 배타적발행권을 양도하거나 입질한 것이 다른 사정과 함께 "배타적발행권자가 그 저작물을 발행 등의 방법으로 이용하는 것이 불가능하거나 이용할 의사가 없음이 명백한 경우"에 해당하는 것으로 볼 수 있을 경우에는 저작권법 제60조 제 2 항에 따라 배타적발행권소멸통고를 할 수 있을 것이다.

§18-23 한편, 저작재산권자와 배타적발행권자 사이의 인적 신뢰관계를 보호하고자 하는 저작권법 규정의 취지에 비추어 볼 때, 명문의 규정은 없지만 배타적발행권에 대한 강제집행에 의한 이전도 저작재산권자의 동의가 없는 한 허용되지 않는 것으로 보아야 할 것이다(출판권의 경우에 대한 §18-79 참조).

§18-24 다만 위와 같은 '특정승계'의 경우가 아니라, 배타적발행권자의 사망에 의한 상속이나 배타적발행권자인 법인의 합병에 따른 '포괄승계(일반승계)'의 경우에는 저작재산권자의 동의가 없더라도 배타적발행권의 이전이 인정된다.

한편, 배타적발행권의 양도 등에 저작재산권자의 동의를 요하는 것은 배타적발행권자가 저작재산권자로부터 배타적발행권을 설정받은 경우에 한하고, '발행등'을 할 수 있는 권능으로서 복제권 및 배포권 또는 복제권 및 전송권 등을 양도받은 경우에는 당연히 저작자 등의 동의 없이 제 3 자에게 그 권능(복제권 및 배포권 등)을 양도하거나 그에 대하여 배타적발행권을 설정하는 것이 가능하다.

5. 배타적발행권의 제한

§18-25 배타적발행권은 배타적, 대세적 성격의 준물권에 해당하므로 저작물에 대한 제 3 자의 이용행위 중 배타적발행권이 설정된 범위 내에 있는 행위에 대하여는 직접 자신의 권리로 침해금지청구 및 손해배상청구 등 권리 구제를 위한 조치를 할 수 있다. 따라서 저작재산권에 대한 제한 규정을 배타적발행권에 대하여도 규정하지 않으면 그러한 사유에 해당하는 경우에 저작재산권자의

권리행사는 배제되지만 배타적발행권자의 권리행사는 가능하게 되어 저작재산권 제한제도의 취지가 몰각되는 일이 있을 수 있다. 그렇게 될 경우에는 배타적발행권이 저작재산권 중 일부 권능을 설정적으로 이전받은 것으로서 저작재산권의 파생적 권리라는 특성과도 배치되는 결과를 초래한다.

그러한 점을 감안하여 저작권법 제62조 제 2 항은 "배타적발행권의 목적으로 되어 있는 저작물의 복제 등에 관하여는 제23조, 제24조, 제25조 제 1 항부터 제 3 항까지, 제26조부터 제28조까지, 제30조부터 제33조까지, 제35조 제 2 항 및 제 3 항, 제35조의2, 제35조의3, 제36조 및 제37조를 준용한다"고 규정하고 있다. 저작재산권에 대한 제한규정을 배타적발행권에 대하여도 준용하도록 규정하고 있는데, 다만 그 제한규정 전부를 준용하는 것이 아니라 필요한 규정만 선별하여 나열하는 방식을 취하고 있다. 그것은 특별히 배타적발행권의 제한범위를 좁히고자 한 것이라기보다는 '발행등'이라는 저작물 이용 태양의 특성에 비추어 배타적발행권과 무관하거나 배타적발행권에 대하여 적용하기가 적합하지 않은 제한사유들(예컨대 공연, 방송의 경우에 대한 제한사유)이 있음을 감안한 것이다.

이 규정에 의하여 배타적발행권이 제한되는 사유를 나열해 보면 다음과 같다.

① 재판절차를 위하여 필요한 경우 또는 입법·행정의 목적을 위한 내부자료로서 필요한 경우의 복제(제23조)

② 공개적으로 행한 정치적 연설 및 법정·국회 또는 지방의회에서 공개적으로 행한 진술의 복제, 배포 또는 전송(제24조)

③ 고등학교 및 이에 준하는 학교 이하의 학교의 교육 목적상 필요한 교과용도서에 공표된 저작물을 게재하는 경우 및 교육기관 및 교육기관에서 교육을 받는 자가 수업목적상 필요하다고 인정될 때 공표된 저작물을 복제·배포 또는 전송하는 경우(제25조 제 1 항, 제 2 항, 제 3 항)

④ 방송·신문 그 밖의 방법에 의하여 시사보도를 하는 경우에 그 과정에서 보이거나 들리는 저작물을 보도를 위한 정당한 범위 안에서 복제·배포 또는 전송하는 경우(제26조)

⑤ 정치·경제·사회·문화·종교에 관하여 신문 및 인터넷신문 또는 뉴스통신에 게재된 시사적인 기사나 논설을 다른 언론기관이 복제·배포하는 경우(제27조)

⑥ 공표된 저작물을 보도·비평·교육·연구 등을 위하여 정당한 범위 안에서 공정한 관행에 합치되게 인용하는 경우(제28조)

⑦ 공표된 저작물을 영리를 목적으로 하지 아니하고 개인적으로 이용하거나 가정 및 이에 준하는 한정된 범위 안에서 이용하는 경우의 복제(제30조)

⑧ 일정한 요건하에서의 도서관등에서의 복제(제31조)

⑨ 시험문제로서 출제하기 위한 복제·배포(제32조)

⑩ 시각장애인등을 위한 복제·배포(제33조)

⑪ 개방된 장소에 항시 전시되어 있는 미술저작물등을 비판매목적으로 복제하는 경우(제35조 제 2 항)

⑫ 저작권자 동의하에 미술저작물등의 전시를 하는 자 또는 그 원본을 판매하고자 하는 자가 그 저작
물의 해설이나 소개를 목적으로 하는 목록 형태의 책자에 이를 복제하여 배포하는 경우(제35조 제
3 항)

⑬ 일정한 요건하에서의 일시적 복제(제35조의2)

⑭ 공정이용 일반조항에 해당하는 경우(제35조의3)

§18-26   개정법에서 배타적발행권제도를 도입하면서 컴퓨터프로그램에 대한 특례규정으로서의 배타
적발행권 조항(제101조의6)은 삭제하여 프로그램에 대하여도 일반 저작물과 같이 통일적으로 법
제57조 이하의 배타적발행권제도의 적용을 받는 것으로 보아야 할 것인바, 프로그램에 대한 저작
재산권 제한규정(제101조의3 내지 제101조의5)이 배타적발행권에 관하여 적용되는지가 문제된다. 배
타적발행권이 설정되었다는 이유만으로 이 규정들의 적용을 배제하고 배타적발행권을 절대적으
로 보호하여야 할 이유는 없으므로 이 규정들도 배타적발행권에 대하여 당연히 적용되어야 할 것
인데, 법에서 그 부분에 대한 규정을 두지 않은 것은 입법상의 탈루 내지 오류라고 생각된다. 해
석론으로라도 그 규정들은 프로그램에 대한 배타적발행권에 대하여도 적용되는 것으로 보아야
할 것이다.

6. 배타적발행권의 등록

§18-27   저작권법 제54조 제 2 호는 배타적발행권의 설정·이전·변경·소멸 또는 처분제한을, 같은 조
제 3 호는 배타적발행권을 목적으로 하는 질권의 설정·이전·변경·소멸 또는 처분제한을 각 등록
할 수 있도록 규정하면서 그 등록이 제 3 자에 대한 대항요건이 됨을 규정하고 있다. 이 가운데
특별히 주목하여야 할 것은 배타적발행권의 설정이 그 이전·변경·소멸 또는 처분제한의 경우와
마찬가지로 제54조 제 2 호에 의하여 그 등록이 제 3 자에 대한 대항요건으로 규정되어 있다는 점
이다. 저작권법 제53조는 저작권의 등록에 대하여, 제54조는 권리변동 등의 등록에 대하여 각 규
정하고 있는데, 배타적발행권은 저작재산권자가 설정하는 배타적 권리라는 점에서 그 설정 자체
가 저작재산권의 변동에 해당하는 성질을 가지므로 등록 없이도 권리 발생을 제 3 자에게 대항할
수 있는 경우인 저작권법 제53조가 아니라 등록이 제 3 자에 대한 대항요건인 제54조에서 권리변
동 등의 사유의 하나로 규정한 개정법의 태도는 타당하다.

배타적발행권 설정 등록이 큰 의미를 가질 수 있는 것은 배타적발행권 이중설정의 경우이다.
예를 들어 저작재산권자가 여러 발행자와 사이에 배타적발행권 설정계약을 체결한 경우에 배타
적발행권 설정 등록을 먼저 한 발행자가 자신의 배타적발행권을 다른 발행자에 대항하여 주장할
수 있게 된다. 한편으로는 배타적발행권을 설정한 저작재산권자가 자신의 저작재산권을 제 3 자

에게 양도한 경우에도 그 양도 이전에 배타적발행권 설정 등록을 마친 배타적발행권자는 배타적발행권의 존속기간 동안 그 양수인에 대항하여 자신의 배타적발행권을 주장할 수 있다.

7. 배타적발행권자의 의무

(1) 9개월 이내에 발행등을 할 의무

배타적발행권자는 그 설정행위에 특약이 없는 때에는 배타적발행권의 목적인 저작물을 복제하기 위하여 필요한 원고 또는 이에 상당하는 물건을 받은 날부터 9개월 이내에 이를 발행등의 방법으로 이용하여야 한다(법 제58조 제1항).

§18-28

배타적발행권자가 이 의무를 위반하여 정당한 이유 없이 9개월 이내에 발행등을 하지 않을 경우 저작재산권자는 6개월 이상의 기간을 정하여 그 이행을 최고하고 그 기간 내에 이행하지 아니하는 때에는 배타적발행권의 소멸을 통고할 수 있다(법 제60조 제1항).

한편, 위 규정에서 9개월로 정한 것은 배타적발행권 설정계약에서 이에 관한 규정이 없을 경우를 대비한 임의규정의 성격을 지닌 것으로서 강행규정으로 볼 것은 아니므로 당사자 사이의 합의에 따라 9개월보다 짧은 기간이나 긴 기간을 약정하는 것도 가능하고 그 경우에는 그 약정기간 내에 발행등을 할 의무를 지게 된다.

여기서 한 가지 주의할 점은 배타적발행권자가 기간 내에 하여야 할 것은 저작물의 '복제'가 아니라 '발행등'이라는 점이다. 발행 등의 의미에는 저작물의 배포 또는 전송도 포함되므로 단순한 제작 단계를 넘어 공중이 이용할 수 있도록 배포 또는 전송까지 하여야 발행 등을 하였다고 할 수 있다.

(2) 계속 발행등의 방법으로 이용할 의무

배타적발행권자는 그 설정행위에 특약이 없는 때에는 관행에 따라 그 저작물을 계속하여 발행등의 방법으로 이용하여야 한다(법 제58조 제2항).

§18-29

'계속하여 발행등의 방법으로 이용'한다고 하는 것은 저작물의 복제물이 늘 시장유통과정에 있을 수 있도록 재고부수를 감안하여 발행행위를 반복하거나 온라인에서 공중이 이용할 수 있도록 전송상태를 유지하는 것을 의미한다. 시장수요가 있는 데도 품절 상태로 방치하거나 온라인 서비스를 중단하여서는 안 된다는 취지이다.

여기서 '계속'이라고 하는 것은 완전한 의미의 연속성을 뜻하는 것은 아니고 '관행에 따라' 발행등을 하면 족하다. 이 경우의 관행이라고 함은 업계의 합리적 상식에 부합되는 관행을 의미하는 것으로서 예를 들어 과거의 음반 반품율을 감안하여 2번째의 음반 발행 부수를 합리적으로 제한함에 따라 부득이하게 일정 기간 동안의 품절상태가 발생하는 상황 등을 계속발행의무 위반으로 보지 않을 수 있는 근거가 될 수 있다. 즉 법에서 '관행에 따라'라고 하는 문구를 사용한 것은 계속발행의무를 다소간 완화하여 발행자에게 지나친 경제적 리스크를 안기지 않기 위한 취지를 내포하고 있는 것이다. 이 경우 시장의 구매의욕이 어느 정도 있는지가 판단의 중요한 준거가 된다. 시장의 구매의욕이 상당 정도 있음에도 배타적발행권자의 일방적 판단으로 장기간 품절상태에 두는 것은 계속발행의무에 반한다고 하지 않을 수 없다.[1]

배타적발행권자가 이 의무를 위반할 경우에도 저작재산권자는 6개월 이상의 기간을 정하여 그 이행을 최고하고 그 기간 내에 이행하지 아니하는 때에는 배타적발행권의 소멸을 통고할 수 있다(법 제60조 제 1 항).

(3) 저작재산권자 표지의무

§18-30   배타적발행권자는 특약이 없는 때에는 각 복제물에 대통령령이 정하는 바에 따라 저작재산권자의 표지를 하여야 한다(법 제58조 제 3 항).

(4) 재이용시의 통지의무

§18-31   배타적발행권자는 배타적발행권의 목적인 저작물을 발행등의 방법으로 다시 이용하고자 하는 경우에 특약이 없는 때에는 그때마다 미리 저작자에게 그 사실을 알려야 한다(제58조의2 제 2 항).

이 규정은 같은 조 1항의 규정에 의한 저작자의 '수정·증감권'(후술)을 실질적으로 보장하기 위한 규정이다. 배타적발행권자가 저작물의 재이용이 있게 된다는 것을 저작자에게 통지하지 않으면 저작자가 저작물을 수정, 증감할 수 있는 기회를 실질적으로 가지기 어려울 것이라는 것을 감안하여 이러한 규정을 둔 것이다. 따라서 그 통지의 대상도 '저작재산권자'가 아니라 수정·증감권의 주체인 '저작자'로 규정되어 있다. 즉 저작재산권자와 저작자가 다른 경우에 통지의무 이행의 대상은 저작재산권자가 아니라 저작자인 것이다. 현실적으로도, 저작자가 양도 등으로 인해 더이상 저작재산권자가 아니게 된 경우에 특히 통지의 필요성이 크다. 또한 저작자의 사망시에는 통지의무도 소멸됨은 자연스러운 귀결이다.

법문상 '특약이 없는 때에는'이라는 문구가 있어 당사자간의 특약으로 재이용시의 통지의무를 배제할 수 있는 것으로 규정되어 있으나, 이 규정은 저작자가 직접 계약당사자가 된 경우를 전제로 한 것으로서 저작자가 저작재산권자가 아니어서 배타적발행권 설정계약의 당사자에 포함되지 아니한 경우에는 그 저작재산권자와의 특약으로 저작자에 대한 통지의무를 면할 수 있는 것은 아니라 할 것이다.

(5) 원고반환의무

§18-32   저작자가 배타적발행권자에게 전자출판등을 위해 원고(原稿)를 인도한 후에 필요할 경우 원고의

---

1 加戸守行, 著作權法逐條講義(五訂新版), 著作權情報センター, 2006, 454면.

반환을 청구할 수 있는지 여부가 문제이다. 이에 대하여 저작권법에 특별한 규정이 있는 것은 아니
므로 일반적인 법원칙에 따라 판단하여야 할 것이다. 원고를 인도하는 이유는 배타적발행권자가 저
작물을 이용하는 데 필요하기 때문이고 그러한 필요를 충족하기 위해 유체물로서의 원고에 대한 '소
유권'을 배타적발행권자에게 이전할 필요는 없는 것임을 고려할 때 배타적발행권 설정계약에서 다르
게 정하지 않는 한 그 소유권은 의연히 저작자에게 있는 것이므로 저작자가 필요할 때 그 소유권에
기하여 반환청구를 할 수 있는 것으로 봄이 타당하다(출판권의 경우에 대한 §18-90의 설명 참조).

8. 저작자 · 저작재산권자의 권리

(1) 수정 · 증감권

배타적발행권자가 배타적발행권의 목적인 저작물을 발행등의 방법으로 다시 이용하는 경우   §18-33
에 저작자는 정당한 범위 안에서 그 저작물의 내용을 수정하거나 증감할 수 있다(법 제58조의2 제
1 항). 이러한 수정 · 증감권은 저작자의 인격적 이익을 보호하기 위한 것이므로 '저작재산권자'가
아니라 '저작자'가 그 주체이다. 저작재산권을 양도하여 저작재산권자가 아니게 된 저작자도 포함
되지만 저작자가 사망한 후에 그 유족이 행사할 수 있는 권리는 포함되지 않는다. "저작물을 발
행등의 방법으로 다시 이용하는 경우에"라고 하는 것은 전회의 발행등 행위와는 일정한 간격을
두고 발행등 행위를 하는 것을 가리키는 것이다.

(2) 전집(全集) · 편집물(編輯物)에 수록 또는 분리 이용할 수 있는 권리

저작재산권자는 배타적발행권 존속기간 중 그 배타적발행권의 목적인 저작물의 저작자가 사   §18-34
망한 때에는 배타적발행권의 존속에도 불구하고 저작자를 위하여 저작물을 전집 그 밖의 편집물
에 수록하거나 전집 그 밖의 편집물의 일부인 저작물을 분리하여 이를 따로 발행등의 방법으로
이용할 수 있다(법 제59조 제 2 항). 배타적발행권을 설정한 경우에는 그 배타적 성격에 의하여 저작
재산권자도 배타적발행권의 목적인 저작물을 배타적발행권의 내용과 충돌하는 방법으로 이용할
수 없는 것이 원칙인데(§18-8 참조), 저작권법 제59조 제 2 항은 그 예외를 규정하고 있는 셈이다.
저작자의 사망에 수반하여 그 유족이 저작자의 전집 등에 저작물을 수록하여 전자출판 등을 하는
것에 관하여 일반 국민의 수요가 있다는 것을 감안한 규정으로서 특약에 의하여 배제할 수 없는
강행규정의 성격을 가지고 있다. '배타적발행권의 존속기간 중 저작자가 사망한' 것이 요건이므로
저작자가 사망한 후에 배타적발행권의 설정행위가 있은 경우는 이 규정의 적용이 없다.

(3) 배타적발행권 소멸통고권

저작재산권자는 배타적발행권자가 '9개월 이내에 발행등을 할 의무'(법 제58조 제 1 항) 또는   §18-35

'계속 발행등의 방법으로 이용할 의무'(같은 조 제 2 항)를 위반한 경우에는 6개월 이상의 기간을 정하여 그 이행을 최고하고 그 기간 내에 이행하지 아니하는 때에는 배타적발행권의 소멸을 통고할 수 있다(법 제60조 제 1 항). 나아가 저작재산권자는 배타적발행권자가 발행등의 방법으로 이용하는 것이 불가능하거나 이용할 의사가 없음이 명백한 경우에는 위 1항의 규정에 불구하고 즉시 배타적발행권의 소멸을 통고할 수 있다(같은 조 제 2 항). 제 2 항의 경우에는 유예기간을 주더라도 배타적발행권자의 발행등의 방법에 의한 이용을 기대하기 어려운 경우이므로 유예기간 없이 즉시 배타적발행권 소멸을 통고할 수 있도록 한 것이다. 여기서 '발행등의 방법으로 이용하는 것이 불가능하거나 이용할 의사가 없음이 명백한 경우'에 해당하는지 여부는 일반 사회통념을 기준으로 판단하되, 배타적발행권자의 파산 또는 폐업 기타 명백히 그렇다고 인정할 만한 객관적 사유가 있어야만 긍정할 수 있다.

저작재산권자가 위 1항 또는 2항의 규정에 따라 배타적발행권의 소멸을 통고한 경우에는 배타적발행권자가 통고를 받은 때에 배타적발행권이 소멸한 것으로 본다(같은 조 제 3 항). 저작재산권자의 배타적발행권 소멸통고권은 일종의 형성권(形成權)으로서 저작재산권자의 일방적인 의사표시만으로 그 효과가 발생하는 것이며 배타적발행권자의 동의를 요하는 것은 아니다.

이 경우 저작재산권자는 배타적발행권자에 대하여 언제든지 원상회복을 청구하거나 발행등을 중지함으로 인한 손해의 배상을 청구할 수 있다(같은 조 제 4 항). 원상회복이란 배타적발행권 설정 이전의 상태로 되돌리는 것으로서 배타적발행권 설정 등록을 말소하거나 원고 등을 반환하게 하는 것 등이 포함된다. 그리고 손해배상에는 다른 통상의 발행자를 통해 발행 등을 하였더라면 얻을 수 있었을 이익을 얻지 못하게 된 일실이익 등이 포함될 수 있다.

(4) 비중첩 범위에서의 배타적발행권 설정권

§18-36　　저작재산권자는 그 저작물에 대하여 발행등의 방법 및 조건이 중첩되지 않는 범위 내에서 새로운 배타적발행권을 설정할 수 있다(제57조 제 2 항). 예컨대 저작물을 배타적으로 발행할 수 있는 권리를 국가별로 지정한 경우 다른 국가에서 발행하는 것에 관한 배타적발행권을 타인에게 설정할 수 있고, 온라인상의 전자출판을 위해 복제, 전송할 수 있는 배타적발행권을 설정한 경우에 오프라인상의 발행을 위한 배타적발행권을 타인에게 설정할 수 있다. 온라인상의 전자출판을 위한 배타적발행권자의 입장에서는 오프라인상의 복제도 자신의 이해관계를 중대하게 해치는 것으로 여길 가능성이 있지만, 그럴 경우에는 오프라인상에서 동일한 내용으로 발행하는 것을 금지하는 내용을 명시하는 내용을 분명히 계약에 담는 것이 필요할 것이다. 즉, 이것은 결국 계약 내용 등을 토대로 한 법률행위의 해석에 맡겨진 문제로서, 오프라인의 발행과 온라인의 전송을 구분하여

별도의 발행자 등에게 배타적발행권을 설정하는 것이 가능한 것으로 해석되는 경우도 있고, 기존 계약의 문언 등에 비추어 그렇지 않은 것으로 보아야 할 경우도 있을 수 있다. 이러한 법리는 오 프라인상의 발행을 위한 배타적발행권이 먼저 설정된 경우에도 마찬가지로 보아야 할 것이다. 나 아가 온라인 전송을 위한 배타적발행권이 설정된 경우에 오프라인 출판을 위한 출판권을 타인에 게 설정하는 것도 계약의 취지에 반하지 않는 한 허용되는 것으로 볼 수 있다.

9. 저작재산권자의 의무

저작재산권자는 배타적발행권자의 발행 등의 방법으로 이용할 권리에 대응하여 배타적발행 §18-37
권자로 하여금 발행등의 방법으로 이용할 수 있도록 해 줄 의무가 있다. 즉, 저작재산권자는 원고 또는 이에 상당하는 물건을 배타적발행권자에게 교부해 주어야 하며, 배타적발행권자가 계속발행 등의 방법으로 이용할 의무를 이행할 수 있도록 협조하여야 한다. 또한 저작재산권자는 배타적발 행권자의 배타적발행권 설정 등록에 협력할 의무가 있고, 그 저작물에 대하여 발행 등의 방법 및 조건이 중첩되는 범위 내에서는 저작물을 자신이 직접 발행 등의 방법으로 이용하거나 제 3 자에 게 이용하도록 하여서는 아니 된다.

Ⅲ. 출 판 권

1. 개정법하에서의 출판권설정제도의 위상과 출판의 의의

2011. 12. 2.자 개정 저작권법 제63조 제 1 항은 "저작물을 복제·배포할 권리를 가진 자(이하 §18-38
"복제권자"라 한다)는 그 저작물을 인쇄 그 밖에 이와 유사한 방법으로 문서 또는 도화로 발행하고 자 하는 자에 대하여 이를 출판할 권리(이하 "출판권"이라 한다)를 설정할 수 있다"고 규정하고 있다. 이 규정은 일반 저작물에 대한 배타적발행권제도가 도입되기 전의 개정 전 저작권법 제57조 제 1 항과 동일한 내용으로서 기존의 출판권설정제도를 배타적발행권 도입 후에도 그대로 유지하는 의미를 담고 있다. 출판은 가장 전통적이고 오래된 보편적 저작물 이용행위 중의 하나로서 출판 권설정제도도 오랜 역사와 전통을 통해 독립된 관행을 형성해 왔으므로 그 법적 성격이 실질적으 로 배타적발행권의 일종에 불과하다는 이유로 그것을 배타적발행권제도에 흡수시키기보다는 별 도로 구별하여 규정함으로써 기존의 관행에 따른 출판권설정의 법률관계에 대한 불필요한 혼동 을 미연에 방지하고자 하는 것이 그 입법취지라고 할 수 있다.[1]

저작권법은 출판에 대한 별도의 정의규정을 두지 않고 있으나, 법 제63조 제 1 항이 사실상 §18-39

---

1 문화체육관광부·한국저작권위원회, 한·미 FTA 이행을 위한 개정 저작권법 설명자료(2011. 12. 14.), 17면 참조.

출판에 대한 정의를 하고 있다고 볼 수 있다. 즉, 위 규정은 출판을 "저작물을 인쇄 그 밖에 이와 유사한 방법으로 문서 또는 도화로 발행"하는 행위를 뜻하는 것으로 정의하고 있는 셈이다. 한편, 저작권법 제 2 조 제24호는 '발행'을 "저작물 또는 음반을 공중의 수요를 충족시키기 위하여 복제·배포하는 것"으로 정의하고 있으므로 결국 출판은 "저작물을 공중의 수요를 충족하기 위하여 인쇄 그 밖에 이와 유사한 방법으로 문서 또는 도화로 복제·배포하는 것"을 뜻하는 것으로 볼 수 있다. ① 공중의 수요를 충족하기 위하여, ② 인쇄 그 밖에 이와 유사한 방법으로, ③ 문서 또는 도화로 ④ 복제·배포하는 것을 개념요소로 하고 있으므로 기본적으로 종이문서 형태로 복제하여 오프라인에서 유형물의 양도 등의 방법으로 공중에게 배포하는 것을 전제로 하고, 디지털시대의 새로운 이용형태인 '이북(e-book)' 등의 전자출판은 포함하지 않는 개념이다. 전자출판을 위하여 배타적 권리를 설정받기 위해서는 출판권이 아니라 앞서 자세히 살펴본 배타적발행권을 설정받아야 한다.

§18-40   개정 저작권법은 기존의 출판권설정제도의 규정들을 배타적발행권제도로 수정, 변경하는 방식을 취한 후 출판권설정제도는 위와 같이 별도의 규정으로 옮긴 후 법률효과에 대하여는 출판권의 설정 및 그 내용에 관한 것 등(제63조) 외에는 배타적발행권에 관한 규정들(제58조부터 제62조까지)을 준용하는(제63조의2) 방식을 취하고 있다. 배타적발행권제도가 도입됨에 따라 이미 설정받은 출판권을 다시 설정받아야 하는지에 대하여 의문을 가지는 경우도 있으나, 출판권에 대하여는 위와 같은 준용규정에 의하여 실질적으로 기존의 출판권 규정이 그대로 적용되는 것과 마찬가지이므로 다시 출판권을 설정받거나 계약내용을 조정할 필요가 전혀 없다.[1]

2. 출판을 목적으로 하는 저작권자·출판자 간 계약의 종류

§18-41   출판을 목적으로 하여 저작권자와 출판자 사이에 체결되는 계약은 여러 가지 각도에서 분류할 수 있다.

(1) 출판자가 취득하는 권리의 성질 또는 범위에 따른 분류
(가) 저작재산권 양도계약

§18-42   저작재산권 전부를 양도하는 계약을 말한다. 출판과 직접 관계되는 복제권과 배포권을 포함한 저작재산권 전부를 양도받을 경우 출판자는 적법하게 출판을 할 수 있을 뿐만 아니라 출판 이외의 전송, 방송 등 다른 형태의 이용행위를 할 수도 있고, 제 3 자의 모든 종류의 저작물 이용행위에 대하여 직접 금지청구권을 가지게 되므로 출판자가 취득하는 권리가 가장 강력하고 광범위한 유형이라고 할 수 있다.

---

1 상게서, 18면 참조.

(나) 복제권 및 배포권 양도계약

앞에서 살펴본 바와 같이 저작재산권은 그 일부만 양도하는 것이 가능하고, 그러한 일부양도 중에는 저작재산권에 내포된 여러 가지 지분권 중 일부만을 양도하는 것도 포함된다. 따라서 계약하기에 따라서는 저작재산권 중 출판과 직접 관계되는 복제권과 배포권만을 양도받는 것도 가능하고, 그 두 가지 지분권만 취득하면 출판자가 출판을 적법하게 하고 제3자의 복제, 배포 등 침해행위로부터 직접 구제를 받을 수 있다. '출판'에 비하여 '복제·배포'의 개념이 보다 넓으므로, 아래의 출판권설정계약의 경우에 비하여 취득하는 권리의 범위가 넓을 뿐만 아니라, 권리의 성격도 저작재산권 중 일부를 직접 취득하는 것으로서 저작재산권자로부터 일정 기간 출판권을 설정받는 것보다 강력하다.

§18-43

계약하기에 따라서는 복제권과 배포권 외에 전송권 등 다른 지분권도 추가로 포함한 일부 양도를 받는 경우도 있을 수 있다.

(다) 출판권설정계약

저작권법 제63조의 규정에 따라 저작재산권자가 출판자에게 출판권을 설정하는 계약을 체결하는 경우이다. 아래의 출판허락계약의 경우와 달리, 출판자가 취득하는 출판권은 배타적발행권과 마찬가지로 단순한 채권적 이용권이 아니라 배타적, 대세적 성격을 가지는 준물권에 해당한다. 따라서 출판권설정계약은 채권계약이 아니라 준물권계약의 성격을 가진다. 이에 대하여는 뒤에서 자세히 살펴보기로 한다(§18-59).

§18-44

(라) 출판허락계약

저작권법 제63조의 규정에 따라 출판권을 설정하는 것이 아니라 저작재산권자가 저작권법 제46조(§13-75 이하)에 따라 출판자에게 단순히 자신의 저작물을 출판할 수 있도록 허락하는 계약을 체결하는 경우를 뜻한다. 이때 출판자가 취득하는 권리는 배타적, 대세적 성격을 갖는 준물권으로서의 출판권이 아니라 자신에게 이용허락을 한 저작재산권자에게만 주장할 수 있는 채권적인 이용권에 불과하다.

§18-45

경우에 따라서는 출판자에게 출판을 허락하면서 그 출판자에게 독점적인 권리를 부여하기로 합의하는 경우가 있을 수 있다. 이러한 경우를 독점출판허락계약이라고 하는데(그러한 독점에 관한 약정이 없는 경우는 '단순출판허락계약'이라 한다), 이것도 출판자가 취득하는 권리가 준물권으로서의 대세적 권리가 아니라 계약당사자인 저작권자에 대한 관계에서만 주장할 수 있는 채권적인 권리라는 점에는 아무런 차이가 없다. 따라서 저작권자가 다른 제3자에게 이중으로 출판을 허락한 경우에, 그 제3자를 상대로 배타적 권리를 주장할 수 없고 저작권자를 상대로 채무불이행책임을

물을 수 있을 뿐이다. 다만 제 3 자의 행위가 사회상규에 반하는 위법한 행위라고 볼 수 있는 특
별한 경우에는 그 제 3 자의 채권침해가 불법행위에 해당한다는 이유로 손해배상청구를 할 수 있
다(§13-79 참조).

저작권자의 허락을 받지 않은 제 3 자가 해당 저작물을 출판하였을 경우에도 직접 자신의 권
리를 내세워 침해금지청구를 할 수는 없다. 다만 독점출판허락계약이 체결된 경우라면 그러한 제
3 자에 대하여 출판자가 저작권자의 권리를 대위하여 침해금지청구를 할 수는 있다(§13-80 참조).

§18-46   특정한 계약이 이러한 채권계약으로서의 출판허락계약인지 아니면 준물권계약으로서의 출판
권설정계약인지 여부를 판단하는 문제는 법률행위 해석의 일반원칙에 따라 신의성실의 원칙, 거
래의 관행, 당사자의 구체적인 의사표시 등을 종합적으로 고려하되, 출판계약의 특수성도 감안하
여 판단하여야 할 것이다. 계약서에 '출판권 설정'이라는 명시적인 문언이 없으면 출판허락계약으
로 보아야 한다는 견해도 있으나 반드시 그렇게 볼 이유는 없다고 생각된다.[1] 다만, 출판권이 배
타적 권리라는 점에서 '저작자에게 유리한 추정의 원칙'(§13-84)을 감안할 때 너무 쉽게 출판권설
정계약으로 인정하여서는 안 될 것이고, 계약내용 등에 비추어 출판에 관한 '배타적 권리'를 설정
하고자 하는 취지가 뚜렷이 내포된 경우에 한하여 출판권설정계약으로 인정할 수 있을 것이라 생
각된다.[2] 이에 반하여 잡지 출판의 경우에는 일반적으로 저작물의 1회에 한한 이용을 의도하는

---

[1] 同旨 황적인·정순희·최현호, 저작권법, 법문사, 1991, 333면.

[2] 서울남부지방법원 2014. 3. 18.자 2013카합706 결정은 "이 사건 기록에 나타난 '○○ 실제'에 관한 출판계약에 의하면,
그 저작권자들은, ① △△에 위 교과서의 복제 및 배포에 관한 독점적인 권리를 부여하면서, ② △△ 측이 출판권 설
정을 등록하고자 할 경우 이에 협력해야 하며, ③ 계약 기간 동안 계약 대상 저작물의 내용과 동일 또는 현저히 유사
한 저작물을 출판하거나 타인으로 하여금 출판하도록 하여서는 아니되는바, 위와 같이 △△에 대해 배타적인 권리를
부여하는 것을 내용으로 하는 계약 조항들에 비추어 보면, 신청인들(△△)은 '○○ 실제'에 대하여 저작권법 제63조
제 1 항에 따른 출판권을 가진다."라고 설시하였다. 이러한 사안이라면, 출판권설정계약을 인정하는 데 문제가 없을 것
이다. 다만, 다음과 같이 출판권 설정을 특약하는 취지를 포함하여 계약한 경우에도 여러 가지 사정에 비추어 출판권
설정계약이 아니라 채권적인 출판허락계약이 체결된 것으로 본 사례도 있다(다만, 2011. 12. 2.자 개정법으로 배타적
발행권 제도가 도입되기 이전의 판결이라는 것을 감안하여 참고할 필요가 있다).
  서울서부지방법원 2007. 5. 30. 선고 2006가합5215 판결 : "과연 원고가 각 증권회사와의 사이에서 이 사건 각 라
이센스계약을 체결함으로써 이 사건 금융분석자료에 관하여 계약당사자가 아닌 제 3 자에게 주장할 수 있는 출판권
또는 물권적인 이용권을 부여받았는지 여부에 관하여 보건대, 구 저작권법 제54조 제 1 항에 의하면 구 저작권법 제
46조에서 정한 채권적인 권리인 저작물의 이용권과 달리 준물권으로서 배타적인 복제, 배포권인 출판권을 별도로 규
정하고 있으므로, 당해 저작물에 관한 권리가 저작물에 대한 독점적 이용허락계약인지 출판권설정계약인지 여부는 구
체적인 계약내용에 따라 결정된다고 할 것인바, 위 기초사실에 의하면, 원고는 이 사건 각 라이센스계약의 특약사항
에 의하여 위 각 증권회사로부터 이 사건 금융분석자료를 이 사건 각 라이센스계약 조항에 따라 출판할 것을 허락하
는 내용의 출판권을 설정 받고, 이 사건 각 라이센스계약 조항에 따라 이 사건 금융분석자료를 출판하여야 할 책임을
부담하기로 한 사실이 인정되나, 한편, 위 기초사실에 의하여 인정되는 다음과 같은 사정, 즉 ① 위 출판권설정 특약
은 이 사건 각 라이센스계약 조항에 따라 출판할 것을 허락하는 내용인데, 이 사건 각 라이센스계약에 따르면 증권회
사와 그의 특수관계자가 독자들의 흥미를 끌 수 있는 티저, 증권회사의 서버에의 링크 등 다양한 형태로 그의 영업과
관련하여 사용하는 경우 및 외국에 설치된 서버를 통하여 유료로 정보를 제공하는 외국업체의 경우 이 사건 각 라이
센스계약의 적용을 배제하고 있고, 또한 위 각 증권회사가 이 사건 각 라이센스계약 체결일 이전에 체결한 이 사건
금융분석자료의 온라인 사용을 허용하는 계약은 이 사건 라이센스에 대한 피고의 독점적 권한에도 불구하고 계속 유

것이므로 출판자로서는 독점적 권리를 취득할 필요는 없고 따라서 출판허락계약을 체결하는 것이 보통이라고 할 수 있다.1

(2) 출판에 대한 기획주체 및 비용부담주체에 따른 분류2

(가) 위탁저작계약

출판자가 기획·입안하여 일정한 저작물의 작성을 의뢰하면 저작자가 그 요구에 따라 저작물을 작성하여 출판자에게 인도하는 계약을 말하며, 성질상 도급에 해당한다. 도급인인 출판자는 저작물을 복제·배포할 의무를 부담하지 않으며, 저작자는 저작물의 공표 전이라도 계약에 따른 보상을 요구할 수 있다는 점에서 보통의 출판계약과는 다른 성격을 지닌다. 출판자가 취득하는 권리의 성격 및 범위는 계약에 따라 정해지겠지만, 출판자가 저작자로부터 저작재산권 자체를 양도받기로 하는 경우가 많을 것으로 생각된다.

§18-48

(나) 위탁출판계약

출판에 따른 위험부담을 저작자가 지는 조건으로 출판자가 출판을 인수하기로 하는 계약을

§18-49

효하도록 하고 있으며, 위 각 증권회사는 이 사건 각 라이센스계약 체결일 이후에도 원고와 합의하여 발간물의 온라인 사용을 허용하는 제3자와의 추가 라이센스계약을 할 수 있도록 각 규정하고 있는 점, ② 실제로 이 사건 금융분석 자료는 위 각 증권회사의 인터넷 사이트에도 게재되고 증권회사 리포트자료로 인쇄되어 각 증권회사를 이용하는 사람들에 의하여 이용되고 있으며, 나아가 본드웹(www.bondweb.co.kr)은 2005. 12. 각 증권회사와 이 사건 각 라이센스계약과 유사한 계약을 체결하여 각 증권회사 작성의 금융분석자료를 인터넷에 게재하고 있는 점, ③ 더욱이 원고가 각 증권회사와 체결한 이 사건 각 라이센스계약은 원고가 운영하는 인터넷 사이트상에 이 사건 금융분석자료를 게재하고 인터넷 사이트 사용자들에게 이를 제공할 것을 가장 주된 목적으로 하고 있고 출판권은 부수적인 특약으로 규정하고 있으며, 실제로 원고가 이 사건 금융분석자료를 인쇄하는 등의 방법으로 출판한 사실이 없는 점, ④ 나아가 원고와 각 증권회사가 출판권 설정을 특약하면서도 이 사건 각 라이센스계약에 따라 설정되는 출판권의 내용은 디지털콘텐츠 형태로의 가공 및 전송을 비롯하여 전자적 출판과 온라인 출판의 모든 형태를 포함하고 있어 인쇄 그밖에 이와 유사한 방법으로 문서 또는 발행하는 것을 예상하고 있는 구 저작권법 제54조의 출판권과는 다른 내용의 출판권을 설정하는 것으로 되어 있는 점(이러한 규정에 비추어 보면 위 각 증권회사와 원고는 계약 체결 당시 인터넷 사이트상 PDF 형태의 자료 게재 등 디지털콘텐츠 형태로의 모든 자료 이용 행위를 출판의 개념으로 이해한 것으로 보인다), ⑤ 원고가 각 증권회사에게 지급하여야 하는 라이센스비 역시 원고의 인터넷 사이트 사용자들이 원고에게 지급하는 회원가입비 및 이용료 등을 기준으로 산정하도록 되어 있을 뿐 별도로 출판에 대한 대가는 규정되어 있지 아니하는 등 그 계약 내용 자체에 의하더라도 이 사건 금융분석자료를 '문서 또는 도화로 발행'할 것이 전혀 예정되어 있지 아니한 점 등에 비추어 보면, 이 사건 각 라이센스계약은 각 증권회사가 원고에게 이 사건 금융분석자료를 그대로 또는 가공, 인용, 데이터베이스화 등의 방법으로 홈페이지에 게재하거나 인쇄, 제본, 판매, 복제, 배포, 전송할 수 있는 독점적인 이용권을 허락하는 채권인 계약일 뿐 구 저작권법 제54조가 정하는 배타적이고 물권적인 출판권 및 복제, 배포, 전송, 데이터베이스화 등의 권리를 설정하는 준물권적인 계약이라고 보기 어렵고, 구 저작권법은 특허법이 전용실시권제도를 둔 것과는 달리 침해정지청구권을 행사할 수 있는 이용권을 부여하는 제도를 마련하고 있지 아니하여, 이용 허락계약의 당사자들이 독점적인 이용을 허락하는 계약을 체결한 경우라도 그 이용권자가 독자적으로 저작권법상의 침해정지청구권을 행사할 수는 없다고 할 것이므로(대법원 2007. 1. 25. 선고 2005다11626 판결 참조), 원고가 이 사건 각 라이센스계약에 기하여 계약당사자가 아닌 피고에게 이 사건 각 라이센스계약에 기한 인터넷 게재권 등의 권리를 곧바로 주장할 수 있다는 것을 전제로 한 원고의 위 주장은 이유 없다."

1 牛田正夫, 著作權法概說(第9版), 一粒社, 1999, 217면 참조.
2 牛田正夫, 전게서, 215면 이하; 황적인·정순희·최현호, 전게서, 330면 이하 참조.

뜻한다. 실제의 출판은 출판자가 행하지만 거기에 소요되는 모든 비용은 저작자가 부담하고 따라서 출판으로부터 발생하는 모든 이익 및 손실은 저작자에게 귀속되는 점에 특징이 있다. 이것도 일반적인 출판계약과는 다른 것으로서 통상 자비출판이라고 칭하며, 계약의 법적 성질은 역시 도급에 해당한다.

(다) 공동출자출판계약

§18-50 　저작자와 출판자가 공동비용으로 저작물을 복제하고 배포는 출판자의 비용으로 하는 계약을 말한다. 이 계약도 엄밀한 의미에서의 출판계약이라고 할 수는 없으며, 법적 성질은 상법상 익명조합에 가깝다고 볼 수 있다.

(라) 보통의 출판계약

§18-51 　출판에 대한 기획주체가 누군지에 상관없이 출판자는 자기의 비용부담으로 복제·배포를 하고 저작자는 자기의 비용부담으로 저작물을 저작하는 계약을 말한다. 우리가 출판계약이라고 하는 것은 바로 이러한 유형의 계약을 말한다.

(3) 출판의 대가의 지급방법에 따른 분류

(가) 원고료지급계약

§18-52 　원고료로서 일정액 또는 원고매수에 따라 산정되는 일정액만을 지급하기로 하는 계약을 말한다. 정기간행물에 기고하는 경우에는 이 계약형태가 채택되는 경우가 많다.

§18-53 　책을 출판하는 경우에도 특히 번역저작물 등의 경우에 책의 판매부수와 상관없이 미리 그 집필 대가를 1회적인 원고료로 지급하고 인세는 배제하는 경우가 있는데 실무상 이러한 형태의 거래에 대하여 특별히 '매절(買切)'이라는 용어를 사용하고 있다. 이러한 매절에 대하여는 위에서 본 "출판자가 취득하는 권리의 성질 또는 범위에 따른 분류" 4가지 중 어느 것에 해당하는지에 대하여 약간의 논의가 있다. 법률행위 해석의 원칙에 따라 구체적, 개별적으로 판단하여야겠지만, 특별한 사정이 없는 한 저작권자에게 가장 불리한 계약형태인 저작재산권 양도계약으로 단정하는 데는 신중을 기하여야 할 것이다. 하급심 판례 가운데 매절에 대하여 "그 원고료로 일괄지급한 대가가 인세를 훨씬 초과하는 고액이라는 등의 소명이 없는 한 이는 출판권설정계약 또는 독점적 출판계약이라고 봄이 상당"하다고 판시한 사례1가 있는데, 수긍할 수 있는 입장이라 생각된다.2 다만, 이 판례의 판지도 그러하지만, 매절계약이 언제나 출판권설정계약 또는 독점적 출판계약에

---

1 서울민사지방법원 1994. 6. 1. 선고 94카합3724 판결.
2 매절계약의 해석과 관련하여 상세한 설명은 권영상, "매절," 한국저작권논문선집[2], 저작권심의조정위원회, 1995, 289~310면 참조.

해당하는 것이 아니라 지급한 대가가 인세보다 현저히 높다거나 하는 등의 여러 가지 정황에 비추어 저작재산권의 양도 내지 복제권(§13-2 이하) 및 배포권(§13-55 이하)의 양도에 해당하는 것으로 볼 수 있는 경우도 있음을 유의하여야 할 것이다. 또한 당사자간에 계약서 등으로 분명하게 약정하지 않은 경우의 의사해석 문제에 대한 논의일 뿐이므로 계약에서 명시적으로 저작재산권의 전부 또는 일부 양도의 취지를 밝힌 경우에는 그에 따라야 한다.

(나) 인세지급계약

판매가격의 일정한 퍼센트(이것을 인세율이라 한다)에 발행부수 또는 판매부수를 곱하여 보수액을 산정하는 방식의 계약을 말한다. 서적 출판의 경우에는 주로 이 계약형태가 채택되고 있다. §18-54

인세액에 관한 분쟁이 가끔 있는데 약정 인세액에 대한 감액청구의 소를 제기하는 것은 원칙적으로 허용되지 않는다는 것이 판례의 입장이다.

🔖 **판 례**

❖ 대법원 2000. 5. 26. 선고 2000다2375 판결 §18-55

출판허락계약상 약정 인세의 감액을 구하는 소송은 그 성질상 법률에 규정이 있는 경우에 한하여 허용되는 형성의 소에 해당하는바, 이를 허용하는 아무런 법률상의 근거가 없고, 명문의 근거 규정이 없는 경우에도 특정 형성소송에 관한 규정을 유추적용하여 일정한 요건하에 최소한의 범위 내에서 그와 유사한 법률관계에 관하여 형성의 소를 허용하여야 할 경우가 있다고 하더라도, 출판허락계약의 특성과 사회적 기능 특히 출판허락계약상 저작물의 발행·보급의 목적 등 모든 사정을 고려해 보면, 임대차계약에 관한 민법 제628조 소정의 차임증감청구에 관한 규정을 출판허락계약상의 인세에 유추적용할 수 없다.

(다) 이익분배계약

저작물의 출판에 의하여 생기는 이익 및 손실을 출판자가 저작권자 또는 복제·배포권자와 사이에 분배하는 계약을 말한다. §18-56

3. 출판권의 의의와 성질

출판권이란 복제권자[1]와의 출판권설정계약 또는 복제권자의 출판권설정행위[2]에 의하여 출 §18-57

---

1 출판권과 관련하여 복제권자라는 용어를 사용하는 것은 저작권법 제63조 제 1 항의 용례를 따른 것으로서 단순히 저작물을 복제할 권리를 가진 자를 의미하는 것이 아니라 "저작물을 복제·배포할 권리를 가진 자"를 의미한다.
2 출판권설정행위는 보통은 당사자간 출판권설정계약의 형태로 이루어지나, 경우에 따라서는 복제권자의 유언과 같은 단독행위로도 설정이 이루어질 수 있다. 장인숙, 著作權法原論, 寶晋齋出版社, 1989, 53면 참조.

판자에게 설정된 권리를 말한다. 이 권리는 당사자 사이의 계약에 의하여 구체화되지만 단지 계약 당사자 사이에서만 주장할 수 있는 채권적인 권리가 아니라 배타적(排他的), 대세적(對世的) 권리로서 준물권(準物權)적인 성격의 권리이다. 저작권법 제63조 제 1 항에서 "저작물을 복제·배포할 권리를 가진 자(이하 "복제권자"라 한다)는 그 저작물을 인쇄 그 밖에 이와 유사한 방법으로 문서 또는 도화로 발행하고자 하는 자에 대하여 이를 출판할 권리(이하 "출판권"이라 한다)를 설정할 수 있다"고 규정하고 있는 것이 바로 출판권 설정의 법적 근거이다. 이러한 '출판권'을 저작권자가 가지는 출판에 관한 권능 및 출판허락계약에 기한 채권적 권리로서의 출판할 권리와 구별하는 의미에서 설정출판권이라고 부르기도 한다.

§18-58   저작물에 대한 저작재산권(복제·배포권)을 역시 토지에 대한 소유권에 비유한다면, 저작재산권(복제권)의 양도는 토지에 대한 소유권의 양도에, 출판권의 설정은 토지에 대한 용익물권(用益物權)(예컨대 지상권(地上權))의 설정에 해당한다고 할 수 있다. 따라서 저작재산권자(복제권자)의 권리는 설정된 출판권의 제한을 받는 것 외에는 그대로 원래의 권리자에게 남아 있는 것이고, 또한 출판권은 저작재산권(복제·배포권)의 존재를 전제로 하여 설정적으로 이전된 것이므로 저작재산권이 어떤 이유로 소멸하면 출판권도 소멸하는 것이 원칙이다. 다만 저작자가 사망하였으나 그 상속인이 존재하지 않으므로 저작재산권의 보호기간이 경과하기 전에 저작재산권이 소멸하는 경우에 출판권도 따라서 소멸한다고 하면, 출판자가 예상치 못한 사유에 의하여 출판자의 지위를 불안정하게 하는 불합리한 측면이 있다. 상속인이 없는 경우 저작권을 공유(公有)로 하는 것은 이해관계인이 없어 더 이상 보호할 필요가 없기 때문이라는 것을 감안하여, 그러한 경우에는 저작재산권의 소멸에도 불구하고 출판권이 그 존속기간동안 그대로 존속하는 것으로 보아야 할 것이다.[1]

§18-59   출판권은 배타적 성질의 준물권이므로 출판권자는 모든 사람에게 출판권을 주장할 수 있고 당연히 저작권자(복제권자)에게도 주장할 수 있다. 즉, 복제권자는 출판권자의 배타적 출판권을 존중하여야 하므로 스스로 동일한 저작물을 출판하거나 다른 제 3 의 출판자에게 출판하도록 허락하는 것은 원칙적으로 허용될 수 없다. 만약 그러한 행위를 한다면 계약상의 채무 불이행을 구성할 뿐만 아니라 출판권의 침해도 구성하게 된다.

§18-60   또한 제 3 자가 출판권을 침해할 경우 출판권자는 복제권자의 도움을 받거나 그의 권리를 대위할 필요 없이 바로 자신의 명의로 자신의 권리인 출판권을 주장하여 민형사상의 권리구제를 받을 수 있다는 것도 출판권이 가지는 준물권적 성격에 비추어 당연한 것이다. 출판권이 제 3 자의 무단복제행위에 의하여 침해될 경우 출판권자만이 아니라 저작재산권자도 침해정지청구를 할 수

---

1 同旨 황적인·정순희·최현호, 전게서, 344면.

있다는 것(이 경우 출판권의 침해인 동시에 복제권의 침해이기도 한 것으로 보아야 함)[1] 등은 배타적발행권의 경우와 동일하다(§18-10, 11 참조).

4. 출판권의 내용

저작권법 제63조 제 2 항은 "제 1 항의 규정에 따라 출판권을 설정받은 자(이하 "출판권자"라 한 다)는 그 설정행위에서 정하는 바에 따라 그 출판권의 목적인 저작물을 원작 그대로 출판할 권리를 가진다"고 규정하고 있다. 이 규정에 의하면, 출판권은 '설정행위에서 정하는 바에 따라 그 출 판권의 목적인 저작물을 원작 그대로 출판할 권리'를 그 내용으로 하고 있다고 할 수 있다. '출판' 의 의의가 "저작물을 공중의 수요를 충족하기 위하여 인쇄 그 밖에 이와 유사한 방법으로 문서 또는 도화로 복제·배포하는 것"임은 위 Ⅲ. 1.(§18-39)에서 살펴본 바와 같으므로, 결국 출판권의 내용은 "설정행위에서 정하는 바에 따라 그 출판권의 목적인 저작물을 공중의 수요를 충족하기 위하여 원작 그대로 인쇄 그 밖에 이와 유사한 방법으로 문서 또는 도화로 복제·배포할 권리"라 고 할 수 있다. 이러한 내용을 보다 자세하고 정확하게 이해하기 위하여 주요 문구별로 나누어 살펴보기로 한다.

§18-61

(1) '설정행위에서 정하는 바에 따라'

출판권은 저작권법에서 준물권적인 성격으로 설정할 수 있는 법적 근거를 두고 있지만 그 권 리가 구체화되기 위해서는 반드시 복제권자의 구체적인 설정행위를 필요로 한다. 그 설정행위가 보통은 계약의 형태를 취하겠지만, 유언의 경우와 같은 복제권자의 단독행위인 경우도 있을 수 있음은 앞에서 살펴본 바와 같다. 출판권의 구체적인 내용은 이러한 설정행위에 의하여 정해지게 될 것이다. 그러나 예를 들어 출판권의 배타적인 성질에 배치되는 내용, 즉 저작권자가 다른 제 3 자에게도 출판을 허락할 수 있다고 하는 등의 내용이 계약에 포함되게 되면, 그것은 출판권설 정제도의 본질에 반하는 것이므로 문제가 있다. 그러한 경우라면 설사 '출판권 설정'이라고 하는

§18-62

---

1 서울중앙지방법원 2018. 4. 6. 선고 2017가합530576 판결 : "저작권법에서 정한 출판권은 저작물을 복제·배포할 권리 를 가진 자와의 설정 행위에서 정하는 바에 따라 저작물을 원작 그대로 출판하는 것을 그 내용으로 하는 권리인바, 제 3 자가 출판권자의 허락 없이 원작의 전부 또는 상당 부분과 동일성 있는 작품을 출판하는 때에는 출판권 침해가 성립되고(대법원 2003. 2. 28. 선고 2001도3115 판결 등 참조), 출판권과 복제권의 동시침해가 발생한 경우 출판권자 와 복제권자는 각자의 출판권 및 복제권에 기하여 각각 침해정지 또는 손해배상청구를 할 수 있다. 이 사건의 경우 앞서 본 바와 같이 피고 번역물은 원고 번역물과 실질적 유사성 및 의거관계를 인정할 수 있으므로, 피고들은 원고 A의 출판권과 원고 B의 복제권을 침해하고 있다고 할 것이다."(NOTE : 위 판결에서 복제권에 기한 침해정지청구를 인정한 부분은 문제가 없으나, 손해배상청구까지 중첩적으로 인정한 부분에 대하여는 검토가 필요한 면이 있다. 손해 배상청구권의 행사는 '손해'의 발생을 전제로 하는 것으로서 계약의 형태에 따라서는 출판권자에게만 손해가 있다고 볼 수 있는 경우도 있고, 출판권자와 복제권자에게 손해 중 각 일정 부분이 발생하는 것으로 볼 수 있는 경우도 있을 것이다. 후자의 경우에 한하여, 각자가 입은 손해액에 따른 손해배상청구가 가능하다는 의미로 위 판결을 이해하여야 만 법리에 반하지 않는 결과가 될 것이라 생각된다. §28-31의 뒷부분 설명 참조)

표현을 사용한다고 하더라도 실제로는 출판허락계약의 성질을 가진 것으로 보게 될 가능성이 높다. 그리고 저작권법에서 출판권자와 복제권자의 권리의무에 관하여 규정한 것과 상충하는 내용으로 계약이 이루어진 경우 중에서 저작권법의 해당 규정이 강행규정인 경우에는 역시 그 상충하는 부분의 계약의 효력은 인정될 수 없다.

§18-63   한편, 출판권설정계약에서 판형, 인쇄활자, 제본방법, 장정 등의 복제방법 또는 부수를 1만부로 한다든가 하는 인쇄부수 등까지 출판권의 내용으로 정할 수 있을 것인지가 문제이다. 만약 이러한 사항들을 설정행위에서 출판권의 내용으로 정할 수 있다고 한다면, 그와 같이 정해진 것과 다른 판형, 인쇄활자, 제본방법, 장정 등을 사용하여 제 3 자가 출판을 한 경우에는 동일한 저작물이라 하더라도 출판권의 침해를 구성하지 않게 되고, 계약에서 정한 1만부를 출판권자가 모두 출판한 후 다른 제 3 자가 1,000부를 출판하였다고 가정하면 그것도 출판권의 침해를 구성하지는 않게 될 것인데, 그것은 받아들이기 어려운 기이한 결론이 될 것이다. 그렇다고 하여 출판권설정계약에서 그러한 사항들을 전혀 규정할 수 없다고 제한할 근거도 없다. 결국 이 문제는 계약의 내용을 '출판권의 설정행위' 자체와 '복제권자와 출판자 사이의 채권, 채무 사항을 정하는 부분'으로 구분하여 파악함으로써 해결하여야 할 것이다. 즉, 그러한 판형, 인쇄활자 등의 사항을 계약에서 규정할 수는 있지만, 그것은 복제권자와 출판자 사이의 채권, 채무 사항을 별도로 규정한 것에 그치는 것이고 출판권의 설정행위 자체에 그러한 구체적 제약조건이 담긴 것은 아닌 것으로 보아야 한다. 그렇게 보면, 출판자가 그러한 계약상의 사항을 준수하지 않았을 경우 복제권자와의 관계에서 채무불이행을 구성하는 것은 별론으로 하고, 제 3 자가 다른 판형 등으로 출판한 경우에도 출판권의 침해를 구성하는 것으로 보는 데는 아무 문제가 없는 것이다.

§18-64   그렇다면 출판권의 설정 자체에는 아무런 제한을 가할 수 없는 것인가? 그렇지는 않다. 복제권의 일부 양도가 일정한 범위 내에서 가능한 것과 같은 이치로 출판권의 설정적 이전도 이용형태 등의 구분이 명확하여 권리 분할에 따른 실제적 · 이론적인 혼란이 발생할 여지가 없는 경우에는 권리의 범위를 나누어서 제한적으로 할 수 있는 사항이 있을 수 있다. 그 대표적인 예가 저작물의 단독복제와 편집물에의 수록복제를 구분하여 저작물의 단독복제 형태의 출판권은 A에게 설정하고, 편집물에의 수록복제 형태의 출판권은 B에게 설정하는 경우이다. 이러한 구분설정은 위에서 본 바와 같은 판형, 인쇄방법 등을 구분, 제한하는 경우와는 달리 출판권 설정행위 자체에서 정하는 것이 가능한 것으로 생각된다.[1] 이렇게 구분하여 설정한 경우 A는 제 3 자가 단독복제 형태의 출판을 할 경우에만 자신의 출판권이 침해된 것으로 주장할 수 있게 된다. 그 밖에도 출판권을 행사할 수 있는 지리적 범위를 특정 국가로 제한한다든가 하는 것도 가능할 것이다.

---

1 同旨 加戶守行, 전게서, 448면; 허희성, 新著作權法逐條槪說, 범우사, 1988, 246면 등.

(2) '공중의 수요를 충족하기 위하여'1

공중의 수요를 충족하기 위하여 복제·배포하는 경우만 출판의 개념에 해당하므로 공중의 수요를 충족하기 위한 것이 아니라 사적(私的)인 이용을 위하여 복제하는 경우는 포함되지 아니한다.

§18-65

(3) '원작 그대로'

출판권은 그 목적인 저작물을 '원작 그대로' 복제하는 권리이다. '원작 그대로'라고 하는 것은 원작을 개작하거나 번역하는 등의 방법으로 변경하지 않고 출판하는 것을 의미할 뿐 원작의 일자일구(一字一句)도 수정하지 않는다는 것을 의미하는 것은 아니다. 출판권자로서는 저작자의 동일성유지권을 침해하지 않는 범위 내에서 오탈자의 수정을 하는 것은 가능한 것이고, 제 3 자의 출판행위가 출판권의 침해가 되는지 여부를 판단함에 있어서는 정확하고 엄밀한 의미의 동일성이 아니라 '복제'의 범위에 해당하는 동일성만 인정되면 출판권 침해를 구성하게 된다. 다만 복제의 범위를 넘어서서 번역 기타의 방법으로 새로운 창작성을 부가한 '실질적 개변'을 함으로써 2차적저작물을 작성한 경우(§5-9 이하 참조)에는 '원작 그대로' 출판한 경우에 해당하지 않으므로 출판권의 침해를 구성하지 않는 것으로 보게 된다(§18-69의 대법원 판례 참조).

§18-66

또한 출판권침해가 성립하기 위해서는, 양적인 면에서 출판물의 전부를 복제한 경우일 것을 요하는 것이 아니고, 저작권침해의 요건에서 말하는 '양적인 상당성'(§27-11 참조)을 충족하기만 하면, 침해의 성립을 인정하는 데 문제가 없는 것으로 보아야 한다. 대법원 2003. 2. 28. 선고 2001도3115판결(§18-67)이 "침해자가 출판된 저작물을 전부 복제하지 않았다 하더라도 그 중 상당한 양을 복제한 경우에는 출판권자의 출판권을 침해하는 것이라 할 것이고 … "라고 한 것은 저작재산권(복제권) 침해의 경우와 다른 양적인 기준을 제시하고자 한 취지가 아니라, 복제권침해의 경우에도 요구되는 최소한의 양적 상당성을 출판권 침해의 경우에도 요구한 취지로 보아야 할 것이라 생각된다.2 출판권 침해가 성립하기 위해서는 문서 또는 도화의 인쇄에 의한 방법으로 복제할 것을 요하는지도 문제이나, 그러한 요건을 요하는 것으로 해석할 경우에는 출판권 보호에 크게 미흡한 결과가 될 것이 우려된다. 따라서 적어도 복제권자나 배타적발행권자 등의 허락을 받지도 아니한 무단이용의 경우라면 디지털 복제 및 전송의 경우에도 출판권 침해의 성립을 인정하는 것이 타당할 것이라 생각된다.3 문서 또는 도화로 인쇄하는 방법에 의한 복제에 관한 한, 복

---

1 출판에 관하여 제63조 제 1 항에서 '발행'이라는 용어를 사용하고 있고, 저작권법 제 2 조 제24호에서 "'발행'은 저작물 또는 음반을 <u>공중의 수요를 충족시키기 위하여 복제·배포하는 것을 말한다</u>"고 규정하고 있다는 것에 기함.

2 같은 취지에서 김동규, "국가고시나 전문자격시험의 수험서와 같은 실용적 어문저작물의 창작성 및 복제권 침해 판단 기준", 대법원판례해설 제94호, 법원도서관, 312면은 대법원 2001도3115 판결이 "부분복제의 경우 복제권 침해가 성립하기 위해서는 복제된 부분의 양적, 질적 상당성을 요구"하는 판례의 하나라고 보고 있다. 이것은 복제권 침해와 출판권 침해가 복제의 정도 등의 요건 면에서 차이가 없을 것이라는 점을 암묵적 전제로 하고 있는 관점이다.

3 서울중앙지방법원 2008. 12. 12. 선고 2008가합42732 판결은 동영상강의를 하는 강사들이 문제집의 상당 부분을 복

제권자의 복제나 배타적발행권자의 복제 또는 복제권자나 배타적발행권자의 허락에 기한 복제도 출판권 침해가 될 수 있다.[1]

(📖 판 례)

§18-67

❖ 대법원 2003. 2. 28. 선고 2001도3115 판결

〈사실관계〉

피고인이 B 저작의 "98 편입영어스피드완성"이라는 책자를 발간함에 있어서 피해자 A의 동의 없이, 위 "98 편입영어스피드완성"의 해설 부분 중 총 1,125문제가 A가 1997. 1. 10. 발행한 C 저작의 편입영어 시리즈 "편입어휘SPEED완성", "편입문법SPEED완성", "편입독해SPEED완성"의 내용 중 총 1,125문제의 해설 부분을 각 인용하여 위 3권의 책자에 게재된 내용과 같다는 정을 알면서도, 1998. 1. 중순경 및 같은 해 4.경 "98 편입영어스피드완성"책자 각 1,000부를 각 복제하여 배포함으로써 A의 출판권을 침해한 것이라는 요지의 공소사실로 기소된 사건에 대하여 제 1 심은 출판이라 함은 저작물을 '원작 그대로' 인쇄술에 의하여 문서 또는 도화로 복제·배포하는 것을 말하므로, 피고인이 A 발행의 책자를 원작 그대로가 아니라 그 내용 중의 일부만을 그것도 저자를 달리하여 복제·배포한 것은 출판권 침해에 해당되지 않는다는 이유로 무죄를 선고하였고, 제 2 심도 무죄를 선고한 제 1 심 판결을 그대로 유지하였다. 이에 대하여 검사가 상고하였다.

〈법원의 판단〉

일반적으로 출판이라 함은 저작물을 인쇄, 그 밖의 이와 유사한 방법으로 문서 또는 도화로 발행 즉, 복제·배포하는 행위를 말하는 것이고(저작권법 제54조 제 1 항, 제 2 조 제16호), 저작권법 제54조 제 2 항이 "출판권을 설정받은 자는 그 설정행위에서 정하는 바에 따라 그 출판권의 목적인 저작물을 원작 그대로 출판할 권리를 가진다"고 규정하고 있으나, 위 규정 중 '원작 그대로'라고 함은 원작을 개작하거나 번역하는 등의 방법으로 변경하지 않고 출판하는 것을 의미할 뿐 <u>원작의 전부를 출판하는 것만을 의미하는 것은 아니며, 달리 원작의 전부를 복제·배포하는 것만을 출판으로 볼 이유는 없는 것이므로, 침해자가 출판된 저작물을 전부 복제하지 않았다 하더라도 그 중 상당한 양을 복제한 경우에는 출판권자의 출판권을 침해하는 것이라 할 것이고,</u> 또 저작물을 복제함에 있어 저자의 표시를 달리 하였다 하여 출판권 침해가 되지 않는다고 볼 이유는 없다.(원심 판결 파기, 환송)

제하여 인터넷사이트에서 수강생들에게 무료로 제공한 행위를 출판권 침해로 인정하였는데, 이 판결은 무단으로 출판물의 상당 부분을 복제(디지털 형태로 복제)하여 인터넷 사이트를 통해 전송한 행위를 출판권 침해로 인정한 사례라 할 수 있다.

1 복제권자에 의한 복제 또는 복제권자의 허락에 기한 복제가 출판권 침해가 될 수 있다는 점에 대하여, 澁谷達紀, 知的財産法講義(第2版) −著作權法·意匠法−, 有斐閣, 2007, 391면; 小林尋次, 現行著作權法の立法理由と解釈 : 著作權法全文改正の資料として, 第一書房, 2010, 140면 등 참조.

❖ 서울지방법원 2002. 3. 27. 선고 2001가합3917 판결   §18-68

저작권법 제54조 제 1 항에 의하면 "저작물을 복제, 배포할 권리를 가진 자는 그 저작물을 인쇄, 그 밖의 이와 유사한 방법으로 문서, 도화를 발행하고자 하는 자에 대하여 이를 출판할 권리를 설정할 수 있다"고 규정하고 있는바, 설정출판권이라 함은 저작물을 인쇄, 그 밖의 이와 유사한 방법으로 문서, 도화로 발행하는 권리, 즉 배타적인 복제ㆍ배포권으로서 이후에는 저작권자라 할지라도 제 3 자에게 출판권을 설정해줄 수 없는 준물권적인 배타성을 가지게 되는 권리라 할 것이므로 일단 출판권이 설정되면 저작권자의 복제ㆍ배포권은 출판권자에게 이전(설정적 이전)하게 되는 것이고, 한편 같은 조 제 2 항에 의하면 "출판권을 설정받은 자는 그 설정행위에서 정하는 바에 따라 그 출판권의 목적인 저작물을 '원작 그대로' 출판할 권리를 가진다"고 규정하고 있는바, 이는 출판권자가 출판을 하는 경우에는 저작권자에 대하여 사소한 오자 등을 제외하고는 원작 그대로 출판할 의무를 진다는 의미이지 원작 그대로 침해한 경우가 아니라면 출판권의 침해가 발생하지 아니한다는 의미는 아니라 할 것이다.

❖ 대법원 2005. 9. 9. 선고 2003다47782 판결   §18-69

(1) 저작권법 제54조 소정의 출판권은 저작물을 복제ㆍ배포할 권리를 가진 자와의 설정행위에서 정하는 바에 따라 저작물을 원작 그대로 출판하는 것을 그 내용으로 하는 권리인바, 제 3 자가 출판권자의 허락 없이 원작의 전부 또는 상당 부분과 동일성 있는 작품을 출판하는 때에는 출판권 침해가 성립된다 할 것이지만(대법원 2003. 2. 28. 선고 2001도3115 판결 참조), <u>원작과의 동일성을 손상하는 정도로 원작을 변경하여 출판하는 때에는 저작자의 2차적저작물작성권 침해에 해당할지언정 출판권자의 출판권 침해는 성립되지 않는다 할 것이다.</u>

그리고 글과 그림이 유기적으로 결합된 만화저작물에 있어서 원작과 제 3 자가 출판한 작품과의 동일성 여부는 글과 그림의 표현형식, 연출의 방법(이야기의 전개순서에 따라 글과 그림으로 구성되는 개개의 장면을 구상하고 그 이야기의 전개를 위해 지면을 다양한 크기와 모양의 칸으로 분할하며 그 분할된 해당 칸에 구상한 장면을 배열하는 것) 등을 종합적으로 고려하여 판단하여야 한다.

(2) 기록에 비추어 살펴보면, 피고 출판의 "슈퍼삼국지"와 원고 출판의 "전략삼국지"는 전체의 약 30% 가량에 해당되는 쪽의 전부 또는 일부 컷에 있어서 말풍선 내의 대사의 흐름, 대사를 끊어주는 시점, 컷 나누기, 개개 컷의 구성, 컷 내의 그림의 배치, 인물의 표정ㆍ동작 및 주변의 묘사 등이 상당히 유사하지만, 그림의 표현형식에 있어서 "전략삼국지"는 약화체로 표현되어 있고 흑백의 단색으로 되어 있는 데에 비하여 "슈퍼삼국지"는 사실체로 표현되어 있고 컴퓨터 그래픽 채색작업에 의한 천연색으로 되어 있을 뿐만 아니라, 대표적인 등장인물들의 얼굴형이 "전략삼국지"의 그것과 확연히 달라 그 자체로 창작성이 인정될 정도로 독특하고, 원심이 채용한 원심의 한국만화애니메이션학회장에 대한 감정촉탁 결과에 의하더라도 "슈퍼삼국지"는 스토리 전개 및 연출방식에서 "전략삼국지"를 표절하였을 가능성은 높지만, 그림체에서는 "전략삼국지"를 표절하였을 가능성이 매우 낮다고 되어 있는바, 사정이 이러하다면 앞에서 본 바와 같은 양 작품의 유사점만으로는 곧바로 "슈퍼삼국지"와 "전략삼국지"가 동일성이 있는 작품이라고 단정하기 어렵고, 오히려 "슈퍼삼국지"가 "전략삼국지"와의 동일성을 손상할 정도로 변경되었다고 볼 여지도 있다고 할 것이다.

그렇다면 원심으로서는 그림의 표현형식에서 나타나는 양 작품의 위와 같은 차이로 인하여 "슈퍼삼국지"가 "전략삼국지"와의 동일성을 손상할 정도로 변경되었는지, 아니면 그러한 차이에도 불구하고 "슈퍼삼국지"가 "전략삼국지"의 전부 또는 상당 부분과 동일성이 있다고 평가할 수 있는지 등에 관하여 더 심리해 본 연후에 출판권 침해 여부를 판단함이 상당하다 할 것임에도 불구하고, 원심은 이러한 점에 관하여는 심리해 보지도 아니한 채 피고가 "슈퍼삼국지"를 저작함에 있어서 컷 나누기라든지 인물의 대화의 기재, 인물의 표정·동작 및 주변상황 등의 묘사에 있어서 "전략삼국지"를 상당 부분 모방하였다는 사정만으로 피고가 원고의 출판권을 침해하였다고 판단하고 말았으니, 원심 판결에는 출판권 침해에 관한 법리를 오해하고 필요한 심리를 다하지 아니하여 판결 결과에 영향을 미친 위법이 있다고 할 것이다.

▷NOTE : 위 판결은 원작에 대한 관계에서 2차적저작물 작성의 경우는 출판권 침해가 성립하지 않고 복제의 범위에 속하는 행위를 하여야만 출판권 침해가 성립할 수 있음을 분명히 한 최초의 대법원 판례로서 의의를 가진다. 위 판결은 출판의 개념 중 '원작 그대로'라는 요소를 가지고 위와 같은 해석을 하였는바, '원작 그대로'는 출판권자의 의무와 관련하여 법문에 포함된 문언으로서 이것을 출판권 침해의 영역에 그대로 적용하는 것은 적절치 않은 면이 있는 것으로 생각된다. 적어도 해당 문언이 출판권자의 의무의 영역과 출판권 침해의 영역에서 다르게 해석됨을 분명히 밝혀 주었으면 좋지 않았을까 생각된다. 복제의 영역에 한하여 출판권 침해를 인정한 결론에는 찬동한다. 이 판례에 따라, 교과서에 대한 관계에서 2차적저작물의 성격을 가지는 문제집의 간행은 교과서에 대한 출판권의 침해가 아니라고 한 하급심판결(서울남부지방법원 2014. 6. 12. 선고 2013가합5771 판결)이 있다.

(4) '인쇄 그 밖에 이와 유사한 방법으로'

§18-70   '인쇄'는 기계적, 화학적 방법에 해당하므로 '이와 유사한 방법'도 기계적, 화학적 방법이나 그에 준하는 방법을 의미하고, 수기(手記) 또는 필사(筆寫)의 방법으로 복제하는 것은 제외됨을 분명히 한 것이다.

(5) '문서 또는 도화로'

§18-71   여기서 문서 또는 도화라고 하는 것은 저작물을 문자(文字)·기호(記號)·상형(象形) 등을 사용하여 유체물 위에 직접 재현시킨 것을 말하고 서적, 잡지, 화집, 사진, 악보 등과 같이 직접 시각적으로 지각할 수 있는 저작물의 복제물을 뜻한다. 따라서 예를 들어 영화필름이나 비디오테이프, 영상 DVD 등과 같은 시청각적 고정물이나 녹음테이프나 음악CD 같은 청각적 고정물은 직접적으로 시각에 호소하는 것이 아니므로 문서 또는 도화의 범주에 포함되지 아니한다.

§18-72   전자책(e-book)의 출판[1]이 출판권의 내용에 포함될 수 있는가에 대하여 논란이 있지만, 전자책은 오프라인상의 CD-ROM 등의 형태이든 온라인 e-book 서비스이든 불문하고 저작권법상의

---

1 통상적으로 전자책의 '출판'이라는 말을 쓰곤 하지만, 엄밀한 의미에서 저작권법에서 말하는 '출판'의 개념에는 해당하지 않는다.

문서 또는 도화의 개념에는 해당하지 않는 것으로 보는 것이 타당하다.1 전자책 출판의 경우 과거에는 출판자가 저작재산권의 전부 또는 일부를 양도 받는 것 외에는 배타적 권리를 취득할 수 있는 방법이 없었으나, 2011. 12. 2.자 개정법에 의하여 배타적발행권제도가 도입되었으므로 개정법하에서는 배타적발행권(§18-3 이하)을 설정받는 방법에 의하여 출판권설정과 동일한 법률효과를 기대할 수 있게 되었다. 전자책과 종이책을 동시에 출판하고자 하는 출판자가 자신의 출판에 관한 권리를 모두 배타적 권리로 보장받고자 한다면, 개정법 하에서는 전자책에 대한 배타적발행권과 종이책에 대한 출판권을 동시에 설정받아야 할 것이다.

(6) '복제·배포할 권리'

출판권의 내용에는 복제권과 배포권이 위에서 본 바와 같은 일정한 제한하에 포함된다. 복제와 배포의 의미는 저작재산권 중 복제권(§13-2)과 배포권(§13-55)을 설명할 때 기술한 내용과 동일하다. 2차적저작물작성권(§13-64)이 포함되지 않으므로 출판물을 토대로 하여 새로운 창작성을 부가한 2차적저작물을 작성, 출판하는 것은 저작재산권자의 2차적저작물작성권 침해에는 해당할 수 있지만, 출판권의 침해를 구성하지는 아니함은 앞에서 본 바(§18-66)와 같다. 출판권자가 출판한 저작물과 동일한 저작물에 대하여 그 허락 없이 위 (1)~(5)의 조건을 충족하는 복제행위를 하기만 하여도 출판권의 침해가 될 것이고, 복제행위에는 관여하지 않더라도 그렇게 만들어진 복제물을 허락 없이 배포하기만 하면 역시 출판권의 침해를 구성하는 것으로 보아야 할 것이다.

§18-73

(7) 판면권(판식설계권) 문제

입법례에 따라서는 출판자가 판면제작 내지 판식설계에 대하여 일종의 저작인접권을 가질 수 있도록 하여 출판자를 두텁게 보호하는 경우가 있다. 이것을 판면권 또는 판식설계권이라고 하는데, 예를 들어 중국 저작권법 제35조에서는 "출판자는 그 출판한 도서 및 정기간행물의 판식설계를 타인으로 하여금 사용하는 것을 허락 또는 금지할 권리가 있다"고 규정하고 있다. 영국,

§18-74

---

1 同旨 안효질, "e-book과 저작권," 계간 저작권 제52호(2000년), 저작권심의조정위원회, 44면.
　다음 판례도 같은 입장을 드러내고 있다. 서울서부지방법원 2007. 4. 27. 선고 2006노1390 판결 : "출판이란 인쇄술 기타 이와 유사한 방법에 의하여 저작물을 문서 또는 도서로서 복제·배포하는 것을 말하는바, 앞서 본 바와 같이 저작권법은 저작물을 복제·배포·전송할 수 있는 권리와는 별도의 독점적, 배타적 권리로서 저작물을 인쇄 그 밖의 이와 유사한 방법으로 문서 또는 도화로 발행(저작물을 일반공중의 수요를 위하여 복제·배포하는 것)할 수 있는 출판권을 규정함과 동시에 출판권자의 출판의무 또한 규정함으로써 출판자가 안정된 지위에서 출판할 수 있게 하여 주고, 나아가 그 반사적 이익이 저작권자에게 돌아올 수 있게 하고 있다. 그런데, 위와 같은 출판의 의미, 저작권법 규정의 문언, 저작권법이 저작물을 복제·배포·전송할 수 있는 권리와 별도로 출판권을 규정하고 있는 취지에 비추어 보면, '문서 또는 도화로 발행'하는 것이 아닌 인터넷 사이트에의 게시 등 인터넷에서의 사용을 전제로 하여서는 출판권이 설정될 여지가 없고, 이는 비록 인쇄된 문서를 그대로 복사한 후 파일로 변환시켜 생성된 PDF 형태의 파일을 게시하는 것이라 하여도 달리 볼 수 없다."(NOTE : 배타적발행권 제도가 도입된 현행법 하에서는 그러한 부분에 대하여 배타적발행권이 설정될 수는 있다.)

대만 등에서도 유사한 입법례를 볼 수 있다. 최근 한국의 출판계에서는 판면권을 인정하는 입법의 필요성을 강하게 주장하고 있다. 판면권을 인정함으로써 출판업자를 보다 두텁게 보호할 현실적 필요성이 어느 정도 있는지, 그것을 인정할 경우 디지털 시대의 저작물 유통의 원활화를 이루어 나갈 필요에 배치되는 면은 없는지 등을 신중하게 검토하여 결정해야 할 사항이라 생각된다.

5. 출판권의 존속기간

§18-75   출판권의 존속기간은 설정행위에 의하여 임의로 정할 수 있으나, 설정행위에 정함이 없으면 맨처음 발행한 날로부터 3년간 존속한다(저작권법 제63조의2, 제59조 제 1 항 본문). 3년보다 장기간으로 정하는 것도 물론 가능하나 기간의 한정을 두도록 하는 것이 법의 취지이므로 계약기간을 영구화하는 뜻에서 무기한의 계약기간을 정하는 경우는 '설정행위에 정함이 없는' 경우에 해당하는 것으로 보아 맨처음 발행한 날로부터 3년간만 존속하는 것으로 보게 될 것이다. 맨처음 발행한 날이라고 함은 서적 등의 형태로 제작되어 서점에 배포되는 등 시장유통과정에 놓이게 된 최초의 시점을 의미하는 것으로 본다.[1]

맨처음 발행한 날로부터 3년간 존속한다고 규정한 것이 출판권이 발생하는 시점을 규정하는 의미도 갖고 있는 것으로 보아 계약 시점부터 최초 출판시점까지 사이에는 출판권이 발생하지 않고 있는 것으로 보는 견해도 있을 수 있으나, 출판권은 설정행위에 의하여 바로 발생하고 '맨처음 발행한 날로부터'라고 하는 것은 출판권 존속기간을 계산하기 위한 기산일을 정한 것에 불과하다고 보는 것이 타당하다고 생각된다.[2]

계약기간 만료 시점에서 특별한 의사표시가 없을 경우 자동으로 기간이 갱신된다는 조항이 있을 경우는 그에 따라 갱신이 이루어지게 되나 그렇지 않은 경우에는 기간의 만료에 의하여 출판권은 소멸되게 된다.

§18-76   출판의 개념에는 복제와 배포가 모두 포함되므로, 출판권이 소멸되고 나면 당해 출판자는 저작재산권자의 허락 없이는 출판을 위한 저작물 인쇄(복제)뿐만 아니라 인쇄된 출판물의 배포도 할 수 없는 것이 원칙이다. 그러나 그렇게 되면 이미 인쇄된 출판물을 무조건 폐기할 수밖에 없어 사회경제적으로 바람직하지 않은 결과가 발생할 수 있다. 그러한 점을 감안하여 저작권법은 두 가지 예외사유를 규정하고 있다.

즉 출판권이 그 존속기간의 만료 그 밖의 사유로 소멸된 경우에 그 출판권을 가지고 있던 자

---

1 加戶守行, 전게서, 458면.
2 同旨 황적인·정순희·최현호, 전게서, 346면.

는 ① 출판권 설정행위에 특약이 있는 경우와 ② 출판권의 존속기간 중 복제권자에게 그 저작물의 출판에 따른 대가를 지급하고 그 대가에 상응하는 부수의 출판물을 배포하는 경우를 제외하고는 그 출판권의 존속기간 중 만들어진 출판물을 배포할 수 없다(법 제63조의2, 제61조).

6. 출판권의 양도·입질 등

출판권도 재산권 중 물권에 준하는 성격을 가지므로 원칙적으로 제3자에게 이전할 수 있는 것으로 보아야 할 것이다. 그러나 저작권자(복제권자)의 입장에서는 특정한 출판자의 지명도나 사회적 신용도 등을 감안하여 계약을 하는 경우가 많을 것이므로 그러한 인적 신뢰관계를 감안할 경우 복제권자의 동의 없는 출판권의 임의적 이전을 허용하여서는 아니 될 것이다. 이러한 취지에서 저작권법 제63조의2, 제62조 제1항은 "출판권은 복제권자의 동의 없이 이를 양도 또는 질권의 목적으로 할 수 없다"는 취지로 규정하고 있다. 복제권자의 동의를 전제로 출판권의 양도성 및 입질 가능성을 인정하고 있는 셈이다.

§18-77

출판권을 양도하는 방법으로서는, 하나의 저작물에 대한 출판권을 양도하는 개별적 양도의 경우와 출판자의 영업전체를 양도하는 결과로서 출판자가 가지는 특정 저작물에 대한 출판권도 함께 양도되는 경우가 있을 수 있다. 후자의 경우에는 복제권자가 출판자의 영업양도 자체에 대한 복제권자의 동의가 있으면 특정 저작물에 대한 출판권의 양도에 대하여도 승낙을 한 것으로 볼 수 있을 것이다.

출판권의 입질(入質)에 대한 복제권자의 동의는 입질을 하는 시점에 있는 것이 바람직하나 그렇지 않고 실제로 질권을 행사하여 출판권의 이전이 이루어지는 시점에 있어도 이전의 효력은 인정되어야 할 것으로 본다. 출판권의 입질 시점에 복제권자의 동의가 있었다면 질권 행사에 의한 출판권의 이전 시점에 다시 동의를 받을 필요가 없음은 물론이다.

출판권자가 복제권자의 동의 없이 출판권을 양도하거나 입질을 한 경우의 효과에 대하여 무효라는 견해도 있으나 당사자간의 채권계약으로서의 효력은 발생하고 다만 복제권자의 동의가 없이는 그 효력을 복제권자에게 주장할 수 없는 것으로 보는 것이 타당하다.[1] 이 경우 복제권자로서는 출판권자가 출판권을 양도하거나 입질한 것이 다른 사정과 함께 "출판권자가 출판이 불가능하거나 출판할 의사가 없음이 명백한 경우"에 해당하는 것으로 볼 수 있을 경우에는 저작권법 제63조의2, 제60조 제1항에 따라 출판권소멸통고를 할 수 있을 것이다.

§18-78

한편, 복제권자와 출판자 사이의 인적 신뢰관계를 보호하고자 하는 저작권법 규정의 취지에 비추어 볼 때, 명문의 규정은 없지만 출판권에 대한 강제집행에 의한 이전도 복제권자의 동의가

§18-79

---

1 송영식·이상정, 저작권법개설(제3판). 세창출판사, 2003, 259면 등 참조.

없는 한 허용되지 않는 것으로 보아야 할 것이다.1

§18-80　　　다만 위와 같은 '특정승계'의 경우가 아니라, 출판권자의 사망에 의한 상속이나 출판권자인 법인의 합병에 따른 '포괄승계(일반승계)'의 경우에는 복제권자의 동의가 없더라도 출판권의 이전이 인정되어야 한다.

　　　한편, 출판권의 양도 등에 복제권자의 동의를 요하는 것은 출판권자가 복제권자로부터 출판권을 '설정'받은 경우에 한하고, 출판을 할 수 있는 권능으로서 복제권 및 배포권을 양도받은 경우에는 당연히 저작자 등의 동의 없이 제 3 자에게 그 권능(복제권 및 배포권)을 양도하거나 다시 출판권을 설정하는 것이 가능하다.

 판 례

§18-81　　　❖대법원 1979. 5. 15. 선고 78다1263 판결
　　〈사실관계〉
　　　원고가 1975. 7. 1 피고 A에게 그 차용원리금 11,000,000원에 대한 담보조로 세계대백과사전 상·하권의 발매권 및 그 필름을 양도하였으며, 원고가 위 차용금을 변제기가 도과하도록 변제하지 아니하므로 1976. 6. 6 피고 A는 담보권의 실행으로 위 양도받은 출판권과 필름을 피고 B에게 매도하였다.

　　〈법원의 판단〉
　　　원고가 피고 A에게 양도한 세계대백과사전의 발매권은 설정출판권이 아니라 저작권의 일부로서의 출판권능이고 피고 B의 이사건 사전 상·하권의 출판은 피고 A의 적법한 담보권 실행에 의하여 취득한 그 출판권능에 기한 것이므로 정당하다고 인정하면서 "출판권 양도에 있어서의 저작권자의 동의에 관한 구 저작권법 제50조의 규정은 같은 법 제47조에 의하여 설정된 출판권에 관한 것이어서 이 사건에서와 같이 저작권의 일부로서의 출판권능을 양도받은 경우(저작권법 제42조의 경우)에는 적용될 성질의 것이 아니"라고 밝혔다.

7. 출판권의 제한

§18-82　　　출판권의 제한에 대하여도 배타적발행권의 제한에 관한 규정(제62조 제 2 항, 그 자세한 내용은 §18-25 참조)이 그대로 준용된다(제63조의2).

8. 출판권의 등록

§18-83　　　저작권법 제54조 제 2 호는 출판권의 설정·이전·변경·소멸 또는 처분제한을, 같은 조 제 3

---

1 同旨 加戶守行, 전게서, 469면; 허희성, 전게서, 269면 등.

호는 출판권을 목적으로 하는 질권의 설정·이전·변경·소멸 또는 처분제한을 각 등록할 수 있도록 규정하면서 그 등록이 제3자에 대한 대항요건이 됨을 규정하고 있다. 출판권의 설정 역시 그 이전·변경·소멸 또는 처분제한의 경우와 마찬가지로 제54조 제2호에 의하여 그 등록이 제3자에 대한 대항요건으로 규정되어 있다는 것에 유의하여야 한다.

9. 출판권자의 의무

(1) 원작 그대로 출판할 의무

출판권자는 '그 출판권의 목적인 저작물을 원작 그대로 출판'(법 제63조 제2항)할 의무를 가진다. 오자·탈자를 바로잡고 맞춤법에 맞게 교정을 하는 것은 허용되지만, 그 이외의 사항은 설사 저작물의 본질을 건드리지 않는 수정·증감이라 하더라도 복제권자의 동의 없이 자의적으로 하여서는 아니 된다.

§18-84

(2) 9개월 이내에 출판할 의무

출판권자는 그 설정행위에 특약이 없는 때에는 출판권의 목적인 저작물을 복제하기 위하여 필요한 원고 또는 이에 상당하는 물건을 받은 날부터 9개월 이내에 이를 출판하여야 한다(법 제63조의2, 제58조 제1항).[1]

§18-85

원고에 상당하는 물건이란 음악저작물의 경우는 악보, 사진 또는 미술저작물의 경우는 원작품 등을 뜻하는 것으로 해석된다. 출판권자가 원고 또는 이에 상당한 물건을 받은 날이란 반드시 복제권자로부터 수교(手交) 등의 방법으로 인도받을 필요는 없고 복제권자의 지시 또는 허락으로 직접 입수한 경우도 포함되는 것으로 본다. 그리고 그것을 받은 날이 9개월 이내 출판의무 이행 여부를 따지는 기산일이 된다는 점에서, 법문에 명확한 규정은 없지만 그러한 원고 등의 일부만 받은 경우는 포함하지 아니하고 그 '전부'를 받은 경우를 의미하는 것으로 보는 것이 타당하다.

출판권자가 이 의무를 위반하여 정당한 이유 없이 9개월 이내에 출판을 하지 않을 경우 복제권자는 6개월 이상의 기간을 정하여 그 이행을 최고하고 그 기간 내에 이행하지 아니하는 때에는 출판권의 소멸을 통고할 수 있다(법 제63조의2, 제60조 제1항).

한편, 위 규정에서 9개월로 정한 것은 출판권설정계약에서 이에 관한 규정이 없을 경우를 대비한 임의규정의 성격을 지닌 것으로서 강행규정으로 볼 것은 아니므로 당사자 사이의 합의에 따라 9개월보다 짧은 기간이나 긴 기간을 약정하는 것도 가능하고 그 경우에는 그 약정기간 내에

---

1 일본 저작권법은 9개월이 아니라 6개월로 정하여 우리 저작권법보다 더 짧은 기간 내에 출판하도록 규정하고 있다(일본 저작권법 제81조 참조). 그리고 우리나라 1957년 최초 제정 당시의 저작권법(제51조 제1항)도 일본법과 마찬가지였다.

출판을 할 의무를 지게 된다.

여기서 한 가지 주의할 점은 출판권자가 기간 내에 하여야 할 것은 저작물의 '복제'가 아니라 '출판'이라는 점이다. 출판의 의미에는 출판물의 배포도 포함되므로 단순한 제작 단계를 넘어 시장 유통과정에 넘기는 것까지 하여야 출판을 하였다고 할 수 있다.[1]

(3) 계속 출판할 의무

§18-86
출판권자는 그 설정행위에 특약이 없는 때에는 관행에 따라 그 저작물을 계속하여 출판하여야 한다(법 제63조의2, 제58조 제2항). '계속하여 출판'한다고 하는 것은 저작물의 복제물이 늘 시장 유통과정에 있을 수 있도록 재고부수를 감안하여 출판행위를 반복하는 것을 의미한다. 시장수요가 있는데도 품절이나 절판의 상태로 방치하여서는 안 된다는 취지이다. 증쇄(增刷)라든가 재판(再版)이라든가 하는 방법은 불문한다.

계속출판이라고 하지만 완전한 의미의 연속성을 요구하는 것은 아니고, '관행에 따라' 출판하면 족하다. 이 경우의 관행이라고 함은 출판계의 합리적 상식에 부합되는 관행을 의미하는 것으로서 예를 들어 과거의 도서 반품률을 감안하여 2번째의 출판 부수를 합리적으로 제한함에 따라 부득이하게 일정 기간 동안의 품절상태가 발생하는 상황 등을 계속출판의무 위반으로 보지 않을 수 있는 근거가 될 수 있다. 즉 법에서 '관행에 따라'라고 하는 문구를 사용한 것은 계속출판의무를 다소간 완화하여 출판권자에게 지나친 경제적 리스크를 안기지 않기 위한 취지를 내포하고 있는 것이다. 이 경우 시장의 구매의욕이 어느 정도 있는지가 판단의 중요한 준거가 된다. 시장의 구매의욕이 상당 정도 있음에도 출판권자의 일방적 판단으로 장기간 절판상태에 두는 것은 계속출판의무에 반한다고 하지 않을 수 없다.[2]

출판권자가 이 의무를 위반할 경우에도 복제권자는 6개월 이상의 기간을 정하여 그 이행을 최고하고 그 기간 내에 이행하지 아니하는 때에는 출판권의 소멸을 통고할 수 있다(법 제61조 제1항).

📖 **판 례**
───────────────────

§18-87
❖ 서울고등법원 1997. 12. 3. 선고 97나23619 판결
원고는 끝으로, 원고로부터 출판권을 설정받은 피고 회사로서는 저작권법 제55조 제2항에 의하여 이 사건 소설을 당연히 계속 출간하여야 할 의무가 있음에도 이를 이행하지 아니하였으므로 이로 인한 원고의 정신적 손해를 배상할 책임이 있다고 주장한다.

---

1 加戸守行, 전게서, 453면 등 참조.
2 加戸守行, 전게서, 454면.

살피건대, 저작권법 제55조 제 2 항이 규정하고 있는 계속출간의무라 함은 출판물이 품절되어 수요자가 구득하지 못하는 사태가 발생하는 일이 없도록 항상 재고부수를 확보해 두어야 할 의무를 말하는 것으로서, 출판물의 품절 등이 예상되는 경우 출판권자는 출판권의 목적인 저작물을 재차 출판하지 않으면 안 된다는 것인바, 이 사건에서 보건대, 피고 회사가 1994. 7. 15.까지 이 사건 소설을 계속 출간하다가 그 이후부터는 출간을 하지 않고 있는 사실은 이를 자인하고 있으나, 나아가 갑 제15호증, 갑 제16호증, 갑 제22호증의 1 내지 19의 각 기재만으로는 위 소설의 품절이 예상된다거나 기타 수요자가 이를 구득하지 못할 위험이 발생하였다는 점을 인정하기에 부족하고, 달리 이를 인정할 아무런 증거가 없으므로, 원고의 위 주장 또한 더 나아가 살필 필요 없이 이유 없다.

---

(4) 복제권자 표지의무

출판권자는 특약이 없는 때에는 각 출판물에 대통령령이 정하는 바에 따라 복제권자의 표지를 하여야 한다(법 제63조의2, 제58조 제 3 항).   §18-88

1957년에 최초로 제정될 당시의 구 저작권법은 제48조 제 2 항에서 "출판권자는 출판권을 표시하기 위하여 각 출판물에 저작권자의 검인을 첩부하여야 한다. 단 출판권자가 저작권의 양도를 받은 경우에는 그 취지를 출판물에 표시하여야 한다"고 규정하고 있었다. 이 규정은 당사자의 특약으로 배제할 수 없는 강행조항이었다. 1986년에 저작권법 전문개정을 하면서 이 조항의 삭제 여부를 놓고 저작권자측과 출판권자측의 큰 대립과 논란이 있었는데, 결국 타협적인 방안이 채택되어 완전삭제로 가지 않고 위와 같이 '표지를 할 의무'로 표현을 고치면서 특약에 의하여 적용을 배제할 수 있는 임의규정으로 변경하게 되었다.[1]

신문 등의 진흥에 관한 법률 제 9 조 제 1 항에 따라 등록된 신문 및 잡지 등 정기간행물의 진흥에 관한 법률 제15조 및 제16조에 따라 등록 또는 신고된 정기간행물의 경우를 제외하고는 위 규정에 의한 복제권자의 표지는 다음의 구분에 의하여 하여야 한다(영 제38조).

① 복제의 대상이 외국인의 저작물일 경우에는 복제권자의 성명 및 맨처음의 발행연도의 표지
② 복제의 대상이 대한민국 국민의 저작물일 경우에는 제 1 호에 따른 표지 및 복제권자의 검인
③ 출판권자가 복제권의 양도를 받은 경우에는 그 취지의 표시

(5) 재판(再版)통지의무

출판권자는 출판권의 목적인 저작물을 다시 출판하고자 하는 경우에 특약이 없는 때에는 그때마다 미리 저작자에게 그 사실을 알려야 한다(법 제63조의2, 제58조의2). 이 규정은 저작자의 '수정·증감권'(후술)을 실질적으로 보장하기 위한 규정이다. 출판권자가 저작물의 재출판이 있게 된   §18-89

---

1 자세한 것은 허희성, 전게서, 251~253면 참조.

다는 것을 저작자에게 통지하지 않으면 저작자가 저작물을 수정, 증감할 수 있는 기회를 실질적으로 가지기 어려울 것이라는 것을 감안하여 이러한 규정을 둔 것이다. 따라서 그 통지의 대상도 '복제권자'가 아니라 수정·증감권의 주체인 '저작자'로 규정되어 있다. 즉 복제권자와 저작자가 다른 경우에 통지의무 이행의 대상은 복제권자가 아니라 저작자인 것이다. 현실적으로도, 저작자가 저작재산권 양도 등으로 인해 복제권자가 아니게 된 경우에 특히 통지의 필요성이 크다. 또한 저작자의 사망시에 재판통지의무도 소멸됨은 자연스러운 귀결이다.

법문상 '특약이 없는 때에는'이라는 문구가 있어 당사자간의 특약으로 재판통지의무를 배제할 수 있는 것으로 규정되어 있으나, 이 규정은 저작자가 직접 계약당사자가 된 경우를 전제로 한 것으로서 저작자가 복제권자가 아니어서 출판권설정계약의 당사자에 포함되지 아니한 경우에 그 복제권자와의 특약으로 저작자에 대한 통지의무를 면할 수 있는 것은 아니라 할 것이다.[1]

(6) 원고반환의무

§18-90 저작자가 출판자에게 원고를 인도한 후에 필요할 경우 원고의 반환을 청구할 수 있는지 여부가 문제이다. 이에 대하여 저작권법에 특별한 규정이 있는 것은 아니므로 일반적인 법원칙에 따라 판단하여야 할 것이다. 원고를 인도하는 이유는 출판권자가 저작물을 복제하는 데 필요하기 때문이고 그러한 필요를 충족하기 위해 유체물로서의 원고에 대한 '소유권'을 출판권자에게 이전할 필요는 없는 것임을 고려할 때 출판권설정계약에서 다르게 정하지 않는 한 그 소유권은 의연히 저작자에게 있는 것이므로 저작자가 필요할 때 그 소유권에 기하여 반환청구를 할 수 있는 것으로 봄이 타당하다.[2]

10. 저작자·복제권자의 권리

(1) 수정·증감권

§18-91 출판권자가 출판권의 목적인 저작물을 다시 출판하는 경우에 저작자는 정당한 범위 안에서 그 저작물의 내용을 수정하거나 증감할 수 있다(법 제63조의2, 제58조의2). 이러한 수정·증감권은 저작자의 인격적 이익을 보호하기 위한 것이므로 '복제권자'가 아니라 '저작자'가 그 주체이다. 저작재산권(복제권)을 양도하여 복제권자가 아니게 된 저작자도 포함되지만 저작자가 사망한 후에

---

1 同旨 장인숙, 전게서, 167면.
2 同旨 송영식·이상정, 전게서, 261면. 이와 관련하여 서울지방법원 남부지원은 2004. 6. 5. 출판사가 자신의 원고를 분실했다며 인기만화가 고우영씨가 출판사를 상대로 낸 손해배상청구소송에서 "출판사는 고씨에게 1억 8천 800여만원을 배상하라"며 원고 일부 승소 판결을 내렸다. 고씨는 1993년 4월 당시 모출판사와 10권 분량의 만화 '십팔사략'에 대해 출판계약을 하고 만화책이 출간된 뒤 출판사에 원고를 돌려 줄 것을 요구하였으나 출판사가 "분실했다"고 하자 2003년 2월 6억 2천 600여만원의 손해배상청구소송을 냈었다(연합뉴스 2004. 6. 5.자 기사 참조).

그 유족이 행사할 수 있는 권리는 아니다. "저작물을 다시 출판하는 경우에"라고 하는 것은 전회의 출판행위와는 일정한 간격을 두고 출판행위를 하는 것을 가리키는 것으로서, 증쇄(增刷)이든 재판(再版)이든 불문하고 일단 종료한 출판행위로부터 일정한 기간이 경과한 후 출판행위를 행하는 것을 말한다.

(2) 전집·편집물에 수록 또는 분리 출판할 수 있는 권리

복제권자는 출판권 존속기간 중 그 출판권의 목적인 저작물의 저작자가 사망한 때에는 출판 §18-92
권의 존속에도 불구하고 저작자를 위하여 저작물을 전집 그 밖의 편집물에 수록하거나 전집 그 밖의 편집물의 일부인 저작물을 분리하여 이를 따로 출판할 수 있다(법 제63조의2, 제59조 제 2 항). 출판권을 설정한 경우에는 그 배타적 성격에 의하여 복제권자도 출판권의 목적인 저작물을 출판할 수 없는 것이 원칙인데, 위 규정은 그 예외를 규정하고 있는 셈이다. 저작자의 사망에 수반하여 그 유족에 의한 기념출판이나 사망한지 일정 기간 경과 후 저작자의 작품을 집대성하여 전집 등을 출판하는 것에 관한 일반국민의 수요가 있다는 것을 감안한 규정으로서 특약에 의하여 배제할 수 없는 강행규정의 성격을 가지고 있다. '출판권의 존속기간 중 저작자가 사망한' 것이 요건이므로[1] 저작자가 사망한 후에 출판권의 설정행위가 있은 경우는 이 규정의 적용이 없다.

(3) 출판권 소멸통고권

복제권자는 출판권자가 '9개월 이내에 출판할 의무'(법 제63조의2, 제58조 제 1 항) 또는 '계속출 §18-93
판의무'(법 제63조의2, 제58조 제 2 항)를 위반한 경우에는 6개월 이상의 기간을 정하여 그 이행을 최고하고 그 기간 내에 이행하지 아니하는 때에는 출판권의 소멸을 통고할 수 있다(법 제63조의2, 제60조 제 1 항). 나아가 복제권자는 출판권자가 출판이 불가능하거나 출판할 의사가 없음이 명백한 경우에는 위 1항의 규정에 불구하고 즉시 출판권의 소멸을 통고할 수 있다(법 제63조의2, 제60조 제 2 항). 제 2 항의 경우에는 유예기간을 주더라도 출판권자의 출판을 기대하기 어려운 경우이므로 유예기간 없이 즉시 출판권 소멸을 통고할 수 있도록 한 것이다. 여기서 '출판이 불가능하거나 출판할 의사가 없음이 명백한 경우'에 해당하는지 여부는 일반 사회통념을 기준으로 판단하되, 출판권자의 파산 또는 폐업 기타 명백히 그렇다고 인정할 만한 객관적 사유가 있어야만 긍정할 수 있다.

복제권자가 위 1항 또는 2항의 규정에 따라 출판권의 소멸을 통고한 경우에는 출판권자가 통고를 받은 때에 출판권이 소멸한 것으로 본다(법 제63조의2, 제60조 제 3 항). 복제권자의 출판권

---

1 일본 저작권법은 이 요건에 추가하여 '출판권의 설정 후 최초의 출판이 있은 날부터 3년을 경과한 때'라는 요건을 붙여서 출판권자의 이익을 조금 더 배려한 입법태도를 취하고 있다(일본 저작권법 제80조 제 2 항 참조).

소멸통고권은 일종의 형성권(形成權)으로서 복제권자의 일방적인 의사표시만으로 그 효과가 발생하는 것이며 출판권자의 동의를 요하는 것은 아니다.

　　이 경우 복제권자는 출판권자에 대하여 언제든지 원상회복을 청구하거나 출판을 중지함으로 인한 손해의 배상을 청구할 수 있다(법 제63조의2, 제60조 제 4 항). 원상회복이란 출판권 설정 이전의 상태로 되돌리는 것으로서 출판권 설정등록을 말소하거나 원고 등을 반환하게 하는 것 등이 포함된다. 그리고 손해배상에는 다른 통상의 출판자를 통해 출판을 하였더라면 얻을 수 있었을 이익을 얻지 못하게 된 일실이익 등이 포함될 수 있다.

11. 복제권자의 의무

§18-94　　복제권자는 출판권자의 출판할 권리에 대응하여 출판권자로 하여금 출판을 할 수 있도록 해 줄 의무가 있다. 즉, 복제권자는 원고 등의 출판원본을 교부해 주어야 하며, 출판권자가 계속출판의 의무를 이행할 수 있도록 협조하여야 한다. 또한 복제권자는 출판권자의 출판권 설정등록에 협력할 의무가 있고, 동일 저작물을 자신이 직접 출판하거나 제 3 자에게 출판하도록 하여서는 아니 된다. 출판권자가 복제권자의 표지로서 검인을 첨부할 경우 그 청구에 응하여 검인용지에 날인등을 하여 교부할 의무를 진다.

12. 수업목적 보상금 등 관련 문제

§18-94-1　　상술한 바와 같이, 2011. 12. 2.자 개정 이후의 현행 저작권법은 배타적발행권에 관한 규정을 도입하면서 출판권에 관한 과거의 규정들의 자리에 배타적발행권에 대한 규정들을 두고 출판권은 그에 대한 특칙규정으로 두는 방식을 취하여, 출판권에 관하여 배타적발행권에 관한 규정을 준용하는 형식을 취하고 있다. 제63조의2에 따라 출판권에 준용되는 배타적발행권에 대한 제62조 제 2 항은 '배타적발행권의 목적으로 되어 있는 저작물의 복제 등에 관하여' 저작재산권 제한 규정들을 준용하면서 그 중 하나인 저작권법 제25조의 규정 중에서 제 1 항부터 제 3 항까지의 규정만 부분적으로 준용하는 것으로 하여, 저작권법 제25조 제 1 항 및 제 2 항에 따라 저작물을 이용하는 자에게 보상금 지급의무를 부여하는 같은 조 제 4 항의 규정을 준용규정에서 제외하고 있다. 이것은 분명히 입법자의 의도가 반영된 것으로서, 그 의도는 배타적발행권 및 출판권이 저작권법 제25조 제 1 항 및 제 2 항의 제한사유에 따른 자유이용에 장애가 되지는 않도록 하되, 그와 관련된 보상금 지급청구권을 저작권자에게만 인정하고 배타적발행권자 및 출판권자에게 인정하지는 않겠다는 것에 있다고 할 수 있다. 해석론상 위와 같이 보아야 하는 이유는 무엇보다, 저작권법 제25조 제 3 항에 의한 보상금지급의무의 반면에 있는 보상금청구권이 저작재산권 제한사유

로 인하여 실질적인 불이익을 입는 권리자들을 위해 법에서 특별히 인정한 법정채권으로서의 성격을 가지는 것이라는 점에 있다. 법정채권의 귀속주체가 되기 위해서는 법정채권을 부여하는 규정상의 요건을 갖춘 자여야만 하고, 그렇지 않으면 실질적으로 그 요건을 갖춘 경우와 비슷한 측면이 있다고 하더라도 법정채권의 권리자가 되기는 어렵다고 보는 것이다.

다만 입법론적으로는 출판권자(및 배타적발행권자)에게 보상금이 분배될 수 있도록 하는 방안에 대하여 긍정적으로 검토할 필요가 있다. 그것은 첫째, (설정)출판권도 저작권자로부터 설정받은 이상 단순한 채권적 권리가 아니라 저작권법상 대세적(對世的)·배타적인 권리로 보호되는 것이므로 그 권리를 일관되게 존중하는 것이 기본적으로 타당하고(법 제25조 제 1, 2 항의 이용행위에는 '복제'가 포함되는데, 출판물의 일부분의 무단복제도 '출판권'의 침해가 될 수 있음은 위에서 본 바와 같다), 둘째, 도서관 보상금의 경우 현재 입법 및 해석에 의하여 출판권자에게도 보상금청구권이 인정되는데, 도서관 보상금의 경우와 교육목적 이용을 구분할 이유가 없는 것으로 생각되기 때문이다.

제2절 저작인접권

Ⅰ. 서 설

1. 의 의

저작인접권이란 실연자, 음반제작자 및 방송사업자에게 부여되는 저작권에 인접한 권리를 말한다. 실연자, 음반제작자, 방송사업자는 저작물의 창작자는 아니지만 저작물의 해석자 내지 전달자로서 창작에 준하는 활동을 통해 저작자와 일반 공중 사이를 매개하여 저작물을 전달, 유통시키는 역할을 하는 하므로 저작권법이 저작권에 인접하는 권리로서 보호하고 있는데 그것이 바로 저작인접권이다. §19-1

실연자, 음반제작자, 방송사업자 등에 대한 저작권법상의 정의는 다음과 같다.

(1) 실연자 : 저작물을 연기·무용·연주·가창·구연·낭독 그 밖의 예능적 방법으로 표현하거나 저작물이 아닌 것을 이와 유사한 방법으로 표현하는 실연을 하는 자를 말하며, 실연을 지휘, 연출 또는 감독하는 자를 포함한다(법 제 2 조 제 4 호).
(2) 음반제작자 : 음을 음반에 고정하는 데 있어 전체적으로 기획하고 책임을 지는 자를 말한다(법 제 2 조 제 6 호).

(3) 방송사업자 : 방송을 업으로 하는 자를 말한다(법 제2조 제9호).

2. 저작인접권제도의 형성과 발전

§19-2   저작인접권의 형성도 과학기술의 발전과 밀접한 관련이 있다. 즉 녹음·녹화기술이나 방송 등의 기술이 발전하기 전에는 음반제작자나 방송사업자의 보호는 아예 문제될 수 없었고, 실연자(實演者)도 그 공연을 녹음하여 보급하는 기술이 활용되지 않는 한 극장 등에서 실연을 하고 그에 대한 대가는 입장료 등으로 받으면 되었기 때문에 특별히 법적 보호의 필요성이 제기되지 않았다. 그러나 녹음, 녹화의 기술이 발전하면서 대중들이 더 이상 실연장소를 찾아가지 않아도 녹음·녹화물을 통해, 나중에는 방송을 통해 쉽게 실연을 듣거나 볼 수 있게 됨으로써 실연자의 경제적 지위가 크게 위협받게 되었고, 이에 따라 실연자의 경제적 이익을 저작권과 유사한 권리로 보호하는 입법의 필요성이 대두되게 되었다. 실연자는 가창이나 연주, 연기 등에 있어서 고도의 기예와 창의성이 발휘되는 부분이 있어 그 실연을 저작물에 준하여 보호하는 것이 마땅하다는 인식이 높아졌다. 한편으로 녹음 기술의 발전은 역시 저작물의 전달과 관련하여 고도의 기술과 창의성을 발휘하는 음반제작자의 등장을 가져왔고, 나아가 20세기에 들어와서는 방송사업자가 저작물의 전달에 있어서 중요한 역할을 수행하게 됨에 따라, 이들 음반제작자 및 방송사업자의 보호 필요성도 크게 대두되었다.

이러한 필요성에 따라 실연자의 권리, 음반제작자의 권리, 방송사업자의 권리를 통칭하는 저작인접권의 개념이 형성되기 시작하여 1961년 로마에서 열린 '인접권조약외교회의'에서 로마협약(§35-1 이하 참조)이 체결되어 1964. 5. 18. 발효함으로써 저작인접권의 개념이 확립됨과 동시에 그에 대한 국제적 보호체계가 수립되기 시작하였다.

그 후 1994년에 체결된 WTO/TRIPs 협정(§37-1 이하 참조)은 로마협약에 의존하지 않고 독자적으로 실연자, 음반제작자, 방송사업자의 보호에 관한 최소한의 기준을 규정하였다. 나아가 2002년에 체결된 WIPO실연, 음반조약(WPPT)(§38-15 이하 참조)은 로마협약 중 방송사업자의 권리 부분을 제외한 나머지 부분을 실질적으로 대체하는 규정을 두고 있고, 디지털 시대에 부응하는 새로운 권리와 개념을 신설하여 국제적 보호수준을 한 단계 더 높이고 있다.

우리나라는 1995. 1. 1. WTO/TRIPs에, 2008. 12. 18. 로마협약과 WPPT에 가입하였고,[1] 이미 2006년의 법 개정시에 WPPT에의 가입을 준비하기 위해 그에 저촉되는 조항을 모두 수정, 보완하였다. 이에 따라 저작인접권, 그 중에서도 특히 실연자의 권리와 음반제작자의 권리는 우리 법상으로도 국제적인 추세에 발맞추어 그 보호의 내용 및 정도에 있어 상당히 충실해지고 있다고

---

1 한국저작권위원회, 2009 저작권연감, 61면 참조.

할 수 있다.

한편, 2012년 6월 베이징에서 개최된 외교회의에서 시청각실연에 관한 베이징조약(Beijing Treaty on Audiovisual Performances)이 채택되었다. 30개국이 가입한 날로부터 3개월 후에 발효하는 것으로 되어 있는데, 현재 발효요건을 갖추지는 못하였고, 우리나라도 아직 가입하지 않고 있다. 이 조약이 발효되면 시청각실연자의 권리에 대하여도 국제적인 보호체계가 구축되게 될 것이다.

3. 저작권과 저작인접권의 관계

저작권법 제65조는 "저작인접권에 관한 규정은 저작권에 영향을 미치는 것으로 해석되어서는 아니 된다"고 규정하고 있다. 실연, 음반, 방송의 이용은 저작물의 이용을 필연적으로 수반하는 것인바, 저작물의 이용에 대한 저작재산권자의 허락이 필요한 경우에 저작인접권자가 있다고 하여 그 허락의 필요성이 달라지는 것은 아니라는 것이 이 규정의 취지이다. 역으로 실연자 등의 허락의 필요성은 저작권자의 허락의 필요성 유무에 좌우되는 것도 아니다. 예를 들면 가수 이미자씨가 노래를 불러서 지구레코드사가 제작한 음반을 MBC 라디오에서 방송한 것을 받아 녹음한 후 mp3 파일로 만들어 온라인상에 전송하고자 하면, 복제 및 전송권을 가진 실연자인 이미자씨와 음반제작자인 지구레코드사 및 복제권을 가진 방송사업자인 MBC의 허락을 받아야 할 뿐만 아니라 그 노래의 저작권자인 작사, 작곡자의 허락도 받아야 하는 것이다. 물론 그 저작재산권 또는 저작인접권이 신탁관리단체에 귀속되어 있는 경우에는 각 신탁관리단체의 허락을 받아야 한다.

여기서 한 가지 쟁점이 되고 있는 것은, 저작재산권자의 허락을 받지 않고 실연, 음반제작, 방송 등을 한 경우에 그 실연, 음반 또는 방송에 대하여도 저작인접권이 발생하는가 하는 것이다. 이 경우에는 원저작자의 허락을 받지 않고 2차적저작물을 작성한 경우(§5-28 이하 참조)와 마찬가지로 다루면 될 것이다.[1] 즉 그 경우에 원저작자의 허락이 2차적저작물작성자의 2차적저작물에 대한 저작권의 성립요건이 아니라 그 적법요건에 불과한 것처럼 저작인접권의 경우에도 저작재산권자의 허락이 저작인접권의 성립요건이 아니라 적법요건을 뿐이라고 보아야 할 것이다. 물론 저작인접권이 성립한다고 하여 저작재산권자의 허락을 받지 않은 데서 비롯되는 침해 책임을 면하는 것은 아니므로 저작재산권자의 침해금지청구 및 손해배상청구에는 응하여야 하고 형사책임을 져야 할 수도 있다. 그러나 그 경우에도 제 3 자가 저작인접권을 침해하면 거기에 대하여 침해

§19-3

§19-4

---

1 同旨 황적인·정순희·최현호, 전게서, 357면; 김정술, "저작권과 저작인접권의 내용," 지적재산권에 관한 제문제(하) — 재판자료 제57집, 법원행정처, 1992, 280면; 장인숙, 著作權法原論, 寶晋齋出版社, 1989, 181면 등.

금지청구 등 저작인접권자로서의 권리행사를 할 수는 있는 것이다.

 판 례

§19-5   ❖대법원 2006. 7. 4. 선고 2004다10756 판결 — "편집앨범" 사건

저작권법[1] 제 2 조 제 7 호, 제67조가 음(音)을 음반에 맨 처음 고정한 음반제작자는 그 음반을 복제·배포할 권리를 가진다고 규정하면서도 같은 법 제62조에서 음반제작자 등의 저작인접권에 관한 규정이 저작권에 영향을 미치는 것으로 해석되어서는 아니 된다고 규정하고 있고, 같은 법 제42조 제 3 항에서 저작재산권자의 저작물 이용허락에 의하여 저작물을 이용할 수 있는 권리는 저작재산권자의 동의 없이 제 3 자에게 이를 양도할 수 없다고 규정하고 있고 있는 점에 비추어 볼 때, <u>저작권자가 자신의 저작재산권 중 복제·배포권의 처분권한까지 음반제작자에게 부여하였다거나, 또는 음반제작자로 하여금 저작인접물인 음반 이외에 저작권자의 저작물에 대하여까지 이용허락을 할 수 있는 권한 내지 저작물의 이용권을 제 3 자에게 양도할 수 있는 권한을 부여하였다는 등의 특별한 사정이 인정되지 않는 한, 음반제작자에 의하여 제작된 원반(原盤) 등 저작인접물에 수록된 내용 중 일부씩을 발췌하여 이른바 '편집앨범'을 제작하고자 하는 자는 그 음반제작자의 저작인접물에 대한 이용허락 이외에 저작권자로부터도 음악저작물에 대한 이용허락을 얻어야 한다</u>(대법원 2002. 9. 24. 선고 2001다60682 판결[2] 참조).

원심은 그 채용 증거를 종합하여 그 판시와 같은 사실을 인정한 다음, "이 사건 음악저작물의 저작권자들이 음반제작자들에게 음악저작물에 대한 이용허락을 하면서, 음반제작자들에게 제 3 자가 그 음악저작물을 이용하는 것을 허락할 수 있거나 그 이용권을 제 3 자에게 양도할 수 있는 포괄적인 권한까지 부여한 바 있고, 우리나라 음악저작물의 거래관행상으로도 음악저작물의 저작권자와 음반제작자 사이에 그와 같은 관행이 있었다"는 원고들의 주장에 대하여, 원고들이 제출한 증거만으로는 이를 인정하기 부족하고 달리 이를 인정할 만한 증거가 없다는 이유로 이를 배척하고, "원고들이 이 사건 음악저작물의 저작권자들이나 그들과 신탁계약을 맺은 피고로부터 저작물에 관한 이용허락을 받지 않은 채 음반제작자로부터만 이용허락을 받아 이 사건 편집음반을 복제·배포한 것은 이 사건 음악저작물에 대한 피고의 저작권을 침해하는 행위에 해당한다"고 판단하였다.

기록에 의하면, 원심의 이러한 사실인정은 정당하고 그 판단 또한 위와 같은 법리에 따른 것으로 정당하다. 원심 판결에는 상고이유로 주장하는 바와 같은 채증법칙 위배로 인한 사실오인이나 음반제작자가 갖는 음반의 복제·배포권 및 이용허락권에 관한 법리오해 등의 위법이 없다.

§19-6   ❖서울지방법원 2003. 9. 30. 선고 2003카합2114 판결 — "벅스뮤직" 사건

〈사실관계〉

벅스뮤직 사이트에서 인터넷을 통한 스트리밍 방식으로 이용자들에게 실시간 음악청취 서비스를

---

1 2006년 개정 전의 저작권법을 말한다.
2 역시 '편집앨범'에 대한 판례로서, 본서에서 소개하는 대법원 2006. 7. 4. 선고 2004다10756 판결과 거의 같은 취지로 판시하고 있다.

제공하고 있는 것에 대하여 한국음원제작자협회가 신청인으로서 자신이 신탁관리하고 있는 음반제작자의 권리 중 복제권 등이 침해되었음을 전제로 하는 침해금지가처분 신청을 한 데 대하여 피신청인이 여러 가지 항변을 하였는데, 그 가운데는 "음반제작자가 갖는 복제권은 저작인접권으로서 저작권법 제62조에 의하여 저작권자의 권리에 영향을 미칠 수 없으므로 음악저작물의 저작권자 및 실연자의 의사와 무관하게 음반제작자의 저작인접권만의 침해를 이유로 이 사건 음악청취 서비스의 중단을 요구할 수는 없다"는 주장도 포함되어 있었다.

〈법원의 판단〉
저작권법 제62조는 실연, 음반, 방송의 이용은 필연적으로 저작물의 이용을 수반하므로 이때 저작인접권자의 허락뿐만 아니라 저작권자의 허락도 필요하다는 것을 주의적으로 규정한 것일 뿐, 저작권자의 의사와 무관하게 저작인접권자의 권리를 행사할 수 없다는 취지는 아니므로 신청인은 음악저작물의 저작권자, 실연자의 의사와 무관하게 자신의 권리를 행사할 수 있다(이 판결의 다른 쟁점에 대하여는 §13-49 참조).

---

4. 저작인접권의 무방식주의

§19-7

무방식주의란 권리의 발생, 향유 및 행사를 위해 어떠한 절차나 형식을 요하지 않는다는 원칙을 말한다. 개정 전 저작권법도 저작권의 경우에는 베른협약의 규정에 따라 제10조 제 2 항에서 이를 명시하고 있었으나, 저작인접권에 대하여는 그러한 규정이 없다가 한·미 FTA 협정문 제18.6조 제 4 항에 관련사항이 포함됨에 따라 그 이행을 위한 2011. 12. 2.자 개정법 제86조 제 1 항에서 명시되게 되었다.[1] 따라서 특별한 표시 등을 하지 않더라도 실연자의 권리, 음반제작자의 권리, 방송사업자의 권리를 향유하고 행사하는 데 아무런 문제가 없다. 다만 개정법상의 법정손해배상을 청구하기 위해서는 침해행위가 일어나기 전에 저작인접권 등록이 이루어져 있어야 하는 제한이 있다(법 제125조의2 제 3 항, 자세한 것은 §28-39 참조).

Ⅱ. 실연자의 권리

1. 실연 및 실연자의 의의

(1) 실연의 의의

먼저 저작권법상 '실연'이란 "저작물을 연기·무용·연주·가창·구연·낭독 그 밖의 예능적 방법으로 표현하거나 저작물이 아닌 것을 이와 유사한 방법으로 표현하는 것"을 말한다(법 제 2 조 제

§19-8

---

1 일본 저작권법은 이미 제89조 제 5 항에서 저작인접권의 무방식주의를 명시적으로 규정하고 있다.

4호 참조).

§19-9 　이러한 실연의 개념은 앞서 저작재산권에 대한 부분에서 살펴본 '공연'의 개념과는 구별되어야 한다. 공연은 공중을 대상으로 한 공개를 요건으로 하나 실연은 공개를 요하지 아니하는 점, 공연에는 녹음·녹화물의 재생에 의한 것도 포함되지만 실연에는 그러한 것은 포함되지 않는 점, 공연은 저작물과 저작인접물을 대상으로 한 것만 일컫는데 실연은 저작물 등이 아닌 것의 표현도 포함하는 것이라는 점 등에서 큰 차이가 있다.[1]

§19-10 　실연의 개념에 해당하여 저작권법상 보호의 대상이 되는지 여부를 결정하는 데 있어서 관건이 되는 것은 '예능적 방법으로 표현을 한 것인지' 여부에 있다. 위 조문에서 나열된 연기·무용·연주·가창·구연·낭독 등 외에도 예능적 방법에 의한 표현으로 인정되면 실연이라고 할 수 있다. 특히 저작물이 아닌 것의 표현이 실연이 될 수 있는 예로서는 쇼, 마술, 곡예, 요술, 복화술(腹話術), 흉내 내기, 만담 등이 들어진다.[2] 프로야구 등의 스포츠는 일반적으로 그 성격상 실연에 해당하지 아니한다. 그러나 원래 스포츠 종목에 포함되는 것이라 하더라도 예능적인 성격을 가지는 리듬체조, 수중발레(싱크로나이즈드 스위밍), 피겨스케이팅 등의 경우 이를 스포츠의 일부로서가 아니라 일종의 '쇼'로서 수행할 경우에는 실연에 해당하는 것으로 볼 수 있다. 즉, 같은 행위라도 공연하는 자가 누구인지, 어떤 목적을 가지고 하는지에 따라서 실연으로 볼 수도 있고 그렇지 않을 수도 있다는 것이다. 체조의 마루운동과 같은 경우에도 그것을 체조경기에서 수행할 경우에는 실연이라 할 수 없지만, 비슷한 것을 '태양의 서커스단'과 같은 공연단의 일원으로서 애크러배트 쇼(acrobat show)의 일부로 하면 실연이 되는 것이고, 피겨 스케이팅도 '아이스쇼'로 하면 실연이 될 수 있다. 이와 같이 실연이 되려면 단순한 스포츠가 아니라 예술적이거나 아니면 오락적인 성격이 주가 되는 경우여야 한다고 할 수 있다.[3] 다만 같은 실연이라도 스포츠의 일부로 행해진 것인지 아닌지에 따라 실연에 해당하는지 여부를 달리 보는 위와 같은 견해에 찬성하지 않고 그러한 경우에도 그것이 실질적으로 예능적 방법에 의한 표현으로 인정되면 실연으로 보아야 할 것이라는 견해[4]도 있음을 유의할 필요가 있다. 한편으로, 하급심 판결 중에는 누드크로키 기법을 교육하기 위한 학습자료 동영상 촬영 시에 강의자의 요청에 의하여 필요한 포즈를 취하는 보조적 역할을 수행한 데 불과한 누드모델의 자세나 표정 등은 예능적 방법이나 이와 유사한 방법으로 표현한 것이라 볼 수 없어 '실연'에 해당하지 않는다고 본 사례가 있는바,[5] 이러한 사례에서 예능

---

1 김정술, 전게논문, 319면 참조.
2 김정술, 전게논문, 319면.
3 김정술, 전게논문, 320면; 加戶守行, 전게서, 24~25면; 金井重彦·小倉秀夫 編著, 著作權法 コンメンタール 上卷(1 條~74條), 東京布井出版, 2000 [山口三惠子 집필부분], 35면 등 참조.
4 임원선, 실무가를 위한 저작권법(제4판), 한국저작권위원회, 2014, 323면.
5 서울남부지방법원 2017. 6. 7. 선고 2017가단204708 판결.

적 방법으로 표현하거나 이와 유사한 방법으로 표현하는 것에 해당하는지 여부는 판단하기가 쉽지 않은 경우가 많을 것으로 생각된다. 개별적 사안마다 그 구체적인 특성에 따라 신중하게 판단하여야 할 것이다.

실연이 독립적으로 이루어지는지 부수적으로 이루어지는지는 저작권법상의 실연으로 보호받는 데 아무런 관계가 없다. 이와 관련하여, 노래방 기기에 사용되도록 할 목적으로 반주음악을 연주한 연주물이 기기 제조회사측의 "지시에 따라 연주 또는 가창되었거나, 피고가 컴퓨터로 만든 전자음에 덧붙여져서 노래반주기 등에 수록되는 부가적인 연주물이라고 하더라도" 저작권법상의 실연으로 보호될 수 있다고 본 하급심 판결1이 있다.

§19-11

(2) 실연자의 의의

실연자란 "실연을 하는 자를 말하며, 실연을 지휘, 연출 또는 감독하는 자를 포함한다"(법 제 2 조 제 4 호). 음반제작자나 방송사업자의 경우에는 법인이나 단체인 경우가 많으나 실연자는 자연인이다. 저작자의 경우에는 업무상 저작물에 관한 규정이 있으나, 실연자의 경우에는 업무상 실연에 관한 규정이 없으므로2 법인이 실연자의 지위를 원시적으로 갖는 경우는 없다. 실연자의 예로서는 탤런트, 배우, 가수, 연주자, 무용가, 마술사, 서커스단원 등을 들 수 있다. 물론 중요한 것은 그의 직업이 무엇인지가 아니라 그가 위에서 본 바와 같은 실연을 하였는지에 있고, 실연을 한 부분에 한하여만 실연자로서의 권리가 인정된다. 스포츠 경기의 선수는 실연자가 아니라는 데 거의 이론이 없지만, 이른바 e-sports에 참여하는 프로게이머는 실연자로 인정될 가능성이 적지 않다.3

§19-12

저작권법은 위와 같이 실연을 하는 자 외에도 실연을 지휘, 연출 또는 감독하는 자를 실연자의 범주에 포함시키고 있는데, 이들은 실연 그 자체를 행하는 것과 동일한 평가를 할 수 있는 자를 뜻한다. 오케스트라의 지휘자라든가 또는 무대의 연출가와 같이 실연자를 지도하여 스스로의 주체성하에 실연을 행하게 하는 자, 요컨대 실연을 행하고 있는 것과 동일한 상태에 있는 자를 가리키는 것이다.4 영화감독의 경우에는 영화의 전체적 형성에 창작적 기여를 한 경우 단순한 실연자가 아니라 '저작자'가 될 수 있으므로(§23-6 참조) 그러한 경우는 여기에서 말하는 실연을 감

§19-13

---

1 서울중앙지방법원 2010. 11. 3. 선고 2009가합112478 판결.

2 실연의 경우에도 권리관계의 명확화를 위해 업무상 실연에 관한 규정을 도입하는 것을 검토할 필요가 있으나 시청각적 실연에 있어서 그 권리의 귀속과도 관계된 것이므로 신중한 접근이 필요하다고 하는 견해가 있다(임원선, 전게서, 323~324면 참조). 그러나 현재 자연인인 실연자의 권리를 중심으로 집중관리 시스템이 구축되어 긍정적으로 운영되고 있는 부분이 있고, 업무상 실연에 대하여 사용자인 법인 등을 원시적 권리주체로 하는 입법례가 없으며, 그러한 입법이 실연자의 권익 보호에 반하는 결과를 초래할 수 있다는 점 등에 비추어, '업무상 실연'의 도입은 긍정적 검토 대상이 아니라 생각된다.

3 Dan L. Burk, "Owning E-Sports : Proprietary Rights in Professional Computer Gaming", 161 U. Pa. L. Rev. 1535, 1574-77 (2013) 참조.

4 加戶守行, 전게서, 25면 참조.

독한 경우에 포함되지 않는 것으로 보는 것이 타당하다고 생각된다. 연극이나 뮤지컬의 연출자는 일반적으로 실연자로 인정될 뿐이고 아직까지 우리나라 판례상 연극저작물의 저작자로 인정된 사례가 없지만(§19-15 참조), 무대 블로킹 등의 설정으로 출연자들의 '동작의 형'을 구성하는 데 창작적인 기여를 실질적으로 하여, 어문저작물로서의 희곡이나 각본에서 예정한 범위를 넘어서서 새로운 저작물을 작성한 것으로 사회통념상 인정될 수 있을 만한 예외적인 경우에는 연극저작물의 저작자로 인정될 수도 있을 것인바(§4-16 각주 참조), 그 경우에는 실연자의 지위와 저작자의 지위를 겸유하는 것으로 볼 수 있을 것이다.

§19-14   또한 단순히 공연의 기획, 준비 활동을 하거나 공연의 진행을 맡은 데 불과한 사람의 경우에는 저작권법상 실연자로 인정되지 아니한다.[1] 음악공연의 해설자에 대하여는 학설의 다툼이 있으나, 저작물 등을 "예능적 방법으로 표현"한 것에 해당하지 아니하여 실연자에는 해당하지 않는 것으로 봄이 타당할 것으로 생각된다.

📖 **판 례**

§19-15   ❖ 대법원 2005. 10. 4.자 2004마639 결정 — 뮤지컬 "사랑은 비를 타고" 사건
   뮤지컬의 연기자, 연출자 등은 해당 뮤지컬에 관여한 실연자로서 그의 실연 자체에 대한 복제권 및 방송권 등 저작인접권을 가질 뿐이다.

---

(3) 실연자 권리의 추정

§19-16   실연자로서의 실명 또는 널리 알려진 이명이 일반적인 방법으로 표시된 자는 실연자로서 그 실연에 대하여 실연자의 권리를 가지는 것으로 추정된다(제64조의2). 한·EU FTA의 이행을 위한 2011. 6. 39. 개정 저작권법(2011. 7. 1. 시행)에 저작인접권자에 대한 권리추정규정(제64조의2)이 도입된 데 따른 것이다.

(4) 저작권법이 보호하는 실연

§19-17   위와 같은 '실연' 중에서 저작권법이 보호하는 실연은 다음과 같다(법 제64조 제 1 호).

   ㈎ 대한민국 국민(대한민국 법률에 따라 설립된 법인 및 대한민국 내에 주된 사무소가 있는 외국 법인을 포함한다. 이하 같다)이 행하는 실연
   ㈏ 대한민국이 가입 또는 체결한 조약에 따라 보호되는 실연
   ㈐ 저작인접권의 보호를 받는 음반(제64조 제 2 호에 규정)에 고정된 실연
   ㈑ 저작인접권의 보호를 받는 방송(제64조 제 3 호에 규정)에 의하여 송신되는 실연(송신 전에 녹

---

1 서울지방법원 2000. 12. 15. 선고 2000가합25823 판결 참조.

음 또는 녹화되어 있는 실연을 제외한다)

위 (내)목의 규정은 우리나라가 실연의 보호에 관한 규정을 포함하는 WTO/TRIPs 협정에 가입하게 됨에 따라 1995년 개정법에서부터 추가된 규정이다.

그리고 위 (래)목의 규정에서 '송신 전에 녹음 또는 녹화되어 있는 실연'을 제외하고 있음에 주의할 필요가 있다. 위 요건에 해당하는 한 외국인의 실연도 우리 저작권법에 의하여 보호되나, 뒤에서 보는 바와 같이 방송사업자에 대한 보상청구권 및 판매용 음반의 공연에 대한 보상청구권에 대하여는 상호주의를 규정하여 보호를 제한하고 있다.

2. 실연자의 인격권

(1) 서 설

2006년 개정 저작권법은 제66조에서 실연자의 성명표시권을, 제67조에서 실연자의 동일성유지권을 각 인정하는 규정을 두고 있다.   §19-18

원래 우리 저작권법상으로 실연자의 인격권을 인정하는 명문의 규정이 없었는데, 앞서 언급한 바와 같이 WIPO 실연·음반조약(WPPT)(§38-15 이하 참조)에의 가입을 준비하기 위한 목적으로, 2006년 개정법에서 실연자의 인격권을 인정하는 규정이 처음으로 도입되게 된 것이다.

실연 행위는 단순한 저작물의 전달 행위가 아니라 저작물을 재해석하는 일종의 창작행위로서 실연자의 인격의 반영물이라는 인식이 확산되고 또한 디지털 기술의 발달로 실연을 용이하게 왜곡, 변경할 수 있게 됨에 따라 국제조약으로서는 처음으로 WPPT가 실연자의 인격권을 인정하게 되었다. WPPT 제 5 조[1]는 청각 실연자에게 성명표시권과 동일성유지권을 인정하면서 이에 대한 어떠한 유보도 인정하지 않고 있기 때문에 우리나라가 WPPT에 가입할 경우에는 최소한 청각 실연자의 성명표시권과 동일성유지권은 인정하여야 한다. 시청각 실연자의 경우에는 WPPT상의 의무는 아니지만, 형평성을 고려하여 실연자의 인격권을 인정하는 다른 입법례(독일, 프랑스, 일본 등)가 일반적으로 구별 없이 그 인격권을 인정하고 있다는 것을 참고하여 위와 같이 청각 실연자와 시청각 실연자를 구별하지 않고 모두에게 인격권을 인정하는 규정을 둔 것이다.[2]

---

1 제 5 조 (실연자의 인격권) (1) 실연자는 자신의 재산권과 독립하여 그리고 그 권리의 이전 후에도, 실연의 이용 방법상 생략이 요구되는 경우를 제외하고는, 자신의 청각적 생실연 또는 음반에 고정된 실연에 관하여 그 실연의 실연자라고 주장하고, 자신의 명성을 해칠 수 있는 실연의 왜곡, 훼손, 기타 변경에 대하여 이의를 제기할 권리를 가진다. (2) 제 1 항에 따라 실연자에게 부여되는 권리는 그의 사망 후, 적어도 재산권이 종료할 때까지 존속하고 보호가 주장되는 체약 당사자의 입법에 의하여 권한 있는 사람이나 단체에 의하여 행사될 수 있다. 다만, 체약 당사자가 이 조약을 비준하거나 이 조약에 가입할 당시에 전항에서 규정한 모든 권리를 실연자의 사망 후에는 보호하지 아니하는 경우, 그 체약 당사자는 이러한 권리 중 일부가 그의 사망 후에는 존속하지 아니한다고 규정할 수 있다. (3) 이 조에서 부여한 권리를 보장하기 위한 구제 방법은 보호가 주장되는 체약 당사자의 입법의 지배를 받는다.
2 저작권심의조정위원회, 저작권법 전면 개정을 위한 조사연구 보고서(1), 2002, 199면 참조.

§19-19   저작자의 저작인격권과 비교하면, 실연자에게는 공표권이 인정되지 않는 점에 중대한 차이가 있다. WPPT는 실연자에게 공표권을 부여하는 규정을 두고 있지 않아 실연자에게 공표권을 인정할지 여부는 각국의 재량에 맡겨져 있는 것으로 볼 수 있는데 우리 저작권법은 공표권을 인정하지 않는 입장을 채택한 것이다. 우리 법이 실연자의 공표권을 규정하지 않은 것은, 대부분의 실연이 공표를 전제로 이루어지거나 또는 공표 그 자체를 겸하고 있는 경우가 많고 실연자의 공표권은 저작물의 공표와 직결되어 저작권의 행사를 심각하게 제한할 우려가 있을 뿐만 아니라 독일이나 프랑스, 일본과 같은 외국의 입법례도 공표권을 인정하지 않기 때문에 굳이 우리나라만 실연자의 공표권을 인정할 필요는 없다는 것을 감안한 것이다.[1]

(2) 성명표시권

§19-20   저작권법 제66조는 "① 실연자는 그의 실연 또는 실연의 복제물에 그의 실명 또는 이명을 표시할 권리를 가진다. ② 실연을 이용하는 자는 그 실연자의 특별한 의사표시가 없는 때에는 실연자가 그의 실명 또는 이명을 표시한 바에 따라 이를 표시하여야 한다. 다만, 실연의 성질이나 그 이용의 목적 및 형태 등에 비추어 부득이하다고 인정되는 경우에는 그러하지 아니하다"고 규정하여 실연자의 '성명표시권'을 인정하고 있다.

성명표시권은 실연자가 자신이 실연자임을 주장할 수 있는 권리로서 이를 인정하는 것은 실연자의 명성이나 기타 인격적 이익에 도움이 되는 반면, 이를 인정한다고 하여 특별히 소비자의 실연에의 접근이나 감상이 위축되지 않을 뿐만 아니라 오히려 실연자의 성명을 사전에 확인할 수 있도록 함으로써 실연에의 접근이나 감상을 용이하게 하는 순기능이 있다는 것이 위 규정의 근저에 깔려 있는 생각이라고 할 수 있다.

구체적으로는 예를 들어 가수의 노래를 CD로 하여 판매하는 경우, 극장용 영화를 제작하는 경우 등에 실연자는 CD재킷, 가사 카드 또는 영화 엔딩롤 등에 자신의 성명 또는 이명을 표시할 것 또는 표시하지 않을 것을 요구할 수 있다.

"그의 실연 또는 실연의 복제물에 … 표시할 권리"라고 한 것은 CD 등에의 복제를 수반하는 유형적인 전달뿐만 아니라 실연 자체의 공개 및 방송 등 무형적인 전달도 포함하고자 한 취지가 엿보인다. 예를 들면 가수의 노래를 라디오로 방송함에 있어서 그 가수의 성명이나 이명을 진행자가 말로 알리거나 알리지 말 것을 구할 수도 있다는 것이다.[2]

법 제66조 제 2 항의 규정은 저작자의 성명표시권에 관한 법 제12조 제 2 항의 규정과 대체로 동일하다. 따라서 그 해석을 여기에 그대로 적용해도 좋을 것이다.

---

1 저작권심의조정위원회, 전게서, 200면 참조.
2 加戸守行, 전게서, 482면 참조.

우선 제 2 항 본문에서 "실연을 이용하는 자는 그 실연자의 특별한 의사표시가 없는 때에는 실연자가 그의 실명 또는 이명을 표시한 바에 따라 이를 표시하여야 한다"고 규정하고 있으므로 실연자가 그의 실명 또는 이명을 표시한 바 있을 경우에는 일일이 실연자에게 확인을 구할 필요 없이 그 표시된 바에 따라 표시하여야 하고, 또 그렇게만 하면 성명표시권을 침해하지 않은 것으로 인정될 수 있다.

그리고 제 2 항 단서의 규정에 해당하는 경우도 저작자의 성명표시권이 제한되는 경우(§12-34 참조)와 마찬가지이다. 예를 들어 백화점의 매장이나 호텔의 로비에서 분위기 조성을 위해 배경음악을 방송으로 내보내는 경우에도 일일이 곡마다 실연자의 성명을 방송해야 한다면 역시 매우 불편할 뿐만 아니라 분위기를 해치게 되는 면도 있고 또한 일일이 실연자명을 알리지 않는다고 하여 의도적으로 실연자명을 은닉하는 것으로 생각되지도 않을 것이기 때문에, 그와 같은 경우에는 성명표시권을 제한하여 실연자의 성명 표시를 생략할 수 있다고 보는 것이 바람직할 것이다. 방송에서 실연을 이용할 경우 어떻게 하는 것이 실연자의 성명표시권을 존중하는 것인지에 대하여, 청각실연(음반에 녹음된 실연)과 시청각실연(실연자가 TV화면 등에 출연하는 경우의 실연)을 구분하여 살펴보면 다음과 같다. §19-22

먼저 청각실연에 대하여 살펴본다. 청각실연(음반에 녹음된 실연)이 TV 방송에 이용되는 경우로는 배경음악, 드라마의 주제 음악 등 여러 가지 경우가 있을 수 있는데, 이러한 경우에 방송사업자는 실연자의 성명표시권을 침해하지 않도록 유의하여야 한다. 해당 실연자의 특별한 의사표시가 없는 한 원래 CD나 디지털싱글 앨범 등으로 처음 공표할 때 표시된 성명이나 이명(예명 등)을 TV화면의 오른쪽 하단 등에 자막으로 표시해 주면 될 것이다(드라마의 배경음악 등의 경우에는 크레딧으로 표시하는 것도 가능할 것이다). 현재 주실연자(主實演者)로서의 가수 등의 정보는 상대적으로 보다 정확하게 DB화되어 있으나, 부실연자(副實演者)라고 할 수 있는 연주자 정보에 대한 DB는 매우 불완전하여, 이 부분의 정확한 표시가 어려운 점이 있는 것이 사실이다. 그리고 연주자 정보는 화면에 모두 표시하기가 어려울 정도로 참여 인원수가 많은 경우들이 있을 수 있는데, 그러한 경우에 어떠한 요건 하에 그 표시의 누락 또는 생략이 제66조 제 2 항 단서의 규정에 해당할 것인지에 대하여는 이후의 실무동향을 지켜볼 필요가 있을 것이다.

아무튼 방송사업자의 입장에서는 실연자 정보가 확보되고 화면에 표시하는 것이 물리적으로 불가능하거나 사회통념상 부적절하다고 여겨지지 않는 한 최대한 그 표시를 화면 자막을 통해 하도록 노력할 필요가 있다. TV방송의 경우에는 화면의 자막을 활용할 수 있다는 점에서 뒤에서 보는 라디오방송의 경우와 근본적으로 구별되며, 그만큼 제66조 제 2 항 단서 규정이 적용되는 범위가 줄어들 수밖에 없는 면이 있음을 유의하여야 한다.

'데스페라도 사건'에서 법원은 피고들이 이글스(Eagles)의 '데스페라도(Desperado)'라는 곡을 광고에 무단 사용한 사건과 관련하여 "피고들이 라디오에 이 사건 광고를 방송함에 있어서는, 배경음악으로 나오는 이 사건 음악저작물의 작사·작곡가의 성명을 적정한 방법으로 표시하기가 곤란하다는 점은 피고들이 지적한 바와 같으나, 한편 피고들이 텔레비전, 케이블 TV 등에 이 사건 광고를 방송함에 있어서는, 배경음악으로 나오는 이 사건 음악저작물의 작사·작곡가의 성명을 화면의 하단 부분에 자막처리로 표시하는 등 적정한 방법으로 이를 표시할 수 있다 할 것이다"라고 판시하여(서울고등법원 2008. 9. 23. 선고 2007나127657 판결, §12-26 참조), TV방송의 매체적 특성을 성명표시권의 예외사유를 적용받고자 하는 이용자 측에 불리하게 파악한 바 있는데, 그것은 실연자의 성명표시권에 대한 관계에서도 마찬가지로 적용될 것이다.

라디오방송의 경우에는 위 판결에서 보듯이 성명표시권의 예외사유로 인정받기가 상대적으로 용이한 면이 있다. 그러나 음악방송 등에서 DJ가 음성으로 실연자의 성명을 밝히는 것이 충분히 가능함에도 불구하고 밝히지 않는 경우에는 성명표시권 침해가 성립할 수 있음을 유의하여야 할 것이다. 다만, 주실연자가 아닌 연주자등(부실연자)의 정보를 일일이 밝히지 않는 것에 대하여는 제68조 제 2 항 단서의 예외규정이 적용될 가능성이 많을 것으로 생각된다.

한편으로 시청각 실연의 경우에는 드라마 등의 앞부분이나 뒷부분의 크레딧 화면에 배역과 성명을 표시했다면, 그 성명표시권을 존중한 것으로 평가될 수 있을 것이다.

(3) 동일성유지권

§19-23   저작권법 제67조는 "실연자는 그의 실연의 내용과 형식의 동일성을 유지할 권리를 가진다. 다만, 실연의 성질이나 그 이용의 목적 및 형태 등에 비추어 부득이하다고 인정되는 경우에는 그러하지 아니한다"고 규정하여 실연자의 동일성유지권을 인정하고 있다.

WPPT나 일본 저작권법의 경우에는 저작자의 동일성유지권보다 요건을 엄격화하여 실연자의 명예 또는 성망을 해할 우려가 있을 것을 요건으로 하고 있는데, 우리 법은 그러한 요건을 규정하지 않아 보호범위가 보다 넓다고 할 수 있다.

따라서 예컨대 일본 저작권법의 해석론으로서는 "실연의 이용자가 예를 들어 배우의 얼굴의 표정, 크기 등을 변경하여 우스운 모습으로 하는 것, 댄서를 나체로 만든다거나 가수의 노래 소리를 오리 소리처럼 변조한다거나 하는 것 등 사회로부터 받는 실연자로서의 평가를 저하시키는 개변행위"가 동일성유지권의 침해행위라고 보고 있지만,[1] 우리 법상으로는 그러한 경우에 한하지 않고 널리 실연의 내용과 형식을 함부로 개변하여 그 동일성을 해하는 모든 행위가 동일성유지권

---

1 加戶守行, 전게서, 485면 참조.

침해로 인정될 수 있다.

다만 예를 들어 공연(共演)한 사람의 실연의 개변, 연주자의 연주에 패러디 그림을 붙여서 방송하는 것, 실연자의 배경화면의 개변 등의 행위는 당해 실연 자체에 개변을 가하는 것이라고 할수 없기 때문에 당해 실연자의 동일성유지권이 미치지 아니한다.[1]

실연을 모방한 경우, 예컨대 모창 등의 경우에는 실연 자체를 이용한 경우가 아니므로, 역시 모방당한 실연자의 동일성유지권이 미치지 않는 것으로 보아야 할 것이다. 이에 대하여는 적어도 다른 사람이 보기에 누구의 실연인지 구별할 수 없을 정도의 완벽한 모사, 모창에 대해서는 그것이 명예를 훼손하는 방법으로 이용되는 경우 동일성유지권이 미치는 것으로 보아야 한다는 반대 견해[2]가 있다. 그러나 그러한 경우에 실연자의 민법상 인격권이 침해된 것으로 볼 수는 있을지라도, 실연 자체를 개변한 것은 아니므로 실연에 대한 동일성유지권 침해는 아니라고 보아야 할 것이다. 위 견해는 실연이 무체물이라는 점에서 저작물과 다름이 없다는 것을 이유로 제시하고 있으나,[3] 실연과 저작물이 동일하게 무체물이라 하더라도, 저작물의 경우에는 유사범위에까지 저작자의 권리가 미치므로, 원래의 저작물과 실질적으로 유사한 작품을 만드는 것은 원저작물 자체를 개변한 것으로 볼 수 있는 반면, 실연의 경우에는 '모방'이 복제의 개념에 포함되지 않아 실연자의 통제범위 밖에 있으므로 유사하게 모방하더라도 실연 자체를 개변한 것으로 보기는 어렵다는 점에서 양자의 법적 성격은 구별되어야 할 것이다.

방송사업자의 경우에도 실연을 변형하여 이용하는 것에 대하여는 원칙적으로 당해 실연자의 동의를 받아야 할 것이다. 다만 부득이한 경우에 실연의 일부만을 방송하는 등의 행위는 동일성유지권의 예외로 허용될 수 있다.

제67조 단서 규정이 바로 그 근거규정으로서, 실연자의 동일성유지권이 실연의 성질이나 그 이용의 목적 및 형태 등에 비추어 부득이하다고 인정되는 경우에는 제한될 수 있음을 규정한 것으로서 역시 저작자의 동일성유지권의 제한에 관한 법 제13조 제 2 항 제 5 호의 규정에 대한 해석(§12-85)과 마찬가지로 해석하면 될 것이다. 실연은 여러 가지 목적으로 편집하여 이용하는 경우나 부분적으로 이용하는 경우가 많은데 그것이 사회통념상 수긍할 만한 합리적인 목적에 기한 것으로서 실연자의 인격적 이익을 저해할 우려가 적다면 단서규정을 적용하여 동일성유지권 침해의 책임을 면책시켜 주는 것이 바람직할 것이다. 기계, 기기 등의 기술적 문제로 인하여 원음이 그대로 전달되지 않는 경우도 단서규정에 의하여 면책될 수 있는 경우이다.

§19-24

---

1 加戶守行, 전게서, 485, 486면 참조.
2 최경수, 저작권법개론, 한울, 2010, 320면.
3 상게서, 320면.

(4) 실연자의 인격권의 일신전속성

§19-25 실연자의 인격권은 실연자 일신에 전속한다(법 제68조). 본조는 실연자의 인격권이 그 성질상 일신전속권인 것을 분명히 한 규정이다. 이에 따라 실연자의 인격권은 실연자 자신만이 행사할 수 있고 타에 양도할 수 없으며, 상속이 대상이 될 수도 없다. 양도가능성을 전제로 한 질권설정이나 압류 등도 허용되지 아니한다. 실연자의 인격권에 기한 구체적 권리의 대리 외에는 인격권 포괄적 대리행사도 허용되지 아니한다(저작인격권의 일신전속성에 관한 §12-90 이하 참조).

§19-26 실연자 사후(死後)의 인격적 이익의 보호에 관하여, WPPT 제5조 제2항은 실연자의 생존기간과 그의 사망 후 적어도 재산권이 존속하는 동안까지 실연자의 인격권을 부여하도록 하는 한편, 체약당사자가 이 조약을 비준하거나 이 조약에 가입할 당시에 실연자가 사망한 때에 인격권이 종료되는 것으로 규정하였던 국가는 실연자의 인격권 중 일부를 실연자의 사망 후에는 존속하지 않는 것으로 규정할 수 있도록 정하고 있다. 우리 저작권법은 WPPT의 이러한 허용규정에 따라 실연자 사후의 인격적 이익 보호에 관한 규정을 두지 않는 입장을 취하였다. 따라서 우리 저작권법상 저작자의 경우(§12-94 이하 참조)와 달리 실연자의 경우에는 실연자의 인격권이 그 사망으로 소멸하고 달리 사망 후의 인격적 이익에 대한 보호가 저작권법적으로 주어지지는 아니한다.

3. 실연자의 재산권

(1) 복 제 권

§19-27 실연자는 그의 실연을 복제할 권리를 가진다(법 제69조).

1995년 개정 이전의 저작권법에서는 실연자에게 자신의 실연을 녹음·녹화하거나 또는 사진으로 촬영할 권리만을 인정함으로써 포괄적이고 온전한 복제권을 인정하지 않고 복제행위 중 일부에만 권리가 미치는 것으로 하였었는데, 1995년의 법개정을 통해 위와 같이 온전한 복제권을 인정하는 방향으로 개정되었다. 이에 따라 실연자는 실연의 고정물, 즉 녹음·녹화 및 촬영된 자신의 실연을 복제할 수 있는 권리도 가지고 있음이 보다 명백하게 되었다.[1]

로마협약에서는 이른바 '일회주의(one chance theory)'라고 하여 일단 허락을 하여 실연을 녹음·녹화하면 그 녹음·녹화물을 다시 복제하는 것에 대하여는 실연자의 권리가 미치지 않는 원칙을 채택하고 있지만, 그 점에서 우리 저작권법은 로마조약보다 실연자를 보다 두텁게 보호하는 규정을 두고 있다고 할 수 있다.

따라서 실연을 맨처음 녹음·녹화하는 것 외에 실연을 고정한 음반, 녹음테이프, 녹화테이프, 영화필름 등을 다시 복제하는 것도 본조의 복제에 포함되며, 실연의 고정물을 사용하여 하는 방

---

1 개정 전 법에 대하여도 장인숙, 전게서, 182면과 같이 비슷한 결론을 해석론으로 도출한 예가 있었다.

송이나 공연을 테이프 등으로 녹음·녹화하는 것도 여기에 포함된다. 또한 CD나 DVD에 수록된 실연을 '리핑(ripping)'[1] 등의 방법으로 컴퓨터 파일로 변환하는 것 및 오디오 또는 동영상 파일을 온라인상으로 업로드하거나 다운로드 하는 것 또는 다른 폴더로 복사하는 것 등의 방법으로 복제하는 등의 '디지털 복제'도 이 권리의 내용에 포함된다(§13-3~6 참조).

다만, 실제로 실연자가 행한 실연 자체를 복제하는 데에만 권리가 미치고, 그 실연과 유사한 다른 실연을 녹음·녹화하는 것에는 권리가 미치지 아니한다. 즉, 유명가수의 실연행위를 모창하는 행위에 대하여는 실연자의 권리가 미치지 아니한다.[2] 이때 그 가수의 퍼블리시티권(§22-1 이하 참조)이 미치는지 여부는 별개의 문제이다.[3] 이와 같이 '모방'이 복제에 해당하지 않는 것은 저작물의 경우와 구별되는 중요한 차이점이라고 할 수 있다. 이는 음반제작자의 복제권, 방송사업자의 복제권, 데이터베이스제작자의 권리, 콘텐츠산업진흥법에 의한 콘텐츠제작자의 보호(§21-3 참조) 등의 경우에도 마찬가지이다. 즉, 이들 경우에는 '복제'의 개념에 '모방'은 포함되지 아니한다.[4] §19-28

실연자의 복제권도 영상저작물과의 관계에서는 특례규정의 적용을 받는다. 즉, 영상제작자와 영상저작물의 제작에 협력할 것을 약정한 실연자의 그 영상저작물의 이용에 관한 제69조의 규정에 따른 복제권은 배포권, 방송권, 전송권 등과 함께 특약이 없는 한 영상제작자에게 양도한 것으로 추정된다(법 제100조 제3항; §23-25 참조). §19-29

(2) 배 포 권

저작권법 제70조는 "실연자는 그의 실연의 복제물을 배포할 권리를 가진다. 다만, 실연의 복제물이 실연자의 허락을 받아 판매 등의 방법으로 거래에 제공된 경우에는 그러하지 아니하다"고 규정하여 실연자의 배포권을 인정함과 동시에 저작재산권 중 배포권의 경우와 마찬가지로 권리 §19-30

---

1 음악 CD 등에 기록되어 있는 디지털 형식의 음성 데이터를 추출하여 컴퓨터에서 처리할 수 있는 파일 형식으로 변환하여 보존하는 것을 말한다.
2 서울고등법원 2007. 5. 22. 선고 2006나47785 판결 : "원고 ○○○은, 피고들이 이 사건 뮤지컬을 공연함에 있어 초연 뮤지컬에 관한 원고 ○○○의 연출 내용을 거의 그대로 재연복제함으로써 초연 뮤지컬의 연출에 관한 원고 ○○○의 저작인접권을 침해하였다고 주장하나, 실연자가 법 제63조 등에 의하여 가지는 저작인접권은 실연자가 특정 시점에서 실제로 행한 실연 그 자체를 녹음녹화 또는 사진촬영하는 등 복제할 수 있는 권리일 뿐, 그 실연과 유사한 다른 실연에 대하여는 권리가 미치지 않는바, 원고 ○○○의 주장에 의하더라도 피고들은 원고 ○○○이 초연 뮤지컬의 개별 공연시 행한 연출 그 자체를 복제한 것이 아니므로, 피고들은 초연 뮤지컬의 연출에 관한 원고 ○○○의 실연자로서의 저작인접권을 침해하지 않았다." 이에 반하여 서울중앙지방법원 2010. 4. 9. 선고 2009가합66124 판결은 "원고는 이 사건 노래의 실연자로서 저작인접권을 가진다 할 것이나, 실연자의 저작인접권은 그의 실연 및 실연의 복제물에 한정된다 할 것이어서(저작권법 제66조), 피고 A가 이 사건 노래를 메들리 형태로 편곡하여 음반을 발매하고 실연하였다 하여 원고의 실연과 혼동될 수 있을 정도로 유사하다는 사정이 없는 한 이를 두고 원고의 저작인접권이 침해되었다고 보기는 어렵고…"라고 판시하여, 실연자의 실연과 혼동될 수 있을 정도로 유사할 경우에는 실연자의 복제권 침해가 성립할 수 있는 것처럼 판시하고 있으나, 이는 타당하지 않은 것으로 생각된다.
3 오승종·이해완, 저작권법(제4판), 박영사, 2005, 402면.
4 임원선(책임집필), 실무자를 위한 저작권법, 저작권심의조정위원회, 2006, 234면 참조.

소진의 원칙(최초발행의 원칙)을 규정하고 있다. 여기서 '배포'란 실연의 복제물을 공중에게 대가를 받거나 받지 아니하고 양도 또는 대여하는 것을 말한다(법 제 2 조 제23호 참조)(배포의 개념에 대하여 자세한 것은 §13-55 참조).

WPPT는 실연자의 권리 강화를 위하여 음반제작자와 마찬가지로 배포권을 인정하고 있다. 개정 전의 저작권법은 음반제작자에게만 배포권을 인정하고 있었으므로 WPPT를 우리 저작권법에 수용하기 위해 2006년 개정법에서 위 규정을 신설한 것이다. 다만, 실연자의 배포권을 제한 없이 인정하게 되면 실연의 복제물의 유통에 대한 실연자의 통제권을 강화시켜 일반 이용자의 실연에 대한 접근 및 이용을 곤란하게 할 우려가 있다. 이러한 이유로 WPPT도 각 체약국에게 배포권 소진의 인정 여부 및 소진될 조건을 결정할 자유를 인정하고 있다. 우리 저작권법은 이미 저작물의 원본 또는 복제물의 배포와 관련하여 권리 소진을 규정하는 한편 음반의 배포와 관련하여 이를 준용하고 있던 터였으므로 실연자의 배포권에 대하여도 위 단서규정과 같이 권리소진의 원칙을 규정하게 된 것이다(권리소진의 원칙에 대하여 보다 자세한 것은 §13-56 이하 참조).[1]

§19-31   권리의 소진에 관한 위 단서규정은 강행규정이므로 양도 당사자간의 특약 등에 의하여 배포권이 소진되지 않는 것으로 할 수 없다는 것, 소진의 여부는 거래의 대상이 된 유체물 하나하나에 대하여 판단되는 것이므로 어떤 복제물에 대하여 배포권이 소진되었다고 하더라도 아직 적법하게 판매 등의 방법으로 공중에게 제공되지 않은 복제물에 대하여는 자동적으로 배포권이 소진하는 것이 아닌 것 등에 주의할 필요가 있다.[2]

§19-32   실연자의 배포권도 영상저작물과의 관계에서는 특례규정의 적용을 받는다(제100조 제 3 항; §23-25 참조).

(3) 대 여 권

§19-33   저작권법 제71조는 "실연자는 제70조의 단서의 규정에 불구하고 그의 실연이 녹음된 판매용 음반을 영리를 목적으로 대여할 권리를 가진다"고 규정하여 실연자에게 대여권을 인정하고 있다. 2006년의 개정 이전에도 실연자에게 대여허락권을 인정하긴 하였지만(제65조의2 제 1 항), 그것은 완전한 의미의 배타적 권리가 아니라 방송사업자에 대한 보상청구권과 마찬가지로 지정단체를 통해서만 행사할 수 있는 제한적인 권리였는데, 2006년 개정법에서 완전한 의미의 배타적 대여권을 부여하는 방향으로 개정한 것이다.

이 규정은 위에서 본 배포권의 소진 규정(법 제70조 단서)에 대한 예외로서의 성격을 가진다. 즉, 원래 대여에 대한 권리도 배포권의 범위에 포함되는 것으로서, 실연의 복제물이 실연자의 허

---

1 저작권심의조정위원회, 전게서, 210면 참조.
2 加戶守行, 전게서, 533면.

락을 받아 판매 등의 방법으로 거래에 제공된 경우에는 그 배포권이 소진(消盡)되게 되는데, 실연이 녹음된 판매용 음반을 영리를 목적으로 대여하는 방식의 배포에 대하여는 그러한 소진 규정의 예외로서 그러한 범위에 한하여 배포권(대여권)이 되살아나 실연자가 이를 주장할 수 있도록 한 것이다. 그러한 점에서 저작재산권 중 대여권(§13-62 참조)과 같은 성격을 가진 것으로 볼 수 있다.

우리나라는 일본의 경우와 달리 음반대여업이 활성화된 적이 없지만, 권리소진의 원칙을 이용한 대여업의 발전으로 실연자의 경제적 이익을 위협할 가능성에 미리 대비하기 위한 의미로 위와 같은 규정을 둔 것이라 할 수 있다.

(4) 공 연 권

저작권법 제72조는 "실연자는 그의 고정되지 아니한 실연을 공연할 권리를 가진다. 다만, 그 실연이 방송되는 실연인 경우에는 그러하지 아니하다"고 규정하고 있다. WIPO 실연·음반조약 제6조에서 실연자에게 '고정되지 아니한 실연의 공중전달권'을 인정하고 있는 것을 감안하여 2006년 개정법에서 위 규정을 신설하였다('공연'의 개념에 대하여는 §13-25 참조). 위 조약상 '고정되지 않은 실연의 공중전달'이란 실연이 행해지고 있는 장소 이외의 곳에 있는 공중에게 무선방송 이외의 방법으로 이를 송신하는 것을 말한다.[1] 여기에는 유선방송과 함께 확성기나 대형화면을 통한 전달 등이 있는데, 우리 법상 유선방송은 방송에 해당하므로 실연자에게 후자의 경우에 대한 통제권을 부여하기 위하여 그의 고정되지 않은 실연에 대하여 공연권을 부여한 것이다.[2] 위 조약 제6조 (i)에서 "실연이 이미 방송되는 실연인 경우"는 제외하도록 규정하고 있으므로 우리 저작권법 제72조 단서에서 그것을 받아 위와 같이 규정하고 있다.

요컨대 위 규정은 실연자에게 전면적인 공연권을 인정한 것이 아니라 위와 같이 ① 고정되지 아니한 실연일 것, ② 방송되는 실연이 아닐 것 등을 조건으로 하여 실연이 이루어지는 장소 이외의 장소에서 확성기나 대형화면 등을 통해 전달하는 방식의 공연에 대하여 거절하거나 허락할 권리를 인정한 것이라는 점에 유의할 필요가 있다.

(5) 방 송 권

실연자는 그의 실연을 방송할 권리를 가진다. 다만, 실연자의 허락을 받아 녹음된 실연에 대하여는 그러하지 아니하다(법 제73조).

원래 저작인접권제도에는 전통적으로 '일회주의'라는 사고가 깔려 있어 권리행사의 기회를 1회에 국한시키려는 경향이 있다. 우리 저작권법은 '녹음된 실연'의 방송에 대하여 일회주의를 채

§19-34

§19-35

---

1 같은 조약 제6조 및 제2조 참조.
2 임원선(책임집필), 전게서, 236면.

택함으로써 실연자가 그 실연의 녹음 과정에서 한번 권리를 행사한 이상 그 녹음물을 방송하는 데까지 그 권리를 다시 주장할 수 있게 하는 것은 지나치다는 이유로 실연자의 방송권에 대하여 위 단서규정과 같은 제한을 가하고 있다.[1]

다만, 그 실연의 녹음이 판매용 음반으로 제작된 경우에 그 판매용 음반을 방송하게 되면, 실연자는 제75조의 규정에 따라 해당 방송사업자로부터 일정한 보상금을 지급받을 권리를 가지게 된다(§19-37).

실연자의 생실연이나 실연자의 허락 없이 녹음된 실연에 대하여는 실연자가 배타적 권리로서의 방송권을 가지고 있으므로, 그 실연을 해당 실연자의 허락 없이 방송할 경우에는 방송권 침해가 성립하여 상응하는 민형사상의 책임을 지게 된다. 그 점에서, 방송사업자가 사전 허락 없이 판매용 음반에 녹음된 실연을 방송에 사용하여도 실연자의 권리침해로서의 불법행위나 권리침해죄가 성립하지는 않고 단지 채권적 의무로서 보상금 지급의무를 부담할 뿐인 것(제75조의 경우)과 구별된다.

저작재산권의 경우에는 2006년 저작권법에서 방송권, 전송권, 디지털음성송신권 등을 모두 포괄하는 상위개념으로서의 공중송신권(§13-33 이하 참조)을 인정하고 있으나, 실연자의 권리와 뒤에서 보는 음반제작자의 권리(§19-46 이하)에 있어서는 공중송신권을 인정하지 않고 여전히 방송권, 전송권 등을 나누어서 규정하고 있는 점에 유의할 필요가 있다. 그것은 위와 같이 방송권에 위 단서규정과 같은 제한을 붙이고, 디지털음성송신의 경우에도 채권적인 보상청구권만 인정하며, 비주문형의 웹캐스팅 중 디지털음성송신이 아닌 것은 아예 권리 대상에서 제외(§19-36 참조)하는 등 서로 다른 취급을 하기 위한 것이다.

실연자의 방송권도 영상저작물과의 관계에서는 특례규정의 적용을 받는다(제100조 제 3 항; §23-25 참조).

(6) 전 송 권

§19-36

저작권법 제74조는 "실연자는 그의 실연을 전송할 권리를 가진다"고 규정하고 있다. 원래 2000년의 저작권법 개정법은 저작권자에게 전송권을 인정하면서도 저작인접권자인 실연자와 음반제작자에게 전송권을 인정하는 규정을 두지는 않았다. 그러나 그 후 인터넷상의 불법 음악파일 유통이 만연하여 사회적인 문제로 대두하고 이에 따른 실연자 및 음반제작자 등의 법개정 요구가 높아짐에 따라 2004. 10. 16. 개정법에서부터 실연자와 음반제작자에게도 전송권을 인정하는 규정을 두게 되었다.

---

1 장인숙, 전게서, 184면 참조.

저작권법 제74조의 규정에 따라 실연자는 자신의 실연의 고정물인 음반, 영상 등을 타인이 온라인상에서 파일 형태로 업로드하거나 AOD 또는 VOD 방식으로 스트리밍 서비스를 하는 등의 전송행위를 하는 것을 허락하거나 금지할 수 있는 권리를 가진다. 이전에도 실연자의 허락 없이 음악 파일이 온라인상에 업로드되는 과정에 디지털 복제행위가 수반됨을 들어 복제권의 침해를 주장할 수는 있었으나, 2004년 개정법 이래의 전송권 신설로 업로드 등 전송행위 자체에 대하여 권리를 행사할 수 있게 되어 실연자의 온라인상의 권리가 보다 확고해졌다고 할 수 있다.

'인터넷 방송'이라는 이름으로 행해지는 것 중에서도 이용자가 개별적으로 선택한 시간과 장소에서 서비스를 이용할 수 있는, 즉 이시성(異時性)을 가진 이른바 On Demand 방식은 저작권법상 '방송'이 아니라 '전송'에 해당하므로 실연자의 배타적인 허가 또는 금지권이 미치게 된다. 그러나 같은 시간에는 같은 내용을 듣거나 볼 수밖에 없는 '동시적' 송신의 형태인 경우, 즉 비주문형의 웹캐스팅인 경우에는 그것이 '영상'이 아닌 '음(音)'만의 송신인 경우에는 '디지털음성송신'에 해당하고 그렇지 않고 '영상'을 포함한 송신인 경우에는 '공중송신'의 개념에는 포함되지만 실연자의 물권적 또는 채권적 권리가 미치는 방송, 전송, 디지털음성송신 중의 어느 하나에도 해당하지 않는 것으로 본다. 그 가운데 '디지털음성송신'으로 인정되는 경우에는, 실연자에게 배타적 권리를 부여하지 않고 뒤에서 보는 바와 같이 디지털음성송신사업자에게 실연자에 대한 보상의무를 부과하는 방식을 취하고 있다. 따라서 어떤 행위의 성격이 전송에 해당하는지, 디지털음성송신에 해당하는지는 실연자의 권리의 면에서 중대한 차이를 가져온다. 전자의 경우에는 실연자가 온전한 배타적 권리를 누리지만, 후자의 경우에는 배타적 권리를 가지지 못하고 채권적 보상청구권만 가지게 되기 때문이다(이것은 후술하는 '음반제작자'의 권리도 마찬가지이다). 이 두 가지 행위의 구별기준은 "공중의 구성원이 개별적으로 선택한 시간과 장소에서 접근할 수 있도록" 이용에 제공하는 것(이시성을 가진 주문형의 서비스)인지, 아니면 "공중으로 하여금 동시에 수신하게 할 목적으로" 하는 송신('동시성'을 가진 '비주문형'의 서비스)인지 여부에 달려 있다. 그런데 구체적인 서비스 형태를 보면 이시성과 동시성 사이의 구별이 분명하지 않은 경우가 많고 이른바 '유사전송'에 해당하는 서비스가 대두되어 많은 논란을 야기하고 있다. 다만 이와 관련하여 양자 사이의 구별기준을 어떻게 세울지에 대하여는 앞에서 관련 판례들과 함께 자세히 살펴본 바 있으므로(§13-39 참조), 여기서는 중복을 피하기로 한다. 그리고 '디지털음성송신'에 해당하지 않는 비주문형의 웹캐스팅은 실연자의 권리 중 어느 것에도 해당하거나 저촉되는 것이 없다고 보아야 할 것이다(반대견해 있음; §13-35 참조). 그러한 경우 권리관계의 복잡화를 피하기 위한 영상저작물의 특례규정의 취지에 비추어 실연자에게 그 부분에 대한 별도의 권리를 인정하지 않는 것이 바람직하다고 보았기 때문에 그와 같이 규정된 것이라 생각된다.

실연자의 전송권도 영상저작물과의 관계에서는 특례규정의 적용을 받아 특약이 없는 한 영상제작자에게 양도한 것으로 추정된다(제100조 제3항; §23-25 참조).

(7) 상업용 음반의 방송사용에 대한 보상청구권

§19-37　　실연자는 방송사업자가 실연이 녹음된 상업용 음반을 사용하여 방송하는 경우에 그에 대한 보상청구권을 가진다(법 제75조 제1항). 저작권법은 이를 실연자의 권리가 아니라 방송사업자의 보상금 지급의무를 규정하는 방식으로 규정하고 있지만, 이를 뒤집어 보면, 실연자의 방송사업자에 대한 보상청구권을 인정한 규정으로 볼 수 있다.

앞에서 살펴본 바와 같이 실연자의 방송권에 관한 제73조 단서의 규정에 따라 실연자는 자신의 허락에 기한 녹음물의 방송에 관하여는 배타적인 방송권을 주장할 수 없다(§19-35 참조). 그것은 방송사업자가 실연이 녹음된 상업용 음반을 사용하여 방송하는 경우에도 마찬가지이다. 그러나 그러한 방송의 경우에 방송사업자는 음반의 사용만으로 많은 수익을 얻을 수 있지만 실연자는 그로 인한 공연기회의 축소 등으로 경제적 피해를 입게 될 가능성이 높다는 점에서, 실연자의 배타적 권리로서의 방송권은 인정하지 않더라도 방송사업자에 대한 채권적 성격의 보상청구권은 인정함으로써 실연자와 방송사업자 사이의 이해관계를 조정하고자 한 것이 위 규정의 취지라고 할 수 있다(보상청구권의 법적 성격에 대하여 보다 자세한 것은 §14-36 참조).

국제관례상 판매용 음반을 방송이나 기타 영리적인 접객업소에서 사용하는 것을 개인용이나 가정용으로 재생하여 사용하는 통상의 1차적 사용을 뛰어넘는 사용이라는 이유로 2차적 사용(secondary use)이라고 하고 그에 대한 보상금을 2차적 사용료(secondary use fees)라고 한다. 따라서 이 규정에 의한 보상금 청구권을 통상적으로 2차적 사용료 청구권이라고 부르기도 한다.[1]

§19-38　　원래 이에 해당하는 규정의 단서에는 "다만 실연자가 외국인인 경우에는 그러하지 아니하다"고 규정하고 있었는데(개정 전의 저작권법 제65조 제1항 단서), 2006년 개정법에서 이 부분도 개정하여 "다만, 실연자가 외국인인 경우에 그 외국에서 대한민국 국민인 실연자에게 이 항의 규정에 따른 보상금을 인정하지 아니하는 때에는 그러하지 아니하다"고 규정하고 있다(제75조 제1항 단서). 방송사업자에 대한 보상청구권은 WIPO 실연·음반조약 가입시 유보할 수 있는 권리이나(같은 조약 제15조 제3항), 유보하지 아니하고 상호주의를 전제로 외국인 실연자에게도 이 권리를 인정할 근거를 마련한 것이다. 상호주의라는 지렛대를 통해 한국의 가수 등이 다른 나라(특히 중국, 동남아 각국 등 한류의 영향이 강한 나라들)에서 보상청구권을 행사할 수도 있으리라는 가능성을 염두

1　김정술, 전게논문, 323면 참조.

에 둔 규정이다.

위와 같은 방송사업자에 대한 보상청구권의 행사 요건을 정리해 보면 다음과 같다.[1]   §19-39

1) 방송사업자에는 유선방송사업자와 무선방송사업자가 모두 포함된다.

2) 실연이 녹음된 상업용 음반을 사용하는 경우여야 한다. 상업용음반에 해당하지 않는 음반의 경우에는 이 규정의 대상이 아니다(상업용 음반의 개념에 대하여는 §14-111-5 참조). 음반의 개념에는 음이 영상과 함께 고정된 것은 제외되므로(제 2 조 제 5 호), 영상물에 함께 고정된 음원은 여기에 해당하지 않는다. 그러나 그렇다고 하여 음악유선방송이나 라디오방송에서의 경우에만 본조에 의한 보상청구권이 발생한다고 할 것은 아니고, TV 방송 등에서 상업용 음반을 사용하는 경우에도 보상청구권의 대상이 될 수 있다. 즉 상업용 음반을 사용한 영상저작물을 방송하는 경우라면 본조가 적용될 수 있다.

3) 방송을 하는 경우여야 한다. 방송의 개념에 해당하지 않는 이용행위 중 디지털음성송신과 공연의 경우는 별도의 보상청구권 규정의 적용을 받게 되고, 전송의 경우는 배타적 권리로서의 전송권의 대상이 된다. 전송이나 디지털음성송신 또는 방송 중 어디에도 해당하지 않는 '기타의 공중송신'에 대하여는 현행법상 저작인접권자에게 아무런 권리도 인정되지 않는다. 이 규정에 의한 실연자의 보상청구권은 물권적인 것이 아니라 채권적인 성격을 가지고 있다. 따라서 방송사업자의 입장에서 그 보상의무의 이행이 실연이 녹음된 음반의 이용을 적법하게 하는 요건은 아니다. 즉 실연자의 허락 없이 그 음반을 이용하여도 위법하지 않고, 그 이용행위에 의하여 구체적인 보상금지급의무가 발생하게 될 뿐이다. 따라서 보상금을 지급하지 않았다고 하여 실연자의 권리 침해가 성립하는 것은 아니다. 물론 보상금청구권을 민사소송의 방법으로 행사하여 판결을 받을 경우 민사상의 강제집행을 할 수는 있다. 그러나 법 제123조에 의한 침해정지청구 등을 할 수는 없다.[2]

한편 실연자의 보상금 청구권 행사는 개별적으로 할 수 없고 문화체육관광부장관이 지정하   §19-40
는 권리자 단체를 통해서만 할 수 있는 것으로 규정하고 있다(법 제75조 제 2 항에 의하여 준용되는 법 제25조 제 5 항). 방송의 성질상 방송사업자는 수많은 실연자의 실연을 방송하고 있으므로 그들 개개인과 상대하여 실연의 사용 및 그 보상금에 관한 교섭을 하게 되면 실연자와 방송사업자 쌍방이 현실적으로 대단한 불편을 겪게 될 것이고 또한 개개의 실연자들에 있어서는 실연사용료가 영세한 금액에 불과한 것이므로 방송사업자와 사이에 이에 관한 교섭을 할 수 있을 것으로 기대하기도 어려운 것이므로 위와 같이 문화체육관광부장관이 지정하는 실연자단체를 통해 일괄적으로

---

1 황적인·정순희·최현호, 전게서, 362면 참조.

2 제123조 (침해의 정지 등 청구) ① 저작권 그 밖에 이 법에 따라 보호되는 권리(제25조 제31조 제75조 제76조 제76조의2 제82조 제83조 및 제83조의2의 규정에 따른 보상을 받을 권리를 제외한다. 이하 이 조에서 같다)를 가진 자는 그 권리를 침해하는 자에 대하여 침해의 정지를 청구할 수 있으며, 그 권리를 침해할 우려가 있는 자에 대하여 침해의 예방 또는 손해배상의 담보를 청구할 수 있다.

만 행사할 수 있도록 제한한 것이다. 현재 음악실연 분야의 청각실연과 관련한 지정단체는 한국
음악실연자연합회(이하 '음실련'이라 한다)이다. 따라서 청각실연과 관련하여 방송사업자에게 보상청
구권을 행사할 권리는 지정단체인 음실련에게 귀속되고, 개별 실연자가 직접 방송사업자에게 보
상청구권을 행사할 수는 없다.

지정 단체는 그 구성원이 아니라도 보상권리자로부터 신청이 있을 때에는 그 자를 위하여 그
권리행사를 거부할 수 없다. 이 경우에 그 단체는 자기의 명의로 그 권리에 관한 재판상 또는 재
판 외의 행위를 할 권한을 가진다(준용규정인 제25조 제6항). 음실련의 회원이 아닌 실연자도 그 실
연이 방송에 사용될 경우 보상권리자로서 음실련에게 자신의 권리를 행사해 줄 것을 청구할 수
있고, 음실련은 그 청구를 거부할 수 없다.

한편, 지정 단체는 보상금 분배 공고를 한 날부터 5년이 경과한 미분배 보상금에 대하여는
이후 보상권리자에 대한 정보가 확인되는 경우에 보상금을 지급하기 위해 일정 비율을 적립하는
것 외에는 문화체육관광부 장관의 승인을 얻어 법에 규정된 공익적 목적을 위하여 사용할 수 있
다(준용규정인 제25조 제8항). 이는 보상금이 권리자의 확인과 소재 파악의 어려움으로 인하여 상당
부분 분배되지 아니하는 현실을 고려한 것으로서, 공탁이라는 번거로운 절차나 계속적인 보관보
다는 공익목적으로 활용하는 것이 더 바람직하다는 판단에 따라 위와 같이 규정하게 된 것인바,
그것이 자칫 남용될 것을 우려하여 2018. 10. 16.자 저작권법 개정 시에 그 요건을 보다 엄격하게
고쳤다(§14-38 참조).

이 규정에 따른 지정단체가 보상권리자를 위하여 청구할 수 있는 보상금의 금액은 매년 그
단체와 방송사업자가 협의하여 정한다(법 제75조 제3항). 협의가 성립되지 아니하는 경우에 그 단
체 또는 방송사업자는 대통령령으로 정하는 바에 따라 한국저작권위원회에 조정을 신청할 수 있
다(같은 조 제4항). 그런데 한국저작권위원회의 조정은 강제성이 없는 임의조정의 성격을 가지므
로 위원회가 어떤 합리적인 조정안을 도출한다 하더라도 종국적으로 그에 대한 당사자 사이의 의
사합치를 이루어 내지 못하면 조정은 불성립으로 종결되고 만다. 그 경우에 대하여 법에서 특별
한 규정을 두고 있지 않지만, 그 경우 보상금 수령단체가 법원에 보상금 청구소송을 제기할 수
있음은 당연하고, 그에 따라 최종적으로 법원의 판결에 따라 보상금(기준)이 결정되게 된다(아래
§19-42의 판례 참조).

 판 례

§19-41　　✤ 서울지방법원 1997. 10. 15. 선고 95가단16616 판결

방송사업자가 실연이 녹음된 판매용 음반을 사용하여 방송하는 경우 그 실연자에게 상당한 보상

을 하여야 함은 당연하나 방송사업자가 방송에 제공된 모든 곡의 실연자를 찾아 내어 보상을 해 준다거나 반대로 실연자 개개인이 자신이 실연한 곡을 방송한 방송사업자 및 그 방송횟수를 추적하여 보상금을 청구한다는 것은 기술적·경제적으로 불가능하므로, 저작권법 제65조 제 2 항은 이러한 보상의 필요성과 보상 방법상의 문제점을 해결하기 위한 방안으로 보상청구권의 귀속 주체와 보상청구권의 행사자를 분리하고 있는바, 음악실연자가 같은 법 조항에 따라 문화체육부장관이 보상청구권 행사자로 지정한 단체인 한국예술실연자단체연합회 소속 회원단체에 가입한 경우에는 연합회의 규약에 따라 직접 연합회를 상대로 개별적으로 보상금의 분배를 청구할 수는 없고 또한 이러한 연합회의 규정이 실연자의 보상청구권에 관한 저작권법의 취지에 반한다거나 사회질서에 위배되어 무효라고 볼 수는 없으며, 연합회 소속 단체에 가입하지 않은 실연자라고 하더라도 같은 법 제65조 제 3 항에 따라 연합회를 통하여 얼마든지 자신의 권리를 행사할 수 있으나 다만 방송에 관한 자료수집의 어려움, 보상의 성격 등을 감안할 때 사전에 권리행사를 신청한 경우에 한한다고 해석해야 한다.

▷NOTE : 지금은 개별 실연자에게 보상금을 분배하는 시스템('직접분배 방식')으로 변경되어 운영되고 있지만, 과거에 음실련의 전신인 한국예술실연자단체연합회에서는 보상금을 회원 단체들에게 분배하여 그 회원단체들이 분배받은 보상금을 회원들을 위해 사용하도록 하는 방식('간접분배 방식')을 취하였었는데, 위 판결은 그러한 간접분배 방식의 규정이 사회질서에 반하여 무효라고 볼 수 없다고 판시하고 있다. 현재의 직접분배 방식이 개인 실연자의 권리보장의 면에서 보다 바람직한 방식인 것은 사실이다. 위 판례에서 말하는 개정 전 저작권법 제65조 제 3 항의 규정에 대응하는 현행법의 규정은 제75조 제 2 항에 의하여 준용되는 제25조 제 6 항이다. 위 판례에서 "연합회를 통하여 얼마든지 자신의 권리를 행사할 수 있으나 다만 방송에 관한 자료수집의 어려움, 보상의 성격 등을 감안할 때 사전에 권리 행사를 신청한 경우에 한한다"고 하는 것은 원고들이 예비적 청구로서 자신들에게 보상금 분배청구권이 있음에 대한 확인을 구한 것과 관련한 판시이다.

✦ 서울지방법원 1999. 7. 30. 선고 97가합 44527 판결[1]   §19-42

1. 판매용 음반의 방송 사용에 대한 보상청구권을 규정한 저작권법 제65조 제 1 항의 규정취지는 녹음·재생수단의 비상한 발달에 따라 실연자의 직접실연에 대체하여 실연이 녹음된 음반의 사용이 일반화된 오늘날 음반의 2차 사용인 방송에 의하여 발생하는 실연자의 기계적 실업에 대한 보상이 필요하다는 고려와 음반의 사용으로 실연자에게 출연을 의뢰하지 않고도 많은 수익을 올리고 있는 방송사업자는 그 수익의 일부를 실연자에게 환원하여야 한다는 고려에서 비롯된 것이고, 한편 같은 법 제68조 제 1 항의 규정취지는 판매용 음반이 방송에 많이 사용된다면 그 판매량이 감소하여 음반 제작의 기회를 상실하기보다는 오히려 방송이 판매량을 향상시키는 역할도 하고 있는 점을 감안하여 음반제작자에게 저작인접권으로서의 방송권을 부정하는 대신 일반적으로 예정된 범위를 초과하여 사용한 데 대하여 방송사업자가 얻는 이익의 일부를 음반제작자에게 환원시키기 위한 것이다.

2. 방송사업자가 실연이 녹음된 판매용 음반이나 녹음된 판매용 음반을 사용하여 방송하는 경우 그 실연자 또는 음반제작자에게 상당한 보상을 하여야 한다는 것은 당연한 요청이나, 방송사업자가 방

---

1 저작권심의조정위원회, 한국저작권판례집 제 5 집, 497면 이하.

송에 제공된 모든 곡의 실연자 및 음반제작자를 찾아내어 일일이 보상해 준다거나 실연자 개개인 또는 음반제작자 개개인이 방송사업자 및 방송횟수를 일일이 추적하여 보상금을 청구한다는 것은 기술적으로나 경제적으로 불가능하다는 점에 비추어 저작권법은 보상청구권의 행사로 지정된 단체와 방송사업자 사이에 1차적으로 협의를 통해 보상금을 정하도록 하고 있다.

3. 원고들(사단법인 한국예술실연자단체연합회, 사단법인 영상음반협회)과 피고가 1990년경 이래로 수차례의 협의 등을 거쳐 결정하여 온 보상금 지급 수준은 향후 보상금의 수액을 결정함에 있어서 유력한 자료가 된다고 할 것인바, 종래의 경과에 의하면 원고와 피고는 보상청구권이 인정되는 취지, 보상금액 산출의 현실적인 어려움, 피고에 의하여 1차사용료[1]가 지급되는 한국음악저작권협회의 관리곡 중에서 국내곡이 차지하는 비율 및 국내곡 중에서 원고들의 관리곡이 차지하는 비율 등 제반 사정을 고려해야 한다는 공통의 이해하에 <u>피고가 지급하여야 할 보상금을 1차 사용료의 70% 수준으로 정한다는 내용으로 협의가 이루어져 왔다고 봄이 상당하다.</u>

4. 현행 저작권법의 규정형식에 비추어 볼 때 실연자의 보상청구권과 음반제작자의 보상청구권은 별개의 권리로서 존재하는 것으로 해석되어야 할 것이므로 이 사건 보상청구권에 관하여 단일한 보상이 이루어지고 이를 두 단체간에 합리적으로 배분함으로써 충족될 수 있는 권리라는 피고의 주장은 받아들일 수 없다.

▷NOTE : 개정 전의 저작권법도 실연자의 방송사업자에 대한 보상청구권은 지정단체를 통해서만 일괄적으로 청구할 수 있도록 하고, 그 보상금의 금액은 원칙적으로 협의에 의하여 정하도록 하되 협의가 성립하지 않을 경우에는 저작권심의조정위원회(현행법상은 '한국저작권위원회')에 조정을 신청할 수 있도록 규정하고 있었다. 저작권심의조정위원회에의 조정신청 여부는 당사자의 재량에 맡겨져 있는 것이고 그 조정절차도 당사자간 합의를 전제로 하는 임의조정만 가능한 것으로 되어 있기 때문에 당사자간 합의가 끝내 이루어지지 않을 경우 분쟁의 최종적인 해결은 법원에 의한 재판을 통해서 해결할 수밖에 없다. 위 판례는 바로 그와 같이 보상금에 대한 협의가 성립하지 않은 경우에, 지정된 실연자단체 등이 방송사업자를 상대로 직접 보상금을 청구하여 일부 인용을 받은 사례이다. 위 판결은 보상금 기준에 관하여 객관적인 기준을 마련할 만한 근거자료가 부족한 상태에서 법원이 어떤 판단요소들을 고려할지를 보여주는 하나의 사례라 할 것이나, 절대적인 기준을 제시한 것은 결코 아니며, 구체적인 사안마다 여러 가지 상황을 고려하여 보다 합리적인 기준을 모색하기 위한 노력이 기울어져야 할 것이다. 한편 위 판결의 '4.' 부분 판시도 우리 저작권법의 규정내용에 비추어 타당하다고 할 수 있다. 예컨대 독일 저작권법의 경우에는 실연자에게 방송사업자등에 대한 보상청구권(독일 저작권법 제78조 제 2 항)을 인정하고, 음반제작자에게는 실연자에 대한 관계에서 분배청구권을 가지도록 하여(같은 법 제86조), 단일한 주체가 보상청구권을 행사하도록 규정하고 있지만, 우리 저작권법은 실연자와 음반제작자의 보상청구권을 별도로 규정하고 있으므로, 독일 저작권법의 규정내용 등과 동일한 결론을 해석론으로 인정할 수는 없다.

---

1 이 판결에서는 피고 방송사에 의하여 한국음악저작권협회에 지급되는 음악저작물 사용료를 칭하는 말로 사용되고 있다.

(8) 디지털음성송신사업자에 대한 보상청구권

실연자는 디지털음성송신사업자가 실연이 녹음된 음반을 사용하여 송신하는 경우에는 그에 §19-43
대하여 상당한 보상금을 청구할 수 있는 보상청구권을 가진다(법 제76조 제 1 항). "디지털음성송신"
은 공중송신 중 공중으로 하여금 동시에 수신하게 할 목적으로 공중의 구성원의 요청에 의하여
개시되는 디지털 방식의 음의 송신을 말하며, 전송을 제외한다(법 제 2 조 제11호). '음(音)'만의 송신
이 아니라 영상의 송신이 포함된 경우는 디지털음성송신에 해당하지 않고 그 외 방송이나 전송
개념에도 해당하지 않으므로 실연자의 권리 대상에서는 제외되는 것으로 볼 것임은 앞서 실연자
의 전송권에 대한 설명(§19-36)에서 언급한 바와 같다.

이러한 디지털음성송신은 앞서 저작재산권 중 공중송신권(公衆送信權)에 대하여 설명하는 부
분에서 살펴본 바와 같이 2006년 개정법 이전의 저작권법에 의하면 수신의 동시성이 인정되는
점에서 '방송'에 해당하는 것으로 보였으나, 개정법에서 방송도 아니고 전송도 아닌 중간영역의
행위로 인정하여 특별한 취급을 하고 있다(§13-35 참조). 실연자의 권리를 규정함에 있어서는 위와
같이 보상청구권을 인정하는 면에서 방송과 똑같지는 않지만 약간 유사한 취급을 하고 있다. 방
송의 경우와 다른 점은 방송의 경우는 실연이 녹음된 음반을 사용하여 방송하는 경우를 제외하고
는 실연자의 배타적인 방송권의 대상이 되도록 규정하고 있음에 반하여 디지털음성송신에 대하
여는 실연자의 배타적인 권리는 전혀 미치지 않도록 하고 있다는 점, 나아가 방송사업자에 대한
보상청구권이 성립하기 위하여는 반드시 실연이 녹음된 '상업용 음반'을 사용하여 방송하는 경우
일 것을 요함에 반하여 디지털음성송신사업자에 대한 보상청구권의 경우는 널리 실연이 녹음된
음반을 사용하여 송신하면 요건을 충족하는 것으로 볼 수 있는 점 등에서 찾을 수 있다. 또한 방
송사업자에 대한 보상청구권은 WIPO 실연·음반조약상 유보대상이기 때문에 앞서 본 바와 같이
외국인 실연자에 대하여도 적용이 있는 것으로 규정을 하면서도 상호주의 원칙을 규정하였음에
반하여 디지털음성송신사업자에 대한 보상청구권에 대하여는 같은 조약상의 명백한 유보대상이
아니라는 것을 감안하여 외국인 실연자의 배제조항은 물론이고 상호주의 원칙도 규정하지 않고
있다. 따라서 조약 등에 의하여 우리 저작권법의 보호대상이 되는 외국인 실연자에 대하여는 내
국민대우의 원칙에 따라, 그 본국에서 이와 같은 보상청구권 등을 인정하고 있는지 여부와 관계
없이 보상청구권을 인정하여야 한다.

한편 실연자의 보상금 청구권 행사는 개별적으로 할 수 없고 문화체육관광부장관이 지정하
는 권리자 단체를 통해서만 할 수 있는 것 등은 보상금에 관한 제반 규정은 방송사업자에 대한
보상청구권의 경우와 거의 같다(법 제76조 제 2 항, 제 3 항 및 같은 조 제 2 항에 의하여 준용되는 법 제25조
제 5 항 내지 제 9 항 등 규정 참조). 다만 한 가지 차이점은 협의가 성립하지 않을 경우 한국저작권위

원회에 조정신청을 할 수 있도록 규정하고 있을 뿐인 방송사업자에 대한 보상청구권의 경우와 달리, 디지털음성송신사업자에 대한 보상청구권의 경우에는 협의가 성립하지 아니한 경우 문화체육관광부장관이 정하여 고시하는 금액을 지급하도록 규정하여(법 제76조 제4 항), 행정관청인 문화체육관광부에서 강제성을 띤 일종의 중재적인 역할을 수행할 수 있도록 규정한 점에 있다. 이것은 방송사업자의 경우에 비하여 계쟁금액이 크지 않을 것이라는 점을 감안하여 분쟁해결의 효율성을 높이기 위한 취지라고 여겨진다. 이러한 '고시' 제도의 문제점은 보상청구권의 다른 요건은 충족하고 있더라도 어떤 이유에서건 문화체육관광부 장관의 보상금 기준고시가 없는 경우에는 보상금 청구를 하기가 쉽지 않다는 점에 있다. 이와 관련하여 본 규정과 직접 관련된 사건은 아니지만 동일하게 고시에 의하여 보상금 기준을 정하도록 하고 있는 제76조의2 등 규정의 적용이 문제가 된 '현대백화점' 사건에 대하여 2심판결인 서울고등법원 2013. 11. 28. 선고 2013나2007545 판결(§19-44-1)은 "…저작권법에서 정한 공연보상금에 관한 문화체육관광부 장관의 고시는 보상금지급의무의 유무에 대한 것이 아니라 정당한 보상금 액수의 결정을 위한 것으로서 당사자 간에 합의가 성립하지 아니하는 경우 이를 갈음하는 조치로 보이는 점 등을 종합하면, 원고들이 저작권법에 따라 피고로부터 받아야 할 공연보상금의 액수에 관하여 피고와 협의가 이루어지지 아니하고 있고, 원고들의 요청에도 불구하고 문화체육관광부 장관이 협의의 성립에 관한 견해를 달리하여 보상금 금액의 고시를 하지 아니할 뜻을 표명함으로써 그 액수의 결정이 불가능한 상황에 이른 이 사건의 경우, 원고들로서는 피고에 대하여 민사소송으로 직접 정당한 액수의 보상금 지급을 구할 수 있고, 법원은 제반 사정을 고려하여 그 정당한 보상금을 정할 수 있다고 볼 것이며, 반드시 그 고시에 관한 처분에 관하여 당사자가 행정소송을 제시하여 다투어야만 하는 것은 아니라고 할 것이다"라고 판시한 바 있다. 이러한 판결의 입장은 위 규정이 내포하고 있는 문제점을 일부라도 덜 수 있도록 하는 점에서 타당한 것으로 생각된다.

(9) 상업용 음반의 공연에 대한 보상청구권

§19-44   실연자는 실연이 녹음된 상업용 음반을 사용하여 공연을 하는 자에 대하여 보상청구권을 가진다(법 제76조의2 제1 항 본문). 2009. 3. 25. 개정 저작권법은 음반을 사용하는 방송과 디지털음성송신에서와 같이 상업용 음반을 사용하여 공연을 하는 경우에도 실연자에게 보상금을 지급하도록 규정하였다. 실연자의 공연권에 관한 제72조의 규정(§19-34)은 '고정되지 않은 실연', 즉 생실연에 대하여만 적용되므로, 고정된 실연이 재생의 방법으로 공연에 이용되는 경우에는 실연자에게 배타적 권리가 인정되지 않을 뿐만 아니라 개정 전에는 보상청구권조차 인정되지 않아 경제적인 불이익을 입고 있었는데, 국제적인 보호수준에 맞춘 위와 같은 법개정을 통해 실연자들의 권

익이 보다 두텁게 보호될 수 있게 되었다.

현행법에서 '상업용 음반'으로 규정된 것은 원래 '판매용 음반'으로 규정되었던 것을 2016. 3. 22.자 개정을 통해 변경한 것으로서 그 개정시에 음반의 개념도 '디지털 음원'을 포함하는 것으로 개정되었다. '판매용 음반'으로 규정되어 있을 때, 디지털음성송신의 방식으로 백화점 등에 송신되는 '디지털 음원'이 판매용 음반에 해당하는 것인지 여부에 큰 다툼이 있었고 현대백화점 사건에 대한 대법원 2015. 12. 10. 2013다219616 판결에서 '디지털 음원'도 구 저작권법 제76조의2 등 규정에서 말하는 판매용 음반으로 보는 취지의 판결을 선고하였으나, 구 저작권법 제29조 제 2 항의 '판매용 음반'의 개념에 대하여는 다른 취지의 판결('하이마트' 사건에 대한 대법원 2016. 8. 24. 2016다204653 판결)이 나오는 등 혼란스러운 상황에 있다가 그것이 입법적으로 해결되게 된 것과 현행법상 '상업용 음반'의 의미 등에 대하여는 앞에서 상세하게 살펴보았으므로(§14-111부터 §14-111-5까지 참조), 여기서는 중복을 피하기로 한다.

한편, 위 규정은 상호주의를 반영하여, 실연자가 외국인인 경우에 그 외국에서 대한민국 국민인 실연자에게 이 규정에 따른 보상금을 인정하지 아니하는 때에는 보상금지급의무가 없는 것으로 규정하고 있다(제76조의2 제 1 항 단서).

제76조의2 제 2 항이 보상청구권의 행사 등에 관하여 디지털음성송신사업자에 대한 규정을 그대로 준용하도록 하는 취지로 규정하고 있으므로, 권리자단체를 통한 보상청구권의 행사 등에 대하여는 위 (8)에서 설명한 내용이 그대로 적용된다. 협의가 성립되지 아니한 경우에는 문화체육관광부장관이 정하여 고시하는 금액을 지급하도록 한 규정도 준용되므로 그 점에서 상업용 음반의 방송에 대한 보상청구권의 경우와 구별된다.

4. 공동실연자의 권리행사

2인 이상이 공동으로 합창·합주 또는 연극 등을 실연하는 경우에 이 절에 규정된 실연자의 권리(실연자의 인격권은 제외한다)는 공동으로 실연하는 자가 선출하는 대표자가 이를 행사한다. 다만, 대표자의 선출이 없는 경우에는 지휘자 또는 연출자 등이 이를 행사한다(법 제77조 제 1 항). §19-45

2인 이상이 공동으로 합창·합주 또는 연극 등을 실연하는 경우에 각자의 실연부분을 분리하여 이용하기는 어려울 것이므로 공동저작물의 경우와 마찬가지로 전원합의에 의하여 행사하도록 하는 것이 원칙일 것이다.1 그러나 그렇게 규정할 경우에 예를 들어 수십 명이 함께 합창을 한

---

1 공동실연자의 경우는 공동저작자의 경우와 달리 '개별적 이용가능성이 없을 것'을 요건으로 할 필요가 없다는 견해도 있으나, 분리하여 개별적으로 이용할 수 있는 것이라면 각자 개별적으로 이용할 수 있도록 해도 무방한 것이므로, 본 조의 대상은 법문에서 예를 든 합창, 합주 또는 연극 등의 경우처럼 분리하여 이용할 수 없는 경우를 전제로 한 것이라고 봄이 타당하다고 생각된다.

경우에는 그 실연을 이용하고자 하는 사람이 수십 명의 실연자 전원으로부터 개별적인 허락을 모두 받아야 한다는 결과가 되므로 거의 불가능에 가까운 정도의 불편을 야기하게 되는 면이 있다. 그러한 점을 감안하여 위와 같은 공동실연자의 권리행사에 있어서는 반드시 공동실연자들이 선출한 대표자에 의하여 권리행사를 하도록 하고, 대표자의 선출이 없을 경우에는 지휘자 또는 연출자 등이 행사하도록 규정한 것이다.

이때 대표자가 행사할 수 있는 권리는 당해 실연에 대한 복제권, 배포권, 대여권, 공연권, 방송권(실연자의 허락하에 녹음된 실연의 방송은 제외), 전송권 뿐만 아니라 방송사업자, 디지털음성송신사업자 및 공연사용자에 대한 보상청구권도 포함되지만, 각 보상청구권은 지정단체를 통하여서만 행사할 수 있다. 즉, 대표자를 선출하였다고 하여 그 대표자가 직접 방송사업자 등을 상대로 보상청구권을 행사할 수는 없고, 보상청구권을 직접 행사할 수 있는 권한을 가진 지정단체에 대하여 권리행사 신청을 하거나 분배청구를 하는 등의 권리를 행사할 수 있을 뿐이다.[1]

제77조 제1항의 단서규정에서 말하는 "지휘자 또는 연출자"라고 함은 그 명칭을 불문하고 실연을 전체적으로 기획, 지휘하여 이를 완성한 자를 뜻하는 것으로 보아야 할 것이다.[2]

한편, 위 규정에 따라 실연자의 권리를 행사하는 경우에 독창 또는 독주가 함께 실연된 때에는 독창자 또는 독주자의 동의를 얻어야 한다(법 제77조 제2항). 반주가 있는 독창이나 협주가 섞여 있는 특정 악기의 독주 등은 다른 공동실연자(반주자, 협주자)보다 그 역할의 비중이 크다고 할 수 있으므로 그 실연 전체의 대표자가 실연의 복제 등을 허락하는 등으로 실연자의 권리를 행사할 때 독창자 또는 독주자의 동의를 따로 받도록 요구하고 있는 것이다.

다만, 위에서 본 세 가지 종류의 보상청구권 자체는 대표자의 권리행사의 결과로 생기는 것이 아니라 방송사업자나 디지털음성송신사업자의 임의적인 음반 사용의 결과로 생기는 청구권이므로, 독창자 또는 독주자의 동의 여부와 관계없이 발생한다.

또한 동의의 유무는 공동실연자간의 대내적인 문제이지 대외적인 효력요건이라고는 할 수 없을 것이므로 동의 없이 권리를 행사한 대표자는 독창자 또는 독주자에 대하여 책임을 질지언정 대외적으로 그가 행한 허락 등의 행위가 무효가 되는 것은 아니라고 보아야 할 것이다.[3]

한편, 공동실연자의 인격권 행사와 관련하여서는 공동저작물의 저작인격권 행사에 관한 법 제15조의 규정(§9-17)[4]을 준용하도록 하였다(법 제77조 제3항). 이 규정은 2006년 개정법에서 실

---

1 장인숙, 전게서, 200면 등 참조.
2 오승종·이해완, 전게서, 407면 참조.
3 장인숙, 전게서, 201면 참조.
4 제15조 (공동저작물의 저작인격권) ① 공동저작물의 저작인격권은 저작자 전원의 합의에 의하지 아니하고는 이를 행사할 수 없다. 이 경우 각 저작자는 신의에 반하여 합의의 성립을 방해할 수 없다.
    ② 공동저작물의 저작자는 그들 중에서 저작인격권을 대표하여 행사할 수 있는 자를 정할 수 있다.

연자의 인격권을 인정하는 규정이 신설됨에 따라 함께 신설된 규정이다.

Ⅲ. 음반제작자의 권리

1. 음반 및 음반제작자의 의의

(1) 음반의 의의

음반은 음(음성·음향을 말한다. 이하 같다)이 유형물에 고정된 것(음을 디지털화한 것을 포함한다)을 말한다(법 제 2 조 제 5 호 본문). 다만, 음이 영상과 함께 고정된 것을 제외한다(같은 호 단서). 원래 음반을 "음(음성·음향을 말한다. 이하 같다)이 유형물에 고정된 것(음이 영상과 함께 고정된 것을 제외한다)을 말한다"라고 정의하였다가 2016. 3. 22.자 개정으로 '음을 디지털화한 것을 포함한다'는 문언을 괄호 안에 추가하는 개정을 한 것이다. 위 개정은 디지털 음원이 음반의 개념에 포함됨을 분명히 하고자 하는 취지를 내포하고 있으나, 그러한 개정 이전에도 디지털 음원이 음반의 개념에 포함되는 것으로 보아야 한다는 것이 본서의 입장[1]을 포함한 다수학설의 입장이었고, 판례의 입장[2]

§19-46

---

③ 제 2 항의 규정에 따라 권리를 대표하여 행사하는 자의 대표권에 가하여진 제한이 있을 때에 그 제한은 선의의 제 3 자에게 대항할 수 없다.

1 저자는 2016년의 저작권법 개정 이전에도 다음과 같은 이유로 음반의 개념에 당연히 디지털 음원도 포함된다는 입장을 취하고 있었다.

첫째, 그것이 저작권법의 문언에 부합하는 해석이다. 저작권법은 음반을 정의하면서 "음이 유형물에 고정된 것"을 말한다고 규정하고 있을 뿐, "음이 고정된 유형물"을 말한다고 규정하고 있지 않다. 디지털 음원의 경우에도 유형물인 컴퓨터 하드디스크, 휴대용 메모리 등에 고정된 음(음원)이라는 점에서 저작권법상 음반의 정의에 그대로 부합함을 명확히 알 수 있다. "음의 유형물에의 고정"이 개념요소에 포함되므로 단순히 머릿속으로 상상한 소리나 소설이나 수필에서의 소리에 대한 묘사 등은 물론, 녹음되지 않은 연주 등도 음반이 될 수 없지만 유형물에 고정된 음이라면 바로 그 음 또는 음원이 음반인 것으로 보는 것이 저작권법의 문언에 부합하는 해석이다.

둘째, 그것이 세계 주요국가의 입법 및 그 해석과 일치하는 해석이다. 음반(phonogram)을 저작인접물로 보호하는 나라(독일, 프랑스, 일본 등의 대륙법계 국가들)이든, 음반(sound recording)을 저작물로 보호하는 나라이든(미국, 영국 등) 기본적으로 음반의 의미에 대하여 그 고정매체가 무엇인지와는 상관없이 그 매체에 고정된 무형물(무체물)로서의 음원을 뜻하는 개념으로 파악하는 점에서 기본적으로 일치하고 있다.

셋째, 저작권법은 음반제작자에게 음반에 대한 복제권을 인정하고 있는데, 음반의 '복제'라는 개념을 생각해 보면, 음이 고정된 유형물이 아니라 유형물에 고정된 음 자체 또는 음원을 뜻하는 말이 음반이라는 것이 명백해진다. '소리바다' 사건에 대한 대법원 2007. 1. 25. 선고 2005다11626 판결을 비롯하여 많은 판례가 CD를 CD로 복제한 것만이 아니라 CD에서 MP3 파일을 추출하고 그 파일을 온라인에 업로드하거나 다운로드 하는 과정에서 수반되는 복제, 나아가 P2P 프로그램을 이용하여 파일을 교환하는 과정에서의 복제 등을 음반의 복제로 인정하였다.

넷째, 저작권법은 음반제작자에게 음반에 대한 전송권을 인정하고 있는데, 음반의 '전송'이라는 개념을 생각해 보면, '음반'은 음이 고정된 유형물이 아니라 유형물에 고정된 음 또는 음원을 뜻하는 말임이 더욱 분명해진다. 즉, 음반의 전송은 공중의 구성원이 개별적으로 선택한 시간과 장소에서 접근할 수 있도록 음반을 이용에 제공하는 것을 말하는데, 디지털 음원이 음반이 아니라면, 이러한 의미의 음반의 전송은 있을 수 없다. 온라인을 통해 유형물로서의 CD 등에 접근하여 이용하는 것은 근본적으로 불가능하고, 오직 그로부터 추출되거나 처음부터 디지털 음원으로 만들어진 음원에 접근하여 이용하도록 하는 것만 가능하기 때문이다. 2004년에 저작권법 개정을 통해 음반제작자에게 전송권을 인정하는 입법을 추진한 관계자들은 음반의 개념을 통설과 같이 유형물에 고정된 음원으로 보는 입장에 입각하였음이 분명하다.

이기도 하였다. 그러나 특히 법 제29조의 해석과 관련하여 '스타벅스'사건에 대한 대법원 2012. 5.10. 선고 2010다 87474 판결(§14-112) 등에서 '판매용 음반'의 개념과 관련하여 음이 고정된 유형물로서의 CD 등을 음반으로 보는 듯한 판결이 선고되는 등 판례상의 엇갈림과 그로 인한 법해석상의 혼란이 야기되어 온 사정이 있어(자세한 것은 §14-111-1~5 참고), 그러한 해석상의 혼란을 해소하고, 디지털 음원은 예외 없이 저작권법상 '음반'의 개념에 해당하고 나아가 '상업용 음반'의 개념에도 해당할 수 있음을 분명하게 하기 위해 위와 같은 개정이 이루어진 것이라 할 수 있다. 따라서 위 개정으로 인하여 비로소 '디지털 음원'이 저작권법상 음반으로 보호되게 된 것으로 볼 것이 아니라, 개정 이전에도 그렇게 보았던 것을 법문으로 명확히 확인한 것이라고 보아야 할 것이다. 다만, 이러한 개정에도 불구하고 '음이 유형물이 고정된 것'이라는 말이 가지는 모호성은 여전히 남아 있고, 그것이 실무계에 혼란을 안기는 면도 아직 완전히 해소되지는 않은 것으로 보인다. 예컨대 음이 고정된 유형물인 CD를 음반으로 볼 것인지 아니면 유형물인 CD에 고정된 음원을 음반으로 볼 것인지에 대하여 아직도 혼동이 있는 것으로 생각된다. 법에서 '음이 유형물에 고정된 것'이라고 하지 않고 '유형물에 고정된 음원'이라고 하였으면 보다 분명하게 뜻이 전달되었을 터인데, 위와 같이 약간은 모호하게 규정하고 있는 데다 일반적으로 CD 등 유형적 매체를 음반이라고 생각해 온 통념이 결합되어, 그 부분에 대한 혼동이 쉽게 해소되지 않고 있는 것이다. 그러나, 디지털 음원을 음반의 개념에 명시적으로 포함한 위와 같은 개정을 통해 적어도 법적으로는 이 부분에 대한 해석상 이견의 가능성이 사라졌다고 할 수 있다. 디지털 음원의 경우에도 컴퓨터 하드디스크 등의 유형물에 고정된 음원이라고 할 수 있으므로 '유형물에 고정된 음원'을 음반으로 보는 관점과는 아무런 충돌이 없다. 그러나 '음이 고정된 유형물'을 음반으로 보는 관점을 디지털 음원의 경우에 적용해 보면, 디지털 음원이 고정된 유형적 매체인 컴퓨터 하드디스크 등을 음반으로 보게 되는데 그것이 부적절하다는 것은 말할 나위가 없는 것이다.[1] 따라서 현행

다섯째, 이러한 해석이 무체재산권법의 일종으로서의 저작권법의 기본 정신 및 취지 등에 모두 부합되는 해석이고 유형물이 음반이라고 하면, 음반제작자가 무형물로서의 콘텐츠가 아니라 유형물로서의 유체동산에 대한 권리를 가지는 것으로 보는 셈인데, 그것이 부당한 것임은 더 말할 나위가 없다. 이에 대하여 자세한 것은 이해완 "저작권법상 '음반' 및 '판매용 음반'의 개념에 관한 고찰", 성균관법학 제26권 제4호(2014. 12), 471~482면 참조.

2 현대백화점' 사건에 대한 대법원 2015. 12. 10. 2013다219616 판결(§14-111-2) : "케이티뮤직이 위 디지털음성송신보상금을 지급하고 음반제작자로부터 받은 디지털 음원은 저작권법 제76조의2 제1항, 제83조의2 제1항의 '판매용 음반'에 해당하고, 피고가 위 디지털 음원을 케이티뮤직으로부터 제공받고 스트리밍 방식을 통하여 매장에 틀어 놓아 간접사용한 행위는 판매용 음반을 사용하여 공연한 행위에 해당한다."

1 '가요반주기' 사건에 대한 서울고등법원 1996. 6. 27. 선고 95나 30774 판결은 "저작권법 제2조 제6호에 의하면 음이 유형물에 고정된 것을 음반이라 하는바, 가요반주기의 메모리칩은 위에서 본 바와 같이 불휘발성 롬으로서 음이 컴퓨터 수치화되어 그에 입력되어 있다가 중앙연산장치가 작동하면 음원모듈장치를 통하여 원음으로 재생되어 나오게 되어 있으므로, <u>위 메모리 칩은 음이 고정된 유형물이라 할 것이고 따라서 이는 저작권법 소정의 음반에 해당한다 할 것이다.</u>"라고 판시한 바 있다. 위 판결은 실질적으로 메모리칩에 고정된 음원의 복제로부터 그 제작자를 보호하는 취지의 판시라는 점에서 그 결론에 있어서는 타당하나, 음반의 개념을 '음이 고정된 유형물'인 메모리칩으로 파악하는

법상 음반의 개념은 디지털 음원을 포함하여 유형물(유형적 매체)에 고정된 음원을 뜻하는 것으로 보아야 하고, 거기에는 어떤 예외도 없다. CD 등의 경우도 유형물로서의 CD가 음반이 아니라 CD에 고정된 음원이 음반이라고 보아야 한다. 뒤에서 보는 '음반제작자'의 개념도 이러한 '음반' 개념을 전제로 한 것이다.

한편, 음반의 개념은 주로 음악과 관련된 것이 많지만, 음악의 영역에 해당하는 음을 고정한 것만을 음반으로 보는 것은 아니다. 즉, 유형물에 고정된 음원으로서의 음반은 음악에 한하지 아니하고 어문저작물, 자연음, 기계음 등을 포함하여 어떤 음원이든 관계없다.

저작권법상 음반으로 인정되기 위하여 음의 고정에 있어서 '창작성'을 요하는 것은 아니다. 단지 음이 고정되어 있으면 그것으로 족한 것이다. 이것은 저작권과 저작인접권의 근본적 차이에 따른 것이다.

그러나 위 규정에서 보듯이 음이 영상과 함께 고정된 것은 음반의 개념에서 제외된다. 예를 들어 영화필름의 사운드트랙에 고정된 배경음악, 비디오테이프의 음성부분 등은 영상저작물의 일부분이므로 음반의 개념에서는 제외된다. 뮤직비디오의 경우도 마찬가지 이유로 음반이라고 할 수는 없다. 그러나 뮤직비디오는 일반적으로 판매용 음반을 재생하여 그 음을 고정하는 부분이 포함되므로 뮤직비디오를 복제, 전송, 방송, 디지털음성송신, 공연 등의 방법으로 이용할 경우에는 결과적으로 '판매용 음반'에 대한 복제 등의 이용행위가 수반하게 되어, 음반제작자(및 실연자)의 복제권과 전송권 및 방송, 디지털음성송신, 공연사용 등에 대한 보상청구권의 대상이 될 수 있는 것으로 보아야 할 것이다. 그 점은 영화의 사운드트랙에 판매용 음반을 재생한 음이 고정된 경우도 마찬가지이다.

(2) 음반제작자의 의의

음반제작자는 음을 음반에 고정하는 데 있어 전체적으로 기획하고 책임을 지는 자를 말한다 (제2조 제6호). 이는 2006년 개정법에서 수정된 정의로서, 이전 법에서는 "음을 음반에 맨 처음 고정한 자를 말한다"고만 정의하고 있었다.

§19-48

단지 '고정한 자'라고만 하면 물리적으로 고정작업을 한 자를 의미하는 것으로 오해될 여지가 있으므로 개정법에서 입법취지에 맞게 정의규정의 문언을 손질한 것이다. 개정 전 법에 대하여도 개정법의 법문과 유사한 취지의 해석을 하고 있었으므로1 개정에 의하여 큰 차이가 발생하

오류를 범하였다. 메모리 칩에 고정된 음원이 음반이지, 그 음원이 고정되어 있는 유형물로서의 메모리칩이 음반인 것은 아니라고 보아야 함에도, 위 판결이 위와 같이 판시한 것은 음반 개념에 대한 오해를 전형적으로 보여주고 있는 것이라 생각된다.

1 예컨대, 장인숙, 전게서, 186면은 " '고정한 자'란 물리적으로 고정작업(녹음장치의 조작)을 한 자를 의미하는 것이 아니라 고정행위의 법률적 주체를 가리키는 것으로서 레코드회사가 고정한 음반이라면 고정작업을 한 기술자가 아닌

는 것은 아니라고 할 수 있다. 그렇지만 법문의 차이에 따른 해석 및 적용상의 차이가 있을 가능성을 전혀 배제할 수 없다는 취지에서 개정법 부칙 제 3 조는 "종전의 규정에 따른 음반제작자는 이 법에 따른 음반제작자로 본다"고 하는 경과조치를 규정하고 있다. 아무튼 법 개정으로 인하여 단순히 음을 물리적·기술적으로 음반에 고정하는 역할을 한 자가 아니라 그 과정을 전체적으로 기획하고 책임을 진 자가 음반제작자임이 보다 명료하게 되었다.

2006년 개정법상 음반제작자의 정의규정에는 '맨 처음'이라는 말을 뺐으나, 법 제86조 제 1 항에서 저작인접권의 발생시점에 관하여 규정하면서 그 제 2 호에서 "음반의 경우에는 그 음을 맨 처음 음반에 고정한 때"라고 규정함으로써 '맨 처음' 고정한 때에만 음반제작자로서의 저작인접권이 발생함을 분명히 하고 있다. 따라서 이미 고정되어 있는 음반을 복제한 자는 음반제작자가 아니라고 보아야 한다. 다만 음반의 '복제'에도 실연의 경우(§19-28)와 마찬가지로 '모방'의 개념은 포함되지 않는다. 즉, 유형물에 고정된 음 자체를 그대로 이용하여 다른 매체 등에 재고정하는 등의 행위만 복제에 해당하며 그렇지 않고 동일한 실연자와 동일한 연주자들을 조직하여 다시 음을 생성하여 고정한 경우에는 결과적으로 종전에 고정된 음과 매우 흡사하다고 할지라도 음반의 복제에는 해당하지 않는다. 따라서 그 경우에는 처음으로 그러한 고정을 함에 있어서 기획하고 책임을 진 자가 음반제작자로 인정될 수 있다.

따라서 음을 최초로 원반 등으로 고정하는 것을 전체적으로 기획하고 책임지는 일을 한 법률적 주체여야만 음반제작자로 인정되는 것으로서, 이미 만들어진 원반을 받아서 CD를 제작하는 일을 담당한 것 또는 단순히 사실적·기능적 작업을 담당하였거나[1] 그것에 필요한 돈을 선급금 등 명목으로 제공한 것[2]만으로는 음반제작자라고 할 수 없다. 보통 음반의 제작 과정에는 음반에 수록할 곡의 선정, 스튜디오 대여, 연주자 섭외, 녹음, 편곡, 원반제작 등의 제반 업무가 필요하고, 구체적인 원반 제작 과정에는 악기별 연주 및 가수의 가창을 트랙을 나누어 녹음한 멀티테이프를 제작한 후 그 음원 중 일부를 골라 가창과 연주의 음의 강약이나 소리의 조화를 꾀하는 편집과정을 거쳐야 하는 것인바, 그 과정을 전체적으로 기획하고 책임을 진 사람이어야 음반제작자로 인정될 수 있다. 판례를 보면, 음반사 등으로부터 독립된 상태에서 자신의 비용과 책임으로 제작업무를 전체적으로 수행한 가수 등이 음반제작자로 인정된 사례[3]도 있지만, 음반사가 관련

그 회사 자체가 음반제작자로 되는 것이다"라고 해석하였다.

1 대법원 2016. 4. 28. 선고 2013다56167 판결(§19-49-2) 참조.

2 수원지방법원 2010. 8. 12. 선고 2009가합3404 판결 참조.

3 '가수 김광석 음반' 사건에 대한 서울중앙지방법원 2006. 10. 10. 선고 2003가합66177 판결(§19-49) 및 '봄여름가을겨울' 사건에 대한 서울고등법원 2007. 12. 26. 선고 2007나52074 판결(두 사건 모두 2006년 개정법에 의하여 음반제작자에 대한 정의규정이 변경되기 전의 법률이 적용된 사안이지만, 현행법에 의하더라도 동일한 결론이 내려졌을 것으로 생각된다.)

된 모든 계약들을 체결하고 관련 비용 일체를 지불하는 등으로 음반 제작의 법률상의 주체가 된 것으로 보아 음반사(회사 또는 개인기업 운영자)를 음반제작자로 인정한 사례[1]도 있다.

또한 위에서 본 바와 같이 음이 영상과 함께 고정되어 있는 것은 음반의 개념에서 제외되지만(제2조 제5호), 영상에서 음을 분리하여 음반(이른바 OST음반)을 따로 만들었을 경우에는 그에 대한 음반제작자의 지위는 분리 이전의 영상물에 현실의 생음을 고정하는 과정을 기획하고 책임진 자에게 귀속되는 것으로 보아야 할 것이다.[2] 라디오 방송을 위해 최초로 음을 고정한 경우에도 그 고정된 음의 존재가 음반에 해당하므로 그것을 고정함에 있어서 기획하고 책임진 주체인 방송사업자를 본조의 음반제작자로 볼 수 있다.[3]

음반제작자가 누구인지는 음반 제작과 동시에 원시적으로 결정할 것으로서 당사자간의 계약에 의해 후발적으로 음반제작자를 변경하는 것은 허용되지 않는다. 실무상 후발적으로 원반제작비를 보상해 주는 대신 '음반제작자'가 된다고 하는 계약을 체결하는 경우가 있지만, 이 경우에도 법률적으로는 역시 원반제작자가 음반제작자이고 원반제작비를 보상한 자는 음반제작자의 권리를 양도받은 것으로 해석하여야 할 것이다.[4] 양도로 볼 경우에는 양립할 수 없는 지위를 가진 제3자와의 관계에서 등록이라고 하는 대항요건을 필요로 하는 점에서 처음부터 음반제작자인 경우와 법률적 취급을 달리하는 면이 있다.

 판 례

❖ 서울중앙지방법원 2006. 10. 10. 선고 2003가합66177 판결 — "가수 김광석 음반" 사건   §19-49

원고 A회사는 이 사건 음반 계약에 근거하여 자신이 이 사건 음반의 제작자라고 주장하고, 피고 B는 자신이 단독으로 또는 김광석과 공동으로 이 사건 음반을 제작하였다고 주장하므로, 먼저 이 사건 음반의 제작자가 누구인지에 관하여 살펴본다.

살피건대, 저작권법상의 음반제작자는 음반제작자로서의 저작인접권을 자신에게 귀속시킬 의사로 유형물인 음반에 음을 맨 처음 고정한 자라고 할 것인 바, (증거에 의하여 인정되는) 다음과 같은 사정 즉,

① 김광석은 이 사건 음반에 수록된 곡을 가창하는 외에도, 직접 이 사건 음반에 수록될 곡을 선

---

1 대법원 2016. 4. 28. 선고 2013다56167 판결(§19-49-2) 및 서울중앙지방법원 2017. 7. 19. 선고 2016가합551736 판결("△△는 피고 예당으로부터 위임받은 매니지먼트업무를 수행하는 과정에서 이 사건 음반의 제작에 사실적·기능적으로 관여한 것에 불과한 반면, 피고 예당은 위 음반의 저작권 및 저작인접권을 자기에게 귀속시키기 위해 앞서 본 일련의 계약들을 체결하고 비용을 지출하는 등으로 위 음반 발매의 법률상 주체가 되었다고 할 것이므로, 원고의 주장과 같이 △△가 저작권법 소정의 음반제작자로서 위 음반에 대한 저작인접권을 취득하였다고 보기 어렵고, 달리 이를 인정할 증거가 없다."라고 판시함).
2 장인숙, 전게서, 186면 참조.
3 허희성, 전게서, 301면 참조.
4 田村善之, 著作權法概說(第2版), 有斐閣, 2001, 531면.

정하여 그 작사자, 작곡자로부터 이용허락을 받고, 연주자와 작업실을 섭외하여 녹음 작업을 진행하며, 연주 악기별 연주와 자신의 가창을 트랙을 나누어 녹음한 멀티테이프를 제작하고, 위 멀티테이프에 녹음된 음원 중 일부를 골라 가창과 연주의 음의 강약이나 소리의 조화를 꾀하는 편집 과정을 통해 이 사건 음반의 마스터테이프를 제작하는 등 이 사건 음반의 음원을 유형물에 고정하는 주된 작업을 직접 담당하였던 점,

② 이 사건 음반 계약에 의하면, 음반의 LP, MC, CD 제작·판매 및 홍보는 원고 A회사가 담당하고, 녹음 및 인쇄물 공급은 김광석 측이 담당하도록 되어 있으며, 원고 A가 김광석 측에게 지급할 로열티에서 영업비와 홍보비 명목으로 각 10%를 공제하도록 되어 있어, 원고 A회사는 판매용 음반인 LP, MC(Music Cassette), CD의 제작·판매를 담당할 뿐 김광석이 이 사건 음반에 대한 녹음 관련 비용, 인쇄물 공급 비용, 영업비, 홍보비를 부담하도록 하고 있는 점,

③ 원고 A회사가 김광석에게 로열티로 선지급한 5억 원 외에 달리 이 사건 음반 제작에 소요된 비용을 지급하였다는 사정이 보이지 않는데, 위 선지급한 로열티는 이 사건 음반 계약에 따라 향후 음반 판매량에 따라 지급할 로열티와 상계하는 것이어서 이를 음반 제작 비용 명목의 금원이라고 볼 수는 없는 점,

④ 이 사건 음반 중 "김광석 3번째 노래모음"은 1992. 3. 20.경에, "다시 부르기 I"은 1993. 3. 2.경에 제작되어 이 사건 음반 계약이 체결된 1993. 10. 12.경 이미 음반이 제작되어 있었던 점,

⑤ "김광석 3번째 노래모음"의 앨범 표지에는 피고 B가, "다시 부르기 I"의 앨범 표지에는 C와 피고 B가 각 제작자로 표시되어 있고, 이 사건 음반 계약 체결 이후인 1994. 6. 25.경 제작된 "김광석 네 번째"에도 김광석과 피고 B가, 1995. 2. 22.경 제작된 "다시부르기 Ⅱ"에도 피고 B가 대표로 있던 둥근소리가 제작자로 표시된 점,

⑥ 김광석은 이 사건 음반 계약 체결 전인 1991. 10. 9. 주식회사 D와의 사이에 김광석이 기획, 제작한 음반에 대해 D회사가 유통, 판매한 뒤 김광석에게 로열티를 지급하기로 하는 계약을 체결하였는데, 위 계약에서 정한 로열티 단가와 이 사건 음반 계약에서의 로열티 단가가 크게 차이 나지 않고, 이 사건 음반 계약과 유사한 시기에 원고 A회사가 판매용 음반에 대한 제조·판매만 담당하기로 하고 소외 E, F와의 사이에 체결한 계약에서 정한 로얄티 단가도 이 사건 음반 계약에서 정한 로얄티 단가와 큰 차이가 없는 점 등에 비추어 보면, <u>이 사건 음반의 음반제작자는 이 사건 음반에 대한 저작인접권을 자신에게 귀속시킬 의사로 스스로 비용을 지출하여 이 사건 음반에 수록된 각 곡의 음원을 직접 음반에 고정시킨 김광석이라고 할 것이고, 나아가 김광석이 위 음반의 음반제작자로서의 저작인접권을 원고 A회사에게 양도하였다는 점에 대하여는 갑 제1호증의 기재만으로는 이를 인정하기에 부족하고, 달리 이를 인정할 증거가 없다.</u>

따라서, 이와 다른 전제에 서 있는 원고 A회사의 청구는 더 나아가 살필 필요 없이 이유 없다.

▷NOTE : 위 판례는 음반제작자를 누구로 볼 것인지에 대하여 매우 구체적인 판단사례를 제공해 주고 있다. 2006년 개정 법 이전의 판례이지만, 현행법하에서도 수긍할 수 있는 내용의 판시를 하고 있다고 생각된다.

❖ 서울남부지방법원 2013. 1. 10. 선고 2012가합14280 판결　　　　　　　　　　§19-49-1

(1) 저작인접권자의 확정

먼저 이 사건 각 음반의 저작인접권이 누구에게 귀속하는가에 관하여 살피건대, 앞서 인정한 사실과 거시한 증거를 종합하면, 원고들은 이 사건 각 음반을 제작함에 있어 대부분의 곡을 작사, 작곡하고 가창하는 이외에도, 음반에 수록할 곡의 선정, 스튜디오 대여, 연주자 섭외, 녹음, 편곡, 원반제작, 표지디자인 등의 제반 업무를 직접 수행하고, 악기별 연주 및 자신의 가창을 트랙을 나누어 녹음한 멀티테이프를 제작한 후 그 음원 중 일부를 골라 가창과 연주의 음의 강약이나 소리의 조화를 꾀하는 편집과정을 통해 이 사건 각 음반의 원반을 제작한 사실이 인정된다.

원고들과 A는 이 사건 각 음반 출반과 관련하여 비슷한 내용의 약정을 일관되게 유지하여 왔는데, 처분문서로 남아 있는 위 1의 다.항 기재 각 약정만으로는 원고들과 A 사이의 약정이 저작인접권 양도계약인지, 이용 허락계약인지 명백하지 아니하나, 그와 같이 당사자의 의사가 외부적으로 명백히 표현되지 아니한 경우 저작인접권자에게 권리가 유보된 것으로 추정함이 타당하다 할 것이다.

이러한 점 등에 비추어 보면, 저작권법 제 2 조 제 6 호에 규정된 '음을 음반에 고정하는 데 있어 전체적으로 기획하고 책임을 지는 자'인 음반제작자는 원고들이라고 봄이 상당하다(또한, 원고들이 그와 같은 작업을 수행함에 있어 A로부터 교부받은 계약금을 제작비용에 사용하였다는 사정만으로는 A가 이 사건 각 음반의 제작자라거나, 원고들로부터 저작인접권을 양수하였다고 인정하기에 부족하고, 달리 피고의 주장을 인정할 증거가 없다).

따라서, A는 원고들로부터 이 사건 각 음반을 제조, 판매, 유통할 수 있도록 저작인접권의 이용을 허락받은 자에 해당한다.

(2) 저작인접권 이용허락의 범위

원고들이 A에게 이 사건 각 음반에 대한 음반제작자의 권리를 이용 허락한 범위에 관하여 살피건대, 위 1의 다.항 기재 각 약정만으로는 원고들과 A 사이에 체결된 이용허락계약의 범위가 명백하지 아니하나, 위와 같은 경우 당사자가 그 이용허락계약을 체결하게 된 동기 및 경위, 그 이용허락계약에 의하여 달성하려는 목적, 거래관행, 당사자의 지식, 경험 및 경제적 지위, 수수된 급부가 균형을 유지하고 있는지 여부, 이용허락 당시 당해 음악저작물의 이용방법이 예견 가능하였는지 및 그러한 이용방법을 알았더라면 당사자가 다른 내용의 약정을 하였을 것이라고 예상되는지 여부, 당해 음악저작물의 이용방법이 기존 음반시장을 대체하는 것인지 아니면 새로운 시장을 창출하는 것인지 여부 등 여러 사정을 종합하여 그 이용허락의 범위를 사회 일반의 상식과 거래의 통념에 따라 합리적으로 해석하여야 할 것인바(대법원 2007. 2. 22. 선고 2005다74894 판결 참조), 원고들이 허락한 저작인접권 이용기간이 비교적 장기간이고, 원고들로서는 각 음반의 발매시점에 교부받은 계약금 명목의 돈 외에 달리 A로부터 음반판매량에 따른 수익금을 나누어 받지 못한 점, 이 사건 각 음반의 발매 당시 모바일·인터넷 음원제공 서비스의 활성화를 예견하였다면 원고들로서는 그에 대한 다른 약정을 하였을 것으로 보이는 점, 이 사건 각 음반에 수록된 음원을 이용하여 무제한적으로 모바일·인터넷서비스에 제공하는 행위는 이 사건 각 음반에 수록된 대부분의 곡에 대한 저작권을 가진 원고들의 저작권을 부당하게 침해하는 행위로 보이는 점 등에 비추어 그 범위는 해당 음반의 제조, 유통, 판매에 한정되는 것으로 봄이 상당하다.

▷NOTE : 저작인접권자 확정의 문제가 예민하게 다투어지는 사건을 보면 대개 개인 음악가(들) 와 관련 기업(음반기획사등) 사이의 분쟁인 경우가 많은데, 그 경우에 개인 음악가가 음반제작자로 인 정되는 경우에도 양자간 계약을 어떻게 해석할 것인지의 문제가 함께 얽혀 있는 경우가 많다. 위 사건 의 판결은 그러한 사안에 대하여 음반제작자의 확정 문제를 기존 판례에 의하여 확립된 기준에 따라 해결한 다음, 당사자간 계약의 해석에 대한 문제를 두루 다루고 있어서 참고가치가 매우 큰 것으로 생 각된다. 기본적으로 저작권계약 해석의 기본원칙인 '저작자에게 유리한 추정(presumption for the author)'의 원칙(§13-84 참조)을 저작인접권자에게 적용하여 개인 음악가들의 권익보호에 충실하고자 하는 입장을 보인 것으로 생각된다. 판지에 찬동한다.

§19-49-2   ❖대법원 2016. 4. 28. 선고 2013다56167 판결

구 저작권법(1986. 12. 31. 법률 제3916호로 전부 개정되기 전의 것, 이하 같다) 제 5 조 제 2 항 제4 호에서 정한 '원저작물을 음반 또는 필름(이하 통칭하여 '음반'이라고 한다)에 사조(寫調)또는 녹음 (이하 통칭하여 '녹음'이라 한다)하는 것'은 연술이나 음악 등의 소리에 의하여 표현되는 저작물을 음반 에 고정하여 재생이 가능하도록 한다는 의미이다. 구 저작권법은 '원저작물을 음반에 녹음하는 것'을 변형복제의 일종으로서 원저작물에 관한 저작권과는 별개의 새로운 저작권의 발생요건인 개작에 해당 한다고 간주함으로써 음반에 수록되는 원저작물이 신저작물로 될 수 있는 정도로 변형된 것인지를 불 문하고 녹음 자체를 창작행위로 보았다. 따라서 원저작물을 음반에 녹음한 자는 구 저작권법 제 5 조 제 1 항, 제 2 항의 규정에 의하여 원저작자와는 별개로 새로운 저작자가 된다.

구 저작권법에 의한 음반에 관한 저작자는 원저작물의 창작자는 아니지만 전달자로서 원저작물의 저작자와 일반 공중 사이를 매개하여 전달·유통시키는 역할을 하였는데, 비록 이후 저작권법의 개정에 따라 음반제작자의 권리가 저작인접권으로 인정되게 되었더라도 원저작물을 음반에 녹음하는 행위의 성격이나 원저작물의 이용을 촉진하기 위하여 음반의 제작·유통을 장려하고 보호할 필요성에 본질적 인 변화가 있지 아니하는 점, 구 저작권법이 '원저작물을 음반에 녹음하는 것' 자체를 창작행위로 간주 하고 있었으므로 음반에 관한 저작자가 되기 위하여 반드시 원저작물을 음반에 녹음할 때 '음(音)'의 표현에 창작적 기여를 할 것이 요구되지는 아니하는 점 등을 종합하면, 구 저작권법상 음반에 관한 저 작자의 결정에서 현행 저작권법상 음반제작자의 결정과 통일적인 기준을 적용할 필요가 있다.

그렇다면 구 저작권법상 음반에 관한 저작자는 음반의 저작권을 자신에게 귀속시킬 의사로 원저 작물을 음반에 녹음하는 과정을 전체적으로 기획하고 책임을 지는 법률상의 주체를 뜻하고, 법률상의 주체로서의 행위가 아닌 한 음반의 제작에 연주·가창 등의 실연이나 이에 대한 연출·지휘 등으로 사 실적·기능적 기여를 하는 것만으로는 음반에 관한 저작자가 될 수 없다.

▷NOTE : 위 판결은 구 저작권법상 저작물로 규정된 음반의 저작자를 누구로 볼 것인지에 대하 여 현행법상 음반제작자를 결정하는 것과 같은 기준을 적용하여 판단하는 것이 타당하다고 보고 위와 같이 판시함으로써 현행법상 '음반제작자'는 "음반에 대한 저작인접권을 자신에게 귀속시킬 의사로 음 을 음반에 녹음하는 과정을 전체적으로 기획하고 책임을 지는 법률상의 주체"를 뜻하고, 음반제작에 사실적·기능적 기여를 하는 것만으로는 음반제작자가 될 수 없다고 밝힌 것이라 할 수 있다. 구체적으

로는 '△△레코드'라는 상호로 음반사를 운영하던 소외인이 ① 이 사건 음반의 원반을 제작하기 위하여 원고에게 작사비와 작곡비 중 일부를 미리 지급하기도 하고, ② 녹음실을 제 3 자로부터 직접 임차하고 그 비용을 부담하는 등 원반을 녹음하거나 제작하는 데 필요한 모든 비용을 부담하였으며, ③ 녹음과 정에 참석하여 음악과 관련한 의견을 밝히기도 하였을 뿐만 아니라, 음반의 녹음이 끝나면 녹음실로부 터 원반을 건네받아 엘피(LP, Long Playing Record) 음반에 수록되는 음악의 개수나 시간을 맞추기 위하여 녹음된 음악의 전주나 간주 부분 또는 후렴 부분을 잘라내어 조정하는 작업을 하였고, ④ 원반 을 소지하면서 판매용 음반을 만들어 음반회사를 통해 판매하였는데, 그 전에 임시로 편집하여 만든 데모음반을 방송국 피디(PD)나 음반 도매상에게 보여주고 앞으로 판매할 예정인 음반에 대한 평가나 의견을 듣기도 한 사실 등을 인정한 다음, "이와 같이 소외인이 이 사건 음반을 제작하는 데 있어서 담 당한 역할과 관여의 정도 및 원고와의 관계, 특히 소외인이 이 사건 음반의 제작에 소요되는 비용을 전 부 부담하였고 제작된 음반의 판매를 자신의 책임하에 수행한 사정 등을 종합하여 보면, 소외인은 이 사건 음반의 저작권을 자신에게 귀속시킬 의사를 가지고 음반의 제작 과정을 전체적으로 기획하고 책 임을 진 법률상의 주체로 볼 수 있고, 반면에 원고는 비록 이 사건 음반에 수록된 음악을 대부분 작사 ·작곡·편곡하고, 그 음악의 연주나 가창 등으로 음반의 제작 과정에 기여를 한 것으로 볼 수 있지만, 이와 같은 행위는 소외인의 기획과 책임으로 제작된 이 사건 음반의 구체적인 녹음 과정에 있어서 사 실적·기능적으로 기여를 한 것에 불과하므로 이를 이 사건 음반의 제작을 전체적으로 기획하고 책임 을 지는 법률상의 주체로서의 행위라고 보기에는 부족하다."라고 판시하여 위 소외인을 구 저작권법상 음반의 저작자(현행법상 '음반제작자'에 해당)로 인정하였다. 위 판결의 위와 같은 판시내용은 모두 타 당한 것으로 수긍된다.

(3) 음반제작자 권리의 추정

음반제작자로서의 실명 또는 널리 알려진 이명이 일반적인 방법으로 표시된 자는 음반제작 자로서 그 음반에 대하여 음반제작자의 권리를 가지는 것으로 추정된다(제64조의2). 한·EU FTA 의 이행을 위한 2011. 6. 39. 개정 저작권법(2011. 7. 1. 시행)에 저작인접권자에 대한 권리추정규정 (제64조의2)이 도입된 데 따른 것이다.

§19-50

(4) 저작권법이 보호하는 음반

위와 같은 '음반' 중에서 저작권법이 음반제작자의 권리의 대상으로 보호하는 음반은 다음과 같다(법 제64조 제 2 호).

§19-51

⑺ 대한민국 국민을 음반제작자로 하는 음반

⑻ 음이 맨 처음 대한민국 내에서 고정된 음반

⑼ 대한민국이 가입 또는 체결한 조약에 따라 보호되는 음반으로서 체약국 내에서 최초로 고정된 음반

(라) 대한민국이 가입 또는 체결한 조약에 따라 보호되는 음반으로서 체약국의 국민(당해 체약국의 법률에 따라 설립된 법인 및 당해 체약국 내에 주된 사무소가 있는 법인을 포함한다)을 음반제작자로 하는 음반

위 규정 중 (가)목은 국적주의의 원칙에 따라 우리나라 국민을 음반제작자로 하는 음반을 보호대상으로 한 것이고, (나)목은 보충적으로 '고정지주의'에 따라 음이 맨 처음 우리 나라 안에서 고정된 음반을 보호대상으로 한 것이다. (다)목과 (라)목은 국제조약에 따라 외국 음반을 보호하기 위한 규정인데, 그 중 (다)목은 고정지주의, (라)목은 국적주의에 따랐다. 원래 음반협약 가입국으로서의 의무이행을 위해 (다)목 규정을 두고 있었고, (라)목과 같은 규정은 없었는데, 2006년 개정법에서 추가하였다. (라)목을 추가한 이유는 종전의 음반협약과 달리, TRIPs와 WPPT에서 취하고 있는 내국민대우의 원칙1은 국적주의를 기본으로 하고 있으므로 이들 국제조약과의 정합성을 위하여는 국적주의에 따라 외국인이나 외국법인의 음반을 보호할 필요가 있다고 보았기 때문이다.

2. 음반제작자의 권리

(1) 복 제 권

§19-52   음반제작자는 그의 음반을 복제할 권리를 가진다(법 제78조).

음반의 개념은 위에서도 본 바와 같이 유체물로서의 매체를 의미하는 것이 아니라 그 매체에 수록되어 있는 무형적인 '음원'을 의미하는 것이다(§19-46 참조). 따라서 '음반의 복제'도 CD, 테이프 등 유체물의 재제를 뜻하는 것이 아니라 그러한 CD나 테이프 등에 수록되어 있는 무형적인 음원을 다른 녹음 매체 또는 저장공간에 고정, 수록하는 것을 뜻한다. 수록매체에는 CD, 테이프 등 외에도 음원의 디지털 데이터를 수록한 ROM, 휴대용 메모리 카드, 자기디스크(컴퓨터의 하드디스크 등)와 같은 것도 포함된다. 따라서 컴퓨터의 하드디스크에 저장된 음악 파일을 다른 폴더에 복사하는 것 또는 온라인상에 업로드하거나 다운로드하는 것 등도 모두 '음반의 복제'에 포함되게 된다.

음반의 복제에는 녹음물에 수록되어 있는 음을 다른 유형물에 고정하는 행위와 음원이 고정

---

1 WPPT 제4조(내국민대우) (1) 각 체약 당사자는 제3조 제2항에서 규정한 바와 같이, 다른 체약 당사자의 국민에 대하여 이 조약에서 특별히 부여한 배타적인 권리 및 이 조약 제15조에서 규정한 정당한 보상청구권에 관하여 자국민에게 부여하는 대우를 부여하여야 한다.
 TRIPs 제3조(내국민대우) 1. 각 회원국은 파리협약(1967년), 베른협약(1971년), 로마협약 또는 집적회로에 관한 지적재산권 조약에 각각 이미 규정하고 있는 예외의 조건에 따라, 지적재산권 보호에 관하여 자기 나라 국민보다 불리한 대우를 다른 회원국의 국민에게 부여하여서는 아니 된다. 실연자, 음반제작자, 방송기관에 관하여는, 이러한 의무는 이 협정에 규정되어 있는 권리에 관해서만 적용된다. 베른협약(1971년)의 제6조 또는 로마협약의 제16조 제1항 나호에 규정된 가능성을 원용하고자 하는 회원국은 동 조항에 규정된 바에 따라 무역 관련 지적재산권위원회에 통보한다.

된 CD 등을 리프레스(repress) 등의 방법에 의하여 증제하는 행위가 모두 포함된다.

따라서 녹음물을 재생시키면서 이를 다른 녹음테이프에 녹음하거나 음반이 방송에 사용될 경우 그 방송음을 테이프에 녹음하는 것도 복제에 해당하므로 음반제작자의 복제권이 미친다. 음반의 복제에도 '모방'의 개념은 포함되지 않으므로 기존 음반의 음 자체를 이용하지 않고 새로 음을 생성한 경우에는 매우 흡사한 음반을 제작하더라도 음반의 복제에 해당하지 않는다는 것은 앞에서 이미 언급한 바와 같다.

최근에는 CD 등을 리핑(ripping)하여 곡별로 디지털 음원파일로 만드는 경우가 많은데 그것도 음반의 복제에 해당하므로 사적 이용을 위한 복제의 요건을 갖추지 못하면 복제권 침해가 성립한다. 그 파일을 인터넷에 업로드하는 행위는 공중이 개별적으로 선택한 시간과 장소에서 이용할 수 있도록 제공하는 점에서는 전송에 해당하나(§13-39 참조) 그 과정에서 음이 다른 서버 컴퓨터의 하드디스크라는 유형물에 재고정되는 점에서는 음반의 '복제'에도 해당한다. P2P 프로그램을 이용할 경우 이용자가 자신의 공유폴더에 음원파일을 등록한 상태에서 프로그램을 이용하게 되면 다수의 이용자들에게 그 음원파일을 제공하는 것으로서 역시 전송에 해당할 수 있으나 이경우에 그러한 전송을 위해 다운로드 받아 폴더에 저장하는 행위는 역시 음반의 복제에도 해당하게 된다. 또한 그 경우 공중이 이용할 수 있도록 제공하게 되는 점에서 사적 이용을 위한 복제라고 볼 수도 없다.

음반제작자의 복제권도 배타성을 가진 준물권적 권리이므로 누구든지 음반제작자의 허락 없이 그 음반을 복제하였을 때에는 복제권을 침해한 것이 되어 그에 따른 민, 형사상의 책임을 져야 한다. 음반에 고정되어 있는 가사, 악곡 등의 음악저작물의 저작재산권자 및 실연자로부터 허락을 받았더라도 음반제작자의 허락을 별도로 받아야 한다.

 판 례

❖ 서울지방법원 2003. 9. 30. 선고 2003카합2114 판결 ― "벅스뮤직" 사건　　　　　　　§19-53

〈사실관계〉

벅스뮤직 사이트에서 인터넷을 통한 스트리밍 방식으로 이용자들에게 실시간 음악청취 서비스를 제공하고 있는 것에 대하여 한국음원제작자협회가 신청인으로서 자신이 신탁관리하고 있는 음반제작자의 권리 중 복제권 등이 침해되었음을 전제로 하는 침해금지가처분신청을 한 사건이다.

〈법원의 판단〉

1. 이 사건 음반기획제작자들은 별지 목록 기재 각 음반에 대한 저작권법 제 2 조 제 7 호의 음반제작자에 해당하므로, 이 사건 음반기획제작자들과 이 사건 신탁관리 약정을 체결한 신청인은 저작권

법 제67조, 제 2 조 제18호에 의하여 온라인을 이용한 매체와 관련하여 별지 목록 기재 각 음반에 대한 복제권을 가진다고 할 것이고, 한편, 음반을 컴퓨터압축파일로 변환하는 것은 변환 프로그램에 의하여 기계적으로 이루어지므로 창작성이 포함된다고 볼 여지가 없고, 변환된 컴퓨터압축파일이 컴퓨터의 보조기억장치에 저장되면 인위적인 삭제 등 특별한 사정이 없는 한 유형물에 고정되었다고 볼 만한 영속성을 지니게 되므로 이 사건 파일저장행위도 음반의 복제에 해당한다고 할 것이어서 피신청인은 신청인이 신탁관리하는 저작인접권인 복제권을 침해하였다 할 것이다.

2. 이 사건 파일저장행위가 이 사건 음악청취 서비스를 위한 필수적인 전제일 수는 있으나 방송이나 전송을 위하여 서버의 보조기억장치에 파일을 저장하는 행위가 반드시 수반되는 것은 아니므로 이 사건 파일저장행위가 저작권법의 방송이나 전송에 흡수된다고 볼 수 없고, 저작인접권자인 음반제작자에게 방송권 또는 전송권이 인정되지 아니하고 또한 이 사건 음악청취 서비스가 저작권법상 전송(제 2 조 제9의2호)으로 볼 여지가 없지 아니하다 해도, 앞서 본 대로 이 사건 음악청취 서비스를 위하여 이 사건 파일저장행위와 같은 저작권법상 복제행위를 거치는 이상 신청인은 음반제작자가 가지는 복제권에 기하여 피신청인에 대하여 복제권 침해의 정지 및 침해행위에 의하여 만들어진 물건의 폐기나 기타 필요한 조치를 청구할 수 있다고 할 것이며, 그 결과 신청인에게 전송권을 부여한 것과 같은 결과가 된다고 하여도 저작권법에 어긋나는 것이라고 볼 수는 없다고 할 것이다.

▷NOTE : 이용자들에게 음악 청취를 가능하게 하는 스트리밍 방식의 서비스를 위해 음반을 압축파일로 변환하여 컴퓨터의 보조기억장치(하드 디스크)에 저장하는 행위를 음반에 고정된 음을 다른 유형물에 고정하는 행위라는 의미에서 음반의 복제에 해당한다고 본 것은 타당한 판시이다. 이러한 경우에 위 판결문에서는 "전송으로 볼 여지가 없지 아니하다"라는 식으로 애매한 표현을 쓰고 있지만, 이용자들이 개별적으로 선택한 시간과 장소에서 이용할 수 있도록 웹사이트를 통해 제공하고 있는 것은 '전송' 개념에도 해당하는 것이 분명하다(위 사안은 음반제작자에게 전송권을 인정하는 개정이 이루어지기 전의 사안이어서 피고가 방송이 아니면 전송에만 해당한다고 적극적으로 주장하여 위와 같은 판단이 나오게 된 것이다). 그리고 그것이 전송에도 해당한다고 하여 복제의 개념은 전송에 흡수되는 것이므로 별도의 복제권 침해가 성립하지 않는다고 하는 피고의 주장을 받아들이지 아니한 판시는 타당하다. 즉, 현행법하에서라면 복제권 침해와 전송권 침해가 동시에 성립하는 것으로 보아야 한다.

§19-54 ❖서울중앙지방법원 2006. 2. 15. 선고 2005노480 판결

1. 피고인 ○○○, ○○○의 변호인은 다음과 같은 취지의 주장을 한다.

즉, HTTP 방식의 서비스는 복제에 해당하는 다운로딩 방식의 서비스와 다른 것으로서, HTTP 방식에 의한 서비스로 인하여 이용자의 임시폴더나 하드디스크에 음원파일이 일시적으로 남는다고 하더라도 음원파일이 유형물에 고정되었다고 볼 수 있을 정도의 영속적인 저장행위가 수반되지 아니하므로, 이는 음반제작자의 저작인접권의 침해에 해당하지 않는 전송행위에 수반된 한 현상에 불과할 뿐, 복제에 해당한다고 할 수 없으며, 다만, 이용자가 임시폴더에 남아 있는 음원이 없어지기 전에 이를 자신의 하드디스크에 저장하는 경우에는 비로소 복제가 이루어지나, 이는 이용자의 사적인 복제로서 허용되는 정당한 행위일 뿐이므로 피고인 ○○○, ○○○가 형사상 책임을 진다고 할 수 없으므로,

HTTP방식의 서비스의 경우에는 이를 저작인접권 침해로 처벌할 수 없다.

2. 이에 대하여 이 법원은 다음과 같이 판단한다.

가. 원심에서 적법하게 채택하여 조사한 증거들을 종합하면, 판시 범죄사실 1의 가의 (2)항 기재와 같은 HTTP 방식에 의한 서비스의 경우 이용자들이 노래듣기를 선택하면 피고인 ○○○ 측의 서버에서 전송된 해당 곡의 컴퓨터압축파일(asf파일)이 이용자 컴퓨터의 하드디스크의 임시폴더에 다운로드되어 재생되는데, 이와 같이 임시폴더에 다운로드된 파일은 미리 설정된 위 임시폴더의 사용공간이 다 채워지기 전에는 삭제되지 않고 위 임시폴더에 저장된 상태로 계속 남아 있게 되는 사실을 인정할 수 있다.

나. 위 인정사실에 의하면, 피고인 ○○○, ○○○가 한 HTTP 방식에 의한 서비스의 경우에는 이용자가 별도로 복제행위를 하는지의 여부와 관계 없이 위 피고인들의 위 HTTP 방식에 의한 서비스 자체만으로도 해당 곡의 음원파일에 대하여 저작권법 제 2 조 제14호 소정의 복제가 이루어졌다고 할 것이므로, 위 피고인들의 변호인의 위 주장은 이유 없다.

▷NOTE : 위 판결은 우리 저작권법이 2011. 12. 2.자 개정으로 '일시적 복제'를 복제의 개념에 명시적으로 수용하기 이전의 구 저작권법 하에서 '일시적 복제'의 문제를 다룬 매우 드문 사례에 해당한다. 피고인 및 변호인의 주장과 같이 'HTTP' 방식은 일반적인 다운로드 방식에 비하여는 일시적 복제에 가까운 면이 있는데, 위 판결은 그 경우에도 위 판시와 같은 이유로 저작권법상의 복제에 해당하고, 그 복제는 서비스 회사에 의하여 이루어진 것으로 볼 수 있다고 판시하였다.

이러한 경우 서비스 제공회사가 해당 음반을 전송한 것으로도 인정되지만, 그에 수반하여 이루어지는 서버에의 복제 및 서비스 과정에서의 복제 등은 모두 전송의 개념에 흡수되지 않고 별도로 복제권 침해를 구성하는 것으로 보는 것이다.

---

(2) 배 포 권

음반제작자는 그의 음반을 배포할 권리를 가진다. 다만, 음반의 복제물이 음반제작자의 허락을 받아 판매 등의 방법으로 거래에 제공된 경우에는 그러하지 아니하다(법 제79조).   §19-55

여기서 '배포'란 음반의 원본 또는 복제물을 공중에게 대가를 받거나 받지 아니하고 양도 또는 대여하는 것을 말한다(법 제 2 조 제23호 참조). 저작재산권 중 '배포권'에 대하여 설명한 내용(§13-55)과 기본적으로 동일하다. 온라인상의 무형적인 배포도 배포권의 범주에 포함시키는 미국법과는 달리 우리 법상의 '배포'에는 유형적인 배포만 해당하므로 온라인상의 무형적 배포는 전송에 해당할 뿐 배포에는 해당하지 않는다.

음반제작자의 배포권에 대하여도 실연자의 배포권 및 저작재산권 중의 배포권과 마찬가지로 거래의 편의와 안전을 위하여 권리소진의 원칙(최초 발행의 원칙)(§13-56 참조)을 규정하고 있다(제79조 단서).

 판 례

§19-56

❖서울지방법원 2003. 9. 30. 선고 2003카합2114 판결 — "벅스뮤직" 사건

신청인은, 피신청인이 별지 목록 기재 각 곡의 음원을 컴퓨터압축파일로 변환하여 이 사건 사이트 서버의 보조기억장치에 저장한 후 이 사건 사이트에 접속한 이용자들에게 이 사건 음악청취 서비스를 제공함으로써 신청인이 신탁관리하는 음반제작자의 배포권을 침해하였다고 주장한다. 살피건대, 저작권법상 '배포'라 함은 '저작물의 원작품 또는 그 복제물을 일반 공중에게 대가를 받거나 받지 아니하고 양도 또는 대여하는 것'을 뜻하는바(제 2 조 제15호), 위 인정 사실과 같이 <u>이용자들이 선택한 곡에 해당하는 컴퓨터압축파일을 스트리밍 방식에 의하여 이용자의 컴퓨터에 전송하고 실시간으로 재생되도록 하는 것이 저작물의 원작품이나 그 복제물을 일반공중에게 양도 또는 대여하는 것에 해당한다고 볼 수 없고, 달리 피신청인이 배포권을 침해하였다고 소명할 만한 자료가 없으므로</u> 이 부분 주장은 받아들일 수 없다.

▷NOTE : 위 '복제권' 부분에서도 소개한 벅스뮤직 사건의 판례 중에서 신청인의 배포권 침해 주장에 대한 판단 부분이다. 현행법상 복제권 및 전송권을 동시에 침해한 것으로 볼 수 있음은 앞서 살펴본 바와 같다. 온라인상의 무형적인 배포는 우리 저작권법상 전송에 해당할 뿐 배포에 해당하지 않으므로 위 판시내용은 타당하다.

(3) 대 여 권

§19-57

음반제작자는 제79조의 단서의 규정(권리소진의 원칙 또는 최초발행의 원칙)에 불구하고 판매용 음반을 영리를 목적으로 대여할 권리를 가진다(법 제80조).

2006년의 개정 이전에도 음반제작자에게 대여허락권을 인정하긴 하였지만(제67조의2 제 1 항), 그것은 완전한 의미의 배타적 권리가 아니라 방송사업자에 대한 보상청구권과 마찬가지로 지정단체를 통해서만 행사할 수 있는 제한적인 권리였었는데, 2006년 개정법에서 완전한 의미의 배타적 대여권을 부여하는 방향으로 개정한 것이다.

배포권의 소진 규정(법 제79조 단서)에 대한 예외로서의 성격을 가진다는 것 등 모든 면에서 실연자의 대여권(§19-33)과 같은 성격을 가진다.

(4) 전 송 권

§19-58

저작권법 제81조는 "음반제작자는 그의 음반을 전송할 권리를 가진다"고 규정하고 있다. 원래 2000년의 저작권법 개정법은 저작권자에게 전송권을 인정하면서도 저작인접권자인 실연자와 음반제작자에게 전송권을 인정하는 규정을 두지는 않았다. 그러나 그 후 인터넷 상의 불법 음악파일 유통이 만연하여 사회적인 문제로 대두하고 이에 따른 실연자 및 음반제작자 등의 법개정

요구가 높아짐에 따라 2004. 10. 16. 개정법에서부터 실연자와 음반제작자에게도 전송권을 인정하는 규정을 두게 된 것은 앞서 살펴본 바(§19-36)와 같다.

저작권법 제81조의 규정에 따라 음반제작자는 타인이 음반의 복제물을 온라인상에서 파일 형태로 업로드하거나 AOD 또는 VOD 방식으로 스트리밍 서비스를 하는 등의 전송행위를 하는 것을 허락하거나 금지할 수 있는 권리를 가진다. 이전에도 음반제작자의 허락 없이 음악 파일이 온라인상에 업로드되는 과정에 디지털 복제행위가 수반됨을 들어 복제권의 침해를 주장할 수는 있었으나(위에서 소개한 '벅스뮤직' 사건 판례(§19-53) 참조), 2004년 개정법의 전송권 신설 이후 전송행위 자체에 대하여 권리를 행사할 수 있게 되어 그 권리가 보다 확고해졌다고 볼 것이라는 점도 실연자의 전송권에 대하여 설명한 바(§19-36)와 같다.

'인터넷 방송'이라는 이름으로 행해지는 것 중에서도 이용자가 개별적으로 선택한 시간과 장소에서 서비스를 이용할 수 있는, 즉 이시성(異時性)을 가진 이른바 On Demand 방식은 저작권법상 '방송'이 아니라 '전송'에 해당하므로 음반제작자의 배타적인 허가 또는 금지권이 미치게 된다. 그러나 같은 시간에는 같은 내용을 듣거나 볼 수밖에 없는 '동시적' 송신의 형태인 경우, 즉 비주문형의 웹캐스팅인 경우에는 '디지털음성송신'에 해당한다(§13-35 참조). 이 경우 음반제작자에게 배타적 권리를 부여하지 않고 뒤에서 보는 바와 같이(§19-60) 디지털음성송신사업자에게 음반제작자에 대한 보상의무를 부과하는 방식을 취하고 있다.[1]

(5) 방송사업자에 대한 보상청구권

음반제작자는 방송사업자가 상업용 음반을 사용하여 방송하는 경우에는 그에 대하여 상당한 보상금을 청구할 수 있는 보상청구권을 가진다(법 제82조 제 1 항). 저작권법은 이를 음반제작자의 권리가 아니라 방송사업자의 보상금 지급의무를 규정하는 방식으로 규정하고 있지만, 이를 뒤집어 보면, 음반제작자의 방송사업자에 대한 보상청구권을 인정한 규정으로 볼 수 있다(보상청구권의 법적 성격에 대하여 자세한 것은 §14-36 참조).

§19-59

음반제작자의 경우에는 실연자의 경우와 달리 배타적인 방송권은 전혀 인정되지 않는다. 그러나 방송에서 상업용 음반을 사용하여 방송을 하는 것은 원래 예정된 1차적 사용의 범위를 넘은 2차적 사용으로서 음반제작자의 경제적 이익을 위협하는 면이 있을 수 있으므로 배타적 물권적 성격의 권리는 아니더라도 이와 같이 채권적 보상청구권을 인정하여 음반제작자와 방송사업자 사이의 이해관계를 적절히 조정하고자 한 것이다.

---

1 음반제작자의 입장에서 배타적권리의 대상이 되는 '전송'과 채권적 보상청구권의 대상이 되는 '디지털음성송신'의 구별은 중요한 의미를 가지는바 그 구별 기준은 수신의 '이시성'에 있으나 구체적인 사안에서 판단이 어려운 경우들이 없지 않다(이른바 '유사전송' 등의 경우에 구체적으로 어떻게 그 법적 성격을 파악하여 구별할 것인지에 대하여 자세한 것은 §13-39 참조).

원래 이에 해당하는 규정의 단서에는 "다만, 음반제작자가 외국인인 경우에는 그러하지 아니하다"고 규정하고 있었는데(개정 전 저작권법 제68조 제 1 항 단서), 2006년 개정법에서 이 부분도 개정하여 "다만, 음반제작자가 외국인인 경우에 그 외국에서 대한민국 국민인 음반제작자에게 이항의 규정에 따른 보상금을 인정하지 아니하는 때에는 그러하지 아니하다"고 규정하고 있다(제82조 제 1 항 단서). 방송사업자에 대한 보상청구권은 WIPO실연·음반조약 가입시 유보할 수 있는 권리이나(같은 조약 제 1 조 제 3 항), 유보하지 아니하고 상호주의를 전제로 외국인인 음반제작자에게도 이 권리를 인정할 근거를 마련한 것이다. 상호주의라는 지렛대를 통해 한국의 음반제작자 등이 다른 나라(특히 일본, 중국, 동남아 각국 등 한류의 영향이 강한 나라들)에서 보상청구권을 행사할 수도 있으리라는 가능성을 염두에 둔 규정임은 실연자에 관한 규정을 설명하면서 언급한 것(§19-38)과 마찬가지이다.

상업용 음반의 사용에 의한 방송의 경우에만 보상청구권이 발생하고 상업용 음반이 아닌 경우에는 그러하지 아니하다('상업용 음반'의 개념에 대하여는 §14-111-5 참조).

한편 음반제작자의 보상금 청구권 행사도 개별적으로 할 수 없고 문화체육관광부장관이 지정하는 권리자 단체를 통해서만 할 수 있는 것으로 규정하고 있다(법 제82조 제 2 항에 의하여 준용되는 법 제25조 제 5 항).

지정 단체는 그 구성원이 아니라도 보상권리자로부터 신청이 있을 때에는 그 자를 위하여 그 권리행사를 거부할 수 없다. 이 경우에 그 단체는 자기의 명의로 그 권리에 관한 재판상 또는 재판 외의 행위를 할 권한을 가진다(준용규정인 제25조 제 6 항).

한편, 지정 단체는 보상금 분배 공고를 한 날부터 5년이 경과한 미분배 보상금에 대하여 문화체육관광부장관의 승인을 얻어 공익목적을 위하여 사용할 수 있다(준용규정인 제25조 제 8 항).

이 규정에 따른 지정단체가 보상권리자를 위하여 청구할 수 있는 보상금의 금액은 매년 그 단체와 방송사업자가 협의하여 정한다(법 제82조 제 2 항에 의하여 준용되는 법 제75조 제 3 항). 협의가 성립되지 아니하는 경우에 그 단체 또는 방송사업자는 대통령령으로 정하는 바에 따라 한국저작권위원회에 조정을 신청할 수 있다(준용규정인 법 제75조 제 4 항; 그 이후의 절차등에 대하여는 §19-40 참조).

(6) 디지털음성송신사업자에 대한 보상청구권

§19-60 음반제작자는 디지털음성송신사업자가 음반을 사용하여 송신하는 경우에는 그에 대하여 상당한 보상금을 청구할 수 있는 보상청구권을 가진다(법 제76조 제 1 항). 디지털음성송신은 공중송신 중 공중으로 하여금 동시에 수신하게 할 목적으로 공중의 구성원의 요청에 의하여 개시되는 디지털 방식의 음의 송신을 말하며, 전송을 제외한다(법 제 2 조 제11호; §13-35 참조). '음(音)'만의 송

신이 아니라 영상의 송신이 포함된 경우는 디지털음성송신에 해당하지 않고 그 외 방송이나 전송 개념에도 해당하지 않으므로 음반제작자의 권리 대상에서는 제외되는 것으로 볼 것임은 앞서 실연자의 전송권에 대한 설명(§19-36)에서 언급한 바와 같다.

이러한 디지털음성송신은 앞서 저작재산권 중 공중송신권에 대하여 설명한 부분(§13-35)에서 살펴본 바와 같이 2006년 개정법 이전의 저작권법에 의하면 송신의 동시성이 인정되는 점에서 '방송'에 해당하는 것으로 보였으나, 개정법에서 방송도 아니고 전송도 아닌 중간영역의 행위로 인정하여 특별한 취급을 하고 있다. 음반제작자의 권리를 규정함에 있어서는 위와 같이 보상청구권을 인정하는 면에서 방송과 똑같지는 않지만 유사한 취급을 하고 있다. 방송의 경우와 다른 점은 방송사업자에 대한 보상청구권이 성립하기 위하여는 반드시 '상업용 음반'을 사용하여 방송하는 경우일 것을 요함에 반하여 디지털음성송신사업자에 대한 보상청구권의 경우는 상업용인지 여부를 불문하고 '음반'을 사용하여 송신하기만 하면 요건을 충족하는 것으로 볼 수 있는 점에서 찾을 수 있다. 또한 방송사업자에 대한 보상청구권은 WIPO실연·음반조약상 유보대상이기 때문에 앞서 본 바와 같이 외국인인 음반제작자에 대하여도 적용이 있는 것으로 규정을 하면서도 상호주의 원칙을 규정하였음에 반하여 디지털음성송신사업자에 대한 보상청구권에 대하여는 같은 조약상의 명백한 유보대상이 아니라는 것을 감안하여 외국인인 음반제작자의 배제조항은 물론이고 상호주의 원칙도 규정하지 않고 있다.

한편 음반제작자의 보상금 청구권 행사는 개별적으로 할 수 없고 문화체육관광부장관이 지정하는 권리자 단체를 통해서만 할 수 있는 것 등은 보상금에 관한 제반 규정은 방송사업자에 대한 보상청구권의 경우와 거의 같다(법 제82조 제 2 항에 의하여 준용되는 법 제25조 제 5 항 내지 제 9 항 등 규정 참조). 다만 한 가지 차이점은 협의가 성립하지 않을 경우 한국저작권위원회에 조정신청을 할 수 있도록 규정하고 있을 뿐인 방송사업자에 대한 보상청구권의 경우와 달리, 디지털음성송신사업자에 대한 보상청구권의 경우에는 협의가 성립하지 아니한 경우 문화체육관광부장관이 정하여 고시하는 금액을 지급하도록 규정하여(법 제82조 제 2 항에 의하여 준용되는 법 제76조 제 4 항), 행정관청인 문화체육관광부에서 강제성을 띤 일종의 중재적인 역할을 수행할 수 있도록 규정한 점에 있다. 이것은 실연자의 디지털음성송신사업자에 대한 보상청구권에 관하여 살펴본 바와 같이, 방송사업자의 경우에 비하여 계쟁금액이 크지 않을 것이라는 점을 감안하여 분쟁해결의 효율성을 높이기 위한 취지라고 여겨진다(이러한 점들은 모두 실연자의 보상청구권과 동일하다; §19-43 참조).

(7) 상업용 음반의 공연에 대한 보상청구권

음반제작자는 상업용 음반을 사용하여 공연을 하는 자에 대하여 보상청구권을 가진다(법 제83   §19-61

조의2 제 1 항 본문). 2009. 3. 25. 개정 저작권법은 음반을 사용하는 방송과 디지털음성송신에서와 같이 상업용 음반을 사용하여 공연('공연'의 개념에 대하여는 §13-25 이하 참조)을 하는 경우에도 음반 제작자에게 보상금을 지급하도록 규정하였다. 개정 전에는 공연에 대한 보상청구권이 인정되지 않아 음반제작자들이 경제적인 불이익을 입고 있었는데, 국제적인 보호수준에 맞춘 위와 같은 법 개정을 통해 음반제작자들의 권익이 보다 두텁게 보호될 수 있게 되었다.

다만, 상호주의를 반영하여, 음반제작자가 외국인인 경우에 그 외국에서 대한민국 국민인 음 반제작자에게 이 규정에 따른 보상금을 인정하지 아니하는 때에는 보상금지급의무가 없는 것으 로 규정하고 있다(제83조의2 제 1 항 단서).

제83조의2 제 2 항이 보상청구권의 행사 등에 관하여 디지털음성송신사업자에 대한 규정을 그대로 준용하도록 하는 취지로 규정하고 있으므로, 권리자단체를 통한 보상청구권의 행사 등에 대하여는 위 (6)에서 설명한 내용이 그대로 적용된다. 협의가 성립되지 아니한 경우에는 문화체육 관광부장관이 정하여 고시하는 금액을 지급하도록 한 규정도 준용되므로 그 점에서 상업용 음반 의 방송에 대한 보상청구권의 경우와 구별된다.

현행법에서 '상업용 음반'으로 규정된 것은 원래 '판매용 음반'으로 규정되었던 것을 2016. 3. 22.자 개정을 통해 변경한 것으로서 그 개정시에 음반의 개념도 '디지털 음원'을 포함하는 것으로 개정되었는바, 개정 이전에 백화점 등의 매장에서 디지털 음원을 송신받아 재생하는 경우가 '판 매용 음반'을 사용한 공연에 해당하는지에 대한 분쟁이 있었고, 결국 현대백화점 사건에 대한 대 법원 2015. 12. 10. 선고 2013다219616 판결에서 그러한 경우도 판매용 음반을 사용한 공연에 해당하는 것으로 보는 판결을 선고한 사실(따라서 현행법상으로도 당연히 상업용 음반을 사용한 공연에 해 당함) 및 개정법 이후 '상업용 음반' 및 그것을 사용한 공연의 의미와 관련하여 자세한 것은 앞에 서 살펴본 것(§14-111부터 §14-111-5까지 참조)으로 설명을 갈음하기로 한다.

Ⅳ. 방송사업자의 권리

1. 방송사업자의 의의

§19-62   방송사업자는 방송을 업으로 하는 자를 말한다(법 제 2 조 제 9 호). 그리고 방송은 공중송신 중 공중이 동시에 수신하게 할 목적으로 음·영상 또는 음과 영상 등을 송신하는 것을 말한다(법 제 2 조 제 8 호). 그 구체적인 의미는 저작재산권 중 공중송신권에 대한 설명(§13-38)에서 살펴본 바와 같다. 2006년 개정법에서 디지털음성송신을 별도의 개념으로 규정함에 따라 온라인상의 동시성 을 가진 비주문형의 웹캐스팅은 방송의 개념에 포함되지 않고 별도의 법적 취급을 받게 됨은 역

시 앞서 살펴본 바(§13-35~37) 같다. 저작권법상의 방송의 개념에 해당하는 행위를 '업'으로 하기만 하면 저작권법상 방송사업자에 해당하며, 이는 방송법상 보다 한정적으로 규정하고 있는 방송사업자의 개념1과는 구별된다. 즉 방송법상의 방송사업자의 유형에 해당하지 않거나 방송법상의 허가를 받지 못한 경우에도, 위와 같은 의미의 방송을 업으로 수행하고 있기만 하면 저작권법상의 방송사업자로서 저작인접권의 주체가 되는 것이다.

방송의 객체는 반드시 저작물일 필요가 없고 사실적인 정보도 포함된다. 법문상으로는 이용행위의 대상을 '방송'이라고만 말하고 있으나 엄격히 말해 '방송으로 송신되는 음 또는 영상'이 방송사업자가 배타적으로 이용할 수 있는 대상이라 할 것이다.2

한편 방송사업자로서의 실명 또는 널리 알려진 이명이 일반적인 방법으로 표시된 자는 방송사업자로서 그 방송에 대하여 방송사업자의 권리를 가지는 것으로 추정된다(제64조의2). §19-63

저작권법의 보호를 받는 방송은 ⑺ 대한민국 국민인 방송사업자의 방송, ⑷ 대한민국 내에 있는 방송설비로부터 행하여지는 방송, ⒟ 대한민국이 가입 또는 체결한 조약에 따라 보호되는 방송으로서 체약국의 국민인 방송사업자가 당해 체약국 내에 있는 방송설비로부터 행하는 방송 등이다(법 제64조 제3호). 그 중 ⑺목은 국적주의, ⑷목은 발신주의를 각 채택하고 있다. ⑷목 규정에 해당하는 예로는 주한미군 방송인 AFN Korea방송을 들 수 있다. 원래 ⒟목 규정은 없었는데 TRIPs 협정 가입에 따라 1995년 개정법에서부터 추가된 것으로서 이를 통해 외국 방송사업자의 권리도 보호될 수 있게 되었다. §19-64

 **판 례**

❖서울지방법원 2003. 9. 30. 선고 2003카합2114 판결 — "벅스뮤직" 사건 §19-65
〈피고의 주장〉

위에서 몇 차례 소개한 '벅스뮤직' 사건에서 피고가 주장한 항변사유 중에는 다음과 같은 주장이 포함되어 있다.

"이 사건 음악청취 서비스는 동시성의 요건을 충족하여 저작권법 제2조 제8호의 방송에 해당하므로 피신청인은 같은 조 제9호의 방송사업자라 할 것이고, 설령 이 사건 음악청취 서비스가 방송이 아니라 하더라도 그 실질이나 기능에 있어서 공중파 방송과 아무런 차이가 없으므로 피신청인은 방송

---

1 방송법상 방송사업자의 범위에는 ① 지상파방송사업자(지상파방송사업을 하기 위하여 방송법 제9조 제1항의 규정에 의하여 허가를 받은 자), ② 종합유선방송사업자(종합유선방송사업을 하기 위하여 방송법 제9조 제2항의 규정에 의하여 허가를 받은 자), ③ 위성방송사업자(위성방송사업을 하기 위하여 방송법 제9조 제2항에 따라 허가를 받은 자), ④ 방송채널사용사업자(방송채널사용사업을 하기 위하여 제9조 제5항의 규정에 의하여 등록을 하거나 승인을 얻은 자), ⑤ 공동체라디오방송사업자(공중선전력 10와트 이하로 공익목적으로 라디오방송을 하기 위하여 제9조 제11항의 규정에 의하여 허가를 받은 자)의 다섯 가지 유형의 사업자만 포함된다(방송법 제2조 제3호).
2 장인숙, 전게서, 190면 참조.

사업자와 유사한 지위에 있고, 피신청인이 이 사건 음악청취 서비스를 제공할 당시에는 저작권법에 전송권 규정이 없었고, 대법원 판례도 인터넷 방송을 저작권법의 방송으로 판시하여 피신청인은 자신이 방송사업자인 것으로 믿고 이 사건 음악청취 서비스를 제공하기 시작하게 된 것이므로 피신청인의 이와 같은 정당한 신뢰는 보호할 가치가 있다 할 것이어서 결국 저작권법 제91조 제 1 항, 제68조에 의하여(또는 유추적용에 의하여) 신청인은 피신청인에게 단지 보상청구권만 가질 뿐, 복제권 등 침해를 이유로 이 사건 음악청취 서비스의 중단을 요구할 수 없다."

〈법원의 판단〉

이 사건 음악청취 서비스는 개별적인 이용자들이 서로 다른 시간에 동일한 내용의 음악청취 서비스를 이용할 수 있음을 특징으로 하므로 설령 다수의 이용자가 같은 시간에 동일한 내용의 음악청취 서비스를 받을 가능성이 있다 하더라도 그 이유만으로 저작권법 제 2 조 제 8 호의 동시성의 요건을 충족하지는 못하여 방송에 해당한다고 볼 수 없고(구 저작권법(2000. 1. 12. 법률 제6134호로 개정되기 전의 것)은 방송의 개념에 동시성의 요소를 포함시키지 않고 있었는데 저작권법 제 2 조 제 9 호의2에 방송과 구별되는 전송의 개념이 새로 규정되면서 방송과 전송을 구별하기 위하여 방송의 개념에 동시성의 요소를 새롭게 포함시켰다), 현행 저작권법은 방송과 전송의 송신방식이나 정보유통의 특성, 파급력 등에 있어서의 차이 등을 고려하여 전송을 업으로 하는 자에게 방송사업자와 같이 판매용 음반을 사용하여 전송할 권리를 부여하는 규정을 두지 않은 이상, 피신청인과 같이 전송을 업으로 하는 자에게 함부로 방송사업자의 지위를 인정할 수는 없으며, 한편, 기록상 소명되는 바대로 피신청인은 애초부터 음반제작자들의 반대에도 불구하고 이 사건 음악청취 서비스를 무료로 제공하여 온 점 등에 비추어 보면 피신청인이 방송사업자라고 믿은 신뢰에 정당한 이유가 있다고 보이지도 않는다.

▷NOTE : 위 사건에서 피고가 벅스뮤직 사이트를 통해 스트리밍 방식으로 음악 청취 서비스를 제공한 것은 이른바 주문형의 서비스로서 '이시성(異時性)'을 가진 점에서 2000년 개정법 이후의 저작권법상 동시성을 요건으로 하는 방송에 해당하지 않고 '전송'에 해당하는 것이므로 그러한 전송서비스를 한다는 이유로 방송사업자가 될 수는 없다고 봄이 타당하다. 그러한 취지의 위 판시내용은 타당하다. 2006년 개정법 이전에는 웹캐스팅 중에서 송신의 동시성 요건을 충족하는 '실시간 뉴스방송'이나 '24시간 라이브 음악 방송' 등의 경우에는 방송으로 볼 여지가 많았으나 개정법에서는 송신의 동시성을 충족하는 웹캐스팅도 방송의 개념에 포함시키지 않고 별도로 취급하고 있음(§13-35~37)은 앞에서 살펴본 바와 같다. 그러므로 현행법상 쌍방향성을 속성으로 하는 인터넷 서비스 중에서 '방송'에 해당하는 것은 없고, 따라서 그 서비스 제공을 업으로 한다고 하여 '방송사업자'로 인정될 수 있는 경우도 없다고 보아야 할 것이다.

2. 방송사업자의 권리

(1) 서   설

§19-66   저작권법은 방송사업자에 대하여 제84조에서 복제권을, 제85조에서 동시중계방송권을, 제85

조의2에서 공연권을 각 인정하고 있다. 이러한 방송사업자의 권리는 방송사업자로서 방송을 하기만 하면 발생하는 것으로서 그 방송의 내용이 저작물인지, 비저작물인지를 불문하고 생방송인지 녹음 또는 녹화 방송인지도 묻지 아니한다. 방송내용이 다른 방송사업자가 방송한 것을 받아서 하는 것이라고 하여 그 권리가 부정되지도 아니한다. 예를 들어 KBS나 MBC와 같은 네트워크 방송의 경우에는 비록 같은 내용의 방송을 소위 키국과 가맹국이 동시에 발송할 경우에도 각 방송사 별로 자신이 송출한 방송에 대하여 별도의 저작인접권(방송사업자의 권리)을 가진다. 실연자 및 음반제작자의 권리가 미치는 음반을 사용하여 방송하는 경우에도 별도로 방송사업자의 권리가 발생하는 것으로 본다. 따라서 예를 들어 A가 작사, 작곡한 음악저작물을 B라는 가수가 노래하고, 이를 C가 책임지고 음반으로 제작하였는데 그 음반을 D회사가 방송하여 이를 E가 누구의 허락도 받지 않고 녹음한 후 사적으로 이용하지 않고 공중에게 배포하였다고 가정하면, E는 음악저작물의 저작자인 A의 저작재산권과 실연자인 B와 음반제작자인 C의 저작인접권을 각 침해함과 동시에 D의 방송사업자로서의 권리(복제권)를 침해한 것이 된다.

방송사업자는 대개 자신이 방송하는 방송프로그램의 상당부분에 대하여 영상저작물 저작자로서의 지위를 가지고 있고, 그 저작권의 내용이 저작인접권으로서의 방송사업자의 권리보다 넓은 범위에 걸치고 보호의 정도가 강하므로 그러한 저작권에 의한 통제로 충분하지 않을까 하는 생각이 있을 수 있다.1 그러나 외부 프로덕션 회사 등이 제작한 프로그램으로서 방송사업자가 그 권리를 양도받지 않은 경우이거나 예외적으로 저작물성이 없는 부분 등 방송사업자가 저작권을 행사할 수 없는 부분이 있을 수 있으므로, 제 3 자가 자신의 방송프로그램을 포괄적으로 재송신하는 등의 경우에도 그에 대하여 저작권에 기하여 전면적, 포괄적으로 정지청구를 하기는 어려운 반면, 방송사업자로서의 저작인접권에 기하여는 자신이 송출하는 방송의 음이나 영상이기만 하면 전면적, 포괄적으로 정지청구를 할 수 있다는 점2 등에 비추어 방송사업자에게 영상저작물 저작권자로서의 권리 외에 저작인접권을 인정함에 따른 실제적 의의가 상당히 있음을 알 수 있다.

(2) 복 제 권

방송사업자는 그의 방송을 복제할 권리를 가진다(법 제84조). 방송되고 있는 음 또는 영상을 복제할 권리, 환언하면 일시적이며 무형적인 방송신호인 음 또는 영상을 유형물에 고정하는 것이 방송의 복제이며, 이러한 복제는 그 방송을 송출한 방송사업자의 배타적인 권리에 속하게 되므로 누구든지 이 복제행위를 할 때에는 방송사업자의 허락을 받아야 한다는 것이다. 방송의 복제란 최초의 고정만을 뜻하는 것이 아니므로 고정물에 의한 재고정(녹음, 녹화물 또는 사진의 증제(增製))도

§19-67

---

1 방송사업자의 권리를 별도로 인정하지 않고 있는 미국 저작권법은 입법적으로 그러한 입장을 채택한 측면이 있다.
2 서울중앙지방법원 2009. 12. 31. 선고 2009카합3358 판결 등 참조.

복제이며, 따라서 방송사업자의 권리가 여기에 미치게 된다. 또한 방송을 녹음, 녹화, 촬영 등의 방법으로 직접적으로 고정하는 것뿐만 아니라 고정물에 의한 재방송 또는 방송을 수신하여 행하는 유선방송 등을 고정하는 간접적 고정도 여기서의 복제에 해당하게 된다. 예를 들어 A방송사의 방송을 B방송사가 녹음, 녹화(즉 복제)해 두었다가 뒤에 재방송하였는데, 이 재방송을 C가 녹음, 녹화하였다 할 때 C의 그 녹음, 녹화는 B방송의 복제가 될 뿐 아니라 동시에 A방송도 복제한 것으로 된다. A방송사의 무선방송을 B방송사가 유선방송으로 동시중계하였는데, 이 동시중계방송을 C가 녹음, 녹화하였다면 그것은 B의 유선방송을 복제한 것인 동시에 A의 무선방송도 복제한 것으로 된다는 뜻이다.[1]

§19-68 　　이른바 UCC(User Created Contents)의 경우 실제로는 이용자가 스스로 작성한 콘텐츠가 아니라 방송내용 중 일부를 동영상 파일로 만든 경우가 많은데, 그것은 약관에 의한 승인 등의 특별한 사정이 없는 한 방송사업자의 복제권을 침해한 것이 될 가능성이 높다. 물론 영상저작물로서의 창작성을 가진 경우에는 방송사 또는 기타의 영상제작자가 가지는 저작재산권을 침해하는 행위가 될 수 있는데, 그 경우에도 방송된 내용을 복제한 경우라면 그 방송내용을 송출한 방송사업자의 저작인접권(복제권)을 동시에 침해한 것이 된다. 이처럼 동영상파일로 만들고 그것을 업로드 또는 다운로드 하는 등의 디지털 복제도 권리 제한사유에 해당하지 않는 한 방송사업자의 복제권에 저촉되는 행위가 됨에 주의를 기울일 필요가 있다. 방송으로 송출된 영상 중 한 코마(Comma, Frame)만을 캡처하여 저장하는 것도 방송사업자의 복제권이 미치는 범위 내라고 보아야 할 것으로 생각된다.[2] 이러한 행위들은 방송되는 음이나 영상을 바로 이용하는 것이 아니라 방송사업자가 온라인 사이트에 '다시보기' 서비스 등의 이름으로 올려놓은 것을 이용하는 경우가 많은데, 그와 같이 방송한 내용을 고정한 후 이를 전송하는 것을 간접적으로 이용하여 복제한 것도 방송사업자의 복제권이 미치는 범위 내임은 위에서 본 법리상 당연한 것이다.

　　한편, TV 방송내용을 녹화하거나 사진으로 촬영하는 경우 그 녹화자나 촬영자는 단지 기계적인 조작행위만을 한 것이고 창작행위를 한 것으로 볼 수 없기 때문에 독립된 영상저작물의 작성자나 사진저작물의 작성자로 될 수는 없다.[3] 다만 방송사업자에 의하여 복제된 바 없이 생방송으로 흘러나오는 음을 최초로 녹음하여 복제한 사람이 음을 맨처음 고정한 사람으로서 음반제작자의 지위를 가지는 일은 있을 수 있다. 그 경우에도 그것이 방송사업자의 허락을 받지 않은 것으로서 사적 이용을 위한 복제의 범위를 넘어 사용할 경우에는 방송사업자의 복제권을 침해한 것으로 인정됨은 물론이다.

---

1 장인숙, 전게서, 190면 참조.
2 同旨 임원선(책임집필), 전게서, 250면.
3 김정술, 전게논문, 329면 참조.

우리 저작권법상 아래에서 보는 바와 같이 방송사업자의 동시중계방송권을 인정하면서 재방송권은 별도로 인정하고 있지 않은데, 실질적으로 본조에 의하여 재방송권이 담보됨을 전제로 한 것으로 볼 수 있다. 즉 재방송을 하려면 일단 방송되는 음 및 영상을 복제해 놓은 다음 그것을 방송하여야 하는데 그 복제에 대하여 방송사업자의 허락을 받아야 하므로 결국 방송사업자에게 재방송권이 있는 것과 마찬가지의 결과가 되는 것이다.[1]

(3) 동시중계방송권

방송사업자는 그의 방송을 동시중계방송할 권리를 가진다(법 제85조). 동시중계방송(simultane-ous broadcasting)이란 다른 방송사업자의 방송을 수신과 동시에 재방송하는 것을 말한다. 중계방송에 의하여 방송이 공급되는 영역에 관하여는 아무런 제한이 없다. 따라서 타인의 방송을 무단으로 그 방송의 공급영역 외의 수신인에게 광역케이블로 재송신하는 것도 본조의 침해가 된다.[2] 재방송에는 방송을 녹음, 녹화에 의하여 고정하였다가 나중에 송신하는 이시적 재방송(deferred broadcasting)도 있으나, 이에 관하여는 위에서 본 바와 같이 복제권에 의하여 실질적으로 그 통제권이 담보될 수 있으므로 본조에서는 동시중계방송만 규정한 것이다.[3]

§19-69

방송법 제78조 제 1 항은 "종합유선방송사업자·위성방송사업자(이동멀티미디어방송을 행하는 위성방송사업자를 제외한다) 및 중계유선방송사업자는 한국방송공사 및 한국교육방송공사법에 의한 한국교육방송공사가 행하는 지상파방송(라디오방송을 제외한다)을 수신하여 그 방송프로그램에 변경을 가하지 아니하고 그대로 동시에 재송신(이하 "동시재송신"이라 한다)하여야 한다. 다만, 지상파방송을 행하는 당해 방송사업자의 방송구역 안에 당해 종합유선방송사업자 및 중계유선방송사업자의 방송구역이 포함되지 아니하는 경우에는 그러하지 아니하다."고 규정하고 있다. 이 규정은 KBS, EBS 등의 특정 지상파 공영방송에 대하여 종합유선방송사업자, 위성방송사업자 및 중계유선방송사업자가 의무적으로 동시재송신을 하도록 하는 규정인바, 같은 조 제 3 항은 "제 1 항의 규정에 의한 동시재송신의 경우에는 저작권법 제85조의 동시중계방송권에 관한 규정은 이를 적용하지 아니한다"고 규정하여, 위와 같은 의무적 동시재송신에 대하여는 한국방송공사나 한국교육방송공사가 저작인접권으로서의 동시중계방송권을 행사할 수 없도록 하고 있다.

§19-70

---

1 加戶守行, 전게서, 561면 참조.
2 김정술, 전게논문, 329~330면 참조.
3 장인숙, 전게서, 192면은 "제87조에 의하여 제34조(방송사업자의 일시적 녹음·녹화에 대한 저작재산권 제한 규정)가 저작인접권에 대하여도 준용되고 있으므로, 과연 방송사업자의 복제권만으로써 타 방송사업자가 하는 이시 재방송을 효과적으로 견제 내지 지배할 수 있을지 의문"이라는 취지의 언급을 하고 있다. 그러나 방송사업자의 저작물에 대한 방송을 위한 일시적 녹음·녹화의 경우에는 저작재산권자로부터 방송의 허락을 받았음을 전제로 하여 복제에 대한 별도 허락을 받을 필요는 없는 것이라는 취지로 규정한 것이므로 방송의 허락이 전제되지 않은 이와 같은 '이시적 재방송'의 경우에 준용될 수는 없는 규정이라고 봄이 상당하다고 생각된다.

　　그러나 위와 같은 의무재송신의 경우를 제외하고는 종합유선방송사업자 등이 지상파 방송을 재송신하는 것에 대하여 동시중계방송권에 대한 예외규정이 없는 상태인데, 그럼에도 불구하고 공중파 방송사업자의 허락 없이 종합유선방송사업자들에 의한 재송신이 이루어져 온 것과 관련하여 분쟁이 있어 왔다. 이와 관련하여 여러 가지 쟁점이 제기되었는데, 그에 대하여 법원은 다음과 같이 판단하여 종합유선방송사업자들이 기본적으로 공중파 방송사업자의 동시중계방송권을 침해한 것으로 인정하였다.

　　첫째, 종합유선방송사업자 측에서는 "방송법 제78조 제 4 항에 의하면 종합유선방송사업자는 지상파방송을 원래의 방송구역 외에서 동시재송신하고자 하는 경우에만 방송통신위원회의 승인을 받을 필요가 있으므로 방송구역 내의 동시재송신은 별다른 제약 없이 자유롭게 실시할 수 있다"는 취지로 주장하였다. 이에 대하여 법원은 "위 조항은 일정 지역 내에서만 방송사업을 할 수 있도록 허가받은 지상파방송사업자가 유선방송 등을 통해 우회적인 방법으로 그 방송권역을 확장하는 것을 방지하여 방송매체 간 균형발전을 도모하기 위한 목적으로 관련 행정절차를 정한 데 불과하고 동시재송신에 따른 민사상 법률관계에 관하여 지상파 방송사업자의 동의를 배제하는 특칙을 정한 것으로 볼 수는 없다"는 이유로 위 주장을 배척하였다.[1] 방송법 제78조 제 3 항의 규정에 따라 의무적 동시재송신에 대하여 방송사업자의 동시중계방송권을 제한한 것 외에는 해석상으로 그러한 제한사유를 인정할 근거는 없다고 본 것이다.

　　둘째, 종합유선방송사업자(피신청인) 측의 가장 중요한 항변 중 하나는 "피신청인이 이 사건 방송을 가입자에게 재전송하는 행위는 방송권역 내 거주자라면 누구나 무료로 시청이 가능한 지상파방송에 대하여 보다 편리한 시청이 이루어질 수 있도록 가입자의 방송 수신을 보조하는 행위에 불과하여 신청인들의 저작권법상 각종 권리에 대한 침해가 되지 않는다"는 것이었다.

　　이에 대하여 법원은 먼저 법규정의 해석과 관련하여 "피신청인은 종합유선방송사업자로서 방송법에 따라 의무적으로 동시재송신하여야 하는 특정 공영방송과 이 사건 방송을 동일한 방식을 이용하여 함께 재전송하고 있는 사실을 인정할 수 있으므로, 피신청인이 위 특정 공영방송을 재전송하는 방식이 방송법 제78조 제 1 항에 의한 '동시재송신'에 해당하는 이상, 이 사건 방송의 재전송의 법적 성격도 피신청인이 주장하는 '수신보조행위'가 아니라 '동시 재송신'에 해당한다고 할 것"이라고 판단함과 동시에, ① 입주자 측이 수신설비의 관리주체이고 피신청인은 그에 대한 보조적 위치에 있는 것이 아니라, 피신청인이 수신설비의 독립적인 관리주체로 인정된다는 점, ② 피신청인이 "이 사건 방송을 송신된 상태 그대로 가입자에게 재전송하는 것이 아니라, 그 주파수를 변경하거나" "이 사건 방송과 다수의 유선방송 전용 채널을 묶어 하나의 상품으로 제공하

---

[1] 서울중앙지방법원 2009. 12. 31. 선고 2009카합3358 판결.

기 위한 목적에서 그 방송신호를 가공하고 있는 사실"이 인정된다는 점, ③ 피신청인이 방송수신 대가로 시청료를 받고 있다는 점 등의 특성에 비추어 볼 때, 피신청인의 재전송행위는 가입자가 디지털 지상파방송을 편리하게 수신할 수 있도록 보조하는 기능을 수행하는 정도를 넘어, "이 사건 방송신호를 자체 설비를 통해 수신, 가공하여 피신청인의 방송서비스에 포함시킨 후 독립한 사업자의 지위에서 이를 가입자에게 '동시재송신'하여 신청인들의 동시중계방송권을 침해하고 있는 것으로 봄이 상당하다"고 판단하였다.[1]

셋째, 종합유선방송사업자 측의 또 다른 항변은 "유선방송사업자들은 이미 수십 년 전부터 난시청 해소 및 방송품질의 보장을 원하는 신청인들과의 묵시적 합의에 따라 지상파방송을 재전송하는 서비스를 제공해왔고, 신청인들도 최근까지 재전송에 대하여 이의를 제기하거나 대가의 지급을 요구한 적이 없으며 오히려 유선방송사업자들에게 재전송 권한이 있음을 전제로 지금까지 여러 차례 채널번호 변경이나 방송 품질과 관련한 협조 요청까지 한 적이 있으므로, 이 사건 신청과 같은 재전송 중단 요구는 위 묵시적 합의에 대한 위반으로 허용되지 아니한다"는 것이었다. 이에 대하여 법원은 "신청인들의 행위가 지상파방송 재송신을 묵인한 것으로 해석될 여지가 있다고 하더라도 그로써 장래 행사할 수 있는 권리를 포괄적으로 포기한 것으로까지 볼 수는 없다고 할 것이므로, 앞에서 본 바와 같이 신청인들이 2008. 7. 경 명시적으로 피신청인에게 재송신 중단을 요구하고 이를 강제하기 위해 이 사건 신청을 제기한 현 상황에서는 더 이상 묵시적 동의를 인정할 여지가 없다. 다만 신청인들이 단순히 피신청인의 재송신행위를 현황 그대로 묵인한 것을 넘어 장래의 특정 시점까지 또는 일정 기간 동안 계속하여 재송신을 허용할 것을 전제로 기대되는 행위나 의사표시를 하였다는 등의 특별한 사정이 있다면 피신청인이 신청인들의 현재의 명시적 반대에도 불구하고 당분간 재송신을 지속할 권리가 있다고 볼 여지가 있으나, 앞에서 본 바와 같이 신청인들이 현실적으로 이루어지는 재송신행위를 묵인한 것만으로는 장래에도 재송신에 대하여 아무런 이의를 제기하지 않을 것을 약정하였다고 할 수 없다"고 판단하였다.[2]

넷째, "신청인들이 수십 년 동안 단 한 차례도 방송신호 사용료의 지급을 요구하는 등으로 자신의 권리를 행사한 적이 없고, 재전송 중단으로 신청인들이 별다른 이익을 얻을 수 있는 것도 아님에도 불구하고, 이제 와서 갑자기 재전송의 금지를 요구하는 것은 권리남용으로서 허용되지 아니한다"는 주장에 대하여는 법원이 여러 가지 사정을 종합하여, "이 사건 신청은 '오직 상대방에게 고통을 주고 손해를 입히려는 데 그 목적이 있을 뿐 행사하는 사람에게 아무런 이익이 없는 경우'에 성립하는 권리남용에 해당한다고 보기도 어렵다"고 판단하였다.[3]

---

1 Id.
2 Id.
3 Id.

다섯째, 종합유선방송사업자 측에서는 "피신청인은 '공표된 저작물을 공익상 필요에 의하여 방송하고자 하는 방송사업자는 문화체육관광부장관의 승인을 얻은 후 소정의 보상금을 지급하고 이를 방송할 수 있다'는 내용의 저작권법 제51조에 의하여 이 사건 방송을 재전송할 수 있는 권한이 있다"고 항변하였다. 이와 관련하여, 저작권법 제89조에 의하여 저작인접권에 대하여도 준용되는 같은 법 제51조는 "공표된 저작물을 공익상 필요에 의하여 방송하고자 하는 방송사업자가 그 저작재산권자와 협의하였으나 협의가 성립되지 아니하는 경우에는 대통령령이 정하는 바에 따라 문화체육관광부장관의 승인을 얻은 후 문화체육관광부장관이 정하는 기준에 의한 보상금을 당해 저작재산권자에게 지급하거나 공탁하고 이를 방송할 수 있다"고 규정하고 있다. 이에 대하여 법원은 "저작권 또는 저작인접권에 대한 위와 같은 법정허락 제도는 규정의 문언 자체로 이미 '공표가 완료된' 저작물을 사후에 이용하는 경우에 적용된다고 할 것인데, 이 사건 방송의 재송신은 실질적으로 원래의 방송과 '동시에' 이를 이용하는 경우에 해당하므로 원칙적으로 법정허락 제도의 적용 대상이 되지 않는다"고 판시함과 동시에 "또한 기록상 피신청인이 이 사건 방송의 재송신에 대하여 문화체육부장관의 승인을 받았다거나 소정의 보상금을 지급하였다는 자료도 없으므로, 어느 모로 보나 피신청인의 재송신행위가 법정허락 제도에 의하여 정당화될 여지는 없다"고 판시하였다.[1]

여섯째, 저작권침해정지 등 청구의 본안사건에서 피고인 종합유선방송사업자 측은 원고 측의 권리는 '실효'되었다고 하면서 '실효의 법리'를 주장하였다. 이에 대하여 법원은 "권리자가 장기간에 걸쳐 그의 권리를 행사하지 아니하여 의무자인 상대방으로서도 이제는 권리자가 그 권리를 행사하지 아니할 것으로 믿을 만한 정당한 사유를 갖게 되거나 행사하지 아니할 것으로 추인하게 되고 새삼스럽게 그 권리를 행사하는 것이 신의성실의 원칙에 반하는 결과가 될 때에는 이른바 실효의 법리에 따라 그 권리행사가 허용되지 않는다(대법원 2005. 4. 15. 선고 2004다27150 판결 등 참조)"고 전제한 다음, "이 사건에서 보건대, 원고들이 상당 기간 동안 유선방송사업자들의 재송신행위를 문제 삼지 않은 것은 앞서 본 바와 같지만, 이는 앞서 살핀 바와 같이 자신의 이해관계뿐 아니라 지상파방송 재송신 제도의 공공성에 근거한 정부의 규제 등 외부적 요인에서도 일부 기인한 점 등을 고려할 때, 피고들에게 원고들이 장래에 그 권리를 전혀 행사하지 아니할 것으로 믿을 만한 정당한 사유가 존재한다거나 원고들의 권리행사가 신의성실의 원칙에 반한다고 보기는 어렵다"고 판시하였다.[2]

---

1 Id.
2 서울고등법원 2011. 7. 20. 선고 2010나97688 판결(각공2011하, 1077).

(4) 공 연 권

방송사업자는 공중의 접근이 가능한 장소에서 방송의 시청과 관련하여 입장료를 받는 경우   §19-71
에 그 방송을 공연할 권리를 가진다(법 제85조의2). 방송을 시청할 수 있는 시설에서 그 방송의 시
청에 대한 입장료 등 직접적인 반대급부를 받는 경우에 방송사업자에게 그러한 방송의 공연(공연
의 개념에 대하여는 §13-25 이하 참조)에 대하여 배타적인 권리를 부여한 것으로서[1] 한·EU FTA 이
행을 위한 2011. 6. 30. 개정법(2011. 7. 1. 시행)에서 새로 도입한 규정이다.

이 규정은 해당 시설에서 입장료 등 직접적인 반대급부를 받는 것을 요건으로 하므로, 유럽 각
국과는 달리 그러한 영업사례가 거의 없는 우리나라에서는 큰 의미를 가지지는 못하는 규정이라
할 수 있다. 예컨대, 상영의 대가로 입장료를 받지 않고 일반 영업장(음식점, 술집 등)에서 방송 프로
그램을 상영하는 것에 대해서는 설사 간접적으로 방송 프로그램의 상영이 영리 목적의 달성에 도
움이 된다 하더라도 직접적으로 방송시청의 대가를 받지 않는 이상 본조의 적용대상이 되지 않는
다.[2] 다만 아직은 고객서비스 차원이지만 일부 영화관에서 축구 등 스포츠 경기를 관람하는 사
례가 늘고 있으므로 이후에는 입장료를 받고 극장에서 스포츠 경기를 관람할 수 있도록 하는 방
향으로 발전하여 이 규정이 실질적 의미를 갖게 될 수 있는 가능성이 점쳐진다는 견해가 있다.[3]

V. 보호기간

저작인접권의 보호기간은 원래 일정한 기준시점부터 50년으로 통일되어 있었으나, 한·미   §19-72
FTA 이행을 위한 2011. 12. 2.자 개정법에서 음반 및 실연의 보호기간만 70년으로 연장함으로써
그 시행일인 2013. 8. 1.[4]부터는 음반 및 실연의 보호기간은 70년, 방송의 보호기간은 50년으로
나누어지게 되었다. 보호기간 연장에서 방송이 제외된 것은 미국이 저작권법에서 방송사업자를
별도로 보호하지 않기 때문에 한·미 FTA에서 방송이 제외되었고, 방송사업자의 권리에 대해서
는 현재 세계지식재산기구(WIPO)에서 조약 마련을 위한 논의가 진행 중이어서 그 결과를 기다려
정비할 필요가 있다는 데 기한 것이다.[5] 이러한 보호기간에 대하여는 저작권법의 다른 규정과
달리 내국민대우의 원칙에 대한 예외로서 이른바 '실질적 상호주의'(§33-14 참조)가 적용되어 저작
권법 제64조 제 1 항에 따라 우리나라에서 보호되는 외국인의 실연·음반 및 방송이라도 그 외국
에서 보호기간이 만료된 경우에는 이 법에 따른 보호기간을 인정하지 아니한다(제64조 제 2 항).

---

1 문화체육관광부·한국저작권위원회, 한·EU FTA 이행 개정 저작권법 해설, 2011, 11면.
2 Id.
3 임원선, 실무가를 위한 저작권법(제 4 판), 한국저작권위원회, 2014, 349면.
4 한·미 FTA가 발효되기 전에 먼저 발효된 한·페루 FTA에 따라 2013. 8.1.부터 시행되게 되었다(부칙 제 1 조 단서).
5 문화체육관광부·한국저작권위원회, 한·미 FTA 이행을 위한 개정 저작권법 설명자료(2011. 12. 14.), 21면.

그러면 그 보호기간의 기산일은 언제인가? 원래 저작권법은 저작인접권의 발생시점과 보호기간의 기산일을 구분하지 않는 입장을 취하다가 2006년의 개정법에서부터 그 둘을 구분하여 규정하는 방식을 취하고 있다.

§19-73   먼저 제86조 제 1 항은 저작인접권(실연자의 인격권은 제외, 이하 같다)의 발생시점에 관하여 ① 실연의 경우에는 그 실연을 한 때, ② 음반의 경우에는 그 음을 맨 처음 음반에 고정한 때, ③ 방송의 경우에는 그 방송을 한 때라고 규정하고 있다. 다음으로 같은 조 제 2 항은 저작인접권의 보호기간에 관하여 ① 실연의 경우에는 그 실연을 한 때, ② 음반의 경우에는 그 음반을 발행한 때. 다만, 음을 음반에 맨 처음 고정한 때의 다음 해부터 기산하여 50년이 경과한 때까지 음반을 발행하지 아니한 경우에는 음을 음반에 맨 처음 고정한 때, ③ 방송의 경우에는 그 방송을 한 때로 규정하고 있다.

§19-74   결국 발생시점과 보호기간의 기산일이 차이가 나는 것은 음반의 경우뿐이다. 즉 음반의 경우 음을 맨 처음 음반에 고정한 때에 음반제작자의 저작인접권이 발생하긴 하지만, 보호기간은 그때로부터 기산하지 아니하고 그 발행일을 기산일로 함으로써 고정일과 발행일 사이의 기간만큼 보호기간을 연장한 효과를 발생시키고 있다. 이와 같이 음반에 관하여 '발행일 기산주의'를 취함에 따라 저작권법상 '발행'의 정의규정도 음반에 대한 것을 포함하여 " '발행'은 저작물 또는 음반을 공중의 수요를 충족시키기 위하여 복제·배포하는 것을 말한다"고 규정하고 있다(법 제 2 조 제24호). 그리고 이와 같은 발행일 기산주의를 취하다 보면 발행을 하지 않고 있을 경우에 보호기간이 무한정 늘어나는 문제가 있을 수 있으므로 제 2 항 제 2 호 단서에서 위와 같이 그 기산일을 "음을 음반에 맨 처음 고정한 때의 다음 해부터 기산하여 50년이 경과한 때까지 음반을 발행하지 아니한 경우에는 음을 음반에 맨 처음 고정한 때"로 하는 보충적인 규정을 두고 있다.

음반에 관하여 위와 같이 실질적으로 보호기간을 연장하는 취지의 개정을 한 것은 역시 WPPT(§38-1 이하) 가입을 준비하기 위한 것이었다. 그러한 개정을 하지 않을 경우에는 개정 규정과 유사하게 규정하고 있는 WPPT 제17조 제 2 항[1]에 비하여 보호기간이 짧게 되는 문제가 있기 때문이다.[2]

§19-75   그 동안 여러 차례의 저작권법 개정이 이루어짐에 따라 저작인접권의 보호기간은 1957년 법, 1986년 법, 1994년 법, 2006년 법, 2011. 12. 2.자 개정법이 각각 다르다. 1957년 법에서는 연주, 가창, 음반 등의 저작인접물도 저작물로 인정하여 저작자 생존기간 및 사후 30년 동안 보호를 하

---

1 WPPT 17조 (2) 이 조약에 따라 음반제작자에게 부여되는 보호기간은 음반이 발행된 연도의 말, 또는 그 발행이 50년 내에 행해지지 아니한 경우에는 고정이 행해진 연도의 말로부터 기산하여 적어도 50년의 기간이 종료하는 때까지 존속한다.

2 저작권심의조정위원회, 저작권법 전면 개정을 위한 조사연구 보고서(1), 2002, 221면 참조.

고 있었고, 1986년 법에서는 저작인접권의 대상으로 하여 20년간 보호받는 것으로 규정하였으며, 1994년 법에 와서 저작인접권에 대하여도 50년 원칙을 도입하여 실연, 음의 고정, 방송이 있은 날부터 50년간 보호받을 수 있게 하였고, 2006년 개정법에서는 위에서 본 바와 같이 음반에 관하여 보호기간 기산일을 발행일로 하여 결과적으로 보호기간을 연장하는 취지의 규정을 두었다. 나아가 위에서 본 바와 같이, 2011. 12. 2.자 개정에 의하여 실연 및 음반의 보호기간이 70년으로 연장되었고, 그 시행일은 2013. 8. 1.이다. 이 중 어느 법의 적용을 받을지는 각 개정법의 부칙규정에 비추어 결정된다.

먼저 1986년 법의 시행일인 1987. 7. 1. 이전에 공표된 연주, 가창, 연출, 음반 또는 녹음 필름 등은 동법 부칙 제 2 항[1]의 규정에 따라 1957년 법의 적용을 받아 저작인접물이 아니라 저작물로서 저작자 생존기간 및 사후 30년간 보호된다. §19-76

그런데 그 다음의 기간이 문제이다. 원래 1994년 법의 시행일인 1994. 7. 1.전에 발생한 저작인접권은 1986년 법에 따라 20년의 기간 동안만 보호되고, 그 이후에 발생한 저작인접권은 1994년 법에 따라 실연, 음의 고정 또는 방송이 있은 날로부터 기산하여 50년간 보호를 받는 것으로 규정되었다. 그런데 그와 같은 규정에 의하여 1987. 7. 1.부터 1994. 6. 30.까지의 기간 동안에 발생한 저작인접권만 특별히 불리한 보호기간, 즉 실연 등 시점으로부터 20년의 짧은 보호기간만 인정되는 문제가 있었다. 이 기간은 특히 '한국대중음악 르네상스기'라고 불리는 시기로서 그 시기의 음악만 저작인접권의 보호를 받지 못함에 따른 형평성의 문제가 제기되어,[2] 2011. 12. 2.자 개정법에서 이 문제를 해결하기 위한 부칙규정을 두었고, 그에 따라 그 기간에 발생한 저작인접권도 그 발생시점부터 50년의 기간 동안 보호를 받을 수 있게 되었다(부칙 제 4 조 제 1 항). 나아가 이러한 법 개정 이전에 이미 소멸한 저작인접권도 법 개정에 의하여 회복되어 위 기간 동안은 보호를 받을 수 있게 하였다(부칙 제 4 조 제 2 항).[3] 다만 이러한 회복저작인접물을 개정법 시행 전에 §19-77

---

1 부칙 ② 이 법 시행 전에 종전의 규정에 의하여 공표된 저작물로서 다음 각호의 1에 해당하는 것은 종전의 규정에 의한다. 1. 종전의 법 제 2 조의 규정에 의한 연주·가창·연출·음반 또는 녹음필름(이하 생략).

2 문화체육관광부·한국저작권위원회, 한·미 FTA 이행을 위한 개정 저작권법 설명자료(2011. 12. 14.), 55면 참조.

3 이 규정에 대하여는 이미 보호기간이 만료되어 국민들이 자유롭게 이용할 수 있는 퍼블릭 도메인에 들어와 있던 저작인접물을 배타적 권리의 대상으로 되돌리는 점에서 소급입법 금지의 원칙에 위배된다는 등의 위헌의견이 있었으나, 헌법재판소 2013. 11. 28.자 2012헌마770 결정은 "심판대상조항은 개정된 저작권법이 시행되기 전에 있었던 과거의 음원 사용 행위에 대한 것이 아니라 개정된 법률 시행 이후에 음원을 사용하는 행위를 규율하고 있으므로 진정소급입법에 해당하지 않으며, 저작인접권이 소멸한 음원을 무상으로 사용하는 것은 저작인접권자의 권리가 소멸함으로 인하여 얻을 수 있는 반사적 이익에 불과할 뿐이므로, 심판대상조항은 헌법 제13조 제 2 항이 금지하는 소급입법에 의한 재산권 박탈에 해당하지 아니한다"고 판시하였다. 나아가 위 결정은 위 조항이 과잉금지원칙을 위반하여 국민의 직업선택의 자유를 침해한다는 주장에 대하여도 "심판대상조항의 입법목적은 저작인접권의 보호기간을 연장하여 1987. 7. 1.부터 1994. 6. 30. 사이에 발생한 저작인접권과 그 후에 발생한 저작인접권 간의 차등 대우를 개선하고자 하는 것으로서 정당하고, 수단의 적합성을 갖추었으며 달리 피해를 최소화할 방안이 없다. 청구인이 가졌던 기존 보호기간에 대한 신뢰에 비하여 위에서 본 바와 같이 저작인접권을 보호하고자 하는 공익은 중대한 반면, 투자회수를 위하여 2년

이용한 행위는 저작인접권 침해로 보지 아니하며(부칙 제4조 제3항), 종전법에 따라 그 저작인접권이 소멸한 후에 해당 저작인접물(실연, 음반, 방송)을 이용하여 개정법 시행 전에 제작한 복제물은 개정법 시행 후에도 2년 동안 저작인접권자의 허락 없이 계속 배포할 수 있다(부칙 제4조 제4항).

§19-78   1994년 법의 시행일인 1994. 7. 1. 이후에 발생한 저작인접권의 경우는 원래부터 50년의 기간 동안 보호받을 수 있게 되었는데, 그 중 실연과 음반의 경우 2011. 12. 2.자 개정법에 의한 보호기간 연장에 따라 2013. 8. 1.부터는 70년으로 다시 연장되게 되었다.

§19-79   한편, 위에서 본 바와 같이 2006년 개정법의 시행에 따라 음반의 경우 그 보호기간의 기산점이 뒤로 늦추어져 보호기간이 약간 연장되는 효과가 있게 되었는데, 그 개정법의 부칙 제8조1에 의하여 그 시행일인 2007. 6. 29. 이전에 고정되고 발행까지 된 것은 개정전 법에 의하여 음반의 최초 고정일을 보호기간의 기산일로 보아야 하고, 그 이전에 고정되었지만 시행일 현재 발행되지 않은 것은 개정법의 적용을 받아 원칙적으로 발행일을 기산일로 하여 보호기간을 산정한다.

 **판 례**

§19-79-1   ❖서울고등법원 2012. 10. 24. 선고 2011나96415 판결

음반 기획제작업에 종사하던 甲이, 정식 대중가수로 데뷔하기 전인 乙을 소개받아 1990년 乙이 노래를 부르고 다른 연주자들이 반주를 한 음원을 만든 뒤 乙의 매니저를 통해 乙에게 가창료를 지급한 다음, 음원을 다른 업체에 제공하여 영어교육용 테이프를 제작판매하게 하거나 자신이 직접 엘피(LP), 카세트테이프, CD 형식의 음반을 만들어 판매하여 오다가 음원을 제작한 때로부터 약 17년이 지난 후 丙과 음원을 사용한 음반을 제작판매하기 위한 계약을 체결하였고, 이에 따라 丙이 음원을 담은 CD 음반과 DVD 영상물을 제작판매하자 乙이 丙을 상대로 CD음반과 DVD영상물의 판매 등 금지를 구한 사안에서, 제반 사정에 비추어 음원 제작 당시 乙은 갑에게 CD음반과 같이 음이 유형물에 고정되는 방식의 음반 제작에 동의하여 음원에 관한 복제, 배포, 전송 등 실연자로서의 권리를 양도한 것으로 보이나, 음원 제작 당시 예상할 수 없었던 DVD 영상물을 제작할 수 있는 권리까지 갑에게 양도한 것으로 보이지는 않으므로, 병은 저작권법상 실연권자인 을의 동의나 권리의 양도 없이 DVD 영상물을 제작판매함으로써 을의 복제권, 배포권을 침해하였고, 을의 음원에 관한 구 저작권법(1994. 1. 7. 법률 제4717호로 개정되기 전의 것)상 실연권은 음원을 제작한 1990년의 다음 해부터 기산하여 20년이 되는 2010. 12. 31.까지만 존속하였으나 현행 저작권법 부칙(2011. 12. 2.) 제4조 제1항, 제2항에 따라 존속기간이 50년으로 연장되었으므로, 병은 1990년의 다음 해부터 50년이 되는 2040. 12. 31.까지 DVD영상물을 판매, 배포, 광고, 인도하여서는 안 된다고 한 사례.

간 기존 음반을 자유로이 판매할 수 있는 등 충분한 유예기간을 두고 있으므로, 심판대상조항이 과잉금지원칙을 위반하여 청구인의 직업 수행의 자유를 침해한다고 할 수 없다"고 판시하였다.

1 제8조(음반의 보호기간의 기산에 관한 경과조치) 이 법 시행 전에 고정되었으나 아직 발행되지 아니한 음반의 보호기간의 기산은 이 법에 따른다.

▷NOTE : 위 판결은 2011. 12. 2.자 개정법 부칙 제 4 조 제 2 항에 따른 '회복저작인접물'에 대하여 보호기간이 회복된 것을 적용한 최초의 사례가 아닌가 생각된다. 한편으로, 위 판결에서 계약 당시 예상할 수 없었던 새로운 매체에 대하여는 양도계약의 대상에 포함되지 않은 것으로 본 것은 저작인접권자 보호의 정신에 부합하는 해석이라는 점에서 주목된다(§13-84~86 참조).

Ⅵ. 기 타

1. 저작인접권의 제한

실연자의 인격권을 제외한 저작인접권에 대하여도 이용자의 공정한 이용을 보장할 필요성과 §19-80 공익적 필요성을 감안하여 일정한 경우 자유이용을 인정할 필요성이 있다. 이에 저작권법 제87조 제 1 항은 "저작인접권의 목적이 된 실연·음반 또는 방송의 이용에 관하여는 제23조·제24조·제 25조 제 1 항 내지 제 3 항·제26조 내지 제32조·제33조 제 2 항·제34조·제35조의2·제35조의3· 제36조 및 제37조를 준용한다"고 규정하여 저작재산권에 대한 제한사유 대부분을 저작인접권에 대해 준용하고 있다. 준용에서 빠진 것은 공공저작물의 자유이용에 관한 제24조의2 제 1 항, "공표된 저작물은 시각장애인 등을 위하여 점자로 복제·배포할 수 있다"고 규정한 제33조 제 1 항, 청각장애인 등의 복제 등에 관한 제33조의2, 미술저작물 등의 전시 또는 복제에 관한 제36조 등이다. 대체로 성격상 저작인접권과는 무관한 규정이라 할 수 있으나, 공공저작물의 자유이용에 관한 제 24조의2(2013. 12. 30.자 개정법에 의하여 신설된 규정임)의 경우는 국가기관 등이 방송사업자인 방송, 국가기관 등이 음반제작자인 음반 등에 대하여 준용할 필요가 있을 수 있는데, 입법상의 실수로 누락한 것이 아닌가 생각된다(§14-23-1 참조).

법 제28조의 '공표된 저작물의 인용'에 관한 규정(§14-56 이하)이 준용되는 것과 관련하여서는, 저작물을 인용하기 위해 그 저작물을 포함하는 실연, 음반 또는 방송을 인용할 수 있는 것은 아니고, 인용대상인 실연, 음반 또는 방송 그 자체를 인용할 필연성이 있는 경우에 한정된다는 것에 주의를 요한다. 예를 들면, 실연자의 연기력을 비평하는 방송프로그램에 인용하기 위해 그 실연의 일부를 사용하는 경우라거나 진기한 동물의 울음소리를 처음으로 녹음한 경험담을 보도하기 위해 그 울음소리가 녹음되어 있는 음반의 일부를 인용하는 경우 등이 그러한 예에 해당한다.[1]

한편, 저작권법 제87조 제 2 항은 "디지털음성송신사업자는 제76조 제 1 항 및 제83조 제 1 §19-81 항에 따라 실연이 녹음된 음반을 사용하여 송신하는 경우에는 자체의 수단으로 실연이 녹음된 음반을 일시적으로 복제할 수 있다. 이 경우 복제물의 보존기간에 관하여는 제34조 제 2 항을 준용

---

1 加戶守行, 전게서, 587~588면 참조.

한다"고 규정하고 있다. 이 규정은 2009. 4. 22. 개정 저작권법에서 신설한 규정이다. 법 개정 전에는 방송사업자는 자신의 방송을 위하여 자체의 수단으로 실연·음반을 일시적으로 녹음·녹화할 수 있으나, 디지털음성송신사업자에게는 디지털음성 송신을 위한 준비행위인 실연이 녹음된 음반의 일시적 복제에 관한 면책 규정이 없었고 따라서 디지털음성송신에 대하여 실연자 및 음반제작자의 배타적인 권리가 아니라 채권적인 보상청구권으로 규정(§19-43, §19-60 참조)한 의의를 살리기가 어려운 문제가 있었다. 이에, 개정법에서 제87조 제 2 항을 신설하여 위와 같은 규정을 두게 된 것이다.1

2. 저작인접권의 양도·행사·소멸

§19-82   실연자의 인격권을 제외한 저작인접권의 양도에는 저작재산권의 양도에 관한 규정(제45조 제 1 항)을, 저작인접물의 이용허락에는 저작물의 이용허락에 관한 규정(제46조)을, 저작인접권을 목적으로 하는 질권의 행사에는 저작재산권을 목적으로 한 질권의 행사에 관한 규정(제47조)을, 저작인접권의 소멸에 관하여는 저작재산권의 소멸에 관한 규정(제49조)을 각 준용하도록 규정하고 있다(법 제88조). 그리고 한·미 FTA 이행을 위한 2011. 12. 2.자 개정 저작권법에서는 실연·음반 또는 방송의 배타적발행권의 설정에 관하여는 제57조부터 제62조까지의 규정(그 자세한 내용에 대하여는 §18-3 이하 참조)을 준용하도록 하고 있다(법 제88조). 다만 공동저작물의 저작재산권의 행사에 관한 제48조의 규정은 준용되지 않고 있다. 공동실연자의 권리행사에 대하여는 앞서 본 바와 같이 제77조에서 따로 규정하고 있다, 다른 공동저작인접물에 대하여는 민법상 공유에 관한 여러 원칙이 준용될 수밖에 없을 것이다.2

재산권으로서의 성격을 가지는 저작인접권의 양도에 있어서는 저작재산권의 경우와 마찬가지로 권리의 일부만 한정하여 양도하는 일부양도도 허용된다고 볼 것이다. 다만 지나치게 지분권을 세분화하여 양도하는 것에 일정한 한계가 있다는 것과 그 판단기준 등도 대체로 저작재산권의 일부 양도에 대하여 설명한 바와 같다.

3. 저작인접권 및 그 배타적발행권의 등록

§19-83   저작인접권과 저작인접권의 배타적발행권의 등록에 관하여도 저작재산권의 등록에 관한 규정(제53조 내지 제55조 및 제55조의2)이 준용되며, 이 경우 제55조 중 "저작권등록부"는 "저작인접권 등록부"로 본다(법 제90조).

---

1 문화체육관광부·한국저작권위원회, 개정 저작권법 해설, 2009, 41면 참조.
2 장인숙, 전게서, 199면.

저작권과 마찬가지로 저작인접권도 그 발생과 변동 및 소멸은 원인만 있으면 자동적으로 이루어지게 되어 있으나(무방식주의), ① 저작인접권의 양도(상속 그 밖의 일반승계의 경우를 제외한다) 또는 처분제한과 ② 저작인접권에 대한 배타적발행권의 설정·이전·변경·소멸 또는 처분제한 및 ③ 저작인접권 또는 저작인접권의 배타적발행권을 목적으로 하는 질권의 설정, 이전, 변경, 소멸 또는 처분제한은 등록을 하지 아니하면 제 3 자에게 대항할 수 없다(제54조의 준용).

제3절 데이터베이스제작자의 보호

I. 서 설

1. 데이터베이스의 의의

데이터베이스는 소재를 체계적으로 배열 또는 구성한 편집물로서 개별적으로 그 소재에 접 §20-1 근하거나 그 소재를 검색할 수 있도록 한 것을 말한다(법 제 2 조 제19호).[1]

여기서 '편집물'이란 저작물이나 부호·문자·음·영상 그 밖의 형태의 자료(이를 '소재'라 한다)의 집합물을 말한다(같은 조 제17호). 편집물 가운데 "그 소재의 선택·배열 또는 구성에 창작성이 있는 것"은 편집저작물(§5-34 이하 참조)에 해당하여(같은 조 제18호) 저작물의 한 종류로서 법 제 6 조에 의한 보호대상이 된다. 이러한 편집저작물의 요건으로서의 '창작성'을 갖추지 못한 편집물은 본래 저작권법의 보호대상이 되지 못하다가 2003년 개정법에서 처음으로 신설된 데이터베이스제작자 보호 규정에 의하여 저작권법의 보호대상이 되었다. 다만 그것은 저작물로서의 보호가 아니라 일종의 독자적 권리(sui generis right)의 대상으로 보호되는 것이다.

이러한 데이터베이스에는 전자적 형태의 것뿐만 아니라 비전자적 형태의 편집물도 포함되는 것으로 해석되고 있다.[2] 즉, 사전(辭典)이나 백과사전(百科事典), 전화번호부, 백서, 인명부, 주소록, 이메일 리스트, 말뭉치[3] 등 다양한 편집물이 설사 전자화된 형태가 아니라고 하더라도 체계적으

---

1 2006년 개정법 전에는 "소재를 체계적으로 배열 또는 구성한 편집물로서 그 소재를 개별적으로 접근 또는 검색할 수 있도록 한 것"을 말한다고 규정하여(개정전 법 제 2 조 제12의4호), 법문이 약간 달랐으나 그 의미하는 바는 동일하였다.

2 염호준, "데이터베이스의 보호," 저작권법, 누구를 위한 법인가?(서울대 기술과 법센터 창립 3주년 기념 워크숍 자료집), 서울대학교 기술과 법센터, 2006, 16면; 박익환, "편집물의 저작물성, '법조수첩' 사건 − 대법원 2003. 11. 28. 선고 2001다9359 판결 −," 계간 저작권 2004년 여름호(제66호), 67면; 최경수, "저작권의 새로운 지평 : 2003년 저작권법(하)," 계간 저작권 2004년 봄호(제64호),저작권심의조정위원회, 66면; 서달주, 한국저작권법, 박문각, 2007, 423면.

3 '말뭉치(corpus)'란, 언어를 연구하는 각 분야에서 필요로 하는 연구 재료로서 언어의 본질적인 모습을 총체적으로 드

로 배열 또는 구성되어 있고 개별적으로 '접근'할 수 있으면 데이터베이스의 개념에 해당하는 것으로 볼 수 있다.

한편, 데이터베이스로서 그 소재의 선택, 배열 또는 구성에 창작성이 있는 것은 데이터베이스인 동시에 편집저작물에 해당하게 되므로 저작권법 제 6 조에 의한 저작물로서의 보호(§5-55 이하)와 제 4 장에 의한 데이터베이스제작자의 보호를 중첩적으로 받을 수 있을 것으로 본다.[1] 이 경우 편집저작물상 저작권의 침해 문제와 데이터베이스제작자의 권리침해 문제는 별개의 소송물에 해당하여 별도의 쟁송의 대상이 될 수 있다.[2]

법 제 2 조 제19호의 규정을 통하여 데이터베이스의 개념요소를 정리해 보면, 다음과 같다.

첫째, 편집물이어야 한다. 편집물의 의의에 대하여는 편집저작물에 대한 절에서 살펴본 바(§5-35)와 같다.

둘째, 체계적으로 배열 또는 구성한 것이어야 한다. 많은 양의 자료를 모아 놓았더라도 단순히 모아 놓은 것만으로는 데이터베이스의 개념에 해당하지 않으며, 배열 또는 구성에 있어서 체계성이 인정되어야 한다. 다만 체계성이 창작성을 의미하는 것은 아니므로 다른 사람들이 널리 사용하는 배열 및 구성방법을 모방하여 배열 또는 구성한 것이어도 무방하다.

셋째, 개별적으로 그 소재에 접근하거나 그 소재를 검색할 수 있을 것을 요한다. 이 요건은 둘째 요건과 밀접한 관련성을 가진다. 체계적으로 배열 또는 구성되어 있다면 편집물의 처음부터 끝까지 다 보지 않아도 비교적 용이하게 개별적으로 소재에 접근하거나 이를 검색할 수 있을 것이다. 이것이 데이터베이스의 핵심적인 개념요소이다.[3]

2. 기존의 보호방법과 그 한계

(1) 2003년 개정 이전의 저작권법에 의한 보호

§20-2   2003년의 법 개정 이전에도 데이터베이스가 편집저작물로서의 창작성 요건을 갖춘 경우에는

러내 보여줄 수 있는 자료의 집합을 뜻한다.

1 同旨 염호준, 전게논문, 16면; 박익환, 전게논문, 67면; 임원선(책임집필), 전게서, 256면; 최경수, 전게논문, 66면.
2 박익환, 전게논문, 67면.
3 참고로 판례가 저작권법상의 데이터베이스에 해당하는 것으로 인정한 사례들을 보면, ① 반려동물의 분양정보를 체계적으로 배열하여 수록함으로써 이용자가 각종 분양정보를 각 분류별로 자신이 원하는 기준에 따라 모아서 열람하거나 검색할 수 있도록 한 웹사이트(서울중앙지방법원 2018. 6. 27. 선고 2017가합556332 판결), ② 홈페이지에 게시하여, 전국 경매법원의 경매사건에 관한 매각금액, 경매매수인 성명, 부동산 현황, 주의사항 등 개별 정보들을 체계적으로 구성하여 배열하고 이용자들로 하여금 각 경매사건에 관한 개별 정보를 일정한 기준에 따라 검색할 수 있도록 제공한 경매정보(서울동부지방법원 2014. 12. 24. 선고 2014가합104306판결), 매월 약 2만 개 가량의 물품의 시중단가를 체계적으로 배열하여 수록해 개별 소재인 가격정보를 일정한 기준에 따라 검색할 수 있도록 한 물가정보지(서울고등법원 2010. 6. 9. 선고 2009나96306 판결, 자세한 내용은 §20-18 참조) 등이다. 그 중 ③은 오프라인 출판물이지만 데이터베이스로 인정된 사례이다.

편집저작물로 보호될 수 있었다.1 그러나 이러한 보호에는 첫째 창작성을 결한 경우에는 아무리 많은 투자를 한 경우에도 전혀 보호를 받지 못한다는 문제가 있었고, 둘째 소재의 선택, 배열, 구성 등의 편집행위에 있어서의 창작성이 보호근거이므로 그러한 창작성이 있는 편집 부분을 이용한 경우만 침해가 되고 그 구성부분으로서의 개별 소재는 아무리 많이 이용해도 편집저작권의 침해에 해당하지 않는 문제가 있었다. 따라서 데이터베이스 제작 등에 많은 투자를 한 사업자를 보다 충실히 보호하기 위해서는 별도의 보호규정이 필요하다.

(2) 컴퓨터프로그램의 보호

전자적 데이터베이스의 경우는 이를 구동하는 컴퓨터프로그램과 결합되어 이용에 제공되는 경우가 많은데 그 구동 프로그램은 프로그램저작물이 될 수 있다. 그러나 프로그램저작물에 대한 보호는 데이터베이스를 구동하는 프로그램을 보호할 뿐 데이터베이스 자체를 보호할 수 있는 것은 아니다. §20-3

(3) 계약에 의한 보호

데이터베이스는 이를 온라인으로 판매하건 오프라인에서 판매하건 약관에 의한 이용허락계약이 있게 된다. 오프라인의 경우 CD 형태로 판매하면서 그 포장지에 약관의 주요 내용을 표시한 다음 "이 포장지를 뜯는 사람은 이 약관에 동의하는 것으로 간주한다"는 문구를 기재하는 형태로 이루어지는데, 이를 포장지이용허락(shrinkwrap license)이라고 한다. 온라인의 경우에는 온라인상으로 약관을 열람하게 한 다음 약관에 동의하는지 여부를 묻는 질문 아래에 [예], [아니오] 버튼을 두어 [예] 버튼을 누르면 약관에 동의한 것으로 간주하는 형태가 일반적인데, 이를 위 포장지이용허락에 빗대어 클릭랩이용허락(click-wrap license)이라고 부르기도 하고 클릭온이용허락(click-on license)이라고 칭하기도 한다. 이러한 온·오프라인의 약관은 우리나라 약관의 규제에 관한 법률에서 규정하고 있는 명시, 설명의무 등을 이행한 것으로 볼 수 있을 경우에는 그 효력을 인정할 수 있을 것으로 본다(§13-87~90 참조). 미국에서도 ProCD Inc. v. Zeidenberg 사건2에서 데이터베이스에 대한 포장지이용허락계약의 유효성을 긍정한 바 있다. §20-4

그러나 계약에 의한 보호는 당연히 계약 당사자 사이에만 효력이 미치고 계약 체결의 프로세

---

1 2003년 개정 이전의 저작권법하에서 데이터베이스를 저작물로 인정하여 보호한 사례로는 서울지방법원 1998. 9. 21. 자 98카합1699 결정을 들 수 있다. 입찰정보의 데이터베이스에 대한 저작권 침해를 이유로 한국입찰정보시스템이 일주데이터시스템을 상대로 제기한 침해금지가처분신청사건에서 "입찰정보는 그 정보소재의 선택, 배열, 검색조건, 검색화면구성 등에 관하여 최소한도의 창작성이 있다"고 언급하여 침해 여부의 결정에 앞서 입찰정보가 저작권법에 의하여 보호받는 저작물이라고 판단하였다. 채명기·이영록, "데이터베이스의 추가 보호," 저작권연구자료 제34집, 저작권심의조정위원회(2000), 56면 참조.
2 86 F. 3d 1447(7th Cir. 1996).

스를 거치지 않고 불법적으로 이용하는 사람에게는 아무런 효력이 미치지 않는다는 점에서 큰 한계를 가지고 있다.

3. 각국의 입법동향

(1) 개   관

§20-5   데이터베이스를 법적으로 보호하기 위한 방식은 크게 두 가지의 접근방식으로 나누어 볼 수 있다. 예컨대 EU지침은 데이터베이스제작자에게 물권에 유사한 배타적인 권리를 부여하는 접근방식(소위 '물권방식')을 채택하고 있고, 미국 연방의회에 제안된 최근의 법안은 영미법상 판례에 의해 발전해 온 '부정이용법리(misappropriation doctrine)'를 데이터베이스 보호에 응용하여 제작자 이외의 자가 제작자의 데이터베이스에 접근하는 특정행위를 위법하다고 보아 그에 대해 책임을 부과하는 접근방식(소위 '불법행위방식')을 채택하고 있다.[1] 우리나라는 그 중 전자의 방식을 채택한 것으로 볼 수 있다.

(2) 유럽의 동향

(가) EU의 데이터베이스보호지침

§20-6   1996. 3. 11. 유럽의회에서 '데이터베이스의 법적 보호에 관한 지침'[2]이 채택되었다. 이 지침은 데이터베이스를 "체계적이거나 조직적인 방법으로 배열하고 전자적이거나 그 밖의 다른 수단에 의하여 개별적으로 접근이 가능한 독립적인 저작물, 자료 기타 소재의 수집물"이라고 정의함으로써 모든 형태의 데이터베이스를 보호대상으로 한다(제1조 제2항).

EU 데이터베이스 보호지침의 가장 큰 특징은 모든 데이터베이스제작자에게 '독자적인 권리(sui generis right)', 즉 "데이터베이스 내용의 전부 또는 양적으로나 질적으로 실질적인 부분을 추출하거나 재이용하는 행위를 금지할 권리"를 부여하였다는 점이다(제7조). 이 권리는 데이터베이스가 저작권이나 그 밖의 권리로 보호받을 수 있는지 여부와 관계 없이 부여된다. 다시 말하면, 소재의 선택 또는 배열에 창작성이 있어서 저작권법에 의해 보호받는 데이터베이스일지라도 독자적인 권리를 가진다.[3] 이러한 권리를 향유할 수 있는 자는 "데이터베이스 소재의 취득, 검증 또는 표현에 대하여 양적으로나 질적으로 상당한 투자를 한 자," 즉 데이터베이스제작자이다. 그리고 데이터베이스제작자의 독자적인 권리에는 일정한 예외가 있으며(제9조), 그 보호기간은 제

---

1 염호준, 전게논문, 21면.
2 Directive 96/9/EC of the European Parliament and of the Council of 11 March 1996 on the legal protection of databases.
3 이와 같이 창작성이 있을 경우의 저작물로서의 보호와 중첩적으로 보호한다는 점 및 전자적 데이터베이스에 한하지 않고 비전자적 데이터베이스도 보호하는 점 등은 우리 저작권법상의 데이터베이스제작자 보호규정에서 그대로 받아들인 부분이다.

작 완료일의 다음해부터 기산하여 15년간이다(제10조).

　이 지침은 유럽연합의 회원국들에게 1998년 1월 1일까지 지침을 시행하는 법률, 시행령 및 시행규칙을 제정하여 발효시키도록 요구하고 있다.

(나) 각국의 수용

　위 지침에 따라 영국은 1997. 12. 18. '1997년 데이터베이스의 저작권 및 권리들에 관한 법률 (Copyright and Rights in Database Regulations 1997)'을 제정하여 1998. 1. 1.자로 발효시켰고, 독일은 1997. 7. 22. 멀티미디어법을 제정함으로써 데이터베이스에 관한 내용을 저작권법에 포함시켰으며, 프랑스는 1998. 7. 1. 특별법을 제정하여 지적재산권법 제 1 부 저작권 부분에 이를 수용하였다.[1]   §20-7

(3) 미국의 동향

　미국에서도 전화번호부 인명록에 대하여 창작성을 결하였다는 이유로 저작권법상의 보호를 부정한 1991년의 Feist 사건 판결을 계기로 창작성이 없는 데이터베이스의 법적 보호방안을 마련하기 위한 논의가 지속되어 왔다. 아래와 같이 수차례 데이터베이스 보호를 위한 입법을 시도한 바 있고 앞으로도 계속 시도할 것으로 보이지만, 이해집단간의 입장차가 너무 커서 합의점을 찾기까지는 적지 않은 시간이 걸릴 것으로 예상된다.[2]   §20-8

(가) 1996년 법안(H.R.3531)

　EU지침을 본받아 일정한 제한하에 데이터베이스의 무단 이용을 금지하여 데이터베이스소유자의 권리를 물권적으로 보호하는 내용의 법안으로서, 미국에서는 헌법상의 언론 자유 등 기본권 조항과의 관계에서 강력한 비판에 직면하였다.

(나) 1999년 법안(H.R.354, H.R. 1858)

　이들 법안에서는 데이터베이스제작자에게 준물권적인 권리를 부여하지 않고 단지 그 정보의 이용이 '부정이용행위'에 해당할 경우에 한하여 구제받을 수 있도록 규정하고 있다. 미국법상 부정경쟁 금지의 차원과 결부시킨 법안들이라고 할 수 있다.

(4) 일본의 경우

　일본은 데이터베이스를 창작성이 있을 경우에 한하여 저작물로서 보호한다. 과거에는 데이터베이스를 편집저작물의 규정에 포함시켜 편집저작물로 보호하였으나 1986년 저작권법을 개정하   §20-9

---

1 염호준, 전게논문, 22면. 자세한 내용은 채명기·이영록, 전게서, 44~53면 참조.
2 채명기·이영록, 전게서, 35면 등 참조.

여 별도의 저작물로 규정하였다. 그러나 결과적으로 달라진 점은 크게 없다. 즉, 일본 저작권법 제12조의2는 "데이터베이스로서 그 정보의 선택 또는 체계적인 구성에 창작성을 가지는 것은 저작물로 보호한다"고 규정하고 있는데 이는 편집저작물의 보호 요건과 흡사한 것이다. 일본에서도 창작성 없는 데이터베이스의 법적 보호에 관한 논의는 있는 것으로 보이나 아직 본격적인 입법화에 나서고 있지는 않은 것으로 보인다.[1]

4. 우리나라에서의 데이터베이스제작자 보호입법

§20-10　　우리나라에서도 지식정보사회의 진전으로 데이터베이스, 디지털콘텐츠 등에 대한 수요가 급증함에 따라 데이터베이스 제작 등에 드는 투자와 노력을 보호할 필요성이 꾸준히 제기되었고, 1999. 12. 3. 데이터베이스보호 및 이용에 관한 법률안[2]이 발의된 이후부터는 본격적으로 데이터베이스의 보호를 위한 입법방향에 대한 논의가 이루어져 왔다. 그 후 정보통신부와 문화체육관광부의 조정을 통해 데이터베이스제작자 보호규정을 문화체육관광부 소관의 저작권법에 두는 것으로 합의하여 결국 2003. 5. 27. 개정 저작권법에서 데이터베이스제작자의 보호규정을 신설함으로써 창작성 없는 데이터베이스도 일정한 요건하에 보호할 수 있게 되었다.[3]

　　우리 저작권법상의 보호규정은 유럽지침과 같이 물권방식을 취하여, 데이터베이스제작자에게 일정한 요건하에 배타적, 준물권적 권리를 부여하는 것으로 하였다. 창작성 없는 데이터베이스를 보호하는 면에서는 선진적 입법흐름에 일찍 합류한 것이라고 할 수 있다.

Ⅱ. 보호의 요건

1. 보호받는 데이터베이스

(1) 인적 범위

§20-11　　다음 각 호의 어느 하나에 해당하는 자의 데이터베이스는 이 법에 따른 보호를 받는다(법 제91조 제 1 항).

① 대한민국 국민
② 데이터베이스의 보호와 관련하여 대한민국이 가입 또는 체결한 조약에 따라 보호되는 외국인

국적만을 연결점으로 하여, 대한민국 국민이 제작한 것이거나 대한민국이 가입 또는 체결한

---

1 채명기·이영록, 전게서, 54면; 염호준, 전게논문, 23면 등 참조.
2 김영환, 정동영, 정호선 의원 외 19인에 의하여 발의된 위 법안은 국회임기만료로 폐기되었다.
3 염호준, 전게논문, 24면 참조.

조약에 따라 보호되는 외국인이 제작한 데이터베이스를 보호대상으로 하고 있는 것이다. 국적이 연결점이므로 예를 들어 대한민국에 상시 거주하는 외국인이라 하더라도 대한민국이 가입 또는 체결한 조약에 따라 데이터베이스를 보호할 의무를 지는 체약국 등의 국민이 아닌 한 법적 보호를 받지 못한다. 저작권 보호의 경우와는 다른 원리가 작동하고 있는 것이다.[1]

또한 위 규정에 따라 보호되는 외국인의 데이터베이스라도 그 외국에서 대한민국 국민의 데이터베이스를 보호하지 아니하는 경우에는 그에 상응하게 조약 및 저작권법에 따른 보호를 제한할 수 있다(같은 조 제 2 항). 이른바 '상호주의'를 채택한 것이다.

(2) 물적 범위

다음 각 호의 어느 하나에 해당하는 데이터베이스에 대하여는 이 장의 규정을 적용하지 아니한다(법 제92조).　§20-12

① 데이터베이스의 제작·갱신 등 또는 운영에 이용되는 컴퓨터프로그램
② 무선 또는 유선통신을 기술적으로 가능하게 하기 위하여 제작되거나 갱신등이 되는 데이터베이스

위 ①은 데이터베이스가 아니므로 데이터베이스 보호의 대상에서 제외되는 것이 당연하고, 컴퓨터프로그램보호법에 의하여 보호된다. EU지침[2]이나 미국 H.R.1858, H.R.354도 동일한 규정을 두고 있다.

위 ②의 의미에 대하여는 다음과 같이 견해가 나뉘고 있다.

제 1 설은 "이는 통신기술의 발전에 기여하는 것이므로 문화의 향상발전을 위한 소재를 보호하는 저작권법의 보호대상에서 제외한 것"이라고 주장하여[3] 그 범위를 넓게 보고 있는 것으로 생각된다.

제 2 설은 유무선 통신을 가능하게 하기 위한 인터넷 주소와 전자우편 주소 등의 필수적인 정보로 구성된 데이터베이스를 의미한다고 해석하는 견해이다.[4]

입법시 참고한 미국 법안 등의 규정에 비추어 볼 때 제 2 설이 입법취지에 부합하는 해석이라고 생각된다.[5]

---

1 최경수, 전게논문, 67면 참조.
2 EU지침 제 1 조 제 3 항 : 이 지침에 의한 보호는 전자적 수단에 의하여 접근 가능한 데이터베이스의 제작이나 운영에 이용되는 컴퓨터 프로그램에는 적용되지 아니한다.
3 허희성, "2003년 개정저작권법의 내용과 약설," 저작권연구 제 2 호, 259면.
4 최경수, 전게논문, 67면; 이상정, "데이터베이스제작자의 보호," 계간 저작권 제63호, 저작권심의조정위원회, 27면; 임원선(책임집필), 전게서, 257면; 서달주, 전게서, 425면 등.
5 정부는 당시 선행사례로서 유럽연합 지침과 1999년 미국 법안(H.R.335)을 검토한 바 있다. 양자 모두 컴퓨터프로그램을 보호대상에서 제외하고 있으나 후자에 관해서는 미국 법안만이 언급하고 있다. 이에 의하면, "디지털 온라인 정보통신의 어드레싱, 라우팅, 포워딩, 송신 및 저장, 디지털 온라인 정보통신에 사용되는 주소 등록 또는 디지털 온라인 정보통신을 위한 연결 접속을 제공하거나 수신하기 위한 … 정보집합물을 수록한 제품이나 서비스"(제1404조 (c))

§20-13 　　한편, 데이터베이스의 보호와 관련하여, 유일출처 정보의 취급이 문제 된다. 유일출처 정보라 함은 소스가 생성될 수 있는 출구가 하나인 정보를 말한다. 이러한 유일출처 정보 상황으로는 1) 배타적으로 사적 생산자에게 제공된 정부 데이터의 경우와 2) 전화가입자 정보, 스포츠 통계, 금융시장 거래 데이터 등과 같이 데이터베이스제작자 자신이 생산한 데이터의 경우가 예시되고 있다.

　　유일출처 정보는 그 정보를 원초적으로 독점하고 있는 특정인과의 계약을 통해 이용할 수 있는 길이 있을 수 있으나 어느 한 당사자에게만 독점적으로 이용허락을 한다거나 아무에게도 개방하지 않을 경우 그 정보를 이용한 사업에 폐쇄적 진입장벽이 생기게 된다.

　　이러한 문제 때문에 창작성 없는 데이터베이스의 법적 보호에 있어서 유일출처 정보의 취급이 중요한 고려대상으로 거론되고 있는 것이다. 그 처리 방안으로는 ① 아예 그러한 정보는 데이터베이스의 보호 대상에서 제외되도록 규정하는 방안, ② 보호를 인정하되, 강제허락 규정을 두는 방안, ③ 독점금지 등 기존 규제에 맡기는 방안 등이 있을 수 있다. 우리 저작권법은 ① 또는 ②의 규정을 두고 있지 않으므로 결과적으로 시장의 자율에 맡기면서 기존의 독점규제법에 저촉될 경우에 한하여 규제의 손길이 미칠 수 있도록 한 취지라고 보아야 할 것이다.[1]

2. 데이터베이스제작자

§20-14 　　'데이터베이스제작자'는 데이터베이스의 제작 또는 그 소재의 갱신·검증 또는 보충(이하 "갱신 등"이라 한다)에 인적 또는 물적으로 상당한 투자를 한 자를 말한다(법 제2조 제20호).

　　새로운 데이터베이스가 만들어지려면 생산된 소재를 수집하여 이를 체계적으로 배열 또는 구성하는 절차를 거치게 되는데, 위에서 본 바와 같이 저작권법상 데이터베이스란 '소재를 체계적으로 배열하거나 구성한 편집물'을 뜻하므로 제작이란 단순히 체계적으로 '배열'하거나 '구성'하는 행위로 제한된다고 볼 수도 있을 것이다. 그러나 일반적으로 소재의 배열과 구성을 위하여는 소재의 수집이 선행되어야 하고, 현실적으로 소재를 수집하기 위하여는 많은 시간과 노력이 필요한데, 데이터베이스 보호의 취지가 투입된 시간과 노력 등 투자를 보호하는 것이라는 점을 감안할 때 소재의 수집에 상당한 투자를 한 자도 데이터베이스제작자로 보호받아야 할 것이다.[2] 다만 이 경우에도 소재를 수집해 놓은 것만으로는 보호대상인 데이터베이스라고 할 수 없음은 물론이다.

에는 보호가 미치지 않도록 하고 있다. 하원 보고서에 따르면, 이것은 인터넷 기능에 장애를 가져오는 여하한 제품이나 서비스를 보호대상에서 배제하는 데 목적을 두고 있다고 하면서, 그러한 예로, 인터넷 스펙(Internet specifications), 도메인네임이나 주소 명부를 들고 있다. 이것이 권리관리정보의 요소인 경우(DOI나 메터데이터와 같이), 그에 대한 보호를 배제하는 것은 아니다. 최경수, 전게논문, 67면.

1 同旨 이상정, 전게논문, 30면.
2 同旨 염호준, 전게논문, 28~29면.

데이터베이스의 소재 자체의 생산은 '데이터베이스의 제작' 이전 단계로서 그것이 창작성 있는 저작물일 경우에 보호됨은 별론으로 하고, 이를 '데이터베이스 제작'에 해당하는 것으로 볼 수는 없다고 생각된다.[1]

데이터베이스의 '갱신 등'은 이미 완성된 데이터베이스를 보완하는 것이라 할 수 있다. 웹사이트 중에는 개설자가 웹사이트의 구조적인 설계를 하고 제작하여 관리를 하지만, 이용자들이 특정한 주제어에 관한 게시물을 자유롭게 작성하여 게시하거나 이미 게시된 내용을 자유롭게 수정하는 방식으로 운영되는 경우가 있는데, 그러한 경우에도 해당 사이트의 제작, 운영자가 사이트의 설계, 검색엔진 개발 및 업데이트, 자료접근성 향상노력, 서버관리 등 인적 또는 물적으로 상당한 투자를 하였거나 그 소재의 갱신, 검증 또는 보충을 위하여 인적 또는 물적으로 상당한 투자를 하였다고 인정될 경우에는 데이터베이스 제작자에 해당하는 것으로 볼 수 있다.[2]

결국 종합적으로 정리해 보면, 데이터베이스제작자란 소재의 수집, 배열, 구성, 갱신, 검증, 보충 등에 상당한 투자를 한 자를 의미한다고 해석된다.

다만 데이터베이스를 제작하거나 갱신 등을 하였다고 하여 모두 '데이터베이스제작자'로 인정되어 보호받는 것은 아니고 위 규정에서 보듯이 인적 또는 물적으로 상당한 투자를 할 것을 요한다. '상당한 투자'는 불확정 개념이므로 판단 기준을 세우기가 쉽지는 않으나, 인력의 사용이나 비용의 투입 등의 면에서 사회통념상 보호의 대상이 될 만한 투자를 한 경우를 의미하는 것으로 보아야 할 것이며, 반드시 고액의 비용이 들거나 많은 인력이 투입되어야 보호를 받을 수 있는 것으로 볼 것은 아니다. 인적 투자는 인력 투입을, 물적 투자는 설비나 기타 제작비용을 포괄하는 것으로 볼 수 있다.[3] 판례에 의하면, 데이터 양이 적은 것[4] 또는 기존의 다른 출판물 등을 상당 부분 그대로 이용한 것[5] 등은 '상당한 투자'를 인정하는 데 크게 불리한 요소로 작용하는 것으로 판단되었다. 창작적 활동을 유인하고 보호하는 것이 아니라, 투자 자체를 보호하는 것에 취지가 있으므로 저작물의 창작성 유무를 판단하는 것과는 다른 기준과 관점에서 투자의 정도를 중심으

---

1 영국 경마위원회에 의해 축적된 경주정보의 보호가 문제된 사건에서 유럽사법재판소도 같은 취지에서 "데이터베이스의 내용을 구성하는 데이터 자체의 창작에 대한 투자는 상당한 투자에 해당하지 않는다"는 이유로 보호를 부정한 바 있다. 염호준, 전게논문, 29면 참조.

2 '리그베다위키'라는 명칭의 웹사이트의 이용자 게시물 데이터베이스의 보호가 문제된 사안에 대한 서울고등법원 2016. 12. 15. 선고 2015나2074198 판결이 바로 그러한 사례(사이트의 제작, 운영자가 사이트의 설계, 검색엔진 개발 및 업데이트, 자료접근성 향상 노력, 서버관리 등 인적 또는 물적으로 상당한 투자를 하였고 그 소재의 갱신, 검증 또는 보충을 위하여도 인적 또는 물적으로 상당한 투자를 한 것으로 인정되었음)에서 웹사이트 제작, 운영자를 데이터베이스제작자로 인정하였다. 위 판결에 대한 소개는 최승수, "온라인 사이트에 대한 저작권법상 데이터베이스제작자의 권리", 저작권문화 Vol. 270, 한국저작권위원회, 28~29면 참조.

3 최경수, 전게논문, 68면.

4 서울중앙지방법원 2012. 1. 12. 선고 2011가합76742 판결 참조.

5 부산지방법원 2010. 9. 2. 선고 2010가합2230 판결(§20-15) 참조.

로 따져야 할 것임은 물론이다.

§20-15   ❖부산지방법원 2010. 9. 2. 선고 2010가합2230 판결

원고가 데이터베이스제작자로서의 권리를 가지는지에 관하여 살피건대, '데이터베이스'는 소재를 체계적으로 배열 또는 구성한 편집물로서 개별적으로 그 소재에 접근하거나 그 소재를 검색할 수 있도록 한 것을 말하고(저작권법 제 2 조 제19호), '데이터베이스제작자'는 데이터베이스의 제작 또는 그 소재의 갱신검증 또는 보충에 인적 또는 물적으로 상당한 투자를 한 자를 말하는데(같은 조 제20호), 이 사건의 경우, 원고 주장과 같이 이 사건 한자 부분이 데이터베이스에 해당하더라도 이 사건 한자 부분은 그 대부분이 원고 도서 이전에 이미 발행된 도서인 위 「○○○ 사전」 중 216면부터 340면까지와 거의 동일한 사실은 앞서 본 바와 같고, 달리 원고가 이를 제작 또는 그 소재의 갱신검증 또는 보충에 인적 또는 물적으로 상당한 투자를 하였음을 인정할 만한 증거가 없으므로 원고가 데이터베이스제작자로서의 권리를 가진다고 할 수 없다.

▷NOTE : 위 판결은 비록 데이터베이스제작자의 보호에 있어서 창작성은 요건이 아니지만, 기존의 도서 등의 내용을 상당부분 그대로 이용한 것과 같은 경우에는 그 제작자가 데이터베이스의 "제작 또는 그 소재의 갱신검증 또는 보충에 인적 또는 물적으로 상당한 투자를 하였음"을 인정하는 데 불리하게 참작하는 요소로 보고 있음을 보여주는 사례이다. 인적 또는 물적 투자의 상당성 여부는 데이터베이스제작자의 권리를 주장하는 측에서 입증하여야 할 사항으로서 그 입증 여부는 증거법적인 문제로서 사안마다 개별적으로 따져보아야 하는 일이지만, 데이터베이스의 구성 내용의 대부분이 기존의 서적 등에서 이용한 것이라면, 다른 특별한 사정이 없는 한 인적 또는 물적으로 상당한 투자를 하였다고 인정하기 어려울 것이다.

Ⅲ. 데이터베이스제작자의 권리

1. 권리의 내용

§20-16   데이터베이스제작자는 당해 데이터베이스의 전부 또는 상당한 부분을 복제 · 배포 · 방송 또는 전송할 권리를 가진다(법 제93조 제 1 항).

복제(§13-3), 배포(§13-55), 방송(§13-38), 전송(§13-39) 등의 개념은 저작재산권에 관한 장에서 설명한 바와 같다. 데이터베이스 이용의 경우 이 4가지가 주축을 이룰 것이고 공연, 전시 등은 문제 되지 않을 것이라는 점에서 위 4가지만으로 권리의 내용을 정한 것이다.[1]

---

1 최경수, 전게논문, 69면.

다만 '당해 데이터베이스의 전부 또는 상당한 부분'을 위와 같은 방법으로 이용할 경우에만 그 권리의 침해가 된다. 여기서 말하는 '상당한 부분' 역시 불확정개념이므로 어느 정도를 상당한 부분이라고 볼 수 있을지는 결국 판례의 집적에 의하여 해결되어야 할 것이다. 유럽 각국의 판결례를 보면 양적인 상당성만이 아니라 질적인 상당성도 고려하여 데이터베이스의 내용 중 핵심적인 정보를 지니고 있는지 여부, 가장 전략적이고 최신의 정보인지 여부, 데이터베이스 제작과정에서 문제된 부분을 수집, 검증, 표현하기 위하여 한 투자의 정도 등을 고려하여 판단하고 있다고 한다.[1]

요컨대, 복제 등으로 이용한 부분이 '상당한 부분'에 해당하는지 여부를 판단함에 있어서 중요한 기준은 그 부분이 데이터베이스제작자가 들인 투자의 상당한 양 또는 질을 체화하고 있는지 여부에 있다고 할 수 있다.

2. 개별 소재의 보호

데이터베이스의 개별 소재는 위 규정에 의한 당해 데이터베이스의 상당한 부분으로 간주되지 아니한다. 다만, 데이터베이스의 개별 소재 또는 그 상당한 부분에 이르지 못하는 부분의 복제 등이라 하더라도 반복적이거나 특정한 목적을 위하여 체계적으로 함으로써 당해 데이터베이스의 통상적인 이용과 충돌하거나 데이터베이스제작자의 이익을 부당하게 해치는 경우에는 당해 데이터베이스의 상당한 부분의 복제 등으로 본다(법 제93조 제 2 항).[2] 원칙적으로 데이터베이스제작자의 권리가 그 데이터베이스의 구성부분이 되는 소재에 대하여 미치는 것은 아니나(같은 조 제 4 항),

§20-17

---

1 염호준, 전게논문, 31면 참조.
2 판례를 보면, '데이터베이스의 상당한 부분'을 복제한 것으로 인정된 사례보다는 데이터베이스의 개별 소재의 복제를 반복적이거나 특정한 목적을 위하여 체계적으로 함으로써 당해 데이터베이스의 통상적인 이용과 충돌하거나 데이터베이스 제작자의 이익을 부당하게 해치는 경우라고 인정된 사례가 많은 것으로 보인다. 서울고등법원 2010. 6. 9. 선고 2009나96306 판결(§20-18) 외에 다음의 판결들이 그에 해당하는 사례들이다.
　서울중앙지방법원 2018. 6. 27. 선고 2017가합556332 판결 : "피고가 이 사건 사이트를 운영하면서 영업에 이용할 목적으로 반복적으로 크롤링 방식에 의하여 원고 사이트의 분양정보 웹페이지의 HTML 소스를 복제하는 방법으로 게재된 분양정보를 모두 복제한 후 이 사건 사이트 서버에 저장하였고, 이후 일부를 선별하여 이 사건 사이트에 게재한 사실은 앞서 본 바와 같고, 갑 제27, 28호증의 각 기재에 변론 전체의 취지를 종합하면, 피고는 포털 사이트에 원고 사이트와 달리 이 사건 사이트가 무료임을 강조하면서 방문자들을 유인하기도 한 사실이 인정되므로, 위 인정사실에 의하면, 피고는 별도의 마케팅비용 등의 지출 없이 피고의 영업에 이용할 목적으로 반복적, 체계적으로 원고 데이터베이스의 분양정보 부분을 복제하는 게재행위를 함으로써 데이터베이스 제작자인 원고의 이익을 부당하게 해쳤다고 할 것이고, 따라서 이러한 피고의 행위에 의하여 저작권법 제93조 제 2 항, 제 1 항에서 정하고 있는 원고의 데이터베이스 제작자의 권리가 침해되었다고 봄이 상당하다."
　서울동부지방법원 2014. 12. 24. 선고 2014가합104306판결 : "피고들은 원고의 데이터베이스의 개별 소재에 해당하는 각 경매사건의 매각대금에 관한 정보들(위와 같이 원고가 의도적으로 틀리게 수정·입력하여 게시한 것뿐만 아니라 그밖에도 상당수의 정보들이 포함되었을 것으로 보인다)의 복제물을 반복적으로 영업목적을 위하여 체계적으로 자신들의 인터넷 홈페이지에 게시함으로써 원고의 저작권법 제93조의 데이터베이스 제작자의 권리를 침해하였다고 할 수 있다."

실질적으로 위와 같이 개별 소재의 이용이 데이터베이스복제권 침해로 간주되는 경우가 있다는 점에서 편집저작물에 대한 기존의 보호범위를 넘어선 면이 있다. 따라서 데이터베이스가 편집저작물로 보호될 수 있는 경우에도 소재의 보호를 위해서는 데이터베이스제작자에 대한 보호 규정을 원용할 경우가 있을 수 있다. 그러한 중첩적인 보호가 EU 지침 등과 마찬가지로 우리 법이 예정하고 있는 것임은 앞서 살펴본 바와 같다.

실제로 편집저작물의 경우에는 소재의 선택, 배열, 구성에 내포된 창작성이 보호의 대상이 되므로(§5-56 참조) 소재 자체의 보호는 논리적으로 불가능한 일이지만, 데이터베이스제작자의 보호는 창작성과 무관하게 데이터베이스 제작 및 소재의 갱신 등에 깃들여진 노력과 투자를 보호하는 것이므로 소재 자체에도 데이터베이스제작자의 수집, 갱신, 검증, 보충 등의 노력이 깃들어 있는 것이므로 보호의 대상에서 완전히 제외되어야 할 논리적인 근거는 없는 것이다.

다만 그 복제 등이 반복적이거나 특정한 목적을 위하여 체계적으로 함으로써 당해 데이터베이스의 통상적인 이용과 충돌하거나 데이터베이스제작자의 이익을 부당하게 해치는 경우에만 침해를 구성하게 되는데, 여기서 "통상적인 이용과 충돌"한다는 것은 자신의 데이터베이스의 개별 소재를 상당한 정도 복제 등의 방법으로 추출하여 제작하여 내놓은 상품이 시장에서 자신의 데이터베이스와 경쟁하는 상황에 놓인다거나 아니면 자신의 현재적이거나 잠재적 시장에 영향을 미칠 정도로 복제 등이 되는 경우를 의미하는 것이다(§14-221 참조). "이익을 부당하게 해치는 경우"는 그보다 정도는 약한 것으로서 제작자가 통상적으로 이용허락을 해서 얻을 수 있는 이익을 부당하게 상실하는 것을 의미한다고 해석된다.[1]

한편, 이 규정의 해석과 관련하여 개별 소재가 동일하지만 그 배열이나 구성이 전혀 상이하고 독자적인 데이터베이스를 제작한 경우 이를 제작자의 권리를 침해한 것으로 볼 것인지 여부에 관하여 논의가 있다.[2]

긍정설은 위 규정의 해석상 개별 소재가 동일하다면 아무리 그 배열이나 구성을 달리하더라도 침해라고 보아야 한다고 한다.[3] 부정설은 데이터베이스 보호의 취지가 편집의 노력을 보호하기 위한 것이라는 점을 감안할 때 현행법 해석으로도 그러한 경우에는 침해가 아니라고 보아야 할 것이라고 주장한다.[4]

생각건대, 소재를 별도의 노력으로 수집, 가공하였으면 당연히 침해가 아닐 것이나 다른 데

---

1 최경수, 전게논문, 70면 참조.

2 염호준, 전게논문, 33~34면 참조.

3 정상조, "저작권법에 의한 데이터베이스 보호의 문제점," 데이터베이스 보호, 서울대학교 기술과 법 센터 2003-6, 55면(다만 입법론적으로는 이와 같은 소재 보호에 비판적인 의견이다).

4 한지영, "데이터베이스의 법적 보호에 관한 연구," 서울대학교 대학원, 2005, 41~43면.

이터베이스제작자의 투자를 통해 수집, 검증, 보충된 것을 그대로 추출하여 이용한 것이라면 데이터베이스의 그러한 노력과 투자를 보호하는 취지를 가진 법의 취지상 '데이터베이스제작자의 통상적인 이용과 충돌하고 그의 이익을 부당하게 해친 경우'에 해당하는 것으로 봄이 타당할 것이다.

위와 같이 소재의 이용이 특수한 요건을 갖춘 경우 침해를 구성하는 경우가 있지만 그것이 소재에 대하여 새로운 권리를 창설하는 취지는 아니므로 비록 데이터베이스에서 추출된 부분이라 할지라도 그것이 일단 그 데이터베이스성이 상실되는 맥락에서 사용되었다면 이를 다시 이용하는 것에는 데이터베이스제작자의 권리가 미치지 아니한다.[1]

 **판 례**

❖서울고등법원 2010. 6. 9. 선고 2009나96309 판결 ─ '종합물가정보' 사건   §20-18

〈사실관계〉

원고는 시중물가 전문조사기관으로서 '종합물가정보'라는 이름의 월간지(이하 '원고 물가정보지'라고 한다)를 출판하는 사단법인이고, 피고는 건설소프트웨어 개발회사로서 건설공사 원가계산을 위한 '○○○ 프로그램'(이하 '피고 프로그램'이라고 한다)을 제작, 판매하는 회사이다. 원고 물가정보지는 기업이 공공기관 등에서 발주하는 공사입찰 등에 응하기 위해 공사내역서를 작성할 때에 시기별로 조사된 각종 물품에 대한 가격정보를 이용해 공사원가를 산출하기 위하여 사용되는 물가정보 자료인데, 유사한 가격정보가 원고의 홈페이지에도 게시되기는 하지만, 공사내역서에 물가정보의 정확한 근거를 밝히기 위해서는 물가정보가 수록된 물가정보지의 발행 호수와 쪽수를 기입해야 하므로, 정확한 물가정보의 출처를 밝히기 위해서는 해당 물가정보지를 구입하여야 한다. 원고는 1989년 설립 이래 매달 조사대상인 물품을 선정한 후 직원으로 하여금 해당 물품공급업체를 방문설문하는 등으로 물품을 상품명칭, 규격, 단위, 가격 순서로 조사하게 하여 왔고, 이와 같이 수집된 정보를 공통자재, 토목자재, 건축자재, 급배수건축설비, 기계공구환경, 전기자재, 정보통신기자재 등으로 분류하고 이를 다시 여러 세부항목으로 분류하여 2007년 3월부터 2007년 12월까지 매달 19만 5,000개에서 20여 만 개의 개별 가격정보를 담아서 원고 물가정보지를 발행하였다. 원고의 수익은 물가정보지 판매수익과 물가정보지에 게재되는 광고수익으로 구성되어 있다.

한편, 피고 프로그램 역시 1992년 개발된 이래 기업이 공사내역서 등을 작성할 때에 프로그램 내에서 공사원가를 산출해 예산을 확정하기 위하여 사용되는 건설 관련 물가정보 산출 프로그램으로, 피고는 그 구성요소의 하나인 설계예산내역관리 프로그램을 통해 예산이 도출되는 과정에서 공사원가를 구성하는 자재비 계산이 이루어지도록 하기 위하여 정부 또는 원고와 같은 물가정보지 발행업체가 발행배포한 가격정보지로부터 물가정보를 추출하여 이를 피고 프로그램의 데이터 항목으로 구성해 왔다.

피고는 2007년 3월, 6월, 9월, 12월에 원고 물가정보지에서 분기별로 7,361개 상당의 물가정보를

---

1 임원선(책임집필), 전게서, 258면.

추출하여 이를 피고 프로그램에 연동할 수 있는 데이터파일로 만든 다음(이하 '피고 데이터파일'이라고 한다), 2007년 3월부터 2007년 12월까지 피고 프로그램에서 가격을 비교사용하는 자료로 피고 데이터파일을 유료회원들에게 배포하였다. 피고 데이터파일은 원고 물가정보지에 수록된 가격정보 중에서도 원고의 홈페이지에서 검색순위가 1위부터 100위 사이에 이르는 사용빈도가 높은 정보들로 구성되어 있고, 한편 피고는 피고 데이터파일의 출처를 밝히지 않고 그에 대한 권리가 피고에게 있다는 취지의 안내문을 게시한 채 피고 데이터파일을 배포하였다.

〈법원의 판단〉

"데이터베이스"는 소재를 체계적으로 배열 또는 구성한 편집물로서 개별적으로 그 소재에 접근하거나 그 소재를 검색할 수 있도록 한 것을 말하고(저작권법 제2조 제19호), "데이터베이스제작자"는 데이터베이스의 제작 또는 그 소재의 갱신검증 또는 보충에 인적 또는 물적으로 상당한 투자를 한 자를 말하며(같은 조 제20호), 데이터베이스제작자는 그의 데이터베이스의 전부 또는 상당한 부분을 복제배포방송 또는 전송(이하 '복제 등'이라고 한다)할 권리를 가진다(저작권법 제93조 제1항). 데이터베이스의 개별 소재는 당해 데이터베이스의 상당한 부분으로 간주되지 아니하나, 다만 데이터베이스의 개별 소재 또는 그 상당한 부분에 이르지 못하는 부분의 복제등이라 하더라도 반복적이거나 특정한 목적을 위하여 체계적으로 함으로써 당해 데이터베이스의 통상적인 이용과 충돌하거나 데이터베이스제작자의 이익을 부당하게 해치는 경우에는 당해 데이터베이스의 상당한 부분의 복제등으로 본다(저작권법 제93조 제2항).

이 사건의 경우, 인정 사실에 따르면, 원고 물가정보지는 2007년 3월부터 2007년 12월까지 발행한 잡지에 19만 5,000개에서 20여 만 개의 물품의 시중단가를 체계적으로 배열하여 수록함으로써 이용자가 원고 물가정보지로부터 개별 소재인 가격정보를 일정한 기준에 따라 검색할 수 있도록 하였으므로, 원고 물가정보지는 데이터베이스에 해당하고, 나아가 원고는 매달 조사대상인 물품을 선정한 후 직원으로 하여금 해당 물품공급업체를 방문설문하는 등으로 가격정보를 조사하게 하는 방식으로 자료를 모아 왔고, 이와 같이 수집된 정보를 여러 기준에 따라 분류하여 수록함으로써 원고 물가정보지의 제작 또는 그 소재의 갱신검증 또는 보충에 인적 또는 물적으로 상당한 투자를 하였으므로, 원고는 원고 물가정보지에 대한 데이터베이스제작자에 해당한다.

따라서 원고는 타인에 대하여 원고 물가정보지의 전부 또는 상당한 부분을 복제배포하지 말 것을 청구할 수 있다고 할 것인데, 피고는 2007년 3월, 6월, 9월, 12월에 원고 물가정보지에서 원고의 홈페이지에서 검색순위가 1위부터 100위 사이에 이르는 가격정보로서 원고 물가정보지에서 질적으로 상당한 정도의 분량을 차지하는 가격정보 가운데 분기별로 7,361개 상당의 물가정보를 추출하여 피고 프로그램에 연동할 수 있는 피고 데이터파일로 만들어 이를 피고의 유료회원들에게 배포하였으므로, 피고는 원고의 데이터베이스제작자로서의 권리를 침해하였다. 비록 원고 물가정보지에 수록된 가격정보가 사실에 관한 정보라고 해도 원고가 원고 물가정보지의 제작 또는 그 소재의 갱신검증 또는 보충에 인적 또는 물적으로 상당한 투자를 한 이상에는 그에 따른 데이터베이스제작자로서의 권리를 보호해 주어야 한다는 점에 이론이 있을 수 없고, 원고 물가정보지에 담긴 가격정보가 국가나 지방자치단체에 의해 조사되어 공표되는 자료도 아닌 이상, 이를 두고 저작권법 제7조 제2호에서 정한 고시, 공고,

훈령, 그 밖의 이와 유사한 것에 해당한다고 할 수도 없다.

피고는 단순히 원고 물가정보지의 개별 소재를 사용한 것에 불과하여 데이터베이스의 상당한 부분을 복제한 것이라고 할 수 없다고도 주장하나, 앞에서 본 바와 같이 피고가 원고의 홈페이지에서 검색순위가 1위부터 100위 사이에 이르는 중요한 가격정보만을 추출해 피고 데이터파일을 만든 이상, 이를 두고 단순히 원고 물가정보지의 개별 소재를 사용한 것에 불과하다고 할 수 없을 뿐만 아니라, 인정사실에 따르면, 원고의 수익은 물가정보지 판매수익과 물가정보지에 게재되는 광고수익으로 구성되어 있고, 기업이 공사내역서에 물가정보의 정확한 근거를 밝히기 위해서는 물가정보가 수록된 물가정보지의 발행 호수와 쪽수를 기입해야 하기 때문에 그 기입을 위해서는 해당 물가정보지를 구입할 수밖에 없는데, 이러한 점은 저작권법 제93조 제 2 항 단서에서 정한 바와 같이, 데이터베이스의 개별 소재 또는 그 상당한 부분에 이르지 못하는 부분의 복제등이라 하더라도 반복적이거나 특정한 목적을 위하여 체계적으로 함으로써 당해 데이터베이스의 통상적인 이용과 충돌하거나 데이터베이스제작자의 이익을 부당하게 해치는 경우에 해당한다고 볼 수 있으므로, 이러한 관점에서 보더라도 피고는 원고 물가정보지의 상당한 부분을 복제한 것으로 볼 수밖에 없다.

▷NOTE : 위 사건에서 피고는 피고가 데이터베이스의 상당한 부분을 이용한 것이 아니라 개별 소재를 사용한 것에 불과하므로 원고가 가지는 데이터베이스제작자로서의 권리를 침해하지 않았다는 취지로 주장한 데 대하여, 법원은 피고가 이용한 데이터베이스의 양적·질적 측면을 종합할 때 데이터베이스의 '상당한 부분'을 복제하여 이용한 것으로 볼 수 있을 뿐만 아니라 설사 그렇지 않다 하더라도('개별소재'의 복제 또는 '상당한 부분에 이르지 못하는 부분'의 복제라 하더라도) 구체적 사안에 비추어 반복적이거나 특정한 목적을 위하여 체계적으로 함으로써 당해 데이터베이스의 통상적인 이용과 충돌하거나 데이터베이스제작자의 이익을 부당하게 해치는 경우에 해당한다고 볼 수 있다는 이유로 피고의 주장을 배척하고 있다. 아직 이 부분에 관한 판례가 많이 축적되지 않은 상태에서, 구체적인 사안에서 데이터베이스 제작자의 권리침해 여부를 판단할 때 참고로 할 수 있는 의미 있는 선례라 생각된다.

❖대구지방법원 2013. 9. 5. 선고 2012가합4210 판결

… 살피건대, 이 사건 각 홈페이지는 원고들이 소속된 부동산중개사무소가 중개하는 부동산 매물을 대중에게 알리고 부동산 거래를 원하는 사람 등에게 부동산 매물에 관한 정보를 제공하기 위해 만들어진 것으로서, 동종 업체의 홈페이지에서도 일반적으로 사용되는 구성 및 내용으로 그 소재의 선택 및 배열방법에 있어 제작자의 개성을 인정하기 어려우므로, 위 홈페이지의 구성 및 내용을 저작권법에 의해 보호되는 편집저작물로 보기는 어렵다.

4. 데이터베이스제작자의 권리 침해로 인한 손해배상청구에 관한 판단

가. 이 사건 각 홈페이지의 데이터베이스 해당 여부

… 살피건대 이 사건 각 홈페이지는 대구와 경산시의 원룸 등을 지역, 부동산 종류, 가격, 면적 등으로 분류하고 이를 체계적으로 배열하여 수록함으로써 이용자가 이 사건 각 홈페이지로부터 개별 소재인 매물 정보 및 이 사건 각 사진을 일정한 기준에 따라 검색할 수 있도록 하였으므로, 원고들의 홈페이지는 데이터베이스에 해당한다.

또한 원고들은 직접 원룸 등의 사진을 촬영하는 방식으로 자료를 모아왔고, 이와 같이 수집된 정보를 여러 기준에 따라 분류하여 수록함으로써 부동산 중개 정보 홈페이지의 제작 또는 그 소재의 갱신, 검증 또는 보충에 인적 또는 물적으로 상당한 투자를 하였으므로, 원고들은 이 사건 각 홈페이지에 대한 데이터베이스제작자에 해당한다.

나. 원고들의 권리 침해 여부

1) 데이터베이스제작자는 그의 데이터베이스의 전부 또는 상당한 부분을 복제, 배포, 방송 또는 전송(이하 '복제등'이라고 한다)할 권리를 가진다(동법 제93조 제1항). 데이터베이스의 개별 소재는 제1항의 규정에 따른 당해 데이터베이스의 상당한 부분으로 간주되지 아니한다. 다만, 데이터베이스의 개별 소재 또는 그 상당한 부분에 이르지 못하는 부분의 복제등이라 하더라도 반복적이거나 특정한 목적을 위하여 체계적으로 함으로써 당해 데이터베이스의 통상적인 이용과 충돌하거나 데이터베이스제작자의 이익을 부당하게 해치는 경우에는 당해 데이터베이스의 상당 부분의 복제등으로 본다(동법 제93조 제2항).

2) 살피건대, 피고들은 그들의 부동산중개업을 위하여 원고들의 승낙을 받지 아니하고 이 사건 각 홈페이지에 게시되어 있는 이 사건 각 사진을 반복적으로 게시하였으므로 피고들은 원고들의 데이터베이스제작자로서 그들의 데이터베이스를 복제할 권리를 침해하였다. 따라서 피고들은 이로 인한 손해배상을 할 의무가 있다. [중략]

3) 한편 원고들은 데이터베이스제작자의 저작인격권 내지 이와 유사한 권리가 침해되었음을 이유로 하는 손해배상도 청구하는 것으로 보이나, 앞서 본 바와 같이 데이터베이스제작자는 그의 데이터베이스의 전부 또는 상당한 부분을 복제, 배포, 방송 또는 전송할 권리를 가지는데, 이는 저작권법 제16조 내지 제22조에서 규정하는 저작재산권에 대응하는 권리로 볼 수 있을 뿐, 동법 제11조 내지 제15조에서 규정하는 저작인격권에 대응하는 권리로 볼 수 없다.

따라서 데이터베이스제작자에게 저작인격권 또는 이와 유사한 권리가 인정됨을 전제로 하는 원고들의 주장은 이유 없다.

▷NOTE : 위 판결은 홈페이지에 부동산 정보를 모아 검색할 수 있는 형태로 제공하고 있는 것을 데이터베이스로 인정하고, 그 데이터베이스의 개별 소재인 부동산 사진들을 다른 부동산 사이트에 반복적으로 게시한 것을 '개별 소재의 반복적 이용'으로 인정하여 데이터베이스제작자의 권리침해로 인정한 사례이다. 데이터베이스제작자의 권리는 재산권적 성격을 가지므로, 저작인격권에 상응하는 권리의 성격은 없다고 본 위 3)의 결론도 타당하다.

Ⅳ. 데이터베이스의 구성부분이 되는 소재의 저작권과의 관계

§20-19   저작권법상의 데이터베이스제작자 보호는 데이터베이스의 구성부분이 되는 소재의 저작권 그 밖에 이 법에 따라 보호되는 권리에 영향을 미치지 아니한다(법 제93조 제3항).

이는 편집저작물에 대한 저작권의 경우와 거의 같다고 할 수 있다. 즉, 소재의 저작권자의 동의를 받지 않은 경우 그 복제권 침해가 될 수 있으나, 그로 인해 적법성이 결여된 경우에도 제3자와의 관계에서는 데이터베이스제작자로서의 권리를 주장할 수 있다.

V. 데이터베이스제작자의 권리 제한

저작권법 제94조는 데이터베이스제작자의 권리 제한사유를 규정하고 있다. 우선 그 제1항에서 저작재산권의 제한에 관한 규정들(제23조·제28조 내지 제34조·제35조의2·제35조의3·제36조 및 제37조 등)(§14-1 이하 참조)을 폭넓게 준용하고, 제2항에서는 제한의 영역을 대폭 확대하여 ① 교육·학술 또는 연구를 위하여 이용하는 경우(다만, 영리를 목적으로 하는 경우는 제외), ② 시사보도를 위하여 이용하는 경우 중 하나에 해당하는 경우에는 누구든지 데이터베이스의 전부 또는 그 상당한 부분을 복제·배포·방송 또는 전송할 수 있다고 규정하고 있다. 만약 이러한 제한사유가 무제한적으로 활용된다면 데이터베이스제작자의 경제적 권익에 큰 위협이 될 수도 있을 정도이다. 그러한 점을 감안하여 저작권법은 제2항의 단서로 "다만, 당해 데이터베이스의 통상적인 이용과 저촉되는 경우에는 그러하지 아니하다"고 규정하고 있다. 따라서 교육, 학술, 연구에 종사하는 기관을 고객층으로 하여 제작된 데이터베이스가 있을 경우에 이를 유상으로 이용하지 않고 무단 복제하여 이용한다면 그것은 법이 허용하는 범위를 넘어선 것이라고 보아야 할 것이다.

§20-20

한편, 저작재산권의 법정허락에 관한 법 제50조(§15-2 이하), 제51조(§15-8 이하)의 규정도 데이터베이스의 이용에 관하여 준용된다(법 제97조).

VI. 데이터베이스제작자의 권리의 양도·행사 등

데이터베이스제작자의 권리의 양도, 이용허락, 거래제공(배포권 소진의 원칙), 데이터베이스제작자의 권리를 목적으로 하는 질권의 행사, 공동데이터베이스에 대한 데이터베이스제작자의 권리행사, 데이터베이스제작자의 권리의 소멸, 데이터베이스의 배타적발행권의 설정, 그리고 데이터베이스제작자의 권리 및 데이터베이스제작자의 권리의 배타적발행권 등록 등에 대해서는 저작재산권에 관한 관련 규정이 모두 준용되도록 하고 있다(법 제96조, 제98조). '신탁관리'가 가능한 대상에도 데이터베이스제작자의 권리가 포함된다(법 제2조 제26호).

§20-21

VII. 보호기간

§20-22   데이터베이스제작자의 권리는 데이터베이스의 제작을 완료한 때부터 발생하며, 그 다음 해부터 기산하여 5년간 존속한다(법 제95조 제1항). EU 지침 등이 15년을 존속기간으로 정하고 있는 것에 비추어 지나치게 짧은 기간으로 정한 것은 문제이다.[1]

데이터베이스의 갱신등을 위하여 인적 또는 물적으로 상당한 투자가 이루어진 경우에 당해 부분에 대한 데이터베이스제작자의 권리는 그 갱신 등을 한 때부터 발생하며, 그 다음 해부터 기산하여 5년간 존속한다(같은 조 제2항).

갱신 등에 소재의 배열이나 구성을 바꾸는 경우도 포함되는가. 인적 물적으로 상당한 투자가 이루어진 경우에는 소재의 수집, 배열, 구성, 검증, 갱신, 보충 등 어떤 행위이든 여기에 포함되는 것으로 보아야 할 것이다. 즉, 법에서 '데이터베이스제작자'로 인정하는 범위에 포함되는 것으로 보이는 행위를 한 것인 한, 그 행위가 무엇인지와는 관계없이, 인적·물적인 상당한 투자가 있었는지 여부만을 판단기준으로 삼는 것이 타당하다.[2]

VIII. 기술적 보호조치의 보호

§20-23   개정 저작권법은 접근통제적 기술적 보호조치를 포함한 기술적 보호조치의 무력화행위 등을 금지하는 규정(제104조의2)을 두고 있는데(자세한 것은 §31-1 이하 참조), 이 규정에서 보호하는 기술적 보호조치의 개념에는 데이터베이스제작자의 권리를 보호하기 위한 기술적 보호조치도 포함된다(법 제2조 제28호 참조). 제124조 제2항은 "정당한 권리 없이 저작권 그 밖에 이 법에 따라 보호되는 권리의 기술적 보호조치를 제거·변경·우회하는 등 무력화하는 것을 주된 목적으로 하는 기술·서비스·제품·장치 또는 그 주요 부품을 제공·제조·수입·양도·대여 또는 전송하는 행위는 저작권 그 밖에 이 법에 따라 보호되는 권리의 침해로 본다"고 규정하고 있는데, 여기서 "이 법에 따라 보호되는 권리"에는 데이터베이스제작자의 권리도 포함된다.

IX. 콘텐츠산업 진흥법과의 관계

§20-24   뒤에서 살펴보는 바와 같이 콘텐츠산업 진흥법에서도 콘텐츠의 무단 복제 등으로부터 콘텐

---

1 최경수, 전게논문, 71, 72면 참조.
2 同旨 한지영, 전게논문, 46면.

츠제작자를 보호하는 규정을 두고 있어 저작권법상의 데이터베이스제작자 보호규정과 위 법상의 콘텐츠제작자 보호규정의 관계가 문제 된다. 저작권법상의 데이터베이스의 개념과 콘텐츠산업 진흥법상의 콘텐츠의 개념을 비교해 보면, 콘텐츠의 개념이 반드시 소재의 집합물일 것을 요하지 않고 체계적으로 배열 또는 구성하여 소재를 개별적으로 접근 또는 검색할 수 있도록 할 것을 요건으로 하지 않는다는 점에서 보다 넓은 개념이라고 할 수 있다. 즉 콘텐츠 중 일부가 데이터베이스에 해당할 것이다.

양법의 관계와 관련하여 콘텐츠산업 진흥법 제 4 조 제 2 항은 "콘텐츠제작자가 「저작권법」의 보호를 받는 경우에는 같은 법을 이 법에 우선하여 적용한다"고 규정하고 있다. 따라서 양법에 의한 보호가 경합할 경우에는 저작권법에 의한 데이터베이스제작자 보호가 우선적으로 적용된다고 보아야 한다.[1] 다만, 단지 데이터베이스의 개념에 해당한다는 것만으로 저작권법 적용이 있는 것으로 볼 것이 아니라 '보호를 받는' 경우에만 그러하므로, 데이터베이스에 해당하더라도 그것이 저작권법의 보호요건을 갖추지 못한 경우에는 콘텐츠산업 진흥법에 의한 보호가 동법의 요건하에서 주어질 수 있다.

X. 벌   칙

데이터베이스제작자의 권리를 복제·배포·방송 또는 전송의 방법으로 침해한 자는 3년 이하의 징역 또는 3천만원 이하의 벌금에 처해진다(법 제136조 제 2 항 제 3 호). 저작재산권이나 저작인접권 침해죄에 대하여는 5년 이하의 징역 또는 5,000만원 이하의 벌금을 법정형으로 규정하고 있는 것에 비하면 다소 형량이 완화되어 있다.   §20-25

원칙적으로 친고죄이나, 영리를 위하여 상습적으로 침해한 경우는 예외적으로 비친고죄이다(법 제140조 제 1 호).

---

1 서달주, 전게서, 420면 참조.

| 제4절 | 콘텐츠제작자의 보호 |

I. 콘텐츠산업 진흥법의 의의

§21-1   콘텐츠산업 진흥법의 원래 명칭은 온라인디지털콘텐츠산업발전법(이하 '온디콘법'이라 한다)이었
는데, 2010. 6. 10 전면개정과 함께 법명이 변경된 것이다. 2002. 1. 14 법률 제6603호로 제정된
온라인디지털콘텐츠산업발전법(2002. 7. 15.부터 시행)은 경쟁사업자에 대한 관계에서 디지털콘텐츠
의 무단복제 등 행위를 금지함으로써 온라인콘텐츠제작자의 투자와 노력을 법적으로 보호하는
취지의 법률로서 창작성이 없는 온라인 디지털콘텐츠를 보호하는 면에서 저작권법상의 데이터베
이스제작자 보호규정과 상호보완적 관계에 있었다.

저작권법상의 입법추진 과정에서 처음에는 디지털콘텐츠제작자에게 저작인접권적 성격으로 부여되는 배타
적 권리인 '디지털화권'을 인정하고자 하는 취지에서 출발하였으나, 입법화 과정에서 여러 번의
토의와 절충을 거치면서 보호범위가 축소되어 결국은 부정경쟁방지적 차원에 국한하여 규정되게
되었다.

그러다가 2010. 6. 10. 전면개정과 함께 법명이 콘텐츠산업 진흥법으로 바뀌면서 그 보호대상
이 단지 '온라인디지털콘텐츠'가 아니라 '콘텐츠'로 크게 확대되고, 보호의 내용에도 적지 않은 변
화가 가해지게 되었다.

이 법은 콘텐츠산업의 진흥에 필요한 사항을 정함으로써 콘텐츠산업의 기반을 조성하고 그
경쟁력을 강화하여 국민생활의 향상과 국민경제의 건전한 발전에 이바지함을 목적으로 하고 있
다(제 1 조).

II. 보호의 구체적 내용

1. 콘텐츠제작자의 의의

§21-2   '콘텐츠'란 부호·문자·도형·색채·음성·음향·이미지 및 영상 등(이들의 복합체를 포함한다)의
자료 또는 정보를 말한다(제 2 조 제 1 항 제 1 호). 구 온디콘법에서는 아날로그콘텐츠는 물론이고
CD-ROM 등의 디지털콘텐츠도 오프라인 매체에 저장된 것인 한 동법의 보호대상에서 제외되었
으나, 현행 콘텐츠산업 진흥법에 의하면 온라인 여부만이 아니라 디지털 형태인지 여부를 불문하
고 위와 같은 콘텐츠의 개념에 해당하는 이상 모두 보호된다.

'콘텐츠제작'이란 창작·기획·개발·생산 등을 통하여 콘텐츠를 만드는 것을 말하며, 이를 전자적인 형태로 변환하거나 처리하는 것을 포함한다(제2조 제1항 제3호). 이른바 '디지털화'도 콘텐츠제작의 일종임을 명시하고 있는 것이다.

그리고 '콘텐츠제작자'란 콘텐츠의 제작에 있어 그 과정의 전체를 기획하고 책임을 지는 자(그로부터 적법하게 그 지위를 양수한 자를 포함한다)를 말한다(제2조 제1항 제4호).

2. 금지행위

콘텐츠산업 진흥법 제37조 제1항 본문은 "누구든지 정당한 권한 없이 콘텐츠제작자가 상당한 노력으로 제작하여 대통령령으로 정하는 방법에 따라 콘텐츠 또는 그 포장에 제작연월일, 제작자명 및 이 법에 따라 보호받는다는 사실을 표시한 콘텐츠의 전부 또는 상당한 부분을 복제·배포·방송 또는 전송함으로써 콘텐츠제작자의 영업에 관한 이익을 침해하여서는 아니 된다"고 규정하고 있다.

§21-3

따라서 콘텐츠제작자가 상당한 노력으로 제작한 것만 보호의 대상이 될 수 있다. '상당한 노력'은 불확정 개념으로서 데이터베이스제작자의 보호를 위해 '인적·물적으로 상당한 투자'를 할 것을 요하는 것과 법문상의 표현은 다르지만 마찬가지로 해석해도 무방할 것으로 생각된다. '제작'은 위에서 살펴본 같은 법 제2조 제1항 제3호의 개념에 해당하는 것을 의미한다.

그리고 대통령령(콘텐츠산업 진흥법 시행령 제33조[1])으로 정하는 방법에 따라 '표시'를 할 것이

---

1 제33조 (표시의 방법) 법 제37조 제1항에서 "대통령령으로 정하는 방법"이란 다음 각 호의 구분에 따른 어느 하나의 표시 방법을 말한다.
  1. 콘텐츠에 표시하는 경우
  가. 제작연월일, 제작자명 및 이 법에 따라 보호받는다는 사실을 이용화면의 우측 상단에 순서대로 표시하되, 이 법에 따라 보호받는다는 사실을 표시하기 위해서는 다음의 도안과 내용을 모두 표시
    1) 아래의 도안은 테두리는 회색으로, 내부문자 C는 검은색으로, 내부문자 C 외의 내부는 흰색으로 표시한다. 이 경우 문화체육관광부장관은 아래 도안을 문화체육관광부의 인터넷 홈페이지 등에 게시하여야 한다.

    2) "이 콘텐츠는 「콘텐츠산업 진흥법」에 따라 최초 제작일부터 5년간 보호됩니다."라는 문구
  나. 이용화면 전체 면적의 10분의 1 이상 크기로 우측 상단에 제작연월일, 제작자명 및 이 법에 따라 보호받는다는 사실을 모두 표시
  다. 제작연월일, 제작자명 및 이 법에 따라 보호받는다는 사실을 표시할 때에는 1초 이상의 정지화면으로 표시

보호의 요건이므로 그에 따른 표시를 하지 않은 콘텐츠의 경우에는 다른 요건을 모두 갖춘 경우에도 위 규정에 의한 보호를 받지 못한다(아래에서 소개하는 서울중앙지방법원 2004. 12. 3. 선고 2004노555 판결 참조). 또한 콘텐츠제작자가 위 표시사항을 거짓으로 표시하거나 변경하여 복제·배포·방송 또는 전송한 경우에는 처음부터 표시가 없었던 것으로 본다(동법 제37조 제3항).

침해의 방법은 복제·배포·방송 또는 전송의 4가지 행위 태양에 한한다.1 복제·배포·방송 또는 전송의 개념은 저작권법상의 개념과 동일한 것으로 보아도 좋을 것이다.

"콘텐츠제작자의 영업에 관한 이익을 침해"할 것을 요하므로, 단순한 복제, 배포 등의 행위가 있다고 하여 무조건 이 규정을 위반한 것은 아니고 그 결과 콘텐츠제작자의 영업에 관한 이익을 침해한 것으로 인정될 수 있어야만 위반행위가 된다. 따라서 예컨대 공공기관에서 무료로 제공하는 콘텐츠의 경우라면 그것을 복제하여 사용하더라도 콘텐츠제작자의 영업에 관한 이익을 침해한 것으로 볼 수 없으므로 이 금지규정의 위반이라고 볼 수 없다. 구 온디콘법상으로는 부정경쟁방지적 차원의 규제임을 명확히 하는 뜻에서 "경쟁사업자의 영업에 관한 이익"을 침해할 것을 요하는 것으로 규정하고 있었으나 2010년 전면개정에 의하여 금지행위의 요건에 "경쟁사업자의"라고 하는 부분이 삭제되었으므로 이제는 침해 주체와 콘텐츠제작자 사이에 '경쟁사업자' 관계에 있을 것을 요한다고 볼 근거는 없다.

라. 이용화면의 색상과 대비되는 색상으로 제작연월일, 제작자명 및 이 법에 따라 보호받는다는 사실을 표시

2. 포장에 표시하는 경우

가. 제작연월일, 제작자명 및 이 법에 따라 보호받는다는 사실을 포장의 표시되는 겉표지면의 우측 상단에 순서대로 표시하되, 이 법에 따라 보호받는다는 사실을 표시하기 위해서는 다음의 도안과 내용을 모두 표시

1) 아래의 도안은 테두리는 회색으로, 내부문자 C는 검은색으로, 내부문자 C 외의 내부는 흰색으로 표시한다. 이 경우 문화체육관광부장관은 아래 도안을 문화체육관광부의 인터넷 홈페이지 등에 게시하여야 한다.

2) "이 콘텐츠는 「콘텐츠산업 진흥법」에 따라 최초 제작일부터 5년간 보호됩니다."라는 문구

나. 포장의 표시되는 겉표지의 우측 상단에 그 겉표지면 면적의 10분의 1 이상 크기로 제작연월일, 제작자명 및 이 법에 따라 보호받는다는 사실을 모두 표시

다. 포장의 표시되는 겉표지면의 색상과 대비되는 색상으로 제작연월일, 제작자명 및 이 법에 따라 보호받는다는 사실을 표시

1 2010. 6. 10. 개정 전의 온디콘법상으로는 보호대상을 온라인디지털콘텐츠로 한정한 것으로 상응하여 침해를 이루는 행위태양도 복제와 전송의 2가지 행위태양만 규제하고 있었는데, 현행법은 그 보호대상을 넓히면서 침해를 이루는 행위태양에 배포와 방송을 추가하는 것으로 확대하고 있다.

```
    판 례
```

❖ 서울중앙지방법원 2004. 12. 3. 선고 2004노555 판결

이 부분의 공소사실은, 피고인은 2002. 11.일자 불상경 서울 ○○구 ○○동(번지 및 건물명 생략) 빌딩 4층 소재 피고인 운영의 만화 콘텐츠 제공업 사무실인 '명칭 생략'에서 정당한 권한 없이, '한미르 만화' 인터넷 사이트에 접속하여, 피해자 주식회사 엔조이 삼육오가 필명 조명운 등 만화 저작권자와 저작물 사용계약을 체결하고, 정보통신망에서 이용하기 위하여 저작권 귀속 관계를 명시하는 방법으로 서 만화 화면 왼쪽 상단에 'www.comicplus.com'이라고 표기된 URL을 삽입하여 온라인디지털콘텐츠 로 제작한 17종 272권의 만화 파일을 컴퓨터 하드 디스크 임시 파일 폴더에 자동 저장시킨 후, 포토샵 프로그램을 이용하여 'www.comicplus.com'이라는 URL이 표시된 부분에 하얀색을 입혀 이를 감추거 나 URL이 표시된 부분까지의 만화 화면 상단을 잘라내는 등의 방법으로 수정하여 이를 복제한 후, 2003. 3. 13.경부터 같은 해 4. 8.경까지 사이에 위 (명칭 생략)사무실에서 위와 같은 방법으로 복제한 위 17종 272권의 디지털콘텐츠를 시디롬에 담아서 공소외 1 주식회사에게 교부하고, 피고인 회사에서 운영하는 (URL 생략)인터넷 사이트를 통해 불특정 다수인에게 유료 서비스로 전송함으로써 경쟁 사업 자인 피해자 회사의 영업에 관한 이익을 침해하였다는 것이다.

살피건대, 온라인디지털콘텐츠산업발전법(2002. 1. 14. 법률 제6603호로 제정, 이하 '법'이라고 한 다) 제17조 제 1 항은 '온라인콘텐츠제작자는 온라인콘텐츠의 제작 및 표시연월일, 온라인콘텐츠제작자 의 성명(법인인 경우에는 법인이 명칭), 온라인콘텐츠의 이용조건 등을 온라인콘텐츠 또는 그 포장에 표시하여야 한다', 법 제18조 제 1 항은 '누구든지 정당한 권한없이 타인이 상당한 노력으로 제작하여 표시한 온라인콘텐츠의 전부 또는 상당한 부분을 복제 또는 전송하는 방법으로 경쟁사업자의 영업에 관한 이익을 침해하여서는 아니 된다. 다만, 온라인콘텐츠를 최초로 제작하여 표시한 날로부터 5년이 경과한 때에는 그러하지 아니하다'고 각 규정하고 있고, 그 부칙 제 1 항은 '이 법은 공포 후 6월이 경 과한 날부터 시행한다', 제 2 항은 '제18조의 규정은 이 법 시행 후 최초로 온라인콘텐츠를 제작하는 분 부터 적용한다'고 규정하고 있으며, 위 법 시행령(2002. 8. 14. 대통령령 제17709호로 제정) 제22조 제 1 항은 '온라인콘텐츠제작자가 법 제17조의 규정에 의하여 온라인콘텐츠 또는 그 포장에 표시하여야 하는 사항은 다음 각호와 같다. 1. 온라인콘텐츠의 명칭 또는 제호, 2. 온라인콘텐츠의 제작 및 표시 연 월일, 3. 온라인콘텐츠제작자의 성명(법인인 경우에는 법인의 명칭)·주소·전화번호, 4. 온라인콘텐츠 의 이용조건', 같은 조 제 2 항은 '제 1 항의 규정에 의한 표시는 온라인콘텐츠의 이용초기 화면이나 그 포장에 이용자가 알기 쉽도록 표시하여야 한다'고 규정하고 있는바, 위 법 제18조 제 1 항, 부칙 제 2 조 등의 규정에 의하면, 법이 무단 복제 등을 금지하여 보호하려는 온라인콘텐츠는 정보통신망에서 유 통되고 있는 모든 온라인콘텐츠가 아니라 '타인이 상당한 노력으로 제작하여 표시한 온라인콘텐츠' 중 법 시행 후 최초로 제작된 것으로서 최초로 제작하여 표시한 날부터 5년이 경과되지 아니한 온라인콘 텐츠만을 그 보호대상으로 하고 있으므로, 온라인콘텐츠 중 그 제작 주체를 알 수 있는 제작자의 성명 과 보호기간을 알 수 있는 제작 및 표시 연월일의 기재가 없는 것은 객관적으로 법이 보호대상으로 하 는 온라인콘텐츠인지 여부를 알 수 없는 점, 그런데 정보통신망에서 대량의 온라인콘텐츠가 유통되고 있는 상황에서 이용자들이 무단 복제 등이 금지되는 온라인콘텐츠인지 여부를 객관적으로 명확하게 알

수 없다면 오히려 신속하고 자유로운 정보이용에 상당한 저해를 초래할 우려가 발생하게 되는 점, 그에 따라 법 제17조 제 1 항은 온라인콘텐츠의 제작자의 성명, 제작 및 표시 연월일 등의 표시를 의무화하고 있는 점 등을 종합하면, 법 제17조 제 1 항 소정의 표시 중 최소한 온라인콘텐츠의 제작자 성명과 제작 및 표시 연월일이 표시되지 아니한 온라인콘텐츠는 법 제18조 제 1 항의 보호대상에서 제외된다고 봄이 상당하다고 할 것이다.

이 사건에 관하여 보건대, 기록에 의하면 주식회사 ○○○는 만화 저작권자와 저작물 사용계약을 체결하고 법 시행일인 2002. 7. 15. 이후에 만화책의 내용을 온라인디지털콘텐츠인 이 사건 만화로 변환시켜 이를 인터넷사이트를 통하여 유료로 이용자들에게 제공한 사실, 피고인은 이 부분 공소사실 기재와 같이 이 사건 만화를 복제한 후 이를 공소외 1 주식회사에게 교부하거나 인터넷사이트를 통해 유료 서비스로 불특정 다수인에게 전송한 사실, 그런데 위 ○○○는 이 사건 만화에 'www.○○○.com'이라는 위 회사 URL을 표시함으로써 위 온라인디지털콘텐츠의 제작자가 위 사이트 운영자측이라는 것을 명시하였지만 이 사건 만화의 제작 및 표시 연월일은 표시하지 아니하였고, 달리 그 제작 및 표시 연월일을 알 수 있는 사항을 표시하지 아니한 사실을 인정할 수 있는바, 위에서 본 바와 같이 온라인콘텐츠의 제작 및 표시 연월일이 표시되지 아니한 이 사건 만화는 법 제18조 제 1 항의 보호대상에서 제외된다 할 것이므로, 피고인이 위와 같이 이 사건 만화를 복제하여 전송한 등의 행위는 법 제18조 제 1 항 위반죄에 해당하지 아니한다 할 것이다.

그렇다면, 이 부분 공소사실은 죄가 되지 아니하는 경우에 해당하므로 형사소송법 제325조 전단에 의하여 무죄를 선고하여야 할 것임에도 원심을 이를 유죄로 판단하였으니, 원심 판결에는 법리를 오해함으로써 판결에 영향을 미친 위법이 있다 할 것이고, 이 점을 지적하는 피고인의 위 주장은 이유 있다.

▷NOTE : 위 판결은 2010년에 콘텐츠산업 진흥법으로 전면개정되기 전의 온디콘법 제18조와 관련된 판결이지만 현행 콘텐츠산업 진흥법 제37조의 해석과 관련하여서도 참고가치가 있다. 즉, 위 판결이 '표시' 요건과 관련하여 특히 '콘텐츠의 제작 및 표시 연월일'을 표시하지 않은 경우에는 보호의 요건을 결한 것이라고 판시하였는데, 그것은 현행법상으로도 기본적으로 적용될 수 있는 것이다. 현행법령상의 표시방법상으로는 '표시 연월일'을 표시할 것을 요하지는 않으나, '제작연월일' 등 표시사항을 제대로 표시하지 않으면 콘텐츠 보호요건을 결한 것으로서 그 콘텐츠를 복제, 배포, 방송 또는 전송하여 영업에 관한 이익을 침해하여도 콘텐츠산업 진흥법위반에 따른 민·형사 책임을 물을 수 없게 된다.

3. 보호기간

§21-5   콘텐츠산업 진흥법 제37조 제 1 항 단서는 "다만, 콘텐츠를 최초로 제작한 날부터 5년이 지났을 때에는 그러하지 아니하다"고 규정하고 있다.[1] 금지행위에 관한 동법 제37조 제 1 항 본문

---

1 2010년의 전면개정 전에는 "제작하여 표시한 날부터" 5년으로 규정하여 표시일부터 기산하도록 하였는데 개정법에서

에 의하여 침해행위로부터 보호받을 수 있는 기간은 제작일로부터 5년의 짧은 기간으로 제한되어 있는 것이다.

데이터베이스제작자에 대한 경우와 마찬가지로, 콘텐츠를 계속 추가, 갱신하는 사업자의 경우에는 그 추가, 갱신 부분에 대하여는 다시 그 추가, 갱신일을 제작일로 표시하여 그로부터 5년의 기간동안 보호를 받을 수 있는 것으로 보아야 할 것이다.

4. 기술적 보호조치의 보호

누구든지 정당한 권한 없이 콘텐츠제작자나 그로부터 허락을 받은 자가 제 1 항 본문의 침해행위를 효과적으로 방지하기 위하여 콘텐츠에 적용한 기술적보호조치를 회피·제거 또는 변경(이하 "무력화"라 한다)하는 것을 주된 목적으로 하는 기술·서비스·장치 또는 그 주요 부품을 제공·수입·제조·양도·대여 또는 전송하거나 이를 양도·대여하기 위하여 전시하는 행위를 하여서는 아니 된다. 다만, 기술적보호조치의 연구·개발을 위하여 기술적보호조치를 무력화하는 장치 또는 부품을 제조하는 경우에는 그러하지 아니하다(같은 법 제37조 제 2 항).   §21-6

5. 민·형사적 구제

(1) 손해배상청구

본법 제37조 제 1 항 본문(위 2. 금지행위) 및 제 2 항 본문의 규정(위 4. 기술적 보호조치의 보호)을 위반하는 행위로 자신의 영업에 관한 이익이 침해되거나 침해될 우려가 있는 자는 그 위반행위의 중지나 예방 및 그 위반행위로 인한 손해의 배상을 법원에 청구할 수 있다(법 제38조 제 1 항 본문). 다만 이러한 손해배상청구를 할 수 있기 위해서도 보호의 중요한 요건의 하나인 '표시'를 적정하게 할 것을 요함은 당연하다. 본법 제38조 제 1 항 단서는 "다만, 제37조 제 1 항 본문을 위반하는 행위에 대하여 콘텐츠제작자가 같은 항의 표시사항을 콘텐츠에 표시하지 아니한 경우에는 그러하지 아니하다"고 규정하여 그 점을 다시 한번 확인하고 있다.   §21-7

법원은 손해의 발생은 인정되나 손해액을 산정하기 곤란한 경우에는 변론의 전취지 및 증거조사 결과를 고려하여 상당한 손해액을 인정할 수 있다(같은 조 제 2 항).

(2) 형사적 구제

본법 제37조 제 1 항 본문을 위반하여 콘텐츠제작자의 영업에 관한 이익을 침해한 자 또는 동조 제 2 항 본문을 위반하여 정당한 권한 없이 기술적보호조치의 무력화를 목적으로 하는 기술·서비스·장치 또는 그 주요 부품을 제공·수입·제조·양도·대여 또는 전송하거나 이를 양   §21-8

는 제작일을 기산 기준일로 하고 있음을 유의할 필요가 있다.

도·대여하기 위하여 전시하는 행위를 한 자는 1년 이하의 징역 또는 2천만원 이하의 벌금에 처한다(제40조 제1항).

제1항의 죄는 고소가 있어야 공소를 제기할 수 있다(같은 조 제2항).

제5절   **퍼블리시티권**

Ⅰ. 서   설

1. 퍼블리시티권의 의의

§22-1   퍼블리시티권(the right of publicity)은 우리나라 법률에서 명문으로 규정하고 있는 권리가 아니므로 그에 대해 정확하고 엄격한 의미의 정의를 내리기는 어렵다. 일반적으로 초상, 성명 등의 상업적 이용에 관한 권리, 즉 '사람의 초상, 성명 등 그 사람 자체를 가리키는 것(identity)을 광고, 상품 등에 상업적으로 이용하여 경제적 이익을 얻을 수 있는 권리'를 말하는 것으로 설명되고 있다.[1]

저작권법상의 권리는 아니지만, 이른바 실재(實在) 캐릭터(real character)에 대한 권리라고도 할 수 있어 저작권법에 의한 캐릭터의 보호 등과 깊은 관련을 맺고 있을 뿐만 아니라 근래 많은 분쟁이 야기되고 있는 영역이기도 하므로 본서에서도 국내 주요학설과 하급심 판례들을 인용하여 그에 대한 법리를 비교적 자세하게 정리해 보고자 한다.

2. 퍼블리시티권의 발달

(1) 미국에서의 퍼블리시티권 이론의 발전

(가) 프라이버시권의 확립

§22-2   퍼블리시티권은 크게 보면 사람의 초상, 성명 등에 대한 권리의 일종이다. 따라서 퍼블리시티권이 인정되기 위하여는 그 기초로서 사람의 초상 또는 성명을 함부로 이용당하지 않을 권리, 즉 프라이버시권이 인정될 필요가 있다. 영미법상으로는 이러한 의미의 프라이버시권이 인정되지 않고 있다가 1890년에 Samuel D. Warren과 Louis Brendeis가 Harvard Law Review에 기고한

---

[1] 한위수, "퍼블리시티권 ― 성명·초상 등의 상업적 이용에 관한 권리 ― 의 침해와 민사책임," 민사재판의 제문제 제9호, 사법행정학회, 1997, 527면.

논문인 "The Right to Privacy"에서 그 보호의 필요성을 강력하게 주창한 후 격렬한 논쟁의 대상이 되었다. New York주 대법원에서는 1902년에 젊은 여성인 원고가 자신의 사진이 제분업자인 피고에 의하여 무단으로 광고에 이용됨으로써 프라이버시권이 침해되었다는 이유로 제소한 사안에 관한 Roberson 사건[1]에서 프라이버시권은 판례법상 인정되지 않는다는 이유로 원고의 청구를 기각하는 판결을 내렸다. 이 판결에 대한 논란을 계기로 그 이듬해인 1903년 New York주에서 최초로 상업적 이용을 목적으로 개인의 허락 없이 그의 성명이나 초상 등을 이용하는 것을 금하는 내용의 프라이버시에 관한 법률이 제정되었다. New York주 법원과는 달리 1905년 Georgia주 대법원에서는 Pavesich 사건[2]에서 피고 보험회사가 원고의 동의 없이 그의 사진을 광고에 이용한 사안에 대하여 프라이버시권은 common law의 일부에 포함되는 권리라고 판시하여 판례법상으로 위 권리의 존재를 인정하였다. 이러한 과정을 거쳐 미국 판례법상 개인의 초상이나 성명 등을 함부로 이용당하지 않을 권리를 포함하는 프라이버시권은 확고한 위치를 가지게 되었다.

(나) Haelan 판결

위와 같이 개인의 초상이나 성명을 함부로 사용당하지 않을 수 있는 권리가 프라이버시권으로서 인정되게 되었지만, 유명인사의 경우에는 그러한 프라이버시권의 혜택을 누리지 못하였다. 예컨대 O'Brien 판결[3]에서 연방제 5 항소법원은 유명한 프로미식축구선수가 자기의 사진이 맥주 회사의 광고에 사용된 데 대하여 프라이버시권의 침해를 이유로 제소한 데 대하여 "원고는 이제 사인(私人)이 아니므로 그의 초상이 공개되었다고 해서 권리를 침해받는 일은 있을 수 없다. 왜냐하면 원고가 항상 추구하고 향유하고자 했던 것이 바로 초상의 공개이기 때문이다"고 하면서 원고의 정신적 손해를 인정하지 않았다. 이 판례는 논리적으로 반박하기 쉽지 않다. 자신의 존재를 널리 알리려고 애쓰는 유명인의 경우 자신의 공개된 초상이 다른 곳에 허락 없이 사용되었다고 하여 정신적 손해를 입었다고 보기는 어려운 경우가 많을 것이다. 그들이 입는 손해는 오히려 그 사용에 따른 로열티를 지급받지 못한 데 따르는 경제적 손해라고 할 수 있다. 그러므로 사람의 초상이나 성명을 이용할 권리를 순수한 인격적 권리로만 파악하기보다 일정한 경우 경제적 권리로서의 측면을 가지고 있다고 하는 인식의 전환이 있어야만 위와 같은 판례의 입장을 극복할 수 있다.

§22-3

바로 그러한 인식의 전환을 가져온 최초의 판결이 1953년 연방제 2 항소법원이 선고한

---

1 Roberson v. Rochester Folding Box Co., 171 N.Y. 538, 64 N.E. 442 (1902).
2 Pavesich v. New England Life Insurance Co., 122 Ga. 190, 50 S.E. 68 (1905).
3 O'Brien v. Pabst Sales Co., 124 F. 2d 167 (5th Cir. 1941).

Haelan 판결[1]이다. 이 판결은 유명 프로야구선수들의 사진과 이름을 독점적으로 제품에 이용하는 계약을 체결한 껌 제조회사인 원고가 경쟁관계에 있는 껌 제조회사가 동일한 선수들의 사진을 실은 제품을 내놓자 이를 금지하기 위해 제소한 사안에 대한 것인데, 이에 대하여 제 2 항소법원은 "사람은, 프라이버시권과는 별도로 그에 부가하여, 자신의 사진이 가지는 공표가치에 대한 권리, 즉 그의 사진을 공표할 배타적 권리를 타인에게 부여할 수 있는 권리를 가진다. … 이 권리를 퍼블리시티권이라 할 수 있다. 왜냐하면 저명인은 그들의 모습이 대중에 노출됨으로 인한 정신적 고통과는 별도로 그러한 광고를 허락함에 대하여 금전적 보상을 받지 못하게 되는 데에 큰 박탈감을 느끼게 될 것이기 때문이다"고 판시하였다. 위 판결은 위와 같이 유명인 등의 경우 그 초상의 사용에 대하여 일종의 경제적 권리로서의 퍼블리시티권을 가질 수 있음을 천명함과 동시에 그 권리는 양도불가능성을 특질로 하는 프라이버시권과 달리 양도할 수 있는 권리이므로 이러한 권리를 전속적으로 양도받은 자는 이를 침해하는 제 3 자를 상대로 소송을 제기할 수 있다고 하여 원고의 청구를 인용하였다.[2]

(다) Nimmer 교수의 이론

§22-4   Haelan 판결에서 언급된 퍼블리시티권을 학문적으로 정리하여 그 이론적 기반을 공고히 한 사람은 저작권법과 언론법의 대가인 Melville B. Nimmer 교수이다. Nimmer 교수는 그의 논문인 "The Right of Publicity"에서, 초상 등 사람의 동일성에 대하여 가지는 상업적 이익에 대하여는 전통적인 프라이버시권 이론만으로는 그 보호가 불충분하며, 지적재산권과 마찬가지로 개인의 "공표가치(publicity value)"를 양도받거나 독점적 사용을 허락받은 제 3 자가 배타적으로 행사할 수 있을 때에만 시장이 효과적으로 작용한다고 주장하였다. 이 논문에서 Nimmer 교수는 퍼블리시티권의 보호법익은 "개인의 동일성(identity)의 상업적 가치"에 있다고 보았으며, 이러한 퍼블리시티권은 유명인뿐만 아니라 모든 사람들에게 인정되어야 한다고 주장했다.[3]

(라) Zacchini 판결과 주법에서의 인정

§22-5   위와 같은 Haelan 판결과 Nimmer 교수의 논문을 계기로 처음에는 소극적이던 미국의 여러 법원에서 차츰 퍼블리시티권의 존재를 인정하는 경향을 보여 오다가 1977년에는 미국 연방대법원도 Zacchini 판결[4]에서 퍼블리시티권을 언급하기에 이름으로써 퍼블리시티권의 판례법상의

---

1 Haelan Labortories, Inc. v. Topps Chewing Gum, Inc., 202 F. 2d 866 (2d Cir. 1953), cert. denied, 346 U.S. 816 (1953).
2 한위수, 전게논문, 531면 참조.
3 한위수, 전게논문, 531~532면 참조.
4 Zacchini v. Scripps-Howard Broadcasting Co., 433 U.S. 564 (1977). 이 사건은 전형적인 퍼블리시티권 사건이 아니고 판결도 특별하고 지엽적인 사실관계에 바탕을 두고 있지만, 연방대법원이 공식적으로 퍼블리시티권을 언급한

지위가 확고한 인정을 받게 되었다.

2009년 현재 미국의 51개주 중에서 보통법이나 성문규정을 통하여 퍼블리시티권을 인정하고 있는 주는 총 30개인 것으로 분석되고 있다.[1]

(2) 영국의 경우

영국에서는 아직도 프라이버시권이나 퍼블리시티권을 정면으로 인정하지 아니하고 있으므로 타인의 성명 또는 초상을 허락 없이 이용한 경우에도 그것 자체를 이유로 권리침해를 주장할 수는 없다. 단지 그것이 명예훼손에 해당한다거나 passing-off(기망) 혹은 계약위반에 해당한다는 이유로 문제 삼을 수 있을 뿐이다.

§22-6

(3) 독일의 경우

독일에서는 기본적으로 성명이나 초상을 인격권으로 규율한다. KUG(조형예술 및 사진작품의 저작권에 관한 법률) 제22조에서 초상권을, 민법 제12조에서 성명권을 각 규정하고 있고, 이들과 별도로 퍼블리시티권에 대한 규정을 두고 있지는 않다. 그러나 독일 연방대법원은 유명인의 성명, 초상 등이 광고 등에 사용되어 문제된 사안에서 "인격권의 재산적 가치 있는 구성부분이 무단 사용에 의하여 침해된 이상 손해배상책임을 져야 한다"고 판시하여[2] 실질적으로 미국 판례법상의 퍼블리시티권과 유사한 권리를 인정하고 있다.

§22-7

(4) 일본의 경우

일본에서도 인격권으로서의 초상권, 성명권은 일반적으로 인정되어 왔다. 그런데 그러한 초상권과 성명권이 경제적 권리로서의 성격을 가질 수도 있다는 것을 처음으로 인정한 것은 이른바 '마크 레스터' 사건에 대한 동경지방재판소의 1976. 6. 29. 선고 판결[3]에서이다. 이 사건은 영국의 아역배우였던 마크 레스터(Mark Lester)가 출연한 영화 '작은 목격자'의 한 장면을 롯데 제품의 CF에 이용한 것이 문제된 것인데, 법원은 피고에게 원고가 입은 재산적 손해의 배상을 명하면서 "배우 등은 스스로 얻은 명성에 따라 일정한 대가를 받고 자기의 성명이나 초상을 제 3 자에게 전속적으로 이용하게 하는 이익을 가지고 있다. 이러한 점에서 성명 또는 초상은 인격적 이익과는

§22-8

최초의 판결이라는 점에서 큰 주목을 받았다. 정상기, "PUBLICITY권에 관한 소고," 한국저작권논문선집(Ⅱ), 한국저작권심의조정위원회, 1995, 125~126면 참조.

1 그 중 주의 성문법에서 퍼블리시티권을 포괄할 만한 넓은 범위의 권리를 인정하고 있는 주에는 캘리포니아, 플로리다, 일리노이, 켄터키, 오하이오, 펜실베이니아, 텍사스, 위스콘신 등이 포함되고, 퍼블리시티권에 특화한 명문규정을 두고 있는 주에는 인디애나, 매사추세츠, 네브라스카, 네바다, 뉴욕, 오클라오마, 로드 아일랜드, 테네시, 버지니아, 워싱턴 등이 포함된다. 정상조·박준석, 부정경쟁방지 및 영업비밀보호에 관한 법률에 의한 퍼블리시티권 보호방안 연구, 특허청(연구보고서), 33~34면 참조.

2 1999년의 'Marlene Dietrich' 사건 판결 등. 자세한 것은 서달주, 전게서, 263~266면 참조.

3 昭46(ワ)9609.

구별되는 독립된 경제적 이익(이는 당연히 불법행위법에 의한 보호를 받을 수 있는 이익이다)의 객체가 되므로 배우 등은 그의 성명이나 초상의 무단 사용에 의하여 정신적 고통을 받지 아니한 경우라 하더라도 경제적 이익의 침해를 이유로 법적 구제를 받을 수 있는 경우가 많다고 할 것이다"라고 판시하였다. 이 판결은 판결문에서 퍼블리시티권이라는 용어를 사용하고 있지는 않지만 일본에서 퍼블리시티권을 인정한 최초의 판결로 평가되고 있다.

그 후 일본의 판례는 퍼블리시티권이라는 용어를 사용하는 경우도 있고 그렇지 않은 경우도 있지만 대체로 유명인 등의 초상, 성명 등이 가지는 경제적 권리를 인정하는 입장을 나타내고 있다. 특히 동경고등재판소가 1990. 9. 26. 선고한 이른바 '냔 아이 클럽' 사건에 대한 판결1은 다음과 같이 퍼블리시티권의 인정근거를 밝힌 바 있다.

"피항소인들은 이른바 연예인이고 그 연예인으로서의 평가는 자기의 출연(出演), 소속 프로덕션이나 매스미디어를 통한 선전 활동 등에 의하여 폭넓게 전국에 그 성명·초상이 알려지고 대중의 인기를 얻음으로써 높아지는 것이고, 피항소인들도 이와 같이 자기의 성명·초상이 알려짐으로써 평가가 높아지기를 바라고 있을 것이라고 추인하여도 무방하다. 그리고 이와 같이 성명·초상을 이용하여 자기의 존재를 폭넓게 대중에게 호소하기를 바라는 이른바 연예인에 있어서 사사성(私事性)을 중핵으로 하는 인격적 이익을 향유하는 면에 있어서는 일반 사인과는 다른 제약을 받지 않을 수 없다. 즉, 이를 연예인의 성명·초상의 사용행위에 관하여 보면, 해당 연예인의 사회적 평가의 저하를 가져올 것 같은 사용행위는 별도로 하고 사회적으로 허용된 방법, 태양 등에 의한 사용행위에 관하여는 해당 연예인의 주지성을 높이는 것으로서 그 인격적 이익을 훼손하는 것이라고는 해석하기 어렵다. 반면에, 고유의 명성, 사회적 평가, 지명도 등을 획득한 연예인의 성명·초상을 상품에 붙인 경우에는 해당 상품의 판매를 촉진하는 효과가 있다는 것은 공지의 사실이다. 그리고 연예인의 성명·초상이 가지는 고객 흡인력은 해당 연예인이 획득한 명성, 사회적 평가, 지명도 등으로부터 생기는 독립한 경제적인 이익 내지 가치로서 파악할 수 있으므로 이것이 해당 연예인에게 고유의 것으로 귀속되는 것은 당연한 것이라고 해야 할 것이고, 해당 연예인은 그러한 고객 흡인력이 갖는 경제적인 이익 내지 가치를 배타적으로 지배할 재산적 권리를 가지는 것이라고 인정함이 상당하다. 따라서 위 권리에 근거하여 그 침해행위에 대해서는 금지 및 침해의 방지를 실효성 있게 하기 위해 침해 물건의 폐기를 청구할 수 있다고 해석하는 것이 상당하다."

그 후 2012년에 '핑크레이디' 사건에 대한 일본 최고재 판결이 다음에서 소개하는 바와 같이 선고되었는데, 이는 일본의 최고법원이 퍼블리시티권을 일정한 요건 하에 하나의 배타적 권리로

---

1 平2(ネ)4794.

인정하는 입장을 최초로 천명하였다는 점에 큰 의의가 있다.1 다만 구체적인 사안은 표현의 자유가 보다 더 존중되어야 할 사안이었던 것으로 생각되고, 일본 최고재에서 표현의 자유와의 관계를 강하게 의식하여, 퍼블리시티권의 요건을 "오로지 사람의 초상 등이 가지는 고객흡인력을 이용할 목적"을 가진 상업적 이용에만 적용되는 것으로 엄격하게 규정함으로써 퍼블리시티권 침해가 인정되지는 않았다. 한편, 퍼블리시티권의 법적 성격에 있어서는 인격권에 유래하는 권리라는 점을 분명하게 밝히고 있다.

 **판 례**

❖일본 最高裁 2012. 2. 2. 平21(受)2056号 — "핑크레이디" 사건　　　　　§22-8-1

　　[1] 초상등은 상품의 판매등을 촉진하는 고객흡인력을 가지는 경우가 있고 이러한 고객흡인력을 배타적으로 이용할 권리(이하 '퍼블리시티권'이라 한다)는 초상등 그 자체의 상업적 가치에 기한 것이므로 인격권에 유래하는 권리의 한 내용을 구성하는 것이라고 할 수 있다. 다른 한편으로 초상등에 고객흡인력을 가지는 자는 사회의 이목을 끄는 등으로 그 사용을 정당한 표현행위 등으로서 수인하여야 할 경우도 있다. 그렇다면 초상등을 무단으로 사용하는 행위는 ① 성명, 초상등 그 자체를 독립하여 감상의 대상이 되는 상품 등으로서 사용하거나, ② 상품등의 차별화를 도모할 목적으로 성명, 초상 등을 상품 등에 붙이는 것 또는 ③ 성명, 초상 등을 상품등의 광고로서 사용하는 등, 오로지 성명, 초상등이 가지는 고객흡인력의 이용을 목적으로 한다고 할 수 있는 경우에, 당해 고객흡인력을 배타적으로 이용할 권리(이른바 퍼블리시티권)를 침해하는 것으로서 불법행위법상 위법하게 된다.

　　[2] 가수를 피사체로 하는 사진을 동인의 허락을 받지 않고 주간지의 기사에 사용하여 이를 게재하는 행위는 다음의 ①, ② 등 판시 사실관계 하에서는 오로지 그 가수의 초상이 가지는 고객흡인력의 이용을 목적으로 하는 것이라고 할 수 없어 당해 고객흡인력을 배타적으로 이용할 권리(이른바 퍼블리시티권)를 침해하는 것으로서 불법행위법상 위법하다고 할 수 없다.

　　① 위 기사의 내용은 위 주간지가 발행되기 전년도 가을경에 유행하였던, 위 가수의 곡의 안무를 이용한 다이어트법을 해설함과 동시에 어렸을 때 위 가수의 곡의 안무를 흉내내었던 탤런트의 생각 등을 소개하고 있는 것이다.

　　② 위 사진은 약 200페이지의 위 주간지 전체 중에 3 페이지에 사용된 데 불과하고 모두 흑백사진이며, 그 크기도 세로 2.8cm, 가로 3.6cm부터 세로 8cm, 가로 10cm 정도의 것이었다.

　　▷NOTE : 일본 최고재의 위 판결은 '퍼블리시티권'을 배타적 권리로 인정할 수 있음을 최초로 천명하였다는 점에서 큰 의의를 가지지만, 퍼블리시티권 침해를 인정한 사례는 아니다. 퍼블리시티권이 인격권과 불가분적 관계에 있다고 보고, 표현의 자유와의 관계에서 그 인정범위는 제한적으로 보아야 할 것이라고 하는 방향성의 설정은 퍼블리시티권을 인격권으로부터 독립된 재산권으로 인정하는 입장과는 배치되지만, 기본적으로 타당한 방향이 아닐까 생각된다. 뒤에서 보는 바와 같이 최근의 우리나라

---

1 계승균, "일본 최고재판소 최초의 퍼블리시티권 판결", 대한변협신문 2012. 12. 17.자(427호)(판례평석) 참조.

하급심판결에서는 일본 최고재 판례의 위와 같은 논리를 퍼블리시티권 부정 및 인격권 침해 불법행위의 제한적 인정의 결론을 내리는 데 일부 원용하고 있는데, 그것은 위 판례의 입장과는 괴리가 있는 것으로 생각된다. 위 판결은 퍼블리시티권을 인격권 자체의 내용으로 인정한 것이 아니라 '인격권에서 유래한 권리'라고 하여 '퍼블리시티권'이라는 이름을 붙이고 있고 그 내용도 '고객흡인력을 배타적으로 이용할 권리'로 보고 있으므로, 침해시 재산적 손해를 인정할 수 있는 근거로 삼고자 하는 취지인 것으로 보인다.

(5) 우리나라에서의 동향

§22-9
우리나라에서의 법적 상황은 일본의 최고재 판결이 선고되기 전의 상황과 비슷하다. 즉 개인의 성명, 초상 등은 민법상의 인격권의 내용에 포함되어 있어 인격적 이익을 해치는 부당한 이익으로부터 보호되고 있지만, 유명 연예인 등의 초상 등과 관련하여 이를 경제적 권리로 파악하여 명문의 규정으로 보호하는 법률은 아직 없다. 그러나 미국 판례법상의 퍼블리시티권 이론은 우리나라 법원에도 큰 영향을 미쳐 아래에서 소개하는 바와 같이 퍼블리시티권의 존재를 인정한 하급심 판결이 다수 선고된 바 있다. 그러나 우리나라 실정법상 아무런 근거가 없다는 이유로 그 존재를 부정한 판결(§22-13)도 있고 아직 이를 인정한 대법원 판결이 나오지 않아 판례의 입장이 확립되었다고 볼 수는 없다. 2013년 무렵부터 최근까지의 판결경향을 보면, 물권법정주의 등을 이유로 퍼블리시티권의 존재를 부정하는 판례가 과거보다 수적으로 많아지고 영향력도 커지고 있는 것으로 보인다(§22-18-1 및 §22-18-2 참조). 한편으로, 최근 한류의 영향으로 한국 연예인들의 초상 등에 대한 국내외적인 권리보호를 강화하는 것이 바람직하다는 취지에서 퍼블리시티권 보호에 관한 입법안(저작권법 개정안)이 의원입법의 형태로 제안된 바도 있다. 학설은 대체로 퍼블리시티권의 존재를 긍정하는 편이고, 단지 뒤에서 보는 바와 같이 양도성과 상속성의 인정 여부 등의 구체적 쟁점에 대하여 견해가 엇갈리는 모습을 보이고 있다. 본서도 앞서 살펴본 바와 같은 이론 전개 과정과 각국 판례, 그리고 아래에서 소개하는 우리나라 판례 등이 내세우는 여러 근거 등에 비추어 퍼블리시티권의 존재를 긍정하는 입장을 지지하고자 한다.

 판 례

§22-10
❖ 서울동부지방법원 2006. 12. 21. 선고 2006가합6780 판결 — "이효석" 사건
[1] 인격권으로서의 초상권은 일신전속적 권리라고 할 것이어서 사자(死者)는 원칙적으로 그 권리주체가 될 수 없고, 설령 일정한 경우 사자(死者)의 초상권이 인정될 수 있다고 보더라도 살아있는 사람의 초상권과 달리 그 보호범위를 제한적으로 인정하여야 할 것인데, 유사한 성격의 권리인 저작인격

권의 경우 저자의 사후 그의 명예를 훼손하는 정도에 이르는 행위를 금지하는 방법으로 보호되고 있는 점(저작권법 제14조 제 2 항 참조) 등에 비추어 볼 때 사자(死者)의 초상권도 사자(死者)의 초상을 사용한 것이 그 명예를 훼손하는 정도에 이른 경우에만 제한적으로 인정될 수 있다.

[2] 상품권 발행업체가 이미 사망한 유명 소설가의 초상을 상속인의 승낙 없이 상품권에 게재한 것이 그 상품권의 사용처나 기재 내용 등에 비추어 사자(死者)의 명예를 훼손하는 정도에 이르지 않아 초상권의 침해를 인정할 수 없다고 한 사례.

[3] 소위 퍼블리시티권(Right of Publicity)이라 함은 사람이 그가 가진 성명, 초상이나 기타의 동일성(identity)을 상업적으로 이용하고 통제할 수 있는 배타적 권리를 말하는데, 이러한 권리에 관하여 우리 법에 명문의 규정은 없으나 대부분의 국가가 법령 또는 판례에 의하여 이를 인정하고 있는 점, 이러한 동일성을 침해하는 것은 민법상의 불법행위에 해당하는 점, 사회의 발달에 따라 이러한 권리를 보호할 필요성이 점차 증대하고 있는 점, 유명인이 스스로의 노력에 의하여 획득한 명성, 사회적인 평가, 지명도 등으로부터 생기는 독립적 경제적 이익 또는 가치는 그 자체로 보호할 가치가 충분한 점 등에 비추어 해석상 이를 독립적인 권리로 인정할 수 있다. 또한, 이러한 퍼블리시티권은 유명인뿐 아니라 일정한 경우 일반인에게도 인정될 수 있으며, 그 대상은 성명, 사진, 초상, 기타 개인의 이미지를 형상화하는 경우 특정인을 연상시키는 물건 등에 널리 인정될 수 있고, 퍼블리시티권의 대상이 초상일 경우 초상권 중 재산권으로서의 초상권과 동일한 권리가 된다.

[4] 퍼블리시티권은 인격권보다는 재산권에 가까운 점, 퍼블리시티권에 관하여는 그 성질상 민법상의 명예훼손이나 프라이버시에 대한 권리를 유추적용하는 것보다는 상표법이나 저작권법의 규정을 유추적용함이 상당한데 이러한 상표권이나 저작권은 상속 가능한 점, 상속성을 부정하는 경우 사망이라는 우연적 요소에 의하여 그 재산적 가치가 크게 좌우되므로 부당한 결과를 가져올 우려가 큰 점 등에 비추어 상속성을 인정함이 상당하다.

[5] 퍼블리시티권이 명문의 규정이 없는 권리이기는 하나 무한정 존속한다고 해석할 경우 역사적 인물을 대상으로 하는 상업적 행위가 대부분 후손들의 동의를 필요로 하게 되어 불합리한 결과를 가져올 뿐 아니라 현실적으로 상속인을 찾아 그러한 동의를 얻기도 사실상 불가능한 점, 본인의 사망 후 시간의 흐름에 따라 사자(死者)의 성명이나 초상을 자유로이 이용할 수 있도록 하여야 할 공공의 이익도 상당한 점 등에 비추어 그 존속기간을 해석으로나마 제한할 수밖에 없고, 그 방법으로는 퍼블리시티권과 가장 성격이 유사한 권리의 존속기간을 참조할 수밖에 없는데, 퍼블리시티권은 현행법상의 제 권리 중 저작권과 가장 유사하다고 할 수 있고, 저작권법 제36조 제 1 항 본문은 저작재산권의 보호기간을 저자의 사망 후 50년으로 규정하고 있으므로 이를 유추적용하여 퍼블리시티권의 존속기한도 해당자의 사후 50년으로 해석함이 상당하다.

[6] 사자(死者)의 초상 등이 게재된 상품권이 사망 후 약 62년이 경과한 때 발행되었다면 그 시점에 위 사자(死者)의 퍼블리시티권은 더 이상 독점적 권리로서 보호될 수 없었다고 본 사례.

▷NOTE : 소설가 망 이효석의 초상을 상품권에 사용한 것이 망인의 퍼블리시티권 침해라고 하여 그 상속인이 소를 제기한 데 따른 판결이다. 퍼블리시티권의 실체를 적극적으로 인정하고 상속성도 인정하면서 다만 그 보호기간을 저작재산권에 대한 저작권법 규정을 유추적용하여 사후 50년의 기간으로

한정되는 것으로 보아 결론적으로는 원고의 청구를 기각하는 판결을 내리고 있다. 퍼블리시티권의 상속성에 대하여 부정설을 지지하는 본서의 입장과는 그 부분에서 차이가 있다.

§22-11   ❖ 서울중앙지방법원 2006. 4. 19. 선고 2005가합80450 판결
〈사실관계〉
피고들이 유명 프로야구선수들인 원고들의 허락을 받지 아니하고 원고들의 성명을 사용하여 휴대전화용 야구게임물을 제작한 후 이를 이동통신회사에 제공하자 원고들이 피고를 상대로 손해배상청구와 함께 성명 사용의 금지 등을 청구한 사안이다.

〈법원의 판단〉
[1] 퍼블리시티권의 인정근거
일반적으로 성명, 초상 등이 갖는 경제적 이익 내지 가치를 상업적으로 사용·통제하거나 배타적으로 지배하는 권리라고 설명되는 퍼블리시티권(Right of Publicity)은 일찍이 광고산업이 발달한 미국에서 판례와 각 주의 성문법에 의하여 보호되기 시작하였으며, 일본과 우리나라에서도 이러한 권리를 인정한 하급심 판결을 다수 찾을 수 있으나, 퍼블리시티권의 내용, 양도 및 상속성, 보호대상과 존속기간, 구제수단 등을 구체적으로 규정한 우리나라의 실정법이나 확립된 관습법이 존재하지 않는 것은 사실이다.
그러나 헌법상의 행복추구권과 인격권의 한 내용을 이루는 성명권은 사회통념상 특정인임을 알 수 있는 방법으로 성명이 함부로 사용, 공표되지 않을 권리, 성명이 함부로 영리에 이용되지 않을 권리를 포함한다고 할 것이고, 유명인의 성명이나 초상을 사용하여 선전하거나 성명이나 초상을 상품에 부착하는 경우 유명인의 성명이 상품의 판매촉진에 기여하는 효과가 발생할 것인데 이러한 효과는 원고들과 같은 유명인이 스스로의 노력에 의하여 획득한 명성, 사회적인 평가, 지명도 등으로부터 생기는 독립한 경제적 이익 또는 가치로서 파악할 수 있는바, 원고들의 허락을 받지 아니하고 원고들의 성명을 상업적으로 이용하는 행위는 원고들의 성명권 중 성명이 함부로 영리에 이용되지 않을 권리를 침해한 민법상의 불법행위를 구성한다고 볼 것이고, 이와 같이 보호되는 한도 내에서 원고들이 자신의 성명 등의 상업적 이용에 대하여 배타적으로 지배할 수 있는 권리를 퍼블리시티권으로 파악하기에 충분하다고 할 것이며, 이는 원고들의 인격으로부터 파생된 것이기는 하나 독립한 경제적 이익 또는 가치에 관한 것인 이상 원고들의 인격권과는 독립된 별개의 재산권으로 보아야 할 것이다.
[2] 이 사건에서의 퍼블리시티권 침해 인정
피고들은 공동으로 원고들의 허락을 받지 아니하고 원고들의 성명을 사용한 이 사건 게임물을 제작하여 상업적으로 이동통신회사에 제공함으로써 원고들의 인격권으로서의 성명권 및 퍼블리시티권을 위법하게 침해하였다고 할 것이다.
[3] '공적 인물'의 주장에 대하여
피고들은, 원고들은 공적 인물이 되었으므로 성명이 공표되는 것을 어느 정도 수인하여야 하는데 피고들은 휴대전화용 야구게임에 사용한 것에 불과하므로 침해가 될 수 없다고 주장함은 앞서 본 바와 같으므로 이에 대하여 살펴건대, 공적 인물이라 하더라도 그 성명을 상업 목적만을 위해 사용하는 경

우까지 그 사용을 수인하여야 한다고 할 수 없으므로 피고들의 위 주장은 이유 없다.

[4] 퍼블리시티권 침해행위로 인한 재산상 손해의 산정 기준

피고들의 퍼블리시티권 침해행위로 인하여 원고들이 입게 된 재산상 손해는 피고들이 원고들의 승낙을 받아서 원고들의 성명을 사용할 경우에 원고들에게 지급하여야 할 대가 상당액이라고 할 것이고, 퍼블리시티권자가 자신의 성명에 관하여 사용계약을 체결하거나 사용료를 받은 적이 전혀 없는 경우라면 일응 그 업계에서 일반화되어 있는 사용료를 손해액 산정에서 한 기준으로 삼을 수 있다.

[5] 원고들의 정신적 손해에 대한 위자료 청구에 대하여

원고들은 피고들의 위와 같은 행위로 인하여 정신적 고통을 받았다고 주장하면서 피고들에 대하여 그 위자료로서 각 1,000,000원의 지급을 구하나, 원고들과 같은 프로스포츠 선수들은 경기중계, 인터뷰, 광고 등을 통한 대중과의 접촉을 직업으로 하는 사람들로서 통상 자기의 성명 등이 일반대중에게 공개되는 것을 희망 또는 의욕하는 직업적 특성에 비추어 볼 때, 자신들의 성명이 허락 없이 사용되었다고 하더라도 그 사용의 방법·목적 등으로 보아 원고들의 운동선수로서의 평가, 명성, 인상 등을 훼손 또는 저해하는 경우 등의 특별한 사정이 없는 한, 그로 인하여 정신적 고통을 받았다고 보기는 어렵고, 가사 그렇지 않다고 하더라도 앞서 본 바와 같이 원고들과 같은 유명 운동선수들의 성명 등을 상업적으로 이용할 수 있는 권리는 재산권으로서 보호대상이 된다고 할 것이므로 타인의 불법행위로 말미암아 그 성명 등을 이용할 수 있는 권리가 침해된 경우에는 특별한 사정이 없는 한 재산적 손해의 배상에 의하여 정신적 고통도 회복된다고 보아야 할 것인바, 이 사건의 경우 피고들은 피고 2의 프로야구 관련 자산에 기초하여 휴대전화용 야구게임인 이 사건 게임물을 제작함에 있어 각 구단의 선수인 원고들의 성명을 사용한 것에 불과하다는 점을 참작하면 피고들의 위와 같은 행위로 인하여 원고들의 운동선수로서의 평가, 명성, 인상 등이 훼손 또는 저해되어 원고들이 정신적 고통을 받았다고 보여지지 아니하고, 가사 원고들이 피고들의 위와 같은 행위로 인하여 정신적 고통을 받았다고 하더라도 그 정신적 고통이 재산적 손해의 배상에 의하여 회복될 수 없을 정도의 것이라고 보여지지 아니하므로 원고들의 위 주장은 이유 없다.

[6] 성명권에 기한 성명사용금지 청구에 대한 판단

피고들이 원고들의 허락 없이 이 사건 게임물을 제작·판매함에 있어 원고들의 성명을 사용함으로써 원고들의 인격권으로서의 성명권을 침해하였음은 앞서 본 바와 같고, 인격권으로서의 성명권은 물권의 경우와 마찬가지로 배타성을 가지는 권리라고 할 것이므로 원고들로서는 성명권 침해를 이유로 그 침해의 금지 및 예방을 구할 수 있다고 할 것인바, 피고들은 자신들이 제작·공급 및 판매하는 이 사건 게임물에 원고들의 성명을 사용하거나 이를 사용한 게임물을 제작·공급 및 판매하여서는 아니될 의무가 있다.

▷NOTE : 먼저 위 소제목들은 판례를 발췌한 후 주제별로 정리하기 위해 저자가 붙인 것이라는 것에 대해 양해를 바란다. 이 사건은 퍼블리시티권의 인정근거 등을 비교적 소상하게 판시한 사례로서 여러 가지 점에서 참고가치가 크다고 생각된다. 법리 전개에 있어서는 앞서 소개한 일본의 '냔 아이 클럽' 사건 판결과 상통하는 면이 많다. 대체로 수긍할 수 있는 무난한 내용이라고 생각되나 성명사용금지 청구를 받아들인 근거를 퍼블리시티권이 아니라 성명권에서 찾고 있는 부분은 깊이 음미해 볼 필요

가 있다. 퍼블리시티권은 재산적 성격의 권리이므로 금지청구의 권원이 되기에 곤란한 면이 있다는 이유로 인격권으로서의 성명권을 근거로 한 것으로 생각되는데, 결과적으로 원고들의 성명에 인격권으로서의 성명권과 재산권으로서의 퍼블리시티권이 함께 작용하여 마치 하나의 저작물에 대해 저작재산권과 저작인격권이 동시에 작용할 수 있는 것과 유사한 구조로 판단하고 있는 셈이다. 이와 같이 퍼블리시티권에서 인격권적 요소를 개념적으로 사상하여 이 둘을 서로 병립하는 관계로 본 점에서 일종의 이원론적인 사유를 취한 것이라고 볼 수 있다. 다만 이러한 입장이 우리 판례의 확립된 입장이라고 보기는 어렵고, 아직은 이론화의 과정 중에 있다고 생각된다. 대법원 판례에 의하여 깊이 있는 이론적 정리가 이루어지기를 기대한다.

§22-12　　　❖서울중앙지방법원 2005. 9. 27. 선고 2004가단235324 판결
〈사실관계〉

원고는 대중적 지명도가 있는 남자 코미디언인데, 피고는 원고로부터 아무런 승낙을 받지 아니한 채 원고의 얼굴을 형상화한 캐릭터(이하 이 사건 캐릭터라고 한다)를 제작한 후, 이 사건 캐릭터를 이동통신회사들에서 운영하는 인터넷 모바일 서비스에 컨텐츠로 제공하여, 이 사건 캐릭터 옆에 원고의 이름과 원고가 만들어서 유행시킨 유행어인 "…를 두 번 죽이는 짓이에요", "…라는 편견을 버려" 등의 문구를 함께 게재하여 놓고, 이동통신회사의 고객들이 돈을 지불하고 휴대전화로 이 사건 캐릭터를 다운로드 받도록 하였다. 이에 원고가 피고를 상대로 퍼블리시티권 침해를 이유로 한 손해배상청구소송을 제기하였다.

〈법원의 판단〉

일반적으로 퍼블리시티권이란 사람이 자신의 성명이나 초상 등을 상업적으로 이용하고 통제할 수 있는 배타적 권리를 의미하는 것으로서, 이는 초상 등의 경제적 측면에 관한 권리라는 점에서, 인격권으로서의 성격을 가지는 전통적 의미의 초상권과 구별된다고 할 것인바, 유명 연예인이나 운동선수 등의 경우 자신의 승낙 없이 자신의 성명이나 초상 등이 상업적으로 사용되어 지는 경우 정당한 사용계약을 체결하였다면 얻을 수 있었던 경제적 이익의 박탈이라고 하는 재산상 손해를 입게 된다는 점에서 이러한 퍼블리시티권을 별도의 권리로서 인정할 필요가 있다고 할 것이다.

이 사건의 경우, 앞에서 인정한 바와 같이, 원고는 대중적 지명도가 있는 연예인으로서 자신의 초상이나 성명 등을 상업적으로 이용할 수 있는 권리를 보유하는 바, <u>피고가 원고로부터 아무런 승낙을 받지 아니하고 원고의 얼굴을 형상화하여 일반인들이 원고임을 쉽게 알아볼 수 있는 이 사건 캐릭터를 제작한 후, 이를 이동통신회사들이 운영하는 인터넷 모바일 서비스에 컨텐츠로 제공하여, 이동통신회사의 고객들이 돈을 지불하고 휴대전화로 캐릭터를 다운로드 받도록 하는 방법으로 영업을 하였는 바, 이는 피고가 원고의 승낙 없이 원고의 초상과 성명을 상업적으로 사용함으로써 코미디언으로서 대중적 지명도가 있어 재산적 가치가 있는 원고의 초상 등을 상업적으로 이용할 권리인 퍼블리시티권을 침해한 것으로서 불법행위에 해당한다.</u>

따라서, 피고는 위와 같은 불법행위로 원고가 입은 재산상 손해를 배상할 책임이 있다.

▷NOTE : 이 사건은 사람의 초상을 '캐릭터'로 제작하여 판매대상으로 한 점에서 전형적으로 '실

재 캐릭터(real character)'의 보호가 문제가 된 사례라고 할 수 있다. 실재 캐릭터는 위와 같이 그 캐릭터에 의하여 표상되는 연예인 등의 퍼블리시티권의 대상이 되어 보호되는 것으로서 이는 저작물에 대한 보호와는 성격을 달리하는 것이다. 그런데 위 사안과 같이 연예인의 얼굴특징을 살린 캐릭터를 제작한 경우에 그 캐릭터 자체는 일종의 미술저작물로서의 성격을 가질 수도 있다. 다만 미술저작물로 보호될 수 있다고 하여 퍼블리시티권을 가진 캐릭터 주인공에게 대항할 수 있는 사유가 되는 것은 아니다.

❖ 서울고등법원 2002. 4. 16. 선고 2000나42061 판결 　　　　　　　　　　　　　　　§22-13
　　우리나라에서도 근래에 이르러 연예, 스포츠 산업 및 광고산업의 급격한 발달로 유명인의 성명이나 초상 등을 광고에 이용하게 됨으로써 그에 따른 분쟁이 적지 않게 일어나고 있으므로 이를 규율하기 위하여 이른바 퍼블리시티권(Right of Publicity)이라는 새로운 권리 개념을 인정할 필요성은 수긍할 수 있으나, <u>성문법주의를 취하고 있는 우리나라에서 법률, 조약 등 실정법이나 확립된 관습법 등의 근거 없이 필요성이 있다는 사정만으로 물권과 유사한 독점·배타적 재산권인 퍼블리시티권을 인정하기는 어렵다고 할 것이며</u>, 퍼블리시티권의 성립요건, 양도·상속성, 보호대상과 존속기간, 침해가 있는 경우의 구제수단 등을 구체적으로 규정하는 법률적인 근거가 마련되어야만 비로소 퍼블리시티권을 인정할 수 있을 것이다.

　　▷NOTE : 위 판례는 퍼블리시티권의 인정 여부에 대하여 부정설을 취한 대표적인 판례이다. 위 판례도 퍼블리시티권의 인정 필요성은 긍정하면서 다만 '물권법정주의'적인 이론에 기하여 성문법상 근거가 없는 상태에서 이를 인정하기는 곤란하다고 본 것이다. 그러나 무형적인 권리를 포함하여 어떠한 배타적인 권리도 성문법의 명확한 근거가 없으면 일체 인정할 수 없다는 취지로 물권법정주의를 확대하고 절대화하여 적용할 필요가 있을지는 의문이다. 우리나라와 법체계가 비슷한 일본에서도 별도의 성문법적 근거 없이 나름대로의 합리적 근거에 의하여 퍼블리시티권을 배타적 권리로 인정하고 있는 예를 보더라도 그러하다. 그러한 점에서 위 판례는 그 취지가 이해되지 않는 바는 아니지만 결론적으로 타당하다고 하기 어렵다.

❖ 서울지방법원 2000. 7. 14. 선고 99가합84901 판결 — "제임스 딘" 사건 (1) 　　　　§22-14
　〈사실관계〉
　　원고는 미국의 유명한 영화배우였던 소외 망 제임스 딘의 상속인으로부터 퍼블리시티권을 양도받은 재단으로부터 다시 그 권리를 양도받았다고 주장하면서, 위 망인의 이름을 상표로 등록한 사람으로부터 이용허락을 받아 그 상표를 의료 등 상품의 제조, 판매에 사용하고 있는 피고에게 침해금지 청구를 하였다.

　〈법원의 판단〉
　　고유의 명성, 사회적 평가, 지명도 등을 획득한 배우, 가수, 스포츠선수 등과 같이 대중의 인기에 의하여 뒷받침되어 그 존재가 사회에 널리 알려지기를 바라는 유명인사의 성명과 초상 등을 상품에 부착하거나 서비스업에 이용하는 경우 그 상품의 판매촉진이나 서비스업의 영업활동 촉진의 효과가 있는

데, 이러한 유명인사의 성명, 초상 등이 갖는 고객흡인력은 당해 유명인사가 획득한 사회적 명성, 평가 및 지명도 등으로부터 생기는 독립적인 경제적 이익 내지 가치로서 이는 당해 유명인사에게 고유하게 귀속하는 것으로 볼 수 있고, 그 유명인사는 이러한 고객흡인력이 갖는 경제적 이익 내지 가치를 배타적으로 지배할 수 있는 재산적 권리를 가지는 바, 이러한 성명이나 초상 등이 갖는 재산적 가치를 지배하는 권리를 퍼블리시티권(the Right of Publicity)이라고도 하는데, 이는 일종의 재산권으로서 인격권과 같이 일신에 전속하는 권리가 아니어서 상속이 가능하고 성명이나 초상이 갖는 경제적 가치를 적극적으로 활용하기 위하여 제 3 자에게 양도할 수 있으므로, 그 권리자 또는 그 권리를 상속하거나 양수한 자는 그 권리에 기하여 침해행위의 금지 또는 침해의 방지를 실효성 있게 하기 위한 침해물건의 폐기를 청구할 수 있다 할 것이다.

따라서, 미국의 저명한 영화배우였던 소외 망 제임스 딘에게는 그의 사회적 명성, 평가 및 지명도 등에 기하여 성명, 초상 등이 갖는 고객흡인력을 인정할 수 있으므로, 위 제임스딘에게 성명이나 초상 등이 갖는 재산적 가치를 지배하는 권리를 퍼블리시티권이 발생하였다 할 것이다.

▷NOTE : 위 판결은 원고가 정당한 처분권한 있는 자로부터 퍼블리시티권을 양수한 것을 인정하기 어렵다는 이유로 원고의 청구를 기각하는 결론을 내리고 있지만, 위와 같이 퍼블리시티권의 존재를 긍정할 뿐만 아니라 그 양도성과 상속성도 인정하는 점에서 매우 적극적인 입장을 취하고 있다. 침해 금지청구를 인정하는 근거도 퍼블리시티권 자체에서 구하고 있는 점에서 서울중앙지방법원 2006. 4. 19. 선고 2005가합80450 판결(§22-11)과 미묘한 차이를 보이고 있기도 하다. 퍼블리시티권의 양도성과 상속성을 인정하는 이 판례의 입장도 그 양도성과 상속성을 부정하는 입장을 취한 본서의 입장과는 상치되는 면이 있다. 그에 대하여 자세한 것은 뒤에서 살펴본다.

§22-15

❖서울고등법원 1998. 9. 29.자 98라35 결정—"박찬호 선수 브로마이드" 사건

〈사실관계〉

이 사건 피신청인 A는 신청인인 박찬호 선수의 야구선수로서의 성장과정과 활약상에 관한 기사 등을 엮어 '메이저리그와 정복자 박찬호'라는 제호의 320여쪽에 이르는 서적을 저술하고, 그 서적의 특별부록으로 앞면에는 신청인의 투구모습을, 뒷면에는 신청인의 런닝모습을 천연색으로 인쇄한 가로 약 53cm, 세로 약 78cm인 포스터형식의 이 사건 브로마이드를 제작한 후 출판사를 경영하는 피신청인 B에게 의뢰하여 출판, 배포하고 있었다.

이에 신청인은 자신의 동의 없이 위와 같은 서적을 저술하고 자신의 초상 등을 무단으로 사용함으로써 신청인의 초상권, 성명권, 퍼블리시티권, 인격권, 프라이버시권이 침해되고 있고, 신청인의 명예도 훼손되고 있다고 주장하면서 위 서적 및 브로마이드의 인쇄, 제작, 배포 등의 금지를 구하는 가처분을 신청하였다.

〈법원의 판단〉

(1) 무릇 공적 관심의 대상이 되는 저명한 인물 즉 공적인물(公的人物)에 대한 서술, 평가는 자유스러워야 하고, 그것은 헌법이 보장하고 있는 언론, 출판 및 표현의 자유의 내용이기도 하다. 다만 그것은 타인의 명예나 권리를 침해하여서는 아니된다는 제한을 받는다.

(2) 공적인물의 생애에 관한 서술과 그에 관한 평가를 담는 서적인 평전에서는 그 저작물의 성질상 대상자의 성명을 사용하고 대상자의 사진(보도용으로 촬영된 사진을 이용하는 것도 포함한다)을 게재할 수 있을 뿐만 아니라 대상자의 생애에서의 주요사건이 다루어지고, 그에 대한 저자의 의견이 더하여 지는 것이 당연하다 할 것이며, 그러한 평전의 저술은 그 대상자의 명예나 권리를 침해하지 않는 한 허용되어야 하고, 그 대상자가 되는 공적인물은 이를 수인하여야 할 것이다.

(3) 이 사건에 돌아와 보건대, 앞에서 본 바와 같이 신청인은 미국 메이저리그에서 활약하는 야구선수로서 국내외에서 많은 인기를 얻고 있어 공적인물이 되었다고 할 것이고, 이 사건 서적의 내용은 주로 신청인의 성장과정과 메이저리그로의 진출과정, 메이저리그에서의 생활 등을 서술하고 있으며, 비록 그 일부분에 있어 메이저리그에 관한 전반적인 소개, 메이저리그 구단과 선수들에 관한 소개, L.A. 다저스팀에 관한 소개, 야구용어의 해설 등의 내용이 포함되어 있기는 하지만, 그러한 내용은 어디까지나 신청인의 메이저리그에서의 활약상을 소개하고, 독자들로 하여금 신청인의 야구경기를 이해하고 즐기는 데에 도움을 주기 위하여 부가적으로 수록된 것으로 보기에 충분하므로 결국 이 사건 서적은 신청인에 대한 평전의 성격을 띠고 있다고 할 것이다.

(4) 그런데, 이 사건 서적의 표지구성형식과 내용, 그와 관련하여 게재된 신청인의 성명과 사진이나 이 사건 서적의 배포를 위한 광고내용을 정사하여 보아도 그 내용에 나타나는 신청인의 성명과 사진이 공적인물인 신청인이 수인하여야 할 정도를 넘어서서 신청인의 성명권과 초상권을 침해하는 정도로 과다하거나 부적절하게 이용되었다고 보여지지 아니하고, 또한 <u>신청인이 유명야구선수로서 그 성명과 초상을 재산권으로 이용할 수 있는 권리 즉 이른바 퍼블리시티권을 침해하는 것으로 볼 수 있을 정도로 신청인의 성명과 초상 그 자체가 독립적·영리적으로 이용되었다고 보여지지 아니하며</u>, 그 밖에 달리 이 사건 서적의 저술·발매·반포, 그 광고행위 등으로 인하여 신청인의 초상권, 성명권 및 퍼블리시티권이 침해되었다고 볼 만한 점을 찾아 볼 수 없다.

(5) 따라서 이 사건 서적의 저술·발매·반포, 그 광고행위 등으로 인하여 신청인의 초상권, 성명권 및 퍼블리시티권이 침해되고 있다는 신청인의 주장은 이유 없다(또한 신청인은 뒤에서 보는 바와 같이 피신청인 A가 신청인과 인터뷰한 사실이 없음에도 마치 직접 인터뷰한 것처럼 이 사건 서적에 기술함으로써 신청인의 성명권을 침해하였다고도 주장하고, 이 사건 서적에 그와 같은 기술 부분이 있는 사실은 소명되지만, 그로써 신청인의 성명권이 침해되었다고 단정할 수 없다).

(6) 다만, <u>신청인의 대형사진이 게재된 이 사건 브로마이드는 신청인에 대한 평전이라 할 수 있는 이 사건 서적의 내용으로 필요불가결한 부분이라 할 수 없을 뿐만 아니라 이 사건 서적과 분리되어 별책 부록으로 제작된 것으로서 그 자체만으로도 상업적으로 이용될 염려가 적지 않고, 그와 같이 상업적으로 이용될 경우에 신청인의 초상권 또는 퍼블리시티권이 침해될 것으로 보여지므로</u> 이 사건 브로마이드의 발매·반포로 신청인의 초상권 또는 퍼블리시티권이 침해된다는 신청인의 주장은 이유 있다(그러나 이미 배포된 이 사건 브로마이드의 회수, 폐기는 사실상 불가능하다고 보여질 뿐만 아니라, 그 보전의 필요성도 인정하기 어려우므로 그 부분 주장은 받아들이지 않는다).

▷NOTE : 위 판례에서는 브로마이드의 제작 부분이 신청인의 초상권 또는 퍼블리시티권의 침해로 인정될 수 있다고 언급하여 퍼블리시티권의 존재를 긍정하는 입장을 표명한 셈이나 초상권과의 관

계 등에 대하여 깊이 다루고 있지는 않다. 평전으로서의 성격을 가지는 서적의 내용에 대하여는 퍼블리시티권의 침해를 인정하지 않고 브로마이드에 대하여만 퍼블리시티권 침해를 인정한 결론을 내린 것은 수긍할 수 있는 입장이라 생각된다.

§22-16　　　❖ 서울지방법원 1997. 11. 21. 선고 97가합5560 판결 ― "제임스 딘" 사건 (2)

　　　원고는 또한, 사람의 성명이나 초상 등에 관한 권리 가운데 광고나 표장 등 그 상업적 이용과 관련된 특수 분야에 이용될 수 있는 성명이나 초상 등에 관한 권리는 더 이상 단순히 인격적인 것으로만 파악되는 것이 아니라 별도의 재산적 권리 즉, 이른바 퍼블리시티권(right of publicity)으로 인정되어야 마땅하고, 이러한 퍼블리시티권은 재산권으로서 상속 및 양도가 가능하며 그 사후 존속기간도 저작권법이 저작자의 사후 50년간의 보호기간을 인정하고 있는 것과 마찬가지로 당사자의 사망 후 적어도 50년간 보호되어야 할 것인바, 이와 같은 제임스 딘의 퍼블리시티권을 승계한 원고로부터 아무런 실시허락 또는 승낙을 받음이 없이 위 JAMES DEAN 상표와 동일하거나 유사한 이 사건 제임스 딘 상표가 부착된 의류제품 등을 판매하고 있는 피고들은 제임스 딘의 퍼블리시티권을 침해한 것이므로, 그와 같은 불법적인 상표사용행위를 중지하고 침해행위로 조성된 이 사건 제임스딘 상표 및 그 인쇄설비를 폐기할 의무가 있다고 주장한다.

　　　살피건대, 근래 저명한 영화배우, 연예인, 운동선수 등의 성명, 초상 등이 상품의 광고나 표장에 사용되는 경우 그 저명성으로 인하여 이를 사용한 상품이 소비자들 사이에 월등한 인지도와 신뢰성을 획득할 수 있기 때문에, 이들의 성명, 초상 등을 상업적으로 이용하는 경향이 보편화되었고, 따라서 위와 같은 영화배우 등의 성명, 초상 등이 본인의 승낙 없이 함부로 사용되는 경우 본인이 입게 되는 손해는 자신의 성명, 초상이 허락 없이 사용된 데에 따른 정신적인 고통이라기보다는 오히려 자신들이 정당한 사용계약을 체결하였을 경우 받을 수 있었던 경제적인 이익의 박탈로 파악될 수 있으므로 성명과 초상 등에 대하여 기존의 인격권으로서의 초상권과는 별도로 재산적 권리로서의 특성을 가지는, 이른바 퍼블리시티권의 성립을 인정할 여지가 있다고 보인다.

　　　그러나, 퍼블리시티권을 인정하고 그 재산권으로서의 성격을 승인한다 하더라도, 유명인이 자신의 퍼블리시티권을 실제 행사하고 있는 경우나 생전에 이를 행사함으로써 그 권리가 구체화되었다가 그 유명인이 사망하는 경우와는 달리, 이 사건에 있어서는 이 사건 소가 제기되기 약 42년전에 이미 사망한 제임스 딘의 유족들로부터 권리를 승계하였다는 원고가 제임스 딘의 사망 후 그의 퍼블리시티권을 주장하고 있는바, 퍼블리시티권이 아직까지 우리나라의 성문법상의 권리로서 인정되지 않고 있는 점, 퍼블리시티권을 재산권으로 파악하는 경우에도 그것이 한 사람의 인격을 상징하는 성명, 초상 등에 관한 것인 이상 그 당사자의 인격과 완전히 분리되어 존재하는 독립된 권리라고 보기 어렵다 할 것인데, 일반적으로 인격권은 권리자의 사망과 함께 소멸하여 상속의 대상이 되지 아니한다는 점, 퍼블리시티권의 상속이 인정된다고 가정할 경우에도 퍼블리시티권은 개인의 성가와 밀접한 관계가 있어 세월이 지남에 따라 그 권리로서의 존재가치는 희석화되고 일정기간이 지나면 결국 소멸되고 마는 권리라고 할 것인데, 제임스 딘의 퍼블리시티권이 원고에게 승계되었다 하여도 제임스 딘의 사망 이후 현재까지 존속한다고 보기 어려운 점(원고는 퍼블리시티권의 사후 존속기간이 저작권법상 저작자의 권리와 마찬가지로 50년이 되어야 한다고 주장하나, 퍼블리시티권은 자신의 성명 또는 초상에 대한 상업적 이용을 허락하는 권리로서 저작권과는 그 권리의 발생요건, 보호목적, 효과 등을 달리하여 저작권법상 저작자의 권리에 대한 사후 존속기간에 관한 규정을 바로 유추, 적용할 수는 없다고 하겠다) 등에 비추어 보면 원고가 제임스 딘의 성명이나 초상에 대한 퍼블리시티권을 상속하여 이를 독점적으로 행사할 권리를 여전히 보유하고 있음을 전제로 한 위 주장은 받아들일 수 없다.

▷NOTE : 위 판례는 위에 소개한 서울지방법원 2000. 7. 14. 선고 99가합84901 판결과 거의 동일한 사안에 대한 것이나, 퍼블리시티권의 상속성 인정여부에 대하여는 다른 입장을 보이고 있다. 즉, 이 판결은 퍼블리시티권을 인정한다 하더라도 그것을 당사자의 인격과 완전히 분리되어 존재하는 독립된 권리라고 보기는 어렵다는 등의 이유로 그 상속성을 부정하고 있다. 그 점에서 본서의 입장과 일치한다.

❖서울지방법원 1996. 9. 6. 선고 95가합72771 판결 — "만화 아스팔트 사나이" 사건   §22-17
[1] 만화 속의 모델이 성명 또는 초상권의 침해를 주장한 사안에서, 만화 속의 모델은 만화 속에서 자신의 명예가 훼손된 경우에는 이를 이유로 침해의 금지를 요구하거나 그로 인한 손해의 배상을 구할 수 있으나, 명예가 침해되는 정도에 이르지 아니한 경우에는 헌법상 예술의 자유와 출판의 자유가 보장되어 있는 점에 비추어 이를 수인하여야 하고, 특히 모델이 사회에서 널리 알려진 공적인 인물인 경우에는 더 그러하다.

[2] 상업적 이용 또는 공표권(right of publicity)이라 함은 재산적 가치가 있는 유명인의 성명, 초상 등 프라이버시에 속하는 사항을 상업적으로 이용할 수 있는 권리이므로, 만화에서 등장인물의 캐릭터로 실존 인물의 성명과 경력을 사용하였다고 하여도 만화 또한 예술적 저작물의 하나라고 보는 이상, 이를 상업적으로 이용하였다고 보기는 어렵다.

▷NOTE : 위 사건은 퍼블리시티권의 존재는 긍정하면서 다만 만화의 모델로 삼은 것은 '상업적 이용'의 요건을 충족하지 않는다는 이유로 침해를 부정하는 결론을 내리고 있다. 타당한 판시라고 생각된다.

❖서울지방법원 1995. 6. 23. 선고 94카합9230 판결 — "소설 이휘소" 사건   §22-18
신청인들은, 이휘소가 한국에서 우수한 성적으로 ○○학교, 대학교를 다녔을 뿐 아니라 미국에서도 매우 뛰어난 업적을 남기고 노벨상까지 바라보게 되는 등 일반인의 이목을 끌 요소가 충분히 있는데, 피신청인 A가 위 이휘소와 신청인들의 성명, 초상, 이력, 경력, 생활상, 성격상 등이 지닌 재산적 가치를 이용함으로써 퍼블리시티권을 침해하였다고 주장한다.

그러나 퍼블리시티권이라 함은 재산적 가치가 있는 유명인의 성명, 초상 등 프라이버시에 속하는 사항을 상업적으로 이용한 권리(right of commercial appropriation)라고 할 수 있는데, 문학작품인 위 소설에서 위 이휘소의 성명, 사진 등을 사용하였다고 하더라도 이를 상업적으로 이용했다고 볼 수는 없으므로, 위 주장은 이유 없다.

▷NOTE : 위 사건은 역시 퍼블리시티권의 존재는 긍정하면서 이른바 '모델 소설'의 주인공으로 하여 그 성명, 포상 등을 사용한 것은 '상업적 이용'의 요건을 충족하지 않는다는 이유로 침해를 부정하는 결론을 내리고 있다. 역시 타당한 판시라고 생각된다.

§22-18-1 ❖서울서부지방법원 2014. 7. 24. 선고 2013가합32048 판결

[1] 고유의 명성, 사회적 평가, 지명도 등을 획득한 배우, 가수, 운동선수 등 유명인의 성명이나 초상 등이 상품에 부착되거나 서비스업에 이용되는 경우 상품의 판매촉진이나 서비스업의 영업활동이 촉진되는 효과가 있는데, 이러한 유명인의 성명, 초상등이 갖는 고객흡인력은 그 자체가 경제적 이익 내지 가치로 취급되어 상업적으로 거래되고 있으므로, 성명권, 초상권 등 일신에 전속하는 인격권이나 종래의 저작권, 부정경쟁방지 및 영업비밀보호에 관한 법률의 법리만으로는 이를 설명하거나 충분히 보호하기 어렵다. 우리나라에서도 근래에 이르러 연예, 스포츠 산업 및 광고 산업의 급격한 발달로 유명인의 성명이나 초상 등을 광고에 이용하게 됨으로써 그에 따른 분쟁이 적지 않게 일어나고 있으므로 이를 규율하기 위하여, 성명이나 초상, 서명 등이 갖는 재산적 가치를 독점적, 배타적으로 지배하는 권리인 퍼블리시티권(Right of Publicity)이라는 새로운 권리 개념을 인정할 필요성은 충분히 수긍할 수 있다.

그러나 민법 제185조는 "물권은 법률 또는 관습법에 의하는 외에는 임의로 창설하지 못한다."라고 규정하여 이른바 물권법정주의를 선언하고 있고, 물권법의 강행법규성은 이를 중핵으로 하고 있으므로, 법률(성문법과 관습법)이 인정하지 않는 새로운 종류의 물권을 창설하는 것은 허용되지 아니한다. 그런데 재산권으로서의 퍼블리시티권은 성문법과 관습법 어디에도 근거가 없다. 따라서 법률, 조약 등 실정법이나 확립된 관습법 등의 근거 없이 필요성이 있다는 사정만으로 물권과 유사한 독점배타적 재산권인 퍼블리시티권을 인정하기는 어렵고, 퍼블리시티권의 성립요건, 양도·상속성, 보호대상과 존속기간, 침해가 있는 경우의 구제수단 등을 구체적으로 규정하는 법률적인 근거가 마련되어야만 비로소 퍼블리시티권을 인정할 수 있다.

[2] 헌법상 인격권 또한 민법의 일반규정 등을 통하여 사법적으로 보장되므로 개인의 동의 없이 성명이 이용됨으로써 개인의 인격적 법익이 위법하게 침해된 것으로 평가할 수 있다면, 개인은 인격적 법익을 침해한 자에 대하여 정신적 고통에 대한 손해배상을 청구할 수 있다. 그러나 인격적 법익의 주체가 배우, 가수, 프로스포츠 선수 등(이하 '연예인 등'이라 한다)인 경우 인격적 법익에 관한 일반이론이 다소 수정되어야 한다. 연예인 등의 직업을 선택한 사람은 직업의 특성상 자신의 성명과 초상이 대중 앞에 공개되는 것을 포괄적으로 허락한 것이므로 위와 같은 인격적 이익의 보호 범위는 일반인에 비하여 제한된다. 그러므로 연예인 등이 자기의 성명과 초상이 권한 없이 사용됨으로써 정신적 고통을 입었다는 이유로 손해배상을 청구하기 위해서는 그 사용이 방법, 태양, 목적 등에 비추어 연예인 등에 대한 평가, 명성, 인상을 훼손·저하시키는 경우이거나, 그 밖에 자신의 성명과 초상이 상품선전 등에 이용됨으로써 정신적 고통을 입었다고 인정될 만한 특별한 사정이 존재하여야 한다.

[3] 가수, 배우 등 연예인으로 활동하고 있는 甲등이 인터넷 포털 사이트를 운영하는 乙주식회사가 제공하는 키워드 검색광고 서비스를 통하여 광고주들이 甲등의 성명과 상품명 등을 조합한 문구를 키

워드로 이용함으로써 甲등의 퍼블리시티권 또는 성명권이 침해되었음을 이유로 乙회사를 상대로 손해배상 등을 구한 사안에서, 우리법상 성명이나 초상, 서명 등이 갖는 재산적 가치를 독점적, 배타적으로 지배하는 권리인 퍼블리시티권(Right of Publicity)을 인정할 수 없고, 키워드 검색광고를 통하여 甲등의 성명권이 침해되었다거나 甲등이 수인한도를 넘는 정신적인 고통을 받았다고 할 수 없으며, 키워드 검색광고가 부정경쟁방지 및 영업비밀보호에 관한 법률 제 2 조 제 1 호 (차)목의 부정경쟁행위에 해당한다고 볼 수도 없다고 한 사례.

▷NOTE : 최근 하급심판결의 경향을 보면, 퍼블리시티권의 인정 여부에 관하여 긍정설의 입장을 취한 것도 있지만, 부정설의 입장을 취한 사례가 과거보다 많아지고 있다. 위 판결은 그러한 부정설의 입장에 선 판결의 하나이다.

♣서울중앙지방법원 2013. 10. 1. 선고 2013가합509239 판결　　　　　　　　§22-18-2
〈인정된 사실관계〉
법원이 인정한 사실관계는 다음과 같다.

(1) 원고들은 현재 가수, 배우 등으로 활동하고 있는 연예인들이고, 피고는 휴대용 통신기기 어플리케이션(Application)을 제작·배포하는 방법으로 정보통신 서비스업 등을 영위하고 있는 주식회사이다.

(2) 피고는 'A'라는 어플리케이션(이하'이 사건 앱'이라 한다)을 제작하여 2010. 7. 1.부터 스마트폰 등 통신기기 이용자들에게 무료로 배포하기 시작하였다.

(3) 이 사건 앱은 그 이용자들이 자신이나 타인의 얼굴을 촬영한 사진을 입력하면 이를 분석하여 닮은 꼴 연예인을 찾아내는 어플리케이션으로서, 얼굴 사진의 분석결과 원고들을 비롯하여 닮은 연예인의 사진과 성명이 스마트폰에 표시되게 하는 방식으로 구동되었다.

(4) 피고는 소외 B주식회사 등과 사이에 이 사건 앱의 실행화면에 배너광고를 게재하는 내용의 광고계약을 체결하였고, 이에 따라 이 사건 앱의 얼굴인식 결과화면 아래에 배너광고를 표시하여 위 배너광고가 이 사건 앱의 이용자들에게 노출되도록 하였다.

(5) 피고는 비록 이 사건 앱을 무료로 배포하기는 하였으나, 위와 같은 배너광고를 통해 광고의 노출정도에 비례한 광고수익을 얻었다(피고가 이 사건 앱을 통해 얻은 수익은 위와 같은 광고수익이 전부였다).

(6) 피고는 이 사건 앱 운영에 따른 손실이 늘어나자 2013. 4. 10. 이 사건 앱의 서비스를 종료하였다.

〈법원의 판단〉
1) 퍼블리시티권 침해 주장에 관한 판단
무릇 재산적 가치가 있는 유명인의 성명, 초상 등 프라이버시에 속하는 사항을 상업적으로 이용할 수 있는 권리를 일반적으로 퍼블리시티권(the right of publicity)이라 하는바, 이는 인격권에 기초한 것으로서 본인이 자신의 성명, 초상등 프라이버시에 속하는 사항을 구체화하여 상업적으로 이용함으로써 그것이 인격과 분리되어 독자적으로 고객흡입력을 가지는 등 그 경제적 가치가 객관화되었다면 인격권과는 별도로 법으로 보호될 필요성이 인정되어 미합중국 연방항소법원중 하나가 1953년 위와 같은 재산적 가치를 배타적, 독점적으로 지배하는 권리를 독자적인 재산권으로 인정한 이래 상당수의 미합중국 주법과 다수의 학자들에 의하여 지지되기에 이르렀고, 논란은 있으나 퍼블리시티권은 재산권이지 인격권이 아니므로 상속과 양도가 가능하다고 하며, 퍼블리시티권의 권리자 또는 그 권리를 상속하거나 양수한 자는 침해자에 대하여 손해배상을 구할 수 있다고 한다.

살펴건대, 우리나라에서도 최근 연예, 스포츠산업 및 광고산업의 급격한 발달로 유명인의 성명이나 초상 등을 광고에 이용하게 됨으로써 그에 따른 분쟁이 적지 않게 일어나고 있으므로 이를 규율하기 위하여, 앞서 본 바와 같은 퍼블리시티권이라는 새로운 개념을 인정할 필요성은 인정된다고 할 것이나, 성문법주의를 취하고 있는 우리나라에서 법률, 조약 등 실정법이나 확립된 관습법 등의 근거 없이 필요성이 있다는 사정만으로 물권과 유사한 독점·배타적 재산권인 퍼블리시티권을 인정하기는 어렵다고 할 것이며, 퍼블리시티권의 성립요건, 양도·상속성, 보호대상과 존속기간, 침해가 있는 경우 구제수단 등을 구체적으로 규정하는 법률적인 근거가 마련되어야만 비로소 원고들이 주장하는 바와 같은 퍼블리시티권을 인정할 수 있다고 할 것이다.

따라서 우리 법상 재산권으로서의 퍼블리시티권이 인정됨을 전제로 한 원고들의 위 주장은 더 나아가 살필 필요 없이 이유 없다.

2) 성명권 및 초상권 침해 여부

가) 사람의 성명, 초상 등은 한 개인 인격의 상징이므로 당해 개인은 인격권에서 유래하는 성명, 초상 등을 함부로 이용당하지 않을 권리를 가지고 있다. 그리고 성명, 초상 등은 상품의 판매 등을 촉진하는 고객흡인력을 가질 수가 있고, 이처럼 고객흡인력을 배타적으로 이용하는 권리는 성명, 초상 등 그 자체의 상업적 가치에 기초를 두고 있기 때문에 위에서 언급한 인격권으로부터 유래하는 권리의 한 내용을 구성하는 것이라고 말할 수 있다. 한편 성명, 초상 등에 고객흡인력을 가지는 사람은 사회적 이목을 집중하는 사람으로서 그 성명, 초상 등이 시사보도, 논설, 창작물 등에 사용되는 경우에 그 사용은 정당한 표현행위 등이기 때문에 수인하여야 할 때도 있다. 따라서 성명, 초상 등을 무단으로 사용하는 행위는 성명, 초상 등 그 자체를 독립하여 감상의 대상이 되는 상품 등으로서 사용하거나, 상품 등을 차별화를 할 목적으로 성명, 초상 등을 상품에 붙이거나, 성명, 초상 등을 상품의 광고에 사용하는 등 성명, 초상 등이 가지고 있는 고객흡인력을 이용할 목적으로 한다고 말할 수 있는 경우에 인격권을 침해하는 것으로서 불법행위법상 위법하다고 해석하는 것이 상당하다.

나) 이 사건에 관하여 보건대, 위 인정사실과 앞서 든 증거들에 변론 전체의 취지를 종합하여 인정되는 다음과 같은 사정 … 에 비추어 볼 때, 피고는 원고들이 그동안 쌓은 고객흡인력을 이용하여 소비자들이 이 사건 앱을 통해 배너광고에 노출되게 함으로써 광고수익을 얻을 목적으로 원고들의 성명과 초상을 무단히 이용하였다고 봄이 상당하다. 따라서 피고가 원고들의 성명과 초상을 가진 앱을 통해 사용한 행위는 원고들의 성명권 및 초상권을 침해하는 행위로서 불법행위에 해당하고, 원고들은 그의 의사와 무관하게 성명이나 사진이 상업적으로 이용된 데 대하여 정신적 고통을 입었다고 넉넉히 추인할 수 있으므로, 피고는 금전적으로나마 이를 위자할 의무가 있다.

… 나아가 위자료 액수에 관하여 보건대, 통상 자산의 성명 등이 일반 대중에게 공개되는 것을 희

망 또는 의욕하는 연예인의 직업적 특성에 비추어, 이 사건과 같이 원고들이 기존에 쌓아 놓은 고객흡인력을 그대로 이용하여 소비자를 유인하여 광고수익을 얻고자 하는 경우에는 원고들의 성명과 초상을 직접 상품광고에 사용하는 경우보다 그 침해의 정도가 크지 않은 점, 이 사건 앱을 통해 공개된 원고들의 사진은 이미 대중들에게 널리 배포된 것으로 이 사건 앱을 통해 원고들의 대중적 이미지가 왜곡되거나 손상될 위험은 적은 점 및 원고들의 고객흡인력 정도, 이 사건 앱의 사용방식 등 이 사건 변론에 나타난 여러 사정을 참작하면, 원고들에 대한 위자료 액수는 각 3,000,000원으로 정함이 상당하다.

▷NOTE : 위 판결도 퍼블리시티권의 인정여부에 관하여 기본적으로 부정설의 입장을 취한 판례라 할 수 있다. 흥미로운 것은 위 밑줄 그은 부분에서 보는 바와 같이, 일본 최고재의 퍼블리시티권 관련 판례(§22-8-1)에서 표명한 퍼블리시티권 침해 요건을 그대로 인용하면서 다만 그 요건이 갖추어진 경우 '인격권에서 유래하는 하나의 배타적 권리로서의 퍼블리시티권 침해'로 인정될 수 있을 것으로 본 일본 최고재의 결론과 달리, 동일한 요건을 충족한 경우에 인격권 침해의 불법행위로 보아야 할 것으로 판시하고 있다는 점이다. 위 사건은 연예인의 초상을 영리 목적 서비스의 중요한 구성요소로 하고 있는 점에서 퍼블리시티권에 대하여 긍정설을 취할 경우 그 침해가 인정될 수 있는 사건으로 보이는데, 위와 같은 법리구성 하에 결국 인격권 침해의 불법행위로 인정됨으로써 비교적 저액의 위자료만 인정되는 결과가 되었다.

❖ 서울중앙지방법원 2014. 6. 27. 선고 2013가합503743 판결   §22-18-3
일반적으로 '퍼블리시티권(Right of Publicity)'은 사람의 초상, 성명 등이 갖는 경제적 이익 내지 가치를 상업적으로 사용·통제하거나 배타적으로 지배하는 권리라고 설명된다.

비록 '퍼블리시티권'의 보호대상과 존속기간, 구제수단 등을 구체적으로 규정한 우리나라의 실정법이나 확립된 관습법이 존재하지는 않으나, 유명인이 자신의 사회적 명성, 지명도 등에 의하여 갖게 되는 경제적 이익 또는 가치는 그 보호의 필요성과 보호가치가 있다고 할 것이고, 유명인의 성명, 초상 등에 관하여 형성된 경제적 가치가 광고업 등에서 널리 상업적으로 사용되는 이상 그 유명인이 자신의 초상, 성명 등이 갖는 경제적 이익 내지 가치를 상업적으로 사용·통제하고 배타적으로 지배할 수 있는 '퍼블리시티권'은 독립된 재산권으로 인정된다.

… 위 인정사실 및 앞서 든 각 증거에 의하면, 원고는 유명 연예인으로서 고객 흡인력을 갖는 경제적 이익 내지 가치를 상업적으로 사용·통제하고 배타적으로 지배할 수 있는 '퍼블리시티권'을 가진다고 보이고, 원고의 동의 내지 허락 없이 게재된 이 사건 게시물 및 게시글은 원고의 대중에 대한 호의관계 내지 흡인력을 이용하여 이 사건 성형외과를 홍보 내지 광고한 것으로 평가되므로, 이 사건 게시물 및 게시글의 게재 행위로 인하여 원고의 '퍼블리시티권'이 침해되었다고 할 것이다.

▷NOTE : 최근 퍼블리시티권에 대한 부정설의 영향력이 높아지고 있는 가운데, 여전히 긍정설을 취한 사례도 많이 있는데, 위 판결이 그러한 사례의 하나이다.

위 판결은 퍼블리시티권 침해만이 아니라 인격권 침해도 인정함으로써 손해액으로는 재산상 손해 1,500만 원과 정신적 손해 1,000만 원의 합계액인 2,500만 원(=1,500만 원+1,000만 원)을 인정하였다.

§22-18-4 　　　　❖서울서부지방법원 2017. 4. 27. 선고 2016가합33974 판결

　　　　성명과 초상 등 대중에게 널리 알려진 유명인의 개성은 고객흡입력이 있어 독립한 경제적 가치를 가지는바, 이와 같이 특정인의 성명, 초상(본인으로서 동일성이 인식될 수 있는 사진, 그림, 초상화, 이미지, 캐릭터 등), 서명, 음성 등이 갖는 경제적 이익이나 가치를 상업적으로 사용·통제하거나 배타적으로 지배하는 권리로 설명되는 '퍼블리시티권(Right of Publicity)'은 이를 명시적으로 규정한 실정법이 존재하지는 않으나, 헌법상의 행복추구권과 인격권의 한 내용을 이루는 성명권과 초상권에는 사회통념상 특정인임을 알 수 있는 방법으로 성명이나 초상이 함부로 영리에 사용되지 않을 권리가 포함된다고 할 것인 점, 특정인의 성명이나 초상 등에 관하여 형성된 경제적 가치가 이미 광고업 등 관련 업계에서 널리 인정되고 있다면 이를 침해하는 행위는 그 특정인에 대한 관계에서 민법상의 불법행위를 구성한다고 볼 것인 점, 헌법상 사생활의 비밀과 자유 규정, 지적재산권을 보호하는 저작권법 등의 취지 등에 비추어, 인격권과는 독립된 별개의 재산권으로 인정될 수 있다 할 것이다. 나아가, 퍼블리시티권의 대상은 '인격 그 자체'가 아니라 '인격의 발현으로 인하여 생성된 경제적 이익이며 독립한 재산권에 해당하므로, 이를 제 3 자에게 양도하거나 권리행사를 포괄적·개별적으로 위임할 수 있다고 보아야 하고, 현실적으로도 퍼블리시티권의 귀속주체가 성명이나 초상이 갖는 경제적 가치를 적극적으로 활용하기 위하여 제 3 자에게 양도하거나, 제 3 자로 하여금 전속적으로 이용하게 하는 것이 필요하고 적절한 경우가 발생한다.

　　　　2) 앞서 든 증거들에 의하면, C는 유명 연예인으로서 고객 흡인력을 갖는 경제적 이익 내지 가치를 상업적으로 사용·통제하고 배타적으로 지배할 수 있는 '퍼블리시티권'을 가진다고 보이고, 앞서 본 바와 같이 피고가 이 사건 광고계약이 기간만료로 종료되고 무상사용 기간이 경과한 이후에도 원고와의 협의 없이 무단으로 C의 초상이 담긴 메뉴판, 입간판, 전단지, 홈페이지 배너광고를 피고의 가맹점 내지 홈페이지 광고에 사용한 이상, 이는 C의 퍼블리시티권을 침해한 행위라 할 것이며, 한편 원고는 이 사건 전속계약에 따라 C로부터 C의 퍼블리시티권을 이용하고 그 침해를 배제할 권리를 위임받았으므로, 피고는 위와 같은 퍼블리시티권 침해에 따른 불법행위로 인하여 원고가 입은 손해를 배상할 책임이 있다.

　　　　▷NOTE : 위 판결은 최근에도 재판부에 따라서는 퍼블리시티권을 인격권과는 독립된 재산적 권리로 인정하고, 그 양도성을 긍정하는 입장의 판결이 선고되고 있음을 보여주는 사례이다. 다만 양도성을 긍정하는 입장을 취하더라도 퍼블리시티권을 양도받은 것이 아니라 '위임'받은 사안이라면 그 양수인으로 취급하는 것이 타당한 것인지 의문이 제기된다.

§22-18-5 　　　　❖서울중앙지방법원 2018. 12. 21. 선고 2016가합566967 판결

　　　　1) 퍼블리시티권 침해 주장에 관한 판단

　　　　'재산권의 내용은 법률로 정한다'는 헌법 제23조 제 1 문에 따라 물권과 채권은 민법에 의하여, 지식재산권은 저작권법·상표법·특허법·디자인보호법 등에 의하여 각 인정하고 있는 반면, 독립적 재산권으로서의 퍼블리시티권이라는 개념을 인정하는 법률은 존재하지 않는다. 민법 제185조는 '물권은 법률 또는 관습법에 의하는 외에는 임의로 창설하지 못한다'라고 규정하여 이른바 물권법정주의를 선언하고 있고, 물권법의 강행법규성은 이를 중핵으로 하고 있으므로, 법률(성문법과 관습법)이 인정하지

않는 새로운 종류의 물권을 창설하는 것은 허용되지 아니한다(대법원 2002. 2. 26. 선고 2001다64165 판결). 그런데 원래 판례법(common law)에 그 연원을 가지는 미국의 경우와 달리 재산권으로서의 퍼블리시티권(the Right of Publicity)은 우리나라 성문법과 관습법 어디에도 그 근거를 찾아볼 수 없다. 결국, 성문법 국가로서 물권법정주의를 채택하고 있는 우리나라에서 법률, 조약 등 실정법이나 확립된 관습법 등의 근거 없이 그 필요성이 있다는 사정만으로 물권과 유사한 독점·배타적 재산권인 퍼블리시티권이라는 개념을 인정하기는 어렵고, 그러한 권리의 성립 요건, 양도성 및 상속성, 보호대상 및 존속기간, 침해가 있는 경우의 구제수단 등을 구체적으로 규정하는 법률적인 근거가 마련되어야만 비로소 인정할 수 있을 뿐이다.

따라서 퍼블리시티권이라는 권리의 존재를 전제로 그 침해가 불법행위에 해당한다는 원고의 주장은 이유 없다.

2) 초상권, 성명권 침해 주장에 관한 판단

사람은 누구나 자신의 얼굴 기타 사회통념상 특정인임을 식별할 수 있는 신체적 특징에 관하여 함부로 촬영 또는 그림 묘사되거나 공표되지 아니하며 영리적으로 이용당하지 않을 권리를 가지는데, 이러한 초상권은 우리 헌법 제10조 제 1 문에 의하여 헌법적으로 보장되는 권리이다(대법원 2012. 1. 27. 선고 2010다39277 판결 등 참조). 또한 성명은 특정한 개인을 다른 사람으로부터 식별하는 표지가 됨과 동시에 이를 기초로 사회적 관계와 신뢰가 형성되는 등 고도의 사회성을 가지는 한편, 인격의 주체인 개인의 입장에서는 자기 스스로를 표현하는 인격의 상징으로서의 의미를 가지는바, 이에 기초한 성명권은 헌법상의 행복추구권과 인격권의 한 내용을 이루는 권리로서 사회통념상 특정인임을 알 수 있는 방법으로 성명이 함부로 사용·공표되지 않을 권리, 성명이 함부로 영리에 이용되지 않을 권리를 포함한다. 따라서 초상권 및 성명권에 대한 부당한 침해는 불법행위를 구성한다(대법원 2006. 10. 13. 선고 2004다16280 판결 등 참조).

특히 유명 연예인의 경우 자신의 초상이나 성명에 형성된 고객흡인력을 상업적으로 이용할 권리가 있고, 실제로 자신의 초상이나 성명을 이용하여 상품을 제조·판매하거나 제 3 자와 초상권·성명권 이용에 관한 계약을 체결하여 그 대가를 취득하고 있다. 따라서 제 3 자가 무단으로 연예인의 초상이나 성명을 상업적으로 이용했다면 그 연예인의 '초상·성명을 상업적으로 이용할 권리'로서의 초상권·성명권을 침해하였다고 할 것이고, 그렇다면 연예인의 초상권·성명권을 침해한 자는 그 침해로 인하여 연예인이 입은 재산상 손해에 대하여 배상할 책임이 있다.

그러나 인격권으로서의 초상권과 성명권은 일신전속적 권리로서 양도나 상속의 대상이 되지 아니하므로, C의 초상권과 성명권은 C 본인에게 귀속될 뿐이고, C의 소속사에 불과한 원고에게 위 초상권과 성명권이 귀속될 수는 없다. 따라서 설령 피고가 C의 초상과 성명을 무단으로 사용하였다고 하더라도, 위와 같은 행위가 초상권과 성명권의 주체인 C에 대한 불법행위를 구성하는 것은 별론으로 하고, 원고에 대하여 직접 불법행위를 구성한다고 할 수는 없다.

설령 원고와 C 사이에 이 사건 전속계약 제 4 조 제 4 항, 제 9 조 제 1 항, 제11조에 의하여 C의 인격권 침해로 인한 손해배상 청구권을 원고가 행사하기로 약정하였다 하더라도, 위와 같이 초상권이 일신전속적 권리인 이상 원고가 위와 같은 계약 조건으로써 피고에 대하여 C의 손해배상 청구권을 주장할 수는 없다.

또한 이 사건 전속계약 제9조 제1항에 C의 초상 등에 관한 원고의 이용권은 이 사건 전속계약이 종료되면 즉시 소멸한다고 정한 사실, 이 사건 전속계약이 종료한 사실은 위 기초사실에서 인정한 것과 같은바, 원고가 이 사건 전속계약에 의하여 C의 초상권 침해로 인한 손해배상 청구권을 대신하여 행사할 권리가 있었고, 이를 피고에 대하여 주장할 수 있었다고 가정하더라도, 위와 같이 C의 청구권을 대신하여 행사할 권리는 이 사건 전속계약 종료로 소멸하였다고 봄이 타당하다.

따라서 C의 초상권과 성명권 침해 행위로 인한 손해배상 청구권이 원고에게 귀속되었거나 원고가 피고에 대하여 이를 행사할 수 있음을 전제로 한 원고의 이 부분 청구 또한 이유 없다.

▷NOTE : 위 판결은 퍼블리시티권의 존재는 물권법정주의를 이유로 부정하였지만, 초상 및 성명이 영리적으로 이용당하지 않을 권리와의 관계에서 허락 없이 연예인의 초상이나 성명을 사용한 행위는 불법행위를 구성하고, 그에 대한 재산적 손해도 인정하여야 한다고 보는 점에서 <u>실질적으로는 인격권에 유래하는 권리로서의 퍼블리시티권의 존재를 인정하는 것과 크게 다를 바 없는 입장을 취한 것으로도 볼 수 있다. 다만 이러한 법리를 취할 경우 그것이 가지는 인격권적인 측면과 그에 따른 일신전속적 성격이 강조되어, 권리의 양도성이나 상속성은 해석론상 부정될 것인바, 위 판결 역시 그러한 입장을 보여주고 있다.</u>

3. 퍼블리시티권의 인정근거

§22-19   퍼블리시티권의 인정근거를 위에서 소개한 판례들의 타당성 있는 판시내용 등을 중심으로 정리해 보면, 다음과 같다.

(1) 유명인의 성명이나 초상을 사용하여 선전하거나 성명이나 초상을 상품에 부착하는 경우 유명인의 성명이 상품의 판매촉진에 기여하는 효과가 발생할 것인데 이러한 효과는 원고들과 같은 유명인이 스스로의 노력에 의하여 획득한 명성, 사회적인 평가, 지명도 등으로부터 생기는 독립한 경제적 이익 또는 가치로서 파악할 수 있고 그것은 당연히 그 유명인에게 귀속되어야 한다. 다만 유명인이 아닌 경우에도 상품의 선전 등에 사용된다면 마찬가지로 보아야 함은 후술하는 바(§22-21)와 같다.

(2) 유명인 등에게 이러한 권리를 인정하지 않을 경우에 유명인 등은 자신의 성명이나 초상 등을 광고 등에 사용하는 경우에도 그 특성상 정신적 손해가 인정되지 않는다는 이유로 아무런 배상을 받을 수 없는 경우가 많게 되는데, 위와 같이 유명인의 성명, 초상 등이 가지는 고객흡인력을 그 허락 없이 사용하는 자가 부당하게 누림으로써 얻게 되는 이익을 그 성명, 초상 등의 주체인 유명인 등이 전혀 회수할 수 없다고 하는 결론은 매우 부당하다.

(3) 그러므로 유명인 등의 허락을 받지 아니하고 그들의 성명이나 초상 기타 그들을 가리키는 아이덴티티를 상업적으로 이용하는 행위는 민법상의 불법행위를 구성한다고 볼 수 있고 나아가 그와 같이 보호되는 한도 내에서 성명, 초상 등의 귀속주체가 그 성명 등의 상업적 이용에 대하여 배타적으로 허락하거나 금지할 수 있는 권리를 퍼블리시티권이라는 이름으로 인정하여도 좋을 것이다.

(4) 성문법에 분명한 근거가 없이 퍼블리시티권이라고 하는 배타적 권리를 인정함은 부당하다는 견해가 있으나 물권법정주의를 무형적인 권리(준물권)에 대하여까지 지나치게 엄격한 기준으로 적용하는 것이 반드시 바람직하다고 볼 수 없다. 한편으로, 퍼블리시티권은 유명인 등의 초상권, 성명권 등 인격권을 제대로 보장하기 위해 재산적 손해의 배상이라고 하는 구제방법을 인정하는 것을 주된 내용으로 하는 것으로서 '핑크 레이디' 사건에 대한 일본의 최고재 판례(§22-8-1)가 판시한 바와 같이 '인격권에 유래하는 권리'라고 할 수 있고 새로운 물권적 권리의 창설을 인정하는 것은 아니므로, 물권법정주의와 상관없이 인정할 수 있는 것이라 할 수 있다.

(5) 이와 같이 퍼블리시티권을 하나의 재산적 권리로서 파악할 경우 타인에게 이용허락을 할 수 있는 등 폭넓은 권리 행사를 인정할 수 있으므로 사회경제적 수요에 부합하는 면이 있다.

퍼블리시티권을 독립된 권리로 인정하여야 할 필요성을 그 양도성과 상속성을 인정하기 위한 전제라는 점에서 찾는 견해들도 있으나, 양도성과 상속성의 인정 여부는 다음 단계에서 별도로 논의하여야 할 성질의 문제라고 생각된다.

Ⅱ. 퍼블리시티권의 내용과 범위

1. 퍼블리시티권의 향유 주체

(1) 자 연 인

(가) 유 명 인

배우, TV 탤런트, 가수, 프로스포츠 선수, 정치인 등 유명인이 퍼블리시티권을 가진다는 것은 별다른 의문의 여지가 없다. 위에서 본 바와 같이 퍼블리시티권의 존재를 인정할 필요성이 바로 그들 유명인의 고객흡인력 있는 성명, 초상 등이 무단으로 이용되지 않도록 하여 그 경제적 이익을 보호하기 위한 취지에서 출발한 것이었다. §22-20

(나) 일 반 인

일반인의 경우에는 부정설도 없지 않으나, ① 유명인이 아니더라도 타인이 그 성명, 초상을 광고 등에 상업적으로 이용하는 사실 자체가 그 사람의 이름, 초상에 상업적 가치가 있다는 증거이고, ② 일반인도 광고에 출연할 경우에는 출연료를 지급받는 것이 업계의 관행이므로 재산상의 손실이 없다고 할 수 없으며, ③ 유명인과 일반인을 구별할 기준이 모호하고, ④ 비록 유명인의 퍼블리시티권이 비유명인의 그것보다 경제적 가치가 월등하다고 할지라도 이는 단지 손해의 규모를 좌우할 뿐, 권리 자체의 존부까지 좌우하는 것은 아니라는 점 등을 근거로 한 긍정설[1]의 입 §22-21

---

1 한위수, 전게논문, 544면, 정재훈, "연예인(실연자)의 지적재산권," 지적재산권법연구, 한국지적재산권학회, 2002, 13면; 정상기, 전게논문, 127면.

장이 타당하다.

(2) 법인 또는 단체

§22-22 　　법인 기타 단체도 퍼블리시티권의 향유 주체로 인정할 것인지에 대하여도 학설상 찬반이 나뉘고 있으나, 퍼블리시티권이 원래 개인의 초상, 성명에 대한 상업적 이용으로부터의 보호를 중심으로 발전한 것으로서 미국의 판례 및 주법 등에서도 자연인에 한하는 입장을 취하고 있는 점, 법인의 경우는 상법 등의 보호에 약간의 미흡한 점이 있다고 하더라도 그러한 법률에 의하여 보호되는 정도로만 보호하여도 사회통념상 부당한 결과를 초래할 것으로 보이지는 않는 점 등을 감안할 때 법인 기타 단체는 퍼블리시티권의 향유 주체가 될 수 없다고 보는 것이 타당하다고 생각된다.[1]

2. 퍼블리시티권의 보호대상

(1) 성　　명

§22-23 　　성명은 위에서도 여러 번 언급된 것처럼 당연히 퍼블리시티권의 보호대상이 된다. 위에서 소개한 우리나라 판례 중에서 서울중앙지방법원 2006. 4. 19. 선고 2005가합80450 판결(§22-11)의 사안은 프로야구선수들의 성명만을 이용한 경우였는데 퍼블리시티권의 침해가 인정되었다. 우리나라의 경우 인명편 전화번호부를 보면 동명이인이 없는 경우가 드물 정도로 동명이인이 매우 많지만, 유명인의 이름으로서 사용된 문맥에 비추어 누구를 지칭하는지 명백한 경우에 동명이인이 있다는 이유로 침해가 부정되지 않을 것이다. 위 사건의 경우 프로야구선수들의 이름이 야구게임물에 사용된 경우인데, 야구 게임으로서 다른 프로야구선수들의 이름과 함께 사용되었다는 점에서 누구를 지칭(identify)하는지는 쉽게 알 수 있는 경우였을 것이다. 성명 중에 이름만 사용된 경우도 그러한 관점에서 누구를 지칭하는지만 쉽게 인식될 수 있다면 침해를 구성하게 되며, 외국 사람의 경우에는 성만 이용된 경우도 포함될 수 있을 것이다. 또한 본명이 아니라 별명, 예명, 필명 등의 이명이나 이름을 변형하였으나 누구를 지칭하는지 알 수 있는 경우 등이 모두 보호대상이 될 수 있다.[2]

---

1 同旨 정상기, 전게논문, 129면; 유대종, "퍼블리시티권(Right of Publicity)에 관한 소고," 저작권연구 창간호(2002. 5.), 한국저작권법학회, 141면.

2 별명, 예명 등의 보호와 관련하여서는 여성용 면도 크림을 광고하면서 유명 미식축구선수인 Elroy Hirsh의 별명인 "Crazylegs"를 사용한 사건[Hirsh v. S.C. Johnson & Son, Inc, 90 Wis. 2d 379, 280 N. W.2d 129(1979)]과 NBC의 유명한 토크쇼 진행자로서 코미디언인 John W. Carson(흔히 쟈니 카슨이라고 불림)이 자신의 쇼에 등장할 때마다 사용해 온 "Here's Johnny"라는 문구를 이동식 변기 광고문안 등에 사용한 사건[Carson v. Here's Johnny Portable Toilets Inc, 698 F. 2d 831(6th ir 1983)] 등의 사례가 유명하다. 이들 판례에서 법원은 모두 퍼블리시티권의 침해를 인정하였다. 유대종, 전게논문, 145면; 오승종·이해완, 전게서, 440~441면 참조.

(2) 초상, 사진

사람의 초상 또는 사진이 퍼블리시티권의 보호대상이 될 수 있다는 것도 당연한 것이다. 위 §22-24
에서 소개한 '이효석' 사건이나 '박찬호 선수 브로마이드' 사건의 경우와 같이 유명인의 얼굴이 포
함된 모습을 뚜렷이 사진으로 찍은 것이나 또는 초상화로 그린 것은 말할 나위가 없고, 위에서
소개한 서울중앙지방법원 2005. 9. 27. 선고 2004가단235324 판결(§22-12)의 사안처럼 어떤 유명
인의 얼굴특징을 형상화하여 캐릭터로 제작한 경우에도 그것이 누구를 표현한 것인지 쉽게 인식
할 수 있다면 보호대상이 될 수 있다. 뒷모습만으로는 누구인지 인식할 수 없는 경우가 대부분이
겠지만 다른 문구 등과 결합하여 누구인지 연상될 수 있게 하면 침해가 성립할 수 있다.[1] 또한
유명인 본인의 실제 초상을 사용하지 않은 경우에도 그와 비슷한 인물의 사진을 광고에 등장시켜
유명인을 연상시키는 방법을 사용한 경우도 침해가 될 수 있다고 한 사례들[2]이 있다. 결국 중요
한 것은 성명의 경우와 마찬가지로, 사용된 사진이나 그림이 어느 특정인을 '지칭(identify)'하고
있는지를 대중들이 인식할 수 있는지 여부에 있는 것이다.

한편, 유명인 등을 촬영한 사진의 경우에는 그 사진 자체가 촬영자의 저작물로서 저작권법상 §22-25
의 보호를 받는 경우가 많을 것이고, 나아가 허락을 받고 사진을 촬영한 경우에는 그 사진의 사
용에 대한 허락을 받은 면이 있어서, 그 촬영자 측에서 사진을 사용한 것이 촬영된 유명인 등의
퍼블리시티권을 침해한 것인지 여부의 판단이 쉽지 않은 경우가 있다. 사진저작물의 저작자라고
해서 그 사진 속에 포함된 유명인 등의 초상을 무제한 사용할 권리가 있는 것은 아니고 촬영을
허락받을 때 허락받은 사용의 범위 내에서만 그 사진을 사용할 수 있는 것으로 보아야 할 것이므
로 결국 그 판단은 유명인 등이 촬영을 허락할 당시에 자신의 초상 등이 포함된 사진을 어느 범
위에서 사용할 수 있도록 허락한 것으로 볼 것인지의 의사해석에 달려 있다고 할 수 있다. 예를
들어 영화 관련 잡지를 위한 인터뷰에 응하면서 촬영에 동의하였다고 하면, 그 잡지에 자신의 사
진이 게재되는 것에 대하여는 허락을 한 것으로 보아야 할 것이므로 그에 대하여 퍼블리시티권
침해를 주장할 수 없을 것이나, 더 나아가 별도의 허락 없이 그 사진을 브로마이드로 제작하여
판매하는 행위로 나아갔다면 그것은 퍼블리시티권 침해에 해당하는 것으로 보아야 할 것이다.[3]

---

1 Ali v. Playgirl, Inc., 447 F.Supp. 723 (S.D.N.Y. 1978)은 복싱링의 코너에 앉아 있는 흑인의 모습에 "the
  Greatest"(권투선수 Muhammad Ali의 별명이다)라는 문구가 덧붙여져 있는 그림은 권투선수 Muhammad A li임을
  금방 알아보게 하는 것이므로 그의 퍼블리시티권을 침해하였다고 판시하였다. 한위수, 전게논문, 547면 참조.
2 Onassis v. Christian Dior-New York, Inc., 122 Misc.2d 603, 472 N.Y.S.2d 254 (1984) (재클린 케네디 오나시스
  여사를 닮은 모델을 사용한 의상광고); Allen v. National Video, Inc., 610 F. Supp. 612 (S.D.N.Y. 1988) (유명
  영화감독 우디 알렌을 닮은 모델을 사용한 비디오테이프점 광고); Estate of Elvis Presley v. Russen, 513 F.Supp.
  1339(D.N.J. 1981) (엘비스 프레슬리의 옷과 모습을 흉내낸 사진 광고); Apple Cor- psLimited v. A.D.P.R., Inc,
  843 F. Supp. 342 (M.D. Tenn. 1993) (비틀즈의 모습을 한 사진광고) 등. 한위수, 전게논문, 547면 참조.
3 이와 유사하게, 배우로부터 잡지에 사용하기 위하여 촬영 동의를 받은 후 그 사진을 그와 관련 없는 전시회에 사용하

다시 말해 촬영자가 유명인등의 허락을 얻어 촬영한 사진저작물은 당초 그 유명인등과 약정한 목적대로 사용하는 경우에는 다른 특약이 없는 이상 그 유명인 등이 그 사진에 관하여 권리를 행사할 수 없다고 할 것이나, 사진저작물의 저작자가 그 유명인 등의 허락 없이 그 사진을 원래 약정의 목적 달성에 필요한 범위를 넘어서 별도의 상업적 목적으로 사용하는 경우에는 유명인 등은 여전히 그 사진에 관하여 퍼블리시티권 등을 주장할 수 있다고 봄이 상당하다.[1]

(3) 음   성

§22-26   독특한 음색을 가져 음성만을 들어도 누구의 음성인지를 쉽게 인식할 수 있는 경우에는 음성도 퍼블리시티권의 보호대상이 된다. 이에 관한 사례 중 가장 유명한 것은 Bette Midler 사건[2]인데, 이 사건에서 미국 연방 제 9 항소법원은 "음성은 얼굴과 마찬가지로 '독특하고 개인적인' 것이다. 인간의 목소리는 특정인을 식별할 수 있게 하는 가장 유력한 수단의 하나이며 이때의 목소리란 개인의 진정한 목소리뿐만 아니라 이를 흉내낸 경우도 포함된다. … 가수는 노래를 통하여 자신을 표현한다. 따라서 가수의 목소리를 흉내내는 것은 가수의 동일성을 침해한 것이다"라고 판시하여 원고(Bette Midler)의 음성과 닮은 가수로 하여금 원고의 노래를 부르게 한 행위에 대하여 퍼블리시티권의 침해를 인정하였다.[3] 이 부분은 실연자의 복제권과 비교하여 이해해 둘 필요가 있다. 실연자의 저작인접권 중 복제권의 침해가 성립하기 위해서는 실연 그 자체를 복제하는 경우여야 하고 모창 등의 경우는 개념상 실연의 복제에는 해당하지 아니한다. 그에 비하여 퍼블리시티권의 경우에는 누구를 연상시키는지를 중심으로 판단하게 되므로 모창의 경우도 침해가 될 수 있는 것이다. 다만 특정한 사람의 음색을 모방하는 성대묘사나 모창을 하였다고 하여 항상 퍼블리시티권의 침해가 되는 것은 아니며 광고에의 이용 기타 일정한 상업적 이용의 경우 등 이용행위에 관한 후술의 요건을 갖춘 경우에 한하여 침해를 인정할 수 있다는 것에 주의하여야 한다.

(4) 극중에서의 독특한 역할

§22-27   이것은 소위 실재(實在) 캐릭터의 보호라고 할 때 중요한 내용으로 거론될 수 있는 것 중 하나이다. 영화나 TV 드라마 등에 출연하는 배우, 코미디언 등이 오랫동안 특정한 극중 역할을 맡음에 따라 그만의 독특한 이미지, 즉 캐릭터를 형성하게 된 경우에 그 캐릭터를 이용하게 되면

거나(서울중앙지방법원 2007. 11. 14. 선고 2006가합106519 판결) 그 사진을 모바일 기기를 통해 배경화면 등으로 다운로드받을 수 있게 제공한 것(서울중앙지방법원 2007. 11. 14. 선고 2007가합21011 판결)에 대하여 퍼블리시티권 침해를 인정한 사례가 있다.

1 서울중앙지방법원 2007. 11. 14. 선고 2006가합106519 판결 등 참조.

2 Midler v. Ford Motor Co., 849 F. 2d 460 (9th Cir. 1988).

3 유대종, 전게논문, 144면 참조.

그 배우 또는 코미디언이 연상될 수 있다는 점에서 그러한 역할 캐릭터도 퍼블리시티권의 보호대상으로 인정될 수 있다.1 다만 그것이 어느 배우의 고유한 특성으로 되었다고까지 할 수 있을지에 대하여는 신중한 판단을 요하는 경우가 많을 것이다.

(5) 기타 특정인을 연상시키는 물건

특정인을 연상시키는 물건에 대하여도 퍼블리시티권의 성립을 인정한 사례가 있다.2 특정인이 그 물건의 소유자라는 것만으로는 침해가 인정되지 않음은 물론이며, 그 물건이 성명이나 초상 등과 같이 그 사람을 상징하는 정도에 이르는 예외적인 경우에 한하여 침해가 인정될 수 있을 것이다.3

§22-28

3. 퍼블리시티권의 양도와 사용허락

(1) 퍼블리시티권의 양도성

퍼블리시티권이 양도할 수 있는 권리인지에 대하여는 학설이 일치하지 않는다. 긍정설은 퍼블리시티권의 재산권성을 강조하는 입장에 기한 것으로서, 다른 재산권과 마찬가지로 퍼블리시티권도 양도할 수 있고 양도성이 인정될 때에만 퍼블리시티권이 제대로 보호가 되며 인격권으로서의 프라이버시권 또는 성명권, 초상권과의 구별되는 것으로서의 퍼블리시티권의 개념이 형성된 것도 양도성을 인정할 필요성에서 나온 것이라고 주장한다. 반면에 부정설은 퍼블리시티권의 재산권성을 인정하더라도 퍼블리시티권은 프라이버시권과 함께 본인의 인격으로부터 파생하는 권리로서 본인과 불가분일체를 이루는 것이므로 통상의 재산권과는 달리 제 3 자에게 양도할 수 없는 것이라고 주장한다.4

§22-29

미국에서는 퍼블리시티권의 양도성을 인정하는 것이 판례의 주류적인 입장이며 각주의 성문법도 대부분 양도성을 명문으로 인정하고 있다. 일본에서도 양도성을 인정하는 견해가 많다고 알려져 있으나 아직 학설이 분분한 상황이라고 할 수 있고5 통설이 형성되었다고 보기는 어렵다.

우리나라 판례의 입장을 보면, 퍼블리시티권의 존재에 대하여는 긍정적인 입장이 주류를 있

---

1 한위수, 전게논문, 548면 참조.
2 Motschenbacher v. R.J.Raynolds Tobacco Co., 498 F. 2d 821 (9th Cir. 1974). 항상 독특한 무늬로 장식하고 특정한 번호를 붙인 프로자동차경주선수의 차를 담배광고에 사용한 사안에서 그 선수에 대한 퍼블리시티권의 침해를 인정한 판례이다.
3 한위수, 전게논문, 549면 참조.
4 한위수, 전게논문, 550~552면 참조.
5 예컨대, 作花文雄, 詳解 著作權法, ぎょうせい, 2000, 129면은 "퍼블리시티권은 판례상 형성되어 온 권리이고 또한 인격권과도 밀접한 관련성을 가지고 있어 그 양도성에 대하여 諸說이 분분한 현상에 있어서는, 초상 등을 이용하는 경우에는 본인으로부터 (독점적) 이용허락계약에 의하여 법적 지위를 확보하는 것이 기본적으로는 중요하다고 생각된다"고 밝히고 있다.

다고 볼 수 있으나, 양도성과 상속성의 문제에 대하여는 아직 판례 입장을 파악하기 어려운 상태이다. 앞서 소개한 하급심 판례 중에서 퍼블리시티권의 양도성과 상속성 모두를 적극적으로 긍정한 판례가 있긴 하지만[1] 동일한 사안에서 상속성을 부정한 판례가 있고(양도성에 대하여는 명시적으로 언급하지 않음),[2] 아직 대법원 판례는 나오지 않았기 때문이다.

생각건대, 성문법상의 명확한 근거 없이 퍼블리시티권을 인정하기 위해서는 우리 법상 인격권의 법리에 의존하지 않을 수 없는 면이 많고[3] 이를 일신전속적 성격의 인격권과 완전히 분리된 별개의 재산권으로 파악하여 그 양도가능성까지 인정하기에는 무리가 있다고 생각된다. 퍼블리시티권이라는 것이 개인의 성명, 초상 등 본인의 인격과는 불가분적인 관계에 있는 것들을 보호대상으로 하고 있음은 위에서 본 바와 같으므로 아무리 재산권적인 측면을 개념적으로 분리한다고 하더라도 인격적인 측면과 완전히 분리하여 인식하고 이를 이전적(移轉的) 거래의 대상으로 삼는 것은 불가능하거나 적합하지 않다고 느껴지기 때문이다. 양도가능성을 부정하는 것이 성명, 초상 등의 주체인 개인 실연자 등을 보호하는 면에서 법적 정의를 위해 바람직하다고 볼 수도 있다. 따라서 부정설의 입장[4]이 보다 타당한 것으로 생각된다.

(2) 퍼블리시티권의 사용허락

§22-30   퍼블리시티권의 양도성을 인정하는 경우는 물론이고 그렇지 않은 경우에도 퍼블리시티권의 재산적 성격에 기하여 그 권리자가 자신의 성명, 초상 등에 대한 사용허락을 함으로써 경제적 이익을 향유할 수 있음은 당연한 것이다.

통상의 사용허락뿐만 아니라 독점적 사용허락을 하는 것도 가능하다고 보아야 할 것이다. 주로 전속계약을 하면서 그 내용의 하나로 그러한 독점적 사용허락을 하는 일이 많이 있을 것으로 생각된다. 독점적 사용허락을 하더라도 당사자 사이에 계약에 따른 채권적 효력이 있을 뿐이고, 제 3 자에 대하여 대항할 수 있는 것은 아니다.

사용허락을 받은 사람은 퍼블리시티권 침해행위를 한 자를 상대로 민사적 구제방법을 직접 행사할 수 없는 것이 원칙이다. 다만 독점적 사용허락의 경우에는 본인을 대위(代位)하여 침해금지청구권을 행사하는 것이 가능할 것이다.

---

1 서울지방법원 2000. 7. 14. 선고 99가합84901 판결(§22-14).
2 서울지방법원 1997. 11. 21. 선고 97가합5560 판결(§22-16).
3 위에서 소개한 서울중앙지방법원 2006. 4. 19. 선고 2005가합80450 판결(§22-11) 참조.
4 특히 한위수, 전게논문, 551~552면에서 부정설의 입장을 취하면서 그에 대한 상세한 논거를 제시하고 있으니 참고하기 바란다.

4. 퍼블리시티권의 상속성

퍼블리시티권의 향유 주체인 사람이 사망하였을 경우에 그가 향유하던 퍼블리시티권은 소멸   §22-31
되는 것으로 볼 것인지, 아니면 재산상속인에게 상속되는 것으로 볼 것인지, 상속을 인정한다면
그 보호기간은 어떻게 볼 것인지 등에 대하여도 학설과 판례의 입장이 일치하지 않고 있다.

이 문제도 퍼블리시티권이 인격권과 불가분의 관계에 있다고 볼 것인지 인격권으로부터 분
리가능하고 독립된 성격의 재산권으로 볼 것인지에 대한 근본적 시각에 따라 판단이 달라지는 문
제라고 할 수 있다. 전자의 시각을 취하면 퍼블리시티권과 불가분의 관계에 있는 인격권의 일신
전속성으로 인해 그 상속성을 인정하기 어렵고, 후자의 시각을 취하면 상속성을 인정하기가 상대
적으로 용이하다.

본서의 입장과 같이 퍼블리시티권의 인격권과의 불가분적 관계 등을 이유로 그 양도성을 부
정하는 입장에서는 당연히 상속성도 부정하는 입장으로 귀결될 수밖에 없다. 그런데 양도성을 인
정하는 입장에서도 상속성을 인정하는 데는 의견이 일치하지 않고 있다.

그 재산권성을 강조하여 상속성을 인정할 경우에 발생하는 곤란한 문제 중의 하나가 퍼블리
시티권에 대한 성문법상의 명확한 근거가 없다보니 그 존속기간에 대한 문제가 잘 해결되지 않는
다는 점에 있다. 예를 들어 저작재산권의 경우에는 저작권법이라고 하는 성문법에 근거를 둔 권
리이므로 동법에서 이용자층 및 사회공공의 필요와 권리자의 보호를 조화시키기 위해 적절하다
고 판단하여 규정한 보호기간에 따르면 되는 것이지만, 퍼블리시티권은 성문법적 근거가 없으므
로 보호기간을 확정할 수 있는 객관적 기준이 없다. 소유권과 같이 보호기간에 제한이 없다는 견
해, 저작재산권에 관한 규정을 준용하여 사후 50년간 보호된다는 견해(앞서 소개한 '이효석' 사건에서
서울동부지방법원 2006. 12. 21. 선고 2006가합6780 판결(§22-10)이 취하고 있는 입장) 등이 있는가 하면, 그
것이 불필요하게 길다고 하면서 5년, 10년, 20년, 30년 등을 주장하는 견해들도 있어 매우 다양
한 의견의 분기를 보이고 있다. 이처럼 보호기간을 무한정 인정하기도 곤란하고 일정한 시점을
정하여 자르기도 곤란하다는 점에 딜레마가 있고 결국 그것이 상속성을 부정하는 논거의 하나가
되기도 하는 것이다. 미국에서도 판례가 상속을 인정하는 입장과 부정하는 입장으로 나뉘어 있
고, 각주의 입법례도 기간을 한정하여 상속성을 인정하는 입장(9개주)과 상속을 아예 인정하지 않
는 입장(4개주)으로 나뉘어 있다.[1]

본서에서도 퍼블리시티권이 인격권과 불가분의 관계에 있을 뿐만 아니라 성문법의 근거가
없는 상태에서 보호기간을 자의적인 해석론으로 결정하기도 어려운 일이라는 점 등을 이유로 그

---

1 자세한 것은 한위수, 전게논문, 554~556면 참조.

상속성을 인정하지 않는 부정설의 입장[1]을 지지한다. 우리나라 하급심 판례 중에는 앞에서 자세히 소개한 바와 같이 퍼블리시티권의 상속성을 긍정한 판례[2]와 부정한 판례[3]가 엇갈리고 있다.

　　그러나 실제적인 면에서는 양도성을 인정하지 않는 것보다 상속성을 인정하지 않는 것이 야기하는 현실적 문제점이 크게 느껴질 수 있다. 유명인의 사망 직전에 독점적 라이선스를 맺었는데 사망 후부터는 누구나 마음대로 사용할 수 있다고 할 경우에 발생할 수 있는 문제 등을 생각해 볼 때 그러하다. 그러한 면에서 입법론적으로는 5년 내지 10년 정도의 비교적 짧은 기간 동안의 사후적 보호를 인정하는 것이 바람직한 방안일 수 있겠다는 생각이 든다. 그러한 입법이 이루어지지 않은 상태에서도 사자(死者)에 대한 경애와 추모의 감정을 해하는 정도에 이르러 사회통념상 '위법성'을 인정할 만한 경우에 불법행위로 볼 여지는 있다.[4]

Ⅲ. 퍼블리시티권의 침해유형

1. 광　　고

§22-32　　타인의 성명, 초상 등을 그의 허락 없이 광고에 이용하는 것은 퍼블리시티권 침해의 가장 전형적인 경우라고 할 수 있다. 광고에 타인의 성명, 초상 등을 사용하는 것은 특수한 형태의 상업적 이용행위로서 사회통념상 그 성명, 초상 등의 귀속주체에게 일정한 대가를 지급할 것으로 기대되는 영역이기 때문에 이 영역에 대하여 퍼블리시티권이라는 배타적 권리를 인정한다고 하여 표현의 자유에 대한 부당한 제한이라고 볼 수 없기 때문이다. 광고에 사용되는 이상 '허락 없는 사용'의 요건만 충족하면 침해가 인정될 수 있고, 그 성명 또는 초상의 사용이 그 본인에 의한 상품의 추천 또는 보증을 의미하는 것으로 오인을 야기할 것을 요건으로 하는 것은 아니다. 또한 제품의 판매나 기타 영리사업을 위한 광고뿐만 아니라 자선단체, 종교단체, 교육기관, 정부기관 등 비영리단체의 홍보를 위한 광고도 포함되며, 타인의 성명 또는 초상을 상표,[5] 상호 또는 제품

1　보다 자세한 논거는 한위수, 전게논문, 555~556면 참조.

2　서울동부지방법원 2006. 12. 21. 선고 2006가합6780 판결(§22-10); 서울지방법원 2000. 7. 14. 선고 99가합84901 판결(§22-14).

3　서울지방법원 1997. 11. 21. 선고 97가합5560 판결(§22-16).

4　同旨 한위수, 전게논문, 556면.

5　상표법 제 7 조 제 6 호는 저명한 타인의 성명·명칭 또는 상호·초상·서명·인장·아호·예명·필명 또는 이들의 약칭을 포함하는 상표(다만, 그 타인의 승낙을 얻은 경우는 제외)는 상표등록을 받을 수 없다고 규정하고 있다.

　　다만, 상표권과 퍼블리시티권의 관계에 대하여, 앞서 소개한 서울지방법원 2000. 7. 14. 선고 99가합84901 판결은 제 3 자가 등록한 상표에 대한 통상사용권에 기하여 타인의 성명을 상표로서 사용하는 경우에는 그 상표가 등록무효로 확정되지 않는 한 정당한 권원에 기한 사용으로서 퍼블리시티권 침해로 볼 수 없다고 판단하고 있다. 그 부분 판시내용을 여기에 인용하면 다음과 같다. "(1) 피고들은 이 사건 각 표장에 관한 등록상표권자인 소외 A로부터 위 각 표장에 대한 사용허락을 받아 이를 제품과 그 포장지, 간판, 전단, 카탈로그, 포스터, 인터넷 도메인 등에 표시하여

명 등으로 사용하는 것도 광고에 준하여 침해를 구성하는 것으로 본다.[1]

다만, 광고의 대상이 되는 제품, 책, 음반, 공연 등의 제조자, 저자, 연주자, 출연자 등을 밝히기 위하여 그의 성명이나 초상을 광고에 이용하는 것은 승낙이 추정되어 허용되는 것으로 본다. 그리고 타인의 성명, 초상 등을 뉴스나 논평, 소설 또는 논픽션(전기(傳記), 평전, 다큐멘터리 등)에 사용하는 것은 퍼블리시티권의 침해에 해당하지 않음은 뒤에서 보는 바와 같은데, 그러한 경우에 그 뉴스가 실린 잡지 또는 유명인사의 전기 등을 광고함에 있어서 그의 성명 또는 초상을 사용하는 것도 침해에 해당하지 않는다고 보아야 할 것이다.[2] 그것이 미국 판례의 입장이고 캘리포니아주, 네바다주, 오클라호마주, 텍사스주에서는 주법에서는 이를 명시적으로 규정하고 있다.[3]

우리나라 판례상으로는 인터넷 포털 사이트 '네이버'가 제공하는 키워드 검색 광고 서비스를 통해 광고주들이 연예인의 성명과 상품명 등을 종합한 문구를 가령 '김△△ 티셔츠'와 같은 키워드로 사용하는 것이 문제가 된 사안에서, 퍼블리시티권의 존재를 물권법정주의를 이유로 부정하고 성명권의 침해와 관련하여서도 위와 같은 키워드에서는 실제 연예인이 착용하였던 옷 등과 관련하여 연예인들(원고들)의 성명을 공적 기표로 사용하는 것이라는 등 여러 가지 사정을 종합하여, "피고들이 원고들의 성명을 검색어로 사용하는 키워드 검색광고로 이득을 얻는 것이 원고들의 성명권을 침해하는 상업적 사용이라고 할 수 없다."라고 판시한 사례[4]가 있다.

2. 상품에의 사용

허락 없이 타인의 이름이나 모습이 새겨진 상품, 예컨대, 포스터, 달력, 티셔츠, 단추, 목걸이 §22-33

의류, 벨트 등의 상품을 제조, 판매함으로써 이 사건 각 표장을 사용하여 왔으므로, 피고들의 이 사건 각 표장 사용은 정당한 권리에 의한 사용이라고 주장한다. (2) 살피건대, 가사 원고에게 소외 망 제임스 딘에 관한 퍼블리시티권 등이 귀속한다 하더라도, 소외 A가 이 사건 각 표장에 관하여 지정상품을 의류, 신발, 화장품, 레스토랑 등으로 한 상표권 설정등록을 설정한 후 피고들에게 위 각 표장의 사용을 허락하여 피고들이 위 각 표장을 사용하여 의류, 벨트 등의 상품을 제조, 판매하여 오고 있는 사실은 위에서 본 바와 같은 바, 위 A의 이 사건 각 표장에 관한 등록상표에 대하여 무효심결이 확정되기까지는 위 A가 위 각 표장에 관한 상표권을 보유하여 이를 사용할 수 있다 할 것이어서, 위 A의 허락을 받아 위 각 표장을 사용하는 피고들로서는 위 각 표장에 관한 등록상표에 대하여 무효심결이 확정되지 아니한 이상 위 각 표장을 사용할 정당한 권리가 있으므로, 원고는 피고들에게 위 제임스 딘에 관한 퍼블리시티권의 침해를 이유로 그 침해 행위의 금지 및 침해물건의 폐기를 구할 수 없다. (3) 한편, 원고는 피고들의 등록상표권에 기한 이 사건 각 표장 사용이 권리남용에 해당 한다고 주장하나, 피고들이 등록상표권에 기하여 이 사건 각 표장을 사용하고 있는 이상, 그 등록상표에 관한 무효심결이 확정되기까지는 등록상표권자는 그 상표를 사용할 수 있는 것이므로, 그 표장이 다른 사람의 퍼블리시티권을 침해한다는 사정만으로는 피고들의 등록상표사용을 권리남용에 해당하는 것이라 할 수 없다."

1 한위수, 전게논문, 560~561면 참조.
2 위에서 소개한 '박찬호 선수 브로마이드' 사건에 대한 서울고등법원 1998. 9. 29.자 98라35 결정(§22-15)에서는 브로마이드에 대하여만 퍼블리시티권 침해 가능성을 인정하고, 평전적 성격의 "메이저리그와 정복자 박찬호"라는 책에 박찬호 선수의 성명과 초상을 사용한 것에 대하여는 침해를 인정하지 않는 결론을 내리면서 동시에 그 책의 광고에 박선수의 성명, 초상 등을 사용한 것도 퍼블리시티권 침해로 볼 수 없다고 판시하였다.
3 한위수, 전게논문, 561면 참조.
4 서울고등법원 2015. 1. 30. 선고 2014나2006129 판결.

등 기타 기념품을 판매하는 것도 전형적인 퍼블리시티권 침해 사례에 해당한다.1 박찬호 선수의 사진을 브로마이드로 제작한 경우(서울고등법원 1998. 9. 29.자 98라35 결정(§22-15)), 프로야구선수들의 이름을 야구게임물에 사용한 경우(서울중앙지방법원 2006. 4. 19. 선고 2005가합80450 판결(§22-11)), 유명 코미디언의 얼굴형상을 캐릭터로 제작하여 상품화한 경우(서울중앙지방법원 2005. 9. 27. 선고 2004가단 235324 판결(§22-12)) 등 앞서 소개한 우리나라 판례의 퍼블리시티권 침해 인정사례도 대개 이 유형에 해당한다.

상품 중에서도 다음 항에서 보는 바와 같이 소설책, 잡지, 영화 등의 경우에는 퍼블리시티권 침해 유형에 해당하지 않는 경우가 있는데, 그러한 상품은 순수한 상업적 상품이 아니라 사람의 사상 또는 감정의 표현이라고 하는 성격이 강하여 표현의 자유에 의하여 보다 강력히 보호되어야 하기 때문이다. 따라서 다른 상품 중에서도 특정한 메시지나 사상을 전달하기 위한 것으로 보여 표현의 자유가 보다 존중되어야 할 것으로 생각될 때에는 예외적으로 침해를 인정하지 않아야 할 경우들이 있을 수 있다.

3. 보도 및 창작품 등에의 사용

§2-34   보도 및 소설 등의 창작품에 타인의 성명, 초상 등을 사용하는 것은 일반적으로 퍼블리시티권 침해에 해당하지 않는 것으로 본다. 이러한 경우는 표현의 자유가 인정되어야 할 대표적인 영역으로서 그 한도에서 퍼블리시티권이 제한되는 것을 수인하여야 할 것으로 본다.

언론보도는 특히 언론의 자유가 보장되는 영역이므로 말할 나위가 없고, 소설, 영화, 연극, 만화, 논픽션 저작물(전기, 평전, 다큐멘터리 등) 등도 표현의 자유라고 하는 헌법적 가치가 매우 중시되는 영역이므로 마찬가지로 보아야 한다.

우리나라의 하급심 판례 중에는 어떤 특정인물을 모델로 한 모델소설이나 모델만화, 평전 등의 경우에 대하여 퍼블리시티권 침해가 주장된 사례가 많은데, 법원은 그러한 경우는 '상업적 이용'이라고 볼 수 없다는 이유로 침해를 부정하는 점에서 비교적 일관된 입장을 보이고 있다.

앞서 소개한 판례 중 '박찬호 선수 브로마이드' 사건에 대한 서울고등법원 1998. 9. 29.자 98 라35 결정(§22-15)에서는 별책부록으로 제작한 박찬호 선수의 브로마이드에 대하여만 퍼블리시티권 침해 가능성을 인정하고, 평전적 성격의 "메이저리그와 정복자 박찬호"라는 책에 박찬호 선수의 성명과 초상을 사용한 것에 대하여는 침해를 인정하지 않는 결론을 내리고 있고, 핵물리학자 이휘소의 성명과 초상을 모델 소설인 '소설 이휘소'에 사용한 것(서울지방법원 1995. 6. 23. 선고 94카 합9230 판결(§22-18))이나 유명한 카레이서를 만화 '아스팔트 사나이'의 주요 조연의 모델로 삼은

---

1 한위수, 전게논문, 562면 참조.

것(서울지방법원 1996. 9. 6. 선고 95가합72771 판결(§22-17))에 대하여 모두 퍼블리시티권 침해를 인정하지 않는 결론을 내린 것이 그러한 예라고 할 수 있다.

4. 그 밖의 이용행위

앞에서 본 바와 같은 광고 또는 상품에의 이용 외에도 건물 등에 타인의 이름을 붙이는 행위도 퍼블리시티권의 침해에 해당할 수 있다. 반면에 국가 또는 공공기관에서 저명인의 업적을 기리기 위하여 도로나 학교, 체육관 등 건물에 그 이름을 붙이는 것은 이를 상업적 이용이라고 보기는 어려우므로 퍼블리시티권의 침해에 해당하지 아니함은 물론 공익목적 등에 의하여 위법성이 조각되어 인격권으로서의 성명권의 침해에도 해당하지 않는 것으로 본다.[1] §22-35

Ⅳ. 퍼블리시티권의 침해에 대한 구제

1. 손해배상

퍼블리시티권의 침해는 민법상 불법행위에 해당하므로 권리자는 침해자를 상대로 손해배상 청구를 할 수 있다. 퍼블리시티권 침해행위로 인한 재산상 손해는 퍼블리시티권자의 승낙을 받아서 그의 성명을 사용할 경우에 지급하여야 할 대가 상당액이라고 할 것이고, 퍼블리시티권자가 자신의 성명에 관하여 사용계약을 체결하거나 사용료를 받은 적이 전혀 없는 경우라면 일응 그 업계에서 일반화되어 있는 사용료를 손해액 산정에서 한 기준으로 삼을 수 있다.[2] §22-36

퍼블리시티권 침해를 이유로 위자료를 청구할 수 있는지에 대하여는 견해가 나뉘고 있으나, 판례는 유명인으로서 대중과의 접촉을 직업적으로 할 경우에는 특별한 사정이 없는 한 그 성명 또는 초상의 사용에 의하여 정신적 고통을 받았다고 보기 어렵고, 정신적 고통을 받았다 하더라도 재산적 손해의 배상에 의하여 회복될 수 없을 정도의 것이라고 볼 수 없다는 등의 이유로 부정한 예가 많다.[3] 퍼블리시티권 자체는 재산권적 성격의 권리로 개념화되어 있으므로 위자료를 청구한다는 것은 인격권의 침해를 동시에 주장하는 취지로 볼 수 있을 것이고, 그렇게 볼 경우 위자료 청구가 원천적, 논리적으로 불가능한 것이라고 볼 수는 없다. 단지 판례에서 인정한 바와 같이 구체적 사정에 비추어 재산적 손해를 인정하는 대신 정신적 손해는 인정하지 않는 것이 자연스러운 경우가 많을 것이다.

---

1 한위수, 전게논문, 565~566면.
2 앞서 소개한 서울중앙지방법원 2006. 4. 19. 선고 2005가합80450 판결(§22-11) 등 참조.
3 위 서울중앙지방법원 2006. 4. 19. 선고 2005가합80450 판결(§22-11) 및 같은 법원 2005. 9. 27. 선고 2004가단 235324 판결(§22-12) 등 참조.

2. 부당이득 반환

§22-37　　퍼블리시티권의 침해로 인하여 침해자가 이익을 얻었을 경우에는 이를 법률상 원인 없는 부당이득이라고 보아 그 반환을 청구하는 것도 가능하다고 생각된다. 불법행위로 인한 손해배상청구권과 선택적 관계라고 할 수 있는데, 저작재산권 침해의 경우와 마찬가지로, 불법행위의 단기소멸시효가 적용되는 경우에 부당이득반환청구권을 행사할 실익이 있다고 볼 수 있다.

3. 침해회복에 적당한 처분

§22-38　　민법 제764조는 "타인의 명예를 훼손한 자에 대하여는 법원은 피해자의 청구에 의하여 손해배상에 가름하거나 손해배상과 함께 명예회복에 적당한 처분을 명할 수 있다"고 규정하고 있다. 이 규정이 퍼블리시티권 침해의 경우에 대한 구제수단으로 원용될 수 있는지에 대한 논의가 있으나, 이 규정은 '명예 훼손'이 있을 것을 요건으로 하는 것이므로 단순히 퍼블리시티권 침해가 인정된다는 것만으로 적용할 수는 없다고 할 것이다.

4. 반론보도청구

§22-39　　언론중재 및 피해구제 등에 관한 법률 제16조 제1항은 "사실적 주장에 관한 언론보도로 인하여 피해를 입은 자는 그 보도내용에 관한 반론보도를 언론사에 청구할 수 있다"고 규정하고 있다. 퍼블리시티권 침해가 이 규정에 의한 반론보도청구의 방법으로 구제될 수 있는지에 대하여도 논의가 있으나, 퍼블리시티권의 침해로 인정되는 유형인 광고, 상품에의 사용 등은 '사실적 주장에 관한 언론보도'로 인정되지 않을 것이고, 그러한 언론보도로 인정되면 퍼블리시티권 침해로 인정되지 않을 것이므로 위 규정에 의한 구제가능성은 거의 없다고 생각된다.

5. 금지청구

§22-40　　퍼블리시티권 침해의 경우 그 침해행위의 금지를 청구할 수 있는 금지청구권이 권리자에게 인정된다고 볼 것인지가 문제이다. 금지청구권은 사전 예방적 구제수단으로 매우 실효성이 높은 것이므로 이것이 인정된다고 볼 것인지는 권리자 측의 이해관계에 중대한 영향을 미친다고 할 수 있다.

　　우리나라 판례상으로 인격권 침해의 경우는 금지청구권의 행사가 일반적으로 인정되고 있으나,[1] 재산적 손해가 있을 뿐인 경우에는 특별한 경우가 아닌 한 금지청구권이 인정되지 않는 경

---

[1] 대법원 1997. 10. 24. 선고 96다17851 판결 등 참조.

향이 있다.[1] 예를 들어 저작재산권 침해의 경우는 재산권적인 성격임에도 불구하고 저작권법에서 정지청구권을 명문으로 인정하고 있으므로 정지청구권이 인정된다.

퍼블리시티권은 재산권적 성격의 권리로 인정되고 있고, 그 구제방법 등에 대한 명문의 규정이 없으므로 특별한 사정이 없는 한 그 침해시의 구제방법으로 금지청구권을 인정하기가 쉽지 않은 것으로 보인다. 앞서 소개한 서울중앙지방법원 2006. 4. 19. 선고 2005가합80450 판결(§22-11)에서 금지청구를 인정하면서 그 부분의 근거는 퍼블리시티권의 침해가 아니라 인격권의 침해에서 구하고 있는 것도 그러한 법리상의 애로점을 감안한 것이라 생각된다.[2]

다만 학설의 일반적인 경향은 퍼블리시티권은 지적재산권과 유사한 성격을 가지고 있어 저작권법 규정을 유추 적용할 수 있다는 등의 이유로 금지청구권을 인정하는 입장에 서 있는 것으로 보인다.[3]

재산권적 성격의 퍼블리시티권 침해에 대한 구제방법으로 금지청구권을 인정하지 않더라도 위 서울중앙지방법원 판례와 같이 동시에 인격권 침해가 성립한다고 하여 인격권 침해를 이유로 금지청구권을 인정하게 되면 결과적으로 큰 차이가 있는 것은 아니다. 한편으로 퍼블리시티권이 개념적으로도 인격권적 성격에서 완전히 떠나 있는 것은 아니라고 보면 퍼블리시티권 침해를 이유로 하더라도 그 속에 내포된 인격권적 속성을 감안하여 금지청구권 행사를 인정할 수 있을 것이다. 이 부분에 대하여는 퍼블리시티권의 법적 성격과 관련하여 향후의 대법원 판례 등에서 심도 있는 이론적 정리가 이루어지기를 기대한다.

---

1 다만 대법원은 ① 무단이용 상태가 계속되어 금전배상을 명하는 것만으로는 구제의 실효성을 기대하기 어려울 것, ② 무단이용의 금지로 인하여 보호되는 피해자의 이익과 그로 인한 가해자의 불이익을 비교·교량할 때 피해자의 이익이 더 클 것 등의 일정한 요건을 갖출 경우 금지청구권을 인정할 수 있다고 하여 지적재산권 침해가 아닌 일반 불법행위에 해당하는 부정경쟁적 행위로 인한 재산적 손해와 관련하여서도 예외적으로 금지청구권의 행사를 인정한 사례('네이버' 사건에 대한 대법원 2010. 8. 25.자 2008마1541 결정)가 있다.

2 東京地裁 1990. 12. 21. 선고 판결(判例時報 1400호 10면)도 인기 TV 탤런트의 사진과 이름을 달력에 게재하여 판매한 사건에 있어, 원고가 인격권에 기한 판매금지와 퍼블리시티권에 기한 판매금지를 모두 주장하였으나 인격권에 기하여 판매금지청구가 인정된다고 하여 퍼블리시티권에 기한 금지청구가 가능한지의 여부에 대하여는 판단을 회피하였다. 한위수, 전게논문, 573면 참조.

3 한위수, 전게논문, 573~574면; 오승종·이해완, 전게서, 446면 등 참조.

> ### 제6절 영상저작물에 대한 특례

I. 서 설

1. 영상저작물의 의의

§23-1   영상저작물은 연속적인 영상(음의 수반여부는 가리지 아니한다)이 수록된 창작물로서 그 영상을 기계 또는 전자장치에 의하여 재생하여 볼 수 있거나 보고 들을 수 있는 것을 말한다(법 제 2 조 제13호).

영상저작물의 의의와 창작성 요건 등에 대하여는 '저작물의 분류' 부분에서 자세히 살펴본 바(§4-94 이하)와 같다.

2. 영상저작물의 저작자

(1) 서 설

§23-2   영상저작물의 특례규정에 대하여 살펴보기 전에 영상저작물의 저작자를 누구로 볼 것인지를 먼저 살펴볼 필요가 있다. 어느 한 사람이 캠코더를 가지고 촬영하여 작성한 영상물에 창작성이 인정될 경우 그 촬영자가 그 영상저작물의 저작자로 볼 것임은 아무런 의문의 여지가 없을 것이나 그런 경우가 아니라 극장에서 상영되는 영화나 TV를 통해 방송되는 드라마와 같이 많은 사람들이 공동으로 참여하여 영상저작물을 만들 경우에는 누구를 저작자로 볼 것인지가 간단한 문제가 아니다. 이 문제에 관하여 세계 각국이 취하고 있는 방법은 크게 사례방법(die Fallmethodik)과 범주방법(die Kategorienmethodik)으로 나누어지는데, 사례방법은 저작권법의 일반 원칙에 따라 개개 영상저작물에 있어서 누가 저작자로서의 특성을 가졌는가에 따라 저작자를 결정하는 방법이고, 범주방법은 법적 안정성을 위해 법에서 창작자 중 일정한 자를 저작자로 규정하는 방법을 말한다.

우리 저작권법상으로는 그러한 경우에 영상저작물의 저작자를 누구로 볼 것인지에 대한 명시적 규정을 두고 있진 않고 제99조 내지 제101조에 영상저작물에 대한 특례규정을 두면서 그 중 제100조 제 1 항에서 "영상제작자와 영상저작물의 제작에 협력할 것을 약정한 자가 그 영상저작물에 대하여 저작권을 취득한 경우 특약이 없는 한 그 영상저작물의 이용을 위하여 필요한 권리는 영상제작자가 이를 양도 받은 것으로 추정한다"고 규정하여 영상제작자와 사이에 영상저작물의 제작에 협력할 것을 약정한 자 중에서 영상저작물에 대한 저작권을 (원시적으로) 취득한 경우가 있을 수 있음을 암묵적인 전제로 하고 있을 뿐이다. 결국 말하자면 '사례방법'을 취하고 있는 셈이므로, 영상저작물 제작에 협력하거나 참여하는 사람들 중에서 저작권법상의 일반 원칙에 따라 해석에 의하여 그 (공동)저작자를 확정할 수밖에 없다.

영상제작자를 제외하고 영상저작물(특히, 영화)의 제작에 협력하는 사람들을 살펴보면, 먼저 영화의 원작이 되는 소설, 만화 등의 저작자, 그것을 시나리오로 개작하거나 오리지널 시나리오를 작성한 작가, 영화에 사용되는 음악이나 미술작품의 작가, 시나리오에 따라 구체적인 영상을 만들어 가는 과정을 지휘하고 책임지는 영화감독, 촬영감독, 조명감독, 미술감독 등과 시나리오에 따라 등장인물의 역할을 맡아 연기하는 배우들, 기타 보조인력 등을 들 수 있다. 그 가운데 영상저작물에 이용되는 각본, 시나리오, 음악, 미술 등의 원저작물[1]의 저작자를 이른바 고전적 저작자(classical author)라고 하고 영화저작물 자체의 형성에 창작적으로 기여하는 영화감독(연출감독), 촬영감독, 조명감독, 미술감독 등을 근대적 저작자(modern author)라고 칭한다. 그리고 배우 등은 저작권법상 '실연자'에 해당한다.

이들 중에서 누구를 어떤 조건하에 저작자로 볼 것인지에 대하여 아래에서 살펴보기로 한다.

(2) 입 법 례

영상저작물의 저작자를 누구로 볼 것인지에 대하여는 입법례가 나뉘고 있다.[2] §23-3

첫째, 영상제작자를 영상저작물의 저작자로 보는 나라들이 있다. 영상저작물의 형성에 대한 창작적 기여를 따지지 않고 제작자를 저작자로 간주 또는 의제하고 있는 입법례라고 할 수 있다.

둘째, 영상제작에 창작적으로 참여한 사람들을 공동저작자(§9-1 이하 참조)로 보는 나라들이 있다.[3] 원저작물의 저작자도 공동저작자에 포함시키는 점에서 아래의 셋째 경우와 다르다.

셋째, 원저작물의 저작자를 제외한 제작, 감독, 연출, 촬영 등 영상저작물의 전체적 형성에 창작적으로 기여한 자들을 저작자로 보는 나라들이 있다.[4] 이러한 입법례는 '창작자 원칙'(§8-1 참조)이 영상저작물의 경우에도 적용됨을 분명히 하면서 원작 소설이나 각본, 시나리오 등의 저작자

---

1 영화에 사용되는 음악, 미술 등 저작물의 경우에는 영상저작물에서 그것을 이용하고 있을 뿐이고, 영상저작물이 이들을 원저작물로 하여 작성된 2차적저작물이라고 보기 어려우므로 엄밀히 따지면 원저작물이라고 보기 어려우나, 시나리오 등의 원저작물과 함께 통칭할 때에는 편의상 원저작물이라는 용어를 사용한다.

2 저작권심의조정위원회, 연극·영화관련 저작권 문답식 해설, 1991, 109면 참조.

3 그 대표적인 사례인 프랑스 저작권법은 "시청각적 저작물의 저작자의 지위는 저작물의 지적 창작을 실행한 자연인 또는 복수의 자연인에 귀속된다"고 하면서(제113조의7 제 1 항) 반증이 없는 한 ① 대본의 저작자, ② 개작의 저작자, ③ 대사의 저작자, ④ 시청각적 저작물을 위하여 특별히 작성된 가사가 있는 또는 가사가 없는 작곡의 저작자 ⑤ 감독 등을 공동으로 제작한 시청각적 저작물의 공동저작자로 추정한다고 규정하고 있다(같은 조 제 2 항).

4 그 대표적인 예로서, 일본 저작권법 제16조는 "영화의 저작물의 저작자는, 그 영화의 저작물에 있어서 번안되거나 또는 복제된 소설, 각본, 음악 기타의 저작물의 저작자를 제외하고, 제작, 감독, 연출, 촬영, 미술 등을 담당하여 그 영화의 저작물의 전체적 형성에 창작적으로 기여한 자로 한다. 다만, 전조의 규정(직무상 저작물에 관한 규정)의 적용이 있는 경우에는 그러하지 아니하다"고 규정하고 있다.

는 이른바 '원저작물'의 저작자로서 별도의 평가를 하고 영상저작물 자체의 저작자는 아니라고 하는 입장을 취하고 있다.1

(3) 학 설

(가) 영상제작자설

§23-4 영상제작자를 영상저작물의 저작자로 보는 견해이다. 영상제작자(§23-9 참조)를 저작자가 아니라고 보면, 영상저작을 총체적으로 기획하고 책임겼음에도 불구하고 저작권법상의 저작인격권을 가질 수 없어 불합리하다는 점이 주된 논거이다.2

(나) 감독등설

§23-5 '근대적 저작자'라고 불리는 감독, 촬영감독, 조명감독, 미술감독 등이 저작자가 된다고 보는 견해이다.

(4) 저작자의 구체적 확정(결론)

§23-6 위에서 본 바와 같이 우리 저작권법은 영상저작물의 저작자에 관하여 별도의 명시적 규정을 두고 있지 않지만, 위와 같이 제100조 제1항에서 영상제작자와 사이에 영상저작물의 제작에 협력할 것을 약정한 자 중에서 영상저작물에 대한 저작권을 원시적으로 취득한 경우가 있을 수 있음을 암묵적인 전제로 하고 있으므로 적어도 영상제작자를 저작자로 의제하는 입법례에 속하지 않음은 분명하다. 그렇다면 영상저작물의 경우에도 저작물을 창작한 자를 저작자로 보는 법 제2조 제2호의 원칙('창작자 원칙')이 그대로 적용된다고 보는 것이 타당하다. 영상저작물의 제작에 협력하는 사람들을 크게 나누어 보면, ① 시나리오 작가 등 고전적 저작자에 해당하는 사람들, ② 영화감독 등 근대적 저작자에 해당하는 사람들, ③ 배우 등 실연자에 해당하는 사람들, ④ 기타 보조인력 등으로 구분할 수 있음은 위에서 본 바와 같은데, 그 중에서 ③은 우리 저작권법상 저작자와는 별도의 범주인 실연자에 해당하고, ④는 단순한 보조인력인 한 원칙적으로 저작자라고 할 수 없으므로 결국 문제는 ①과 ② 중 어느 쪽을 저작자로 볼 것인가에 있다. 위에서 본 입법례 중 둘째의 경우는 ①과 ②를 모두 영상저작물의 공동저작자로 보는 입장을 취하고 있고, 셋째의 경우는 그 중 ①을 제외하고 ②에 해당하는 사람들만 영상저작물의 공동저작자로 보는 입장을 취하고 있다.

①의 시나리오 작가나 방송작가는 실질적으로 보면 영상저작물 제작과정에 깊숙이 참여하여 함께 협력하여 영상물을 만들어가는 창작의 주체 중 하나라 할 수 있다. 즉 이들은 시나리오나

---

1 加戸守行, 전게서, 149면 참조.
2 장인숙, 전게서, 211~212면.

극본을 작성하여 영상제작자에게 넘긴 후에 일체 관여를 하지 않는 것이 아니라 일반적으로 제작이 완료될 때까지 계속적으로 수정을 하여 영상저작물의 완성과정에 협력하는 점에서는 공동저작자로 볼 만한 요소들을 많이 가지고 있다. 그 때문에, 영상저작물의 공동저작자 목록을 추정규정으로 두고 있는 입법례 중 프랑스, 벨기에, 스페인, 포르투갈, 이탈리아 등의 여러 나라가 시나리오 작가 또는 방송작가를 공동저작자의 한 유형으로 포함하는 태도를 취하고 있다.[1]

그러나 공동저작자가 되려면 저작자들 사이에 '공동창작의 의사'가 있어야 하고, '공동창작의 의사'란 (특히, 선행저작자의 경우) 자신의 기여부분이 하나의 저작물로 완결되지는 않은 상태로 공동의 창작을 통해 공동관계에 있는 다른 저작자의 기여부분과 합하여 '분리이용이 불가능한 하나의 저작물'을 완성하겠다고 하는 의사를 뜻하는 것으로 보아야 할 것인데('완결성 의식 기준'; §9-10-1 참조), 시나리오 작가의 경우에는 자신이 작성하는 것이 하나의 완결된 저작물로서의 시나리오가 되고 이를 감독등이 받아서 영상화에 이용하도록 하는 의사를 가지고 있을 것으로 생각되므로 우리 저작권법 하에서 시나리오 작가는 영상저작물의 공동저작자가 아니라 그 원저작물의 저작자로 인정하는 것이 타당한 것으로 생각된다. 특히 우리 저작권법 제100조 제 2 항은 "영상저작물의 제작에 사용되는 소설·각본·미술저작물 또는 음악저작물 등의 저작재산권은 제 1 항의 규정으로 인하여 영향을 받지 아니한다"고 규정함으로써(§23-24 참조) 각본에 대하여 영상저작물과는 별도의 저작재산권의 대상인 됨을 명시하고 있기도 하다. 결국 지속적인 수정작업이 동시에 이루어지는 경우라 하더라도 고전적 저작자인 작가의 저작물인 각본을 토대로 근대적 저작자인 감독등이 일종의 2차적저작물(§5-1 이하 참조) 작성행위로서의 영상화를 수행하는 것으로 보아야 할 것이다. 즉 이 경우도 위에서 본 원작 소설 등의 경우와 동일한 법적 취급을 할 수밖에 없다고 생각된다. 우리나라 학설 가운데 시나리오 작가 등을 공동저작자의 한 유형으로 보는 경우[2]도 없지 않으나, 고전적 저작자의 한 유형으로서 현행법상 영상저작물의 공동저작자는 아닌 것으로 보는 것이 다수 견해라 할 수 있다. 결국 우리 저작권법상으로, 영상저작물을 구체적으로 만들기 위한 캐스팅, 촬영, 편집 등을 총체적으로 지휘하거나 그 중 중요한 부분들을 나누어 맡아 책임지고 수행하는 사람들인 위 ②의 이른바 '근대적 저작자'를 영상저작물의 창작자로 보아 이들을 영상저작물의 (공동)저작자로 보는 것이 우리나라의 통설이라고 할 수 있다.[3]

저작권법 제 2 조 제 4 호에서 "실연을 지휘, 연출 또는 감독하는 자"를 실연자의 개념에 포함하고 있다는 점에서 영화감독도 실연자(§19-12 이하 참조)로 보아야 하는 것이 아닌가 하는 의문이 제기되기도 하지만, 일반적으로 영화감독은 단순히 실연을 감독하는 것에 그치지 않고 시나리오

1 Pascal Kamina, Film Copyright in the European Union, Cambridge University Press, 2002, at 160.
2 송영식·이상정, 전게서, 267면.
3 최현호, "映像著作物에 관한 特例," 한국저작권논문선집[1], 저작권심의조정위원회, 1992, 263면.

등에 묘사된 인물이나 배경 등을 자기 나름의 이미지로 하여 물리적으로 재현하는 행위(배우의 선택이나 로케현장의 선정, 세트의 설계, 제작 등), 재현된 것을 자기 나름의 이미지에 따라서 소재로서의 필름에 고정하는 행위(라이팅 및 촬영), 소재로서의 필름을 자기 나름의 이미지에 따라서 가공하여 1본의 영화로 정리, 완성해내는 행위(편집 등) 등[1]을 총체적으로 주도한다는 점에서 단순한 실연자로 볼 것이 아님은 명백하다.

§23-7   다만 영상제작자가 영화감독과 함께 캐스팅에서부터 편집 작업에까지 깊이 관여하여 실질적으로 창작적 기여를 하는 경우도 있을 수 있는데, 그 경우에는 영상제작자도 공동저작자로 보아야 할 것이다.[2] 그리고 예외적인 경우이긴 하지만, 실연자 중에서도 역량 있는 중견배우로서 주연을 맡은 사람 등의 경우 영화의 구체적 내용에 깊이 창작적으로 관여하는 경우가 있을 수 있는데 그 경우에는 실연자로서의 지위와 별도로 영상저작물의 공동저작자로 인정될 수 있는 여지가 전혀 없다고 할 수 없다. 시나리오 작가 등도 그러한 점에서는 다르지 않다. 그런가 하면 예를 들어 어느 영화에 조명감독이라는 이름으로 참여하여도 실질적으로 지시에 따르는 보조적인 역할만 수행하고 영상저작물의 창작에 실질적 관여를 한 것으로 보기 어려운 경우에는 공동저작자로 인정되지 않을 수도 있다. 즉 저작자에 해당하는지 여부의 판단은 전적으로 영상저작물의 작성에 실질적으로 창작적 기여를 하였는지 여부에 따라 이루어져야 하고 직책이나 기본역할 등에 따라 형식적으로 결정될 것은 아니라는 것이다.[3]

이렇게 보는 것이 저작권법의 원칙에 부합되는 해석이기는 하나, 그렇게 볼 경우 구체적 사안에서 영상저작물의 저작자를 구체적으로 확정하는 문제는 쉬운 일이 아니고, 외부에서 파악하기도 곤란하며, 심지어는 공동저작자의 수가 몇 명일지조차 알기 어려운 경우가 많아, 영상저작물의 유통이라는 관점에서 권리의 귀속관계를 간명하게 하기 위한 조치가 필요하다고 할 수 있다. 바로 그러한 관점에서 위에서 본 제100조 제 1 항의 추정규정 등을 비롯한 특례규정이 마련되어 있는 것이다.

(5) 업무상저작물에 관한 규정과의 관계

§23-8   우리 저작권법의 '업무상저작물'에 관한 규정(제 9 조)(§10-1 이하 참조)이 영상저작물의 경우에도 적용될 수 있을까. 영상저작물의 경우에는 업무상저작물에 관한 규정이 적용될 수 없다는 견

---

1 金井重彦·小倉秀夫 編著, 전게서 [小倉秀夫 집필부분], 271~272면 참조.

2 金井重彦·小倉秀夫 編著, 전게서 [小倉秀夫 집필부분], 271면도 "제작회사도 그 임직원등을 통하여 기획의 개발, 스탭 모집, 예산 및 스케줄의 조정, 주요배우의 캐스팅, 음악의 선정, 편집이나 녹음 등의 관리, 배급 등을 비롯한 계약 등 관리 등을 통해 감독 등이 창작적 행위를 할 환경을 주체적으로 조정하면서 지시, 조언 등을 통해 공동으로 창작성 있는 영화적 표현에 기여하는 경우가 많아 공동저작자로 인정될 가능성이 높다"고 하고 있다.

3 이러한 관점은 입법례 가운데 셋째의 경우인 일본 저작권법의 규정과 가장 잘 부합하는 입장이라고 할 수 있다.

해1도 없지 않으나, 법에서 특별히 제외하는 규정을 두고 있지 않은 이상, 법 제 9 조의 요건을 갖춘 영상저작물의 경우에 그 규정의 적용을 배제할 수 없다고 보아야 할 것이다.2 즉 영상저작물이라고 하더라도 ① 법인·단체 그 밖의 사용자가 저작물의 작성에 관하여 기획할 것, ② 법인 등의 업무에 종사하는 자에 의하여 작성될 것(사용관계의 존재), ③ 업무상 작성하는 저작물일 것, ④ 법인 등의 명의로 공표될 것, ⑤ 계약 또는 근무규칙 등에 다른 정함이 없을 것 등의 모든 요건을 갖춘 경우에는 업무상저작물로서 법 제 9 조에 따라 해당 법인 등의 사용자를 영상저작물의 저작자로 보아야 하고, 따라서 그 경우에는 그 법인 등이 영상저작물에 대한 저작재산권과 저작인격권을 전부 원시적으로 취득하게 된다. 영상저작물로서의 방송프로그램을 작성한 PD 등이 방송사의 피용자일 경우에 위의 요건을 모두 충족하는 것으로 보게 될 가능성이 많다. 엔딩 크레딧 화면 등에 담당 PD를 표시하는 것만으로는 업무분담을 표시하는 것으로 보아야 할 것이므로 '법인 등 명의의 공표'를 부정하기 어려울 것으로 여겨진다. 다만 영화감독의 경우는 대개 제작사의 피용자로서 제작사의 실질적 지휘감독관계 하에 있다고 보기 어렵고 다소간에 독립적인 계약적 지위를 가지는 것으로 생각되므로, 원칙적으로 업무상저작물에 관한 규정이 적용되지 않는 것으로 보아야 할 것이다.

위와 같이 업무상저작물에 관한 규정이 적용되는 경우에는 방송사나 제작사에게 원시적으로 모든 권리가 귀속되므로, 뒤에서 보는 저작권법 제100조 제1항의 특례규정이 적용될 여지가 없다. 특례규정은 업무상저작물에 관한 규정이 적용되지 않는 경우에, 권리관계를 명료하게 함으로써 유통을 원활하게 하고자 한 취지의 규정이라 할 것이다.

3. 영상제작자

영상제작자는 영상저작물의 제작에 있어 그 전체를 기획하고 책임을 지는 자를 말한다(법 제 2 조 제14호). 다시 말해 영상저작물의 제작을 전체적으로 기획하고 그에 대한 책임을 지는 자로서, 경제적인 수입·지출의 주체가 되는 자를 말한다.3 자연인인 경우도 있겠지만, 영화나 드라마의 경우에는 법인인 경우가 많을 것이다. §23-9

단순히 발의와 기획을 한 것만으로는 영상제작자에 해당하지 않으며 제작의 책임을 지는 주체로서 기획한 경우만 이에 해당한다. 예를 들어 이러이러한 영화를 제작하고 싶다고 기획하여

---

1 장인숙, 전게서, 224~226면.
2 東京地裁 2005. 3. 15. 선고 平15(ワ) 3184호 판결.
3 서울고등법원 1999. 10. 12.자 99라130 결정도 "영상제작자란 영상저작물의 제작에 있어서 전체적인 계획을 짜고 경제적인 수입과 지출의 주체가 되는 자를 의미하므로, 영화의 제작과정에서 기획이나 촬영 등 주요 부문의 작업을 주도하는 것만으로는 영상제작자로 볼 수 없는 것이다."라고 판시하였다.

영화사에 제작 위탁을 한 경우에 그 기획자 또는 그러한 위탁을 한 사람이 영상제작자가 되는 것은 아니다. 그 경우에는 위탁을 받아 자기의 전체적 기획 및 책임하에 구체적인 제작비용 지출 등의 주체가 되어 제작을 한 자(수탁자)가 영상제작자가 되는 것이다.[1] 따라서 TV방송사가 직접 영상저작물을 제작하지 아니하고 독립 프로덕션에 영상제작을 의뢰한 경우에도 TV방송사는 영상제작자가 아니고 직접 제작을 한 프로덕션이 영상제작자로 된다.[2]

§23-10 영상제작자의 인정과 관련하여 서울고등법원은 "저작권법이 규정하고 있는 영상제작자는 영상저작물 자체의 창작과정을 기획하고 책임을 지는 자만을 의미하는 것으로 좁게 해석할 수는 없고, 그 외 영상저작물의 제작을 위하여 직접 투자를 하거나 다른 투자자를 유치하고 영상저작물의 제작과 관련된 제반 사무처리 및 회계업무를 담당하는 등 영상저작물의 제작과 관련된 사무적인 업무를 전체적으로 기획하고 책임을 진 자 역시 전체 영상 제작과정에 기여한 정도에 따라 영상제작자에 포함될 수 있다"고 전제한 후 영화의 제작과 관련하여 A사가 15억원을 투자하고 비용의 집행, 투자의 유치, 판권 거래 등을 담당하고, B사는 영화의 제작을 담당하기로 약정하고 수익은 60 : 40으로 분배하기로 한 후 영화의 크레딧에 'A, B 공동제작'으로 표시한 사안에 대하여 구체적인 여러 사정을 종합하여, A와 B를 공동 영상제작자로 인정하는 판결을 내린 바 있다.[3]

이러한 영상제작자 가운데, 방송사(영상제작자)가 자체 제작한 프로그램의 경우와 같이 업무상 저작물에 관한 저작권법 제 9 조의 규정에 따라 저작자로 인정될 수 있는 경우가 있지만, 그 밖의 경우에는 앞서 살펴본 바와 같이 영상제작자가 아니라 감독 등의 근대적 저작자가 영상저작물의 저작자인 것으로 보아야 한다.[4]

다만, 영상제작자가 영화감독과 함께 캐스팅에서부터 편집 작업에까지 깊이 관여하여 실질적으로 창작적 기여를 하는 경우도 있을 수 있는데, 그 경우에는 영상제작자도 공동저작자로 보아야 할 것임은 위에서 본 바(§23-7)와 같다.

그러나 우리 법은 영상저작물의 이용과 유통을 원활하게 하기 위하여 권리귀속 관계를 간명하게 정리하기 위한 목적으로 특례규정(§23-11 이하 참조)을 만들면서 영상제작자에게 필요한 권리가 집중될 수 있는 방향을 취함으로써 영상제작자가 실질적으로 영상저작물 이용에 필요한 권리를 확보하는 데 용이한 제도적 틀을 만든 것으로 볼 수 있다. 따라서 영상저작물 제작자는 업무상저작물의 저작자가 아닌 경우에도 필요한 권리를 취득하는 데 있어서 결과적으로 '우월적 지위'

---

1 加戶守行, 전게서, 43면 참조.

2 오승종·이해완, 전게서, 450면; 저작권심의조정위원회, 연극·영화관련 저작권 문답식 해설, 1991, 113면 참조.

3 서울고등법원 2008. 7. 22. 선고 2007나67809 판결('두사부일체' 사건) 참조.

4 과거에는 영상제작자를 영상저작물의 단독저작자로 보는 견해(장인숙, 전게서, 211~212면)가 있었으나, 지금은 그러한 견해를 찾아볼 수 없다. 영국의 경우 영상제작자를 저작자로 보는 규정을 두었다가 EU 지침의 이행을 위한 1996년 법개정에 의하여 현재는 영상제작자와 주요 감독 등을 공동저작자로 보는 규정을 두고 있다.

를 누리고 있다고 할 수 있다.

4. 영상저작물에 대한 특례규정의 개관

위에서 본 바와 같이 영화 등의 영상저작물의 저작 과정에는 많은 사람들이 참여하고 협력하   §23-11
므로 이들의 권리가 복잡하게 얽혀 있는 부분을 간명하게 정리할 수 있도록 법에서 적절한 규정
을 두지 않으면 그 원활한 이용과 유통이 어렵게 될 가능성이 많다. 저작권법은 그러한 관점에서
영상저작물의 저작과정에 참여한 사람들의 권리관계를 적절히 조정함으로써 그 원활한 이용과
유통을 도모하고 영상제작자의 투하자본 회수를 용이하게 하도록 하기 위한 취지에서 제99조 내
지 제101조에 '영상저작물에 대한 특례규정'을 두고 있다.

그 가운데 제99조의 규정은 위에서 본 고전적 저작자의 저작물, 즉 원저작물 또는 소재저작
물의 영상저작물에의 이용관계를 규율하고 있고, 제100조 제 1 항은 근대적 저작자의 권리에 대하
여, 제 3 항은 실연자의 권리에 대하여 각각 영상저작물의 원활한 이용을 위한 양도 추정규정을 두
고 있으며, 제100조 제 2 항은 원저작물 저작자가 향유하는 저작재산권에 관하여 규정하고 있다.

Ⅱ. 저작물의 영상화를 위한 특례

1. 영상화의 의의

영상저작물의 작성에는 풍경영화나 기록영화 등의 경우와 같이 기존의 저작물을 전제로 하   §23-12
지 않는 경우도 있으나 대부분의 경우에는 기존의 저작물을 이용하고 있다. 이와 같이 기존의 저
작물을 영상저작물의 작성에 이용하는 것을 영상화라고 한다.[1]

법 제99조는 "저작재산권자가 저작물의 영상화를 다른 사람에게 허락한 경우"에 대한 이용
허락의 추정에 대해 규정하고 있는데, 여기서 말하는 '영상화'의 대상은 성격상 소설, 각본 등의
어문저작물(§4-2)에 한한다는 견해[2]도 있으나, 어문저작물 외에도 음악저작물, 미술저작물 등이
포함될 수 있다고 보는 견해[3](다수설)가 타당하다.

영상화는 모두 원작을 토대로 한 2차적저작물 작성의 의미를 가지는 것으로 설명하는 경우
가 많으나, 실제로는 2차적저작물 작성의 경우에 한하는 개념이라고 보기 어렵다. 즉, 소설, 각본,
시나리오 등의 영상화의 경우에는 2차적저작물 작성의 성격을 가지나, 음악이나 미술저작물을 특
별한 변형 없이 이용할 경우에는 복제, 공연 등이 수반될 뿐, 2차적저작물 작성행위라고 보기는

---

1 최현호, 전게논문, 253면.
2 허희성, 新著作權法逐條槪說, 범우사, 1988, 323면.
3 최현호, 전게논문, 254면; 장인숙, 전게서, 214면 등.

어렵다.[1] 그러나 그 경우에도 제99조의 규정이 없으면 원저작자의 허락을 받지 않고 사용할 수 없다는 점에서 규정의 필요성에 있어서 마찬가지라고 할 수 있으므로 위 규정에서 말하는 '영상화'의 개념에 포함되는 것으로 봄이 타당한 것이다. 대법원 판례의 입장도 같다.[2]

2. 허락의 추정(법 제99조 제1항)

§23-13   저작재산권자가 저작물의 영상화를 다른 사람에게 허락한 경우에 특약이 없는 때에는 다음 각 호의 권리를 포함하여 허락한 것으로 추정한다(제99조 제1항).

① 영상저작물을 제작하기 위하여 저작물을 각색하는 것
② 공개상영을 목적으로 한 영상저작물을 공개상영하는 것
③ 방송을 목적으로 한 영상저작물을 방송하는 것
④ 전송을 목적으로 한 영상저작물을 전송하는 것
⑤ 영상저작물을 그 본래의 목적으로 복제·배포하는 것
⑥ 영상저작물의 번역물을 그 영상저작물과 같은 방법으로 이용하는 것

위 규정은 원래 간주규정이었던 것을 2003년 개정법부터 추정규정으로 고친 것이다. 따라서 다른 증거에 의하여 계약 내용이 위 규정과 다르다는 것을 입증하면 추정이 복멸될 수 있다.

§23-14   먼저, ①호에서는 각색을 포함하고 있다. '각색'이란 원래 소설 등을 각본화하는 것을 말하지만 음악저작물이나 미술저작물 등을 영상화에 적합하도록 편곡하거나 변형하는 것도 이에 포함되는 것으로 본다.[3]

본래 이러한 의미의 각색은 2차적저작물 작성행위에 해당하므로 각 저작물에 대한 2차적저작물작성권을 가진 저작재산권자의 허락을 받아야만 적법하게 할 수 있는 것이 원칙이지만, 해당 저작물의 '영상화'를 허락한 이상 영상저작물에 알맞도록 개작하는 것도 당연히 허락하였다고 보는 것이 사회통념에 부합할 것이라는 점에서 이러한 규정을 둔 것이다. 다만 영상화에 필요하고도 적절한 범위를 넘어서 함부로 변형할 경우에는 그 허락범위를 넘어선 것으로서 2차적저작물작성권 침해 및 동일성유지권 침해가 성립할 수 있다는 것에 주의하여야 한다.

---

1 同旨 최현호, 전게논문, 254면.
2 'CGV' 사건에 대한 대법원 2016. 1. 14. 선고 2014다202110 판결은 "저작권법 제99조 제1항은 '저작재산권자가 저작물의 영상화를 다른 사람에게 허락한 경우에 특약이 없는 때에는 공개상영을 목적으로 한 영상저작물을 공개상영하는 등의 권리를 포함하여 허락한 것으로 추정한다'고 규정하고 있다. 영상저작물의 제작에 관계된 사람들의 권리관계를 적절히 규율하여 영상저작물의 원활한 이용과 유통을 도모하고자 하는 이 조항의 취지와 규정 내용 등에 비추어 보면, 여기서 말하는 '영상화'에는 영화의 주제곡이나 배경 음악과 같이 음악저작물을 특별한 변형 없이 사용하는 것도 포함되고, 이를 반드시 2차적저작물을 작성하는 것으로 제한 해석하여야 할 것은 아니다."라고 판시하였다.
3 최현호, 전게논문, 258면; 장인숙, 전게서, 214면 등.

②호의 '공개상영'이란 극장 등의 공개적인 장소에서 상영하는 것을 말한다. 공개상영은 저작 §23-15
재산권의 지분권 중 공연권의 내용 중 하나에 해당하는 것이고 따라서 복제 및 배포의 개념에 포
함되지 아니하므로 ⑤호와 별도로 규정한 것이다. 2003년 개정 이전의 저작권법에서는 '공개상영
을 목적으로 한 것으로 제한하지 않고 '영상저작물을 공개상영하는 것'이라고만 규정하여 해석상의
의문이 제기되었다. 즉 공개상영을 목적으로 하지 않고 예컨대 방송을 목적으로 하여 제작된 영
상저작물을 공개상영하는 것이 그 규정에 해당하는지 여부에 대하여 학설이 분분하였다. 2003년
의 개정에 의하여 그러한 학설의 혼란은 해소되었다. 공개상영을 목적으로 한 것이 아니라 방송을
목적으로 한 것이라면 당연히 본호에 해당하지 않는 것으로 보아야 하고, 따라서 그것을 공개상영
하는 것은 원저작물 저작자의 저작재산권 중 공연권의 침해에 해당하는 것이 될 가능성이 높다.

③호의 규정은 역시 방송을 목적으로 한 영상저작물을 방송하는 경우에만 적용되고 방송을 §23-16
목적으로 하지 않은 영상저작물을 방송하는 경우에는 적용되지 않는다. 1회의 방송만 허락한다는
특약이 없는 한 방송의 회수에는 제한이 없는 것으로 봄이 상당하므로, 재방송의 경우에 별도의
허락을 받아야 하는 것은 아니라고 본다.[1]

④호의 규정은 역시 전송을 목적으로 한 영상저작물을 전송하는 경우에만 적용되고 전송을 §23-17
목적으로 하지 않은 영상저작물을 전송하는 경우에는 적용되지 않는다.[2]

⑤호에서 "영상저작물을 그 본래의 목적으로 복제·배포하는 것"을 허락한 것으로 추정하고 §23-18
있는 것은, 영상화를 허락하였다면 그 때의 당사자의 의사는 영상화에 의하여 만들어진 영상저작
물이 그 본래의 목적으로 복제, 배포되는 것까지는 허락할 의사였던 것으로 보는 것이 사회통념
상 타당하다고 보기 때문이다. 다만, '그 본래의 목적으로'라고 한 것과 관련하여 그 한계가 어디
까지라고 볼 것인지가 문제이다. 특히 방송용 영상저작물을 비디오테이프나 DVD 등의 형태로
복제하여 배포하는 것도 허락한 것으로 볼 것인지가 논의의 대상이 되고 있다. 방송용 영상저작
물이라면 방송용으로 쓰이는 것까지만 '본래의 목적'의 범위 내라고 보는 것이 타당할 것이고,[3]
그것을 비디오테이프 등의 다른 매체로 복제하여 판매하고자 할 경우에는 그러한 취지를 계약에
서 명시하여야 할 것이다.[4]

---

1 同旨 최현호, 전게논문, 262면.
2 인천지방법원 2011. 2. 11. 선고 2010가합9524 판결은 "저작권법 제99조 제 1 항에서는 저작재산권자가 저작물의 영
상화를 다른 사람에게 허락한 경우에 특약이 없는 때에는 전송을 목적으로 한 영상저작물을 전송하는 것(제4호), 영
상저작물을 그 본래의 목적으로 복제·배포하는 것(제 5 호)에 관한 권리를 포함하여 허락한 것으로 추정한다는 규정
을 두고 있는데, 이 사안과 같이 <u>방송을 목적으로 한 영상저작물을 영상파일의 형태로 저장하여 웹스토리지 서비스
등을 통하여 전송·복제하는 것은 위 규정에서 정하는 본래의 목적에 따른 전송 또는 복제에 해당하지 않는다고 할
것</u>"이라고 판시하였다.
3 同旨 저작권심의조정위원회, 연극·영화관련 저작권 문답식 해설, 1991, 132면; 최현호, 전게논문, 262면 등.
4 참고로, 구 저작권법에 기한 판례이긴 하지만, 서울고등법원 1984. 11. 28. 선고 83나4449 판결은 "이 사건에 있어서

§23-19 　　　⑥호에서 '영상저작물의 번역물'이란, 영상저작물에 사용된 언어를 소리(더빙) 또는 문자(자막) 등을 통하여 다른 언어로 바꾼 것을 말한다. 이 규정이 영상저작물의 수출과 수입에 있어서 중요한 의미를 가지게 됨은 말할 나위가 없다. 이 규정의 취지에는 번역에 대한 허락도 포함되어 있다는 견해[1]도 있으나 번역에 대한 허락은 ①호에 의하여 해결하는 것이 옳다고 생각되고,[2] 여기에는 번역물을 ②호 내지 ⑤호와 같은 방법으로 이용하는 것을 허락하는 데 그 취지가 있는 것으로 보아야 할 것이다.

　　　⑥호에서 '같은 방법으로'가 의미하는 것이 무엇인지에 대하여도 견해가 나뉘고 있다. 제 1 설은 이것을 좁게 해석하는 견해로서, 공개상영용 영상저작물의 번역물이라면 공개상영하는 것, 방송용이라면 방송하는 것을 말하고 방송용을 공개상영하거나 공개상영용을 방송하는 것은 이 규정에 해당하지 않는다고 한다.[3] 제 2 설은 이를 비교적 넓게 해석하는 견해로서, 번역된 영상저작물을 복제, 배포, 공개상영, 방송하는 것도 영상화의 허락 속에 특약이 없는 한 포함된 것으로 추정한다는 견해이다.[4]

　　　생각건대, 적어도 현행법의 해석에 의할 경우, 번역물이라고 하여 제 2 호 내지 제 5 호에서 정한 범위를 넘어서서 이용허락을 한 것으로 추정하는 것은 타당하지 않다. 즉, 위 ②, ③, ④호가 각각 공개상영을 목적으로 한 것을 공개상영한 경우 등으로 한정하고 있는 이상 그것을 섞어서 공개사용을 목적으로 한 영상저작물의 번역물을 방송에 사용하는 것 등이 허락된 것으로 추정할 수는 없을 것으로 본다. 제 1 설을 지지한다.

§23-20 　　　한편, 제99조에 의하여 이용허락을 받은 것으로 추정되는 사람은 저작재산권자로부터 저작물의 영상화를 허락받은 사람에 한정된다는 점에 유의할 필요가 있다. 저작재산권자로부터 영상화를 허락받은 바 없는 제 3 자가 무단 이용을 할 경우에는 저작재산권자가 그 제 3 자를 상대로 침해를 주장하여 구제를 받을 수 있고, 그 경우 제 3 자는 제99조에 의한 이용허락의 추정을 항변사유로 주장할 수 없다.[5]

방송극작가들인 원고들이 방송사업자인 피고공사의 주문에 의하여 방송극본을 저작하여 대가를 받고 극본을 피고공사에 공급하기로 한 위 극본공급계약은 원고들이 피고공사로 하여금 동 극본을 토대로 제 2 차적 저작물인 텔레비전 드라마 녹화작품을 제작하여 텔레비전방송을 통하여 방영하는 것(즉 개작 및 방송)을 승락하는 의사가 당연히 포함되어 있다 할 것이나 그렇다고 하여 위 극본공급계약으로써 원고들이 피고공사에게 원고들의 별도의 동의 없이 위 극본을 토대로 제작된 녹화작품을 텔레비전방송이 아닌 다른 방법으로 이용하는 행위까지 승낙하였다고는 볼 수 없다 할 것이고, 따라서 피고들이 위 녹화작품을 텔레비전방송이 아닌 브이·티·알 테이프(V.T.R TAPE)에 복사하여 판매한 것은 원고들의 극본사용 승낙의 범위를 넘는 제 2 적 저작물이용으로서 원고들의 극본저작권을 침해한 것이라 할 것이다"라고 판시하고 있다.

1 장인숙, 전게서, 216면.
2 同旨 최현호, 전게논문, 260면.
3 허희성, 전게서, 327면.
4 최현호, 전게논문, 260면; 장인숙, 전게서, 217면.
5 서울고등법원 2010. 6. 24. 선고 2009나82215 판결 참조. 서울중앙지방법원 2009. 5. 20. 선고 2008가합89038 판결도

위와 같은 이용허락의 추정을 복멸하기 위해서는 상대방이 특약의 존재를 적극적으로 입증하여야 하며, 신탁단체가 새로운 방침을 통보한 후에 계속 이용하였다는 것만으로는 그러한 특약의 존재를 인정하기 어렵다는 것이 판례1의 입장이다.

3. 독점적 허락(법 제99조 제 2 항)

저작권법 제99조 제 2 항은 "저작재산권자는 그 저작물의 영상화를 허락한 경우에 특약이 없는 때에는 허락한 날부터 5년이 경과한 때에 그 저작물을 다른 영상저작물로 영상화하는 것을 허락할 수 있다"고 규정하고 있다.   §23-21

저작물의 이용허락에는 당사자의 계약내용에 따라 독점적인 이용허락의 경우와 통상의 이용허락의 경우가 있을 수 있는데 저작물의 영상화를 허락한 경우에는 당사자 사이에 다른 약정(특약)이 없는 한, 독점적인 이용을 허락해 준 것으로 보되, 그 독점적 이용의 기간을 5년간으로 본다는 것이 이 규정의 뜻이다. 따라서 특약이 없는 한, 일단 영상화의 허락을 한 원저작물의 저작재산권자는 5년간 그 허락권이 제한되어 다른 영상저작물 제작을 위한 허락을 할 수 없게 된다.

다만, 영화화한 소설이나 각본을 출판하게 하거나 연극으로 공연하게 하는 등 영상물제작 이외의 목적을 위해 허락해 주는 데 지장이 있는 것이 아님은 물론이며, 또 당사자의 약정으로써 다른 영상물제작에의 이용을 허락할 수 있게 하거나 독점이용의 기간을 달리 정할 수 있음도 물론이다.

영상제작자가 투입한 막대한 비용을 회수할 수 있도록 시간을 주고자 하는 것이 이 특칙의

"피고 네오위즈는, 뮤직비디오는 영상저작물로서 저작권법 제99조의 영상저작물의 특례가 적용된다고 할 것이므로 자신의 곡을 영상화할 것을 허락한 원고는 영상저작물인 뮤직비디오의 공개상영, 방송, 전송, 복제, 배포를 허용한 것으로 추정된다고 주장하나, 이는 저작자로부터 저작물의 영상화를 허락받은 자에게는 영상저작물을 각색, 공개 상영, 방송, 전송 등의 권리를 포함하여 허락받은 것으로 추정된다는 규정으로, 원고로부터 이 사건 음악저작물의 영상화를 허락받은 자가 아닌 위 피고에게 영상저작물을 전송 또는 복제할 권리가 있다는 위 피고의 주장은 이유 없다."라고 판시하였다.

1 앞에서 본 'CGV' 사건에 대한 대법원 2016. 1. 14. 선고 2014다202110 판결(§23-12)의 원심판결인 서울고등법원 2013. 12. 19. 선고 2013나2010916 판결이 "원고가 2011. 5. 12. 피고를 비롯한 극장사업자들에게 '영화상영관에서의 공연사용료 징수규정이 신설되었으므로 이를 지급하여 달라'는 취지의 공문을 발송한 사실을 인정할 수 있으나, 이는 쌍방이 이용허락의 범위에 대하여 다툼이 있는 상황에서 원고 측의 주장만을 반영하여 일방적으로 작성한 문서에 불과하다고 보이고, 피고가 그 이후에도 영화를 계속 상영하였다는 사정만으로는 원고 주장처럼 그 무렵부터 원고와 피고 사이에 공연사용료 지급에 관한 특약이 성립하였다고 보기도 어렵다."라고 판시하였고, 상고심 판결도 그러한 판단을 정당한 것으로 수긍하였다. 또한 위 서울고법 판결은 위와 같은 판시에 앞서, "앞서 판단한 바와 같이, 2010. 10. 변경된 사용신청서 및 사용승인서의 전체적 기재 내용, 위 변경 당시 원고와 영화제작자 사이에 실질적 협의가 있었다고 보이지 아니하는 점, 원고와 영화제작자들이 음악저작물 이용허락 계약을 체결한 목적과 동기 등에 비추어 볼 때, 원고 주장처럼 위 변경된 사용신청서 및 사용승인서의 '비고'란에 '상영 및 2차적 이용을 위한 최초 복제에 한하여 승인함'이라는 등의 문구가 추가된 사정만으로는 원고와 영화 제작자들 사이에서 저작권법 제99조 제 1 항에서 정한 저작물 공개상영 허락의 추정을 배제하는 특약이 있다고 보기에 부족하고, 원고가 영화제작자들에게 위와 같은 양식 변경이 위 특약을 배제하기 위한 것이라는 취지를 충분히 설명하였고 영화제작자들도 이에 동의하였다는 원고의 주장사실에 대하여는 이를 인정하기에 충분한 증거도 없다."라고 판시하였다.

근본취지이다.1

Ⅲ. 영상저작물에 대한 권리관계

1. 법 제100조 제 1 항

§23-22   제작자와 영상저작물의 제작에 협력할 것을 약정한 자가 그 영상저작물에 대하여 저작권을 취득한 경우 특약이 없는 한 그 영상저작물의 이용을 위하여 필요한 권리는 영상제작자가 이를 양도 받은 것으로 추정한다(법 제100조 제 1 항).

'영상제작자와 영상저작물의 제작에 협력할 것을 약정한 자'의 의미에 대하여는 견해가 나뉘어 있다.

제 1 설은 영상저작물의 원저작물 내지 소재저작물로 이용된 소설, 각본, 음악, 미술 등 저작물의 저작자는 제99조와 제100조 제 2 항에 의하여 보호되고, 실연자는 제100조 제 3 항에 의하여 보호되므로, 본항에 해당하는 자는 근대적 저작자만을 의미한다고 한다.2

제 2 설은 근대적 저작자뿐만 아니라 제작스태프, 실연자 등 영상제작에 참여하는 모든 이해관계인을 말하는 것으로 본다.3

그런데 제 2 설의 취지도 자세히 살펴보면, '영상제작자와 영상저작물의 제작에 협력할 것을 약정한 자'에는 모든 이해관계인이 포함되지만, 제100조 제 1 항은 그러한 자 중 원시적으로 저작권을 취득하는 자일 것을 전제로 한 규정이므로 결국 대부분의 경우에는 근대적 저작자가 이 규정의 요건에 해당할 것임을 밝히고 있다.4 그러한 취지를 전제로 한다면, 양설 간에 실질적인 차이가 별로 없으나, 저작자의 결정이 개념상 근대적 저작자에 해당하는지 여부에 따라 이루어지는 것이 아니라 실질적인 창작에의 관여에 따라 이루어질 것이라는 점에서 논리적인 면에서는 제 2 설이 타당하다고 생각된다.

§23-23   '그 영상저작물의 이용을 위하여 필요한 권리'의 의미에 대하여도 2003년 법 개정 전에는 학설이 나뉘어 있었으나, 법 개정으로 명료하게 되었다. 즉 제101조 제 1 항이 이 규정을 받은 것임을 명백히 하고 있으므로, 그 내용은 제101조 제 1 항에서 규정하고 있는 "영상저작물을 복제·배

---

1 장인숙, 전게서, 217면 참조.
2 허희성, 전게서, 330면.
3 최현호, 전게논문, 266면.
4 최현호, 전게논문, 256면. '대부분의 경우'라고 하는 것은 이른바 '근대적 저작자'로 일컬어지는 영화감독, 연출자, 촬영감독 등의 지위에 있지 않더라도 실제적으로 영화의 제작과정에서 창작성 있는 표현에 실질적으로 관여하였다면 저작자가 될 수 있음을 전제로 하는 것이다. 결국 이 문제는 영상저작물의 저작자가 누구인가에 대한 이론으로 귀착되는데, 그에 대하여는 앞에서 자세히 살펴본 바와 같다.

포·공개상영·방송·전송 그 밖의 방법으로 이용할 권리"이다.

2차적저작물작성권(§13-64 이하)이 여기에 포함될 수 있을지 여부는 명확하지 않으나, 제45조 제 2 항 본문이 "저작재산권의 전부를 양도하는 경우에 특약이 없는 때에는 제22조에 따른 2차적 저작물을 작성하여 이용할 권리는 포함되지 아니한 것으로 추정한다"고 규정하고 있음에 비추어 원칙적으로 제외된다고 보아야 할 것이다.[1]

저작인격권(§12-1 이하)은 위 규정에 포함되어 있지 않을 뿐만 아니라 일신전속성(§12-90)을 가지므로 당연히 저작자에게 유보되어 있는 것으로 본다. 따라서 감독 등 저작자일 가능성이 높은 사람들은 성명표시권을 존중하여 반드시 영상저작물을 배포하거나 상영할 때 그 성명을 표시하여야 한다. 또한 나중에 제 3 자가 영상저작물을 변형하여 이용할 필요가 있을 경우에는 영상제작자의 허락만이 아니라 영상저작물의 저작자에 해당하는 영화감독 등의 허락도 받을 필요가 있다. 그렇지 않으면 저작자의 저작인격권 중 동일성유지권을 침해한 것이 될 수 있기 때문이다.

다만, 공표권에 관한 제11조 제 2 항[2]의 준용 여부에 대하여는 법 개정 전에 준용된다는 설[3]과 준용되지 않는다는 설[4]로 견해가 나뉘고 있었다. 그러나 후자의 견해는, 제11조 제 2 항은 법률행위에 의한 것을 전제로 하는 것인데 2003년 개정 이전의 저작권법상의 해당조항은 의제규정이라는 것을 이유로 한 것이었다. 따라서 추정규정으로 바뀐 지금은 유지될 수 없는 견해라 할 것이고, 현행법의 해석상으로는 준용이 아니라 당연히 '적용'되는 것으로 보아야 한다.

영상저작물의 경우에도 '실질적 지휘감독관계' 등의 요건을 갖춘 경우에 업무상저작물에 관한 법 제 9 조의 규정이 적용될 수 있음은 앞서 언급한 바와 같은데, 그러한 경우에는 제작회사가 원시적으로 저작권을 취득하는 '저작자'가 되는 것으로 보게 되므로, 저작인격권도 제작회사 등 법인이 보유, 행사하게 됨은 물론이다.

2. 법 제100조 제 2 항

영상저작물의 제작에 사용되는 소설·각본·미술저작물 또는 음악저작물 등의 저작재산권은 §23-24 법 제100조 제 1 항의 규정으로 인하여 영향을 받지 아니한다(법 제100조 제 2 항).

이러한 원저작물 내지 소재저작물에 대하여는 법 제99조에서 그 저작재산권자가 저작물의 영상화를 다른 사람에게 허락한 경우에 특약이 없는 때에는 영상저작자에게 영상저작물을 본래의 목적에 활용하는 데 필요한 일정한 권리를 허락한 것으로 추정하는 규정을 두고 있음은 위에

---

1 同旨 서울고등법원 2008. 7. 22. 선고 2007나67809 판결('두사부일체' 사건).
2 법 제11조 제 2 항 : 저작자가 공표되지 아니한 저작물의 저작재산권을 제45조의 규정에 따른 양도 또는 제46조의 규정에 따른 이용허락을 한 경우에는 그 상대방에게 저작물의 공표를 동의한 것으로 추정한다.
3 허희성, 전게서, 81면.
4 최현호, 전게논문, 267면.

서 본 바와 같다. 그러나 그것은 당사자가 다른 특약을 한 사실을 입증하면 번복될 수 있는 성격의 추정일 뿐만 아니라 그러한 추정규정이 적용되는 경우에도 제99조에서 규정하고 있는 영화적 이용방법을 넘어선 다른 영역의 저작권 행사에 어떤 제한을 받는 것은 아니다.

예를 들어, 시나리오 작가는 그 영화화를 허락한 후에도 이를 자신의 시나리오 작품으로 복제, 배포할 권리를 가질 뿐만 아니라 소설로 개작하여 출판하거나 그 스토리를 온라인 게임에서 활용할 수 있도록 허락할 수 있는 등 제반 저작재산권을 그대로 행사할 수 있다. 또한 영화의 배경음악으로 사용할 수 있도록 허락한 음악저작물의 저작자도 그 음악저작물을 자신의 악보집에 포함하여 복제, 배포하거나 음반제작에 활용하는 등의 이용행위를 자유롭게 할 수 있다.

제100조 제 2 항에서 위와 같이 규정하고 있는 것은 바로 그러한 취지에 기한 것이다. 특히 제100조 제 1 항에서 "제작자와 영상저작물의 제작에 협력할 것을 약정한 자가 그 영상저작물에 대하여 저작권을 취득한 경우 특약이 없는 한 그 영상저작물의 이용을 위하여 필요한 권리는 영상제작자가 이를 양도 받은 것으로 추정"하고 있는 것과 관련하여, 그러한 양도의 추정은 소설, 각본, 미술저작물 또는 음악저작물 등 원저작물 또는 소재 저작물에 대한 저작권에까지 적용되는 것은 아님을 분명히 하고자 한 것이다. 제100조 제 1 항이 주로 근대적 저작자에게 해당하는 조항이긴 하나, 그 적용 여부의 요체는 '저작권의 취득' 여부에 달려 있는 것이므로 '소재 저작물'의 저작자도 예외적으로 영화 제작 과정에 창작적으로 기여함으로써 영상저작물에 대한 (공동저작자로서의) 저작권을 취득하게 될 수도 있음은 위에서 살펴본 바와 같다. 그러나 그 경우에도 제 1 항에 의하여 영상저작자에게 양도한 것으로 추정되는 것은 영상저작물에 대한 (공동저작자로서의) 저작권에 한하고, 그가 가지는 '소재 저작물'에 대한 저작권에는 (제99조에 의하여 규율되는 것 외에는) 아무런 변동이 없는 것이다. 그러한 점도 제100조 제 2 항의 규정 취지에 내포되어 있다고 볼 수 있다.[1]

3. 법 제100조 제 3 항

§23-25   영상제작자와 영상저작물의 제작에 협력할 것을 약정한 실연자의 그 영상저작물의 이용에 관한 제69조의 규정에 따른 복제권, 제70조의 규정에 따른 배포권, 제73조의 규정에 따른 방송권 및 제74조의 규정에 따른 전송권은 특약이 없는 한 영상제작자가 이를 양도 받은 것으로 추정한다(법 제100조 제 3 항).

원래 영화의 배우 등 실연자는 자신의 실연에 대하여 저작인접권자로서의 복제권(제69조), 배포권(제70조), 방송권(제73조), 전송권(제74조) 등의 배타적 권리를 가지게 되는데, 영화 제작에 참여

---

1 최현호, 전게논문, 272면 참조.

한 모든 배우들이 이 권리를 제각기 주장할 수 있다고 하면, 영상제작자가 영상저작물을 이용하고 활용하는 데 큰 불편이 초래될 것이다. 따라서 저작권법은 위 규정과 같이 실연자의 저작인접권을 일정한 범위 내에서 영상제작자에게 양도한 것으로 추정함으로써 영상저작물 이용에 관한 권리관계를 가급적 단순화, 명료화하여 그 원활한 이용을 뒷받침하고자 한 것이다.

여기서 주의할 점은, 그와 같이 양도한 것으로 추정되는 것은 '영상저작물의 이용에 관한' 복제권, 배포권, 방송권 및 전송권에 한한다는 것이다. 여기서 '영상저작물의 이용에 관한'이라는 말의 의미는 '영상저작물을 본래의 창작물로서 이용하는 데 필요한'이라는 의미로 해석된다(아래에서 소개하는 대법원 판례 참조). 따라서 영상저작물을 본래의 창작물로서 이용하는 데 필요한 범위를 넘어서서 활용하는 것에 관한 권리는 여전히 실연자에게 남아 있는 것으로 보아야 한다. 예컨대 뮤지컬 영화의 주인공이 영화 속에서 부른 노래를 OST 음반으로 제작하여 판매하고자 한다면 거기에는 그 주인공 배우의 실연자로서의 복제권과 배포권이 미치게 되는 것이다.[1] 또한 예컨대 영화에 출연한 배우들의 실연장면을 노래방기기의 배경화면이나 뮤직비디오의 일부로 사용하는 것 등은 이 규정에 따라 양도된 권리의 범위에 포함되지 않으므로 해당 실연자의 허락 없이 할 경우 실연자의 권리를 침해하는 것이 된다(아래 대법원 1997. 6. 10. 선고 96도2856 판결 참조).

한편, 이 규정에 따라 영상저작물 제작에 협력한 실연자는 퍼블리시티권(§22-1 이하)도 주장할 수 없게 되는지 문제된다. 이에 대하여 하급심 판례는 일관되게 "영상저작물을 본래의 창작물로서 이용하는 경우에는 실연자가 일단 영상저작물의 제작에 협력할 것을 약정한 이상 실연자는 특약이 없는 한 영상화된 자신의 실연에 대하여 사실상 권리가 없다고 할 것이나(이는 영상저작물에 있어 실연자의 초상이나 실연은 공표되어 유통되는 것이라고 하는 영상저작물 자체의 특성, 영상저작물 출연계약 시 실연자의 이익이 충분히 반영될 기회가 주어질 수 있다는 점, 영상제작자가 제작된 영상을 이용함에 있어 매번 모든 출연자들로부터 동의를 얻는 불편함을 덜어주고 영상제작자로 하여금 투하한 자본회수를 용이하게 하도록 하기 위한 것인 점 등에 근거한 것이다), 한편, 영상저작물은 물리적으로는 개개의 장면의 연속체로서 그 개개의 장면은 사진과 조금도 성질을 달리하지 않기 때문에 실연자인 배우도 해당 화면에 촬영된 자기의 초상에 대해서는 고유한 정신적, 재산적 이익을 보유하고 있다고 보아야 하므로, 영상제작자라고 하더라도 그러한 초상이 영상저작물의 배포, 통상의 홍보에 수반하는 필수적인 범위를 넘어서 실연자의 허락 없이 영상장면을 이용하여 일반광고에 사용하거나, 사진집, 브로마이드 사진, 상품 등에 임의로 이용하는 행위 등 별도의 상업적 목적으로 사용하는 경우까지 초상권 등 퍼블리시티권이 저작인접권에 흡수되었다거나 영상저작물 출연계약 자체에 의하여 배우가 퍼블리시티권을 행사하지 않기로 묵시적으로 합의하였다고 볼 수는 없고, 실연자인 배우는 초상권,

§23-26

---

[1] 오승종·이해완, 전게서, 456면 참조.

퍼블리시티권 등을 여전히 행사할 수 있다고 봄이 상당하다 할 것이다"라고 판시하고 있다.1 타당한 입장이라 생각된다.

§23-27 위 규정도 원래는 간주규정이었으나, 2003년 개정법에 의하여 추정규정으로 바뀌었다. 간주규정이었을 때에는 당사자 간 별도의 특약이 가능한지 여부 등을 둘러싸고 해석상의 논란이 분분하였으나, 지금은 논란의 여지가 없게 되었다. 즉, 실연자의 권리가 양도된 것으로 법률상 의제되는 것이 아니라 추정될 뿐이므로 그와 다른 내용의 특약이 있음을 입증하거나 당사자 간에 합치된 실질적인 의사가 그와 다르다는 것을 입증하는 경우에는 추정이 번복될 수 있는 것이다.

§23-28 저작권법 제100조 제 3 항에 대하여는 영상저작물의 이용 원활화에 치중하여 탤런트, 배우 등의 시청각실연자2의 권리보장을 소홀히 한 규정이라는 비판이 제기되어 이를 간주 규정으로 고치면서 양도 또는 포괄적 이용허락 후에도 남는 잔류권(殘留權; residual right)으로서의 보상청구권을 강행적으로 보장하는 규정을 신설하는 방식의 개정안이 발의된 바 있다.3

 **판 례**

§23-29 ❖대법원 1997. 6. 10. 선고 96도2856 판결

구 저작권법(1994. 1. 7. 법률 제4717호로 개정되기 전의 것)은 제63조와 제64조에서 실연자(實演者)는 그의 실연을 녹음 또는 녹화하거나 사진으로 촬영할 권리 및 방송할 권리를 가진다고 규정하면

---

1 서울중앙지방법원 2007. 1. 31. 선고 2005가합51001 판결, 서울중앙지방법원 2007. 11. 14. 선고 2006가합106519 판결 등.

2 시청각실연자란 영화 등의 영상저작물(즉, 시청각저작물)에 출연하는 실연자로서 자신의 실연이 이용자들에게 청각적으로만 전달되지 않고 연기 등의 영상이 함께 전달되는 실연자를 뜻한다.

3 2011. 10. 11. 김을동의원이 대표발의한 개정안의 내용은 다음과 같다. [이 개정안은 추정규정을 간주규정으로 고친 것 외에는 저자가 마련한 개정안과 동일하다. 이해완, 시청각 실연자의 권리 보장을 위한 제도 개선 방안에 관한 연구(2011. 10. 18. 한국방송실연자협회 제출보고서), 55면 이하 참조.]
저작권법 일부를 다음과 같이 개정한다.
제100조 제 3 항 중 "특약이 없는 한 영상제작자가"를 "영상제작자가"로, "추정한다"를 "본다"로 하고, 같은 조에 제 4 항부터 제 9 항까지를 각각 다음과 같이 신설한다.
④ 실연자는 그 영상저작물의 이용에 관한 복제권, 배포권, 방송권 및 전송권을 제 3 항에 따라 영상제작자에게 양도하거나 포괄적 이용허락을 한 후에도 영상제작자, 그 밖에 그 영상저작물에 대하여 저작재산권을 행사하는 자(이하 "영상제작자등"이라 한다)가 영상저작물 제작의 일차적 목적이 된 최초이용을 제외한 영상저작물 이용을 통하여 그의 실연이 복제, 배포, 방송 또는 전송되게 하는 것에 대하여 영상제작자등으로부터 상당한 보상금을 지급받을 권리를 가진다.
⑤ 제 4 항에 따른 최초이용의 범위는 대통령령으로 정한다.
⑥ 제25조 제 5 항부터 제 9 항까지는 제 4 항에 따른 보상금의 지급 등에 관하여 준용한다.
⑦ 제 6 항에 따른 단체가 보상권리자를 위하여 청구할 수 있는 보상금의 금액은 매년 그 단체와 영상제작자등이 협의하여 정한다.
⑧ 제 7 항에 따른 협의가 성립되지 아니하는 경우에 그 단체 또는 영상제작자등은 제112조에 따른 한국저작권위원회에 조정을 신청할 수 있다.
⑨ 제 4 항에 따른 실연자의 보상청구권은 포기하거나 양도할 수 없고, 이를 배제하거나 그 행사를 제한하는 계약은 그 부분에 한하여 무효로 한다.

서, 제75조 제 3 항에서 영상저작물의 제작에 협력할 것을 약정한 실연자의 그 영상저작물의 이용에 관한 제63조의 규정에 의한 녹음·녹화권 등과 제64조의 규정에 의한 실연방송권은 영상제작자에게 양도된 것으로 본다는 특례규정을 두고 있는바, 위 규정에 의하여 영상제작자에게 양도된 것으로 간주되는 '그 영상저작물의 이용에 관한 실연자의 녹음·녹화권'이란 <u>그 영상저작물을 본래의 창작물로서 이용하는 데 필요한 녹음·녹화권을 말한다</u>고 보아야 할 것이다.

따라서, 영화상영을 목적으로 제작된 영상저작물 중에서 특정 배우들의 실연장면만을 모아 가라오케용 엘디(LD)음반을 제작하는 것은, 그 영상제작물을 본래의 창작물로서 이용하는 것이 아니라 별개의 새로운 영상저작물을 제작하는 데 이용하는 것에 해당하므로, 영화배우들의 실연을 이와 같은 방법으로 엘디음반에 녹화하는 권리는 제75조 제 3 항에 의하여 영상제작자에게 양도되는 권리의 범위에 속하지 아니한다 할 것이다.

Ⅳ. 영상제작자의 권리

영상제작자의 권리와 관련하여 저작권법 제101조는 "① 영상제작물의 제작에 협력할 것을 §23-30 약정한 자로부터 영상제작자가 양도 받는 영상저작물의 이용을 위하여 필요한 권리는 영상저작물을 복제·배포·공개상영·방송·전송 그 밖의 방법으로 이용할 권리로 하며, 이를 양도하거나 질권의 목적으로 할 수 있다. ② 실연자로부터 영상제작자가 양도 받는 권리는 그 영상저작물을 복제·배포·방송 또는 전송할 권리로 하며, 이를 양도하거나 질권의 목적으로 할 수 있다"고 규정하고 있다.

2003년 법 개정 이전에는 영상제작자의 권리에 대한 제76조에서 "영상제작자는 영상제작물이 수록된 녹화물을 복제·배포하거나 공개상영 또는 방송에 이용할 권리를 가지며, 이를 양도하거나 질권의 목적으로 할 수 있다"고 규정하고 있었다. 이 규정과 관련하여 영상제작자의 권리의 성격에 대하여 저작재산권이라는 견해, 법정이용권이라는 견해, 저작인접권이라는 견해 등이 대립하고 있었다.

그러나 이러한 견해 대립은 2003년의 법 개정으로 해소되었다고 생각된다. 즉, 현행법상 제101조의 규정취지는 제100조의 규정과 무관하게 영상제작자의 권리를 별도로 규정한 것이 아니라 제100조 제 1 항에 의하여 영상제작자와 영상저작물의 제작에 협력할 것을 약정한 자로부터 양도 받은 것으로 추정되는 저작재산권 및 같은 조 제 3 항에 의하여 실연자로부터 양도 받은 것으로 추정되는 저작인접권 등의 구체적인 내용을 다시 한번 확인하고, 영상제작자의 일괄적인 자본회수를 위하여 영상저작물 자체를 이용할 권리로서의 그러한 배타적 권리들을 양도하거나 질권의 목적으로 할 수 있게 한 것이다. 제100조 제 1 항 및 제 3 항에 의하여 양도된 것으로 추정

되는 권리 내용 등은 위 '영상저작물에 대한 권리관계'에서 설명한 내용이 그대로 적용되며, 제
101조의 규정으로 그에 대한 내용적 변경이 있는 것으로 볼 것은 아니다.

V. 보호기간

§23-31　　영상저작물의 저작재산권은 공표한 때부터 70년간 존속한다. 다만, 창작한 때부터 50년 이내
에 공표되지 아니한 경우에는 창작한 때부터 70년간 존속한다(법 제42조).

　　이 규정은 저작재산권의 보호기간에 관한 장에서도 언급한 바 있지만, 다음과 같은 취지에
기한 것이다. 즉, 우리 저작권법상 영상저작물의 저작자는 영상제작자가 아니라 영상저작물의 제
작에 창작적으로 관여한 사람들이라고 보게 되므로 공동저작물인 경우가 많다. 따라서 특별한 규
정이 없다면, 그 저작재산권의 보호기간도 법 제39조 제 2 항에 따라 공동저작자 중 맨 마지막으
로 사망한 저작자의 사망 후 70년간 존속하는 것으로 보는 것이 타당하다고 할 수 있다. 그러나
그렇게 보게 될 경우에는 구체적으로 공동저작자의 범위에 들어가는 사람들을 결정하기가 매우
어려워 그 존속기간을 확정짓기가 쉽지 않을 것이다. 따라서 저작권법은 그러한 현실적 문제점을
감안하여 영상저작물의 원활한 이용을 도모하기 위하여 그 보호기간을 업무상저작물의 경우와
동일하게 위와 같이 규정하고 있는 것이다.

> **제7절**　컴퓨터프로그램저작물에 대한 특례

I. 개　관

§24-1　　기존에는 저작물의 하나인 컴퓨터프로그램저작물(이하 '프로그램'이라 한다)에 대한 보호를 저작
권법이 아니라 컴퓨터프로그램보호법으로 규정하고 있어서 일반 저작물에 대한 저작권법과 이원
화된 상태로 있었는데, 그로 인해 정책 수립과 집행에 효율성이 떨어지고 혼란이 초래되는 면이
있다는 지적에 따라 2009. 4. 22. 개정 저작권법에서부터 이 2개의 법이 저작권법 하나로 통합되
게 되었다. 그에 따라 컴퓨터프로그램보호법이 폐지되고, 동법의 내용 중 프로그램의 특성을 반
영하는 것으로서 저작권법의 일반 저작물에 대한 규정과는 별도로 존치할 필요가 있다고 생각되
는 규정들을 특례규정 등으로 수용하게 되었다.

저작권법에서 프로그램에 대하여 특례적으로 규정한 내용들을 모두 나열해 보면 다음과 같다.

1) 업무상저작물의 요건 중 '공표' 요건의 배제(제9조 단서)(§10-25 이하)

2) 프로그램에 대한 동일성유지권 제한사유 규정(제13조 제2항 제3호, 제4호)(§12-83, 84)

3) 프로그램에 대한 대여권 규정(제21조)(§13-62)

4) 저작재산권 제한사유 중 일반 저작물에 대한 일부 규정들(제23조, 제25조, 제30조, 제32조)의 적용제외(제37조의2)(§14-17, 40, 133, 161)

5) 보호기간에 있어서의 공표시 기산주의(제42조, 다만 2011. 6. 30. 개정에 의하여 프로그램에 대한 부분이 삭제되어 그 시행일인 2013. 7. 1.부터는 특례의 적용을 받지 않고 일반 저작물과 동일하게 원칙적으로 사망시기산주의가 적용됨)(§16-18)

6) 저작재산권 양도시 2차적저작물작성권도 함께 양도한 것으로 추정(제45조 제2항 단서)(§13-73)

7) 프로그램등록부의 별도 관리(제55조)(§17-20)

8) 보호의 대상에 대한 제한(제101조의2)(§4-139 이하)

9) 프로그램의 저작재산권 제한사유(제101조의3, 제101조의4, 제101조의5)(§14-192 이하)

10) 프로그램의 임치(제101조의7)

11) 프로그램에 대한 감정(제119조 제1항 제2호)(§26-9)

12) 프로그램의 업무상 사용의 침해간주(제124조 제1항 제3호)(§27-124)

이 가운데 가장 중요한 특례라고 할 수 있는 9) 프로그램의 저작재산권 제한사유에 대하여는 제4장 제4절 XV 등에서 이미 살펴보았고, 나머지 항목 중에서 10) 프로그램의 임치를 제외한 다른 항목들에 대하여는 각각 일반 저작물의 관련 규정과 대비하여 함께 살펴보는 것이 바람직하다고 생각되어 각 해당 항목에서 일반 저작물에 대한 문제와 함께 설명을 하였거나 할 예정이다.

따라서 본절에서는 프로그램의 임치에 대하여만 살펴보기로 한다.

Ⅱ. 프로그램의 임치

저작권법 제101조의7은 프로그램에 대한 특례규정의 하나로 '프로그램 임치'제도를 규정하고 있다. 프로그램 임치제도는 이른바 에스크로우제도의 하나로서 프로그램사용허락계약 등을 함에 있어서 프로그램의 원시코드(소스코드)를 신뢰할 수 있는 제3자(수치인)에게 맡겨 두었다가 계약상의 일정한 조건이 충족될 경우에 수치인이 그 조건의 성취를 확인한 후 계약 상대방에게 원시

§24-2

코드를 제공하도록 하는 등의 방법으로 프로그램의 원시코드, 기타 기술정보를 적절히 보호할 수 있도록 하는 제도이다.[1]

제101조의7 제 1 항은 프로그램의 저작재산권자와 프로그램의 이용허락을 받은 자는 대통령령으로 정하는 자(이하 이 조에서 "수치인"이라 한다)와 서로 합의하여 프로그램의 원시코드 및 기술정보 등을 수치인에게 임치할 수 있다고 규정하고, 제 2 항에서 프로그램의 이용허락을 받은 자는 제 1 항에 따른 합의에서 정한 사유가 발생한 때에 수치인에게 프로그램의 원시코드 및 기술정보 등의 제공을 요구할 수 있다고 규정하고 있다.

그리고 법 시행령 제39조의2는 위 규정에서 "대통령령으로 정하는 자"란 위원회(한국저작권위원회)를 말한다고 규정하고 있다.

따라서 현행법령하에서는 한국저작권위원회만 임치기관으로서의 자격을 가지고 있다.

---

1 2002년 12월의 컴퓨터프로그램보호법 개정시에 처음으로 도입된 제도로서, 동법과 저작권법을 통합하는 2009. 4. 22. 개정 저작권법에서 컴퓨터프로그램보호법상의 규정을 문구만 일부 바꾸어 그대로 수용한 것이다.

제6장

저작권집중관리제도

copyright law

저작권집중관리제도

제1절 개 설

Ⅰ. 저작권집중관리제도의 의의와 필요성

§25-1   '저작권집중관리'란 저작권자 등이 개별적으로 권리를 행사하는 것(이것을 '개별관리'라고 한다)에 갈음하여 저작권자 등으로부터 권리를 위탁받은 저작권관리단체가 집중적으로 저작권 등을 관리하는 것을 말하며, 그것을 뒷받침하는 제도를 '저작권집중관리제도'라고 한다.

일반적으로 저작권 등의 집중관리는 저작물 등에 대한 권리자와 그 위탁을 받는 저작권관리단체 사이의 법률행위와 그 관리단체와 저작물 이용자 사이에 행해지는 법률행위에 의하여 성립한다고 할 수 있다. 전자에 있어서는 그 위탁의 내용이 예를 저작물이용의 대리, 중개 또는 신탁행위라고 하는 형태로 행해진다. 여기서 저작물에 대한 권리자와 저작권관리단체 사이에 그 관리단체가 징수하는 당해 저작물 등의 사용료 중 권리자에게 지급된 분배금액과 관리단체가 얻는 보수액이 결정된다. 이 보수액은 관리수수료 등의 명목으로 당해 계약 등에 기재된다.

한편으로 저작권관리단체와 이용자 사이에서는 이용허락계약이 체결되고 이에 기하여 이용자는 그 사용료를 지불하게 된다. 이때 당해 저작권관리단체는 위탁자인 권리자의 의사에 반하는 형태의 계약을 하지 않을 의무를 진다. 저작물 등의 권리자의 의향을 부정하는 것과 같은 형태의 계약은 피하여야 한다.

이러한 저작권집중관리는 왜 필요한 것일까? 그것을 몇 가지 측면으로 나누어서 정리해 보면   §25-2
다음과 같다.

1. 저작권자의 측면

과학기술의 발달에 따라 저작물의 복제수단이 다양화되고 저작물의 이용이 국제화됨에 따라
각 저작권자가 개별적으로 자신의 저작물이 어디서 누구에 의하여 이용되고 있는지 감시하고 이
를 적절하게 관리하는 것이 불가능하거나 가능하더라도 상당한 비용과 시간이 소요되게 되었다.
또한 저작물의 이용허락이 매우 빈번하게 이루어지는 경우에 이를 개별적으로 수행하려고 하면
이 역시 매우 불편한 일이다. 그러므로 그 저작권에 대한 관리를 특정한 단체에 위탁하고 저작물
이용에 따른 일정한 수익만 취하는 것이 위와 같은 불편을 제거하는 효과적인 방법이 된다.

2. 이용자의 측면

저작물의 이용자 측에서도 여러 저작물에 대한 이용허락을 받을 필요가 있을 때 각 저작물의
저작권자가 누구인지를 일일이 확인하고 찾아서 교섭을 해야 한다면 큰 불편이 따를 것이다. 특
히 그 이용자가 예를 들어 온라인 음악콘텐츠 사업을 하는 경우와 같이 수많은 콘텐츠에 대한 권
리를 단기간 내에 확보하고자 하는 경우를 가정해 보면 "집중관리"는 없고 "개별관리"만 있는 상
황이 얼마나 불편한 것인지를 능히 짐작할 수 있을 것이다. 그런 점에서 많은 권리자들의 권리를
위탁받아 관리하는 집중관리단체의 존재는 이용자의 편의(즉 개개의 저작물에 대한 권리자의 파악과 개
별교섭을 위해 들이는 시간과 노력의 절감)를 위하여도 필요한 것이다.

3. 저작물의 국제적 교류의 증진

저작물의 국제적 교류에 있어서도 각국의 저작권관리단체가 상호관리계약에 의하여 관리함
으로써 권리자들의 권리 관리와 저작물이 이용이 편리하다는 이점이 있다.[1] 예를 들어 어떤 종
류의 저작물을 관리하는 단체가 나라에 하나밖에 없는 경우 외국의 이용자가 그 중 어떤 저작물
을 이용하고자 할 때에는 위 단체를 통하여 그 저작권 관리 등의 권리관계가 용이하게 파악될 수
있고, 나아가 그 관리단체의 허락만 얻으면 이용할 수 있다는 점에서 개별적인 확인과 개별교섭
에 따르는 리스크, 시간, 비용 등을 대폭 절감할 수 있다. 이것은 위 2.에서 설명한 상황이 국제
적인 차원에서도 적용된다는 것을 뜻하는 것인바, 이를 통해 저작물의 국제교류가 증진되는 효과
를 기대할 수 있다.

---

1 허희성, 신저작권법축조개설, 범우사, 1988, 343~344면.

Ⅱ. 집중관리제도에 대한 각국의 입법례

1. 미 국

(1) 일 반 론

§25-3   미국의 경우 집중관리단체[1]는 계약자유의 원칙에 따라서 권리자와 계약을 체결하고 이용자와 계약을 하는 형태로 이루어진다. 따라서 임의적 형태의 단체를 설립하고 이 단체를 통하여 저작권자의 권리를 행사하게 되는 것이 일반적이다. 이러한 경우, 단체의 설립과 운영은 국가로부터 기본적으로 자유로운 특성을 가지고 있게 된다. 따라서 미국에서는 단체에 대한 규제를 하고 있지 않은 대신에, 단체의 행위에 문제가 있는 경우 규제를 가한다는 형태의 법제도로 구성되어 있다. 미국의 저작권 집중관리단체는 원칙적으로 계약 자유의 원칙에 따라 권리자와 계약하고 이용자와 계약을 하고 있기 때문에 이들 단체들은 저작권자와의 계약의 획득을 위하여 경쟁을 하게 된다.[2]

(2) 음악저작권 관리단체에 대한 규제

§25-4   미국에서는 공연권단체 중 시장지배적 지위를 가진 ASCAP과 BMI가 사용료에 대하여 과대한 사용료를 징수하는 문제가 발생하자 1941년 법무부가 이들을 독점금지법에 따라 제소한 후에 일종의 재판상화해와 유사한 성격을 가지는 동의판결(Consent Decree)에 따라 공연권단체가 권리자들로부터 배타적 이용허락 대신 비배타적 이용허락의 형식으로만 관리 위탁을 받을 수 있고, 포괄계약 외에 프로그램별 계약 등의 옵션을 추가할 의무를 지며, 합리적인 사용료의 결정을 위한 이른바 '사용료법정'의 활용(ASCAP의 경우) 등의 규제를 받게 되었다.

    특히 ASCAP에 대한 동의판결에 따라, ASCAP의 운영은 부분적으로, 관계당사자들 간의 분쟁을 해결하는 '사용료 법정'으로 기능하는 뉴욕남부지방법원(the District Court for Southern District of New York)에 의하여 규율되게 되었다. 원래 BMI에 대하여는 상응하는 메커니즘이 없었는데, BMI가 미국 사법부에 사용료 법원을 이용할 수 있도록 동의판결의 개정을 요구하여 1966년에 BMI도 결국 그러한 지위를 얻게 되었다.[3] 그 후 1998년의 음악 라이선싱 공정성에 관한 법률(the Fairness In Music Licensing Act of 1998)에 의하여 저작권법에 "개별 이용자들을 위한 합리적 이용료의 결정"이라는 제목으로 이용자가 법원에 합리적인 이용료의 결정을 청구할 수 있는 근거조항(제513조)이 추가되게 되었다. 이 조항은 "공연권단체에 의하여 부과되는 라이선스 요율이나 사용료가 합리적일 것을 요구하는 동의판결에 기속되는 모든 공연권단체"에 적용되며, 동의판결에 다른 내용이 있더라도 적용된다. 이에 따라 현재의 상황에서 이 규정은 ASCAP과 BMI에는 적용되나 SESAC이나 기타 단체에는

---

1 미국에는 음악저작물의 공연권(performance right)을 다루는 단체로서 American Society of Composers, Authors and Publishers(ASCAP), Broadcast Music, Inc.(BMI), Society of European Stage Authors and Composer, Inc.(SESAC)가 있다. 그리고 녹음권을 취급하는 단체는 SESAC, Harry Fox Agency (FOX), The American Mechanical Rights Association(AMRA) 등이 있는데 이들 단체는 저작권의 권리행사 방법으로 집중관리제도를 취하고 있다.

2 J. M. Kernocan, Music Performing Rights Organization in the United States of America : Special Characteristics; Restraints; and Public Attitudes, 1985-11 Copyright at 394.

3 M. NIMMER, NIMMER ON COPYRIGHT II, 8~276.

적용되지 않는다.

한편, 미국 의회는 1976년 저작권법을 통해 케이블 TV, 음반, 비상업적 방송, 쥬크박스의 4가지 이용에 대한 법정허락 규정에 따른 사용료의 운영과 분배문제를 관할하는 저작권사용료심판소(Copyright Royalty Tribunal)라는 독립기구를 설립하였다가 이후 여러 번의 조직 변경을 거쳐 현재에는 저작권사용료판사(Copyright Royalty Judges)제도를 두고 있다. 그 과정을 조금 더 자세히 살펴보면, 다음과 같다.

미국 저작권청은 2004년의 개정 저작권 사용료 및 분배법(Copyright Royalty and Distribution Reform Act; 이하 CRDRA)에 의해 저작권 사용료 요율을 결정하고 징수된 저작권료의 수익금을 투명하게 배분하기 위해 새로운 기구인 저작권사용료위원회(Copyright Royalty Board)를 설립하였다. CRDRA은 2005년 5월 31일에 발효하였으며 동법의 시행으로 종전의 저작권사용료중재위원회(Copyright Arbitration Royalty Panel : CARP)는 저작권사용료위원회로 대체되었다. 저작권사용료위원회는 3인의 저작권사용료판사(Copyright Royalty Judges)로 구성되어 있는데, 저작권 사용료 판사로 임명되기 위해서는 최소한 7년 이상의 법률실무경험을 가질 것이 요구된다. 수석판사의 경우에는 재결, 중재 또는 재판경력이 최소 5년 이상 되어야 하며, 나머지 두 판사 중 한명은 저작권법에, 다른 하나는 경제학에 조예가 깊을 것을 요구하고 있다(17 U.S.C. 802(a)(1)). 그 외에 저작권사용료판사는 사용료위원회의 운영을 위해 3인의 상근 직원을 둘 수 있으며(제802조(b)), 저작권청장은 저작권사용료위원회의 절차에 필요한 행정적인 지원을 하도록 하고 있다(제201조(d)).[1]

2. 영국의 경우

(1) 일 반 론
영국은 미국과 같이 저작권의 권리행사 방법으로서의 집중관리제도를 취하고 있으며, 음악, 가사의 연주권, 방송권을 취급하는 Performing Right Society(PRS), 음악, 가사의 녹음권을 다루는 Mechanical Copyright Protection Society(MCPS), 음반제작자의 연주권, 방송권을 취급하는 Phonographic Performance Ltd.(PPL) 등이 있다. 영국에서는 저작권 집중관리단체를 저작권법상 Copyright Tribunal에 의한 규제와 같이 간접적인 방법으로 규율하고 있다. §25-5

(2) 음악저작권관리단체에 대한 규제
(가) 1956년 저작권법(Copyright Act 1956) 규정
1956년 저작권법은 사용권 허가단체와 사용자간의 분쟁의 해결을 위하여 공연권 재판소(The Performing Right Tribunal)를 설립하였다. 본 재판소가 재판권을 행사하는 경우는 다음과 같다. §25-6

① 당사자간에 위 사용허가규정에 관하여 분쟁이 있는 경우
② 관리단체가 특정 사용자에 대하여 사용허가를 거절하는 경우
③ 사용료·사용기간 및 사용조건의 불합리한 것으로 주장되는 경우

①의 경우 공연권재판소는 사용허가규정을 심사하여 그 규정이 불합리하다고 인정되는 경우에는

---

1 자세한 것은 박익환, 저작권 사용료 분쟁해결제도 개선방안 연구, 문화체육관광부, 2009, 64~84면 참조.

그 조항을 변경할 권한이 있고, ② 경우 사용자의 사용요구를 거절할 적절한 이유가 없다고 판단되면 사용허가권 부여명령을 내릴 수 있으며, ③의 경우에는 사용허가 규정에 따라 적절하다고 생각되는 사용료 또는 사용조건을 결정한다.

(나) 1988년 저작권법(Copyright, Design and Patent Act 1988) 규정

지적소유권에 관한 각종 법률을 통합하여 제정한 방대한 내용의 1988년 지적소유권법은 1956년 저작권법에 규정된 위 공연권 재판소의 권한을 대폭적으로 확대한 저작권 재판소(Copyright Tribunal)를 설립하도록 하였다. 또한, 저작권 재판소의 심판대상을 공연 및 방송권뿐만 아니라 복제행위까지 확장하였고, 영화·케이블 프로그램 등까지도 심사의 범위에 포함시켰다. 더불어 현재 시행되고 있는 규정뿐만 아니라 장래의 계획안 및 장래의 사용허가 조건도 심사대상에 포함시켰다는 점이 특징적이다.

(다) 강제사용권의 부여

영국의 강제사용권 부여제도는 녹음 저작물(sound recording), 영화, 컴퓨터 프로그램 등에 관하여 관리단체 등에서 부당하게 특정인에 대하여 저작물의 사용을 거절하는 경우 이를 관장하는 상공부 장관이 강제적으로 사용자에게 사용권을 부여하는 제도이다. 이 때 저작권 사용료에 관하여 당사자간에 합의가 성립되지 않으면 저작권 재판소(Copyright Tribunal)에서 일방적으로 사용료를 결정할 수 있다.

이와 유사한 제도로서 권리로서의 사용권 부여제도가 있다. 이는 관리단체 등 저작권 보유자 측에서 합리적인 조건에 의한 사용권 계약을 거부하거나 사용범위를 제한하는 등 계약조건이 공익을 침해하였다고 인정되는 경우, 상공부 장관이 독점 및 합병위원회의 보고서에 기초하여 계약조건을 취소하거나 수정할 수 있고 사용자에게 권리로서의 사용권을 부여할 수 있는 제도이다. 이 경우 당사자 사이에 저작권 사용료에 관한 합의가 성립되지 않으면 역시 저작권 재판소에서 이를 결정한다.

3. 독일의 경우[1]

§25-7

1933년에 '공연권에 관한 중개업무에 관한 법률'이 제정되어 공연권의 집중관리가 주무부처 장관의 허가제로 되었다. 그 후 이 법률은 1965년의 '저작권 및 저작인접권의 관리에 관한 법률'(이하 '관리단체법'이라 한다)에 이관된 후 1985년, 1995년의 개정을 거쳐 현재에 이르고 있다.

관리단체법에서는 대상범위를 한정하지 않고 모든 저작권 또는 저작인접권(보수청구권 포함)의 집중관리를 허가제로 규율하고 있다(제 1 조). 집중관리단체에는 이용자의 요구에 응하여 상당한 조건으로 허락할 의무, 즉 응낙의무가 부과되어 있다(제11조). 사용료에 대하여는 사용료규정을 정하여 관보에 공표하도록 하고 있고(제13조), 또한 이용관계단체와 포괄계약을 체결할 의무가 있는 것으로 규정되어 있다(제12조). 사용료규정 및 포괄계약에 대하여는 신고제를 취하고 있다(제20조). 또한 집중관리단체가 관여하는 저작물 등의 이용계약 또는 포괄계약의 체결, 변경에 관하여 분쟁이 있을 경우 당사자는 중재소에 중재를 구할 수 있다(제14조).

그 외에 관리의 인수의무(제 6 조), 이용자에 대한 관리저작권의 보고의무(제10조) 등이 과해지고 있다. 또한 저작물의 대여보수, 사적녹음녹화보상금, 복사복제보상금 등에 관한 보수청구권에 대하여는

---

1 이하 日本 文化廳, 著作權審議會權利の集中管理小委員會專門部會中間まとめの槪要(1999년 7월), 第 4 章 참조.

집중관리단체만 이를 행사할 수 있도록 규정하고 있다(저작권법 제27조, 제54조).

저작권집중관리단체로는 음악분야에서 1903년에 창설된 GEMA가 공연권 및 녹음권의 관리를 독점적으로 수행하고 있다. 어문저작물에 대하여는 VGWORT가 업무를 수행하고 있고, 복사복제에 대한 권리도 관리하고 있다. 미술에 대하여는 VG BILD-KUNST가 업무를 행하고 있고 추급권의 관리도 맡고 있다.

4. 프랑스의 경우

종래 집중관리단체에 대한 규제가 없었는데 1985년 제정의 '저작권 및 실연자, 음반·비디오그램 제작자 및 시청자 전달기업의 권리에 관한 법률'에 의하여 규제가 실시되기 시작하였고 이 제도는 1992년 제정의 지적소유권법에 이관되어 현재에 이르고 있다. 집중관리단체는 민법상 법인으로서 법원에 의하여 허가되지만 문화부장관은 당해 단체의 정관 및 일반규칙의 초안에 대하여 중대한 문제가 있는 경우 대법원에 그에 대한 의견을 진술할 수 있다(제321의1조, 제321의3조). 단체는 권리자단체에 한정된다(제321의1조). 사용료에 대하여는 인가제, 재정제(裁定制) 등은 채용하고 있지 않으나, 음반의 2차사용료에 대하여는 재정제도가 있다(제214의4조). 그 외에 관리작품의 목록제공의무 등이 부과되어 있다(제321의7조). §25-8

한편 음반의 2차사용료 및 사적녹음녹화보상금에 대한 보수청구권에 대하여는 의무적으로 집중관리단체에 의하여 행사하도록 규정하고 있고(제214조의5조, 제311조의6조), 복사복제권(허락권)도 마찬가지이다(제122의10조).

집중관리단체의 예로는 음악분야에서 공연권의 SACEM과 녹음권의 SDRM이 업무를 행하고 있다. SACEM은 1851년에 창설된 음악 분야의 세계에서 가장 오래된 집중관리단체이다. SDRM은 1935년에 SACEM이 설립한 단체인데 1974년부터는 경영의 합리화를 위해 관리부문과 직원을 SACEM에 통합하여 사실상은 단일한 단체로서 업무를 행하고 있다. 연극의 분야에서는 1777년에 창설된 SACD가 대다수의 극작가 및 극작곡가의 권리를 관리하고 있지만 그 외에 DRAMA라고 하는 단체도 있다. 문예작품에 대하여는 1837년에 창설된 SGDL이 업무를 행하고 있고, 미술에서는 ADAGP가 집중관리를 행하고 있다. 과거에는 SPADEM이라고 하는 단체가 있었는데 1996년에 업무를 폐지했다. 그 외에 피카소와 마티스는 각각 특별한 단체가 관리하고 있다.

5. 일본의 경우[1]

일본에서는 2001년 10월 1일부터 시행된 저작권 등 관리사업법에서 저작물 이용자와 저작권관리단체의 관계를 합리적으로 정립할 수 있는 여러 가지 규정을 마련하고 있다. 이 법이 제정되기 이전의 상황부터 아래에서 자세히 소개한다. §25-9

(1) 저작권 등 관리사업법 제정 이전의 상황[2]
(가) 이른바 '프라게 선풍'
일본의 저작권관리단체에 의한 저작권관리사업은 중개업무법에 의하여 인정되어 왔다. 이 중개업 §25-10

---

1 淸野正哉, 解說 著作權等管理事業法, 中央經濟社(2001)를 주로 참조함.
2 淸野正哉, 상게서, 35면 이하 참조.

무법은 1939년 법률 제67호로서 제정된 것으로서 법률의 명칭은 '저작권에 관한 중개업무에 관한 법률'로 되어 있다.

그리고 당시 이 중개업무법의 국회 제출이유에는 일본에 있어서 외국의 저작물 이용의 법적 정비를 도모하기 위한 것 등으로 기재되어 있었지만 실제의 이유는 어떤 한 사람의 외국인의 권리행사를 막기 위한 것이었다.

이 외국인의 이름이 독일인 빌헬름 프라게 씨이고 당시(1931년경) 그는 유럽의 저작권관리단체의 대리인으로서 댄스홀, 다방 등에서의 외국작품의 연주에 대한 고액의 사용료를 징수하는 등 엄격하게 저작권을 행사하였다. 그 결과 이에 수반한 재판사건도 수없이 제기되고 경우에 따라 외국의 음악작품을 사용할 수 없게 되는 등의 상황이 발생하면서 커다란 사회문제로까지 발전하였다. 프라게 씨의 행동은 저작권이라고 하는 권리 그 자체를 충분히 이해하지 못하고 있었던 당시의 일본 국민에게 큰 충격을 안겨 주었다. 이러한 프라게 씨가 원인이 된 사회적 혼란을 이른바 '프라게 선풍'이라고 칭하며 이것이 중개업무법의 제정을 얘기할 때 빼놓을 수 없는 배경이 되었다.

그 후 중개업무법은 시행되었지만 프라게 씨에 의한 저작권관리업무는 허가되지 않았고, 결국 그는 일본에서의 저작권관리업무로부터 배제되게 되어 일본을 떠나게 되었다.

여기에 일본의 독자적인 저작권관리 체제가 확립되게 된 계기가 있다.

(나) 전후 점령하의 저작권관리

제 2 차 세계대전 후 일본은 연합국최고사령부(GHQ)의 관리체제에 편입되었으며 중개업무법도 예외는 아니었다.

저작권의 중개업무는 모두 GHQ의 허가가 필요하게 되어, 휠스터 사무소(미국) 등의 4개 단체가 그 허가를 받아 저작권의 중개업무를 행하고 있었을 뿐이었다.

그 후 일본이 주권을 회복한 후부터는 이들 4개 단체는 중개업무법상의 허가를 받음이 없이 정부의 묵인 하에 사실상 저작권의 중개업무를 행하여 왔다(다만 휠스터 사무소는 1974년 중개업무법상의 허가를 받았지만 같은 해 당해 업무를 폐지하였다).

(다) 중개업무법

중개업무법은 저작권 등 관리사업법의 시행(2001. 10. 1.)에 따라 폐지되었다.

중개업무법의 개요는 다음과 같다.

이 법은 ① 저작물의 이용계약에 대해 저작권자를 위해 대리 또는 매개를 업으로 하는 경우 또는 ② 저작권의 이전을 받아 타인을 위해 저작물을 관리하는 행위를 업으로 하는(신탁행위) 경우 각각을 '저작권에 관한 중개업무'로 규정하고 이러한 '저작권에 관한 중개업무'를 행함에 있어서는 문화청장관의 허가를 받을 필요가 있는 것으로 하고 있었다.

이 '저작권에 관한 중개업무'의 대상이 되는 저작물에 대하여는 하위법령인 칙령에 의해 '소설', '각본', '악곡을 수반하는 경우의 가사' 및 '악곡'의 4개 분야로 한정하여 인정하고 이들 분야에서의 저작물의 사용료에 대하여는 문화청장관의 인가를 받은 사용료규정에 기하여서만 그 징수가 인정되고 있었다.

이 법 및 관련 칙령의 최초 시행 당시는 음악의 분야에 관하여만 '저작권에 관한 중개업무'가 인정되었다.

그러나 그 후 4개 분야 모두에 있어서 '저작권에 관한 중개업무'가 인정되게 되고 '일분야 일단체'라고 하는 행정지도에 의한 규제가 행하여졌다.

한편 이 4개 분야에 있어서 인정되는 저작권관리단체는 다음과 같다.

○음악의 분야 : 사단법인 일본음악저작권협회(JASRAC)
○소설의 분야 : 사단법인 일본문예저작권 보호동맹
○방송용 각본의 분야 : 협동조합 일본각본가연맹
○극장용 각본의 분야 : 협동조합 일본시나리오작가협회

(2) 저작권 등 관리사업법의 제정배경[1]

일본에서 새로 제정한 저작권 등 관리사업법의 내용은 1분야 1단체의 집중관리제도를 버리고 규제완화 및 경쟁환경 조성을 지향하는 것을 골자로 하고 있는데, 그 배경이 되는 것은 '디지털화'와 '네트워크화'이다. §25-11

디지털화가 진전되면서 당해 저작물 등은 용이하게 복제되게 되고 원본과 같은 품질의 복제물이 작성되게 되었다. 나아가 누구든지 자신이 가지고 있는 기기에 의하여 이 복제물을 용이하게 가공 기타의 처리를 할 수 있게 되었다.

그리고 네트워크화의 진전에 의하여 위의 복제물 또는 가공 등이 된 복제물을 간단히 컴퓨터 네트워크를 통하여 전세계에 전송할 수 있게 되고 이를 계기로 어떤 저작물을 대상으로 쌍방향의 송신, 수신 또는 타인에게의 전달, 유통 등이 행해지게 된다.

이러한 '디지털화', '네트워크화'의 진전은 효과적인 권리처리시스템의 필요성을 제기하였고, 그것은 기존의 집중관리제도에 대한 재검토로 이어졌다. 즉, 디지털화·네트워크화의 진전에 수반하여 이후 사회 각 분야에 있어서 다양화하는 저작물 등의 이용에 대응하여 어떠한 권리처리시스템을 구축해 나가야 할 것인지가 중요한 과제로 떠오르게 됨에 따라 그러한 권리처리시스템의 구축에 있어서 중요한 역할을 담당하는 저작권 등 관리단체의 존재방식에 대하여, 기존 중개업무법의 문제점을 극복하고 권리자의 보호와 공정한 이용의 확보라고 하는 양 측면을 골고루 배려하면서 어떠한 제도가 적절할 것인지를 검토할 필요가 제기된 것이다.

특히 전자정보처리기술의 발달, 저작권의 집중관리단체를 중심으로 한 저작물 이용의 네트워크 기술·관리의 발전은 저작권의 이용실태의 파악을 용이하게 함과 동시에 반드시 그 분야에 대한 단일단체의 독점을 요하지 않고 새로운 단체의 진입 가능성을 가져오게 되었다.

이러한 저작물을 둘러싼 환경의 급격한 변화, 권리정보의 집중제공을 가능하게 하는 시스템의 확립이 지금까지의 독점적인 단체에 의한 저작권의 집중관리로부터 저작권처리의 분산화, 다양한 권리처리방식의 도입이라는 방향으로 변화하게 하는 원동력이 된 것으로 지적되고 있다.

이에 따라 결과적으로 다음과 같은 방향의 입법이 추진되게 되었다.

① 저작권관리사업에의 진입규제를 완화하여 다양한 저작권관리서비스가 제공되는 환경을 창출한다.

---

1 清野正哉, 전게서, 10면 이하 참조.

② 저작권관리사업자가 스스로의 우월적 지위를 남용하는 것을 방지하기 위한 룰을 정비한다.

(3) 저작권 등 관리사업법의 주요 내용[1]

(가) 저작권 등 관리사업의 등록제

§25-12　　이 법은 저작권 등 관리사업에 대하여 중개업무법상의 허가제를 폐지하고 등록제를 시행하는 것으로 규정하고 있다.

여기서 저작권 등 관리사업이라고 함은 관리위탁계약에 터잡아서 수행하게 되는데 관리위탁계약은 1) 위탁자가 수탁자에게 저작권 또는 저작인접권을 이전하고 저작물 등의 이용의 허락 기타 당해 저작물 등의 관리를 행하게 하는 것을 목적으로 하는 신탁계약 또는 2) 위탁자가 수탁자에게 저작물 등의 이용 허락의 중개 또는 대리를 하게 하고 아울러 당해 중개 또는 대리에 수반하는 저작권 등의 관리를 행하게 하는 것을 목적으로 하는 위임계약을 말한다(제 2 조). 이 중 1)은 우리나라의 저작권신탁관리에 해당하고 2)는 저작권대리중개에 해당한다.

등록제의 내용은 다음과 같다.

저작권 등 관리사업을 행하고자 하는 자는 문화청장관의 등록을 받아야 한다(제 3 조). 중개업무법에 있어서는 저작권의 중개업무를 행함에는 문화청장관의 허가가 필요한 것으로 규정되었다. 허가제로부터 본법의 등록제로의 변경은 저작권 등 관리사업에의 진입을 용이하게 한 것이라고 할 수 있다.

그러나 저작권 등 관리사업은 저작물 등의 권리자로부터 그 권리의 위탁을 받음으로써 성립하는 제도이므로 위탁받은 권리를 신의성실의 자세로 처리할 필요가 있다. 한편으로는 타인의 저작물 등의 재산을 관리하는 자가 그 관리행위를 계속해 나감에는 그 경제적 기반이 확보될 필요가 있는 것도 사실이다.

본법은 저작권 등의 관리사업에 대하여 등록제를 도입하고 있지만 동시에 저작물 등의 권리자의 보호를 도모하기 위해 등록거부의 요건에 대하여도 규정하고 있다(제 6 조).[2] 문화청장관의 등록을 거

---

1 清野正哉, 전게서, 45면 이하 참조. 한글번역 전문을 보고자 할 경우는 이호흥 역, "일본 저작권 등 관리사업법 및 시행규칙," 계간 저작권 2001 가을호, 49면 이하 참조.
2 등록을 거부할 사유로는 다음의 각 사유에 해당하는 때 또는 등록신청서나 그 첨부서류 중에 허위의 기재가 있거나 중요한 사실의 기재가 누락되었을 때 등이 규정되어 있다(제 6 조).
　1. 법인(권리능력 없는 사단 포함)이 아닌 자
　2. 다른 저작권 등 관리사업자가 현재 이용하고 있는 명칭과 동일한 명칭 또는 다른 저작권 등 관리사업자로 오인받을 우려가 있는 명칭을 이용하려고 하는 법인
　3. 법 제21조 제 1 항 또는 제 2 항의 규정에 의하여 등록이 취소되고 그 취소일로부터 5년이 경과되지 아니한 법인
　4. 이 법률 또는 저작권법의 규정을 위반하여 벌금형을 받고 그 형 집행의 종료일 또는 그 형의 집행 면제일로부터 5년이 경과하지 아니한 법인
　5. 임원 가운데 다음 각목의 어느 것에 해당하는 자가 있는 법인
　　가. 성년피후견인 또는 피보좌인(우리나라의 한정치산자에 해당)
　　나. 파산자로서 복권되지 아니한 자
　　다. 저작권 등 관리사업자가 제21조 제 1 항 또는 제 2 항의 규정에 의하여 등록이 취소된 경우 취소일 전 30일 이내에 그 저작권 등 관리사업자의 임원이었던 자로서 그 취소일로부터 5년이 경과되지 아니한 자
　　라. 금고 이상의 형을 받고 그 형의 집행종료일 또는 그 형의 집행면제일로부터 5년이 경과되지 아니한 자
　　마. 이 법률, 저작권법, 프로그램저작물에 관계되는 등록의 특례에 관한 법률의 규정 또는 폭력단원에 의한 부당한 행위방지 등에 관한 법률의 규정에 위반하거나 형법 제204조, 제206조, 제208조, 제208조의2, 제222조 및 제247조의 죄 또는 폭력행위 등 처벌에 관한 법률의 죄를 범하여 벌금형을 받고 그 형의 집행종료일 또는 그 형의 집행면

치지 않고 행하는 저작권 등의 관리사업행위는 법률적으로 무효가 되는 것으로 해석되지는 아니한다. 다만 그 위반에 대하여는 벌칙(100만엔 이하의 벌금)이 적용되게 된다(제29조).

(나) 관리위탁계약약관 및 사용료규정의 신고제

저작권 등 관리사업자는 관리위탁계약약관을 미리 문화청장관에게 신고하여야 한다(제11조). 약관 §25-13 에 기재하여야 할 사항은 ① 관리위탁계약의 종별(신탁계약이 아니라 위임계약일 경우는 중개/대리의 구별 포함), ② 계약기간, ③ 위탁받은 저작물 등의 사용료 분배 방법, ④ 저작권 등 관리사업자의 보수, ⑤ 그 밖에 문부과학성령에서 정하는 사항 등이다.

저작권 등 관리사업자는 신고한 관리위탁약관에 기하지 않고는 저작권 또는 저작인접권자와 위탁계약을 체결할 수 없다(제11조 제 3 항).

약관의 신고의무를 규정한 취지는 위탁자의 권익을 침해하는 부당한 조항에 의한 계약을 방지함으로써 저작물 등에 대한 권리자를 보호하고자 하는 데 있다.

또한 저작권 등 관리사업자는 다음의 각 사항을 기재한 사용료 규정을 정하여 사전에 문화청장관에게 신고하여야 한다(제13조). 이것을 변경하고자 하는 때에도 같다.

① 문부과학성령에서 정하는 기준에 의하여 정하는 이용구분(저작물 등의 종류 및 구별에 의한 구분을 말한다)마다의 저작물 등의 사용료 금액
② 시행일
③ 그 밖에 문부과학성령에서 정하는 사항

원래 저작권 등 관리사업자는 당해 저작물 등을 위탁받아 관리하는 입장에서 그 이용에 대하여 자의적인 사용료 설정이 가능한 입장에 있다고 할 수 있다. 당해 저작물 등에 대체성이 없는 경우는 특히 그러하다. 그러나 그렇게 되면 저작권 등 관리사업자의 이익만이 우선되어 이용자의 입장은 무시되게 된다.

이러한 관점에서 본법은 이용자의 이익을 보호하고 당해 저작물 등의 이용이 원활하게 행해지도록 하기 위해 사용료 규정의 작성과 문화청장관에의 신고를 의무화하고 있다고 풀이할 수 있다.

관련하여 법은 저작권 등 관리사업자가 사용료 규정을 정하거나 변경함에 있어서는 이용자 또는 그 단체로부터 의견을 정취하기 위해 노력할 의무를 부과하고 있고(제13조 제 2 항), 신고 후 지체 없이 그 규정의 개요를 공표할 의무도 부과하고 있다(제13조 제 3 항).

또한 법은 저작권 등 관리사업자에 대하여 신고를 한 사용료 규정에 기재된 사용료액 이상의 청구를 하여서는 아니되는 것으로 규정하고 있다(제13조 제 4 항).

한편 법 제14조는 사용료규정을 신고한 저작권 등 관리사업자는 문화청장관이 당해 신고를 접수한 날로부터 기산해서 30일을 경과하는 날까지의 기간동안은 당해 신고에 관계되는 사용료규정을 시행하여서는 아니된다고 하여 '사용료규정의 시행금지기간'을 규정하고 있고(제 1 항), 나아가 문화청장관이 신고된 사용료규정이 저작물 등의 원활한 운영을 저해할 우려가 있다고 인정되는 때에는 그 전부

─────────────

제일로부터 5년이 경과하지 아니한 자
6. 저작권 등 관리사업을 수행하기 위하여 필요하다고 인정되는 문부과학성령에서 정하는 기준에 적합한 재산적 기초를 갖추지 아니한 법인.

또는 일부에 대하여 당해 신고를 접수한 때로부터 기산해서 3월을 초과하지 않는 범위 내에서 위 시행금지기간을 연장할 수 있다고 규정하고 있다(제 2 항). 위와 같은 규정을 둔 취지는 신고일로부터 일정한 기간동안 문화청장관이 사용료규정의 내용을 변경하도록 업무개선명령(제20조)을 내릴 필요가 있을지를 검토하고, 이용자 입장에서도 본법에 의하여 새로 도입된 사용료에 대한 협의·재정제도를 활용할지 여부를 검토하는 등에 시간이 걸릴 수 있음을 감안한 것이다.

(다) 정당한 이유 없는 이용허락 거절 금지

§25-14   법 제16조에서는 저작권 등 관리사업자가 이용자로부터 저작물 등의 이용의 신청을 받은 경우 정당한 이유 없이 이용허락을 거절할 수 없도록 규정하고 있다. 저작권 등 관리사업자가 이용허락을 거절할 수 있는 정당한 이유에는 ① 위탁자의 명시적인 의사에 반하는 경우, ② 명시적이지는 아니하나 위탁자의 합리적인 의사에 반하는 경우, ③ 관리사업자에게 책임을 물을 수 없는 천재나 이에 준하는 외부장애에 의하여 이용허락을 할 수 없는 경우 등을 예로 들 수 있다.

이 중에서 위탁자의 명시적인 의사에 반하는 경우를 구체적으로 살펴보면 다음과 같은 예를 상정할 수 있다. 어떤 작곡가가 자신의 음악이 성적 묘사가 지나친 장면에 사용되는 것을 명시적으로 반대하는 의사표시를 하면서 음악저작물의 관리를 위탁한 경우에, 그 음악을 사용하고자 하는 자가 성적 묘사가 과다한 장면의 배경음악에 그 음악을 사용하고자 하는 것을 관리사업자가 알게 되었다면 이 관리사업자는 제16조를 근거로 하여 그 음악의 이용허락을 거절할 수 있는 것이다.

이와 같이 일정한 경우에는 저작권관리사업자가 이용허락을 거절할 수 있는 가능성을 열어두되, 저작권관리사업자의 권리남용에 의한 이용허락 거절을 금지함으로써, 권리자와 이용자의 이해관계를 조절할 수 있는 방안을 도모하고 있다.

한편, 동법 제20조에 의하면 저작권 등 관리사업자의 업무의 운영이 위탁자 또는 이용자의 이익을 해치는 사실이 있다고 인정할 때에 문화청장관은 위탁자 또는 이용자의 보호를 위하여 필요한 한도 내에서 해당 저작권 등 관리사업자에게 업무의 운영개선에 필요한 조치를 취하도록 명할 수 있다. 나아가, 이러한 명령에 위반하는 자는 30만엔 이하의 벌금에 처해질 수 있다(제31조 제 3 호). 따라서 문화청장관은 정당한 이유 없이 저작물의 이용허락을 거절하는 저작권 등 관리사업자에게 업무개선명령을 내릴 수 있고, 이 명령에도 불구하고 정당한 이유 없이 이용거절을 하는 자는 벌금형을 받게 된다.

(라) 사용료규정에 관한 협의 및 재정

§25-15   이용자대표는 문화청장관에게 사용료규정에 대한 협의를 요구할 수 있고, 이러한 요구가 있는 경우에 저작권 등 관리사업자는 반드시 이 협의에 응하여야 한다(제23조 제 1 항). 이용자대표의 요구에 의한 문화청장관의 협의개시 및 재개명령에도 불구하고 협의가 성립하지 않을 경우 당사자는 사용료규정에 관하여 문화청장관에게 재정(裁定)을 신청할 수 있으며(제24조 제 1 항), 이 재정으로 사용료가 변경될 수 있다(제24조 제 6 항).

일본에서는 위와 같이 독일 등의 입법례를 본받아 저작권 이용자와 이를 관리하는 사업자 사이에 사용료에 관한 협의가 이루어지지 않을 경우 문화청장관이 강제적으로 합리적인 사용료를 결정할 수 있도록 함으로써, 저작권 등 관리사업자가 우월한 지위를 남용하여 과다한 사용료를 부과할 수 없도록 제도적으로 뒷받침하는 방안을 마련하였다.

제2절	저작권위탁관리업의 종류와 성격

위에서 말한 집중관리의 주체는 저작권위탁관리업자이다. 우리 저작권법상 저작권위탁관리   §25-16
업은 다시 저작권신탁관리업과 저작권대리중개업으로 나누어진다.

저작권신탁관리업은 저작재산권자, 배타적 발행권자, 출판권자, 저작인접권자 또는 데이터베   §25-17
이스제작자의 권리를 가진 자를 위하여 그 권리를 신탁받아 이를 지속적으로 관리하는 업을 말하
며, 저작물 등의 이용과 관련하여 포괄적으로 대리하는 경우를 포함한다(저작권법 제 2 조 제26호).[1]
저작권대리중개업은 저작재산권자, 배타적 발행권자, 출판권자, 저작인접권자 또는 데이터베이스
제작자의 권리를 가진 자를 위하여 그 권리의 이용에 관한 대리 또는 중개행위를 하는 업을 말한
다(저작권법 제 2 조 제27호).

먼저 저작재산권 등의 '신탁'의 법적 성질은 신탁법상의 신탁에 해당하므로(대법원 판례의 입장   §25-18
이다. §25-20-1 참조), 권리자가 자신의 권리를 신탁단체에 신탁하면 그 권리는 법률상 신탁단체에
게 완전히 이전한다. 따라서 수탁자인 저작권위탁관리업자는 대외적으로 권리자로 인정되며 자신
의 명의로 권리 침해자를 상대로 한 소송을 제기할 수도 있다. 오히려 신탁한 권리의 범위 내에
서는 신탁자인 원저작권자는 침해자 등을 상대로 저작재산권을 행사할 수 없게 된다. 신탁단체에
저작재산권자 신고를 허위로 하여 사용료를 분배받은 사람에게도 원저작권자는 직접 부당이득반
환청구를 할 수 없고, 신탁단체만 그러한 청구를 할 권리를 가진다는 것이 판례의 입장이다.[2] 그
러나 권리의 이전으로서의 성격을 가지므로 일신전속권으로서의 성질을 가지는 저작인격권은 신
탁관리의 대상이 되지 아니한다(§25-19 참조). 저작권신탁관리계약으로 2차적저작물작성권도 이전
되는지 여부도 문제가 되는데, 2차적저작물작성권은 저작자의 인격적 이익과도 관련되어 일반적
으로 신탁의 대상이 되기에는 적합하지 아니하다. 저작권법 제45조 본문에서 "저작재산권의 전부
를 양도하는 경우에 특약이 없는 때에는 제22조에 따른 2차적저작물을 작성하여 이용할 권리는
포함되지 아니한 것으로 추정한다"고 규정하고 있으므로 특별히 신탁관리계약에서 2차적저작물
작성권을 신탁범위에 명시적으로 포함하지 아니한 이상 신탁범위에서 제외된 것으로 볼 것인바,
예컨대 한국음악저작권협회의 신탁계약약관(제 6 조) 등에 2차적저작물작성권을 신탁범위에 명시
한 바는 없으므로, 결국 2차적저작물작성권은 신탁범위에서 제외되어 원저작권자에게 남아 있는

---

1 개정 전 법에서는 저작물 등의 이용과 관련한 포괄적 대리를 저작권대리중개업의 업무에서 제외하는 규정만 두고 저
　작권신탁관리업에 포함하는 규정은 없어 그것이 신탁관리업의 대상인 것으로 볼 것인지가 약간 애매하게 되어 있었
　는데, 2006년 개정법에서 이와 같이 신탁관리업의 대상업무로 명시하였다.
2 서울중앙지방법원 2013. 7. 5. 선고 2012나24964 판결.

것으로 볼 수 있다.

저작권신탁은 목적의 관점에서 보면 '관리목적신탁'에 해당한다. 수탁자가 위탁자로부터 저작재산권을 신탁받는 것은 그의 관리(사용료징수, 분배, 침해행위 감시, 침해 시 권리구제 등)를 목적으로 하는 것이고 제 3 자에게 당해 신탁재산을 처분할 수는 없다.1 위와 같은 관리업무와 관련하여 수탁자인 신탁단체는 신탁법 32조에 의하여 선량한 관리자의 주의로 신탁사무를 처리할 의무를 지는바, 특히 신탁자인 원저작권자의 저작권의 침해를 감시하고 방지할 의무를 준수하지 않음으로써 같은 법상의 선관의무를 위반한 것으로 인정될 경우에 신탁자인 원저작권자는 수탁자인 신탁단체와의 신탁계약을 해지할 수 있다.2 만약 그러한 해지권을 정당한 이유 없이 배제하거나 제한하는 규정이 신탁계약에 포함되어 있다면, 그것은 약관의 규제에 관한 법률 제 9 조 제 1 호(법률에 따른 고객의 해제권 또는 해제권을 배제하거나 그 행사를 제한하는 조항)에 해당하여 무효라고 보아야 한다.3 그리고 신탁법 제101조 제 1 항은 "제98조 제 1 호, 제 4 호부터 제 6 호까지, 제99조 또는 제100조에 따라 신탁이 종료된 경우 신탁재산은 수익자(잔여재산수익자를 정한 경우에는 그 잔여재산수익자를 말한다)에게 귀속한다. 다만, 신탁행위로 신탁재산의 잔여재산이 귀속될 자(이하 "귀속권리자"라 한다)를 정한 경우에는 그 귀속권리자에게 귀속한다."고 규정하고, 같은 조 제 4 항은 "신탁이 종료된 경우 신탁재산이 제 1 항부터 제 3 항까지의 규정에 따라 귀속될 자에게 이전될 때까지 그 신탁은 존속하는 것으로 본다. 이 경우 신탁재산이 귀속될 자를 수익자로 본다."고 규정하고 있다. 이러한 규정에 비추어 볼 때, "신탁행위로 달리 정하였다는 등의 특별한 사정이 없는 한, 위탁자의 해지청구 등으로 신탁이 종료하더라도 수탁자가 신탁재산의 귀속권리자인 수익자나 위탁자 등에게 저작재산권 등 신탁재산을 이전할 의무를 부담하게 될 뿐 신탁재산이 수익자나 위탁자 등에게 당연히 복귀되거나 승계되는 것은 아니고, 신탁재산을 이전할 때까지는 수탁자는 신탁사무의 종결과 최종의 계산을 목적으로 하는 귀속권리자를 위한 법정신탁의 수탁자로서 그와 같은 목적 범위 내에서 신탁재산을 계속 관리할 권한과 의무를 부담하며, 귀속권리자는 신탁수익권의 형태로서 신탁재산 등 잔여재산에 대한 권리를 보유하게 될 뿐이다. 나아가, (구)신탁법에는 신탁종료 시의 수탁자의 청산의무에 관하여 아무런 규정이 없으므로, 신탁행위로 달리 정하였거나 해당 신탁의 취지 등에 의하여 달리 볼 수 없는 한 수탁자는 청산의무를 부담하지 않는다고 할 것인바, 수탁자가 신탁재산에 관하여 체결한 쌍무계약에 관하여 아직 이행을 완료하지 아니한 때에는 그 계약을 귀속권리자에게 인수시킬 수도 있는 것이고, 신탁이 종료하였다고 하여 반드시

---

1 김병식, "저작권신탁계약의 해지 및 그에 따른 법률관계", 대법원판례해설 제94호, 법원도서관, 239면 참조.
2 '가수 서태지' 사건에 대한 대법원 2012. 7. 12. 선고 2010다1272 판결, 대법원 2012. 7. 12. 선고 2010다1272 판결(§25-20-1) 참조.
3 Id.

계약을 해지하는 등으로 이를 청산하여야 하는 것은 아니다."라고 보는 것이 대법원 판례의 입장
이다.1 그리고 위와 같은 신탁해지 후에 신탁단체가 신탁재산을 원저작권자에게 이전한 경우에
는 그 전에 신탁단체로부터 이용허락을 받은 사람은 특별한 사정이 없는 한 자신이 가진 채권적
이용권으로 원저작권자에게 더이상 대항할 수 없게 된다(§13-77, §13-83-1 참조).

한편, 신탁단체도 외국인 저작권자 등의 경우 저작재산권을 신탁받지 않고 이용허락을 할 권
한만 부여받은 경우가 있는데, 그러한 경우에는 신탁단체라고 하더라도 해당 저작물의 저작재산
권을 이전받은 경우가 아니므로, 그 저작재산권을 침해한 자에 대하여 소를 제기할 수 없다.2

판 례

❖ 서울고등법원 1996. 7. 12. 선고 95나41279 판결   §25-19

(1) 한국문예학술저작권협회가 영위하는 신탁관리업은 저작권법 제78조에 근거하는 것으로서 그
법적 성질은 신탁법상의 신탁에 해당되는바, 신탁법상의 신탁은 위탁자와 수탁자 간의 특별한 신임관
계에 기하여 위탁자가 특정의 재산권을 수탁자에게 이전하거나 기타의 처분을 하고 수탁자로 하여금
수익자의 이익을 위하여 또는 특정의 목적을 위하여 그 재산권을 관리·처분하게 하는 법률관계를 말
하므로, 신탁자와 수탁자 간에 어떤 권리에 관하여 신탁계약이 체결되면 그 권리는 법률상 위탁자로부
터 수탁자에게 완전히 이전하여 수탁자가 권리자가 되고 그 권리에 대하여 소제기의 권한을 포함한 모
든 관리처분권이 수탁자에게 속하게 된다.3

(2) 저작권법 제14조 제 1 항은 "저작인격권은 저작자 일신에 전속한다"라고 규정하고 있어 저작
인격권은 저작재산권과는 달리 양도할 수 없을 뿐 아니라, 신탁법상으로도 특정의 재산권만이 신탁의
대상이 되도록 되어 있어 재산권이 아닌 권리는 신탁법상 신탁의 대상이 될 수 없는 점 등에 비추어
볼 때, 저작권 중 저작인격권은 성질상 저작권신탁계약에 의하여 수탁자에게 이전될 수 없으므로, 저작
권법 제78조에 의하여 신탁관리될 수 있는 권리는 저작재산권에 한하고 저작인격권은 신탁관리될 수
없다.

---

1 Id. 이것은 신탁종료 시의 법리와 관련하여 '채권적 귀속설' 중 '원신탁존속 인정설'의 입장에 기한 것이라 할 수 있다.
   자세한 것은 김병식, 앞의 논문, 245~261면 참조.
2 대법원 2012. 5. 10. 선고 2010다87474 판결이 외국계 커피 전문점의 국내 지사인 甲 주식회사가, 본사와 음악 서비
   스 계약을 체결하고 배경음악 서비스를 제공하고 있는 乙 외국회사로부터 음악저작물을 포함한 배경음악이 담긴 CD
   를 구매하여 국내 각지에 있는 커피숍 매장에서 배경음악으로 공연한 사안에서, 한국음악저작권협회가 위 음악저작물
   일부에 관하여는 공연권 등의 저작재산권자로부터 국내에서 공연을 허락할 권리를 부여받았을 뿐 공연권까지 신탁받
   지는 않았고, 권리주체가 아닌 협회에 위 음악저작물 일부에 대한 소송에 관하여 임의적 소송신탁을 받아 자기의 이
   름으로 소송을 수행할 합리적 필요가 있다고 볼 만한 특별한 사정이 없으므로, 협회는 위 음악저작물 일부에 대한 침
   해금지청구의 소를 제기할 당사자적격이 없다고 한 사례이다.
3 서울고등법원 2001. 8. 29. 선고 2000나53085 판결도 동일한 취지로 판시하였다.

§25-20   ❖서울지방법원 1999. 7. 23. 선고 98가합83680 판결[1]

〈사실관계〉

작사·작곡가인 원고는 1991. 4.경 소외 음반제작자에게 '너를 향한 마음', '회상이 지나간 오후' 2 곡을 LP 음반과 테이프로 녹음하는 데에 이용하도록 허락하였고, 이에 따라 1991. 7. 15.경 위 노래들이 수록된 피고 이승환의 2집 앨범을 서라벌레코드사에서 제작, 발매하였다.

그런데 그 후 원고의 허락 없이 피고 이승환이 음반제작자가 되어 위 노래들이 수록된 자신의 2집 앨범(CD음반 포함)을 제작하고, 피고 주식회사 서울음반이 이를 복제, 판매하였다. 또, 피고들은 1997. 11, 초순경 피고 이승환의 'HIS BALLAD' 음반을 제작하면서 원고의 허락 없이 위 노래들을 편곡하여 수록하였다.

〈당사자의 주장〉

원고는 피고들이 자신이 지은 노래들에 대한 저작재산권 및 저작인격권을 침해하였다고 주장하면서 손해배상을 청구하였고, 이에 대하여 피고들은 "원고가 이 사건 노래들에 대한 저작재산권을 소외 한국음악저작권협회에 신탁하였으므로 소외 협회가 위 저작재산권을 행사할 수 있을 뿐 원고는 이를 행사할 수 없다"고 주장하였다. 그러자 원고는 "소외 협회는 적법한 저작물 사용에 대한 이용료 징수권만을 신탁받았으므로 원고는 위 협회와 별도로 저작재산권에 대한 불법적 침해에 대하여 손해배상청구권 등을 행사할 수 있다"고 다투었다.

〈법원의 판단〉

원고는 1991. 7. 30. 소외 협회에 가입하면서 저작권신탁계약을 체결하였고, 위 노래들의 저작재산권도 위 협회에 신탁되어 있음을 인정할 수 있고 달리 반증이 없는 바, 이 저작권신탁계약의 법적 성질은 신탁법상의 신탁에 해당된다고 할 것이므로 원고와 위 협회와의 신탁계약에 따라 위 노래들의 저작재산권은 법률상 신탁자인 원고로부터 수탁자인 위 협회에 완전히 이전하여 수탁자인 위 협회가 권리자가 되고, 권리에 대한 소 제기의 권한을 포함한 모든 관리처분권이 수탁자인 위 협회에 속하게 되므로, 원고가 여전히 위 노래들에 대한 저작재산권을 보유하고 있음을 전제로 한 이 사건 청구 중 저작재산권에 기한 손해배상 청구부분은 더 나아가 살필 필요 없이 이유 없다(원고는 이에 대하여, 피고 이승환도 소외 협회와 저작권신탁계약을 체결하였으므로 민법 제124조의 쌍방대리금지의 규정에 따라 위 협회는 원고의 저작재산권을 행사하여 피고 이승환을 상대로 소를 제기하는 행위 등을 할 수 없다고 주장하나, 위 협회는 원고 또는 피고 이승환을 대리하여 저작재산권을 행사하는 것이 아니라 이를 신탁받아 관리하는 것이므로 위 쌍방대리 금지 규정이 적용되지 아니하므로 위 주장은 이유 없다).[2]

§25-20-1   ❖대법원 2012. 7. 12. 선고 2010다1272 판결 — "가수 서태지" 사건

[1] 갑이 자신의 음악저작물에 관한 저작재산권을 신탁받은 을 협회에 병 등이 갑 동의 없이 갑의 음악저작물 중 일부를 변경하여 노래를 만들고 이를 수록한 음반과 뮤직비디오 등을 제작발표한 것에

---

1 저작권심의조정위원회, 저작권소식 제65호 6~7면.
2 저작인격권 침해로 인한 청구 부분에 대하여는 "피고들이 위 노래들을 동일성을 해할 정도로 변형시켰다고 인정하기에 부족하고 달리 원고의 저작인격권 침해를 인정할 증거가 없다"고 판단하여 원고의 청구를 모두 기각하였다.

대하여 음악저작물 사용허락을 하지 말고 방송금지 등 법적 조치를 취할 것을 요청하였는데도, 을 협회가 법적 조치를 게을리한 채 오히려 음악저작물 사용을 허락하자 신탁계약 해지청구를 한 사안에서, 을 협회의 행위는 저작권의 신탁관리에 따른 제반 의무를 다하지 못한 경우에 해당하거나 갑과 을 협회 사이의 신뢰관계가 깨어져 더 이상 계약관계를 유지할 수 없는 경우에 해당하여 신탁계약의 해지사유가 발생하였다고 본 원심판단을 정당하다고 한 사례.

[2] 구 약관의 규제에 관한 법률(2010. 3. 22. 법률 제10169호로 개정되기 전의 것) 제 6 조 제 1 항은 "신의성실의 원칙에 반하여 공정을 잃은 약관조항은 무효이다."라고 규정하고, 제 9 조는 "계약의 해제해지에 관하여 정하고 있는 약관의 내용 중 다음 각 호의 1에 해당되는 내용을 정하고 있는 조항은 이를 무효로 한다."고 하면서 제 1 호에 '법률의 규정에 의한 고객의 해제권 또는 해지권을 배제하거나 그 행사를 제한하는 조항'을 규정하고 있다. 그리고 구 신탁법(2011. 7. 25. 법률 제10924호로 전부 개정되기 전의 것) 제56조는 "위탁자가 신탁이익의 전부를 향수하는 신탁은 위탁자 또는 그 상속인이 언제든지 해지할 수 있다."라고 규정하고 있다. 따라서 위탁자가 신탁이익 전부를 향수하는 신탁에서 위탁자에게 인정되는 해지권을 상당한 이유 없이 배제하는 약관 조항은 공평의 관점에서 보아 고객에게 부당하게 불리하고 신의성실의 원칙에 반하여 공정을 잃은 것으로서 무효라고 보아야 한다.

[3] 가수 겸 작곡가인 갑과 저작권신탁관리업체인 을 협회가 갑의 음악저작물에 관한 저작권신탁관리계약을 약관에 의하여 체결하면서 '위탁자는 수탁자의 동의 없이 신탁계약을 해제할 수 없다'는 조항을 둔 사안에서, 이는 위탁자가 신탁이익 전부를 향수하는 이른바 '자익신탁'에서 위탁자가 보유하는 해지의 자유를 상당한 이유 없이 제한하고 일방적으로 을 협회에만 유리한 약관 조항으로서, 구 약관의 규제에 관한 법률(2010. 3. 22. 법률 제10169호로 개정되기 전의 것) 제 6 조 제 1 항에서 정한 '신의성실의 원칙에 반하여 공정을 잃은 약관 조항'에 해당하여 무효라고 한 사례.

[4] 저작권신탁관리업은 저작권법에 근거하는 것으로서 법적 성질은 신탁법상 신탁에 해당하는데, 구 신탁법(2011. 7. 25. 법률 제10924호로 전부 개정되기 전의 것, 이하 '구 신탁법'이라 한다) 제59조는 "제56조 또는 제57조의 규정에 의하여 신탁이 해지된 때에는 신탁재산은 수익자에게 귀속한다."고 규정하고, 제61조는 "신탁이 종료된 경우에 신탁재산이 그 귀속권리자에게 이전할 때까지는 신탁은 존속하는 것으로 간주한다. 이 경우에는 귀속권리자를 수익자로 간주한다."고 규정하고, 제63조는 "신탁이 종료한 경우에는 수탁자는 신탁사무의 최종의 계산을 하여 수익자의 승인을 얻어야 한다. 이 경우에는 제50조 제 2 항의 규정을 준용한다."고 규정하고 있으므로, 신탁행위로 달리 정하였다는 등 특별한 사정이 없는 한, 위탁자의 해지청구 등으로 신탁이 종료하더라도 수탁자가 신탁재산의 귀속권리자인 수익자나 위탁자 등에게 저작재산권 등 신탁재산을 이전할 의무를 부담하게 될 뿐 신탁재산이 수익자나 위탁자 등에게 당연히 복귀되거나 승계되는 것은 아니고, 신탁재산을 이전할 때까지는 수탁자는 신탁사무의 종결과 최종 계산을 목적으로 하는 귀속권리자를 위한 법정신탁의 수탁자로서 그와 같은 목적 범위 내에서 신탁재산을 계속 관리할 권한과 의무를 부담하며, 귀속권리자는 신탁수익권 형태로서 신탁재산 등 잔여재산에 대한 권리를 보유하게 될 뿐이다. 나아가 구 신탁법에는 신탁 종료 시 수탁자의 청산의무에 관하여 아무런 규정이 없으므로, 신탁행위로 달리 정하였거나 해당 신탁 취지 등에 의하여 달리 볼 수 없는 한 수탁자는 청산의무를 부담하지 않는데, 수탁자가 신탁재산에 관하여 체결

한 쌍무계약에 관하여 아직 이행을 완료하지 아니한 때에는 계약을 귀속권리자에게 인수시킬 수도 있는 것이고, 신탁이 종료하였다고 하여 반드시 계약을 해지하는 등으로 이를 청산하여야 하는 것은 아니다.

　　[5] 갑이, 자신의 음악저작물에 관한 저작재산권을 신탁받은 을 협회가 신탁계약 해지 후 음악저작물에 대한 관리 중단을 명하는 가처분결정이 있었는데도 을 협회와 계약을 체결한 갑의 음악저작물 이용자들에게 갑의 음악저작물이 더 이상 을 협회의 관리저작물이 아님을 통보하지 않아 이용자들로 하여금 갑 허락 없이 음악저작물을 사용하도록 방치하는 등 저작재산권을 침해하였다는 이유로 을 협회를 상대로 불법행위로 인한 손해배상을 구한 사안에서, 을 협회는 신탁 종료 시 청산의무를 부담하지 않으므로 갑의 음악저작물 이용자들에게 위와 같은 통보를 하여 갑 허락 없이 음악저작물을 사용하지 못하도록 할 주의의무를 부담하지 않을 뿐만 아니라, 을 협회가 그와 같은 통보를 하지 아니함으로써 이용자들이 갑 허락을 받지 않고 음악저작물을 이용하였다고 하더라도 저작재산권을 이전받을 때까지는 단순한 채권자에 불과한 갑에게 침해될 저작재산권도 없으므로, 갑의 저작재산권 침해를 이유로 한 불법행위가 성립할 여지가 없는데도, 이와 달리 본 원심판결에 신탁 종료 시 법률관계에 관한 법리오해의 위법이 있다고 한 사례.[1]

§25-21　저작권 행사의 중개 또는 대리는 저작권의 귀속에는 아무런 변동이 없고, 단지 특정한 저작권관리단체가 저작권의 실명등록, 양도, 이용허락계약을 대리하거나 중개하는 것을 말한다. 이러한 경우에는 저작권관리단체가 권리 침해자를 상대로 한 소송을 제기할 수는 없는 등의 한계가 있다.

제3절　위탁관리업의 허가 및 신고

Ⅰ. 허가제와 신고제

§25-22　저작권신탁관리업을 하려는 자는 문화체육관광부장관의 허가를 받아야 하며,[2] 저작권대리중개업을 하고자 하는 경우에는 허가를 요하지 아니하고 문화체육관광부장관에게 신고를 하기만 하면 된다(저작권법 제105조 제1항). 즉, 저작권위탁관리업 중에서 저작권신탁관리업에 대하여는 허

1　이 판결의 취지에 대하여 자세한 것은 김병식, 앞의 논문, 206면 이하 참조.
2　다만, 문화체육관광부장관은 공공기관의 운영에 관한 법률에 따른 공공기관을 저작권신탁관리단체로 지정할 수 있다(법 제105조 제1항 단서). 2016. 3. 22.자 개정으로 이 단서규정이 신설되었다. 이 규정에 따라 공공기관은 '허가'의 대상이 아니라 '지정'의 대상이 되었다.

가제를, 저작권대리중개업에 대하여는 신고제를 취하고 있다.

Ⅱ. 허가의 요건 등

1. 허가의 요건

저작권신탁관리업을 하고자 하는 자는 다음 각 호의 요건을 갖추어야 한다(제105조 제2항 본   §25-23
문). 다만, 공공기관의 경우에는 제1호의 요건을 적용하지 아니한다(같은 항 단서).

① 저작물 등에 관한 권리자로 구성된 단체일 것
② 영리를 목적으로 하지 아니할 것
③ 사용료의 징수 및 분배 등의 업무를 수행하기에 충분한 능력이 있을 것

위와 같은 허가의 요건은 2006년 개정법에서 새로 신설된 것이나, 공공기관의 '지정'과 관련
한 예외 규정인 위 단서규정은 2016. 3. 22.자 개정으로 신설된 것이다.

2. 허가 및 신고가 금지되는 경우

저작권법 제105조 제3항의 규정에 의하여, 다음에 해당하는 자는 허가를 받거나 신고를 할   §25-24
수 없다.

① 피성년후견인 또는 피한정후견인
② 파산 선고를 받고 복권되지 아니한 자
③ 저작권법에 위반하여 벌금 이상의 형을 선고받고 그 집행이 종료되거나 집행을 받지 아니하기로 확
　 정된 후 1년이 경과되지 아니한 자, 또는 형의 집행유예를 선고받고 그 집행유예 기간 중에 있는 자
④ 대한민국 내에 주소를 두지 아니한 자
⑤ 제1호 내지 제4호의1에 해당하는 자가 대표자 또는 임원으로 되어 있는 법인 또는 단체

저작권대리중개업의 경우에는 위와 같은 소극적 금지사유 외에 다른 적극적 요건이 규정되
어 있지 않다.

Ⅲ. 허가신청 및 신고의 절차

1. 저작권신탁관리업 허가의 경우

저작권신탁관리업의 허가를 받고자 하는 자는 ① 저작권신탁관리업 허가신청서(규칙 제19조,   §25-25

별지 제46호 서식)와 ② 다음 각목의 사항을 포함하는 저작권신탁관리업 업무규정을 작성하여 문화체육관광부장관에게 제출하여야 한다(법 제105조 제 2 항, 영 제47조 제 1 항).

1. 저작권 신탁계약 약관
2. 저작물 이용계약 약관

위 규정에 따른 저작권신탁관리 업무규정을 변경하고자 할 때에는 문화체육관광부장관의 승인을 받아야 한다(영 제47조 제 3 항). 문화체육관광부장관은 저작권신탁관리업의 허가를 하는 때에는 저작권신탁관리업 허가증을 교부하여야 한다(영 제47조 제 2 항).

2. 저작권대리중개업 신고의 경우

§25-26   저작권대리중개업의 신고를 하고자 하는 자는 ① 저작권대리중개업 신고서와 ② 다음 각목의 사항을 포함하는 저작권대리중개업 업무규정을 작성하여 문화체육관광부장관에게 제출하여야 한다(영 제48조 제 1 항).

1. 저작권 대리중개업 계약 약관
2. 저작물 이용계약 약관

위 규정에 따른 저작권대리중개 업무규정을 변경하고자 할 때에는 문화체육관광부장관에게 신고하여야 한다(영 제48조 제 2 항).

Ⅳ. 수수료 및 사용료 승인제도

1. 의   의

§25-27   저작권위탁관리업자는 그 업무에 관하여 저작재산권자, 그 밖의 관계자로부터 수수료를 받을 수 있다(법 제105조 제 4 항). 한편, 저작권신탁관리업자는 대외적으로 저작재산권 등을 직접 행사하여 저작물 등의 이용자로부터 저작물 등의 사용료를 받을 수 있다. 이러한 수수료와 사용료 등은 당사자들의 자율적 협의에 맡기는 것이 바람직할 수도 있으나 우리나라의 경우 집중관리에 의한 창구단일화 등의 장점을 중시하여 한 분야에 사실상 1개의 신탁관리업자를 허가하여 거의 독점적인 지위를 갖도록 보장하고 있으므로 자율을 보장할 경우에는 신탁관리업자가 독점으로 인하여 강화된 협상력을 남용할 우려가 높다. 그러한 관점에서 신탁관리업자의 독점적 지위에 따른 폐해를 방지하고 당사자 간 이해관계를 합리적으로 조정하기 위하여 앞서 살펴본 외국의 입법례를 본받아 수수료 및 사용료에 대한 일종의 '재정'제도 등을 마련할 필요성이 있다.

개정 전 법은 저작권자와 저작권신탁관리업자의 이해가 충돌하는 수수료 요율에 대하여는 저작권법에 직접 규정을 두면서도 이용자와 저작권신탁관리업자의 이해가 충돌하는 사용료의 요율이나 금액에 대하여는 법률에 직접 규정을 두지 않고 저작권법 시행령 제29조에서 '저작권신탁관리업무에 관한 규정'의 하나로 규정하여 저작권신탁관리업체의 설립시와 사용료 징수규정의 변경시에 문화체육관광부장관의 승인 사항으로만 규정하고 있었는데, 이는 법체계상 적절하지 못할 뿐만 아니라 심의 절차나 강제성 등의 면에서 법률상의 뒷받침을 받을 수 없었다. 그리고 개정 전 법상 사용료에 대한 문화체육관광부 장관의 승인은 강학상 이른바 '인가'에 해당하는바, '인가'라 함은 사인간의 법률행위에 동의를 부여하여 그 행위의 법률적 효력을 완성시키는 행위로서 행정청은 당해 법률행위의 인가 여부를 소극적으로 결정할 수 있을 뿐 적극적으로 수정, 변경하여 인가하는 것은 법률에 특별한 규정이 없는 한 허용되지 않는 것으로 이해되었다.[1] 그러나 변경 승인을 할 수 없다면 당사자 간 협상력의 불균형을 조정하기 위한 적극적인 역할을 수행하기가 어렵다. 이러한 여러 문제점들을 개선하기 위해 2006년의 개정법은 '저작권위원회(현행법상으로는 '한국저작권위원회')'의 심의 절차와 변경 승인 가능성을 요체로 하는 다음과 같은 내용의 수수료 및 사용료 승인제도를 규정하게 된 것이다. 이는 실질적으로 수수료 및 사용료에 대한 '재정'제도와 유사한 의미를 가질 수 있을 것으로 보인다.

2. 구체적 내용

저작권신탁관리업자가 그 업무에 관하여 저작재산권자, 그 밖의 관계자로부터 받는 수수료의 요율 또는 금액 및 이용자로부터 받는 사용료의 요율 또는 금액은 저작권신탁관리업자가 문화체육관광부장관의 승인을 얻어 이를 정한다(법 제105조 제5항 전문). 이 경우 문화체육관광부장관은 대통령령으로 정하는 바에 따라 이해관계인의 의견을 수렴하여야 한다(같은 항 후문). §25-28

문화체육관광부장관은 위 규정에 따른 승인의 경우에 한국저작권위원회의 심의를 거쳐야 하며 필요한 경우에는 기간을 정하거나 신청된 내용을 수정하여 승인할 수 있다(같은 조 제6항). 위에서 본 취지에 따라 '변경 승인'을 허용한 취지이다.

문화체육관광부장관은 위 규정에 따른 사용료의 요율 또는 금액에 관한 승인 신청이 있는 경우 및 승인을 한 경우에는 대통령령이 정하는 바에 따라 그 내용을 공고하여야 한다(같은 조 제7항). 문화체육관광부장관은 저작재산권자 그 밖의 관계자의 권익보호 또는 저작물 등의 이용 편의를 도모하기 위하여 필요한 경우에는 제5항의 규정에 따른 승인 내용을 변경할 수 있다(같은 조 제8항).

---

1 저작권심의조정위원회, 저작권법 전면 개정을 위한 조사연구 보고서(1), 2002, 226~227면.

　　저작권신탁관리업자가 승인된 수수료를 초과하여 받은 경우 또는 승인된 사용료 이외의 사용료를 받은 경우에는 업무정지 명령 또는 과징금 처분의 대상이 된다(법 제109조 제1항, 제111조).

　　그러나 위와 같은 사용료 승인제도에 따라 문화체육관광부장관의 사용료 승인을 받지 못하였다고 하여, 저작권 침해자를 상대로 한 손해배상청구가 불가능한 것은 아니다. '하이마트' 사건에 대한 대법원 2016. 8. 24. 선고 2016다204653 판결은 "저작권법(2016. 3. 22. 법률 제14083호로 개정되기 전의 것, 이하 같다) 제105조 제5항은 저작권위탁관리업자의 사용료 징수를 통제하기 위하여 '저작권위탁관리업자가 이용자로부터 받는 사용료의 요율 또는 금액은 저작권위탁관리업자가 문화체육관광부장관의 승인을 얻어 이를 정한다'고 규정하고 있다. 위 규정의 입법 취지와 문언 내용에 비추어 보면, 위 규정은 저작권위탁관리업자가 저작물 이용자들과 이용계약을 체결하고 그 계약에 따라 사용료를 지급받는 경우에 적용되는 규정일 뿐, 저작권위탁관리업자가 법원에 저작권 침해를 원인으로 민사소송을 제기하여 그 손해배상을 청구하는 행위를 제한하는 규정이라고 해석되지 않는다. 따라서 설령 위 규정에 따라 승인받은 사용료의 요율 또는 금액이 없다고 하더라도 저작권 침해를 원인으로 한 손해배상청구권을 행사하는 데 아무런 장애가 되지 않는다."고 판시하였다.

　　한편, 2016. 3. 22.자 개정 저작권법은 여러 관련 신탁단체가 각자 자신의 사용료를 징수하는 것에 따른 이용자의 불편을 덜고 징수의 효율성을 강화하기 위해 '통합징수'에 관한 다음과 같은 규정을 두고 있다.

　　문화체육관광부장관은 음반을 사용하여 공연하는 자로부터 제105조 제5항에 따른 사용료를 받는 저작권신탁관리업자 및 상업용 음반을 사용하여 공연하는 자로부터 제76조의2와 제83조의2에 따라 징수하는 보상금수령단체에게 이용자의 편의를 위하여 필요한 경우 대통령령으로 정하는 바에 따라 통합 징수를 요구할 수 있다. 이 경우 그 요구를 받은 저작권신탁관리업자 및 보상금수령단체는 정당한 사유가 없으면 이에 따라야 한다(법 제106조 제3항).

　　저작권신탁관리업자 및 보상금수령단체는 제3항에 따라 사용료 및 보상금을 통합적으로 징수하기 위한 징수업무를 대통령령으로 정하는 자에게 위탁할 수 있다(같은 조 제4항). 저작권신탁관리업자 및 보상금수령단체가 제4항에 따라 징수업무를 위탁한 경우에는 대통령령으로 정하는 바에 따라 위탁수수료를 지급하여야 한다(같은 조 제5항).

Ⅴ. 저작권신탁관리업자의 의무

§25-29　　저작권법은 저작권신탁관리업자에게 다음의 2가지 의무를 부과하고 있다. 저작물 등의 유통

이 원활하게 이루어질 수 있도록 하기 위함이다.

　(1) 저작권신탁관리업자는 그가 관리하는 저작물 등의 목록을 분기별로 도서 또는 전자적 형태로 작성하여 누구든지 적어도 영업시간 내에는 목록을 열람할 수 있도록 하여야 한다(법 제106조 제 1 항). 목록에는 ① 저작물 등의 제호, ② 저작자, 실연자·음반제작자 또는 방송사업자, 데이터베이스제작자의 성명 등, ③ 창작 또는 공표 연도, 실연 또는 고정 연도, 제작 연도 등의 사항을 기재하여야 한다(영 제50조).

　(2) 저작권신탁관리업자는 이용자가 서면으로 요청하는 경우에는 정당한 사유가 없는 한 관리하는 저작물 등의 이용계약을 체결하기 위하여 필요한 정보로서 ① 관리 저작물 등의 목록, ② 해당 저작물의 저작권자 등과의 신탁계약기간, ③ 사용료 등 이용조건 및 표준계약서를 상당한 기간 이내에 서면으로 제공하여야 한다(법 제106조 제 2 항, 영 제51조).

　한편, 신탁관리단체의 경우 공익적 성격을 가지고 있으므로 정당한 사유가 없는 한 신탁저작물에 대한 사용승인을 거절할 수 없다고 본 판례가 있다.[1]

　저작권신탁관리업자가 위 규정에 따른 의무를 이행하지 아니한 때에는 1천만원 이하의 과태료에 처해진다(법 제142조 제 2 항 제 1 호).

VI. 서류열람청구권

　저작권신탁관리업자는 그가 신탁관리하는 저작물 등을 영리목적으로 이용하는 자에 대하여　§25-30

---

[1] 서울중앙지방법원 2015. 12. 21.자 2015카합771 결정 : "기록에 의하면, 채권자는 2005년경부터 채무자와 사이에 채무자가 저작권을 신탁받아 관리하고 있는 음악저작물에 관하여 이 사건 약관에 따른 이용계약을 체결하고 음악저작물을 이용하여 왔던 것으로 보이는바, 채권자와 채무자 사이의 이러한 계속적인 거래관계에다가, 채무자는 저작권법에 따라 음악저작권신탁관리업허가를 받은 저작권집중관리단체로서 저작권자들의 권리를 보호·관리함과 동시에 음악저작물의 사용을 원활하게 함으로써 음악문화의 향상·발전에 기여함을 목적으로 한다는 측면에서 일정 부분 공익적 지위를 갖고, 이용자의 입장에서는 그러한 지위에 있는 채무자가 정당한 사유 없이 음악저작물의 사용승인을 거절하는 경우 음악저작물을 이용한 시장진입이 원천적으로 차단될 우려가 있다는 사정을 더하여 보면, 이 사건 약관 제 2 조 제 1 항에 따라 채권자가 채무자에 대하여 음악저작물에 관한 사용승인을 구하는 경우 정당한 사유가 없는 한 채무자로서는 그 사용승인을 거절할 수 없다고 봄이 상당하다. 이에 대하여 채무자는, 채권자가 이ㅁ영을 비롯하여 다수 저작권자들의 음악저작물을 무단으로 사용함으로써 고의적 또는 상습적으로 저작권을 침해하여 왔으므로, 이 사건 약관 제 2 조 제 2 항 제 1 호에 따라 채권자의 사용승인 신청을 거절할 정당한 이유가 있다고 주장한다. 그러나 채권자가 이 사건 음악저작물에 관한 저작권을 보유하고 있지 않다 하더라도, 채권자와 이ㅁ영 사이에 이ㅁ영이 작곡한 이 사건 음악저작물에 관한 저작권이 누구에게 귀속되는지 여부가 다투어지고 있는 상황에서 채권자가 채무자의 사용승인을 받지 아니하고 이 사건 음악저작물을 사용하였다는 사정만으로는 채권자가 고의적 또는 상습적으로 저작권을 침해하였다고 보기 어렵고, 기록상 제출된 자료만으로는 채권자가 채무자가 저작권을 신탁받아 관리하고 있는 다수 저작권자들의 음악저작물에 관하여 채무자로부터 사용승낙을 받지 아니하거나 사용승낙을 받은 범위를 넘어서 이를 채권자가 판매하는 유아용 비디오 교재(DVD)에 사용함으로써 고의적이고 상습적으로 저작권을 침해하여 왔다고 단정하기 어려우므로(다만, 본안에서 충실한 증거조사 결과 달리 판단될 여지도 있다), 채무자의 위 주장은 이유 없다."

당해 저작물 등의 사용료산정에 필요한 서류의 열람을 청구할 수 있다. 이 경우 이용자는 정당한 유가 없는 한 이에 응하여야 한다(저작권법 제107조).

이 규정은 저작권신탁관리업자로 하여금 저작권 침해로 인한 구제절차에서 활용할 수 있는 자료를 원활하게 입수할 수 있도록 하기 위해 2000년 저작권법 개정시부터 도입된 것이다.

제4절   위탁관리업자에 대한 감독

§25-31   저작권위탁관리업자에 대한 감독은 문화체육관광부장관이 행한다. 문화체육관광부장관은 저작권위탁관리업자에게 저작권위탁관리업의 업무에 관하여 필요한 보고를 하게 할 수 있으며(법 제108조 제1항), 저작자의 권익보호와 저작물의 이용편의를 도모하기 위하여 저작권위탁관리업자의 업무에 대하여 필요한 명령을 할 수 있다(같은 조 제2항). 한편, 저작권위탁관리업자가 승인된 수수료를 초과하여 받거나 승인된 사용료 이외의 사용료를 받은 경우(이것은 신탁관리자의 경우에 한함), 법 제108조 제1항의 규정에 따른 보고를 정당한 사유 없이 하지 아니하거나 허위로 한 경우 또는 제108조 제2항의 규정에 따른 명령을 받고 정당한 사유 없이 이를 이행하지 아니한 경우 등에는 6월 이내의 기간을 정하여 업무의 정지를 명할 수 있으며(법 제109조 제1항), 이러한 정지명령에도 불구하고 그 업무를 계속한 경우에는 허가를 취소하거나 영업의 폐쇄명령을 할 수 있다(같은 조 제2항). 다만 문화체육관광부장관이 허가 취소나 영업폐쇄명령을 내리고자 하는 경우에는 '청문'을 거쳐야 한다(법 제110조).

한편, 문화체육관광부장관은 저작권위탁관리업자가 위에 열거한 사유 중 어느 하나에 해당하여 업무의 정지처분을 하여야 할 때에는 그 업무정지처분에 갈음하여 5천만원 이하의 과징금을 부과·징수할 수 있다(법 제111조 제1항). 문화체육관광부장관은 과징금 부과처분을 받은 자가 과징금을 기한 이내에 납부하지 아니하는 때에는 국세체납처분의 예에 의하여 이를 징수한다(같은 조 제2항). 이 규정에 따라 징수한 과징금은 징수주체가 건전한 저작물 이용 질서의 확립을 위하여 사용할 수 있다(같은 조 제3항).

또한 허가를 받지 아니하고 저작권신탁관리업을 하는 자에 대하여는 1천만원 이하의 벌금에 처하며(저작권법 제137조 제4호), 신고를 하지 아니하고 저작권대리중개업을 하는 경우 및 영업의 폐쇄명령을 받고 계속 그 영업을 하는 경우는 500만원 이하의 벌금에 처한다(저작권법 제138조 제5호).

제5절 우리나라 집중관리단체의 현황

현재 우리나라의 집중관리단체(신탁단체)는 아래와 같이 13개가 있다.　　　　§25-32

구분	단체	신탁허가	주요 관리대상	기타
저작권	한국음악저작권협회	'88. 2. 23	음악저작물의 공연권, 방송권, 복제권, 전송권 등	
	함께하는 음악저작인 협회	'14. 9. 12	음악저작물의 공연권, 방송권, 전송권, 복제권 등	
	한국문예학술저작권협회	'89. 3. 16	어문저작물 복제권, 배포권, 전송권, 2차저작물방송권 등	
	한국방송작가협회	'88. 9. 20	방송물의 재방송, 비디오 복제 등	
	한국시나리오작가협회	'01. 9. 12	영화 등 시나리오 저작권	
	한국복제전송저작권협회	'00. 11. 14	복사, 전송권	도서관 및 교육 목적 이용 보상금 지정단체
	한국영화제작가협회	'05. 11. 9	영상저작물에 대한 복제, 전송권 등	
	한국영화배급협회	'05. 11. 9	영화콘텐츠 비디오, DVD 등의 공연권	
	한국언론진흥재단	'06. 6. 7	뉴스 저작권	
	한국문화정보원	'13. 9. 13.	공공저작물 저작권	
저작인접권	한국음악실연자연합회	'00. 11. 14	음악실연자의 저작인접권	방송등 보상금 지정단체
	한국방송실연자권리협회	'02. 2. 20	탤런트, 성우 등 실연자의 저작인접권	
	한국음반산업협회	'03. 3. 17	음반제작자의 저작인접권	

> ### 제6절 확대된 집중관리제도

Ⅰ. 의   의

§25-33   확대된 집중관리(Extended Collective License; 통상 'ECL'이라 부르나 이하에서는 우리말을 사용하여 '확대관리'라 약칭한다)란 어떤 집중관리단체가 일정한 분야에서 그 권리의 관리가 필요할 것으로 예상되는 권리자의 상당수(substantial/considerable number)를 대표하는 경우에, 해당 권리의 특정한 영역에서의 집중관리에 의한 이용허락계약에 법이 일정한 확대적인 효과를 부여하여 이용자들이 동일한 조건으로 사용할 수 있도록 하는 제도를 뜻한다. 여기서 확대관리의 주요한 개념 요소를 정리해 보면, 다음과 같다.[1]

① 집중관리단체와 이용자는 자유로운 협상의 기초 위에서 합의에 도달한다.
② 집중관리단체는 그 분야에 있어서 일정한 대표성을 가져야 한다.
③ 협상에 의하여 도출된 합의는 비회원 권리자들에게도 법적인 효력을 가지게 된다.
④ 이용자들은 비회원들에 의한 개별적 권리주장이나 형사적 제재의 우려 없이 모든 저작물을 합법적으로 사용할 수 있다.
⑤ 비회원 권리자들은 자신의 저작물의 이용에 대하여 개별적으로 보상을 받을 권리를 가진다.
⑥ 비회원 권리자들은 그들의 저작물의 사용을 금지할 수 있는 권리(거부권)를 가진다.

Ⅱ. 확대관리의 필요성

§25-34   확대관리의 필요성은 집중관리의 필요성의 연장선상에 있다고 할 수 있다. 집중관리가 아니고는 관리하기 어려울 정도로 거래비용이 극히 높고 집중관리단체가 있더라도 권리자를 일일이 확인하여 가입을 설득하는 거래비용을 도저히 감당하지 못하여 그 관리목록이 제한될 경우에, 결과적으로 이용자들의 저작물 활용권이 제한되게 된다. 그 경우에 권리자들은 이익을 얻는가 하면 그렇지 않고, 오히려 집중관리에 의한 이용허락계약의 효력을 확대하여 그 부분에도 이용허락이 있은 것과 같은 효과를 인정함으로써 특별한 의사를 표명하지 않은 비회원 권리자도 보호하는 것이 실질적으로는 권리자보호에 보다 충실한 경우들이 많이 있을 수 있다. 물론 이용자 보호의 효과가 더욱 크다. 이용자들은 적어도 합법적으로 이용하고자 할 경우에 확대관리기관과만 계약을

---

1 Ed. Daniel Gervais, *Collective Management of Copyright and Related Rights*, KLUWER LAW INTERNATIONAL, 2006, p. 266.

하면, (명시적으로 제외를 요구한 부분만 명확하게 관리하고 그 나머지) 그 특정 영역 내의 모든 저작물을 안심하고 이용할 수 있기 때문에 이용자의 법적 안정성을 크게 높일 수 있다.

특히 오늘날 전자도서관의 확대 등을 비롯하여 대량의 디지털화를 추진하고자 할 경우에 권리자 불명 또는 권리자 소재 불명의 저작물(고아저작물) 등이 많아 그 추진에 큰 걸림돌이 되고 있는데, 그러한 고아저작물 문제를 해결하는 데 있어서도 확대된 집중관리가 가장 실효성 있는 대안으로 부각되고 있다.

Ⅲ. 확대관리제도 도입의 주요 쟁점

현재 확대관리제도의 도입에 대하여는 찬반 양론이 있다. 이에 관한 주요 쟁점으로는, ① 확대관리제도의 도입이 저작권을 배타적 권리로서 보장하고 그에 대하여 최소보호의 원칙(the principle of minimum protection)을 규정하고 있는 베른협약 등의 국제협약에 저촉되는 것은 아닌지, ② 보상금제도가 보다 바람직한 대안인 것은 아닌지, ③ 그 적용범위는 어디까지로 하여야 할 것인지 등을 들 수 있다. 이에 대하여 저자가 연구논문[1] 등을 통해 지금까지 주장한 바를 요약해 보면, 다음과 같다. §25-35

① 확대관리제도가 국제협약상 강제허락이 가능하도록 규정한 권리 및 보상청구권 성격으로 규정한 권리 등에 도입될 경우에는 국제협약에의 저촉문제가 일어나지 않는 데 이론이 없다. 그것을 벗어난 경우에는 학설상의 대립이 일부 있지만, 적어도 확대관리에 대하여 명시적으로 수용적인 입장을 표명한 2001년의 EU 저작권지침[2]('정보사회지침'이라고도 함) 제정 이후에는 확대관리제도가 저작권의 배타성을 기본적으로 존중하는 토대 위에 거래비용 문제를 해결하기 위하여 채택해 온 저작권의 '관리방법'의 하나로 인정되고 있다고 할 수 있다. 따라서 저작재산권의 제한에 대하여 적용되는 '3단계 테스트'(§14-8, §14-219~222 참조) 참조)의 엄격한 구속으로부터는 자유로울 수 있는 영역으로 국제적인 인정을 받고 있다고 할 수 있으므로, 적어도 거래비용 문제의 해결을 위하여 집중관리에 의한 해결이 꼭 필요한 일정한 영역에 대하여 권리자의 '거부권'을 존중하는 확대관리제도를 도입할 경우에는 국제협약에의 저촉 문제를 크게 염려할 필요는 없는 상황이라 할 수 있다.

② 보상금제도는 이용자 보호의 면에서는 확대관리제도에 못지않은 기능을 수행할 수 있으나, 권리자의 협상력을 없애거나 약화시켜 권리자 보호에는 미흡한 면이 많으며, 무엇보다 국제협약 등과의 관계에서 3단계 테스트의 적용을 받으므로 확대관리제도보다 그 활용범위가 제한적일 수밖에 없으므로, 보다 폭넓은 분야에서 디지털 저작물의 활용을 크게 증대시키고자 한다면, 확대관리제도가 필요하다고 할 수 있다.

---

1 이해완, "확대된 저작권 집중관리제도의 도입에 관한 연구," 성균관법학 제21권 제 3 호(2009. 12), 695~727면.
2 그 전문 (18)에서 "본 지침은 확대된 집중 이용허락과 같은 권리의 관리에 관한 회원국들의 별도규정에 영향을 미치지 아니한다"고 규정하고 있다.

③ 저자는 위와 같은 확대관리제도의 필요성 등에 비추어 그 적용범위를 지나치게 제한하지 않고 디지털 저작물 활용의 영역을 포함하여 적절한 범위로 정하는 것이 바람직하다고 생각한다.

구체적으로, i) 저작권법 제30조 단서의 규정에 의한, 공중의 사용에 제공하기 위하여 설치된 복사기기에 의한 어문저작물(삽화 등과 같이, 어문저작물에 부수하여 함께 복제된 다른 종류의 저작물을 포함한다)의 복사에 관한 저작재산권자, 배타적발행권자, 출판권자 또는 데이터베이스제작자의 권리, ii) 음악저작물 저작재산권자의 공연권·공중송신권 또는 공연을 위한 목적으로 제조되는 노래반주기나 그와 유사한 기기에의 복제 또는 공중송신을 위해 수반되는 복제에 관한 복제권 및 위 노래반주기 등 기기의 배포에 따른 저작물의 배포에 관한 배포권, iii) 음악저작물을 실연하여 음반에 고정한 실연자의 해당 실연에 대한 전송권 및 그 전송을 위한 디지털 복제에 관한 복제권, iv) 음악저작물을 이용한 음반제작자의 해당 음반에 대한 전송권 및 그 전송을 위한 디지털 복제에 관한 복제권 v) 학술논문을 디지털 형태로 활용하는 것에 관한 저작재산권자의 복제권 및 공중송신권과 그에 관한 배타적발행권자 및 데이터베이스제작자의 권리, vi) 최종발행일로부터 5년이 경과한 도서를 도서관이 디지털 형태로 복제하여 전송하는 것에 관한 저작재산권자의 복제권 및 공중송신권과 그와 관련된 출판권자, 배타적발행권자 및 데이터베이스 제작자의 권리, vii) 제25조 제 2 항에 따른 학교, 교육기관 및 교육지원기관이 저작물을 복제, 공연, 공중송신 또는 배포하는 것에 관한 저작재산권자의 복제권, 공연권, 공중송신권 및 배포권과 그에 관한 출판권자, 배타적발행권자 및 데이터베이스제작자의 권리, viii) 제25조 제 2 항에 따른 학교, 교육기관 및 교육지원기관을 제외한 교육기관(학원의 설립운영 및 과외교습에 관한 법률에 따른 학원을 포함한다)이나 교육지원기관 및 이러닝(전자학습)산업 발전 및 이러닝 활용 촉진에 관한 법률에 따른 이러닝사업자가 저작물을 복제, 공연, 공중송신 또는 배포하거나 출판사업자가 교과용 도서에 포함된 저작물을 학습서 등에 게재하여 복제, 배포하는 것에 관한 저작재산권자의 복제권, 공연권, 공중송신권 및 배포권과 그에 관한 출판권자, 배타적발행권자 및 데이터베이스제작자의 권리 등을 확대관리의 적용대상으로 하는 것을 신중하게 검토해 볼 필요가 있으리라 생각한다.

확대관리(ECL) 제도는 그것이 가진 상생적인 성격 덕분에 매우 이례적으로, 권리자단체와 이용자 그룹의 폭넓은 지지를 동시에 받아 왔으나, 북유럽 국가 등에 한정된 입법사례라는 이유로 학계의 폭넓은 지지를 받지는 못한 면이 있었다. 그러나 최근 영국이 대형 디지털화 프로젝트에 대한 법적 장애를 제거하는 차원에서 이를 본격적으로 도입하는 개정입법을 완료하였고,[1] 프랑스의 경우에도 20세기 서적들을 전자서적으로 이용할 수 있도록 하기 위한 특정 목적에 기한 것

---

1 기업·규제개혁법(Enterprise and Regulatory Reform Act, 2013, c. 24. s.77(3))에 의하여 영국 저작권법(CDPA) 116B로 반영되었다.

이지만 확대관리제도의 일종이라고 할 수 있는 방식을 도입하는 입법을 하였으니,1 이제는 더 이상 확대관리제도를 "북유럽 국가들의 특수한 사회문화적 배경에 기한 제도'라고만 간단히 치부하기는 어렵게 되었다.

---

1 프랑스는 '입수불가능한 20세기 서적의 전자적 이용에 관한 2012년 3월 1일 법 2012-287호'('전자서적이용법'으로 약칭)를 제정하여 2013. 3. 2.부터 시행하고 있다(일본 2013년 제2회 문화심의회 저작권분과회 국제소위원회 자료3−"프랑스에서의 서적전자이용법의 운용상황" 참조). 위 법의 내용은 출판사에게 우선적으로 전자적 이용에 관한 기회를 제공한다는 점, 특수한 목적 하에 한시법의 성격을 가진 법률에서 정하고 있는 추진일정에 따라 전자서적화를 위한 프로세스가 진행된다는 점 등에서 일반적인 확대관리제도와 구별되는 특징을 보이고 있으나, 근본적으로 'OPT-OUT'방식에 따라 집중관리가 이루어진다는 점에서 확대관리제도의 한 특수한 형태라고 보아도 무방하리라 생각된다.
　참고로, 위 법에 따른 저작물 이용의 프로세스를 보면 다음과 같다.
　프랑스 국립도서관에서 2013. 3. 21. DB 공개(이의신청기간 개시; 이 기간에 이의신청이 있으면 집중관리에서 제외) → 2013. 9. 21. 이의신청기간 만료, 집중관리 개시 → 집중관리 단체(SOFIA)는 출판자에게 10년간의 독점적 전자적 이용허락계약 제안(2013. 12. 21. 또는 2014. 1.) → 출판자가 수락하면 저작권자로부터 이의가 없는 한 10년의 기간 동안 독점적 이용허락+3년 이내의 이용의무; 출판자가 거절하거나 3개월 내 회답하지 않으면 일반 이용자에게 5년, 비독점의 이용허락.
　만약 확대관리제도의 전면적 도입이 어렵다면, 프랑스의 사례와 같이, 국립중앙도서관의 안방도서관 프로젝트를 효과적으로 수행하기 위한 제한적 범위 내에서 확대관리의 취지를 구현하는 개정입법의 추진을 적극적으로 검토할 필요가 있으리라 생각된다. 그 경우 우리나라도 20세기에 발행되어 이미 서점에서 구하기 어려운 많은 서적 등 자료를 국민들이 안방에서 편리하게 검색, 열람할 수 있도록 서비스하는 새로운 시대가 열릴 수 있을 것이다.

제 7 장

저작권에 관한 분쟁의 조정 및 심의

copyright law

저작권에 관한 분쟁의
조정 및 심의

제1절　　의　　의

§26-1　　저작권법 제112조 제 1 항에서는 저작권과 그 밖에 이 법에 따라 보호되는 권리에 관한 사항을 심의하고 저작권에 관한 분쟁을 알선·조정하며, 저작권의 보호 및 공정한 이용에 필요한 사업을 수행하기 위하여 한국저작권위원회를 둔다고 규정하고 있다. 저작권법상의 권리가 침해되었을 때의 구제방법으로는 민사상의 구제수단(제 9 장)과 형사상의 제재규정(제11장)이 마련되어 있으나, 그러한 민·형사상의 구제방법 외에 전문가로 구성된 한국저작권위원회(이하 '위원회'라고 한다)에서 저작권에 관한 분쟁을 '조정'이나 '알선'의 방법으로 해결할 수 있도록 하고 나아가 저작권과 관련된 중요사항에 대하여 위원회의 심의를 거치도록 함으로써 관련 정책 결정의 적정성과 신뢰성을 높이고자 하는 취지라 할 수 있다.

제2절　　위원회와 조정부의 구성

§26-2　　위원회는 위원장 1명, 부위원장 2명을 포함한 20명 이상 25명 이내의 위원으로 구성한다(제

112조의2 제 1 항). 위원은 ① 대학이나 공인된 연구기관에서 부교수 이상 또는 이에 상당하는 직위에 있거나 있었던 자로서 저작권 관련 분야를 전공한 자, ② 판사 또는 검사의 직에 있는 자 및 변호사의 자격이 있는 자, ③ 4급 이상의 공무원 또는 이에 상당하는 공공기관의 직에 있거나 있었던 자로서 저작권 또는 문화산업 분야에 실무경험이 있는 자, ④ 저작권 또는 문화산업 관련 단체의 임원의 직에 있거나 있었던 자, ⑤ 그 밖에 저작권과 관련된 업무에 관한 학식과 경험이 풍부한 자 중에서 문화체육관광부장관이 위촉하며, 위원장과 부위원장은 위원 중에서 호선한다. 이 경우 문화체육관광부장관은 이 법에 따라 보호되는 권리의 보유자와 그 이용자의 이해를 반영하는 위원의 수가 균형을 이루도록 하여야 하며, 분야별 권리자 단체 또는 이용자 단체 등에 위원의 추천을 요청할 수 있다(같은 조 제 2 항).

위원의 임기는 3년으로 하되 연임할 수 있고, 위원에 결원이 생겼을 때에는 위와 같은 방법으로 그 보궐위원을 위촉하여야 하며, 그 보궐위원의 임기는 전임자의 잔임기간으로 한다. 다만, 위원의 수가 20명 이상인 경우에는 보궐위원을 위촉하지 아니할 수 있다(법 제112조의2 제 3 항, 제 4 항).

위원회의 업무를 효율적으로 수행하기 위하여 분야별로 분과위원회를 둘 수 있다. 분과위원회가 위원회로부터 위임받은 사항에 관하여 의결한 때에는 위원회가 의결한 것으로 본다(같은 조 제 5 항).

위원회의 분쟁조정업무를 원활하게 수행하기 위하여 위원회에 1인 또는 3인 이상의 위원으로 구성된 조정부를 두되, 그 중 1인은 변호사의 자격이 있는 자이어야 한다(법 제114조 제 1 항).

한편, 위원회의 위원 및 직원은 형법 제129조 내지 제132조의 규정을 적용함에 있어서는 공무원으로 취급된다(법 제131조).

제3절 조정절차

Ⅰ. 조정의 신청

위원회에 의한 분쟁의 조정을 신청하고자 하는 자는 위원회가 정하는 바에 따라 조정신청서를 위원회에 제출하여야 한다(영 제61조 제 1 항). 위원장은 조정신청을 받은 때에는 조정부를 지정하고 조정신청서를 조정부에 회부하여야 한다(같은 조 제 2 항). 조정부는 3인의 위원으로 구성함을 §26-3

원칙으로 하나 조정신청 금액이 500만원 이하인 사건에 대하여는 위원회의 위원장이 지정하는 1명의 위원이 조정업무를 수행할 수 있다(법 제114조 제 1 항, 영 제60조).[1]

Ⅱ. 조정의 실시

§26-4   조정부는 조정이 성립되지 아니할 것이 명백한 경우를 제외하고 조정안을 작성하여 당사자에게 제시하여야 한다(영 제61조 제 4 항). 조정부는 조정신청이 있는 날로부터 3개월 이내에 조정하여야 한다. 다만, 특별한 사유가 있는 경우에는 양 당사자의 동의를 얻어 1개월의 범위 내에서 1회에 한하여 그 기간을 연장할 수 있다(같은 조 제 5 항).

조정절차는 비공개를 원칙으로 한다. 다만, 조정부장은 당사자의 동의를 얻어 적당하다고 인정하는 자에게 방청을 허가할 수 있다(법 제115조). 조정절차에서 당사자 또는 이해관계인이 한 진술은 소송 또는 중재절차에서 원용하지 못한다(법 제116조).

또한 위원회는 분쟁의 조정을 위하여 필요하면 당사자, 그 대리인 또는 이해관계인의 출석을 요구하거나 관계서류의 제출을 요구할 수 있다(영 제62조 제 1 항). 조정당사자 외의 자가 위원회의 출석요구에 응하여 출석한 때에는 수당과 여비 등 실비를 지급할 수 있다(영 제62조 제 3 항).

Ⅲ. 조정의 성립과 효력

§26-5   조정은 당사자 간에 합의된 사항을 조서에 기재함으로써 성립된다(법 제117조 제 1 항). 이 때 조정조서는 재판상의 화해와 동일한 효력이 있다. 다만, 당사자가 임의로 처분할 수 없는 사항에 관한 것은 그러하지 아니하다(같은 조 제 2 항).

Ⅳ. 조정의 불성립

§26-6   조정신청을 하였으나 ① 당사자가 정당한 사유 없이 위원회의 출석요구에 응하지 않는 경우, ② 조정신청이 있는 날로부터 저작권법 시행령 제61조 제 4 항의 기간(1개월의 범위 내에서 연장되지 아니한 경우에는 3개월)을 경과한 경우, ③ 당사자 간에 합의가 성립되지 않은 경우에는 조정이 성립되지 않은 것으로 본다(영 제63조 제 1 항).

조정이 불성립되었을 때에는 분쟁은 조정 이전 상태로 돌아가므로 당사자는 소송 기타의 방

---

1 개정 전 법에서는 조정부를 3인으로만 구성할 수 있도록 규정하였는데, 2006년 개정법에서는 분쟁조정의 효율성을 위하여 예외적으로 1인으로 조정부를 구성할 수 있도록 하였다.

법으로 이를 해결할 수밖에 없게 된다.

제4절 **알선절차**

Ⅰ. 알선의 의의

원래 저작권법과 컴퓨터프로그램보호법이 모두 ADR로서는 조정제도만 규정하고 있었는데, 2002년 컴퓨터프로그램보호법의 개정으로 알선제도가 처음 프로그램저작권과 관련하여 도입되었다가 양법의 통합을 위한 2009. 4. 22. 법개정으로 저작권법에 알선제도가 도입되게 되었다. '알선'이란 분쟁당사자의 의뢰에 의하여 제 3 자가 분쟁의 원만한 해결을 위해 조언 기타 도움을 주어 합의를 하게 하는 것을 말하며, 같은 ADR인 조정과 유사한 점이 많으나 당사자 간의 자주적 해결이라는 면과 비법률적 성격이 조정보다 더욱 강조되는 점에서 약간의 차이가 있다. 개정 저작권법상 조정이 성립하면 재판상 화해의 효력이 있는 반면, 알선에 의한 합의가 성립할 경우에는 민법상 화해의 효력만 있어 효과의 면에서는 알선의 경우가 다소 불리한 면이 있는 것이 사실이다. 그런 문제로 인해, 절차의 신속·간이성 등의 장점에도 불구하고 잘 활용되지는 않고 있는 것으로 보인다.

§26-7

Ⅱ. 알선의 절차

분쟁에 관한 알선을 받으려는 자는 알선신청서를 위원회에 제출하여 알선을 신청할 수 있다 (제113조의2 제 1 항). 위원회가 알선신청을 받은 때에는 위원장이 위원 중에서 알선위원을 지명하여 알선을 하게 하여야 한다(같은 조 제 2 항). 알선위원은 알선으로는 분쟁해결의 가능성이 없다고 인정되는 경우에 알선을 중단할 수 있으며(같은 조 제 3 항), 알선 중인 분쟁에 대하여 이 법에 따른 조정의 신청이 있는 때에는 해당 알선은 중단된 것으로 본다(같은 조 제 4 항). 알선이 성립한 때에 알선위원은 알선서를 작성하여 관계 당사자와 함께 기명날인하거나 서명하여야 한다(같은 조 제 5 항). 이러한 알선의 성립에는 재판상 화해의 효력이 부여되지 않음은 위에서 언급한 바와 같다.

§26-8

> **제5절** 한국저작권위원회의 업무

§26-9　위원회는 다음과 같은 업무를 행한다(법 제113조).[1]

① 분쟁의 알선·조정

② 법 제105조 제 6 항의 규정에 따른 저작권위탁관리업자의 수수료 및 사용료의 요율 또는 금액에 관한 사항 및 문화체육관광부장관 또는 위원 3인 이상이 공동으로 부의하는 사항의 심의

③ 저작물 등의 이용질서 확립 및 저작물의 공정한 이용 도모를 위한 사업

④ 저작권 보호를 위한 국제협력

⑤ 저작권 연구·교육 및 홍보

⑥ 저작권 정책의 수립 지원

⑦ 기술적 보호조치 및 권리관리정보에 관한 정책수립 지원

⑧ 저작권 정보 제공을 위한 정보관리 시스템 구축 및 운영

⑨ 저작권 등의 침해 등에 관한 감정

⑩ 법령이 위원회의 권한으로 정한 업무

⑪ 그 밖에 문화체육관광부장관이 위탁하는 업무

위와 같이 분쟁의 조정은 저작권위원회의 업무 중 하나일 뿐이고, 그 외 저작권과 관련한 심의, 사업, 홍보, 정책 수립, 정보시스템 구축, 감정 등의 다양한 역할을 수행하고 있음을 알 수 있다. 원래 조정기능과 심의기능만을 중심으로 하고 있어 명칭도 저작권심의조정위원회로 되어 있던 것을 2006년 개정법에서 그 업무범위를 확대하면서 명칭도 저작권위원회로 고쳤다가 컴퓨터프로그램보호법과 저작권법을 통합한 2009. 4. 22. 개정법을 통해 구 컴퓨터프로그램보호위원회와 저작권위원회의 통합조직을 구성하게 되자 '한국저작권위원회'라는 새로운 명칭을 부여한 것이다.

한편, 감정업무와 관련하여 저작권법 제119조 제 1 항은 위원회가 감정을 실시할 수 있는 경우로 ① 법원 또는 수사기관 등으로부터 재판 또는 수사를 위하여 저작권의 침해 등에 관한 감정을 요청받은 경우(제 1 호), ② 제114조의2에 따른 분쟁조정을 위하여 분쟁조정의 양 당사자로부터 프로그램 및 프로그램과 관련된 전자적 정보 등에 관한 감정을 요청받은 경우(제 2 호)의 두 가지를 들고 있다. 그 중 제 1 호는 모든 저작물에 대하여 적용되는 것이고, 제 2 호는 프로그램에 특화된 규정이다. 프로그램의 경우에는 특히 전문적인 감정을 통해서만 분쟁해결이 가능한 경우가

---

1 원래 한국저작권위원회의 업무에는 '법 제133조의3에 따른 온라인서비스제공자에 대한 시정권고 및 문화체육관광부장관에 대한 시정명령 요청'(2016. 3. 22.자 개정전 법 제113조 제10호)이 포함되어 있었으나, 2016. 3. 22.자 개정으로 삭제되고 그 업무는 같은 개정법에 의하여 새로 설립되게 된 한국저작권보호원의 업무로 변경되었다.

많아 위원회의 조정 단계에서 양 당사자의 요청하에 감정을 할 수 있도록 규정하고 있는 것이다.

그리고 위 ⑦호 및 ⑧호의 업무를 효율적으로 수행하기 위하여 위원회 내에 저작권정보센터를 둔다(법 제120조).

제8장

저작권의 침해와 구제

copyright law

저작권의 침해와 구제

저작권침해의 태양

Ⅰ. 개 관

§27-1
　　(1) 저작권법에 의하여 저작권은 저작물의 이용에 관한 배타적인 권리로 보호되고 있다. 따라서 저작권이 있는 저작물을 그 배타적 권리가 미치는 방법으로 이용하기 위해서는 저작재산권 제한규정(저작권법 제23조 내지 제35조의3)에 의하여 저작물의 자유이용(§14-1 이하 참조)이 인정되거나 저작물이용의 법정허락(§15-1 이하 참조)에 관한 규정(법 제50조 내지 제52조)에 의하여 일정한 요건하에 문화체육관광부장관의 승인을 얻어 저작권자에 대한 보상금을 지급 또는 공탁한 경우가 아닌 한 원칙적으로 저작권자의 허락을 요하며, 저작권자의 허락 없이 무단으로 저작물을 이용하는 것(무단이용)은 저작재산권침해가 된다. 또한 저작물의 저작자에게는 저작재산권과 별도로 저작인격권으로서 공표권·성명표시권·동일성유지권 등이 인정되므로, 미공표의 저작물을 저작자의 허락 없이 공표하거나 저작자의 허락 없이 저작자의 성명표시를 변경·삭제하는 것 또는 저작물의 내용이나 제호에 함부로 변경을 가하는 것은 저작인격권침해가 된다. 한편 저작권 이외의 저작권법상의 권리로서 배타적발행권, 출판권, 저작인접권, 데이터베이스제작자의 권리 등이 있는데, 이들도 배타적인 권리이므로 각 그 권리의 목적물을 권리자의 동의 없이 그 배타적 권리가 미치는 방

법으로 무단으로 이용하는 것은 법에 의하여 이용이 허용되는 경우가 아닌 한 해당 권리의 침해
가 된다.

(2) 또한 저작권자로부터 저작물이용의 허락을 받은 자라 하더라도 그 허락된 이용방법 및 §27-2
조건의 범위 내에서만 그 저작물을 이용하여야 하고, 그 범위를 넘는 이용(허락범위 외 이용)을 하
면 저작권의 침해가 된다. 예컨대 음악저작물의 연주에 대하여만 허락을 받은 자가 그 저작물을
출판하면, 그 출판은 저작권침해가 된다.[1]

(3) 저작권법상의 용어는 아니지만 저작권의 침해와 관련하여 '표절(剽竊)'이라는 말이 사용되 §27-3
고 있으므로[2] 그 개념을 살펴본다. 타인의 저작물을 무단으로 이용하는 행위를 표절이라고 칭하
는 경우가 있으나 연구부정 행위로서의 표절은 저작권침해에 해당하는 '무단이용'의 개념과 두 가
지의 차이를 가진다. 표절은 첫째, 단순한 무단이용이 아니라 타인의 저작물 등을 적절한 출처표
시 없이 자기 것처럼 부당하게 사용하는 행위로서 타인의 저작물 등을 자신의 것처럼 하려는 인
식 내지 의사가 있을 것을 요하고, 둘째, 타인의 저작물만이 아니라 타인의 독창적 아이디어를 자
신의 것처럼 부당하게 사용하는 행위도 포함하는 개념이다(대법원 2016. 10. 27. 선고 2015다5170 판결,
§27-4-1). 상술한 표절 개념은 위 대법원 판결이 말하는 "연구부정 행위로서 전형적 표절"에 해당
하는 것이나, 연구부정 행위에는 위와 같은 '전형적 표절' 외에 '자기표절'도 포함된다. '자기표절'
이란 자신의 이전 연구결과와 동일 또는 실질적으로 유사한 학술적 저작물을 처음 게재한 학술적
편집자나 저작물 저작권자의 허락 없이 또는 적절한 출처표시 없이 다른 학술지나 저작물에 사용
하는 학문적 행위를 뜻한다(§27-4-2 참조). 위의 '아이디어 표절'과 '자기표절'은 타인의 저작물을
무단으로 이용하는 것을 뜻하는 저작권침해와는 무관하며, 일정한 요건 하에 연구부정 행위로 평
가될 수 있을 뿐이다. 그러한 경우에 해당하지 않는 전형적 표절의 경우는 저작권침해에 해당할
뿐만 아니라, 일반적인 저작권침해보다 더 큰 비난가능성을 가지는 것이라 할 수 있다. 저작권침
해가 되기 위해서는 그러한 표절에 해당할 필요는 없고, 그러한 표절에 해당할 경우에는 저작재
산권 침해와 동시에 저작인격권 중 성명표시권(§12-18 이하 참조)의 침해도 성립하는 경우가 많을
것이다. 그렇지만 저작재산권 침해와 성명표시권 침해가 결합된 것을 모두 '표절'이라고 볼 것은
아니며, 주관적 요소로서 '타인의 저작물 등을 자신의 것처럼 하려는 인식 내지 의사'가 있어야만
표절이라고 할 수 있다.

---

1 內田 晋, 問答式 入門 著作權法, 新日本法規出版株式會社, 410면 참조. 구법하의 소위 K.B.S. 사건판결(서울고등법원
  1984. 11. 28. 선고 83나4449 판결(한국저작권판례집, 23~29면. TV 드라마작가인 원고들의 허락 없이 드라마녹화작품
  을 텔레비전방송이 아닌 비디오 테이프에 복사하여 판매한 것이 문제된 사건임)이 바로 허락범위 외 이용의 한 예이다.
2 서울민사지방법원 1988. 3. 18. 선고 87카53920 판결; 서울고등법원 1987. 8. 21. 선고 86나1846 판결 등에서 剽竊이
  라는 용어가 사용되고 있다. 이를 일본식 용어사용이라고 비판하는 지적은 허희성, "판례평석," 계간 저작권, 1988년
  봄호, 35면.

§27-4   (4) 저작권·저작인접권 등의 침해로 인정되는 저작물 등의 이용은 무형물인 저작물이나 저작인접물 등을 그 자체로서 이용하는 행위를 말한다. 예컨대 저작물의 매개체에 불과한 원고(原稿) 또는 실연녹화(實演錄畵)테이프를 절취하거나 훼손하는 행위나 저작물 등을 비방하는 행위 등은 그것이 민법상의 소유권 또는 일반인격권을 침해하는 불법행위가 될지언정 저작권법상의 권리침해라고는 할 수 없다.1

📖 **판 례**

§27-4-1   ❖ 대법원 2016. 10. 27. 선고 2015다5170 판결

[1] 해당 분야의 일반지식이 아닌 타인의 저작물 또는 독창적 아이디어를 적절한 출처표시 없이 자기 것처럼 부당하게 사용하는 행위는 연구부정 행위로서 전형적인 표절에 해당한다. 저술의 성격 내지 학문 분야에 따라 요구되는 출처표시의 정도에 차이가 있을 수는 있으나, 출처의 표시는 저작물의 이용 상황에 따라 합리적이라고 인정되는 방법으로 하여야 한다(저작권법 제37조 참조). 외국 문헌을 직접 번역하여 자기 저술에 인용하는 경우에는 외국 문헌을 출처로 표시하여야 하고, 외국 문헌의 번역물을 인용하는 경우에는 합리적인 방식에 의하여 외국 문헌을 원출처로, 번역물을 2차 출처로 표시하여야 한다. 타인과의 공저인 선행 저술 중 일부를 인용하여 단독 저술을 할 때는 원칙적으로 출처표시의무를 부담하고, 공저가 편집저작물이나 결합저작물에 해당하는 경우라도 자신의 집필 부분을 넘어 다른 공저자의 집필 부분을 인용하는 경우에는 출처표시의무를 부담한다.

[2] 저자의 저술에 적절한 인용표기 없이 타인의 저술이 인용된 부분이 있는 경우이더라도 언제나 타인의 저술을 베껴 저자 자신의 것처럼 하려는 인식 내지 의사가 있었다고는 볼 수 없지만, 저자가 저술의 본문에 출처표시 없이 타인의 저술을 인용하여 저자의 저술과 타인의 저술을 구별하기 어려운 부분이 상당한 정도에 이르는 경우에는 설령 서문이나 참고문헌 등 본문 이외의 부분에 포괄적·개괄적으로 피인용물을 표시하였더라도 특별한 사정이 없는 한 타인의 저술을 베껴 저자 자신의 것처럼 하려는 인식과 의사가 추단되고, 종전의 관행에 따랐다는 사정만으로 책임을 면할 수 없다. 학문적 저술에 대한 표절은 학계의 정상적인 검증을 방해하고 독창적 연구와 학문 발전의 선순환을 가로막아 폐해가 표절을 당하는 피인용물의 저자뿐만 아니라 독자, 논문 심사 기관, 저자의 소속 기관, 학계 등에 광범위하게 나타나게 되므로, 저자가 타인의 선행 저술을 적절한 출처표시 없이 자기 것처럼 사용하는 경우 타인이 이에 동의하였다는 사정만으로는 표절의 성립이 부정되지 아니한다.

[3] 학문이나 사상의 심화·발전 과정에서 저자 자신의 선행 연구물의 일부를 이용하는 것은 학문의 속성상 당연하고, 저자가 자신의 선행 저술을 이용하여 새로운 저술을 하면서 선행 저술의 존재를

---

1 장인숙, 著作權法原論, 寶晋齋出版社, 1989, 241면 참조. 일본의 판례도 이른바 "籠の鳥" 사건에서 피고가 원고의 영화저작물에 대해 그것이 자기의 저작물이라고 주장하는 글을 발표하고, 또 그 제호를 변경하여 글 속에 기재한 것은 저작인격권침해행위가 아니고 단순한 명예훼손일 뿐이라고 하였다(最高裁 昭和 54. 6. 12 판결과 그 1·2심 판결(池原季雄·齊藤博·半田正夫編, 著作權判例百選, 有斐閣, 1987, 120면) 참조).

출처로 표시할 때는 타인의 저술을 인용하는 경우에 비하여 요구되는 출처표시의 수준이 완화되나, 자신의 선행 저술의 존재를 아예 밝히지 아니하는 경우에는 학계, 독자 등이 선행 저술 부분까지도 후행 저술의 연구 성과인 것처럼 기만당하게 되어 후행 저술의 연구업적에 대한 과장된 평가가 이루어지고, 후행 저술에 대한 적정한 검증이 이루어질 수 없게 된다. 저자 자신의 선행 저술을 이용하여 새로운 저술을 하면서 선행 저술의 존재를 일정한 출처표시를 통하여 밝혔더라도 후행 저술에 새롭게 가미된 부분이 독창성이 없거나 새로운 것으로 인정받기 어려워 해당 학문 분야에의 기여도가 없는 경우에는 후행 저술을 새로운 저작물로 인식한 독자들의 기대를 저버리는 것이 된다. 이와 같은 경우는 모두 이른바 '자기표절'로서 비전형적 표절 내지 표절에 준하는 연구부정행위로 평가할 수 있다.

[4] 표절 여부가 문제되는 저작물의 작성시기와 표절 여부의 판정시기 사이에 시간적 간격이 존재하는 경우 특별한 사정이 없는 한 저작물 작성 시점의 연구윤리에 따라 표절 여부를 판정하여야 한다. 연구윤리는 사회통념이나 학계의 인식 등에 기초하여 연구자가 준수하여야 할 보편적·통상적인 기준을 의미하고, 반드시 성문의 연구윤리규정에 한정되지 아니한다. 성문의 연구윤리규정에 특정 행위를 표절로 보는 조항이 도입되기 이전에 연구자가 그러한 행위를 하였더라도 이러한 사정만으로 그 행위를 표절로 볼 수 없는 것은 아니다.

[5] 특정논문의 표절 여부가 문제되는 경우 일차적으로는 해당 학문분야에서 자체적으로 논문의 표절 여부를 판정하게 되나, 논문의 표절을 원인으로 별도의 법률관계가 형성되고 그 법률관계에 관한 다툼이 발생하여 사법심사의 대상이 된 경우에는 논문의 표절 여부에 관한 최종적인 판정 권한이 법원에 있으므로, 법원은 저자의 소속 기관이나 논문 심사 기관, 학술단체 등의 논문 표절 여부에 관한 판정에 구속되지 아니하고 합리적인 방법으로 표절 여부를 심사하여야 하고, 다만 그 과정에서 해당 분야의 전문가들의 의견을 참조할 필요는 있다.

[6] 고등교육법 제35조 제 2 항, 고등교육법 시행령 제44조, 제51조 본문의 내용과 취지에 비추어 보면, 박사학위를 취득하고자 하는 사람은 박사학위 논문에 대한 심사 절차가 진행 중인 단계에서는 논문 지도 교수의 지도 및 심사위원들의 오류 지적에 따른 보완 과정에서 논문 수정본을 작성하여 심사위원들에게 다시 제출하는 것이 당연하나, 일단 논문 심사가 종료되어 박사학위 논문의 최종본을 제출하고 박사학위 수여까지 이루어진 후에는, 논문의 내용이나 이에 대한 검증에 아무런 영향을 미치지 아니하는 사소한 오·탈자의 정정이라면 혹시 허용될 수 있을지 몰라도 학위수여기관 등에 박사학위 논문의 수정본을 제출하여 당초의 박사학위 논문과 교체하는 행위는 허용되지 아니한다. 이는 당초의 박사학위 논문 중 선행 저술의 인용 부분에 누락되었던 출처표시를 새로 추가하려는 경우에도 마찬가지이다.

♣ 서울중앙지방법원 2013. 10. 30. 선고 2013가합27508 판결　　　　　　　　　　§27-4-2
(자기표절을 하였다는 부분)
살피건대, 앞서 채택한 증거, 갑 제 4, 5, 12, 13, 14 호증의 각 기재 및 변론 전체의 취지를 종합하면, 자기표절이란 자신의 이전 연구결과와 동일 또는 실질적으로 유사한 학술적 저작물을 처음 게재한 학술적 편집자나 저작물 저작권자의 허락 없이 또는 적절한 출처표시 없이 다른 학술지나 저작물에 사용하는 학문적 행위(피고들은 이 사건 기사에 자기표절의 정의를 「자신의 옛 저작 중 상당한 부분을 똑같이 또는 거의 똑같이 다시 사용해 새로운 연구결과나 성과·업적으로 사용하면서 원출처를 밝히지 않는 것, 학계에서는 '중복 게재' 또는 '중복 출판'이라고도 불린다」라고 게재하였다)라 할 것인데, 제2논문은 다음과 같은 사정에 비추어 자기표절이라 보기 어렵고, 나아가 피고들이 이를 진실이라고 믿을 만한 상당한 이유가 있었다고 보기도 어렵다.

① 이 사건 각 논문은 모두 지속가능발전이라는 동일한 주제로 연구하였고, 과학과 교과과정에 지속가능발전과 관련된 내용을 문헌 중심으로 분석할 것이어서, 그 주제와 연구방법, 논문 체제 등이 유사하다.

② 그러나 이 사건 각 논문의 서론, 이론적 배경이 유사한 것은 '지속가능발전'이라는 동일한 주제어에 따른 일반적인 표현을 사용하거나 해당 주제어로 참고로 할 수 있는 문헌이 제한적이고, 위 주제어와 관련된 핵심 문헌이 많지 않아, 불가피하게 동일한 문헌을 인용하여 그러한 유사점이 있는 것이고, 나아가 원고들은 제2논문에서 제1논문보다 새롭게 나온 문헌을 추가 인용하였으며, 제1논문에 실리지 않은 도표 등을 첨부하여 차별성을 두었다.

③ 동일한 준거로 상이한 연구대상을 분석하는 것은 자기표절이 아닌 분석연구의 한 방법인데, 제1논문은 2007년 ○○중학교 1, 2, 3학년의 과학 교육과정을, 제2논문은 2007년 및 2009년 ○○고등학교 1학년의 과학 교육과정을 각 분석하여 그 연구대상이 다르고, 분석준거는 큰 틀에 있어서 동일하나(건강, 기후변화, 대기, 물, 생물다양성, 생태계, 숲, 에너지, 재해예방 및 축소, 토양), 세부 영역에서는 제2논문에서 새롭게 '엘리뇨, 라니냐 등 해양 순환의 변화', '생태계의 가치와 보존', '연료전지, 하이브리드 등의 친환경 고열효율기술의 필요성과 이해' 영역이 추가되었으며, 몇몇 준거는 제1논문에 비하여 그 내용이 심화되어 총 43개의 영역이 있는 반면, 제1논문이 40개 영역을 분석준거로 하여 그 차이가 있다.

④ 이 사건 각 논문의 '결론' 부분이 동일한 주제와 문헌 연구에 따라 분석결과가 유사하여 일부 결과요약 부분이 유사하고, 의견 역시 '지속가능발전'이라는 주제가 교육과정에 필요하다는 일반적인 의견 부분이 유사하나, 그 외에 연구대상이 상이하여 분석결과가 다른 부분에 있어서는 요약 부분이 다르고, 해당 교육과정에 따른 각각의 다른 제안 의견을 밝혔다.

⑤ 영문 초록 역시 연구 대상을 밝히는 초록의 관용적인 부분, 주제어 번역 부분 등이 유사하나 그 외에는 내용이 상이하다.

⑥ 제2논문의 본문 99쪽에서 지속가능발전의 이론적 배경을 설명하면서 제1논문을 인용하였고, 본문 101쪽에서 제1논문 등을 활용하여 분석준거를 선정하였음을 명시하였으며, 참고문헌에도 제1논문을 기재하였다.

⑦ J대학교 과학교육과 교수 Q 외 13인은 2013. 4. 2. R교육학회는 같은 달 3. O학회 연구윤리위원회는 같은 달 5. J대학교 연구진실성위원회는 같은 달 18. 각 논문의 분석대상이 연구결과가 다르다는 이유 등으로 제2논문이 제1논문의 자기표절에 해당하지 않는다는 결정을 하였다.

⑧ 나아가 피고들은 이 사건 기사에서 자기표절이라는 학문적 용어를 사용하면서도 제2논문이

자기표절에 해당하는지에 관하여 권위 있는 학술기관에 의견조회나 감정을 의뢰하는 등의 적절하고도 충분한 조사를 다하였다고 볼 자료가 없다.

　　▷NOTE : 위 판결은 피고들이 기사에서 원고들의 논문을 '자기표절'을 한 것으로 보도한 것에 대하여 원고들이 정정보도 및 명예훼손에 대한 손해배상을 청구한 사건에서, 원고들의 논문이 자기표절을 한 것에 해당하지 않는다고 본 판결 부분으로서, 연구부정 행위로서의 자기표절 개념을 실무에서 어떻게 이해하고 적용하고 있는지를 보여주는 좋은 사례라 생각되어 소개한다.

Ⅱ. 저작재산권침해의 유형

1. 저작재산권침해의 의의

(1) 개념구조

　　앞서 본 바에 의하면 저작재산권침해의 개념은 저작물의 무단이용 또는 허락범위 외 이용으로 간단히 규정될 수 있었다. 그러나 저작권자의 허락을 받지 아니한 이용이면 무조건 저작재산권침해가 되는 것은 아니다. 기존의 저작물을 이용하여 작품을 만드는 행위는 첫째 기존의 저작물에 '의거'하여 ① 그대로 베꼈거나 ② 그렇지 않고 다소 수정·변경이 있지만 기존의 저작물과의 동일성을 인정할 수 있는 경우(§13-7 참조),[1] 둘째 기존의 저작물을 토대로 하여 만들어진 작품에 사회통념상 새로운 저작물이라고 볼 만한 새로운 창작성이 부가되었지만 한편으로 기존의 저작물에 대한 관계에서 종속성 또는 실질적 유사성이 인정되는 경우(§5-6 이하 참조), 셋째 기존의 저작물을 이용하였지만, 기존의 저작물의 '창작성 있는 표현'이 아닌 아이디어나 창작성 없는 표현 등을 이용한 것으로서 기존의 저작물과 사이에 동일성이나 종속성(실질적 유사성)을 인정할 수 없는 독립된 작품이 된 경우[2] 등으로 분류할 수 있다.[3] 그것이 유형물에 고정된 경우라고 가정하면, 위 첫째의 경우는 저작재산권 중 복제권(§13-2 이하 참조)의 침해에, 위 둘째의 경우는 저작재산권 중 2차적저작물작성권(§13-64 이하 참조)의 침해에 각 해당하나, 마지막 세 번째 경우는 저작재산권침해가 되지 아니한다. 한편 기존의 저작물과의 관계에서 동일성이나 종속성 또는 실질적

§27-5

1　이것은 복제(복제권침해)의 경우이다. 대법원 1989. 10. 24. 선고 89다카12824 판결(한국저작권판례집, 183면 이하)은 "다른 사람의 저작물을 원저작자의 이름으로 무단히 복제하게 되면 복제권의 침해가 되는 것이고, 이 경우 저작물을 원형 그대로 복제하지 아니하고 다소의 수정·증감이나 변경이 가하여진 것이라고 하더라도 원저작물의 재제 또는 동일성이 인식되거나 감지되는 정도이면 복제로 보아야 할 것이며, 원저작물의 일부분을 재제하는 경우에도 그것이 원저작물의 본질적인 부분을 재제하는 경우라면 그것 역시 복제에 해당한다고 보아야 한다"고 판시하였다.

2　대법원 1998. 7. 10. 선고 97다34839 판결 : "어떤 저작물이 기존의 저작물을 다소 이용하였더라도 기존의 저작물과 실질적인 유사성이 없는 별개의 독립적인 신저작물이 되었다면, 이는 창작으로서 기존의 저작물의 저작권을 침해한 것이 되지 아니한다 할 것이다."

3　淸永利亮, 著作權侵害訴訟(新·實務民事訴訟講座 Ⅴ), 453면 참조.

유사성이 있는 것(위 첫째 또는 둘째의 경우)을 공연·공중송신·전시·배포 등의 방법으로 이용하는 행위는 각각 저작재산권 중 공연권(§13-24 이하)[1]·공중송신권(§13-33 이하)·전시권(§13-51 이하)·배포권(§13-55 이하)의 침해가 된다(대여권의 침해에 대하여는 §13-62 이하 참조).

§27-6   기존의 저작물을 그대로 베낀 경우나 그것을 이용하여 공연·공중송신·전시·배포하는 경우는 저작재산권침해 여부에 관한 판단이 그다지 어렵지 않을 것이다. 소송실무상 주로 문제가 되는 것은 A저작물과 B저작물의 내용이 유사한 점이 있으나 완전히 동일하지는 않은 경우로서 A저작물의 저작자가 B저작물의 저작자를 상대로 소를 제기하여 B저작물이 A저작물을 모방한 복제물이라거나 또는 그것을 토대로 만들어진 2차적저작물일 뿐이라고 주장하는 경우[2]에 그 주장을 받아들일 수 있는 경우(즉 위 첫째의 ②의 경우나 둘째의 경우에 해당한다고 볼 경우)가 어떤 경우인가 하는 것이다.

§27-7   이러한 경우 원고의 주장을 받아들여 저작권침해를 인정하기 위한 요건은 ① 주관적 요건으로서 B저작물이 A저작물에 '의거'하여 그것을 이용하였을 것(의거관계), ② 객관적 요건으로서 B저작물이 A저작물과 사이에 동일성 또는 종속성(실질적 유사성)이 있을 것의 두 가지로 요약해 볼 수 있다. 이하에서는 이 두 가지 요건에 대해 차례로 살펴보고, 그 입증상의 문제를 짚어 본다.

(2) 주관적 요건 ― '의거관계'[3]

§27-8   위에서 본 바와 같이 저작권침해를 인정하기 위해서는 침해자가 저작권이 있는 저작물에 의거하여 그것을 이용하였을 것이 요구된다. 따라서 피고가 원고의 저작물과 거의 동일한 내용의 작품을 만들어 낸 경우에도 그것이 원고의 저작물에 의거한 것이 아니고 ① 단순히 우연의 일치

---

1 대법원 판례도 복제권과 2차적저작물 작성권만이 아니라 공연권 침해가 성립하기 위하여 뒤에서 보는 '의거'와 함께 '실질적 유사성'의 요건이 갖추어져야 한다고 보고 있다.
　　대법원 2014. 9. 25. 선고 2014다37491 판결 : "저작권법이 보호하는 공연권이 침해되었다고 하기 위해서는 침해되었다고 주장하는 기존의 저작물과 대비대상이 되는 공연 사이에 실질적 유사성이 있다는 점 외에도 공연이 기존의 저작물에 의거하여 이루어졌다는 점이 인정되어야 한다."

2 소송의 실제에서는 피고가 원고를 상대로 저작권침해를 주장할 수도 있지만, 앞으로 여기에서는 편의상 자신의 저작권이 침해되었다고 주장하는 자를 원고라고 하고, 그 상대방이 되어 저작권침해가 아니라고 다투는 자를 피고라고 칭하기로 한다.

3 본서에서는 원래 '의거'라는 용어만 사용하고 '의거관계'라는 용어를 사용하지는 않았으나, 대법원 판례[대법원 2014. 7. 24. 선고 2013다8984 판결(§27-40-1) 등 참조]가 '의거'와 함께 '의거관계'라는 용어를 사용하고 있음을 감안하여 제3판부터 이를 사용하게 되었다. 대법원 판례에 의하면 '의거관계'는 "대비대상이 되는 저작물이 침해되었다고 주장하는 기존의 저작물에 의거하여 작성되었다는 점"을 뜻한다(위 판결 등 참조). 주관적 요건을 이처럼 '의거관계' 또는 '의거'라는 용어로 표현하는 것에 대하여 반대하면서 '접근'이라는 용어를 대안으로 제시하는 견해가 있다. 정상조 편, 지적재산권법강의(이성호 집필부분, '저작권침해여부의 판단기준'), 296면 참조. 그러나 '의거'와 '접근'은 동일한 개념이 아니다. 의거는 실제로 어떤 저작물을 보거나 접하여 그것을 이용하였음을 의미하는 것이고, 접근은 미국저작권법상의 용어인 access(액세스)를 우리말로 번역한 것으로서 그 의미는 어떤 저작물을 보거나 접할 상당한 기회를 가졌다는 것이다. 그러므로 '접근'이라는 것은 우리의 법학개념에 따를 때 침해의 주관적 요건 자체가 아니라, 주관적 요건의 입증의 부담을 경감하기 위한 보다 실제적인 도구개념이라고 생각된다. 따라서 본서는 침해의 주관적 요건은 '의거'로 보고, '접근'은 입증의 문제에서 별도로 다루어(§27-38 참조) 양자의 개념을 구별하는 입장을 취한다.

이거나,[1] ② 공통의 소재(common source)를 이용한 데서 오는 자연적 귀결인 경우, 혹은 ③ 공중의 영역(public domain)[2]에 속하게 된 다른 저작물을 원·피고 공히 이용한 데서 오는 결과인 경우[3]에는 저작권침해가 아니다. 가사 원고의 저작물이 존재함을 모르고 피고가 그와 비슷한 작품을 만든 것에 과실이 있는 것처럼 여겨지는 경우라 하더라도 그것만으로 저작권침해를 인정할 수는 없다. 이러한 '의거관계'의 요건은 복제권 또는 2차적저작물작성권침해라는 개념 자체에서 비롯된 것으로서 저작권침해에 대한 고의·과실의 문제보다 개념적으로 선행하기 때문이다.

그러나 반드시 피고가 원고의 저작물 자체를 보거나 듣고 그에 직접적으로 의거할 것을 요하는 것은 아니며, 원고의 저작물에 대한 복제물을 보고 베낀 경우와 같이 간접적으로 원고의 저작물에 의거한 경우('간접적 의거')도 저작권침해로 인정할 수 있다.[4] 또한 피고가 원고의 저작물에 의거한다는 인식을 가지고 작품을 작성한 경우에만 저작권의 침해가 되는 것은 아니며, 무의식적으로라도 원고의 저작물에 의거한 것으로 인정되면 저작권침해를 인정할 수 있다.[5]

---

1 단순한 우연의 일치를 인정한 판례로는 일본의 最高裁 昭和 53. 9. 7. 판결(池原季雄·齊藤 博·半田正夫 編, 전게서, 16면)과 미국의 Selle v. Gibb 사건 판결(저작권에 관한 외국판례선, 저작권심의조정위원회, 274~277면 참조)이 있는데, 우연히도 모두 음악저작물에 관한 것이다.

그러한 경우로 인정한 판례로는 大審院 明治 38. 5. 5. 판결(池原季雄·齊藤博·半田正夫 編, 전게서, 14면) 등이 있다.

2 여기서 공중의 영역이라 함은 전래의 문화유산 또는 특정저작자의 저작권이 존속기간의 경과로 소멸한 저작물과 같이 어느 누구에게도 배타적 권리로서의 저작권이 귀속되지 않고, 따라서 그 이용이 만인에게 개방된 것을 말한다. 공유(公有)라고도 한다.

3 이것도 특히 음악저작물인 경우에 많이 문제된다. Miller & Davis, *op. cit.*, p. 338 참조. 위 책에 의하면 피고의 유사한 公有저작의 존재를 내세운 항변이 유효하기 위하여는 원고의 저작물에 공유저작 이상의 창작성이 부가된 바 없거나 피고가 자신의 저작물이 원고의 저작물에 의거한 것이 아니라 공유저작에 의거한 것임을 적극적으로 입증하여야 한다고 한다. 한편 서울고등법원 1962. 5. 18. 선고 61나1243 판결(한국저작권판례집, 12~14면)은 한자옥편에 대한 저작권침해의 판단에 있어 원·피고의 옥편이 공히 지석영, 최남선의 옥편 등을 모태로 한 점을 중시하여 침해를 인정하지 않았다.

4 E. P. Skone James, *Copinger and Skone James on Copyright*, p. 179. 이 책에서는 이를 'indirect copying'이라 명명하고 있다. 본서의 앞부분에서 2차적 저작물에 대한 법적 판단과 관련하여 '간접적 의거'의 문제를 짚어본 바 있었다(§5-6-1 참조).

5 이를 무의식적 침해(subconsious copying)라 한다. 예를 들어 과거에 자신의 길을 가다가 우연히 들은 곡을 뒤에 무의식중에 자신의 곡으로 작곡한 경우라도 그 곡을 들었었기 때문에 그러한 작곡이 되었다는 인과관계가 있다면 저작권침해가 되며, 이를 가지고 전술한 바의 '우연의 일치'라고 할 수는 없다. Miller & Davis, *op. cit.*, p. 328 참조. 이러한 무의식적 의거의 경우에는 원저작물을 이용하는 의사를 가지고 한 것이라고 보기 어렵다는 이유로 '의거관계'의 요건을 충족하지 않는 것으로 보는 것이 타당하다는 견해(오승종, 저작권법(제 3 판), 박영사, 2013, 1085면)도 있으나, '의거'는 피고가 원고의 저작물을 보거나 들은 적이 있고 그것을 이용한 것이기만 하면 성립하는 것으로 보아야하고, 원고의 저작물을 이용하겠다는 명시적 의사가 있어야만 성립하는 것은 아니라 할 것이므로, 무의식적 의거도 '의거'로 인정하는 것이 타당할 것으로 생각된다. 여기서 말하는 침해는 침해정지청구 등의 대상이 되는 의미에서의 침해를 말하는 것으로서 '고의, 과실' 등 주관적 책임요소를 갖추어 불법행위가 성립되는 경우를 의미하는 것은 아니다. '무의식적 의거'라면 당연히 고의는 없는 것이고, 상황에 따라서는 과실도 부정되는 경우가 있을 수 있지만, 침해의 주관적 요건으로서의 '의거관계' 자체가 부정될 것은 아니다.

아직 대법원 판결 중에 '무의식적 의거'의 인정 여부에 대하여 판시한 것은 나오지 않은 것으로 보이나(다만 의거에 대한 판단과 고의, 과실에 대한 판단은 별개의 것임을 분명히 한 판례로 대법원 2014. 9. 25. 선고 2014다37491 판결이 있음), 하급심 판결 중에는 무의식적 의거를 인정한 사례들(서울중앙지방법원 2016. 11. 25. 선고 2013가합559814 판결, 서울중앙지방법원 2015. 8. 21. 선고 2013가합58670 판결, 서울중앙지방법원 2012. 2. 10. 선고 2011가 이러한 '의거'는 어떤 사람이 작성한 작품이 타인의 저작권을 침해한 것인지 문제가 되는 사건에서는 그 작품이 타인의 저작물을 이용한 것임을 뜻하는 것이므로, '의거'의 주체는 작품의 작성자여야 한다. 예컨대 갑의 피용자인 을이 작성한 작품이 병의 저작재산권을 침해하였다고 하여 병이 갑을 상대로 저작권침해의 불법행위에 대한 사용자책임을 묻는 사건을 가정해 보면, 피고 갑이 아니라 작품 작성자인 을이 '의거'의 주체가 되어야만 저작권 침해가 인정될 수 있는 것이다.[1]

공동저작물의 경우에 공동저작자 중 1인에게라도 의거가 인정되면 공동저작물 전체에 대하여 '의거관계'의 요건은 충족되는 것으로 보아야 할 것이다.[2] 의거는 의거자에게 책임을 묻기 위한 주관적 책임요건이 아니라 어떤 저작물이 다른 저작물을 이용하여 작성된 것인지 여부를 따지기 위한 개념일 뿐이다. '공동저작물'이라면 그것은 공동의사에 의한 공동창작의 결과 분리이용불가능성을 가진 경우이므로, 공동저작자 중 1인이 타인의 저작물을 보거나 들은 것을 이용한 부분이 그 공동저작물의 기여부분으로 들어가 있다면, 그 공동저작물 전체가 타인의 저작물에 의거한 면이 있는 것은 분명한 것이다. 물론 '실질적 유사성'도 인정되어야 (2차적저작물작성권의) '침해'가 인정될 수 있지만, 다른 공동저작자들에 대하여도 '의거'가 인정되어야 침해가 성립하는 것은 아니다. 객관적 요건으로서의 실질적 유사성이 있고 그것이 어느 공동저작자의 '의거'에 기한 것임이 분명함에도 불구하고 다른 공동저작자들에 대하여도 '의거'가 있어야 침해가 성립한다고 하면, 공동저작자들 전원을 상대로 침해정지청구를 할 수 없게 되어 저작권 보호에 부당한 흠결이 초래된다. 각각의 공동저작자가 공동불법행위에 따른 손해배상책임을 지거나 저작권침해의 형사책임을 지기 위해서는 별도의 주관적 책임요건(불법행위의 경우는 고의 또는 과실, 형사책임의 경우는 고의)이 필요한 것은 물론이지만, '의거관계'는 그것과는 다른 차원의 문제이다('의거관계'의 입증과 관련된 문제로서, 접근가능성, 현저한 유사성, 증명적 유사성, 공통의 오류 등 문제에 대하여는 §27-38~45 참조).

(3) 객관적 요건 — 동일성 또는 종속성 — 실질적 유사성

(가) 서 설

§27-9   위에서 본 바와 같이 저작재산권(그 중에서도 복제권 또는 2차적저작물작성권)의 침해가 되기 위해서는 원고의 저작물과 피고의 저작물 사이에 동일성(복제권침해의 경우) 또는 종속성[3](2차적저작물작

합70768 판결 등)이 있고, 같은 입장이 학설 가운데도 다수설을 형성하고 있는 것으로 보인다(박성호, 저작권법(제2판), 박영사, 2017, 662면; 정상조 편, 저작권법주해(권영준 집필부분), 박영사, 2007, 1072면; 김병일, "저작권법상 실질적 유사성에 관한 고찰―어문저작물(소설 및 드라마 저작물)을 중심으로", 정보법학 제17권 제3호, 45면 등).

1 '사랑해요 LG송' 사건에 대한 서울고등법원 2012. 10. 18. 선고 2011나103375 판결이 그러한 법리에 따라, "피고가 이용한 '사랑해요 LG송'은 甲이 작곡한 것이므로 甲이 이 사건 음악 저작물에 의거하여 '사랑해요 LG송'을 작곡하였다는 점이 인정되어야 하는데, 의거관계는 저작물에 대한 접근 기회, 즉 이를 보거나 접할 상당한 가능성이 있었음이 인정되면 추인할 수 있다"고 판시하였다.

2 同旨 中山信弘, 著作權法(第2版), 有斐閣, 2014, 592면. 반대견해 : 오승종, 저작권법(제3판), 박영사, 2013, 1088면.

3 대법원 판례에서도 2차적저작물의 인정과 관련하여 '종속성'이라는 용어를 사용하고 있다. 예컨대 대법원 1995. 11.

성권침해의 경우)이 인정되어야 한다. 동일성과 종속성은 개념적으로는 구별되지만, 실제 그 판단에 있어서는 두 작품 사이의 유사성 판단에 의존하는 점에서 큰 차이가 없다(2차적저작물작성권침해의 경우는 피고가 만든 작품에 새로운 창작성이 부가되어 있다는 점이 다를 뿐이다). 즉 원고의 저작물에 의거한 피고의 저작물이 원고의 저작물과 사이에 실질적 유사성(substantial similarity)이 있으면 동일성 또는 종속성이 인정되고, 이는 곧 저작재산권침해로 되는 것이다. 그러나 어떤 질 또는 양의 유사성이 '실질적' 유사성인가를 결정하는 것은 결코 쉬운 일이 아니다.1 두 저작물이 서로 전혀 유사하지 않은 것과 문자 그대로 똑같은 것 사이의 어딘가에 실질적 유사성의 경계가 있음은 분명한데, 그 경계를 어떻게 찾아낼 것인가. 이것은 어차피 모호성을 피할 수 없는 문제이긴 하지만 단순히 '구체적·개별적 판단'에 의존할 수밖에 없다고 하는 것은 문제해결에 전혀 도움이 되지 않는 것이고, 법원이 실질적 유사성의 선을 긋는 데 유용한 지침들을 저작권법의 원리로부터 찾아내야만 할 것이다. 다음에서 그러한 지침들을 정리해 본다.

(나) 유사성의 두 형태

먼저 두 작품 사이의 유사성에는 특히 어문저작물의 경우에 두 가지 서로 다른 유사성의 형 §27-10
태가 있음을 염두에 둘 필요가 있다. 그것은 포괄적·비문언적(비문자적) 유사성(comprehensive nonliteral similarity)과 부분적·문언적(문자적) 유사성(fragmented literal similarity)이다.2 후자가 원고의 작품 속의 특정한 행이나 절 또는 기타 세부적인 부분('문언적 표현')이 복제된 경우임에 대하여, 전자는 피고가 원고의 작품 속의 근본적인 본질 또는 구조('비문언적 표현')를 복제함으로써 원·피고의 작품 사이에 비록 문장 대 문장으로 대응되는 유사성은 없어도 전체로서 포괄적인 유사성이 있다고 할 수 있는 경우를 말한다. 저작권보호는 저작물의 '문언적 표현'만이 아니라 '비문언적 표현'('내재적 표현')에도 미치는 것으로 보아야 하므로(그렇지 않다면 표절자는 문장표현만 이리저리 바꾸는 하찮은 변형에 의해 쉽게 저작권침해의 책임으로부터 빠져나갈 수 있을 것이다), 전자의 포괄적·비문언적 유사성의 경우도 저작권침해를 구성하는 '실질적 유사성'에 해당할 수 있는 것이나,3 그것이 어떤

---

14. 선고 94도2238 판결에서 "피해자의 저작이 원저작물과의 관계에서 이것을 토대로 하였다는 의미에서의 종속성을 인정할 수 있어 소위 2차적저작물에 해당한다"라고 판시하고 있다.

1 M. B. Melvil B. Nimmer, David Nimmer, *Nimmer on Copyright* Ⅲ, 1989, pp. 13~15 참조.

2 이하 M. B. Melvil B. Nimmer, David Nimmer, *ibid.*, pp. 199~201 이하 참조. 정상조 편, 지적소유권법강의, 296면(이성호 부장판사 집필부분)에서는 '종합적·비문언적 유사성'과 '단편적·문언적 유사성'이라는 말로 번역하고 있다.

3 우리나라 판례 중에서 포괄적·비문언적 유사성을 인정한 사례로는 뒤에서 소개하는 '여우와 솜사탕' 사건에 대한 서울남부지방법원 2004. 3. 18. 선고 2002가합4017 판결(§27-13) 외에 이른바 'BL 소설' 사건에 대한 대법원 2015. 3. 12. 선고 2013다14378 판결("원심판결 이유에 의하면, 원심은, 그 판시와 같은 사실을 인정한 다음 △△△과 ○○○은 장르와 분량 및 등장인물의 수와 성격, 사건전개의 복잡성 등 여러 부분에서 차이점이 보이나, 이는 두 소설의 장르와 분량의 차이에 따른 당연한 결과이거나 사건전개에 있어 지엽적인 부분의 차이에 불과하며, 오히려 두 소설은 사건전개에 중핵이 되는 등장인물과 그들 사이의 갈등관계 및 그 갈등이 해소되는 과정, 그 과정에서 드러난 구체적인 줄거리와 특징적인 에피소드에서 상당 부분 창작성을 공유하고 있고, 이와 같은 유사성은 두 소설 전체에서 상당

경우인지에 관해서는 다시 세밀한 검토를 요한다. 포괄적·비문언적인 유사성의 판단과 관련하여 미국의 판례와 학설상 논의되는 ① 아이디어와 표현의 구별, ② 외관이론 및 청중테스트, ③ 추상화·여과·비교 테스트 등에 대하여는 뒤에서 다시 자세히 살펴보기로 한다(§27-14 이하 참조).

§27-11   부분적·문언적 유사성의 경우는 말 그대로 '문언적' 유사성이므로, 그 유사한 부분이 양적인 상당성을 충족하는가 하는 것이 가장 중요한 기준이 된다.[1] 그러나 '양'의 면에서는 소량이 인용되었더라도 그것이 '질'의 측면에서 중요한 부분이면, 실질적 유사성이 있다고 볼 수 있는 경우도 있음을 부정할 수 없다. 따라서 어느 정도의 양이면 실질적 유사성이 인정된다고 하는 명확한 기준을 제시할 수는 없는 것이다.

예컨대 음악저작물의 경우 하나의 음표에 한정된 유사성으로는 충분하지 않다고 조심스럽게 말할 수는 있을 것이나,[2] 타인의 음악저작물에서 단지 세 소절을 무단복제하는 것은 저작권침해를 구성하지 않는다는 원칙은 없다.[3] 문학의 영역에서는 약 3~4 백 단어에 이르는 부분에 문언적 유사성이 있는 경우 실질적 유사성이 있다고 판단될 것은 분명하지만,[4] 원고와 피고의 작품 중에 단지 한 문장만이 유사하다면 어떨까. 대개의 경우 한 문장만의 문언적 유사성은 실질적 유

한 비중을 차지하고 있어 위와 같은 차이점을 양적·질적으로 압도하므로, 두 소설 사이에 포괄적·비문언적 유사성이 인정된다고 판단하였다. 앞서 본 법리와 기록에 비추어 살펴보면, 원심의 위와 같은 판단은 정당하고, 거기에 상고이유 주장과 같이 심리를 다하지 아니한 채 논리와 경험의 법칙을 위반하고 자유심증주의의 한계를 벗어나거나 실질적 유사성 판단에 관한 법리를 오해하는 등의 위법이 없다."라고 판시함)을 들 수 있다.

1 미국 판례이론 상으로는 이를 미소(微小)기준(De minimis rule)이라 한다. 양적으로 너무 미미하고 작은 경우에는 법적 보호의 대상이 되지 않는다는 취지이다. 그런데 적어도 우리나라에서 이것이 저작물로 보호되기 위해서는 '창작성 있는 표현'일 것을 요구하는 기본적 법리와 구별되는 별개의 원리로 볼 것은 아니라 생각된다. 저작물 보호요건으로서의 창작성에 대한 설명 부분 등에서 본서가 밝힌 바대로 지나치게 짧은 문구(단문, 단구)나 짧은 악곡, 간단한 도형 등은 그 자체로 창작성이 인정되기 쉽지 않은 것인바(단문에 대한 §4-4 참조), 그와 같이 창작성이 인정되지 않는 부분을 이용한 경우에는 당연히 침해가 되지 않는 것으로 보아야 할 것이고, 그 반면에 창작성이 인정되는 표현이라면 비록 짧은 문장 등이라 하더라도 침해로 인정되어야 하며, 창작성이 있음에도 불구하고 '양적 상당성'이 없다거나 미소기준에 해당한다고 하여 침해를 부정하여서는 안 될 것이다.

2 McDonald v. Multimedia Enter. Inc., 20 U.S.P.Q. 2d 1373(S.D.N.Y.1991).

3 Baxter v MCA, Inc., 812 F. 2d 421, 425(9th Cir. 1987)(Treatise cited in dictum). cert. denied, 484 U.S. 954(1987) : Robertson v. Batten, Barren, Durstine & Osborn, Inc., 146 F. Supp. 795(S.D. Cal. 1956)(두 소절의 복제가 저작권침해를 구성한다고 판시하였다). 우리나라의 판례에서도 이 부분은 매우 어렵고 까다로운 쟁점이 되어 왔다. '너에게 쓰는 편지' 사건에 대한 수원지방법원 2006. 10. 20. 선고 2006가합8583 판결은 8마디의 유사성을 실질적 유사성으로 인정하였다. 그러나 8소절(마디)보다 짧은 분량의 유사성이면 실질적 유사성을 인정할 수 없다고 단정할 수는 없다. '사랑해요 LG송' 사건에 대한 서울고등법원 판결(§4-14-1)은 결과적으로 침해를 인정한 사안은 아니지만 노래의 주요부분인 4마디 부분의 창작성을 인정하여 그 부분을 그대로 이용하였을 경우라면 침해가 될 수 있음을 전제로 하고 있다. 이후 대법원에서 다른 이유로 결론이 번복되었지만(§4-14-3 참조), '내 남자에게' 사건에 대한 1심판결인 서울중앙지방법원 2012. 2. 10. 선고 2011가합70768 판결은 실제로 4마디의 가락, 화음, 리듬이 거의 같은 경우에 대하여 그것이 후렴구로 여러 번 반복되는 주요부분이라는 것 등을 이유로 실질적 유사성을 인정하였다. 다만 '사랑은 아무나 하나' 사건에 대한 대법원 2004. 7. 8. 선고 2004다18736 판결(§5-14)은 간주 부분 5마디의 유사성만으로는 실질적 유사성이 있는 것으로 볼 수 없다고 판단하였는데, 그것은 그 부분의 양적인 측면만이 아니라 질적인 측면 및 비중도 고려한 것이라 할 수 있다. 결국 극히 짧은 경우가 아니라면, 해당 악곡부분의 질적·양적 중요성을 사건마다 구체적·개별적으로 신중하게 판단할 수밖에 없는 문제이다.

4 Waken v. White & Wyckoff Mfg. Co., 39 F. 2d 922(S.D.N.Y. 1930).

사성의 요건을 충족하지 못할 것이나,[1] 그것도 일률적으로 단정할 수는 없고 구체적인 경우에 그 문장의 작품 전체에 대한 비중, 창작성의 정도·길이 등을 종합적으로 고려하여 판단하여야 한다.[2] 드물기는 하지만 단지 한 문장의 무단복제가 저작권침해를 구성한다고 판시한 사례도 있다.[3][4]

한편 이러한 부분적·문언적 유사성은 대개 피고가 원고의 저작물을 부분적으로 "인용한 것"에 해당할 것이므로 저작재산권제한에 관한 우리 저작권법 제28조의 규정(§14-56 이하 참조)에 따라, 보도·비평·교육·연구 등을 위하여 정당한 범위 안에서 공정한 관행에 합치되게 이루어진 것이면 저작권침해를 구성하지 않게 됨을 유의할 필요가 있으나, 저작권침해소송에 있어서 이것은 피고의 '항변사유'에 해당할 뿐이므로, 그에 앞서 그 부분적 이용이 양적 상당성을 갖추어 '실질적 유사성'이 인정될 수 있을 지를 먼저 확정하여야 한다.

 **판 례**

❖서울고등법원 2006. 11. 14.자 2006라503 결정 ─ "왕의 남자" 사건   §27-12

〈사실관계〉

원고가 창작한 희곡에서 '소통의 부재'라고 하는 주제를 효과적으로 드러내기 위해 "나 여기 있고 너 거기 있어"라는 대사와 그것이 변주된 대사를 치밀하게 반복 사용하고 있는데, 영화 '왕의 남자'에서

---

1 예컨대 Jackson v. Washington Monthly Co., 481 F. Supp. 641(D.D.C. 1979) 판결은 단지 두 문장의 복제는 저작권침해를 구성하지 아니한다고 판시하였다. 우리나라 판례 중에 '왕의 남자' 사건에 대한 서울고등법원 2006. 11. 14. 선고 2006라503 결정(§27-12)이 "나 여기 있고 너 거기 있어"라는 한 문장의 희곡 대사가 영화에 사용된 것에 대하여 부분적·문언적 유사성을 부정한 사례이다.

2 우리나라 판례 중에 부분적·문언적 유사성을 부정한 사례로는 서울고등법원 2006. 11. 14. 선고 2006라503 결정(§27-12) 외에, 서울중앙지방법원 2017. 6. 2. 선고 2016가합502413, 2016가합54036 판결, 서울고등법원 2018. 12. 6. 선고 2018나2040806 판결 등을 들 수 있다. 반면에 문언적 유사성을 긍정한 사례로는 서울중앙지방법원 2018. 4. 6. 선고 2017가합530576 판결("○ 원고 번역물의 첫 문단은 ① R여, 섭리가 세상을 지배한다면 어째서 선한 사람들에게 많은 불행이 닥치느냐고 그대는 내게 물었소. ② 이 문제는 섭리가 만물을 지배하고 신은 우리의 행복에 관심이 있다는 것을 증명할 수 있는 포괄적인 저술에서 논하는 것이 적합할 것이오. ③ 그러나 전체에서 한 부분을 떼어내 다른 쟁점은 건드리지 않고 개별 문제를 해결하는 것이 그대의 마음에 든다니, 어디 한번 그렇게 해보겠소. ④ 그것은 어려운 일이 아니오. 나는 신을 위해 변론하게 될 테니 말이오.'인데, 피고 번역물의 첫 문단도 위와 같이 4문장으로 그 구성이 같고, 다만 ① 문장 중 '섭리가 세상을 지배한다면'을 '이 세상에 섭리라는 것이 있다면'으로, '많은 불행'을 '숱한 불행'으로, ② 문장 중 '지배하고'를 '다스리고'로, '포괄적인 저술에서 논하는 것'을 '종합적으로 논하는 것'으로, ③ 문장 중 개별 문제를 해결하는 것'을 '문제를 하나만 푸는 것'으로 변경한 것 이외에 나머지 부분은 동일하며, 피고 번역물의 첫 문단 이외에 나머지 부분 역시 위와 같은 정도로 원고 번역물과 비슷하게 서술되어 있다. ○ 이와 같이 피고 번역물과 원고 번역물은 일부 표현에 사소한 차이가 있기는 하나, 전반적으로 문단구조, 문장의 전개방식, 문체, 단어, 어미의 형식 등이 동일하여 문언적 유사성이 인정된다."라고 판시함)을 들 수 있다.

3 Dawn Assorts. v. Links, 203 U.S.P.Q. 831(N.D.I 11.2978)(영화광고에 나오는 다음과 같은 한 문장을 복제한 경우이다. "지옥에 방이 없다면 … 死者는 이 세상을 걸어다닐 것이다").

4 이상 Melvil B. Nimmer, David Nimmer, *op. cit.*, 1989, pp. 13–50~52 참조. 부분적·문언적 유사성에 터잡아 저작권침해를 인정한 우리나라 판례로는 서울지방법원 1996. 9. 6. 선고 95가합72771 판결(하급심 판결집, 1996년 제2집)을 들 수 있다.

조선시대의 광대인 두 주인공 장생과 공길의 장님놀이 장면에서 원고의 허락 없이 위 대사를 사용한 것을 이유로 영화상영금지가처분신청을 한 사건이다. 법원의 판단 내용 중 "위 대사는 일상생활에서 흔히 쓰이는 표현으로서 저작권법에 의하여 보호받을 수 있는 창작성 있는 표현이라고 볼 수 없다"고 한 부분은 본서 제 2 장 제 1 절 Ⅱ.(§3-16)에서 소개한 바 있다. 다음은 그 중 희곡과 영화의 실질적 유사성에 대하여 판단한 부분이다.

〈법원의 판단〉

어문저작물로서 저작권법에 의하여 보호를 받기 위하여는 우선 그것이 '창작성 있는 표현'에 해당하여야 하고, 또한 저작권침해를 인정하기 위해서는 ① 주관적 요건으로서, 침해자가 저작권 있는 저작물에 의거하여 그것을 이용하였을 것, ② 객관적 요건으로서, 침해저작물과 피침해저작물과의 실질성 유사성이 인정되어야 하며, 특히 어문저작물의 경우에는 작품 속의 특정한 행이나 절 또는 기타 세부적인 부분이 복제됨으로써 양 저작물 사이에 문장 대 문장으로 대칭되는 부분적 문자유사성(fragmented literal similarity)뿐만 아니라 작품 속의 본질 또는 구조를 복제함으로써 전체로서 포괄적인 유사성(comprehensive nonliteral similarity)도 감안하여야 할 것이다.

(중략)

앞서 본 바와 같이 신청인의 어문저작물인 희곡 '키스' 제 1 부에서는 이 사건 대사 및 이 사건 대사의 변주된 표현들을 치밀하게 배치하여 이러한 일련의 표현들의 결합을 통하여 인간 사이의 '소통의 부재'라는 주제를 표현하고 있는 반면, 영화 '왕의 남자'에서 사용된 이 사건 대사는 영화대본 중의 극히 일부분(영화대본은 전체 83장으로 되어 있는데, 그 중 2개의 장의 일부에 인용되고 있다)에 불과할 뿐만 아니라, 이 사건 대사는 장생과 공길이 하는 '맹인들의 소극(笑劇)'에 이용되어 관객으로 하여금 웃음을 자아내게 하거나(8장), 영화가 끝난 뒤 엔드 크레딧과 함께 '맹인들의 소극' 장면을 보여줌으로써 관객으로 하여금 영화 '왕의 남자'가 광대들의 눈을 통하여 조선시대 제10대 왕인 연산군을 둘러싼 갈등과 이로 인한 죽음을 표현하고자 하였던 다소 무거운 이야기에서 벗어나 다시 일상으로 돌아가 웃을 수 있게 만드는 것이어서, 이 사건 대사가 '소통의 부재'라는 주제를 나타내기 위한 표현으로 사용되었다고 볼 수 없으므로, 양 저작물은 실질적인 유사성이 없다고 할 것이다.

▷NOTE : 위 판결의 위 부분은 부분적·문언적 유사성(그것은 '나 여기 있고 너 거기 있어'라는 문장이 일상생활에서 흔히 쓰이는 표현으로서 창작성 있는 표현이라고 보기 어려운 것 등을 이유로 부정되었다)이 아니라 포괄적·비문언적 유사성과 관련된 부분으로 보이는데, 그 내용에 있어서, 창작성 없는 위 문장이 어떤 특정한 주제와 관련되어 사용되었는지 등이 마치 실질적 유사성 유무의 기준인 것처럼 제시되어 있는 것은 의문이다. 만약 그것이 동일한 주제와 관련하여 사용되었다고 하더라도 그것만으로 실질적 유사성을 인정하기는 어려울 것이다. 포괄적·비문언적 유사성은 구체적인 사건의 전개과정 등에 유사성이 있어야 인정될 수 있을 것이다.

§27-13   ❖서울남부지방법원 2004. 3. 18. 선고 2002가합4017 판결 — "여우와 솜사탕" 사건

〈사실관계〉

문화방송이 2001. 10. 27.부터 2002. 4. 27.까지 방영한 "여우와 솜사탕"이 원고가 대본을 써서

1991. 11. 23.부터 1992. 5. 21.까지 문화방송을 통해 방영된 "사랑이 뭐길래"의 줄거리를 모방한 것이라는 이유로 원고가 방송사 및 담당 직원, 대본 작가 등을 공동피고로 하여 손해배상청구소송을 제기한 사건이다. 법원에서 침해를 인정하여 원고 일부 승소판결을 내렸는데, 다음은 그중 '포괄적 비문자적 유사성'에 대한 판단 부분 중 결론 부분을 인용한 것이다.

〈법원의 판단〉

가) 이 사건 1 대본("사랑이 뭐길래")과 이 사건 2 대본("여우와 솜사탕") 및 드라마 모두 남자주인공과 여자주인공의 사랑과 결혼을 둘러싼 두 집안의 이야기가 주된 줄거리라고 할 것인데, 이러한 주된 줄거리 부분은 소재로서 아이디어에 해당하는 부분이므로 이 부분이 유사하다고 하여 실질적 유사성이 있다고 보기는 어렵다.

나) 그러나 이 사건 1 대본과 이 사건 2 대본 및 드라마의 구체적인 줄거리나 사건의 전개과정을 보면 아래에서 보는 바와 같은 차이에도 불구하고 양자 사이에 실질적 유사성이 인정된다.

(중략) … 등에 있어서 차이점은 발견되나, 이 사건 2 대본 및 드라마의 1회부터 38회까지 사이의 남녀 주인공의 사랑이야기 부분에 있어, ① 가풍의 측면에서 남자주인공(대발, 강철)의 집안은 남성위주의 가부장적 분위기이며 여자주인공(지은, 선녀)의 집안은 여성위주의 개방적인 분위기라는 대조적 양상을 띠고 있고, 여자주인공은 모두 학력이 높고(지은은 명문대학 법대에서 석사학위를 받았고, 선녀는 한의대 졸업반이다) 여자주인공측 집안에서 특히 어머니로부터 큰 기대를 받고 자라온 수재라는 점, ② 여자주인공이 남자주인공에게 먼저 청혼하지만, 남자주인공에게는 여자주인공 이외의 다른 여자친구도 있었으며 이 때문에 여자주인공과 마찰을 빚게 되고, 남자주인공은 처음에 결혼을 완강히 반대하며 자유인으로 살겠다고 하지만 결국에는 결혼을 받아들인다는 점, ③ 남자주인공과 여자주인공의 어머니들은 고교동창 사이로서 여자주인공네가 남자주인공네로 우연히 새집을 지어 이사를 오게 되면서 오랜만에 재회하게 되지만, 그들 사이는 껄끄러운 관계라는 점, ④ 여자주인공의 어머니는 장래가 유망한 자신의 딸이 공부를 중단해야 한다는 것 등의 이유로 결혼에 반대하고, 여자주인공의 아버지는 남자주인공을 마음에 들어 하고 결혼을 적극 지원하며, 남자주인공의 집에서는 적극적으로 결혼에 찬성한다는 점, ⑤ 주인공 어머니들은 상견례장에서야 비로소 자신들이 서로 사돈이 될 사이라는 것을 알게 되고 결사적으로 결혼에 반대하고, 주인공 어머니들 사이의 갈등은 여고 동창생의 악의 없는 행동으로 더욱 커진다는 점, ⑥ 우여곡절 끝에 결혼을 하기로 하지만 이번에는 주인공 어머니들은 혼수 준비과정에서 실랑이를 벌이게 되고, 이 과정에서 남자주인공 아버지는 남자주인공 어머니에게 사치 운운하며 질책을 하게 되며, 결국 혼수를 줄이는 쪽으로 합의를 본다는 점, ⑦ 결혼식을 전후해서 여자주인공 어머니는 딸과의 화해를 시도하지만, 여자주인공은 결혼과정에서의 불만을 표출하면서 그 화해를 받아들이지 않고, 이로 인해 두 모녀의 갈등은 더 깊어진다는 점, ⑧ 여자주인공이 남자주인공의 집안에 들어가 시집살이를 하게 되는데, 여자주인공이 남주인공 집안의 보수적인 분위기를 바꾸자는 제안을 하게 되고, 시아버지는 며느리의 의견을 대부분 존중하고 변화를 허락한다는 점, ⑨ 양가의 어머니들은 서로 질투하던 관계였지만, 자녀들의 결혼 이후 서로를 이해하고, 동정을 하게 되면서 절친하게 마음을 터놓고 지내게 된다는 점, ⑩ 청혼은 여자 주인공이 먼저 했지만, 결혼 후에는 여자주인공이 주도권을 잡고 남자주인공에 대한 압박을 하면서 남자주인공이 여자주인공에게 상당히 길들여진다는 점,

⑪ 처가에 들른 주인공 부부는 장모에게서 자신의 동서가 될 사람과의 차별을 경험하고 처갓집을 나와 버리는 사태가 발생한다는 점, ⑫ 남자주인공의 어머니들은 결혼 이후로 집안에서 자신의 발언권을 강화하고자 노력한다는 점 등이 동일하거나 유사하게 전개되는 사실을 알 수 있는바, <u>이 부분은 구체적인 줄거리나 사건 전개의 측면에서 포괄적, 비문자적 유사성이 인정되는 부분에 해당한다.</u>

　　다) 피고들의 주장에 관한 판단

　　피고들은 소설이나 희곡과 같은 '가공적 저작물(fictional works)'에서 그 작품에 내재되어 있는 보호받지 못하는 아이디어가 전형적으로 예정하고 있는 사건들(전형적 장면, 필수장면)이라든가 등장인물의 성격타입 등과 같은 요소들에 대하여는 설사 그러한 요소들이 표현에 해당하는 것이라 하더라도 저작권의 보호를 받을 수 없는 것인바(이른바 Scenes a Faire 이론), 위 나)항에서 유사하다고 지적되는 ① 내지 ⑫ 부분은 아이디어에 해당하는 것이거나 필수장면에 해당하는 것으로서 저작권법상 보호받지 못하는 것이므로 이 부분이 유사하다고 하여 실질적 유사성을 인정할 수는 없는 것이라고 주장하나, <u>위 내용들은 구체적인 줄거리에 해당하는 것으로서 아이디어 부분이라고 볼 수는 없고, 사실저작물, 역사저작물, 기술적(기능적) 저작물, 편집저작물과는 달리 극적 저작물의 경우는 일정한 소재나 주제 또는 추상적 줄거리에 대하여 표현방법이 매우 다양할 수 있다는 점에서 전형적인 필수장면에 해당한다고도 볼 수 없으므로 피고들의 이 부분 주장은 이유 없다.</u>

　　▷NOTE : 위 판결은 구체적인 사건 전개 등의 면에서 유사한 것을 포괄적·비문언적 유사성으로 인정한 대표적 사례의 하나이다.

　　(다) 아이디어와 표현의 구별

§27-14　　'저작물'에 관한 장에서 설명한 바 있는 아이디어와 표현의 구별이론은 실질적 유사성의 판단에 있어서 매우 중요한 기준이 되고 있다. 즉 저작권법의 보호대상은 아이디어가 아니라 표현이므로 양 저작물의 추상적 아이디어가 아닌 '표현'에 있어서의 유사성이 실질적 유사성이라는 것이다. 그러나 이러한 이론을 구체적인 사건에서 어떻게 적용해야 할지는 대단히 어려운 문제이다.

　　이 문제에 관하여 미국의 판례·이론상으로 두 가지의 중요한 테스트가 제시되고 있다. 그 중 하나가 추상화이론(abstractions test)이고, 다른 하나는 유형이론(pattern test)이다.

　　1) 추상화이론(abstractions test)

§27-15　　추상화이론이란 미국연방 제 2 항소법원의 저명한 Learned Hand 판사가 Nichols v. Universal Pictures Co. 사건 판결[1] 등에서 주장한 이론으로서, "어떤 작품, 특별히 희곡작품의 경우에 그 작품에서 다루고 있는 구체적인 사건이나 표현들을 하나 하나 제거하면서 추상화해 나가면 점차 일반적이고 정형화된 구조나 형태만이 남게 되고, 결국에는 그것이 무엇에 관한 작품인가 하는 작품의 주제, 더 나아가서는 그 작품의 제목만이 남는 단계에 이르게 된다. 이와 같이 추상화를

---

1 Nichols v. Universal Pictures Co., 45 F. 2d 119, 121(2d Cir. 1930).

해 나가는 많은 단계들 중 어느 단계인가에 그 부분을 보호하면 표현이 아닌 아이디어를 보호하는 결과를 초래하게 되는 경계선이 있다"고 하는 것이다. 이 이론은 아이디어와 표현을 구별하는 데 있어서 실제적인 도움을 주는 방법론이기는 하나, 정확하게 어떠한 부분이 그 경계선이 되어야 할 것인지에 대하여 명확히 제시해 주고 있지는 않다는 점이 한계이다.[1]

2) 유형이론(pattern test)

유형이론은 위와 같은 추상화이론의 한계를 보완하기 위하여 Zechariah Chafee 교수에 의해 주장된 이론이다. 그는 표현과 아이디어 사이의 경계선을 찾아내는 어려운 문제와 관련하여 "의심할 여지 없이 그 경계선은 저자의 아이디어와 그가 사용한 정교한 패턴 사이의 어딘가에 놓여 있다. 나는 저작권의 보호범위가 저작물의 '패턴', 즉 사건의 전개과정(the sequence of events)과 등장인물들 간의 상호작용의 발전(the development of the interplay of characters) 등 요소에까지 미친다고 본다"고 주장하였다. §27-16

이 이론을 구체적으로 설명해 주는 가장 전형적인 보기가 바로 희곡 「로미오와 쥴리엣」이다. 셰익스피어의 이 작품이 아직 저작권 보호를 받는다고 가정한다면, 누구든지 그 줄거리를 그대로 유지한 채 등장인물의 말투 따위만 각색하여 다른 작품으로 복제해 내는 것은 허용되지 않지만, 서로 적대적인 두 가문에 속한 남녀 사이의 사랑이라는 아이디어만을 차용하는 것은 허용된다. 지금까지 수많은 작품이 그러한 아이디어를 빌려 쓰여졌다. 추상화이론이 처음으로 표명된 Nichols v. Universal Pictures Co. 사건에서 문제된 "Abie's Irish Rose"라는 희곡도 그러한 아이디어를 차용한 한 예로서, 이 작품과 「로미오와 쥴리엣」 사이에는 유형이론에 의할 때 '실질적 유사성'이 없는 것으로 분석된다고 한다. 그러나 우리에게도 뮤지컬이나 영화로 유명한 "West Side Story"의 경우는 그렇지 않다. 유형이론을 적용하여 이 작품을 「로미오와 쥴리엣」과 비교해 보면, 「로미오와 쥴리엣」의 기본적인 아이디어뿐만 아니라 등장인물의 상호작용, 나아가 사건의 핵심적인 전개과정 등이 차용된 것을 알 수 있다. 즉 두 저작물에는 다음의 요소들이 공통적으로 발견된다.

1) 소년과 소녀는 서로 적대적인 가문에 속해 있다.
2) 그들은 무도회에서 만난다.
3) 그들은 밤에 발코니에서 서로의 사랑을 확인한다.
4) 소녀는 다른 사람과 약혼한다.
5) 그들은 결혼을 맹세한다.
6) 적대적인 두 가문의 사람들이 만나게 되고, 소녀의 사촌오빠(오빠)가 소년의 가장 친한 친구

---

1 Melvil B. Nimmer, David Nimmer, *op. cit.*, pp. 13-31~32; 정상조 편, 지적재산권법강의(이성호 부장판사 집필부분), 305~306면 참조.

를 살해한다.

　　7) 이러한 사건은 소년이 폭력을 피하기 위해 자신의 친구의 손을 잡았기 때문에 벌어진다.

　　8) 보복하기 위하여 소년은 소녀의 사촌오빠(오빠)를 살해한다.

　　9) 결과적으로 소년은 망명한다(은신한다).

　　10) 소녀가 소년에게 만나자는 연락을 보낸다.

　　11) 위 연락은 소년에게 전달되지 않는다.

　　12) 소년은 소녀가 죽었다는 잘못된 연락을 받는다.

　　13) 슬픔에 겨워 소년은 스스로 목숨을 끊는다(자신이 살해되도록 한다).

위 13가지의 항목은 비교대상이 되는 두 작품 사이의 많은 상이한 세부사항과 몇 가지의 중요한 이야기들을 생략시킨 어느 정도의 추상화과정을 거친 '서술적 묘사'(description)를 구성하는 것들로서, 이러한 '서술적 묘사'는 두 작품 안에 있는 핵심적인 사건전개와 등장인물의 상호작용을 드러내 줄 만큼 충분히 구체적이므로, 유형이론의 테스트에 의할 때 양 작품의 '표현'에 있어서 실질적 유사성이 있다고 보게 되는 것이다.1

미국의 판례 중에서 이 이론의 적용을 거부한 판례도 더러 있으나, 대부분의 판례에서 이 이론을 실질적 유사성판단에서 수용하고 있다. "소설에 있어서의 저작권은 사용된 대화의 형식이나 구조뿐만 아니라 이야기의 패턴(the pattern of story)에도 미친다"고 하여 명시적으로 유형(패턴)이론의 수용을 밝히고 있는 판례2도 있다.

우리나라의 판례도 기본적으로 이러한 유형이론을 수용하고 있는 것으로 생각된다. "양 저작물 사이의 실질적 유사성을 인정하기 위해서는 단순히 사상(idea)·주제(theme)가 같다는 것만으로는 부족하고, 사건의 구성(plot) 및 전개과정과 등장인물의 교차 등에 공통점이 있어야 한다"는 취지로 판시한 서울민사지방법원 1990. 9. 20. 선고 89가합62247 판결3이 그 전형적인 예이다. 아이디어와 표현의 구별이론을 수용한 대법원 판결4에서 "저작권법에 의하여 보호되는 저작물은 학문과 예술에 관하여 사람의 정신적 노력에 의하여 얻어진 사상 또는 감정의 창작적 표현물이어야 하므로 저작권법이 보호하고 있는 것은 사상·감정을 말·문자·음·색 등에 의하여 구체적으로 외부에 표현한 창작적인 표현형식이고, 표현되어 있는 내용 즉 아이디어나 이론 등의 사상 및 감정 그 자체는 설사 그것이 독창성·신규성이 있다 하더라도 <u>소설의 스토리 등의 경우를 제외하고는</u> 원칙적으로 저작물이 될 수 없다"고 하여 마치 소설의 스토리 등은 '아이디어'임에도 불구하고 보호되는 예외적인 경우인 것처럼 설시하고 있는 것은 유형이론과 다른 관점에 터잡은 것이라

---

1 이상은 Melvil B. Nimmer, David Nimmer, *op. cit.*, pp. 13-32～34 참조.

2 Grove Press, Inc. v. Greenleaf Publishing Co., 247 F. Supp. 518(E.D.N.Y. 1965).

3 서울고등법원 1991. 9. 5. 선고 91라79 판결도 같은 취지를 나타내고 있다.

4 대법원 1993. 6. 8. 선고 93다3073, 93다3080 판결 등.

기보다는 같은 입장을 취하면서 단지 그 표현을 부정확하게 한 것이라고 보는 것이 온당할 것이다.[1] 즉 소설의 스토리 등은 아이디어가 아니라 '비문언적 표현'(또는 '내재적 표현')에 해당하는 것으로 보는 것이 판례의 취지이다.

물론 사건의 전개과정이 모두 저작권으로 보호되는 것은 아니며 사건의 전개과정이 충분히 구체적이어서 표현의 영역에 해당하고 타인의 작품 등을 모방하지 않은 것으로서 창작성을 인정받을 수 있어야만 보호될 수 있는 것이다.[2]

3) 저작물의 종류에 따른 검토

위에서 소개한 유형이론은 특히 소설·희곡 등의 어문저작물에 있어서 아이디어와 표현의 구별에 관한 기준을 제시해 주는 유용한 이론이다.[3] 아이디어·표현 이분법을 잘못 이해할 경우에는 소설에서의 사건의 구성이나 전개과정 등도 모두 작가의 아이디어에 속하는 것이고 구체적인 문장표현('문언적 표현')만을 표현이라고 생각할 수도 있으나, 사건의 구성 등도 저작자의 사상의 '비문언적 표현'에 해당한다고 볼 수 있다.[4] 다만, 소설 등의 추상적 기법, 어떤 주제를 다루는 데 있어 전형적으로 수반되는 사건이나 배경[5] 및 추상적인 인물유형은 아이디어의 영역에 속하는 것들이므로 보호받을 수 없다. 사건전개, 등장인물의 상호작용 등이 보호대상인 표현에 속하

§27-17

---

1 이러한 대법원 판결에 내포된 논리적·실제적 문제점에 대하여 보다 강도 높은 비판을 가하고 있는 예로는 박성호, "저작물의 보호범위 – '희랍어분석방법' 사건," 한국저작권판례평석집 제 1 집, 저작권심의조정위원회, 23면을 들 수 있다. 그런데 그 후에 나온 대법원 1998. 7. 10. 선고 97다34839 판결에서는 "저작권의 보호대상은 학문과 예술에 관하여 사람의 정신적 노력에 의하여 얻어진 사상 또는 감정을 말·문자·음·색 등에 의하여 구체적으로 외부에 표현한 창작적인 표현형식이고, 표현되어 있는 내용, 즉 아이디어나 이론 등의 사상 및 감정 그 자체는 설사 그것이 독창성·신규성이 있다 하더라도 원칙적으로 저작권의 보호대상이 되지 아니하나, <u>소설의 줄거리의 경우에는 저작자의 창작성이 나타난 구체적인 부분은 표현형식으로서 보호받는 부분도 있다 할 것</u>"이라고 판시하여 이 점을 교정하고 있는 것으로 보인다.

2 서울중앙지방법원 2014. 7. 17. 선고 2012가합86524 판결은 "사건의 전개과정은 유사성 판단에 있어서 중요한 비중을 차지하는 요소로서, 사건의 전개과정이 유사하다고 하기 위해서는 이야기 속에 등장하는 사건들의 내용이 유사하여야 하고, 그 사건들이 유사한 방법으로 배열, 조합되어야 한다. 표현성이 인정되는 사건의 전개과정 사이에서도 그 표현성의 구체성은 다양한데, 구체성이 높은 전개과정의 유사성은 고려하여야 할 요소이지만 구체성이 낮은 전개과정의 유사성만으로 곧바로 실질적 유사성이 인정되는 것은 아니다. 따라서 사건의 전개과정에서 나타나는 구체성과 다양성에 있어서 차이가 큰 경우는 비록 포괄적으로 보면 사건의 전개과정에 있어서 유사한 점이 발견된다고 하더라도 실질적 유사성을 인정하기 어렵다."라고 판시하였다.

3 이 이론은 기능적 저작물의 경우에는 그대로 적용하기 어려운 면이 있다. 특히 컴퓨터 프로그램의 경우에는 위 유형이론과 상당히 유사한 이론이라고 할 수 있는 구조·순서 및 조직이론(SSO이론)의 경우, 기능적 저작물인 컴퓨터 프로그램의 보호범위를 지나치게 확장 하는 것은 부당하다는 이유로 많은 비판을 받은 바 있다(§27-32 참조).

4 일본에서는 표현형식을 내면적 형식과 외면적 형식으로 나누고, 내면적 형식을 더 중요시하는 견해가 통설이라고 한다(半田正夫, 著作權法の現代的課題, 144면 참조). 그 견해에 의하면 저작물의 외면적 형식은 저작물의 사상을 문자·색·음 등을 의미하고, 내면적 형식은 외면적 형식에 대응해서 저작자의 내심에 일정한 질서로써 형성되는 사상체계를 말한다고 하며, 외면적 형식에 동일성이 있더라도 내면적 형식에 동일성이 없으면 저작권침해를 인정할 수 없다고 한다.

5 이를 필수장면(scenes a faire)이라고 하고, 이를 보호대상에서 제외하는 이론을 필수장면의 원칙(scenes a faire doctrine)이라 한다(§3-38 참조).

는가 그렇지 않은가는 결국 그것이 어느 정도로 추상성을 탈피하여 구체적이고 특징적인가 하는
데 의존하는 것이다. 같은 어문저작물이라도 소설·동화 등과 희곡·영화각본 등과 같은 극적인
저작물(dramatic works)은 그 특성이 서로 다르기 때문에 '표현'으로 인정되는 내용에 있어서도 약
간의 차이가 있다. 즉 전자의 경우는 주제나 줄거리, 사건, 등장인물 등을 산문체의 문장으로 상
세하게 묘사하면서 얼마든지 발전시켜 나갈 수 있으므로, 그렇지 못한 극적인 저작물과는 달리
전체적인 줄거리나 주제·사건들보다는 그것을 세밀하게 묘사한 부분이 표현으로 인정될 가능성
이 더욱 높다.[1]

§27-18   한편 사건 및 전개과정 자체에 허구성이 없는 역사적·전기적 저작물이나 논픽션저작물의 경
우에 있어서는 사건 및 전개과정이 저작자에게 고유한 표현의 영역이 아니므로 보호받을 수 없
고,[2] 이 경우에는 저작자가 단순한 사실을 얼마나 자신의 독창적인 문장형태로 다듬어 표현하였
는가 하는 점과 일련의 사실들을 단지 연대적 순서로 기술하는 것에서 더 나아가 거기에 얼마나
자신의 독창적인 판단과 기량을 적용하여 사실을 배열하고 재해석하였는가 하는 두 가지 관점에
서 저작권 보호대상인 표현에 해당하는지 여부를 따지게 된다.[3]

§27-19   학술이론이나 사실정보에 관한 저작의 경우에는 그 속의 독창적인 이론이나 학설 또는 사실
정보 등은 모두 저작권의 보호대상인 '표현'의 영역이 아니라 그 보호대상이 아닌 '아이디어'의 영
역에 속하는 것이므로, 그 이론 등을 이용하더라도 구체적인 표현을 베끼지 않는 한 저작권침해를
구성하지 아니한다.[4] 다만, 교과서나 논문 등의 경우에 그 속에 포함된 문언적 표현뿐만 아니라
서술의 순서, 설명양식, 제시하는 방법 등도 창작성이 있는 한 보호의 대상이 됨[5]을 유의하여야
한다. 또한 공지의 사실 또는 일반상식에 속하는 사실이라도 그것을 어떻게 표현하는지는 각자의
개성에 따라 달라질 수 있으므로 그 구체적인 표현에 창작성이 있는 한 저작물로서 보호된다.[6]

---

1 정상조 편, 지적재산권법강의(이성호 부장판사 집필부분), 313~314면 참조.
2 역사소설에 관한 판례인 Streeter v. Rolfe, 491 F. Supp. 416, 209 U.S.P.Q. 918(1980, WD La) 참조. 다만, 역사소
   설이 많은 허구적인 부분을 포함하고 있을 경우에 그 허구적인 부분의 사건들은 보호가능한 영역에 포함될 것이다.
   한편, 역사적 사실만이 비보호 영역에 있는 것이 아니라, 역사적 사실에 대한 새로운 학술적 해석도 아이디어의 영역에
   해당하여 보호를 받지 못하는 것으로 본다. '석굴암 그 이념과 미학' 사건에 대한 2심 판결인 서울고등법원 2014. 1.
   13. 선고 2013나33609 판결이 "원고의 서적 중 토함산 근처에 축성공사에 동원된 백제유민의 거류지가 있었을지 모
   른다는 부분, 퇴임한 D가 왕실 및 조정과 일정한 거리를 두고 토함산에 은둔하다시피 사찰 건립에만 매진하였다는
   서술 부분은 역사적인 사실에 대한 새로운 학술적 해석으로서 아이디어 영역에" 속한다고 판시한 것(§3-26-1 NOTE
   참조)이 그것을 말해준다.
3 정상조 편, 전게서, 330면 참조.
4 예컨대 다른 사람이 쓴 초고를 보고 그 속의 독창적인 이론이나 새로운 정보를 이용하여 마치 자신의 것인 양 발표하
   는 경우와 같이 '아이디어의 부정이용'에 해당하는 경우에 불법행위 또는 부당이득의 법리가 원용될 가능성은 있다고
   생각한다. 그러나 어떤 경우에도 표현을 베끼지 않는 한 저작권법의 적용은 있을 수 없다.
5 Orgel v. Clark Booardman Co., 301 f.2d 119(2d Cir. 1962); 대법원 1997. 9. 29.자 97마330 결정 참조.
6 "日照權"이라는 주제에 관하여 변호사가 쓴 법률논문의 저작물성이 다투어진 사건에서 일본 東京地方裁判所 昭和
   53. 6. 21. 판결은 "저작물임을 긍정하기 위한 요건으로서의 창작성은 표현의 내용인 사상에 대해 요구되는 것이 아니

미술저작물의 경우에는, 예컨대 원고가 만든 인형과 피고가 만든 인형이 흡사하더라도 그 유 §27-20
사성이 특정한 종류의 인형이 보편적으로 가지는 특성이나 속성 또는 보편적 제작기법에 기한 것
으로 인정되면, 그 경우 원고의 저작물의 '표현'이 도용된 것이 아니므로 저작권침해를 구성하지
않는다.[1]

컴퓨터 프로그램 등의 기능적 저작물의 경우에는 합체(merger)의 원칙(§3-35 참조)이 적용되는 §27-21
경우가 많다. 이 원칙은 요컨대 어떠한 아이디어를 표현하는 방법이 오직 하나뿐이거나 그렇지
않더라도 선택의 폭이 극도로 제한된 경우에는 그 표현은 보호될 수 없다는 것이다.

아이디어와 표현의 구별이론에 따라 저작물에 내포된 아이디어를 제외한 표현의 부분만 비
교하여 실질적 유사성을 부정한 예로는 다음의 판례들을 들 수 있다.

판 례

❖ 서울고등법원 2003. 12. 16. 선고 2003나6530 판결 ― 소설 "비명을 찾아서" 사건 §27-22
소설에 있어서의 대체역사 기법은 이 사건 소설의 '전제'부분(갑 제 1 호증, 상권 제9, 10쪽)에서
밝힌 것처럼 이 사건 소설만의 독특한 기법이 아니라 외국에서 1950년대부터 사용되어 온 것이고, 이
사건 영화가 대체역사의 분기점이 되는 상황과 시대적, 역사적 배경을 이 사건 소설과 동일하게 설정
하고 이러한 가정하에 역사가 전개됨을 전제로 하였다고 하더라도 이는 아이디어의 영역에 속하는 부
분으로서 이러한 아이디어가 외부에 창작적인 표현형식으로 나타나 구체화되지 않는 한 이러한 소설의
기법을 차용하였다는 것만으로는 실직적인 유사성이나 종속관계를 인정할 수 없다고 할 것이다.

❖ 대법원 2000. 10. 24. 선고 99다10813 판결 ― "까레이스키" 사건 §27-23
1. 저작권의 보호 대상은 학문과 예술에 관하여 사람의 정신적 노력에 의하여 얻어진 사상 또는
감정을 말, 문자, 음, 색 등에 의하여 구체적으로 외부에 표현한 창작적인 표현형식이고, 표현되어 있는
내용 즉 아이디어나 이론 등의 사상 및 감정 그 자체는 설사 그것이 독창성, 신규성이 있다 하더라도
원칙적으로 저작권의 보호 대상이 되지 않는 것이므로, 저작권의 침해 여부를 가리기 위하여 두 저작
물 사이에 실질적인 유사성이 있는가의 여부를 판단함에 있어서도 창작적인 표현형식에 해당하는 것만
을 가지고 대비하여야 할 것이며(대법원 1999. 11. 26. 선고 98다46259 판결 참조), 소설 등에 있어서
추상적인 인물의 유형 혹은 어떤 주제를 다루는 데 있어 전형적으로 수반되는 사건이나 배경 등은 아
이디어의 영역에 속하는 것들로서 저작권법에 의한 보호를 받을 수 없다고 할 것이다.

라 표현의 구체적 형식에 대해 요구되는 것이고, 공지의 사실 또는 일반상식에 속하는 사항에 대하여도 이것을 어떻
게 감득하고 어떠한 언어를 사용하여 표현하는가는 각자의 개성에 따라 다를 수 있으므로 (원고저작의) 記述 중 공
지의 사실을 내용으로 하는 부분이 존재한다고 하더라도 그것을 가지고 바로 창작성이 없다고 할 수는 없고, 그 구
체적인 표현에 창작성이 인정되는 한 저작물성을 긍정해야 한다"고 하였다. 最新著作權關係判例集 II-1, 203~204
면 참조.

1 Original Appalachian Artworks., Inc. v Blue Box Factort(USA) Ltd., 577 F. Supp. 625, 222 U.S.P.Q. 593
(1983, SD NY) 참조.

2. 원심 판결 이유에 의하면, 원심은 그 판시와 같은 사실을 인정한 다음 피고측의 드라마 '까레이스키'의 제작을 위해 이상현이 쓴 1차 시놉시스는 원고의 소설 '텐산산맥'이 출간되기 전에 완성되었으므로 의거관계가 처음부터 성립될 여지가 없으나, 김주현 등이 그 2차 시놉시스를 완성한 뒤 방송대본을 집필하고 실제 '까레이스키'가 제작될 시점에는 피고측의 연출가 장수봉이 적어도 소설 '텐산산맥'의 존재를 이미 알고 있었다 할 것이어서 드라마 '까레이스키'는 소설 '텐산산맥'에 의거하여 그것을 이용하여 저작된 것으로 추정되고, 또한 두 작품 모두 일제치하에 연해주로 이주한 한인들의 삶이라는 공통된 배경과 사실을 소재로 주인공들의 일제 식민지로부터 탈출, 연해주 정착, 1937년 스탈린에 의한 한인들의 중앙아시아로 강제이주라는 공통된 전개방식을 통해 제정 러시아의 붕괴, 볼셰비키 혁명(1917년), 적백내전, 소련공산정권의 수립, 스탈린의 공포정치 등 러시아의 변혁 과정에서 연해주와 중앙아시아에 사는 한인들이 어떠한 대우를 받았고 어떻게 적응하며 살아왔는지 그 실상을 파헤치고 있다는 점에서 유사한 면은 있지만, 이는 공통의 역사적 사실을 소재로 하고 있는 데서 오는 결과일 뿐이고, 양자의 실질적 동속성 내지 종속성에 관하여 살펴볼 때 소설 '텐산산맥'은 이야기의 구성이 단조롭고 등장인물의 발굴과 성격도 비교적 단순한 데 반하여, 드라마 '까레이스키'는 등장인물의 수나 성격이 훨씬 다양하고 사건의 전개방식도 더 복잡하며 이야기의 구성이나 인물의 심리묘사 등도 보다 치밀하고, 극 전체의 완성도, 분위기 및 기법 등에 상당한 차이가 있는 점, 드라마 '까레이스키'의 등장인물의 설정과 성격, 이야기의 구성, 사건의 전개방식 등에 있어 상규의 연해주 탈출, 항일운동, 기순과의 결혼, 시베리아 유배, 강제수용소 탈출, 남영의 공산당 여성간부로서의 활동, 상규 2세의 뒷바라지, 기철의 공산당 간부로서의 활약, 기순의 고리대금업, 정신 이상 등의 기본적인 줄거리는 원고의 소설 출간 이전에 작성된 이상현의 1차 시놉시스 및 방송대본과 크게 다른 점이 없는 점, '까레이스키'라는 드라마의 제목이나, 양 저작물에서 사랑하는 사람을 그리워하는 남자 주인공의 모습, 남녀 한 쌍의 주인공이 눈 속에서 헤매는 모습, 송월선생과 성암선생, 여자 주인공의 직업과 러시아 의사와의 관계 설정, 1937년 강제이주의 상황묘사, 연해주 망명과 유격대 독립운동사 등에 관하여도 저작권 보호의 대상이 되지 않거나 원고의 소설 출간 이전부터 예정된 줄거리라는 점 등 <u>전체적으로 볼 때 드라마 '까레이스키'는 원고의 소설과는 완연히 그 예술성과 창작성을 달리 하는 별개의 작품이라 할 수 있고 양자가 실질적으로 동일하다거나 종속적인 관계에 있음을 인정하기 어려워</u> 드라마 '까레이스키'가 소설 '텐산산맥'의 저작권을 침해하였다고 인정되지 않는다고 판단하였다.

기록과 앞서 본 법리에 비추어 살펴보면 원심의 이와 같은 사실인정과 판단은 옳고, 거기에 채증법칙 위배로 인한 사실오인이나 심리미진, 이유모순, 혹은 저작권 침해에 대한 법리오해 등의 위법이 있다고 할 수 없다.

❖대법원 1997. 9. 29.자 97마330 결정—"12시간 속독법" 사건

§27-24   신청인저작의 '4차원 속독법'과 강의록, 피신청인저작의 '12시간 속독법'을 대비하여 보면, 피신청인이 신청인의 '4차원 속독법'과 강의록에 저술된 학술적·이론적 내용, 즉 <u>신청인이 개발한 독창적인 속독법에 관한 기본원리나 아이디어 중 일부를 이용하여 '12시간 속독법'을 저술하였음을 엿볼 수 있으나,</u> 피신청인이 '4차원 속독법'과 강의록의 내용 중 속독법의 기본원리나 아이디어 자체 이외에 창작적

인 표현형식을 무단이용하여 '12시간 속독법'을 저술하였는지에 관하여 보면, '12시간 속독법'이 '4차원 속독법'의 표현 전부를 그대로 베낀 것으로 인정할 수 없음은 분명하고, 양 저작물 사이에 그 표현 중 일부에 있어서 일응 유사하다고 볼 수 있는 부분이 있기는 하나 유사부분 중 일부는 '4차원 속독법' 발행 전의 간행물에 거의 동일하거나 매우 유사한 표현이 있어 신청인의 독창적인 표현이라 할 수 없고, 나머지 유사부분은 양 저작물의 목차가 많이 다르고 '12시간 속독법'의 표현이 '4차원 속독법'의 표현과 상당히 차이가 나는 이상, 서술의 순서나 용어의 선택 또는 표현방법 등 문장표현상의 각 요소가 현저하게 실질적으로 유사하여 '4차원 속독법'의 재제 또는 동일성이 인식되거나 감지되는 정도에 이르지 아니하므로, 피신청인이 신청인의 저작권을 침해하였다고 볼 수 없다.

❖대법원 1993. 6. 8. 선고 93다3073, 93다3080 판결 — "희랍어분석방법" 사건 　§27-25
　　피고가 그의 강의록에서 원고에 의하여 도용당했다고 주장하는 내용 중 먼저 원심 판결 별지 4.의 제 1-5 항의 각 기술부분은 히브리어와 희랍어의 특성과 신약이 희랍어로 구약이 히브리어로 기록되어 있다는 사실에 대한 단순한 기술이거나 희랍어의 학습방법에 관한 것으로서 피고가 독창적으로 창작한 것이라고 보기 어려울 뿐 아니라, 이러한 학술적인 내용은 저작권의 보호대상인 표현의 영역에 속하는 것이 아니라 보호대상이 아닌 아이디어의 영역에 속하므로 그 이론을 이용하더라도 구체적인 표현까지 베끼지 않는 한 저작권의 침해로 인정되지 아니할 것인바, 원고의 저작물이 피고 강의록의 구체적인 표현까지 그대로 베꼈다고 인정되지 아니하므로 피고 저작권의 침해가 있다고 볼 수 없다. 다음으로 위 별지 4.의 제 7-13항의 각 기술부분은 희랍어의 문법에 관한 단어의 음절구분과 이를 가로로 그은 선에 수직선을 넣어 도식화하여 그 명칭, 액센트의 종류와 규칙, 액센트의 일반원리 등 희랍어의 문법적 특성에 관한 설명으로서, 위와 같은 문법적 특성은 동일한 사실에 관하여 여러 가지 표현형식이 있을 수 있는 문예작품과 달리 그 성질상 표현형식에 있어서 개성이 있기 어려울 뿐 아니라, 피고가 사용하기 이전부터 보편적으로 사용되어 온 것임을 알 수 있으므로 피고의 강의록 중 위 부분이 독창적으로 표현된 것이라고 인정할 수 없고, 또 위 부분에 관한 설명을 함에 있어서 사용된 용어도 종래부터 사용되어 온 문법용어로서 저작권의 보호대상인 저작물이라고 볼 수 없으므로 원고가 그의 저서에서 피고의 강의록과 유사한 내용을 인용하고 있다 하더라도 저작권의 침해가 된다고 할 수 없다.

위 판례들과 같이 아이디어와 표현의 구별이론을 적용하였으나, 결론에 있어서는 표현에 있어서의 실질적 유사성이 인정된다는 이유로 저작권침해를 인정한 사례로는 다음의 판례를 들 수 있다.

📖 판 례

§27-26 ❖서울고등법원 1998. 8. 12. 선고 97나53696 판결 — "고려수지요법강좌" 사건[1]

… 피고는 원고의 수지침이론은 독창적인 것이 아니라 전통한의학의 이론이나 기존의 다른 서적에 소개된 이론 등을 그대로 인용·응용한 것에 불과하므로 원고는 위 고려수지요법강좌에 대한 저작권을 취득하지 못하였고, 나아가 피고도 위와 같은 이론에 근거하여 이를 정리한 것이므로 원고의 저작권을 침해한 것은 아니라는 취지로 주장하므로, 살피건대 이 사건에 문제된 바와 같이 수지침이론이라는 하나의 학술이론을 내용으로 하는 저작물에 있어 저작권으로 보호되는 것은 그 학술이론 자체가 아니라 그 저작물에 나타난 학술이론저술의 표현방식이라 할 것이고, 한편 저작권법상의 저작물이기 위한 요건으로서의 창작성이란 완전한 의미의 독창성을 말하는 것이 아니라 단지 어떠한 작품이 남의 것을 단순히 모방한 것이 아니고 작가 자신의 독자적인 사상 또는 감정의 표현을 담고 있음을 의미할 뿐인데, 원고의 경우 <u>비록 기존의 전통한의학이론이나 다른 서적들에 의하여 이미 소개된 상응요법, 오지의 진단법 등의 이론을 그 기초로 하기는 하였으나 이를 체계적으로 정리하여 앞서 본 바와 같이 새로운 수지침이론을 정립하였음은 물론 이를 원고 나름대로의 표현방식에 따라 위 고려수지요법강좌에 표현하여 저술한 이상 이는 원고의 창조적인 정신적 노작으로서의 성격을 가지고 있다 할 것이고, 거기에 일부 기존의 이론 등이 포함되었다 하여 이를 달리 볼 것이 아닌바, 이와 같은 이유로 원고의 위 고려수지요법강좌는 저작권법에 의하여 보호되는 저작물로서의 창작성을 갖고 있다 할 것이고, 나아가 피고는 이러한 원고저술의 위 고려수지요법강좌를 실질적으로 복제하였음은 앞서 본 바와 같으므로</u>(즉 피고저술의 이론이 기존에 이미 소개된 이론이라 하더라도 앞서 본 피고의 행위가 저작권의 침해가 되지 않는 것은 아니라 할 것이다), 피고의 위 주장은 모두 이유 없다 할 것이다.

§27-27 ❖서울지방법원 1999. 7. 23. 선고 93가합16239 판결[2]

〈사실관계〉

의학·영양학 전문도서 출판업자인 (주)라이프사이언스패밀리(원고)는 '엘에스에프(LSF) 통신강좌'라는 소책자를 제작하였는데, 피고는 그 내용 중 일부를 무단으로 비디오테이프에 담아 제작하고 발행하였다.

재판부는 매주 1회씩 40회에 걸쳐 제작된 '엘에스에프 통신교육강좌' 각호의 기술내용 일부가 피고가 제작한 테이프 8, 9, 11, 13, 14, 23, 24번에 동일하게 옮겨진 사실을 인정한 후 다음과 같이 판시하였다.

〈법원의 판단〉

원고의 '엘에스에프 통신교육강좌'와 같이 의학지식 등 학술적인 이론을 내용으로 하는 저작물에서 저작권으로 보호되는 것은 학술이론 자체가 아니라 저작물에 나타난 학술이론 저술의 '표현방식'이라 할 것이고, 저작권법상의 저작물이기 위한 요건으로서의 창작성이란 완전한 의미의 독창성을 말하는 것이 아니라 단지 어떠한 작품이 남의 것을 단순히 모방한 것이 아니고 작가 자신의 독자적인 사상

---

1 대법원 1999. 11. 26. 선고 98다46259 판결에 의하여 상고기각으로 확정되었다.
2 저작권심의조정위원회, 저작권소식 제65호, 6면.

또는 감정의 표현을 담고 있음을 의미하는 것인데, 원고의 경우 비록 기존의 의학지식이나 다른 서적들에 의하여 이미 소개된 각종 치료요법 등의 이론을 기초로 하기는 하였으나 이를 체계적으로 정리하여 원고 나름대로의 표현방식에 따라 '엘에스에프 통신교육강좌'를 저술한 이상 이는 원고의 창조적인 정신적 노작으로서의 성격을 가지고 있다 할 것이고 거기에 일부 기존의 이론 등이 포함되어 있다고 하여 이를 달리 볼 것은 아니므로 '엘에스에프 통신교육강좌'는 저작권법에 의해 보호되는 저작물로서의 창작성을 가지고 있다.

이 사건 테이프 중에는 "소화관은 입에서 항문에 이르는 약 9m쯤 되는 길다란 관으로 되어 있다. 구강＞인두＞식도＞위＞12지 장＞소장＞대장(맹장＞상행결장＞횡행결장＞하행결장＞S자결장＞직장)＞항문의 순서가 된다"는 부분과 같이 기존의 이론지식에 근거하여 동일한 내용으로 서술될 수밖에 없는 부분이 있고 원고의 '엘에스에프 통신교육강좌'의 문어체적인 어문형식과는 달리 경어의 구어체로 이루어진 구술형식을 취하고 있으며, 피고 제작자 나름의 부가설명이 첨가되어 있기는 하나, 8, 9, 11, 13, 14, 23, 24 테이프의 전체 내용 중 양자가 동일하다고 인정되는 부분이 그 일부라고 할지라도 이는 각 테이프의 전체적인 구성에 있어 본질적인 내용을 이루고 있고, 이 부분을 '엘에스에프 통신교육강좌'와 비교하여 보면 <u>그 구성요소 중 주제와 구성, 서술순서, 표현방법과 서술내용 등의 면에서 공정한 인용 내지 양적 소량의 범위를 넘어서 실질적으로 유사하다고 여겨질 뿐 아니라 원고의 저작물 속의 특정한 행이나 절 기타 세부적인 부분이 복제되어 문장 대 문장으로 대칭되는 유사성 또한 인정된다.</u>

한편, 피고 출판자 역시 앞서 저작·배포된 동종 서적 등을 조사하여 보는 등으로 통상 기울여야 할 출판업자로서의 주의의무를 게을리 하여 원고의 '엘에스에프 통신교육강좌'의 일부 내용을 무단 이용한 이 사건 테이프를 제작, 판매한 과실이 있는바, 원고는 피고들에게 이 사건 테이프 중 8, 9, 11, 13, 14, 23, 24 전체의 폐기를 구할 수 있고 아울러 손해배상을 구할 수 있다.

(라) 외관이론 및 '청중테스트'

외관이론은 1970년 미국의 연방 제 9 항소법원이 축하카드(greeting card)의 저작권침해 여부가 문제된 사건[1]에서 두 작품의 유사성 여부를 판단함에 있어서 처음으로 '전체적인 관념과 미감'(total concept and feel)이라는 용어를 사용한 데서 비롯되었다. 이 이론은 두 저작물 사이의 유사성을 판단함에 있어서는 전문가의 분석에 의존하는 것보다 문제된 저작물이 의도하고 있는 통상의 청중의 '전체적인 관념과 미감'에 의하여 판단하는 것이 더욱 적합하다고 주장하는 것이다. 전문가가 아닌 일반청중의 판단에 의존한다는 점에서 '청중테스트(audience test)'라고도 한다.

지금까지 이 이론이 적용된 예는 위의 '축하카드' 외에 아동용 도서,[2] 인형,[3] 포스터,[4] TV

§27-28

---

1 Roth Greeting Cards v. United Card Co., 429 F. 2d 1106(9th Cir. 1970).
2 Reyher v. Children's Television Workshop. 533 F. 2d 87(2d Cir.). cert. denied, 429 U.S. 980(1976).
3 Recycled Paper Prods., Inc. v. Pat Fashions Indus., Inc., 731 F. Supp. 624, 626(S.D.N.Y. 1990); Little Souls, Inc. v. Les Petits. 789 F. Supp. 56, 59(D. Mass. 1992).
4 Mistretta v. Curole. 22 U.S.P.Q. 2d 1707, 1708(E.D. La. 1992).

광고,1 가장무도회 복장,2 비디오 게임의 스크린 디스플레이3 등에 한한다. 즉 이 이론은 예컨대 컴퓨터 프로그램 등의 기능적 저작물에 대하여는 적합하지 않은 것이고, 위와 같은 아동용 도서 등의 비교적 단순한 저작물이나 대중의 미감에 호소하는 시청각적 저작물들 사이에 실질적 유사성 유무를 판단할 때 적용가능한 이론이다.4

§27-29   그러나 위와 같은 시각적 저작물 등의 경우에도 그 속에 보호되지 않는 아이디어가 포함되어 있을 수 있는데, 이러한 부분에 대한 전문적 분석 없이 무조건 청중의 관점에서만 유사성의 판단을 하는 것이 타당하다고 하기는 어렵다. 따라서 미국의 발전된 판례이론에서는 다시 '이중의 테스트(bifurcated test)' 이론을 개발하였는데, 이에 의하면 어떤 저작물에서 보호되는 '표현'의 부분을 가려내는 외적인 테스트(extrinsic test)에서는 '분석적인 분해와 전문가의 증언'이 중요한 역할을 하지만, 그렇게 하여 추출된 '표현' 자체의 유사성을 가리기 위한 내적인 테스트(intrinsic test)에서는 그러한 전문가의 증언보다는 '합리적인 일반인의 반응'에 기초하는 것이 바람직하다고 한다.5

§27-30   우리나라 판례 중에 이러한 외관이론을 수용한 듯한 예로는 대법원 1991. 8. 13. 선고 91다1642 판결이 있다. 이 판결은 한복디자인의 저작권침해 여부가 문제된 사건에서 "한복디자인이란 종래의 문화적 유산인 복식에 기초를 두고 이에 변형을 가해 가는 것이므로 그 디자인 중 저작권에 의하여 보호되는 것은 저작자의 독창성이 나타난 개인적인 부분만에 한하고 옛부터 전해 내려오는 제작기법이나 표현형식은 누구나 자유롭게 이용할 수 있는 것이어서 저작권 보호의 대상이 되지 않는다고 할 것이므로 저작권의 침해 여부를 가리기 위해 두 저작물 사이에 실질적 유사성이 있는가의 여부를 판단함에 있어서도 위 독창적인 부분을 가지고 대비를 해야 할 것"이라는 전제하에 독창적인 부분을 먼저 확정한 다음, 그 유사성유무를 판단함에 있어 "독창성이 인정되는 부분을 피고의 그것과 대비해 보면 치마를 착용하였을 때 치마 상단의 주름으로 인해 피고의 띠도 윗부분이 좁고 아랫부분이 넓게 보인다는 점이 원고의 것과 유사하기는 하나 전체적인 띠의 모양과 넓이가 원고의 것과는 다를 뿐 아니라 그 안의 무늬의 소재·배열방법 등에 있어서 양자는 차이가 있어 띠 부분의 전체적인 미감이 유사하다고 보기는 어렵다"고 저작권침해를 인정하지 않는 결론을 내리면서, "두 저작물의 실질적 유사 여부를 반드시 저작·창작에 종사하는 전문가들의 감정에 의하여서만 판단해야 되는 것이 아니"라는 점을 덧붙이고 있다. 이 판결에서 유사성판단과 관련하여 '전체적인 미감'이라는 용어를 사용하고 있는 점과 전문가의 감정이 반드시

---

1 Soloflex Inc. v. Nordictrack Inc., 31 U.S.P.Q. 2d 1721, 1727(D. Or. 1994).

2 National Theme Prods., Inc. v. Jerry B. Beck, Inc., 696 F. Supp. 1348(S.D. Cal. 1988).

3 Atari, Inc. v. North Am. Philips Consumer Elec. Corp., 672 F. 2d 607(7th Cir. 1982), Broderbund Software v. Unison World, Inc. 648 F. Supp. 1127(N.D. Cal. 1986).

4 Melvil B. Nimmer, David Nimmer, *op. cit.*, pp. 13~39 참조.

5 Sid & Marty Krofft Television Productions v Mcdonald's Corp. 562 F. 2d 1157(9th Cir. 1977).

요구되지 아니한다고 판단하고 있는 점은 적어도 한복디자인과 같은 일정한 유형의 저작물에 대하여는 외관이론 내지 청중테스트를 적용할 수 있음을 시사해 주고 있다고 생각되고,[1] 판단의 과정에서 먼저 창작성이 있는 표현의 부분을 가려낸 다음 '전체적인 미감' 테스트를 적용하고 있는 점은 위에서 소개한 미국의 '이중의 테스트' 이론과 궤를 같이하고 있는 것이라 생각된다.

§27-31

미국에서는 학자들 사이에 외관이론에서 말하는 '전체적인 관념과 미감'이라는 판단기준은 창작성 있는 표현만을 보호하는 저작권법의 취지에 어긋나는 결과를 가져오고, 원래 '관념'은 그 자체가 저작권법으로 보호될 수 없는 요소이므로 '전체적인 관념'을 고려한다는 것은 잘못된 것이며, '미감'이란 것도 극히 비전형적이고 모호한 용어로서 법적인 분석이 불가능하다는 등의 이유로 외관이론에 대하여 상당한 비판이 제기된 바 있다.[2] 다만 미적 감상의 대상이 되는 저작물의 경우 그 구성요소들을 모두 분해하여 판단하는 것만으로는 그 저작물의 특성을 충분히 반영하는 것이라 하기 어려운 경우가 많을 것이므로, '전체적 관념'이라는 모호한 용어 대신, '전체적 미감'이라는 개념을 일정한 경우에 보충적으로 적용하는 것은 필요할 것으로 생각된다.[3]

(마) 추상화·여과·비교 테스트(본서의 결론)

1) 컴퓨터프로그램저작물의 경우

추상화·여과·비교 테스트("abstraction-filtration-comparison" test)[4]는 현재 컴퓨터 프로그램의 저작권침해 여부를 판단하는 데 있어서 가장 널리 받아들여지고 있는 이론으로서, 프로그램의 비문언적 표현의 보호범위를 결정하기 위하여 ① 추상화(抽象化, abstraction), ② 여과(filtration), ③ 비교(comparison)라는 3단계의 논리적 과정을 거쳐야 한다는 것이다. 이러한 이론은 미국 판례가 반복이론(iterative test)[5]과 구조, 순서 및 조직 이론(SSO test : Structure, Sequence and Organization

§27-32

---

1 "너에게 쓰는 편지" 사건에 관한 수원지방법원 2006. 12. 20. 선고 2006가합8583 판결(§4-13)이 음악저작물에 대하여 청중테스트를 적용하고 있다. 즉 이 판결은 "각 곡을 대비하여 유사성 여부를 판단함에 있어서는, 해당 음악저작물을 향유하는 수요자를 판단의 기준으로 삼아 … 판단하여야 한다"고 판시하고 있다. 나아가 위 판결은 "위 각 대비부분은 … 여러 차례 반복됨으로써 각 곡의 수요자들이 전체 곡을 감상할 때 그 곡으로부터 받는 전체적인 느낌에서도 중요한 역할을 담당하는 것으로 보인다"고 언급함으로써 '외관이론'에서 중시하는 '전체적인 느낌'을 판단요소의 하나로 여기고 있기도 하다. 그 외에 청중테스트를 적용한 사례들로는, 서울중앙지방법원 2015. 8. 21. 선고 2013가합58670 판결, 서울고등법원 2007. 8. 22. 선고 2006나72392 판결, 서울서부지방법원 2010. 5. 13. 선고 2009가합7816 판결, 서울중앙지방법원 2014. 6. 13. 선고 2013가합7566 판결, 서울중앙지방법원 2012. 12. 18. 선고 2011가합133393 판결, 서울중앙지방법원 2016. 11. 25. 선고 2013가합559814 판결, 서울중앙지방법원 2012. 8. 28.자 2012카합330 결정 등으로서 주로 음악저작물과 시각적 캐릭터 등의 미술저작물에 적용되었다. 청중테스트의 구체적인 적용과 관련하여, 음악저작물의 경우에는 "듣는 사람의 감정이 어떻게 달라졌는지"도 고려요소가 될 수 있다고 본 판결(서울고등법원 2012. 10. 18. 선고 2011나103375 판결, §4-14-1)이 있다.

2 Melvil B. Nimmer, David Nimmer, *op. cit.*, 1989, pp. 13-39~13-40 참조.

3 이러한 입장은 본서가 결론적으로 취하는 입장인 추상화·여과·비교 테스트의 최종단계인 '비교' 단계에서 일반 저작물에 관하여 청중테스트의 입장을 크게 수용하는 것으로 이어진다(§27-37 참조).

4 연속여과이론("successive filtration" test)이라고도 한다.

5 반복이론은 E.F. Johnson Co. v. Uniden Corp. of America 사건에서 처음 적용된 이론이다. 이 이론에 의하면, 피

test)[1]의 양극단을 경험한 후 최종적으로 도달한 기준으로서, 프로그램의 비문적 표현의 보호범위를 반복이론처럼 지나치게 좁게 보지도 않고 구조, 순서 및 조직이론처럼 너무 넓게 보지도 않는 적절한 입장을 취한 것으로 평가된다. 이 이론은 Nimmer 교수와 그의 동료들에 의해 주장된 이론으로서, Computer Associates International, Inc. v. Altai, Inc. 사건[2](이하 'Altai 사건'이라 한다)에서 처음으로 적용되었고, Gates Rubber Co. v. Bando Chem. Indus., Ltd. 사건[3] 등에서 확립되었다. 그래서 Engineering Dynamics, Inc. v. Structural Software, Inc. 사건[4]에서는 이

고의 프로그램이 원고의 프로그램의 저작권을 침해했다고 하기 위하여는 첫째, 피고가 문제의 프로그램을 작성하는 데 있어서 원고의 프로그램을 사용했을 것(이 점은 원고의 프로그램에 대한 접근－access－과 일응의 유사성으로 입증될 수 있다), 둘째 피고의 프로그램이 원고의 프로그램 중 본질적 부분에 대한 반복적이거나 또는 정확한 복사(iterative or exact duplication of substantial portions) 또는 번역에 의하여 이루어졌을 것을 요한다. 둘째의 요건이 반복이론의 특징을 보여주는 것이다. 즉 이 이론에 의하면, 두 프로그램 사이에 실질적 유사성이 있다고 하기 위하여는 프로그램에 대한 '문언적 복사(literal copying)' 또는 '직접적 번역(direct translating)'이 있을 것을 요한다고 본다. 여기서 번역이란 원시코드를 목적코드로 변환하는 것을 말하는 것이 아니라 어떤 프로그램의 프로그램언어를 다른 프로그램언어로 번역하는 것을 말한다. 이러한 번역은 비록 '직접적'인 번역의 경우라 하더라도 축어적인 코드 자체를 그대로 베끼는 것은 아니고 비문언적인 데이터구조, 알고리즘 등 프로그램 작성 단계의 보다 추상적인 부분의 변환이 수반되는 것이므로, 그 자체로 일정한 비문언적 요소의 보호를 전제로 하는 것이긴 하다. 그러나, 그 보호범위가 극도로 제한되어 있는 것이다. Melvil B. Nimmer, David Nimmer, *ibid,* 13-41~42 참조.

1 이 이론은 Whelan Associates, Inc. v. Jaslow Dental Laboratory, Inc.(797 F. 2d 1222(3d Cir. 1986)) 사건에서 처음 적용되었다. 이 사건에서 연방 제3항소법원은 원고의 프로그램과 피고의 프로그램은 조직과 구성이 실질적으로 유사하다는 이유로 저작권 침해를 인정한 원심 판결을 유지하였다. 이 사건에서 법원은 "저작물의 목적 또는 기능은 그 작품의 아이디어에 해당하고 목적이나 기능에 필요하지 않은 나머지 모든 것들은 아이디어의 표현이다"라고 하면서 컴퓨터프로그램의 저작권보호는 프로그램 코드의 문자에 의한 표현을 넘어 그 구조(structure), 처리의 흐름(sequence), 구성(organization)에까지 미친다고 판시하였다. 이 이론은 미국뿐만 아니라 전세계적으로 엄청난 충격을 던져주었다. 그것은 이 이론이 '구조', '흐름', '구성' 등의 불명료한 용어를 사용하여 비문언적 표현의 보호범위를 상당히 넓게 확장하고 있어, 사실상 아이디어 내지 해법(algorithm)까지를 표현의 범주에 넣고 있는 것으로 생각될 수 있기 때문이다.
이 판결은 기본적으로 소설과 거의 동일한 평면에서 컴퓨터프로그램의 비문언적 표현의 범위를 파악하고 있다고 할 수 있는데, 그것은 실용적 기능이 중시되고 효율성이나 외부적 조건에 의하여 표현방법이 극도로 제한되는 컴퓨터프로그램을 작자의 개성이 중시되고 다양한 문학적 표현이 가능한 소설 등 어문저작물과 혼동하고 있다는 비판을 면하기 어렵다. 이 이론에 의하면, 프로그램의 효율성을 높이기 위한 기능적 아이디어도 구조나 흐름에 해당하여 보호된다고 볼 위험성이 높다. 결국 이 SSO 이론은 저작권의 보호를 너무 넓게 인정함으로써 저작권자에게 '특허심사'나 '보상적 공개(quid pro quo of disclosure)'라는 안전장치 없이 특허권에 비견되는 권리를 부여하였다는 비판이 쏟아지고 있다. 위 이론은 컴퓨터프로그램에 대하여 가장 강한 보호주의적 경향을 보여주는 이론이라고 할 수 있는바, 그 후의 미국 판례는 다시 보호범위의 지나친 확장을 경계하고 이를 제한하는 쪽으로 선회하게 된다. 황희철, "컴퓨터프로그램보호법," 지적재산권법강의(정상조 편), 홍문사, 1997, 362면 참조.
최근 미국에서 오라클의 자바 API 패키의 SSO가 보호되는지 여부에 대하여 이를 긍정하는 취지의 항소법원 판결[Oracle America, Inc. v. Google Inc., 750 F.3d 1339 (Fed. Cir., May 9, 2014)]이 선고된 바 있으나, 이 판결의 설시내용을 자세히 살펴보면, 위와 같은 Whelan 판결의 법리보다는 본서에서 자세히 소개하는 추상화·여과·비교 테스트를 적용한 것으로 보인다. SSO는 비문언적 표현의 주요내용인데, Whelan 판결이 그것을 포괄적으로 넓게 보호대상으로 인정한 반면, 추상화·여과·비교 테스트에서는 비문언적 표현에서 여과하여야 할 부분을 최대한 걸러낸 다음 제한적으로 보호하는 취지라고 할 수 있다. 결국 추상화·여과·비교 테스트에서도 SSO가 보호대상에서 완전히 제외되는 것은 아니고, 제한적인 요건 하에 보호되는 것이라 할 수 있다.

2 982 F. 2d. 693(2d Cir. 1992).
3 9 F. 3d 823,834(10th Cir. 1993).
4 26F. 3d 1335, 31U.S.P.Q.2d(BNA)1641(5th Cir. 1994).

이론을 "Gates Rubber/Altai/Nimmer Method"라고 부르고 있다.

Altai 사건에서 연방 제 2 항소법원은 비문언적 표현의 보호범위를 결정하기 위하여 다음과 같은 3단계의 논리적 과정을 거쳐야 한다고 판시하였다.

① 추상화(抽象化, abstraction) : 첫 번째 단계인 추상화(抽象化)는 일찍이 Learned Hand 판사에 의하여 주장된 추상화 이론(abstractions test)(§27-15 참조)을 컴퓨터프로그램에 적용한 것으로, 프로그램의 작성과정을 문언적 코드(literal code)에서부터 프로그램의 궁극적 기능(ultimate function)까지 작성과정의 역순으로 '추상화의 단계'를 분석하는 것을 말한다. Gates Rubber 사건의 판결에 의하면, 추상화의 단계는 일반적으로 즉, 1) 목적코드, 2) 원시코드, 3) 알고리즘과 데이터 구조, 4) 모듈, 5) 프로그램의 구조 또는 설계, 6) 해당 프로그램의 주요 목적의 단계의 여섯 단계로 이루어진다고 한다.

§27-33

② 여과(filtration) : 두 번째 단계인 '여과'에서 법원은 보호받을 수 없는 요소들을 하나씩 제거하여야 한다. 그것은 i) 추상적인 아이디어에 해당하는 요소들(아이디어와 표현의 구별 이론 적용), ii) 효율성의 고려에 의하여 지배되는 요소들(합체의 원칙(§3-35 이하 참조) 적용),[1] iii) 외적인 요인 (external factors)에 의하여 지배되는 요소들이다.

위 iii)의 요소들을 제거하여야 한다는 것을 Gates Rubber 사건 등의 일부 판례에서는 컴퓨터프로그램 보호에 있어서의 '필수장면의 원칙(scenes a fair doctrine)'이라고 부르며, 이에 해당하는 것으로, ㉠ 특정한 프로그램이 실행되는 컴퓨터의 기계적인 특성, ㉡ 어떤 프로그램이 상호 결합하여 사용될 것으로 예정하고 있는 다른 프로그램과 사이의 호환성 요구, ㉢ 컴퓨터 제조업자들의 디자인 표준들, ㉣ 그 프로그램이 제공되는 산업계의 요구, ㉤ 컴퓨터 산업 내에서 널리 받아들여지는 프로그래밍 관행들을 들고 있다. 법원은 또한 iv) 공중의 영역(public domain)에 속하는 요소를 제외하여야 한다.[2]

③ 비교(comparison) : 보호될 수 없는 요소들이 모두 걸러지고 나면 보호되는 표현의 핵이 남게 될 것인데, 이것을 피고의 작품과 비교하여야 한다고 한다. 보호되는 표현의 '핵'(core, kernel, nugget)이라는 용어를 사용함으로써 보호의 범위를 가능한 한 제한하고자 하는 의도를 보이고 있다.

---

1 이것은 합체(merge)의 원칙을 컴퓨터프로그램에 대한 관계에 맞추어 적용하는 것이라 할 수 있다. 즉 어떠한 기능을 수행하기 위한 프로그램 기술 방법이 여러 가지가 있을 경우에도 그 방법들 사이에 효율성에 차이가 있어 결국 효율성이 높은 방법은 한 가지뿐이라고 하게 되면, 표현과 아이디어의 합체를 인정할 수 있게 된다.

2 우리나라 판례 중에 비보호 요소 등을 '여과'한 것을 잘 보여 주는 사례로서 서울중앙지방법원 2016. 9. 22. 선고 2015가합522953 판결을 들 수 있다. 이 판결은 감정기관인 한국저작권위원회가 창작성이 없음을 이유로 감정 대상에서 제외된 것에 해당하는 "반드시 동일하게 표현될 수밖에 없는 부분, 오픈소스를 사용한 부분, 프로그래밍 관행으로 인해 동일하게 표현될 수밖에 없는 부분 등"을 제외하고 유사성의 '비교'를 하였음을 밝히고 있다.

§27-34　　이 이론의 특징은 여과의 대상에 효율성의 고려에 의하여 지배되는 요소와 외적인 요인에 의하여 지배되는 요소들을 비교적 넓게 포함하고 있는 점이다. 만약 이러한 기능적인 효율, 하드웨어적인 요인, 호환성의 요구 등에 관련된 부분에 대하여 저작권을 인정한다면, 기술·기능의 독점을 허용하는 것이 되고 특허권보다도 강한 장기의 보호를 함으로써 소프트웨어 산업의 발전을 크게 제약하게 될 것이다. 따라서 비문언적 표현을 보호대상에 일단 포함하되 이러한 기능적 요소들을 정확하게 분별하여 여과한다는 점에서 이 이론은 상당히 중립적이고 합리적인 이론이라고 할 수 있다. 현재 이 이론은 미국에서 가장 유력하고 보편화된 이론으로 자리 잡아 최근까지의 많은 판례가 이 이론을 실질적 유사성 판정기준으로 채택하고 있다.

　　2) 일반 저작물의 경우

§27-35　　미국 판례상으로는 일반 저작물의 경우 청중 테스트(§27-28 참조) 등의 영향력이 더욱 크지만, 그것은 미국이 우리나라와는 달리 사실의 문제(matter of fact)와 법의 문제(matter of fact)를 엄격하게 구분하여 전자는 배심원이, 후자는 법관이 판단하는 구조를 가지고 있는 데서 기인하는 면이 크고,[1] 우리나라에서는 일반 저작물에 대하여도 위와 같은 추상화·여과·비교 테스트를 적용하여 판단하는 것이 침해판단을 엄밀하고 정확하게 할 수 있다는 점에서 단점보다 장점이 훨씬 크다고 생각된다.[2] 그러한 관점에서 아래에서는 추상화·여과·비교 테스트를 프로그램 이외의 일반 저작물에 대하여 적용하는 방법에 대하여 설명한다.

　　먼저 추상화이론(§27-15 참조)에 의한 분석방법인 추상화(抽象化)를 통해 쟁점이 된 저작물을 단계적인 구성요소로 분해한 후 그 중에서 아이디어의 영역에 속하는 것 등 보호받지 못하는 요소들을 '여과'한 다음, 남아 있는 핵심적인 요소인 '창작성 있는 표현'을 비교하여 실질적 유사 여부를 판정하는 것이다.

　　이 중 첫번째 단계는 위에서 이미 살펴본 바 있으므로 중복을 피하고, 두 번째 단계인 '여과'에 대하여 자세히 살펴보기로 한다. '여과'의 단계에서 법원은 쟁점이 된 저작물 중에서 보호받을 수 없는 요소들을 하나씩 제거하여야 한다. 보호될 수 없는 요소들 중 하나인 '아이디어'에 대하여는 위에서 이미 자세히 살펴보았으므로(§27-14 이하; 특히 §27-16의 유형이론이 중요한 기준을 제시하고 있다) 생략하고, 그 외에 다음과 같은 요소들을 생각해 볼 수 있다.

　　첫째, 원·피고의 저작물 사이의 유사성이 '공통의 소재'를 사용하였거나 이미 공중의 영역

1　권영준, 저작권 침해판단론 -실질적 유사성을 중심으로-, 박영사, 2008, 134면 참조.
2　미국의 판례 가운데도 추상화·여과·비교 테스트를 일반 저작물에 대하여 적용한 판례가 적지 않다. 특히 제10항소법원이 Country Kids 'N City Slicks, Inc. v. Sheen 판결(77 F. 3d 1280, 1284 (C.A.10 (Okl.), 1996)) 이래로 그러한 입장을 분명히 해 왔다. See Robert C. Osterberg, Eric C. Osterberg, Substantial Similarity in Copyright Law, Practising Law Institute(2010), §3 : 3.1.

(public domain)에 속한 다른 저작물을 이용한 데서 오는 경우가 있는데, 이러한 요소들은 유사성의 비교대상에서 제외하여야 한다.[1] 이러한 경우는 특히 기능적 저작물이나 논픽션저작물에서 많이 보이지만, 음악저작물에 있어서도 피고가 자신이 베낀 가락 등이 원고가 작곡한 곡에서 베낀 것이 아니라 이미 '공중의 영역'에 속한 작품에서 베낀 것이라고 다투는 경우가 많다고 한다.[2]

둘째, 표현 중에서도 창작성이 없는 부분은 보호되지 못하므로 이를 여과하여야 한다. 즉 유사성판단은 쟁점이 된 저작물 중 창작성이 있는 부분에 한정되어야 한다.[3] 원고의 저작물에 내포된 창작성의 정도가 현저히 낮을 경우에는 피고의 저작물이 원고의 저작물과 아주 유사하더라도 저작권침해를 인정하지 않아야 할 경우가 있다.[4] 그것은 그 유사한 부분이 원고의 저작물 중 창작성이 없는 부분에만 관계되는 경우이다. 예컨대 편집저작물의 경우에는 소재의 선택이나 배열에 창작성이 인정되는 경우에 보호되는 것이므로, 그에 대한 저작권침해의 판단은 피고의 저작물이 원고의 저작물 중 소재의 선택이나 배열 등의 창작적인 부분을 차용하였는지 여부의 판단에 의존하게 된다.[5] 무용저작물과 같은 경우에는 춤추는 장면의 사진촬영이 저작권침해로 인정될 수 있으나, 그 무용저작물에 고유한 특징적인 동작이 사진에 포착된 경우여야 할 것이다.[6]

셋째, 원·피고 사이에 저작물이용허락계약이 있었던 것으로 인정될 경우에 그 계약에 의하여 이용허락을 받은 부분도 당연히 여과의 대상이 되고, 그 허락받은 범위를 초과한 부분만을 비교의 대상으로 삼아야 한다.

위와 같은 여과의 과정을 거쳐 원고의 저작물 중 저작권법에 의해 보호받을 수 있는 부분, 즉 표현에 해당하며 창작성 있는 부분을 가려냄으로써 비교의 대상을 확정한 후 그 다음 단계에서 그 유사성의 정도가 상당한 정도에 이르는지 여부를 비교·판단함으로써 최종적으로 '실질적 유사성' 유무에 대한 판단을 내리게 되는 것이다.

이와 관련하여 우리 판례의 입장을 검토해 보면, 대법원 판례에서 추상화이론을 받아들인 흔 §27-36

---

1 「수험작문의 작성방법과 모범문례집」이라는 학습용 참고도서에 대한 저작권침해의 판단이 문제된 사건에서 일본 東京地裁 昭和 37. 7. 25. 판결은 "이러한 종류의 저작에 있어서는 저작자 獨自의 견해를 나타내기보다 기히 인정되는 설명·해석에 따르는 것이 보통인 관계상 부분적으로 취지 또는 기술방법에 유사성이 주어지는 것은 오히려 통례"라는 전제에서 저작권침해를 부정하고 있다.

2 정상조 편, 지적재산권법강의(이성호 부장판사 집필부분), 홍문사, 2004, 320면 참조.

3 대법원 1991. 8. 13. 선고 91다1461 판결이 이러한 취지를 분명히 나타내고 있다.

4 富山地裁 昭和 53. 9. 22. 판결(池原季雄·齊藤博·半田正夫編, 전게서, 22면) 참조. 이 판결은 저작물성의 정도가 저작권침해 여부의 판단과 상관관계를 가짐을 명시하고, 원고의 저작물인 주택지도의 저작물성이 현저히 낮다는 전제 위에서 피고의 저작물과 구체적으로 비교한 후 저작권침해를 인정하지 않는 결론에 이르고 있다(판결전문은 最新著作權關係判例集 II-1, 562~569면 참조).

5 '광고전화부'에 관한 일본의 大阪地裁 昭和 57. 3. 30. 판결(池原季雄·齊藤博·半田正夫編, 전게서, 74면) 등 참조.

6 Horgan v MacMillian, Inc., 789 F. 2d 157, 12 Media L R 2114, 229 U.S.P.Q. 684, ALR Fed 4539(1986, CA2 NY) 참조.

적은 보이지 않지만, 쟁점이 된 저작물 중에서 창작성이 있는 표현의 부분만을 추출하여 비교의 대상을 확정한 다음에 구체적으로 유사성유무의 비교를 행하는 점에서 '여과'(filtration) — '비교'(comparison)의 2단계 과정을 논리적으로 전제하고 있는 판례가 다수 발견된다.[1] 추상화 단계는 이론적으로 여과 이전의 한 단계로 볼 수도 있지만, 여과 단계에 그 이면적인 전제로서 흡수되는 것으로 볼 수도 있으므로 대법원의 이와 같은 판례입장은 '추상화·여과·비교 테스트'를 수용한 것으로 이해하여도 무방할 것이라 생각된다.

§27-37   한편, 비교 단계에서 판단의 기준을 일반 관찰자(청중)로 볼 것인지, 전문가로 볼 것인지에 대하여는 저작물의 성격에 따라 경우를 나누어 볼 필요가 있다. 즉 기능적저작물과 같이 전문가들만이 정확하게 비교할 수 있는 저작물의 경우에는 전문가의 감정결과를 보다 중시하게 될 것이나, 그렇지 않고 소설, 만화, 영화, 시, 음악, 미술 등과 같이 일반인이 충분히 이해하고 감상할 수 있는 저작물의 경우에는 법관이 일반 관찰자의 관점을 하나의 객관적 기준으로 의식하면서 두 저작물 사이의 유사성을 비교하여도 좋으리라 생각된다. 그러한 경우에 전체적 접근방식(comprehensive approach)이 좋을지, 분석적 접근방식(dissection approach)이 좋을지도 문제이나, 일반인의 감상 대상이 되는 저작물의 경우에는 일반인이 분석적이기보다는 전체적으로 감상을 할 것이라는 점을 감안하여 '전체적 접근방식'도 사용하되, 여과의 단계에서 걸러진 부분이 영향을 미치지 않도록 주의를 기울여여야 할 것이라 생각된다. 그리고 비교의 단계가 아닌, 그 이전의 여과의 단계(즉 창작성이 없는 부분 등을 걸러내는 단계)에서는 소설 등의 일반저작물이라 하더라도 전문가의 의견(감정결과 등)이 존중될 필요가 있을 것이다.[2] 여기서 말하는 전체적 접근방식은 이미 분석적인 판단이 중심이 되는 '여과'의 단계를 거친 후에 최종적인 '비교' 단계에서 여과된 것을 의식적으로 고려대상에서 사상(捨象)하면서 취하는 방식이라는 점[3]에서 유사성에 대한 판단에 있어서

---

1 대법원 2004. 7. 8. 선고 2004다18736 판결; 대법원 1997. 9. 29.자 97마330 결정; 대법원 1993. 6. 8. 선고 93다3073, 93다3080 판결; 대법원 1991. 8. 13. 선고 91다1642 판결 등.

2 이러한 본서의 입장은 앞에서 소개한 미국 판례이론상의 '이중의 테스트'(§27-29)와 유사하지만, 그 중 '내적인 테스트' 단계(즉, '비교'의 단계)에서 다시 저작물의 성격에 따라 청중테스트(§27-28 참조)를 적용할 영역(일반저작물)과 그렇지 않은 영역(프로그램 등)을 구별하는 점에서 다르다고 할 수 있다.

3 하급심 판결 중에는 '여과' 이전 단계에서 전체적 접근방식을 사용한 사례도 보인다. 예컨대, 서울고등법원 2007. 8. 22. 선고 2006나72392 판결은 "전체적인 대비를 통하여 전체적인 관념과 느낌이 유사한지, 그렇다면 어떠한 요소로 인하여 유사성이 발생하였는지를 확정하고, 다음 단계로 그 유사성 요소 중 표현 요소가 무엇인지를 확정하여 대비하는 작업이 필요한바 … "라고 판시하였다(다만, 그 상고심판결인 대법원 2010. 2. 11. 선고 2007다63409 판결은 그러한 판시를 인용하거나 반복하지 않았다). 이렇게 판단하더라도 창작성이 없는 등의 비보호요소를 잘 여과하여 최종적으로 비교의 대상에서 제외하면 결론적으로는 잘못이 없을 수 있으나, 비보호요소를 여과하지 않은 상태에서의 전체적 비교는 피고에게 불리한 선입견을 먼저 가지게 되는 면이 있다는 점에서 피고에게 부당하게 불리한 접근방식이라 하지 않을 수 없다. 따라서 비교대상을 확정하기 위한 '여과' 이전 단계에서 전체적 비교를 하지 않도록 유의하여야 할 것이다. 전체적 접근방식에서 비교의 대상에 '전체적'인 것을 포함하고자 하는 취지에는 그 전체적인 것에 창작성이 있는 경우를 감안한 면이 있을 것이다. 그런데 그것은 '여과'의 단계에서 마땅히 제거되지 않고 비교의 대상으로 남아 있어야 하는 것에 해당한다. 즉, 어떤 저작물의 구성요소만이 아니라(혹은 구성요소 각각은 창작성이 없는 경우

더욱 중요하고 주가 되는 것은 분석적인 부분이고, 전체적 접근방식은 보완적인 의미를 가지는 것이라고 할 수 있다.[1] 미술저작물 등의 경우에는 '전체적인 미감', 음악저작물이나 어문저작물 등의 경우에는 '전체적인 느낌'의 유사성을 고려하되, 그 전단계의 분석적 판단의 기초 위에서 창작성 있는 표현의 요소만 가지고 비교하여야 할 것이다. 언뜻 보아 전체적인 느낌이 아주 유사한 경우에도 비보호 부분의 유사성이 큰 영향을 미치고 있는 경우에는 결국 실질적 유사성을 인정하지 않아야 할 것인바, 그 영향의 정도를 판단하기 쉽지 않은 경우라면 전체적 접근방식에 지나치게 의존하여서는 안 될 것이다. 그와 같이 비보호 부분을 사상한 나머지 부분만 가지고 전체적 미감 등을 판단하기가 어렵거나 적절하지 않다고 생각되는 경우에는 오히려 원고 저작물 중 보호 대상이 되는 부분을 확정한 후, 그것이 피고의 작품 속에도 직접 감지되는지 여부를 기준으로 판단하는 것이 좋은 비교방법이 되는 경우가 많을 것으로 생각된다.[2] 그 점과 관련하여 일본 최고재 판례는 실질적 유사성이라는 표현에 갈음하여 '표현상의 본질적 특징을 직접적으로 감득할 수 있는 경우'를 침해인정의 기준으로 삼고 있다. 우리 대법원도 그것을 참고하여 "원저작물의 창작적 특성을 직접 감지할 수 있는 경우"일 것을 하나의 판단기준으로 삼고 있는 예가 있는데(§5-7

에) 구성요소들이 선택, 배열 또는 구성되어 전체적으로 어우러진 부분에 창작성이 있는 경우라면, 그 부분(편집저작물로서의 창작성이 있는 부분)도 보호의 대상에 포함되므로 여과 단계에서 제거되지 않아야 하는 것이다. 하급심 판결 중에도 "전체적인 심미감을 형성하는 구조 및 배치의 구체적 표현이 저작권법상 보호되는 원고의 창작적 표현이 될 수 있다고 할 것"이라고 하여 그것을 비교의 대상에 포함한 사례(서울중앙지방법원 2012. 12. 18. 선고 2011가합133393 판결)가 있다. 'TV 프로그램 짝' 사건에 대한 대법원 2017. 11. 9. 선고 2014다49180 판결(§3-33-5)도 원고 프로그램이 "구성요소의 선택이나 배열이 충분히 구체적으로 어우러져 … 기존의 방송 프로그램과는 구별되는 창작적 개성을 가지고 있다"는 전제 하에 그것을 가지고 피고 영상물들과 비교하는 것이 실질적 유사성 유무를 판단하는 타당한 방법이라고 보았으니, 역시 '여과'의 단계에서 편집저작물로서의 창작성 요소를 제거하지 않고 남겨 두어 그것을 비교의 대상으로 삼은 사례라 할 수 있다.

1 '솔섬 사진' 사건에 대한 서울고등법원 2014. 12. 4. 선고 2014나211480 판결이 "분석적 대비방법"을 위주로 하면서 "전체적 대비방법"을 보완적으로 적용한 사례이다.

2 실제의 재판과정에서는 원고가 자신의 저작물 중 어떤 부분이 창작성이 있는 표현으로서 피고에 의하여 이용되었는지를 특정하여 주장하는 경우가 많을 것이다(원고가 그러한 주장을 하지 않으면 재판부가 석명권을 행사할 수도 있으리라 생각한다). 그러한 경우에는 저작물 중 원고가 주장하는 부분이 과연 창작성 있는 표현에 해당하는 것인지를 우선적으로 따져보는 것이 실질적 유사성 판단의 첫 번째 단계가 되고, 그 다음에 두 번째 단계로, 그것이 피고의 저작물에 양적, 질적인 면에서 실질적 유사성을 인정할 정도로 이용된 것인지를 따져볼 필요가 있을 것이다. 이 두 번째 단계에서 (저작물의 성격상 적합하지 않은 컴퓨터프로그램저작물이나 기타 기능적 저작물 등의 경우를 제외하고) 원고 저작물 중 해당 부분이 피고의 저작물에서도 '그대로 느낄(직접 감지할)' 수 있는지 여부를 하나의 판단기준으로 삼을 수도 있으리라 생각된다. 위와 같은 두 단계의 판단과 관련하여, 대법원 2012. 8. 30. 선고 2010다70520, 2010다70537 판결은 "어문저작물에 관한 저작권침해소송에서 원저작물 전체가 아니라 그 중 일부가 상대방 저작물에 복제되었다고 다투어지는 경우에는, 먼저 원저작물 중 복제 여부가 다투어지는 부분이 창작성 있는 표현에 해당하는지 여부, 상대방 저작물의 해당 부분이 원저작물의 해당 부분에 의거하여 작성된 것인지 여부 및 그와 실질적으로 유사한지 여부를 개별적으로 살펴야 하고, 나아가 복제된 창작성 있는 표현 부분이 원저작물 전체에서 차지하는 양적·질적 비중 등도 고려하여 복제권 등의 침해 여부를 판단하여야 한다."라고 판시한 바 있다. 대법원 2015. 8. 13. 선고 2013다14828 판결도 위 판례를 이어받아, "음악저작물에 관한 저작권침해소송에서 원저작물 전체가 아니라 그중 일부가 상대방 저작물에 복제되었다고 다투어지는 경우에는 먼저 원저작물 중 침해 여부가 다투어지는 부분이 창작성 있는 표현에 해당하는지 여부를 살펴보아야 한다."고 판시하였다.

각주 참조), 이것은 창작성 있는 표현의 요소가 아닌 것을 여과한 다음에 그 창작성 있는 표현의 요소가 피고의 작품 속에서 느껴지는지를 일반인의 직접적인 느낌을 기준으로 판단하는 것이라는 점에서 '비교'의 단계에서 (일반 저작물에 관한 한) 청중테스트를 반영하고자 한 위 기준과 상통하는 바가 크다고 할 수 있다. 따라서 본서는 그러한 의미에서 일부 대법원 판례1가 취하고 있는 '창작적 특성 (직접)감지설'의 기준에 대하여도 찬성의 뜻을 표명한다. 지금까지의 대법원 판례의 입장도 위에서 정리한 본서의 결론과 배치되지 않는 것으로 생각된다.2

(4) 침해(의거관계)의 입증

(가) 접근가능성(access)3

§27-38   앞에서 본 저작권침해의 요건 중 주관적 요건인 '의거'(§27-8)는 종국적으로 피고의 내심에 관한 문제에 귀착하는 경우가 많아 이를 입증하기 힘든 경우가 많을 것이다. 그래서 미국의 판례이론에서는 원고가 피고의 원고저작물에 대한 접근가능성(access)과 원·피고저작물 사이의 유사성을 증명하면, 다른 반증이 없는 한 저작권침해의 증명이 된 것으로 보고 있다. 이는 결국 '의거' 대신에 '접근가능성(access)'의 입증을 요구하는 것으로 입증책임을 경감하고 있는 것이다. '접근가능성'이란 피고가 실제로 원고의 저작물을 보았거나 그 내용을 알았다는 것을 의미하는 것은 아니며, 보거나 접할 상당한 기회를 가졌다는 것을 의미한다.4

그러므로 원고·피고 모두와 거래관계를 가지고 있는 제 3 자가 원고의 작품을 소지하고 있었

---

1 대법원 2011. 2. 10. 선고 2009도291 판결, 대법원 2007. 3. 29. 선고 2005다44138 판결 등.

2 '한복 디자인'에 관한 대법원 1991. 8. 13. 선고 91다1642 판결(§27-30 참조)이 추상화·여과·비교 테스트의 적용, 일반 관찰자 기준 및 전체적 접근방법의 채택 등의 면에서 본서의 결론과 유사한 입장을 보여 주고 있다. 또한 서울서부지방법원 2010. 5. 13. 선고 2009가합7816 판결도 원고 저작물 중 창작성이 있는 부분을 먼저 가려낸 후 "이 독창성이 인정되는 부분을 이 사건 제 3 청첩장과 비교하여 보면 특히 나비의 형태와 색채가 유사하기는 하나, 원고 제작 제 3 청첩장이 전체적으로 나비보다는 꽃이 강조되어 있음에 반하여 이 사건 제 3 청첩장은 미색 바탕에 두 마리의 나비만을 중앙부분에 배치하고 다른 바탕무늬를 눈에 잘 띄지 않는 색깔로 채색하여 나비를 강조하였고, 나비 위에 코팅 소재를 사용하여 윤기 있게 표현하여 그 전체적인 인상과 미감이 원고 제작 제 3 청첩장과는 완연히 다른바, 그렇다면 이 사건 제 3 청첩장은 원고 제작 제 3 청첩장에서 인정되는 독창적인 표현형식과 대비하여 실질적으로 유사하다고 보기 어렵고, 달리 이를 인정할 증거가 없다."라고 판시함으로써 2중의 테스트(§27-29 및 §27-37 참조)를 미술저작물의 경우에 적용한 점에서 본서의 입장과 상통하는 것으로 생각된다.

3 원래 본서에서는 미국 판례 이론상의 액세스(access)에 대응하는 우리말로 '접근'이라는 용어를 사용하였으나, 실제로 이 용어는 피고의 원고저작물에 대한 '상당한 정도의 접근가능성'이 이었음을 뜻하는 것이지 피고가 원고저작물에 '접근'하였음을 뜻하는 것은 아니라는 점에서 위 용어가 약간의 오해 가능성을 내포하고 있는 면이 있고, 최근의 대법원 판례[대법원 2014. 7. 24. 선고 2013다8984 판결(§27-40-1) 등 참조]에서도 '접근가능성'이라는 용어를 사용하고 있음을 감안하여 제 3 판부터 '접근'을 '접근가능성'이라는 용어로 변경하기로 하였다.

4 Melvil B. Nimmer, David Nimmer, *op. cit.*, pp. 13~16 참조. '접근가능성'에 대한 이러한 정의는 미국판례상으로 완전히 통일되어 있는 것은 아니나, 대다수의 판례에서 채용되고 있다. 우리 나라 판례 중에도 이른바 "야망의 도시" 사건에 관한 서울고등법원 1995. 6. 22. 선고 94나8954 판결에서 "소외 이○○ 등이 위 야망의 도시라는 저작물을 접할 만한 상당한 기회를 가졌을 것"(이른바 액세스, access)을 저작권침해의 요건으로 설시하여, 위와 같은 '접근가능성(access)'이론을 그대로 수용하고 있음을 보여 주고 있다.

다는 사실,1 또는 원고의 저작물이 널리 반포되어 있다는 사실2 등이 증명되면 그로써 '접근가
능성'이 증명된 것으로 볼 수 있다.3 피고가 자연인이 아니고 회사인 경우 그 회사의 사원 중 한
사람이 원고의 작품을 소지하고 있으면 특별한 사정이 없는 한 실제 피고의 작품을 만든 다른 사
원도 원고의 작품에 대한 접근가능성을 가졌다고 인정할 수 있다(이를 '회사수령의 원칙'이라 한다).4
다만, 실질적으로 상호간 교류가 없는 부서로 분리되어 있는 경우에는 단순히 어느 한 부서의 직
원이 원고(原稿) 등을 받은 사실이 있다는 것만으로 다른 부서의 직원도 그것을 받아서 볼 기회가
있었다는 것, 즉 접근가능성을 인정하기 어렵다고 본 판례도 있다.5 그 외에 피고가 원고의 저작
물을 제출받은 적이 있는 원고의 대리인과 사이에 피고의 작품에 관한 논의를 하였던 것으로 밝
혀진 경우6 및 피고의 저작물의 제작에 관한 책임을 지거나 그 제작에 관련되어 있는 편집인에
게 원고의 저작물이 제출되었던 경우7 등에도 원고의 저작물에 대한 피고의 접근가능성이 인정
될 수 있다. 그러나 단순히 얼마간의 가능성이라도 있는 정도로는 '상당한 기회'라고 보기 어려우
므로, 예컨대 원고의 작품 원고(原稿)가 피고가 거주하는 도시에 단순히 물리적으로 있었다는 사
실만으로는 피고에게 원고의 작품을 볼 상당한 기회가 있었다고 할 수 없다.8 또한 컴퓨터를 해
킹했을 가능성이나 전화를 감청했을 가능성이 있다는 것 등은 증거에 의하여 구체적으로 뒷받침
되지 않는 한 접근가능성의 인정에 도움이 되지 않으며,9 원고가 피고들의 거주지역이 아닌 다
른 주(州)들에서 몇 차례 공연을 한 바 있고, 피고들을 모르는 사람들에게 500개의 카세트테이프
를 보낸 바 있다는 것만으로는 접근가능성이 인정된다고 볼 수 없다는 것10이 미국 판례의 입장
이다. 이러한 '접근가능성'에 관한 미국의 이론은 일본의 판례에 의하여 거의 그대로 수용되었을

---

1 Kamar International, Inc. v Russ Berrie & Co., 657 F. 2d 1059(1981, CA 9 Cal).
2 ① ABKCO Music, Inc. v Harrisongs Music, Ltd., 722 F. 2d 988(1983, CA 2NY) : 원고의 작품이 미국의 빌보드
  차트에서 5주간 1위를 차지하고 피고의 모국인 영국에서도 7 주 동안 최고의 히트곡 중 하나이었음이 입증된 사안에
  서, 비록 그와 같이 인기를 누렸던 기간이 피고가 실제로 작곡을 한 때로부터 6년 전이었다고 하더라도 역시 '접근가
  능성'이 있었던 것으로 인정함.
  ② Chovin v. B&F Music Co., 253 F. 2d 102(7th Cir. 1958) : 2,000개의 악보와 4개의 녹음물, 200,000개의 음반
  및 전국적인 라디오방송망 몇 개를 통하여 악곡이 전파된 사안에서 원고의 저작물에 대한 피고의 '접근'을 인정함. 이
  상 정상조 편, 지적재산권법강의(이성호 부장판사 집필부분), 319면 참조.
3 M. B. Melvil B. Nimmer, David Nimmer, *op. cit.*, pp. 13–18~13–19 참조.
4 Segal v. Paramount Pictures, 841 F. Supp. 146, 150(E.D. Pa. 1993) 등.
5 Muller v. Twentieth Century Fox Film Corp. 794 F.Supp.2d 429, 442(S.D.N.Y., 2011)
  위 '회사수령의 원칙'과 관련하여 피고가 자신에게 유리한 입증('간접반증'의 성격을 가짐)을 적극적으로 하여 사
  실상의 추정을 뒤집은 것으로 볼 수 있다.
6 De Acosta v. Brown, 146 F. 2d 408(2d Cir. 1944).
7 Smith v. Little, Brown & Co., 360 F. 2d 928(2d Cir. 1966).
8 Columbia Pictures Corp. v. Krasna, 65 N.Y.S. 2d 67(Sup. Ct. N. Y. County 1946) 등.
9 Feldman v. Twentieth Century Fox Film Corp. 723 F.Supp.2d 357, 365–366(D.Mass., 2010).
10 McRae v. Smith 968 F.Supp. 559, 563–564(D.Colo., 1997).

뿐만 아니라[1] 우리나라의 판례도 이를 수용하고 있다.[2] 하급심 판결 중에는 이러한 '접근가능성'

---

1 東京地裁 昭和 55. 6. 23 판결(最新 著作權關係判例集 Ⅲ, 28면) : "피고저작물 중 원고지적의 위 記述部分이 원고저작물의 위 著述部分의 복제에 해당하기 위하여는 피고가 위 기술부분의 기술을 함에 있어서 원고저작물에 접하여 그 것에 의거할 기회를 가지고 있었다는 것 및 위 각 기술부분이 원고저작물의 위 저술부분과 동일성을 가지고 있을 것을 요한다"고 판시하였다.

2 먼저, 판례가 접근가능성을 긍정한 사례들을 소개하면 다음과 같다.

　▲ 의정부지방법원 고양지원 2007. 2. 8. 선고 2005가단26942 판결 : " … 앞서 본 바와 같이 이 사건 소설의 출간 당시 언론으로부터 관심을 크게 받은 바 있고, 이 사건 소설의 출간과 이 사건 드라마의 방영 사이에는 4개월 여의 시간적 차이가 있을 뿐 아니라 피고 정△△도 이 사건 소설을 참고 자료의 하나로 삼았다고 자인하고 있어, 피고들로서도 이 사건 소설을 보거나 접할 상당한 기회를 가졌음이 인정되므로, 이 사건 드라마는 이 사건 소설에 의거하여 그것을 이용하여 저작된 것으로 추정된다."

　▲ 서울중앙지방법원 2013. 11. 29. 선고 2013가합29818 판결 : "원고 저작물은 2012. 12. 27.경 제작, 출간되어 책자의 형태로 직접 배포되거나 마포구청 홈페이지를 통해서 파일의 형태로 배포되었고, 피고는 2013. 2. 7.경 피고 저작물을 제작하였으므로 피고의 원고 저작물에 대한 접근가능성이 인정되며, 앞서 인정한 바와 같이 원고 저작물과 피고 저작물 사이의 실질적 유사성이 인정되므로, 피고 저작물이 원고 저작물에 의거하여 작성되었다는 점이 사실상 추정된다고 할 수 있다."

　▲ 서울고등법원 2013. 12. 12. 선고 2013나2032 판결 : "위 인정사실에 의하면, EXE(주)는 원고와 로지큐브에 대한 판매대행약정을 체결한 적이 있고, 개발위탁계약에 따라 로지큐브를 포팅한 EXEOnline 프로그램을 공급받았으므로 원고의 저작물인 로지큐브에 접근하였다고 추인할 수 있다."

　▲ 서울중앙지방법원 2017. 9. 15. 선고 2017가합516709 판결 : "앞서 인정한 사실에 을 2호증의 기재 내지 영상에 변론 전체의 취지를 종합하여 알 수 있는 다음과 같은 사정, 즉 ○ 이 사건 이미지는 2004. 1.경 제작되었고, 2004. 2.경 그 썸네일 이미지까지 제작되었으며, 2006. 3.경부터 이 사건 웹사이트에 게재되어 판매되었으므로, 인터넷을 사용하는 사람이라면 누구나 이 사건 이미지에 접근할 수 있었던 점, ○ 앞서 본 바와 같이 이 사건 제 1 제품의 이미지와 이 사건 이미지는 거의 동일하고, 이 사건 제 2 제품의 이미지는 이 사건 이미지와 배열방법에는 차이는 있지만, 개별 꽃과 잎의 형태와 색채가 유사하여 실질적 유사성이 인정되는 점, ○ 피고는 이 사건 제 1, 2 제품에 사용하기 위하여 저작권에 관련된 어떠한 책임을 지지 않는다는 취지가 기재된 다른 인터넷 사이트 (http://all-free-download.com)에서 무료로 다운로드 받았는데, 그 이미지와 이 사건 이미지가 거의 동일하다고 보이는 점 등에 비추어 보면, 피고의 이 사건 제 1, 2 제품의 이미지는 원고의 이 사건 이미지에 의거하여 작성되었다는 점이 사실상 추정된다고 봄이 타당하다."

　▲ 서울중앙지방법원 2018. 4. 6. 선고 2017가단5063272 판결 : "피고의 원고 소설에 대한 접근기회, 다시 말해서 피고가 원고 소설을 보았을 상당한 가능성이 있었음이 인정되면 의거관계가 추인될 수 있다 할 것인데, 원고와 피고가 동성애 소설을 집필하는 자로서 상당한 기간 동안 같은 동성애 소설 홈페이지라는 폐쇄적인 공간을 공유하고 있었고 원고 소설 역시 익명소설이기는 하였으나 단편소설로서 짧은 시간 내에 읽기 용이하며, 원고 소설에 대한 추천수도 상당하였다는 점에서 피고로서도 이를 보거나 접할 구체적인 접근기회를 가졌다고 봄이 상당하므로, 이로써 의거관계가 추인된다고 할 것이다."

　▲ 서울고등법원 2018. 6. 21. 선고 2017나2050905 판결 : "갑 제 2, 3, 4 호증, 갑 제 5 호증의 1 내지 4, 갑 제 6 호증의 1, 2, 갑 제 7 호증의 1, 2, 3, 갑 제18호증, 을가 제19호증의 각 기재 및 변론 전체의 취지에 의하면, 원고는 1910년대 백두산을 배경으로 백호와 그를 쫓는 사냥꾼의 이야기를 다룬 극장용 장편 애니메이션 'D'의 제작을 준비하고, 2005년경 트리트먼트(treatment)를 완성한 사실, 원고는 2006. 7.경 서울애니메이션센터로부터 지원을 받아 위 트리트먼트를 바탕으로 프리프로덕션(pre-production) 결과물을 완성하여 제출한 사실, 원고는 2006. 11.경 영화진흥위원회에서 시행하는 '2006년 E'에 원고 저작물의 시나리오와 캐릭터 2D 이미지를 출품하여 최우수상을 수상한 사실, 영화진흥위원회에서 매년 시행하고 있는 'E'는 장편 애니메이션으로 영화화가 가능한 기획창작 시나리오를 대상으로 하고 있으며, 매년 최우수상과 우수상을 선정하여 시상하고 있는 애니메이션 시나리오 공모인 사실, 원고 저작물의 시나리오에 관한 영화진흥위원회의 심사평에 의하면, '현저히 다른 수준의 완성도를 갖춘 작품이다. 작품 내 캐릭터 설정도 우수했으며 끌어가는 작가의 필력도 우수했다. 스토리의 스케일과 소재가 애니메이션으로 제작하는 것이 효과적이라고 판단되며 좋은 작품이 되리라 기대된다'는 평을 받은 사실, 원고 저작물의 시나리오는 2006. 10.경부터 한국영화진흥위원회가 운영하는 한국영화 시나리오마켓(www.scenariomarket.or.kr)에 등록되어 시나리오마켓의 회원이라면 누구나 원고 저작물의 시나리오 전문을 열람하여 그 내용을 확인할 수 있게 된 사실, 시나리오마켓에 'F'라는 단어로 검색하면 원고 저작물의 시나리오가 검색되고, 원고 저작물의 시나리오

는 시나리오마켓에서 2009년 말 기준으로 전문열람 135회, 전문다운 131회, 2014년 말 기준으로 전문열람 140
회, 전문다운 145회(원고 본인 및 중복 내역 제외)가 기록된 사실, 피고 B 및 피고들 저작물의 제작에 참여한 주
요 스탭들 중 일부는 시나리오마켓의 회원이었던 사실, 원고가 애니메이션 제작을 진행하기 위한 목적으로 제작
한 양장본 책자는 일부 영화 관계자에게 배포된 사실, 1996년부터 2007년까지 G대표를 역임하면서 2007년경 양
장본 책자를 건네받아 검토한 영화제작자 H는 'D 시나리오는 스토리 보드를 잘 만들어서 이미지와 영화 전체를
상상하기 좋은, 당시로는 획기적인 형태의 시나리오라 매우 인상적이었다. 기획시나리오 수업의 참고자료 교재로
도 두 학기 정도 사용하였다. 특히 조선호랑이에 관한 기획은 당시에 굉장히 신선하고 독특한 기획이어서 술자리
에서도 여러 번 언급할 정도의 우수한 기획과 시나리오로 기억되어져 있다.'고 진술하고 있는 사실을 인정할 수
있다. 위 인정사실에 비추어 보면, 피고들은 피고들의 영화 제작 이전에 원고의 저작물에 접근할 가능성이 있었음
을 인정할 수 있고, 을가 제 4 호증의 3, 을가 제15호증의 1, 2, 4, 을가 제16호증의 1, 2, 5, 6의 각 기재만으로
는 위 인정에 방해가 되지 않는다."

▲ 서울중앙지방법원 2018. 8. 31. 선고 2018가합512971 판결 : "위 법리에 비추어 보면, 이 사건 원고, 피고 디자인
이 실질적으로 유사한 점은 앞서 본 바와 같고, 앞서 든 증거들과 갑 제 9 내지 14, 17 내지 19호증의 각 기재에
변론 전체의 취지를 종합하여 알 수 있는 원고가 2012. 4경 이 사건 원고 디자인을 사용한 가방제품들을 생산하
여 국내 전국 매장 및 원고 홈페이지를 통하여 판매하였고, 누구나 인터넷 검색사이트를 통해 이 사건 원고 디자
인을 쉽게 검색할 수 있어 이 사건 원고 디자인에 쉽게 접근할 수 있었던 것으로 보이는 점 등에 비추어 보면,
이 사건 피고 디자인이 이 사건 원고 디자인에 의거하여 작성되었다는 점이 사실상 추정된다."

▲ 서울고등법원 2018. 12. 6. 선고 2018나2040806 판결 : "갑 제 2, 5, 6호증의 각 기재에 의하면, 이 사건 수필이
수록된 이 사건 수필집은 2001. 9.경 출판되어 국내 대형 서점 및 인터넷 서점을 통해 판매되었고, 2015. 8.경에
는 초판 3쇄가 발행되었던 사실, 위 수필집 표지 뒤편에는 Q, R, U 등의 추천사가 실려 있고, 에세이 전문 월간
지인 'V'의 2006년 6월호 및 7월호에 이 사건 수필집에 대한 소개글이 실리기도 한 사실을 인정할 수 있으므로,
피고 B가 이 사건 소설의 집필 시점 이전 또는 집필 도중에 이 사건 수필을 접하였을 가능성이 있다고 보인다."
(▷ NOTE : 위 판결은 위와 같이 접근가능성을 인정하면서도, '현저한 유사성'이 인정되지 않는다는 이유로 결국
'의거관계'를 부정하는 결론을 내렸다. 그러나 '접근가능성'이 인정된 사건이었으니, '현저한 유사성'이 아니라 '증
명적 유사성'이 위와 같은 접근가능성과 결합하여 의거관계를 추정할 수 있을 정도에 이르지 못한 것으로 보아
동일한 결론을 내리는 것이 법리적인 면에서 타당하였으리라 생각된다.)

다음으로 접근가능성을 인정하지 않은 판례들을 소개하면 다음과 같다.

▲ 서울지방법원 1998. 6. 19. 선고 97가합19248 판결 : "별지 4. 표시 광고 도안이 제작 사용되기 2개월쯤 전에 원
고의 이 사건 저작물이 화랑미술제 전시회에서 전시된바 있고 그 전시회 개최 사실이 아침 시간 TV 방송 및 일
간신문의 문화면 전시회란 등에 소개된 바 있는 사실은 앞서 본 바와 같으나, 위 사실만 가지고 위 광고도안의
제작에 관여한 피고들의 담당 직원들이 원고의 이 사건 저작물을 사전에 능히 접할 수 있었다고 인정하기에는 부
족하고 … "

▲ 서울중앙지방법원 2014. 7. 17. 선고 2012가합86524 판결 : "① 이 사건 소설은 초판 각 3,000부만이 발행된 후
절판된 점, ② 이 사건 소설의 출판 시점과 이 사건 드라마 대본의 집필 시점과는 상당한 시간 간격이 있는데,
피고 E 등이 이 사건 드라마 대본을 집필할 무렵에는 이 사건 소설은 시중에서 더 이상 판매되고 있지 않았던
것으로 보이고, 전국 약 110여 곳의 도서관에 이 사건 소설이 비치되어 있다는 사정만으로 피고 E 등이 이 사건
소설에 접근하는 것이 용이하였다고 쉽게 추단하기 어려운 점, ③ 이 사건 드라마가 제작되기 이전에 이 사건 소
설을 드라마, 영화, 연극 등의 공연으로 제작하려는 시도가 있었다는 사정도 보이지 않는 점" 등에 비추어, "피고
E 등이 이 사건 드라마 대본 집필 당시 또는 그 이전에 이 사건 소설에 접근할 상당한 가능성이 있었다고 인정하
기 부족"하다고 판시하였다.

▲ 서울중앙지방법원 2015. 8. 21. 선고 2013가합58670 판결 : "원고 음악저작물의 경우 피고 음악저작물이 발표된
이후인 … 경 한국저작권위원회에 저작권등록이 된 사실은 앞서 살펴본 바와 같은데다가, 이 사건 소 제기 이전
에 공연 또는 음반 발매 등의 형태로 공중에 발표된 바 있다는 점을 인정할 만한 아무런 증거도 없는바, 이에 비
추어 보면 피고들이 피고 음악 저작물을 제작할 무렵 원고 음악저작물에 대하여 접근할 수 있었던 가능성은 대단
히 회박하였던 것으로 보인다."

▲ 서울중앙지방법원 2017. 6. 2. 선고 2016가합502413, 2016가합54036 판결 : "피고가 2012. 6. 2. 영화진흥위원회
의 국제공동 제작기획개발 지원산업 공모전에 제2시나리오를 출품하였고, 2012. 6. 2. 위 공모전에서 일본제작지
원 부분의 최종 지원작으로 선정된 사실, 피고가 2012. 10.경 부산국제영화제의 아시아 필름마켓에 제 2 시나리오
를 출품하여, 당시 제 2 시나리오의 기획의도와 시놉시스가 공개된 사실, 피고가 2012년경 영화 제작 투자를 유치

과 '실질적 유사성'이 인정되면 의거관계가 사실상 추정된다고 본 경우가 많으나,[1] 뒤에서 보는
바(§27-42~43)와 같이 저작권침해의 객관적 요건으로서의 '실질적 유사성'과 '의거관계'의 추정에
영향을 미치는 유사성으로서의 '증명적 유사성'은 서로 구별되어야 할 개념이므로, '접근가능성'과
'증명적 유사성'('아이디어', '사실' 등의 유사성도 포함될 수 있다는 점 등에서 '실질적 유사성'과 구별됨)이 결
합하여 의거관계를 추정하게 하는 것으로 보는 것이 타당하다. 이 경우 '접근가능성'을 인정하게
하는 사유들이나 '증명적 유사성'이나 모두 '의거관계'를 추정하게 하는 정황증거로서의 의미를
가지는 것이므로, '의거관계'의 추정에 미치는 영향의 정도는 각 사안마다 차이가 있을 수 있는
유동적인 것이며 고정된 것은 아니라고 보아야 한다. 그러므로 접근가능성의 면에서 추정하게 하
는 정도가 높으면, 유사성의 면에서 추정하게 하는 정도는 낮아도 되고, 그 역(逆)도 성립하여, 접
근가능성과 증명적 유사성이 요구되는 정도에 있어서 서로 반비례적인 관계에 있다고 할 수 있
다.[2] 법원은 이 두 가지 요소에 관한 인정사실들을 종합적으로 고려하여 의거관계의 유무를 판
단하여야 할 것이다.[3]

하기 위하여 영화사들에게 제2시나리오를 제공한 사실은 인정된다. 그러나 위 인정사실만으로 원고가 사전에 제
2시나리오에 접할 수 있는 상당한 기회를 가졌다고 보기에 부족하고, 달리 이를 인정할 만한 증거가 없다."

▲ 서울중앙지방법원 2011. 11. 4. 선고 2010가합111587 판결 : "을 제5호증의 기재, 증인 C의 증언 및 변론 전체의
취지를 종합하면, 주식회사 H에서 근무하던 I가 원고로부터 D 시나리오를 건네받은 사실을 인정할 수 있으나, 이
것만으로는 이후 D 시나리오가 순차적으로 피고에게 전달되는 등 방법으로 피고가 위 시나리오에 접근할 수 있
었고, 피고가 이를 토대로 드라마 F를 제작하였다고 단정하기 어렵고, 달리 이를 인정할 만한 증거가 없다."

▲ 서울중앙지방법원 2017. 8. 23. 선고 2016가합504921 판결 : "앞서 거시한 증거들 및 갑 제7호증에 변론 전체의
취지를 종합하면 원고가 원고 저작물들을 피고들 영화의 제작시기인 2014년보다 앞선 2006년경 창작한 사실,
원고의 시나리오가 2006. 10. 12.경부터 한국영화진흥위원회가 운영하는 웹사이트인 한국영화 시나리오 마켓
(www.scenariomarket.co.kr)에 등록되어 위 웹사이트의 회원이라면 누구나 그 내용을 확인할 수 있는 사실, 원
고가 저작물을 일부 영화제작사들에게 제공하기도 한 사실이 인정되나, 위와 같은 사정만으로 피고 제작자들이
피고들 영화를 제작하기 전이나 제작하는 과정에서 원고 저작물에 의거하였다고 단정하기 어렵고, 달리 이를 인
정할 증거가 없다."

1 위 서울중앙지방법원 2013. 11. 29. 선고 2013가합29818 판결, 서울중앙지방법원 2017. 9. 15. 선고 2017가합516709
판결, 서울중앙지방법원 2018. 8. 31. 선고 2018가합512971 판결 등.

2 安藤和宏, "アメリカ著作権法における無意識の依拠に関する一考察", 東洋法学 59(1), 236면 참조.

3 판례 중에는 '증명적 유사성'이라는 표현을 사용하지는 않아도 실제적인 면에서 '접근가능성'과 '증명적 유사성'을 결
합하여 의거관계의 추정에 대한 판단을 한 사례들이 있다. 다음의 판례들이 거기에 해당하는 것으로 보인다. (저자는
다음의 판결들과 같이 이 두 가지 개념을 결합하여 판단하는 것이 타당한 것으로 보고, '증명적 유사성'의 정도와 무
관하게 '접근가능성'의 유무를 따지는 것은 적절치 않은 면이 있다고 생각한다.)

▲ 대전지방법원 2014. 5. 15. 선고 2013가합3334 판결 : "위 인정사실 및 앞서 본 각 증거들에 의하여 인정되는 다음
과 같은 사정, 즉 원고, F, 피고 C가 동업하여 원고 교재와 F 교재를 출판하였다가 피고 C가 그 동업계약을 해지
하겠다고 한 다음 얼마 있지 않아 피고 D를 설립하고, 독자적으로 이 사건 침해 교재를 출판하기 시작하였는데,
이 사건 침해 교재의 제작시기, 제작경위나 이 사건 침해 교재에서 사용된 표현 등에 비추어 보면 먼저 창작된 원
고 교재를 참고하지 않고서는 이 사건 침해 교재에서 그와 유사한 표현을 하는 것이 어려웠을 것으로 보이는 점,
피고 C는 원고와 F가 피고 C를 상대로 이 사건 교재의 출판 등의 금지를 구하는 가처분 사건(대전지방법원 2011
카합257호)에서 원고 교재와 F 교재의 저작권이 자신에게 있다는 취지로 주장한 점 등에 비추어, 이 사건 침해 교
재는 원고 교재에 의거하여 작성된 것으로 추정된다."

▲ 서울고등법원 2015. 4. 30. 선고 2014나2018733 판결 : "위와 같은 법리에 비추어 이 사건에 관하여 살피건대, 피

고들은 2010년경부터 원고가 운영하던 L연구소의 자문교수와 강사로 각 재직하다가 2010년 5월경 퇴사한 다음, 2010년 10월경 M협회를 설립하고 그 산하의 D를 운영하고 있는 사실은 앞서 본 바와 같고, 피고 B가 원고 운영의 Q협회에서 주 1회 약 6시간씩 약 1개월간에 걸쳐 기관운영에 대한 자문활동을 한 사실은 당사자 사이에 다툼이 없으며, 갑 제28, 29호증의 각 기재에 변론 전체의 취지를 종합하면, 피고 C는 원고로부터 색채심리에 관하여 배우고 그 이후에도 원고가 소개해 준 기관에서 색채심리 관련 경력을 쌓은 사실을 인정할 수 있다. 따라서 피고들로서는 원고 각 교재에 손쉽게 접근할 수 있는 지위에 있었고, 또한 별지 4. <피고들 각 교재 부분>에 형광색으로 표시한 부분의 각 해당 표현을 별지 3. <원저작물과 원고 제 1-1 내지 4 교재의 대비표> 중 '한국번역본'란에 형광색으로 표시한 부분의 각 해당 표현과 대비하여 보면, 색채의 정서적 의미를 설명하는 단어 내지 표현, 색채심리분석의 틀, 색채카드의 활용 및 해석방법, 도안 등 그 내용의 상당 부분이 유사하다 할 것이므로[저작권침해의 성립요건으로서의 실질적 유사성 판단을 위한 자료에는 저작권의 보호 대상이 아닌 '아이디어'나 '주제'가 포함될 수 없으나, 의거관계를 인정하는 데 필요한 실질적 유사성 판단을 위한 자료에는 '아이디어'나 '주제'가 포함될 수 있다(대법원 1997. 9. 29. 선고 97마330 결정 참조)], 결국 피고들 각 교재는 원고 각 교재에 의거하여 작성된 것으로 봄이 상당하다."

▲ 서울중앙지방법원 2016. 9. 23. 선고 2014가합553660, 553677 판결: "갑 제45, 46, 50호증, 을 제 6 내지 9, 14, 18호증의 각 기재에 변론 전체의 취지를 종합하여 알 수 있는 아래와 같은 사정을 종합하면, 원고가 이 사건 적합등록에만 부합하는 내용(이 사건 변경신고 내용 제외)으로 생산한 L에 내장된 별지 1 목록 기재 각 프로그램(이하 'H 프로그램'이라 한다)은 피고 프로그램에 의거하여 작성되었다고 할 것이다.

① F는 피고에 재직할 당시 C등에 사용될 피고 프로그램의 개발 업무를 담당하였으며, 개인용 노트북 컴퓨터에 위 프로그램의 소스 코드를 보관하고 있었다. 또한 관련 가처분 사건(서울중앙지방법원 2014카합80003)에서 F는 스스로 L의 소프트웨어를 개발할 당시 위와 같이 보관 중이던 C의 소스코드 일부를 참조하였다고 주장하였다.

② 아래 3)항에서 보는 바와 같이 H 프로그램은 피고 프로그램과 실질적으로 유사하고, 특히 L의 운영체제 프로그램에 포함된 ix100mtd_defconfig 파일이나 디바이스 드라이버인 volctrl.c 파일, 라이브러리 파일 중 hal.h 파일, M 프로그램의 일부 소스코드에 피고의 제품명을 가리키는 'C' 또는 'N'이 기재되어 있으며, 위 관련 가처분 사건에서 한국저작권위원회가 감정한 L의 유틸리티 프로그램 파일의 소스 코드에서 피고의 상호인 'B'가 표기된 주석이 발견되었는데, H 프로그램이 피고 프로그램에 의거하여 작성된 것이 아니라 공개된 소스 코드만을 이용하여 작성된 것이라면 위와 같은 결과가 발생하기는 어려울 것으로 보인다."

▲ 서울중앙지방법원 2018. 8. 20. 선고 2016가합508640 판결 : "앞서 든 증거에 갑 제35호증의 기재를 더하여 추인할 수 있는 다음과 같은 사정에 비추어 보면, 피고 설계도면이 원고 설계도면에 의거하여 작성되었다고 사실상 추정할 수 있다.

① 이 사건 사업은 남경종합개발. 성수주택조합, 피고 한양개발 순으로 시행사가 변경되어 왔고, 이 사건 아파트의 시공사는 위 사업 개시 당시부터 피고 두산중공업이었는바, 피고들은 원고가 남경종합개발. 성수주택조합을 대리하여 신청한 서울특별시 건축위원회 심의자료나 성동구청에 대한 사업계획승인신청 내용을 쉽게 입수할 수 있는 위치에 있었다.

② 피고 한양개발이 이 사건 사업에 관한 사업계획변경승인을 받기는 하였으나 그 내용에 비추어 원고 설계도면 중 주동의 형태와 입면디자인에 영향을 미치는 변경사항은 존재하지 않는 것으로 보이고, 사업계획승인 당시 제출된 설계도면을 기준으로 인허가 관청이 이 사건 사업의 적법 여부와 영향 정도를 판단하므로 원고 설계도면과 근본적으로 다른 설계를 적용하여 시공을 할 수는 없다. 또한 피고 한양개발은 서울특별시에 피고 설계도면에 대한 건축위원회 심의신청을 한 적이 없는바, 서울특별시 건축조례에 의하면 사소한 변경(창호 또는 난간, 전체 규모의 10% 이내의 변경 등) 외에는 서울특별시 건축위원회의 심의를 다시 받아야 하므로 피고들이 에이앤유를 통해 수차례 설계변경을 하여 피고 설계도면을 완성하였다고 하더라도 원고 설계도면 본래의 창작성이 유지되는 한도 내의 변경이었다고 보인다.

③ 원고 설계도면은 2007. 10. 19. 서울특별시 건축위원회에서 우수디자인으로 인정받았고, 그에 따라 당시 우수디자인 공동주택을 계획하던 서울특별시로부터 이 사건 아파트의 용적률 등에 일정한 혜택이 주어진 것으로 보이는바, 피고들이 원고 설계도면을 어느 정도 차용할 수밖에 없는 상황이었다고 보인다.

④ 원고 설계도면과 피고 설계도면의 설계목록에 다른 부분이 있지만, 감정인 A의 감정 결과에 의하면 피고 설계도면 중 이 사건 아파트 형태에 핵심적인 설계도면(전체 배치도, 대지 종·횡단면도, 교통체계도, 단위세대별 평면도, 근린생활시설, 101동 내지 104동 정면도, 좌·우면도 등)은 원고의 것과 유사하여 양 저작물에 유사한 점이 다수 있다."

(나) 현저한 유사성(striking similarity)과 증명적 유사성(probative similarity)

§27-41　　　미국의 판례이론에 의하면 먼저 만들어진 원고의 저작물과 후에 만들어진 피고의 작품 사이의 유사성이 실질적일 뿐만 아니라 충분히 현저한(sufficiently striking) 경우에는 그것 자체에 의해 '의거'도 사실상 추정되는 것으로 보아 따로 '접근가능성'의 입증을 요하지 않는다고 한다.[1] 이 경우 양 저작물 사이의 유사성이 충분히 현저하다고 하기 위해서는 그 유사성이 우연의 일치나 공통의 소재 등으로는 설명되기 어렵고, 피고에 의하여 이용된 원고 저작물 부분이 특별한 독창성이나 복잡성을 가지는 등의 사유로[2] 오직 피고의 저작물이 원고의 저작물에 의거한 것에 의해서만 설명될 수 있는 정도의 것이어야 한다.[3] 대법원은 그러한 취지에서 "대상 저작물과 기존의 저작물이 독립적으로 작성되어 같은 결과에 이르렀을 가능성을 배제할 수 있을 정도의 현저한 유사성"이라는 표현을 사용하고 있다('선덕여왕' 사건에 대한 대법원 2014. 7. 24. 선고 2013다8984 판결, §27-44-1 참조). 위 판결은 "대상 저작물과 기존의 저작물이 독립적으로 작성되어 같은 결과에 이르렀을 가능성을 배제할 수 있을 정도의 현저한 유사성이 인정되는 경우에는 그러한 사정만으로도 의거관계를 추정할 수 있다"고 판시하였다.[4] 물론 위와 같은 추정은 피고가 독립된 제작임을 입증함으로써 번복될 수 있는 것이고,[5] 이 부분의 입증이 실질적 유사성의 판단에 영향을 미치는 것

---

1 Melvil B. Nimmer, David Nimmer, *op. cit.*, pp. 13~24.
2 Selle v. Gibb 741 F.2d 896, 903-906(C.A.Ill., 1984) 참조.
3 Testa v Janssen, 492 F. Supp. 198, 208 U.S.P.Q. 213(1980, WD Pa) 참조.
4 그러한 의미의 '현저한 유사성'을 인정한 사례로는, '여우머리형상 상표' 사건에 대한 대법원 2014. 12. 11. 선고 2012다76829 판결(§27-44-3) 및 '팻독' 사건에 대한 서울중앙지방법원 2007. 4. 11. 선고 2005가합102770 판결(§27-44) 외에, 서울고등법원 2015. 6. 25. 선고 2014나2032883 판결, 서울중앙지방법원 2017. 12. 1. 선고 2017나47634 판결, 서울중앙지방법원 2008. 4. 10. 선고 2006가합75936 판결 등이 있다. 반면에, '현저한 유사성'을 인정하기 어렵다고 본 사례들로는, '선덕여왕' 사건에 대한 대법원 2014. 7. 24. 선고 2013다8984 판결(§27-44-1) 외에, '[그림 1]'의 '원고 스케치'와 '피고들 디자인' 사이에 현저한 유사성을 인정하기 어렵다고 본 대법원 2014. 5. 16. 선고 2012다55068 판결 등이 있다.

[그림 1]

5 이를 독립제작의 항변이라고 하며, 높은 수준의 입증이 요구된다. Melvil B. Nimmer, David Nimmer, *op. cit.*, pp.

은 아니다.1

한편, 위와 같은 현저한 유사성이 아니더라도 두 작품 사이의 일정한 유사성이 '의거관계'에 대한 입증을 보완하는 데 활용될 수 있는데, 이러한 관점에서의 유사성을 미국의 판례 및 학설에서는 증명적 유사성(probative similarity)이라고 부른다.2 이것은 침해의 객관적 요건인 실질적 유사성과는 구분되는 개념으로서 오히려 주관적 요건의 입증에 관련된 것이며, 실질적 유사성의 판단에서 제외되는 아이디어, 사실 등의 유사성도 원고의 저작물에 대한 '의거관계'의 입증을 보완해 주는 정황이 되는 한 증명적 유사성의 내용이 될 수 있다.

§27-42

이러한 '증명적 유사성'이라는 용어를 대법원 판례가 사용하고 있는 것은 아니나 같은 취지의 유사성의 개념을 상정한 판례는 보인다. 즉, 대법원 2007. 3. 29. 선고 2005다44138 판결은 "대상 저작물이 기존의 저작물에 의거하여 작성되었는지 여부와 양 저작물 사이에 실질적 유사성이 있는지 여부는 서로 별개의 판단으로서, 전자의 판단에는 후자의 판단과 달리 저작권법에 의하여 보호받는 표현뿐만 아니라 저작권법에 의하여 보호받지 못하는 표현 등이 유사한지 여부도 함께 참작될 수 있으므로, 대상 동화가 이 사건 소설에 의거하여 작성되었는지 여부를 판단함에 있어서 저작권법에 의하여 보호받지 못한 표현 등의 유사성을 참작할 수 있다고 하여, 양 저작물 사이의 실질적 유사성 여부를 판단함에 있어서도 동일하게 위와 같은 부분 등의 유사성을 참작하여야 하는 것은 아니다"라고 판시하고 있는데, 바로 이와 같이 보호받지 못하는 표현 등이 유사한지 여부를 포함한 유사성 판단을 통해 의거관계 유무를 판단하고자 할 때의 '유사'가 바로 '증명적 유사성'이라 할 수 있다.

§27-43

이러한 '증명적 유사성'이나 앞서 본 '접근가능성'이나 모두 '의거관계'를 추정하게 하는 정황증거로서의 의미를 가지는 것이므로, '의거관계'의 추정에 미치는 영향의 정도는 각 사안마다 차이가 있을 수 있는 유동적인 것이며 고정된 것은 아니라고 보아야 한다는 것, 그러므로 접근가능성의 면에서 추정하게 하는 정도가 높으면, 유사성의 면에서 추정하게 하는 정도는 낮아도 되고, 그 역(逆)도 성립하여, 접근가능성과 증명적 유사성이 요구되는 정도에 있어서 서로 반비례적인 관계에 있다고 할 수 있고, 따라서 법원은 이 두 가지 요소에 관한 인정사실들을 종합적으로 고

13~25 참조. 우리 민사소송법의 입증책임이론에 따를 때, 그 법률적 성질은 '사실상의 추정'을 번복하기 위한 적극부인으로서 입증은 간접반증에 해당하는 것으로 생각된다. 독립제작의 항변의 초점은 원고 저작물에 의거한 것이 아니라는 점에 있는 것이므로, 자신이 직접 만들었다는 것만이 아니라 원고와는 무관한 또 다른 타인의 저작물에 의거한 것이라는 항변을 하고 그것을 입증하는 것도 마찬가지의 의미를 가지게 된다. 이와 관련하여, 대법원 2014. 9. 25. 선고 2014다37491 판결은 "피고가 별도로 자신이 의거한 저작물의 존재를 주장하면서 이에 부합하는 증거를 제출하고 있고…"라고 하여 그와 같은 취지의 피고의 항변에 주의를 기울여야 함을 언급하고 있다.

1 이를 "The Inverse Ratio Rule"이라 한다. Melvil B. Nimmer, David Nimmer, *op. cit.*, pp. 13~75 참조.

2 Alan Latman, "PROBATIVE SIMILARITY" AS PROOF OF COPYING : TOWARD DISPELLING SOME MYTHS IN COPYRIGHT INFRINGEMEN," 90 Colum. L. Rev. 1187.

려하여 의거관계의 유무를 판단하여야 한다는 것은 앞에서 살펴본 바(§27-38)와 같다.

 판 례

§27-44 ❖서울중앙지방법원 2007. 4. 11. 선고 2005가합102770 판결 — "팻독" 사건

〈사실관계〉

원고는 2002년 경 아래 [그림 2]와 같은 그림(이하 '이 사건 저작물'이라 한다)의 저작자로서 저작권등록과 이를 표장으로 한 상표등록을 마친 바 있다. 소외 A는 "[별지 1] 표시 그림"과 같은 표장을 상표등록하였고(나중에 원고의 청구에 의하여 상표등록무효심결이 확정됨), 피고는 소외 A로부터 그 전용실시권을 설정받아 등록한 후 그 표장이 부착된 신발을 대형마트 등에 공급하고 있었다. 이에 원고가 피고를 상대로 저작권침해금지 등 청구를 하였다. 아래 판시내용은 그 중 피고에 의한 저작권침해 여부에 대한 법원의 판시이다.

〈법원의 판단〉

피고측 표장 이용이 이 사건 저작권에 대한 침해가 되기 위하여는 피고측 표장이 이 사건 저작물에 의거하여 이를 이용하여 작성되었어야 하고, 이 사건 저작물과 유사하여야 할 것인바, 피고측 표장이 이 사건 저작물에 의거하였다는 점은 원고가 변론에서 이를 명백히 다투지 아니하므로 이를 자백한 것으로 보고(또한 피고측 표장이 이 사건 저작물에 의거하지 아니하고 독자적으로 피고측 표장을 작성하였다고는 생각하기 어려울 정도로 표현상에 현저한 유사성이 인정되는 경우에는 의거 관계를 추인할 수 있을 것인바, [별지 1] 표시 그림은 이 사건 저작물의 개성 있는 표현과 그 형태가 완전히 동일하고, 바탕과 강아지의 음영을 서로 바꾸어 놓은 것에 불과하여 이 사건 저작물에 의거하지 아니하고 독립하여 창작되었을 가능성이 희박할 정도로 현저히 유사하므로 의거 관계가 추인된다고 할 것이다), [별지 1] 표시 그림은 이 사건 저작물과 표현이 실질적으로 동일하므로(다른 것은 바탕의 색상과 강아지의 색상이 서로 바뀌었다는 점뿐이다) 피고가 [별지 1] 표시 그림을 이용하는 것은 이 사건 저작물을 복제하는 행위로서 이 사건 저작권에 대한 침해행위가 된다.

[그림 2] 이 사건 저작물

[별지 1]

❖대법원 2014. 7. 24. 선고 2013다8984 판결 — "선덕여왕" 사건 §27-44-1

〈사실관계 및 재판경과〉[1]

원고는 2005년경 뮤지컬 제작을 위한 대본으로 "The Rose of Sharon, 무궁화의 여왕 선덕" 창작한 저작권자이다. 피고 중 하나인 방송사는 2007. 3.경부터 "선덕여왕"(이하 이 사건 드라마라고 한다)을 기획하고 다른 피고로 하여금 이 사건 드라마의 극본을 작성하게 한 다음 2009. 5. 25.부터 같은 해 12. 22.까지 주 2회씩 총 62회를 방송하였다. 이 후 원고는 피고를 상대로 저작권 침해를 이유로 손해배상을 청구하였다.

이 사건 1심 법원은 원고의 대본인 "무궁화의 여왕 선덕"은 뮤지컬 대본이고 이 사건 드라마 '선덕여왕'의 장르는 사극이며 이 사건 드라마가 원고의 대본에 의거하여 제작되었다고 볼 수 없다고 판단하였다. 그러나 2심 법원은 원고의 대본과 이 사건 드라마는 실질적 유사성을 가지고 있으며 이 사건 드라마는 이 사건 대본에 의거하여 이를 이용하여 제작·방송된 것으로 봄이 상당하다고 판단하였다.

그러나 대법원은 두 작품 간의 의거관계가 인정되지 않는다고 판단하여 원심을 파기환송하였다.

〈법원의 판단〉

저작권법이 보호하는 복제권이나 2차적 저작물 작성권의 침해가 성립되기 위하여는 대비대상이 되는 저작물이 침해되었다고 주장하는 기존의 저작물에 의거하여 작성되었다는 점이 인정되어야 한다. 이와 같은 의거관계는 기존의 저작물에 대한 접근가능성, 대상 저작물과 기존의 저작물 사이의 유사성이 인정되면 추정할 수 있고, 특히 대상 저작물과 기존의 저작물이 독립적으로 작성되어 같은 결과에 이르렀을 가능성을 배제할 수 있을 정도의 현저한 유사성이 인정되는 경우에는 그러한 사정만으로도 의거관계를 추정할 수 있다. 그리고 두 저작물 사이에 의거관계가 인정되는지 여부와 실질적 유사성이 있는지 여부는 서로 별개의 판단으로서, 전자의 판단에는 후자의 판단과 달리 저작권법에 의하여 보호받는 표현뿐만 아니라 저작권법에 의하여 보호받지 못하는 표현 등이 유사한지 여부도 함께 참작될 수 있다(대법원 2014. 5. 16. 선고 2012다55068 판결 등 참조).

… 덕만공주의 서역 사막에서의 고난, 금관의 꽃 또는 동로마 등 서역의 문화와 사상의 습득, 덕만공주와 미실의 정치적 대립구도, 덕만공주와 김유신의 애정관계, 미실 세력으로 인한 진평왕의 무력함은 모두 이 사건 대본과 드라마의 주제, 인물의 성격과 역할, 인물 사이의 관계, 줄거리, 구성에 큰 영향을 미치는 개별 요소들이라고 할 것이다. 그런데 위에서 본 바와 같이, 이러한 개별 요소들이 이 사건 대본만의 독특한 특징이라거나 이 사건 대본과 드라마가 독립적으로 작성되어 같은 결과에 이르렀을 가능성을 배제할 수 있을 정도로 현저히 유사한 부분이라고 보기 어려운 이상, 이 사건 대본과 드라마의 주제, 인물의 성격과 역할, 인물 사이의 관계, 줄거리, 구성 역시 양 작품 사이의 현저한 유사성을 인정할 수 있는 근거가 되기는 어렵다고 할 것이다.

그렇다면 피고들의 이 사건 대본에 대한 접근가능성이 인정되지 아니할 뿐만 아니라, 이 사건 드라마와 이 사건 대본이 독립적으로 작성되어 같은 결과에 이르렀을 가능성을 배제할 수 있을 정도의 현저한 유사성이 인정되지도 아니하므로, 두 저작물 사이에 의거관계가 있다고 할 수 없다.

---

1 한국저작권위원회, 한국저작권판례집[14], 197~198면.

▷NOTE : 위 판결은 대법원이 '현저한 유사성'의 인정에 있어서 엄격한 판단기준이 적용되어야 함을 강조하고 있는 것으로 보인다. 의거관계의 입증과 관련한 유사성은 침해의 객관적 요건으로서의 실질적 유사성과는 구별되는 별개의 개념이라는 것을 표명하고 있는 것은 '증명적 유사성' 개념을 실질적으로 수용한 것으로 보이는 대법원 2007. 3. 29. 선고 2005다44138 판결의 입장(§27-43 참조)의 연장선상에 있는 것이다.

§27-44-3

❖대법원 2014. 12. 11. 선고 2012다76829 판결 ─ "여우머리형상 상표" 사건

… 의거관계는 기존의 저작물에 대한 접근가능성, 대상 저작물과 기존의 저작물 사이의 유사성이 인정되면 추정할 수 있고, 특히 대상 저작물과 기존의 저작물이 독립적으로 작성되어 같은 결과에 이르렀을 가능성을 배제할 수 있을 정도의 현저한 유사성이 인정되는 경우에는 그러한 사정만으로도 의거관계를 추정할 수 있다(대법원 2014. 5. 16. 선고 2012다55068 판결, 대법원 2014. 7. 24. 선고 2013다8984 판결 등 참조).

위 법리와 기록에 비추어 살펴보면, 원심이, 피고들 제품에 표시된 형상([그림 3]과 원심 판시이 사건 침해 표장)[그림 4])은 이 사건 원고 도안에 의거하여 작성된 것으로 보인다고 판단한 것은 정당하고… (생략)

[그림 3]   [그림 4]

(다) 공통의 오류(common errors)

§27-45

또한 뒤에 만들어진 피고의 저작물에 먼저 만들어진 원고의 저작물과 공통의 오류가 발견되면, 그것으로써 의거관계가 사실상 추정된다고 한다.[1] 다만 여기서 말하는 '공통의 오류'는 경험칙 등에 비추어 의거관계의 추정을 가능하게 하는 성격의 것이어야 하고, 누구나 쉽게 착오를 일으킬 수 있는 부분 등에 공통의 오류가 있다는 것 등은 제외되어야 할 것이다.[2] 그러한 추정은

---

1 Melvil B. Nimmer, David Nimmer, *op. cit.*, pp. 13~73.
2 같은 취지에서, 서울중앙지방법원 2017. 6. 2. 선고 2016가합502413, 54036 판결은 "실제 E 사건에서 E가 도착할 예정이었던 이타즈케 공군기지가 현재의 후쿠오카 공항인 점에서 비추어 볼 때 제 1, 2 시나리오가 모두 그 공항의 명칭을 동일하게 당시의 명칭이 아닌 현재의 명칭으로 사용했다는 사정만으로 제 1 시나리오가 제 2 시나리오에 의거하였다고 추정할 만한 공통의 오류가 있다고 단정하기에 부족하고, 달리 이를 인정할 증거가 없다."라고 판시하였다. 반면에, 의거관계를 추정하게 하는 '공통의 오류'를 인정한 사례로는 서울고등법원 2012. 11. 8. 선고 2010나1151 판결을 들 수 있다. 이 판결은 "앞서 든 증거에 의하면, 피고 B는 원고의 서적이 발행됨으로써 이를 보거나 접할 상당한 가능

예컨대 원고의 저작물이 번역저작물인 경우에 원고가 원문에 없는 부분을 창작하여 첨가한 부분이 피고의 번역물에 그대로 옮겨져 있는 것이 발견되는 경우1에도 적용될 수 있을 것이다. 미국에서는 이와 같은 추정을 받기 위해 지도 등의 저작물에 일부러 작은 오류를 포함시켜 두는 경우가 있다고 한다. 다만, 이 역시 의거의 점에 대한 추정을 부여할 뿐이므로 양 저작물 사이의 실질적 유사성은 별도로 판단되어야 한다. 예를 들어 사실이나 정보 자체는 저작권법의 보호대상이 아니므로 피고가 원고의 저작물에 포함된 정보를 자신의 저작물에 이용하면서 잘못된 정보까지 그대로 옮긴 경우에도 피고가 원고의 저작물에 특유한 창작적 표현을 모방하지 않는 한 저작권침해가 되지 않는 것이고, 위와 같은 공통오류의 존재가 바로 저작권침해사실을 추정하게 하는 것은 아닌 것이다.

  판 례

❖ 서울동부지방법원 2013. 8. 28. 선고 2013가합4997,5006 판결

　　이 사건 번역서와 대상 번역서의 각 해당 번역 내용 사이에 인정되는 실질적 유사성에 더하여, 앞서 본 바와 같이 J는 피고 B에게 "이 사건 번역서를 참고하여 대상 번역서를 집필하라"고 요청하였고, 피고 B는 그 요청에 따라 대상번역서를 집필함에 있어 이 사건 번역서를 참고한 점, 대상 번역서에는 이 사건 번역서의 문법상 오류를 그대로 옮긴 부분(예를 들어, 이 사건 번역서의 58면에 기재되어 있는 '깊이 있는 공간감을 전달하기 위해선 굵기에'라는 표현에서 '위해선 굵기에' 부분은 '위해 선 굵기에'의 띄어쓰기를 잘못한 것임에도 대상 번역서 74면에 동일하게 표현되어 있음)도 있는 점 등을 종합하여 보면, 대상 번역서는 이 사건 번역서에 의거하여 작성되었음도 충분히 인정할 수 있다.

　　▷NOTE : 공통오류의 존재가 의거관계의 입증에 긍정적인 영향을 미친 사례의 하나이다.

(5) 저작권 남용의 항변

　　원고가 제기한 저작재산권 침해소송에서 그 요건사실인 (1) 문제된 저작물은 창작성 있는 표현으로서 저작물로서의 보호요건을 갖추고 있다는 것, (2) 원고가 문제된 저작물의 저작재산권을 보유하고 있다는 것, (3) 피고가 그 저작물을 복제, 공연, 공중송신, 전시, 배포, 2차적저작물 작성 등의 방법으로 이용하였다는 것(여기에 '의거관계'와 '실질적 유사성'의 요건이 관련된다)이 입증되었을

§27-45-2

성이 있었다고 인정될 뿐만 아니라, 별지 2 목록 제 1 항 기재 번호 4-5, 7-4, 13, 13-1, 26, 30, 44, 45, 51, 55, 59, 60A-1, 66, 같은 목록 제 2 항 기재와 같이 원고 서적과 피고 서적들 사이에 공통오류가 발견되므로(창작성이나 유사성이 부정되어 저작권 침해로 인정되지 않는 부분도, 공통오류라는 사정은 다른 부분의 '의거성' 판단자료로 삼을 수 있다), 피고 서적 부분의 의거성을 추인할 수 있다."라고 판시하였다.

1 이른바 "꼬마철학자" 사건에 대한 서울민사지방법원 1988. 3. 18. 선고 87카53920 판결이 바로 이러한 경우에 대하여 피고가 주장하는 우연의 일치가능성을 부정하였다.

경우에 피고가 제기할 수 있는 항변으로는 (1) 저작물에 대한 이용허락을 받았고, 허락받은 범위 안에서 이용한 것이라는 것(이용허락의 항변), (2) 피고의 이용은 저작재산권 제한 규정에 따라 법적으로 허용된 행위라는 것(자유이용 또는 공정이용의 항변), (3) 원고가 저작재산권을 취득한 원인이 된 저작재산권 양도계약이 무효이거나 피고에게 대항할 수 없다는 것, (4) 원고가 취득한 저작재산권이 타인에게 양도되었다는 것 등이 있다. 그 밖에 실무상 피고가 많이 제기하고 있는 항변이 바로 '저작권 남용(copyright misuse)'의 항변이다.[1]

　　이것은 원고의 저작권 행사에 의한 침해 주장이 권리행사로서의 외관을 갖추고 있지만 실질적으로는 권리의 남용에 해당하여 허용될 수 없는 경우라고 하는 주장이다.

　　우리나라 민법 제2조 제2항은 "권리는 남용하지 못한다"고 규정하여 일반적인 법원칙으로서 권리남용금지의 원칙을 규정하고 있다. 저작권도 여기서 말하는 권리에 당연히 포함되므로, 민법상의 이 규정에 비추어 권리남용으로 인정되는 경우라면, 저작권의 남용에 해당하여 침해소

1　넓은 의미에서 '저작권 남용'의 항변에 포함되지만, 별도로 조명해 볼 필요가 있는 것이 '실효의 항변'이다. '실효의 항변'은 저작권자가 저작권침해사실이 발생하였음을 알고도 장기간 권리행사를 방치하고, 상대방은 권리자가 저작권을 행사하지 않는 것으로 오인하여 상당한 투자를 하게 되어 나중 시점에서 저작권침해를 주장하는 것이 상대방에게 손해를 입히게 되는 경우, 저작권자가 저작물상 보호되는 저작권 행사를 하지 않겠다는 의사를 표시하는 공공연한 행위를 하였음에도 이에 반하여 나중에 권리행사를 하는 경우 등에 인정되는 것이다(정상조 편, 저작권법주해(권영준 집필부분), 박영사, 2007, 1084면). 권리자가 장기간에 걸쳐 권리를 행사하지 않았다는 사실만으로 곧바로 그 후의 권리행사가 부당한 것으로 되지는 않고 상당한 기간의 경과 외에 권리의 때늦은 주장을 악의적인 것으로 평가하지 않을 수 없게 하는 사정이 있어야 하므로(지원림, 민법강의(제8판), 홍문사, 2010, 60면 참조), 저작권소송에서 실효의 항변이 받아들여진 예는 찾아보기 어렵다. 실효의 항변을 배척한 사례들로는 특정 지상파 공영방송에 대한 종합유선방송사업자의 재송신과 관련된 분쟁에 대한 서울고등법원 2011. 7. 20. 선고 2010나97688 판결(§19-70 참조) 외에 다음의 판결들을 들 수 있다.

▲　서울고등법원 1995. 5. 4. 선고 93나47372 판결 : "우리나라가 세계저작권협약에 가입하여 외국인의 저작물을 보호한 1987. 10. 1. 이후 상당 기간 무단 복제행위를 문제 삼지 아니하였다는 이유만으로는 저작권자가 그의 저작권을 행사하지 아니한다는 신뢰를 주었다거나 더 이상 권리 행사가 없으리라고 믿을 만한 정당한 사유가 있다고 할 수 없는바, 따라서 그 권리 행사가 신의칙상의 실효의 법리에 반한다고 볼 수 없다."

▲　서울고등법원 2006. 10. 10. 선고 2006나3204 판결 : "원고가 이 사건 음반의 발매 후 약 30년 동안 이 사건 가사의 저작자가 자신임을 피고에게 주장하지 않은 사실은 앞서 본 바와 같으나, 앞서 든 증거에 의하면 방송 작가가 그 본업이었던 원고는 상당 기간 동안 음반 및 책자 등에 이 사건 가사의 저작자로 피고의 성명이 표시되어 있음을 인식하지 못하였던 것으로 보일 뿐만 아니라, 원고가 피고에게 이 사건 가사의 저작자로서 권리를 행사하지 않겠다는 신뢰를 부여하였다고 볼 아무런 객관적 사정이 존재하지 아니하므로, 원고가 피고를 상대로 더욱 신속한 법적 조치를 취하지 아니하였다는 것만으로는 이 사건 청구가 신의칙에 위배되거나 신의칙상 실권되었다고 볼 수 없다."

▲　서울중앙지방법원 2012. 11. 23. 선고 2012가합2175, 2012가합29033, 73955 판결 : "위 원고들이 피고 공회에 대하여 무단사용을 이유로 손해배상의 지급을 구함에 대하여, 피고 공회는, 원고 장○○, 장○○의 피상속인으로서 위 찬송가의 원저작자인 이○○, 장○○, 최○○은 한국찬송가위원회의 개편찬송가 음악위원으로 활동하면서 자신들이 작곡·작사한 찬송가를 소외 공회가 무상으로 사용하도록 이용허락을 하였거나, 설사 그렇지 않다고 하더라도 위 원저작자들이나 그 상속인들이 장기간 아무런 이의를 제기하지 않았으므로 실효의 원칙에 따라 더 이상 권리를 행사할 수 없다고 주장한다. 살피건대, 위 원저작자들 및 그 상속인들이 소외 공회의 찬송가 사용에 관하여 아무런 이의를 제기하지 않았다는 사정만으로 이를 무상으로 이용허락을 하였다고 볼 수 없고 달리 이를 인정할 증거가 없다. 또한 피고 공회가 주장하는 사유만으로는 위 원고들의 저작권 행사가 신의성실의 원칙에 반한다고 볼 수 없으므로 피고 공회의 위 주장은 받아들이지 않는다."

송을 통한 구제가 허용될 수 없을 것이다. 그런 의미에서, 저작권 남용의 항변은 최소한의 법적 근거는 분명하게 가지고 있다고 할 수 있다.

그러나 민법 제 2 조 제 2 항의 적용과 관련하여 대법원은 "권리행사가 권리의 남용에 해당한 다고 할 수 있으려면, 주관적으로는 그 권리행사의 목적이 오직 상대방에게 고통을 주고 손해를 입히려는 데 있을 뿐 행사하는 사람에게 아무런 이익이 없어야 하고, 객관적으로는 그 권리행사 가 사회질서에 반한다고 볼 수 있어야 한다. 이러한 경우에 해당하지 않는 한 비록 그 권리의 행 사로 권리행사자가 얻는 이익보다 상대방이 잃을 손해가 현저히 크다 하여도 그 사정만으로는 이 를 권리남용이라 할 수 없다"고 판시하여 비교적 엄격한 주관적 요건을 요구하고 있다.[1] 일반적 인 민사사건에 대하여 적용되는 이러한 엄격한 요건을 저작권침해소송에도 적용할 경우에 실제 로 이 요건을 충족하는 것으로 인정될 사례는 거의 없을 것으로 생각된다. 저작권침해소송의 경 우 오로지 상대방에게 고통을 주고 손해를 입히려는 데 목적이 있고 권리행사자에게는 전혀 이익 이 없는 경우란 잘 생각되지 않기 때문이다. 실제로 저작권침해소송에 대한 항변으로서 저작권남 용의 항변을 한 것에 대하여 위와 같은 판례 입장을 내세워 배척한 사례들이 있다.

그런데 대법원은 상표권과 관련하여서는 "상표권의 행사가 등록상표에 관한 권리를 남용하 는 것으로서 허용될 수 없다고 하기 위해서는, 상표권자가 당해 상표를 출원등록하게 된 목적과 경위, 상표권을 행사하기에 이른 구체적개별적 사정 등에 비추어, 상대방에 대한 상표권의 행사 가 상표사용자의 업무상의 신용유지와 수요자의 이익보호를 목적으로 하는 상표제도의 목적이나 기능을 일탈하여 공정한 경쟁질서와 상거래 질서를 어지럽히고 수요자 사이에 혼동을 초래하거 나 상대방에 대한 관계에서 신의성실의 원칙에 위배되는 등 법적으로 보호받을 만한 가치가 없다 고 인정되어야 한다"고 함으로써,[2] 위에서 본 일반적 권리남용과 관련된 엄격한 주관적 요건을 요구하지 않는 입장을 보이고 있다. 저작권도 상표권과 같이 무형물에 대한 지식재산권이라는 점 에서 상표권에 대한 위와 같은 해석이 저작권법에도 유사하게 적용될 수 있지 않을까 하는 생각 이 든다.

즉 저작권의 행사가 저작권자가 그 권리를 행사하기에 이른 구체적·개별적 사정 등에 비추 어, 문화 및 관련 산업의 향상발전이라고 하는 저작권법의 목적을 일탈하여 문화의 발전에 오히 려 역행하는 심히 부당한 결과를 초래하거나 공정한 경쟁질서를 해하고, 상대방에 대한 관계에서 신의성실의 원칙에 위배되는 등 법적으로 보호받을 만한 가치가 없다고 인정되는 경우에는 저작 권 남용의 항변도 받아들여질 수 있다고 보는 것이 상표권과의 제도적 균형 등의 면에서도 바람

---

1 대법원 2008. 9. 25. 선고 2007다5397 판결, 대법원 2013. 4. 25. 선고 2012다115243 판결 등 참조.
2 예컨대, 대법원 2014. 8. 20. 선고 2012다6059 판결 참조.

직하지 않을까 생각된다.[1]

물론 이것은 법관의 자의적 판단에 따라 쉽게 사용되는 법리가 되어서는 안 되며, 건전한 사회적 관념을 가진 일반인이라면 누구나 수긍할 수 있을 정도로 부당하게 느껴지는 경우에 한하여 제한적으로 인정되어야 할 것이다.

최근에 위에서 본 권리남용의 주관적 요건과 관계 없이 저작권 남용의 항변을 받아들인 일부 판례(§27-45-5 및 §27-45-6 참조)가 나오고 있는 것은 그러한 관점에서 주목할 필요가 있다.

위에서 본 민법상의 권리남용 금지의 원칙과 관련한 판단이 저작권남용의 한 측면이라고 하면, 또 하나의 측면은 저작권의 행사가 독점규제 및 공정거래에 관한 법률(이하 '공정거래법'이라는 약칭을 사용함)에 저촉되는 경우와 관련된 것이다. 원래 저작권은 독점적, 배타적 권리이므로 그것의 행사가 경쟁을 제약하는 면이 있을 수밖에 없는데 독점적 권리로서의 저작권의 행사를 모두 반경쟁적인 것으로서 공정거래법의 규제대상이라고 할 경우에는 저작권 등 지식재산권 제도의 기초가 무너질 수도 있을 것이다. 따라서 저작권의 정상적인 행사는 설사 경쟁제한적인 면이 다소간 있더라도 정당한 것으로 인정되어야 할 것이다. 그러나 그렇다고 하여 저작권의 영역은 공정거래법과는 완전히 무관한 영역으로 어떠한 경우에도 공정거래법의 규제대상이 아니라고 할 수는 없다. 일정한 예외적인 경우에 저작권의 행사가 지나치게 경쟁질서를 해하는 문제가 있을 경우에는 '정당한 권리행사'가 아니라고 보아 공정거래법의 규제가 미치도록 할 필요가 있다. 그런 관점에서 공정거래법 제59조는 "이 법의 규정은 저작권법, 특허법, 실용신안법, 디자인보호법 또는 상표법에 의한 권리의 정당한 행사라고 인정되는 행위에 대하여는 적용하지 아니한다"고 하여 제한적 적용의 원칙을 규정하고 있다. 결국 저작권침해소송의 경우도 공정거래법의 규정취지에 비추어 저작권의 정당한 행사라고 보기 어려운 경우에는 공정거래법에 의한 제한규정이 적용되어 결국 '저작권의 남용' 항변이 받아들여지게 되는 경우가 있을 수 있다.

위와 같이 저작권남용의 항변은 우리 법 체계상 두 가지의 서로 다른 근거에서 받아들여질 수 있는 부분이 있으나, 그것이 지나치게 넓게 적용되어서는 안 되고 예외적인 경우에 제한적으로 적용되어야 할 것인바, 그 구체적인 판단기준에 대하여는 향후 판례의 축적을 기대해 보아야 할 것이라 생각된다.[2]

---

1 미국에서 저작권남용의 법리(copyright misuse doctrine)를 최초로 명확하게 수용한 것으로 잘 알려져 있는 Lasercomb 사건 판결[Lasercomb Am., Inc. v. Reynolds, 911 F.2d 970, 975-79 (4th Cir. 1990)]도 특허권남용의 항변이 오래전부터 받아들여져 온 것을 감안한 것이었다.

2 아래에 소개하는 판례 외에 저작권남용의 항변을 배척한 사례로는 다음 판결들을 들 수 있다.

▲ 서울고등법원 2016. 11. 29.자 2015라1490 결정: "채무자들은 채권자들이 대한민국에서 음란물을 이용한 불법이익 또는 범죄수익을 얻기 위하여 이 사건 가처분신청을 제기하고 그 인용 결정을 받은 다음 간접강제 결정까지 받아 불법수익을 실현하고자 하고 저작권을 남용하고 있으므로 이 사건 가처분결정이 받아들여져서는 아니 된다고 주장한다. 살피건대, 앞서 본 바와 같이 채권자들은 채권자들의 영상물을 대한민국의 법령에 맞게 편집하여 이를 합법

 **판 례**

❖서울고등법원 2011. 10. 26. 선고 2011나24663 판결   §27-45-3

〈피고의 항변〉

원고는「독점규제 및 공정거래에 관한 법률」에서 정한 시장지배적 지위에 있다. 그런데 원고는 오로지 더 많은 사용료 수입을 올리기 위하여 피고가 통신망 사용 및 기술적 투자에 대한 대가로 가입자에게 부과하고 있는 부가서비스 이용료에 대해서까지 사용료로 지급받고자 피고로 하여금 제 1 심 판결 제 1 의 바. 2)항 기재 합의(이하 '이 사건 합의'라 한다)를 체결하게 하고, 그 합의에 기하여 이 사건 소를 제기하였다. 이는 원고가 그 시장지배적 지위를 이용하여 반경쟁적인 방향으로 저작권을 남용한 것이다.

〈법원의 판단〉

그러므로 보건대, 앞서 본 사실관계 등에 의하면 다음과 같은 사정을 알 수 있다.

우선, 원고는 저작권법 제105조 제 5 항에 따라 사용료의 요율 및 금액에 관하여 문화체육관광부장관의 승인을 얻어야 하므로, 저작권 사용료를 일방적으로 결정할 수 있는 지위에 있지 않다.

다음으로 이 사건 소가 제기된 경위를 본다. 원고의 저작권 사용료 징수규정이 2008. 2. 28. 개정되면서 원고가 피고로부터 지급받게 되는 전송사용료에 관하여 원고와 피고 사이에 다툼이 생겼다. 즉, 전송사용료를 결정하는 요소인 매출액에 피고가 가입자로부터 매월 900원씩 납부받는 부가서비스 이용료가 포함되는지 여부가 쟁점이 되었다. 그 다툼을 해결하고자 원고의 저작권분쟁위원회에 대한 조정신청 및 취하 등의 일련의 과정을 거치면서 원고와 피고 사이에 2009년 3월경 매출액에 부가서비스 이용료가 포함되는지 여부에 관하여 법원의 판단을 받아 보기로 하는 내용의 이 사건 합의가 이루어졌고, 그 합의에 기하여 원고는 이 사건 소를 제기하였다. (중략)

… 위와 같은 사정과 원고의 설립경위나 취지 및 피고의 기업규모나 이동통신업계에서의 지위 등에 비추어 볼 때, 이 사건 합의나 그에 기한 이 사건 소가 원고의 시장지배적 지위에서 비롯된 것으로서 저작권을 남용한 것이라고 볼 수는 없다.

적으로 유통하기 위하여 이 사건 가처분신청을 하고 있는 것이고, 이 사건 가처분결정이 받아들여지더라도 채무자들이 그 결정에 따라 채권자들의 영상물에 관한 서비스를 중단하면 채권자들의 간접강제 여지도 없게 되며, 따라서 채권자들이 채권자들의 영상물에 관한 저작권을 남용한다고 보기도 어려우므로 채무자들의 주장은 받아들이지 아니한다."

▲ 대구지방법원 2017. 10. 19. 선고 2017나305773 판결 : "피고는, 이 사건 서체는 다수의 블로그에서 무료로 다운로드 받을 수 있고, 이러한 상황을 원고가 고의적으로 방치하였으므로 원고의 이 사건 청구는 권리남용에 해당한다고 주장한다. 권리행사가 권리의 남용에 해당한다고 할 수 있으려면, 주관적으로 그 권리행사의 목적이 오직 상대방에게 고통을 주고 손해를 입히려는 데 있을 뿐 행사하는 사람에게 아무런 이익이 없는 경우이어야 하고, 객관적으로는 그 권리행사가 사회질서에 위반된다고 볼 수 있어야 하는 것이며, 이와 같은 경우에 해당하지 않는 한 비록 그 권리의 행사에 의하여 권리행사자가 얻는 이익보다 상대방이 잃을 손해가 현저히 크다고 하여도 그러한 사정만으로는 이를 권리남용이라 할 수 없고(대법원 2010. 2. 25. 선고 2009 다58173 판결 등 참조), 어느 권리행사가 권리남용이 되는가의 여부는 각 개별적이고 구체적인 사안에 따라 판단되어야 한다(대법원 2003. 2. 14. 선고 2002다62319, 62326 판결, 대법원 2017. 7. 18. 선고 2016다260387 판결 등 참조). 관련 법리에 비추어 이 사건에 대하여 보건대 피고가 제출한 증거만으로는 원고의 이 사건 청구가 권리남용에 해당된다고 인정하기 부족하고 달리 이를 인정할 증거가 없다. 따라서 피고의 위 주장은 이유 없다."

▷NOTE : 위 판결은 저작권 사용료 청구로서 침해소송이라고 할 수는 없으나, 공정거래법에 기한 저작권 남용의 항변에 대하여 법원이 여러 가지 사정을 종합적으로 고려하여 항변을 배척한 사례의 하나로 참고할 필요가 있다. 신탁단체인 한국음악저작권협회의 시장지배적 지위를 인정하면서도 저작권법상 사용료 승인제도가 있다는 것 등을 들어 그 지위 남용을 쉽게 인정하지 않는 입장을 보여주고 있다. 다만 위 판결은 대법원에서 다른 이유로 파기되었다.

§27-45-4
❖서울고등법원 2011. 7. 20. 판결 2010나97688 — "헬로우 비전" 사건

(1) 피고들은 다음과 같은 이유로 원고들의 이 사건 청구는 배척되어야 한다고 주장한다. 피고들이 50여 년간 이 사건 방송에 관한 저작권법상의 권리를 전혀 행사한 적이 없고, 유선방송사업자들이 이 사건 방송을 재송신할 권한이 있음을 전제로 채널 및 수신품질과 관련한 협조 등을 요청해 왔으며, 이를 신뢰한 피고들은 전송망과 송수신 설비에 막대한 비용 투자를 하였다.

이 사건 동시재송신에 의하여 그 방송권역 내에서 더 많은 사람들이 고품질의 방송을 시청할 수 있게 되어 원고들은 더 많은 광고수입을 얻을 수 있게 되므로, 원고들에게 아무런 손해가 없고 오히려 이익이 되는 행위임에도 이 사건 동시재송신의 금지를 요구하는 것은 금반언의 원칙에 반하는 것으로 권리의 남용에 해당하거나 실효된 권리를 행사하는 것이어서 허용될 수 없다.

(2) 먼저 권리남용 주장에 관하여 보건대, 권리행사가 권리의 남용에 해당한다고 할 수 있으려면, 주관적으로 그 권리행사의 목적이 오직 상대방에게 고통을 주고 손해를 입히려는 데 있을 뿐 권리를 행사하는 사람에게 아무런 이익이 없는 경우이어야 하고, 객관적으로는 그 권리행사가 사회질서에 위반된다고 볼 수 있어야 하는 것이며, 이와 같은 경우에 해당되지 않는 한 비록 권리의 행사에 의하여 권리행사자가 얻는 이익보다 상대방이 잃을 손해가 현저히 크다 하여도 그러한 사정만으로는 이를 권리남용이라고 할 수 없다(대법원 2002. 9. 4. 선고 2002다 22083, 22090 판결 등 참조).

이 사건에서 보면, 피고들의 이 사건 동시재송신으로 원고들의 이 사건 방송에 관한 저작인접권의 침해가 지속되고 있는 상황에서 원고들은 피고들로부터 이 사건 방송에 관한 동시재송신의 대가를 받지 못하는 손해를 입고 있다고 볼 수 있고, 여기에다가 한정된 광고시장에서 피고들의 영업전략(앞서 본 바와 같이 원고들의 방송 채널 사이에 피고들의 홈쇼핑 광고를 배치한 것도 그 예가 될 수 있다)에 따라 광고주가 원고들의 방송 대신 피고들의 유선방송을 광고방법으로 이용함에 따라 원고들의 광고 매출 손해가 예상됨에도 피고들로부터 아무런 대가를 받지 못하는 것은 공평하지 않다는 점을 더하여 고려하면, 원고들이 이 사건 방송에 관하여 저작인접권을 주장하는 것이 아무런 이익이 없다고 단정할 수 없고, 그 권리행사가 사회질서에 위반된다고 볼 수도 없다.

▷NOTE : 위 판결은 일반 민사사건에 적용되는 대법원 판례의 엄격한 주관적 요건을 저작권 사건에도 적용하여 저작권 남용 항변을 배척한 사례의 하나이다. 위 판결과 달리, 같은 재송신 관련 분쟁 사안에 대하여 권리남용을 인정한 사례로 수원지방법원 성남지원 2013. 12. 10. 선고 2012가합8921 판결이 있고, 그밖에 뒤에서 보는 바와 같이 주관적 요건을 요구하지 않고 권리남용을 인정한 사례(§27-45-5 및 §27-45-6)도 있음을 유의할 필요가 있다.

❖서울서부지방법원 2012. 2. 17. 선고 2011가합5721 판결 §27-45-5

원고 A의 이 사건 청구는, 이 사건 문양들에 관한 저작권자로서 저작권침해의 회복을 구하기 위한 목적보다는, 위 문양들이 새겨진 상품에 대한 상표권자로서 위 상품을 병행수입하여 판매하는 피고에 대하여 그 판매를 금지시키고 위 상품에 대한 독점적 판매권을 회복하는 데 그 목적이 있는 것으로 보인다. 그러나 진정상품의 병행수입업자의 상품 판매행위가 상표권을 침해하는지 여부에 관하여 보건대, 병행수입 그 자체는 위법성이 없는 정당한 행위로서 병행수입업자가 상표권자의 상표가 부착된 상태에서 상품을 판매하는 행위는 당연히 허용되고, 상표제도는 상표를 보호함으로써 상표사용자의 업무상의 신용유지를 도모하여 산업발전에 이바지함과 아울러 수요자의 이익을 보호함을 목적으로 하며, 상표는 기본적으로 당해 상표가 부착된 상품의 출처가 특정한 영업주체임을 나타내는 상품출처표시기능과 이에 수반되는 품질보증 기능이 주된 기능이라는 점 등에 비추어 볼 때, 상표의 기능을 훼손할 우려가 없고 국내 일반 수요자들에게 상품의 출처나 품질에 관하여 오인, 혼동을 불러일으킬 가능성이 없는 이상, 실질적으로 상표권침해의 위법성이 있다고 볼 수 없을 것이므로, 상표권자는 상표권에 기하여 그 침해의 금지 등을 구할 수 없다(대법원 2002. 9. 24. 선고 99다42322 판결 등 참조). 이러한 점에 비추어 볼 때, 원고 A가 피고에 대하여 이 사건 문양들의 사용금지를 구하는 것은 결국 위와 같은 상표법 상의 법리를 잠탈하여 병행수입업자에게 허용되는 상품의 판매행위를 저작권을 들어 제한하려는 것에 불과하다.

… 저작권법은 저작자에 대하여 저작물의 원본이나 그 복제물에 대한 배포권을 인정하면서도, 저작물의 원본이나 그 복제물이 해당 저작재산권자의 허락을 받아 판매 등의 방법으로 거래에 제공된 경우에는 저작자의 배포권을 제한하고 있다(저작권법 제20조). 위 규정의 취지와 앞서 1)항에서 본 응용미술작품에 관한 보호범위 제한의 필요성에 비추어 보건대, 상품의 생산자가 저작물을 작성하여 상품에 부착하는 행위는 저작물의 창작 그 자체보다는 심미적 만족감을 이용하여 궁극적으로 상품판매를 향상시키는 데 그 목적이 있으므로, 위와 같은 저작물이 포함된 상품 판매에 있어 제품의 종류를 구별하거나, 제품을 홍보 광고하기 위하여 그 저작물들을 게시하고 사용하는 행위는 상품의 판매를 향상시키기 위한 것으로서 위 저작물의 이용 목적에 합치될 뿐만 아니라, 위와 같은 상품이 판매되었다면 이로써 위 생산자는 저작물을 창작한 부분에 대하여 이미 보상을 받았다고도 보아야 할 것이므로, 위와 같은 점에 비추어 볼 때 독일의 총판업자로부터 이 사건 문양들이 새겨진 원고 A의 머그컵을 수입하고, 이를 판매할 목적으로 위 문양들을 복제 게시한 피고의 행위는 저작권자인 원고 A가 위 저작물의 사용을 이미 허용한 범위 내에 있다고 볼 여지가 상당하다.

… 즉 이 사건 문양들은 원고 A의 상품 판매를 위한 저작물이고, 피고의 위 상품 판매행위는 진정상품의 병행수입에 해당하여 위 원고의 상표권을 침해한다고 보기도 어려운 점을 고려한다면, 피고가 상품의 판매를 위하여 위 문양을 복제·게시한 행위는 원고 A의 이익을 부당하게 해친다거나 저작물의 통상적인 이용방법과 충돌한다고 보기 어려워 저작물의 공정한 이용에 해당하는 측면 또한 존재한다.

5) 위와 같은 점을 종합하면, 피고가 이 사건 문양들을 복제·게시한 것을 두고 원고 A의 저작권을 침해하였다고 보기 어려울 뿐만 아니라, 피고에 대하여 위 문양들의 사용을 금지하는 원고 A의 청구는 저작권법에 따른 저작물의 정당한 보호범위를 넘어 원고의 독점적 권리만을 주장하고 저작물의

공정한 이용과 이에 따른 일반 공중의 이익을 해하는 것으로써 신의성실의 원칙에 위배된다고 봄이 상당하므로, 원고 A의 위와 같은 청구가 설령 권리행사의 외형을 갖추었다 하더라도 이는 저작권을 남용하는 것으로서 허용될 수 없다 할 것이니, 피고의 위 주장은 이유 있다.

▷NOTE : 위 판결은 상표법상 허용되는 병행수입을 제한하기 위해 상표도안에 대한 저작권을 행사하여 침해주장을 하는 것을 저작권남용으로 인정하면서 권리남용의 주관적 요건을 따지지 않고, 상표권 남용에 관한 판례법리와 유사한 법리로 판단하고 있다는 점에서 그 결론의 당부를 떠나 저작권남용과 관련한 중요한 사례의 하나라 할 수 있다.

§27-45-6   ❖ 서울중앙지방법원 2013. 2. 5. 선고 2012가합508727 판결

나. 원고의 청구가 권리남용이라는 항변에 대하여

(1) 피고는, 원고가 실제로는 이 사건 청구가 인용될 것을 원하지도 않으면서, 단지 사용료 협상에서 유리한 지위를 차지하고자 협상의 수단으로 활용하기 위하여, 피고로서는 도저히 받아들일 수 없는 과도한 요구를 하면서 이 사건 음악저작물의 사용금지 및 손해배상을 구하고 있는 것이므로, 이러한 원고의 청구는 권리남용에 해당하여 배척되어야 한다고 주장한다.

(2) [증거에 의하면] 아래와 같은 사실 또는 사정들이 인정된다.

(가) 피고는 국내 3대 지상파 방송사 중 하나이고, 원고는 국내에서 유일하게 음악저작권신탁관리업 허가를 받은 저작권집중관리단체인바, 피고는 지난 수십 년 동안 현대사회의 근간을 유지하는 중대한 기능을 하는 방송업무를 담당해 왔고, 원고가 관리하는 음악저작물은 피고가 방송업무를 수행하기 위한 프로그램을 제작, 방영하는 데 필수적인 요소이며, 원고가 피고에게 음악저작물을 제공하는 대가로 지급받는 사용료는 원고에게 저작권을 신탁한 국내외 작사가, 작곡가, 편곡가 등 음악저작가들의 주된 수입원이 됨과 동시에 국내 음악 산업의 발전을 위한 자금으로도 사용된다는 점에서, 원고와 피고 모두 경제적인 측면에서는 일종의 독점적 지위를 가지고 있고, 사회적인 측면에서는 단순한 법인 또는 공사의 지위를 넘어서 국민 전체의 공공복리와 직결되는 중요한 공적 기능을 수행하고 있다.

(나) 위와 같은 방송산업과 음악저작물의 특수성 및 원고와 피고의 독점적, 공익적 지위로 인하여, 피고는 불가피하게 원고의 관리저작물을 이용해야만 하는 상황에 있고, 원고 역시 피고에게 관리저작물을 제공함으로써 그 대가로 사용료를 지급받아 수익을 창출해야 할 필요성이 절실하다. 이에 원고와 피고는, 구 문화공보부(현 문화체육관광부)가 원고에 대하여 음악저작권신탁관리업을 허가한 1988.경 이전부터 원고의 관리저작물에 관한 사용계약을 체결해 왔고, 그때부터 이미 피고의 음악저작물 사용 가능성 그 자체보다는 음악사용료를 어떠한 수준으로 책정할 것인가 하는 점만이 원고와 피고의 주된 관심사였다.

(다) 이 사건 사용계약이, 계약기간 만료 이후의 음악사용료 조정계수(제 3 조 제 3 항), 차기 계약의 체결 기한(제12조 제 2 항 본문), 차기 계약이 위 기한까지 체결되지 않았을 경우의 절차(같은 항 단서), 차기 계약의 체결이 지연될 경우의 잠정적인 사용료 지급 방법(제 4 조) 등과 같이, 일반적인 다른 계약들에서는 흔히 볼 수 없는 '차기계약'에 관하여 규정한 조항들을 다수 두고 있는 것도, 원고와 피고 모두 이 사건 사용 계약의 종료 이후에도 원고와 피고 사이에 다시 새로운 사용계약이 체결될 것이라

는 점을 당연히 염두에 두고 있다는 것을 보여준다.

(라) 나아가 현행 저작권법은 저작권위탁관리업자가 이용자로부터 받는 사용료의 요율 또는 금액을 문화체육관광부 장관이 한국저작권위원회의 심의를 거쳐 승인하도록 하고 있고(제105조 제 5 항, 제 6 항, 제 8 항), 저작권위탁관리업자가 위와 같이 승인된 사용료 이외의 사용료를 받을 경우에는 문화체육관광부 장관이 저작권위탁관리업자에 대하여 업무의 정지를 명할 수 있는바(제109조 제 1 항 제 2 호), 이처럼 원칙적으로는 계약 자유의 법리가 적용되어야 할 영역인 '사용료'의 책정에 관하여, 그것이 '저작권위탁관리업자가 받는' 사용료라는 이유로 법률상 관할관청에 의한 감독이 이루어지도록 하고, 저작권위탁관리업자와 이용자 사이의 관계를 객관적으로 조율하고자 하는 장치가 마련된 것도, 기본적으로 저작권위탁관리업자의 사적 자치라는 측면보다는 그 독점적이고 공익적인 지위가 더욱 중요하게 고려되어야 한다는 취지가 전제되어 있기 때문이라고 보인다.

(마) 이에 따라 현행 실무상으로도, 문화체육관광부 장관이 사용료의 요율과 금액이 규정된 저작권 사용료 징수규정(이하 '징수규정'이라 한다)을 승인하면, 저작권위탁 관리업자인 원고와 이용자인 피고는 승인된 징수규정을 기초로 사용료를 책정하고, 이에 따라 사용계약을 체결해 왔다(이 사건 사용계약 역시 당시의 관할관청이었던 문화관광부가 2008. 2. 28. 승인한 징수규정의 내용을 그대로 반영한 것이다).

(3) 이처럼 원고와 피고는 사법상의 당사자로서 계약자유의 원칙에 따라 계약의 체결 여부와 그 내용을 결정할 자유를 가지는 것이 원칙이지만, 피고의 독점적·공익적 지위, 방송산업과 음악저작물이 가지는 사회적 중대성과 양자의 밀접한 관계 등을 고려하여, 관련 법령에서는 관할관청에 대하여 사용계약의 내용을 감독하거나 원고에 대하여 제재를 가할 권한을 부여하고 있고, 원고와 피고 자신도 음악저작물 사용계약을 체결하면서 차기 사용계약의 체결을 당연한 전제로 하여 왔다.

(4) 특히 원고와 피고 사이에 음악사용료에 관한 협의가 이루어지지 않는다는 등의 이유로 사용계약이 체결되지 않아 피고가 원고의 관리저작물을 이용할 수 없게 된다면, 원고와 피고 사이의 금전적 이해관계로 말미암아 국민 전체의 공공복리가 훼손되는 결과를 가져오게 되고(원고와 피고 사이에는 항상 음악사용료에 관한 분쟁이 발생할 소지가 있는 만큼, 이러한 경우마다 사용계약이 체결되지 않고 이에 따라 방송에서의 음악저작물 사용이 금지된다면, 오늘날의 방송기능과 음악산업은 유지될 수 없을 것이다), 따라서 이러한 상황은 반드시 지양되어야 할 것이라는 점에서, 원고와 피고 사이에 차기 사용계약이 체결되어야 한다는 것은 국민의 공공복리를 위한 사회적인 요청이라고 볼 수도 있을 것이며, 앞서 본 사용계약이나 저작권법의 규정 등은 이러한 사태를 방지하기 위한 것이기도 하다. 더욱이 피고가 원고에게 지급하는 음악사용료의 적정한 기준은, 기본적으로 국가의 경제규모, 사회 전반의 상황, 음악산업의 발전 정도, 음악저작물에 대한 국민의 의식 등과 같은 제반 사정을 고려하여 당사자 사이의 협의 또는 관할관청의 조정이나 승인 등에 따라 결정될 성질의 것이고, 원고가 주장하는 바와 같이 외국의 경우나 종합편성사업자와의 계약 등과 같은 사례를 기준으로 하여 그 액수의 적정성을 일률적으로 판단할 수 있는 것이 아니다.

(5) 나아가 [증거에 의하면] 원고는 이 사건 사용계약의 기간이 만료된 이후에도 음악사용료에 관한 피고와의 협상이 이루어지지 않자, 2012. 1.경 문화체육관광부 장관에게 징수규정 개정안의 승인을

요청하였고, 이 후 문화체육관광부 장관은 2012. 12. 27. 피고를 포함한 지상파방송 3사에 대한 2012년 이후의 저작권사용료에 관하여 규정하고 있는 징수규정 개정안을 승인한 사실을 인정할 수 있고, 한편 앞서 본 바와 같이, 이 사건 약관에 따르면 원고의 관리저작물을 사용하고자 하는 자는 원고와 저작물 이용계약(이 사건의 '사용계약'이 이에 해당하는 것으로 보인다)을 체결해야 하는데(제2조 제1항), 이때 원고는 위 약관 제2조 제2항의 각 호에서 정한 예외적인 사유에 해당하지 않는 한 정당한 이유 없이 관리저작물의 사용승인을 거절할 수 없고(제2조 제2항), 저작물 이용계약의 내용이 되는 사용 료의 요율과 금액은 징수규정에서 정한 바에 따라 책정되므로(제7조 제1항), 결국 위 징수규정 개정 안이 승인됨으로써 원고는 계약상으로도 징수규정에서 정한 기준에 따라 원고와 사용계약을 새로이 체 결할 의무를 부담하게 되었다고 할 것이다(만일 원고가 위 징수규정에 따라 사용계약을 체결하지 않으 려면, 문화체육관광부 장관의 징수규정 승인에 재량권을 일탈·남용한 하자가 있다는 점 등을 들어 행 정소송으로 위 승인의 효력을 다투어야 할 것으로 보이는데, 원고는 이러한 조치도 취하지 않고 있다).

(6) 위 개정된 징수규정에 따라 원고와 피고 사이에 새로운 사용계약이 체결될 경우, 원고의 주장 에 의하더라도 이 사건 사용계약 제4조가 적용되게 되어(앞서 본 바와 같이 피고는 현재 이 사건 사 용계약 제4조에서 정한 바에 따라 음악사용료를 모두 지급한 상태이다), 이후에는 새로운 사용계약에 서 정한 음악사용료를 정산하는 절차만이 남게 된다.

(7) 그런데 징수규정 개정 이후 현재까지 원고와 피고 사이에 새로운 사용계약이 체결되지 않고 있는 것은, 개정된 징수규정에 따라 사용계약을 체결할 의무를 부담하는 원고가 사용계약을 체결하자 는 피고의 제안을 오히려 거절하고 있기 때문인바, 이러한 상황에서 아직 사용계약이 체결되지 않았다 는 이유로 원고의 청구를 인용하는 것은 정의관념에 현저히 반하여 허용될 수 없다고 할 것이다.

다. 소결론

결국, 개정된 징수규정이 승인됨으로써 장래 사용계약이 체결되어 이 사건 청구가 기각될 수 있는 상황에서, 개정된 징수규정에 따라 사용계약을 체결할 의무를 부담하는 원고가 위 의무를 이행하지 않 음으로써 새로운 사용계약의 체결이 지연됨에 따라 오히려 이 사건 청구가 인용된다는 것은 정의관념 에 비추어 볼 때 현저히 부당하므로, 원고의 권리행사는 권리남용에 해당하여 허용될 수 없다고 보아 야 할 것이고, 이를 지적하는 피고의 항변은 이유 있다.

▷NOTE : 위 사건은 한국음악저작권협회와 방송사 간에 기존 사용계약의 기간이 만료된 후 새로 운 사용계약이 체결되지 않고 있는 사이에 방송사가 음악저작물을 이용한 것에 대하여 협회가 침해소 송을 제기한 사안이다. 이에 대하여 법원은, 문체부가 새로 승인한 개정 사용료징수규정에 따라 사용계 약을 체결할 의무를 부담하는 협회가 위 의무를 이행하지 않음으로써 새로운 사용계약의 체결이 지연 됨에 따라 조성된 상황과 관련하여 침해소송을 제기하는 것은 정의관념에 비추어 현저히 부당하다는 이유로 이를 권리남용으로 인정하는 결론을 내리고 있다. 위 사안 자체는 위에서 본 저작권남용의 두 가지 측면과 모두 연관되는 점이 있지만, 위 판결은 공정거래법을 적용하기보다 일반 법원칙으로서의 권리남용을 인정하는 입장을 취하고 있다. 이 판결도 권리남용에 대한 주관적 요건에 대한 언급을 생 략함으로써 상표권과 마찬가지로 저작권의 경우에도 일반적인 경우보다 다소 완화된 판단기준을 적용 할 수 있을 것임을 전제로 하고 있다고 할 수 있다.

❖서울중앙지방법원 2011. 9. 14.자 2011카합709 결정 §27-45-7

신청인 주식회사 ○○교육이 피신청인에 대하여 이 사건 교과서 및 평가문제집의 이용허락을 거절하는 행위가 공정거래법에서 금지하고 있는 시장지배적 지위의 남용행위에 해당할 여지가 많고, 이러한 남용행위는 공정거래법 제66조 제1항 제1호에 의한 형사처벌의 대상이기도 하며, 그로 인한 공정거래 저해 효과 및 중등 사교육 시장에서의 보호할 가치가 있는 교육소비자의 이익을 저해할 우려가 상당하므로, 신청인 주식회사 ○○교육이 피신청인에 대하여 이 사건 신청으로 별지 '강의 목록' 기재 각 강의의 복제, 전송 금지를 구하는 것은 사회통념상 받아들이기 어려운 부당한 결과를 자아내는 등 공공복리를 위한 권리의 사회적 기능을 무시하는 것으로서 권리남용에 해당한다고 볼 여지가 있다.

▷NOTE : 위 결정은, 교과서 및 평가문제집 출판사(신청인)가 온라인 동영상 강의를 제공하는 회사에 대하여 저작권침해정지를 구하는 가처분 신청을 한 것에 대하여, 신청인의 이용허락 거절 행위가 공정거래법상의 시장지배적 지위 남용행위가 될 수 있음을 이유로 권리남용 가능성을 긍정한 사례이다. 다만, 위 결정의 항고심 결정인 서울고등법원 2012. 4. 4.자 2011라1456 결정은 위와 같은 이유에서의 권리남용 가능성은 부정하고 보전의 필요성이 없다는 이유로 항고를 기각하였다.

2. 저작재산권침해의 유형

(1) 무단이용과 허락범위외 이용

이 두 가지 유형의 존재에 대하여는 앞에서 설명하였다. 허락범위 외 이용도 결국 그 이용의 §27-46 태양에 관한 한 허락을 받지 않은 이용이므로 개념상으로 구별할 의의는 크지 않다.

(2) 지분권의 종류에 따른 유형

저작재산권침해는 지분권에 따라 ① 복제권의 침해, ② 공연권의 침해, ③ 공중송신권의 침 §27-47 해, ④ 전시권의 침해, ⑤ 배포권의 침해, ⑥ 대여권의 침해, ⑦ 2차적저작물작성권의 침해로 분류할 수 있다. 각각 저작권자의 허락을 받지 않은 원저작물의 복제, 공연, 공중송신, 전시, 배포, 대여, 원저작물을 이용한 2차적저작물의 작성(원저작물의 번역·편곡·변형·각색·영상제작 등) 등을 의미하는 것이다. 복제·공연·공중송신·전시·배포, 대여 등의 개념에 어떤 구체적 행위태양이 포함되는가에 대한 분석·연구는 그것이 결국 저작권침해의 태양을 알아내고 그 범주를 확정하기 위한 중요한 과제라 할 것이나, 제4장 제3절에서 상세히 다루었으므로 여기서는 생략한다.

3. 온라인서비스제공자의 책임

(1) 개   관

오늘날 정보통신기술의 급속한 발전은 저작권자들에게 상당한 위협을 가하고 있다. 발전된 §27-48

디지털환경하에서는 인터넷 등을 통해 누구나 손쉽게 불법복제물을 배포하는 것이 가능하여졌기 때문이다. 이러한 위협에 효과적으로 대처하기 위해서는 무엇보다 온라인서비스제공자의 책임에 관한 제도를 잘 정립할 필요가 있다.

일반적으로 인터넷상의 게시판(BBS) 등에 저작권자의 허락 없이 저작물을 올리는 등 직접적인 침해행위를 한 사람은 고액의 손해배상을 할 자력이 없는 개인인 경우가 많으므로, 침해로 인하여 손해를 입은 저작권자는 배상능력이 있는 서비스제공자를 상대로 손해배상청구를 하는 경우가 많다.1 미국 저작권법하에서는 온라인서비스제공자에게 배상책임을 지우는 책임형태가 직접침해(direct infringement), 기여침해(contributory infringement), 대위책임(vicarious liability)의 세 가지 유형으로 나누어지는데, 미국의 법원은 위와 같은 경우에 대하여 처음에는 '직접침해'를 인정하여 엄격책임을 부과하기도 하였으나, 차츰 그러한 경향을 탈피하여 기여침해나 대위책임의 유무를 신중하게 가리는 쪽으로 방향을 잡아가고 있다.

직접침해의 책임을 물을 경우에는 원고는 ① 유효한 저작권을 보유하고 있다는 것과 ② 피고가 원고가 가지는 저작권을 (직접) 침해했다는 것만 입증하면 족하며, 이 경우에 피고가 선의, 무과실이라고 하여도 책임을 면할 수 없다는 점에서 '엄격책임'이라고 한다.

기여침해란 ① 침해행위에 대한 인식을 가지고(침해행위를 인식할 이유가 있었을 경우 즉, 추정적 인식(constructive knowledge)의 경우 포함), ② 다른 사람의 침해행위를 유인, 야기하거나 또는 침해행위에 실질적으로 관여한 경우에 인정되는 책임을 말하며, 대위책임이란 ① 다른 사람의 침해행위를 지휘·감독할 권리 및 능력이 있고, ② 저작물의 이용에 의한 명백하고 직접적인 경제적 이익이 있을 경우에 인정되는 책임이다.

한편, 미국은 위와 같은 판례에 의한 해결에만 의존하지 아니하고 1998년에 제정한 저작권법 개정법인 디지털 밀레니엄 저작권법(Digital Millenium Copyright Act; DMCA)에 온라인서비스제공자(OSP)가 유형별로 일정한 요건하에 저작권침해의 책임을 면할 수 있음을 명확히 규정하는 내용을 포함하였는데, 이것은 한편으로는 OSP가 저작권침해를 최소화하는 데 협력자가 될 수 있도록 유도하고 한편으로는 OSP가 일정한 테두리 안에서 보다 분명한 법적인 안정성을 누릴 수 있도록 하는 데 목적을 둔 것이었다.2 미국의 이러한 입법은 유럽에도 영향을 미쳐 2000년에 제정된 EC의 전자상거래 지침3에도 유사한 유형별 면책조항이 들어가게 되었다.

---

1 온라인 게시물을 통한 '명예훼손'에 대하여 서비스 제공자의 책임이 문제가 되는 사례도 많은데, 특히 미국 판례를 통해서 볼 때 '저작권침해'의 경우와 판단기준이 약간 상이한 면이 있다.

2 이 법의 내용에 대한 번역과 정리는 임원선, "미국의 디지털 밀레니엄 저작권법에 대한 해설," 계간 저작권 1999년 가을호, 저작권심의조정위원회, 20면 이하 참조.

3 Directive 2000/31/EC of the European Parliament and of the Council of 8 June 2000 on certain legal aspects of information society services, in particular electronic commerce, in the Internal Market (Directive

이러한 외국의 입법사례를 참고하여 우리나라도 2003. 5. 27 개정 저작권법에서 처음으로 온라인서비스제공자의 책임제한에 관한 규정을 도입하게 되었는데, DMCA와 유사하게 요구 및 삭제절차(Notice & Takedown)에 관한 규정은 도입하였지만 그와 관련하여 다소 불명확한 요건의 책임감면 조항 등만 두고 서비스 유형별 면책요건을 명확하게 규정하는 내용을 도입하지는 않아 OSP의 법적 안정성을 높이는 데 기여하는 면이 상대적으로 미약하였다고 할 수 있다.

그 후 한·미 FTA와 한·EU FTA가 순차적으로 체결되면서 한·미 FTA에는 미국의 DMCA와 유사한 내용이, 한·EU FTA에는 EC 전자상거래 지침과 유사한 내용이 각 포함되게 되었고, 그 가운데 한·EU FTA가 먼저 비준됨에 따라 한·EU FTA 이행을 위한 2011. 6. 30. 개정 저작권법에서 양 FTA의 내용을 적절히 절충하여 반영하는 방식으로 OSP의 책임제한규정을 대폭 수정하게 되었다. 나아가 한·미 FTA의 이행을 위한 2011. 12. 2.자 개정법에서 온라인서비스제공자의 면책 요건에 '반복적 저작권침해자 계정해지 정책실시' 및 '표준적인 기술조치 수용' 요건을 추가하는 개정을 하였다. 이제는 우리나라도 OSP의 유형별 면책요건이 명확하게 규정되게 된 것이다.

아래에서는 비록 우리의 법체계와 상이한 점은 있지만 OSP의 책임에 관한 법리를 정리하는 데 빼놓을 수 없는 중요성을 가지는 미국 판례 법리의 전개과정을 먼저 살펴본 후 우리나라의 개정 저작권법의 내용을 살펴보기로 한다.

(2) 미국의 판례동향

(가) Playboy Enterprises Inc. v. Frena[1]

온라인서비스제공자에게 엄격책임을 물은 초기의 판례이다. 이 사건의 피고 Frena는 BBS운영자였는데, 그가 운영하는 BBS에서는 이용자(user)가 상호간에 원고의 허락 없이 원고가 출판한 잡지에 실려 있는 사진을 디지털화하여 BBS에 업로드하거나 다운로드하고 있었다. 피고는 선서진술서에서, 피고 자신은 이러한 사진을 BBS에 업로드한 일이 없고, 또한 피고는 원고로부터의 소장 송달로 침해의 사실을 알게 된 것으로서 그 후에 바로 BBS로부터 원고의 사진을 삭제하고 이후에는 그러한 일이 일어나지 않도록 BBS를 모니터링하고 있다는 취지로 주장하였다. §27-49

이러한 사안에 대하여 연방지방법원 캘리포니아 중부지구는, 피고는 원고의 허락 없이 BBS상에서 원고의 저작물을 공중에게 배포(distribute)하고 또한 이를 전시(display)하였으므로 원고의 저작권 중 배포권과 전시권을 직접 침해하였다고 판시하였다. 침해의 인식이 없었다고 하는 피고의 주장에 대하여는, 피고의 인식은 침해 성립과는 전연 무관하다고 하여 피고가 이용자에 의한 침해행위를 인식하고 있었는지 여부를 일체 검토하지 아니하고 엄격책임을 피고에게 부과하였다.

---

on electronic commerce).

1 839 F. Supp. 1552(M.D. Fla. 1993).

한편, 법원은 피고 Frena가 원고의 복제권을 직접 또는 기여적으로 침해하였는지에 대하여는 언급하지 않았다. 이 판결은 그 논리전개에 있어서 온라인서비스제공자에게 지나치게 엄격한 책임을 부과하고 있다는 점에서 비판의 대상이 되고 있다.[1]

(나) Sega Enterprises Ltd. v. Maphia[2]

§27-50   '직접침해'를 인정하여 피고에게 엄격책임을 부여한 또 하나의 판례이다. 피고는 BBS 운영자인데, 위 Playboy 사건과 마찬가지로 피고가 운영하는 BBS에서는 이용자들 상호간에 원고의 게임 프로그램을 원고의 허락 없이 업로드하거나 다운로드하고 있었다. 피고 스스로가 게임 프로그램을 업로드한 일은 없었던 점도 Playboy 사건과 마찬가지이다. Playboy 사건과 다른 점은, 이 사건에 있어서는 피고 자신이 BBS를 통하여 게임 프로그램을 교환하는 것을 이용자에게 장려하고 있었고 아울러 이용자가 게임 프로그램을 다운로드하는 조건으로 이용자 개인이 가지고 있는 게임 프로그램을 업로드하거나 또는 일정한 대금을 지불할 것을 요구하는 등의 행동을 함으로써 게임 프로그램의 불법적 유통에 깊이 관여하여 주도적인 역할을 수행하고 있었던 것으로 인정된 점이다.

위와 같은 사안에서 연방지방법원 캘리포니아 북부지구는 BBS에 원고의 게임 프로그램이 이용자로부터 업로드될 당시 BBS를 통해 위법한 복제가 행해졌다고 하면서 피고는 이러한 복제에 대하여 직접침해의 책임을 진다고 하였다. 다만, 흥미로운 것은 Playboy 사건에서는 법원은 직접침해는 엄격책임이라고 하는 법리를 충실하게 적용하여 피고의 인식 여부를 일체 문제삼지 않았던 것에 비하여, 이 판결은 직접침해를 인정한다고 하면서도 피고가 침해에 대하여 인식이 있었음을 동시에 지적하고 있다. 이 점을 들어서, 위 Sega 판결은 실질적으로는 기여책임의 법리에 기하여 내려진 것이라고 지적하는 논자도 있다.[3]

(다) Religious Technology Center v. Netcom[4]

§27-51   이 판결은 Sega 사건과 마찬가지로 연방지방법원 캘리포니아 북부지구의 판결이지만, 위의 두 판결과 달리 인터넷 접속업자 및 BBS운영자에 대하여 엄격책임을 묻는 것을 부정한 획기적인 판결이다.

사안은, 신흥종교단체인 원고와 원래 그 단체 소속의 목사였으나 뒤에 맹렬한 비판자가 된 Dennis Erlich라는 개인 사이의 논쟁과 관련한 것으로서, 위 목사가 원고가 저작권을 가지고 있

---

1 Wendy M. Melone, Contributory Liability for Access Providers : Solving the Conundrum Digitalization Has Placed on Copyright Law (http : //www.law.indiana.edu/fclj/pubs/v49/no2/melone.html).

2 857. F. Supp. 679(N.D.Cal.1994).

3 內田晴康・橫山經通 編著, [新版] インターネット法－ビジネス法務の指針－(1999), 53면 참조.

4 907 F. Supp. 1361 (N.D. Cal. 1995).

는 위 단체 교조(教祖, 창시자)의 교전(教典) 등을 유즈넷(뉴스그룹)에 원고의 허락 없이 업로드한 것이 문제가 된 것이다.

위 목사는 일개인이 운영하는 소규모의 BBS에 원고의 저작물을 업로드한 것이지만, 이 BBS가 Netcom사를 통하여 인터넷과 접속되어 있는 관계로 문제의 저작물이 인터넷 상의 다른 유즈넷에 순차적으로 송신되게 되어 있었다. 위 목사가 교전(教典) 등을 네트워크에 유포시키고 있는 것을 알게 된 원고는 그에 대하여 네트워크에의 송신을 중지할 것을 경고하였다. 그러나 위 목사는 교회비판을 위한 것이라는 이유로 원고의 경고를 무시하였다. 이에 원고는 BBS운영자와 Netcom사에 대하여 향후 위 목사를 네트워크로부터 배제할 것을 요구하였다. 이에 대하여 BBS운영자는 원고가 저작권을 가지고 있다는 사실의 증명을 요구하였으나, 원고는 이를 거절하였다. 한편, Netcom사는 위 목사에 의하여 업로드된 내용을 사전에 삭제하는 것은 불가능하다고 하여 원고의 요구를 거절하였다. 그 결과 원고의 통지 후에도 위 목사에 의한, 원고의 저작물의 유즈넷에의 송신은 계속되었고 이에 원고는 위 목사와 함께 Netcom사와 BBS운영자도 공동피고로 하여 저작권침해소송을 제기하기에 이르렀다. 이에 대한 법원의 판결내용 중에서 피고 Netcom사의 책임유무에 대한 부분을 아래에서 중점적으로 소개한다. 법원은 위 목사에 대하여는 저작권침해를 인정하여 원고 저작물의 게재금지를 명하는 가처분 등을 인용하였다.

1) 직접침해에 관한 판단

첫 번째로 법원은 Sega 사건과 같이 복제권에 주목하여 위 목사에 의한 업로드에 의하여 BBS와 Netcom사의 각 시스템 속에 원고의 저작물이 복제되었다고 인정하였다. 그러나 Netcom사가 그에 의해 바로 직접침해의 책임을 지는 것으로 판단하지 않고, "분명히 저작권법은 엄격책임을 정하고 있지만, 직접침해가 인정되려면 '일정한 의지적인 요소(some element of volition)' 또는 '원인작용(causation)'이 필요한데, 피고 Netcom사의 시스템이 단순히 제3자가 복제를 행하기 위해서 사용되었을 뿐인 이 사건에서는 이러한 요소가 흠결되어 있으며", "동일한 행위에 대하여 이용자(user)가 분명히 직접침해의 책임을 지는 경우에는 인터넷을 기능시키기 위해 필요한 시스템을 설정하여 운영하는 역할을 수행하는 데 불과한 무수한 자가 책임을 부담하지 않으면 안 되도록 하는 룰을 채택하는 것은 합리성이 인정되지 않는다"고 판시하였다. §27-52

2) 기여침해에 대한 판단

다음으로 법원은 Netcom사가 기여침해의 책임을 지는지 여부를 검토하여, 이 점에 대하여는 사실심리가 필요하며 현단계에서 원고의 청구를 각하할 수는 없다고 하였다.[1] §27-53

---

[1] 이 사건은 summary judgment, 즉 사실심리를 거칠 필요 없이 원고의 청구를 각하할 것을 구하는 피고 Netcom사의 신청에 대한 결정이다.

우선, 기여침해의 첫 번째 요건인 침해행위의 인식에 대하여 법원은, Netcom사가 원고로부터 통지를 수령한 후에 Netcom사의 시스템을 통하여 유즈넷에 재송신된 원고의 저작물에 관하여 침해의 인식을 가졌는지가 문제가 된다고 하였다. 이 점과 관련하여 Netcom사는, 침해행위가 있다는 통지를 받았어도 저작권의 등록이 유효한지 또는 공정이용(fair use)의 항변이 있는지가 불분명하므로 통지만으로는 결정적인 인식이 성립하지 않는다고 반론을 제기하였다. 이에 대하여 법원은 일반론으로서, 저작권표시가 없는 경우, 공정이용의 항변이 성립할 가능성이 있는 경우 또는 권리자가 침해가 있음을 입증할 자료를 제출하지 않는 경우에는 침해행위의 인식에는 미치지 아니하는 경우도 있다는 것을 인정하였다. 다만, 이 사건에 있어서는 피고 Netcom사는 위 목사의 침해행위가 계속되고 있는 사이에 통지를 수령하였으므로 피고의 인식의 유무에 대하여는 사실심리를 행하여 검토해 보아야 한다고 하였다.

다음으로, 두 번째의 요건인 '실질적인 관여'의 점에 대하여는 법원은 Netcom사의 서비스는 모든 유즈넷에의 송신을 가능하게 하는 것이고 나아가 Netcom사는 통지 수령 후에는 피해가 확대되지 않도록 하는 조치를 간단하게 할 수 있는 입장에 있었다고 하면 위 목사의 침해행위를 방조하였다고 할 수 있으므로 이 점, 즉 Netcom사가 그러한 입장에 있었는지에 대하여 사실심리를 할 필요가 있다고 하였다.

3) 대위책임에 대한 판단

§27-54   대위책임의 두 요건과 관련하여, 먼저 ① 지휘·감독할 권리 및 능력에 관하여는, Netcom사가 어떤 조치를 취할 수 있는 권리를 유보하고 있는 점, 특정의 개인이나 특정의 파일로부터의 업로드를 스크린할 수 있는 소프트웨어를 사용할 수 있는 점, 실제로도 지금까지 특정한 이용자의 메시지를 삭제한다거나 하는 관리를 해 오고 있었으므로 침해행위를 통제할 권리 및 능력은 인정된다고 하였다. 그러나, ② 직접의 경제적 이익이라는 요건과 관련하여서는, 위 목사의 침해행위에 의하여 서비스의 가치가 증대한다거나 신규계약자를 획득하고 있는 것은 아니므로 Netcom사는 경제적 이익을 얻고 있지 않다고 하였다.

위와 같이 온라인서비스제공자의 직접침해에 기한 책임을 원칙적으로 부정하고 기여침해와 대위책임의 요건을 갖춘 경우에 한하여 그 책임을 추궁하고자 한 Netcom 판결의 취지는 그 이후 현재에 이르기까지 미국 법원의 판결들을 통해 널리 지지를 받고 있다.

(라) A & M Records v. Napster[1] [2]

이 판결은 미국에서 P2P와 관련한 최초의 판결로서 기여침해와 대위책임을 인정한 사례이다.　§27-56

1) 사건의 개요 및 쟁점[3]

1999년 설립된 냅스터(Napster)는 새로운 정보공유방식인 P2P 파일교환시스템[4]에 의하여 이용자들이 편리하게 MP3 파일을 공유할 수 있도록 하고 있었다. 이러한 P2P를 통한 MP3 파일의 공유에 대하여 A & M Records사 등 음반회사들이 냅스터를 상대로 냅스터의 서비스는 이용자들의 저작물 불법복제, 배포 등을 조장하기 때문에 이용자들의 저작권 침해행위에 대하여 기여책임 또는 대위책임을 져야 한다고 주장하면서 냅스터의 서비스 제공을 중단시키기 위한 임시금지명령(preliminary injunction)을 신청하였다.[5] 이에 대하여 냅스터는 이용자들의 MP3 파일의 교환행위는 공정이용에 해당하므로 기여책임과 대위책임을 지지 않는다고 주장하였다.

2) 법원의 판단

미국의 연방 제 9 항소법원은 본 사건에서 냅스터가 이용자들의 불법적 MP3 파일 전송을 실제로 알고 있었을 뿐 아니라,[6] 나아가 이용자들의 불법적인 전송을 위한 소프트웨어, 검색엔진, 서버 등을 제공하였으므로, 이는 이용자들의 침해행위에 실질적으로 기여한 것이라고 판단하여 기여책임을 인정하였다.[7] 또한 냅스터는 이용자의 불법행위를 통제할 능력을 가지고 있으며, 이용자들의 이용행위를 통한 수익모델의 창출을 통하여 금전적 이익을 꾀하고 있으므로 이용자들의 저작권침해행위에 대하여 대위책임을 진다고 판단하였다.[8] 나아가 냅스터의 공정이용 항변에

---

1 A&M Records, Inc. v. Napster, Inc., 239 F. 3d 1004(9th Cir. 2001).

2 이하 이해완·김형렬·김윤명·성준호, 인터넷 기반 저작물 송신서비스와 저작권법 적용 —저작권 간접침해를 중심으로—, 한국저작권위원회(연구보고서), 38면 이하 참조.

3 이종구, "파일공유시스템과 저작권의 간접침해 및 기술의 발전," 단국대학교 법학연구소, 법학논총, 2006, 265면 이하 참조.

4 P2P 파일고유시스템(peer to peer file-sharing)은 중앙서버에 의한 P2P 파일 교환(냅스터, 소리바다 1)과 중앙서버에 의하지 않는 P2P 파일교환으로 분류된다. 또한 중앙서버에 의하지 않는 P2P 방식은 이용자가 네트워크에 연결된 모든 컴퓨터에 검색을 요청하고 각 컴퓨터가 검색결과를 요청 컴퓨터에게 제공하는 방식(Gnutella, Morpheus)과 이용자의 컴퓨터 중 일부가 중앙서버 역할을 하는 슈퍼노드(supernode)라고 하는데 이용자가 이에 접속하여 슈퍼노드가 사용자의 검색을 수행하여 검색결과를 제공하는 방식(Fasttrack, Grokster 및 KaZaa, 소리바다 3)으로 분류된다[P2P 공유시스템의 유형에 대한 상세한 비교는 안효질, 디지털 환경하에서의 저작권 침해(법제연구원, 2001), 11면 참조].

5 A&M Records, Inc. v. Napster, Inc., 114 F. Supp. 2d 896, 900 (N.D. Cal.2000).

6 A&M Records, Inc. v. Napster, Inc., supra note 23 : RIAA가 냅스터상에서 12,000개의 불법적인 파일이 공유되고 있다는 것을 냅스터에게 고지하였기 때문에 냅스터의 운영자가 이용자의 침해행위에 대한 현실적인 인식을 가지고 있다고 하였다.

7 냅스터는 독점적인 소프트웨어, 검색엔진, 서버, 이용자의 컴퓨터를 연결하는 수단을 제공하였기 때문에 직접적인 침해를 위한 장소와 시설을 제공한 것과 동일한 지위에 있다고 하였다. 이종구, 전게논문, 267면 참조.

8 1심법원인 캘리포니아 북부지방법원은 먼저 냅스터 이용자들에 의한 저작권침해사실이 일응 입증되고 이용자들의 파일공유는 공정이용에 해당하지 않는다고 판단한 다음 기여침해 및 대위책임에 기한 원고의 승소가능성이 있다고 보아 냅스터 서비스에 대한 임시금지명령을 내렸고, 2심법원도 위에서 본 바와 같은 법리적 근거를 제시하면서 1심법원의 결정을 유지하였다.

대하여는 (1) 이용자들의 파일교환행위는 생산적, 변용적 이용이 아닐 뿐만 아니라 상업적인 이용이며, (2) 음악저작물은 창조적 성격이 강한 저작물이고, (3) 이용자들이 저작물의 전체를 복제하고 배포하였으며, (4) 냅스터의 파일공유 서비스로 인하여 실제적으로 음악CD의 판매 감소를 초래하고 원고들의 디지털 전송 시장 진입에 지장을 주었으므로 잠재적 시장과 가치에 영향을 미친다는 이유로 냅스터의 공정이용 항변을 배척하였다.

(마) MGM Studios v. Grokster[1][2]

§27-57   이 판결은 냅스터와 실질적으로는 유사한 서비스를 제공하고 있었으나 기술적인 방식에 있어서 중앙 서버의 역할이 없다는 특징을 가지고 있어 미국법상의 기여침해를 인정하기가 쉽지 않은 사건에서 미국 특허법 규정을 유추한 이른바 유인(inducement) 이론에 근거하여 파일교환시스템의 제공을 금지한 사례이다.

1) 사건의 개요 및 쟁점

그록스터(Grokster)사의 파일공유 소프트웨어는 중앙서버가 없는 순수한 P2P 방식을 취하고 있었다. 즉 그록스터사가 채택한 기술인 FastTrack 네트워크는 종전의 냅스터와는 달리 중앙서버가 없으며, 이용자들이 공유소프트웨어를 어떤 방식으로 사용하든 제공자는 이를 감독하거나 통제할 수 없다는 점에 차이점이 있었다.

2) 법원의 판단

지방법원과 항소법원은 그록스터사의 파일공유 소프트웨어에 대하여 종전 냅스터 판결과 달리 중앙서버가 없으므로 그록스터사는 이용자들의 저작권침해행위에 대한 실제적 인식(actual knowledge)이 없다고 보았다. 따라서 소프트웨어 이용자들이 파일의 검색, 저장을 통해 직접적으로 저작권을 침해하는 행위에 대하여 그록스터사가 실질적으로 기여한 사실이 인정되지 않으므로 기여책임을 지지 않는 것으로 보았다. 또한 이들이 광고 등을 통하여 실질적으로 금전적 이익을 취한 사실은 인정되지만, 이 부분에 대하여도 이용자들이 그록스터사가 관리할 수 없는 영역에서 서로 파일을 교환하고 있으므로, 그록스터사는 이용자들의 직접적 침해행위를 통제할 능력이 없으며, 따라서 대위책임도 인정할 수 없다고 판단하였다.

그러나 미국 연방대법원은 종래의 기여책임 또는 대위책임이론에 기초한 법리와 달리 유인이론(誘引理論; inducement theory)이라는 새로운 법리에 근거하여 항소심과 다른 판결을 하였다.

미국 연방대법원은 먼저 소니 베타맥스 VTR 사건 판결[3](이하 소니 판결이라 한다)을 분석하는

---

1 MGM Studios, Inc. v. Grokster, Ltd. 545 U.S. 913 (2005).
2 그록스터(Grokster) 사건에 대하여도 자세한 것은 이종구, 전게논문, 269면 이하 참조.
3 Sony Corp. Amer. v. Universal City Studios, Inc., 464 U.S. 417 (1984).

데에서부터 논리를 전개해 나갔다. 소니 판결에서 연방대법원은 이용자에게 TV 프로그램을 녹화하였다가 나중에 볼 수 있도록 하는 기능(time-shifting)을 제공하는 VTR의 제조 및 배포가 영상저작물 저작자의 저작권을 침해하는지 여부에 대하여 판단하면서 이용자들이 TV 프로그램을 녹화하였다가 나중에 보는 용도로 VTR을 구입하여 사용하는 것이 대부분인데 그러한 이용자들의 행위는 공정이용(fair use)에 해당하므로 저작권침해를 구성하지 않고 한편으로 상업적 기본물품(staple article of commerce)에 해당하는 복제기기의 판매는 그 기기가 비침해적 용도로 광범위하게 사용되는 이상 그 자체로 저작권침해를 구성하지는 않는다는 이유로 결국 저작권침해를 부정하는 결론을 내린 바 있다. 그록스터 사건의 항소심판결이 기여침해를 부정하는 결론을 내린 것도 주로 소니 판결에 근거를 둔 것이었다. 즉 그록스터 등의 P2P 프로그램도 상당한 정도 비침해적 용도로도 사용되므로 소니 판결의 사안과 같이 볼 수 있다고 판단한 것이다. 이에 대하여 대법원은 소니 판결의 원리는 배포된 제품의 특성이나 이용에 의하여 법률문제로서 비난가능성이 있는 침해 의도(culpable intent)를 추정(imputing)하는 것을 제한하는 것으로서 소니 판결이 그러한 침해 의도에 대한 증거가 존재하는 경우에조차도 법원으로 하여금 그러한 증거를 무시할 것을 요구하는 것은 아니며, 판례법에 근거하는 과실책임을 배제하는 것을 의미하는 것도 아니라고 하였다. 즉 제품의 특성이나 제품이 저작권을 침해하기 위하여 사용될 수 있다는 인식을 넘어서서 그것이 침해를 조장하는 진술이나 행위를 보여주는 증거가 있을 경우에는, 소니 판결의 상업적 기본물품의 원리에 의하여서도 책임이 배제되는 것은 아니라고 하였다. 따라서 연방대법원은 침해적 이용을 광고하거나 침해적 이용방법을 지시하는 경우에는 제품이 저작권을 침해하는 목적으로 이용된다는 데 대한 명확한 의도가 있는 것이고, 그 경우에는 비침해적 용도로도 이용되는 상업적인 제품을 판매하는 경우에도 침해책임을 인정할 수 있다고 하였다. 나아가 정상적인 상거래 또는 기술발전의 저해와 관련하여서는, 소니 사건에서는 소니사가 저작권침해를 위하여 VTR이 사용될 수 있다는 가능성에 대한 인식만 있었지 고의적으로 침해를 유인하지 않았음을 전제로, 그와 같이 침해적 이용의 가능성 또는 실제적인 침해적 이용에 대한 단순한 인식만 있었던 경우에는 배포자에 대하여 간접책임을 인정하기 어려울 것이지만, 유인이론은 의도적이고 비난가능성 있는 표현과 행위에 대하여 책임을 부과하는 것이므로, 합법적인 상거래나 기술의 혁신을 방해하지 않는다고 하였다.[1] 그리고 그록스터의 시스템에 대하여 유인이론을 적용함에 있어서 (1) 그록스터 등이 냅스터 이용자들을 유인함으로써 불법적인 저작물의 다운로드를 위한 수요를 만족시키려는 의도를 드러낸 점, (2) 그들의 시스템의 이용자들에 의하여 수행되는 저작권 침해행위를 방지하기 위한 필터링(filtering)을 개발하지 아니하였을 뿐 아니라 그 밖에 저작권 침해를 방지하기 위한 다

---

1 이종구, 전게논문, 270면.

른 장치를 하지 않은 점, (3) 그록스터 등은 광고주에게 광고공간을 판매함으로써 수익을 얻는데 이것은 더 많은 광고 수입을 위하여 이용자들의 더 많은 불법적인 이용을 추구하게 된다는 점 등을 고려하였다.[1] 이에 따라 결론적으로 "침해를 촉진하는 명확한 표현이나 이를 위하여 취하여진 그 밖의 적극적인 행위에 의하여 입증되는 경우와 같이 저작권을 침해하는 제품을 이용할 것을 장려할 목적으로 물품을 배포하는 자는, 이로 인한 이용자의 침해행위에 대하여 책임을 진다"고 판시하였다. 즉 연방대법원은 이러한 이유로 유인이론에 따라 그록스터사의 책임을 인정하고 그록스터 등 P2P 프로그램의 제공을 사실상 금지하였다.

(바) 미국 판례이론의 시사점

§27-58　　미국에서는 위와 같이 Netcom 판결을 통해 온라인서비스제공자의 게시판 등 시스템 제공행위에 대하여는 제공자에게 침해에 대한 일정한 의지적 요소(some element of volition)나 원인작용(causation)이 결여되어 있다는 이유로 원칙적으로 직접침해의 책임(엄격책임)은 부정하는 입장을 확립하고 대신 이용자의 행위가 직접침해행위가 될 것을 전제로 하여 그에 대하여 실질적으로 도움을 준 경우 등에 대하여 기여침해나 대위책임의 이론을 통해 제한적으로 책임을 부과해 왔음을 알 수 있다. 다만 중앙서버의 관여를 배제한 순수한 P2P 프로그램을 제공한 것과 같은 특수한 사안에서는 기존의 기여침해 등의 이론으로 해결하기 어렵다고 보아 그록스터 사건을 통해 유인이론이라고 하는 새로운 이론적 근거를 제시하고 있는 것을 보았다.

이러한 미국법의 입장과 한국법의 입장이 본질적으로 큰 차이를 가지는 것으로 보기는 어렵다. 미국법상 주로 적용되는 기여침해는 우리 법상의 방조책임의 경우와 거의 유사하다고 할 수 있고, 대위책임은 우리법의 사용자책임과는 다른 독특한 면이 있으나, 우리 법상 방조책임의 법리에 의하여 판단되는 것과 크게 다른 결론을 가져오는 방향으로 원용되는 예를 찾기는 어렵다. 유인이론은 미국법상의 기여침해이론이 가진 한계를 넘어서기 위한 것이나, 우리 법상의 방조책임으로는 충분히 포괄할 수 있는 영역의 문제에 관한 것이라 할 수 있어 역시 방조책임 법리에 의하여 동일한 결론을 내릴 수 있다. 이와 같이 결과적으로는 유사한 면이 많지만, 법체계적으로는 양국 간 법제가 일치하지 않는다는 것을 직시하여 미국 판례의 법리를 우리나라 판례 등에서 참고할 때는 그야말로 참고함에 그쳐야 하고 그 논리를 그대로 옮겨오는 것은 적절치 않은 경우가 많다는 점을 유의하여야 한다.

근본적으로 미국법의 태도 가운데 긍정적으로 참고할 만한 것은 온라인서비스제공자에 대하

---

1 John Lobato, Recent Development : the Supreme Court of the United states, 2004 term : paying for the Sins of Their Users : Liability and Growing Uncertainty in a Digital Age, 29 Harv. J.L. & Pub. Pol'y 357, 362–363(2005).

여 직접침해의 책임을 쉽게 인정하지 않고 원칙적으로 기여침해 등의 간접침해책임의 문제로 보아 비교적 신중하게 접근하고 있다는 점이다(간접침해에 대하여 자세한 것은 §28-5 이하 참조). 그것은 이용자의 행위가 직접적인 저작권침해행위에 해당함을 전제로 하여서만 서비스제공자에 대하여도 책임을 물을 수 있는 가능성이 있다는 점에서 이용자의 공정이용을 보장하는 데 보다 유리한 법적 환경을 제공하며, 나아가 정보유통의 매개자인 온라인서비스제공자의 책임을 제한적으로만 인정함으로써 정보유통의 원활화에 도움이 된다는 장점이 있다.

(3) 개정법하에서의 온라인서비스제공자의 책임

(가) 온라인서비스제공자의 의의

개정 저작권법은 '온라인서비스제공자'에 대하여 다음 두 가지 중 어느 하나에 해당하는 자를 말하는 것으로 정의하고 있다(제 2 조 제30호).   §27-59

① 이용자가 선택한 저작물 등을 그 내용의 수정 없이 이용자가 지정한 지점 사이에서 정보통신망(「정보통신망 이용촉진 및 정보보호 등에 관한 법률」 제 2 조 제 1 항 제 1 호의 정보통신망을 말한다. 이하 같다)을 통하여 전달하기 위하여 송신하거나 경로를 지정하거나 연결을 제공하는 자

② 이용자들이 정보통신망에 접속하거나 정보통신망을 통하여 저작물 등을 복제·전송할 수 있도록 서비스를 제공하거나 그를 위한 설비를 제공 또는 운영하는 자

법 개정 전에는 위 ②의 경우 중 일부만을 온라인 서비스 제공자의 개념에 포함시켰으나,[1] 개정법에서 개념범위를 위와 같이 확장하였다.[2] 나아가 개정법은 제102조에서 서비스 유형별 면책요건을 명확화하고, 제103조에서는 온라인서비스제공자의 복제·전송중단 절차에 대하여도 유형별로 달리 취급하는 규정을 두었다.

아래에서는 먼저 위와 같은 개정법 제102조 각항 및 제103조의 내용을 순차적으로 살펴본

---

[1] 개정전 저작권법 제 2 조 제30호 : "온라인서비스제공자"는 다른 사람들이 정보통신망(「정보통신망 이용촉진 및 정보보호 등에 관한 법률」 제 2 조 제 1 항 제 1 호의 정보통신망을 말한다. 이하 같다)을 통하여 저작물 등을 복제 또는 전송할 수 있도록 하는 서비스를 제공하는 자를 말한다.

[2] 다만 이와 같이 확장된 개념에 의하더라도 온라인서비스제공자의 개념은 단순히 온라인상에서 서비스를 제공하는 자를 말하는 것이 아니고 그 이용자가 저작물을 전달, 송신할 수 있도록 매개 내지 중재하는 서비스를 제공하는 자를 뜻하므로, 직접 자신이 주체가 되어 저작물을 복제·전송하는 경우에는 (그러한 맥락에서는) 저작권법에서 말하는 온라인서비스제공자에 해당하지 않는 것으로 보아야 할 것이다. 대법원 2015. 4. 9. 선고 2011다101148 판결이 "원심판결 이유에 의하면, 원심은 피고 에스케이커뮤니케이션즈 주식회사(이하 '피고 에스케이커뮤니케이션즈'라고만 한다)와 주식회사 에이온미디어(이하 '에이온미디어'라고만 한다) 사이의 정보제공계약서 내용 등을 근거로 피고 에스케이커뮤니케이션즈는 단순히 에이온미디어의 노래방 서비스를 매개 내지 중개하는 온라인서비스제공자가 아니라 자신의 이름으로 음악저작물의 복제·전송행위를 포함한 서비스를 제공하였다고 판단하였다. 관련 법리와 기록에 비추어 살펴보면, 원심의 이러한 판단은 정당한 것으로 수긍이 가고, 거기에 상고이유 주장과 같이 음악저작물 복제 및 전송 주체의 판단에 관한 법리를 오해하는 등의 위법이 없다."라고 판시한 것은 그러한 판단에 기한 것으로 생각된다. 그리고 가사 그러한 경우에도 온라인서비스제공자에는 해당한다고 보더라도, 저작권법 제102조 제 1 항 제 1 호 가목의 면책요건을 갖추지 못하여 같은 조 소정의 면책사유에는 해당하지 않는 것으로 보아야 할 것이다(§27-61 참조).

후 온라인서비스 제공자의 책임근거에 대하여 살펴보고, 다음으로 제104조에 의한 특수한 유형의 온라인서비스 제공자의 의무에 관하여 짚어 보기로 한다.

(나) 서비스 유형별 면책요건(제102조 제 1 항)

1) 개정법 제102조의 취지

§27-60   개정 저작권법 제102조는 미국의 DMCA 등을 본받아 인터넷을 통해 저작물등의 정보를 교환하는 데 있어 매개적 역할을 하는 온라인서비스제공자(OSP)들이 그 서비스를 통하여 발생할 수 있는 저작권침해를 최소화할 수 있도록 유도하는 한편, 그들의 법적 안정성을 높이기 위해 유형별로 그 면책요건을 명확화하고자 하는 취지의 규정이다.1

2) 인터넷접속서비스의 면책요건(제 1 항 제 1 호)

§27-61   제102조 제 1 항 제 1 호는 "내용의 수정 없이 저작물 등을 송신하거나 경로를 지정하거나 연결을 제공하는 행위 또는 그 과정에서 저작물 등을 그 송신을 위하여 합리적으로 필요한 기간 내에서 자동적·중개적·일시적으로 저장하는 행위"의 면책요건을 규정하고 있다. KT, SK브로드밴드, LG데이콤 등에서 제공하는 인터넷 접속서비스가 여기에 해당하며, 단순도관(mere conduit) 서비스라고도 부른다. 이러한 서비스 유형은 다음과 같은 네 가지 요건을 모두 갖춘 경우에 위와 같은 송신 등의 대상이 된 것이 설사 저작물의 불법복제물인 경우라 하더라도 면책된다.

① 온라인서비스제공자가 저작물 등의 송신을 시작하지 아니한 경우(제 1 호 가목)
② 온라인서비스제공자가 저작물 등이나 그 수신자를 선택하지 아니한 경우(제 1 호 나목)
③ 저작권, 그 밖에 이 법에 따라 보호되는 권리를 반복적으로 침해하는 자의 계정을 해지하는 방침을 채택하고 이를 합리적으로 이행한 경우(제 1 호 다목)
④ 저작물등을 식별하고 보호하기 위한 기술조치로서 대통령령으로 정하는 조건을 충족하는 표준적인 기술조치를 권리자가 이용한 때에는 이를 수용하고 방해하지 아니한 경우(제 1 호 라목)

§27-62   먼저 위 ①, ②의 경우 그 중 하나라도 충족하지 못할 경우에는 결국 스스로 특정 저작물 등의 송신을 시작하거나 선별하는 역할을 맡은 셈이어서 직접침해의 주체로 인정될 가능성이 많다고 본 것이다. 위 ①에서 "온라인서비스제공자가 저작물 등의 송신을 시작하지 아니한 경우"라고 한 것 중 '시작하다'라는 말은 영어의 'initiate'에 상응하는 말로서, 구체적으로 해당 저작물 등의 송신을 지향하는 능동적 주체로서의 역할을 뜻하는 의미를 내포하고 있는 것으로 보인다. 따라서 여기에는 온라인서비스제공자 스스로의 의지(volition)에 따라 적극적, 능동적으로 저작물등의 송신을 수행한 것(침해행위와 관련하여서는 간접침해가 아닌 '직접침해'에 해당하는 경우)만 포함되고, 예컨대 A라는 이용자가 업로드(이용제공)한 것을 B라는 이용자가 접근하여 다운로드 버튼을 클릭할 때

---

1 문화체육관광부·한국저작권위원회, 한·EU FTA 이행 개정 저작권법 해설, 2011, 14면 참조.

온라인서비스제공자가 미리 설정한 시스템에 따라 자동적으로 송신하게 되는 경우는 제외되는
것으로 보아야 할 것이다.

위 ③과 ④는 한·EU FTA의 이행을 위한 개정법에서는 반영되지 않았다가 한·미 FTA의 이   §27-63
행을 위한 2011. 12. 2. 개정법에서 미국 저작권법 제512조(DMCA 제202조)의 공통면책요건 규정[1]
을 도입하여 추가로 규정한 것이다. 개정 저작권법상 위 ③과 ④는 ②와 함께 정보검색도구서비
스를 제외한 나머지 세 유형의 서비스에 대하여 공통적인 면책요건으로 규정되어 있다. 위 ①,
즉 제 1 호 가목이 개정 저작권법상 모든 유형에 공통되게 적용되는 유일한 면책요건이다.

위 ③의 면책요건은 개정법이 온라인서비스제공자에게 일정한 요건하에 책임을 면할 수 있   §27-64
는 안전항(safe harbors)을 제공해 주는 대가로 검색서비스를 제외한 세 가지 유형의 서비스제공자
로 하여금 온라인상의 저작권 침해 방지에 협력하여야 할 구체적 의무를 지우는 취지로 규정된
것이다. 즉 이 규정은 미국의 DMCA를 본받아 법적으로 저작권자와 온라인서비스제공자 사이의
상생협력을 유도하는 면이 있다고 할 수 있다. 이 규정은 그 세 가지 유형에 해당할 경우 온라인
서비스제공자가 저작권을 반복적으로 침해하는 자의 계정을 해지하는 방침을 채택하고 이를 합
리적으로 이행한 경우에 한하여 책임을 면하도록 규정하고 있는데, 우선 여기서 말하는 '계정'이
란 '온라인서비스제공자가 이용자를 식별·관리하기 위하여 사용하는 이용권한 계좌'를 말한다(제
102조 제 1 항 제 1 호 다목).

문제는 위 규정에서 말하는 반복침해자 계정해지 방침의 합리적 이행이란 무엇을 말하는지
가 반드시 명백하지 않다는 점이다. 이 규정에 대응하는 미국 저작권법 규정(제512조 (i)(1)(A))과
관련하여 미국의 판례는 서비스제공자가 권리주장자의 복제·전송 중단 요구를 수령할 수 있는
시스템을 정상적으로 운영하고 있고, 저작권자가 그러한 요구를 하기 위해 필요한 정보를 수집하
는 것을 서비스제공자가 적극적으로 방해하지 않아야 위 규정에서 요구하는 '이행'을 한 것으로
볼 수 있다고 한다.[2]

Ellison v. Robertson 사건 판결은 서비스제공자인 AOL이 권리자들의 통지를 수령하는 이
메일주소를 변경한 후 기존의 이메일주소로 수신된 통지를 포워딩하거나 기존의 이메일주소가
더 이상 유효하지 않다는 것을 통지하지 않은 이상 위 규정상의 방침 이행을 인정하기 어렵다고
판시하였다.[3] 또한 Aimster 사건 판결은 원고들의 저작권의 반복적 침해자의 행위에 대하여 경
고를 하기는커녕 오히려 그들에게 자신의 시스템을 이용하여 불법복제물의 배포를 암호화하여
그 자신의 침해방지 활동을 불가능하게 할 수 있는 방법을 가르쳐 줌으로써 보다 용이하게 침해

---

[1] 17U.S.C. §512 (i) (1) (A), (B).
[2] Perfect 10, Inc. v. CCBill LLC 488 F. 3d 1102, 1109~1110 (C.A.9 (Cal.),2007).
[3] Ellison v. Robertson 357 F. 3d 1072, 1080 (C.A.9 (Cal.), 2004).

행위를 할 수 있도록 도움을 준 서비스제공자에 대하여 역시 이 규정상의 '방침 이행'이 아예 없었던 것으로 보아 면책을 허용하지 않았다.[1]

나아가 반복침해자 계정해지 방침의 '합리적' 이행이란 무엇인지에 관하여 Perfect 10 v. CCBill 사건 판결은 '적절할 때' 반복침해자의 계정을 해지하면 '합리적 이행'이 있은 것으로 볼 수 있다고 판시하면서 법은 어느 시점이 계정을 해지할 '적절한' 시점인지에 대하여 규정하지 않고 단지 '반복침해자(repeat infringer)'인 이용자의 계정을 해지할 것을 요구할 뿐이라고 하였다. 나아가 이 판결은 반복침해자를 식별하여 그 계정을 해지하기 위하여 서비스제공자가 반복침해의 증거를 찾기 위해 적극적으로 이용자들을 조사할 필요는 없고, 적어도 침해를 실제로 알게 되거나 권리자로부터의 복제·전송의 중단 요구 등을 통하여 침해가 명백하다는 사실 또는 정황을 알게 된 이후의 적절한 시점에 이행하기만 하면, 계정해지 방침의 '합리적' 이행을 한 것으로 인정할 수 있다는 취지로 판시하였다.[2]

우리 법상으로도 위와 같은 미국 판례의 취지를 참고하여 판단할 수 있을 것이다. 다만, 개정법은 단순도관서비스의 경우 권리자가 복제·전송의 중단 요구를 할 수 있는 대상에서 제외하고 있으므로(§27-80 참조), 이 규정 상의 '합리적 이행'이 부정되는 경우를 상정하기 어려울 것으로 생각되고, 주로 이 규정이 문제되는 것은 세 번째 유형인 '저장서비스'일 것으로 보인다.

§27-65   다음으로 표준적인 기술조치의 수용에 관한 ④의 요건에 대하여 살펴본다. 저작권법 시행령 제39조의3은 위 규정(제1호 라목)에서 말하는 "대통령령으로 정하는 조건"이란 다음 각 호의 조건을 말한다고 규정하고 있다.

    1. 저작재산권자와 온라인서비스제공자의 의견일치에 따라 개방적이고 자발적으로 정하여질 것
    2. 합리적이고 비차별적인 이용이 가능할 것
    3. 온라인서비스제공자에게 상당한 비용을 부과하거나 온라인서비스 제공 관련 온라인서비스제공자의 시스템 또는 정보통신망에 실질적인 부담을 주지 아니할 것

시행령의 위와 같은 규정은 표준적인 기술조치를 구체적으로 특정하지 않고 위와 같은 일정한 조건을 갖추면 모두 표준적인 기술조치로 인정할 수 있다는 취지로서[3] 미국 저작권법 제512조 (i)(2)와 거의 같은 내용이다. 이와 관련한 미국 판례의 태도는 위에서 본 Perfect 10 v. CCBill 사건 판결에서 약간 엿볼 수 있다. 이 사건에서 원고는 온라인상의 신용카드결제를 대행하는 회사인 피고가 자신과 제휴한 웹사이트들이 원고의 저작권을 침해하였는지 여부를 발견하

---

1 In re Aimster Copyright Litigation 334 F. 3d 643, 655 (C.A.7 (Ill.), 2003).
2 Perfect 10, Inc. v. CCBill LLC 488 F. 3d 1102, 1111 (C.A.9 (Cal.), 2007).
3 문화체육관광부·한국저작권위원회, 한·미 FTA 이행을 위한 개정 저작권법 설명자료(2011. 12. 14.), 26면.

는 것을 방해할 목적으로 그 웹사이트들에 원고가 접근하는 것을 막음으로써 '표준적인 기술조치'
를 방해하였으므로 면책요건을 갖추지 못하였다고 주장하였다. 이에 대하여 법원은 첫째 '웹사이
트에 접근하는 것'이 미국 저작권법상의 "개방적이고 공정하며 자발적이고 여러 산업에 걸치는
표준화 과정에서 저작권자와 서비스제공자의 광범위한 동의에 따라 개발된 기술적 조치"에 해당
하는지 여부에 대하여 의문이 있고, 둘째 그것이 그러한 표준적 기술조치에 해당한다고 하더라도
피고가 원고의 저작권집행을 방해하기 위한 목적에서 원고의 접근을 막은 것인지 아니면 원고가
피고와 제휴한 웹사이트에의 접근 권한을 구매한 후 이어서 신용카드결제를 취소함에 따라 피고
에게 상당한 비용을 초래하였기 때문인지에 의문이 있다는 이유로 원심 판결을 파기하고 재심리
하도록 환송하였다.[1] 이러한 미국 판례는 위 시행령 제39조의3 각 호의 규정이 구체적 사건에서
판단하기 쉽지 않은 면이 있을 수 있음을 보여 주고 있다.

3) 캐싱(caching)서비스의 면책요건(제 1 항 제 2 호)

제102조 제 1 항 제 2 호는 "서비스이용자의 요청에 따라 송신된 저작물 등을 후속 이용자들   §27-66
이 효율적으로 접근하거나 수신할 수 있게 할 목적으로 그 저작물 등을 자동적·중개적·일시적으
로 저장하는 행위"에 대한 면책요건을 규정하고 있다. 위와 같은 행위가 바로 캐싱(caching) 서비
스에 해당하는 것으로서, OSP가 일정한 콘텐츠를 중앙서버와 별도로 구축된 캐시서버에 자동적
으로 임시 저장하여 이용자가 캐시서버를 통해 해당 콘텐츠를 보다 빠르게 이용할 수 있도록 제
공하는 역할을 수행한다.

이러한 캐싱서비스의 경우에는 다음의 요건들을 모두 갖추어야 침해의 책임을 지지 않는다.

① 제 1 항 제 1 호 각목의 요건을 모두 갖춘 경우(위에서 본 인터넷접속서비스의 면책요건들) (제 2 호
   가목)
② 온라인서비스제공자가 그 저작물 등을 수정하지 아니한 경우(제 2 호 나목)
③ 제공되는 저작물 등에 접근하기 위한 조건이 있는 경우에는 그 조건을 지킨 이용자에게만 임시저장
   된 저작물 등의 접근을 허용한 경우(제 2 호 다목)
④ 저작물 등을 복제·전송하는 자(이하 "복제·전송자"라 한다)가 명시한, 컴퓨터나 정보통신망에 대하
   여 그 업계에서 일반적으로 인정되는 데이터통신규약에 따른 저작물 등의 현행화에 관한 규칙을 지
   킨 경우. 다만, 복제·전송자가 그러한 저장을 불합리하게 제한할 목적으로 현행화에 관한 규칙을
   정한 경우에는 그러하지 아니한다.(제 2 호 라목)
⑤ 저작물 등이 있는 본래의 사이트에서 그 저작물 등의 이용에 관한 정보를 얻기 위하여 적용한, 그
   업계에서 일반적으로 인정되는 기술의 사용을 방해하지 아니한 경우(제 2 호 마목)
⑥ 제103조 제 1 항에 따른 복제·전송의 중단요구를 받은 경우, 본래의 사이트에서 그 저작물 등이 삭

---

[1] Perfect 10, Inc. v. CCBill LLC 488 F. 3d 1102, 1115 (C.A.9 (Cal.), 2007).

제되었거나 접근할 수 없게 된 경우, 또는 법원, 관계 중앙행정기관의 장이 그 저작물 등을 삭제하거나 접근할 수 없게 하도록 명령을 내린 사실을 실제로 알게 된 경우에 그 저작물 등을 즉시 삭제하거나 접근할 수 없게 한 경우(제 2 호 바목)

§27-67   위 ③은 원래 사이트에 대한 이용이 제한되어 있는 경우, 예를 들어 원래 사이트에 이용료를 내거나 비밀번호 등을 입력한 이용자들만 접근할 수 있는 조건이 있을 경우에는 그 조건을 지킨 이용자에게만 캐시 서버에의 접근을 허용하는 방식으로 서비스를 하여야 한다는 것을 의미한다. 위 ④의 저작물 등의 현행화란 미국 저작권법 제512조의 표현에 의하면, 자료의 신규화(refreshing), 다시 올리기(reloading) 또는 그 밖의 방법으로 최신화(updating)하는 것을 말하며, 현행화에 관한 데이터통신규약의 예로는 HTTP 프로토콜, Internet Cache Protocol 등을 들 수 있다.[1] 위 ⑤는 예를 들어, 광고수익을 위한 hit count를 원래 사이트로 돌리는 기술의 사용을 방해하지 않은 경우를 의미하며, ⑥은 복제·전송 중단요청으로 원서버에서 자료가 삭제되거나 접근할 수 없는 경우 또는 법원의 판결이나 행정명령을 받아 삭제된 경우에 캐시서버에서도 이를 즉시 삭제하거나 접근할 수 없게 하는 경우를 뜻한다.[2]

4) 저장서비스의 면책요건(제 1 항 제 3 호)

§27-68   제102조 제 1 항 제 3 호는 "복제·전송자의 요청에 따라 저작물 등을 온라인서비스제공자의 컴퓨터에 저장하는 행위"의 면책요건을 규정하고 있다. 이것은 보통 OSP의 책임을 논할 때 가장 일반적으로 상정하는 서비스 유형이라고 할 수 있다. 인터넷 카페, 블로그, 웹하드 등이 모두 여기에 해당한다. 이러한 서비스 유형은 다음과 같은 요건들을 모두 갖춘 경우에 저작권침해 책임을 면할 수 있다.

① 제 1 호 각 목의 요건을 모두 갖춘 경우(제 3 호 가목)
② 온라인서비스제공자가 침해행위를 통제할 권한과 능력이 있을 때에는 그 침해행위로부터 직접적인 금전적 이익을 얻지 아니한 경우(제 3 호 나목)
③ 온라인서비스제공자가 침해를 실제로 알게 되거나 제103조 제 1 항에 따른 복제·전송의 중단요구 등을 통하여 침해가 명백하다는 사실 또는 정황을 알게 된 때에 즉시 그 저작물 등의 복제·전송을 중단시킨 경우(제 3 호 다목)
④ 제103조 제 4 항에 따라 복제·전송의 중단요구 등을 받을 자를 지정하여 공지한 경우(제 3 호 라목)

§27-69   저장서비스는 침해에 대한 방조책임 등이 가장 많이 문제될 수 있는 서비스 유형이다. 위에서 본 여러 가지 요건을 갖춘 경우에 비교적 명확하게 면책될 수 있게 된 것은 개정법의 큰 의의

---

1 문화체육관광부·한국저작권위원회, 한·EU FTA 이행 개정 저작권법 해설, 2011, 16면 참조.
2 상게서, 16면.

라 하겠으나 그 중 특히 ③(제 3 호 다목)의 요건을 충족하는지 여부는 향후 관련사건의 소송에서 가장 큰 쟁점으로 떠오를 것으로 예견된다. 즉, 본 요건은 침해사실을 실제로 아는 '실제적 인식 (actual knowledge)'만이 아니라 침해가 명백하다는 사실 또는 정황에 대한 인식, 즉 '명백한 인식 (apparent knowledge)'이 없었거나 그것이 있었을 경우에는 즉시 그 저작물 등의 복제·전송을 중단하였어야 충족할 수 있는데 향후 재판에서 이러한 '실제적 인식' 및 '명백한 인식'의 유무에 대하여 치열한 다툼이 벌어지는 경우가 많을 것으로 예상되는 것이다.

'명백한 인식'의 대상인 '침해가 명백하다는 사실 또는 정황'이란 그 자체가 침해행위는 아니 **§27-70** 지만 침해활동이 있음을 명백하게 알 수 있게 하는 사실 또는 정황을 뜻하는 것으로서 이것을 DMCA에 관한 미국 하원보고서는 적신호(red flag)라고 명명하였다. 즉, 온라인서비스제공자가 침해행위가 있음을 명백히 알 수 있는 '적신호'를 인지하고도 아무런 조치를 취하지 않았다면 책임을 면제받을 수 없다는 것이다.[1] 이러한 적신호 기준(red flag test)에 의하면, 첫째, 주관적 요건으로서, OSP가 어떠한 정황을 인식하였을 것, 둘째, 객관적 요건으로서, 동일하거나 유사한 정황이라면 합리적 일반인의 관점에서 볼 때 침해적 활동이 이루어지고 있음이 명백하다고 인정될 수 있을 것이라는 두 가지 요건을 갖추었을 때에 적신호가 있었다고 인정된다.[2] 따라서 적신호에 대한 '명백한 인식'은 기여침해의 경우에 문제되는 추정적 인식(constructive knowledge)(§27-48 참조)과는 구별된다. Corbis Corp. v. Amazon.com, Inc. 사건에서 법원은 명백한 인식이 추정적 인식보다는 더 강한 인식, 즉 단순히 알았어야 하는 것이 아니라 침해가 있었음이 명백한 정황을 인식하고 있으면서도 침해에 대하여 애써 눈을 가리고 외면하는 것과 같은 경우일 것을 요하는 것으로 보았다.[3] 추정적 인식이 객관적 요건만으로 일반인의 관점에서 그러한 상황이라면 알았어야 한다는 것을 의미하는 것이라면, 명백한 인식은 객관적 요건을 구성하는 해당 정황에 대하여 분명한 인식을 가지고 있었다는 것이 인정될 것을 요하는 점에 차이가 있는 것이다.

여기서 유의할 것은 위와 같은 실제적 인식이나 명백한 인식 모두 복제·전송에 대한 권리자의 중단요구가 있을 경우에 인정되기 쉬울 것이나 반드시 거기에 한정되지 아니하고 실제 비즈니스 모델이 어떠한지, 침해가 어느 정도 만연한지, 서비스 초기화면 등에 침해물이 노출되어 있는지 등의 여러 가지 정황에 의해 인정 여부가 가늠될 수도 있다는 점이다. 명백한 인식과 관련하여 개정법은 법문이 "103조 제 1 항에 따른 복제·전송의 중단요구를 통하여"가 아니라 "103조 제 1 항에 따른 복제·전송의 중단요구 등을 통하여"라고 하여 '등'이라는 문구를 사용하고 있는

---

1 임원선, 전게논문, 23면 참조.
2 Liliana Chang, "THE RED FLAG TEST FOR APPARENT KNOWLEDGE UNDER THE DMCA § 512(C) SAFE HARBOR", 28 Cardozo Arts & Ent. L.J. 195 at 201-202.
3 351 F. Supp. 2d at 1107-1108.

것[1]도 반드시 103조 제 1 항에 따른 복제·전송의 중단요구가 있어야만 '침해가 명백하다는 사실 또는 정황을 알게 된('명백한 인식'이 있는) 때'에 해당한다고 보지는 않음을 분명히 한 것이라고 할 수 있다.[2] 따라서 책임제한의 취지를 감안할 때 명백한 인식을 우리나라의 민사책임법리에 있어서의 과실과 동일한 정도로 볼 것은 아니고 보다 엄격하게 해석할 필요가 있겠지만 적어도 우리나라 판례가 일부 P2P 등 서비스에 대하여 여러 사정을 종합하여 해당 서비스를 통해 저작권 침해행위가 발생하고 있다는 사실을 미필적으로라도 인식하고 있었다고 볼 수 있다는 전제하에 침해에 대한 방조책임을 인정한 사례들(§27-108 참조)은 법개정 이후에도 같은 결론이 도출될 가능성이 많다고 생각된다.

§27-71   한편, 예컨대 웹하드서비스제공자가 저작물(불법복제물)의 다운로드에 대한 대가를 받는 경우에는 제 3 호 나목의 요건을 충족하지 못하여 그 자체로 본조에 의한 면책을 받을 수 없을 것이다.[3] 또한 이용자가 올린 불법복제물을 '최다 조회 영화'라는 등의 이유로 홈페이지 전면에 배치

---

1 미국 DMCA나 EC 전자상거래 지침에서는 명백한 인식과 관련하여 "103조 제 1 항에 따른 복제·전송의 중단요구 등을 통하여"라는 문구를 붙이고 있지 않다. 실제 미국에서는 그러한 중단요구가 있을 경우에는 명백한 인식이 아니라 실제적 인식이 인정되는 것으로 보고 있다. Corbis, 351 F. Supp. 2d at 1107 (citing 3-12B Melville B. Nimmer & David Nimmer, Nimmer on Copyright, § 12B.04[A][3](2009)). 따라서 이 문구를 여기에 삽입한 것은 그다지 적절한 것은 아니라고 생각된다.

2 인천지방법원 2014. 7. 17. 선고 2014노347 판결은 해당 사건에서 피고인들이 "저작권법 시행령 제40조 제 1 항은 '저작권법 제103조에 의하여 권리주장자가 복제·전송의 중단을 요청하기 위해서는 요청서에 소명자료를 첨부하여 온라인서비스 제공자에게 제출하여야 한다'고 규정하고 있으므로 강행법규인바, 권리주장자는 저작권법 시행령, 시행규칙이 정한 서식에 맞춘 중단요청서를 작성하고 소명자료를 첨부하여 요청하여야 적법한 복제·전송 중단요청이 있다고 할 것인데, 이 사건의 권리주장자는 이러한 복제·전송 중단요청을 하지 않았으므로, 피고인들에게 복제·전송 중단의 의무가 발생하지 아니하고, 피고인들은 저작권법 제102조 제 2 항, 제103조에 따른 면책을 받아야 한다"고 주장한 것에 대하여, "권리자의 복제·전송 중단요청에 관한 저작권법의 관련 법령은, 저작물 등의 불법적인 전송을 차단함으로써 저작권 등을 보호하고 문화 및 관련 산업을 향상·발전시키기 위한 입법목적이 있는 점, 권리자가 관련 법령이 정한 서식을 갖추어 복제·전송 중단 요청을 하지 않았더라도 온라인서비스 제공자는 권리자의 요청이 있는 경우 외에 침해 사실을 알게 되었을 때에도 중단 조치를 하여야 하는 점 등에 비추어 볼 때, 온라인서비스 제공자로 하여금 권리자의 요청이 있는 경우에 해당 저작물에 대한 불법적인 전송을 차단하는 조치를 취할 것을 요구하는 것이지 피고인들의 주장과 같이 … 서식에 따른 복제 전송 중단 요청을 하지 아니하면 온라인서비스 제공자의 복제전송 중단의무도 발생하지 아니한다고 볼 수는 없는 것이므로, 피고인들의 위 주장 또한 이유 없다."고 판시하였다(상고심 판결인 대법원 2016. 1. 28. 선고 2014도9874 판결에 의하여 승인을 받음).

3 인천지방법원 2014. 7. 17. 선고 2014노347 판결은 해당 사건에서 피고인들이 "웹하드 운영자가 웹하드 이용자들에게 상업적 이익을 제공하는 것은 웹하드 운영의 본질인데, 저작권법 제102조 제 1 항 제 3 호 나목의 직접적인 금전적 이익에 웹하드 운영자가 사이트를 운영함으로써 얻는 일반적인 상업적 이익이 포함된다고 해석한다면 사실상 모든 웹하드 업체들은 위 조항의 면책 대상이 될 수 없을 것이므로, 위와 같은 상업적 이익은 이에 포함되지 않는다고 해석해야 할 것이고, 따라서 피고인들은 저작권법 제102조 제 1 항에 따른 면책을 받아야 한다."고 주장한 것에 대하여 "검사가 적법하게 제출한 증거들에 의하면 피고인들은 저작물의 업로드와 다운로드 과정에서 유료포인트를 통하여 수익을 얻고 있음이 인정되고, 이는 저작권법 제102조 제 1 항 제 3 호 나목의 '직접적인 금전적 이익'을 얻고 있는 경우에 해당하는바, 그것이 웹하드의 운영의 본질적 부분이라 하여 다르게 해석할 이유가 없으므로, 피고인들의 위 주장은 받아들이지 아니한다."라고 판시하였다. 그에 대한 상고심 판결인 대법원 2016. 1. 28. 선고 2014도9874 판결은 위 판결에 "저작권법 제102조 제 1 항 제 3 호의 면책요건인 '침해행위로부터 직접적인 금전적 이익을 얻지 아니한 경우에'에 관한 법리" 등을 오해한 위법이 없다고 판시하였다.

하는 등의 '선택'을 하는 것으로 보일 경우에는 제 3 호 가목(그 중 제 1 호 나목)의 요건을 충족하지 못하여 (그것이 아래의 정보검색도구서비스가 아니라 저장서비스에 해당하는 한) 역시 그것만으로도 면책요 건을 결하는 것으로 볼 수 있을 것이다.

또한 제 1 호 각목의 요건을 모두 충족하여야 하는데, 그 중 반복침해자 계정해지 방침의 채 §27-72 택과 그 합리적 이행(제 1 호 다목), 표준적 기술조치의 수용(제 1 호 라목) 등의 면책요건을 충족하는 지 여부도 저장서비스와 관련하여 자주 문제될 수 있다(그 자세한 내용에 대하여는 §27-64, 65 참조).

5) 정보검색도구서비스의 면책요건

제102조 제 4 호는 "정보검색도구를 통하여 이용자에게 정보통신망상 저작물 등의 위치를 알 §27-73 수 있게 하거나 연결하는 행위"에 대하여 면책요건을 규정하고 있다. 위 행위는 인터넷에서 정보 를 검색하여 정보를 제공하여 주는 서비스를 의미하며, 네이버, 다음, 구글 등에서 제공하는 검색 서비스가 이에 해당한다. 이 서비스가 저작권침해의 책임을 지지 않기 위해서는 다음의 요건들을 모추 갖추어야 한다.

① 제 1 호 가목의 요건을 갖춘 경우(제 4 호 가목)
② 제 3 호 나목부터 라목까지의 요건을 갖춘 경우(제 4 호 나목)

저장서비스의 면책요건에는 제 1 호 가목 외에 제 1 호 나목(저작물과 수신자를 선택하지 않을 것), 다목(반복침해자 계정해지 방침의 채택과 합리적 이행), 라목(표준적 기술조치의 수용)이 모두 포함되지만, 정보검색도구서비스의 면책요건에는 제 1 호 나목, 다목, 라목이 포함되지 않은 점에 유의할 필요 가 있다. 특히 제 1 호 나목의 면책요건이 포함되지 않은 것은 그것을 정보검색도구서비스에 대하 여도 요구하게 될 경우에는 일정한 룰에 따른 효율적인 검색자료 선정 및 우선순위 설정 등을 서 비스의 중요한 요소로 삼고 있는 해당 서비스 유형 자체가 기본적으로 면책요건을 결하게 되어 이러한 인터넷 서비스의 법적 안정성을 가능한 한 높여 주고자 하는 입법취지에 반하고, 다른 모 든 요건들을 모두 충족한다면 저작권자의 권리보호에 별다른 문제를 야기하지는 않을 것이라는 고려가 깔려 있다고 볼 수 있다.

정보검색서비스의 경우, 실제 자신의 서버에 타인의 저작물을 저장하고 있지는 않더라도 인 §27-74 터넷상에 흩어져 있는 저작물의 복제물들을 수집하여 검색엔진이 찾을 수 있게 검색목록을 작성 한 후 하이퍼링크를 연결해 둠으로써 이용자들이 그것을 쉽게 찾아 이용할 수 있도록 돕는다는 점에서 그 복제물들이 불법복제물인 경우에, 그 불법복제물을 자신의 서버에 올려서 제공하는 사 람의 직접적인 침해행위를 '방조'하는 것으로 인정되어 민·형사상의 책임을 지게 될 가능성이 있 다. 위 규정은 실제로 인터넷 검색엔진이 로봇프로그램을 이용하여 수많은 인터넷상의 정보 및 자료들을 자동으로 수집하여 위와 같은 형태의 서비스를 제공함에 있어 일일이 침해여부를 확인하기는 어려울 것이라는 점을 감안하여 위와 같은 일정한 요건들을 충족하기만 하면 책임을 지지 않음을 분명히 함으로써 검색서비스 업체들의 법적 안정성을 높여주고 있다.[1]

예를 들어 불법 사이트에 배너로 링크를 걸어 두고 그에 따른 직접적인 금전적 대가를 받는 경우에는 실제적인 인식이나 명백한 인식의 유무(§27-69 참조)를 불문하고 제 4 호 나목에 포함된 제 3 호 나목의 요건을 충족하지 못하여 면책될 수 없고, 권리자의 중단요구나 기타 정황(적신호)을 통해 침해의 실제적인 인식이나 명백한 인식이 있었음에도 해당 저작물이 계속 검색결과에 링크되어 나오도록 제공할 경우에는 역시 제 4 호 나목에 포함된 제 3 호 다목의 요건을 충족하지 못하여 면책될 수 없을 것이다. 그러나 그러한 사정이 없고, 위의 모든 요건을 충족하는 경우에는 설사 서비스 제공자가 일일이 모니터링하지 못하여 그 검색결과에 불법복제물이 링크되어 제공되는 것이 있다 하더라도 침해로 인한 책임을 면하게 되는 것이다.

§27-75

<OSP 유형별 책임면제 요건>

책임면제요건 온라인서비스 유형	인터넷접속서비스 (제1호)	캐싱서비스 (제2호)	저장서비스 (제3호)	정보검색도구서비스 (제4호)
저작물 등의 송신을 개시하지 않을 것 (제 1 호 가목)	O	O	O	O
저작물과 수신자를 선택하지 않을 것 (제 1 호 나목)	O	O	O	
반복침해자 계정해지 방침의 채택 및 합리적 이행(제 1 호 다목)	O	O	O	
표준적 기술조치의 수용 (제 1 호 라목)	O	O	O	
저작물등을 수정하지 않을 것 (제 2 호 나목)		O		
일정조건을 충족하는 이용자만 캐싱된 저작물에 접근허용(제 2 호 다목)		O		
복제·전송자가 제시한 현행화 규칙 준수 (제 2 호 라목)		O		

---

1 정보검색도구 서비스는 DMCA의 영향을 받은 한·미 FTA에는 네 가지 서비스 유형 중 하나로 포함되어 있으나, EC 전자상거래 지침을 본받아 세 가지 유형으로만 구분한 한·EU FTA에는 나열되지 않은 유형이다. 국회에서 개정안을 조율하는 과정에서 정부 측은 정보검색을 포함하지 않을 경우 검색포털 서비스 사업자들의 사업이 위협받을 수 있으며, EU 측은 저장서비스, 즉 Hosting(협정문 10.65)에 location tool(search engine)이 포함되는 것으로 보고 있으므로 협정문 이행에도 배치되지 않는다는 의견을 제출한 것으로 보고되었다. 국회 문화체육관광방송통신위원회(수석 전문위원 류환민), 저작권법 일부 개정법률안(정부 제출) 검토보고서 (2011. 3. 7.), 17면 참조.

저작물 이용 정보를 얻기 위해 업계에서 인정되는 기술 사용 방해 않을 것(제 2 호 마목)		O		
본래의 사이트에서 접근할 수 없게 조치된 저작물에 접근할 수 없도록 조치(제 2 호 바목)		O		
침해행위 통제 권한·능력이 있을 경우 직접적 금전적 이익 없을 것(제 3 호 나목)			O	O
침해행위 인식시 저작물 복제·전송 중단 (제 3 호 다목)			O	O
복제·전송 중단 요구 대상자 지정 및 공지 (제 3 호 라목)			O	O

(다) 복제·전송의 중단 등이 기술적으로 불가능한 경우의 면책(제102조 제 2 항)

§27-76 제102조 제 2 항은 "제 1 항에도 불구하고 온라인서비스제공자가 제 1 항에 따른 조치를 취하는 것이 기술적으로 불가능한 경우에는 다른 사람에 의한 저작물 등의 복제·전송으로 인한 저작권, 그 밖에 이 법에 따라 보호되는 권리의 침해에 대하여 책임을 지지 아니한다"고 규정하고 있다. 2011. 6. 30. 법 개정 이전에도 제102조 제 2 항에서 "온라인서비스제공자가 저작물 등의 복제·전송과 관련된 서비스를 제공하는 것과 관련하여 다른 사람에 의한 저작물 등의 복제·전송으로 인하여 그 저작권 그 밖에 이 법에 따라 보호되는 권리가 침해된다는 사실을 알고 당해 복제·전송을 방지하거나 중단시키고자 하였으나 기술적으로 불가능한 경우에는 그 다른 사람에 의한 저작권 그 밖에 이 법에 따라 보호되는 권리의 침해에 관한 온라인서비스제공자의 책임은 면제된다"고 규정하고 있었는데, 저장서비스 외의 다른 서비스 유형도 감안하여 위와 같이 수정한 것이다.

§27-77 개정 이전의 사례들 가운데 온라인서비스제공자의 방조책임이 인정될 경우, 그 서비스제공자가 제102조 제 2 항의 항변을 하는 예가 많았으나, 아직은 그 항변이 받아들여짐으로써 면책된 사례는 잘 발견되지 아니한다. 웹스토리지서비스에 관한 사례인 서울중앙지방법원 2010. 2. 12. 선고 2008가합27672, 2008가합88448(병합) 판결은 "이 사건처럼 온라인서비스제공자가 이용자들의 저작권 침해행위를 미필적으로 인식하면서도 이를 방조하여 저작권침해가 발생한 경우에는, 사후적으로 이를 중단하고 방지하기 위한 조치를 취하였다거나 그러한 조치가 기술적으로 불가능하다는 이유만으로 온라인서비스제공자의 침해정지 등 책임이 면제된다고 할 수 없을뿐더러, 위 각 증거 및 변론 전체의 취지를 종합하면 원고들이 피고들에 대하여 이 사건 소를 제기하는 등으로 이의를 제기한 후 불법 파일의 검색 내지 다운로드의 금지가 더욱 현저하게 이루어진 것

으로 보이는 점 등의 사정에 비추어 볼 때 피고들의 기술적 조치가 온전하게 이루어졌던 것으로도 볼 수 없으므로, 피고들의 이 부분 주장은 이유 없다"고 판시한 바 있다.[1] 이러한 판결의 논리는 개정법 시행 이후에도 유지되고 있다.[2]

한편, 위 규정에서 말하는 면책에는 민사상의 불법행위로 인한 손해배상책임만이 아니라 형사책임도 포함되는 것으로 보는 것이 대법원 판례의 입장이다.[3]

(라) 모니터링 의무 등의 면제(제102조 제 3 항)

§27-78   제102조 제 3 항은 "제 1 항에 따른 책임 제한과 관련하여 온라인서비스제공자는 자신의 서비스 안에서 침해행위가 일어나는지를 모니터링하거나 그 침해행위에 관하여 적극적으로 조사할 의무를 지지 아니한다"고 규정하고 있다. 이 규정은 위에서 본 유형별 면책요건만 갖추면 면책되고 그와 별도로 자신의 서비스 안에서 침해행위가 일어나는지를 모니터링하거나 그 침해행위에 관하여 적극적으로 조사할 의무를 지지는 않음을 주의적으로 명확하게 하기 위한 규정이다. 다만 저작권침해가 상대적으로 많이 이루어지는 특정한 비즈니스 모델에 있어서는 앞에서 본 '실제적 인식'이나 '명백한 인식'의 유무(§27-69, 70 참조)와 관련하여 저작권 보호를 위한 보다 적극적인 기술적 조치 등을 취하지 않으면 불리한 법적 판단을 받을 가능성이 여전히 남아 있다.

이 규정은 위와 같은 면책요건을 모두 갖춘 경우에 추가적으로 모니터링 의무 등을 부과하지는 않음을 확인하는 규정일 뿐 OSP 전반에 대하여 모니터링 의무를 전면적으로 면제하는 규정이 아님을 유의하여야 한다. 본항에서 "제 1 항에 따른 책임 제한과 관련하여"라고 한 부분이 바로 그 점을 명확하게 하기 위한 문구이다.

---

1 대법원 2013. 9. 26. 선고 2011도1435 판결도 "피고인들이 이 사건 각 사이트에 취한 기술적 조치는 원심 판시 '금칙어 설정' 또는 '해쉬값 등록·비교'를 통한 필터링 방식 뿐으로서, 이러한 기술적 조치만으로는 그 당시 기술수준 등에 비추어 최선의 조치로 보이지 않을 뿐만 아니라 이들 기술적 조치 자체도 제대로 작동되지 아니한 것으로 보이는 이상, 피고인들은 저작권의 침해가 되는 복제·전송을 선별하여 이를 방지하거나 중단하는 기술적 조치를 다하였다고 할 수 없으므로, 구 저작권법 제102조 제 2 항에 따라 형사상 책임이 면제된다고도 할 수 없다"고 판시하였다.

2 개정법 시행 후에도, 예를 들어, 서울중앙지방법원 2012. 11. 13.자 2012카합2009 결정은 "이 사건처럼 온라인서비스제공자가 이용자들의 저작권 침해행위를 미필적으로 인식하면서도 이를 방조하여 저작권 침해가 발생한 경우에는, 사후적으로 이를 중단하고 방지하기 위한 조치를 취하였다거나 그러한 조치가 기술적으로 불가능하다는 이유만으로 온라인서비스제공자의 침해정지 등 책임이 면제된다고 할 수 없을뿐더러, 기록 및 심문 전체의 취지에 의하면 신청인이 피신청인에 대하여 이 사건 가처분신청을 제기하는 등으로 이의를 제기한 후 이 사건 웹사이트 내에서 불법 파일의 검색 내지 다운로드의 금지가 더욱 신속하고 활발하게 이루어진 것으로 보이므로, 이러한 점에 비추어 보면 그동안 피신청인의 기술적 조치가 온전하게 이루어졌다고 보기도 어렵다."라고 설시하였다.

3 비록 개정전 저작권법 제102조 제 2 항이 적용된 사안에 대한 판례이긴 하지만, 대법원 2013. 9. 26. 선고 2011도1435 판결이 위 조항 및 구 저작권법 제103조 제 5 항 등의 규정에 대하여 "위 각 조항의 입법취지나 위 각 조항의 해당 문구 상 별다른 제한이 없는 점 등에 비추어 보면, 위 각 조항은 형사상 책임에도 적용된다고 봄이 상당하다"고 판시한 바 있다. 제102조 제 2 항은 법개정으로 크게 달라진 규정이 아니므로, 위 해석이 그대로 적용되는 것으로 보아야 할 것이다.

(마) 온라인서비스제공자의 복제·전송 중단 절차(제103조)

1) 법개정의 취지와 내용

저작권법 제103조의 규정은 원래 DMCA의 요구에 의한 삭제(Notice & Takedown) 규정을 유 §27-79
사하게 본받고 있었던 것으로서 기본적으로는 큰 변경이 필요한 부분은 아니지만, 개정법 제102
조가 위와 같이 서비스 유형을 네 가지로 구분하여 면책요건을 각각 별도로 규정함에 따라 권리
자의 복제·전송 중단 요구와 이에 따른 OSP의 중단 절차도 유형별로 명확하게 할 필요가 있다
고 보아 다음과 같은 개정을 하였다.[1]

① 인터넷접속서비스를 권리주장자가 불법 복제물의 복제·전송 중단 요구를 할 수 있는 대
상에서 제외하였다.

② 캐싱서비스제공자의 경우에는 저작물의 복제·전송을 중단시킨 후 그 사실을 통보할 대상
을 권리주장자로 한정하였다.

<복제·전송 중단의 통보 여부에 대한 비교표>[2]

구분	개정전 법		개정법	
	권리주장자	복제·전송자	권리주장자	복제·전송자
도관서비스(제102조 제 1 항 제 1 호)	• 종전에는 온라인서비스제공자 구분없이 권리주장자 및 복제전송자에 대해 통보하도록 하고 있었으나, 실제 적용 대상은 저장 및 검색서비스 사업자가 대상이었음		×	×
캐싱서비스(제102조 제 1 항 제 2 호)			○	×
저장서비스(제102조 제 1 항 제 3 호)			○	○
검색서비스(제102조 제 1 항 제 4 호)			○	○

2) 권리주장자의 복제·전송 중단 요구

온라인서비스제공자(네 가지 유형 중 인터넷접속서비스(단순도관서비스)제공자는 제외함)의 서비스를 §27-80
이용한 저작물 등의 복제·전송에 따라 저작권, 그 밖에 이 법에 따라 보호되는 자신의 권리가 침
해됨을 주장하는 자(이하 이 조에서 '권리주장자'라 한다)는 그 사실을 소명하여 온라인서비스제공자에
게 그 저작물 등의 복제·전송을 중단시킬 것을 요구할 수 있다(제103조 제 1 항) 단순도관서비스
(§27-61 참조)는 단순히 인터넷 접속만을 제공하므로 침해 주장의 통지를 받아 처리할 수 있는 유
형이 아니라는 이유로 이 규정의 적용대상에서 제외한 것이다.[3]

권리주장자는 문화체육관광부령으로 정하는 요청서(전자문서로 된 요청서를 포함한다)에 다음 각 §27-81

---

1 문화체육관광부·한국저작권위원회, 한·EU FTA 이행 개정 저작권법 해설, 2011, 17면 참조.
2 상게서, 18면 참조.
3 상게서, 18면.

호의 어느 하나에 해당하는 소명 자료(전자문서를 포함한다)를 첨부하여 온라인서비스제공자에게 제출하여야 한다. 다만, 권리주장자가 저작권신탁관리업자이거나 최근 1년 이내에 반복적인 침해행위에 대하여 권리자임을 소명할 수 있는 자료를 이미 제출한 사실이 있는 경우에는 요청서만 제출하여도 된다(저작권법 시행령 제40조).

　　　i) 자신이 그 저작물 등의 권리자로 표시된 저작권 등의 등록증 사본 또는 그에 상당하는 자료

　　　ii) 자신의 성명등이나 이명으로서 널리 알려진 것이 표시되어 있는 저작물 등의 사본 또는 그에 상당하는 자료

　　3) 온라인서비스제공자의 복제·전송 중단 및 통보

§27-82　　도관서비스제공자를 제외한 온라인서비스제공자는 위와 같은 제103조 제1항에 따른 복제·전송의 중단요구를 받은 경우에는 즉시 그 저작물 등의 복제·전송을 중단시키고 캐싱서비스 제공자는 권리주장자에게, 저장서비스 및 정보검색도구서비스제공자는 권리주장자 및 해당 저작물 등의 복제·전송자에게 3일 이내에 각 그 사실을 문화체육관광부령으로 정하는 통보서(전자문서로 된 통보서를 포함한다)에 권리주장자가 제출한 복제·전송 중단 요청서(복제·전송자에 한정하며, 전자문서를 포함한다)를 첨부하여 통보하여야 한다(제103조 제2항, 영 제41조). 이 때 온라인서비스제공자는 복제·전송자에게 자신의 복제·전송이 정당한 권리에 의한 것임을 소명하여 복제·전송의 재개를 요구할 수 있음을 알려주어야 한다.

§27-83　　캐싱서비스는 침해 주장의 통지 내용이 원 서버에서 지워진 자료를 캐시서버에서 그대로 올려져 있는 것을 내려달라는 것이어서[1] 이해관계 있는 복제·전송자가 따로 있지 않은 경우이므로 복제·전송자에 대한 통지의무에서 제외한 것이다.

　　4) 복제·전송자의 재개요구 및 온라인서비스제공자의 조치

§27-84　　위와 같은 제103조 제2항의 규정에 따른 통보를 받은 복제·전송자가 자신의 복제·전송이 정당한 권리에 의한 것임을 소명하여 그 복제·전송의 재개를 요구하는 경우 온라인서비스제공자는 재개요구사실 및 재개예정일을 권리주장자에게 지체 없이 통보하고 그 예정일에 복제·전송을 재개시켜야 한다(제103조 제3항). 다만, 권리주장자가 복제·전송자의 침해행위에 대하여 소를 제기한 사실을 재개예정일 전에 온라인서비스제공자에게 통보한 경우에는 그러하지 아니하다(같은 항 단서).[2]

　　위 규정에 따라 복제·전송의 재개를 요구하려는 복제·전송자는 온라인서비스제공자로부터 복제·전송의 중단을 통보받은 날부터 30일 이내에 문화체육관광부령으로 정하는 재개요청서(전

---

1 상게서, 18면.
2 한·미 FTA 이행을 위한 2011. 12. 2.자 개정 저작권법에서 이러한 단서규정이 추가되었다.

자문서로 된 요청서를 포함한다)에 다음 각 호의 어느 하나에 해당하는 소명 자료(전자문서를 포함한다)를 첨부하여 온라인서비스제공자에게 제출하여야 한다(영 제42조).

i) 자신이 그 저작물 등의 권리자로 표시된 저작권 등의 등록증 사본 또는 그에 상당하는 자료

ii) 자신의 성명등 또는 널리 알려진 이명이 표시되어 있는 그 저작물 등의 사본 또는 그에 상당하는 자료

iii) 저작권 등을 가지고 있는 자로부터 적법하게 복제·전송의 허락을 받은 사실을 증명하는 계약서 사본 또는 그에 상당하는 자료

iv) 그 저작물 등의 저작재산권의 보호기간이 끝난 경우 그 사실을 확인할 수 있는 자료

5) 수령인의 지정 및 공지

온라인서비스제공자는 위 2)(제 1 항) 및 4)(제 3 항)에서 본 바와 같은 복제·전송의 중단 및 그 재개의 요구를 받을 자(이하 '수령인'이라 한다)를 지정하여 자신의 설비 또는 서비스를 이용하는 자들이 쉽게 알 수 있도록 공지하여야 한다(제103조 제 4 항). 그 구체적인 공지 방법은 그 복제·전송 서비스를 제공하는 자신의 정보통신망에 누구나 쉽게 알 수 있도록 i) 수령인의 성명 및 소속부서명, ii) 전화번호·팩시밀리번호 및 전자우편주소, iii) 우편물을 수령할 수 있는 주소 등의 정보를 표시하는 것으로 규정되어 있다(영 제44조). §27-85

6) 책임면제

온라인서비스제공자가 위 5)와 같이 제 4 항의 규정에 따른 공지를 하고 위 3)(제 2 항), 4)(제 3 항)와 같이 그 저작물 등의 복제·전송을 중단시키거나 재개시킨 경우에는 다른 사람에 의한 저작권 그 밖에 이 법에 따라 보호되는 권리의 침해에 대한 온라인서비스제공자의 책임 및 복제·전송자에게 발생하는 손해에 대한 온라인서비스제공자의 책임이 면제된다. 다만, 이 규정은 온라인서비스제공자가 다른 사람에 의한 저작물 등의 복제·전송으로 인하여 그 저작권 그 밖에 이 법에 따라 보호되는 권리가 침해된다는 사실을 안 때부터 제 1 항의 규정에 따른 중단을 요구받기 전까지 발생한 책임에는 적용하지 아니한다(제103조 제 5 항). 개정 전 법에서는 "책임을 감경 또는 면제할 수 있다"고 하였는데, 개정법에서는 명확하게 책임을 면제하는 것으로 규정하였다. 이 면책규정은 OSP가 중단요구를 받기 전에 침해사실을 알고 방치한 것에 대하여는 적용되지 않음을 위 단서규정이 명확히 하고 있다. §27-86

7) 정당한 권리 없는 권리주장자의 책임

정당한 권리 없이 위 2)(제 1 항), 4)(제 3 항)와 같이 그 저작물 등의 복제·전송의 중단이나 재개를 요구하는 자는 그로 인하여 발생하는 손해를 배상하여야 한다(제103조 제 6 항). 다음에서 보 §27-87

는 바와 같이, 이 규정에서 저작물 등의 복제·전송의 중단 요구에 있어서 '정당한 권리가 없다'는
것은 '자신의 권리가 침해되는 사실을 입증하지 못하였다'는 취지로 해석되어야 하므로, 침해될
권리 자체가 없었던 경우는 물론 침해될 권리가 있더라도 저작물 등의 복제·전송이 저작권법에
서 규정하고 있는 저작권 제한사유에 해당하여 저작권 그밖에 저작권법에 따라 보호되는 권리를
침해하는 것이 아닌 경우도 포함하는 것으로 본 하급심 판결(§27-88)이 있는데, 제103조의 규정에
의해 공정이용이 쉽게 위협받지 않도록 하는 의미에서 타당한 판시라 생각된다.

 판 례

§27-88   ✤ 서울고등법원 2010. 10. 13. 선고 2010나35260 판결 — "손담비씨 노래" 사건
〈사실관계〉
    공표된 저작물의 인용에 관한 저작권법 제28조에 대하여 설명한 본서 제 4 장 제 4 절 Ⅶ. 2.에서
이 판결을 소개하면서 제시한 사실관계 참조. 다음은 권리자단체가 포털사이트에 이 사건 원고의 게시
물 등에 대한 삭제요청을 한 것에 대하여 저작권법 제103조 제 6 항에 따른 책임을 물을 수 있는지 여
부에 대한 판단 부분이다.

〈법원의 판단〉
    (1) 저작권법은 제103조 제 1 항에서 '온라인서비스제공자의 서비스를 이용한 저작물 등의 복제·
전송에 따라 저작권 그 밖에 이 법에 따라 보호되는 자신의 권리가 침해됨을 주장하는 자는 그 사실을
소명하여 온라인서비스제공자에게 그 저작물 등의 복제·전송을 중단시킬 것을 요구할 수 있다'고 규정
하여 저작권자나 저작권법에 따라 보호되는 권리를 가진 자를 보호하는 한편, 같은 조 제 6 항에서 '정
당한 권리 없이 제 1 항 및 제 3 항의 규정에 따른 그 저작물 등의 복제·전송의 중단이나 재개를 요구
하는 자는 그로 인하여 발생하는 손해를 배상하여야 한다'고 규정함으로써 정당한 권리 없이 저작물 등
의 복제·전송의 중단을 요구한 경우에는 손해배상책임을 지도록 하여 복제·전송자의 이익도 함께 고
려하고 있다.
    그런데 저작권법 제103조 제 1 항에서 저작물 등의 복제·전송의 중단을 요구하는 자는 '온라인서
비스제공자의 서비스를 이용한 저작물 등의 복제·전송에 따라 저작권 그 밖에 이 법에 따라 보호되는
'자신의 권리가 침해되는 사실을 소명하여야' 한다고 규정하고 있는 점에 비추어, <u>저작권법 제103조 제</u>
<u>6 항의 저작물 등의 복제·전송의 중단 요구에 있어서 '정당한 권리가 없다'는 것은 '자신의 권리가 침</u>
<u>해되는 사실을 입증하지 못하였다'는 취지로 해석되어야 하므로, 침해될 권리 자체가 없었던 경우는 물</u>
<u>론 침해될 권리가 있더라도 저작물 등의 복제·전송이 저작권법에서 규정하고 있는 저작권 제한사유에</u>
<u>해당하여 저작권 그밖에 저작권법에 따라 보호되는 권리를 침해하는 것이 아닌 경우도 정당한 권리가</u>
<u>없는 경우에 해당한다.</u>
    <u>따라서 저작물 등의 복제·전송의 중단을 요구한 자에게 저작권 그밖에 저작권법에 따라 보호되는</u>
<u>권리가 있더라도 그러한 저작물 등의 복제·전송이 저작권법 제28조 소정의 공표된 저작물의 인용과</u>

같이 저작권법에서 규정하고 있는 저작권 제한사유에 해당하는 경우에는 복제·전송의 중단을 요구한 자는 그러한 요구로 인하여 온라인서비스제공자의 서비스를 이용하여 저작물 등을 복제·전송하는 사람이 입은 손해를 배상할 책임이 있고, 단지 자신이 저작권 등의 권리자이고 복제·전송자에게 자신이 권리를 가지고 있는 저작물의 이용을 허락한 적이 없다는 사정만으로는 면책될 수 없다.

다만, 저작권법 제103조 제6항은 민법상 불법행위의 특칙이므로, 손해배상책임이 인정되기 위해서는 복제·전송의 중단을 요구한 자가 ① 자신에게 저작권 그밖에 저작권법에 따라 보호되는 권리가 없음을 알았거나, ② 주의의무에 위반하여 자신에게 저작권 그밖에 저작권법에 따라 보호되는 권리가 없음을 몰랐거나, ③ 자신이 중단을 요구한 저작물 등의 복제·전송이 저작권 제한사유 등에 해당하여 저작권침해가 되지 아니한다는 사실을 알았거나, ④ 자신이 중단을 요구한 저작물 등의 복제·전송이 저작권침해에 해당하는지에 관하여 법률전문가의 의견을 구하는 등 성실하고 합리적인 방법으로 검토하여야 할 주의의무를 위반하여 저작물 등의 복제·전송이 저작권 침해가 되지 아니한다는 사실을 몰랐다는 등의 귀책사유가 있어야 한다.

저작권법 제103조 제6항에 의한 손해배상의 범위는 일반 불법행위와 마찬가지로 상당인과관계가 인정되는 한 소극적 손해와 적극적 손해는 물론 정신적 손해에 대한 위자료도 포함된다고 봄이 타당하다.

(2) 이 사건의 경우에, 앞서 본 바와 같이 피고가 이 사건 저작물의 저작재산권자이기는 하나, 원고가 이 사건 동영상과 이 사건 게시물을 작성하면서 이 사건 저작물 중 일부를 이용한 것은 저작권법 제28조 소정의 공표된 저작물의 인용에 해당하여 이 사건 저작물의 저작권을 침해하는 것이 아니므로, 비록 피고가 원고에게 이 사건 저작물의 이용을 허락한 적은 없다고 하더라도, 피고는 정당한 권리 없이 이 사건 게시물의 복제·전송의 중단을 요구한 것이다.

또한, [증거에] 의하면 피고는 2009. 6. 1.부터 같은 달 26일까지 사이에 포털사이트 네이버의 운영자인 엔에이치엔과 다음(Daum)의 운영자인 주식회사 다음커뮤니케이션즈에게, 피고가 저작재산권을 보유한 저작물 중 당시 인기가요 순위 상위에 오른 저작물 337곡을 이용하여 제작된 것으로 추측되는, 네이버와 다음의 각 동영상 사이트에 등록된 동영상 합계 332, 992건에 대하여 저작권침해 여부에 대한 개별적 검토 없이 일괄적으로 복제·전송의 중단을 요구하였음이 인정되고, 이러한 인정사실에 비추어 보면, 피고가 이 사건 게시물이나 이 사건 동영상이 이 사건 저작물의 저작권을 침해하는 것인지에 대한 성실하고 합리적인 검토 없이 이 사건 동영상의 복제·전송의 중단을 요구하였음이 인정되므로, 피고에게 귀책사유도 있다.

따라서 피고는 원고에게 피고의 이 사건 동영상에 관한 복제·전송 중단 요구로 인하여 원고가 입은 손해를 배상할 책임이 있다.

(3) 이에 대하여 피고는 UCC 사이트인 '네이버 비디오' 사이트에 게시된 이 사건 동영상의 복제·전송 중단을 요구하였을 뿐 원고 블로그에 게시된 이 사건 게시물의 복제·전송 중단을 요구한 적은 없다고 주장한다.

[증거에] 의하면 피고가 이 사건 동영상의 URL 주소를 이 사건 비디오 사이트 주소로 특정하여 이 사건 동영상의 복제·전송 중단을 요구하였음은 인정된다. 그러나 저작권법시행규칙 제13조 및 별지 제40호 서식에 의하면 저작권자 등이 저작권법 제103조 제1항 소정의 저작물 등의 복제·전송 중단 요

구를 하는 경우에는 온라인서비스제공자에게 복제·전송 중단을 요구하는 저작물의 위치정보(URL)를 통보하도록 하고 있는데, 이는 온라인서비스제공자가 복제·전송 중단을 요구받은 저작물의 위치를 용이하게 확인할 수 있도록 하는 한편 복제·전송 중단을 요구받은 저작물을 특정하는 역할도 함께 하고 있다고 보아야 할 것이다.

이러한 사정에, "인터넷 포털사이트를 운영하는 온라인서비스제공자가 제공한 인터넷 게시공간에 타인의 저작권을 침해하는 게시물이 게시되었고 그 검색 기능을 통하여 인터넷 이용자들이 그 게시물을 쉽게 찾을 수 있다 하더라도, 위와 같은 사정만으로 곧바로 온라인서비스제공자에게 저작권침해 게시물에 대한 불법행위책임을 지울 수는 없으나, 다만 저작권침해 게시물이 게시된 목적, 내용, 게시기간과 방법, 그로 인한 피해의 정도, 게시자와 피해자의 관계, 삭제 요구의 유무 등 게시에 관련한 쌍방의 대응태도, 관련 인터넷 기술의 발전 수준, 기술적 수단의 도입에 따른 경제적 비용 등에 비추어, 온라인서비스제공자가 제공하는 인터넷 게시공간에 게시된 저작권침해 게시물의 불법성이 명백하고, 온라인서비스제공자가 위와 같은 게시물로 인하여 저작권을 침해당한 피해자로부터 구체적·개별적인 게시물의 삭제 및 차단 요구를 받은 경우는 물론, 피해자로부터 직접적인 요구를 받지 않은 경우라 하더라도 그 게시물이 게시된 사정을 구체적으로 인식하고 있었거나 그 게시물의 존재를 인식할 수 있었음이 외관상 명백히 드러나며, 또한 기술적, 경제적으로 그 게시물에 대한 관리·통제가 가능한 경우에는, 온라인서비스제공자에게 그 게시물을 삭제하고 향후 같은 인터넷 게시공간에 유사한 내용의 게시물이 게시되지 않도록 차단하는 등의 적절한 조치를 취하여야 할 의무가 있으므로, 이를 위반하여 게시자의 저작권침해를 용이하게 하는 경우에는 그 게시물을 직접 게시한 자의 행위에 대하여 부작위에 의한 방조자로서 공동불법행위책임이 성립한다"(대법원 2010. 3. 11. 선고 2009다4343 판결 등 참조)는 법리를 보태어 보면, 피고로부터 이 사건 비디오 사이트 주소로 특정된 이 사건 동영상의 복제·전송 중단을 요구받은 엔에이치엔으로서는 저작권침해에 대한 공동불법행위자로서의 책임을 면하기 위해서는 원고 블로그에 있는 이 사건 동영상과 이 사건 비디오 사이트 사이의 링크를 차단하는 것 이외에도 이 사건 동영상 파일이 저장되어 있는 이 사건 게시물 자체 및 네이버 사이트의 다른 곳에 게재되어 있는 이 사건 동영상의 복제물의 게시를 모두 중단시키는 조치를 취하여야 하므로, <u>피고가 직접적으로 원고 블로그 주소에 있는 이 사건 동영상의 복제·전송 중단을 요구하지는 아니하였다고 하더라도, 피고가 이 사건 비디오 사이트 주소로 특정된 이 사건 동영상의 복제·전송 중단을 요구한 이상 결국 네이버 사이트에 존재하는 이 사건 동영상 또는 그 복제물의 복제·전송 중단을 요구한 것이다.</u>

따라서 이와 다른 전제에 선 피고의 주장은 이유 없다.

▷NOTE : 미국의 Lenz 사건이 위 사건과 매우 유사한 사건[엄마가 아이들이 프린스의 'Let's go crazy' 음악에 따라 부엌에서 춤추는 모습을 동영상(29초 분량)으로 촬영하여 유튜브에 올렸다가 위 음악 저작권자 측의 삭제요구에 따라 삭제된 사안]으로서, 위 사건과 마찬가지로, 권리자의 복제, 전송 중단 요구의 위법성과 관련한 쟁점이 다루어졌다. 이에 대하여 미국 캘리포니아 북부지방법원은, 위 판결과 마찬가지로, 조금만 주의를 기울이면 공정이용으로 인정될 만한 사안임에도 중단요구를 하는 것은 위법한 것으로서 미국 저작권법 512(f)(우리 저작권법 제103조 제 6 항에 해당하는 규정)에 해당하는 것으로 보아야 한다는 취지로 판시하였다.[1] 위 쟁점에 대하여 미국의 하급심 판례가 일관된 입장을 보

이고 있는 것은 아니지만(Tuteur v. Crosley-Corcoran 961 F.Supp.2d 333, D.Mass.는 항변사유에 대하여까지 판단할 필요는 없다고 판시하였다), 위 Lenz 사건 판결이 권리자에 의한 중단 요구의 남용을 막고자 하는 입법취지에 부합하며, 인터넷상의 표현의 자유를 보호하는 견지에서도 타당한 것으로 생각된다. Lenz 사건 판례 및 위 판결의 취지에 찬동한다.

(바) 온라인서비스제공자에 대한 법원 명령의 범위

1) 의   의

한·미 FTA 이행을 위한 2011. 12. 2.자 개정법은 온라인서비스제공자가 법상의 면책사유에 해당할 경우에는 법원이 저작권법 제123조 제 3 항에 따른 가처분 결정(자세한 것은 §28-24 참조)을 함에 있어서도 그 결정할 수 있는 범위의 제한을 받도록 하는 규정을 신설하였다. §27-89

즉 개정 저작권법 제103조의2는 온라인서비스제공자가 유형별 면책요건을 갖춘 경우 다음과 같이 두 가지로 나누어 법원이 가처분에 의하여 명할 수 있는 '필요한 조치'의 범위를 제한하고 있다.

2) 인터넷접속서비스(단순도관서비스)의 경우

법원은 제102조 제 1 항 제 1 호에 따른 요건을 충족한 온라인서비스제공자에게 제123조 제 3 항에 따라 필요한 조치를 명하는 경우에는 다음의 각 조치만을 명할 수 있다(제103조의2 제 1 항). §27-90

① 특정 계정의 해지

② 특정 해외 인터넷 사이트에 대한 접근을 막기 위한 합리적 조치

3) 그 밖의 세 가지 경우

법원은 제102조 제 1 항 제 2 호부터 제 4 호까지의 요건을 충족한 온라인서비스제공자에게 제123조 제 3 항에 따라 필요한 조치를 명하는 경우에는 다음의 각 조치만을 명할 수 있다. §27-91

① 불법복제물의 삭제

② 불법복제물에 대한 접근을 막기 위한 조치

③ 특정 계정의 해지

④ 그 밖에 온라인서비스제공자에게 최소한의 부담이 되는 범위에서 법원이 필요하다고 판단하는 조치

(사) 특수한 유형의 온라인서비스제공자의 의무

1) 특수한 유형의 온라인서비스제공자의 의의

특수한 유형의 온라인서비스제공자란 '다른 사람들 상호간에 컴퓨터를 이용하여 저작물 등을 §27-92

---

1 Lenz v. Universal Music Corp., 572 F. Supp. 2d 1150 (N.D. Cal. 2008).

전송하도록 하는 것을 주된 목적으로 하는 온라인서비스제공자'를 말하며(제104조 제1항), 같은 조 제2항에 따라 문화체육관광부장관이 고시1한 바에 의하면, 공중이 저작물 등을 공유할 수 있도록 하는 웹사이트 또는 프로그램을 제공하는 자로서 다음 각 호의 어느 하나에 해당하는 경우를 뜻하는 것으로 보고 있다.

  i) 개인 또는 법인(단체 포함)의 컴퓨터 등에 저장된 저작물 등을 공중이 이용할 수 있도록 업로드 한 자에게 상업적 이익 또는 이용편의를 제공하는 온라인서비스제공자

    ※ 유형 예시 : 적립된 포인트를 이용해 쇼핑, 영화 및 음악감상, 현금교환 등을 제공하거나, 사이버머니, 파일 저장공간 제공 등 이용편의를 제공하여 저작물 등을 불법적으로 공유하는 자에게 혜택이 돌아가도록 유도하는 서비스

  ii) 개인 또는 법인(단체 포함)의 컴퓨터 등에 저장된 저작물 등을 공중이 다운로드 할 수 있도록 기능을 제공하고 다운로드 받는 자가 비용을 지불하는 형태로 사업을 하는 온라인서비스제공자

    ※ 유형 예시 : 저작물 등을 이용 시 포인트 차감, 쿠폰사용, 사이버머니 지급, 공간제공 등의 방법으로 비용을 지불해야 하는 서비스

  iii) P2P 기술을 기반으로 개인 또는 법인(단체 포함)의 컴퓨터 등에 저장된 저작물 등을 업로드 하거나 다운로드 할 수 있는 기능을 제공하여 상업적 이익을 얻는 온라인서비스제공자

    ※ 유형예시 : 저작물 등을 공유하는 웹사이트 또는 프로그램에 광고게재, 타사이트 회원가입 유도 등의 방법으로 수익을 창출하는 서비스

  iv) 개인 또는 법인(단체 포함)의 컴퓨터 등에 저장된 저작물 등을 검색하여 전송할 수 있는 프로그램의 제공을 주된 목적으로 하는 온라인서비스제공자

  이와 같이 특수한 유형의 OSP는 이용자들 상호간 저작물 공유를 지원하는 서비스로서의 특성을 가지는 것으로서 주로 P2P나 공유형 웹하드(웹스토리지) 서비스가 이에 해당한다고 할 수 있다.

  2) 특수한 유형의 온라인서비스제공자의 기술조치의무

§27-93 이러한 특수한 유형의 온라인서비스제공자는 권리자의 요청이 있는 경우 해당 저작물 등의 불법적인 전송을 차단하는 기술적인 조치 등 필요한 조치를 하여야 한다(제104조 제1항). 일부 P2P나 웹하드 서비스의 운영으로 인하여 저작권자 등의 권익이 크게 위협받고 있는 현실을 감안하여 2006년 개정법에서부터 특별히 이와 같은 규정을 두게 된 것이다.2 이 규정에 따라 권리자

---

1 특수한 유형의 온라인서비스제공자의 범위를 정한 2007. 7. 26.자 문화체육관광부 고시(제2007-24호) 참조.
2 저작권법 제104조에 대하여는 위헌확인을 구하는 헌법소원 심판청구가 있었으나, 이에 대하여 헌법재판소는 다음과 같은 요지의 결정을 내렸다. 헌법재판소 2011. 2. 24. 선고 2009헌바13 (다수의견) : [1] 저작물 등의 불법적인 전송을 차단할 일정한 책임을 지는 "특수한 유형의 온라인서비스 제공자의 범위" 및 특수한 유형의 온라인서비스 제공자에 대한 저작권자 등 "권리자의 요청", 특수한 유형의 온라인서비스제공자가 취해야 하는 기술적인 조치 등 "필요한 조치"는 그 규율영역의 특성상 법률에서 이를 구체적·서술적으로 열거하는 것이 입법기술상 곤란하고, 탄력적으로 규율되어야 할 필요성 있다고 할 것이므로 문화체육관광부장관 고시 및 하위법령에의 위임의 필요성이 인정되며, 저작권법의 입법목적 및 이 사건 법률조항들의 입법취지, 관련규정 등에 비추어 보면, 문화체육관광부장관 고시 및 하위

가 해당 저작물 등의 불법적인 전송을 차단하는 기술적인 조치 등 필요한 조치를 요청하려면 문화체육관광부령으로 정하는 요청서(전자문서로 된 요청서를 포함한다)에 다음 각 호의 자료(전자문서를 포함한다)를 첨부하여 특수한 유형의 온라인서비스제공자에게 제출하여야 한다. 다만, 권리자가 저작권신탁관리업자이거나 최근 1년 이내에 반복적인 침해행위에 대하여 권리자임을 소명할 수 있는 자료를 이미 제출한 사실이 있는 경우에는 제 1 호의 자료를 제출하지 아니할 수 있다(영 제45조).

 i) 권리자임을 소명할 수 있는 다음 각 목 중 어느 하나에 해당하는 자료

 가) 자신이 그 저작물 등의 권리자로 표시된 저작권 등의 등록증 사본 또는 그에 상당하는 자료

 나) 자신의 성명 등이나 이명으로서 널리 알려진 것이 표시되어 있는 저작물 등의 사본 또는 그에 상당하는 자료

 ii) 차단을 요청하는 저작물 등을 인식할 수 있는 저작물의 제호, 그에 상당하는 문자나 부호 (이하 "제호 등"이라 한다) 또는 복제물 등의 자료

법령에 규정될 내용을 충분히 예측할 수 있다고 할 것이므로 저작권법 제104조 제 1 항, 제 2 항은 포괄위임입법금지의 원칙에 위반되지 않는다.
　[2] 이 사건 법률조항들은 저작물 등의 불법적인 전송을 차단함으로써 저작권 등을 보호하고, 문화 및 관련 산업을 향상·발전시키기 위한 것으로서 정당한 목적 달성에 기여한 적합한 수단에 해당하며, 권리자의 요청이 있는 경우에 해당 저작물에 대한 불법적인 전송을 차단하는 조치를 취할 것을 요구할 뿐인 점, 기술적으로 불가능한 조치를 요구하는 것은 아닌 점, 인터넷을 통한 저작권 등 침해의 현실 등을 고려할 때 입법목적 달성에 동일하게 기여하는 다른 덜 침해적인 수단이 존재한다고 보기 어려우므로 침해의 최소성 원칙에 위배되지 않는다. 나아가 저작권 등 침해행위를 기술적으로 통제하고 감독할 수 있는 지위에 있다고 할 특수한 유형의 온라인서비스제공자에게 한정된 범위에서 기술적 의무 등을 부과한 것이 온라인서비스제공자의 직업의 자유에 대한 중대한 제한이 된다고 보기는 어려운 반면, 달성되는 공익은 매우 중요하다는 점에서 법익균형성의 원칙에도 위반되지 않는다. 따라서 이 사건 법률조항들은 과잉금지원칙에 위배하여 직업의 자유를 침해하지 않는다.
　한편, 저작권법 제104조에 대하여는, 한·EU FTA 협정 및 한·미 FTA 협정 위반이므로 효력이 없고 이에 갈음하여 위 협정 규정이 적용되어야 한다는 주장이 소송에서 수차례 제기되었다. 그에 대한 법원의 판단 사례를 보면, 서울남부지방법원 2014. 4. 4.자 2012라326결정은 "헌법 제 6 조 제 1 항에 의하여 조약이 국내법과 같은 효력을 가진다고 하더라도 이것이 사인에게 직접 효력을 가져서 사인이 이를 재판규범으로 주장할 수 있다고 보기 위하여는 해당 규정의 취지, 구체적인 문언 등에 비추어 그 자체로서 사인에게 권리 혹은 의무를 부여하기 충분한 경우에 한하여야 할 것인데, 항고인이 저작권법 제104조와 저촉·충돌한다고 주장하는 관련 규정(한-EU FTA 협정 제10.66조 제 1 항, 한-EU FTA 협정 제10.41조, 한-미 FTA 협정 제18.10조 제30항 나호 8목 등)의 취지 및 해당 규정의 구체적인 문언을 종합하여 보면, 위 각 규정은 협정 당사자인 국가와 국가 사이의 권리·의무관계를 설정하는 내용에 불과할 뿐 사인에 대하여는 직접 효력이 미치는 내용이라고 보기 어렵다(대법원 2009. 1. 30. 선고 2008두17936 판결 참조)."라고 설시하였고, 서울중앙지방법원 2014. 7. 24. 자 2013라1563 결정은 "위반자가 주장하는 한·미 FTA나 한·EU FTA 중 어느 것이 이 사건에 적용되는지 명확하지 않은 점, 한·미 FTA나 한·EU FTA가 대한민국 국민의 권리, 의무에 직접 적용된다고 볼 만한 사정이 없고, 위 협정들이 저작권법 제104조를 폐지한다고 볼 수 없는 점, 위반자가 주로 주장하는 한·EU FTA 제10.66조는 온라인서비스 제공자에게 자신이 송신하거나 저장하는 정보를 감시할 일반적 의무를 부과할 수 없다는 것인데, 저작권법 제104조가 상정하는 것은 특수한 유형의 온라인서비스 제공자가 권리자의 요청이 있는 경우 저작물의 불법 전송을 차단하는 내용으로 위 두 조항을 같이 볼 수는 없는 점, 기록에 의하면, 한·미 FTA 제18.10조 제30항 나호 8목이나 한·EU FTA 제10.41조에 따르더라도 위반자에게 요구하는 차단 조치가 공정하지 않은 조치라던가 위반자가 면책요건을 충족할 만큼 조치를 취했다고 볼 수는 없는 점 등을 종합하여 보면, 이 사건에서 한·미 FTA나 한·EU FTA를 적용해야 한다는 주장은 이유 없다."라고 설시하였다.

그리고 위 규정에서 말하는 "해당 저작물 등의 불법적인 전송을 차단하는 기술적인 조치 등 필요한 조치"란 다음 각 호의 모든 조치를 말한다(영 제46조 제 1 항).

i) 저작물 등의 제호 등과 특징을 비교하여 저작물 등을 인식할 수 있는 기술적인 조치

ii) 제 1 호에 따라 인지한 저작물 등의 불법적인 송신을 차단하기 위한 검색제한 조치 및 송신제한 조치

iii) 해당 저작물 등의 불법적인 전송자를 확인할 수 있는 경우에는 그 저작물 등의 전송자에게 저작권침해금지 등을 요청하는 경고문구의 발송

위와 같은 기술조치는 권리자가 요청하면 즉시 이행하여야 한다(같은 조 제 2 항). 특수한 유형의 온라인서비스제공자가 이러한 기술조치를 취하지 아니할 경우 3천만원 이하의 과태료가 부과될 수 있다(법 제142조 제 1 항).

3) 책임제한 여부

§27-94 제104조에 의한 기술조치는 주로 필터링(검색제한 등)의 방법을 취하는 것이고, 그것이 권리자의 요청에 따라 이루어지는 것이라는 점에서 '소극적 필터링'이라고 불린다. 특수한 유형의 온라인서비스제공자가 이러한 소극적 필터링만 확실하게 하면 제104조 제 1 항을 위반한 것은 아니고 따라서 제142조 제 1 항에 따른 과태료 부과의 대상이 아니게 되며, 그러한 결론은 해당 서비스를 통하여 실제로 불법적인 전송이라는 결과가 발생하였다고 하여 달라지는 것이 아니다.[1] 그러나 이러한 소극적 필터링을 하였다는 것만으로 온라인서비스제공자로서의 방조책임 등과 관련한 민·형사상의 모든 책임을 면할 수 있는 것은 아니다.[2] 제104조에 의한 기술조치(소극적 필터링)의무는 저작권 등을 보호하기 위하여 특수한 유형의 온라인서비스제공자에게 가중된 의무를 지운

---

[1] 같은 취지에서, 대법원 2017. 8. 31.자 2014마503 결정은 "저작권법 제104조 제 1 항, 저작권법 시행령 제46조 제 1 항의 규정 취지는 저작물 등의 불법적인 전송으로부터 저작권 등을 보호하기 위하여 특수한 유형의 온라인서비스제공자에게 가중된 의무를 지우면서도 다른 한편, 이러한 입법 목적을 고려하더라도 기술적 한계 등으로 인하여 불법적인 전송을 전면적으로 차단할 의무를 부과할 수는 없다는 점을 고려하여 '권리자의 요청'이 있는 경우에 대통령령으로 규정하고 있는 '필요한 조치'를 취하도록 제한된 의무를 부과하려는 것이다. 이러한 법령의 문언과 입법 취지 등을 종합하여 보면, 특수한 유형의 온라인서비스제공자가 저작권법 시행령 제46조 제 1 항이 규정하고 있는 '필요한 조치'를 취하였다면 저작권법 제104조 제 1 항에 따른 필요한 조치를 한 것으로 보아야 하고, 실제로 불법적인 전송이라는 결과가 발생하였다는 이유만으로 달리 판단하여서는 아니 된다."라고 설시하였다.

[2] 만약 특수한 유형의 온라인 서비스 제공자가 이러한 소극적 필터링조차 하지 않아 제104조 제 1 항을 위반한 것으로 인정될 경우 그것은 민·형사상의 방조책임을 지게 되는 하나의 근거가 될 수 있다. 서울고등법원 2017. 1. 6.자 2015라1516 결정에서 "앞서 본 바와 같이 채무자는 채권자로부터 선정자들의 영상물에 대한 불법적인 업로드 및 다운로드를 중단하여 줄 것을 요청받았음에도 적절한 기술적 조치 등을 하지 아니하였고, 이에 따라 채무자 사이트 회원들에 의하여 선정자들의 영상물에 관한 업로드 및 다운로드가 계속 이루어지고 있다. 결국, 채무자는 채무자 사이트 회원들이 채권자 및 선정자들로부터 이용허락을 받지 아니한 채 선정자들의 영상물을 업로드 하거나 다운로드 하고 있다는 사실을 알면서도 적절한 조치를 취하지 아니하고 포인트 적립 등으로 회원들의 불법적인 파일 업로드 및 다운로드를 유인 및 조장하였으므로 채무자 사이트 회원들의 복제권, 전송권 침해행위를 용이하게 하였다고 보아야 한다."라고 설시한 것이 바로 제104조 제 1 항 위반을 방조책임 인정의 한 근거로 삼은 사례라고 할 수 있다.

것이기는 하나, 소극적 필터링만으로 저작권침해가 효과적으로 방지되지 않는 경우가 많으며, 제104조도 의무부과 외의 책임제한의 취지는 내포하지 않은 것으로 보이기 때문에, 사안에 따라서 보다 적극적인 기술조치를 하지 않을 경우에 미필적 고의에 의한 방조 등 책임이 인정될 가능성이 크다.

'소리바다5 사건'에 관하여 서울고등법원 2007. 10. 10.자 2006라1245 결정도 그러한 관점에서 "저작권법 제104조 역시 제103조와 마찬가지로, '특수한 유형의 온라인서비스제공자'의 책임제한이나 특수한 유형의 온라인서비스제공자의 책임을 묻기 위한 권리행사요건을 정하고 있는 규정이 아님이 그 내용상 명백할 뿐 아니라, 온라인서비스제공자의 책임 제한을 규정하고 있는 제102조와의 관계나 저작권자 등의 권리침해방지를 강화하려 한 저작권법의 개정 취지에 비추어 보더라도, 특히 저작권 등에 대한 침해행위가 상대적으로 많이 발생할 가능성이 큰 '다른 사람들 상호간에 저작물 등의 전송을 주목적으로 하는 온라인서비스'를 별도로 분류하여, 그와 같은 특수한 유형의 온라인서비스제공자에 대하여 권리자들이 위 제104조 제 1 항과 이를 구체화한 저작권법 시행령 제45조에서 정한 요건을 갖춘 권리보호요청을 한 경우에는 법원의 재판을 거치지 아니하더라도 바로 같은 시행령 제46조에서 정한 조치를 할 의무를 법정화하고, 나아가 이와 같은 조치를 취하지 아니할 경우에는 3,000만원 이하의 과태료에 처하도록 하여 그 이행을 담보함으로써 다른 온라인서비스제공자에 비하여 가중된 의무를 추가로 부과한 것으로 해석함이 상당하다"고 하고 있고, 같은 이유로 서울중앙지방법원 2010. 2. 12. 선고 2008가합27672, 2008가합88448(병합) 판결도 "저작권법 제104조는 다른 사람들 상호간에 저작물의 전송을 주된 목적으로 하는 특수한 유형의 온라인서비스제공자에 대하여 그 책임을 제한해 주기 위한 것이 아니라"고 판시하고 있다.

§27-95

4) 이른바 '웹하드 등록제'

웹하드 사이트 및 P2P 서비스를 통한 불법복제물 및 음란물 등의 유통, 악성코드 유포 등이 큰 사회적 문제로 제기되어 기존 전기통신사업법상 '부가통신사업자'로 신고하는 것만으로 사업 개시를 할 수 있었던 웹하드 등 서비스를 등록제로 전환함으로써 규제를 강화하는 개정 입법이 이루어졌다. 즉 2011. 5. 19.자 개정 전기통신사업법(2011. 11. 20. 시행)은 '특수한 유형의 부가통신역무'에 대한 정의규정(제 2 조 제13호)[1]을 신설하고, 특수한 유형의 부가통신사업을 경영하려는 자

§27-96

---

1 위 개정 당시는 다음 (A)와 같이 규정하였다가 2013. 8. 13. 개정으로 다음 (B)와 같이 규정하게 되었다(그것이 현행 규정이다). 그것은 결국 현행 저작권법상의 특수한 유형의 OSP 개념과 일치시킨 것이라 할 수 있다. 다시 2014. 10. 15. 개정으로 다음 (C)와 같이 규정되게 되었는데, 이것은 웹하드 등록제와 별도로, '인터넷발송 문자서비스'도 등록제로 전환하는 취지의 개정이며, 2015. 4. 16.부터 시행된다.
 (A) 13. "특수한 유형의 부가통신역무"란 다음 각 목의 업무를 말한다.
 가. 「저작권법」 제104조에 따른 특수한 유형의 온라인서비스제공자의 부가통신역무

는 일정한 요건을 갖추어 방송통신위원회에(현재는 '미래창조과학부장관'에게) 등록을 하여야 하는 것으로 규정하였다(제22조 제 2 항).[1] 나아가 특수한 유형의 부가통신사업에 대한 등록결격 사유를 신설하고(제22조의 2[2]), 특수한 유형의 부가통신사업자로서 등록을 하지 않고 경영하는 경우에 대하여 벌칙규정을 신설하였다(제95조 제 3 의2호[3]). 또한 저작권법 제142조 제 1 항 및 제 2 항 제 3 호에 따라 3회 이상 과태료 처분을 받은 자가 다시 과태료 처분대상이 된 경우로서 같은 법 제112조에 따른 한국저작권위원회의 심의를 거쳐 문화체육관광부장관이 요청한 경우 방송통신위원회(현재는 미래창조과학부장관)가 그 등록의 전부 또는 일부의 취소를 명하거나 1년 이내의 기간을 정하여 사업의 전부 또는 일부의 정지를 명할 수 있도록 하는 규정을 신설(제27조 제 2 항 제6 호)하였다. 이러한 규정들은 저작권법상의 특수한 유형의 온라인서비스제공자에 대한 규제를 더욱 확대, 강화하는 의미를 내포하고 있다.

(아) 우리 법제하에서의 온라인서비스제공자의 책임 근거

1) 서　　언

§27-97　위와 같이 현행 저작권법 규정을 통해 먼저 저작권법상의 면책 규정 등에 대하여 먼저 살펴

나. 그 밖에 타인 상호간에 컴퓨터를 이용하여 「국가정보화 기본법」 제 3 조 제 1 호에 따른 정보를 저장·전송하거나 전송하는 것을 목적으로 하는 부가통신역무

(B) 13. "특수한 유형의 부가통신역무"란 「저작권법」 제104조에 따른 특수한 유형의 온라인서비스제공자의 부가통신역무를 말한다.

(C) 13. "특수한 유형의 부가통신역무"란 다음 각 목의 어느 하나에 해당하는 업무를 말한다.

가. 「저작권법」 제104조에 따른 특수한 유형의 온라인서비스제공자의 부가통신역무

나. 문자메시지 발송시스템을 전기통신사업자의 전기통신설비에 직접 또는 간접적으로 연결하여 문자메시지를 발송하는 부가통신역무

1　2011. 5. 19.자 개정 전기통신사업법 제22조 제1, 2항의 내용은 다음과 같다. (현행규정도 유사하나, 담당부처가 방송통신위원회에서 미래창조과학부로 변경되었다.)

제22조(부가통신사업의 신고 등)

① 부가통신사업을 경영하려는 자는 대통령령으로 정하는 요건 및 절차에 따라 방송통신위원회에 신고(정보통신망에 의한 신고를 포함한다)하여야 한다. 이 경우 자본금 등이 대통령령으로 정하는 기준에 해당하는 소규모 부가통신사업의 경우에는 부가통신사업을 신고한 것으로 본다.

② 제 1 항에도 불구하고 특수한 유형의 부가통신사업을 경영하려는 자는 다음 각 호의 사항을 갖추어 방송통신위원회에 등록(정보통신망에 의한 등록을 포함한다)하여야 한다.[신설 2011. 5. 19] [[시행일 2011. 11. 20]]

1. 「정보통신망 이용촉진 및 정보보호 등에 관한 법률」 제42조, 제42조의2, 제42조의3, 제45조 및 「저작권법」 제104조의 이행을 위한 기술적 조치 실시 계획

2. 업무수행에 필요한 인력 및 물적 시설

3. 재무건전성

4. 그 밖에 사업계획서 등 대통령령으로 정하는 사항

2　제22조의2(등록 결격사유) 제27조 제 2 항에 따라 등록이 취소된 날부터 3년이 지나지 아니한 개인 또는 법인이나 그 취소 당시 그 법인의 대주주(대통령령으로 정하는 출자자를 말한다)이었던 자는 제22조 제 2 항에 따른 등록을 할 수 없다.

3　제95조 (벌칙) 다음 각 호의 어느 하나에 해당하는 자는 3년 이하의 징역 또는 1억5천만원 이하의 벌금에 처한다.

3의2. 제22조 제 2 항에 따른 등록을 하지 아니하고 부가통신사업을 경영한 자

보았는데, 근본적으로 온라인서비스제공자가 어떤 경우에 어떤 근거로 책임을 지는 것인지에 대하여 규명하는 일이 남아 있다.

온라인서비스제공자가 책임을 지게 되는 유형은 다음과 같다.

2) 온라인서비스제공자가 직접침해 책임을 지게 되는 경우

온라인서비스제공자가 스스로 송신을 개시하거나 구체적으로 저작물 등을 선택하는 등의 사유가 있을 경우에 제102조의 면책요건에 해당하지 않음은 앞서 본 바와 같은데, 그와 같이 침해행위를 능동적, 적극적으로 수행하거나 거기에 참여할 경우에는 타인의 저작권 침해에 대한 방조가 아니라 스스로 직접 저작권침해의 행위를 한 것으로 평가될 수 있다. 특히, 원격녹화 서비스 제공자의 경우와 같이 사용자에 의한 복제행위 등을 포괄적으로 의도하고 이를 전체적으로 통제 및 관리하고 있는 것으로 인정되는 경우에는 직접침해로 인정되는 경우가 있을 수 있다(§28-18~20 및 §28-22 참조). 경우에 따라 제3의 침해자와 협의의 공동불법행위를 한 것으로 평가받는 경우가 있을 수 있다. 다만 직접침해 책임은 매우 제한적으로만 인정되어야 한다.[1]

§27-98

3) 온라인서비스제공자가 방조에 의한 책임을 지는 경우

이것이 우리나라 판례상 가장 빈번하게 인정되는 온라인서비스제공자의 책임근거이다. 온라인서비스제공자가 제3자의 저작권 침해행위에 일정한 관여를 하여 민법 제760조 제3항의 '방조자'에 해당하는 것으로 평가받을 수 있는 경우에는 민사적으로는 같은 조항에 따라 공동불법행위가 성립하고 형사적으로는 '고의'를 요건으로 저작권침해의 방조죄가 성립할 수 있다고 보는 것이다.[2] '소리바다' 관련 민사 가처분이의 사건의 상고심에서 대법원은 "저작권법이 보호하는 복제권의 침해를 방조하는 행위란 타인의 복제권 침해를 용이하게 해주는 직접간접의 모든 행위를 가리키는 것으로서, 복제권 침해행위를 미필적으로만 인식하는 방조도 가능함은 물론 과실에 의한 방조도 가능하다고 할 것인바, 과실에 의한 방조의 경우에 있어서 과실의 내용은 복제권 침해행위에 도움을 주지 않아야 할 주의의무가 있음을 전제로 하여 이 의무에 위반하는 것을 말하는 것이고, 위와 같은 침해의 방조행위에 있어서 방조자는 실제 복제권 침해행위가 실행되는 일시나 장소, 복제의 객체 등을 구체적으로 인식할 필요가 없으며 실제 복제행위를 실행하는 자가 누구인지 확정적으로 인식할 필요도 없다고 할 것이다"라고 판시한 바 있다.[3]

§27-99

---

1 P2P 서비스와 관련하여 협의의 공동불법행위를 부정한 사례로서는 뒤에 소개하는 서울고등법원 2005. 1. 25. 선고 2003나80798 판결(§27-108) 참조.

2 제760조 제3항과의 관계에서는 교사의 성립여부도 쟁점이 될 수 있으나, '교사'란 타인으로 하여금 불법행위의 의사결정을 하도록 하는 것을 의미하므로 일반적으로 온라인서비스제공자가 그러한 의미의 교사를 하였다고 인정되는 일은 드물 것이다(뒤에 소개하는 서울고등법원 2005. 1. 25. 선고 2003나80798 판결 — "소리바다" 사건(§27-108) 참조).

3 대법원 2007. 1. 25. 선고 2005다11626 판결.

§27-100 　　또한 '소리바다' 관련 형사사건의 상고심에서 대법원은 유사한 취지로 "저작권법이 보호하는 복제권의 침해를 방조하는 행위란 정범의 복제권 침해를 용이하게 해주는 직접·간접의 모든 행위로서, 정범의 복제권 침해행위 중에 이를 방조하는 경우는 물론, 복제권 침해행위에 착수하기 전에 장래의 복제권 침해행위를 예상하고 이를 용이하게 해주는 경우도 포함하며, 정범에 의하여 실행되는 복제권 침해행위에 대한 미필적 고의가 있는 것으로 충분하고 정범의 복제권 침해행위가 실행되는 일시, 장소, 객체 등을 구체적으로 인식할 필요가 없으며, 나아가 정범이 누구인지 확정적으로 인식할 필요도 없다"고 판시한 바 있다.[1]

§27-101 　　그러나 침해의 방조를 지나치게 폭넓게 인정하게 될 경우 역시 온라인상의 정보유통 활동을 크게 제약하고 관련 산업을 위축시키는 결과를 초래할 것이므로 방조가 성립할지 여부의 판단에 있어서 상당한 균형감각에 기한 신중한 판단이 요구된다. 우선 위에서 본 단순도관서비스나 캐싱서비스 등의 경우에는 통상의 방법으로 서비스를 하는 한 저작권침해에 대한 방조행위가 인정될 가능성이 거의 없다고 할 수 있을 것이다. 저장서비스와 정보검색도구서비스의 경우에 저작권침해의 방조가 문제될 가능성이 있으나, 그것도 서비스 형태에 따라 다르게 보아야 할 면이 있다. 위에서 살펴본 '특수한 유형의 온라인서비스제공자'의 경우에는 그 서비스가 가지는 특별한 위험성으로 인해 보다 쉽게 방조행위가 인정될 것이고, 인터넷 포털에서 제공하는 커뮤니티서비스나 검색서비스 등의 경우에는 침해를 방지하기 위한 합리적인 노력을 게을리하지 않는 한 방조책임을 지울 수 없는 경우가 많을 것이다. 판례도 기본적으로 이러한 관점을 취하고 있는 것으로 보인다.

§27-102 　　위에서 본 제102조의 면책요건과 관련하여 같은 조 제3항에서 모니터링 등의 의무 이행을 추가적인 요건으로 하지 않는 취지로 규정하고 있으나, 동조에서 모든 서비스 제공자에 대하여 모니터링 등 감시의무를 면제하는 것은 아님은 앞서 살펴본 바와 같다. 따라서 면책요건을 갖추지 못한 경우에는 비즈니스 모델의 위험성 여하에 따라 때로는 보다 적극적인 감시의무를 이행하여야만 방조책임을 지지 않게 되는 경우가 있을 수 있다. 특히 오늘날은 기술조치의 중요성이 부각되고 있으므로 특수한 유형의 온라인서비스제공자의 경우 상당한 정도의 적극적인 기술조치를 하였는지 여부를 방조책임을 인정할지 여부의 판단에서 고려하게 됨은 필연적인 일이라 할 수 있다.

§27-103 　　그런 관점에서 보면, 이른바 P2P 방식의 서비스인 '소리바다 5'에 관한 서울고등법원 2007. 10. 10.자 2006라1245 결정(§27-108)이 "일반적으로 P2P 방식에 의한 파일공유 시스템은 해당 P2P 서비스에 접속하고 있는 수천, 수만의 불특정 다수의 이용자들 전부를 그 대상으로 하고 있

---

1 대법원 2007. 12. 14. 선고 2005도872 판결.

으며, 파일의 제공행위, 즉 파일의 업로드는 해당 파일을 보유하고 있는 이용자가 P2P 서비스에 접속하는 것만으로 자연스럽게 이루어지고, 파일의 수령행위, 즉 파일의 다운로드는 인터넷의 특성상 그 다운로드를 요청한 다수의 모든 이용자에게 순간적으로 동시에 이루어진다는 점에서, 이용자들이 디지털 형태의 저작복제물을 무단 유통함에 따른 저작인접권의 침해가능성은 항상 열려 있다고 할 것이나, 그렇다 하더라도 모든 형태의 P2P 시스템과 그 운영자들이 획일적으로 이용자들의 저작인접권 등 침해행위에 대한 방조책임을 부담한다고 할 수는 없고, 운영자가 P2P 서비스를 제공하는 과정에서 이용자들의 파일공유 및 교환 행위에 관여할 수 있는지의 여부와 그 방식 및 정도, 저작인접권 등의 침해행위에 대한 운영자의 인식 여부 및 그에 따른 P2P 시스템에서의 권리보호조치의 내용과 그 정책, P2P 시스템이 파일공유 기능 외에 이용자들의 저작인접권 등 침해행위를 용이하게 할 수 있는 다른 기능을 제공하고 있는지 여부, 운영자가 이용자들의 저작인접권 침해행위로부터 이익을 얻을 목적이 있거나 향후 이익을 얻을 가능성의 정도 등 구체적 사정을 살펴보아, 운영자가 이용자들의 파일공유 등으로 인한 저작인접권 등 침해행위를 미필적으로나마 인식하고 있으면서도 이를 용이하게 할 수 있도록 도와주거나, 이러한 침해행위에 도움을 주지 않아야 할 주의의무가 있음에도 이를 위반하는 경우라고 평가되는 경우에만 방조책임이 인정된다"고 전제한 다음, "비록 '소리바다 5 프로그램'이 종전의 소리바다 1, 2, 3에 비하여 저작인접권자 등의 권리보호를 위한 기술적 조치와 시스템을 갖추고 있기는 하나, 현재 '소리바다 5 서비스' 운영자가 취하고 있는 '소극적 필터링 방식(저작인접권자 등 권리자들로부터 필터링(공유금지)을 요청받거나 이미 위 운영자가 공유금지로 설정하여 놓은 음원 파일들에 대하여만 필터링을 실시하는 방식)'의 내재적 한계상 음반제작자들의 음원에 대한 저작인접권의 침해행위는 계속되어 왔고, 앞으로도 그와 같은 침해행위의 발생은 불가피할 것으로 보이며, 나아가 위 운영자가 그 보완책으로 들고 있는 '그린파일 시스템(저작인접권자 등 권리자들이 위 서비스 운영자에게 자신들의 음원 정보를 제공하여 필터링을 요청한 후, 위 운영자의 승인절차를 거쳐 파일공유를 금지하는 시스템)'만으로는 그와 같은 권리침해를 제때 방지하거나 중단시킬 수 있을 것으로도 보기 어렵고, '소리바다 5 프로그램'의 개발 경위 등에 비추어 위 운영자 역시 음반제작자들의 음원에 대한 저작인접권의 침해행위가 발생하고 있다는 사정을 적어도 미필적으로나마 인식하였다고 봄이 상당하므로, '소리바다 5 서비스'의 운영자는 그 이용자들의 저작인접권 침해행위에 대한 방조책임을 면할 수 없다"고 판단한 것은 개정법 하에서도 여전히 유효한 논리라 할 수 있다.

위에서 본 바와 같이 대법원은 민사책임과 관련하여 미필적 고의에 의한 방조만이 아니라 '과실'에 의한 방조도 있을 수 있음을 밝히고 있으나, 미필적 고의는 부정되고 과실에 의한 방조로 인정될 만한 경우에는 저작물 다운로드에 대한 대가를 받는 경우 등을 제외하고는 앞서 본 면

§27-104

책요건을 구비하여 결과적으로 면책되는 경우가 적지 않을 것으로 생각된다. 그러나 저장서비스와 정보검색도구서비스의 경우에 위 소리바다 5 사건의 경우와 같이 미필적 고의가 인정될 경우에는 제3호 다목의 요건을 결한 것이 되어 면책 주장도 받아들여지지 않을 가능성이 많을 것이다.

4) 사용자책임을 지는 경우

§27-105 　온라인서비스제공자가 그 피용자의 행위에 대하여 사용자책임에 관한 민법 제756조의 규정에 따라 손해배상책임을 지는 경우가 있을 수 있음은 당연한 것이다. 문제는 미국의 대위책임의 취지를 참작하여 온라인서비스제공자가 그 이용자와의 관계에서 사용자의 지위에 있는 것으로 보아 사용자책임을 지울 수 있는 경우가 있을까 하는 것이다. 실질적으로 지휘감독관계가 인정되는 이례적인 상황이 아닌 한 일반적인 경우에는 그러한 의미에서의 사용자책임은 부정되어야 한다. 대법원도 인터넷 포털사이트운영자가 피고로 된 사건에서 "불법행위에 있어 사용자책임이 성립하려면 사용자와 불법행위자 사이에 사용관계 즉 사용자가 불법행위자를 실질적으로 지휘·감독하는 관계가 있어야 하는바(대법원 1999. 10. 12. 선고 98다62671 판결 참조), 위 법리와 기록에 비추어 살펴보면, 원심이 피고가 회원으로 가입한 인터넷 이용자들을 실질적으로 지휘·감독하는 관계에 있었다고 볼 수 없다는 취지에서 피고로서는 회원들의 저작권 침해행위에 대하여 사용자로서의 손해배상책임을 부담하지 아니한다고 판단하였음은 정당하고, 거기에 원고의 주장과 같은 사용자책임에 관한 법리오해 등의 잘못이 없다"고 판시한 바 있다.[1]

판례

§27-108 　❖ 서울고등법원 2005. 1. 25. 선고 2003나80798 판결 — "소리바다" 사건

(전략)

(2) 피고들의 저작권 침해 여부에 관하여

㈎ 협의의 공동불법행위 성립 여부

　민법 제760조 제1항 소정의 이른바 '협의의 공동불법행위'가 성립하려면 행위자 사이에 의사의 공통이나 행위공동의 인식까지 필요한 것을 아니지만 객관적으로 보아 피해자에 대한 권리침해가 공동으로 행하여지고 그 행위가 손해발생에 대하여 공통의 원인이 되었다고 인정하는 경우라야 할 것이고, 또한 그 각 행위는 독립적으로 불법행위에 해당하여야 할 것인바(대법원 1989. 5. 23. 선고 87다카2723 판결, 대법원 1996. 5. 14. 선고 95다45767 판결 등 참조), 앞서 본 바와 같이 피고들이 소리바다 서버를 운영하면서 사용자 아이디, IP 주소 등 서버 접속 및 사용자들 컴퓨터의 연결에 관한 정보만을 관리하고 있기 때문에 개별 사용자들의 구체적인 불법 MP3 파일 공유와 다운로드 및 업로드 행위를 확정적으로 인식하였다고 보기 어려운 점, MP3 파일의 검색 및 검색결과의 전송, 그리고 다운로드 및 업로

---

[1] 대법원 2010. 3. 11. 선고 2009다4343 판결.

드 과정에는 소리바다 서버가 전혀 관여하지 않고 있는 점 등 피고들이 소리바다 서버를 운영하면서 사용자들에 의한 복제권 및 전송권 침해행위에 관여한 정도에 비추어 볼 때, 비록 소리바다 서버에의 접속이 필수적이기는 한, 이것만으로 피고들이 독립적으로 원고의 복제권 및 전송권을 침해하였다거나 협의의 공동불법행위가 성립할 정도로 직접적이고 밀접하게 그 침해행위에 관여하였다고 평가하기는 어렵다고 할 것이므로(피고들이 소리바다 프로그램을 제작하거나 배포하여 제3자들로 하여금 이용하도록 한 행위 자체를 가지고 바로 저작권 침해 책임을 지우기는 어렵다), 이 부분 원고의 주장은 받아들이지 않는다.

(나) 교사 혹은 방조에 의한 불법행위책임 유무

1) 민법 제760조 제3항은, 교사자나 방조자는 공동행위자로 본다고 규정하여 교사자나 방조자에게 공동불법행위자의 책임을 지우고 있는바, 여기서 "교사"라 함은 타인으로 하여금 불법행위의 의사결정을 하도록 하는 것을 의미하고, "방조"라 함은 불법행위를 용이하게 하는 직접·간접의 모든 행위를 가리키는 것으로서 형법과 달리 손해의 전보를 목적으로 하여 과실을 원칙적으로 고의와 동일시하는 민법의 해석으로서는 과실에 의한 방조도 가능하다고 할 것이며, 이 경우의 과실의 내용은 불법행위에 도움을 주지 않아야 할 주의의무가 있음을 전제로 하여 이 의무에 위반하는 것을 말한다고 할 것인바(대법원 2003. 1. 10. 선고 2002다35850 판결 등 참조), 위 인정의 소리바다 서비스의 사용방법과 그 특징 및 이용현황, MP3 파일의 공유·교환행위에 대한 피고들의 관여정도 등에 비추어 볼 때, 개별 사용자들은 기본적으로 소리바다 서비스의 회원 등록과 구체적인 다운로드 및 업로드 행위를 결정함에 있어 자신들의 자발적인 선택과 의사에 따랐다고 봄이 상당하고, 따라서 피고들이 소리바다 서비스를 이용한 원고의 복제권 및 전송권침해의 의사가 없는 개별 사용자들로 하여금 그것을 결의하게 하였다고 볼 수 없는 이상, 피고들이 저작권 침해행위를 교사하였음을 전제로 한 원고의 주장 부분은 그 이유가 없다 하겠으므로, 나아가 피고들에게 저작권침해에 대한 방조자로서의 책임이 인정되는지 여부에 관하여 살펴본다.

2) 일반적으로 P2P 방식에 의한 파일공유 시스템에서는 이용자들에 의한 디지털 형태의 저작복제물 무단 유통이 발생할 개연성이 있다고 할 것이나, 그렇다 하더라도 모든 형태의 P2P 시스템 운영자들이 일률적으로 사용자들의 저작권 침해행위에 대하여 방조책임을 부담한다고 할 수는 없고, 운영자가 서버를 운영하면서 그 서버를 통하여 사용자들의 파일공유 및 교환행위에 관여하는 정도, 운영자의 프로그램 및 시설제공 등 개입이 없이도 이용자들이 자체적으로 파일공유 등 행위를 할 수 있는지 여부, 저작권 침해행위를 하는 사용자가 있는 경우 운영자가 이를 발견하고 그에 대하여 서비스 이용을 제한하는 사용자가 있는 경우 운영자가 이를 발견하고 그에 대하여 서비스 이용을 제한하는 등 즉각적인 조치를 취할 수 있는지 여부, P2P 시스템이 파일공유 기능 자체 외에 이용자들의 저작권 침해행위를 용이하게 할 수 있는 다른 기능을 제공하고 있는지 여부, 운영자가 사용자들의 저작권 침해행위로부터 이익을 얻을 목적이 있거나 향후 이익을 얻을 가능성의 정도 등 구체적 사정을 살펴보아, 운영자가 이용자들의 파일공유 등으로 인한 저작권 침해행위를 직접 확인하거나 적어도 미필적으로 이를 인식하였음에도 불구하고, 이를 용이하게 할 수 있도록 도와주거나, 이러한 침해행위에 도움을 주지 않아야 할 주의의무가 있음에도 이를 위반하는 경우라고 평가되는 경우에만 방조책임을 인정하여야 할 것

이다.

3) 앞서 든 각 증거에 변론 전체의 취지를 종합하여 인정되는 다음과 같은 사정, 즉 ① 피고들은 처음부터 음악저작물의 인터넷상 유통을 의식하여 계획적이고 의도적으로 MP3 파일만 공유될 수 있는 프로그램을 개발하여 "소리바다"라는 이름으로 서비스를 개시하였고, 소리바다 프로그램을 개발 당시 외국에서는 이미 냅스터(Napster) 등 다른 P2P 방식 서비스를 통한 저작권 침해가 문제되어 법적 분쟁으로까지 비화해 있었던 점, ② 피고들은 사용자 아이디, 비밀번호, IP 주소 등이 담긴 이용자목록을 작성, 관리하면서 매일 1, 2회 가량 다른 일반 사용자와 같은 방법으로 접속하여 서비스 운영상태를 점검하였던 까닭에, 개별 사용자들의 소리바다 서비스를 통한 MP3 파일 공유·교환과정에서 저작권 침해 행위가 자행되고 있다는 점을 직접 확인하거나 미필적으로나마 알았던 것으로 볼 수 있는 점, ③ 소리바다 서비스의 개별 사용자들은 소리바다 서버에 접속하여야만 파일공유를 할 수 있으므로 운영자로서는 사용자 아이디를 판별하여 접속을 거부함으로써 침해행위를 하는 사용자들의 파일공유를 제한할 수도 있었던 것으로 보이는 점, ④ 소리바다 서비스에는 사용자가 검색된 MP3 파일 중 가장 다운로드 속도가 빠르면서도 음질이 양호한 것을 선택하여 다운로드 받을 수 있도록 지원하는 정렬 기능과 다운로드 중에 실시간으로 해당 파일을 들어 볼 수 있는 기능 및 사용자들 상호간 MP3 파일을 공유할 수 있는 채팅 기능 등 사용자들의 MP3 파일 다운로드 및 업로드 행위를 활성화시킬 수 있는 다양한 기능이 있는 점, ⑤ 피고들은 소리바다 서비스의 개시 당시부터 향후 수익성을 높이 평가 받아 서버를 무료로 제공받는가 하면, 등록회원의 폭발적인 증가와 소리바다 서비스 운영을 통해 얻은 인지도 등을 활용하여 장차 또 다른 수익을 얻을 가능성이 큰 상태이고, 실제 그와 같은 계획이 있었던 것으로 보이는 점, ⑥ 다수의 사용자들 사이에서 소리바다 서비스를 통해 공유·교환되는 MP3 파일 대부분은 음악저작물로 보호되는 국내 인기가요에 관한 것으로서 저작권 침해가 문제되는 것임을 사전에 충분히 인식할 수 있었던 점 등을 종합하여 보면, P2P 방식에 의한 MP3 파일 공유 및 교환 기능을 수행하는 소리바다 프로그램을 개발하고 이를 이용한 소리바다 서비스를 운영하는 피고들로서는, 소리바다 서비스를 통해서 사용자들에 의한 저작권 침해행위가 발생하리라는 사정을 미필적으로나마 인식하고 있었다고 봄이 상당하고, 이러한 사정하에서 피고들이 소리바다 프로그램 설치화면에다가 형식적인 경고문을 게재하는 외에, 달리 사용자들의 저작권 침해행위를 방지할 만한 아무런 합리적인 조치를 취하지 아니한 채, 소리바다 프로그램의 무상 공급과 MP3 파일 공유 및 교환에 필수적인 소리바다 서버를 운영함으로써, 그와 같은 저작권 침해행위가 가능하도록 계속적으로 관여하여 개별 사용자들의 MP3 파일 공유 및 교환을 통한 저작권 침해행위를 용이하게 하였으므로, 개별 사용자들이 원고가 신탁관리하는 음악 저작권자들의 복제권 및 전송권을 침해한 행위에 대하여 방조책임을 부담하고 봄이 상당하다.

㈐ 피고들의 항쟁에 관한 판단

1) 먼저 피고들은, 소리바다 서비스의 경우 사용자들의 검색, 다운로드 및 업로드 행위가 소리바다 서버를 경유하지 않고 개별적으로 이루어지는 것이어서 피고들이 사용자들의 파일공유행위에 실제로 관여한 바 없고, 또 피고들은 개별 사용자들에게 저작권 침해에 대한 경고를 하였을 뿐만 아니라, 소리바다 서비스를 이용하여 적법한 파일들도 많이 공유되고 있으므로, 사용자들의 위법한 파일공유 및 교환 행위에 대하여 방조 책임을 부담하지 아니한다는 취지로 주장한다.

그러므로 보건대, 개별 사용자들이 위법하게 MP3 파일을 현실적으로 복제하는 과정에 있어서는 소리바다 서버가 관여하지 아니하고, 프로그램 설치 화면을 통하여 이용자들에게 저작권침해에 대한 경고를 하였다 하더라도, 앞서 본 바와 같이 소리바다 서비스를 통한 저작권 침해행위를 충분히 예견하거나 예견할 수 있었던 피고들이 소리바다 프로그램 및 서버를 이용한 MP3 파일 공유 서비스를 제공한 이상 개별 사용자들의 저작권 침해행위에 대한 방조 책임을 벗어날 수 없다고 할 것이고, 이는 소리바다 서비스를 통하여 적법한 파일들이 다수 공유되고 있다고 하여 달리 볼 것은 아니므로, 이 부분 피고들의 주장은 받아들일 수 없다.

2) 다음 피고들은, 자신들에게는 소리바다 서비스 사용자들의 저작권 침해 행위를 방지하고 중단시킬 수 있는 기술적 수단이 전혀 없는바, 2003. 5. 27. 법률 제6881호로 개정된 저작권법에서 그 제77조 제 2 항에 기술적 통제가능성이 없는 경우 온라인서비스제공자의 책임이 면제된다는 규정이 신설된 점 등에 비추어 볼 때, 온라인서비스제공자인 피고들에게 소리바다 서비스의 개별 사용자들에 의한 저작권 침해행위에 대해서 방조책임을 묻는 것은 부당하다는 취지로 주장한다.

그러나 위 책임면제 규정은 피고들의 소리바다 서비스로 인한 저작권 침해행위가 있은 후에 비로소 신설된 것으로서, 이 사건에 직접 적용되는 것이 아닌데다가, 앞서 본 바와 같이 피고들은 소리바다 서비스를 운영하면서 그 MP3 파일의 공유·교환기능의 향상을 위한 제반 기술적 조치는 적극적으로 취하면서도, 저작권 침해문제에 관해서는 형식적인 경고문 게재 외에 아무런 효과적인 방지노력을 취한 바 없으며, 더욱이 피고들에게 저작권 침해가 문제되는 MP3 파일의 소리바다 서비스를 통한 복제 및 전송을 일부라도 방지할 기술적 수단이 전혀 없다는 점을 인정할 만한 아무런 증거가 없고, 오히려 MP3 파일의 고유 및 교환은 개별 사용자들이 소리바다 서버에 접속하여야 가능한 것이므로, 운영자로서는 소리바다 시스템의 운영상태를 수시로 점검하면서 저작권 침해행위를 자행하고 있는 사용자를 판별하여 그 사용자 아이디에 의한 접속 자체를 거부함으로써 소극적으로나마 저작권 침해행위를 구성하는 파일 공유 및 교환행위를 제한할 수 있는 것으로 보이므로, 이 부분 피고들의 주장은 어느 모로 보나 그 이유가 없다.

▷NOTE : 이 사건에서 법원은 소리바다 5가 해쉬값 대조, 음악지문비교, 그린파일 시스템 등의 일정한 기술적 보호조치를 취하였음에도 불구하고 '소극적 필터링'의 한계로 인해 침해행위의 발생이 불가피하며, 소리바다측은 이를 미필적으로나마 인식했으므로 방조책임이 인정된다고 판시하였다. 나아가 P2P 서비스와 관련하여 '적극적 필터링'(권리자들이 이용허락을 한 음원들의 파일에 대해서만 파일공유를 허락하는 방식을 말한다)을 상용화한 서비스가 이미 존재하고 있는 현실에서 소극적 필터링만을 취하고 불법 파일의 유통을 방치한 OSP가 기술적 불가능을 이유로 한 면책(현행 저작권법 제102조 제 2 항; §27-76 참조)을 주장하는 것은 이유가 없다고 판단하였다. 이와 같이 '미필적 인식'이 인정될 경우에는 제102조 제 3 호 다목의 요건과의 관계에서 개정법상의 면책사유에 해당한다고 보기도 어려울 것으로 여겨짐은 앞서 언급한 바(§27-70)와 같다(협의의 공동불법행위 성립 여부에 관한 판시에 대하여는 §28-13 참조).

(4) 복제 · 전송자에 관한 정보제공 청구제도

§27-109　　온라인서비스제공자의 책임에 관한 현행법 제도하에서는 온라인서비스 제공자가 일정한 요건하에서 방조 등의 책임을 지는 경우도 있지만, 처음부터 아무 책임이 인정되지 않거나 법에 따라 면책되는 경우가 많은데, 그 경우에는 권리자가 직접침해를 한 이용자에게 책임을 물을 수밖에 없다. 그러나 온라인상의 침해행위가 익명으로 이루어질 경우 권리자로서는 그 침해혐의자의 신원을 파악하여 민, 형사상의 구제수단을 강구하기가 어려워 애로를 겪게 되고, 나아가서는 침해혐의자의 신원을 파악하기 위한 방편으로 형사고소를 남용하는 경향이 야기된 것이 지금까지의 현실이었다. 이러한 불합리한 점을 개선하기 위해서는 권리자가 온라인서비스제공자에게 침해혐의자의 정보를 요구할 수 있는 제도의 도입을 검토해 보아야 한다는 논의가 있다가 한 · 미 FTA에 관련 사항이 포함됨으로써 결국 한 · 미 FTA 이행을 위한 2011. 12. 2. 개정법에 '복제 · 전송자에 관한 정보제공 청구제도'가 신설되게 되었다.[1]

이에 따라 개정 저작권법하에서는 권리주장자가 민사상의 소제기 및 형사상의 고소를 위하여 해당 온라인서비스제공자에게 그 온라인서비스제공자가 가지고 있는 해당 복제 · 전송자의 성명과 주소, 전화번호 · 전자우편주소 등 연락처 등 필요한 최소한의 정보 제공을 요청하였으나 온라인서비스제공자가 이를 거절한 경우 권리주장자는 문화체육관광부장관에게 해당 온라인서비스제공자에 대하여 그 정보의 제공을 명령하여 줄 것을 청구할 수 있고(법 제103조의3 제 1 항, 영 제44조의2),[2] 문화체육관광부장관은 한국저작권위원회의 심의를 거쳐 온라인서비스제공자에게 해당 복제 · 전송자의 정보를 제출하도록 명할 수 있다(법 제103조의3 제 2 항). 온라인서비스제공자는 위 명령을 받은 날부터 7일 이내에 그 정보를 문화체육관광부장관에게 제출하여야 하며, 문화체육관광부장관은 그 정보를 청구인에게 지체 없이 제공하여야 한다(제 3 항).[3]

1　문화체육관광부 · 한국저작권위원회, 한 · 미 FTA 이행을 위한 개정 저작권법 설명자료(2011. 12. 14.), 28～29면 참조.

2　법 제103조의3 제 1 항에 따라 해당 복제 · 전송자의 정보 제공을 명령하여 줄 것을 청구하려는 권리주장자(이하 "청구인"이라 한다)는 다음 각 호의 사항을 적은 문화체육관광부령으로 정하는 정보 제공 청구서에 제40조 제 1 항 각 호의 어느 하나에 해당하는 소명 자료(전자문서를 포함한다)를 첨부하여 문화체육관광부장관에게 제출하여야 한다(영 제44조의3).

　　1. 청구인의 성명, 주소 및 전화번호 · 전자우편주소 등 연락처

　　2. 제기하려는 소의 종류 및 취지

　　3. 해당 복제 · 전송자에 의하여 침해되었다고 주장하는 권리의 유형 및 그 침해 사실

　　4. 온라인서비스제공자에게 복제 · 전송자의 정보를 요청하였으나 이를 제공할 수 없다는 회신을 받는 등 온라인서비스제공자가 그 정보의 제공을 거절한 사실

3　정보제공의 절차에 대하여는 저작권법시행령이 다음과 같이 규정하고 있다.

　　제44조의4(정보 제공의 절차) ① 위원회는 법 제103조의3 제 2 항에 따라 문화체육관광부장관으로부터 심의의 요청을 받은 경우에는 그 요청을 받은 날부터 1개월 이내에 정보 제공 여부를 심의하고 그 결과를 지체 없이 문화체육관광부장관에게 통보하여야 한다. 다만, 부득이한 사유로 그 기간 내에 심의를 할 수 없는 경우에는 1회에 한정하여 그 기간을 연장할 수 있다.

　　② 문화체육관광부장관은 법 제103조의3 제 2 항에 따라 온라인서비스제공자에게 복제 · 전송자의 정보를 제출하도록

이러한 제도의 도입으로 권리자의 권리구제의 실효성 확보에 도움이 될 수 있는 면이 있음은 §27-110
분명하지만, 온라인상의 개인정보 보호의 면에서는 여러 가지 우려가 제기될 수 있다.

개정법도 그러한 우려를 의식하여 개인정보 보호를 위해 그 청구대상을 위와 같이 소제기를
위하여 필요한 최소한의 정보로 제한하는 한편, 위 규정에 따라 해당 복제·전송자의 정보를 제공
받은 자는 해당 정보를 그 청구 목적 외의 용도로 사용하여서는 아니 된다고 규정하고(법 제103조
의3 제 4 항), 그것을 위반한 자에 대하여는 3년 이하의 징역 또는 3천만원 이하의 벌금에 처할 수
있도록 하는 처벌규정을 두고 있다(제136조 제 2 항 제 3 의2호).

온라인서비스제공자의 입장에서는 행정기관의 책임 있는 결정에 따른 제공명령에 응하는 것 §27-111
은 몰라도 그러한 명령 없이 권리주장자의 요청을 받을 경우 그에 응하여 임의로 이용자의 개인
정보를 제공하기가 쉽지 않을 것으로 예상된다. 그런 점에서 개정법에서 굳이 명령 청구 이전 단
계를 설정하여 권리주장자가 바로 온라인서비스제공자에게 요청을 할 수 있도록 규정한 것에는
의문이 없지 않다.[1] 사적인 절차에 의하여 이용자의 개인정보가 제공될 수 있도록 하는 것은 개
인정보 보호에 문제를 야기할 가능성이 없지 않을 것이라 생각된다. 앞으로 시행과정에서 문제가
없는지 살펴보고 필요할 경우 제도 개선을 모색하여야 할 것이다.[2]

한편, 이 규정과 관련하여 정보제공 요청 및 명령의 대상이 되는 온라인서비스제공자의 §27-112
범위가 어디까지인지가 문제될 수 있다. 우리 법상 명시적인 언급은 없지만, 단순도관서비스,
캐싱서비스, 정보검색도구서비스 등의 경우는 성질상 그 대상이 되기에 적합하지 않고, 제도의
취지에 비추어 볼 때 해당 복제·전송자가 복제물을 서버에 저장하는 데 이용한 '저장서비스'
의 제공자(제102조 제 1 항 제 3 호의 경우)만 그 대상이 되는 것으로 보는 것이 타당할 것이라 생
각된다.[3]

명하는 경우 문화체육관광부령으로 정하는 정보 제공 명령서를 작성하여 서면(전자문서를 포함한다)으로 온라인서비
스제공자에게 통지하여야 한다.
③ 온라인서비스제공자는 제 2 항의 정보 제공 명령서를 받은 날부터 7일 이내에 문화체육관광부령으로 정하는 정보
제공서를 문화체육관광부장관에게 제출하여야 하며, 문화체육관광부장관은 해당 정보를 청구인에게 지체 없이 제공하
여야 한다.
④ 온라인서비스제공자는 제 3 항에 따라 정보 제공서를 문화체육관광부장관에게 제출한 경우 그 사실을 해당 복제·전
송자에게 지체 없이 알려야 한다.

1 문화체육관광부·한국저작권위원회, 한·미 FTA 이행을 위한 개정 저작권법 설명자료(2011. 12. 14.), 30면은 그러한
입법을 한 이유에 대하여 "권리주장자가 민,형사상 소제기를 위하여 최소한의 자구행위를 하도록 유도하고, 무분별한
정보제공 청구로 인한 행정력 낭비를 최소화하기 위하여 온라인서비스제공자에게 먼저 요청하도록 한 것"이라는 취
지로 설명하고 있다.
2 현재 위와 같은 취지에 기하여 이 부분을 개정하는 취지의 저작권법 개정안(노웅래 의원 대표발의 법안)이 발의되어
있다.
3 Recording Industry Ass'n of America, Inc. v. Verizon Internet Services, Inc. 351 F. 3d 1229, 359 U.S.App.
D.C. 85 (C.A.D. C., 2003). 한편, 제103조의2 제 1 항이 '권리주장자'를 정보제공청구의 주체로 규정하고 있는 것과
관련하여, 저작권법 제103조 제 1 항에서 "온라인서비스제공자(제102조 제 1 항 제 1 호의 경우는 제외한다. 이하 이

Ⅲ. 저작인격권침해의 유형

1. 저작인격권침해의 의의

§27-114

(1) 저작자는 저작권법상 공표권(§12-3 이하) · 성명표시권(§12-18 이하) · 동일성유지권(§12-39 이하) 등의 저작인격권을 가지고 있는데, 이러한 권리를 침해하는 것을 총칭하여 저작인격권의 침해라 한다. 다만, 저작인격권(특히 성명표시권과 동일성유지권)의 침해도 저작재산권의 침해와 마찬가지로 저작물의 이용을 전제로 하는 것이라는 점을 유의할 필요가 있다. 예컨대 영화저작물을 비디오 테이프로 제작 · 판매하는 것은 저작물의 이용이므로 그 제작시에 저작자의 성명표시를 삭제 또는 허위기재하거나 내용, 형식 또는 제호에 삭제 또는 변경을 가한 경우 저작인격권의 침해가 되지만, 잡지에 기고한 글에서 그 영화의 저작자성명을 허위로 기재하거나 제목이나 내용을 실제와 다르게 표현한 것 등은 저작물의 이용이 아니므로 이미 앞에서 지적한 바와 같이 민법상의 불법행위가 됨은 별론으로 하고 저작인격권(성명표시권 · 동일성유지권)의 침해는 아니다.1

저작인격권침해는 이와 같이 저작물의 이용이라는 요건을 필요로 하는 부분에서 저작재산권의 침해와 개념적으로 중복되며, 다만 ① 그 이용이 저작권자에 대한 관계에서 무단이용이거나 허락범위 외 이용일 것을 요하지 않고, ② 그 이용시에 저작자성명의 삭제 등 행위를 추가로 요구하는 점에 차이가 있다2고 설명할 수 있다. 바꾸어 말하면 저작물의 이용시에 성명표시를 삭제 또는 허위표시하거나 내용 또는 제호에 변경을 가한 경우 그 저작물의 이용이 저작권자의 허락을 받지 않을 때에는 저작인격권의 침해와 동시에 저작재산권의 침해가 되고, 그 허락을 받은 때에는 저작인격권의 침해만 인정된다.

§27-115

(2) 위와 같이 저작인격권침해와 저작재산권침해 사이에 개념적으로 중복되는 부분인 '저작물의 이용'에 대하여는 앞서 저작재산권침해에 관한 부분에서 설명한 내용(§27-8 이하)이 그대로 적용될 수 있다. 즉 주로 문제되는 바와 같이 기존의 저작물을 이용하여 다른 작품을 만든 경우에 있어서 저작인격권침해를 인정하기 위한 요건으로서의 '저작물의 이용'에 해당하기 위해서는

조에서 같다)의 서비스를 이용한 저작물등의 복제전송에 따라 저작권, 그 밖에 이 법에 따라 보호되는 자신의 권리가 침해됨을 주장하는 자(이하 이 조에서 '권리주장자'라 한다)"라고 규정하여 그 대상 서비스의 범위에서 제102조 제 1 항 제 1 호의 단순도관서비스(인터넷접속서비스)제공자는 제외되는 것으로 규정하고 있으므로, 적어도 단순도관서비스 제공자에 대하여는 본 규정에 의하여 정보제공청구를 할 수 없음이 법문상으로도 명백하다고 할 수 있다.

1 후술할 저작인격권 침해로 간주되는 행위(§27-125)도 '저작자의 명예를 훼손하는 방법으로 그 저작물을 이용하는 행위'라고 하여 저작물의 이용을 요건으로 하고 있다.

2 저작재산권침해가 있으면 특별한 사정이 없는 한 저작인격권의 침해도 있다고 보아야 한다는 하급법원판결(서울지방법원 동부지원 1989. 7. 6. 선고 88가합18598 판결(한국저작권판례집, 217면 이하))이 있었고, 그것이 항소심에서도 받아들여졌으나 상고심에서 동일성유지권에 대한 구체적 판단을 하여 그 부분을 파기환송한 예(대법원 1990. 10. 23. 선고 90다카8845 판결(같은 판례집, 213면 이하))가 있다. 저작인격권침해는 저작재산권침해에 비하여 저작물이용시의 구체적인 행위태양이 추가되어 있으므로 위 1심 판결과 같은 추정은 불가하다고 본다.

기존 저작물의 복제 또는 2차적저작물의 작성이라는 범주를 넘어서지 않아야 하며, 그것은 곧 피고가 만든 작품이 주관적으로는 원고의 기존 저작물에 '의거'한 경우여야 하고, 객관적으로는 기존의 저작물과 사이에 동일성 또는 종속성이 인정되어야 한다는 것으로 된다.[1] 또 그 판단에 있어서 앞서 본 실질적 유사성의 이론(§27-9 이하)이 원용될 수 있다.[2] 따라서 양 저작물이 제호를 같이 하는 경우에도 양 저작물 사이에 실질적 유사성이나 동일성을 인정할 수 없으면, 성명표시권이나 동일성유지권 등 저작인격권의 침해가 성립하지 않는다고 하게 된다.[3]

2. 저작인격권침해의 유형

(1) 공표권의 침해

공표권이란 저작자가 자신의 저작물을 공표하거나 공표하지 않을 것을 결정할 권리를 말하므로, 저작자의 동의 없이 저작물을 공표하거나 공표에 관한 조건을 위반한 경우 공표권의 침해로 된다. 다만, 저작권법은 일정한 경우 공표를 추정하거나 공표의 동의를 추정하고 있다(제11조 제 2 항·제 3 항·제 4 항). 저작물의 원본 자체가 아니더라도 저작물과 동일성이 인정되는 복제물 또는 그에 대한 2차적저작물을 공표하면 공표권침해가 된다 할 것이다. 공표권침해는 미공표의 저작물에 관하여만 문제로 되는 것이므로, 이미 공표된 저작물은 이를 함부로 다른 매체에 공표하였다 하더라도 공표권의 침해로는 되지 아니한다(§12-10 참조).[4] 따라서 공표권의 침해가 문제되는 경우는 많지 않다.[5]

§27-116

(2) 성명표시권의 침해

저작자는 저작물을 공표함에 있어서 자신의 실명(實名) 또는 이명(異名)을 표시할 권리가 있으며(저작권법 제12조 제 1 항), 저작물의 이용자는 공표된 성명을 그대로 표시하여야 하므로(같은 조 제 2 항) 저작물의 이용에 있어서 저작자의 동의 없이 그 성명을 삭제하거나 표시된 것과는 다른 이

§27-117

---

1 대법원 1989. 10. 24. 선고 89다카12824 판결은 "원저작물을 원형 그대로 복제하지 아니하고 다소의 변경을 가한 것이라고 하여도 원저작물의 재제 또는 동일성이 감지되는 정도이면 복제가 되는 것이고, 이와 같은 복제물이 타인의 저작물로 공표되게 되면 원저작자의 성명표시권의 침해가 있었다고 보아야 할 것이고, 원저작물을 복제함에 있어 함부로 그 저작물의 내용·형식·제호의 변경을 가한 경우에는 원저작자의 동일성유지권을 침해한 경우에 해당한다고 보아야 할 것이다"라고 판시하고 있다. 다만 피고가 만든 작품이 기존 저작물과의 관계에서 복제물이 아닌 2차적저작물에 해당하는 경우에도 성명표시권이나 동일성유지권 침해가 인정될 수 있을지에 대하여는 견해 대립이 있으며 대법원 판례의 입장도 명백히 드러났다고 보기는 어렵다(§12-22 이하, §12-43 이하 참조).

2 이른바 "행복은 성적순이 아니잖아요" 사건판결(서울민사지방법원 1990. 9. 20. 선고 89가합62247 판결(한국저작권판례집, 153~160면))(§12-51)이 성명표시권 등 저작인격권침해 여부의 판단을 위해 실질적 유사성의 이론을 원용하고 있는 예이다.

3 위 "행복은 성적순이 아니잖아요" 사건판결(§12-51)과 "가자 장미여관으로" 사건(가처분이의사건)에 대한 서울민사지방법원 1991. 4. 26. 선고 90카98799 판결(법률신문 제2034호, 8면)(§12-50) 등 참조.

4 서울민사지방법원 1989. 4. 19. 선고 88나29392 판결(한국저작권판례집, 190면) 참조.

5 저작권심의조정위원회, 저작권용어해설, 45면 참조.

름을 표시하는 행위는 성명표시권침해가 된다.1 성명을 표시하지 아니한 저작물에 성명을 표시하는 행위 또는 이명저작물에 실명을 표시하거나 다른 이명을 표시하는 것도 저작자의 동의가 없는 한 성명표시권의 침해가 된다(자세한 것은 §12-19 이하 참조).

(3) 동일성유지권의 침해

§27-118   동일성유지권이란 저작물의 완전성을 유지할 권리를 말하며, 저작자의 의사에 반하여 저작물의 내용·형식 또는 제호2에 대해 변경을 가하는 것이 동일성유지권의 침해가 된다(자세한 것은 §12-40 이하 참조).

Ⅳ. 배타적발행권 및 출판권의 침해

§27-119   배타적발행권자가 아닌 자가 그 허락없이 그 권리범위에 속하는 복제, 배포 또는 전송행위를 하는 경우는 배타적발행권의 침해가 되고 출판권자가 아닌 자가 그 허락 없이 출판물을 복제 또는 배포하는 경우는 출판권의 침해가 된다. 자세한 것은 배타적발행권(§18-3 이하)과 출판권(§18-38 이하)에 관하여 설명한 내용을 참고하기 바란다.

Ⅴ. 저작인접권의 침해

§27-120   저작인접권자의 허락 없이 실연·음반·방송을 각 그 배타적 권리의 범위 내에서 이용하거나 허락된 범위를 넘어서 이용하는 경우이다. 역시 자세한 것은 저작인접권에 관하여 설명한 내용(§19-1 이하)을 참고하기 바란다.

Ⅵ. 침해로 보는 행위

§27-121   저작권법은 다음과 같은 일정한 행위를 권리침해로 간주하고 있다(제124조).

---

1 장인숙, 전게서, 244면.
2 「7월 14일」이라는 뜻의 제목을 가진 외국저작물을 무단번역하면서 그 제목을 「누가 세계대전을 만들었는가」라는 식으로 바꾼 경우에 동일성유지권침해를 인정한 東京地裁 昭和 10. 12. 7 판결(池原季雄·齊藤博·半田正夫編, 전게서, 106면)이 있다.

1. 저작재산권·저작인격권·출판권·저작인접권·데이터베이스제작자의 권리의 침해로 보는 경우

(1) 배포목적의 저작권 등 침해물건수입행위

저작권법 제124조 제 1 항 제 1 호는 "수입시에 대한민국 내에서 만들어졌더라면 저작권, 그 §27-122 밖의 이 법에 의하여 보호되는 권리의 침해로 될 물건을 대한민국내에서 배포할 목적으로 수입하는 행위"를 저작권 등 침해행위로 간주하고 있다.

예컨대 외국에서 무단복제하여 제작한 도서 등을 단지 국내에 수입하는 행위는 저작권자의 복제권·배포권에 대한 직접적인 침해행위에 해당한다고 볼 수 없다. '수입'은 '복제'는 물론 '배포'의 개념에도 포함되지 않기 때문이다. 그러나 이러한 수입행위를 그대로 둔다면 저작권자의 경제적 이익이 침해될 것이 명백하므로 법에서 이를 침해행위로 간주하여 저작권자의 보호에 만전을 기하려고 한 것이다. 저작권을 침해하는 것으로 간주되는 수입행위는 '수입시'를 기준으로 하여 그 때 만일 국내에서 만들어졌더라면 권리침해가 되었을 물건을 대상으로 하는 것에 한정된다. 따라서 이 규정은 '진정상품의 병행수입'[1]을 금지하는 근거규정이라고 볼 수는 없으며, 오히려 위와 같이 '… 권리침해가 되었을 물건'의 수입에 한정하고 있는 점에 비추어 진정상품의 병행수입은 당연히 허용되는 것으로 보아야 것이다(§13-61 참조). 여기서 '수입시에 대한민국 내에서 만들어졌더라면 저작권, 그 밖에 이 법에 의하여 보호되는 권리의 침해로 될 물건…'이라고 표현한 것은 국내 저작권법의 효력이 미치지 않는 국가에서 만들어진 복제물이 그 국가의 법에서는 허용되는지와 상관없이 우리나라의 저작권법에 따라 수입시점을 기준으로 판단하였을 때 복제권 등 권리침해가 되는 경우에는 그 수입행위를 침해행위로 간주하고자 하는 취지에 기한 것이라 할 수 있다. 저작권자의 허락 하에 국외에서 만들어진 진정상품이라면 위 규정에 따라 국내에서 권리자의 허락하게 만들어진 것으로 가정할 때 권리의 침해로 될 물건이 아니므로, 위 규정에 해당하지 않는 것으로 보게 되는 것이다.

한편 위 규정이 적용되기 위해서는 위와 같은 수입행위가 '국내에서 배포할 목적으로' 이루어져야 한다. 따라서 가령 개인적인 연구를 목적으로 1매 국내에 반입하거나 단지 국내통과의 목적으로 수입하는 것은 여기에 해당하지 아니 한다.[2]

---

1 병행수입이란 특정한 권리자에 의해 해외에서 제조·판매된 진정상품이 자회사나 총대리점을 통해 정규적으로 수입되고 있음에도 이러한 정규의 루트를 통하지 않고 진정상품을 해외에서 구입한 자가 직접 국내에서 수입하는 경우를 말한다. 이것을 위조상품을 판매하는 black market이라는 용어에 대비하여 gray market이라고 한다. 송영식·이상정, 저작권법개설, 화산문화, 1997, 256면 참조.

2 송상현 외 2인, 컴퓨터프로그램보호법축조연구, 서울대학교 출판부, 1989, 207면; 이철, 컴퓨터범죄와 소프트웨어보호, 박영사, 1995, 395면.

(2) 악의의 배포목적 소지행위

§27-123   저작권법 제124조 제 1 항 제 2 호는 "저작권 그 밖의 이 법에 의하여 보호되는 권리를 침해하는 행위에 의하여 만들어진 물건(위 제 1 호의 수입물건 포함)을 그 사실을 알고·배포할 목적으로 소지하는 행위"를 저작권 등 침해행위로 간주하고 있다.

2000년 1월의 개정 전에는 악의의 배포행위 자체도 위 간주규정의 적용대상에 포함하고 있었는데 2000년 1월의 개정에 의하여 악의의 배포행위는 위 규정에서 빠지게 되었다. 원래 권리침해행위에 의하여 만들어진 물건을 배포하는 행위는 당연히 배포권의 침해를 구성하므로 별도의 침해간주규정을 둘 필요가 없는 것인데, 이를 침해간주규정에 포함시킴으로써 일반적인 저작권침해죄에 비하여 낮은 형을 적용하도록 하였다가 법 개정으로 수정하게 된 것이다. 결국 이 개정에 의하여 배포권침해의 경우도 복제권 등의 침해와 동일한 민·형사책임을 지게 되었다.

(3) 악의의 업무상 프로그램 이용행위

§27-124   저작권법 제124조 제 1 항 제 3 호는 "프로그램의 저작권을 침해하여 만들어진 프로그램의 복제물(제 1 호에 따른 수입 물건을 포함한다)을 그 사실을 알면서 취득한 자가 이를 업무상 이용하는 행위"를 침해행위로 간주하고 있다.

여기서 '이용'이란 저작권자의 배타적 권리에 포함되는 이용의 개념이 아니라 일반적인 '사용'의 개념으로 쓰인 것이다. 저작재산권의 지분권에 사용권(right of use)이 포함되는 것은 아니지만, 타인이 프로그램을 무단으로 사용하는 것을 무한정 허용하게 되면 저작권자의 보호에 불충분한 결과가 되므로 일정한 경우에는 이를 제한할 필요가 있다는 취지에서 1994. 1. 5. 개정 컴퓨터프로그램보호법에서부터 이와 같은 규정을 추가로 두었다가 동법과 저작권법을 통합한 2009. 4. 22. 개정 저작권법에서 제124조 제 1 항 제 3 호로 수용하게 된 것이다.

취득 당시에 그 정을 알아야 하므로 취득 당시에는 선의였으나 사후에 침해물인 줄 알게 된 경우에는 이를 계속 사용하더라도 침해행위로 보지 아니한다. 실제로 침해물의 경우에는 정품에서와 같은 표지(라벨)가 없고 각종 설명서 등이 없는 경우가 많으므로 취득 당시에 악의였음을 용이하게 입증할 수 있는 경우가 많을 것이다.[1] 또한 '업무상 이용'하는 경우에 한하므로 '개인적인 용도에 사용'하는 경우에는 침해로 보지 아니한다.[2] 다만 여기에서 업무상 이용이라 함은 영리적 목적의 업무뿐 아니라 비영리적 업무도 포함되는 것으로 보아야 할 것이다.[3]

---

1 김문환, "컴퓨터프로그램보호법의 개정에 관한 의견," 계간 저작권, 1993년 봄호, 9면.
2 같은 취지, 수원지방법원 2009. 11. 17. 선고 2009노517 판결.
3 김문환, 전게논문, 9~10면.

2. 저작인격권침해로 보는 행위

저작자의 명예를 훼손하는 방법으로 그 저작물을 이용하는 행위는 저작인격권의 침해로 간 §27-125
주된다(저작권법 제124조 제4항). 예술적인 가치가 높은 누드회화를 스트립극장의 입간판에 사용하
거나 또는 종교음악을 희극용의 악곡과 합체하여 연주하는 것 등이 그 예이다(§12-106 참조).[1] 다
만, 이 경우 '명예'는 주관적인 명예감정이 아닌 객관적인 사회적 평가를 말한다.

> ### 제2절 민사상의 구제

Ⅰ. 침해의 정지청구권 등

1. 의 의

저작권법은 "저작권 그 밖에 이 법에 따라 보호되는 권리를 가진 자는 그 권리를 침해하는 §28-1
자에 대하여 침해의 정지를 청구할 수 있으며, 그 권리를 침해할 우려가 있는 자에 대하여 침해
의 예방 또는 손해배상의 담보를 청구할 수 있다"고 규정하여(제123조 제1항)[2] 저작권자 등에게
침해정지청구권과 침해예방청구권을 인정하고 있다. 이러한 침해정지청구권 등은 권리침해자의
책임추궁을 목적으로 하기보다는 현재 발생하고 있거나 또는 발생할 위험이 있는 권리침해의 상
태 그 자체를 제거하도록 하는 성격의 것이다.[3]

2. 요 건

(1) '저작권 그밖에 이 법에 따라 보호되는 권리를 가진 자'에 해당하여야 침해정지청구권을 §28-1-1
행사할 수 있다. 저작권에는 당연히 저작재산권과 저작인격권이 포함되고, '그밖에 이 법에 따라
보호되는 권리'에는 배타적발행권, 출판권, 저작인접권, 데이터베이스제작자의 권리가 포함된다.
다만 저작재산권의 제한에 따라 보상청구권으로 된 것(법 제25조, 제31조)이나 저작인접권 중 보상
청구권으로 규정된 것(법 제75조, 제76조, 제76조의2, 제82조, 제83조, 제83조의2)에 기하여서는 본조에

---

1 허희성, 전게서, 407면.
2 다만, 그 항의 괄호 안에 "제25조·제31조·제75조·제76조·제76조의2·제82조 및 제83조·제83조의2의 규정에 의
 한 보상을 받을 권리를 제외한다"고 하여 채권적 보상금청구권에 대하여는 정지청구권을 행사할 수 없도록 제한하고
 있다.
3 內田 晋, 전게서, 429면.

의한 침해정지청구권을 행사할 수 없다(법 제123조 제1항 괄호 참조). 배타적발행권이나 출판권이 설정된 경우로서 배타적발행권이나 출판권의 침해가 성립하는 경우에 저작재산권자가 침해정지 청구권을 행사할 수 있는지가 문제되나, 그 경우에 저작재산권자도 자신의 권리에 대한 침해정지 청구권을 행사할 수 있다고 보아야 함은 앞에서 살펴본 바(§18-10, §18-60)와 같다.

§28-2   (2) 침해정지청구권은 현재 권리를 침해하고 있는 자에 대하여 침해의 정지를 구하는 것을 내용으로 하는 것이므로, 이 권리를 행사하기 위해서는 권리침해가 현존하고 있을 것을 요한다. 예를 들어 저작물의 무단연주나 무단방송이 행해졌다고 하더라도 이미 그 연주나 방송이 종료해 버렸으면, 원칙적으로 이 권리를 행사할 수 없게 된다. 다만 판례는 현재 비록 침해상태를 일시 중단하였다고 하더라도 그것이 소제기 등에 따라 일시적으로 중단한 것일 뿐이고 소송에서 침해 여부를 다투고 있는 상황이라면 침해정지를 명할 수 있는 것으로 보고 있다.[1]

§28-3   (3) 침해예방 또는 손해배상담보청구권은 권리침해가 아직 발생하고 있지는 않지만, 가까운 장래에 발생할 우려가 있는 경우에 그 예방조치 등을 구할 수 있음을 내용으로 한다. 법문의 "침해할 우려"라고 하는 것은 침해될지도 모르겠다는 가능성이 존재한다는 것만으로는 족하지 않고, 침해행위가 이루어질 가능성이 상당히 높은 경우여야 한다고 해석되고 있다.[2] 예를 들면 저작물을 무단히 연주하기 위한 준비(연주장소의 예약, 프로그램의 인쇄 등)가 실제로 이루어지고 있는 경우 등이 '침해할 우려'에 해당한다고 한다.[3] 과거에 있어서 침해행위가 여러 번 반복되어 왔다면, '침해의 우려'가 있다고 인정해도 좋은 경우가 많을 것이다. 예를 들어, 어떤 회사가 원격녹화 프로그램에 의하여 이용자들의 녹화예약 등 신청에 따라 자동적으로 방송프로그램을 복제, 전송하는 시스템을 운영해 왔을 경우, '방송예정'인 프로그램에 대하여, 현실적인 저작권침해행위가 존재하지는 않지만, "침해할 우려가 있다"는 이유로 침해예방 청구를 인정한 사례가 있다.[4]

§28-4   (4) 위 두 가지 청구는 모두 주관적 책임요건으로서의 고의·과실을 요하지 아니한다. 다만, 손해배상의 담보를 청구한 경우에는 장래에 손해가 현실화된 때에 손해배상청구권의 유무문제에 직면하면, 그 때에는 고의·과실을 따져야 할 것이다.[5]

§28-4-1   (5) 침해물 중 일부에 침해사유가 있을 경우에 그 전부에 대하여 정지청구를 할 수 있을까?

---

1 서울고등법원 2012. 6. 13. 선고 2011나 52200 판결 : "피고가 비록 2010. 7. 중순 이후 홈페이지에 이 사건 뉴스와 사진을 게시하지 않고 있는 사실은 당사자 사이에 다툼이 없어 피고의 이 사건 뉴스와 사진의 삭제 의무는 이미 이 행되어 소멸되었다고 할 것이나, 피고가 당심에 이르기까지 이 사건 뉴스와 사진 게시가 적법한 것이라고 다투고 있는 이상 장래에도 침해하지 않을 것이라고 보기는 어려워 여전히 이 사건 뉴스와 사진 게시 금지를 명할 필요성이 있다."

2 內田 晋, 전게서, 430면 참조.

3 박원순 외 1인, 著作權法, 175면 참조.

4 '엔탈' 사건에 대한 서울고등법원 2009. 4. 30. 선고 2008나86722 판결 참조.

5 허희성, 전게서, 393면.

예를 들어 공동저작자 1인의 기여분만 원저작물을 이용하여 2차적저작물작성권 침해가 성립하고 나머지 공동저작자는 아예 원저작물을 보거나 듣지도 못한 경우 혹은 2차적저작물 작성자가 만든 2차적저작물에 그 저작자가 새로운 창작성을 부가한 부분 등이 있을 경우에 그러한 비침해 부분까지 정지청구를 받아들이는 것은 지나친 것이 아닌가 하는 문제가 있다. 이에 대하여는 결국 그 비침해 부분이 분리가능한 것인지 여부에 따라 판단할 수밖에 없는데, 공동저작물의 경우에는 그 성격상 분리이용불가능성이 이미 전제가 되고 있으므로 원칙적으로 그에 대하여는 전부를 대상으로 한 침해정지청구가 받아들여질 수 있는 것으로 보아야 할 것이고(§27-8 참조), 2차적저작물에 새로운 창작성이 부가된 경우 중에는 일부 분리가 가능한 것이 포함된 경우가 있을 수 있으므로 그 부분을 사안마다 따져서 그 분리가능한 비침해 부분을 제외하고 나머지 침해 부분에 대하여만 침해정지청구를 받아들여야 할 것이다(§5-30-3 참조). 다만 여기서 말하는 분리가능성은 '침해 정지청구'라고 하는 구제수단과의 관계에서 합리적으로 판단하여야 할 것이다. 예컨대 발행된 도서의 일부분에 비침해부분이 있다고 하더라도 그것을 분리하는 것은 적합하지 않다고 보아야 할 것이므로 그러한 경우에는 분리가능성이 없는 것으로 보아 그 전체에 대하여 침해정지를 명하여야 할 것이다.[1] 그리고, 공동저작물이 아니라 결합저작물의 경우에는 분리이용가능성이 있는 경우이므로(§9-2 참조), 예컨대 결합저작물인 뮤지컬(§9-4 참조) 중 한 부분(일부 '가사')에 대하여 침해가 있을 경우에 뮤지컬 자체(결합저작물 전체)의 공연의 금지를 청구할 수는 없다고 보아야 한다.[2]

또한, 저작인격권 중 성명표시권의 침해에 기한 정지청구의 경우에도 그 침해를 방지하는 데 필요한 범위 내에서만 정지를 명하여야 할 것인바, 예를 들어 영화 감독의 이름이 영화필름에서 삭제된 것이 문제된 경우에도 해당 영화의 방영 자체에 대한 무조건적인 금지를 명할 수는 없고, 단지 해당 감독의 성명 표시를 하지 않은 방영 등의 금지를 명할 수 있을 뿐이라고 보아야 한다는 것이 판례의 입장이다.[3]

한편, 서울고등법원 2012. 7. 25. 선고 2011나70802 판결은 판결 주문에 종기(終期)의 표시가 없는 경우에는 그 의무와 집행력의 시적 범위는 영원하다는 의미가 되므로 법원은 사건을 심리한 결과 그 법률관계의 확정적인 종기가 밝혀진다면 당사자의 주장 여부와 관계없이 반드시 주문에

---

[1] 대법원 2012. 2. 23. 선고 2010다66637 판결 : "이 사건 번역 서적에는 창작성이 인정되지 않는 이 사건 중문 서적에 수록된 2번째 등 이야기 4개를 번역한 이야기들과 이 사건 중문 서적에 수록되어 있지 아니한 이야기 4개 및 피고 위즈덤이 추가한 감상, 삽화 등이 포함되어 있기는 하나, 이 사건 번역 서적에 수록된 49개의 이야기 중 나머지 부분은 원고의 허락 없이 이 사건 중문 서적에 수록된 이야기들을 번역한 것이어서 그 부분만을 제외하고 침해의 정지 등을 명하는 것은 부적절하다. 따라서 이 사건 번역 서적에 대한 침해정지 등을 받아들인 원심의 이 부분 판단은 정당하고, 거기에 침해정지 등에 관한 법리오해 등의 위법이 없다."

[2] 단지 해당 뮤지컬 공연시 해당 가사의 사용을 금지하는 청구를 할 수 있을 뿐이다. '뮤지컬 사랑은 비를 타고' 사건에 대한 서울고등법원 2007. 5. 22. 선고 2006나47785 판결 참조.

[3] '사랑 사랑 내사랑', '불가사리' 사건에 대한 서울고등법원 1999. 10. 12.자 99라130 결정.

이를 표시하여야 한다고 전제하고 업무상저작물로서 공표시 기산주의에 따라 보호기간의 종기가 명확하게 확정될 수 있는 사안에서 그 보호기간의 종기를 침해정지 명령의 종기로 주문에 표시하는 판결을 선고한 바 있다.[1]

그리고 침해정지청구가 받아들여지기 위해서는 구체적으로 정지를 청구하는 침해행위 등을 특정하여 청구하여야 한다.[2]

3. 간접침해

(1) 간접침해의 개념

§28-5   저작권법상 침해정지 청구의 대상은 "권리를 침해하는 자"인데(제123조 제 1 항), 여기서 말하는 '침해'에는 직접적으로 권리를 침해하는 경우만이 아니라 간접적 관여에 의하여 권리를 침해하는 이른바 '간접침해'의 경우도 일정한 요건 하에 포함될 수 있다.

저작권의 간접침해란 저작권의 직접침해와 대조되는 개념으로서 저작권의 직접침해행위에 해당하지 않으면서 법률상 침해에 대한 일정한 책임을 지게 되는 경우를 총칭한다고 말할 수 있다. 이 경우 간접침해 개념의 구체적 의미는 직접침해의 개념을 어떻게 이해할 것인지에 의존한다고 할 수 있다. 원래 저작재산권의 침해란 위에서도 언급한 바와 같이 저작재산권의 지분권으로 규정된 복제, 공연, 공중송신(구체적으로는 방송, 전송, 디지털음성송신, 기타), 전시, 배포, 대여, 2차적저작물 작성 등의 행위를 저작재산권자의 이용허락을 받지 않고 하는 것을 뜻하므로, 결국 저작재산권의 직접침해란 저작재산권자의 허락 없이 그러한 이용행위를 직접적으로 하는 것을 뜻한다고 할 수 있다.[3] 예컨대, 복사기를 직접 물리적으로 조작하여 타인의 저작물인 책을 복사(복

---

1 보호기간의 종기까지만 침해정지를 명한 판례로는 그 밖에도 서울고등법원 2012. 10. 24. 선고 2011나96415 판결, 서울고등법원 2011. 5. 25. 선고 2009나60413 판결 등이 있다.

2 하나의 예를 들어보면, 서울동부지방법원 2012. 10. 24. 선고 2011가합14556(본소), 2011가합14563(반소) 판결은 "원고들은 이 사건 프로그램을 복제, 개작, 배포, 발행, 전송, 사용하여서는 아니 되고, 이 사건 프로그램을 제 3 자에게 구축하게 하거나 이를 이용하여 제 3 자에 대하여 시스템 구축을 목적으로 계약 체결의 권유, 광고, 홍보 등을 하여서는 아니 되며, 이 사건 프로그램의 유지 업무를 수행하거나 이를 이용하여 제 3 자에 대하여 시스템 유지 업무 수행을 목적으로 계약체결, 그 계약체결의 권유, 광고, 홍보 행위를 하여서는 아니 된다"고 판결하였다. 한편으로, 막연히 "피고 파일을 제외한 원고 프로그램의 복제물, 개작물에 대한 취득 또는 이용"의 정지를 청구하는 것에 대하여는 "원고가 취득 또는 이용의 정지를 구하는 대상인 '원고 프로그램의 복제물 또는 개작물'이란 원고 프로그램에 대한 복제권 또는 2차적저작물작성권을 침해하여 만들어진 컴퓨터프로그램이 유형물에 고정된 것을 의미한다고 할 것인데, 어떠한 컴퓨터프로그램이 다른 컴퓨터프로그램저작물에 관한 복제권이나 2차적저작물작성권을 침해하여 만들어졌는지 여부는 침해소송의 판결절차에서 법원이 침해자에 대하여 판결로써 침해행위의 정지를 명하기 위한 전제로 심리·판단하여야 하는 사항이지 집행절차에서 집행기관이 판단할 수 있는 사항이 아니라고 할 것이고, 또한 원고가 제출한 자료를 모두 종합하여 보아도 피고 파일 외에는 취득 또는 이용 정지를 구하는 원고 프로그램의 복제물, 개작물을 특정하여 알 수 없으므로, 이 부분 청구는 그 청구취지가 특정되지도 않았다. 따라서 이 부분 청구의 소는 부적법하다."라고 판시한 판례(서울중앙지방법원 2017. 1. 19. 선고 2016가합771 판결)가 있다.

3 저작권의 침해에는 저작재산권의 침해만이 아니라 저작인격권의 침해도 포함되고, 그에 대하여도 직접침해와 간접침해(방조에 의한 침해 등)를 구분하는 것이 의미를 가질 수 있으나, 간접침해와 관련하여 실무상 주로 문제되는 것은

제)하는 사람, 직접 마이크를 잡고 타인의 노래를 많은 사람 앞에 부르는(공연) 사람, 타인의 음악 저작물이 담긴 mp3 파일을 온라인 사이트에 직접 자신이 클릭하여 올려 공중이 개별적으로 선택한 시간과 장소에서 이용할 수 있게 제공하는(전송) 사람, 자신이 직접 물리적으로 타인의 그림을 화랑에 진열(전시)하는 사람 등이 저작물 이용행위의 직접적 주체로서 그에 대한 허락을 받지 못하였고, 저작재산권 제한사유 등에도 해당하지 않을 경우 '직접침해'의 주체가 된다고 할 수 있다. 간접침해는 그와 같이 직접적인 이용행위를 하지 않으면서 침해의 책임을 지는 모든 경우(뒤에서 보는 직접침해②(§28-12 참조)의 경우를 포함하는 점에서 광의의 간접침해라고 할 수 있다)를 말한다고 할 수 있다. 이러한 간접침해에는 온라인서비스제공자가 이용자의 침해행위에 대한 방조의 책임을 지는 경우(§27-99 참조)를 비롯하여 매우 다양한 유형이 있을 수 있다.

(2) 현행 저작권법상 간접침해의 유형과 법리

현행 저작권법상 직접적 또는 물리적인 이용행위의 주체가 저작권침해의 주체로 인정된다는 점에 대하여는 특별한 이론이 있을 수 없고, 침해의 주체를 그러한 직접적 행위자로 제한할 수 있다면 문제의 해결이 명료하고 간명하게 되는 점에서는 장점이 있을 것이다. §28-6

그러나 그러한 직접적인 행위 주체가 아니면서 침해행위에 간접적으로 관여하는 경우에 대하여도 일정한 책임을 물어야 할 경우가 있음을 부정할 수 없다. 예를 들어 파일 공유형 웹하드 서비스나 P2P 프로그램을 온라인상에 제공하면서 타인의 저작물을 올려 많은 사람들이 다운로드 받을 수 있게 제공하는 사람에게 일정한 경제적 이익을 제공하는 방법으로 사실상 그러한 불법적 전송행위를 조장하는 역할을 수행하는 경우에는 직접적으로 타인의 저작물을 온라인에 전송하는 주체라고 보기는 어렵지만, 적어도 그 전송행위에 대한 방조(傍助)의 책임을 물을 수 있도록 하여야 할 경우가 있다. 방조행위에 대하여 민법은 협의의 공동불법행위(민법 제760조 제 1 항)의 경우와 같이 (광의의) 공동불법행위로 취급하도록 규정하고 있다(같은 조 제 3 항).[1] 이러한 민법규정에 의하여 방조자가 공동불법행위에 따른 손해배상책임을 지게 된다. 이처럼 일종의 간접침해에 해당하는 방조의 경우에 대하여 손해배상책임을 물을 수 있음은 민법 규정에 의하여 해결되고 있는 것이다. 교사(敎唆)의 경우는 실무상 잘 인정되지 않지만, 인정될 경우에는 방조와 기본적으로 동일한 법적 취급을 받게 될 것이다. §28-7

저작재산권이나 저작인접권 중 재산적 권리 등에 한하므로 본서에서도 그러한 재산적 권리의 침해에 초점을 맞추어 논의를 진행하기로 한다.

1 민법 제760조 (공동불법행위자의 책임)
① 수인이 공동의 불법행위로 타인에게 손해를 가한 때에는 연대하여 그 손해를 배상할 책임이 있다.
② 공동 아닌 수인의 행위중 어느 자의 행위가 그 손해를 가한 것인지를 알 수 없는 때에도 전항과 같다.
③ 교사자나 방조자는 공동행위자로 본다.

　　그런데 저작권 침해에 대한 구제방법 중 침해정지청구의 경우는 민법이 아닌 저작권법에 그 근거규정을 두고 있는데, 그 규정, 즉 제123조 제 1 항에 의하면, 방조(및 교사)의 경우에 대한 아무런 언급 없이 "그 권리를 침해하는 자"에 대하여 침해의 정지를 청구할 수 있다고 규정하고 있다. 여기서 말하는 침해하는 자, 즉 침해의 주체를 오직 '직접침해'의 주체로만 해석할 경우에는 간접침해의 일종인 방조의 경우는 제외되어야 할 것이다. 그러나 그렇게 해석할 경우 침해를 의도적으로 조장하는 온라인 서비스 제공자의 서비스 제공행위 자체를 금지시킬 수단을 권리자가 가지지 못하게 됨으로써 그 권리의 실효성 있는 보호에 큰 문제를 야기하게 될 것이다. 따라서 앞에서도 살펴본 바와 같이, 판례는 일정한 요건하에 간접침해에 해당하는 방조의 경우에도 이 규정에 의한 정지청구권을 행사할 수 있음을 인정하고 있다. 즉, 서울고등법원 2007. 10. 10. 선고 2006라1245 판결은 "저작권법 제123조 제 1 항은 침해정지청구의 상대방을 '저작권 그 밖에 이 법에 의하여 보호되는 권리를 침해하는 자'로 규정하고 있는데, 저작권 침해행위를 방조하는 경우에도 방조행위의 내용·성질, 방조자의 관리·지배의 정도, 방조자에게 발생하는 이익 등을 종합하여, 방조행위가 당해 저작권 침해행위에 밀접한 관련이 있고, 방조자가 저작권 침해행위를 미필적으로나마 인식하면서도 이를 용이하게 하거나 마땅히 취해야 할 금지조치를 취하지 아니하였으며, 방조행위를 중지시킴으로써 저작권 침해상태를 제거할 수 있는 경우에는 당해 방조자를 침해 주체에 준하여 '저작권 그 밖에 이 법에 의하여 보호되는 권리를 침해하는 자'에 해당한다고 봄이 상당하다"고 판시하고 있고, 그 전에 선고된 대법원 2007. 1. 25. 선고 2005다11626 판결도 "소리바다 서비스 이용자들의 복제권 침해행위를 방조하는 채무자들 역시 그 침해정지청구의 상대방이 될 수 있다"고 하여 방조자도 침해정지청구의 상대방에 포함시킬 수 있음을 말해주고 있다.[1] 이러한 방조에 의한 책임의 법리는 미국법상의 기여침해(contributory infringement)의

---

[1] 대전지방법원 2015. 3. 13.자 2014카합50121 결정은 방송프로그램에 대한 방송사의 저작재산권 또는 저작인접권을 침해하는 용도로 사용되는 디지털셋톱박스 기기를 인터넷사이트를 판매하는 피고의 행위와 관련하여 "(피고가) 이 사건 기기를 지속적으로 국내에 유통 및 판매함으로써 적어도 이 사건 기기 제작사의 저작권 침해행위를 용이하게 하는 방조로서의 책임은 있다고 보이는 점, 저작권법 제123조 제 1 항은 침해정지청구의 상대방을 '저작권 그밖에 이 법에 따라 보호되는 권리를 침해하는 자'라고 규정하고 있는바, 저작권 침해행위를 방조하는 경우에도 방조행위의 내용·성질, 방조자의 관리·지배의 정도, 방조자에게 발생하는 이익 등을 종합하여 방조행위가 당해 저작권침해행위에 밀접한 관련이 있고, 방조자가 저작권 침해행위를 미필적으로나마 인식하면서도 이를 용이하게 하거나 마땅히 취해야 할 금지조치를 취하지 아니하였으며, 방조행위를 중단함으로써 저작권 침해상태를 제거할 수 있는 경우에는 당해 방조자를 침해주체에 준하여, '저작권 그 밖에 이 법에 의하여 보호되는 권리를 침해하는 자'에 해당한다고 봄이 타당한 점(서울고등법원 2007. 10. 10. 2006라1245 결정 등 참고) 등을 모두 종합해 볼 때, 채무자는 이 사건 저작물들의 저작재산권 또는 저작인접권을 직접적으로 침해하였거나 설령 그렇지 아니하여도 앞서의 제반 사정에 비추어 적어도 위 권리들의 침해행위에 대한 방조자로서 침해주체에 준하는 책임을 부담하고 있다고 봄이 상당하고, 이에 채권자들은 이러한 채무자에 대해 저작권법 제123조 제 1 항에 의해 저작재산권 등의 침해 금지 및 그 침해 예방을 구할 수 있다고 할 것이므로, 이 사건 신청은 그 피보전권리의 소명이 있다"고 설시하였다(위 판결이 피고가 직접침해 책임을 질 수도 있다고 판단한 것은 위 기기를 통하여 이용자에게 제공되는 방송저작물을 서버에 복제하는 등의 행위에 피고가 관여했을 가능성도 있음을 전제로 한 것이다.).

법리(§27-48 참조)와 상당히 유사하다고 할 수 있다.

　판례는 저작권침해에 대한 간접적 관여자를 직접침해의 주체로 쉽게 인정하지 않고, 비교적 §28-9
엄격한 요건하에 침해에 대한 책임을 인정할 경우에도 주로 방조에 의한 간접침해로 규율하고 그
중에서 침해정지청구권의 행사는 다시 위와 같이 일정한 요건을 갖춘 경우에 한하여 인정하고 있
는데, 이러한 태도는 기본적으로 ① 저작권 보호의 실효성 보장과 저작물 이용활성화 사이에 적
절한 균형을 이루는 데 도움이 되고, ② 이용자의 공정이용을 보장하는 점에서도 바람직하며,1
③ 침해주체의 판단에 있어서 일관성과 명확성을 가지는 데도 도움이 되고, ④ 온라인서비스제공
자 등의 사업에 법적 안정성과 예측가능성을 제공하며, 기술적 혁신에 지나친 위축효과를 가져오
지 않는다는 점 등에서 바람직한 방향이라 할 수 있다.

　그러나 이러한 방조 법리에 의한 간접침해 책임은 몇 가지 점에서 분명한 한계를 가지고 있다. §28-10

　첫째, 방조에 의한 간접침해 책임은 직접침해, 즉 직접적인 저작물 이용행위를 다른 누군가
가 할 것을 전제로 하고 있으므로, 그러한 직접적 이용행위가 이루어지기 전의 행위, 즉 예비적
행위에 대하여는 적용될 수 없는 한계가 있다.

　둘째, 다른 사람의 직접적인 저작물 이용행위를 도와주는 경우라 하더라도 다른 사람의 그
이용행위가 저작권법상 저작권 침해행위에 해당하는 경우가 아니면, 그 도와주는 사람에 대하여
방조책임을 물을 수는 없다. 즉 방조책임은 불법행위로서의 직접침해를 전제로 하는 것으로서,
어떤 의미에서는 그러한 직접침해행위에 종속되는 성격을 가지고 있으므로, 직접침해의 성립여부
와 무관하게 독립적으로 침해책임을 질 수는 없다.

　첫째의 경우와 관련하여 저작권법은 ① 수입 시에 대한민국 내에서 만들어졌더라면 저작권 §28-11
그 밖에 이 법에 따라 보호되는 권리의 침해로 될 물건을 대한민국 내에서 배포할 목적으로 수입
하는 행위를 ② 저작권 그 밖에 이 법에 따라 보호되는 권리를 침해하는 행위에 의하여 만들어진
물건(제1호의 수입물건을 포함한다)을 그 사실을 알고 배포할 목적으로 소지하는 행위, ③ 프로그램
의 저작권을 침해하여 만들어진 프로그램의 복제물(제1호에 따른 수입 물건을 포함한다)을 그 사실을
알면서 취득한 자가 이를 업무상 이용하는 행위와 함께 저작재산권 침해로 간주되는 행위로 규정
하고 있다(제124조 제1항)(이에 대하여 자세한 것은 §27-121 이하 참조). 이러한 경우도 저작권의 직접침
해가 아니면서 침해로 간주되는 경우라는 점에서 넓은 의미에서 저작권의 간접침해에 해당하는
것으로 볼 수도 있을 것이다.

　둘째의 경우와 관련하여서는 노래방에서 고객들이 노래를 부르는 것을 예로 들어 생각해 볼 §28-12

---

1 방조에 의한 침해 책임의 경우에는 직접적 이용자가 침해의 책임을 질 경우에만 간접침해 책임을 지게 되므로, 직접
　적 이용자가 공정이용에 해당하는 경우에는 간접침해 책임도 지지 않아 결과적으로 간접적 관여가 허용됨으로써 그
　러한 경우 공정이용이 활성화되는 데 도움이 되는 측면이 있음을 알 수 있다.

수 있다. 노래방에서 노래를 부르는 고객들의 입장에서 보면, 잘 아는 친구 등 몇 명과 함께 노래 방의 한 방실에서 서로를 대상으로 노래방 기기를 이용하여 음악을 틀고 화면에 나오는 가사를 보면서 노래를 부르는 것은 공중을 대상으로 한 가창이 아니므로 저작권법상의 '공연'에 해당하지 않아, 저작권자의 허락 없이 그러한 행위를 하더라도 저작권침해는 아니라고 보아야 할 것이다.

이 경우 노래방 업주는 고객들로부터 일정한 대가를 받고 고객들이 음악을 틀고 노래를 부를 수 있도록 음악이 저장된 노래방기기 등의 시설을 노래 부를 수 있는 공간과 함께 고객에게 제공하는 등의 역할을 수행하였는데, 이것을 저작권침해의 방조로 볼 수는 없다. 왜냐하면 방조는 직접침해로서의 저작권 침해행위가 있음을 전제로 하여 그러한 침해를 용이하게 해 주는 직접·간접의 모든 행위를 말하는 것이므로 직접침해가 인정되지 않는 위와 같은 경우에 방조책임을 인정할 수는 없기 때문이다.

그러나 노래방업주를 저작물 이용행위의 직접적인 주체로 본다면 사정은 달라진다. 노래방업주의 입장에서는 고객들이 '불특정 다수인'에 해당하여 공중의 개념에 해당한다고 볼 수 있을 것이기 때문에 고객들로 하여금 노래방기기를 틀어 음악저작물의 연주를 재생할 수 있도록 한 것이 공연에 해당하는 것으로 볼 수 있다. 실제로 대법원 판결은 이러한 관점에 기하여 노래방 업주가 공연에 대한 별도의 허락 없이 그와 같은 영업을 한 것을 이유로 저작권법 위반으로 기소된 형사사건에서 "피고인이 경영하는 노래방의 구분된 각 방실이 4~5인 가량의 고객을 수용할 수 있는 소규모에 불과하다고 하더라도, 피고인이 일반 고객 누구나 요금만 내면 제한 없이 이용할 수 있는 공개된 장소인 위 노래방에서 고객들로 하여금 노래방기기에 녹음 또는 녹화된 음악저작물을 재생하는 방식으로 저작물을 이용하게 한 이상, 피고인의 위와 같은 소위는 일반공중에게 저작물을 공개하여 공연한 행위에 해당된다"고 판시한 바 있다.[1]

이 경우 물리적으로 노래방기기를 직접 조작하여 재생하는 주체는 고객들일 가능성이 많지만, 그러한 가능성을 염두에 두면서도 위 판결은 노래방 업주인 피고인이 "고객들로 하여금 …재생하는 방식으로 저작물을 이용하게 한" 것이 저작물의 공연에 해당하는 것으로 보았다는 점에서 일정한 경우 직접적인 저작물 이용자가 아닌 간접적 관여자를 직접침해를 한 것과 동일하게 볼 수 있음을 말해 준 것이라 할 수 있다. 이것은 실제로 일본 최고재판소의 "클럽 캣츠아이" 사건 판결[2]에서 확립된 '가라오케 법리'[3]와 유사한 면을 내포하고 있는데, 이러한 경우에는 말하자면

1 대법원 1996. 3. 22. 선고 95도1288 판결.
2 最高裁 昭和 63年 3月 15日 判決 昭59(オ)1204(民集 42卷 3号 199頁·判時 1270号 34頁判タ663号 95頁[クラブ キャッツアイ事件]; 大渕哲也, "間接侵害(1)-カラオケスナク," 「著作權判例百選(第 4 版)」, 株式会社 有斐閣, 2009. 12, 190ˉ191頁.
3 위 "클럽 캣츠아이" 사건 판결은 점포 내에 가라오케 설비를 하고 저작권자의 허락 없이 저작물이 녹음된 반주용 테이프를 재생함으로써 손님들이 가창할 수 있도록 서비스를 제공한 가라오케 운영자에게 당해 저작물 이용에 대한 직

'간접적 관여에 의한 직접침해'가 인정되고 있는 것으로 볼 수 있다. 이 경우의 책임은 방조에 의한 책임과 달리, 간접적 관여자의 책임은 직접적 행위자의 책임에 종속되지 않고 독립적으로 직접침해의 책임을 지는 것이고, 저작권침해에 있어서 공연, 공중송신, 전시 등 많은 경우에 핵심적인 개념요소가 되는 '공중' 개념에 해당하는지 여부를 따짐에 있어서도 그 관여자 자신의 입장을 기준으로 판단하게 된다. 그 결과 직접적 행위자의 입장에서는 공중을 대상으로 한 것이 아니라고 보아 침해책임을 지지 않는 경우임에도 간접적 관여자(이 경우, 노래방 업주)의 입장에서는 공중을 대상으로 한 것이라고 보아 침해책임을 지게 되는 경우가 있게 되는 것이다. 저작재산권 중 복제권과 2차적저작물작성권의 경우에는 그 이용행위 자체에는 '공중'을 대상으로 할 것이라는 요소가 없지만, 다른 한편으로 저작권법 제30조가 사적 이용을 위한 복제(제36조 제 1 항에 의하여 번역·편곡 또는 개작 포함)에 해당할 경우를 저작재산권 제한사유로 규정하고 있어(§14-115 이하), 그 규정에 따라 직접적 행위자가 책임을 지지 않는 경우가 있을 수 있고, 그 경우도 간접적 관여자의 행위를 노래방 업주의 경우와 마찬가지로 직접침해의 주체로 볼 경우에는 제30조의 제한사유가 적용되지 않아 직접적 행위자의 행위가 침해에 해당하지 않더라도 그와는 독립하여 침해책임을 지는 경우가 있을 수 있다. 뒤에서 살펴보는 '엔탈' 사건의 경우 법원이 제30조의 적용을 결과적으로 부정하는 취지의 판단을 하였으나, 직접적 행위자에 대하여 제30조의 적용이 긍정되는 경우라 하더라도 간접적 관여자의 책임을 인정할 수 있다는 것을 전제로 판시하였다(§28-22 참조).

이처럼 결과적으로 직접침해와 마찬가지로 법적 취급을 하게 되는 간접적 관여자의 행위를 간접침해로 볼 것인지, 아니면 직접침해의 한 유형으로 볼 것인지에 대하여는 아직 논의가 충분하게 이루어지지 않은 상태이나, 그 법적 취급의 면에서는 직접침해와 동일하므로 직접침해의 한 유형이라고 볼 수도 있다, 다만 본래적인 의미에서의 직접침해와는 구별하여 살펴볼 필요가 있으므로, 편의상 본래적인 의미의 직접침해를 '직접침해①'이라 하고, 위와 같은 간접적 관여에 의한 직접침해를 '직접침해②'라고 하여 서로 구분하여 살펴보고자 한다.

한편, 실무상 온라인서비스제공자에 대하여 '협의의 공동불법행위'에 기한 책임을 묻고자 하는 경우가 있는데, 아직 그것이 실제로 인정된 사례는 잘 발견되지 않는다. '소리바다' 사건에서 서울고등법원 2005. 1. 25. 선고 2003나80798 판결(§27-108)은 대법원 1989. 5. 23. 선고 87다카 2723 판결 등을 인용하여 "민법 제760조 제 1 항 소정의 이른바 '협의의 공동불법행위'가 성립하 §28-13

접적인 저작권 침해의 주체성을 인정한 사건이다. 이 판례를 통해 확립된 "가라오케 법리"는 제 3 자의 저작물 이용행위임에도 불구하고 '당해 이용행위에 대한 관리·지배'와 '경제적 이익의 귀속'이 인정되는 경우에는 서비스 제공자 내지는 점포 운영자가 저작권 침해의 주체가 될 수 있다는 것이다. 그 이후의 판례를 전체적으로 검토할 때, 위 법리에서 '경제적 이익의 귀속'은 반드시 필수적 개념요소는 아닌 것으로 여겨진다.

려면 행위자 사이에 의사의 공통이나 행위공동의 인식까지 필요한 것은 아니지만 객관적으로 보아 피해자에 대한 권리침해가 공동으로 행하여지고 그 행위가 손해발생에 대하여 공통의 원인이 되었다고 인정되는 경우라야 할 것이고, 또한 그 각 행위는 독립적으로 불법행위에 해당하여야 할 것"이라고 전제한 후 "피고들이 소리바다 서버를 운영하면서 사용자 아이디, IP 주소 등 서버 접속 및 사용자들 컴퓨터의 연결에 관한 정보만을 관리하고 있기 때문에 개별 사용자들의 구체적인 불법 MP3 파일 공유와 다운로드 및 업로드 행위를 확정적으로 인식하였다고 보기 어려운 점, MP3 파일의 검색 및 검색결과의 전송, 그리고 다운로드 및 업로드 과정에는 소리바다 서버가 전혀 관여하지 않고 있는 점 등 피고들이 소리바다 서버를 운영하면서 사용자들에 의한 복제권 및 전송권 침해행위에 관여한 정도에 비추어 볼 때, 비록 소리바다 서버에의 접속이 필수적이기는 하나, 이것만으로 피고들이 독립적으로 원고의 복제권 및 전송권을 침해하였다거나 협의의 공동 불법행위가 성립할 정도로 직접적이고 밀접하게 그 침해행위에 관여하였다고 평가하기는 어렵다고 할 것"이라고 결정한 바 있다.[1] 여기서 협의의 공동불법행위가 인정되기 위해서는 "직접적이고 밀접하게 그 침해행위에 관여"할 것이 요구된다는 취지가 도출될 수 있는데, 넓게 보아 간접적 관여자라고 인정되는 경우 가운데도 그 관여의 정도가 방조의 경우에 비하여 더욱 높을 때에는 직접침해의 책임을 질 수도 있음을 시사하고 있다. 이 경우에는 복수의 불법행위 주체가 있다는 점을 제외하고는 위에서 본 '직접침해②'와 법적 성격이 동일하다고 할 수 있다. 즉 만약 협의의 공동불법행위가 인정될 경우에 그 중 한 주체의 행위가 간접적 관여행위라고 볼 만한 요소가 있다면, 그것은 결국 직접적 행위자의 행위가 침해가 아닌 경우에 단독으로 직접침해의 불법행위 책임을 지게 되는 간접적 관여자의 경우와 본질적으로 다르지 않아 이 경우도 '직접침해②'에 포함시킬 수 있으리라 생각된다.

§28-14   한편, 방조에 의한 간접침해 중에서 침해정지청구의 대상이 될 수 있는 요건을 갖춘 경우와 그렇지 않은 경우가 있을 수 있으므로(§28-8에서 소개한 판례 참조) 그것을 다시 구분하여 침해정지 청구의 대상이 되는 경우를 '간접침해①'로, 그렇지 않은 경우를 '간접침해②'로 구분하여 살펴볼 필요가 있다. 나아가 위에서 본 제124조 제 1 항에 의한 침해간주행위의 경우(§28-11)도 광의의 간접침해에 포함시킬 경우 그것은 '간접침해③'이라 부를 수 있을 것이다.

§28-15   원래 우리 저작권법은 기술적 보호조치의 무력화 도구의 거래행위 등(§31-29 참조)과 권리관리정보의 제거·변경 등의 행위(§31-38)도 저작권침해 간주행위에 포함시키고 있었으나, 한·EU FTA 이행을 위한 개정법에 의하여 그 두 가지의 행위에 대하여는 제104조의2와 제104조의3에

---

1 '소리바다 5' 사건에 대한 서울고등법원 2007. 10. 10.자 2006라1245 결정도 결론적으로 유사한 취지를 표명하고 있다.

서 권리침해와는 별도의 금지행위로 각 규정하고 있으므로 이것을 간접침해의 한 유형으로 볼 것은 아니라 생각된다.[1] 물론 학설에 따라 광의의 간접침해의 유형으로 보는 견해가 있을 수는 있다.

　　나아가 민법상의 사용자책임이 인정되는 경우도 간접침해의 한 유형으로 생각할 수 있다. 민　　§28-16
법 제756조 제 1 항은 "타인을 사용하여 어느 사무에 종사하게 한 자는 피용자가 그 사무집행에 관하여 제삼자에게 가한 손해를 배상할 책임이 있다. 그러나 사용자가 피용자의 선임 및 그 사무 감독에 상당한 주의를 한 때 또는 상당한 주의를 하여도 손해가 있을 경우에는 그러하지 아니하 다"고 규정하고 있는데, 이 규정은 일반적인 '회사책임'의 근거가 되는 면에서는 별도로 간접침해 의 한 유형으로 볼 의의가 거의 없으나, 개인 간의 관계나 일시적 사용자 관계 등의 경우에는 간 접침해의 한 유형으로 볼 필요가 있다. 미국법상의 대위책임(vicarious liability)이 온라인서비스제 공자의 책임과 관련하여 많이 논의되는데, 우리 법상의 사용자책임은 영미법상의 대위책임과 정 확히 일치하진 않지만 근본적으로 유사한 취지를 내포하고 있다고 할 수 있다. 우리 법상 사용자 책임은 피용자가 직접침해로서의 불법행위를 하였음을 요건으로 한다는 것이 통설의 입장이다.[2] 즉, 직접침해의 불법행위성에 종속되고 독립적으로 책임을 지지는 않는다는 점에서 위에서 본 직 접침해②의 경우와는 구별된다고 할 수 있다. 그리고 민법 제760조 제 3 항에 의하여 공동불법행 위로 인정되는 간접침해①, ②의 경우나 저작권법에 의하여 침해행위를 한 것으로 간주되는 간접 침해③의 경우에 비하여 그 자신이 불법행위 또는 침해행위를 한 것으로 인정되지는 않는다는 점에서 간접침해의 유형 가운데 직접침해와 가장 먼 거리에 있다고 볼 수 있지 않을까 생각된다. 따라서 이러한 사용자책임을 지는 경우를 간접침해④로 분류하는 것이 타당하리라 생각된다. 판 례상 온라인 사업자에 대하여 사용자책임 여부가 다루어진 사례는 더러 있으나(§27-105 참조), 아 직 간접침해의 한 유형으로서의 좋은 사례라고 할 만한 사례에 대하여 우리나라 판례상으로 사용 자책임이 인정된 예를 찾기는 어렵다.[3]

　　이상에서 설명한 바를 종합하여 저작권침해에 대한 관여의 직접성 및 책임의 정도에 따라 침　　§28-17
해행위를 유형화해 보면, 직접침해①(본래적 의미의 직접침해), 직접침해②(간접적 관여행위에 의한 직접 침해, 간접적 관여행위가 협의의 공동불법행위로 인정되는 경우 포함), 간접침해①(침해정지청구의 대상이 되는

1　기술적 보호조치의 무력화 도구를 제공하는 등의 행위가 그 실질의 면에서 위에서 본 침해 방조행위에 해당하는 경우 가 있을 수 있는데, 그 경우에는 해당 금지규정 위반행위가 됨과 동시에 방조행위에 따른 책임을 중첩적, 경합적으로 지게 되는 것으로 볼 수 있을 것이다.

2　박준서(집필대표), 주석민법 채권각칙(8), 한국사법행정학회, 2000, 445면.

3　그 외에도 직접적인 침해행위자가 아니면서 책임을 지게 되는 경우로는 책임무능력자에 대한 감독자 책임(민법 제 755조) 등의 경우가 있으나, 간접침해의 유형으로 나열할 만한 실제적인 의의를 가지고 있지 않다고 보아 자세한 소 개를 생략한다.

침해 방조 등), 간접침해②(침해정지청구의 대상이 되지 않는 침해 방조 등), 간접침해③(제124조 제1항에 의한 침해간주행위), 간접침해④(민법상의 사용자책임을 인정할 수 있는 경우)로 나눌 수 있다.

이 가운데 간접침해의 개념에 가장 정확하게 부합하는 경우는 직접침해의 방조자 등으로서 간접적인 관여자로서의 법적 성격을 뚜렷이 가지지만 저작권법상 "권리를 침해하는 자"에 대하여 만 인정되는 침해정지청구의 대상이 되는 경우인 간접침해①의 경우라 할 수 있다. 본서에서는 이 경우를 최협의의 간접침해라고 부르기로 한다. 그 경우 간접침해①, ②, ③, ④를 총칭하여 협의의 간접침해, 더 나아가 직접침해②까지 포함하여 광의의 간접침해(학설상의 간접침해)라고 부를 수 있을 것이다.

§28-18   결국 우리나라 현행법상의 저작권침해의 유형은 위와 같이 직접침해①부터 간접침해④까지 의 여섯 가지 유형으로 나누어 볼 수 있으나, 이 중에서 실무상 가장 빈번하게 인정되는 간접침 해의 유형은 간접침해①이라 할 수 있다. 간접적 관여행위에 의한 직접침해라고 하는 다소 역설 적인 분류에 속하는 직접침해②를 가라오케 법리 등의 이름으로 비교적 폭넓게 인정하는 것이 일본 판례의 흐름이라면, 온라인서비스에 대하여는 그러한 직접침해의 성립가능성을 극히 제한적 으로 보는 것이 종래의 미국 판례 입장이라고 할 수 있다.[1] 다만 미국 판례 가운데도 간접적 관 여행위를 직접침해로 인정한 예가 없었던 것은 아니며,[2] 최근의 '에어리오' 사건에 대한 미국 연 방대법원 판결[3]은 가입자들을 위해 소형의 안테나들을 무수히 설치하고 각 가입자에게 하나씩의 안테나를 할당한 후 원격녹화 서비스를 제공한 에어리오 회사의 행위가 미국법상의 공연권 침해 에 해당하는 것으로 인정함으로써 결국 간접적 관여에 의한 직접침해를 제한적으로나마 인정하 는 입장을 표명한 것으로 볼 수 있다.

우리나라의 판례 흐름도 유사한 면이 있다. 노래방 업주를 공연권침해의 주체로 인정해 온 판례의 입장은 따지고 보면 가라오케 법리와 유사하게 규범적 관점에서 이용주체를 파악한 것으 로 볼 수 있을 뿐만 아니라 최근의 엔탈 사건 등에 대한 하급심 판결은 원격녹화 서비스와 관련

---

1 우리나라의 엔탈 사건과 유사하게 원격녹화서비스의 제공자가 침해책임의 주체가 되는지 문제된 Cartoon Network LP, LLLP v. CSC Holdings, Inc. 사건(536 F. 3d 121 (C.A.2 (N.Y.),2008)에서 미국 연방 제2항소법원은 서비스 제공자의 직접침해 책임을 부정하는 결론을 내려 우리나라의 엔탈 사건에 대한 하급심 판결, 일본의 유사 사건(마네 키TV 사건 등)에 대한 최고재판소 판결과는 다른 결론을 내린 바 있다(이 판례에 대하여 자세한 것은 우성엽, "원격 디지털녹화시스템 서비스의 저작권 침해 여부," Law & Technology 제7권 제1호, 서울대학교 기술과법센터, 4~8 면 참조). 다만 그 결론의 차이는 나라 간 법제 차이에서 필연적으로 귀결된 것이라기보다는 구체적인 법원에 따른 판단 차이에 기인한 면이 많은 것으로 생각된다.

2 §27-55에서 소개한 Playboy Enterprises, Inc. v. Russ Hardenburgh, Inc. 사건 판결 등. 그리고 온라인이 아닌 오 프라인의 사업자와 관련하여서는 예컨대, Columbia Pictures Industries, Inc. v. Aveco, Inc., 800 F. 2d 59(3rd Cir. 1986) 판결이 간접적 관여자의 직접침해 책임을 인정한 사례로 꼽힐 수 있다. 이 사건에서 미국 연방 제3항소 법원은 각기 구분된 조그만 방에 설치된 비디오카세트 플레이어를 고객이 직접 조작하여, 그 점포에서 대여받거나 또 는 자신이 직접 가지고 온 비디오카세트를 재생하여 감상하는 경우에 대하여 업주의 공연권 침해를 인정하였다.

3 American Broadcasting Companies v. Aereo, 573 U.S. ___ (2014)

하여 일본의 마네키TV 사건에 대한 일본 최고재 판결[1]이나 미국 연방대법원의 에어리오 사건 판결 등과 기본적인 입장을 같이 하는 것으로 볼 수 있다. 결국 일정한 경우 보다 직접적인 행위자가 따로 있더라도 여러 가지 사정을 고려한 규범적 관점의 판단에 기하여 간접적 관여자인 사업자를 직접적 침해행위의 주체로 인정하여야 할 필요성과 그 타당성을 제한적으로나마 인정하는 것이 판례의 흐름이라고 말할 수 있을 것이다.

그런데 이러한 판례의 흐름은 자칫 너무 확대 적용되지 않도록 유의할 필요가 있을 것이다. 위에서 본 바와 같이 엄격한 요건하에 직접침해가 아닌 간접침해(방조침해)를 인정하는 것을 기본 골격으로 하는 우리 판례의 태도의 바탕에는 위에서 상술한 바와 같은 여러 가지 측면의 법정책적 균형의식이 깔려 있으므로 그 틀을 지나치게 허물 경우 어렵게 이루어 온 균형을 무너뜨릴 우려가 있기 때문이다.

참고로 위에서 설명한 본서의 침해 유형론을 표로 정리해 보면 다음과 같다.   §28-19

유형(법적 성격)	특징	구제수단	비고 (학설상의 간접침해)
직접침해① 유형	순수한 직접 침해, 물리적·직접적 침해 독립적 책임[2]	침해정지 ○ 손해배상 ○	
직접침해② 유형	간접적이지만 보다 능동적으로 관여한 경우 '규범적 주체인정론'에 기함 독립적 책임	침해정지 ○ 손해배상 ○	간접침해 제 1 유형
간접침해① 유형 (방조침해①)	종속적 책임	침해정지 ○ 손해배상 ○	간접침해 제 2 유형
간접침해② 유형 (방조침해②)	종속적 책임	침해정지 × 손해배상 ○	간접침해 제 3 유형
간접침해③ 유형 (침해간주)	저작권법 제124조의 요건	침해정지 ○ 손해배상 ○	간접침해 제 4 유형
간접침해④ 유형 (사용자책임)	민법상 사용자책임의 요건을 갖춘 경우 종속적 책임	손해배상 ○	간접침해 제 5 유형 (회사책임의 경우는 제외하고 개인간의 관계가 문제되는 것을 이 유형으로 파악함)

---

1 最高裁 平成23年1月18日判決(判時2103号124頁).

2 여기서 독립적 책임 또는 종속적 책임이라고 하는 것은 이용자의 직접적인 저작물 이용행위가 저작권 침해행위에 해당하는 것과 관계없이 자신의 행위에 대하여 책임을 지게 되는지(독립적 책임의 경우), 이용자의 행위가 불법행위로서의 저작권침해행위에 해당하는 경우에 한하여 간접적 관여자가 책임을 지는 경우인지(종속적 책임의 경우)를 뜻하는 말로 사용하였다.

§28-20 　　이러한 유형론에 있어서 가장 중요한 과제가 되는 것은 구체적으로 어떠한 경우에 직접침해 ②의 유형에 해당하는지를 판단하는 기준을 세우는 것이다. 일단 '엔탈' 사건 판결(§28-22)에서 제 시한 기준에 따라 ① 이용행위에 대한 포괄적 의도가 인정될 것, ② 이용행위에 대한 전체적 통 제 및 관리가 인정될 것의 두 요건을 갖출 경우에 직접침해②에 해당하는 것으로 보아 서비스 이 용자의 행위가 직접침해로서 불법행위를 구성하는지 여부와 관계없이 책임을 지게 되는 것으로 보는 것이 적절하지 않을까 생각된다. 향후 구체적인 사건을 통해 그 기준을 더욱 정교하게 다듬 어 나갈 필요가 있을 것이다.1

　　지금까지의 우리나라 판례를 보면, 이른바 '원격녹화' 서비스와 관련된 사건인 '엔탈' 사건에 대한 서울고등법원 2009. 4. 30. 선고 2008나86722 판결 외에, 서울남부지방법원 2012. 2. 17. 선 고 2011노1456 판결2 및 대법원 2015. 4. 9. 2012다109798 판결3도 '규범적 주체인정론'에 입

---

1 이상 이해완·김형렬·김윤명·성준호, 전게서, 107~118면 참조.

2 노래반주기 제조·판매 회사 등이 노래반주기가 설치된 노래방 이용자들로 하여금 반주기의 고유 기능을 이용하여 반 주에 따라 부른 노래파일을 USB에 저장하여 가거나, 이를 디지털압축파일로 변환하여 저장한 다음 웹사이트에서 노 래녹음파일을 다운로드받을 수 있도록 제공한 것에 대하여, "복사기, 컴퓨터, USB 제조자 등과 같이 저작재산권을 복 제하는 데 사용될 수 있는 기기를 제조·판매하는 기업이 소극적·방관자적 지위에 그치는 것과 달리, 불특정 다수의 노래방 이용자들로 하여금 음악저작물을 녹음하여 USB 또는 서버공간에 저장, 다운로드 받을 수 있는 장치 등을 제 공하는 등 일련의 복제과정을 직접 주관·관리하는 사업으로서, 피고인들 측에서 문자 그대로 직접 복제행위를 한 것 은 아니나, 저작권법 제136조 제 1 항에서 정하는 '저작재산권을 복제의 방법으로 침해한' 주체에 해당한다고 평가함 이 상당"하다고 판시하였다. 이 판결은 규범적 주체인정론의 취지를 비교적 뚜렷하게 드러낸 것으로 생각된다.

3 대법원의 이 판결은 위 서울남부지방법원 2011노1456 판결과 비슷한 사안에서 유사한 결론을 내렸다. 관련된 판시 부분을 모두 인용하면 다음과 같다(규범적 주체인정론을 명시적으로 언급하지는 않았으나, 피고들의 직접침해 책임을 인정한 것 자체가 그러한 법리를 전제로 한 것이라고 볼 수 있을 것이라 생각한다).

"원심판결 이유에 의하면 원심은, 피고 티제이미디어가 서버의 보조기억장치에 녹음파일을 고정·저장하는 행위, 그 녹음파일을 피고 티제이커뮤니케이션 주식회사(이하 '피고 티제이커뮤니케이션'이라고만 한다)의 '질러' 사이트로 송신하는 행위, 이를 다시 인터넷을 통하여 이용자들에게 송신하는 행위는 노래반주기 이용자들이 오로지 자신의 녹 음파일을 다운로드하는 과정에서만 일어나는 현상이고, 피고 티제이미디어나 피고 티제이커뮤니케이션은 녹음파일을 다운로드하는 이용자들에게 서버 등을 단순히 제공하는 것에 불과하므로, 위와 같은 행위들은 모두 '공표된 저작물을 영리 목적 없이 개인적 이용 등 한정된 범위 내에서만 이용'하는 사적 이용행위에 해당한다고 보아, 피고 티제이미디 어와 피고 티제이커뮤니케이션의 이러한 녹음파일 저장 및 다운로드 서비스 제공행위가 원고의 저작권을 침해한 것 이라는 원고의 주장을 배척하였다.

그러나 원심의 위와 같은 판단은 아래와 같은 이유에서 수긍하기 어렵다. 원심이 채택한 증거에 의하여 인정되는 다음과 같은 사정, 즉 ① 이용자가 노래반주기에서 녹음파일을 작성한 다음 피고 티제이커뮤니케이션의 '질러' 사이트 나 싸이월드 사이트 등과 같은 제휴 사이트에서 이를 다운로드하거나 '벨소리 서비스'나 '미니홈피 배경음악 서비스' 등과 같은 부가서비스에 이용하기까지는, 피고 티제이미디어의 서버가 노래반주기로부터 이 사건 음악저작물의 녹음 파일을 수신하여 저장하는 단계, 이용자가 '질러' 사이트나 제휴 사이트를 통하여 피고 티제이미디어의 서버에 접속하 여 그로부터 녹음파일을 직접 다운로드하여 컴퓨터 등에 저장하거나, 이용자의 선택에 따라 피고 티제이커뮤니케이션 의 서버 등이 피고 티제이미디어의 서버로부터 위 녹음파일을 수신·저장하고 이후 이용자가 '질러' 사이트 등을 통하 여 위 녹음파일을 수신·저장하거나 각종 부가서비스에 이용하는 단계 등을 거치게 되는데, 이러한 과정에서 각 서버 나 이용자의 컴퓨터 등에 녹음파일을 저장하는 것은 각각 녹음파일의 복제에 해당하는 점, ② 피고 티제이미디어의 서버에 녹음파일이 저장되는 것은 이용자들의 요청에 의한 것이고 그 녹음파일은 본인 확인 절차 등 때문에 이용자 본인만 다운로드하거나 이용할 수 있기는 하나, 이용자들은 그 녹음파일을 관리할 권한이 없고 '질러' 사이트나 제휴 사이트에서 정한 방법으로 녹음파일을 이용할 권한만 부여받은 것으로 보이는 점, ③ 피고 티제이미디어가 녹음파일 저장 서비스 등을 제공하는 것은 피고 티제이미디어의 노래반주기 판매를 위한 측면이 있는 데다가, 이용자들이 피고

각하여 각 서비스 제공회사의 행위를 직접침해②의 유형에 해당하는 것으로 판단한 사례에 해당하는 것으로 보인다.

판 례

❖ 서울중앙지방법원 2006. 3. 13.자 2005카합4187 결정 — "프루나" 사건   §28-21

저작권법 제91조 제 1 항에서 침해정지청구의 상대방을 '저작권 그 밖에 이 법에 의하여 보호되는 권리를 침해하는 자'로 규정하고 있는바, 침해행위를 방조하는 경우에도 방조행위의 내용·성질·방조자의 관리지배의 정도, 방조자에게 발생하는 이익 등을 종합하여, 방조행위가 당해 저작권 침해행위에 밀접한 관련이 있고, 방조자가 저작권 침해행위를 미필적으로나마 인식하면서도 이를 용이하게 하거나 마땅히 취해야 할 금지조치를 취하지 아니하였으며, 방조행위를 중지시킴으로써 저작권 침해상태를 제거할 수 있는 경우에는 당해 방조자는 침해주체에 준하여, '저작권 그 밖에 이 법에 의하여 보호되는 권리를 침해하는 자'에 해당한다고 봄이 상당하다(인터넷사이트를 통해 P2P 방식으로 MP3 파일을 공유할 수 있게 하는 프로그램을 무료로 배포하는 등 MP3 파일의 공유를 용이하게 하는 서비스를 제공하는 경우, 그 서비스제공자는 개별 이용자들에 의한 저작인접권 침해를 용이하게 함으로써 이용자들의 저작인접권 침해행위를 방조하고 있어 저작권법 제91조 제 1 항에 정한 '저작권 그 밖에 이 법에 의하여 보호되는 권리를 침해하는 자'에 해당한다고 한 사례임).

❖ 서울고등법원 2009. 4. 30. 선고 2008나86722 판결 — "엔탈" 사건   §28-22
〈사실관계〉

원고는 방송사업과 문화서비스업 등을 영위하는 지상파 방송사업자이고, 피고는 웹사이트를 운영하면서 그 가입자들에게 원고를 비롯한 기타 지상파방송사업자 등의 방송프로그램 녹화서비스를 제공하는 사람이다. 원고는 방송프로그램을 직접 제작하거나 외주제작사로부터 그 프로그램의 저작재산권을 양수받아 원고의 방송프로그램에 대해 저작권 내지 저작재산권 또는 방송을 복제할 권리(저작인접권)을 가지고 있으며, 피고도 이 점을 다투지는 않는다. 그런데 피고는 2006. 7. 무렵부터 웹사이트를 개설하여 그 웹사이트에 가입한 이용자들에게 이용자들이 웹사이트를 통해 녹화신청한 5개 지상파 텔레비전방송국의 프로그램을 Divx코덱으로 인코딩하여 컴퓨터압축파일의 형태로 저장한 후 이를 이용자에게 전송하는 서비스를 유료로 제공하기 시작했다. 2008. 5. 말을 기준으로 가입자는 약 3만 명에 이르고, 가입자들은 피고의 서비스를 통해 녹화된 원고의 방송프로그램을 전송받았다.

티제이커뮤니케이션의 '질러' 사이트에서 녹음파일을 무료로 다운로드할 수 있으나 휴대전화 벨소리 서비스 등은 유료로 제공되며, 제휴 사이트에서는 다운로드와 부가서비스 등이 유료로 제공되고 그로 인하여 발생한 수익 중 일부는 피고 티제이커뮤니케이션에게 분배되므로, 피고 티제이미디어 및 티제이커뮤니케이션이 영리를 목적으로 위와 같은 녹음파일 저장 및 다운로드 서비스 등을 제공하는 것이 아니라고 보기는 어려운 점, ④ 위와 같은 녹음파일의 저장 및 다운로드 서비스는 불특정 다수 이용자를 상대로 제공되는 점 등을 고려하면, 피고 티제이미디어와 피고 티제이커뮤니케이션의 위와 같은 녹음파일 저장 및 다운로드 서비스 제공이 저작권법 제30조가 규정하고 있는 '사적 이용을 위한 복제'에 해당하거나 이용자의 사적 이용을 위한 복제에 위 피고들이 단순히 서버를 제공하는 것에 불과하다고 볼 수는 없다."

엔탈 녹화시스템(이하 '이 사건 녹화시스템'이라 한다)은 지상파 TV 송신신호 수신장치, 송신된 신호를 특정비디오 형식으로 변환하는 장치와 일정기간 파일을 보관할 수 있는 저장장치(서버) 등 30대의 개인용 컴퓨터 및 이를 제어하는 30여 종의 소프트웨어로 구성되어(인터넷 및 이용자들의 PC는 '이 사건 녹화시스템'의 일부로 보지 아니한다), 피고가 그 전체를 조달·구축하여 피고의 점유·관리 하에 있고, 피고가 그 작동을 점검·감시하고 장치의 보수와 교체 등을 담당하는 점에서 이용자들이 녹화기기를 점유하고 통제·관리하는 VCR(Video Casette Recorder)이나 일반 DVR(Digital Video Recorder)의 경우와는 다르다.

엔탈 녹화시스템의 구체적인 서비스 방식은 다음과 같다.

서비스 이용자는 우선 회원가입이 필요한데, 피고가 마련한 약관에 동의하고 로그인을 위한 회원 ID 및 비밀번호와 개인정보를 입력하면 회원가입이 가능하고 이때 서비스 쿠폰 2장을 받는다. 이용 시에는 회원ID와 비밀번호를 입력하고 피고의 웹사이트에 로그인한다.

로그인 후 방송프로그램 편성표에서 예약 녹화하고자 하는 프로그램을 선택하면 편성일, 시작과 종료시간, 예약요금, 녹화가능여부 등 관련정보가 뜬다. 피고는 원고를 포함한 5개 공중파 방송채널을 통해 이용자가 접속한 날로부터 4~5일 이내에 방송예정인 방송프로그램 편성표를 제공하여 녹화예약 신청을 돕고 있다. 이용자가 예약란을 클릭하면 예약정보를 보여주고 다시 이용료 결제창에서 결제방법을 선택 후 결제하면 녹화예약이 등록된다.

녹화 예약된 프로그램은 예약시의 시작과 종료시간에 따라 녹화가 이루어진다. 피고가 설치 관리하는 녹화시스템(30대의 PC, 약 30종의 소프트웨어로 구성)은 방송신호를 수신, 이를 Divx코덱으로 인코딩된 압축파일로 서버에 10일간 저장한다. 녹화된 프로그램은 '녹화중'으로 표시되고, 예약 없이 실방송 시간이 지난 프로그램은 녹화할 수 없으며 따라서 이용자가 다운로드할 수도 없다.

서버에 저장된 프로그램은 예약녹화이용자가 프로그램파일을 확인하고 이를 전송받아 개인PC 저장장치에 저장하여 사용한다. 이용자는 녹화 이후 10일 이내에 1회 다운로드 할 수 있고 추가로 다운로드시 녹화예약료와 같은 이용료를 결제해야 한다. 그 후에는 파일이 서버에서 자동삭제된다.

이러한 사안에서 원고가 피고를 상대로 저작권 및 방송사업자의 권리 등의 침해 등을 이유로 녹화 및 전송행위 중지를 구한 사건이다. 다음은 법원이 엔탈 녹화시스템 서버에 복제행위를 한 주체가 누구인지에 대하여 판시한 내용이다.

〈법원의 판단〉

살피건대 앞에서 본 다음과 같은 사정, 즉, ① 엔탈 녹화시스템(이하 '이 사건 녹화시스템'이라 한다)은 지상파 TV 송신신호 수신장치, 송신된 신호를 특정비디오 형식으로 변환하는 장치와 일정기간 파일을 보관할 수 있는 저장장치(서버) 등 30대의 개인용 컴퓨터 및 이를 제어하는 30여 종의 소프트웨어로 구성되어(인터넷 및 이용자들의 PC는 '이 사건 녹화시스템'의 일부로 보지 아니한다), 피고가 그 전체를 조달·구축하여 피고의 점유·관리하에 있고, 피고가 그 작동을 점검·감시하고 장치의 보수와 교체 등을 담당하는 점[이 점에서 이용자들이 녹화기기를 점유하고 통제·관리하는 VCR(Video Casette Recorder)이나 일반 DVR(Digital Video Recorder)의 경우와 다르다고 할 것이다], ② 이용자들은 별다른 장비를 구비할 필요가 없으며, 이용자들이 엔탈서비스를 이용하여 방송프로그램을 녹화하고자 하는 경우에 피고의 웹사이트에 접속하여 피고의 웹사이트에 설명되고 지정된 순서에 따라 녹화예약을 하고, 녹화된 프로그램을 시청하고자 하는 때에도 피고의 웹사이트에 접속하여 피고가 관리하는 서버에 저장된 프로그램을 전송받아야 하는 점, ③ '복제'란 '인쇄·사진촬영·복사·녹음·녹화 그 밖의 방법에 의하여 유형물에 고정하거나 유형물로 다시 제작하는 것'을 말하는바(저작권법 제 2 조 제22호), 송신된 신호를 특정비디오 형식으로 변환하는 행위 및 이를 서버에 저장하는 행위(이하 원고의 방송프로그램을 이 사건 녹화시스템의 서버에 저장하는 행위를 '이 사건 복제행위'라 한다) 모두 복제에 해당하여 이 사건 녹화시스템 내에서만 2회의 복제가 발생하는 점(이용자들이 이 사건 녹화시스템의 서버에 저장된 방송프로그램을 자신의 PC에 다운로드받는 행위도 복제라 할 것인데, 원고는 이 중 이 사건 복제행위의 금지만을 구하고 있다), ④ 피고는 그 웹사이트에 녹화 가능한 방송프로그램의 편성표를 제공하여 이용자들의 녹화예약신청을 유인하고 있고, 이용자들에 대한 서비스이용료 부과를 위하여 녹화가 완료된 프로그램 내역을 보유, 관리하고 있으며, 이용자들의 별도 동의가 없어도 녹화된 이후 10일이 지나면 녹화된 프로그램을 서버에서 삭제하고 있는 점, ⑤ 이 사건 복제행위로 인한 저작재산권 내지 저작인접권의 침해 및 침해의 우려는 피고가 녹화 가능한 프로그램을 이용자들에게 제시하고 이 사건 녹화시스템을 통하여 이용자들의 각 프로그램에 대한 녹화예약신청이 가능한 상태로 둠으로써 포괄적으로도 인정될 수 있는 점(개별 프로그램에 대한 '복제'는 이용자들의 선택에 의해 실제로 개별 프로그램이 녹화됨으로써 완성된다), ⑥ 피고는 엔탈서비스를 제공하면서 이용자들로 하여금 쿠폰이나 포인트를 구입하여 이를 가지고 서비스 이용료를 결제하게 하여 이익을 취득하고 있고, 방송프로그램의 무단 복제 및 이용자들에 대하여 녹화예약 서비스에 따른 이용요금을 받는 것을 그 영업의 목표이자 유일한 사업영역으로 하고 있는 점 등에 비추어 보면, 비록 피고의 주장과 같이 개별 프로그램에 대한 녹화 여부가 이용자들의 선택에 의하여 이루어지고 이용자들의 녹화예약신청내역이 암호화되어 있다 하더라도, 피고는 원고의 방송프로그램에 대한 이 사건 복제행위를 포괄적으로 의도하고 개별 프로그램에 대한 복제행위를 전체적으로 통제 및 관리하고 있다고 할 것이므로, 이 사건 복제행위의 주체는 피고라고 할 것이다.

(중략) 피고는 원고 등 방송사업자로부터 아무런 이용허락을 받지 아니한 채 방송신호를 수신하여 디지털 파일로 변환하여 서버에 저장한 다음 이용자들에게 파일 자체를 전송하고 있고, 이러한 서비스는 국내에서 전례가 없고 기술적 구현이 용이하지 아니한 것으로 보이며, 방송프로그램 저작권 보호에 관한 고려나 조치는 전혀 마련되어 있지 아니한바, 이 사건 복제행위는 원고의 방송프로그램에 대한 저작재산권 중 복제권(저작권법 제16조) 또는 방송사업자로서 가지는 저작인접권으로서의 복제권(저작권법 제84조)을 침해하는 행위에 해당한다.

▷NOTE : 위 판시에서 "피고는 원고의 방송프로그램에 대한 이 사건 복제행위를 포괄적으로 의도하고 개별 프로그램에 대한 복제행위를 전체적으로 통제 및 관리하고 있다"고 강조한 부분은 복제행위를 직접 구체적으로 한 것은 이용자가 하였더라도 서비스 제공자가 그 복제행위를 포괄적으로 의도하고, 전체적으로 통제, 관리하고 있다면 복제행위의 주체가 될 수 있다고 함으로써 말하자면 한국판 '규범적 침해주체 인정론'을 제시하고 있다고 할 수 있다. 이 판결은 이와 같이 본서에서 말하는 직접침해②(§28-12, 19, 20 참조)에 해당하기 위한 구체적 기준을 제시하고 있는 중요한 선례라 할 수 있다.

4. 폐기청구 등

§28-23 위에서 본 권리자는 정지청구권의 실효성을 보장하기 위해 필요한 구체적인 조치로서 침해행위에 의해 만들어진 물건의 폐기나 기타 필요한 조치를 청구할 수 있다(법 제123조 제 2 항). 주의할 것은 침해행위에 의하여 만들어진 물건만을 폐기청구의 대상으로 규정하였기 때문에 침해행위에 사용된 물건, 예컨대 무단상영에 사용된 필름 등은 그것 자체가 침해행위에 의하여 만들어진 것이 아닌 이상 폐기청구의 대상이 되지 아니한다.[1] 물론 형법규정에 의하여 몰수의 대상이 되는 경우는 있을 것이다. 일본 저작권법은 권리침해에 사용된 기계(연주용 기계·복사기 등) 등도 폐기청구의 대상으로 규정하고 있는데(동법 제112조 제 2 항) 참고할 만하다.

폐기청구를 할 경우에는 침해행위에 의하여 만들어진 물건을 구체적으로 특정하여야 한다. 예컨대 "기타 일체의 홍보물 등"을 폐기청구의 대상으로 포함시킬 경우에는 '특정성'이 부족하다는 이유로 그 부분의 소가 각하될 것이다.[2] 그리고 폐기청구의 경우도 침해행위에 의하여 만들어진 부분과 그렇지 않은 부분이 같이 포함된 물건의 경우에 어떻게 처리할 것인지가 문제인데, 분리가능성의 유무에 따라 결정하여야 할 것이다. 즉, 침해행위에 의하여 만들어진 부분을 분리할 수 있는 경우에는 그 부분만의 폐기 또는 삭제를 명하여야 한다.[3]

5. 가 처 분

§28-24 권리자는 위와 같은 침해의 정지 또는 예방, 손해배상담보의 제공 등을 청구내용으로 하는

---

1 허희성, 전게서, 395면.

2 서울중앙지법 2013. 4. 18. 선고 2012가합521324 판결 참조. 같은 취지에서, 대전지방법원 2014. 5. 15. 선고 2013가합3334 판결은 "'기타 피고들의 법률적 또는 사실적 지배하에 있는 장소'에 보관된 이 사건 침해 교재의 완제품 및 반제품의 폐기청구 부분은 그 장소를 구체적으로 특정할 수 없어, 그 장소에 보관 중인 물건 역시 특정할 수 없게 되므로" 부적법하다고 판시하였고, 서울중앙지방법원 2015. 11. 27. 선고 2014가합44470 판결은 "원고는 청구취지에서 피고에 대하여 별지 목록 인터넷사이트의 폐쇄를 구하면서 원고 사이트로부터 복제한 자료 및 그 데이터베이스의 폐기를 아울러 구하고 있는데, 폐기 청구의 경우 폐기 대상물을 구체적·개별적·사실적으로 특정하여야 함에도, 폐기 대상물의 보관 또는 설치 장소 등에 대한 특정이 없어 원고가 구하는 청구취지와 같은 내용의 판결이 선고된다면 판결주문 자체의 특정성을 갖출 수 없고, 집행기관 역시 집행을 할 수 없게 되는 결과를 초래하므로, 이 사건 소 중 '원고 사이트로부터 복제한 자료 및 그 데이터베이스'의 폐기를 구하는 부분은 부적법하다."라고 판시하였다.

3 한 예로서, 서울중앙지방법원 2012. 9. 25. 선고 2012가합503548 판결은 "… 자신들의 공장, 사무소, 영업소, 창고에 보관 중인 인터넷 게재물, 홍보물, 인쇄물, 광고지, 씨디롬(CD-ROM), 디브이디(DVD), 카탈로그, 간판, 현수막, 게시판, 포장, 벽보, 안내표지판에서 위 피고들 제1, 제2, 제3, 제5, 제6 <u>구름 이미지를 삭제할 의무가 있다.</u>
나아가 원고는 위 피고들 각 구름 이미지가 표시된 인터넷 게재물, 홍보물, 인쇄물, 광고지, 씨디롬, 디브이디, 카탈로그, 간판, 현수막, 게시판, 포장, 벽보, 안내표지판 전부를 폐기하여야 한다고 주장하나, 위 인정사실 및 변론 전체의 취지에 비추어 보면, 피고들 각 구름 이미지가 표시된 인터넷 게재물, 홍보물, 인쇄물, 광고지, 씨디롬, 디브이디, 카탈로그, 간판, 현수막, 게시판, 포장, 벽보, 안내표지판에 대하여 피고들 각 구름 이미지가 차지하는 비율이 낮고, <u>피고들 각 구름 이미지를 위 인터넷 게재물, 홍보물, 인쇄물, 광고지, 씨디롬, 디브이디, 카탈로그, 간판, 현수막, 게시판, 포장, 벽보, 안내표지판으로부터 분리하는 것이 가능한 점</u> 등을 고려하여 볼 때, 원고의 위 주장은 앞서 인정한 범위를 초과한 부분에 대하여 이유 없다.

소송(본안소송)을 제기하는 것이 가능함은 물론이지만, 권리침해의 배제 또는 예방에는 긴급을 요하는 경우가 많으므로 본안소송에 앞서서 우선 가처분신청에 의해 정지청구권 등의 내용의 실현을 꾀하는 것이 보통이다. 저작권법 제123조 제 3 항·제 4 항은 저작권침해가처분사건에서 저작자의 경제적 형편이 넉넉하지 못한 경우를 고려하여 보증금의 공탁 없이 가처분결정을 내릴 수 있도록 규정하고 부당가처분의 경우에 무과실손해배상책임을 규정하고 있다. 또한 가처분의 경우 침해행위에 의하여 만들어진 물건의 압류 기타 필요한 조치를 명할 수 있다. 가처분신청에는 피보전권리와 보전의 필요성의 소명이 있어야 하는데, 이 경우 피보전권리는 바로 침해정지청구권 등이다. 그러나 가처분의 주문도 "…하여서는 아니된다"는 식의 부작위를 명하는 것이므로[1] 그것을 강제하는 실효적인 수단을 결여하여 피신청인이 이를 어기는 경우가 있을 수 있는데, 이 경우는 가처분집행을 위해 심리적 강제방법인 민사집행법 제261조 소정의 간접강제결정을 구할 수 있다.[2] 한편, 가처분결정을 함에 있어서는 피보전권리에 대한 소명만이 아니라 보전의 필요성에

---

1 그러한 가처분결정의 예인 名高屋地裁 昭和 34. 12. 11 결정의 주문은 다음과 같다. "피신청인은 5개 영업소에서 협회관리악곡을 그 영업에 사용하여서는 아니 된다. 피신청인의 각 영업소 내에 있는 연주용 악기 및 악보에 대한 피신청인의 점유를 풀고 신청인이 위임하는 나고야지방재판소 집달관에게 그 보관을 명한다. 집달관은 피신청인에 대해 제 1 항의 음악저작물의 연주에 사용하지 않을 것을 조건으로 전 항의 연주용 악기 및 악보의 사용을 허용할 수 있다."

2 内田 晋, 전게서, 435면. 일본에서 저작권침해정지청구권을 피보전권리로 하는 가처분결정의 실효성 있는 집행을 위해 간접강제결정을 구하여 받아들여진 대표적인 예가 이른바 中部觀光 간접강제결정사건에 대한 名高屋地裁 昭和 34. 12. 24 결정(最新著作權關係判例集Ⅰ, 442면 이하)이다. 참고로 그 결정주문을 보면, "채권자와 채무자간의 ×× 가처분신청사건의 집행력 있는 가처분결정정본에 기하여 채무자는 이 결정의 고지를 받은 날로부터 5일 이내에 위 가처분결정에 표시된 음악저작물의 사용을 정지하라. 만약 채무자가 위 기간 내에 전 항의 이행을 하지 않을 때에는 위 기간만료익일부터 1일 금 7만엔의 비율에 의한 금원을 지급하라"고 되어 있다.
우리나라 법원의 가처분결정에서도 간접강제결정을 포함하는 사례가 있다. 예를 들어 서울중앙지방법원 2013. 2. 15.자 2012카합2208 결정은 그 주문을 다음과 같이 결정하였는데 그 중 제 2 항이 간접강제결정이다.
1. 피신청인들은 이 사건 가처분결정을 송달받은 날로부터 50일이 경과된 이후 새로 피신청인들의 ××에 가입한 수신자들에게,
가. 신청인들이 송신하는 별지1 목록 기재 각 디지털 지상파 방송프로그램 및
나. 신청인들이 송출하는 별지2 목록 기재 각 디지털 지상파방송의 방송신호를 각 동시재송신하여서는 아니 된다.
2. 피신청인들이 제 1 항 기재 의무를 위반하는 경우 그 의무위반 행위를 한 피신청인은 그 위반의 상대방이 되는 신청인에게 위반일수 1일당 ××원씩을 지급하라.
3. 제1, 2항은 신청인들이 피신청인들을 위하여 담보로 피신청인 1인당 ××을 공탁하는 것을 조건으로 한다.
4. 신청인들의 피신청인들에 대한 각 나머지 신청을 기각한다.
5. 소송비용 중 1/3은 신청인들이, 나머지는 피신청인들이 각 부담한다.
한편, 대법원도 가처분결정과 동시에 간접강제결정을 하는 것이 법적으로 허용됨을 전제로 하여 "부대체적 작위채무의 이행을 명하는 가처분결정과 함께 그 의무위반에 대한 간접강제결정이 동시에 이루어진 경우에는 간접강제결정 자체가 독립된 집행권원이 되고 간접강제결정에 기초하여 배상금을 현실적으로 집행하는 절차는 간접강제절차와 독립된 별개의 금전채권에 기초한 집행절차이므로, 그 간접강제결정에 기한 강제집행을 반드시 가처분결정이 송달된 날로부터 2주 이내에 할 필요는 없다. 다만, 그 집행을 위해서는 당해 간접강제결정의 정본에 집행문을 받아야 한다"고 판시한 바 있다(대법원 2008. 12. 24.자 2008마1608 결정).
가처분의 경우만이 아니라 침해정지를 명하는 본안판결을 하면서 간접강제결정을 동시에 내리는 경우도 있을 수 있으나, 그것은 소송절차의 변론종결 당시에 보아 채무명의가 성립하더라도 채무자가 이를 단기간 내에 위반할 개연성이 있고, 또한 그 판결절차에서 민사집행법 제261조에 의하여 명할 적정한 배상액을 산정할 수 있는 경우여야 할 것

대한 소명이 필요하므로, 본안에서 승소할 것이 예상되더라도 가처분결정을 하지 않으면 이후에 다른 구제수단으로는 회복하기 어려운 손해가 발생할 것이라는 등의 소명이 부족할 경우 가처분 신청이 기각될 수 있음을 유의하여야 할 것이다.[1]

Ⅱ. 손해배상청구권

1. 의   의

§28-25   저작권법상의 권리자는 고의 또는 과실로 그 권리를 침해한 자에 대하여 손해배상을 청구할 수 있다(민법 제750조).

2. 요   건

§28-26   일반적으로 불법행위에 의한 손해배상청구권의 성립에는 ① 행위자의 고의 또는 과실, ② 권리의 침해, ③ 손해의 발생, ④ 권리침해와 손해발생 사이의 인과관계의 존재 등 4가지 요건을 갖출 것을 요하는데, 저작권법상의 권리침해자에 대하여 손해배상을 청구하는 경우에도 이들 요건을 갖추어야 한다. 따라서 권리침해자가 자신의 행위가 권리침해가 됨을 알고 있었거나 또는 주의의무를 게을리하였기 때문에 알지 못한 경우가 아니면 손해배상을 청구할 수 없다. 소송실무상 과실에 의한 손해배상책임이 곧잘 문제되는 것이 출판자의 경우인데, 출판자는 타인의 저작권을 침해한 책을 함부로 출판하지 않기 위해 출판에 앞서 동종서적을 조사해 보는 등의 노력을 기울여야 할 주의의무가 있다고 하며, 대개의 경우 그러한 주의의무를 게을리하였다고 하여 과실을 폭넓게 인정하고 있다.[2] 다만, 외부의 전담기획자가 기획한 책을 펴낸 경우에는 무과실로 본

이다(대법원 2014. 5. 29. 선고 2011다31225 판결 참조).

1 참고로, 미국에서는 특허권 금지청구권 행사를 제한하는 취지의 판례[eBay Inc. v. MercExchange, L.L.C., 547 U.S. 388 (2006); 미국 연방대법원은 이 판결에서, 특허권 침해금지는 특허권 침해가 있다고 하여 자동으로 인정되어도 안 되고 특허권이 실시되지 않고 있다고 하여 무조건 부정되어서도 안되며, 전통적으로 침해금지 여부의 판단에 고려해 온 네 가지 요소, 즉 1) 원고가 회복불가능한 손해를 입었을 것, 2) 법에서 인정하는 다른 구제수단들이 그 손해를 보전하기에 적합하지 않을 것, 3) 원고 및 피고가 처하는 어려움을 고려할 때 형평법상 구제가 정당화될 수 있을 것, 4) 금지명령에 의하여 공익이 저해되지 않을 것 등을 고려하여 결정하여야 한다고 판시하였다가 선고된 후 그러한 법리가 저작권침해가처분의 경우에도 적용될 수 있다는 취지의 판결이 나오고 있다. Flava Works, Inc. v. Gunter, 689 F.3d 754, 755 (7th Cir. 2012) 등 참조.

2 서울민사지방법원 1990. 2. 6. 선고 89나3271 판결(한국저작권판례집, 175면 이하) : "피고는 '월간 현대'의 발행인으로서 소외인의 표절사실을 알고 있었거나 피고 자신이 무명인 소외인이 작성한 글을 인쇄 전에 검토한 바 있으므로, 이 글이 이미 발표되어 시중에 판매되고 있는 원고의 위 글을 표절한 것인지 여부를 확인하지 않은 채 그대로 위 잡지에 게재한 잘못(과실)이 있다."
    서울고등법원 1998. 7. 15. 선고 98나1661 판결 : "피고 甲은 이 사건에서 문제된 서적들과 같은 종교·문학에 관한 서적을 전문적으로 출판하는 출판사의 편집장인 乙의 사용자로서, 乙이 앞서 출간된 동종서적을 조사해 보는 등의 통상 기울여야 할 출판업자로서의 주의의무를 게을리하여 위와 같이 위 세계대역학전집의 일부삽화와 내용을 무단이용

예1가 있다. 그리고 저작권자로부터 직접 이용허락을 얻지 않고 저작물의 이용권자로부터 허락을 얻어 저작물을 이용하고자 하는 자는 "그 이용권자가 적법하게 저작권자로부터 허락을 받았는지 여부와 그 이용권의 범위에 관해 조사하여 그 이용권자가 저작권자로부터 적법하게 이용의 허락을 받았고 그 이용허락의 범위 내에 제3자에게 저작물의 이용을 허락할 수 있는 권한이 포함되는지 여부를 확인한 후 이용하여야 할 주의의무가 있다"는 것이 판례의 입장이다.2 또한 영상저작물 특례규정에 따라 특정 권리의 양도가 추정될 경우, 법에 의하여 추정되는 바를 그대로 믿은 이용자에게는 특별한 사정이 없는 한 과실을 인정하기 어려운 것으로 보아야 할 것이다.3

그 밖에 과실의 인정 여부와 관련하여 아래에서 소개하는 판례들을 참고할 필요가 있을 것이다.

한 위 신통수상술대전을 제작·판매한 과실로 역시 원고의 저작재산권과 성명표시권 및 동일성유지권 등의 저작인격권을 침해한 데에 책임을 져야 할 것이다."

서울서부지방법원 2005. 4. 29. 선고 2004가합308 판결 : "피고가 소외회사로부터 촬영계약서와 저작권 사용승인확인서만을 확인한 채 이 사건 서적을 출판한 사실은 앞서 본 바와 같은바, 출판자는 타인의 저작권을 침해한 책을 함부로 출판하지 않기 위해 출판에 앞서 저작권 문제에 관해 조사해 보는 등의 노력을 기울여야 할 주의의무가 있으므로 피고에게는 이 사건 서적을 출판하기에 앞서 사진작가인 원고에게 이 사건 사진의 저작권 귀속문제에 관하여 확인해 보는 등의 주의의무가 있었음에도 불구하고 피고는 이를 게을리한 채 이 사건 서적을 출판하였다 할 것이다." 비슷한 취지의 일본판례로는 東京地裁 昭和 53. 6. 21. 판결(池原季雄·齊藤博·半田正夫編, 전게서, 182면); 東京地裁 昭和 55. 9. 17. 판결(池原季雄·齊藤博·半田正夫編, 전게서, 184면) 등 참조.

1 東京地裁 昭和 55. 9. 10. 판결(池原季雄·齊藤博·半田正夫編, 전게서, 112면).

2 따라서 그러한 주의의무를 잘 이행하지 않고 해당 저작물을 이용할 경우 '과실'이 인정되게 된다. 서울중앙지방법원 2007. 5. 3. 선고 2005가합64823 판결 참조, 위 판결은 그러한 법리적 전제 하에, "앞서 인정한 사실관계에서 보면, 피고는 원고로부터 원고의 순번 1, 2의 사진을 피고의 웹사이트에 게재하는 데 대한 허락을 얻지 않았고, 피고는 시정개발연구원으로부터 허락을 얻어 시정개발연구원이 발간한 사진기록집에 게재되어 있는 사진을 이용하였을 뿐이다. 그런데 시정개발연구원의 사진기록집 말미의 수록사진색인에는 이 사건 사진들의 촬영자가 원고라는 표시가 되어 있고, 사진기록집 서문에는 저작자들로부터 그 사진수록에 대한 허락을 받았다고 기재되어 있으나 이러한 사정만으로 시정개발연구원이 원고로부터 이 사건 사진들의 이용에 대한 허락을 얻었다고 단정할 수 없고, 을 1호증의6, 7의 기재만으로는 이를 인정하기에 부족하며 달리 인정할 증거가 없다. 그런데 피고는 시정개발연구원이 원고로부터 이 사건 사진들의 이용에 대한 허락을 얻었는지 여부조차 조사하지 않은 채 막연히 시정개발연구원이 원고로부터 이용허락을 받았고 그 이용허락의 범위에는 시정개발연구원이 피고로 하여금 원고의 사진을 이용할 수 있도록 허락할 권한도 포함되어 있을 것으로 믿고 피고의 웹사이트에 원고의 사진을 게재한 과실이 있다."라고 판시하였다.

3 서울남부지방법원 2017. 6. 7. 선고 2017가단204708 판결은 영상저작물 특례규정 중 제100조 제3항(§23-25)과 관련하여 그러한 법리를 전제로 하여, "저작권법 제100조 제3항에서 위와 같은 추정 규정을 둔 것은, 영상저작물에 관하여는 영상제작자가 저작권을 갖는다고 생각하는 것이 일반적이고, 제작에 협력한 실연자의 권리를 인정한다고 하더라도 영상제작자가 전반적인 복제나 배포권을 가지고 있어야 거래가 간명해지고, 그 권리를 새로 부여받는 상대방 입장에서 실연자의 권리까지 일일이 확인하기 어렵다는 현실적 제약을 감안한 조치로 보인다. 그렇지 않다면 영상제작자로부터 영상물을 복제하여 배포할 권한을 부여받으려고 하는 사람은 영화나 드라마에서 연기를 한 사람, 연주회에서 연주를 한 사람 등을 모두 접촉하여 그 실연자로서의 권리를 양도하였는지 여부를 하나하나 확인하고 거래해야 한다. 이는 거래상대방에게 거래의 현실과는 동떨어진 지나친 의무를 부과하는 것이다. 그러한 측면에서 본다면 이 사건에서 설령 원고가 N과 계약을 체결하면서 실연자로서의 복제나 배포권 등을 양도하지 않고 유보하는 특약을 하였다고 하더라도, 그러한 유보의 취지가 동영상 자체에 현출되지 않아 쉽게 알아보기 힘든 이 사건에서 피고들이 원고에게 이를 확인할 의무를 해태하였기 때문에 불법행위의 고의나 과실이 있다고 인정하기는 어렵다."라고 판시하였다.

§28-26-1

> ## 판례

❖대법원 2012. 1. 12. 선고 2010다57497 판결

　　원심판결 이유를 기록에 비추어 살펴보면, 원고가 사단법인 한국음악저작권협회와 이 사건 각 음악저작물에 관한 신탁계약을 해지하였다고 하더라도 피고 A와 피고 B에게 이에 관하여 통지를 하지 아니한 이상 위 피고들은 당시 그와 같은 사정을 알았다거나 알 수 있었다고 할 수 없고 원고로부터 저작권 침해중지요청을 통보받은 때부터 원고의 저작재산권 침해에 대한 고의 또는 과실이 인정된다고 본 원심의 판단은 정당한 것으로 수긍이 가고, 거기에 논리와 경험의 법칙에 반하여 자유심증주의의 한계를 벗어나는 등의 위법이 없다.

　　▷NOTE : 위 판결은 이른바 '무의식적 의거'(§27-8 각주 참조)에 의한 무의식적 침해도 있을 수 있음을 인정하는 입장에 서서, 위 사안의 경우 그러한 무의식적 침해가 이루어졌을 가능성을 염두에 두고, 음악저작물의 특성과 피고의 음악가로서의 활동 상황 등에 비추어 그 침해에 최소한 과실이 있다고 인정한 사례이다.

§28-26-3

❖서울중앙지방법원 2014. 2. 20. 선고 2012가합106749 판결

　　피고 A극장이 도급인으로서 민법 제757조의 불법행위책임을 부담하는지에 관하여 살피건대, 도급인은 도급 또는 지시에 관하여 중대한 과실이 없는 한 수급인이 그 일에 관하여 제3자에게 가한 손해를 배상할 책임이 없고(민법 제757조), 여기에서 '중대한 과실'이라 함은 '통상인에게 요구되는 정도인 상당한 주의를 하지 않더라도 약간의 주의를 한다면 손쉽게 위법·유해한 결과를 예견할 수가 있는 경우임에도 만연히 이를 간과함과 같은, 거의 고의에 가까운 현저한 주의를 결여한 상태'를 말하며(대법원 2005. 1. 27. 선고 2002도965 판결 등 참조), 다만 도급인이 수급인의 일의 진행 및 방법에 관하여 구체적인 지휘·감독권을 유보한 경우, 도급인과 수급인의 관계는 실질적으로 사용자 및 피용자의 관계와 다를 바 없으므로 수급인이나 하수급인이 고용한 제3자의 불법행위로 인한 손해에 대하여 도급인은 사용자 책임을 면할 수 없다(대법원 2003. 10. 23. 선고 2002도446 판결 등 참조).

　　살피건대, [증거에 의하면] 이 사건 원고 디자인이 산업디자인전 전람회 도록에 수록되어 있었고, 원고는 여러 번에 걸쳐 자신의 전시회를 개최한 사실, 원고는 이 사건 원고 디자인을 포함하여 자신이 제작한 디자인에 대한 제작계약을 체결한 적이 여러 차례 있고, 이 사건 원고 디자인은 인터넷검색을 통하여 찾아볼 수 있는 사실을 인정할 수 있다. 그러나 위 인정사실만으로는 피고 A극장이 약간의 주의를 한다면 손쉽게 저작권 침해의 결과 등을 예견할 수가 있었다거나 피고 B에게 도급 또는 지시를 함에 있어 거의 고의에 가까운 현저한 주의를 결여하였다고 보기 부족하고 달리 이를 인정할 만한 증거가 없다. 나아가 피고 A극장이 이 사건 저작물 공급계약을 체결하기 이전에 피고 B와 함께 이 사건 피고들 디자인에 관한 회의를 열고 의견을 제시한 사실은 앞서 본 바와 같으나, 그러한 사실만으로 피고 B 또는 그 직원이 실질적으로 피고 A극장의 피용자인 지위에 있었다고 인정하기에 부족하고, 달리 이를 인정할 증거가 없다.

　　▷NOTE : 민법 제757조는 "도급인은 수급인이 그 일에 관하여 제삼자에게 가한 손해를 배상할

책임이 없다. 그러나 도급 또는 지시에 관하여 도급인에게 중대한 과실이 있는 때에는 그러하지 아니하다"고 규정하고 있다. 한편 위 판결에서도 언급하고 있는 바와 같이, 도급인이 수급인의 일의 진행 및 방법에 관하여 구체적인 지휘·감독권을 유보한 경우, 도급인과 수급인의 관계는 실질적으로 사용자 및 피용자의 관계와 다를 바 없으므로 수급인이나 하수급인이 고용한 제3자의 불법행위로 인한 손해에 대하여 도급인은 사용자 책임을 면할 수 없다는 것이 대법원 판례의 입장이다. 위 판결은 제757조 단서에서 규정하고 있는 '중대한 과실'이 있는 경우나 위 판례에 따라 사용자책임을 져야 하는 경우에 해당하지 않아 도급인에게 수급인의 저작권침해에 대한 책임이 인정되지 않는 것으로 본 사례이다.

❧서울중앙지방법원 2018. 11. 9. 선고 2017가합554589 판결   §28-26-1

을가 1호증의 기재에 의하면, 원고는 2015. 8.경 피고 A를 저작권법위반 혐의로 고소하였는데 2016. 7. 29. 인천지방검찰청 검사는, 피고 A는 지인 B를 통하여 이미지 제작을 의뢰하여 대금을 지급하고 이미지 파일을 받았다고 주장하는바, 위 피고로부터 이미지 제작을 의뢰받아 사람을 소개시켜주었다는 E의 진술 및 위 피고가 E에게 이미지 제작대금을 이체한 거래내역이 존재하고, 또한 위 피고는 피고 상표 출원 당시 F 법무법인에 위 이미지의 상표등록 가부를 문의한 후 문제가 없다는 답변을 받고 상표를 출원하였으므로, 저작권 침해의 범의를 인정하기 어렵다'는 이유로 혐의 없음 처분을 한 사실이 인정되기는 한다.

민사상 불법행위에 있어서 고의는 일정한 결과가 발생하리라는 것을 알면서 감히 이를 행하는 심리상태로서, 객관적으로 위법이라고 평가되는 일정한 결과의 발생이라는 사실의 인식만 있으면 되고 그 외에 그것이 위법한 것으로 평가된다는 것까지 인식하는 것을 필요로 하는 것은 아니다(대법원 2002. 7. 12. 선고 2001다46440 판결 참조). 한편 불법행위에 있어서 과실은 사회생활상 통상적으로 요구되는 정도의 주의를 다하였다면 일정한 결과의 발생을 인식할 수 있었거나 그러한 결과를 회피할 수 있었는데도 그러한 주의의무를 다하지 아니하고 행위를 하는 심리상태를 말한다.

살피건대, 갑 2 내지 6호증, 을가 1호증의 각 기재에 변론 전체의 취지를 더하여 알 수 있는 다음과 같은 사정들, 즉 ○ 이 사건 도안은 이 사건 사이트에 2011. 6. 14. 이후 계속 공표되어 있었고, 위 사이트에는 누구나 쉽게 접근가능하였던 점, ○ 피고 A는 C 피고 상표를 출원할 당시 F 법무법인에 상표출원 가부를 문의하였는데, 당시 위 법무법인의 팀장 G는 위 피고에게 '피고 상표는 이 사건 도안상 장어 머리의 모자를 왕관으로 바꿨기 때문에 이미지가 서로 동일하지 않고, 상표등록이 마쳐지면 저작권 침해라고 볼 수 없다'라는 취지로 답변하였는바, 이에 비추어 보면 피고 A는 피고 상표를 출원할 무렵 이미 원고가 저작권을 가진 이 사건 도안이 존재하고 그 도안과 피고 상표가 유사하다는 사정 및 피고 상표가 이 사건 도안의 저작권을 침해할 가능성이 있다는 것을 인식하였던 것으로 보이는 점, ○ 피고 A가 위와 같이 피고 상표의 사용에 의하여 이 사건 도안에 관한 원고의 저작권을 침해하는 객관적 결과가 발생하게 됨을 인식한 것은 분명하고, 위 피고가 G의 설명만 듣고 만연히 위법성의 평가를 잘못 하였다고 하더라도, 위 피고의 그러한 위법성의 착오에 정당한 이유가 있다고 보기도 어려운 점, ○ 피고 A는 피고 상표 출원 이후 원고로부터 저작권 침해임을 고지받았음에도 100만 원에 피고 B에게 피고 상표 출원인 지위를 양도한 점 등을 종합하여 보면, 피고 A가 피고 상표를 사용함으로써 이 사건 도안에 관한 저작권을 침해한 행위에 대하여 위 피고에게 적어도 과실이 있다고 봄이 타당하다.

▷NOTE : 우리 판례에 의하면, 저작물 이용의 위법성 여하에 대하여 법무법인의 자문을 받았다고 하여 고의나 과실이 부정되는 것은 아니라고 본다. 위 판결의 경우에는 다른 사정들도 고려되어 고의는 부정되었지만, 법무법인 자문으로 인하여 위법성의 평가를 잘못하였다고 하더라도 위법성의 착오에 정당한 이유가 없다고 보는 것을 전제로 다른 사정들을 종합하여 피고 A의 과실을 인정하는 결론을 내리고 있다.

3. 과실의 추정

§28-27   저작권법 제125조 제 4 항은 "등록되어 있는 저작권·배타적발행권·출판권·저작인접권 또는 데이터베이스제작자의 권리를 침해한 자는 그 침해행위에 과실이 있는 것으로 추정한다"고 규정하고 있다.

이 규정에 의하여 저작권 등의 침해행위의 주관적 요건인 '의거관계'가 추정되는 것은 아니고, 과실이 추정될 뿐이므로, '의거관계'가 인정되어 저작권의 침해행위가 있는 것으로 인정되는 것을 전제로 하여 그것에 관여한 사람의 과실 여부를 판단할 때 적용될 것이다.1

---

1 우리나라 판례 중에 이 규정에 따라 과실이 추정되고 그 추정이 번복되지 않은 것으로 인정된 사례가 있어 소개한다. 서울동부지방법원 2016. 1. 22. 선고 2015가단118596 판결 : "1) 살피건대 저작권법 제125조 제 4 항에 의하면, 등록되어 있는 저작권의 권리를 침해한 자는 그 침해행위에 대하여 과실이 있는 것으로 추정되는데, 피고 회사의 컴퓨터에 이 사건 프로그램들이 무단으로 설치되어 있던 점에 비추어 보면, 피고 회사가 원고들의 저작권을 침해하였음이 명백하므로 피고 회사의 과실이 추정된다. 따라서 피고 회사는 저작권법 제125조 및 민법 제750조에 따라 위 저작권 침해의 불법행위로 인한 모든 손해를 배상할 의무가 있다.
 2) 이에 대하여 피고는, 회사 운영에 필요한 컴퓨터를 구입할 당시 컴퓨터를 구입한 업체로부터 이 사건 프로그램이 설치된 상태로 컴퓨터를 인도받았으므로 이 사건 프로그램이 무단으로 설치된 사실을 알지 못했다고 주장하면서, 저작권법 제124조 제 1 항 제 3 호에 따른 저작권 침해행위가 없었다고 다툰다. 그러나 피고가 주장하는 사정만으로 위 법 제125조 제 4 항의 과실추정이 번복될 수 없으므로, 위 주장은 받아들일 수 없다. 특히 만약 피고가 컴퓨터 구매업체로부터 이 사건 프로그램이 설치된 상태로 매수하였다면, 이 사건 프로그램의 가격이 위 컴퓨터 구입가격에 반영되어 있어야 하고, 이러한 가격은 매매계약서 등에 표시되어 있어야 하며, 피고는 당연히 이 사건 변론과정에서 증거로 이러한 매매계약서나 판매처의 확인서 등을 제출하였어야 했다. 그럼에도 이러한 서류를 전혀 제출하지 못하고 있는 이상, 피고의 주장대로 컴퓨터 판매업체가 무단복제된 프로그램을 설치하였다고 하더라도, 피고는 이 사건 프로그램에 대한 별도의 대가를 치르지 않은 점에 비추어 무단복제된 제품이 설치된 사실을 미필적으로는 알았다고 봄이 상당하다. 또한 이 사건 프로그램들은 컴퓨터로 사무업무를 수행하기 위해서는 반드시 필요한 프로그램인 바, 피고가 이러한 프로그램들을 2015. 4.경에서야 정식으로 구매하였다는 사실만으로, 피고가 이러한 저작권 침해사실을 알았음을 넉넉히 추인할 수 있다. 따라서 피고의 위 주장은 받아들일 수 없다."

4. 손해액의 산정

(1) 민법상의 일반원칙에 의한 산정

저작권법은 제125조 제 1 항 내지 제 3 항에 손해액산정에 관련된 규정을 두고 있지만, 그것 §28-28
은 입증의 부담을 경감하기 위한 민법의 특칙일 뿐이므로 저작권법상의 권리자는 이를 원용하지
아니하고 바로 민법의 법리에 따라 권리침해로 자신이 입은 손해액을 산정하여 청구할 수도 있
다. 즉 그것은 권리침해행위와 상당인과관계 있는 소극·적극의 모든 손해를 산정함을 의미하며,
침해자가 얻은 이익의 범위로 제한되는 것도 아니다. 소극적 손해는 이른바 상실소득을 말하며,
예컨대 원고의 출판물을 표절한 피고의 책이 출판됨으로써 원고의 출판물의 판매량이 감소함으
로 인하여 생긴 손해[1]로서 <감소된 판매량×단위당 순이익>의 산법으로 계산되는 것 등이고,
적극적 손해로서는 침해조사비용 등이 인정될 수 있을 것이다.[2] 그런데 침해행위로 인하여 감소
된 판매량의 산정은 시장여건의 변화, 소비자의 기호변화, 광고비투입 여부 및 침해자의 상업적
재능 등 다양한 변수가 내재되어 있기 때문에 침해자의 판매량증가와 저작권자의 판매량감소 사
이에 인과관계를 입증하는 것 자체가 극히 어려운 경우가 많고, 단위당 이득액을 산정하기 위해
서는 총판매액으로부터 제조원가·인건비·광고선전비·운임·포장비 등을 감액하여 산출한 순이
익을 판매량으로 나누어야 하는데, 그 산정도 매우 어렵다.[3] 따라서 대개의 경우 다음 항과 같은
저작권법의 추정규정 등에 의해 손해액의 산정을 하고 있다.

(2) 저작권법의 추정규정 등에 의한 산정

(가) 침해자 이익의 손해액추정

저작권법 제125조 제 1 항에서는 저작재산권을 침해한 자가 침해행위로 인하여 받은 이익액 §28-29
을 저작재산권자 등이 입은 손해액으로 추정하고 있다. 이 규정이 손해의 발생 자체를 추정하는
것은 아니라고 하여 저작권자가 스스로 그 저작물인 책을 출판하지 않고 있는 경우에는 본 항의
규정에 의해 추정되는 손해액을 청구할 수 없다고 하는 견해가 있으나,[4] 저작권 침해행위가 있
으면 아직 책을 출판하기 전이라고 하더라도 손해의 발생이 추정될 수 있을 것이므로 위 견해는
타당하지 않다고 생각된다.[5] 다만 저작재산권자가 권리설정에 대한 대가를 정액으로 받고 배타

---

1 예가 많지는 않지만 이러한 손해를 주장하여 청구하는 경우가 있다. 이른바 "테레사의 연인"사건(서울지방법원 남부
　 지원 1989. 12. 8. 선고 88가합2442 판결(한국저작권판례집, 163~173면))의 원고가 소설저작권침해에 관하여 그러한
　 주장을 하였지만, 침해사실 자체가 인정되지 않아 그에 대한 법원의 판단이 이루어지지는 않았다.
2 장수길, "지적소유권의 침해에 따른 손해배상," 인권과 정의 제178호, 107~109면 참조.
3 정재훈, "저작권침해에 대한 손해배상 – 입법론을 중심으로," 법조 1997년 3월호(통권 제486호), 95~96면 참조.
4 池原季雄·齊藤博·半田正夫編, 전게서, 198면 참조.
5 東京地裁 昭和 59. 8. 31. 판결(判例體系 無體財産權法 V-이하 체계라고만 표시한다, 4359의 12면). 특허법의 경우

적 발행권이나 출판권을 설정한 경우에는 그와 같이 배타적 권리가 설정된 범위 안에서 침해가 발생하였을 때 배타적 발행권자나 출판권자에게 '손해'가 있는 것으로 인정됨에 따라 저작재산권자에게는 '손해'가 인정되지 않는 것으로 보아야 할 예외적인 경우가 있을 수는 있을 것으로 생각된다. 그렇지만, 단순히 제3자에게 '독점적 이용허락'만 한 경우에는 그것을 이유로 저작재산권자에게 손해가 없다고 할 수 없을 것이다.[1]

또한 2차적저작물을 작성한 저작자가 원저작자의 허락을 받지 못한 경우에도 자신이 새로운 창작성을 부가한 부분에 대하여 저작자로서의 권리를 가지고 이를 제3자에게도 행사할 수 있는 것으로 보아야 할 것인바, 그 경우에 원저작자의 허락이 없다는 것만으로 2차적저작물 저작자에게 제3자의 무단이용으로 인한 손해가 없다고 할 수는 없다(§5-24-1 참조).[2]

권리자는 이 규정에 의한 추정을 원용하는 경우에도 침해자의 이익을 입증하여야 하는데, 그 입증도 그다지 쉽지는 않은 경우가 많을 것이다. 일본과 우리나라의 기존판례를 살펴보면 ① 출판권침해에 의한 손해액을 침해자가 얻은 이익액에 기해 산정하는 경우, 판매가격에서 제판·인쇄·제본까지의 경비 및 그 20%로 인정되는 일반관리비를 공제한 액이 침해자가 얻은 이익액이라고 한 예,[3] ② 가게에서 음악테이프를 무단녹음·복제하여 고객에게 그 복제물을 대여하는 행위로 저작권 침해를 한 자가 그 테이프 1개당 500엔의 대여료를 받고 있을 경우 대여료에서 테이프의 감가상각비 등으로 대여료의 20%를 공제한 금원이 침해자가 얻은 이익액이라고 한 예,[4] ③ 저작권자의 허락 없이 행해진 회화의 복제에 의한 저작권 침해행위에 있어서 복제물이 게재된 서적의 판매가격의 30%가 이익액인 것으로 인정되는 경우 그 회화의 '기여율'이 5%로 인정된

에는 특허법상의 손해액 추정 규정이 손해발생 사실까지 추정하게 하는 것은 아니라고 보는 것이 다수설의 입장이다 (정상조·박성수 편, 특허법 주해(II), 박영사, 2010, 220면 참조). 그러나 저작재산권의 경우에는 그 성격이 산업재산권과는 다른 면이 있으므로 특별한 반대사실의 입증이 없는 한 손해의 발생사실도 손해액 추정규정에 의하여 추정되는 것으로 보는 것이 타당하지 않을까 생각된다.

1 대법원 2011. 6. 9. 선고 2009다52304 판결 참조.

2 서울동부지방법원 2013. 8. 28. 선고 2013가합4997,5006 판결도 다음과 같이 판시하여 동일한 취지를 표명하고 있다. "피고 B는 원고가 이 사건 원저작물의 저작권자에 대한 관계에서 번역본인 이 사건 번역서를 출판할 권원 내지 권리가 없으므로 대상 번역저서의 출판으로 인해 원고에게 어떤 손해가 발생할 여지가 없다고 주장하므로 살피건대, 피해자의 저작이 원저작물과의 관계에서 이것을 토대로 하였다는 의미에서의 종속성을 인정할 수 있어 소위 2차적 저작물에 해당한다 할지라도 원저작물의 저작권자에 대한 관계에서 저작권 침해로 되는 것은 별문제로 하고 저작권법상 2차적 저작물로서 보호되는 것인바(대법원 1995. 11. 14. 선고 94도2238 판결 참조), 설령 원고가 원저작자에 대한 관계에서 더 이상 이 사건 번역서를 출판할 권리가 없다고 하더라도 이 사건 번역저작물에 관한 저작권은 저작권법에 따라 보호되므로, 원고에게 저작권 침해로 인한 손해가 발생할 여지가 없다고 할 수는 없다. 따라서 피고 B의 위 주장은 이유 없다."

3 東京地裁 昭和 57. 3. 8. 판결(체계 4359의 5면). 그리고 서울민사지방법원 1992. 6. 5. 선고 91가합39509 판결 참조 : "피고가 침해행위에 의하여 받은 이익은 저작권의 이용 그 자체가 아니라 침해자가 저작권을 이용한 결과로 얻은 구체적 이익을 의미하는데, 이는 매출액에서 매출원가 및 통상소요경비인 판매비 및 관리비를 공제한 영업이익을 기준으로 함이 상당하고…"

4 高松地裁 昭和 60. 3. 29. 판결(체계 4359의 13면).

다 하여 이에 의해 이익액을 산정한 예,[1] ④ 피고가 원고의 서적을 부분적으로 복제하여 제작한 서적을 판매한 경우에 대하여 증거에 의하여 피고가 얻은 이익액을 역시 판매가격의 30%라고 인정한 다음 <서적값×판매부수×무단이용부분의 비율×이익 30%>의 산식으로 피고의 이익액을 산정한 예[2] 등이 있다. 위와 같은 기존 판례의 입장 중 특히 이익액을 산정하기 위해 '일반관리비'를 공제하는 입장은 위 규정에서 말하는 '이익'의 개념에 대하여 이른바 '순이익설'에 해당하는 입장을 취하는 것을 전제로 한 것이라 할 수 있다. 그러나 특허법상의 유사한 규정에 대한 최근의 해석론에 의하면 위와 같은 순이익설은 권리자의 입장에서 비용을 이중으로 공제당하는 결과가 되어 부당한 산정방식이므로 일반관리비 등을 공제하지 않고 변동비만 공제하는 것이 타당하다고 하는 '한계이익설'이 유력한 것으로 보인다.[3] 예를 들어 저작권침해가 없다면 음반 1만개를 판매할 수 있을 것으로 생각하고 그에 대한 제반 비용을 들여 사업을 준비하였는데, 저작권침해로 인해 판매량이 5천 개로 줄어든 경우를 가정해 보면, 음반 1개당 변동비(재료비 및 제작비용 등)는 공제할 필요가 있지만, 이미 들인 일반관리비까지 공제하는 것은 권리자 입장에서 매우 부

---

1 東京地裁 昭和 59. 8. 31. 판결(체계 4359의 13면). 이와 마찬가지 취지에서 불단조각의 복제에 의한 침해에 있어 佛壇價格 중 불단조각가격이 점하는 비율은 2할을 하회하지 않는다고 하여 불단 1대의 판매이익금의 2할로 침해자의 이익을 산정한 예는 전게 神戸地裁 姫路支部 昭和 59. 7. 9. 판결(체계 4359의 2면). 우리나라 하급심 판결 중에도 저작물 중 침해된 부분의 전체 저작물의 사용대가에 대한 기여도를 적절히 책정하고자 한 사례들을 찾을 수 있다. 서울고등법원 2013. 1. 23. 선고 2012나24707 판결이 그러한 예로서, "피고 대비 부분이 피고 음악저작물에서 차지하는 비율이 산술적으로는 20마디/86마디에 불과하지만, 피고 대비 부분은 곡의 전반부에 배치된 후렴구로서 이를 반복함으로써 청중들에 대한 인지도를 높이는 효과를 내고 전체 곡의 성격에 있어 상당한 비중을 차지하는 점, 피고 대비 부분을 제외한 나머지 부분의 비중과 인지도 등을 종합적으로 고려하면, 피고 대비 부분의 비중은 피고 음악저작물에서 기여도가 40% 정도라고 판단된다"고 판시하였다(이 판결은 상고심에서 다른 이유로 파기되었다. 대법원 2015. 8. 13. 선고 2013다14828 판결, §4-14-3 참조).

2 서울고등법원 1998. 7. 15. 선고98나1661 판결. 유사한 예로서 서울지방법원 1998. 5. 29. 선고 96가합48355 판결은 저작물을 출판, 판매할 경우의 이익률을 25%로 보아 동일한 산식을 적용하였다. 또한 서울지방법원 2001. 1. 12. 선고 98가합91391 판결은 "편집저작권의 침해로 인하여 피고들이 원고에게 배상하여야 할 손해액은 이 사건 침해저작물의 매출액에서 통상 소요되는 제작비와 인건비 등의 비용을 공제한 영업이익액에 위 침해저작물 중 원고의 저작부분이 차지하는 비율을 곱한 액수라고 봄이 상당하다"고 판시하였다.

3 정상조·박성수 편, 특허법 주해(II), 박영사, 2010, 229~231면 참조. 참고로, 다음의 대법원 판결들이 지적재산권 침해를 원인으로 한 손해배상에 대하여 한계이익설의 입장에 따른 것이라고 보는 견해가 있다. 김상중, "지적재산권 침해로 인한 손해배상책임", 재산법연구 제31권 제 3 호, 276면.

▲ 대법원 2006. 10. 13. 2005다36830 판결 : 의장권 등의 침해로 인한 손해액의 추정에 관한 구 의장법(2004. 12. 31. 법률 제7289호 디자인보호법으로 개정되기 전의 것) 제64조 제 1 항 본문에서 말하는 '단위수량당 이익액'은 <u>침해가 없었다면 의장권자가 판매할 수 있었을 것으로 보이는 의장권자 제품의 단위당 판매가액에서 그 증가되는 제품의 판매를 위하여 추가로 지출하였을 것으로 보이는 제품 단위당 비용을 공제한 금액</u>을 말한다.

▲ 대법원 2008. 3. 27. 2005다75002 판결 : 상표법 제67조 제 2 항은 권리를 침해한 자가 그 침해행위에 의하여 이익을 받은 때에는 그 이익의 액을 권리자가 받은 손해의 액으로 추정한다고 규정하고, 같은 조 제 3 항은 침해된 등록상표의 사용에 대하여 통상 받을 수 있는 금액에 상당하는 액을 권리자가 받은 손해의 액으로 하여 손해배상을 청구할 수 있다고 규정하고 있으므로, 상표권자 혹은 전용사용권자로서는 침해자가 상표권 침해행위로 인하여 얻은 수익에서 상표권 침해로 인하여 추가로 들어간 비용을 공제한 금액, 즉 침해자의 이익액을 손해액으로 삼아 손해배상을 청구하거나 혹은 상표권자가 다른 사람에게 침해기간, 침해수량 등에 상응하는 상표의 사용을 허락하는 데 대한 통상적인 대가를 손해배상액으로 청구할 수 있다.

제8장 저작권의 침해와 구제

당하게 생각될 수 있는 면이 있는 것이 사실이다. 따라서 위와 같은 한계이익설을 취하는 것이 저작재산권의 적정한 보호를 위해서도 타당한 것으로 생각된다. 향후 저작권 분야에서도 위와 같은 한계이익설의 입장이 분명하게 정립될 수 있기를 기대한다.[1] 그런데 위 규정은 추정규정이므로 권리자가 권리침해로 인하여 입은 손해가 침해자의 이익에 비하여 적다는 것을 입증하면 추정이 번복될 수 있다. 그럴 경우 침해자는 자신이 얻은 이익 중 일부만을 반환하고 나머지 이익은 그대로 취할 수 있게 된다. 하급심판결 가운데 이익액을 산정함에 있어서 침해자 자신의 지명도 및 능력이 이익액에 기여한 부분이 있을 경우에는 그에 상응하는 부분을 이익액에서 공제하여야 한다고 한 사례[2]가 있는데 위와 같은 법리를 전제로 한 것이라 할 수 있다. 침해행위의 억제라는 목적론적 견지에서 침해자가 침해행위를 통해 얻은 이익을 저작권자가 입은 손해액과 관계없이 전액 반환하게 하는 입법의 필요성을 검토해 볼 필요가 있다고 생각한다.[3]

(나) 통상 받을 수 있는 금액에 상당하는 액의 손해액간주

§28-30   저작권법 제125조 제2항은 "저작재산권자 등이 고의 또는 과실로 그 권리를 침해한 자에 대하여 그 침해에 의하여 자기가 받은 손해의 배상을 청구하는 경우에 그 권리의 행사로 통상 받을 수 있는 금액에 상당하는 액을 저작재산권자 등이 받은 손해의 액으로 하여 그 손해배상을 청구할 수 있다"고 규정하고 있다.

법문에 의하여 파악할 때, 이 규정은 제1항에 의한 침해이익의 손해액 추정 규정과 사이에

---

1 서울고등법원 2012. 10. 24. 선고 2011나96415 판결은 다음과 같이 판시함으로써 '한계이익설'을 뚜렷이 표명하였다.
  "원고는 저작권법 제125조 제1항에 따라 피고가 얻은 이익이 원고의 손해액으로 추정되므로 2007. 6. 1.부터 2010. 9. 30.까지의 피고 이익 7,098,084원(총 판매금액 15,251,400원 - 유통 대행비 2,287,710원 - 상품제작비 5,865,606원)을 배상하여야 한다고 주장한다.
  살피건대, 을 제1, 7 호증, 제9 호증의 1∼24의 각 기재와 제1심법원의 사단법인 한국음악저작권협회장에 대한 사실조회 결과에 변론 전체의 취지를 종합하면, 이 사건 음반의 출고가격은 7,400원(부가가치세 별도)인데 피고가 신나라뮤직에 지급하는 판매대행수수료는 출고가격의 15%인 사실, 피고는 이 사건 음반과 영상물 제작과 판매에 관하여 2007년부터 2010년까지 사단법인 한국음악저작권협회에 1,409,389원의 저작권료(= CD 755,941원 + DVD 653,448 원)를 지급한 사실, 이 사건 음반과 영상물에 관한 2007. 6. 1.부터 2010. 9. 30.까지 총 판매금액은 15,251,400원(= 2,061개 × 7,400원 : 부가가치세 제외)이고, 신나라뮤직의 유통대행비는 2,287,710원(= 15,251,400원 × 15%)이며, 저작권 인지료를 포함한 상품 제작비 등으로 5,865,606원이 지출된 사실이 인정되나, <u>위 인정 사실만으로 피고의 매출액에서 변동비용을 공제한 한계이익을 산정할 수 없을 뿐 아니라 그 한계이익 중 이 사건 영상물의 기여도를 객관적으로 산술적으로 평가하는 것이 적절하지 아니하는 등 저작권법 제125조 제1항을 근거로 그 손해액을 산정할 수 없다.</u>"
2 서울고등법원 1995. 10. 17. 선고 95나18736 판결 참조.
3 同旨 정재훈, 전게논문, 99면. 이론적으로는 '준사무관리'를 근거로 할 수 있을 것으로 생각된다. 준사무관리란 사무관리의 다른 요건은 충족하지만 '타인을 위한 관리 의사'라는 요건을 결한 경우에도 권리자의 이익을 위해 사무관리의 규정을 준용함으로써 관리자가 취한 이익을 그 비용만 공제하고 권리자가 모두 회수할 수 있도록 하는 취지의 법리를 뜻한다. 독일 민법은 이를 입법적으로 규정하고 있으나 우리 민법상으로는 명문의 규정이 없어 해석상으로 이를 인정할지에 대하여 학설이 대립하고 있다. 참고로, 미국 저작권법 504(a)는 (준사무관리의 법리와 관계없이) 손해를 초과하는 이익의 환수가 가능하도록 규정하고 있다.

선택적 관계에 있음이 분명하다. 이것은 2000년 1월의 저작권법 개정에 의하여 처음 수정된 부분으로서, 개정 전에는 법문의 애매한 표현 때문에 현행법 제125조 제 1 항에 해당하는 개정 전 저작권법 제93조 제 2 항과 현행법 제125조 제 2 항에 해당하는 개정 전 저작권법 제93조 제 3 항 사이의 관계에 대하여 해석론상의 대립이 있었다. 즉, 개정 전 저작권법 제93조 제 3 항에서 "제 2 항에 의한 손해액 외에 그 권리의 행사로 통상 얻을 수 있는 금액에 상당하는 액을 손해액으로 하여 그 배상을 청구할 수 있다"고 규정하고 있는 것과 관련하여, "제 2 항에 의한 손해액 외에"라는 말을 "제 2 항의 규정에 의한 손해에 첨가하여"의 의미로 보아 <침해자의 이익액＋통상손해액>의 합산액을 청구할 수 있다는 견해(합산설)와 "제 2 항의 규정에 의한 손해액에 갈음하여"의 의미로 보아 이 양자를 선택적으로 청구할 수 있다고 보는 견해(선택설)로 크게 나누어져 있었고, 판례는 "제 2 항에 의한 금액과 제 3 항에 의한 금액 중 더 많은 금액을 한도로 하여 선택적으로 또는 중첩적으로 손해배상을 청구할 수 있다"는 입장을 취하고 있었다.[1] 개정법은 양자 사이의 관계에 대하여 기본적으로는 선택설의 입장을 채택하여 그 관계를 분명히 정리하면서, 다만 제 3 항에서 "제 2 항의 규정에 불구하고 저작재산권자 등이 받은 손해의 액이 제 2 항의 규정에 의한 금액을 초과하는 경우에는 그 초과액에 대하여도 손해배상을 청구할 수 있다"고 하는 보충적인 규정을 두고 있다.

다시 돌아와 개정 후의 저작권법 제125조 제 2 항의 규정에 대하여 살펴보면, 이 규정에서 권리의 행사로 통상 받을 수 있는 금액에 상당하는 액이라 함은 침해자가 저작물의 사용 허락을 받았더라면 사용대가로서 지급하였을 객관적으로 상당한 금액을 말한다.[2] 원고료·인세[3]·사용료·출연료 등의 이름으로 지급되는 금액으로서 일반화되어 있는 가액이 일응 표준이 된다. 그러나 문단이나 화단의 대가 또는 인기가수 등이 일반의 표준액보다 수십 배의 대가를 받는 점을 감안하여 권리자 자신이 통상적으로 받고 있는 대가가 따로 있다면, 그것이 곧 이 규정의 '통상 얻을 수 있는 금액'이 된다고 해석한다.[4] 이미 제 3 자에게 이용허락을 하고 있었던 경우라면 그 약

§28-31

---

1 대법원 1996. 6. 11. 선고 95다49639 판결.

2 대법원 2001. 11. 30. 선고 99다69631 판결, 대법원 2013. 6. 27. 선고 2012다104137 판결 등. 대법원 판례가 이와 같이 "침해자가 저작물의 사용 허락을 받았더라면 사용대가로서 지급하였을 객관적으로 상당한 금액"을 뜻하는 것으로 보는 것은 이 규정에 포함된 '통상'이라는 단어의 의미에 구애받지 않고 구체적인 사안에서 객관적으로 상당한 사용료액을 인정하고자 하는 취지를 표명한 것이라 할 수 있다. 참고로 일본의 경우는 우리 저작권법과 마찬가지로 "통상 받을 수 있는 금액"이라고 규정하고 있다가 2001년 개정법에서 '통상'이라는 단어를 삭제하는 수정을 하였다(현 일본 저작권법 제114조 제 3 항 : 저작권자 또는 저작인접권자는 고의 또는 과실에 의하여 그 저작권 또는 저작인접권을 침해한 자에게 그 저작권 또는 저작인접권의 행사에 대해 받아야 하는 금전의 액에 상당하는 액을 자신이 받은 손해액으로 하여 그 배상을 청구할 수 있다). 우리 저작권법이 위와 같이 개정되지 않더라도 해석상 '통상'이라는 단어에 얽매이지 않는 해석을 하고 있으므로 결과적으로는 차이가 없는 셈이다.

3 서울고등법원 1987. 8. 21. 선고 86나1846 판결은 피고들이 펴낸 책이 원고의 저작물을 군데군데 표절했다고 인정한 후 〈피고들의 책값×발행추정부수×표절부분의 비율×10%의 인세율〉의 산식으로 손해액산정을 하였다.

4 장인숙, 전게서, 268면. 대법원 2001. 11. 30. 선고 99다69631 판결 : 구 저작권법(2000. 1. 12. 법률 제6134호로 개정

정사용료가 일응의 기준으로 참작될 수 있을 것이나, 유사한 조건의 이용허락계약이 많이 체결되었는지, 침해자의 침해행위가 이용허락계약에 터잡은 이용행위와 유사한 것인지 여부 등을 고려할 필요가 있다.[1] 저작권자가 침해행위와 유사한 형태의 저작물 이용과 관련하여 저작물이용허락계약을 체결하고 사용료를 받은 사례가 반드시 저작권침해 행위 이전의 것이어야 하거나 2회 이상 있어야 되는 것은 아니다.[2] 그러한 사례가 존재하지 않을 경우에는 그 당시에 만약 이용허락계약이 있었더라면 사용료로 결정되었을 가정적인 금액으로 하되 유사한 다른 저작물에 대한 사용료 등 여러 사정을 종합하여 산정하여야 할 것이다.[3][4] 일반적인 인세·사용료·출연료의 기

---

[1] 되기 전의 것) 제93조 제 3 항은 저작재산권자 등은 제 2 항의 규정에 의한 손해액 외에 그 권리의 행사로 통상 얻을 수 있는 금액에 상당하는 액을 손해액으로 하여 그 배상을 청구할 수 있다고 규정하고 있는바, 여기서 권리의 행사로 통상 얻을 수 있는 금액에 상당하는 액이라 함은 침해자가 저작물의 사용 허락을 받았더라면 사용대가로서 지급하였을 객관적으로 상당한 금액을 말한다고 보아야 할 것이고, 음악저작물은 저작물에 따라 작품성과 대중 인기도에 차이가 있어 저작권자로서는 저작물을 사용하고자 하는 자와 사이에 저작물사용계약을 체결하면서 나름대로의 사용료를 정할 수 있는 것이므로, 저작권자가 당해 저작물에 관하여 사용계약을 체결하거나 사용료를 받은 적이 전혀 없는 경우라면 일응 그 업계에서 일반화되어 있는 사용료를 저작권 침해로 인한 손해액 산정에 있어서 한 기준으로 삼을 수 있겠지만, 저작권자가 침해행위와 유사한 형태의 저작물 사용과 관련하여 저작물사용계약을 맺고 사용료를 받은 사례가 있는 경우라면, 그 사용료가 특별히 예외적인 사정이 있어 이례적으로 높게 책정된 것이라거나 저작권 침해로 인한 손해배상청구 소송에 영향을 미치기 위하여 상대방과 통모하여 비정상적으로 고액으로 정한 것이라는 등의 특별한 사정이 없는 한, 그 사용계약에서 정해진 사용료를 저작권자가 그 권리의 행사로 통상 얻을 수 있는 금액으로 보아 이를 기준으로 손해액을 산정함이 상당하다.

[1] 서울민사지방법원 1993. 10. 15. 선고 92가합35610 판결(하급심 판결집, 1993년 제 3 집, 243면) : 토플시험을 주관하는 미국회사와 국내에서 시사영어잡지를 발행하는 회사간의 저작권침해사건에서 피고가 원고에게 저작권이 있는 토플영어시험문제들을 무단복제하여 출판하였다는 이유로 저작권침해를 인정하면서, 그 손해배상액을 위 3항 규정에 의한 '통상 권리의 행사로 인하여 얻을 수 있는 금액'을 기준으로 하여 1문항당 미화 10달러씩이라고 인정하였다. 법원은 이 금액을 산정하기까지 원고가 설정한 내부적인 사용료기준에 원고의 토플문제 제작동기 및 그 사용관계, 피고들의 저작권침해행위의 태양 및 동기, 침해의 방법 및 정도, 위 잡지의 추정판매부수 등 제반사정을 참작하였다.

원고가 주장하는 사용료가 저작권침해행위와 '유사한' 형태의 저작물 이용과 관련한 것에 대한 것이어야 하고, 그러한 '유사성'을 결여한 것이면, '통상 받을 수 있는 금액에 상당하는 액'이라고 할 수 없는바, 다음의 판례가 그러한 경우를 보여주고 있다.

서울동부지방법원 2018. 5. 4. 선고 2017나25019 판결 : " ··· 위 법리에 비추어 이 사건에 관하여 보건대, 앞서 든 증거들에 의하여 인정되는 다음과 같은 사정, 즉 원고가 청구하고 있는 이 사건 서체프로그램 구입비용 3,630,000원은 원고가 제작한 서체프로그램 214유형 491종 전체를 사용하는 기본계약(HU2015 OTF Basic Installation License)에 위 서체를 직접 판매 목적의 이미지 제작, 홈페이지 이미지 제작 등에 사용하는 추가 사용계약까지 포함하여 산정된 금액이라는 점을 고려하면, 원고가 제출한 증거들만으로는 원고 주장의 위 3,630,000원이 원고가 피고의 이 사건 침해행위와 유사한 형태로 이 사건 서체프로그램을 사용하게 하고 통상 받을 수 있는 금액이라거나 피고가 원고로부터 이 사건 서체프로그램의 사용에 대한 적법한 허락을 받았을 경우 그 대가로서 지급하였을 객관적으로 상당한 금액이라는 점을 인정하기에 부족하고 달리 이를 인정할 증거가 없으므로, 원고의 위 주장은 받아들일 수 없다."

[2] 대법원 2013. 6. 27. 선고 2012다104137 판결 참조.

[3] 정재훈, 전게논문, 105면 참조.

[4] 전게 서울고등법원 1984. 11. 28. 선고 83나4449 판결(K.B.S. 사건 판결)은 피고가 방송극 작가의 극본을 토대로 제작된 텔레비전 드라마의 녹화작품을 방영한 후 이를 복사하여 비디오 테이프로 판매한 사안에서 극작가의 극본저작권사용료를 산정함에 있어서 그러한 경우의 극본사용료에 관하여 일반적인 기준이 정하여진 바가 없음을 인정한 후 저서의 경우의 인세(10 내지 30%)와 레코드의 경우의 인세(10 내지 15%)를 참고하고, 극본저작의 동기, 피고들의 저작권침해행위의 태양 및 동기, 침해의 방법 및 정도 등 변론에 나타난 제반사정을 종합적으로 고려하여 그 저작권사용료율을 10%로 인정하였다.

준에 대하여는 그 지급에 관한 관습이 어떤지를 살펴보아야 할 경우가 많은데,[1] 이 경우의 관습은 이른바 사실인 관습이라 할 것이므로 증인의 증언에 의해 인정할 수도 있다.[2] 실무상 관련업계에 대한 자료를 가지고 있는 사회단체 등에 사실조회하는 것이 하나의 증거방법으로 활용된다. 저작권신탁관리단체인 한국음악저작권협회가 주무부처의 승인을 받아 제정한 저작권사용료징수규정에 의한 사용료는 통상의 음악저작물사용료에 대한 유력한 판단자료가 된다.[3] 마찬가지로 한국문예학술저작권협회가 회원들로부터 저작권을 신탁받아 관리하고 있는 소설들에 대하여 여러 출판사들과 출판계약을 체결하면서 원고지 1매당 얼마씩의 저작권이용료를 받아 온 경우에 이를 통상의 사용료로 인정한 사례도 있다.[4] 제 2 항 규정에 의한 손해액산정은 입증의 간편함 때문에 실무에서 많이 활용되고 있으나, 그야말로 법이 손해액의 최저한도로 인정한 것일 뿐 권리자의 실제손해액이나 침해자의 실제이익에 미치지 못하는 경우가 허다할 것이다.

침해 저작물과 관련하여 이전에 이용허락계약이 체결된 사례가 있더라도 그 허락된 이용행위와 침해행위가 일치하지 않을 경우나 경제상황의 변동이 현저하게 있는 경우 등에는 기존의 사용료를 통상적인 대가로 인정하기 어려울 것이다. 그러한 경우에 법원은 결국 제125조 제 2 항에 의한 손해배상액 산정이 어려운 경우에 해당하는 것으로 보아 제126조에 의하여 '상당한 손해액'(§28-32)을 인정하면서 위의 계약 사례 등은 참고자료로만 활용하는 경향을 보이고 있다.[5]

이 규정은 사실상 간주규정에 준하는 것으로서, 추정규정이 아니므로 손해액에 대한 다른 입증에 의하여 번복될 가능성은 없다. 다만, 저작권자와 배타적 발행권자 또는 출판권자 중에서 누가 손해를 입었는지, 양측이 모두 손해를 입었을 경우 그 손해액이 어떻게 배분, 귀속될 것인지에 대한 문제는 있을 수 있다.[6] 그 부분의 고려를 제외하면, 이 규정에 의한 금액은 해당 저작물의

---

1 "사자에씨"사건에 대한 東京地裁 昭和 51. 5. 26 판결은 증거에 의하여 캐릭터를 상품에 사용하는 것을 허락하는 계약에 있어서 그 사용료는 캐릭터가 사용되는 상품의 판매가격의 3%를 하회하지 않는 것이 업계의 관행이라고 인정하였다.

2 대법원 1969. 10. 28. 선고 15다1340 판결 참조.

3 "테레사의 연인" 사건에 관한 전계 서울지방법원 남부지원 1989. 12. 8. 선고 88가합2442 판결; '소리바다' 사건에 관한 전계 서울고등법원 2005. 1. 25. 선고 2003나80798 판결 참조.

4 서울고등법원 1996. 7. 12. 선고 95나41279 판결.

5 예컨대 서울동부지방법원 2013. 8. 28. 선고 2013가합4997,5006 판결은 다음과 같은 이유로 제126조에 따라 손해배상액 산정을 하고 있다.
　"원고는 저작권법 제125조 제 2 항에 따라 원고가 저작재산권의 행사로 통상 받을 수 있는 금액에 상당하는 번역료 4,000,000원을 손해액으로 하여 그 손해배상을 청구한다고 주장하므로 살피건대, 갑 제 1 호증의 기재에 변론 전체의 취지를 종합하면, 원고가 D에 대하여 이 사건 번역저작물에 관한 출판권 설정의 대가로 4,000,000원을 받은 사실이 인정되나, 이는 원고와 출판사 사이의 출판권 설정의 대가로서, 다른 특별한 사정이 없는 한 원고가 피고 B와 같은 다른 번역자들에게 이 사건 번역서의 이용을 허락할 때에도 같은 금액의 사용료를 받을 수 있다고 볼 수는 없고, 달리 원고가 권리의 행사로 다른 번역자들로부터 통상 4,000,000원을 받을 수 있다는 점에 관한 증거가 없으므로, 원고의 위 주장은 이유 없다."

6 예컨대 저작권자가 배타적발행권자나 출판권자로부터 정액의 대가를 모두 받은 상태에서 배타적발행권이나 출판권을 침해하는 행위가 있을 경우 저작재산권침해도 동시에 있다는 것을 부정할 수는 없지만(따라서 저작재산권자의 침해정

객관적 사용가치라고 보아야 하고 따라서 그것의 무단이용이 있을 경우 권리자 측에서는 최소한 그 금액만큼의 손해를 입은 것으로 보는 법적 평가가 위 규정의 전제가 된 것으로 보는 것이 타당할 것이다.[1]

한편, 정품 소프트웨어의 무단복제의 경우에 그 사용기간이 짧은 경우에도 그 소매가격을 통상적인 사용료로 볼 것인지가 문제인데, 저작재산권 보호의 규범적인 관점에서 엄격한 차액설의 입장을 완화하여 이를 긍정한 하급심판결(§28-31-1)이 있다는 것에 주의를 기울일 필요가 있다.[2]

지청구는 인정된다, §18-10, §18-60 참조), 그 경우 손해가 배타적발행권자 등에게 모두 귀속되어 저작재산권자에게는 손해가 없는 것으로 인정될 수 있다. 저작권자가 배타적발행권자 등으로부터 정액이 아니라 매출액 등에서 일정한 비율에 따른 대가를 지급받고 있을 경우에는 그 비율에 따라 손해액이 양측에 배분, 귀속될 수도 있을 것이다. 아무튼 위와 같이 저작재산권자에게 손해가 발생하지 않은 것으로 볼 수 있는 상황도 있다는 점을 감안하면, 저작권법 제125조 제 2 항의 법적 성질과 관련하여, 손해발생의제설을 취하기는 곤란하고, 손해액의 계산에 관한 규정이라고 보는 손해액계산규정설이 타당하다고 할 수 있다. 오승종, 저작권법(제 4 판), 박영사, 2016, 1586~1587면도 우리 저작권법 규정이 ' … 받은 손해의 배상'이라고 명시하고 있는 점을 들어, 손해의 발생까지 의제하는 규정이라고 보기는 어렵다고 하면서 해석론상 손해액계산규정설이 더 타당하다는 입장을 밝히고 있다. 다만 본서가 손해발생의제설을 취하지 않는 이유는 저작권자가 타인에게 배타적 발행권이나 출판권을 설정한 경우에는 손해가 없을 수도 있다는 것을 감안할 것일 뿐이고, 그러한 경우를 제외하면 손해의 발생 자체도 당연히 전제하고 있는 규정이라고 보는 것이 타당하다.

1 상표법의 경우에는 " … 손해배상을 청구하는 경우 그 등록상표의 사용에 대하여 통상 받을 수 있는 금액에 상당하는 금액을 상표권자 또는 전용사용권자가 받은 손해액으로 하여 그 손해배상을 청구할 수 있다"라는 상표법 제110조 제 4 항의 규정과 관련하여, 대법원판례가 "위 규정이 상표권의 침해 사실만으로 손해의 발생에 대한 법률상의 추정을 하거나 손해의 발생이 없는 것이 분명한 경우까지 손해배상의무를 인정하려는 취지는 아니므로, 침해자는 상표권자에게 손해의 발생이 있을 수 없다는 점을 주장·증명하여 손해배상책임을 면할 수 있다. 한편 상표권은 특허권 등과 달리 등록되어 있는 상표를 타인이 사용하였다는 것만으로 당연히 통상 받을 수 있는 상표권 사용료 상당액이 손해로 인정되는 것은 아니고, 상표권자가 상표를 영업 등에 실제 사용하고 있었음에도 상표권 침해행위가 있었다는 등 구체적 피해 발생이 전제되어야 인정될 수 있다. 따라서 상표권자가 상표를 등록만 해 두고 실제 사용하지는 않았다는 등 손해 발생을 부정할 수 있는 사정을 침해자가 증명한 경우에는 손해배상책임을 인정할 수 없다"고 판시한 바 있다(대법원 2016. 9. 30. 선고 2014다59712, 59729 판결). 위 판결에서도 상표권과 특허권 등을 구분하는 취지를 표명하고 있는 것에서 알 수 있듯이, 저작권의 경우는 특허권과 마찬가지로 저작권자의 저작물 사용사실 유무 등과 무관하게 저작물의 객관적 사용가치 상당의 손해가 인정될 수 있다. 오승종, 위의 책, 1587면도 이 규정의 취지에 대하여 "저작권자가 스스로 해당 저작물을 사용하는 행위를 하지 않고 있다고 하더라도 저작권은 그 자체만으로 적어도 사용료 수입을 얻을 수 있는 객관적인 사용가치를 가지고 있는 것이고, 저작권이 침해된 경우에는 이러한 객관적인 사용가치가 훼손된 것으로 볼 수 있기 때문이다."라고 밝히고 있다. 이러한 입장을 '손해평가설'이라고 칭하기도 한다. 김상중, 앞의 논문, 269면 참조.

2 이와 같이 규범적인 관점에서 엄격한 차액설의 입장을 벗어나 손해를 평가하는 것을 '규범적 손해'라고 일컫는다. 강신하, "저작권 침해로 인한 손해배상액 산정 – 컴퓨터 프로그램 저작물을 중심으로", 인권과 정의 제472호(2018. 3.), 대한변호사협회, 160~161면 등 참조.

📚 **판 례**

❖ 서울고등법원 2013. 4. 10. 선고 2012나68493 판결 — "소프트웨어 무단복제" 사건 §28-31-1

나. 손해배상의 범위

(1) 저작권법 125조 2항에 따른 손해액의 산정

(원고들의 주장)

원고들은, 저작재산권 중 복제권 침해에 따른 손해액은 저작권법 125조 2항에 따라 원고들이 복제권의 행사로 통상 받을 수 있는 금액으로서 피고들이 원고들로부터 컴퓨터 프로그램의 사용 허락을 받을 경우에 그 사용 대가로 지급하였을 금액에 해당하는 컴퓨터 프로그램의 정품가격에 피고들이 컴퓨터 내부기억장치에 설치한 수량을 곱하는 방법으로 산정하여야 한다고 주장한다.

(피고들의 반론)

피고들은, 컴퓨터 프로그램의 통상적인 사용 대가는 불법행위 당시 컴퓨터 프로그램의 존속연한을 기준으로 침해자가 불법으로 설치·사용한 기간에 비례한 금액으로 산정하여야 하고, 컴퓨터 프로그램의 정품가격에는 저작권료 외에 이익, 판매관리비 유통비용 등 기타 비용도 포함되어 있어 이러한 부분은 손해액 산정에서 제외되어야 하므로 저작권법 125조 2항에 따른 손해액을 산정하기 어려우므로 저작권법 126조에 따라 저작권료 중 저작재산권 침해행위의 태양, 침해 정도, 침해기간, 피고들이 얻은 이익, 그 밖에 이 사건 변론에 나타나는 모든 사정을 고려하여 손해액을 산정하여야 한다고 다툰다.

(판단)

㈎ 증거(갑3의 1에서 3)에 변론 전체의 취지를 종합하면, 다음과 같은 사실을 인정할 수 있다.

① 원고들은 이 사건 컴퓨터 프로그램에 관한 저작권자로서 컴퓨터 프로그램을 사용하고자 하는 사람과 사이에 컴퓨터 프로그램을 사용하고자 하는 사람이 컴퓨터 프로그램을 복사한 cd와 그 사용조건 등이 적힌 서면 등이 함께 일체로 포장된 정규복제품을 사서 그 포장을 개봉하거나, 인터넷상에서 컴퓨터 프로그램을 내려 받아 컴퓨터에 설치하는 과정에서 계약에 동의하는 버튼을 누를 경우 컴퓨터 프로그램의 사용을 허락하고, 고객이 정규복제품의 가격으로 표시된 판매대금을 지급하고 정규복제품을 구매함으로써 컴퓨터 프로그램의 정규복제품을 컴퓨터의 내부기억장치에 설치(인스톨)하여 복제한 다음 이를 사용할 수 있는 지위를 취득하는 계약형태로 컴퓨터 프로그램이용계약을 체결하고, 고객은 한 번 사용료를 지급하면 컴퓨터 프로그램을 영구적으로 사용할 수 있다(이른바 paid-up 방식). 이러한 경우에 원고들은 컴퓨터 프로그램 사용자로부터 컴퓨터 프로그램 정규복제품 가격에 해당하는 컴퓨터 프로그램 이용료를 받게 된다.

② 원고들은 컴퓨터 프로그램 사용자들과 이용계약을 체결할 경우에 특별히 사용기간을 제한함이 없이 원칙적으로 컴퓨터 프로그램 사용자에게 컴퓨터 프로그램 1개당 1대의 컴퓨터에서만 사용하는 것을 허락한다.

③ 원고들은 원고들의 컴퓨터 프로그램이 복사된 cd 제품을 판매하는 경우에는 별지 1, 2의 '정품가격'란 기재 금액을 판매대금으로 받는다(다툼 없음).

㈏ 저작권법 125조 1항과 2항에 따르면, 저작재산권자 등이 고의 또는 과실로 그 권리를 침해한 자에 대하여 그 침해행위에 의하여 자기가 받은 손해의 배상을 청구하는 경우에 그 권리를 침해한 자

가 그 침해행위에 의하여 이익을 받은 때에는 그 이익의 액을 저작재산권자 등이 받은 손해의 액으로 추정하고(1항), 그 권리의 행사로 통상받을 수 있는 금액에 상당하는 액을 저작재산권자 등이 받은 손해의 액으로 하여 그 손해배상을 청구할 수 있다(2항). 이 사건과 같이 고객이 정규복제품의 가격으로 표시된 판매대금을 지급하고 정규복제품을 구매함으로써 컴퓨터 프로그램의 정규복제품을 컴퓨터의 내부기억장치에 설치(인스톨)하여 복제한 다음 이를 영구적으로 사용할 수 있는 지위를 취득하는 계약형태(이른바 paid-up 방식)가 채용되고 있는 경우에 피고들이 원고들의 이 사건 컴퓨터 프로그램 저작물의 복제권을 침해하여 얻은 이익액은 허락 없이 복제한 컴퓨터 프로그램의 수에 정규복제품의 1개당 소매가격을 곱한 금액이라고 해석함이 상당하고, 원고들이 받은 손해액은 피고들이 얻은 이익액과 같은 금액으로 추정하여야 한다. 그리고 원고들이 받은 손해액을 저작권법 125조 2항에 따라 그 권리의 행사로 통상 받을 수 있는 금액에 상당하는 액으로 산정하여야 하는 경우에도 이는 침해자가 저작물의 이용허락을 받았더라면 그 대가로서 지급하였을 객관적으로 상당한 금액을 말하는 것이므로 이용 허락 대가 상당액도 같은 금액이라고 해석함이 타당하다. 결과적으로 원고들이 받은 손해액은 저작권법 125조 1항 또는 2항의 어느 조항의 방식에 따라서도 피고들이 허락 없이 복제한 컴퓨터 프로그램의 수에 정규복제품의 1개당 소매가격을 곱한 금액이 된다고 보아야 한다. 이와 관련한 대법원 2001. 6. 26. 선고 99다50552 판결과 대법원 2009. 5. 28. 선고 2003다354 판결도 이러한 취지로 보인다[불법행위에 기초한 손해배상제도는 피해자에게 생긴 현실의 손해를 금전적으로 평가하여 가해자에게 이를 배상하게 함으로써 피해자가 받은 불이익을 보전하여 불법행위가 없었던 때의 상태로 회복시키는 것을 목적으로 하는 것이고, 불법행위로 말미암은 재산상 손해는 침해되는 이익이나 행위형태에 관계없이 침해행위가 없었더라면 존재하였을 재산상태와 침해행위로 생긴 현실의 재산상태의 차이로 엄격하게 보게 되면 이른바 paid-up 방식의 이용허락에서는 위법사용기간에 대응하는 손해 부분에 한정하여 배상을 인정하게 되어 위법사용기간에 대한 손해배상액은 다음과 같이 (정규복제품 가격)×(위법사용기간)÷(합리적으로 예상되는 프로그램의 내구연한)의 방식으로 산정하여야 한다. 그러나 이러한 결론을 인정하게 되면 위법한 컴퓨터 프로그램 복제권침해행위가 발각된 경우에 가해자가 피해자에게 소액의 손해배상을 하면 무방하게 되어 사회적으로는 위법한 복제행위가 만연되는 결과를 가져오게 되므로 이 사건 같은 경우에는 종래의 대법원 2010. 4. 29. 선고 2009다91828 판결과 같이 불법행위의 재산상 손해를 산정함에 있어 엄격한 차액설의 입장을 완화하여 수정할 필요가 있다].

앞서 본 전제사실과 위 인정사실에 의하면, 피고들의 복제권 침해에 따른 손해액은 저작권법 125조 2항에 따라 원고들이 이 사건 컴퓨터 프로그램 복제권의 행사로 통상 받을 수 있는 금액에 상당하는 액으로서 피고들이 허락 없이 복제한 이 사건 컴퓨터 프로그램의 수에 컴퓨터 프로그램 정규복제품의 1개당 소매가격을 곱하는 방법으로 산정하여야 하고, 그 결과는 별지1, 2의 '피해금액'란 기재의 금액과 같다. 따라서 원고들의 주장은 이유 있다.

▷NOTE : 위 판결은 제125조 제 2 항의 해석과 관련하여 엄격한 차액설의 입장을 완화하여 해석하는 입장을 취함으로써 소프트웨어 정규복제품 소매가격에 "(위법사용기간)÷(합리적으로 예상되는 프로그램의 내구연한)"을 곱한 금액을 통상의 사용료로 판단하지 않고 소매가격 자체를 그대로 사용료로 인정하는 결론을 내리고 있다. 손해배상액의 산정에 관하여 법원이 권리자에게 유리한 원칙을 계발하

고 있는 모습을 보여주는 것이라 생각된다. 위 판결은 대법원 2013. 8. 22. 선고 2013다38985 판결에 의하여 상고가 기각됨으로써 확정되었다. 참고로 프로그램 저작권 침해에 대한 손해배상액으로 판매 가격의 3/4이 상당하다고 본 사례(수원지방법원 2013. 5. 19. 선고 2012가합23859 판결)도 있다.

(다) 상당한 손해액의 인정

저작권법 제126조는 "법원은 손해가 발생한 사실은 인정되나 제125조의 규정에 의한 손해액 §28-32 을 산정하기 어려운 때에는 변론의 취지 및 증거조사의 결과를 참작하여 상당한 손해액을 인정할 수 있다"고 규정하고 있다. 이는 2003년의 개정법에서 처음 신설된 것이다.

2003년 개정 전의 저작권법은 저작재산권자의 허락 없이 저작물을 복제한 때에 그 부정복제 물의 부수 등을 산정하기 어려운 경우에 이를 출판물의 경우는 5,000부, 음반의 경우는 10,000매 로 추정한다는 규정을 두고 있었다(제94조). 이 규정에 대하여는 부수 추정치가 너무 높아 비현실 적이며 외국에서는 이미 오래 전에 이런 규정이 폐지되었다는 등의 비판이 있었으나, 저작권침해 로 인한 손해액의 입증이 곤란한 경우가 많은 현실에서 저작권자의 권리구제에 도움이 된다는 이 유로 계속 존치되어 왔던 규정이다.

그런데, 2000년 1월 28일 구 컴퓨터프로그램보호법이 전면 개정되면서 "법원은 손해가 발생 한 사실은 인정되나 …… 손해액을 산정하기 어려운 때에는 변론의 취지 및 증거조사의 결과를 참작하여 상당한 손해액을 인정할 수 있다"는 조항이 규정되었으며, 이에 따라 2001년 2월 3일 특허법, 상표법, 의장법, 부정경쟁방지 및 영업비밀보호에 관한 법률 개정시에도 각각 유사한 규 정이 신설되었으므로, 저작권법 개정시에도 위와 같은 다른 법률의 개정취지에 발맞추어 유사한 규정을 도입하는 것이 저작권자 등의 권리 보호의 측면뿐 아니라 다른 법률과의 균형이라는 측면 에서도 타당하다는 관점에서 2003년 법개정시에 반영되게 되었다. 따라서 제125조에 의한 손해 액의 인정이 곤란한 경우에 부수추정규정이 없더라도 법원이 변론의 전취지 및 증거조사의 결과 등을 참작하여 상당한 손해액을 인정할 수 있게 되었으므로 부수추정 규정은 삭제하게 되었다.

위 규정은 제125조에 의한 손해액의 산정이 어려운 경우에 한하여 적용되는 것으로 규정되 어 있으므로 기본적으로 민법의 원칙 및 제125조에 의한 산정을 위해 증거조사 등에 있어 최대 한의 노력을 기울인 후 그래도 산정이 곤란한 경우에 한하여 적용하되, 당사자간 공평의 원칙에 충실하도록 노력하여야 할 것이다.

§28-33

📖 **판 례**

❖ 서울서부지방법원 2006. 3. 17. 선고 2004가합4676 판결 — "돌아와요 부산항에" 사건

〈사실관계〉

가수 조용필이 부른 "돌아와요 부산항에"의 가사(피고가 작성함)가 김○○이 작사한 "돌아와요 충무항에" 가사의 2차적저작물에 해당한다는 이유로 김○○의 재산상속인(어머니)인 원고가 피고를 상대로 저작재산권 침해 등을 이유로 한 손해배상청구소송을 제기한 사건이다. 다음은 그에 대한 법원의 판단 중 손해배상액에 대한 판단만을 인용한 것이다.

〈법원의 판단〉

우선, 원작사자의 동의 없이 노래 가사를 바꾸어 2차적저작물인 다른 가사를 같은 곡에 붙여 공연, 방송, 복제 등을 함으로써 원작사자의 저작재산권을 침해한 경우에 원작사자가 입은 손해액을 평가할 기준이 없고, 원고가 제출한 모든 증거를 살펴보아도 그 기준을 찾을 방법조차 가늠하기 어렵다. 또한 저작권법 제93조 제 1 항이 저작재산권을 침해한 자가 침해행위로 인하여 받은 이익액을 저작재산권자가 입은 손해액으로 추정한다고 규정하고 있으나, 피고가 원작사자인 김○○의 가사를 바꾸지 아니하고 그대로 이용한 것이 아닌 점, 김○○은 이 사건 음반을 발표한 이후 별다른 활동이나 홍보를 하지 않고 군대에 갔으며 이 사건 음반을 발표한지 1년 만에 사망하는 등으로 그 노래를 대중에게 그리 호소하지도 못하여 인기가 거의 없었고 음반 판매는 물론 방송, 유흥주점, 노래방, 음악관련 서적 등에 무시하여도 좋을 만큼 실적이 거의 없었던 것으로 보이는 점, 더구나 조용필이 1972년 '돌아와요 부산항에'를 음반으로 발표했을 때에도 그리 알려지거나 대중의 인기를 끌지는 못한 점, 이 사건 '돌아와요 부산항에'는 1975년 재일동포 고향방문단이 향수에 젖어 대대적으로 부산항을 통하여 모국을 방문한 당시의 시대적 물결을 흡수하여 유행시키고자 한 피고에 의하여 동포의 귀환에 관한 내용으로 가사가 상당 부분 수정되고 전보다 인기가 급상승한 가수 조용필의 강한 호소력 등이 어우러져 일약 유명해진 점, 그 후에도 피고의 개사와 가수 조용필의 편곡과 가창력, 국민가수로서의 강한 이미지 등이 어울려 이 사건 '돌아와요 부산항에'가 꾸준히 대중적 인기를 누린 것이고, 그러한 요소가 없었다면 '돌아와요 충무항에'는 대중가요사에만 남아있을 뿐 그 2차적저작물인 이 사건 '돌아와요 부산항에'조차도 대중의 사랑을 받고 널리 애창되는 등 인기를 누리기는 어려웠던 것으로 보이는 점 등을 종합하여 보면, 위 규정을 그대로 적용할 수는 없다. 따라서 원고의 이 부분 청구는 더 나아가 살필 것 없이 받아들이지 아니한다. 다음으로 저작권법 제93조 제 2 항은 저작권자가 그 권리의 행사로 통상 받을 수 있는 금액에 상당한 액을 최소한의 손해배상액으로 청구할 수 있다고 규정하고 있으나, 피고의 침해행위 당시 약정사용료가 존재하지도 아니하고 원·피고 제출의 관련 증거에 의하여도 만약 그 당시에 이용허락계약이 있었다면 사용료로 결정되었을 가정적인 금액 등을 산정할 보조자료마저 찾을 수 없고, 달리 이에 대한 원고의 입증도 없어 위 규정을 적용할 수도 없다. 그렇다면 저작권법 제94조에 따라 법원이 변론의 취지 및 증거조사의 결과를 참작하여 상당한 손해액을 산정할 수밖에 없다. 살피건대, 김○○이 '돌아와요 충무항에' 가사를 창작하고 가수로서 활동한 기간과 그 당시 동종업계나 대중의 반응, 피고가 가사를 바꾸게 된 경위와 그 바뀐 내용, 그로 인하여 '돌아와요 충무항에' 가사가 묻히지 않

고 재창조되어 김○○도 작사자로서의 인기를 되살릴 수 있는 기반이 마련된 점, 이 사건 '돌아와요 부산항에'가 대중들에게 인기를 끌게 된 경위와 그에 관련된 여러 사정들, 원·피고의 관계, 원고가 피고에게 개사 등을 이유로 확인을 구하자 그에 대하여 피고가 취한 태도, 피고가 이 사건 '돌아와요 부산항에'의 작사자로서 사단법인 한국음악 저작권협회로부터 받은 금액이 원고 주장과 거의 같은 점(사단법인 한국음악저작권협회에 대한 각 사실조회결과) 등 이 사건 변론에 나타난 모든 사정들을 고려하면, 피고가 원고에게 배상하여야 할 손해액은 30,000,000원으로 봄이 상당하다(원고는 손해배상과 더불어 부당이득청구도 구하는 것으로 보이나, 특별한 사정이 없는 한 손해배상 이외에 추가적으로 부당이득을 구할 수는 없다).[1]

(라) 과실상계

저작권 등 침해의 경우에도 권리자 측에 손해의 발생이나 확대에 기여한 과실이 있다면 그것을 '과실상계' 사유로 손해액 산정에 반영하여야 한다는 것이 대법원 판례의 입장이다.[2] 판례를 보면, 검색 로봇(수집 프로그램)의 접근을 제한하기 위한 조치를 하거나 워터마크를 삽입하는 등의 방법으로 복제방지조치를 취하는 것이 기술적으로 가능하였음에도 불구하고 이러한 조치를 전혀

---

1 위 사건은 항소심인 서울고등법원에서 피고가 원고에게 1억 6천만원을 지급하는 것으로 '조정'이 된 것으로 알려졌다. 문화일보 2007. 6. 5.자 기사 등 참조.

2 대법원 2010. 3. 11. 선고 2007다76733 판결: "불법행위로 인한 손해의 발생 또는 확대에 관하여 피해자에게도 과실이 있는 때에는 가해자의 손해배상의 범위를 정함에 있어 당연히 이를 참작하여야 하고, 양자의 과실 비율을 교량함에 있어서는 손해의 공평부담이라는 제도의 취지에 비추어 불법행위에 관련된 제반 상황을 충분히 고려하여야 하며, 과실상계사유에 관한 사실인정이나 그 비율을 정하는 것이 사실심의 전권사항이라고 하더라도 그것이 형평의 원칙에 비추어 현저히 불합리하여서는 아니 되고(대법원 2004. 2. 27. 선고 2003다6873 판결, 대법원 2008. 9. 11. 선고 2006다50338 판결 등 참조), 이러한 법리는 구 저작권법 제94조에 따라 저작재산권 침해로 인한 손해액을 산정하는 경우에도 마찬가지로 적용된다. 기록에 의하면, 이 사건 사진작품은 원고가 자신의 웹사이트에 원심 판시의 이미지파일로 만들어 게시함으로써 공개한 것인데, 당시에 이미 다수의 인터넷 포털사이트 운영자에 의하여 인터넷상에 공개된 이미지파일을 이른바 검색로봇이라고 하는 이미지파일 수집 프로그램에 의하여 무작위로 검색하여 필요한 이미지파일을 수집하는 행위가 성행하고 있었고, 원고는 종전에도 여러 인터넷 포털사이트 운영자들을 상대로 이 사건과 유사한 손해배상청구소송을 여러 차례에 걸쳐 제기한 적이 있어, 원고로서도 위와 같은 인터넷 포털사이트 운영자의 이미지파일 수집 과정에서 이 사건 사진작품의 무단 복제·전시·전송이 일어날 수 있음을 충분히 예상할 수 있었을 뿐만 아니라, 이미지파일의 경우 위와 같은 수집 프로그램의 접근을 제한하기 위한 조치를 하거나 워터마크를 삽입하는 등의 방법으로 복제방지조치를 취하는 것이 기술적으로 가능하였음에도 불구하고 이러한 조치를 취하지 않은 잘못이 있고, 위와 같은 원고의 잘못 역시 이 사건 사진작품의 무단 복제·전시·전송으로 인한 손해의 발생 또는 확대의 한 원인이 되었음을 알 수 있다. 그럼에도 불구하고 원심은 위와 같은 사정을 과실상계사유로 전혀 참작하지 아니한 채 피고에게 앞서 본 방식으로 산정한 손해액 전체의 배상을 명하였는바, 이는 형평의 원칙에 비추어 현저히 불합리한 조치라 할 것이다. 따라서 이 부분 원심의 판단은 불법행위의 과실상계에 관한 법리를 오해하여 판결에 영향을 미친 잘못이 있다 할 것이므로, 이 점을 지적하는 피고의 주장은 이유 있다."

대법원 2015. 4. 9. 선고 2007다76733 판결: "원심판결 이유에 의하면, 원심은 피고들의 저작권 침해행위를 인정한 부분에 대하여 손해배상금을 산정하면서 원고가 스스로 노래연습장에서 이 사건 음악저작물을 이용한 결과물인 녹음파일을 피고 금영의 인터넷 사이트에 전송하여 위 녹음파일이 다른 피고들의 인터넷 사이트로 복제·전송된 사실이 인정될 뿐 다른 경로에 의하여 원고의 저작권이 침해된 사실을 인정할 증거가 없는 점, 저작재산권 침해로 인한 손해의 발생 또는 확대에 피해자의 과실이 있으면 가해자의 손해배상 범위를 정할 때 이를 당연히 참작하여야 하는 점 등을 고려하였다. 관련 법리와 기록에 비추어 살펴보면, 원심의 위와 같은 조치는 정당하고, 거기에 상고이유 주장과 같은 손해배상액의 산정에 관한 법리오해 등의 위법이 없다."

취하지 않은 채로 인터넷에 이미지 파일을 올려 둔 경우,[1] 판매대행계약을 체결한 폰트회사에게 그 저작권이 귀속되는 것으로 기재되어 무료로 다운로드 받을 수 있도록 인터넷 웹사이트에 업로드되는 등 관리 소홀이 있다고 인정된 경우[2] 등에는 과실상계를 인정하였으나, 컴퓨터프로그램 내부에 복제방지장치를 갖추고 있었음에도 침해가 일어난 경우,[3] 침해 사실을 알게 된 후 곧바로 온라인 서비스제공자에게 저작권보호 요청을 하거나 침해정지 소송을 제기하지 않은 경우,[4] 피해자(권리자)의 부주의를 이용하여 고의로 불법행위(침해행위)를 저지른 것으로 볼 수 있는 경우[5] 등에는 과실상계를 인정하지 않았다. 여기서 한 가지 유의할 점은, 앞에서 본 바와 같이 저작권법 제125조 제 2 항에 따른 '통상 받을 수 있는 금액에 상당하는 액'을 청구하는 경우에 그에 상당하는 금액은 해당 저작물의 객관적 사용가치에 해당하므로(§28-31), 설사 권리자 측에 과실이 있다고 하더라도 그 금액을 하회하는 손해액을 인정하는 것은 타당하지 않다는 것이다. 따라서 저작권법 제125조 제 2 항에 따라 손해액을 산정할 경우에는 과실상계의 가능성이 부정되어야 할 것이다.[6]

5. 법정손해배상

(1) 의   의

§28-34   법정손해배상제도란 민사소송에서 원고가 실제 손해를 입증하지 않은 경우에도 사전에 저작

---

1 위 대법원 2010. 3. 11. 선고 2007다76733 판결 및 서울중앙지방법원 2011. 9. 7. 선고 2010가합53476 판결(피고의 과실 비율을 20%로 봄) 참조.
2 서울중앙지방법원 2011. 8. 24. 선고 2011가합17576 판결.
3 서울고등법원 2013. 4. 10. 선고 2012나68493 판결 등.
4 서울중앙지방법원 2014. 7. 1. 선고 2013가합505657 판결, 서울중앙지방법원 2006. 5. 10. 선고 2004가합67627 판결 등.
5 서울고등법원 2018. 1. 25. 선고 2017나2014466 판결 : "설령 원고에게 이 사건 프로그램의 불법 복제물이 유포되는 것을 방치한 과실이 있다고 하더라도, 피고들이 이 사건 프로그램의 불법 복제물이 게시되어 있는 인터넷 사이트 등을 통하여 위 프로그램을 다운로드 받는 등 고의로 불법행위를 저지른 경우에는 바로 그 피해자의 부주의를 이유로 자신의 책임을 감하여 달라고 주장하는 것은 허용될 수 없다(대법원 2005. 10. 7. 선고 2005다32197 판결 등 참조)."
6 '데스페라도' 사건에 대한 서울고등법원 2008. 9. 23. 선고 2007나127657 판결도 "구 저작권법 제93조 제 2 항이 '저작재산권자등이 고의 또는 과실에 의하여 그 권리를 침해한 자에 대하여 그 침해에 의하여 자기가 받은 손해의 배상을 청구하는 경우에 그 권리의 행사로 통상 받을 수 있는 금액에 상당하는 액을 저작재산권자등이 받은 손해의 액으로 하여 그 손해배상을 청구할 수 있다.'라고 규정한 취지는, 침해자가 권리자로부터 저작물의 이용허락을 받지 아니한 채 무단으로 저작물을 이용함으로써 생긴 현실적인 재산 상태를 침해자가 권리자로부터 적법한 이용허락을 받고 저작물을 이용하였을 경우에 형성될 것이라고 인정되는 정당한 재산 상태에 합치시키기 위하여 그 차액(差額) 상당을 손해액으로 인정하여 이에 대한 배상청구권을 인정하는 것인데, 피고들의 위 주장과 같이 침해자가 무단이용을 하는 과정에서 권리자 측에 과실이 있다는 점을 내세워 손해배상액을 정함에 있어서 이에 따른 과실상계를 하는 것을 허용하는 경우에는, 적법한 이용허락을 받고서 통상적인 이용대금 등을 지급하면서 저작물을 이용하는 사람보다 권리자 측의 과실을 틈타 저작물을 무단으로 이용하는 사람이 손해배상액의 기준액인 통상적인 이용대금 등에서 과실상계에 따라 한층 감액된 금액만을 부담하게 되는 불합리한 결과를 초래하여 공평의 원칙에 반하게 되므로, 위와 같은 취지의 과실상계는 허용된다고 할 수 없다."라고 판시하였다. 타당한 판시이다.

권법에서 정한 일정한 금액을 법원이 원고의 선택에 따라 손해액으로 인정할 수 있는 제도를 말한다. 이것은 침해로 인한 구체적 손해액의 입증이 어려운 저작권침해소송의 특성을 감안하여 권리자의 보다 실효성 있는 권리구제를 보장하기 위한 제도로서 한·미 FTA에서 합의한 바에 따라 그 이행을 위한 2011. 12. 2.자 개정법에서 새로 도입하였다. 개정법 제125조의2가 그에 따라 신설된 조문으로서, 그 제1항은 "저작재산권자등은 고의 또는 과실로 권리를 침해한 자에 대하여 사실심(事實審)의 변론이 종결되기 전에는 실제 손해액이나 제125조 또는 제126조에 따라 정하여지는 손해액을 갈음하여 침해된 각 저작물등마다 1천만원(영리를 목적으로 고의로 권리를 침해한 경우에는 5천만원) 이하의 범위에서 상당한 금액의 배상을 청구할 수 있다"고 규정하고 있다.

미국 저작권법 제504조 (c)의 법정손해배상(statutory damages) 규정을 기본적으로 본받았으나, 손해배상의 범위에 있어서 미국법은 상한과 하한이 모두 규정되어 있음에 반하여 우리 개정법은 상한만 규정된 점 등에서 약간의 차이가 있다.

이 제도의 도입 취지는 다음과 같다.[1]

① 저작권자의 침해로 인하여 손해가 발생한 경우에 그 손해액 산정과 그와 관련한 증거 확보의 곤란함을 보완하여 침해를 억지하거나 예방할 수 있는 충분한 손해배상액을 보장함으로써 저작권을 효과적으로 보호할 수 있다.
② 저작권 침해로 인한 손해배상의 실효성을 확보하여 저작권 침해에 대하여 형사적 해결방식이 아닌 민사적 해결방식의 활용이 증대될 것으로 기대된다.
③ 침해에 대한 손해액을 산정하는 기준을 제시함으로써 법원 업무의 효율성을 증대시키고 당사자 사이의 화해가능성을 제고한다.

(2) 법정손해배상청구의 요건

1) 고의 또는 과실에 의한 권리침해가 있을 것

법정손해배상도 저작권등 침해로 인한 손해배상 권리침해의 주관적 요건으로 고의, 과실은 있어야 청구할 수 있다. 저작인격권 및 실연자의 인격권을 제외한 저작권법상의 모든 배타적 권리, 즉 저작재산권, 저작인접권, 배타적발행권 및 출판권, 데이터베이스제작자의 권리의 침해에 대하여 모두 이 규정이 적용된다. 배타적 권리여야 하므로 저작인접권자가 보상청구권을 행사함에 있어서 이 규정을 원용할 수 없음은 당연하다. §28-35

2) 사실심 변론종결 전에 청구할 것

저작권법은 저작권등 침해로 인한 일반적인 손해배상청구권 행사와 법정배상청구를 선택적 관계에 두고, 법정배상청구를 하려면 민법상의 실손해배상의 일반원칙에 따른 손해액 청구 또는 §28-36

---

1 문화체육관광부·한국저작권위원회, 한·미 FTA 이행을 위한 개정 저작권법 설명자료(2011. 12. 14.), 42면.

저작권법 제125조의 추정규정을 원용한 손해배상액 청구에 '갈음하여' 법정배상청구만 하도록 하고 있다. 여기서 문제는 그러한 선택을 언제까지 할 수 있도록 허용되는가 하는 점인데, 만약 소제기 시점에 선택권을 행사하고 그 이후에는 변경할 수 없다고 하면, 권리 구제의 실효성을 강화하고자 하는 제도적 취지가 반감되는 면이 있을 수 있다. 따라서 그 선택권의 행사시기를 소 제기 시점까지로 한정하기보다는 민사소송법상 소의 변경(청구취지 및 원인의 변경)에 관한 일반원칙에 따라 사실심 변론종결시까지 실손해배상 청구를 법정손해배상 청구로 변경하거나 반대로 법정손해배상을 실손해배상으로 변경하는 소의 변경을 할 수 있도록 허용하는 것이 바람직한데, 개정법 제125조의2 제 1 항은 그 점을 분명히 하는 뜻에서 '사실심의 변론이 종결되지 전에는' 법정손해배상을 청구할 수 있다고 규정하고 있다.[1]

　　3) 법에서 정해진 손해배상액 범위 내일 것

　　(가) 손해액의 범위

§28-37　　법정손해배상청구의 중핵적인 내용은 구체적인 손해의 입증과 관계없이 법에서 미리 일정한 손해배상액의 범위를 정해 두고 그 범위 내에서 손해배상이 이루어지도록 하는 것이므로, 법에서 저작권등 침해에 관하여 손해배상액을 어느 범위로 규정하고 있는지가 매우 중요한 부분이라 할 수 있다. 개정법은 저작권등 침해를 두 가지 경우로 나누어 ① 영리를 목적으로 고의로 권리를 침해한 경우는 침해된 각 저작물등마다 5천만원, ② 그렇지 않고 과실로 침해하거나 영리를 목적으로 하지 않고 고의로 권리를 침해한 경우에는 침해된 각 저작물등마다 1천만원을 법정손해배상액의 상한으로 규정하고, 각 그 하한에 대하여는 규정하지 않고 있다. 여기서 '영리의 목적'이라 함은 저작권법 제30조의 영리 목적에 대한 판단(§14-117 참조)과 마찬가지로 소극적으로 저작물의 구입비용을 절감한다는 의미가 아니라 복제물을 타인에게 판매하거나 타인으로부터 복제의뢰를 받아 유상으로 복제를 대행하는 등 복제행위를 통하여 직접 이득을 취할 목적을 의미하는 것으로 보아야 할 것으로 생각된다.

　　상한과 하한을 동시에 규정(750달러~30,000달러)하고 있는 미국 저작권법(제504조 (c)(1))과 달리 위 규정에서 손해배상액의 상한만 두고 하한을 두지 않은 이유에 대하여는 "법정손해배상액은 침해건수가 아닌 침해된 저작물 수를 기준으로 하는데, 온라인상에서의 침해는 일반적으로는 많게는 수만 건의 저작물이 관련되는 경우가 있어 하한선을 정할 경우 합리적인 손해배상액과의 괴리가 지나치게 커서 오히려 불합리를 초래하는 경우"가 있고 "침해행위와 손해 사이의 비례성을 현저히 흔들 수 있다"고 설명되고 있다.[2]

---

1 미국 저작권법 제504조 (c) (1)는 법정손해배상청구 시기에 관하여 '최종판결이 있기 전에는 언제든지'라고 규정하고 있다.

2 문화체육관광부·한국저작권위원회, 한·미 FTA 이행을 위한 개정 저작권법 설명자료(2011. 12. 14.), 43면.

(나) 저작물 등의 수의 확정

개정법이 위와 같이 하한이 없는 규정을 두었으므로 침해된 저작물등의 수를 어떤 기준으로   §28-38
판단할지가 미국처럼 민감한 문제는 아니다. 그러나 우리 저작권법상으로도 최소한 손해배상액의
상한은 <침해된 저작물 등의 수×1천만원(다만 고의 및 영리목적의 경우에는 5천만원)>의 산식으로 산
정되어야 하므로, 사건마다 침해된 저작물등의 수가 몇 개인지는 중요한 판단의 전제가 될 것이
다. 그런데 사안에 따라서는 그 수의 확정을 어떻게 할 것인지가 매우 까다로운 문제로 제기되는
경우가 많을 것으로 예상된다. 개정법은 미국 저작권법을 본받아 하나의 판단기준을 명시하고 있
다. 제125조의2 제 2 항이 "둘 이상의 저작물을 소재로 하는 편집저작물과 2차적저작물은 제 1 항
을 적용하는 경우에는 하나의 저작물로 본다"고 규정하고 있는 것이 그것이다. 그러므로 50개의
소재저작물이 포함된 하나의 편집저작물을 이용함으로써 결과적으로 50개의 소재저작물을 무단
이용한 결과가 된다 하더라도 이 규정의 적용에 있어서는 침해된 저작물이 하나인 것으로 보고,
이차적 저작물과의 관계에서 원저작물의 성격을 가지는 저작물이 여러 개가 있어 이차적 저작물
을 이용함으로써 여러 개의 원저작물을 실질적으로 이용하는 부분이 있다 하더라도 역시 침해된
저작물 등은 하나인 것으로 보게 된다.

편집저작물의 경우 그 창작성, 즉 소재의 선택이나 배열 또는 구성에 있어서의 창작성이 인정되
지는 않지만, 그 거래가 소재 저작물에 대한 권리자의 동의하에 하나의 편집물 단위로 이루어지고
있다면, 본조의 취지에 비추어 그것은 전체로서 하나의 저작물로 보는 것이 타당할 것이다. 예를 들
어 하나의 CD 앨범에 여러 개의 곡이 있고, 그 앨범에 몇 개 곡을 선별하여 수록한 것이 편집저작
물로서의 창작성을 인정할 정도가 아니라 하더라도 그것은 그 앨범이 하나의 거래단위로 판매되고
있는 이상 하나의 저작물로 볼 수 있을 것이고, 논문집, 동화집 등의 경우도 마찬가지이다. 결국 중
요한 것은 '편집물'이 권리자의 의사에 따라 하나의 단위로 거래되는지 여부에 있다고 생각된다.

하나의 앨범의 개별 곡들을 리핑(ripping)한 후 MP3로 만들어 온라인상에 유통시키는 경우라
하더라도 역시 같은 앨범에 포함된 곡들은 하나의 저작물로 계산하여야 한다는 것이 미국 판례의
입장이다. 즉 Bryant v. Media Right Prods 사건에서 원고인 작곡가들과 음반제작사는 두개의
앨범의 각 개별 트랙의 "독립적인 경제적 가치"가 피고에 의하여 침해되었으니 곡별로 법정손해
배상액을 산정하여야 한다고 주장하였으나, 법원은 미국 저작권법 제504조 (c)(1)은 법원이 앨범
별로 손해액을 산정할 것을 요구하고 있다는 이유로 원고들의 주장을 배척하면서 "우리는 단순히
디지털음악 환경이 침해자들로 하여금 앨범의 각 부분을 분리하여 이용하는 것을 더 용이하게 하
였다는 이유만으로 법문을 무시할 수는 없다"고 덧붙였다.[1] 그러나 위와 같은 논리에 의하더라

---

1 Bryant v. Media Right Productions, Inc. 603 F. 3d 135, 141-142 (C.A.2 (N.Y.), 2010).

도 해당 곡이 권리자의 의사에 기하여 웹사이트 등을 통해 곡 단위로 MP3 파일 등이 독립된 거래
의 대상이 되고 있는 상황에서는 그 곡 하나를 '침해된 저작물' 하나로 보아야 할 것이다. 즉, 이
경우에는 '곡별 산정' 방식을 취하여야 한다.1 특히 편집저작물이나 2차적저작물이 침해자에 의하
여 만들어진 경우에는 저작권법 제125조의2 제 2 항이 적용되지 아니함을 유의하여야 한다.2

　침해된 저작물 등을 기준으로 수를 확정하여야 하고 하나의 침해된 저작물 등을 피고가 몇
차례 이용하였는지는 적어도 침해된 저작물 등의 수와는 관계가 없다. 예를 들어 하나의 영상저
작물을 10회 TV를 통해 방송함으로써 10번 침해를 하였다 하더라도 침해된 저작물수가 10개가
되는 것은 아니고 여전히 1개로 산정된다.3 다만 침해횟수를 손해액 인정에 있어서 고려할 요소
의 하나로 삼을 수는 있을 것이다.

　4) 침해행위 전에 저작물 등이 등록되어 있을 것

　개정법 제125조의2 제 3 항은 "저작재산권자등이 제1항에 따른 청구를 하기 위해서는 침해행
위가 일어나기 전에 제53조부터 제55조까지의 규정(제90조 및 제98조에 따라 준용되는 경우를 포함한다)
에 따라 그 저작물 등이 등록되어 있어야 한다"고 규정하고 있다. 즉 저작재산권자, 배타적발행권
자, 출판권자, 저작인접권자, 데이터베이스제작자 등이 법정손해배상을 청구하기 위해서는 각자
그 권리에 대한 등록을 피고의 침해행위가 있기 전에 하였어야 한다. 이것은 미국 저작권법 제
412조를 본받은 규정으로서 디지털시대의 저작물 유통의 원활화를 위한 등록제도 이용 활성화의
필요성을 감안한 것이라 할 수 있다.

　(3) 법원의 손해액 판단

　개정법 제125조의2 제 4 항은 "법원은 제 1 항의 청구가 있는 경우에 변론의 취지와 증거조사
의 결과를 고려하여 제 1 항의 범위에서 상당한 손해액을 인정할 수 있다"고 규정하고 있다. 이
규정은 제126조의 상당한 손해액 산정과 유사한 내용으로 되어 있으나, 법정손해배상제도는 저
작권등 침해에 따른 실손해 입증에 '갈음하는' 제도이고, 제126조는 실손해 입증을 '보충하는' 제
도로서 서로 성격을 달리하므로 각각의 규정에 따른 손해액 산정시 고려할 요소도 서로 다르게
보아야 할 측면이 있다.

---

1 Bruce P. Keller, Jeffrey P. Cunard, *Copyright Law - A Practitioner's Guide*, Practising Law Institute
(November 2010 Edition) §12 : 4.1.

2 WB Music Corp. v. RTV Communication Group, Inc. 445 F. 3d 538 (C.A.2 (N.Y.), 2006)(피고 측에서 불법
편집물로서의 CD를 만들었으나 원래 곡별로 거래되고 있었던 경우에 대하여 곡별 산정 방식을 취한 사례); Twin
Peaks Productions, Inc. v. Publications Intern., Ltd. 996 F. 2d 1366(C.A.2 (N.Y.), 1993) (피고 측에서 하나의
책 속에 모아 인쇄하였지만, 원래 매회의 에피소드 별로 발매되었던 TV 드라마에 대하여 각 에피소드 하나를 침해된
저작물 하나로 본 사례).

3 Bruce P. Keller, Jeffrey P. Cunard, op. cit., §12 : 4.1 MCA Television Ltd. v. Feltner, 89F. 3d 766, 770-71
(11th Cir. 1996).

미국 판례상 손해액의 인정시 고려할 요소로는 ① 침해자의 마음 상태, ② 침해자가 절약한 비용 또는 벌어들인 이익액, ③ 저작권자가 상실한 이익, ④ 침해자와 제 3 자들에 대한 침해 억지의 효과, ⑤ 침해물의 가치에 대한 증거의 제출에 있어서의 침해자의 협력, 그리고 ⑥ 당사자들의 행위와 태도 등이 들어지고 있다.[1] 그리고 많은 법원은 침해자의 의도에 특별한 무게를 두고 있고, 침해자의 비난가능성에 비례하여 손해액을 가중하는 경향을 보이고 있다.[2] 법정손해배상으로 인정하는 손해액이 저작권자가 입은 실손해액과 일정한 관련성("some relationship" 또는 "some nexus")을 가져야 하는지 여부에 대하여는 그것을 긍정하는 판례[3]와 그것을 부정하고 양자 사이에는 아무런 관계도 없다고 하면서 원고는 법정손해배상을 받기 위해 실손해에 대한 어떤 증거도 제출할 필요가 없다고 보는 판례[4]가 대립하고 있다. 우리 법의 해석상 법정손해배상의 손해액과 실손해액 사이에 일정한 관련성이 있어야 한다는 입장을 채택한다 하더라도 그것은 엄격한 실손해액 배상의 기존원칙과는 다른 차원에서, '실손해의 유무 및 정도도 하나의 고려요소는 될 수 있으며, 법정손해배상액이 실손해액과 너무 큰 괴리를 보임으로써 형평성을 상실하지는 않아야 한다'는 정도의 의미로 보아야 하지 않을까 생각된다. 위에서 본 고려요소 중에 침해자와 제 3 자들에 대한 '침해 억지의 효과', 침해자의 의도 등이 포함되고 있는 것 자체가 순수한 실손해배상의 원칙과는 다른 성격의 제도임을 보여 주는 것이라 할 수 있다. 법정손해배상액과 실손해액 사이의 일정한 관련성이 필요하다는 입장을 취한 미국 판례도 "실손해배상의 경우와 달리, 법정손해배상액은 침해 억지를 위한 부분(deterrence component)을 포함할 수 있고, 그것은 보다 높은 액수의 배상액을 정당화할 수 있다"고 하고 있다.[5] 법정손해배상제도가 기존의 실손해배상의 원칙에 의한 민사적 구제수단이 침해를 억지할 만한 효력을 가지지 못함으로써 형사적 구제방법에 경도되어 온 현상을 시정하기 위한 대안적 제도로서의 의미를 충분히 살리도록 하기 위해서는 실손해배상의 범위에 지나치게 얽매이지 아니하고 침해자의 비난가능성 등을 감안하여 기존관행보다 다소간 높은 손해액을 인정하는 방향으로 법원의 실무관행이 정착되어 나가야 할 것이라 생

---

1 Bryant v. Media Right Productions, Inc. 603 F. 3d 135, 144 (C.A.2 (N.Y.),2010); N.A.S. Impor. Corp. v. Chenson Enter., Inc., 968 F. 2d 250, 252–53 (2d Cir.1992).

2 Bruce P. Keller, Jeffrey P. Cunard, op. cit., §12 : 4; Fitzgerald Pub. Co., Inc. v. Baylor Pub. Co., Inc. 807 F. 2d 1110, 1117 (C.A.2 (N.Y.), 1986).

3 E.g. Bly v. Banbury Books, Inc. 638 F. Supp. 983, 987 (E.D.Pa.,1986) : "원고로 하여금 실제 손해 또는 이익의 구체적 증거를 제시하도록 요구하는 것이 법정손해배상 제도의 목적에 반하는 것임은 명백하지만, 그것이 피고의 침해에 의하여 원고가 손해를 입었는지 및 어느 정도의 손해를 입었는지가 법정손해배상과는 전혀 무관하다는 것을 의미하는 것은 아니다. 그와는 반대로 많은 법원은 법정손해배상의 손해액 산정은 원고가 입은 실제의 손해액과 일정한 관련성을 가져야 한다고 보아 왔다"라고 판시하였다.

4 New Form, Inc. v. Tekila Films, Inc. 357 Fed.Appx. 10, 12, 2009 WL 4876791, 1 (C.A.9 (Cal. (C.A.9 (Cal.), 2009); Cass County Music Co. v. C.H.L.R., Inc. 88 F. 3d 635, 643 (C.A.8 (Ark.), 1996).

5 Capitol Records Inc. v. Thomas-Rasset 680 F. Supp. 2d 1045, 1056 (D. Minn., 2010).

각된다. 물론 지나친 고액의 손해액을 인정하는 것도 여러 가지 문제가 있을 수 있으므로, 위에서 본 여러 고려요소들을 조화롭게 고려하여 지나치게 높지는 않으면서 침해 억지의 효력을 발휘할 수 있는 적정한 수준의 손해액을 인정하기 위해 노력하여야 할 것이다.

법정손해배상과 관련하여 실무의 동향을 파악하기 위해 저자가 하급심 판결을 수집, 조사해 본 바로는, 법정손해배상청구에 대한 언급이 있는 총 13건 중에서 3건이 법정손해배상청구를 배척하지 않았으나, 그 중 한 건[1]은 제126조 규정과 함께 적용하는 오류를 범하고 있다는 점에서 실질적으로 법정손해배상청구를 받아들인 사건은 2건에 불과하였다. 그 중 한 건[2]은 300만원, 다른 한 건[3]은 1,000만원의 손해배상액을 인정하였으나, 실손해액에 대하여 뚜렷이 알 수 없는 상황에서 위 판결들이 어느 정도의 '가중치'를 적용했는지 알 수가 없어, 법정손해배상액 책정에 있어서의 실무적 가이드라인을 만드는 기초로 활용하기는 쉽지 않을 것으로 보인다. 그 외의 사건은 모두 원고의 법정손해배상청구가 받아들여지지 않았는데, 그 중 일부는 원고가 예비적으로 청구하는 등으로 법정손해배상청구를 주위적 청구로 선택하지 않은 권리자 측의 소극성이 원인으로 작용한 부분도 있고, 법원의 판단순서 등의 면에서 논리적 오류로 인한 것도 있어 보인다. 그런 사건들 외에, 원고의 법정손해배상액 청구를 기각한 사건들은 대부분 침해 이전에 원고가 저작물에 대한 등록을 하였다는 증거가 없다는 것이 그 이유로 제시되고 있다. 이러한 상황은 저작물 등록률이 저조한 우리나라에서 대부분의 사건에는 법정손해배상제도가 적용되기 어려운 현실이라는 것과 아직 법정손해배상제도의 적용에 관한 실무적 가이드라인이 형성되지 않은 상태이고 법원의 판단에 법리적 오류도 많이 보이는 상태여서, 이 부분에 대한 실무기준의 정립이 아직은 요원한 상태에 있음을 말해 주고 있다.[4]

(4) 적용의 시기적 기준

§28-41   법정손해배상에 관한 규정은 한·미 FTA 이행을 위한 2011. 12. 2.자 개정법 시행일(한·미 FTA 발효일인 2012. 3. 15.) 이후 최초로 권리침해가 발생하거나 의무위반이 발생한 것부터 적용된다 (부칙 제 2 조). 즉 소송 제기 시점이 개정법 시행일 이후이더라도 권리침해 발생일이 그 전이면, 이

---

1 인천지방법원 2015. 10. 7. 선고 2015가단201083 판결(인정된 손해배상금은 50만원이다).

2 서울중앙지방법원 2018. 4. 13. 선고 2017가단5055851 판결.

3 서울서부지방법원 2017. 7. 13. 선고 2016나35066 판결.

4 저자는 법정손해배상제도가 가지는 이와 같은 여러 가지 현실적 한계점 내지 잠재적 문제점(자칫 남용될 경우 지나치게 높은 배상액이 인정될 수 있음)을 감안하여, 형사적 구제수단의 남용을 방지하기 위한 다른 제도적 방안(이에 대하여는 이해완, "저작권침해에 대한 형사적 구제수단의 남용에 대한 입법적 대처방안 : 조정우선주의 입법의 제안", 저스티스 제170-1호, 2019, 167~194면 참조)과 함께 추진하는 것을 전제로, 민사적 구제의 실효성을 높이기 위해 특허법 및 부정경쟁방지 및 영업비밀 보호에 관한 법률에서 이미 도입한 손해액의 3배 증액을 한도로 하는 징벌적 손해배상 제도의 도입을 긍정적으로 검토할 필요가 있다는 의견을 밝힌 바 있다. 이해완, "저작권법상 징벌적 손해배상제도의 도입에 관한 소고", 산업재산권 제58호, 2019, 363~419면 참조.

규정을 적용할 수 없음을 유의하여야 한다.

6. 저작인격권침해의 경우

(1) 저작권법 제127조는 "저작자는 고의 또는 과실로 저작인격권 또는 실연자의 인격권을 침 §28-42
해한 자에 대하여 손해배상에 갈음하거나 손해배상과 함께 명예회복을 위하여 필요한 조치를 청
구할 수 있다"고 규정하고 있다. 이 규정은 저작인격권 등 침해로 인해 명예를 훼손당한 저작자
는 손해배상에 갈음하거나 손해배상과 함께 명예회복에 필요한 조치를 청구할 수 있다는 것을 의
미할 뿐이고, 그로 인해 명예나 성망을 침해당하지 아니한 저작자는 그 동일성유지권·성명표시
권 등이 침해되더라도 일절 이로 인한 정신적 손해의 배상을 청구할 수 없다는 것은 아니다.[1] 다
시 말해 저작인격권의 침해로 인해 명예를 훼손당하지 아니한 저작자라 할지라도 다른 면에서의
정신적 손해가 있음을 내세워 위자료청구를 할 수 있다. 다만, 저작인격권이 침해되었다면 특별
한 사정이 없는 한 저작자는 그의 명예와 감정에 손상을 입는 정신적 고통을 받았다고 보는 것이
경험법칙에 부합되는 것이라 한다.[2] 여기에서 명예라 함은 저작자가 그 품성·덕행·명성·신용
등 인격적 가치에 대하여 사회로부터 받는 객관적 평가 즉 사회적 명예를 가리키는 것으로, 저
작자가 자기 자신의 인격적 가치에 대하여 갖는 주관적 평가 즉 명예감정은 포함되지 않는다.[3]
따라서 저작인격권 침해행위로 인하여 주관적 명예감정은 손상되었으나 사회적 명예가 손상되
었다고 볼 수 없는 경우에는 명예회복에 필요한 조치를 청구할 수 없다.[4] 다만, 주관적 명예감

---

1 대법원 1989. 10. 24. 선고 88다카29269 판결 참조.
2 대법원 1989. 10. 24. 선고 89다카12824 판결.
3 서울민사지방법원 1990. 2. 6. 선고 89나32714 판결; 서울고등법원 1997. 9. 24. 선고 97나15236 판결 참조.
4 판례상으로 객관적 명예훼손이 부정되어 명예회복조치 청구가 받아들여지지 않은 사례들을 살펴보면, ① 연합뉴스(원
고)의 기사를 무단으로 웹사이트에 게시하는 등의 행위를 한 경우(대법원 2009. 5. 28. 선고 2007다354 판결), ② 주
식회사 대한항공(원고)의 비행운영교범 및 비행운영규정을 복제하여 배포하면서 원고의 이름을 표시하지 않고 일부
수정, 개작하여 원고의 성명표시권 및 동일성유지권을 침해한 경우(서울중앙지방법원 2008. 4. 10. 선고 2006가합
75936 판결), ③ 일본의 한 회사(원고)가 제작한 컴퓨터그래픽 애니메이션 영상물과 유사한 줄거리, 배경인물, 등장인
물과 등장인물의 손동작, 표정, 복장 등을 이용하여 뮤직비디오를 제작한 것이 원고회사의 동일성유지권 침해로 인정
된 경우(서울중앙지방법원 2008. 3. 13. 선고 2007가합53681 판결), ④ 원고의 저작물인 일러스트레이션 이미지와 유
사한 이미지를 피고회사의 상표에 사용한 것이 동일성유지권 및 성명표시권 침해로 인정된 경우(서울중앙지방법원
2013. 4. 18. 선고 2012가합521324 판결), ⑤ 서예작품으로 표현된 글자(원고의 저작물)를 영화 제목이나 소설 표지
등에 사용하면서 원고의 성명을 표시하지 않은 경우(서울고등법원 1997. 9. 24. 선고 97나15236 판결) 등이다. 원고가
법인으로서 저작물도 실용적 또는 기능적 성격을 가진 것에 해당하는 경우들(위 ①과 ②의 경우)이 한 축을 이루고
있고, 그러한 경우는 아니지만 비교적 단순한 명예회복 조치(예컨대, 이후 배포시에 성명을 표시하도록 하는 등)를 하
기는 곤란하고(원저작물과 동일하지 않고 유사성이 있는 경우 등), 원고가 청구하는 해명서의 게재 등을 인정하기에
는 그 명예훼손의 정도가 약한 것으로 보이는 경우에 해당하는 것이 또 하나의 축을 이루고 있는 것으로 보인다(이러
한 경우에는 판례가 주관적 명예감정이 아니라 객관적 명예만 보호한다는 것을 하나의 전제로 하면서도 실제로 원고
가 청구하는 구체적인 명예회복조치가 적절하지 않다고 판단하는 측면이 강한 것이 아닐까 생각된다). 저작인격권 침
해로 인한 원고의 위자료청구를 받아들이는 것 외에, 명예회복청구가 전적으로 부정되어야 할 것은 전자의 경우, 즉
신문사, 항공사 등 규모가 큰 법인이 원고가 되고 저작물도 실용적, 기능적인 성격이 강한 경우 등이라 생각되고, 후

정의 손상도 위자료산정에 있어서는 참작사유가 될 수 있다. 위자료 산정 시의 참작사유에는 침해행위의 태양, 침해된 저작권의 내용, 해당 저작물의 가치, 저작자의 작가로서의 경력, 해당 저작물에 들인 노력, 비용 등, 침해자가 해당 저작물을 접하게 된 경위, 침해자가 지출한 비용, 침해사실을 알게 된 이후의 침해자의 대응 태도(신속하게 침해행위를 중단하였는지 여부 등) 등이 포함된다.[1]

§28-43　　(2) 명예회복조치는 위와 같이 저작인격권침해사실 외에 주관적인 책임요건으로서의 고의 또는 과실, 권리자의 명예훼손 등을 요건으로 하는 것이다. 그 구체적인 내용으로는 과거 사죄광고의 청구가 가장 중요한 것으로 인식되어 왔으나, 지금은 가해자에게 사죄광고를 강제하는 것이 헌법상의 양심의 자유에 반한다는 헌법재판소의 결정[2]으로 인해 사죄광고의 청구가능성은 봉쇄되어 있다.[3] 그 대안으로는 피고의 행위가 원고의 저작인격권을 침해하고 명예를 훼손한 불법행위라고 인정한 판결선고내용을 요약하여 공고문으로 게재하도록 하는 방법이 사용될 수 있다.[4] 그 밖의 명예회복조치로는 예컨대 정기간행물 등 지면을 이용한 침해의 경우 당해 정기간행물 등에 정정문을 게재하도록 하는 것 등이 고려될 수 있다.[5] '필요한 조치'인지의 여부는 침해된 당해 저작인격권과 그에 대한 침해행위의 성질 및 정도와 청구된 조치의 타당성을 비교형량하여 결정되어야 하는 것이므로, 개별적이고 구체적인 상황에 대한 고려 없이 저작인격권이 침해된 모든 경우에 원상회복 또는 동일성을 회복하도록 하는 조치가 필요하다고 볼 수는 없다.[6] 이와 관련하여 구체적 판단 사례들을 살펴보면, ① 일부 찬송가에 내한 편곡저작자(원고)의 동의 없이 악곡이 변경된 찬송가가 이미 수백만부 제작, 배포된 상태라는 것과 악곡의 수정이 특정인의 자의에 따라 이뤄진 것이 아니라 수백 곡에 달하는 개별 찬송가들에 대한 통일성, 보편성 확보 차원에서 위원으로 위촉된 전문가들의 수정 검토 및 협의에 따라 이루어진 것이라는 등의 여러 가지 상황을 종합하여 그 찬송가에 원고의 이름을 표시하고 원래의 악곡으로 교체하여 수록할 것을 구하는 원고의 청구를 받아들이기 어렵다고 본 사례,[7] ② 저작권자와 제목을 허위로 기재한 수출용 큐

자의 경우에는 명예회복청구를 전적으로 부정하기보다 구체적인 사안에서 원고가 청구하는 명예회복청구의 필요성을 신중하게 판단하는 것이 보다 타당하지 않을까 생각된다. 저작인격권의 침해는 있지만 객관적 명예훼손이 전혀 없는 경우를 지나치게 넓게 인정하는 것은 바람직하지 않다고 생각된다.

1 서울고등법원 1999. 11. 16. 선고 99나14749 판결, 수원지방법원 2017. 6. 30. 선고 2016나21251 판결 등 참조.
2 헌법재판소 1991. 4. 1.자 89헌마160 결정.
3 사죄광고청구에 대하여 "명예훼손의 경우 사죄광고를 구하는 것은 허용되지 아니한다"고 하여 간단히 기각한 예로는 서울고등법원 1997. 12. 9. 선고 96나52092 판결 참조. 그러나 아직도 당사자 간의 합의에 의하여 사죄광고가 이용되는 일은 흔하다고 한다. 양영준, "지적소유권침해소송," 인권과 정의, 1996년 1월호, 63면 참조.
4 서울지방법원 1992. 12. 4. 선고 91가합82923 판결이 그러한 청구가 인용된 예로서 주문에서는 "피고는 이 사건 판결 확정 후 처음 발간되는 주간조선에 별지 1기재 공고문을 게재하라"고 명하였다.
5 牛田正夫·紋谷暢男編, 著作權のノウハウ, 有斐閣, 1987, 279면.
6 서울고등법원 2012. 9. 5. 선고 2011나45370 판결.
7 위 서울고등법원 2012. 9. 5. 선고 2011나45370 판결.

시트가 작성되어 일본음악저작권협회에 등록됨으로써 드라마 배경음악 작곡자인 원고들의 저작인격권(성명표시권과 동일성유지권)을 침해한 것으로 인정된 사안에서 일본음악저작권협회에 등록된 저작권자의 표시를 원고들의 명의로 변경해 달라는 청구를 인용한 사례,[1] ③ 원고가 창작한 한국화를 복제하여 지하철 벽화를 제작, 설치하면서 일부 변형을 가하고 그 작가란에는 '작가미상'이라고 표시하여 원고의 성명표시권과 동일성유지권을 침해한 사안에서, 그 변형의 정도가 크지 않은 점 등을 감안하여, 그 벽화에 원저작자로 원고의 성명 등을 표시하도록 명하는 것 외에 피고들이 원고의 저작물을 무단이용하였고 이에 원고가 소송을 제기하여 승소판결을 받은 사실을 알리는 공고문의 일간지 게재를 청구하는 부분은 받아들이지 않은 사례[2] 등이 있다.

저작권침해로 인한 손해배상청구와 명예회복조치는 항상 함께 청구하여야 하는 것은 아니다. 손해배상을 구하는 소가 제기되고 그 판결이 확정된 이후라도 명예회복에 필요한 조치를 소구할 수 없게 되는 것은 아니며, 또한, 저작권 침해를 이유로 하는 손해배상청구권과 이로 인한 명예회복에 필요한 조치 청구권은 별개의 소송물로서 그 중 1개 청구에 관한 판결의 기판력이 다른 청구의 소에 미친다고 볼 수 없다는 것이 판례의 입장이다.[3]

 **판 례**

❖ 서울중앙지방법원 2006. 5. 10. 선고 2004가합67627 판결 §28-44

(전략)

다. 명예회복을 위한 조치

(1) 성명 등 표시 청구 부분

피건대, 피고 도시철도공사가 원고의 이 사건 원화에 대한 성명표시권을 침해하였음은 앞서 본 바와 같고, 원고로서는 이 사건 원화 또는 그 복제물에 자신의 성명을 표시함으로써 저작물에 주어지는 사회적 평가를 저작자인 원고에게 귀속시킬 권리가 있다고 할 것이므로 피고 도시철도공사는 저작권법 제95조에 의하여 명예회복을 위하여 필요한 조치로서 이 사건 벽화 우측 하단에 원고의 이름, 약력, 벽화 제호를 표시할 의무가 있다.

(2) 공고문 게시 청구 부분

원고는, 피고들이 명예회복을 위한 조치로서 별지 제1 목록 기재 공고문과 같은 내용을 신문에 게재할 의무가 있다고 주장한다.

살피건대, 저작자는 고의 또는 과실로 저작인격권을 침해한 자에 대하여 손해배상에 갈음하거나 손해배상과 함께 명예회복을 위하여 필요한 조치를 청구할 수 있다 할 것이나, 한편 이때의 명예라 함은 저작자가 그 품성, 덕행, 명성, 신용 등 인격적 가치에 대하여 사회로부터 받는 객관적 평가, 즉 사

---

1 서울고등법원 2018. 11. 8. 선고 2018나2015442 판결.
2 서울중앙지방법원 2006. 5. 10. 선고 2004가합67627 판결.
3 서울중앙지방법원 2012. 9. 21 선고 2012가합10930 판결.

<u>회적 명예를 가리키는 것으로 저작자가 자기 자신의 인격적 가치에 대하여 갖는 주관적 평가, 즉 명예</u> <u>감정은 포함하지 않는다고 할 것인바</u>, 이러한 견지에서 앞에서 인정한 사실을 살펴보면 이 사건 벽화 가 원고의 저작인격권을 침해하고 가사 그 명예를 훼손하였다 하더라도, 원고의 작품에 대한 변형 정 도가 크지 않은 점, 이 사건 벽화를 상업적 목적에 활용한 것은 아니라는 점, 위 피고들이 이 사건 벽 화를 원고가 아닌 다른 사람의 작품이라고 주장한 것이 아니라 단순히 원작자인 원고의 표시를 누락한 것이라는 점 등에 비추어 그 명예훼손 정도는 크지 않다고 보이고, 앞에서 위자료 산정시 참작한 여러 사정과 인용한 위자료 액수 등을 종합하여 볼 때 위 피고들에게 원고의 저작인격권을 침해함에 따른 위자료의 지급을 명하고, <u>피고 도시철도공사에게 이 사건 벽화에 원고의 성명 등을 표시하도록 명하는</u> <u>것으로 충분하고, 별지 제1목록 기재 공고문 게재는 필요하지 않다고 할 것이므로</u> 원고의 위 주장은 이유 없다.

(후략)

III. 부당이득반환청구권

1. 의   의

§28-45   법률상 원인 없이 타인의 재산 또는 노무로 인하여 이익을 얻고, 이로 인하여 타인에게 손해 를 가한 자는 그 이익을 반환하여야 한다는 것이 민법상의 부당이득제도이다(민법 제741조 이하). 현행 저작권법에는 구 저작권법에 있던 부당이득반환청구권의 규정을 삭제하였지만, 저작권침해 행위자는 결국 법률상 원인 없이 타인의 재산 또는 노무로 인하여 이익을 얻은 것으로 되므로, 그로 인한 손실자인 권리자가 침해자에 대하여 부당이득반환청구권을 가짐은 당연한 것이다.[1]

2. 요건 및 내용

§28-46   부당이득이 성립하기 위하여는 ① 타인의 재산에 의하여 이익을 얻었을 것, ② 이로 인하여 타인에게 손해를 가하였을 것, ③ 발생한 이익과 손해 사이에 상당인과관계가 있을 것, ④ 이익 을 얻음에 있어 법률상 정당한 원인이 없을 것 등의 요건이 구비되어야 한다. 저작권침해의 경우 에는 위 ④의 요건은 당연히 충족되고, 나머지 요건 즉 침해자의 저작물이용으로 얻은 이익의 존 재와 그와 상당인과관계 있는 권리자의 손해발생이 문제가 될 뿐이다. 그런데 부당이득에서 말하 는 '이익'이란 반드시 침해자가 그 이용행위로 인하여 시장으로부터 얻은 이익, 즉 영업이익을 말 하는 것은 아니고, 그와 같이 타인의 저작권을 이용하였다는 것 자체도 여기서 말하는 '이익'에

---

1 장인숙, 전게서, 271면. 저작권침해의 경우 부당이득반환청구권 행사가 받아들여진 예는 東京高裁 昭和 52. 3. 31 판 결(池原季雄·齊藤博·半田正夫編, 전게서, 194면) 참조.

포함되는 것이다.[1] 따라서 저작권자로서는 침해자가 비록 침해행위로 인해 영업상의 이익을 얻고 있지 않은 경우에도 이와 같은 사용이익에 대한 객관적인 대가의 반환을 구할 수 있으며, 그것은 곧 저작권침해의 손해배상에 관한 특칙인 저작권법 제125조 제 2 항의 "권리행사로 통상 받을 수 있는 금액에 상당하는 액"과 일치하는 것이다. 그러면 이 경우 손해(손실)의 요건은 어떻게 볼 것인가. 이 요건에 대하여도 가령 컴퓨터프로그램의 저작권자가 자력이 없어서 어차피 그 프로그램에 의하여 수입을 얻을 현실적인 가능성이 없다고 하더라도 그러한 수입을 얻을 추상적·일반적 가능성까지 없는 것은 아니므로 일반적으로 손해를 입은 것으로 인정된다.[2] 그러므로 부당이득반환청구의 경우에도 이익과 손해액의 입증이 어려운 경우에 최소한도 통상의 사용대가는 청구할 수 있는 것으로 인정된다. 같은 취지에서 대법원도 "저작권자의 허락 없이 저작물을 이용한 사람은 특별한 사정이 없는 한 법률상 원인 없이 이용료 상당액의 이익을 얻고 이로 인하여 저작권자에게 그 금액 상당의 손해를 가하였다고 보아야 하므로, 저작권자는 부당이득으로 이용자가 저작물에 관하여 이용 허락을 받았더라면 이용대가로서 지급하였을 객관적으로 상당한 금액의 반환을 구할 수 있다. 이러한 부당이득의 액수를 산정할 때는 우선 저작권자가 문제된 이용행위와 유사한 형태의 이용과 관련하여 저작물 이용계약을 맺고 이용료를 받은 사례가 있는 경우라면 특별한 사정이 없는 한 이용계약에서 정해진 이용료를 기준으로 삼아야 한다."고 판시하였다.[3] 이것은 저작물의 무단이용으로 인한 부당이득액을 산정함에 있어서 침해자가 받은 이익의 객관적인 가치를 통상의 이용료(법 제125조 제 2 항에 따라 산정하는 금액)로 보아 이를 기준으로 할 것임을 명확히 한 것으로 볼 수 있다.[4] 나아가 위 판결은 "그러나 해당 저작물에 관한 이용계약의 내용이 문제된 이용행위와 유사하지 아니한 형태이거나 유사한 형태의 이용계약이더라도 그에 따른 이용료가 이례적으로 높게 책정된 것이라는 등 이용계약에 따른 이용료를 그대로 부당이득액 산정의 기준으로 삼는 것이 타당하지 아니한 사정이 있는 경우에는, 이용계약의 내용, 저작권자와 이용자의 관계, 저작물의 이용 목적과 이용 기간, 저작물의 종류와 희소성, 제작 시기와 제작 비용 등과 아울러 유사한 성격의 저작물에 관한 이용계약이 있다면 그 계약에서 정한 이용료, 저작물의 이용자가 이용행위로 얻은 이익 등 변론과정에서 나타난 여러 사정을 두루 참작하여 객관적이고 합리적인 금액으로 부당이득액을 산정하여야 한다."라고 판시하였는데, 이것도 법 제125조 제 2 항에 따른 통상이용료 기준 자체를 보충하는 의미를 가질 뿐이고 그것과 다른 독자적

---

1 양창수, 전게논문, 33면.
2 양창수, 전게논문, 36면.
3 대법원 2016. 7. 14. 선고 2014다82385 판결. 저작물의 무단이용에 대하여 부당이득반환청구권을 행사할 수 있다는 것과 그 산정방법의 원칙을 최초로 밝힌 대법원 판례이다.
4 구민승, "저작물의 무단이용에 따른 부당이득액의 산정 방법", 대법원판례해설, 2016년 하권, 516면 참조.

법리를 밝힌 것은 아니라고 보아야 할 것이다.[1] 부당이득반환청구의 경우 손해배상청구와 달리 고의·과실의 입증을 요하지 않는 것은 당연하다. 다만, 부당이득의 반환범위는 침해자가 선의일 경우에는 현존이익의 한도 내이고, 악의일 경우는 받은 이익에 법정이자를 부가하고 다시 권리자에게 손해가 있으면 그 손해를 배상하여야 한다. 부당이득반환청구권이 손해배상청구권과 별도의 존재의의를 가지는 것은 첫째 침해행위에 고의 또는 과실이 없는 경우, 둘째 손해배상청구권이 3년의 단기소멸시효에 걸린 경우 등이다.

Ⅳ. 공동저작물의 권리침해

§28-48   (1) 공동저작물이란 2인 이상이 공동으로 창작한 저작물로서 각자가 이바지한 부분을 분리하여 이용할 수 없는 것을 말한다(저작권법 제2조 제21호). 각자의 창작부분을 분리할 수 있는 경우는 형식상 '공저'라고 표시한 경우에도 이른바 결합저작물일 뿐 공동저작물은 아니다.

§28-49   (2) 저작권법 제129조는 "공동저작물의 각 저작자 또는 각 저작재산권자는 다른 저작자 또는 저작재산권자의 동의 없이 제123조의 규정에 의한 청구(침해정지청구 등)를 할 수 있으며, 그 저작재산권의 침해에 관하여 자신의 지분에 관한 제125조의 규정에 의한 손해배상청구를 할 수 있다"고 규정하고 있다.

§28-50   (3) 한편, 저작인격권의 침해와 관련하여 대법원 판례는, "저작권법 제127조에 의한 저작인격권의 침해에 대한 손해배상이나 명예회복 등 조치청구는 저작인격권의 침해가 저작자 전원의 이해관계와 관련이 있는 경우에는 전원이 행사하여야 하지만,[2] 1인의 인격적 이익이 침해된 경우에는 단독으로 손해배상 및 명예회복조치 등을 청구할 수 있고, 특히 저작인격권 침해를 이유로 한 정신적 손해배상을 구하는 경우에는 공동저작자 각자가 단독으로 자신의 손해배상청구를 할 수 있다"고 판시하고 있는데,[3] 타당한 입장이라고 생각된다.

Ⅴ. 서류열람청구권

§28-51   저작권법 제107조는 "저작권신탁관리업자는 그가 신탁관리하는 저작물 등을 영리 목적으로 이용하는 자에 대하여 당해 제작물 등의 사용료 산정에 필요한 서류의 열람을 청구할 수 있다.

---

1 구민승, 위의 논문, 516~520면 참조.
2 저작권법 제15조 1항에서 "공동저작물의 저작인격권은 저작자 전원의 합의에 의하지 아니하고는 이를 행사할 수 없다. 이 경우 각 저작자는 신의에 반하여 합의의 성립을 방해할 수 없다"고 규정하고 있다.
3 대법원 1999. 5. 25. 선고 98다41216 판결(공999하, 1243).

이 경우 이용자는 정당한 사유가 없는 한 이에 응하여야 한다"고 규정하고 있다.

디지털환경하에서 복제의 용이성과 신속성 등으로 말미암아 저작물의 실제 사용량과 사용료의 산정, 나아가 저작권침해의 입증이 쉽지 않으며, 또 이를 입증하기 위한 자료는 거의 이용자에게 있으나 저작재산권자 또는 신탁관리자가 사용료 산정을 위한 증거자료를 열람 또는 확보하기는 어려워, 적정 사용료 또는 손해액 산정에 어려움이 있다는 것을 고려하여 저작재산권자의 경제적 권익을 증진시키기 위한 취지에서 마련된 규정이다.

VI. 증거수집을 위한 정보제공명령

1. 의   의

개정 저작권법 제129조의2는 한·미 FTA 이행을 위한 2011. 12. 2.자 개정법에서 같은 FTA 의 합의사항1을 반영하여 신설한 조문으로서, 저작권 등 침해소송에서 법원이 당사자의 신청에 때라 침해행위와 관련하여 다른 당사자가 보유하고 있는 정보의 제공을 명할 수 있도록 규정하고 있다. §28-52

이것은 미국 민사절차 규칙 제26조의 증거개시(discovery) 관련 규정을 참고한 규정으로서, 역시 증거개시제도와 유사한 성격을 가지는 우리 민사소송법상의 문서제출명령제도에 대한 관계에서는 저작권분야의 특칙으로서의 성격을 가지고 있다고 할 수 있다.2

권리자가 소송과정에서 침해행위와 관련된 정보를 제공받을 수 있게 함으로써 조직적이고 대규모로 이루어지는 저작권 침해행위에 대하여 체계적으로 대응할 수 있도록 돕는 것이 제도적 취지이다.3 다만 침해소송의 원고(당사자)가 여러 가지 정보를 제공받을 수 있게 함으로써 증거수집의 용이성과 권리 구제의 실효성을 높일 수 있는 장점만 강조할 때는 그로 인해 피고(다른 당사자) 측의 영업비밀이나 사생활이 침해될 우려가 있으므로 그 두 가지의 측면을 균형 있게 다루기 위해 개정법 제129조의2는 피고(다른 당사자)가 정보제공을 거부할 수 있는 사유에 대하여도 자세히 규정하고 있다.

2. 정보제공명령의 요건

다음의 요건을 갖춘 경우에 법원은 '다른 당사자'에 대하여 정보제공명령을 발할 수 있다(제 129조의2 제 1 항). §28-53

---

1 협정문 제18.10조 제10항.
2 김현철, 한·미 FTA 이행을 위한 저작권법 개정방안 연구, 저작권위원회, 2007, 203~204면 참조.
3 문화체육관광부·한국저작권위원회, 한·미 FTA 이행을 위한 개정 저작권법 설명자료(2011. 12. 14.), 46면 참조.

(1) 저작권 등 권리 침해를 이유로 하는 소송이 계속 중일 것

저작권을 비롯하여 저작권법에 따라 보호되는 권리의 침해에 관한 소송이 제기되어 계속 중이어야 하므로, 소송과는 별도의 신청으로 정보제공명령을 청구할 수는 없다.

(2) 당사자의 신청이 있을 것

당사자의 신청에 따라서만 정보제공명령을 할 수 있으며, 법원이 직권으로 할 수는 없다. 원고이든 피고이든 상관없이 신청자격을 가지지만, 제도의 취지에 비추어 소송에서의 본소 또는 반소청구 등을 통해 저작권등 권리침해를 이유로 손해배상청구, 침해정지 청구 등의 권리행사를 하는 입장에 있는 소송당사자가 여기서 말하는 '당사자'에 해당하고, 그 권리행사의 상대방 입장에 있는 당사자가 '다른 당사자'에 해당하는 것으로 보아야 할 것이다.

(3) 증거를 수집하기 위하여 필요하다고 인정될 것

당해 소송과 관련한 증거 수집을 위해 필요하다고 인정되어야만 명령을 할 수 있다.

3. 정보제공명령의 내용

§28-54   정보제공명령의 내용은 다른 당사자에 대하여 그가 보유하고 있거나 알고 있는 다음의 각 정보의 전부 또는 일부를 제공하도록 명하는 것이다(제129조의2 제 1 항).

1) 침해 행위나 불법복제물의 생산 및 유통에 관련된 자를 특정할 수 있는 정보
2) 불법복제물의 생산 및 유통 경로에 관한 정보

4. 정보제공의 거부사유

§28-55   정보제공명령을 받은 '다른 당사자'는 다음 각 사유의 어느 하나에 해당하는 경우에는 정보제공을 거부할 수 있다(제129조의2 제 2 항).

1) i) 다른 당사자, ii) 다른 당사자의 친족이거나 친족 관계가 있었던 자 또는 iii) 다른 당사자의 후견인 중 어느 하나에 해당하는 자가 공소 제기되거나 유죄판결을 받을 우려가 있는 경우
2) 영업비밀 또는 사생활을 보호하기 위한 경우이거나 그 밖에 정보의 제공을 거부할 수 있는 정당한 사유가 있는 경우

여기서 말하는 영업비밀은 부정경쟁방지 및 영업비밀보호에 관한 법률 제 2 조 제 1 호의 정의규정에 따라 "공공연히 알려져 있지 아니하고 독립된 경제적 가치를 가지는 것으로서, 상당한 노력에 의하여 비밀로 유지된 생산방법, 판매방법, 그 밖에 영업활동에 유용한 기술상 또는 경영상의 정보"를 말한다.

법원은 위 2)의 '정당한 사유'가 있는지를 판단하기 위하여 필요하다고 인정되는 경우에는 다른 당사자에게 정보를 제공하도록 요구할 수 있다. 이 경우 정당한 사유가 있는지를 판단하기 위하여 정보제공을 신청한 당사자 또는 그의 대리인의 의견을 특별히 들을 필요가 있는 경우 외에는 누구에게도 그 제공된 정보를 공개하여서는 아니 된다(제129조의2 제 4 항).

5. 정보제공명령 불이행의 법적 효과

다른 당사자가 정당한 이유 없이 정보제공 명령에 따르지 아니한 경우에는 법원은 정보에 관한 당사자의 주장을 진실한 것으로 인정할 수 있다(제129조의2 제 3 항). §28-56

6. 적용의 시기적 기준

이 규정은 한·미 FTA 이행을 위한 2011. 12. 2.자 개정법 시행일(한·미 FTA 발효일인 2012. 3. 15.) 이후 최초로 권리침해가 발생하거나 의무위반이 발생한 것부터 적용된다(부칙 제 2 조). §28-57

Ⅶ. 소송당사자에 대한 비밀유지명령

1. 의   의

개정 저작권법 제129조의3은 한·미 FTA 이행을 위한 2011. 12. 2.자 개정법에서 같은 FTA 의 합의사항[1]을 반영하여 신설한 조문으로서, 저작권등 침해에 관한 소송 당사자가 준비서면 등에 영업비밀이 포함되어 있음을 소명한 경우 법원이 소송 이외의 목적으로는 공개를 금지하는 명령을 할 수 있도록 규정하고 있다. 이 명령을 '비밀유지명령'이라 부른다. §28-58

예를 들어 컴퓨터프로그램저작물에 관한 침해소송이 제기되었을 경우 당사자간에 권리침해 여부에 관하여 변론 및 입증 활동을 진행하다보면, 프로그램의 원시코드 등을 비롯한 영업비밀이 부득이 법원을 통해 상대방 당사자에게 제공될 가능성이 있다. 이와 같이 소송에서의 변론 및 입증 활동을 위해 제공된 영업비밀이 소송 외의 목적으로 함부로 사용될 경우에는 당사자에게 큰 피해를 야기할 수 있고 그에 대한 특별한 보호규정이 없을 경우에는 결국 당사자의 변론 및 입증 활동을 위축시키게 된다. 이것은 결국 저작권 침해에 대한 효과적인 구제를 어렵게 하는 결과를 초래할 수 있으므로 소송과정에서 제공된 영업비밀을 보다 엄격하게 보호함으로써 그러한 문제점을 해소하고자 하는 것이 비밀유지명령제도의 취지라 할 수 있다.

---

1 협정문 제18.10조 제11항.

미국은 연방 민사절차 규칙 제26조의 증거개시(discovery)에 관한 일반규정에서 법원의 '보호명령'의 한 내용으로 이러한 비밀유지명령을 포함하고 있고, 일본은 FTA와 상관없이 자체적인 사법제도 개혁작업의 일환으로 모든 지식재산권법에 대하여 비밀유지명령제도를 일괄적으로 도입하였다.[1]

2. 비밀유지명령의 요건

§28-59   다음의 요건을 갖춘 경우에 법원은 '다른 당사자' 등에 대하여 비밀유지명령을 발할 수 있다(제129조의3 제 1 항).

(1) 저작권 등 권리 침해에 관한 소송이 계속 중일 것

저작권을 비롯하여 저작권법에 따라 보호되는 권리의 침해에 관한 소송이 제기되어 계속 중이어야 한다. 여기서 말하는 권리에는 배타적 권리만 포함되고 보상금청구권은 제외된다(같은 조 제 1 항 괄호 안의 내용).

(2) 당사자가 보유한 영업비밀이 법상의 일정한 요건을 갖출 것

비밀유지명령을 신청하는 당사자가 보유한 영업비밀에 관하여 다음의 사유를 모두 소명하여야 한다.

1) 준비서면 또는 증거에 영업비밀이 포함되어 있다는 것

먼저, 이미 제출하였거나 제출하여야 할 준비서면 또는 이미 조사하였거나 조사하여야 할 증거에 영업비밀이 포함되어 있다는 것을 소명하여야 한다(제129조의3 제 1 항 제 1 호). 여기서 말하는 증거에는 당사자가 자의에 의하여 제출한 증거만이 아니라 제129조의2에 의한 법원의 정보제공명령에 응하여 제공된 증거도 포함된다(같은 호 괄호 안의 내용 참조).

또한 여기서 말하는 영업비밀은 역시 부정경쟁방지 및 영업비밀보호에 관한 법률 제 2 조 제 1 호의 정의규정에 따라 "공공연히 알려져 있지 아니하고 독립된 경제적 가치를 가지는 것으로서, 상당한 노력에 의하여 비밀로 유지된 생산방법, 판매방법, 그 밖에 영업활동에 유용한 기술상 또는 경영상의 정보"를 말하므로(제129조의2 제 2 항 제 2 호 괄호 안의 내용 참조), 그 규정에 따른 ⅰ) 비공지성 또는 비밀성, ⅱ) 경제적 유용성, ⅲ) 비밀관리의 세 요건을 모두 충족하는 것이어야 한다.[2]

2) 영업비밀의 사용 또는 공개를 제한할 필요가 있다는 것

다음으로, 그 영업비밀이 해당 소송수행 외의 목적으로 사용되거나 공개되면 당사자의 영업

---

1 김현철, 전게서, 205면 참조.
2 영업비밀의 요건에 대하여 자세한 것은 예컨대, 사법연수원, 부정경쟁방지법(2010), 82~88면 참조.

에 지장을 줄 우려가 있어 이를 방지하기 위하여 영업비밀의 사용 또는 공개를 제한할 필요가 있다는 것을 소명하여야 한다(제129조의3 제 1 항 제 2 호).

(3) 다른 당사자 등이 영업비밀을 사전에 이미 취득한 경우가 아닐 것

비밀유지명령 신청 시까지 다른 당사자, 당사자를 위하여 소송을 대리하는 자, 그 밖에 해당 소송으로 인하여 영업비밀을 알게 된 자가 준비서면의 열람 및 증거조사 이외의 방법으로 해당 영업비밀을 이미 취득한 경우가 아니어야 한다(제129조의3 제 1 항 단서). 그러한 경우에는 변론 및 준비활동으로 인해 영업비밀이 제공된 경우가 아니므로 비밀유지명령에 의한 특별한 보호를 정당화할 근거가 없다는 취지에 기한 것이다.

(4) 당사자의 신청이 있을 것

당사자의 신청에 따라서만 비밀유지명령을 할 수 있으며, 법원이 직권으로 할 수는 없다. 이 규정과 관련하여서는 제129조의2에 의한 정보제공명령의 경우(§28-59 참조)와 달리, 저작권 등 권리침해를 이유로 권리행사를 하는 당사자이든 그 상대방이든 관계없이 신청자격을 가지는 것으로 보아야 할 것이다.

3. 비밀유지명령의 내용

(1) 명령의 대상 §28-60

비밀유지명령의 대상에는 i) 다른 당사자, ii) 당사자를 위하여 소송을 대리하는 자, iii) 그 밖에 해당 소송으로 인하여 영업비밀을 알게 된 자 등이 포함되며(제129조의3 제 1 항 본문), 그 범위 내에서 구체적으로는 해당 명령을 신청하는 당사자가 신청서에서 '비밀유지명령을 받을 자'로 지정한 자(제129조의3 제 2 항 제 1 호 참조)가 명령의 대상이 된다.

(2) 명령의 내용

비밀유지명령은 "해당 영업비밀을 해당 소송의 계속적인 수행 외의 목적으로 사용하거나 해당 영업비밀에 관계된 비밀유지명령을 받은 자 외의 자에게 공개하지 아니할 것"을 명하는 것을 그 내용으로 한다(제129조의3 제 1 항).

4. 비밀유지명령의 절차

비밀유지명령은 다음의 절차에 따른다. §28-61

(1) 당사자가 다음의 사항을 적은 서면으로 비밀유지명령을 신청한다(제129조의3 제 2 항 1 내지 제 3 호).

    1) 비밀유지명령을 받을 자

    2) 비밀유지명령의 대상이 될 영업비밀을 특정하기에 충분한 사실

    3) 당사자가 보유한 영업비밀이 제129조의3 제1항 각 호의 사유(§28-59 참조)에 해당하는 사실

    (2) 위 신청이 신청요건을 모두 갖춘 경우 법원은 결정으로 비밀유지명령을 한다(제129조의3 제1항 본문). 법원은 만약 그 신청이 형식적 요건을 갖추지 못한 경우에는 신청을 각하하고 신청인이 제129조의3 제1항 각호의 사유를 소명하지 못한 경우 등에는 신청을 기각한다.

    (3) 비밀유지명령이 결정된 경우에는 그 결정서를 비밀유지명령을 받은 자에게 송달하여야 한다(제129조의3 제3항). 비밀유지명령은 그 결정서가 비밀유지명령을 받은 자에게 송달된 때부터 효력이 발생한다(같은 조 제4항).

    (4) 비밀유지명령의 신청을 기각하거나 각하한 재판에 대하여는 신청인이 즉시항고를 할 수 있다(같은 조 제5항).

5. 비밀유지명령의 취소

§28-62   비밀유지명령을 신청한 자나 비밀유지명령을 받은 자는 제129조의3 제1항에서 규정한 요건을 갖추지 못하였거나 갖추지 못하게 된 경우 소송기록을 보관하고 있는 법원(소송기록을 보관하고 있는 법원이 없는 경우에는 비밀유지명령을 내린 법원을 말한다)에 취소를 신청할 수 있다(제129조의4 제1항).

    비밀유지명령의 취소신청에 대한 재판이 있는 경우에는 그 결정서를 그 신청인과 상대방에게 송달하여야 하며, 비밀유지명령의 취소신청에 대한 재판에 대하여는 즉시항고를 할 수 있다(같은 조 제2항, 제3항). 비밀유지명령을 취소하는 재판은 확정되어야 그 효력이 발생한다(같은 조 제4항). 비밀유지명령을 취소하는 재판을 한 법원은 비밀유지명령의 취소신청을 한 자와 상대방 외에 해당 영업비밀에 관한 비밀유지명령을 받은 자가 있는 경우에는 그 자에게 즉시 비밀유지명령의 취소재판을 한 취지를 통지하여야 한다(같은 조 제5항).

6. 소송기록 열람 등 신청의 통지 등

§28-63   개정법의 비밀유지명령과 내용은 다르지만 유사한 취지의 규정으로 민사소송법상의 비밀보호를 위한 소송기록 등의 열람 등 제한제도(민사소송법 제163조[1])가 있다. 소송당사자의 비밀을 보

---

1 그 규정 내용은 다음과 같다.
제163조 (비밀보호를 위한 열람 등의 제한)
① 다음 각호 가운데 어느 하나에 해당한다는 소명이 있는 경우에는 법원은 당사자의 신청에 따라 결정으로 소송기록 중 비밀이 적혀 있는 부분의 열람·복사, 재판서·조서중 비밀이 적혀 있는 부분의 정본·등본·초본의 교부(이하 "비밀 기재부분의 열람 등"이라 한다)를 신청할 수 있는 자를 당사자로 한정할 수 있다.

호하기 위해 그 신청에 따라 일정한 요건하에 당사자 이외의 외부인들에 의한 소송기록 등의 열람을 제한할 수 있도록 하는 취지의 제도인데, 개정법은 그 제도와 개정법상의 비밀유지명령을 연계시킴으로써 비밀유지명령제도의 실효성을 더욱 높이고자 하는 취지의 규정을 두고 있다.

즉 개정법 제129조의5 제 1 항에 의하면, 비밀유지명령이 내려진 소송(비밀유지명령이 모두 취소된 소송은 제외한다)에 관한 소송기록에 대하여 민사소송법 제163조 제 1 항에 의한 소송기록 등의 열람 등 제한 결정이 있었던 경우에 당사자가 민사소송법 제163조 제 1 항에 의한 비밀 기재 부분의 열람 등을 해당 소송에서 비밀유지명령을 받지 아니한 자를 통하여 신청한 경우에는 법원서기관·법원사무관·법원주사 또는 법원주사보(이하 '법원사무관 등'이라 한다)는 소송기록 등의 열람 등 제한신청을 한 당사자(그 열람 등의 신청을 한 자는 제외한다)에게 그 열람 등의 신청 직후에 그 신청이 있었던 취지를 통지하여야 한다. 그 경우 법원사무관등은 원칙적으로 그 열람신청이 있었던 날부터 2주일이 지날 때까지(그 신청 절차를 행한 자에 대한 비밀유지명령 신청이 그 기간 내에 행하여진 경우에 대하여는 그 신청에 대한 재판이 확정되는 시점까지) 그 신청 절차를 행한 자에게 민사소송법 제163조 제 1 항에 의한 비밀 기재 부분의 열람 등을 하게 하여서는 아니 된다(저작권법 제129조의5 제 2 항). 다만 그 열람 등의 신청을 한 자에게 민사소송법 제163조 제 1 항에 의한 비밀 기재 부분의 열람 등을 하게 하는 것에 대하여 민사소송법상의 소송기록 등의 열람등 제한 신청을 한 당사자 모두의 동의가 있는 경우는 예외로 한다(저작권법 제129조의5 제 3 항).

7. 명령위반시의 벌칙

이 규정에 따른 법원의 비밀유지명령을 정당한 이유 없이 위반한 자에 대하여는 5년 이하의 징역 또는 5천만원 이하의 벌금에 처하거나 이를 병과할 수 있다(저작권법 제136조 제 1 항 제 2 호). §28-64

---

1. 소송기록중에 당사자의 사생활에 관한 중대한 비밀이 적혀 있고, 제 3 자에게 비밀 기재부분의 열람 등을 허용하면 당사자의 사회생활에 지장이 클 우려가 있는 때
2. 소송기록중에 당사자가 가지는 영업비밀(부정경쟁방지및영업비밀보호에관한법률 제 2 조 제 2 호에 규정된 영업비밀을 말한다)이 적혀 있는 때
② 제 1 항의 신청이 있는 경우에는 그 신청에 관한 재판이 확정될 때까지 제 3 자는 비밀 기재부분의 열람 등을 신청할 수 없다.
③ 소송기록을 보관하고 있는 법원은 이해관계를 소명한 제 3 자의 신청에 따라 제 1 항 각호의 사유가 존재하지 아니하거나 소멸되었음을 이유로 제 1 항의 결정을 취소할 수 있다.
④ 제 1 항의 신청을 기각한 결정 또는 제 3 항의 신청에 관한 결정에 대하여는 즉시항고를 할 수 있다.
⑤ 제 3 항의 취소결정은 확정되어야 효력을 가진다.

8. 적용의 시기적 기준

§28-65   이 규정은 역시 한·미 FTA 이행을 위한 2011. 12. 2.자 개정법 시행일(한·미 FTA 발효일인 2012. 3. 15.) 이후 최초로 권리침해가 발생하거나 의무위반이 발생한 것부터 적용된다(부칙 제2조).

> **제3절** **형사상의 제재**

I. 서 설

§29-1   (1) 저작권의 침해에 대하여 저작권법은 민사상의 구제제도와 함께 형사상의 벌칙도 아울러 규정하고 있다. 다만, 저작권법은 저작권법상의 권리침해행위뿐만 아니라 법이 규정하는 특정사항에 관한 의무위반행위에 대하여도 벌칙으로 제재를 가하고 있다.

(2) 벌칙의 적용에 대하여는 형법총칙규정이 당연히 적용된다(형법 제 8 조 참조). 따라서 저작권법상 과실범의 규정이 없는 이상 고의범만 처벌된다(형법 제13조). 다만, 저작권법위반임을 모르고 출처의 명시를 하지 않거나 복제권자표지의무를 이행하지 않은 경우는 과실범의 문제가 아니라 형법 제16조의 법률의 착오의 문제에 불과하므로 정당한 이유가 없는 한 원칙적으로 처벌대상이 된다.[1]

II. 죄와 벌칙

1. 권리의 침해죄

(1) 저작재산권등침해죄(저작권법 제136조 제 1 항 제 1 호)

§29-2   저작재산권 그 밖의 이 법에 의하여 보호되는 재산적 권리를 복제·공연·공중송신·전시·배포·대여·2차적저작물 작성의 방법으로 침해한 자는 5년 이하의 징역 또는 5천만원 이하의 벌금에 처하거나 이를 병과할 수 있다.

원래 권리침해죄에 대한 법정형은 모두 3년 이하의 징역 또는 3천만원 이하의 벌금으로 되어 있었는데, 2000년 1월의 개정에 의하여 위와 같이 저작재산권 기타 재산적 권리침해죄를 분리해 내어 법정형을 강화하였다. 침해의 태양도 개정전에는 "복제·공연·방송·전시 등의 방법"이라고

---

[1] 최현호, "저작권법상의 형사죄," 저작권학회보 제21호(1988. 11. 20), 7면.

만 규정되어 있어서 예컨대 배포의 경우는 이에 해당하지 않는 것으로 해석되었는데,[1] 2000년 개정법에서부터 전송, 배포, 2차적저작물 작성의 경우도 이에 해당하는 것으로 명백히 규정하였다.

저작재산권 등 침해의 개념에 대하여는 앞에서 살펴본 대로이나(§27-5 이하 참조) 권리침해에 대한 고의가 있어야 저작재산권등침해죄가 성립한다. '고의'에 대하여 유의할 점들을 짚어보면, 다음과 같다.

1) 침해의 요건 중 하나인 '의거관계'(§27-8)는 고의와는 무관한 개념임이라는 것에 유의하여야 한다. '의거관계'는 누군가가 어떤 저작물을 보거나 듣는 등으로 그 창작성 있는 표현을 인식하고 이를 이용하였음을 의미하는 것으로서, 무의식적 의거관계도 있을 수 있다. 그러한 무의식적 의거의 경우 고의를 인정할 수 없음은 물론이다. 또한 甲이 작성한 저작물 A를 乙이 보고 그것에 의거하여 A와 유사한 B라는 작품을 만들고, 丙이 그러한 사실을 모르고 B를 이용하여 공연을 한 경우에 B는 A와 의거관계가 있고, B를 작성한 乙에게는 고의가 있더라도 그것을 공연한 丙에게는 고의가 없어 공연권 침해행위를 하긴 하였지만 공연권침해죄를 범한 것이라고 할 수는 없는 경우도 생각해 볼 수 있다. 이와 같이 의거관계는 침해의 요건일 뿐, 고의 또는 과실이라고 하는 주관적 책임요소와 구별되는 개념이다. 저작재산권등침해죄가 성립하기 위하여는 실질적 유사성과 함께 의거관계의 요건도 갖추어야 하지만 의거관계가 있다고 하여 고의가 인정되는 것은 아니며, 고의의 존재는 별도로 입증되어야 한다.

2) 고의는 범죄의 구성요건이 되는 사실(타인의 저작물을 허락 없이 또는 허락 범위를 넘어서 이용한다는 사실)에 대한 인식이 있으면 성립하는 것으로서 그것이 저작권이라고 하는 권리를 침해하고 있다는 것에 대한 인식이나 그 결과를 의욕할 필요는 없다.[2]

3) 고의는 위법성의 인식과 구별되는 개념이다. 즉, 위법성의 인식이 없었다고 하여 고의가 부정되는 것은 아니다. 형법 제16조는 법률의 착오와 관련하여, "자기의 행위가 법령에 의하여 죄가 되지 아니하는 것으로 오인한 행위는 그 오인에 정당한 이유가 있는 때에 한하여 벌하지 아니한다."라고 규정하고 있는데, 이는 단순한 법률의 부지를 의미하는 것이 아니라, "일반적으로 범죄가 되는 경우이지만 자신의 특수한 경우에 법령에 의하여 허용된 행위로서 죄가 되지 아니한다고 그릇 인식한 것을 의미하는 것"으로 해석되고 있다.[3] 저작재산권등침해죄와 관련하여 피고인이 법률의 착오를 주장할 경우, 위와 같은 의미의 법률의 착오에 해당하지 않는다거나[4] 그러

---

1 대법원 1999. 3. 26. 선고 97도1769 판결(공1999상, 815).

2 대법원 1991. 8. 27. 선고 89도702 판결 : "구 저작권법 제71조 제1항의 부정출판공연죄에 있어서의 고의의 내용은 저작권을 침해하여 출판공연하는 행위에 해당하는 객관적 사실에 대한 인식이 있으면 족하고 그것이 저작권이라고 하는 권리를 침해하고 있다는 것에 대한 인식이나 그 결과를 의욕할 필요까지는 없다."

3 대법원 1961. 10. 5. 4294형상208 판결 등.

4 예컨대, 대전지방법원 2012. 12. 12. 선고 2012고정2060 판결 : "피고인의 주장에 의하더라도, 피고인은 위 시를 이△

한 착오에 정당한 이유가 없다는 이유로 받아들이지 않은 사례1 또는 그 두 가지 이유를 모두 들어 배척한 사례2들이 많은 것으로 보인다. 이와 관련하여, 피고인이 법무법인에 자문의뢰한 결과 권리침해가 아닌 것으로 보인다는 취지의 의견서를 받은 후 침해행위를 하였다는 것만으로는 침해의 고의를 부정하거나 위법성 인식의 결여에 정당한 이유가 있다고 할 수 없다는 대법원 판례3도 있음에 주의를 요한다.

3) 저작재산권등침해죄의 경우에도 '미필적 고의'만으로도 그 성립이 인정된다. 대법원도 "구 저작권법(2006. 12. 28. 법률 제8101호로 전문 개정되기 전의 것, 이하 같다) 제97조의5에서 규정하는 저작재산권의 침해죄에 있어서의 고의의 내용은 저작재산권을 침해하는 사실에 대한 인식이 있으면 충분하고, 그 인식은 확정적인 것은 물론 불확정적인 것이라도 이른바 미필적 고의로 인정되는 것이다."라고 판시하였다.4

4) 저작재산권등침해죄의 고의가 부정될 수 있는 것은 다음과 같은 경우들이다.

① 저작권자가 누구인지에 대하여 착오가 있는 경우로서, 예컨대 甲의 저작물을 乙의 저작물인 것으로 오해하고 乙로부터 이용허락을 받아 이용한 경우5

△의 시로 알고 무심코 인터넷 카페에 게재한 것으로 저작권법에 위반되는지 몰랐다는 취지로서 이는 단순한 법률의 부지에 불과할 뿐, 일반적으로는 범죄가 되지만 자기의 특수한 경우에는 법령에 의하여 허용되는 행위로서 죄가 되지 않는다고 인식한 것이 아니므로, 피고인의 행위는 형법 제16조 소정의 법률의 착오에 해당하지 아니한다 할 것이어서, 결국 피고인의 이 부분 주장도 이유 없다."

1 서울동부지방법원 2005. 6. 16. 선고 2004노1100 판결 등.

2 예컨대, '소리바다' 사건에 대한 환송후 형사판결인 서울중앙지방법원 2008. 5. 9. 선고 2007노4374 판결 : "형법 제16조의 법률의 착오는 단순한 법률의 부지를 말하는 것이 아니라, 일반적으로 범죄가 되는 경우이지만 자기의 특수한 경우에는 법령에 의하여 허용된 행위로서 죄가 되지 아니한다고 그릇 인식하고 그와 같이 그릇 인식함에 정당한 이유가 있는 경우에는 벌하지 않는다는 취지이고, 이러한 정당한 이유가 있는지 여부는 행위자에게 자기 행위의 위법의 가능성에 대해 심사숙고하거나 조회할 수 있는 계기가 있어 자신의 지적능력을 다하여 이를 회피하기 위한 진지한 노력을 다하였더라면 스스로의 행위에 대하여 위법성을 인식할 수 있는 가능성이 있었음에도 이를 다하지 못한 결과 자기 행위의 위법성을 인식하지 못한 것인지 여부에 따라 판단하여야 할 것인데(대법원 2006. 3. 21. 선고 2005도3717판결, 2007. 10. 26. 선고 2006도7968 판결 등 참조), 앞서 인정한 사정들, 특히 피고인들은 이 사건 프로그램 개설 이후 실제 복제권을 침해하는 MP3 파일이 교환되고 있었음을 알고 있었고, 이로 인하여 한국음반산업협회의 법제이사로부터 수차례의 경고와 중단요청을 받았음에도 이에 응하지 않았던 점, 당시 저작권법 규정도 이 사건과 같은 경우를 복제의 개념에 포함하고 있었던 점에 비추어 보면, 피고인들이 특수한 경우에는 법령에 의하여 허용된 행위로서 죄가 되지 아니한다고 그릇 인식하고 그와 같이 그릇 인식함에 정당한 이유가 있는 경우에 해당한다고 볼 수는 없으므로, 피고인들의 위 주장은 이유 없다."

3 대법원 2013. 8. 22. 선고 2011도3599 판결 : "피고인들의 주장과 같이 피고인들이 2008. 4.경 영문 저작물인 이 사건 원저작물의 내용을 영문으로 요약한 이 사건 외국회사에 문의하여 이 사건 영문요약물이 그 원저작물의 저작권과는 무관한 별개의 독립된 저작물이라는 취지의 의견을 받았고, 2009. 2.경 법무법인에 저작권 침해 관련 질의를 하여 번역요약물이 원저작물의 저작권을 침해하지 아니하는 것으로 사료된다는 취지의 의견을 받은 바 있다는 사유만으로는 피고인들에게 저작권 침해에 대한 고의가 없었다거나 이 사건 공소사실 기재 행위가 저작권 침해가 되지 아니한다고 믿은 데에 정당한 이유가 있다고 볼 수 없다."

4 대법원 2008. 10. 9. 선고 2006도4334 판결.

5 수원지방법원 2011. 1. 13. 선고 2010고단4027 판결 등 참조. 다만, 진정한 저작권자가 자신의 저작물임을 주장하면서 침해중지 요청을 한 사실이 있으면 그 때부터는 적어도 '미필적 고의'가 있는 것으로 인정될 수 있다. 서울중앙지방법

② 저작권자로부터 '이용허락'을 받은 것으로 오신하였거나[1] 자신의 이용행위가 저작권자로부터 이용
허락을 받은 범위 안에 포함되는 것으로 오신한 경우[2] 또는 저작권자의 이용허락이 해제되었는데
해제되지 않은 것으로 오신한 경우[3]

③ 예를 들어, 법 제24조의2 제 1 항의 공공저작물에 해당한다는 것으로 오신하여 이용하는 경우와 같
이 저작재산권제한사유에 해당하는 사실이 있는 것으로 오신한 경우

한편, '저작권침해로 보는 행위'(§27-121 이하)는 법정형이 보다 낮은 제136조 제 2 항에 규정
되어 있으므로 여기서 제외된다.[4]

원 2008. 11. 6. 선고 2008노2964 판결 : "피고인들 제출의 자료에 의하면, 농촌진흥청 홈페이지에 이 사건 사진들이
게재되어 있었고 그 사진들에는 피해자가 저작권자임을 표시하는 아무런 표시가 없었던 사실을 인정할 수 있다. 그러
나 한편, 원심이 적법하게 증거조사하여 채택한 증거들에 의하면, 피해자는 피고인 주식회사 농어촌관광신문의 홈페
이지에 이 사건 사진들이 게재되어 있는 사실을 알고서 2007. 6. 12. 피고인 주식회사 농어촌관광신문 대표 피고인 이
△△ 앞으로 피고인들이 이 사건 사진들을 무단으로 사용함으로써 자신의 저작권이 침해되었으므로 손해배상을 구한
다는 취지의 내용증명우편을 보냈고, 이에 대하여 피고인 이△△는 피고인 주식회사 농어촌관광신문 담당자로서
2007. 6. 13. 피해자에게 이 사건 사진들은 피해자의 사진과는 상이하고 농촌진흥청의 동의하에 게재한 것이므로 이에
응할 수 없다는 취지의 답변을 보낸 후, 2008. 8. 1.까지 이 사건 사진들을 그 저작권자인 피해자로부터 이용에 대한
허락을 받지 아니한 채 계속하여 게재한 사실을 인정할 수 있는바, 가사 피고인들 주장과 같이 농촌진흥청 담당자의
승낙을 얻었다고 하더라도, 피고인들은 늦어도 위 답변을 보낸 2007. 6. 13.경부터는 농촌진흥청이 아니라 피해자가
이 사건 사진들의 저작권자이고 피고인들이 피해자의 저작권을 침해한다는 점을 미필적으로는 인식하고 있었다고 봄
이 상당하다."

또한, 피고인이, 피해자의 저작물에 공동저작자가 될 정도의 기여를 한 바가 없음에도 불구하고 공동저작자라고 믿
었다고 주장한 사안에 대하여는 "피고인은 자신이 '△△△△△'의 공동저작자로 인정될 수 없다는 사실을 미필적으로
나마 인식하였으므로 피고인에게 저작권법위반의 범의가 있었다"고 본 판례(대법원 2009. 12. 10. 선고 2007도7181
판결)가 있다.

1 이용허락에 대한 오신은 온라인상에서 발견한 컴퓨터프로그램파일 등의 주변에 표시된 내용이나 그것을 컴퓨터에 설
치할 때 화면에 표시된 내용 등에 의하여 야기되는 경우도 있을 수 있다. 대구지방법원 2008. 4. 29. 선고 2007노
4238 판결 : "위 프로그램을 실행시키면 프로그램화면 상단에 '시연용 평가판'이라고 표시가 되고, 위 프로그램의 다운
로드·설치·실행 등의 과정에서 정품 등록이나 사용료 지불에 관한 안내 메시지는 표시되지 않는 점 등으로 보아, 누
구든지 위 프로그램을 사용할 때 일반적으로 저작권자의 사용허가가 있고, 따라서 정당한 권원이 부여된 것이라고 생
각할 것이지, 검사의 주장처럼 '시연용 평가판'이라고 표시된 프로그램이 법 소정의 보호범위에 들어가는 저작권에 해
당되지 않는다고 해석할 것이라고 보기는 어렵다고 판단되는바, 그렇다면 이는 범의의 존부 문제이지, 법률의 착오에
관한 문제는 아니라고 할 것이다." [일반 저작물의 경우에도 CCL, 공공누리 등의 표시(§13-77)가 누군가에 의하여 허
위로 붙여져 있었는데 그것을 믿고 이용한 경우라면, 같은 이치로, 고의가 부정될 수 있다.]
2 서울중앙지방법원 2010. 10. 6. 선고 2010노2270 판결. 다만, 그에 해당하는 사안이었지만, 권리자로부터 이의를 제기
당한 이후부터는 고의가 있었다고 본 사례로, 서울중앙지방법원 2004. 10. 22. 선고 2003고정295, 1113 판결이 있다.
3 부산지방법원 2007. 5. 8. 선고 2006노2585 판결.
4 저작권등 침해행위에 대하여 양형위원회가 마련한 양형기준은 다음과 같다(출처: 양형위원회 홈페이지(http://
www.scourt.go.kr/sc/krsc/criterion/criterion_43/intellectual_property_01.jsp)

유형	구분	감경	기본	가중
1	저작재산권침해	~ 10월	8월 ~ 1년6월	1년 ~ 3년
2	기타 저작권 관련 침해	~ 8월	6월 ~ 1년4월	10월 ~ 2년

* 제2유형은 저작인격권 침해, 부정등록행위, 데이터베이스제작자의 권리 침해, 저작권행사 방해행위, 침해간주행위를 포함.

저작권의 침해에 대한 아이디어와 표현의 구별 이론, 실질적 유사성 이론 등은 기본적으로 형사상의 권리침해죄의 성부를 판단하는 데에도 그대로 적용될 수 있다.[1]

한편, 형사소송법은 제254조 제 4 항에서 "공소사실의 기재는 범죄의 시일, 장소와 방법을 명시하여 사실을 특정할 수 있도록 하여야 한다."고 규정하고 제327조 제 2 호에서는 '공소제기의 절차가 법률의 규정에 위반하여 무효인 때'에는 공소기각의 판결을 선고하도록 규정하고 있다. 이와 관련하여 저작재산권침해죄에 대한 공소사실을 어느 정도 구체적으로 특정하여야 하는지가 문제되는데, 대법원은 "저작재산권은 특허권 등과 달리 권리의 발생에 반드시 등록을 필요로 하지 않기 때문에 등록번호 등으로 특정할 수 없는 경우가 많고, 저작재산권자가 같더라도 저작물별로 각 별개의 죄가 성립하는 점, 그리고 2006. 12. 28. 법률 제8101호로 전부 개정된 구 저작권법이 영리를 위하여 상습적으로 한 저작재산권 침해행위를 비친고죄로 개정한 점 등을 고려해보면, 저작재산권 침해 행위에 관한 공소사실의 특정은 침해 대상인 저작물 및 침해 방법의 종류, 형태 등 침해 행위의 내용이 명확하게 기재되어 있어 피고인의 방어권 행사에 지장이 없는 정도이면 되고, 각 저작물의 저작재산권자가 누구인지 특정되어 있지 않다고 하여 공소사실이 특정되지 않았다고 볼 것은 아니다."라고 판시한 바 있다.[2]

(2) 저작인격권침해죄 등(제136조 제 2 항)

§29-3 다음 각호의 1에 해당하는 자는 3년 이하의 징역 또는 3천만원 이하의 벌금에 처하거나 이를 병과할 수 있다.

구분		감경요소	가중요소
특별양형인자	행위	• 실제 피해가 경미한 경우 • 범행가담 또는 범행동기에 특히 참작할 사유가 있는 경우 • 비영리 목적 이용행위	• 계획적·조직적 범행 • 권리자에게 심각한 피해를 초래한 경우 • 침해가 객관적으로 명백한 상태에서 침해중단 요구를 받고도 침해행위를 지속한 경우
	행위자/기타	• 농아자 • 심신미약(본인 책임 없음) • 자수 • 처벌불원(피해 회복을 위한 진지한 노력 포함)	• 동종 누범 • 3회 이상의 동종 전과
일반양형인자	행위	• 소극 가담 • 생계형 범죄	• 반복적 또는 장기간의 범행 • 피해규모가 큰 경우 • 등록된 권리를 침해한 경우
	행위자/기타	• 진지한 반성 • 피해 회복을 위한 노력(상당 금액 공탁 등) • 형사처벌 전력 없음	• 동종 전과(집행 종류 후 10년 미만)

1 대법원 1999. 10. 22. 선고 98도112 판결(공 1999. 12. 1.(95), 2449).
2 대법원 2016. 12. 15. 선고 2014도1196 판결.

① 저작인격권 또는 실연자의 인격권을 침해하여 저작자 또는 실연자의 명예를 훼손한 자

② 제53조 및 제54조(제90조, 제98조에 따라 준용되는 경우를 포함한다)의 규정에 의한 등록을 거짓으로 한 자

③ 저작권법 제93조의 규정에 따라 보호되는 데이터베이스제작자의 권리를 복제·배포·방송 또는 전송의 방법으로 침해한 자

④ 복제·전송자에 관한 정보제공명령(제103조의3 제 4 항)을 위반한 자

⑤ 업으로 또는 영리를 목적으로 제104조의2 제 1 항 또는 제 2 항(기술적 보호조치의 보호)을 위반한 자

⑥ 업으로 또는 영리를 목적으로 제104조의3 제 1 항(권리관리정보의 보호)을 위반한 자. 다만, 과실로 저작권 또는 이 법에 따라 보호되는 권리 침해를 유발 또는 은닉한다는 사실을 알지 못한 자는 제외한다.

⑦ 제124조 제 1 항의 규정에 따른 침해행위로 보는 행위를 한 자

위 ①과 같이 저작인격권침해죄 또는 실연자의 인격권침해죄가 성립하기 위해서는 저작인격권이나 실연자의 인격권의 침해가 있는 것만으로는 족하지 않고, 침해의 결과로 저작자 또는 실연자의 명예를 훼손할 것을 요한다. 이러한 규정의 취지와 관련하여 문제되는 것은 타인의 저작물을 이용하면서 단순히 저작자의 성명표시를 누락한 것만으로 그 명예를 훼손하였다고 볼 수 있는가 하는 점이다. 아직 이 문제에 대한 대법원 판례는 없는 것으로 보이나, 하급심 판결 중에는 단순한 성명표시의 누락만으로는 저작인격권침해를 넘어 피해자의 명예를 훼손하는 정도에 이르렀다는 점을 인정할 만한 증거가 없다고 본 사례[1]가 있는가 하면, 그러한 경우에 별다른 이유의 설시 없이 저작인격권침해죄를 인정한 사례[2]도 있어 서로 엇갈리는 태도를 보이고 있다. 생각건대 성명표시를 단순히 누락한 경우라고 하여 명예훼손의 결과가 없다고 단정할 것은 아니고, 구체적인 사건의 여러 가지 상황을 살펴서 저작인격권침해죄 여부를 신중하게 판단할 필요가 있을 것으로 생각된다.[3] 성명표시의 단순누락이 아니라 고의로 저작자의 성명을 달리 기재한 경우에는 다른 특별한 사정이 없는 한 저작인격권침해죄를 인정하는 데 문제가 없을 것으로 생각된다.[4]

2. 비밀유지명령 위반죄(저작권법 제136조 제 1 항 제 1 호)

저작권법 제129조의3 제 1 항에 따른 법원의 비밀유지명령을 정당한 이유 없이 위반한 자에   §29-4

---

1 '사극 김수로' 사건에 대한 2심판결인 서울남부지방법원 2014. 11. 14. 선고 2014노378 판결.

2 서울중앙지방법원 2009. 2. 11. 선고 2008고정4743 판결.

3 참고로, 일본 저작권법 제119조 제 2 항 제 1 호는 저작인격권침해죄 등과 관련하여 "저작인격권 또는 실연자의 인격권을 침해한 자"라고만 규정하여 명예훼손의 결과를 요건에 포함하지 않고 있다.

4 그러한 경우에 저작인격권침해죄를 인정한 사례로, 서울중앙지방법원 2011. 6. 16. 선고 2011고정794 판결을 들 수 있다.

대하여는 5년 이하의 징역 또는 5천만원 이하의 벌금에 처하거나 이를 병과할 수 있다.

3. 부정발행 등의 죄(저작권법 제137조)

§29-5 다음 각 호의 1에 해당하는 자는 1년 이하의 징역 또는 1천만원 이하의 벌금에 처한다.

① 저작자 아닌 자를 저작자로 하여 실명·이명을 표시하여 저작물을 공표한 자

② 실연자 아닌 자를 실연자로 하여 실명·이명을 표시하여 실연을 공연 또는 공중송신하거나 복제물을 배포한 자

③ 제14조 제 2 항의 규정에 위반한 자

④ 제104조의4 제 3 호(암호화된 방송 신호의 무단 시청 등)에 해당하는 행위를 한 자

⑤ 제104조의6(영상저작물 녹화 등의 금지)을 위반한 자

⑥ 제105조 제 1 항의 규정에 의한 허가를 받지 아니하고 저작권신탁관리업을 한 자

⑦ 제124조 제 2 항의 규정에 의하여 침해행위로 보는 행위를 한 자

⑧ 자신에게 정당한 권리가 없음을 알면서 고의로 제103조 제 1 항 또는 제 3 항의 규정에 따른 복제·전송의 중단 또는 재개요구를 하여 온라인서비스제공자의 업무를 방해한 자

⑨ 등록 담당자의 비밀유지의무에 관한 제55조의2(제63조 제 3 항, 제90조, 제98조 및 제101조의6 제 6 항에 따라 준용되는 경우를 포함한다)를 위반한 자

위 ①의 죄와 관련하여 대법원 판결은 "저작권법 제137조 제 1 항 제 1 호는 저작자 아닌 자를 저작자로 하여 실명·이명을 표시하여 저작물을 공표한 자를 형사처벌한다고 규정하고 있다. 위 규정은 자신의 의사에 반하여 타인의 저작물에 저작자로 표시된 저작자 아닌 자와 자신의 의사에 반하여 자신의 저작물에 저작자 아닌 자가 저작자로 표시된 실제 저작자의 인격적 권리뿐만 아니라 저작자 명의에 관한 사회 일반의 신뢰도 보호하려는 데 목적이 있다. 이와 같은 입법 취지 등을 고려하면, 저작자 아닌 자를 저작자로 표시하여 저작물을 공표한 이상 위 규정에 따른 범죄는 성립하고, 사회 통념에 비추어 사회 일반의 신뢰가 손상되지 않는다고 인정되는 특별한 사정이 있는 경우가 아닌 한 그러한 공표에 저작자 아닌 자와 실제 저작자의 동의가 있었더라도 달리 볼 것은 아니다"라고 판시한 바 있다(보다 자세한 것은 §8-13 참조). 또한 대법원 2017. 10. 26. 선고 2016도16031 판결은 "저작권법상 공표는 저작물을 공연, 공중송신 또는 전시 그 밖의 방법으로 공중에게 공개하는 것과 저작물을 발행하는 것을 뜻한다(저작권법 제 2 조 제25호). 이러한 공표의 문언적 의미와 저작권법 제137조 제 1 항 제 1 호의 입법취지 등에 비추어 보면, 저작자를 허위로 표시하는 대상이 되는 저작물이 이전에 공표된 적이 있더라도 위 규정에 따른 범죄의 성립에는 영향이 없다"고 판시하였다.

4. 출처명시위반죄 등(저작권법 제138조)

§29-6

저작권법 제35조 제 4 항의 규정에 위반한 자, 저작권법 제37조(제87조 및 제94조의 규정에 따라 준용되는 경우를 포함한다)의 규정에 위반하여 출처를 명시하지 아니한 자, 제58조 제 3 항의 규정에 위반하여 복제권자의 표지를 하지 아니한 자, 제58조의2 제 2 항의 규정에 위반한 자, 제105조 제 1 항 단서의 규정에 의한 신고를 하지 아니하고 저작권대리중개업을 하거나 제109조 제 2 항의 규정에 의한 영업의 폐쇄명령을 받고 계속 영업을 한 자는 500만원 이하의 벌금에 처한다.

Ⅲ. 몰　수

§29-7

저작권, 그 밖에 이 법에 따라 보호되는 권리를 침해하여 만들어진 복제물과 그 복제물의 제작에 주로 사용된 도구나 재료 중 그 침해자·인쇄자·배포자 또는 공연자의 소유에 속하는 것은 몰수한다(법 제139조).

원래 권리를 침해하여 만들어진 복제물만 몰수의 대상으로 규정하고 있었는데, 한·EU FTA에서 불법 복제물 제작에 주로 사용된 제작용구 또는 재료도 몰수대상에 포함하도록 규정한 데 따라 그 이행을 위한 2011. 6. 30. 개정법에 그 부분을 반영한 것이다.[1]

"이 법에 따라 보호되는 권리를 침해하여 만들어진 복제물"에 2차적저작물도 포함되는지 여부가 문제될 수 있으나, 다음과 같은 이유로 2차적저작물은 포함되지 않는 것으로 봄이 타당하다.

첫째, 2차적 저작물의 경우에는 단순한 복제물과 달리 그 작성자에게 새로운 저작물에 대한 저작자로서의 권리와 지위가 인정되고 있다. 2차적저작물의 복제물이 아닌 원본까지 필요적 몰수대상으로 규정하는 것은 2차적저작물 저작권자의 지위와 권리를 너무 가볍게 여기는 것으로서 저작권법의 취지에 반한다. 필요할 경우에는 형법 제48조의 임의적 몰수 규정에 따라 몰수할 수 있을 것이다.

둘째, 법문에 의하더라도 "복제물"이라는 표현을 사용하고 있어 단순한 복제물이 아닌 2차적 저작물을 포함하여 해석하기는 어려운 면이 있다.

Ⅳ. 친고죄 및 반의사불벌죄

§29-8

저작권법위반죄는 다음의 경우를 제외하고는 친고죄이므로 피해자의 고소가 있어야만 처벌

---

1 문화체육관광부·한국저작권위원회, 한·EU FTA 이행 개정 저작권법 해설, 2011, 26면 참조.

이 가능하다(법 제140조).

① 영리를 목적으로 또는 상습적으로 제136조 제1항 제1호(저작재산권 기타 저작권법상의 재산적 권리 침해), 제136조 제2항 제3호(데이터베이스제작자의 권리 침해) 및 제4호(제124조 제1항의 침해간주행위)에 해당하는 행위를 한 경우

② 제136조 제2항 제2호(허위등록), 같은 항 제3호의2(복제·전송자의 정보제출명령 위반), 제3호의3(기술적보호조치의 보호규정 위반), 제3호의4(권리관리정보 보호규정 위반), 제3호의5(암호화된 방송신호의 무력화등 금지규정 위반), 제3호의6(라벨 위조 등의 금지규정 위반), 제3호의7(방송전 신호의 송신금지 규정 위반), 제137조 제1항 제1호(저작자 아닌 자를 저작자로 하여 실명·이명을 표시하여 저작물을 공표한 자 등), 같은 항 제2호(실연자 아닌 자를 실연자로 하여 실명·이명을 표시하여 실연을 공연 또는 공중송신하거나 복제물을 배포한 자), 같은 항 제3호(저작자 사후의 인격적 이익 보호에 관한 제14조 제2항 위반), 같은 항 제3호의2(방송사업자의 허락 없이 복호화된 방송신호 수신 등), 같은 항 제3호의3(영상저작물 도촬금지규정 위반), 같은 항 제4호(무허가 신탁관리업), 같은 항 제6호(권한 없이 복제·전송의 중단 또는 재개요구를 하여 온라인서비스제공자의 업무를 방해한 자), 같은 항 제7호(등록업무 수행자등의 비밀유지의무 위반), 제138조 제5호(무신고 대리중개업 등) 등의 경우

§29-9   원래 위 ① 저작재산권 등 침해죄의 경우는 저작권법상 특별한 제한 없이 친고죄로 규정되어 있었으나, 저작권침해가 단순히 사익만 해하는 것이 아니라 공익적인 해악을 끼치는 면이 많은 상황에서 이를 일률적으로 친고죄로 하는 것은 부당하다는 논의가 제기되어 2006년의 전면개정시에 그 중 "영리를 위하여 상습적으로" 해당 행위를 한 경우는 친고죄의 예외로, 즉 비친고죄로 규정하는 것으로 하였다. 그러다가 한·미 FTA 이행을 위한 2011. 12. 2.자 개정에 의하여 친고죄의 예외를 더욱 확대하는 것으로 하여 종전의 "영리를 위하여 상습적으로"라는 법문(영리 & 상습)을 "영리를 목적으로 또는 상습적으로"라는 법문(영리 or 상습)으로 수정하였다.

이것은 인터넷 환경에서 대규모 또는 반복적으로 이루어지는 저작권 침해는 권리자의 법익뿐만 아니라 사회 전체의 법익도 침해되므로 이에 대하여 권리자의 고소와 관계없이 검찰이 직권(ex officio)으로 공소를 제기할 수 있도록 하기 위한 취지의 개정이다. 특히 인터넷을 통한 대규모 침해는 비단 영리적인 목적만이 아니라 공명심 등 다양한 이유로 이루어지지만 저작권자의 이익은 물론 저작권 유통질서라는 공익을 크게 해치는 경우가 많으므로 영리성이 없고 상습성만 있는 저작권 침해행위에 대하여도 보다 신속한 권리보호가 가능하게 함으로써 산업적 피해의 감소가 기대된다고 하는 것이 정부의 입장이다.[1]

---

1 이상 문화체육관광부·한국저작권위원회, 한·미 FTA 이행을 위한 개정 저작권법 설명자료(2011. 12. 14.), 51~52면. 이에 대하여 비친고죄를 지나치게 확대하는 것에 대하여 강한 우려를 표명하는 글로는, 최상필·선종수, "저작권침해 범죄에 대한 비친고죄 확대의 문제점과 해결방안," 계간 저작권 2011년 가을호, 30~53면을 들 수 있다.

이러한 비친고죄 규정의 적용과 관련하여 먼저 문제가 되는 것은 "영리를 목적으로"의 의미 §29-10
를 어떻게 이해할 것인가 하는 점이다. 예컨대 영리적인 활동을 수행하는 기업에서 업무상의 목
적으로 타인의 저작물을 복제한 경우에 영리의 목적이 있다고 볼 것인지가 문제이다. 이에 대하
여 아직 논의가 활발하게 이루어지고 있지 않으나, 여기서 말하는 '영리'의 목적은 저작재산권 침
해물 등을 타인에게 판매하거나 그러한 침해행위를 유상으로 대행하는 등 침해행위를 통하여 직
접 이득을 취득할 목적을 뜻하는 것으로 보는 것이 타당하다. 따라서 기업에서 업무를 위해 타인
의 저작물을 복제하여 이용하는 것과 같은 경우는 간접적으로 영리의 목적과 연결되긴 하지만 그
자체가 직접적으로 영리를 위한 것이라고 하기는 어려우므로 위 규정상의 영리목적은 없는 것으
로 보아야 할 것이다. 이 규정에 대한 이러한 해석은 저작권법 제30조에서 "영리를 목적으로"라
고 규정한 것에 대한 해석(§14-117)과 동일한 것으로서,1 이렇게 제한적으로 엄격하게 해석하는
것이 형벌법규 확대해석 금지의 원칙에 부합하고, 비친고죄의 지나친 확대를 막는 면에서도 타당
하다.2

다음으로 "상습적으로"의 의미에 대하여 대법원은 "제140조 단서 제 1 호가 규정한 '상습적으
로'라고 함은 반복하여 저작권 침해행위를 하는 습벽으로서 행위자의 속성을 말하고, 이러한 습
벽 유무를 판단할 때에는 동종 전과가 중요한 판단자료가 되나 범행의 횟수, 수단과 방법, 동기
등 제반 사정을 참작하여 저작권 침해행위를 하는 습벽이 인정되는 경우에는 상습성을 인정하여
야 하며, 같은 법 제141조의 양벌규정의 적용에 있어서는 행위자인 법인의 대표자나 법인 또는
개인의 대리인·사용인 그 밖의 종업원의 위와 같은 습벽 유무에 따라 친고죄인지 여부를 판단하
여야 할 것이다"고 판시하였다.3 지금까지 판례가 상습성을 인정한 사례를 보면 영리 목적으로

---

1 다만 저작권법 제29조 제 1 항에서 규정하고 있는 "영리를 목적으로 하지 아니하고"에서 말하는 영리목적에는 간접적
   인 영리목적도 포함되는 것으로 해석되는데(§14-106), 그것은 그 규정 자체의 특수한 문맥 때문에 그러한 것으로 이
   해될 수 있다.
2 본서의 이러한 입장을 인용하여(각주에서 본서 제3판에 대한 인용표시도 함), '영리'의 목적을 제한적으로 해석한 하
   급심판결이 있어 소개한다.
   수원지방법원 성남지원 2016. 8. 18. 선고 2016고정432 판결 : " … 결국 위와 같은 이 사건 법률조항의 내용과 통일
   적 해석, 개정 취지 및 죄형법정주의 원칙 등에 비추어 보면, 비친고죄의 대상이 되는 '영리의 목적'은 '저작재산권 등
   의 침해행위를 통하여 직접 대가를 지급받아 불법적인 수익을 얻으려는 목적'으로 한정적으로 해석하는 것이 형벌법
   규 확대해석 금지의 원칙에 부합하고 비친고죄의 지나친 확대를 막는 면에서도 타당하며, "저작자의 권리를 보호하고
   저작물의 공정한 이용을 도모함으로써 문화 및 관련 산업의 향상발전에 이바지하는" 저작권법의 목적(저작권법 제 1
   조)에 부합하는 것이다. 그렇다면 이 사건 논문을 무단 이용한 피고인들의 저작권 침해행위는 '직접적인 영리의 목적'
   에 해당하지 않으므로 저작권법 제140조 단서 제 1 호가 적용되지 않아 친고죄에 해당한다."
3 대법원 2011. 9. 8. 선고 2010도14475 판결 : 구체적으로 사안과 관련하여서는 다음과 같이 판시하고 있다. "피고인 1
   은 Peer-To-Peer(P2P)방식으로 디지털콘텐츠의 거래가 이루어지는 제 1 심 판시 'ㅇㅇㅇ 사이트'를 운영하는 법인인
   피고인 2 주식회사(이하 '피고인 회사'라 한다)의 대표자로서, 제 1 심 판시와 같은 위 웹사이트의 운영 방법에 의할
   경우 회원들이 대부분 정당한 허락 없이 저작재산권의 대상인 디지털콘텐츠를 'ㅇㅇㅇ 프로그램'을 통하여 공유함으
   로써 복제 및 공중송신의 방법으로 반복적으로 저작재산권을 침해하는 행위를 조장·방조하는 결과에 이르게 되는 반
   면에, 위 피고인이 행한 저작권 보호를 위한 기술적 조치 등은 저작재산권자의 고소나 수사기관의 단속을 피하기 위

반복적으로 침해행위를 한 경우가 대부분인 것으로 보이는데, 이러한 경우는 현행법에 의하면 상습성에 대한 까다로운 판단 없이 영리목적이 있다는 것을 들어 비친고죄로 의율할 수 있을 것이다. 영리를 목적으로 하지 않은 경우에는 상습성의 인정에 보다 신중을 기할 필요가 있으리라 생각된다. 한편, 위와 같은 의미의 상습성이 인정되더라도 그것은 저작법상의 권리침해죄가 비친고죄가 되는 것에 그치고 상습범을 별도의 범죄유형으로 처벌하는 규정은 없으므로, 위와 같은 상습성의 발로로 저작권등 침해행위를 반복하여 저지른 경우에도 이를 포괄적 일죄로 볼 수는 없고 원칙적으로 실체적 경합범으로 보아야 한다는 것이 판례의 입장이다.[1]

§29-10-1 　친고죄의 경우 고소권자를 누구로 볼 것인지도 간단한 문제만은 아니다. 권리자가 피해자로서 고소권자라고 보아야 할 것임은 당연하지만, 당해 사안에 대하여 피해자인 권리자가 누구인지가 반드시 명확한 것은 아니기 때문이다. 아래에서 경우를 나누어 살펴보고자 한다.

1) 저작권이 명의신탁되어 수탁자의 명의로 등록된 경우 대외적인 관계에서는 명의수탁자만이 저작권자이므로 제3자의 침해행위에 대한 고소권자는 명의수탁자인 것으로 보아야 한다는 것이 판례의 입장이다.[2]

2) 공동저작자(§9-1)의 경우에는 어떨까. 저작재산권침해의 경우에는 "공동저작물의 각 저작자 또는 각 저작재산권자는 다른 저작자 또는 다른 저작재산권자의 동의 없이 제123조의 규정에 따른 청구를 할 수 있으며 그 저작재산권의 침해에 관하여 자신의 지분에 관한 제125조의 규정에 따른 손해배상의 청구를 할 수 있다"는 제129조의 규정 취지에 따라, 공동저작재산권자 전원이 아니라 그 중 1인이 단독으로 고소권을 행사하는 것도 허용되는 것으로 보아야 할 것이다.[3] 저작인격권의 경우에는 "저작인격권의 침해에 대한 손해배상이나 명예회복 등 조치청구는 저작인격권의 침해가 저작자 전원의 이해관계와 관련이 있는 경우에는 전원이 행사하여야 하지만, 1인의 인격적 이익이 침해된 경우에는 단독으로 손해배상 및 명예회복조치 등을 청구할 수 있고, 특히 저작인격권 침해를 이유로 한 정신적 손해배상을 구하는 경우에는 공동저작자 각자가 단독으로 자신의 손해배상청구를 할 수 있다"고 하는 대법원 1995. 5. 25. 선고 98다42216 판결의 취지에 비추어볼 때, 그 침해가 저작자 전원의 이해관계와 관련이 있는 경우에는 전원이 공동으로 고소권을 행사하여야 하고, 1인의 인격적 이익이 침해된 경우에 한하여 해당 본인이 단독으로 고소권을 행사할 수 있는 것으로 보는 것이 타당할 것이라 생각된다.

한 형식적인 것에 불과하였던 점, 피고인 1은 이러한 사정을 충분히 인식하고 있으면서 피고인 회사의 대표자로서 위 웹사이트를 개설하여 약 11개월에 걸쳐 영업으로 이를 운영하고, 스스로도 정당한 허락 없이 사무실 컴퓨터에 저장된 저작재산권의 대상인 다수의 디지털콘텐츠를 회원들과 공유함으로써 위와 같은 저작재산권 침해행위를 한 점, 그 밖에 위와 같은 행위를 통해 이루어진 저작재산권의 침해 정도, 피고인 회사의 영업 규모 및 매출액 등을 종합하여 볼 때, 피고인 1에게는 반복하여 저작권 침해행위를 하는 습벽이 있다고 봄이 상당하고, 따라서 피고인들에게는 저작권법 제140조 단서 제1호가 적용되므로 고소가 그 소추조건에 해당하지 않는다고 할 것이다."

1 대법원 2012. 5. 10. 선고 2011도12131 판결.
2 대법원 2013. 3. 28. 선고 2010도8467 판결 참조.
3 同旨 안효질, "저작권침해죄의 고소권자에 관한 소견", 고려법학 제74호(2014.9), 378면.

3) 결합저작물(§9-2)의 경우에는 분리이용이 가능한 각각의 부분을 단독저작물과 동일하게 보게 되므로, 각 해당 부분의 저작자가 단독으로 고소권을 가지게 된다.

4) 2차적저작물(§5-1)의 경우 그것을 전체적으로 이용하는 침해행위가 있을 경우에는 원저작자와 2차적저작물 작성자가 각각 단독으로 고소권을 행사할 수 있는 것으로 보아야 할 것이다. 그러나 2차적저작물 중 2차적저작물 작성자가 새로 창작성을 부가한 부분은 이용하지 않고 원저작물의 창작성 있는 부분만 이용하여 침해가 이루어진 경우에는 원저작자만이 고소권자가 될 수 있고, 역으로 2차적저작물 작성자가 새로 창작성을 부가한 부분만을 이용하여 침해가 이루어진 경우에는 2차적저작물 작성자만 고소권자가 될 수 있는 것으로 봄이 타당하다(§5-30-3 참조).

5) 저작재산권 양도(§13-67)의 경우에는 침해 시점을 기준으로 하여 침해시점에 양도인이 저작재산권을 보유하고 있었다면, 양도인이 그 시점의 피해자인 권리자이므로 양도인만이 고소권을 가지는 것으로 보아야 할 것이다.[1] 다만 침해가 저작재산권 양도 전후에 걸쳐 계속적으로 이루어지는 경우에는 양수인도 양도 이후의 침해행위에 대하여 고소권자가 될 수 있음은 당연한 것이다.[2] 집중관리단체 중 신탁단체가 저작재산권을 신탁받았을 경우에, 그 신탁에 따라 저작재산권이 이전된 것으로 보게 되므로, 위 양도의 경우와 마찬가지로 신탁 이후의 침해에 대하여는 신탁단체가 저작재산권 침해에 대한 고소권을 가지는 것으로 보아야 한다.[3]

6) 배타적발행권(§18-3)이나 출판권(§18-38)의 경우에는 자신의 권리(제136조 제 1 항 제 1 호의 '그 밖에 이 법에 따라 보호되는 재산적 권리'에 해당함)에 대한 침해행위에 대하여 처벌규정이 있으므로 당연히 그에 대한 고소권자로 인정된다. 배타적 발행권자 등이 저작재산권 침해에 대하여 고소하려면 저작재산권자의 위임을 받아 대리하는 방법으로 할 수밖에 없을 것이다.

7) 저작권법 제46조의 규정에 따라 이용허락(§13-75)을 받은 이용권자의 경우에는 채권적 권리에 불과하므로, 저작재산권 침해에 대한 고소권자가 될 수 없다.[4] 독점적 이용허락의 경우에는 이용권자가 고소권자가 될 수 있다는 견해[5]가 있으나 독점적 이용권도 채권적 권리에 불과하므로 원칙적으로 이를 제 3 자에 대한 관계에서 행사하는 것은 허용되지 않으며(저작재산권자를 대위하여 침해정지 등 청구를 하는 것은 인정되지만, 고소의 경우에 민법상의 채권자대위권이 적용될 수는 없다), 해당 저작

---

1 대법원 2002. 11. 26. 선고 2002도4849 판결 : "이 사건 범죄의 피해자는 A임이 공소사실 자체에 의하여 분명하므로 A만이 고소권자이고 이 사건 범죄 이후 A로부터 저작재산권을 양수하였다는 B는 고소권자가 될 수 없다."

2 同旨 안효질, 전게 논문, 377면.

3 외국 영화의 자막을 한글로 번역하여 그 부분(2차적저작물)에 대한 저작자가 된 회사로부터 저작재산권을 신탁받은 한국영상산업협회를 해당 영상물 DVD를 이용하여 허락 없이 공연한 침해자에 대한 적법한 고소권자로 인정한 판결인 대법원 2011. 4. 28. 선고 2010도9498 판결(§5-17-3) 참조. 한편으로, 위와 같은 양도 또는 신탁에 의한 이전의 경우 저작권법 제54조에 의하여 등록하여야 제 3 자에게 대항할 수 있으나, 이 규정에서 말하는 '제 3 자'란 "당해 저작재산권의 양도에 관하여 양수인의 지위와 양립할 수 없는 법률상 지위를 취득한 경우 등 저작권재산권의 양도에 관한 등록의 흠결을 주장함에 정당한 이익을 가지는 제 3 자에 한하고, 저작재산권을 침해한 사람은 여기서 말하는 제 3 자가 아니므로, 저작재산권을 양도받은 사람은 그 양도에 관한 등록 여부에 관계없이 그 저작재산권을 침해한 사람을 고소할 수 있다"는 것이 판례(대법원 2002. 11. 26. 선고 2002도4849 판결)의 입장이다('신탁'에 의한 이전의 경우도 마찬가지라고 보아야 한다).

4 저작권자의 '비독점적 에이전트'는 적법한 고소권자가 아니라고 본 사례로는, 수원지방법원 2010. 1. 21. 선고 2009노3261 판결 참조.

5 안효질, 전게 논문, 380면.

재산권자와 고소권이 경합되도록 하는 것은 현실적으로도 고소 취소 등과 관련하여 복잡한 문제를 야기한다는 점에서 찬성하기 어렵다.

§29-11 　 한편, 위 ①에 해당하는 죄 중 제124조 제 1 항 제 3 호(악의의 업무상 프로그램 이용)에 해당하는 죄에 대하여는 친고죄는 아니지만, 피해자의 명시적 의사에 반하여 처벌하지 못하는 반의사불벌죄로 규정되어 있다(제140조 제 1 호).

V. 양벌규정

§29-12 　 법인의 대표자나 법인 또는 개인의 대리인·사용인 그 밖의 종업원이 그 법인 또는 개인의 업무에 관하여 저작권법상의 범죄를 범한 때에는 행위자를 벌하는 외에 그 법인 또는 개인에 대하여도 각 해당 조의 벌금을 과한다(저작권법 제141조 본문).

다만, 법인 또는 개인이 그 위반행위를 방지하기 위하여 해당 업무에 관하여 상당한 주의와 감독을 게을리하지 아니한 경우에는 그러하지 아니하다(제141조 단서).[1]

위 규정에서 법인 등의 '사용인 그 밖의 종업원'은 직접 또는 간접으로 법인 등의 업무감독이나 통제를 받으면서 독자적인 판단이나 권한에 의하여 그 업무를 수행할 수 있는 사람을 의미한다고 보는 것이 판례의 입장이다.[2] 따라서 거기에는 법인등과 고용계약을 체결한 경우만이 아니라 예를 들어 학원과 사이에 강의계약을 체결한 강사도 포함되는 것으로 보고 있다.[3]

제4절 　 행정적 구제

I. 불법 복제물의 수거·폐기 및 삭제

§30-1 　 문화체육관광부장관, 특별시장·광역시장·도지사 또는 시장·군수·구청장(자치구의 구청장을 말한다)은 저작권 그 밖에 이 법에 따라 보호되는 권리를 침해하는 복제물(정보통신망을 통하여 전송되는 복제물은 제외한다) 또는 저작물 등의 기술적 보호조치를 무력하게 하기 위하여 제작된 기기·장치·정보 및 프로그램을 발견한 때에는 관계 공무원으로 하여금 이를 수거·폐기 또는 삭제하게

---

1 이 단서 규정은 2009. 4. 22. 개정 저작권법에서 추가된 것이다.
2 대법원 2007. 12. 28. 선고 2007도8401 판결 및 대법원 2012. 4. 26. 선고 2011도17455 판결 참조.
3 대법원 2012. 4. 26. 선고 2011도17455 판결.

할 수 있다(법 제133조 제1항). 이 때 수거·폐기 또는 삭제를 하는 관계 공무원은 그 권한을 표시하는 증표를 지니고 이를 관계인에게 내보여야 하며, 수거 등을 한 경우에는 그 소유자 또는 점유자에게 수거확인증을 내주고, 수거·폐기·삭제대장에 그 내용을 기록하여야 한다. 수거한 불법복제물 등은 당사자가 이의를 제기하지 아니하면 수거한 날부터 3개월이 지나면 폐기할 수 있다. 다만, 저작물 등의 기술적 보호조치를 무력하게 하기 위하여 제작된 기기, 장치 및 프로그램의 경우에는 당사자의 이의제기가 없는 경우라도 수거한 날부터 6개월이 지나야 폐기할 수 있다(영 제69조 제1항 내지 제3항). 이 규정에서 말하는 '복제물'에도 '몰수'의 경우와 마찬가지로(§29-7 참조), 2차적저작물은 포함되지 않는 것으로 보아야 할 것이다. 나아가, 문화체육관광부 장관 등은 저작권 등의 침해여부에 관한 다툼을 최종적으로 판단할 법적인 권한과 능력을 가지고 있지 않다는 이유로, 이 규정에서 말하는 복제물에는 "기존의 저작물을 그대로 또는 일부만 수정하여 발행한 불법복제물"만 포함되고 그것을 넘어서 "기존의 저작물을 모방하여 작성된 저작물"의 복제물은 포함되지 않는다고 봄이 타당하다는 견해1가 있다.

문화체육관광부장관은 위 업무를 ① 한국저작권위원회, ② 저작권신탁관리업자를 주된 구성원으로 하는 단체, ③ 그 밖에 불법 복제물 등의 수거·폐기·삭제업무를 수행할 능력과 자격이 있다고 문화체육관광부장관이 인정하는 법인 또는 단체에 위탁할 수 있다(법 제133조 제2항, 영 제70조 제1항).

문화체육관광부장관은 위 규정에 따라 관계 공무원 등이 수거·폐기 또는 삭제를 하는 경우 필요한 때에는 관련 단체에 협조를 요청할 수 있다(법 제133조 제3항). 여기서 관련 단체란 ① 저작권신탁관리업자, ② 저작권신탁관리업자를 주된 구성원으로 하는 단체, ③ 저작물 등의 창작 및 산업진흥을 위하여 설립한 법인 또는 단체를 의미한다(영 제71조).

문화체육관광부장관은 위 규정에 따른 업무를 위하여 필요한 기구를 설치·운영할 수 있다(법 제133조 제5항). 또한 위 각 규정이 다른 법률의 규정과 경합하는 경우에는 이 법을 우선하여 적용한다(같은 조 제6항).

---

1 임원선, 실무가를 위한 저작권법(제4판), 한국저작권위원회, 2014, 489면.

II. 정보통신망을 통한 불법복제물등에 대한 단계적 대응제도

1. 계정정지 명령 등(제133조의2)

(1) 서　언

§30-2　　2009. 4. 22. 개정 저작권법에서는 온라인상 불법복제를 효과적으로 근절하기 위해 보다 강력한 규제를 할 수 있는 근거를 두었다(제133조의2). 이에 따라 문화체육관광부장관은 일정한 경우 온라인서비스제공자에게 '불법복제물 전송자의 계정 정지' 및 '불법복제물 유통 게시판에 대한 서비스 정지'를 명령할 수 있게 되었다.1 이것은 다음에서 보는 바와 같이 삭제명령 등에서 시작하여 계정정지명령을 거쳐 게시판 서비스 정지명령에 이르기까지 점점 더 규제의 강도가 높아진다는 점에서 '단계적 대응제도'라고 할 수 있다.

(2) 삭제명령 등

§30-3　　먼저 문화체육관광부장관은 정보통신망을 통하여 저작권이나 그 밖에 이 법에 따라 보호되는 권리를 침해하는 복제물 또는 정보, 기술적 보호조치를 무력하게 하는 프로그램 또는 정보(이하 '불법복제물등'이라 한다)가 전송되는 경우에 저작권보호심의위원회(이하 '심의위원회'라 함)의 심의를 거쳐 대통령령으로 정하는 바에 따라 온라인서비스제공자에게 다음 각 호의 조치를 할 것을 명할 수 있다(제133조의 2 제 1 항).

　　i) 불법복제물등의 복제·전송자에 대한 경고

　　ii) 불법복제물등의 삭제 또는 전송 중단

(3) 계정정지 명령

§30-4　　개정 저작권법은 문화체육관광부장관이 온라인서비스제공자에게 반복적인 불법 복제물등의 복제·전송자의 계정 정지를 명할 수 있도록 규정하고 있다. 구체적으로 살펴보면, 문화체육관광부장관은 ① 불법복제물등의 복제·전송자에 대한 경고를 3회 이상 받은 복제·전송자가 불법복제물 등을 전송한 경우에, ② 심의위원회의 심의를 거쳐, ③ 대통령령으로 정하는 바에 따라 온라인서비스제공자에게, ④ 6개월 이내의 기간을 정하여, ⑤ 해당 복제·전송자의 계정을 정지할 것을 명할 수 있도록 하고 있다(제133조의2 제 2 항). 여기서 계정은 온라인서비스제공자가 이용자를 식별·관리하기 위하여 사용하는 이용권한 계좌(이메일 전용계정은 제외한다)를 말하며, 해당 온라인서비스제공자가 부여한 다른 계정을 포함한다.2

---

1 원안에는 정보통신서비스제공자의 취급제한에 관한 규정이 포함되어 있었는데 국회 심사과정에서 그 규정으로 인한 기본권침해의 우려가 제기되어 그 부분이 삭제되고 다른 부분도 일부 수정된 상태로 통과되게 되었다.

2 원래의 법안에는 "반복적으로 전송할 것"을 요건으로 하였는데 이를 "경고를 3회 이상 받은 자가 전송한 경우"로 명

(4) 게시판의 서비스 정지 명령

또한 개정법에서는 상업적 이익이나 이용편의를 제공하는 게시판이 불법복제물을 반복적으 §30-5
로 게시할 경우 문화체육관광부장관이 심의위원회의 심의를 거쳐 온라인서비스제공자에게 해당
게시판의 서비스 정지를 명할 수 있도록 규정하고 있다(제133조의2 제 4 항). 즉, 불법복제물의 삭제
또는 전송중단 명령이 3회 이상 내려진 게시판으로서 저작권 등의 이용질서를 심각하게 훼손한
다고 판단되는 경우, 문화체육관광부장관은 온라인서비스제공자에게 6개월 이내의 기간을 정하
여 해당 게시판의 전부 또는 일부의 서비스 정지를 명할 수 있도록 규정한 것이다.1

구분	계정 정지	게시판 서비스 정지
조항	제133조의2 제 2 항	제133조의2 제 4 항
주체/객체	문화체육관광부장관 → 온라인서비스제공자(OSP)	문화체육관광부장관 → 온라인서비스제공자(OSP)
업무 절차도	이용자가 불법복제물을 복제·전송 ▼ 경고 명령을 위한 심의 요청 ▼ 심의 및 심의결과 통보 ▼ 복제·전송자에게 경고 명령 ▼ 불법복제물 반복적 전송 계정 정지 명령을 위한 심의 요청 ▼ 심의 및 심의결과 통보 ▼ 복제·전송자의	OSP내에서 불법복제물 유통 ▼ 삭제, 전송중단 명령을 위한 심의 요청 ▼ 심의 및 심의결과 통보 ▼ 삭제, 전송중단 명령 ▼ 3회 이상 명령 대상 및 심각한 저작권 등 이용질서 훼손 인정 게시판 서비스 정지 명령을 위한 심의 요청 ▼ 심의 및 심의 결과 통보 ▼

확히 하고, 계정 정지를 명할 수 있는 기간을 원래 "1년 이내"로 규정하였던 것을 "6개월 이내의 기간"으로 하며,
계정 중에 "이메일 전용계정은 제외"하는 것을 명시한 점 등이 국회의 심의과정에서 수정된 부분이다. 이것은 "저작
권 침해를 이유로 개인의 통신 이용의 자유를 과도하게 제약할 우려가 있다"는 의견이 일부 수용된 결과라고 할 수
있다.
1 역시 원래의 법안에서는 "1년 이내의 기간"을 정하여 명하도록 규정하였는데, 국회 심사과정에서 그 기간을 6개월로
단축하였고, 아울러 게시판의 범위를 "상업적 이익 또는 이익편의를 제공하는 게시판"에 한정한 것과 이해관계인 의
견진술에 관한 권리 등을 보장한 것도 국회 심사과정에서 수정, 반영된 부분이다. 이것도 게시판 이용자들의 통신이
용의 자유 등과의 충돌을 최소화하기 위한 절충의 산물이라 할 수 있다.

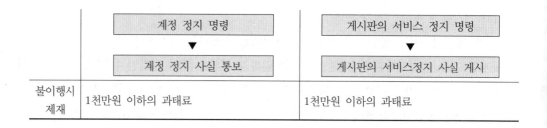

	계정 정지 명령 ▼ 계정 정지 사실 통보	게시판의 서비스 정지 명령 ▼ 게시판의 서비스정지 사실 게시
불이행시 제재	1천만원 이하의 과태료	1천만원 이하의 과태료

여기서 '게시판'이란 그 명칭과 관계없이 정보통신망을 이용하여 일반에게 공개할 목적으로 부호·문자·음성·음향·화상·동영상 등의 정보를 이용자가 게재할 수 있는 컴퓨터프로그램이나 기술적 장치('정보통신망 이용 촉진 및 정보보호 등에 관한 법률' 제 2 조)를 말하는 것으로서, 온라인상 불법복제물 전송의 주요 통로가 되곤 하는 P2P나 웹하드서비스 등에서 제공하는 프로그램이나 게시판 등도 여기에 포함될 뿐만 아니라 입법의도의 면에서 이들이 주된 타깃이라고 할 것이다. 게시판 중 '상업적 이익 또는 이용 편의를 제공하는' 게시판으로 한정한 것은 국회의 심사과정에서 개인의 통신자유를 과도하게 침해할 것을 우려하는 입장이 반영된 것이나, '이용 편의'의 범위 등과 관련하여 명료하게 해석하기는 쉽지 않은 규정이라 여겨진다. 다만 입법취지 등에 비추어 볼 때 적어도 파일공유기능을 제공하는 P2P나 웹하드서비스 등의 경우에는 위 규정의 범위에서 제외된다고 할 수 없을 것이므로, 온라인 불법복제의 대부분을 점하고 있는 이들 서비스 형태에 대하여 정부가 신속하고 효과적인 조치를 취하는 데는 지장이 없을 것으로 생각된다.

위와 같은 정부의 명령에 대하여 OSP가 응하지 않을 경우에는 각 1천만원 이하의 과태료에 처할 수 있도록 규정하고 있다(법 제142조 제 2 항 제 3 호). 외견상 업체들이 파일공유형 웹하드서비스 등을 통하여 얻고 있는 수익액에 비하면 너무나 미약한 조치로 보이나, 실제로는 형사처벌이 가능한 저작권침해를 정부가 공식 확인하여 명령문을 보내는 것 자체가 불법적 사업모델을 가진 업체들에 대하여 강력한 위력을 가질 것으로 판단된다.

2. 시정권고

§30-6　　위와 같은 문화체육관광부장관의 단계적 대응조치의 전단계로, 한국저작권보호원(이하 '보호원'이라고 한다)이 시정권고를 할 수 있는 제도도 마련되어 있다. 즉, 보호원은 온라인서비스제공자의 정보통신망을 조사하여 불법복제물등이 전송된 사실을 발견한 경우에는 심의위원회의 심의를 거쳐 온라인서비스제공자에 대하여 다음 각 호에 해당하는 시정 조치를 권고할 수 있다(제133조의3 제 1 항).

i) 불법복제물등의 복제·전송자에 대한 경고

ii) 불법복제물등의 삭제 또는 전송 중단

iii) 반복적으로 불법복제물등을 전송한 복제·전송자의 계정 정지

온라인서비스제공자는 제1항 제1호 및 제2호에 따른 권고를 받은 경우에는 권고를 받은 날부터 5일 이내에, 제1항 제3호의 권고를 받은 경우에는 권고를 받은 날부터 10일 이내에 그 조치결과를 보호원에 통보하여야 한다(같은 조 제2항).

보호원은 온라인서비스제공자가 제1항에 따른 권고에 따르지 아니하는 경우에는 문화체육관광부장관에게 제133조의2 제1항 및 제2항에 따른 삭제명령 또는 계정정지명령을 하여 줄 것을 요청할 수 있고, 이에 따라 문화체육관광부장관이 삭제명령이나 계정정지명령을 할 경우에는 심의위원회의 심의를 요하지 아니한다(같은 조 제3, 4항).

이러한 시정권고는 가장 강제성이 약한 조치인 셈이나, 저작권침해를 일부러 방치하는 일부 사업자들에게는 매우 큰 위력을 발휘할 수 있을 것이라 생각된다. 정부 산하의 저작권 전문기관에서 심의를 거쳐 형사책임이 수반될 수도 있는 저작권침해 사실을 공식 확인하여 통지하는 것이라는 점을 감안하면, 그 권고에 따르지 않기가 쉽지 않을 것이다. '시정권고'는 권리주장자의 복제·전송 중단요구(§27-80)보다도 더욱 강력하게 저작권침해를 몰랐다는 항변을 배제할 것이기 때문이다.

Ⅲ. 관세법에 의한 저작권등 보호 조치

관세법은 제235조 제1항 제2호에서 저작권법에 따른 저작권과 저작인접권(이하 '저작권등'이라 함)을 침해하는 물품은 수출하거나 수입할 수 없다고 규정하고, 저작권등 침해물의 수입 또는 수출을 방지하기 위해 저작권자등의 요청에 따라 혹은 직권으로 통관보류 등의 저작권등 보호조치(이른바 '세관조치')를 취할 수 있도록 하고 있다. 그 규정내용은 다음과 같다.

1) 관세청장은 저작권등을 침해하는 물품을 효율적으로 단속하기 위하여 필요한 경우에는 해당 저작권등을 등록한 자 등으로 하여금 해당 저작권등에 관한 사항을 신고하게 할 수 있다(관세법 제235조 제2항).

2) 세관장은 i) 수출입신고된 물품, ii) 환적 또는 복합환적 신고된 물품, iii) 보세구역에 반입신고된 물품, iv) 보세운송신고된 물품, v) 관세법 제141조 제1호에 따라 일시양륙이 신고된 물품 중 하나에 해당하는 물품이 위 2항 규정에 따라 신고된 저작권등을 침해하였다고 인정될 때에는 그 저작권등을 신고한 자에게 해당 물품의 수출입, 환적, 복합환적, 보세구역 반입, 보세운송 또는 제141조 제1호에 따른 일시양륙의 신고(이하 "수출입신고등"이라 한다) 사실을 통보하여야 한다. 이 경우 통보를

받은 자는 세관장에게 담보를 제공하고 해당 물품의 통관 보류나 유치를 요청할 수 있다(같은 조 제 3 항).

　　3) 저작권등을 보호받으려는 자는 세관장에게 담보를 제공하고 해당 물품의 통관 보류나 유치를 요청할 수 있다(같은 조 제 4 항).

　　4) 위 2) 또는 3)의 통관 보류 등 요청을 받은 세관장은 특별한 사유가 없으면 해당 물품의 통관을 보류하거나 유치하여야 한다. 수출입신고등을 한 자가 담보를 제공하고 통관 또는 유치 해제를 요청하는 경우에는 해당 물품의 통관을 허용하거나 유치를 해제할 수 있지만, 불법복제된 물품으로서 저작권등을 침해하는 물품은 그 예외로 규정되어 있다(같은 조 제 5 항 제 2 호).

　　5) 세관장은 위 2)의 다섯 가지 사유에 해당하는 물품이 저작권등을 침해하였음이 명백한 경우에는 대통령령으로 정하는 바에 따라 직권으로 해당 물품의 통관을 보류하거나 해당 물품을 유치할 수 있다. 이 경우 세관장은 해당 물품의 수출입신고등을 한 자에게 그 사실을 즉시 통보하여야 한다.

제5절　기술적 보호조치의 보호 등

Ⅰ. 기술적 보호조치의 보호

1. 서　론

(1) 저작권법에 의한 기술적 보호조치 보호의 필요성과 문제점

§31-1　기술적 보호조치(Technical Protection Measures)란 저작자가 저작물에 대한 접근을 제한하거나 복제를 방지하기 위해 취하는 기술적인 조치를 말한다.[1]

　저작권법은 기술의 발전에 가장 민감하게 반응하는 법 가운데 하나이다. 당시로서는 획기적인 신기술이라고 할 수 있었던 활판인쇄술에 의하여 태동된 저작권법은 이후 녹음·녹화 기술, 방송기술 등 다양한 신기술이 출현할 때마다 그에 맞추어 적절히 변신하여 왔다. 그러나 오늘날 인터넷을 비롯한 디지털 기술과 관련 매체의 눈부신 발전이 저작권법에 미친 영향은 이전의 어떤 것과도 비교할 수 없을 만큼 충격적인 것이다. 저작권법이 통제하고자 하는 것은 기본적으로 타인의 저작물을 함부로 복제하여 유통하는 행위인데, 디지털 환경하에서는 저작물의 복제에 수반되는 한계비용이 영(zero)이 된 상태에서 복제의 질이 원본과 동일한 수준에 이르고, 복제물의 유통도 아무런 추가비용 없이 매우 신속하고 광범위하게 이루어질 수 있어, 기존의 저작권법만으로

---

1 이하 기술적 보호조치의 개념부터 그 보호범위까지의 내용은 대체로 이해완·김정래, "저작권법에 의한 기술조치 보호의 범위에 관한 연구," 성균관법학 제22권 제 2 호(2010. 8), 405~437면의 내용(저자 집필 부분)을 인용한 것이다.

그러한 복제 및 유통을 적절히 통제하기가 불가능한 상황이 되었다.

"기술이 야기한 문제에 대한 해답은 기술에 있다(The answer to the machine is in the machine)"[1] 는 말과 같이, 저작자 등의 권리자들 가운데 이러한 신기술의 도전에 대한 대응방안을 기술 속에 서 찾고자 하는 경우들이 많이 나오게 된 것은 자연스러운 일이다. 권리보호를 위한 기술적인 자 구책의 성격을 가지는 기술적 보호조치는 오늘날 소프트웨어 산업과 디지털콘텐츠 산업에 광범 위하게 적용되고 있다. 그러나 이러한 자구적인 노력만으로 디지털 환경하에서의 저작권 보호가 충실하게 이루어지기를 기대하기는 어려운 것이 현실이다. 기술적 보호조치를 또 다른 기술적 방 법으로 무력화하고자 하는 시도가 자유롭게 이루어지고, 특히 무력화를 가능하게 하는 장치, 프 로그램 등의 제공, 보급 등의 영리적 활동조차 아무런 법적 통제 없이 자유롭게 진행될 수 있다 면, 기술적 보호조치에 의한 자구적 저작권 보호는 항상 큰 위험에 노출되게 되고, 그것은 소프트 웨어 및 디지털콘텐츠 산업의 발전, 나아가 문화산업 전반의 발전을 크게 위축시키게 될 것이다.

바로 그러한 점에 기술적 보호조치의 법적 보호의 필요성이 있다. 디지털 환경하에서 전례 없이 커진 무단 복제의 위협에 대하여 가장 실제적인 대응방안으로서 권리자들 스스로 채택하는 기술적 보호조치에 적절한 수준의 법적인 보호를 부여함으로써 그 보호의 실효성을 높여주는 것 은 디지털 시대 저작권보호의 가장 중요한 법적 수단의 하나이다.

그러나 기술적 보호조치에 대한 법적 보호가 강력하게 주어질 경우에 파생할 수 있는 문제점 도 적지 않다. 사회경제적인 측면에서 학자들에 의하여 곧잘 지적되는 문제점들로서는 ① 공중이 자유롭게 접근할 수 있는 이른바 '퍼블릭 도메인(public domain)'의 실질적 축소, ② 디지털 정보 재에 대한 접근의 감소, ③ 경쟁과 혁신에 미치는 악영향, ④ 프라이버시에 대한 위협 등을 들 수 있다.[2] 법률적인 관점에서는 기존의 저작권법이 '공정이용'제도와 '보호기간의 제한' 등을 통 해 권리자 보호와 이용자 보호 사이의 미묘한 균형을 잡아 왔던 것이 기술적 보호조치의 대대적 도입과 그에 대한 강력한 법적 보호에 의하여 무너질 수 있다는 문제가 빈번하게 지적되고 있다. 다만 기술적 보호조치의 법적 보호에 대하여 이러한 문제점만 보는 것은 일면적인 것이며, 안심 하고 기술적 보호조치를 적용한 콘텐츠상품의 대대적 공급을 통하여 공중이 누리는 실질적 혜택 의 증가와 저작권자들의 창의적 활동에 대한 공정한 보상의 보호 등과 같은 순기능적인 측면을 함께 바라보면서, 그 순기능은 최대화하고, 역기능은 최소화하고자 하는 균형 있는 관점이 필요 한 것으로 생각된다.

§31-2

---

1 Ch. Clark, "The Answer to the Machine is in the Machine", in : P. Bernt Hugenholtz (ed.),The Future of Copyright in a Digital Environment, The Hague : Kluwer Law International, at 139.
2 John A. Rothchild, "Economic Analysis of Technological Protection Measures", 84 Or. L. Rev. 489 at 500- 515.

(2) 기술적 보호조치에 대한 입법경위 개요

§31-3   위와 같은 이유에서 기술적 보호조치에 대한 법적 보호의 문제는 일시적 복제의 문제와 함께, 처음으로 저작권분야의 디지털 의제를 본격적으로 다룬 다자간조약인 세계지적재산권기구 저작권조약(WIPO Copyright Treaty; WCT)과 세계지적재산권기구 실연음반조약(WIPO Performances and Phonograms Treaty; WPPT)을 체결하기 위한 전문가회의와 외교회의의 과정에서 가장 중요한 쟁점으로서 격렬한 논의의 대상이 되었고, 결국 그 보호를 의무화하는 규정이 1996년에 체결된 위 양 조약에 포함되게 되었다. 이에 따라 이후 1998년에 제정된 미국의 디지털 밀레니엄 저작권법(Digital Millenium Copyright Act; DMCA)와 1999년의 일본의 개정 저작권법, 2001년에 마련된 유럽연합의 저작권지침과 그 이행을 위한 유럽 각국의 개정 법률 등에 기술적 보호조치의 법적 보호를 위한 규정이 포함되게 되었다. 그러나 기술적 보호조치 보호를 의무화한 WCT 및 WPPT의 규정이 상당히 추상적인 문구로 되어 있는 관계로 그 이행을 위한 각국의 국내법은 기술적 보호조치 보호의 범위, 법적 구제의 수단 등에 있어서 다양한 모습을 띠게 되었다.[1]

우리나라에서는 과거 저작권법제가 저작권법과 컴퓨터프로그램보호법으로 이원화되어 있을 때에, 먼저 컴퓨터프로그램보호법에서 2000. 1. 28.자 개정 시에 기술적 보호조치의 보호에 관한 규정을 도입한 후 수 차례의 개정을 거쳐 왔고, 저작권법에서는 그보다 늦은 시점인 2003. 5. 27. 개정 시에 처음으로 기술적 보호조치 보호 규정을 도입하였다. 양법의 기술적 보호조치 보호에 관한 규정내용은 기술적 보호조치의 무력화행위 자체에 대한 금지규정의 유무, 예외 규정의 유무 등에 있어서 적지 않은 차이를 보이고 있었다. 그 후 2009. 4. 22.자로 컴퓨터프로그램보호법을 저작권법에 통합하는 개정입법이 이루어지면서, 양법 가운데 저작권법의 기존 규정에 의한 기술적 보호조치의 보호가 유지되어 모든 저작물에 대하여 통일적으로 적용되게 되었고, 다시 한·EU FTA의 이행을 위한 2011. 6. 30. 개정법에서 기술적 보호조치에 관한 개정이 대폭적으로 이루어지게 되었다. 이 법개정은 한·EU FTA 이전에 체결되었으나 비준이 늦어지고 있던 한·미 FTA상의 기술적 보호조치에 관한 규정 내용도 크게 의식한 상태에서 이루어진 관계로 그 내용은 한·미 FTA에 반영된 미국 DMCA의 규정내용과 매우 흡사하다고 할 수 있다.

(3) 기술적 보호조치의 유형

§31-4   기술적 보호조치의 보호 입법에서 가장 중요한 쟁점은 보호되는 기술적 보호조치의 범위를 어떻게 볼 것인가 하는 점에 있다. 그 중에서도 가장 중요한 문제는 기술적 보호조치의 두 가지 서로 다른 유형, 즉 접근통제조치와 이용통제조치를 모두 보호의 대상으로 할 것인지 여부라고

---

1 임원선, "저작권 보호를 위한 기술조치의 법적 보호에 관한 연구," 동국대학교 박사학위 논문, 2003, 60면 참조.

할 수 있다. 이와 관련하여 미국의 DMCA는 기술적 보호조치를 접근통제(access control) 기술적 보호조치와 이용통제(rights control) 기술적 보호조치의 두 유형으로 나누어 규정하였고, 그것은 우리의 2011. 6. 30. 개정법에 반영되어 개정 저작권법도 접근통제조치와 이용통제조치를 모두 보호의 대상으로 삼고 있다.

개정법 제 2 조 제28호는 기술적 보호조치를 ① 저작권, 그 밖에 이 법에 따라 보호되는 권리의 행사와 관련하여 이 법에 따라 보호되는 저작물 등에 대한 접근을 효과적으로 방지하거나 억제하기 위하여 그 권리자나 권리자의 동의를 받은 자가 적용하는 기술적 조치(가목), ② 저작권, 그 밖에 이 법에 따라 보호되는 권리에 대한 침해행위를 효과적으로 방지하거나 억제하기 위하여 그 권리자나 권리자의 동의를 받은 자가 적용하는 기술적 조치(나목)의 어느 하나에 해당하는 것으로 규정하고 있는데, 그 중 ①이 접근통제조치이고, ②가 이용통제조치라고 할 수 있다.

접근통제조치는 위와 같이 저작물 등에 대한 접근(access)을 통제하는 조치를 말하는데, 여기서 말하는 접근이 무엇인지를 이해하기 위해서는 이를 두 가지로 나누어 볼 필요가 있다. 첫째는 서버 또는 저작물의 원본이나 복제물을 담고 있는 매체(수록매체)에 접근하는 것이고, 둘째는 저작물의 복제물의 재생을 통해 그에 포함된 저작물(실제로는 저작물의 내용)에 접근하는 것이다.[1] 이 둘째의 접근은 저작물의 시청 등 사용행위와 직결된다. 결국 접근이란 저작물의 복제, 전송, 공연 등 저작권자의 배타적인 권리가 미치는 이용행위를 하는 것은 아니면서 그 저작물을 사용하거나 또는 사용할 수 있는 상태에 들어가는 것을 뜻한다고 할 수 있다. 이에 반하여, 이용통제조치는 저작권 등을 구성하는 개별 권리에 대한 침해행위 자체를 직접적으로 방지하거나 억제하는 보호 조치를 의미한다.[2] 복제권만이 아니라 저작재산권의 모든 지분권이 그 보호대상에 포함될 수 있으나, 현실적으로는 복제통제조치라고도 불릴 만큼 복제의 통제에 집중되어 있다.[3] 즉 저작물의 복제가 아예 불가능하도록 하거나 복제의 회수를 제한하는 것 또는 복제를 할 경우 그 화질이나 음질이 현저히 나빠지게 하는 등의 방법을 취하는 것이 이용통제조치의 주종을 이루고 있다. 그러나 복제권이 아니라 공연권에 대한 침해행위를 직접적으로 방지하기 위한 기술적보호조치도 그 공연권에 관한 한 저작권법 제 2 조 제28호 나목의 이용통제조치에 해당하는 것으로 볼 수 있다. 즉, 저작권은 하나의 단일한 권리가 아니라 복제권, 배포권, 공연권 등 여러 권리(지분권)들의 집합체로서 이들 권리는 각각 별개의 권리이므로 이 각각의 권리를 기준으로 개별적으로 판단하여야 한다.[4] 대법원은 그러한 법리를 전제로 하여 노래반주기 제작업체인 甲 주식회사가 사단법

---

[1] 임원선, 전게논문, 21~22면; 오승종, 저작권법, 박영사, 2007, 1333면.
[2] 대법원 2015. 7. 9. 선고 2015도3352 판결 참조.
[3] 임원선, 전게논문, 31면.
[4] Id.

인 한국음악저작권협회에서 음악저작물의 복제·배포에 관한 이용허락을 받아 매월 노래방에 신곡을 공급하면서, 일련의 인증절차를 거치지 않으면 노래반주기에서 신곡파일이 구동되지 않도록 두 가지 방식의 인증수단(이하 '보호조치'라고 한다)을 마련하였는데, 피고인 乙 등이 보호조치를 무력화하는 장치를 제조·판매하였다는 내용으로 기소된 사안에서, 보호조치는 복제권·배포권 등과 관련하여서는 복제·배포 등 행위 자체를 직접적으로 방지하거나 억제하는 조치는 아니지만 신곡파일의 재생을 통한 음악저작물의 내용에 대한 접근을 방지하거나 억제함으로써 복제·배포 등의 권리를 보호하는 저작권법 제 2 조 제28호 (가)목의 보호조치('접근통제조치')에 해당하고, 공연권과 관련하여서는 신곡파일을 재생의 방법으로 공중에게 공개하는 공연행위 자체를 직접적으로 방지하거나 억제하는 저작권법 제 2 조 제28호 (나)목의 보호조치('이용통제조치')에 해당한다고 판시하였다.[1]

어떤 것이 접근통제조치이고 어떤 것이 이용통제조치인지에 대하여 미국의 판례를 통해 좀 더 구체적으로 살펴보자.

먼저 접근통제조치로 인정된 사례로는, DVD에 적용되는 CSS(Content Scrambling System; 콘텐츠 뒤섞기 시스템),[2] 소니사의 플레이스테이션 게임콘솔에 적용된 정품인증시스템,[3] 특정 고객이 비밀번호를 입력하여야만 웹사이트의 자세한 내용을 볼 수 있도록 하는 비밀번호시스템,[4] 리얼네트워크사가 개발한 리얼플레이어프로그램에 포함된, 재생되는 파일에 대한 일종의 인증시스템인 "비밀의 악수(secret handshake)"[5] 등을 들 수 있다.

이용통제조치로 인정된 사례로는 어도비사의 이북 리더 프로그램(Advanced eBook Reader)에서 고객들이 그 내용을 볼 수는 있지만 그 복제본의 제작, 이메일 송신 또는 인쇄 등을 막을 수 있게 한 기술적 보호조치,[6] 위 리얼플레이어 프로그램에서 파일의 무단복제를 통제하는 'Copy Switch'프로그램 등을 들 수 있다. 그 외에 직렬복제관리시스템(SCMS, Serial Copy Management System), 복제세대관리시스템(CGMS, Copy Generation Management System), 매크로비전(Macrovision) 등이 이용통제조치의 대표적인 예로 들어진다.[7]

---

1 Id.

2 Universal City Studios, Inc. v. Reimerdes, 111 F. Supp. 2d 294 (S.D.N.Y. 2000), aff'd., Universal City Studios, Inc. v. Corley, 273 F. 3d 429 (2d Cir. 2001). 다만, CSS에 대하여는 접근통제조치와 이용통제조치의 성격을 동시에 가지고 있다고 보는 견해도 있다. 임원선, 전게논문, 33면.

3 Sony Computer Entertainment America, Inc. v. Gamemasters, 87 F.Supp.2d 976 (N.D.Cal. 1999) at 987

4 I.M.S. Inquiry Management Systems, Ltd. v. Berkshire Information Systems, Inc. 307 F.Supp.2d 521 at 531-532.

5 RealNetworks, Inc. v. Streambox, Inc. 2000 WL 127311.

6 U.S. v. Elcom Ltd. 203 F.Supp.2d 1111N.D.Cal., 2002.

7 강태욱, "PS2-Mod Chip 사건을 통해 바라본 기술적 조치의 보호범위," 한국디지털재산법학회, 디지털재산법연구(제 5 권 제 1 호, 통권 제 7 호), 2006. 6, 63면; 오승종, 전게서, 1334~1335면 등 참조.

접근통제조치와 이용통제조치 가운데, 저작권법상의 권리보호의 관점에서 보다 직접적인 관련성을 갖는 것은 이용통제조치라고 할 수 있다. 즉 이용통제조치는 기본적으로 저작자 등 권리자들의 배타적 권리에 속하는 이용행위를 권리자의 의사에 따라 통제하는 것이므로, 그것을 우회하여 이용하는 행위가 바로 권리자의 뜻에 반하는 무단이용으로서 권리제한 사유에 해당하지 않는 한 저작권법상의 권리침해에 해당하게 된다. 결국 이러한 이용통제조치를 보호하는 것은 저작권법상의 권리가 침해되지 않도록 보호하는 취지와 직접적인 관련성을 가지고 있으므로, 그 보호의 구체적인 내용은 별론으로 하고, 보호의 필요성 자체를 인정하는 데는 큰 의문이 없다고 할 수 있다. §31-5

반면에, 접근통제조치의 경우에는 저작권법상의 권리보호와의 관계가 이용통제조치만큼 분명하다고 할 수 없는 면이 있다. 즉, 저작물에의 '접근'은 저작권법상의 배타적 권리범위에 포함되는 행위가 아니므로, 그것을 통제하기 위한 기술적 보호조치의 보호가 직접적으로 권리침해를 방지하는 것이라고 하기는 어려운 것이다. 그러나 접근통제조치의 경우에도 실질적으로는 권리보호를 위한 효과적인 수단이 되는 경우를 어렵지 않게 찾아볼 수 있다. 예를 들어, 디지털콘텐츠를 제공하는 웹사이트에서 널리 사용하고 있는, 비밀번호에 의한 로그인시스템의 경우에는 대표적인 접근통제조치로서 그것을 우회하는 행위 자체가 저작권침해가 되지는 않는다 하더라도 그러한 우회행위가 침해의 위험성을 크게 한다는 점에서 그 우회행위를 법적으로 막을 필요성이 충분히 제기될 수 있는 것이다.

그렇다면, 우리의 개정 전 저작권법의 이에 대한 입장은 어떠하였을까? 이에 대하여 지금까지의 주류적 입장은 우리 저작권법은 접근통제적 기술적 보호조치를 보호대상에 포함하지 않고 이용통제적 기술적 보호조치만을 보호하고 있다고 보아 왔다. 그러나 이러한 입장은 뒤에 소개하는 PS2 사건 등에 대한 대법원 판례의 입장(§31-15 이하 참조)과 충돌하는 면이 있는 것으로 생각된다.

Ⅱ. 국제조약 및 주요 입법례의 검토

1. WCT의 규정

WIPO 저작권조약(WCT) 제11조는 "기술적 보호조치에 관한 의무"라는 제목하에 "체약당사자는 이 조약 또는 베른협약상의 권리의 행사와 관련하여 저작자가 이용하는 효과적인 기술적 보호조치로서 자신의 저작물에 관하여 저작자가 허락하지 아니하거나 법에서 허용하지 아니하는 행위를 제한하는 기술적 보호조치를 우회하는 것에 대하여 충분한 법적 보호와 효과적인 법적 구 §31-6

제조치에 관하여 규정하여야 한다"고 규정하고 있다.[1]

이 규정에 따라 WCT에서 보호를 의무화하고 있는 기술적 보호조치는 ① 이 조약 또는 베른협약상의 권리의 행사와 관련하여, ② 저작자가 이용하는 ③ 효과적인 기술적 보호조치로서, ④ 자신의 저작물에 관하여 저작자가 허락하거나 법에서 허용하는 경우에 해당하지 아니하는 행위를 제한하는 기술적 보호조치에 한정된다.[2]

이 규정이 접근통제조치의 보호를 의무화하고 있는지는 일견하여 명료하지 않다. 이에 대해, 조약의 의무가 접근통제의 기술적 보호조치에는 미치지 않는다고 보는 견해가 있다.[3] 그 근거로 제시되는 것은 첫째, 최소한 접근은 저작권법상으로는 제한되는 행위가 아니라는 점, 둘째, 기술적 보호조치에 대한 보호가 저작권자들이 자신에게 부여된 권리를 보호받기 위해 강구하는 자구적인 조치를 보호함으로써 기술 발전으로 인하여 흔들리고 있는 균형의 붕괴를 회복시키기 위한 보충적 수단이라는 점, 셋째, 접근을 통제하는 기술적 보호조치의 보호로 인하여 사실상 저작권자에게 접근권을 부여하는 것과 같은 효과가 발생하므로 실질적으로는 기술적 보호조치의 보호로 인하여 새로운 권리를 창설하는 것과 같은 결과가 초래될 수 있는데, 이러한 사실은 기술적 보호조치가 권리보호를 위한 보충적 수단이란 속성에 상치되며, 저작권조약과 실연·음반조약의 마련을 위한 전문가회의 과정이나 외교회의 과정에서도 이러한 필요성에 대해서는 전혀 논의된 바 없다고 하는 점 등이다.[4]

그러나 위 견해는 저작권보호와 무관한 접근통제조치까지 보호대상에 포함한 것은 아니라고 볼 근거를 정확히 제시하고 있을 뿐이고, 저작권보호를 위해 효과적이라고 인정될 만한 접근통제조치의 보호를 보호범위에서 제외하여야 할 근거를 제시하고 있다고 보기는 어렵다.

저작권 등의 행사와 관련하여 저작자가 이용하는 효과적인 기술적 보호조치로서 권리침해행위를 제한하는 기술적 보호조치에는 직접적으로 권리침해행위 자체를 방지하는 것만이 아니라 접근 자체를 통제함으로써 권리침해행위를 제한하는 기술적 보호조치도 포함된다고 보는 것이 규정의 문언에 부합하는 자연스러운 해석일 수 있다. 전문가회의 등에서 이에 대하여 특별한 논의가 없었다는 사실도 저작권보호와의 관련성 유무와 관계없이 접근통제조치에 해당한다는 이유만으로 그 범위에서 제외하고자 하는 특별한 의도가 없었다는 것을 입증하는 일이 될 뿐이라고 생각된다.

결론적으로, 위 규정에서 말하는 기술적 보호조치의 범위에 저작권 보호와 무관한 기술적 보

---

1 WPPT 제18조도 보호되는 권리가 저작권이 아니라 실연자 및 음반제작자의 권리인 점을 제외하고 다른 내용은 거의 동일하다.
2 각 요건의 구체적 의미에 대하여는 임원선, 전게논문, 60~69면 참조.
3 임원선, 전게논문, 67면; 半田正夫·松田政行編, 著作權法 コンメンタール, 1卷, 勁草書房, 2009, 286면.
4 임원선, 전게논문, 67면.

호조치는 포함되지 않지만 저작권보호의 효과적인 방법으로 인정될 만한 접근통제조치는 포함되는 것으로 보는 것이 타당하다고 생각된다.[1] 다만, 그 규정이 해석상의 이론이 없을 정도로 명료한 것은 아니므로, 실질적으로는 각국이 자국의 입법에 있어서 조약 해석상의 재량권을 행사하는 것이 인정될 수 있으리라 생각된다.

2. 미국의 디지털 밀레니엄 저작권법(DMCA)의 규정

(1) DMCA의 기술적 보호조치 보호 규정 개관

DMCA는 저작물에 대한 최초의 접근을 통제하기 위하여 권리자에 의하여 사용되는 기술적 §31-7
보호조치(접근통제조치)와 합법적으로 얻어진 복제물로부터 추가적인 복제를 방지하는 기술적 보호조치(이용통제조치)를 구분하고 있다. 이러한 두 가지 종류의 기술적 보호조치의 보호에 대하여 DMCA가 규정하고 있는 내용을 간략히 정리하면 다음과 같다.

<미국 DMCA의 기술적 보호조치 보호 규정>

보호의 대상	규정내용			구제수단
접근통제적 기술적 보호조치	접근통제 우회행위의 금지 §1201(a)(1)			민사적 구제 (§1203) : 손해배상, 금지청구
	접근통제 우회장치 등의 제조, 수입 등의 금지 §1201(a)(2)	규제대상물	주로 접근통제의 우회를 목적으로 하여 설계, 제조된 기술, 제품, 서비스, 장치, 부품	
		규제대상행위	제조, 수입, 공중에의 제공의 청약, 공급, 기타의 거래	
이용통제적 기술적 보호조치	복제통제 등 저작권 보호수단의 우회장치 등의 제조, 수입 등의 금지 §1201(b)	규제대상물	주로 복제통제 등의 우회를 목적으로 하여 설계, 제조된 기술, 제품, 서비스, 장치, 부품	형사적 구제 (§1204)
		규제대상행위	제조, 수입, 공중에의 제공의 청약, 제공, 기타의 거래	

(2) 기술적 보호조치의 보호범위와 접근권의 문제

DMCA는 위와 같이 접근통제조치와 이용통제조치를 분명하게 구분하여 접근통제조치를 보 §31-8

---

1 See Jane C. Ginsburg, Legal Protection of Technological Measures Protecting Works of Authorship : International Obligations and the US Experience at 7 (Columbia Law Sch. Pub. Law & Legal Theory Working Paper Group, Paper No. 05-93, 2005), available at http : //ssrn.com/abstract=785945.

호범위에 포함시키고 있을 뿐만 아니라 어떤 면에서는 이용통제조치에 비하여 보다 강한 보호를 부여하고 있다.[1]

접근통제조치의 우회금지와 관련하여 DMCA 제1201(a)(1) (A)는 "누구든지 본 편 법전상 보호되는 저작물에의 접근을 효과적으로 통제하는 기술적 보호조치를 우회하여서는 아니 된다"고 규정하고 있다. 이 규정만 보아서는 그것이 저작권법상의 기존 권리를 보호하기 위한 효과적인 수단이 될 것을 요건으로 하는 것으로 볼 만한 문언상의 근거를 찾기는 어렵다. 따라서 이 규정을 통해 미국 DMCA가 저작권자에게 사실상 접근권을 부여하였다는 견해가 제기되고 있다.[2]

접근권(access right)이란 공중의 구성원이 개별적으로 저작물에 '접근'하는 것 자체를 저작권자가 통제할 수 있는 권리를 뜻한다. 접근권의 대표적인 옹호론자인 미국의 제인 긴스버그(Jane Ginsburg) 교수는 디지털 기술이 발전하면서 과거에는 이용자들이 저작물을 이용하기 위해서는 그 복제본을 소유하여야 하는 것이 일반적이었지만, 지금은 저작물을 다양한 형태로 접근하여 경험하는 시대가 되었기 때문에, 저작물에 대한 접근권을 저작권자에게 인정하는 것이 새로운 시대 경향에 부합하는 바람직한 방향이라는 취지로 주장한다.[3] 긴스버그는 접근권이 "공중의 구성원이 저작물을 파악(apprehend)하는 방식을 통제할 수 있는 권리"라고 주장하는데,[4] 이것은 접근의 다양한 방식을 구분하여 적극적으로 가격차별화를 시도하는 권리자들의 변화된 권리행사의 모습을 접근권의 개념에 최대한 포섭하고자 하는 취지라고 생각된다.

그러나 아직 이러한 접근권을 저작권자의 배타적인 권리로 인정하고 있는 법률은 세계 어느 나라에도 없다. 미국의 DMCA도 저작권자에게 배타적 권리로서 접근권을 부여한 것은 결코 아니며, 접근통제적 기술적 보호조치의 보호를 통해 '간접적으로' 저작권자의 권리가 저작물에 대한 접근에도 미친다고 볼 수 있는 여지가 있을 뿐이다. 배타적 권리로서의 접근권을 인정하지 않는 것은 저작물에 대한 사용(use) 자체에 대하여 일반적으로 저작권이 미치지는 않는 것으로 보는 것, 즉 사용권이라는 것을 배타적 권리로 인정하지 않는 것과 상통하는 것이다. 접근의 개념에 저작물의 시청 등 사용행위가 포함되기 때문이다. 저작물의 시청 등의 '지각행위'에까지 배타적 권

---

1 R. Anthony Reese, "WILL MERGING ACCESS CONTROLS AND RIGHTS CONTROLS UNDERMINE THE STRUCTURE OF ANTICIRCUMVENTION LAW?" 18 Berkeley Tech. LJ. 619, at 622.

2 이대희, 인터넷과 지적재산권법, 박영사, 484면; 임원선, 전게논문, 80면; 신도욱, "디지털멜레니엄저작권법상의 접근 권에 관한 연구 — 공정이용 법리(Fair Use Doctrine)의 적용여부 및 2차 시장(Aftermarket)에서의 공정경쟁을 위한 접근권(Access Right) 남용방지 방안을 중심으로 —," Law & Technology, 제 5 권 제 2 호, 서울대학교 기술과법센터, 58면.

3 Jane C. Ginsburg, "FROM HAVING COPIES TO EXPERIENCING WORKS : THE DEVELOPMENT OF AN ACCESS RIGHT IN U.S. COPYRIGHT LAW" 50 J. Copyright Soc'y U.S.A. 113, at 115-116.

4 Id. at 120.

리의 범위를 넓히는 것은 '국민의 알 권리'와의 관계에서도 문제가 있다는 지적도 있다.[1]

한편으로는, 저작권자에게 '간접적으로' 또는 '사실상' 접근권을 인정한 것이 미국 DMCA의 §31-9
특징이라고 말하는 것도 반드시 타당한 것은 아닐 수 있다. 즉, 그렇게 말하는 것은 미국 DMCA
의 접근통제조치의 보호규정은 단지 기존의 저작권을 보호하기 위한 것이 아니고 그것을 넘어서
서 기존의 권리보호와는 무관한 경우에도 저작물에의 접근 자체를 통제할 수 있는 실질적 권한을
저작권자에게 부여하고 있다고 보는 관점을 암묵적인 전제로 하는 경우가 많은데, 그러한 관점이
타당한지는 의문이다. 그러한 시각으로 DMCA를 해석할 경우 접근통제조치의 보호범위가 무한
정 확대되어, 기술적 보호조치 보호 입법이 마땅히 의식하고 추구하여야 할 균형을 잃게 되고, 사
업자들이 저작권 보호와 실질적으로 무관한 영역에서 시장경쟁을 회피하기 위해 기술적 보호조
치를 남용하는 것을 통제하기도 어렵게 될 우려가 있다.

실제로 그러한 문제점은 2차시장(aftermarket)에서 접근통제조치를 사용하여 시장에서의 경쟁 §31-10
을 부당하게 제한하는 것이 문제된 사례를 통해 구체적으로 드러나고 있다. 2차시장이란 원래의
제품을 판매한 후 그 이용자들이 유지, 보수를 위해 구매하는 부품이나 소모품, 관련 액세서리를
판매할 수 있는 시장을 뜻한다. DMCA 제정 후 일부 업체에서는 DMCA의 접근통제조치에 대한
보호규정을 2차시장에서의 원제품과 호환성 있는 제품을 만드는 것을 방지하는 방법으로 남용함
으로써 시장에서의 경쟁을 부당하게 제한하는 사례가 발생하고 있다.

그러한 사례들 중 하나로서 Chamberlain v. Skylink 사건[2]에 대한 연방항소법원 판결[3]은 §31-11
접근통제의 기술적 보호조치에 대한 법적 보호를 저작권 보호와 무관한 영역에서 경쟁을 제한할
목적으로 원용하는 사업자의 주장을 물리치기 위해 저작권 보호와의 관련성을 고리로 하여
DMCA에 의하여 보호되는 접근통제조치의 범위를 실질적으로 제한하는 결론을 내렸다. 즉, 이
판결은 DMCA 제1201조의 적용을 받기 위해서는 해당 접근통제가 '저작권법상의 저작권 보호와
합리적인 관계'가 있을 것을 요한다고 판시하였다. 이러한 해석론은 법문에 분명한 근거를 가진

---

1 半田正夫・松田政行編, 전게서, 299면.
2 이 사건의 사안을 간단히 요약해 보면 다음과 같다. 원고회사는 차고 문을 여닫는 장치(GDO) 및 그에 딸린 리모컨
   을 판매하는 회사로서 보안을 강화하기 위하여 차고 문을 열기 위하여 필요한 신호를 계속 변경시킬 수 있도록
   'rolling code'라는 컴퓨터프로그램을 작성하여 포함시킨 새로운 장치(Security+ GDO)를 개발하여 판매하기 시작하
   였고, 피고회사는 차고문을 여닫는 호환성 있는 리모컨을 제작, 판매하는 회사로서 원고회사와 이른바 2차시장에서
   경쟁하는 관계에 있는데, 위 rolling code를 삽입하지 않아도 원고의 Security+ GDO가 설치된 차고문을 여닫을 수
   있는 리모컨을 만들어 그 구매자들을 대상으로 판매하였다. 이에 대하여 원고회사가 피고회사의 위와 같은 행위는 컴
   퓨터프로그램저작물(위 rolling code)에 대한 접근을 통제하는 기술적 보호조치를 회피하는 장치를 만들어 판매한 것
   으로서 DMCA 위반이라고 주장하였다. 연방항소법원은 리모컨을 이용하는 고객들이 원제품의 구매자로서 그러한 리
   모컨을 이용하는 것에 관하여 원고로부터 묵시적 허락을 받은 것으로 볼 수 있으므로 원고가 취한 기술적 보호조치는
   저작권 등 권리에 대한 침해의 방지 즉 권리보호와 합리적 관련성이 없다고 보았다.
3 381F. 3d1178(Fed. Cir. 2004).

것은 아니지만, 그것이 저작권 보호를 위한 기술적 보호조치 보호 입법의 취지에 부합한다고 본 것이다.

이 판결은 접근통제의 보호는 해당 접근통제가 예컨대 불법 복제본을 재생 불가능하게 만들어서 쓸모없게 만드는 등으로 저작권 침해행위를 방지하는 수단으로 인정될 때 제1201조의 규정 범위 내로 들어오는 것이라는 취지로 판시하였다. 즉 복제권 등 침해를 방지하기 위한 합리적인 수단으로 인정된다는 것을 입증할 수 있을 때에만 그것을 회피하는 것이 DMCA 위반이 될 수 있음을 분명히 하였다. 그러한 입증이 없는 경우에도 접근통제조치의 회피를 저작권법위반으로 보게 되면, 실질적으로 접근 자체에 대한 저작권자의 권리를 인정하는 결과가 되어 저작권법상 허용될 수 없는 결론이라고 본 것이다. 이와 관련하여 이 판결은 "DMCA의 기술적 보호조치 우회 금지 규정들이 그 자체로 권리자들에게 새로운 재산권을 추가로 인정한 것은 아니다. 그것들은 단지 그들의 재산권을 보호하기 위한 새로운 방법을 제공하고 있을 뿐이다"[1]라고 판시하고 있다. 이것은 이 판결이 DMCA가 저작권자에게 사실상의 접근권을 부여한 것이라고 하는 일각의 주장(§31-8 참조)에 명백히 반대하고 있음을 보여주는 것이다. 즉, DMCA는 저작물에 대한 이용자들의 접근을 저작권자의 기술적 보호조치를 통한 통제의 영역에 두어 간접적인 방법으로나마 새로운 재산권으로서의 접근권을 인정하고자 한 것이 아니라 접근통제조치가 복제권 등 기존의 권리를 효과적으로 보호하는 방법의 하나일 수 있다는 인식하에 그에 대한 보호규정을 둔 것일 뿐이라고 보는 것이다. 이러한 결론은 결국 접근통제조치의 보호범위에 있어서 미국 DMCA의 규정이 뒤에서 보는 유럽연합 저작권지침의 규정과 다를 바가 없음을 말하는 것이다.

다만 Chamberlain 사건 판결의 위와 같은 결론은 상당수 학자들의 지지를 받고 있기는 하지만,[2] 일부 학자들로부터는 회의적인 반응을 얻고 있고,[3] 아직 대법원 판례의 입장이 분명하게 제시되지 않은 상태이므로,[4] 그 타당성 여하에 대한 논란이 지속될 가능성이 있다.

3. 유럽연합 저작권지침의 규정

§31-12 　유럽연합 저작권 지침은 제 6 조 제 2 항에서 회원국이 '효과적인' 기술적 보호조치의 무력화

---

1 *Id.* at 1194-1195.

2 *E.g.* Lewis J. Dolezal, Jr., "THE GARAGE DOOR OPENER CASE : OPENING THE DOOR TO CROSS PLATFORM FUNCTIONALITY IN THE WORLD OF DIGITAL MUSIC", 34 Cap. U. L. Rev. 815 at 879-883.

3 Robert A. Gorman, Jane C. Ginsburg, *Copyright – Cases and Materials* – 7th Edition, Foundation Press, 2006, at 963; Zohar Efroni, "A MOMENTARY LAPSE OF REASON : DIGITAL COPYRIGHT, THE DMCA AND A DOSE OF COMMON SENSE", 28 Colum. J.L. & Arts 249 at 284-295.

4 같은 항소법원에서 이 판결의 취지를 그대로 이어받은 판결은 나오고 있다. See Storage Technology Corporation v. Custom Hardware Engineering, 421 F. 3d 1307 (Fed. Cir. 2005), reh'g denied, 431 F. 3d 1374 (Fed. Cir. 2005).

행위로부터 기술적 보호조치를 보호하는 규정을 둘 것을 의무화하면서 제 6 조 제 3 항에서 "본 지침에서 '기술적 보호조치'란 법률에 의하여 규정된 저작권이나 저작권과 관계된 권리의 소유자 또는 96/6/EC 지침 제 3 장에서 규정한 독자적인 권리의 소유자가 저작물 또는 그 밖의 대상물과 관련하여 허용하지 않는 행위를 방지하거나 제한할 목적으로 설계한 것으로서 정상적인 작동 과정에 있는 모든 기술, 장치, 또는 부품을 말한다. 기술 조치는 권리자들이 보호의 목적을 달성하려는 접근 통제(access control) 또는 저작물 또는 그 밖의 대상물에 대한 암호화, 변환(scrambling) 이나 기타 변형, 또는 복사통제장치와 같은 보호 조치(protection process)의 적용을 통하여 보호받는 저작물 또는 그 밖의 대상물의 이용을 통제하는 경우에 '효과적인' 것으로 본다"고 규정하고 있다.

위 규정은 기술적 보호조치 자체의 정의규정에는 접근통제조치와 이용통제조치의 구분을 반영하지 않고 있으나, 기술적 보호조치가 효과적인 것으로 보는 경우를 설명한 규정에 접근통제를 나열하는 방법으로 접근통제조치도 보호의 범위에 포함될 수 있음을 분명히 하고 있다.

위 지침에 대한 주석에 의하면, 단순한 '사용권'은 법에서 인정하는 것이 아니므로, 복제권, 공중송신권, 데이터베이스제작자의 권리 등 법상의 배타적 권리를 보호하기 위한 목적으로 사용하는 것이어야만 효과적인 기술적 보호조치로 인정될 수 있다.[1] 즉 EU 저작권지침이 보호대상으로 인정하는 접근통제 기술적 보호조치는 저작물에 대한 접근 자체를 막는 것을 그 목적으로 하는 것이 아니라 저작권법상의 배타적 권리를 보호하기 위한 것이어야 하고, 따라서 이 규정이 저작권자에게 사실상의 접근권을 인정한 것으로 보기는 어렵다. 결과적으로 이 규정에 의한 접근통제조치의 보호범위는 미국의 Chamberlain 판결(§31-11)이 제시한 기준과 일치하는 것으로 볼 수 있을 것이다.

4. 일본의 경우

일본 저작권법 제 2 조 제 1 항 제20호는 "기술적 보호수단이란 전자적(電子的) 방법, 자기적 (磁氣的) 방법, 그 밖의 사람의 지각에 의하여 인식할 수 없는 방법(이하 '전자적(電磁的)방법'이라 한다) 에 의하여, 제17조 제 1 항에서 규정하는 저작인격권, 저작권 또는 제89조 제 6 항에서 규정하는 저작인접권(이하 '저작권 등'이라 한다)을 침해하는 행위를 방지 또는 억제(저작권 등을 침해하는 행위의 결과에 현저한 장애를 발생하게 함으로써 당해 행위를 억제하는 것을 말한다. 제30조 제 1 항 제 2 호에 있어서와 같다)하는 수단(저작권 등을 가지는 자의 의사에 기초하지 아니하고 사용되는 것은 제외한다)으로서 저작물, §31-13

---

1 Thomas Dreier; Bernt Hugenholtz, *Concise European Copyright Law*, Kluwer Law International (August 21, 2006), p. 388; 半田正夫·松田政行編, 전게서, 289면.

실연, 음반, 방송 또는 유선방송(이하, '저작물 등'이라 한다)의 이용(저작자의 동의를 얻지 아니하고 행하여
진 것이라면 저작인격권의 침해로 될 행위를 포함한다)에 있어서 이에 사용되는 기기가 특정한 반응을 하
는 신호를 저작물, 실연, 음반 또는 방송 혹은 유선방송에 있어서의 음 또는 영상과 함께 기록매
체에 기록하거나 송신하는 방식 <u>또는 당해 기기가 특정의 변환을 필요로 하도록 저작물, 실연, 음</u>
<u>반 또는 방송 또는 유선방송에 있어서의 음 또는 영상을 변환하여 기록매체에 기록하거나 또는</u>
<u>송신하는 방식에 의하는 것</u>을 말한다"고 규정하고 있다. 이 중 밑줄 그은 부분은 2012년 저작권
법 개정에서 추가된 것으로서 이는 종전의 규정이 이른바 비암호형(非暗號型)의 기술적보호조치만
보호대상으로 규정하고 암호형(暗號型)의 기술적보호조치에 대한 보호는 부정경쟁방지법에 맡겨두
고 있었던 것이 이후 전개된 새로운 기술적 상황에 적절히 대응하는 데 문제가 있다고 보아 법개
정에 이르게 된 것이다. 위 밑줄 그은 부분이 암호형 기술조치에 대한 것으로서 DVD에 적용되
는 CSS나 블루레이 등에 적용되는 AACS, 그 밖에 DTCP, HDCP, B-CAS 등이 여기에 포함된
다.[1] 위 암호형 기술조치는 기본적으로 접근통제조치의 성격을 가지는 것이라고 할 수 있다.

Ⅲ. 기술적 보호조치의 보호범위에 관한 우리 저작권법의 규정

1. 개정 전 저작권법 등에 대한 논의

§31-14   개정 전의 구 저작권법 제 2 조 제28호는 '기술적 보호조치'에 대하여 "저작권 그 밖에 이 법
에 따라 보호되는 권리에 대한 침해행위를 효과적으로 방지 또는 억제하기 위하여 그 권리자나
권리자의 동의를 얻은 자가 적용하는 기술적 조치를 말한다"고 정의하고 있었다. 이 규정에서 말
하는 기술적 보호조치에 접근통제조치가 포함되는지에 대하여 기존의 학설은 대체로 이를 부정
하는 입장을 표명해 왔다.[2] 즉 우리나라 저작권법은 접근통제조치는 배제하고 이용통제의 기술
적 보호조치만 보호대상으로 한 것이라는 것이다.

그런데 우리나라의 기존의 학설은 미국의 DMCA가 접근통제조치를 보호대상에 포함함으로
써 사실상의 접근권을 인정한 것으로 보고, 동시에 그것은 기존의 복제권 등의 침해로부터 저작
권자를 보호하는 것과는 무관한 별도의 입법이라고 보는 전제하에서 우리나라의 입법이 그러한
DMCA의 입장을 따른 것은 아니라고 보는 결론을 내린 측면이 강하다. 그러나 DMCA의 규정도

1　池村聰・壹貫田剛史, 著作權法 コンメンタール(別冊) 平成24年改正解說, 勁草書房, 2013, 21~22면.
2　임원선, 전게논문, 144면; 강태욱, 전게논문, 74면; 오승종, 전게서, 1342면; 최성준, "기술적 보호조치의 무력화 행
　위에 관하여," Law & Technology 제 2 권 제 3 호, 서울대학교 기술과법센터, 119면 조정욱, "저작권법상 기술적 보
　호조치에 대한 침해행위 - 디지털위성방송의 수신제한시스템(CAS) 및 방송사업자의 권리 보호의 문제 -," Law &
　Technology 제 3 권 제 2 호, 서울대학교 기술과 법센터, 32면.

저작권 보호와 합리적 관계가 있음을 전제로 하는 것으로 보는 견해가 미국의 항소법원 판례(§31-11 참조)에 의하여 강력히 피력되고 있고, 유럽연합 저작권지침의 경우에도 접근통제조치가 저작권 등의 권리 보호를 위한 조치의 하나로 다루어지고 있다는 것(§31-12)은 위에서 살펴본 바와 같다.

그러므로 접근통제조치를 보호범위에 포함시킬지 여부는 '무조건 포함/무조건 불포함'의 두 가지 선택만 있는 것이 아니라 조건부 포함이라고 하는 제3의 길이 유럽연합의 저작권지침이나 미국의 Chamberlain 판결(§31-11) 등에 의하여 제시되고 있다고 보아야 할 것인데, 국내 학설의 이 문제에 대한 기존의 입장은 위와 같은 제3의 길의 존재를 크게 의식하지 않은 면이 크다고 생각된다.

따라서, 과연 우리 저작권법이 저작권 보호와 합리적 관계가 있는 접근통제조치, 즉 저작권 침해를 방지하거나 억제하기 위한 효과적인 수단의 하나로 인정될 수 있는 접근통제조치조차 보호범위에서 제외한 것인가 하는 질문을 진지하게 다시 한다면, 그에 대한 답은 사뭇 다를 수도 있을 것이다. 특히 다음의 판례들은 그러한 질문에 대하여 새로운 답을 찾게 하는 계기가 될 수 있으리라 생각된다.

2. 판례의 검토

(1) 대법원 2006. 2. 24. 선고 2004도2743 판결 — 'PS2' 사건
(가) 사안의 개요 및 쟁점

피고인은 소니(Sony)사의 플레이스테이션2(PS2) 게임시디 타이틀을 판매하는 자인데, 2003. 6. 13. PS2에서 복제CD를 구동할 수 있도록 해 주는 모드칩(일명 '블루메시아칩')을 개당 35,000원을 받고 장착하여 주었다. 이 사건 게임프로그램은 PS2에서만 실행되도록 되어 있으며 CD-ROM이나 DVD-ROM과 같은 저장매체(이하 'CD'라고만 한다)에 저장되어 판매되고 있다. 그 정품 게임 CD에는 게임프로그램 외에도 엑세스 코드(Access Code)가 수록·저장되어 있고, PS2에는 부트롬(BOOT ROM)이 내장되어 있어 PS2에 삽입되는 게임 CD에 엑세스 코드가 수록되어 있는지를 검색한 후 엑세스 코드 없이 게임프로그램만 저장된 CD는 프로그램 실행이 되지 않도록 설계되어 있다. 통상적인 장치나 프로그램에 의해서도 이 사건 게임프로그램의 복제는 가능하지만 엑세스 코드의 복제는 불가능하기 때문에 불법으로 복제된 게임 CD로는 PS2에서 프로그램을 실행할 수 없다.

피고인이 PS2에 장착하여 준 모드칩이라는 부품은 엑세스 코드가 수행하는 역할을 대신하는 것으로서, 엑세스코드 없이 게임프로그램만 복제·저장된 CD가 PS2에 삽입되더라도 PS2의 부트롬으로 하여금 엑세스 코드가 수록되어 있는 정품 CD인 것으로 인식하게 함으로써 불법으로 복제된 게임 CD도 프로그램 실행이 가능하도록 하는 장치이다.

바로 위 액세스코드나 부트롬이 구 컴퓨터프로그램보호법상의 '기술적 보호조치'에 해당하는지 여부가 이 사건의 가장 중요한 쟁점이었다.

§31-15

(나) 판결의 내용

위와 같은 쟁점에 대하여 판결은 다음과 같이 판시하고 있다.

"엑세스 코드나 부트롬만으로 이 사건 게임프로그램의 물리적인 복제 자체를 막을 수는 없는 것이 지만, 통상적인 장치나 프로그램만으로는 엑세스 코드의 복제가 불가능하여 설사 불법으로 게임프로그램을 복제한다 하더라도 PS2를 통한 프로그램의 실행은 할 수 없는 만큼, 엑세스 코드는 게임프로그램의 물리적인 복제를 막는 것과 동등한 효과가 있는 기술적 보호조치에 해당한다고 할 것이고, 따라서 피고인이 모드칩을 장착함으로써 엑세스 코드가 없는 복제 게임 CD도 PS2를 통해 프로그램 실행이 가능하도록 하여 준 행위는 법 제30조 제2항 소정의 상당히 기술적 보호조치를 무력화하는 행위에 해당한다고 봄이 상당하다."

(다) 판결의 의의

§31-16 　위 판결은 기술적 보호조치의 개념을 "프로그램의 물리적인 복제 자체를" 막는 장치에 한정하지 않고 불법복제 프로그램은 널리 판매된 소니사의 PS2 게임기에서 작동되지 못하도록 함으로써 간접적으로 물리적인 복제를 막는 것과 동등한 효과를 발휘하는 것도 '기술적 보호조치'의 범위에 포함하는 해석을 통해 기술적 보호조치에 대한 보호를 두텁게 하고 결과적으로 권리자의 보호에 충실을 기하고자 하는 취지에 입각한 것이라고 할 수 있다.

대법원은 PS2의 위와 같은 엑세스 코드 등으로 구성된 기술적 보호조치의 성격이 접근통제조치에 해당하는지 아니면 이용통제조치에 해당하는지에 대하여는 언급하고 있지 않다. 그러나 실제로 위와 같은 기술적 보호조치는 전형적으로 접근통제조치에 해당하는 기술적 보호조치의 하나라고 할 수 있다.[1] 우선 위에서 본 바와 같이 위와 같은 조치만으로는 저작물인 게임프로그램의 복제 자체를 막을 수 없고, 다만 불법으로 복제하더라도 PS2에서는 이용할 수 없게 되므로 사실상 복제행위가 억제되는 간접적 효과가 있음에 불과한 것이다. 단지 불법 게임CD를 PS2 게임기에서 '사용'하는 것이 통제되고 있는데, 이러한 사용은 저작권자의 배타적 영역에 포함된 이용행위가 아니므로, '이용'이 아니라 '접근'에 해당하는 것이므로, 그것을 통제하는 조치는 '접근통제조치'라고 보아야 하는 것이다.[2] 접근통제와 이용통제를 분명하게 구분하고 있는 미국법하에서도 이 사건과 동일한 사건에 대한 법원 판결이 선고

1　강태욱, 전게논문, 83면도 "접근통제와 복제통제기술은 양자의 구별이 이론상으로는 가능하나 실제로는 명확하지 않을 수 있고 기술의 발전에 따라서 점점 더 그 구별은 어려워질 것으로 생각되지만, 그 분류의 기준 즉, 부여된 기술이 저작권의 침해행위 자체를 보호하는가 여부를 놓고 판단한다면 접근통제 쪽으로 분류하는 것이 타당하지 않을까 생각이 된다"고 밝히고 있어 접근통제조치로 보는 결론에 있어서 일치된 입장을 보이고 있다. 다만, 위 논문은 결론적으로 대법원 판결이 구 컴퓨터프로그램보호법에서 접근통제조치를 보호대상에서 제외한 입법취지를 몰각할 가능성이 있다고 비판하고 있는 점(85면)에서, 본고와는 다른 입장을 취하고 있다. 한편, 위 판결에 대한 또 다른 평석을 담고 있는 최성준, 전게논문, 122면은 이 문제를 다루면서 대법원판례의 실제적인 타당성을 인정하면서 기술적 보호조치의 성격이 접근통제적인 것인지 여부에 대하여는 언급하지 않고 있다.

2　1999년의 일본의 개정 저작권법에 대한 문화청의 개정법 해설자료에서 "게임소프트웨어의 분야에서 진정상품인 CD롬 등에 일정한 신호를 기록하여 게임기가 그 신호를 체크함으로써 신호가 기록되어 있지 않은 해적판 소프트웨어의 사용을 불가능하게 하는 수단이 사용되고 있는데, 이러한 수단도 해적판을 개인적으로 사용하는 행위는 현행 저작권법에 있어서 권리의 대상이 되지 않고 있다고 하는 이유로 금회의 개정에 있어서 '기술적 보호수단'에는 해당하지 않는다"고 설명한 바 있음은 앞에서 살펴본 바와 같은데, 그것은 바로 이 사건과 같은 경우가 전형적인 접근통제조치로 이해되고 있음을 보여주는 것이다.

된 바 있는데,[1] 그 판결에서도 소니사가 적용한 동일한 기술적 보호조치를 접근통제조치로 인정하였다.

대법원이 기술적 보호조치의 종류를 구분하여 판단하지 않은 것은 그러한 구분이 구 컴퓨터프로그램보호법의 해석에 있어서 반드시 필요한 것이 아니라고 보았기 때문이라 생각된다. 즉 우리 법의 해석에 있어서 중요한 것은 기술적 보호조치의 종류가 무엇에 해당하는지가 아니라 그 종류가 무엇에 해당하든 결과적으로 불법복제를 방지하는 데 효과적인 기술적 보호조치라면 같은 법의 보호대상이 되는 것으로 보아야 한다는 전제하에 위와 같은 결론을 내린 것이라 할 수 있다. 결론적으로 접근통제조치라는 이유로 보호범위에서 배제되어야 할 이유는 없고 중요한 것은 그것이 저작권 보호를 위해 효과적인 것인지(판례의 표현에 의하면, "물리적으로 복제를 막는 것과 동등한 효과가 있는지") 여부에 있다는 것이 판결의 취지라고 할 수 있다.[2] 이렇게 볼 경우 대법원 판례에 의한 접근통제조치의 보호범위는 유럽연합의 저작권지침(§31-12 참조)이나 미국의 Chamberlain 사건 판결(§31-11)의 기준과 기본적으로 동일하다고 볼 수 있다.

다만, 이 판결은 구 컴퓨터프로그램보호법과 관련된 사건이므로, 그것이 저작권법의 해석론으로 그대로 적용될 수 있는 것이었는지에 대하여 견해가 나뉠 수 있는 여지가 있었다. 그러나 구 컴퓨터프로그램보호법과 개정 전 저작권법의 기술적 보호조치에 대한 정의[3]가 근본적으로 큰 차이를 보이는

---

1 Sony Computer Entertainment America, Inc. v. Gamemasters, 87 F. Supp. 2d 976 (N.D.Cal. 1999). at 987.

2 구 컴퓨터프로그램보호법이나 구 저작권법상의 기술적보호조치 보호 규정의 취지가 이와 같이 접근통제조치의 보호만 보호하는 것으로 분명하게 한정되지 않고 그보다 더 확대되는 부분이 있지만, 저작권 등 권리를 보호하기 위한 목적에 필요한 범위에 한정된다는 점에서 반드시 죄형법정주의에 반한다고 보기는 어렵다. 헌법재판소 2018. 11. 29.자 2017헌바369 결정도 다음과 같은 이유로 구 저작권법(2006. 12. 28. 법률 제8101호로 전부개정되고, 2011. 6. 30. 법률 제10807호로 개정되기 전의 것) 제 2 조 제28호, 제124조 제 2 항 중 "기술적 보호조치" 부분, 제136조 제 2 항 제5 호 중 제124조 제 2 항 가운데 "기술적 보호조치" 부분이 죄형법정주의의 명확성 원칙에 위반되지 아니하는 것으로 판단하였다.

　"(3) 문제는 심판대상조항 중 저작권 등 권리의 "침해 행위를 효과적으로 방지 또는 억제하기 위하여 적용하는 기술적 조치"의 의미를 파악할 수 있는지 여부이다. 심판대상조항의 입법연혁을 살펴보면, 앞서 본 바와 같이 권리자나 그 권리자의 동의를 얻은 자는 디지털 기술의 발전으로 인하여 다양하고 광범위하게 이루어지는 저작권 등 권리의 침해 행위에 대응하기 위하여 자구책으로 기술적 보호조치를 도입하였고, 구 컴퓨터프로그램보호법 및 구 저작권법은 기술적 보호조치를 보호하기 위하여 기술적 보호조치 무력화 행위 또는 예비행위를 형사처벌하거나 권리 침해로 간주하기 시작하였음을 알 수 있다. 즉, 심판대상조항은 디지털 기술 환경에서 권리자 등이 도입한 기술적 보호조치를 다른 사람이 침해하지 못하도록 보호함으로써 결국은 저작권 등 권리를 보호하려는 입법취지를 가지고 있다.

　이러한 심판대상조항의 입법연혁, 입법취지 및 저작권 등 권리에 그 권리자가 저작물등에 대한 접근을 통제할 수 있는 권리는 포함되지 않는 점 등을 고려하면, 심판대상조항의 기술적 보호조치에는 저작권 등 권리의 침해 행위를 방지 또는 억제하는 것과 관련 없이 단순히 저작물등에 대한 접근만을 통제하는 기술적 보호조치는 포함되지 않지만(대법원 2012. 2. 23. 선고 2010도1422 판결 참조), 저작권 등 권리의 침해 행위 자체를 방지 또는 억제하는 기술적 보호조치는 물론, 저작권 등 권리의 침해 행위를 방지 또는 억제하는 것과 동등한 효과가 있는 기술적 보호조치도 포함된다고 해석할 수 있다. 대법원도 구 컴퓨터프로그램보호법상 기술적 보호조치의 의미가 문제된 사안에서 기술적 보호조치에는 물리적인 복제 자체를 막을 수는 없지만 물리적인 복제를 막는 것과 동등한 효과가 있는 기술적 보호조치가 포함된다고 판단한 바 있다(대법원 2006. 2. 24. 선고 2004도2743 판결 참조).

　(4) 정의조항은 저작권 등 권리의 침해 행위를 "효과적으로" 방지 또는 억제하기 위하여 적용하는 기술적 조치라고 규정하고 있으므로, 적어도 너무 쉽게 또는 우연하게 우회될 수 있는 기술적 조치는 배제하고 있는 것으로 해석된다.

　(5) 이상을 종합하여 보면, 심판대상조항은 수범자에게 그 의미내용을 알 수 있도록 공정한 고지를 하여 예측가능성을 주고 있고, 이를 해석·집행하는 기관에게 충분한 의미내용을 규율하여 자의적인 법해석이나 법집행을 배제하고 있다."

3 구 컴퓨터프로그램보호법 제 2 조 제 9 호는 "'기술적 보호조치'"라 함은 프로그램에 관한 식별번호·고유번호 입력, 암

것이 아니고, 법원이 법문의 미세한 차이에 주목했다기보다는 새로운 디지털 환경 속에서 권리자의 정당한 이익을 존중하는 취지에 따라 기술적 보호조치의 적정한 보호범위를 합리적으로 정립하고자 한 것이라 할 것이므로, 위 판결의 위와 같은 취지는 저작권법의 기술적 보호조치에 대하여도 동일하게 적용될 수 있는 것으로 보아야 할 것이다.[1]

(2) 대법원 2009. 10. 29. 선고 2007도 10735 판결 ― "위성방송 수신제한조치" 사건

(가) 사안의 개요 및 쟁점

§31-17 　이 사건은 위성방송 도·시청(盜·視聽)을 막기 위해 서비스 미가입자에게는 화면이 찌그러져 보이도록 방송을 내보내는 '스크램블(scramble)'방식의 위성수신 제한시스템을 무력화하는 기술을 수출하여 유럽·아랍권 위성방송업체들에게 피해를 입힌 혐의로 IT업체 대표들이 기소된 사건이다. 이 사건에서도 위와 같은 위성수신 제한시스템이 저작권법상의 기술적 보호조치에 해당하는지가 주된 쟁점이라 할 수 있다.

(나) 판결의 내용

판결 전문 중 관련 내용을 그대로 인용해 보면, 다음과 같다.

"원심은 그 판시와 같이 적법하게 확정한 사실관계에 터잡아 원심 판시의 패치프로그램의 경우 피고인들의 그 판시와 같은 패치프로그램의 제공 없이는 위성방송서비스업체들이 영상 신호인 오디오·비디오 패킷과 함께 송신하는 암호화된 '컨트롤 워드'가 해독될 수 없어 위성방송 시청이 불가능한 점 등에 비추어 볼 때 피고인들이 이 사건 위성수신제한시스템의 스마트카드에 들어있는 '컨트롤 워드' 해독용 프로그램 소스 파일로 위 패치프로그램을 개발하여 피고인 정○○, 심○○ 등에 의해 제작된 위성방송수신기에 장착한 행위는 불법적인 저작물의 복제나 전송, 방송, 이용 등의 행위를 가능하게 할 수 있는 행위로서 저작권법 제92조 제 2 항에 정한 기술적 보호조치를 무력화하는 것을 주된 목적으로 하는 행위에 해당하고 또한 원심 판시의 실시간 전송 방식의 경우에도 피고인들이 고용한 성명불상자들이 정식으로 중동지역의 위성방송시청자로 가입하여 정식으로 이 사건 위성수신제한시스템의 스마트카드를 교부받았고 그 판시 인도인을 만나 직접 위성방송의 추출을 위한 핵심적인 정보를 받아 '컨트롤 워드' 해킹프로그램을 개발하고 위 인도인과 함께 위와 같은 해킹프로그램을 이용하여 '컨트롤 워드'를 실시간으로 추출하는 행위를 하였으며, 위와 같이 추출한 '컨트롤 워드'를 위성인터넷을 통해 국내에 있는 서버로 실시간으로 수신한 후 다시 위성방송수신기들로 실시간 전송하는 행위를 하였다면 이러한 피고인들의 행위 역시 불법적인 저작물의 복제나 전송, 방송, 이용 등의 행위를 가능하게 할 수 있는 행위로서 저작권법 제92조 제 2 항에 정한 기술적 보호조치의 무력화 행위에 해당한다고 판단하였다.

원심 판결 이유를 기록에 비추어 살펴보면 원심의 이러한 판단은 정당한 것으로 수긍할 수 있다. 원심 판결에는 상고이유로 주장하는 바와 같은 기술적 보호조치에 관한 법리오해 등의 위법이 없다."

호화 기타 이 법에 의한 권리를 효과적으로 보호하는 핵심기술 또는 장치 등을 통하여 프로그램저작권을 보호하는 조치를 말한다"고 규정하고 있었다. 문언에 약간의 차이는 있으나 "이 법에 의한 권리를 효과적으로 보호하는"이라는 부분이 기술적 보호조치를 규정하는 핵심적 법문이라고 볼 때, 개정 전 저작권법상의 기술적 보호조치와 근본적으로 다르지는 않다.

1 同旨 조정욱, 전게논문, 35면.

(다) 검   토

위 사안과 같은 위성방송수신 제한조치의 경우 그 기술적 보호조치에 의하여 일차적으로 통제되 §31-18
는 것은 미가입자의 방송 수신 또는 시청이라고 할 수 있다. 이러한 방송의 수신이나 시청은 저작권법
상 저작권자등의 배타적 권리영역에 포함되는 '이용'행위가 아니라 저작물 등에의 '접근'에 해당하는 것
이라 할 수 있다. 따라서 이러한 기술적 보호조치도 전형적인 접근통제조치에 해당하는 것으로 보아야
할 것이다.[1] 위성방송 수신제한조치의 회피행위와 관련된 사안에서 미국 법원도 그것을 접근통제조치
로 판시한 바 있다.[2]

그런데 위와 같은 접근통제조치의 경우에는 저작권침해의 방지와 어떠한 합리적 관련성이 있는지
여부가 매우 불분명하다고 생각된다. 미가입자가 정상적인 수신을 할 수 없도록 하는 것은 미가입자들
도 가입을 하여 위성방송 수신을 하도록 유도하는 효과는 있지만 저작권 침해행위를 방지하는 효과가
있는 것은 아니지 않을까? 따라서 위 PS2 사건 판결이 밝힌 법리를 이 사건에 적용할 경우에는 위 수
신제한조치가 개정 전 저작권법상 "저작권 그 밖에 이 법에 따라 보호되는 권리에 대한 침해행위를 효
과적으로 방지 또는 억제하기 위하여 그 권리자나 권리자의 동의를 얻은 자가 적용하는 기술적 조치"
를 뜻하는 '기술적 보호조치'에 해당하지 않는 것으로 보는 결론을 내리는 것이 부득이한 것으로 생각
된다.

그런데 위 판결이 그대로 인용한 원심 판결은 "원심 판시의 패치프로그램의 경우 피고인들의 그
판시와 같은 패치프로그램의 제공 없이는 위성방송서비스업체들이 영상 신호인 오디오·비디오 패킷과
함께 송신하는 암호화된 '컨트롤 워드'가 해독될 수 없어 위성방송 시청이 불가능한 점 등에 비추어 볼
때"라고 함으로써 무력화 장치가 없으면 원래의 기술적 보호조치에 의하여 미가입자의 "위성방송 시청
이 불가능한 점"을 근거로 하여, 그 기술적 보호조치를 무력화하는 피고인들의 패치프로그램 제공행위
가 "불법적인 저작물의 복제나 전송, 방송, 이용 등의 행위를 가능하게 할 수 있는 행위로서 저작권법
제92조 제 2 항에 정한 기술적 보호조치를 무력화하는 것을 주된 목적으로 하는 행위에 해당"한다고 판
시하고 있다.

이러한 판시는 논리적으로 수긍하기가 어렵다. 먼저 위에서 근거로 삼은 "… 위성방송 시청이 불
가능한 점"은 시청행위가 저작권자등의 배타적 권리범위에 포함되지 않는 이상 저작권 침해와는 무관
한 것이다. 그리고 그 근거에 기하여 "불법적인 저작물의 복제나 전송, 방송, 이용 등의 행위를 가능하
게 할 수 있는 행위"라고 한 판시 가운데 우선 복제나, 전송, 방송을 가능하게 한다는 것이 어떠한 근
거를 가지고 있는지 전혀 제시되지 않고 있다. 시청할 수 있다는 것만으로 바로 복제나 전송, 방송도
가능하게 되는 것으로 보는 것은 의문이다. 적어도 기술적 보호조치가 원래 방지하고자 하는 것은 미
가입자의 '시청'일 뿐, 복제나 전송, 방송 등의 행위는 아니라고 보아야 할 것이다. 나아가 "복제나 전

---

1 김현철, 전게서, 36면 참조. 한편, 조정욱, 전게논문, 39면은 "수신제한시스템도 여러 가지 기능과 요소에 의하여 다양
하게 구성될 수 있고 암호화 시스템의 방식도 각각 다를 수 있다는 점에서, 위성방송의 수신제한시스템과 암호화시스
템'을 획일적으로 접근통제조치라고 구분하여 저작권법 제 2 조 제28호의 적용범위에 해당하지 않는다고 결론 내리는
것이 성급한 결론일 수 있다"고 지적하고 있으나, 서술의 전후맥락에 비추어, 그 주장은 접근통제조치도 권리보호와
관련성이 있을 경우에는 보호대상이 될 가능성이 있다는 것을 전제로 한 것으로서, 그러한 시스템이 기본적으로 접근
통제조치에 해당한다는 것으로 보아야 한다는 것에 큰 의문을 제기하는 것은 아니라고 생각된다.
2 CSC Holdings, Inc. v. Greenleaf Electronics, Inc. 2000 WL 715601, 6 (N.D.Ill.) (N.D.Ill., 2000) at 6.

송, 방송" 다음에 "이용 등의 행위"라고 하는 표현을 붙이고 있는데, 여기서 말하는 이용은 아마도 시청행위 자체를 의식한 표현인 것으로 보인다. 그러나 시청행위가 저작권법상의 권리침해행위가 될 수 없음은 위에서 본 바와 같으므로, 그것을 방지 또는 억제하기 위한 기술적 보호조치를 저작권법상의 '기술적 보호조치'에 해당하는 것으로 보기는 어렵다. 디지털 위성방송의 경우 위와 같은 기술적 보호조치의 무력화에 의하여 실질적으로 무단 복제의 위험성이 높아지는 사정이 있다면, 위에서 본 PS2 사건에 대한 대법원판례와 같은 입장에서 이것을 보호대상인 접근통제조치에 포함시킬 수 있는 가능성이 있을 것이나,[1] 위 판결만으로는 그러한 사정을 감안한 흔적은 보이지 않는다.

따라서 위 판결에는 법리적용상 문제가 있거나 적어도 판결의 내용에 논리적 일관성이나 설득력이 부족한 것으로 판단된다.[2] 다만 이 판결이 결과적으로 접근통제조치를 구 저작권법의 보호대상으로 여기고 있는 것은 대법원이 접근통제조치라는 이유만으로 보호대상에서 제외되어야 하는 것으로 보는 기존의 학설과 거리를 두고 있음을 보여주는 또 하나의 선례로서의 의의를 가진다고 하겠다.

§31-19   한편으로는, 오로지 시청 등의 '접근'에 해당하는 행위만을 통제하는 기술적 보호조치라 하더라도 그러한 기술적 보호조치의 무력화행위로부터 방송사업자를 보호할 필요성이 입법론적으로도 부정된다는 것은 아니다. 저작권 등의 보호와 관련되지 않고 단지 서비스 제공자의 이용자와의 계약을 통한 수익을 보호하기 위한 접근통제 기술적 보호조치에 대하여도 예외적, 보충적으로 일정한 보호를 별도의 입법에 의하여 도모할 필요성은 있을 수 있다. 위에서 살펴본 일본의 부정경쟁방지법은 공정한 거래질서의 확립을 위한 차원에서 바로 위와 같은 행위에 대하여도 민사적 구제를 인정하고 있는 예라고 할 수 있다. 우리 저작권법상으로도 한·미 FTA 이행을 위한 2011. 12. 2.자 개정법에서 방송신호와 관련

---

1 같은 취지에서 조정욱, 전게논문, 39면도 "만약 컴퓨터프로그램보호법상 기술적 보호조치의 범위에 관한 위 대법원 판결을 저작권법의 기술적 보호조치에 대하여도 적용할 수 있는 것으로 해석하는 입장을 취한다면, '위성방송의 수신 제한시스템과 암호화 시스템'이 접근통제의 역할을 하면서 실질적으로 권리침해를 효과적으로 방지할 수 있는 것과 동등한 효과를 가지는 경우 법원은 이를 저작권법상 기술적 보호조치의 범위에 포함한다고 판단할 여지가 있다"고 하고 있다.

2 CSC Holdings, Inc. v. Greenleaf Electronics, Inc. 2000 WL 715601, 6 (N.D.Ill.) (N.D.Ill., 2000)은 이 사건과 동일한 기술적 보호조치에 대하여 DMCA상의 보호대상이 되는 접근통제 조치로 인정하고 있으나, 이 사건에 대하여 Chamberlain 사건 판결(§31-11)의 기준을 적용할 경우에는 다른 결론이 나올 수도 있지 않을까 생각된다. 다만, 이에 대하여 우리나라와 달리 미국은 통신법인 USC 제47편(전신, 전화 및 무선전신)에서 별도의 금지규정을 두고 있으므로(김현철, 전게서, 149~153면 참조), 어떤 경우에도 권리자의 구제가 인정될 수 있다.

한편, 서울중앙지방법원 2017. 6. 28. 선고 2013가합534051 판결은 "어떠한 기술적 보호조치가 구 저작권법에서 말하는 기술적 보호조치에 해당하는가 여부는 기술적 보호조치가 어느 정도로 저작권 보호와 관련되어 있는지 여부의 문제라고 볼 수 있다. 기술적 보호조치는 저작권자가 자신의 권리를 보호하기 위하여 적용시키는 것이므로 그 기술적 보호조치는 저작권침해를 방지하는 것과 밀접하게 관련되어 있어야 한다. 이 사건에서 원고가 제공하는 원고 CAS 없이는 어느 누구도 위성방송 사업자 등과 약정 없이 유료 위성 방송을 시청하거나 시청한 방송을 복제할 수 없을 터이므로 원고 CAS의 기술적 효력이 발휘되고 있는 한 원고 CAS는 적어도 방송 저작물에 대한 복제행위를 방지 내지 억제하는 것과 밀접한 관련이 있거나, 그러한 복제행위를 효과적으로 방지 내지 억제하는 것으로 볼 수 있다. 그런데 피고가 원고 CAS의 수신제한 기능을 회피할 수 있는 펌웨어들을 개발·공급한 행위는 방송 또는 방송 저작물에 단순히 접근할 수 있도록 하는 것을 넘어, 디지털네트워크 환경에서 불법적인 저작물 복제행위를 할 수 있게 하는 행위와도 밀접하게 연결되어 있어, 기술적 보호조치를 무력화하는 것을 목적으로 하는 행위에 해당한다. 즉, 원고 CAS의 기본적 기능은 유료회원에 가입하지 아니한 시청자의 유료방송에 대한 접근을 제한하는 것이기는 하나, 이로써 방송사업자의 복제권, 동시중계방송권, 공연권과 방송저작물의 복제권, 공중송신권, 배포권이 간접적으로나마 효과적으로 보호된다고 볼 수 있다."라고 판시하였다. 이 판결은 위 대법원 판결과 같은 결론을 내렸지만, 본서의 입장에서 비판의 여지가 적은 논리적 판단을 하고 있는 것으로 보인다.

한 접근통제적 기술적 보호조치의 보호에 관한 특칙규정으로 암호화된 방송신호의 보호에 관한 규정(제104조의4 등)을 두게 되었다(그 자세한 내용에 대하여는 §31-40 이하 참조). 따라서 개정법에 의하면 위 사안은 암호화된 방송신호의 보호에 관한 규정에 의하여 해결될 수 있다.

(3) 대법원 2012. 2. 23. 선고 2010도1422 판결 — "아이드라이버" 사건

(가) 사실관계

갑 회사(피해자 회사)가 개발한 아이드라이버(I-Driver)라는 대리운전 배차 프로그램은 고객이 대리운전을 요청하는 전화를 걸면 대리운전회사의 콜센터 직원이 출발지, 도착지, 고객의 전화번호 등 배차정보를 대리운전회사 컴퓨터에 입력을 하고, 위 입력된 정보는 갑 회사의 데이터베이스로 전송되며, 갑 회사는 위 정보를 처리하여 아이드라이버 프로그램을 실행하고 있는 대리운전기사의 PDA 화면에 오더리스트를 보내고, 대리운전기사는 위 오더리스트를 보면서 자신이 대리운전할 수 있는 곳을 포인트로 터치하여 배차를 할 수 있는 프로그램이다. §31-19-1

그런데 피고인 2는 피고인 1의 의뢰 하에 에이아이콜(AiCall) 프로그램을 개발하였는데, 이 프로그램은 아이드라이버 프로그램을 실행하면서 같이 구동할 경우 대리운전기사가 미리 설정한 검색조건에 부합하는 대리운전 요청에 관하여 자동으로 클릭이 되는 기능을 가지고 있었다.

이에 갑 회사가 아이드라이버 프로그램과 에이아이콜 프로그램이 동시에 실행되면 아이드라이버 프로그램이 바로 종료되도록 조치(이하 '이 사건 기술조치'라 한다)를 취하였다.

그러자 피고인들은 에이아이콜 프로그램의 실행파일명을 변경하여 에이아이콜 프로그램이 종료되지 않도록 하였고, 이에 다시 갑 회사가 PDA 부팅시 자동 실행되는 기본프로그램(전화기 프로그램, 익스플로어, 파일탐색기, 메모장 등) 이외에는 아이드라이버 프로그램에서 다른 프로그램이 동시에 구동되지 않도록 조치를 취하자, 피고인들은 에이아이콜 프로그램의 실행파일명에 위와 같이 허용된 프로그램명을 입력하여 이를 사용할 수 있게 하였다.[1]

피고인들의 위와 같은 행위(위 사실 외에 공소사실에는 피해자 회사가 대리운전 기사 등 이용자가 실제 PDA 화면을 물리적으로 터치하였을 경우에만 아이드라이버 프로그램이 구동되도록 하는 조치도 취하였는데 피고인들이 이 조치도 무력화한 사실이 포함되어 있다)가 구 컴퓨터프로그램보호법상의 기술적보호조치 무력화행위에 해당한다고 보아 검사가 구 컴퓨터프로그램보호법위반으로 피고인들을 기소하였다. 그러나 제 1 심과 제 2 심 법원은 모두 위 기술적 보호조치가 단순한 접근통제조치에 해당할 뿐 구 컴퓨터프로그램보호법상의 보호대상에는 해당하지 않는다고 보아 피고들인에게 무죄를 선고하였다. 이에 검사가 상고하자 대법원은 다음과 같은 이유로 검사의 상고를 기각하였다.

(나) 판결의 내용

구 컴퓨터프로그램 보호법(2006. 10. 4. 법률 제8032호로 개정되기 전의 것, 이하 '법'이라 한다) 제30조 제 1 항 본문은 누구든지 정당한 권원 없이 기술적 보호조치를 회피, 제거, 손괴 등의 방법으로 무력화하여서는 아니 된다고 규정하고 있고, 법 제46조 제 1 항 제 3 호는 위 규정을 위반한 자를 형사처벌하도록 규정하고 있다. 그런데 법 제 2 조 제 9 호, 제 7 조 등을 종합하면, '기술적 보호조치'란 컴 §31-19-2

---

1 1심판결인 수원지방법원 2009. 7. 9. 선고 2008고정52 판결에서 인정된 사실이다.

퓨터프로그램저작물(이하 '프로그램'이라 한다)에 관한 식별번호·고유번호 입력, 암호화 및 기타 법에 의한 권리를 보호하는 핵심기술 또는 장치 등을 통하여 프로그램저작자에게 부여된 공표권, 성명표시권, 동일성유지권과 프로그램을 복제개작번역배포발행 및 전송 할 권리 등 프로그램저작권에 대한 침해를 효과적으로 방지하는 조치를 의미할 뿐, 단순히 프로그램에 대한 접근만을 통제하는 기술적 조치는 이러한 '기술적 보호조치'에 포함되지 아니한다고 보아야 한다.

갑 회사가 아이드라이버 프로그램과 에이아이콜 프로그램이 동시에 실행되면 아이드라이버 프로그램이 바로 종료되도록 한 조치, PDA 부팅 시 자동실행되는 기본프로그램 이외에는 아이드라이버 프로그램에서 다른 프로그램이 동시에 구동되지 않도록 한 조치 및 대리운전 기사 등 이용자가 실제 PDA 화면을 물리적으로 터치하였을 경우에만 아이드라이버 프로그램이 구동되도록 한 조치는 모두 아이드라이버 프로그램에 대한 접근을 허용하지 않는 접근통제조치에 해당될 뿐 그 프로그램의 저작권에 대한 침해를 효과적으로 방지하기 위한 조치로 보기 어려워 같은 법 제30조에서 정한 '기술적 보호조치'에 해당한다고 볼 수 없다.

(다) 검   토

§31-19-3   위 판결은 위 (1)과 마찬가지로 구 컴퓨터프로그램보호법상의 기술적보호조치의 범위를 어떻게 볼 것인지가 문제된 사안에 대하여 위 (1)의 대법원 판례를 선례로 인용하면서 단순한 접근통제조치는 그 보호범위에 포함되지 않는 것으로 보았다.[1] 실제 사안을 보면, 다른 프로그램과의 호환성을 제거하기 위한 목적으로 만들어진 기술조치로서 앞서 살펴본 미국의 Chamberlain 사건(§31-11)의 경우와 유사하다고 할 수 있다. 이러한 경우는 저작권 보호와는 무관한 접근통제조치이므로 현행 저작권법상의 보호대상인 접근통제조치에도 포함되지 않는 것으로 보아야 할 것이다. 위 판결은 이처럼 저작권의 보호와 무관한 것이라는 의미에서 '단순한 접근통제조치'를 구 컴퓨터프로그램보호법상의 기술적 보호조치의 범위에서 제외한 것일 뿐, 접근통제적 성격을 가지면 모두 구 컴퓨터프로그램보호법의 보호대상이 될 수 없다고 본 것은 아님을 유의하여야 할 것이다.

3. 기술적 보호조치의 보호범위에 관한 바람직한 규율방향과 개정 저작권법의 규정

§31-20   위와 같이 개정전 저작권법상의 '기술적 보호조치'의 개념에는 접근통제조치가 포함될 수 있으나 간접적으로라도 "저작권 등 권리 침해의 방지 또는 억제"를 위한 효과적인 수단으로 인정될

---

1 대법원 2014. 10. 27. 선고 2013다74998 판결도 구 저작권법의 기술적 보호조치에 관한 규정과 관련하여 대법원 2010도1422 판결과 유사하게 "구 저작권법(2011. 6. 30. 법률 제10807호로 개정되기 전의 것, 이하 같다) 제 2 조 제 28호는 '기술적 보호조치'에 관하여 저작권 그밖에 같은 법에 따라 보호되는 권리에 대한 침해 행위를 효과적으로 방지 또는 억제하기 위하여 그 권리자나 권리자의 동의를 얻은 자가 적용하는 기술적 조치로 규정하고 있는바, 단순히 프로그램에 대한 접근만을 통제하는 기술적 조치는 이러한 기술적 보호조치에 포함되지 않는다(대법원 2012. 2. 23. 선고 2010도1422 판결 등 참조). 위 법리와 기록에 비추어 살펴보면, 원심이 피고가 주장하는 '펌웨어 인증코드'가 이 사건 프로그램을 구동하는 컴퓨터와 이 사건 프로그램에 의하여 구동되는 RFID 단말기 사이의 통신을 위하여 설정된 암호의 일종으로서 구 저작권법 제 2 조 제28호가 정한 '기술적 보호조치'에 해당한다고 볼 수 없다고 판단한 것은 정당하고, 거기에 상고이유 주장과 같이 논리와 경험의 법칙을 위반하여 자유심증주의의 한계를 벗어나거나 기술적 보호조치에 관한 법리를 오해하는 등의 위법이 없다."라고 판시하였다.

수 있어야 하는 것으로 봄이 타당하다. 그것이 디지털 시대의 새로운 권리 균형을 위하여 기술적 보호조치의 보호를 과다하지도 과소하지도 않게 인정하는 적정한 방향이라 생각된다. 즉, 접근통제 기술적 보호조치라는 이유만으로 보호대상에서 완전히 제외하면, 그것은 과소의 보호가 되어 저작권자의 권익을 충실하게 보호하기 어려운 결과를 초래할 것이고, 접근통제 기술적 보호조치를 저작권 침해의 방지 또는 억제라는 목적을 달성하기 위한 효과적인 수단인지 여부와 관계없이 무조건 보호함으로써 저작권자에게 사실상의 접근권을 인정하는 결과를 빚을 경우에는 과대보호로 인한 많은 문제점을 야기할 수 있다.

위에서 살펴본 "PS2 사건"에 대한 대법원 2006. 2. 24. 선고 2004도2743 판결(§31-15, 16 참조)은 그런 점에서 타당한 입장을 취하고 있다고 생각되고, 그것은 미국의 Chamberlain 사건 판결(§31-11 참조)도 마찬가지이다.

따라서 우리가 먼저 체결된 한·미 FTA의 규정내용을 의식하면서 한·EU FTA의 이행을 위한 법 개정을 함에 있어서도 위와 같은 중도적 입장의 보호범위를 채택하는 것이 바람직한 방향이라 생각되었다. 즉, 접근통제조치의 보호입법을 무조건, 무비판적으로 수용하기보다 적어도 미국의 Chamberlain 사건에서 제시된 '저작권 등 권리 보호와의 관련성'을 요건으로 하여 보호를 함으로써 2차시장에서의 접근권 남용 등이 행해질 가능성을 처음부터 차단하는 것이 바람직하며, 그것은 미국의 유력한 판례를 참조한 것이므로 한·미 FTA와 충돌되는 것이라고 볼 수도 없을 것이다.

2011. 6. 30. 개정 저작권법 제 2 조 제28호 가목은 접근통제적인 기술적 보호조치를 정의하 §31-21
면서 "저작권, 그 밖에 이 법에 따라 보호되는 권리의 행사와 관련하여 이 법에 따라 보호되는 저작물 등에 대한 접근을 효과적으로 방지하거나 억제하기 위하여 그 권리자나 권리자의 동의를 받은 자가 적용하는 기술적 조치"라고 정의함으로써 바람직한 방향을 취하였다.[1] 그 해석에 따르면, 위에서 본 PS2 사건(§31-15)의 경우의 엑세스코드 등은 개정법 상으로 보호범위에 포함되는 접근통제조치라 할 것이고, 위에서 본 위성방송 수신제한조치(§31-17)는 저작권법상의 권리 행사와의 관련성을 인정하기 어렵다는 점에서 개정법상으로 기술적 보호조치에 대한 보호범위에는 포함되지 않는 것으로 봄이 타당하다. 나아가 미국의 Chamberlain 사건(§31-11)이나 우리나라의 아이드라이버 사건(§31-19-1)에서 문제가 된 것과 같은 접근통제조치도 저작권법상의 권리행사와의 관련성이 인정되지 않아 보호범위에 포함되지 않는다고 보아야 할 것이다. 이 점에 대하여 미국은 법상의 근거가 없으므로 아직 판례의 흐름을 지켜보아야 할 것이나 우리나라 저작법상으로

---

1 졸고, "디지털 환경에서의 저작권법의 새로운 과제," 제 1 회 저작권 포럼 자료집(발제문), 한국저작권위원회, 2009, 43면 등에서 저자는 저작권 등 권리 행사와의 관련성에 대한 내용이 접근통제조치의 보호범위에 보다 분명하게 반영되어야 한다는 취지의 의견을 개진한 바 있는데, 개정법의 최종 문안에 그것이 반영되어 기쁘게 여긴다.

는 명문의 근거가 있으므로 그 판례의 결론과 같은 결론을 취하는 데 별다른 의문이 없으리라 생각된다.

4. 기술적 보호조치의 보호를 위해 금지되는 행위

(1) 접근통제조치의 직접적인 무력화행위

(가) 금지규정

§31-22 　누구든지 정당한 권한 없이 고의 또는 과실로 접근통제조치에 해당하는, 제 2 조 제28호 가목의 기술적 보호조치를 제거·변경하거나 우회하는 등의 방법으로 무력화하여서는 아니 된다(법 제104조의2 제 1 항 본문). 개정 전의 저작권법은 뒤에서 보는 무력화 예비행위에 대한 금지규정만 두고 있었으나, 현행 저작권법은 이와 같이 접근통제조치에 한하여 직접적인 무력화행위에 대한 금지규정을 두면서 다만 지나친 보호에 의해 공정이용이 저해되는 일이 없도록 하는 뜻에서 다음에서 보는 바와 같은 예외사유들을 규정하고 있다. 이와 같이 접근통제조치에 대하여만 직접적 무력화행위를 금지하는 규정을 둔 것은 위에서 본 바와 같이 이용통제조치를 직접적으로 무력화할 경우에는 그 자체가 저작재산권 제한사유(§14-3 이하 참조)에 해당하지 않는 한 저작권침해행위로 되어 별도로 금지규정을 둘 필요가 없다고 여긴 때문이다.

　이와 관련하여, 시리얼번호의 배포가 접근통제 기술적 보호조치 무력화 행위에 해당하는지 여부가 문제될 수 있다. 시리얼번호를 입력하여야 프로그램의 설치가 진행되도록 하는 등의 장치도 저작권 보호와 관련된 접근통제조치에 해당한다고 볼 수 있으나, 시리얼번호를 배포하는 것만으로는 접근통제조치의 무력화행위라고 보기 어렵다. 그 경우 접근통제조치는 원래대로 기능을 하는 것이지 그것을 제거, 변경하거나 우회하도록 하는 것이 아니기 때문이다. 다만 그러한 방법으로 저작물을 무단으로 설치하여 복제하게 되면, 저작재산권 침해가 성립할 수 있다.1

(나) 예외사유(제104조의2 제 1 항 단서)

§31-23 　접근통제조치의 직접적 무력화행위의 금지에 대하여는 다음과 같은 예외사유가 규정되어 있다.

---

1 시리얼번호의 배포만으로는 저작재산권 침해가 성립한다고 보기 어렵다는 것이 대법원 판례의 입장이다.
　대법원 2002. 6. 28. 선고 2001도2900 판결 : "구 컴퓨터프로그램보호법(2000. 1. 28. 법률 제6233호로 전문 개정되기 전의 것)의 보호대상인 프로그램은 특정한 결과를 얻기 위하여 컴퓨터 등 정보처리능력을 가진 장치 내에서 직접 또는 간접으로 사용되는 일련의 지시, 명령으로 표현된 것을 말하는데(동법 제 2 조 제 1 호), 컴퓨터프로그램 시리얼번호는 컴퓨터프로그램을 설치 또는 사용할 권한이 있는가를 확인하는 수단인 기술적 보호조치로서, 컴퓨터프로그램에 특정한 포맷으로 된 시리얼번호가 입력되면 인스톨을 진행하도록 하는 등의 지시, 명령이 표현된 프로그램에서 받아 처리하는 데이터에 불과하여 시리얼번호의 복제 또는 배포행위 자체는 컴퓨터프로그램의 공표복제개작번역배포발행 또는 전송에 해당하지 아니할 뿐 아니라 위와 같은 행위만으로는 컴퓨터프로그램저작권이 침해되었다고 단정할 수 없다."

1) 암호 분야의 연구에 종사하는 자가 저작물 등의 복제물을 정당하게 취득하여 저작물 등에 적용된 암호 기술의 결함이나 취약점을 연구하기 위하여 필요한 범위에서 행하는 경우. 다만, 권리자로부터 연구에 필요한 이용을 허락받기 위하여 상당한 노력을 하였으나 허락을 받지 못한 경우에 한한다(제1호).

2) 미성년자에게 유해한 온라인상의 저작물 등에 미성년자가 접근하는 것을 방지하기 위하여 기술·제품·서비스 또는 장치에 기술적 보호조치를 무력화하는 구성요소나 부품을 포함하는 경우. 다만, 제2항의 무력화 예비행위의 금지규정에 따라 금지되지 아니하는 경우에 한한다(제2호).

3) 개인의 온라인상의 행위를 파악할 수 있는 개인 식별 정보를 비공개적으로 수집·유포하는 기능을 확인하고, 이를 무력화하기 위하여 필요한 경우. 다만, 다른 사람들이 저작물 등에 접근하는 것에 영향을 미치는 경우는 제외한다(제3호).

위 제3호의 예외사유에의 해당 여부가 문제된 한 사건에서 피고는 "이 사건 원고 프로그램은 서울특별시에서 운영하는 시스템의 중요한 정보인 각종 메일 주소, 단말기 고유 식별번호, 안드로이드 계정, 메인 액티비티 클래스 경로 등을 무단으로 수집하는 것을 막기 위하여 위와 같은 기술적 보호조치를 무력화하였으므로, 피고의 기술적 보호조치 무력화행위는 저작권법 제104조의2 제1항 제3호에 의하여 허용된다"는 취지로 주장하였다. 이에 대하여 법원은 "피고의 주장에 의하더라도 이 사건 원고 프로그램이 수집하는 정보는 서울특별시에서 운영하는 단말기의 메일 주소, 단말기 고유 식별번호, 안드로이드 계정, 메인 액티비티 클래스 경로이므로, 위 정보들이 '개인' 식별정보에 해당한다고 단정할 수 없을 뿐만 아니라, 위 정보들은 '개인에 관한 정보'로 볼 수 있을지언정 위 정보들만으로 '개인이 온라인상에서 한 행위를 파악할 수 있는 정보'(예를 들어, 쿠키정보나 로그파일 등)에 해당한다고 볼 수도 없다."라고 판시하여 피고의 주장을 배척하였다.[1]

4) 국가의 법집행, 합법적인 정보수집 또는 안전보장 등을 위하여 필요한 경우(제4호)

5) 제25조 제2항에 따른 교육기관·교육지원기관, 제31조 제1항에 따른 도서관(비영리인 경우로 한정한다) 또는 공공기록물 관리에 관한 법률에 따른 기록물관리기관이 저작물 등의 구입 여부를 결정하기 위하여 필요한 경우. 다만, 기술적 보호조치를 무력화하지 아니하고는 접근할 수 없는 경우에 한한다(제5호).

6) 정당한 권한을 가지고 프로그램을 사용하는 자가 다른 프로그램과의 호환을 위하여 필요한 범위에서 프로그램코드역분석을 하는 경우(제6호)

프로그램코드역분석과 관련하여 저작권법 제101조의4에 저작재산권 제한사유가 규정되어 있으나(§14-201 이하 참조), 그 규정에 접근통제적인 기술적 보호조치의 무력화행위를 허용하는 취지

---

1 서울중앙지방법원 2014. 1. 23. 선고 2013가합23162 판결.

가 포함되어 있는 것은 아니고, 저작재산권 제한사유에 관한 규정이 바로 무력화행위의 금지규정에 대한 제한사유가 되는 것은 아니므로,1 이와 같이 별도로 규정하여, 프로그램코드역분석, 즉 리버스엔지니어링을 위한 접근통제조치 무력화행위를 허용하고 있는 것이다.

위 제 3 호의 적용과 관련하여 소개한 사건에서 피고는 제 6 호와 관련하여서도 "이 사건 원고 프로그램은 과도하게 정보를 수집하는 코드가 내장되어 있어 서울특별시에서 운영하는 시스템에 적합하도록 호환하기 위하여 기술적 보호조치를 무력화하였으므로, 피고의 기술적 보호조치 무력화행위는 저작권법 제104조의2 제 1 항 제 6 호에 의하여 허용된다"는 취지로 주장하였다. 이에 대하여 법원은 "피고의 주장에 의하더라도 피고는 이 사건 원고 프로그램이 서울특별시에서 운영하는 시스템에 기술적으로 호환되지 않는 문제를 해결하기 위해서가 아니라 단순히 이 사건 원고 프로그램이 서울특별시의 정보를 과도하게 수집하지 못하도록 하기 위해서 이 사건 원고 프로그램의 기술적 보호조치를 무력화했다는 것이므로, 이는 다른 프로그램과의 호환을 위하여 이루어진 것으로 볼 수 없다. 나아가 설령 피고의 기술적 보호조치 무력화가 호환을 위하여 이루어진 것이라 하더라도 피고는 이 사건 원고 프로그램이 위 정보들을 수집하는 코드를 제거하는 데서 더 나아가 경고문구를 표시하거나 프로그램의 사용을 차단하는 코드까지 제거하였는바, 이는 '호환을 위하여 필요한 범위에서 프로그램코드역분석을 하는 경우'에도 해당하지 아니한다."라고 판시하였다.2

7) 정당한 권한을 가진 자가 오로지 컴퓨터 또는 정보통신망의 보안성을 검사·조사 또는 보정하기 위하여 필요한 경우(제 7 호)

위에서 언급한 사건에서 피고는 제 7 호의 적용과 관련하여서도 "이 사건 원고 프로그램이 서울특별시가 사용하게 될 단말기 또는 정보통신망으로부터 과도한 정보를 수집하는 것을 막기 위하여 기술적 보호조치를 무력화하였으므로, 피고의 기술적 보호조치 무력화행위는 저작권법 제 104조의2 제 1 항 제 7 호에 의하여 허용된다"는 취지로 주장하였다. 그에 대하여 법원은 "피고의 주장에 의하더라도 피고는 이 사건 원고 프로그램에서 위 정보들을 수집하는 코드를 제거하는 데서 더 나아가 경고문구를 표시하거나 프로그램의 사용을 차단하는 코드까지도 모두 제거하였는바, 이는 '오로지' 컴퓨터 또는 정보통신망의 보안성을 검사·조사 또는 보정하는 경우에 해당하지 아니한다."라고 판시하였다.3

---

1 참고로 미국 판례는 기술적 보호조치의 무력화행위 등 금지 규정 저촉행위를 한 이용자가 미국 저작권법 제107조의 공정이용 항변을 하는 것은 허용되지 않는다고 보고 있다. Universal City Studios, Inc. v. Reimerdes 111 F. Supp. 2d 294 (S.D.N.Y. 2000), aff'd sub nom.

2 Id.

3 Id.

8) 기술적 보호조치의 무력화 금지에 의하여 특정 종류의 저작물 등을 정당하게 이용하는 것이 불합리하게 영향을 받거나 받을 가능성이 있다고 인정되어 대통령령으로 정하는 절차1에 따라 문화체육관광부장관이 정하여 고시하는 경우. 이 경우 그 예외의 효력은 3년으로 한다.

이것은 미국 DMCA상의 이른바 룰메이킹에 관한 규정을 본받은 것으로서, 1호부터 7호까지의 7가지 예외 사유 외에 기술의 발전과 사회의 변화에 따라 접근통제조치의 무력화를 허용할 공공적 필요성이 새롭게 부각하거나 그러한 필요성이 사라지는 등의 변화가 있을 수 있다는 점을 감안하여 3년에 한 번씩 새로 제한사유를 정하여 고시하도록 한 것이다. 이 규정은 접근통제조치의 보호를 통한 저작권자 등의 권리 보호와 공정이용의 보장 사이의 균형을 이루어 나가는 데 있어서 일종의 안전밸브 역할을 할 수 있으리라 기대된다.

문화체육관광부가 2018. 1. 31. 고시 제2018-0008호로 고시한 『기술적 보호조치의 무력화 금지에 대한 예외』고시(효력기간 : 2018. 1. 31.~2021. 1. 30.)에 의하여 현재 다음과 같은 사항이 무력화금지의 추가예외로 고시되어 있다. §31-24

① 합법적으로 제작·취득한 영상물(영상 기록매체에 수록되었거나 정보통신망을 통해 취득한 경우에 한한다)의 일부를 비평·논평·분석·연구 등 정당한 목적으로 다음 각 호의 어느 하나에 이용하기 위하여 영상물에 적용된 접근통제 기술적 보호조치를 무력화 하는 경우
  1. 영화·미디어 관련 교육
  2. 영화분석을 위한 전자책의 제작
  3. 다큐멘터리 영화의 제작
  4. 비상업적인 영상물의 제작
② 휴대용 정보처리장치(휴대용 전화기를 포함하며 게임 전용기기 및 전자책 전용기기를 제외한다) 또는 스마트TV의 운영체제와 합법적으로 취득한 응용 컴퓨터프로그램(이하 "프로그램"이라 한다) 간의 호환을 위하여, 또는 위 휴대용 정보처리장치의 응용 프로그램을 삭제하기 위하여, 그 운영체제 및 펌웨어(Firmware)에 적용된 접근통제 기술적 보호조치를 무력화하는 경우2
③ 무선 통신망에 접속하기 위하여, 휴대용 통신기기(휴대용 전화기, 태블릿 컴퓨터, 휴대용 통신망 연결기기, 핫스팟 및 착용형 무선기기를 포함한다)를 통신망에 접속하도록 하는 프로그램에 적용된 접근통제 기술적 보호조치를 무력화하는 경우. 다만, 그 통신망 운영자가 접속을 승인한 경우에 한한다.
④ 합법적으로 취득한 기기에 사용되는 프로그램의 결함이나 취약성 등을 검사·조사·보정하기 위하여 프로그램에 적용된 기술적 보호조치를 무력화하는 경우. 다만, 다음 각 호의 조건을 충족하여야 한다.
  1. 검사 등을 통해 취득한 정보는 보안 강화에 이용되어야 하며 저작권을 침해하거나 다른 법률의

---

1 저작권법 시행령 제46조의2(기술적 보호조치의 무력화 금지에 대한 예외).
   문화체육관광부장관은 법 제104조의2 제 1 항 제 8 호에 따라 기술적 보호조치의 무력화 금지에 대한 예외를 정하여 고시하는 경우에는 미리 저작물 등의 이용자를 포함한 이해관계인의 의견을 들은 후 위원회의 심의를 거쳐야 한다.
2 소위 '아이폰 탈옥(jailbreaking)'의 경우가 이에 해당한다.

위반을 용이하게 하지 않는 방법으로 이용되거나 관리될 것

2. 검사 등의 행위는 개인이나 공중에 대하여 발생할 수 있는 위험을 방지할 수 있는 조건에서 실시될 것

3. 환자에게 전부 또는 일부가 이식되도록 고안된 「의료기기법」에 따른 의료기기 또는 이와 관련된 모니터링시스템의 경우에는 환자에 의하여 또는 환자를 돌보기 위하여 사용되지 않을 것

⑤ 삼차원 프린터 제조자가 공급 또는 인증한 재료 이외의 대체 재료를 사용할 목적으로, 삼차원 프린터에 사용되는 재료의 사용을 제한하는 프로그램의 기술적 보호조치를 무력화하는 경우. 다만, 다음 각 호의 어느 하나에 해당하는 경우에는 그러하지 아니하다.

1. 디자인 프로그램, 디자인 파일 또는 보호되는 데이터에 접근할 목적으로 무력화가 이루어지는 경우

2. 삼차원 프린터에 의하여 생산되어 판매될 물품이 안전 등과 관련된 법률의 규제나 승인을 받아야 하는 경우

⑥ 전자적 형태의 어문저작물에 적용된 기술적 보호조치가 다음 각 호의 어느 하나의 기능을 방지하거나 억제하는 경우에 그러한 기능을 가능하게 하기 위하여 접근통제 기술적 보호조치를 무력화하는 경우. 다만, 그 기능을 제공하는 다른 전자적 형태의 동일한 어문저작물이 있는 경우에는 그러하지 아니한다.

1. 음성·음향이나 점자 등 시각장애인 등이 인지할 수 있는 전용 기록방식으로 내용을 변환하는 기능

2. 자막이나 수어 등 청각장애인 등이 인지할 수 있는 방식으로 내용을 변환하는 기능

⑦ 인증을 위한 서버 지원이 상당 기간 중단되거나 종료된 비디오게임에 적용된 기술적 보호조치를 다음 각 호의 어느 하나의 경우를 위하여 무력화하는 경우. 다만, 비디오게임이 합법적으로 취득되고, 서버에 저장된 저작권으로 보호되는 콘텐츠에 접근하거나 이를 복제하지 않고 게임을 진행할 수 있는 것이어야 한다.

1. 이용자가 개인적으로 게임을 계속 진행하기 위하여 필요한 경우

2. 도서관·기록물관리기관·박물관 등이 게임진행이 가능한 형태로 게임을 보존하기 위하여 필요한 경우. 이 경우 상업적 이익을 목적으로 하지 아니하고 관내에서 이용제공하여야 한다.

⑧ 차량 기능의 진단, 수리, 개조 등의 목적으로 차량의 기능을 통제하는 프로그램에 대한 접근통제 기술적 보호조치를 무력화하는 경우. 다만, 다음 각 호의 어느 하나에 해당하는 경우에는 그러하지 아니하다.

1. 무력화에 의한 차량 기능의 진단, 수리, 개조가 차량의 안전이나 환경 등과 관련된 관련 법률을 위반하는 경우

2. 주로 차량의 텔레매틱스 및 엔터테인먼트를 통제하기 위한 프로그램에 대하여 무력화하는 경우

(2) 기술적 보호조치의 무력화 예비행위

(가) 금지행위

§31-25 누구든지 정당한 권한 없이 다음과 같은 장치, 제품 또는 부품을 제조, 수입, 배포, 전송, 판

매, 대여, 공중에 대한 청약, 판매나 대여를 위한 광고, 또는 유통을 목적으로 보관 또는 소지하
거나, 서비스를 제공하여서는 아니 된다.

i) 기술적 보호조치의 무력화를 목적으로 홍보, 광고 또는 판촉되는 것(제 1 호)

ii) 기술적 보호조치를 무력화하는 것 외에는 제한적으로 상업적인 목적 또는 용도만 있는 것
(제 2 호)

iii) 기술적 보호조치를 무력화하는 것을 가능하게 하거나 용이하게 하는 것을 주된 목적으로
고안, 제작, 개조되거나 기능하는 것(제 3 호)

개정법의 위와 같은 규정은 금지의 대상이 되는 무력화 예비행위의 범위를 세 가지 유형으로
나누어 명확하게 규정한 것으로서 바람직한 입법방향이라 생각된다. 위와 같은 금지행위 자체는
접근통제조치이든 이용통제조치이든 구분 없이 적용되나, 그 예외사유는 아래 (나)와 같이 서로
상이하게 규정되어 있다.

(나) 예외사유

1) 접근통제조치의 경우

접근통제 기술적 보호조치 무력화 금지(제 1 항)의 예외 규정들은 접근통제조치를 무력화하는   §31-26
도구의 거래에도 기본적으로 적용되어야 하는 것이 원칙이라 할 수 있으나, 그 예외사유들 중에는
단순한 무력화 행위가 아니라 무력화의 도구 등을 거래한다는 관점에서 생각할 때 예외 규정으로
하는 것이 바람직하지 못한 경우가 있을 수 있다. 개정법은 그러한 점을 감안하여 다음의 두 가지
사유와 제 8 호의 '고시'에 의한 예외설정의 경우는 무력화 예비행위의 금지에 대한 예외사유에서
제외하고, 나머지 사유들(제1, 2, 4, 6, 7호)만 그 예외로 규정하였다(제104조의2 제 3 항 제 1 호).

i) 개인의 온라인상의 행위를 파악할 수 있는 개인 식별 정보를 비공개적으로 수집·유포하는
기능을 확인하고, 이를 무력화하기 위하여 필요한 경우. 다만, 다른 사람들이 저작물 등에 접근하
는 것에 영향을 미치는 경우는 제외한다(제 3 호).

프라이버시 보호를 명목으로 인터넷상 널리 이용되는 일반적인 쿠키(cookie)의 수집 행위 자
체를 막는 도구의 거래를 인정할 경우, 인터넷 사용의 불편을 초래할 수 있다는 관점에서 무력화
예비행위 금지의 예외에 포함하지 않았다.[1] 즉, 개인의 온라인상의 행위를 파악할 수 있는 개인
식별 정보를 비공개적으로 수집·유포하는 기능을 확인하고, 이를 무력화하기 위하여 필요한 경
우에는 다른 사람들이 저작물 등에 접근하는 것에 영향을 미치는 경우를 제외하고 그에 대한 직
접적인 무력화행위를 하는 것은 예외규정의 적용을 받아 허용되나, 그러한 필요를 충족하는 도구
를 제작하여 배포하는 등의 행위는 그에 대한 예외규정이 없어 허용되지 아니하는 것이다.

---

1 문화체육관광부·한국저작권위원회, 한·EU FTA 이행 개정 저작권법 해설, 2011, 23면.

ii) 제25조 제2항에 따른 교육기관·교육지원기관, 제31조 제1항에 따른 도서관(비영리인 경우로 한정한다) 또는 공공기록물 관리에 관한 법률에 따른 기록물관리기관이 저작물 등의 구입 여부를 결정하기 위하여 필요한 경우. 다만, 기술적 보호조치를 무력화하지 아니하고는 접근할 수 없는 경우에 한한다(제5호).

도서관 등에서 구입 여부 결정을 위한 경우는 그 허용범위가 제한적인 경우로서 직접적인 무력화행위를 금지하는 것은 허용하여도 무방할 수 있으나 그러한 도구가 유통될 경우 저작권침해를 조장하는 결과가 될 수 있음을 감안하여 예외에서 제외한 것이다.[1]

2) 이용통제조치의 경우

§31-27   이용통제조치의 무력화 도구는 직접적으로 저작권 침해를 방조하는 행위가 되므로 원칙적으로 특별한 사정이 없는 한 예외를 인정하지 않되, 다음의 두 가지 경우에는 국가적, 사회적 필요가 인정된다는 이유로 예외로 규정하고 있다(제104조의2 제3항 제2호).

i) 국가의 법집행, 합법적인 정보수집 또는 안전보장 등을 위하여 필요한 경우(제4호) 예를 들어 국가 전산망의 DDoS 공격에의 취약점을 파악하기 위해 시스템을 점검하는 경우와 같이 국가의 법집행 등을 위해 필요한 경우에는 이용통제조치의 무력화 예비행위의 금지가 적용되지 않도록 예외를 인정하였다.[2]

ii) 정당한 권한을 가지고 프로그램을 사용하는 자가 다른 프로그램과의 호환을 위하여 필요한 범위에서 프로그램코드역분석을 하는 경우(제6호) 컴퓨터프로그램의 리버스엔지니어링은 경쟁촉진을 위하여 저작권법상 일정한 요건을 갖추면 허용되는 행위이므로 컴퓨터 및 소프트웨어 산업에 있어서의 경쟁과 혁신을 촉진하기 위하여 이용통제조치의 경우에도 예외로 인정하였다.[3]

5. 금지규정 위반시의 구제수단

(1) 민사적 구제

§31-28   저작권, 그 밖에 이 법에 따라 보호되는 권리를 가진 자는 기술적 보호조치 관련 금지규정을 위반한 자에 대하여 침해의 정지·예방, 손해배상의 담보 또는 손해배상이나 이를 갈음하는 법정손해배상의 청구를 할 수 있으며, 고의 또는 과실 없이 제104조의2 제1항의 행위(접근통제조치의 직접적인 무력화행위, §31-22 참조)를 한 자에 대하여는 침해의 정지·예방을 청구할 수 있다. 이 경우 저작권법 제123조, 제125조, 제125조의2, 제126조 및 제129조 등 관련규정(§28-1 이하 참조)이 그대로 준용된다(제104조의8).

---

1 상게서, 23면.
2 상게서, 23면.
3 상게서, 23면.

원래 개정 전의 저작권법은 기술적 보호조치 보호규정 위반행위를 저작권 침해행위로 간주 §31-29
하는 규정을 두고 있었으나, 개정법은 침해간주규정(제124조)에서 빼내어 별도의 금지규정으로 두
고 있으므로, 그 위반행위가 저작권 침해행위로 간주되는 것은 아니다. 그렇지만, 개정법에서도
위와 같이 규정함으로써 실질적으로 권리침해시의 구제방법과 똑같은 취급을 받게 한 것이다.

(2) 형사적 구제

업으로 또는 영리를 목적으로 위 금지규정을 위반한 자는 3년 이하의 징역 또는 3천만원 이 §31-30
하의 벌금에 처하거나 이를 병과할 수 있다(제136조. 제2항 제3의 2호).

Ⅳ. 권리관리정보의 보호

1. 권리관리정보의 의의

"권리관리정보"는 다음 각 목의 어느 하나에 해당하는 정보나 그 정보를 나타내는 숫자 또는 부 §31-31
호로서 각 정보가 저작권, 그밖에 이 법에 따라 보호되는 권리에 의하여 보호되는 저작물 등의 원본
이나 그 복제물에 부착되거나 그 공연·실행 또는 공중송신에 수반되는 것을 말한다(제2조 제29호).

i) 저작물 등을 식별하기 위한 정보(가목)

ii) 저작권, 그밖에 이 법에 따라 보호되는 권리를 가진 자를 식별하기 위한 정보(나목)

iii) 저작물 등의 이용 방법 및 조건에 관한 정보(다목)

위 정의규정 중 "저작권, 그 밖에 이 법에 따라 보호되는 권리에 의하여 보호되는 저작물 등" §31-32
이라고 한 부분 중 밑줄 그은 부분은 한·미 FTA 이행을 위한 2011. 12. 2.자 개정법에서 추가된
부분으로서 권리관리정보를 붙이는 저작물 등이 아직 보호기간이 만료하지 않은 등 저작권법에
의하여 보호되는 경우에 한하여 보호의 대상이 된다는 것을 분명히 한 것이다.

기술적 보호조치가 저작물 등의 불법복제 등을 사전에 방지하기 위한 것이라면, 권리관리정 §31-33
보는 이미 행하여진 불법복제의 발견이나 적법한 이용을 위해 필요한 권리처리의 수행을 용이하
게 하고자 하는 취지를 가지고 있다. 예를 들면 인터넷상에 저작물 등이 무단으로 업로드된 경우
그 검색 및 발견을 수작업으로 하는 것은 거의 불가능에 가까운 일이지만, 이른바 워터마킹 기술
등을 이용하여 미리 저작물 등에 권리관리정보를 부착해 두면 나중에 저작권자 등이 검색로봇 등
프로그램을 사용하여 저작물 등과 함께 업로드된 권리관리정보를 검색하는 방법으로 쉽게 불법
업로드된 저작물 등을 찾아낼 수 있는 것이다.

2. 권리관리정보의 보호와 그 예외

(1) 금지행위

§31-34   누구든지 정당한 권한 없이 저작권, 그 밖에 이 법에 따라 보호되는 권리의 침해를 유발 또는 은닉한다는 사실을 알거나 과실로 알지 못하고 다음 각 호의 어느 하나에 해당하는 행위를 하여서는 아니 된다(제104조의3 제 1 항).

i) 권리관리정보를 고의로 제거·변경하거나 거짓으로 부가하는 행위

ii) 권리관리정보가 정당한 권한 없이 제거 또는 변경되었다는 사실을 알면서 그 권리관리정보를 배포하거나 배포할 목적으로 수입하는 행위

iii) 권리관리정보가 정당한 권한 없이 제거·변경되거나 거짓으로 부가된 사실을 알면서 해당 저작물 등의 원본이나 그 복제물을 배포·공연 또는 공중송신하거나 배포를 목적으로 수입하는 행위

§31-35   원래는 모든 권리관리정보가 아니라 전자적 형태의 그것에 한하여 보호대상으로 하고 있었는데, 한·미 FTA 이행을 위한 2011. 12. 2.자 개정법에서 협정문 제18.4조 제 8 항 가호의 이행을 위하여 전자적 형태가 아닌 바코드, QR코드 등도 포함하여 모든 권리관리정보를 보호대상으로 하는 내용으로 개정하였다.[1] 그리고 위 ii)의 행위를 금지행위에 포함시킨 것도 같은 개정법이다. 직접적으로 권리관리정보를 제거하거나 변경하는 행위인 위 i)의 경우 외에 그러한 사실을 알면서 권리관리정보가 제거 또는 변경된 저작물을 배포하는 행위인 위 iii)의 행위도 위에서 본 바와 같은 권리관리정보의 기능을 무력화함으로써 실질적으로 저작권자 등의 권리보호에 지장을 주게 된다는 이유로 금지대상에 포함하고 있다가 다시 위 ii)를 추가로 금지대상에 포함하게 된 것이다. 이러한 개정을 통하여 권리관리정보의 완결성을 보장하여 저작물의 건전한 유통질서를 확립할 수 있을 것이라는 기대에 기한 것이다.[2] 한편, 위 i)의 권리관리정보의 제거, 변경의 경우 과실에 의한 경우는 제외하고 고의에 의한 것만 규제하고 있음을 유의할 필요가 있다.[3]

---

1 전자적이란 전자적(電子的, electronic), 전자적(電磁的, electro-magnetic) 양자를 포괄하는 것으로, 광자기적(magneto-optical) 또는 광학적(optical)인 자체로는 전자적인 것이 아니라는 해석이 있었고, 그러한 해석에 따를 때 광학식 마크판독장치로 읽을 수 있는 바코드(bar code)나 스마트폰 등으로 읽을 수 있는 QR코드(Quick Response code) 등은 비전자적 권리관리정보에 포함되는 예라고 할 수 있다. 개정법은 그러한 것들도 분명하게 권리관리정보의 보호범위에 포함하는 의미를 가지고 있다고 할 수 있다. 문화체육관광부·한국저작권위원회, 한·미 FTA 이행을 위한 개정 저작권법 설명자료(2011. 12. 14.), 31~32면 참조.

2 상게서, 32면.

3 권리관리정보에 대한 침해를 인정한 사례로도 앞에서(§31-23) 소개한 바 있는 서울중앙지방법원 2014. 1. 23. 선고 2013가합23162 판결을 들 수 있다. 위 판결은 저작권법 제104조의3 제 1 항 제 1 호 및 같은 법 제 2 조 제29호 나목의 규정을 전제로 하여, "위 규정 취지에 비추어 이 사건을 보건대, 피고가 이 사건 원고 프로그램의 데이터 파일의 확장자 및 헤더정보 확인 코드에 기재된 원고 회사 홈페이지 주소(F)와 이를 검사하는 코드를 삭제하였고, 이 사건

(2) 예외사유

위와 같은 금지규정은 국가의 법집행, 합법적인 정보수집 또는 안전보장 등을 위하여 필요한 §31-36
경우에는 적용하지 아니한다(제104조의3 제 2 항) 개정 전에는 '기술적으로 불가피하거나 저작물 등
의 성질이나 그 이용의 목적 및 형태 등에 비추어 부득이하다고 인정되는 경우에는 그러하지 아
니하다'고 하는 포괄적 제한규정을 두었으나, 개정법에서 그 규정은 버리고 위와 같이 명확한 공
익상의 필요가 인정되는 경우로 한정한 예외 규정을 두었다.

3. 위반시의 구제수단

(1) 민사적 구제

저작권, 그 밖에 이 법에 따라 보호되는 권리를 가진 자는 위 금지규정을 위반한 자에 대하 §31-37
여 침해의 정지·예방, 손해배상의 담보 또는 손해배상이나 이를 갈음하는 법정손해배상의 청구
를 할 수 있다. 이 경우 저작권법 제123조, 제125조, 제125조의2, 제126조 및 제129조 등 관련규
정이 그대로 준용된다(제104조의8).

원래 개정 전의 저작권법은 권리관리정보의 삭제 등 행위도 저작권 침해행위로 간주하는 규 §31-38
정을 두고 있었으나, 개정법은 침해간주규정(제124조)에서 빼내어 별도의 금지규정으로 두고 있으
므로, 그 위반행위가 저작권 침해행위로 간주되는 것은 아니다. 그렇지만, 개정법에서도 위와 같
이 규정함으로써 실질적으로 권리침해시의 구제방법과 똑같은 취급을 받게 된 것은 기술적 보호
조치의 경우와 같다.

(2) 형사적 구제

업으로 또는 영리를 목적으로 위 금지규정을 위반한 자는 3년 이하의 징역 또는 3천만원 이 §31-39
하의 벌금에 처하거나 이를 병과할 수 있다(제136조 제 2 항 제 3 의3호). 다만, 과실로 저작권 또는
이 법에 따라 보호되는 권리 침해를 유발 또는 은닉한다는 사실을 알지 못한 자는 제외한다.

원고 프로그램의 제품명을 표시하는 패키지명을 'G'에서 'H'로 변경한 사실은 당사자 사이에 다툼이 없다. 위 인정사
실에 의하면, 이 사건 원고 프로그램에 내장된 데이터 파일의 확장자 및 헤더정보 확인코드에 기재된 원고 회사 홈페
이지 주소와 이 사건 원고 프로그램의 제품명을 표시하는 패키지명은 모두 원고의 상호인 'D' 또는 원고가 대표이사
로 있는 '주식회사 D'의 영문명칭인 'T'를 포함하고 있어 이 사건 원고 프로그램의 저작권자인 원고를 식별하기 위한
권리관리정보에 해당한다 할 것인데, 피고는 원고의 허락 없이 위 권리관리정보를 모두 삭제하거나 다른 이름으로 변
경하였으므로, 특별한 사정이 없는 이상 피고는 원고의 저작권을 침해하였다."라고 판시하였다. 이 판결의 판시는 기
본적으로 타당하나, 마지막 부분에서 "원고의 저작권을 침해하였다"고 판시한 것은 타당하지 않다. 현행 저작권법상
권리관리정보에 대한 침해를 '저작권의 침해'로 보지는 않고 있으므로, 이를 저작권침해와 동일시하는 것은 적절하지
않고 별도의 불법행위로 보아야 할 것이기 때문이다.

V. 암호화된 방송 신호 등의 보호

1. 의　　의

§31-40　　개정 저작권법 제104조의4는 한·미 FTA 이행을 위한 2011. 12. 2.자 개정법에서 같은 FTA 의 합의사항1을 반영하여 신설한 조문으로서, 암호화된 위성방송 또는 유선방송을 불법으로 복호화하는 기기 등을 이용하여 무단으로 시청 또는 청취하거나 이를 가능케 하는 행위를 금지하는 취지의 규정이다.

위성방송이나 유선방송의 가입자서비스는 가입자에게만 암호화된 방송 신호를 복호화하여 시청 또는 청취할 수 있도록 하고 있는데 그러한 시스템을 기술적으로 무력화하여 가입자 이외의 사람들도 볼 수 있도록 하는 것이 아무런 법적 제재를 받지 않고 가능하게 된다면 방송사업의 재정적 기반이 무너지게 된다. 그러한 관점에서 암호화된 방송 신호의 보호를 통하여 건전한 시청 질서의 확립 및 방송사의 투자 보호에 기여하고자 하는 것이 이 규정의 제도적 취지이다.2

원래 방송 신호를 암호화해 두고 가입자만 복호화하여 시청할 수 있도록 하는 시스템은 일종의 접근통제적 기술적 보호조치(이하 '접근통제조치'라 한다)에 해당하는 것이나(그에 대하여 자세한 것은 §31-4 참조), 저작권법상의 권리 보호와의 관련성이 있을 것을 요하는 개정법상의 기술적 보호조치 보호 요건과의 관계에서 그 보호가 부정될 가능성이 있다(§31-18, 21 참조), 그러나 입법과정에서 그 점을 고려하였다기보다는 한·미 FTA의 이행에 있어서 기술적 보호조치 보호규정 위반 시의 형사처벌 요건으로는 "업으로 또는 영리를 목적으로" 행한 경우일 것을 요하는 것으로 할 수 있지만 암호화된 방송 신호의 보호규정 위반 시에는 고의 외에 그러한 추가적 요건을 규정할 수 없다는 점을 주로 감안하여,3 이와 같은 별도의 보호규정을 두게 된 것이다.

한편 개정 저작권법은 위에서 설명한 것과 비슷한 입법취지에 기하여 "누구든지 정당한 권한 없이 방송사업자에게로 송신되는 신호(공중이 직접 수신하도록 할 목적의 경우에는 제외한다)를 제 3 자에게 송신하여서는 아니된다"고 규정하고 있다(제104조의7), '방송 전 신호'를 중간에서 가로채어 제 3 자에게 송신하는 행위를 금지함으로써 방송사업자의 이익을 보호하고자 한 것이다.

2. 금지규정의 내용

§31-41　　누구든지 다음의 행위 중 어느 하나에 해당하는 행위를 하여서는 아니 된다.

---

1 협정문 제18.7조.
2 문화체육관광부·한국저작권위원회, 전게서, 34면 참조.
3 김현철, 전게서, 148면 참조.

i) 암호화된 방송 신호를 방송사업자의 허락 없이 복호화(復號化)하는 데에 주로 사용될 것을 알거나 과실로 알지 못하고, 그러한 목적을 가진 장치·제품·주요부품 또는 프로그램 등 유·무형의 조치를 제조·조립·변경·수입·수출·판매·임대하거나 그 밖의 방법으로 전달하는 행위(제104조의4 제 1 호).

"암호화된 방송 신호"란 방송사업자나 방송사업자의 동의를 받은 자가 정당한 권한 없이 방송(유선 및 위성 통신의 방법에 의한 방송에 한한다)을 수신하는 것을 방지하거나 억제하기 위하여 전자적으로 암호화한 방송 신호를 말하며(법 제 2 조 제 8 호의2), '복호화'란 암호화된 상태를 원래의 상태로 되돌리는 것을 뜻한다. 암호기능을 하나의 접근통제조치라고 보면, 복호화는 그것의 무력화 행위에 해당한다.

따라서 접근통제조치의 보호에 관한 예외규정 중 일부는 성질상 이 규정에 대하여도 적용되도록 하는 것이 타당할 것이다. 실제로 제104조의4 제 1 호 단서는 접근통제조치의 보호에 관한 예외규정 중 제104조의2 제 1 항 제 1 호(암호연구와 관련된 예외)·제 2 호(미성년자보호와 관련된 예외) 또는 제 4 호(국가의 법집행, 합법적인 정보수집 또는 안전보장을 위하여 필요한 경우의 예외)에 해당하는 경우를 암호화된 방송 신호의 보호에 관한 예외로 규정하고 있다. 즉, 그러한 예외규정에 해당하는 경우에는 위와 같은 복호화 장치 등의 제조 등 행위가 허용된다.

ii) 암호화된 방송 신호가 정당한 권한에 의하여 복호화된 경우 그 사실을 알고 그 신호를 방송사업자의 허락 없이 영리를 목적으로 다른 사람에게 공중송신하는 행위(같은 조 제 2 호)

iii) 암호화된 방송 신호가 방송사업자의 허락 없이 복호화된 것임을 알면서 그러한 신호를 수신하여 청취 또는 시청하거나 다른 사람에게 공중송신하는 행위(같은 조 제 3 호)

iv) 정당한 권한 없이 방송사업자에게로 송신되는 신호(공중이 직접 수신하도록 할 목적의 경우에는 제외한다)를 제 3 자에게 송신하는 행위(제104조의7)

3. 금지규정 위반시의 구제수단

(1) 민사적 구제

저작권, 그 밖에 이 법에 따라 보호되는 권리를 가진 자는 위 금지규정을 위반한 자에 대하여 침해의 정지·예방, 손해배상의 담보 또는 손해배상이나 이를 갈음하는 법정손해배상의 청구를 할 수 있다. 이 경우 저작권법 제123조, 제125조, 제125조의2, 제126조 및 제129조 등 관련규정이 그대로 준용된다(제104조의8). §31-42

(2) 형사적 구제

위 2. i), ii), iv)의 행위(제104조의4 제 1 호 또는 제 2 호에 해당하는 행위)를 한 자에 대하여는 3년 §31-43

이하의 징역 또는 3천만원 이하의 벌금에 처하거나 이를 병과할 수 있고(제136조 제2항 제3호의5, 제3호의7), 위 2. iii)의 행위(제104조의4 제3호에 해당하는 행위)를 한 자에 대하여는 1년 이하의 징역 또는 1천만원 이하의 벌금에 처한다(제137조 제1항 제3호의2).

VI. 라벨 위조 등의 금지

1. 의 의

§31-44   개정 저작권법 제104조의5는 한·미 FTA 이행을 위한 2011. 12. 2.자 개정법에서 같은 FTA의 합의사항[1]을 반영하여 신설한 조문으로서, 음반, DVD 등 저작물에 부착하는 라벨을 위조하거나 허락받은 범위를 넘어서 거래하는 행위 등을 금지하고 있다. '라벨'이란 그 복제물이 정당한 권한에 따라 제작된 것임을 나타내기 위하여 저작물등의 유형적 복제물·포장 또는 문서에 부착·동봉 또는 첨부되거나 그러한 목적으로 고안된 표지를 말한다(개정법 제2조 제35호). 그러한 목적으로 부착, 동봉 또는 첨부되어 사용되는 인증서, 사용허락 문서, 등록카드 등이 모두 '라벨'의 개념에 포함되는 것으로 볼 수 있다.[2] 예를 들어 소프트웨어의 경우 CD 케이스 등에 부착되는 다음과 같은 조그만 스티커가 라벨의 전형적인 예에 해당하는데, 보통 라이선스 번호가 적혀 있고, 합법적인 복제물 즉 정품임을 증명하기 위한 용도로 사용된다.[3]

따라서 저작물 등을 식별하기 위한 저작물의 제호, 최초 공표 연도 및 국가, 저작자의 성명이나 연락처, 저작물의 이용방법 및 조건 등에 대한 정보를 말하는 권리관리정보(자세한 것은 §31-31 이하 참조)와는 개념적으로 구별된다. 나아가 '정품' 여부를 인증하기 위한 목적에 기한 것일 뿐 자신의 상품을 타인의 상품과 구별하여 식별력을 갖도록 하기 위한 것은 아니라는 점에서 "상품을

---

1 협정문 제18.10조 제28항.
2 문화체육관광부·한국저작권위원회, 전게서, 37면.
3 문화체육관광부·한국저작권위원회, 전게서, 36면.

생산·가공·증명 또는 판매하는 것을 업으로 영위하는 자가 자기의 업무에 관련된 상품을 타인의 상품과 식별되도록 하기 위하여 사용하는 표장"을 뜻하는[1] '상표'와도 다른 개념이다.

음반이나 영화 DVD, 컴퓨터 프로그램 CD 등의 경우에는 구매자들이 정품인지 여부를 라벨이나 인증서, 케이스 등을 가지고 구별하기 때문에 그러한 라벨을 위조하여 정품인 것처럼 유통하는 것을 방치할 경우에는 저작권자들과 소비자들이 부당하게 피해를 입을 수 있으므로 라벨의 위조나 불법유통을 통제함으로써 저작권자 및 소비자가 입는 피해를 최소화하고자 한 것이 이 규정의 제도적 취지라 할 수 있다.[2]

2. 금지규정의 내용

누구든지 정당한 권한 없이 다음 각 호의 어느 하나에 해당하는 행위를 하여서는 아니 된다 (제104조의5).　　§31-45

i) 저작물 등의 라벨을 불법복제물이나 그 문서 또는 포장에 부착·동봉 또는 첨부하기 위하여 위조하거나 그러한 사실을 알면서 배포 또는 배포할 목적으로 소지하는 행위

ii) 저작물 등의 권리자나 권리자의 동의를 받은 자로부터 허락을 받아 제작한 라벨을 그 허락 범위를 넘어 배포하거나 그러한 사실을 알면서 다시 배포 또는 다시 배포할 목적으로 소지하는 행위

iii) 저작물 등의 적법한 복제물과 함께 배포되는 문서 또는 포장을 불법복제물에 사용하기 위하여 위조하거나 그러한 사실을 알면서 위조된 문서 또는 포장을 배포하거나 배포할 목적으로 소지하는 행위

3. 벌　칙

위 2의 금지규정을 위반한 자에 대하여는 3년 이하의 징역 또는 3천만원 이하의 벌금에 처하거나 이를 병과할 수 있다(제136조 제 2 항 제 3 호의6).　　§31-46

Ⅶ. 영상저작물 녹화 등의 금지

1. 의　의

개정 저작권법 제104조의6은 한·미 FTA 이행을 위한 2011. 12. 2.자 개정법에서 같은 FTA　　§31-47

---

1 상표법 제 2 조 제 1 항 제 1 호 참조.
2 문화체육관광부·한국저작권위원회, 전게서, 36면; 김현철, 전게서, 235면 참조.

의 합의사항1을 반영하여 신설한 조문으로서, 영화상영관 등에서 저작재산권자의 허락 없이 녹화기기를 이용하여 저작물을 녹화하거나 공중송신하는 것을 금지하고 있다. 이것은 통상 '영화도촬(盜撮)행위' 금지규정으로 불린다.

영화의 경우에는 영화상영관에서의 상영과 DVD 출시 및 전송 등 매체별로 일정한 시차를 두게 되는데, 휴대용 디지털 영상촬영 기기의 발달로 인하여 영화 개봉과 동시에 영상저작물을 관객이 무단으로 녹화하여 인터넷 등을 통하여 무차별 유포하는 사례가 빈발함으로써 영상제작자 등 관련 권리자 등에게 막대한 손해를 입히고 있으므로 이를 방지할 필요가 강하게 제기되었다. 따라서 이 규정은 반드시 한·미 FTA가 아니더라도 영상관련 저작권산업을 보호하기 위하여 필요한 규정으로 볼 수 있다. 이 규정이 시행되게 되면, 영화상영관 등에서 개인적으로 몰래 촬영되어 인터넷에 유통되는 영상저작물(소위 '캠버전')이 줄어들어 건전한 영상저작물 유통 시장 형성에 기여하게 될 것으로 기대되고 있다.2

§31-48   원래 인터넷 등을 통해 유포할 목적으로 영화관에서 녹화기기를 이용하여 녹화하는 것은 '복제'의 일종으로서(§13-3 참조) 그 목적에 비추어 저작권법 제30조의 사적 이용을 위한 복제(§14-115 참조)에도 해당하지 않으므로 그 자체가 개정 전 법에 의하더라도 저작재산권자의 복제권(§13-2 이하 참조)을 침해하는 행위로서 금지되는 것이라 할 수 있다. 그러나 그러한 목적이 아니라 개인적으로 집에서 다시 보겠다는 생각으로 촬영한 경우에는 사적 이용을 위한 복제가 아니라고 하기 어려운데, 이처럼 외부에 드러나지 않는 주관적 의사에 따라 처벌 여부가 달라진다면 효과적인 단속에 어려움을 초래할 수 있다. 한편으로는 상영관에서의 영상저작물 촬영만큼은 사적 이용을 위한 복제라는 이유로 예외로 하지 않고 일률적으로 금지하는 것이 사회의 건전한 도덕관념에도 부합한다. 이러한 점을 감안할 때 영화관에서의 녹화에 대하여는 이러한 새로운 입법을 통해 보다 명확하게 형사처벌의 대상으로 할 필요성이 인정된다고 할 수 있다.3 제104조의6에서 규정하는 '공중송신'의 경우는 저작권법 제30조와는 관계가 없어 개정전 법에 의하더라도 대개의 경우 공중송신권(§13-33 이하 참조) 침해가 성립할 수 있어 굳이 그것을 본조에 포함시킬 이유가 있었을지 의문이 드는 면이 있으나, 공중송신행위에 대하여도 일부 저작재산권 제한규정들이 있다는 점, 미수범 처벌규정이 공중송신행위에 대하여도 필요할 수 있다는 점 등이 참작된 것이 아닐까 생각된다.

---

1 협정문 제18.10조 제29항.
2 문화체육관광부·한국저작권위원회, 전게서, 38~39면 참조.
3 일본의 경우 이른바 '도촬행위'의 금지와 관련하여 '영화의 도촬방지에 관한 법률'(2007. 5. 30. 법률 제65호)을 제정하여 시행하고 있는데, 그 주된 특징은 처음 상영된지 8월이 경과한 영화를 제외한 나머지 영화의 도촬에 관하여는 일본 저작권법상의 사적복제에 관한 규정(제30조)을 적용하지 않는다는 특례를 인정한 것에 있다(같은 법 제 4 조 참조). 김현철, 전게서, 248~249면 참조.

위와 같이 개정 저작권법 제104조의6의 규정은 제30조(사적 이용을 위한 복제)를 포함한 저작재산권 제한사유 규정이 적용되는 경우에도 영화관에서 상영되는 영상저작물에 관하여 본조 규정의 요건에 해당하는 한, 본조의 금지규정 및 그에 기한 벌칙규정을 적용받도록 하여 단속대상을 명확하게 하고자 하는 취지를 내포하고 있으므로 이 규정의 적용에 있어서는 제30조나 그 밖의 저작재산권 제한사유를 들어 항변할 수는 없는 것으로 보아야 할 것이다.

2. 금지규정의 내용

누구든지 저작권으로 보호되는 영상저작물을 상영 중인 영화상영관등에서 저작재산권자의 허락 없이 녹화기기를 이용하여 녹화하거나 공중송신하여서는 아니 된다(제104조의6). 어떤 행위가 금지규정에 해당하기 위한 요건을 분석해 보면, 다음과 같다.   §31-49

1) 녹화 또는 공중송신의 대상이 저작권으로 보호되는 영상저작물이어야 한다.

예컨대 연극저작물, 음악저작물 등의 경우는 포함되지 않고 영화 등의 영상저작물이어야 하며, 그것도 창작성 등의 요건을 갖추고 보호기간이 만료하지 않아 저작권으로 보호되는 것이어야 한다.

2) 해당 영상저작물을 상영하고 있는 영화상영관등에서 하는 행위여야 한다.

여기서 말하는 "영화상영관등"이란 영화상영관, 시사회장, 그 밖에 공중에게 영상저작물을 상영하는 장소로서 상영자에 의하여 입장이 통제되는 장소를 말한다(제 2 조 제36호).

3) 저작재산권자의 허락이 없는 경우여야 한다.

이 금지규정의 위반이 바로 저작재산권 침해를 구성하는 것은 아니고 그와는 별도의 금지규정 위반일 뿐이지만, 이 규정도 실질적으로 저작재산권을 보호하기 위한 규정이므로, 저작재산권 침해의 경우와 마찬가지로 저작재산권자의 허락을 받지 않은 경우여야 위법한 행위가 되도록 규정한 것이다.

4) 녹화기기를 이용하여 녹화하거나 공중송신하는 행위여야 한다.

녹화행위는 '녹화기기'를 이용할 수밖에 없으므로 '녹화기기를 이용하여'라는 법문에 특별한 제한적 의미가 있다고 보기 어렵다. 비록 디지털 녹화기기의 발달이 초래한 새로운 위험상황이 입법배경에 깔려 있긴 하지만, 법문에 특별한 한정이 없는 이상, 녹화기기가 디지털 기기인지 아날로그 기기인지는 관계없는 것으로 보아야 할 것이다. 녹화는 복제행위의 일종으로서 '복제'보다는 좁은 개념이므로 모든 복제행위가 아니라 자신이 소지한 녹화기기에 영상 등을 처음으로 저장하는 녹화행위만 이 규정에서 말하는 '녹화'에 해당한다. 공중송신의 개념은 법 제 2 조 제 7 호에 따라 저작물을 수신하거나 접근하게 할 목적으로 무선 또는 유선통신의 방법에 의하여 송신하거나 이용에 제공하는 것을 말하는 것(방송, 전송 및 기타의 경우 포함)으로 보아야 할 것이다('공중송신'의 개념에 대하여 자세한 것은 §13-33 참조).

녹화행위와 공중송신 행위는 "또는"(or)이라는 표현으로 연결되어 있으므로 녹화행위만으로 또는 공중송신행위만으로도 위 규정 위반행위에 해당함은 물론이다.

3. 벌   칙

§31-50   위 규정을 위반한 자에 대하여는 1년 이하의 징역 또는 1천만원 이하의 벌금에 처한다(제137조 제1항 제3호의3). 그리고 그 미수범도 처벌한다(같은 조 제2항).

영화관에서의 녹화 및 공중송신이 개정법 하에서도 저작재산권(복제권 또는 공중송신권) 침해를 구성하는 경우도 있을 수 있는데, 그 경우에는 물론 그에 따른 더 무거운 벌칙이 적용될 것이다. 이 규정이 그러한 행위에 대한 처벌을 감경해 주기 위한 것은 아니라고 보아야 하기 때문이다.

미수범 규정과 관련하여 영화관에 갈 때 스마트폰이나 태블릿PC 등을 소지하기만 하더라도 처벌되는 것은 아닌가 하는 의문이 제기되기도 한다. 그러나 형법상 미수범이란 범죄의 실행에 착수하였으나 그 행위를 끝내지 못하였거나 결과가 발생하지 아니한 범죄를 말하는 것이므로 단순히 녹화기능이 있는 스마트폰 등을 소지하였다는 것만으로는 범죄의 실행에 착수한 것으로 인정되지 아니하고,[1] 예컨대 영화관에서 영화가 상영 중인 상태에서 스크린을 향하여 녹화기능을 가진 기기를 들어 올리는 등의 행위에 나아갔을 때 비로소 실행의 착수가 인정될 수 있을 것이다.

---

1 문화체육관광부·한국저작권위원회, 전게서, 39면.

제9장

국제저작권

copyright law

제9장

저작권법

국제저작권

제1절 개 관

Ⅰ. 저작권의 국제적 보호의 필요성

§32-1   19세기경 유럽의 여러 나라들에서 인쇄술의 발달과 함께 제정되기 시작한 저작권법은 처음에는 특허법과 같이 단지 당해 국가의 영토 내에서만 저작자의 권리를 보호하였다.

그 후 교통 및 저작물 이용수단이 급격히 발달함에 따라 점차 저작권의 국제적 보호문제로 관심의 폭이 넓어지게 되었다. 즉 어느 특정한 역사시점에 이르자 이제 저작권을 일국의 영토 내에서만 보호하는 것은 저작자의 권리보호에 있어 매우 불완전하고, 심지어는 그 보호를 완전히 무의미하게 할 수 있다는 인식이 생겨나게 된 것이다. 이론적으로 볼 때, 저작권자가 자신의 창조적인 노력으로 작성한 저작물에 대하여 그 본국의 영토 안에서만 경제적 또는 인격적인 이익을 보호받아야 하는 합리적 이유를 설명하기는 어렵다. 저작권이 저작물의 창작으로부터 발생하고 어떤 다른 행정절차에 기한 것이 아니라는 생각은 자연스럽게 일단 저작권이 발생하면 그 저작권은 어느 곳에서나 유효한 것이어야 한다는 생각으로 이어진다.

그러나 그런 이론적인 측면보다 훨씬 중요한 것은 "악화가 양화를 구축한다"는 국제통화에 관한 그레샴의 법칙(Gresham's law)이 저작물과 저작권에 관한 문제에도 적용된다는 사실이다. 만약 A라는 나라에서 저작권 보호를 받는 저작물이 B·C 등 나라에서는 보호받지 않아서 자유롭게 복제될 수 있다면, 그 복제물들이 A국으로 수입되어 정상적으로 저작권사용료를 지불한 제품들과 경쟁을 벌이게 될 것이다. 저작권사용료를 지불하지 않은 수입복제물이 싼 가격으로 출시되어 정상적인 국산제품들을 시장에서 '구축'하게 될 것임은 명약관화하다. 사람과 재화의 이동성이 커지면 커질수록 이러한 현상은 더욱 심각해질 것이다.

19세기 중엽부터 유럽의 몇몇 나라들을 중심으로 저작권의 국제적 보호를 모색하는 흐름이 강하게 일어난 것은 바로 그러한 현실적 필요성에 기한 것이다.

Ⅱ. 저작권의 국제적 보호의 방법

저작권의 국제적 보호의 방법에는 크게 보아 다음과 같은 세 가지의 유형이 있을 수 있다.

1. 국내입법에 의한 외국저작물의 일방적 보호

이것은 저작권의 국제적 보호에 대한 최초의 시도로서 과거 프랑스가 채택한 바 있는 방법이다. 즉 프랑스는 저작자의 권리는 자연법적으로 저작자에게 주어진 권리이므로 인위적인 국적이나 국경에 의하여 제약되어서는 안 된다는 철학적인 근거와 자국의 선진저작물을 다른 나라에서도 동일하게 보호하여 주기를 기대하는 실용적인 고려에서 1852년에 모든 외국저작물을 일방적으로 보호하여 주기로 하는 법령을 제정·공포하였다.[1] 당시 프랑스가 취한 이러한 입법조치는 주위의 다른 나라에 외국저작물의 보호에 관한 관념을 변화시키고, 저작권의 보호에 관한 양자간 조약체결을 유도하는 데 긍정적인 영향을 미친 것으로 평가되고 있다. 그러나 프랑스의 이러한 일방적 보호방법을 그대로 따른 것은 벨기에뿐이고, 나머지 나라들은 모두 외국저작권의 일방적 보호에 인색한 태도를 보여 왔다.

§32-2

오늘날에는 외국저작물에 대한 보호를 일방적·전면적으로 승인한다는 것은 필요하지도 않고 가능하지도 않은 일이 되었다. 저작권무역 등으로 얻는 수익이 한 나라의 국민소득에서 차지하는 비중이 이미 무시할 수 없을 정도로 커졌기 때문에 상호주의적인 고려를 하지 않을 수 없게 된 것이다. 프랑스도 1957년의 저작권법부터는 위와 같은 입장에서 후퇴하여 프랑스가 가입한 다자간 협약에 가입하지 않았고, 또한 프랑스에서 최초로 발행된 저작물에 대하여 적절하고도 유효한 보호를 실시하지도 아니하는 나라에서 최초로 발행된 저작물에 대하여는 보호를 승인하지 아니하는 규정을 두었다.[2]

---

1 이성호, "외국인의 지적소유권의 보호 — 저작권을 중심으로," 지적소유권에 관한 제문제(하), 재판자료 제57집, 법원행정처, 1992, 597면.
2 S. M. Stewart, *International Copyright and Neighbouring Rights*, 2nd ed., Butterworths, 1989, p. 36.

결국 외국저작물에 대하여 아무런 조건 없이 국내저작물과 같은 보호를 일방적으로 승인하는 나라는 현재로서는 전혀 없다고 할 수 있다.

2. 양자간 조약에 의한 보호

§32-3 상호주의(reciprocity)에 입각한 양자간 조약(bilateral agreement)에 의하여 체결당사국 국민의 저작물을 보호하는 방법은 역사적으로 저작권의 국제적 보호가 이루어지기 시작한 초기단계의 유럽 국가들 사이에 널리 성행하였고, 이것이 대다수의 유럽 국가들과 라틴아메리카의 일부 국가들 사이에 광범위하게 이루어진 것[1]이 다음 항에서 보는 베른협약의 기초를 형성하였다.

그러나 이와 같은 양자간 조약에 의한 방법은 그 효력범위에 근본적 제약이 있을 뿐만 아니라 조약마다 상이한 조건에 의하여 규율됨으로써 저작권의 국제적 보호질서가 조화와 통일보다는 오히려 혼란과 불일치를 향해 나아가게 하는 문제가 있음이 발견되어 차츰 다음 항에서 보는 다자간 협약에 의한 보호방법을 강구하게 되었다.

3. 다자간 협약에 의한 보호

§32-4 다자간 협약에 의한 보호방법은 오늘날 저작권의 국제적 보호를 위하여 가장 보편적으로 채택하고 있는 방법으로서, 1886년에 "문학적 및 미술적 저작물의 보호에 관한 베른협약(The Berne Convention for the Protection of Literary and Artistic Works)"[2]이 성립한 것이 그 출발점이었다. 베른협약은 성립된 후 지금까지 1세기가 넘는 기간 동안 일관되게 세계에서 가장 큰 영향력을 가진 저작권협약으로 인정되어 왔다. 한때는 세계저작권협약(The Universal Copyright Convention : UCC)의 체약국이 베른협약의 동맹국보다 많아진 적도 있었지만, 베른협약의 실체적 조항이 저작권영역에 있어서의 여러 가지 개념에 대하여 명확한 정의를 내리고, 많은 문제에 대하여 명확한 해답을 내린 점에서 각국의 저작권법에 대한 영향은 베른협약이 항상 '수위'를 점해 왔다고 할 수 있다. 오늘날은 무역관련 지적재산권협정(TRIPs)에서 세계저작권협약보다 전반적인 보호수준이 높은 베른협약을 저작권의 국제적 보호를 위한 기본적인 틀로 수용함으로 말미암아 더욱 베른협약의 위상이 높아지고 세계저작권협약의 중요성은 감소하였다.

세계적인 범위의 다자간 저작권협약에는 베른협약과 세계저작권협약 외에도 로마협약, 음반협약, WIPO 저작권조약 및 실연·음반조약 등이 있다. TRIPs협정도 그 속에 포함된 저작권관련 조항이 다자간 저작권협약과 같은 역할을 수행한다고 볼 수 있을 것이다.

우리나라는 1987. 7. 1. 세계저작권협약에 가입신청하여 1987. 10. 1부터 효력이 발생하였고,

---

1 자세한 내용은 이성호, 전게논문, 598면 참조.
2 이하 이 글에서는 "베른협약"이라고 칭한다.

1987. 7. 10. 음반협약에 가입신청하여 1987. 10. 10. 효력이 발생하였다. 1995. 1. 1. WTO/TRIPs에 가입하였고, 베른협약에 대하여는 1996. 6. 21. WIPO에 가입신청서를 제출하여 1996. 9. 21. 효력이 발생하였다. 그리고 2004. 3. 24. WIPO 저작권조약(WCT)에 가입신청하여 2004. 6. 24. 효력이 발생하였다.

2008. 12. 18.에는 로마협약과 WPPT에 가입하였다.[1]

제2절 베른협약

I. 베른협약의 성립과 변천

1. 베른협약의 성립

복잡하게 얽혀 있던 양자간 조약들을 보다 체계적이고 종합적인 하나의 다자간 협약으로 성립시키기 위한 노력은 이른바 문학가협회(literary congress)에 의하여 시작되었는데, 그 최초의 회의는 1858년 벨기에의 브뤼셀에서 14개국을 대표하는 작가, 학자, 과학자 및 법률가들이 참석한 가운데 열렸다. 이 회의에서는 비록 실패로 돌아가기는 했으나 저작권 등 지적소유권보호를 위한 세계보편의 단일법제정 움직임이 있었고, 내국인과 외국인 간의 완전한 평등권이 주창되었다. 그 뒤로 열린 여러 차례의 회의 중 가장 중요한 것은 세계박람회기간 동안 빅토르 위고를 회장으로 하여 소집되었던 1878년의 파리회의이다. 저작자들의 권리를 보호하기 위한 다양한 계획들을 실행에 옮기기 위해 이 회의에서는 국제문학가협회를 설립하였는데, 이는 1884년에 예술적 저작물의 저작자들도 포함하여 국제문예가협회(International Literary and Artistic Association : ALAI)로 확대되었으며, 민간기구인 위 협회에서 그 뒤 국제협약의 초안을 만들게 되었다. 위 초안은 스위스정부에 넘겨져 1884년 스위스의 베른에서 14개국이 참가한 국제회의가 열렸다. 이 회의에서는 독일이 주장한 세계법으로서의 저작권법은 시기상조라 하여 배척하고, 다만 외국인과 내국인의 권리를 평등하게 한다는 이른바 내국민대우의 원칙에만 관심을 기울였다. 같은 베른에서 1885년에 제 2 차 회의가 열렸고, 1886년 9월 9일에 열린 제 3 차 회의에서 베른협약이 체결되었으며, 비준절차를 거쳐 1887. 12. 5. 발효하였다.[2]

§33-1

---

1 한국저작권위원회, 2009 저작권연감, 61면 참조.
2 이성호, 전게논문, 599면.

2. 베른협약의 변천

§33-2 　베른협약은 성립한 뒤 2회의 추가와 5회의 개정을 거쳐 현재의 파리규정에 이르고 있는데, 이와 같은 추가와 개정은 주로 새로운 저작물 또는 권리의 인정이나 보호수준의 제고를 위해 행하여진 것이었다.

(1) 1886년의 베른협약

§33-3 　독일·프랑스를 중심으로 한 저작자권(the right of author) 체계와 영국을 중심으로 한 저작권(copyright) 체계 사이의 심각한 차이점들로 인해 하나의 통일된 법리에 따른 협정을 체결하는 것이 불가능하게 됨에 따라 위 협약은 이를 절충하려 하였고, 그 결과 위 협약에는 각기 다른 법적 관점들이 혼재하게 되었다. 따라서 내국민대우의 원칙과 최소한의 권리만을 협약에서 규정하였고, 그것으로 하나의 동맹(union)을 결성하였다.[1]

　저작권의 발생요건으로 일정한 방식을 요하는가의 문제에 관하여 최초의 베른협약은 각 동맹국에서 외국저작물에 대한 보호를 위해 그 저작물의 본국에서 규정하고 있는 조건과 방식의 이행을 요구할 수는 있어도 소송이 제기된 나라의 법에서 규정하고 있는 다른 조건이나 방식을 요구할 수는 없도록 하였다. 기본적으로 모든 동맹국의 법원에서 침해에 대한 구제를 받기 위한 조건으로는 저작자의 성명이 저작물에 '관행에 따른 방법으로(in the accustomed manner)' 나타나 있으면 충분하도록 하고, 다만 법원은 필요한 경우에 저작물의 본국에서 요구하는 조건과 방식을 이행하였는가를 알기 위하여 관계당국의 증명서를 요구할 수 있도록 하고 있었다.[2]

(2) 1896년의 파리추가규정

§33-4 　이 추가규정에서는 '최초발행'이라는 개념을 처음으로 도입하였고, 번역권에 대한 규정을 개정하였다. 즉 원래의 협약에서는 저작자가 동맹국 내에서 저작물을 발행한 날로부터 10년간 배타적인 번역권을 가지도록 하였는데, 파리추가규정에서는 위 배타적인 번역권을 저작권의 존속기간 전체를 통하여 인정하되, 다만 어떤 동맹국 내에서 보호를 구하고 있는 어느 언어로의 번역출판

---

1 이렇게 결성된 베른동맹은 다음과 같은 특징을 가진다.
　① 동맹은 모든 국가에게 개방되어 있으므로 어느 국가든지 가입할 수 있다.
　② 동맹은 몇몇 가맹국이 탈퇴한다고 하더라도 그와 상관 없이 독립적인 존재로서 계속 유지된다.
　③ 협약은 기술적 진보나 정치·경제적 발전을 고려하여 정기적으로 개정할 수 있다.
　④ 서로 다른 개정협약에 가입한 국가들도 함께 동맹관계를 맺고, 그들 사이의 저작권관계를 정의할 수 있다.
　⑤ 서로 다른 개정협약을 위하여 각각의 분리된 행정기구는 존재하지 아니하며, 동맹이 법적·행정적·재정적 관점에서 하나의 통일체로서 기능한다.
　S. M. Stewart, *op. cit.*, p. 101.
2 이성호, 전게논문, 601면; S. M. Stewart, *op. cit.*, p. 104.

이 저작권자에 의하여 '최초발행일로부터' 10년 내에 이루어지지 않는 경우에는 그 번역권이 소멸하는 것으로 규정하였다.

이 규정은 또한 보호되는 저작물의 목록에 '사진과 유사한 과정에 의하여 표현된 저작물을 포함하는 사진저작물'을 추가하였다. 한편 이 규정에서부터는 가입국으로 하여금 최초의 베른협약이나 또는 개정된 협약 중 어느 것이든지 선택하여 가입할 수 있도록 하였다.

(3) 1908년의 베를린개정규정

베른협약에 대한 1908년의 베를린개정규정은 저작권의 보호수준에 있어서 상당히 중요한 진보를 달성하였다. 그 주요 내용은 다음과 같다.   §33-5

1) 외국인의 저작물의 보호에 어떠한 방식도 필요하지 않다고 하여 종전에 일정한 경우에 채용되었던 방식주의를 완전히 버리고 무방식주의를 채택하였다.
2) 보호받는 저작물의 범위가 확대되어 무용·무언극·영화·건축물 등이 저작물로서 보호받게 되었다.
3) 음악저작물의 저작권자에게 녹음권을 인정하였다.
4) 번역권에 대한 제한규정을 완전히 없애고 저작권의 전기간을 통하여 보호받게 하였다. 다만, 번역권에 관하여는 구 협약의 적용을 받겠다고 하는 유보선언을 할 수 있도록 하였다.
5) 저작권의 보호기간에 관하여 저작자의 생존시 및 사후 50년이라는 새로운 원칙을 도입하였다. 이 점에 대하여도 유보선언을 할 수 있게 하였다.

(4) 1914년의 베른추가의정서

영국의 제창으로 베른협약의 동맹국국민의 저작물을 적절하게 보호하지 않는 나라에 대하여 상호주의적인 입장에서 보복조치를 취할 수 있도록 허용하였다. 즉 비동맹국국민으로서 동맹국 내에 상시주소를 가지지 아니하고 또한 그 본국이 동맹국저작자의 저작물을 적절한 방법으로 보호하지 아니하면, 동맹국은 위와 같은 비동맹국국민의 저작물이 자국 내에서 최초로 발행된 경우에도 그에 대한 보호의 제한을 결정함으로써 보복할 수 있도록 한 것이다.[1]   §33-6

(5) 1928년의 로마개정규정

로마회의는 새로운 매스미디어의 문제를 취급한 최초의 회의라고 할 수 있다. 이 회의에서 채택된 개정규정은 협약에 의하여 승인된 권리의 보다 안정적인 보장과 발전을 가져왔다. 그 주요 내용은 다음과 같다.   §33-7

1) 저작인격권으로서 우리 법상의 성명표시권 및 동일성유지권과 같은 권리들을 인정하였다.

---

1 이것은 비동맹국국민이 편법으로 자신의 저작물을 베른협약동맹국에서 최초로 발행하는 것을 통해 이른바 '우회적 보호(back-door protection)'를 얻는 것을 차단하기 위한 것이다. 송영식 외 2인, 지적소유권법(상), 육법사, 1998, 133면 이하 참조.

2) 방송권을 저작재산권의 한 내용으로 인정하였다.

3) 공동저작물의 보호기간은 공동저작자 중 최종사망자의 사후 50년까지 미친다는 것을 규정하였다.

4) 1908년의 베를린개정규정에서 도입하였던 특정조항에 대한 '유보' 허용제도를 폐지하였다. 다만, 번역권에 대한 특별유보제도는 폐지되지 않았다.

(6) 1948년의 브뤼셀개정규정

§33-8   1948년 브뤼셀개정회의에서 개정되었다. 저작권의 보호기간을 "저작자의 생존시 및 그 사후 50년"으로 보는 규정을 강행규정으로 하여 보호를 강화하였으며, 희곡이나 음악저작물의 저작자들에게 공연권을 인정하였다. 응용미술 등의 보호에 관한 규정을 포함시켰으며, 추급권을 새로 도입하고, 협약의 해석과 운영에 관한 분쟁은 국제사법재판소(International Court of Justice)에 의하여 해결하도록 하였다.

(7) 1967년의 스톡홀름개정규정

§33-9   브뤼셀개정 이후 1952년에 세계저작권협약이 체결되었고, 제 2 차 대전 이후 독립한 개발도상국가들은 저작권 보호수준의 완화를 요구하였기 때문에 선진국과 개발도상국들 사이의 첨예한 이해대립 속에서 1967년에 스톡홀름에서 74개국의 대표들이 참석한 가운데 외교회의가 열렸다. 이 회의에서는 개발도상국들의 요구를 반영하여 보호기간의 단축과 강제허락제도, 최초발행 10년 이후의 자유로운 번역사용 등을 내용으로 하는 특별규정을 두었으나, 선진국들의 반대로 필요한 수만큼의 동의를 얻지 못하여 그 실체규정은 발효되지 못하였고, 다만 그 일부가 뒤에 나온 파리개정규정에서 채택되었다.

(8) 1971년의 파리개정규정

§33-10   1971년 파리개정회의에서 개정되었다. 이 회의는 세계저작권협약 개정회의와 합동으로 개최되었다. 이 파리개정규정이 현행규정이다. 파리개정규정은 개발도상국들의 입장을 다소 반영하여 저작자들의 번역권이나 복제권, 출판권 등을 제한할 수 있도록 하여 국제저작권 보호 법제를 다소 완화한 점에 특색이 있다. 이하에서는 파리개정규정을 중심으로 설명한다.

Ⅱ. 베른협약의 기본원칙

1. 내국민대우의 원칙과 보호국법주의

§33-11   베른협약은 제 5 조 제 1 항에서 "저작자는 이 협약에 따라 보호되는 저작물에 관하여 본국 이외의 동맹국에서 각 법률이 현재 또는 장래에 자국민에게 부여하는 권리 및 이 협약에 의하여

특별히 승인된 권리를 향유한다"고 규정하고 있다. 이 가운데 "자국민에게 부여하는 권리"라고 한 부분이 바로 내국민대우의 원칙을 보여 주고 있다. 즉 내국민대우의 원칙은 협약에 의하여 저작권 보호를 받는 사람들은 어느 동맹국에서든지 당해 나라의 법이 내국민에 대하여 승인하는 보호를 자신에게도 적용할 것을 요구할 수 있다는 것을 말한다. 즉 외국인도 그가 베른협약 동맹국의 국민이면 내국민과 같은 대우를 받을 수 있게 되는 것이다.

또한 베른협약 제 5 조 제 2 항은 "이 협약과의 규정과는 별도로 저작자의 권리를 보호하기 위하여 주어지는 구제방법은 물론 그 보호의 정도는 오로지 보호가 요구된 국가의 법률의 규율을 받는다"고 규정하고 있다. 이 규정에 대하여는 이견이 전혀 없는 것은 아니지만 국제적으로나 국내적으로 비교적 다수의 견해가 국제적 저작권분쟁과 관련한 준거법의 문제와 관련하여 '보호국법주의'를 선언한 규정으로 보고 있다(자세한 내용은 §39-6 참조).

2. 최소보호의 원칙

위와 같은 내국민대우의 원칙을 취할 때 가장 큰 문제점으로 여겨질 수 있는 것은 어느 동맹국이 자국의 국민에게 적용하는 저작권법에서 지나치게 낮은 수준의 저작권 보호만 인정하고 있는 경우에는 다른 동맹국을 '본국'으로 하는 저작물의 저작자에 대하여 그 나라에서 '내국민대우'를 하더라도 그것이 너무 낮은 수준의 보호이어서 현저히 균형을 잃게 되는 경우가 생길 수 있다는 점이다. 베른협약은 이러한 약점을 보완하기 위하여 협약에서 정하는 일정한 수준의 보호에 대하여는 이를 '최소한도로 요구되는 보호'(=최소보호)라고 하여 모든 동맹국에게 그 적용을 요구하고 있는데, 이를 최소보호의 원칙(principle of minimum protection)이라고 한다. 베른협약 제 5 조 제 1 항에서 "저작자는 이 협약에 따라 보호되는 저작물에 관하여 본국 이외의 동맹국에서 각 법률이 현재 또는 장래에 자국민에게 부여하는 권리 <u>및 이 협약에 의하여 특별히 승인된 권리를 향유한다</u>"고 규정하고 있는데, 그 가운데 밑줄로 표시한 부분이 최소보호의 원칙을 표명한 것이라고 할 수 있다.

§33-12

협약은 오로지 '국제적'인 상황만을 다루므로 동맹국으로 하여금 자기 국민에 대하여 최소한의 보호를 하도록 강제하는 것은 아니고, 오로지 다른 동맹국의 국민인 외국인들에 대하여 최소한의 보호를 하도록 강제하는 것이다. 결국 이것은 내국민대우의 원칙에 비하여 보호범위를 더욱 확장하는 예외의 하나로서, 국내법의 보호정도가 협약에서 요구하는 정도에 미치지 못할 경우에는 외국인을 내국민보다 더 높게 대우하여서라도 그 저작권을 충실히 보호하도록 하는 취지라고 할 수 있다.

이러한 최소보호의 원칙은 보호되는 저작물과 권리의 종류, 보호기간, 권리의 제한 등 여러 가지 방면에 걸쳐 있다. 베른협약은 처음에는 낮은 최소보호에서 출발하여 여러 차례의 개정을 통해 점차 보다 높은 최소보호를 규정하는 방향으로 변천해 왔다.

3. 무방식주의

§33-13   베른협약은 저작권의 발생에 관하여 무방식주의를 취하고 있다.[1] 이것은 저작권의 발생을 위해서는 저작물의 창작으로 족하고, 등록, 납본, 저작권유보의 표시 등 어떠한 방식이나 절차도 필요로 하지 아니하는 원칙이다. 베른협약의 이 원칙도 내국민대우의 원칙에 비하여 보호범위를 확장하는 예외의 하나라고 볼 수 있다. 즉 국내법에서 방식주의를 취하는 나라에서도 베른협약동맹국의 저작물에 대하여는 방식주의를 이유로 보호를 제한할 수 없게 강제하고 있는 것이다. 저작물의 본국에서 자국민에게 일정한 방식을 요구하는 것은 무방하나, 저작물이 본국에서 요구하는 방식을 이행하지 않아 본국에서는 보호받지 못하는 경우라도 다른 베른동맹국에서는 보호를 받게 된다.

4. 예외적 상호주의

§33-14   위에서 본 내국민대우의 원칙은 상호주의(reciprocity)에 의하여 제한될 수 있다. 국제저작권법에서의 상호주의는 실질적 상호주의와 형식적 상호주의로 나누어 볼 수 있다. 실질적 상호주의(material reciprocity)란 A국이 B국의 저작물에 대하여, B국이 자국 내에서 A국의 저작물에 대하여 A국과 실질적으로 동등한 수준의 보호를 부여하는 경우에 한하여 보호해 준다는 원칙이다. 이에 비해 형식적 상호주의(formal reciprocity)란 B국이 자국 내에서 A국의 저작물에 대하여 B국 저작물과 같은 정도의 보호만 부여하면, A국도 B국의 저작물에 대하여 자국저작물과 같이 보호해 준다는 원칙이다. 내국민대우의 원칙을 지도원리로 하는 베른협약에서는 원칙적으로 실질적 상호주의에 반대하고 형식적 상호주의를 채택하고 있다고 할 수 있다. 이러한 형식적 상호주의는 내국민대우의 원칙과 아무런 모순이나 충돌이 없다.

그러나 베른협약에서는 예외적으로 내국민대우의 원칙을 수정하는 의미의 실질적 상호주의를 규정하고 있는 부분이 있는데, 보호기간에 관한 제 7 조 제 8 항에서 "어떠한 경우에도 그 기간은 보호가 요구된 국가의 법률의 규율을 받는다. 다만, 그 국가의 법률에서 다르게 규정하지 아니하는 한 <u>그 기간은 저작물의 본국에서 정한 기간을 초과할 수 없다</u>"고 정하고 있는 것이 그 예이

---

[1] 제 5 조 제 2 항 전문 : "이들 권리의 향유와 행사는 어떠한 방식에 따를 것을 조건으로 하지 아니한다. 그러한 향유와 행사는 저작물의 본국에서의 보호 여부와 관계가 없다"(The enjoyment and exercise of these rights shall not be subject to any formality; such enjoyment and such exercise shall be independent of the existence of protection in the country of origin of the work).

다. 우리 저작권법도 2011. 6. 30.자 개정 저작권법에서 저작권 보호기간을 50년에서 70년으로 연장하면서 여전히 50년의 보호기간만 인정하는 나라 등과의 형평성 문제를 고려하여 제 3 조 제 4 항에서 "제 1 항 및 제 2 항에 따라 보호되는 외국인의 저작물이라도 그 외국에서 보호기간이 만료된 경우에는 이 법에 따른 보호기간을 인정하지 아니한다"고 규정하고 있는데, 이것이 바로 베른협약 제 7 조 제 8 항에 기하여 실질적 상호주의를 규정한 것이다.

다만, 이러한 실질적 상호주의는 이와 같이 협약에 분명한 근거규정이 있는 경우 등에 한하여 예외적으로 인정되는 것이고, 원칙적으로는 위에서 살펴본 보호국법주의 및 내국민대우의 원칙에 따라야 함을 유의하여야 할 것이다.

5. 소급보호의 원칙

베른협약 제18조 제 1 항은 소급보호의 원칙을 규정하고 있다.[1] 이는 조약이 발효되기 전에 창작된 저작물이라 하더라도, 조약발효시에 저작물의 본국에서 보호기간이 만료되어 공중의 영역(public domain)에 속하게 된 것을 제외하고는 모든 저작물에 조약이 적용된다는 원칙이다. §33-15

다만, 베른협약 제18조 제 3 항은 "이 원칙의 적용은 그러한 효과를 갖는 기존의 또는 장래 체결될 동맹국들 사이의 특별협약에 담긴 규정들을 따를 것을 조건으로 한다. 그러한 규정이 없는 경우에는 각 국가가 이 원칙의 자국에서의 적용조건을 규정한다"고 규정하고 있다. 이 규정이 각 동맹국으로 하여금 자국의 여러 가지 사정을 고려하여 소급보호의 절대적인 적용을 완화할 수 있는 여지를 제공하고 있음은 분명하다. 문제는 이 제 3 항의 규정에 의거하여 소급보호의 원칙을 규정한 제 1 항을 배제할 수도 있을 것인가, 그렇지 않으면 그것을 배제할 수는 없고 오직 소급보호의 원칙이 적용될 조건만을 정할 수 있을 것인가에 있다. 전자로 해석하여 베른협약에 가입하면서도 소급보호를 배제한 나라도 있다.[2] 그러나 위 제 3 항의 규정에 따라 전면적으로 소급보호를 배제할 수 있다고 보는 것은 타당하지 않다고 생각된다. 왜냐하면 그렇게 볼 경우 제 1 항에서 소급보호의 원칙을 규정한 취지를 완전히 몰각하게 되며, 문언상으로도 그 원칙의 '적용조건'을 정하도록 한 것에는 원칙을 완전히 배제하는 것은 포함되지 않는 것으로 봄이 상당하기 때문이다. 우리 저작권법 1995. 12. 6. 개정법률 부칙 제 3 조 및 제 4 조의 규정은 위 제 3 항의 규정에

---

1 제18조 제 1 항 : 이 협약은 효력발생 당시에 본국에서 보호기간만료에 의하여 이미 저작권이 소멸된 상태(자유이용상태)에 놓이지 아니한 모든 저작물에 적용된다(The Convention shall apply to all works which, at the moment of its coming into force, have not yet fallen into the public domain in the country of origin through expiry of the term of protection).

2 미국은 베른협약에 가입함에 있어 이 소급보호조약을 국내법으로 배제하였다가 1994년 WTO시행을 위한 개정법에서 1921년 이후에 발행된 저작물에 한하여 소급보호를 인정하였다. 러시아도 1993년에 저작권법을 제정하면서 소급보호를 전면 부정하였는데, 1994년 베른협약에 가입하면서도 소급보호관련 조항을 손질하지 않은 것으로 알려졌다. 최경수, "지적재산권협정과 우리 저작권법의 개정," 계간 저작권, 1996년 봄호, 저작권심의조정위원회, 20면 참조.

대한 정당한 해석에 기초하여 소급보호원칙의 '적용조건'을 규정하고 있는 것으로 볼 수 있다.1

Ⅲ. 저작자와 저작물

1. 저 작 자

(1) 저작자의 개념

§33-16   베른협약에 의하여 보호받는 사람들은 저작자와 그로부터의 권리승계인이다. 그런데, '저작자'의 개념에 관하여는 협약에서 아무런 '정의' 규정을 두고 있지 않다. 그것은 저작자의 개념 규정에 관하여 동맹국들 사이에 큰 입장차이가 있음을 고려한 것이다.2 따라서 저작자에 관한 문제는 베른협약과 관계없이 동맹국들의 국내법에서 규정할 수 있다. 즉 그 국내법에서 예컨대 법인도 저작자가 될 수 있는지, 어떤 경우에 피용인인 저작자의 저작권이 인정되는지 등의 문제를 정할 수 있다.

(2) 협약에 의하여 보호받는 저작자의 범위

§33-17   다만, 베른협약 제3조는 이른바 저작물의 '본국'을 파악하는 문제와 관련하여 보호받는 저작자의 범위를 다음과 같이 규정하고 있다.

1) 저작물의 발행 여부를 불문하고 동맹국의 국민인 저작자
2) 동맹국 내에 거주하는 아무런 국적이 없는 저작자
3) 동맹국의 국민이 아니지만 어느 동맹국 내에 통상적인 거소(habitual residence)를 가진 저작자. 여기서 통상적인 거소라는 개념을 사용하는 것은 각 나라마다 주소의 개념이 다르기 때문이며, 통상적인 거소의 개념은 주소보다 넓은 개념이라고 한다.
4) 동맹국의 국민이 아니지만 그의 저작물이 어느 동맹국에서 최초로 발행되거나 최초로 동시발행된 경우 그 저작자. 여기서 '발행'이라 함은 복제물의 제조방법이 어떠하든간에 저작자의 동의를 얻어 저작물의 성질을 고려하여 공중의 합리적인 수요를 충족시킬 수 있는 수량의 복제물이 제공된 것을 말한다. 연극, 악극, 영화 또는 음악저작물의 실연, 문학적 또는 예술적 저작물의 유선에 의한 전달 또는 방송, 미술저작물의 전시 및 건축저작물의 건조 등은 발행에 해당하지 아니한다.3 그리고 저작물의 최초발행일로부터 30일 이내에 둘 이상의 국가에서 발행된 경우에 그 저작물은 여러 국가에서 동시에 발행된 것으로 본다(제3조 제4항).

베른협약 제4조는 위 제3조의 조건이 충족되지 않는 경우에도 영화저작물의 제작자가 어

---

1 송영식 외 2인, 전게서, 136~137면 참조.
2 프랑스 등에서는 자연인만을 저작자로 인정하는 데 반하여, 영국 등 국가는 법인저작자를 인정하는 등의 중대한 차이가 있었다.
3 이성호, 전게논문, 606면.

느 동맹국에 주사무소나 통상적인 거소를 가지는 경우, 그 영화저작물의 저작자와 어느 동맹국에 세워진 건축저작물 또는 어느 동맹국에 소재한 건물이나 기타 구조물에 포함된 다른 예술저작물의 저작자에게도 협약상의 보호를 부여한다고 규정하고 있다(제 4 조).

권리승계인에 대하여 협약은 아무런 제한을 두고 있지 아니하므로 보호받는 저작자로부터 권리를 양수한 사람은 동맹국의 국민이 아니더라도 보호를 받게 된다.

(3) 저작자의 추정

한편 베른협약은 제15조에 저작자의 추정에 관한 규정을 두고 있다. 즉 저작자가 일반적인 방법으로 저작물에 그의 이름을 표시하면 다른 반증이 없는 한 저작자로 추정되어 동맹국 내에서 침해소송을 제기할 자격을 가지며, 이것은 그 이름이 가명인 경우에도 그 가명이 저작자를 나타내는 것으로서 의심이 없으면 마찬가지로 적용된다(제15조 제 1 항). 또한 영화적 저작물에 일반적인 방법으로 그의 성명이 표시되어 있는 개인 또는 법인은 반증이 없는 한 그 영화적 저작물의 저작자로 추정된다(제15조 제 2 항). 무명저작물 및 위 1항에서 규정한 가명저작물 이외의 가명저작물의 경우에 저작물에 그의 성명을 표시한 발행자가 반증이 없는 한 저작자를 대표하는 것으로 간주되며, 그 자격에 있어서 발행자는 저작자의 권리를 보전 및 행사할 수 있다. 이것은 저작자가 자신이 그 저작물의 저작자임을 분명히 하고 그의 신원을 증명한 때에는 적용되지 아니한다(제15조 제 3 항).

§33-18

이와 관련하여 베른협약은 이른바 민속저작물(folklore)[1]에 대한 규정을 두고 있다. 제15조 제 4 항 (a)에서 저작자의 신원이 알려지지 않았지만 저작자가 어느 동맹국의 국민으로 추정하는 데 충분한 이유가 있는 미발행의 저작물인 경우에 저작자를 대표하고, 또한 그 동맹국에서 저작자의 권리를 보전 및 행사하기 위한 자격이 주어진 관계기관을 지정하는 것은 그 동맹국의 법률로 정한다고 규정하고 있는 것이 그것이다. 이 규정에서는 민속저작물이 저작물로서 보호받기 위한 조건으로 ① 미발행의 저작물일 것, ② 저작자의 신원이 알려지지 않고 불분명할 것, ③ 그 미지의 저작자가 동맹국의 국민이라고 추정하는 데 충분한 이유가 있을 것 등 세 가지를 규정하고 있는 셈인데, 이러한 조건이 충족된 경우에는 당해 동맹국이 법률에 의하여 지정한 기관은 무명저작물의 발행자(위 제 3 항)와 같이 모든 동맹국에서 저작권의 보전과 행사를 할 수 있으며, 저

---

1 민간전승(民間傳承)이라고도 하며, 민화·민요·민속악기 또는 민속무용 등으로서 토착의 공동체에서 확인되지 않는 다수의 사람들에 의하여 구전되어 보전되어 오던 것을 말하는 것이며, 오늘날 알제리·오스트레일리아·쿠바 등 10여개 국가에서 이를 저작물로 보호하고 있다. 이를 보호하는 국가 중에는 주로 후진국이 많다고 할 수 있다. 따라서 이에 관한 협약 제15조 제 4 항의 규정도 1967년 스톡홀롬개정회의에서 후진국들의 요구에 의하여 도입된 것이다. 당시 후진국들이 베른동맹에서 집단적인 탈퇴를 선언하고 있었으므로 그것을 무마하기 위하여 협약의 부속서(후술하는 개발도상국을 위한 특례규정)와 함께 도입한 것이다. 허희성, 베른협약축조개설(파리규정), 일신서적출판사, 1994, 159면.

작물에 대한 소송도 제기할 수 있다.1

그리고 그러한 기관을 지정한 동맹국은 일반적인 통고방법에 따라 WIPO 사무총장에게 통고하여야 하며, 그 통고에는 지정기관에 대한 충분한 정보가 포함되어야 하고, 사무총장은 그 정보를 다른 동맹국에 통보한다(제15조 제4항 (b)).

2. 저 작 물

§33-19   베른협약은 '저작물'의 개념에 대하여도 분명한 정의규정을 두고 있지 아니하고, 다만 베른협약의 보호대상인 "문학적 및 예술적 저작물(literary and artistic works)"의 긴 목록을 나열하고 있다. 즉 문학적 및 예술적 저작물이란 그 표현의 형태나 방식이 어떠하든간에 문학·과학 및 예술의 범위에 속하는 모든 저작물을 말하며, 여기에는 서적, 소책자 및 기타문서, 강의·강연·설교 및 기타 같은 성격의 저작물, 연극 또는 악극저작물, 무용저작물과 무언극, 가사가 있거나 또는 없는 작곡, 영화와 유사한 과정에 의하여 표현된 저작물을 포함하는 영상저작물, 소묘·회화·건축·조각·판화 및 석판화, 사진과 유사한 과정에 의하여 표현된 저작물을 포함하는 사진저작물, 응용미술저작물, 도해·지도·설계도·스케치 및 지리학·지형학·건축학 또는 과학에 관한 3차원저작물과 같은 문학·학술 및 예술의 범위에 속하는 모든 저작물이 포함된다고 규정하고 있다(제2조 제1항).

저작물 일반이나 특정한 범주의 저작물에 대하여 유형적인 형태로 '고정'될 것을 보호의 요건으로 할 것인지는 각 동맹국이 자국의 입법으로 정할 수 있도록 하였다(제2조 제2항).

번역, 각색, 편곡 기타 개작물이나 소재의 선택 또는 배열에 독창성이 있는 백과사전이나 선집 등 편집저작물은 원저작물 또는 구성요소인 저작물의 권리를 해치지 않는 범위 안에서 저작물로 보호된다(제2조 제3항·제5항).

위에서 든 저작물은 협약 자체에 의하여 각 동맹국의 입법 여부와 관계없이 보호의 대상이 되는 것이나, 특정한 범주의 저작물은 각 동맹국이 국내입법으로 보호를 부정하거나 보호에 예외를 두는 것이 가능하다. 입법·행정·사법적 성격의 공문서와 그 공식번역물, 정치적 연술(政治的 演述)이나 재판과정에서의 연술(演述) 등이 이에 해당한다(제2조 제4항).

응용미술저작물(works of applied art) 및 산업디자인(industrial design), 모형(model)에 관한 법률의 적용범위와 그러한 저작물, 의장 및 모형이 보호되는 조건은 동맹국의 입법으로 정할 수 있다(제2조 제7항). 본국에서 의장과 모형으로만 보호되는 저작물은 다른 동맹국에서도 의장과 모형에 부여하는 특별한 보호를 받는다. 다만, 그 동맹국에서 의장법 등에 의한 특별한 보호를 하지

---

1 허희성, 상게서, 1994, 160면.

않는 경우에는 위 응용미술저작물 등은 예술적 저작물로서 보호된다.

시사보도나 단순히 언론보도의 성격을 가지는 기타 사실에 대하여는 협약상의 보호를 부여하지 아니한다(제 2 조 제 8 항).

Ⅳ. 저작권의 내용

1. 저작인격권

베른협약은 로마규정에서부터 제 6 조의2 제 1 항에서 "저작자는 저작재산권과 독립하여, 그리고 그 양도 후에도 저작물의 저작자라고 주장할 권리 및 그 저작물과 관련하여 그의 명예나 명성을 해치는 왜곡·삭제·수정 또는 기타 훼손행위에 대하여 이의를 제기할 권리를 가진다"고 규정하여 저작인격권을 인정하고 있다. 이들 권리는 우리 저작권법상의 성명표시권과 동일성유지권에 해당한다고 볼 수 있다. 우리 법상의 공표권과 같은 권리는 협약에 규정되어 있지 않다. 저작자의 사후에도 저작인격권은 적어도 저작재산권이 소멸할 때까지 존속한다(제 6 조의2 제 2 항). §33-20

저작인격권의 침해에 대한 구제방법은 보호를 구하고 있는 동맹국의 국내법에 위임되어 있다(제 6 조의2 제 3 항).

2. 저작재산권

베른협약에서 규정하고 있는 저작재산권에는 번역권·복제권·공연권·방송권·공술권·2차적저작물작성권·녹음권·영화화권·추급권 등이 있다. 이들 권리는 다음의 3가지 유형으로 분류해 볼 수 있다. §33-21

(1) 모든 동맹국이 예외 없이 인정해야 하는 권리

(가) 번역권(the translation right)

저작자가 그의 저작물에 대하여 배타적인 번역권을 가진다(제 8 조)는 것은 베른협약의 기본원칙의 하나로서, 이 권리의 행사가 국제저작권관계에 있어서 현실적으로도 가장 중요한 의미를 가진다. 이 권리는 1886년 협약에서는 10년간 보호되었고, 1896년 파리추가규정에서는 번역권은 다른 권리와 마찬가지로 보호받으나 10년 내에 적법한 번역물이 발행되지 않으면 그 국가에서의 번역권은 소멸한다고 하는 이른바 '10년 유보규정'을 두었다. 1908년 베를린개정규정에서부터는 저작자가 원저작물의 전보호기간 동안 배타적인 번역권을 가지게 되었으나, 번역권에 관하여는 1896년의 파리추가규정의 적용을 받겠다고 하는 유보선언을 할 수 있도록 하였다. §33-22

위와 같은 유보선언을 하여 번역권을 제한하는 나라에 대하여는 실질적 상호주의에 의한 제재가 가능하다. 즉 다른 동맹국들은 그러한 나라에 대하여 유사한 방법으로 번역권의 보호를 제한할 수 있다.

번역권은 우리 저작권법상 2차적저작물작성권에 포함되어 있다.

(나) 복제권(the reproduction right)

§33-23　동맹국들의 국내법상으로는 다양한 방법에 의한 저작물의 복제권이 저작자나 그 권리승계인의 기본적인 권리이었음에도 불구하고 비교적 최근까지 협약에서는 아무런 명문규정을 두지 않고 있었다. 그런데 기술의 발달과 함께 음반, 라디오방송, 복사기에 의한 복제 등의 기술적 복제가 문제됨에 따라 협약에서 명문으로 저작자의 복제권과 이에 대한 예외 등을 규정할 필요가 절실하게 되었다. 그리하여 1967년의 스톡홀름개정규정에서 처음으로 복제권에 관한 규정을 도입하였고, 이는 1971년의 파리개정규정에서 그대로 채택되었다.

저작자는 그 방법 또는 형식을 불문하고 저작물의 복제를 허락할 배타적인 권리를 가진다(제9조). 복제의 개념에는 저작물의 모든 물질적 고정, 한 개 또는 여러 개의 복제품으로의 모든 제작 등이 다 포함된다고 할 것이나, 협약상으로는 그 개념에 대하여 아무런 설명이 없다. 단지 녹음이나 녹화도 복제에 해당한다는 규정이 있을 뿐이다(제9조 제3항). 복제권의 제한에 대하여는 동맹국의 입법에 유보되어 있으나 복제를 허용하여도 저작물의 정상적 사용에 저촉되지 아니하고, 저작자의 정당한 이익을 불합리하게 저해하지 않는 일부 특정한 경우일 것을 조건으로 한다(제9조 제2항).[1]

(다) 공연권(the public performance right)

§33-24　다른 저작자들에게는 앞서 본 번역권이나 복제권이 중요하지만, 극작가나 작곡가에게는 공연권이 무엇보다 중요하다. 따라서 베른협약은 연극·악극·음악저작물의 저작자들은 어떠한 수단 또는 방법이든지 불문하고, 그들의 저작물을 공연하거나 그 공연을 공중에게 전달하는 것을 허가할 배타적인 권리를 가진다고 규정하고 있다(제11조).

협약에서는 공연의 의미를 정의하고 있지 않으나 "어떠한 수단이나 방법이든지 불문한다"는 표현에 비추어 그 개념은 매우 넓게 해석하여야 한다고 본다.[2]

1　제9조 제2항의 영어원문은 다음과 같다. "It shall be a matter for legislation in the countries of the Union to permit the reproduction of such works in certain special cases, provided that such reproduction does not conflict with a normal exploitation of the work and does not unreasonably prejudice the legitimate interests of the author."

2　이성호, 전게논문, 610면.

(라) 공개낭독권(the public recitation right)

어문저작물의 저작자들은 어떠한 수단 또는 방법에 의하든지 불문하고 그들의 저작물을 공 §33-25
중 앞에서 낭송하는 등의 이른바 공개낭독권을 가진다(제11조의3).

우리 저작권법에는 공개낭독권을 따로 규정하고 있지 않으나, 공연의 정의에 낭독이 포함되
어 있다(제 2 조 제 3 호).[1]

(마) 2차적저작물작성권(the right of adaptation)

저작자는 그의 저작물의 각색·편곡 기타 개작을 허락할 배타적인 권리를 가진다(제12조). 2차 §33-26
적저작물을 이용하려는 사람은 원저작물의 저작자와 2차적저작물의 저작자 모두의 동의를 얻어
야 한다.

(바) 영화화권(the film(cinematographic) right)

저작자는 저작물의 영화적 각색과 복제 및 그와 같이 각색되거나 복제된 저작물의 배포, 그 §33-27
와 같이 각색되거나 복제된 저작물의 공개실연 및 유선에 의한 공중에의 전달 등을 허가할 배타
적인 권리를 가진다(제14조 제 1 항). 뒤에서 보는 강제허락제도 등의 제한은 영화화권에 대하여는
인정되지 않는다(제14조 제 3 항).

영화화권도 우리 저작권법상 별도로 규정되어 있지 않지만, 우리 법상의 2차적저작물작성권
에 포함되는 것으로 본다.

(2) 모든 동맹국이 인정해야 하나 강제허락이 가능한 권리

(가) 방 송 권

방송기술의 발달에 따라 1928년의 로마개정규정에서 처음으로 방송권에 관한 규정이 도입되 §33-28
고, 1948년의 브뤼셀개정규정에서는 이를 보다 상세히 규정하였다.

저작자는 저작물을 방송하는 것 또는 기호·음·영상의 무선송신을 수단으로 하여 공중에 전
달하는 것을 허가할 배타적인 권리를 가진다(제11조의2 제 1 항). 또한 방송된 저작물을 원래의 방
송기관이 아닌 다른 기관이 유선 또는 재방송에 의해 공중에 전달하는 것과 방송된 저작물을 확
성기 또는 기호, 음, 영상을 전하는 기타 유사한 기구를 이용하여 공중에 전달하는 것에 대한 배
타적인 허가권을 가진다.

동맹국은 방송권의 행사에 일정한 조건을 부과할 수 있으나, 이는 그 나라의 영토 내에서만
적용되고, 어떠한 경우에도 저작자의 인격권이나 정당한 보수를 받을 권리를 해치지 않아야 한다
(제11조의2 제 2 항). 방송권을 허가받은 경우에도 방송된 저작물을 녹음 또는 영상녹화의 장치를

---

1 허희성, 전게서, 127면.

이용하여 기록하는 것을 허가한 것은 아닌 것으로 본다. 다만, 방송사업자가 자체의 시설에 의하여 자신의 방송물에 사용하기 위해 만드는 일시적 기록물에 대한 규율은 동맹국의 입법에 위임되어 있다(제11조의2 제 3 항).

(나) 녹 음 권

§33-29 　음악저작물 기타 기계적 녹음방식으로 녹음될 수 있는 저작물의 저작자는 녹음권을 가진다(제13조 제 1 항). 이에 대하여도 강제허락제도가 허용된다. 그러나 녹음권에 대한 제한은 그 나라의 영토 내에서만 인정되며, 강제허락제도가 저작자의 정당한 사용료청구권까지 제한할 수 있는 것은 아니다. 어느 한 동맹국에서는 적법하게 만들어진 복제물이더라도 이해당사자의 허락 없이 그와 같은 복제를 불법으로 보는 다른 동맹국으로 위 복제물을 수입하는 경우 이를 압류할 수 있다(제13조 제 3 항).

　녹음권도 우리 저작권법에 별도로 규정되어 있지 않지만, 이는 '복제권'의 한 내용으로 포함된다.

(3) 인정 여부가 동맹국법령에 유보된 권리

§33-30 　베른협약에서 그 인정여부 자체를 동맹국법령으로 정할 수 있도록 규정한 권리로는 현재 '추급권(droit de suite)'이 있다. 이 권리는 미술저작물의 원작품이나 작가 또는 작곡가의 원고에 대하여 저작자(그의 사후에는 국내법이 정한 자연인이나 단체)가 그 원작품이나 원고의 최초판매 후 행하여지는 매매이익으로부터 일정비율액 등을 분배받을 수 있는 권리를 말하며, 이 권리는 양도의 대상이 될 수 없게 되어 있다(제14조의3 제 1 항).

　추급권에 관하여는 실질적 상호주의가 채택되어 저작자가 속한 국가의 입법으로 그와 같이 허용한 경우에, 그리고 이 보호가 주장되는 국가가 허용하는 범위 내에서만 각 동맹국에서 주장될 수 있고(제14조의3 제 2 항), 추급권에 의한 매매이익의 징수절차와 금액은 국내입법에 맡겨져 있다(제14조의3 제 3 항).

Ⅴ. 보호기간

§33-31 　베른협약이 규정하는 저작권의 보호기간은 저작자의 생존시기 및 그 사후 50년간이다(제 7 조 제 1 항). 이 규정은 1948년의 브뤼셀규정에서부터 강행규정이 되었으므로, 모든 동맹국은 외국인의 저작물을 그 생존기간 및 사후 50년 동안 보호하여야 한다. 다만, '영상저작물'의 경우에는 그 보호기간을 저작물이 저작자의 동의를 얻어 일반인에게 이용가능하게 된 때로부터, 만약 제작일

로부터 50년 이내에 그런 일이 없는 경우에는 제작일로부터 50년간으로 규정할 수 있다(제7조 제 2항). 익명 또는 가명의 저작물의 보호기간은 그 저작물이 적법하게 공중의 이용에 제공된 때로 부터 기산하여 50년간이다(제7조 제3항). 저작자가 익명이나 가명을 쓴 경우에도 그가 누구인지 에 관하여 의심을 남기지 않는 경우에는 1항의 보호기간이 적용되며, 익명 또는 가명의 저작물의 저작자의 신원이 위 기간 내에 밝혀진 경우에도 1항의 보호기간이 적용된다. 그 저작자가 죽은 지 50년이 되었다고 추정하는 것이 합리적인 익명 또는 가명의 저작물은 보호하지 않아도 된다. 사진저작물과 응용미술저작물의 보호기간은 각 동맹국의 입법으로 정할 수 있으나 적어도 그러 한 저작물이 작성된 때로부터 25년 이상이어야 한다(제7조 제4항). 물론 베른동맹국이 위 1항 등 의 기간보다 더 긴 보호기간을 정하는 것은 허용된다(제7조 제6항).

위의 각 보호기간은 역년주의(曆年主義)에 의하여 계산하는바, 저작자가 사망하거나 저작물을 작성한 그 다음해 1월 1일부터 기산한다(제7조 제5항). 공동저작물인 경우에는 마지막으로 사망 한 저작자의 사망시를 기준으로 하여 위의 보호기간을 산정한다(제7조의2).

VI. 저작권에 대한 제한[1]

베른협약은 저작권에 대한 제한으로 '인용'과 교육목적의 설명을 위한 저작물이용, 신문과 정 §33-32 기간행물 기사의 복제, 방송사업자의 일시적 녹음·녹화 등을 들고 있다.

1. 인 용

이미 적법하게 공중에 제공된 저작물을 인용하는 것은 그것이 공정한 관행(fair practice)에 합 §33-33 치되고, 목적상 정당한 범위를 넘지 않는 경우에는 허용된다(제10조 제1항).

1) 저작물이 이미 적법하게 공중에 제공되었어야 하므로 미공표저작물이거나 사적인 범위 내에서 제공된 저작물은 제외된다. 여기서 '저작자의 동의를 얻어'라는 표현이 아니라, '적법하게' 라는 표현을 사용한 것은 저작자가 불분명한 민속저작물이나 저작자의 허락 없이 강제허락제도 에 의하여 공중에게 제공된 경우를 포함하기 위한 것이다.

2) 인용이 공정한 관행에 합치하는가에 관하여는 최종적으로 법원이 판단할 문제이나, 인용 의 길이, 인용된 저작물과 인용한 저작물에서 인용된 부분이 각 차지하는 비율 등이 판단기준이 될 것이다.

3) 인용의 범위는 목적에 의하여 정당화되는 범위를 넘어서는 안 된다. 목적의 범위를 넘는

---

1 복제권의 제한에 대하여는 위 IV. 2. (나) 참조.

지 여부도 저작물의 종류나 저작물의 사용목적 등에 따라 법원이 최종적으로 판단할 문제이다.[1]

2. 교육목적의 설명을 위한 저작물의 이용

§33-34 　목적상 정당화되는 범위 내에서 교육을 위하여 저작물을 도해로서 발행, 방송 또는 녹음이나 녹화에 사용하도록 허락하는 것은 동맹국의 입법이나 동맹국들 사이의 특별협정에 의해 정할 수 있다(제10조 제2항). 그러나 이 경우에도 그러한 사용은 공정한 관행에 합치되어야 한다.

　위 제1항·제2항에 따라 저작물이 이용되는 경우에는 그 출처와 이용된 저작물에 저작자의 성명이 나타나면, 그 성명을 명시하여 이를 인용 또는 이용하여야 한다(제10조 제3항).

3. 신문과 정기간행물 기사의 복제

§33-35 　시사문제에 관하여 신문이나 정기간행물에 발행된 기사 및 같은 성격의 방송저작물이 언론에 의하여 복제 또는 방송되거나 유선으로 공중에 전달되는 것을 허용할지 여부는 그와 같은 복제, 방송 또는 전달이 명시적으로 금지되어 있지 않는 한 동맹국의 입법에 맡긴다. 다만, 출처는 항상 분명하게 밝혀 주어야 한다(제10조의2 제1항). 동맹국의 입법으로 정하여야 복제가 허용되는 것이지 그와 같은 입법규정도 없이 협약에 의하여 자유로운 복제가 허용되는 것은 아니다.

　사진·영화·방송 또는 유선에 의한 공중에의 전달을 통하여 시사사건을 보도하고자 하는 목적으로 그 사건의 과정에서 보이고 들리는 문학적 또는 예술적 저작물을 보도의 목적상 정당화되는 범위 내에서 복제하고 공중에 제공하는 것도 동맹국의 입법으로 결정할 수 있다(제10조의2 제2항).

4. 방송사업자의 일시적 녹음·녹화

§33-36 　방송사업자가 자체 시설에 의하여 자기 방송을 위한 경우에는 저작물을 일시적으로 녹음·녹화할 수 있는 권한을 그 방송사업자에게 부여할 수 있도록 동맹국의 입법에 맡기고 있다(제11조의2 제3항).

5. 강제허락제도

§33-37 　강제허락(compulsory license)이라 함은 저작권자와 그 이용희망자 사이에서 당해 저작물이용에 대한 협의가 이루어지지 아니하는 경우, 저작권자에 대하여 권한 있는 행정청이 공익상의 필요에 따라 그 저작물이용을 강제하는 것을 뜻한다.

---

1 이성호, 전게논문, 612~613면.

베른협약이 위와 같은 제도를 방송권과 음악저작물의 녹음권에 대해 동맹국의 법률로 일정한 요건하에 정할 수 있도록 규정하고 있음은 위에서 살펴본 바와 같다. 또한 베른협약은 그 부속서 제 1 조에 개발도상국에 대한 특례규정으로서 목적·기간·전제조건 등의 엄격한 제한하에 번역권과 복제권에 대한 강제허락을 할 수 있도록 하는 규정을 두고 있다.[1]

Ⅶ. 기 타

베른협약의 행정적인 업무는 공업소유권의 보호를 위한 파리조약과 마찬가지로 WIPO의 국제국에서 수행하며(제24조), 동맹국간의 분쟁은 당사국의 협의나 중재에 의하여 해결되지 않을 때는 국제사법재판소에 제소할 수 있다(제33조 제 1 항).   §33-38

제3절 세계저작권협약

Ⅰ. 성립과 개정

1. 세계저작권협약의 성립

베른협약이 채택한 무방식주의 원칙(§33-13)은 미국의 저작권법체계와는 큰 괴리가 있었으므로 국제저작권관계에 있어서 중요한 나라의 하나인 미국이 오랫동안 이에 가입하지 아니하였고, 아메리카대륙의 여러 나라들은 이와 별도로 몇 개의 지역적인 다자간 조약을 체결하여 저작권관계를 규율하였다. 한편 베른협약은 개정을 거듭하면서 선진국들의 입장에 치우쳐 보호의 수준이 점차 높아져 왔으므로 많은 개발도상국들은 그 가입을 꺼리게 되었다. 이러한 이유로 제 2 차 세계대전 이전부터 더욱 많은 나라가 참여할 수 있는 새로운 국제저작권협약을 성립시키려는 노력이 있어 오다가 제 2 차 대전이 끝난 후 유네스코(UNESCO)의 주관하에 그 노력이 본격화되어 1947년부터 1951년까지 네 차례에 걸친 전문가회의에서 새로운 협약의 초안이 마련되었다.   §34-1

위 초안을 기초로 하여 1952년 8월 18일부터 9월 6일 사이에 제네바에서 열린 50개국 대표들의 외교회의에서 세계저작권협약(Universal Copyright Convention; UCC로 약칭됨)이 체결되어 1955년 9월 6일 발효되게 되었다. 세계저작권협약은 베른동맹국이 아닌 나라들에 중점을 두어 만들어

---

1 자세한 내용은 허희성, 전게서, 238면 이하 참조.

졌다.

베른협약과의 관계에서는 UCC 제17조에 관한 부속선언으로 이른바 베른안전규정(Berne Safeguard Clause)을 두었다. 이것은 베른협약과 UCC에 동시에 가입한 나라가 1951년 1월 1일 이후에 베른협약을 탈퇴하는 경우 그 나라의 저작물은 원래 UCC에 의한 보호대상이 되더라도 베른동맹국 내에서는 그 UCC에 의한 보호마저도 받을 수 없도록 하고, 베른협약과 UCC에 동시에 가입하고 있는 나라들 사이에 있어서는 베른동맹국 저작물에 관한 한 UCC의 적용이 배제되도록 한 것이다.[1]

방식주의의 문제에 있어서는 ⓒ기호를 표시하기만 하면 된다는 입장을 취하였고, 보호의 수준을 베른협약보다는 낮게 그리고 추상적으로 규정함으로써 보다 많은 나라의 가입을 유도하였다.

2. 1971년 파리개정

§34-2   1952년 UCC의 성립 이후 개발도상국들은 베른안전규정의 폐지와 교육분야에서의 복제권 및 번역권의 제한을 허용할 것을 주장하여 보호의 강화를 추구해 온 선진들의 입장과 충돌·대립하여 한때 국제저작권제도를 위기로까지 몰고 갔으나, 결국 개발도상국의 요구를 부분적으로 수용하는 것으로 타협을 이루게 되어 1971년 파리국제회의에서 베른협약과 함께 UCC도 개정되었다.

그 주요 내용을 보면 ① 유엔총회의 확립된 관행에 의하여 개발도상국으로 간주되는 국가는 베른안전규정의 적용을 배제함으로써 베른협약을 탈퇴하고 UCC에 의하여 저작권관계를 규율할 수 있도록 허용하였고, ② 번역권과 복제권에 관하여 개발도상국들은 보다 완화된 조건으로 강제허락제도를 이용할 수 있게 된(베른협약 파리개정규정상의 개발도상국을 위한 특례규정과 같은 내용이다) 대신, ③ 저작권자에게 부여되는 최소한도의 권리에 복제권·방송권 및 공연권이 추가되었다.

3. 세계저작권협약의 적용범위

§34-3   오늘날은 TRIPs가 베른협약을 국제저작권 보호의 기본적 틀로 수용함에 따라 세계저작권협약의 의의와 중요성이 대폭 하락하였다. 특히 베른동맹국 사이의 관계에 있어서 위에서 본 '베른안전규정'에 따라 베른협약이 UCC에 대하여 우선권을 향유한다. 따라서 현재 남아 있는 UCC의 실제적 효과는 UCC에는 가입하였으나 베른협약에는 가입하지 아니한 나라들 사이의, 또는 이들 국가와의 저작권관계에 국한된다.[2]

---

1 이성호, 전게논문, 615면.
2 김대순, 국제경제법론, 삼영사, 1998, 170면.

Ⅱ. 세계저작권협약의 내용

1. 저 작 물

UCC에서는 보호받는 저작물로서 어문저작물·음악·연극·영화저작물·회화·판화·조각 등 §34-4
을 포함하는 "문학적·과학적 및 예술적 저작물(literary, scientific and artistic works)"을 규정하고 있
다(제1조). 위 7가지 항목은 예시적인 것이므로, 그 외의 다른 저작물을 보호하는 것을 배제하는
것은 아니다.

2. 저 작 자

체약국국민의 저작물은 최초발행지가 어디인지 불문하고 보호되며, 체약국 국민이 아닌 저작 §34-5
자의 저작물은 체약국 내에서 최초로 발행된 경우에만 보호된다(제2조 제1항·제2항). '국민'과
'저작자'의 개념은 보호가 요구되는 나라의 법에 따라 결정하여야 한다는 것이 통설이다.[1] 한편
체약국은 국내법으로 그 나라에 주소를 가지고 있는 사람을 자국민과 동등하게 대우할 수 있다
(제2조 제3항).

UCC에는 보호받는 저작자와 관련하여 저작물의 최초발행일부터 30일 이내에 둘 이상의 국
가에서 발행된 경우, 그 저작물이 여러 나라에서 동시에 발행된 것으로 본다는 베른협약 제3조
제4항과 같은 동시발행에 관한 규정이 없다. 따라서 비체약국의 국민의 저작물이 비체약국에서
최초로 발행되고, 체약국에서 그로부터 30일 이내에 발행된 경우라 하더라도 UCC상으로는 보호
받지 못한다.

3. 보호의 수준

각 체약국은 저작자나 기타 저작재산권자의 권리에 대하여 "적절하고 효과적인 보호(the §34-6
adequate and effective protection)"를 부여하여야 한다(제1조). UCC는 베른협약과 달리 보호의 수
준을 구체적으로 자세하게 규정하지 않고 위와 같은 추상적인 규정만 두고 있어 각 체약국이 부
여하는 보호의 정도에 있어 베른협약에 비해 편차가 심한 문제가 있지만, 그것이 개발도상국들의
가입을 유도하는 측면으로 작용하기도 하였다. 물론 UCC에서 명시적으로 정한 보호받는 저작물
의 종류, 보호기간, 최소한의 보호내용 등은 다음에서 보는 '최소보호의 원칙'에 따라 각 체약국
이 이를 준수하여야 한다.

---

1 이성호, 전게논문, 617면.

4. 내국민대우의 원칙과 최소보호의 원칙

§34-7   UCC도 베른협약과 마찬가지로 내국민대우의 원칙과 최소보호의 원칙을 채택하고 있다(제2조 제1항·제2항). 1952년의 UCC에서는 내국민대우의 원칙만 규정하였다가 1971년의 개정시에 "협약에 의하여 특별히 부여된 보호를 받는다"고 명시하여 최소보호의 원칙을 함께 규정하였다.

5. 보호의 조건 — ⓒ 표시

§34-8   UCC는 저작권의 보호요건으로 이른바 ⓒ표시를 요구하고 있다. 저작권의 보호요건과 관련하여 그보다 엄격한 방식주의를 채택하고 있는 국가들도 UCC에 의하여 보호하는 외국인의 저작물에 대하여는 ⓒ표시만 저작재산권자의 성명 및 최초발행연도와 함께 저작권을 주장할 수 있는 적당한 방법과 위치에 표시되어 있으면 보호하도록 하였다(제3조 제1항). 방식주의국가와 무방식주의국가를 연결시키기 위하여 저작권 보호의 모든 조건·방식을 ⓒ표시만으로 단순화시킨 것이다.

여기서 '저작자'의 성명이 아니라 '저작재산권자'의 성명을 표시하도록 한 것은 저작물을 이용하려는 자가 누구에게 허락을 얻어야 하는지를 알 수 있도록 하기 위한 취지이다.[1] 다만, 위 규정은 UCC에 의하여 보호되는 저작물로서 자국 외에서 최초발행되고 저작자가 자국민이 아닌 경우에 한하여 적용되므로, 자국 내에서 최초로 발행된 저작물이나 자국민이 발행한 저작물에 대하여는 다른 일정한 방식을 요구할 수 있다(제3조 제2항).

그리고 외국인의 저작물에 대하여도 사법적(司法的)인 권리구제를 요구하는 자에게 국내의 변호사를 선임하여야 한다든가, 법원 등에 저작물의 복제본을 제출하라는 등의 절차상의 요건을 요구하는 것은 무방하다(제3조 제3항 본문). 다만, 이러한 절차상 요구의 불이행이 저작권의 효력에 영향을 미치는 것은 아니어야 하며, 자국민에게는 그러한 요건을 부과하지 않으면서 다른 체약국의 국민에게만 그것을 요구하는 것은 허용되지 아니한다(제3조 제3항 단서).

UCC에서 ⓒ표시를 요구하는 것은 방식주의를 택한 나라에 있어서의 보호에 관한 것이므로 무방식주의를 택하고 있는 나라에서는 ⓒ표시 여부에 관계 없이 다른 체약국의 저작물을 보호하게 된다. 또한 ⓒ표시가 요구되는 것은 발행저작물에 한하기 때문에 미발행의 저작물은 어떠한 방식을 이행하지 않아도 보호된다(제3조 제4항).

---

1 이성호, 전게논문, 619면.

6. 보호기간

(1) 최소보호기간

　원칙적으로 UCC에 의하여 보호되는 저작물의 보호기간은 저작자의 생존기간 및 사후 25년　§34-9
보다 짧아서는 아니된다(제 4 조 제 2 항 (a)). 다만, 어느 체약국이 협약가입효력발생일 당시 어떤 종
류의 저작물에 대한 보호기간을 저작물의 최초발행일부터 기산하는 것으로 규정한 경우에는 이
를 계속 유지할 수 있다. 또 협약효력발생 당시 저작자의 생존을 기준으로 기간을 산정하지 아니
하는 나라는 그 보호기간을 저작물의 최초발행일이나 또는 발행에 앞선 저작물의 등록일로부터
기산하는 것도 허용되는데, 이 경우에도 그 보호기간은 25년 이상이어야 한다(제 4 조 제 2 항 (b)).
보호기간을 둘 이상으로 정하고 있는 경우에는 최초의 보호기간이 위 최소한의 보호기간 이상이
면 된다(제 4 조 제 2 항 (c)).

　사진저작물이나 응용미술저작물에 대하여는 위의 원칙이 적용되지 않는다. 다만, 사진저작물
이나 응용미술저작물을 예술적 저작물로서 보호하는 체약국에서는 이들에 대한 보호기간이 10년
이상이어야 한다(제 4 조 제 3 항).

(2) 단기간보호의 원칙

　UCC도 내국민대우의 원칙(형식적 상호주의)을 기본으로 채택하고 있고 실질적 상호주의(§33-14　§34-10
참조)는 원칙적으로 인정하지 않지만, 이에 대한 한 가지 예외로서 베른협약과 마찬가지로 보호기
간에 있어서의 상호주의를 채택하고 있다. 즉 각 체약국은 그 저작물의 종류에 대하여 저작물의
본국에서 부여하는 보호기간보다 더 긴 보호기간을 부여할 의무가 없다는 이른바 단기간보호의
원칙(the rule of the shorter term)을 인정하고 있는 것이다.

　비교의 대상이 되는 저작물의 본국은 저작물의 발행 여부에 따라 다르다. 미발행저작물의 경
우에는 저작자가 국민으로 속한 체약국의 보호기간과 비교하고, 발행된 저작물인 경우에는 그것
이 체약국 내에서 최초로 발행된 경우에는 그 최초로 발행된 체약국의 보호기간과 비체약국 내에
서 최초로 발행된 경우에는 그 저작자가 국민으로 속한 체약국의 보호기간과 각 비교하여 그보다
더 긴 기간 동안 보호할 의무를 지지 않는다(제 4 조 제 4 항 (a)). 체약국이 둘 이상의 보호기간을 인
정하는 경우에는 그 합산한 기간을 보호기간으로 한다(제 4 조 제 4 항 (b)). 다만, 두 번째 이후의 기
간 동안 어떠한 이유로건 당해 국가의 보호를 받지 않게 되는 경우에는 다른 체약국도 두 번째
이후의 기간에는 그 저작물을 보호할 의무를 지지 아니한다.

　단기간보호의 원칙의 적용상 둘 이상의 체약국에서 동시에 발행된 저작물은 가장 짧은 보호

기간을 부여하는 체약국에서 최초로 발행된 것으로 본다(제4조 제6항). 또 최초발행일부터 30일 이내에 둘 이상의 체약국에서 발행된 저작물은 이들 체약국에서 동시에 발행된 것으로 본다.

체약국이 국내법으로 위 원칙을 입법화하지 않은 경우에도 직접 UCC에 의하여 단기간보호의 원칙을 적용할 수 있는가에 관하여는 학설의 대립이 있지만, 협약문언상 다른 규정에서와는 달리 국내입법에 맡기는 규정을 두고 있지 않고 있는 점 및 형식적 상호주의에 입각한 내국민대우의 원칙에 대한 하나의 예외로서 실질적 상호주의를 채용한 위 단기간보호원칙의 도입취지 등에 비추어 볼 때 별도의 국내입법 없이도 위 원칙을 적용할 수 있다고 보는 것이 타당하다.[1]

7. 저작권의 내용과 그 제한

§34-11   베른협약과 달리 UCC에서는 저작인격권은 인정되지 않는다. 1971년의 파리개정 당시 저작인격권을 저작자의 기본적인 권리로 인정하고자 하는 움직임이 있었으나 미국을 비롯한 여러 나라의 국내법이 이를 인정하지 아니하고 있다는 이유로 그러한 제안은 받아들여지지 아니하였다. 다만, 1952년의 UCC에서는 저작재산권 중에서도 번역권만을 인정하고 있었는데, 1971년의 파리개정으로 저작자는 복제권·공연권 및 방송권을 포함하여 경제적 이익을 확보할 기본적인 권리를 가진다고 명문화하였다(제4조의2 제1항).

각 체약국은 국내법에 의하여 위 기본적인 권리에 대하여 협약의 정신 및 규정에 반하지 아니하는 한 예외를 인정할 수 있는데, 그러한 예외를 정하는 체약국은 예외가 규정된 각 권리에 대하여 합리적인 수준의 효과적인 보호를 부여하여야 한다(제4조의2 제2항).

한편 UCC에서는 번역권과 복제권에 관하여 강제허락제도를 인정하고 있다. 즉 저작물이 어느 체약국에서 일정한 기간 동안 번역·발행되지 않거나 복제물이 배포되지 않은 경우에는 저작권자와의 일정한 교섭노력을 거친 후 국제관행에 따른 보상을 하고 저작물을 이용할 수 있다(제5조 제2항). 그러나 이는 교육·학술연구목적만을 위해 인정되는 것이며, 그 국내에서만 비독점적으로 이용할 수 있을 뿐이다. 개발도상국들은 보다 완화된 요건하에 강제허락제도를 이용할 수 있다(제5조의2 내지 4).

8. 소급효의 불인정

§34-12   UCC는 보호가 요구되는 체약국에서의 협약효력발생일에 그 체약국에서 영구히 공유로 된 저작물이나 이미 소멸된 권리에 대하여는 적용되지 아니한다(제7조). 즉 UCC는 베른협약과는 달리 소급효를 인정하지 아니하고 있다.

---

1 이성호, 전게논문, 623면.

보호가 요구되는 체약국 내에서의 법적 보호상황만이 기준이 되며, 다른 나라에서의 보호 여부는 전혀 고려되지 아니한다. 보호가 요구되는 체약국에서의 효력발생일이란 체약국이 협약가입 문서를 기탁한 날로부터 3개월 후이다. 우리나라는 1987. 7. 1. 가입문서를 기탁하였으므로 우리 나라에서의 효력발생일은 1987. 10. 1.이다. 저작물이 어떠한 이유로 보호받지 못하였던가는 문제되지 아니한다. 저작권의 보호기간의 만료, 방식주의국가에서의 방식의 불이행, 번역의 자유를 인정하는 것과 같은 저작물 내의 어느 특정권리의 불인정, 외국저작물보호에 관한 국제협약에의 미가입 등 이유 여하를 막론하고 이미 체약국 내에서 공유(公有)로 된 저작권은 보호받지 못한다.1

우리나라의 구 저작권법은 세계저작권협약의 위와 같은 불소급효규정에 따라 그 제 3 조에서 "당해 조약발효일 이전에 발행된 외국인의 저작물은 보호하지 아니한다"는 단서규정을 두고 있다가 WTO/TRIPs에 따른 1995. 12. 6. 개정법에서 이를 삭제하였다.

제4절 로마협약2

I. 연 혁

저작인접권의 국제적 보호를 위한 논의는 1908년의 베른협약에 관한 베를린개정회의에서부터 시작되어 1961년 로마에서 열린 '인접권조약외교회의'에서 "실연자·음반제작자 및 방송사업자를 위한 국제협약(International Convention for the Protection of Performers, Producers of Phonograms and Broadcasting Organization)"이 체결되었으며, 1964. 5. 18. 이 협약이 발효되었다. 우리나라는 2008. 12. 18. 이 협약에 가입하였다.   §35-1

II. 로마협약의 내용

1. 내국민대우의 원칙과 최소보호의 원칙

로마협약도 내국민대우의 원칙(§33-11 참조)을 채택하여 각 체약국은 자국민인 실연자나 음반제작자, 자국 내에 주사무소를 가진 방송사업자에게 자국법에 의하여 부여하고 있는 것과 같은   §35-2

---

1 이성호, 전게논문, 624면.
2 인접권조약이라고도 부른다.

보호를 다른 체약국에서 행하여진 실연이나 다른 체약국의 국민인 음반제작자의 음반 등에 부여하도록 하고 있다(제 2 조). 또한 뒤에서 보는 바와 같은 보호의 내용 등을 최소한도의 요구로 규정하여 내국민대우의 원칙을 보완하는 '최소보호의 원칙'(§33-12 참조)을 채택하고 있다.

2. 보호의 대상

(1) 실   연

§35-3   실연이란 저작물을 연기·가창·낭독·웅변 등의 방법으로 표현하는 것을 말하며, 우리 저작권법과 달리 저작물이 아닌 것을 예능적인 방법으로 표현하는 것은 협약상의 실연에 포함되지 아니한다(제 3 조 (a)). 실연자에게 내국민대우가 부여되기 위해서는 다음의 조건 중 하나를 충족하여야 한다(제 4 조).

① 실연이 다른 체약국에서 행하여진 경우
② 실연이 협약에 의하여 보호받는 음반에 수록된 경우
③ 음반에 고정되어 있지 않는 실연이 협약에 의하여 보호받는 방송에 의하여 송신된 경우

(2) 음반제작자

§35-4   음반이란 실연의 소리 또는 기타 소리를 청각적으로만 고정한 것을 말한다(제 3 조 (b)). 따라서 영상과 음이 동시에 고정된 것은 제외된다. 음반제작자에게 내국민대우가 부여되기 위해서는 다음의 조건 중 하나를 충족하여야 한다(제 5 조).

① 음반제작자가 다른 체약국의 국민인 경우
② 음의 최초고정이 다른 체약국에서 행하여진 경우
③ 음반이 다른 체약국에서 최초발행된 경우

(3) 방송사업자

§35-5   방송이란 공중이 수신하도록 무선에 의하여 소리 또는 영상과 소리를 송신하는 것을 말하며(제 3 조 (f)), 우리 저작권법과 달리 유선방송은 제외된다. 방송사업자에게 내국민대우가 부여되기 위해서는 다음의 조건 중 하나를 충족하여야 한다(제 6 조).

① 방송사업자의 주된 사무소가 다른 체약국에 있는 경우
② 방송이 다른 체약국에 있는 송신기로부터 송신된 경우

3. 보호의 내용

(1) 실연자의 보호

실연자에게는 실연자의 동의 없이 실연을 방송 또는 공중에 전달하는 것이라든가, 고정되지 §35-6
않은 실연을 고정하는 행위, 실연의 고정물을 복제하는 행위 등을 금지할 '가능성(the possibility of
preventing)'이 부여된다(제 7 조). 따라서 반드시 실연자에게 배타적인 재산적 권리를 부여할 필요
는 없으며, 부정경쟁방지, 인격권의 보호, 형법 등에 의하여 위와 같은 행위를 금지시키는 것만으
로도 협약상의 요구조건을 충족시킨다. 한편, 로마협약은 실연을 시각매체 또는 시청각매체에 고
정하는 것으로부터도 실연자를 보호하도록 규정하고 있는 점에서, 단지 '음반에의 고정'을 문제삼
는 TRIPs 등과 다르다.

(2) 음반제작자의 보호

음반제작자는 그의 음반을 직접 또는 간접으로 복제하는 것을 허락하거나 금지할 권리를 향 §35-7
유하며(제10조), 다음에서 보는 2차 사용에 대하여 정당한 보수를 받을 권리를 가진다. 배포권에
관하여는 국내법에 유보한 것으로 해석되며, 음반의 방식에 관하여는 ⓟ표시와 최초발행연도 및
음반제작자 또는 제작권자의 성명의 표시 등을 요구하고 있다(제11조).

(3) 방송사업자의 보호

방송사업자는 ① 방송의 재방송, ② 방송의 고정, ③ 방송을 동의 없이 고정한 물건 등의 복 §35-8
제, ④ 입장료를 받고 TV방송을 공중에 전달하는 것 등을 허락하거나 금지할 수 있는 권리를 가
진다(제13조).

4. 음반의 2차 사용

음반의 2차 사용이란 상업용 음반을 방송이나 공중전달에 사용하는 것을 말하는데, 이것을 §35-9
어떻게 규율할 것인가 하는 것이 로마회의에서 최대의 초점이 되었다.

결국 제12조에서 "상업목적을 위하여 발행된 음반 또는 이와 같은 음반의 복제물이 방송 또
는 공중에의 전달에 직접 사용될 경우에는 정당한 단일보수(single equitable remuneration)가 사용
자에 의하여 실연자 혹은 음반제작자 또는 이 양자에게 지급되지 않으면 안 된다. 당사자간에 협
약이 없을 경우에 있어서의 이 보수의 지급기준은 국내법령으로 정할 수 있다"고 규정하였다.

5. 보호기간, 불소급효, 분쟁의 해결

§35-10   저작인접권자의 권리의 최소한의 보호기간은 고정이나 실연, 방송이 행하여진 때로부터 20년간이다(제14조). 다만, 로마협약은 협약의 효력발생 전에 체약국에서 얻은 권리를 해하지 않으며, 효력발생일 전에 이루어진 실연이나 방송 또는 고정된 음반에 관하여는 구속력이 없다(제20조).

체약국 사이의 분쟁을 협의에 의하여 해결할 수 없는 경우에는 국제사법재판소의 결정에 의하도록 하였다(제30조).

제5절   음반협약[1]

Ⅰ. 성립경위

§36-1   1960년대 이후 복제기술의 급속한 발달과 더불어 음반의 무단복제가 성행하자 이를 방지하기 위하여 1971. 10. 29. 스위스의 제네바에서 "음반의 무단복제로부터 음반제작자를 보호하기 위한 협약(Convention for the Protection of Producers of Phonograms against Unauthorized Duplication of their Phonograms)"이 채택되어 1973. 4. 18. 발효되었다. 이 협약은 로마협약이 다수가입국을 확보하지 못한 등의 사유로 현실적으로 음반해적판의 횡행을 방지하는 데 큰 도움을 주지 못함에 따라 일종의 '응급조치'로서 마련된 협약이라고 할 수 있다.[2]

이 협약은 내국민대우의 원칙이나 최소보호의 원칙에 관한 규정을 가지지 아니한 특징이 있으며, 전문 및 13개조의 비교적 간단한 내용을 담고 있다. 우리나라는 이 협약에 1987. 7. 10. 가입하여 3개월 후인 같은 해 10. 10.부터 효력이 발생하게 되었다.

Ⅱ. 내   용

1. 보호의 대상

§36-2   보호의 대상은 저작인접권자 중에 음반제작자에 한한다. 음반제작자란 실연의 음 또는 기타

---

1 레코드협약 또는 제네바협약이라고도 부른다.
2 송영식 외 2인, 전게서, 148면.

의 음을 최초로 고정한 자연인 또는 법인을 말한다(제1조 (b)). 각 체약국은 음반제작자의 동의 없는 복제물의 작성과 그러한 복제물의 수입(공중에의 배포를 목적으로 작성또는 수입된 경우에 한한다) 및 그러한 복제물의 대중에의 배포를 금지하여야 한다. 공중에의 배포란 음반의 복제물 또는 그 일부분을 직접 또는 간접으로 일반공중에게 제공하는 모든 행위를 말하며(제1조 (d)), 제공(offer)이란 양도는 물론 대여를 포함하고 상업적 내지 영리적인 목적이 있을 것을 요건으로 하지는 아니한다.

음반에 고정되어 있는 실연의 실연자가 받는 보호의 범위와 조건은 체약국의 국내법으로 정한다(제7조 제2항).

2. 보호의 기준

(1) 원칙 — 국적주의

원칙적으로 음반제작자의 국적을 기준으로 하여 보호한다(제2조). 음반제작자가 법인이나 기타 단체인 경우에는 그 주된 사무소가 있는 곳을 기준으로 하여 보호하며, 음반제작자가 그 권리를 양도한 경우에도 양수인의 국적을 기준으로 하는 것이 아니라 원래의 음반제작자를 기준으로 하여야 한다.　§36-3

(2) 예　　외

예외적으로 고정지주의를 채택할 수 있다(제7조 제4항). 즉 조약성립일 이전에 최초고정지만을 기준으로 하여 음반제작자를 보호하고 있던 체약국은 WIPO 사무총장에게 기탁된 통고에 의하여 최초고정지주의를 적용한다는 것을 선언할 수 있다. 그러나 최초발행지주의는 인정되지 않는다.　§36-4

3. 보호의 조건

보호의 조건으로 방식의 이행을 필요로 하는 나라에 대하여는 로마협약과 마찬가지로 ⓟ표시를 하여야 한다. 즉 공중에게 배포되는 음반의 모든 복제물이나 그 용기에 ⓟ표시를 음반제작자의 성명, 최초발행연도를 함께 표시하면 방식을 이행한 것으로 간주된다.　§36-5

4. 보호의 수단

음반협약은 음반제작자에게 어떠한 권리를 부여하는 것이 아니며, 내국민대우의 원칙을 규정하고 있지도 않다. 체약국은 ① 저작권, ② 다른 특별한 권리의 부여, ③ 부정경쟁방지에 관한 법, ④ 형벌규정 중 하나 이상의 방법으로 국내법에 의하여 음반제작자를 보호하기만 하면 된다.　§36-6

5. 보호의 제한

§36-7 　음반제작자를 보호하기 위한 방법으로 저작권 기타 특별한 권리를 부여하는 방법, 형벌에 의한 보호를 택하고 있는 체약국은 저작물의 제한규정과 같은 종류의 제한을 음반제작자의 보호에 관하여 규정할 수 있다. 다만, 강제허락은 별도의 요건이 충족되어야 한다(제6조).

6. 보호기간

§36-8 　체약국의 국내법에 위임되어 있으나 최소한 음이 최초로 고정된 연도의 말 또는 음반이 최초로 발행된 연도의 말로부터 20년 이상 보호해야 한다(제4조).

7. 소급효의 불인정

§36-9 　체약국은 협약효력발생일 이전에 고정된 음반에 대하여 이 협약을 적용할 것을 요구받지 아니한다(제7조 제3항).

제6절　TRIPs의 저작권조항

Ⅰ. TRIPs의 성립

§37-1 　기존의 "관세 및 무역에 관한 일반협정(The General Agreement on Tariffs and Trade : GATT)" 체제를 대신하여 향후 국제무역질서의 새로운 파수꾼이 될 '세계무역기구(The World Trade Organization)', 즉 WTO를 출범시키는 "WTO 설립협정"의 부속협정[1] 가운데 하나로 "위조상품의 교역을 포함한 무역관련 지적재산권협정(The Agreement on Trade Related Aspects of Intellectual Property Rights, Including Trade in Counterfeit Goods)"(이하 'TRIPs 협정' 또는 TRIPs라고 한다)이 1995. 1. 1. 발효하였다.[2]

---

[1] WTO 설립협정에는 지적재산권·농산물·원산지·기술장벽·서비스교역 등 17개 분야에 관한 다자간 무역협정과 민간항공기·국제낙농 등의 4개 분야에 관한 복수국간협정 등 총 21개의 협정이 부속서로 첨부되어 있다.

[2] TRIPs 협정을 포함한 WTO 설립협정은 1995. 1. 1. 발효하였다. 그러나 TRIPs 협정은 모든 회원국에게 같은 협정이 발효된 날로부터 1년, 개발도상국은 추가의 4년의 기간 동안 같은 협정에 따른 의무를 이행하지 아니하여도 무방하다고 하여 일종의 적용유예기간을 인정하고 있으므로(65조 제1항·제2항), 선진국의 경우라 하더라도 그 실질적인 효력발생일은 1996. 1. 1.이 된다. 이상 정상기, "WTO/TRIPs 협정과 외국인저작물의 국내법상 지위," 계간 저작권, 1996년 봄호, 26면 참조.

TRIPs 협정은 그 명칭이 시사하는 것처럼 지적재산권의 보호문제를 무역 문제와 연계시키려는 점에 특색이 있다.

다자간 협상에서 이러한 방법이 일종의 전략적 무기로 이용되기 시작한 것은 1980년대 중반 들어 '산업재산권보호를 위한 파리협약'을 개정하기 위한 WIPO의 노력이 무산된 이후부터라고 한다.

이처럼 다자간 협상에서도 지적재산권의 문제가 무역문제와 연계됨에 따라 지금까지 지적재산권의 국제적 보호에 관한 문제를 거의 전적으로 주관하고 있던 WIPO의 주도권이 약화되고 GATT가 그 주도권을 가지기 시작했으며, 이러한 양상은 1986년에 우루과이 라운드가 출범하면서 가시화되었다.

이러한 현상이 일어나게 된 배경으로는 첫째 기존의 지적재산권관련 국제협약들이 첨단과학 기술의 급속한 발전이라는 현대적인 상황을 제대로 수용할 수 없었다는 것과 둘째 지적재산권의 국제적 보호에 관하여 주도권을 행사해 온 WIPO가 그 자체의 구조적·기능적인 문제로 인하여 다자간 협약의 개정 등 현안을 해결하는 것이 불가능하게 되었다는 것을 들 수 있다.

특히 베른협약을 개정하고자 하는 WIPO의 노력이 지지부진하게 된 가장 큰 이유는 수적으로 다수를 점하는 개발도상국들이 선진국시장의 접근허용, 관세인하, 기술이전 등의 반대급부가 없는 한 자신들의 국가이익에 득이 되지 아니하는 '의무부담'만을 하지는 않으려고 하여 선진국들과 타협이 잘 이루어지지 않은 점에 있었다.

이처럼 무역문제와 연계되지 아니하는 한 지적재산권문제를 현실적으로 해결할 수 없게 되자 오직 지적재산권문제만을 다룰 수 있는 WIPO 차원의 협상은 벽에 부딪히게 되었고, 이러한 상황을 인식한 미국의 주도하에 1986년의 "Punta del Este" 회의에서 지적재산권의 문제를 무역 문제와 연계시켜 GATT/UR 협상의 정식의제로 채택하게 되었다.

그러나 협상 초기부터 선진국과 개발도상국 사이에는 소위 지적재산권의 '남북문제'로 기본적인 의견대립이 있었다. 즉 선진국은 TRIPs 협상의 기본적 방향을 기존의 관련국제조약의 최저 보호수준을 기준으로 이를 보다 강화시키는 소위 '국제협약 Plus' 접근방식을 주장하면서 저작권 분야에서도 개발도상국들이 베른협약의 준수와 아울러 컴퓨터 소프트웨어와 데이터베이스 등의 보호의무를 준수할 것을 요구한 반면, 개발도상국들은 협상의 대상범위를 축소하고 보호기준을 하향조정할 것을 주장하였고 분쟁해결에 있어서도 GATT보다 WIPO를 선호하는 대립을 보였다. 협상이 진행하면서 '남북대립'에 있어서는 개발도상국들이 선진국의 입장을 기본적으로 수용하는 쪽으로 매듭이 지워졌으나, EC측이 미국과 입장차이를 보이는 한편, 미국은 또 일본과 입장차이를 보임으로써 남북의 대립이 북북의 대립(선진국간의 대립)으로 변화되었다.

결국 8년여의 우여곡절 끝에 1993년 12월 UR 협정의 일괄타결과 함께 UR/TRIPs 협정이 탄생하였고, 1994년 4월의 "Marrakesh" 협정에 따라 WTO/TRIPs 협정으로 정식발효하게 된 것이다.

Ⅱ. TRIPs 협정과 저작권의 보호

1. TRIPs 협정의 기본원칙

(1) 내국민대우의 원칙

§37-2   협정 제 3 조 제 1 항은 "모든 회원국은 …베른협약(1971), 로마협약…이 각기 규정하고 있는 예외규정을 조건으로 지적재산권보호에 관하여 자국민에게 인정하는 것보다 '불리하지 아니한(no less favorable)' 대우를 다른 회원국의 국민에게도 부여하여야 한다"고 하여 이른바 '내국민대우의 원칙'을 선언하고 있다.

(2) 최혜국대우의 원칙

§37-3   협정 제 4 조는 "지적재산권의 보호와 관련하여 어느 한 회원국이 다른 회원국의 국민에게 인정한 이익·혜택·특권 또는 면책은 즉시 그리고 무조건적으로 다른 모든 회원국의 국민에 대해서도 인정되어야 한다"고 규정하여 최혜국대우의 원칙(The Most-Favored-Nation Treatment : MFN 원칙)을 천명하고 있다.

다만, TRIPs 협정의 MFN 원칙은 ① 사법공조 또는 지적재산권의 보호와 직접 연관성이 없는 일반법률의 집행과 관련된 국제협약에 따른 특혜, ② 베른협약 및 로마협약이 내국민대우의 원칙과 무관하게, 예컨대 개발도상국에 대한 특례규정에 따라 인정하는 특혜, ③ TRIPs 협정이 규정하지 아니한 실연자·음반제작자·방송사업자의 권리와 관련된 특혜, ④ WTO 협정이 발효하기 이전에 이미 발효한 지적재산권보호에 관한 국제협약에 따른 특혜 등에 대하여는 적용되지 아니한다(협정 제 4 조 단서).

(3) 최소보호의 원칙

§37-4   TRIPs 제 1 조 제 1 항 후문은 TRIPs 회원국은 그 보호가 TRIPs에 위배되지 아니할 것을 조건으로 "자국의 국내법을 통해 이 협정에 의하여 요구되는 것보다 더 광범위한 보호를 실시할 수 있다"는 원칙을 천명하고 있다. 이것은 TRIPs 역시 다른 저작권협약과 마찬가지로 최소보호의 원

---

1 다만, 이러한 협정은 "TRIPs 위원회"에 통보되어야 하며, 다른 회원국의 국민을 자의적으로 또는 부당하게 차별하는 것이어서는 아니된다(제 4 조 (d) 단서).

칙(§33-12 참조)을 채택하고 있음을 말해 준다.

(4) 권리소진의 문제

TRIPs 협정은 권리소진의 문제(§13-56 이하 참조)에 관하여는 정면으로 규정하지 아니하고, 회   **§37-5**
원국이 이 문제를 자유롭게 결정할 수 있도록 하였다(협정 제 6 조 참조).

2. 저작권 보호에 관한 실체적 규정

(1) 베른협약과의 관계

TRIPs협정은 이른바 'Bern Plus' 접근 방식에 따라 기본적으로 베른협약의 실체적 규정을   **§37-6**
모두 그 자신의 내용으로 편입하면서 추가로 첨단과학기술의 급속한 발전에 대응하여 저작권을
보다 두텁게 보호하기 위한 규정들을 두고 있다. 즉, TRIPs 제 9 조 제 1 항에서 "회원국은 베른협
약(1971년)의 제 1 조에서 제21조까지 및 그 부속서를 준수한다. 그러나 회원국은 동 협약의 제 6
조의2에 의하여 허여된 또는 그 규정으로부터 발생한 권리와 관련하여 어떠한 권리나 의무를 가
지지 아니한다"고 규정하여, 저작인격권에 관한 규정(제 6 조의2)만 제외하고 베른협약의 실체적 규
정들에 대한 준수의무를 회원국들에게 부여하고 있다.

(2) 저작권의 보호범위

TRIPs 협정은 "저작권의 보호는 표현에는 적용되나, 아이디어·절차·운용방법 또는 수학적   **§37-7**
개념 자체에는 적용되지 아니한다"고 하여(제 9 조 제 2 항) 아이디어와 표현의 이분법(§3-29 이하 참
조)을 명확히 선언하고 있다.

(3) 컴퓨터 프로그램과 데이터베이스의 보호

TRIPs 제10조 제 1 항은 컴퓨터 프로그램(computer programs)은 원시코드(source code)와 목적   **§37-8**
코드(object code)를 불문하고 모두 베른협약상의 어문저작물로서(as literary works under the Berne
Convention, 1971) 보호되어야 한다고 규정하고 있다. 이것은 컴퓨터프로그램을 일반저작물보다
낮은 수준으로 보호하는 입법을 할 자유를 회원국들로부터 박탈하는 의미를 내포하고 있다.

협상과정에서 소프트웨어보호의 범위와 관련하여 인터페이스(interface)의 보호 여부, 프로그램
언어, 규칙, 해법 등의 배제 등이 거론되었으나, 이들 사항은 모두 최종협정문에 포함되지 않았다.

그리고 TRIPs 제10조 제 2 항은 "자료 기타 소재의 편집물(compilations of data or other material)
은 기계판독이 가능한 형태로 된 것이건 다른 형태로 된 것이건 관계없이 그 소재의 선택과 배열
에 창작성이 있는 한 보호하여야 한다"고 규정하고 있다. 이 규정은 컴퓨터로 읽을 수 있는 형태
의 데이터베이스보호를 분명히 한 것이다.

(4) 저작인격권보호의 결여

§37-9   위에서 본 바와 같이 TRIPs 제 9 조 제 1 항의 첫번째 문장은 베른협약(1971) 제 1 조에서 제 21조까지와 그 부속서를 협정의 내용에 편입하고 있지만, 그 두 번째 문장에서는 다시 그 중 저 작인격권보호에 대한 부분을 제외하기 위하여 "그러나 회원국들은 이 조약 제 6 조의2¹에 의거하 여 부여되거나 이 규정으로부터 발생한 권리와 관련하여 '이 협정 하의' 어떠한 권리나 의무도 갖 지 아니한다"고 명시하고 있다. '이 협정 하의(under this agreement)', 즉 TRIPs 하의 권리 또는 의 무에 대하여만 적용되므로, 저작인격권과 관련하여 베른협약 자체로부터 발생하는 TRIPs 회원국 들의 의무는 영향을 받지 않고 남아 있다는 결론에 이른다. 이 제한규정은 이미 베른협약가입 당 시 저작인격권 개념에 대한 배척을 표명한 미국 측의 요구로 삽입된 것이다.²

(5) 대 여 권

§37-10   TRIPs 제11조에 의하면 "적어도 컴퓨터 프로그램이나 영상저작물에 관한 한 회원국은 저작 자 또는 그 승계인에게 저작물의 원본 또는 복제품을 일반인들에게 상업적으로 대여하는 것을 허 가하거나 금지할 수 있는 권리를 부여하여야 한다"고 규정하고 있다. 여기서 저작물의 원본 또는 복제품을 대여하는 것을 허가하거나 금지할 수 있는 권리가 바로 대여권(rental rights)이다. 위 규 정에 따라 TRIPs 회원국은 대여권을 인정하여야 한다.

그러나 이 대여권에는 그 대상과 내용에 따른 일정한 제한이 있다. 첫째, TRIPs 제11조에 언 급된 대여권의 대상은 "'적어도' '컴퓨터프로그램'과 '영상저작물'"이다. 따라서 TRIPs 회원국은 최 소한도 컴퓨터프로그램과 영상저작물과 관련해서는 대여권을 인정하여야 하지만, 다른 종류의 저 작물에 대하여 반드시 대여권을 인정할 의무는 없다. 둘째, TRIPs에서 규정하는 대여권은 그 내 용에 있어 '일반인들에 대한 상업적 대여'에 국한되어 있다. 셋째, 어떤 TRIPs 회원국 내에서 "'영 상저작물'의 대여가 '저작자와 그 권리승계인에게 당해 회원국에서 부여된 배타적인 복제권을 실 질적으로 침해하고 있는 그러한 저작물의 광범위한 복제(widespread copying)를 초래하지 아니하 는 경우," 당해 회원국은 대여권을 부여할 의무로부터 면제된다. 이것은 실제에 있어 비디오 테이 프 등의 대여는 무시못할 정도의 복제활동을 야기하지는 않을 수 있음을 고려한 것이다.³ '컴퓨 터프로그램'과 관련하여서는 TRIPs 회원국은 "프로그램 자체가 대여의 본질적인 대상(the essential object of the rental)이 아닌 경우의 대여"에 대하여는 대여권을 인정할 의무가 없다. 이 예외는 예 를 들어 컴퓨터프로그램을 포함하고는 있지만, 그러한 프로그램이 단지 하나의 부속품에 불과하

---

1 저작인격권의 보호를 규정한 조문이다.
2 이상 김대순, 전게서, 182~184면 참조.
3 우리 저작권법은 이러한 예외규정을 고려하여 저작권법에 영상저작물에 대한 대여권을 규정하지 않고 있다.

고 주요 구성부분은 아닌 자동차 등에 적용된다.

대여권에 관한 위 규정들은 영상저작물에 대한 대여권 인정에 반대하였던 미국의 입장과도 약간 다른 것으로서, EU·미국·일본·홍콩·싱가포르 등 여러 국가의 상충되는 의견이 절충된 것이라고 할 수 있다.1

(6) 보호기간

TRIPs 제12조에 의하면 저작권의 최소보호기간은 자연인의 수명을 기준으로 계산하는 경우 §37-11 를 제외하고는 항상 저작물의 승인된 발행의 역년의 말일로부터, 만약 저작물이 그 제작 후 50년 내에 발행되지 아니한 경우에는 그 제작연도의 말일로부터 50년이다. 다만, 사진저작물(photo-graphic works)과 응용미술저작물(works of applied art)은 이 규정에서 제외된다. TRIPs 제12조는 '법인저작'(우리 법상의 '업무상 저작물'(§10-1 이하 참조))을 인정하는 국가들에게 있어서 실제적인 의미를 가지게 될 것이다.

위에서 본 바와 같이 베른협약이 규정하는 저작권의 보호기간은 기본적으로 저작자의 생존 시기 및 그 사후 50년간인바(제7조 제1항), TRIPs가 제9조 제1항 첫번째 문장에서 최소보호기간에 관한 동 조약 제7조를 포함해서 개정된 베른협약의 실체적 규정들을 수용하고 있으며, 또한 TRIPs 제10조 제1항은 컴퓨터 프로그램도 베른협약에 따라 보호하고 있다는 사실을 고려하면, TRIPs 제12조의 실제적인 의의는 크지 않다고 볼 수 있다. 다만, '익명으로' 발행된 '자료편집'(데이터베이스)들은 베른협약에 의하여 보호받지 못하고 있는 것으로 본다면, TRIPs의 이에 대한 저작권 보호와 관련하여서는 TRIPs 제12조가 실제적인 의미를 가질 수 있다.

(7) 저작권제한의 엄격화

TRIPs 제13조는 저작권 등 배타적 권리의 제한과 예외에 관하여 규정하고 있다. 즉 TRIPs §37-12 회원국은 이러한 제한과 예외를 "저작물의 정상적 사용과 저촉되지 아니하고, 권리자의 정당한 이익을 불합리하게 저해하지 아니하는 일부 특별한 경우"로 한정하여야 한다.2 이 규정의 문언은 복제권의 제한에 관하여 규정하고 있는 베른협약 제9조 제2항(§33-23 참조)을 모델로 하고 있지만, 복제권뿐만 아니라 다른 모든 권리의 제한에 적용될 수 있다는 점에서 이 역시 '베른-플러스' 요소로서 저작권의 제한을 더욱 엄격하게 하는 규정이라고 할 수 있다. 즉 TRIPs의 위 규정은 상응하는 국내법규정뿐만 아니라 베른협약의 다른 제한규정들에 대해서도 우선한다.3

---

1 자세한 것은 이철, 컴퓨터범죄와 소프트웨어보호, 박영사, 1995, 285면 참조.
2 이것은 저작권의 제한규정을 두기 위하여 '3단계 테스트(three step test)'(§14-8 및 §14-219 이하 참조)를 거칠 것을 요구하고 있는 규정이다.
3 김대순, 전게서, 187면.

(8) 실연자·음반제작자 및 방송사업자의 보호

§37-13　　TRIPs는 저작인접권의 보호에 관한 다자간 협약인 로마협약과 관련하여서는 그 협약의 계속적인 유효성을 명시적으로 보장하는 규정만 두고 있을 뿐[1] TRIPs 보호의 한 기준으로서 그것의 실체적 규정을 수용하지는 않았다. 베른협약에 대한 태도와 대조를 이루는 TRIPs의 이 같은 태도는 로마협약이 국제적으로 승인받고 있는 정도가 베른협약에 비하여 훨씬 떨어진다는 사실에 연유하는 것이다.

이처럼 로마협약은 TRIPs에 편입되지 않았으므로 TRIPs에서 '로마플러스 접근방식(Rome-plus approach)'은 찾아볼 수 없다. TRIPs는 기존의 어떤 다른 국제협약에도 의존하지 않고 독자적으로 실연자·음반제작자 및 방송사업자의 보호에 관한 규율을 하고 있는 것이다.

즉 TRIPs 제14조는 저작인접권자에게 다음과 같은 최소권리(minimum rights)를 부여하고 있다.

(가) 실연자의 권리

§37-14　　실연을 음반에 고정하는 것과 관련하여 실연자는 자신의 고정되지 아니한 실연을 음반에 고정하거나 그 고정물을 복제하는 행위, 그리고 자신의 생실연을 무선으로 방송하거나 대중에게 전달하는 행위가 자신의 허가 없이 이루어지는 경우 이를 금지할 권리를 가진다(제14조 제 1 항). 이 규정은 기본적으로 로마협약 제 7 조 제 1 항 (a)~(c)에 상응하는 것이긴 하지만, TRIPs에서는 자신의 생실연을 고정할 실연자의 권리가 음반이라는 매체에 국한되어 있는 데 반하여, 로마협약은 이 권리를 '시각매체(visual carriers)'와 '시청각매체(visual and sound carriers)'에 고정하는 것에까지 확대하고 있는 점 및 로마협약상으로는 '금지할 가능성'만 부여하였음에 반하여 TRIPs는 배타적 권리로서 인정하고 있는 점에 차이가 있다. 실연자에게 인정되는 이러한 권리의 최소보호기간은 실연이 고정되거나 이루어진 연도의 말로부터 50년이어서(제14조 제 5 항), 로마협약상의 최소보호기간인 20년을 훨씬 능가하고 있다.

(나) 음반제작자의 권리

§37-15　　TRIPs 제14조 제 2 항에 따르면 음반제작자는 "자신의 음반을 직접 또는 간접으로 복제하는 것을 허가하거나 금지할" 권리를 갖는다. 이 규정은 로마협약 제10조에 상응하는 것이다. 다만 로마협약 제12조에서 인정되고 있는 '음반의 2차 사용'에 대한 보상문제는 TRIPs에서 언급되어 있지 않다.[2] 그러나 TRIPs에서는 음반제작자에 대하여 로마협약에서 인정하지 아니한 대여권을 인

---

1 TRIPs 제 2 조 제 2 항에서 "이 협정 제 1 부에서 제 4 부까지의 어느 규정도 … 베른협약과 로마협약에 의거하여 TRIPs 회원국들이 서로에 대하여 가지는 기존의 의무를 침해하지 아니한다"고 선언하고 있다. 이 규정에 의하여 로마협약은 TRIPs와 '병행해서' 계속 효력을 가지게 된다.

2 우리나라 저작권법은 이 점과 관련하여 제82조에서 방송사업자가 판매용 음반을 사용하는 경우에는 그 음반제작자에게 상당한 보상을 하여야 한다고 규정함으로써 TRIPs 협정이 아니라 로마협약을 본받은 입법태도를 보이고 있다.

정하고 있다(제14조 제 4 항).[1] 음반제작자의 권리의 최소보호기간 역시 로마협약상의 보호기간(20년)과 달리 녹음이 고정된 연도의 말로부터 50년이다(제14조 제 5 항).

(다) 방송사업자의 권리

TRIPs 제14조 제 3 항의 규정에 의하면 방송사업자는 방송물의 고정, 고정물의 복제, 방송물의 무선재방송, 그리고 방송물의 TV방송을 통한 공중전달행위가 자신의 허가 없이 실시될 경우 이를 금지할 권리를 가진다.[2] 이것은 기본적으로 로마협약 제13조에 상응하는 규정이다. 방송사업자의 이러한 권리의 최소보호기간은 방송이 실시된 연도의 말일로부터 20년이며(제14조 제 5 항), 따라서 이 경우는 로마협약 제14조의 규정과 일치한다.

§37-16

TRIPs는 회원국이 방송사업자에 대하여 전혀 아무런 보호를 하지 않을 수 있도록 허용하고 있다(제14조 제 3 항). 다만, 그러한 경우에는 회원국은 '방송대상물의 저작권자들'에게 개정된 베른협약의 규정에 따라 위와 같은 방송물의 고정·복제·무선재방송 등 행위들을 금지할 수 있는 가능성을 부여하여야 한다. 이것은 TRIPs 회원국 중에 미국과 같이 국내법에서 방송사업자들에게 아무런 권리를 인정하지 않고 있는 예가 있음을 감안한 규정이다.[3]

한편 TRIPs 제14조 제 6 항은 "회원국은 제 1 항, 제 2 항 및 제 3 항에 따라 부여된 권리와 관련하여 로마협약에 의하여 허용되는 범위 내에서 조건·제한·예외 및 유보를 규정할 수 있다. 그러나 베른협약(1971) 제18조의 규정[4]도 음반에 있어서의 실연자 및 음반제작자의 권리에 준용된다"고 규정하고 있다. 이 조항의 본문규정에 의하여 저작인접권의 제한에 관한 로마협약의 규정이 적용되지만, 단서규정에 의하여 로마협약상의 불소급효에 관한 규정의 적용은 배제되고, 베른협약상의 소급보호의 원칙이 저작인접권에 대하여도 적용되게 되었다.

---

1 다만, 1994. 2. 15. 회원국이 음반의 대여와 관련하여 권리자에 대한 공평한 보상제도를 가지고 있는 경우, 음반의 상업적 대여가 권리자의 복제에 대한 배타적인 권리를 실질적으로 침해하지 아니하는 경우 회원국은 이러한 제도를 유지할 수 있다(TRIPs 제14조 제 4 항 후문).

2 우리나라 저작권법 제84조, 제85조도 TRIPs 협정 제14조 제 3 항과 유사하게 방송사업자에게 방송을 복제하거나 동시중계할 권리를 부여하고 있다.

3 김대순, 전게서, 189면.

4 베른협약 제18조.

　(1) 이 협약은 효력발생 당시에 본국에서 보호기간만료에 의하여 이미 저작권이 소멸된 상태(자유이용상태)에 놓이지 아니한 모든 저작물에 적용된다.

　(2) 다만, 보호가 주장되는 국가에서 어느 저작물이 종래 주어진 보호기간의 만료에 의하여 저작권이 소멸된 상태에 놓인 경우에 그 저작물은 다시 보호되지 아니한다.

　(3) 이 원칙의 적용은 그러한 효과를 가지는 기존의 또는 장래 체결될 동맹국들 사이의 특별협약에 담긴 규정들을 따를 것을 조건으로 한다. 그러한 규정들이 없는 경우에 각 국가는 자국에 대하여 이 원칙이 적용될 조건을 결정한다.

　(4) 위 규정들은 또한 동맹에 새로 가입하는 경우 및 제 7 조의 적용에 의하여, 또는 유보의 포기에 의하여 보호가 확대되는 경우에도 적용된다.

3. 구제절차에 관한 규정(집행규정)

§37-17   TRIPs 협정 제 3 부는 지적재산권의 보호를 담보하기 위하여 회원국이 국내법으로 강구해야 하는 구제절차에 관하여 상세하게 규정하고 있다. 이러한 구제절차는 기본적으로 "협정이 보호하는 지적재산권의 침해에 대하여 신속하고 효과적인 구제가 가능하도록" 해야 하며(제41조), 침해의 정지, 손해배상, 침해물의 폐기 또는 몰수, 벌금, 징역 등 민사·형사·행정상의 구제절차가 망라될 것을 요구하고 있다.[1]

4. 분쟁처리 등에 관한 규정

§37-18   기존의 지적소유권조약은 조약의 해석이나 적용에 관해서 체약국간에 다툼이 생긴 경우에는 국제사법재판소에 부탁할 수 있다는 취지를 규정하고 있을 뿐이며, 독자적인 분쟁처리절차를 가지고 있지 않다. 그러나 WTO의 전신인 GATT는 비록 불완전한 점이 많았지만, 나름대로의 분쟁처리절차를 가지고 있었다. WTO 체제가 출범하면서 "분쟁해결규칙 및 절차에 관한 협정(The Understanding on Rules and Procedures Governing the Settlement of Disputes; 이하 DSU로 약칭함)"에 의하여 그 분쟁처리절차는 획기적으로 개선되었다.[2]

TRIPs 협정은 제 5 부에서 분쟁의 사전적 예방과 사후적 해결절차에 관하여 규정하고 있다. 우선 제63조에서는 분쟁의 사전적 예방을 위하여 투명성(transparency)을 확보하고자 하는 규정을 담고 있다.

제64조 제 1 항은 분쟁해결절차에 관하여 "DSU에 의해 발전되고 적용되는 1994년도 GATT 제22조 및 제23조의 규정은 이 협정에서 특별히 달리 규정하는 경우를 제외하고는 이 협정에 따른 협의와 분쟁해결에 적용된다"고 규정하여 원칙적으로 TRIPs 협정관련분쟁의 경우에도 DSU의 규정이 그대로 적용됨을 선언하고 있다.

따라서 WTO 회원국간의 분쟁해결을 위하여 설치된 '분쟁해결기구(The Dispute Settlement Body)'가 TRIPs 협정과 관련된 분쟁의 해결 및 그 결정과 권고안의 이행을 보장하기 위한 모든 절차를 관리하며,[3] 그에 의한 분쟁해결절차는 회원국에 대하여 강력한 구속력을 발휘한다.

이와 별도로 TRIPs 협정에 의하여 설치된 'TRIPs 이사회(TRIPs council)'는 회원국의 의무이행

---

1 자세한 내용은 김대순, 전게서, 255면 이하 참조.
2 개선된 내용은 ① 패널설치와 보고서제출 등 각 절차에의 엄격한 시한설정, ② 항소기구(항소패널)의 설치, ③ '역만 장일치제'(패널이나 항소기구의 판정은 회원국이 만장일치로 이를 거부하지 않는 한 자동적으로 채택된다는 원칙)의 도입, ④ 보복조치권한의 자동적 부여 등이다. 정상조 편, 지적재산권법강의(장승화 교수 집필부분), 홍문사, 1997, 67 ~72면 참조.
3 Marrakesh 협정 제22조.

상황을 감시하고, 무역과 관련된 지적재산권의 문제에 대한 자문에 응하기도 하며, 회원국간의 분쟁해결을 위하여 회원국이 요청하는 지원을 하게 된다(제68조).

한편 협약의 해석은 WTO의 '각료회의'와 '총회'의 배타적 권한사항에 속한다.[1] 이들은 TRIPs 협정을 포함한 17개의 부속협정에 대한 해석권한을 가지는바, 'TRIPs 이사회'의 권고안을 기초로 회원국 3/4의 동의를 얻어 해석에 대한 결정을 내리게 된다. 이러한 해석권한 역시 다른 지적재산권협약에서는 인정되지 아니하는 권한이다.[2]

제7절 세계지적재산권기구(WIPO) 저작권조약 및 실연·음반조약[3]

Ⅰ. 성립경위

1996. 12. 2.부터 12. 20.까지 이른바 'WIPO 저작권 및 저작인접권의 특정문제에 관한 외교 회의(WIPO Diplomatic Conference on Certain Copyright and Neighboring Rights Questions)'가 스위스 제네바에서 열렸다. WIPO 127개 회원국, 유럽공동체, 옵서버 3개국, 7 개 국제기구 및 76개 비정부기구(NGO)가 참여한 이 외교회의는 6년간의 긴 협상을 매듭짓고 WIPO 저작권조약(WIPO Copyright Treaty)과 WIPO 실연·음반조약(WIPO Performances and Phonograms Treaty)을 채택하였다.

§38-1

이들 양 조약은 저작권과 저작인접권보호에 관한 양대조약인 베른협약과 로마협약의 미비점을 보완하면서 그간의 환경변화에 대처하는 성격을 가진 것이다.

베른협약이나 로마협약은 모두 그 사이에 이루어진 새로운 매체와 기술의 출현 및 디지털환경으로의 눈부신 변화를 반영하지 못하고 있는 한계를 가지고 있으나, 이를 각 개정하기는 쉽지 않은 문제를 안고 있다. 특히 로마협약은 베른협약만큼의 보편성을 갖추고 있지도 못하다. WIPO의 새로운 두 조약은 베른협약과 로마협약의 위와 같은 문제점을 보완하고, 디지털시대의 새로운 환경에 적응하기 위한 목적을 가지고 있다.

우리나라는 2004년에 위 두 가지의 조약 중 WIPO 저작권조약(WCT)에 우선적으로 가입한 후 WIPO 실연·음반조약(WPPT)에는 2008. 12. 18. 가입하였다.

---

1 Marrakesh 협정 제9조 제2항.
2 정상기, 전게논문, 34면.
3 이 두 조약에 대한 자세한 것은 최경수, WIPO 저작권조약 및 실연·음반조약 해설(상)·(하), 계간 저작권, 1997년 봄호·여름호 참조.

Ⅱ. WIPO 저작권조약

1. 조약의 성격

§§38-2   이 조약은 베른협약과 특수한 관계를 맺고 있다. 이 조약 제 1 조 제 1 항은 베른협약과의 관계에 대하여 "이 조약은 문학·예술저작물의 보호를 위한 베른협약에 의하여 설립된 동맹의 동맹국인 체약당사자에 대하여 동 협약 제20조 의미상(within the meaning of Article 20)의 특별협정이다"라고 규정하고 있다.

베른협약 제20조는 특별협정에 대한 근거규정으로서 "동맹국정부는 그들 사이의 특별협정이 저작자에게 이 협약보다 광범위한 권리를 부여하거나 이 협약에 저촉되지 아니하는 다른 규정들을 담고 있는 한 그 협정을 체결할 권한을 유보한다"고 하고 있다. 즉 여기서 말하는 특별협정이란 베른협약동맹국 사이에 체결되는 것으로서 베른협약에서 정한 보호수준을 낮춘다거나 기타 동 협약과 충돌하는 규정을 담지 아니하는 조건하에 베른협약에서 허용하고 있는 협정이다.

그런데 WIPO조약은 베른협약 제20조의 규정과는 성격을 약간 달리하여 베른협약의 동맹국이 아닌 WIPO 회원국과 유럽공동체 등도 이 조약에 가입할 수 있는 것으로 규정하였다(제17조). 이 조약을 베른협약 제20조에서 정한 특별협정이 아니라, 그 제20조 '의미상'의 특별협정이라고 규정한 것도 그러한 상이점을 염두에 둔 데 따른 것으로 생각된다. 결국 이 조약은 폐쇄조약이 아니라 개방조약이다.[1]

한편 이 조약은 베른동맹국 상호간에는 이 조약에 의하여 베른협약상 부담하는 기존의 의무를 훼손할 수 없도록 하고 있으며(제 1 조 제 2 항), 베른비동맹국의 경우에는 베른협약 제 1 조에서 제20조까지의 실체규정을 준수하도록 하고 있다(제 1 조 제 4 항).

2. 저작권의 보호범위

§38-3   저작권의 보호는 표현에는 미치지만 아이디어, 절차, 운용방법 또는 수학적 개념에는 미치지 아니한다(제 2 조). 아이디어·표현 이분법을 명확히 규정한 것으로서 그 표현에 있어서 미국저작권법의 영향을 드러내고 있다.

3. 보호되는 저작물의 확대

(1) 컴퓨터프로그램

§38-4   조약 제 4 조는 이에 관한 TRIPs의 규정과 거의 같이 "컴퓨터프로그램은 베른협약 제 2 조에

---

1 최경수, WIPO 저작권조약 및 실연·음반조약 해설(상), 계간 저작권, 1997년 봄호, 저작권심의조정위원회, 8면 참조.

서 규정한 어문저작물로서(as literary work) 보호된다. 그 보호는 어떠한 표현방식이나 형태의 프
로그램에도 적용된다"고 규정하였다.[1] 컴퓨터프로그램과 관련하여 리버스 엔지니어링의 허용문
제 등 다른 쟁점사항에 대하여는 언급하지 않고 있다.

(2) 데이터베이스

조약 제 5 조는 "내용의 선택과 배열로 인하여 지적창작물이 되는 자료 또는 기타 소재의 편   §38-5
집물은 그 형태에 관계 없이 지적창작물로서 보호된다. 이 보호는 당해 자료 또는 기타 소재 그
자체에는 미치지 아니하며, 그 편집물에 수록된 자료나 소재에 존속하는 저작권에는 영향을 미치
지 아니한다"고 규정하여 데이터베이스의 보호에 관한 규정을 두고 있다. 이것도 실질적으로
TRIPs 제10조 제 2 항과 동일한 규정이다.

4. 권리의 확장

이 조약은 저작권의 내용과 관련하여 배포권 및 그 권리의 소진, 대여권, 공중전달권에 관하   §38-6
여 규정하고 있다.

(1) 배포권 및 그 권리의 소진

베른협약에서는 영상저작물의 경우를 제외하고는 일반적인 배포권에 관하여 언급하고 있지   §38-7
않다. 그런데 이 조약은 "저작자는 저작물의 원본이나 그 복제물을 판매 또는 기타 소유권의 이
전을 통하여 공중의 이용에 제공하는 것을 허락할 배타적인 권리를 가진다"고 규정하여(조약 제 6
조 제 1 항) 배포권을 저작자의 권리로서 명확히 규정하고 있다. 이러한 배포권이 최초의 판매 이
후에 소진하는지 여부를 결정할 권한은 전적으로 체약국의 입법에 위임되어 있다. 디지털저작물
의 경우에는 최초판매 이후에도 PC 통신망을 통해 저작물의 복제물을 송신하는 행위는 허용되지
않는 것으로 보는 견해가 유력하나,[2] 이 조약에서 그 점에 관한 명문의 규정을 두지는 않았다.

(2) 대 여 권

컴퓨터프로그램·영상저작물·음반에 대하여 대여권을 인정한다. 다만, 다음의 경우에는 대여   §38-8
권이 적용되지 아니한다.

① 컴퓨터프로그램 : 프로그램 자체가 대여의 본질적 대상이 아닌 경우에 그 프로그램

---

1 TRIPs 제10조 제 1 항에서는 "컴퓨터프로그램은 그것이 원시코드의 형태이든, 목적코드의 형태이든 베른협약(1971)
  에 따라 어문저작물로서 보호된다"고 규정하여 표현이 약간 다르나, 의미하는 바는 동일하다고 본다.
2 그러한 경우에는 수신자가 수신을 받은 내용물은 원래의 복제물이 아니라 복제물의 복제물이고, 송신자는 여전히 원
  래의 복제물을 가지고 있다는 것을 근거로 한다. 저작권심의조정위원회, 멀티미디어시대의 저작권대책(1996. 12),
  220면 참조.

② 영상저작물 : 상업적 대여가 저작권자의 배타적 복제권을 실질적으로 침해하는 저작물의 광범위한 복제를 초래하지 아니하는 경우

한편 대여권을 어떠한 권리형식으로 규율할 것인가에 대하여는 현재 두 가지 방법이 있다. 하나는 '배타적 허락권'으로 규율하는 것이요, 또 하나는 '보상청구권'으로 규율하는 것이다. 조약은 음반대여에 대하여 "1994. 4. 15. 당시에 저작자에게 공정한 보상제도를 가지고 있었고, 그 이후로도 이를 유지하고 있는 체약당사자는 음반에 수록된 저작물의 상업적 대여가 저작자의 배타적 복제권을 실질적으로 침해하지 아니하는 한 그 제도를 유지할 수 있다"고 규정한다.

대여권에 관한 위와 같은 규정도 TRIPs 제11조의 규정(§37-10)과 거의 일치하는 것이다.

(3) 공중전달권

§38-9　　조약 제 8 조는 "베른협약 제11조 제 1 항 제 2 호,[1] 제11조의2 제 1 항 제 1 호 및 제 2 호,[2] 제11조의3 제 1 항 제 2 호,[3] 제14조 제 1 항 제 2 호,[4] 그리고 제14조의2 제 1 항[5]의 규정에 영향을 미치지 아니하는 한, 저작자는 공중의 구성원이 개별적으로 선택한 장소와 시간에 저작물에 접근할 수 있는 방법으로 공중의 이용에 제공하는 것을 포함하여 유선 또는 무선의 수단에 의하여 저작물을 공중에 전달하는 것을 허락할 배타적 권리를 가진다"고 규정하고 있다. 공중전달에 대한 합의록(Agreed Statement)에 의하면, 전달을 위한 물리적 설비나 또는 전달을 가능하게 하는 물리적 설비를 단순히 제공하는 것은 이 조약 또는 베른협약이 말하는 '공중전달'에 포함되지 아니하는 것으로 보고 있다.

이 규정은 기존 베른협약상의 공중전달권의 개념을 확대하여 저작물을 통신망에 올려서 일반공중에게 제공하는 것도 '공중전달'의 한 유형으로 볼 것을 규정한 것으로서, 디지털시대의 새

---

[1] 베른협약 제11조 제 1 항 : 연극·악극 및 음악저작물의 저작자는 다음을 허락할 배타적 권리를 향유한다.
　　i) 모든 수단과 방법에 의한 경우를 포함하는 그의 저작물의 공개실연
　　ii) 그의 저작물의 실연의 공중에의 전달.
[2] 베른협약 제11조의2 제 1 항 : 문학·예술 저작물의 저작자는 다음을 허락할 배타적 권리를 향유한다.
　　i) 그의 저작물을 방송하거나 또는 기타 무선송신의 방법으로 기호·소리 또는 영상을 공중에 전달하는 것
　　ii) 원사업자 이외의 사업자가 유선이나 재방송에 의하여 저작물의 방송물을 공중에 전달하는 것
　　iii) 확성기나 기타 유사한 송신장치에 의하여 저작물의 방송물을 기호·소리 또는 영상으로 저작물의 방송물을 공중 전달하는 것.
[3] 베른협약 제11조의3 제 1 항 : 문학저작물의 저작자는 다음을 허락할 배타적 권리를 향유한다.
　　i) 어떠한 방법과 절차에 의한 공개낭송을 포함하는 그의 저작물의 공개낭송
　　ii) 그의 저작물의 낭송을 공중에 전달하는 것.
[4] 베른협약 제14조 제 1 항 : (1) 문학·예술저작물의 저작자는 다음을 허락할 배타적 권리를 가진다.
　　i) 이 저작물의 영상적 각색과 복제 및 그와 같이 각색되거나 복제된 저작물의 배포
　　ii) 그와 같이 각색되거나 복제된 저작물의 공개실연 및 유선에 의한 공중에의 전달.
[5] 제14조의2 제 1 항 : (1) 각색되거나 복제된 저작물에 대한 저작권에 영향을 미치지 아니하고, 영상저작물은 원저작물로서 보호된다. 영상저작물의 저작권자는 전 조에서 언급한 권리를 포함하는 원저작물의 저작자와 같은 권리를 향유한다.

로운 이용현황에 적극적으로 대처하는 규정이라는 점에서 매우 중요한 의의를 내포하고 있다.1

(4) 복제권에 관한 문제

복제권과 관련하여 이 조약의 체결과정에서 컴퓨터에서의 '일시적 저장'이 복제의 개념에 해 §38-10
당하는지 여부의 문제(§13-11 이하 참조)가 심도있게 논의되었으나, 결국 뚜렷한 해법을 도출하지는
못하였다. 다만 합의록에서 "베른협약 제 9 조에 규정된 복제권 및 당해 조항에 허용된 예외는 디
지털환경에서 특히 디지털형태로의 저작물의 이용에 전부 적용된다. 디지털형태로 보호되는 저작
물을 저장하는 것은 베른협약 제 9 조의 의미상 복제이다"라고 선언하는 선에서 절충되었다. 회의
에서 대다수의 국가들은 일시적 저장이 오로지 저작물을 지각하기 위한 목적으로 행하여지는 경
우, 일시적 저장이 (기술적인 과정의 일환으로서) 순간적이거나 부수적인 성격을 가지는 경우에는 복
제권이 미치지 않거나 복제권에 대한 예외로서 인정할 수 있다는 것에 동의하였는데, 위 합의록
의 선언은 그에 대한 적절한 근거를 제공하고 있는 것으로 보여진다.2

5. 사진저작물의 보호기간

베른협약상 보호기간은 원칙적으로 저작자사후 50년인데, 사진저작물에 대해서는 제작 후 §38-11
25년으로 제한하고 있어서 다른 저작물과의 형평의 문제가 제기된 바 있다. 이 조약에서는 사진
저작물도 다른 저작물과 마찬가지로 사후 50년이라는 기본원칙에 따르도록 하였다(제 9 조).

6. 저작권제한규정의 엄격화

이 조약은 권리의 제한과 예외를 엄격히 할 것을 규정한다. 즉 제10조 제 2 항은 저작권이 제 §38-12
한될 수 있는 경우에도 "저작물의 정상적 사용과 저촉되지 아니하고 저작자의 정당한 이익을 불
합리하게 저해하지 아니하는 일부 특별한 경우"로 한정하여야 한다고 규정하고 있다. 이는 TRIPs
제13조와 같이 3단계 테스트(§14-8 및 §14-219 이하 참조)를 규정한 것으로서 베른협약상의 저작권
제한규정들을 더욱 엄격하게 적용할 것을 요구하는 의미를 담고 있다(§37-12 참조).

7. 기술적 보호조치에 관한 보호의무

오늘날 새로운 디지털기술은 저작권의 침해를 용이하게 하는 면도 있지만, 다른 한편으로는 §38-13
그 기술을 이용하여 저작권의 침해를 방지하기 위한 통제장치를 고안할 수도 있게 한다. 이러한
기술적 통제장치를 법이 보호한다면 간접적으로 저작권을 보호하는 것이 된다. 이에 조약 제11조

---

1 송영식 외 2인, 전게서, 152면.
2 송영식 외 2인, 전게서, 153~154면.

는 "체약당사자는 이 조약 또는 베른협약상의 권리의 행사와 관련하여 저작자가 이용하는 효과적인 기술조치로서 자신의 저작물에 관하여 저작자가 허락하지 아니하거나 법에서 허용하지 아니하는 행위를 제한하는 기술조치를 우회하는 것에 대하여 충분한 법적 보호와 효과적인 법적 구제조치에 관하여 규정하여야 한다"고 규정하여 복제방지장치를 무력화시키는 회피행위 등을 금지하도록 하고 있다(자세한 것은 §31-6 참조).

8. 권리관리정보

§38-14   권리관리정보(§31-31 이하 참조)란 저작물, 저작물의 저작자 및 권리자를 식별하는 정보 또는 저작물의 이용조건에 관한 정보 등으로서, 이들 정보의 각 항목이 저작물의 복제물에 부착되거나 저작물을 공중에 전달하면서 나타나는 것을 말한다(제12조 제 2 항). 멀티미디어와 온라인을 통한 저작물의 이용의 확산으로 복잡·다양화된 저작물의 이용관계를 신속하고 저렴하게 처리해야 할 사회적 필요성이 증대함에 따라 저작물의 이용허락에 필요한 정보들의 효과적인 보호가 필요하다. 이에 조약은 "체약당사자는 ① 전자적인 권리관리정보를 권한 없이 제거하거나 변경하는 것, ② 전자적인 권리관리정보가 권한 없이 제거되거나 변경된 것을 알면서 저작물이나 복제물을 권한 없이 배포하거나 배포하기 위하여 수입하거나, 방송하거나, 또는 공중에 전달하는 것 등의 행위가 이 조약 또는 베른협약상의 권리의 침해를 유인·방조·조장 또는 은닉한다는 사실을 알거나, 또는 민사구제에 관하여는 이를 알 만한 상당한 이유가 있는 경우에 이를 고의로 행하는 자에 대하여 충분하고 효과적인 법적 구제조치에 관하여 규정하여야 한다"(제12조 제 1 항)고 규정하고 있다.

	베른협약	WTO/TRIPs	WIPO신조약
저작물	어문저작물, 연극 및 악극, 무용 및 무언극, 음악, 영상저작물, 미술 및 건축사진, 응용미술, 도형 등	베른협약＋컴퓨터프로그램, 데이터베이스	TRIPs와 동일함
저작권	저작인격권, 복제권, 번역권, 공연권, 공개낭독권, 2차적저작물작성권, 영화화권, 방송권, 녹음권, 영상저작물의 배포권, (추급권)	베른협약＋대여권(영상저작물, 컴퓨터프로그램)－저작인격권	베른협약＋대여권(TRIPs와 동일함), 배포권(모든 저작물), 공중전달권
보호범위	규정 없음(일반원칙에 맡김)	표현에는 미치지만 아이디어, 절차, 응용방법 또는 수학적 개념에는 미치지 않음	TRIPs와 동일함

저작권의 제한	저작물의 정상적 사용과 저촉되지 아니하고 저작권자의 정당한 이익을 불합리하게 저해하지 아니하는 일부 특정한 경우에 한한 복제권의 제한, 인용, 교육목적의 설명을 위한 저작물의 이용, 신문과 정기간행물 기사의 복제 등	복제권뿐만 아니라 다른 모든 권리에 대하여, 저작물의 정상적 사용과 저촉되지 아니하고 저작권자의 정당한 이익을 불합리하게 저해하지 아니하는 일부 특정한 경우에 한하여 저작권의 제한 또는 예외를 허용	TRIPs와 동일함
보호기간	저작자 사후 50년 다만, 응용미술저작물과 사진저작물은 25년	기본적으로 베른협약과 동일함	베른협약＋사진도 저작자 사후 50년까지 보호

Ⅲ. WIPO 실연·음반조약

1. 조약의 성격과 일반원칙

이 조약은 로마협약(§35-1 이하 참조)과 별개의 독립적인 조약이다. TRIPs협정과 마찬가지로 로마협약의 계속적인 유효성을 명문으로 인정하는 규정을 두고 있을 뿐이다.[1] 그러나 이 조약은 로마협약 중 방송사업자의 권리에 대한 부분을 제외한 나머지 부분을 실질적으로 대체하고 있다. 일반원칙으로는 베른협약과 비슷하게 내국민대우의 원칙(제4조)(§33-11 참조), 무방식주의(제20조)(§33-13), 소급보호의 원칙(제22조)(§33-15), 50년의 존속기간(제17조), 권리제한의 예외적 허용(제16조) 등을 규정하고 있다.

§38-15

2. 새로운 개념정의

이 조약은 위와 같이 로마협약과는 별개의 독립된 조약으로서의 성격을 가지므로 용어의 정의도 새로이 하고 있다. 대부분은 로마협약상의 용어와 그 정의를 그대로 받아들이고 있으나, 일부 차이를 보이는 경우도 있으므로 아래에서 특징적인 것만 살펴본다.[2]

§36-16

첫째, 음반의 정의이다. 이 조약 제2조 (b)에 의하면 "'음반'이란 실연의 소리 또는 기타의 소리, 또는 소리의 표현을 고정한 것으로서, 영상저작물이나 기타 시청각저작물에 수록된 형태

---

1 조약 제1조 제1항 : "이 조약상의 어떠한 규정도 1961년 10월 26일 로마에서 체결된 실연자·음반제작자 및 방송사업자의 보호를 위한 국제협약(이하 '로마협약'이라 한다)에 의하여 체약당사자가 상호간에 부담하는 기존의 의무를 저해하지 아니한다."

2 이하 최경수, "WIPO 저작권조약 및 실연·음반조약 해설(하)," 계간 저작권, 1997년 여름호, 저작권심의조정위원회, 4~5면 참조.

이외의 고정물을 말한다"고 규정하고 있다. 이 규정에서는 '소리의 표현'이라는 개념이 새로 추가되었다는 점에서 로마협약의 규정1과 중요한 차이를 보이고 있다. 오늘날에는 디지털기술의 발달로 말미암아 실연이 소리의 형태로만 고정되지 않고, 디지털 데이터의 형태로 고정되어 적절한 전자장치에 의하여 들을 수 있도록 할 수도 있게 되었는데, 이 조약에서 '소리의 표현'이라는 용어를 사용한 것은 바로 그러한 디지털 데이터로의 표현을 포함하기 위한 것이다.

둘째, 음반제작자의 정의도 로마협약2에서와 다르다. "'음반제작자'란 실연의 소리, 기타의 소리 또는 소리의 표현의 최초고정을 위하여 발의하고 책임을 지는 자연인이나 법인을 말한다"고 하고 있다.

셋째, 이 조약에서는 발행의 개념에 권리자의 동의라는 요소를 추가한 정의를 내리고 있다. 즉 " '발행'이란 고정된 실연이나 음반을 상당한 양으로 공중에 제공하는 것을 조건으로 권리자의 동의를 얻어 공중에 제공하는 것을 말한다"(제 2 조 (e))고 규정하고 있다.

넷째, 방송의 정의도 보다 구체화하고 있다. 즉 " '방송'이란 공중이 수신하도록 무선의 방법에 의하여 소리, 영상과 소리 또는 그 표현을 송신하는 것을 말한다. 위성에 의한 송신도 또한 '방송'이다. 암호화신호의 송신은 해제를 위한 방법이 방송사업자에 의하여 또는 그의 동의를 얻어 공중에 제공되는 경우에 '방송'이다"라고 규정하고 있다(제 2 조 (f)). 여기서 특기할 만한 것은 위성방송을 방송의 일종으로 볼 것을 분명히 하였다는 점, 그리고 방송사업자의 동의를 받을 것을 전제로 한 암호화송신도 방송의 정의에 포함시켰다는 점이다.

다섯째, 공중전달의 개념이다. 이 조약 제 2 조 (g)는 "'공중전달'이란 방송 이외의 매체에 의하여 실연의 소리, 음반에 의하여 고정된 소리 또는 소리의 표현을 공중에 송신하는 것을 말한다"고 규정하고 있다. 이것은 로마협약뿐만 아니라 베른협약이나 WIPO 저작권조약상의 공중전달의 개념과도 다르다.

3. 조약의 보호대상

§38-17   이 조약은 실연자와 음반제작자를 보호하기 위한 협약이므로 방송사업자의 권리는 이 조약의 보호대상에서 제외되며 실연자의 권리와 음반제작자의 권리만 보호대상으로 삼고 있다. 이 조약체결과정에서 가장 큰 쟁점이 된 것은 실연자보호를 음반에 고정된 실연에 한정할 것인지 아니면 모든 실연, 특히 시청각저작물에 고정된 실연도 포함시킬 것인지 하는 문제였다. 개발도상국들과 선진국 사이에 첨예한 대립을 보인 끝에 결국 음반에 고정된 실연에 한하여 복제권, 배포권,

---

1 로마협약 제 3 조 (b) : '음반'이란 실연의 소리 또는 기타의 소리를 청각적으로만 고정한 것을 말한다.
2 로마협약 제 3 조 (c)에서는 음반제작자를 "실연의 소리나 기타의 소리를 최초로 고정한 자연인이나 법인"이라고 정의하고 있다.

대여권, 전송권 등을 인정하는 것으로 귀결되었다.

4. 권리의 확장 또는 신설

(1) 실연자의 권리

(가) 실연자의 인격권

로마협약에서는 인격권에 관하여 언급하지 않고 있으나, 이 조약은 실연자에게 그 경제적 권   §38-18
리와는 별도로 실연자임을 주장할 권리(성명표시권)와 실연자의 명성을 해칠 정도의 왜곡·훼절 등
에 대하여 이의를 제기할 권리(동일성유지권)를 부여하고 있다(제 5 조 제 1 항). 그 존속기간은 적어
도 재산권의 존속기간보다 짧아서는 안 된다(제 5 조 제 2 항).

(나) 실연자의 방송권 등

실연자는 방송된 실연을 제외하고는 그 실연의 방송권과 공중전달권 및 그 실연을 고정할 수   §38-19
있는 배타적인 권리를 가진다(제 6 조).

로마협약에서는 실연자에게 주어지는 보호로서 실연의 방송 등을 '금지할 수 있는 가능성'을
포함할 것만을 요구하였으나,[1] 이 조약에서는 실연자의 배타적인 권리로 인정하였다. 이것은 실
연자의 지위에 큰 변화를 가져오는 것이다. 즉 실연자는 스스로 권리행사를 할 수 있을 뿐만 아
니라 위탁관리업을 통한 권리행사도 할 수 있는 등 적극적으로 권리실현을 위한 활동을 할 수 있
는 여건을 확보했다고 볼 수 있다.[2]

(다) 복 제 권

실연자는 음반에 고정된 실연에 관해서 그 복제를 허락할 배타적 권리를 가진다(제 7 조). 이   §38-20
러한 복제권은 로마협약이나 TRIPs협정에도 존재하는 것으로 새로운 것은 아니다. WIPO 저작권
조약에 없는 복제권규정이 이 조약에서는 필요하게 된 것은 이 조약이 저작권조약과 달리 '독립
적인 조약'이기 때문이다.

여기서의 '복제'에도 디지털복제가 포함되는 것으로 본다.[3]

(라) 배포권과 대여권

실연자는 배포권(제 8 조)과 대여권(제 9 조)을 가진다. 이들은 로마협약에서 인정하고 있지 않   §38-21
은 권리를 추가적으로 인정한 것이다. WIPO 저작권조약상 저작자에게 인정되는 권리에 상응하
는 것이며 그 성격도 같다.

---

1 로마협약 제 7 조 제 1 항 참조.
2 최경수, 전게논문(하), 6면.
3 최경수, 전게논문(하), 9면.

(마) 이용제공권(전송권)

§38-22   실연자는 음반에 고정된 실연에 대하여 무선 또는 유선의 방법으로, 그리고 공중의 구성원이 개별적으로 선택한 시간과 장소에 공중의 이용에 제공할 배타적 권리를 가진다(제10조). 우리 법상의 '전송권'에 해당하는 권리이다. 이것도 이른바 '디지털 의제'를 반영하여 신설된 권리이다.

(바) 2차 사용료청구권

§38-23   실연자는 상업용 음반의 방송 또는 공중전달에의 이용에 대해서 보상청구권을 가진다(제15조). 이것은 로마협약에는 규정이 있으나, TRIPs에서는 언급하지 않고 있는 것이다.

(2) 음반제작자의 권리

§38-24   음반제작자도 배타적 권리로서, 음반에 대한 복제권(제11조), 배포권(제12조), 대여권(제13조), 이용제공권(전송권)(제14조) 등을 가지는데, 그 가운데 배포권, 대여권, 이용제공권 등이 새로 신설된 권리이다. 각 권리가 의미하는 바는 실연자의 각 해당 권리와 마찬가지이다.

음반제작자도 상업용 음반의 방송 및 공중전달의 이용에 대해서 보상청구권을 가진다(제15조).

5. 권리제한의 엄격화

§38-25   이 조약은 TRIPs의 규정을 이어받아 배타적 권리의 제한을 엄격히 한정하는 규정을 두고 있다. 즉, 제16조에서, "(i) 체약 당사자는 실연자와 음반제작자의 보호에 관하여, 문학·예술 저작물에 대한 저작권 보호와 관련하여 규정한 바와 같은 종류의 제한이나 예외를 국내법으로 규정할 수 있다. (ii) 체약 당사자는 이 조약에서 규정한 권리에 대한 제한이나 예외를 실연이나 음반의 정상적 사용과 저촉되지 아니하고 실연자나 음반제작자의 정당한 이익을 불합리하게 저해하지 아니하는 일부 특별한 경우로 한정하여야 한다"고 규정하고 있다.

6. 보호기간

§38-26   이 조약에 따라 실연자에게 부여되는 보호기간은 실연이 음반에 고정된 연도의 말로부터 기산하여 적어도 50년의 기간이 종료하는 때까지 존속하며(제17조 제 1 항), 이 조약에 따라 음반제작자에게 부여되는 보호기간은 음반이 발행된 연도의 말, 또는 그 발행이 50년 내에 행해지지 아니한 경우에는 고정이 행해진 연도의 말로부터 기산하여 적어도 50년의 기간이 종료하는 때까지 존속한다(제17조 제 2 항).

7. 기술적 보호조치에 관한 보호의무 및 권리관리정보에 관한 의무

WIPO 저작권조약과 같은 취지에서 거의 같은 내용을 규정한 것이다(제18조·제19조).   §38-27

제8절   **그 밖의 관련 국제조약**

1. 위성협약

1974. 5. 21. 브뤼셀에서 채택된 조약으로서 정식명칭은 '위성에 의하여 송신되는 프로그램   §38-27-1
신호의 전달에 관한 조약(Convention Relating to the Distribution of Programme-Carrying Signals
Transmitted by Satellite)이며, '브뤼셀협약' 또는 '브뤼셀위성협약'이라고도 한다.

이 조약의 목적은, 위성에 의하여 송신되는 프로그램신호 또는 위성을 경유하여 송신되는 프
로그램신호를 발신자의 허락 없이 수신하여 이를 공중에게 전달하는 것을 방지하는 것에 있다.
이와 같이 위성을 매개로 국경을 넘어 송신되는 프로그램신호는 로마협약 등 기존의 조약으로는
충분하게 보호되기 어려운 면이 있어 새로운 조약이 마련되게 된 것이다.

이 조약의 보호대상은 프로그램의 저작물이 아니라 프로그램을 전달하는 방송신호이다. 이
점에서는 저작인접권인 방송사업자의 권리의 객체와 유사한 것으로 볼 수 있다. 그러나 이 조약
은 공중에게 직접 수신되는 신호에는 적용되지 않고(제 3 조), 발신자로부터 허락을 받은 자에 의
하여 수신되어 공중에게 전달되는 신호도 그 보호 밖으로 규정되어 있다(제 2 조 제 3 항). 그러한
신호들은 로마협약상 방송사업자의 권리에 의하여 보호될 수 있는 것으로 보아, 그 권리 대상이
되기 어려운 부분(위성을 향해 송신되거나 위성에서 공중이 수신할 수 있는 신호로 변환하여 송신하기 위해 지
상의 중계소로 송신되는 신호 또는 그로부터 유선의 방법으로 공중에게 송신되는 신호 등)만 이 협약의 보호대
상으로 삼고자 한 것이다.[1]

허락 없이 신호를 공중전달하는 것을 방지하기 위한 수단에 대하여는 특별히 한정하지 않고
있어 신호의 발신자에게 권리를 부여하거나 벌칙에 의하여 담보하거나 아니면 별도의 행정규제
에 의하든지 체약국의 자유이다.[2] 시사보도를 위한 짧은 분량의 전달이나 공정한 관행에 부합되
는 인용을 위한 경우는 예외로 취급되며, 개발도상국의 경우에는 교육 및 학문적 조사의 목적으

---

[1] 임원선, 실무가를 위한 저작권법(제 4 판), 한국저작권위원회, 507~508면 참조.
[2] 作花文雄, 詳解 著作權法(第 4 版), ぎょうせい, 2010, 598면.

로만 전달할 경우에도 적용제외 사유로 규정되어 있다(제 4 조 제 1 호~제 3 호).

우리나라는 한미FTA에 따라 2011. 12. 19. 이 협약에 가입하여 2012. 3. 19. 발효하였다.

2. 시청각실연의 보호에 관한 베이징조약

§38-27-2   시청각실연에 관한 베이징조약(The Beijing Treaty on Audiovisual Performances)은 저작인접권 중 시청각실연자의 권리에 관한 국제조약으로서 2012. 6. 26. 베이징에서 개최된 WIPO의 시청각 실연의 보호에 관한 외교회에서 채택되었다. 청각실연에 대해서는 일찍이 1996년에 WIPO 실연·음반 조약(§38-15)이 체결되었으나, 시청각실연에 대해서는 유럽과 미국 등 주요 국가의 의견 합치가 쉽지 않은 등의 사유로 1997년에 논의를 시작한 이후 무려 16년만에 그 결실을 맺게 된 것이다.

이 조약은 WPPT를 개정하는 방식을 취하거나 그 부속협정으로 자리매김 되도록 하지 않고, WPPT를 청각실연을 위한 조약으로 두고, 이 조약은 시청각 실연을 보호하기 위한 별도의 조약 으로 자리매김 되도록 하였다(제 1 조 제 3 항). 내국민대우의 원칙을 규정하고(제 4 조), 실연자의 성 명표시권 및 동일성유지권 등 인격권을 인정하며(제 5 조), 고정되지 않은 실연에 대한 실연자의 방송 및 공중전달권 및 고정권(제 6 조), 고정된 실연에 대한 복제권(제 7 조), 배포권(제 8 조, 권리소진 은 각국의 자유재량에 맡김-같은 조 제 2 항), 대여권(제 9 조), 이용제공권(제10조), 방송권과 공중전달권 (제11조, 다만 체약당사자의 WIPO 사무총장에게 기탁하는 통고로 채권적 보상청구권으로 규정한다고 선언할 수 있음-제 2 항) 등의 권리를 인정하고 있다.

이 조약에서 가장 큰 쟁점이 되었던 것은 제12조의 권리이전에 대한 사항인데, 그 내용을 보 면 다음과 같다.

제12조 권리 이전

(1) 체약당사자는 실연자가 일단 자신의 실연을 시청각 고정물에 고정하는 것에 동의한 경우, 이 조약 제 7 조부터 제11조에 규정된 권리들을 허락할 배타적인 권리를 실연자와 국내법으로 정해지는 시청각 고정물의 제작자 사이의 계약에 따라 시청각 고정물의 제작자가 보유하거나, 행사하거나, 또는 그에게 양도되도록 국내법으로 규정할 수 있다.

(2) 체약국은 국내법에 따라 제작되는 시청각 고정물과 관련하여 그러한 동의나 계약이 서면으로 이루어지고 계약의 양 당사자나 권한을 부여받은 그들의 대리인에 의하여 서명될 것을 요구할 수 있다.

(3) 위에 언급된 배타적인 권리의 이전과 독립적으로, 국내법 또는 개별적, 단체적 또는 그 밖의 합의로 실연자에게 제10조 및 제11조에 관한 것을 포함하여 이 조약에 따라 규정된 대로 실연의 어떠 한 이용에 대해서도 사용료 또는 정당한 보상금을 받을 권리를 부여할 수 있다.

위 규정은 우리 저작권법 제100조 제 3 항과 같이 영상제작자에게 실연자의 배타적 권리들이 계약에 의하여 이전된 것으로 추정하는 규정 등을 두는 것을 각국의 입법재량에 맡기고 있으며, 동시에 그 계약이 서면으로 이루어지도록 의무화하거나 권리의 이전에도 불구하고 일종의 잔류권(residual right)으로서, 실연의 이용에 대한 사용료 또는 정당한 보상금을 받을 권리를 부여할 수 있도록 하여 시청각실연자의 권리가 실질적으로 보호될 수 있도록 할 가능성을 열어두고 있다(잔류권 규정을 도입하는 취지의 우리 저작권법 개정안에 대하여는 §23-28 참조).

이 조약은 최소 30개국 이상의 가입 비준을 받아야 하는데 2015년 3월 현재 보츠와나, 중국, 일본, 시리아 등 4개국만 가입비준을 완료하여 아직 발효되지는 않고 있다.

3. 마라케쉬조약

마라케쉬조약(Marrakesh Treaty)은 시각장애인 또는 기타 독서장애인의 저작물에 대한 접근을 촉진하기 위한 목적으로 2013. 6. 27. 모로코 마라케쉬에서 마련되었으며, 마라케쉬 시각장애인 조약(Marrakesh VIP Treaty)이라고도 한다.   §38-27-3

이 조약은 체약국이 조약의 수혜자인 시각장애인 및 독서장애인이 접근가능한 포맷으로 저작물들을 이용할 수 있도록 WIPO 저작권조약에 의한 복제권, 배포권, 전송권에 대한 제한 또는 예외를 규정할 의무를 지는 것으로 하고 수혜자를 위하여 공연권을 제한하는 규정도 둘 수 있도록 하고 있다(제 4 조 제 1 항). 이것은 국제적으로 저작재산권 제한 규정을 두도록 의무화한 최초의 조약이라는 점에 큰 의의가 있다.

이 조약은 접근가능한 포맷의 복제물들을 권리자의 동의 없이 수입할 수 있도록 하는 규정(제 6 조)도 두고 있는데, 이는 저작권법상의 권리소진의 원칙과 관련하여 국제소진을 인정하지 않고 지역소진만 인정하는 유럽연합 및 그 회원국가들과의 관계에서는 장애인의 접근권 향상을 위한 제한사유와 관련된 범위에서 지역소진의 예외를 규정하도록 의무화하는 강행규정적인 성격을 가지는 규정이라 할 수 있다.

이 조약도 발효를 위해서는 30개국의 가입비준이 필요하나, 2015년 3월 현재 인디아, 엘살바도르, 말리, 아랍 에미리트, 우루과이, 파라과이 등 5개국만 가입비준을 마쳐 아직 발효되지는 않고 있다.

제9절 우리나라에서의 외국인의 저작권의 보호

I. 저작권법 제 3 조의 규정

§39-1   현행 저작권법에서는 외국인의 저작물의 보호에 관하여 제 3 조에서 규정하고 있다.

  1. 외국인의 저작물은 대한민국이 가입 또는 체결한 조약에 따라 보호된다(제 3 조 제 1 항).

§39-2   현재 우리나라가 가입하여 발효한 저작권 및 저작인접권관련조약은 TRIPs·베른협약·WCT·WPPT·로마협약·UCC·음반협약 등이 있다. 이들 조약 또는 협약에 의하여 우리나라에서 보호받는 외국인의 저작물은 발행저작물의 경우에는 그 저작자가 체약국의 국민이거나 또는 그 최초발행지가 체약국이면 되고, 미발행의 저작물인 경우에는 그 저작자가 체약국의 국민인 경우이다. UCC는 소급효를 인정하지 아니하므로 그 효력발생일인 1987. 10. 1. 이전에 우리나라에서 영구히 공유로 된 저작물은 보호하지 아니하여도 되나, TRIPs와 베른협약의 경우는 원칙적으로 소급효가 인정된다.

  2. 대한민국 내에 상시 거주하는 외국인(무국적자 및 대한민국 내에 주된 사무소가있는 외국법인을 포함한다)**의 저작물과 맨 처음 대한민국 내에서 공표된 외국인의 저작물**(외국에서 발행된 날로부터 30일 이내에 대한민국 내에서 공표된 저작물을 포함한다)**은 제 1 항의 규정에 불구하고 보호받는다**(제 3 조 제 2 항).

§39-3   30일 이내의 공표를 동시공표로 보아 보호를 부여한 것은 우리나라가 베른협약에 가입하기 전부터 베른협약의 규정을 본받아 입법한 것이다.

  3. 제 1 항 및 제 2 항의 규정에 의하여 보호되는 외국인(대한민국 내에 상시 거주하는 외국인 및 무국적자를 제외한다)**의 저작물이라도 그 외국에서 대한민국 국민의 저작물을 보호하지 아니하는 경우에는 그에 상응하게 조약 및 이 법에 의한 보호를 제한할 수 있다**(제 3 조 제 3 항).

§39-4   이 규정은 일반적인 차원에서 상호주의의 원칙(the principle of reciprocity)을 선언한 것인데, TRIPs·베른협약·UCC, WCT 체약국에 대하여는 협약상의 내국민대우의 원칙상 실질적 상호주의에 의한 보호제한은 원칙적으로 인정되지 아니한다.

특히 베른협약의 경우 보호기간에 관한 제 7 조 제 8 항 등 예외적인 경우를 제외하고는 원칙적으로 내국민대우의 원칙(형식적 상호주의)을 채택하고 있음은 앞에서(§33-14) 살펴본 바와 같다. 만약 베른협약 가입국인 甲국이 우리나라 국민의 저작물을 보호하지 않는다는 이유로 甲국 국민의 저작물을 우리 저작권법상으로는 보호대상이 됨에도 불구하고 법 제 3 조 제 3 항을 들어 보호하지 않는다면 그것은 베른협약상의 내국민대우의 원칙에 반하여 허용되지 않는 것이다. 제 3 조 제 3 항을 베른협약의 원칙과 충돌되는 조항으로 해석, 적용하는 것은 타당하지 않다. 따라서, 베른협약상 실질적 상호주의를 적용할 수 있는 예외규정에 해당하는 경우(보호기간 문제)에 대한 것이거나 또는 베른협약등 미가입국 국민의 저작물에 대한 것을 제외하고는 위 규정의 문언에도 불구하고 '실질적 상호주의'를 구현하기 위해 위 규정을 적용할 수는 없다고 보아야 한다. 같은 취지에서, 대법원도 일본 국민의 응용미술저작물로서의 캐릭터에 대한 보호가 문제가 된 사안[1]에서 "피고인은 이 사건 캐릭터나 토끼인형은 응용미술로서 그 본국인 일본에서 저작물로 보호되지 않으므로, 본국에서 응용미술이 디자인이나 모델로서만 보호되는 경우 원칙적으로 다른 체약국에서도 저작물로는 보호되지 않는다는 취지를 규정한 '문학·예술적 저작물의 보호를 위한 베른협약(Berne Convention for the Protection of Literary and Artistic Works, 이하 '베른협약'이라고 한다)' 제 2 조 제 7 항 또는 우리나라가 가입하거나 체결한 조약이나 저작권법의 규정에 따라 보호되는 외국인의 저작물이라도 그 외국에서 우리나라 국민의 저작물을 보호하지 아니하는 경우에는 그에 상응하게 조약 및 저작권법에 따른 보호를 제한할 수 있다는 취지로 이른바 상호주의를 규정한 저작권법 제 3 조 제 3 항에 의하여 우리나라에서도 저작물로 보호되지 않는다는 취지로 주장한다. <u>그러나 이 사건 캐릭터를 일반적인 미술저작물로 볼 수 있음은 앞서 본 바와 같은데, 베른협약의 체약국 사이에서는 협약상 내국민대우의 원칙이 적용되고, 상호주의를 규정한 저작권법 제 3 조 제 3 항이 이러한 베른협약상의 내국민대우의 원칙을 배제하는 조항이라고 해석되지는 아니하기 때문에, 일본이 베른협약의 체약국으로서 같은 체약국인 우리나라 국민의 저작물에 대하여 내국민대우를 하는 이상 일본을 본국으로 하는 이 사건 캐릭터는 우리나라 저작권법에 따라 미술저작물로 보호될 수 있다.</u>"라고 판시하였다.[2]

---

1 일본의 경우 캐릭터에 대한 독자적 보호 부정설을 취한 최고재 판결이 있으나, 실제로 시각적 캐릭터의 창작성 있는 표현이 일본 판례상 보호되지 않는 것은 아니고(§6-20, 21 참조) 응용미술저작물도 일본 저작권법 보호대상으로 명시되어 있지는 않으나 순수미술과 동일시될 수 있다고 인정되는 범위 안에서 응용미술도 미술저작물로서 보호되고 있으므로(§4-37~43 참조), 실제로 이 사안에서 문제된 캐릭터나 토끼인형의 형상이 일본 저작권법상 보호되지 않는 것은 아니다. 대법원 판결은 법 제 3 조 제 3 항에도 불구하고 내국민대우의 원칙을 일관되게 적용할 경우 그러한 일본법에 의한 판단에 자세히 들어갈 필요가 없음을 전제로 하는 것일 뿐이라 생각한다.

2 대법원 2015. 12. 10. 선고 2015도11550 판결.

Ⅱ. 저작권관련 국제협약의 직접적 효력

§39-5   국제협약이 국내법원에서 직접적 효력(direct effect)을 인정받을 수 있는지는 기본적으로 법원이 조약에 대한 자국헌법의 태도와 협약규정 자체의 성격을 중심으로 하여 판단할 문제이다. 우리 헌법 제 6 조 제 1 항에서는 "헌법에 의하여 체결·공포된 조약과 일반적으로 승인된 국제법규는 국내법과 같은 효력을 가진다"고 규정하고 있으며, 현재 유효한 저작권관련 국제협약들은 TRIPs 및 WCT를 포함하여 모두 국제법상 체약국들에 대한 의무뿐만 아니라 사적 권리(private rights)의 직접적 근거가 될 수 있는 사법적인 규정을 담고 있다. 따라서 저작권관련 국제협약의 사법적 규정들은 우리나라에서도 직접적 효력이 인정된다.[1] 즉 별도의 입법조치를 기다릴 필요 없이 바로 국내법과 같은 효력을 가지게 되며, 이는 대륙법계 헌법에서 거의 공통적으로 인정되고 있는 것이다.

위 헌법규정에서 말하는 '국내법'이란 법률을 말한다는 것이 통설이므로 저작권에 관한 국제협약은 저작권법과는 동등한 지위를 가지면서 신법우위의 원칙이 적용되게 되고, 저작권법시행령이나 시행규칙보다는 우위의 효력을 갖게 된다.

Ⅲ. 외국인의 저작물의 보호요건

1. 우리나라에서의 침해행위에 대하여 보호가 요구될 것

§39-6   보호국법주의의 원칙에 따라(§33-11 참조) 국제저작권분쟁이 제기될 경우에 그에 대하여 적용되는 법률은 그 영역 내에서의 침해행위에 대하여 저작권 보호가 요구된 나라이다.

따라서 외국인의 저작물에 관하여 우리나라가 그 보호를 요구받는 나라이기 위해서는 우리나라의 영역 내에서 그 저작물에 대한 침해행위가 발생한 경우이어야 한다.[2]

만약 그렇지 않고 다른 나라(A국)에서의 저작권침해행위에 대하여 우리나라에 소송이 제기될 경우에는 우리나라 법원에 국제재판관할이 인정되는 경우라고 가정하더라도 법원이 우리나라 저작권법을 준거법으로 하여 재판할 수는 없으며, 보호가 요구되는 국가인 A국의 저작권법에 따라 재판을 하여야 한다. 즉, 보호국법주의에서 말하는 '보호가 요구되는 나라'는 소송이 제기된 곳에 있는 나라, 즉 법정지 국가를 말하는 것이 아니라 침해행위가 그곳에서 발생하였다는 이유로 보호가 요구되는 나라를 뜻하는 것이다.

---

1 이성호, 전게논문, 630면 이하; 김대순, 전게서, 175면; 허희성, 신저작권법축조개설, 39면 참조.
2 자세한 내용은 이성호, 전게논문, 633면 이하 참조.

그런 점에서 보호국법은 침해지법과 동일하다고 보아도 무방하다. 학설이나 판례가 우리나라 국제사법 제24조가 "지적재산권의 보호는 그 침해지법에 의한다"고 규정하고 있는 것이 지적재산권에 관하여 속지주의를 근거로 국제적으로 널리 승인되고 있는 보호국법주의를 확인하는 뜻으로 규정한 것이라고 보는 것은 그러한 이유에서이다.

우리나라의 최근 하급심 판결들 가운데 섭외 저작권사건에 관하여 국제재판관할 및 준거법 의 문제를 자세히 다룬 예가 많은데, 그 판례의 흐름을 분석해 보면 다음과 같이 몇 가지 쟁점에 대하여 견해가 엇갈리는 모습을 보여주고 있다. §39-7

첫째, 베른협약 동맹국 사이의 섭외 저작권 분쟁에 관하여 준거법 결정의 근거를 베른협약 §39-8 제5조 제2항(저작재산권 관련 분쟁의 경우)[1] 및 제6조의2 제3항(저작인격권 관련 분쟁의 경우)[2]에서 찾을 것인지, 아니면 국제사법 제24조에서 찾을 것인지에 관하여 일치하지 않고 있다. 전자의 입장, 즉 베른협약 제5조 2항 또는 제6조의2 제3항을 근거로 하는 경우가 대부분이나,[3] 후자의 입장, 즉 국제사법 제24조를 적용한 사례[4]도 있다. 두 경우 모두 보호국법주의(=침해지법주의)를 취하는 점은 마찬가지이다.

---

[1] 베른협약 제5조 제2항 : 이 협약의 규정과는 별도로 저작자의 권리를 보호하기 위하여 주어지는 구제방법은 물론 그 보호의 정도는 오로지 보호가 요구된 국가의 법률의 규율을 받는다.

[2] 베른협약 제6조의2 제3항 : 이 조에 의하여 주어진 권리들의 보장을 위한 구제의 방법은 보호가 요구되는 국가의 법률에 의하여 정하여진다(저작인격권 보호에 관한 규정임).

[3] 서울중앙지방법원 2008. 3. 13. 선고 2007가합53681 판결 : 이 사건에서 보호가 요구된 국가는 우리나라이고, 저작권에 기초한 금지청구와 명예회복을 위한 조치로서 해명광고청구에 관해서는 베른조약 제5조 제2항, 제6조의2 제3항에 의해 우리나라의 법률을 준거법으로 하여야 한다(국제사법 제24조에 따르면, 지적재산권의 보호는 그 침해지법에 의한다고 규정하고 있으나, 이 조항은 지적재산권에 관한 국제조약에 대하여 보충적인 규정으로서, 관련 국제조약에 저촉규정을 두고 있는 경우에는 우선적으로 그에 따르고, 관련 국제조약이 존재하지 않거나 저촉규정을 두고 있지 않은 때에만 적용된다).

서울중앙지방법원 2018. 8. 31. 선고 2018가합512971 판결 : "국제사법 제24조는 "지적재산권의 보호는 그 침해지법에 의한다."라고 규정하고 있으나 이는 지적재산권에 관한 국제조약에 준거법에 관한 규정이 없는 경우를 대비한 보충적 성격의 규정이므로, 국제조약에 법률관계에 적용될 준거법에 관한 규정이 있는 경우에는 그에 따라 준거법을 결정하여야 한다. 그런데 대한민국은 1996. 8. 21., 영국은 1987. 12. 5. 각각 베른협약(Berne Convention for the Protection of Literary and Artistic Works)에 가입한 동맹국(a country of the Union)이고, 베른협약 제1조, 제2조 제1항의 '문학·예술 저작물(literary and artistic works)'에 응용미술을 포함하고 있으며, 그 구체적인 보호방법은 각 가맹국의 국내법에 위임하고 있고, 베른협약 제5조 제2항 제2문은 '저작자의 권리에 대한 보호의 범위와 이를 보호하기 위하여 주어지는 구제의 수단은 오로지 보호가 요구된 국가의 법률에 따라 규율된다.'라고 규정하고 있다. 베른협약의 '보호가 요구된 국가(the country where protection is claimed)'는 '그 영토 내에서의 보호가 요구되고 있는 국가', 즉 '보호국'을 의미하며, 특히 저작재산권 침해와 관련하여 '그 영토 내에서의 침해행위에 대하여 보호가 요구되고 있는 국가', 즉 '침해지국'을 의미하는데(국제사법 제24조도 같은 입장), 원고가 자신의 저작재산권 침해 행위가 대한민국에서 발생하였음을 주장하며 이에 대한 보호를 요구하고 있으므로, 결국 대한민국 법률이 보호국법이자 침해지국법으로서 이 사건에 적용될 준거법이다."

[4] 서울고등법원 2008. 9. 23. 선고 2007나127657 판결 — "데스페라도" 사건 : 국제사법 제24조는 "지적재산권의 보호는 그 침해지법에 의한다"라고 규정하고 있으므로, 이 사건 음악저작물에 관한 저작권의 침해 여부와 손해배상책임의 성립 여부 및 손해배상의 범위 등에 관하여는 우리나라의 법이 적용된다.

§39-9   둘째, 보호국법주의를 모든 법률쟁점에 대하여 관철할 것인지 아니면 일정한 문제에 대하여
는 준거법 결정의 다른 원칙을 취할 것인지에 대하여 견해가 일치하지 않고 있다. 전자의 입장을
통일설, 후자의 입장을 분할설이라 부를 수 있을 것이다. 대체로 통일설의 입장이 우세한 것으로
보이나 분할설의 일종으로서 저작권침해로 인한 정지청구 등은 베른협약상의 보호국법주의에 따
라 결정하고, 손해배상청구에 대하여는 불법행위지법에 의한 사례가 있다.[1] "저작권침해를 이유
로 하는 손해배상청구의 법률관계의 성질은 불법행위이고, 그 준거법에 관해서는 국제사법 제32
조 제 1 항에 따라야 한다"는 것이다. 그러나 손해배상청구도 크게 보면 저작권 침해로 인한 구제
방법의 하나이므로 보호국법주의를 일관되게 적용하는 것이 타당할 것이다.

§39-10   국제적으로는 위와 같은 의미의 분할설을 취하는 것보다는 저작권의 귀속에 대한 문제와 그
밖의 문제를 구분하여 전자의 경우에는 본국법주의를 취하는 식의 분할설의 입장을 택하는 경우
가 많으나,[2] 우리나라 판례의 경향은 통일설의 입장으로 기울고 있는 것으로 보인다. 즉, 많은
경우에 저작권의 귀속에 관한 문제와 침해 및 구제에 관한 문제 등을 구분하지 않고 저작권 관련
문제인 한 모두 보호국법주의를 일관되게 취하는 것을 전제로 판시하고 있는 것으로 생각된다.[3]
한편, 위와 같은 방식에 의한 준거법의 결정은 외국적 요소가 있는 사법적 법률관계에 적용되는
것일 뿐 형법이나 조세법 등의 공법적 법률관계에는 적용되지 않는다는 견해가 있다.[4] 그러나
적어도 "이 협약의 규정과는 별도로 저작자의 권리를 보호하기 위하여 주어지는 구제방법은 물론
그 보호의 정도는 오로지 보호가 요구된 국가의 법률의 규율을 받는다"고 하는 베른협약 제 5 조
제 2 항의 규정 등에 따라 보호국법주의에 의하여 준거법을 결정하는 것은 저작권침해에 대한 형
사처벌과 관련하여서도 동일한 것으로 보는 것이 위 규정의 취지에 비추어 타당하고 일관성이 있
는 해석이라 생각된다. 아래에서 보는 대법원 2009. 10. 29. 선고 2007도10735 판결도 저작권법

---

1 위 서울중앙지방법원 2008. 3. 13. 선고 2007가합53681 판결.

2 이러한 의미의 분할설을 취하는 것이 미국, 프랑스, 네덜란드의 판례입장이고 그에 반하여 독일 대법원의 경우에는
저작권 소송의 모든 문제에 대하여 보호국법주의를 일관되게 적용하는 입장을 취하고 있다고 한다. Milreille van
Ecchoud, Choice of Law in Copyright and Related Rights — Alternatives to the Lex Pro-tectionis —, p. 127

3 서울고등법원 2008. 7. 8. 선고 2007나80093 판결 : 저작권자의 결정 등의 문제를 본국법에 의할 경우에는 우선 본국
법을 정하는 것 자체가 쉽지 않을 뿐만 아니라, 같은 영토 내에서도 저작물의 본국이 어디냐에 따라 저작권침해 여부
판단이나 저작권자 결정의 결론이 달라져 저작물 이용자나 법원 등이 이를 판단, 적용하기가 쉽지 아니하다. 반면, 저
작권자의 결정 문제는 저작권의 존부 및 내용과 밀접하게 결부되어 있어 각 보호국이 이를 통일적으로 해석 적용할
필요가 있고, 그렇게 하는 것이 각 동맹국이 자국의 영토 내에서 통상 법정지와 일치하기 마련인 보호국법을 간편하
게 적용함으로써 내국민대우에 의한 보호를 부여하기에도 용이하다. 이러한 점에 비추어 보면, 국제협약에서 명시적
으로 본국법에 의하도록 규정하지 아니한 이상 저작권자의 결정이나 권리의 성립, 소멸, 양도성 등 지적재산권에 관
한 일체의 문제를 보호국법에 따라 결정함이 타당하다. 우리나라 국제사법 제24조가 지적재산권에 관한 모든 분야에
관하여 보호국법주의를 명시하는 대신 지적재산권 침해의 경우만을 규정하는 방식을 취하고 있다 하더라도, 이를 넓
게 해석하여 지적재산권의 성립, 이전 등 전반에 관하여 보호국법주의 원칙을 채택한 것으로 해석함이 상당하다.

4 김창권, "캐릭터 인형의 수입·판매와 저작권법 위반죄, 상표법 위반죄, 부정경쟁방지 및 영업비밀보호에 관한 법률
위반죄", 대법원판례해설 제106호(2015년 하), 법원도서관, 460면.

위반죄의 형사사건에 대하여 베른협약 제 5 조 제 2 항에 의한 보호국법주의를 근거로 하여 우리
나라 저작권법을 적용한 것을 보면, 대법원도 민사와 형사를 나누지 않고 저작권침해에 대한 구
제와 관련된 것이면 모두 베른협약상의 보호국법주의에 의하여 준거법을 결정하는 입장을 드러
내고 있다고 할 수 있다.[1] 국제사법 제 6 조도 준거법의 범위와 관련하여 "이 법에 의하여 준거
법으로 지정되는 외국법의 규정은 공법적 성격이 있다는 이유만으로 그 적용이 배제되지 아니한
다"고 규정하고 있다. 위와 같이 보호국법주의에 의하여 준거법을 결정한다고 할 때에도, 인터넷
상의 국제적인 저작물 이용의 경우에 어느 나라의 법을 보호국법(침해지법)에 해당하는 것으로 보
아 그 법을 준거법으로 볼 것인지를 결정하는 것은 쉽지 않은 문제이다. 이에 대하여는 저작물이
서버에 업로드 되는 나라의 법률을 준거법으로 하여야 한다고 하는 '발신국법설',[2] 그렇게 할 경
우 고의로 베른협약의 보호수준에 미달하는 국가를 선택하여 발신지로 하는 문제가 있을 수 있으
므로, 보호의 수준이 베른협약 수준에 미치지 않는 나라를 제외하고 그 다음으로 연결된 나라의
법률을 순차적으로 준거법으로 할 수 있도록 하자고 하는 '단계적 연결설',[3] 권리자 보호를 충실
하게 하기 위하여 개개의 이용자가 접근하여 저작물을 이용하는 나라의 법률을 준거법으로 하여
야 한다고 주장하는 '수신국법설'[4] 등으로 견해가 나뉘어져 있다. 발신국법이 인터넷상의 저작물
의 원활한 유통 등의 면에서는 바람직하나, 저작권보호가 미약한 국가를 발신지로 선택하는 문제
를 해결할 수 있는 별도의 제도적 대안을 강구해야만 하는 면이 있고,[5] 수신국법설에 의할 경우
저작권 보호의 면에서는 가장 충실하다고 할 수 있지만 인터넷의 성격상 전 세계 모든 국가가 잠
재적인 수신국이 될 수 있으므로 무수한 수신국법이 적용되어 권리처리를 어렵게 하거나 법원에
과중한 부담을 지우는 것이 아닌가 하는 우려가 당연히 생길 수 있다.[6] 그런가 하면 단계적 연결
설의 경우도 해당 국가의 법률의 저작권보호수준이 베른협약에 미치지 않는지 여부의 어려운 판
단을 당사자와 법원에 요구하는 면에서 난점이 있다고 지적된다.[7] 이와 같이 현재 이 문제에 대
한 적절한 해법이 도출되지 않은 상황이므로 이후 구체적인 사안에서 판례의 추이 등을 잘 살펴
보면서 신중하게 최선의 대안을 모색하기 위해 노력할 필요가 있다.

우리 대법원 판례도 명확하게 선언하지는 않았지만 베른협약이 보호국법주의를 취한 것으로   §39-11

---

1 역시 형사사건인 저작재산권침해죄와 관련된 사건에서 대구지방법원 2015. 7. 30. 선고 2014노816 판결도 베른협약
　제 5 조 제 2 항에 의한 보호국법주의 원칙에 따라 준거법을 우리나라 저작권법으로 결정하였다.
2 駒田泰土, "インターネット上での知的所有権に関する国際私法問題-著作権を中心として-", 情報処理学会研究報告-電
　子化知的財産 · 社会基盤 (EIP) 2000(56(2000-EIP-008)), 3면.
3 위의 논문, 3~4면.
4 위의 논문, 4~5면.
5 위의 논문, 5~6면.
6 위의 논문, 6~7면.
7 위의 논문, 6면.

보고 그에 따라 준거법을 결정한 것으로 보이는 사례가 있다.[1]

§39-11-1 　　한편 국제재판관할과 관련하여, 국제사법 제2조는 "당사자 또는 분쟁이 된 사안이 대한민국과 실질적 관련이 있는 경우에 국제재판관할권을 가진다. 이 경우 법원은 실질적 관련의 유무를 판단함에 있어 국제재판관할 배분의 이념에 부합하는 합리적인 원칙에 따라야 한다(제1항), 법원은 국내법의 관할 규정을 참작하여 국제재판관할권의 유무를 판단하되, 제1항의 규정의 취지에 비추어 국제재판관할의 특수성을 충분히 고려하여야 한다(제2항)"고 규정하고 있다.

　　이에 따른 법원의 판단사례는 다음에서 소개하는 바와 같다.

 **판 례**

§39-11-2 　　❖ 서울고등법원 2010. 7. 1. 선고 2008나68090 판결

　　이 사건은 중국에서 설립된 법인인 원고가 대한민국에서 설립된 법인들을 피고로 하여 중국 어문 저작물에 관한 저작재산권에 기초하여 침해 정지 및 손해배상을 청구하는 사건으로서, 외국적 요소가 있는 법률관계에 해당하므로 국제재판관할이 문제되므로 보건대, 피고들의 본점 소재지가 대한민국 내인 점, 이 사건 중문서적에 대한 번역, 출판 및 배포 등의 행위가 대한민국 내에서 이루어진 점, 원고가 스스로 대한민국 법원에 이 사건 소를 제기하였고 피고들이 이의 없이 응소한 점을 고려할 때, '당사자 또는 분쟁이 된 사안이 대한민국과 실질적 관련이 있는 경우'에 해당하므로(국제사법 제1조 제1항) 대한민국 법원에 국제재판관할이 인정된다.

§39-11-3 　　❖ 서울중앙지방법원 2013. 9. 17. 선고 2011가합89861 판결

　　국제재판관할을 결정함에 있어서는 당사자 간의 공평, 재판의 적정, 신속 및 경제를 기한다는 기본이념에 따라야 할 것이고, 구체적으로는 소송당사자들의 공평, 편의 그리고 예측가능성과 같은 개인적인 이익뿐만 아니라 재판의 적정, 신속, 효율 및 판결의 실효성 등과 같은 법원 내지 국가의 이익도 함께 고려하여야 할 것이며, 이러한 다양한 이익 중 어떠한 이익을 보호할 필요가 있을지 여부는 개별 사건에서 법정지와 당사자와의 실질적 관련성 및 법정지와 분쟁이 된 사안과의 실질적 관련성을 객관

1　대법원 2009. 10. 29. 선고 2007도10735 판결 : 원심은, 그 판시와 같이 「저작권법」(2006. 10. 4. 법률 제8029호로 개정되기 전의 것, 이하 같다), 베른협약 및 WTO/TRIPs협정의 관련 규정들을 검토한 다음, 독일, 스웨덴, 멕시코, 프랑스, 스페인, 그리스, 아랍에미레이트국, 폴란드, 터키 등 원심 판시 위성방송서비스업체들의 소재국가들 및 우리나라는 베른협약 및 WTO, WTO/TRIPs협정의 체약국이고, 베른 협약 제5조 제1항에서는 체약국의 저작권자가 다른 체약국 내에서 저작권의 보호를 받는다는 취지로 규정하고 있으며, 이 사건의 경우 피고인들이 국내에서 기술적 보호조치의 무력화 행위를 공모하고 제작수출을 지시하였고, 실시간 전송 방식의 경우 피고인 이○○가 컨트롤 워드를 수신하였다가 다시 송신한 서버도 우리나라에 위치하고 있어, 베른협약 제5조 제2항에 따라 저작권에 대한 보호의 범위와 그 구제방법은 우리나라 법률에 의하여야 할 것인데, 나아가 우리나라 「저작권법」 제3조 제1항에서는 우리나라가 가입한 체약국의 저작권을 보호대상으로 하고, 제61조 제3호 다목에서는 체약국에서 송신하는 방송을 보호대상으로 구체적으로 규정하고 있으므로, 이와 같이 베른협약 및 WTO, WTO/TRIPs협정의 체약국에 있는 이 사건 위성방송사업자들이 당해 체약국 내에 있는 방송설비로부터 행하는 방송은 우리나라 「저작권법」의 보호대상에 해당한다고 판단하였다.
　　원심 판결 이유를 기록에 비추어 살펴보면, 원심의 이러한 판단은 정당한 것으로 수긍할 수 있다.

적인 기준으로 삼아 합리적으로 판단하여야 한다(대법원 2012. 5. 24. 선고 2009다68620 판결 참조).

위 법리에 비추어 이 사건에 관하여 보건대, 당사자 사이에 다툼이 없거나 을나제 1 호증의 기재에 변론 전체의 취지를 종합하여 인정되는 다음과 같은 사정을 모두 종합하여 볼 때, 국외침해 청구 부분에 대하여는 대한민국 법원에 국제재판관할권이 인정될 수 없으므로, 위 청구 부분은 부적법하다고 할 것이어서, 피고 B회사 외 4인의 본안전 항변은 이유 있다.

(1) 피고 B회사 외 4인은 미국법 또는 영국법에 따라 설립된 외국 법인으로 그 주된 사무소를 미국 또는 영국에 두고 있고, 위 피고들이 대한민국 내에 사무소, 영업소 또는 업무담당자의 주소를 두고 있음을 인정할 증거가 없다.

(2) 원고가 주장하는 저작권 침해행위는 위 피고들이 원고의 창작물인 시험형식을 도용하여 온라인 또는 오프라인에서 시험을 시행·대행하고, 그 시험 관련 컴퓨터프로그램을 제 3 자에게 전송하였다는 것으로서 원고의 주장에 따르더라도 국외에서 시행된 시험 및 국외에서의 컴퓨터프로그램 전송행위와 관련하여서는 대한민국을 저작권 침해행위의 행위지라고 볼 수는 없다.

(3) 민사소송법 제 8 조는 '재산권에 관한 소는 거소지 또는 의무이행지의 법원에 제기할 수 있다'고 규정하고 있고, 위 규정 또한 국제재판관할권 인정의 근거가 될 수도 있다 하겠으나, 위 규정의 취지를 모든 지참채무에 확대한다면 불법행위에 의한 법정채무에 대해서까지 의무이행지에 관할을 인정하게 되어 피고의 관할 이익을 박탈하여 부당하게 될 우려가 있으므로, 위 규정에 의한 국제재판관할권은 채권계약으로부터 발생하는 채무에 한정하여 인정할 필요가 있다.

❖서울고등법원 2018. 4. 26. 선고 2017나2066436 판결

2. 이 사건 소 중 프로그램저작권 침해로 인한 손해배상청구 부분에 관한 본안전 항변에 관한 판단

가. 원고가 피고를 상대로, 피고가 C와 공동하여 이 사건 프로그램을 이용하여 I 상표로 판매되는 러닝머신의 프로그램을 개발함으로써 이 사건 프로그램에 관한 원고의 저작재산권을 침해하였다고 주장하면서 손해배상을 청구함에 대하여, 피고는 피고가 C의 저작재산권 침해행위에 가담한 지역이 중국이고, 손해가 발생한 장소도 중국이므로, 이 사건은 대한민국과의 실질적 관련성이 없어 그 재판권이 미치지 아니하는 사건에 해당되어 부적법하다고 주장한다.

나. 살피건대, 국제사법 제 2 조가 제 1 항에서 "법원은 당사자 또는 분쟁이 된 사안이 대한민국과 실질적 관련이 있는 경우에 국제재판관할권을 가진다. 이 경우 법원은 실질적 관련의 유무를 판단함에 있어 국제재판관할 배분의 이념에 부합하는 합리적인 원칙에 따라야 한다"고 규정하고, 이어 제 2 항에서 "법원은 국내법의 관할 규정을 참작하여 국제재판관할권의 유무를 판단하되, 제 1 항의 규정의 취지에 비추어 국제재판관할의 특수성을 충분히 고려하여야 한다"고 규정하고 있으므로, 당사자 간의 공평, 재판의 적정, 신속 및 경제를 기한다는 기본이념에 따라 국제재판관할을 결정하여야 하고, 구체적으로는 소송당사자들의 공평, 편의 그리고 예측가능성과 같은 개인적인 이익뿐만 아니라 재판의 적정, 신속, 효율 및 판결의 실효성 등과 같은 법원 내지 국가의 이익도 함께 고려하여야 하며, 이러한 다양한 이익 중 어떠한 이익을 보호할 필요가 있을지 여부는 개별 사건에서 법정지와 당사자의 실질적 관련성 및 법정지와 분쟁이 된 사안과의 실질적 관련성을 객관적인 기준으로 삼아 합리적으로 판단하여야 할 것이다(대법원 2010. 7. 15. 선고 2010다18355 판결 등 참조).

이 사건 프로그램의 복제권 등의 침해 행위가 중국에서 발생한 점은 앞서 본 바와 같으나, ① 이 사건 소 중 이 부분의 청구원인은 피고의 저작재산권 침해행위로 인한 손해배상청구인데, 위 저작권 침해 행위를 통하여 결과적으로 손해를 입게 되는 주체는 국내법에 의하여 설립되고 국내에 본점을 두고 있는 저작권자인 원고인 점, ② 저작권 침해 행위로 인하여 손해가 발생한 지역 또한 원고의 본점 소재지인 대한민국인 점, ③ 피고의 국적도 대한민국인 점, ④ 위 저작권 침해 행위와 관련한 형사재판은 국내 법원에서 진행되었고 그로 인하여 증거들의 대부분도 국내에 소재하고 있는 점 등에 비추어 보면, 이 사건 소는 대한민국과 실질적 관련성이 있다고 봄이 타당하다.

피고의 본안전항변은 이유 없다.

---

2. 보호받는 저작물일 것

§39-12   보호받는 저작물인지 여부를 판단함에 있어서는 국제저작권협약의 규정에 저촉되지 아니하는 범위 안에서 내국민대우의 원칙에 따라 우리나라 저작권법에 따라 판단하면 된다. 베른협약이나 UCC 모두 '유체물에의 고정'을 보호의 요건으로 하는 것을 체약국의 입법에 유보하고 있고 실제로 미국과 같이 그러한 요건을 요구하는 입법례도 있으나, 우리나라에서는 영상저작물의 경우 외에는 이를 요건으로 규정하지 않고 있으므로 유체물에 고정되지 않은 외국인의 저작물도 보호받게 된다.[1] 내국민대우의 원칙을 적용함으로써 미국에서는 보호되지 않는 미국인의 저작물을 우리나라에서는 보호하는 등의 불균형의 문제가 생길 수 있으나 이는 부득이한 일이다.

각국의 법원이 외국인의 저작물의 창작성 등 저작물성을 판단하는 데 있어서 어느 정도의 재량을 가지는가에 관하여 국제협약에 분명한 규정이 없으므로 의문이 있을 수 있다. 협약의 직접적 효력을 인정하더라도 베른협약 등이 저작물의 창작성 등 요건에 관하여는 분명한 규정을 두고 있지 아니한 이상, 각국 법원이 국내법에 대하여 적용해 온 창작성에 관한 판단기준이 외국인의 저작물에 대해서도 그대로 적용된다고 본다. 다만, 이 경우에도 예컨대 어떤 나라에서 저작물에 대하여 특허법상의 신규성(novelty)과 같은 정도의 고도의 창작성을 요구하는 것과 같이 협약의 규정취지나 국제적으로 일반화된 통념에서 너무 벗어나는 판단을 하는 것은 허용되지 아니한다.[2]

3. 연결점을 가질 것

§39-13   외국인의 저작물이 우리나라에서 보호받기 위해서는 그것이 베른협약, UCC 또는 우리 저작권법에서 정한 일정한 연결점(connecting factor)[3]을 가져야 하는데, 이를 저작자의 국적 등에 관

---

1 이성호, 전게논문, 635면 참조.
2 이성호, 전게논문, 636면.
3 연결점이란 국제사법상 준거법을 결정함에 있어서 섭외적 법률관계와 준거법을 연결해 주는 요소를 말한다. 박상

한 인적 연결점과 저작물 자체의 공표지점에 관한 장소적 연결점의 두 가지로 나누어 살펴볼 수 있다.[1]

(1) 인적 연결점

인적 연결점이란 '저작자'의 국적 또는 거주지 등을 기준으로 한 연결점을 말한다. 저작권법 제 3 조 제 1 항에서 규정하는 우리나라가 가입 또는 체결한 조약에 따른 외국인저작물의 보호에 있어서는 저작자의 국적이 연결점이 되는 경우가 많다. 베른협약이나 UCC 등에서는 체약국 '국민'의 저작물은 그것이 이미 발행된 저작물인지, 아직 발행되지 않은 저작물인지 묻지 아니하고 이를 보호하도록 규정하고 있으므로 저작자의 국적이 연결점이 되는 것이다.[2] 베른협약은 상시 거주지를 국적과 같이 다루고 있으므로, 저작자가 동맹국에 상시 거주하는 사람인 경우에도 '인적 연결점'이 인정된다.

§39-14

우리 저작권법 제 3 조 제 2 항은 저작자가 우리나라에 상시 거주하는 사람(또는 무국적자 및 우리나라에 주된 사무소가 있는 외국법인)인 경우에는 우리나라 국민과 마찬가지로 취급하여 다른 조건을 묻지 아니하고 보호하는 것으로 규정하고 있으므로, 이러한 경우에는 협약 등과 관계 없이 저작권법을 통해 바로 연결점을 가지게 된다.

§39-15

(2) 장소적 연결점

우리 저작권법은 국내에서 맨 처음 공표된 외국인의 저작물을 보호하고 있으며, 베른협약 및 UCC는 어느 동맹국 또는 체약국 내에서 최초로 발행된 저작물을 다른 동맹국 또는 체약국들이 보호하도록 규정하고 있다. 우리 저작권법은 '발행' 대신 '공표'라는 단어를 사용하고 있는데, '공표'의 정의규정(법 제 2 조 제17호)에서는 "저작물을 공연·방송 또는 전시 그 밖의 방법으로 일반공중에게 공개하는 경우와 저작물을 발행하는 경우를 말한다"고 규정하여 '발행' 외에도 공연, 방송, 전시 등의 무형적인 전달행위도 그 개념에 포함하고 있다는 점에서, 우리 저작권법이 베른협약

§39-17

조·윤종진, 현대국제사법, 한올, 1998, 92면 참조.

1 이하 이성호, 전게논문, 637~642면 참조.

2 베른협약 동맹국 국민으로서의 연결점을 가진 사건에 대한 국내판례를 참고로 인용해 보면, 서울고등법원 2010. 7. 1. 선고 2008나68090 판결이 "구 저작권법(2003. 5. 27. 법률 제6881호로 개정되기 전의 법률) 제 3 조 제 1 항은 "외국인의 저작물은 대한민국이 가입 또는 체결한 조약에 따라 보호된다."라고 규정하고 있고(현행 저작권법도 동일하다), 우리나라와 중국은 모두 베른협약에 가입한 동맹국(a country of the Union)이다. 그런데 ① 이 사건 중문서적은 중국인인 탄줘잉, 왕정이 저작한 저작물로서, 동맹국인 중국에서 최초로 발행되었으므로(first published in a country of the Union) 중국을 본국(the country of origin)으로 하고(베른협약 제 5 조 제 4 항 a호), ② 저작자는 베른협약에 의해 보호되는 저작물에 관하여 본국 이외의 동맹국에서 각 법률이 현재 또는 장래에 자국민에게 부여하는 권리 및 베른협약이 특별히 부여 하는 권리를 향유하며(베른협약 제 5 조 제 1 항), ③ 중국 저작권법이 대한민국 국민의 저작물을 보호대상에서 제외하는 어떠한 규정을 두고 있지도 않으므로(저작권법 제 3 조 제 3 항 및 중국 저작권법 제 2 조 참조), 이 사건 중문서적은 대한민국의 저작권법에 의해 보호된다"고 판시한 바 있다.

등에 비하여 더 넓게 장소적 연결점을 인정하고 있다고 볼 수 있다.

위에서 본 바와 같이 베른협약과 우리 저작권법은 동시발행(공표)에 관한 규정을 두고 있으므로, 다른 나라에서 최초로 발행(공표)되고 30일 이내에 동맹국(또는 우리나라)에서 발행(공표)된 외국인의 저작물도 동맹국(또는 우리나라)에서 맨 처음 발행(공표)된 것과 마찬가지로 보호한다.

§39-18   입증책임의 문제에 있어서 위와 같은 장소적 연결점을 입증하기 위해서는 자신의 저작물이 우리나라 또는 동맹국에서 발행(공표)된 사실만 입증하면 족하고, 그 발행(공표)시점으로부터 30일 이전에 비동맹국에서 발행(공표)된 사실은 상대방이 항변사실로 입증하여야 한다는 견해도 있을 수 있으나, '최초발행(공표)' 또는 '동시발행(공표)'을 적극적인 요건으로 규정하고 있는 이상 원칙적으로 이를 주장하는 측에 입증책임이 있는 것으로 보는 것이 타당할 것이다.[1]

Ⅳ. 외국인의 저작물의 보호내용

§39-19   위에서 든 여러 요건을 충족하는 외국인의 저작물은 우리나라에서 보호받게 되는데, 그 보호의 내용은 내국민대우의 원칙에 따라 우리나라에서 우리 국민에게 부여되는 보호의 내용과 같다.

§39-20   다만, 내국민대우의 원칙에는 베른협약이나 UCC 자체에 의하여 인정되는 예외가 있음을 주의하여야 한다. 일반적으로 내국민대우의 원칙에는 위에서 살펴본 바와 같이 내국민보다 외국인의 보호를 더 확장하는 예외로서 방식주의에 관한 완화규정과 최소보호의 원칙이 있는데, 우리나라에서는 무방식주의를 취하고 있고 베른협약이나 UCC상의 최소한의 권리 이상을 내국민에게도 부여하고 있으므로 위 두 가지 점과 관련하여 외국인의 저작물에 관하여 내국민과 특별히 다른 취급을 할 필요는 없을 것이다.[2] 그러나 저작물의 보호기간에 관하여 예외적으로 실질적 상호주의를 적용하도록 한 베른협약의 규정은 우리나라에서도 직접적(국내적) 효력을 가지는 것으로 본다. 따라서 저작권 보호기간을 70년으로 연장한 2011. 6. 30. 개정 저작권법(그 부분에 관한 시행일 : 2013. 7. 1.) 제 3 조 제 4 항이 "제 1 항 및 제 2 항에 따라 보호되는 외국인의 저작물이라도 그 외국에서 보호기간이 만료된 경우에는 이 법에 따른 보호기간을 인정하지 아니한다"고 규정한 것은 베른협약과의 관계에서 주의적·확인적 규정이라 할 것이다.

---

1 近藤惠嗣, "外國の著作物についての訴訟の留意點," 裁判實務大系－知的財産關係訴訟法, 50면.
2 이성호, 전게논문, 642면 참조.

| 제10절 | 북한 주민의 저작물에 대한 보호 |

우리나라는 분단국가로서 한편으로는 북한과 휴전선을 사이에 두고 군사적으로 대치하고 있는가 하면, 다른 한편으로는 남북간에 교류와 협력을 도모하는 특수한 관계를 가지고 있다. 현재에도 남북한 간 문화적 교류가 조금씩 이루어지고 있지만 이후 한반도 평화의 시대가 본격적으로 열리게 되면 남북한 간의 문화적 교류와 경제적 협력 등이 보다 활발해지게 되어, 상호간 저작권 보호의 문제도 더욱 크게 대두될 것으로 예상된다. 현재 남한과 북한이 모두 각자의 저작권법을 가지고 있고 양측 모두 베른협약에 가입해 있는 상태이지만,1 남한과 북한은 상호간의 관계를 국가 대 국가의 관계로 보지 않고 '민족 내부의 특수관계'로 보고 있으며2 우리 판례도 현재 북한을 국가로 인정하지 않는 입장을 취하고 있으므로, 베른협약에 따라 외국인의 저작물을 보호하는 차원에서 남북한 저작권의 상호보호체계가 바로 수립된다고 볼 수는 없다. 이후 남북기본합의서 등에서 천명한 상호존중 및 호혜의 원칙에 기한 남북간의 상호 저작권보호 합의를 달성하는 것을 통해 이 문제를 잘 해결할 필요가 있을 것으로 생각된다.

그러나 그렇다고 하여 현재 남한에서 북한의 저작물에 대한 보호가 부정되는 것은 아니다. 우리 헌법의 영토조항에 따라 대한민국의 주권이 헌법상 북한지역에도 미치는 것으로 보므로 북한주민의 저작물에 대하여도 당연히 우리 저작권법에 의한 보호가 주어진다고 보는 것이 판례의 입장이다.3 이 경우 분쟁해결의 준거법도 당연히 남한의 저작권법이라고 보게 된다. 북한에서 제

---

1 북한은 2001년 4월에 저작권법을 제정한 후 2003년 1월 28일 WIPO(세계지적재산권기구)에 베른협약 가입 신청서를 제출하여 같은 해 4월 28일 베른협약 가맹국이 되었다. 자세한 것은 한지영, "북한에서 컴퓨터소프트웨어 저작물의 법적 보호", 창작과 권리 제51호, 세창출판사, 2018, 101면 참조.

2 남북기본합의서 전문 : " … 쌍방 사이의 관계가 나라와 나라 사이의 관계가 아닌 통일을 지향하는 과정에서 잠정적으로 형성되는 특수관계라는 것을 인정하고 … "

3 '이조실록' 사건에 대한 서울지방법원 남부지원 1994. 2. 14. 선고 93카합2009 판결 : "피신청인은 또, 위 사회과학원 민족고전연구소는 우리 법에 의하여 인정된 단체가 아니므로 보호받을 수 있는 저작권자가 될 수 없고, 또한 북한은 세계 저작권조약(UCC)에 가입하지 아니하였으므로 북한의 저작물은 우리 저작권법에 의한 보호를 받을 수 없다고 주장하므로 살피건대, 대한민국의 주권은 헌법상 북한 지역에까지 미치는 것이므로 북한이 위 조약에 가입하지 아니하였다 하더라도 북한 저작물은 상호주의에 관계없이 우리 저작권법상의 보호를 받는다 할 것이고, 또한 <u>위 단체가 권리의무의 주체가 될 수 있는지 여부는 오직 단체로서의 실체가 있는지 여부에 의하여 판가름되는 것이지 우리 법에 의한 설립절차 등을 필요로 하는 것은 아니라 할 것이므로 위 주장도 이유 없다.</u>"
　　'두만강 무단출판' 사건에 대한 대법원 1990. 9. 28. 선고 89누6396 판결 : "저작권법의 규정들(제36조 제 1 항, 제41조, 제42조, 제47조 제 1 항)에 의하면 저작자의 저작물을 복제, 배포, 발행하고자 하는 자는 저작자로부터 저작재산권의 일부 또는 전부를 양수하거나 그의 저작물 이용 허락을 받아야 하고 상당한 노력을 기울였어도 공표된 저작물의 저작재산권자나 그의 거소를 알 수 없어 그 저작물의 이용허락을 받을 수 없는 경우에는 대통령령이 정하는 바에 의하여 문화부장관(정부조직법 1989. 12. 30. 법률 제4183호 부칙 제 6 조)의 승인을 얻고 문화부장관이 소정의 보상금기준에 의하여 정한 보상금을 공탁하고 이를 이용할 수 있다고 되어 있으며, 이러한 저작재산권은 특별한 경우를 제외하고는 저작자가 생존하는 동안과 사망 후 50년간 존속한다고 규정하고 있다. 그리고 이 법규정의 효력은 대한민

작된 영화에 관한 저작권 분쟁에 대하여 서울고등법원은 "이 사건 영화가 완성되었을 당시 신청인은 대한민국의 국적을 갖고 있었음이 분명하고, '대한민국의 영토는 한반도와 그 부속도서로 한다'고 규정한 헌법 제 3 조의 해석상 저작권법을 비롯한 모든 국내 법령의 효력이 당연히 북한지역에도 미친다고 보아야 하므로, 이 사건 영화의 저작권에 관한 판단은 어디까지나 우리의 저작권법을 준거로 삼아야 할 것이다."라고 설시하였다.1 우리 저작권법상 업무상 저작물에 관한 규정에 따라 북한의 단체가 저작권자로 인정된 사례들도 있다.2 또한 월북작가가 사망하여 남한의 가족이 그 재산상속인이 되었을 경우 해당 작가의 저작물에 대한 저작재산권은 남한의 상속인들에게 상속되므로 그 상속인 중 1인이 침해정지 또는 침해예방 등 청구를 할 수 있다고 한 판례도 있다.3 현재 위와 같이 남한의 북한 저작물에 대한 보호는 이루어지고 있지만, 그 전제가 되는 법리는 북한 저작물에 대한 남한의 일방적인 보호에 근거를 제공할 뿐이고, 상호간 저작권 보호의 근거를 마련하기 위해서는 별도의 노력이 필요하다.

국 헌법 제 3 조에 의하여 여전히 대한민국의 주권범위 내에 있는 북한지역에도 미치는 것이다. 원심판결 목록기재 저작자들은 모두 6.25사변 전후에 납북되거나 월북한 문인들로서, 그들이 저작한 위 목록 기재 작품들을 발행하려면 아직 그 저작재산권의 존속기간이 만료되지 아니하였음이 역수상 명백한 만큼 동인들이나 그 상속인들로부터 저작재산권의 양수 또는 저작물이용허락을 받거나 문화부장관의 승인을 얻었음을 인정할 자료가 없는 이 사건에 있어서 원고는 이 사건 처분의 부존재확인을 구할 법률상 지위에 있는 자라고 할 수 없다 할 것이고 … "

1 서울고등법원 1999. 10. 12.자 99라130 결정.

2 예컨대, '북한판 동의보감' 사건에 대한 서울고등법원 2006. 3. 29. 선고 2004나14033 판결은 "헌법 제 3 조는 북한지역도 대한민국의 영토임을 선언하고 있으므로, 우리나라 저작권법의 효력은 대한민국의 주권범위 내에 있는 북한지역에도 미친다고 할 것이다(대법원 1990. 9. 28. 선고 89누6396 판결 참조). 허준의 동의보감 원전 25권을 번역하여 북한판 동의보감을 완성한 자는 북한의 '보건부동의원(현재 고려의학과학원)'이라는 단체이고, 과학백과사전종합출판사는 단지 북한판 동의보감을 출판한 출판사에 불과함은 앞서 본 바와 같으므로, 북한판 동의보감의 저작권자는 우리나라 저작권법 제 9 조에 따라 보건부동의원이라고 봄이 타당하다(이 법원의 남북경제문화협력재단에 대한 사실조회결과에 첨부된 갑 제79호증의 2, 3의 각 기재에 따르면, 북한의 저작권 사무국도 북한판 동의보감의 저작권자는 보건부동의원이고, 과학백과사전종합출판사는 출판권자에 불과한 것으로 판단하고 있음을 알 수 있다). 따라서 북한판 동의보감의 저작권자가 과학백과사전종합출판사임을 전제로 한 원고 승계참가인의 주장은 더 나아가 살펴볼 필요 없이 이유 없다."라고 판시하였다.

3 서울민사지방법원 1989. 7. 26.자 89카13962 결정.

사항색인

저자 약력

서울대학교 법과대학 졸업, 제27회 사법시험 합격, 사법연수원 수료,
인천지방법원 판사, 서울지방법원 남부지원 판사, 창원지방법원 판사, 서울지방법원 판사,
중국 사회과학원 법학연구소 객좌연구원, 사법연수원 교수, 서울고등법원 판사, 법무법인 태평양 변호사,
주식회사 로앤비 창립대표이사, 전자거래분쟁조정위원회 조정위원, e-비즈니스 대상(산업자원부장관 표창) 수상,
UC 버클리 동아시아연구원(IEAS) 방문학자, 저작권 분야 기여자 표창(문화체육관광부 장관 표창) 수상,
한일 디지털경제 법률전문가 라운드테이블 공동의장, 한국저작권위원회 설립자문단장,
저작권 상생협의체 공익위원,
한국인터넷자율정책기구(KISO) 정책위원장, 한국저작권위원회 위원,
제 1 회 및 제 5 회 송암학술상 수상

현재   성균관대학교 법학전문대학원 교수
       공공데이터제공분쟁조정위원회 위원장
       리걸클리닉협의회 회장
       한반도평화연구원(KPI) 부원장
       경제·인문사회연구회 이사
       국가지식재산위원회 보호전문위원회 위원
       성균관대학교 리걸클리닉 소장
       서울중앙지방법원 조정위원

저서   중국법(사법연수원)
       저작권법(박영사, 공저)
       인터넷과 법률 3(법문사, 공저)
       상표법주해 Ⅰ, Ⅱ(박영사, 공저)
       방송저작권(법문사, 공저)
       평화와 반평화-평화인문학적 고찰(프리칭아카데미, 공저)
       비전과 관점 열기(올리버북스, 공저)
       통일에 대한 기독교적 성찰(새물결플러스, 공저)
       평화에 대한 기독교적 성찰(홍성사, 공저)
       용서와 화해에 대한 성찰(명인문화사, 공저)

제 4 판(전면개정판)
저작권법

초판발행	2007년 8월 15일
제 2 판발행	2012년 3월 26일
제 3 판발행	2015년 4월 30일
제 4 판발행	2019년 8월 30일

지은이	이해완
펴낸이	안종만·안상준

편 집	배근하
기획/마케팅	조성호
표지디자인	조아라
제 작	우인도·고철민

펴낸곳	(주) **박영사**
	서울특별시 종로구 새문안로3길 36, 1601
	등록 1959. 3. 11. 제300-1959-1호(倫)
전 화	02)733-6771
f a x	02)736-4818
e-mail	pys@pybook.co.kr
homepage	www.pybook.co.kr
I S B N	979-11-303-3447-9 93360

정 가   62,000원